中华人民共和国
民事诉讼法
理解与适用

［上］

陶凯元　杨万明　王淑梅　主编

人民法院出版社
PEOPLE'S COURT PRESS

图书在版编目（CIP）数据

中华人民共和国民事诉讼法理解与适用 / 陶凯元，杨万明，王淑梅主编. -- 北京 : 人民法院出版社，2024.1
ISBN 978-7-5109-4078-1

Ⅰ. ①中… Ⅱ. ①陶… ②杨… ③王… Ⅲ. ①中华人民共和国民事诉讼法－法律解释②中华人民共和国民事诉讼法－法律适用 Ⅳ. ①D925.105

中国国家版本馆CIP数据核字(2024)第003806号

中华人民共和国民事诉讼法理解与适用

陶凯元　杨万明　王淑梅　主编

责任编辑　王　婷　田　夏　陈　思　罗羽净　李　瑞
执行编辑　高　晖　赵　爽　叶　白
装帧设计　天平文创视觉设计
出版发行　人民法院出版社
地　　址　北京市东城区东交民巷27号（100745）
电　　话　（010）67550617（责任编辑）　67550558（发行部查询）
65223677（读者服务部）
客服QQ　2092078039
网　　址　http://www.courtbook.com.cn
E－mail　courtpress@sohu.com
印　　刷　天津嘉恒印务有限公司
经　　销　新华书店

开　　本　787毫米×1092毫米　1/16
字　　数　1880千字
印　　张　107.75
版　　次　2024年1月第1版　2025年10月第5次印刷
书　　号　ISBN 978-7-5109-4078-1
定　　价　278.00元（上下册）

编 委 会

主　　编：陶凯元　杨万明　王淑梅

副 主 编：高晓力　周加海　沈红雨　司艳丽

撰 稿 人：（以姓氏笔画为序）

丁俊峰　马成波　马　岚　王朝辉　毛立华　仇彦军　邓江源
司艳丽　朱　科　朱　理　危浪平　刘小飞　刘忠伟　刘冠兵
刘　哲　刘海伟　刘　萌　孙　茜　孙　超　苏　萌　杜圣杰
杜微科　杨弘磊　杨　奕　杨　婷　杨　蕾　李予霞　李玉林
李承运　李相波　李晓云　李盛烨　李赛敏　李　明　李　朋
李　娜　吴兆祥　吴海雯　何　帆　沙　玲　沈红雨　沈　佳
宋春雨　张一宸　张伯娜　张玲玲　张雪楳　张　伟　张　音
张　楠　张　颖　陆　昱　陈龙业　陈志远　陈宏宇　陈　琨
范怡倩　林文学　郁　琳　赵一佳　赵晋山　胡夏冰　胡　岩
段农根　姚宝华　贾玉慧　贾亚奇　原能静　高晓力　高斌斌
郭载宇　郭敬娜　梅　芳　葛洪涛　蒋家棣　景光强　谢　勇
潘勇锋　潘　杰　薛圣海

执行编辑：王海峰　郭载宇　陈龙业　贾玉慧　张　音

出版说明

《中华人民共和国民事诉讼法》（以下简称《民事诉讼法》）是国家的基本法律，是规范民事诉讼程序的基本规则。我国现行《民事诉讼法》是1991年第七届全国人民代表大会第四次会议通过的，于1991年4月9日正式颁布施行，先后经历了2007年、2012年、2017年、2021年、2023年五次修正，民事诉讼规则不断优化完善，在保护当事人诉讼权利，保障人民法院公正、高效审理民事案件，促进国家治理体系和治理能力现代化等方面发挥了重要作用。

近年来，随着经济社会的不断发展与高水平对外开放的不断推进，人民法院审理的涉外民事纠纷数量快速攀升，已覆盖全球100多个国家和地区，境外当事人主动选择我国法院管辖的案件日益增多，我国法院作出的民商事判决得到越来越多国家和地区的承认和执行，中国司法的国际公信力和影响力持续提升。与此同时，司法实践面临的管辖权国际冲突等问题愈加复杂，现有涉外民事诉讼程序的功能定位、制度规则等已难以完全满足公正、高效、便捷解决涉外民事纠纷及维护国家主权、安全、发展利益的需要，有必要进行修改完善。为深入贯彻落实党的二十大精神，贯彻落实党中央关于统筹推进国内法治和涉外法治的决策部署，2023年9月1日，第十四届全国人民代表大会常务委员会第五次会议通过《关于修改〈中华人民共和国民事诉讼法〉的决定》，这是《民事诉讼法》的第五次修正，于2024年1月1日起施行。本次《民事诉讼法》修正是在全面总结涉外民商事审判实践经验基础上，重点对《民事诉讼法》中“涉外民事诉讼程序的特别规定”一编（以下简称涉外编）的内容进行了修改完善。此外，针对社会普遍关注、司法实践反映集中、各方能够形成高度共识的《民事诉讼法》其他各编内容，也作出了相应修改。本次修正共涉及28个条文，其中新增条文15条，修改条文13条。

本次修法涉外编修改内容主要包括：一是完善涉外民事案件管辖规则，适当扩大我国法院对涉外民事案件的管辖权。将管辖纠纷的类型从合同纠纷或者其他财产权益纠纷拓展至除身份关系以外的纠纷，增设其他适当联系作为管辖依据，更好地平等保护中外当事人诉权。完善协议管辖和应诉管辖规则。明确当事人书面协议选择我国法院管辖的，即使纠纷与我国无实际联系也可以由我国法院管辖。同时，增加了两类专属管辖情形。二是完善平行诉讼的相关规则，规定了当事人在外国法院和我国法院起诉的，我国法院可以受理。充分尊重当事人意思自治，对当事人订立排他性管辖协议选择外国法院管辖且不违反我国专属管辖规定，不涉及我国主权、安全或者社会公共利益的，我国法院可以裁定不予受理，适度礼让他国法院管辖。明确了不方便法院规则适用情形，也对驳回起诉后外国法院拒绝行使管辖权等情况下原告的救济渠道作出规定。三是修改涉外送达的相关规定，着力提升送达效率，切实维护涉外案件当事人的合法权益。完善诉讼代理人接受送达的相关规定。增加向受送达人在我国领域内设立的独资企业送达的规定。增加外国人、无国籍人、外国法人或者其他组织替代送达的适用情形。拓展电子送达途径。增加以受送达人同意的其他方式送达的规定。缩短公告送达期限，提高送达效率。四是完善涉外民事案件司法协助制度，增设域外调查取证相关规定。对我国法院通过我国驻外使领馆、以双方当事人同意的方式调查收集证据作出规定。五是完善承认与执行外国法院生效判决、裁定的基本规则。当事人申请承认和执行外国法院生效判决、裁定的，除法定情形外，应当予以承认和执行，对不予承认和执行的法定情形予以明确。明确了我国法院判断间接管辖权的依据。明确因同一纠纷向我国法院申请承认和执行程序与我国法院案件审理程序的关系。明确当事人对承认和执行或者不予承认和执行的裁定不服的救济程序。

本次修法非涉外编修改内容主要包括：一是扩大回避适用范围。对照修订后的《中华人民共和国人民法院组织法》和《中华人民共和国法官法》，将法官助理、司法技术人员纳入回避适用的对象，保障当事人申请回避权的全面行使，确保民事案件的公正审判。二是完善虚假诉讼认定规则。突出虚假诉讼本质特征，在“双方恶意串通”情形之外，增加“单方捏造民事案件基本事实”的情形，准确界定虚假诉讼外延，压缩虚假诉讼存在空间。三是增加指定遗产管理人案件。为回应司法实践需求，对标《中华人民共和国民法典》有关规定，在第十五章“特别程序”中新增指定遗产管理人案件一节，就指定遗产管理人的相关程序作出规定，实现实体法与程序法的有效衔接，为此类案件的审理提供明确的程序指引。

民事诉讼规则的不断发展完善，为人民法院公正、高效审理民事诉讼案件、更好保护当事人合法权益提供更加完备的法律保障。为贯彻实施《民事诉讼法》，2012 年《民事诉讼法》第二次修正以及 2021 年第四次修正后，最高人民法院结合修法背景和实践经验就部分修改条文撰写了理解与适用，对司法实务起到了很好的指导作用，受到社会各界的认可和欢迎。然而，很多一线法官表示，对新修改条文的权威解读很重要，但对其他未修改条文的权威解读也很亟需，实践中存在对其他条文的适用存在理解不一的现象，并强烈呼吁最高人民法院出版一套对《民事诉讼法》全部条文进行系统解读的权威指导图书，既方便办案时查阅，也便于全面系统掌握程序法要义。法学研究者也对此予以关切。为正确实施新《民事诉讼法》，及时回应地方法院及社会各界需求，2023 年 8 月，最高人民法院启动《中华人民共和国民事诉讼法理解与适用》编写工作，组织骨干力量对《民事诉讼法》条文进行全面解读，以审判需求为导向，强化规则适用指引，确保法律准确统一适用，促进提升公正与效率。

由于民事诉讼程序体系庞大、内容繁多，涉及一审、二审、再审、执行以及涉外诉讼等多领域，为高质量完成编写工作，最高人民法院成立专门的编写小组，由三位院领导任主编，研究室、民四庭牵头负责组织、统稿、核稿，在全院精挑细选业务部门中对民事诉讼法律造诣较深，特别是直接参与历次《民事诉讼法》修正及民事诉讼法司法解释、民事程序类司法解释起草工作的审判专家、业务骨干作为编写人员，共同完成本书的编写工作。

本书侧重对《民事诉讼法》进行司法实务和具体适用层面的解读。编写体例分为“条文主旨”“理解与适用”“审判实践中应当注意的问题”三部分内容。从内容上看，本书突出以下特点：一是坚持全面准确。详细阐释《民事诉讼法》条文的立法沿革，历次修正的背景、修正过程及修正时的考量因素，便于广大读者深入准确把握法律条文、法律规定的立法精神。二是坚持系统观念。将民事程序类司法解释制定、修订过程中的有关考量贯彻到编写工作中，注重体系化、系统性，便于广大读者更加系统理解条文内容，确保各级人民法院全面准确把握和正确适用程序法及相关司法解释规定。三是坚持问题导向。认真梳理审判实践中应当注意的重点难点问题，及时回应司法实践需要，突出针对性、实用性、操作性；同时对一些尚存争议的重点难点问题予以列明，引导司法实践重点关注、积极探索、积累经验。

本书力图用通俗易懂的语言对《民事诉讼法》条文进行全面、具体的阐述，既注重法律规定的实践运用，又注重理论阐释，旨在指导各级人民法院全面准确地把握法律规定的精神实质，全面、准确、统一、有效贯彻实施新《民事诉讼法》的原则、制度和各项规定。同时希望为关注《民事诉讼法》修改和实施工作的法律实务界和理论界人士提供研究素材，为广大社会公众学习《民事诉讼法》、运用《民事诉讼法》维护自身合法权益提供参考和帮助。

本书由最高人民法院陶凯元副院长、杨万明副院长、王淑梅专委定稿，涉外编部分由民二庭庭长高晓力、民四庭庭长沈红雨核稿，王海峰、郭载宇统稿；非涉外编部分由最高人民法院研究室主任周加海、副主任司艳丽核稿，陈龙业、贾玉慧统稿。

统稿过程中，肖棕堡、张晓光、刘婷、王宏等同志为本书文字校对审核等做了大量工作。人民法院出版社副总编辑陈建德、实务编辑部主任姜峤等同志加班加点、反复核校，为本书的出版倾注了大量心血。在此一并感谢。本书如有疏漏，敬请批评指正。

编　　者

二〇二三年十二月二十九日

凡 例

1. 本书中法律、行政法规名称一般用简称，例如《中华人民共和国民法典》简称《民法典》。

2. 本书中出现次数较多的法律规范文件使用简称：

文件名称	时　　间	简　　称
《中华人民共和国宪法》	2018 年 3 月 11 日修正	《宪法》
《中华人民共和国民法典》	2020 年 5 月 28 日	《民法典》
《中华人民共和国民事诉讼法》	2023 年 9 月 1 日修正	《民事诉讼法》
《中华人民共和国领海及毗连区法》	1992 年 2 月 25 日	《领海及毗连区法》
《中华人民共和国海商法》	1992 年 11 月 7 日	《海商法》
《中华人民共和国海事诉讼特别程序法》	1999 年 12 月 25 日	《海事诉讼特别程序法》
《中华人民共和国民族区域自治法》	2001 年 2 月 28 日修正	《民族区域自治法》
《中华人民共和国票据法》	2004 年 8 月 28 日	《票据法》
《中华人民共和国企业破产法》	2006 年 8 月 27 日	《企业破产法》
《中华人民共和国人民调解法》	2010 年 8 月 28 日	《人民调解法》
《中华人民共和国涉外民事关系法律适用法》	2010 年 10 月 28 日	《涉外民事关系法律适用法》
《中华人民共和国消费者权益保护法》	2013 年 10 月 25 日修正	《消费者权益保护法》
《中华人民共和国保险法》	2015 年 4 月 24 日	《保险法》
《中华人民共和国行政诉讼法》	2017 年 6 月 27 日修正	《行政诉讼法》
《中华人民共和国人民陪审员法》	2018 年 4 月 27 日	《人民陪审员法》
《中华人民共和国人民法院组织法》	2018 年 10 月 26 日修订	《人民法院组织法》
《中华人民共和国残疾人保障法》	2018 年 10 月 26 日修正	《残疾人保障法》
《中华人民共和国刑事诉讼法》	2018 年 10 月 26 日修正	《刑事诉讼法》

续表

文件名称	时　间	简　称
《中华人民共和国法官法》	2019年4月23日修订	《法官法》
《中华人民共和国未成年人保护法》	2020年10月17日修订	《未成年人保护法》
《中华人民共和国著作权法》	2020年11月11日修正	《著作权法》
《中华人民共和国妇女权益保障法》	2022年10月30日修订	《妇女权益保障法》
《中华人民共和国立法法》	2023年3月13日修正	《立法法》
《中华人民共和国刑法》	2023年12月29日修正	《刑法》
《全国人民代表大会常务委员会关于司法鉴定管理问题的决定》	2015年4月24日修正	《司法鉴定决定》
《全国人民代表大会常务委员会关于授权最高人民法院在部分地区开展民事诉讼程序繁简分流改革试点工作的决定》	2019年12月28日	《授权决定》
《最高人民法院关于适用〈中华人民共和国民事诉讼法〉的解释》	2022年4月1日修正	《民事诉讼法解释》
《最高人民法院关于适用〈中华人民共和国民事诉讼法〉若干问题的意见》	1992年7月14日	1992年《民事诉讼法意见》
《最高人民法院关于适用〈中华人民共和国仲裁法〉若干问题的解释》	2008年12月16日修改	《仲裁法解释》
《最高人民法院关于民事诉讼证据的若干规定》	2019年12月25日修正	《民事诉讼证据规定》
《最高人民法院关于印发〈民事诉讼程序繁简分流改革试点实施办法〉的通知》	2020年1月15日	《繁简分流试点办法》
《最高人民法院关于印发修改后的〈民事案件案由规定〉的通知》	2020年12月29日修正	《民事案件案由规定》
《最高人民法院关于适用简易程序审理民事案件的若干规定》	2020年12月29日修正	《简易程序规定》
《最高人民法院关于人民法院民事执行中查封、扣押、冻结财产的规定》	2020年12月29日修正	《民事执行查扣规定》

总目录

第一编　总　则

第二编 审判程序

第三编 执行程序

第四编　涉外民事诉讼程序的特别规定

目录

CONTENTS

上册

第一编 总则

第一章 任务、适用范围和基本原则

第三章　审判组织

第二节　送　达

第八章 调 解

第九章　保全和先予执行

下 册

第十三章 简易程序

第三节 宣告失踪、宣告死亡案件

第四节 指定遗产管理人案件

第三编 执行程序

第十九章 一般规定

第二十一章　执行措施

第二十二章　执行中止和终结

第四编　涉外民事诉讼程序的特别规定

第二十三章　一般原则

第一编　总　则

第一章　任务、适用范围和基本原则

第一条　**中华人民共和国民事诉讼法以宪法为根据，结合我国民事审判工作的经验和实际情况制定。**

【条文主旨】

本条是关于《民事诉讼法》立法依据的规定。

【理解与适用】

一、民事诉讼与民事诉讼法的概念

民事诉讼是指人民法院当事人和其他诉讼参与人，在审理民事案件的过程中所进行的各种诉讼活动，以及由这些活动所产生的各种诉讼关系的总和。[①] 民事诉讼法是规定民事诉讼程序，规范诉讼法律关系主体的活动及权利义务关系的法律规范。从概念上来说，民事诉讼法有广义和狭义之分。狭义的民事诉讼法是指对民事诉讼程序作出专门规范的部门法，如《中华人民共和国民事诉讼法》(以下简称《民事诉讼法》)；而广义的民事诉讼法，不仅包括了作为部门法的民事诉讼法，还包括了其他法律法规中关于民事诉讼程序的规定，如《中华人民共和国民法典》(以下简称《民法典》) 第 1073 条关于提起亲子关系异议之诉的规定，就是对当事人起诉权的规定。

民事诉讼法是国家的基本法律，是规范民事诉讼程序的基本规则。1991 年第七届全国人大第四次会议通过了《民事诉讼法》，于 1991 年 4 月 9 日正式颁布施行。该法规定了民事诉讼制度和程序，对于保护当事人的诉讼权利，保障人民法院正确、及时地审理民事案件，维护经济社会秩

① 江伟、肖建国主编:《民事诉讼法（第八版）》，中国人民大学出版社 2018 年版，第 9 页。

序，保障社会主义建设事业顺利进行，发挥了重要作用。

二、我国《民事诉讼法》历次修正主要情况

随着经济社会形势发展变化和信息化时代全面到来，人民群众司法需求日益多元，矛盾纠纷数量持续高速增长，民事审判工作形势发生深刻变化，《民事诉讼法》的有些规定已经不能完全适应人民群众对公正、高效、便捷解纷的司法需求，制约了司法资源的优化配置和司法效能的有效提升。为满足社会经济发展需求，适应审判实践需要，立法机关先后于2007年、2012年、2017年、2021年、2023年对《民事诉讼法》进行了五次修正。现将历次修正主要情况介绍如下：

（一）第一次修正（2007年）的有关情况

2007年10月28日，第十届全国人大常委会第三十次会议通过了《关于修改〈中华人民共和国民事诉讼法〉的决定》，并决定于2008年4月1日起施行。这次修正是对《民事诉讼法》的局部修正，主要内容是对审判监督程序和执行程序进行完善，努力解决当事人普遍遇到的“申诉难”和“执行难”问题；同时将企业法人破产还债程序从《民事诉讼法》中移除，使得《民事诉讼法》具备更强的合理性和专业性。人民法院立足审判实际，对民事诉讼程序和制度进行不断探索，积累先进经验，将符合民事诉讼基本原理、顺应民事诉讼发展潮流的改革方案，以司法解释、规范性文件等方式固定下来，为立法机关修改法律提供了重要参考。2007年《民事诉讼法》修正后，为配合新法实施，最高人民法院在2008年颁布了《关于适用〈中华人民共和国民事诉讼法〉执行程序若干问题的解释》（法释〔2008〕13号，已于2020年修正）和《关于适用〈中华人民共和国民事诉讼法〉审判监督程序若干问题的解释》（法释〔2008〕14号，已于2020年修正）等司法解释，对于促进修改后法律的统一正确适用具有重要作用。

（二）第二次修正（2012年）的有关情况

2012年8月31日，第十一届全国人大常委会第二十八次会议通过了《关于修改〈中华人民共和国民事诉讼法〉的决定》，于2013年1月1日起施行。这次修正是对《民事诉讼法》有关规定的全面修正，在我国民事诉讼立法进程中具有重大意义。修正内容主要包括七个方面：一是完善调解与诉讼相衔接的机制，包括增加先行调解的规定、增加《民事诉讼法》

与《中华人民共和国人民调解法》(以下简称《人民调解法》)相衔接的规定等;二是进一步保障当事人的诉讼权利,包括完善起诉和受理程序、增加公益诉讼制度、完善保全制度、完善裁判文书公开制度等;三是完善当事人举证制度,包括明确人民法院接收当事人提交证据材料的手续、促使当事人积极提供证据、赋予当事人启动鉴定程序的权利等;四是完善简易程序,包括设立小额诉讼制度、扩大简易程序适用范围、进一步简化审理程序等;五是强化检察机关对民事诉讼的法律监督,包括增加检察建议和再审检察建议的监督方式、扩大监督范围、强化监督手段等;六是完善审判监督程序,包括完善再审审级规定、完善申请再审检察建议或者抗诉的程序等;七是完善执行程序,包括强化执行措施、制裁逃避执行行为、加大对拒不执行的惩处力度等。为贯彻落实该法,2014 年 12 月 18 日最高人民法院审判委员会第 1636 次会议通过了《关于适用〈中华人民共和国民事诉讼法〉的解释》①,并于 2015 年 2 月 4 日起施行。该司法解释共有 552 条,分 23 个部分,内容包括:管辖、回避、诉讼参加人、证据、期间和送达、调解、保全和先予执行、对妨害民事诉讼的强制措施、诉讼费用、第一审普通程序、简易程序、简易程序中的小额诉讼、公益诉讼、第三人撤销之诉、执行异议之诉、第二审程序、特别程序、审判监督程序、督促程序、公示催告程序、执行程序、涉外民事诉讼程序的特别规定、附则。

(三)第三次修正(2017 年)的有关情况

2017 年 6 月 27 日,第十二届全国人大常委会第二十八次会议通过了《关于修改〈中华人民共和国民事诉讼法〉和〈中华人民共和国行政诉讼法〉的决定》,此次修正只涉及一个条文,即在《民事诉讼法》第 55 条增加一款,作为第 2 款"人民检察院在履行职责中发现破坏生态环境和资源保护、食品药品安全领域侵害众多消费者合法权益等损害社会公共利益的行为,在没有前款规定的机关和组织或者前款规定的机关和组织不提起诉讼的情况下,可以向人民法院提起诉讼。前款规定的机关或者组织提起诉讼的,人民检察院可以支持起诉"。本次修正是历次修改中,内容变化最小的一次。

---

① 该解释后经 2020 年 12 月 23 日、2022 年 3 月 22 日两次修正。以下简称《民事诉讼法解释》。

（四）第四次修正（2021年）的有关情况

2021年12月24日第十三届全国人民代表大会常务委员会第三十二次会议通过了《关于修改〈中华人民共和国民事诉讼法〉的决定》，对《民事诉讼法》进行了第四次修正，增加条文7个，修改条文26个。这次修法有两大背景：第一个背景是《民法典》的颁布实施。2020年5月28日，十三届全国人大三次会议审议通过了《民法典》，这是新中国成立以来第一部以“法典”命名的法律，是新时代我国社会主义法治建设的重大成果，具有里程碑式的重要意义。2020年5月29日，中央政治局就“切实实施民法典”举行第二十次集体学习。习近平总书记强调，要加强同《民法典》相关联、相配套的法律法规制度建设，对同《民法典》规定和原则不一致的国家有关规定，要抓紧清理，该修改的修改，该废止的废止。为贯彻落实习近平总书记重要讲话精神，2021年《民事诉讼法》共有13处修改是为与《民法典》相关表述一致而作出的，如将第257条的“抚育费”修改为“抚养费”，将第185条的“意外事故”修改为“意外事件”等。第二个背景是民事诉讼程序繁简分流改革试点。为贯彻落实习近平总书记关于“深化诉讼制度改革，推进案件繁简分流、轻重分离、快慢分道”的重要指示精神，如期完成《关于政法领域全面深化改革的实施意见》中关于“深化民事诉讼制度改革”的重大改革任务，根据中央改革部署，最高人民法院作为第一责任单位，牵头研究制定繁简分流相关改革方案。2019年12月28日，第十三届全国人民代表大会常务委员会第十五次会议通过《关于授权最高人民法院在部分地区开展民事诉讼程序繁简分流改革试点工作的决定》（以下简称《授权决定》）。《授权决定》授权最高人民法院在北京、广东等15个省（区、市）20个城市的305家法院组织开展为期两年的民事诉讼程序繁简分流改革试点。2020年1月15日，最高人民法院印发《民事诉讼程序繁简分流改革试点实施办法》（法〔2020〕11号，以下简称《繁简分流试点办法》）。试点期间，试点法院暂时调整适用《民事诉讼法》第39条第1款、第2款，第40条第1款，第87条第1款，第162条，第169条第1款，第194条。按照《授权决定》，“试点期满后，对实践证明可行的，应当修改完善有关法律”。2021年《民事诉讼法》修正中，共有20处修改与民事诉讼程序繁简分流改革试点工作相关，涉及司法确认、小额诉讼、简易程序、独任审理和在线诉讼等内容。

（五）第五次修正（2023 年）的有关情况

2023 年 9 月 1 日第十四届全国人民代表大会常务委员会第五次会议通过《关于修改〈中华人民共和国民事诉讼法〉的决定》，对《民事诉讼法》进行第五次修正，并于 2024 年 1 月 1 日起实施。从修改条文看，相比《民事诉讼法修正草案》提出的 28 项修改意见，最终的修正案对《民事诉讼法》作出了 26 处调整，涉及 28 个条文，其中新增条文 15 条，修改条文 13 条。为贯彻党中央统筹推进国内法治和涉外法治的决策部署，此次修改主要围绕“涉外民事诉讼程序的特别规定”进行，包括：第一，修改管辖的相关规定，进一步扩大我国法院对涉外民事案件的管辖权；第二，顺应国际趋势，增加平行诉讼的一般规定、不方便法院原则等相关条款；第三，进一步修改涉外送达的相关规定，着力解决涉外案件“送达难”问题，提升送达效率，切实维护涉外案件当事人的合法权益；第四，完善涉外民事案件司法协助制度，增设域外调查取证相关规定；第五，完善外国法院生效判决、裁定承认与执行的基本规则。这对于进一步优化涉外民事案件审判质效，更好保护当事人的诉权及其他合法权益，并更好维护我国主权、安全和社会公共利益具有重要意义。此外，本次修正积极回应社会关切，针对社会普遍关注、司法实践反映集中、各方能够形成高度共识的回避、虚假诉讼等问题作出规定，同时为回应《民法典》第 1146 条的程序需求，增加规定了遗产管理人指定程序，将之纳入第十五章特别程序。

三、《民事诉讼法》的制定和修改应当以《宪法》为依据

《中华人民共和国宪法》（以下简称《宪法》）是国家的根本法，具有最高的法律效力，是国家一切立法活动的基础，是制定和修改法律的根据。《宪法》第 5 条规定，一切法律、行政法规和地方性法规都不得同《宪法》相抵触。《中华人民共和国立法法》（以下简称《立法法》，2023 年修正）第 5 条规定，立法应当符合《宪法》的规定、原则和精神，依照法定的权限和程序，从国家整体利益出发，维护社会主义法制的统一、尊严、权威。《民事诉讼法》作为普通法，其制定和修改均应当以《宪法》为根据，体现《宪法》所规定的各项原则，贯彻《宪法》的基本精神，结合民事诉讼自身的特点，将《宪法》原则具体化，以保障《宪法》的贯彻实施。

以《宪法》为依据包括以下四方面含义：一是贯彻《宪法》规定的根

本任务。根据《宪法》规定，国家的根本任务是沿着中国特色社会主义道路，集中力量进行社会主义现代化建设。《民事诉讼法》第2条规定，《民事诉讼法》的任务是保护当事人行使诉讼权利，保证人民法院查明事实，分清是非，正确适用法律，及时审理民事案件，确认民事权利义务关系，制裁民事违法行为，保护当事人的合法权益，教育公民自觉遵守法律，维护社会秩序、经济秩序，保障社会主义建设事业顺利进行。二是落实《宪法》规定的各项制度。我国《宪法》规定，社会主义制度是中华人民共和国的根本制度；国家维护社会主义法制的统一和尊严；任何组织和个人都不得有超越《宪法》和法律的特权；公民在法律面前一律平等，国家尊重和保障人权等。《民事诉讼法》通过对民事诉讼程序和民事诉讼活动的规范，体现和贯彻《宪法》规定的原则。三是遵循《宪法》规定的各项原则。《宪法》规定了中华人民共和国人民法院是国家的审判机关；人民法院审理案件，除法律规定的特别情况外，一律公开进行；人民法院依照法律规定独立行使审判权，不受行政机关、社会团体和个人的干涉等原则。《民事诉讼法》的制定和修改要将《宪法》的各项原则具体化，以保障《宪法》的贯彻实施。四是《民事诉讼法》的各项具体规范都不得与《宪法》的原则和规定相抵触。我国《宪法》规定，一切法律、行政法规和地方性法规都不得同《宪法》相抵触。《民事诉讼法》作为规范我国民事诉讼制度的基本法，也须与《宪法》保持一致。

四、《民事诉讼法》的制定和修改应当结合我国民事审判工作的经验和实际情况

随着经济社会不断发展变化，民事诉讼纠纷案件数量不断增加，新类型案件不断涌现，给民事诉讼带来了一些新情况和新问题，人民群众对于民事审判实践的要求也不断提高。各级人民法院在审判过程中结合大量的案例事实，不断总结研究，积累了丰富的审判实践经验，为立法提供了重要参考。制定和修改《民事诉讼法》，应立足民事审判工作中积累的审判实践经验，将一些比较成熟并且行之有效的审判经验上升为法律制度。同时，应当根据我国经济社会发展的实际情况和现实需要，有针对性地对《民事诉讼法》的有关制度和规定作出修改，不断完善具有中国特色的社会主义民事诉讼法律制度，不断满足人民群众对民事诉讼制度的新需求和新期待。

第二条　中华人民共和国民事诉讼法的任务，是保护当事人行使诉讼权利，保证人民法院查明事实，分清是非，正确适用法律，及时审理民事案件，确认民事权利义务关系，制裁民事违法行为，保护当事人的合法权益，教育公民自觉遵守法律，维护社会秩序、经济秩序，保障社会主义建设事业顺利进行。

【条文主旨】

本条是关于《民事诉讼法》任务的规定。

【理解与适用】

在《民事诉讼法》历次修改过程中，本条始终未作出修改。

《民事诉讼法》的主要内容是规范民事诉讼程序和诉讼关系主体权利义务，是人民法院和民事诉讼当事人应共同遵守的行为准则。《民事诉讼法》的任务，即《民事诉讼法》应当实现的目的、功能和作用。根据本条的规定，《民事诉讼法》的任务包括以下四个方面：

一、保护当事人行使诉讼权利

《民事诉讼法》的首要任务是保护当事人行使诉讼权利。我国《宪法》规定，国家尊重和保障人权。民事诉讼权利是公民、法人和其他组织享有的一项基本权利，是民事诉讼法律规范所规定的民事法律关系主体所享有的实施一定诉讼行为的可能性，是我国《宪法》所规定的民事主体基本权利在诉讼中的体现。《民事诉讼法》作为规范和调整民事诉讼的法典，最基本的任务就是保障主体的权利，这也是任何一项基本法律所应当规定的首要任务。[①]《民事诉讼法》第 8 条规定："民事诉讼当事人有平等的诉讼权利。人民法院审理民事案件，应当保障和便利当事人行使诉讼权利，对当事人在适用法律上一律平等。"当事人能否全面有效地行使诉讼权利是保障民事诉讼程序顺利进行、保障当事人的合法权益、保障法院依

① 张卫平:《现行〈民事诉讼法〉任务的构成及修正》，载《法学》2006 年第 5 期。

法作出正确裁判的前提和基础。在民事诉讼中，当事人以及诉讼参与人能够自由地行使诉讼权利，其诉讼权利得以保障，《民事诉讼法》的权利保障功能就能够基本得以实现。

《民事诉讼法》保护的是当事人的诉讼权利。民事诉讼的当事人，是指因民事权利、义务发生纠纷，以自己的名义进行诉讼，要求人民法院行使民事审判权的人及其相对人。[①] 民事诉讼当事人是民事诉讼程序中必不可少的主体。没有当事人的起诉、应诉，人民法院的民事审判权便无从启动与运作。《民事诉讼法》第 51 条第 1 款规定，公民、法人和其他组织可以作为民事诉讼的当事人。民事诉讼当事人应当具有民事诉讼权利能力，具有进行诉讼活动的资格。要成为具体案件的当事人，则需当事人适格。一般而言，民事诉讼当事人具有以下特点：一是以自己的名义起诉、应诉、进行诉讼；二是在诉讼中依法享有诉讼权利，负有相应的诉讼义务；三是直接受人民法院的裁判约束，法院作出的生效裁判文书对当事人产生法律效力。

要保护当事人行使诉讼权利，首先需要赋予当事人诉讼权利，因为没有诉讼权利的享有，就谈不上诉讼权利的行使，更谈不上对诉讼权利行使的保护。据此，我国《民事诉讼法》赋予了当事人广泛的诉讼权利，为当事人维护自己的正当权利和合法权益提供了诉讼手段。根据《民事诉讼法》的规定，当事人的民事诉讼权利主要包括：（1）起诉、撤诉和变更诉讼请求的权利；（2）反驳的权利和提起反诉的权利；（3）委托诉讼代理人的权利；（4）申请回避的权利；（5）收集并提供证据的权利；（6）陈述、质证和辩论的权利；（7）是否接受调解的权利；（8）自行和解的权利；（9）申请财产保全和先予执行的权利；（10）查阅、复制案件有关材料的权利；（11）提起上诉的权利；（12）向人民法院申请再审的权利；（13）向人民检察院申请再审检察建议或者抗诉的权利；（14）申请执行的权利等。《民事诉讼法》对当事人行使诉讼权利作出具体规定，人民法院和有关国家机关应当给予充分保障，不得随意剥夺或限制当事人的诉讼权利，司法人员在诉讼过程中要正确贯彻执行《民事诉讼法》关于保护当事人诉讼权利的有关规定，保护民事主体合法权益。

需要强调的是，《民事诉讼法》保护当事人行使诉讼权利是指《民事诉讼法》保护当事人依法正当行使诉讼权利，对于当事人滥用诉讼权利的

---

① 韩艳：《民事诉讼法原理与实务（第二版）》，中国政法大学出版社 2021 年版，第 63 页。

行为，《民事诉讼法》依法予以规制。《民事诉讼法》在 2023 年修正时，对于虚假诉讼的有关规定进行了完善，对滥用诉讼权利侵害国家利益、社会公共利益或者他人合法权益的行为予以规制。

二、保证人民法院依法行使审判权

《民事诉讼法》的重要任务是确保人民法院依法行使审判权。我国《宪法》第 131 条规定，人民法院依照法律规定独立行使审判权，不受行政机关、社会团体和个人的干涉。根据《民事诉讼法》第 2 条规定，确保人民法院依法行使审判权的具体含义是指《民事诉讼法》“保证人民法院查明事实，分清是非，正确适用法律，及时审理民事案件，确认民事权利义务关系，制裁民事违法行为，保护当事人的合法权益”。

查明事实是分清是非、正确适用法律的前提和基础。《民事诉讼法》第 7 条规定，人民法院审理民事案件，必须以事实为根据，以法律为准绳。人民法院审理民事案件首先在查明事实的基础上明确争议焦点，分清责任，辨明是非，进而再决定如何适用法律。查明事实必须依靠证据，必须严格遵循民事诉讼法规定的程序进行。查明案件事实包括两方面：一方面，是要查明当事人争议的民事法律关系发生、变更、消灭的事实；另一方面，是要查明当事人对该法律关系发生争议的事实。查明前者，在于了解事情发展的基本经过；查明后者，在于了解发生争议的原因、双方争执的焦点。只有把两者都查清，才可能对案件事实作出符合客观实际的判断，为案件的正确处理奠定基础。

查明事实、分清是非的目的是要正确适用法律，及时审理民事案件，解决矛盾纠纷。所谓正确适用法律，是指人民法院应当准确、公正地适用实体法和程序法的相关规定，对当事人之间的权利义务关系作出正确的判断，从而作出公平的裁判。“正确适用法律”体现了对人民法院裁判的公正性要求。所谓及时审理民事案件，是指人民法院在审理民事案件时应当严格遵循民事诉讼法对诉讼期间的规定，在正确、合法的基础上，迅速解决纠纷，避免久拖不决给当事人及其他人员造成讼累。“迟到的正义非正义”（Justice delayed is justice denied），对于当事人而言，即使司法裁判的结果是公正的，但如果等待裁判的时间过长，合法权益得不到及时维护，那么程序上的不公正将使裁判成为非正义的。“及时审理民事案件”体现了对人民法院裁判的效率性要求。《民事诉讼法》对整个民事诉讼程序进行完整而详细的规定，对当事人和人民法院的诉讼行为明确规定期限，即要求人民法院和诉讼参与人在一定时间内完成一定的诉讼行为，对人民法院如何正确、及时审理民事案件提出明确要求，从而确保人民法院能够及时审理案件，保证诉讼的有效进行。

确认民事权利义务关系，制裁民事违法行为，保护当事人合法权益是民事诉讼法的直接、实际的任务。当事人之间发生民事纠纷，起诉到人民法院，其核心期待是在法院的主持下，明确各方权利义务关系，根据诉讼的情况确认、变更或者消灭原来的法律关系，通过公正裁判来保护当事人合法权益，同时对民事违法行为进行制裁。人民法院依据《民事诉讼法》的规定，在正确、及时审理案件的基础上，对当事人之间的民事权利义务关系加以确认，保护当事人的合法权益。当事人行使诉讼权利，人民法院行使审判权，人民法院与诉讼参与人有效地进行民事诉讼活动，都围绕同一目的：确认当事人之间的民事权利义务关系，保护当事人的合法权益。确认民事权利义务关系包括以下内容：一是确认权利义务关系是否存在；二是确认权利义务关系中权利的归属或义务的承担；三是确认权利义务关系是否需要予以变更或如何变更。确认权利义务关系就是要求人民法院以事实为根据，以法律为准绳，通过裁判的方式对争议当事人的权利义务重新作出确定和认可，使不明确的权利义务关系得以明确，从而在当事人之间形成一种新的民事法律关系。制裁民事违法行为，就是要求人民法院对有违反民事法律的当事人以强令其履行应当履行的义务的方式予以制裁。人民法院通过确认民事权利义务关系，制裁民事违法行为从而实现保护当事人合法权益的目的。《民事诉讼法》保护当事人充分、正确地行使诉讼权利，保证人民法院正确、合法、及时地审理民事案件，是确认当事人之间的民事权利义务关系、制裁民事违法行为、保护当事人合法权益的前提条件，维护当事人的合法权益才是民事诉讼所要达到的目的。

三、教育公民自觉遵守法律

法具有教育作用，通过法的实施来教育公民自觉地遵守法律，是包括《民事诉讼法》在内各个法律部门共同承担的一项任务。《民事诉讼法》的教育作用主要体现在两个方面：一方面，是以审判的方式来确认当事人之间的权利义务关系，明确民事主体在什么样的情况下可以请求司法保护，以及国家是如何通过司法手段来维护公民合法权益；另一方面，是通过司法公开的方式来向公民宣传国家的法律。法院通过对案件的审理，适用国家的法律对案件作出处理，这一处理结果能够表明国家法律保护什么、支持什么、制裁什么、反对什么，从而使当事人和群众对什么是合法行为、什么是违法行为有具体的认识，增强法律意识和法治观念，从而达到预防和减少纠纷的目的。

四、维护社会秩序、经济秩序，保障社会主义建设事业顺利进行

法律的秩序价值是其所具有的最基本的价值。维护秩序是法的重要任务之一。法律对秩序的维护体现在对政治秩序、社会秩序、经济秩序、文化秩序和对生态文明等秩序的维护。我国《宪法》第15条第3款规定，国家依法禁止任何组织或者个人扰乱社会经济秩序。《民事诉讼法》作为我国重要法律规范之一，其当然具有维护秩序的任务。结合《民事诉讼法》自身特征——以解决私权纠纷问题为主要内容和目的，因此其对秩序的维护主要体现在对社会秩序和经济秩序的维护。《民事诉讼法》对社会秩序和经济秩序的维护主要体现在三个方面：一是确认权利义务关系。《民事诉讼法》通过审判来实现对当事人之间民事权利义务关系的确认，通过裁判来维护当事人合法权益，制止和否定侵害他人合法权益、扰乱正常社会秩序和经济秩序的行为。二是明确纠纷解决方式。《民事诉讼法》明确规定矛盾纠纷解决的程序与机制，查明事实，分清是非，进而适用法律，实现定分止争，防止矛盾激化，使受到不法行为扰乱的社会秩序、经济秩序恢复平静。三是防范和化解社会经济中的风险。通过《民事诉讼法》规定的调解、诉讼等方式来解决纠纷，完善市场竞争机制，优化社会资源配置，化解重大社会风险，为社会主义市场经济良性运行提供保障，确保经济社会的平稳快速发展。

我国《宪法》序言中规定，国家的根本任务是沿着中国特色社会主义道路，集中力量进行社会主义现代化建设。《民事诉讼法》作为国家重要法律制度，必须要遵循和落实《宪法》规定的根本任务。维护社会经济秩序，保障社会主义建设事业顺利进行是《民事诉讼法》的重要任务。这项任务不是《民事诉讼法》特有的任务，而是我国所有法律的共同任务。《民事诉讼法》通过对民事诉讼程序的规定和运用来实现对民事诉讼法律关系的调整，进而达到维护社会秩序和经济秩序的社会效果，并实现保障社会主义建设的总任务。

第三条 人民法院受理公民之间、法人之间、其他组织之间以及他们相互之间因财产关系和人身关系提起的民事诉讼，适用本法的规定。

【条文主旨】

本条是关于《民事诉讼法》适用范围的规定。

【理解与适用】

《民事诉讼法》的适用范围，是指《民事诉讼法》在什么范围内适用，也即哪些纠纷可以由法院受理进入民事诉讼程序。《民事诉讼法》的适用范围也称民事诉讼的主管。民事诉讼主管制度存在的主要目的是明确宪法赋予法院民事审判权的范围，即人民法院依法行使《宪法》赋予的民事审判权的范围。根据本条的规定，《民事诉讼法》适用范围包括两方面含义：一是对主体的适用范围，即适用于公民之间、法人之间、其他组织之间及其相互之间；二是对事项的适用范围，即因财产关系和人身关系提起的民事诉讼案件。

一、《民事诉讼法》的适用主体

《民事诉讼法》的适用主体，是公民之间、法人之间、其他组织之间及其相互之间。根据《民事诉讼法》第51条第1款的规定，公民、法人和其他组织可以作为民事诉讼的当事人。

公民，是指具有中华人民共和国国籍的自然人。公民不论是否具有民事行为能力，都可以成为民事诉讼的当事人，只不过无民事行为能力或者限制民事行为能力的公民进行诉讼时，必须由其监护人作为法定代理人代为诉讼。

法人，是指具有民事权利能力和民事行为能力，依法独立享有民事权利和承担民事义务的组织。法人与他人发生争议时，可以自己名义进行民事诉讼。根据《民法典》相关规定，法人分为三类：（1）营利法人。是指以取得利润并分配给股东等出资人为目的成立的法人。（2）非营利法人。是指为公益目的或者其他非营利目的成立，不向出资人、设立人或者会员分配所取得利润的法人。（3）特别法人。是指机关法人、农村集体经济组织法人、城镇农村的合作经济组织法人、基层群众性自治组织法人。

其他组织是指合法成立、有一定的组织机构和财产，但又不具备法人资格的组织。其他组织虽然不具有法人资格，但在现实生活中，其他组织也有组织名称、活动场所和主要负责人，也在以自己的名义独立从事民事活动，也有解决纠纷的需求。因此，《民事诉讼法》承认其他组织作为诉讼当事人的资格，允许其以自己的名义参与民事诉讼，这对于保护各方当事人的民事权利，简化诉讼程序，提高诉讼效率具有重要意义。

随着改革开放不断深入和我国社会主义市场经济快速发展，越来越多的外国人、无国籍人、外国企业和组织在我国参加民事诉讼，因此《民事诉讼法》也适用于在我国参加民事诉讼的如下主体：（1）居住在我国境内的外国人、无国籍人，以及外国企业和组织。（2）不在我国境内居住但要求在我国进行民事诉讼的外国人、无国籍人，以及外国企业和组织。（3）享有外交特权和豁免权，但根据国际惯例和我国有关规定，其民事案件应受我国法院管辖的外国人。根据《民事诉讼法》规定，外国人、无国籍人、外国企业和组织在人民法院起诉、应诉，同中华人民共和国公民、法人和其他组织有同等的诉讼权利义务。外国法院对中华人民共和国公民、法人和其他组织的民事诉讼权利加以限制的，中华人民共和国人民法院对该国公民、企业和组织的民事诉讼权利，实行对等原则。

二、民事诉讼的受案范围

民事诉讼的受案范围，包括公民之间、法人之间、其他组织之间及其相互之间因财产关系而产生的纠纷和因人身关系而产生的纠纷。

财产关系，是以财产为媒介而发生的社会关系，是指平等主体在物的生产、分配、交换和消费过程中形成的具有财产内容、经济价值的社会关系。在民法上，财产关系主要表现为两种：一种是财产所有关系，另一种是财产流转关系。财产所有关系是民事主体在对财产占有、使用、收益和处分的过程中所发生的社会关系，表明财产的归属关系，体现财产归谁所有，以及其他人就该财产与财产权利人之间的利用关系。财产流转关系是民事主体在转移物的过程中所发生的社会关系，是动态的财产关系。财产所有关系着眼于利益的享有，即享有的自由和安全，主要由民法中的物权制度来保障。财产流转关系着眼于利益的获得，即交易的自由和安全，主要由民法中债和合同制度来保障。民法调整财产所有关系的目的在于维护财产的归属秩序，以保护财产的静态的安全；调整财产的流转关系的目的在于维护财产的交易安全和秩序，以保护财产的动态的安全。正是从这个意义上讲，以所有权为核心的物权制度和以合同为核心的债法制度，是一个国家民事法律制度的核心，是支撑市场经济的两大法律基石。

人身关系是指基于人格和身份形成的，与人身不可分离且无直接财产内容的相互关系。“人”是指人格，“身”是指身份，人身关系包括人格关系和身份关系。这两类法律关系在民法上表现为人格权和身份权。前者是具有非财产性、专属性、固有性的社会关系，后者是亲属之间的非财产性、身份性和义务性的社会关系。民法调整人身关系，突出对人格利益和身份利益等精神利益的保护，体现人的尊严、人格平等和人格自由。

民法调整的人身关系包括三类：（1）基于民事主体人格产生的人身关系。主要是自然人、法人、非法人组织的人格权，包括自然人的生命权、身体权、健康权、姓名权、肖像权、名誉权、荣誉权、隐私权、婚姻自主权等权利；法人、非法人组织的名称权、名誉权、荣誉权等权利。（2）基于民事主体一定身份产生的人身关系。如自然人基于亲属关系产生的亲权（夫妻之间、父母子女之间的身份权），基于监护关系产生的监护权；民事主体基于知识产权获得的权利（如著作权、专利权、商标权中的人身权）。（3）基于其他社会关系产生的身份权，如荣誉权。

民法调整的人身关系具有如下特点：（1）主体地位平等。人身关系主体具有平等法律地位，相互之间没有隶属关系，任何一方不得命令或者强迫另一方作出或者不作出某种行为。（2）与人身不可分离。即具有专属性，人身关系基于人身利益而发生。不论自然人，还是法人、非法人组织，离开了人身关系，就不成其为民事主体，就会丧失主体资格。（3）不直接体现财产利益。人身关系中权利人的权利和义务人的义务，都不直接体现财产利益，主要体现精神利益、道德利益。但人身关系与财产利益又有联系，有的人格利益可以转化为财产利益，例如，法人名称权可以依法有偿转让，获得财产利益；有些人格利益经过合理授权使用，也会产生财产利益，如个人肖像。

【审判实践中应当注意的问题】

关于《民事诉讼法》中“其他组织”与《民法典》中“非法人组织”概念的区分问题

关于“非法人组织”与“其他组织”的关系，学界存在认识分歧。有学者指出，当其他组织与法人并列时，其他组织即与非法人组织具有同等含义。[①]“非法人组织”实际上是现行法中“其他组织”的代名词。[②]但多数观点认为，非法人组织与其他组织是相互独立的两个概念，《民法典》对第三类民事主体冠以“非法人组织”，就是为了区别于以往的“其他组织”。[③]在二者范围上，有学者指出，目前法律中“其他组织”的范围比“非法人组织”更广，在未来修法时，应将现行法中的“其他组织”修改为“非法人组织及其他组织”，“其他组织”应仅特指不具有民事主体地位的组织。[④]也有学者认为，《民事诉讼法》规定的其他组织的一个要件是“有一定的财产”，而《民法典》没有为非法人组织设定此要件，就此而言，《民事诉讼法》对于其他组织的界定更为严格。因此，非法人组织的外延更广，并且大致覆盖了其他组织。[⑤]司法实务中关于“非法人组织”与“其他组织”的相互关系的认识也不统一。有法院认为，非法人组织与其他组织的主体资格关联统一，某一组织符合非法人组织，便构成诉讼法中的其他组织；若某一组织不能构成民法上的法人或非法人组织，便不具有诉讼主体资格。

根据《民法典》第102条至第108条的规定，非法人组织是指不具有法人资格但可以自己的名义进行民事活动的组织，亦称非法人团体、社团和非法人财团。非法人组织的特征是：（1）从性质来看，非法人组织不具有拟制的法人资格，是介于自然人与法人之间的特殊民事主体。（2）从是否具有营利性来看，个人独资企业、部分合伙企业具有营利性

---

① 柳经纬、亓琳：《比较法视野下的“非法人组织”主体地位问题》，载《暨南学报（哲学社会科学版）》2017年第4期。

② 柳经纬：《中国民法典争鸣（柳经纬卷）》，厦门大学出版社2017年版，第104页。

③ 张鸣起：《〈中华人民共和国民法总则〉的制定》，载《中国法学》2017年第2期。

④ 张新宝、汪榆森：《〈民法总则〉规定的“非法人组织”基本问题研讨》，载《比较法研究》2018年第3期。

⑤ 严仁群：《非法人组织与当事人能力》，载《江苏行政学院学报》2018年第6期。

特征，大部分专业服务机构属于非营利性质组织。（3）从设立登记来看，非法人组织应依照法律的规定登记，法律、行政法规规定须经有关机关批准的，依照其规定。（4）从从事民事活动的代表人来看，非法人组织可确定一人或数人代表该组织从事民事活动。（5）从承担法律责任来看，非法人组织的财产不足以清偿债务的，其出资人或设立人承担无限责任。法律另有规定的，依照其规定。（6）从诉讼资格来看，非法人组织既然具有民事主体资格，也就有了民事诉讼主体资格，可以依法参加诉讼活动，享有诉讼权利，承担诉讼义务。非法人组织不具有法人资格，但能够依法以自己的名义从事民事活动；应依照法律的规定登记或批准；非法人组织一般以其财产承担民事责任、但财产不足的，其出资人或者设立人承担无限责任；应当依法进行清算。依《民法典》的规定非法人组织包括个人独资企业、合伙企业、不具有法人人格的专业服务机构等。非法人组织不包括法人分支机构、未经登记的组织、不能清算的组织。根据《民事诉讼法解释》第52条的规定，“其他组织”是指合法成立、有一定的组织机构和财产，但又不具备法人资格的组织，包括：（1）依法登记领取营业执照的个人独资企业；（2）依法登记领取营业执照的合伙企业；（3）依法登记领取我国营业执照的中外合作经营企业、外资企业；（4）依法成立的社会团体的分支机构、代表机构；（5）依法设立并领取营业执照的法人的分支机构；（6）依法设立并领取营业执照的商业银行、政策性银行和非银行金融机构的分支机构；（7）经依法登记领取营业执照的乡镇企业、街道企业；（8）其他符合本条规定条件的组织。

根据上述规定，“其他组织”与“非法人组织”的含义并不完全一致。“其他组织”是指合法成立、有一定的组织机构和财产，但又不具备法人资格的组织。其中合法成立是指必须依照法律规定的程序和条件成立，法律上予以认可的组织。如果未经依法成立，则不具有其他组织的资格。而“非法人组织”强调应当依照法律的规定登记，解散时应当依法清算。在民事诉讼法的语境下，“其他组织”不仅包括“非法人组织”，也包括法人分支机构及法律上认可的其他依法成立组织。

第四条 凡在中华人民共和国领域内进行民事诉讼，必须遵守本法。

【条文主旨】

本条是关于《民事诉讼法》空间效力的规定。

【理解与适用】

《民事诉讼法》的空间效力，是指《民事诉讼法》在什么地方或者说在什么空间范围内有效。根据本条规定，凡是在我国领域内进行的民事诉讼，必须遵守本法、适用本法。

上述“我国领域内”，是指我国的领土范围，包括我国的领陆、领水、领空和其他具有领土意义的空间。

一、领陆

领陆是指一个国家疆域内的所有陆地，包括岛屿。《中华人民共和国领海及毗连区法》(以下简称《领海及毗连区法》) 第 2 条第 2 款规定：“中华人民共和国的陆地领土包括中华人民共和国大陆及其沿海岛屿、台湾及其包括钓鱼岛在内的附属各岛、澎湖列岛、东沙群岛、西沙群岛、中沙群岛、南沙群岛以及其他一切属于中华人民共和国的岛屿。”

二、领水

领水是指位于陆地疆界以内或与陆地疆界邻接的一定宽度的水域，包括内水和海域。《领海及毗连区法》第 2 条第 1 款规定：“中华人民共和国领海为邻接中华人民共和国陆地领土和内水的一带海域。”该条第 3 款规定：“中华人民共和国领海基线向陆地一侧的水域为中华人民共和国的内水。”第 3 条第 1 款规定：“中华人民共和国领海的宽度从领海基线量起为十二海里。”

三、领空

领空是指领陆、领水之上的空域，是国家领土不可分割的重要组成部分。《中华人民共和国民用航空法》（2021年修正）第2条规定："中华人民共和国的领陆和领水之上的空域为中华人民共和国领空。中华人民共和国对领空享有完全的、排他的主权。"《领海及毗连区法》第5条规定："中华人民共和国对领海的主权及于领海上空、领海的海床及底土。"

四、其他具有领土意义的空间

中华人民共和国领域还包括一部分延伸意义上的领土，例如，航行于国外的中华人民共和国的船舶和飞行器、我国驻外国的使领馆。

综上所述，我国《民事诉讼法》的空间效力范围为中华人民共和国领域，包括领陆、领水、领空以及其他具有领土意义的空间。只要是在上述空间内进行民事诉讼的，不论诉讼主体是中国公民、法人和其他组织还是外国人、无国籍人、外国企业和组织，都应当遵守本法。

【审判实践中应当注意的问题】

根据该条规定，凡是在我国领域内进行民事诉讼，一律适用我国《民事诉讼法》。审判实践中应当注意以下几个问题：

一、《民事诉讼法》在民族自治地方的适用问题

我国是统一的多民族国家，少数民族众多，考虑到民族地区存在自己的特殊情况，《民事诉讼法》第17条规定："民族自治地方的人民代表大会根据宪法和本法的原则，结合当地民族的具体情况，可以制定变通或者补充的规定。自治区的规定，报全国人民代表大会常务委员会批准。自治州、自治县的规定，报省或者自治区的人民代表大会常务委员会批准，并报全国人民代表大会常务委员会备案。"按照这一规定，在一些民族地区，在《民事诉讼法》的适用上可能会与其他地区有所不同。

二、《民事诉讼法》在实行"一国两制"地区的适用问题

《中华人民共和国香港特别行政区基本法》第18条第2款规定："全国性法律除列于本法附件三者外，不在香港特别行政区实施。凡列于本法

附件三之法律，由香港特别行政区在当地公布或立法实施。”而《民事诉讼法》并未列入附件三，因此，在我国香港特别行政区内进行的民事诉讼活动，应当适用香港特别行政区有关民事诉讼的法律。同理，根据《中华人民共和国澳门特别行政区基本法》第 18 条第 2 款的规定，《民事诉讼法》亦不在我国澳门特别行政区实施。

三、《民事诉讼法》与国际条约的关系及外交豁免问题

本条是关于民事诉讼法空间效力的一般规定，但如果我国缔结或参加的国际条约与我国《民事诉讼法》有不同规定的，应当适用该国际条约的规定，但我国声明保留的条款除外。同时，本条亦不适用于在我国领域内享有外交特权与豁免权的外国人、外国组织或国际组织；当然，如果其主动放弃外交特权或者豁免权起诉或应诉的除外。

第五条 外国人、无国籍人、外国企业和组织在人民法院起诉、应诉，同中华人民共和国公民、法人和其他组织有同等的诉讼权利义务。

外国法院对中华人民共和国公民、法人和其他组织的民事诉讼权利加以限制的，中华人民共和国人民法院对该国公民、企业和组织的民事诉讼权利，实行对等原则。

【条文主旨】

本条是关于涉外民事诉讼同等原则和对等原则的规定。

【理解与适用】

2023年修正的《民事诉讼法》对本条未做修改，整体保留了原有规定。

同等原则和对等原则是涉外民事诉讼程序的基本原则，该规定解决了外国人在我国民事诉讼地位的问题。外国人的民事诉讼地位是外国人民事法律地位的重要组成部分，在处理涉外民事法律纠纷中具有重要意义。赋予外国人民事诉讼权利是一国法院接受审理相关涉外民事案件的前提，也是对外国人的民事权利给予司法保护的前提。我国《民事诉讼法》采用国际通行的同等原则和对等原则规定外国人在我国的民事诉讼地位。

一、同等原则

本条第1款规定了同等原则。根据该规定，外国人、无国籍人、外国企业和组织在我国人民法院起诉、应诉，同我国公民、法人和其他组织有同等的诉讼权利和义务。同等原则是国与国之间基于平等互惠关系而产生的“国民待遇”原则在民事诉讼中的具体体现。根据同等原则，在民事诉讼中，既不能任意增加或者限制外国当事人的诉讼权利，也不能任意加重或者减轻外国当事人的诉讼义务，对外国当事人既不优待也不歧视，而是与我国当事人一视同仁。这一态度既符合国际惯例，也符合当代民事诉讼立法的趋势，有利于发展同各国人民之间的友好关系。

二、对等原则

本条第2款规定了对等原则。根据该规定，外国法院对中华人民共和国公民、法人和其他组织的民事诉讼权利加以限制的，我国人民法院对该国公民、企业和组织的民事诉讼权利实行对等原则，即对等地加以限制。

对等原则是对同等原则的一项合理限制，也是国际关系中的一项基本原则。同等原则与对等原则具有密切关系，同等原则是目的，是为了保证国民待遇这一公认的国际准则在涉外民事诉讼中得以实现。对等原则是促使和保障同等原则的手段，是同等原则的必要补充，是为了通过“以限制对抗限制的方法”来防止、减少和取消限制。

主权国家处理相互之间的事务应以平等互惠为基础，在涉外民事诉讼中，一国应该依法保障他国公民、企业和组织的诉讼权利，不加歧视和限制。一般而言，现代各国在涉外民事诉讼中都能遵循同等原则，在诉讼地位上给外国人、外国企业和组织以国民待遇。但国际间的交往十分复杂，国与国之间的关系也处在不断变化之中，当事人的诉讼权利是由各国自己的法律规定及其法院保障的，有可能出现一个国家对另一个国家的公民、企业和组织，在诉讼权利上加以限制的情况。在这种情况下，他国为了维护国家主权和尊严，为促使取消限制性规定以保护本国公民、企业和组织的利益，需要实行对等原则，对该外国的公民、企业和组织的民事诉讼权利给予同样限制，以期最终达到互相尊重、平等对待的目的。

在国际交往中，我国一贯奉行相互尊重、平等互利、和平共处的原则，积极发展同世界各国的友好关系。在审理涉外民事案件时，我国人民法院给予外国当事人与我国公民、法人和其他组织同等待遇，依法保护外国当事人的各项诉讼权利，从未首先对外国公民、企业和组织的诉讼权利加以限制。但是，如果外国法院对我国公民、法人和其他组织的民事诉讼权利加以限制，那么，我国人民法院也将对该国公民、企业和组织的民事诉讼权利采取相应的限制措施。这种限制是相互的、对等的，既是维护国家主权，促进国家间相互尊重、平等交往的需要；也是保护我国公民、法人和其他组织在国外进行民事诉讼时享有合法权益的需要。

需要注意的是，对等原则的适用，只限于对等限制诉讼权利，不适用于对等赋予诉讼权利。对等原则可分为积极意义的对等和消极意义的对等，积极意义的对等主要指互惠，而本条所指的对等是指消极意义的对等，并不是指互惠，并不意味着外国法院赋予我国公民、法人和其他组织的民事诉讼权利，我国人民法院就一定要赋予该国公民、企业和组织相等的民事诉讼权利。

【审判实践中应当注意的问题】

正确区分诉讼权利和义务、诉讼权利能力和诉讼行为能力

由于我国民事诉讼法规定了同等原则，有观点认为，外国当事人有无诉讼权利能力和诉讼行为能力，应当依照我国法律确定，而不依其所在国法律确定。[①]对于外国人的诉讼权利能力和诉讼行为能力如何适用法律的问题，理论和实践中一直存在争论。有观点认为适用法院地法，也有观点认为适用当事人属人法，还有观点认为应当结合法院地法和属人法综合判断。[②]在司法实践中，涉外民事诉讼的同等原则与外国人诉讼权利能力和诉讼行为能力的准据法这两个问题也容易混淆。有观点认为，民事诉讼法的规定和《中华人民共和国涉外民事关系法律适用法》（以下简称《涉外民事关系法律适用法》）的规定存在冲突。鉴于此，有必要清晰梳理这一问题，在审判实践中正确区分诉讼权利和义务与诉讼权利能力和诉讼行为能力两组概念。

本条规定的“同等原则”指的是诉讼权利和义务同等，如申请回避权、上诉权、申请再审权、诚信诉讼义务等，外国人和我国人均同等对待，适用我国民事诉讼法，即法院地法；而诉讼权利能力和诉讼行为能力则不同，因其与民事权利能力和民事行为能力有紧密关联，并非一概适用法院地法。由于诉讼权利能力和诉讼行为能力的准据法确定规则大致相同，为简化说理，以下仅选取诉讼权利能力进行分析。

当事人的诉讼权利能力，是指当事人能够享有民事诉讼权利和承担民事诉讼义务的能力，即能够成为民事诉讼当事人的法律资格，又称为当事人能力。[③]拥有诉讼权利能力是享有诉讼权利的前提条件，解决的是法律资格的问题，而不是实际享有哪些权利的问题。

---

① 参见张艳丽主编：《民事诉讼法》，北京大学出版社 2022 年版，第 634 页。

② 参见邵明：《民事诉讼法学（第二版）》，中国人民大学出版社 2016 年版，第 387 页；李双元、谢石松等：《国际民事诉讼法概论》，武汉大学出版社 2016 年版，第 74 页。

③ 参见章武生主编：《民事诉讼法新论》，法律出版社 2002 年版，第 161 页。

诉讼权利能力作为民事权利能力的一部分，同时受民事权利能力的制约。在通常情况下，有民事权利能力就具有民事诉讼权利能力。当然，也有不完全一致的情形。例如，有些情况下，无民事权利能力却有诉讼权利能力，如破产程序中的清算组织、继承诉讼中的遗产管理人等。[①] 但是，这些特殊情形并不影响民事权利能力是诉讼权利能力的基础这一基本关系。我国法院判断外国人是否具有诉讼权利能力，首先要判断该外国人是否具有民事权利能力，该判断需要根据《涉外民事关系法律适用法》确定准据法，即自然人的民事权利能力适用经常居所地法律，法人及其分支机构适用登记地或主营业地法律。

除此之外，当事人的诉讼权利能力还受法院地诉讼法的规制。如果根据属人法判断该当事人具有民事权利能力，还要进一步适用法院地的诉讼法，判断其是否具有诉讼权利能力。我国《民事诉讼法》对当事人诉讼权利能力的规定体现在第 51 条第 1 款和第 5 条第 1 款。《民事诉讼法》第 51 条第 1 款规定："公民、法人和其他组织可以作为民事诉讼的当事人"，即公民、法人和其他组织具有民事诉讼权利能力。《民事诉讼法》第 5 条第 1 款在规定同等原则的同时，也赋予了外国人、无国籍人、外国企业和组织在我国进行民事诉讼的诉讼权利能力。

综上所述，判断外国人、无国籍人、外国企业和组织是否具有诉讼权利能力，不能仅依据我国法律，也不能仅依据其属人法，需要在以属人法判断其有无民事权利能力的基础上，再适用法院地民事诉讼法得出结论。

---

① 江必新、何东宁等：《最高人民法院指导性案例裁判规则理解与适用 民事诉讼卷》，中国法制出版社 2017 年版，第 238 页。

第六条 民事案件的审判权由人民法院行使。

人民法院依照法律规定对民事案件独立进行审判，不受行政机关、社会团体和个人的干涉。

【条文主旨】

本条是关于审判权的行使主体以及人民法院依法独立行使审判权原则的规定。

【理解与适用】

本条有两款，第 1 款规定的是民事案件审判权的行使主体；第 2 款规定的是人民法院依法独立行使审判权的原则。这两个方面，都是《民事诉讼法》最重要、最基本的内容之一，是《宪法》有关规定在民事诉讼中的具体体现。

一、关于民事案件审判权的行使主体

审判权由人民法院行使，是我国《宪法》的重要原则。《宪法》第 128 条规定：“中华人民共和国人民法院是国家的审判机关。”根据这条规定，《民事诉讼法》第 6 条第 1 款规定：“民事案件的审判权由人民法院行使。”这是对上述《宪法》规定在民事诉讼中的进一步贯彻落实。具体来讲，本条第 1 款规定有以下内涵：一是审判权只能由人民法院行使。民事审判权是国家权力的重要组成部分，事关公民、法人和其他组织的各项权利，只能由法律授权的人民法院行使，人民法院以外的其他任何机关、团体和个人，都无权行使。这里的人民法院包括最高人民法院、高级人民法院、中级人民法院、基层人民法院，以及军事法院、海事法院、知识产权法院、金融法院等专门法院。除各级各类法院之外，其他任何机关、社会团体和个人都无权进行民事审判。二是民事审判权只能由人民法院集体行使。言下之意，民事审判权既不是人民法院的某个审判庭的权力，更不是某个合议庭或某个员额法官的权力，而是整个人民法院作为一个整体行使的权力。也正是在这个意义上讲，人民法院内部的各个审判庭、合议庭

以及员额法官，都只能以人民法院的名义进行民事审判。

二、关于人民法院依法独立行使审判权原则

《宪法》第131条规定："人民法院依照法律规定独立行使审判权，不受行政机关、社会团体和个人的干涉。"根据这一原则，《民事诉讼法》第6条第2款规定，人民法院依照法律规定对民事案件独立进行审判，不受行政机关、社会团体和个人的干涉。这一原则是司法公正的重要保证，对于保证人民法院依法正确行使审判权，排除各种非法干预，维护社会公平正义，具有重要意义。具体来讲，本条第2款规定具有以下内涵：一是从人民法院角度来讲，人民法院对民事案件行使审判权必须严格依照法律规定进行。在审判活动中，人民法院只服从法律，无论是案件的实体处理，还是具体的程序运作，都必须严格依照法律规定进行。既然只服从法律，言下之意，当然不能听从行政机关、社会团体或个人的指令审理案件，而且必须是"独立"进行审判，包括独立地对案件的事实进行判断，独立地认定各方当事人的责任，独立地作出判决、裁定或决定等。二是从行政机关、社会团体或个人角度来讲，任何行政机关、社会团体或个人都不得干涉人民法院对具体案件的审判工作。《民事诉讼法》的这一规定，为人民法院排除各方面干扰、依法审判民事案件提供了法律依据和法律保障，有利于确保人民法院对案件的客观公正处理。目前人民法院正在严格执行的审判纪律中也有严禁领导干部干预司法活动、严禁领导干部插手具体案件处理的有关规定。这些规定，也是《民事诉讼法》关于人民法院依法独立行使审判权这一法律原则在纪律规定等方面的具体体现。对于行政机关、社会团体或个人干预人民法院审判工作的行为，人民法院必须坚决抵制，依法依规处理。

【审判实践中应当注意的问题】

人民法院依照法律规定对民事案件进行独立审判，必须注意以下几点：

一、要处理好坚持党的领导与依法独立行使审判权的关系

保证司法机关依法独立公正行使职权是中国共产党的明确主张。党对政法工作的领导是管方向、管政策、管原则、管干部，不是包办具体事

务，不要越俎代庖，领导干部更不能借党对政法工作的领导之名对司法机关工作进行不当干预。[1]人民法院要在党的坚强领导下，通过依法独立行使审判权，落实好党中央重大决策部署，更好地为大局服务、为人民司法。各级法院党组要发挥好把方向、管大局、保落实的作用。同时，要严格落实防止干预司法的“三个规定”，教育引导广大法官主动作为，担当尽责，严格司法，公正司法，切实履行好人民法院的职责任务。

二、要处理好依法独立行使审判权与接受外部监督的关系

人民法院依法独立行使审判权，并不意味着人民法院的审判工作不受任何监督和制约。相反，人民法院作为国家机构的重要组成部分，审判工作作为行使国家权力的重要活动，必须自觉接受各方面监督，包括人大监督、政协民主监督、纪检监察监督、检察机关法律监督以及新闻媒体、社会各界和人民群众的监督。人民法院每年向人民代表大会报告工作，并请政协委员提出意见，就是接受监督的一种重要方式。人民法院应虚心接受来自各方面的批评和建议，主动改进审判执行工作。

三、要处理好依法独立行使审判权与接受内部监督的关系

内部监督首先是上级法院对下级法院的审级监督。按照我国《宪法》和《中华人民共和国人民法院组织法》(以下简称《人民法院组织法》)的规定，最高人民法院有权监督地方各级人民法院和专门人民法院的审判工作，上级人民法院有权监督下级人民法院的审判工作。当然，这种监督必须依照法定的程序行使，如上级法院审理上诉案件、申诉案件等，在这种情况下不能视为干涉法院独立行使审判权；相反，这种审级监督，恰恰是法律赋予上级法院的权力，意图在于通过这种制度设计，确保下级法院更好地贯彻执行法律，实现司法公正。同时，内部监督还包括各级法院的院庭长、审判委员会、专职监督部门对法官和合议庭的监督，这种监督要与院庭长出于个人目的干预过问案件区别开来。但实践中，也存在一些不敢监督、不愿监督、不会监督的问题，有待在深化司法改革过程中进一步加以解决。

---

① 参见《习近平法治思想学习纲要》，人民出版社、学习出版社2021年版，第20页。

第七条　人民法院审理民事案件，必须以事实为根据，以法律为准绳。

【条文主旨】

本条是关于人民法院办案必须以事实为根据、以法律为准绳这一基本原则的规定。

【理解与适用】

以事实为根据，以法律为准绳，是我们党一贯坚持的"实事求是"思想路线在司法工作中的具体体现，一直是我国法律和司法工作的一项基本原则，既是司法公正的重要体现，也是实现司法公正的有力保障。党的十八届四中全会通过的《中共中央关于全面推进依法治国若干重大问题的决定》特别强调，要"坚持以事实为根据、以法律为准绳，健全事实认定符合客观真相、办案结果符合实体公正、办案过程符合程序公正的法律制度"。

一、以事实为根据、以法律为准绳的基本内涵

以事实为根据，就是要以经过查证属实的证据并根据这些证据认定的案件事实作为审理民事案件的根据。以法律为准绳，就是要以相关民事法律的规定作为判断的标准和依据来审理民事案件，即按照实体法和程序法的规定，确定当事人之间的权利义务关系。中国法治建设发展进步的历程充分证明，以事实为根据、以法律为准绳，是确保人民法院依法正确行使审判权的一项重要的基本原则，也是人民司法工作不断健康发展的重要基石。

二、以事实为根据的核心是证据

能否准确认定事实，是人民法院公正裁判案件的前提和基础。以事实为根据，就是在整个民事诉讼过程中，必须始终以经过查证认定的事实作为处理案件的根据，不能凭借主观想象，也不能以无根据的推理猜测作为

根据，其核心就是重证据、重调查研究。具体来讲，以事实为根据，主要包括以下几个方面：一是认定事实必须以证据为基础。进入民事诉讼的案件，其所涉及的案件事实，往往是过去发生的客观事实，作为法官，不可能目睹事实发生变化的过程，只能在事后凭借能够证明当初事实发生情况的证据来认定事实。二是当事人对于自己主张的事实，应当提供证据；对于当事人及其诉讼代理人因客观原因不能自行收集的证据，或者人民法院认为审理案件需要的证据，人民法院应当调查收集。三是对当事人提供的用来证明自己主张的事实的证据，人民法院应当按照法定程序，全面、客观地进行审查核实。要通过相关技术手段，结合本案的其他证据，审查当事人提供的证据能否作为认定事实的根据。四是用以证明相关事实的证据必须在法庭上出示，并由当事人互相质证、辩论，在经当事人质证辩论并经人民法院审查属实后，才能作为认定事实的根据。

三、以法律为准绳的核心是严格依法办案

所谓“准绳”，本意是指测定平直的器具，后多用来比喻言论、行动等所依据的原则或标准。以法律为准绳，就是人民法院无论对案件进行程序处理还是实体处理，都必须以相关法律为标准，正确适用法律规定对案件作出裁判，真正做到有法必依、执法必严、违法必究。实体法涉及对当事人权利义务的认定，涉及对当事人责任的划分和承担，程序法涉及诉讼中各个环节的进展，涉及当事人程序性权利如申请回避权、上诉权等权利的行使等，无论是实体法还是程序法，人民法院都必须严格遵守。“以法律为准绳”的核心和要义就是依法审判案件，绝不能以言代法、以权压法、枉法裁判，也不能主观臆断、随意曲解法律。特别是在推进全面依法治国的今天，更要坚持以法律为准绳，这既是保证依法办事、维护人民权益、捍卫社会公平正义的需要，也是统一司法尺度、维护社会主义法治统一的需要。

【审判实践中应当注意的问题】

人民法院以事实为根据、以法律为准绳审理案件，必须注意处理好客观事实与法律事实、实体公正与程序公正的关系。

一、以事实为根据，要注意处理好客观事实与法律事实的关系

所谓客观事实，一般来讲，是指不依赖于主体的观念、意志的客观存在，其根本特性在于它的客观性；而法律事实，一般是指由法律规范所规定的，能够引起法律关系产生、变更、消灭的客观情况或现象，是法律规范规制下的事实。客观事实是一种绝对真实；而法律事实则是在法律程序中由法官确认的事实，是一种相对真实。我国传统法学理论认为，司法机关在诉讼中的任务是查明案件的客观真实，要求司法人员的主观认识尽最大努力做到符合客观实际；而且人民群众也普遍认为，查明案件的客观真实是十分必要的。但从马克思主义认识论的角度来讲，诉讼活动作为一种特殊的社会认识活动，会受到各种主客观因素的制约，很多时候由于时过境迁，已无法完全还原客观事实。这就要求我们在运用证据认定案件事实的时候，既要尊重客观事实，尽最大努力还原案件真相，追求客观事实；又要承认在很多情况下我们的认知以及技术手段都难以达到与案件客观真实完全一致的程度，因此承认认识的相对性具有现实的合理性。查明案件的客观事实是全部诉讼活动的目标追求，也是司法裁判的客观基础，但作为案件裁判依据的事实，则是通过现有证据能认定的法律事实。当然，作为法院和法官，我们要竭尽所能，使诉讼认识最大限度地接近客观事实，从而更好地实现社会公平正义。

二、以法律为准绳，要注意处理好实体公正与程序公正的关系

司法公正是法院审判工作的生命和灵魂，实现司法公正，是每一个法官的神圣职责，也是依法治国的重要标志。司法公正包括实体公正和程序公正两个方面。实体公正是程序公正所要达到的目标，是裁判活动的基本价值追求，也是诉讼当事人的期望所在；程序公正是实现实体公正的重要保障，追求实体公正是诉讼程序的应有之义。对此，最高人民法院张军院长指出，公正是根本要求，首先是实体公正。老百姓到法院是为了解决问题的，绝不是来“走程序”的。程序合乎规范，同时能实质解决问题，案结事了，才是诉讼的目的，才能体现诉讼的价值。[①] 在法治环境下，实体

---

① 参见《抓实抓好公正与效率，为大局服务为人民司法》，载《人民法院报》2023 年 3 月 17 日。

公正必须经过公正的程序才能得以实现，这是程序公正的重要价值所在。当然，程序公正也有其独立价值和意义。公正的程序通过确保诉讼各方对诉讼过程的公平参与，可以使当事人的诉讼权利得到保障，使司法权的运行过程公开化、透明化，对于防止司法腐败、树立司法公信具有重要意义。同时，程序公正也有利于当事人感受到法院的客观和中立，有利于消除当事人之间的对立和对抗，有利于促进纠纷解决，保持社会的和谐稳定。实践中一些当事人对司法工作的不满，相当部分是由于司法行为不规范、司法程序不公正。通过公正的审判程序，可以充分保护各方诉讼参与人的权利，保证作为定案根据的证据的客观性、充分性、合法性，可以最大限度使司法裁判为社会公众所认同和接受，从而不断提高司法公信力。

第八条 民事诉讼当事人有平等的诉讼权利。人民法院审理民事案件，应当保障和便利当事人行使诉讼权利，对当事人在适用法律上一律平等。

【条文主旨】

本条是关于民事诉讼权利平等原则的规定。

【理解与适用】

民事诉讼权利平等原则，是指当事人在民事诉讼中平等地享有和行使诉讼权利，人民法院应当保障和便利当事人行使诉讼权利。民事诉讼权利平等原则，是《宪法》规定的公民在法律面前一律平等原则的具体化。民事诉讼是解决平等民事主体之间产生的民事纠纷的程序，民事主体法律地位的平等性，也决定了当事人的诉讼权利的平等性。同时，当事人双方各执一端、法院居中裁判这一等腰三角形的民事诉讼结构决定了要保持双方当事人之间的诉讼权利平等，从而保障民事诉讼程序公正价值理念的实现。

民事诉讼权利平等原则内涵包括以下几方面内容：

一、当事人的诉讼主体地位平等

当事人在民事诉讼中的主体地位平等，主要是指主体资格平等，不因当事人的社会地位、经济状况、文化程度、民族、性别、年龄等个体差异而存在差别，不因当事人是自然人、法人还是非法人组织而有差别，不因当事人处于民事诉讼的原告、被告或者第三人地位而有差别，也不因是外国人还是中国人、无国籍人而有差别。当事人民事诉讼地位平等，决定了要平等地享有诉讼权利，并平等地承担诉讼义务。

二、当事人平等地享有诉讼权利

民事诉讼当事人平等地享有诉讼权利，并不是指当事人享有的诉讼权利相同，而是指各方享有诉讼权利具有平等性，也即一方不享有优越于或者超出对方的诉讼权利。民事诉讼中各方当事人所处的诉讼地位当然地具有差异性，因此享有的诉讼权利都是围绕着民事诉讼的攻防关系设计和分配，核心在于赋予各方当事人平等的诉讼权利以达成均等参与、推动诉讼进程和攻防机会，维护双方当事人平等地进行民事诉讼活动。当事人的诉讼权利平等，在普通的民事诉讼中表现为三种情况：一是双方当事人均享有且一方实施即可产生法律效果的诉讼权利，此类诉讼权利最为普遍。如当事人都有委托代理人、申请回避、收集并提供证据、申请保全、进行辩论、提起上诉、申请再审、申请执行、查阅复制本案有关诉讼材料和法律文书等权利。双方当事人享有的相同的诉讼权利，通常由一方当事人行使即可产生法律效果，无须对方同意或者共同行为。二是双方当事人均享有但需要双方配合才能产生法律效果的诉讼权利。如当事人请求调解、自行和解、二审中一审原告申请撤回起诉等诉讼权利，仅依一方的行为无法产生相应的法律效果。如调解，启动调解程序的前提是当事人双方同意调解，仅一方同意，另一方不同意，则不能调解。三是双方当事人享有对等的诉讼权利。某些诉讼权利分属于原告或者被告一方享有，但诉讼权利之间是对等均衡的。此类诉讼权利是基于双方诉讼攻防关系分配于各方对等地对抗的手段和方法，为当事人提供了公平的“决斗”规则。例如，原告享有起诉权，被告享有答辩权；原告有权提出诉讼请求，被告有权反驳诉讼请求或者提出反诉等。

三、当事人在适用法律上一律平等

首先，在某一具体的民事案件中，对各方当事人适用的民事实体法和民事程序法应当平等，也就是法律适用要同一，不因民族、种族、性别、职业、社会出身、宗教信仰、教育程度、财产状况、居所地、国籍不同而有差别。其次，同类民事案件的当事人适用的民事实体法和民事程序法应当平等，也就是法律适用要统一。如民事合同纠纷都要适用《民法典》合同编的规定，破产案件都要适用《中华人民共和国企业破产法》（以下简称《企业破产法》）等。相应地，不同类型的民事案件适用的民事实体法和民事诉讼法会有不同，也是法律适用平等的应有之义。如《民事诉讼法》规定了特别程序、特殊程序和普通诉讼程序，其中特别程序不得上诉、不得申请再审，与普通诉讼程序有明显的差异。

四、人民法院要保障和便利当事人平等地行使民事诉讼权利

我国民事诉讼虽然强调当事人主义，不断突出当事人在民事诉讼中的主导作用，但法院作为居中行使审判权的裁判者，仍然发挥着民事诉讼的指挥作用，当事人的民事诉讼权利能否得到平等实现，法院的保障和提供便利的作用不可或缺，也是人民法院应尽的职责，是贯彻诉讼权利平等原则的重要保证。一是在分配当事人诉讼权利和行使权利的机会上要平等。特别是司法解释、司法政策、民事诉讼规程、信息化技术的运用等影响到当事人诉讼权利享有和行使的文件起草及技术设计，都要平等对待各方当事人。二是要加强对当事人诉权的保障。诉权保障包括起诉权、上诉权、申请再审权以及反诉权、另行起诉权等，都是涉及当事人基本诉权的诉讼权利，必须进一步强化保障。如《民事诉讼法》明确规定，对于当事人提起的诉讼，对符合规定的起诉必须受理。符合起诉条件的，应当在七日内立案，并通知当事人；不符合起诉条件不予受理的，应当在七日内作出裁定书，这是强制性要求。实践中，最高人民法院要求彻底解决“年底不立案”的问题，就是要保障好当事人的起诉权。如要严格把握重复起诉的认定条件，避免不当剥夺当事人通过司法进行救济的机会。例如，最高人民法院强调要强化实质性化解纠纷，对当事人之间的纠纷尽可能一揽子化解，避免程序空转。再如，最高人民法院关于四级法院职能定位的试点结束后，没有继续该项改革，而是恢复现有《民事诉讼法》相关规定的执行，意即不能削弱对当事人申请再审权利的审级利益的保护。三是为当事人行使民事诉讼权利提供便利。人民法院在审理民事案件时，要为当事人提供必要的便利条件，以便当事人可以充分行使其诉讼权利。例如，当事人书写起诉状确有困难的，可以口头起诉，由人民法院记入笔录，并告知对方当事人。当事人及其诉讼代理人因客观原因不能自行收集的证据，可以申请人民法院调查收集。充分运用信息化技术，进行电子送达、视频开庭、网上立案、异地立案等。

【审判实践中应当注意的问题】

一、民事诉讼权利平等原则的适用范围问题

在适用的主体上，对于外国人、无国籍人，除适用诉讼权利平等原则

外，还应当适用同等原则和对等原则。在适用的程序上，普通诉讼程序都适用诉讼权利平等原则，对于特别程序、督促程序、公示催告程序等非诉讼程序，虽然法律有特别程序规定，但在处理诉讼权利时，仍然要遵循诉讼权利平等的原则。

二、能动司法与司法中立问题

人民法院在民事诉讼中行使审判权保持中立，是维护当事人诉讼地位平等的基本要求。司法中立能够确保法官通过抑制自己的偏见并给予各方当事人平等的参与机会，使各方受到公正对待，实现程序公正并让当事人能够感受到司法公正。但司法中立与能动司法并不矛盾，中立不等于被动和消极，并不排斥和否定法官在诉讼中依法积极主动行使职权。如在必要时，法官应当及时行使释明权提示或告知某些当事人行使某项诉讼权利，对妨害诉讼行为人采取强制措施，对不通晓当地民族通用语言、文字的诉讼参与人提供翻译等。

第九条　**人民法院审理民事案件，应当根据自愿和合法的原则进行调解；调解不成的，应当及时判决。**

【条文主旨】

本条是关于诉讼调解原则的规定。

【理解与适用】

调解被称为东方经验，是我国传统的解决民事纠纷的方式。调解在解决纠纷方面具有经济、快捷、促进和谐、更接近当事人认可的正义等制度优势，已经为多数国家所借鉴，并日益成为与审判并重的解纷方式。我国调解可分为诉外调解和诉讼调解两大类型。诉外调解包括人民调解和仲裁调解、行政调解等类型。诉讼调解是人民法院审理民事案件、刑事附带民事诉讼案件以及刑事自诉案件的重要审判制度，也是重要的结案方式之一，具有解决纠纷的独特优势：首先，调解让诉讼更加“人性化”。调解强调当事人的积极参与，通过当事人自愿协商而不是法官依法裁判来解决纠纷，整个诉讼过程当事人都非常清楚，容易理解和接受。其次，调解可以有效降低诉讼的对抗性。调解强调当事人之间的友好协商和妥协，促进当事人之间互谅互让和友好合作，有利于社会的和谐与稳定。再次，调解更符合诉讼效益的要求。调解具有简便、高效、经济的特点，调解方式灵活，能减轻当事人的诉讼负担，也能节约司法资源。最后，调解结案更符合“司法公正”的实质要求。只有当事人自己最清楚纠纷的真相和他的利益所在，所以他们自愿选择的处理结果应当说是最符合他们的利益需求的，也最接近当事人追求的实体公正。

一、诉讼调解的特点

诉讼调解具有以下三个特点：

（一）诉讼调解是人民法院行使审判权的一种重要的诉讼活动

在民事诉讼过程中，裁判和调解都是人民法院行使审判权的方式，无论是调解书还是判决裁定，都是确定当事人民事权利义务关系的法定诉讼文书，生效的调解书与判决书具有同等法律效力，都具有强制执行力。诉外调解是民事诉讼程序之外的调解，人民调解是人民调解员进行的调解，行政调解是行政机关人员进行的调解，仲裁调解是仲裁庭进行的调解，这些诉外调解并不具有诉讼活动性质，在调解书的效力上，也不能完全等同于诉讼调解。人民调解协议通过司法确认程序为人民法院确认的，始得申请法院强制执行。行政调解也并不具有直接申请法院强制执行的效力。仲裁庭出具的调解书，与仲裁裁判具有同等效力，也不同于法院的调解书，当事人可以申请法院撤销或者不予执行。人民法院推动的诉调对接工作，对于向人民法院起诉的民事案件，在立案之前经当事人同意到诉外调解组织先行调解的，仍然为诉外调解，达成调解协议属于人民调解协议，需要司法确认程序才得取得强制执行效力。诉讼调解也不一定非得法官进行调解，法院的其他工作人员也可以，如法官助理；法院还可以邀请特定专业人员主持或者参加调解，达成调解协议的，人民法院经审查后依法可以出具调解书，仍为诉讼调解。

（二）诉讼调解是当事人行使处分权的诉讼活动

双方当事人通过协商达成协议的方式确定各自的民事权利义务，是当事人行使实体权利处分权的结果，因此调解协议是当事人意思自治的结果，具有民事法律行为的基本特征，这是调解制度的基础。

（三）诉讼调解具有开放性

法院的民事裁判，要遵循不告不理原则，即以当事人的诉讼请求为审理的范围，不得超范围裁判，而且只能严格按照法律规定作出裁判。诉讼调解可以不受起诉请求范围的限制，可以对当事人之间相关的其他民事关系一并进行调解，即一揽子解决纠纷，这是诉讼调解开放性的一个方面。诉讼调解可以由法官之外的人员主持或者参加进行，在调解主体上具有开放性。另外，诉讼调解协议的内容，可以在当事人争议的民事权利义务关系之外，约定不履行调解协议应当承担的民事责任（一种违约责任），或者为调解协议的履行设定担保；担保既可以是物保，也可以是人保，案外人提供担保的，亦无不可。

二、诉讼调解应当遵循的原则

本条规定了自愿和合法两项原则，并特别规定调解不成的，要及时裁判，作为对诉讼调解的基本要求。从审判实践来看，除自愿和合法两项原则外，诉讼调解还应当遵循保密原则。

（一）调解自愿原则

调解自愿原则充分尊重当事人的调解意愿，不得强制调解。调解是当事人行使处分权的活动，其核心在于意思自治，因此调解协议的达成必须建立在当事人自愿的基础上。调解自愿首先是启动调解的自愿，如果当事人一方不同意调解，人民法院不得强制启动调解程序。当然，法律明确规定的离婚纠纷以调解作为前置程序，人民法院启动调解程序无须征得当事人同意。《民事诉讼法》第125条规定："当事人起诉到人民法院的民事纠纷，适宜调解的，先行调解，但当事人拒绝调解的除外。"此处的先行调解，并没有将调解作为裁判的前置程序，而是明确了对民事纠纷可以优先进行调解，但调解程序的启动仍然不能违背当事人的意愿。其次是达成调解协议的自愿，调解协议的内容必须由当事人双方自己决定，是当事人的真实意思表示，人民法院不得强迫或者变相强迫当事人接受调解协议，一方当事人也不能以欺诈、胁迫等违背另一方当事人意愿的方式促成调解协议。

（二）调解合法原则

调解合法原则包括程序合法和实体合法。程序合法包括调解程序、调解方式、调解书的生效，以及当事人申请回避、告知诉讼权利诉讼义务等各程序环节要合乎法律规定。实体合法是指当事人达成的调解协议内容不违反法律禁止性规定，不损害国家利益、社会公共利益和他人合法权益。

（三）调解保密原则

与审判以公开为原则不同，调解以不公开为原则，此为调解保密原则。保密原则包括三个方面：一是人民法院审理民事案件，调解过程不公开，但当事人同意公开的除外。二是调解协议内容不公开，但为保护国家利益、社会公共利益、他人合法权益，人民法院认为确有必要公开的除外。三是主持调解以及参与调解的人员，对调解过程以及调解过程中获悉的国家秘密、商业秘密、个人隐私和其他不宜公开的信息，应当保守秘密，但为保护国家利益、社会公共利益、他人合法权益的除外。

【审判实践中应当注意的问题】

关于调解优先、调判结合的司法政策问题

人民法院关于调解和裁判的关系问题，从调解为主，到着重调解，到优先调解，都是以调判结合为基础，对调解作用的定位和强调。本条规定的调解不成的应及时判决，目的是要避免久调不决，以拖促调。从调解和判决的关系上看，并不存在优劣先后之分，调解优先只是程序上的“先行”，而非处理纠纷的“前置”。两种审判方式和结案方式，各具优势和特点，彼此互补但并不互相代替。

调解优先强调了四个方面：一是调解可以先行，对于适合调解的案件可以先进行调解，但调解不能违背当事人自愿。二是调解可以全程、全面、全员进行。即一审、二审、再审中均可以调解，一个审级程序的立案后、庭审前、庭审中、庭审后均可以进行调解，人民法院的工作人员都可以做调解工作，陪审员也可以调解案件，人民法院还可以邀请专业人士参与调解案件。三是调解注重效果。既要体现效率原则，不能久调解不决，该判则判；也要强调调解结案的良好效果，特别要重视自愿履行率，不能过分强调调解结案率，要实事求是。四是对于不适合调解的案件，应当直接审理并作出判决。对于经调解难以达成调解协议的，人民法院要及时作出判决。对于具有示范和裁判规则价值的案件，要考虑优先进行判决，充分发挥判决明确规则、行为引领和促进法治水平的积极作用。

第十条 人民法院审理民事案件，依照法律规定实行合议、回避、公开审判和两审终审制度。

【条文主旨】

本条是关于审理民事案件实行合议、回避、公开审判和两审终审制度的规定。

【理解与适用】

民事诉讼基本制度，是指人民法院审理民事案件必须遵循的基本操作规程。民事诉讼基本制度是在民事诉讼基本原则指导之下，为了保障民事审判的公正与效率而设计的行为准则。民事诉讼基本制度，首先是人民法院审理民事案件应当遵循的基本规则，其适用对象是人民法院，目的是规范人民法院的审判工作；其次是在保障民事案件的公正、及时审理，保障当事人的合法权益的实现方面起着根本性作用的诉讼制度，一旦违反会严重损害当事人的诉权；最后是法定的强制性的民事诉讼制度，是实现程序公正不可或缺的制度，不得改变也不能选择性适用。

本条结合我国民事诉讼活动的实际情况和经验，规定了民事诉讼活动的四项基本制度：合议制度、回避制度、公开审判制度和两审终审制度。

一、合议制度

合议制度，是指由三名以上的审判员或者人民陪审员组成审判集体对民事案件进行审理并作出裁判的制度。合议制度是一种集体审判制度，有利于发扬民主、发挥集体智慧，提高审判质量，促进司法公正。

与合议制相对应的是独任制，也就是由一名审判员对案件进行审理裁判的制度。合议制和独任制是人民法院审理民事案件的两种审判组织形式，合议制是一项基本的审判制度，适用于各级人民法院审理所有民事案件，包括一审、二审、再审案件，其中二审、再审案件只能适用合议制。独任制仅适用于基层人民法院审理的民事案件和按照特别程序审理非讼案件。基层人民法院适用独任制的民事案件包括适用简易程序审理的民事案件和基本事实清楚、权利义务关系明确的第一审普通程序民事案件。

（一）合议庭的组成

按照合议制组成的审判组织称为合议庭。合议庭的成员人数，必须是单数。合议庭由一名审判员担任审判长，主持合议庭的工作。合议庭的审判长由院长或者庭长指定审判员一人担任；院长或者庭长参加审判的，由院长或者庭长担任。根据审级和审理案件的不同，合议庭的组成也不相同。第一审程序中的合议庭有两种组织形式：一种是三人以上单数的审判员组成的合议庭；另一种是三人以上单数的审判员和人民陪审员共同组成的合议庭。第二审程序中的合议庭，由审判员组成合议庭，人民陪审员不能参加第二审程序中的合议庭。再审程序中的合议庭，原来是第一审的，按照第一审程序另行组成合议庭；原来是第二审的或者是上级人民法院提审的，按照第二审程序另行组成合议庭。

（二）合议庭的职权

合议庭代表人民法院行使审判权，对民事案件进行审理并作出裁判。合议庭应当接受审判委员会的指导和监督，并执行审判委员会的决定。

（三）合议庭的活动规则

合议庭的活动规则包括以下两方面内容：一是合议庭成员权力平等，无论是审判长、审判员还是人民陪审员，地位都是平等的，并享有同等的权利。对案件进行评议或者作出决定时，每一个合议庭成员都可以充分发表自己的意见。二是合议庭评议案件的结果，实行少数服从多数，按照合议庭的多数意见确定裁判结果。

二、回避制度

回避制度，是指为了保证公正审理案件，要求与案件有一定利害关系的审判人员或者其他有关人员，不得参与本案的审理活动或者诉讼活动的审判制度。实行回避制度，可以维护司法中立的地位，避免徇私枉法，违法审判，做到公正审判，从而更好地保护当事人的合法权益。

（一）适用情形

回避适用的人员包括：审判过程中的审判员、人民陪审员、法官助理、书记员；与本案有关的翻译人员、鉴定人、勘验人；执行过程中的执行员、书记员。

适用回避的情形包括：一是审判人员是本案当事人或者当事人、诉讼代理人近亲属的。二是审判人员或其他人员与本案有利害关系；三是审判人员与本案当事人有其他关系，可能影响对案件的公正审理。

回避的方式，包括自行回避、当事人申请回避两种。当事人提出回避申请，应当在案件开始审理时提出；回避事由在案件开始审理后知道的，也可以在法庭辩论终结前提出。当事人提出回避申请，应当说明理由。人民法院对当事人提出的回避申请，应当在申请提出的三日内，以口头或者书面形式作出决定。申请人对决定不服的，可以在接到决定时申请复议一次。复议期间，被申请回避的人员，不停止参与本案的工作。人民法院对复议申请，应当在三日内作出复议决定，并通知复议申请人。院长担任审判长时的回避，由审判委员会决定；审判人员的回避，由院长决定；其他人员的回避，由审判长决定。

（二）法律后果

被申请回避的人员在人民法院作出是否回避的决定前，除案件需要采取紧急措施外，应当暂停参与本案的工作。人民法院决定同意申请人的回避申请的，被申请回避人应当退出本案的审判或者诉讼工作。

违反回避制度的法律后果。第一审案件的审判人员、书记员应当回避而未回避的，二审法院应当裁定撤销原判，发回重审；依法应当回避的审判人员没有回避，当事人据此申请再审的，人民法院应当再审。

三、公开审判制度

公开审判制度，是指人民法院在审理民事案件时，应当将除合议庭评议案件以外的审判过程和结果，向社会公开的制度。公开审判制度是促进民事审判公正的重要保证：一是公开审判将案件的审判活动置于社会公众的监督之下，增加了审判活动的透明度，有利于审判人员行使审判权，防止司法不规范行为，促进案件的公正审理；二是公开审判可以促使案件当事人和其他诉讼参与人正确行使诉讼权利、履行诉讼义务，保证庭审活动的顺利进行；三是公开审判可以使旁听群众受到法制教育，进而有利于预防纠纷，减少诉讼，维护社会和谐稳定。

人民法院进行民事审判活动，必须坚持依法公开审判制度，做到公开开庭，公开举证、质证，公开宣判。具体有：一是开庭信息公开。依法公开审理的案件，人民法院应当在开庭三日以前发布开庭审理的公告，公告应当包括案由、当事人姓名或者名称、开庭的时间和地点。二是庭审内容公开。人民法院在开庭审理过程中，除法律另有规定外，对当事人的诉讼请求、案件事实和证据等内容必须公开，由当事人公开陈述诉讼请求和所依据的事实，公开出示证据和质证，公开进行辩论。三是庭审过程开放。依法公开审理案件，许可公民旁听和新闻机构采访报道。依法公开审理案件，经人民法院许可，新闻记者可以记录、录音、录像、摄影、转播庭审实况。四是审判结果公开。人民法院审理的所有民事案件，无论是否公开开庭审理，应当一律公开宣告判决。

违反公开审判制度，应当开庭审理，而没有开庭审理的，二审法院可以撤销一审裁判发回重审；当事人申请再审的，人民法院可以决定再审。证明案件事实的证据未在法庭公开举证、质证的，人民法院不能进行认证，但无须举证的事实除外。

公开审判制度不是绝对的，在开庭方面也有不公开的例外情况，包括：一是涉及国家秘密的案件，包括政府的秘密和军队的秘密等；二是涉及个人隐私的案件；三是离婚案件、涉及商业秘密的案件，当事人申请不公开审理的，可以不公开审理；四是法律另有规定的案件。

四、两审终审制度

两审终审制度，是指民事案件经过两级人民法院的审理，二审法院的裁判是发生法律效力的终审裁判，当事人不能再行上诉的制度。审级制度的关键是要在诉讼公正与诉讼效率两者之中找到一个平衡点，使其既能最大限度地维护公正，又能尽量达到诉讼的高效率。我国四级法院两审终审制度，正是兼顾审判公正与诉讼效率两者平稳的选择。实行两审终审制度，允许当事人不服一审裁判的可以提起上诉，有利于人民法院及时纠正一审裁判中可能存在的错误，保证案件的公正审理，保护当事人的合法权益。另外，实行两审终审制度，禁止当事人对二审裁判提起上诉，有利于人民法院及时审结案件，提高司法效率，避免缠讼和累诉，维护社会的和谐稳定。在两审终审制度之外，民事诉讼法还规定了审判监督制度，是对已经生效的裁判进行特别监督的程序，用以纠正错误生效裁判，为审判公正再加一层保障。为了保护受错误的生效判决损害的案外第三人的权益，民事诉讼法还规定了第三人撤销之诉制度，用以撤销已经生效的判决，也是两审终审之外的维护裁判公正的程序。

普通诉讼民事案件，均适用两审终审制度。我国各级人民法院依法受理第一审民事案件，当事人对第一审人民法院作出的判决、裁定不服的，可以向其上一级人民法院提起上诉，由上一级人民法院进行再次审理。对于一些特殊的案件类型，根据实际，《民事诉讼法》规定不适用两审终审制度，而是一审终审：一是最高人民法院审理的第一审民事案件；二是基层人民法院及其派出的法庭审理事实清楚、权利义务关系明确、争议不大的简单的小额民事案件；三是适用特别程序审理的选民资格案件、宣告失踪和宣告死亡案件、认定公民无民事行为能力和认定公民限制民事行为能力案件、认定财产无主案件、确认调解协议案件以及实现担保物权案件、确定遗产管理人案件；四是适用督促程序审理的申请支付令案件；五是适用公示催告程序审理的票据灭失案件；六是适用《企业破产法》审理的企业法人破产案件。

第十一条 各民族公民都有用本民族语言、文字进行民事诉讼的权利。

在少数民族聚居或者多民族共同居住的地区，人民法院应当用当地民族通用的语言、文字进行审理和发布法律文书。

人民法院应当对不通晓当地民族通用的语言、文字的诉讼参与人提供翻译。

【条文主旨】

本条是关于各民族当事人都可以使用本民族语言文字进行民事诉讼的规定。

【理解与适用】

我国《宪法》第139条规定："各民族公民都有用本民族语言文字进行诉讼的权利。人民法院和人民检察院对于不通晓当地通用的语言文字的诉讼参与人，应当为他们翻译。在少数民族聚居或者多民族共同居住的地区，应当用当地通用的语言进行审理；起诉书、判决书、布告和其他文书应当根据实际需要使用当地通用的一种或者几种文字。"《民事诉讼法》第11条的规定，是对《宪法》上述规定在民事诉讼中的具体贯彻落实。不同之处在于，《宪法》第139条第2款中规定："起诉书、判决书、布告和其他文书应当根据实际需要使用当地通用的一种或者几种文字"，而《民事诉讼法》第11条第2款中用"发布法律文书"作出一个概括性规定，以避免列举不全。《民事诉讼法》的第11条规定，不仅有利于保障各民族公民在民事诉讼中平等地行使权利，也有利于保障我国民族政策的贯彻落实，更好地促进我国各民族团结发展进步。

一、使用本民族语言文字进行诉讼是每个公民的权利

本条第1款规定，各民族公民都有用本民族语言、文字进行民事诉讼的权利。该款规定中"各民族公民"即表明了使用本民族语言文字进行民事诉讼的权利，是汉族公民和少数民族公民都享有的诉讼权利。同时，

“各民族公民”也意味着不仅仅民事诉讼的当事人具有使用本民族语言文字进行诉讼的权利，其他诉讼参与人，如第三人、证人、鉴定人，亦有使用本民族语言文字进行诉讼的权利。因此，这是每个中华人民共和国公民都享有的权利。

二、少数民族聚居或多民族共同居住地区应当用当地民族通用语言文字进行诉讼

本条第 2 款规定，在少数民族聚居或者多民族共同居住的地区，人民法院应当用当地民族通用的语言、文字进行审理和发布法律文书。本款中“当地民族通用的语言、文字”指的是何种语言文字，需要具体情况具体分析。根据《宪法》和《中华人民共和国民族区域自治法》(以下简称《民族区域自治法》)的规定，在五大少数民族自治区可能有两种或者两种以上的通用语言文字，因此，不宜简单地把“当地民族通用语言文字”等同于该自治区的民族语言。目前，在许多民族自治地区，法院都在推行运用“双语”审判案件，既使用汉语，也使用当地民族语言文字，相关法院也都在大力培养、培训“双语”法官，已经有越来越多的法官能够熟练使用“双语”进行诉讼活动，以切实保障各方诉讼参与人的合法权益。在法律文书使用的语言文字方面，亦应当根据《宪法》和《民事诉讼法》本条规定，从实际需要出发，使用当地通用的一种或者几种文字发布法律文书。如当地民族通用语言文字只有汉文一种，则可以只以汉文发布法律文书；如当地民族通用语言文字有两种以上，则应当以多种语言文字共同发布法律文书。

三、人民法院负有提供翻译的责任

本条第 3 款规定，人民法院应当对不通晓当地民族通用的语言、文字的诉讼参与人提供翻译。这其实是对本条第 1 款规定从人民法院的角度进行了再次重申，是保障每个公民使用本民族语言文字进行民事诉讼权利的必然要求。一般来讲，如果诉讼参与人既有汉族又有少数民族，选择汉语作为庭审语言的，应当为少数民族当事人提供翻译；选择少数民族语言作为庭审语言的，应当为汉族当事人提供翻译；同时，应当以汉文和少数民族语言文字发布判决裁定等法律文书。如果诉讼当事人为同一少数民族，法院可以选择汉语或当地通用的少数民族语言作为庭审语言，若选择汉语

为庭审语言，有诉讼参与人不通晓汉语的，应当为其提供翻译；判决裁定等法律文书应当以汉文和少数民族文字发布。如果诉讼当事人为不同少数民族的，可以选择汉语和当地通用的少数民族语言作为庭审语言，若选择汉语作为庭审语言，应当为不通晓汉语的诉讼参与人提供翻译；若选择其中一种少数民族语言作为庭审语言的，应当向不通晓该少数民族语言的诉讼参与人提供翻译，并以汉文和不同的少数民族语言文字共同出具判决裁定等法律文书，不同的少数民族语言文字法律文书分别向不同的少数民族当事人送达。

【审判实践中应当注意的问题】

正确理解和运用方言

根据该条规定，人民法院在审判实践中应充分考虑参与诉讼人员的不同情况，依法选择庭审以及法律文书使用的语言文字，切实保障诉讼参与人使用本民族语言文字进行民事诉讼的权利。

民事实践中经常遇到的问题是：一些民族的语言在不同地区亦有差别，以汉语为例，全国各地由汉语衍生出的方言众多，有的甚至在一个省、一个市辖区内不同的地方都有不同的方言。汉语的方言当然本质上还是汉语，只不过在发音上带有地方特色。有些方言词汇，普通话中也有，但含义不同，甚至是恰恰相反。如“不管”二字，普通话中的意思是“不管不问”，而在苏北睢宁方言中则表示“不行”。[①] 因此，在司法实践中，一定要正确理解和运用方言。

《中华人民共和国国家通用语言文字法》第16条规定：“本章有关规定中，有下列情形的，可以使用方言：（一）国家机关的工作人员执行公务时确需使用的……”司法实践中，有些老年当事人只能说当地的方言，也只听得懂当地的方言，如果审判人员和诉讼参与人都能熟练运用这种方言，那么以这种方言进行庭审当然未尝不可。但如果审判人员或其他诉讼参与人中有不通晓该方言的，那么法庭应提供翻译，以保障各方当事人和其他诉讼参与人的合法权益。

---

① 王威、张鹏：《笔录中方言记录的三个要点》，载《人民检察》2010年第2期。

第十二条　人民法院审理民事案件时，当事人有权进行辩论。

【条文主旨】

本条是关于辩论原则的规定。

【理解与适用】

所谓辩论原则，是指当事人在民事诉讼活动中，就案件所争议的事实问题和法律问题，在人民法院的主持下，各自陈述自己的主张，并对对方的主张进行反驳或答辩，以维护自己的合法权益。辩论的意义在于，人民法院可以通过双方当事人的辩论，更迅速、更准确地查明案件事实，确定各方当事人的权利义务，明确各方当事人应当承担的责任，从而正确适用法律，作出公正判决。

一、辩论权是当事人的重要权利

从案件进入诉讼程序开始，任何一方当事人对于自己的诉讼请求，都有权收集、提供证据，有权举出事实，说明理由，来印证自己所提出的诉讼请求的合法性、正当性、合理性；也都有权反驳对方当事人提出的事实和证据，以维护自己的合法权益。辩论原则必须建立在各方当事人法律地位平等的基础之上，包括实体法上的平等和程序法上的平等；辩论原则也是当事人法律地位平等的重要体现。正是基于各方当事人具有平等的法律地位，他们才能各自提出自己的主张，才能去反驳对方的主张。《民事诉讼法》本条关于辩论原则的规定，从法律上确认了当事人双方享有的辩论权，从而使当事人双方法律地位平等原则在辩论权的行使上得到有力保障。

二、辩论原则是人民法院审理民事案件时必须遵循的基本准则

当事人辩论权利能否得到充分行使，关键在于人民法院能否提供充分的保障，能否提供足够的便利。因此，人民法院必须依法充分保障当事人行使辩论权，不能限制任何一方辩论的权利，对于任何一方的辩论意见，

人民法院都必须认真听取，并以在法庭上经过调查、辩论后查证属实的事实和证据为根据，依法作出裁判。未经法庭辩论、质证的事实和证据，不能作为认定案件事实、明确责任分担的根据。

三、要坚持辩论范围的全面性

当事人既可以对案件事实进行辩论，也可以对法律适用问题进行辩论，还可以对诉讼程序问题进行辩论。比如，就事实问题，当事人可以围绕证明该事实的证据的真实性、合法性，以及其与待证事实之间的关联性进行辩论，亦可对该证据有无证明力以及证明力之大小进行辩论。对法律适用问题，当事人可以就本案应当适用此法还是彼法，以及应当适用哪些条文进行辩论。程序方面，比如，当事人可以就受理案件的法院是否具有管辖权进行辩论，也可以就某一方当事人的主体是否适格进行辩论，还可以就代理人是否具有代理权进行辩论等。

四、要坚持辩论方式的灵活性

辩论并非只能局限于开庭审理时的辩论环节，这一环节的设置只不过是为了方便当事人集中发表其辩论意见，并不意味着除了这个环节之外其他环节不能进行辩论。比如在开庭前，原告可以在起诉状中、被告可以在答辩状中提出辩论意见。在辩论权的行使方式上，当事人既可以运用口头方式进行辩论，也可以运用书面方式进行辩论；既可以自行辩论，也可以委托诉讼代理人进行辩论，等等。人民法院开展诉讼活动，应当尽最大努力保障当事人全面、充分行使辩论权，为当事人进行辩论提供最大程度的便利。

【审判实践中应当注意的问题】

根据本条规定，人民法院审判案件贯彻辩论原则，要注意以下几点：

一、辩论原则是贯穿民事诉讼全过程的重要原则

除特别程序外，辩论原则应当适用于民事诉讼的所有程序，包括第一审程序、第二审程序和审判监督程序。在每一个程序中，当事人在判决作出前的所有阶段，都可以通过法定的形式展开辩论，包括言词辩论和书面辩论。人民法院应当在每一个诉讼程序中充分保障当事人行使辩论权。有

学者甚至认为："尽管我国民事诉讼法奉行的是职权探知主义，但是随着审判方式改革的深入，我国民事诉讼实践的发展呈现出转向辩论主义的趋势，尤其是最高人民法院于2001年12月颁布施行的《关于民事诉讼证据的若干规定》(以下简称《民事诉讼证据规定》)的出台，在民事诉讼的实际运行体制中已经基本确立了辩论主义。"[①] 我们无意讨论我国的民事诉讼到底是职权探知主义还是辩论主义，但是辩论原则的重要性已经深入人心是不争的事实。

二、审判人员要注意自己在辩论中的角色定位

在当事人行使辩论权的过程中，法官应当始终是一个引导者、中立者、保障者。所谓引导者，是指法官要引导当事人围绕诉争的核心争议问题进行辩论，而不宜把过多精力用在一些不影响实质问题的细枝末节上，确保辩论能够聚焦重点问题、解决核心争议。所谓中立者，是指法官在当事人辩论过程中应当始终保持中立的地位，不偏不倚，为当事人提供均等的辩论机会，认真聆听和平等对待每一方当事人的辩论意见，特别是不能站在某一方当事人的立场上与对方当事人展开辩论，意即要努力当好居中裁判的"裁判员"，而不能亲自下场当"运动员"。所谓保障者，是指法官应当尽最大努力保障当事人全面、充分行使辩论权，特别是在法庭上，要维持良好的辩论秩序，及时制止当事人借辩论之机对对方进行人身攻击的言论或行为。

三、应当防止因当事人辩论能力失衡影响公正裁判

我国《民事诉讼法》仅仅规定了当事人享有辩论权，并未规定当事人辩论权的行使对裁判结果的影响。司法实践中，如果双方当事人都具有较强的辩论能力，显然有利于法院查明事实、分清是非、明确责任，但这只是一种理想状况。司法实践中更多的情况是一方当事人辩论能力较强，而另一方当事人辩论能力较弱。在这种情况下，作为法官，不能因辩论能力较弱的当事人没有讲出实际存在且对其有利的观点而让其承担不利后果，而是应当始终尊重事实和法律，根据查明的事实和证据，依法判定各方当事人的责任，确保当事人不因辩论能力较弱而损害其合法权益。《民事诉

① 翁晓斌：《职权探知主义转向辩论主义的思考》，载《法学研究》2005年第4期。

讼证据规定》部分条文即规定了人民法院应当向当事人释明的问题，这并非站在一方当事人立场上对抗另一方当事人，而是从确保司法公正、维护公平正义的立场上，防止因当事人诉讼能力包括辩论能力失衡而损害司法裁判的公正性。

第十三条 民事诉讼应当遵循诚信原则。

当事人有权在法律规定的范围内处分自己的民事权利和诉讼权利。

【条文主旨】

本条第1款是关于民事诉讼诚信原则的规定，第2款是关于处分原则的规定。

【理解与适用】

一、民事诉讼诚信原则

2012年《民事诉讼法》第二次修正时，将诚信原则规定在第13条第1款，“民事诉讼应当遵循诚实信用原则。”故2012年《民事诉讼法》正式确立了民事诉讼诚信原则。

诚信原则最早起源于罗马法中的诚信契约和诚信诉讼。其中诚信诉讼就是要求民事诉讼要遵循诚实信用原则。诚信契约逐步发展成为民法上的诚实信用原则，并为各国民法所承认，在民法特别是债法领域发挥着重要功能，被称为现代民法的“帝王原则”，就是要求人们在市场经济活动中讲究信用，恪守诺言，诚实不欺，在不损害他人利益和社会利益的前提下追求自己的利益。我国《民法典》明确规定了诚信原则。民事诉讼诚信原则，随着近代经济社会的发展，尤其是对民事诉讼性质的重新认识后于近代民事诉讼法中逐步确立，并成为独立的民事诉讼原则。1933年《德国民事诉讼法》规定当事人的“真实义务”为现代民事诉讼奠定诚实信用原则的基石。民事诉讼诚信原则，是指民事诉讼主体在诉讼过程中应当遵循诚实及信用要求。学者通常将民事诉讼诚信原则分为两类：一类是行为意义上的诚实信用，另一类是实质意义上的诚实信用。行为意义上的诚实信用是指当事人及其他诉讼参与人在诉讼中实施诉讼行为、行使诉讼权利或履行诉讼义务，以及法官行使国家审判权进行裁判，应当诚实、信用。实质意义上的诚实信用是指法官、当事人以及其他诉讼参与人在诉讼过程中须维持双方当事人利益平衡、当事人利益与社会利益的平衡，其实质是公正与衡平。

民事诉讼诚信原则是维护民事诉讼秩序，提高诉讼效率和裁判公正的重要原则，其适用的重点是当事人诉讼行为的规制，建立在当事人主义之上的诉讼秩序。

（一）诚信原则的适用主体

对诚信原则适用的主体范围，在理论界和实务界有不同的认识。对于诚信原则适用于诉讼当事人及其他诉讼参与人，各国立法及理论、实务界均无异议，但对于是否适用于法院，认识不一。赞成诚信原则适用于法院的观点认为，与法院期待当事人遵守信义一样，当事人也能够期待法院遵守信义，这是一种相互关系。为了实现诉讼的公正，不但当事人之间关系应当遵守信用原则，其他诉讼法律关系中也应当适用信用原则，因此，法院的审判行为也应当适用诚信原则，也即，法院在审理民事案件活动中应当本着诚实、善意的原则进行审判。反对的观点认为，法院与当事人之间的关系是作为权力主体的法院和服从于这种权力的当事人的关系。在这种关系中，要求负有司法任务的法院与当事人之间发生以相互依赖为前提的遵守信义关系显得不自然，在当事人与作为国家机关的法院的关系上，让当事人承担具有浓厚伦理色彩的义务时应该特别慎重。有学者进一步指出，民事诉讼中的诚信原则应当对当事人行使诉讼权利，履行诉讼义务起到相应的规制作用，以便防止当事人滥用诉权；至于法官行使审判权的自由裁量行为，即自由裁量权行使问题，无论从其根源，还是从其行使的依据来看，均不是诚信原则功能所及的范围，恰恰相反，如果法官或者法院依据诚信原则行使自由裁量权，则意味着允许“感情司法”，这与审判权的内容及其行使原则格格不入。

2012 年《民事诉讼法》第二次修正中，对此也有不同的认识。在《民事诉讼法》修正的第二次审议稿中，诚信原则规定在第 13 条第 1 款当事人行使处分权后面，主要适用于诉讼当事人及其他参与人。全国人大常委会审议通过的 2012 年《民事诉讼法》则规定为第 13 条第 1 款，明确为“民事诉讼应当遵循诚信原则”。这种变化也充分反映了对诚信原则适用主体范围的不同认识。从其他国家和地区立法来看，诚信原则主要体现为“真实义务”“禁反言”等规则，适用的主体范围限于当事人及其他诉讼参与人。在明确规定诚信原则的立法上，也区分了当事人及其他诉讼参与人和法院分别适用不同原则。如《日本民事诉讼法》第 2 条规定，法院应为民事诉讼公正并迅速地进行而努力；当事人进行民事诉讼应以诚实信用为之。法院遵循公正与迅速裁判的原则，当事人遵循诚信原则。我国现行立法关于民事诉讼诚实信用方面的规定，也主要是就当事人及其他诉讼参与人实施诉讼行为时的要求。从诚信原则的基本内涵来看，主要是对人们自由意志行为的限制，如主要适用于契约行为，而一般不适用于权力行为。根据《中华人民共和国法官法》（以下简称《法官法》）等法律规定，法官行使审判权的行为受到法律强制性规定的约束，对其道德要求依照法官职业道德标准而不是诚实信用的一般理性人的善意注意义务标准，法官的职业道德标准显然要高于诚信原则的要求。而从学者多肯定的民事诉讼诚信原则对于法官自由裁量权的授权与规制来看，审判中法官的自由裁量权来源于实体法上的诚信原则，而不是依据《民事诉讼法》的诚信原则。但我们也应当看到，由于《民事诉讼法》有许多自由裁量的规范存在，需要法官在诉讼中作出合理裁量以推进诉讼进程，这些规范的适用确实需要法官合理地行使权力，如举证责任分配，合理期限的确定。在民事诉讼中法官自由裁量事项决定上，法律、司法解释没有明确规定的，才有诚信原则适用的余地。

（二）诚信原则适用的内容

诚信原则作为民事诉讼的基本原则，不仅要作为民事诉讼的指导原则或诉讼理念，更重要的是明确设立相应制度，保障诚信原则得以贯彻，实现其制度功能。因此，诚信原则的适用，是贯彻《民事诉讼法》的重要内容。结合理论和实践，民事诉讼诚信原则适用的内容，可以视诉讼当事人及其他诉讼参与人和法院而有不同。

1. 诚信原则对诉讼当事人及其他诉讼参与人的适用

（1）禁止滥用诉讼权利。当事人享有广泛的诉讼权利，相应地也必须承担相应的诉讼义务。当事人应当依法善意地行使法律赋予的诉讼权利，不得滥用起诉权、管辖异议权、回避申请权、提出证据等权利，或者不按照规定的程序行使权利，意图拖延诉讼，阻扰诉讼的进行，或者逃避执行等。当事人滥用诉讼权利的，人民法院应当驳回，并要求其承担相应的法律后果。如《日本民事诉讼法》第 157 条规定，对于当事人因故意或重大过失而提出的延误时机的攻击或防御方法，法院认为其目的是由此致使诉讼终结迟延时，根据申请或依职权，可以作出裁定驳回；第

301 条规定，在根据前条第 1 款规定驳回控诉的情况下，认为控诉人提起控诉，仅只以拖延诉讼的终结为目的时，法院可以命令其缴纳作为提起控诉手续费而缴纳金额 10 倍以下的现金。《民事诉讼法》及相关司法解释也对滥用诉讼权利的行为作了相应的制裁规定。如《民事诉讼法》第 115 条第 1 款规定："当事人之间恶意串通，企图通过诉讼、调解等方式侵害国家利益、社会公共利益或者他人合法权益的，人民法院应当驳回其请求，并根据情节轻重予以罚款、拘留；构成犯罪的，依法追究刑事责任。"第 116 条规定："被执行人与他人恶意串通，通过诉讼、仲裁、调解等方式逃避履行法律文书确定的义务的，人民法院应当根据情节轻重予以罚款、拘留；构成犯罪的，依法追究刑事责任。"再如，《民事诉讼法》删除了因管辖争议而申请再审的规定，其目的就是限制滥用管辖权异议影响正常诉讼。《民事诉讼法》第 59 条增加了第 3 款，规定了第三人撤销诉讼制度，第三人"因不能归责于本人的事由未参加诉讼，但有证据证明发生法律效力的判决、裁定、调解书的部分或者全部内容错误，损害其民事权益的，可以自知道或者应当知道其民事权益受到损害之日起六个月内，向作出该判决、裁定、调解书的人民法院提起诉讼。人民法院经审理，诉讼请求成立的，应当改变或者撤销原判决、裁定、调解书；诉讼请求不成立的，驳回诉讼请求。"其目的就是解决虚假诉讼的问题，赋予虚假诉讼受害人以否定生效裁判为目的的诉讼权利。

（2）诉讼权利失效。当事人一方怠于行使诉讼权利，长期没有行使的意思表示和实施相应的行为，致使对方当事人误认为不会行使后，再开始行使该权利，并导致对方利益受损的行为，法院不能支持。《民事诉讼法》第 68 条第 2 款规定当事人及时提供证据的义务时增加规定了举证时限制度，"人民法院根据当事人的主张和案件审理情况，确定当事人应当提供的证据及其期限。当事人在该期限内提供证据确有困难的，可以向人民法院申请延长期限，人民法院根据当事人的申请适当延长。当事人逾期提供证据的，人民法院应当责令其说明理由；拒不说明理由或者理由不成立的，人民法院根据不同情形可以不予采纳该证据，或者采纳该证据但予以训诫、罚款。"对于无正当理由逾期提交的证据，规定了失权制度。

（3）真实陈述义务。诚信原则的主要内容之一就是当事人及其他诉讼参与人真实陈述事实和主张的义务。当事人不得在诉讼中提供虚假证据，不得在诉讼中作虚假陈述，证人不得提供虚假证言，鉴定人不得出具虚假鉴定结论等。《民事诉讼法》没有对当事人及其他诉讼参与人的真实陈述义务作出原则规定，第 78 条规定：“人民法院对当事人的陈述，应当结合本案的其他证据，审查确定能否作为认定事实的根据。当事人拒绝陈述的，不影响人民法院根据证据认定案件事实。”《民事诉讼法解释》第 110 条增加了询问当事人之前签署保证书制度，“人民法院认为有必要的，可以要求当事人本人到庭，就案件有关事实接受询问。在询问当事人之前，可以要求其签署保证书。保证书应当载明据实陈述、如有虚假陈述愿意接受处罚等内容。当事人应当在保证书上签名或者捺印。负有举证证明责任的当事人拒绝到庭、拒绝接受询问或者拒绝签署保证书，待证事实又欠缺其他证据证明的，人民法院对其主张的事实不予认定。”《民事诉讼证据规定》第 2 条第 1 款也规定：“人民法院应当向当事人说明举证的要求及法律后果，促使当事人在合理期限内积极、全面、正确、诚实地完成举证。”《民事诉讼法解释》第 119 条对证人的如实陈述义务作了规定：“人民法院在证人出庭作证前应当告知其如实作证的义务以及作伪证的法律后果，并责令其签署保证书，但无民事行为能力人和限制民事行为能力人除外。证人签署保证书适用本解释关于当事人签署保证书的规定。”第 120 条规定：“证人拒绝签署保证书的，不得作证，并自行承担相关费用。”《民事诉讼证据规定》第 72 条第 1 款进一步规定：“证人应当客观陈述其亲身感知的事实，作证时不得使用猜测、推断或者评论性的语言。”这些都是当事人及其他诉讼参与人真实陈述义务的规定。按照诚信原则的要求，凡是当事人不真实陈述事实的，人民法院对其陈述不予采纳，并可以依法进行相应的制裁，《民事诉讼法》第 114 条规定，对于伪造、毁灭重要证据，妨碍人民法院审理案件的，或者以暴力、威胁、贿买方法阻止证人作证或者指使、贿买、胁迫他人作伪证的，人民法院可以根据情节轻重予以罚款、拘留；构成犯罪的，依法追究刑事责任。

（4）禁反言。一方当事人有义务从事对方所预期的一定行为，实际上实施的却是完全违背对方预期的行为时，这种行为就被认为是背信行为而应当受到禁止。禁反言主要防止一方当事人以及其他诉讼参与人出现前后相互矛盾的诉讼行为，从而损害对方当事人的利益，破坏民事诉讼的整体进展。构成禁反言，应当具备当事人及其他诉讼参与人实施了前后相互矛盾的诉讼行为，前一诉讼行为已经得到对方的承认或者信任，因为前后矛盾的诉讼行为损害了对方当事人的利益。当然，禁反言原则主要是从衡平法上发展来的，除了考虑对方当事人利益损害以外，还要考虑到对诉讼程序完整性的影响程度。在适用时，还要考虑和平衡当事人之间的利益状态。《民事诉讼法》还没有专门针对禁反言的规定，《海事诉讼特别程序法》第85条已有规定："当事人不能推翻其在《海事事故调查表》中的陈述和已经完成的举证，但有新的证据，并有充分的理由说明该证据不能在举证期间内提交的除外。"《民事诉讼法解释》第229条增加了禁反言一般规则，"当事人在庭审中对其在审理前的准备阶段认可的事实和证据提出不同意见的，人民法院应当责令其说明理由。必要时，可以责令其提供相应证据。人民法院应当结合当事人的诉讼能力、证据和案件的具体情况进行审查。理由成立的，可以列入争议焦点进行审理。"

（5）忠实勤勉义务。诉讼代理人在诉讼中应当在代理权限范围内行使代理权，不得在诉讼中滥用或者超越代理权限。翻译人员应当如实翻译，不得篡改当事人的真实意思。鉴定人应当客观公正地进行鉴定，所作的鉴定结论必须以事实为依据。

2. 诚信原则对法院的适用

人民法院行使民事诉讼法规定的自由裁量事项的权力时，也应当本着诚实信用的原则进行，具体而言：

（1）不得滥用审判权。在案件管辖方面，不得管辖无管辖权的案件，也不得拒不管辖应当管辖的案件。在认定证据和适用法律时，要依法行使自由裁量权。在调解案件时，应当尊重当事人的意愿，不得强迫调解等。

（2）充分尊重当事人的诉讼地位，不得实施突袭性裁判。要给予当事人提出证据、质证、陈述意见、进行庭审辩论的平等机会，不得在当事人未充分表达意见时就作出裁判。按照公平和诚实信用的原则，充分考虑当事人的举证能力，合理分配举证责任。对欠缺诉讼能力的当事人进行适当的释明和诉讼指引，平衡当事人之间的诉讼地位等。

二、处分原则

本条第2款是关于当事人处分原则的规定。根据该款的规定，处分原则，是指当事人在民事诉讼中，在不违反法律强制性规定的情况下，享有对自己的民事实体权利和民事诉讼权利进行自由处分的权利。处分原则作为民事诉讼的一项特有原则，是由民事法律关系的特点和民事权利的性质决定的。民事法律关系是平等的民事主体之间有关人身和财产的权利义务关系，民事主体可以按照自愿原则处分自己的民事权利，只要是不损害国家利益、社会公共利益和他人合法利益的，国家一般不干预。《民事诉讼法》规定的处分原则，实际上是民事权利的可处分性在民事诉讼中的必要延伸，就是赋予了当事人在民事诉讼中仍然有处分自己民事权利的自由，这种民事权利处分自由既决定了民事诉讼程序的处分原则，也在民事诉讼中主要体现为对民事诉讼权利的处分，因此处分原则贯穿民事诉讼的全过程。民事案件的性质又决定了民事诉讼的开始、诉讼的对象、诉讼的进行以及终结等主要程序由当事人决定，在很大程度上影响着民事诉讼的进程。

民事诉讼的处分原则主要包括以下几方面内容：

（一）处分权的主体

享有处分权的主体为当事人和类似当事人的人。民事诉讼处分权的主体应仅限于当事人，其他诉讼参与人不享有处分权，诉讼代理人未经当事人授权也不享有处分权。

（二）民事实体权利的处分

民事诉讼当事人对民事实体权利的处分，主要表现在以下几个方面：一是原告在起诉时可以决定请求人民法院保护其民事权利的范围并选择保护的方法，主要体现在诉讼标的和诉讼请求的选择。例如，在合同纠纷中，原告可以请求继续履行合同、确认合同无效、解除合同、请求赔偿全部损失，也可以请求支付违约金。在物权纠纷中，可以请求排除妨碍、返还原物、恢复原状，也可以请求赔偿损失。在请求权竞合时，可以选择提起违约之诉还是侵权之诉等。二是民事诉讼开始以后，原告可以变更诉讼请求，可以增加或者减少诉讼请求。三是诉讼过程中，原告可以放弃诉讼请求；被告可以部分或者全部承认原告的诉讼请求，也可以反驳原告的诉讼请求。四是当事人双方可以达成调解协议确定民事权利义务。五是当事人双方可以在执行过程中自行和解。

（三）民事诉讼权利的处分

当事人对民事诉讼权利的处分，主要表现在以下几个方面：一是当公民、法人或者其他组织的民事权利受到侵害时，其有权决定是否向人民法院提起诉讼，此即不告不理原则。二是当事人可以在纠纷发生之前或者之后签订管辖协议，选择诉讼法院；也可以签订协议选择仲裁机构解决纠纷，排除人民法院的主管。三是立案后，原告可以申请撤回起诉；被告可以对原告的诉讼请求进行反诉。四是诉讼过程中，双方当事人均有权请求人民法院进行调解或者庭外和解。五是当事人对一审法院的判决、裁定不服的，可以提起上诉，上诉的范围及请求由上诉人自行决定。六是当事人对已经发生法律效力的判决、裁定或者调解书，认为有错误的，可以决定是否申请再审。七是审理终结后，当事人对已经发生法律效力的判决、裁定或者调解书，有权决定是否申请强制执行。

（四）对证据材料的处分

当事人对作为裁判基础的案件事实（诉讼资料）的处分也是当事人行使处分权的重要内容。一是当事人没有在特定阶段和场合（辩论过程中）提出来的案件事实，裁判者不能作为判案的依据。二是当事人有自认的权利，对于其不利之事实可以承认而免除对方的举证责任。三是其可以申请鉴定也可以不申请鉴定，如果拒绝申请鉴定，则受举证不能之不利后果。

【审判实践中应当注意的问题】

一、诚信原则的适用问题

诚信原则作为民事诉讼的一项原则，既是指导相关民事诉讼制度设计的原则，也是指导诉讼主体依法行使权利、履行义务的原则。但诚信原则的适用，必然要首先借助于《民事诉讼法》具体的规定来落实，而不宜突破《民事诉讼法》的具体规定而直接适用诚信原则。无论是举证时限制度，还是对虚假诉讼、恶意诉讼的制裁，还是对禁反言的规制，以及对当事人真实陈述义务的要求，在适用时应当依据《民事诉讼法》的具体规定来执行。只有在《民事诉讼法》没有具体规定时，才可以考虑按照诚信原则来平衡当事人之间的诉讼权利和义务。

二、民事诉讼处分权的限制问题

《民法典》规定民事主体可以自由行使民事权利，但要受法律的限制，不得违反法律强制性规定，也不得违背公序良俗，即不得损害国家利益、社会公共利益、他人合法权益，否则民事法律行为无效。同样，民事诉讼的处分原则也受法律的限制，具体包括以下几个方面：一是在民事实体权利处分方面，要求不得违反法律禁止性规定和公序良俗，不得损害国家、社会和他人合法权益。对当事人达成的调解协议或者请求司法确认的人民调解协议，人民法院要进行自愿性和合法性两方面的司法审查，只有自愿达成的合法的调解协议，人民法院才予以确认。对于虚假诉讼达成的调解协议，人民法院不予确认。二是在诉讼权利处分方面，法律有关当事人行使处分权的限制性规定，当事人也必须遵守。如离婚案件要先行进行调解，不需要当事人同意。特别程序案件、确认之诉案件、身份关系案件不得调解等。当事人订立的法院管辖协议，要符合密切联系的规定。在二审中一审原告请求撤回起诉的，要经其他当事人同意并不得再行起诉，等等。《民事诉讼法》规定二审审理范围以当事人上诉请求和理由为限，但是有违反法律禁止性规定或者损害国家利益、社会公共利益或者他人合法权益的除外。

第十四条　人民检察院有权对民事诉讼实行法律监督。

【条文主旨】

本条是关于民事诉讼检察监督原则的规定。

【理解与适用】

一、民事诉讼中检察监督原则的含义

民事诉讼中的检察监督原则，是指检察机关有权对人民法院的民事诉讼活动实行法律监督。民事检察的核心是民事诉讼监督，贯穿民事诉讼活动的全过程，既对民事诉讼的结果进行监督，又对民事诉讼的审判程序、民事执行活动进行监督。《宪法》第134条规定："中华人民共和国人民检察院是国家的法律监督机关。"本条规定人民检察院有权对民事诉讼实行法律监督，是对《宪法》规定的检察机关法律监督原则在《民事诉讼法》中的具体体现。人民检察院对民事诉讼实行法律监督，是保证人民法院依法行使审判权，正确实施法律的重要制度，对促进司法公正，保护当事人的合法权益，维护社会公共利益，具有重要作用。

二、民事诉讼检察监督原则历史沿革

本条继续保留了2012年《民事诉讼法》修正时民事诉讼检察监督原则的规定，没有发生变化。

人民检察院有权对人民法院的民事审判活动实行法律监督的原则是1982年《民事诉讼法（试行）》总则中就确定下来的原则，到1991年《民事诉讼法》正式实施，再到2007年《民事诉讼法》第一次修正，人民检察院有权对人民法院的民事审判活动实行法律监督的原则就一直延续下来，没有改动。在监督原则上，检察机关的监督权被限定在"民事审判活动"中，执行活动、特别程序一般不被认为是审判活动，人民检察院无权监督。在监督方式上，检察机关只能通过抗诉的方式实施监督。在监督范围上，检察机关只有对生效的判决、裁定进行抗诉，对于当事人达成的

调解，检察机关无权进行监督。2008年，中央政法委印发了《关于深化司法体制和工作机制改革若干问题的意见》，提出了优化司法职权配置、落实宽严相济刑事政策、加强政法队伍建设、加强政法经费保障等四个方面的改革任务。该意见要求完善检察机关对民事、行政诉讼的法律监督以及完善对民事执行工作的法律监督。

2012年《民事诉讼法》修正过程中，为落实中央深化司法体制和工作机制改革的要求，加强法律监督成为立法机关修改法律的重要内容。其中，对于民事诉讼检察监督原则的修改亦是该次《民事诉讼法》修改法律监督的重要内容之一，即将第14条“人民检察院有权对民事审判活动实行法律监督”修改为“人民检察院有权对民事诉讼实行法律监督”。除此之外，该次《民事诉讼法》修正在民事检察监督方面还包括以下几个方面的内容：

（一）增加监督方式

原《民事诉讼法》只规定了抗诉一种监督方式。2012年修正根据一些地方的试点探索，增加规定了人民检察院有权以检察建议的方式对民事诉讼实行法律监督，主要是在审判监督程序中增加规定，地方各级人民检察院对同级人民法院已经发生法律效力的判决、裁定和调解书，发现有错误的，可以向同级人民法院提出再审检察建议。同时规定，地方各级人民检察院对审判监督程序以外的其他审判程序中审判人员的违法行为，有权向同级人民法院提出检察建议。

（二）扩大监督范围

2012年以前，《民事诉讼法》第14条只规定：“人民检察院有权对民事审判活动实行法律监督”，没有明确规定对民事执行活动和人民法院的调解活动能否实行检察监督。针对执行活动中一些当事人恶意串通，以及通过调解协议损害社会公共利益的情况，2012年《民事诉讼法》增加一条作为第235条，[①]明确规定：“人民检察院有权对民事执行活动实行法律监督”，将民事执行活动也纳入法律监督范围。同时，增加规定人民检察院发现调解书损害国家利益、社会公共利益的，可以向人民法院提出再审检察建议或者提出抗诉。

① 现为《民事诉讼法》（2023年修正）第246条。

（三）强化监督手段

为了加强检察监督，强化监督手段，2007 年修正时增加一条作为第 210 条，[①] 明确规定：人民检察院因履行法律监督职责提出检察建议或者抗诉的需要，可以向当事人或者案外人调查核实有关情况。至此，人民检察院有权对民事诉讼实行法律监督的原则固定下来。

三、民事检察监督基本原则

民事检察监督是在民事诉讼制度运行下的法律监督，其制度设计应当符合民事诉讼规律，人民检察院在实施法律监督时应当遵循合法性原则、居中监督原则和谦抑性原则。

（一）合法性原则

合法性原则体现在实体合法、程序正当和规范执法等方面。一是民事检察监督权必须在法律授权范围内对监督对象的合法性进行审查。要努力查明事实真相，客观判断证据材料，正确适用法律，作出公正判断。二是依照法律规定的监督程序形成合法的监督过程，做到实体公正和程序公正并重。三是要规范文明、公正廉洁执法，加强与人民法院的沟通协调，做到既敢于监督、善于监督，又规范监督、理性监督。

（二）居中监督原则

民事检察监督是居中监督，这也是民事检察监督的基本属性。民事检察监督是检察机关代表国家对法律的统一适用和执行法律行使的监督权，而不是任何一方当事人的代言人。监督权在当事人之间应当保持客观、中立、公正的立场，而不致使检察监督权的公信力受到合理怀疑。

（三）谦抑性原则

民事诉讼主要解决的是公民、法人之间的平等主体的民事权利问题，这也是民事诉讼的规律和特点。因此，民事检察监督应当遵循民事诉讼的规律，体现法律监督权作为国家公权力对法律范围内当事人意思自治和当事人处分权的充分理解和尊重，避免由于监督权的过度膨胀造成对私人权利的侵害。因此，对调解书的法律监督，法律明确只有发现调解书损害国家利益、社会公共利益时才可以向同级人民法院提出再审检察建议。

---

① 现为《民事诉讼法》（2023 年修正）第 221 条。

四、民事诉讼检察监督的方式

（一）人民检察院对审判人员的违法行为进行法律监督

人民检察院发现审判人员在审理民事案件过程中有贪污受贿、徇私舞弊、枉法裁判行为的，应当依照《中华人民共和国刑法》（以下简称《刑法》）和《中华人民共和国刑事诉讼法》（以下简称《刑事诉讼法》）的规定立案侦查，提起公诉。此外，人民检察院对审判监督程序以外的其他审判程序中审判人员的违法行为，还可以向同级人民法院提出检察建议。

（二）人民检察院对人民法院已经发生法律效力的判决、裁定和调解书，依照审判监督程序提出抗诉或者再审检察建议

最高人民检察院对各级人民法院已经发生法律效力的判决、裁定，上级人民检察院对下级人民法院已经发生法律效力的判决、裁定，发现有错误的，或者发现调解书损害国家利益、社会公共利益的，应当提出抗诉。地方各级人民检察院对同级人民法院已经发生法律效力的判决、裁定，发现有错误的，或者发现调解书损害国家利益、社会公共利益的，可以向同级人民法院提出再审检察建议，并报上级人民检察院备案；也可以提请上级人民检察院向同级人民法院提出抗诉。人民法院对人民检察院提出抗诉或者再审检察建议的案件进行再审时，检察机关可以派出检察员参与诉讼，出席开庭审理，并监督人民法院的审判活动。

（三）人民检察院对民事执行活动进行法律监督

在民事执行过程中，人民检察院有权对民事执行的移送、人民法院不予执行的裁定、执行措施、中止执行和终结执行的裁定等进行法律监督。

五、民事诉讼检察监督的范围

依据2012年第二次修正的《民事诉讼法》，人民检察院有权对人民法院的诉讼活动、执行活动以及调解活动进行监督。2013年，最高人民检察院印发了《人民检察院民事诉讼监督规则（试行）》（高检发释字〔2013〕3号），对人民检察院在民事诉讼中监督的原则、方式、范围等进行了规范。2021年，最高人民检察院对上述规则修改后重新印发了《人民检察院民事诉讼监督规则》（高检发释字〔2021〕1号）。结合《民事诉讼法》及其司法解释的相关规定，人民检察院民事诉讼监督的范围主要包括：

（一）生效判决、裁定

根据《民事诉讼法》第 219 条的规定，人民检察院对已经发生法律效力的判决、裁定，发现有《民事诉讼法》第 211 条规定情形之一的，应当提出再审检察建议或者抗诉。

（二）调解书

根据《民事诉讼法》第 219 条的规定，人民检察院发现调解书损害国家利益、社会公共利益的，依法向人民法院提出检察建议或者抗诉。《人民检察院民事诉讼监督规则》第 75 条第 2 款规定，人民检察院对当事人通过虚假诉讼获得的民事调解书应当依照对调解书有关规定进行监督。《人民检察院民事诉讼监督规则》还明确了对虚假民事调解书的监督方式。最高人民法院、最高人民检察院、公安部、司法部于 2021 年 3 月联合发布的《关于进一步加强虚假诉讼犯罪惩治工作的意见》第 18 条规定，检察机关发现已经发生法律效力的判决、裁定、调解书系民事诉讼当事人通过虚假诉讼获得的，应当依照《民事诉讼法》第 208 条第 1 款、第 2 款[①]等法律和相关司法解释的规定，向法院提出再审检察建议或者抗诉。该条规定明确检察机关对当事人通过虚假诉讼获得的民事调解书，应当以损害国家利益、社会公共利益为由依法向法院提出再审检察建议或者抗诉。

（三）执行活动

根据 2012 年《民事诉讼法》第 235 条[②]的规定，人民检察院有权对民事执行活动实行法律监督。2012 年《民事诉讼法》修正时，在执行程序中“一般规定”最后增加一条“人民检察院有权对民事执行活动实行法律监督”，作为执行规定的一般原则规定。此后，人民检察院对民事执行活动实行法律监督有了明确的法律依据。根据最高人民法院、最高人民检察院联合发布的《关于民事执行活动法律监督若干问题的规定》的规定，人民检察院对人民法院执行生效民事判决、裁定、调解书、支付令、仲裁裁决以及公证债权文书等法律文书的活动实施法律监督。《关于民事执行活动法律监督若干问题的规定》第 7 条规定，人民检察院对民事执行案件应当依职权进行监督情形主要包括：（1）损害国家利益或者社会公共利

① 现为《民事诉讼法》（2023 年修正）第 219 条第 1、2 款。

② 现为《民事诉讼法》（2023 年修正）第 246 条。

益的；（2）执行人员在执行该案时有贪污受贿、徇私舞弊、枉法执行等违法行为、司法机关已经立案的；（3）造成重大社会影响的；（4）需要跟进监督的。

（四）审判人员的违法行为

《民事诉讼法》第219条第3款规定，各级人民检察院对审判监督程序以外的其他审判程序中审判人员的违法行为，有权向同级人民法院提出检察建议。

【审判实践中应当注意的问题】

监察权与检察监督权的关系

监察委对公职人员个人进行监察，调查职务违纪违法和犯罪；检察机关履行法律监督职权，是依法对司法机关、执法机关在诉讼和相关执法过程中的违法行为进行监督纠正。前者是对个人，后者是对机关行使权力行为；前者是对公职人员全覆盖，后者是针对诉讼过程中职务行为的不正当性。人民检察院是国家的法律监督机关，是国家监督体系的重要组成部分，在推进全面依法治国、建设社会主义法治国家中发挥着重要作用。根据《关于加强新时代检察机关法律监督工作的意见》的规定，检察机关发现行政执法人员涉嫌职务违法或者职务犯罪线索的，移交监察机关处理。

第十五条　机关、社会团体、企业事业单位对损害国家、集体或者个人民事权益的行为，可以支持受损害的单位或者个人向人民法院起诉。

【条文主旨】

本条是关于支持起诉原则的规定。

【理解与适用】

一、支持起诉原则的含义

支持起诉原则，是指机关、社会团体、企业事业单位对损害国家、集体或者个人民事权益的行为，依法可以支持受损害的单位或者个人向人民法院起诉。支持起诉原则是《民事诉讼法》特有的一项原则。同时，支持起诉制度作为我国民事诉讼的基本制度之一，是当事人申请法律救济的重要途径。

民事诉讼中的检察监督原则，是指检察机关有权对人民法院的民事诉讼活动实行法律监督。根据民事诉讼中的当事人处分原则，当事人有权在法律允许的范围内自由处分自己的民事权利和诉讼权利。民事诉讼中遵循不告不理的原则，一般情况下，在当事人自己不愿提起诉讼的情况下，机关、社会团体或者企事业单位不宜替代当事人提起诉讼。但是，如果受到损害的自然人、法人或者其他组织出于各种原因，如经济困难或者缺乏法律专业知识，不能很好地行使民事诉讼权利来保护自己的合法权益，则需要有关机关、社会团体或者企事业单位给予支持和援助，帮助他们行使诉讼权利。《民事诉讼法》规定支持起诉原则的主要目的也是给有需要的自然人、法人或者其他组织一定形式的帮助，以维护其合法权益。

近年来，人民检察院在支持起诉方面的实践使支持起诉的方式有了更多发展。2021 年 7 月，最高人民检察院发布《人民检察院公益诉讼办案规则》（高检发释字〔2021〕2 号），明确将民事诉讼支持起诉制度纳入检察监督业务范畴，这也使支持起诉制度在适用方面有了更新突破。2021

年 11 月 29 日，最高人民检察院发布了第三十一批指导性案例，含 5 件“民事支持起诉”的指导性案例（检例第 122~126 号）。[①]

二、支持起诉的条件

（一）支持起诉的主体

根据《民事诉讼法》的规定，支持起诉的主体为“机关、社会团体、企业事业单位”。支持起诉的主体，既不是有直接利害关系的案件当事人，也不是没有利害关系的诉讼辅助人。目前法律规定的可以支持起诉的主体包括：

1. 人民检察院。《民事诉讼法》第 58 条第 2 款规定，人民检察院在履行职责中发现破坏生态环境和资源保护、食品药品安全领域侵害众多消费者合法权益等损害社会公共利益的行为，在没有前款规定的机关和组织或者前款规定的机关和组织不提起诉讼的情况下，可以向人民法院提起诉讼。前款规定的机关或者组织提起诉讼的，人民检察院可以支持起诉。《中华人民共和国未成年人保护法》（以下简称《未成年人保护法》）第 106 条也规定人民检察院作为支持起诉的主体：“未成年人合法权益受到侵犯，相关组织和个人未代为提起诉讼的，人民检察院可以督促、支持其提起诉讼；涉及公共利益的，人民检察院有权提起公益诉讼。”

2. 消费者协会。《中华人民共和国消费者权益保护法》（以下简称《消费者权益保护法》）第 37 条规定，就损害消费者合法权益的行为，支持受损害的消费者提起诉讼或者依照本法提起诉讼。

3. 妇女权益保护单位。《中华人民共和国妇女权益保障法》（以下简称《妇女权益保障法》，2022 年修订）第 78 条规定，国家机关、社会团体、企业事业单位对侵害妇女权益的行为，可以支持受侵害的妇女向人民法院起诉。本条概括性地提出国家机关、社会团体和企业事业单位都可以对侵害妇女权益的行为支持受害妇女提起诉讼。

4. 残疾人组织。《中华人民共和国残疾人保障法》（以下简称《残疾人保障法》）第 59 条第 2 款规定，残疾人组织对残疾人通过诉讼维护其合法权益需要帮助的，应当给予支持。当然，法律没有规定的弱势群体，根

---

① 参见《最高人民检察院关于印发最高人民检察院第三十一批指导性案例的通知》（高检发办字〔2021〕119 号）。

据《民事诉讼法》第15条的规定，机关、社会团体和企业事业单位可以支持受损害的个人向人民法院提起诉讼。

（二）支持起诉的方式

机关、社会团体、企事业单位可以通过多种方式支持民事权益受损害的单位或者个人起诉，主要包括：（1）向受损害的单位或者个人提供法律咨询服务，使其了解相关法律知识，知晓自己享有的民事权利和诉讼权利以及应当履行的义务，提高法治观念，敢于通过诉讼手段维护自己的合法权益；（2）为受损害的单位或者个人代写起诉状，帮助其收集有关证据材料；（3）接受受损害的单位或者个人的委托成为其诉讼代理人，或者推荐律师、其他法律服务工作者担任他们的诉讼代理人；（4）为受损害的单位或者个人代交诉讼费、律师费或者提供其他物质帮助。[①]

（三）支持起诉的对象

《民事诉讼法》规定支持起诉的目的是支持受损害的单位或者个人起诉，特别是支持特殊群体能够通过行使诉权获得救济，保障双方当事人诉权以及合法权益。支持起诉的对象主要应当是弱势群体，包括但不限于未成年人、家暴受害人、老年人、残疾人、消费者、进城务工人员等。

（四）支持起诉的具体条件

民事诉讼实行私权自治原则，当事人有权支配自己的实体权利和诉讼权利，是否起诉应当由当事人自主决定，支持起诉机关不得以支持起诉为由进行干涉。因此，支持起诉并非代替当事人行使诉权，机关、社会团体、企事业单位不能独立启动诉讼程序，应当以当事人申请为主。支持起诉案件不仅包括侵权类民事案件，也包括因合同纠纷引起的民事案件，如农民工被欠薪就可能是基于劳动合同关系引起的违约纠纷。

【审判实践中应当注意的问题】

要平衡好支持起诉制度和当事人的诉讼权利

首先，要准确理解支持起诉的适用条件。支持起诉一般以支持起诉的对象由于在诉讼中处于弱势地位，不能很好地行使诉讼权利，可能在诉讼

① 参见吴高盛等编：《〈中华人民共和国民事诉讼法〉释义及实用指南》，中国民主法制出版社2012年版。

中因其弱势地位而使其合法权益受损才需要有关机关、社会团体或者企事业单位帮助其提起诉讼。例如，检察机关支持起诉原则上以有关行政机关、社会团体等单位履职后仍未实现最低维权目标为前提条件。公安机关、人力资源社会保障部门、残联等单位负有维护特殊群体合法权益的职责，且行政解决纠纷途径具有主动性、倾向性、实质性等特点，便于特殊群体维护自身权益。作为法律监督机关，检察机关并非对所有案件都直接履行支持起诉职责，而是应先通过与有关单位积极协调，促请有关单位主动履职。如果有关单位履行职责遇到了问题和困难，当事人受到侵害的权益未得到弥补的，检察机关再支持起诉。

其次，支持起诉机关支持起诉的方式一般包括提供法律咨询服务，收集有关证据材料，代理诉讼或者为其推荐诉讼代理人或者提供物质帮助。可见，支持起诉一般发生在起诉前阶段。在诉讼过程中，当事人享有完整的诉讼权利，可以自由处分。如当事人如果撤回起诉的，支持起诉主体不能代替当事人继续诉讼。检察机关支持起诉中，检察机关协助当事人围绕法定起诉条件收集证据，而非仅收集对一方当事人有利的证据；除具有重大社会影响或者法律意义的案件外，检察机关一般不派员出席法庭；必要时，检察机关派员出庭宣读支持起诉意见书，但不参与举证、质证等其他庭审活动。

第十六条 经当事人同意，民事诉讼活动可以通过信息网络平台在线进行。

民事诉讼活动通过信息网络平台在线进行的，与线下诉讼活动具有同等法律效力。

【条文主旨】

本条是关于在线诉讼法律效力的规定。

【理解与适用】

本条是 2021 年《民事诉讼法》第四次修正后增加的条文。本条作为在线诉讼的总括性、效力性规定，被设置在《民事诉讼法》第一编总则中，首次在立法上确立了在线诉讼在整个民事诉讼制度中的法律地位，为在线诉讼的探索发展拓展了制度空间，有利于满足互联网时代下人民群众日益多元的司法需求，推动民事诉讼制度在互联网时代转型升级。

一、在线诉讼的发展

近年来，互联网技术飞速发展，已经渗透到社会生产生活的方方面面，人民群众对法院处理纠纷的需求也随之发生了变化，广大群众普遍期待诉讼能够数字化、网络化、便捷化，更加公正、高效、低成本、多元化地解决纠纷，在此背景下，推进在线诉讼是大势所趋和民心所向。为适应互联网时代对司法诉讼的新需求，2015 年《民事诉讼法解释》第 259 条规定，对于适用简易程序的案件，当事人双方可就开庭方式向人民法院提出申请，由人民法院决定是否准许。经当事人双方同意，可以采用视听传输技术等方式开庭。上述规定为人民法院开展在线诉讼奠定了探索尝试的法律基础。2018 年，为规范互联网法院运行，最高人民法院印发《最高人民法院关于互联网法院审理案件若干问题的规定》，其中第 1 条第 1 款规定，互联网法院采取在线方式审理案件，案件的受理、送达、调解、证据交换、庭前准备、庭审、宣判等诉讼环节一般应当在线上完成。上述规定首次将在线诉讼规范化引入互联网法院，作为互联网司法审判的重要实践探索。与此同时，在最高人民法院指导下，全国各级人民法院积极回应时代需求，大力探索在线模式，在程序规则、审判机制、平台建设、技术应用等方面取得重大突破，在线诉讼的规模和质量不断提升，线上线下双轨并行、有序衔接的诉讼模式已逐渐成为常态。

2019 年，最高人民法院在部分地区开展民事诉讼程序繁简分流改革试点，并印发《繁简分流试点办法》(法〔2020〕11 号)，其中第 21 条规定，人民法院、当事人及其他诉讼参与人可以通过信息化诉讼平台在线开展诉讼活动。诉讼主体的在线诉讼活动，与线下诉讼活动具有同等效力，人民法院根据技术条件、案件情况和当事人意愿等因素，决定是否采取在线方式完成相关诉讼环节。试点期间，试点法院大力推进在线诉讼，细化流程规则、加强诉讼引导、完善系统平台，探索构建从立案到执行的全流程在线诉讼模式。特别是在疫情等特殊时期，各试点法院依托“中国移动微法院”等在线诉讼平台，推行案件办理全流程网上运行，试点两年来，各试点法院在线申请立案 803.40 万件，在线立案率达 60.40%；在线庭审 75.29 万件，占所有庭审近 30%，平均庭审时长 46 分钟，较线下庭审缩短 55%；有效电子送达 2751.62 万次，电子送达裁判文书案件 257.72 万件，在线诉讼应用规模和质量不断提升，人民群众诉讼方式更加便捷，诉讼成本大大降低。

为将相关经验成效制度化定型化，同时进一步统一规范全国法院在线诉讼规则，2021 年，最高人民法院出台《人民法院在线诉讼规则》，其中第 1 条至第 4 条就在线诉讼的具体方式、适用范围、适用条件均作出了明确规定。2021 年第四次修正《民事诉讼法》时，吸收采纳了民事诉讼程序繁简分流改革试点经验及《人民法院在线诉讼规则》的相关规定，首次明确了在线诉讼的法律地位。

二、在线诉讼的内涵

本条第 1 款明确“民事诉讼活动可以通过信息网络平台在线进行”，即通过信息网络平台在线进行的诉讼可称为“在线诉讼”，《人民法院在线诉讼规则》第 1 条对“在线诉讼”的含义进行了细化，指人民法院、当事人及其他诉讼参与人等可以依托电子诉讼平台（以下简称诉讼平台），通过互联网或者专用网络在线完成立案、调解、证据交换、询问、庭审、送达等全部或者部分诉讼环节。在在线诉讼内涵方面，应当注意把握好以下三个问题：

（一）关于在线诉讼的表现形式

在线诉讼包括从立案到执行的各个诉讼环节，但不要求所有流程均必须在线办理。实践中，司法案件各有其特点，有的适宜在线解决，有的适合线下审理，必须遵循客观规律、实事求是。无论是“全部诉讼环节在线”，还是“部分诉讼环节在线”，或者“部分当事人线上，部分当事人线下”，都属于在线诉讼的表现形式。

（二）关于在线诉讼的“信息网络平台”

在线诉讼可以通过互联网或专用网络两种方式进行。对于民事、行政等案件，在线诉讼活动主要在互联网上完成，人民法院应当在确保数据和系统安全的前提下，实现内外网系统数据互通。对于刑事案件，在线诉讼一般通过专用网络进行，以满足刑事案件审理的技术保障要求。

（三）关于在线诉讼的开展方式

在线诉讼活动主要依托电子诉讼平台开展。考虑到目前全国法院信息化建设规模、进程尚不均衡，本条中的“信息网络平台”还是一个泛指化概念，既包括最高人民法院统一指导建设的电子诉讼平台，也包括各地法院结合工作需要自行建设的平台，是各类服务于在线诉讼工作平台的集合。未来，随着信息化建设不断深入，电子诉讼平台也将逐步向规范化、系统化、一体化发展。

三、在线诉讼的适用条件

根据本条规定，在线诉讼为当事人参与诉讼的方式提供了更多选择，并不具有强制性，所以应当以当事人主动选择或者同意为前提。本条明确适用在线诉讼需“经当事人同意”，这里所述的“经当事人同意”的效力范围一般仅及于自身，结合《人民法院在线诉讼规则》的相关规定，对于“当事人同意”应当从以下两个方面予以理解把握：

（一）关于“当事人同意”的方式

实践中至少可以包括：主动作出在线诉讼行为、口头同意、在诉讼平台确认同意、线下书面同意，等等。只要是当事人的真实意思表示，并可以留痕追溯，均是作出同意的有效方式。

（二）关于“当事人同意”的效力范围

当事人关于是否同意在线诉讼的意思表示，原则上仅对自身产生效力。一方当事人不同意在线诉讼，不影响其他方当事人选择在线诉讼的权利，案件可以采取“半在线”方式审理。考虑到司法实践的复杂性，《人民法院在线诉讼规则》对调解、证据交换、询问、听证、庭审等诉讼环节作出特殊安排，明确一方当事人有权在上述诉讼环节中，要求其他方当事人线下参审，但应当提出合理理由。经人民法院审查，其理由成立的，可以将相应诉讼环节转为线下进行，便于人民法院查明事实、适用法律。

四、在线诉讼的适用范围

在线诉讼适用范围具有广泛性。本条未对在线诉讼的适用主体、案件类型和程序环节作出限定，而采用了“民事诉讼活动通过信息网络平台进行”的表述。这说明在线诉讼方式既适用于各类诉讼主体、各层级法院，也适用于不同类型的民事案件和诉讼各程序环节；既可以全流程适用，也可以仅在部分诉讼环节适用，在适用范围上具有广泛性。《人民法院在线诉讼规则》第 3 条明确规定：“人民法院综合考虑案件情况、当事人意愿和技术条件等因素，可以对以下案件适用在线诉讼：（一）民事、行政诉讼案件；（二）刑事速裁程序案件，减刑、假释案件，以及因其他特殊原因不宜线下审理的刑事案件；（三）民事特别程序、督促程序、破产程序和非诉执行审查案件；（四）民事、行政执行案件和刑事附带民事诉讼执行案件；（五）其他适宜采取在线方式审理的案件。”根据该条规定，各类民事、行政诉讼案件和执行案件等，只要符合适用条件，均可采取在线方式办理。实践中，对于哪些属于“适宜采取在线方式审理”案件，人民法院可以结合当事人意愿、案件性质、复杂程度、证据情况等因素作出综合判断。例如，部分国家赔偿案件，如果不存在重大敏感因素，当事人自身又有在线诉讼需求的，也可以在线办理。需要注意的是，在适用在线诉讼时需区分考虑是所有诉讼环节均不适用在线方式，还是部分诉讼环节不宜在线。例如，对于涉及国家安全、国家秘密以及重大涉外、涉港澳台案件，一般应当全案线下审理；而对当事人人数众多、案件疑难复杂、证据繁多、审理耗时长的案件，庭审环节一般应当在线下开展，而此类案件的立案、调解、送达等环节可以在线完成。线上线下有序融合衔接，才应当是在线诉讼的主流和常态。

五、在线诉讼的效力

本条明确了在线诉讼与线下诉讼活动具有同等法律效力，即在线诉讼与线下诉讼并行不悖，可以相互替代和转换。已经依法在线完成的诉讼活动，具有确定的法律效力，产生确定的法律后果和约束力，不必在线下重复完成。如果诉讼主体同意在线诉讼，但又不履行诉讼义务，不参与在线诉讼活动，将承担相应的不利后果。例如，当事人无正当理由不按时参加在线庭审或者擅自退出在线诉讼系统的，视为“拒不到庭”或者“中途退庭”，人民法院可以按撤诉或者缺席审理。

【审判实践中应当注意的问题】

一、“当事人同意”的具体情形

立法上对“当事人同意”规定得较为原则，实践中有不同的表现形式，既包括明示同意，又包括默示同意。针对上述情况，应当按照《人民法院在线诉讼规则》第4条、第5条、第6条的规定作出相应处理：（1）当事人主动选择适用在线诉讼的，人民法院可以不再另行征得其同意，相应诉讼环节可以直接在线进行；（2）各方当事人均同意适用在线诉讼的，相应诉讼环节可以在线进行；（3）部分当事人同意适用在线诉讼，部分当事人不同意的，相应诉讼环节可以采取同意方当事人线上、不同意方当事人线下的方式进行；（4）当事人仅主动选择或者同意对部分诉讼环节适用在线诉讼的，人民法院不得推定其对其他诉讼环节均同意适用在线诉讼；（5）当事人已同意适用在线诉讼，但无正当理由不参与在线诉讼活动或者不作出相应诉讼行为，也未在合理期限内申请转为线下进行的，应当依照法律和司法解释的相关规定承担相应法律后果。

二、当事人同意后又反悔的处理

《人民法院在线诉讼规则》第5条第2款对当事人同意后又反悔的处理方式作出了规定：“当事人已同意对相应诉讼环节适用在线诉讼，但诉讼过程中又反悔的，应当在开展相应诉讼活动前的合理期限内提出。经审查，人民法院认为不存在故意拖延诉讼等不当情形的，相应诉讼环节可以转为线下进行”，由此可见当事人同意适用在线诉讼后可以作出反悔，但需要满足三个条件：第一，反悔应当在开展相应诉讼活动前的合理期限内提出。考虑到不同诉讼环节的准备时间存在差异，《人民法院在线诉讼规则》未对“合理期限”作出“一刀切”式的规定，可由各地法院具体细化或者审判组织根据案件情况确定。第二，反悔需通过申请方式提出，并经人民法院审查同意。第三，反悔不得基于恶意诉讼目的，如果能够认定当事人反悔是为了故意拖延诉讼或者增加对方当事人诉讼成本的，人民法院可以不予批准。

三、在线诉讼适用的其他条件

除“当事人同意”外，在线诉讼适用还应当充分考虑案件性质、特点、证据类型、社会关注度、法院技术条件和当事人技术应用能力等诸多方面因素，综合判断适用在线诉讼的必要性、可行性以及适宜在哪些环节适用，灵活采取线上线下相结合的方式，确保案件审理公正高效、规范有序。

第十七条 民族自治地方的人民代表大会根据宪法和本法的原则，结合当地民族的具体情况，可以制定变通或者补充的规定。自治区的规定，报全国人民代表大会常务委员会批准。自治州、自治县的规定，报省或者自治区的人民代表大会常务委员会批准，并报全国人民代表大会常务委员会备案。

【条文主旨】

本条是关于民族自治地方可以制定变通或者补充规定的规定。

【理解与适用】

一、民族区域自治制度是我国的重要政治制度

中华人民共和国是全国各族人民共同缔造的统一的多民族国家。民族区域自治是中国共产党运用马克思列宁主义解决我国民族问题的基本政策，是国家的一项重要政治制度。民族区域自治是在国家统一领导下，各少数民族聚居的地方实行区域自治，设立自治机关，行使自治权。实行民族区域自治，体现了国家充分尊重和保障各少数民族管理本民族内部事务权利的精神，体现了国家坚持实行各民族平等、团结和共同繁荣的原则。实行民族区域自治，对发挥各族人民当家作主的积极性，发展平等、团结、互助的社会主义民族关系，巩固国家的统一，促进民族自治地方和全国社会主义建设事业的发展，都起到了巨大的作用。

我国是有着悠久历史的统一的多民族国家。历代中央政权大都对少数民族地区采取了“因俗而治”的政策，即在实现政治统一的前提下，保持民族地区原有的社会制度和文化形态。例如，汉朝在今中国西部地区设立西域护府，唐朝在这一地区设立西安和北庭两大护府，其主要职责是管理军政要务。党在长期民族工作实践中，始终支持少数民族群众行使自治权力。早在1931年，《中华苏维埃共和国宪法大纲》中就规定各民族可以在中华苏维埃共和国之中成立自治区域。根据这一规定，在后来的几年中，一些少数民族建立了自治政权。中华人民共和国成立以后，我国的民族区域自治制度进入了一个新的历史发展时期。根据1949年通过的中国人民政治协商会议《共同纲领》中，关于按照聚居人口多少和区域大小分别建立自治机关的规定，在少数民族地区推广区域自治，使得战争年代逐步奠定基础的民族区域自治制度，经过新中国成立初期的推广、调整，得到发展。1952年8月8日，中央人民政府委员会批准了中央民族事务委员会草拟的《中华人民共和国民族区域自治实施纲要》。该纲要总结了新中国成立初期实施民族区域自治的经验，对民族区域自治的实施作出具体规定，为民族区域自治的全面实施提供了具体制度依据。1954年通过的新中国第一部《宪法》，在总结实践经验的基础上，肯定了民族区域自治制度，同时将原来规定的各民族自治地方均称“自治区”。民族自治地方分自治区、自治州、自治县三级。县以下的区、乡级少数民族聚居区不再称为自治区，而改为民族乡。1984年5月31日，第六届全国人民代表大会第二次会议根据新中国成立三十多年来实行民族区域自治的实践经验，制定了《民族区域自治法》，对有关民族区域自治的一些基本的问题，作出全面、具体的规定，把三十多年来的经验以法律的形式固定下来，从而使其制度化、法律化、具体化，它标志着我国民族区域自治制度进入了一个新的历史发展阶段。2001年2月28日第九届全国人民代表大会常务委员会第二十次会议对《民族区域自治法》进行了修改，不仅正式将民族区域自治确定为“国家的一项基本政治制度”，而且使这项制度的若干具体规定更加合理和具有操作性，这标志着民族区域自治制度更加成熟和完善。

二、民族区域自治制度的基本内容

《宪法》和《民族区域自治法》规定，民族自治地方设立自治机关，行使自治权。自治地方的自治机关是自治区、自治州、自治县的人民代表大会和人民政府。各民族自治地方的自治机关，是国家的一级地方权力机关和一级地方国家行政机关。各民族自治地方的自治机关行使宪法规定的地方国家机关的职权，同时依照《宪法》《民族区域自治法》和其他法律规定的权限行使自治权。《民族区域自治法》第三章专门规定了自治机关的自治权。依据《民族区域自治法》，自治地方的自治权利主要有：自治地方的人民代表大会，有权依照当地民族的政治、经济和文化特点，制定自治条例和单行条例；上级国家机关的决议、决定、命令和指示，如有不适合民族自治地方实际情况的，自治机关可以报经上级国家机关批准，变通执行或者停止执行；自治机关有管理地方财政的权利，属于自治地方的财政收入，由自治机关自主地安排使用；自治机关有权自主地安排和管理地方性的经济建设事业；有权自主地管理本地方的教育、科学、文化、卫生、体育事业；依照国家的军事制度和当地的实际需要，经国务院批准可以组织本地方维护社会治安的公安部队，等等。

三、民族自治地方制定变通或者补充规定的法律依据

我国是统一的多民族国家，为了充分尊重和保障各少数民族管理本民族内部事务的权利，我国《宪法》第 4 条第 3 款规定："各少数民族聚居的地方实行区域自治，设立自治机关，行使自治权。"我国幅员辽阔，地区间经济、社会、文化等各方面发展不平衡，必须考虑到民族自治地方的特殊性，允许民族自治地方根据当地民族的特点制定变通或者补充的规定，正是考虑照顾到地方特别是民族自治地方的特殊情况。对此，《立法法》(2023 年修正）第 85 条第 2 款明确规定："自治条例和单行条例可以依照当地民族的特点，对法律和行政法规的规定作出变通规定，但不得违背法律或者行政法规的基本原则，不得对宪法和民族区域自治法的规定以及其他有关法律、行政法规专门就民族自治地方所作的规定作出变通规定。"《民事诉讼法》的有些具体规定可能无法适应民族自治地方的特殊情况和需要。因此，允许民族自治地方根据当地民族的特点，在不违背《宪法》和《民事诉讼法》基本原则的前提下，对民事诉讼的有关制度和程序制定变通或者补充规定。

四、制定变通或者补充规定的原则

民族自治地方对《民事诉讼法》制定变通或者补充规定，应当遵循以下几项原则：

（一）自治条例和单行条例不得对《宪法》和《民族区域自治法》作出变通或者补充规定

《宪法》是我国的根本法，具有最高的法律效力。《宪法》第 5 条规定，一切法律、行政法规和地方性法规都不得同《宪法》相抵触。一切国家机关和武装力量、各政党和各社会团体、各企业事业组织都必须遵守《宪法》和法律。因此，全国人大不允许立法活动同《宪法》相抵触。那

么，地方立法更不能对《宪法》的规定进行变通。《民族区域自治法》是实施《宪法》规定的民族区域自治制度的基本法律，全面系统地规定了民族自治地方的建立，民族自治地方自治机关的组成和自治权，上级国家机关领导和帮助，民族自治地方内的民族关系等，是各民族自治地方立法的法律依据。如果允许变通民族区域自治法的规定，民族自治地方就否定了自己立法的法律依据，因此，民族区域自治法也是不能变通的。

（二）不得违背法律或者行政法规的基本原则

《立法法》第85条第2款规定："自治条例和单行条例可以依照当地民族的特点，对法律和行政法规的规定作出变通规定，但不得违背法律或者行政法规的基本原则，不得对宪法和民族区域自治法的规定以及其他有关法律、行政法规专门就民族自治地方所作的规定作出变通规定。"根据该条有关规定，对《民事诉讼法》作变通规定时，要注意不得对《民族区域自治法》的规定作出变通规定，也不得对其他有关法律、行政法规专门就民族自治地方所作的规定作出变通规定。《民族区域自治法》的规定以及其他有关法律、行政法规专门就民族自治地方所作的规定，已经考虑到了民族自治地方的特殊情况和需要，是国家民族政策的具体体现，就不允许再作出变通了。另外，根据本条规定，民族自治地方的人民代表大会在制定变通规定或补充规定时，还应当遵循本法的原则。《民事诉讼法》是规范我国民事诉讼制度和程序的基本法律，《民事诉讼法》规定的各项原则，如当事人诉讼权利平等原则、辩论原则、诚信原则、处分原则、法院调解原则以及检察监督原则等，也必须得到切实地贯彻执行，这些是不能变通的。

（三）自治条例和单行条例不得对其他有关法律、行政法规专门就民族自治地方的规定作出变通规定

法律、行政法规中专门就民族自治地方所作出的规定，是全国人大及其常委会、国务院立法过程中，已经充分考虑到维护国家整体利益和照顾自治地方民族特点和实际情况的需要而制定的。对此，自治条例和单行条例就不能再以特殊为由进行变通。

（四）民族自治地方制定变通或者补充规定

民族自治地方制定变通或者补充规定，要结合当地民族经济、社会、文化发展的具体情况，符合当地民族的实际需要，努力做到有特色、可操作。

五、制定变通或者补充规定的程序

民族自治地方对《民事诉讼法》作出变通或者补充规定的制定机关是民族自治地方的人民代表大会。为了严格执行民族自治地方的立法变通权，正确理解和执行《民事诉讼法》，维护国家法治统一，根据本条的规定，民族自治地方的人民代表大会制定变通或者补充规定，必须报上级人民代表大会常务委员会批准，具体程序是：

（一）自治区的规定，报全国人大常委会批准

全国人大常委会对报请批准的变通或者补充规定是否违反《宪法》的规定和《民事诉讼法》的基本原则，是否符合当地民族的实际情况，以及是否适当等进行审查。经审查，认为变通或者补充规定不存在问题的，应当作出批准决定。该变通或者补充规定经批准后生效，由自治区的人大常委会公告予以公布。

（二）自治州、自治县的规定，报省或者自治区的人大常委会批准，并报全国人大常委会备案

省或者自治区的人大常委会对报请批准的变通或者补充规定也应当进行合法性等方面的审查。经审查，认为变通或者补充规定不存在问题的，应当作出批准决定。该变通或者补充规定经批准后生效，由自治州、自治县的人大常委会公告予以公布。自治州、自治县的变通或者补充规定还应当依法报送备案，即自公布之日起三十日内，由省或者自治区的人大常委会报全国人大常委会备案。①

【审判实践中应当注意的问题】

自治条例和单行条例的效力

在效力位阶上，自治条例和单行条例的法律效力高于本省的地方性法规，但低于《宪法》《民族区域自治法》和其他有关法律、行政法规专门就民族自治地方所作出的规定。自治条例和单行条例是民族自治地方的人民代表大会依照当地民族的政治、经济和文化的特点制定的，是一种特殊

① 参见吴高盛等编：《〈中华人民共和国民事诉讼法〉释义及实用指南》，中国民主法制出版社 2012 年版。

的地方立法。自治条例和单行条例不同于一般的地方性法规，虽然它也是地方国家权力机关制定的，但它可以变通法律、行政法规。按照《立法法》的相关规定，鉴于自治条例和单行条例可以变通法律和行政法规的特征，其一般效力位阶应为：自治条例和单行条例的法律效力一般应相当于或高于本省的地方性法规，但低于《宪法》《民族区域自治法》和其他有关法律、行政法规专门就民族自治地方所作的规定。

民族自治地方的自治条例和单行条例有优先适用的效力。例如，全国人大及其常委会通过的《刑法》《民法典》《民事诉讼法》《妇女权益保障法》等法律规定，民族自治地方可以变通或者补充法律的规定。实践中，民族自治地方制定的单行条例，对法律、行政法规作出了变通和补充规定的，内容包括婚姻、继承、资源开发、计划生育、未成年人保护、社会治安、环境保护以及土地、森林、草原管理等。《立法法》第 101 条第 1 款规定，自治条例和单行条例依法对法律、行政法规、地方性法规作变通规定的，在本自治地方适用自治条例和单行条例的规定。自治条例和单行条例在本自治地方有优先适用的效力。

第二章 管 辖

第一节 级别管辖

第十八条 基层人民法院管辖第一审民事案件，但本法另有规定的除外。

【条文主旨】

本条是关于基层人民法院管辖第一审民事案件的规定。

【理解与适用】

2023年修正后的《民事诉讼法》未对本条进行修改。

管辖问题是民事诉讼的先决问题，是整个民事诉讼程序的开始，涉及不同层级、地域，以及普通、专门法院审理民事诉讼的分工，影响到当事人依法高效行使诉权。正确确定民事案件的管辖，对于有效开展审判执行工作、依法维护当事人合法权益具有重要意义。所谓民事案件的管辖，是指确定各级人民法院之间和同级人民法院之间受理第一审民事案件的分工和权限。①《民事诉讼法》确定人民法院相互之间的分工和权限，主要遵循以下原则：一是便利当事人进行诉讼和便利人民法院行使审判权；二是均衡各级人民法院的工作负担；三是原则规定与灵活规定相结合；四是维护国家主权。《民事诉讼法》规定的民事案件管辖，包括级别管辖、地域管辖、移送管辖、指定管辖和管辖权的转移。确定某一民事案件由哪个法院受理，首先要确定案件应当归哪一层级法院管辖。因此，确定案件

① 王胜明主编：《中华人民共和国民事诉讼法释义（最新修正版）》，法律出版社2012年版，第30页。

的级别管辖是确定管辖的首要环节。1982年《民事诉讼法（试行）》施行以来，我国确立了四级法院均可受理第一审民事案件的级别管辖制度。为便于人民法院正确、及时行使民事审判权，保障当事人的诉权，《民事诉讼法》第二章第一节对各级人民法院管辖第一审民事案件作出了规定，划分了四级法院之间受理第一审民事案件的权限，最高人民法院及高级、中级、基层人民法院都有权管辖第一审民事案件。

本条规定最早见于1982年《民事诉讼法（试行）》第16条："基层人民法院管辖第一审民事案件，但是本法另有规定的除外。"之后，《民事诉讼法》经过1991年、2007年、2012年、2021年和2023年的修正，除了条文顺序发生变化外，条文内容没有修改。

根据《人民法院组织法》第24条的规定，本条规定的基层人民法院主要包括：（1）县、自治县人民法院；（2）不设区的市人民法院；（3）市辖区人民法院。此外，内蒙古自治区内各旗人民法院，因审级衔接需要而设立的嘉峪关市城区人民法院，东莞市第一、第二、第三人民法院，中山市第一、第二人民法院，三沙市三沙群岛人民法院，儋州市人民法院（儋州市升为地级市后，目前尚未成立市中级人民法院），以及北京、广州、杭州互联网法院，也属于本条规定的基层人民法院范围。

根据本条规定，第一审民事案件原则上由基层人民法院管辖，但本法另有规定的除外。比如，本法第19条规定第一审"重大涉外案件"，由中级人民法院管辖。

本条之所以规定第一审民事案件原则上由基层人民法院管辖，主要考虑有：一是基层人民法院的数量最多、分布最广、审判力量最强，第一审民事案件原则由基层人民法院管辖，具备坚实的客观条件。二是根据《民事诉讼法》规定，除了基层人民法院，最高人民法院、高级人民法院、中级人民法院都具有审理上诉案件的职能，基层人民法院主要职能是审理第一审民事案件，这一制度安排能够基本确保均衡分配各级人民法院的工作任务。三是民事纠纷主体、发生地、争议财产所在地，都位于特定区域，而基层人民法院基本上按照我国行政区划设置，基层人民法院更加接近当事人、接近案件事实。第一审民事案件原则上由基层人民法院管辖，便于当事人就近诉讼，也便于人民法院查清事实、审理案件和执行生效裁判。

【审判实践中应当注意的问题】

一、关于基层人民法院管辖第一审民事案件的具体范围

一般认为,《民事诉讼法》确定级别管辖采用的是“三结合”标准,即以案件性质、繁简程度和影响范围作为确定级别管辖的标准。[①]《民事诉讼法》虽然对各级人民法院管辖第一审民事案件作出了相应规定。但是,在具体法律适用中,《民事诉讼法》规定的“有重大影响的案件”如何界定,即如何划分地方三级人民法院管辖第一民事案件的标准,需要进一步明确。为准确适用《民事诉讼法》关于级别管辖的规定,最高人民法院充分考虑我国经济社会的发展状况,结合四级法院的职能分工和实际情况,以诉讼标的额作为判断“有重大影响的案件”的基本标准,并根据形势变化要求,及时调整诉讼标的额标准,持续推动四级法院审级职能合理定位。早在1992年,《最高人民法院关于适用〈中华人民共和国民事诉讼法〉若干问题的意见》(已失效,以下简称1992年《民事诉讼法意见》)第3条规定,各省、自治区、直辖市高级人民法院可以依照《民事诉讼法》第19条第2项、第20条的规定,从本地实际情况出发,根据案情繁简、诉讼标的金额大小、在当地的影响等情况,对本辖区内一审案件的级别管辖提出意见,报最高人民法院批准。2008年2月3日,最高人民法院印发《关于调整高级人民法院和中级人民法院管辖第一审民商事案件标准的通知》(法发〔2008〕10号)第3条规定,婚姻、继承、家庭、物业服务、人身损害赔偿、交通事故、劳动争议等案件,以及群体性纠纷案件,一般由基层人民法院管辖。2015年4月30日,最高人民法院印发《关于调整高级人民法院和中级人民法院管辖第一审民商事案件标准的通知》(法发〔2015〕7号),针对高级人民法院和中级人民法院管辖第一审民事案件具体范围,以诉讼标的额为标准,区分当事人住所地是否均在受理法院所在省级行政辖区内,划定了四个档次,确定了不同的下限标准。2021年9月23日印发《最高人民法院关于调整中级人民法院管辖第一审民事案件标准的通知》(法发〔2021〕27号),继续区分当事人是否均在受理法院所处省级行政区内,确定两个下限标准,但不再划分不同档次。其中,前述提及的2015

① 肖建国:《民事诉讼级别管辖制度的重构》,载《法律适用》2007年第6期。

年、2021 年下发的级别管辖调整通知，均继续保留婚姻、继承等纠纷案件由基层人民法院管辖的规定。

此外，针对第一审涉外民事案件，2002 年 2 月，最高人民法院出台《最高人民法院关于涉外民商事案件诉讼管辖若干问题的规定》（法释〔2002〕5 号，已于 2020 年修正），以司法解释的形式对涉外民商事案件的管辖权作出调整，将以往分散由各基层人民法院、中级人民法院管辖的涉外民商事案件集中由少数收案较多、审判力量较强的基层人民法院和中级人民法院管辖。2004 年，最高人民法院出台《关于加强涉外商事案件诉讼管辖工作的通知》（法〔2004〕265 号），2017 年出台《关于明确第一审涉外民商事案件级别管辖标准以及归口办理有关问题的通知》（法〔2017〕359 号），适时调整涉外民商事案件集中管辖机制。2022 年 11 月 14 日，最高人民法院出台的《关于涉外民商事案件管辖若干问题的规定》（法释〔2022〕18 号）第 1 条规定，基层人民法院管辖第一审涉外民商事案件，法律、司法解释另有规定的除外。至此，所有基层人民法院都具有了相应的第一审涉外民商事案件的管辖权。[①] 综上，基层人民法院管辖的第一审民事案件具体包括：

（一）第一审普通民事案件

当事人住所地均在或者均不在受理案件的基层人民法院所处省级行政辖区的，基层人民法院管辖诉讼标的额 5 亿元以下的第一审民事案件；当事人一方住所地不在受理法院所处省级行政辖区的，基层人民法院管辖诉讼标的额 1 亿元以下的第一审民事案件。需要注意的是，这里提及的 5 亿元、1 亿元，均不包含本数。

（二）非重大第一审涉外民事案件

《民事诉讼法》第 19 条规定，中级人民法院管辖第一审重大涉外案件和在本辖区有重大影响的案件。《最高人民法院关于涉外民商事案件管辖若干问题的规定》第 1 条规定，基层人民法院管辖第一审涉外民商事案件，法律、司法解释另有规定的除外。因此，非重大的第一审涉外民事案件原则上均应由基层人民法院管辖。需要注意的是，如果法律、司法解释对第一审涉外民事案件管辖权另有规定的，则适用特别规定。例如，《最

---

① 第一审涉外民事案件管辖有关情况，参见《优化案件管辖机制 便利中外当事人诉讼——最高人民法院民四庭负责人就〈最高人民法院关于涉外民商事案件管辖若干问题的规定〉答记者问》，载《人民法院报》2022 年 11 月 16 日。

高人民法院关于设立国际商事法庭若干问题的规定》对最高人民法院国际商事法庭受理第一审涉外商事案件有专门的规定，该类案件的管辖应依据该规定确定。

（三）婚姻、继承、家庭、物业服务、人身损害赔偿、交通事故、劳动争议和群体性纠纷案件

定分止争、化解纠纷，是司法裁判的主要职能。对于所有民事案件来说，不能没有区别机械地适用诉讼标的额标准确定级别管辖法院，同时要兼用案件繁简度和影响度标准确定级别管辖法院。基层人民法院最接近当事人，特定案件明确由基层人民法院作为一审管辖法院，往往更有利于查清案件事实、解决矛盾纠纷；特定案件即使标的额很大，但在认定事实、适用法律时并无重大争议，没有必要交由上级法院审理。并且，兼用案件繁简程度和影响度标准确定级别管辖在法治国家早有先例。

需要说明的是，确定婚姻、继承、家庭、物业服务等纠纷案件管辖不考虑诉讼标的额的大小，群体性纠纷案件的人数应理解为一方当事人 10 人以上。

（四）三家互联网法院管辖所在市的辖区内特定类型的互联网案件

《最高人民法院关于互联网法院审理案件若干问题的规定》第 2 条规定，北京、广州、杭州互联网法院集中管辖所在市的辖区内应当由基层人民法院受理的下列第一审案件：（1）通过电子商务平台签订或者履行网络购物合同而产生的纠纷；（2）签订、履行行为均在互联网上完成的网络服务合同纠纷；（3）签订、履行行为均在互联网上完成的金融借款合同纠纷、小额借款合同纠纷；（4）在互联网上首次发表作品的著作权或者邻接权权属纠纷；（5）在互联网上侵害在线发表或者传播作品的著作权或者邻接权而产生的纠纷；（6）互联网域名权属、侵权及合同纠纷；（7）在互联网上侵害他人人身权、财产权等民事权益而产生的纠纷；（8）通过电子商务平台购买的产品，因存在产品缺陷，侵害他人人身、财产权益而产生的产品责任纠纷；（9）检察机关提起的互联网公益诉讼案件；（10）因行政机关作出互联网信息服务管理、互联网商品交易及有关服务管理等行政行为而产生的行政纠纷；（11）上级人民法院指定管辖的其他互联网民事、行政案件。第 3 条规定，当事人可以在本规定第 2 条确定的合同及其他财产权益纠纷范围内，依法协议约定与争议有实际联系地点的互联网法院管辖。

根据前述规定，北京、广州、杭州三家互联网法院集中管辖北京市、广州市、杭州市辖区内特定类型互联网案件，以及当事人协议约定由其管辖的案件。

需要说明的是，实践中，仅通过电子合同形式订立或者履行的买卖合同，不涉及电子商务平台的，暂不纳入三家互联网法院管辖范围。此外，三家互联网法院受理的网络服务合同原则上应以明确约定权利义务的要式服务合同为限，不能认为只要接受一般性的、免费的互联网服务即成立网络服务合同关系。

二、关于基层人民法院审理的其他民事案件

根据《民事诉讼法》和相关司法解释的规定，除管辖、审理第一审民事案件外，基层人民法院还负责审理一些其他类型的民事案件，主要包括：

（一）特别程序案件

《民事诉讼法》在第十五章特别程序的相关规定中明确，涉及公民不服选举委员会对选民资格的申诉所作处理决定的起诉，宣告失踪、宣告死亡、指定遗产管理人案件，认定公民无民事行为能力、限制民事行为能力案件、财产无主案件，确认调解协议案件、申请担保物权、债权人请申请支付令等，由基层人民法院审理。

（二）部分第一审知识产权民事案件

2022 年 4 月 23 日，最高人民法院出台的《关于第一审知识产权民事、行政案件管辖的若干规定》（法释〔2022〕13 号）第 3 条规定，在第 1 条、第 2 条规定之外的第一审知识产权民事、行政案件，由最高人民法院确定的基层人民法院管辖。也就是说，除了前述司法解释第 1 条、第 2 条规定的案件外，其他第一审知识产权民事、行政案件均由基层人民法院管辖。

为进一步细化第 3 条规定，最高人民法院同步发布了《关于印发基层人民法院管辖第一审知识产权民事、行政案件标准的通知》，确定了具有知识产权民事、行政案件管辖权的基层人民法院及其管辖区域。规定除个别地区外，每个中级人民法院辖区内至少有一个基层人民法院具有知识产权案件管辖权。

此外，还确定了基层人民法院管辖第一审知识产权民事案件的诉讼标

的额标准。需要注意的是，每一基层人民法院管辖的知识产权民事案件区域范围与行政案件区域范围是一致的。[①]

① 参见林广海、李剑、许常海：《〈关于第一审知识产权民事、行政案件管辖的若干规定〉的理解与适用》，载《人民司法》2022 年第 16 期。

第十九条 中级人民法院管辖下列第一审民事案件：
（一）重大涉外案件；
（二）在本辖区有重大影响的案件；
（三）最高人民法院确定由中级人民法院管辖的案件。

【条文主旨】

本条是关于中级人民法院管辖第一审民事案件的规定。

【理解与适用】

2023年修正后的《民事诉讼法》未对本条进行修改。

本条规定最早见于1982年《民事诉讼法（试行）》第17条："中级人民法院管辖下列第一审民事案件：（一）涉外案件；（二）在本辖区有重大影响的案件。"1991年《民事诉讼法》修改时，增加一项，将本条修改为"中级人民法院管辖下列第一审民事案件：（一）重大涉外案件；（二）在本辖区有重大影响的案件；（三）最高人民法院确定由中级人民法院管辖的案件。"之后，2007年、2012年、2021年和2023年的修正，除了条文顺序发生变化外，条文内容没有作出任何修改。

原则上，第一审民事案件应当由基层人民法院管辖。但是，如果第一审民事案件的重要性或复杂程度与基层人民法院的人员配置不符，存在重大影响的，为了维护司法公正和司法权威，有必要由审判力量和经验更加丰富的中级人民法院管辖。根据《人民法院组织法》第22条的规定，本条规定所称中级人民法院主要包括：（1）省、自治区辖市的中级人民法院；（2）在直辖市内设立的中级人民法院；（3）自治州中级人民法院；（4）在省、自治区内按地区设立的中级人民法院。此外，省、自治区内因案件审级衔接需要而设立的中级人民法院以及在林区、农垦区设立的中级人民法院，总直属和战区军事法院，海事法院，在直辖市内设立的金融法院、知识产权法院等专门法院，属于本条规定的中级人民法院。《人民法院组织法》第23条规定，中级人民法院审理下列案件：（1）法律规定由其管辖的第一审案件；（2）基层人民法院报请审理的第一审案件；

（3）上级人民法院指定管辖的第一审案件；（4）对基层人民法院判决和裁定的上诉、抗诉案件；（5）按照审判监督程序提起的再审案件。从该条规定看，在我国四级法院组织体系中，中级人民法院主要职能依然是审理案件。中级人民法院管辖的一审民事案件包括：

一、重大涉外案件

对于何谓重大涉外案件，《民事诉讼法解释》第1条作出了解释，规定《民事诉讼法》第19条第1项规定的重大涉外案件，包括争议标的额大的案件、案情复杂的案件，或者一方当事人人数众多等具有重大影响的案件。所谓涉外民事案件，是指具有涉外因素的民事案件，主要指以下三方面：（1）当事人一方或者双方是外国人、无国籍人、外国企业和组织；（2）当事人争议的民事法律关系的发生、变更或消失的法律事实在国外；（3）诉讼标的在国外。只要具备以上三种情形之一的，即为涉外民事案件。一般涉外民事案件由基层人民法院审理，只有具有重大影响的才由中级人民法院管辖。[①] 所谓重大影响是指案件的影响超出了基层人民法院辖区范围，在中级人民法院辖区产生了重大影响。判断的标准主要有三个：（1）诉讼争议标的额大；（2）案情复杂；（3）一方当事人人数众多。需要注意的是，民事诉讼法司法解释第1条规定的一方当事人人数众多的"一方"，并不限于居住在国外的当事人，即只要一方当事人人数众多，就属于重大涉外案件，不管其居住在国内还是国外。

对于何为争议标的额大的涉外民商事案件，《最高人民法院关于涉外民商事案件管辖若干问题的规定》第2条进行了细化。该条规定，北京、天津、上海、江苏、浙江、福建、山东、广东、重庆辖区中级人民法院，管辖诉讼标的额人民币4000万元以上（包含本数）的涉外民商事案件；河北、山西、内蒙古、辽宁、吉林、黑龙江、安徽、江西、河南、湖北、湖南、广西、海南、四川、贵州、云南、西藏、陕西、甘肃、青海、宁夏、新疆辖区中级人民法院，解放军各战区、总直属军事法院，新疆维吾尔自治区高级人民法院生产建设兵团分院所辖各中级人民法院，管辖诉讼标的额人民币2000万元以上（包含本数）的涉外民商事案件。根据该条

---

① 最高人民法院民法典贯彻实施工作领导小组办公室编著：《最高人民法院新民事诉讼法司法解释理解与适用》，人民法院出版社2022年版，第91页。

规定，第一审涉外民商事案件管辖权下放至所有中级人民法院，同时明确中级人民法院管辖第一审涉外民商事案件的级别管辖标准。该条第 1 款第 2 项和第 3 项与《民事诉讼法解释》第 1 条的规定保持一致，规定案情复杂或者一方当事人人数众多的第一审涉外民商事案件和其他在本辖区有重大影响的第一审涉外民商事案件，由中级人民法院管辖。此外，该条第 2 款还规定，现行法律和司法解释规定对中级人民法院管辖第一审涉外民商事案件另有规定的，则依照相关规定办理。这里提到的现行法律和司法解释规定，主要是指《民事诉讼法》《最高人民法院关于审理仲裁司法审查案件若干问题的规定》等规定的由中级人民法院管辖的申请承认和执行外国法院判决案件、仲裁司法审查案件，以及其他依法应由中级人民法院管辖的案件等情形。

二、在本辖区有重大影响的案件

司法实践中，有重大影响的案件情况较为复杂、涉及范围较广或者诉讼标的额较大，案件的发生及其处理结果的影响超出基层人民法院辖区范围，由中级人民法院管辖，有利于依法稳妥处理。因此，本条规定将“在本辖区有重大影响的案件”纳入中级人民法院管辖第一审民事案件范围。

如何理解和认定“在本辖区有重大影响的案件”，中级人民法院应当管辖什么样的第一审民事案件，还需要进一步进行解释。前已述及，最高人民法院主要以“诉讼标的额”为标准，细化明确中级人民法院管辖第一审民事案件的范围。有观点认为，应当对“在本辖区有重大影响的案件”进行类型化的解释，不能仅仅依据诉讼标的额进行确定，主要理由是部分大标的额的案件，审理时认定事实、适用法律实际上并无太多争议，不是“在本辖区有重大影响的案件”。我们认为，司法实践中的个案错综复杂、包罗万象，很难进行抽象化的概括，以诉讼标的额为标准更为直观和客观，通过这种方式确定中级人民法院管辖适量一审案件，虽然不是最佳的办法，却是目前最优的选择，国际上民事诉讼立法和实践也是采取这种做法。

关于中级人民法院管辖第一审民事案件诉讼标的额上限和下限。《最高人民法院关于调整高级人民法院和中级人民法院管辖第一审民事案件标准的通知》（法发〔2019〕14 号）第 1 条规定，中级人民法院管辖第一审民事案件的诉讼标的额上限原则上为 50 亿元（人民币）（包含本数）。《最高人民法院关于调整中级人民法院管辖第一审民事案件标准的通知》（法发〔2021〕27号）第1条规定，当事人住所地均在或者均不在受理法院所处省级行政辖区的，中级人民法院管辖诉讼标的额5亿元以上的第一审民事案件。第2条规定，当事人一方住所地不在受理法院所处省级行政辖区的，中级人民法院管辖诉讼标的额1亿元以上的第一审民事案件。第3条规定，战区军事法院、总直属军事法院管辖诉讼标的额1亿元以上的第一审民事案件。

综上，当事人住所地均在或者均不在中级人民法院所处省级行政辖区的，中级人民法院管辖诉讼标的额5亿元以上（包含本数）、50亿元以内（不包含本数）的第一审民事案件；当事人一方住所地不在中级人民法院所处省级行政辖区的，中级人民法院管辖诉讼标的额1亿元以上（包含本数）、50亿元以内（不包含本数）的第一审民事案件。

此外，针对一些具有规则意义或可能存在“诉讼主客场”现象的案件，受诉讼标的额等因素影响，难以进入较高层级法院审理范围的问题，上级人民法院可以通过提级管辖，将一些涉及重大国家利益、社会公共利益不宜由基层人民法院审理的案件、在辖区内属于新类型且案情疑难复杂的案件、具有普遍法律适用指导意义的案件，交由较高层级的法院审理。《最高人民法院关于调整中级人民法院管辖第一审民事案件标准的通知》（法发〔2021〕27号）第4条对此作出了相应规定。[①]

三、最高人民法院确定由中级人民法院管辖的案件

司法实践中，民事纠纷的情况复杂多样，为适应我国经济社会发展情况，基于某些案件的特殊性，本条还规定了中级人民法院管辖最高人民法院确定由中级人民法院管辖的案件。最高人民法院根据司法工作实际和审判工作的需要，以司法解释或者其他规范性文件的形式，确定了由中级人民法院管辖案件的具体类型，主要包括：（1）海事、海商案件；（2）专利民事纠纷案件；（3）重大涉港、澳、台民事案件；（4）著作权民事纠纷案件；（5）商标民事纠纷案件；（6）涉及域名的侵权纠纷案件；（7）虚假陈述侵权民事赔偿案件；（8）申请撤销仲裁裁决、申请确认仲

① 该条规定，对新类型、疑难复杂或者具有普遍法律适用指导意义的案件，可以依照《民事诉讼法》第38条的规定，由上级人民法院决定由其审理，或者根据下级人民法院报请决定由其审理。

裁协议效力的案件。[①]

【审判实践中应当注意的问题】

一、关于级别管辖通知规定的当事人

根据《最高人民法院关于调整中级人民法院管辖第一审民事案件标准的通知》(法发〔2021〕27号)的规定，当事人双方均在或均不在一个省级行政辖区，和当事人一方不在一个省级行政辖区的案件，中级人民法院受理一审起诉时适用不同的级别管辖标准。因此，人民法院立案时，要根据当事人住所地情况决定上下级法院管辖权，这涉及如何认定当事人的问题。原告、被告属于参加诉讼的当事人，享有相应的诉讼权利义务，当无疑义。至于第三人是否一概属于《民事诉讼法》规定的当事人，则要区分情况。《民事诉讼法解释》第81条规定，根据《民事诉讼法》第59条的规定，有独立请求权的第三人有权向人民法院提出诉讼请求和事实、理由，成为当事人；无独立请求权的第三人，可以申请或者由人民法院通知参加诉讼。从该条规定看，一审中有独立请求权的第三人通过起诉，成为当事人，针对案件的原告、被告而言，实质上处于原告的诉讼地位；无独立请求权的第三人，因不能通过起诉的方式参加诉讼，可以通过申请参加，也可以由人民法院依职权或者根据其他当事人的申请由法院通知参加诉讼。尽管《民事诉讼法》第59条第2款规定，判决了承担民事责任的第三人有当事人的诉讼权利义务，但是，在起诉受理与诉讼管辖阶段，并不涉及无独立请求权的第三人是否承担民事责任的实体问题认定。为维护正常的管辖秩序，避免可能出现的恣意制造第三人参加诉讼，我们认为，无独立请求权的第三人住所地是否在受理法院所处省级行政辖区的，不作为考虑案件是否跨地、进而降低级别管辖标准的因素。综上，有独立请求权第三人住所地不在受理法院所处省级行政辖区的，适用级别管辖通知有

---

① 主要涉及以下司法解释:《民事诉讼法解释》《最高人民法院关于海事法院受理案件范围的规定》《最高人民法院关于北京、上海、广州知识产权法院案件管辖的规定》《最高人民法院关于第一审知识产权民事、行政案件管辖的若干规定》《最高人民法院关于涉外民商事案件管辖若干问题的规定》《最高人民法院关于审理著作权民事纠案件适用法律若干问题的解释》《最高人民法院关于审理商标案件有关管辖和法律适用范围题的解释》《最高人民法院关于审理涉及计算机网络域名民事纠纷案件适用法律若干问题的解释》《最高人民法院关于审理证券市场假陈述侵权民事赔偿案件的若干规定》。

关当事人一方住所地不在受理法院所处省级行政辖区的诉讼标的额标准的规定。需要注意的是，要严格审查有独立请求权第三人提起诉讼，与当事人双方的诉讼标的的关系。

二、关于确认合同效力和解除、撤销合同纠纷的级别管辖

诉讼标的额决定了案件的级别管辖问题。对于如何认定诉讼标的额，特别是对于一些没有明确财产性请求的合同纠纷案件，应当如何确定级别管辖，实践中有不同认识。我们认为，合同纠纷的诉讼标的额，应当根据当事人的具体财产性诉讼请求确定。如果当事人仅起诉请求确认合同效力、解除、撤销合同，未提出其他诉讼请求的，人民法院应当以争议合同对应的财产性价值作为诉讼标的额确定级别管辖；如果同时提出支付违约金、赔偿损失等具体诉请金额的，有意见认为，此种情形下应当以诉讼请求额确定级别管辖；也有意见认为，应当以合同标的额与诉讼请求额较高的一项确定级别管辖。我们认为，人民法院应当以累加的财产性诉讼请求确定级别管辖。

第二十条　高级人民法院管辖在本辖区有重大影响的第一审民事案件。

【条文主旨】

本条是关于高级人民法院管辖第一审民事案件的规定。

【理解与适用】

2023年修正后的《民事诉讼法》未对本条进行修改。

一、关于高级人民法院的具体范围

根据《人民法院组织法》第20条的规定，本条所称高级人民法院主要包括：（1）省高级人民法院；（2）自治区高级人民法院；（3）直辖市高级人民法院。此外，中国人民解放军军事法院也属于本条规定的高级人民法院；新疆维吾尔自治区高级人民法院生产建设兵团分院，作为自治区高级人民法院的派出机构，根据相关司法解释的规定，[①]在案件管辖方面基本行使类似高级人民法院的职权。

二、关于高级人民法院的主要职能

根据《人民法院组织法》第13条的规定，高级人民法院是地方各级人民法院中级别最高的法院，在我国的四级法院体系中仅次于最高人民法院。《人民法院组织法》第21条规定，高级人民法院审理下列案件：（1）法律规定由其管辖的第一审案件；（2）下级人民法院报请审理的第一审案件；（3）最高人民法院指定管辖的第一审案件；（4）对中级人民法院判决和裁定的上诉、抗诉案件；（5）按照审判监督程序提起的再审案件；（6）中级人民法院报请复核的死刑案件。从该条规定看，高级人民法院的主要任务

---

① 按照《最高人民法院关于新疆生产建设兵团人民法院案件管辖权问题的若干规定》，除兵团各中级人民法院判处死刑（含死缓）的案件的上诉案件和死刑复核案件由新疆维吾尔自治区高级人民法院管辖，以及兵团各级人民法院与新疆维吾尔自治区地方各级人民法院之间的管辖权发生争议需报请新疆维吾尔自治区高级人民法院决定外，其他由新疆维吾尔自治区高级人民法院生产建设兵团分院管辖。

是审理不服中级人民法院第一审裁判的上诉、抗诉案件和再审案件，监督和指导辖区下级人民法院的审判工作，重点在于再审依法纠错、统一裁判尺度。因此，由高级人民法院直接审理的第一审民事案件不宜过多。

三、关于在本辖区有重大影响的第一审民事案件

本辖区有重大影响的第一审民事案件，是指案情重大复杂、涉及范围广或者诉讼标的额大，案件的发生及其处理结果在本省、自治区、直辖市范围内有重大影响的民事案件。1999 年 4 月 9 日，最高人民法院公布的《最高人民法院关于各高级人民法院受理第一审民事、经济纠纷案件问题的通知》（法发〔1999〕11 号，已失效），以诉讼标的额为依据，对各高级人民法院受理的第一审民事、经济纠纷案件的标准作出了规定。2008 年 2 月 3 日，最高人民法院印发《最高人民法院关于调整高级人民法院和中级人民法院管辖第一审民商事案件标准的通知》（法发〔2008〕10 号），对 1999 年以来的四级法院级别管辖标准进行了调整，一定程度上缓解了民事案件申请再审上提一级对最高人民法院和高级人民法院带来的办案压力。2015 年 4 月 30 日，最高人民法院印发《关于调整高级人民法院和中级人民法院管辖第一审民商事案件标准的通知》（法发〔2015〕7 号），进一步提高了高级人民法院管辖第一审民事案件的诉讼标的额下限标准。2019 年 4 月 30 日，《最高人民法院关于调整高级人民法院和中级人民法院管辖第一审民事案件标准的通知》（法发〔2019〕14 号）将高级人民法院管辖第一审民事案件的诉讼标的额下限标准调整为 50 亿元（人民币）以上（包含本数），同时规定，高级人民法院可以管辖其他在本辖区有重大影响的第一审民事案件，海事海商案件、涉外民事案件的级别管辖标准按照该通知执行。需要注意的是，相比中级人民法院区分“本地案件”“跨地案件”，确定了不同的诉讼标的额标准，高级人民法院管辖第一审民事案件的诉讼标的额，不再考虑案件是“本地案件”还是“跨地案件”，统一规定为 50 亿元以上（包含本数）。

【审判实践中应当注意的问题】

一、关于立案阶段对当事人是否虚列诉讼标的额、规避案件级别管辖审查

就该问题存在不同意见。第一种意见认为，立案阶段不涉及任何实体

问题的处理，当事人提供的材料是否真实、合理、合法，提交的证据是否足以证实其主张，只有在案件进入实体审理后才能认定，因此，对当事人是否虚列诉讼标的额，仅进行形式审查。第二种意见认为，人民法院在确定案件管辖权阶段，不对双方当事人实体争议进行审理，对虚列诉讼标的额审查应以形式审查为主。但是，为保证法院正确地行使对案件的管辖权和审判权，结合当事人提供的初步证据辅以一定的实体审查是必要的，对于确有证据证明恶意虚构诉讼标的额规避级别管辖的行为，应当结合具体情况予以适当规制。

我们认为，原告起诉提出财产性诉讼请求是否合理，属于案件实体问题，人民法院在确定级别管辖阶段不宜进行实质审查。但是，被告在立案受理后提出级别管辖异议的，人民法院应当对原告提交的证据材料能否支持财产性诉讼请求数额进行适度审查。进入实体审理后，如果经评估等程序确定诉讼标的额超出受诉法院级别管辖权范围的，受诉人民法院可以将案件移送有管辖权的法院审理。

二、关于合并审理案件的级别管辖确定

诉的合并，是指法院将两个或两个以上彼此之间有牵连的诉合并到同一法院管辖，并适用同一个诉讼程序审判。诉的合并有狭义和广义之分：狭义的诉的合并专指诉的客体合并，即诉的客观合并；广义的诉的合并，除包括诉的客体合并外，还包括诉的主体合并，即诉的主观合并。此外，还存在诉的主客观合并的情形。[①]《民事诉讼法》第 55 条、《民事诉讼法解释》第 221 条作出了相应规定。

司法实践中，对于诉的客体合并，各个诉的标的额均不到受理法院管辖标准时，能否以各个诉讼的标的金额累计达到上级人民法院级别管辖的标准为由，由上级人民法院管辖，存在不同认识。第一种观点认为，对于客观合并之诉的级别管辖，只有至少有一个单一之诉的诉讼标的额达到上级人民法院的级别管辖标准，上级人民法院才可全案受理。换言之，若原告提起的数诉中每个诉均属于下级人民法院管辖，尽管数个诉的诉讼标的额合并计算后达到上级人民法院管辖的管辖标准，但案件管辖法院依然为

① 最高人民法院民法典贯彻实施工作领导小组办公室编著：《最高人民法院新民事诉讼法司法解释理解与适用》，人民法院出版社 2022 年版，第 470 页。

下级人民法院。第二种观点认为，诉的客观合并应当累计计算当事人分别主张的诉讼标的额，并据以确定管辖法院。

我们倾向同意第二种意见。人民法院确定级别管辖，一般以当事人提出的财产性诉讼请求金额大小为标准。对诉客观合并而言，虽然各个诉的标的额均达不到受理人民法院的管辖标准，但实际上法院是作为一个案件来受理，故应当以各个诉讼标的额的累计总额作为确定级别管辖的标准，如果诉讼标的额累计后达到上级人民法院的级别管辖标准，则该案应由上级人民法院管辖。因此，合并审理的财产性诉讼请求金额经过累加，超过受理人民法院级别管辖标准的，应当移送有级别管辖权的人民法院审理。

三、关于当事人增加、变更诉讼请求或者提起反诉的级别管辖确定

对于当事人增加、变更诉讼请求或者提起反诉，致使诉讼标的额超过或者达不到级别管辖标准，被告提出级别管辖异议的，应否移送，有不同认识。第一种观点认为，根据《民事诉讼法解释》第39条第1款的规定，如果当事人增加、变更诉讼请求或者提起反诉后，诉讼标的额超过或达不到受诉人民法院的管辖标准，应当调整级别管辖。第二种观点认为，依据管辖恒定原则，被告提出反诉或者原告增加、变更诉讼请求等，致使诉讼标的额违反级别管辖标准的，即便被告提出级别管辖异议，也应当裁定驳回管辖异议。

我们认为，按照管辖恒定原则的要求，确定管辖的事实在诉讼过程中发生变化而管辖权不予改变。虽然受诉人民法院的管辖权不受当事人住所地、经常居住地变化以及行政区划变更而改变，但诉讼标的额发生变化，会不会造成级别管辖法院的调整，要具体情况具体分析。如果原告增加或减少诉讼请求，其诉讼标的额超过或达不到受诉法院的管辖标准，应该调整级别管辖法院，以防止当事人规避级别管辖规定，损害对方当事人的管辖利益。因此，法庭辩论终结前，原告变更或者增加诉讼请求金额使得诉讼标的额超过受诉人民法院级别管辖标准的，受诉人民法院应当将案件移送有级别管辖权的法院审理。

第二十一条 最高人民法院管辖下列第一审民事案件：
（一）在全国有重大影响的案件；
（二）认为应当由本院审理的案件。

【条文主旨】

本条是关于最高人民法院管辖第一审民事案件的规定。

【理解与适用】

根据本条规定，最高人民法院直接管辖的第一审民事案件仅限于在全国范围内有重大影响或者最高人民法院认为应当由其审理的案件。从最高人民法院的地位看，按照《人民法院组织法》的规定，我国法院分为最高人民法院、高级人民法院、中级人民法院和基层人民法院四个级别，各级人民法院独立行使审判权，依照法律规定审判刑事案件、民事案件、行政案件以及法律规定的其他案件。最高人民法院作为法院系统中级别最高、性质最特殊的法院，管辖第一审民事案件案件范围理应有其特殊性。从最高人民法院的主要职能看，最高人民法院是我国的最高审判机关，主要任务是对全国地方各级人民法院和军事法院等专门人民法院实行审判监督；通过总结审判工作经验，作出有关法律适用的司法解释，对全国地方各级人民法院和军事法院等专门人民法院的审判工作进行指导；还要审判对高级人民法院判决、裁定的上诉、抗诉案件等。

对于地方各级人民法院，第一审民事案件的影响范围和重要程度主要以诉讼标的额为判断标准。值得注意的是，目前相关级别管辖规范性文件只规定了高级人民法院管辖第一审民事案件诉讼标的额下限为50亿元，并未明确上限标准。也就是说，高级人民法院管辖第一审民事案件诉讼标的额实际上是“上不封顶”。本条规定使用了“在全国有重大影响的”限定词，说明立法者在确定最高人民法院审理一审案件范围时主要考虑的是案件的影响范围和重要程度，最高人民法院管辖第一审民事案件，并不受前述诉讼标的额标准的限制。此外，根据《民事诉讼法》第158条的规定，最高人民法院管辖的第一审民事案件，所作出的判决或者裁定是发生法律效力的判决、裁定，当事人不得上诉。

【审判实践中应当注意的问题】

关于最高人民法院认为应当由本院审理的案件情形的理解

实践中，关于最高人民法院认为应当由本院审理的案件情形的理解，应注意以下问题：根据本条规定，对于应当管辖哪些第一审民事案件，最高人民法院具有很大的决定权。一方面，最高人民法院可以根据审判工作实际需要，通过出台司法解释或者规范性文件，确定哪些第一审民事案件的一审，由最高人民法院管辖；另一方面，根据《民事诉讼法》第39条①的规定，最高人民法院可以根据自身意愿或者下级人民法院申请决定对原本由下级人民法院管辖的第一审案件进行提审。这里的下级法院包括地方各级人民法院，不限于高级人民法院一个层级。需要注意的是，对于上级人民法院决定提审的案件，下级人民法院不得拒绝。对于下级人民法院报请上级人民法院审理的案件，必须征得上级人民法院的同意；否则，不得转移该案件的管辖权。根据《最高人民法院关于设立国际商事法庭若干问题的规定》(法释〔2018〕11号)第2条的规定，②最高人民法院国际商事法庭受理五种特定类型的第一审国际商事案件。截至2022年年底，最高人民法院国际商事法庭已受理二十余起案件，涉及美国、菲律宾、日本、意大利、泰国、英属维尔京群岛等多个国家或地区当事人。

---

① 《民事诉讼法》第39条规定，上级人民法院有权审理下级人民法院管辖的第一审民事案件；确有必要将本院管辖的第一审民事案件交下级人民法院审理的，应当报请其上级人民法院批准。

下级人民法院对它所管辖的第一审民事案件，认为需要由上级人民法院审理的，可以报请上级人民法院审理。

② 《最高人民法院关于设立国际商事法庭若干问题的规定》第2条规定，国际商事法庭受理下列案件：(1)当事人依照《民事诉讼法》第34条的规定协议选择最高人民法院管辖且标的额为人民币3亿元以上的第一审国际商事案件；(2)高级人民法院对其所管辖的第一审国际商事案件，认为需要由最高人民法院审理并获准许的；(3)在全国有重大影响的第一审国际商事案件；(4)依照本规定第14条申请仲裁保全、申请撤销或者执行国际商事仲裁裁决的；(5)最高人民法院认为应当由国际商事法庭审理的其他国际商事案件。

第二节 地域管辖

第二十二条 对公民提起的民事诉讼，由被告住所地人民法院管辖；被告住所地与经常居住地不一致的，由经常居住地人民法院管辖。

对法人或者其他组织提起的民事诉讼，由被告住所地人民法院管辖。

同一诉讼的几个被告住所地、经常居住地在两个以上人民法院辖区的，各该人民法院都有管辖权。

【条文主旨】

本条是关于一般地域管辖的规定。

【理解与适用】

2023年修正后的《民事诉讼法》未对本条进行修改。

本条规定最早见于1982年《民事诉讼法（试行）》第20条，“民事诉讼由被告户籍所在地人民法院管辖；被告的户籍所在地与居所地不一致的，由居所地人民法院管辖。对企业事业单位、机关、团体提起的民事诉讼，由被诉单位所在地人民法院管辖。同一诉讼的几个被告户籍所在地、居所地在两个以上人民法院辖区的，各该人民法院都有管辖权。”1991年《民事诉讼法》将本条修改为“对公民提起的民事诉讼，由被告住所地人民法院管辖；被告住所地与经常居住地不一致的，由经常居住地人民法院管辖。对法人或者其他组织提起的民事诉讼，由被告住所地人民法院管辖。同一诉讼的几个被告住所地、经常居住地在两个以上人民法院辖区的，各该人民法院都有管辖权。”之后，2007年、2012年、2021年和2023年的修正，除了条文顺序发生变化外，条文内容没有作出任何修改。

一般地域管辖也称普通管辖，是指以当事人住所地与法院辖区的关系来确定管辖法院。[1]级别管辖解决了某一民事案件第一审由哪一级法院管辖的问题，地域管辖则是在确定级别管辖后，再确定由哪个具体的人民法院管辖。我国有三千多个基层人民法院、三百多个中级人民法院和三十余个高级人民法院，某一第一审民事案件究竟由位于哪个地域的法院管辖，需要有明确的标准。因此，只有根据地域管辖的规定，才能最终确定案件由哪一个地方的人民法院管辖。从民事诉讼相关规定看，地域管辖主要是根据人民法院的辖区以及当事人住所地、诉讼标的地或者引起法律关系发生、变更、消灭的法律事实发生地的关系来划分的。

本条对地域管辖作出了一般性的原则规定，以当事人生活根据地或者生活中心地为管辖连结点，将被告住所地作为确定管辖的标准，确立了“原告就被告”的原则。也就是说，提起诉讼的原告，原则上都必须到被告住所地的法院起诉，被告只须在本地法院应诉即可。案件由被告住所地人民法院管辖，既有利于被告参加诉讼，也便于人民法院正确、及时地行使审判权，又有利于人民法院采取财产保全和执行措施，还可以防止原告滥行诉权，避免被告遭受不应有损失。此外，“原告就被告”也是多数国家民事诉讼立法的通例。当然，“原告就被告”并非确定地域管辖的唯一标准，针对特定情形下的案件，基于全面、平衡保护当事人诉讼权利的考虑，《民事诉讼法》又对“原告就被告”的一般地域管辖原则作出了例外规定，即“被告就原告”，原告可向自己住所地法院起诉，比如，《民事诉讼法》第 23 条规定，对不在中华人民共和国领域内居住的人提起的有关身份关系的诉讼、对被采取强制性教育措施的人提起的诉讼等四种情形，由原告住所地人民法院管辖。

本条第 1 款规定，对公民提起的民事诉讼，由被告住所地人民法院管辖；被告住所地与经常居住地不一致的，由经常居住地人民法院管辖。住所在法律上具有重要意义。住所是决定监护、决定宣告失踪、宣告死亡，决定债务履行地，决定诉讼管辖地，决定涉外法律适用之准据法的重要因素。《民法典》第 25 条规定，自然人以户籍登记或者其他有效身份登记记载的居所为住所；经常居所与住所不一致的，经常居所视为住所。对于如何理解适用本条规定的住所地，《民事诉讼法解释》第 3 条明确了公民

---

① 全国人大常委会法制工作委员会民法室编著：《中华人民共和国民事诉讼法解读》，中国法制出版社 2012 年版，第 42 页。

的住所地是指公民的户籍所在地。户籍登记是户口登记机关（国家公安机关）以户为单位对公民个人的身份信息、居住地、亲属关系及其变动情况依法进行登记记载的制度。[①] 户籍所在地是指出生时其父母户口登记地，通常为家庭户口簿上的户口所在地。《民事诉讼法解释》第 4 条则解释了何为经常居住地，即公民离开住所地至起诉时已连续居住一年以上的地方，但公民住院就医的地方除外。《民事诉讼法解释》第 6 条、第 7 条分别对当事人注销户籍、户籍迁出后尚未落户情形下的管辖法院，作出了相应规定。[②]

本条第 2 款规定，对法人或者其他组织提起的民事诉讼，由被告住所地人民法院管辖。根据《民事诉讼法解释》第 3 条的规定，法人或者其他组织的住所地是指法人或者其他组织的主要办事机构所在地。法人或者其他组织的主要办事机构所在地不能确定的，法人或者其他组织的注册地或者登记地为住所地。这里的"办事机构所在地"，是指执行法人或者其他组织的业务活动、决定和处理组织事务的机构所在地。在办事机构只有一个的情况下，该机构的所在地即为法人或者其他组织的住所地；在办事机构有多个并位于不同的地方时，则以主要办事机构所在地为住所地。在无法确定主要办事机构所在地时，以法人或者其他组织的注册地或者登记地为住所地。[③] 此外，《民事诉讼法解释》第 5 条对没有办事机构的个人合伙、合伙型联营体提起诉讼的管辖法院作出了规定。

本条第 3 款规定，同一诉讼的几个被告住所地、经常居住地在两个以上人民法院辖区的，各该人民法院都有管辖权。也就是说，一个诉讼中，如果有几个被告，且几个被告的住所地或者经常居住地不在一个人民法院的辖区范围内，则这几个被告的住所地或者经常居住地的人民法院都有管辖权，原告可以向任意一法院起诉。如果原告向两个以上有管辖权的人民法院起诉的，根据《民事诉讼法》第 36 条规定，由最先立案的人民法院

---

① 最高人民法院民法典贯彻实施工作领导小组编著：《中国民法典适用大全·总则卷（一）》，人民法院出版社 2022 年版，第 236 页。

② 《民事诉讼法解释》第 6 条规定，被告被注销户籍的，依照《民事诉讼法》第 22 条规定确定管辖；原告、被告均被注销户籍的，由被告居住地人民法院管辖。第 7 条规定，当事人的户籍迁出后尚未落户，有经常居住地的，由该地人民法院管辖；没有经常居住地的，由其原户籍所在地人民法院管辖。

③ 最高人民法院民法典贯彻实施工作领导小组办公室编著：《最高人民法院新民事诉讼法司法解释理解与适用》，人民法院出版社 2022 年版，第 93 页。

管辖。

【审判实践中应当注意的问题】

一、关于公民经常居住地的认定

随着我国社会经济快速发展，人、财、物急剧广泛流动，“人户分离”已经成为常态，公民在其户籍地之外，还有经常居住地。对于如何认定公民的经常居住地，因缺乏明确固定的判断方法，各地产生了一些管辖争议。我们认为，适用《民事诉讼法解释》第4条规定认定公民的经常居住地，需从三个方面考虑：第一，必须在该地住满一年。实践中，应当从起诉之日起向前推算，连续居住满一年的地方才可认定为经常居住地。第二，一年时间必须是连续的，不能中断。第三，到起诉时为止，当事人还在该地居住。如果在起诉之前，当事人已经离开了该地且明显不会回来的，则不能以该地为经常居住地确定管辖。对这三个要素的理解，各地认识相对统一。值得讨论的是，通过何种证据证明连续居住一年以上，各地法院做法不一。主要有三种：一是可以推定当事人居住事实的凭证，如社保卡、房产证、租房合同、生活费用缴费凭证。此类证据客观性强，但包含信息不够充分，无法直接证明居住时间，除非多份证据相互印证，否则单独不宜用以证明经常居住地。二是公安机关提供的居住登记信息，如暂住人口信息查询表。此类证据包含了当事人连续居住的期间，一般可以单独作为认定经常居住地的证据。三是机关、单位、基层组织、物业等出具的书面证明材料。此类证明出具比较随意，而且经常互相矛盾，实践中存在较大争议。我们认为，立案登记制背景下，原告在起诉时向法院提供的被告户籍地或者经常居住地的书面材料，只要载明的内容足以表明受诉法院有管辖权即可。因此，如果当事人提交了公安机关出具的居住证、公安机关、物业公司或街道办事处、居（村）委会出具的居住证明，房屋租赁合同、不动产登记证书等证据材料，用以证明连续居住满一年的，在确定管辖时，人民法院可以据此认定经常居住地。

二、关于法人住所地的认定

法人住所地作为立案管辖的重要连接点，对其内涵和外延的认定，直接影响人民法院对案件管辖的判断。《民事诉讼法解释》第3条进一步解释了法人的住所地，确定了以主要办事机构所在地为原则，以注册地或者登记地为例外的认定规则。一般情况下，法人的主要办事机构所在地、注册地或登记地是重合的，因此，法人登记的住所地即为其主要办事机构所在地。但是，司法实践中，法人注册地与实际经营地、办事机构所在地不一致且存在多个办事机构的情况比较普遍，导致各地在认定法人住所地方面有不少争议，既延迟了诉讼程序、浪费了司法资源，又给了不诚信的一方当事人以可乘之机，损害相对人的利益。特别是合同载明的地址与工商登记注册登记地址不一致时，应当如何确定管辖，实践中争议比较大。

比如，A 公司与 B 公司签订合同，约定发生争议由 A 公司住所地法院管辖，同时合同载明了 A 公司的地址，但与 A 公司工商登记注册地不一致。在协议管辖条款有效的前提下，是依照合同载明的地址还是工商登记注册地确定管辖，有不同认识。第一种观点认为，协议管辖体现了当事人意愿，既然当事人在合同中明确载明了地址，也约定发生争议由当事人住所地管辖，此时应当充分尊重当事人意思自治，由对合同载明的 A 公司地址有管辖权的法院受理纠纷。第二种观点认为，法人登记具有公示公信力，法人的住所地具有特定法律含义且具有唯一性，合同中约定的地址，不能对抗工商登记注册的效力，应当由对 A 公司工商登记注册地有管辖权的法院受理纠纷。

我们认为，《民法典》第 63 条规定，法人以其主要办事机构所在地为住所。依法需要办理法人登记的，应当将主要办事机构所在地登记为住所。第 64 条规定，法人存续期间登记事项发生变化的，应当依法向登记机关申请变更登记。第 65 条规定，法人的实际情况与登记的事项不一致的，不得对抗善意相对人。前述实体法规定体现了保护善意相对人的立法倾向，即存在善意相对人的情况下，以法人登记的事项而非实际情况为准。公司法人住所有其特定含义，具有唯一性和公信力，不能将法人的实际办公地点、生产经营地点、销售地点、联系地点等场所与之等同。因此，在前面提到的案例中，在无证据证明合同载明的 A 公司地址为其主要办事机构所在地的情况下，A 公司的登记注册地可以认定为其住所地。

第二十三条 下列民事诉讼，由原告住所地人民法院管辖；原告住所地与经常居住地不一致的，由原告经常居住地人民法院管辖：

（一）对不在中华人民共和国领域内居住的人提起的有关身份关系的诉讼；

（二）对下落不明或者宣告失踪的人提起的有关身份关系的诉讼；

（三）对被采取强制性教育措施的人提起的诉讼；

（四）对被监禁的人提起的诉讼。

【条文主旨】

本条是关于一般地域管辖（“原告就被告”）例外情形的规定。

【理解与适用】

2023年修正后的《民事诉讼法》未对本条进行修改。

地域管辖，主要是指以当事人所在地与人民法院的隶属关系来确定诉讼管辖。《民事诉讼法》所确定的一般地域管辖原则是“原告就被告”，即以被告住所地作为确定人民法院管辖的标准。但是，现实情况客观多样，在某些特殊情况下，为了方便当事人诉讼和人民法院对案件的审理，提高诉讼效率、节省诉讼成本、方便裁判执行，本条规定了由原告住所地的人民法院管辖（亦可简称为“被告就原告”）的例外情形。

根据本条的规定，下列四类情形的民事案件，由原告住所地人民法院管辖；原告住所地与经常居住地不一致的，由原告经常居住地人民法院管辖：

一、对不在中华人民共和国领域内居住的人提起的有关身份关系的诉讼

所谓身份关系，是指婚姻、收养、监护等与身份有关的社会关系。涉及身份关系的诉讼，主要是离婚、确认婚姻无效、收养关系解除、亲子关系确认、扶养、抚育、赡养案件。审理涉及身份关系的诉讼，主要围绕着

当事人之间的亲属关系发生、变动、消灭而展开，由于被告不在我国领域内居住，由原告住所地或者经常居住地的人民法院管辖。

二、对下落不明或者宣告失踪的人提起的有关身份关系的诉讼

按照《民法典》的规定，所谓下落不明，是指自然人离开最后居所和住所后失去音讯的状况，这种状况须是持续、不间断地存在。所谓宣告失踪，是指自然人下落不明满二年的，利害关系人可以向人民法院申请宣告该自然人为失踪人。由于被告已经下落不明，不在户籍所在地居住，且无人知其去向、杳无音信，经常居住地也无法确定，原告自无法按照法律规定向被告住所地或经常居住地的人民法院起诉，为了方便当事人行使诉权，本条规定由原告住所地人民法院管辖。

需要指出的是，本条第 1 项、第 2 项规定的案件范围，只适用于因身份关系提起诉讼，如离婚、确认婚姻无效、收养关系解除、亲子关系确认、扶养、抚育、赡养案件等涉及身份关系方面的诉讼，而不能扩大到财产权益诉讼和侵权方面等诉讼。

三、对被采取强制性教育措施的人提起的诉讼

所谓强制性教育措施，作为一种行政处罚，是对违法的自然人限制人身自由的一种手段，一般是对那些严重违法行为，而又未达到刑事犯罪的人处以的强制性教育措施。为方便原告诉讼，对被采取强制性教育措施的人提起的诉讼，可以由原告住所地或者经常居住地法院管辖。

四、对被监禁的人提起的诉讼

自然人违法犯罪，依法应予监禁，这种监禁，包括关押在看守所或者监狱，其人身自由受到严格的限制，不再在其原来的住所地或者经常居住地进行活动，自无法在其原住所地进行相应的诉讼活动。如果一概将其诉讼活动确定在其监禁的地方，不仅给原告造成很大的不便，而且还可能极大加重监狱所在地法院的审判压力，不利于双方当事人行使其诉讼权利，故本条规定，对被监禁的人提起诉讼，由原告住所地的人民法院管辖。

【审判实践中应当注意的问题】

一、原告、被告均被监禁时的管辖确定

被告被采取强制性教育措施或者被监禁，按照本条规定，由原告住所地人民法院管辖。但是，如果原告、被告均被监禁，就不能适用本条的规定确定管辖。《民事诉讼法解释》第 8 条规定，双方当事人都被监禁或者被采取强制性教育措施的，由被告原住所地人民法院管辖。如果双方当事人被监禁或者被采取强制性教育措施，而被告被监禁或者被采取强制性教育措施一年以上的，由被告被监禁地或者被采取强制性教育措施地人民法院管辖。

二、当事人户籍被注销情形下的管辖确定

户籍，又称户口，是指国家主管户政的行政机关所制作的，用以记载和留存住户人口的基本信息的法律文书。户籍是对自然人按户进行登记并予以出证的公共证明簿，记载的事项有自然人的姓名、出生日期、亲属、结婚、离婚、收养、死亡等。它是确定自然人作为民事主体法律地位的基本法律文件。确定公民的住所地，按照《民事诉讼法解释》第 3 条的规定，是指公民的户籍所在地。但是如果作为被告的部分公民的户籍因某种特定原因被注销，则意味着其住所地难以确定。在此情形下，依据《民事诉讼法解释》第 6 条的规定，以原告住所地确定管辖；如果原告、被告均被注销户籍的，则由被告居住地人民法院管辖，仍然体现了“原告就被告”原则。

三、追索赡养费、扶养费、抚养费案件的管辖确定

司法实践中，当事人追索赡养费、扶养费、抚养费的案件，原告主要是老人和小孩，处于相对弱势地位。如果存在多名被告的情形，且多名被告的住所地均不在同一辖区的情况下，再要求按照“原告就被告”的原则，依据被告住所地来确定管辖，可能会增加原告诉累。因此，《民事诉讼法解释》第 9 条规定，追索赡养费、扶养费、抚养费案件的几个被告住所地不在同一辖区的，可以由原告住所地人民法院管辖，从而赋予原告选择向自己住所地法院起诉的权利，体现了对弱势群体的保护。

四、离婚案件管辖的特殊规定

对于当事人提起的离婚诉讼，依据《民事诉讼法》第22条第1款的规定，“对公民提起的民事诉讼，由被告住所地人民法院管辖；被告住所地与经常居住地不一致的，由经常居住地人民法院管辖”，对于一方提起离婚诉讼，应该适用“原告就被告”的一般地域管辖原则，由被告住所地人民法院管辖。

但是，随着社会经济的不断发展。人口流动大大加快，如何确定夫妻一方或者双方离开住所地的离婚诉讼的地域管辖，《民事诉讼法》没有作出明确的规定。《民事诉讼法解释》第12条明确规定，如果夫妻一方离开住所地超过一年，另一方起诉离婚的案件，可以由原告住所地人民法院管辖。如果夫妻双方离开住所地超过一年，一方起诉离婚的案件，由被告经常居住地人民法院管辖；没有经常居住地的，由原告起诉时被告居住地人民法院管辖。

改革开放以来，对外交流活动日益频繁，很多国人走出国门在国外定居，由此引发了一些在国内结婚并定居国外的华侨离婚诉讼管辖等问题。

1. 对于在国内结婚并定居国外的华侨，如定居国法院以离婚诉讼须由婚姻缔结地法院管辖为由不予受理，当事人向人民法院提出离婚诉讼的，依据《民事诉讼法解释》第13条的规定，由婚姻缔结地或者一方在国内的最后居住地人民法院管辖。依据国务院侨务办公室于2005年11月8日印发《关于对华侨定义中“定居”的解释（试行）》的通知，“定居”是指中国公民已取得住在国长期或永久居留权。同时，对于中国公民虽未取得住在国长期或永久居留权，但已取得住在国连续五年（含五年）以上合法居留资格，并在国外居住，该通知认为可以视同定居。但是，对于出国留学生（包括公派和自费）在外学习期间，或者因工出国人员（包括劳务人员）在外工作期间的，则不应被视为定居。

2. 对于在国外结婚并定居国外的华侨，如定居国法院以离婚诉讼须由国籍所属国法院管辖为由不予受理的前提下，当事人向人民法院提出离婚诉讼的，依据《民事诉讼法解释》第14条的规定，由一方原住所地或者在国内的最后居住地人民法院管辖。

3. 对于中国公民一方居住在国外，一方居住在国内，不论哪一方向人民法院提起离婚诉讼，依据《民事诉讼法解释》第15条的规定，国内一方住所地人民法院都有权管辖。如果国外一方在居住国法院起诉，国内一方向人民法院起诉的，受诉人民法院有权管辖。需要指出的是，如果国外一方在居住国法院起诉，国内一方向人民法院起诉的管辖法院，必须是国内一方住所地的人民法院，而不是国内任意一个人民法院都有权管辖。

4. 中国公民双方在国外但未定居，一方向人民法院起诉离婚的，依据《民事诉讼法解释》第 16 条的规定，即可以由原告原住所地人民法院管辖，也可以由被告原住所地人民法院管辖。

5. 已经离婚的中国公民，双方均定居国外，仅就国内财产分割提起诉讼的，依据《民事诉讼法解释》第 17 条的规定，由主要财产所在地人民法院管辖。主要考虑到这类情形的离婚诉讼，仅仅是请求分割共同财产，不涉及身份关系，为减少诉讼成本投入，便于法院审理裁判和执行，可以根据财产情况，确定由主要财产所在地人民法院管辖。

第二十四条 因合同纠纷提起的诉讼，由被告住所地或者合同履行地人民法院管辖。

【条文主旨】

本条是关于合同纠纷诉讼管辖的规定。

【理解与适用】

特殊地域管辖，相对于一般地域管辖而言，是法律根据涉诉法律关系发生、变更、消灭的法律事实或者当事人争议诉讼标的作为管辖连接点，从而确定相关诉讼案件管辖法院的法律制度。

一般而言，特殊地域管辖制度具有以下特点：一是针对不同类型的诉讼，确定不同的管辖法院；二是特殊地域管辖的确定，没有简单地采取一般原则，如一般地域管辖中“原告就被告”的原则，而是根据不同诉讼类型的特点，结合相关纠纷涉及的诉争法律关系或者诉讼标的，依据便于当事人参与诉讼、便于人民法院审判执行的原则，确定相应的管辖法院；三是特殊地域管辖确定的管辖法院可能不止一家，往往会涉及共同管辖的问题，即多个法院均享有管辖权，人民法院应当依据《民事诉讼法》第36条的规定，两个以上人民法院都有管辖权的诉讼，原告可以向其中一个人民法院起诉；原告向两个以上有管辖权的人民法院起诉的，由最先立案的人民法院管辖。

根据《民事诉讼法》的规定，有关合同纠纷、保险合同纠纷、票据纠纷、运输合同纠纷、侵权行为引起的纠纷、运输事故请求损害赔偿纠纷、船舶碰撞或者其他海事损害事故请求损害赔偿纠纷、海难救助费用纠纷、共同海损纠纷等提起的民事诉讼，适用特殊地域管辖。

一、关于合同纠纷确定管辖的一般规定

本条主要是关于合同纠纷提起的诉讼，明确由被告住所地或者合同履行地人民法院管辖。

《民法典》第464条第1款规定，合同是民事主体之间设立、变更、

终止民事法律关系的协议。当事人之间签订了合同，合同成立并发生法律效力后，对双方当事人都具有法律约束力。所谓合同纠纷，是指因订立、履行、变更或者终止合同而产生的纠纷。因合同纠纷提起的诉讼，按照本条的规定，由被告住所地或者合同履行地人民法院管辖，便于当事人参与诉讼，同时也便于人民法院及时查明案情，正确处理纠纷，便于人民法院依法采取财产保全等措施，从而确保纠纷的妥善解决。

二、关于合同履行地的确定

所谓合同履行地，是指当事人在合同中约定的履行义务和接受该义务的地点，通常是指合同约定的相关法律义务所确定的地点。在现实生活中，由于合同种类繁多，合同履行地也千差万别。因此，为了适应司法实践工作的需要，《民事诉讼法解释》第 18 条规定了合同履行地的确定规则。

1. 如果合同约定履行地点的，以约定的履行地点为合同履行地。需要指出的是，合同明确约定的履行地点为合同履行地，而不依据实体履行义务的地点确定合同履行地，如到货地、到站地、验收地、安装调试地为合同履行地。将合同履行地依照约定，明确为一个稳定的履行地。

2. 合同对履行地点没有约定或者约定不明确，争议标的为给付货币的，接收货币一方所在地为合同履行地；交付不动产的，不动产所在地为合同履行地；其他标的，履行义务一方所在地为合同履行地；即时结清的合同，交易行为地为合同履行地。

这是根据当事人诉讼请求和结合涉诉的合同中约定的应履行的义务来确定合同履行地。相对而言，在合同履行地的确认中，给付货币和交付不动产的履行地比较容易确定，难以确定的主要是其他标的，履行义务一方所在地为合同履行地。

在此，必须根据当事人诉讼请求和合同的性质来确定合同履行地，履行义务的含义要结合实体法内容确定，如“给付货币一方”的理解，这里的“给付货币”的义务是指实体内容的合同义务，而非诉讼请求中简单的给付金钱请求。当事人在合同履行中要求对方支付金钱，包括根据合同义务支付价款，也包括履行合同产生的违约责任，用金钱的形式来承担。不能以给付金钱这种责任承担的形式来确定合同履行地，应当根据当事人起诉时的请求结合合同履行义务的内容，确定合同履行地。

3. 合同没有实际履行，合同对履行地有约定的依照约定确定管辖，但是，当事人双方住所地均不在合同约定的履行地的，由被告住所地人民法院管辖；合同没有约定履行地也没有实际履行的，也应由被告住所地人民法院管辖。

【审判实践中应当注意的问题】

一、合同履行地确定规则的变化

在 2015 年《民事诉讼法解释》颁布之前，司法实践中对于合同履行地的确定，一般遵循“特征履行地”为主、结合“实际履行地”的判断原则。所谓特征履行地规则，是指在合同约定的众多义务中，尤其是互负债务的双务合同中，必有一个能反映合同本质特征的义务，进而按照这种能够反映合同本质特征的义务的履行地才是确定管辖应依据的履行地。例如，买卖合同的目的是一方转移标的物所有权于他人，交付标的物义务是买卖合同的特征义务，因此买卖合同履行地的判断，一般应该依据交付标的物义务的履行地确定。而实际履行地规则是按照合同实际履行的情况确定合同履行地，实际履行中发生履行地点变更的，也可能导致管辖地发生相应变化。

这一做法在人民法院依据合同履行地确定管辖上发挥了重要作用。但是，也存在着一定的问题。由于没有规定合同履行地的一般规则，对于什么是反映合同本质特征的义务，往往会存在争议。而随着社会经济的发展，新类型的合同层出不穷，每出现一类新的合同，就会发生新的争议，容易导致被告动不动就提出管辖权异议，主要是针对案件的特征履行地有争议。同时，对合同纠纷案件的特征履行地，法院的认定经常与当事人的主张发生冲突。

为统一程序法上的合同履行地确定的法律适用，最高人民法院通过发布司法解释，对几类常见且易产生纠纷的合同，如购销合同（买卖合同）、加工承揽、财产租赁、融资租赁、补偿贸易、借款、证券回购、企业联营等合同的合同履行地做了限制性规定，这些规定虽然减少了相关的争议，但是可能与实体法（合同法律等）的规定存在冲突，同时没有解决新类型合同的履行地确定的问题。为此，《民事诉讼法解释》第 18 条明确了合同履行地确定的一般规则。

二、租赁合同的合同履行地

财产租赁合同、融资租赁合同是由出租方将租赁物交付承租方使用，承租方为此支付一定的对价。当事人因履行财产租赁合同、融资租赁合同发生纠纷提起诉讼，法院审理的核心问题，就是要查明租赁物的权利属性和使用情况。因此，从便于法院审理、执行角度出发，《民事诉讼法解释》第19条规定，租赁物使用地是财产租赁合同、融资租赁合同的合同履行地。同时，如果财产租赁合同、融资租赁合同的当事人，约定了合同的履行地，就应该以约定的履行地作为确定诉讼管辖的合同履行地。

需要指出的是，融资租赁业务涉及出租方、承租方、供货人三方当事人，包括租赁合同、供货合同等两个或两个以上合同。如果仅因出租方与供货人之间发生的买卖合同纠纷，不能据此确定管辖。

三、信息网络方式订立的买卖合同

当事人以信息网络方式订立的买卖合同，通过信息网络交付标的的，《民事诉讼法解释》第20条规定，以买受人住所地为合同履行地；通过其他方式交付标的的，收货地为合同履行地。合同对履行地有约定的，从其约定。

这主要是因为通过计算机互联网等信息网络进行的数字化产品买卖具有特殊性，无须以有形载体进行交付，买受人接受产品的终端不具有确定性。通过互联网等信息网络形式订立的买卖合同，一是被告住所地（或公司注册地）确认难。网络经销商一般不向公众告知其住所地（或公司注册地），要调查清楚需要经过不少周折。二是合同履行地确认难。网络购物的提货或送货问题难确认，主要体现在确认邮资承担主体上存在不确定性。按照规定，若邮资由买受人支付，则符合提货制规定，履行地在卖方；若邮资由出卖人支付，则符合送货制规定，履行地则在买方。现实中，网络购物在对邮资如何承担问题上存在约定不明或无约定的情形，这给法院认定邮费承担主体带来一定困难，造成确认合同履行地困难。而如以接受产品的终端作为合同履行地，易造成买受人任意选择管辖的法院。为均衡保护当事人程序利益，故规定买受人住所地为合同履行地。如果消费者是“线上订立，线下交货”的买卖合同，则以收货地为合同履行地。合同双方对履行地有约定的从其约定。

四、期货交易合同

对于期货交易合同纠纷案件的管辖，人民法院应当依据本条规定确定管辖。至于期货交易合同的合同履行地，依据《最高人民法院关于审理期货纠纷案件若干问题的规定》(2020 年修正)第 5 条的规定，在期货公司的分公司、营业部等分支机构进行期货交易的，该分支机构住所地为合同履行地。因实物交割发生纠纷的，期货交易所住所地为合同履行地。

第二十五条　因保险合同纠纷提起的诉讼，由被告住所地或者保险标的物所在地人民法院管辖。

【条文主旨】

本条是关于保险合同纠纷诉讼管辖的规定。

【理解与适用】

所谓保险，按照《中华人民共和国保险法》(以下简称《保险法》)第2条的规定，是指投保人根据合同约定，向保险人支付保险费，保险人对于合同约定的可能发生的事故因其发生所造成的财产损失承担赔偿保险金责任，或者当被保险人死亡、伤残、疾病或者达到合同约定的年龄、期限时承担给付保险金责任的商业保险行为。所谓保险合同，按照《保险法》第10条的规定，是指投保人与保险人约定保险权利义务关系的协议。其中，投保人是指与保险人订立保险合同，并按照保险合同负有支付保险费义务的人。保险人是指与投保人订立保险合同，并承担赔偿或者给付保险金责任的保险公司。

从经济关系的角度，保险是一种分散危险、消化损失的经济补偿制度。保险合同就是为保险的目的所订立的合同，具有双务合同、附合合同、射幸合同、最大诚信合同、不要式合同等特点，同时保险合同要求投保人具有保险利益，人身保险的投保人在保险合同订立时必须对被保险人具有保险利益，财产保险的被保险人在保险事故发生时必须对保险标的具有保险利益。

按照保险标的分类，保险合同可以分为人身保险合同和财产保险合同两种。人身保险合同，是以人的寿命和身体为保险标的的保险合同，与人身保险合同相对应，财产保险合同是以财产及有关利益为保险标的的保险合同。

根据本条的规定，因保险合同纠纷提起的诉讼，由被告住所地或者保险标的物所在地人民法院管辖。所谓保险标的物，是指投保人与保险人订立的保险合同所指向的对象，如财产、人身健康或生命。作为保险对象的财产，可以是有形的，也可以是无形的。作为保险对象的人是自然人，其可以是一个人，也可以是一个特定团体中的所有的人。需要注意的是，因财产保险合同纠纷提起的诉讼，如果保险标的物是运输工具或者运输中的货物，依据《民事诉讼法解释》第 21 条第 1 款的规定，可以由运输工具登记注册地、运输目的地、保险事故发生地人民法院管辖。

【审判实践中应当注意的问题】

关于“保险标的物”的理解

司法实践中，对于人身保险合同中“保险标的物”如何理解是一个难点问题。如果原告就人身保险合同纠纷向被保险人所在地人民法院起诉，该院是否享有管辖权，一直存在两种不同的观点。第一种观点认为：任何保险合同都存在保险标的物，人身保险的标的物就是被保险人本身，所以被保险人住所地法院有管辖权。第二种观点则认为，物是与人相对立的概念。保险标的物指保险合同所指具体的物。人身保险合同不涉及具体物的，也就不存在保险标的物，故只能由被告所在地法院管辖。

解决这一问题，应该依据本条的立法本意作出解释。首先，从保险法的角度看，保险标的和保险标的物的关系一直存在两种学说，一种学说认为：保险标的和保险利益属于两个不同的概念。保险标的是指保险合同中具体的人（指人身保险）或者具体的物（指损害保险），是保险事故发生所在的本体，而保险利益是指投保人或被保险人对保险标的所存在的经济关系，保险标的等于保险标的物。第二种学说认为：保险标的就是保险制度之标的，也就是保险利益。保险标的物的含义应是指保险利益所列举种类之中有关物的部分，财产保险之保险利益应为被保险人对于某一关系连接对象所产生的利害关系，人身保险之保险利益系指被保险人对关系连接对象，自己的生命健康、身体、医疗费用等所产生的利害关系。

我国《保险法》第 12 条规定，人身保险是以人的寿命和身体为保险标的的保险。财产保险是以财产及其有关利益为保险标的的保险。将保险标的与保险利益作为两个不同概念看待，这说明《保险法》完全采纳了第一种学说。而按照第一种学说，保险标的与保险标的物的含义是相同的，亦即“物”的含义是最广义意义上，包括了生命体和物权法上的物。故本条中保险标的物，是指投保人与保险人订立的保险合同所指向的对象，如财产、人身健康或生命。[①]故按照《民事诉讼法解释》第21条第2款的规定，因人身保险合同纠纷提起的诉讼，可以由被保险人住所地人民法院管辖。

① 王胜明主编：《中华人民共和国民事诉讼法释义（最新修正版）》，法律出版社2012年版，第41页。

第二十六条　因票据纠纷提起的诉讼，由票据支付地或者被告住所地人民法院管辖。

【条文主旨】

本条是关于票据纠纷诉讼管辖的规定。

【理解与适用】

所谓票据，是指出票人依据法律规定发行的，由自己承诺无条件支付或委托他人无条件支付一定金额的特种有价证券。根据《中华人民共和国票据法》（以下简称《票据法》）第2条的规定，是指汇票、本票和支票。其中，汇票，是出票人签发的，委托付款人在见票时或者在指定日期无条件支付确定的金额给收款人或者持票人的票据。汇票分为银行汇票和商业汇票。本票，是出票人签发的，承诺自己在见票时无条件支付确定的金额给收款人或者持票人的票据。《票据法》中所称的本票，是指银行本票。支票，是出票人签发的，委托办理支票存款业务的银行或者其他金融机构在见票时无条件支付确定的金额给收款人或者持票人的票据。

所谓票据纠纷，是指因票据的签发、取得、使用、转让、承兑、保证等引起的纠纷。依据《最高人民法院关于审理票据纠纷案件若干问题的规定》（2020年修正）第1条的规定，因行使票据权利或者《票据法》上的非票据权利而引起的纠纷，人民法院应当依法受理。票据权利，依据《票据法》第4条的规定，是指持票人向票据债务人请求支付票据金额的权利，包括付款请求权和追索权。付款请求权是持票人享有的第一顺序权利，付款请求权实现之日亦即追索权消灭之时；追索权是持票人享有的第二顺序权利，唯有在付款请求被拒绝或者法定情形出现时才可以行使。《票据法》上的非票据权利，是指基于票据法的规定产生的但不是由票据行为直接产生的权利，是票据价款以外的债权关系，如票据交付请求权（《票据法》第55条）、票据返还请求权（《票据法》第10条、第12条）、票据损害赔偿请求权（《票据法》第105条、第106条）、票据利益返还请求权（《票据法》第18条）和汇票回单签发请求权（《票据法》第

41条)。

根据本条的规定，因票据纠纷提起的诉讼，由票据支付地或者被告住所地人民法院管辖。关于票据支付地，依据《最高人民法院关于审理票据纠纷案件若干问题的规定》第6条第2款的规定，票据支付地是指票据上载明的付款地，票据上未载明付款地的，汇票付款人或者代理付款人的营业场所、住所或者经常居住地，本票出票人的营业场所，支票付款人或者代理付款人的营业场所所在地为票据付款地。代理付款人即付款人的委托代理人，是指根据付款人的委托代为支付票据金额的银行、信用合作社等金融机构。票据，是以支付一定金额为目的的有价证券。支付，是票据最主要的作用和目的。在票据运行过程中，承兑和支付阶段，是纠纷最集中的阶段。鉴于票据作为商业活动工具的特殊性及在支付过程中纠纷的多发性和复杂性，法律规定了支付地人民法院管辖的原则。首先，方便了人民法院对这类案件的审理；其次，有利于将来裁判的顺利执行；最后，可及时解决纠纷，以促进商业活动正常进行，保证票据的正常流转，为经济建设的发展提供诉讼服务和保障。

【审判实践中应当注意的问题】

关于票据纠纷与基于票据基础关系产生的民事纠纷确定管辖的区别

票据纠纷与基于票据基础关系而产生的民事纠纷存在不同，人民法院在受理相关案件时，应当准确区分二者的区别，进而确定法院有无管辖权。

根据《票据法》的规定，涉及票据的法律关系一般分为三种：第一种是票据法律关系，即当事人基于票据法律行为而在票据债权人与债务人之间产生的债权债务的法律关系，包括因票据的签发、取得、使用、转让、承兑、保证等形成的法律关系，因此而发生的争议属于票据纠纷。第二种是《票据法》上的非票据关系，这种法律关系虽然属于基于票据法所产生的法律关系，但是不是因票据行为而形成的，主要包括票据返还关系、利益返还关系和损害赔偿关系。这种法律关系虽然不属于票据法律关系，但是与一般的债权债务法律关系不同，可以维护票据权利，因此《票据法》对其做了规定，因这种非票据关系产生的纠纷，仍然属于票据纠纷的范畴。第三种就是民法上的非票据关系，学理上也称之为票据基础关系，它不属于票据法律关系，虽然与票据行为有关，是票据权利产生的基础，但是这种法律关系不是由票据法调整，而应属于民法的相关规定，基于票据行为的无因性，票据基础关系与票据关系是相互分离、相互独立的，一般而言，票据基础关系包括票据原因关系、票据资金关系和票据预约关系。因此，因票据基础关系发生纠纷，应属于一般民事纠纷而非票据纠纷。

最高人民法院于2020年发布的《最高人民法院关于印发修改后的〈民事案件案由规定〉的通知》(以下简称《民事案件案由规定》)第八部分第28项中规定了“票据纠纷”案由，在其之下的第340条至第350条共有11个三级案由，分别是：票据付款请求权纠纷；票据追索权纠纷；票据交付请求权纠纷；票据返还请求权纠纷；票据损害责任纠纷；票据利益返还请求权纠纷；汇票回单签发请求权纠纷；票据保证纠纷；确认票据无效纠纷；票据代理纠纷；票据回购纠纷。因上述票据纠纷提起的诉讼，根据本条的规定，由票据支付地或者被告住所地人民法院管辖。

第二十七条 因公司设立、确认股东资格、分配利润、解散等纠纷提起的诉讼，由公司住所地人民法院管辖。

【条文主旨】

本条是关于公司诉讼管辖的规定。

【理解与适用】

我国法律规定了“原告就被告”的一般地域管辖规则，在此基础上，规定了专属管辖和协议管辖制度。在2012年《民事诉讼法》第二次修正之前，因公司设立、确认股东资格、分配利润、解散等纠纷提起的诉讼，适用“原告就被告”的一般地域管辖规则。但是，由于公司诉讼的当事人可能来自不同的地区，严格按照“原告就被告”的一般地域管辖规则，容易导致多个被告所在地同时具有管辖权，当事人和法院陷于管辖权争议与冲突之中，且存在调阅公司登记材料、档案资料、公司决议文件等诉讼活动不便的问题，严重影响当事人行使诉权和法院提高审判质效。尤其是2005年《公司法》修订之后，赋予了与公司相关的法律关系主体广泛的诉权，使得公司的发起人、股东、董事、监事、高级管理人员以及公司的外部债权人都可以成为公司诉讼的当事人。在这样的背景下，一般地域管辖规则的弊端凸显，在公司解散和清算案件中，上述问题尤为突出。

为了解决公司解散和清算案件的管辖权分散的问题，统一法律适用，2008年《最高人民法院关于适用〈中华人民共和国公司法〉若干问题的规定（二）》公布时，确立了“解散公司诉讼案件和公司清算案件由公司住所地人民法院管辖”的管辖规则。2012年《民事诉讼法》第二次修正时，为进一步便利当事人诉讼，便利法院审理，提高司法效率，立法机关充分考虑公司诉讼司法实践情况，并吸收了日本、韩国关于公司组织诉讼由公司住所地管辖的相关规则，增加了本条规定。

一、公司诉讼管辖的特征

本条通过“明确列举”加“等”字兜底的方式，对公司住所地管辖的特殊地域管辖规则作出规定。为明确本条在司法实践中的适用，最高人民法院在《民事诉讼法解释》中，对“等”字作出进一步解释，将因股东名册记载、请求变更公司登记、股东知情权、公司决议、公司合并、公司分立、公司减资、公司增资等纠纷提起的诉讼，也纳入公司诉讼管辖范围。

需要注意的是，并非所有与公司有关的诉讼都适用本条规定确定管辖，适用本条及相关司法解释的诉讼案件必须与公司组织行为相关。该类纠纷通常具有如下特征：一是与公司密切相关，公司通常是诉讼当事人之一。公司诉讼案件主要表现为公司与股东、董事、监事、高级管理人员、外部债权人等利害关系人之间的法律关系。大多数公司诉讼案件被告为公司，例如，主张公司设立无效的诉讼、主张公司司法解散的诉讼、股东资格确认纠纷、股东名册记载纠纷、请求变更公司登记纠纷、股东知情权纠纷等。二是案件利害关系人众多，法律关系复杂。公司因其社团性，涉及内外部利害关系人众多，公司组织诉讼会同时影响多个利害关系人多种法律关系变动。因此，当不同的利害关系人针对同一公司同一组织行为提起诉讼时，为防止出现相同事实相异判决，法院应进行诉的合并。[①]三是案件裁判结果具有对世效力。因公司组织行为及于组织内的所有利害关系人，而公司诉讼案件通过法院裁判改变公司原有的组织行为，产生法律关系变动，其效力当然及于公司组织行为相关的所有利害关系人，因而具有对世效力。

二、公司住所地的确定

《民法典》和《公司法》对公司住所地的确定都有相应规定。《民法典》第 63 条规定，法人以其主要办事机构所在地为住所。依法需要办理法人登记的，应当将主要办事机构所在地登记为住所。《公司法》第 8 条规定，公司以其主要办事机构所在地为住所。《最高人民法院关于适用〈中华人民共和国公司法〉若干问题的规定（二）》第 24 条规定，解散公司诉讼案件和公司清算案件由公司住所地人民法院管辖。公司住所地是指公司主要办事机构所在地。公司办事机构所在地不明确的，由其注册地人民法院管辖。基层人民法院管辖县、县级市或者区的公司登记机关核准登记公司的解散诉讼案件和公司清算案件；中级人民法院管辖地区、地级市

---

① 参见［韩］李哲松：《韩国公司法》，吴日焕译，中国政法大学出版社 2000 年版，第 84 页。

以上的公司登记机关核准登记公司的解散诉讼案件和公司清算案件。

【审判实践中应当注意的问题】

《民事案件案由规定》与公司有关的纠纷中的大多数案由具有公司组织法性质，适用公司诉讼管辖。但是，在司法实践中，与公司相关的纠纷众多，有的纠纷表面上与公司相关，实际上却不具有公司组织法性质，不属于公司诉讼管辖范围。

一、股东之间的垫付出资纠纷

在司法实践中，通常表现为一方股东代替另一方股东履行出资义务后，另一方股东不履行还款义务，因而形成诉讼。该类争议表面上看与公司设立有关，实质系因履行垫资协议引发的纠纷，不涉及公司组织行为，不涉及公司与股东之间的权利义务关系，属于具有给付之诉性质的纠纷，不适用公司诉讼管辖的规定，应当依据《民事诉讼法》第 24 条关于合同纠纷的管辖规则确定管辖法院，即由被告住所地或者合同履行地人民法院管辖。需要注意的是，此处说的垫付出资纠纷，实质是合同纠纷，不同于民事案由规定中的“股东出资纠纷”。《民事案件案由规定》中的“股东出资纠纷”，是指公司股东因违反公司法规定的出资义务所引发的虚假出资、出资不足、逾期出资、抽逃出资等纠纷，主要表现为股东与公司之间的权利义务关系。股东出资纠纷，一般适用本条规定，由公司住所地人民法院管辖。

二、损害股东利益责任纠纷

损害股东利益责任纠纷，是指公司董事、高级管理人员违反法律、行政法规或者公司章程规定，损害股东利益，应当对股东承担损害赔偿责任而与股东发生的纠纷。现代公司实行所有权与经营权相分离的制度，股东对公司享有股权，但并不一定直接参与公司的经营管理，而是通过聘任董事、高级管理人员对公司进行经营管理。为了防止道德风险，《公司法》规定了董事、高级管理人员对公司负有忠实、勤勉义务。当董事、高级管理人员违反法律、行政法规或者公司章程的规定，侵害公司利益，而公司在上述人员控制之下不能或者怠于以自己的名义主张权利，导致其他股东利益受到损害的，其他股东为了维护自身合法权益以及公司利益，有权依据《公司法》第190条的规定，直接向人民法院提起诉讼。该类诉讼直接发生于股东与董事、高级管理人员之间，属于因侵权纠纷提起的诉讼，应当按照《民事诉讼法》第29条的规定，由侵权行为实施地、侵权结果发生地或者被告住所地人民法院管辖。

三、损害公司债权人利益责任纠纷

此类纠纷是指股东因滥用公司法人独立地位和股东有限责任，逃避债务，严重损害公司债权人利益，应当对公司债务承担连带责任的民事纠纷。《公司法》第23条第1款针对公司股东滥用公司法人独立地位和股东有限责任损害公司债权人利益，确立了法人人格否认制度，该制度是在承认公司具有法人人格的前提下，在特定法律关系中对公司的法人人格及股东有限责任加以否定，以制止股东滥用公司法人人格及有限责任，保护公司债权人利益。人民法院在受理该类纠纷时，应当根据不同情形确定当事人的诉讼地位：如果债权人对债务人公司享有的债权已由生效裁判确认，其另行提起公司人格否认诉讼，请求股东对公司债务承担连带责任的，列股东为被告，公司为第三人；如果债权人对债务人公司享有的债权提起诉讼的同时，一并提起公司人格否认诉讼，请求股东对公司债务承担连带责任的，列公司和股东为共同被告。由于该类纠纷主要表现为股东与公司债权人之间的关系，不涉及公司组织行为，属于因侵权纠纷提起的诉讼，应当按照《民事诉讼法》第29条规定，由侵权行为实施地、侵权结果发生地或者被告住所地人民法院管辖。

第二十八条　因铁路、公路、水上、航空运输和联合运输合同纠纷提起的诉讼，由运输始发地、目的地或者被告住所地人民法院管辖。

【条文主旨】

本条是关于因铁路、公路、水上、航空运输和联合运输合同纠纷提起的诉讼管辖的规定。

【理解与适用】

2023年修正后的《民事诉讼法》未对本条进行修改。

本条规定，当事人因铁路、公路、水上、航空运输和联合运输合同纠纷提起的诉讼，由运输始发地、目的地或者被告住所地人民法院管辖。本条规定最早见于1982年《民事诉讼法（试行）》的第24、25条。其中，第24条规定："铁路、公路、水上运输和联合运输中发生的诉讼，由负责查处该项纠纷的管理机构所在地人民法院管辖。"第25条规定："航空运输中发生的诉讼，由运输始发地、目的地或者合同签订地人民法院管辖。"在1982年《民事诉讼法（试行）》上述规定的基础上，1991年通过的《民事诉讼法》第28条规定："因铁路、公路、水上、航空运输和联合运输合同纠纷提起的诉讼，由运输始发地、目的地或者被告住所地人民法院管辖。"之后，《民事诉讼法》经过2007年、2012年、2021年和2023年的修正，除了条文顺序发生变化外，条文内容没有作修改。

运输合同，又称运送合同，是指承运人将旅客或者货物运送到约定地点，旅客或者托运人请承运人支付票款或运费的协议。[①]一般认为，运输合同有广义和狭义之分，广义的运输合同，除了货运、旅运输合同外，还包括通信运输合同。其中，"客运合同是指将旅客送达目的地，旅客支付票款的合同"，"货运合同是指将特定的货物运送至约定地点，由托运人

① 江平主编：《民法学》，中国政法大学出版社2000年版，第704页。

或者收货人支付费用的合同。”[①] 相对于传统的单一运输合同，联合运输合同是国际贸易发展的产物，主要的区别，是至少以两种不同的运输方式将货物从发货地运送到收货地。联合运输合同通过简化装卸、搬运程序，有效减少了运输成本。在我国贸易实践中，联合运输合同已经大量出现。本条规定的铁路、公路、水上、航空运输和联合运输合同，指的是狭义的运输合同。

运输合同发生纠纷后，根据本条的规定，当事人可以向运输始发地、目的地或者被告住所地法院提起诉讼，其中，被告住所地是一般地域管辖的连结点，运输始发地、目的地是特殊地域管辖的连结点。“运输始发地是指货物起运或者乘客乘交通工具出发的地点，运输目的地是指依照合同规定货物运输或乘客最终到达地。”[②] 依照《民事诉讼法》第 36 条的规定，运输始发地、目的地或者被告住所地法院对运输合同纠纷均有管辖权，原告可以选择向其中一个法院起诉；向两个以上法院起诉的，由最先立案的法院管辖。

【审判实践中应当注意的问题】

一、关于新业态运输合同纠纷的管辖确定

改革开放以来特别是党的十八大以来，围绕着高质量发展，我国交通运输基础设施建设以数字化、网络化、智能化为主线，着力推进交通运输提效能、扩功能、增动能，取得了显著的成效，极大方便了人民群众生活出行。同时，随着互联网经济的快速发展和移动平台的普及使用，基于不同产业间的组合，企业内部价值链和外部产业链环节的分化、融合、行业跨界整合，以及嫁接信息及互联网技术，形成了新型的企业、商业乃至产业的组织形态。在传统的线下通过购买纸质票证订立运输合同之外，出现了通过线上订立运输合同的新业态，例如：快递物流、闪送送货、互联网约车。此外，此类运输合同服务的提供方，不再局限于法人、其他组织，自然人也可以成为运输合同服务的提供者。这些新业态的合同，符合运输合同的特点，属于运输合同的范畴。但是，本条制定在 20 世纪 90

---

① 黄薇主编：《中华人民共和国民法典释义》，法律出版社 2020 年版，第 1499 页、第 1511 页。

② 田平安主编：《民事诉讼法原理（第四版）》，厦门大学出版社 2009 年版，第 54 页。

年代之初，当时制定法律的时候，显然无法对新业态的运输合同的管辖规则进行考虑。因此，涉及新业态的运输合同确定管辖问题，实践中有两种观点：

一种观点认为，新业态的运输合同纠纷应当适应《民事诉讼法》第24条的规定，由被告所在地或者合同履行地法院管辖。主要理由是：本条制定的时代背景，是改革开放之初到1992年市场经济未繁荣发达的时代，人财物流动不大，交通运输方式单一，因此确定管辖时明确为始发地、目的地或者被告所在地。进入新世纪，随着交通工具的品种多样和日益普及，每个人都可以成为运输服务的提供者，而且这种运输的方式，可以是短途，也可以是跨区的。此外，互联网物流体系的发达，运输这一概念也已经远远超出了当时法律制定时的情形。此类纠纷，如适用《民事诉讼法》第28条的规定，在确定始发地、目的地等管辖连接点时，会带来诸多不便，此类合同的始发地和目的地往往是不固定的，处于变化之中，不利于在受理阶段及时确定管辖法院。故对《民事诉讼法》第28条的理解，不应扩大解释，应当限制为传统的铁路、公路、水上、航空运输和联合运输合同。

另一种观点认为，新业态的运输合同纠纷可以适用《民事诉讼法》第28条确定管辖法院。主要理由是：《民事诉讼法》第28条与《民法典》第十九章中所使用的“运输合同”一词应具有相同含义，指承运人将旅客或者货物从起运地点运输到约定地点，旅客、托运人或者收货人支付票款或者运输费用的合同，且《民法典》运输合同中的承运人范围并未排除自然人，似不宜仅因合同主体是自然人抑或传统运输企业而对合同性质作不同认定。自然人之间约定由一方为另一方搬运货物、另一方支付相应款项的约定，符合运输合同的特征，故对于因此类合同纠纷提起的诉讼，应当适用《民事诉讼法》第28条的规定确定管辖法院。

我们同意第二种观点，新业态的运输合同符合《民法典》规定的运输合同的概念，应当适用《民事诉讼法》第28条确定管辖法院。

二、关于海上运输合同纠纷的管辖确定

《中华人民共和国海事诉讼特别程序法》(以下简称《海事诉讼特别程序法》)第6条在规定海事诉讼的地域管辖，依照《民事诉讼法》的有关规定同时，明确因海上运输合同纠纷提起的诉讼，除依照《民事诉讼

法》第 28 条的规定以外，还可以由转运港所在地海事法院管辖。我们认为，《海事诉讼特别程序法》是特殊法，《民事诉讼法》是一般法，按照特殊法优先的原则，在确定海上运输合同纠纷管辖法院时，转运港所在地海事法院，运输始发地、目的地或者被告住所地人民法院，均有管辖权。需要注意的是，《最高人民法院关于海事法院受理案件范围的规定》（法释〔2016〕4 号）规定了海事法院受理案件范围之二的“海商合同纠纷案件”，包括……25. 海上、通海可航水域货物运输合同纠纷案件，包括含有海运区段的国际多式联运、水陆联运等货物运输合同纠纷案件；26. 海上、通海可航水域旅客和行李运输合同纠纷案件；27. 海上、通海可航水域货运代理合同纠纷案件；29. 海上、通海可航水域运输理货合同纠纷案件；31. 轮渡运输合同纠纷案件。《人民法院组织法》第 12 条规定：“人民法院分为：（一）最高人民法院；（二）地方各级人民法院；（三）专门人民法院。”海上运输合同纠纷属于海事法院专门管辖范围，在依照本条确定海上运输合同纠纷管辖法院时，“运输始发地、目的地或者被告住所地”人民法院，应理解为海事法院。

第二十九条　因侵权行为提起的诉讼，由侵权行为地或者被告住所地人民法院管辖。

【条文主旨】

本条是关于因侵权行为提起诉讼的管辖规定。

【理解与适用】

相较于《民事诉讼法》第22条关于一般地域管辖的规定，本条规定属于特殊地域管辖规定。一般地域管辖，是以当事人住所地与法院辖区的关系来确定管辖法院，原则是“原告就被告”，即民事诉讼由被告所在地人民法院管辖。特殊地域管辖则以当事人所在地、诉讼标的、诉讼标的物和法律事实等因素与法院辖区的关系来确定管辖法院。由于特殊地域管辖中确定管辖法院的因素有多个，因而适用特殊地域管辖的各类纠纷一般都有多个具有管辖权的法院。根据《民事诉讼法》第36条的规定，当事人在此种情况下可以选择向任何一个有管辖权的法院起诉。

本条规定中的侵权行为，指加害人不法侵害他人民事权益的行为。所谓民事权益，包括民事权利和民事利益，具体包括生命权、健康权、姓名权、名誉权、荣誉权、肖像权、隐私权、婚姻自主权、监护权、所有权、用益物权、担保物权、著作权、专利权、商标专用权、发现权、股权、继承权等人身、财产权益。因侵权行为提起的诉讼，指当事人因他人侵权行为而提起的诉讼，或请求损害赔偿，或请求停止侵害、排除妨碍、消除危险。至于因债务不履行而提起的请求赔偿之诉，以及基于所有权提起的请求防止妨害之诉等，均非因侵权行为涉诉，不属于因侵权行为提起的诉讼。

一、关于因侵权行为提起诉讼的管辖

根据本条规定，因侵权行为提起的诉讼，可以由被告住所地法院管辖，也可以由侵权行为地法院管辖。除一般地域管辖中的被告住所地法院管辖外，本条增加了侵权行为地这一连接点。由侵权行为地法院管辖，不

仅有利于调查取证，方便快捷查明案件事实，提高审判效率；也有利于受害人选择更方便法院诉讼，尽可能减少受害人的诉讼成本。

二、关于侵权行为地

侵权行为地，指构成侵权行为要件事实之全部或一部之处所或其结果发生之地。[①]《民事诉讼法解释》第 24 条规定，侵权行为地包括侵权行为实施地和侵权结果发生地。侵权行为实施地，是指侵权人实施侵权行为的地点。侵权结果发生地，是指因侵权行为带来的损害后果出现的地点。在通常情况下，侵权行为实施地和侵权结果发生地为同一地点，但在某些特殊情况下，侵权行为实施地和侵权结果发生地并不一致，在这种情况下，侵权行为实施地和侵权结果发生地的人民法院都有管辖权。例如，王某与刘某在 A 地发生争执，在争执过程中，刘某一拳打在了王某眼睛上。后王某回到 B 地家中后，眼睛突然看不见东西。经医生检查，王某眼睛是因为受到了外力打击，造成了视网膜脱落，导致了失明。王某遂提起诉讼要求刘某赔偿。在此案中，A 地为侵权行为实施地，B 地为侵权结果发生地，两地人民法院对此案均有管辖权。

侵权行为的实施，有的是一次性完成的，有的是持续一定时间后完成的。后一种侵权行为可能会扩展到不同地区，此种情况下，从侵权行为开始实施到实施终了的地区，都是侵权行为实施地。侵权行为造成损害结果，可能是一个结果，也可能有几个结果。如果数个结果发生在不同地区，这些地区就都是侵权结果发生地。如在因污染环境、破坏生态造成他人损害的案件中，同一侵权行为可能会持续扩展到几个地区，如运输有害物质过程中有害物质在不同地区泄漏并致人损害；同一侵权行为也可能会在数个不同地区产生数个损害结果，如某化工厂泄漏有害气体，有害气体随风飘向多地居民聚居区并致人损害。

三、关于侵权诉讼管辖的具体规定

（一）信息网络侵权案件的管辖

《民事诉讼法解释》第 25 条规定，信息网络侵权行为实施地包括实施被诉侵权行为的计算机等信息设备所在地，侵权结果发生地包括被侵权

---

① 姚瑞光:《〈民事诉讼法〉论》，中国政法大学出版社 2011 年版，第 26 页。

人住所地。

（二）因产品、服务质量引起的侵权案件的管辖

《民事诉讼法解释》第26条规定，因产品、服务质量不合格造成他人财产、人身损害提起的诉讼，产品制造地、产品销售地、服务提供地、侵权行为地和被告住所地人民法院都有管辖权。

（三）因诉前保全引起的损害赔偿案件的管辖

《民事诉讼法解释》第27条规定，当事人申请诉前保全后没有在法定期间起诉或者申请仲裁，给被申请人、利害关系人造成损失引起的诉讼，由采取保全措施的人民法院管辖。当事人申请诉前保全后在法定期间内起诉或者申请仲裁，被申请人、利害关系人因保全受到损失提起的诉讼，由受理起诉的人民法院或者采取保全措施的人民法院管辖。

（四）侵害信息网络传播权案件的管辖

《最高人民法院关于审理侵害信息网络传播权民事纠纷案件适用法律若干问题的规定》（2020年修正）第15条规定，侵害信息网络传播权民事纠纷案件由侵权行为地或者被告住所地人民法院管辖。侵权行为地包括实施被诉侵权行为的网络服务器、计算机终端等设备所在地。侵权行为地和被告住所地均难以确定或者在境外的，原告发现侵权内容的计算机终端等设备所在地可以视为侵权行为地。

（五）涉及域名的侵权案件的管辖

《最高人民法院关于审理涉及计算机网络域名民事纠纷案件适用法律若干问题的解释》（2020年修正）第2条规定，涉及域名的侵权纠纷案件，由侵权行为地或者被告住所地的中级人民法院管辖。对难以确定侵权行为地和被告住所地的，原告发现该域名的计算机终端等设备所在地可以视为侵权行为地。……在中华人民共和国领域内发生的涉外域名纠纷案件，依照《民事诉讼法》第四编的规定确定管辖。涉外域名纠纷案件包括当事人一方或者双方是外国人、无国籍人、外国企业或组织、国际组织，或者域名注册地在外国的域名纠纷案件。

（六）侵犯专利权案件的管辖

《最高人民法院关于审理专利纠纷案件适用法律问题的若干规定》（2020年修正）第2条、第3条规定，因侵犯专利权行为提起的诉讼，由侵权行为地或者被告住所地人民法院管辖。侵权行为地包括：被诉侵犯发明、实用新型专利权的产品的制造、使用、许诺销售、销售、进口等行为

的实施地；专利方法使用行为的实施地，依照该专利方法直接获得的产品的使用、许诺销售、销售、进口等行为的实施地；外观设计专利产品的制造、许诺销售、销售、进口等行为的实施地；假冒他人专利的行为实施地。上述侵权行为的侵权结果发生地。

原告仅对侵权产品制造者提起诉讼，未起诉销售者，侵权产品制造地与销售地不一致的，制造地人民法院有管辖权；以制造者与销售者为共同被告起诉的，销售地人民法院有管辖权。销售者是制造者分支机构，原告在销售地起诉侵权产品制造者制造、销售行为的，销售地人民法院有管辖权。

（七）侵害植物新品种权案件的管辖

《最高人民法院关于审理植物新品种纠纷案件若干问题的解释》（2020年修正）第4条规定，以侵权行为地确定人民法院管辖的侵害植物新品种权的民事案件，其所称的侵权行为地，是指未经品种权所有人许可，生产、繁殖或者销售该授权植物新品种的繁殖材料的所在地，或者为商业目的将该授权品种的繁殖材料重复使用于生产另一品种的繁殖材料的所在地。

（八）侵犯著作权案件的管辖

《最高人民法院关于审理著作权民事纠纷案件适用法律若干问题的解释》（2020年修正）第4条、第5条规定，因侵害著作权行为提起的民事诉讼，由《中华人民共和国著作权法》（以下简称《著作权法》）第47条、第48条所规定侵权行为的实施地、侵权复制品储藏地或者查封扣押地、被告住所地人民法院管辖。其中，侵权复制品储藏地，是指大量或者经常性储存、隐匿侵权复制品所在地；查封扣押地，是指海关、版权等行政机关依法查封、扣押侵权复制品所在地。

对涉及不同侵权行为实施地的多个被告提起的共同诉讼，原告可以选择向其中一个被告的侵权行为实施地人民法院提起诉讼；仅对其中某一被告提起的诉讼，该被告侵权行为实施地的人民法院有管辖权。

（九）侵犯商标权案件的管辖

《最高人民法院关于审理商标民事纠纷案件适用法律若干问题的解释》（2020年修正）第6条、第7条规定，因侵犯注册商标专用权行为提起的民事诉讼，由《商标法》第13条、第57条所规定侵权行为的实施地、侵权商品的储藏地或者查封扣押地、被告住所地人民法院管辖。

其中，侵权商品的储藏地，是指大量或者经常性储存、隐匿侵权商品所在地；查封扣押地，是指海关等行政机关依法查封、扣押侵权商品所在地。

对涉及不同侵权行为实施地的多个被告提起的共同诉讼，原告可以选择其中一个被告的侵权行为实施地人民法院管辖；仅对其中某一被告提起的诉讼，该被告侵权行为实施地的人民法院有管辖权。

（十）证券虚假陈述侵权民事赔偿案件的管辖

《最高人民法院关于审理证券市场虚假陈述侵权民事赔偿案件的若干规定》（法释〔2022〕2号）第3条规定，证券虚假陈述侵权民事赔偿案件，由发行人住所地的省、自治区、直辖市人民政府所在的市、计划单列市和经济特区中级人民法院或者专门人民法院管辖。《最高人民法院关于证券纠纷代表人诉讼若干问题的规定》等对管辖另有规定的，从其规定。省、自治区、直辖市高级人民法院可以根据本辖区的实际情况，确定管辖第一审证券虚假陈述侵权民事赔偿案件的其他中级人民法院，报最高人民法院备案。

【审判实践中应当注意的问题】

关于名为合同纠纷、实为侵权纠纷的管辖的确定

案由是对当事人争议的高度概括，体现着当事人之间的法律关系、诉讼种类以及案件的审理范围等诸问题，也是法院确定管辖权的依据。在司法实践中，经常会遇到违约责任和侵权责任竞合的案件，由于当事人法律知识欠缺或表达能力限制等因素，可能会在一个案件中将基于违约责任的诉讼请求和基于侵权责任的诉讼请求一并提出，在此情况下如何确定案由存在争议。

一般认为，在起诉阶段，应当依据当事人主张的民事法律关系的性质来确定案由。同一诉讼中涉及两个以上法律关系的，应当依当事人诉争的法律关系的性质确定案由。在请求权竞合的情形下，人民法院应当按照当事人自主选择行使的请求权，根据当事人诉争的法律关系的性质，确定相应的案由。

如在王某诉甲公司产品责任纠纷一案中，王某认为甲公司向其所售的海参不符合国家食品安全标准，起诉请求退货退款并赔偿十倍货值金额。

从诉讼请求看，王某依据《食品安全法》的规定，要求甲公司支付十倍货值的赔偿金是本案争议的主要法律关系，该请求权基础为法律规定的侵权赔偿责任，由此提起的损害赔偿请求之诉应当认定为产品责任纠纷，应当依照侵权责任纠纷确定管辖。

第三十条 因铁路、公路、水上和航空事故请求损害赔偿提起的诉讼，由事故发生地或者车辆、船舶最先到达地、航空器最先降落地或者被告住所地人民法院管辖。

【条文主旨】

本条是关于因铁路、公路、水上和航空事故请求损害赔偿诉讼管辖的规定。

【理解与适用】

一、关于铁路、公路、水上和航空事故

铁路、公路、水上和航空事故，是指在履行运输合同的过程中，因承运人的过错或者发生意外事件致使人员伤亡或者财产损失。其中，铁路事故，是指火车在运行过程中，由于发生相撞、出轨等情况造成的财产损失或者人身伤亡。公路、水上事故，是指汽车、船舶等道路、水上交通工具发生倾翻沉没、相互碰撞、漏油等情况给自身或者周围环境、建筑物以及他人财产或者人身造成的损失和伤害。航空事故，是指航空器在飞行过程中或者起降过程中发生爆炸、燃烧等情况对财产或者人身造成的损失或者伤害。航空器是指能够在空中飞行的物体，包括飞机、飞艇、热气球等。

这一类诉讼与因铁路、公路、水上、航空运输和联合运输合同纠纷提起的诉讼，是两种不同性质的诉讼。后者是基于各类运输合同产生的，而前者则是由火车、汽车、船舶、航空器在运行或飞行中发生的侵权行为而引起的。当承运人对其承运的旅客、货物造成损害产生纠纷时，存在侵权责任与违约责任的竞合。根据《民法典》第186条的规定，因当事人一方的违约行为，损害对方人身权益、财产权益的，受损害方有权选择请求其承担违约责任或者侵权责任。据此，出现责任竞合情形时，应根据当事人的诉讼请求确定案件性质并适用相应的管辖规则。

二、关于因铁路、公路、水上和航空事故请求损害赔偿诉讼的管辖

根据本条的规定，因铁路、公路、水上和航空事故请求损害赔偿提起的诉讼，由事故发生地或者车辆、船舶最先到达地、航空器最先降落地或者被告住所地人民法院管辖。所谓事故发生地，是指事故开始发生的地点和事故结果出现的地点。可以是事故发生的具体地点，也可以指一定的范围。所谓车辆最先到达地，是指火车、汽车发生事故后，第一个停靠的站点；所谓船舶最先到达地，是指船舶发生事故后，第一个停靠的港口或者沉没的地点。所谓航空器最先降落地，是指航空器在空中发生事故后，第一次着陆的地点或者因事故坠落的地点。

【审判实践中应当注意的问题】

一、关于铁路事故纠纷的专门管辖

《最高人民法院关于铁路运输法院案件管辖范围的若干规定》第 3 条规定，铁路行车事故及其他铁路运营事故造成的人身、财产损害赔偿纠纷，因铁路建设及铁路运输引起的环境污染侵权纠纷由铁路运输法院管辖。据此，因铁路事故引起的损害赔偿诉讼应由铁路运输法院专门管辖。

二、关于机动车交通事故责任纠纷的管辖

根据《民事诉讼法》第 28 条及《民事诉讼法解释》第 24 条规定，因机动车交通事故责任纠纷提起的诉讼由侵权行为实施地、侵权结果发生地、被告人住所地人民法院管辖。实践中，多由事故发生地和被告住所地人民法院管辖。

第三十一条　因船舶碰撞或者其他海事损害事故请求损害赔偿提起的诉讼，由碰撞发生地、碰撞船舶最先到达地、加害船舶被扣留地或者被告住所地人民法院管辖。

【条文主旨】

本条是关于因船舶碰撞或者其他海事损害事故请求损害赔偿诉讼管辖的规定。

【理解与适用】

一、关于船舶碰撞和其他海事损害事故

船舶碰撞，是指船舶在航行中发生接触，使船舶、船上货物、船上人员受到损害，船舶营运造成损失的事故。其他海事损害事故，是指船舶在航行过程中发生除船舶碰撞之外，因船舶触礁、触岸、搁浅、浪损、失火、爆炸、沉没、失踪、遭遇自然灾害等原因造成的损害事故。上述两种情况通常称为海上事故或海损事故，即船舶在航行中因发生特定事故造成财产和营业损失或人身伤亡。

《海商法》第170条规定，船舶因操纵不当或者不遵守航行规章，虽然实际上没有同其他船舶发生碰撞，但是使其他船舶以及船上的人员、货物或者其他财产遭受损失的，适用船舶碰撞的规定。

二、关于因船舶碰撞或者其他海事损害事故请求损害赔偿诉讼的管辖

根据本条的规定，因船舶碰撞或者其他海事损害事故请求损害赔偿提起的诉讼，由碰撞发生地、碰撞船舶最先到达地、加害船舶被扣留地或者被告住所地人民法院管辖。所谓碰撞发生地，是指船舶之间相互碰撞的具体地点。所谓碰撞船舶最先到达地，是指船舶碰撞事故发生后，受害船舶首先停泊的港口或者码头。如果船舶发生了沉没，则船舶沉没地为最先到达地。所谓加害船舶被扣留地，是指加害船舶实施加害行为后继续航行，

后被有关机关扣留的地点。被告住所地，是指加害船舶的船籍港所在地，即对该船舶进行登记的登记机关所在地。

【审判实践中应当注意的问题】

一、关于海损事故纠纷的专门管辖

《海事诉讼特别程序法》第4条规定，海事法院受理当事人因海事侵权纠纷、海商合同纠纷以及法律规定的其他海事纠纷提起的诉讼。《最高人民法院关于适用〈中华人民共和国海事诉讼特别程序法〉若干问题的解释》第1条规定，在海上或者通海水域发生的与船舶或者运输、生产、作业相关的海事侵权纠纷、海商合同纠纷，以及法律或者相关司法解释规定的其他海事纠纷案件由海事法院及其上级人民法院专门管辖。据此，因海损事故请求损害赔偿纠纷提起的诉讼，由海事法院专门管辖。目前，我国已经设立了广州、上海、青岛、天津、大连、厦门、海口、武汉、宁波、北海、南京这十一个海事法院。

二、关于船籍港连接点的认定

《海事诉讼特别程序法》第6条第2款第1项规定，因海事侵权行为提起的诉讼，除依照《民事诉讼法》第29条至第31条的规定以外，还可以由船籍港所在地海事法院管辖。在船籍港的连接点上，首先指被告船舶的船籍港。被告船舶的船籍港不在中华人民共和国领域内，原告船舶的船籍港在中华人民共和国领域内的，由原告船舶的船籍港所在地的海事法院管辖。

三、关于加害船舶被扣留地的认定

《海事诉讼特别程序法》赋予了海事法院具有扣押“姊妹船”的权限，“姊妹船”是指对海事请求负有责任的船舶所有人、经营人或承租人所拥有的除当事船舶以外的其他船舶。故加害船舶的“姊妹船”被扣留地，也可视为加害船舶扣留地。

四、关于发生在我国管辖海域外的海损事故纠纷的管辖

《最高人民法院关于审理发生在我国管辖海域相关案件若干问题的规

定（一）》第5条第2款规定，因在公海等我国管辖海域外发生海损事故，请求损害赔偿在我国法院提起的诉讼，由事故船舶最先到达地、船舶被扣押地或者被告住所地海事法院管辖。这其中少了碰撞发生地这个连接点。

第三十二条 **因海难救助费用提起的诉讼，由救助地或者被救助船舶最先到达地人民法院管辖。**

【条文主旨】

本条是关于海难救助费用纠纷诉讼管辖的规定。

【理解与适用】

所谓海难救助，根据《中华人民共和国海商法》(以下简称《海商法》)第171条的规定，是指在海上或者与海相通的可航水域，对遇险的船舶和其他财产进行的救助。而所谓“船舶”，是指《海商法》第3条所称的船舶和与其发生救助关系的任何其他非用于军事的或者政府公务的船艇。“财产”，是指非永久地和非有意地依附于岸线的任何财产，包括有风险的运费。海难救助是海商法所特有的一项古老的制度。在航海贸易初期，人类凭借航海技术抵御海上风险的能力较差，为鼓励人们勇于救助处于危难中的船舶，发展航海事业，海难救助制度逐步发展起来。如果救助方能成功使得遇险船舶、货物脱离危险，救助者即有权主张报酬，并有条件地对获救财产享有留置权。从遇险方的境地考虑，与其让天灾或海盗将船舶或货物夺走，不如同意或聘请他人前来救助，救助成功则给予报酬。所谓海难救助费用，在《海商法》中称之为“救助款项”，是指依照《海商法》的相关规定，被救助方应当向救助方支付的任何救助报酬、酬金或者补偿。

在理解与适用海难救助费用纠纷确定管辖的规定时，可以从以下两个方面进行把握：一是根据《海事诉讼特别程序法》第4条和《最高人民法院关于海事法院受理案件范围的规定》(法释〔2016〕4号)之四第72项的规定，海事法院受理当事人因海事侵权纠纷、海商合同纠纷以及法律规定的其他海事纠纷提起的诉讼。因海难救助费用提起的诉讼，属于海事纠纷，由海事法院管辖。二是关于海难救助费用提起诉讼的地域管辖，根据本条的规定，因海难救助费用提起的诉讼，由救助地或者被救助船舶最先到达地人民法院管辖。所谓救助地，是指对遇难船舶实施救助行为的地点，或者救助结果发生的地点，由救助地法院管辖，有利于查清救助的事实，认定报酬的数额。所谓被救助船舶最先到达地，是指遇难的船舶经过救助脱离危险以后最先到达的港口或者码头。海难救助有可能发生在我国管辖海域范围内，也可能发生在我国管辖海域外。如果海难救助发生在我国管辖海域外，甚至发生在公海上，不属于任何国家管辖海域，此时救助方可以向被救助船舶最先到达地法院提起诉讼。由被救助船舶最先到达地法院管辖，还便于对船舶进行保全，有利于将来判决的执行。

【审判实践中应当注意的问题】

海难救助费用提起诉讼确定管辖的其他情形

本条虽然规定救助地和被救助船舶最先到达地的法院具有管辖权，这主要是以船舶为标准所做的规定。但是在救助作业中，除船舶外，被救助的对象可能还包括货物等其他财产。因此，如果救助地发生在公海，且救助的对象是货物，则难以依据本条的规定，确定此类案件的管辖地点。《最高人民法院关于适用〈中华人民共和国海事诉讼特别程序法〉若干问题的解释》（法释〔2003〕3号）第9条规定："因海难救助费用提起的诉讼，除依照《民事诉讼法》第32条的规定确定管辖外，还可以由被救助的船舶以外的其他获救财产所在地的海事法院管辖。"因此，对于海难救助费用提起的诉讼，除依照本条的规定确定管辖外，还可以由被救助的船舶以外的其他获救财产所在地的海事法院管辖。

第三十三条 因共同海损提起的诉讼，由船舶最先到达地、共同海损理算地或者航程终止地的人民法院管辖。

【条文主旨】

本条是关于共同海损纠纷诉讼管辖的规定。

【理解与适用】

所谓共同海损，是《海商法》中一项特有的法律制度，根据《海商法》第193条的规定，是指在同一海上航程中，船舶、货物和其他财产遭遇共同危险，为了共同安全，有意地合理地采取措施所直接造成的特殊牺牲、支付的特殊费用。至于共同海损的范围，按照《海商法》第194条的规定，船舶因发生意外、牺牲或者其他特殊情况而损坏时，为了安全完成本航程，驶入避难港口、避难地点或者驶回装货港口、装货地点进行必要的修理，在该港口或者地点额外停留期间所支付的港口费，船员工资、给养，船舶所消耗的燃料、物料，为修理而卸载、储存、重装或者搬移船上货物、燃料、物料以及其他财产所造成的损失、支付的费用，应当列入共同海损。同时按照《海商法》第193条第2款的规定，无论在航程中或者在航程结束后发生的船舶或者货物因迟延所造成的损失，包括船期损失和行市损失以及其他间接损失，均不得列入共同海损。

根据本条的规定，因共同海损提起的诉讼，由船舶最先到达地、共同海损理算地或者航程终止地的人民法院管辖。

一、船舶最先到达地法院管辖

关于船舶最先到达地法院管辖，有以下优点：船舶已脱离危险，到达安全港；此时、此地距离海损发生时间和距离都比较近，便于及早对海损情况进行调查，防止海损情况随时间推移发生较大变化而不利于法院查明事实。与海损发生地相比，此规定更周密和完善，因为海损可能发生在不属于任何国家领域的公海，此时依照发生地标准不能正确确定案件的管辖，因而本法没有将共同海损发生地作为此类案件的管辖标准，而是以船舶最先到达地作为标准之一。

二、共同海损理算地法院管辖

共同海损理算地，即确定共同海损受到补偿的损失和费用项目、金额以及应当参加分摊的受益方应收或应付的金额和结算办法，对其进行审核计算的工作机构所在地。按照国际通行惯例，一般是指船舶的目的港或约定的其他地方。对共同海损的理算，目前国际上通用的是1974年的《约克·安特卫普规则》。我国则适用1975年1月1日颁布实施的《中国国际贸易促进委员会共同海损理算暂行规则》。根据该规则的规定，理算地点通常为北京。

三、航程终止地法院管辖

航程终止地，是指船舶本次航程的最终目的港。依照本条规定，上述三地人民法院对共同海损诉讼都具有管辖权，当事人可以选择其中之一的人民法院提起民事诉讼。原告同时向几个有管辖权的人民法院起诉的，由最先受理的人民法院管辖。

第三十四条 下列案件，由本条规定的人民法院专属管辖：

（一）因不动产纠纷提起的诉讼，由不动产所在地人民法院管辖；

（二）因港口作业中发生纠纷提起的诉讼，由港口所在地人民法院管辖；

（三）因继承遗产纠纷提起的诉讼，由被继承人死亡时住所地或者主要遗产所在地人民法院管辖。

【条文主旨】

本条是关于专属管辖的规定。

【理解与适用】

一、关于专属管辖的概念和特点

所谓专属管辖，是指由法律直接规定某些特定的民事案件只能由特定的人民法院管辖。其他法院无管辖权，当事人也不得以协议改变法律确定的管辖。专属管辖具有强制性、排他性的特点。所谓强制性，是指当法律规定某类案件专属于某一或者某些法院管辖，唯有法律规定的法院才有权受理和裁判这类案件，其他法院均无权管辖这类案件。实行专属管辖的案件及其管辖法院，由法律直接明文规定，是强制的。所谓排他性，是指凡属于专属管辖的案件，只能由法律规定的法院管辖，其他法院一律不得管辖，从而排除了一般地域管辖和特殊地域管辖的适用。同时，专属管辖还排除了协议管辖的适用，即不允许当事人通过约定的方式选择管辖法院。

一般而言，设立专属管辖制度的主要原因有：（1）案件标的利益的特殊性。为了维护国家利益，或者为了确保某些利益不轻易被外国人攫取，需要最大限度地利用本国法院审理的优势。（2）案件所涉领域的专业性。有些案件涉及一定的专业领域，交由普通法院审理难度较大，将同类案件归属于有专业能力的法院管辖既便于审理，又能够提高诉讼效率，节约审判资源。（3）案件标的自身的特殊性。有些案件标的具有特殊性，这类案件由特定法院审理，便于收集证据查清事实和执行，从而节省诉讼公共成本和当事人诉讼私人成本，提高诉讼效率。

二、关于专属管辖的案件范围

（一）不动产纠纷

所谓不动产，是指土地以及土地上的定着物，这种财产不能移动，或者移动后影响或者丧失其原有性能或者使用价值，如土地、建筑物、森林、草原、矿山。因不动产的归属、使用、分割、转让、相邻、侵权等发生的争议，以及相邻不动产之间因通行、通风、采光等相邻关系发生争议而引起的纠纷，属于不动产纠纷。根据本条第 1 项的规定，因不动产纠纷提起的诉讼，由不动产所在地人民法院管辖。不动产纠纷案件由不动产所在地法院管辖，有利于人民法院调查取证、现场勘验、正确审判，也有利于生效裁判得到切实执行。

（二）港口作业纠纷

所谓港口作业，是指货物的装卸、驳运、仓储、理货等作业。港口作业纠纷，分为两类：一类是在港口进行货物的装卸、驳运、仓储、理货等作业过程中发生的争议；另一类是船舶在港口作业过程中，由于作业人员违章操作造成人身伤害或者财产损失请求赔偿的侵权纠纷。根据本条第 2 项的规定，因港口作业中发生纠纷提起的诉讼，由港口所在地人民法院管辖。同时按照《海事诉讼特别程序法》第 7 条中的规定，因沿海港口作业纠纷提起的诉讼，由港口所在地海事法院管辖。

（三）继承遗产纠纷

按照《民法典》第 1122 条的规定，遗产是自然人死亡时遗留的个人合法财产，包括动产和不动产。同时依照法律规定或者根据其性质不得继承的遗产，不得继承。继承遗产纠纷，是指继承人为继承被继承人的遗产而发生的争议，如因继承权的确认、遗产的分割等发生的争议。根据本条第 3 项的规定，因继承遗产纠纷提起的诉讼，由被继承人死亡时住所地或者主要遗产所在地人民法院管辖。所谓主要遗产所在地，是指被继承人的遗产分散在不同法院的辖区，从数量和价值等方面确定的主要遗产的所在地。由被继承人死亡时住所地或者主要遗产所在地人民法院管辖继承遗产纠纷案件，有利于人民法院准确确定继承开始的时间、继承人与被继承人生前的关系、遗产的范围和分配等问题，从而依法妥善解决遗产继承纠纷。

需要指出的是，如果主要遗产是不动产，应当按照遗产纠纷来确定管辖法院，即此类案件由被继承人死亡时住所地或者主要遗产所在地人民法院确定管辖法院，而不是作为不动产纠纷来确定管辖法院。

此外，根据《海事诉讼特别程序法》第7条的规定，下列两类海事诉讼，由该条规定的海事法院专属管辖：（1）因船舶排放、泄漏、倾倒油类或者其他有害物质，海上生产、作业或者拆船、修船作业造成海域污染损害提起的诉讼，由污染发生地、损害结果地或者采取预防污染措施地海事法院管辖；（2）因在中华人民共和国领域和有管辖权的海域履行的海洋勘探开发合同纠纷提起的诉讼，由合同履行地海事法院管辖。

【审判实践中应当注意的问题】

一、关于不动产纠纷的范围

本条规定了不动产纠纷由不动产所在地法院专属管辖。不动产纠纷专属管辖的设置目的在于方便法院调查相关不动产状况，便利当事人参加诉讼。但是对于“不动产纠纷”的范围，却一直存在争议。主要有三种观点：一是认为凡涉及不动产的纠纷，包括物权纠纷、合同纠纷以及侵权纠纷等，都属于不动产纠纷。二是认为仅指不动产物权纠纷，不包括不动产债权纠纷。对于和不动产有牵连关系的如房屋中介纠纷、购房款纠纷等，不属于不动产纠纷。三是认为不动产纠纷应限制在因不动产的权利确认、分割、相邻关系等引起的物权纠纷范围。

为统一法律适用，《民事诉讼法解释》第28条对此进行了明确。其中，第1款规定：“民事诉讼法第三十四条[①]第一项规定的不动产纠纷是指因不动产的权利确认、分割、相邻关系等引起的物权纠纷。”这是明确不动产纠纷仅限于部分物权纠纷。物权是指人们对物的占有、使用、收益、处分的权利，是财产权的一种。物权分为所有权、用益物权和担保物权。所有权是物权的完整形态，包含了物权占有、使用、收益和处分的全部功能。用益物权是以对物的使用收益为目的的他物权，如土地承包经营权、建设用地使用权、宅基地使用权、地役权。担保物权是以物的价值担

① 现为《民事诉讼法》（2023年修正）第34条第1项。

保债权到期能够得到清偿的他物权，如抵押权、质权、留置权。物权纠纷是基于物权关系而产生的纠纷，它与债权纠纷构成了民事纠纷的常见种类。因不动产物权确认、使用、收益、处分和保护等发生的纠纷统称为不动产物权纠纷。同时按照物权变动原因与结果相区分的原则，确定纠纷的性质。对于因物权变动的原因关系，即债权性质的合同关系产生的纠纷，如物权设立原因关系方面的担保合同纠纷，物权转让原因关系方面的买卖合同纠纷，均是债权纠纷；对于因物权设立、权属、效力、使用、收益等物权关系产生的纠纷，则是物权纠纷。

第 2 款规定："农村土地承包经营合同纠纷、房屋租赁合同纠纷、建设工程施工合同纠纷、政策性房屋买卖合同纠纷，按照不动产纠纷确定管辖。"这是明确几类特殊合同纠纷适用专属管辖。在实践中，有些涉及不动产的合同纠纷具有一定特殊性，如农村土地承包经营合同纠纷、房屋租赁合同纠纷、政策性房屋买卖合同纠纷，双方的争议除涉及合同的订立、履行等，还涉及当地的土地承包经营政策和房地产宏观调控政策，由不动产所在地法院专属管辖，有利于统一裁判尺度，有利于配合当地政府处理该类案件引起的群体性纠纷。又如建设施工合同纠纷，往往涉及建筑物工程造价评估、质量鉴定、留置权优先受偿、执行拍卖等，由建筑物所在地法院管辖，有利于案件审理与执行。

第 3 款规定："不动产已登记的，以不动产登记簿记载的所在地为不动产所在地；不动产未登记的，以不动产实际所在地为不动产所在地。"这是明确不动产所在地如何确定。不动产是指土地及其定着物，其实际所在地就是不动产所在地，不动产所在地并不难以确定。我国对土地与房屋等实行登记制，凡经有关政府部门登记的，不动产登记簿记载的所在地为不动产所在地。在实践中，不动产实际所在地与登记簿记载的所在地是重合的。

二、关于按照不动产纠纷确定管辖的建设工程合同纠纷范围

建设工程施工合同纠纷是具有建设工程施工性质的类型化合同纠纷的统称，《民事案件案由规定》第三级案由"建设工程合同纠纷"项下与建设工程施工相关的七个第四级案由，即建设工程施工合同纠纷、建设工程价款优先受偿权纠纷、建设工程分包合同纠纷，建设工程监理合同纠纷，装饰装修合同纠纷，铁路修建合同纠纷，农村建房施工合同纠纷，均可以

按照不动产纠纷确定管辖。不涉及建设工程施工的建设工程勘察合同纠纷、建设工程设计合同纠纷，应当按照一般合同纠纷确定管辖。

建设工程违法转包纠纷属于建设工程施工合同纠纷，应当确定为建设工程施工合同纠纷案由，按照不动产纠纷确定管辖。建设工程施工合同未开工，当事人起诉请求确认合同效力、解除合同或者履行合同的，无论合同是否实际履行，建设工程是否实际存在，双方当事人之间的法律关系是建设工程施工合同关系，应当确定为建设工程施工合同纠纷案由，按照不动产纠纷确定管辖。建设工程结算后的纠纷，例如：甲公司与乙公司在建设工程施工合同结算过程中，因建设工程发生争议产生的纠纷，属于建设工程施工合同纠纷，按照不动产纠纷确定管辖。因履行结算凭证等产生的纠纷，属于合同纠纷，可以按照一般合同关系确定管辖。

此外，在司法实践中，商品房买卖合同性质上属于买卖合同的一种，由此发生的纠纷属于合同纠纷，应当按照一般合同纠纷确定地域管辖。但是，政策性房屋买卖合同，包括两限房、自住性商品房、经济适用房、廉租房、共有产权房、优惠价房、单位自管房、军产房、小产权房、农村房屋及公租房等享受国家税收、福利、政策优惠等条件的房屋，以及农村集体土地上的房屋，可以按照不动产纠纷确定管辖。

第三十五条 合同或者其他财产权益纠纷的当事人可以书面协议选择被告住所地、合同履行地、合同签订地、原告住所地、标的物所在地等与争议有实际联系的地点的人民法院管辖，但不得违反本法对级别管辖和专属管辖的规定。

【条文主旨】

本条是关于协议管辖的规定。

【理解与适用】

所谓协议管辖，也称约定管辖或者合意管辖，是指当事人在纠纷发生之前或者发生以后，在提起诉讼之前，经过协商，以书面协议的形式约定处理纠纷的管辖法院。协议管辖制度是当事人合同自由和意思自治原则由私法领域向诉讼领域渗透的结果。当事人通过书面协议确定管辖法院，只要协议有效，对当事人双方和协议管辖法院均有约束力。首先，对当事人的效力。对于纠纷当事人来讲，只要管辖协议有效，原告在提起诉讼时，就要遵守管辖协议的约定，只能向协议约定的管辖法院起诉。如果原告没有向协议管辖法院起诉，而是向管辖协议约定以外的其他法院起诉，被告有权提出管辖权异议。同时，对于被告来讲，只要原告向协议约定的管辖法院起诉，就应当接受该法院的管辖。其次，对法院的效力。只要管辖协议有效，协议所约定的管辖法院便取得了对该纠纷案件的管辖权。只要当事人提起诉讼，管辖法院就不能无故拒绝受理起诉，也不得无故移送案件。在协议约定管辖法院的情况下，其他法院不再对该案件享有管辖权，即协议管辖排除了其他法院对该纠纷案件的管辖权。

1991 年制定《民事诉讼法》时，该法第 25 条规定："合同的双方当事人可以在书面合同中协议选择被告住所地、合同履行地、合同签订地、原告住所地、标的物所在地人民法院管辖，但不得违反本法对级别管辖和专属管辖的规定。"2012 年《民事诉讼法》第二次修正时，对于协议管辖作出以下两个方面的改动：一是扩大了协议管辖的适用范围，将"合同的双方当事人"修改为"合同或者其他财产权益纠纷的当事人"，扩大了协议管辖的适用范围，即允许合同以外的其他财产权益纠纷的当事人，也可以通过书面协议选择纠纷处理的管辖法院。二是进一步明确了协议管辖的适用条件，即在当事人可以书面协议“选择被告住所地、合同履行地、合同签订地、原告住所地、标的物所在地”与“人民法院管辖”之间，增加了“与争议有实际联系的地点”的内容，从而对当事人选择管辖法院提出了明确要求，所选择的管辖法院必须“与争议有实际联系”。

我们认为，关于本条协议管辖的规定，可以从以下几个方面理解：

一、当事人可以就第一审民事案件的管辖法院进行约定

当事人仅仅就第一审民事诉讼程序约定管辖的法院，不能就纠纷的第二审法院或者申请再审的法院约定管辖。第一审人民法院裁判作出后，受不利益判决的当事人若表示不服，其仅能向第一审法院的上一级人民法院提出上诉，这是法院的职能管辖，不得由当事人以协议方式改变。故当事人在第一审裁判作出后，约定第二审管辖法院则为无效。

二、可以通过协议约定管辖的纠纷案件的范围

根据本条的规定，当事人可以通过协议选择管辖法院的纠纷案件范围，是“合同或者其他财产权益纠纷”，而因身份关系产生的民事纠纷不能协议选择管辖法院。为了体现尊重当事人意思自治，民事诉讼法允许除合同纠纷外，其他财产权益纠纷的双方当事人也可以协议选择管辖法院，所谓合同纠纷，是指因订立、履行、变更、终止合同或者违约等所产生的纠纷。所谓财产权益，是指有关所有权、用益物权、担保物权、知识产权中的财产权、股权等具有财产内容的民事权益，所谓其他财产权益纠纷，是指除合同纠纷以外的有关财产的归属、占有、使用、处分等发生的纠纷以及因侵害人格权而产生的财产赔偿纠纷，但不包括婚姻解除、宣告失踪、宣告死亡等纯身份纠纷和人事纠纷。

需要注意的是，《民事诉讼法解释》第 34 条规定：“当事人因同居或者在解除婚姻、收养关系后发生财产争议，约定管辖的，可以适用民事诉讼法第三十五条[①]规定确定管辖”，换言之，对于不涉及身份关系的处理，仅仅是在涉及同居或者解除身份关系后的财产纠纷，双方当事人可以约定

① 现为《民事诉讼法》（2023 年修正）第 35 条。

协议管辖。

三、协议约定管辖法院的范围和要求

根据本条的规定，当事人通过协议约定的管辖法院，是“被告住所地、合同履行地、合同签订地、原告住所地、标的物所在地等与争议有实际联系的地点的人民法院”。一方面，扩大了民事诉讼中可以协议选择管辖法院的范围，只要是与争议有实际联系的地点的人民法院，合同或者其他财产权益纠纷的当事人都可以协议选择管辖法院；另一方面，“与争议有实际联系的地点”是对选择管辖法院的范围进行了必要的限制，当事人不可以协议选择与争议没有实际联系的地点的法院。所谓合同签订地，是指当事人订立合同的地点，如书面合同的当事人在合同上签字、盖章的地点。所谓标的物所在地，是指存放标的物的地点，如保管合同纠纷中保管物的存放地、仓储合同纠纷中仓储物的存放地等。同时，根据本条的规定，当事人通过协议约定的管辖法院，应当是“与争议有实际联系的地点的人民法院”。所谓与争议有实际联系，包括当事人所在地与法院辖区之间存在隶属关系，标的物所在地与法院辖区之间存在隶属关系，以及案件事实所在地与法院辖区之间存在隶属关系等情形。

四、协议管辖的形式要求

协议管辖的形式要件，要求当事人双方必须以书面合同的形式选择管辖法院，口头协议无效。因此，“书面”是协议管辖应当具备的形式要求，即当事人应当采用书面形式约定管辖法院。从协议内容上，应当体现当事人双方选择管辖法院的真实意愿，一方不能将自己的意志强加给另一方。当事人达成的选择管辖法院的协议内容也要合法。同时，书面协议应当是在诉讼受理前达成的，如果一方起诉后法院已经受理，双方并没有选择管辖法院的书面协议的，此时受诉人民法院的管辖权应当依照法律的规定来确定，不受当事人事后达成的管辖协议的影响，这是维护程序安定的需要。

五、协议管辖的禁止性要求

根据本条的规定，当事人协议选择管辖法院的，“不得违反本法对级别管辖和专属管辖的规定。”即协议管辖不能变更级别管辖，也不能变更专属管辖，而只能选择地域管辖。根据《民事诉讼法》的规定，基层人民法院管辖第一审民事案件，但本法另有规定的除外。中级人民法院管辖下列第一审民事案件：重大涉外案件；在本辖区有重大影响的案件；最高人民法院确定由中级人民法院管辖的案件。高级人民法院管辖在本辖区有重大影响的第一审民事案件。最高人民法院管辖下列第一审民事案件：在全国有重大影响的案件；认为应当由本院审理的案件。当事人协议选择的管辖法院，不能违反民事诉讼法关于级别管辖的规定，也就是说，当事人协议选择的法院只能是一审法院，不能协议选择二审和再审法院，而且，选择的一审法院应当符合法律和最高人民法院确定的管辖标准。当事人协议选择的管辖法院也不能违反民事诉讼法关于专属管辖的规定。根据民事诉讼法的规定，对于专属管辖的不动产纠纷、港口作业纠纷、继承遗产纠纷，尽管属于财产权益纠纷，但不能通过协议选择其他法院。

【审判实践中应当注意的问题】

一、关于管辖协议的书面形式

本条明确规定管辖协议应当采取书面的方式，口头约定的管辖协议是无效的。同时，对于书面的规定，《民事诉讼法解释》第29条明确规定："民事诉讼法第三十五条规定的书面协议，包括书面合同中的协议管辖条款或者诉讼前以书面形式达成的选择管辖的协议。"

《民法典》第469条第2款、第3款规定："书面形式是合同书、信件、电报、电传、传真等可以有形地表现所载内容的形式。以电子数据交换、电子邮件等方式能够有形地表现所载内容，并可以随时调取查用的数据电文，视为书面形式。"故前述解释中"诉讼前以书面形式达成的选择管辖的协议"包括"合同书、信件、电报、电传、传真等可以有形地表现所载内容的形式"，同时，也包括"电子数据交换、电子邮件等方式能够有形地表现所载内容，并可以随时调取查用的数据电文"等，可以有形地表现当事人双方协议选择管辖法院意思表示的形式。

二、关于约定合同签订地的效力问题

《最高人民法院关于适用〈中华人民共和国合同法〉若干问题的解释（二）》（已失效）第4条明确规定："采用书面形式订立合同，合同约定

的签订地与实际签字或者盖章地点不符的，人民法院应当认定约定的签订地为合同签订地；合同没有约定签订地，双方当事人签字或者盖章不在同一地点的，人民法院应当认定最后签字或者盖章的地点为合同签订地。”《合同法》相关的司法解释，虽然因《合同法》的废止而失效，但是根据最高人民法院下发的《全国法院贯彻实施民法典工作会议纪要》第 12 条的规定，“除上述内容外，对于民通意见、合同法解释一、合同法解释二的实体性规定所体现的精神，与民法典及有关法律不冲突且在司法实践中行之有效的，如民通意见第 2 条关于以自己的劳动收入为主要生活来源的认定规则等，人民法院可以在裁判文书说理时阐述。上述司法解释中的程序性规定的精神，与民事诉讼法及相关法律不冲突的，如合同法解释一第 14 条、第 23 条等，人民法院可以在办理程序性事项时作为参考。”上述司法解释中涉及程序性的规定仍然可以作为参考。

三、关于概括约定某地法院管辖的效力问题

当事人协议管辖时，笼统约定由“某省法院”或者“某市法院”管辖的，依据《民事诉讼法解释》第 30 条第 1 款关于“根据管辖协议，起诉时能够确定管辖法院的，从其约定；不能确定的，依照民事诉讼法的相关规定确定管辖”的规定，人民法院应当结合级别管辖的相关规定，审查起诉时是否能依据管辖协议确定唯一一家法院有管辖权。如果能够确定，协议管辖有效；如果不能确定，属于约定不明无效的情形，应当依照《民事诉讼法》的相关规定确定管辖。如当事人仅约定了某一地域的法院，可以按照级别管辖标准往上确定具体的法院（上级法院相对于下级法院而言是唯一的），但不能按照级别管辖的标准从上级法院往下确定具体的法院（一个上级法院对应的下级法院一般有多个，特殊情况除外），该管辖协议无效，只能按照法定管辖规定确定法院。

同时，如果当事人约定了两个以上与争议有实际联系的地点的人民法院管辖，依据《民事诉讼法解释》第 30 条第 2 款关于“管辖协议约定两个以上与争议有实际联系的地点的人民法院管辖，原告可以向其中一个人民法院起诉”的规定，原告可以向其中一个人民法院起诉，该法院具有管辖权。如果双方基于同一法律关系或同一法律事实分别向不同的法院起诉，同样先受理的法院取得管辖权。

如果管辖协议约定由一方当事人住所地人民法院管辖，协议签订后当

事人住所地变更的，由签订管辖协议时的住所地人民法院管辖，但当事人另有约定的除外。

四、主合同与从合同的管辖协议的效力

主合同或者从合同有协议管辖条款，主要包括以下几种情形：（1）仅主合同有协议管辖条款，但选择管辖法院与从合同的法定管辖法院不一致；（2）仅担保合同有协议管辖条款，但选择管辖法院与主合同的法定管辖法院不一致；（3）主合同和担保合同均有协议管辖条款，但选择管辖法院不一致。

依据《最高人民法院关于适用〈中华人民共和国民法典〉有关担保制度的解释》第 21 条第 2、3 款的规定，“债权人一并起诉债务人和担保人的，应当根据主合同确定管辖法院。债权人依法可以单独起诉担保人且仅起诉担保人的，应当根据担保合同确定管辖法院。”换而言之，主合同管辖协议的效力可以及于从合同的当事人，因为从合同是为了保障主合同的履行而签订的，通常主合同先于从合同，或者与从合同同时订立，从合同的当事人在签订相关从合同前应当知晓主合同中的内容，对其约定的协议管辖条款应有合理的预期。但是如果从合同具有协议管辖的条款，其效力仅仅及于从合同的当事人，不能扩张到主合同的当事人中，自是题中应有之义。

第三十六条 两个以上人民法院都有管辖权的诉讼，原告可以向其中一个人民法院起诉；原告向两个以上有管辖权的人民法院起诉的，由最先立案的人民法院管辖。

【条文主旨】

本条是关于共同管辖的规定。

【理解与适用】

2021年修正《民事诉讼法》仅调整了条文顺序，并未对条文内容作出修改。

共同管辖，是指依照法律规定两个或者两个以上的人民法院对同一诉讼案件都有管辖权。[①] 例如，同一诉讼的几个被告住所地、经常居住地在两个以上人民法院辖区的，各人民法院都有管辖权；因合同纠纷提起的诉讼，被告住所地和合同履行地不在一个人民法院辖区，被告住所地和合同履行地人民法院均有管辖权；因侵权行为提起的诉讼，侵权行为地和被告住所地不在一个法院辖区，侵权行为地和被告住所地人民法院均有管辖权。当两个以上的人民法院依照法律规定对同一诉讼均有管辖权时，管辖权的冲突与争议由此产生。本条为避免和解决此类管辖权争议，提供了两种解决办法：一是赋予原告以管辖权的选择权，由原告选择向其中一个人民法院起诉，受诉人民法院负责审理该案；二是如果原告向两个以上有管辖权的人民法院起诉的，由最先立案的人民法院管辖。当按照本条规定仍然不能解决因共同管辖产生的争议时，有关人民法院可以进行协商；协商解决不了的，报请他们的共同上级人民法院指定管辖。

两个以上人民法院都有管辖权的诉讼，先立案的人民法院不得将案件移送给另一个有管辖权的人民法院。人民法院在立案前发现其他有管辖权的人民法院已先立案的，不得重复立案；立案后发现其他有管辖权的人民

① 王胜明主编：《中华人民共和国民事诉讼法释义（最新修正版）》，法律出版社2012年版，第58页。

法院已先立案的，裁定将案件移送给先立案的人民法院。需要注意的是，以上规定的适用范围是同一当事人向两个以上有管辖权的人民法院起诉的情形。与之相区别的是，司法实践中经常出现的，双方当事人基于同一法律关系或者同一法律事实而发生纠纷，以不同诉讼请求分别向有管辖权的不同法院起诉的情形。在这种情况下，虽然不能直接适用以上规定确定管辖，但是为统一司法裁判结果，后立案的人民法院在得知有关人民法院先立案的情况后，也应当将案件移送先立案的人民法院合并审理。

【审判实践中应当注意的问题】

一、原告向两个以上有管辖权的人民法院起诉的，受诉人民法院立案时间点的判断

在立案登记制改革后，人民法院对依法应该受理的一审民事起诉应当一律接收诉状，出具书面凭证并注明收到日期。但是立案时间并不是人民法院接收起诉状的时间。原因是，人民法院接收起诉状后，需要在形式上对起诉是否符合法律规定进行审查，如果不能当场判定是否符合法律规定，或者起诉状和材料不符合要求需要修改的，接收起诉状的时间与立案时间就会不一致。故不能将人民法院接收起诉状的时间作为立案时间，立案时间应以受诉人民法院决定受理原告起诉并将其内容登记在册为准。

对于当事人起诉到人民法院的纠纷，经当事人申请或者人民法院引导后当事人同意调解的，人民法院编立“诉前调”字号的，涉及管辖权争议的，先立“诉前调”字号的法院视为最先立案的人民法院。例如，当事人A向有管辖权的B和C人民法院提起了同一诉讼，B法院立的是“民初”字号，C法院先立的是“诉前调”字号，而后诉前调解不成，又立“民初”字号。在这种情况下，不能直接将两个“民初字号”的立案时间进行比较，而应该将B法院的“民初”字号与C法院的“诉前调”字号的立案时间进行比较。如果C法院的“诉前调”字号立案时间在先，则C法院视为最先立案的人民法院。

二、证券虚假陈述案件中共同管辖的案件移送问题

证券虚假陈述侵权民事赔偿案件，一般由发行人住所地的省、自治区、直辖市人民政府所在的市、计划单列市和经济特区中级人民法院或者

专门人民法院管辖。在证券虚假陈述案件中，原告以发行人、上市公司以外的虚假陈述行为人为被告提起诉讼，被告申请追加发行人或者上市公司为共同被告的，人民法院应予准许。人民法院在追加后发现其他有管辖权的人民法院已先行受理因同一虚假陈述引发的民事赔偿案件的，应当按照本条规定，将案件移送给先立案的人民法院。

第三节 移送管辖和指定管辖

第三十七条 人民法院发现受理的案件不属于本院管辖的，应当移送有管辖权的人民法院，受移送的人民法院应当受理。受移送的人民法院认为受移送的案件依照规定不属于本院管辖的，应当报请上级人民法院指定管辖，不得再自行移送。

【条文主旨】

本条是关于移送管辖的规定。

【理解与适用】

2021年修正《民事诉讼法》仅调整了条文顺序，并未对条文内容作出修改。

管辖是人民法院在庭前程序阶段需要解决的问题，只有在管辖法院已经确定的情况下，受诉法院对案件才有合法有效的管辖权，才能对案件进行实体审理。因此，必须在实体审理之前就明确案件的管辖权。移送管辖，是指没有管辖权的人民法院受理原告起诉以后，发现该案件不属于自己管辖，将案件移送给有管辖权的人民法院进行审理。需要注意的是，移送管辖不是管辖权的移送，而是案件的移送。接受案件移送的法院基于法律规定本来就享有对案件的管辖权，而不是因为接受案件移送而产生管辖权。移送管辖一共有两种情形：一种是因法院依职权发现而移送，另一种是因当事人提出管辖权异议成立而移送，本条规定的移送管辖是因法院依职权发现而移送管辖的情形。

一、本条规定移送管辖的情形

关于因管辖权异议成立而移送管辖。管辖权异议是人民法院受理案件后，当事人依法提出该人民法院对本案无管辖权的意见，这是《民事诉讼法》规定的当事人的一项重要的诉讼权利。《民事诉讼法》第130条第1款明确规定，人民法院受理案件后，当事人对管辖权有异议的，应当在提交答辩状期间提出。人民法院对当事人提出的异议，应当审查。异议成立的，裁定将案件移送有管辖权的人民法院；异议不成立的，裁定驳回。

关于因法院依职权发现而移送管辖。本条规定的因法院依职权发现而移送管辖在实践中通常有两种情况：第一种是当事人超期提出管辖权异议的情形。对于答辩期外提出的管辖权异议，并不必然进入人民法院的审查程序，但可以作为人民法院依职权发现管辖权问题的来源之一。当事人超期提出的管辖权异议，人民法院可以不予审查、不作答复，但可依职权决定是否将案件移送有管辖权的人民法院审理。第二种是当事人未在答辩期内提出管辖权异议亦未应诉及提出实体答辩意见的情形。对此，人民法院同样具有依职权进行审查的职权，根据《民事诉讼法解释》第35条规定，当事人在答辩期间届满后未应诉答辩，人民法院在一审开庭前，发现案件不属于本院管辖的，应当裁定移送有管辖权的人民法院。

二、本条规定的移送管辖条件

本条规定的移送管辖，需要满足以下条件：一是案件已经受理。案件受理是移送管辖的前提，如果案件还没有受理，就不存在移送问题。在案件受理前，受诉法院发现没有管辖权，应当适用《民事诉讼法解释》第211条的规定，告知原告向有管辖权的人民法院起诉；原告坚持起诉的，裁定不予受理。二是受理案件的法院对于案件尚未开庭审理。已经开庭审理的，审理法院一般不宜再行移送，但是，违反专属管辖和级别管辖的除外。三是受理案件的法院依照法律规定对移送案件没有管辖权，一般应当作出裁定，将案件移送至受理法院认为有管辖权的法院，同时，应当将检齐的卷宗和诉讼费一并移送。在这种情况下，如果受移送法院认为移送错误的，不能再行裁定将案件移送其他法院，更不能将卷宗等退回移送法院，而应该依据法律的规定，在协商不成的情况下报请指定管辖。

三、不得移送管辖的情形

人民法院确定管辖权应以起诉时为标准，起诉时对案件享有管辖权的法院，不因确定管辖的事实在诉讼过程中发生变化而影响其管辖权，主要表现为以下几种情况：一是在案件受理后，受诉人民法院的管辖权不受当事人住所地、经常居住地变更的影响。受诉人民法院不得将案件移送当事人变更后的住所地、经常居住地人民法院管辖。二是在案件受理后，受诉人民法院的管辖权不受行政区域变更影响。有管辖权的人民法院受理案件后，不得以行政区域变更为由，将案件移送给变更后有管辖权的人民法院。判决后的上诉案件和依审判监督程序提审的案件，由原审人民法院的上级人民法院进行审判；二审法院发回重审或者上级人民法院指令再审的案件，由原审人民法院重审或者再审。三是人民法院对管辖异议审查后确定有管辖权的，不因当事人提起反诉、增加或者变更诉讼请求等改变管辖，但违反级别管辖、专属管辖规定的除外。

四、移送管辖的后续处理

因管辖权异议成立，人民法院作出的移送管辖裁定，允许当事人上诉。但是依职权裁定的移送管辖，裁定一经作出即生效，当事人不得上诉。受移送的人民法院认为受移送的案件依照规定不属于本院管辖的，不得再自行移送或者直接将移送的案件退回原受理法院，应当报请上级人民法院指定管辖。双方为同属一个地、市辖区的基层人民法院的，由该地、市的中级人民法院指定管辖；同属一个省、自治区、直辖市的两个人民法院的，由该省、自治区、直辖市的高级人民法院指定管辖；双方为跨省、自治区、直辖市的人民法院，高级人民法院协商不成的，由最高人民法院指定管辖。报请上级人民法院指定管辖时，应当逐级进行。对报请指定管辖的案件，受移送人民法院应当中止审理。

【审判实践中应当注意的问题】

人民法院在收到其他法院的移送裁定后，如果经审理认为涉及经济犯罪嫌疑、不属于受理民事诉讼范围的，不得直接将移送的案件退回原受理法院，可以依据《最高人民法院关于在审理经济纠纷案件中涉及经济犯罪嫌疑若干问题的规定》第 11 条规定，裁定驳回起诉，将有关材料移送公安机关或检察机关。

管辖权争议跨省、自治区、直辖市的，受移送的人民法院应当与原受理人民法院进行协商，协商解决不了的，受移送的人民法院层报其所属的高级人民法院，高级人民法院应当在收到报请指定管辖之日起三十日内，发函与原受理人民法院所属的高级人民法院进行协商。原受理人民法院所属的高级人民法院，应当在收到协商函之日起三十日内，出具书面回复意见。双方协商不成的，受移送人民法院所属的高级人民法院应当及时报请最高人民法院指定管辖。存在适用法律疑难问题情形的，可以提交本院审判委员会讨论，决定是否报请最高人民法院指定管辖。高级人民法院报请最高人民法院指定管辖的，应当报送下列材料：报请指定管辖的书面请示和 WORD 电子文本；原告、被告、第三人等当事人的身份和住所地证明；起诉状和证据材料；移送管辖的裁定书；高级人民法院之间的协商函；其他需要提交的材料。报请指定管辖的案件有电子卷宗的，可以同时上传电子卷宗。高级人民法院报请最高人民法院指定管辖的请示，应当载明以下内容：当事人的情况；案件的基本情况（包括原告的诉讼请求、事实与理由等）；原受理人民法院裁定移送管辖的事实和理由；逐级报请人民法院的审查意见；高级人民法院之间的协商意见；其他需要报告的情况。

第三十八条 有管辖权的人民法院由于特殊原因，不能行使管辖权的，由上级人民法院指定管辖。

人民法院之间因管辖权发生争议，由争议双方协商解决；协商解决不了的，报请它们的共同上级人民法院指定管辖。

【条文主旨】

本条是关于报请指定管辖的规定。

【理解与适用】

其中，第 1 款规定了有管辖权的人民法院不能行使管辖权的报请指定管辖情形，第 2 款规定了因管辖权发生争议时报请指定管辖情形。2023 年修正后的《民事诉讼法》未对本条进行修改。

指定管辖，是指上级人民法院以裁定方式，指定下级人民法院对某一案件行使管辖权。[①] 从报请指定管辖的原因看，主要是以下情形：一是《民事诉讼法》第 37 条规定的受移送的人民法院认为本院没有管辖权，不得自行移送，应当报请上级法院指定管辖；二是有管辖权的人民法院，因为特殊原因不能行使管辖权的，应当报请上级法院指定管辖；三是两个法院认为对各自受理的案件都有管辖权，在法律及司法解释规定应当合并审理、两个法院不能协商一致的情况下，应当报请上级法院指定管辖。《民事诉讼法解释》第 41 条第 1 款规定："人民法院依照民事诉讼法第三十八条第二款[②] 规定指定管辖的，应当作出裁定。"管辖权的确定是法院诉讼的先决条件，直接影响到当事人诉权的行使及后续程序性权利的保障，上级法院依据本条第 1 款规定确定管辖时，一般也应该通过裁定的方式指定管辖。

---

① 田平安主编：《民事诉讼法原理》（第四版），厦门大学出版社 2009 年版，第 58 页。

② 现为《民事诉讼法》（2023 年修正）第 38 条第 2 款。

一、关于特殊原因的理解

本条第 1 款的适用前提，是受理起诉的法院对案件具有管辖权，因为特殊的原因不能行使管辖权。为规范管辖秩序，防止出现恣意以“特殊原因”为由推管辖，保障诉讼程序进行，这里“特殊原因”的不能做扩大化解释。从立法机关的解读看，“是指由于法律上或者事实上的原因，致使按法律规定受诉的人民法院无法或者难以行使管辖权。”[①] 法律上的原因，主要的情形应限制在“法院不能作自己案件的裁判者”。《民事诉讼法》第 10 条规定了人民法院审理民事案件实行回避的原则，具体到法院是否难以行使管辖权，不能以法院的法官、院长等具备《民事诉讼法》第 47 条、第 49 条规定的回避情形为由，作为法院不能行使管辖权的“特殊原因”。但是，如果案件审理与受理法院产生利害关系的，以相邻权纠纷为例，当事人起诉主张法院新建的大楼侵害了其合法权益，在此情形下，受理法院可以以法律上的原因、不能行使管辖权为由，报请上级法院指定管辖。事实上的原因，主要情形应限制在自然灾害、突发公共事件等，导致有管辖权的法院不能正常运行，客观上无法行使审判权，当事人也不方便到该法院参加诉讼，如地震发生后，当地交通市政基础设施受到严重损害，法院不具备办公条件，工作人员不能正常上班，灾后重建、恢复秩序需要一定时间周期，为避免诉讼拖延，尽快定分止争，可以报请上级法院指定管辖。

二、关于管辖权争议的确定

《民事诉讼法》第 37 条规定了两个争议的当事法院认为自己没有管辖权时的报请指定管辖程序，实践中表现为“推管辖”，具体情形在第 37 条的理解与适用里已经进行里阐述；本条第 2 款规定了两个争议的当事法院认为不应移送自己受理案件时的报请指定管辖程序，实践中表现为“争管辖”，主要情形是双方当事人基于同一个法律关系或者法律事实，互为原被告向有管辖权的法院提起诉讼，这是“争管辖”最为普遍的现象。[②]

---

① 王胜明主编:《中华人民共和国民事诉讼法释义（最新修正版）》，法律出版社 2012 年版，第 6 页。

② 《民事诉讼法》第 36 条规定了原告向两个以上有管辖权的人民法院起诉时的管辖确定规则，即由最先立案的人民法院管辖。从理论上看，存在着两个以上有管辖权的法院均受理原告起诉的可能，但是，两个起诉均系原告提起，最终由哪个法院立案审理，实际上取决于原告的选择，故实践中这样的“争管辖”情形，几乎不存在。

如甲以与乙存在着合同纠纷为由，向A法院提起诉讼，主张乙仅给付部分合同款，请求法院判令乙给付剩余的合同款。A法院受理后，乙又以与甲存在着产品责任纠纷为由，向B法院提起诉讼，主张甲销售的商品存在质量问题、侵害其人身权益，请求法院判令乙承担产品侵权责任。其中，A法院和B法院对各自受理的起诉，均有管辖权。

关于双方互为原被告起诉是否属于“重复起诉”问题。《民事诉讼法》第54条规定：“原告可以放弃或者变更诉讼请求。被告可以承认或者反驳诉讼请求，有权提起反诉。”在一方当事人向有管辖权法院起诉的情况下，为实现矛盾纠纷的集中快速有效解决，针对原告的起诉，被告可以通过答辩的形式进行反驳，同时，也可以通过提起反诉吞并本诉的方式，主张自己的权利。但是，反诉本身也是起诉，法律并未限定被告只能选择向受理本诉的人民法院提起反诉。此外，双方当事人互为原被告向有管辖权的法院提起诉讼，对应的原告主体不同、诉讼请求不同，此类起诉不属于重复起诉，符合《民事诉讼法》规定的起诉条件。

关于双方当事人互为原被告起诉的管辖权确定问题。已经失效的《最高人民法院关于在经济审判工作中严格执行〈中华人民共和国民事诉讼法〉的若干规定》（法发〔1994〕29号）第一部分管辖规定第2条规定：“当事人基于同一法律关系或者同一法律事实而发生纠纷，以不同诉讼请求分别向有管辖权的不同法院起诉的，后立案的法院在得知有关法院先立案的情况后，应当在七日内裁定将案件移送先立案的法院合并审理。”需要指出的是，上述司法文件制定的初衷，主要是为了解决20世纪90年代一定范围内存在的“地方保护主义”问题，针对的是双方当事人互为原被告向跨省级行政区划的管辖法院起诉现象。因此，根据上述司法文件的规定，对于双方互为原被告起诉的管辖权确定，区分两种情形：

一是跨省级行政辖区法院受理原被告起诉的，后立案的法院应当裁定将案件移送先立案的法院合并审理，从而避免出现裁判结果不一致、当事人两地疲于奔波应诉的问题。这里的合并审理，指的是另立一个案号、交由同一个合议庭进行审理，而不是合并在原来的案件中作为一个诉讼审理。

二是同一省级行政辖区法院受理原被告起诉的，如某基层法院受理原告起诉后，被告向其所属的中级人民法院提起诉讼的，尽管中级人民法院受理在后，该中级人民法院可以将基层法院受理的案件提级管辖，也可以等基层法院作出一审判决后，相应对受理的起诉再行作出判决。此外，即使先受理原告起诉的法院，与后受理被告起诉的法院，不在一个中级人民法院辖区，也可以通过省高院监督指导，防止出现针对同一法律关系或者法律事实的不同裁判结果。

2019年7月18日，最高人民法院公布了《关于废止部分司法解释（第十三批）的决定》（法释〔2019〕11号），其中，包括上述法发〔1994〕29号司法文件。但是，2021年4月6日最高人民法院印发的《全国法院贯彻实施民法典工作会议纪要》的通知（法〔2021〕94号）指出，《合同法解释一》《合同法解释二》程序性规定的精神，与《民事诉讼法》及相关法律不冲突的，人民法院可以在办理程序性事项时作为参考。我们认为，法发〔1994〕29号司法文件关于跨省级法院受理原被告起诉后的管辖确定规定，与《民事诉讼法》及相关法律并不冲突，在办理程序性事项时，可以继续参考遵循。

【审判实践中应当注意的问题】

一、关于管辖权争议法院的协商程序

受移送的法院认为移送错误的，或者先受理原告起诉的法院，认为后受理被告提起诉讼的法院未依法裁定移送的，应当与移送的法院或者后受理法院进行协商。《民事诉讼法解释》第40条规定："依照民事诉讼法第三十八条第二款[①]规定，发生管辖权争议的两个人民法院因协商不成报请它们的共同上级人民法院指定管辖时，双方为同属一个地、市辖区的基层人民法院的，由该地、市的中级人民法院及时指定管辖；同属一个省、自治区、直辖市的两个人民法院的，由该省、自治区、直辖市的高级人民法院及时指定管辖；双方为跨省、自治区、直辖市的人民法院，高级人民法院协商不成的，由最高人民法院及时指定管辖。依照前款规定报请上级人民法院指定管辖时，应当逐级进行。"根据上述司法解释规定，协商不成的，受移送的法院或者先受理原告起诉的法院，应当向所属的上级法院报告管辖权争议及协商的情况，所属的上级法院如果认为下级法院处理意见正确的，移送法院或者后受理被告起诉法院在上级法院辖区的，该上级法

① 现为《民事诉讼法》（2023年修正）第38条第2款。

院可以指定管辖；移送法院或者后受理被告起诉法院不在上级法院辖区，该上级法院可以报请高级人民法院指定管辖；移送法院或者后受理被告起诉法院跨省级行政辖区的，省高级人民法院在向最高人民法院报请指定管辖时，应该在把准管辖争议法律问题的前提下，与相关高院进行充分、认真、负责的沟通协商，切实发挥依法严把诉讼管辖关的作用，避免出现走形式、开路条，把问题简单推给最高人民法院指定管辖。

二、关于先立案法院的判断标准

《民事诉讼法解释》第 36 条规定："两个以上人民法院都有管辖权的诉讼，先立案的人民法院不得将案件移送给另一个有管辖权的人民法院。人民法院在立案前发现其他有管辖权的人民法院已先立案的，不得重复立案；立案后发现其他有管辖权的人民法院已先立案的，裁定将案件移送给先立案的人民法院。"在管辖争议的当事法院，均已编立案号的情况下，上述司法解释规定的适用不存在障碍。近年来，为落实中央提出的将非诉讼纠纷解决机制挺在前面的要求，尽可能地引导矛盾纠纷在诉前化解，对于提交到法院的起诉，依据《民事诉讼法》第 125 条的规定，人民法院可以委派有关调解组织或者调解员先行调解。同时，为规范先行调解程序，防止久调不决、以调代立，人民法院决定先行调解的案件，应当编立"诉前调"字号。实践中，出现了先受理原告起诉的法院，因编立"诉前调"字号未正式立案，后受理被告起诉的法院，因未开展先行调解工作，直接立正式案号进行受理，如何判断先立案问题。《最高人民法院关于进一步完善委派调解机制的指导意见》第 5 条明确规定："委派调解案件，编立'诉前调'字号，在三日内将起诉材料转交特邀调解组织或者特邀调解员开展调解。涉及管辖权争议的，先立'诉前调'字号的法院视为最先立案的人民法院。"同时，最高人民法院有关部门负责同志在答记者问中表示："作出委派调解意味着该法院已经接受案件材料并通过非诉讼方式处理该纠纷，案件已经纳入了公权力的受理范围，出于管辖安定的角度考虑，接收案件材料并作出委派的人民法院应当视同为《民事诉讼法》第 36 条所规定的'最先立案的人民法院'。"因此，争议的当事法院以"诉前调"字案号不是正式案号、诉前调解未经另一方同意等为由，主张不予移送立案受理的后起诉案件的，不能得到支持。

三、关于管辖权发生争议的基准时

《民事诉讼法解释》第 41 条第 2 款规定："对报请上级人民法院指定管辖的案件，下级人民法院应当中止审理。指定管辖裁定作出前，下级人民法院对案件作出判决、裁定的，上级人民法院应当在裁定指定管辖的同时，一并撤销下级人民法院的判决、裁定。"实践中，表现为"推管辖"的管辖权争议，往往不存在着"抢先判决"的问题。"争管辖"的管辖权争议发生后，争议法院如果不中止审理，抢先作出判决，一方面，给上级法院指定管辖工作带来被动，引发程序上的混乱；另一方面，造成极大负面社会影响，不利于维持公正司法形象。因此，《民事诉讼法解释》对报请上级人民法院指定管辖的案件，上级法院在裁定指定管辖时，对于抢先作出的判决和裁定，一并予以撤销。实践中，对于管辖权争议发生的基准时，存在着三种理解：一是当事人互为原被告向有管辖权的法院提起诉讼，后受理法院立案的时间；二是两地法院受理起诉后，当事人告知受理法院，就同一个法律事实或者法律关系，已经向另一个法院起诉并立案受理的时间；三是两地法院发现各自受理的起诉，系基于同一个法律事实或者法律关系引发的纠纷，经协商不能确定管辖的，报请上级法院指定管辖的时间。我们认为，"对报请上级人民法院指定管辖的案件"，应该理解为"法律及司法解释规定的应当报请上级人民法院指定管辖的案件"，而不能理解为"管辖争议的法院协商未果、决定报请上级人民法院指定管辖的案件"，如按照第三种理解，两地法院在得知各自受理的案件应当报请指定管辖的，在向上级报请指定管辖前，作出的判决和裁定不属于上级法院指定管辖时撤销的范围，这就会为争议法院抢先裁判留下制度空间，违反《民事诉讼法解释》第 41 条第 2 款的制定本意。此外，虽然全国法院信息系统建设取得了显著成效，但是，对于当事人互为原被告就同一个法律关系或者法律事实提起诉讼的，目前系统仍难以实现全国法院的统一识别，在此前提下，以当事人告知受理法院存在着异地法院立案情况作为基准时，更符合法律关于处理管辖权争议案件的规定要求，有利于督促争议法院中止受理案件的审理，积极协商管辖权问题，防止因管辖权争议造成矛盾纠纷长期处于未决状态。

第三十九条 上级人民法院有权审理下级人民法院管辖的第一审民事案件；确有必要将本院管辖的第一审民事案件交下级人民法院审理的，应当报请其上级人民法院批准。

下级人民法院对它所管辖的第一审民事案件，认为需要由上级人民法院审理的，可以报请上级人民法院审理。

【条文主旨】

本条是关于管辖权转移的“上交下”和“下移上”两种情形的规定。

【理解与适用】

2023年修正后的《民事诉讼法》未对本条进行修改，2012年《民事诉讼法》修正，将管辖权“上交下”限定为“确有必要”的情形。

管辖权转移，是指依据上级人民法院的决定或经其同意，将某个案件的管辖权由上级人民法院转交给下级人民法院，或者由下级人民法院转交给上级人民法院。[①]《民事诉讼法》第二章的第一节和第二节，分别就级别管辖和地域管辖作了规定。为准确适用《民事诉讼法》关于级别管辖和地域管辖的规定，最高人民法院先后出台了海事法院、军事法院、知识产权法院、金融法院管辖案件范围的司法解释，以及高级人民法院、中级人民法院管辖民事案件标准的规范性文件。法律及司法解释、规范性文件的相关规定，确定了人民法院管辖民事案件的一般规则。在此前提下，《民事诉讼法》第37条、第38条规定了移送管辖和指定管辖，作为对法定管辖制度的变通和补充。

一、关于本条与《民事诉讼法》第37条、第38条的关系

本条与《民事诉讼法》第38条适用的一个前提，是受案法院认为该院对案件具有管辖权，而第37条适用的前提，是受移送法院认为该院对

① 田平安主编：《民事诉讼法原理》（第四版），厦门大学出版社2009年版，第59页。

案件没有管辖权。而本条与《民事诉讼法》第38条的区别，主要体现在以下方面：一是《民事诉讼法》第38条的管辖权转移，主要是地域管辖权的变更，本条的管辖权转移，针对的是级别管辖权的变更；二是管辖权转移的事由不同，《民事诉讼法》第38条适用的原因是"特殊原因、不能行使管辖权"，这里特殊原因，侧重于造成受案法院事实上或者法律上不能行使管辖权，本条受案法院继续审理案件本身不存在障碍，但是，出于化解矛盾纠纷、统一法律适用等考虑，转移管辖权更有利于实现实体和程序正义；三是指定管辖的程序不同，受诉法院具备《民事诉讼法》第38条规定的情形，应当报请上级人民法院指定管辖，受诉法院具备本条规定的情形，可以通过受诉法院报请上级人民法院批准"上交下"，或者报请上级人民法院同意"下移上"，也可以由上级法院裁定提级管辖。

二、关于"上交下"的情形

2012年《民事诉讼法》修正过程中，有一种观点认为，级别管辖是确定四级法院职能分工的基本遵循，特别是《民事诉讼法》第二章第一节分别规定中级人民法院、高级人民法院和最高人民法院管辖在本辖区内重大影响的案件，再行将本应受理的案件交由下级法院审理，在法理上讲依据不足。此外，将本应由上级法院审理的案件，交由下级法院审理，为可能的地方保护主义增加道德风险。实践中，特别是一方当事人跨省级辖区的，如果本应由中级人民法院一审的案件，交由基层法院一审，经过一审、二审后该当事人仍不服的，只能向省高级人民法院申请再审。相反，案件经中级人民法院一审、高级人民法院二审后，当事人不服的还可以向最高人民法院申请再审，从而为救济当事人可能受损的民事权利保留更好的渠道。因此，这一观点强烈要求删除"上交下"的条款，严格按照法律及司法解释、规范性文件的规定，确定四级法院管辖一审案件的范围。

同时，也有一种观点认为，法律关于级别管辖的规定在确定四级法院一审案件管辖范围时应该作为基本遵循，但是，司法实践中的个案情况复杂、各不相同，立法机关在制定法律和最高人民法院在制定司法解释过程中，可能难以穷尽所有的情形，特别是我国人口众多、地域广阔，发展不平衡、不充分，如果严格按照法律及司法解释、规范性文件关于级别管辖的规定确定各级法院受理一审受案范围，可能不利于实现矛盾纠纷的集中审理化解，也将导致涉诉信访矛盾上行，不符合提升国家治理和社会治理的能力水平的要求。因此，这种观点认为，应当保留本条关于“上交下”的规定，并对“上交下”的情形作出限制。

经过充分调研，广泛听取各界意见，立法机关在2012年《民事诉讼法》修正过程中，保留了“上交下”的条款，同时，增加了“确有必要”的规定。至于“确有必要”的具体情形，则交由最高人民法院通过制定司法解释的方式予以明确。2015年，最高人民法院发布的《民事诉讼法解释》第42条，明确了一审民事案件在开庭之前，可以交由下级法院审理的情形：一是破产程序中有关债务人的诉讼案件，根据《企业破产法》第21条关于“人民法院受理破产申请后，有关债务人的民事诉讼，只能向受理破产申请的人民法院提起”的规定，涉及破产衍生诉讼的案件，由受理破产申请的人民法院审理，更有利于加快破产审判效率、实现破产程序集体清偿的制度价值。但是，如果中级人民法院、高级人民法院作为受理破产申请的法院，审理的有关债务人诉讼案件中，如房地产企业破产后，因不能如期交房，买房人人数众多，请求法院判决房地产企业退回购房款，又如，大型企业破产后，因欠付职工工资，职工人数众多，请求法院判令支付工资等，此类纠纷法律关系相对简单，诉讼标的不大，在没有出现债务人破产的情形下，应该由基层法院审理。根据《企业破产法》第21条的规定，这类案件属于与债务人有关的纠纷，应当由受理破产申请的中级人民法院、高级人民法院作为一审法院审理。但是，这类案件由高层级的法院审理，不利于就地查明事实、化解矛盾，也容易增加当事人诉累、影响审理效率，因此，这类案件属于“确有必要”的情形，可以交由基层人民法院审理。二是当事人人数众多且不方便诉讼的案件。一些群体性案件、类型化的案件，必须依靠当地党委政法委的领导，统筹协调有关部门，将案件交由基层法院审理，有利于化解矛盾。此外，由于涉及人数众多，社会广泛关注，息诉罢访压力大，应该坚持和发展新时代“枫桥经验”，做到“小事不出门、大事不出镇、矛盾不上交”。三是最高人民法院确定的其他类型案件。除了上述两类案件外，可能还会有其他类型的案件，需要交下级人民法院审理的，因此，《民事诉讼法解释》作了兜底的规定，为特殊的案件“上交下”，预留了空间。但是，从立法机关修正《民事诉讼法》规定“确有必要”的立法本意看，对“上交下”的情形是从严把握，虽然《民事诉讼法解释》规定了“三种情形”，但是，符合这“三种情形”的案件在“上交下”之前，还要报请上级人民法院批准。

上级人民法院在批准时，要严格遵循立法本意，严禁出现恣意批准“上交下”的现象。

三、关于“下移上”的情形

党的十八届四中全会指出，“完善审级制度，一审重在解决事实认定和法律适用，二审重在解决事实法律争议、实现二审终审，再审重在解决依法纠错、维护裁判权威。”[①]2023 年 7 月 28 日，为落实中央全面深化改革委员会审议通过的《关于完善四级法院审级职能定位的改革方案》关于“完善案件管辖权转移和提级审理机制”的要求，最高人民法院印发了《关于加强和规范案件提级管辖和再审提审工作的指导意见》（法发〔2023〕13 号），针对本条及《刑事诉讼法》第 24 条、《中华人民共和国行政诉讼法》（以下简称《行政诉讼法》）第 24 条的规定，明确了提级管辖的具体内涵、法律依据和适用类型。

（一）关于提级管辖的适用层级

对于一审案件，提级管辖包括上级法院依下级法院报请提级管辖、上级法院依职权提级管辖两种类型。其中，关于第一种情形，如果上级法院收到下级法院报请后，认为由其上级法院审理更适宜的，可以继续向上报请。关于第二种情形，如果上级法院认为辖区法院的案件，由其提级管辖更为合适的，不一定限于“下一级”法院。如高级人民法院视案件情形，既可以提级管辖辖区中级人民法院受理的一审案件，也可以提级管辖辖区基层法院受理的一审案件。

（二）关于提级管辖的具体情形和判断标准

以下 6 类情形的案件，可以适用提级管辖：一是涉及重大国家利益、社会公共利益的；二是在辖区内属于新类型，且案情疑难复杂的；三是具有诉源治理效应，有助于形成示范性裁判，推动同类纠纷统一、高效、妥善化解的；四是具有法律适用指导意义的；五是上一级人民法院或者其辖区内人民法院之间近三年裁判生效的同类案件存在重大法律适用分歧的；六是由上一级人民法院一审更有利于公正审理的。

---

① 《中共中央关于全面推进依法治国若干重大问题的决定》，人民出版社 2014 年版，第 22 页。

（三）关于提级管辖的程序规则

对于民事一审案件，受理案件的法院应当在当事人答辩期满后才能报请提级管辖，从而避免因出现当事人管辖权异议、指定管辖、移送管辖等情形，确保在一审管辖权确定时再启动提级管辖程序，维护提级管辖程序的安定性。事实上，从司法实践看，一般通过被告的答辩，才能初步了解案件的基本事实和主要争议，从而判断案件是否符合提级管辖的情形。

【审判实践中应当注意的问题】

"上交下"裁定是否属于可以上诉的裁定

为规范指定管辖工作，切实保障当事人的诉讼权利，以公开促进移送管辖和指定管辖的公正，受案法院认为"确有必要"将本院受理的第一审民事案件交下级法院审理的，经报上级法院批准后，应当以裁定的形式将案件交下级法院审理。实践中，除了本条规定的"上交下""下移上"情形，《民事诉讼法》第 38 条规定的由于特殊原因不能行使管辖权的上级法院指定管辖情形，以及《民事诉讼法》第 37 条规定的受案法院认为没有管辖权的移送管辖，和"推管辖"争议发生后的上级法院指定管辖，一般均应通过裁定的形式确定管辖法院。对于此类裁定，当事人能否提出上诉，我们认为，《民事诉讼法》第 130 条规定了当事人在提交答辩状期间，可以提出管辖权异议，人民法院对管辖权的异议应当审查并出具裁定，这一裁定就是《民事诉讼法》第 157 条规定的"对管辖权有异议的"裁定。《民事诉讼法》系公法，《民事诉讼法》第 157 条第 2 款规定可以上诉的裁定为"不予受理、对管辖权有异议的和驳回起诉"的三项裁定，这三项裁定之外不属于法律规定的可以上诉的裁定。因此，人民法院依据本条和《民事诉讼法》第 38 条作出的指定管辖裁定，受案法院依职权发现本院没有管辖权作出的移送裁定，以及上级人民法院对"推管辖"的管辖权争议作出的指定管辖裁定，均不属于可以上诉的裁定。需要注意的是，如果受案法院认为本院没有管辖权的裁定系针对当事人的管辖权异议作出，当事人不服的，可以在法律规定的期间内提出上诉。

第三章 审判组织

第四十条 人民法院审理第一审民事案件，由审判员、人民陪审员共同组成合议庭或者由审判员组成合议庭。合议庭的成员人数，必须是单数。

适用简易程序审理的民事案件，由审判员一人独任审理。基层人民法院审理的基本事实清楚、权利义务关系明确的第一审民事案件，可以由审判员一人适用普通程序独任审理。

人民陪审员在参加审判活动时，除法律另有规定外，与审判员有同等的权利义务。

【条文主旨】

本条是关于人民法院审理第一审民事案件的审判组织和人民陪审员权利的规定。

【理解与适用】

2021 年《民事诉讼法》修正对本条进行了调整，增加了“基层人民法院审理的基本事实清楚、权利义务关系明确的第一审民事案件，可以由审判员一人适用普通程序独任审理”的规定，从制度上解除了民事诉讼第一审程序中独任制与简易程序的严格绑定，建立了普通程序独任制审理模式，并对普通程序独任制的适用范围和条件作出规定。

根据《民事诉讼法》第 6 条第 1 款的规定，民事案件的审判权由人民法院行使。人民法院的审判权是通过一定的组织形式体现的，人民法院通过审判组织对每一具体案件的审理来实现审判权。审判组织在诉讼中具有重要作用，它在诉讼中的任务是保护当事人行使诉讼权利，履行诉讼义务，查明案件事实，分清是非，正确适用法律，所以《民事诉讼法》如何规定审理民事案件的组织，对于充分发挥审判工作中的民主，保证案件能够公正、及时地处理是至关重要的一环。本条对民事案件第一审的审判组织作了规定。本条规定了两种审判组织形式：合议制和独任制。

第一，本条第1款规定了合议制。合议制是集体审判案件的一种制度。合议庭是实现这种集体审判制度的组织形式。合议庭因审级的不同其组成人员也有所区别。根据本条第1款的规定，人民法院审理第一审民事案件可以由审判员、人民陪审员组成合议庭，也可以由审判员组成合议庭。也就是说，一审民事案件合议庭的组成形式有两种：一是由审判员组成合议庭，即合议庭的组成人员全部为审判员，不吸收人民陪审员；二是由审判员和人民陪审员共同组成合议庭。究竟哪些案件由人民陪审员参加合议庭审理，哪些案件由审判员组成的合议庭审理，《民事诉讼法》未作限制性规定。实践中，对于某些案件，特别是对技术性、业务性比较强的案件，请有关人民陪审员参加，对于准确认定案件事实、正确适用法律，说服和教育当事人具有重要意义。对于审判员与人民陪审员在合议庭中的人数比例，本条也未作明确规定，仅强调合议庭的人数必须是三人以上的单数。

关于第一审案件中人民陪审员的组成要求，应当遵照2018年印发施行的《中华人民共和国人民陪审员法》（以下简称《人民陪审员法》），该法第14条规定，人民陪审员和法官组成合议庭审判案件，由法官担任审判长，可以组成三人合议庭，也可以由法官三人与人民陪审员四人组成七人合议庭。第15条规定，人民法院审判第一审刑事、民事、行政案件，有下列情形之一的，由人民陪审员和法官组成合议庭进行：（1）涉及群体利益、公共利益的；（2）人民群众广泛关注或者其他社会影响较大的；（3）案情复杂或者有其他情形，需要由人民陪审员参加审判的。人民法院审判前款规定的案件，法律规定由法官独任审理或者由法官组成合议庭审理的，从其规定。第16条规定，人民法院审判下列第一审案件，由人民陪审员和法官组成七人合议庭进行：（1）可能判处十年以上有期徒刑、无期徒刑、死刑，社会影响重大的刑事案件；（2）根据《民事诉讼法》《行政诉讼法》提起的公益诉讼案件；（3）涉及征地拆迁、生态环境保护、食品药品安全，社会影响重大的案件；（4）其他社会影响重大的案件。第17条规定，第一审刑事案件被告人、民事案件原告或者被告、行政案件原告申请由人民陪审员参加合议庭审判的，人民法院可以决定由人民陪审员和法官组成合议庭审判。

第二，本条第2款规定了独任制。所谓独任制，是指由审判员一人对具体案件进行审理和裁判的制度。在案情简单，且可以保障案件审判质量的前提下，独任制可以方便当事人诉讼，便于人民法院审判和及时审结案件。一般情况下，独任制适用于基层人民法院和其派出法庭审理的权利义务关系明确、事实清楚，争议不大的第一审民事案件；或者人民法院依据特别程序审理的非诉案件中，除选民案件和重大复杂案件以外的其他案件，也可以适用独任制。但2021年修正《民事诉讼法》时，本条增加了“基层人民法院审理的基本事实清楚、权利义务关系明确的第一审民事案件，可以由审判员一人适用普通程序独任审理”的规定，适度扩大了独任制适用范围，建立了“普通程序独任制”，有效推动审判组织形式与审理程序灵活精准匹配，有助于充分发挥独任制和合议制的各自功能和优势。对于“普通程序独任制”的适用，需要严格把握“基本事实清楚、权利义务关系明确”的内涵，“基本事实清楚”是指案件的核心和关键事实总体清楚，只是需要对部分事实细节或者关联事实作进一步查实，而这些事实的查明需要经过补充举证质证、评估、鉴定、审计、调查取证等程序和环节。“权利义务关系明确”是指案件法律关系清晰明了，有明确的法律规定与之对应，在解释和适用上不存在争议与漏洞。只有当案件同时满足上述两方面条件时，才可以适用普通程序独任制，不能单纯因审限等原因，不当扩大普通程序独任制适用范围。

第三，本条第3款明确了人民陪审员的权利义务。实行人民陪审员制度，对于加强审判的民主、公正、合法具有重要意义，也是人民群众对人民法院的审判工作进行监督的有效渠道。根据本条第1款的规定，陪审员可以参与适用普通程序案件的审理。在由陪审员和审判员共同组成的合议庭中，人民陪审员作为合议庭的组成人员在整个审判过程中与审判员具有同等权利和义务。人民陪审员在人民法院执行陪审任务期间，有权查阅全部案件材料，有权参加案件的调查，也有权参加开庭审判和对案件的评议，同时也有义务依法办案。根据《人民陪审员法》第2条第2款的规定，人民陪审员依照本法产生，依法参加人民法院的审判活动，除法律另有规定外，同法官有同等权利。此处“除法律另有规定外”指就是指该法第22条规定的“人民陪审员参加七人合议庭审判案件，对事实认定，独立发表意见，并与法官共同表决；对法律适用，可以发表意见，但不参加表决。”而在该法第21条中仍然继续保留了人民陪审员与法官同职同权的规定，即“人民陪审员参加三人合议庭审判案件，对事实认定、法律适用，独立发表意见，行使表决权。”由此可见，《人民陪审员法》第 22 条只是一种特殊情形，一般情况下，人民陪审员与法官是同职同权的。中央提出推进人民陪审员参审职权改革，即事实审与法律审的分离，主要是考虑司法审判作为具有很强专业性的领域，由完全不具备法律专业知识的人民陪审员对法律问题作出判断，会导致人民陪审员在参审中不能、不敢发表意见，出现“陪而不审”“审而不议”等问题，而无法发挥陪审制度应有的民主监督功能。事实审与法律审的分离，一方面，可以让具备经验、了解民意的人民陪审员对事实问题充分发表意见，减轻“法律审”对人民陪审员的“压力”和“束缚”；另一方面，也可以为法院审判工作“减负”，让案件因人民陪审员的参审而最大限度地排除公众对司法工作的猜忌和质疑。

【审判实践中应当注意的问题】

一、简易程序、普通程序独任制、普通程序合议制在实践中的判断

简易程序适用于“事实清楚、权利义务关系明确、争议不大”的简单案件；普通程序独任制适用于“基本事实清楚、权利义务关系明确”的案件；其他不符合上述两种情况的复杂案件，需要进一步查清事实，提供证据的，应当适用普通程序合议制。普通程序独任制要求的“基本事实清楚”是介于简易程序“事实清楚”标准和合议制“案情复杂”标准之间的“中间状态”，这种“中间状态”的案件如果适用简易程序，往往因为查明事实耗时较长，导致“审限不足”而转为合议制。因此，对此类案件适用普通程序独任制，能够有效解决司法资源配置不合理等问题。

关于普通程序合议制的适用条件，《民事诉讼法》《人民陪审员法》等法律中有明确规定，与普通程序独任制较易作出区分。实践中需要重点区分的是简易程序和普通程序独任制的适用条件，具体可以考虑以下因素：（1）案件事实的清晰程度，是否存在有待进一步查证的事实；（2）事实查证的难度和方式，是否需要鉴定、评估、审计、调查取证等；（3）当事人之间争议大小，是否就法律要件事实存在重大争议；（4）案件审理难度，是否需开展庭前会议、证据交换、多次开庭等。实践中应当

聚焦案件事实的清晰程度，准确把握简易程序与普通程序独任制在适用条件和标准上的差异。

二、简易程序转为普通程序独任制的情形

简易程序案件在审理过程中，如果同时满足以下三个方面条件，应转为普通程序独任制审理：（1）案件存在需要进一步查明的部分事实；（2）查明事实的过程需通过较多的流程环节、较长时间或更为充分的举证、质证、陈述、辩论；（3）待查事实一旦查明，案件不存在法律适用上的疑难问题。简易程序案件转为普通程序独任制的，应严格按照《民事诉讼法》及相关司法解释有关审理程序转换的要求，以书面或口头裁定的形式，及时告知当事人审理程序变化的相关事项。需要特别强调的是，为避免审判组织为获取审限而适用普通程序独任制，一方面应当严格简易程序向普通程序独任制转换的审批程序，完善相关监督管理机制，确保“当转则转”；另一方面对于已经延长审限的简易程序案件，原则上不得再转为普通程序独任制，符合法定条件的，应及时组成合议庭审理。

三、加强普通程序独任制的直接适用

为最大限度实现司法资源优化配置，提高审判效率，经初步判断，案件符合“基本事实清楚、权利义务关系明确”条件的，应当直接适用普通程序独任制。实践中，案件审理适用何种审理程序和审判组织，不宜在立案阶段直接确定。因立案审查主要是对起诉条件作形式审查，对于案件实质“繁简”无法作出精准判断，对于适用何种审理程序和审判组织也就无法做到准确匹配。只有案件分至具体审判组织，并经实质审查后，才能确认案件“繁简”程度。因此，实践中应当严格区分“立案标记”和“程序确认”环节，避免因立案阶段直接确定审理程序和审判组织，导致分案后审判组织和审理程序频繁转换。

立案阶段可以综合考虑案件性质、案由、标的额、当事人数量、社会关注程度等因素，对案件可能适用的审理程序和审判组织类型进行初步判断，并标注提示。案件分配至审判组织后，应当先由其审查后，对审判组织和审理程序进行确认。审判组织认为适用程序不当的，应及时与立案人员充分沟通，一致认为应当调整的，重新明确审理程序和审判组织；不能达成一致意见的，及时报院庭长按职权审批。

四、直接适用普通程序独任制的主要案件类型

从司法实践和试点情况看，以下几类案件可重点考虑是否直接适用普通程序独任制：（1）部分离婚、继承纠纷。承办人经审查诉讼材料，发现可能需要调查银行账户、有价证券账户、房产状况，或需要进行财产评估等。案件所涉财产线索、调查部门、审批流程较多，耗时较长，如果财产性质、婚姻或继承人之间关系并不复杂，查明事实后依法分割难度不大，可以直接适用普通程序独任制审理。（2）部分医疗纠纷。为查明医疗机构对患者诊疗是否存在过错、与患者损害结果是否具有因果关系等重要事实，有时要进行医疗损害鉴定。法官需在核对病历、确认检材（病历及影像学片、病理资料等）、选定鉴定机构、及时送检等程序性事项上花费较多时间。这类案件若当事人无较大争议，也可以直接适用普通程序独任制审理。（3）部分建设工程合同纠纷。当事人争议往往集中于工程质量、工程造价等事项。这些专业事项的查明，高度依赖建设工程质量鉴定或工程造价鉴定。因建设工程合同履行过程可能涉及招投标文件、合同、图纸、洽商文件、各项审批手续等，鉴定检材亦较为复杂，法官需要大量时间收集、确认双方检材。这类案件若法律适用明确，也无须组成合议庭审理。此外，金融借款合同纠纷、人身损害纠纷、财产损害纠纷中，也都可能存在上述情形。各级法院可以结合本院实际，逐步探索总结普通程序案件适用独任制审理的标准，形成工作指引。

五、严格按照普通程序要求适用独任制审理案件

普通程序独任制改变的是审判组织形式，而不是审理程序。实践中，仍应当严格按照现行法律关于普通程序的要求，适用普通程序独任制，确保审理前准备、开庭审理、判决和裁定等程序环节的规范性和完整性，不得擅自简化审理程序，改变法定答辩期、举证期、审限等期限，简化法庭调查、法庭辩论等环节，也不得擅自改变普通程序的诉讼收费标准。

第四十一条 人民法院审理第二审民事案件，由审判员组成合议庭。合议庭的成员人数，必须是单数。

中级人民法院对第一审适用简易程序审结或者不服裁定提起上诉的第二审民事案件，事实清楚、权利义务关系明确的，经双方当事人同意，可以由审判员一人独任审理。

发回重审的案件，原审人民法院应当按照第一审程序另行组成合议庭。

审理再审案件，原来是第一审的，按照第一审程序另行组成合议庭；原来是第二审的或者是上级人民法院提审的，按照第二审程序另行组成合议庭。

【条文主旨】

本条是关于对人民法院审理第二审民事案件、重审和再审案件审判组织的规定。

【理解与适用】

2021年《民事诉讼法》修正，增加第二款“中级人民法院对第一审适用简易程序审结或者不服裁定提起上诉的第二审民事案件，事实清楚、权利义务关系明确的，经双方当事人同意，可以由审判员一人独任审理”，主要包括三个方面内容：

一是明确第二审程序独任制审理模式（以下简称二审独任制）。对于中级人民法院（含金融法院、知识产权法院等专门法院）受理的第二审民事案件，在符合本条规定的案件范围和适用条件的情况下，可以由审判员一人独任审理。

二是明确二审独任制的案件范围。严格限定二审独任制适用的案件范围，规定只有“第一审适用简易程序审结或者不服裁定提起上诉的第二审民事案件”才可以适用独任制。

三是明确二审独任制的适用条件。规定二审独任制需满足两个方面的条件：一是案件本身需符合“事实清楚、权利义务关系明确”；二是适用前必须“经双方当事人同意”。

一、第二审合议庭的组成

根据本条第1款的规定，二审法院合议庭的组成人员，只能是审判员，不能有陪审员参加。这是与第一审人民法院合议庭组成的最大不同点。这种不同是由第二审程序的任务、特点所决定的。首先，二审法院对上诉案件的审判，是在原审人民法院审理的基础上进行的，它必须按照法定程序，查明原审人民法院认定事实是否清楚，适用法律是否正确。这不仅直接关系到当事人的权益，而且肩负着对下级人民法院的审判实行监督的任务。这种具有监督审查性的程序体现了人民法院统一行使审判权的原则。因此，第二审只宜由审判员组成的合议庭进行审理。其次，当事人不服第一审人民法院的裁判提起上诉，是为了维护自己的权益，但上诉不同于起诉，上诉是要求上级人民法院变更原审人民法院的裁判，以达到维护自己权益的目的。上诉人只有获得上诉审法院作出有利于自己的裁判，才能达到上诉的目的。被上诉人是被通知应诉的人，但又不同于一审被告的应诉，他不仅要听候上诉法院对他与上诉人的权利义务问题作出决定，而且这种决定还涉及原审法院裁判是否正确。上诉审的审理，既是二审法院对案件的审理，又是二审法院对上诉人提起上诉理由和事实进行审查。因此，对上诉案件，也只宜由上级人民法院的审判员组成合议庭审理。与第一审合议庭相同，第二审合议庭的成员人数，也必须是单数。在审判实践中，合议庭一般由三人组成，重大复杂的案件可由五人或者七人组成。

二、第二审独任制

2021年修正《民事诉讼法》时，增加了关于第二审独任制的有关规定，将独任制扩大适用于中级人民法院（含专门法院）审理的部分第二审民事案件。主要考虑在于，本条修改前，民事二审案件不适用独任制，无论案件简单与否，二审都必须采用合议制审理，导致二审案件无法有效实现繁简分流，难以满足部分当事人高效解纷的需求，同时，实践中由于审判资源紧张，大量简单二审案件实际由承办法官一人办理，出现“形合实独”，二审合议制在实践中并未实现立法预期。二审案件无差别地适用合议制，在所有案件上“平均用力”，导致大量简单案件挤占过多司法资源，对相对复杂案件的人力、时间、精力投入不够，造成司法资源分配的结构性失衡，不利于有效实现司法公正。从域外实践看，美国、德国等国家也均允许在二审中适用独任制。建立二审独任制审理模式，一方面符合中级人民法院审级职能定位，有助于中级人民法院快速审理案件本身事实清楚、法律适用明确的上诉案件，实现“定分止争”的二审职能。例如，在不服民事裁定的上诉中，绝大多数案件为简单案件，二审审理后维持原审裁定的比例超过 95%，此类案件由法官一人独任审理即可保证案件公正处理，而且更有利于迅速案结事了。本条第 2 款就二审独任制的适用条件作了明确规定。

一是二审独任制适用的法院层级。根据本条规定，二审独任制适用的法院层级仅限于中级人民法院。该条中的“中级人民法院”包含了“专门法院”，主要包括知识产权法院、金融法院等。未单独列明“专门法院”，主要是考虑《民事诉讼法》其他相关条文的表述惯例。根据《民事诉讼法》及相关司法解释关于级别管辖的规定，最高人民法院、高级人民法院受理的第二审案件，均属于标的额巨大、有重大社会影响、疑难复杂的特定类型案件，为确保审理的公正性和权威性，应当组成合议庭审理，同时上述案件的第一审通常由中级以上人民法院管辖，不可能适用简易程序审理，也不符合本条关于二审独任制适用于“第一审适用简易程序审结”的范围。综上，最高人民法院、高级人民法院不得适用二审独任制。

二是审独任制的适用范围。为有效实现上诉审的审级监督及纠错功能，第二审案件的审判组织适用应当以合议制为主，二审独任制只适用于“第一审适用简易程序审结的”和“不服裁定提起上诉的”的第二审案件。本次修法对二审独任制适用范围采用了严格列举方式，未规定二审独任制适用的弹性条款，对于超出上述两类情形的案件，无论实际上简单与否，均不得适用独任制。对于“不服裁定提起上诉”的二审民事案件，包括《民事诉讼法》第 157 条第 1 款第 1 项至第 3 项规定的情形，即对“不予受理”“管辖权有异议”“驳回起诉”的裁定提起上诉的案件。对于“第一审适用简易程序审结的”第二审案件，强调以简易程序“审结”，而非仅适用简易程序。一审案件一旦适用普通程序，不论实际难易程度，上诉后均不能适用二审独任制。例如，上诉针对一审判决数额计算错误，二审只需重新计算；一审判决主文存在笔误，需二审更正；上诉人未缴纳上诉费，二审“视为撤回上诉”等案件，这些案件虽然实质上较为简单，但如果一审适用普通程序审结，二审不得适用独任制。

三、发回重审案件合议庭的组成

我国人民法院审理民事案件实行二审终审制度。发回重审的案件，是指二审法院依照《民事诉讼法》的有关规定，对一审人民法院事实认定错误或者违反法定程序的，以裁定撤销原判决，发回原审人民法院重新审理的案件。发回重审是二审法院对一审法院的一种审级监督方式，对保证审判质量，维护司法公正具有一定的积极意义。根据《民事诉讼法》和《民事诉讼法意见》的规定，发回重审的案件主要有：（1）原判决认定事实错误，或者原判决认定事实不清，证据不足的。这种情况既可以由二审人民法院查清事实后予以改判，也可以裁定撤销原判决，发回重审。（2）原判决违反法定程序，可能影响案件正确判决的。主要有以下几种情形：审理本案的审判人员、书记员应当回避未回避的；未经开庭审理而作出判决的；适用普通程序审理的案件当事人未经传票传唤而缺席判决的；其他严重违反法定程序的。（3）对当事人在一审中已经提出的诉讼请求，原审人民法院未作审理、判决，经二审人民法院调解不能达成调解协议的。（4）必须参加诉讼的当事人在一审中未参加诉讼，在二审中参加诉讼，经二审人民法院调解，不能达成调解协议的。（5）一审判决不准离婚的案件，上诉后，二审人民法院认为应当判决离婚，经二审人民法院调解，不能达成调解协议的。根据本条第 3 款的规定，发回重审的案件，原审人民法院应当按照第一审程序另行组成合议庭。发回重审案件的合议庭与第一审合议庭一样，既可以由审判员和人民陪审员共同组成，也可以全部由审判员组成。但发回重审应当另行组成合议庭，原来的合议庭成员不得再参与案件的审理，以更好地纠正原审裁判的错误。发回重审也不能适用简易程序或独任制审判。

四、发回重审案件合议庭的组成

再审案件，是指人民法院、人民检察院或者当事人认为原审人民法院已经发生法律效力的判决、裁定或者调解书确有错误而提起或者申请再审，由人民法院依法重新审理的案件。再审案件可能是第一审人民法院审结的案件，也可能是二审法院审结的案件。根据本条第 4 款的规定，再审案件合议庭的组成，应当按照原审案件原来的审级确定，原来是第一审的，按照第一审程序另行组成合议庭，合议庭可以由审判员、人民陪审员共同组成，也可以只由审判员组成；原来是第二审的或者是上级人民法院提审的，按照第二审程序另行组成合议庭，合议庭必须由审判员组成。需要注意的是，无论再审案件原来是由审判员一人独任审理还是由合议庭审理的，再审时都必须另行组成合议庭进行审理，不能再由审判员一人独任审理，原来的合议庭成员也不得再参与案件的审理。上级人民法院提审的再审案件，无论原来是第一审或者第二审的，均应按照第二审程序组成合议庭进行审理。

【审判实践中应当注意的问题】

一、二审独任制的适用条件

对于符合二审独任制适用范围的案件，也并非绝对适用独任制，而要同时满足“事实清楚、权利义务关系明确”和“双方当事人同意”两个条件。

第一，关于“事实清楚、权利义务关系明确”的判断。实践中，人民法院结合当事人上诉请求，二审提出的事实、证据和理由，一审裁判等情况，综合判断案件是否符合“事实清楚、权利义务关系明确”的标准。对于案件存在当事人提出新事实和新证据、案件事实有待进一步查明、二审需重新鉴定等情形，可能导致案件事实不清，法律适用难度加大的，不得适用独任制。

第二，关于双方当事人同意的认定。为充分保障当事人诉讼权利，确保二审独任制适用的正当性，本条明确了以“双方当事人同意”作为二审独任制适用的前提条件。二审适用独任制前，人民法院应当通过书面或口头方式征求双方当事人意见，征求意见应当在开庭前的合理时间内完成。当事人的同意应为明示的同意，可以通过口头或书面方式作出；口头表示同意的，人民法院应当记录留痕。当事人未明确表示同意的，人民法院不得推定或者变相强制其同意，应视为不同意。仅一方当事人表示同意，或一方当事人明确表示不同意的，均不得适用独任制。

需要特别注意的是，为保障诉讼的连续性、稳定性和权威性，双方当事人同意适用独任制即是对自身的诉讼利益作出的处分，产生确定的法律效力，原则上不得反悔。如果认为案件适用独任制违反相关法律规定，可以依法提出异议，经人民法院审查后，确定是否继续适用独任制。

二、二审独任制适用的程序要求

二审独任制是对第二审案件审判组织作出的新规定，并未改变第二审审判程序。中级人民法院、专门法院适用二审独任制，仍应严格遵循《民事诉讼法》有关第二审程序的相关规定，确保诉讼程序完整规范，不得擅自简化第二审程序内容，禁止调整二审独任制审理期限、简化二审独任制开庭程序、不当参照一审简易程序规则等。

第四十二条 人民法院审理下列民事案件，不得由审判员一人独任审理：

（一）涉及国家利益、社会公共利益的案件；

（二）涉及群体性纠纷，可能影响社会稳定的案件；

（三）人民群众广泛关注或者其他社会影响较大的案件；

（四）属于新类型或者疑难复杂的案件；

（五）法律规定应当组成合议庭审理的案件；

（六）其他不宜由审判员一人独任审理的案件。

【条文主旨】

本条是关于不得适用独任制案件类型的规定。

【理解与适用】

本条是2021年《民事诉讼法》修正时增加的条文。本条就不得适用独任制的案件类型作出了明确规定。主要包括涉及重大利益、影响社会稳定、产生广泛社会影响、新类型或疑难复杂、法律规定应当适用合议制、其他不宜独任审理的案件等6类案件。本条规定严格限制独任制适用范围，有利于避免实践中独任制适用不当扩大，保障合议制的适用空间。

为避免独任制适用不当扩大，防止案件质量下滑和当事人权利保障弱化，本条通过列举方式，对排除适用独任制的情形作出规定。起草过程中，相关内容重点参考了《人民陪审员法》第15条、《最高人民法院关于完善人民法院司法责任制的若干意见》第24条、《最高人民法院关于进一步完善“四类案件”监督管理工作机制的指导意见》第2条等关于审判组织适用和审判监督管理的规定。本条第1项至第4项主要涉及案件实体因素，第5项涉及诉讼类型和程序因素，第6项为兜底条款。实践中，应当结合案件具体情况作出综合判断：

一、涉及国家利益、社会公共利益的案件

涉及国家利益、社会公共利益的案件关系到国家生存发展的重大问题

和广大公民的切身利益，其所涉利益性质特殊、牵涉范围广、社会影响大，具有全局性、普遍性和公众性。此类案件适用的审判组织不能仅考虑案件事实和法律关系的疑难复杂程度，由于其所涉利益特殊而重大，即便形式上为简单案件，仍应当适用合议制审理。实践中，应统筹考虑相关利益的涉及广度、关联深度、覆盖群体、政策依据、政策制定部门和案件审理难度等多重因素，确定适宜的审判组织形式。

二、涉及群体性纠纷，可能影响社会稳定的案件

所谓群体性纠纷，是指纠纷主体一方或双方为多人以上的特殊性社会纠纷。在确定群体性纠纷的审理程序和审判组织时，不能仅以涉诉当事人的多寡作为判断依据，有的案件看似个案，却有无数潜在当事人，处理稍加不慎则可能影响社会稳定；有的案件虽然涉及众多当事人，但案情简单，也不会引发重大影响，适用独任制也可实现公正审理。对此，为进一步明确涉及群体性纠纷的案件应如何选择审判组织，本条明确案件不仅是涉及群体性纠纷，还可能影响社会稳定的，才不得适用独任制进行审理。实践中，存在下列情形的案件可以认为符合本项标准：（1）当事人人数众多，可能引发群体性事件的；（2）可能或者已经引发社会广泛关注，存在激化社会矛盾风险的；（3）具有示范效应、可能引发后续批量诉讼的；（4）可能对特定行业产业发展、特定群体利益、社会和谐稳定产生较大影响的。需要特别注意的是，实践中，一些案件虽然所涉“人数众多”，如物业纠纷、涉及同一保险公司的交通事故责任纠纷、追索劳动报酬等，但多数为事实清楚、法律关系明确的“串案”“类案”，也不存在群体性事件或激化社会矛盾的风险，可以适用独任制审理。

三、人民群众广泛关注或者其他社会影响较大的案件

“人民群众广泛关注”是指一定时期内，一定地域或者全国范围内，很多人民群众关注。“社会影响较大”的外延要大于“人民群众广泛关注”，人民群众广泛关注的案件一般是社会影响较大的，但一定时期社会影响较大的案件，可能并不都是人民群众广泛关注的，社会影响较大可能是较短时期内，也可能是较长时期内影响较大，而人民群众广泛关注，还强调了一种持续状态，强调人民群众有意愿进一步了解或者持续关注事件走向和后续发展结果。

四、属于新类型或者疑难复杂的案件

对案件是否属于“新类型”，应充分结合辖区审判实际判断。例如，一些涉及互联网新业态、金融创新产品的案件，在沿海或经济发达地区基层人民法院较为常见，但在欠发达地区却属于新类型疑难案件。如果案件在本法院辖区内首次出现或不属于常见类型，没有明确可供参考的案例，法律适用难度较大，则属于“新类型”案件，应当组成合议庭审理，充分发挥合议庭集体智慧，最大限度保障司法公正。

“疑难复杂案件”主要包括以下几类案件：（1）对事实认定或者法律适用存在较大争议的案件，主要指人民法院受案和审理过程中，对案件定性、处理存在较大争议的案件。（2）具有普遍法律适用指导意义的案件，主要指法律、司法解释规定不明确或者司法解释没有规定，需要通过司法裁判进一步明确法律适用的案件。（3）涉及国家安全、外交、民族、宗教等敏感案件。上述案件本身就不符合简易程序、一审普通程序独任制或二审独任制的适用条件，应当组成合议庭进行审理。

五、法律规定应当组成合议庭审理的案件

《民事诉讼法》《人民陪审员法》及相关司法解释对必须组成合议庭审理的案件均有明确规定，例如，发回重审案件、裁定再审案件、第三人撤销之诉案件、担保财产标的额超过基层人民法院管辖范围的实现担保物权案件、公示催告程序中判决宣告票据无效案件、选民资格案件或者重大疑难的特别程序案件、申请再审案件、检察建议审查案件、申请不予执行仲裁裁决案件、审查执行异议或者复议案件、需要由人民陪审员参加审判的案件等，均应按照法律规定组成合议庭审理或审查。

六、其他不宜由审判员一人独任审理的案件

考虑到实践中案件类型的多样化和审理情况的复杂性，可能存在无法纳入本条第 1 项至第 5 项所列情形，但基于对案件审理稳妥性考虑，更适宜适用合议制审理的案件。人民法院需综合考虑涉诉当事人主体身份、争议大小、对抗程度、关联案件、审理难度、社会效果等因素作出综合判断。

【审判实践中应当注意的问题】

人民法院审理的案件如果属于本条规定的涉及重大利益、影响社会稳定、产生广泛社会影响、新类型或疑难复杂、法律规定应当适用合议制、其他不宜独任审理的案件等6类案件，以及司法责任制相关文件确定的“四类案件”，均不得适用独任制。立案部门应当加强对此类案件的识别、标注和提示，将程序分流和审判组织适用有机结合、综合考虑。院庭长应当加强对标注案件的管理监督，对独任制适用不当的，及时作出调整，切实避免架空合议制。同时应当积极健全独任法官审判权责清单，规范独任法官审判权行使；依托信息化手段，加强对独任制案件裁判情况的全过程公开、全流程监督；积极发挥专业法官会议对独任法官的咨询、监督作用，保障独任制案件质量；完善独任制案件评查机制，建立健全法官惩戒工作程序和法官违法违纪退额管理规定，加大违法审判责任追究力度，强化廉政风险防控，确保“独任而不放任”。

第四十三条 人民法院在审理过程中，发现案件不宜由审判员一人独任审理的，应当裁定转由合议庭审理。

当事人认为案件由审判员一人独任审理违反法律规定的，可以向人民法院提出异议。人民法院对当事人提出的异议应当审查，异议成立的，裁定转由合议庭审理；异议不成立的，裁定驳回。

【条文主旨】

本条是关于审判组织转换的规定。

【理解与适用】

本条是2021年《民事诉讼法》修正时增加的条文，主要明确了以下三个方面的规则：一是审判组织的转换机制。明确了“人民法院在审理过程中，发现案件不宜由审判员一人独任审理的，应当裁定转由合议庭审理”。二是当事人对审判组织的异议权。规定“当事人认为案件由审判员一人独任审理违反法律规定的，可以向人民法院提出异议”，异议是否成立由人民法院进行审查。三是审判组织转换的基本方式。明确审判组织转换应当采取裁定方式作出。

一、审判组织转换和审理程序转换的关系

审判组织的转换主要以案件的司法资源配置是否与案件难易程度相匹配为标准。实践中，案件审理之初对“难易”“繁简”的判断并非绝对准确和一成不变的，因此，审判组织形式有发生转换的可能和必要。审判组织的转换主要涉及独任制向合议制的转换，对于已经组成合议庭审理的案件，不论从保障当事人诉讼利益，还是确保案件公正高效上，都没有再转为独任制审理的必要。

需要注意的是，2021年《民事诉讼法》修正后，审判组织形式与审理程序类型不再严格绑定，审判组织转换和审理程序转换相对独立，不再是严格对应关系，具体体现为三种情况：一是仅转换审理程序，不涉及审判组织转换。包括一审简易程序转为普通程序独任制，案件仍由独任审判

员审理，但适用的审理程序从简易程序转为普通程序；二是仅转换审判组织，不涉及审理程序的转换。包括二审独任制转为二审合议制，仍需按照第二审程序审理案件，但适用的审判组织从独任审判员转为合议庭；三是审理程序和审判组织需要同时转换。包括一审简易程序（含小额诉讼程序）转为普通程序合议制，不仅审判组织需要从独任庭转为合议庭，同时也需要将审理程序由简易程序转为普通程序。需要特别注意的是，审判组织的转换只涉及独任制向合议制的转换，对于已经组成合议庭审理的案件，不得再转为独任制，以充分保障当事人诉讼利益，确保案件公正审理。

二、审判组织转换的启动

审判组织的转换既可以由人民法院依职权主动启动，也可以依据当事人提出的异议并经审查后启动。

第一，本条第1款明确了人民法院依职权启动审判组织转换。主要包括以下两种情形：一是独任审判员认为案件“不宜由审判员一人独任审理的”，可以主动将案件由独任制转为合议制审理；二是院庭长行使审判监督管理权，认为案件属于“四类案件”情形，不宜由审判员一人独任审理的，可以基于审判监督管理权限，要求将案件转为合议制审理。根据《最高人民法院关于进一步完善“四类案件”监督管理工作机制的指导意见》，“四类案件”主要是指：（1）重大、疑难、复杂、敏感的；（2）涉及群体性纠纷或者引发社会广泛关注，可能影响社会稳定的；（3）与本院或者上级人民法院的类案裁判可能发生冲突的；（4）有关单位或者个人反映法官有违法审判行为的。

其中，“与本院或者上级人民法院的类案裁判可能发生冲突”主要包括下列案件：（1）与本院或者上级人民法院近三年类案生效裁判可能发生冲突的；（2）与本院正在审理的类案裁判结果可能发生冲突，有必要统一法律适用的；（3）本院近三年类案生效裁判存在重大法律适用分歧，截至案件审理时仍未解决的。之所以明确的近三年，是为了合理确定相关案件的范围，具体时间可以从案件受理之日起算。

“有关单位或者个人反映法官有违法审判行为的”主要包括下列案件：（1）当事人、诉讼代理人、辩护人、利害关系人实名反映参与本案审理的法官有违法审判行为，并提供具体线索的；（2）当事人、诉讼代理人、辩护人实名反映案件久拖不决，经初步核实确属违反审判执行期限管理规定的；（3）有关部门通过审务督察、司法巡查、案件评查、信访接待或者受理举报、投诉等方式，发现法官可能存在违法审判行为，可能或者已经影响司法公正的。需要强调的是，对法官违法审判行为的反映、投诉和举报，须实名提出并提供具体线索，经人民法院初步核实后，认为可能或者已经影响司法公正的，才能纳入“四类案件”监督管理，实践中不能仅因存在投诉、举报就启动相关措施，干扰法官依法履职。

第二，本条第2款规定了当事人提出异议启动审判组织转换。法律明确当事人对独任制适用的享有异议权，强化了当事人诉讼权益保障和独任制适用的监督制约。在审判组织与审理程序绑定的情况下，当事人对审判组织的异议权主要通过对审理程序的异议权实现，但在解除两者绑定后，则需要考虑是否赋予当事人对审判组织异议权的问题。审判组织是否依法合理适用，事关当事人重大程序利益，应当赋予当事人异议权。当事人对审判组织的异议主要限于对适用独任制的异议，对于适用合议制审理的案件，已经为当事人提供了最完备的诉讼保障，因此，不能提出异议。同时，审判组织适用具有公共资源配置的属性，为避免浪费有限的司法资源，确保审判组织和审理程序的稳定，对于当事人提出的异议是否成立，法院仍应当有最终审查决定权。当事人异议权的行使，实践中需注意以下三个方面：（1）关于异议的主体。当事人包括原告、被告和第三人，任何一方当事人均可提出异议。人民法院对异议作出处理后，各方当事人均不得再次或另行提出异议。（2）关于异议的时间。当事人的异议一般应在开庭审理前提出，转换事由在开庭审理后才发现的，也可以在法庭辩论终结前提出。（3）关于异议的方式。当事人提出异议一般应当以书面形式作出，必须载明审判组织转换的具体理由和法律依据。当事人当庭口头提出异议的，应当说明具体理由和法律依据，并记入笔录。

同时，为确保诉讼的稳定性和连续性，避免当事人滥用异议权拖延诉讼、浪费司法资源，应当对当事人的异议权作出一定限制。当事人提出异议的事由主要为“审判员一人独任审理违反法律规定的”情形，主要指基层人民法院违背“基本事实清楚、权利义务关系明确”的独任制普通程序适用标准，或中级人民法院违反“事实清楚、权利义务关系明确”或“经双方当事人同意”等标准，不当适用独任制的情形。此外，还应当包括违反其他法律或司法解释关于不应适用独任制的相关规定，比如，《人民陪审员法》第 15 条规定的应当由人民陪审员和法官组成合议庭审理的案件等。

三、审判组织转换的条件

根据本条规定，人民法院依职权转换审判组织，应当符合案件“不宜由审判员一人独任审理”的条件；当事人对审判组织提出异议，应当符合“案件由审判员一人独任审理违反法律规定”的条件。

第一，关于“不宜由审判员一人独任审理”。主要是指案件审理过程中，发现存在案情疑难复杂、社会影响大，以及其他应当适用合议制审理的情形。例如，一审普通程序独任制案件出现《民事诉讼法》第 42 条规定的情形，又或不符合“基本事实清楚、权利义务关系明确”的适用条件的，不宜由审判员一人独任审理。

第二，关于“案件由审判员一人独任审理违反法律规定”。“独任审理违反法律规定”主要是指案件违反《民事诉讼法》第 40 条、第 41 条有关独任制的适用标准和适用范围，或者符合《民事诉讼法》第 42 条不得适用独任制情形的。

【审判实践中应当注意的问题】

为确保审判组织转换的合理性、规范性、严肃性，充分保障当事人对审判组织的知情权、异议权，避免审判组织转换不当造成资源错配或程序违法，应当严格审判组织转换的形式和程序，实践中应当注意以下问题。

一、审判组织转换应以裁定形式作出

独任制向合议制的转换应当通过裁定方式作出，既可以是书面裁定，也可以是口头裁定，口头裁定的，应如实记入笔录。人民法院认为应当将案件转为合议制审理的，裁定应以合议庭名义作出。转换审判组织的裁定属于不可上诉的裁定，一经作出即生效。

二、审判组织转换的程序

一些案件所涉利益、规则意义、社会影响在立案时还不明显，一旦审理过程中发现不宜独任审理的情形，人民法院应当裁定从独任制转换为合议制审理。实践中，无论是独任审判员依职权启动，还是基于当事人异议

启动，审判组织的转换程序都应格外慎重，原则上应提交合议庭评议。为完善“独转合”机制，相关人民法院应预先明确独任审判员归属的合议庭，或者完善配套调配机制，方便及时组成合议庭审查转换申请。经合议庭评议，决定转由合议庭审理的，裁定以合议庭名义作出；决定驳回异议的，裁定以独任审判员名义作出。相关案件符合“四类案件”标准的，上述决定应报院庭长依职权审核批准。

三、审判组织转换的效力

审判组织转换前，已经开过庭的，案件转由合议庭审理后，应当再次开庭，审判组织转换前已经依法完成的诉讼行为继续有效，双方当事人已确认的事实，可以不再举证、质证。

第四十四条 合议庭的审判长由院长或者庭长指定审判员一人担任；院长或者庭长参加审判的，由院长或者庭长担任。

【条文主旨】

本条是关于合议庭的审判长由谁担任的规定。

【理解与适用】

合议制度，又称为合议制，是指由三名以上的审判人员组成审判集体，代表人民法院行使审判权，对案件进行审理并作出裁判的制度。[①]合议制的具体组织形式是合议庭。作为人民法院的基本审判组织，合议庭在审理案件时需要其中一人担任审判长来指挥案件审判的整体过程。[②]本条即是关于合议庭的审判长由谁担任的规定。

根据本条的规定，合议庭的审判长应当由院长或者庭长指定审判员一人担任，在院长或者庭长参加审判时，由院长或者庭长担任审判长。也就是说，合议庭中的审判长不是固定的职务，而是需要结合具体情况决定审判长由谁担任。我国早在1982年颁布的《民事诉讼法（试行）》就对合议庭的审判长由谁担任进行了专门规定。这一规则在此后的《民事诉讼法》修改中均未作改动。

本条规定在其他文本中亦有体现，例如，《人民法院组织法》第30条第2款规定："合议庭由一名法官担任审判长。院长或者庭长参加审理案件时，由自己担任审判长。"《最高人民法院关于人民法院合议庭工作的若干规定》第2条规定："合议庭的审判长由符合审判长任职条件的法官担任。院长或者庭长参加合议庭审判案件的时候，自己担任审判长。"《最高人民法院关于规范合议庭运行机制的意见》第2条第2款规定："合议庭的审判长由院庭长指定。院庭长参加合议庭的，由院庭长担任审判长。"

---

① 江伟、肖建国主编：《民事诉讼法》，中国人民大学出版社2018年版，第64页。

② 王胜明主编：《中华人民共和国民事诉讼法释义（最新修正版）》，法律出版社2012年版，第72页。

【审判实践中应当注意的问题】

第一，关于在审判员与人民陪审员组成的合议庭中由谁担任审判长的问题。《人民陪审员法》第 14 条规定："人民陪审员和法官组成合议庭审判案件，由法官担任审判长，可以组成三人合议庭，也可以由法官三人与人民陪审员四人组成七人合议庭。"需要说明的是，在审判员与人民陪审员组成的合议庭中，不能指定人民陪审员担任审判长。助理审判员可以临时代理审判员职务并成为合议庭成员，由院长或者庭长指定也可以担任合议庭审判长，但如果该合议庭中另有审判员时，仍应指定审判员担任审判长。

第二，关于在"四类案件"中由谁担任审判长的问题。《最高人民法院印发〈关于进一步完善"四类案件"监督管理工作机制的指导意见〉的通知》第 2 条规定："本意见所称'四类案件'，是指符合下列情形之一的案件：（一）重大、疑难、复杂、敏感的；（二）涉及群体性纠纷或者引发社会广泛关注，可能影响社会稳定的；（三）与本院或者上级人民法院的类案裁判可能发生冲突的；（四）有关单位或者个人反映法官有违法审判行为的。"审理上述"四类案件"，应当依法组成合议庭，一般由院庭长担任审判长，并根据案件所涉情形、复杂程度等因素，综合确定合议庭组成人员和人数。

第四十五条　合议庭评议案件，实行少数服从多数的原则。评议应当制作笔录，由合议庭成员签名。评议中的不同意见，必须如实记入笔录。

【条文主旨】

本条是关于合议庭活动原则的规定。

【理解与适用】

本条是关于合议庭活动原则的规定。合议庭由若干审判员或者审判员和陪审员组成，是民主集中制原则在审判活动中的具体运用。为体现民主审判，保证案件处理的正确性、公正性，本法规定合议庭评议案件实行少数服从多数的原则，每一个合议庭成员都可以充分发表自己的意见，对于少数意见，必须如实记入笔录，然后由合议庭成员签名。对案件的判决、裁定要按照合议庭的多数意见制定。合议庭评议案件是不公开的，合议庭成员应独立自主地评议案件，除书记员参加记录外，其他人员不得参加评议或旁听。评议笔录对外保密，不得向当事人或者其他诉讼参与人泄露。[①]

【审判实践中应当注意的问题】

本条明确规定，合议庭评议案件，应当遵守少数服从多数的原则。《民事诉讼法》第 40 条第 1 款规定："人民法院审理第一审民事案件，由审判员、人民陪审员共同组成合议庭或者由审判员组成合议庭。合议庭的成员人数，必须是单数。"第 41 条第 1 款规定："人民法院审理第二审民事案件，由审判员组成合议庭。合议庭的成员人数，必须是单数。"这为合议庭形成多数意见提供了法律依据。

在司法实践当中，合议庭评议案件，可能会产生不同意见，这些不同

---

① 王胜明主编：《中华人民共和国民事诉讼法释义（最新修正版）》，法律出版社 2012 年版，第 73 页。

意见必须如实记入笔录，案件的最终裁判结果应按照合议庭的多数意见进行处理。与此同时，为了更好地保障合议庭每一个成员均能不受外界干扰，充分发表自己的独立意见，合议庭的笔录归属于案件的副卷材料，并不对外公开，当事人也无权查阅。

此外，随着司法改革的不断深入，为了进一步完善合议庭工作，目前在实践当中有些法院尝试将合议庭的合议过程以全程录音录像的方式进行记载，以充分落实错案终身追责制度，方便后续案件审查工作的开展。

第四十六条　审判人员应当依法秉公办案。

审判人员不得接受当事人及其诉讼代理人请客送礼。

审判人员有贪污受贿，徇私舞弊，枉法裁判行为的，应当追究法律责任；构成犯罪的，依法追究刑事责任。

【条文主旨】

本条是关于审判人员依法办案的规定。

【理解与适用】

司法是维护社会公平正义的最后一道防线，审判人员依法秉公办案是维系公平正义的基本前提。《人民法院组织法》第40条规定："人民法院的审判人员由院长、副院长、审判委员会委员和审判员等人员组成。"《最高人民法院关于审判人员在诉讼活动中执行回避制度若干问题的规定》（法释〔2011〕12号）规定审判人员包括各级人民法院院长、副院长、审判委员会委员、庭长、副庭长、审判员和助理审判员。

依法秉公办案要求审判人员严格按照法律程序和相关民事实体法律公道公正地行使审判权，以事实为根据、以法律为准绳，不偏袒案件的一方当事人，不得滥用职权、以权谋私、贪污受贿、徇私舞弊。审判人员不得接受当事人及其诉讼代理人请客送礼，是确保审判人员在案件审理中保持客观中立的前提。根据本条规定，审判人员有贪污受贿，徇私舞弊，枉法裁判行为，情节较轻，尚不构成犯罪的，由人民法院追究该审判人员的行政责任，或者由同级权力机关给予罢免；情节严重，构成犯罪的，由司法机关依法追究刑事责任。

【审判实践中应当注意的问题】

为了确保依法秉公办案，审判人员应当严格遵守相关的细化规定：

1. 关于审判人员回避制度。2011年4月最高人民法院制定《关于审判人员在诉讼活动中执行回避制度若干问题的规定》（法释〔2011〕12号），明确规定了审判人员在诉讼活动中应当回避的情形，以及应当责令相关诉讼代理人、辩护人停止相关诉讼代理或者辩护行为的情形，是审判人员落实诉讼回避制度、维护司法公正的重要准则。

2. 关于审判人员对领导干部和司法机关内部人员干预、过问案件的记录。2015 年 3 月中共中央办公厅、国务院办公厅印发《领导干部干预司法活动、插手具体案件处理的记录、通报和责任追究规定》，中央政法委员会印发《司法机关内部人员过问案件的记录和责任追究规定》，分别明确规定了领导干部违法干预司法活动和司法机关内部人员违反规定干预办案的几种行为，对于这些行为，司法人员应当如实记录，不记录或者不如实记录的，予以警告、通报批评；有两次以上不记录或者不如实记录情形的，依照《中国共产党纪律处分条例》《行政机关公务员处分条例》《检察人员纪律处分条例》《人民法院工作人员处分条例》《中国人民解放军纪律条令》等规定给予纪律处分。主管领导授意不记录或者不如实记录的，依纪依法追究主管领导责任。

3. 关于审判人员与当事人、律师、特殊关系人、中介组织的接触交往行为。2015 年 9 月，最高人民法院、最高人民检察院、公安部、国家安全部、司法部联合印发《关于进一步规范司法人员与当事人、律师、特殊关系人、中介组织接触交往行为的若干规定》(以下简称《规定》)，规定司法人员在案件办理过程中，应当在工作场所、工作时间接待当事人、律师、特殊关系人、中介组织。因办案需要，确需与当事人、律师、特殊关系人、中介组织在非工作场所、非工作时间接触的，应依照相关规定办理审批手续并获批准。《规定》明确列举了严禁司法人员与当事人、律师、特殊关系人、中介组织的禁止性接触交往行为，司法人员在案件办理过程中因不明情况或者其他原因在非工作时间或非工作场所接触当事人、律师、特殊关系人、中介组织的，应当在三日内向本单位纪检监察部门报告有关情况。

第四章 回 避

第四十七条 审判人员有下列情形之一的，应当自行回避，当事人有权用口头或者书面方式申请他们回避：

（一）是本案当事人或者当事人、诉讼代理人近亲属的；

（二）与本案有利害关系的；

（三）与本案当事人、诉讼代理人有其他关系，可能影响对案件公正审理的。

审判人员接受当事人、诉讼代理人请客送礼，或者违反规定会见当事人、诉讼代理人的，当事人有权要求他们回避。

审判人员有前款规定的行为的，应当依法追究法律责任。

前三款规定，适用于法官助理、书记员、司法技术人员、翻译人员、鉴定人、勘验人。

【条文主旨】

本条是关于民事诉讼回避适用情形的规定。

【理解与适用】

一、回避的内容及方法

回避，是指承办案件的审判人员和其他人员与本案有利害关系或者其他关系，可能影响对案件公正审理的，经一定程序退出对本案的审理。[①] 回避制度是现代诉讼制度的基本原则之一，对于保证审判权的正确行使，确保司法公正，消除当事人的疑虑，具有十分重要的意义。回避制度是实

① 王胜明主编：《中华人民共和国民事诉讼法释义（最新修正版）》，法律出版社 2012 年版，第 76 页。

体裁判公正的重要保障，严格执行回避制度，可以避免与案件有利害关系的审判人员和其他有关人员因其偏私性而造成裁判不公。回避制度也是程序公正的重要体现，可以消除当事人疑虑，提高当事人对法院公正性的信任度，对于确保司法廉洁，提高审判质量、司法公信力具有十分重要的作用。

大陆法系和英美法系国家在民事诉讼法或者法官行为准则中规定了相应的回避制度或者原则，以保障司法人员中立。《民事诉讼法》立足我国审判实践，将诉讼中的回避分为两种方式：一是审判人员自行回避；二是当事人申请回避。自行回避是指审判人员等根据法律规定，认为其与本案之间具有可能影响案件公正审理的关系，主动提出退出该案诉讼的制度。自行回避是回避主体的诉讼义务和审判职责。申请回避是指当事人认为审判人员等具有影响案件公正审理的关系，有权向法院申请其退出诉讼的制度。申请回避是法律赋予当事人的诉讼权利。由于诉讼案件实际上是纠纷本身，诉讼程序是规范化的纠纷解决过程，[①] 程序的正当性对于保障实体的公正性以及纠纷的有效化解至关重要。

我国《民事诉讼法》《刑事诉讼法》和《行政诉讼法》三大诉讼法，《法官法》以及相关司法解释、指导性文件对审判人员等回避作出了相应的规定。由于公布施行的时间有先后，而且三大诉讼各有其特点，因此，对于回避制度的规定也各不相同。《行政诉讼法》的规定较为简单，其第55条第1款、第2款规定："当事人认为审判人员与本案有利害关系或者有其他关系可能影响公正审判，有权申请审判人员回避。审判人员认为自己与本案有利害关系或者有其他关系，应当申请回避。"《刑事诉讼法》第29条规定审判人员有下列情形之一的，应当自行回避，当事人及其法定代理人也有权要求他们回避：（1）是本案的当事人或者是当事人的近亲属的；（2）本人或者他的近亲属和本案有利害关系的；（3）担任过本案的证人、鉴定人、辩护人、诉讼代理人的；（4）与本案当事人有其他关系，可能影响公正处理案件的。此外，《刑事诉讼法》第30条还规定，审判人员不得接受当事人及其委托的人的请客送礼，不得违反规定会见当事人及其委托的人。违反该规定的，应当依法追究法律责任，同时当事人

① ［日］棚濑孝雄：《纠纷的解决与审判制度》，王亚新译，中国政法大学出版社2004年版，第2页。

及其法定代理人有权要求他们回避。

最高人民法院高度重视回避制度的完善和诉讼中回避制度的落实，先后发布了一系列司法解释或者指导性文件，规范审判人员的诉讼回避行为，维护司法公正。2000年1月31日，公布施行了《最高人民法院关于审判人员严格执行回避制度的若干规定》(法发〔2000〕5号)(现已失效)；2009年12月31日公布施行了《人民法院工作人员处分条例》(法发〔2009〕61号)；2011年6月13日施行了《最高人民法院关于审判人员在诉讼活动中执行回避制度若干问题的规定》。此外，为了便于法律的实施，最高人民法院还在执行刑事诉讼法若干问题的解释、执行行政诉讼法若干问题的解释中分别对回避制度进行了补充和完善。

2012年8月31日，《全国人民代表大会常务委员会关于修改〈中华人民共和国民事诉讼法〉的决定》经第十一届全国人民代表大会常务委员会第二十八次会议审议通过。在这次修法过程中，对于2007年《民事诉讼法》第45条规定的回避方式进行修改，在申请回避的基础上增加规定了审判人员自行回避，并进一步完善了当事人申请回避的事由。2012年《民事诉讼法》规定的回避主要适用于以下四种情形：(1)是本案当事人或者当事人、诉讼代理人的近亲属；(2)与本案有利害关系；(3)与本案当事人、诉讼代理人有其他关系，可能影响对案件公正审理；(4)接受当事人、诉讼代理人请客送礼，或者违反规定会见当事人、诉讼代理人。2023年9月1日，《全国人民代表大会常务委员会关于修改〈中华人民共和国民事诉讼法〉的决定》经第十四届全国人民代表大会常务委员会第五次会议审议通过。将第47条第4款修改为："前三款规定，适用于法官助理、书记员、司法技术人员、翻译人员、鉴定人、勘验人。"即增加了法官助理和司法技术人员。

二、回避的主体

回避的主体，亦可称为回避的适用对象，是指法律关于回避的规定适用于哪些人员。根据本条规定，回避适用于以下两种主体：(1)审判人员；(2)法官助理、书记员、司法技术人员、翻译人员、鉴定人、勘验人。

关于审判人员。2018年修订的《人民法院组织法》第40条对审判人员的范围进行了规定："人民法院的审判人员由院长、副院长、审判委员会委员和审判员等人员组成。”该条规定采用不完全列举的方式对审判人员范围进行界定，其中“等”字为等外等，“等”字说明审判人员不仅包括该条明确列举的院长、副院长、审判委员会委员、审判员，还应当包括庭长、副庭长等。《最高人民法院关于审判人员在诉讼活动中执行回避制度若干问题的规定》（法释〔2011〕12号，以下简称《回避规定》）第13条第1款亦明确“审判人员”包括各级人民法院院长、副院长、审判委员会委员、庭长、副庭长、审判员、助理审判员。在确定诉讼回避范围的语境下，审判人员还应当包括人民陪审员，正如《民事诉讼法解释》第48条所规定的：“民事诉讼法第四十七条所称的审判人员，包括参与本案审理的人民法院院长、副院长、审判委员会委员、庭长、副庭长、审判员和人民陪审员。”对于人民陪审员的回避，在法律层面也有规定：根据《人民陪审员法》第18条，人民陪审员的回避，适用审判人员回避的法律规定。《回避规定》第14条亦明确人民陪审员也属于诉讼回避的适用对象。

根据本条规定，除审判人员外，应当适用诉讼回避的主体范围还包括法官助理、书记员、司法技术人员、翻译人员、鉴定人、勘验人。这些人员作为审判辅助人员或诉讼参与人参与到民事诉讼活动中，如果存在应当回避的情形，也应进行回避，以避免对案件公正审理造成影响。

此外，还有一些主体，虽然未在本条中列明为诉讼回避适用对象，但根据相关规定，也属于应当适用回避的对象。一是特邀调解员。《最高人民法院关于人民法院特邀调解的规定》（法释〔2016〕14号）第15条规定：“特邀调解员有下列情形之一的，当事人有权申请回避：（一）是一方当事人或者其代理人近亲属的；（二）与纠纷有利害关系的；（三）与纠纷当事人、代理人有其他关系，可能影响公正调解的。特邀调解员有上述情形的，应当自行回避；但是双方当事人同意由该调解员调解的除外。特邀调解员的回避由特邀调解组织或者人民法院决定。”因此，特邀调解员也适用关于回避的规定。二是执行员。根据《民事诉讼法解释》第49条，执行员适用审判人员回避的有关规定。根据《回避规定》第14条，执行员虽然不属于审判人员，但也属于适用诉讼回避的人员范围。

三、回避的事由

回避事由，是指法律规定的应当回避的情形，亦称回避的法定原因。根据《民事诉讼法》第47条第1款规定，审判人员有下列情形之一的，应当自行回避，当事人有权用口头或者书面方式申请他们回避：（1）是本案当事人或者当事人、诉讼代理人近亲属的；（2）与本案有利害关系的；（3）与本案当事人、诉讼代理人有其他关系，可能影响对案件公正审理的。对于符合《民事诉讼法》第47条第1款规定的以上三种情形的，审判人员等应当自行回避，当事人也可以申请回避。这三种回避的事由侧重于审判人员及其他相关人员与当事人的身份、血缘关系或者利害关系，在保护当事人诉讼权利的同时，也方便法官援引回避退出该案的审理。具体如下：

一是审判人员及其他相关人员为本案当事人或者当事人、诉讼代理人的近亲属的。本案的当事人包括原告、被告、第三人。审判人员及参与案件审理过程的其他人员为本案当事人或者当事人、诉讼代理人近亲属的，属于回避情形。因为这种近亲属关系可能影响审判人员的主观情感，使其偏袒一方，即使审判人员公正无私、不徇私情，但在另一方当事人看来，仍然难免偏袒之嫌疑。为消除当事人顾虑，保障案件公正审理，要求审判人员及其他相关人员进行回避是必要的。

二是审判人员及其他相关人员与本案有利害关系。“与本案有利害关系”包括实体性的利害关系，即案件的处理结果事实上会涉及审判人员自身的利益，如审判人员或者其近亲属是一方当事人的债权人或者债务人，包括审判人员或其近亲属持有本案非上市公司当事人的股份或者股权的；也包括程序性的利害关系，即审判人员曾经参与本案的诉讼，如担任过本案的证人、翻译人员、鉴定人、勘验人或者诉讼代理人的。对于审判人员来说，还包括这样一种情形：即审判人员曾在一个审判程序中参与或本案审判的，不得再参与该案其他程序的审判。比如，审判人员曾参与过案件一审，其后该审判人员因人事调动调入上级人民法院，对于其在下级法院工作时参与一审的案件，上诉到其现在工作的上级法院的，其应当回避。对此，《民事诉讼法解释》第45条作出明确规定，在一个审判程序中参与过本案审判工作的审判人员，不得再参与该案其他程序的审判。但对于发回重审的案件，在一审法院作出裁判后又进入第二审程序的，原第二审程序中审判人员不适用回避。《回避规定》第3条也规定，凡在一个审判程序中参与过本案审判工作的审判人员，不得再参与该案其他程序的审判。但是，经过第二审程序发回重审的案件，在一审法院作出裁判后又进入第二审程序的，原第二审程序中合议庭组成人员不受本条规定的限制。对于“一个审判程序”的认定问题，应理解为一个案件的实体审理程序，或者同一案件的程序审＋实体审程序。例如，再审审查阶段的裁定提审＋提审后的实体审理。对于“一个实体审判程序”已经终结的，无论该合议庭组成人员的工作岗位如何变动，均不得再参与该案另一个审判程序的审理。

三是审判人员及其他相关人员与本案当事人、诉讼代理人有其他关系，可能影响对案件的公正审理的。所谓其他关系，是指上述两种关系之外的特殊亲密关系或者仇嫌关系，如同学关系、战友关系、近姻亲关系、师生关系、同居关系、仇人关系等。这些关系虽然并不像近亲属那样亲密，但从常理来说，也可能会从情感上对审判人员造成影响或压力使其在审理案件中难以保持公正、中立，或者足以引起另一方当事人对审判人员能否依法公正裁判的合理怀疑。对于“其他关系”，法律、司法解释并未作出具、明确的限定，在审判实践中，通常结合案件具体情况来认定审判人员与当事人或诉讼代理人之间关系是否可能影响案件公正审理。

为了使《民事诉讼法》的相关规定更加细化、更具可操作性，《民事诉讼法解释》第43条规定对于审判人员的回避做了更加细化的规定。根据该条规定，审判人员有下列情形之一的，应当自行回避，当事人有权申请其回避：（1）是本案当事人或者当事人近亲属的；（2）本人或者其近亲属与本案有利害关系的；（3）担任过本案的证人、鉴定人、辩护人、诉讼代理人、翻译人员的；（4）是本案诉讼代理人近亲属的；（5）本人或者其近亲属持有本案非上市公司当事人的股份或者股权的；（6）与本案当事人或者诉讼代理人有其他利害关系，可能影响公正审理的。《回避规定》第1条也对审判人员的回避作出细化规定。根据该条规定，具有下列情形之一的，应当自行回避，当事人及其法定代理人有权以口头或者书面形式申请其回避：（1）是本案的当事人或者与当事人有近亲属关系的；（2）本人或者其近亲属与本案有利害关系的；（3）担任过本案的证人、翻译人员、鉴定人、勘验人、诉讼代理人、辩护人的；（4）与本案的诉讼代理人、辩护人有夫妻、父母、子女或者兄弟姐妹关系的；（5）与本案当事人之间存在其他利害关系，可能影响案件公正审理的。其中，近亲属包括与审判人员有夫妻、直系血亲、三代以内旁系血亲及近姻亲关系的亲属。

此外，《民事诉讼法》第47条第2款规定，审判人员接受当事人、诉讼代理人请客送礼，或者违反规定会见当事人、诉讼代理人的，当事人有权要求他们回避。如果审判人员违反上述规定的，应当依法追究法律责任。《民事诉讼法》第 47 条第 2 款规定的回避事由侧重于当事人程序上的不信任感，为当事人提供了更多的程序保障。当事人可以援引比审判人员自行回避原因更为广泛的事由来保护自己的合法权益。《民事诉讼法解释》第 44 条专门针对审判人员具有不当行为时，当事人有权申请其回避的情形作出规定：（1）接受本案当事人及其受托人宴请，或者参加由其支付费用的活动的；（2）索取、接受本案当事人及其受托人财物或者其他利益的；（3）违反规定会见本案当事人、诉讼代理人的；（4）为本案当事人推荐、介绍诉讼代理人，或者为律师、其他人员介绍代理本案的；（5）向本案当事人及其受托人借用款物的；（6）有其他不正当行为，可能影响公正审理的。《回避规定》第 2 条规定，当事人及其法定代理人发现审判人员违反规定，具有下列情形之一的，有权申请其回避：（1）私下会见本案一方当事人及其诉讼代理人、辩护人的；（2）为本案当事人推荐、介绍诉讼代理人、辩护人，或者为律师、其他人员介绍办理该案件的；（3）索取、接受本案当事人及其受托人的财物、其他利益，或者要求当事人及其受托人报销费用的；（4）接受本案当事人及其受托人的宴请，或者参加由其支付费用的各项活动的；（5）向本案当事人及其受托人借款，借用交通工具、通讯工具或者其他物品，或者索取、接受当事人及其受托人在购买商品、装修住房以及其他方面给予的好处的；（6）有其他不正当行为，可能影响案件公正审理的。

四、本条与相关司法解释的衔接适用问题

《回避规定》于 2011 年发布施行，其按照回避方式的不同区分两种情形加以列举，并对审判人员的回避作出了更为严格的规定。在审判实践中，对于《回避规定》与《民事诉讼法》不冲突的，应当继续适用。

第一，根据《民事诉讼法》第 47 条第 1 款规定，对于审判人员应当自行回避、当事人申请回避的事由，可以按照《回避规定》第 1 条进一步细化为：（1）是本案的当事人或者与当事人有近亲属关系的；（2）本人或者其近亲属与本案有利害关系的；（3）担任过本案的证人、翻译人员、鉴定人、勘验人、诉讼代理人、辩护人的；（4）与本案的诉讼代理人、辩护人有夫妻、父母、子女或者兄弟姐妹关系的；（5）与本案当事人之

间存在其他利害关系，可能影响案件公正审理的。

第二，对于《民事诉讼法》第 47 条第 2 款规定的当事人有权申请回避的事由，《回避规定》第 2 条规定更为具体，审判人员只要具有以下情形的，当事人均享有申请回避权：（1）私下会见本案一方当事人及其诉讼代理人、辩护人的；（2）为本案当事人推荐、介绍诉讼代理人、辩护人，或者为律师、其他人员介绍办理该案件的；（3）索取、接受本案当事人及其受托人的财物、其他利益，或者要求当事人及其受托人报销费用的；（4）接受本案当事人及其受托人的宴请，或者参加由其支付费用的各项活动的；（5）向本案当事人及其受托人借款，借用交通工具、通讯工具或者其他物品，或者索取、接受当事人及其受托人在购买商品、装修住房以及其他方面给予的好处的；（6）有其他不正当行为，可能影响案件公正审理的。

第三，其他回避的方式和事由。关于回避方式，除了审判人员自行回避、当事人申请回避以外，《回避规定》第 4 条还规定了院长或者审判委员会也可以决定审判人员的回避，该条适用于审判人员应当回避，本人没有自行回避，当事人及其法定代理人也没有申请其回避的情形。关于回避事由，《回避规定》第 3 条规定，凡在一个审判程序中参与过案件审判工作的审判人员，不得再参与该案其他程序的审判，该情形也在审判人员应当自行回避之列。

第四，回避的程序。《回避规定》第 3 条规定，回避适用的诉讼程序应当包括立案、一审、二审、再审和执行等程序。在诉讼调解中也应当执行回避制度的有关规定。各地法院开展调解工作的同时，应当坚持自愿原则，尊重当事人在诉讼程序中依法享有的意思自治，不能忽视当事人申请回避的权利。作为调解法官，应当告知当事人有申请回避的权利，以及主持调解的法院审判人员及其他参与调解工作人员与申请回避相关的信息。

第五，回避的效力。在审判实践中，审判人员明知具有应当回避的情形未回避，违反回避制度的，根据《回避规定》第 12 条规定，应当依照《人民法院工作人员处分条例》的规定予以处分。在诉讼程序上，还将对当事人的诉讼权利义务产生相应的法律后果。2007 年《民事诉讼法》修正时，即将“应当回避的审判人员没有回避的”确定为当事人可以申请再审的明确为法定事由之一。现行《民事诉讼法》第 211 条第 7 项规定，审判组织的组成不合法或者依法应当回避的审判人员没有回避的，当事人以此申请再审，法院应当再审。

【审判实践中应当注意的问题】

第一，关于回避制度中近亲属的范围。回避情形中近亲属范围，应当确定在一个合理的范围，并遵循可能影响对案件公正审理的一般原则。[①]对于《民事诉讼法》第47条中“近亲属”的理解，可能会有不同观点。有观点认为，根据《民法典》第1045条第2款规定，配偶、父母、子女、兄弟姐妹、祖父母、外祖父母、孙子女、外孙子女为近亲属。因此，《民事诉讼法解释》中的“近亲属”应当对标《民法典》规定来理解。也有观点认为，《民法典》中关于近亲属范围的规定旨在明确承担相关民事权利义务关系的主体范围，而《民事诉讼法》关于回避规定关于近亲属的规定旨在明确回避适用范围，两者规范目的不同，从确保案件公正审理的角度，对诉讼回避中的“近亲属”作出比民事实体法中“近亲属”更加宽泛的解释，也有其合理性。根据《回避规定》第1条第2款规定，回避制度中的“近亲属”包括与审判人员有夫妻、直系血亲、三代以内旁系血亲及近姻亲关系的亲属。

第二，关于“利害关系”的解释。为了保证诉讼的公正，在部分情况下，曾经参与过该案审理程序的审判人员也应当回避。《民事诉讼法解释》第45条第1款规定，在一个审判程序中参与过本案审判工作的审判人员，不得再参与该案其他程序的审判。包括该案的第二审程序和再审程序。这是因为有可能该一审案件的审判人员在该案件二审或再审时已经成为二审法院或再审法院的审判人员。[②]但是，发回重审的案件，在一审法院作出裁判后又进入第二审程序的，原第二审程序中审判人员不受前款规定的限制。对此，《回避规定》第3条规定：“凡在一个审判程序中参与过本案审判工作的审判人员，不得再参与该案其他程序的审判。但是，经过第二审程序发回重审的案件，在一审法院作出裁判后又进入第二审程序的，原第二审程序中合议庭组成人员不受本条规定的限制。”

第三，关于法院回避制度的滥用。诉讼程序的过度烦琐、冗长，必然会导致司法效率受到影响。立法基于保障当事人诉讼权利而设置的回避制

① 最高人民法院民法典贯彻实施工作领导小组办公室编著：《最高人民法院新民事诉讼法司法解释理解与适用》，人民法院出版社2022年版，第153页。

② 张卫平：《民事诉讼法》，法律出版社2019年版，第62页。

度，如果在适用中不依法加以合理限制，将会出现一些当事人仅仅为了避免裁判结果不利或者拖延诉讼，即恶意援引回避事由造成诉讼迟延，不仅会造成个案诉讼效率的下降，还会影响整个司法制度的运作。因此，在执行《民事诉讼法》有关回避制度时，既要依法保护当事人的诉讼权利，消除其合理怀疑，保证案件得到公正的审理，又要避免和制裁恶意申请回避的行为，确保诉讼的顺利进行，进一步提高诉讼效率和司法公信力。例如，在适用《民事诉讼法》第 47 条第 1 款第 3 项时，要充分考虑到该规定属于弹性条款，对于当事人据此申请审判人员回避的，法院应当依法审查，是否有证据证明审判人员与当事人、诉讼代理人之间具有可能影响案件公正审理的关系，否则不得适用。比如，在史某某与王某甲离婚纠纷案中，法院认为，申请人史某某认为王某甲的妹妹王某乙是本案一审时审判长张某法官孩子的班主任，审判长张某与王某甲有间接利害关系，影响了本案判决的公平性。史某某的诉称是否符合法定回避事由，其判断的关键是审判长张某与当事人王某甲之间的关系是否影响案件的公正裁判。审判长张某与王某甲没有直接的关系，审判长张某与当事人王某甲的妹妹王某乙有一定关系，其孩子是王某乙的学生，因此，仅仅以审判长张某与王某甲有利害关系为由，要求审判长回避是不具有说服力的。本案还应当进一步证明审判长张某与当事人王某甲的这种通过一个中间人串联起的关系，影响到案件的公正审理，否则法院直接决定审判长张某的回避是不符合法律规定的。本案申请人史某某未证明这一点，因此，法院认定史某某回避申请不符合法定回避情形。

第四十八条 **当事人提出回避申请，应当说明理由，在案件开始审理时提出；回避事由在案件开始审理后知道的，也可以在法庭辩论终结前提出。**

被申请回避的人员在人民法院作出是否回避的决定前，应当暂停参与本案的工作，但案件需要采取紧急措施的除外。

【条文主旨】

本条是关于当事人申请回避的提出时间和应当说明理由的规定。

【理解与适用】

根据《民事诉讼法》第 47 条的规定，审判人员和其他人员应当回避的情形包括：（1）是本案当事人或者当事人、诉讼代理人近亲属；（2）与本案有利害关系；（3）与本案当事人、诉讼代理人有其他关系，可能影响对案件公正审理。一般来说，回避分为审判人员自行回避和当事人申请回避两种方式。审判人员和其他相关人员在有法律规定的回避情形时，应当自觉、主动地提出回避的请求，不能借口当事人没有提出申请而继续参加本案件的审理。[①] 而当事人申请回避指的是当事人及其法定代理人认为审判人员或其他有关人员具有法律规定的应当回避的情形，以口头或者书面形式申请他们回避。[②] 本条即是关于当事人申请回避的提出时间与后果的规定。

一般情况下，当事人申请回避应当在案件开始审理时提出。本条第 1 款前句规定："当事人提出回避申请，应当说明理由，在案件开始审理时提出。"但在案件开始审理时，当事人对于审判人员及相关人员是否具有应当回避的情形未必能及时知悉。为更好保障当事人可以更好地行使申请回避的权利，本条第 1 款后句同时规定："回避事由在案件开始审理后知道的，也可以在法庭辩论终结前提出。"也就是说，如果当事人在案件开

① 王胜明主编：《中华人民共和国民事诉讼法释义（最新修正版）》，法律出版社 2012 年版，第 81 页。

② 江伟、肖建国主编：《民事诉讼法》，中国人民大学出版社 2018 年版，第 69 页。

始审理前就知道审判人员及相关人员具有应当回避情形的，应当在案件审理时提出，以防止当事人利用申请回避的权利妨碍案件正常审理、浪费司法资源；但在特殊情况下，如果当事人是在案件开始审理后才发现回避事由，或者回避事由是在案件审理开始后发生的，则可以在法庭辩论终结前提出回避申请。当事人提出回避申请时，应当同时说明申请回避的理由。如果当事人在法庭辩论终结后提出回避申请，由于此时已经超过了《民事诉讼法》规定的回避申请期限，人民法院无须作出口头或者书面决定。但是如果经过调查该事由确实属于审判人员应当回避的情形，人民法院应当要求审判人员自行回避或启动依职权回避程序。另外，如果二审法院认为第一审人民法院的审理违反了回避的相关规定，则应当依据《回避规定》的第 7 条规定，裁定撤销原判，发回原审人民法院重新审判。

人民法院应当对当事人的回避申请进行审查，并且根据审查的情况作出是否同意相关人员回避的决定。《民事诉讼法》第 50 条中规定："人民法院对当事人提出的回避申请，应当在申请提出的三日内，以口头或者书面形式作出决定。"被申请回避的人员在人民法院作出是否回避的决定前，应当暂停参与本案的工作，但案件需要采取紧急措施的除外。例如，为避免造成难以挽回的损失，在诉讼保全并交付执行的案件当中，即使当事人向人民法院申请相关审判人员回避，相关人员也不应暂停参与本案的工作。除此之外，其他活动必须暂时停止。

【审判实践中应当注意的问题】

一、关于回避的方式问题

除了《民事诉讼法》规定的审判人员自行回避和当事人申请回避，《民事诉讼法解释》还规定了依职权决定回避的方式，其第 46 条规定："审判人员有应当回避的情形，没有自行回避，当事人也没有申请其回避的，由院长或者审判委员会决定其回避。"对于此条应当准确理解与适用：其一，本条适用的前提条件是应当回避的审判人员没有自行回避、当事人也没有申请其回避；其二，决定回避的主体必须严格依照文义进行解释，即只能是本法院院长或者是审判委员会；其三，为防止诉讼拖延，影响审理效率，决定的期限宜参照《民事诉讼法》第 50 条的规定，以三日为限。[①] 同时，《回避规定》第 4 条规定："审判人员应当回避，本人没有自行回避，当事人及其法定代理人也没有申请其回避的，院长或者审判委员会应当决定其回避。"

二、人民法院应告知当事人申请回避的权利

开始庭审时，合议庭的审判长或者独任审判员应在宣布审判人员、书记员等人员的名单后，主动询问当事人是否申请回避。《民事诉讼法解释》第 47 条规定："人民法院应当依法告知当事人对合议庭组成人员、独任审判员和书记员等人员有申请回避的权利。"这一规定在《回避规定》中也有体现，其第 5 条规定："人民法院应当依法告知当事人及其法定代理人有申请回避的权利，以及合议庭组成人员、书记员的姓名、职务等相关信息。"此外，就诉讼调解中当事人申请回避的情形，《回避规定》第 6 条明确规定："人民法院依法调解案件，应当告知当事人及其法定代理人有申请回避的权利，以及主持调解工作的审判人员及其他参与调解工作的人员的姓名、职务等相关信息。"上述规定为充分保障当事人的知情权和申请回避的权利提供了重要依据。

三、关于人民法院决定是否回避的审批手续问题

《民事诉讼法》第 49 条规定："院长担任审判长或者独任审判员时的回避，由审判委员会决定；审判人员的回避，由院长决定；其他人员的回避，由审判长或者独任审判员决定。"由此可知，审判委员会决定院长担任审判长或者独任审判员时的回避；院长决定审判人员的回避；审判长或者独任审判员则决定其他人员的回避。如果当事人对决定不服，可以在收到决定时申请复议一次，以保障当事人的诉讼权利。

---

① 最高人民法院民法典贯彻实施工作领导小组办公室编著：《最高人民法院新民事诉讼法司法解释理解与适用》，人民法院出版社 2022 年版，第 160~161 页。

第四十九条 院长担任审判长或者独任审判员时的回避，由审判委员会决定；审判人员的回避，由院长决定；其他人员的回避，由审判长或者独任审判员决定。

【条文主旨】

本条是关于回避决定权人的规定。

【理解与适用】

回避申请是当事人的一项重要诉讼权利，人民法院对当事人提出的回避申请应当慎重对待，法律也应当从程序上加以保障，特别要防止审判人员自己作出是否回避的决定。[①] 为了确保案件当事人回避申请的权利，本条根据不同的回避对象规定了不同的回避决定权人。

我国早在 1982 年颁布的《民事诉讼法（试行）》就对回避决定权作出了规定，其中第 42 条规定："院长担任审判长时的回避，由审判委员会决定；审判人员的回避，由院长决定；其他人员的回避，由审判长决定。"本条内容直到 2017 年《民事诉讼法》均未作改动。2021 年 12 月 24 日，《全国人民代表大会常务委员会关于修改〈中华人民共和国民事诉讼法〉的决定》经第十三届全国人民代表大会常务委员会第三十二次会议审议通过。本次《民事诉讼法》修正扩大了独任制的适用范围，因而有必要在回避制度中相应地增加对独任审判员的规定。2021 年《民事诉讼法》在 2017 年《民事诉讼法》第 46 条的基础上，将其中的"审判长"修改为"审判长或者独任审判员"，这一规则在《民事诉讼法》中一直沿用。

根据本条规定，审判委员会决定院长担任审判长或者独任审判员时的回避；院长决定审判人员的回避；审判长或者独任审判员则决定其他人员的回避。"其他人员"主要是指《民事诉讼法》第 47 条规定的法官助理、书记员、司法技术人员、翻译人员、鉴定人、勘验人。

---

① 王胜明主编：《中华人民共和国民事诉讼法释义（最新修正版）》，法律出版社 2012 年版，第 82 页。

【审判实践中应当注意的问题】

关于审判委员会委员的回避问题。《民事诉讼法》第 47 条对民事诉讼回避适用情形进行了规定。《民事诉讼法解释》第 48 条进一步规定："民事诉讼法第四十七条所称的审判人员，包括参与本案审理的人民法院院长、副院长、审判委员会委员、庭长、副庭长、审判员和人民陪审员。"同时，《最高人民法院关于审判人员在诉讼活动中执行回避制度若干问题的规定》（法释〔2011〕12 号）第 13 条规定："本规定所称审判人员，包括各级人民法院院长、副院长、审判委员会委员、庭长、副庭长、审判员和助理审判员。"由此可知，审判委员会委员已明确被列为回避主体，但本条及《民事诉讼法解释》并没有明确规定审判委员会委员的回避程序。对此，根据《最高人民法院关于健全完善人民法院审判委员会工作机制的意见》（法发〔2019〕20 号）的规定，提交审判委员会讨论决定的案件，审判委员会委员有应当回避情形的，应当自行回避并报院长决定；院长的回避，由审判委员会决定。审判委员会委员的回避情形，适用有关法律关于审判人员回避情形的规定。

第五十条　人民法院对当事人提出的回避申请，应当在申请提出的三日内，以口头或者书面形式作出决定。申请人对决定不服的，可以在接到决定时申请复议一次。复议期间，被申请回避的人员，不停止参与本案的工作。人民法院对复议申请，应当在三日内作出复议决定，并通知复议申请人。

【条文主旨】

本条是关于回避申请决定程序的规定。

【理解与适用】

本条是对回避申请决定的时间、形式、救济等程序问题的规定。回避申请的决定程序是否公平、合理、及时，对保障当事人申请回避的权利具有重要意义。本条为了确保当事人实现这一权利，对回避申请决定的时间和形式作了明确规定。对于回避申请决定的形式，本条规定，人民法院对当事人的回避申请，不论是否准许，都应当依法作出口头形式或者书面形式的决定。对于回避申请决定作出的时间，本条规定，应当在回避申请提出的三日内作出。

在实践中，有的申请人对人民法院作出的决定有可能不服，为了保障当事人充分行使自己的回避申请权利，本条还规定，申请人如果对人民法院作出的决定不服的，可以在接到决定时申请复议一次。之所以对当事人申请复议的次数作出限制，是为了防止当事人反复申请，妨碍案件审理的正常进行。此外，当事人对决定不服，只能向原审人民法院申请复议，不能向上级人民法院申请复议或上诉，以避免案件被拖延审判。[①] 人民法院对复议申请，应当在当事人的复议申请提出后的三日内作出复议决定，并将最终决定通知复议申请人。本法对复议决定时间作出限制也是为了有利于民事案件的及时审理。这里需要特别强调一点，根据《民事诉讼法》

① 王胜明主编：《中华人民共和国民事诉讼法释义（最新修正版）》，法律出版社 2012 年版，第 83 页。

第 48 条的规定，除案件需要采取紧急措施的外，被申请回避的人员在人民法院作出是否回避的决定前，应当暂停参与本案的工作。但是，在复议期间，被申请回避的人员，不应停止参与本案的工作。这主要是因为在当事人提出回避申请时，虽然审判人员或相关人员是否具备应当回避的情形处于真伪不明的状态，但为了尽可能全面保护当事人诉讼权利，将影响案件公正审理的可能性降到最低，人民法院应当假定回避情形存在，并基于此假定，要求审判人员及相关人员立即暂停本案相关工作；但是在人民法院作出相关人员不回避的决定后，此时由于已经经过了人民法院审查认定，不存在回避情形的可能性远远超过了存在回避情形的可能性，存在影响案件公正审理情形的可能性极低，此时为保障诉讼效率，避免当事人借申请复议为由拖延诉讼妨碍案件的正常审理，有关人员应当继续案件审理工作。

【审判实践中应当注意的问题】

关于回避决定的期限问题。根据本条规定，当事人提出回避申请后，人民法院应当在当事人申请提出的三日内，以口头形式或者书面形式作出决定。客观来说，回避申请决定属于相对简单的事项，同时考虑到民事案件的及时审理，应当尽快作出回避决定。根据《民事诉讼法》第 48 条规定，除案件需要采取紧急措施的外，被申请回避的人员在人民法院作出是否回避的决定前，应当暂停参与本案的工作。如果审查的时间过长，并且经审查认为当事人提出的回避申请不符合回避条件时，可能会造成诉讼进程的迟延。

关于回避后果的问题。根据《民事诉讼法》第 177 条规定，二审法院对上诉案件，经过审理，发现原判决遗漏当事人或者违法缺席判决等严重违反法定程序的，裁定撤销原判决，发回原审人民法院重审。其中，根据《民事诉讼法解释》第 323 条规定，应当回避的审判人员未回避的情形，可以认定为前述规定的严重违反法定程序。对此，我们认为，应当严格适用发回重审的条件，即只有符合法律规定的“原判决遗漏当事人或者违法缺席判决”两种情形以及本条规定的四种情形的前提下，才可以发回重审，以依法保护当事人的辩论权利和审级利益，防止无原则、无条件发回重审，浪费司法资源。[①]《回避规定》第 7 条进一步规定："第二审人民法院认为第一审人民法院的审理有违反本规定第一条至第三条规定的，应当裁定撤销原判，发回原审人民法院重新审判。"该规定第 1 条至第 3 条则基本涵盖了回避的所有情形。另外，对于已生效的案件，根据《民事诉讼法》第 211 条规定，当事人的申请符合审判组织的组成不合法或者依法应当回避的审判人员没有回避的情形，人民法院应当再审。

---

① 最高人民法院民法典贯彻实施工作领导小组办公室编著：《最高人民法院新民事诉讼法司法解释理解与适用》，人民法院出版社 2022 年版，第 715 页。

第五章　诉讼参加人

第一节　当 事 人

第五十一条　公民、法人和其他组织可以作为民事诉讼的当事人。

法人由其法定代表人进行诉讼。其他组织由其主要负责人进行诉讼。

【条文主旨】

本条是关于诉讼当事人的规定。

【理解与适用】

一、民事诉讼当事人的概念

民事诉讼的当事人，是指因民事权利义务发生争议，以自己的名义进行诉讼，要求人民法院行使民事裁判权，并受人民法院裁判约束的人。本条自 1991 年《民事诉讼法》实施以来一直都没有修改。《民法典》颁布后，有观点认为，民事诉讼当事人是否应当与《民法典》中民事主体保持一致，即将民事诉讼当事人也应当修改为自然人、法人及非法人组织。我们认为，《民法典》之后，《民事诉讼法》修改过程中诉讼当事人仍然用“公民、法人和其他组织”主要有以下几点理由：一是对于外国人、无国籍人而言，《民事诉讼法》第 5 条第 1 款作出了规定，外国人、无国籍人、外国企业和组织在人民法院起诉、应诉，同中华人民共和国公民、法人和其他组织有同等的诉讼权利义务。外国人和无国籍人虽然不是我国公民，但法律也承认其民事权利能力，也可以成为民事诉讼的当事人。二是

《民事诉讼法》中关于“公民”的表述涉及47处，但并非所有表述都适宜修改，比如，第5条是关于涉外民事诉讼同等原则和对等原则的规定，强调的是我国的民事主体与外国人、无国籍人、外国企业和组织等非我国的民事主体的诉讼权利义务，而“公民”一词恰能体现出不同民事主体的身份国籍，类似的还有第62条、第284条。三是《民事诉讼法》中关于“其他组织”的表述涉及20处，但“其他组织”和“非法人组织”在概念上并非完全等同，不能简单替换。因此，《民事诉讼法》在民事主体方面仍然保留“公民、法人和其他组织”的表述。

民事诉讼的当事人应当具备以下特征：（1）以自己的名义进行诉讼。这是当事人区别于诉讼代理人的一个重要特征。（2）发生民事权利义务争议。该争议可以是基于当事人自己的实体利益而发生的民事权利义务争议，也可以是基于受当事人管理与支配的民事利益而发生的民事权利义务争议，例如，财产代管人等。（3）受人民法院生效裁判的约束。虽然以自己的名义参与诉讼，但不受人民法院裁判约束的人，例如，证人、鉴定人，不是民事诉讼的当事人。（4）当事人能够引起民事诉讼程序的发生、变更或者消灭。①

狭义的当事人，专指原告和被告。广义的当事人，除了原告和被告以外，还包括诉讼中的第三人、共同诉讼人、诉讼代表人。当事人在不同程序中有不同的称谓：在第一审普通程序和简易程序中称为原告和被告；在第二审程序中称为上诉人和被上诉人；在再审程序中称为再审申请人和再审被申请人；在执行程序中称为申请执行人和被申请执行人；在特别程序、督促程序和公示催告程序中一般称为申请人和被申请人，但在选民资格案件中称为起诉人。②

二、当事人的民事诉讼权利能力

诉讼权利能力，又称当事人能力，是指能够成为民事诉讼当事人，享有民事诉讼权利和承担民事诉讼义务的法律上的资格。诉讼权利能力强调的是作为当事人的资格问题，而不涉及是否有能力来行使诉讼权利和承担

---

① 吴高盛主编：《〈中华人民共和国民事诉讼法〉释义及实用指南》，中国民主法制出版社2012年版。

② 吴高盛主编：《〈中华人民共和国民事诉讼法〉释义及实用指南》，中国民主法制出版社2012年版。

诉讼义务的问题。公民的诉讼权利能力始于出生终于死亡；法人的诉讼权利能力始于成立，终于法人被注销。民事诉讼行为能力是指通过亲自实施诉讼行为，实现民事诉讼权利，履行民事诉讼义务的能力。该项能力不仅仅是指资格，而是强调行为人具有参加诉讼的能力。公民的民事诉讼权利与民事诉讼行为能力在一定情形下并非一一对应。

（一）公民

公民是指具有一国国籍，根据该国宪法和法律规定享有权利并承担义务的人。公民不论是否具有民事行为能力，都可以成为民事诉讼的当事人，都具备民事诉讼权利能力。但并非所有公民都具有民事诉讼行为能力。只有完全民事行为能力人享有民事诉讼行为能力。对于无民事行为能力或者限制民事行为能力的公民而言，只具有民事诉讼权利能力，但不能独立实施民事诉讼活动，因此，在进行诉讼时，必须由他的监护人作为法定代理人代为诉讼。

根据《民事诉讼法解释》的规定，公民作为诉讼当事人的情形还包括：（1）以雇主身份作为当事人。个体工商户、农村承包经营户、合伙组织雇佣的人员在进行雇佣合同规定的生产经营活动中造成他人损害的，其雇主是当事人。（2）以业主身份作为当事人。在诉讼中，个体工商户以营业执照上登记的业主为当事人。有字号的，应在法律文书中注明登记的字号。（3）以直接责任人身份作为当事人。法人或者其他组织应登记而未登记即以法人或者其他组织名义进行民事活动，或者他人冒用法人、其他组织名义进行民事活动，或者法人或者其他组织依法终止后仍以其名义进行民事活动的，以直接责任人为当事人。①

（二）法人

法人是指具有民事权利能力和民事行为能力，依法独立享有民事权利和承担民事义务的组织。在实体法上，法人在法律赋予该组织单独的法律人格，可以独立享受民事权利和民事行为能力，以其全部财产独立承担民事责任。法人制度的重要特征是法人以自己的财产独立承担民事责任，其承担的民事责任不足以清偿所有债务时，通过破产程序来解决债权债务问题。法人与他人发生争议时，可以自己名义进行民事诉讼。

---

① 吴高盛主编：《〈中华人民共和国民事诉讼法〉释义及实用指南》，中国民主法制出版社2012年版。

（三）其他组织

其他组织是指合法成立、有一定的组织机构和财产，但又不具备法人资格的组织。其他组织与法人的主要区别是不具备法人资格，不能以自己的财产独立承担责任。不能独立承担民事责任，并不是说其没有独立的财产承担民事责任，而是在法律上它承担的民事责任并不以其所有的财产为限。当其财产不能承担责任时，应由对其负责的公民或法人来承担。其他组织虽然不具有法人资格，但在现实生活中，其他组织作为民事主体的地位需要得到市场和法律的认可。在参加民事活动产生纠纷时，也需要相应的法律机制予以解决。因此，《民事诉讼法》承认其他组织作为诉讼当事人的资格，允许他们以自己的名义参与民事诉讼，对于保护各方当事人的民事权利，简化诉讼程序，提高诉讼效率具有重要意义。根据《民事诉讼法解释》第52条规定，《民事诉讼法》第51条规定的其他组织是指合法成立、有一定的组织机构和财产，但又不具备法人资格的组织，包括：（1）依法登记领取营业执照的个人独资企业；（2）依法登记领取营业执照的合伙企业；（3）依法登记领取我国营业执照的中外合作经营企业、外资企业；（4）依法成立的社会团体的分支机构、代表机构；（5）依法设立并领取营业执照的法人的分支机构；（6）依法设立并领取营业执照的商业银行、政策性银行和非银行金融机构的分支机构；（7）经依法登记领取营业执照的乡镇企业、街道企业；（8）其他符合本条规定条件的组织。

三、法人和其他组织进行诉讼的方式

法人和其他组织虽然可以自己的名义进行诉讼，但法人和其他组织与自然人不同，不能和自然人一样进行民事诉讼，必须由他们的法定代表人或者主要负责人代表他们进行民事诉讼。因此，本条第2款规定："法人由其法定代表人进行诉讼。其他组织由其主要负责人进行诉讼。"

法人的法定代表人，是指依照法律或者法人章程规定，代表法人从事民事活动的负责人。根据《公司法》的规定，公司法定代表人依照公司章程的规定，由董事长、执行董事或者经理担任，并依法登记。公司法定代表人变更，应当办理变更登记。法人的法定代表人以依法登记的为准，但法律另有规定的除外。依法不需要办理登记的法人，以其正职负责人为法定代表人；没有正职负责人的，以其主持工作的副职负责人为法定代表人。法定代表人已经变更，但未完成登记，变更后的法定代表人要求代表法人参加诉讼的，人民法院可以准许。

不具备法人资格的其他组织作为诉讼当事人时，由其主要负责人为代表人进行诉讼。法人的法定代表人和其他组织的主要负责人的诉讼行为是以法人和其他组织的名义进行的，对法人和其他组织具有约束力，法人和其他组织须为他们的诉讼行为承担法律后果，即使在诉讼过程中，法定代表人或者主要负责人发生更换，原法定代表人或者主要负责人已经进行的诉讼行为依然有效。

【审判实践中应当注意的问题】

当事人适格，又称正当当事人，是指对于具体的案件，有以自己的名义作为本案当事人起诉或应诉并受法院判决约束的资格。当事人适格是作为具体的诉讼当事人的资格，是针对具体的诉讼案件而言的，只能将当事人与具体的诉讼联系起来，看当事人与特定的诉讼标的有无直接联系，即是否是具体案件中实体法律关系的主体或属于法定的适格当事人。民事诉讼权利能力或民事诉讼行为能力是作为抽象的诉讼当事人的资格，即有无作为当事人或参加诉讼的资格和能力问题，与具体的诉讼无关，取决于有无民事权利能力。有无民事诉讼权利能力和民事诉讼行为能力是一种抽象的资格，取决于其民事权利能力和民事行为能力的自然状态；而当事人适格，必须要结合具体的个案，来判断的依据为是否属于案件中实体法律权利义务关系的直接主体。所有享有完全民事行为能力的主体都具备民事诉讼权利能力和民事诉讼行为能力，但其通常只在成为发生争议的实体法律关系之直接主体的情况下，才可能成为适格当事人。

但在某些例外情形下，非民事法律关系或民事权利的主体，也可以作为适格当事人，这些情形统称为诉讼担当，其中又分为法定的诉讼担当与任意的诉讼担当两类。前者是指基于实体法或诉讼法的规定，第三人对他人的权利可以以自己的名义进行诉讼；后者则是指权利主体通过自己的意思表示，赋予他人诉讼实施权。

一、法定诉讼担当

（1）为了保护死者的人格权、著作权等权益，死者的近亲属享有诉讼实施权。如，《民事诉讼法解释》第 69 条规定：“对侵害死者遗体、遗骨以及姓名、肖像、名誉、荣誉、隐私等行为提起诉讼的，死者的近亲属为当事人。”

（2）因他人侵权而死亡的公民，其继承人享有诉讼实施权。

（3）被宣告失踪人的财产代管人享有诉讼实施权。

（4）公民死亡后，遗产管理人、遗嘱执行人享有诉讼实施权。

（5）村民委员会或者村民小组与他人发生民事纠纷的，村民委员会或者有独立财产的村民小组为当事人。

（6）股东代表诉讼中的股东。

（7）可以提起民事公益诉讼的法定机关和有关组织。

二、任意诉讼担当

《著作权法》第 8 条第 1 款规定：“著作权人和与著作权有关的权利人可以授权著作权集体管理组织行使著作权或者与著作权有关的权利。依法设立的著作权集体管理组织是非营利法人，被授权后可以以自己的名义为著作权人和与著作权有关的权利人主张权利，并可以作为当事人进行涉及著作权或者与著作权有关的权利的诉讼、仲裁、调解活动。”

第五十二条 当事人有权委托代理人，提出回避申请，收集、提供证据，进行辩论，请求调解，提起上诉，申请执行。

当事人可以查阅本案有关材料，并可以复制本案有关材料和法律文书。查阅、复制本案有关材料的范围和办法由最高人民法院规定。

当事人必须依法行使诉讼权利，遵守诉讼秩序，履行发生法律效力的判决书、裁定书和调解书。

【条文主旨】

本条是关于民事诉讼当事人诉讼权利和诉讼义务的规定。

【理解与适用】

为了维护正常的诉讼秩序，保障当事人能够充分、正确地行使民事诉讼权利，履行诉讼义务，《民事诉讼法》对当事人在民事诉讼过程中享有的权利和应当承担的义务做了比较详尽的规定。本条是从总体上对当事人享有的诉讼权利和履行的诉讼义务的规定。本条是自 1991 年《民事诉讼法》实施以来就规定的条文，一直延续至今没有修改。

一、当事人的诉讼权利

当事人在诉讼中的权利，可以分为两类：一类是纯粹的诉讼权利或与实体权利关系不密切的诉讼权利，如申请回避、提供证据、陈述事实、进行辩论、申请诉讼保全和证据保全等；另一类是与实体权利密切相关的诉讼权利，如提起诉讼、承认、放弃、变更诉讼请求的权利。本条规定的诉讼权利既有与当事人实体权利关系不密切的诉讼权利，也包括与实体权利密切相关的诉讼权利。

（一）委托代理人的权利

《民事诉讼法》第 61 条规定，当事人、法定代理人可以委托一至二人作为诉讼代理人。同时规定了哪些人员可以被委托为诉讼代理人，包括：（1）律师、基层法律服务工作者；（2）当事人的近亲属或者工作人员；（3）当事人所在社区、单位以及有关社会团体推荐的公民。当事人委托诉讼代理人代为诉讼，还应当向人民法院提交由委托人签名或者盖章的授权委托书。

（二）提出回避申请的权利

《民事诉讼法》第四章专门规定了当事人申请回避的权利以及回避的决定程序等制度规定。关于回避的情形。分为主动回避和当事人申请回避两类。对于主动回避，《民事诉讼法》第47条第1款规定，审判人员有下列情形之一的，应当自行回避，当事人有权用口头或者书面方式申请他们回避：（1）是本案当事人或者当事人、诉讼代理人近亲属的；（2）与本案有利害关系的；（3）与本案当事人、诉讼代理人有其他关系，可能影响对案件公正审理的。《关于审判人员在诉讼活动中执行回避制度若干问题的规定》第1条还对回避情形进行了补充，明确（1）是本案的当事人或者与当事人有近亲属关系的；（2）本人或者其近亲属与本案有利害关系的；（3）担任过本案的证人、翻译人员、鉴定人、勘验人、诉讼代理人、辩护人的；（4）与本案的诉讼代理人、辩护人有夫妻、父母、子女或者兄弟姐妹关系的；（5）与本案当事人之间存在其他利害关系，可能影响案件公正审理的。同时还对近亲属的范围进行了限定，明确近亲属包括与审判人员有夫妻、直系血亲、三代以内旁系血亲及近姻亲关系的亲属。关于申请回避，《民事诉讼法》第47条第2款规定，审判人员接受当事人、诉讼代理人请客送礼，或者违反规定会见当事人、诉讼代理人的，当事人有权要求他们回避。《关于审判人员在诉讼活动中执行回避制度若干问题的规定》第2条在此基础上又对其他不正当行为且可能影响公正审判的情形进行了扩充和完善，当事人及其法定代理人发现审判人员违反规定，具有下列情形之一的，有权申请其回避：（1）私下会见本案一方当事人及其诉讼代理人、辩护人的；（2）为本案当事人推荐、介绍诉讼代理人、辩护人，或者为律师、其他人员介绍办理该案件的；（3）索取、接受本案当事人及其受托人的财物、其他利益，或者要求当事人及其受托人报销费用的；（4）接受本案当事人及其受托人的宴请，或者参加由其支付费用的各项活动的；（5）向本案当事人及其受托人借款，借用交通工具、通讯工具或者其他物品，或者索取、接受当事人及其受托人在购买商品、装修住房以及其他方面给予的好处的；（6）有其他不正当行为，可能影响案件公正审理的。

（三）收集、提供证据的权利

当事人为维护自己的民事权利，使人民法院作出有利于自己的判决，有权向有关单位和个人收集证据，并将收集到的证据提供给法院，以证明自己的诉讼请求合理合法，反驳对方的诉讼请求。与举证责任不同的是，当事人收集、提供证据的权利既可以理解为是法律赋予的权利，也可以理解为是为诉讼结果而需承担的提供证据责任。这里的当事人收集、提供证据责任主要是当事人在行为意义上的责任，是当事人在具体的民事诉讼中，为避免败诉风险收集、提供证据以证明自己的主张。除当事人提交证据外，《民事诉讼法》还规定了当事人可以向人民法院申请请求人民法院收集证据的情形，主要包括两种：一是当事人及其诉讼代理人因客观原因不能自行收集证据。《民事诉讼法解释》第94条规定了当事人及其诉讼代理人可以申请人民法院调查收集证据的情形：（1）证据由国家有关部门保存，当事人及其诉讼代理人无权查阅调取的；（2）涉及国家秘密、商业秘密、个人隐私的材料；（3）当事人及其诉讼代理人确因客观原因不能自行收集的其他材料。二是人民法院认为审理案件需要。根据《民事诉讼法解释》的规定，主要是指以下情形：（1）涉及可能损害国家利益、社会公共利益的；（2）涉及身份关系的；（3）涉及《民事诉讼法》第61条规定诉讼的；（4）当事人有恶意串通损害他人合法权益可能的；（5）涉及依职权追加当事人、中止诉讼、终结诉讼、回避等程序性事项的。

（四）进行辩论的权利

当事人在民事诉讼活动中，有权就案件所争议的事实问题和法律问题等，在人民法院的主持下进行辩论，各自陈述自己的主张和根据，互相进行反驳与答辩，以争取对自己有利的诉讼结果。辩论的权利是指在法庭调查的基础上，当事人运用法庭调查已经查实的证据和有关法律规定，对认定案件事实、确定诉讼请求等方面仍有争议的问题进行辩论，反驳对方的意见，阐明自己主张的正确性。当事人既可以通过口头方式进行辩论，也可以通过书面方式进行辩论。当事人行使辩论权的范围包括三个方面：一是对案件的实体方面进行辩论；二是对适用法律进行辩论；三是对程序上的问题进行辩论。当事人的辩论权贯穿程序的全过程，除特别程序外，第一审程序、第二审程序和再审程序都应当全面贯彻辩论原则。

（五）请求调解的权利

根据调解自愿原则，调解程序的启动也应当符合自愿原则，即当事人有权请求人民法院用调解方式解决双方的纠纷。是否以调解的方式来解决当事人之间的争议，应当取决于当事人的意愿，人民法院不得未经当事人同意依职权自行调解或者强迫当事人接受调解。人民法院审理案件时，一方面可以请求人民法院以调解的方式来解决争议，也可以征求当事人的意见，是否同意调解。如果当事人双方同意调解，可以进行调解；如果一方当事人不同意调解，则不能用调解方式结案。

（六）提起上诉的权利

提起上诉的权利是当事人不服第一审人民法院的判决、裁定，有权在法定的上诉期内提起上诉，请求上级人民法院撤销或者变更下级人民法院的裁判，但是法律规定不准上诉的裁定和依特别程序一审终审的案件除外。上诉权是当事人的一项诉讼权利，当事人既可以行使也可以放弃。当事人是否提起上诉，应由其自行决定，任何组织和个人都无权加以干涉。上诉必须符合下列条件：一是第一审人民法院作出的未生效裁判必须是法律允许上诉的判决或裁定。除了最高人民法院作为第一审人民法院作出的裁判，基层人民法院及其派出法庭针对小额诉讼案件作出的裁判，以及各级地方人民法院依照特别程序、督促程序、公示催告程序所作的裁判不准上诉外，地方各级人民法院依普通程序和简易程序所作出的第一审判决以及不予受理、驳回起诉和对管辖权异议的裁定，当事人都可以提起上诉。二是当事人必须是享有上诉权的第一审程序中的原告和被告，在民事诉讼中具有实体权利义务，享有上诉权，可以提起上诉。有权提起上诉的公民如果死亡，其继承人可以提起上诉。有权提起上诉的法人或者其他组织终止，承受其权利的法人或者其他组织可以提起上诉。有独立请求权的第三人在一审中相当于原告的地位，具有实体权利义务，因此，可以提起上诉。无独立请求权的第三人既非原告，又不是被告，只是因为原告与被告之间的诉讼涉及其利益才参加到诉讼中辅助当事人一方进行诉讼，不享有独立的上诉权。但是，如果一审法院对其作承担实体权利义务的判决，即当然具有上诉权。三是应当在法定期限内提出上诉。根据《民事诉讼法》的规定，对判决提起上诉的期限为十五日，对裁定提起上诉的期限为十日。

（七）申请执行的权利

申请执行权利是指人民法院的判决、裁定、调解书发生法律效力后，一方当事人不履行的，当事人向人民法院提出申请，请求人民法院按照法定程序，运用国家强制力，采取法定措施，迫使义务人履行生效法律文书确定的义务的行为。当事人申请执行应当符合下列条件：一是当事人申请执行应当持有执行依据。执行依据是申请人据以申请执行和执行人员据以执行的凭证，即法律规定由人民法院执行的法律文书。包括：（1）发生法律效力的民事判决书、裁定书和调解书；（2）人民法院依督促程序发布的支付令；（3）发生法律效力而具有财产内容的刑事判决书、裁定书。（4）仲裁机构制作的生效的裁决书。（5）公证机构制作的依法赋予强制执行效力的债权文书。二是向有关执行管辖权的人民法院提出申请。根据《民事诉讼法》的规定，发生法律效力的民事判决、裁定，以及刑事判决、裁定中的财产部分，由第一审人民法院或者与第一审人民法院同级的被执行的财产所在地人民法院执行。对于仲裁机构制作的生效的裁决书、公证机构制作的依法赋予强制执行效力的债权文书等并非由人民法院作出的法律文书。则由被执行人住所地或者被执行的财产所在地的人民法院执行。

（八）查阅并复制本案有关材料和法律文书的权利

当事人为行使诉讼权利，有权查阅并复制法庭笔录、法庭上出示的有关证据等与本案有关的材料，以及起诉状、答辩状等法律文书。查阅、复制本案有关材料的范围和办法由最高人民法院规定。

除本条规定的诉讼权利外，《民事诉讼法》规定当事人的权利还包括：（1）向法院提起诉讼、放弃或者变更诉讼请求，向法院申请财产保全的权利；（2）被告可以对原告的起诉进行应诉和答辩，并提起反诉的权利；（3）在答辩期内提出管辖异议的权利；（4）使用本民族语言文字进行诉讼的权利；（5）申请延长举证期限、延期开庭的权利；（6）向证人、鉴定人、勘验人发问的权利。

二、当事人的诉讼义务

当事人应承担的诉讼义务主要包括以下几个方面：

一是依法行使诉讼权利。当事人有平等的诉讼权利，应当在法律规定的范围内行使自己的诉讼权利。本条强调当事人依法行使诉讼权利，其中包括应当在规定的期限内上诉、申请再审，向人民法院申请收集证据等。

二是遵守诉讼秩序。良好的诉讼秩序是保证人民法院审判执行活动得以顺利开展的重要保障。例如，《民事诉讼法》第113条规定，诉讼参与人和其他人应当遵守法庭规则。人民法院对违反法庭规则的人，可以予以训诫，责令退出法庭或者予以罚款、拘留。人民法院对哄闹、冲击法庭，侮辱、诽谤、威胁、殴打审判人员，严重扰乱法庭秩序的人，依法追究刑事责任；情节较轻的，予以罚款、拘留。

三是履行发生法律效力的判决书、裁定书和调解书。自觉履行人民法院作出的发生法律效力的裁判文书是当事人重要的诉讼义务。

第五十三条 双方当事人可以自行和解。

【条文主旨】

本条是关于和解的规定。

【理解与适用】

和解，是指当事人双方自行协商，就实体权利的处分达成协议，从而解决争议的活动。

目前，我国法律中关于和解的规定只有《民事诉讼法》第53条这一原则性的规定，这一规定是说明当事人享有和解的权利，而对于和解的其他事项均未规定。至今，《民事诉讼法》虽历经多次修正，却也均未涉及和解制度。此外，围绕着和解还有一些相关的司法解释，主要集中在与和解相关的和解协议、证据规则、期间、审限等方面，比如，2004年发布的《最高人民法院关于人民法院民事调解工作若干问题的规定》（以下简称《民事调解规定》），在《民事调解规定》中第2条明确规定法院应当对和解协议进行确认并制作调解书，庭外和解的期间不计入审限。并且，当事人可以申请法院对和解活动进行协调，该条虽然明确规定了对和解协议的确认问题，但经过确认之后制作的是调解书。在其之后，根据2007年印发的《最高人民法院关于进一步发挥诉讼调解在构建社会主义和谐社会中积极作用的若干意见》（法发〔2007〕9号），要求人民法院应当认真履行对调解协议、和解协议的审查确认职责，确保协议不存在侵害国家利益、社会公共利益和他人的合法权益的情形，不存在违反法律、行政法规的强制性规定的内容，不违背善良风俗和社会公共道德。在2015年开始实施的《民事诉讼法解释》中增加相关条款，其中第107条①是关于诉讼调解或者和解过程中对事实的认可不适用自认规则；第148条②涉及关于和解的形式问题，规定当事人自行达成的和解协议或者调解协议，请求人

① 对应《民事诉讼法解释》（2022年修正）第107条。
② 对应《民事诉讼法解释》（2022年修正）第148条。

民法院制作判决书的，不予准许；第 339 条[①]的规定是关于当事人在二审期间达成的和解协议的适用问题，分别规定当事人达成和解协议后可以选择撤诉或者向法院申请制作调解书。从上述法律、司法解释、规范性法律文件的规定来看，我国法律赋予当事人进行和解的权利并鼓励当事人和解，即承认诉讼和解也是一种解决纠纷的方式。而且，为了让诉讼和解在实践中有可操作的空间，设置了有关和解的衔接类规定，即将诉讼和解与撤诉制度和调解制度相衔接。具体而言，当事人达成诉讼和解协议后，其效力会出现两种走向，其一是原告申请撤诉，其二是向法院申请制作调解书。

和解分为诉讼外的和解与诉讼中的和解。诉讼中的和解，是当事人双方在诉讼进行中自行协商，达成协议。在诉讼过程中，当事人双方可以自行和解，人民法院同意当事人和解的，可以通过原告撤诉的方式结束诉讼程序。[②]

诉讼中的和解主要有以下几个特征：

1. 诉讼中的和解发生在诉讼过程中

诉讼和解在诉讼中进行，当事人完成诉讼和解这一行为时，也会对诉讼程序产生一定的影响，如终结诉讼程序。

2. 诉讼中的和解体现了当事人的合意

当事人进行和解的过程实际上就是以双方之间达成合意，从而解决纠纷为目的开展的活动。具体到诉讼和解中的合意是指当事人为解决纠纷而形成的互相让步的合意。

3. 诉讼中的和解是当事人处分权的行使

所谓处分权，是当事人在解决民事实体权利争议时所享有的一项权利，目的是赋予当事人以某种选择。在和解的过程中，当事人通过行使处分权，处分自己的实体权利和诉讼权利，从而解决纠纷、终结诉讼。

诉讼中的和解是在诉讼过程中达成的，但却伴随着实体法上的效果，关于诉讼中的和解的性质问题，理论和实务界有不同的观点，主要有以下四种学说：

---

① 对应《民事诉讼法解释》(2022 年修正) 第 337 条。

② 王胜明主编：《中华人民共和国民事诉讼法释义（最新修正版）》，法律出版社 2012 年版，第 90 页。

1. 私法行为说

私法行为说也称纯私法行为说或法律行为说。该学说认为诉讼中的和解与诉讼外和解在本质上都属于私法上的契约，即纯私法性质的法律行为。即使能够产生诉讼法上的效力，但本质上还是私法行为。除了诉讼中的和解是在法院进行以外，二者之间并无区分。当事人在达成诉讼中的和解协议之后，实体法上存在的争议的法律关系已经归于消灭，进而诉讼程序中的诉讼标的也归于消灭，若此时案件继续审理缺乏诉讼对象，所以诉讼中的和解协议和判决一样能够终结诉讼程序。

2. 诉讼行为说

诉讼行为说主张诉讼中的和解是一种诉讼行为，并应当严格按照诉讼法规范对其进行评价。因为诉讼中的和解协议虽然是一种民法上的契约，但主要内容是以发生一定诉讼法上效果为内容的。即使诉讼中的和解协议存在着实体法上的瑕疵事由，也不会对诉讼中的和解协议的效力产生影响。

3. 两行为并存说

两行为并存说认为，在实体法和程序法日趋分离的背景下，依据实体法而为的私法行为不会产生诉讼法上的效果，同理依据诉讼法而为的诉讼行为也不会产生实体法上的效果。既然诉讼中的和解能够同时产生实体法和诉讼法上的效果，那么诉讼中的和解实质上就是私法上的民事法律行为与诉讼行为的并存，并且两种行为之间互不发生影响。

4. 一行为两性质说

一行为两性质说是目前大陆法系中诉讼中的和解制度所遵循的通说，该学说主张诉讼中的和解是一种行为，可以从实体法和诉讼法两个侧面去进行评价。一方面，当事人之间达成了诉讼中的和解协议，在实体上重新确定彼此之间的权利义务关系，具有实体法上的合同行为性质；另一方面，因实体法上原法律关系产生的纠纷已经消灭，所以诉讼程序中的诉讼标的也不复存在导致诉讼程序终结。因此，也具有诉讼行为的性质。两种性质之间互相联系密不可分。

与前三种学说相比，一行为两性质说更具备说服力。因为该学说不仅像两行为并存说那样肯定诉讼中的和解具有实体法和诉讼法两种行为的性质，还以和解这一单一行为为基点，从实体法和程序法相结合的角度出发，认为诉讼中的和解产生效力需要同时满足实体法民事法律行为和诉讼法上的诉讼行为的要求，二者缺一不可，同时只要是出现了实体法上或者诉讼法上任何一方面的瑕疵，诉讼中的和解的整体效力都会受到影响。[1]

诉讼中的和解与诉讼外和解不同，诉讼外的和解，是民事主体在诉讼外进行的民事行为，不具有任何诉讼上的意义和效力。二者的区别主要体现在以下几点：

1. 性质不同

诉讼中的和解的性质包括实体法层面和程序法层面，而诉讼外和解只具有民法上即单纯的实体法上的性质。

2. 效力不同

诉讼中的和解能够产生实体法和程序法的双重效力，而诉讼外和解只能产生实体法上的效力。

3. 产生的时间不同

诉讼外和解产生于诉讼过程之外，而诉讼中的和解则是在诉讼过程中这一特定的时间范畴内进行。

【审判实践中应当注意的问题】

一、和解与相关制度的辨析

（一）和解与调解的区别

和解与调解不同，调解是指当事人在人民法院的主持下，通过自愿协商，达成合意解决纠纷的活动。二者的区别主要体现在以下几点：

1. 行为主体不同

和解是当事人自己协商，解决纠纷；调解是在人民法院审判人员主持下，通过深入细致的工作，使双方当事人达成调解协议。

2. 法律后果不同

和解协议靠当事人双方自觉履行，不能作为人民法院的执行根据；调解协议具有强制执行的法律效力。

（二）诉讼中的和解与执行和解的区别

诉讼中的和解与执行和解不同，执行和解是指双方当事人为结束执行

① 刘雨佳：《我国民事诉讼中和解协议效力问题研究》，辽宁大学 2020 级硕士学位论文。

程序，并就执行依据中所确定的权利义务关系进行协商，并达成协议最终终结执行程序的活动。二者的区别主要体现在以下几点：

1. 适用期间的不同

诉讼中的和解的效力适用于整个诉讼过程中，而执行和解协议的效力只产生于执行阶段。

2. 对诉讼程序的影响不同

诉讼中的和解协议的效力体现在终结整个诉讼程序，而执行和解协议则是终结执行程序。

3. 强制执行力不同

在执行和解中，一方当事人不履行执行和解协议时，应当恢复对原文书的执行，而在诉讼中的和解中，当事人可以向法院申请制作调解书，调解书在双方当事人签收后产生法律效力，并直接产生强制执行力。

二、诉讼外和解与生效判决之间的关系

当“民法上的和解”延伸至诉讼程序，当事人的私权性行为和法官的公权性行为可能产生冲突。虽然我国《民事诉讼法》中调解的规定涉及此类冲突的解决，但由于和解和调解之间人为区别根深蒂固，这些规定不能直接适用于和解。《民事诉讼法》中仅有第 50 条[①]提到“双方当事人可以自行和解”，其他则无涉及，包括和解的范围、程序、效力、救济途径。[②]由此引发的一个问题即为：生效判决与诉讼外和解之间的关系，特别是当事人依据第二审程序中达成的和解协议实施撤诉后，和解协议不履行时，法院应执行和解协议还是第一审判决？对于这一问题，民诉法理论和实务界的共识为，和解协议履行完毕后，生效判决不再执行。但对于和解协议在未履行完毕时的效力以及其与生效判决之间的关系，主要存在以下三种观点：（1）因为和解协议在履行完毕之前不生效力，或者虽然生效但只能引起违约责任，不能阻止债权人反悔从而执行或恢复执行生效判决，所以生效判决一律优先于和解协议；（2）尽管生效判决优先于和解协议，但应引入诚信原则，适度限制生效判决的执行或恢复执行；（3）基于处分原则和既判力理论，和解协议始终有效

---

① 现为《民事诉讼法》（2023 年修正）第 53 条。

② 周建华：《和解：程序法与实体法的双重分析》，载《当代法学》2016 年第 2 期。

并优先于生效判决，这种优先地位应通过债务人异议之诉、依和解协议另行起诉等方式予以确认。[①]

2011 年 12 月 20 日，最高人民法院发布第一批指导性案例，其中 2 号案例即“吴梅诉四川省眉山西城纸业有限公司买卖合同纠纷案”[②]涉及前述问题。该案的裁判逻辑如下：（1）双方当事人诉讼外达成的和解协议，未经人民法院依法确认制作调解书，不具有强制执行力。（2）一审法院裁定准予上诉人通过撤回上诉方式终结诉讼程序，一审判决即为生效判决，具有强制执行的效力。（3）当事人不履行和解协议是违背双方约定和诚实信用原则的行为。（4）援引 2007 年《民事诉讼法》第 207 条第 2 款的规定，得出一方当事人不履行和解协议，另一方当事人申请执行一审判决的，人民法院应予支持的结论。从该案的裁判理由来看，对于和解协议在未履行完毕时的效力以及其与生效判决之间的关系，该案采“折中主义”观点，认为尽管生效判决优先于和解协议，但应引入诚信原则，适度限制生效判决的执行或恢复执行。

根据《〈最高人民法院关于案例指导工作的规定〉实施细则》第 9 条、第 10 条的规定，指导性案例虽然不能作为裁判依据引用，但各级人民法院正在审理的案件，在基本案情和法律适用方面，与最高人民法院发布的指导性案例相类似的，应当参照相关指导性案例的裁判要点作出裁

---

① 贺剑：《诉讼外和解的实体法基础——评最高人民法院指导案例 2 号》，载《法学》2013 年第 3 期。

② 最高人民法院指导性案例 2 号的基本案情为：原告吴梅系四川省眉山市东坡区吴梅收旧站业主，从事废品收购业务。约 2004 年开始，吴梅出售废书给被告四川省眉山西城纸业有限公司（简称西城纸业公司）。2009 年 4 月 14 日双方通过结算，西城纸业公司向吴梅出具欠条载明：今欠到吴梅废书款壹佰玖拾柒万元整（￥1970000.00）。同年 6 月 11 日，双方又对后期货款进行了结算，西城纸业公司向吴梅出具欠条载明：今欠到吴梅废书款伍拾肆万捌仟元整（￥548000.00）。因经多次催收上述货款无果，吴梅向眉山市东坡区人民法院起诉，请求法院判令西城纸业公司支付货款 251.8 万元及利息。被告西城纸业公司对欠吴梅货款 251.8 万元没有异议。一审法院经审理后判决：被告西城纸业公司在判决生效之日起十日内给付原告吴梅货款 251.8 万元及违约利息。宣判后，西城纸业公司向眉山市中级人民法院提起上诉。二审审理期间，西城纸业公司于 2009 年 10 月 15 日与吴梅签订了一份还款协议，商定西城纸业公司的还款计划，吴梅则放弃了支付利息的请求。同年 10 月 20 日，西城纸业公司以自愿与对方达成和解协议为由申请撤回上诉。眉山市中级人民法院裁定准予撤诉后，因西城纸业公司未完全履行和解协议，吴梅向一审法院申请执行一审判决。眉山市东坡区人民法院对吴梅申请执行一审判决予以支持。西城纸业公司向眉山市中级人民法院申请执行监督，主张不予执行原一审判决。眉山市中级人民法院于 2010 年 7 月 7 日作出（2010）眉执督字第 4 号复函认为：根据吴梅的申请，一审法院受理执行已生效，法律文书并无不当，应当继续执行。

判。故2号指导性案例对于各级人民法院对于生效判决与诉讼外和解之间的关系的处理，具有重要的参考意义。即在一审被告全部败诉，被告上诉，双方达成和解协议后原审被告撤回上诉，但其不履行和解协议，原审原告申请执行一审判决时，应当参照2号指导性案例，恢复对一审判决的执行。对于其他涉及生效判决与诉讼外和解之间的关系的案件，也可参考“尽管生效判决优先于和解协议，但应引入诚信原则，适度限制生效判决的执行或恢复执行”的观点进行裁判。

第五十四条　原告可以放弃或者变更诉讼请求。被告可以承认或者反驳诉讼请求，有权提起反诉。

【条文主旨】

本条是关于诉讼请求和反诉的规定。

【理解与适用】

诉讼请求，是指原告通过人民法院对于被告人提出的实体权利请求。诉的种类不同，诉讼请求也不同。给付之诉的诉讼请求是交付某项财物或者为一定的行为；确认之诉的诉讼请求是对某一法律关系的确定；变更之诉的诉讼请求是改变或者消灭某种法律关系。在诉讼中，被告反诉提出的请求，诉讼中的第三人向原诉的原、被告提出的请求，也是诉讼请求。

一、关于放弃或者变更诉讼请求

放弃诉讼请求，是指原告起诉后放弃对于被告人的实体权利请求。放弃诉讼请求是对于实体权利的处分。在诉讼过程中，原告有权根据自己的实际情况全部或者部分放弃自己对于被告的实体权利请求。比如，原诉请求被告偿还1000元欠款，后来原告全部放弃了这一请求，不要求被告偿还了；或者原告部分放弃诉讼请求，仅要求被告偿还500元。原告全部放弃诉讼请求的，人民法院可以终止案件的审理；部分放弃诉讼请求的，人民法院对放弃部分的实体权利，可以不予裁判。

变更诉讼请求，是指原告向人民法院起诉后，依法增加或者减少已经提出的实体权利请求。比如，原诉请求解除收养关系，后来原告又请求支付收养期间的抚养费。又如，原诉请求支付违约金并赔偿损失，后来原告仅请求支付违约金，不再请求赔偿损失。原告变更诉讼请求的，人民法院应当对变更后的请求作出裁判。因此，原告变更诉讼请求，一般应在判决作出前提出，只有减少诉讼请求，才可以在判决作出后提出。

放弃或者变更诉讼请求，是原告的一项诉讼权利，但该项权利的行使不得违反法律，不得损害国家、集体和他人的利益，否则，人民法院可不予准许。

二、关于承认或者反驳诉讼请求

承认诉讼请求，是指被告对于原告提出的实体权利的请求表示认可。承认诉讼请求，有的是无条件的，即承认对方提出的事实或者全部请求；有的是附条件的，即只是部分承认对方的请求。比如，原告诉请人民法院判决被告偿还借款，被告承认原告所诉事实，并承诺如数偿还，这是无条件承认；如果被告只承认借款关系存在，但提出所借款项一部分用于原告的利益，应当予以抵销，这就是有条件承认。被告人承认诉讼请求，是被告的诉讼权利，人民法院对此应当认真进行调查研究，仔细分析，判断有无原、被告相互串通、规避法律、损害国家、集体和他人合法权益的情况，然后决定可否将该种承认作为定案的根据。

反驳诉讼请求，是指被告提出证据或者理由反对原告的诉讼请求。这是被告人为维护自己的权利，实现审判上的保护所采取的一种诉讼手段。反驳诉讼请求可以从两方面进行：一是从实体上反驳，即以实体法的规定为理由，反对原告关于实体权利的请求。比如，以《民法典》(合同编)为根据，提出合同是采取欺诈、胁迫手段签订的，应当判决撤销合同。二是从程序上反驳，即以程序法的规定证明原告违反了诉讼程序的要求。比如，提出本案属于行政争议，原告无权提起民事诉讼。人民法院对于被告人反驳诉讼请求，应当仔细听取，认真分析，反驳无理的，根据事实和法律进行说服教育；反驳有理的，查证属实后，应予采纳。[①]

三、关于反诉

民事诉讼中的反诉，是指在已经开始的民事诉讼程序中，被告针对原告提出的与本诉有牵连的诉讼请求。被告反诉，旨在通过反诉，抵销或者吞并本诉的诉讼请求，或者使本诉的诉讼请求失去意义。[②]提起反诉是被告的一项诉讼权利，《民事诉讼法》规定反诉制度的目的，一方面是便于法院通过对反诉与本诉的合并审理，以同一诉讼程序解决相关民事纠纷，

---

① 王胜明主编：《中华人民共和国民事诉讼法释义(最新修正版)》，法律出版社2012年版，第90~92页。

② 参见全国人大常委会法制工作委员会民法室编：《中华人民共和国民事诉讼法条文、立法理由及相关规定》，北京大学出版社2007年版，第239页。

提高诉讼效率；另一方面则是避免因分别审理而造成的裁判矛盾。

《民事诉讼法》涉及反诉的条文有：第54条、第62条第2款、第143条、第146条和第166条第5项。具体为，第54条规定："原告可以放弃或者变更诉讼请求。被告可以承认或者反驳诉讼请求，有权提起反诉。"第62条第2款规定："授权委托书必须记明委托事项和权限。诉讼代理人代为承认、放弃、变更诉讼请求，进行和解，提起反诉或者上诉，必须有委托人的特别授权。"第143条规定："原告增加诉讼请求，被告提出反诉，第三人提出与本案有关的诉讼请求，可以合并审理。"第146条规定："原告经传票传唤，无正当理由拒不到庭的，或者未经法庭许可中途退庭的，可以按撤诉处理；被告反诉的，可以缺席判决。"第166条第5项规定，当事人提出反诉的案件，不适用小额诉讼的程序。《民事诉讼法》仅是规定了被告有权提起反诉，但并没有规定反诉的构成要件，导致实践中哪些构成反诉、哪些不构成反诉比较混乱，需要明确。

1. 反诉的主体要求

反诉的主体要求即反诉中的原、被告主体资格，主要包括两方面：一是提起反诉的主体，即谁有资格提起反诉；二是提起反诉的对象，即向谁提起。关于反诉的主体，各国的规定有所不同。大陆法系传统理论认为，反诉只能由本诉的被告向本诉的原告提起，不允许向本诉原告之外的第三人提起。因为反诉与本诉合并审理，从而达到一次性解决纠纷实现诉讼效益、防止矛盾判决产生的功能会随着引入第三人而减弱，增加案件的复杂性的同时给法院的审理带来困难，错案出现的概率加大。而英美法系对于反诉的被告作了适当扩张，规定除了可以向本诉原告提起反诉外，还可以同时向案外第三人提起反诉，将反诉的当事人向第三人扩张。

从我国《民事诉讼法》的相关规定来看，立法并未具体涉及反诉制度的当事人问题。我国理论界通说认为，反诉的当事人应当限定于本诉的当事人。反诉、本诉的当事人必须相同，反诉的原告只能是本诉的被告，反诉的被告只能是本诉的原告，反诉的当事人和本诉的当事人不增加也不减少，只是诉讼地位互换。[①] 也就是说，反诉只能由本诉的被告向本诉的原告提起，反诉实际上是变更原诉当事人的相互地位，原告变为被告，被告变为原告。反诉与本诉并存于同一诉讼程序之中，使双方当事人都同时居

① 参见房保国：《论反诉》，载《比较法研究》2002年第4期。

于原告与被告的双重诉讼地位。反诉的当事人包含了反诉的原告与被告两方面，无论是提起反诉的主体，抑或是反诉的对象，如果超越了本诉当事人的范围，则均不构成反诉，需要另行起诉。由于我国民事诉讼中的第三人制度可为当事人之外的第三人参与诉讼提供一定的路径，所以理论上禁止第三人提起反诉。

2. 反诉的客观构成要件

（1）构成反诉的实质要件。反诉的实质要件是指反诉与本诉之间必须具有牵连关系，它是构成反诉的核心要件。所谓反诉与本诉有牵连关系，是指反诉标的及请求与本诉标的及请求有牵连，这种牵连包括法律上的牵连和事实上的牵连，即反诉与本诉的诉讼请求必须在事实或法律上有牵连关系。只有具备了这种牵连性，反诉才能成立，因而反诉实质要件就是决定被告提出的反请求是否属于反诉范畴的条件。主流观点认为，反诉与本诉的牵连关系包括反诉的诉讼请求与本诉的诉讼请求基于同一法律事实或者属于同一法律关系，由于这种牵连，反诉与本诉就可以相互排斥、抵销、吞并。具体来讲，本诉与反诉的牵连关系主要表现为：一是诉讼请求基于相同法律关系。例如，在买卖合同纠纷中，一方以对方短少货款为由请求给付货款并支付利息，对方以货物质量不符合约定为由请求修理、更换、重作并赔偿损失。二是诉讼请求之间具有因果关系。通常表现为诉讼请求相互冲突或抵销，如原告起诉离婚，被告反诉确认婚姻无效。三是本诉与反诉的诉讼请求建立在相同事实基础上。例如，两人互殴，一方诉请损害赔偿，对方反诉损害赔偿。这也是判断构成反诉的主要标准。

（2）构成反诉的程序性要件。除了上述实质要件外，构成反诉的程序性要件也必不可少，具体包括以下四个方面。

第一，反诉起诉条件的要求。反诉同本诉一样，首先必须符合《民事诉讼法》第 122 条规定的起诉条件：原告是与本案有直接利害关系的公民、法人和其他组织；有明确的被告；有具体的诉讼请求和事实、理由；属于人民法院受理民事诉讼的范围和受诉人民法院管辖。

第二，反诉管辖法院的要求。管辖权是法院对特定诉讼行使审判权的前提，故受诉法院须对反诉具有管辖权。反诉只能向受理本诉的同一人民法院提起，且不能违反法律对专属管辖的规定。反诉是在本诉进行中提起的，并且要利用本诉的诉讼程序一并进行审理，因此，反诉只能向受理本诉的法院提起。审理本诉的法院对反诉的管辖权，可以基于牵连管辖而获得，但如果反诉属于另一法院专属管辖，受理本诉的法院则无权管辖，本诉的被告只能向有专属管辖权的法院另行起诉。专属管辖多因涉及公共利益而具有强制性，不允许随意变更，具有不可改变性、排他性，由某一法院专属管辖的案件，其他任何法院都无权管辖。这是法律强制性规定，不得违反。

第三，反诉程序上的要求。反诉与本诉应当适用同种诉讼程序，以便于合并审理。这里的同一程序是指普通程序和简易程序，不包括非诉讼程序，因为在非诉讼程序中被告不能提起反诉。只有反诉和本诉适用同一程序，才能将反诉与本诉合并审理，以达到简化诉讼程序之目的。

第四，提起反诉的时间要求。反诉的提起是以本诉的存在为前提的，当然应当在本诉的进行中提起，但最迟什么时间提起才有效，《民事诉讼法》对此并没有明确的规定。根据《民事诉讼法解释》第 232 条的规定，在案件受理后，法庭辩论结束前，被告提出反诉，可以合并审理的，人民法院应当合并审理。即反诉应当在法庭辩论结束之前提起，这样法庭可以将本诉与反诉合并审理，集中进行法庭调查，在查明案件事实、分清是非的基础上进行裁判，这样较之于将两诉分别审理可以省去许多重复程序，既能提高诉讼效率又能准确有效地解决民事纠纷。需要注意的是，这里的“法庭辩论结束前”既包括一审程序中的法庭辩论结束前，也包括二审程序中的法庭辩论结束前。换言之，本诉被告在本诉的一审程序、二审程序和再审程序中均可提起反诉。根据《民事诉讼法解释》第 326 条的规定，在第二审程序中，原审被告提出反诉的，二审法院可以根据当事人自愿的原则就反诉进行调解，调解不成的，告知当事人另行起诉。

【审判实践中应当注意的问题】

一、不构成反诉的处理

由于构成反诉必须具有上述主客观要件，对于被告提出的诉讼请求应由其他法院专属管辖，或者与本诉的诉讼标的及诉讼请求所依据的事实、理由无关联的，则不能构成反诉，被告主张的，人民法院不予受理，告知其另行起诉。

二、关于诉讼请求增加、变更和反诉时的举证期限确定

诉讼请求的增加、变更共同构成广义的诉的变更，而狭义的诉的变更仅指诉讼请求的变更，不包括诉讼请求的增加。我国《民事诉讼法》及其司法解释明确将诉讼请求的变更与诉讼请求的增加予以区分，分别对两者的有关情形作出规定。诉讼请求的变更在法理上包括两种情形：（1）诉讼请求在量上的变化，如诉讼请求数额的增加或减少；（2）诉讼请求质的变化，即诉讼请求性质的变化，如将合同之诉变更为侵权之诉。诉讼请求的增加、变更使得人民法院的审理对象发生了变化，这使得当事人从事举证活动的证明对象也发生了变化，由此当事人及其他诉讼参加人进行举证活动的期限亦应重新计算。由于诉讼请求的增加、变更对举证期限变化的影响存在个案差异，不宜作统一要求，故为便于法官根据个案情形灵活确定举证期限、提高诉讼效率，《最高人民法院关于民事诉讼证据的若干规定》（以下简称《民事诉讼证据规定》）第55条赋予法官根据案件具体情况重新确定举证期限的裁量权。

民事诉讼中的反诉，是指在已经开始的民事诉讼中，被告针对原告提出的与本诉有牵连的诉讼请求。被告反诉的目的，旨在通过反诉，抵销或者吞并本诉的诉讼请求，或者使本诉的诉讼请求失去意义。提起反诉是被告的一项诉讼权利，《民事诉讼法》规定反诉制度的目的，一方面，便于法院通过对反诉与本诉的合并审理，以同一诉讼程序解决相关民事纠纷，提高诉讼效率；另一方面，则是为了避免因分别审理而造成的裁判矛盾。反诉本质上是一个独立的诉，反诉中的当事人享有与本诉中的当事人同等的诉讼权利、负有同等的诉讼义务，故反诉的举证期限应独立于本诉的举证期限。因反诉的诉讼标的、待证事实与本诉不同，人民法院应依据举证期限确定的一般规则重新确定反诉的举证期限。如果人民法院不重新计算反诉的举证期限，则必然影响反诉中当事人举证活动的进行和诉讼权利的行使。因此，《民事诉讼证据规定》第55条规定当事人提出反诉的，人民法院应当根据案件具体情况重新确定举证期限。

第五十五条　当事人一方或者双方为二人以上，其诉讼标的是共同的，或者诉讼标的是同一种类、人民法院认为可以合并审理并经当事人同意的，为共同诉讼。

共同诉讼的一方当事人对诉讼标的有共同权利义务的，其中一人的诉讼行为经其他共同诉讼人承认，对其他共同诉讼人发生效力；对诉讼标的没有共同权利义务的，其中一人的诉讼行为对其他共同诉讼人不发生效力。

【条文主旨】

本条是关于共同诉讼的规定。

【理解与适用】

民事诉讼当事人主要由利益相互冲突对立的原被告构成的。一般情况下，原告一方或者被告一方都只有一人。但当当事人一方或者双方为二人以上时，就形成了一种特殊的诉讼形态，即共同诉讼。共同诉讼属于诉讼主体的合并（诉的主观合并），其意义在于简化诉讼程序，节省诉讼的时间和费用，实现诉讼的经济和迅捷，并避免人民法院在同一事件上作出相互矛盾的判决。①

一、共同诉讼发生的原因

共同诉讼发生的原因可以分为原始的发生原因和后发的发生原因。共同诉讼由两个以上共同原告起诉或者两个共同被告应诉而形成的，称为原始的发生原因。诉讼开始后从一对一的诉讼转化为共同诉讼的原因称为后发的发生原因，主要有三种情况：一是诉讼进行中，原告或者被告死亡，诉讼由数个继承人承担。二是诉讼进行中，追加当事人而形成的共同诉讼。三是诉讼进行中，法院决定合并审理而形成的共同诉讼。

① 张卫平：《民事诉讼法（第5版）》，法律出版社2019年版，第146页。

二、共同诉讼的种类

在民事诉讼理论上，共同诉讼可以分为积极的共同诉讼和消极的共同诉讼，[①] 必要的共同诉讼和普通的共同诉讼，本条规定的是必要的共同诉讼和普通的共同诉讼。

（一）必要的共同诉讼

当事人一方或者双方为二人以上，其诉讼标的是共同的，为必要的共同诉讼。必要的共同诉讼的特点在于共同诉讼的一方当事人对诉讼标的有不可分的共同的权利义务。它基于以下两种情况产生：一是基于同一物权或者连带债权债务产生。二是基于同一事实和法律上的原因产生。[②]

1. 典型的必要的共同诉讼形态。根据《民事诉讼法解释》及其他司法解释的规定，能够引起必要共同诉讼的典型情况主要有：（1）以他人之间的法律关系为对象提起的确认之诉或者形成之诉。（2）在三人及以上的主体之间具有不可分的财产共有关系等情形中，共有人围绕共有财产发生诉讼，原则上所有的共有人都应当成为共同诉讼人。（3）作为审理对象的法律关系指向的标的物为共有财产，或者参加该法律关系的一方主体为共有人。只要诉讼的实体内容牵涉不可分的共有财产，共有人原则上都应当成为共同诉讼人。（4）共同侵权损害赔偿诉讼中，各侵权人原则上应当作为共同诉讼人参加诉讼。（5）扩大的"诉讼标的共同"的情形。包括：个体工商户登记的经营者与实际经营者；从事民事活动的挂靠人与被挂靠人；企业法人与分立后的企业；业务介绍信、合同专用章、盖章的空白合同书或者银行账户的出借单位与借用人；相对人针对代理人与被代理人提起的诉讼。[③]

2. 必要共同诉讼人的内部关系。根据本条第2款规定，共同诉讼的一方当事人对诉讼标的有共同权利义务的，其中一人的诉讼行为经其他共同诉讼人承认，对其他共同诉讼人发生效力。这里的承认包括明示承认和默示承认。对于分歧意见，共同诉讼人之间可以进行协商，最终达成一致意见。但应当注意的是，协商一致并不是适用于全部场合，比如，一审判决

---

① 原告为二人以上的共同诉讼，称为积极的共同诉讼；被告为二人以上的共同诉讼，称为消极的共同诉讼。

② 王胜明主编：《中华人民共和国民事诉讼法释义（最新修正版）》，法律出版社2012年版，第94页。

③ 江必新主编：《新民事诉讼法条文理解与适用》，人民法院出版社2022年版，第228~229页。

后部分共同诉讼人不服提起上诉，如果上诉后为不可分之诉的，其效力及于全体共同诉讼人。

3. 必要的共同诉讼的审理。必要的共同诉讼要求当事人一同起诉或者应诉，人民法院必须作为一个案件合并审理，因为其中一人不参加诉讼，就难以确定争议的权利义务关系以及当事人之间的权利义务关系。根据《民事诉讼法解释》第 73 条规定，如果人民法院发现必须共同诉讼的当事人没有参加诉讼的，应当通知其参加诉讼。如果必须共同行使的诉讼实施权仅为共同诉讼人中一人或数人行使时，在实体判决要件（诉讼要件）方面就属于原告不适格，法院将驳回原告的诉。①

（二）普通的共同诉讼

普通的共同诉讼，是指当事人一方或者双方为二人以上的，其诉讼标的为同一种类，人民法院经当事人同意，认为可以合并审理的诉讼。其特点在于共同诉讼的一方当事人对诉讼标的没有共同的权利义务，是一种可分之诉，人民法院为了方便审理，才作为共同诉讼合并审理。普通的共同诉讼的适用必须满足以下条件：第一，同一法院必须对共同的被告享有管辖权，否则该法院不能将其列入共同被告；第二，几个诉讼必须属于同一诉讼程序，否则不能合并审理；第三，当事人同意作为共同诉讼合并审理；第四，必须符合合并审理的目的。即合并审理后，可以简化程序，节约时间和费用，否则应当分别审理。②

（三）必要的共同诉讼和普通的共同诉讼的区别

1. 诉讼标的的性质不同。（1）必要的共同诉讼的诉讼标的是共同的或者同一的，共同诉讼人对诉讼标的享有共同的权利或者承担共同的义务。比如，物品的共同共有人对造成物品损害的侵权人提起的损害赔偿诉讼，共同共有人基于同一所有权提起的诉讼是必要的共同诉讼。（2）普通的共同诉讼的标的是同一种类，共同诉讼人对诉讼标的不具有共同的权利或者承担共同的义务。比如，房东对多名承租人分别提起欠付租金之诉，被告承租人属于普通的共同诉讼人。

2. 共同诉讼人之间的关联性和独立性不同。必要的共同诉讼人之间采取承认的原则，视全体共同诉讼人为同一个整体，其中一人的诉讼行为

---

① 张卫平：《民事诉讼法（第 5 版）》，法律出版社 2019 年版，第 148 页。

② 王胜明主编：《中华人民共和国民事诉讼法释义（最新修正版）》，法律出版社 2012 年版，第 95 页。

经其他共同诉讼人同意，对其他共同诉讼人发生效力。普通的共同诉讼，每一个共同诉讼人都处于独立的地位，其诉讼行为只对自己发生效力。但在普通的共同诉讼中，存在证据共同原则，即其中一名共同诉讼人提出的证据主张或者证明资料适用于其他共同诉讼人。其正当性在于同种类的法律关系之间，事实往往是互相共通的，因此，其证据主张与证明资料也应当是共通的，这有利于在普通的共同诉讼中提高诉讼效率。

3. 审判方式和审判结果不同。必要的共同诉讼作为不可分之诉，共同诉讼人必须一同起诉或者一同应诉，法院必须合并审理并作出合一判决，且判决内容不得相左。普通的共同诉讼是一种可分之诉，他们之间没有共同的利害关系，因此，既可以一同起诉或者一同应诉，也可以分别起诉或者分别应诉。相应地，人民法院既可以合并审理，也可以分别审理，但合并审理时须符合条件并经当事人同意。

【审判实践中应当注意的问题】

一、追加共同诉讼当事人

（一）追加共同原告

实践中，应当追加的共同原告明确表示放弃实体权利的，按照权利义务对等原则，人民法院不需要合一确定其与其他共同诉讼人的实体权利义务，自然也就不需要再要求其参加诉讼，人民法院可不予追加其参加诉讼。应当追加的共同原告不愿意参加诉讼，又不放弃实体权利的，如《民事诉讼法解释》第 70 条规定的“在继承遗产的诉讼中，部分继承人起诉的，人民法院应通知其他继承人作为共同原告参加诉讼；被通知的继承人不愿意参加诉讼又未明确表示放弃实体权利的”情形，考虑该应当追加的原告放弃的仅是程序权利，其实体权利义务仍应当合一确定，此时，人民法院仍应将其列为共同原告。鉴于其明确表示不参加时能够根据《民事诉讼法》有关缺席审理和缺席判决的规定，人民法院可以对案件进行审理并依法判决。[①]

（二）追加共同被告

实践中追加被告参加诉讼的情形极为复杂，争议颇大，这里将不同的观

---

① 最高人民法院民法典贯彻实施工作领导小组办公室主编：《最高人民法院新民事诉讼法司法解释理解与适用》，人民法院出版社 2022 年版，第 218 页。

点列出供参考。一种观点认为，应作为共同被告参加诉讼而原告未起诉或者未申请追加的，人民法院行使释明权后原告仍明确放弃对其诉讼请求的，人民法院不予追加；对于被告申请追加的被告，原告不同意追加且明确放弃对其诉讼请求的，人民法院应当查明被申请追加被告应承担的责任并分别处理。如果被申请追加被告应当承担按份责任，应视为原告放弃对该部分权益；如果被申请追加被告应当承担连带责任或补充责任，法院不应裁决其承担责任。

另一种观点认为，应当区分不同情形予以分析。第一，对于按份责任的情形，如果原告不同意追加被告且放弃对其诉讼请求的，人民法院可不予追加，且应当扣除原告放弃的那部分诉讼请求。第二，对于补充责任的情形，如果被追加的被告应当首先承担赔偿责任，原告不同意追加且放弃其诉讼请求的，意味着已经参加诉讼的被告承担补充责任的前提已经丧失，人民法院释明后原告仍坚持不同意追加且放弃其诉讼请求的，人民法院应当驳回原告的诉讼请求。如果被告申请追加的被告是承担补充责任的，原告不同意追加且放弃其诉讼请求的，并不影响已经参加诉讼的被告承担赔偿责任，人民法院可在释明的基础上，根据原告的请求不予追加被告。第三，对连带责任情形，原告不同意追加或者放弃对被申请追加被告的诉讼请求的，并不影响已经参加诉讼的被告负有的对原告应当承担的全部赔偿责任，此时人民法院可以不予追加被告参加诉讼。①

二、当事人申请追加必须共同进行诉讼的当事人被驳回的救济途径

根据《民事诉讼法解释》第 73 条规定，当事人也可以向人民法院申请追加必须共同进行诉讼的当事人。当申请被法院驳回的，当事人的救济权的问题在实践中存在争议。少数意见认为，对于驳回的裁定，当事人有上诉的权利；多数意见认为，《民事诉讼法》第 157 条规定的可以上诉的裁定并不包括此处的驳回当事人追加申请的裁定。再者，拟被追加的主体是否属于必须共同进行诉讼的当事人，属于人民法院审查判断的范畴，假若人民法院裁定驳回申请有误，导致本应参加诉讼的主体未能参加诉讼的，该主体还可以对生效裁判申请再审，其救济途径是畅通的。②

---

① 最高人民法院民法典贯彻实施工作领导小组办公室主编：《最高人民法院新民事诉讼法司法解释理解与适用》，人民法院出版社 2022 年版，第 219 页。

② 最高人民法院民法典贯彻实施工作领导小组办公室主编：《最高人民法院新民事诉讼法司法解释理解与适用》，人民法院出版社 2022 年版，第 217~218 页。

第五十六条 当事人一方人数众多的共同诉讼，可以由当事人推选代表人进行诉讼。代表人的诉讼行为对其所代表的当事人发生效力，但代表人变更、放弃诉讼请求或者承认对方当事人的诉讼请求，进行和解，必须经被代表的当事人同意。

【条文主旨】

本条是关于人数众多且确定的共同诉讼的规定。

【理解与适用】

当事人一方人数众多的共同诉讼，假如众多当事人均参加诉讼，势必造成审理的不方便和诉讼时间的冗长，而将所有受害人的起诉分别审理，既麻烦又可能作出相互矛盾的判决，为了解决这一问题，简化诉讼程序，节省时间和人力，《民事诉讼法》将涉及多数人利益的诉讼分为人数众多且确定的共同诉讼和人数不确定的涉及多数人权益的共同诉讼分别作了规定。[①] 本条主要规定人数众多且确定的共同诉讼。对于本条规定的理解需要掌握以下四点：

一是当事人一方人数众多在起诉时能够确定。根据《民事诉讼法解释》第 75 条规定，人数众多一般指十人以上，但最终人数的上限在起诉时应当能够确定。如果起诉时最终的人数不能确定，则不能适用本条规定。

二是诉讼标的是同一种类。代表人诉讼既可以是必要的共同诉讼，也可以是普通的共同诉讼。[②] 比如，空调公司向 500 多名自然人出售了空调，结果空调是伪劣产品，为此，500 多名自然人同时向人民法院提起了损害赔偿诉讼，此时原告都是因空调质量问题起诉。

三是代表人可以由全体当事人推选或者部分当事人推选。当事人必须推选他们之中的人作为代表进行诉讼，而不能推选当事人之外的人，即推

---

① 王胜明主编：《中华人民共和国民事诉讼法释义（最新修正版）》，法律出版社 2012 年版，第 97 页。

② 江必新主编：《新民事诉讼法条文理解与适用》，人民法院出版社 2022 年版，第 233 页。

选出的代表人兼具当事人与诉讼代表人的双重身份。[①] 同时，代表人诉讼制度，在于简化诉讼程序，扩大诉讼容量。因此，从简化诉讼程序出发，对推选出来的代表人人数也应当予以适当限制。[②] 依照《民事诉讼法解释》第 78 条规定，人数众多的一方当事人可以推选二至五人作为代表人，每名代表人可以委托一至二人作为诉讼代理人。由于代表人需要代替当事人实施诉讼行为，所以代表人必须具有诉讼能力且能够善意地履行代表人的职责。

四是代表一旦产生，其诉讼行为对其所代表的当事人发生效力。这里所谓的发生效力主要体现在两个层面：一是程序性事项，比如，代表人提出管辖权异议、进行法庭辩论、申请证据保全、申请顺延诉讼期间等不涉及当事人实体权利的行为，代表人一经实施就对其所代表的当事人发生效力。二是实体权利处分。基于处分原则，未经当事人授权，他人无权代为处分，因此，代表人的凡涉及当事人实体权利的诉讼行为，包括放弃、变更诉讼请求，或者承认对方当事人的诉讼请求，进行和解，必须经被代表的当事人同意，这样可以防止代表人和对方恶意串通，损害被代表的当事人的权益。

【审判实践中应当注意的问题】

一、诉讼代表人与诉讼代理人的区别

诉讼代表人的权限与诉讼代理人相似，但诉讼代表人仍然不同于诉讼代理人，两者的区别主要包括：（1）诉讼代表人是本案当事人，与本案的诉讼结果有利害关系。诉讼代理人不是本案当事人，与本案的诉讼结果没有利害关系。（2）诉讼代表人实施诉讼行为，不仅是为被代表的当事人的利益，也是为自己的利益。诉讼代理人实施诉讼行为是为被代表的当事人的利益。

---

① 王胜明主编：《中华人民共和国民事诉讼法释义（最新修正版）》，法律出版社 2012 年版，第 98 页。

② 最高人民法院民法典贯彻实施工作领导小组办公室主编：《最高人民法院新民事诉讼法司法解释理解与适用》，人民法院出版社 2022 年版，第 224 页。

二、推选不出代表人时或者未参加推选的当事人如何参加诉讼

代表人可以由全体当事人推选或者部分当事人推选。全体当事人推选出代表人的，其诉讼行为对其所代表的当事人发生效力。但在全体当事人推选不出代表人，或者部分当事人推选代表人时，剩余的当事人如何参加诉讼。此时，根据《民事诉讼法解释》第 76 条规定，应当根据共同诉讼的不同类型采用不同的参加诉讼的方式。属于必要的共同诉讼情形的，由于该诉讼属于不可分之诉，同一方当事人具有共同的权利义务，且需要合一确定，故未参加推选的剩余当事人可以以自己的名义参加诉讼，推选不出代表人的全体当事人可以自己参加诉讼。属于普通的共同诉讼情形的，由于该诉讼属于可分之诉，故未参加推选的剩余当事人可以选择另行起诉，也可以自己参加诉讼。

第五十七条 诉讼标的是同一种类、当事人一方人数众多在起诉时人数尚未确定的，人民法院可以发出公告，说明案件情况和诉讼请求，通知权利人在一定期间向人民法院登记。

向人民法院登记的权利人可以推选代表人进行诉讼；推选不出代表人的，人民法院可以与参加登记的权利人商定代表人。

代表人的诉讼行为对其所代表的当事人发生效力，但代表人变更、放弃诉讼请求或者承认对方当事人的诉讼请求，进行和解，必须经被代表的当事人同意。

人民法院作出的判决、裁定，对参加登记的全体权利人发生效力。未参加登记的权利人在诉讼时效期间提起诉讼的，适用该判决、裁定。

【条文主旨】

本条是关于人数不确定的涉及多数人权益的共同诉讼的规定。

【理解与适用】

本条规定的人数不确定的涉及多数人权益的共同诉讼，是指诉讼标的是同一种类，当事人一方人数众多但起诉时人数尚未确定的共同诉讼，也称为集团诉讼。[①] 实践中，主要适用场景是因产品责任、消费者权益、环境污染等侵权行为而引发的群体性纠纷，为了减轻当事人的诉讼负担，同时也为了提高诉讼效率，而采用集团诉讼的方式。人数不确定的涉及多数人权益的共同诉讼具有以下几个特点：（1）诉讼标的是同一种类。（2）提起诉讼时，受害人是不确定的。（3）并非所有受害人都提起了诉讼，有些受害人甚至不知道诉讼的发生。[②]

---

① 江必新主编：《新民事诉讼法条文理解与适用》，人民法院出版社2022年版，第235页。

② 王胜明主编：《中华人民共和国民事诉讼法释义（最新修正版）》，法律出版社2012年版，第99页。

一、公告

由于起诉时人数不能够确定，人民法院受理该诉讼后，可以发出公告。说明案件情况及诉讼请求，通知权利人在一定期限内向人民法院登记。根据《民事诉讼法解释》第79条规定公告期间根据案件的具体情况确定，但不得少于30日。关于公告的内容以及公告张贴的具体要求并无具体规定，对此，《民事诉讼法解释》对公告送达、宣告失踪或者死亡、除权公告的内容、张贴方式等作出了规定，人民法院在实践中可以参考借鉴。[①]需要注意的是，公告的目的是促使权利人通过参加诉讼维护自身合法权益，尽量做到同案同判，确保司法公正，但登记只是表明具有案件当事人的身份，权利人未在公告期内登记的，对他的实体权利不会产生影响，仅表明本次诉讼其不作为当事人。

二、推选代表人

根据本条第2款和《民事诉讼法解释》第77条的规定，集团诉讼的代表人产生有三种方式：一是当事人推选，即由已向人民法院登记的权利人推选诉讼代表人进行诉讼；二是协商确定，即权利人推选不出代表人时，受诉法院可以与参加登记的权利人商定代表人；三是人民法院指定，即如果诉讼代表人人选协商未果，人民法院可以依职权在已起诉的当事人中指定诉讼代表人。另外，根据《民事诉讼法解释》第78条对推选出来的代表人人数以及代表人委托诉讼代理人的人数进行限制，人数众多的一方当事人可以推选二至五人作为代表人，每名代表人可以委托一至二人作为诉讼代理人。

三、代表人诉讼行为的效力

与本法第56条类似，诉讼代表人产生以后，其在诉讼中的权限范围与人数确定的代表人诉讼相同，即其诉讼行为对所代表的当事人发生效力，但代表人变更、放弃诉讼请求或者承认当事人的诉讼请求，进行和解，必须经被代表的当事人同意。

---

① 最高人民法院民法典贯彻实施工作领导小组办公室主编：《最高人民法院新民事诉讼法司法解释理解与适用》，人民法院出版社2022年版，第225页。

四、代表人诉讼裁定、判决的既判力

集团诉讼判决的既判力问题是集团诉讼制度的核心问题之一，主要体现在两个方面。第一，人民法院作出的判决、裁定对参加登记的全体权利人发生效力。第二，对于在公告期间没有登记的权利人，只要其在诉讼时效期间提起诉讼，人民法院的判决、裁定对其也适用，而不再对案件进行审理。所谓适用该判决、裁定，是指适用该判决、裁定中人民法院认定的事实和理由，以及判决中确定的确认、给付的原则，至于具体确认、给付多少，则视权利人的具体情况而定。[①]

五、未参加登记的权利人须在诉讼时效期间内提起诉讼

诉讼时效期间分为三类：第一类是普通诉讼时效期间，它是《民法典》规定的普遍适用于应当适用时效的各种法律关系的时效期间，根据《民法典》第 188 条规定，普通诉讼时效的期间为 3 年。第二类是特别诉讼时效期间，它是《民法典》及其他民事特别法规定的适用于某些民事法律关系、不同于普通诉讼时效期间的特定时效期间，根据特别法优先于普通法的原理，特别时效优先于普通时效适用。第三类是最长诉讼时效期间，不适用诉讼时效中断、中止规定的时效期间，最长诉讼时效为 20 年。

关于诉讼时效的起算时间，我国诉讼时效期间的起算兼采了主观标准和客观标准。普通时效期间和特别时效期间的起算需满足以下条件：（1）权利客观上受到侵害。权利受到侵害是诉讼时效期间起算的前提之一，如权利未受到侵害，不涉及诉讼时效问题。（2）权利人知道或应当知道权利受到侵害。虽然权利客观上受到侵害，但是权利人可能并不知道权利受侵害情况，故诉讼时效期间的起算应将权利人知道或应当知道权利受侵害作为条件之一。所谓应当知道指的是以一般人的标准，权利人在当时的情况下应当知道权利受到侵害。（3）权利人知道或应当知道具体侵害人。权利人知道权利受侵害还不够，如果不知道侵害人是谁，也无法行使请求权，故诉讼时效期间的起算还需要权利人知道或应当知道具体的义

---

① 王胜明主编：《中华人民共和国民事诉讼法释义（最新修正版）》，法律出版社 2012 年版，第 100 页。

务人。最长诉讼时效期间采用客观标准，从权利受到损害之日开始计算，即使权利受到侵害后权利人一直不知道，但是只要权利受到损害之日起超过 20 年的，除极特殊情况下的诉讼时效延长外，人民法院就不予保护。

【审判实践中应当注意的问题】

一、申请登记权利人的举证证明责任

根据《民事诉讼法解释》第 80 条规定，向人民法院登记的权利人应当举证证明其与对方当事人的法律关系和所受到的损害，人民法院据此审查该权利人的申请是否符合本条第一款的条件，即诉讼标的是否是同一种类，能够证明的，权利人即可成为该集团诉讼的当事人。权利人不能举证证明其与对方当事人的法律关系和所受到的损害，不能参加集团诉讼，鉴于其提起的诉实为不同的诉，该权利人可以另行提起诉讼。

二、前诉和后诉的关系

对符合法定条件的权利人的起诉，人民法院可以作出裁定，明确前诉的裁定或者判决适用于该权利人。同时，还应当注意审查权利人提起的后诉与前诉的关系，进一步决定前诉裁判可否直接适用于后诉当事人。例如，在判决停止侵害或者宣示性判决案件中，不需要众多当事人进行登记，即使不登记也同样可以享有胜诉判决的利益，譬如，仅仅要求侵权方（如化肥厂）停止侵害的案件。但是，如果没有登记的当事人在后来要求化肥厂停止侵害，同时又提出要求赔偿损失的，前诉判决对后来的诉讼是否还具有既判力。对于此问题，有学者建议可以采用巴西的做法，将判决分为有利的判决和不利的判决，规定对于登记的当事人两类判决都有既判力，而仅仅有利的代表诉讼判决对于未参加登记的权利人的代表诉讼判决对于未参加登记的权利人才产生既判力，但是如果个人权利没有得到充分救济的（如没有得到合理赔偿），仍然可以提起个人诉讼。[①] 但该处理方式能否妥善解决前诉与后诉的关系，尚待于人民法院不断实践并积累经验。

---

① 参见肖建华、杨恩乾：《论集团诉讼中的既判力问题——美国和巴西立法经验的分析及借鉴》，载《政法论丛》2011 年第 1 期。

三、集团诉讼中人民法院制作的调解书的效力

本条仅规定了人民法院作出的生效裁定、判决的既判力适用于未参加登记的权利人。对于基于调解协议作出的调解书，倾向性意见认为，调解协议是当事人之间通过让渡部分权利，经过妥协而达成的协议，因而不应当产生约束调解书当事人之外任何人的效力。[①]

---

① 最高人民法院民法典贯彻实施工作领导小组办公室主编：《最高人民法院新民事诉讼法司法解释理解与适用》，人民法院出版社 2022 年版，第 227 页。

第五十八条 对污染环境、侵害众多消费者合法权益等损害社会公共利益的行为，法律规定的机关和有关组织可以向人民法院提起诉讼。

人民检察院在履行职责中发现破坏生态环境和资源保护、食品药品安全领域侵害众多消费者合法权益等损害社会公共利益的行为，在没有前款规定的机关和组织或者前款规定的机关和组织不提起诉讼的情况下，可以向人民法院提起诉讼。前款规定的机关或者组织提起诉讼的，人民检察院可以支持起诉。

【条文主旨】

本条是关于公益诉讼主体和人民检察院支持起诉的规定。

【理解与适用】

一、公益诉讼与私益诉讼的区分

法律规定的机关和有关组织对损害社会公共利益的行为提起的诉讼是公益诉讼。公益诉讼和私益诉讼共同组成我国民事诉讼制度。公益诉讼与私益诉讼的区别主要体现在以下几方面：一是公益诉讼救济的是受到损害的公共利益，而私益诉讼救济的是原告的私人利益。二是公益诉讼原告与被诉侵权行为没有直接利害关系，其范围由法律规定，而私益诉讼原告是与所诉纠纷有直接利害关系的公民、法人和其他组织，任何民事主体的权利受到侵害，均有权提起私益诉讼。三是在起诉条件、管辖、调解、撤诉、诉讼费收取、责任方式等具体制度方面，二者亦有明确区别。后文将具体阐述。公益诉讼与私益诉讼所保护的法益存在交叉。例如，公益诉讼也会涉及消费者、受害人及其近亲属私益保护。因此，司法实践中，需要做好公益诉讼与私益诉讼的衔接。另外，公益诉讼与代表人诉讼、集体诉讼的关系问题，民事消费公益诉讼惩罚性赔偿金与罚金、罚款、消费者私益诉讼惩罚性赔偿金的关系问题等都是司法实践中亟待解决的问题。

2012 年修正《民事诉讼法》时，增加了民事公益诉讼制度，包括环境公益诉讼和消费公益诉讼等。2015年《民事诉讼法解释》，对民事公益诉讼的起诉条件、管辖法院、诉讼主体及其他审理程序问题作了较为全面的规定。2016年《消费民事公益诉讼解释》，对消费民事公益诉讼中经营者侵权行为、诉讼程序、司法建议、公益诉讼与私益诉讼的关系等问题作了较为全面的规定。2017年修正《民事诉讼法》时增加了检察机关对破坏生态环境和资源保护、食品药品安全领域侵害众多消费者合法权益等损害社会公共利益的行为可以提起公益诉讼的规定。2018年《最高人民法院、最高人民检察院关于检察公益诉讼案件适用法律若干问题的解释》，进一步完善了人民检察院提起公益诉讼制度。2019年《最高人民法院、最高人民检察院关于人民检察院提起刑事附带民事公益诉讼应否履行诉前公告程序问题的批复》，进一步完善了刑事附带民事公益诉讼制度。2020年《最高人民法院关于审理食品安全民事纠纷案件适用法律若干问题的解释（一）》，明确规定生产经营不符合食品安全标准的食品，侵害众多消费者合法权益，损害社会公共利益，《民事诉讼法》《消费者权益保护法》等法律规定的机关和有关组织依法提起公益诉讼的，人民法院应予受理。2020年修订《未成年人保护法》时确立了未成年人权益保护公益诉讼制度。《未成年人保护法》第106条规定，当未成年人合法权益受到侵犯，涉及公共利益的，人民检察院有权提起公益诉讼。2021年施行的《个人信息保护法》明确了个人信息保护。

公益诉讼包括消费公益诉讼、环境公益诉讼、劳动公益诉讼、个人信息保护公益诉讼、保护英烈权益公益诉讼、国有财产保护公益诉讼、国有土地使用权公益诉讼等。公益诉讼所保护的公共利益，既可以是国家利益、集体利益也可以是个人利益。只涉及单一主体的利益，如单个自然人的利益、承载国家利益的某一国有企业的利益、承载集体利益的某集体企业的利益受损后，原则上应当由该民事主体提起私益诉讼。如果违法行为所损害的是众多主体的利益时，国家规定的机关或者组织可依法提起公益诉讼。

二、公益诉讼的起诉条件

私益诉讼与公益诉讼的目的不同，各自所适用的诉讼程序也存在差异。《民事诉讼法》规定原告提起私益诉讼需要具备四个条件：一是原告是与本案有直接利害关系的公民、法人和其他组织；二是有明确的被告；

三是有具体的诉讼请求和事实、理由；四是属于人民法院受理民事诉讼的范围和受诉人民法院管辖。第一个条件不适用于公益诉讼，后三个条件适用于公益诉讼。同时，由于公益诉讼的原告无须为与诉争纠纷存在直接利害关系的主体，为了防止滥用公益诉讼的行为，对公益诉讼的起诉条件还应作特别要求。对此，《民事诉讼法解释》第282条规定："环境保护法、消费者权益保护法等法律规定的机关和有关组织对污染环境、侵害众多消费者合法权益等损害社会公共利益的行为，根据民事诉讼法第五十八条规定提起公益诉讼，符合下列条件的，人民法院应当受理：（一）有明确的被告；（二）有具体的诉讼请求；（三）有社会公共利益受到损害的初步证据；（四）属于人民法院受理民事诉讼的范围和受诉人民法院管辖。"相对于私益诉讼的条件，《民事诉讼法解释》第282条规定未保留"原告是与本案有直接利害关系的公民、法人和其他组织"这一要求。这是公益诉讼的应有之义。另外，该条解释还增加了"有社会公共利益受到损害的初步证据"这一要求。这有利防止法律规定的机关和有关组织滥用虚假诉讼制度。

除原告的要求不同外，有社会公共利益受到损害的初步证据是提起公益诉讼区别于提起私诉讼的最核心条件。"社会公共利益受到损害"，不但包括现实的已经产生的实际损害，也包括即将产生的损害，例如，生产经营者生产经营不符合食品安全的食品或者假药、劣药，即使消费者购买后还没有消费，实际损害还没有发生，或者食品药品刚上市，消费者还没有购买，但是如果不及时遏制违法行为，必然造成损害，法律规定的机关和有关组织仍然可以提起公益诉讼。《民事诉讼法》第58条规定原告提交初步证据而非充分证据、最终证据。一方面，立案审查阶段对证据的审查通常是形式审查，只需对证据的合法性、真实性和关联性作初步审查，经过实体审理阶段的质证和认证，这些证据的"三性"需要重新认定；另一方面，原告可以在公益诉讼案件受理继续补充提供证据。

三、公益诉讼的主体

公益诉讼的被告与私益诉讼相同，一般都是侵权人。但公益诉讼的原告与私益诉讼有本质区别。私益诉讼的原告必须与案件有直接利害关系的公民、法人和其他组织，但公益诉讼的原告与案件没有直接利害关系，必须是法律规定的机关和有关组织。这些机关和组织所承担的职能包括保护公益诉讼所保护的公共利益，因此，各机关和有关组织的诉讼标的范围也应当受到法律的限制。公益诉讼的起诉主体，包括法律规定的机关和有关组织。其中，法律规定的机关，是指提起公益诉讼的国家机关，例如，检察机关。对于提起环境公益诉讼的“有关组织”，则根据不同的组织其要件要求有所不同。根据相关法律规定，有权提起消费公益诉讼的原告包括消费者权益保护组织、环境资源保护组织、由国家网信部门确定的组织等。

首先，关于消费公益诉讼的原告。根据《消费者权益保护法》第47条和《消费民事公益诉讼解释》第1条规定，中国消费者协会以及在省、自治区、直辖市设立的消费者协会有权提起消费民事公益诉讼。根据上述规定，市、县级的消费者协会组织可以支持起诉的方式履行公益性职责，不能作为原告提起消费民事公益诉讼。这也导致司法实践中由消费者权益保护组织提起的消费民事公益诉讼案件较少。在法律未将原告的主体资格放宽至市、县级消费者协会的情况下，市、县级消费者协会可探索依据省级消费者协会授权，以省级消费者协会名义提起消费者公益诉讼，进一步推动消费民事公益诉讼的开展。

其次，关于环境资源公益诉讼的原告。第一，根据《环境保护法》以及《环境公益诉讼解释》等的规定，环境资源公益诉讼的原告应当符合下列条件：一是依法在设区的市级以上人民政府民政部门登记的社会团体、社会服务机构以及基金会等。设区的市级以上人民政府民政部门，包括设区的市，自治州、盟、地区，不设区的地级市，直辖市的区以上人民政府民政部门。社会组织章程确定的宗旨和主要业务范围是维护社会公共利益，且从事环境保护公益活动的，可以认定为专门从事环境保护公益活动。社会组织提起的诉讼所涉及的社会公共利益，应与其宗旨和业务范围具有关联性。二是专门从事环境保护公益活动连续五年以上且无违法记录。第二，社会组织在提起诉讼前五年内未因从事业务活动违反法律、法规的规定受过行政、刑事处罚的，可以认定为无违法记录。司法实践中，社会组织提起环境公益诉讼的，应当提交社会组织登记证书、章程、起诉前连续五年的年度工作报告书或者年检报告书，以及由其法定代表人或者负责人签字并加盖公章的无违法记录的声明。

再次，关于检察机关的起诉顺位。2017年《民事诉讼法》修正时增加规定，人民检察院在履行职责中发现破坏生态环境和资源保护、食品药品安全领域侵害众多消费者合法权益等损害社会公共利益的行为，在没有法律规定的机关、社会组织或者法律规定的机关、社会组织不提起公益诉讼时，可以提起公益诉讼。实践中，检察机关已经成为公益诉讼的主力军，无论是办案规模，还是办案质量都发挥着重要作用。实践中出现一种呼声，应该将检察机关和社会组织提起诉讼设置为同等顺位，取消相应的民事公告程序。这一观点认为，社会组织提起的公益诉讼存在调查取证能力相对欠缺、有的诉讼请求不明或者所提诉讼请求明确不足以保护公共利益、撤诉率败诉率相对较高、律师代理费可能虚高等问题，甚至存在部分社会组织接受被告捐赠后撤诉、借机牟利的问题。还有的社会组织仅就一审法院未全部支持履职费、差旅费等提出上诉，具有牟利意图。总体看，不同公益诉讼主体在实践中遇到的问题各有不同，进一步发挥公益诉讼的作用，有待于进一步稳妥放宽公益诉讼原先范围及起诉条件、明确具有原告资格的组织范围。

有权提起诉讼的其他机关和有关组织有权申请参加公益诉讼，成为共同原告。《民事诉讼法解释》第 285 条规定："人民法院受理公益诉讼案件后，依法可以提起诉讼的其他机关和有关组织，可以在开庭前向人民法院申请参加诉讼。人民法院准许参加诉讼的，列为共同原告。"损害消费者权益和污染环境、破坏生态的行为，往往涉及的地域范围和受害人范围很广。对同一损害社会公共利益的行为，可能有多个起诉主体符合公益诉讼原告资格。如果对同一损害社会公共利益的行为，因不同原告起诉而作为多个案件审理，既可能造成司法资源浪费、增加诉讼成本，也可能导致不同法院就同一诉讼作出不同裁判。对此，《民事诉讼法解释》第 283 条第 3 款规定，对同一损害社会公共利益的侵权行为提起的公益诉讼实行集中管辖，原则上由最先立案的法院管辖，后起诉的，移送至最先立案的法院。在必要时，可以由受理案件的共同上级人民法院指定某一法院集中管辖。此外，为解决多个诉讼主体均具备原告资格且均希望提起诉讼的问题，《民事诉讼法解释》第 285 条规定规定了参加诉讼的制度。《消费民事公益诉讼解释》《环境公益诉讼解释》都作了如是规定。例如，《消费民事公益诉讼解释》第 7 条规定："人民法院受理消费民事公益诉讼案件后，依法可以提起诉讼的其他机关或者社会组织，可以在一审开庭前向人民法院申请参加诉讼。人民法院准许参加诉讼的，列为共同原告；逾期申请的，不予准许。"

四、公益诉讼的管辖

《民事诉讼法解释》第 283 条对公益的地域管辖和级别管辖作了一般性规定。在地域管辖方面，公益诉讼本质上是侵权之诉，故公益诉讼案件的地域管辖应当适用《民事诉讼法》第 29 条关于因侵权行为提起的诉讼的管辖的规定，由侵权行为地或者被告住所地人民法院管辖。侵权行为地一般包括侵权行为实施地和侵权结果发生地，但是，因污染海洋环境提起的公益诉讼，除污染发生地、损害结果地法事法院有管辖权外，采取预防污染措施地海事法院亦享有管辖权。在级别管辖上，因公益诉讼通常涉及面广、影响大、处理难度亦较大，其所适用的诉讼程序亦具有特殊性，由中级法院作为公益诉讼一审法院更有利于公益诉讼得到公正、及时、妥当审理。因此，本条司法解释规定，公益诉讼案件由侵权行为地或者被告住所地中级人民法院管辖，但法律、司法解释另有规定的除外。

为进一步明确公益诉讼的管辖规则，司法解释对公益诉讼移送管辖、集中管辖、刑事附带民事公益诉讼案件管辖等规则作了细化规定。例如，《检察公益诉讼解释》第 5 条第 1 款规定："市（分、州）人民检察院提起的第一审民事公益诉讼案件，由侵权行为地或者被告住所地中级人民法院管辖。"第 20 条第 2 款规定："人民检察院提起的刑事附带民事公益诉讼案件由审理刑事案件的人民法院管辖。"《环境公益诉讼解释》第 6 条第 2 款规定："中级人民法院认为确有必要的，可以在报请高级人民法院批准后，裁定将本院管辖的第一审环境民事公益诉讼案件交由基层人民法院审理。"这是人民法院贯彻中央司法改革和人民法院四五改革纲要精神，根据环境公益诉讼案件跨区域、跨流域的特点，规定经最高人民法院批准，高级人民法院可以根据本辖区环境和生态保护的实际情况，在辖区内确定部分中级人民法院受理第一审环境民事公益诉讼案件，并确定各中级人民法院的辖区。另外，关于由最高人民法院直接对跨省、跨流域案件指定管辖问题，因法律对此未进行限制，不需专门规定，最高人民法院可以根据实际需要直接指定管辖法院。《消费民事公益诉讼解释》第 3 条第 2 款规定，消费公益诉讼案件"经最高人民法院批准，高级人民法院可以根据本辖区实际情况，在辖区内确定部分中级人民法院受理第一审消费民事公益诉讼案件"。

五、公益诉讼的调解

调解是民事诉讼处分原则的体现。私益诉讼中，当事人可任意依法处分自身的权利，与其他当事人达成调解协议。因为依自愿、平等原则，当事人有权自愿算分自己的权利。公益诉讼中，原告与所需保护的利益没有直接关系，原告不能像私益诉讼中原告那样任意处分自己的权利。《民事诉讼法解释》第 287 条规定："对公益诉讼案件，当事人可以和解，人民法院可以调解。当事人达成和解或者调解协议后，人民法院应当将和解或者调解协议进行公告。公告期间不得少于三十日。公告期满后，人民法院经审查，和解或者调解协议不违反社会公共利益的，应当出具调解书；和解或者调解协议违反社会公共利益的，不予出具调解书，继续对案件进行审理并依法作出裁判。"

与私益诉讼的调解相比，公益诉讼调解两点基本区别：一是公益诉讼的调解协议或者和解协议在审查确认前应当公告。公益诉讼以保护社会公共利益为目的，原告的处分权必须在不损害社会公共利益的前提下行使，协议内容应当接受社会监督。故公益诉讼中当事人达成的和解或者调解协议应当公告，目的是使公众知晓协议内容，以便及时对于损害社会公共利益的行为行使监督权。如果其他主体认为和解或者调解协议损害国家利益、社会公共利益和他人合法权益的，可以向人民法院提出异议。二是人民法院要审查公益诉讼当事人达成的调解协议或者和解协议是否损害国家利益、社会公共利益或者他人合法权益。

六、公益诉讼的撤诉

撤销也是民事诉讼处分原则的体现。私益诉讼中，当事人可以向人民法院申请撤诉，不再寻求司法救济。原告撤诉的原因，可能是与被告达成和解协议、被告已经履行法定义务或者原告认为其不具有胜诉的条件。公益诉讼中，原告起诉的目的是救济受到损害的公共利益，与其自身利益没有直接关系，故原告不能像私益诉讼中原告那样享有任意处分诉权的权利。《民事诉讼法解释》第 288 条规定："公益诉讼案件的原告在法庭辩论终结后申请撤诉的，人民法院不予准许。"法庭辩论终结前原告申请撤诉的，是否准许，由法院裁定。另外，《环境公益诉讼解释》第 26 条规定："负有环境保护监督管理职责的部门依法履行监管职责而使原告诉讼请求全部实现，原告申请撤诉的，人民法院应予准许。”《检察公益诉讼解释》第 19 条规定：“民事公益诉讼案件审理过程中，人民检察院诉讼请求全部实现而撤回起诉的，人民法院应予准许。”上述司法解释进一步对公益诉讼撤诉问题提供了明确的标准，即民事公益诉讼的诉讼请求得到满足时，公益诉讼之诉讼目的已经实现，诉讼继续进行已无必要，故原告有权申请撤诉。

七、禁止重复起诉

从民事诉讼理论上，我国并未明确司法裁判既判力只对当事人发生效力。尤其对公益诉讼而言，如果已经有符合条件的机关或者组织提起公益诉讼，作出生效裁判后，其他机关或者组织应受一事不再理原则的约束，如果其他机关或者组织重复起诉的，人民法院不应受理。《民事诉讼法解释》第 289 条规定：“公益诉讼案件的裁判发生法律效力后，其他依法具有原告资格的机关和有关组织就同一侵权行为另行提起公益诉讼的，人民法院裁定不予受理，但法律、司法解释另有规定的除外。”《环境公益诉讼解释》第 28 条规定：“环境民事公益诉讼案件的裁判生效后，有权提起诉讼的其他机关和社会组织就同一污染环境、破坏生态行为另行起诉，有下列情形之一的，人民法院应予受理：（一）前案原告的起诉被裁定驳回的；（二）前案原告申请撤诉被裁定准许的，但本解释第二十六条规定的情形除外。环境民事公益诉讼案件的裁判生效后，有证据证明存在前案审理时未发现的损害，有权提起诉讼的机关和社会组织另行起诉的，人民法院应予受理。”公益诉讼生效裁判作出后，对新发生的侵权事实或者之前未发现的侵权事实另行提起公益诉讼的，不属于重复诉讼。该部分事实本不在生效裁判的既判力范围之内，允许另行起诉，理所当然。

【审判实践中应当注意的问题】

一、社会组织诉讼中丧失环境公益诉讼原告主体资格是否能够继续诉讼

关于社会组织依法提起环境民事公益诉讼后，在诉讼过程中因受行政处罚等原因丧失公益诉讼原告主体资格，应当如何处理的问题，主要有三种观点：

第一种观点认为，此种情形属于原告不适格，不符合公益诉讼的起诉条件，如果未予受理，应当裁定不予受理，已经受理的，应当驳回起诉。驳回起诉后，不影响其他法律规定的机关和有关组织向人民法院提起公益诉讼，或者该原告重新具备起诉条件后继续起诉。这有利于保护公共利益。

第二种观点认为，这种情况下应当终结诉讼。《民事诉讼法》第154条规定："有下列情形之一的，终结诉讼：（一）原告死亡，没有继承人，或者继承人放弃诉讼权利的；（二）被告死亡，没有遗产，也没有应当承担义务的人的；（三）离婚案件一方当事人死亡的；（四）追索赡养费、扶养费、抚养费以及解除收养关系案件的一方当事人死亡的。"可参照本条规定，裁定终结诉讼。

第三种观点认为，社会组织在提起环境民事公益诉讼时具备起诉资格，在诉讼过程中因受行政处罚等原因丧失公益诉讼原告主体资格，是否必然导致该组织无权继续参加诉讼，应根据具体情况而定。如果由该组织继续参加诉讼不妨碍依法保护公共利益，可仍由其继续参加诉讼。公益诉讼的原告具有特殊性，通常多个主体均具备原告诉讼资格。如果不应由在诉讼中丧失公益诉讼原告主体资格的社会组织继续参加诉讼，也不宜一概驳回诉讼请求，可以采用变更原告的方式进行。人民法院经审查认为有必要继续诉讼并作出生效裁判的，可向检察机关提出司法建议，由其参加诉讼。检察机关参加诉讼后对社会组织之前的诉讼行为予以认可的，原来的诉讼活动及形成的法律文书仍然有效，人民法院可继续审理。

我们倾向于第三种观点，主要理由是，终结诉讼制度适用于当事人死亡导致诉讼没有必要继续的情形。诉讼终结后，不应也无必要再就诉争纠纷启动诉讼程序。但是社会组织依法提起环境民事公益诉讼后，在诉讼过程中因受行政处罚等原因丧失公益诉讼原告主体资格，只是产生该组织不能提起公益诉讼的效果，公益诉讼的目的并未实现，通常仍有必要继续诉讼。经人民法院释明后，法律规定的机关或者有关组织不愿意继续原公益诉讼的，人民法院可驳回起诉，这不影响其他主体就同一侵权行为另行提起公益诉讼。第三种观点有利于以更小的诉讼成本保护公共利益。

二、消费民事公益诉讼中惩罚性赔偿金的处理

《消费民事公益诉讼解释》第13条虽未明确将"赔偿损失"列举在

消费公益诉讼的诉请类型中，但也未禁止公益诉讼起诉人提出“赔偿损失”的诉讼请求，实务中对应否支持公益诉讼惩罚性赔偿存有争议。最高人民法院于2021年3月30日与最高人民检察院、农业农村部、海关总署、国家市场监督管理总局、国家粮食和物资储备局、中国消费者协会共同印发《探索建立食品安全民事公益诉讼惩罚性赔偿制度座谈会会议纪要》，要求在司法实践中探索食品安全民事公益诉讼惩罚性赔偿制度。司法实践中，食品安全民事公益诉讼惩罚性赔偿制度仍然面临诸多问题需要解决：一是惩罚性赔偿计算基数及系数，惩罚性赔偿计算基数是否应严格按照消费者支付的价款计算，法院可否调整司法解释规定的赔偿系数；二是关于惩罚性赔偿金的归属、分配，惩罚性赔偿金如何管理、处置，应否上缴国库等问题未有明确规定；三是公益诉讼后，消费者可否再行提起要求支付惩罚性赔偿金的诉讼。我们认为，《食品安全法》关于食品安全惩罚性赔偿的规定，请求权人应当是消费者。法律规定的机关或者其他组织提起公益诉讼，请求生产经营者承担惩罚性赔偿责任后，所获得的赔偿金应当用于清偿消费者应当获得的赔偿金，似不宜直接上交国库或挪作他用。在具体工作程序方面，似可探索以下工作机制：在执行程序中，消费者起诉请求经营者赔偿胜诉后，可从公益诉讼赔偿金中划扣；公益诉讼赔偿金不足以清偿消费者在私益诉讼中应获得的赔偿金的，应当由生产经营者继续承担赔偿责任；公益诉讼赔偿金清偿消费者应获得的赔偿金后还有剩余的，可探索设立消费者权益保护公益基金，用于消费者权益保护公益事业。

在环境资源民事公益中，损害赔偿金的处理、使用亦是实践面临的突出问题，主要表现有：一是赔偿金收取账户不统一，导致管理困难。目前存在上缴国库、支付给法院执行账户、支付给公益诉讼起诉人等多种模式；二是赔偿金使用不及时，导致生态环境长期得不到修复；三是修复主体不明确，导致无人使用赔偿金；四是部分地区赔偿金账户设立存在困难。由于法律没有明确规定，相关单位没有专门账户存放赔偿金，大多只是暂时保管。通过完善立法，统一明确公益损害赔偿金的管理、使用制度，是司法实践中亟待解决的问题。

三、公益诉讼与私益诉讼的衔接

公益诉讼与私益诉讼针对的是同一侵权行为时，需要做好公益诉讼与私益诉讼之间的衔接。《民事诉讼法解释》第286条规定："人民法院受理公益诉讼案件，不影响同一侵权行为的受害人根据民事诉讼法第一百二十二条[①]规定提起诉讼。"《消费民事公益诉讼解释》第9条规定："人民法院受理消费民事公益诉讼案件后，因同一侵权行为受到损害的消费者申请参加诉讼的，人民法院应当告知其根据民事诉讼法第一百一十九条[②]规定主张权利。"因此，人民法院受理公益诉讼不影响消费者就同一侵权行提起私益诉讼。

《消费民事公益诉讼解释》第十条规定："消费民事公益诉讼案件受理后，因同一侵权行为受到损害的消费者请求对其根据民事诉讼法第一百一十九条[③]规定提起的诉讼予以中止，人民法院可以准许。"公益诉讼和私益诉讼指向同一侵权行为时，为确保裁判标准的统一和节约司法成本，有必要坚持公益诉讼先行原则，等公益诉讼作出裁判后，私益诉讼可直接以公益诉讼认定的事实为依据。对此，《消费民事公益诉讼解释》第16条规定："已为消费民事公益诉讼生效裁判认定的事实，因同一侵权行为受到损害的消费者根据民事诉讼法第一百一十九条[④]规定提起的诉讼，原告、被告均无需举证证明，但当事人对该事实有异议并有相反证据足以推翻的除外。消费民事公益诉讼生效裁判认定经营者存在不法行为，因同一侵权行为受到损害的消费者根据民事诉讼法第一百一十九条[⑤]规定提起的诉讼，原告主张适用的，人民法院可予支持，但被告有相反证据足以推翻的除外。被告主张直接适用对其有利认定的，人民法院不予支持，被告仍应承担相应举证证明责任。"如果民事公益诉讼已经判决生产经营者承担惩罚性责任，生产经营者已经履行义务，私益诉讼中也判决生产经营者向消费者承担赔偿责任的，可以先用公益诉讼赔偿金赔偿消费者。

---

① 现为《民事诉讼法》(2023年修正)第122条。

② 现为《民事诉讼法》(2023年修正)第122条。

③ 现为《民事诉讼法》(2023年修正)第122条。

④ 现为《民事诉讼法》(2023年修正)第122条。

⑤ 现为《民事诉讼法》(2023年修正)第122条。

第五十九条 对当事人双方的诉讼标的，第三人认为有独立请求权的，有权提起诉讼。

对当事人双方的诉讼标的，第三人虽然没有独立请求权，但案件处理结果同他有法律上的利害关系的，可以申请参加诉讼，或者由人民法院通知他参加诉讼。人民法院判决承担民事责任的第三人，有当事人的诉讼权利义务。

前两款规定的第三人，因不能归责于本人的事由未参加诉讼，但有证据证明发生法律效力的判决、裁定、调解书的部分或者全部内容错误，损害其民事权益的，可以自知道或者应当知道其民事权益受到损害之日起六个月内，向作出该判决、裁定、调解书的人民法院提起诉讼。人民法院经审理，诉讼请求成立的，应当改变或者撤销原判决、裁定、调解书；诉讼请求不成立的，驳回诉讼请求。

【条文主旨】

本条是关于第三人和第三人撤销之诉的规定。

【理解与适用】

民事诉讼的第三人，是指对当事人争议的诉讼标的具有独立的请求权，或者虽无独立的请求权，但同案件处理结果有法律上的利害关系，从而参加到他人已开始的诉讼中去的人。第三人的基本类型，是以第三人对诉讼标的是否具有独立的请求权作为标准区分的，有独立请求权的为有独立请求权第三人，无独立请求权的为无独立请求权第三人，这种区分也决定了两类第三人的诉讼地位及参加诉讼的方式的不同。

一、有独立请求权的第三人

有独立请求权的第三人是指对原告、被告争议的诉讼标的认为有独立的实体请求权，因而参加到已开始的诉讼中来的人。有独立请求权的第三人参加他人诉讼的依据，是对原告、被告争议的诉讼标的主张独立的实体请求权，这个实体请求权可以是全部请求权，也可以是部分请求权。有独立请求权的第三人参加诉讼，既不同意原告的权利主张，也不同意被告的抗辩主张，他以独立的实体权利人的身份对本诉的原告和被告共同提起了一个新的诉讼，即第三人与本诉当事人之间的诉讼。从诉的结构上看，是两个诉的合并，即原告与被告之间的诉以及有独立请求权第三人与原被告之间的诉。

有独立请求权的第三人参加诉讼，应当以起诉的方式，第三人的地位实际上是原告，享有原告的诉讼权利，承担原告的诉讼义务。本诉的原被告则是第三人的对方当事人即被告。人民法院合并审理三方当事人之两个诉讼，有利于查明案情，一次性解决纠纷，避免分别审理可能出现相互矛盾的裁判。

有独立请求权的第三人申请参加诉讼的时间，应当在他人的诉讼程序开始之后，终审判决之前。有独立请求权的第三人参加一审诉讼，人民法院应该合并审理。《民事诉讼法解释》进一步规定，有独立请求权的第三人在他人已经开始的诉讼进入二审程序中，也可以直接申请参加诉讼，二审法院查明确系有独立请求权的第三人，可以根据当事人自愿的原则予以调解，调解不成的发回重审。

有独立请求权的第三人参加诉讼后，即得行使原告的诉讼权利，承担诉讼义务，但不得对管辖提出异议。经人民法院传票传唤，无正当理由拒不到庭，或者未经法庭许可，中途退庭的，可以对该第三人按撤诉处理，原被告之间的诉讼继续审理；有独立请求权的第三人申请撤销参加之诉后，本诉也可以继续审理；本诉原告申请撤诉后，有独立请求权的第三人作为另案原告，原案原告、被告作为另案被告，诉讼继续进行。

二、无独立请求权的第三人

无独立请求权的第三人，是指对他人之间争议的诉讼标的虽然没有独立的请求权，但案件的最后处理结果与其有法律上的利害关系，因而参加到诉讼中的人。无独立请求权的第三人参加诉讼的目的，是为了维护自己的合法权益，避免法院对他人作出的判决对自己造成不利。在学理上，无独立请求权的第三人分为辅助性无独立请求权第三人和被告型无独立请求权第三人。被告型无独立请求权第三人也即本条规定的有当事人的诉讼权利义务的“人民法院判决承担民事责任的第三人”。

无独立请求权的第三人参加诉讼，应当符合以下条件：一是不属于对诉讼标的有独立请求权的人。二是与案件处理结果有法律上的利害关系。法律上的利害关系，是指无独立请求权的第三人的实体权利义务将受原告和被告间诉讼结果的直接影响。三是所参加的诉讼正在进行。时间是从被告应诉起，到诉讼审理终结止。既可以在一审中参加，也可以直接在二审中参加，还可以在再审程序中参加。四是申请参加诉讼或由法院通知其参加诉讼。无独立请求权的第三人参加诉讼的途径有两条：第三人自己申请；人民法院通知第三人参加诉讼。当事人申请无独立请求权第三人参加诉讼的，应当向法院提出申请，由法院通知第三人参加诉讼。《民事诉讼法解释》第 222 条规定："原告在起诉状中直接列写第三人的，视为其申请人民法院追加该第三人参加诉讼。是否通知第三人参加诉讼，由人民法院审查决定。"

无独立请求权的第三人不同于有独立请求权第三人，在诉讼中，无独立请求权的第三人没有向原告和被告提出独立的诉讼请求，并非完全独立的诉讼当事人，不享有当事人的诉讼地位。因此，无独立请求权的第三人在诉讼中，无权提出管辖异议；无权承认、放弃或者变更诉讼请求；无权请求和解和申请执行；无权申请撤诉。无独立请求权的第三人同案件处理结果有法律上的利害关系，诉讼结果会直接影响他的实体权利，因此，有权委托诉讼代理人，提供证据，申请调查证据，申请鉴定，陈述意见，参加庭审并辩论。经过两次合法传唤，无独立请求权的第三人无正当理由拒不到庭的，人民法院可以缺席判决。在法院判决他承担民事责任，他即有当事人的诉讼权利义务。

对于无独立请求权的第三人，在第一审程序中未参加诉讼，在第二审程序中直接参加诉讼后，如果需要其承担责任的，二审法院也可以根据当事人自愿的原则予以调解；调解不成的，发回重审。人民法院调解民事案件，需由无独立请求权的第三人承担责任的，应当经其同意，该第三人在调解书送达前反悔的，人民法院应当及时裁判。

三、第三人撤销之诉

第三人撤销之诉，指在法律上有利害关系的案外第三人，因不可归责于己的事由未能参加原案审理，但原案生效判决使其权利受到损害，可以请求法院撤销或者改变原案生效判决中对其不利部分的诉讼程序。第三人撤销之诉起源于法国。

在2012年《民事诉讼法》修正过程中，专门就第三人权益救济问题进行过研究，最终规定了第三人撤销之诉制度。

（一）第三人撤销之诉的起诉条件

本条第3款规定："前两款规定的第三人，因不能归责于本人的事由未参加诉讼，但有证据证明发生法律效力的判决、裁定、调解书部分或者全部内容错误，损害其民事权益的，可以自知道或者应当知道其民事权益受到损害之日起六个月内，向作出该判决、裁定、调解书的人民法院提起诉讼。"明确规定了第三人撤销之诉的要件：一是主体条件，只能是本条前两款规定的第三人；二是程序条件，第三人因不能归责于本人的事由未参加诉讼；三是实体条件，有证据证明发生法律效力的裁判、裁定、调解书部分或者全部内容错误；四是结果条件，损害其民事权益；五是时间条件，自知道或者应当知道其民事权益受到损害之日起六个月；六是管辖法院，向作出生效判决、裁定、调解书的法院起诉。

1. 主体条件：第三人

提起第三人撤销之诉的主体限于本条规定的第三人。第三人分为有独立请求权的第三人和无独立请求权的第三人。在实践中，有独立请求权的第三人，因其对诉讼标的具有独立的请求权，无论是从实体要件还是形式要件，都比较容易审查判断。无独立请求权的实质要件"案件处理结果同他有法律上的利害关系"判断标准较难把握。有观点认为，该第三人与案件所涉法律关系有密切联系，因而案件处理结果对他的利益有直接影响。另有观点认为，无须考虑第三人与案件法律关系的关联性，只要案件处理结果影响到他的利益，即可以认定案件处理结果同他有法律上的利害关系。在第三人撤销之诉制度确立以后，对于可以提起第三人撤销之诉的无独立请求权第三人的认定，应结合生效裁判的结果是否直接影响其实体权利来判断，有直接影响的，可以认定为第三人，没有直接影响的，不宜认定为可以撤销之诉的第三人。

2. 程序条件：第三人因不能归责于自己的事由未参加诉讼

《民事诉讼法》设立第三人制度，为第三人提供参加诉讼的主体地位，依法行使诉讼权利，并承担诉讼义务，维护自身的权益。第三人由于特定的原因可能未参加诉讼无法通过原案诉讼程序维护其权益，因而有赋予其对生效法律裁判提起撤销之诉的必要。

（1）第三人未参加诉讼。第三人未参加诉讼，是指没有成为诉讼的第三人，而不是指第三人未实际参与诉讼的过程。根据本条第1款和第2款规定，提起诉讼或者参加诉讼的第三人，在诉讼中有当事人的全部或者部分诉讼权利义务。一旦进入诉讼，第三人就成为案件的当事人，即使其在诉讼中放弃自己的诉讼权利，未实际参与诉讼过程，也不能认为其未参加诉讼。对此，《民事诉讼法解释》第236条规定："有独立请求权的第三人经人民法院传票传唤，无正当理由拒不到庭的，或者未经法庭许可中途退庭的，比照民事诉讼法第一百四十六条[①]的规定，按撤诉处理。"第240条规定："无独立请求权的第三人经人民法院传票传唤，无正当理由拒不到庭，或者未经法庭许可中途退庭的，不影响案件的审理。"

（2）不能归责于本人的事由。不能归责于本人的事由，是指第三人未参加诉讼不是由于其自身过错造成，而是由其他客观事由造成。司法解释规定，因不能归责于本人的事由未参加诉讼，是指没有被列为生效判决、裁定、调解书当事人，且无过错或者无明显过错的情形。包括：①不知道诉讼而未参加的；②申请参加未获准许的；③知道诉讼，但因客观原因无法参加的；④因其他不能归责于本人的事由未参加诉讼的。对此，该第三人应当承担举证责任。如果因为其本人的过错未参加诉讼的，视为其行使处分权的结果，依法不能提起撤销之诉。

3. 实体条件：有证据证明发生法律效力的判决、裁定、调解书部分或者全部内容错误

一是发生法律效力的判决、裁定、调解书内容错误。发生法律效力的判决、裁定、调解书，是指按照《民事诉讼法》的规定，已经产生法律效力的判决、裁定和调解书。包括一审生效、二审生效的判决、裁定和调解书，也包括再审生效判决、裁定和调解书。

第三人撤销之诉的撤销对象，即判决、裁定、调解书的错误内容，应限于生效的判决、裁定的主文内容，调解书中处理当事人民事权利义务的结果部分，应当仅限于实体处理内容，不包括裁判文书中事实认定、理由等内容，不包括程序内容。判决主文是指《民事诉讼法》第155条第1款第3项规定的"判决结果和诉讼费用的负担"部分，也即有关判项部分内容。裁定的主文是指《民事诉讼法》第157条第3款规定的"裁定结果"部分。调解书中处理当事人民事权利义务内容的结果是指调解书确

---

① 现为《民事诉讼法》（2023年修正）第146条。

认的当事人达成的调解协议中关于民事权利义务处分的内容部分。这是第三人撤销之诉与当事人申请再审的事由中最主要的区别，不能简单地按照《民事诉讼法》规定的当事人申请再审的事由，来认定本条撤销之诉所指的判决、裁定、调解书的内容错误。

并不是对所有生效裁判均可以提起第三人撤销之诉。对下列生效裁判内容提起第三人撤销之诉的，人民法院不予受理：（1）适用特别程序、督促程序、公示催告程序、破产程序等非讼程序处理的案件；（2）婚姻无效、撤销或者解除婚姻关系等判决、裁定、调解书中涉及身份关系的内容；（3）《民事诉讼法》第57条规定的未参加登记的权利人对代表人诉讼案件的生效裁判；（4）《民事诉讼法》第58条规定的损害社会公共利益行为的受害人对公益诉讼案件的生效裁判。

二是有证据证明。虽然本条规定的第三人撤销之诉被称为独立的诉讼，但第三人撤销之诉不同于普通的民事诉讼，其基本内容在于撤销已经生效的裁判内容，在其效果上与审判监督程序基本相同，虽然《民事诉讼法》把第三人撤销之诉规定在当事人制度部分，但不能等同于公益诉讼制度设计目的，要区别于普通的民事诉讼。因此，本条明确规定第三人要有证据证明生效裁判内容错误。第三人向人民法院提起撤销之诉时，不能简单地适用《民事诉讼法》第122条规定的起诉的审查条件，第三人除了要提出其诉讼请求外，还必须同时提供证明其主张事实的有效证据。

4. 结果条件：损害其民事权益

生效的判决、裁定、调解书的内容错误损害第三人的民事权益，也即生效的判决、裁定、调解书内容错误造成了第三人民事权益的损害后果，第三人才得主张撤销该错误内容。这就要求生效的判决、裁定、调解书的内容与第三人民事权益损害之间的因果关系。

民事权益，根据《侵权责任法》第2条[①]中规定，包括生命权、健康权、姓名权、名誉权、荣誉权、肖像权、隐私权、婚姻自主权、监护权、所有权、用益物权、担保物权、著作权、专利权、商标专用权、发现权、股权、继承权等人身、财产权益。本条规定的民事权益应当适用上述规定。对于普通债权，原则上不适用第三人撤销之诉保护。对于法律明确规定给予特别保护的债权，可以适用第三人撤销之诉：一是法律规定的享

① 对应《民法典》第110条、第112条、第114条、第118条。

有法定优先权的债权，主要有《民法典》第807条规定的建设工程价款优先权，《海商法》第三节第21条、第22条规定的船舶优先权。二是法律明确规定享有法定撤销权的债权。主要有《合同法》第75条[①]规定的债权人的撤销权，《企业破产法》第31条、第32条规定的破产债权撤销权。三是虚假诉讼之债权。

5. 时间条件：自知道或者应当知道其民事权益受到损害之日起6个月

本条规定的6个月与当事人申请再审的期间一样，都是不变期间，不适用延长、中止、中断的规定。

提起撤销之诉期间的起算，自第三人知道或者应当知道其民事权益受到侵害之日起算。知道或者应当知道，是以第三人知悉对生效判决、裁定、调解书损害其民事权益事实为标准，应当根据生效判决、裁定、调解书是否送达第三人等具体情形判断。撤销之诉期间的起算，可能晚于法院判决、裁定、调解书生效时间，但不能早于生效时间。超过6个月期间，第三人提起撤销之诉的，人民法院不予受理。

6. 管辖法院：向作出生效判决、裁定、调解书的法院起诉

本条对第三人撤销之诉的管辖法院作了特别的规定，由作出生效判决、裁定、调解书的法院专属管辖，不适用民事案件地域管辖、级别管辖的规定。作出生效判决、裁定、调解书的法院，既可能是一审法院，也可能是二审法院。根据《民事诉讼法》级别管辖的规定，很大一部分撤销之诉案件将由高级人民法院和最高人民法院管辖，这将进一步改变四级法院管辖案件的状况。

（二）第三人撤销之诉的诉讼程序

本条第3款规定："……人民法院经审理，诉讼请求成立的，应当改变或者撤销原判决、裁定、调解书；诉讼请求不成立的，驳回诉讼请求。"对撤销之诉审理的内容及裁判方式作了规定，但对撤销之诉的审理程序没有明确规定，这关系到第三人撤销之诉的具体操作，迫切需要立法机关或者最高人民法院予以明确。根据本条规定的内容及在《民事诉讼法》中的位置，并参考有关国家和地区的立法，我们认为第三人撤销之诉在法律无明文规定时，应当参照当事人申请再审案件的有关程序性规定。

---

① 对应《民法典》第541条。

1. 起诉

第三人向作出生效判决、裁定、调解书的法院提起撤销之诉，应当提交撤销之诉的起诉书。撤销之诉起诉请书应当包括：

（1）当事人及代理人。第三人为申请人。原生效判决、裁定、调解书的当事人为被申请人。

（2）申请撤销的判决书、裁定书、调解书。

（3）申请撤销的判决、裁定和调解书的内容。

（4）证明原生效判决、裁定、调解书错误的事由及证据。

（5）申请在法定的提出撤销之诉的申请期间内的声明及证据。

申请人应当提交申请撤销的判决书、裁定书、调解书或者复印件。

2. 审查与受理

对第三人提出撤销之诉申请，人民法院应当先进行审查。经审查，符合起诉条件的，人民法院应当在收到起诉状之日起 30 日内立案。不符合起诉条件的，应当在收到起诉状之日起 30 日内裁定不予受理。审查程序具体如下：

一是审查期限。第三人撤销之诉不同于普通民事案件，当事人主张在于撤销已经生效的法院的判决、裁定、调解书的内容，关系到生效裁判的既判力和社会关系的稳定性以及法院的审判权威，人民法院审查其申请时，要进行一定程度的实质性审查，必要时可以进行相应的调查取证。因此，《民事诉讼法解释》第 291 条规定人民法院对第三人撤销之诉的审查期限为 30 日。

二是审查方式。人民法院应当在收到起诉状和证据材料之日起 5 日内送交对方当事人，对方当事人可以自收到起诉状之日起 10 日内提出书面意见。人民法院应当对第三人提交的起诉状、证据材料以及对方当事人的书面意见进行审查。必要时，可以询问双方当事人。人民法院经审查，符合本条规定的撤销之诉条件的，应当裁定受理。对于不符合本条规定条件的，应当裁定不予受理。

三是中止执行。对于第三人撤销之诉，原判决、裁定、调解书进入执行程序的，是否中止原判决、裁定、调解书的执行问题，《民事诉讼法解释》第 297 条规定，受理第三人撤销之诉案件后，原告提供相应担保，请求中止执行的，人民法院可以准许。也即原则上第三人撤销之诉的受理，不影响原生效裁判的执行，但允许第三人提供担保而中止执行。

3. 审理程序

第三人撤销之诉案件按照何种程序审理，《民事诉讼法》没有规定。《民事诉讼解释》参考再审程序的规定，对第三人撤销之诉审理程序作了原则上的规定。

一是当事人。第三人提起撤销之诉，人民法院应当将该第三人列为原告，生效判决、裁定、调解书的当事人列为被告，但生效判决、裁定、调解书中没有承担责任的无独立请求权的第三人列为第三人。

二是审判组织。人民法院对第三人撤销之诉案件，应当组成合议庭开庭审理。第三人撤销之诉案件涉及对生效裁判的判定，对原生效裁判的当事人以及第三人的权利义务而言，关系重大。第三人撤销之诉案件一旦进入审理程序应当谨慎处理。因此，第三人撤销之诉案件应当组成合议庭且开庭审理，不适用独任制，不适用书面审理，更不得不经开庭径行裁判。

三是审理程序。第三人撤销之诉案件，按照第一审诉讼程序进行，应当适用普通程序审理，不适用简易程序。当事人对一审裁判不服的，可以上诉。对于二审裁判不服的，可以申请再审。

四是裁判方式。对第三人撤销或者部分撤销发生法律效力的判决、裁定、调解书内容的请求，人民法院经审理，按下列情形分别处理：第一，请求成立且确认其民事权利的主张全部或部分成立的，改变原判决、裁定、调解书内容的错误部分。经人民法院审理，确认第三人提出的原判决、裁定、调解书的全部内容或者部分内容错误，且因之损害到第三人的民事权益的主张成立，第三人撤销或者改变原判决、裁定、调解书的请求应当予以支持。“确认其实体权利的主张全部或者部分成立的”，是指经人民法院审理，对第三人撤销之诉中用以否定原判决、裁定、调解书内容的独立的民事权利主张符合法律规定，应当予以支持。第三人的民事权利主张，既可以是独立于撤销原判决、裁定、调解书的请求，也可以是改变原判决、裁定、调解书请求的内容。上述两方面请求均成立的，人民法院应当作出改变判决，先撤销原判决、裁定、调解书的错误内容，并作出新的判决。第二，请求成立，但确认其全部或部分民事权利的主张不成立，或者未提出确认其民事权利请求的，撤销原判决、裁定、调解书内容的错误部分。如果第三人撤销中同时提出的自己独立于原判决、裁定、调解书内容的民事权利主张，不符合法律规定条件，或者第三人未提出独立的民事权利主张的，人民法院应当作出判决，只撤销原判决、裁定、调解书。

撤销原判决、裁定、调解书可以全部撤销，也可以部分撤销，但应当以第三人撤销之请求为限。第三，请求不成立的，驳回诉讼请求。

第三人撤销之诉人民法院部分改变或者撤销原判决、裁定、调解书内容，原判决、裁定、调解书的内容未被改变或者未被撤销的部分对原诉讼当事人继续有效，可以申请强制执行；另行起诉的，人民法院按照重复起诉的规定处理。原判决、裁定、调解书内容中被改变或者撤销的内容对原诉讼当事人也失去效力。

4. 第三人撤销之诉与审判监督程序的处理

第三人撤销之诉案件审理期间，人民法院对生效判决、裁定、调解书裁定再审的，受理第三人撤销之诉的人民法院应当裁定将第三人的诉讼请求并入再审程序。但有证据证明原审当事人之间恶意串通损害第三人合法权益的，人民法院应当先行审理第三人撤销之诉案件，裁定中止再审诉讼。依照《民事诉讼法》规定，第三人撤销之诉与当事人申请再审两种程序依法分别可以启动，相互之间并不影响。但第三人撤销之诉程序和再审程序都启动以后，由两诉的对象为同一生效判决、裁定或者调解书，审理范围上就会交叉，如果完全独立进行，则可能会出现裁判矛盾的情况，同时对于当事人来看，就同一诉讼对象却要同时进行两个不同的程序，诉讼负担会增大。因此，司法解释规定如果第三人撤销之诉和当事人之间再审程序均启动的，通过诉的合并方式来一次性解决两个诉。对第三人而言，无论通过第三人撤销之诉，还是再审之诉，只要其权利得到充分救济，则无诉讼上的实质差异。而通过再审一揽子解决三方之争议，完全符合第三人权利保护以事前程序为主的原则，也符合纠纷解决彻底性的要求。

第三人撤销之诉的诉讼请求并入再审程序审理的，按照下列情形分别处理：（1）按照第一审程序审理的，人民法院应当对第三人的诉讼请求一并审理，所作的判决可以上诉；（2）按照第二审程序审理的，人民法院可以调解，调解达不成协议的，应当裁定撤销原判决、裁定、调解书，发回一审法院重审，重审时应当列明第三人。

5. 执行异议与第三人撤销之诉的关系

第三人提起撤销之诉后，未中止生效判决、裁定、调解书执行的，执行法院对第三人依照《民事诉讼法》第 238 条规定提出的执行异议，应予审查。第三人不服驳回执行异议裁定，申请对原判决、裁定、调解书再审的，人民法院不予受理。第三人提起撤销之诉之前，作为案外人在原生效裁判的执行程序中提出执行异议，对人民法院驳回其执行异议裁定不服，认为原判决、裁定、调解书内容错误损害其合法权益的，应当根据《民事诉讼法》第 238 条规定申请再审，提起第三人撤销之诉的，人民法院不予受理。

【审判实践中应当注意的问题】

一、关于撤销判决与改变判决的关系

虽然《民事诉讼法》第 59 条第 3 款规定，第三人撤销之诉诉讼请求成立时，人民法院应当作出改变或者撤销判决，且改变排在撤销之前。这是否意味着，第三人撤销之诉应当以改变判决为主，或者改变判决和撤销判决可以任意选择适用？对此，应当把握以下几点：

1. 应当以撤销判决为原则

第三人撤销之诉，从性质上讲是形成之诉，这是共识。第三人撤销之诉的目的在于去生效判决、裁定、调解书中对损害第三人合法民事权益的内容，从而保护第三人的合法实体权利。因此，在第三人撤销之诉的诉讼请求成立时，只要撤销原判决、裁定、调解书的相应内容即足以达成第三人撤销之诉的目的。如果将第三人其他民事权利主张与撤销诉讼请求合并审理，虽然有利于一次性解决纠纷，但势必造成第三人撤销之诉的审理内容更为繁杂，审理程序复杂，严重影响第三人撤销之诉的诉讼效率。另外，由于多数第三人撤销之诉是针对二审生效判决提起的，如果一审将第三人的其他民事权利主张合并审理，而且作为第一审程序审理，实质上在审级上提了一级，这既会造成上级法院特别是最高人民法院和高级人民法院审判压力，也不符合四级法院职能定位。就近年来司法实务情况看，第三人提起撤销之诉时除请求撤销之外，大多还提出了有关实体权利义务具体安排的请求，但法院仅仅判决撤销的却占据了压倒性的多数。目前发现有基层人民法院改变原审判决，直接对当事人实体权利义务作出安排的判决极为少见，绝大多数只是作出撤销判决。第三人撤销之诉的判决原则上只撤销前诉裁判文书的部分或全部内容，关于撤销后如何重新安排实体权利义务则要求第三人另行起诉解决，是一种相当合理的做法。

2. 改变判决的适用应当有严格的条件限制

首先，作出改变判决的，必须以第三人撤销诉讼请求为限。第三人没有请求改变原判决、裁定、调解书错误内容的，人民法院不得作出改变判决，只能作撤销判决。其次，第三人撤销之诉诉讼请求改变原判决、裁定、调解书的内容，提出的独立的民事权利主张应当与撤销内容直接关联，也即与原诉讼标的相关。如果是与原诉讼标的没有直接关系的新的民事权利主张，人民法院不宜一并审理。如原审将某物所有权判归原审原告，第三人主张其是该物的所有权人的，该权利主张实质上是第三人撤销之诉成立的基础，审理第三人撤销之诉时必须以确定第三人对该的所有权为前提，于此情形下，可以在撤销原判决的同时，确认第三人对该物的所有权。如原审当事人之间就某买卖合同关系予以诉争，第三人以《合同法》第 74 条[①]规定的撤销权为由主张撤销原判决，同时提出请求原审当事人向其履行他们之间另一债权的，则不能认定两个债权之间直接关联而一并审理。

3. 适用改变判决时，可以根据原生效判决是一审生效判决和二审生效判决而有区别

如果第三人撤销之诉是对一审生效判决提起的，对于第三人提出的民事权利主张，如果认为应当直接改变原审裁判文书全部或部分内容有必要的，可以直接作出改变判决。如此，当事人提起上诉后二审法院完全可以维持原判、改判或者发回重审，也不会带来审级方面的问题。如果第三人撤销之诉是对二审生效判决提起的，对第三人提出的新的民事权利主张，原则上可以仅作撤销判决，特殊情况作改变判决更为妥当。换言之，可以对本条第 3 款关于法院“改变”前诉裁判文书的规定作一定程度的限缩解释，即只是在原审当事人并未上诉，针对一审即生效的裁判文书而提起的第三人撤销之诉由前诉一审法院管辖的情况下，法院才可能作出改变原审裁判文书的判决。根据本条第 3 款关于管辖的规定，很多情况下是前诉二审法院作为第一审法院受理并审理第三人撤销之诉案件，如果决定撤销后直接就各方当事人的实体权利义务重新加以认定并作出安排，往往会带来审级上移和上级法院负担过重等弊端。如果法院仅仅判决撤销原审裁判文书，则不论上诉到哪个层级的法院，都可只就撤销与否作出判断，各方权

① 对应《民法典》第 538 条、第 539 条、第 540 条。

利义务的重新安排则留待当事人向有管辖权的一审法院另行主张，管辖过分上移及增加上级法院负担等问题也不致发生。当然，在这样的情形之下，如果法院认为确有必要在作出撤销裁判的同时直接重新配置安排当事人之间的权利义务，也可以考虑采用裁定终结撤销之诉程序，作出对本案进行再审的裁定并由审理撤销之诉的合议庭继续进行再审案件的实体审理这种做法。

二、关于原诉讼当事人对被撤销或者改变的内容是否可以另行提起诉讼问题

《民事诉讼法解释》规定，第三人撤销之诉判决撤销或者改变原判决、裁定、调解书以后，未撤销或者未改变的内容对原当事人继续有效，撤销或者改变的内容失去效力，如此就会带来一个问题：如果原诉当事人对被撤销或者改变的内容仍有民事争议，如何予以救济？是否允许另行提起诉讼？原《最高人民法院关于适用〈中华人民共和国民事诉讼法〉审判监督程序若干问题的解释》（法释〔2008〕14号）规定是在《民事诉讼法》规定第三人撤销之诉之前作出的，其适用条件与第三人撤销之诉基本相同。我们认为，对于第三人撤销之诉判决撤销的部分，如果因撤销判决而使其失去效力，当事人之间就该部分内容涉及的民事权利义务，符合《民事诉讼法》第122条规定条件的，可以另行提起诉讼解决，不受一事不再理原则的限制。如果不符合民事诉讼起诉条件的，如原诉当事人恶意串通损害第三人合法权益的，原本即不存在可诉之利益，自无从再另行起诉。对于第三人撤销之诉判决改变的内容，对第三人与原诉讼当事人具有法律上的效力，仅于原诉当事人之间也无法再行起诉。

三、关于裁定能否作为第三人撤销之诉的对象问题

《民事诉讼法》规定第三人可以对生效裁定提起撤销之诉，从我国第三人撤销之诉救济第三人实体权益的立法目的和司法实务来看，多数裁定不宜作为撤销之诉的对象。我国《民事诉讼法》第157条规定适用裁定的事项主要有：不予受理、对管辖权有异议的、驳回起诉、保全和先予执行、准许或者不准许撤诉、中止或者终结诉讼、补正判决书中的笔误、中止或者终结执行、撤销或者不予执行仲裁裁决、不予执行公证机关赋予强制执行效力的债权文书。《民事诉讼法》特别程序中还有确认调解协议的

裁定和准许实现担保物权的裁定。从整体上来看，裁定主要适用于程序事项，涉及民事实体权利的裁定并不多。关于程序事项的裁定即使错误因其不具有既判力，自然也不会损害第三人的利益，也无适用第三人撤销之诉的必要。涉及实体内容的裁定，如特别程序中涉及实体内容的裁定，本解释已经明确规定不适用第三人撤销之诉；财产保全的裁定、行为保全的裁定和先于执行的裁定，虽然发生错误时，可能侵害第三人的合法权益，但也没有必要通过提起第三人撤销之诉予以撤销。保全的裁定如果错误，如将第三人的财产进行保全，第三人可以直接要求实施保全措施的法院撤销关于该财产保全的裁定；如果诉讼程序已经终结，第三人可以直接起诉要求保全申请人承担损害赔偿责任，而不必对裁定提起撤销之诉。《民事诉讼法》第 59 条之所以把裁定作为撤销之诉的对象，有学者认为，也许是以再审的客体作为参照而导致的。但也有一些具有实体内容的生效裁定，如承认和执行外国判决的裁定错误，导致损害第三人的合法权益的，赋予其撤销之诉的权利也是必要的。

四、第三人撤销之诉既然是向原审人民法院提起的诉讼，组成合议庭时，原审的审判人员是否可以参加问题

对此有不同意见。一种意见认为，应当参照再审案件的审理，应当另行组成合议庭，原审的审判人员不得参与合议庭。其主要理由在于：第三人撤销之诉是纠错程序，是一种事后的救济程序，为了确保审理结果的公正，应当排除原审判人员。另一种意见认为，第三人撤销之诉的审理时，不应当排除原审审判人员参加合议庭。其主要理由在于：第三人撤销之诉是基于第三人提出的新事实和新理由进行的诉讼，而且是对新的实体内容的审理，这与再审对原审审理的内容进行再次审理并予以纠正不同，原审审判人员参加合议庭审理，有利于更好地查明案件的全部事实，更准确和更高效地作出裁判。很显然，即使撤销了原生效裁判，也并不意味着原审裁判是一个错案，而且也不能作为错案追究审判人员的责任。不必担心，原审审判人员参与审理会影响裁判结果的公正。《民事诉讼法解释》并没有明确要求另行组成合议庭进行审理，其意义就在于：人民法院可以根据具体情况，第三人撤销之诉既可以另行组成合议庭审理，也可以允许原审审判人员参加合议庭审理。

五、第三人提起撤销之诉与依照《民事诉讼法》第 238 条规定申请再审的条件问题

《民事诉讼法解释》第 421 条对案外人依照《民事诉讼法》规定申请再审的条件作了明确规定："案外人对驳回其执行异议的裁定不服，认为原判决、裁定、调解书内容错误损害其民事权益的，可以自执行异议裁定送达之日起六个月内，向作出原判决、裁定、调解书的人民法院申请再审。"该规定的申请再审的条件与第三人提起撤销之诉的条件相比，就实体条件而言，完全相同，都是生效裁判、裁定、调解书内容错误且损害到第三人的民事权益；程序条件上，两者有所不同，单就权利保护的期间看，申请再审的期间起算点始自人民法院驳回其执行异议裁定送达之日，较之于第三人撤销之诉的自知道或者应当知道生效裁判损害其民事权益之日，更有利于第三人。就管辖法院来看，两类诉讼也完全相同。实务操作性，在审查两类案件时，在实体条件上应当注意保持完全一致。

第二节 诉讼代理人

第六十条 无诉讼行为能力人由他的监护人作为法定代理人代为诉讼。法定代理人之间互相推诿代理责任的，由人民法院指定其中一人代为诉讼。

【条文主旨】

本条是关于无诉讼行为能力人的法定代理人的规定。

【理解与适用】

诉讼代理人，是指依照代理权，以当事人名义代为实施诉讼行为，从而维护该当事人利益的诉讼参加人。诉讼代理人制度的设置，既可以使无诉讼行为能力人的能力得以补足，又可以使有诉讼行为能力人的能力得以扩张，从而有利于诉讼程序的顺利进行，有利于当事人诉讼利益得到充分保护。[①]我国《民事诉讼法》以代理权发生的根据为标准，将诉讼代理人分为法定诉讼代理人和委托诉讼代理人。法定诉讼代理人，是指根据法律规定行使代理权的人，他可以自己的意志代理被代理人实施所有诉讼行为，包括代为诉讼行为和代为受讼行为。前者如代为起诉，代为提供证据、陈述事实，代为变更或者放弃诉讼请求等；后者如代为应诉，代为答辩，代为接受对方当事人的给付等。[②]对于本条的理解需要把握以下几点：

一、无诉讼行为能力人的认定

诉讼行为能力从理论上讲，是指当事人可以亲自实施诉讼行为，并通

① 江伟、肖建国主编：《民事诉讼法（第八版）》，中国人民大学出版社 2018 年版，第 129 页。

② 王胜明主编：《中华人民共和国民事诉讼法释义（最新修正版）》，法律出版社 2012 年版，第 124 页。

过自己的行为，行使诉讼权利和承担诉讼义务的诉讼法上的资格，即诉讼行为能力的有无，以是否具有民事行为能力为依据，只有具有完全民事行为能力的公民才具有诉讼行为能力。[①] 在此需要注意区分的概念是民事行为能力。民事行为能力，是指能够以自己的行为依法行使权利和承担义务，从而使法律关系发生、变更或消灭的资格。无民事行为能力，是指不具有以自己的行为取得民事权利和负担民事义务的资格，不能产生法律关系发生、变更、消灭的效果。依照《民法典》第 19 条、第 20 条、第 21 条、第 22 条规定，“八周岁以上的未成年人”“不满八周岁的未成年人”“不能辨认自己行为的成年人”“八周岁以上的未成年人不能辨认自己行为的”“不能完全辨认自己行为的成年人”，以上主体均为无民事行为能力人或者限制民事行为能力人。根据《民法典》规定，民事行为能力则采用三分法，即完全民事行为能力、限制民事行为能力和无民事行为能力；而诉讼行为能力采用二分法，即有诉讼行为能力和无诉讼行为能力两种。民事诉讼行为能力与民事行为能力是有一定对应性的，完全民事行为能力对应着有诉讼行为能力，而限制民事行为能力和无民事行为能力对应无诉讼行为能力。限制民事行为能力之所以也对应无诉讼行为能力，主要是考虑到，根据《民法典》规定限制民事行为能力人只能独立实施纯获利益的民事法律行为或者与其年龄、智力相适应的民事法律行为，而民事诉讼活动对当事人的权利义务有重要影响，限制行为能力人独自参与诉讼的话，恐不能完全理解其在诉讼中的行为并预见相应的行为后果，因此，从权益保护的角度来说，限制民事行为能力人亦应作为无诉讼行为能力人。由此，本条规定的无诉讼行为能力人，应包括实体法上的限制民事行为能力人和无民事行为能力人。无诉讼行为能力人参与诉讼活动需要通过法定代理人来行使。

二、监护人的认定

根据本条规定，无诉讼行为能力人由他的监护人作为法定代理人代为诉讼。因此，要确定无诉讼行为能力人的法定代理人，应先确定无诉讼行为能力人的监护人。根据《民法典》的规定，确定监护人的具体规则如下：

---

① 江必新主编：《新民事诉讼法条文理解与适用》，人民法院出版社 2022 年版，第 248 页。

一是，根据法定监护人顺序予以确定。《民法典》第27条规定："父母是未成年子女的监护人。未成年人的父母已经死亡或者没有监护能力的，由下列有监护能力的人按顺序担任监护人：（一）祖父母、外祖父母；（二）兄、姐；（三）其他愿意担任监护人的个人或者组织，但是须经未成年人住所地的居民委员会、村民委员会或者民政部门同意。"第28规定："无民事行为能力或者限制民事行为能力的成年人，由下列有监护能力的人按顺序担任监护人：（一）配偶；（二）父母、子女；（三）其他近亲属；（四）其他愿意担任监护人的个人或者组织，但是须经被监护人住所地的居民委员会、村民委员会或者民政部门同意。"根据上述规定，对于未成年人来说，父母是第一顺位的监护人，当父母已经死亡或没有监护能力时，按照法律规定的顺序确定监护人；对于无民事行为能力或限制民事行为能力的成年人来说，配偶为第一顺序监护人，父母和子女并列为第二顺序监护人，其他近亲属（包括兄弟姐妹、祖父母、外祖父母、孙子女、外孙子女）为第三顺序监护人，其他愿意担任监护人的个人和组织则为第四顺序监护人。只有不存在前一顺序监护人或者前一顺序的监护人没有监护能力时，后一顺序监护人才有资格成为实际的法定监护人。

二是，由具有监护资格的人协商确定监护人。根据《民法典》第30条规定，依法具有监护资格的人之间可以协议确定监护人。协议确定监护人应当尊重被监护人的真实意愿。其中对于监护资格的认定，应当依据《民法典》第27条、第28条关于对未成年人和无民事行为能力和限制行为能力监护人范围的规定。需要注意的是，依照《最高人民法院关于适用〈中华人民共和国民法典〉总则编若干问题的解释》第8条规定，未成年人的父母与其他依法具有监护资格的人订立协议，约定免除具有监护能力的服务的监护职责的，人民法院不予支持。因此，在未成年人的父母有监护能力时，排除了协商监护的适用。另外，根据《民法典》第29条规定，被监护人的父母担任监护人的，可以通过遗嘱指定监护人。被指定的遗嘱监护人具有优先地位，其优于但不限于《民法典》第27条和第28条所列法定监护人。[①] 但遗嘱生效时被指定的人不同意担任监护人的，人民法院应当适用《民法典》第27条、第28条的规定确定监护人。

---

① 最高人民法院民法典贯彻实施工作领导小组主编：《中华人民共和国民法典总则编理解与适用》，人民法院出版社2020年版，第180页。

三是，对监护人的确定有争议的，通过指定监护确定监护人。《民法典》第31条规定："对监护人的确定有争议的，由被监护人住所地的居民委员会、村民委员会或者民政部门指定监护人，有关当事人对指定不服的，可以向人民法院申请指定监护人；有关当事人也可以直接向人民法院申请指定监护人。居民委员会、村民委员会、民政部门或者人民法院应当尊重被监护人的真实意愿，按照最有利于被监护人的原则在依法具有监护资格的人中指定监护人。依据本条第一款规定指定监护人前，被监护人的人身权利、财产权利以及其他合法权益处于无人保护状态的，由被监护人住所地的居民委员会、村民委员会、法律规定的有关组织或者民政部门担任临时监护人。监护人被指定后，不得擅自变更；擅自变更的，不免除被指定的监护人的责任。"根据该条规定，监护人可以由村民委员会、居民委员会或者民政部门指定，有关当事人也可以直接向人民法院申请指定。其中，对由村民委员会、居民委员会或者民政部门指定不服的，可以向法院申请。另外需要注意的是，《民法典》将"尊重被监护人意愿"上升为强制性要求，这就要求法院在审理指定监护人案件中，凡是被监护人能表达意思的，法院都应当听取被监护人的意见。[①]

四是，没有依法具有监护资格的人时由民政部门或具备监护职责条件的居民委员会、村民委员会作为监护人。根据《民法典》第32条规定，当被监护人的父母死亡或者没有监护能力，也没有其他近亲属，或者其他近亲属都没有监护能力，而且还没有符合条件的其他愿意担任监护人的个人或者组织时，由民政部门担任监护人，也可以由具备履行监护职责条件的被监护人住所地的居民委员会、村民委员会担任。

五是，依照《民法典》第33条规定，具有完全民事行为能力的成年人，可以与其近亲属、其他愿意担任监护人的个人或者组织事先协商，以书面形式确定自己的监护人，在其丧失或者部分丧失民事行为能力时，由该监护人履行监护职责。

三、法定代理人和监护人的关系

《民法典》第23条规定："无民事行为能力人、限制民事行为能力人

---

① 最高人民法院民法典贯彻实施工作领导小组主编：《中华人民共和国民法典总则编理解与适用》，人民法院出版社2020年版，第195页。

的监护人是其法定代理人。”本条与《民法典》规定保持一致，以监护人作为法定代理人代为诉讼。换言之，实体法上的监护权是法定诉讼代理的权限来源，实体上的监护与被监护的关系是这种权利义务的基础。[①]可见，法定代理人是基于法律确定的监护权而代理当事人的人，既不是基于当事人的意思表示，也不是基于他自己的意思表示，而是法律规定。[②]因此，监护人参加诉讼，不需要其他委托手续，只要证明自己的身份和被代理人具有监护关系，其代理权便成立。由于监护人既可以是一人，也可以数人，所以在实践中可能会出现无诉讼行为能力人有两个及以上的法定代理人，并且往往会因为担心增加负担而出现互相推诿的情况。此时，人民法院为了诉讼程序的正常进行，保障被代理人的合法权利，必须依职权指定其中一人代为诉讼。

【审判实践中应当注意的问题】

一、无诉讼行为能力的补正

诉讼行为能力属于诉讼行为的有效要件，如经审查当事人无诉讼行为能力，人民法院不宜直接裁定不予受理或直接驳回起诉，应通过法定诉讼代理人对其诉讼行为效力进行瑕疵补正。[③]由于无诉讼行为能力人、无民事行为能力人、限制民事行为能力人、监护人、法定代理人等制度，涉及《民法典》《民事诉讼法》等实体法和程序法多个条文，而监护人的确定范围及其确定、指定程序，也由《民法典》而非《民事诉讼法》作出规定，人民法院在办理涉及无诉讼行为能力人的法定代理人确定事宜时，应当注意结合实体法和程序法的相关规定，依法办理。

二、法定代理权的消灭

基于法定代理人取得代理权是在当事人无诉讼行为能力的前提下，如果在诉讼进行中，发生了未成年人年满 18 周岁、精神病人恢复精神健康

---

① 王亚新、陈杭平、刘君博：《中国民事诉讼法重点讲义》，高等教育出版社 2017 年版，第 119 页。

② 王胜明主编：《中华人民共和国民事诉讼法释义（最新修正版）》，法律出版社 2012 年版，第 125 页。

③ 张卫平：《民事诉讼法》，法律出版社 2019 年版，第 133 页。

状况、代理人与法定代理人之间的收养关系解除等事实时，此时产生法定代理的前提不复存在，法定代理也随之终止。法定代理权变更或者消灭后，当事人应当书面告知人民法院，并由人民法院通知对方当事人。

三、无民事行为能力人、限制民事行为能力人致人损害时法定代理人的诉讼地位

关于无民事行为能力人、限制民事行为能力人致人损害时，无民事行为能力人、限制民事行为能力人及其监护人的诉讼地位问题，理论界一直争议很大。《民事诉讼法解释》第67条规定："无民事行为能力人、限制民事行为能力人造成他人损害的，无民事行为能力人、限制民事行为能力人和其监护人为共同被告。"明确了在无民事行为能力人和限制民事行为能力人侵权案件中，其监护人应作为共同被告参加诉讼。此时，监护人既是无民事行为能力人或限制民事行为能力人的法定代理人，同时也是承担民事责任的主体。

在实务中，需要注意处理监护人既作为法定代理人又作为被告的双重身份在责任承担上的问题。依照《民法典》第1188条规定："无民事行为能力人、限制民事行为能力人造成他人损害的，由监护人承担侵权责任。监护人尽到监护职责的，可以减轻其侵权责任。有财产的无民事行为能力人、限制民事行为能力人造成他人损害的，从本人财产中支付赔偿费用；不足部分，由监护人赔偿。"明确了监护人责任是无过错责任，但在具体承担赔偿责任时，如果被监护人有财产的，应当首先从被监护人的财产中支付赔偿费用，不足的部分再由监护人承担赔偿责任。所以在内部赔偿费用支付问题上，特别是对有独立财产的无民事行为能力人、限制民事行为能力人来说，监护人和被监护人的利益方向可能存在不一致，要注意防止无民事行为能力人、限制民事行为能力人的监护人作为法定代理人侵害被监护人合法权益的行为，特别是对于监护人和法定代理人仅为一人的情况下，更应注意。

第六十一条　当事人、法定代理人可以委托一至二人作为诉讼代理人。

下列人员可以被委托为诉讼代理人：

（一）律师、基层法律服务工作者；

（二）当事人的近亲属或者工作人员；

（三）当事人所在社区、单位以及有关社会团体推荐的公民。

【条文主旨】

本条是关于委托诉讼代理人的规定。

【理解与适用】

一、委托诉讼代理人的概念和特点

（一）委托诉讼代理人的概念

委托诉讼代理人，是指受当事人、法定代理人委托，代为诉讼行为的人。委托代理人以诉讼当事人的名义在代理权限内实施诉讼行为，行为的后果由当事人承担。委托诉讼代理人具有以下三个特征：

1. 代理权的发生是基于当事人、法定代理人的意思表示，而不是由法律规定。这是与法定代理人和指定代理人的根本区别。

2. 代理事项及权限一般由当事人、法定代理人决定。既可以是个别代理，也可以是一般代理，还可以是特别授权代理。

3. 当事人、法定代理人委托他人代为诉讼，必须向受诉人民法院提交授权委托书。

（二）委托诉讼代理合同

委托诉讼代理是委托合同的一种。《民法典》第 23 章第 919 条以下对委托合同作了一般规定。《民事诉讼法》第 62 条对委托代理合同有特别规定。在《民事诉讼法》对诉讼代理合同没有规定时，可以适用《民法典》合同编关于委托合同的规定。委托诉讼代理合同，应当向法院提交，诉讼代理人才可以参加诉讼，代理实施委托人委托的诉讼行为。当事人向人民法院提交的授权委托书，应当在开庭审理前送交人民法院。侨居在国外的中华人民共和国公民从国外寄交或者托交的授权委托书，必须经中华人民共和国驻该国的使领馆证明；没有使领馆的，由与中华人民共和国有外交关系的第三国驻该国的使领馆证明，再转由中华人民共和国驻该第三国使领馆证明，或者由当地的爱国华侨团体证明。但对于简易程序案件，《民事诉讼法解释》规定可以不提交书面委托授权书，“适用简易程序审理的案件，双方当事人同时到庭并径行开庭审理的，可以当场口头委托诉讼代理人，由人民法院记入笔录。”

（三）委托诉讼代理人的人数

本条第1款对委托诉讼代理人的人数作了限制性的规定，即可以委托一至两名诉讼代理人。一方面是考虑诉讼的需要，尊重当事人的意思；另一方面又是对委托诉讼代理人人数的限制，这种限制，既不影响当事人行使诉讼权利，又有利于民事诉讼的进行。

（四）委托诉讼代理人的权限

委托诉讼代理人的代理权限，一方面来源于当事人、法定代表人或法定代理人的委托，因此，委托诉讼代理人只能在被代理人授权的范围内实施诉讼行为；另一方面，来源于法律的规定，《民事诉讼法》第62条对此作了规定。

1. 委托人授权

由于诉讼代理人受委托实施的民事诉讼行为，实质上是代行民事诉讼权利并履行诉讼义务。根据代理的诉讼权利的不同，《民事诉讼法》对代理权限的取得作了特别的规定。对于当事人实体权利或与实体权利密切相关的诉讼权利，代为承认、放弃、变更诉讼请求，进行和解，提起反诉或者上诉等权利，必须有当事人或者法定代理人的明确的特别授权时，诉讼代理人才能取得该代理权限。对此，《民事诉讼法解释》第89条第1款专门规定，授权委托书仅写“全权代理”而无具体授权的，诉讼代理人无权代为承认、放弃、变更诉讼请求，进行和解，提出反诉或者提起上诉。对于其他一般的诉讼权利的代理权，如接受送达、代为参加辩论、申请回避等，只要一般的概括授权，诉讼代理人即可取得代理权。

一般情况下，诉讼代理人可以代为出庭诉讼的，当事人本人可以不出庭。但离婚案件除外，《民事诉讼法》第65条规定，离婚案件有诉讼代理人的，本人除不能表达意思的以外，仍应出庭；确因特殊情况无法出庭的，必须向人民法院提交书面意见。因为离婚案件的核心问题是双方是否已经具备解除婚姻关系的条件，涉及当事人身份关系的认定，因此，双方当事人原则上都必须出庭，以便法院查明事实，正确判断，也便于法院进行调解。

2. 委托诉讼代理人的法定权利

根据《民事诉讼法》第 64 条规定，代理人享有两方面的法定诉讼权利，一是调查收集证据权利，二是查阅案件有关材料的权利。

（1）调查取证权。《民事诉讼法》明确规定当事人对自己的主张，有提供证据的责任，只有在当事人因客观原因不能收集证据或法院认为有必要时，人民法院才主动调查、收集证据。为了弥补当事人调查取证方面的能力的不足，赋予诉讼代理人收集调查证据的权利十分必要。代理人可以调查收集书证、物证、视听资料、证人证言，并可以要求有关鉴定部门对某一事实进行鉴定等。《律师法》第 35 条对律师担任诉讼代理人的调查取证权作了进一步的规定："受委托的律师根据案情的需要，可以申请人民检察院、人民法院收集、调取证据或者申请人民法院通知证人出庭作证。律师自行调查取证的，凭律师执业证书和律师事务所证明，可以向有关单位或者个人调查与承办法律事务有关的情况。"近年来，一些法院试行律师调查令制度，根据律师代理人的申请，法院向律师发布调查令，由律师到有关部门调查收集有关证据，取得了一定效果。

（2）查阅案件有关材料的权利。查阅案件相关材料，是代理人代理诉讼的需要。《最高人民法院关于诉讼代理人查阅民事案件材料的规定》对诉讼代理人查阅与本案有关材料的范围和办法作了明确规定。代理民事诉讼的律师和其他诉讼代理人有权查阅所代理案件的有关材料。诉讼代理人为了申请再审的需要，可以查阅已经审理终结的所代理案件有关材料。诉讼代理人在诉讼中查阅案件材料限于案件审判卷和执行卷的正卷，包括起诉书、答辩书、庭审笔录及各种证据材料等。案件审理终结后，代理人也可以查阅案件审判卷的正卷。诉讼代理人查阅案件材料可以摘抄或者复印。涉及国家秘密的案件材料，依照国家有关规定办理。复印案件材料应当经案卷保管人员的同意。复印已经审理终结的案件有关材料，诉讼代理人可以要求案卷管理部门在复印材料上盖章确认。《律师法》对律师担任诉讼代理人查阅案件有关材料的权利也作了规定。

诉讼代理人在诉讼过程中需要查阅案件有关材料的，应当提前与该案件的书记员或者审判人员联系；查阅已经审理终结的案件有关材料的，应当与人民法院有关部门工作人员联系。诉讼代理人查阅案件有关材料应当出示律师证或者身份证等有效证件。查阅案件有关材料应当填写查阅案件有关材料阅卷单。人民法院应当为诉讼代理人阅卷提供便利条件，安排阅卷场所。必要时，该案件的书记员或者法院其他工作人员应当在场。

二、委托诉讼代理人的范围

为维护被代理人的合法权益和保证诉讼顺利进行，许多国家的法律对委托诉讼代理人的范围都予以了限制。从各国立法规定来看，大致可以分为两种代理模式：一是强制律师代理，原则上只能由律师充当委托诉讼代理人，非律师不能代为参加诉讼，而且也不允许没有代理律师而仅由本人参加诉讼。二是对诉讼代理人的范围规定的较为广泛，律师和非律师都可以作为委托诉讼代理人，也不限制没有诉讼代理人仅由本人参加诉讼。从本条规定来看，我国民事诉讼代理采用了第二种模式。下列人员，可以被委托为诉讼代理人：

（一）律师、基层法律服务工作者

1. 律师

律师，是指依法取得律师执业证书，接受委托或者指定，可以以律师的身份为当事人提供法律服务的执业人员。律师，分为专职律师和兼职律师。律师根据取得执业资格的不同，还可以分为普通律师和特许律师。普通律师是按照通常律师执业的标准和条件取得执业资格的律师。根据《律师法》第 6 条第 1、2 款规定，申请律师执业，应当向设区的市级或者直辖市的区人民政府司法行政部门提出申请，并提交下列材料：（1）国家统一法律职业资格证书；（2）律师协会出具的申请人实习考核合格的材料；（3）申请人的身份证明；（4）律师事务所出具的同意接收申请人的证明。申请兼职律师执业的，还应当提交所在单位同意申请人兼职从事律师职业的证明。特许律师，是指依据《律师法》第 8 条规定取得律师执业资格的律师，具有高等院校本科以上学历，在法律服务人员紧缺领域从事专业工作满 15 年，具有高级职称或者同等专业水平并具有相应的专业法律知识的人员，申请专职律师执业的，经国务院司法行政部门考核合格，准予执业。

律师是作为社会主义法律工作者，负有维护当事人合法权益，维护法律正确实施，维护社会公平和正义的重大职责。根据《律师法》规定，律师的一项主要业务就是接受民事案件当事人的委托，担任代理人参加诉讼。律师参与诉讼对人民法院查清事实，正确运用法律，维护当事人的合法权益具有重要作用。近年来，我国的律师队伍不断扩大，素质不断提高，已经成为我国法治建设中一支强有力的队伍。从律所和律师人数来看，数量增加较快。截至2022年年底，全国共有律师事务所3.86万多家。其中，合伙所2.82万多家，占73.16%，国资所604家，占1.56%，个人所9777家，占25.28%。全国共有执业律师65.16万多人。律师人数超过1万人的省（区、市）有23个，其中超过3万人的省（市）有8个（分别是广东、北京、江苏、上海、山东、浙江、四川、河南）。从律师类别看，专职律师50.47万多人，占77.46%，兼职律师1.43万多人，占2.19%，公职律师9.59万多人，占14.73%，公司律师2.99万多人，占4.6%，军队律师1500多人，占0.23%。2022年，全国律师办理各类法律事务1274.4万多件。其中，办理诉讼案件824.4万多件，办理非诉讼法律事务141.6万多件，民事诉讼代理697.5万多件，占诉讼案件的84.61%。但与发达国家每一万人的律师比例的比较，差距比较大。另外，律师执业分布极为不均，主要集中在广东、北京、上海、江苏等东中部发达地区城市，到2022年还有46个县没有执业律师。[①] 从律师代理诉讼案件的数量来看，律师是民事案件最主要的诉讼代理人，但按照全国法院受理的诉讼案件的总数来看，律师代理的案件比例还不高。

根据司法部《取得内地法律职业资格的香港特别行政区和澳门特别行政区居民在内地从事律师职业管理办法》的规定：我国香港特别行政区和澳门特别行政区居民，通过内地司法考试，取得内地律师执业证的，可以在内地律师事务所执业，从事内地非诉讼法律事务，代理涉港澳民事案件，代理涉港澳民事案件的范围由司法部以公告方式作出规定。

2. 基层法律服务工作者

基层法律服务工作者，是指符合司法部发布的《基层法律服务工作者管理办法》（2017年修订）规定的执业条件，经核准执业登记，领取《法律服务工作者执业证》，在基层法律服务所中执业，为社会提供法律服务

---

① 《司法部："无律师县"问题仍是短板，力争在今年基本解决》，载环球网，最后访问时间：2022年8月1日。

的人员。基层法律服务工作者与律师一样可以被委托为民事诉讼代理人，就其诉讼法律地位而言，成为一种独立的代理人类型。

根据《基层法律服务工作者管理办法》的规定，符合该办法第6条规定条件的人员可以经过司法部统一组织，省级司法行政机关负责承办的考试取得基层法律服务工作者执业资格，“（一）拥护中华人民共和国宪法；（二）高等学校法律专业本科毕业，参加省、自治区、直辖市司法行政机关组织的考试合格；（三）品行良好；（四）身体健康；（五）在基层法律服务所实习满一年，但具有二年以上其他法律职业经历的除外。”各省、自治区、直辖市的自治县（旗），国务院审批确定的国家扶贫开发工作重点县，西部地区省、自治区、直辖市所辖县，可以将前款第2项规定的学历专业条件放宽为高等学校法律专业专科毕业，或者非法律专业本科毕业并具有法律专业知识。该办法第7条规定，具有法律职业资格或者曾经取得基层法律服务工作者执业资格的人员，符合本办法第6条第1款第1、3、4、5项规定的，也可以申请基层法律服务工作者执业核准。经考试或者考核合格的人员，由省级司法行政机关报请司法部颁发《基层法律服务工作者执业资格证书》。取得基层法律服务工作者执业资格的人员，向省级司法行政机关或者经其授权的下一级司法行政机关申请基层法律服务工作者执业登记，领取《法律服务工作者执业证》后，即可以从事基层法律服务工作。

基层法律服务工作者主要业务包括代理参加民事、经济、行政诉讼活动。该办法第26条规定，基层法律服务工作者办理的业务有：（1）担任法律顾问；（2）代理参加民事、行政诉讼活动；（3）代理非诉讼法律事务；（4）接受委托，参加调解、仲裁活动；（5）解答法律咨询；（6）代写法律事务文书。

基层法律服务工作者的代理民事诉讼业务范围受到一定的限制。司法部（司复〔2002〕12号）《关于基层法律服务工作者不能代理当事人任何一方均不在本辖区内的民事经济行政诉讼案件的批复》曾规定：“根据《乡镇法律服务业务工作细则》第二十四条第四项的规定，当事人一方位于本辖区内，是基层法律服务工作者代理民事、经济、行政案件应当具备的条件之一。因此，基层法律服务工作者不能代理当事人任何一方均不在本辖区内的民事、经济、行政诉讼案件。”2012年《民事诉讼法》修正后，对基层法律服务工作者代理民事诉讼的限制引发了争议。经广泛研究征求意见，2017 年修订的《基层法律服务工作者管理办法》增加第 27 条规定，基层法律工作者办理第 26 条第 2 项规定的“代理民事、行政诉讼活动”，应当符合下列条件之一：（一）至少有一方当事人的住所位于其执业的基层法律服务所所在的县级行政区划辖区或者直辖市的区（县）行政区划辖区内。（二）案件由其执业的基层法律服务所所在的县级行政区划辖区或者直辖市的区（县）行政区划辖区内的基层人民法院审理；该案进入二审、审判监督程序的，可以继续接受原当事人的委托，担任诉讼代理人。省、自治区、直辖市司法行政机关根据本地实际，认为确有必要的，可以适当调整前款第一项规定的条件。这是在代理诉讼业务时，基层法律服务工作者与律师的主要区别。

2000 年 12 月 24 日，司法部组织了首次全国基层法律服务工作者执业资格统一考试。截至 2022 年年底，全国共有基层法律服务机构 1.3 万多家，其中乡镇所 7900 多家，占 57.47%；街道所 5800 多家，占 42.53%。全国基层法律服务工作者 5.6 万多人，其中在乡镇所执业的基层法律服务工作者 2.4 万多人，占 43.07%，在街道所执业的基层法律服务工作者 3.2 万多人，占 56.93%。2022 年，全国基层法律服务工作者共办理诉讼案件 63.4 万多件。

（二）当事人的近亲属或者工作人员

1. 当事人的近亲属

当事人的近亲属，是指与自然人当事人之间具有特定的亲近亲属关系的人。按照《民法典》第 1045 条规定，配偶、父母、子女、兄弟姐妹、祖父母、外祖父母、孙子女、外孙子女为近亲属。《民事诉讼法解释》第 85 条规定，根据《民事诉讼法》第 61 条第 2 款第 2 项规定，与当事人有夫妻、直系血亲、三代以内旁系血亲、近姻亲关系以及其他有抚养、赡养关系的亲属，可以当事人近亲属的名义作为诉讼代理人。比《民法典》规定的近亲属范围要宽一些，主要是为了代理诉讼的方便。

2. 当事人的工作人员

当事人的工作人员，指当事人为单位的，其工作人员可以被委托为诉讼代理人。从当前单位为当事人的民事诉讼案件来看，许多单位都委托相关员工代理诉讼。根据用人单位的性质不同，判断工作人员的标准也会不同。如企业法人，工作人员是指与企业有劳动关系的人。事业单位的工作人员，既包括与事业单位有事业关系的人员，也包括与事业单位有劳动关系的人员。《民事诉讼法解释》第86条规定，与当事人有合法劳动人事关系的职工，可以当事人工作人员的名义作为诉讼代理人。关于“合法劳动人事关系”证明材料，诉讼代理人应当提交委托人单位介绍信、本人身份证、上岗证或工作证等身份证明，也可以是劳动合同、工资表、社会保险资料等证明材料，以证实自己与委托单位的关系。

（三）当事人所在社区、单位以及有关社会团体推荐的公民

1. 当事人所在社区推荐的人

社区是指人们共同生活的一定区域，以固定的地理区域范围内的社会成员以居住环境为主体，行使社会功能、创造社会规范，与行政村同一等级的行政区域。一个社区至少包括以下特征：有一定的地理区域；有一定数量的人口；居民之间有共同的意识和利益，并有着较密切的社会交往。一个村落、一条街道、一个县、一个市，都是规模不等的社区。在日常生活中，人们常提及的社区往往是与个人的生活关系最密切的、有直接关系的较小型的社区，如农村的村或乡、城市的住宅小区等。社区可以为居住在本社区的当事人推荐诉讼代理人。

2. 当事人所在单位推荐的人

所在单位可以为当事人推荐诉讼代理人，既可以推荐本单位的工作人员，也可以推荐本单位以外的人担任诉讼代理人。所在单位，是指与当事人之间有工作关系的组织，既包括国家机关、企业事业单位，也包括其他组织。

3. 有关社会团体推荐的人

社会团体指依法登记成立的，有章程、有名称、有一定数量成员、有经费来源、有办事机构、有办公地点的非营利性组织。有关社会团体推荐公民担任诉讼代理人的，应当符合下列条件：（1）社会团体属于依法登记设立或者依法免予登记设立的非营利性法人组织；（2）被代理人属于该社会团体的成员，或者当事人一方住所地位于该社会团体的活动地域；（3）代理事务属于该社会团体章程载明的业务范围；（4）被推荐的公民是该社会团体的负责人或者与该社会团体有合法劳动人事关系的工作人员。专利代理人经中华全国专利代理人协会推荐，可以在专利纠纷案件中担任诉讼代理人。

目前，我国的社会团体主要包括：（1）人民群众团体。如工会、妇联、学联、青年团等；（2）社会公益团体。如中国福利基金会、中国红

十字会、消费者协会等举办社会公益事业的团体；（3）文艺工作团体。如文学艺术界联合会、戏剧工作者协会、音乐工作者协会等从事文学、美术、戏剧、音乐等文艺工作的团体；（4）学术研究团体。如自然科学工作者协会、社会科学工作者协会、医学会等从事某种专门学术研究的团体；（5）宗教团体。如佛教、道教、基督教、伊斯兰教等从事宗教活动的团体。社会团体可以为特定的当事人推荐诉讼代理人，但社会团体不能以团体的名义代理诉讼。

【审判实践中应当注意的问题】

关于外国人是否可以担任民事诉讼代理人的问题。在《民事诉讼法》2012年修正时，曾专门提出是否可以准许外国人担任诉讼代理人的问题。当时的《修正案草案》一度曾将本条第2款第3项的公民修改为“人”，但考虑到是否允许外国人担任我国民事诉讼代理人的问题，最终又恢复为“公民”。对此问题，在适用时应当注意把握以下几点：

1. 外国律师不得以律师身份代理我国国内民事诉讼。

2. 在涉外民事诉讼中，涉外民事诉讼中的外籍当事人，可以委托本国人为诉讼代理人，也可以委托本国律师以非律师身份担任诉讼代理人，外国驻华使\领馆官员，受本国公民的委托，可以以个人名义担任诉讼代理人，但在诉讼中不享有外交特权和豁免权。

3. 在适用本条第2款第2项当事人委托“近亲属或者工作人员”作为诉讼代理人规定时，可以不受是否为我国公民的限制。当事人的近亲属为外国公民或者无国籍人的，也可以受委托担任民事诉讼的代理人。我国有关单位聘请外国人或者无国籍人为工作人员的，该外国人或者无国籍人也可以受用人单位的委托担任诉讼代理人。

第六十二条 委托他人代为诉讼，必须向人民法院提交由委托人签名或者盖章的授权委托书。

授权委托书必须记明委托事项和权限。诉讼代理人代为承认、放弃、变更诉讼请求，进行和解，提起反诉或者上诉，必须有委托人的特别授权。

侨居在国外的中华人民共和国公民从国外寄交或者托交的授权委托书，必须经中华人民共和国驻该国的使领馆证明；没有使领馆的，由与中华人民共和国有外交关系的第三国驻该国的使领馆证明，再转由中华人民共和国驻该第三国使领馆证明，或者由当地的爱国华侨团体证明。

【条文主旨】

本条是关于委托诉讼代理人授权手续的规定。

【理解与适用】

2023 年修正后的《民事诉讼法》对本条未作修改。从 1991 年《民事诉讼法》规定该条内容以来，历经 2007 年、2012 年、2017 年、2021 年和本次 2023 年五次正改内容均没有变化，仅在 2021 年修正时将法条序号由原来的第 59 条修改为第 62 条。

委托他人代为参加诉讼是诉讼活动中的常见情形。为规范委托他人代理诉讼行为，法律对代理手续从形式到内容均进行了明确规定。

1. 委托他人代为诉讼，必须向人民法院提交由委托人签名或者盖章的书面授权委托书。委托他人代为诉讼，关系到当事人对实体权利和诉讼权利的处分，以及诉讼结果的承担，为避免日后因委托问题发生争议，影响判决、裁定和调解的执行，法律要求授权委托书必须采用书面形式，而且要有当事人、法定代理人的意思表示，当事人、法定代理人对诉讼代理人在代理权限范围内的诉讼活动负责。此外，根据《民事诉讼法解释》第 89 条第 2 款规定，适用简易程序审理的案件，双方当事人同时到庭并径行开庭审理的，可以当场口头委托诉讼代理人，由人民法院记入笔录。这是对书面授权委托的例外规定。

2. 授权委托书必须记明委托事项和权限。代理制度是我国民事法律制度的一部分，代理分为民事代理和诉讼代理，前者是为了帮助当事人实现民事法律行为，后者是为了帮助当事人实现诉讼法律行为。要求授权委托书记明代理事项，实际是要当事人、法定代理人写明委托他人干什么，代理诉讼的标的是什么。诉讼代理人是代理当事人、法定代理人进行诉讼，代理人在代理权限范围内从事的代理行为，应当由当事人、法定代理人承担，超越代理权的行为，属于无权代理，后果应当由代理人自负。因此，代理权限的范围，实际是划分当事人、法定代理人和委托代理人责任的范围，因此，委托代理人必须写明代理权限，是委托代理人申请回避、提供证据、陈述事实、进行辩论、申请行为保全和证据保全、请求调解、提出反诉、上诉、申请执行，还是仅就其中一项或者几项授权代理。如果授权委托书没有特别注明代理权限，只写“委托某人代理诉讼”，视为代理人有权为一切处分实体权利之外的诉讼行为。

3. 诉讼代理人代为承认、放弃、变更诉讼请求，进行和解，提起反诉或者上诉，必须有委托人的特别授权。上述诉讼行为，涉及实体权利的处分，因此，当事人、法定代理人必须在授权委托书中特别注明，没有注明的，委托代理人的行为无法律效力，人民法院不予承认，当事人、法定代理人也可以不接受。

4. 为保证侨居国外的中国公民委托诉讼代理人行为的真实性，更好地保护当事人的合法权益，本条第 3 款对在国外授权委托他人代为诉讼作了规定，即侨居在国外的中华人民共和国公民从国外寄交或者托交的授权委托书，必须经中华人民共和国驻该国使领馆证明，没有使领馆的，由与中华人民共和国有外交关系的第三国驻该国使领馆证明，再转由中华人民共和国驻该第三国使领馆证明，或者由当地爱国华侨团体证明。比如，中国公民某甲侨居美国，委托某乙作为他的诉讼代理人在我国人民法院提起诉讼，其对乙的授权委托书，必须经我国驻美国大使馆或者领事馆证明，未经使领馆证明的授权委托书，人民法院不予承认，其委托的诉讼代理人也不能代理其任何诉讼行为。

【审判实践中应当注意的问题】

一、关于一般授权与特别授权的审查

委托代理的权限分为一般授权和特别授权。一般授权指向的事项与当事人实体权利关系不密切，通常只涉及诉讼权利，如起诉、应诉、举证、质证、申请回避等，是一般诉讼活动中经常发生的常规行为。委托代理人参加诉讼活动需要获得至少是一般授权，否则将会影响诉讼活动的正常进行。根据《民事诉讼法解释》第 89 条规定，授权委托书仅写“全权代理”而无具体授权的，视为一般授权，诉讼代理人无权代为承认、放弃、变更诉讼请求，进行和解，提出反诉或者提起上诉。当事人在授权委托书中如果没有写明在执行程序中授予代理人代理权的，则代理人在执行程序中无代理权。特别授权的事项与当事人的实体权利相关，如全部或者部分承认对方诉讼请求、撤诉、和解等。因此，本条规定对于直接处分当事人实体权利的事项，必须要求有委托人的特别授权，且当事人须明确地写明授予具体的处分实体权利的权限。按照《民事诉讼法》的规定，民事案件一般需进行调解程序，因此，在组织调解时一定要确认诉讼代理人是否有和解的权限，避免出现和解后当事人不认可不执行的情况。

“无论一般授权还是特别授权的委托诉讼代理人均可在辩论过程中，基于与当事人诉讼利益的一致性，在当事人不在场时对不利于被代理人的事实明确承认，其效力直接归属于被代理人，可视为被代理人的自认。”[①]为避免委托诉讼代理人在诉讼中自认给当事人带来诉讼风险，《民事诉讼证据规定》对诉讼代理人自认规则作出特别规定。第 5 条规定：“当事人委托诉讼代理人参加诉讼的，除授权委托书明确排除的事项外，诉讼代理人的自认视为当事人的自认。当事人在场对诉讼代理人的自认明确否认的，不视为自认。”因此，当事人可以在授权委托书中明确排除诉讼代理人自认的权利。同时，在庭审过程中，一般授权代理人在发表质证意见或者答辩时，不能因为相关证据的意见可能会影响当事人的实体利益而以仅获得一般授权为由拒绝发表意见。

---

① 最高人民法院民事审判第一庭编著：《最高人民法院新民事诉讼证据规定理解与适用》（上），人民法院出版社 2020 年版，第 111 页。

二、关于域外提交的授权委托书的审查

《民事诉讼证据规定》第16条规定，当事人提供的公文书证系在中华人民共和国领域外形成的，该证据应当经所在国公证机关证明，或者履行中华人民共和国与该所在国订立的有关条约中规定的证明手续。中华人民共和国领域外形成的涉及身份关系的证据，应当经所在国公证机关证明并经中华人民共和国驻该国使领馆认证，或者履行中华人民共和国与该所在国订立的有关条约中规定的证明手续。授权委托书属于涉及身份关系的书证，本条第3款规定，侨居在国外的中华人民共和国公民从国外寄交或者托交的授权委托书，必须经中华人民共和国驻该国的使领馆证明；没有使领馆的，由与中华人民共和国有外交关系的第三国驻该国的使领馆证明，再转由中华人民共和国驻该第三国使领馆证明，或者由当地的爱国华侨团体证明。为减轻当事人对授权委托书公证认证的负担，2020年最高人民法院出台的《关于知识产权民事诉讼证据的若干规定》第10条规定，在一审程序中已经根据《民事诉讼法》第五十九条[①]、第二百六十四条[②]的规定办理授权委托书公证、认证或者其他证明手续的，在后续诉讼程序中，人民法院可以不再要求办理该授权委托书的上述证明手续。实践中需要特别注意的是，如果授权委托书中明确授权委托行为仅适用一审期间，则二审、再审等程序期间仍应要求当事人提交符合要求的公证认证后的授权委托书。

经国务院核准，我国已于2023年3月8日加入《取消外国公文书认证要求的公约》，公约将于2023年11月7日对我国生效。生效后，当事人从公约其他缔约国向人民法院寄交或者托交的授权委托书等，如此前需经我驻外使领馆认证，则不应再要求认证，而仅需附加符合公约要求的证明书即可，这将极大便利涉外案件当事人，也将对我国法院涉外审判和执行工作产生很大影响。因此，在2023年11月7日后，人民法院在审查当事人从公约其他缔约国向人民法院寄交或者托交的授权委托书时只需审查该授权委托书是否经过公证以及是否附加证明书即可，不再要求我驻外使领馆认证。当然，对于侨居在国外的中华人民共和国公民的授权委托书没有公证的要求，则只需要审查附加证明书。

---

① 现为《民事诉讼法》(2023年修正)第62条。

② 现为《民事诉讼法》(2023年修正)第275条。

第六十三条 诉讼代理人的权限如果变更或者解除，当事人应当书面告知人民法院，并由人民法院通知对方当事人。

【条文主旨】

本条是关于变更或者解除代理权限的规定。

【理解与适用】

2023年修正后的《民事诉讼法》对本条未作修改。从1991年《民事诉讼法》规定该条内容以来，历经2007年、2012年、2017年、2021年和本次2023年五次修正内容均没有变化，仅在2021年修正时将法条序号由原来的第60条修改为第63条。

授权委托关系成立后，当事人或其法定代理人可以单独或与诉讼代理人协商后对诉讼代理人的代理权限予以变更，即可以限缩或者扩大诉讼代理人的权限范围，也可以解除对诉讼代理人的授权。诉讼代理权的解除包括诉讼代理人主动辞去、放弃委托和委托人主动收回诉讼代理权两种情形。变更和解除委托将影响诉讼行为的效力和对方当事人的利益，为保护当事人的合法权益，保证诉讼正常进行，变更或解除授权应当以书面形式告知法院，并由法院通知对方当事人。如果没有书面告知法院，委托人依照原来的代理权限所为的行为，委托人应当承担。在委托诉讼代理权限未变更、解除前，委托代理人已经实施的诉讼代理行为仍然有效。

【审判实践中应当注意的问题】

一、诉讼代理权变更或解除前实施的诉讼行为效力

诉讼代理人依据授权从事相关诉讼活动，其相当于当事人的诉讼活动，体现了当事人的意思表示，并不因后续诉讼代理权限的调整而具有追溯力，否则将影响诉讼秩序的稳定和当事人利益的保障。因此，在同一案件中，无论是同一诉讼代理人权限的变更还是解除代理权后重新委托新的代理人，均不能否认之前实施的相关诉讼行为的效力。换言之，诉讼活动

不因委托代理权限的变更或者解除而发生变化。

二、当事人应主动提交诉讼代理权变更或者解除的书面证明

法律明确规定，诉讼代理人的权限如果变更或者解除，当事人应当书面告知人民法院。实践中，当事人变更诉讼代理权限或者解除往往采取以提交新的授权委托书替换原来的授权委托书形式。如果案件未进行实质性的诉讼活动，直接替换的方式未尝不可。但是，如果诉讼活动已经开始，特别是已经开庭后再发生变更代理权限或者解除代理权的情况，则不仅应提交新的授权委托书，还应注明带来权限的变化，以保障整个诉讼程序代理活动具有明确的授权依据。

第六十四条 代理诉讼的律师和其他诉讼代理人有权调查收集证据，可以查阅本案有关材料。查阅本案有关材料的范围和办法由最高人民法院规定。

【条文主旨】

本条是关于诉讼代理人的权利的规定。

【理解与适用】

为保护当事人合法权益，保证诉讼程序顺利有序推进，诉讼代理人除拥有代理权限范围内的权利外，还应拥有一些必要的诉讼权利，以保证其在代为进行诉讼活动时能有效履行代理职责。在《民事诉讼法》出台前，法律就赋予了律师作为诉讼代理人调查取证、查阅所代理案件材料的权利。1980 年 8 月全国人大常委会通过的《律师暂行条例》第 7 条规定，律师参加诉讼活动，有权依照有关规定，查阅本案材料，向有关单位、个人调查。1981 年 4 月 27 日《最高人民法院、最高人民检察院、公安部、司法部关于律师参加诉讼的几项具体规定的联合通知》第 1 条对律师查阅权作出了细化规定。为进一步保护当事人合法权益，本条规定了律师和其他诉讼代理人的权利，包括有权调查收集证据和查阅本案有关材料。

一、有权调查收集证据

当事人对自己提出的主张，有责任提供证据。在作出判决前，当事人未能提供证据或者证据不足以证明其事实主张的，由负有举证证明责任的当事人承担不利的后果。因此，为了使当事人更好地承担提供证据的责任，赋予其诉讼代理人收集证据的权利十分必要。一般而言，诉讼代理人可以调查收集书证、物证、视听资料、证人证言，并要求有关鉴定部门对某一事实进行鉴定等。有关单位和个人对诉讼代理人调查取证的工作应当支持。人民法院应当充分保障诉讼代理人行使调查取证权，确保举证期限、庭前证据交换、证明责任等证据制度的顺利实现。

二、查阅本案有关材料

当事人在进行民事诉讼活动时，有必要及时掌握对方当事人的诉讼请求，全面了解与案件有关联的各种证据材料，准确把握法院的诉讼活动状况，确保采取的一系列应对措施具有针对性、实效性，以维护自己的合法权益。因此，《民事诉讼法》赋予了当事人查阅、复制本案有关材料的权利。受当事人委托，代理诉讼的律师和其他诉讼代理人代替当事人进行诉讼活动，也有必要通过查阅案件材料了解案件更全面的情况。由于诉讼代理人多为律师或者其他掌握法律专业知识的人，相对于不具有法律专业知识的当事人而言，诉讼代理人可以自己专业的角度分析案件材料、把握诉讼进展状况，从而更好地为当事人提供法律服务。因此，应同样赋予诉讼代理人查阅、复制案件材料的权利。本条规定的有关材料，一般指法庭审理过程中所有的证据材料、庭审笔录，以及起诉状、答辩状、代理意见书等在法庭审理中涉及的材料。

三、查阅的范围和具体程序

《最高人民法院关于诉讼代理人查阅民事案件材料的规定》对诉讼代理人查阅案件材料的程序、范围等作出了规定。

（一）诉讼代理人查阅案件的程序

诉讼代理人在诉讼过程中需要查阅案件有关材料的，应当提前与该案件的书记员或者审判人员联系；查阅已经审理终结的案件有关材料的，应当与人民法院有关部门工作人员联系。为便利阅卷，人民法院应当为当事人及其诉讼代理人安排适当的阅卷场所和合理的阅卷时间。诉讼代理人只能在法院规定的阅卷时间和专门的阅卷场所阅卷，不得将案件材料携出阅卷场所。这样规定的主要考虑是为了保证案件材料的完整无缺和诉讼活动的顺利进行。为保持阅卷场所秩序和维护卷宗的安全，必要时，该案的书记员或者法院其他工作人员应当在场。

查阅案件材料，律师应当出示律师证，其他诉讼代理人应当出示身份证或者其他有效证件，以表明阅卷人的身份。查阅案件材料还应当填写阅卷单。阅卷单，既是当事人及其诉讼代理人行使阅卷权利的体现，又是法院对卷宗管理的一种形式。当案卷归档后，通过阅卷单还可以方便档案管理人员查找案卷。因而，法院工作人员、当事人及其诉讼代理人都应当认真填写阅卷单，法院工作人员还应当将阅卷单附卷。阅卷单的内容包括：阅卷人（填写阅卷人的姓名）、证件名称及其编号（表明阅卷人的身份：诉讼代理人或者当事人）、案件名称、案由、案号、借阅册数、归还册数、阅卷时间、法院工作人员签注（姓名、案件卷宗归还时的状况等）。

诉讼代理人查阅案件有关材料后，应当及时将查阅的全部案件材料交回书记员或者其他负责保管案卷的工作人员。书记员或者法院其他工作人员对诉讼代理人交回的案件材料应当当面清查，确认无误后在阅卷单上签注，阅卷单应当附卷。

（二）查阅案件材料的范围

根据《人民法院诉讼文书立卷归档办法》的规定，人民法院的各类诉讼文书，应按照利于保密、方便利用的原则，分别立为正卷和副卷。诉讼代理人在诉讼中查阅案件材料限于案件审判卷和执行卷的正卷，包括起诉书、答辩书、庭审笔录及各种证据材料等。案件审理终结后，可以查阅案件审判卷的正卷。而对于案件副卷，因涉及案件审理的决策信息等审判秘密，不宜对外公开，故不属于诉讼代理人查阅的范围。

按照《人民法院诉讼文书立卷归档办法》的规定，正卷分民事一审、民事二审等。例如，民事案件一审案件正卷诉讼文书材料包括：（1）起诉状或口头起诉笔录；（2）立案（受理）通知书；（3）缴纳诉讼费收据或减、缓、免交诉讼费用的手续；（4）应诉通知书回执；（5）答辩状及附件；（6）原、被告诉讼代理人、法定代表人授权委托书、鉴定委托书及法定代表人身份证明；（7）原、被告举证材料；（8）询问、调查取证材料；（9）调解笔录及调解材料；（10）开庭通知、传票及开庭公告底稿；（11）开庭审判笔录；（12）判决书、调解书、裁定书正本；（13）宣判笔录；（14）判决书、调解书、裁定书送达回证；（15）上诉案件移送函存根；（16）上级法院退卷函；（17）上级法院判决书、调解书、裁定书正本；（18）证物处理手续；（19）执行手续材料，等等。

（三）查阅案件材料的方式

诉讼代理人查阅案件材料可以摘抄或者复印。涉及国家秘密的案件材料，依照国家有关规定办理。复印案件材料应当经案卷保管人员的同意。复印已经审理终结的案件有关材料，诉讼代理人可以要求案卷管理部门在复印材料上盖章确认。复印案件材料可以收取必要的费用。

（四）查阅案件材料的责任

当事人及其诉讼代理人查阅案件材料时，应当保持案件材料的完整性，不得涂改或以其他方式修改、损毁、抽取案件材料。否则，人民法院可以依照《民事诉讼法》第 114 条第 1 款第 1 项对“伪造、毁灭重要证据，妨碍人民法院审理案件的”行为的处罚措施予以处罚。另外，案件材料中涉及国家秘密、商业秘密和个人隐私的内容，当事人及其诉讼代理人应当依法保密。

【审判实践中应当注意的问题】

近年来，司法实践中运行的律师调查令在保障诉讼代理人调查取证权方面起到积极作用。2006 年，根据第十届全国人大常委会第十七次会议审议的《全国人大常委会执法检查组关于检查〈中华人民共和国律师法〉实施情况的报告》要求，最高人民法院在《最高人民法院关于认真贯彻律师法依法保障律师在诉讼中执业权利的通知》（法〔2006〕38 号）明确：“人民法院可以在民事诉讼中积极探索和试行证据调查令做法，并认真研究相关问题，总结经验。”此后，最高人民法院在知识产权、金融审判、执行工作中提出了探索建立律师调查令制度。在司法实践层面，律师调查令制度已进行了相当程度的探索适用，北京、天津、上海、重庆、广东等近 20 个省市开展了有益尝试，单独或会同其他部门出台了地方司法文件。比如，《浙江省高级人民法院关于在民事诉讼和执行程序中试行律师调查令的若干意见》第 1 条规定：“民事诉讼当事人及其代理律师因客观原因不能自行调查取证时，经书面申请，人民法院经审查认为确有必要的，可以签发调查令，由持令律师在人民法院调查令授权范围内向接受调查人调查收集证据。在执行阶段，经申请执行人书面申请，人民法院可以签发调查令，由持令律师在人民法院调查令授权范围内向接受调查人调查收集被执行人财产线索及违反限制高消费令、虚假报告财产的证据。本意见所称客观原因是指当事人及其代理律师通过正常的调查取证途径无法自行调查取证的情形。本意见所称的接受调查人是指调查令载明的须向持令律师提供指定证据的相关单位、组织或个人。”再如，《广东省高级人民法院、广东省司法厅关于在民事诉讼中实行律师调查令的规定》第 7 条规定：“属下列情形之一的，不予签发律师调查令：（一）涉及国家秘密、个人隐私、商业秘密；（二）与待证事实不具有关联性或必要性；

（三）证据不为接受调查单位或个人保管；（四）申请调查的证据不明确、不具体；（五）其他不宜以律师调查令形式调查取证的情形。涉及上述（一）、（五）项情形的证据，当事人可以提交证据线索，申请人民法院依法调查收集。”

总体上看，律师调查令覆盖范围不断扩大，适用律师调查令的案件逐年增多，这对于保护当事人合法权益、维护律师执业权利、优化人民法院诉讼资源配置等具有积极作用。对当事人而言，推行律师调查令制度有利于提高当事人的举证能力，能在一定程度上减少因搜集不到有力证据而承担证明责任以致裁判结果偏离客观事实的情况，同时能够促进案件事实更快速高效地查明，缩短诉讼周期，减轻当事人的诉累。对律师而言，调查取证权是律师执业的基本权利，是当事人权利的延伸。推行律师调查令制度可以保障律师依法履职，充分调动律师取证的积极性，更好地发挥专业法律代理人事实调查、证据搜集的作用。对法院而言，该制度能有效剥离调查取证等司法事务，能让法官更专注于司法裁判，有利于案件事实建构、审判效率提高。但亦应看到，由于我国目前未在法律层面上确立律师调查令制度，致使相关问题尚未明晰，各地做法不一。在法律层面明确律师调查令制度，是当前司法实践中各方的共识和紧迫需求：一是明确律师调查令的法律性质。只有通过国家层面的立法确认律师调查令的性质、范围、条件，才可以有效地解决现实中各方对于调查令的属性争议问题。二是制定律师调查令的统一标准。由于当前关于律师调查令的规范，大多由各地区的高级人民法院结合自身实际情况制定，其取证主体、取证范围、开具标准不统一，特别是出现跨省域调查收集证据时，律师调查令可能遭遇签发阶段不同、签发主体不同、申请主体不同、调查证据范围不同等原因而无法使用的一系列问题。三是规定律师调查令的法律责任。由于法律没有对律师调查令作出明确规定，导致被调查人心存顾虑推诿敷衍或者故意刁难阻碍，拒不配合律师进行取证现象较为普遍。在立法明确该项制度前，各地法院应进一步积极探索，充分发挥专业法律代理人事实调查、证据搜集的作用，为将来立法积累司法实践经验。

第六十五条 **离婚案件有诉讼代理人的，本人除不能表达意思的以外，仍应出庭；确因特殊情况无法出庭的，必须向人民法院提交书面意见。**

【条文主旨】

本条是关于离婚案件本人出庭及诉讼代理的特殊规定。

【理解与适用】

本条在历次《民事诉讼法》修正中整体内容未有大的变化，仅有个别文字表述调整。具体为，在2007年及以前的《民事诉讼法》中规定为"本人除不能表达意志的以外"，在2012年《民事诉讼法》修正中调整为"本人除不能表达意思的以外"，即将"意志"调整为"意思"，表达更为精准，之后在2021年及本次修正《民事诉讼法》中均保持该表述，未再调整。

本条规定："离婚案件有诉讼代理人的，本人除不能表达意思的以外，仍应出庭；确因特殊情况无法出庭的，必须向人民法院提交书面意见。"本条规定是针对离婚案件中出庭人员的特殊规定，即基于离婚案件的特殊性，原则上必须本人出庭，仅在特殊情况下无法出庭的，必须向人民法院提交书面意见。审判实践中，即便本人因身体等特殊情况无法出庭，人民法院为慎重起见，也应赴当事人居所"面对面"了解其真实意愿，妥善办理离婚案件。

诉讼代理制度是有民事诉讼当事人授权或经人民法院指定，以当事人名义，代理一方当事人进行诉讼的制度。诉讼代理制度有着悠久的历史，早在古罗马时期就有相关规定。公元5世纪的《萨力克法典》对此也有明文规定。到18世纪，大部分国家立法确定了诉讼代理制度，并承认以诉讼代理为职业的律师制度。该制度在我国诉讼中也是一项基本制度，广泛应用于人民法院民事、行政、刑事诉讼中，极大便利了当事人诉讼，也有助于人民法院推进审理活动。

一般而言，民事诉讼中诉讼代理制度在涉及财产类纠纷案件中发挥着重要作用，诉讼当事人委托了代理人的，本人可以不出庭参加诉讼活动。但离婚案件属于较特殊的身份关系案件，该类案件的核心问题是确认双方是否具备解除婚姻关系的条件。根据我国《民法典》规定，确认夫妻双方是否具备离婚条件，主要取决于夫妻双方感情是否确已破裂，即“离婚案件的待证事实为感情确已破裂，而对于具体的生活事实，诉讼代理人通常不能同当事人一样进行陈述、辩论和说明。相反，当事人本人出庭更有利于查明是否具备离婚条件。”①婚姻关系涉及的是身份关系和身份利益，而身份行为具有不可替代性，不宜由诉讼代理人代为处理。因此，在该类案件中，当事人的亲自到庭与其他民商事案件相比，有着更加突出重要的价值，无论何种性质的陈述，原则上都应由当事人本人在法庭完成。家事审判中，法官通过察言观色，获取陈述人神态、表情、语调、动作等生动的信息，才能帮助辨明个中的真假、是非与曲直，并进而对案件事实作出准确的认定。②此外，人民法院审理离婚案件，依照法律应当先行调解，如果当事人不出庭，也将导致调解无法进行。

另外，在实践中还有一些当事人无法出庭的特殊情况，如本人在国外或者身体健康原因确实无法出庭的，本人必须向人民法院提交书面意见。对于本人不能正确表达意思的，也可以不出庭，此种情形下也无须提交书面意见。

【审判实践中应当注意的问题】

一、关于离婚案件的当事人到庭制度

近年来，法院受理的婚姻家庭抚养继承纠纷等家事案件持续上升，成为民事审判的第二大类案件。在涉及婚姻家庭类纠纷等家事案件中，当事人不出庭情况也日趋严重。据不完全统计，部分地方法院审理家事案件，当事人不到庭的占近四分之一。③基于当事人亲历性原则，在家事案件中贯彻当事人到庭制度，可以提升家事纠纷和解的机率，也大大提升审判的效率，对于当事人双方及人民法院工作都有着重要的意义，这也是家事审

---

① 江必新主编：《新民事诉讼法条文理解与适用》，人民法院出版社2022年版，第265页。

② 朱孝清：《司法的亲历性》，载《中外法学》2015年第4期。

③ 袁荷刚：《从司法的亲历性论当事人到庭陈述之必要性》，载《法制日报》2015年12月2日。

判改革中需要认真解决的问题。在家事纠纷中，要提示当事人负有到庭义务，在接到法院询问命令时必须在规定的期日内出庭陈述案情。当然，如果当事人有正当理由（比如，健康原因等）不能到庭，则由法官前往当事人住所进行询问。也就是说，无论如何当事人都要和法官有面对面的交流，不能由其他人代为陈述。

二、关于离婚案件中的巡回办案

对于审理离婚案件，人民法院应根据当事人情况，对于特殊情形比如身体健康等无法出庭的，可从方便当事人诉讼等角度考虑，依照《民事诉讼法》第 138 条“人民法院审理民事案件，根据需要进行巡回审理，就地办案”的规定，发挥人民司法的优良传统，采用巡回办案等方式，对因身体健康、年龄较大、路途遥远确实出庭困难的当事人上门办案，解决纠纷。一方面切实解决离婚案件需要当事人本人出庭的问题，另一方面也是贯彻人民法院民事审判工作司法为民要求的体现。

三、关于他人能否代理限制民事行为能力或无民事行为能力人提起离婚诉讼

司法实践中，限制民事行为能力人并未完全丧失辨认能力和控制能力，在能够基本认识结婚和离婚的后果和意思的情况下，应由其自行决定。对于无民事行为能力人，如果其配偶存在《民法典》第 36 条第 1 款规定行为的，其他有监护资格的人可以要求撤销其监护资格，并依法指定新的监护人；由变更后的监护人代理无民事行为能力人提起离婚民事诉讼。

第六章　证　据

第六十六条　证据包括：

（一）当事人的陈述；

（二）书证；

（三）物证；

（四）视听资料；

（五）电子数据；

（六）证人证言；

（七）鉴定意见；

（八）勘验笔录。

证据必须查证属实，才能作为认定事实的根据。

【条文主旨】

本条是关于证据的种类和证据审核认定的基本要求的规定。

【理解与适用】

根据本条规定，我国民事诉讼证据包括八种，即当事人的陈述；书证；物证；视听资料；电子数据；证人证言；鉴定意见；勘验笔录。其中电子数据是2012年《民事诉讼法》修正时增加的证据形式，鉴定意见在2012年《民事诉讼法》修正之前称为鉴定结论。

一、证据的意义和种类概述

证据的种类是证据的外部表现形式，也称为证据的形式。在英美法系国家的民事诉讼立法或者证据立法上，一般并不对证据的概念进行专门的界定，也不对证据的形式进行明确的规定，对证据形式的立场是开放的，并不对证据的种类作限制性的规定，对于可能出现的各种信息资源持包容态度。大陆法系国家和地区一般在民事诉讼法中对证据形式进行一定的分类，但这种通过分类对证据形式的限制并不严格，一般并不排除其他可以揭示案件事实的证据资料进入诉讼。对证据种类的划分是以证据调查方法为依据的，侧重于从证据调查的角度对不同证据种类适用的证据规则进行规定，并且强调任何有助于查明案件事实的证据都可以依一定程序进入诉讼。

我国三大诉讼法均对证据的种类作出明确规定。理论上一般认为，这种证据种类的规定具有法律约束力，只有符合法律规定形式的证据种类，才能作为认定案件事实的依据，因此，这种证据种类也被称为证据的法定种类或者证据在法律上的分类。[①]但实践中，对证据种类的要求并不绝对，对于新类型的证据，往往解释为法定证据种类的特殊表现形式，如在2012年《民事诉讼法》修正之前的电子数据，实践中一般作为视听资料或者特殊的书证形式对待。

二、对各种证据形式的理解

（一）当事人的陈述

当事人的陈述是在任何一个民事案件审理过程中都存在的一种诉讼材料。在我国，当事人的陈述在最广泛意义上包括关于诉讼请求的陈述，关于支持或者反对诉讼请求的法律与事实根据的陈述，关于与案件有关的其他事实的陈述，关于证据分析的陈述，关于案件的性质和法律问题的陈述等。[②]狭义上当事人的陈述一般指当事人就案件事实向法院所作的陈述。从功能上，当事人的陈述可以分为三个层次：一是当事人为了支持其诉讼请求而向法院陈述的事实根据，即关于主要事实的主张。当事人关于主要事实的主张也就是诉讼中的证明对象，具有确定法院审理的事实范围和诉讼证明对象的功能。二是当事人对于不利于自己的事实的真实性的认可，即自认。自认具有排除事实争议、限缩证明对象的功能。三是当事人作为证据方法而就其亲历所知向法院陈述有关案件事实，以作为证据资料供法院参考。这个意义上当事人的陈述是作为证明的手段，亦即证据功能。[③]

---

① 罗海敏:《关于证据种类的思考》，载《国家检察官学院学报》第13卷第4期。

② 江伟主编:《民事诉讼法》，高等教育出版社2000年版，第142页。

③ 翁晓斌，宋小海:《论民事诉讼当事人陈述的功能》，载《现代法学》2007年11月第29卷第6期。

我国民事诉讼立法是在证据功能上规定当事人的陈述，有人称之为当事人陈述功能的一元定位。

在英美法系国家和地区，当事人的陈述并不是一种独立的证据形式，立法上也没有对询问当事人单独作出规定。当事人既可以自己就涉讼案件提供证言，也可以要求对方当事人就案件的相关事实提供证言。当事人需要就案件事实向法院陈述时，被视为证人，是证人的一部分，适用证人规则。大陆法系国家和地区在对待作为证据资料的当事人陈述之利用上存在两种做法，一种是将当事人陈述作为补充性证据方法，只有在法官依其他证据无法就案件事实的真伪形成内心确信时，才能就待证事实对当事人进行询问。另一种以日本民事诉讼法为代表，对当事人陈述的适用不作限制，法官在证据调查的任何阶段均可自由决定是否对当事人进行讯问。苏联民事诉讼法上将当事人陈述作为独立的证据形式，我国民事诉讼法将当事人陈述作为一种单独的证据形式是参照借鉴苏联民事诉讼法的结果。《民事诉讼法》第78条规定："人民法院对当事人的陈述，应当结合本案的其他证据，审查确定能否作为认定事实的根据。当事人拒绝陈述的，不影响人民法院根据证据认定案件事实。"这意味着，当事人陈述尽管被立法规定为一种单独的证据形式，但其地位仍然是辅助性的，需要与其他证据结合起来进行综合判断才能确定是否作为认定案件事实的依据。

（二）书证

书证是民事诉讼中十分重要的证据方法和证据类型。广义上讲，书证不仅包括打印、书写于纸张上的文字记录，照片、录音录像资料、记载于计算机磁盘等电子介质上的数据电文均可以归属于书证的范畴。我国《民事诉讼法》将照片、录音录像资料等作为视听资料，记载于电子介质上的数据电文作为电子证据，均为独立的证据类型，因此，书证系从狭义理解，一般指视听资料和电子数据之外的以其记载的内容来证明案件事实的资料。书证以纸张等物质载体的形式体现，但文字、图形、符号等所记载的内容是其本质属性。对于书证的内涵，包含这样几层含义：（1）它首先是一种物件或物品；（2）该物件是一定文字、符号、图表等的载体；（3）这些文字、符号、图表等记载或代表一定的内容、含义，而且能证明案件事实。[①]

① 张永泉：《书证制度的内在机理与外化规则研究》，载《中国法学》2008年第5期。

（三）物证

物证是以物品的自身属性、外部特征和存在状况等证明案件事实的证据。

与其他证据形式相比，物证具有较强的客观性。物证是以其存在形式来证明案件事实，其本身是实体物品或痕迹的客观存在，物证与待证事实之间存在不受人的主观意志影响的客观联系。物证具有独立性和稳定性的特点，与书证通过记载的内容证明案件事实不同，物证客观存在的性状、特征本身即能证明待证事实的存在与否。物证具有间接性，一般只能作为间接证据使用，很少作为直接证据使用。一方面，物证所能直接证明的只是案件事实的某些片段或者某个方面的情况，只有与其他证据相结合，才能证明案件的主要事实；另一方面，物证往往要辅之以鉴定意见、勘验笔录等才能发挥完整的证明作用。[①]

（四）视听资料

视听资料是指以录音、录像等设备所存储的信息证明案件真实情况的资料。视听资料的出现是现代科学技术发展的产物，将视听资料作为一种独立的证据类型，是我国在 1982 年《民事诉讼法（试行）》中创立的，其后的《民事诉讼法》一直延续了《民事诉讼法（试行）》的做法，并被《刑事诉讼法》和《行政诉讼法》所吸收，成为我国独有的一种证据形式。在 2012 年《民事诉讼法》修正之前，电子计算机存储的数据一般也被归于视听资料的范畴，2012 年修正《民事诉讼法》将电子数据作为独立的证据形式，因此，《民事诉讼法解释》第 116 条第 3 款规定：“存储在电子介质中的录音资料和影像资料，适用电子数据的规定”。

作为证据类型的视听资料包括录音资料和录像资料两种形式。录音资料是应用声、光、电和机械学等方面的科学技术，把正在进行的有关人员演说、对话以及自然声响等声音如实地记录下来，然后通过播放再现原来的声迹，以证明案件真实情况的证据资料；录像资料是应用光电效应和电磁转换的原理，将人或事物运动、发展、变化的客观真实情况原原本本地录制下来，再经过播放，重新显示原始的形象来证明案件真实情况的证据资料。与传统的证据形式相比，视听资料首先更依赖于录音带、录像带等物质载体，是以其记录的内容来对待证事实发挥证明作用，没有物质载体

---

① 廖永安主编：《证据法学》，清华大学出版社 2008 年版，第 32 页。

就不存在视听资料证据。在这一点上，视听资料与书证十分接近。其次，视听资料具有高度的准确性和直观性，其在形成过程中一般不受录制人主观因素的影响而造成对案件事实的歪曲。只要录制对象正确、录制方法得当、录制设备正常，视听资料就能十分准确地记录案件事实。借助相应的技术设备，视听资料就能够直接再现一定的案件事实。最后，视听资料的收集和审查具有科学性。视听资料的形成需要借助录音机、录相机等设备，人们可以使用一定的设备来制作视听资料，也可以借助一定的设备对其进行伪造或篡改。因此，对其真实性的检测也要依赖相应的科学技术和设备，通过鉴定等方法得出结论。

（五）电子数据

电子数据即电子证据，是2012年修正《民事诉讼法》增加的证据类型。根据联合国《电子商务示范法》第2条的规定："电子数据是指由电子手段、光学手段或类似手段生成、储存或传递的信息。"由此，作为证据类型的电子数据，可以归结为以电子、电磁、光学等形式或类似形式储存在计算机中的信息作为证明案件事实的证据资料，既包括计算机程序及其所处理的信息，也包括其他应用专门技术设备检测得到的信息资料。由于电子证据是以电子形式存储在电子介质之上的，与传统的证据形式相比，其在保存方式上需要借助一定的电子介质。电子证据在本质上是一种电子信息，可以实现精确复制，可以在虚拟空间里无限快速传播，在传播方式上与传统证据只能在物理空间传递存在明显的差异。电子证据是以电子计算机及其他电子设备为基础的证据，没有专门的电子设备主件，没有相应的播放、检索、显示设备，电子证据只能停留在电子存储介质之中，无法被人们感知。因此，电子证据在感知方式上必须借助电子设备，而且必须依赖于特定的系统软件环境，如果软件环境发生变化，存储在电子介质上的信息可能无法显示或者无法正确显示。此外，电子证据与传统证据形式相比更具有稳定性和安全性的特点，对于电子证据的修改、复制或者删除能够通过技术手段分析认定和识别。①

在2012年《民事诉讼法》修正之前，电子数据在法律上如何定位存在争论。主流观点将电子数据作为视听资料对待，认为电子数据属于视听资料的一种形式。反对观点有将电子数据作为书证、物证、混合证据、独

---

① 何家弘主编：《电子证据法研究》，法律出版社2002年版，第14~16页。

立证据等多重意见。鉴于电子数据在表现形式、真实性判断和证明力等认定上存在诸多不同于传统证据形式之处，其不宜归于任何一种传统证据履行，更不宜分解为任何其他证据形式之中。2012 年《民事诉讼法》修正时将其作为独立的证据形式，有利于民事诉讼事实的查明，符合现代社会民事诉讼的要求。《民事诉讼法解释》第 116 条第 2、3 款的规定："电子数据是指通过电子邮件、电子数据交换、网上聊天记录、博客、微博客、手机短信、电子签名、域名等形成或者存储在电子介质中的信息。存储在电子介质中的录音资料和影像资料，适用电子数据的规定。"采取概括加列举的方式，对电子数据的内涵及其与视听资料的边界进行规定。为便于审判实践中的适用，2019 年修正的《民事诉讼证据规定》第 14 条在此基础上，将电子数据的内涵作进一步明确，规定："电子数据包括下列信息、电子文件：（一）网页、博客、微博客等网络平台发布的信息；（二）手机短信、电子邮件、即时通信、通讯群组等网络应用服务的通信信息；（三）用户注册信息、身份认证信息、电子交易记录、通信记录、登录日志等信息；（四）文档、图片、音频、视频、数字证书、计算机程序等电子文件；（五）其他以数字化形式存储、处理、传输的能够证明案件事实的信息。"通过这些司法解释的规定，进一步明确了电子数据的内涵和范围。

（六）证人证言

证人证言是民事诉讼中最常见的证据形式之一，也是各个国家普遍承认的一种重要的证据类型。证人证言是以证人在法庭上就其亲身经历的案件事实所作的客观陈述作为证明案件事实的资料。

证人证言形成于证人作证的过程，是证人作证的结果。证人作证的过程本身是主观对客观的反映过程，即将其所记忆的曾经感知到的案件事实通过言词的方式再现，来完成作证的过程。因此，证人证言不可避免地会掺杂证人的主观因素，而检验证人证言的规则正是尽量剔除这种主观因素的影响，尽量使证人证言的内容接近案件事实的客观状况。这也是证人证言与书证、物证等证据形式的区别所在。

（七）鉴定意见

"鉴定系为辅助推事对事物之判断能力，命有特别学识经验之第三人，本于其专门知识、技能经验，陈述特别规律或经验法则之证据调查程序。即以鉴定人为证据方法，以鉴定人之鉴定意见为证据资料，俾以证明待证事项之调查证据”。[①] 鉴定意见在2012年修正之前的《民事诉讼法》上称为鉴定结论，由于鉴定结论的名称容易被误解为结论性的意见，2012年3月14日全国人大通过的《刑事诉讼法》修改决定中将鉴定结论修改为鉴定意见，同年《民事诉讼法》修正时也作出相应的修改。

鉴定意见是民事诉讼中十分重要的证据类型，在我国的民事审判实践中，对于涉及专门性问题的事实的判断通常以鉴定意见为依据，鉴定意见对于涉及专门性问题的案件事实的查明发挥着重要作用。有人认为，民事诉讼中的鉴定属于司法鉴定的一种情形，而诉讼过程中的司法鉴定，“是由司法机关指派或者当事人委托具有专门知识的人对诉讼中的专门性事实问题作出断定的一种活动”，[②] 因此，无论是人民法院委托，还是公安机关、检察机关或者当事人委托的鉴定人出具的报告或者意见，均应属于《民事诉讼法》上的鉴定意见。这种认识并不妥当。无论是1991年以来《民事诉讼法》的规定，还是自2001年《民事诉讼证据规定》以来的司法解释，都将人民法院的委托行为作为民事诉讼中鉴定的基础。只有人民法院委托的鉴定人出具鉴定意见的诉讼活动，才是《民事诉讼法》上的鉴定。非由人民法院委托而由当事人或者其他如公安机关、作为公益诉讼起诉人的检察机关等委托而进行的所谓的鉴定，并非《民事诉讼法》上的鉴定，所形成的意见亦不属于《民事诉讼法》上的鉴定意见。因此，鉴定意见是鉴定人接受人民法院的委托，运用自己的专门知识或能力，借助一定的方法和仪器，对与案件有关的专门性问题进行究、检验、分析后给出的判断性意见。

民事诉讼中的鉴定是在本案诉讼过程中基于人民法院委托而进行的，在本案诉讼之外的其他案件中人民法院委托的鉴定，不能作为本案诉讼中的鉴定，另案中鉴定人出具的鉴定意见亦不能在本案中作为鉴定意见对待。这一点在《民事诉讼法解释》和2019年《民事诉讼证据规定》起草过程中，有着非常明确的认识。审判实践中，另案审理中调查的事实可能与本案存在关联，另案中人民法院委托鉴定人出具的鉴定意见在本案审理中如何对待，在认识上存在一定分歧，一些法院采取在本案中作为鉴定意见采信的做法。我们认为，另案中的鉴定意见不能在本案中作为鉴定意见

---

① 陈荣宗、林庆苗：《民事诉讼法》，我国台湾地区三民书局出版有限公司1996年版，第527页。

② 汪建成：《司法鉴定基础理论研究》，载《法学家》2009年第4期。

采信，如果另案中人民法院采信鉴定意见作为认定事实的基础，则基于生效裁判的事实证明效力，在本案中发生免除当事人举证责任的效果。

（八）勘验笔录

勘验笔录是诉讼中，法院为查明案件事实的需要，对与案件事实有关的物证和现场进行勘察检验所作的记录。勘验笔录是法院及其工作人员依据法定权力所实施的证据调查行为的结果，虽与书证在形式上相似，但在形成条件、证明机理等方面差异明显。勘验结果作为证据，是各国诉讼法上的普遍作法。但多数国家并不将勘验笔录作为独立的证据形式对待，以勘验的证据方法得出的笔录，一般是作为书证适用书证的规则。

勘验笔录是对与案件有关的物品、场所等进行勘查检验所形成的记录。与物证相比，物证是案件事实发生过程中负载案件事实信息的物品和痕迹，而勘验笔录是在诉讼过程中对物品和痕迹检验所形成的笔录，勘验笔录往往是对物证信息进行提取的方法，其与物证具有密切联系，其并非物证本身。

三、审核认定证据的基本要求

审核认定证据是审判人员在民事诉讼过程中，对证据进行审查、核实、分析、研究，从而对证据的证据能力和证明力进行判断、认定的活动。民事诉讼审核认定证据，一般认为，应当从证据的关联性、合法性和真实性三个方面进行。

关联性是证据的自然属性，是证据与案件事实之间的客观联系。在民事诉讼中，双方当事人提供的证据材料只有与待证事实存在关联性，才能被采纳为诉讼中的证据，没有关联性不能被采纳。这种关联性必须是对案件事实具有实质性证明意义的关联性，即证据必须在逻辑上与待证事实之间具有证明关系。[①] 关联性审查，是司法人员的主观认识和推理，判断每一个证据材料是否能够证明案件事实的部分或全部，是否能够说明一定的问题。[②] “即按照通常事物的进程，其中一项事实本身与其他事实相联系，能大体证明另一事实过去、现在和将来存在或者不存在”。[③]

合法性是证据的社会属性。基于合法性的要求，民事诉讼中的证据应

---

① 何家弘：《证据的审查与认定原理论纲》，载《法学家》2008 年第 3 期。

② 廖永安：《证据法学》，清华大学出版社 2008 年版，第 250 页。

③ 何家弘：《外国证据法》，法律出版社 2003 年版，第 103 页。

当在证据来源、收集证据的方法和手段、证据的形式等方面符合法律的规定和要求，否则不能作为证据使用。

真实性是采信证据的基本要求，对真实性的审查是证据能否作为认定案件事实依据的必经环节。在审核认定证据的三个方面中，关联性和合法性审查是真实性审查判断的基础，具备关联性、合法性的证据，必须具备真实性采纳作为认定案件事实的依据。因此，证据的真实性是审核认定证据的核心内容。本条对于审核认定证据提出了真实性的基本要求，其本身意味着作为真实性审查基础的关联性、合法性，当然成为审核认定证据的内容。

【审判实践中应当注意的问题】

1. 本条所规定的八种证据形式是根据证据的表现形式所作的分类，从证据的本质特征和适用的规则角度，证据形式之间存在交叉重合之处。故《民事诉讼证据规定》第 99 条第 2 款规定："除法律、司法解释另有规定外……关于书证的规定适用于视听资料、电子数据；存储在电子计算机等电子介质中的视听资料，适用电子数据的规定。"

2. 当事人的陈述虽然不能独立证明案件事实，但根据《民事诉讼证据规定》的规定，人民法院在责令当事人具结后对当事人询问的结果，能够独立发挥事实证明作用。

3. 注意书证与物证、物证与勘验笔录之间的区别。书证是以记载的内容来证明案件事实，物证是以其本身的存在证明案件事实。而勘验笔录是对物证本身的存在进行勘查检验得出的结论。书证与物证、物证与勘验笔录之间的区别决定哪一种证据形式采用何种证据的收集方法和审核认定规则。

4. 审判实践中传统的视听资料作为证据的情形已不多见，录音资料和影像资料大多以电子数据形式呈现。这种情况下，应当按照电子数据对待，适用电子数据的审查判断规则。

第六十七条 当事人对自己提出的主张，有责任提供证据。

当事人及其诉讼代理人因客观原因不能自行收集的证据，或者人民法院认为审理案件需要的证据，人民法院应当调查收集。

人民法院应当按照法定程序，全面地、客观地审查核实证据。

【条文主旨】

本条是关于当事人和人民法院在证据问题上责任划分的规定。

【理解与适用】

根据本条规定，当事人负有举证责任；人民法院的主要职责在于审查认定证据，以及在特定情况下调查收集证据。

1982年公布实施的《民事诉讼法（试行）》作为我国第一部《民事诉讼法》，具有非常明显的职权主义特征。《民事诉讼法（试行）》第56条虽然以第1款关于“当事人对自己提出的主张，有责任提供证据”的规定，明确了当事人的举证责任；但第2款“人民法院应当按照法定程序，全面地、客观地收集和调查证据”的规定，赋予人民法院在证据上非常广泛的职权，从而严重削弱了有关当事人举证责任规定的意义和效果。1984年《最高人民法院关于贯彻执行〈民事诉讼法（试行）〉若干问题的意见》规定，人民法院收集和调查证据，应当深入群众，依靠有关组织，认真查清纠纷发生的时间、地点、原因、经过和结果，不受当事人提供证据范围的限制，进一步强化了人民法院在调查收集证据方面的职责，使人民法院在证据问题即诉讼的实体内容上居于主导地位。

自20世纪80年代中期开始，随着我国改革开放的深入和社会经济的发展，民事纠纷案件的数量大幅增长、类型也更为繁杂，职权主义诉讼模式下人民法院承担调查收集证据职责的证据制度，无法适应民事审判实践的要求。从20世纪80年代中后期开始，人民法院逐步推进以强化当事人举证责任、弱化人民法院调查收集证据职权为基本线索的民事审判方式改革。1991年《民事诉讼法》对此前的民事审判方式改革的阶段性成果给予肯定，在第64条规定当事人举证责任的同时，将人民法院调查收集证据的职责限定于“当事人因客观原因不能自行收集的证据”和“人民法院认为审理案件需要的证据”范围，强调人民法院的主要职能为“全面地、客观地审查核实证据”而非“收集和调查证据”。由此建立了以当事人提供证据为主，以人民法院调查收集证据为补充的证据制度，并为后续的《民事诉讼法》所承继。

一、当事人的举证责任

我国理论界通说认为，举证责任具有双重含义，即行为意义的举证责任和结果意义的举证责任。行为意义的举证责任也称为主观的证明责任，是指当事人在具体的民事诉讼中，为避免败诉的风险而向法院提出证据证明其主张的一种行为责任。结果意义的举证责任又称客观的证明责任，是指待证事实的存在与否不能确定时，由哪一方当事人对不利后果进行负担的责任和风险。这种理解与大陆法系国家和地区对于举证责任的理解一致。在举证责任双重含义的理解上，英美法系与大陆法系国家和地区并无本质不同。

行为意义的举证责任和结果意义的举证责任，是对举证责任从不同角度进行观察和认识的结果。行为意义的举证责任“是着眼于当事人、是从当事人提供证据的视角看待和解释证明责任”①，其在诉讼中是外在的、显性的、随时发生。行为意义的举证责任并不限于要件事实，是诉讼过程中无条件出现的一种举证责任，只要当事人在诉讼中主张于己有利的事实，即会发生提供证据的责任。负担行为意义举证责任的当事人也不局限于发动诉讼的一方，对方当事人主张于己有利事实的，也需承担提供证据的责任。与行为意义的举证责任相对，结果意义的举证责任“是立足于裁判者，是从法院的角度看待和说明证明责任”，解决的是证据调查失败的后果应当有利于谁或者不利于谁的问题。②结果意义的举证责任是一种潜在的、附条件的举证责任，它仅针对要件事实发生，建立在法官不能因事实不清而拒绝裁判的理念之上，所解决的是待证事实真伪不明时法官如何裁判的问题，实质上是对事实真伪不明的一种法定的风险分配形式。

本条第 1 款规定，当事人对自己提出的主张，有责任提供证据，这是

---

① 李浩:《证明责任的概念——实务与理论的背离》，载《当代法学》2017 年第 5 期。

② 参见李浩:《证明责任的概念——实务与理论的背离》，载《当代法学》2017 年第 5 期。

我国民事诉讼立法上关于举证责任的法律渊源。从内容上看，这一规定强调当事人对其事实主张提供证据的责任，具有明显的行为意义的举证责任的特征。《民事诉讼法解释》第 90 条关于“当事人对自己提出的诉讼请求所依据的事实或者反驳对方诉讼请求所依据的事实，应当提供证据加以证明，但法律另有规定的除外。在作出判决前，当事人未能提供证据或者证据不足以证明其事实主张的，由负有举证证明责任的当事人承担不利的后果”的规定，是对《民事诉讼法》第 67 条第 1 款关于行为意义举证责任内容的解释，本身也体现了非常鲜明的行为意义举证责任的特征。

结果意义的举证责任对于理解举证责任含义无疑具有十分重要的意义，但对于民事诉讼实践而言，结果意义的举证责任通常不能直接发挥作用。结果意义的举证责任是在诉讼结束、所有证明手段穷尽的情况下仍然无法使法官对待证事实形成确切心证时，法官进行裁判的逻辑基础，相比较而言，行为意义的举证责任则清晰、明了、简单、直观，在诉讼过程中随时发生、贯穿于诉讼的整个过程。人民法院在适用举证责任规范对当事人的主张和行为进行判断时，只需要根据行为意义的举证责任逻辑即可，这种判断的结果与当事人举证行为的关系简单明了，实体法和诉讼法上的依据也清晰明确，没有求诸复杂难解的结果意义的举证责任的必要。更何况“现实的诉讼中最终无法查明案件真相，即出现真伪不明的状态，只能根据客观举证责任所在来决定胜负的案件数量非常有限，真正需要结果意义上的举证责任发挥此种重大作用的场合其实很罕见”。[①] 故《民事诉讼法解释》《民事诉讼证据规定》等司法解释中均未对结果意义的举证责任作出规定。

二、人民法院调查收集证据

本条第 2 款规定的“当事人及其诉讼代理人因客观原因不能自行收集的证据”和“人民法院认为审理案件需要的证据”，是人民法院应当调查收集证据的情形。二者之中，前一种情形本身属于当事人举证责任范畴，法律规定人民法院调查收集证据的目的是帮助当事人克服收集证据中存在的客观障碍；而后一种情形，则不受当事人举证责任的限制，即使当事人

① 王亚新、陈杭平、刘君博：《中国民事诉讼法重点讲义》，高等教育出版社 2017 年版，第 104 页。

未主张有关证据，也不影响人民法院依职权调查收集。前一种情形，法院实质上在程序方面发挥作用，而非对诉讼实体内容的介入；后一种情形，则是法院职权对诉讼的实体内容直接进行干预。因此，对于前一种情形，可以适当放宽人民法院调查收集证据的范围和条件，以保障当事人的诉讼权利；对于后一种情形，则应当将人民法院依职权调查收集证据严格限制在必要的范围，防止由于公权力过度介入导致民事诉讼结构失衡。

2001 年《民事诉讼证据规定》将“当事人因客观原因不能自行收集的证据”规定为当事人可以申请人民法院调查收集证据的情形，将“人民法院认为审理案件需要的证据”规定为人民法院依职权调查收集证据的情形，并分别规定了适用范围和条件。其基本内容被《民事诉讼法解释》承继。

（一）当事人申请人民法院调查收集证据

根据《民事诉讼法解释》第 94 条第 1 款规定，当事人及其诉讼代理人因客观原因不能自行收集的证据包括：（一）证据由国家有关部门保存，当事人及其诉讼代理人无权查阅调取的；（二）涉及国家秘密、商业秘密或者个人隐私的；（三）当事人及其诉讼代理人因客观原因不能自行收集的其他证据。”通过对“当事人因客观原因不能自行收集的证据”范围进行解释的方式，明确了人民法院依当事人申请调查收集证据的范围。据此，人民法院可以依当事人申请调查收集的证据，包括：（1）有关部门保存而当事人及其诉讼代理人无权查阅调取的证据。这类证据既包括由国家机关或者其他具有社会管理职能的部门所保管的档案资料、登记资料、审批材料等，也包括国家机关、具有社会管理职能的部门之外的其他机构所保管、留存的资料。审判实践中，在很长时间内对这类材料的调查收集是当事人申请人民法院调查收集证据的主要情形。随着社会的发展和法治进程的深化，政府信息公开范围和程度也不断加深，社会公众很多情况下能够通过一般的申请途径比较便利地获得有关信息、查阅相关资料，当事人在客观上无法调查收集有关部门保存的资料的情形在不断缩减。如企业工商管理登记资料，当事人通过向行政管理部门查询，或者通过征信系统查询即可获得，没有申请人民法院调查收集的必要。但仍然有一些资料，不向社会公众开放，当事人及其诉讼代理人通常没有权利查阅、复制，如银行、其他金融机构的客户资料、交易记录，档案部门保管的特定档案材料等，有必要由人民法院通过职权行使排除当事人收集证据方面的障碍。(2)涉及秘密的材料。国家秘密、商业秘密、个人隐私，不为一般社会公众所掌握或知悉，法律也往往对此进行特别保护。当事人自行收集涉及国家秘密、商业秘密和个人隐私的证据，具有较高法律风险，或者可能违反法律的禁止性规定，或者可能承担侵权责任。如果待证事实需要以涉及秘密的材料证明，当事人依靠自身的能力很难合法获取证据，此时有必要由人民法院司法权介入，帮助当事人克服调查收集证据过程中的客观障碍。当然，涉及秘密的证据，无论在人民法院调查收集过程中，还是在证据使用过程中，各诉讼主体均负有保密义务，须保守有关秘密、保护利害关系人的隐私。(3)其他情形。除上述两种情形外，当事人及其诉讼代理人因客观原因不能自行收集证据的其他情形，需要人民法院在案件审理过程中，根据当事人申请调查收集的证据情况、申请理由等因素，作具体判断。该项规定，属于兜底性条款，由审理案件的法官根据具体案件情况进行判断。符合前述情形的证据，当事人及其诉讼代理人可以在举证期限届满前书面申请人民法院调查收集。

(二)人民法院依职权调查收集证据

《民事诉讼法解释》第96条的规定："民事诉讼法第六十七条第二款规定的人民法院认为审理案件需要的证据包括：(一)涉及可能损害国家利益、社会公共利益的；(二)涉及身份关系的；(三)涉及民事诉讼法第五十八条规定诉讼的；(四)当事人有恶意串通损害他人合法权益可能的；(五)涉及依职权追加当事人、中止诉讼、终结诉讼、回避等程序性事项的。除前款规定外，人民法院调查收集证据，应当依照当事人的申请进行。"人民法院应当依职权调查收集的证据的情形可以概括为两类：一类为广义的涉及公共利益的事实，《民事诉讼法解释》第96条第1款前4项规定即属于此类事实；另一类为程序性事项。

其一，涉及公共利益的事实。法院对涉及国家利益和社会公共利益的事实保留依职权调查的权力，是大陆法系国家和地区的普遍做法，也是法院保护国家利益和社会公共利益所必要的职权。故可能损害国家利益、社会公共利益的事实人民法院应当依职权调查收集证据。除此之外，广义的涉及公共利益的事实还包括：(1)"涉及身份关系"事实的证据，主要考虑到身份关系涉及社会基本伦理价值，本身即具有社会公共利益的属性，在性质上法院应当保留依职权调查收集证据的权力。大陆法系国家和地区在家事诉讼程序中，法院也普遍保留广泛的调查收集证据的职权。2001

年《民事诉讼证据规定》第 8 条在自认的规定中，排除身份关系案件中自认规则的适用，也是出于身份关系具有社会公共利益的性质考虑。将涉及身份关系事实的证据规定为单独一项，目的在于强调身份关系的社会公共利益属性和人民法院依职权调查收集证据的正当性，防止实践中出现认识分歧。（2）民事公益诉讼的情形。《民事诉讼法》第 58 条关于民事公益诉讼的规定，目的在于社会公共利益的保护，本身属于社会公共利益的范畴，其与一般民事诉讼相比规则较为特殊，需要法院广泛发挥职权作用调查收集证据。将其单独列出，能够更好地与立法的规定相呼应。（3）“当事人有恶意串通损害他人合法权益可能的”，当事人在民事诉讼中恶意串通损害他人合法权益的行为，是对诉讼秩序的破坏，本身即属于损害社会公共利益的情形，而《民事诉讼法》第 115 条也将其作为妨碍民事诉讼的行为，规定了相应的处罚措施。因此，无论从社会公共利益的维护，还是从保障诉讼程序顺利进行出发，均属于人民法院应当依职权调查的情形。

其二，与当事人的实体争议无关的程序性事项。依职权推动诉讼程序的进行，是人民法院在民事诉讼中当然的职权。涉及依职权追加当事人、中止诉讼、终结诉讼、回避等程序性事项，虽然对于当事人诉讼中案件事实的查明和实体权利保护并不直接相关，但会对诉讼程序的进行产生影响。故从人民法院推进诉讼程序的职权出发，涉及程序性事项时，人民法院应当依职权调查收集证据。

三、人民法院对证据的审核认定

本条第 3 款规定了人民法院审查认定证据的原则和要求。在此基础上，《民事诉讼证据规定》第 85 条规定，“人民法院应当以证据能够证明的案件事实为根据依法作出裁判。审判人员应当依照法定程序，全面、客观地审核证据，依据法律的规定，遵循法官职业道德，运用逻辑推理和日常生活经验，对证据有无证明力和证明力大小独立进行判断，并公开判断的理由和结果。”确立了民事诉讼的自由心证原则。

自由心证“系指对于何一证据方法得为法院所利用，某一证据调查结果得被评价为具有多少证据价值，系交由法院自由评价决定，而原则上不以法律规定之，亦即法院在认定成为判决基础之事实时，依据该事件审理中所呈现之一切资料，原则上委由法官自由判断其证据利用与否及证据价值高低，并形成一定之心证”[①]。根据《民事诉讼证据规定》第 85 条的规定，我国自由心证原则包括以下内容：其一，自由心证的主体为法官。作为案件事实的审理者，人民法院和审判人员是同一含义，人民法院作为认定案件事实的主体，审理案件的司法活动是由独任制法官或者合议制中组成合议庭的法官或陪审员来实现。之所以采用审判人员的表述，在于强调法官的主体地位和作用。其二，自由心证须遵循程序规则和制度。即审判人员在认定案件事实过程中，应当遵守《民事诉讼法》所规定的原则和程序，既包括民事诉讼辩论主义原则、直接原则、言词原则、公开审理原则、诚信原则等基本原则，也包括回避等具体的制度。其三，自由心证的内容须对案件事实和证据进行整体评价。所谓全面、客观地审核证据，即就全部辩论意旨和证据调查结果进行统一考虑，对所有证据之间的关系作统一斟酌，而不能割裂证据之间的联系，片面执着于某一方面的证据，更不能对某些证据或者事实先入为主，存有偏见。其四，自由心证的过程中同样需要遵守实体法的规定。在自由心证过程中，实体法规范中的权利或者法律关系构成要件的规定，决定了举证责任分配的内容；而证明标准、法律推定等规范也经常规定在实体法之中。自由心证同样需要受到实体法律规范的制约。其五，自由心证不能违反法官的职业伦理，应当恪守中立立场，平等保护当事人的权利，勤勉尽责，秉持司法良知和理性。其六，自由心证以经验法则和逻辑推理为主要方法。“经验法则亦可称为经验定律，通常系指从人类日常生活经验所归纳而成的一切知识或法则”[②]。经验法则并非事实本身，而是人们对事实状态的一种经验性认识。由于经验法则是归纳出来的认识，能够反映事物之间联系的高度盖然性。经验法则既是法官自由心证的方法，本身也是对自由心证的制约。逻辑推理也被称为论理法则，是指以理论认识之方法即逻辑分析方法评价证据、认定事实，在法院判断事实真伪时，不得违反逻辑上推论之论理法则准则。[③]其七，自由心证的内容为证明力的有无及大小。与大陆法系国家和地区不同，我国的自由心证原则并不包括证据能力，民事诉讼中证据的能力，由法律、司法解释作出排除性规定，不属于自由心证的范畴。这一点，与英美法系

---

① 姜世明：《证据评价论》，厦门大学出版社 2017 年版，第 2 页。

② 姜世明：《证据评价论》，厦门大学出版社 2017 年版，第 11 页。

③ 参见姜世明：《民事诉讼法》（下册），我国台湾地区新学林出版股份有限公司 2013 年版，第 49 页。

的情况具有相似性。其八，自由心证的公开。这种公开包括自由心证的结果，以及自由心证的理由。心证公开是通过人民法院在裁判文书中对证据是否采纳的理由、对事实进行认定的逻辑过程的阐述来实现的。通过心证公开，有利于对事实审理者形成有效制约，防止法官心证恣意武断。

【审判实践中应当注意的问题】

1. 结果意义的举证责任对于理解举证责任的本质具有重要意义，但在审判实践中并不直接发挥作用。我国《民事诉讼法》《民事诉讼法解释》《民事诉讼证据规定》等法律、司法解释中也均未对结果意义举证责任进行规定。故在裁判文书中通常不需要以结果意义举证责任作为裁判的理由。

2. 人民法院调查收集证据是典型的人民法院职权行为，其适用条件具有示范意义。在民事诉讼证据制度中，凡是涉及当事人的申请行为，原则上适用当事人举证行为的要求；凡是涉及人民法院行使职权的行为，原则上适用人民法院调查收集证据的条件。这也是民事诉讼证据制度的一个重要逻辑。

第六十八条 当事人对自己提出的主张应当及时提供证据。

人民法院根据当事人的主张和案件审理情况，确定当事人应当提供的证据及其期限。当事人在该期限内提供证据确有困难的，可以向人民法院申请延长期限，人民法院根据当事人的申请适当延长。当事人逾期提供证据的，人民法院应当责令其说明理由；拒不说明理由或者理由不成立的，人民法院根据不同情形可以不予采纳该证据，或者采纳该证据但予以训诫、罚款。

【条文主旨】

本条是关于举证时限的规定。

【理解与适用】

本条规定在2023年《民事诉讼法》修正时未作修改。

一、举证时限制度概述

举证时限在2012年《民事诉讼法》修正之前没有规定，最初是由司法解释创设的制度。2001年《民事诉讼证据规定》中，第一次对举证时限的内涵、后果、例外情形等作出比较系统的规定。2012年《民事诉讼法》修正，在总结司法解释施行经验的基础上，进行了完善补充，第一次在立法上对举证时限制度作出原则性的规定，对我国民事诉讼具有重要而深远的影响。

所谓举证时限，是指负有举证责任的当事人，应当在法律规定或者法院指定的期限内提供证据，逾期提供证据，将承担由此产生的不利后果。举证时限制度首先体现了程序公正的基本价值。程序公正意味着当事人双方诉讼地位平等，能够平等地行使各种诉讼权利，通过平等基础上的攻击防御以谋求有利于自己的诉讼结果。通过举证时限制度，对于当事人提供证据的期限进行限定，能够有效防止一方当事人利用优势地位对另一方当事人进行证据突袭和拖延诉讼，从而使当事人的攻击防御能够在公平的程序中展开。其次，举证时限制度是诉讼效率价值的基本要求。程序的效率意味着以尽可能少的司法成本的投入，来获取尽可能多的司法效益的产出，节省不必要的人力、物力、财力和时间的付出，强调诉讼的经济性和快捷性。程序效率的实现必须满足两方面的要求：一是降低司法成本，防止司法资源的浪费；二是加速诉讼进程，防止程序的不必要迟延。举证时限制度能够有效地防止诉讼拖延和司法资源的浪费，体现了对诉讼效率价值的追求。再次，举证时限制度体现了民事诉讼诚信原则的要求。现代社会，作为民法领域“帝王条款”的诚信原则同样贯彻于民事诉讼过程。举证时限制度能够有效防止和制裁民事诉讼中利用证据突然袭击和干扰正常诉讼秩序、拖延诉讼的不诚信的行为，体现了诚信原则的基本要求。最后，举证时限制度也体现了程序安定的要求。如果任由当事人利用证据突然袭击、拖延诉讼，势必使民事诉讼程序处于无法预测的不安定状态，诉讼秩序无从维护，当事人的正当利益无法保护，法院的审理无法正常进行。为此，通过举证时限制度对当事人举证行为进行必要的干预，对民事诉讼程序的安定具有积极意义。

2012年《民事诉讼法》修正之前，我国在立法上没有对举证时限制度作出规定。一般认为，我国2012年以前的《民事诉讼法》实行“证据随时提出主义”，法律对于当事人提供证据的时间不作任何限制，当事人在法庭辩论终结前，法庭审理的各个阶段均可以提出证据。对于正常的民事诉讼程序中没有提出的证据，也可以在二审程序终结后，以新证据为理由申请再审。这种“证据随时提出主义”的立法对于当事人诉讼权利的保障具有一定的积极意义，但对于当事人提供证据不作任何期限的限制，则给我国的民事诉讼带来一系列的消极影响。一些当事人滥用诉讼权利，将提交证据的时间作为诉讼技巧，利用证据进行突然袭击，庭审之前不提供证据，甚至一审期间不提供证据，在二审或者再审中提供，以此陷对方当事人于不利地位，拖延诉讼程序的进行。这种情况严重干扰了正常的民事诉讼秩序，损害对方当事人的诉讼权利，增加当事人的诉讼成本，浪费人民法院的审判资源，影响民事诉讼的效率和公正，也影响法律实施的效果和人民法院的威信。

为改变我国民事诉讼实践中“证据随时提出主义”带来的弊端，促进民事诉讼的公正与效率，最高人民法院参考了其他国家的经验，2001年《民事诉讼证据规定》，通过对民事诉讼法中“期间”和“新证据”的解释，对举证时限作出规定。该规定第34条第1款规定：“当事人应当在举证期限内向人民法院提交证据材料。当事人在举证期限内不提交的，视为放弃举证权利。”由此在我国的民事诉讼实践中确立了举证时限制度。与“证据随时提出主义”相比，“证据限时提出主义”无疑更符合民事诉讼的规律，对于规范民事诉讼秩序具有重要意义。它更有利于公平保护当事人的诉讼权利，防止证据突袭，防止当事人滥用诉讼权利损害对方当事人的利益，有利于当事人诉讼权利的公平保护；有利于提高诉讼效率，避免法院的重复劳动，节省当事人的诉讼成本，防止诉讼拖延。

然而，2001 年《民事诉讼证据规定》对于举证时限的规定，也产生了另外的问题。其一，2001 年《民事诉讼证据规定》对于举证时限的规定，立法上的依据不充分，造成司法实践与立法在一定程度上的脱节。其二，2001 年《民事诉讼证据规定》对于举证时限的规定，过于严厉，对当事人的权利保障不充分。根据该规定，当事人未在举证期限内提供证据的，一律发生失权效果，丧失继续举证的权利。这种规定对于民事诉讼中可能存在的复杂情况考虑得不够充分，尽管在这一规定中也设定了一些除外的情形，但仍然失之简单、机械，容易产生当事人仅因轻微过失未能如期举证即遭受失权效果，进而丧失胜诉机会的情况。为缓和 2001 年《民事诉讼证据规定》中关于举证时限规定存在的问题，最高人民法院在 2008 年下发了《关于适用〈最高人民法院关于民事诉讼证据的若干规定〉中有关举证时限规定的通知》，试图通过对人民法院指定举证期限的操作进行技术化的调整和明确新的证据的判断标准，缓和失权效果过于严厉带来的弊端，使 2001 年《民事诉讼证据规定》更好地满足审判实践的需要。但由于举证时限的一律发生失权效果的规定仍然没有改变，规定本身操作的问题无法根本解决。从 2001 年《民事诉讼证据规定》施行十年来的情况看，有关举证时限的规定，施行效果并不理想。

2012 年《民事诉讼法》修正的过程中，针对规定的举证时限制度及其在施行中存在的问题，全国人大常委会法工委、最高人民法院和专家学者进行多次沟通、研讨，形成基本共识，即举证时限制度对于规范民事诉讼秩序、保障诉讼公平具有积极意义，应当在立法上确认下来；应当分层设置举证时限的后果。这种共识体现在 2012 年修正案中，2017 年、2021 年和本次《民事诉讼法》未对本条进行修改。

二、对于本条的理解

1. 明确了当事人负有及时提供证据的法定义务，解决了司法解释为当事人设定举证期限在立法上依据不足的问题。“当事人对自己提出的主张应当及时提供证据”的规定，本身就意味着人民法院可以根据案件审理的需要对当事人提供证据的时间作出要求，当事人必须遵守这种时间要求，履行法律设定的及时提供证据的义务。

关于具体的举证期限，《民事诉讼法解释》第99条作了明确规定，人民法院应当在审理前的准备阶段确定当事人的举证期限。举证期限可以由当事人协商，并经人民法院准许。人民法院确定举证期限，第一审普通程序案件不得少于十五日，当事人提供新的证据的第二审案件不得少于十日。举证期限届满后，当事人对已经提供的证据，申请提供反驳证据或者对证据来源、形式等方面的瑕疵进行补正的，人民法院可以酌情再次确定举证期限，该期限不受前款规定的限制。

2. 为举证期限内提供证据有困难的当事人，规定了延长举证期限的救济措施。根据本条的规定，只要当事人在举证期限内提供证据确有困难申请延长举证期限的，人民法院就必须适当延长举证期限。依本条规定，人民法院在这种情况下应当对当事人是否存在在举证期限内提供证据确有困难的具体情形进行审查，如果不属于确有困难的情况，即不符合延长举证期限的适用条件。对于当事人存在确有困难的情形的，延长的举证期限需要人民法院根据案件情况和审理的需要以及当事人申请的内容酌情确定。《民事诉讼法解释》第100条对举证期限延长的程序进一步作了明确，当事人申请延长举证期限的，应当在举证期限届满前向人民法院提出书面申请。申请理由成立的，人民法院应当准许，适当延长举证期限，并通知其他当事人。延长的举证期限适用于其他当事人。申请理由不成立的，人民法院不予准许，并通知申请人。

3. 规定为逾期提供证据的当事人提供了程序上的保障，即逾期提供证据的，人民法院应当责令其说明理由。根据此规定，对于逾期提供证据的当事人，人民法院在其后的案件审理中，应当保障其有机会陈述逾期提供证据的理由，赋予其陈述和辩解的机会，同时也使对方当事人有机会对其理由进行质疑和辩驳，从而在当事人之间对抗的过程中，更好地查明当事人逾期提供证据的真实原因，以便于根据当事人逾期提供证据的具体情况，令其承担相应的责任和后果。《民事诉讼法解释》第 101 条进一步规定了人民法院对当事人逾期提供的证据的审查程序以及不视为逾期提供的情形。即当事人逾期提供证据的，人民法院应当责令其说明理由，必要时可以要求其提供相应的证据。当事人因客观原因逾期提供证据，或者对方当事人对逾期提供证据未提出异议的，视为未逾期。

4. 分层设置了逾期举证的后果。当事人没有正当理由，违反提供证据的时间要求的，应当承担相应的不利后果。为此，本条规定了针对逾期提供证据情节的不同适用训诫、罚款直至证据失权三种不同的后果。《民事诉讼法解释》第 102 条规定，当事人因故意或者重大过失逾期提供的证据，人民法院不予采纳。但该证据与案件基本事实有关的，人民法院应当采纳，并依照《民事诉讼法》第 68 条、第 118 条第 1 款的规定予以训诫、罚款。当事人非因故意或者重大过失逾期提供的证据，人民法院应当采纳，并对当事人予以训诫。当事人一方要求另一方赔偿因逾期提供证据致使其增加的交通、住宿、就餐、误工、证人出庭作证等必要费用的，人民法院可予支持。根据该规定，要注意：一是当事人因故意或者重大过失逾期提供的证据，原则上发生证据失权后果，但该证据涉及基本事实的，不失权但要予以训诫、罚款。二是对于非因故意或者重大过失逾期提供证据的，均不发生证据失权后果，人民法院均应采纳但应当对当事人予以训诫。三是无论当事人逾期提供证据是基于什么程度的主观过错，均不能免除对方当事人要求其赔偿相应损失的责任。

【审判实践中应当注意的问题】

审判实践中应当注意：（1）对于逾期提供证据的，人民法院应当为逾期提供证据的当事人和对方当事人提供程序上的保障，使当事人对于逾期提供证据的原因有陈述和质疑机会。（2）只要当事人在举证期限内提供证据确有困难向人民法院申请延长举证期限的，人民法院就必须适当延长举证期限。人民法院对当事人申请的审查，限于是否存在期限内提供证据“确有困难”的情形，是否导致诉讼迟延，妨碍诉讼效率不是人民法院是否延长举证期限的考量因素。（3）当事人因故意或者重大过失逾期提供的证据与案件基本事实有关的，人民法院在审查时应当审查该证据与案件的要件事实的关联性，即审查该证据对于要件事实的证明是否有价值，是否使要件事实的存在更有可能或者没有可能，而不能仅仅根据当事人的主张确定。（4）人民法院对于逾期提供证据的当事人处以罚款的，应当在《民事诉讼法》第118条规定的限额内，即：对个人的罚款金额，为人民币十万元以下。对单位的罚款金额，为人民币五万元以上一百万元以下。根据2019年《民事诉讼证据规定》第59条的规定，人民法院对逾期提供证据的当事人处以罚款的，可以结合当事人逾期提供证据的主观过错程度、导致诉讼迟延的情况、诉讼标的金额等因素，确定罚款数额。

第六十九条 **人民法院收到当事人提交的证据材料，应当出具收据，写明证据名称、页数、份数、原件或者复印件以及收到时间等，并由经办人员签名或者盖章。**

【条文主旨】

本条是关于证据收据的规定。

【理解与适用】

人民法院收取当事人提交的证据材料应当出具收据，这种做法是早期民事审判方式改革的措施之一。在20世纪80年代后期，随着经济生活日渐复杂，民商事案件的复杂性也逐渐增强，反映到民事诉讼中的证据材料的种类、数量也日益增多。在当时的审判实践中，由于证据管理规范化不足，有时会发生人民法院遗失当事人提交的证据的现象，也有极个别法院工作人员徇私舞弊，更改、抽换证据。针对实践中问题，一些地方法院开始实行对当事人提交证据材料出具收据的做法。这种做法被司法解释所吸收，最后由《民事诉讼法》固定下来。实行证据收据制度，有利于防止法院工作人员徇私舞弊，有利于民商事审判工作的规范化，对当事人权利的保障具有重要的积极意义。

一、人民法院收到当事人提交的证据材料应当出具收据

根据《民事诉讼法》和《民事诉讼证据规定》的规定，当事人对自己的主张，有责任提供证据，当事人向人民法院提供证据，应优先提供原件或者原物，其次才能考虑提供复印件或复制品。如果人民法院收到当事人提交的证据材料时不出具证据，日后很容易因当事人是否提交相关证据材料、提交时间等问题产生纠纷。一方面，如果当事人在没有提交证据的情况下坚持自己已提交证据，并反复纠缠，必然影响审判工作。另一方面，如果因为人民法院的原因造成证据材料遗失，也可能损害当事人的合法权益，在当事人提交的证据材料是具有唯一性的证据原件（物）时更是如此。因此，2012年《民事诉讼法》修正时增加了本条规定，规范了人民

法院接受当事人证据材料的手续和程序。

收据是人民法院收到当事人证据材料的凭证，能够有效防止证据丢失、更改或者被抽换。人民法院出具的收据，一是能够证明当事人已经提交过的证据材料名称、数量及其形式。二是能够证明人民法院收到当事人证据的时间，以此判断当事人是否逾期举证。《民事诉讼法》规定，当事人对自己提出的主张应当及时提供证据，逾期举证的，应当承担一定的法律后果。具体而言，人民法院应当责令逾期举证的当事人说明理由，拒不说明理由或者理由不成立的，人民法院根据不同情形可以不予采纳该证据，或者采纳该证据但予以训诫、罚款。

二、证据收据的内容和形式要求

根据本条规定，人民法院在收到当事人提交的证据材料后，应当仔细核对，并在向当事人出具的证据收据中载明以下内容：（1）证据名称、页数、份数。证据名称表明当事人提交的什么证据，如商品房预售合同、发票、转账凭证等；如当事人提交的是书面证据，应注明页数。为便于证据交换，提交证据的一方当事人，还应根据依对方当事人人数提出相应数量的副本。（2）原件或者复印件。证据收据应注明当事人提交的是证据原件或者复印件。需要注意的是，如果当事人以电子数据作为证据，电子数据的制作者制作的与原件一致的副本，或者直接来源于电子数据的打印件或其他可以显示、识别的输出介质，视为电子数据的原件。（3）收到时间。如前所述，当事人提交证据的时间关系到该当事人是否逾期举证，具有重要意义，故本条要求证据收据上应当标明。（4）经办人员签名或者盖章。依本条规定，接收当事人证据材料的经办人员应当在收据上签名或盖章。这一方面便于人民法院查找证据，不致因审判流程管理上的疏漏而影响正常的审判工作；另一方面也有利于增强经办人员的责任感，如收据上注明的证据发生灭失、毁损等情况，在收据上签名盖章的经办人员有可能要承担相应的责任。

【审判实践中应当注意的问题】

人民法院在收取当事人提交的证据材料时，也应注意对当事人提交的证据材料是否符合形式上的基本规范化要求进行审核，以方便后续诉讼程序顺利进行。《民事诉讼证据规定》第 19 条第 1 款规定，当事人应当对其提交的证据材料逐一分类编号，对证据材料的来源、证明对象和内容作简要说明，签名盖章，注明提交日期，并依照对方当事人人数提出副本。如果审查时发现当事人提交的证据材料不符合形式上的规范化要求，应及时通知当事人改正。例如，如果提交证据材料的一方当事人未依照对方当事人人数提出副本，经办人员应告知当事人及时补充提交。

向提交证据材料的当事人出具收据，是人民法院的一项法定义务。法院没有履行义务的，提交材料的当事人有权向相关人民法院索取收据。人民法院应当严格按照本条的规定为提交证据材料的当事人出具收据，规范对于证据材料的管理、防止证据材料损毁灭失。

第七十条 人民法院有权向有关单位和个人调查取证，有关单位和个人不得拒绝。

人民法院对有关单位和个人提出的证明文书，应当辨别真伪，审查确定其效力。

【条文主旨】

本条是关于人民法院调查取证的规定。

【理解与适用】

一、人民法院调查取证与当事人举证的关系

调查收集证据，是指诉讼主体对进行诉讼所需的各种证据，依照法定程序收集和调查的活动和程序。[①] 人民法院调查收集证据即为人民法院作为诉讼主体所进行的证据调查收集的行为。

民事诉讼必须建立在查明事实的基础上，证据则是查明事实的主要根据，审判人员只有掌握了充分的证据，才能在事实清楚的基础上适用法律，对民事案件作出正确的处理。在民事诉讼中，提供证据既是当事人的权利，也是当事人向人民法院应尽的义务，但这并不意味着人民法院不可以作任何的证据调查工作。在特定情形下，人民法院调查取证是相关证据真实、合法、顺利地进入民事诉讼程序的重要保障，故人民法院调查取证有其存在的必要性和合理性，是证据法体系中不可或缺的组成部分。事实上，“无论是英美对抗制下的证据开示，还是搞辩论主义的德日等国，都离不开法院职权促进证据资料的汇集以发现案件真实。”因此，《民事诉讼法》一方面规定当事人应当提供证据，即“当事人对自己提出的主张，有责任提供证据”，另一方面也规定人民法院应当全面地、客观地审查核实证据并可以主动调查收集证据，即“当事人及其诉讼代理人因客观原因不能自行收集的证据，或者人民法院认为审理案件需要的证据，人民法院

① 参见张永泉：《民事诉讼证据原理研究》，厦门大学出版社2005年版，第182~184页。

应当调查收集”。

自20世纪80年代以来，强化当事人的举证责任，弱化和规范人民法院调查收集证据的职能，一直是民事审判方式改革和我国民事诉讼制度发展的方向。对于如何理解当事人举证与人民法院调查收集证据的关系，我国民事诉讼法理论界曾经存在三种观点：（1）结合说，[①] 即认为《民事诉讼法》的规定，是将人民法院调查收集证据与当事人举证并重，目的在于调动两方面积极性，以利于正确、合法、及时审理民事案件。（2）职责说，[②] 认为当事人负有举证责任，而全面客观调查收集证据是人民法院的职责，应当强调当事人举证责任，但又要防止以当事人举证责任代替法院调查收集证据。（3）补充说，[③] 认为当事人是举证责任主体，人民法院不负举证责任，而只进行补充性收集。目前补充说为我国通说。依补充说，当事人为举证责任的承担者，人民法院仅在特定条件下，依照一定的程序才承担有限的补充作用。

二、有关单位和个人的协助义务

根据本条第1款的规定，人民法院向有关单位和个人调查取证时，有关单位和个人负有协助义务。调查收集证据是人民法院行使审判权所进行的重要职权活动，人民法院有权向有关单位和个人调查取证。为保障案件的正常审理，人民法院向有关单位和个人调查取证时，有关单位和个人应当积极协助，不得拒绝。有关单位和个人保存或持有证据的，应当将证据提交人民法院，不得以任何借口拒绝提交。如果有关单位拒绝或者妨害调查取证的，人民法院可以根据《民事诉讼法》的相关规定，采取相应的强制措施。例如，如果有关单位伪造、毁灭重要证据，妨碍人民法院审理案件，人民法院可以根据情节轻重予以罚款、拘留；构成犯罪的，依法追究刑事责任。

---

① 参见胡夏冰、冯仁强编著：《公正司法与司法改革研究综述》，清华大学出版社2001年版，第118页。

② 参见蔡镇顺：《论民事诉讼中的举证责任》，载《河北法学》1999年总第157期。

③ 参见宗学军：《关于民事诉讼中当事人举证责任和举证制度的思考》，载《新疆社会科学》1997年第6期。

三、人民法院对证明文书的审查

证据必须查证属实，才能作为认定事实的根据。因此，对于当事人提供的证据和人民法院主动收集的证据，人民法院都应当按照法定程序，进行全面、客观地审查核实，从各个角度进行认真分析，综合认定证据的客观性、合法性和关联性，进而为认定事实提供准确依据。

人民法院对机关、团体、企业事业单位和个人提交的证明文书，如何审查其效力呢？对证明文书的审查主要从两方面进行。首先，应当对证明文书的形式证明力进行审查，即对书证的真伪作出确认。如果证明文书本身是伪造的，那么就根本谈不到证明力的问题。此外，应当从实质上看证明文书是否能证明待证的事实。只有形式和实质上符合要求的证明文书，人民法院才能确认其证明力。为什么对机关、团体、企事业单位提交的证明文件，也要进行审查呢？这是因为在我们国家，有的机关、团体、企事业单位提出的证明文件一般来说具有一定的证明力。但是，有时因工作失误，对情况了解不全面或者为了某些利益，国家机关、社会团体、企事业单位出具的证明文书也会出现与事实不符的内容。因此，对于人民法院来说，不论证明文书是谁出具的，都不能理所当然地把它们作为认定事实的依据。人民法院应当通过对证明文书的审查，辨别其真伪。比如，人民法院可以将证明文件送交原制作单位核对，或者对有关证人进行询问，核对笔迹、进行鉴定等。如果机关、团体、企事业单位和个人提交的证明文件形式符合要求，内容确实能证明案件事实，那么，人民法院即可以将它们作为认定事实的依据。

【审判实践中应当注意的问题】

在民事诉讼中，人民法院调查收集的证据限于两类：一是当事人及其诉讼代理人因客观原因不能自行收集的证据，二是人民法院认为审理案件需要的证据。

根据《民事诉讼法解释》的规定，当事人及其诉讼代理人因客观原因不能自行收集的证据包括：（1）证据由国家有关部门保存，当事人及其诉讼代理人无权查阅调取的。此类证据为必须依据职权方可收集的证据，如国家有关部门保存的档案文书、文献资料；（2）涉及国家秘密、商业秘密或者个人隐私的；（3）当事人及其诉讼代理人因客观原因不能自行收集的其他证据。此类证据包括需要动用国家司法权才能收集的证据，如需要通过证据保全等手段获取的证据，或者控制在对方当事人手里的书证等。

人民法院认为审理案件需要的证据，主要是指以下情形：（1）涉及可能损害国家利益、社会公共利益的；（2）涉及身份关系的；（3）涉及环境污染、侵害消费者权益等公益诉讼的；（4）当事人有恶意串通损害他人合法权益可能的；（5）涉及依职权追加当事人、中止诉讼、终结诉讼、回避等程序性事项的。

人民法院调查收集证据，应当由两人以上共同进行。这样既体现了司法权行使的严肃性，又能使两名以上工作人员在调查收集证据的过程中互相监督、互相配合、拾遗补阙，保障程序公正和调查收集证据的效果。人民法院调查收集证据，应当制作调查笔录，记载调查的时间、地点、调查人和被调查人的信息、调查收集证据的情况等内容。调查笔录应当由调查人、被调查人、记录人签名、捺印或者盖章。

第七十一条 证据应当在法庭上出示，并由当事人互相质证。对涉及国家秘密、商业秘密和个人隐私的证据应当保密，需要在法庭出示的，不得在公开开庭时出示。

【条文主旨】

本条是关于证据的法庭质证的规定。

【理解与适用】

质证是指法庭审理过程中，由诉讼当事人采用询问、辨认、质疑、说明、辩驳等方式就法庭上所出示的证据材料进行对质、辩论，以在证据的真实性、关联性、合法性以及证明力等问题上对法官的内心确信产生影响的一种诉讼活动。质证是当事人的一项诉讼权利，也是人民法院审查认定证据效力的必要前提，体现了正当程序的精神实质，是直接原则、言辞原则的具体体现。

从本质上讲，质证程序是通过当事人对证据的相互质询来确定证据可信程度及证明力大小，从而对证据进行筛选的过程。证据之所以要经过质证程序进行筛选，其根本的原因在于当事人所提供的“证据”并非都是证明案件事实的证据。严格来讲，当事人提供的未经质证的证据只能称作为证据材料，需要通过当事人对证据材料相互质证并进行筛选后，将能够证明案件事实的证据材料上升为认定案件事实意义上的证据。故本条规定“证据应当在法庭上出示，并由当事人互相质证”。

一、质证的意义

质证是诉讼主体行使诉权的重要方式。质证的过程是通过诉讼主体在法庭上展示证据并对对方当事人举证予以反驳，从而对证据进行筛选，这个过程给当事人提供了增强自己举证力度、削弱对方证据证明力的机会。由于当事人是诉讼法律关系直接利害关系人，受趋利避害观念的驱使，诉讼主体往往更关注案件事实能够向有利于自己的方向发展，而对案件事实是否真实并不十分关切。通过质证程序，诉讼主体通过举示证据、进行辩论使案件事实朝着有利于自己的方面认定，从而实现自己的民事诉权。这种机会对于诉讼双方是均等的，人民法院也正是通过双方举证、质辩的过程来实现内心确信并筛选出能够作为定案依据的证据。

质证是法庭辩论的重要内容。质证的目的是通过当事人对法庭上出示的证据材料进行辨认、质询、辩驳，从而确定证据可信程度及证明力大小。质证亦是直接原则、言辞原则的体现。法庭辩论是在审判人员的主持下，双方当事人对各自主张及所支撑的证据进行陈述并反驳对方当事人诉讼主张及证据的诉讼活动。法庭辩论过程应贯彻直接原则和言辞原则。直接原则要求法官必须在诉讼参与人到场的情况下，亲自对案件事实进行调查，并对证据进行审查和认定。包括在法庭上听取当事人、证人、鉴定人等的陈述，对有关书证、物证、鉴定意见等证据材料进行直接审查。这就需要当事人在双方当事人均在场的情形下出示证据，并在法官主持下进行质证。言辞原则要求庭审质证活动应该以言辞陈述和辩论的方式展开，未经言辞方式提出和调查的证据均不得作为裁判的根据。只有法官亲自参与并在当事人和其他诉讼参与人到场的情况下，通过这种言辞质证的方式，才能使法官对作为裁判基础的证据保持全面而充分的接触和审查，为法官查明案件事实真相提供保障。

二、质证的构成要素

质证的构成要素一般包括质证的主体、质证的客体和质证的内容。

关于质证的主体，学术界存在三种观点：第一种观点认为当事人和法院都是质证的主体；第二种观点认为只有原、被告双方才能成为质证的主体；第三种观点认为原告、被告和第三人均为质证的主体。这三种观点的分歧在于是所有参与质证过程的主体均为质证的主体还是只有诉讼中矛盾冲突双方是质证的主体。我们认为，质证的主体应该是质证程序中享有质证权利、承担质证义务的当事者。他们不仅是案件事实的亲历者、诉讼活动的参与者，亦是审理结果的承担者。当事人参与质证程序，对其提出的证明其主张的证据予以说明，对另一方当事人提出的证据予以质疑和辩驳，通过这样的程序才可能使证据材料去伪存真，上升为定案的依据。因此，质证主体应是与案件事实、审理结果有直接的利害关系、并承担质证法律后果的主体。实质上就是诉讼的当事人。按照这种判断标准，原告、被告当然是质证的主体。我国民事诉讼法上的第三人包括有独立请求权的第三人和无独立请求权的第三人，但无论第三人是否对诉讼标的享有独立的请求权，其均与案件处理结果有法律上的利害关系，那么按照前述标准，第三人自然也是质证的主体，其在诉讼过程中也有权利举证、质证。而法官虽然全程参与质证，但其并非质证权利和义务的承受者，其职责主要是积极引导双方当事人依法依规、合理科学的质证和辩论，制止无力、无关的质询和辩驳，避免出现当事人循环往复、毫无依据的争辩，从而掌控质证的节奏，提高庭审的效率。

质证的客体，又称为质证对象，是质证主体之间的权利义务关系所指向的目标，这一质证目标是核实与案件事实有关联的证明材料，进而为自己的主张提供有效的依据。《民事诉讼法》规定了八种证据类型，质证的客体应该包括该条规定所列明的证据材料。即在法庭上出示的当事人陈述、书证、物证、视听资料、电子数据、证人证言、鉴定意见、勘验笔录等证据材料。需要明确的是，有可能出现在质证程序中的证人、鉴定人并非质证的客体，证人陈述的证人证言、鉴定人作出的鉴定意见才是质证的客体。另外需要强调的是，除了当事人向人民法院提供的与案件事实有关联的证据，人民法院依当事人申请和依职权调查收集的证据也属于质证的客体。人民法院调查收集的证据虽然在程序上更具有公正性，且调查收集的主体是居中裁判者，可采信程度更大，但是证据的真实性、关联性和合法性不会因收集证据的主体与案件处理结果无利害关系就有所变化，人民法院调查收集的证据材料是否与案件有关联，能否作为认定案件事实的证据，仍然需要通过质证程序得以确认。

审判实践中，对于证据的质证一般都围绕证据的真实性、关联性、合法性展开。对证据真实性、关联性、合法性的质询和辩论即构成了质证的内容。人民法院应当组织当事人围绕证据的真实性、合法性以及与待证事实的关联性进行质证，并针对证据有无证明力和证明力大小进行说明和辩论。证据的真实性，是指当事人在法庭上出示的证据材料本身是真实的，而非伪造的。这里并不要求证据材料一定能客观如实反映案件事实，只要证据材料本身是真实的，既符合证据的真实性要求。证据的关联性，是指民事诉讼中的证据应与其证明的案件事实有内在的联系及联系程度。一份证据材料如果与待证的案件事实无关，当然不能作为认定该案事实的证据。质证主体在质证过程中应紧紧围绕证据的关联性展开辩论，力争排除与案件事实无关的证据材料。证据的合法性，包括两方面的含义：一是证据应符合法定的证据形式，二是证据应通过合法方式取得。质证主体应注意提交的证据既要符合法定形式的要求，又要通过合法途径获取。在审判实践中，虽然有些证据实际上能够证明案件事实，但因其不符合上述要求，也不能作为认定案件事实的证据。证据的合法性具有重要意义，其必然成为质证主体质证的内容之一。

三、质证的程序

质证程序大体经历以下几个步骤：首先是证据的出示，即由当事人提出证明自己主张或反驳对方主张的证据材料。这是质证的前提，否则质证就没有了对象。其次是证据的说明，由提出证据的一方当事人对证据来源、证明目的等情况进行说明。最后是证据的质辩，即一方当事人对另一方当事人所出示证据发表意见。这里存在两种情况：一种情况是当事人对对方当事人出示的证据的真实性、关联性、合法性均予以认可，则按照“自认免质”的质证原则处理，双方可不再对证据进行质辩；另一种情况是当事人对对方当事人出示的证据提出异议，此时，则由双方当事人及第三人围绕有异议证据的真实性、关联性、合法性等内容进行辩驳。

根据《民事诉讼证据规定》的规定，质证按下列顺序进行：（1）原告出示证据，被告、第三人与原告进行质证；（2）被告出示证据，原告、第三人与被告进行质证；（3）第三人出示证据，原告、被告与第三人进行质证。人民法院根据当事人申请调查收集的证据，审判人员对调查收集证据的情况进行说明后，由提出申请的当事人与对方当事人、第三人进行质证。人民法院依职权调查收集的证据，由审判人员对调查收集证据的情况进行说明后，听取当事人的意见。

四、不得公开出示的证据

本条还规定，对涉及国家秘密、商业秘密和个人隐私的证据应当保密，需要在法庭出示的，不得在公开开庭时出示。这是因为涉及国家秘密、商业秘密和个人隐私的证据，如果在公开开庭时出示，可能会对当事人造成消极影响，不利于保护当事人的合法权益，甚至可能对国家利益、社会利益造成难以弥补的损失。《民事诉讼法》规定对于涉及国家秘密、个人隐私的案件不公开审理，离婚案件和涉及商业秘密的案件可以不公开审理，也是基于这种考虑。这里所说的国家秘密，根据《保守国家秘密法》的规定，是指关系国家的安全和利益，依照法定程序确定，在一定时间内只限一定范围的人员知悉的事项。所谓商业秘密，是指采取一定措施进行保护，可以带来经济利益的技术、情报及其他信息。所谓个人隐私，是指个人不愿意为别人知晓和干预的私人生活。

涉及国家秘密、商业秘密和个人隐私的证据，虽然不得在公开开庭时出示，但可以采取其他保密的方式出示证据，由当事人进行质证。如果案件本身属于不公开审理的范围，那么可以在法庭上出示该证据并进行质证。

【审判实践中应当注意的问题】

法庭质证不限于在开庭过程中，当事人在审理前的准备阶段或者人民法院调查、询问过程中发表过质证意见的证据，视为质证过的证据。在案件审理过程中，有些事实的查明不需要通过开庭审理的方式，也可通过调查、询问的方式进行，而组织当事人交换证据也是庭前会议最为重要的内容。审理前的准备阶段和人民法院调查、询问过程中的质证，均是双方当事人在场的情况下出示证据，并由当事人发表意见，虽然这些证据没有在庭审过程中质证，但实质上已完成了质证过程，故《民事诉讼证据规定》规定，当事人在前述过程中发表过质证意见的证据，视为质证过的证据。

经人民法院准许，当事人可以以书面方式发表质证意见，人民法院应当及时将书面质证意见送交对方当事人。审判实践中，经常出现当事人要求以书面方式发表质证意见的情形，特别是针对某一特定证据的质证，如果一概要求当庭质证诉讼成本过高，各地法院也普遍认可书面质证的效力，但在程序操作上做法不一。为规范书面发表质证意见的条件和程序，《民事诉讼证据规定》第 60 条第 2 款规定：“当事人要求以书面方式发表质证意见，人民法院在听取对方当事人意见后认为有必要的，可以准许。人民法院应当及时将书面质证意见送交对方当事人。”

第七十二条　经过法定程序公证证明的法律事实和文书，人民法院应当作为认定事实的根据，但有相反证据足以推翻公证证明的除外。

【条文主旨】

本条是关于公证证明的效力的规定。

【理解与适用】

公证证明是公证机构根据当事人的申请，依法定程序对法律事实和文书，作出的确认其真实性、合法性的证明。根据我国《公证法》的规定，公证机构是依法设立，不以营利为目的，依法独立行使公证职能，承担民事责任的证明机构。遵守法律、坚持公正的原则是法律对公证活动的最基本要求。由于公证机构对于申请的事项要经过审查，公证证明是公证机构出具并经过法定程序制作的，因此，公证机构作出的证明，一般都具有真实性和可靠性，它们往往有助于人民法院查明案件的真实情况，有效地预防或解决纠纷。基于公证证明的特点，《民事诉讼法》规定有效公证文书证明的事实属于免证事实，这也是唯一一个在立法层面被确定的免证事实。

一、公证证明的对象

公证是由专门机构和专业人员进行的一种特殊的证明活动。我国法律规定，公证机构是代表国家进行公证活动的专设法律证明机构，公证职能只能由公证机构统一行使。公证员是公证机构中负责办理公证事务的法律专业人员，代表公证机构进行公证证明活动，出具公证文书。其他机关和人员不能进行公证证明活动。

根据《公证法》的规定，公证证明的对象是法律行为、有法律意义的文书和事实。法律行为是指公民、法人设立、变更、终止法律上的权利义务关系的行为。有法律意义的文书和事实是指法律行为以外的法律事件和其他能引起一定法律后果的文书和事实。

1. 证明法律行为

公证法律行为是公证机构的一项主要业务，常见的有：（1）证明各类合同；（2）证明收养和认领亲子，包括公证收养协议、解除收养协议、事实收养、认领亲子协议（文件）等；（3）办理继承公证；（4）证明单方法律行为，包括办理遗嘱公证、委托公证、声明公证、单方出具的担保书和保证书公证，制作票据拒绝证书等；（5）对招标投标、拍卖、公司创立大会、抽签、开奖等现场活动进行法律监督和证明。

2. 证明有法律意义的客观事实

包括：（1）证明法律事件。法律事件是指不以人的意志为转移的，能够引起法律关系设立、变更、终止的客观事实。公证机构证明的法律事件有，出生、死亡、海难、空难、不可抗力的自然灾害、意外事件等。（2）证明其他在法律上有一定影响的事实。如证明亲属关系、婚姻状况、职称、学历、经历、身份、健康状况、未受刑事处分、民族、国籍、法人的资信情况等。这些事实虽然不直接引起法律关系的设立、变更、终止，但对当事人的生活、生产、学习等活动具有特定的法律意义，也是公证机构证明的重要对象。

3. 证明有法律意义的文书

有法律意义的文书是指在法律上具有特定意义或作用的各种文件、证书、文字材料的总称。公证机构证明的有法律意义的文书是指书面法律行为以外的其他具有法律意义的文书。如证明专利证书、商标注册证书、法人营业证书、申请知识产权注册的有关法律文件、公司章程、商业活动记录、证明文书、董事会决议等。公证的范围包括：证明文书的内容属实，证明文书上的签名、印鉴属实，证明文书的签署地点和日期，证明文书的副本、影印本、复印本、节本、译本等与原本相符，证明译文与原文相符。

二、公证的程序

《公证法》和《公证程序规则》全面、具体地规定了办理各类具体公证事务必须遵守的基本程序规则。具体如下：

1. 申请与受理

自然人、法人或者其他组织向公证机构申请办理公证，应当填写公证申请表。公证申请表应当载明下列内容：（1）申请人及其代理人的基本情况；（2）申请公证的事项及公证书的用途；（3）申请公证的文书的名称；（4）提交证明材料的名称、份数及有关证人的姓名、住址、联系方式；（5）申请的日期；（6）其他需要说明的情况。申请人应当在申请表上签名或者盖章，不能签名、盖章的由本人捺指印。

自然人、法人或者其他组织申请办理公证，应当提交下列材料：（1）自然人的身份证明，法人的资格证明及其法定代表人的身份证明，其他组织的资格证明及其负责人的身份证明；（2）委托他人代为申请的，代理人须提交当事人的授权委托书，法定代理人或者其他代理人须提交有代理权的证明；（3）申请公证的文书；（4）申请公证的事项的证明材料，涉及财产关系的须提交有关财产权利证明；（5）与申请公证的事项有关的其他材料。

符合下列条件的申请，公证机构可以受理：（1）申请人与申请公证的事项有利害关系；（2）申请人之间对申请公证的事项无争议；（3）申请公证的事项符合《公证法》第11条规定的范围；（4）申请公证的事项符合《公证法》第25条的规定和该公证机构在其执业区域内可以受理公证业务的范围。法律、行政法规规定应当公证的事项，符合上述第1项、第2项、第4项规定条件的，公证机构应当受理。对不符合上述规定条件的申请，公证机构不予受理，并通知申请人。对因不符合上述第4项规定不予受理的，应当告知申请人向可以受理该公证事项的公证机构申请。

公证机构受理公证申请后，应当向申请人发送受理通知单。申请人或其代理人应当在回执上签收。公证机构受理公证申请后，应当告知当事人申请公证事项的法律意义和可能产生的法律后果，告知其在办理公证过程中享有的权利、承担的义务。告知内容、告知方式和时间，应当记录归档。公证机构受理公证申请后，应当按照规定向当事人收取公证费。公证办结后，经核定的公证费与预收数额不一致的，应当办理退还或者补收手续。对符合法律援助条件的当事人，公证机构应当按照规定减收或者免收公证费。公证机构受理公证申请后，应当指派承办公证员，并通知当事人。当事人要求该公证员回避，经查属于《公证法》第23条第3项规定应当回避情形的，公证机构应当改派其他公证员承办。

2. 审查

公证机构受理公证申请后，应当根据不同公证事项的办证规则，分别审查下列事项：（1）当事人的人数、身份、申请办理该项公证的资格及相应的权利；（2）当事人的意思表示是否真实；（3）申请公证的文书的内容是否完备，含义是否清晰，签名、印鉴是否齐全；（4）提供的证明材料是否真实、合法、充分；（5）申请公证的事项是否真实、合法。

当事人应当向公证机构如实说明申请公证的事项的有关情况，提交的证明材料应当真实、合法、充分。公证机构在审查中，对申请公证的事项的真实性、合法性有疑义的，认为当事人的情况说明或者提供的证明材料不充分、不完备或者有疑义的，可以要求当事人作出说明或者补充证明材料。当事人拒绝说明有关情况或者补充证明材料的，依照《公证程序规则》第48条的规定处理。

公证机构在审查中，对申请公证的事项以及当事人提供的证明材料，按照有关公证规则需要核实或者对其有疑义的，应当进行核实，或者委托异地公证机构代为核实。有关单位或者个人应当依法予以协助。公证机构可以采用下列方式，核实公证事项的有关情况以及证明材料：（1）通过询问当事人、公证事项的利害关系人核实；（2）通过询问证人核实；（3）向有关单位或者个人了解相关情况或者核实、收集相关书证、物证、视听资料等证明材料；（4）通过现场勘验核实；（5）委托专业机构或者专业人员鉴定、检验检测、翻译。

公证机构进行核实，应当遵守有关法律、法规和有关办证规则的规定。公证机构派员外出核实的，应当由二人进行，但核实、收集书证的除外。特殊情况下只有一人外出核实的，应当有一名见证人在场。采用询问方式向当事人、公证事项的利害关系人或者有关证人了解、核实公证事项的有关情况以及证明材料的，应当告知被询问人享有的权利、承担的义务及其法律责任。询问的内容应当制作笔录。询问笔录应当载明：询问日期、地点、询问人、记录人，询问事由，被询问人的基本情况，告知内容、询问谈话内容等。询问笔录应当交由被询问人核对后签名或者盖章、捺指印。笔录中修改处应当由被询问人盖章或者捺指印认可。

在向当事人、公证事项的利害关系人、证人或者有关单位、个人核实或者收集有关公证事项的证明材料时，需要摘抄、复印（复制）有关资料、证明原件、档案材料或者对实物证据照相并作文字描述记载的，摘抄、复印（复制）的材料或者物证照片及文字描述记载应当与原件或者物证相符，并由资料、原件、物证所有人或者档案保管人对摘抄、复印（复制）的材料或者物证照片及文字描述记载核对后签名或者盖章。

采用现场勘验方式核实公证事项及其有关证明材料的，应当制作勘验笔录，由核实人员及见证人签名或者盖章。根据需要，可以采用绘图、照相、录像或者录音等方式对勘验情况或者实物证据予以记载。需要委托专业机构或者专业人员对申请公证的文书或者公证事项的证明材料进行鉴定、检验检测、翻译的，应当告知当事人由其委托办理，或者征得当事人的同意代为办理。鉴定意见、检验检测结论、翻译材料，应当由相关专业机构及承办鉴定、检验检测、翻译的人员盖章和签名。委托鉴定、检验检测、翻译所需的费用，由当事人支付。

公证机构委托异地公证机构核实公证事项及其有关证明材料的，应当出具委托核实函，对需要核实的事项及内容提出明确的要求。受委托的公证机构收到委托函后，应当在一个月内完成核实。因故不能完成或者无法核实的，应当在上述期限内函告委托核实的公证机构。公证机构在审查中，认为申请公证的文书内容不完备、表达不准确的，应当指导当事人补正或者修改。当事人拒绝补正、修改的，应当在工作记录中注明。应当事人的请求，公证机构可以代为起草、修改申请公证的文书。

3. 出具公证书

公证机构经审查，认为申请公证的事项符合《公证法》《公证程序规则》及有关办证规则规定的，应当自受理之日起15个工作日内向当事人出具公证书。因不可抗力、补充证明材料或者需要核实有关情况的，所需时间不计算在前款规定的期限内，并应当及时告知当事人。

民事法律行为的公证，应当符合下列条件：（1）当事人具有从事该行为的资格和相应的民事行为能力；（2）当事人的意思表示真实；（3）该行为的内容和形式合法，不违背社会公德；（4）《公证法》规定的其他条件。不同的民事法律行为公证的办证规则有特殊要求的，从其规定。

有法律意义的事实或者文书的公证，应当符合下列条件：（1）该事实或者文书与当事人有利害关系；（2）事实或者文书真实无误；（3）事实或者文书的内容和形式合法，不违背社会公德；（4）《公证法》规定的其他条件。不同的有法律意义的事实或者文书公证的办证规则有特殊要求的，从其规定。文书上的签名、印鉴、日期的公证，其签名、印鉴、日期应当准确、属实；文书的副本、影印本等文本的公证，其文本内容应当与原本相符。

具有强制执行效力的债权文书的公证，应当符合下列条件：（1）债权文书以给付货币、物品或者有价证券为内容；（2）债权债务关系明确，债权人和债务人对债权文书有关给付内容无疑义；（3）债权文书中载明当债务人不履行或者不适当履行义务时，债务人愿意接受强制执行的承诺；（4）《公证法》规定的其他条件。

符合《公证法》《公证程序规则》及有关办证规则规定条件的公证事项，由承办公证员拟制公证书，连同被证明的文书、当事人提供的证明材料及核实情况的材料、公证审查意见，报公证机构的负责人或其指定的公证员审批。但按规定不需要审批的公证事项除外。公证机构的负责人或者被指定负责审批的公证员不得审批自己承办的公证事项。

审批公证事项及拟出具的公证书，应当审核以下内容：（1）申请公证的事项及其文书是否真实、合法；（2）公证事项的证明材料是否真实、合法、充分；（3）办证程序是否符合《公证法》《公证程序规则》及有关办证规则的规定；（4）拟出具的公证书的内容、表述和格式是否符合相关规定。审批重大、复杂的公证事项，应当在审批前提交公证机构集体讨论。讨论的情况和形成的意见，应当记录归档。

公证书应当按照司法部规定的格式制作。公证书包括以下主要内容：（1）公证书编号；（2）当事人及其代理人的基本情况；（3）公证证词；（4）承办公证员的签名（签名章）、公证机构印章；（5）出具日期。公证证词证明的文书是公证书的组成部分。有关办证规则对公证书的格式有特殊要求的，从其规定。

三、公证证明的法律效力

公证证明必须以法定的文本形式加以表现，公证文书就是其法定文本形式，它负载了公证证明的所有信息。公证文书一经作出，即具有法律效力。这种效力表现在三个方面：（1）证据效力或证明效力；（2）强制执行效力；（3）法律行为成立要件的效力。公证文书在公文书证中具有显著的地位和重要作用。基于公证证明的特点，经公证证明的法律事实和文书，在民事诉讼中具有证据的效力，法院可用作定案依据，无需再由当事人举证证明，只要没有相反的证据足以推翻公证文书证明的事实，法院就应当将其作为确定案件事实的依据。也就是说，经公证证明的法律事实和文书，人民法院一般予以确认。公证证明的证明效力高于其他种类的证据。

需要注意的是，根据《民事诉讼法》的规定，一切证据必须经过法定程序查证属实，才能作为认定事实的根据。因此，不是所有的公证证明都理所当然地可以作为人民法院定案的依据。如果对方当事人对公证的事实提出了相反证据，公证的事实也就成为了证明对象。人民法院应当本着实事求是的态度对待公证证明，如果由于公证机构工作失误或者其他原因，致使公证证明出现错误的，那么，只要有相反的证据足以推翻公证证明的，人民法院就应当否认公证证明的证明效力，人民法院可以将公证证明退回公证机构，以便公证机构重新进行审查。

【审判实践中应当注意的问题】

对公证文书证明事实有争执的当事人需要对相反的事实承担本证证明责任。在诉讼证明的过程中，对待证事实负有举证责任的当事人所进行的证明活动为本证，不负有举证责任的当事人提供证据对本证进行反驳的证明活动为反证。本证证明活动的目的在于使法官对待证事实的存在与否形成内心确信，这种内心确信应当满足证明评价的最低要求即法定的证明标准。而反证的证明活动，其目的在于动摇法官对于本证所形成的内心确信，使其达不到证明评价的最低要求。故通常情形下，反证的证明标准要比本证低，只需要使待证事实陷于真伪不明即可。《民事诉讼法解释》第108条规定："对负有举证证明责任的当事人提供的证据，人民法院经审查并结合相关事实，确信待证事实的存在具有高度可能性的，应当认定该事实存在。对一方当事人为反驳负有举证证明责任的当事人所主张事实而提供的证据，人民法院经审查并结合相关事实，认为待证事实真伪不明的，应当认定该事实不存在。法律对于待证事实所应达到的证明标准另有规定的，从其规定。"而《民事诉讼法》《公证法》均在立法层面上规定，有效公证文书证明的事实属于免证事实，除有相反证据足以推翻外，应当作为认定事实的根据。也就是说，否定公文书证确认的事实所需证据的证明力，应当达到证明相反事实成立的程度。如果主张否定公证文书证明事实的当事人所提供的证据只能达到其主张的相反事实处于真伪不明状态，依然不能否定公证证明的法律事实和文书。

第七十三条 书证应当提交原件。物证应当提交原物。提交原件或者原物确有困难的，可以提交复制品、照片、副本、节录本。

提交外文书证，必须附有中文译本。

【条文主旨】

本条是关于当事人提交证据的要求的规定。

【理解与适用】

本条第1款规定了书证、物证的原件、原物规则，是提交实物证据的基本要求；第2款是对提交外文书证所作的特别要求。所谓实物证据，通常是指以有形物为存在形态的证据。书证、物证是典型的实物证据。视听资料和电子数据作为证据，其本身虽不以有形物形态存在，但均以有形物为载体，根据《民事诉讼证据规定》第99条第2款规定的“除法律、司法解释另有规定外……关于书证的规定适用于视听资料、电子数据”的规定，也适用于书证的原件规则。

一、提交书证的要求

（一）书证的原件规则

原件规则是书证最重要的规则。所谓原件，指文件制作人最初做成，反映其意思或思想的文件，也称原本或底本。任何书证都有其最初制作的原本，它既可以是手写的，也可以是打印的，只要是最初表达和承载作者思想的文字、符号和图案等内容的文书，就是原件。而复制件，是指从内容、形式或性质上对原件的复制或摹写，包括在书证原件基础上抄录、复印等形成的文本。书证原件直接反映或体现法律关系的产生、变更、消火的发展过程，或其本身就是法律关系发展过程中的产物，以书证原件证明案件事实可靠性更高。而复制件在被誊写、复印、传抄等过程中，由于中间环节的影响，发生失误、偏差、信息损耗在所难免，甚至复制者有意变造、篡改等情形也可能发生，因此，书证复制件存在失真、不能如实反映案件事实原貌的可能性。

原件规则要求当事人以书证证明案件事实时应当提供原件，除法定情形外，不以原件提供的书证不具有证据能力。在英美法系国家和地区，原件规则包含于最佳证据规则之中。最佳证据规则是英美法上判断书证效力最主要的规则。所谓最佳证据规则是指一项事实只能用找到的最佳、最有说服力的证据予以证明。[①] 依此规则，书证的原件因其性质决定了不可能有比它更好的证据，因此，为最佳证据，也是第一位的证据。而依证据本身的特征，有更好的证据即原始证据存在的，该书证为第二位的证据。只有在第一位的证据缺失的情况下，第二位的证据才能被允许使用。

大陆法系国家和地区对于书证的证据效力，可以从形式上的证据力和实质上的证据力的角度进行认识。形式上的证据力是指书证成立真实，没有被伪造的情况，即任何书证必须是其制作者真实作成的。实质上的证据力是对书证证明价值的评价，即书证内容与待证事实的关联程度。形式上的证据力涉及书证存在的真伪问题，而实质上的证据力涉及书证内容能否证明待证事实问题。书证是否具有实质上的证据力，往往由法院根据经验法则，依自由心证进行判断。大陆法系国家和地区没有从证据资格或者证据能力方面明确规定最佳证据规则，而是从审查书证的真实性角度出发，要求当事人提供书证时，原则上应当提交书证原件。但提供复制件并不当然不具有证据资格，法官仍然根据当事人提供复制件的具体情况来评判其证据力的大小。所以在原则上，判断书证的证据力，以书证的真实性为要件，书证的原本具有证据力，而书证的复制件则不具有证据力。所以，在理论上，应当以提出书证的原本为必要。但在对方自认书证正本的真实性，或者其缮本内容与原本一致时，实际上亦无须提出书证的原本，只提出其缮本便足矣，在此场合下，书证的缮本与其原本具有同等的证据力。[②]

（二）书证原件规则的例外

根据本条第 1 款后段的规定，提交书证原件确有困难的，可以提交书证的副本或节录本。有关何种情形属于“提交书证原件确有困难”，司法解释作了进一步的解释。根据《民事诉讼法解释》第 111 条规定：“民事诉讼法第七十三条[③] 规定的提供书证原件确有困难，包括以下情形：（一）书证原件遗失、灭失或者毁损的；（二）原件在对方当事人控制之

① 参见沈达明：《比较民事诉讼法初论》（上册），中信出版社 1991 年版，第 282 页。

② 参见张永泉：《书证制度的内在机理及外化规则研究》，载《中国法学》2008 年第 5 期。

③ 现为《民事诉讼法》（2023 年修正）第 73 条。

下，经合法通知提交而拒不提交的；（三）原件在他人控制之下，而其有权不提交的；（四）原件因篇幅或者体积过大而不便提交的；（五）承担举证证明责任的当事人通过申请人民法院调查收集或者其他方式无法获得书证原件的。”这些情形，均为当事人自身之外的原因导致不能提交书证原件的情况。

《民事诉讼法解释》第111条列举的五种情形，可以大致区分为两类，其一，因客观原因不能提交书证原件的情形。包括：（1）“书证原件遗失、灭失或者毁损的”，即书证原件在客观上已经不存在、不能使用或者无从知晓其下落，当事人获取书证原件在客观上不可能。这种情况下应当允许当事人以提交复制件、副本或者节录本等方式，替代书证原件。（2）“承担举证证明责任的当事人通过申请人民法院调查收集或者其他方式无法获得书证原件的”。这种情形通常是指原件并非由当事人保管，当事人凭借自身的努力无法取得，而人民法院根据当事人的申请或者依职权调查收集证据，仍然无法取得的。例如，当事人对于保存在档案馆的书证没有权利获取原件，即使人民法院调查收集证据，取得书证原件也不被允许，这种情况下，可以通过提交与原件核对无异的复制件等方式替代原件。（3）“原件因篇幅或者体积过大而不便提供的”的情形。在《民事诉讼法解释》起草过程中，曾经有人提出异议，认为书证都是以纸质文书方式呈现的，不可能存在因篇幅或者体积过大而不便提供的情况。事实上，对这一问题的认识与对书证的含义的理解有关。书证是以其记载的内容发挥事实证明作用的证据形式，纸质的文书虽然是其最主要表现形式，但并非唯一形式。除文书外，其他物品只要符合书证的特征，也应当适用书证规则。因此，实践中因体积过大不便提供原件的书证，并不罕见。例如，以石碑上镌刻的内容证明案件事实时，应当适用书证规则，此时石碑即应当作为书证对待。其二，因他人的原因不能提交书证原件的情形。（1）原件处于对方当事人的控制之下，经合法通知而拒不提供的。根据《民事诉讼法解释》第112条和2019年《民事诉讼证据规定》第45条的规定，书证在对方当事人控制之下的，对待证事实承担举证责任的当事人可以申请书证提出命令，由人民法院作出裁定责令对方当事人提交。但书证提出命令的适用须符合法定条件，无法一般性地适用于对方当事人控制书证原件、承担举证责任的当事人掌握复制件的情形。对方当事人经人民法院合法通知提交原件拒不提交的，应当允许承担举证责任的当事人提交复制件以替代提交原件。（2）原件在他人的控制之下，而该他人有权不提供的。即书证原件在诉讼外第三人控制之下，该第三人对书证原件系合法占有、其有权利不提交的情形。

书证原件规则是书证形式上证据力的保证，其作用在于确保提交的书证具有证据能力或资格。作为例外情形可以提交复制件的书证，其证据能力上不存在法律上的障碍，但能否根据书证复制件认定案件事实，则需要根据具体情况进行分析判断。对于对方当事人认可书证复制件的真实性或者复制件与书证原件一致的，则书证复制件具有与原件同等的证据效力；对于证据原件系在案外人控制之下、其有权不提交，但可以提供复制件与原件核对无异的证明文件，或者提供原件供人民法院调查收集证据时在持有人处与复制件进行核对，经核对无异的复制件具有与书证原件同等的效力；对于书证原件在对方当事人控制之下，经人民法院通知其提交原件以供核对而拒不提交，且又拒绝认可复制件与原件一致，人民法院可以参照适用妨害证明的规则，在向其释明后，将当事人提供的复制件视作书证原件；对于“原件因篇幅或者体积过大而不便提供的”，人民法院可以组织当事人就原件与复制件是否一致进行现场核对，或者要求当事人自行核对后进行确认；对于书证原件遗失、灭失或毁损的，书证的复制件由于客观上无法与原件核对，根据 2019 年《民事诉讼证据规定》第 90 条的规定，不能单独作为认定案件事实的根据，人民法院需要结合其他案件事实和证据，判断书证复制件的真伪以及证明力，此时的书证复制件是被作为有瑕疵的证据对待，需要其他证据补强后才能发挥事实证明的效力。需要注意的是，《民事诉讼法解释》第 111 条规定的五项情形，并没有“兜底性”条款，除这五项情形外，提交的书证复制件不能单独作为认定案件事实的根据，需要其他证据补强才能发挥事实证明作用。

（三）提交外文书证的要求

提交外文书证应当附有中文译本，是司法主权的要求和体现。《民事诉讼证据规定》第 17 条在本条第 2 款基础上，增加了“外文说明资料”，作为本条第 2 款规定的补充。

外文书证或说明资料须附有中文译本，是对外文书证、说明资料证据能力的要求，未附中文译本的，没有证据能力，不能作为证据使用。无论案件是否适用涉外民事诉讼程序的特别规定，都应遵循这种要求。这种要求是法律的强制性规定，不因法官个体能力而有所变通，不能因为法官能够读懂外文资料就不再要求当事人提供中文译本。人民法院对外文书证或者外文说明资料的内容进行审查时，可以只就中文译本的内容进行审查。而中文译本的准确性，由人民法院根据当事人在质证中提出的意见，结合案件其他事实和证据进行判断。

二、提交物证的要求

民法上的物区分为动产和不动产。不动产是指依照其物理性质不能移动或者移动将严重损害其价值的有体物，不动产以外的物，即在性质上能够移动且移动不损害其经济价值的物为动产。与书证一样，物证原件也能够直接反映或体现法律关系的产生、变更、消灭的发展过程，或者物本身就是法律关系过程的产物，如承揽关系中的定作物，以物证原件证明案件事实更为直观，可靠性更高。与书证类似，物证的复制品在被复制的过程中，难免受到中间环节的影响发生失误、偏差、信息损耗等情形，甚至发生复制品的制作者有意变造、篡改的情形，与原件相比，物证的复制品和书证复制件同样存在失真、不能如实反映案件事实原貌的可能性。因此，本条规定物证以提交原物为原则是必要的。

本条在规定了物证原件规则的同时，规定了提交原物确有困难的，可以提交复制品、照片等替代物。物证为不动产的，将不动产提交到人民法院没有现实可能性，当然属于提交原物确有困难的情形，需要以其他方式替代，这一点自不待言。需要讨论的是以动产为物证时，如何理解提交原物确有困难，以及何种情形下可以不提供物证原件而提供替代品。《民事诉讼证据规定》第 12 条规定，动产物证的原物“不宜搬移或者不宜保存”的，当事人可以提供复制品、影像资料或者其他替代品。所谓不宜搬移，是指一些物证虽然在物理属性上为动产，但由于其体积、质量过大无法搬移，或者基于其本身用途、保存条件等要求，搬移可能严重影响其价值的情形。例如，物权法上以不动产规则对待的特殊动产，即航空器、船舶、机动车等，体积、质量庞大，不宜搬移，无法以原物提交法庭；摆放、安装在公共场所的历史人物画像、塑像、浮雕，具有特殊的政治意义或文化价值，不宜作为物证提交法庭；文物需要由文物管理部门保存在具有一定安全设施和存储条件的地点，也不宜以原物提交法庭。所谓不宜保存，是指物品本身具有一定危险性而需要特殊保存条件，或者容易损耗、变质的情形。放射性物质本身具有高度危险，需要特殊保存条件，人民法院不具备相应的保存条件，当事人也不应提交物证原件；炸药、鞭炮、烟花等易燃易爆物品，通常也无须提交原件；鲜活物品、蔬菜鲜花等容易腐烂变质的物品也属于不宜保存的情形。

除上述物证的原物“不宜搬移或者不宜保存”的情形外，根据《民事诉讼证据规定》第11条规定，并参考《民事诉讼法解释》第111条关于提交书证原件确有困难的情形的规定，下列情形也属于物证为动产时当事人可以不提交物证原物的情形：（1）当事人需要自己保存物证原物的。当事人基于物证原物的使用价值、交换价值或者情感因素等，需要自己保存原物的，可以提交复制品、照片等替代品，但应当提供物证原物用以法庭核验以及对方当事人核对；（2）物证原物并非当事人所有，而属于案外人的财产，由于当事人无权处分他人财产，客观上无法提供物证原物，故应当允许当事人以替代品提交；（3）物证原物毁损、灭失或者无法作为物证使用的，此时提交物证原物已经不可能，或者没有意义，应当允许当事人提交物证原物的替代品；（4）对于当事人提交物证复制品、影像资料等替代品，另一方当事人无异议的情形。

无论物证为不动产或动产，在当事人提交原物的替代品后，人民法院均应当组织对物证进行查验。所谓查验，即核查验证。查验与勘验不同，查验的目的是核实物证原物的替代品与原物的一致性，并不涉及物证的证据价值。而勘验的目的在于获取勘验对象的证据价值。对于动产物证，人民法院可以要求当事人将物证原物带至人民法院，由双方当事人和人民法院对原物与复制品、影像资料等替代品的一致性进行验证；对于不宜搬移的，由人民法院通知双方当事人到物证原物的保存场所共同查验替代品与原物是否一致。对于不动产，由于物证原物本身一般不易发生变化，人民法院可以根据具体情况决定是否有必要通知双方当事人，到不动产所在地对影像资料与不动产的一致性进行查验。

在民事诉讼中，人民法院对于物证通常进行勘验。因此，对物证的勘验可以和对物证原物替代品与原物一致性的查验合并进行。

【审判实践中应当注意的问题】

1. 要求书证、物证提交原件，出发点在于确保书证、物证的真实性，关注的是其证据价值而非书证、物证的物理形态。这也是判断当事人是否可以提交副本、复制品、照片、节录本等的重要逻辑基础。

2. 当事人只有在提交原件确有困难情况下才能以书证复制件来替代，“确有困难”的情形应当根据《民事诉讼法解释》第 111 条第 1 款规定判断。而该款规定的五项情形十分明确，没有兜底性条款，除这五种情形外，当事人提交的书证复制件并非不具有证据资格，而是作为有瑕疵的证据，需要其他证据补强才能发挥事实证明作用。

第七十四条　人民法院对视听资料，应当辨别真伪，并结合本案的其他证据，审查确定能否作为认定事实的根据。

【条文主旨】

本条是关于视听资料审查认定的规定。

【理解与适用】

作为以录音、录像等设备所存储的信息证明案件真实情况的，视听资料作为证据出现在诉讼中由来已久。但与我国的将视听资料作为独立证据形式的处理方式不同，其他国家和地区虽然也有由专门的法律对视听资料进行规范的做法，但均依传统的证据方法对待视听资料，而没有将其作为独立的证据形式。在英美法系国家和地区，视听资料属于"文书"的一种形式，依据书证规则对待视听资料。

尽管将视听资料作为独立证据形式，但《民事诉讼法》对于视听资料的认定却十分谨慎。本条规定的"人民法院对视听资料，应当辨别真伪，并结合本案的其他证据，审查确定能否作为认定事实的根据"，意味着视听资料作为认定案件事实根据的条件十分严格，不仅需要人民法院辨别其真伪，还应当与其他证据相结合，才能发挥事实证明作用。这种表述与《民事诉讼法》第78条[①]规定的"人民法院对于当事人的陈述，应当结合本案的其他证据，审查确定能否作为认定事实的根据"基本一致。这意味着立法者对于视听资料这种证据类型心存疑虑。事实上，反对将视听资料作为法定证据形式的观点一个重要理由，就在于视听资料容易被删改的存储介质的特点，致使其完整性和客观性存在一定程度的缺陷，真实性不易确定，故其对事实的证明力也受到怀疑。故而《民事诉讼法》将视听资料比照当事人的陈述对待，不能独立证明案件事实而只能与其他证据相结合时才能作为认定案件事实的根据。但在审判实践中，相比当事人的陈述这种以人为证据方法而形成的证据资料，视听资料的可信程度明显更高、更

---

① 现为《民事诉讼法》(2023年修正)第78条。

值得法官信任。在真实性（完整性）能够确认的情况下，视听资料往往能够更直观准确地反映客观事实的发生过程，这一点是当事人的陈述乃至书证等其他证据形式所无法比拟的。为此，《民事诉讼法解释》对视听资料的审查判断未作限制性规定，2019年《民事诉讼证据规定》也只在第90条补强证据规则中规定“存有疑点的视听资料”不能单独作为认定案件事实的根据。

从科学技术角度比较，视听资料与电子数据的区别十分明显。电子数据是用二进位数据表示的数字信号，这类信号是表示数字量的信号，其物理量的变化在时间和数量上都是离散的，它们的变化在时间上是不连续的，总是发生一系列离散的瞬间；视听资料记录的是模拟信号，信号在时间和数量上是连续的，而且电压信号在连续变化的过程中任何一个取值都有其具有的物理意义。模拟信号之间的任何变化，在理论上都是可以再现的，但数字信号根本不具有这种特征。[①]但从证据角度来看，视听资料与电子数据却非常近似。二者都是现代科学技术发展的产物，都是借助专门的设备和技术制作形成，也需要借助相应的设备和技术展示，都容易通过技术手段伪造、变造、篡改，也往往都需要通过鉴定、利用科学技术手段来检验其真实性。特别是现代社会，随着科技的发展，传统的视听资料在社会生活和审判实践中已不多见，绝大多数录像资料和影像资料是借助数字技术设备制作形成、存储、再现，根据《民事诉讼法解释》第116条第3款“存储在电子介质中的录音资料和影像资料，适用电子数据的规定”的规定，适用电子数据规则进行审查认定。因此，审判实践中多数情况下对录音资料和影像资料的审查，是根据电子数据的规则进行。

电子数据的审查认定，与传统证据形式相比，在两个方面具有较强的特殊性：

其一，原件的识别。与传统证据类型的证据原件一般能够直接证明案件事实不同，电子数据由于是存储于电子介质中的电子数据信息，其在证明案件事实时需要将数据编码转化为人们可以识别的形式，故应当根据不同情况适用不同的判断标准。在调查收集证据保全的场合，电子数据的原件应当指最初生成的电子数据信息，首先固定数据的各种存储介质上的电

---

① 姜琳炜：《视听资料与“最佳证据规则”》，载《上海大学学报（社会科学版）》2002年9月29卷第5期。

子数据是证据原件。在举证、质证和审核认定证据时，电子数据的原始载体本身对于案件事实的证明并无意义，发挥事实证明作用的是其转换形成的可识别形式，参考联合国国际贸易法委员会在《电子商务示范法》中提出的依照“功能等同法”，只要数据电文确实起到了在“功能上等同或基本等同”于书面原件的效果，便可视为一种合法有效的原件，就能满足证据法对原件的要求，故将具有最终完整性和可用性等功能的电子复本规定为原件。

其二，对完整性的认定。电子数据的完整性包括两层意义，即电子证据本身的完整性和电子数据所依赖的计算机系统的完整性。[①]电子数据本身的完整性是构成电子数据原件的一个要素，涉及形式上的完整性和内容上的完整性。形式上的完整性是指电子数据必须保持生成之时的原状，包括格式调整在内的任何更改都将视为完整性受到损害。而电子数据内容上的完整性是指电子数据自形成之时起，其内容保持完整、未遭到非必要的添加或删除。计算机系统的完整性有三层含义：一是记录电子数据的系统必须处于正常的运行状态，如果系统曾处于不正常状态，则对数据的完整性构成了影响；二是数据记录必须在业务活动的当时或即后制作，而专为某项目的如诉讼而制作的电子记录无法确保其完整性；三是在正常运行状态下，系统对业务活动必须有完整的记录，完整的记录是指数据电文信息、附属信息和系统环境信息要统一。[②]电子数据的真实性包括电子数据载体的真实性、电子数据本身的真实性和电子数据内容的真实性。而真实性的判断，均离不开电子数据本身完整性和电子证据所依赖的计算机系统完整性的考察。

根据《民事诉讼证据规定》第93条的规定，电子数据的真实性应当结合下列因素进行综合判断：（1）电子数据的生成、存储、传输所依赖的计算机系统硬件、软件环境是否完整、可靠；（2）电子数据的生成、存储、传输所依赖的计算机系统的硬件、软件环境是否处于正常运行状态，或者虽不处于正常运行状态对电子数据的生成、存储、传输是否有影响；（3）电子数据的生成、存储、传输所依赖的计算机系统的硬件、软件环境是否具备有效地防止出错的监测、核查手段；（4）电子数

① 参见何家弘主编：《电子证据法研究》，法律出版社2002年版，第151页。
② 参见何家弘主编：《电子证据法研究》，法律出版社2002年版，第152页。

据是否被完整地保存、传输、提取，保存、传输、提取的方法是否可靠；（5）电子数据是否在正常的往来活动中形成和存储；（6）保存、传输、提取电子数据的主体是否适当；（7）是否存在上述六种情形无法涵盖的影响电子数据完整性和可靠性的其他因素。而根据《民事诉讼证据规定》第94条的规定，当事人提交或者保管的于己不利的电子数据、由记录和保存电子数据的中立第三方平台提供或者确认的电子数据、在正常业务活动中形成的电子数据、以档案管理方式保管的电子数据、以当事人约定的方式保存、传输、提取的电子数据，以及内容经过公证机关证明的电子数据，推定其真实性，在没有相反证据予以反驳或者推翻的情况下，能够作为认定案件事实的根据。

【审判实践中应当注意的问题】

审判实践中注意区分录音资料和影像资料的证据性质为视听资料还是电子数据。《民事诉讼法解释》第116条第3款以存储介质作为指标，存储于电子介质中的视听资料适用电子数据规则。这意味着无论视听资料是否经由数字设备制作形成，只要存储在电子介质之中即作为电子数据对待，即使传统视听资料转存于电子设备之中的，也适用电子数据规则。

第七十五条 凡是知道案件情况的单位和个人，都有义务出庭作证。有关单位的负责人应当支持证人作证。

不能正确表达意思的人，不能作证。

【条文主旨】

本条是关于证人资格和证人出庭作证义务的规定。

【理解与适用】

证人是民事诉讼中重要的证据方法，证人证言是民事诉讼中重要的证据形式。一般认为，英美法系证据制度遵循证人中心主义，证人证言在诉讼中发挥着举足轻重的作用。在英美法系国家和地区，即使对于书证这种大陆法系普遍认为最可靠的证据形式，也经常通过证人证言来检验其真实性。英美法系证人范围很广，由于并不将当事人陈述作为证据形式，当事人如果需要对案件事实进行证据意义上的陈述，也需要作为证人陈述证言。在大陆法系国家和地区，证人的范围相对比较窄，仅指当事人之外向法庭陈述亲身感知到的事实的第三人。当事人可以在事实主张意义上向法庭陈述，法庭也可以询问证人以此作为获得自由心证的途径，但此时当事人对事实的陈述或者接受询问并非以证人的身份进行，其陈述的内容也并非证人证言。而且，大陆法系国家和地区的证人仅为事实证人，并无意见证人，鉴定人也不属于证人的范畴。尽管鉴定人通常也需要出席法庭审理进行言词陈述，但其仅是基于对人证证据方法调查的直接原则和言词原则在庭审中适用证人作证规则，本身并非证人的地位。我国对于民事诉讼中证人的理解与大陆法系国家和地区基本一致。

一、证人资格

证人资格即证人能力，亦有人称为证人的适格性，它解决什么样的人可以在诉讼中作为证人的问题，用以一般性地确定证人的范围。由于证人作证的过程是人主观对客观反映的过程，基于其本身的特点，证人资格与人的自然属性密切相关。法律对证人资格提出要求，其目的在于保障证人证言的可靠性。从法律发展的历史来看，早期主要通过对证人资格的限制保证证人证言的可信性，品行、年龄、身份、种族、宗教信仰等因素都可能使行为人不具有证人资格。随着社会的发展，对证人资格的限制逐渐弱化，品行、年龄、身份、种族、宗教信仰等因素不再是影响证人资格的因素，其中品行、年龄、身份等因素转化为判断证人证言证明力的因素。而与证人作证行为本身的特点密切相关的证人的表达能力、判断能力、感知能力、记忆能力等，成为确定证人资格的标准。现今，世界各国对于证人资格大都不作过多限制，除法律特别作出规定的情形外，通常假定所有人都具有作证的能力，即证人资格。在英美法系国家和地区，一般认为，不能以生理上、精神上的缺陷或者年幼来剥夺证人资格，证人的资格或者能力完全取决于其是否具有辨别是非和正确表达能力，对于这些能力的判断也必须经过法庭的审查。在大陆法系国家和地区，对证人的精神状态和年龄也没有严格限制，不能仅以年幼或者精神缺陷等原因限制证人的作证能力。①

本条关于“凡是知道案件情况的单位和个人，都有义务出庭作证……不能正确表达意思的人，不能作证”的规定，包含了我国立法上对于民事诉讼证人资格的理解，与其他国家的逻辑基本一致。结合《民事诉讼证据规定》第 67 条“不能正确表达意思的人，不能作为证人。待证事实与其年龄、智力状况或者精神健康状况相适应的无民事行为能力人和限制民事行为能力人，可以作为证人”的规定，对于我国民事诉讼证人资格，可以作如下理解：

其一，证人为知道案件情况的人。

证人需要就其感知的事实向法庭陈述证言，因此，了解案件所涉及的事实过程是其能够作为证人的基础，也是本条所规定的具备证人资格的基本条件。但何为知道案件情况，在理论界和实务界存在一定争议。一种观点认为，证人提供证言只能陈述自己耳闻目睹的过去发生的案件情况；另一种观点认为，证人所陈述的客观事实，一般应是证人亲自所见所闻的，有时也可以是从其他人那里听来的事实，而对于道听途说的事实，证人必须说明来源，否则不能作为证人证言的内容；还有学者在这些争论的基础上提出，我国应当建立反传闻证据规则，以促使证人出庭作证，直接接受

① 参见张卫平主编：《民事诉讼法新制度讲义》，人民法院出版社 2012 年版，第 96 页。

法庭调查。[①]

在英美法系国家和地区，基于证据法上的传闻证据规则，证人在法庭之外就案件事实所作的陈述内容被他人以书面方式提交给法庭，或者被其他证人向法庭转述或复述，这种书面证言和转述的证言均为传闻证据。传闻证据源于不在法庭审理现场的证人，该证人既不能对其作证行为宣誓，也不会受到对方当事人的质询，因而其可信程度得不到检验。而且由于传播过程中的错误以及人为的欺骗，传闻证据很容易被歪曲，采纳传闻证据容易拖延诉讼进程。因此，这种传闻证据既不能在法庭上提出，也不能作为认定案件事实的依据。但在大陆法系国家和地区，所谓传闻证据是否可以采信，并非证据资格问题，而属于由法官依自由心证进行判断的范畴。

我国《民事诉讼法》及相关司法解释、民事审判实践中，并不对“知道案件情况”指向何种内容作进一步细分，证人感知的事实系直接源于事实发生过程，抑或对其他人转述事实过程的感知，均不影响人民法院对证人资格的认定，而是在判断证人证言证明力时考量的因素。证人“知道案件情况”直接源于其对事实过程的感知，证人证言与事实过程的关联程度更强、更直接。而源于他人的转述则证人证言与事实过程关联程度更弱、更间接，甚至不具有关联性。

其二，证人应当能够正确表达意思。

证人能够正确表达意思，是指证人能够明辨是非，准确认识事物并将其认识到的事物如实表达出来。由于证人作证本身是主观对客观反映的过程，这一过程中，需要证人具有认识能力，清楚、准确地认识现实之中发生过的事实；需要证人具有记忆能力，能够记忆其所感知到的事实；需要证人具有表达能力，能够将其记忆的事实重现，并以适当的方式表达、传递出来。这些能力是一般人所具备的认知能力，是人的自然属性所决定的。“一般人所具备”也是对证人“能够正确表达意思”的基本判断标准。而无法正确认识事物、准确记忆、如实表达的人，无法为案件事实查明提供有意义的帮助，反而可能造成误导，因此，不具有证人资格。

根据本条的规定，单位与自然人一样具有证人资格。然而，单位无论采取何种组织形式，只是自然人的集合体而非自然人本身，其本身只在符合法律规定的情况下具有拟制人格，并无实在人格。由于证人证言形成的

---

① 参见相启俊:《论证人资格及其限制条件》，载《政法论丛》2003 年第 2 期。

过程依赖于自然人的感知能力、记忆能力和表达能力这些人的自然属性，单位的这种特点与证人依赖感知器官认识事物的属性并不相符，无论采取何种组织形式，只是自然人的集合体而非自然人本身。所谓“知道案件情况”的单位，实质上也只是“知道案件情况”的单位工作人员，单位“知道案件情况”实质上也只是从属于单位的自然人感知到的案件事实。而这种情况下，逻辑上能够成为证人的仍然是从属于单位的自然人。因此，尽管《民事诉讼法》规定单位能够作为证人，但单位无法以言词方式陈述证言，只能出具书面证明文书，而书面证明文书由于是以记载的内容发挥事实证明作用，在性质上属于书证。因此，《民事诉讼法解释》第115条关于单位证明材料的规定，属于书证的规定。

单位出具证明文书，在审判实践中十分常见。无论制作主体是否具有社会管理职能，这种书证均与公文书证无关，类别上属于私文书证应无异议。就其内容而言，单位证明文书一般记载的是描述性的内容，故可以将其理解为报道性文书。1992年《民事诉讼法意见》第77条规定，由有关单位向人民法院提出的证明文书，应由单位负责人签名或盖章，并加盖单位印章，对单位证明文书提出形式上的要求。《民事诉讼法解释》第115条沿袭了该意见第77条的规定，要求单位证明文书应当同时具有单位负责人签名或者盖章以及单位印章，同时增加了经办人员签名或者盖章的规定。三类主体的签名、盖章是单位证明文书具备证据效力的基础。缺少其中任何一项，单位证明文书不具有证据效力，不能作为认定案件事实的根据。《民事诉讼法解释》第115条的规定，主要考虑到单位作为拟制人格的民事主体，其真实的意思与其经办人和负责人意思不易区分，在以单位的名义出具证明文书对某一事实进行描述时，为保证基本的真实性，需要规定这种必要的形式上的要求。而且，要求证明文书上有负责人和经办人签名盖章，也便于人民法院在必要时核实证明文书的真实性。

无民事行为能力人和限制行为能力人能否作为证人，曾经是审判实践中存在争议的问题。在2001年《民事诉讼证据规定》公布实施之前，审判实践中多数法院不认可无民事行为能力人和限制民事行为能力人的证人资格。在大陆法系国家和地区，立法上一般并不对智力、精神状况是否影响证人资格作明确规定。通常，自然人均具有作证能力，只要能够正确理解事实，一般并不剥夺其证人资格。年龄因素也并非其证人资格的障碍。在英美法系国家和地区，一般只要能够理解宣誓的意义和伪证后果，以及对其感知的事实作出理智的陈述，并不排除智力、精神状况不健全的人的证人资格。而对于未成年人而言，是否宣誓并不是其作为证人的障碍，只要其能够理解讲真话的义务，就可以成为证人。在2001年《民事诉讼证据规定》起草过程中，通过对无民事行为能力人和限制行为能力人证人资格问题的研究和审判实践的研判，我们认为，一个人能否具有证人资格应当结合其行为能力的具体情况与待证事实的匹配度进行判断。即使是无民事行为能力人，如十岁以下儿童，或者智力状况、精神健康状况有缺陷的残障人员，只要能够分清黑与白、昼与夜，在这些现象作为待证事实时，其仍然具有证人资格。因此，不应当一般性否定无民事行为能力人和限制民事行为能力人的证人资格，而应当结合待证事实的具体情况以及无民事行为能力人和限制民事行为能力人的认知能力作综合判断。

此外，对于证人的表达能力不宜仅理解为言词表达能力，不能将言词表达有障碍的人理解为不具备证人资格。对于言词表达存在障碍的人，如聋哑人，只要其认知能力正常，通过手语等适当方式表达其意思，仍然属于能够正确表达意思。所谓不能正确表达意思，所指的是无法清晰、明确地将其内心意思传递出来，而不应仅限于言词表达。

二、证人出庭作证义务

本条规定的“凡是知道案件情况的单位和个人，都有义务出庭作证”意味着证人提供证言，以出庭作证为原则。出庭作证是证人作证的基本方式，也是大陆法系和英美法系国家和地区普遍的做法。证人以何种方式作证，应当以是否更有利于发现案件真实为基本考量因素。在立法上要求证人出庭作证，既是民事诉讼发现真实的需要，也是正当程序的要求。民事诉讼中，证人作证的过程是证人将其亲身经历和感知的事实进行客观陈述的过程。由案件事实本身所决定，证人系由事实选择而非由当事人或法院选择，具有不可选择性和不可替代性的特点。由于证人证言是人主观意识对客观事物的反映，而人的主观意识又受到主客观环境、条件等多方面的制约，证人证言容易受到各种干扰，影响其内容的可靠性，因此，对证人证言的审查确认尤其应当审慎进行。

我国《民事诉讼法》受到大陆法系传统的影响。在2001年《民事诉讼证据规定》公布实施之前，民事诉讼中证人不出庭作证而以书面证言方式替代出庭作证的现象十分普遍。这种状况不符合《民事诉讼法》证人作证方式的基本要求，也导致对方当事人无法就证人证言即时进行质证，法院也无法根据证人作证的状态进行现场观察和判断，对于证人是否受胁迫、干扰等情况无从了解，证人证言的真实性无法得到保障，严重影响了证人证言在案件事实查明中所应当发挥的作用。随着我国民事审判方式改革的发展和深化，大陆法系国家和地区普遍承认的直接言词原则在审判实践中得到广泛的认同，相应地，强调证人出庭作证也成为理论界和实务界的共识。2001年《民事诉讼证据规定》第55条，明确规定了“证人应当出庭作证，接受当事人的质询”，2019年《民事诉讼证据规定》第68条在延续原有规定基本内容的基础上，补充了“无正当理由未出庭的证人以书面等方式提供的证言，不得作为认定案件事实的根据”的规定，以此强化证人出庭作证的意义。

强调证人出庭作证并非要求证人必须在法庭审理过程中陈述证言，接受人民法院和当事人的询问，而是要求证人须在法院主持、双方当事人到场、对证人的询问和对证人证言的质证能够及时展开的情况下进行陈述。事实上，民事审判实践中，审理前准备阶段的证据交换、庭前会议，或者由人民法院主持、双方当事人参加的调查、对事实询问等过程中，基本场景要求与庭审并无实质性差别，这种情况下证人出席陈述证言，不影响对证人的询问和对证人证言的质证，能在程序上保障了双方当事人的诉讼权利和对证人证言真实性检验的基本要求，也更有利于提高证人出庭作证的积极性。因此，《民事诉讼证据规定》第68条第1款中规定：“证人在审理前的准备阶段或者人民法院调查、询问等双方当事人在场时陈述证言的，视为出庭作证。”

【审判实践中应当注意的问题】

1. 我国对于证人作证的内容并未如英美法系国家和地区以传闻证据规则排除证人转述他人经历的事实，证人亲身经历或者转述他人经历的事实都可以作为其作证的内容，只是在审查判断证人证言时，对二者的证明力的判断通常会有差异。故审判实践中，不应以证人并非亲身经历案件事实为由排除其作为证人的资格。

2. 单位作为证人时，只能出具的证明材料而无法以言词方式作证。单位负责人、有关事项的经办人员作为证人的，均为自然人证人，而非单位作为证人。单位出具的书面证明材料属于书证，适用书证规则。对于单位出具的书面证明材料，注意审查其是否满足形式要件。《民事诉讼法解释》第 115 条对单位书面证明材料规定，须有单位印章、负责人签名盖章以及经办人员签名或者盖章。三类主体的签名、盖章是单位证明文书具备证据效力的基础。缺少其中任何一项，单位证明文书不具有证据效力，不能作为认定案件事实的根据。审判实践中一些审判人员未关注《民事诉讼法解释》与以前司法解释的变化，或者审查不严格，将欠缺形式要件的单位证明材料作为认定事实的根据，影响事实查明的准确性。

第七十六条 经人民法院通知，证人应当出庭作证。有下列情形之一的，经人民法院许可，可以通过书面证言、视听传输技术或者视听资料等方式作证：

（一）因健康原因不能出庭的；

（二）因路途遥远，交通不便不能出庭的；

（三）因自然灾害等不可抗力不能出庭的；

（四）其他有正当理由不能出庭的。

【条文主旨】

本条是关于证人作证前提、证人可以不出庭作证的情形和作证方式的规定。

【理解与适用】

一、证人出庭作证的通知

传唤证人是证人出庭作证的前提，也是证人出庭作证的必要程序。传唤证人对于证人出庭义务的履行具有重要意义。一般认为，证人作证的义务包括三个层次，即到场（出庭）义务、证言义务和宣誓（具结）义务。到场（出庭）义务是其他两项义务得以履行的基础和前提。无论证人是否认为其负有对案件事实作证的义务，在收到法庭传唤后，都必须到庭，无正当理由不到庭的，则可能导致相应的法律后果。以强制措施保障证人履行出庭义务，正是基于法庭传唤所具有的强制命令的性质。在英美法系国家和地区，由于采取当事人进行主义的诉讼模式，当事人和法院均可以传唤证人出庭。但如果证人不遵守法庭的传唤命令，拒绝出庭的，将面临藐视法庭罪的制裁。在大陆法系国家和地区，经合法传唤证人拒不到庭的，一般可以处以罚款、拘留等制裁措施。因此，对不遵守传唤的证人处以强制措施与传唤证人是相对应的，没有强制措施的威慑，证人出庭义务无从保障，法庭传唤的严肃性和权威也无从谈起。在2012年《民事诉讼法》修正过程中，最高人民法院曾经建议增加对前述证人三个层面义务的规定，特别是由于证人出庭对于发挥证人证言应有的证据作用、查明案件真实意义重大，应当明确以相应的强制措施为保障，但立法机关未采纳这种意见。证人出庭作证的义务仍然仅限于倡导性的规范。

根据本条的规定，证人出庭以人民法院通知为前提。2001年《民事诉讼证据规定》对于证人出庭规定了采取人民法院通知的方式，被2012年《民事诉讼法》修正所吸收，并被其后的《民事诉讼法》所延续。在我国的民事诉讼制度中，通知在理解上即为对证人的传唤。

人民法院通知证人出庭作证的，应当向证人送达通知书。尽管证人是通常由当事人申请出庭作证，但人民法院准许后，通知书仍然需要向证人送达而非向当事人送达，这是传唤证人的应有之义，也是人民法院在证人出庭作证程序中职权的体现。但人民法院应当将准许证人出庭作证申请的情况告知申请人和对方当事人，以便当事人做好相应的准备。特别是于对方当事人而言，更需要就庭审中对申请证人出庭作证行为本身的合法性和证人证言内容的质证以及是否需要反证等做好准备工作。就通知书内容而言，应当包括《民事诉讼证据规定》第70条规定的内容，即证人作证的时间、地点，作证要求，以及作伪证的法律后果等。这些内容属于通知书的必要记载事项，其目的在于保证证人能够按时出席法庭审理，以及其陈述证言的可靠性。其中，作证要求不仅包括《民事诉讼证据规定》第72条、第73条第1款、第74条第2款关于证人客观陈述、连续陈述、隔离作证等有关证人陈述本身的要求，还应当包括证人具结的要求。通知书中在告知证人作伪证的制裁措施的同时，也应当告知其有关证人权利保障的内容。

由于人民法院通知证人出庭作证的职权行为与人民法院调查收集证据的行为遵循同一逻辑，在符合《民事诉讼法解释》第96条人民法院依职权调查收集证据条件的场合，人民法院应当依职权通知证人出庭作证。这种情况下，人民法院也应当以通知书的方式传唤证人，并以适当方式告知双方当事人。通知书的内容与当事人申请证人出庭作证的通知书相同。

二、证人可以通过其他方式作证的情形

出庭作证是证人提供证言的基本方式。但在一些特定的情况下，对于证人确实存在不能出席法庭审理的客观障碍的，各国和地区普遍于证人出庭作证的原则之外，设有例外规定。2001年《民事诉讼证据规

定》第56条第1款对于证人确有正当理由不能出庭规定了5种情形，即“（一）年迈体弱或者行动不便无法出庭的；（二）特殊岗位确实无法离开的；（三）路途特别遥远，交通不便难以出庭的；（四）因自然灾害等不可抗力的原因无法出庭的；（五）其他无法出庭的特殊情况”，其内容被2012年《民事诉讼法》修正时吸收，整理归纳为本条规定的四种情形。

根据本条规定，在下列情形下，证人可以不出庭而以其他方式作证：第一，因健康原因不能出庭的。证人因健康原因无法出庭作证，属于存在客观上不能出庭的正当理由。2001年《民事诉讼证据规定》第56条规定的因健康原因不能出庭的情形，只限于年迈体弱或者行动不便，对于证人患有不宜出席法庭审理的疾病等其他健康原因没有涉及。本条以“因健康原因不能出庭”进行概括，范围上进行了扩展，能够更好地适应审判实践的需要。第二，因路途遥远，交通不便不能出庭的。法庭审理具有时限性，在证人路途遥远、交通不便的情况下，要求证人出庭作证，难以满足时限性的要求，增加当事人的诉讼成本和证人作证的成本。这种情况下，准许证人以其他方式作证是适当的。这里的路途遥远和交通不便应当理解为证人以其他方式作证的必要条件，即须同时满足路途遥远且交通不便的条件。现代社会交通发达，单纯的路途遥远不能成为证人不出庭的理由；而交通虽不便、但路途较近的情况，也不能成为证人不出庭的正当理由。第三，因自然灾害等不可抗力不能出庭的。不可抗力是不能预见、不能避免、不能克服的客观情况，证人因不可抗力不能出庭，是证人可以通过其他方式作证的当然理由。第四，有其他正当理由无法出庭的。属于兜底性条款，由人民法院的审判人员在审判实践中根据具体情况判断证人是否存在可以不出庭作证的正当理由。对于2001年《民事诉讼证据规定》中规定的“特殊岗位确实无法离开的”，2012年《民事诉讼法》修正时没有采纳为单独一项，审判实践中如果确实存在证人基于特殊岗位原因无法出庭的情形，可以解释为“其他正当理由”。上述四种情形均为证人存在无法出庭的客观状况，除此之外，根据2019年《民事诉讼证据规定》第68条第2款的规定，当事人双方均同意证人不出庭作证而以其他方式作证时，人民法院经审查同意的，证人也可以不出庭作证。

三、证人出庭作证之外的其他作证方式

根据本条规定，证人除出庭作证外，可以通过书面证言、视听传输技

术或者视听资料等方式作证。1991 年《民事诉讼法》第 70 条对于证人确有困难不能出庭的，只规定了以提交书面证言的方式作证。随着现代科学技术的进步和审判实践的发展，视听资料、视听传输技术手段开始进入民事诉讼之中。为适应实践发展的需要，2001 年《民事诉讼证据规定》第 56 条第 2 款规定证人除出庭作证外，可以通过书面证言、视听资料或者双向视听传输技术手段作证。这一规定被 2012 年《民事诉讼法》修正所吸收，整理归纳为“书面证言、视听传输技术和视听资料等方式”。

书面证言是证人在出庭作证之外最为便捷和常见的作证方式。证人经法庭许可不出庭作证的，可以提交其本人亲笔书写、签名的书面证言，也可以通过他人记录证言的笔录方式作证。由他人记录的笔录，应当有证人和记录人的签名、捺印。证人还可以通过视听资料的方式陈述证言。与书面证言相比，视听资料能够比较全面地反映证人作证的环境，较好地保证证人证言的可信性。视听传输技术是现代科技发展的产物，与书面证言和视听资料相比，视听传输技术具有即时性、互动性的优点，能够全面反映证人作证时的现场情况，使询问证人的程序及时展开，能更好地保障证人证言的真实性。

证人以出庭作证之外的其他方式作证的，应当由证人向人民法院提出申请，由人民法院对于证人是否存在《民事诉讼法》第 76 条规定的四种情形之一进行审查。人民法院在审查过程中，应当保障对方当事人有发表意见的机会。人民法院准许的，也应当以适当的方式通知证人及双方当事人。

四、证人未经许可以其他方式作证的效力

证人出庭作证陈述证言，既是法律的明确规定，也是保证证人证言真实性的要求。作为人证证据方法，对证人的审查应当遵循直接原则和言词原则，只有在庭审或者类似于庭审的场合，由证人进行言词陈述，由双方当事人在法庭准许之下对证人进行直接询问，才能更好地检验证人证言的真实性。审判实践经验表明，证人无正当理由不出庭作证，而以书面证言等方式提供的证言，内容的真实性无法保证，特别是当事人直接向人民法院提交的书面证言更是如此。实践中，同一证人分别向双方当事人提供内容完全相反的书面证言的情况并不少见。这种基于证人作证方式不合法、不规范而产生的证人证言矛盾、反复、虚假的情况，严重影响民事诉

讼事实查明的质量和效果，也严重削弱证人证言在我国民事诉讼证据制度中的地位和作用。另外，无正当理由未出庭的证人提供的证言，无论是书面证言、视听资料证言还是以视听传输技术提供证言，均不符合《民事诉讼法》关于证人作证方式的程序要求，这种证人证言因其违反法律的规定而不具有证据资格，不能作为证据使用，不能作为认定案件事实的根据。2001 年《民事诉讼证据规定》第 69 条规定，无正当理由未出庭作证的证人证言，不能单独作为认定案件事实的依据，而是可以作为补强证据使用。这一规定不准确，也不足以解决审判实践中存在的证人作证不规范、不合法的问题。为此，2019 年修正《民事诉讼证据规定》时删除了该项内容。

【审判实践中应当注意的问题】

1. 人民法院的通知是证人作证的前提，对于证人作证具有十分重要的意义。审判实践中，未经人民法院通知，当事人偕同证人出席法庭审理，在庭审中提出证人作证申请的情形时有发生。这种情形既是证据突袭的一种典型形态，也无法保证证人证言的真实性、可靠性。因此，《民事诉讼法解释》第 117 条第 3 款规定，除双方当事人同意并经人民法院准许外，“未经人民法院通知，证人不得出庭作证”。人民法院通知作为证人作证的前提，同样适用于证人以其他方式作证的场合。

2. 法律、司法解释对证人作证程序的规定，对于认定证人证言的资格，特别是在证人不出庭作证而以其他方式提供证言时，具有重要意义。在人民法院通知证人出庭作证，证人因有法律规定的特殊情形不能出庭而需要以其他方式提供证言时，应当由证人提出申请，在经人民法院许可的，证人才能以其他方式提供证人证言。当事人无权申请证人以其他方式作证，更不能未经人民法院通知、许可直接向人民法院提交书面证言、视听资料证言；当事人直接提交的证人证言因不符合法律规定的程序要求，没有证据资格。

第七十七条 证人因履行出庭作证义务而支出的交通、住宿、就餐等必要费用以及误工损失，由败诉一方当事人负担。当事人申请证人作证的，由该当事人先行垫付；当事人没有申请，人民法院通知证人作证的，由人民法院先行垫付。

【条文主旨】

本条是关于证人出庭作证费用的规定。

【理解与适用】

证人出庭作证是履行其对于国家所应尽的义务。但证人出席法庭审理陈述证言，势必会耗费精力、时间和财力，影响证人的职业收入；如果证人不在法院所在地，势必要花费差旅费等费用。证人出庭作证的过程，从某种意义上讲也是证人不断支出各种费用的过程。证人因履行出庭作证的义务而遭受的经济损失，如果不加以补偿，势必使证人处于权利义务失衡的不公平状态，影响证人出庭作证的积极性。因此，各个国家和地区普遍设置了证人作证所支出费用的补偿制度，对证人作证的费用请求权作出规定。

《民事诉讼法》在2012年修正之前，对于证人出庭作证费用没有规定。2001年《民事诉讼证据规定》第54条第3款规定："证人因出庭作证而支出的合理费用，由提供证人的一方当事人先行垫付，由败诉一方当事人承担"，确定了证人出庭作证费用负担的原则。2006年国务院颁布的《诉讼费用交纳办法》第6条第3项规定，当事人向人民法院交纳的诉讼费用包括证人在人民法院指定日期出庭发生的交通费、住宿费、生活费和误工补贴。2012年《民事诉讼法》修正时吸收了前述司法解释和行政法规的内容，以立法形式确立了证人出庭作证费用的项目和负担原则。在此基础上，《民事诉讼法解释》第118条规定，《民事诉讼法》第77条规定的证人因履行出庭作证义务而支出的交通、住宿、就餐等必要费用，按照机关事业单位工作人员差旅费用和补贴标准计算；误工损失按照国家上年度职工日平均工资标准计算。人民法院准许证人出庭作证申请的，应当通知申请人预缴证人出庭作证费用，进一步规定了证人出庭作证费用的计算标准和交纳方式。2019年《民事诉讼证据规定》第75条规定："证人出庭作证后，可以向人民法院申请支付证人出庭作证费用。证人有困难需要预先支取出庭作证费用的，人民法院可以根据证人的申请在出庭作证前支付"，补充了证人出庭作证费用的支付方式，与《民事诉讼法》第77条、《民事诉讼法解释》第118条共同构成证人出庭作证费用的制度体系。

一、证人出庭作证费用的预交

证人作证的费用是因履行作证义务而发生，而出庭作证的义务是证人对代表国家司法权的人民法院所尽的公法上的义务。证人出庭作证费用性质为公法费用，证人关于其作证费用的请求权亦属于公法上的请求权。现代民事诉讼实行辩论主义原则，除法律特别规定的显著的事实和当事人自认的事实之外，人民法院认定案件事实均需要以证据调查的结果为依据。而人民法院证据调查的过程是司法权行使的过程，在证人出庭作证的场合，证人是证据调查和人民法院司法权行使的对象，人民法院通过询问证人获得有助于事实认定的证人证言。因此，证人出庭作证的义务并非其对当事人的私法上的义务，而是对代表国家司法权的人民法院所尽的公法上的协力义务。既然证人作证费用请求权是证人对人民法院的公法上的请求权，逻辑上人民法院应当代表国家承担给付义务。但民事诉讼是当事人为了自己的利益请求国家司法机关确定私权的程序，属于国家对于发生私权争执的当事人之特别服务，与国家利益无涉，为此所支出的费用，自然不能由全国纳税人负担。民事诉讼采有偿主义，由当事人自己负担诉讼费用，以防止当事人滥用诉权而提起无益的诉讼，同时也能减少国库的支付。[①] 证人作证费用最终在裁判中确定，由败诉的一方当事人负担。

本条规定的"当事人申请证人作证的，由该当事人先行垫付"，并非意味着由当事人直接向证人预先支付出庭费用，而是指当事人应当按照《诉讼费用交纳办法》第6条和第11条的规定向人民法院预先交纳该笔费用。针对审判实践中，一些人民法院在准许当事人关于证人出庭作证的申请后，或者对于证人出庭作证费用不闻不问，或者要求当事人直接向证人支付费用等不规范、不合法的做法，《民事诉讼法解释》第118条对于

① 参见占善刚：《民事诉讼中的证人作证费用请求权简论》，载《求索》2010年第6期。

证人出庭作证费用的预缴作出明确规定。在当事人申请证人出庭作证的情况下，当事人应当向人民法院预交证人出庭作证费用。具体而言，人民法院在准许当事人关于证人出庭作证的申请后，应当通知当事人预交证人出庭作证费用，这是人民法院通知证人出庭作证的前提。当事人未预缴该费用的，应当视为其未完成申请行为，人民法院不予通知证人出庭作证。

二、证人出庭作证费用的标准

根据本条的规定，证人作证的费用包括证人因出庭作证而支出的交通、住宿、就餐等必要费用和误工损失。所谓必要费用，是指维持证人正常生活状态和履行出庭作证义务所应当支出的费用。证人因作证而支出的交通费、住宿费、就餐费，应当按照普通公民的住、行、食为基础的差旅费标准，根据证人的住所远近、交通状况等决定，不能过高，也不能过低。具体而言，证人的交通补偿费应当是从证人住所到要求出庭的法院之间最直接路径乘坐公共交通工具所花费的费用。住宿费和伙食补贴应当符合法院所在地的一般旅馆及餐饮消费标准。有关证人的误工损失，虽然法律规定证人所在单位应当支持公民出庭作证，但证人出庭作证可能会给证人造成收入上的减少，因此证人作证费用包括误工损失是必要的。对证人作证费用的给付本质上属于补偿性质，对于间接损失，则不在考虑之列。

在《民事诉讼法解释》起草过程中，关于证人出庭作证费用是按照何种标准计算，存在一定争议。有观点认为，由于证人职业、身份等具体情况存在差异，应当根据证人的具体情况确定，特别是有关误工损失更是如此，否则对于职业特殊、收入较高的证人不公平，不利于促进其出庭作证的积极性。《民事诉讼法解释》没有采纳这种观点，主要理由在于，证人出庭作证费用标准的确定，不仅要考虑满足证人出庭作证的必要开支，也要考虑其标准的确定性和可操作性，考虑证人出庭作证费用的补偿性质。故不宜采取根据个案情况由人民法院酌定的方式，而应当确定统一的标准。交通、住宿、就餐等必要费用按照机关事业单位工作人员差旅和补贴标准计算，主要考虑到机关事业单位对工作人员的差旅和补贴标准有明确规定，依这种标准计算简便易行，且该标准在社会中处于中游，不存在畸高或畸低的情况。在《民事诉讼法解释》公布实施后，关于其中证人出庭作证费用标准的规定，有观点认为，机关事业单位工作人员的差旅费和补贴是按照行政级别确定的，而证人出庭作证的费用按照行政级别支付没有合理性，特别是多数证人并没有行政级别，故这种标准仍然不具有确定性。这种观点可能是对我国机关事业单位运行情况不了解所致。在未作特别规定的情况下，机关事业单位对工作人员的差旅和补贴标准是指一般工作人员所适用的标准，这一点在审判实践中并无异议。关于证人的误工损失，按照国家上年度职工日平均工资的标准来计算，具有合理性，也简便易行。

三、证人出庭作证费用的支付

基于证人出庭作证费用为公法费用、费用请求权为公法上请求权的性质，证人只能向人民法院提出支付出庭作证费用的请求，而不能向当事人主张。关于证人作证费用请求权的实现方式，曾经有观点认为，2001年《民事诉讼证据规定》第54条第3款的规定和国务院《诉讼费用交纳办法》第11条第1款关于“证人……在人民法院指定日期出庭发生的交通费、住宿费、生活费和误工补贴，由人民法院按照国家规定标准代为收取”的规定，“其乃认为证人作证费用请求权的相对人为提供证人的当事人，也就是说证人可以而且只能直接请求该当事人给付作证费用……二者均是以承认证人作证费用请求权乃证人对当事人所享有的私法上的请求权为前提”。“因此，无论是最高人民法院发布的《民事诉讼证据规定》，还是国务院颁布的《诉讼费用交纳办法》，其所规定的证人行使作证费用请求权方式均不仅不符合诉讼法理，并且有违现行民诉立法的本旨”。[①]这种观点是对司法解释和行政法规规定的误读。前述司法解释和行政法规中只规定了证人作证费用负担的原则和证人作证费用的收取，二者并未涉及证人作证费用请求权的实现方式。为澄清误读，避免审判实践中的困扰，2019年《民事诉讼证据规定》第75条明确规定了证人须向人民法院申请支付出庭作证费用。

证人作证费用请求权一般应当在证人作证结束之后行使，是大陆法系国家和地区的通常做法。2019年《民事诉讼证据规定》第75条规定：“证人出庭作证后，可以向人民法院申请支付证人出庭作证费用。证人有困难需要预先支取出庭作证费用的，人民法院可以根据证人的申请在出庭作证前支付。”据此，证人出庭作证费用的支付时间，一般在证人出庭作

---

① 占善刚:《民事诉讼中的证人作证费用请求权简论》，载《求索》2010年第6期。

证之后。只有在证人存在经济困难需要预先支付出庭作证费用，且向人民法院提出申请的情况下，人民法院才能在其出庭作证之前支付该项费用。关于证人行使出庭作证费用请求权具体时点，法律、司法解释均无明确规定，在理解上应当由证人在作证结束后尽快主张。

【审判实践中应当注意的问题】

1. 证人出庭作证费用性质为公法费用。证人出庭作证是履行公法义务，其与申请其出庭作证的当事人之间不存在基于出庭作证而产生私法上的关系，因此，当事人应当向人民法院预交（垫付）证人出庭作证费用，而不能直接向当事人支付费用。

2. 当事人预交出庭作证费用，是其证人出庭作证申请行为的组成部分，未按照人民法院通知预交证人出庭作证费用，属于未完成申请行为，人民法院不应通知证人出庭作证。

3. 证人出庭作证费用中有关交通、住宿等必要费用的计算，按照机关事业单位一般工作人员差旅费和补贴标准统一执行，不存在根据不同行政级别确定不同标准的问题。

4. 证人出庭作证费用，原则上应当在出庭作证之后，由证人向人民法院请求支付；证人有特殊可能的情况下，可以申请人民法院先行支付。人民法院可以在通知证人出庭作证时，告知证人有请求支付出庭作证费用的权利。

第七十八条　人民法院对当事人的陈述，应当结合本案的其他证据，审查确定能否作为认定事实的根据。

当事人拒绝陈述的，不影响人民法院根据证据认定案件事实。

【条文主旨】

本条是关于当事人的陈述审查认定的规定。

【理解与适用】

由民事诉讼的言词审理所决定，当事人在民事诉讼开庭审理、询问、调查中主要以言词陈述方式参与诉讼活动。当事人作为民事诉讼的主体，在民事诉讼中享有广泛的程序参与权，并受到相应的程序保障，其在诉讼中提出诉讼请求、法律和事实根据以及证据，都应当以言词的方式完成。因此，当事人的陈述是在任何一个民事案件审理过程中都存在的一种诉讼材料。

《民事诉讼法》将当事人的陈述作为独立的证据形式，这种做法与大陆法系和英美法系的做法均不相同。在英美法系国家和地区，作为证据方法的当事人被视为证人，是证人的一部分，适用证人规则。在大陆法系国家和地区，案件事实的阐明以当事人的陈述为基础。当事人的陈述可以区分为事实主张意义的当事人陈述和证据意义的当事人陈述。作为事实主张的当事人陈述不具有证据意义，但法官对当事人的询问可以作为自由心证的基础，这种情况下的当事人陈述具有证据方法的功能。传统上，当事人的陈述或者询问当事人，作为证据方法，具有补充性或者辅助性的特点：其一，只有在法官依其他证据无法就案件事实的真伪形成内心确信时，才能就待证事实对当事人进行询问；其二，在程序上，必须待所有其他的证据都被呈交法庭并经法官审查过之后，最终才可以启动询问当事人的程序。但这种补充性或者辅助性的特点随着时代的发展逐渐弱化。我国民事诉讼法理论传统上受前苏联影响很深，《苏联民事诉讼法》将当事人的陈述作为独立的证据形式，但立法上并不是简单地把当事人的陈述作为证据来使用，而是要求法院把当事人的陈述与其他证据进行对照，用其他证据来审查当事人的陈述，在被其他证据证明为真实后才能把它作为证据。由于我国的《民事诉讼法》是参照《苏联民事诉讼法》制定的，有关证据意义的当事人的陈述采取与《苏联民事诉讼法》相同的立场，将当事人的陈述作为一种单独的证据形式。但同时又规定："人民法院对当事人的陈述，应当结合本案的其他证据，审查确定能否作为认定案件事实的根据。当事人拒绝陈述的，不影响人民法院根据证据认定案件事实"。这意味着，当事人的陈述尽管被立法规定为一种单独的证据形式，但其地位仍然是辅助性的，需要与其他证据结合起来进行综合判断，才能确定是否作为认定案件事实的根据。本条规定也被学者认为"实际上又否定了当事人陈述的证据属性"。[①]

然而在民事审判实践中，当事人的陈述有时又是人民法院查明案件事实的重要基础。特别是基层人民法院审理的一些简单民事案件，如小额借贷案件，或者即时清结的买卖合同案件，有时缺乏书证等其他形式的证据，在仅有当事人的陈述而无其他事实和证据相结合时，法官对案件事实的认定遇到很大困难。这种情况既不利于人民法院发挥审判职能定分止争，也不利于当事人实体权利的保护。当事人的陈述这种证据形式对于审判实践中查明案件事实的意义与其在法律规定中实质上的辅助性地位之间的矛盾，是审判实践中亟待解决问题。

在我国的民事诉讼实践中，当事人的陈述包括两种情形，其一是诉讼行为意义的当事人的陈述，包括当事人对于事实主张的陈述和自认，其二是证据意义的当事人的陈述，即当事人对其亲身经历或者知晓的事实所作的陈述。其中，证据意义的当事人的陈述又可以区分为两种形态，即当事人就其亲历事实向法庭所做的自主陈述，以及在人民法院就特定事实向其询问时所作的陈述。而当事人在人民法院询问时所作的陈述，在外观上，与大陆法系国家和地区作为证据方法的当事人的陈述基本一致。通过对后一种形态的当事人的陈述进行解释，设置必要的条件和程序，能够使其发挥大陆法系国家和地区作为证据方法的当事人的陈述同样的功能。为此，《民事诉讼法解释》第110条和2019年《民事诉讼证据规定》第63条至第66条，通过对当事人的真实陈述义务作出明确规定、对于人民法院询问中当事人陈述之前的具结方式的规定，以及当事人拒绝接受询问的后果

---

① 肖建华、王勇：《民事诉讼当事人陈述制度的正当化》，载《国家检察官学院学报》2017年第1期。

的规定，基本确立了符合我国民事诉讼实践需要的询问当事人制度，作为《民事诉讼法》当事人的陈述制度的重要补充，为人民法院发现案件真实和当事人行使诉讼权利提供了更为充分的制度上的保障。

对于当事人向法庭所作的自主陈述的情形，应当根据本条的规定认定其证据效力，即与其他证据相结合作为认定案件事实的根据，这一点自不待言。对于人民法院就特定事实询问时当事人的陈述，根据《民事诉讼法解释》和《民事诉讼证据规定》的规定，应当作如下理解：

一、询问当事人的条件

1. 根据《民事诉讼法解释》第110条和2019年《民事诉讼证据规定》第64条的规定，人民法院认为有必要的，可以对当事人进行询问

人民法院认为有必要，是询问当事人的适用条件。何种情形属于人民法院认为有必要，需要人民法院根据案件具体情况确定。一般而言，人民法院通过对当事人提供的证据的审查，不能形成确切的心证，或者当事人本就没有较为有力的证据时，人民法院有必要对作为事实亲历者的当事人进行询问，通过询问获得与案件事实有关的必要信息，以此作为自由心证的基础。作为询问当事人的适用条件，"人民法院认为有必要"，并不排斥当事人的申请。人民法院认为当事人申请的理由合理的，可以理解为属于人民法院认为有必要的情形。

2. 作为询问对象的当事人，应当是案件事实的亲历者，以其亲身感知的案件事实作为陈述的内容，否则对当事人的询问无法为人民法院查明案件事实提供帮助

因此，并非案件事实亲历者的当事人，不宜作为人民法院询问当事人时的询问对象。而人民法院询问当事人的对象应为自然人。法人或者非法人组织由于仅具有拟制人格，无法依赖感知器官感知事实，无法作为询问对象。确有需要对法人或者非法人组织进行询问时，如法人的法定代表人或者非法人组织的负责人是事实的亲历者，应当询问法人的法定代表人或者非法人组织的负责人。

二、询问当事人应当符合程序要求

1. 应当通知当事人"到庭"或者"到场"

《民事诉讼法解释》第110条规定，人民法院询问当事人采取到庭的

方式。2019 年《民事诉讼证据规定》第 64 条将“到庭”修改为“到场”。到庭，意味着询问当事人应当在开庭审理中进行；而到场则并不要求在开庭审理中询问当事人，只要符合公开、对席、直接、言词的要求，是否开庭在所不问。这种修改的目的，在于方便人民法院在审判实践中的操作，节约成本。在人民法院开庭审理过程中，或者人民法院在进行证据调查的过程中，如果当事人在场，可以即时按照询问当事人的规定，在要求当事人具结后即时展开询问；也可以在开庭审理之外，以简便方式通知当事人到场进行询问。

2. 应当在当事人具结后进行陈述

人民法院询问当事人，是将当事人作为证据方法和证据调查对象。与证人相似，当事人接受人民法院的询问，本身需要其将亲身感知的事实如实再现，是主观对客观反映的过程，这一过程本身容易受到各种因素的干扰。特别是当事人既是案件事实的亲历者，也是审判结果的承受者，受趋利避害本能的影响，其不如实陈述的可能性要远高于证人，更有必要设置相应的程序，形成威慑，唤起良知，以保证当事人如实进行陈述。从大陆法系国家和地区询问当事人制度来看，均要求当事人在接受询问之前进行宣誓或者具结，作为保证当事人真实陈述的预防性措施。所谓具结，“应为确切担保其陈述均属真实之表示，此项表示，谓之具结”[①]。其目的一方面在于体现当事人的陈述的严肃性和仪式感，唤起当事人内心的良知、神圣感和责任感，使其从内心深处自发摒弃说谎的意识；另一方面，也通过具结过程中当事人关于虚假陈述承担伪证制裁的承诺、保证，对其形成威慑，使其放弃说谎的念头。究其实质，具结是从当事人主观状态着手设置的保障其陈述真实性的措施。

《民事诉讼法解释》第 110 条规定了当事人在接受询问之前签署保证书这一书面具结方式，2019 年《民事诉讼证据规定》在其基础上增加了宣读保证书的口头具结方式，由此，我国当事人具结是采取书面与口头相结合的方式。具结是当事人接受询问进行陈述的必经程序，当事人必须在签署保证书并且宣读保证书内容之后，才能进行陈述。具结不完整，如只签署保证书而不宣读保证书的，视为未进行具结，与拒绝签署保证书无

① 姜世明:《民事诉讼法》(下册)，我国台湾地区新学林出版股份有限公司 2013 年版，第 167 页。

异。当事人拒绝具结，意味着其并不保证所陈述证言内容的真实性，即使进行事实陈述证言，其可靠性也值得怀疑。

三、当事人拒绝接受人民法院询问的后果及询问结果的效力

当事人在人民法院询问时做真实完整的陈述，是当事人真实义务的应有之义。当事人接受人民法院调查，按照人民法院要求接受询问，特别是对待证事实不负举证责任的当事人作为人民法院调查对象，以其亲身感知的事实为人民法院查明案件事实提供资料，与证人作证性质相同，系履行其公法上义务的行为。相应地，违反这种公法义务的，应当面临处罚后果。根据《民事诉讼证据规定》第 66 条的规定，当事人无正当理由拒不到场、拒不签署或宣读保证书或者拒不接受询问的，人民法院应当综合案件情况，判断待证事实的真伪。待证事实无其他证据证明的，人民法院应当作出不利于该当事人的认定。其目的在于通过上述规定，使我国民事诉讼中人民法院对当事人的询问实质上与大陆法系国家和地区当事人询问具有相同的功能。

《民事诉讼证据规定》对于人民法院询问当事人的结果如何发挥事实证明作用，虽然没有作出明确规定。但根据人民法院询问当事人制度的目的以及设置程序要求，我国的询问当事人制度与大陆法系国家和地区的同类制度的内容和功能基本一致，人民法院询问当事人的结果能够作为自由心证的基础，独立发挥事实证明作用。在待证事实没有其他证据证明的情况下，人民法院可以根据询问的结果，对待证事实作出认定。

【审判实践中应当注意的问题】

1. 注意当事人的陈述的两种表现形式以及证据效力的区别。未经人民法院询问当事人的程序是当事人的自主陈述，是本条规定所指向的典型的当事人的陈述，应当与其他证据相结合才能发挥事实证明作用。而人民法院询问当事人的程序中，当事人在具结之后所进行的陈述，能够作为人民法院自由心证的基础，独立发挥事实证明作用。

2. 人民法院询问当事人，并不限于当事人的地位，原告和被告均可以作为被询问的对象。但当事人是事实的亲历者或者知晓事实情况，人民法院才有对其询问的必要。

3. 当事人违反受询问义务，表现为拒不到场、拒绝具结和拒不接受

询问三种情形。拒不到场，即对人民法院要求当事人到场接受询问的通知置之不理，是一种明确、公然拒绝履行受询问义务的情形。拒绝具结，是指当事人处于法庭审理的现场，或者按照人民法院通知到达询问场所，但拒绝签署保证书，或虽签署保证书但拒绝宣读保证书内容即拒绝完成具结的情形。拒不接受询问，则是指当事人虽然到场且完成具结，但在人民法院询问时，拒不回答问题，或者在询问过程中回避问题，顾左右而言他，在人民法院释明后仍然不明确回答的情形。是否构成拒不接受询问，需要人民法院在案件审理过程中根据具体情况确定，也需要在询问过程中注意释明权的行使，避免由于当事人不能理解人民法院询问的问题、无法清晰回答等产生误判的情形。而没有正当理由，是指当事人违反受询问义务，并非基于其自身之外的原因。当事人拒绝履行受询问义务本身，意味着当事人有意回避如实向法庭陈述其亲身感知的事实，不愿意揭示事实的真相，意味着在没有其他证据能够对待证事实进行证明的情况下，人民法院对待证事实作出不利于该当事人的认定具有正当性。

第七十九条 当事人可以就查明事实的专门性问题向人民法院申请鉴定。当事人申请鉴定的，由双方当事人协商确定具备资格的鉴定人；协商不成的，由人民法院指定。

当事人未申请鉴定，人民法院对专门性问题认为需要鉴定的，应当委托具备资格的鉴定人进行鉴定。

【条文主旨】

本条是关于鉴定程序启动方式的规定。

【理解与适用】

根据全国人大常委会2005年通过的《全国人民代表大会常务委员会关于司法鉴定管理问题的决定》（以下简称《司法鉴定决定》）的规定，司法鉴定是指在诉讼活动中鉴定人运用科学技术或者专门知识对诉讼涉及的专门性问题进行鉴别和判断并提供鉴定意见的活动。鉴定意见是鉴定人运用专门的知识、经验和技能，对民事案件某些专门性问题进行分析、鉴别后所作出的结论性意见，比如产品质量鉴定、工程量鉴定、工程质量鉴定、笔迹鉴定、价格鉴定、医疗损害鉴定等。鉴定意见在本质上是有关专家对于某些专门性的事实问题所作出的分析、判断意见。根据《民事诉讼法》第66条规定，鉴定意见为证据的种类之一。随着社会的发展，民事纠纷越来越复杂，涉及专门知识的案件也越来越多，鉴定意见以其严谨的科学性、高度的专业性、明确的指向性，发挥着越来越大的证明作用。

一、民事诉讼模式与鉴定程序的启动

鉴定程序的启动与民事诉讼模式密切相连。民事诉讼模式是指民事诉讼制度和程序运作所形成的结构中各种基本要素及其关系的抽象形式。[①]从当事人的诉讼行为和法院的审判行为的关系来看，可以认为世界上存在

---

① 江伟、肖建国主编：《民事诉讼法》，中国人民大学出版社2018年版，第12页。

着两种重要的诉讼模式：当事人主义和职权主义。[①] 不同民事诉讼模式下，相应的鉴定程序启动主体、鉴定人的选任方式存在明显不同。英美法系国家法律将鉴定人定位于诉讼当事人的科技助手，当事人有权决定是否启动鉴定程序、具体聘请谁作为鉴定专家以及具体的鉴定事项。而大陆法系国家鉴定的启动权一般由法官享有，当事人虽然可以向法院申请鉴定，但是否需要鉴定、由谁来鉴定都是由法官决定的。学界通常认为，两大法系的民事诉讼模式各有利弊，当事人主义模式有利于减少法院及法官偏见，更好地发挥当事人的参与作用，从而达到程序公正的目标；职权主义诉讼模式则有助于充分发挥法院和法官行使公权力方面的职能作用，以司法权威为基础，有利于防止虚假证据的出现，也更易于发现客观真实；同时也有利于防止诉讼拖沓，提高诉讼效率，降低当事人诉讼成本。

我国关于鉴定程序启动方式经历了从单一的法院依职权启动到采取以当事人主义为主、以法院职权主义为辅的模式。2012 年修正前的《民事诉讼法》曾对民事诉讼中的司法鉴定作了规定，第 72 条规定："人民法院对专门性问题认为需要鉴定的，应当交由法定鉴定部门鉴定；没有法定鉴定部门的，由人民法院指定的鉴定部门鉴定。"根据这一规定，人民法院认为专门性问题需要鉴定的，可依职权启动司法鉴定程序。在司法审判实践中，人民法院立足实际，为鉴定程序的完善不断摸索总结经验，司法解释规定了当事人可申请人民法院进行司法鉴定，并规定了鉴定人的确定方式。2002 年实施的《民事诉讼证据规定》第 25 条规定："当事人申请鉴定，应当在举证期限内提出。符合本规定第二十七条规定的情形，当事人申请重新鉴定的除外。""对需要鉴定的事项负有举证责任的当事人，在人民法院指定的期限内无正当理由不提出鉴定申请或者不预交鉴定费用或者拒不提供相关材料，致使对案件争议的事实无法通过鉴定结论予以认定的，应当对该事实承担举证不能的法律后果。"第 26 条规定："当事人申请鉴定经人民法院同意后，由双方当事人协商确定有鉴定资格的鉴定机构、鉴定人员，协商不成的，由人民法院指定。"2012 年修正《民事诉讼法》时，考虑到民事诉讼中当事人对于提出的主张负有证明责任，应当在法律中明确规定当事人可以申请司法鉴定，加上 2005 年通过的《司法鉴定决定》对我国的司法鉴定以及鉴定人管理制度作了新的规定，《民事诉

---

① 张卫平：《改革开放以来我国民事诉讼法学的流变》，载《政法论丛》2018 年第 5 期。

讼法》中关于司法鉴定的规定应当与其保持一致，因此将启动司法鉴定的方式规定为两种，即当事人可以就查明事实的专门性问题向人民法院申请鉴定；当事人没有申请鉴定，人民法院对专门性问题认为需要鉴定的，应当委托具备资格的鉴定人进行鉴定。

《民事诉讼法》关于鉴定程序启动方式的规定符合程序正义价值的内在要求与当事人处分原则的基本要求。首先，将鉴定程序的启动权交由当事人行使，要求法官恪守中立性。其次，明确规定了案件当事人对于专门性问题都有权利申请鉴定，尊重程序平等性。再次，以双方当事人协商确定鉴定人为原则，鲜明体现充分参与性。最后，在双方当事人无法协商确定鉴定人或当事人未申请鉴定时法院视情启动鉴定程序。《民事诉讼法》关于鉴定启动方式的规定，合理地协调了当事人的处分权与人民法院审判权之间的辩证关系，便于及时发现案件真相，防止诉讼拖延，降低当事人的诉讼成本，提高司法效率。这一规则在《民事诉讼法》中一直沿用。总体而言，我国民事诉讼模式的发展方向是，当事人的诉讼主体地位日益增强，以期发挥当事人在诉讼中的能动作用，显示程序公正的价值，同时科学发挥法院的职权作用，显示诉讼程序的效率价值和社会价值。《民事诉讼法》对有关鉴定程序的完善即是这方面的典型体现。

二、关于鉴定程序启动的条件

司法鉴定本质上是一种协助司法机关解决诉讼中某些专门性问题的科学认识活动，旨在补充司法人员专门领域知识之不足，以使其达到正确判断之目的。司法鉴定既有科学性的内容，又有法律性的要求，体现了法律性与科学性的统一。就其科学性而言，具体的鉴定活动是由掌握专门科学知识和技能的鉴定人运用科学知识、方法、手段，借助科学技术设备进行科学鉴别判断活动；鉴定的结果直接涉及的是从科学角度推理、概括的结论而非法律性的评价。就其法律性而言，鉴定主体必须具有法定的资格；鉴定人的鉴定活动不能脱离法律程序；鉴定的结果必须依照法律规定的方式提出，并终将被运用到法律性质的活动即诉讼中。[①] 基于鉴定的科学性的要求，依照本条规定，启动鉴定程序必须满足以下三个方面的要求：

① 卞建林、郭志媛：《规范司法鉴定程序之立法势在必行》，载《中国司法鉴定》2005年第4期。

一是，须是案件事实认定问题。鉴定程序的启动必须是针对存在着争议的案件事实中的问题。至于法律方面的理解与适用问题，则属于人民法院审判权处理的范畴，不应纳入鉴定的范围。需要注意的是，启动鉴定的目的是得到关于事实认定的鉴定意见，而鉴定意见是证据的一种。当事人对自己提出的诉讼请求所依据的事实或者反驳对方诉讼请求所依据的事实，应当提供证据加以证明，但对于不需要证明的事实，则不需要提供证据。因此，对于《民事诉讼法解释》第93条所规定的当事人无须举证证明的事实，包括：（1）自然规律以及定理、定律；（2）众所周知的事实；（3）根据法律规定推定的事实；（4）根据已知的事实和日常生活经验法则推定出的另一事实；（5）已为人民法院发生法律效力的裁判所确认的事实；（6）已为仲裁机构生效裁决所确认的事实；（7）已为有效公证文书所证明的事实。当事人无须举证，自然也没必要申请鉴定。但以上情形中，对于自然规律以及定理、定律之外的其他事实，如果当事人有相反证据足以反驳或推翻的，另一方当事人则需要提供证据，此时就不能完全排除鉴定的启动。

二是，须是专门性问题。依据《司法鉴定决定》第1条的规定，司法鉴定是指在诉讼活动中鉴定人运用科学技术或者专门知识对诉讼涉及的专门性问题进行鉴别和判断并提供鉴定意见的活动。鉴定程序的启动必须围绕专门性问题进行，由于事实认定属于人民法院行使审判权方面的重要职责范畴，且考虑到鉴定程序的启动会对诉讼进程及诉讼效率产生一定影响，因此对于一般性的事实认定问题，应当由法官根据举证责任的有关规则，通过法庭调查等程序来予以认定，不可由鉴定程序越俎代庖。

三是，须符合必要性的要求。即鉴定所要解决的问题应当是通过其他方式不能解决，只有通过鉴定才能解决的。比如，对于当事人自认的事实，可通过当事人举证、质证和辩论等法庭调查认定的事实，或者对于使用参照、对比方法认定相关事实，以同类、同地域和同时期货物价值来认定诉争货物价值等，则无须通过鉴定程序来进行认定。比如，在邻里纠纷案件中，涉及价值不大的物件，如猪、牛、羊、桌椅、农具等的价值认定问题，可以参考有关物价部门意见及村委会、当地村民或居民等的陈述意见来进行认定，不必经过鉴定程序。

《最高人民法院关于人民法院民事诉讼中委托鉴定审查工作若干问题的规定》（法〔2020〕202号）第1条规定了人民法院应当对拟鉴定

事项是否属于查明案件事实的专门性问题进行审查。该条对于不予鉴定的情形作出了规定，包括：（1）通过生活常识、经验法则可以推定的事实；（2）与待证事实无关联的问题；（3）对证明待证事实无意义的问题；（4）应当由当事人举证的非专门性问题；（5）通过法庭调查、勘验等方法可以查明的事实；（6）对当事人责任划分的认定；（7）法律适用问题；（8）测谎；（9）其他不适宜委托鉴定的情形。

三、关于鉴定程序启动的方式

从比较法角度来看，各国和地区关于鉴定程序启动的方式主要有以下几种：（1）当事人申请鉴定经法院同意后，由双方当事人协商确定共同的鉴定人；（2）双方当事人各自选定鉴定人；（3）法院指定鉴定人，主要适用于双方当事人协商不成，或者当事人未提出鉴定申请但人民法院认为需要鉴定的案件等。

不同的鉴定程序启动方式，体现了法官职权与当事人权利之间的互动关系。[①] 依照本条的规定，我国确定鉴定人的方式包括由当事人申请或法院依职权启动两种方式，其中由当事人申请启动为主，法院依职权启动为辅。

对于当事人申请鉴定的，应当先以协商确定鉴定人。这一过程中，应注意尽量尊重和维护当事人的真实意思表示。司法实践中已经积累了丰富的经验，比如：一是双方当事人协商确定适格的鉴定人；二是申请一方提出几个适格的鉴定人，供另一方当事人选择；三是由法官选定几个鉴定人供双方当事人选择，或直接选择，或“背靠背”选择。有的地方采取先将当事人在一定范围内的候选鉴定人名册各自先确定若干个候选鉴定机构，如果有一个或以上相互重叠的，视为双方协商共同选定。[②] 这些协商确定鉴定人的方法在实践中较为常见，且为当事人所接受，在不违反法律强制性规定的情况下，可以继续适用。

此外，人民法院除了直接指定鉴定人，还可以提出确定鉴定人的方法。以医疗损害鉴定领域为例，《最高人民法院关于审理医疗损害责任纠纷案件适用法律若干问题的解释》（2020 年修正）第 9 条第 2 款规定，当

---

① 曹志勋：《民事鉴定程序启动中的职权与权利配置》，载《当代法学》2021 年第 2 期。

② 毕玉谦、谭秋桂、杨路：《民事诉讼研究及立法论证》，人民法院出版社 2006 年版，第 409 页。

事人就鉴定人无法达成一致意见，人民法院提出确定鉴定人的方法，当事人同意的，按照该方法确定；当事人不同意的，由人民法院指定。也就是说，人民法院提出的确定鉴定人的方法后，要取得当事人同意才能用这种方法确定鉴定人，如果当事人不同意，则由人民法院指定鉴定人。采取这一做法的主要考虑是由于双方利益的对抗性，直接协商确定鉴定人，双方有可能难以达成一致意见，而法院这时径行确定鉴定人，由此作出的鉴定意见有利于其中一方当事人时，另一方当事人会质疑这一鉴定意见的公信力，甚至对法院的公平公正产生怀疑。因此，为尽量尊重和维护当事人的真实意思表示，增强当事人对鉴定意见信服力，确定由法院提供选择鉴定人，再由双方当事人按照这一方法来确定鉴定人。当然这要以当事人同意为前提。实践中可以由申请一方提出几个适格的鉴定人，供另一方当事人选择；或者由法官选定几个鉴定人供双方当事人选择。

至于法院依职权指定鉴定人包括两种情况：一是双方当事人确实协商不成的情形，这时法院应当本着推进诉讼活动顺利进行的原则，尽量推动当事人协商确定鉴定人，避免因鉴定人的确定问题造成诉讼无限拖延，这可以使当事人更能真切感受到司法过程中法院及法官的努力付出，有利于案结事了目的的实现；二是对于双方确实不能达成协议而又必须进行鉴定的，人民法院应当及时依职权指定鉴定人。至于指定鉴定人的方法，也可以适用上述人民法院提出的确定鉴定人的方法，以当事人同意为前提来确定鉴定人，这也是尊重当事人处分权的表现。在当事人不同意的情况下，则人民法院可直接指定鉴定人，以通过鉴定明确双方责任，从实体上彻底解决纠纷。

【审判实践中应当注意的问题】

对于本条关于鉴定程序启动方面的规定，在审判实践中应当注意以下问题：

一、关于鉴定程序的启动与当事人的举证责任

第一，当事人申请鉴定与举证责任问题。《民事诉讼法》第 68 条明确规定：“当事人对自己提出的主张应当及时提供证据……当事人逾期提供证据的，人民法院应当责令其说明理由……”《民事诉讼法解释》第 90 条第 1 款规定，当事人对自己提出的诉讼请求所依据的事实或者反驳对方

诉讼请求所依据的事实，应当提供证据加以证明，但法律另有规定的除外。在充分尊重当事人民事诉讼权利的前提下，有关举证责任承担问题，对于鉴定程序的启动具有重要影响。

首先，需要确定鉴定申请由哪方当事人提出。通常而言，民事诉讼中作为鉴定的事项也属于待证事实的一种，这些专业性的事实与其他普通案件事实一样，同属于当事人举证责任范畴。当然，为了降低或避免自身的败诉风险，非承担举证责任的一方当事人也可能会提出鉴定申请，如可能承担赔偿责任的一方当事人，为了让对方的实际损失金额低于对方主张的数额而申请鉴定等。在此类情形下，举证责任分配规则通常处于“备而不用”的状态。但在当事人均不提出鉴定申请，且双方当事人诉争的事实不经过鉴定又无法认定时，人民法院有必要根据举证责任分配的要求，向负有举证责任的一方当事人释明，如果该当事人仍不提出鉴定申请，导致诉争事实无法查明真伪的，则人民法院就可以适用举证责任分配规则确定由该当事人承担相应的不利后果。其次，需要确定鉴定材料由谁提供。鉴定材料是一种证据，适用于证据的规则同样适用于鉴定材料。但在鉴定材料的提供上，并不能严格按照举证责任分配的理论，由负有举证责任的一方当事人提供，因为有时鉴定材料并不为负有举证责任的一方所掌握，也可能是由对方当事人掌握。如，在医疗损害责任纠纷中，根据《民法典》第1218条的明确规定，医疗损害责任采取过错责任原则，由患者一方对于医疗机构存在过错承担证明责任，但实践中，与治疗过程有关的大部分材料都不在患者手中，而是由医疗机构掌握。对于这种情形，应当要求持有鉴定材料的一方当事人，如医疗机构，按照鉴定要求提交真实、完整、充分的鉴定材料。提交的鉴定材料不符合要求的，人民法院应当通知当事人更换或者补充相应材料。同时，人民法院应当组织双方当事人对鉴定材料本身进行质证。根据《最高人民法院关于人民法院民事诉讼中委托鉴定审查工作若干问题的规定》（法〔2020〕202号）的规定，人民法院应当严格审查鉴定材料是否符合鉴定要求，告知当事人不提供符合要求鉴定材料的法律后果。未经法庭质证的材料（包括补充材料），不得作为鉴定材料。当事人无法联系、公告送达或当事人放弃质证的，鉴定材料应当经合议庭确认。对当事人有争议的材料，应当由人民法院予以认定，不得直接交由鉴定机构、鉴定人选用。持有鉴定材料的一方当事人无正当理由拒不提供鉴定材料的，如果对方当事人主张该鉴定的内容不利于鉴定材料持有人，在人民法院依法行使释明权后，其仍拒不提供鉴定材料的，应当承担相应不利后果。

第二，当事人申请鉴定与举证期限问题。依据《民事诉讼证据规定》第31条的规定，当事人申请鉴定，应当在人民法院指定期间内提出，并预交鉴定费用。逾期不提出申请或者不预交鉴定费用的，视为放弃申请。对需要鉴定的待证事实负有举证责任的当事人，在人民法院指定期间内无正当理由不提出鉴定申请或者不预交鉴定费用，或者拒不提供相关材料，致使待证事实无法查明的，应当承担举证不能的法律后果。对于此条规定内容应当准确把握和适用。虽然申请鉴定在理论上究竟系当事人的举证方法，还是系法院收集和判断证据的手段，尚未取得一致的意见，但在司法实践中，对于申请鉴定设立期限的限制，已是基本能够达成共识。[①]

由于经济社会生活的复杂性，在例外情形下，基于依法公平妥善处理案件的需要，对于逾期申请鉴定的问题，也应当审查包括当事人不申请鉴定有无正当理由，预交鉴定费是否存在实际困难，以及法律效果及社会效果以及司法公正与效率的平衡等因素。我们认为，客观上，对于在举证时限届满前，当事人申请鉴定的事项属于提出反驳证据、相反证据、新的证据范围内的，另一方当事人需要对此问题有无必要进行鉴定有一定的考虑时间，硬性要求其在举证时限内申请鉴定可能会给其造成不必要的经济负担，有违诚信原则的要求。而且，对申请鉴定的事项涉及重大利益的，为了解决矛盾、平衡双方利益，也有必要由法院在法律规定的框架下，综合考量各种因素，对鉴定申请的时间做一灵活处理。特别是在考虑鉴定意见与案件基本事实之间密切关系的基础上，要结合《民事诉讼法》以及《民事诉讼法解释》中有关举证时限的灵活规定作出妥善处理。

第三，法院依职权启动鉴定与举证责任分配的平衡问题。本条对于法院启动鉴定程序的具体原因及如何选择鉴定人的程序并无明确规定。我们认为，人民法院要处理好法院依照职权启动鉴定程序与合理分配当事人举证责任的平衡问题。如上所述，申请鉴定与当事人的举证责任具有密切联系，不宜由法官依职权主动进行，对于属于当事人举证责任范畴的申请鉴定事项，应当尽量由当事人提出鉴定申请，这样既尊重了当事人的处分

---

① 最高人民法院民事审判第一庭编著：《最高人民法院新民事诉讼证据规定理解与适用》，人民法院出版社2020年版，第322页。

权，也避免了法院给一方当事人以帮助另一方当事人的不公正印象。对于“确有必要”由法院启动鉴定程序的情形，也要严格按照法院依职权调查取证的范围进行确定。涉及可能损害国家利益、社会公共利益的事实，涉及身份关系的事实，涉及公益诉讼，当事人有恶意串通损害他人合法权益可能的，涉及依职权追加当事人、中止诉讼、终结诉讼、回避等程序性事项的，人民法院才能依职权调查收集证据。[①]

二、关于当事人申请鉴定与人民法院的审查职责

本条并无有关当事人申请鉴定需要法院同意的明确规定，但是实务对于人民法院的审查职责都是认可的。《民事诉讼证据规定》第32条第1款中则规定：“人民法院准许鉴定申请的，应当组织双方当事人协商确定具备相应资格的鉴定人。”据了解，在司法实践中确实存在着个别当事人提出申请鉴定仅仅是为了拖延诉讼，有关申请鉴定的问题并非一定要通过鉴定解决或者当事人提出申请鉴定的具体事项并非针对法院需要认定事实、适用法律作出判决的事项。由于鉴定占用时间往往较长、鉴定费用较高，为了避免不必要的诉讼拖延及减轻当事人诉讼负担，我们认为，即使在当事人申请鉴定作为启动鉴定程序基本模式的情况下，人民法院对于是否启动鉴定程序要进行慎重审查。具体而言，要注意把握以下几点：

1. 对于申请鉴定的专门性问题与案件处理结果之间是否具有关联性的审查。《民事诉讼证据规定》第88条规定：“审判人员对案件的全部证据，应当从各证据与案件事实的关联程度、各证据之间的联系等方面进行综合审查判断。”鉴定意见作为法定证据形式的一种，如果鉴定所要解决的问题与人民法院认定案件事实、依法作出判决并无关联，则此鉴定程序对于案件处理并无实际意义，这时鉴定程序就不宜启动，以免造成诉讼拖延，给恶意申请鉴定的当事人以可乘之机。

2. 对于申请鉴定的专门性问题，是否能够通过鉴定解决问题的审查。《最高人民法院关于人民法院民事诉讼中委托鉴定审查工作若干问题的规定》（法〔2020〕202号）第1条规定：“1. 严格审查拟鉴定事项是否属于查明案件事实的专门性问题，有下列情形之一的，人民法院不予委托

---

① 最高人民法院民法典贯彻实施工作领导小组办公室编著：《最高人民法院新民事诉讼法司法解释理解与适用》，人民法院出版社2022年版，第320页。

鉴定：（1）通过生活常识、经验法则可以推定的事实；（2）与待证事实无关联的问题；（3）对证明待证事实无意义的问题；（4）应当由当事人举证的非专门性问题；（5）通过法庭调查、勘验等方法可以查明的事实；（6）对当事人责任划分的认定；（7）法律适用问题；（8）测谎；（9）其他不适宜委托鉴定的情形。”同时，对于当前科学技术条件下无法通过鉴定解决的问题，不应启动鉴定程序。当然，这需要法官对当前科学技术水平发展的状况及相关鉴定机构的现状有基本了解，或者通过必要的方式，咨询有关权威专家的意见后作出相应的判断。此外，对于不属于必须通过鉴定程序予以解决的事项而属于法官应当行使审判权对事实和证据的判断范围，也不应启动鉴定程序。

3. 关于法官释明权的问题。由于个案案情千差万别，法院基于妥善化解纠纷的职责，往往需要行使一定的释明权。在鉴定程序方面往往也会存在需要法官行使释明权的问题，比如前述当事人坚持申请鉴定的情况、当事人协商确定鉴定人等情形都可能需要法官能动地行使释明权。在一些具体程序中，由于当事人并非专业人员，其提出申请鉴定的事项可能不够具体、规范，或者与法院需要认定案件事实缺乏针对性，这时就需要法官进行必要的释明。此外，法院经审查认为不必启动鉴定程序的情况，也应当向双方当事人说明理由。

三、关于重新鉴定或者补充鉴定问题

人民法院审查认为鉴定意见书不具备合法性、科学性，可以对鉴定意见书的效力直接予以否定，即不采信该鉴定意见。这时往往会涉及重新鉴定的问题。《民事诉讼证据规定》第40条规定：“当事人申请重新鉴定，存在下列情形之一的，人民法院应当准许：（一）鉴定人不具备相应资格的；（二）鉴定程序严重违法的；（三）鉴定意见明显依据不足的；（四）鉴定意见不能作为证据使用的其他情形。存在前款第一项至第三项情形的，鉴定人已经收取的鉴定费用应当退还。拒不退还的，依照本规定第八十一条第二款的规定处理。对鉴定意见的瑕疵，可以通过补正、补充鉴定或者补充质证、重新质证等方法解决的，人民法院不予准许重新鉴定的申请。重新鉴定的，原鉴定意见不得作为认定案件事实的根据。”由此可见，重新鉴定的初衷是为了保证人民法院对相关专门性问题进行查明的

质量，避免因采信错误的鉴定意见而造成认定事实错误的严重后果。[①]此外，《最高人民法院关于人民法院民事诉讼中委托鉴定审查工作若干问题的规定》（法〔2020〕202号）第11条规定："鉴定意见书有下列情形之一的，视为未完成委托鉴定事项，人民法院应当要求鉴定人补充鉴定或重新鉴定：（1）鉴定意见和鉴定意见书的其他部分相互矛盾的；（2）同一认定意见使用不确定性表述的；（3）鉴定意见书有其他明显瑕疵的。补充鉴定或重新鉴定仍不能完成委托鉴定事项的，人民法院应当责令鉴定人退回已经收取的鉴定费用。"

① 最高人民法院民事审判第一庭编著：《最高人民法院新民事诉讼证据规定理解与适用》，人民法院出版社2020年版，第385页。

第八十条　鉴定人有权了解进行鉴定所需要的案件材料，必要时可以询问当事人、证人。

鉴定人应当提出书面鉴定意见，在鉴定书上签名或者盖章。

【条文主旨】

本条是关于鉴定人的问询权及签章义务的规定。

【理解与适用】

对于本条的正确理解，应当把握好以下几个问题：

一、鉴定人的法律地位

在英美法系国家，鉴定人与证人一般没有严格的区分。鉴定人属于证人的范畴，称为专家证人，而其他证人称为普通证人。鉴定人和证人的诉讼地位是大致相同的，对鉴定人的口头询问，在程序上与询问普通证人的规则基本相同；鉴定人由当事人带上法庭，像对待普通证人那样由控辩双方对其主询问和交叉询问，对专家证言进行质证等。与鉴定人的证人地位相适应，鉴定人的资格没有严格的要求，如同普通证人不需要具备特殊的资格一样。不过，英美法系也认为专家证人和普通证人之间有所差别，主要是专家证人必须具备相关的专门知识或经验，并作出有结论性的意见；而普通证人作证时只能陈述自己了解的案件事实，其个人推断的意见，将不作为定案依据。

大陆法系国家一般都明确把鉴定人同证人区分开来，赋予鉴定人比证人更高的诉讼地位。如同担任法官必须具备一定的条件一样，担任鉴定人也有严格的资格要求。许多国家都建立了鉴定人名册制度，由专门机构通过特定的考评和登记程序，将全国具有相应鉴定资格的专家进行登记造册，并注明各自的教育程度、学术成就、专业经历等相关内容，供法官根据案件的需要从名册中选择。这种制度安排有助于提升鉴定意见的公正性与权威性，增加公众对裁判结果的认可度。

在我国，鉴定人的法律地位更类似于大陆法系的做法，对于鉴定人的资格具有严格的要求。鉴定人与证人虽然都是诉讼参加人，都需要出庭作证，所提证据都属于对案件事实认定具有重要影响的言词证据的范畴，都依法享有人身和物质保障的权利等。但是二者也存在明显不同，具体表现在：

第一，是否需要具有专门知识不同。鉴定需要解决的是有关专门性问题，而所谓专门性问题是指需要借助科学实证手段以及专门的逻辑推理才能得出认识结果的问题，对专门性问题的认识判断需要借助于鉴定人的特殊能力和技术手段。因此，鉴定人必须具有特定的专业知识，他所作的鉴定意见是对某个专门性问题所作的分析和评价。而证人作证所针对的是普通人均能认识判断的事实，并不需要特定的专业知识，只需将案件事实如实陈述即可。

第二，了解案件事实的时间不同。由于鉴定人是对已经发生的案件中的专门性问题所作的陈述和评价，鉴定意见具有事后性的特点。因此，鉴定人对案件事实的了解，一般是在诉讼过程中担任鉴定工作时才发生的；[①] 而证人是对案件事实有所了解的人，其对案件事实具有亲历性，因此他对案件事实是在诉讼发生之前就知晓的。

第三，是否可以更换不同。鉴定人是根据需要依法委托和聘请的，为保证鉴定意见的科学性和权威性，在符合法律规定条件时，可以选择、替换；而证人是亲历案件事实的人，其对案件事实的了解是由案件本身所决定，不能随意选择和替换，否则将可能导致无法认定案件事实。

第四，是否需要回避不同。由于鉴定意见是一种意见性证据，而鉴定意见又会对案件处理结果产生直接影响。因此，为保证鉴定意见的科学性、公正性，《民事诉讼法》及《司法鉴定决定》均要求鉴定人在与案件有利害关系时，应当回避；而对证人而言，基于查明案件事实的需要，即使其与案件有利害关系，也不能适用回避，只是可能会影响其证人证言的证明力。

第五，享有的权利并不相同。为保证鉴定意见的科学性，法律通常赋予鉴定人拥有高于一般证人的权利，其有权要求了解有关案情或查阅有关案卷材料，必要时可以询问当事人及证人，共同鉴定时可以相互讨论等，而证人并无查阅案件卷宗材料及相互询问、讨论的权利。

---

① 江伟、肖建国主编：《民事诉讼法》，中国人民大学出版社 2018 年版，第 188 页。

二、鉴定主体的有关要求

首先，关于鉴定主体的范围要求。一般而言，鉴定人是接受当事人委托或者由法院指派对案件事实中的专门性问题进行科学合理判断的人员。根据1991年《民事诉讼法》第72条的规定，具有鉴定资格的主体限于“法定鉴定部门或者人民法院指定的鉴定部门”。依据该条规定，自然人个人被排除在鉴定主体之外。此规定具有鲜明的职权主义色彩，且将鉴定主体的范围限定得非常狭窄，无论在理论上还是实务上都受到诟病。2012年《民事诉讼法》第76条在此基础之上，取消了2007年《民事诉讼法》关于鉴定主体仅限于鉴定机构的做法，以“鉴定人”的概念，将自然人也包括在内。在社会分工越来越精细、科学技术专业程度日益精深的背景下，拓宽鉴定主体范围，使得更多权威专家能够参加到鉴定程序中去，更能保障和提高鉴定意见的公信力，回应和满足司法实践的需求。

其次，关于鉴定人资质的要求。由于鉴定人需要对一些专业性问题发表意见，如上所述，大陆法系国家对于鉴定人的资质往往都有严格要求，我国也不例外。关于鉴定人的资格问题，通常需要具有专门学识、技能和经验。至于确认标准则需要由主管机关或者行业协会以颁发资格证书、公布专家名单的方式确认，具体考虑有关执业年限、职称及年检情况等因素。依据《司法鉴定决定》第4条的规定，从事司法鉴定业务需要满足的条件是：（1）具有与所申请从事的司法鉴定业务相关的高级专业技术职称；（2）具有与所申请从事的司法鉴定业务相关的专业执业资格或者高等院校相关专业本科以上学历，从事相关工作5年以上；（3）具有与所申请从事的司法鉴定业务相关工作10年以上经历，具有较强的专业技能；（4）没有因故意犯罪或者职务过失犯罪受过刑事处罚的，受过开除公职处分的，以及被撤销鉴定人登记的情形。《最高人民法院关于人民法院民事诉讼中委托鉴定审查工作若干问题的规定》（法〔2020〕202号）第9条规定：“人民法院委托鉴定机构指定鉴定人的，应当严格依照法律、司法解释等规定，对鉴定人的专业能力、从业经验、业内评价、执业范围、鉴定资格、资质证书有效期以及是否有依法回避的情形等进行审查。特殊情形人民法院直接指定鉴定人的，依照前款规定进行审查。”同样在其他领域的鉴定程序当中，也都是对鉴定人的资质有明确要求。比如关于医疗损害鉴定的资质条件问题，有关司法鉴定方面要适用2005年

《司法鉴定决定》第4条、第5条关于司法鉴定资质条件的一般性规定。在医学会鉴定领域，依据《医疗事故处理条例》第23条的规定，负责组织医疗事故技术鉴定工作的医学会应当建立专家库。专家库由具备下列条件的医疗卫生专业技术人员组成：（1）有良好的业务素质和执业品德；（2）受聘于医疗卫生机构或者医学教学、科研机构并担任相应专业高级技术职务3年以上。符合前述第1项条件并具备高级技术任职资格的法医可以受聘进入专家库。负责组织医疗事故技术鉴定工作的医学会可以依法聘请医疗卫生专业技术人员和法医进入专家库，可以不受行政区域的限制。对于《最高人民法院关于审理医疗损害责任纠纷案件适用法律若干问题的解释》中提出的“符合鉴定要求的专家”，就是要根据医学学科自身的分类特点，根据同行评价原则的要求，为确保鉴定本身的专业性、权威性，如果需要临床医学专家进行鉴定的，就应当由此类专家进行鉴定，而不能简单由法医专家进行鉴定。这里的这实质上也是与《全国人大法工委关于对法医类鉴定与医疗事故技术鉴定关系问题的意见》（法工委复字〔2005〕29号）的相关要求是一致的。

最后，关于鉴定人名册制度。建立鉴定人名册制度，可以使法院或当事人直接从具有相应职称、资格、知识水平、经验的专家中挑选鉴定人，对于方便当事人和法院选择鉴定人以及规范鉴定程序具有积极意义。《人民法院对外委托司法鉴定管理规定》第3条明确规定：“人民法院司法鉴定机构建立社会鉴定机构和鉴定人名册，根据鉴定对象对专业技术的要求，随机选择和委托鉴定人进行司法鉴定。”这一具有中国特色的司法鉴定人名册制度，既借鉴了大陆法系国家较为通行的规则，又吸纳了英美法系国家遵循当事人主义的做法，实行当事人协商选定和法院依职权在鉴定人名册中随机指定相结合的程序规范，实现对外委托司法鉴定工作公开化、程序化、规范化，是结合我国现行诉讼体制和审判方式改革而进行的司法鉴定体制的改革创新，其重大意义已在实践工作中逐步显现。《司法鉴定决定》在上述规定的基础上，也明确规定了鉴定人名册制度，其第3条规定：“国务院司法行政部门主管全国鉴定人和鉴定机构的登记管理工作。省级人民政府司法行政部门依照本决定的规定，负责对鉴定人和鉴定机构的登记、名册编制和公告。”第6条又规定：“申请从事司法鉴定业务的个人、法人或者其他组织，由省级人民政府司法行政部门审核，对符合条件的予以登记，编入鉴定人和鉴定机构名册并公告。省级人民政府司法行政部门应当根据鉴定人或者鉴定机构的增加和撤销登记情况，定期更新所编制的鉴定人和鉴定机构名册并公告。”目前，我国逐步建立了不同领域、行业的鉴定人专家名册或专家库，比如前述医疗事故技术鉴定中的专家库等。

三、鉴定人的权利和义务

（一）鉴定人的权利

为保证鉴定人顺利完成鉴定工作，又能确保鉴定的客观公正性，通常而言，鉴定人享有如下权利：

1. 了解案情的权利。鉴定人基于进行鉴定工作的需要，有权了解进行鉴定所需要的案件材料，必要时可以询问当事人、证人。当然，有关鉴定人了解案情的权利要受到一定限制，一般而言，应以鉴定人能够顺利实施鉴定为界限，对于非鉴定所必需的内容，鉴定人无权知晓，而且有时了解过多案情也可能影响鉴定意见的中立性。

2. 实施鉴定的自主权。鉴定人有权决定鉴定活动的开始与终结；有权选择鉴定的具体方法与所使用的仪器设备；有权在鉴定意见上署名；一个案件有几个鉴定人时，可以互相讨论，意见一致时，可以共同写出鉴定意见，意见不一致时，每个鉴定人都有写出自己意见和理由的权利。这项权利同时也体现了我国的独立鉴定原则。

3. 拒绝鉴定的权利。对于提出鉴定的问题超出了鉴定人的知识范围或者提供的鉴定材料不充分导致无法作出鉴定意见以及具备其他正当理由的情况下，鉴定人有权拒绝鉴定。

4. 获得必要费用和经济补偿的权利。鉴定人依法进行鉴定，对于其鉴定的实际开支有权要求委托方支付，还可依法要求补偿鉴定人出庭的差旅费等。这些费用如果得不到补偿，不仅会严重挫伤鉴定人履行出庭义务的积极性，更是直接影响法官对案件客观事实的判断。①

5. 合法权益不受侵犯的权利。《民事诉讼证据规定》第98条规定：“对证人、鉴定人、勘验人的合法权益依法予以保护。当事人或者其他诉讼参与人伪造、毁灭证据，提供虚假证据，阻止证人作证，指使、贿买、

---

① 占善刚、施瑶：《证人、鉴定人出庭作证费用补偿范围和标准研究》，载《证据科学》2016年第6期。

胁迫他人作伪证，或者对证人、鉴定人、勘验人打击报复的，依照民事诉讼法第一百一十条[①]、第一百一十一条[②]的规定进行处罚。”这一规定即明确了对鉴定人的合法权益的保障。鉴定人的人身财产合法权益不能因鉴定而受到不法侵害，在受到侵害时，其可以依法主张相应的救济。

（二）鉴定人的义务

鉴定人的义务主要有：

1. 对于案件事实中涉及的专门性问题，依法运用科学原理和技术经验出具鉴定意见。这是鉴定人的基本义务。

2. 遵守法律、法规，遵守职业道德和职业纪律，尊重科学，遵守技术操作规范。此为《司法鉴定决定》第12条所明确规定的鉴定人义务。

3. 出庭作证并接受法官及当事人询问的义务。这在《民事诉讼法》第81条中有明确规定，本书在此不作赘述。

4. 按照诚信原则的要求进行鉴定事务的义务。《民事诉讼法》第13条第1款明确规定了诚信原则，鉴定人在进行鉴定时，也应当遵循这一原则。按照诚信原则的要求，鉴定人不能滥用其掌握的专业知识方面的优势，给当事人造成不当损害，也不得影响法院案件审理工作的顺利进行。

5. 在鉴定书上签名或盖章的义务。此即为鉴定人独立负责制的基本要求。

四、鉴定意见的有关要求

（一）鉴定意见的形式要件

鉴定人依法接受委托，经过科学鉴定，不管鉴定结果的性质如何，都应当按照规定和要求提出书面鉴定意见。[③]结合《民事诉讼证据规定》第36条的规定，鉴定书应当具有以下内容：（1）委托法院的名称；（2）委托鉴定的内容、要求；（3）鉴定材料；（4）鉴定所依据的原理、方法；（5）对鉴定过程的说明；（6）鉴定意见；（7）承诺书。作为借助于专业理论和科学的技术手段，通过对鉴定对象的鉴别和判断而得出的鉴定意见，因其较强的专业性、严谨的逻辑性和结论的科学性，使得该类证据天

---

① 现为《民事诉讼法》（2023年修正）第113条。

② 现为《民事诉讼法》（2023年修正）第114条。

③ 王胜明主编：《中华人民共和国民事诉讼法释义（最新修正版）》，法律出版社2012年版，第172页。

然具有很强的证明力。正是如此，规范正确的鉴定意见作为公正司法的重要载体和查明事实的坚实基础，其格式规范就尤为重要。[①]

（二）鉴定意见的内容要求

鉴定意见作为一种法定证据形式，必须符合证据的客观性、合法性和关联性的要求。《最高人民法院关于人民法院民事诉讼中委托鉴定审查工作若干问题的规定》（法〔2020〕202 号）规定了人民法院应当对鉴定意见书的审查，包括审查鉴定意见书是否具备《民事诉讼证据规定》第 36 条规定的内容。鉴定意见书有下列情形之一的，视为未完成委托鉴定事项，人民法院应当要求鉴定人补充鉴定或重新鉴定：（1）鉴定意见和鉴定意见书的其他部分相互矛盾的；（2）同一认定意见使用不确定性表述的；（3）鉴定意见书有其他明显瑕疵的。补充鉴定或重新鉴定仍不能完成委托鉴定事项的，人民法院应当责令鉴定人退回已经收取的鉴定费用。

1. 关于客观性问题。鉴定意见必须符合科学性的要求，必须是运用科学原理和方法，依照有关科学技术规范和准则而作出的意见。

2. 关于合法性的问题。鉴定意见必须是具有相应资质条件的鉴定人，在没有依法需要回避的情形下，经过合法程序进行鉴定而得出的意见。

3. 关于关联性问题。鉴定意见必须与案件待证事实具有关联性，否则不但无益于案件事实认定，也会浪费当事人诉讼成本，造成诉讼拖延。同时，判断鉴定意见与案件待证事实之间的关联性需要具备的一个基础性条件就是，鉴定意见本身必须做到内容尽量明确具体。

【审判实践中应当注意的问题】

对于本条的理解和适用，应当注意把握以下问题：

一、关于鉴定人签章的问题

鉴定人的签章与出庭的鉴定人范围密切相关。对此，《司法部关于进一步规范和完善司法鉴定人出庭作证活动的指导意见》（司规〔2020〕2 号）第 2 条规定："人民法院出庭通知已指定出庭作证鉴定人的，要由被指定的鉴定人出庭作证；未指定出庭作证的鉴定人时，由鉴定机构指定

① 最高人民法院民事审判第一庭编著：《最高人民法院新民事诉讼证据规定理解与适用》，人民法院出版社 2020 年版，第 362 页。

一名或多名在司法鉴定意见书上签名的鉴定人出庭作证。”针对实践中存在的数个鉴定人参加鉴定仅由部分人签名，如鉴定中鉴定专家个人不签名而仅由单位盖章的情形，《民事诉讼证据规定》第 36 条第 2 款规定：“鉴定书应当由鉴定人签名或者盖章，并附鉴定人的相应资格证明。委托机构鉴定的，鉴定书应当由鉴定机构盖章，并由从事鉴定的人员签名。”应该说，强化鉴定人的签名义务，也为落实鉴定人出庭作证制度提供了必要保障。以医疗损害纠纷中有关鉴定人出庭的问题为例，我们倾向于认为，在同一医疗损害鉴定中鉴定人为一人或者数人，其中有鉴定人未在鉴定书上签名或盖章的，应当认定为“鉴定程序严重违法”的情形，当事人因此申请重新鉴定的，人民法院应予准许。实践中，个别地方曾探索将医学会的工作人员纳入鉴定专家的范围并在鉴定书上签名，这样一来该工作人员就可以单独出庭，也可以陪同鉴定的医学专家出庭，由此来缓解鉴定人出庭难的问题。对于医学会工作人员与鉴定专家共同出庭的情形，往往是有关法律问题由该工作人员回答，对于技术问题才由鉴定专家回答。这虽一定程度上能够缓和鉴定人出庭难的问题，但此有违鉴定人制度本身所要求的专业性、鉴定人自身的资质要求等基本属性，有规避法律之嫌。

二、关于鉴定人回避的问题

鉴定事项对于案件处理结果会产生重要影响，需要保证鉴定人能够中立地出具鉴定意见。鉴定人的回避在大陆法系国家几乎都有规定，通过实行回避制度来保证鉴定人的独立性和公正性，我国也不例外。《民事诉讼法》第 47 条明确规定了对于审判人员回避的情形也适用于鉴定人。据此，鉴定人回避的方式包括自行回避和依照当事人申请的回避两种，回避的事由包括：（1）是本案当事人或者当事人、诉讼代理人近亲属的；（2）与本案有利害关系的；（3）与本案当事人、诉讼代理人有其他关系，可能影响对案件公正审理的；（4）接受当事人、诉讼代理人请客送礼，或者违反规定会见当事人、诉讼代理人的。与此同时，为使当事人充分行使申请回避的权利，应当赋予当事人对鉴定人的一些基本信息享有知情权。人民法院相应地应当将鉴定人的基本情况（姓名、工作单位、职务、职称等信息）告知当事人，并告知其享有依法回避的权利。

三、关于鉴定人独立负责制的问题

1991年《民事诉讼法》第72条第3款规定："鉴定部门和鉴定人应当提出书面鉴定结论，在鉴定书上签名或者盖章。鉴定人鉴定的，应当由鉴定人所在单位加盖印章，证明鉴定人身份。"从该条规定的文义上看，对于鉴定人进行鉴定的，即要求鉴定人签名或盖章，并且还要鉴定人所在单位加盖印章，这实际上给人一种鉴定人出具鉴定意见，相关责任由其所属的鉴定机构承担的印象。2005年《司法鉴定决定》首次在立法层面确立了司法鉴定人员独立负责制，其第10条明确规定："司法鉴定实行鉴定人负责制度。鉴定人应当独立进行鉴定，对鉴定意见负责并在鉴定书上签名或者盖章。多人参加的鉴定，对鉴定意见有不同意见的，应当注明。"2012年《民事诉讼法》再次重申了这一规则。这一规则在此后的《民事诉讼法》及《司法鉴定决定》修正中均未作改动。要求鉴定人在鉴定书上签名或盖章，既可以从形式上保证鉴定意见的严谨性，还可以督促鉴定人严格规范地进行鉴定，从而保障鉴定意见的科学性和公信力。

此外，2005年《司法鉴定决定》在确立司法鉴定人员独立负责制的基础上，还在第13条规定了鉴定人和鉴定机构违法时的法律责任制度，分别对鉴定人或鉴定机构因严重不负责任给当事人合法权益造成重大损失的、提供虚假证明文件或者采取其他欺诈手段骗取登记、故意作虚假鉴定等情形规定了相应的法律责任。这一规则在《司法鉴定决定》中一直沿用，在实践中起到了排除对鉴定人的非法干涉和影响的作用，有利于鉴定人独立、客观地作出鉴定意见，同时也有助于促进鉴定行为的规范化。

第八十一条　当事人对鉴定意见有异议或者人民法院认为鉴定人有必要出庭的，鉴定人应当出庭作证。经人民法院通知，鉴定人拒不出庭作证的，鉴定意见不得作为认定事实的根据；支付鉴定费用的当事人可以要求返还鉴定费用。

【条文主旨】

本条是关于鉴定人出庭作证义务及相应法律后果的规定。

【理解与适用】

对于本条的理解，应当主要从以下几个方面把握：

一、民事诉讼中有关鉴定人出庭作证义务的演进

鉴定人出庭作证对于体现庭审的亲历性、增强鉴定意见质证的效果具有重要意义。鉴定人不出庭作证，会影响鉴定意见的权威性和公信力，也缺乏对鉴定机构及鉴定人的必要约束，容易导致轻率，甚至随意鉴定的情形出现。当事人对鉴定意见的效力很难认同，导致了司法实践中多头鉴定、重复鉴定屡屡发生，不利于案件所涉矛盾纠纷的依法妥善化解。正因如此，2001 年《民事诉讼证据规定》明确规定了鉴定人出庭接受质询的义务。其第 59 条规定："鉴定人应当出庭接受当事人质询。鉴定人确因特殊原因无法出庭的，经人民法院准许，可以书面答复当事人的质询。"第 60 条第 1 款规定："经法庭许可，当事人可以向证人、鉴定人、勘验人发问。"此两条规定虽然明确了鉴定人出庭接受质询的义务和当事人可以询问鉴定人的权利，使得我国的鉴定制度更加符合程序正义的要求，但是在当时鉴定人具有高于证人的特殊地位的背景下，鉴定人出庭作证不仅会增加其成本，还会有受到打击报复的危险。法律和司法解释又没有规定鉴定人不出庭作证的法律后果，导致人民法院不能强制鉴定人出庭作证，而又必须依法（比如审限制度等）履行自身的裁判职责，使得鉴定人出庭接受质询的内容在审判实践中没有得到很好的落实。2005 年《司法鉴定决定》第 11 条规定："在诉讼中，当事人对鉴定意见有异议的，经

人民法院依法通知，鉴定人应当出庭作证。”该条规定在明确规定了鉴定人应当出庭的同时，还第一次明确规定了鉴定人出庭作证义务而不是接受质询，宣示了鉴定人与证人同等的诉讼地位。在此基础上，第 13 条又进一步规定了鉴定人不出庭作证的法律责任，即在鉴定机构或鉴定人经人民法院通知拒不出庭作证的，由省级人民政府司法行政部门予以警告，责令改正，给予停止从事司法鉴定业务三个月以上一年以下的处罚；情节严重的，撤销登记。该决定明确规定鉴定人出庭作证及相应法律后果，使得对鉴定意见有不同意见的当事人能在法庭上与鉴定人质证，有助于增强鉴定人的责任心，保证鉴定意见的客观准确。但是鉴定人出庭是有前提条件的。根据上述决定第 11 条的规定，鉴定人出庭的条件是诉讼中当事人对鉴定意见有异议，且经人民法院通知出庭。2012 年《民事诉讼法》在 2005 年《司法鉴定决定》规定的基础上，对于鉴定人出庭作证制度作了进一步完善，明确规定了鉴定人出庭作证义务及拒不出庭作证的法律后果，包括鉴定意见不得作为认定事实的根据，以及支付鉴定费用的当事人可以要求返还鉴定费用。这些规定为鉴定人出庭接受质证及鉴定意见的采信提供了明确的法律依据，相关规则在《民事诉讼法》中一直沿用。这对于完善民事诉讼中的鉴定程序乃至案件事实认定的程序，增强鉴定意见的权威性和公信力，促进案件依法妥善审理，具有积极意义。2019 年修正的《民事诉讼证据规定》在遵循《民事诉讼法》和 2005 年《司法鉴定决定》规定精神的基础上，对于鉴定人出庭规则作了更加细化的规定，特别是针对鉴定人出庭的现状及存在的问题，采取了相对弹性和柔化的做法。其第 37 条规定：“人民法院收到鉴定书后，应当及时将副本送交当事人。当事人对鉴定书的内容有异议的，应当在人民法院指定期间内以书面方式提出。对于当事人的异议，人民法院应当要求鉴定人作出解释、说明或者补充。人民法院认为有必要的，可以要求鉴定人对当事人未提出异议的内容进行解释、说明或者补充。”第 38 条规定：“当事人在收到鉴定人的书面答复后仍有异议的，人民法院应当根据《诉讼费用交纳办法》第十一条的规定，通知有异议的当事人预交鉴定人出庭费用，并通知鉴定人出庭。有异议的当事人不预交鉴定人出庭费用的，视为放弃异议。双方当事人对鉴定意见均有异议的，分摊预交鉴定人出庭费用。”上述规定主要是基于如下考虑：一是，从诉讼规律的角度讲，很多案件客观上没有必要要求鉴定人出庭作证。从提高诉讼效率、减轻当事人诉讼负担和成本的角度来说，当事人就鉴定书内容提出异议后，人民法院可以先要求鉴定人作出解释、说明或者补充，当事人在收到鉴定人的书面答复后仍有异议的，人民法院才通知鉴定人出庭。这样的模式主要是避免诉讼程序复杂化，避免增加诉讼成本。二是，从实际效果看，由于绝大多数法官或者当事人及其诉讼代理人，因缺乏对相关专业领域问题的研究而无法对鉴定意见是否符合科学性的问题提出具体的异议或者意见，不能就涉及的专门性问题和出庭的鉴定人员进行平等的对话，影响质证效果。因此，考虑到2005年《司法鉴定决定》第11条中的“经人民法院依法通知”的规定，安排了当事人以书面方式提出异议和鉴定人以书面方式回复的具体流程。这样做的显著优点是，一方面，可以消化相当一部分原本就不需要鉴定人出庭的简单争议，有效提高诉讼效率；另一方面，为鉴定异议的明确和进一步提炼鉴定争议的焦点奠定良好基础，使得鉴定人为出庭做好充分准备。[①]

二、鉴定人出庭作证义务的必要性分析

《民事诉讼法》明确规定鉴定人出庭作证义务有其现实必要性。具体而言，有以下三点：

第一，明确规定鉴定人出庭作证义务，符合鉴定意见自身特点的要求。（1）鉴定意见作为鉴定人依据其专业知识对某一专门性问题所作的陈述，具有专业性和科学性的特点。鉴定意见是否能够客观地反映鉴定对象的真实状态，其所采取的鉴定方法是否科学，鉴定人所作的鉴定意见是否具有科学理论依据，该鉴定意见是否具有证明力，往往仅凭书面审查难以做到准确判断。（2）鉴定意见并不等同于案件事实认定的最终意见，因为对案件事实的认定属于人民法院行使审判权的重要组成部分，鉴定人不能越俎代庖。而且由于专业性问题的鉴定所需要的科学方法的运用、科技设备仪器的操作和使用等都离不开人的主观能动性的发挥，而主观能动性因存在非理性或非科学的因素而不可避免导致主观认识上存在错误的可能。（3）鉴定意见作为法定证据形式的一种，并不具有特殊的证据地位。正因如此，质证环节对鉴定意见之证据价值的发挥有着不可或缺性：鉴定意见作为证据的一种，同样有着或真或假的可能性；鉴定虽然利用了科学

① 最高人民法院民事审判第一庭编著：《最高人民法院新民事诉讼证据规定理解与适用》，人民法院出版社2020年版，第368~369页。

的原理、先进的仪器、成熟的方法，但鉴定的操作及鉴定意见的得出均由人来完成，故人的主观因素的介入是同一鉴定事项出现不同鉴定意见的根本原因，程序性的规范、完善以及质量控制的介入可以减少但很难完全杜绝鉴定意见不一现象的出现。鉴定人出庭接受质证，有利于法院最终认定某一鉴定意见是否真实可靠。

第二，明确规定鉴定人出庭作证义务，符合程序正义的内在要求。程序正义是《民事诉讼法》的基本价值取向，直接言词原则作为《民事诉讼法》当中重要的证据规则之一，是法庭审理过程中发现案件真实和提高诉讼效率的重要手段。具体而言，该原则要求法官调查核实证据，必须以直接的方式进行；除法律另有规定的情形外，法庭审理活动应当以口头陈述的方式进行。《民事诉讼法解释》第103条规定："证据应当在法庭上出示，由当事人互相质证。未经当事人质证的证据，不得作为认定案件事实的根据。"质证是司法证明活动的基本环节之一，也是法院审查认定证据的必要前提。[①] 鉴定意见作为言词证据也应当经过质证才能作为定案根据，而在质证程序中尤为重要的一项内容就是鉴定人的出庭作证制度。鉴定人出庭作证，使得法官、当事人和鉴定人可以在法庭上直接见面、沟通，充分体现了直接言词原则的基本要求，使得鉴定意见的质证更为直观。法官亲自聆听当事人及其诉讼代理人对鉴定意见的辩论和鉴定人对质疑的回答，可以直接考察鉴定意见的可靠程度，易于准确判断有关证据的真伪以及证据与案件事实之间的关联性。加之言词方式具有传达信息简便、快捷的优点，有助于法官及时解决问题，达到提高司法效率的目的。而且通常情况下，鉴定意见并不会涉及国家秘密、商业秘密和个人隐私，在法庭上进行出示或进行解释、说明没有现实障碍，但如果个案中确实存在涉及国家秘密、商业秘密和个人隐私的鉴定意见的，这时应当按照《民事诉讼法》第71条的规定予以保密，确实需要在法庭出示的，也不得在公开开庭时出示。当然这也不能改变该鉴定意见作为证据的一种必须质证的基本原则。

第三，明确规定鉴定人出庭作证义务，与两大法系的通常做法相一致。对于鉴定意见的审查，无论是大陆法系国家还是英美法系国家，其审

---

① 最高人民法院民法典贯彻实施工作领导小组办公室编著：《最高人民法院新民事诉讼法司法解释理解与适用》，人民法院出版社2022年版，第281页。

查方式都和证人的审查方式一样，在形式上表现为对鉴定人的审查。在大陆法系国家，鉴定人是否出庭作证由法官依职权决定，当事人可以向法院提出申请。英美法系国家则是以当事人主导为原则，有关鉴定人出庭作证也是由当事人引入。两大法系有关鉴定人出庭作证的具体规则虽有所不同，但都是通过对鉴定人的审查来实现对鉴定意见的审查。我国《民事诉讼法》明确规定了鉴定人出庭作证的义务，当事人对鉴定意见有异议，或者人民法院认为鉴定人有必要出庭的，应当通知鉴定人出庭作证。本着对当事人处分权的尊重，如果双方当事人都同意鉴定人不出庭作证，这属于其根据案件情况、费用负担等因素做出的理性选择，这时就可以通过书面说明、视听传输技术或以视听资料等方式作证。但考虑到鉴定意见对于纠纷处理的至关重要性，为避免诉讼的不必要拖延，在人民法院综合案件具体情况、有关鉴定事项本身的专业性及争议大小等因素，认为鉴定人有必要出庭的情况下，鉴定人也应出庭。

三、鉴定人出庭作证的具体要求

（一）鉴定人出庭作证程序的启动

依照本条规定，启动鉴定人出庭作证程序必须以当事人对鉴定意见有异议或者人民法院认为鉴定人有必要出庭为条件。此外，结合本条后半部分关于“经人民法院通知，鉴定人拒不出庭作证”的表述，以及《民事诉讼法》第 76 条，《司法鉴定决定》第 11 条关于证人出庭作证的规定，要求鉴定人出庭作证，还必须以人民法院通知为条件。

仅从本条的文义上看，只要当事人对鉴定意见有异议而不问其异议是否成立或是否有正当理由，鉴定人均应出庭作证；人民法院认为有必要，鉴定人也应当出庭作证。虽然本条规定较《司法鉴定决定》而言，规定了更为宽松的鉴定人出庭作证的启动条件，但并不意味着鉴定人出庭作证程序可以随意启动。为防止诉讼拖延，节约司法资源，依法保护鉴定人的合法权益，防止当事人随意提出异议或人民法院滥用权力，人民法院对于当事人有关鉴定意见的异议，应有一定的审查权。通常而言，当事人对于鉴定意见中直接影响案件事实认定的内容存在异议，人民法院为查明案件事实所必须时，方可要求鉴定人出庭作证。对于除此之外的情形，人民法院则要予以一定的审查。如前所述，鉴定人并无高于证人的特殊地位，尤其是在当事人主义诉讼模式下，鉴定人同证人一样，都有出庭作证的义务，而证人出庭作证也非绝对化,《民事诉讼法》第76条也明确规定了证人可以不出庭作证的情形。我们认为,鉴定人在某些特殊情形下,也可以不出庭作证,如双方当事人对鉴定意见并无异议,鉴定文书仅是存在标点、错别字或语言不规范等方面的瑕疵,当事人就此瑕疵提出异议的,可以不要求鉴定人出庭作证;鉴定人年迈体弱、患有重病或行动极不方便的,或者鉴定人已经死亡、失踪或者下落不明以及因自然灾害等不可抗力导致其无法出庭的情况下,要求鉴定人出庭作证也属于客观不能。

（二）鉴定人出庭作证的内容

要求鉴定人出庭作证是为了便于双方当事人对鉴定意见充分发表质证意见,便于鉴定人就当事人对鉴定意见的异议作出解释、说明,增强鉴定意见的科学性和公信力。鉴定人出庭作证主要有两方面的内容:

1. 出庭陈述。基于直接言词原则之规制及严格证明的内在要求,鉴定人通常采取口头的方式向受诉法院陈述鉴定意见。[①] 鉴定人应当依照人民法院的通知,准时到庭作证。为方便双方当事人对鉴定意见发表质证意见和人民法院对鉴定意见进行依法认证,鉴定人出庭作证时应当在人民法院的主持下,围绕鉴定意见的程序、内容进行必要的陈述。具体包括:（1）鉴定人的资质,比如专业技术职称、专业职业资格等,鉴定人应当对其是否具备法定鉴定资格的问题作如实陈述;（2）鉴定的具体程序,比如委托鉴定的启动原因,有无应当回避的情形,鉴定材料的提取、收集过程等;（3）鉴定意见作出的科学技术理论依据、标准等;（4）鉴定意见的具体内容。通过鉴定人出庭陈述,人民法院可以更好地完成对鉴定人的资格审查,从形式上确认鉴定意见所反映案件事实的准确性,包括对鉴定程序是否合法,材料是否齐全,鉴定人是否具备相应专业知识,鉴定人是否应当回避等,也便于双方当事人展开质证,从而有利于人民法院最大限度地发现案件真实,实现对案件所涉矛盾纠纷的依法妥善化解。

2. 接受询问。按照直接言词原则的要求,双方当事人都有权对鉴定意见发表质证意见,询问鉴定人。鉴定人应当接受对方当事人、法官的质询,针对其提出的相关疑问解答。[②] 世界各国和地区对鉴定意见的质证一

① 占善刚:《鉴定人出庭作证费用的补偿方式及具体路径》,载《烟台大学学报（哲学社会科学版）》2016年第4期。

② 李祖军、吕辉:《鉴定人出庭作证制度立法解读与完善进路——以2012年民事诉讼法为背景》,载《河北法学》2014年第1期。

般通过交叉询问程序进行。随着我国审判方式的改革，对证人出庭作证已经在采用交叉询问方式。对鉴定人的质证也可以采取交叉询问的方式。人民法院为查明案件事实需要，也可以直接询问鉴定人。当然，在双方当事人对鉴定意见质证的环节，其对鉴定人的询问不可随意进行，仍应围绕鉴定意见的客观性、关联性、合法性相关的问题进行询问。在客观性方面，包括鉴定材料的收集、提取过程，鉴定人的专业技术水平，鉴定方法的科学性等内容。在关联性方面，可以就鉴定意见针对的专门性问题与待证事实之间关联的形式是直接的还是间接的，关联的性质是必然的还是偶然的问题进行询问。在合法性方面，可以就鉴定人是否具有法定的回避事由，鉴定人是否违反鉴定人职业道德和执业纪律，鉴定程序是否合法等内容进行询问。

【审判实践中应当注意的问题】

对于本条的法律适用，在审判实践中应当注意以下问题：

一、关于鉴定人因正当理由不能出庭的问题

考虑到鉴定意见对案件处理结果的重要影响，以及鉴定人相当于证人的诉讼地位，鉴定人也有存在正当理由不能出庭的情形，在特定情形下证人不能出庭的，鉴定人也不能出庭。《司法部关于进一步规范和完善司法鉴定人出庭作证活动的指导意见》（司规〔2020〕2号）第3条规定："人民法院通知鉴定人到庭作证后，有下列情形之一的，鉴定人可以向人民法院提出不到庭书面申请：（一）未按照法定时限通知到庭的；（二）因健康原因不能到庭的；（三）路途特别遥远，交通不便难以到庭的；（四）因自然灾害等不可抗力不能到庭的；（五）有其他正当理由不能到庭的。经人民法院同意，未到庭的鉴定人可以提交书面答复或者说明，或者使用视频传输等技术作证。"

关于鉴定人因正当理由不能出庭的法律结果，如果一概对此鉴定意见不予采信，不仅会影响案结事了目的的实现，会给当事人造成诉累，也与《民事诉讼法》第81条规定的"鉴定人拒不出庭作证的，鉴定意见不得作为认定事实的根据"不符。因此，对于鉴定人因正当理由不能出庭的，有必要给予一定的缓冲程序。例如，《最高人民法院关于审理医疗损害责任纠纷案件适用法律若干问题的解释》第13条规定了人民法院可以根据

情况决定延期开庭审理。如果经过延期开庭，鉴定人仍不出庭作证，这时在有关正当理由已经不存在时，或者人民法院根据诉讼诚信原则综合审查不具备正当理由的情况下，应当认定为构成拒不出庭作证，而应承担相应不利法律后果。

二、鉴定人拒不出庭作证的法律后果

本条明确规定了“经人民法院通知，鉴定人拒不出庭作证”在证据采信及相应的民事实体法领域的法律后果。依据本条规定，鉴定人拒不出庭作证，会导致该鉴定意见不得作为认定案件事实的根据，即该鉴定意见失去证据能力，并且支付鉴定费用的当事人可以要求返还鉴定费用。在鉴定人拒不返还鉴定费用时，支付费用一方当事人可以通过另行起诉的方式来获得相应救济。上述规定的主要考虑是：首先，鉴定意见涉及专门性问题的鉴别和判断，对于案件的定性具有直接影响。为保证鉴定意见的真实性、合法性，出于保护当事人正当的诉讼权利等考虑，需要促使鉴定人在当事人对鉴定意见有异议的情况下出庭作证。其次，鉴定意见不具有唯一性，具有可更换性。鉴定人不出庭的，人民法院可以另行委托其他鉴定人进行鉴定，提出鉴定意见。最后，鉴定人拒绝出庭作证，如果仅规定其鉴定意见不被法院接受作为认定事实的根据，就是把鉴定人不出庭作证的不利后果归于当事人。这对当事人来说是很不合理的，特别是已经支付了鉴定费用的当事人，更会起到纵容鉴定人不出庭作证的负面作用。[①] 因此，对于因鉴定人拒绝出庭作证导致鉴定意见不被法院采纳的，申请鉴定且缴纳鉴定费用的人可申请鉴定人返还鉴定费用

《民事诉讼证据规定》就本条内容细化了操作性规定，第 81 条规定：“鉴定人拒不出庭作证的，鉴定意见不得作为认定案件事实的根据。人民法院应当建议有关主管部门或者组织对拒不出庭作证的鉴定人予以处罚。当事人要求退还鉴定费用的，人民法院应当在三日内作出裁定，责令鉴定人退还；拒不退还的，由人民法院依法执行。当事人因鉴定人拒不出庭作证申请重新鉴定的，人民法院应当准许。”对于此条规定内容应当准确把握和适用。司法实践中，由于鉴定人无正当理由拒不出庭将导致费时耗力

① 王胜明主编：《中华人民共和国民事诉讼法释义（最新修正版）》，法律出版社 2012 年版，第 174~175 页。

代价高昂的鉴定意见不能作为证据使用，造成司法资源极大的浪费，也增加了当事人的诉讼负担，给人民法院依法高效解决矛盾纠纷带来消极影响。[①]

此外，《司法鉴定决定》第13条规定了鉴定人拒不出庭作证的行政责任问题，省级人民政府司法行政部门可以视情节予以鉴定人或鉴定机构警告，责令改正，给予停止从事司法鉴定业务三个月以上一年以下的处罚；情节严重的，给予撤销登记的行政处罚。有利于发挥诉讼审理监督与行政管理监督的对接、合力作用，促使鉴定人依法合规办理人民法院委托的司法鉴定业务。

三、关于当事人自行委托鉴定的效力认定问题

当事人自行委托鉴定在司法实践中多有发生。在人民法院受理案件日益纷繁复杂的背景下，当事人自行委托鉴定具有客观上的合理性和必要性，对于充分发挥当事人的主动性、促进诉讼进程顺畅进行、提高诉讼效率具有积极意义。而且随着我国诉讼模式当中更多地体现当事人主义的元素，当事人自行委托鉴定情形会越来越多。但是，当事人自行委托鉴定也存在着鉴定人的中立性欠缺和送鉴材料的真实性、全面性存疑等弊端。正因如此，《民事诉讼证据规定》第41条明确规定："对于一方当事人就专门性问题自行委托有关机构或者人员出具的意见，另一方当事人有证据或者理由足以反驳并申请鉴定的，人民法院应予准许。"对此，我们应当作以下理解：

1. 关于一方当事人自行委托鉴定后，另一方当事人享有的权利问题。一方当事人自行委托鉴定人作出的鉴定意见，另一方当事人有权提出异议，并对此进行质证，在其有证据足以反驳并申请重新鉴定的，人民法院应当予以准许。

2. 对于双方当事人共同自行委托鉴定情形的处理。通常而言，基于当事人的处分权原则，对此情形应当准许。但是人民法院对此应当结合案情进行必要的审查，以避免双方当事人通过虚假诉讼侵害第三人利益情形的出现。

---

① 最高人民法院民事审判第一庭编著：《最高人民法院新民事诉讼证据规定理解与适用》，人民法院出版社2020年版，第712~717页。

3. 一方当事人自行委托鉴定后，另一方当事人无异议、未质证、质证不充分或者未重新申请鉴定情形的处理。我们认为，对于这种情形也不可轻易认定该自行委托鉴定的鉴定意见的证据效力。一方面，如上所述，要避免虚假诉讼情形的出现；另一方面，当事人是否基于正当理由没有申请鉴定，此案件是否具有启动鉴定程序的必要性以及人民法院是否有必要依照职权启动鉴定程序等问题都要考虑。对案件当中的专业性问题确有必要进行鉴定时，也不能在该当事人没有重新申请鉴定时就径行认定自行委托鉴定的鉴定意见效力，人民法院在此时应根据案情依照职权启动鉴定程序。

第八十二条　当事人可以申请人民法院通知有专门知识的人出庭，就鉴定人作出的鉴定意见或者专业问题提出意见。

【条文主旨】

本条是关于专家辅助人的规定。

【理解与适用】

一、“有专门知识的人”的性质和诉讼地位

随着生产力的发展和科学技术的进步，社会生活日益复杂，反映到民事诉讼中，越来越多的民事案件涉及专门性问题，这些专门性问题与科学技术方面的新知识、新手段密切相关，涉及社会生活的方方面面，比如网络、医学、生物、金融等，当事人依据自身的知识往往不能适应诉讼上的需要，当事人委托的诉讼代理人及法官一般也是在法律上有专长，但对案件事实中存在的技术性问题也不一定能清楚。[①] 在证据法理论上，这种具有专门知识的人对于待证事实中的专门性问题所提供的意见称为专家证据。专家证据作为辅助法官发现案件事实的一种证据方法，在民事案件审理中发挥着非常重要的作用。因此，尽管专家证据只是整个民事诉讼制度中非常微小的环节，无论大陆法国家还是英美法国家都将其作为民事诉讼程序规范的重要内容。

由于英美法系国家的民事诉讼制度建立在对抗制的基础之上，当事人“武器平等”的观念比较彻底地贯彻在专家证据制度中，作为专家证据主要表现形式的专家证人[②]被视为一种证据方法[③]。专家证人是与普通证人相对应的一种证人类型，归属于广义的证人范畴；除适用特殊规则外，专家

---

① 王胜明主编：《中华人民共和国民事诉讼法释义（最新修正版）》，法律出版社 2012 年版，第 176 页。

② 专家证人是英美法上专家证据的最主要的表现形式。除此之外，专家证据还有其他形式，如英国法上的专家陪审员，但其适用范围有限，一般仅在海事案件的审理中适用。

③ 张永泉：《论民事鉴定制度》，载《法学研究》2000 年第 5 期。

证人作证时仍应遵循证人作证的一般规则。在大陆法系国家，专家证据体现为鉴定。在大陆法上，鉴定系为辅助法官对事物之判断能力，命有特别学识经验之第三人，本于其专门知识、技能经验，陈述特别规律或经验法则之证据调查程序。即以鉴定人为证据方法，而以鉴定人之鉴定意见为证据资料，俾以证明待证事项之调查证据。[①]

鉴定是我国专家证据的基本形式。但审判实践中，在涉及专门性问题已经存在鉴定意见的情况下，由于通常情况下当事人和诉讼代理人并非专门性问题的专家，对于鉴定意见的质证也存在困难。为充分保护当事人的诉讼权利，更有效地查明案件事实和正确适用法律，在总结审判实践经验的基础上，2001 年《民事诉讼证据规定》第 61 条规定："当事人可以向人民法院申请由一至二名具有专门知识的人员出庭就案件的专门性问题进行说明。人民法院准许其申请的，有关费用由提出申请的当事人负担。审判人员和当事人可以对出庭的具有专门知识的人员进行询问。经人民法院准许，可以由当事人各自申请的具有专门知识的人员就有关案件中的问题进行对质。具有专门知识的人员可以对鉴定人进行询问。"这种具有专门知识的人员在涉及专门性问题的案件审理中发挥了十分积极的作用。在 2012 年《民事诉讼法》修正中，立法机关吸收了司法解释的做法和最高人民法院的建议，增加了本条规定。2015 年《民事诉讼法解释》延续了《民事诉讼证据规定》的精神，第 123 条规定："人民法院可以对出庭的具有专门知识的人进行询问。经法庭准许，当事人可以对出庭的具有专门知识的人进行询问，当事人各自申请的具有专门知识的人可以就案件中的有关问题进行对质。具有专门知识的人不得参与专业问题之外的法庭审理活动。"相关规则在《民事诉讼法》与《民事诉讼法解释》中一直沿用。2019 年《民事诉讼证据规定》第 84 条进一步细化了《民事诉讼法解释》第 123 条有专门知识的人参与专门性问题审理范围的规定，明确为"对鉴定意见质证或者就专业问题发表意见。"[②]

---

① 陈荣宗、林庆苗：《民事诉讼法》（下），我国台湾地区三民书局 2020 年版，第 78 页。

② 最高人民法院民事审判第一庭编著：《最高人民法院新民事诉讼证据规定理解与适用》，人民法院出版社 2020 年版，第 732~733 页。

"有专门知识的人"的诉讼地位不是专家证人，而是诉讼辅助人。专家证人与"有专门知识的人"的相似是表面化的，二者存在实质性差别。"有专门知识的人"在诉讼中的功能只是单一地协助当事人就有关专门性问题提出意见或者对鉴定意见进行质证，回答审判人员和当事人的询问、与对方当事人申请的"有专门知识的人"对质等活动也是围绕着对鉴定意见或者专业问题的意见展开的。司法解释和立法上的这种规定与该项制度产生的背景紧密相关。在2001年《民事诉讼证据规定》起草过程中，一些地方法院的法官提出，在对鉴定意见质证时，往往由于当事人和诉讼代理人均不具备相应的专业知识，而导致质证活动难以充分展开。对此，有些地方法院尝试建议当事人各自申请"专家"出庭，协助其对鉴定意见中有关专门性问题进行质证，取得了很好的效果。因此，他们建议将这种做法在司法解释中肯定下来，以解决审判实践中有关鉴定意见质证困难的问题。这种建议被最高人民法院所采纳、确立下来，又被立法所吸收。从这一背景可以看出，这种"有专门知识的人"的功能和目的只是辅助当事人充分有效地完成诉讼活动，他并不具有法官的"专业助手"的功能。而专家证人的功能则是双重的，专家证人在诉讼中既要在事实发现上为法庭提供帮助，也要辅助当事人进行诉讼，其中辅助法庭事实发现的功能是其最主要和优先的功能。

专家证人与"有专门知识的人"这种功能上的差异，决定了"有专门知识的人"的性质和诉讼地位不是专家证人。由于专家证人制度与鉴定制度同样具有在事实发现过程中辅助事实审理者对专业问题作出决定的功能，如果我国民事诉讼制度在已经确立了鉴定制度的同时，再设置专家证人制度，欠缺必要性与合理性，也不符合法律规则创设的内在逻辑。

二、本条规定的意义：确立了我国民事诉讼中鉴定人与专家辅助人并存的"双层"专家证据制度

鉴定人和专家辅助人并存的专家证据制度是我国民事审判实践经验的总结，也是对两大法系专家证据制度的批判借鉴的结果。英美法系国家的专家证人制度和大陆法系国家的鉴定人制度作为两大法系专家证据制度的代表，在其各自的法律体系和文化之内发挥着辅助审理者事实发现的功能。相比较而言，二者各有其优劣。

建立在对抗制传统之上的英美法系国家的专家证人制度，充分贯彻了

“武器平等”的原则。民事诉讼中专家证人制度的运用，也反映出英美法对当事人主义诉讼理念的推崇。由当事人聘请的专家证人就有关专业性问题进行作证，以及通过双方当事人或者代理人对专家证人的交叉询问，有利于事实审理者保持中立的立场，平衡双方的意见作出裁决，而不至于先入为主，或者被专家的意见所左右。法官更倾向于扮演一种消极的角色。专家证人制度在英美法的环境中，与法庭的角色和功能一脉相承。然而，英美法上的专家证人制度存在无法回避的缺陷，即专家证人的“党派性”。尽管专家证人同样对法庭负有责任，同样要遵守法庭的指导，由于其受当事人雇用并接受当事人的指示协助当事人诉讼，这种“党派性”在事实上是不可避免的。民事诉讼改革强调对案件的管理、强化专家证人对法庭的优先责任等措施，只能尽量减少“党派性”的影响，而不能彻底将其根除。至少在经济利益上，专家证人依赖于聘请他的当事人，而这种情况势必对专家意见的客观性产生影响。而且，作为事实审理者的法官和陪审团也往往不具有相关的专业知识，难以对专家证言作出正确的评估，专家证人能否成功可能更多“取决于专家的自信和能说会道，而不是其职业能力。”①

从理论上讲，大陆法系国家的鉴定人制度在有关专业性问题的事实发现上表现得更有效率。由于鉴定人是法庭所任命的专家，独立于双方当事人，因而能够更好地体现公正、中立和客观的立场，有效地克服专家证人制度的“党派性”缺陷。尽管在程序设计上，大陆法系国家一般没有交叉询问制度，出于程序公正的考虑，一般会给当事人对鉴定意见进行质疑的机会，允许当事人及其诉讼代理人提出的鉴定人出庭作证的要求，以便让鉴定人对鉴定意见作出解释，并对鉴定意见得出的过程和采用的方式予以说明。在采信鉴定结论方面，法官的裁决并不受鉴定人鉴定意见的限制。法官对鉴定意见的判断，“一方面凭借自己的学识、经验以及结合案件的其他有关证据材料，另一方面借助双方当事人对鉴定结论的评价、质疑和辩论，从而获得心证，认定案件事实。”②但在大陆法系国家的民事诉讼实践中，由于当事人在专业问题上的证据手段不如英美法系国家发达，导致法官在许多案件的事实审理中过多地依赖鉴定人，事实上是鉴定人而非法

---

① Basten, John, The Court Expert in Civil Trails—A Comparative Appraisal, 40 Modern L. Rev. 174, (1977).

② 张永泉：《论民事鉴定制度》，载《法学研究》2000 年第 5 期。

官在决定案件事实。尽管在大陆法系国家，鉴定人不是法官，但由于鉴定人是辅助法官发现事实的有力建议者，鉴定人的鉴定结论或意见对法官的事实认定具有巨大的影响力，甚至取代了法官的职能，过度卷入诉讼之中。在某种程度上，鉴定人作用的过度发挥削弱了法官的独立性。

相比较而言，《民事诉讼法》规定的鉴定人与专家辅助人并存的“双层”专家证据制度，在制度设计上能够有效地克服专家证据制度和鉴定人制度的不足。一方面，这种“双层”专家证据制度以鉴定人制度为基础和主干，能够保持鉴定人制度的优势，充分体现专家（鉴定人）在专业问题上的中立立场，有效地消除专家证据制度中的“党派性”因素；另一方面，作为鉴定人制度补充的专家辅助人制度为当事人提供了鉴定人制度之外的充足证据手段，从而对鉴定人的行为和作用形成有效的制约，防止鉴定人过度介入诉讼而成为实际的事实审理者，有利于法官综合各方面的因素对诉讼中的专业问题作出更客观的判断。这种制度的确立，既是民事审判实践经验的总结，也是对法治发达国家制度和规则批判借鉴的成果，体现了立法机关对源于审判实践的智慧和创新精神的认可和尊重。

【审判实践中应当注意的问题】

第一，关于申请专家辅助人的时间阶段。依据《民事诉讼法解释》第122条的规定，当事人可以依照《民事诉讼法》第82条的规定，在举证期限届满前申请专家辅助人出庭。这与鉴定申请的时间要求相一致，也符合《民事诉讼法》关于举证期限的一般要求。如何具体确定举证期限的问题，则要统一适用《民事诉讼法解释》关于举证期限的相关规则。而《民事诉讼法解释》第99条至第102条分别规定了灵活的举证时限规则，比如举证时限的延长、多元化的逾期举证后果，确立的逾期举证以证据不失权为原则，失权为例外的规则（只有在故意或者重大过失逾期举证且与案件基本事实无关时人民法院才可以不采纳该证据）。为了庭审的顺利进行，有关是否提出鉴定以及是否提出专家辅助人的问题，通常要在一审庭前准备阶段提出，尽量避免在二审中再提出鉴定或者专家辅助人而引起不必要的争议，甚至引发案件的发回重审，增加当事人讼累。但是，这也不能绝对化，这一方面要与逾期举证规则相衔接；另一方面，作为例外情形，如果申请鉴定的时间已经超过举证时限，作为与之对应陈述意见的专家辅助人的提出自然也不能硬性要求在举证时限内完成。

第二，关于对专家辅助人的询问规则。《民事诉讼法解释》第123条明确规定了专家辅助人出庭接受询问的具体规则及相应要求。专家辅助人的诉讼地位为诉讼辅助人，其在庭审中所作的陈述视为申请其到庭的一方当事人本人的陈述，因此，对于专家辅助人出庭接受询问的规则应当适用对当事人本人的询问规则。而在我国的审判实践中，对当事人的询问规则与对证人的询问规则大致相同。这些规则同样适用于对专家辅助人的询问。就询问主体而言，庭审中，本案的审判人员可以对专家辅助人进行询问，当事人也可以对专家辅助人进行询问。一种意见认为，这里的当事人应当是对方当事人，申请专家辅助人的当事人，其在专门性问题上的意见已经被其所申请出庭的专家辅助人所代表，故在逻辑上不必再对其申请的专家辅助人进行询问。我们认为，在具体审判实践中，若本方当事人询问其申请出庭的专家辅助人，是否准许可以交由法庭根据案件具体情况确定。对于双方当事人均申请专家辅助人的，则在法庭准许后，可以对对方当事人所申请的专家辅助人进行询问。此外，专家辅助人之间对有关专门性问题的意见存在分歧的，可以相互进行质疑、辩论，但这也以法庭准许作为前提条件。

第三，关于专家辅助人发表意见的具体内容。依据《民事诉讼法》第82条、《民事诉讼法解释》第123条第2款以及2019年修正的《民诉证据规定》第84条第2款的规定，专家辅助人出庭的活动范围仅限于专门性问题的事实查明，超出这一范围的其他问题，专家辅助人不能参与。因此，在庭审进行中，审判人员对涉及专门性问题的事实调查结束后，该专家辅助人应当退出审判区。例如，依据《最高人民法院关于审理医疗损害责任纠纷案件适用法律若干问题的解释》第14条的规定，专家辅助人发表意见的范围包括但不限于鉴定意见，还可以是某些专业问题，比如有关诊疗过错及因果关系问题、某些疑难的法律适用问题等，但无论如何，专家辅助人的陈述都要限定在事实认定方面，有关法律适用问题，则要由人民法院依法作出相应的价值判断。如果专家辅助人在有关专门性问题的事实调查过程中超出专门性问题范围发表意见的，审判人员应当及时制止。专家辅助人因此扰乱庭审秩序的，则应当依法予以制裁。

在此需要注意的是，专家辅助人制度的主要功能之一在于弥补当事人对于鉴定意见质证能力的不足，即一方当事人申请鉴定后，另一方当事人可以申请专家辅助人出庭作证。但实践中也不限于此，申请鉴定的一方当事人也可以依法申请专家辅助人围绕鉴定意见发表意见，同时也可以就其他专门性事实问题发表意见。

第四，关于专家辅助人提出意见的科学性问题。有观点认为，专家辅助人是为了保证当事人有效行使对鉴定人进行交叉询问的权利，法律允许其分别聘请具有专门知识的辅助人为本方当事人的利益，进行一系列诉讼活动的诉讼参与人。这种说法有一定道理，专家辅助人一般由当事人一方聘请，为一方当事人发表意见。基于委托关系，此专家辅助人确实要为委托方利益服务。相较于鉴定人而言，其意见的中立性要薄弱一些。我们认为，虽然专家辅助人可以对其委托的一方当事人利益服务，但必须以客观陈述、尊重科学为前提。专家辅助人不应当为偏袒一方而故意出具歪曲的意见。

第五，人民法院审查鉴定意见时克服“外行”缺陷的方法。专家辅助人的出现，有效弥补了当事人对鉴定意见及其他专业问题知识的不足，有效增强了庭审的对抗性、实质化。但是由于专业限制的原因，法官可能会对鉴定意见以及当事人申请参加到诉讼中的专家辅助人提出的意见缺乏认知的能力，而专家辅助人通常又与当事人之间有委托关系，会为该委托方利益服务，这就导致即使在有专家辅助人参与情形下，法官仍可能会对鉴定意见或有关专业性问题无法辨别真伪，以至于影响诉讼效率和公正裁判。尤其是在鉴定意见和专家意见同样具有主观性特点的情况下，“科学知识的运用依赖于专家，专家是人因而具有多重属性。作为拥有专门知识的人，一方面专家可以正确运用自己掌握的科学知识和经验，对事实认定者感到不明确的数据进行合理的拼合或解释，帮助事实审理者理解证据或确定争议事实。另一方面，专家也可能误用科学原理和技术方法而形成错误的判断，误导事实认定者（包括法官、陪审团成员）作出错误的判断。”[①] 为克服法官对鉴定意见及专家意见的“外行”缺陷，国外多设立了技术陪审员制度。技术陪审员根据法院指令参与诉讼程序，特别是法院可指令技术陪审员出席全部或部分开庭审理，就有关类似问题向法院提出建议。技术陪审员与当事人不发生直接联系，因此具有独立性和中立性。与上述的技术陪审员类似，我国最高人民法院 2007 年发布了《最高人民法

① 常林：《谁是司法鉴定的“守门人”？——〈关于司法鉴定管理问题的决定〉实施五周年成效评析》，载《证据科学》2010 年第 5 期。

院技术咨询、技术审核工作管理规定》(法办发〔2007〕5号),明确通过司法技术人员的技术咨询和技术审核的方式来辅助法官科学审查鉴定意见。依据该规定第2条的规定,技术咨询是指司法技术人员运用专门知识或技能对法官提出的专业性问题进行解释或者答复的活动。技术审核是指司法辅助工作部门应审判、执行部门的要求,对送审案件中的鉴定文书、检验报告、勘验检查笔录、医疗资料、会计资料等技术性证据材料进行审查,提出审核意见的活动。上述通过司法技术人员技术咨询和技术审核的方法可以有效提升法官审查鉴定意见的认知能力,提高庭审质量,促进审判的科学化,同时也可以减少双方当事人以及有关司法辅助人对鉴定意见争议,提高诉讼效率,提高司法公信力。

第八十三条 勘验物证或者现场，勘验人必须出示人民法院的证件，并邀请当地基层组织或者当事人所在单位派人参加。当事人或者当事人的成年家属应当到场，拒不到场的，不影响勘验的进行。

有关单位和个人根据人民法院的通知，有义务保护现场，协助勘验工作。

勘验人应当将勘验情况和结果制作笔录，由勘验人、当事人和被邀参加人签名或者盖章。

【条文主旨】

本条是关于勘验程序与勘验笔录的规定。

【理解与适用】

一、勘验与勘验笔录的定义

在民事诉讼中，存在当事人争议的标的物无法移动或者难以携带、搬运到法院的情况。这些物件有时会成为人民法院审理案件的重要证据。在此情况下，人民法院就需要对这些物品进行勘验。按照大陆法系的理论，所谓勘验，指的是裁判官根据视觉、听觉等感官作用对事物的形状、性质、现象、状况予以感知，进而将感知的内容作为证据资料的证据调查方法。[①] 勘验的主要目的在于法官亲自体验物体而认识物体性状。[②] 比如，在因相邻关系而引起的纠纷中，观测纠纷发生的现场往往是法官把握待证事实的一个重要的步骤。在民事诉讼中，勘验是人民法院收集证据的重要方法，是法院获悉案件事实的相关信息的一种操作过程。也就是说，勘验本身并不是证据，而只是一种调查证据的方法，勘验的结果才是证据。从其他国家和地区的司法实践情况来看，勘验的结果可能不仅包括通过勘验制作的笔录，还包括通过勘验留在事实审理者大脑中的印象。

---

① ［日］伊藤真：《民事诉讼法（第四版补订版）》，曹云吉译，北京大学出版社 2019 年版，第 305 页。

② 陈荣宗、林庆苗：《民事诉讼法》（下），我国台湾地区三民书局 2021 年版，第 91 页。

勘验笔录是指为了查明案件事实，法院对与案件有关的物证或者现场进行勘察、检验后制作的笔录。根据《民事诉讼法》第66条的规定，勘验笔录属于法定证据类型之一，必须查证属实，才能作为认定事实的根据。勘验笔录既是一种独立的证据，也是一种能够固定和保全证据的方法。[①]《民事诉讼法》明确地将勘验笔录规定为证据形式，由此可见，在我国的民事诉讼中，勘验中能够作为证据使用的只有体现勘验过程和结果的勘验笔录，至于勘验留在法官大脑中的印象，只是影响法官对待证事实的心证因素，并不作为证据对待。

二、勘验与制作勘验笔录的程序

首先，根据本条的规定，勘验的标的为物证或者现场。物证是以物品的自身属性、外部特征和存在状况等证明案件事实的证据形式。从其概念出发，现场、痕迹等也可以被理解为包含于广义的物证范围内。在勘验过程中，可以采取测量、拍照、录音录像等多种检验方法，但在勘验标的涉及人的隐私和尊严时，如对伤痕、对身体的勘验，出于保护人权的考虑，特别应当注意对他人的隐私和尊严的尊重。对此，《民事诉讼法解释》第124条第1款明确规定："人民法院认为有必要的，可以根据当事人的申请或者依职权对物证或者现场进行勘验。勘验时应当保护他人的隐私和尊严。"同时，该条第2款还规定了勘验与鉴定互相牵连的情形，即："人民法院可以要求鉴定人参与勘验。必要时，可以要求鉴定人在勘验中进行鉴定。"

人民法院在认为有必要的情况下，可以根据当事人的申请或依职权对物证或者现场进行勘验。人民法院勘验物证或者现场时，勘验人必须出示人民法院的证件，以表明勘验人的身份和具体执行的勘验任务。同时，人民法院应当邀请勘验物件所在地的基层组织或者有关单位派人参加并且协助保护现场。比如，可以邀请当事人所在的工作单位、村民委员会、居民委员会、公安局派出所、人民调解委员会等组织派人参加。邀请当地基层组织或者有关单位参加勘验工作，有利于勘验工作准确、顺利地进行，保障当事人相关的诉讼权益。并且，依据本条和《民事诉讼证据规定》第43条的规定，人民法院应当在勘验前将勘验的时间和地点通知当事人。

---

① 江伟、肖建国主编：《民事诉讼法》，中国人民大学出版社2018年版，第190页。

当事人不参加的，不影响勘验进行。人民法院勘验时，如果当事人是公民的，应当通知当事人或者他的成年家属到场；如果当事人是法人或者非法人组织的，应当通知其法人代表或者其他组织的负责人到场，以便他们能了解勘验的情况，保护其合法的权利。当事人或者其成年家属、法人代表或者有关组织的负责人拒不到场的，不影响人民法院的勘验工作，勘验工作可以照常进行。同时，人民法院也不能以当事人经通知未参加勘验活动为由取消应当开展的勘验活动。

其次，本条第 2 款规定："有关单位和个人根据人民法院的通知，有义务保护现场，协助勘验工作。"有关单位和个人有义务保护现场，协助人民法院的勘验工作。在接到人民法院的通知后，有关单位和个人应当对勘验现场进行保护，并配合人民法院完成勘验任务。人民法院的勘验是为查明案情而采取的措施之一。作为当事人，对于人民法院的勘验活动，负有协助、配合义务。为保障勘验结果的正确性，当事人应参与人民法院的勘验活动，就相关勘验事项在勘验过程中进行解释和说明，也可以请求人民法院注意勘验中的重要事项，以协助人民法院工作的顺利实施。这对于人民法院通过勘验活动查明案件真相具有重要意义。例如，在林木种植纠纷中，当事人对林木的种植面积、生长、位置等情况的解释和说明，对于人民法院顺利进行勘察并对纠纷作出正确的判断意义重大。又比如，对于当事人之间的宅基地纠纷，在人民法院对争议的现场进行勘验时，当事人对宅基地位置、面积、四至范围、现有状况的解释和说明，对人民法院通过勘验笔录的形式客观反映原貌较为重要。

最后，勘验人应当将勘验情况和结果制作笔录，由勘验人、当事人和被邀参加人签名或者盖章。勘验笔录的内容反映人民法院对勘验物证、现场的存在状况、存在时空以及相关属性的勘察结果，勘验笔录是人民法院勘验活动的成果。在诉讼中，作为证据使用的勘验笔录，影响案件基本事实的认定，关涉当事人的民事权益，为此，勘验笔录的制作应当符合法律规定的条件和要求。对此，《民事诉讼证据规定》进一步细化了本法关于制作勘验笔录的相关规定，第 43 条第 3 款规定："人民法院勘验物证或者现场，应当制作笔录，记录勘验的时间、地点、勘验人、在场人、勘验的经过、结果，由勘验人、在场人签名或者盖章。对于绘制的现场图应当注明绘制的时间、方位、测绘人姓名、身份等内容。"因为勘验程序由法官亲自实施，一般情况下又有双方当事人在场，勘验的过程实质上已经把证据的收集提取和某种程度的审查结合到一起。把有法官和双方当事人签字确认的勘验笔录作为证据资料，对其真实性、可靠性一般都不会产生疑问，然后再经过开庭质证，勘验笔录基本上都能够作为定案的根据而被采用。目前实务中围绕这一证据种类也较少出现问题或者引发学术上的争论。[①] 在此需要注意的是，勘验笔录的制作主体或者说勘验主体并非限定于法官，对于勘验物证、现场涉及较为专业的问题，可委托具有专门知识的人进行。另外，勘验笔录作为证据之一，人民法院在开庭审理时，应当当庭宣读，以便双方当事人以及其他到庭人员了解勘验的情况和结果。

【审判实践中应当注意的问题】

对于本条的理解和适用，应当注意把握以下问题：

一、勘验启动的方式和条件

勘验是法院的职权，这是世界各国的通例。在勘验的启动上，也普遍承认法院可以根据当事人的申请进行勘验，也可以由法院依职权决定启动勘验程序。根据《民事诉讼法解释》第 124 条第 1 款规定，人民法院认为有必要的，可以根据当事人的申请或者依职权对物证或者现场进行勘验。由此，我国启动勘验的方式存在两种情形，即根据当事人的申请启动和人民法院依职权启动。勘验作为人民法院调查收集证据的职权，其启动应当符合人民法院调查收集证据的条件。但是由于勘验本身既是调查收集证据以形成勘验笔录的方法，同时也是核实证据的方法，如对物证的核实。因此，在人民法院依职权启动勘验程序时，不必像人民法院依职权调查收集证据时严格限于法定情形，而是由人民法院根据具体情况来决定。[②]

审判实践中应当注意的是，无论当事人申请勘验还是法院依职权进行勘验，都需要满足"有必要进行勘验"的启动条件。这种必要性，需要由人民法院结合案件的具体情况进行判断。一般而言，可以从与案件事实的关联性、是否属于要件事实中的重要事项、是否属于勘验标的的性状可能发生变更的情况、待证事实是否已经清楚等多个方面进行综合判断。

---

① 王亚新、陈杭平、刘君博：《中国民事诉讼法重点讲义》，高等教育出版社 2017 年版，第 85 页。

② 最高人民法院民法典贯彻实施工作领导小组办公室编著：《最高人民法院新民事诉讼法司法解释理解与适用》，人民法院出版社 2022 年版，第 326 页。

此外，勘验是法院比较特殊的职权行为，既可以被理解为调查收集证据的方式，也可以被理解为核实证据的手段。因此，在勘验的启动上，人民法院可以根据当事人的申请或者依职权决定启动勘验程序。

二、关于勘验中专门性问题的处理问题

勘验过程中，可能会涉及专门性的问题。对于这些专门性问题，如果不超过一般人常识的范围，勘验人即可以作出判断，则没有鉴定的必要。但如果法官无法通过勘验的方法查明专门性问题，则需要在勘验过程中进行鉴定。对于此种情形，《民事诉讼法解释》第 124 条第 2 款明确规定："人民法院可以要求鉴定人参与勘验。必要时，可以要求鉴定人在勘验中进行鉴定。"

在司法实践中，在鉴定过程中可能也会发生需要对物证、现场等进行勘验的情形，在这种情况下，从节约诉讼资源、方便案件审理的角度出发，应当综合运用勘验和鉴定两种调查收集证据的方法。这也是《民事诉讼法解释》第 124 条第 2 款规定的目的所在。

三、关于勘验笔录的制作要求问题

在司法实践当中，为确保勘验笔录制作的完整性、客观性，勘验笔录在制作过程中有以下几个方面的要求：

首先，勘验笔录的内容应当如实记载勘验当时的客观情况，不能掺杂勘验人员的主观推测和分析判断的内容，做到如实反映，全面记载，不扩大、不缩小、不走样。

其次，勘验笔录文字的记载内容应明确，不能模棱两可、左右摇摆，不能采用诸如"大概""可能""好像""差不多"等语焉不详的词语。

再次，勘验笔录为勘验过程中即时作出，完整地反映勘验的经过和结果，不能在勘验程序结束后事后补记。

最后，为体现勘验的程序公开性和结果公正性，勘验过程应依法邀请当地基层或者当事人所在单位人员参加，并在笔录上签字。

四、关于勘验笔录可否不经过当事人质证的问题

在实务中，人民法院勘验活动的开展通常基于当事人的申请或者依职权进行。不论勘验活动以何种方式开启，作为证据使用的勘验笔录，应当

经过当事人的庭审质证，通过双方当事人对勘验笔录的庭审对抗活动，保障当事人的程序权益，以便人民法院对勘验笔录的证据能力、证明力大小作出认定，最终认定案件事实。但是，司法实务中，仍然存在一些错误的认识。比如，有观点认为，对于依职权启动的勘验程序，法官亲自参与了勘验活动，勘验笔录的结论具有当然的正确性。当事人对勘验笔录是否进行庭审质证，均不影响案件事实的认定。由此，勘验笔录即使在未经当事人庭审质证的情况下，也可以作为认定案件基本事实的证据。我们认为，该观点存在不当。根据《民事诉讼法》第141条的规定，在法庭调查时应当宣读勘验笔录。《民事诉讼法》第142条规定："当事人在法庭上可以提出新的证据。当事人经法庭许可，可以向证人、鉴定人、勘验人发问。当事人要求重新进行调查、鉴定或者勘验的，是否准许，由人民法院决定。"由此可知，勘验笔录为庭审调查的内容之一，且当事人经法庭许可，可以向勘验人发问，对勘验有异议的，有权要求重新进行勘验等。因此，对于作为证据使用的勘验笔录，应依法保证当事人质证的权利。当事人要求重新进行勘验的，人民法院应根据当事人的异议事由，依法决定是否准许。[①]

① 最高人民法院民事审判第一庭编著：《最高人民法院新民事诉讼证据规定理解与适用》，人民法院出版社2020年版，第423~424页。

第八十四条 在证据可能灭失或者以后难以取得的情况下，当事人可以在诉讼过程中向人民法院申请保全证据，人民法院也可以主动采取保全措施。

因情况紧急，在证据可能灭失或者以后难以取得的情况下，利害关系人可以在提起诉讼或者申请仲裁前向证据所在地、被申请人住所地或者对案件有管辖权的人民法院申请保全证据。

证据保全的其他程序，参照适用本法第九章保全的有关规定。

【条文主旨】

本条是关于证据保全的适用条件和程序的规定。

【理解与适用】

证据保全是指法院在起诉前或在对证据进行调查前，依据申请人、当事人的请求，或依职权对可能灭失或今后难以取得的证据，予以调查收集和固定保存的行为。[①] 证据保全制度肇始于寺院法，后为德国普通法所继受，并为大陆法系国家所普遍认可。英美法系国家由于其特有的审判模式和举证规则所限，并未产生完整意义上的证据保全制度，而是在一定程度上由“执达员笔录”或者由紧急审理法官“命令进行”验证来弥补。证据保全的目的在于事先防范，也就是使证据经由法院的调查固定，从而避免因情势变化、物理上的变化等原因或者其他意外情况的出现而发生灭失或者无法使用的情形。

证据保全属于诉讼行为还是非诉讼行为，学界存在不同的观点。主张为非诉讼行为的观点认为，诉前证据保全是在诉讼系属之前进行的，故应为非诉讼行为；主张诉讼行为的观点认为，证据保全程序规定于诉讼法中，属于证据调查的特别规定，其程序开始基于法定原因，保全的证据双方当事人均可利用，有关费用也属于诉讼费用的组成部分。即使诉前证据保全，也是针对将来的诉讼行为，可以产生诉讼上的效果。我国学者多赞

① 参见毕玉谦主编：《证据法要义》，法律出版社 2003 年版，第 523 页。

同证据保全为诉讼行为的观点，“证据保全是在证据可能灭失或今后难以取得的情况下，法院依申请或依职权采取的固定与保护措施，是法院的一种诉讼行为；同时，也是法院依申请或依职权对证据的预先调查活动，存在于法庭审理开始之前或诉讼受理之后，是一种法定的诉讼程序”①。也有学者认为，证据保全从总括意义上而论，属于诉讼行为与准诉讼行为相结合的二元制结构。“对于诉讼开始之后的特定阶段所实施的证据保全措施，作为一种诉讼行为来看待是实为切合实际的一种态度……当事人之所以在诉讼上提出证据保全申请，是因为有关当事人向法院提出了事实主张而应当承担证明责任，并且当事人用来证明其事实主张的有关证据遇到了将要灭失或者今后难以取得的特别情况，故在此种情况下，由当事人提出的证据保全申请显然属于一种诉讼行为。但是，在诉讼形成之前而进行的证据保全程序所保全的证据，有时并不排除事后有关利害关系人并不提起诉讼的可能……因此这种程序下所实施证据保全的行为，其行为属性如界定为诉讼行为则实难与实际情况相符，如界定为准诉讼行为则更为妥当。”②

建立和完善证据保全制度，主要是基于两方面的考虑，避免证据丧失其证明案件事实的价值：（1）证据可能由于自身的原因发生自然变化，如不及时采取一定的措施，证据可能灭失；（2）证据持有人有可能毁损、转移、藏匿、篡改证据，从而使证据灭失或者无法取得。因此，设立证据保全制度的首要目的就是要固定和保存证据，使其发挥证明案件事实、发现真相的作用。建立起较为全面的证据保全制度能够满足诉讼实践的客观需要和更好地维护当事人合法权益。同时，民事案件数量不断增长，诉讼压力不断加大，为了实现预防诉讼，促进诉讼集中化审理和多元化解决纠纷之目标，两大法系国家纷纷对证据保全制度作出规定，延伸了证据保全制度确定事实、诉讼外解决纠纷的功能和作用。

2023 年修正后的《民事诉讼法》第 84 条未做修改。2012 年《民事诉讼法》第 81 条对 2007 年《民事诉讼法》第 74 条作了四处修改：（1）在 2012 年《民事诉讼法》第 81 条第 1 款将 2007 年《民事诉讼法》第 74 条的“诉讼参加人”修改为“当事人”；（2）在 2012 年《民事诉讼

---

① 肖建华主编：《民事证据法理念与实践》，法律出版社 2005 年版，第 294 页。

② 毕玉谦：《民事证据原理与实务研究》，人民法院出版社 2003 年版，第 420~421 页。

法》第 81 条第 1 款将 2007 年《民事诉讼法》第 74 条第 1 款增加了当事人申请证据保全的适用条件“在诉讼过程中”；（3）在 2012 年《民事诉讼法》第 81 条增加一款，作为第 2 款，规定：“因情况紧急，在证据可能灭失或者以后难以取得的情况下，利害关系人可以在提起诉讼或者申请仲裁前向证据所在地、被申请人住所地或者对案件有管辖权的人民法院申请保全证据。”（4）在 2012 年《民事诉讼法》第 81 条增加一款，作为第 3 款，规定：“证据保全的其他程序，参照适用本法第九章保全的有关规定。”

在 2012 年《民事诉讼法》修正过程中，最高人民法院曾经提出，在 2007 年《民事诉讼法》第 74 条增加一款，作为第 2 款，规定：“因情况紧急，在证据可能灭失或者以后难以取得的情况下，利害关系人可以在起诉前向人民法院申请保全证据。”同时，增加第 3 款：“利害关系人申请诉前证据保全，适用本法第九十三条的规定。”之所以提出以上修改建议主要考虑到：（1）2007 年《民事诉讼法》对证据保全仅作了原则性的规定，而且该法仅对诉讼中证据保全作出了明确的规定，而对诉前的证据保全则没有加以规定。对于诉前证据保全的规定，在《民事诉讼证据规定》第 23 条作了有限的确立。该规定丰富了我国的证据保全制度，在解决海事纠纷和知识产权的纠纷中取得了较好的实践效果，需要立法予以吸收。（2）主张权利的人在提起诉讼前就收集证据，证明纷争事实，固定争议焦点，将有助于双方当事人预测裁判结果，从而促进诉讼和解达成，达到提高司法效率的目的。（3）当事人诉讼中向法院申请证据保全，能够及时调查收集证据并根据该证据材料研判纷争的实际状况，就特定事实、证据或其他事项达成共识，法院在审理该案时也可以减少争点，从而节省法院及当事人进行诉讼所需要的劳力、时间或费用，达到诉讼经济的目的。2012 年《民事诉讼法》吸收了司法解释的合理部分和我们的立法建议，进一步完善了证据保全制度，以满足我国民事诉讼实践的客观需要和最大限度地维护当事人的合法权益。

一、关于证据保全程序的启动

证据保全程序的启动可以分为两种情况：（1）依当事人、利害关系人申请启动；（2）法院依职权启动。2007 年《民事诉讼法》规定可以向法院提出申请的是诉讼参加人，现行规定在原规定的基础上将诉讼参加人进一步限定为当事人，同时增加了利害关系人也可以向法院提出证据保全申请的规定。法院依职权启动证据保全程序，2007 年《民事诉讼法》已作了规定，2012 年《民事诉讼法》规定是对原有内容的保留。《民事诉讼法解释》第 98 条明确了证据保全启动的程序。当事人根据《民事诉讼法》第 84 条第 1 款规定申请证据保全的，可以在举证期限届满前书面提出。证据保全可能对他人造成损失的，人民法院应当责令申请人提供相应的担保。

二、关于证据保全适用的条件

证据保全的适用条件，是指法院裁定采取证据保全措施应具备何种条件。根据《民事诉讼法》第 84 条规定，证据保全应当具备以下条件：（1）申请人应当是本案当事人、利害关系人，或者法院主动依职权采取；（2）申请人应提供存在紧急情况，证据可能灭失或者以后难以取得的证据；（3）当事人申请证据保全以及法院依职权启动证据保全程序均应在诉讼过程中，利害关系人申请证据保全应在诉前提出申请；（4）向有管辖权的法院提出申请；（5）人民法院要求申请人提供担保的，申请人应当提供。

三、证据保全的管辖

大陆法系国家的立法对诉前证据保全和诉中证据保全均作出了明确规定，这两种不同的证据保全其管辖法院也不同。根据我国的海事诉讼法律和有关知识产权法律的规定，海事案件的诉前证据保全由证据所在地的海事法院管辖，知识产权案件的诉前证据保全由侵权行为地或被申请人住所地的法院管辖。根据《民事诉讼法》第 84 条第 1 款规定，当事人可以在诉讼过程中向人民法院申请保全证据，管辖法院应当理解为对案件有管辖权的法院。根据该条第 2 款规定，利害关系人可以在提起诉讼或者申请仲裁前申请保全证据，管辖法院为证据所在地、被申请人住所地或者对案件有管辖权的人民法院。根据该规定，申请人享有选择权，更加便利当事人提出申请，更能充分保护当事人合法权益。其中，对于“对案件有管辖权的人民法院”的理解，是指对申请人与被申请人之间民事纠纷有管辖权的人民法院。例如，如果申请人基于被申请人侵害其专利权而提起诉前保全申请，其与被申请人的纠纷属于专利侵权纠纷，该纠纷应由侵权行为地或被申请人住所地法院管辖。此时，申请人可以在起诉或者申请仲裁前向侵权行为地法院提出保全申请。基于诉前保全的紧急性，由被保全证据所在地、被申请人住所地等法院管辖，能够及时有效地采取措施保护申请人利益。

【审判实践中应当注意的问题】

对于证据保全的范围，法律和司法解释均无限制性规定，原则上各种证据形式均可以成为证据保全的对象，只不过根据证据形式和具体情况的不同，采取不同的保全方法，如对于证人证言，可以采取提前询问或者制作笔录的方式进行保全。此外，保全的证据是用以证明双方当事人之间争议事实的证据，因此保全的证据并非仅供申请人在诉讼中作为支持自己事实主张的依据，双方当事人对保全的证据均可以加以利用。

证据保全依发生的时点不同，分为诉前证据保全和诉讼证据保全两种情形。诉前证据保全是指在起诉前，有关权利义务争议的证据面临灭失或者以后难以取得的情形，利害关系人为避免其合法权益遭受难以弥补的损害，在起诉前申请人民法院对有关证据采取提取、封存等强制措施。诉讼证据保全是在诉讼过程中发生证据可能灭失或者以后难以取得的情形，法院根据当事人的申请或者依职权采取的固定和保存证据的行为。

本条规定了证据保全的适用条件和程序。司法实践中，需要注意本条与相关法律法规、司法解释的衔接问题。（1）《民事诉讼法》第9章规定了保全的程序、诉前保全的担保以及保全的解除等内容，证据保全亦应当参照适用；（2）《海事诉讼特别程序法》用第5章专章专门规定了海事诉讼中的证据保全，《商标法》《著作权法》都对证据保全作了专门规定，以上特别规定应当适用于相关案件的证据保全；（3）《民事诉讼法解释》第98条规定：其一，当事人根据《民事诉讼法》第84条第1款规定申请证据保全的，可以在举证期限届满前书面提出。其二，证据保全可能对他人造成损失的，人民法院应当责令申请人提供相应的担保。当事人的申请行为，被视为当事人举证行为的一种特殊情况对待，这是最高人民法院自2001年《民事诉讼证据规定》实施以来的一贯立场。2019年修正、2020年5月1日实施的《民事诉讼证据规定》第25条第2款再次对此作出明确规定。因此，申请证据保全行为需要与举证行为一样遵守举证期限的要求。要求当事人以书面方式提出申请，主要是考虑对证据的保全行为涉及诉讼的实体内容，对当事人的权利影响较大，故在程序上应当较为正式。（4）2019年《民事诉讼证据规定》第26条规定："当事人或者利害关系人申请采取查封、扣押等限制保全标的物使用、流通等保全措施，或者保全可能对证据持有人造成损失的，人民法院应当责令申请人提供相应的担保。担保方式或者数额由人民法院根据保全措施对证据持有人的影响、保全标的物的价值、当事人或者利害关系人争议的诉讼标的金额等因素综合确定。"第27条并规定了证据保全的方法。（5）《最高人民法院关于生态环境侵权民事诉讼证据的若干规定》第12条规定："当事人或者利害关系人申请保全环境污染、生态破坏相关证据的，人民法院应当结合下列因素进行审查，确定是否采取保全措施：（一）证据灭失或者以后难以取得的可能性；（二）证据对证明待证事实有无必要；（三）申请人自行收集证据是否存在困难；（四）有必要采取证据保全措施的其他因素。"与《民事诉讼法》第84条相较，其适用条件增加了第2项、第3项内容，人民法院在审理环境污染责任纠纷案件、生态破坏责任纠纷案件和生态环境保护民事公益诉讼案件中，应按照特别规定决定是否采取保全证据的相关措施。

在《民事诉讼法》于2012年修正之前、原第74条规定，在证据可能灭失或者以后难以取得的情况下，诉讼参加人可以向人民法院申请保全证据，人民法院也可以主动采取保全措施。从该条内容可以看出，当时我国民事诉讼在立法上并不承认诉前证据保全。诉前证据保全最初规定在1999年的《海事诉讼特别程序法》之中。其后，2001年修正的《著作权法》《商标法》《最高人民法院关于对诉前停止侵犯专利权行为适用法律问题的若干规定》（已失效）也对诉前证据保全作出规定。因此，2001年《民事诉讼证据规定》第23条第3款规定："法律、司法解释规定诉前保全证据的，依照其规定办理。"这些法律、司法解释规定的诉前证据保全制度在实践中的适用，为立法上增加诉前证据保全的规定积累了丰富的实践经验。2012年《民事诉讼法》第81条第2款规定诉前证据保全，既满足了审判实践的需求，也与其他实体法相衔接。在诉讼证据保全中，对于人民法院依职权采取证据保全措施的，由于自2001年《民事诉讼证据规定》实施以来，最高人民法院对于人民法院的职权行为，如委托鉴定，一直理解为在性质和规则上与人民法院调查收集证据的行为相同，故人民法院依职权进行证据保全应当遵循人民法院依职权调查收集证据相同的原则和条件。

根据本条的内容，结合诉讼证据保全的特点和立法的规定，当事人申请诉讼证据保全的，应当符合如下条件：其一，申请保全的证据在形式上对案件事实的证明有意义，即保全的证据与待证事实之间在形式上具有关联性。至于实质上是否相关联、证明价值大小，属于证据实质审查的问题，并不在人民法院审查证据保全申请的考虑之列。其二，证据有灭失或者以后难以取得的可能，即如不采取保全措施，证据将不复存在，或者即使存在也难以调取。其三，申请应当在举证期限届满前以书面方式提出。当事人的申请行为，被视为当事人举证行为的一种特殊情况对待，这是最高人民法院自 2001 年《民事诉讼证据规定》实施以来的一贯立场，因此，申请证据保全行为需要与举证行为一样遵守举证期限的要求。要求当事人以书面方式提出申请，主要是考虑对证据的保全行为涉及诉讼的实体内容，对当事人的权利影响较大，故在程序上应当较为正式。

证据保全的目的在于固定证据，因此证据保全一般不会对被保全的证据持有人造成经济上的损失。但如果被保全的证据本身为财物，或者由于保全方法本身的特点，可能给证据持有人造成财产上损失时，申请证据保全的当事人有提供担保的必要，人民法院应当责令其提供相应的担保。根据 2019 年修改的《民事诉讼证据规定》第 27 条第 2 款的规定，证据保全的方法包括查封、扣押、录音、录像、复制、鉴定、勘验等。其中查封、扣押既是调查取证和证据保全的方法，也是执行措施，对于房产、有价证券等采取查封、扣押措施进行证据保全的，可能会对财产交易价值造成影响，人民法院可以根据具体情况决定是否要求申请人提供担保。鉴定、勘验的方法，如果可能对证据本身的财产价值造成损害的，也属于应当提供担保的情形。录音、录像、复制的方法，为单纯的固定证据的手段，一般不会对证据本身造成损害，则无提供担保的必要。

第七章　期间、送达

第一节　期　间

第八十五条　期间包括法定期间和人民法院指定的期间。

期间以时、日、月、年计算。期间开始的时和日，不计算在期间内。

期间届满的最后一日是法定休假日的，以法定休假日后的第一日为期间届满的日期。

期间不包括在途时间，诉讼文书在期满前交邮的，不算过期。

【条文主旨】

本条是关于期间种类和期间计算的规定。

【理解与适用】

从法律概念含义上讲，期间应属于期限的一种，学理上通常归入“时间”的范畴。期限，即是民事法律关系产生、变更和终止的时间。[①]《民事诉讼法》规定期间的目的，在于保证当事人和其他诉讼参加人及时行使诉讼权利，履行诉讼义务，节省时间、人力和物力，使人民法院及时地进行审判，使当事人的民事争议及时得到解决，保证诉讼行为的有效性，稳定民事诉讼关系。[②]

---

① 最高人民法院民法典贯彻实施工作领导小组编著:《中华人民共和国民法典总则编理解与适用》，人民法院出版社 2020 年版，第 1013 页。

② 王胜明主编:《中华人民共和国民事诉讼法释义（最新修正版）》，法律出版社 2012 年版，第 188 页。

一、期间和期日

期限分为期日和期间。期日和期间可以独立发生作用，也可以与其他事实结合，以成立特殊法律事实的形式发挥作用。在前一种作用方式，期日和期间仅具有时间标志或度量的意义，用以确定某种法律事件或法律效果存在的时点或时段，如出生时间、死亡时间等为时间点，就是期日；限制行为能力的期间、特定权利的存续期间等都是时间段，即期间；这两种期限都可以单独作为法律事实存在，发生法律后果。在后一种作用形式，期日和期间以构成法律事实的形式，发挥更为复杂的作用，即引起某种法律效果的发生。如果期间与不行使权利的事实结合，构成诉讼时效，导致抗辩权发生的法律后果。期限制度贯穿着整个民法的始终，是影响民事法律关系的重要法律事实之一，其法律效果通常依据不同的法律关系而有不同效果。期间和期日有以下几个区别：第一，期日表现的是时间点，只规定开始的时间，不规定终止的时间；而期间表现的是时间段，即时段，是以一定时点为起点，以到达另一时点为终点，期间延续的时间长度。期间必有一定长度，并且有始有终。第二，期日被确定后，要求人民法院和当事人以及其他诉讼参与人，必须在该期日会合在一起进行某种诉讼行为；而期间则自始至终是各诉讼主体单独进行诉讼行为。第三，期日都是由人民法院指定的；而期间有的由法律规定，有的由人民法院指定。第四，期日因特殊情况的发生可以变更；而期间有的可以变更，有的不能变更。

二、期间的种类

按照不同标准可以分为：法定期间和指定期间；不变期间和可变期间。[①]

1. 以期间是法律规定还是法院指定为标准，可以分为法定期间和指定期间。法定期间，是指法律直接规定的期间。比如，立案期间是 7 日，从人民法院接到诉状或者口头起诉之日起算；申请执行的期间为 2 年等。法定期间的意义在于，法律规定某项诉讼行为在一定的期间内进行，如果超过规定的期间，所进行的诉讼行为将不发生法律效力。[②]法定期间具有

---

① 王胜明主编：《中华人民共和国民事诉讼法释义（最新修正版）》，法律出版社 2012 年版，第 188 页。

② 江必新主编：《新民事诉讼法条文理解与适用》，人民法院出版社 2022 年版，第 376 页。

确定性的特点，即除法律另有规定外，人民法院不得依职权或者依当事人申请而改变法定期间，即不得延长或者缩短法定期间。指定期间，是指人民法院根据案件具体情况依职权确定的期间。比如，法院指定当事人补充材料的期间。指定期间是对法定期间的必要的补充，具有灵活性的特点。人民法院可根据具体情况指定某一诉讼行为的实施期间，同时可以适当延长或者缩短，甚至还可以取消原来指定的期间。指定期间应当明确、具体，同时要与相关诉讼行为的实施要求相适应，既不能过长亦不能过短，过长会迟延诉讼的进行和案件的审结，过短会限制诉讼参加人行使诉讼权利。此外，人民法院在指定期间时，不应当与法定期间相冲突。

2. 以期间能否变更为标准，可以将期间分为不变期间和可变期间。不变期间，是指在规定的期间内，除法律另有规定的情况外，不准许法院延长或者缩短的期间。[①] 例如，上诉期间、申请再审的期间等。在不变期间内应当进行的诉讼行为没有进行，权利人就丧失了该项诉讼权利。比如，不在上诉期间内提起上诉，就丧失了上诉权，判决或者裁定即发生法律效力。可变期间，是指期间一经确定，因发生特殊情况，在确定的期间内进行诉讼行为有困难，如因发生地震道路不通，因重病住院不能出庭等，法院根据当事人的申请或者依职权变更原定的期间。指定期间都是可变期间；法定期间依照法律规定可以变更，法律没有规定的不能变更。

三、期间的计算

期间的计算，直接关系到诉讼当事人及其他诉讼参与人依法行使诉讼权利和履行诉讼义务，因而不是一个简单的技术性问题。根据《民法典》第 201 条规定："按照年、月、日计算期间的，开始的当日不计入，自下一日开始计算。按照小时计算期间的，自法律规定或者当事人约定的时间开始计算"。在计算期间时，应当注意以下几个方面的要求：

1. 期间以时、日为单位计算的。根据本条第 2 款和《民事诉讼法解释》第 125 条规定，开始的时、日不计算在期间内，而是从下一个小时或次日开始计算。比如当事人提出的保全申请，情况紧急的，人民法院必须在四十八小时内作出裁定。如果当事人是在下午三时提出保全申请，则

---

① 王胜明主编：《中华人民共和国民事诉讼法释义（最新修正版）》，法律出版社 2012 年版，第 189 页。

期间应从下午四时开始计算。

2. 期间以年、月为单位计算的。如果期间是以月为单位计算的，一月一般按公历中的月份天数计算，不分大月、小月。如果期间是以年为单位计算的，一年一般按365天计算，不分平年、闰年。另外，根据《民法典》第202条规定，按照年、月计算期间的，到期月的对应日期为期间的最后一日；没有对应日的，月末日为期间的最后一日。所谓对应日，应是指期间起算当日所对应的以日为单位的时间，而非开始的当日的下一日的对应日。到期月的对应日为期间的最后一日。比如约定期间为自2020年3月17日起一年内履行债务，则该债务履行期间届满的对应日就是2021年3月17日。没有对应日的，月末日为期间的最后一日，这主要是指2月29日和2月28日的情形，比如上述约定的是2015年2月29日起两年内履行债务，则该债务履行期间届满的对应日就是2017年2月28日，因为公历2017年2月没有29日。还有就是约定以月为计算单位的情形下的31日和30日，比如2016年2月29日起6个月内履行债务，则2016年8月31日为对应日，即此日时间届满。

3. 特定期间届满日的计算。根据《民法典》第203条规定："期间的最后一日是法定休假日的，以法定休假日结束的次日为期间的最后一日。期间的最后一日的截止时间为二十四时；有业务时间的，停止业务活动的时间为截止时间"。即按照《民法典》第202条规定计算的期间的最后一日正好是法定休假日的，则以法定休假日结束的次日为期间的最后一日，由此确立了将法定休假日为最后一日情形的排除在期间计算之内的做法。

对于本条的理解，要注意对法定休假日的准确界定。法定休假日的范围要广于法定节假日。依据《全国年节及纪念日放假办法》第2条的规定："全体公民放假的节日：（一）新年，放假1天（1月1日）；（二）春节，放假3天（农历正月初一、初二、初三）；（三）清明节，放假1天（农历清明当日）；（四）劳动节，放假1天（5月1日）；（五）端午节，放假1天（农历端午当日）；（六）中秋节，放假1天（农历中秋当日）；（七）国庆节，放假3天（10月1日、2日、3日）。"第6条规定："全体公民放假的假日，如果适逢星期六、星期日，应当在工作日补假。部分公民放假的假日，如果适逢星期六、星期日，则不补假。"依据《国务院关于职工工作时间的规定》第7条第1款的规定："国家机关、事业单位实行统一的工作时间，星期六和星期日为周休息日。"由此确立了我国通俗意义上的双休制度。目前理论和实务上均认为，星期六和星期日以及上述法定节假日作为计算期间的法定休假日。在解释上讲，法定休假日应当是适用于社会不特定公众，并为人们所熟知的特定日期，对于特定职业或者特定人员、特定时期的休息日，比如婚丧假、年假等情形，这都会因人而异，不能作为计算期间中法定休息日。

4. 期间不包括在途时间。所谓的在途时间，是指人民法院邮寄诉讼文书，或者当事人邮寄诉讼文书在旅途中所用去的时间。正因为期间不包括在途时间，所以诉讼文书在期满前交邮的不算过期。如上诉状只要在法定期间届满前交邮，即使人民法院收到时已逾上诉期限，也不能认为逾期上诉。确定诉讼文书是否于期间届满前交邮，不是以诉讼文书到达地邮局邮戳上的时间为标准，而是以诉讼文书邮寄地邮局邮戳上的时间为标准，并且以时为标准。[①]

【审判实践中应当注意的问题】

一、上诉期间的起算时间

《民事诉讼法》第 171 条规定，当事人对判决书不服的上诉期间是 15 天，对裁定书不服的上诉期间是 10 天。根据《民事诉讼法解释》第 244 条规定，上诉期间应从每个有上诉权的当事人各自收到判决书、裁定书之日起算，任何一方均可在自己的上诉期内上诉，只有在所有有上诉权的当事人的上诉期限都届满而没有提起上诉情况下，判决和裁定才发生法律效力。[②]

二、申请再审期间及其起算点计算

根据《民事诉讼法解释》第 127 条规定，申请再审的期间为不变期间，不存在中止、中断的情况。六个月的期限是从判决、裁定发生法律效力开始起算。但在以下情况下，当事人在判决、裁定发生法律效力后，期间及其起算点是不同的：（1）判决、裁定发生法律效力后，发现有新的

---

① 最高人民法院民法典贯彻实施工作领导小组办公室主编：《最高人民法院新民事诉讼法司法解释理解与适用》，人民法院出版社 2022 年版，第 328 页。

② 最高人民法院民法典贯彻实施工作领导小组办公室主编：《最高人民法院新民事诉讼法司法解释理解与适用》，人民法院出版社 2022 年版，第 516 页。

证据，足以推翻原判决裁定的，当事人自知道或者应当知道之日起六个月内申请再审。（2）判决、裁定发生法律效力后，发现原判决裁定认定事实的主要证据是伪造的，当事人自知道或者应当知道之日起六个月内申请再审。（3）判决、裁定发生法律效力后，据以作出原判决、裁定的法律文书被撤销或变更的，当事人自知道或者应当知道之日起六个月内申请再审。（4）判决、裁定发生法律效力后，发现审判人员审理该案件时有贪污受贿，徇私舞弊，枉法裁判行为的，判决、裁定发生法律效力后。[①]

三、法定休假日的认定

实务上有一定争议的是，《全国年节及纪念日放假办法》第3条规定："部分公民放假的节日及纪念日：（一）妇女节（3月8日），妇女放假半天；（二）青年节（5月4日），14周岁以上的青年放假半天；（三）儿童节（6月1日），不满14周岁的少年儿童放假1天；（四）中国人民解放军建军纪念日（8月1日），现役军人放假半天。"此外，该办法第4条规定："少数民族习惯的节日，由各少数民族聚居地区的地方人民政府，按照各该民族习惯，规定放假日期。"这部分节假日是否属于上述的法定休息日，从而对于期间计算产生实质影响。我们倾向于认为，一方面这些假日不是针对所有人民群众，且除了儿童节之外，都是放假半天，其另外的半天就非法定休假日，故这些节日可能在总体上不能属于影响期间计算的日期，但如果当事人有特别约定的，当然要遵守该约定。此外该期间内义务的履行正好是针对该放假人员需要履行义务的情形，则仍有进一步探讨的必要，但在总体把握上要依照诚信原则和公序良俗原则的精神再处理。

① 最高人民法院民法典贯彻实施工作领导小组办公室主编：《最高人民法院新民事诉讼法司法解释理解与适用》，人民法院出版社2022年版，第331~332页。

第八十六条　当事人因不可抗拒的事由或者其他正当理由耽误期限的，在障碍消除后的十日内，可以申请顺延期限，是否准许，由人民法院决定。

【条文主旨】

本条是关于期间耽误和顺延的规定。

【理解与适用】

一、关于期间的耽误

期间的耽误，是指当事人在法定期间或者指定期间内没有完成一定的诉讼行为。[①] 期间耽误的原因可以分为两类。

（一）由于当事人的主观原因造成的

当事人主观上存在故意或者过失造成期间耽误。（1）故意，是指当事人已经预见到自己实施或者不实施某种行为，将会造成期间的耽误，却仍然实施或者不实施该行为，从而导致期间耽误这一结果的发生。如当事人明明知道不服一审民事判决的上诉期为 15 天，但却故意不在上诉期内提出上诉。（2）过失，是指当事人已经预见到自己实施或者不实施某种行为，可能会造成期间的耽误但其以为只要稍加小心或者采取某些措施就可以避免，或者当事人应当预见到自己实施或者不实施某种行为可能会造成期间的耽误，却没有预见到，从而造成了期间耽误这一结果的发生。如当事人接到一审民事判决书后，以为已经向法院邮寄上诉状，其实因为疏忽并没有邮寄，犹豫不决，导致错过了上诉期。

（二）由于不可归责于当事人的原因造成的

根据本条的规定，不可归责于当事人的原因，可以分为两种：一是不可抗拒的事由。依照《民法典》第 180 条规定，不可抗力是不能预见、不能避免且不能克服的客观情况。对“不可抗力”的理解，应是根据现有

① 江必新主编：《新民事诉讼法条文理解与适用》，人民法院出版社 2022 年版，第 380 页。

的技术水平，一般对某个事件发生没有预知能力。[①]从分类上讲，既有自然原因的不可抗力，比如地震、台风、海啸等，也有社会原因的不可抗力，比如战争、动乱等。二是其他正当理由。其他正当理由，是指造成期间耽误的原因，与当事人的主观原因无关，而是因为其他客观情况造成的。如当事人身患重病住进医院，不能按照法院指定的日期出庭。

二、关于期间的顺延

《民事诉讼法》规定期间的顺延，体现了对当事人诉讼权利的保护。当事人因不可抗力的事由或者其他正当事由耽误诉讼期间的，不是由于当事人的故意或者过错，责任不在当事人，因此，应当顺延期间。[②]

1. 不可顺延的期间。如上述所述，由于期间耽误的原因不同，其后果也不同。因为当事人主观上的故意或者过失，耽误期限的，其原因在于当事人自己，其责任也由当事人自己承担，即不存在顺延期限的问题。

2. 顺延期限的申请时间。顺延期间的申请应当在法定期限内提出，即应当在障碍消除后的 10 日内提出申请。如果当事人没有按时提出顺延期限的申请，就失去了再进行某项诉讼行为的权利。如某一民事案件的一审判决上诉期限于 12 月 18 日届满，在 12 月 8 日发生了地震，导致交通、通信中断，12 月 18 日，交通恢复。当事人可以在障碍消除后 10 日内，即 12 月 28 日前，向人民法院提出顺延期间的申请。如果在 12 月 28 日前没有提出上诉，而是过了 12 月 28 日再提出上诉，将产生人民法院不予受理该上诉的后果。

3. 顺延期限的申请应当向有权作出决定的法院提出。耽误期间事由的发生既可能在一审程序中，也可能在二审或再审程序中。此时，应当向正在审理案件的法院申请顺延。但是，如果上诉期间的顺延，应当向作出裁判的一审人民法院提出申请；申请再审期间的顺延，应当向申请再审的法院提出申请。人民法院对当事人提出的顺延期限申请，经过审查以后，认为符合法律规定的顺延期限的条件，准许顺延；认为不符合顺延期限法定条件的，不予准许。

4. 顺延期限日期的计算。人民法院准予顺延期间后，顺延多长时间，

---

① 黄薇主编：《中华人民共和国民法典总则编释义》，法律出版社 2020 年版，第 475 页。

② 王胜明主编：《中华人民共和国民事诉讼法释义（最新修正版）》，法律出版社 2012 年版，第 191 页。

因法定期间和指定期间的不同而有所不同。法定期间顺延日期的计算，以实际耽误的时间为准。指定期间顺延由法院根据具体情况决定。

【审判实践中应当注意的问题】

经人民法院准许顺延期限的，当事人应当在顺延的期限内，及时进行相关诉讼活动。如果在顺延后的期限内，当事人仍然没有实施相应的诉讼行为的，即为期间届满，就要承担相应的后果，如一审判决生效，必须履行判决等。

第二节　送　达

第八十七条　送达诉讼文书必须有送达回证，由受送达人在送达回证上记明收到日期，签名或者盖章。

受送达人在送达回证上的签收日期为送达日期。

【条文主旨】

本条是关于送达回证的规定。

【理解与适用】

一、送达的概念、特征和意义

民事诉讼中的送达是指人民法院依照法律规定的程序和方式，将诉讼文书等法律文书送交当事人和其他诉讼参与人的行为。送达是民事案件审理过程中的重要程序事项，是人民法院组织诉讼、协调各方当事人参与诉讼的手段之一，是保障人民法院依法公正审理民事案件、确保诉讼顺利进行、及时维护当事人合法权益的基础。送达是一种重要的诉讼行为，法院通过实施送达使当事人和诉讼参与人能够及时了解诉讼进程，明确各自在诉讼中的权利义务及应当实施的诉讼行为。

关于送达人。送达人是指有权送达法律文书的主体。《民事诉讼法》中虽未明确规定送达人，但我国职权主义的民事诉讼构造决定了送达人只能为法院，具体执行送达行为的人是法院的法官助理、书记员、司法警察及其他法院工作人员。送达的主体必须是人民法院，当事人及其他诉讼参与人向人民法院提交诉讼法律文书等，或法院与法院之间、诉讼参与人相互之间互相转递诉讼文书等，均不能称之为送达。除法院及法院工作之外的其他人员，即使表面上实施了送达的行为，也不能成为送达人。如邮寄送达中，邮局工作人员虽然实施了送达法律文书的行为，但实际上其是接受人民法院委托，其本身并非送达人。关于受送达人。受送达人为案件当事人或者证人、鉴定人等诉讼参与人。送达是发生在诉讼过程中的行为，是人民法院在诉讼中对当事人及其他诉讼参与人所进行的一种诉讼行为。如果人民法院在诉讼外送交诉讼文书，或者虽然在诉讼中，但是给诉讼参与人以外的其他单位或个人发送材料，都不是送达。受送达人和接收送达文书的人并不完全相同，受送达人本人当然可以作为接收送达文书的人，直接领取或签收送达文书；受送达人是公民的，本人不在时，交他的同住成年家属签收；受送达人是法人或者其他组织的，应当由法人的法定代表人、其他组织的主要负责人或者该法人、组织负责收件的人签收；如果受送达人本身为无行为能力人或限制行为能力人，则其法定代理人可以代当事人签收送达文件；受送达人有委托代理人的，委托代理人经当事人授权可以代当事人签收送达文件；受送达人已向人民法院指定代收人的，送交代收人签收。

送达的内容是各种诉讼法律文书。送达的文件是法院有必要向当事人或其他诉讼参与人送达的诉讼法律文书，当事人之间无须法院送达而可自行交换的诉讼材料不包括在诉讼文书范围内。人民法院送达文书包括：送达文书包括起诉状副本、上诉状副本、反诉状副本、答辩状副本、传票、判决书、调解书、裁定书、支付令、决定书、通知书、证明书、送达回证以及其他司法文书。

送达必须严格依照法定的方式和程序进行，法院不能随意创设法律规定之外的送达方式。民事诉讼法规定了直接送达、留置送达、电子送达、委托送达、邮寄送达、转交送达、公告送达等方式，除这些方式以外，人民法院不能采取其他方式进行送达。人民法院实施送达行为必须严格依照法律规定的程序，《民事诉讼法》及有关司法解释对每种送达方式都规定了严格的程序，人民法院应按照程序进行送达，否则就构成了程序违法。人民法院只有依法送达后，送达行为才能产生相应的法律效力。根据《最高人民法院关于进一步加强民事送达工作的若干意见》，人民法院可以根据实际情况，有针对性地探索提高送达质量和效率的工作机制，确定由专门的送达机构或者由各审判、执行部门进行送达。在不违反法律、司法解释规定的前提下，可以积极探索创新行之有效的工作方法。在送达工作中，可以借助基层组织的力量和社会力量，加强与基层组织和有关部门的沟通、协调，为做好送达工作创造良好的外部环境。有条件的地方可以要求基层组织协助送达，并可适当支付费用。在严格遵守《民事诉讼法》和《民事诉讼司法解释》关于电子送达适用条件的前提下，积极主动探索电子送达及送达凭证保全的有效方式、方法。有条件的法院可以建立专门的电子送达平台，或以诉讼服务平台为依托进行电子送达，或者采取与大型门户网站、通信运营商合作的方式，通过专门的电子邮箱、特定的通信号码、信息公众号等方式进行送达。

送达是民事诉讼中的一项重要制度，直接关系民事诉讼程序能否顺利进行。送达的意义不仅仅在于将诉讼文书送交当事人及其他诉讼参与人，让他们了解诉讼文书的内容，以便他们据此参加诉讼活动，更重要的是，通过送达行为产生一定的法律效力，即人民法院依法送达后，受送达人便有在规定的时间内进行某种行为的权利，或者履行某种行为的义务，受送达人若无正当理由而耽误诉讼期间或者未按要求为一定行为，则须承担法律规定的后果。

二、送达回证

送达回证是人民法院按照法定格式制作的诉讼文书。送达诉讼文书必须有送达回证，由受送达人在送达回证上签名或盖章，并注明收到文件的日期。送达回证可以作为证明法院已依法完成送达行为、受送达人已收到人民法院所送达的诉讼文书的书面凭证。送达回证可以确保当事人及其他诉讼参与人能真实地收到诉讼文书，从而在法律规定期限内及时行使诉讼权利，另一方面也能起到对人民法院的督促作用，确保人民法院依照法定程序和方式向当事人或其他诉讼参与人送达诉讼文书，切实履行送达义务。送达回证是证实送达程序合法有效的重要依据，在民事诉讼程序中会引起相应的法律效果。受送达人在送达回证上的签收日期为送达日期，送达日期是计算期间的重要依据。

送达在民事诉讼程序中具有重要意义，因此《民事诉讼法》对送达规定了严格的形式要件。送达回证应记载的内容包括送达法院名称、受送达人、送达的诉讼文书名称、送达的处所和时间、送达的基本情况、受送达人或有关见证人的签名或盖章。人民法院在送达诉讼文书时，应注明诉讼文书的名称，让受送达人在送达回证上签收，签收的日期就是送达日期。

【审判实践中应当注意的问题】

送达回证是证明完成送达的一种重要方式，但司法实践中在受送达人无法取得联系等情形下，无法取得送达回证。为避免阻碍诉讼进程，《民事诉讼法》规定了在满足一定条件时不需要取得送达回证，而是以其他方式替代送达回证。司法实践中存在不需要送达回证的几种情形：

一是采用公告送达方式的。在现实生活中，存在一方当事人下落不明或者以其他方式也无法对其进行送达的情形，如果因无法送达而长期耽搁民事诉讼的进行，必然会导致民事法律关系长期处于不稳定状态，损害当事人的合法权益。因此，为了维护当事人的合法利益，使诉讼程序能够及时进行，就要求在法律上设置一种替代的送达方式，这就是公告送达。根据《民事诉讼法》第 95 条第 1 款规定，“受送达人下落不明，或者用本节规定的其他方式无法送达的，公告送达。”在受送达人下落不明的情况下，受送达人离开最后居住地后，失去音讯，无法取得联系，当然无法签署送达回证。公告送达是法律上的送达，并不等于事实上的送达，但无论受送达人是否知悉公告内容，只要经过法定的公告期限即视为完成送达。根据《民事诉讼法》的规定，自发出公告之日起，经过三十日，即视为送达，无须送达回证。

二是采用邮寄送达方式的。人民法院直接送达诉讼文书有困难的，可以交由国家邮政机构以法院专递方式邮寄送达。根据《民事诉讼法》第 91 条规定，邮寄送达的，以回执上注明的收件日期为送达日期。根据《最高人民法院关于以法院专递方式邮寄送达民事诉讼文书的若干规定》第 9 条的规定，有下列情形之一的，即为送达：（1）受送达人在邮件回执上签名、盖章或者捺印的；（2）受送达人是无民事行为能力或者限制民事行为能力的自然人，其法定代理人签收的；（3）受送达人是法人或者其他组织，其法人的法定代表人、该组织的主要负责人或者办公室、收发室、值班室的工作人员签收的；（4）受送达人的诉讼代理人签收的；（5）受送达人指定的代收人签收的；（6）受送达人的同住成年家属签收的。

三是采用电子送达的。根据经受送达人同意，人民法院可以采用能够确认其收悉的电子方式送达诉讼文书。通过电子方式送达的判决书、裁定书、调解书，受送达人提出需要纸质文书的，人民法院应当提供。根据

《民事诉讼法解释》第135条规定，采用传真、电子邮箱、移动通信等即时收取的特定系统作为送达媒介电子送达方式来送达的，以送达信息到达受送达人特定系统的日期为送达日期。只要受送达人同意以电子送达方式接收诉讼文书，并自行提供了接受送达的传真、电子邮件、电话号码、微信号等，人民法院将诉讼文书发送到受送达人指定的电子信息系统时，就视为已完成送达并发生相应的法律效力。受送达人同意采用电子送达方式的，应当向人民法院提供准确的接收方式。因受送达人提供接收方式错误等原因导致其未实际接收到诉讼文书，或者因受送达人未及时查看诉讼文书等原因导致其对文书内容不了解的，相关责任应当由其自行承担，受送达人不得以此主张送达不发生效力。

四是采用留置送达方式进行送达并采用拍照、录像等方式记录送达过程的。根据《民事诉讼法》的规定，受送达人或者他的同住成年家属拒绝接收诉讼文书的，送达人可以邀请有关基层组织或者所在单位的代表到场，说明情况，在送达回证上记明拒收事由和日期，由送达人、见证人签名或者盖章，把诉讼文书留在受送达人的住所；也可以把诉讼文书留在受送达人的住所，并采用拍照、录像等方式记录送达过程，即视为送达。对这种情形来说，送达文书已置于受送达人可控制的区域，但由于受送达人或其同住成年家属拒绝签收，无法取得受送达人签字盖章，因此借助一定方式或程序来完成送达证明的过程，其中一种方式是在见证人在场情况下在送达回证上记明有关情况，另一种方式就是把诉讼文书放置在受送达人的住所并采用拍照、录像等方式记录送达过程，采用这一种方式的，可以没有送达回证，因为照片及视频本身就可以作为完成送达的证明。

第八十八条 送达诉讼文书，应当直接送交受送达人。受送达人是公民的，本人不在交他的同住成年家属签收；受送达人是法人或者其他组织的，应当由法人的法定代表人、其他组织的主要负责人或者该法人、组织负责收件的人签收；受送达人有诉讼代理人的，可以送交其代理人签收；受送达人已向人民法院指定代收人的，送交代收人签收。

受送达人的同住成年家属，法人或者其他组织的负责收件的人，诉讼代理人或者代收人在送达回证上签收的日期为送达日期。

【条文主旨】

本条是关于直接送达的规定。

【理解与适用】

一、直接送达的概念及适用条件

直接送达，是指人民法院指派送达人员将诉讼法律文书当面送交给受送达人本人，由受送达人在送达上注明收到日期，并以签字或盖章方式进行签收的送达方式。受送达人是公民的，本人不在时交他的同住成年家属签收；受送达人是法人或其他组织的，应当由法人的代表人、其他组织的主要负责人，或者该法人、组织负责收件的人签收；受送达人有诉讼代理人的，可以送交诉讼代理人签收；受送达人已向法院指定了代收人的，送交代收人签收。向上述列举的任何人的送达，都视为对受送达人本人的送达。他们在送达回证上签收的日期为送达日期。

直接送达是法院送达诉讼文书最基本、最原始的方式，传递的信息也最充分、最直接，《民事诉讼法》规定，送达诉讼文书，应当直接送交受送达人。这意味着直接送达在所有送达方式中的优先地位，凡是能够直接送达的，应当首先采取直接送达的方式，当事人同意采取电子送达方式的除外。法院在未经直接送达的情况下，不能一开始就采取留置送达、公告送达等送达方式。

二、直接送达的情形

受送达人可能是公民，也可能是法人或其他组织，根据受送达人性质不同，直接送达可分为以下几种情形：

一是受送达人是公民的，应送交其本人签收；若其本人不在，则交他的同住成年家属签收。在这种情况下，执行送达任务的人员应注意核实受送达人的身份是否为本人或者同住成年家属。如果同住人并非受送达人的成年家属，比如同住人与受送达人为合租关系，或者同住人是未成年的同住家属的，则不应向同住人送达诉讼文书。

二是受送达人是法人或其他组织的，应当由法人的法定代表人、其他组织的主要负责人，或者该法人、组织的办公室、收发室、值班室等负责收件的人签收。根据《民事诉讼法解释》规定，向法人或者其他组织送达诉讼文书，应当由法人的法定代表人、该组织的主要负责人或者办公室、收发室、值班室等负责收件的人签收或者盖章。需要注意的是，签收人是负责收件的人，不是办公室、收发室、值班室的一般工作人员，要注意验明收件人的身份。

三是受送达人有诉讼代理人的，可以送交其代理人签收。这种情况下，应注意核实受送达人是否给予诉讼代理人代收法律文书的授权，避免出现当事人以诉讼代理人无权接收为由主张送达错误的情形。

四是受送达人已向人民法院指定代收人的，送达代收人签收。受送达人的同住成年家属，法人或者其他组织负责收件的人，诉讼代理人或代收人在送达回证上签收的日期为送达日期。

直接送达不限于住所地。人民法院直接送达诉讼文书的，可以通知当事人到人民法院领取。当事人到达人民法院，拒绝签署送达回证的，视为送达。审判人员、书记员应当在送达回证上注明送达情况并签名。《民事诉讼法》相关法条并未限定在何处直接送达，理论上可以包括所有地点，但出于保护当事人隐私的考虑，以当事人的住所为宜。而《民事诉讼法解释》则进一步明确可以在当事人住所地以外向当事人直接送达文书。并且当事人拒绝签署送达回证的，可以采用拍照、录像等方式记录送达过程即视为送达，相关工作人员应当在送达回证上注明送达情况并签名。

【审判实践中应当注意的问题】

一、关于送达方式的选择次序问题

如果当事人同意电子送达方式，则可以采用电子方式进行送达，如果未取得当事人同意，则应当严格按照直接送达、留置送达、邮寄送达、委托送达、转交送达、公告送达的优先性选择次序送达诉讼文书。1991 年《民事诉讼法》中规定了直接送达、留置送达、邮寄送达、委托送达、转交送达、公告送达六种送达方式，此六种送达方式的顺序安排隐含立法者对送达方式优先性选择的倾向性意见。送达应以直接送达为最主要、最一般的形式，直接送达时当事人拒绝在送达回证上签字，送达人员可以通过见证人证明或视听资料证明的形式，使直接送达转化为留置送达。一般情况下，只有在直接送达与留置送达均无法实现时，才可以使用邮寄送达。公告送达因其时间长，当事人很少真正注意到公告内容，严重影响送达效率等原因，应严格限制其使用。但在目前的司法实践中，邮寄送达逐渐成为首先采用的送达方式。很多法院只有在邮寄送达无法完成的情况下，才会采用直接送达或留置送达的方式。2005 年，最高人民法院出台《最高人民法院关于以法院专递方式邮寄送达民事诉讼文书的若干规定》，确立了“法院专递”的送达方式。这种方式可视为人民法院委托邮寄送达诉讼文书，与人民法院送达具有同等的法律效力。目前各级法院已经普遍采用“法院专递”和人民法院送达平台方式进行送达。

二、关于送达地址的确认问题

直接送达既可以是人民法院在当事人的住所或者其他送达地址完成，也可以通知当事人到人民法院领取。当事人到达人民法院，拒绝签署送达回证的，视为送达。审判人员、书记员应当在送达回证上注明送达情况并签名。

适用直接送达，最重要的是人民法院能够确定受送达人的准确送达地址。受送达人是公民的，送达地址通常是公民的住所地或经常居住地。受送达人是法人或者其他组织的，送达地址通常是法人或其他组织的主要营业地或者主要机构所在地。为了解决送达地址难以明确的问题，有关司法解释规定了送达地址确认书、推定送达等制度。2020 年《最高人民法院关于适用简易程序审理民事案件的若干规定》(以下简称《简易程序规定》)第5条第1款规定:"当事人应当在起诉或者答辩时向人民法院提供自己准确的送达地址、收件人、电话号码等其他联系方式,并签名或者捺印确认。"在规定送达地址确认书的基础上,《简易程序规定》进一步规定了推定送达制度。《简易程序规定》第10条第1款规定:"因当事人自己提供的送达地址不准确、送达地址变更未及时告知人民法院,或者当事人拒不提供自己的送达地址而导致诉讼文书未能被当事人实际接收的,按下列方式处理:(一)邮寄送达的,以邮件回执上注明的退回之日视为送达之日;(二)直接送达的,送达人当场在送达回证上记明情况之日视为送达之日。"

送达地址确认书是当事人送达地址确认制度的基础。当事人起诉或者答辩时应当填写送达地址确认书,明确送达地址。送达地址确认书应当包括当事人提供的送达地址、人民法院告知事项、当事人对送达地址的确认、送达地址确认书的适用范围和变更方式等内容。当事人在纠纷发生之前约定送达地址的,法院可以将该地址作为送达诉讼文书的确认地址。当事人在提起上诉、申请再审、申请执行时未书面变更送达地址的,其在一审程序中确认的送达地址可以作为二审程序、再审程序、执行程序的送达地址。送达地址是当事人在送达地址确认书中明确填写的地址,通常是受送达人的住所地或经常居住地,当事人提供的送达地址应当包括邮政编码、详细地址以及受送达人的联系电话等。法院也可以在当事人填写的送达地址之外的场所向当事人直接送达诉讼文书。

为保障当事人的诉讼权利,人民法院应当告知送达地址确认书的填写要求和注意事项以及拒绝提供送达地址、提供虚假地址或者提供地址不准确的法律后果。人民法院应当要求当事人对其填写的送达地址及法律后果等事项进行确认。当事人确认的内容应当包括当事人已知晓人民法院告知的事项及送达地址确认书的法律后果,保证送达地址准确、有效,同意人民法院通过其确认的地址送达诉讼文书等,并由当事人或者诉讼代理人签名、盖章或者捺印。人民法院应当在登记立案时要求当事人确认送达地址。当事人拒绝确认送达地址的,根据《最高人民法院关于登记立案若干问题的规定》第7条的规定,人民法院应当一次性书面告知在指定期限内补正。当事人在指定期限内没有补正的,退回诉状并记录在册;坚持起诉、自诉的,裁定或者决定不予受理、不予立案。经补正仍不符合要求的，裁定或者决定不予受理、不予立案。因当事人提供的送达地址不准确、拒不提供送达地址、送达地址变更未书面告知人民法院，导致民事诉讼文书未能被受送达人实际接收的，直接送达的，民事诉讼文书留在该地址之日为送达之日；邮寄送达的，文书被退回之日为送达之日。

三、关于同住成年家属身份确认问题

本条规定，受送达人是公民的，本人不在交他的同住成年家属签收。由于送达会对受送达人产生法律效力，法院在送达过程发现受送达人本人不在的，应当对其同住成年家属的身份进行核实确认。在“同住成年家属”这一组概念中，同住及成年均比较好了解：“同住”是指与受送达人共同居住，代收法院送达的诉讼文书后能够及时告知或转交受送达人。“成年”的定义在《民法典》中有明确规定。之所以规定“成年”主要是关注到家属的行为能力，如果同住家属虽然年满十八周岁未成年人，但同住家属为无行为能力人、限制行为能力人，不能辨认自己行为或者不能完全辨认自己行为的，缺乏对送达这一司法活动性质、效力及后果的正确认知，当然也不能进行签收。含义相对模糊的是“家属”的概念，《民事诉讼法》及其司法解释以及《民法典》中均未对“家属”的概念作出规定，其范围不像亲属一样由法律明确规定，对于离异后仍同居生活、未婚同居等对象是否属于家属范畴，比较模糊。

对此，我们认为，能够代为签收诉讼文书的家属首先应当是亲属。根据《民法典》的规定，亲属包括配偶、血亲和姻亲。家属应当是与受送达人有亲属关系的人，基于这一身份关系及基于身份关系产生的利益关系，可以合理推断家属收到诉讼文书会及时转告受送达人。这也是家属代为签收的理论基础。这就排除了两类人员：一类是合租的同住者。实践中合租关系在都市生活中，为减轻经济负担而合租的情形较为常见。合租者之间往往不存在密切的身份关系或利害关系，无法保证合租者能否及时将送达事项告知受送达人，因此合租者不适宜为代签收者。另一类是同住的雇用者，如保姆、月嫂等。这类人员因同住关系确实具备再送达的能力，但由于身份关系的疏远性，使得他们缺乏足够的动力代雇主签收法律文书，即使签收了也无法保证再送达的及时落实，因此也不应当作为代签收主体。其次，能够代为签收诉讼文书的家属应当共同居住生活。同住成年家属代为签收的价值在于送达的便利性，是基于效益的考虑，但司法行为不能因为自身的便宜而损害到其他人的利益，因此代签收者在履行再送达行为时也需要具备相当的便利性。因此，如果亲属并非处于共同居住的状态，则也不适合代为签收。再次，能够代为签收诉讼文书的家属应当不是对方当事人。并非任何案件及文书类型都适合送达同住成年家属。在同住成年家属互为原被告的案件，或者离婚、抚养、赡养等身份类案件，作为明显存在利益冲突的各方，此时代为签收行为的利他性基础已然不复存在，也就不能够作为代签收的主体。

第八十九条　受送达人或者他的同住成年家属拒绝接收诉讼文书的，送达人可以邀请有关基层组织或者所在单位的代表到场，说明情况，在送达回证上记明拒收事由和日期，由送达人、见证人签名或者盖章，把诉讼文书留在受送达人的住所；也可以把诉讼文书留在受送达人的住所，并采用拍照、录像等方式记录送达过程，即视为送达。

【条文主旨】

本条是关于留置送达的规定。

【理解与适用】

留置送达，是指受送达人拒绝接收诉讼文书时，送达人依法将应送达的文书留置于受送达人处所的送达方式。留置送达和其他送达方式的目的都是为了完成送达任务，维护当事人的合法权利，保障民事诉讼程序顺利进行。留置送达是在直接送达不能进行时所采取的一种送达方式，是直接送达的一种最直接的补充方式，它与直接送达具有同等效力。

一、关于送达对象

无论是英美法系或大陆法系国家，民事诉讼法中一般都有关于留置送达的程序性规定，并且都将留置送达作为直接送达的一种重要补充方式。我国《民事诉讼法》中规定的留置送达的对象，既包括受送达人，也包括受送达人的同住成年家属。受送达人一般为案件当事人或诉讼参与人，其作为接收法律文书的主体并无异议，但对于与其同住的成年家属，并非案件当事人，向其送达法律文书是否能够产生送达的效力？我国《民事诉讼法》明确规定了可向受送达人的同住成年家属送达文书，并且在拒绝接收的情况下，可以适用留置送达。受送达人的同住成年家属与受送达人关系密切，由其代为接收诉讼文书并无不妥，因此《民事诉讼法》规定了留置送达也可适用于受送达人的同住成年家属，较好地兼顾了当事人诉讼权利的保障与提高送达效率两个方面的价值目标。

二、关于拒绝接收和住所

受送达人或其他法定签收人拒绝接收送达人员的诉讼文书，这是适用留置送达的前提条件。拒绝接收包括故意躲避送达人员、当面拒绝接收、拒绝签名或盖章等情形。如果诉讼文书被受送达人或其他法定签收人直接接收，就没有必要适用留置送达。在各种送达方式中，留置送达是能够对直接送达当场进行补救，从而减少司法资源浪费的一种送达方式。

留置送达的地址应是受送达人的住所。住所的界定根据受送达人的身份而有所区别。《民法典》第25条规定，自然人以户籍登记或者其他有效身份登记记载的居所为住所；经常居所与住所不一致的，经常居所视为住所。《民法典》第63条规定，法人以其主要办事机构所在地为住所。因此，当受送达人为自然人时，送达人只有把送达的诉讼文书留在受送达人的户籍所在地或者是其经常居住地，才能完成留置送达。有建议主张，随着社会经济的发展，人口流动性不断加大，仅靠住所留置送达已经不能满足司法实践需要，建议将留置送达地点放宽至受送达人所在单位、朋友、同事家中、公共场所等。我们认为，相较单位等其他场所，住所更具固定性和私密性，将留置送达限定在受送达人住所，能够兼顾程序公正和诉讼效率的要求，同时有利于保障特定情形下当事人的相关权益。如婚姻家事类案件的相关诉讼文书如在受送达人单位等公共场所留置送达，将不利于当事人的隐私保护。当受送达人为法人或其他组织时，它的主要办事机构所在地为适用留置送达的地点。

三、有见证人情况下的留置送达

2007年《民事诉讼法》对留置送达的适用，要求送达人应当邀请有关基层组织或者所在单位的代表到场，但在实践中可能存在基层组织拒不配合的情况，实现难度较高且增加了沟通及时间成本。2012年及之后的《民事诉讼法》将原来的“应当”邀请有关基层组织或者所在单位的代表到场说明情况改为“可以”，增加了留置送达的灵活性与可操作性。根据本条规定，受送达人或者其同住成年家属拒绝签收诉讼文书时，送达人可以邀请有关基层组织或者所在单位的代表到场，说明情况，在送达回证上记明拒收事由和日期，由送达人、见证人签名或者盖章，把诉讼文书留在受送达人的住所，即可视为送达。这种情况下，留置送达是在见证人的在场见证下完成的。送达人可以邀请见证人到场见证，不是必须邀请，也就是说送达人可以根据情况，选择在见证人在场见证情况下进行留置送达，也可以采取其他方式进行留置送达。

在邀请见证人在场见证的情况下，见证人的范围是限定的，不是任何人都可以担任，必须是法律中规定的基层组织或所在单位代表。审判实践中，对基层组织范围和所在单位代表的界定争论较大，不利于送达的实行。《民事诉讼法解释》第130条第2款规定，有关基层组织和所在单位的代表，可以是受送达人住所地的居民委员会、村民委员会的工作人员以及受送达人所在单位的工作人员。送达人应向在场见证的基层组织或所在单位代表说明送达相关情况。此外，在送达回证上要记明受送达人拒收的事由和日期，由送达人和见证人签名或者盖章。设置这个要求是为了防止送达人员滥用留置送达，不遵守法定程序，从而损害受送达人的权利。

四、无见证人情况下的留置送达

人民法院进行留置送达时，可能难以找到符合法律规定条件的见证人或者符合法律规定的人员拒绝配合。为解决这一问题，本条规定了人民法院可以采取技术手段进行留置送达，即可以把诉讼文书留在受送达人的住所，并采用拍照、录像等方式记录送达过程，即视为送达。采取技术手段进行留置送达应符合本条所规定的基本适用条件，同时还应注意确保有关影像材料的真实性、完整性，能够清楚反映留置送达过程，不得对有关影像材料进行随意删减、编辑甚至篡改。

【审判实践中应当注意的问题】

一、关于送达方式的选择

《民事诉讼法》规定了直接送达、留置送达、电子送达、委托送达、邮寄送达、转交送达、公告送达七种送达方式。直接送达是目前最为主要的送达方式，直接送达时当事人拒绝在送达回证上签字，送达人员可以通过见证人证明或视听资料证明的形式，使直接送达转化为留置送达。公告送达因其时间长，当事人很少真正注意到公告内容，严重影响送达效率等原因，应严格限制其使用。在目前的司法实践中，邮寄送达逐渐成为首先采用的送达方式。很多法院只有在邮寄送达无法完成的情况下，才会采用直接送达或留置送达的方式。2005 年，最高人民法院出台《关于以法院专递方式邮寄送达民事诉讼文书的若干规定》，确立了“法院专递”的送达方式。这种方式可视为人民法院委托邮寄送达诉讼文书，与人民法院送达具有同等的法律效力。目前各级法院已经普遍采用“法院专递”和人民法院送达平台方式进行送达。此外，2021 年《民事诉讼法》增加了电子送达的方式，为法院增加送达途径、降低诉讼成本，提高审判效率提供了更多选择，电子送达方式在目前司法实践中已得到广泛运用，满足了信息化时代背景下，人们对于诉讼便捷化的需求。

二、扩充送达人员范围的创新机制

虽然邮寄送达与电子送达逐渐成为实践中民事诉讼的主要送达方式，但在无法获取当事人通讯方式、当事人故意躲避诉讼等情形下，直接送达仍是解决送达问题的最简单有效方式。实践中，直接送达可能存在人力资源不足、当事人拒绝签收等各种阻碍。针对直接送达中存在的“送达难”问题，扩大送达人员范围，是解决送达难的重要举措。我国民事诉讼体现为职权主义诉讼构造，送达为人民法院的职权之一，当事人及律师等不能成为送达主体，但人民法院审判和司法辅助工作任务较重，每个案件都有多份法律文书需要送达，人民法院在送达工作中也面临很大压力，完全由书记员等进行直接或留置送达并不现实。法院专递送达虽然可以很大程度上减轻人民法院送达工作的压力，但由于人员流动频繁等原因，并不一定能够保证法律文书都能送达到当事人处。对此，人民法院应当创新机制、开阔思路，探索提高送达效率，同时又保证当事人诉讼权利的新途径新办法。有些地方的法院已经进行了有效的探索。例如江苏省高级人民法院，在送达工作中，从法院退休人员或退休邮局工作人员等社会各界人士中，招录送达人员，委托其代为向当事人送达，这些招录来的工作人员通过耐心细致的工作，往往能够说服当事人签收法律文书，为人民法院减轻了很大工作压力，同时也提高了送达的效率，保证了当事人诉讼权利的实现。

此外，2017 年 7 月最高人民法院印发的《关于进一步加强民事送达工作的若干意见》第 16 条规定：“在送达工作中，可以借助基层组织的力量和社会力量，加强与基层组织和有关部门的沟通、协调，为做好送达工作创造良好的外部环境。有条件的地方可以要求基层组织协助送达，并可适当支付费用。”这也为解决“送达难”，将基层组织和所在单位代表明确为受送达人住所地的居民委员会、村民委员会的工作人员以及受送达人所在单位的工作人员，提供了进一步的规范性文件依据。

三、留置送达不包括调解书

调解书是当事人自愿协商后制作的法律文书，以自愿为基础。根据《民事诉讼法》的规定，调解书经双方当事人签收后，即具有法律效力。调解未达成协议或者调解书送达前一方反悔的，人民法院应当及时判决。如果当事人拒绝签收调解书，表明不愿意接受调解，因此，调解书不能推定送达。《民事诉讼法解释》第 133 条明确规定，调解书应当直接送达当事人本人，不适用留置送达。当事人本人因故不能签收的，可由其指定的代收人签收。

第九十条　经受送达人同意，人民法院可以采用能够确认其收悉的电子方式送达诉讼文书。通过电子方式送达的判决书、裁定书、调解书，受送达人提出需要纸质文书的，人民法院应当提供。

采用前款方式送达的，以送达信息到达受送达人特定系统的日期为送达日期。

【条文主旨】

本条是关于电子送达的规定。

【理解与适用】

2021年《民事诉讼法》修正时，对其作了修改调整，将原条文“经受送达人同意，人民法院可以采用传真、电子邮件等能够确认其收悉的方式送达诉讼文书，但判决书、裁定书、调解书除外。采用前款方式送达的，以传真、电子邮件等到达受送达人特定系统的日期为送达日期”修改为目前的条文，拓宽了电子送达的适用范围，主要修改内容包括：

一是允许电子送达裁判文书。删除“但判决书、裁定书、调解书除外”的内容，增加“通过电子方式送达判决书、裁定书、调解书，受送达人提出需要纸质裁判文书的，人民法院应当提供”。

二是拓展电子送达的方式。将“人民法院可以采用传真、电子邮件等能够确认其收悉的方式送达诉讼文书”修改为“人民法院可以采用能够确认其收悉的电子方式送达诉讼文书”。

电子送达是《民事诉讼法》关于送达制度的一项制度，本条在遵循“当事人自愿”原则的基础上，加大了电子送达适用力度，允许对判决书、裁定书、调解书适用电子送达，进一步拓展了电子送达适用文书范围、优化送达方式、丰富送达渠道，有利于提升电子送达的有效性，推动从制度层面解决“送达难”问题，切实保障当事人诉讼知情权。

一、拓宽电子送达适用范围的必要性

2012年《民事诉讼法》修正时，首次以“法律”的形式确定电子送

达的效力，但当时考虑到“判决书、裁定书与调解书对当事人实体利益与程序利益的影响最为关键”，故将判决书、裁定书、调解书排除在电子送达范围外。但随着互联网的日益普及，人民群众普遍希望通过更为方便、快捷、即时的方式接收查询送达材料，拓展接收送达的方式和渠道，降低接收送达的时间、精力和经济成本，甚至主动提出将判决书、裁定书与调解书也纳入电子送达的适用范围。从试点的实践看，2020 年试点法院电子送达裁判文书案件共计 85.1 万件，电子送达逐渐已成为裁判文书送达的主要方式，有效避免部分当事人利用送达环节拖延诉讼，提升了裁判文书送达效率性和准确性。当事人和律师普遍反映电子送达裁判文书效率高、成本低、方便快捷，有利于其及时行使诉讼权利。从时代发展、群众需求和司法实践等各角度看，扩大电子送达适用范围非常必要。

本条把“判决书、裁定书、调解书”纳入电子送达范围，实际上将电子送达拓展适用于所有诉讼文书。同时，本条对于“判决书、裁定书、调解书”的电子送达规定了人民法院的附随职责，即“受送达人提出需要纸质文书的，人民法院应当提供”。需要特别注意的是，人民法院按照受送达人要求另行提供的纸质文书不产生送达效力，文书送达仍在完成电子送达时即生效。

二、电子送达的主观要件

由于我国幅员辽阔，各地经济科技发展不平衡，人们掌握的资源和技术也有较大差异。有些地区的当事人能够运用和接受电子设备，而对于广大农村地区或贫困落后地区，当事人可能并不熟悉电子信息设备，也不知如何操作。电子送达方式的目的在于方便当事人接收送达文书信息，方便法院及时完成送达，因此法院决定采用电子送达方式，必须首先经过当事人同意，只有在当事人能够并愿意接受和使用电子送达方式，人民法院才可以采用这一新途径。电子送达要能够方便法院和当事人之间送达诉讼文书，而不是使这一过程变得更加艰难或者给当事人增加不必要的负担。

三、电子送达的方式

随着互联网技术日新月异发展，电子送达的手段、方式和渠道将不断丰富完善，立法上采取列举方式已难以满足实践发展需要。考虑到未来信息技术还将进一步发展变化，为保持立法的弹性和前瞻性，本条不再罗列电子送达的具体媒介和方式，而以“电子方式送达”作概括表述。实践中，为确保电子送达的规范性和便捷性相统一，电子送达发出端应当为人民法院统一开发的系统平台，以确保送达过程可查询、可验证、可追溯，形成有效的电子送达凭证。电子送达的到达端可以是多样化的电子地址，包括受送达人的电子邮件、即时通讯账号、诉讼平台的专用账号等。需要特别注意的是，实践中要避免分散和多头送达，同一内容材料原则上一次只送达一个电子地址，以便确定送达生效时间，便于当事人行使后续诉讼权利。

《民事诉讼法解释》第135条第1款规定，电子送达可以采用传真、电子邮件、移动通信等即时收悉的特定系统作为送达媒介。传真是近二十多年发展最快的非话电信业务，是将文字、图表、相片等记录在纸面上的静止图像，通过扫描和光电变换，变成电信号，经各类信道传送到目的地，在接收端通过一系列逆变换过程，获得与发送原稿相似记录副本的通信方式。电子邮件是一种通过网络实现相互传送和接收信息的现代化通信方式。在发送电子邮件时，首先填写对方正确的邮箱地址，服务器会将这封邮件发到对方邮箱所使用的特定电子数据系统，收件人根据所享有的账号和密码登录该服务器系统，就可以接收到邮件。电子邮件是整个网络间以至所有其他网络系统中直接面向人与人之间信息交流的系统，极大地满足了大量存在的人与人之间的通信需求。传真和电子邮件被作为电子送达的主要形式，因为其经过多年的应用，技术已经相对成熟，并被证实具有较高的可靠性和稳定性，能够迅速及时有效地传递信息。但《民事诉讼法》并没有将电子送达方式限于这两种，而是采用了兜底性条款，即“能够确认其收悉的方式”都可以用来送达特定法律文书。因为科学技术尤其是电子科技发展日新月异，未来还可能出现新兴得更为先进有效的传播媒介，《民事诉讼法》为未来电子送达方式的发展预留了空间。目前，司法解释将电子送达媒介限定为传真、电子邮件、移动通信设备等即时收悉的特定系统。

四、电子送达日期的确定

关于送达和送达日期的准确认定，《民事诉讼法解释》第135条第2款规定：“民事诉讼法第九十条第二款规定的到达受送达人特定系统的日期，为人民法院对应系统显示发送成功的日期，但受送达人证明到达其特定系统的日期与人民法院对应系统显示发送成功的日期不一致的，以受送达人证明到达其特定系统的日期为准”。传统送达过程中，都需要取得相应的送达证明，以表示送达已经完成，并记载送达日期，决定送达效力开始的时间。但《民事诉讼法》对电子送达并未规定应采取何种证明方式，因此关于送达日期只能以诉讼文书到达受送达人特定系统的日期来加以确定，而如前文所述，信息数据传输受硬件设备、服务器系统的运行状态影响，可能会出现故障情形，导致数据电文不能正确及时地传输到达对方系统，因此需要探索如何证明诉讼文书已经传输到对方信息系统中，也即电子送达的送达证明问题。司法实践中应保存好诉讼文书已经发出并及时到达对方系统的相关证据，以备在当事人对送达提出异议时进行回应。如果当事人有证据证明到达其特定系统的日期与人民法院对应系统显示发送成功的日期不一致的，以受送达人证明到达其特定系统的日期为准。

《最高人民法院关于进一步加强民事送达工作的若干意见》第11条规定：“采用传真、电子邮件方式送达的，送达人员应记录传真发送和接收号码、电子邮件发送和接收邮箱、发送时间、送达诉讼文书名称，并打印传真发送确认单、电子邮件发送成功网页，存卷备查。”第12条规定：“采用短信、微信等方式送达的，送达人员应记录收发手机号码、发送时间、送达诉讼文书名称，并将短信、微信等送达内容拍摄照片，存卷备查。”《人民法院在线诉讼规则》第30条规定：“人民法院可以通过电话确认、诉讼平台在线确认、线下发送电子送达确认书等方式，确认受送达人是否同意电子送达，以及受送达人接收电子送达的具体方式和地址，并告知电子送达的适用范围、效力、送达地址变更方式以及其他需告知的送达事项。”第31条规定：“人民法院向受送达人主动提供或者确认的电子地址送达的，送达信息到达电子地址所在系统时，即为送达。受送达人未提供或者未确认有效电子送达地址，人民法院向能够确认为受送达人本人的电子地址送达的，根据下列情形确定送达是否生效：（一）受送达人回复已收悉，或者根据送达内容已作出相应诉讼行为的，即为完成有效送达；（二）受送达人的电子地址所在系统反馈受送达人已阅知，或者有其他证据可以证明受送达人已经收悉的，推定完成有效送达，但受送达人能够证明存在系统错误、送达地址非本人使用或者非本人阅知等未收悉送达内容的情形除外。人民法院开展电子送达，应当在系统中全程留痕，并制作电子送达凭证。电子送达凭证具有送达回证效力。对同一内容的送达材料采取多种电子方式发送受送达人的，以最先完成的有效送达时间作为送达生效时间。”第 32 条规定：“人民法院适用电子送达，可以同步通过短信、即时通讯工具、诉讼平台提示等方式，通知受送达人查阅、接收、下载相关送达材料。”第 33 条规定：“适用在线诉讼的案件，各方诉讼主体可以通过在线确认、电子签章等方式，确认和签收调解协议、笔录、电子送达凭证及其他诉讼材料。”

【审判实践中应当注意的问题】

一、“经受送达人同意”的判断

“经受送达人同意”是电子送达的基本前提，但本条未对同意的方式和情形作具体要求。实践中，各地法院应当按照《人民法院在线诉讼规则》第 29 条第 2 款的规定，判断确认当事人是否同意电子送达。当事人作出同意的意思表示，既包括明示的同意，也包括默示的同意，默示同意具体包括：事前的合意约定、事中的行为表示和事后的接受认可。其中需注意三个方面：一是对于事前的合意约定，需考察送达条款是否属于格式条款，若提供制式合同一方未尽到提示说明义务，对方当事人可以要求确认该条款无效；二是对于在起诉状、答辩状中主动提供电子地址的，应考察该地址用途和功能是用于联系还是接受送达，如果仅提供手机号码，不宜直接认定同意电子送达，应向当事人作进一步确认；三是对于通过回复收悉、参加诉讼等方式接受已完成的电子送达，但又表示不同意电子送达的，应当认定已完成的送达有效，但此后不宜再适用电子送达。

二、电子送达的载体

对于电子送达的平台，根据《最高人民法院关于进一步推进案件繁简分流优化司法资源配置的若干意见》第 3 条规定：“完善送达程序与送达方式……充分利用中国审判流程信息公开网，建立全国法院统一的电子送达平台。完善国家邮政机构以法院专递方式进行送达。”最高人民法院 2021 年颁布的《人民法院在线诉讼规则》第 29 条第 1 款规定：“经受送达人同意，人民法院可以通过送达平台，向受送达人的电子邮箱、即时通讯账号、诉讼平台专用账号等电子地址，按照法律和司法解释的相关规定送达诉讼文书和证据材料。”因此，人民法院电子送达一般应运用人民法院电子送达平台，中国移动、中国电信、中国联通三大运营商作为即时收悉的通信系统，可以实现诉讼文书和裁判文书的电子送达。

三、电子送达的生效标准

本条未就电子送达的生效标准作出明确规定，但立法上仍然要求具备“确认其收悉”“送达信息到达”两个因素，实践中需根据《人民法院在线诉讼规则》第31条的规定，结合当事人电子地址确认和电子地址来源情况，合理适用电子送达生效标准。具体而言，对当事人主动提供或确认的电子地址，采取“到达主义”。对人民法院主动获取的受送达人电子地址进行送达的，采取“收悉主义”。关于“收悉主义”的适用，应把握好两个适用条件：一是需满足当事人已同意适用电子送达，只是未提供有效电子送达地址或提供的地址有错误；二是应当向能够确认为受送达人为本人的电子地址送达，如经过实名认证的、曾经完成过有效送达的、近期内活跃使用的电子地址等。人民法院对此应有一个查明和判断过程，而非直接向任意一个可获取的电子地址送达。

第九十一条　直接送达诉讼文书有困难的，可以委托其他人民法院代为送达，或者邮寄送达。邮寄送达的，以回执上注明的收件日期为送达日期。

【条文主旨】

本条是关于委托送达和邮寄送达的规定。

【理解与适用】

根据《民事诉讼法》第 88 条的规定，送达民事诉讼文书，应当直接送交受送达人，但是在实践中直接送达有时会遇到困难。根据本条的规定，直接送达有困难的可以通过委托其他人民法院代为送达，或者邮寄送达。委托送达或邮寄送达与直接送达具有同等的法律效力。

委托送达，是指受诉人民法院因受送达人不在受诉人民法院辖区内居住等原因，直接送达诉讼文书有困难的，委托受送达人所在地的人民法院代为送达的方式。在实践中，受委托送达法院不及时送达的情况一度非常突出，有的受委托送达法院收到委托后不及时送达，有的法院收到委托后既不送达也不及时退回委托法院。为规范委托送达，2015 年《民事诉讼法解释》增加了委托送达的时间要求等规定并保留至今，《民事诉讼法解释》第 134 条规定："依照民事诉讼法第九十一条规定，委托其他人民法院代为送达的，委托法院应当出具委托函，并附需要送达的诉讼文书和送达回证，以受送达人在送达回证上签收的日期为送达日期。委托送达的，受委托人民法院应当自收到委托函及相关诉讼文书之日起十日内代为送达。"《最高人民法院关于进一步加强民事送达工作的若干意见》第 17 条规定："要树立全国法院一盘棋意识，对于其他法院委托送达的诉讼文书，要认真、及时进行送达。鼓励法院之间建立委托送达协作机制，节约送达成本，提高送达效率。"根据《民事诉讼法》第 90 条的规定，经受送达人同意，人民法院可以采用能够确认其收悉的电子方式送达诉讼文书。电子方式送达和其他送达方式具有同等的法律效力，为了减少受委托送达法院的负担，在直接送达困难时可优先采用电子送达。

邮寄送达是人民法院在直接送达诉讼文书有困难的情况下，可以交由国家邮政机构以法院专递方式邮寄送达的方式。法院在直接送达诉讼文书有困难时，对于委托送达和邮寄送达的选择没有先后次序的区别。邮政机构按照当事人提供或者确认的送达地址送达的，应当在规定的日期内将回执退回人民法院，邮寄送达以回执上注明的收件日期为送达日期。

【审判实践中应当注意的问题】

根据《最高人民法院关于以法院专递方式邮寄送达民事诉讼文书的若干规定》(法释〔2004〕13号)，人民法院在邮寄送达中需要注意以下问题：

第一，关于邮寄送达的适用。有下列情形之一的不适用邮寄送达：(1)受送达人或者其诉讼代理人、受送达人指定的代收人同意在指定的期间内到人民法院接受送达的；(2)受送达人下落不明的；(3)法律规定或者我国缔结或者参加的国际条约中约定有特别送达方式的。

第二，关于送达地址。当事人起诉或者答辩时应当向人民法院提供或者确认自己准确的送达地址，并填写送达地址确认书。送达地址确认书的内容应当包括送达地址的邮政编码、详细地址以及受送达人的联系电话等内容。当事人拒绝提供的，人民法院应当告知其拒不提供送达地址的不利后果，并记入笔录。当事人要求对送达地址确认书中的内容保密的，人民法院应当为其保密。当事人在第一审、第二审和执行终结前变更送达地址的，应当及时以书面方式告知人民法院。当事人拒绝提供自己的送达地址，经人民法院告知后仍不提供的，自然人以其户籍登记中的住所地或者经常居住地为送达地址；法人或者其他组织以其工商登记或者其他依法登记、备案中的住所地为送达地址。

第三，关于送达的认定标准。有下列情形之一的，即为送达：(1)受送达人在邮件回执上签名、盖章或者捺印的；(2)受送达人是无民事行为能力或者限制民事行为能力的自然人，其法定代理人签收的；(3)受送达人是法人或者其他组织，其法人的法定代表人、该组织的主要负责人或者办公室、收发室、值班室的工作人员签收的；(4)受送达人的诉讼代理人签收的；(5)受送达人指定的代收人签收的；(6)受送达人的同住成年家属签收的。

此外，因受送达人自己提供或者确认的送达地址不准确、拒不提供送达地址、送达地址变更未及时告知人民法院、受送达人本人或者受送达人指定的代收人拒绝签收，导致诉讼文书未能被受送达人实际接收的，文书退回之日视为送达之日。受送达人能够证明自己在诉讼文书送达的过程中没有过错的，不适用该规定。

第九十二条 **受送达人是军人的，通过其所在部队团以上单位的政治机关转交。**

【条文主旨】

本条是对军人送达的特殊规定。

【理解与适用】

军人送达属于转交送达的一种。所谓转交送达，是指受诉人民法院基于受送达人的有关情况，将需送达的诉讼文书、法律文书交有关机关、单位转交受送达人的送达方式。根据《民事诉讼法》的规定，我国规定了两种转交送达的方式。第一种是军人送达，本条规定受送达人是军人的，通过其所在部队团以上的单位的政治机关转交。第二种是《民事诉讼法》第93条的规定，受送达人被监禁的，通过其所在监所转交。受送达人被采取强制性教育措施的，通过其所在强制性教育机构转交。

由于军人职业的特殊性，对军人直接送达诉讼文书往往比较困难，委托送达或邮寄送达也存在一定难度。为了解决对军人送达诉讼文书的问题，本条规定，受送达人是军人的，通过其所在部队团以上单位的政治机关转交。本条在理解上主要有两个方面的内容：

一是本条所指的“军人”。根据《最高人民法院关于军事法院管辖民事案件若干问题的规定》第8条第1款，该规定所称军人是指中国人民解放军的现役军官、文职干部、士兵及具有军籍的学员，中国人民武装警察部队的现役警官、文职干部、士兵及具有军籍的学员。军队中的文职人员、非现役公勤人员、正式职工，由军队管理的离退休人员，参照军人确定管辖。本条仅指“军人”，并没有明确军队单位或营区的送达是否也应当转交送达的问题。根据《最高人民法院关于军事法院管辖民事案件若干问题的规定》第8条第2款，军队单位是指中国人民解放军现役部队和预备役部队、中国人民武装警察部队及其编制内的企业事业单位。营区是指由军队管理使用的区域，包括军事禁区、军事管理区。根据《最高人民法院关于军事法院管辖民事案件若干问题的规定》第1条管辖规定，军事法官管辖的案件包括：（1）双方当事人均为军人或者军队单位的案件，但法律另有规定的除外；（2）涉及机密级以上军事秘密的案件；（3）军队设立选举委员会的选民资格案件；（4）认定营区内无主财产案件。另外，对于地方当事人向军事法院提起诉讼或者提出申请的下列案件，军事法院应当受理：（1）军人或者军队单位执行职务过程中造成他人损害的侵权责任纠纷案件；（2）当事人一方为军人或者军队单位，侵权行为发生在营区内的侵权责任纠纷案件；（3）当事人一方为军人的婚姻家庭纠纷案件；（4）《民事诉讼法》第34条规定的不动产所在地、港口所在地、被继承人死亡时住所地或者主要遗产所在地在营区内，且当事人一方为军人或者军队单位的案件；（5）申请宣告军人失踪或者死亡的案件；（6）申请认定军人无民事行为能力或者限制民事行为能力的案件。那么，对于以上的诉讼案件，涉及军队单位或者营区的送达，是否应当也适用本条的规定，也应当转交送达，目前法律和司法解释没有规定。我们认为，在无法直接送达的情形下，亦可通过转交送达的方式进行送达。

二是必须通过部队团以上单位的政治机关转交，不得通过团以下的单位转交，也不得通过团以上单位的其他机关转交。

【审判实践中应当注意的问题】

第一，转交送达只适用于具有一定特殊性的受送达人：一是现役军人，转交机关为所在部队团以上单位的政治机关。二是被监禁的人，由所在监狱、看守所转交。三是被采取强制性教育措施的人，由所在强制性教育机构转交。第二，根据《民事诉讼法》第94条规定，对于转交送达的，代为转交的机关、单位收到诉讼文书后，必须立即交受送达人签收。需要明确的是，转交送达仍然以受送达人在送达回证上的签收日期为送达日期，而不是转交的机关、单位签收的日期为送达日期。

第九十三条 受送达人被监禁的，通过其所在监所转交。

受送达人被采取强制性教育措施的，通过其所在强制性教育机构转交。

【条文主旨】

本条是关于被监禁或者被采取强制性教育措施的人送达的特殊规定。

【理解与适用】

被监禁的人是指被依法关押的罪犯、被告人、犯罪嫌疑人。《民事诉讼法》第23条规定："下列民事诉讼，由原告住所地人民法院管辖；原告住所地与经常居住地不一致的，由原告经常居住地人民法院管辖：（1）对不在中华人民共和国领域内居住的人提起的有关身份关系的诉讼；（2）对下落不明或者宣告失踪的人提起的有关身份关系的诉讼；（3）对被采取强制性教育措施的人提起的诉讼；（4）对被监禁的人提起的诉讼。"对于被监禁的人或被采取强制性教育措施的人提起的诉讼，如果原告住所地与经常居住地不一致的，由原告住所地或经常居住地人民法院管辖。本条突破"原告就被告"的管辖原则，列举了依据原告住所地管辖的情形。关于管辖规定中对被监禁的人和被采取强制性教育措施的人的范围与本条中被监禁的人和被采取强制性措施的人范围应当保持一致。这里指被监禁的人是否包括公安机关、人民检察院、人民法院所采取的刑事拘留、逮捕、羁押等强制措施的人，还是仅指经人民法院判决后在监狱服刑的人？最高人民法院在〔2014〕民提字第213号民事裁定书中指出，上述法律规定中的监禁应不包括公安机关、人民检察院、人民法院采取的刑事拘留、逮捕、羁押等强制措施，而应该是指人民法院判决后在监狱里服刑或者接受劳动改造的情况。

被采取强制性教育措施，是指国家通过强制教育的方式来改造违法行为人的一种措施。被采取强制性教育措施的人的范围，则要结合有关法律规定加以确定。例如，《治安管理处罚法》第76条规定，有该法第67

条、第 68 条、第 70 条的行为，屡教不改的，可以按照国家规定采取强制性教育措施。被监禁的人通常被关押在监狱、看守所中，被采取强制性教育措施的人被拘束在强制性教育机构中，他们在会见、通信等方面，必须遵守有关管理规范。因此，对这些人不便于直接送达诉讼文书，委托送达或者邮寄送达也存在一定的困难。

被监禁的人或被采取强制性教育措施的人在人身自由受到一定的限制或者剥夺，但其民事诉讼权利并没有被剥夺，他们在发生民事争议时，仍然可以作为当事人参与到民事诉讼中来，因此，对于被监禁的人或者被采取强制性教育措施的人也存在如何送达诉讼文书的问题。与普通人相比，对他们进行送达具有一定的特殊性，因此《民事诉讼法》需要作出特殊规定。根据本条的规定，受送达人被监禁的，通过其所在监所转交。受送达人被采取强制性教育措施的，通过其所在强制性教育机构转交。

【审判实践中应当注意的问题】

《民事诉讼法》第 23 条规定："下列民事诉讼，由原告住所地人民法院管辖；原告住所地与经常居住地不一致的，由原告经常居住地人民法院管辖：（一）对不在中华人民共和国领域内居住的人提起的有关身份关系的诉讼；（二）对下落不明或者宣告失踪的人提起的有关身份关系的诉讼；（三）对被采取强制性教育措施的人提起的诉讼；（四）对被监禁的人提起的诉讼。"对于被监禁的人或被采取强制性教育措施的人提起的诉讼，如果原告住所地与经常居住地不一致的，由原告住所地或经常居住地人民法院管辖。《民事诉讼法》第 23 条突破了"原告就被告"的管辖原则，列举了依据原告住所地管辖的情形。这里需要明确的一个问题，关于被监禁的人的范围。被监禁的人是否包括公安机关、人民检察院、人民法院所采取的刑事拘留、逮捕、羁押等强制措施的人，还是仅指经人民法院判决后在监狱服刑的人？最高人民法院在（2014）民提字第 213 号民事裁定书中指出，《民事诉讼法》中的监禁应不包括公安机关、人民检察院、人民法院采取的刑事拘留、逮捕、羁押等强制措施，而应该是指人民法院判决后在监狱里服刑或者接受劳动改造的情况。这一观点明确《民事诉讼法》第 23 条中的被监禁的情形应当不包括公安机关、检察院、法院拘留、逮捕和羁押期间等保判措施。按照这一裁定，就是已决犯才能适用突破"原告就被告"的原则。

我们认为，就管辖问题，如果将“被监禁的人”的范围界定在人民法院判决后在监狱服刑的人员比较妥当。对“被监禁的人”提起诉讼适用由原告住所地法院管辖，考虑到被监禁的人被监禁的时间较长，被监禁地点较偏远，如果适用“原告就被告”的原则，不仅会给原告造成很大的不便，而且还可能给监禁地法院带来大量的工作，所以应当由原告住所地的人民法院管辖。但在送达方面，对被监禁的人送达是否也适用这一范围？对于正在公安机关、人民检察院、人民法院拘留、逮捕和羁押期间的人而言，如果不能由公安机关、人民检察院、人民法院转交送达法律文书，将无法行使诉讼权利，亦无法履行诉讼义务。我们认为，对于本条，应当包括已决犯和未决犯，只要人身自由受到限制，被集中在特定地方，离开了其原来的住所地或者经常居住地的，都应当适用转交送达。

第九十四条 代为转交的机关、单位收到诉讼文书后，必须立即交受送达人签收，以在送达回证上的签收日期，为送达日期。

【条文主旨】

本条是关于转交送达日期的规定。

【理解与适用】

转交送达，是指受诉人民法院基于受送达人的有关情况而将需要送达的诉讼文书交有关机关、单位转交受送达人的送达方式。根据《民事诉讼法》有关规定，适用转交送达的情况有三种：一是受送达人是军人的，通过其所在部队团以上单位的政治机关转交；二是受送达人被监禁的，通过其所在监所转交；三是受送达人被采取强制性教育措施的，通过其所在强制性教育机构转交。

民事诉讼程序中设置转交送达，有利于维护有关机关、单位的正常管理秩序，有利于维护国家保密和安全，转交机关、单位应当及时、完整完成转交工作。转交送达的要求包括：（1）立即转交。但为避免转交环节过多，转交机关、单位怠于转交送达、扣押诉讼文书甚至拒绝转交等情况，为督促代为转交的机关、单位积极履行转交义务，保障受送达人的诉讼权利，代为转交的机关、单位在收到诉讼文书后，有义务立即将收到的诉讼文书交受送达人签收。（2）直接转交，不得再次转交给其他部门代为送达。转交机关、单位应当立即将收到的诉讼文书转交给受送达人，而不应再次转给其他部门送达。（3）应完整、全面转交。转交机关、单位应当完整、全面地将诉讼文书转交给受送达人，亦不应扣押诉讼文书、隐瞒送达情况。（4）仍然由受送达人签收。转交送达的，仍然由受送达人签收，且以受送达人签收日期作为送达日期。依据本条规定，受送达人收到诉讼文书后，在送达回证上注明的签收日期为送达日期，转交的机关、单位不能代为签收。

【审判实践中应当注意的问题】

转交送达与委托送达同属第二位阶的送达方式，两者既有相似之处，又存在明显区别。转交送达和委托送达的相同点：二者都是人民法院请别的单位代替自己送达文书；别的单位和受送达人之间都只能适用直接送达和留置送达，不能适用其他送达方式；两种方式均是以受送达人签收日期为送达日期；委托送达的前提均是受诉人民法院直接送达诉讼文书确有困难，例如，受送达人居住在受诉法院辖区外，或者由于其他原因，导致直接送达诉讼文书有困难等的情形。转交送达和委托送达的区别：转交送达并不以直接送达有困难为前提，而是针对军人和受监禁人员方适用转交送达，这是转交送达和委托送达最本质的区别。

转交送达与委托送达同属第二位阶的送达方式，两者既有相似之处，又存在明显区别。转交送达和委托送达的相同点：二者都是人民法院请别的单位代替自己送达文书；别的单位和受送达人之间都只能适用直接送达和留置送达，不能适用其他送达方式；两种方式均是以受送达人签收日期为送达日期；委托送达的前提是受诉人民法院直接送达诉讼文书确有困难。例如，受送达人居住在受诉法院辖区外，或者由于其他原因，导致直接送达诉讼文书有困难等情形。转交送达和委托送达的区别为：转交送达并不以直接送达有困难为前提，而是针对军人和受监禁人员，方适用转交送达，这是转交送达和委托送达最本质的区别。

对于被监禁的人进行转交送达是为在诉讼中维护正常的诉讼秩序，保障有关当事人的诉讼权利而规定的一种送达途径。实践中，如果对于被监禁的人没有实行转交送达是否就导致送达无效了呢？就此，最高人民法院（2015）执复字第32号执行裁定书就认为，对被监禁的人直接送达并不必然导致送达无效：A诉B公司、余某合作协议纠纷一案，人民法院已就该纠纷制作了民事调解书。案件审理过程中，B公司、余某填写了《当事人送达地址确认书》，送达地址均为看守所，收件人均为余某。人民法院向B公司、余某送达民事调解书，均由余某签收，民事调解书已发生法律效力。由于二被告未履行义务，A公司向法院申请执行。在执行过程中，B公司提出异议，认为B公司属公司法人，有经过明示的法定住所。执行法院应当向B公司送达该案执行的法律文书，但执行法院至今未向该公司送达该执行案件的任何法律文书，该公司也未能参加上述执行活动。人民法院经审理认为，该案审判阶段，B公司和余某均填写了《当事人送达地址确认书》，收件人均为时任B公司法定代表人的余某，该院在送达民事调解书和执行法律文书时，均向余某送达。在该案执行过程中，B公司变更了法定代表人，但未及时向该院提交新的法定代表人身份证明。根据《民事诉讼法解释》第51条第1款关于“在诉讼中，法人的法定代表人变更的，由新的法定代表人继续进行诉讼，并应向人民法院提交新的法定代表人身份证明书。原法定代表人进行的诉讼行为有效”的规定，在B公司向法院提交新的法定代表人身份证明书之前，该院向余某的送达行为合法有效。其次，《民事诉讼法》第93条关于监所转交的规定，是为保障被监禁的人诉讼权利的实现而提供的一种送达途径，B公司主张不经监所转交即为送达无效，是对法律的错误理解。该案中，余某均已实际签收了相关法律文书。执行法院已完成了相关送达行为，B公司的相关权利并未受到损害，异议应当被驳回。

第九十五条　受送达人下落不明，或者用本节规定的其他方式无法送达的，公告送达。自发出公告之日起，经过三十日，即视为送达。

公告送达，应当在案卷中记明原因和经过。

【条文主旨】

本条是关于公告送达的规定。

【理解与适用】

一、公告送达的概念和性质

公告送达是指在受送达人下落不明或者以其他方式无法送达的情况下，人民法院通过适当的媒介将需要送达的诉讼文书的有关内容进行公告，经过一定时间后视为送达的方式。送达是保障诉讼程序顺利进行的重要环节。但是，在现实生活中，存在一方当事人下落不明或者以其他方式也无法对其进行送达的情形，如果因无法送达而长期耽搁民事诉讼的进行，必然会导致民事法律关系长期处于不稳定状态，损害当事人的合法权益。因此，为了维护当事人的合法利益，使诉讼程序能够及时进行，就要求在法律上设置一种替代的送达方式。公告送达就是这样一种送达方式，这种法律上的送达并不等于事实上的送达，但无论受送达人是否知悉公告内容，只要经过法定的公告期限即视为完成送达。

二、调整公告送达时间的必要性

首先，从保障当事人权利上看。随着我国经济社会快速健康发展，人们生活节奏普遍加快，对诉讼效率性、便捷性的需求日益迫切，而2017年《民事诉讼法》所规定六十天的公告送达期限，既受制于其公告方式，无法有效保障被公告人有效接收到公告信息，使公告环节流于形式，又使得案件审理周期拉长，影响诚信参与诉讼方当事人的诉讼权益。实践中，大量需公告送达的案件实际上是由于当事人逃避诉讼、恶意拖延诉讼而导致的，而对于不诚信诉讼的当事人给予过度的权利保障，显然已违背了公告送达制度的初衷。其次，从司法实践情况看。案件需要公告送达的，一般都需要公告送达两次，即送达起诉书等应诉手续一次，送达裁判文书一次，两次公告的送达期就共计一百二十日。针对一审案件传票的公告送达，除六十日外，还需要分别给予被公告方十五日答辩期和十五日举证期，实际周期长达九十日。并且，在公告送达的实际操作过程中涉及公告费交纳、公告信息流转办理等程序，整个公告周期在法定公告期限的基础上还要延长，这实际上导致公告送达案件效率低下、久拖不决、挤占司法资源，也不符合优化营商环境的要求。再次，从未来发展趋势看，随着互联网的日益普及，线上公告将成为主要的公告方式，因其本身具有的即时性、便捷性、覆盖性、可查询性的特点，客观上不再需要过长的公告期限。公告送达发挥作用关键不在于时间长短，而在于触达方式和信息留痕，因此，有必要根据社会发展变化合理缩短公告送达期限。

三、公告送达的适用条件

公告送达是法律上的拟制送达，是在受送达人下落不明，或者用其他方法无法送达时使用的一种特殊送达方式，是穷尽所有送达方式后仍无法有效送达的最后选择，大多数情况下将导致案件的缺席审理和判决，对当事人的诉讼权利义务有重大影响，因此各国和地区法律对公告送达的适用都比较谨慎，我国《民事诉讼法》对公告送达也规定了严格的适用条件，只有在受送达人下落不明，或者用本节规定的其他方式无法送达的情况下才可以启动公告送达。对于受送达人下落不明，根据最高人民法院有关司法解释，是指公民离开最后居住地后没有音讯的状况。通常而言，下落不明是指受送达人没有音讯，无法以电话、邮寄等方式联系。用其他方式无法送达，是指通过直接送达、委托送达、邮寄送达、转交送达、电子送达等方式均无法送达。

四、公告送达的方式

根据《民事诉讼法解释》第138条的规定，“公告送达可以在法院的公告栏和受送达人住所地张贴公告，也可以在报纸、信息网络等媒体上刊登公告，发出公告日期以最后张贴或者刊登的日期为准。对公告送达方式有特殊要求的，应当按要求的方式进行。公告期满，即视为送达。人民法院在受送达人住所地张贴公告的，应当采取拍照、录像等方式记录张贴过程”。需要特别注意的是，法院在进行公告时，在上述方式中任意选择一种即可。另外，人民法院进行公告送达时，因诉讼文书的不同，对公告内容的要求也不同。公告送达起诉状或上诉状副本的，应说明起诉或上诉要点，受送达人答辩期限及逾期不答辩的法律后果；公告送达传票，应说明出庭地点、时间及逾期不出庭的法律后果；公告送达判决书、裁定书的，应说明裁判主要内容，属于一审的，还应说明上诉权利、上诉期限和上诉的人民法院。

五、公告送达的效力

公告送达是一种法定的送达方式，一经送达，产生与其他送达方式相同的法律效果。本条第 1 款规定，自发出公告之日起，经过三十日，即视为送达。也就是说经过三十天，公告送达生效，不论是在诉讼法律关系上，还是在实体上，都会产生相应的法律效力。例如，起诉书副本经公告送达后，被告的答辩、举证、提起反诉等期间开始计算；开庭传票经公告送达后，被送达人应在传票规定的时间到庭应诉，否则，法院将依法作撤诉处理或作出缺席判决；一审判决书经公告送达后，上诉期间将开始计算，经过法定期间，被送达人没有提出上诉的，一审判决将生效；具有执行内容的裁判文书经送达后，被送达人应在裁判文书规定的期限内履行义务，否则，相对方可申请法院强制执行等等。只要公告送达在法律上不存在适用错误或者瑕疵，受送达人就不可以自己没有收到诉讼文书为由而提出异议。公告送达因为没有送达回证，因此应当在案卷中记明公告送达的原因和经过。

【审判实践中应当注意的问题】

一、依法慎重适用公告送达

公告送达有严格的适用条件，是穷尽所有送达方式后仍无法有效送达的最后选择，所谓“穷尽所有送达方式”，并非指各种送达方式均需要逐一尝试，而是指根据案件和当事人情况，能够采用的送达方式均已采用。《最高人民法院关于进一步加强民事送达工作的若干意见》第 15 条规定：“要严格适用民事诉讼法关于公告送达的规定，加强对公告送达的管理，充分保障当事人的诉讼权利。只有在受送达人下落不明，或者用民事诉讼法第一编第七章第二节规定的其他方式无法送达的，才能适用公告送达。”《人民法院在线诉讼规则》第 23 条规定：“需要公告送达的案件，人民法院可以在公告中明确线上或者线下参与庭审的具体方式，告知当事人选择在线庭审的权利。被公告方当事人未在开庭前向人民法院表示同意在线庭审的，被公告方当事人适用线下庭审。其他同意适用在线庭审的当事人，可以在线参与庭审”。

二、加大电子公告送达的适用力度

根据《民事诉讼法解释》的相关规定，公告送达可以采取在法院的公告栏和受送达人住所地张贴公告，也可以采取在报纸、信息网络等媒体上刊登公告等线下和线上两种形式进行。2023 年 12 月 27 日，最高人民法院印发《关于改革完善人民法院公告发布管理工作的通知》（以下简称《通知》)，对 2020 年最高人民法院印发的《关于进一步规范人民法院公告发布管理工作的规定》进行了完善，《通知》明确人民法院公告发布工作将全面实现网络化。《通知》规定，自 2024 年 1 月 1 日起，除了应在报纸上刊登的法定类型法院公告外，《人民法院报》将不再刊登法院公告，法院公告将全部刊登在中国法院网（子网站人民法院公告网），并同步推动到腾讯网（腾讯新闻），实现法院公告的即时转发、快速传播和便捷查阅。同时，《通知》还规定，法院公告要严格限定“在全国范围具有传播力、影响力的报纸、信息网络等媒体”上发布，并明确了刊登法院公告的 18 家中央新闻媒体单位和 3 家中央政法新闻单位的主要报纸及其主要网络媒体平台。需要注意的是，根据《通知》要求，各级人民法院应严格按照《最高人民法院关于进一步规范人民法院公告发布管理工作的通知》要求，对媒体发布公告是否规范进行审查，对于违反公告发布要求、经之处后拒不改正的媒体，不得再通过该媒体发布公告，以确保公告发布的规范、及时、权威。

三、规范电子公告送达的载体

为保证电子公告能够广泛覆盖地域和各群体，《民事诉讼法解释》要求通过“信息网络等媒体”发布电子公告。实践中，部分法院通过自建的网站平台发布电子公告，这类网站平台严格意义上来说不属于“信息网络媒体”，不宜作为电子公告送达的有效载体。2018 年，最高人民法院已经建立了集发布、展示、办理、查询等多种功能于一体的“人民法院公告网”，并与全国法院统一送达平台进行对接，可以集中、统一、权威发布全国法院的公告送达信息。下一步，最高人民法院将继续完善公告送达平台，大力推进电子公告，全面提升公告送达的便捷性、覆盖面和精准度。

第八章　调　解

第九十六条　人民法院审理民事案件，根据当事人自愿的原则，在事实清楚的基础上，分清是非，进行调解。

【条文主旨】

本条是关于调解原则的规定。

【理解与适用】

调解，又称诉讼调解或者法院调解，是指双方当事人在人民法院主持下，就他们之间发生的民事权益纠纷，通过自愿、平等的协商，互谅互让，达成协议，从而解决纠纷的诉讼活动和结案方式。本条是关于人民法院调解中自愿原则和查明事实、分清是非原则的规定。

人民法院审理民事纠纷案件时，在双方当事人自愿接受调解的前提下，在查明事实的基础上，分清是非，进行调解，实现双方当事人自愿协商、互谅互让、达成协议、解决纠纷。从诉讼经济角度而言，调解制度的优势主要在于诉讼便捷、成本低廉，有利于提高办案效率，降低诉讼成本。从诉讼体系角度而言，调解是我国诉讼制度的重要组成部分，是我国民事审判工作的优良传统和审理解决民事纠纷的成功经验，是人民法院审理民事纠纷的重要方式，在民事诉讼中具有重要意义。从当事人角度而言，调解是以当事人行使诉权为基础、以当事人意思自治为条件、以当事人依法行使处分权为内容的一项诉讼制度，是当事人通过友好协商而处分实体权利和诉讼权利的一种表现。

一、关于调解的适用范围

对法院而言，调解是解决民事纠纷的一种职权行为，是法院行使审判权的一种方式，是和谐司法的一种体现。调解制度的优势主要在于弥补裁判过于刚性，尊重当事人的合意。一般而言，调解最适合于法律关系需要修复型的纠纷，如在熟人之间、有长期稳定关系并希望保持这种关系的人们之间适用调解最为有效。比如相邻纠纷，由于关系到当事人最基本的生活秩序和生活环境，如果能够以调解方式化解矛盾，调和邻里关系，不仅便于当事人在今后的生活中和睦相处，同时也有利于倡导形成与邻为善、互帮互助的良好风尚。

调解也存在一定的局限性，并非所有的案件都可以适用调解。首先，《民事诉讼法解释》第 143 条规定了三类不适用调解的案件：一是因程序性质不能调解；二是特定案件类型不能调解；三是依案件性质不能调解。具体而言，特别程序、督促程序、公示催告程序案件不能适用调解。婚姻关系、身份关系确认案件不能适用调解，但非婚姻、身份确认外的其他类型案件除法律另有明确规定外，可以进行调解，比如根据《民事诉讼法》第 101 条的规定，人民法院可以调解维持收养关系，再如根据《民事诉讼法》第 209 条的规定，解除婚姻关系也可以调解。民事行为无效应当给予追缴或民事制裁的案件，如损害国家、集体、第三人合法利益，受害人未参与诉讼的案件，以及其他依案件性质不能进行调解的民事案件等不能适用调解。其次，对诉讼过程中发现涉及犯罪行为的一般也不得调解。最后，部分不宜进行调解的案件中也有特定情形不能调解，包括：一方当事人明显无理，表面愿意调解，实际为拖延时间的案件；当事人请求差别很大或消极应诉难以传唤到庭的案件；当事人不愿接受调解的；当事人一方有倒闭、撤销或者长期外出可能的案件；追求争议解决效率而在短时间内难以达成合意的商事案件；具有规则引导意义的案件，等等。

二、关于调解的期限

调解贯穿于整个审判阶段，无论是审理前的准备阶段、开庭审理阶段、辩论终结作出判决前，还是第一审程序、第二审程序、再审程序，只要是能够调解的案件，人民法院都可以进行调解。对民事调解的期限不作具体规定可以防止法官由于期限的压力而在事实不清、情况不明的情形下匆忙调解结案。但是对调解的期限不作具体规定，一方面，可能导致一方当事人通过选择调解拖延案件的审理；另一方面，法官也可能为了提高个人的调解率而故意拖延调解时间，使当事人在心理上造成疲倦，不得不接受调解结案，从而违背了调解制度设立的初衷。为了防止出现上述情况，

《民事诉讼法》第9条规定，人民法院审理民事案件，应当根据自愿和合法的原则进行调解；调解不成的，应当及时判决。

三、关于调解自愿原则

根据本条规定，一个案件能否调解必须以当事人的自愿为原则，如果当事人不愿意以调解的方式结案，法院就不能违背当事人的自愿强行调解。《民事诉讼法》在调解方面强调了当事人的自愿，从法律的层面上限制了强制调解、违法调解发生的可能性。当事人自愿是调解运行的基本原则，纠纷的合意解决是调解获得正当性的前提与基础。调解不仅是一种司法权力的运行方式，更是一种当事人合意解决纠纷的方式。在角色的扮演中，当事人是其中真正的“主角”，法官是其中的“配角”。调解的最终目的是为当事人化解纠纷。调解的启动、权利的处分、协议内容的表述与记载等要充分尊重当事人的主体地位，要坚决贯彻当事人意思自治原则，法官的主要任务是为当事人提供好引导、指导、辅助、释明等服务，而非将自身的意志强加给当事人，也不能采取诱导、欺骗、隐瞒等方式让当事人形成错误的意志，要确保当事人是在内部的信息公开、过程透明的基础上发自内心自愿地去达成协议、解决纠纷，真正做到互谅互让、和谐相处。

四、关于查明事实、分清是非原则

法院对民事案件进行调解必须在查明案件事实、分清责任的基础上进行。查明事实和分清是非，是法院调解的基础，这也是“以事实为根据，以法律为准绳”原则在调解中的贯彻实施，既是调解工作进行的前提，也是保证调解顺利开展的根本保证[①]。调解虽然允许当事人对自己民事权利进行处分，但并不是不顾事实、不分是非。人民法院主持的调解也是人民法院行使职权的体现。这要求审判人员在主持调解过程中必须查明案件基本事实，分清双方争议的是非曲直，明确当事人各自的责任，然后确定双方当事人的权利义务。只有基本事实清楚、是非分明，双方达成协议后，当事人才有可能自觉地履行。

---

① 参见王胜明主编：《中华人民共和国民事诉讼法释义（最新修正版）》，法律出版社2012年版，第216页。

【审判实践中应当注意的问题】

一、关于调解是否符合自愿原则

在调解中贯彻自愿原则需要做到四个方面：一是调解程序的启动应以当事人自愿为前提；二是调解协议的内容应在双方自愿同意的情况下达成，如是否存在当事人在违背真实意思的情况下签订调解协议、调解协议显失公正、调解组织或者调解员强迫调解或者与案件有利害关系的情况等情形；三是调解程序的终结应当尊重当事人的自愿；四是法官要保证居于中立地位。

二、关于调解的保密性

保密性是符合调解工作规律的基本原理。《民事诉讼法解释》第 146 条规定："人民法院审理民事案件，调解过程不公开，但当事人同意公开的除外。调解协议内容不公开，但为保护国家利益、社会公共利益、他人合法权益，人民法院认为确有必要公开的除外。主持调解以及参与调解的人员，对调解过程以及调解过程中获悉的国家秘密、商业秘密、个人隐私和其他不宜公开的信息，应当保守秘密，但为保护国家利益、社会公共利益、他人合法权益的除外。"调解不同于裁判的根本之处在于调解是当事人合意解决纠纷，以当事人行使处分权为基础，是当事人之间的私事。调解中当事人主要通过谈判协商来解决争议，往往涉及各自的商业秘密和个人隐私，即使构不成商业秘密和个人隐私的一些情况，当事人通常也不愿意对外公开。为了确保双方当事人自由放心地进行协商，不受外界因素的影响，应当对当事人自愿达成的协议进行保密。

审判实践中应注意，调解过程不公开，但并不能关闭法庭上的录音录像设备。全国法院大力推进司法公开，许多法庭都安装了先进的录音录像设备，对庭审全过程进行录音录像。但调解是在法院组织主持下，当事人就权利义务进行协调、处分的过程，一方面，当事人可能为达成调解协议作出让步、承认于己不利的事实甚至涉及商业秘密、当事人隐私等内容，如果对调解的过程也进行录音录像，容易造成调解过程公开，可能有损当事人利益，这样看，录音录像是不必要的。但另一方面，调解过程是需要主持调解人员的规范和合法，通过录音录像来维护与验证人民法院的公正形象和正当性。在这两者的冲突下，不宜关闭法庭上的录音录像设备，但上述录音录像资料不得对外公开。

同时，调解保密并不是绝对的，调解如果存在下列情形，当然没有保密的义务：（1）双方当事人均同意的。调解是合意型纠纷解决方式，当事人可以自由处分自己的权利，放弃调解保密性的保护未尝不可。（2）第三人主张的信息。调解协议约束双方当事人，但是对案外第三人不产生约束力。一旦第三人在诉讼过程中提出调解信息，法官就不受调解保密性的约束而可采纳为证据。（3）先前存在的调解信息。调解过程中经常会出示事先存在的事实、声明、文件以及其他证据，这些调解信息不经过调解程序也可以获悉，特别是信息是公共记录或者公共文件的，此时就没有保密的必要。（4）为保护国家利益、社会公共利益、案外人合法权益，人民法院认为确有必要的，那么调解信息的保密应当予以解除。比如调解信息涉及当事人意图犯罪或者实施有害行为或者正在实施犯罪或有害行为，如果仍然适用调解保密性，就会纵容犯罪或者有害行为的发生，导致社会公共利益受到侵蚀。此时，法官可以将关涉公共利益的信息采纳作为证据。（5）法律另有明确规定的。

三、关于径行调解的适用

《民事诉讼法解释》第142条规定了径行调解制度，规定："人民法院受理案件后，经审查，认为法律关系明确、事实清楚，在征得当事人双方同意后，可以径行调解"。该条中径行调解系指根据案件类型和具体情形可以不经当事人举证质证、法庭调查、辩论而直接进入调解程序。径行调解制度有利于提高办案效率，降低诉讼成本。对所受理案件是否以径行调解的方式予以办理，司法解释规定了三个前提条件：（1）法律关系明确；（2）事实清楚；（3）双方当事人同意。法律关系明确，是指人民法院能明确区分谁是责任的承担者，谁是权利的享有者；事实清楚，是指当事人对争议的主要事实陈述基本一致，并能提供相应的证据，无须人民法院调查收集证据即可查明事实；当事人双方同意，是指能否径行调解要取决于当事人双方的合意，如果当事人不愿意调解的，人民法院就不能违背当事人的意志强行调解。人民法院对受理的案件，经审查当事人的诉辩后，发现具备这三个条件的，就可以径行调解。

四、关于与先行调解的衔接适用

本法第125条规定了先行调解制度，即“当事人起诉到人民法院的民事纠纷，适宜调解的，先行调解，但当事人拒绝调解的除外。”应注意与本章诉讼调解的区别与联系。调解可以区分为两类：一类是诉讼外调解机制，运用比较成熟的是人民调解、行政调解等。2010年通过的《人民调解法》已经对人民调解的原则、程序等作了明确规定。2009年最高人民法院出台的《关于建立健全诉讼与非诉讼相衔接的矛盾纠纷解决机制的若干意见》对立案前与立案后至开庭前的调解作了规定，这些调解活动在实践中取得了良好的效果。有鉴于此，2012年《民事诉讼法》第122条将上述司法实践中已取得积极效果的经验上升为法律，对先行调解作出了规定，本法第125条延续了此规定。先行调解主要指向法院立案前或者立案后不久的调解。当事人向人民法院提起诉讼，递交起诉状或者口头起诉之后，人民法院尚未立案，根据案件具体情况，人民法院认为适宜调解的，可以先行调解。当事人不同意调解或者在商定、指定时间内不能达成调解协议的，人民法院应当依法及时立案。另一类是诉讼中的调解，即本法第八章对于人民法院审理民事案件过程的调解制度所作规定。据此，我国《民事诉讼法》的调解制度趋于完善，即对于本法总则部分的调解原则，不仅包括审理阶段的调解，也应包括诉前调解，体现了对“将非诉讼纠纷解决机制挺在前面”要求的贯彻。

对于适用先行调解，实践中应予注意：其一，人民法院认为“适宜调解”。“适宜”的判断标准由人民法院根据案件的具体情况具体掌握。一般来说，家庭矛盾、邻里纠纷等民间纠纷适宜调解，其他案件如果事实基本清楚、当事人之间争议不大的也“适宜”调解。其二，当事人不拒绝。调解的一项基本原则是当事人自愿，如果当事人明确表示不同意调解：尚未立案的，人民法院应当依法及时立案；已经受理立案的，应当依法及时判决。需要说明的是，当事人不拒绝不仅包括当事人明示的同意，还包括其默示同意。调解过程中，当事人未明确拒绝调解的，可以视为同意调解。①

① 参见王胜明主编：《中华人民共和国民事诉讼法释义（最新修正版）》，法律出版社2012年版，第317页。

第九十七条 人民法院进行调解，可以由审判员一人主持，也可以由合议庭主持，并尽可能就地进行。

人民法院进行调解，可以用简便方式通知当事人、证人到庭。

【条文主旨】

本条是关于调解组织形式以及通知方式等的规定。

【理解与适用】

诉讼调解是我国诉讼制度的重要组成部分，是人民法院行使审判权的重要方式。它是根植于我国历史文化传统，并经过长期司法实践证明有效的纠纷解决方式，不仅符合当前社会大众的价值观念和诉讼意识，也体现了中华民族追求自然秩序、社会秩序和谐的理想。近年来，人民法院的调解工作取得了重大发展，积累了宝贵经验。各级人民法院要以"案结事了、政通人和"作为审判工作追求的目标，正确认识诉讼调解在人民法院审判工作中的地位和作用，大力推进诉讼调解工作。

本条所指的调解，是指进入诉讼程序后由人民法院审判人员主持，由各方当事人通过自愿协商，达成协议，解决民事争议的活动和结案方式，是在《民事诉讼法》第96条调解原则的基础上对诉讼调解的组织形式等程序进行的原则性规定。人民法院进行调解一般有两种方式：一是由当事人提出申请而开始；二是法院在征得当事人同意后依职权开始调解。无论采取哪种方式，在调解开始前，审判人员应当按照《民事诉讼法》第96条的规定征求双方当事人是否愿意调解的意见，讲明调解的法律规定和具体要求，以及如何进行调解，并告知有关的诉讼权利和义务，然后依照本条开展诉讼调解，通知当事人和证人到庭，为调解的进行做好准备。

相较于普通民事诉讼程序，调解具有灵活、高效、更能体现当事人自愿原则、更有利于化解当事人矛盾、更方便执行等特点，也更能体现"案结事了、政通人和"的司法追求，因此，对其程序应赋予相对宽松的安排，以便更能符合调解的特点。为此，《民事诉讼法》对调解的组织形式、通知当事人及证人的方式、就地主持调解等进行特殊安排。

一、关于调解的组织形式

本条规定，人民法院进行调解可以由审判员一人主持，也可以由合议庭主持。一人主持，指由一名审判人员主持调解工作。该名审判人员原则上应为案件的承办法官，包括独任审理的承办法官或者实行合议审理中的承办法官，当然，经合议庭授权，合议庭其他成员也可以主持调解工作。对于案件较为复杂的情形，一般应由合议庭主持调解。一方面有利于发挥合议庭的群体智慧，另一方面也体现人民法院对调解工作的重视，有利于提升当事人对调解的信赖，促成调解的达成。具体而言，适用简易程序审理的民事案件，由独任审判员一人主持进行调解；适用普通程序审理的一审民事案件，根据案件难易程度等因素，可以由合议庭主持调解，也可以由合议庭成员中的一名审判员主持调解。适用二审程序和审判监督程序的案件的调解，也是按照上述规定确定审判人员的组成。

二、关于调解的地点

本条规定，人民法院进行调解，尽可能就地进行。调解灵活、高效的特点决定了调解程序与庭审程序等不同的实施方式。就调解地点而言，本条这样规定，是因为调解本身就是一种尊重当事人意愿和处分权利、提高诉讼效率的一种审判和结案方式，具有程序简便、快速解决纠纷的特点，调解的地点不必拘泥于法院，只要当事人在场，能够就纠纷处理达成一致意见，即使不在法院，也可以进行调解。本条明确规定了应采取有利于当事人参与的方式即就地进行，这种规定体现了便利当事人诉讼的原则，是我国“枫桥经验”等人民司法优良传统的传承，是马锡五审判方式“深入群众、不拘形式、方便人民”等广受人民群众欢迎的工作方式方法的体现。

同时也要注意到，随着互联网时代的到来，人民群众生活方式的极大改变，调解方式也应随之调整。基于此，最高人民法院于 2021 年 12 月 30 日公布，并于 2022 年 1 月 1 日施行《人民法院在线调解规则》，从司法解释层面对在线调解适用范围、人民法院在线调解内涵、在线调解组织和人员、在线调解程序、在线调解行为规范等作出规定，进一步方便当事人及时解决纠纷，规范依托人民法院调解平台开展在线调解活动，提高多元化解纠纷效能，创新完善了互联网时代人民群众参与司法的制度机制。

相比于就地调解，在线调解体现出互联网时代更为明显的优势，让当事人在任何地方都可以通过电脑、手机开展调解，可以极大丰富调解的方式。

三、关于调解的传唤方式

本条规定，人民法院进行调解，可以用简便方式通知当事人、证人到庭。人民法院的调解活动，可以在任何一个诉讼阶段，根据案件的具体情况进行。调解的形式多样，因此通知当事人可以采用电话通知、口头通知等简便方式，而没有必要按照开庭审理那样发传票。此外，当事人同意进行在线调解的，也可以依照《人民法院在线调解规则》的规定，通过人民法院调解平台进行通知。采取人民法院进行调解时，双方当事人都应当出庭，原则上要采取面对面的形式进行调解，但必要时也可以分别对双方当事人做调解工作。《最高人民法院关于人民法院民事调解工作若干问题的规定》第7条规定："当事人申请不公开进行调解的，人民法院应当准许。""调解时当事人各方应当同时在场，根据需要也可以对当事人分别作调解工作。"当事人不能出庭而委托诉讼代理人参加调解的，必须有当事人的特别授权。离婚案件当事人确因特殊情况无法出庭参加调解的，除本人不能表达意志的以外，应当出具书面意见。对无民事行为能力的当事人进行调解，应当由其法定代理人代为参加。《最高人民法院关于进一步发挥诉讼调解在构建社会主义和谐社会中积极作用的若干意见》第12条规定，人民法院应当健全调解规范，完善调解程序，注重增强调解工作的亲和力、透明度、效率，方便当事人参与调解。应当根据案件实际情况，灵活选择调解方式和方法，为当事人创造自由协商、互谦互让的宽松条件和氛围。

【审判实践中应当注意的问题】

审判实践中，人民法院在主持调解中应充分考虑调解便利性、灵活性与效率的特点，采取灵活的调解组织形式、便利的通知方式、便于当事人的调解地点等方式方法推动调解的达成。同时，在调解中，还要统筹兼顾最高人民法院关于调解的一系列司法政策与司法解释。比如《人民法院在线调解规则》对于互联网时代调解方式的新规定，《民事诉讼法解释》第146条关于调解是否公开的规定、《最高人民法院关于人民法院民事调解工作若干问题的规定》关于调解主体、调解程序、调解方式的规定、《最高人民法院关于进一步发挥诉讼调解在构建社会主义和谐社会中积极作用的若干意见》关于诉讼调解要注重亲和力、透明度、效率，方便当事人参与调解的倡导性意见、《最高人民法院关于建立诉与非诉相衔接的矛盾纠纷解决机制的若干意见》第16条关于调解地点的规定，“经当事人同意也可以在法院以外的场所进行”等。

第九十八条　人民法院进行调解，可以邀请有关单位和个人协助。被邀请的单位和个人，应当协助人民法院进行调解。

【条文主旨】

本条是关于协助调解的规定。

【理解与适用】

本条规定，人民法院进行调解可以邀请有关单位和个人协助。被邀请的单位和个人，应当协助人民法院进行调解。人民法院进行调解，根据案件需要，邀请当事人所在单位、纠纷发生地基层组织以及当事人的亲友、邻居等协助人民法院调解，对当事人进行说服、疏导工作，便于依靠当地调解组织和其他基层组织，迅速查明案情，彻底解决纠纷。同时，也有利于开展政策和法律的宣传教育工作。此外，在某些情况下，由于调解是一项艰苦细致的思想工作，必须将双方当事人信赖的亲友动员起来参加调解，才有可能使当事人达成合意。有关单位和个人一经法院邀请，就负有协助人民法院调解的义务，而不能无故推诿拒绝。有关单位和个人在协助法院调解时，同样应当遵循自愿原则，事实清楚、分清是非原则以及合法原则。

一、关于协助调解的主体

本条规定，人民法院进行调解，可以邀请有关单位和个人协助。关于有关单位和个人的具体指向，应依照最高人民法院相关司法解释与司法政策的进一步规定。具体包括：（1）《人民法院在线调解规则》第 28 条规定，人民法院可以建立婚姻家庭、劳动争议、道路交通、金融消费、证券期货、知识产权、海事海商、国际商事和涉港澳台侨纠纷等专业行业特邀调解名册，按照不同专业邀请具备相关专业能力的组织和人员加入。最高人民法院建立全国性特邀调解名册，邀请全国人大代表、全国政协委员、知名专家学者、具有较高知名度的调解组织以及较强调解能力的人员加入，参与调解全国法院有重大影响、疑难复杂、适宜调解的案件。高级人民法院、中级人民法院可以建立区域性特邀调解名册，参与本辖区法院案件的调解。该规定对于参与在线调解人员的组成进行规定，对于线下调解也有一定的参考作用。（2）《最高人民法院关于人民法院民事调解工作若干问题的规定》第1条规定，根据《民事诉讼法》第95条[①]的规定，人民法院可以邀请与当事人有特定关系或者与案件有一定联系的企业事业单位、社会团体或者其他组织，和具有专门知识、特定社会经验、与当事人有特定关系并有利于促成调解的个人协助调解工作。该规定对协助调解的主体予以明确，系对本条的细化规定。（3）《最高人民法院关于进一步发挥诉讼调解在构建社会主义和谐社会中积极作用的若干意见》第11条规定，人民法院可以根据法律以及司法解释的规定，建立和完善引入社会力量进行调解的工作机制。人民法院可以引导当事人选择办案法官之外的有利于案件调解的人民调解组织、基层群众自治组织、工会、妇联等有关组织进行调解，也可以邀请人大代表、政协委员、律师等个人进行调解。经当事人同意，法官助理等审判辅助人员受人民法院指派也可以调解案件。对疑难、复杂和有重大影响的案件，人民法院的庭长或者院长可以主持调解。该规定明确要建立和完善引入社会力量进行调解的工作机制，有利于本条在审判实践中的落实。

二、关于协助调解的义务

本条规定，被邀请的单位和个人，应当协助人民法院进行调解。引入社会力量参与调解，是我国社会主义制度优势在司法调解中的重要体现。一般而言，与当事人有特定关系或联系的单位、组织或者对该领域矛盾纠纷具有专门知识、特定社会经验、有一定权威性的专家学者，对于当事人之间的争议可以发挥专业、组织、威信等优势，引导当事人化解矛盾。特别是在婚姻家庭、劳动争议、道路交通、金融消费、证券期货、知识产权、海事海商、国际商事和涉港澳台侨纠纷等专业，设立专业调解员、特邀调解员名录等方式，可以极大推动此类案件的调解。因此，人民法院基于案件需要邀请有关单位和个人协助调解，既是诉讼调解制度贯彻实施的实际需要，也是要求相关单位和个人履行协助人民法院诉讼活动义务的体现。近年来，各地在化解人民群众矛盾纠纷中探索的“五老”调解员（农

---

① 现为《民事诉讼法》（2023年修正）第98条。

村老干部、老党员、老模范、老教员、老复员军人）参与调解法，发挥“五老”有群众基础、有威信、能有效化解村民纠纷的优势，极大推动了调解工作的进行。

【审判实践中应当注意的问题】

近年来，人民法院大力推动诉调对接工作。协助调解是诉调对接的内容之一，体现了诉讼调解与诉讼外调解的结合，是新时代我国法院发动社会力量共同解决人民矛盾纠纷的重要举措。协助调解虽然在构建和谐社会的新时期获得了新生，对帮助法院化解民事纠纷起到了积极的作用，但从各地法院对这项机制的运用看，还存在一些问题亟待在审判实践中逐步解决，解决方式可探索通过如下方面推进协助调解进一步发挥作用：增进对协助调解必要新的认识、建立协助人队伍、发掘潜在的协助人、积极培育专业性调解组织、加大巡回审理的力度、为协助人提供适当的报酬等。[①]

---

① 李浩：《法院协助调解机制研究》，载《法律科学（西北政法大学学报）》2009年第4期。

第九十九条 **调解达成协议，必须双方自愿，不得强迫。调解协议的内容不得违反法律规定。**

【条文主旨】

本条是关于调解协议自愿原则、合法原则的规定。

【理解与适用】

与本法第 96 条调解自愿原则与事实清楚、分清是非原则相比，本条更侧重于调解协议的自愿性与合法性，即从调解结果的角度提出的要求。

本条规定，调解达成协议，必须双方自愿，不得强迫。调解协议的内容不得违反法律规定。调解协议，是在人民法院主持下，各方当事人平等协商，对自身利益进行综合判断而自愿达成的合意，其主体是当事人，而非人民法院。调解协议的达成，是调解程序结束的重要前提与基础。调解协议与调解书既有不可分割的紧密联系，又不完全相同。调解协议是作为平等主体的当事人之间达成的私法契约，而调解书则是由人民法院制作的具有强制执行力的公权力文书，它不仅是当事人相互协商结果的记录，还是人民法院行使审判权的重要标志。调解协议是人民法院制作调解书的主要依据，也是调解制度不可或缺的重要内容，因此，对调解协议作出约束也是十分必要的。①

一、关于调解协议自愿原则

本条规定，调解达成协议，必须双方自愿，不得强迫。自愿原则是民事主体自由处置自身权益的基本原则，贯穿调解程序始终，是调解的核心原则，也是《民法典》第 5 条“民事主体从事民事活动，应当遵循自愿原则，按照自己的意思设立、变更、终止民事法律关系”的题中应有之义。调解协议作为双方当事人之间基于意思自治达成的私法契约，必须是在自愿原则基础上、充分磋商后对双方权益取舍达成的共识。

---

① 江必新主编:《新民事诉讼法条文理解与适用》，人民出版社 2022 年版，第 442 页。

《民事诉讼法》第9条规定，人民法院审理民事案件，应当根据自愿和合法的原则进行调解；调解不成的，应当及时判决。第96条规定，人民法院审理民事案件，根据当事人自愿的原则，在事实清楚的基础上，分清是非，进行调解。因此，经人民法院达成的调解协议，也应当建立在双方自愿的基础上，包括人民法院在内的任何人不得强迫。

自愿原则在人民法院的调解工作中处于核心地位。无论是从尊重当事人的处分权考虑，还是为了使达成的调解协议能够得到自觉地履行，都必须高度重视并认真贯彻自愿原则。在审判实践中，落实调解协议必须出于双方自愿，不得强迫的规定，要处理好两种情形。一种情形是当事人之间系在受胁迫、诱惑、欺骗等手段下，并非基于自身真实意思表示而达成的协议。人民法院在主持调解时要充分探求双方当事人的真实诉求，同时要对不正常的情况或者违背常识的情况高度警惕，切实避免调解成为当事人规避法律的法外之地。另一种情形是人民法院要坚决杜绝以往部分地方存在的强迫调解行为。近年来，因人民法院结案压力逐年加大，个别法院或法官为完成结案任务或者达到案件调撤率等指标而人为要求当事人达成调解，“以判压调”“以拖促调”“假权促调”等屡屡出现，此类情况显然与本条规定的自愿达成调解协议的原则相违背。调解工作必须在双方当事人自愿的基础上进行，如果有一方不愿调解解决纠纷，人民法院不能强迫其接受调解。同时，在主持达成调解协议过程中，必须双方自愿，即双方都自愿接受协议的内容，不能用强制的办法要求当事人接受调解协议的内容。

二、关于调解协议合法原则

本条规定，调解协议的内容不得违反法律规定。调解协议虽然是当事人自愿处置自身权益而实施处分权的表现，但调解协议必须符合法律规定。这是调解合法原则在调解协议中的体现。调解合法原则也是法院调解应当遵循的一项重要原则，具体是指人民法院主持下的双方当事人的调解活动及其协议内容，必须符合法律的规定。调解协议合法原则既包括程序合法，还包括实体合法。调解虽然是以当事人的处分权为基础，遵循当事人双方自愿的原则，原则上只要双方当事人达成一致，调解协议就应当是有效的。但另一方面，即使双方当事人达成一致，也不得违反法律的规定，不得在调解协议中写入侵犯国家、集体和他人利益的内容。人民法院调解的结果，应当是在分清是非的基础上，正确地适用实体法来确定双方当事人的权利和义务。这里需要注意两个问题：一是要正确处理自愿与合法的关系。调解必须当事人自愿，并达成一致，但协议内容违反法律规定的，不能产生法律效力。二是调解协议合法性的要求与判决合法性的要求有不同之处。当事人可以在不违反禁止性规定的前提下，达成双方所能接受的调解协议。其中，当事人可以对自己的权利进行处分。这种合法性的要求是较为宽松的，不是指调解协议的内容必须严格遵照法律的规定，而是指协议内容不与法律中的禁止性规定相冲突，不违反公序良俗，并且不损害国家、集体和他人的利益。对此，《最高人民法院关于人民法院民事调解工作若干问题的规定》第 10 条规定，调解协议具有下列情形之一的，人民法院不予确认：（1）侵害国家利益、社会公共利益的；（2）侵害案外人利益的；（3）违背当事人真实意思的；（4）违反法律、行政法规禁止性规定的。

【审判实践中应当注意的问题】

本条在审判实践中应把握好以下几个问题。

一是注意与《民事诉讼法解释》的衔接。《民事诉讼法解释》第 145 条对本条作了广义扩张解释，明确合法原则既包括实体上的合法，也包括程序上的合法。即在诉讼调解中，不仅要注意协议内容的合法性，还应当注重诉讼调解的程序和方法应当符合法律和司法解释的规定。

二是要准确把握调解协议符合自愿原则的几个要点。包括调解程序的启动应以当事人自愿为前提；调解协议的内容应在双方自愿同意的情况下达成；调解程序的终结应当尊重当事人的自愿；法官要保证居于中立地位。

三是要杜绝久调不决的情况。《民事诉讼法解释》第 145 条规定，“当事人一方或者双方坚持不愿调解的，应当及时裁判”，明确在诉讼中充分尊重当事人的意愿，在当事人不愿调解下，应当及时裁判，这是调解及时性原则的体现。

同样，在该条中还规定“人民法院审理离婚案件，应当进行调解，但不应久调不决”，更是在婚姻家庭等特殊类型案件中，在贯彻先行调解的原则下，也要充分尊重当事人自愿，不能久调不决。

第一百条 调解达成协议，人民法院应当制作调解书。调解书应当写明诉讼请求、案件的事实和调解结果。

调解书由审判人员、书记员署名，加盖人民法院印章，送达双方当事人。

调解书经双方当事人签收后，即具有法律效力。

【条文主旨】

本条是关于民事调解书的制作、内容、形式、送达及效力的规定。

【理解与适用】

本条在历次《民事诉讼法》修正中均未调整。

民事调解书与民事判决书、民事裁定书等法律文书一样，是人民法院法定的司法文书之一，具有法律效力，其指民事案件审理过程中，人民法院根据自愿和合法的原则，在事实清楚、分清是非的基础上，通过调解促成当事人达成协议，以此为基础制作的加载当事人之间协议内容的法律文书。

民事调解书是对民事调解协议的司法确认，是民事纠纷解决的最终载体，不仅是当事人意思自治的表示，也是人民法院代表国家司法公权力对当事人之间调解协议的认可以及赋予法律效力的证明。其与调解协议及民事判决有根本不同：第一，民事调解书与调解协议不同。调解协议的签订是民事调解书制作的前提条件与必经过程，调解协议是民事调解书实质内容的来源。但与调解协议相比较，民事调解书是法定的司法文书，必须依据法律要求去制作，在格式上必须遵循一定的法律规定与惯例，在文字表述上更为规范。第二，民事调解书与民事判决书不同。二者虽然都具有终结诉讼的效力。但前者在具有法律强制力的同时，更多体现当事人处分自身民事权益的意志，即系当事人在不违法的前提下对自身权益的放弃或认可。而民事判决书则是人民法院依照法律规定对当事人争议的权益予以处置的体现，代表了鲜明的国家意志，不容对法律任何的减损与加成。民事调解书在当事人双方签收后，即具有法律效力。而民事判决书因其所处的诉讼阶段而不同[①]。

一、调解书的制作

本条规定，调解达成协议后，人民法院应当制作调解书。人民法院对案件进行调解一般会有两种结果：一种结果是经过调解，当事人达成了调解协议；另一种结果是调解不成而没有达成调解协议，案件进入审理程序。调解协议本身不具有强制执行力。对于经调解达成协议的，人民法院应当及时对调解协议进行审查。如果当事人达成的调解协议是基于双方自愿，且内容不违反法律规定的，人民法院应当认可。就像案件审结要有判决书或者裁定书一样，经调解结案的，也应当有具有法律效力的文书来对调解协议的内容进行确认，这种法律文书就是调解书。当事人的调解协议，只有经人民法院确认后才具有法律上的拘束力。人民法院的调解书，是调解协议产生法律上拘束力的法定条件。当事人达成调解协议后申请制作调解书的，人民法院应当首先对调解协议的内容进行审查。《最高人民法院关于人民法院民事调解工作若干问题的规定》第 2 条规定："当事人在诉讼过程中自行达成和解协议的，人民法院可以根据当事人的申请依法确认和解协议制作调解书。双方当事人申请庭外和解的期间，不计入审限。"《最高人民法院关于进一步发挥诉讼调解在构建社会主义和谐社会中积极作用的若干意见》第 14 条规定："当事人达成和解协议或者调解协议后申请人民法院制作调解书的，人民法院应当依法对调解协议或者和解协议进行审查。审查内容包括：协议是否违反了法律、行政法规的强制性规定，是否侵害国家利益和社会公共利益；协议内容是否属于当事人处分权的范畴；当事人争议的法律关系是否涉及案外人的权益；协议指定转移的财产上是否存在案外人权利；协议内容是否符合善良风俗和公共道德；调解是否存在明显违反当事人真实意思的情形等。"

二、调解书的内容与形式

根据本条规定，调解书中应当写明诉讼请求、案件的事实和调解结果。调解书应按统一的格式制作，一般包括首部、正文和尾部三个部分。

---

① 江必新主编：《新民事诉讼法条文理解与适用》，人民出版社 2022 年版，第 450 页。

首部中包括人民法院的名称、案号，当事人、诉讼代理人的基本情况，案由和原、被告的诉讼请求。正文主要包括案件事实和调解结果两部分。案件事实，即当事人之间的法律关系发生争议的事实、原因及双方的责任。调解结果是当事人在自愿、合法的原则下达成的解决双方间纠纷的合意，包括双方当事人在调解过程中提出的诉讼请求和理由，双方互相让步的请求及调解结果。尾部由审判人员、书记员署名，加盖人民法院印章，并写明调解书的制作时间。

三、关于调解书的效力

本条规定，调解书经双方当事人签收后，即具有法律效力。这是关于调解书生效时间的规定。根据这一规定，只有在双方当事人签收后，调解书才发生法律效力。而在双方当事人签收前，即使已经根据双方当事人达成的调解协议制作了调解书，且由审判人员、书记员署名，并加盖了人民法院印章，也不发生效力。调解书如果仅一方当事人签收了，另一方还没有签收，调解书就仍未发生效力，此时当事人还有反悔的余地。

【审判实践中应当注意的问题】

本条在审判实践中应把握好以下几个问题。

一是并非所有的调解协议均需司法确认为调解书。《民事诉讼法》第 101 条还规定了可以不制作调解书的情形。该条规定：“下列案件调解达成协议，人民法院可以不制作调解书：（一）调解和好的离婚案件；（二）调解维持收养关系的案件；（三）能够即时履行的案件；（四）其他不需要制作调解书的案件。对不需要制作调解书的协议，应当记入笔录，由双方当事人、审判人员、书记员签名或者盖章后，即具有法律效力。”即具有上述几种情形的，在调解达成协议的，也可以不制作调解书。

二是关于双方当事人签收调解书的时间不同的情况下调解书何时生效的问题，《民事诉讼法解释》第 149 条规定，调解书需经当事人签收后才发生法律效力的，应当以最后收到调解书的当事人签收的日期为调解书生效日期。因此，在双方当事人签收调解书的时间不同下，应以最后签署日期为生效日期。

三是关于当事人请求按照调解协议内容制作民事判决书的应不予准许。调解协议是当事人在自愿及合法原则下对自身权益的处分，是自身意志的体现，而民事判决书系人民法院依照法律规定依法对当事人的争议进行的处置，是国家意志的体现，不存在协调或者变化的空间，因此，当事人请求将调解协议内容制作民事判决书的应不予准许，以防止当事人通过民事判决书将其处分权上升为国家意志。对此，《民事诉讼法解释》第148条第1款明确规定，当事人自行和解或者调解达成协议后，请求人民法院按照和解协议或者调解协议的内容制作判决书的，人民法院不予准许。

第一百零一条 下列案件调解达成协议，人民法院可以不制作调解书：

（一）调解和好的离婚案件；

（二）调解维持收养关系的案件；

（三）能够即时履行的案件；

（四）其他不需要制作调解书的案件。

对不需要制作调解书的协议，应当记入笔录，由双方当事人、审判人员、书记员签名或者盖章后，即具有法律效力。

【条文主旨】

本条是关于可以不制作民事调解书的情形及效力的规定。

【理解与适用】

本条在历次《民事诉讼法》修正中均未调整。

民事调解书是当事人在调解程序终结后的最终产品，是民事调解协议的司法确认。对于达成调解协议的案件，一般情况下要制作调解书，对当事人达成协议的双方的权利义务关系进行明确，作为结案后执行的依据。但是，不是所有的经调解达成协议的案件都需要制作调解书，有些案件不存在需要履行的内容，或者不存在需要强制履行的内容，这种情况下没有必要制作调解书。这些特殊类型的案件通常不涉及案外人的利益，不会对他人权利、义务的行使和履行造成影响，也不需要人民法院强制执行或人民法院无法强制执行，比如带有浓厚感情色彩的离婚案件、收养纠纷等案件。对这类案件制作调解书既无必要，还可能为纠纷的解决带来不良影响。对此类情形，也可以考虑不制作调解书。

通常不需要制作调解书的情形从法律上归纳，主要包括两种。一是案件系确认、变更之诉，且调解结果是维持当事人间已有的法律关系，即当事人之间的法律关系不会发生变化，调解协议实际上没有给付内容，不需要因一方不履行而采取强制执行措施。二是虽系有执行内容的财产权益案件，但是调解协议的给付能够即时履行，不存在后续强制执行的问题。这类能即时履行的案件均属标的数额不大的案件[①]。

一、关于可以不制作调解书的情形

本条规定，下列案件调解达成协议，人民法院可以不制作调解书：（1）调解和好的离婚案件；（2）调解维持收养关系的案件；（3）能够即时履行的案件；（4）其他不需要制作调解书的案件。对于离婚案件，经调解和好的，当事人双方即可以继续维持婚姻生活，不需要制作调解书来确定双方的权利和义务。对于维持收养关系的案件，与离婚案件相类似，经调解维持收养关系的，当事人既可维持已有的收养关系，也不需要制作调解书来重新确认当事人的权利和义务。对于能够即时履行的案件，如轻微的侵权案件一方当事人当场向对方赔礼道歉的，债权债务纠纷当事人当场清偿债务的，不当得利案件不当得利的一方当场将不当得利返还给权利人的等，在调解协议达成的同时即履行完毕，当事人的权利和义务都已履行完毕，即已经“案结事了”，没有必要再制作调解书。同时，对于不需要制作调解书的其他情况，本条还设置了兜底条款，赋予人民法院在审判实践中依据案件实际情况决定是否制作调解书，但对于不需要制作调解书的具体情形应从严把握，以防止后续执行出现问题。

二、关于不需要制作调解书的协议的效力

对于不需要制作调解书的协议，本条规定，应当记入笔录，由双方当事人、审判人员、书记员签名或者盖章后，即具有法律效力。也就是说，有些案件虽然不需要制作调解书，但是仍需要一个证明当事人双方经调解已经达成协议的具有法律效力的文书。对于不需要制作调解书的协议，经在笔录中注明，由双方当事人、审判人员、书记员签名或者盖章后，即具有法律效力。经双方当事人、审判人员、书记员签名或者盖章后的调解笔录与调解书在法律上具有同等的效力，同是人民法院审结案件的一种形式。

【审判实践中应当注意的问题】

本条在审判实践中要与《民事诉讼法解释》第151条相互衔接，准确

① 江必新主编：《新民事诉讼法条文理解与适用》，人民出版社2022年版，第461页。

认定把握好第 1 款第 4 项关于其他不需要制作调解书的规定。对于前述情形，当事人请求制作调解书的，人民法院审查确认后还可以制作调解书送交当事人。当事人拒收调解书的，不影响调解协议的效力。另外需注意，对于调解协议与调解书不一致的情况，应当依据《最高人民法院关于人民法院民事调解工作若干问题的规定》第 13 条规定处理，即当事人以民事调解书与调解协议的原意不一致为由提出异议，人民法院审查后认为异议成立的，应当根据调解协议裁定补正民事调解书的相关内容。

第一百零二条　调解未达成协议或者调解书送达前一方反悔的，人民法院应当及时判决。

【条文主旨】

本条是关于调解未达成协议或者调解书送达前一方反悔的情况处理的规定。

【理解与适用】

根据《民事诉讼法》规定，调解书经双方当事人签收后，即具有法律效力。对不需要制作调解书的协议，应当记入笔录，由双方当事人、审判人员、书记员签名或者盖章后，即具有法律效力。然而，并非所有调解中双方当事人都能达成协议，也并非所有调解书制作之后就能具备法律效力。

一、经调解双方当事人未达成调解协议的情况

及时、快捷地解决纠纷是调解程序的一大优势所在，但在有的案件中，当事人双方的诉讼请求存在较大差距，矛盾冲突较为激烈，经过人民法院调解仍无法达成一致意见，若继续反复调解、拖而不判，会严重影响诉讼效率，甚至激发潜在的问题或风险，妨碍当事人正常行使诉权。在这种情况下，人民法院应当结束调解，恢复到案件审理程序中，并尽快查明案件事实，及时作出判决。

二、调解书送达前一方反悔的情况

调解协议虽然是当事人自愿达成的，但有的当事人对已经达成的协议事后又反悔，包括在调解书签收前反悔和签收后反悔两种情况。在调解书签收前，双方当事人有权反悔，如果调解书签收前一方反悔的，人民法院应当及时判决。调解书签收后当事人反悔的，不影响调解书的效力，因为

调解书在双方当事人签收时已经发生法律效力。[①]

在本次修法调研过程中，地方法院普遍反映，赋予当事人调解反悔权在实践中产生了一系列矛盾与问题，建议修改本条规定。主要理由为：第一，反悔权的适用不符合诚信原则。在民事诉讼调解过程中，当事人之间就双方的实体权利义务关系达成调解协议，说明双方建立了新的契约，且在审判人员的见证下，已经充分保障了调解协议的自愿性、合法性，如当事人无条件适用反悔权容易导致权利滥用。自愿合法达成的协议因一方当事人的不签收而不产生效力，这种情况与诚信原则相违背，实践中甚至可能加重双方当事人对立情绪，激化双方矛盾。第二，反悔权的适用或严重影响司法权威和效率。一方面，民事诉讼调解是在法院主持下进行的，已经具有了民事法律性，赋予当事人任意反悔的权利而导致协议对双方缺乏约束力，从表面来看是赋予了当事人更多的诉讼权利，实为对法律权威性和严肃性的侵犯，不利于当事人慎重对待法院调解工作，审慎处分自己的权利。另一方面，法官在调解期间往往需要做大量的准备工作，以便双方调解协议达成一致，而反悔权的无条件适用将导致案件的继续审理，司法实践中还可能发生当事人滥用反悔权拖延诉讼、恶意磋商、试探对方虚实等，严重影响了诉讼效率，导致诉讼成本增加、司法资源浪费。第三，反悔权的适用不符合当前的司法实际。根据《民事诉讼法》第 101 条和《民事诉讼法解释》第 151 条规定，对于不需要制作调解书的案件，当事人各方同意在调解协议上签名或者盖章后即发生法律效力的，由当事人、审判人员、书记员签名或者盖章后即具有法律效力，此时若再制作调解书，当事人拒收调解书的，不影响调解协议的效力。综合上述规定可以发现，调解书的生效方式以《民事诉讼法》第 100 条签收生效为原则，以签字生效为例外，然而由于《民事诉讼法》第 101 条第 4 项“其他不需要制作调解书的案件”的规定过于宽泛，且调解协议本身就可以载明“调解协议由当事人、审判人员、书记员签名或者盖章后即具有法律效力”，故仍以“是否需要制作调解书”来区分调解书生效的方式，并不合理也没有必要。《简易程序规定》第 15 条实际上已对简易程序中的当事人的调解协议的反悔权做了类似约束。

① 参见王胜明主编：《中华人民共和国民事诉讼法释义（最新修正版）》，法律出版社 2012 年版，第 225 页。

在比较法上，部分国家和地区对于当事人调解协议的反悔权作了一定约束和限制，甚至并未单独就反悔权作出规定。比如《日本民事调解法》第16条规定，调解中，当事人达成合意，并将该合意记载于笔录时，则达成调解，该记载内容与裁判上的和解具有同一效力。同时，第17条还规定了替代调解决定制度，规定了裁判所在考虑当事人双方的公平及其他一切情况，在不违反当事人双方的调解请求的限度内，可依职权作出旨在解决案件的必要的决定。紧接着第19-2条规定了撤回调解申请制度，当事人于调解案件终结前，可撤回全部或部分调解申请。但是于第17条规定的决定作出后，未经相对方同意，撤回申请不生效力。再如《英国民事诉讼法》对于诉讼和解的要求十分宽松，它可以在诉讼的任何阶段达成，无论是审前还是审理程序中，甚至可以在上诉程序中达成。为促使当事人在审前阶段达成和解，《英国诉讼指南》规定，当事人甚至可以提请法院作出诉讼中止以延期的命令，以使当事人有充足时间进行磋商。在审理过程中达成和解的，则需要法院以判决的形式予以确认。因此，当事人双方必须共同向法院提出申请，要求法院按照和解协议的内容作出判决，从而获得执行力。这种判决被称为“合意判决”，与一般的判决不同，该判决书上注有“By consent”的标记。虽然可以用判决的形式表达和解的结果，但诉讼和解在本质上仍是一种合意，因此，只有存在契约法上规定的撤销合同的理由，诉讼和解才可撤销。

至于如何取消调解协议的反悔权，一种意见认为，可以从调解协议的法律效力入手，无论是否制作调解书，调解协议一经签订并经法院审核，即具有法律效力，当事人不能反悔。另一种意见认为，可以从调解书的角度入手，明确调解书送达即生效，当事人拒不签收的，不影响调解书的效力。还有意见认为，调解协议是对当事人之间权利义务的确定，是民法上的合同；调解书是程序上的结案需要，是执行名义。如果能够通过修法从本质上说清楚调解协议和调解书的功能区分，那么即便当事人签订了调解协议之后“反悔”，其实也就是违约，既不影响法院送达调解书，产生诉讼法上的公法效力，也不影响调解协议的私法效力。对于上述意见，调研时仍存在较大争议，关于调解协议与调解书的关系问题如何处理也尚未形成共识，故取消反悔权规定的建议并未纳入本次立法草案。

三、关于及时判决

《民事诉讼法》第9条规定："人民法院审理民事案件，应当根据自愿和合法的原则进行调解；调解不成的，应当及时判决"。《民事诉讼法解释》第145条中规定"当事人一方或者双方坚持不愿调解的，应当及时裁判"，确立了"及时"制度。本条对此予以了重申。但是否"及时"并不能单纯采取时间上的概念予以明确，而应当综合界定。比如，当事人明确不同意调解或者在商定、指定时间内不能达成调解协议的，人民法院应当依法及时裁判。审判阶段的调解应当坚持以效率、快捷为原则，避免案件在审判阶段积压。又如，对当事人虚假诉讼或者假借调解拖延诉讼的，应依法及时制止并作出裁判；对一方当事人提出的方案显失公平，勉强调解会纵容违法者、违约方，且使守法者、守约方的合法权益受损的，应依法及时裁判；对调解需要花费的时间精力、投入的成本与解决效果不成正比的，应依法及时裁判；对涉及国家利益或者社会公共利益的案件，具有法律适用指导意义的案件，或者对形成社会规则意识有积极意义的案件，应注意依法及时裁判结案，充分发挥裁判在明辨是非、规范行为、惩恶扬善中的积极作用。

【审判实践中应当注意的问题】

一、关于第三人参与调解时调解书的效力问题

《民事诉讼法》第59条第2款规定："对当事人双方的诉讼标的，第三人虽然没有独立请求权，但案件处理结果同他有法律上的利害关系的，可以申请参加诉讼，或者由人民法院通知他参加诉讼。人民法院判决承担民事责任的第三人，有当事人的诉讼权利义务。"该条规定了无独立请求权的第三人参与诉讼的方式，即可以申请参加诉讼，或者由人民法院通知他参加诉讼。《民事诉讼法解释》（2022年修正）第150条规定："人民法院调解民事案件，需由无独立请求权的第三人承担责任的，应当经其同意。该第三人在调解书送达前反悔的，人民法院应当及时裁判。"该解释进一步明确了第三人参与调解时调解书的效力问题，系对立法的有益补充。

二、关于调解协议生效后的送达问题

根据《民事诉讼法解释》第151条规定，当事人各方同意在调解协议上签名或者盖章后即发生法律效力的，经人民法院审查确认后，应当记入笔录或者将调解协议附卷，并由当事人、审判人员、书记员签名或者盖章后即具有法律效力。在达成调解协议后当事人拒签调解书不影响调解协议的效力，法官无须对该案件进行判决。早期实务中，为了最大限度地保护当事人的意思自治，允许当事人任意反悔调解书，这非常容易造成司法资源的浪费，不利于维护法律权威。为了既保护当事人的意思自治，又防止司法资源的无端浪费，特别规定了特定情形下调解协议在当事人、审判人员、书记员签名盖章后就具有了法律效力。

尽管关于反悔权的问题并未纳入本次修法，但是司法解释已对此问题予以回应，实践中应当注意。《简易程序规定》第15条规定："调解达成协议并经审判人员审核后，双方当事人同意该调解协议经双方签名或者按指印生效的，该调解协议自双方签名或者按指印之日起发生法律效力。当事人要求摘录或者复制该调解协议的，应予准许。调解协议符合前款规定，且不属于不需要制作调解书的，人民法院应当另行制作民事调解书。调解协议生效后一方拒不履行的，另一方可以持民事调解书申请强制执行。"《民事诉讼法解释》第151条规定："根据民事诉讼法第一百零一条第一款第四项规定，当事人各方同意在调解协议上签名或者盖章后即发生法律效力的，经人民法院审查确认后，应当记入笔录或者将调解协议附卷，并由当事人、审判人员、书记员签名或者盖章后即具有法律效力。前款规定情形，当事人请求制作调解书的，人民法院审查确认后可以制作调解书送交当事人。当事人拒收调解书的，不影响调解协议的效力。"综合上述规定，当事人明确同意在调解协议上签字或者盖章调解协议生效，人民法院对该调解协议审查确认后，经当事人和法官、书记员签名或者盖章后，该调解协议对双方当事人具有合同约束力，当事人应当履行。同时产生与生效调解书同等的效力，该案件终结。如果调解协议包含了将来的给付内容，在债务人不履行债务时会进入执行程序。为便于执行，此类案件，当事人可以要求出具调解书。但调解书仅作为申请强制执行的依据，不需要当事人再签收，如果当事人拒收调解书的，不影响调解协议的效力，这样规定有利于当事人履行承诺，节省司法资源，避免当事人不诚信。如果当事人未要求制作调解书的，在调解协议约定的履行债务的期限届满后债务人未履行或者未完全履行的，当事人可以调解协议向人民法院要求制作调解书后，再申请人民法院强制执行。

第九章　保全和先予执行

第一百零三条　人民法院对于可能因当事人一方的行为或者其他原因，使判决难以执行或者造成当事人其他损害的案件，根据对方当事人的申请，可以裁定对其财产进行保全、责令其作出一定行为或者禁止其作出一定行为；当事人没有提出申请的，人民法院在必要时也可以裁定采取保全措施。

人民法院采取保全措施，可以责令申请人提供担保，申请人不提供担保的，裁定驳回申请。

人民法院接受申请后，对情况紧急的，必须在四十八小时内作出裁定；裁定采取保全措施的，应当立即开始执行。

【条文主旨】

本条是关于诉讼保全（包括诉讼财产保全和诉讼行为保全）的规定。

【理解与适用】

2012年修正时将2007年《民事诉讼法》第九章的原章名“财产保全和先予执行”修改为“保全和先予执行”，并将有关条款中的“财产保全”修改为“保全”，以涵盖行为保全，建立起行为保全与财产保全并立的民事保全制度体系。同时，对本条作了如下修改：一是增设行为保全制度，将第1款中“使判决不能执行或者难以执行的案件，可以根据对方当事人的申请，作出财产保全的裁定”修改为“使判决难以执行或者造成当事人其他损害的案件，根据对方当事人的申请，可以裁定对其财产进行保全、责令其作出一定行为或者禁止其作出一定行为”；二是将第2款中的“驳回申请”修改为“裁定驳回申请”，明确了驳回保全申请应该采用“裁定”方式作出。2021年和2023年两次修正时，本条均未作修改。

保全是人民法院为了确保将来的生效法律文书得以执行或者为了避免申请人的合法权益遭受不可弥补的损害，依申请或者依职权，在判决发生法律效力前临时性采取限制被申请人处分或转移财产、责令被申请人作出一定行为或禁止其作出一定行为的强制措施。它是当事人保障本案请求权获得实现的重要程序权利，对于全面及时保护当事人合法权益、促进纠纷有效解决、避免“执行难”等具有重要意义。

一、保全程序的特点

作为保障当事人本案请求权获得实现的保全程序具有如下特点：一是保全性。保全程序的目的是确保将来的判决能够获得执行，申请人的实体请求权能够最终获得实现。因此，它既非典型的执行程序，又非典型的诉讼程序，而系争讼性质的临时程序，是民事诉讼的保障手段。二是应急性。与诉讼救济的滞后性相比，保全程序的特点在于保障的及时性。在诉讼程序中，救济方式的确定和民事责任的承担通常只能在终局判决确定了实体权利义务关系之后才能采取措施。在此之前，权利人必须得忍受侵害的继续，即便可能遭受难以弥补的损害也难以有所作为。加之诉讼程序严格性、正式性和复杂性，民事救济通常在起诉之后很长的一段时间才能获得。保全制度正是因应诉讼救济的不足而出现的。在终局判决作出之前，如果因被申请人的行为，受害人面临将来判决难以执行急迫性的情势，可能使其实体权利的未来实现发生障碍或者出现严重困难，可以通过保全获得及时救济，以解燃眉之急。三是简略性。程序的简略性是保全程序与诉讼程序相比的又一显著特征。与应急性的特点相适应，为给当事人提供及时性的救济，保全程序环节运行较为简略，通常情况下可以无须听审程序。例如，在紧急情况下可以不听取被申请人的意见、裁定采取保全措施时应当立即开始执行等。四是依附性。保全程序的依附性表现在两个方面。一方面，保全程序对诉讼的依附性。保全的目的在于保障判决的执行，因此保全的提起要以诉讼的存在或者未来需提起诉讼为条件。另一方面，保全程序对终局判决的依附性。保全的最终命运取决于终局判决结果。保全与终局判决相冲突的，在冲突范围内自动失去效力；保全与终局判决不相矛盾和冲突的，保全措施可以转化为执行措施，并随着判决的执行或者履行完毕而终结。五是暂时性。保全通过简略的程序运作为申请人提供救济，过程的简略性决定了它不可能为争议提供最终的解决方案，而是暂时性地对申请人提供保护。

二、保全的类型及概念比较

保全是各国民事诉讼制度中的基本制度之一，但是不同国家和地区在立法体例上有所区别，有的规定在民事诉讼法中，有的规定在民事执行法中，有的专门制定民事保全法。在大陆法系，保全制度主要体现为“假扣押”和“假处分”两种类型；在英美法系，保全制度则主要体现为衡平法上的“临时禁令”“临时限制令”等临时性救济措施。我国《民事诉讼法》则将保全区分为财产保全和行为保全，与大陆法系所谓的假扣押和假处分既有一定类似之处，但又存在较大差异。

在大陆法系国家和地区的保全制度中，假扣押的目的是保障金钱债权或者可以转化为金钱债权的请求权的实现，其财产价值得到保全。假处分的目的是保全非财产价值类型的请求权、交付物的请求权或者不作为请求权，即所谓个别请求权。假扣押和假处分的不同之处在于保护的方向不同：假扣押保全财产价值，假处分则保护该请求权实现本身。[①] 假扣押包括对物的假扣押和对人的假扣押，其中对人的假扣押是辅助性的，目的在于阻止债务人隐匿债权人可以执行的财产标的。假处分实际上包括三种类型：保全假处分、保持假处分（定暂时状态的假处分）和给付假处分。其中，保全假处分的标的是保全特定的不以金钱为内容的请求权，如要求交还或者给付某物的请求权。[②] 保持假处分即定暂时状态假处分，其目的是确定争议法律关系的暂时状态，例如，在争议法律关系确定前，命令暂时中止某个合伙人的业务领导权或者代理权限，命令暂时停止特定侵权或者不正当竞争行为等。保持假处分按照请求内容也分为两类，履行性假处分和制止性假处分。前者要求被申请人积极作为，后者要求被申请人不作为。给付假处分是清偿债权人的请求权的假处分，是指为了保护假处分申请人不受特别重大的不利，特别是免受生存威胁或者重大紧急状态，在判决前要求债务人满足债权人的请求权。例如，以假处分的方式命令债务人在一定期间内、以必要的抚养费数额来分期支付持续的抚养费或者工资、

① ［德］奥拉夫·穆托斯特：《德国强制执行法》，马强伟译，中国法制出版社 2019 年版，第 287 页。

② ［德］汉斯·约阿希姆·穆泽拉克：《德国民事诉讼法基础教程》，周翠译，中国政法大学出版社 2005 年版，第 431 页。

治疗费用等。

在英美法系的国家和地区的制度中，临时禁令是指在判决作出前，为避免申请人因被申请人的行为遭受不可弥补的损害，法院作出的要求被申请人为或者不为一定行为的命令。临时限制令与临时禁令类似，但其通常仅限于情况紧急，且持续时间较短，故比临时禁令所要求的证据等条件更低。[①] 按照其内容，临时禁令和临时限制令一般分为两类：强制令和制止令。前者是指在庭审前，法院为保护原告在诉讼进行期间免受不可弥补的损害，要求被告积极作出某些行为的命令。后者是指法院为保护原告在诉讼进行期间免受不可弥补的损害，要求被告不得为某种行为的命令。

根据保全对象的不同，我国《民事诉讼法》将保全区分为财产保全和行为保全。其中，财产保全是指为保证未来生效判决的执行，人民法院裁定对被申请人的财产或者争议标的物采取查封、扣押、冻结等限制转移或者处分的强制措施。此处的财产或者争议的标的物，不仅包括金钱，还包括特定化的动产、不动产以及权利等。可见，我国法律意义上的财产保全实际上涵盖了大陆法系传统上的假扣押和针对特定物的假处分。行为保全是指为避免被申请人正在实施或者即将实施的行为给申请人的合法权益造成难以弥补的损害，人民法院裁定责令被申请人作出一定行为或者禁止其作出一定行为。根据行为保全的行为对象，可以分为制止性行为保全和强制性行为保全，前者是指责令被申请人作出一定行为的行为保全，例如侵害知识产权纠纷、侵害人格权纠纷中[②]，责令停止实施侵权行为；后者是指禁止申请人作出一定行为的行为保全，例如，在相邻纠纷案件中，强制被申请人立即拆除危险建筑。根据保全的提起时点，保全可以区分为诉前保全和诉讼保全。本条和第 104 条分别规定了诉讼保全和诉前保全，两者在适用条件、是否要求担保等方面存在差异。此外，根据保全是否涉及紧急情况，保全可以区分为紧急情况下的保全和非紧急情况下的保全，两者在作出保全裁定的时限、是否需要听取被申请人意见等程序方面存在差异。

需要注意的是，我国《民事诉讼法》第 109 条还规定了先予执行制度，其主要适用于要求给付赡养费、扶养费、抚养费、抚恤金、医疗费

---

① 关于临时禁令与临时限制令的区别，可参见［美］理查德·L. 哈森：《民事救济法：案例与解释》，吴国喆译，商务印书馆 2020 年版，第 226~227 页。

② 参见《民法典》第 997 条。

用、劳动报酬以及其他需要立即满足生活或者生产急需的紧急情况。根据《民事诉讼法解释》第170条的规定，因情况紧急可以采取先予执行的情形还包括：需要立即停止侵害、排除妨碍的；需要立即制止某项行为的；追索恢复生产、经营急需的保险理赔费的；需要立即返还社会保险金、社会救助资金的；不立即返还款项，将严重影响权利人生活和生产经营的。可见，我国的先予执行制度与行为保全存在部分重叠之处，实际上涵盖了类似大陆法系的保持假处分和给付假处分的内容。引入行为保全后，必然需要协调行为保全与先予执行两者各自的适用范围。其中，以停止侵害、排除妨碍、制止某种行为等以限制或者强制被申请人行为为内容的先予执行普遍被认为属于行为保全措施。在行为保全作为一种独立制度纳入保全制度后，上述以行为为内容的保全措施似应纳入行为保全制度，先予执行则相应转变为针对金钱和标的物的先行给付制度。

三、增设行为保全的背景与意义

行为保全的历史渊源最早可以追溯到罗马法上的禁止令状。在罗马法上，执政官根据受害人请求，可以发布禁止侵权人从事某项行为的命令，从而实现对受害人的保护，但这种禁止令状只具有暂时保护的功能。随着罗马帝国的扩张，这种禁止令状得以在各地流行。伴随罗马帝国的消亡，罗马法也随着被日耳曼法所取代，禁止令状制度也随之衰落。直到11世纪，罗马法复兴时，该制度又在英伦和欧洲大陆各国得到复苏，其后经过不断发展与完善，先后为大陆法系和英美法系各国和地区的立法和司法判例所确认，并逐步演变为现代的行为保全制度。在英国，为弥补普通法法院救济的不足，15世纪初的衡平法院为当事人提供禁令救济，由此发展形成了英美法系的临时禁令。在德国，19世纪的德国率先在民事诉讼法中确立假处分制度，并被许多其他大陆法系国家和地区纷纷仿效，假处分制度从而成为大陆法系国家和地区行为保全制度的代表。这两种制度的共同特点是，在民事纠纷发生后、法院就该民事纠纷作出终局判决之前，为防止受害人继续遭受现实的危险，责令另一方当事人为或不为一定的行为，以暂时性地及时保护受害人利益。

行为保全制度的引入，为当事人提供了及时有力的诉讼保障手段，完善了我国民事保全制度体系，具有重大意义。之所以增设行为保全制度，其主要理由在于：一是建立行为保全制度是民事保全制度体系化和合理化的需要。在《民事诉讼法》增设行为保全之前，该项制度在特别法中已有规定，例如《海事诉讼特别程序法》《专利法》《商标法》《著作权法》等。设立行为保全制度，使得我国的民事保全制度进一步完善，并为已有的特别法规定提供了正当性依据。二是建立行为保全制度是民事诉讼实践的迫切需要。从司法实践看，需要通过行为保全措施保护当事人利益，但由于欠缺法律依据而难以实施行为保全的情形所在多有。例如，在抚养权纠纷等亲属关系纠纷中，有时需要对当事人的行为实施保全，比如禁止一方当事人带子女出境等。在家庭暴力侵害等纠纷案件中，有时需要立即停止一方当事人对另一方当事人实施的可能造成危害的行为。在侵犯人格权纠纷中，常常需要立即停止损害，因为这种损害难以用金钱弥补。在相邻纠纷案件中，有时需要立即停止正在实施或将要实施的危害，比如强制一方当事人立即拆除危险建筑，或者强制一方当事人立即停止建设尚未完工的危险建筑等。在环境危害侵权纠纷中，往往需要立即停止正在发生的环境危害，以降低环境污染对人体健康的损害程度。在租赁合同等纠纷案件中，有时需要强制承租人立即停止损害建筑物行为，甚至立即退出建筑物等。在股东争议、企业经营等纠纷中，对企业经营行为进行监管的行为保全请求；而另有一些当事人，希望法院强制公司召开股东会或者禁止公司召开股东会等。在仲裁程序中，当事人也可能基于前述原因而需要法院采取行为保全。三是先予执行制度无法满足实践需求。前已述及，我国《民事诉讼法》上的先予执行制度在一定程度上替代了行为保全的部分功能。但是，先予执行不能在诉前程序中适用，且在诉讼中适用也有严格的条件，例如，须当事人之间权利义务明确，实际只能在少数的案件中被采用。先予执行制度的实际效用不足，并不能发挥快速处理的功能，不能及时有效地停止对申请人的损害。四是行为保全制度具有独特价值。行为保全制度能够及时制止有关行为，给不法行为人以有力震慑，使得不法行为人借诉讼周期谋取非法利益或者逃避法律责任的企图落空，进而促使其主动谋求纠纷的解决，从而增大了民事纠纷在诉讼程序或者庭审程序启动前得以妥善解决的可能性，有利于正常权利状态的恢复、司法资源的节省和诉讼效率的提高。增设行为保全制度，提高了民事诉讼程序的容量，可以满足当事人多元的利益需求。

四、诉讼保全的条件

本条将诉讼中的行为保全和财产保全纳入同一条款，一并规定其条件。这一立法方式具有简洁明快的优点。但是，由于行为保全与财产保全的适用条件并不完全一致，这种一并规定的方式容易造成对两者适用条件的模糊与误解，因此有必要对行为保全和财产保全的适用条件分别说明。

（一）诉讼行为保全的适用条件

根据本条第 1 款的规定，诉讼行为保全的适用条件主要有：一是适用对象，行为保全以申请人的行为包括责令作出一定行为或者禁止其作出一定行为为保全对象，例如，请求停止正在实施的侵权行为、排除妨碍、消除危险、禁止被申请人携带子女出境、强制退出建筑物等，提出行为保全的案件通常系基于物权、人格权、知识产权、继承权、股权等的诉讼。二是适用的原因情形，诉讼行为保全适用的原因情形是，可能因当事人一方的行为或者其他原因，使判决难以执行或者造成当事人其他损害。“判决难以执行”是指判决确定的当事人的权利内容无法实现或者实现出现严重障碍。“造成当事人其他损害”，通常是指如果不采取行为保全措施可能给当事人造成难以弥补的损害，如重大损害或者急迫的危险等情形。

行为保全对于当事人的利益影响甚巨，在确定其适用条件时，既要保证该制度的及时性和快捷性，又要防止行为保全被滥用。因此，各国和地区法院在审查是否应当采取行为保全措施时，除了审查当事人的申请是否符合上述两个条件外，还需要结合案件具体情况，考量各种因素，平衡当事人之间相互冲突的利益以及公共利益。《最高人民法院关于审查知识产权纠纷行为保全案件适用法律若干问题的规定》第 7 条对此亦作了相应规定。该条规定，人民法院审查行为保全申请，应当综合考量下列因素：（1）申请人的请求是否具有事实基础和法律依据，包括请求保护的知识产权效力是否稳定；（2）不采取行为保全措施是否会使申请人的合法权益受到难以弥补的损害或者造成案件裁决难以执行等损害；（3）不采取行为保全措施对申请人造成的损害是否超过采取行为保全措施对被申请人造成的损害；（4）采取行为保全措施是否损害社会公共利益；（5）其他应当考量的因素。其中，第一项要素意在保证行为保全与最终判决的一致性和正确性；第二项要素体现采取行为保全措施的必要性要求；第三、四项要素是比例原则在民事保全领域的具体适用，体现了保全措施的均衡性要求。虽然上述司法解释规定系针对知识产权纠纷中行为保全申请的审查，但是其对于审查其他民事纠纷中的行为保全申请亦具有参考价值。

（二）诉讼财产保全的适用条件

诉讼财产保全的适用条件是：在适用对象上，诉讼财产保全以静态的财产为保全对象，一般限于被申请人的财产、本案讼争标的物或与本案有关的其他财物，提出财产保全的案件必须是给付之诉或者包括给付内容的诉讼。财产保全措施通常是采取查封、扣押、冻结或者法律规定的其他方法。在适用的原因情形上，诉讼财产保全适用的原因情形是，可能因当事人一方的行为或者其他原因，使判决难以执行。法院在裁量决定是否支持当事人的财产保全申请时，一般考虑如下要素：（1）申请人胜诉的可能性；（2）采取的保全措施是否给被申请人带来损害以及损害程度如何；（3）申请人的经济状况等。

五、诉讼保全的程序

诉讼财产保全和诉讼行为保全基本遵循相同的程序。

（一）诉讼保全的启动

诉讼保全原则上须由当事人提出申请；当事人没有提出申请的，人民法院在必要时也可以依职权主动采取保全措施。在2012年修正《民事诉讼法》过程中，曾有意见提出取消法院依职权采取保全措施，立法机关经研究后认为，保全程序原则上应当依照当事人申请启动，在特殊情形下，法院知悉债务人正在实施或者准备实施转移、隐匿财产行为的，可以依职权采取保全措施，有利于维护诉讼秩序，故保留了人民法院依职权采取保全措施的规定。①需要注意是，由于行为保全较财产保全更难于判断，影响更大，风险更甚，法院在依职权采取行为保全措施时，需要更加谨慎。原则上，法院只有在涉及侵害当事人的重大利益（如人格权遭受侵害）或者公共利益时，才有必要依职权采取行为保全措施。

当事人在仲裁过程中申请行为保全的，根据《最高人民法院关于审查知识产权纠纷行为保全案件适用法律若干问题的规定》第5条第3款的规定，应当通过仲裁机构向人民法院提交申请书、仲裁案件受理通知书等相

---

① 参见王胜明主编：《中华人民共和国民事诉讼法释义（最新修正版）》，法律出版社2012年版，第234页。

关材料。人民法院裁定采取行为保全措施或者裁定驳回申请的，应当将裁定书送达当事人，并通知仲裁机构。

（二）是否需要提供担保

保全申请人往往在客观上处于相对的弱势或者不利状态。保全制度的目的在于保证将来判决的执行或者防止申请人的合法权益遭受难以弥补的损害。因此，不应以申请人提供担保作为裁定采取保全措施的条件。不过，由于保全措施对被申请人的利益影响较大，恐难避免对被申请人的合法权利造成损害，故在特定情况下，应赋予法院要求申请人提供担保的裁量权。根据本条第 2 款的规定，对于诉讼保全申请，人民法院采取保全措施，可以责令当事人提供担保。该款实际上赋予了人民法院根据具体案情决定是否责令当事人提供担保的裁量权。人民法院决定采取保全措施，可以根据具体案情，考虑申请人胜诉的可能性、案件涉及的权利类型、采取保全措施给被申请人造成损害的可能性及大小等因素，责令申请人提供一定担保，以便在出现保全错误时对被申请人提供补偿。如果申请人的行为保全申请不符合有关条件，即便提交担保，人民法院原则上亦不应支持其申请。同时，一旦人民法院责令申请人提供担保，申请人是否提供担保就成为人民法院是否最终裁定支持保全申请的重要因素。如果申请人在人民法院责令其提供担保后不提供担保，人民法院可以裁定驳回申请。

要求申请人提供担保的主要目的在于保障被申请人在因保全错误而蒙受损失时能够及时得到赔偿。因此，担保金额应综合考虑申请人提供证据的充分程度、胜诉可能性、采取保全措施给被申请人造成损害的可能性及大小、申请人的经济状况等因素确定。

（三）诉讼保全的管辖

本条没有规定诉讼保全的管辖。由于诉讼保全提出时，本案的管辖已经确定并在审理过程中，为方便人民法院对当事人申请作出正确裁定，避免出现不同人民法院之间司法裁判冲突并节省司法资源，诉讼保全应由受理本案的人民法院管辖。

（四）诉讼保全申请的处理

本条第 3 款实际上区分了紧急情况下的行为保全与非紧急情况下的行为保全，并作了不同的程序处理。根据该款规定，人民法院在接受申请后，对情况紧急的，必须在四十八小时内作出裁定。对于非紧急情况下的行为保全申请，该款并未规定具体的时限要求，人民法院应根据案件具体情况及时作出裁定。

之所以区分是否存在紧急情况并作出不同的程序要求，其原因在于保全对当事人的利益影响和保全错误的可能性。人民法院既要及时作出保全裁定，同时又要依法保证被申请人的利益，防止因不当申请造成被申请人的损害。为此，需要区分紧急情况和非紧急情况，进而作出不同的程序设计。在非紧急情况下，除人民法院认为不适宜的情形外，一般可以通过辩论程序听取双方当事人的意见后再决定是否作出保全裁定，以提高保全裁定与终局判决的一致性，降低保全错误的概率。在紧急情况下，则可以不听取对方当事人的意见，根据一方的申请作出保全裁定。例如，《最高人民法院关于审查知识产权纠纷行为保全案件适用法律若干问题的规定》第5条第1款规定："人民法院裁定采取行为保全措施前，应当询问申请人和被申请人，但因情况紧急或者询问可能影响保全措施执行等情形除外。"尽管如此，在紧急情况下作出保全裁定后，也应及时通知被申请人。不区分此两种情况，一律要求人民法院必须在四十八小时内作出裁定，会增大保全行为与终局判决不一致的比率，不仅不利于化解纠纷，反而人为使纠纷更加复杂化。

对于何为"情况紧急"，应当根据申请人权益受到侵害的紧迫性、对未来生效判决影响的紧迫性等因素具体判断。在涉及知识产权纠纷行为保全申请时，《最高人民法院关于审查知识产权纠纷行为保全案件适用法律若干问题的规定》第6条作了如下规定："有下列情况之一，不立即采取行为保全措施即足以损害申请人利益的，应当认定属于民事诉讼法第一百条[①]、第一百零一条[②]规定的'情况紧急'：（一）申请人的商业秘密即将被非法披露；（二）申请人的发表权、隐私权等人身权利即将受到侵害；（三）诉争的知识产权即将被非法处分；（四）申请人的知识产权在展销会等时效性较强的场合正在或者即将受到侵害；（五）时效性较强的热播节目正在或者即将受到侵害；（六）其他需要立即采取行为保全措施的情况。"

（五）驳回申请的方式

本条原第2款未对驳回保全申请的方式作出具体规定，实践中曾以裁

---

① 现为《民事诉讼法》（2023年修正）第103条。

② 现为《民事诉讼法》（2023年修正）第104条。

定、决定或者口头通知的方式驳回申请均有之。在2012年修法过程中，考虑到驳回申请是对当事人的保全申请是否符合法律规定的判断，直接关系到将来生效判决的执行，且需要保障当事人申请复议的程序权利，有统一规范驳回申请方式必要，故明确规定驳回保全申请须以裁定方式作出。

（六）保全裁定的效力期限

本条并未规定诉讼保全裁定效力期限。对于财产保全裁定，其效力期限一般根据采取的具体财产保全措施的期限确定。《民事诉讼法解释》第485条规定："人民法院冻结被执行人的银行存款的期限不得超过一年，查封、扣押动产的期限不得超过两年，查封不动产、冻结其他财产权的期限不得超过三年。"而且，财产保全裁定的效力可以持续至判决作出后，并自动转化为执行程序的措施。《民事诉讼法解释》第168条规定："保全裁定未经人民法院依法撤销或者解除，进入执行程序后，自动转为执行中的查封、扣押、冻结措施，期限连续计算，执行法院无需重新制作裁定书，但查封、扣押、冻结期限届满的除外。"对于行为保全裁定，人民法院通常应当根据申请人的请求或者案件具体情况等因素合理确定保全措施的期限。裁定停止侵害知识产权行为的效力，一般应当维持至案件裁判生效时止。对此，《最高人民法院关于审查知识产权纠纷行为保全案件适用法律若干问题的规定》第13条第1款和第2款作了明确规定。该解释虽系针对知识产权纠纷行为保全的规定，但其精神完全可以类推适用于所有行为保全裁定。

【审判实践中应当注意的问题】

一、申请保全的时间

本条规定的是诉讼保全，故提出保全申请的时间必须是在法院受理案件后，对此毋庸赘述。但是，诉讼保全申请是否必须在判决作出前提出，是否可以在一审判决后的上诉期间内或者二审期间提出，以及是否可以在判决生效后提出，实践中对此曾有争议。考虑到保全制度目的是保证将来生效判决的执行和避免当事人受到难以弥补的损害，而导致将来判决难以执行或者当事人受到难以弥补的损害的原因情形既可能发生在一审判决作出前，又可能发生在一审判决后的上诉期间内或者二审期间，还可能发生在判决生效后但尚未进入执行程序期间，此时如不允许当事人提出保全申请，则同样会导致判决难以执行或者当事人受到难以弥补的损害。同时，我国《民事诉讼法》并未规定未生效判决临时执行制度，一审判决因处于上诉状态而尚未发生效力则不具有执行力，此时准许提出保全措施可以更有效保护当事人的合法权益，并填补上述制度缺憾。为此，《民事诉讼法解释》第161条明确规定："对当事人不服一审判决提起上诉的案件，在第二审人民法院接到报送的案件之前，当事人有转移、隐匿、出卖或者毁损财产等行为，必须采取保全措施的，由第一审人民法院依当事人申请或者依职权采取。第一审人民法院的保全裁定，应当及时报送第二审人民法院。"第163条规定："法律文书生效后，进入执行程序前，债权人因对方当事人转移财产等紧急情况，不申请保全将可能导致生效法律文书不能执行或者难以执行的，可以向执行法院申请采取保全措施。债权人在法律文书指定的履行期间届满后五日内不申请执行的，人民法院应当解除保全。"

与此相关的是，对于行为保全申请，人民法院是否可以在判决作出停止侵害判决的同时裁定采取行为保全措施？对此，最高人民法院在指导性案例115号"瓦莱奥清洗系统公司诉厦门卢卡斯汽车配件有限公司等侵害发明专利权纠纷案"中作出了明确回答。该案裁判要点指出，在专利侵权诉讼程序中，责令停止被诉侵权行为的行为保全具有独立价值。当事人既申请责令停止被诉侵权行为，又申请先行判决停止侵害，人民法院认为需要作出停止侵害先行判决的，应当同时对行为保全申请予以审查；符合行为保全条件的，应当及时作出裁定。该案中，一审法院虽已作出关于责令停止侵害涉案专利权的先行判决，但并未生效，专利权人继续坚持其在一审程序中的行为保全申请。此时，第二审法院对于停止侵害专利权的行为保全申请，可以考虑如下情况，分别予以处理：如果情况紧急或者可能造成其他损害，专利权人提出行为保全申请，而第二审法院无法在行为保全申请处理期限内作出终审判决的，应当对行为保全申请单独处理，依法及时作出裁定；符合行为保全条件的，应当及时采取保全措施。此时，由于原审判决已经认定侵权成立，第二审法院可根据案情对该行为保全申请进行审查，且不要求必须提供担保。如果第二审法院能够在行为保全申请处理期限内作出终审判决的，可以及时作出判决并驳回行为保全申请。该案判决指出了行为保全申请的独立价值，倡导人民法院在作出停止侵害的部分判决的同时，支持申请人关于责令停止侵权行为的保全申请，完善了民事权利的诉讼保护机制，提高了司法保护民事权利的及时性和有效性。

二、保全的举证责任与证明标准

对于保全申请，申请人应对其申请符合法律规定的条件负有提供初步证据的证明责任。基于保全程序的制度目的及保全性、应急性、简略性、依附性、暂时性等特点，证明标准以达到优势盖然性为准。申请人在保全程序中原则上可以利用法律规定的所有证据及证明方法，但是基于保全程序的制度目的及保全性、应急性、暂时性等特点，依据该证据的性质不能即时调查的证据不应包括在内，例如，不能在保全程序中申请鉴定。还需注意的是，申请人胜诉可能性越小、采取保全措施对被申请人造成的损失越大，保全申请需要满足的证明标准可以相应适当提高，人民法院也可以要求申请人提供适当担保以避免保全错误给被申请人造成损失。

第一百零四条 利害关系人因情况紧急，不立即申请保全将会使其合法权益受到难以弥补的损害的，可以在提起诉讼或者申请仲裁前向被保全财产所在地、被申请人住所地或者对案件有管辖权的人民法院申请采取保全措施。申请人应当提供担保，不提供担保的，裁定驳回申请。

人民法院接受申请后，必须在四十八小时内作出裁定；裁定采取保全措施的，应当立即开始执行。

申请人在人民法院采取保全措施后三十日内不依法提起诉讼或者申请仲裁的，人民法院应当解除保全。

【条文主旨】

本条是关于诉前保全（包括诉前财产保全和诉前行为保全）的规定。

【理解与适用】

2012年修正的《民事诉讼法》对本条作了如下修改：一是增设诉前行为保全；二是增加仲裁前保全申请的规定；三是明确诉前保全的管辖法院，进一步完善了诉前保全的管辖制度；四是明确人民法院驳回诉前保全申请必须裁定的形式；五是统一国内民事诉讼和涉外民事诉讼程序中采取诉前保全措施后申请人提起诉讼或者申请仲裁的期限为“三十日”，不再对涉外民事诉讼中的保全程序作单独规定。2021年和2023年两次修正时，本条均未作修改。

一、诉前保全的条件

诉前保全的条件与诉讼保全多有类似之处，此不赘述。需要说明的是，根据本条规定，诉前保全适用的原因情形是，因情况紧急，不立即申请保全措施将会导致利害关系人的合法权益遭受难以弥补的损害。与诉讼保全相比，诉前保全更加强调损害的不可弥补性。这一原因条件的本质要求在于，等待利害关系人起诉并由法院作出终局裁决时所给予的救济无法充分补偿其在此期间内所受的损害。对于何为本条规定的“难以弥补的损害”,《最高人民法院关于审查知识产权纠纷行为保全案件适用法律若干问题的规定》第10条对知识产权与不正当竞争纠纷行为保全中“难以弥补的损害”作了列举性解释。包括:(1)被申请人的行为将会侵害申请人享有的商誉或者发表权、隐私权等人身性质的权利且造成无法挽回的损害;(2)被申请人的行为将会导致侵权行为难以控制且显著增加申请人损害;(3)被申请人的侵害行为将会导致申请人的相关市场份额明显减少;(4)对申请人造成其他难以弥补的损害。

二、诉前保全的管辖

根据本条第1款的规定,诉前保全申请应由被保全财产所在地、被申请人住所地或者对案件有管辖权的人民法院管辖。本条赋予了申请人选择权,更加便利当事人提出申请,更能充分保护当事人合法权益。对案件有管辖权的法院是指对申请人与被申请人之间民事纠纷有管辖权的人民法院。例如,如果申请人基于被申请人侵害其专利权而提起诉前保全申请,其与被申请人的纠纷属于专利侵权纠纷,该纠纷应由侵权行为地和被告住所地管辖。此时,申请人可以向侵权行为地法院提出保全申请。

需要说明的是,根据本条第3款的规定,申请人应该在人民法院采取保全措施后三十日内依法提起诉讼或者申请仲裁。由于采取诉前保全措施的法院与对案件有管辖权的法院并不一定相同,根据《民事诉讼法解释》第160条的规定,当事人向采取诉前保全措施以外的其他有管辖权的人民法院起诉的,采取诉前保全措施的人民法院应当将保全手续移送受理案件的人民法院。诉前保全的裁定视为受移送人民法院作出的裁定。

三、诉前保全的程序

(一)诉前保全的启动

由于利害关系人尚未起诉,人民法院不可能依职权主动采取措施,因此诉前保全只能由利害关系人申请启动。利害关系人可以在起诉或者申请仲裁前提出保全申请。

(二)是否需要提供担保

由于诉前保全的紧急性,难以通过辩论程序听取双方当事人意见,与诉讼保全相比,其与终局判决不一致的可能性更大。为保障被申请人的利益，同时也为促使申请人慎重申请诉前保全措施，必须要求申请人提供担保。根据本条第1款的规定，申请人提供担保是人民法院支持其诉前保全裁定的必要条件，当事人不提供担保的，裁定驳回申请。担保金额的确定应综合考虑申请人提供证据的充分程度、胜诉可能性、采取保全措施给被申请人造成损害的可能性及大小、申请人的经济状况等因素确定。

（三）诉前保全申请的处理

由于诉前保全仅在情况紧急下才能提起，人民法院在接受诉前保全申请后，必须在较短的时间内及时作出裁定。根据本条第2款的规定，人民法院接受申请后，必须在四十八小时内作出裁定。裁定采取保全措施的，应当立即开始执行。

诉前保全是在紧急情况下提起的，由于时间和条件的限制，难以通过辩论程序听取双方当事人意见，保全裁定内容与终局判决不一致的可能性进一步增大了。为此，人民法院在作出诉前保全裁定时，应该比诉讼保全更为谨慎。同时，还应进一步强化被申请人的程序救济。如果被申请人不服诉前保全裁定提出复议，在复议时原则上应通过辩论程序补充听取双方当事人意见，从而有机会对诉前保全裁定的适当性进行较为深入的调查。

四、诉前保全的解除

由于诉前保全都是在紧急情况下提起的，一般没有经过辩论程序听取双方当事人的意见，人民法院采取保全措施后，申请人应当及时将其与被申请人的实体争议提交诉讼或者仲裁，以便人民法院或者仲裁机构能够对该实体争议尽早作出处理。因此，根据本条第3款的规定，申请人应该在人民法院采取保全措施后三十日内依法提起诉讼或者申请仲裁；逾期提出的，人民法院将解除保全。2012年修正时，本条不仅增加了申请仲裁作为申请人在人民法院采取保全措施后可以选择的纠纷解决方式，还将申请人向人民法院采取保全措施后提起诉讼或者申请仲裁的期限由十五日延长为三十日。这一修改实际上统一了国内民事诉讼程序和涉外民事诉讼程序的诉前保全制度。因此，2012年修正时还删除了涉外民事诉讼程序编中关于财产保全一章的规定。

【审判实践中应当注意的问题】

关于管辖协议或者仲裁协议对于诉前保全管辖的影响。本条规定了诉前保全申请的管辖。如果申请人与被申请人对于双方之间的纠纷订有管辖协议或者仲裁协议，该管辖协议或者仲裁协议对于诉前保全申请的管辖是否具有影响，本条并未明确规定。基于诉前保全的紧急性，由被保全财产所在地、被申请人住所地等法院管辖，能够及时有效地采取措施保护申请人利益。如果诉前保全申请的管辖要受制于管辖协议或仲裁协议，则不可避免地会出现协议约定的管辖地可能与被保全财产所在地或者被申请人住所地没有关联的情况，难以真正发挥诉前保全制度的效用，也难以有效保护申请人的利益。因此，原则上诉前保全申请的管辖不受当事人之间的管辖协议或者仲裁协议的约束，仍应依照本条第 1 款的规定确定管辖。

第一百零五条　保全限于请求的范围，或者与本案有关的财物。

【条文主旨】

本条是关于保全范围与对象的规定。

【理解与适用】

本条在2012年修正时由2007年《民事诉讼法》第94第1款修改而来。2007年《民事诉讼法》第94条包括4款，其中第1款规定了财产保全的范围与对象，第2、3、4款则分别规定了财产保全的方法以及对重复查封、冻结财产的禁止。2012年修正时，将原第94条修改为两条，分别规定保全的范围与对象以及财产保全的方法，使得各条之间的逻辑更加清晰。2012年修正时本条的主要修改在于，将原条文第1款中的“财产保全”修改为“保全”，适用于财产保全和行为保全。2021年和2023年两次修正时，本条均未作修改。

保全的范围以请求的范围或者与本案有关的财物为限。此处的“请求的范围”并非指当事人在本案争议中的诉讼请求本身，而是指其基于本案诉讼请求或者将来提起的诉讼请求或者仲裁请求而提出的保全请求的范围。因此，在任何情况下，保全请求的范围不应超出申请人本案诉讼请求或者将来提起的诉讼请求或者仲裁请求所涵盖的内容和范围。申请人应该在其本案诉讼请求或者将来提起的诉讼请求或者仲裁请求所涵盖的内容和范围内，提出其请求保全的内容和范围；对于超出申请人本案诉讼请求或者将来提起的诉讼请求或者仲裁请求所涵盖的内容和范围的部分，人民法院不应准许，避免随意扩大保全范围给被申请人造成损失。在财产保全的场合，“请求的范围”包括本案诉讼请求或者将来提起的诉讼请求或者仲裁请求所提出的金钱请求范围或者所指向的财产范围。例如，因侵权损害请求赔偿损失的，应该在请求赔偿数额内采取保全措施。在行为保全的场合，“请求的范围”可以涵盖本案诉讼请求或者将来提起的诉讼请求或者仲裁请求所提出的行为范围。例如，在侵害专利权纠纷中，请求停止侵害特定专利权的，可以针对申请人所主张的侵害该特定专利权的产品，责令被申请人停止侵权行为。

“与本案有关的财物”是指本案的诉争标的，或者当事人在诉讼请求中虽未直接涉及但与生效判决的执行存在关联性的财物。“与本案有关的财物”通常发生在财产保全的场合，其可能直接针对与当事人诉讼请求所指向的特定诉争标的。例如，在动产和不动产所有权权属纠纷中，为避免该诉争动产或者不动产的实际控制人隐匿或者转移财产，申请人请求对诉争动产或者不动产采取查封、扣押、冻结等保全措施。“与本案有关的财物”还可能包括当事人在诉讼请求中虽未直接涉及但与生效判决的执行存在关联性的财物。财产保全的目的是保障未来生效判决的执行，在涉及金钱给付请求的场合，债务人原则上应以其全部财产作为债务的担保，故债务人的所有财产均可以成为执行标的，并因此可以成为保全对象。债务人到期应得的收益、对他人的到期债权等，均可以作为保全对象。《民事诉讼法解释》第158条规定，人民法院对债务人到期应得的收益，可以采取财产保全措施，限制其支取，通知有关单位协助执行。第159条规定，债务人的财产不能满足保全请求，但对他人有到期债权的，人民法院可以依债权人的申请裁定该他人不得对本案债务人清偿。该他人要求偿付的，由人民法院提存财物或者价款。可见，保全“与本案有关的财物”时，保全措施不仅可以针对被申请人对他人享有的到期债权采取保全措施，还可以裁定被申请人的债务人作出一定行为或者禁止其作出一定行为。

此外，因涉及金钱请求时，被申请人的所有财产均可以成为保全对象，人民法院采取财产保全措施后，被保全人提供其他等值担保财产且有利于执行的，人民法院可以裁定变更保全标的物为被保全人提供的担保财产。《民事诉讼法解释》第167条对此作了明确规定。

【审判实践中应当注意的问题】

虽然本条规定了申请人的保全请求对于人民法院裁定保全措施时的限制和约束，但是基于保全制度的特性，人民法院审查保全请求时，在申请人保全请求的目的范围内，仍有一定的裁量空间。当然，人民法院在行使裁量权时，应该注意比例原则的适用，综合考虑多种因素，兼顾保全措施的合法性、适当性和可执行性。尤应注意的是，对于行为保全申请，应该根据申请人的请求目的，结合具体案情灵活确定具体的保全措施和方式，既要保护申请人的合法权益，防止损害的继续发生或者扩大，又要防止对被申请人造成过重负担，避免机械地受申请人的保全请求的限制。

第一百零六条 **财产保全采取查封、扣押、冻结或者法律规定的其他方法。人民法院保全财产后，应当立即通知被保全财产的人。**

财产已被查封、冻结的，不得重复查封、冻结。

【条文主旨】

本条是关于财产保全措施的规定。

【理解与适用】

一、财产保全措施

财产保全措施包含查封、扣押、冻结或者法律规定的其他方法。财产保全制度的核心是防止债务人处分财产，最常见的财产保全措施是查封、扣押、冻结。一般而言对不动产和有登记的动产实施查封，对动产实施扣押，对金钱账户、证券账户等金融资产实施冻结。

1. 查封。所谓查封，是指人民法院采取张贴封条或者其他必要的措施，将被执行人的财产清查后就地封存起来，未经查封的人民法院许可，任何单位和个人均不得启封、动用、转移和处理上述财产的情形。被查封的财产可以指定被执行人保管，也可以指定其他人保管。

2. 扣押。所谓扣押，一般用于动产，是指将被执行人的财产就地扣留或者运到另外的场所扣留，避免被执行人占用、使用和处分的保全措施。一般情况下，是将物品运到其他场所进行扣留，如果扣留不便的，也可以根据具体情况就地扣留。被扣押的财产可以由人民法院保管，也可以由有关单位和个人保管，保管人员也不得随意使用处分该项财产，保管中发生的费用由被执行人负担。

3. 冻结。所谓冻结，是指人民法院发出协助执行通知书来通知银行、证券公司等不准被执行人在一定期限内提取和转移存款、资产、股权等收益的保全措施。

4. 法律规定的其他方法。即上述措施以外的国家法律规定的其他执行措施。例如，对不动产和特定的动产进行财产保全，可以采用扣押有关财产权证照，并通知有关产权登记部门不予办理该项财产的转移手续的财产保全措施；对债务人到期应得的收益，可以通知有关单位限制其支取；对季节性商品、鲜活、易腐烂变质以及其他不宜长期保存的物品采取保全措施时，可以责令当事人及时处理，由人民法院保存价款。

二、法院的通知义务

人民法院作出财产保全裁定只需要依据债权人提供证据证明债务人正在转移或者准备转移财产，作出裁定前无须通知债务人。执行查封、扣押、冻结的保全裁定时，也无须事先通知债务人。但是在采取财产保全措施之后，应立即通知被执行人。被执行人认为财产保全裁定有错误的，可以申请复议，认为财产保全措施不当的，可以提出执行行为异议。人民法院保全财产后，应当立即通知被保全财产的人。这是本条规定的一项法定义务。目的是保护被采取保全措施的当事人可以通过法定的途径维护自己的合法权益。

三、禁止重复查封、冻结

本条第 2 款规定，财产已被查封、冻结的，不得重复查封、冻结。所谓重复查封、冻结是指执行法院依法对被执行人的财产查封、冻结后，任何单位包括其他法院不得对该执行标的物在相同时间内再行查封、冻结。确立这一原则的目的是理顺执行顺序，也为解决法院之间的执行争议提供依据。实践中经常出现多个法院对同一标的物作出查封或者冻结裁定，这些裁定来自财产保全程序或者执行程序，根据《最高人民法院关于人民法院民事执行中查封、扣押、冻结财产的规定》(以下简称《民事执行查扣规定》)，对已被人民法院查封、冻结的财产，其他人民法院可以进行轮候查封、冻结，依次按时间先后在登记机关进行登记，或者在最先查封的人民法院进行记载，排队等候，查封依法解除后，在先的轮候自动转化为正式查封的制度。在诉讼和执行过程中，分别由两个法院管辖的情况下，法律禁止重复查封，又无其他相应的信息沟通机制，第一次查封被解除后，其他法院往往不能立即知悉在先查封被解除的情况，从而导致在后的查封不可能立即实施，债务人往往会借机转移财产，其他债权人的利益往往得不到应有的保障。在最高人民法院与国土资源部[①]、建设部联合下发的《关于依法规范人民法院执行和国土资源、房地产管理部门协助执行若干问题的通知》中规定了轮候查封制度，并在《民事执行查扣规定》的司法解释中固定下来。

轮候查封不同于重复查封。从法律效力上看，重复查封是两个或者两个以上的有效查封，其中任何一个查封的效力都受其他查封效力的制约。而轮候查封不同，在先查封未依法解除或者自动消灭，轮候查封就不生效。在先查封解除或者自动消灭的，登记在先的轮候查封自动生效，除非查封标的物的所有权发生转移。如根据《民事执行查扣规定》第 27 条第 2 款的规定，查封的财产已经被执行拍卖、变卖或者抵债的，查封的效力消灭。在这种情况下，轮候查封也无法生效，也不能生效。因为此时该财产已为第三人或者申请执行人所有，不属于责任财产的范围。只有在先查封依法解除或者自动消灭后轮候查封才自动生效，解除查封的法院应当将解除的事实告知登记在先的轮候查封法院。

【审判实践中应当注意的问题】

根据《民事执行查扣规定》的规定，人民法院采取财产保全措施应遵守以下具体操作规范：

1. 作出裁定、通知当事人。人民法院查封、扣押、冻结被执行人的动产、不动产及其他财产权，应当作出裁定，并送达被执行人和申请执行人。采取查封、扣押、冻结措施需要有关单位或者个人协助的，人民法院应当制作协助执行通知书，连同裁定书副本一并送达协助执行人。查封、扣押、冻结裁定书和协助执行通知书送达时发生法律效力。

2. 查封、扣押、冻结财产的认定。根据《民事执行查扣规定》第 2 条，“人民法院可以查封、扣押、冻结被执行人占有的动产、登记在被执行人名下的不动产、特定动产及其他财产权。未登记的建筑物和土地使用权，依据土地使用权的审批文件和其他相关证据确定权属。对于第三人占有的动产或者登记在第三人名下的不动产、特定动产及其他财产权，第三人书面确认该财产属于被执行人的，人民法院可以查封、扣押、冻结。”判断财产权属的依据是“推定”占有，人民法院认定财产只依据表面证据

① 现为“自然资源部”。

而不作实质性审查，动产基于占有的状态；不动产和其他应当登记的财产以登记的状况来判断，而不考虑这项财产是不是被执行人的。先查封之后如果有证据证明是案外人的，再以案外人异议程序处理。但不能认为法院查封是错的，法院是依据占有的状态查封、扣押和冻结的。当然也有例外，如果房屋没作登记，可以灵活地根据相关证据如谁给的钱等作出判断；第二个例外是，虽登记在第三人名下，但如果第三人书面确认该财产属于被执行人的也可以查封等。根据《最高人民法院关于人民法院办理财产保全案件若干问题的规定》第 14 条规定，被保全财产系机动车、航空器等特殊动产的，除被保全人下落不明的以外，人民法院应当责令被保全人书面报告该动产的权属和占有、使用等情况，并予以核实。

3. 不可以采取措施的财产。《民事执行查扣规定》规定了 8 种不得查封的财产。从理论上讲，被执行人的所有财产都是其所付债务的担保，其应当承担广泛的财产责任，人民法院可以对其所有财产采取执行措施。我国《民事诉讼法》规定了应当保留被执行人及其所抚养家属的生活必须费用和生活必需品，这体现了以人为本以及国家尊重和保障人权的精神。人民法院对被执行人下列的财产不得查封、扣押、冻结：（1）被执行人及其所扶养家属生活所必需的衣服、家具、炊具、餐具及其他家庭生活必需的物品；（2）被执行人及其所扶养家属所必需的生活费用。当地有最低生活保障标准的，必需的生活费用依照该标准确定；（3）被执行人及其所扶养家属完成义务教育所必需的物品；（4）未公开的发明或者未发表的著作；（5）被执行人及其所扶养家属用于身体缺陷所必需的辅助工具、医疗物品；（6）被执行人所得的勋章及其他荣誉表彰的物品；（7）根据《缔结条约程序法》，以中华人民共和国、中华人民共和国政府或者中华人民共和国政府部门名义同外国、国际组织缔结的条约、协定和其他具有条约、协定性质的文件中规定免于查封、扣押、冻结的财产；（8）法律或者司法解释规定的其他不得查封、扣押、冻结的财产。需要说明的是，对被执行人及其所扶养家属生活所必需的居住房屋，人民法院可以查封，但不得拍卖、变卖或者抵债。允许被执行人及其所抚养家属居住使用，但防止其进行处分，查封应当采取活封的方式。对于超过被执行人及其所扶养家属生活所必需的房屋和生活用品，人民法院根据申请执行人的申请，在保障被执行人及其所扶养家属最低生活标准所必需的居住房屋和普通生活后，可予以执行。上述禁止查封财产的变通规定，既保护被执行人及其所抚养家属的生存权，又最大限度地实现债权人的债权。比如餐具是金银制造的，从价值上显然超过了生活必需的限度，如果一律禁止执行，对申请执行人的利益保护明显不利。出于强制执行程序的目的和对执行当事人的申请，由其提供相同功用的代偿物或者相应价款后，可以对餐具采取执行措施。在具体实施过程中，应当从严掌握可以变通的财产范围，尤其是对房屋的执行时更应慎重。防止造成被执行人严重的生活困难，应当维持其简朴的生活水平，也要避免对正常的社会秩序造成不当冲击。如何理解“必需的”“显著的”的概念，还应结合当地的实际情况加以认定，作出符合时代和社会背景的阐释。在执行过程中注意执行适度原则，对被执行人的执行必须控制在合理限度内。

4. 具体操作方法。《民事执行查扣规定》主要将财产分为动产和不动产、特定动产及其他财产权，并规定了不同的操作方法。（1）查封、扣押动产的，人民法院可以直接控制该项财产。人民法院将查封、扣押的动产交付其他人控制的，应当在该动产上加贴封条或者采取其他足以公示查封、扣押的适当方式。（2）查封不动产和有登记的特定动产的，人民法院应当通知有关管理机关办理查封登记，并可以提取保存有关财产权证照。（3）登记机关协助登记优先原则，人民法院查封、扣押、冻结已登记的不动产、特定动产及其他财产权，应当通知有关登记机关办理登记手续。未办理登记手续的，不得对抗其他法院已经办理了登记手续的查封、扣押、冻结行为。这种查封方法最容易确认，对解决各个查封时间和先后顺序的争议比较有利。贴封条、公告和有关机关办理查封登记，都是对查封等保全行为的公示，目的在于让社会周知执行标的物被查封的事实，既是为了防止被执行人对该财产的处分，也是为了保护不特定第三人的利益不受侵害，维持正常的经济生活和交易秩序。（4）查封尚未进行权属登记的建筑物时，人民法院应当通知其管理人或者该建筑物的实际占有人，并在显著位置张贴公告。（5）扣押尚未进行权属登记的机动车辆时，人民法院应当在扣押清单上记载该机动车辆的发动机编号。该车辆在扣押期间权利人要求办理权属登记手续的，人民法院应当准许并及时办理相应的扣押登记手续。（6）查封、扣押的财产不宜由人民法院保管的，人民法院可以指定被执行人负责保管；不宜由被执行人保管的，可以委托第三人或者申请执行人保管。由人民法院指定被执行人保管的财产，如果继续使用对该财产的价值无重大影响，可以允许被执行人继续使用；由人民法院保管或者委托第三人、申请执行人保管的，保管人不得使用。(7）财产保全的价值范围。可供保全的土地、房屋等不动产的整体价值明显高于保全裁定载明金额的，人民法院应当对该不动产的相应价值部分采取查封、扣押、冻结措施，但该不动产在使用上不可分割或者分割会严重减损其价值的除外。对银行账户内资金采取冻结措施的，人民法院应当明确具体的冻结数额。

关于保护第三人的合法权益。执行中涉及第三人利益的情况主要有两种，一是执行标的物由第三人占有，二是执行标的物是被执行人和第三人的共有财产。(1）查封、扣押、冻结担保物权人占有的担保财产，一般应当指定该担保物权人作为保管人；该财产由人民法院保管的，质权、留置权不因转移占有而消灭。(2）对被执行人与其他人共有的财产，人民法院可以查封、扣押、冻结，并及时通知共有人。对被执行人和案外人共有财产的查封的总体思路是：先整体控制财产然后再进行分割。共有人协议分割共有财产，并经债权人认可的，人民法院可以认定有效。查封、扣押、冻结的效力及于协议分割后被执行人享有份额内的财产；对其他共有人享有份额内的财产的查封、扣押、冻结，人民法院应当裁定予以解除。共有人提起析产诉讼或者申请执行人代位提起析产诉讼的，人民法院应当准许。诉讼期间中止对该财产的执行。(3）对第三人为被执行人的利益占有的被执行人的财产，人民法院可以查封、扣押、冻结；该财产被指定给第三人继续保管的，第三人不得将其交付给被执行人。对第三人为自己的利益依法占有的被执行人的财产，人民法院可以查封、扣押、冻结，第三人可以继续占有和使用该财产，但不得将其交付给被执行人。第三人无偿借用被执行人的财产的，不受上面规定的限制。(4）被执行人将其财产出卖给第三人，第三人已经支付部分价款并实际占有该财产，但根据合同约定被执行人保留所有权的，人民法院可以查封、扣押、冻结；这里可以给第三人一个选择权，第三人选择继续履行合同的，应当由第三人向人民法院交付全部剩余价款后取得该财产的所有权，人民法院裁定解除查封、扣押、冻结。如果第三人选择不继续履行合同，将不能阻止人民法院的执行。第三人与被执行人之间有争议的，双方可以通过另诉解决。(5）被执行人将其所有的需要办理过户登记的财产出卖给第三人，第三人已经支付部分或者全部价款并实际占有该财产，但尚未办理产权过户登记手续的，人民法院可以查封、扣押、冻结；第三人已经支付全部价款并实际占有，但未办理过户登记手续的，如果第三人对此没有过错，如由于其他非第三人所能控制的原因，应当认定其已经取得该财产的所有权，人民法院不得查封、扣押、冻结，已经查封、扣押、冻结的应当裁定解除。（6）被执行人购买第三人的财产，已经支付部分价款并实际占有该财产，但第三人依合同约定保留所有权，人民法院可以查封、扣押、冻结。《民事执行查扣规定》2020 年修正后的第 2 款规定，“保留所有权已办理登记的，第三人的剩余价款从该财产变价款中优先支付；第三人主张取回该财产的，可以依据民事诉讼法第二百二十七条[①]规定提出异议。”这里赋予了第三人案外人异议的权利，一方面将第三人的救济引向实体审查，另一方面也通过实体审查避免程序对实体的僭越，并且提升司法的严肃性。（7）被执行人购买需要办理过户登记的第三人的财产，已经支付部分或者全部价款并实际占有该财产，虽未办理产权过户登记手续，但申请执行人已向第三人支付剩余价款或者第三人同意剩余价款从该财产变价款中优先支付的，人民法院可以查封、扣押、冻结。（8）查封、扣押、冻结被执行人的财产，以其价额足以清偿法律文书确定的债权额及执行费用为限，不得明显超标的额查封、扣押、冻结。发现超标的额查封、扣押、冻结的，人民法院应当根据被执行人的申请或者依职权，及时解除对超标的额部分财产的查封、扣押、冻结，但该财产为不可分物且被执行人无其他可供执行的财产或者其他财产不足以清偿债务的除外。

5. 效力。查封的效果能使被执行人绝对丧失对查封物的处分权，被执行人就查封物所为的处分行为并非绝对无效，而只是相对无效，只是不能对抗申请执行人，在被执行人与处分行为的相对人之间仍然有效。首先，查封扣押对物的效力范围。（1）查封、扣押的效力及于查封、扣押物的从物和天然孳息。（2）查封地上建筑物的效力及于该地上建筑物使用范围内的土地使用权，查封土地使用权的效力及于地上建筑物，但土地使用权与地上建筑物的所有权分属被执行人与他人的除外。地上建筑物和土地使用权的登记机关不是同一机关的，应当分别办理查封登记。（3）查封、扣押、冻结的财产灭失或者毁损的，查封、扣押、冻结的效力及于该财产的替代物、赔偿款。人民法院应当及时作出查封、扣押、冻结该替代物、赔偿款的裁定。（4）查封、扣押、冻结协助执行通知书在

---

① 现为《民事诉讼法》（2023 年修正）第 238 条。

送达登记机关时，登记机关已经受理被执行人转让不动产、特定动产及其他财产的过户登记申请，尚未完成登记的，应当协助人民法院执行。人民法院不得对登记机关已经完成登记的被执行人已转让的财产实施查封、扣押、冻结措施。查封、扣押、冻结协助执行通知书在送达登记机关时，其他人民法院已向该登记机关送达了过户登记协助执行通知书的，应当优先办理过户登记。只要在尚未完成登记之时，不动产、特殊动产权属依然属于被执行人，登记机关有义务协助法院办理查封、扣押、冻结措施。其次，查封扣押对人的效力范围，被执行人就已经查封、扣押、冻结的财产所作的移转、设定权利负担或者其他有碍执行的行为，不得对抗申请执行人。第三人未经人民法院准许占有查封、扣押、冻结的财产或者实施其他有碍执行的行为的，人民法院可以依据申请执行人的申请或者依职权解除其占有或者排除其妨害。人民法院的查封、扣押、冻结没有公示的，其效力不得对抗善意第三人。该规定有两层意思：第一，被执行人对查封的财产进行转让，设定抵押、质押等处分的，申请执行人仍可根据执行依据所载债权请求对该财产进行执行，不受上述处分行为的限制，也无须考虑保护处分行为相对人的利益。第二，在不妨害查封目的、保护申请执行人利益的前提下，为了保护交易安全，维护交易秩序，促进交易的进行，被执行人对查封物所为的移转、设定负担或者其他有碍查封效果的行为仍然有效。比如，被执行人将已被法院查封的空调卖给第三人，该买卖关系并非当然无效，在申请执行人撤回执行申请或者其债权已用其他财产得到清偿的情况下，该买卖关系可以认定有效，第三人可以取得该空调的所有权。

6. 设定最高额抵押权的抵押物的通知。人民法院查封、扣押被执行人设定最高额抵押权的抵押物的，应当通知抵押权人。抵押权人受抵押担保的债权数额自收到人民法院通知时起不再增加。人民法院虽然没有通知抵押权人，但有证据证明抵押权人知道或者应当知道查封、扣押事实的，受抵押担保的债权数额从其知道或者应当知道该事实时起不再增加。

7. 轮候查封、扣押、冻结。对已被人民法院查封、扣押、冻结的财产，其他人民法院可以进行轮候查封、扣押、冻结。查封、扣押、冻结解除的，登记在先的轮候查封、扣押、冻结即自动生效。其他人民法院对已登记的财产进行轮候查封、扣押、冻结的，应当通知有关登记机关协助进行轮候登记，实施查封、扣押、冻结的人民法院应当允许其他人民法院查阅有关文书和记录。其他人民法院对没有登记的财产进行轮候查封、扣押、冻结的，应当制作笔录，并经实施查封、扣押、冻结的人民法院执行人员及被执行人签字，或者书面通知实施查封、扣押、冻结的人民法院。

8. 解除查封、扣押、冻结裁定。有下列情形之一的，人民法院应当作出解除查封、扣押、冻结裁定：查封、扣押、冻结案外人财产的；申请执行人撤回执行申请或者放弃债权的；查封、扣押、冻结的财产流拍或者变卖不成，申请执行人和其他执行债权人又不同意接受抵债的；债务已经清偿的；被执行人提供担保且申请执行人同意解除查封、扣押、冻结的；人民法院认为应当解除查封、扣押、冻结的其他情形。解除以登记方式实施的查封、扣押、冻结的，应当向登记机关发出协助执行通知书。解除裁定送达申请执行人、被执行人或者案外人。

第一百零七条 财产纠纷案件，被申请人提供担保的，人民法院应当裁定解除保全。

【条文主旨】

本条是关于因被申请人提供担保解除保全的规定。

【理解与适用】

本条是2012年修正的《民事诉讼法》在2007年修正的《民事诉讼法》第95条规定的基础上作出的一条规定。2007年修正的《民事诉讼法》第95条规定，被申请人提供担保的，人民法院应当解除财产保全。2012年《民事诉讼法》修改时，本条并未作原则性的修改，只是为了表述上更加严密和前后规定上的衔接，作出了文字上的修改，即在“被申请人提供担保的，人民法院应当解除财产保全”前增加了“财产纠纷案件”；将“应当解除财产保全”修改为“应当裁定解除保全”。将原条文中的“财产保全”修改为“保全”，以便一并适用于财产保全和行为保全，之后条文内容未再发生过修改。

一、裁定解除保全的条件

根据本条规定，财产纠纷案件，被申请人提供担保的，人民法院应当裁定解除保全。人民法院裁定解除保全的条件是“被申请人提供担保”。被申请人提供担保，有利于申请人实现合法权益，申请人要求财产保全的目的就是防止被申请人隐匿、转移、挥霍财产导致后续法律文书生效后被申请人无财产可供执行，逃避其依法应当履行的民事义务。因此被申请人提供了担保，财产保全的原因不复存在，法律规定应当使用裁定的方式解除财产保全措施。

二、担保的含义

本条中所称的担保，是指为确保申请人实现其应有的债权，以被申请人或第三人经人民法院认可的信用或者特定财产来督促被申请人履行债务的一种制度。《最高人民法院关于人民法院办理财产保全案件若干问题的规定》第 6 条规定："申请保全人或第三人为财产保全提供财产担保的，应当向人民法院出具担保书。担保书应当载明担保人、担保方式、担保范围、担保财产及其价值、担保责任承担等内容，并附相关证据材料。第三人为财产保全提供保证担保的，应当向人民法院提交保证书。保证书应当载明保证人、保证方式、保证范围、保证责任承担等内容，并附相关证据材料。对财产保全担保，人民法院经审查，认为违反民法典、公司法等有关法律禁止性规定的，应当责令申请保全人在指定期限内提供其他担保；逾期未提供的，裁定驳回申请。"第 7 条规定："保险人以其与申请保全人签订财产保全责任险合同的方式为财产保全提供担保的，应当向人民法院出具担保书。担保书应当载明，因申请财产保全错误，由保险人赔偿被保全人因保全所遭受的损失等内容，并附相关证据材料。"第 8 条规定："金融监管部门批准设立的金融机构以独立保函形式为财产保全提供担保的，人民法院应当依法准许。"由此可见，被申请人提供的担保既可以是保证人的担保，也可以是具体实物的担保或者权利的担保等，还可以是金融机构的保函等。担保的价值应和被保全的标的的金额相当。如果是第三人作为担保人，则被申请人败诉时不能履行生效裁判确定的法律义务时，担保人应承担担保责任，人民法院可以直接裁定执行在其担保范围内的财产。

三、人民法院应当裁定解除保全

财产保全措施是民事诉讼的一种应急措施，只要达到了财产保全的目的，即应解除财产保全措施，在符合本条规定的解除条件的情况下，人民法院应及时裁定解除保全。

人民法院裁定采取财产保全措施后，除作出保全裁定的人民法院自行解除和其上级人民法院决定解除外，在财产保全期限内，任何单位都不得解除保全措施。诉讼中的财产保全裁定的效力一般应维持到生效的法律文书执行时止。《最高人民法院关于人民法院办理财产保全案件若干问题的规定》第 22 条规定："财产纠纷案件，被保全人或第三人提供充分有效担保请求解除保全，人民法院应当裁定准许。被保全人请求对作为争议标的的财产解除保全的，须经申请保全人同意。"《最高人民法院关于人民法院办理财产保全案件若干问题的规定》第 23 条第 2 款规定：人民法院收到解除保全申请后，应当在五日内裁定解除保全；对情况紧急的，必须在四十八小时内裁定解除保全。

【审判实践中应当注意的问题】

在财产纠纷案件中，既可能发生财产保全，也可能发生行为保全或者证据保全。例如，在知识产权案件中，申请人同时申请行为保全、财产保全或者证据保全的，人民法院应当依法分别审查不同类型保全申请是否符合条件，并作出裁定。为避免被申请人转移财产、毁灭证据等行为导致保全目的无法实现，人民法院可以根据案件情况决定不同类型保全措施的执行顺序。需要注意的是，在特定类型的财产纠纷案件中，被申请人提供担保后，已经采取的行为保全措施是否一律解除，需结合具体案件进行判断。《最高人民法院关于诉前停止侵犯注册商标专用权行为适用法律问题的解释》第 8 条和《最高人民法院关于对诉前停止侵犯专利权行为适用法律问题的若干规定》第 8 条都明确规定，停止侵犯注册商标专用权行为或者停止侵犯专利权行为裁定所采取的措施，不因被申请人提供担保而解除，但申请人同意的除外。

第一百零八条 **申请有错误的，申请人应当赔偿被申请人因保全所遭受的损失。**

【条文主旨】

本条是关于申请人应当赔偿被申请人因保全所遭受的损失的规定。

【理解与适用】

该条规定在2023年《民事诉讼法》修正中未作修改。

一、因保全错误导致的损害赔偿责任纠纷概况

保全是指人民法院为了保证将来作出的判决能够得到有效的执行，在受理诉讼之前或者诉讼的过程之中，根据利害关系人或者当事人的申请，或者依据民事诉讼法赋予的职权，对当事人的财产作出一些法定的强制性保护措施或者责令当事人作出一定行为、禁止当事人作出一定行为的情形。保全制度的意义在于保证生效判决能够顺利执行、避免申请人遭受不可弥补的损害。实践中越来越多的当事人通过申请保全为判决的顺利执行增加一层保障。但由于现实情况的复杂性，也存在保全错误的可能。为尽可能避免保全错误给被申请人带来损失，《民事诉讼法》从提供担保、申请复议、赔偿损失等三个方面为保全错误提供了三种救济路径。本条明确规定了申请保全错误的，申请人应向被申请人赔偿其因保全而遭受的损失。

按照保全对象的划分，可分为财产保全、行为保全和证据保全。根据《民事诉讼法》第103条规定，人民法院对于可能因当事人一方的行为或者其他原因，使判决难以执行或者造成当事人其他损害的案件，可以根据对方当事人的申请或者必要时依职权裁定对其财产进行保全，即财产保全；也可以裁定当事人作出一定行为或者禁止其作出一定行为的，即行为保全。根据《民事诉讼法》第84条规定，在证据可能灭失或者以后难以取得的情况下，当事人可以在诉讼过程中向人民法院申请保全证据，人民

法院也可以主动采取保全措施，即证据保全。该条所规定的因保全申请错误应当赔偿损失的情形包括财产保全、行为保全、证据保全，即因申请财产保全错误、申请行为保全错误、申请证据保全错误而给被申请人造成损失的，均应予以赔偿。从案由上说，《民事案件案由规定》第九部分侵权责任纠纷下列明了因申请财产保全损害责任纠纷，因申请行为保全损害责任纠纷，因申请证据保全损害责任纠纷等三项因保全错误导致的损害赔偿责任纠纷。从案件数量上来看，因申请财产保全损害责任纠纷占 98% 以上：截至 2023 年 9 月 30 日，在法信网上搜索因申请财产保全损害责任纠纷，共有案例 79780 件，因申请行为保全损害责任纠纷 2 件，因申请证据保全损害责任纠纷 119 件。

二、因保全错误导致的损害赔偿责任构成要件分析

因保全错误导致的损害赔偿责任纠纷，属于侵权责任纠纷。因此在这类案件审理中，认定保全申请人是否应当承担损害赔偿责任，应按照侵权责任成立要件进行判断。结合这类纠纷案件本身特点，具体可以从以下四个方面来判断：一是申请人申请保全；二是申请人申请保全错误且申请人具有过错；三是被申请人遭受实际损失；四是申请保全行为与损失之间具有因果关系。

（一）申请人申请保全

根据《民事诉讼法》第 103 条第 1 款规定，人民法院对于可能因当事人一方的行为或者其他原因，使判决难以执行或者造成当事人其他损害的案件，根据对方当事人的申请，可以裁定对其财产进行保全、责令其作出一定行为或者禁止其作出一定行为；当事人没有提出申请的，人民法院在必要时也可以裁定采取保全措施。因此，保全措施的采取，既可能是根据当事人申请而采取的，也可能法院在必要时依职权裁定采取的。由申请人对保全错误造成的损失承担赔偿责任的前提是申请人实施了申请保全的行为。

对于法院依职权采取保全错误的情况，如果发生了保全错误给当事人造成了损失，则属于因法院错误依职权保全造成损失，不能适用本条规定来认定责任，而应当根据国家赔偿法以及相关司法解释申请国家赔偿。根据《国家赔偿法》第 38 条规定，人民法院在民事诉讼、行政诉讼过程中，违法采取对妨害诉讼的强制措施、保全措施或者对判决、裁定及其他

生效法律文书执行错误，造成损害的，赔偿请求人要求赔偿的程序，适用该法刑事赔偿程序的规定。根据《最高人民法院关于审理民事、行政诉讼中司法赔偿案件适用法律若干问题的解释》第 1 条，人民法院在民事、行政诉讼过程中，违法采取对妨害诉讼的强制措施、保全措施、先予执行措施，或者对判决、裁定及其他生效法律文书执行错误，侵犯公民、法人和其他组织合法权益并造成损害的，赔偿请求人可以依法向人民法院申请赔偿。根据 2023 年最高人民法院印发的《关于司法赔偿案件案由的规定》，“违法保全赔偿”案由适用于赔偿请求人主张人民法院在民事、行政诉讼中，违法采取或者违法解除保全措施的赔偿案件适用案由。

（二）申请人的保全申请有错误

从实践中看，保全申请错误可以表现为以下几种情形：一是不符合申请保全的法定条件而申请保全的。《民事诉讼法》第 84 条及第 103 条、第 104 条规定了申请保全的前提条件，以第 103 条规定的诉讼中财产保全为例，必须满足的条件是：内容上必须是给付之诉，必须有给付的内容；时间上必须是在人民法院案件受理后到作出判决前的时段内；因果关系上必须是“可能因当事人一方的行为或者其他原因，使判决难以执行或者造成当事人其他损害的案件”等条件。如果不满足法定规定的条件而申请保全的，应当认定为保全申请错误。二是保全申请人明知其据以起诉的基本事实不存在，仍恶意申请保全的，应认定为保全申请错误。比如，申请人明知不存在真实的债权债务关系仍提起诉讼并申请财产保全的，主观上有明显过错，且恶意程度较高，应承担因此造成的被申请人的损失。三是财产保全对象错误，比如财产保全申请人未尽到审慎的注意义务，误将案外人的财产当作被申请人的财产来申请保全，且在被申请人或案外人提出异议请求解除保全措施时，申请人仍坚持不同意解除的，应认定为财产保全申请错误。四是保全数额超过诉讼请求范围，如申请人申请保全时明知或应该能预见被申请人应承担的责任，却在事实范围外，故意提高保全金额，给被申请人造成损失，申请人应当承担保全错误的赔偿责任。此外，保全申请错误还可能包括申请的保全措施不当、出现法定解除保全情形后未及时申请解除保全措施等多种情形。

从归责原则上说，有观点认为，因保全错误导致的损害赔偿责任应当适用无过错责任归责原则，只要出现了前述保全对象错误或者超范围保全等情形就构成本条所规定的“申请有错误”，就要对被申请人的损失承担赔偿责任，甚至有观点认为只要申请人最终没有获得胜诉或者完全胜诉，即构成保全错误，而无须考虑申请人对保全错误的主观过错状态。对此，我们认为，根据《民法典》第1165条规定，行为人因过错侵害他人民事权益造成损害的，应当承担侵权责任。依照法律规定推定行为人有过错，其不能证明自己没有过错的，应当承担侵权责任。无过错责任应当由法律进行明确规定。由于法律对于因保全错误导致的损害赔偿责任并未规定特别的归责原则，因此应当适用《民法典》第1165条第1款规定的一般归责原则，即过错责任。也就是说，对于保全损害赔偿责任，应当考察申请人主观上是否有故意或过失。通常来说，过错的判断标准可以分为三个层次，即普通人的注意义务、处理自己事务的同等注意义务和善良管理人的注意义务，违反上述三种注意义务，分别构成重大过失、具体轻过失和抽象轻过失。在财产保全损害赔偿的问题上，我们认为，首先应当明确的是，不应要求申请人尽善良管理人的注意义务，也就是说，不应对申请人设定过于严格的过错认定标准。而在普通人的注意义务与处理自己事物的同等注意义务之间，我们倾向于认为，前者是一个更为客观的标准，更容易在实践中予以证明和判断。而且，采取普通人的注意义务标准，将重大过失纳入申请人主观过错范围内，可以在申请人诉讼权利保护、权利滥用限制和被申请人合法权益维护之间进行合理平衡，保障民事诉讼活动的顺利进行，从而实现既避免权利滥用，又维护当事人民事诉讼行为自由这一侵权责任法律基点和价值取向，因而是较为适宜的。综上所述，在申请人在保全的错误存在的故意或重大过失的情况下，才构成“申请有错误”。

（三）被申请人遭受实际损失

损害后果是侵权责任构成中不可或缺的要件之一。保全申请错误是申请人承担赔偿责任的前提，被申请人遭受损失是申请人承担赔偿责任的基础，被申请人没有损失的，申请人不承担赔偿责任。比如，被保全的房产为被申请人居住使用的唯一居所，被申请人并无正当事由，也实际并未提出处分请求，则该被保全期间的房屋价格涨跌也并不会给被申请人造成损失，被申请人主张在保全期限内房屋价格波动并主张将差价认定为损失的，人民法院不应予以支持。

损害赔偿责任认定应遵守“谁主张，谁举证”的原则。因申请财产保全损害责任纠纷是基于双方之间先前案件而衍生的纠纷，与前案既有关联，实质上却是独立的新的诉讼。被申请人认为保全申请错误，依法应就被告申请保全错误的事实和应予赔偿的事由承担举证责任，实践中，比较常见的是财产保全的被申请人主张冻结存款导致的利息及其他损失，但存款被冻结，依然可以计付利息，故法院对于主张的利息损失一般不予支持。从最高人民法院的发布案例来看，银行账户被冻结时，被保全人的损失按照被冻结的银行存款的存贷款利差计算。比如在最高人民法院（2020）最高法民终502号判决书中，法院认为，“京汉公司以等值的银行存款替换被查封的部分房产，是为了及时止损，不影响诉讼财产保全目的的实现，符合法律规定，被冻结的银行存款因无法使用不能获得收益而产生损失，该损失系因中建二局某公司的错误申请保全行为所致，应由中建二局某公司依法承担损失赔偿责任。一审法院以冻结现金3978481.52元及19498939.73元为基数，按照中国人民银行的存贷款利率差，分时间段计算确定京汉公司的损失为864261.52元，符合本案客观情况，并无不当。”

此外还需说明的是，本条仅规定了申请保全有错误时，申请人应对被申请人的损失应予赔偿。实践中也可能出现申请人申请保全错误造成案外人损失的问题，根据《最高人民法院关于当事人申请财产保全错误造成案外人损失应否承担赔偿责任问题的解释》，申请人也应依法承担赔偿责任。

（四）申请保全行为与损失之间具有因果关系

申请人应当赔偿被申请人因保全错误所遭受损失的前提条件是“申请有错误”。也就是说，申请错误是导致被申请人遭受损失的原因，二者有因果上的关系。如果被申请人遭受损失并非由于财产保全行为所发生，则即使有损害后果的存在，也不能认定由申请人承担赔偿责任。比如，根据申请人的申请，人民法院对被申请人的基金账户进行了保全，而被申请人基金账户内的基金是有锁定期的，锁定期内无法卖出，如果保全的期限短于基金锁定期，则即使在保全期限内基金的市场净值有所下跌，也不能认定被申请人遭受的损失是保全造成的，这是因为在锁定期内被申请人本来就是无法操作基金卖出的，遇到净值下跌无法卖出止跌而遭受的损失是因为锁定期的存在，而非是保全导致的。另外，在财产保全中，因被申请人的行为导致损失扩大的部分，申请人不承担赔偿责任。比如，被申请人的商品房因保全申请而被法院查封，被申请人明知无法再行转让仍然与第三人订立房屋买卖合同，后因房屋被查封无法交付，购房人起诉其赔偿无法交房所产生的损失，应由被申请人自行承担。按照“谁主张，谁举证”的原则，被申请人对于其所遭受的损失与保全错误之间的因果关系承担举证责任。

【审判实践中应当注意的问题】

实践中争议较大的一个问题是：申请人败诉或者部分败诉时能否认定为保全申请错误。有观点认为，保全申请应该基于合理的诉讼请求，在申请人败诉或部分败诉的情况下，可以认为其对己方诉讼请求的考察缺乏相应的合理性判断，同时也并未履行审慎对待他人权利的义务，因此可以认为是申请错误。我们认为，对《民事诉讼法》规定的“申请有错误”，不应仅从字面上将其理解为申请人败诉或未完全胜诉则构成“申请有错误”，也就是说，不能仅以申请人的诉讼请求最终没有全部获得法院裁判支持，作为确认申请错误的依据。囿于对事实的认识水平、对法律知识的掌握程度，以及对诉讼结果的判断能力，申请人在申请保全时通常无法准确预知案件裁判结果，申请人对诉讼请求能否得到支持、保全是否必要等判断，并不一定总是和客观实际以及人民法院的判断一致。因此，败诉的结果并不意味着当事人在提起保全申请时必然存在主观过错，也就并不必然导致保全申请错误。如果认为申请人在败诉或部分败诉的情况下，即应当对被申请人的损失承担赔偿责任，很可能会造成对当事人依法申请财产保全权利的不当限制，使得当事人申请财产保全的风险和成本大大上升，更多的当事人因对财产保全损害赔偿责任的担忧，而选择放弃申请必要的财产保全，则可能威胁到财产保全民事诉讼制度的现实地位，并使更多的生效裁判面临执行不能的风险。从目前《民事诉讼法》设置的再审、抗诉等审判监督程序的角度看，经人民法院一审、二审生效的裁判，可能并不是最终的生效裁判，在一定条件下，生效裁判可能会因审判监督程序而改变结果。如果当事人依据业已生效的一审或二审裁判提起了财产保全损害赔偿之诉，人民法院仅按照既有的裁判结果，认定败诉的申请人申请财产保全错误，并支持了被申请人提出的损害赔偿请求，之后该生效裁判经审判监督程序被撤销，申请人获得胜诉，则可能带来无穷尽的财产损害赔偿之诉。因此，在认定保全申请错误时案件审理结果仅能作为考察“过错”情形的参考因素之一，应综合全部事实情况来考察申请人主观上是否有故意或过失。

第一百零九条 人民法院对下列案件，根据当事人的申请，可以裁定先予执行：

（一）追索赡养费、扶养费、抚养费、抚恤金、医疗费用的；

（二）追索劳动报酬的；

（三）因情况紧急需要先予执行的。

【条文主旨】

本条是关于先予执行制度适用情形的规定。

【理解与适用】

本条在2023年《民事诉讼法》修正中未作修改。

一、先予执行制度概述

先予执行是指人民法院在审理民事案件中，因当事人一方生活或生产的急需，在作出判决之前，根据当事人的申请，裁定一方当事人给付另一方当事人一定数额的款项或者特定物，或者停止或实施某些行为，并立即执行的法律制度。先予执行是相对于根据生效判决所进行的强制执行而言的。通常情况下，债务人的给付义务应当由判决加以确定，并在判决发生法律效力后予以强制执行。但是，人民法院审理民事案件，从立案到受理再到判决，从作出判决再到强制执行，通常经历较长的时间周期。在这段时间里，有的原告可能存在严重经济困难或者其他急迫需要，若不提前兑现胜诉权益，则可能难以维持正常的生活或者经营活动。为了使这部分当事人在诉讼期间能够维持最起码的生活，或者使其生产经营活动不至于陷入完全停顿的状态，本条规定了先予执行制度，解决他们的燃眉之急，于终审判决前让被告先行给付一定数额的款项或者财物。

先予执行制度有如下特征：

第一，适用情形的急迫性。保全和先予执行都是人民法院为了解决当事人的急迫需要或确保人民法院将来生效裁判文书得以顺利执行，在执行文书生效之前，采取一定的强制性措施以限制义务人处分其财产或责令义务人作出或不作为的程序。同为适用于紧迫情形，保全和先予执行的制度观照却各有侧重。保全制度规制的重心在于对方当事人的行为，针对的主要是对方当事人的逃避执行行为或者持续性加害行为，主要是为了防止将来的判决不能执行或者难以执行，以及避免因对方的行为给当事人造成损害。[①]而先予执行制度规制的重心在于原告的生产生活状态，主要是为了满足原告生产生活的急迫需要，不以对方当事人可能实施逃避执行行为或者持续加害行为为前提。

第二，程序发动的被动性。先予执行是为了满足原告生产生活紧迫需要，当事人是自身利益的最佳判断者，是否有先予执行的紧迫需要，当由当事人自行判断，人民法院不能依职权主动作出先予执行的裁定。这一点不同于保全制度。诉讼保全制度的主要目的在于保证生效裁判的执行，故在诉讼程序中被告人存在转移、隐匿财产等行为的，即便当事人没有提出申请，人民法院在必要时也可以主动裁定采取保全措施。

第三，适用条件的严厉性。先予执行程序是人民法院为了满足原告生产生活急迫需要，在尚未作出正式裁判之前采取的临时性救济措施，是不得已而发动的非常规诉讼程序。因此，《民事诉讼法》对能够适用先予执行的案件以及适用条件都作出了较保全制度更为严格的规定。根据本条规定，先予执行只能适用于追索赡养费、扶养费、抚育费、抚恤金、医疗费用，追索劳动报酬以及因情况紧急需要先予执行的案件。《民事诉讼法》第 110 条对先予执行的条件作出进一步限制，即当事人之间权利义务关系明确，不先予执行将严重影响申请人的生活或者生产经营；被申请人有履行能力。《民事诉讼法解释》第 169 条规定，先予执行应当限于当事人诉讼请求的范围，并以当事人的生活、生产经营的急需为限。

第四，诉讼阶段的特定性。先予执行涉及被告财产的处分，如果执行内容与日后判决主文不一致，将给执行回转造成困难，也会给被告造成一定的经济损失。为平衡双方当事人利益保护，人民法院需对当事人之间权利义务关系的明确性、被申请人的履行能力等进行初步的审查判断，故先予执行只能在诉讼程序中提出。对此，《民事诉讼法解释》第 169 条规定，《民事诉讼法》规定的先予执行，人民法院应当在受理案件后终审判决作出前采取。与此不同的是，保全既可以在诉讼中作出，也可以在诉前

---

① 参见张卫平:《民事诉讼法（第四版）》，法律出版社 2016 年版，第 270 页。

作出。保全之所以可在诉前作出，是因为在特定情形下有在诉前固定被告财产或制止不法侵害行为的紧急必要性，且保全行为只涉及对被告财产的控制而不发生处分的效果，故对被告实体权利的影响相对较小。

第五，诉讼类型的限定性。根据民事诉讼法基本原理，诉讼通常可分为确认之诉、给付之诉和形成之诉。先予执行通常是责令被告于判决生效前先行给付一定的费用或者作出一定的行为，故适用先予执行的案件一般来说是给付之诉，因为具有执行性是给付之诉的一个特点，只有具有可执行内容的案件才能先予执行。[①] 保全制度也是为了日后生效判决得到执行，故一般也适用于给付之诉，在这一点上保全和先予执行制度是相同的。

二、先予执行制度适用情形

本条采用具体列举＋兜底规定的形式，对先予执行制度的适用案件类型作出规定。根据本条规定，先予执行主要适用于以下三种情形：

（一）追索赡养费、扶养费、抚养费、抚恤金、医疗费用

追索赡养费、扶养费、抚养费的案件，发生在关系亲密的近亲属之间，原告往往是老人、妇女、儿童等弱势群体，若非陷于衣食无着的生活窘境，一般不会将亲人送上被告台。此类案件涉及弱势群体基本生活之保障和中华民族传统美德之维系，故允许原告在符合本法第 110 条的情形下申请先予执行。追索抚恤金的案件，一般是指军人、国家机关工作人员以及其他因公牺牲或伤残人员，由民政部门依法对死者的家属或者伤残者本人发给抚恤金而未发的案件。这类案件一般也涉及死者家属和伤残人员本人基本生存条件之维系，故有先予执行的必要。允许这类案件先予执行，也有利于激励军人、国家机关工作人员的爱国和献身精神。追索医疗费用的案件，若医疗救治正在进行，不先予执行会使正在进行的医疗措施难以继续，严重危及申请人生命、健康的，应当允许先予执行。医疗救治措施结束后，若申请人自行垫付了大量救治费用，致使基本生活陷于窘境的，也应当允许先予执行。

（二）追索劳动报酬

劳动报酬通常是指劳动关系中劳动者因履行劳动义务而获得的、由用

---

① 参见王胜明主编：《中华人民共和国民事诉讼法释义（最新修正版）》，法律出版社 2012 年版，第 253~254 页。

人单位以货币方式支付的对价，即日常生活中人们所称的工资，包括计时工资、计件工资、奖金、津贴和补贴、加班工资等。对于劳动者而言，劳动报酬系其经济来源和生存之重要保障，法律保护劳动者获得劳动报酬的权利，依法支持劳动者的劳动报酬请求权，不仅是劳动者合法权益的重要内容，更关乎劳动者及其家属的基本民生保障。故对于这类案件，人民法院可以根据当事人的申请先予执行。根据本条之立法精神，追索劳动合同解除后的经济补偿金、不构成劳动关系的劳务报酬、新就业形态就业者工资收入的，在符合本法第110条第1款规定情形时，亦应当允许原告申请先予执行。劳动者根据《劳动合同法》第30条第2款规定，申请劳动报酬支付令的，因支付令与先予执行制度目的的一致性，不得在支付令程序中申请先予执行。

（三）因紧急情况需要先予执行

因紧急情况需要先予执行，是指在诉讼中，因一方当事人的行为或者责任，使另一方当事人的生产或生活发生严重困难，不及时采取先予执行措施，生产、生活就难以维持下去的情况。本项规定属于兜底的不确定性规定，司法适用过程中仍需要作出解释。《民事诉讼法解释》第170条对此作出细化规定，包括：（1）需要立即停止侵害、排除妨碍的；（2）需要立即制止某项行为的；（3）追索恢复生产、经营急需的保险理赔费的；（4）需要立即返还社会保险金、社会救助资金的；（5）不立即返款款项，将严重影响权利人的生活和生产经营的。需注意的是，上述列举仍为不完全列举，司法实务中需根据具体情形作出判断。

根据本条规定，人民法院准予先予执行的，应当以书面裁定的形式作出。由于先予执行是用裁定来解决当事人之间的实体权益，属于非终局性的解决方式，而实体权益最终应当以判决的形式加以确定，因此在终审判决中对先予执行这部分内容还应当予以交代。

【审判实践中应当注意的问题】

财产保全与先予执行在制度目的、适用范围、条件、效果等方面差别明显，但行为保全与关于行为的先予执行在司法实务中却不易区分。当事人申请财产保全的主要目的在于固定被告财产，防止被告转移、隐匿财产以逃避执行。换句话说，财产保全只是实现诉讼请求的手段。于此，原告并不具有及时兑现胜诉权益的急迫性，财产保全的实施并不构成对被告财产的终局处分，财产保全与强制执行的效果迥乎不同。但行为保全的主要目的是及时制止被告的加害行为进而及时止损，而这恰恰也是原告诉讼请求的重要内容，行为保全意味着原告胜诉权益的提前兑现，这与先予执行制度已高度趋同。对此，立法者也认为，先予执行制度为我国《民事诉讼法》所独创，在一定程度上替代了行为保全制度的部分内容。[①]司法实务中对行为保全和先予执行制度也没有作出截然的划分，《民事诉讼法解释》第170条第1、2项关于行为的先予执行的规定，同时也符合行为保全的条件。

《民事诉讼法》增设行为保全制度后，关于行为保全和先予执行二者的关系，有不同的观点。一种观点认为，两种制度各有侧重，与财产保全制度一起共同构成了具有中国特色的民事诉讼临时救济体系。[②]另有观点认为，鉴于《民事诉讼法》已经增加了行为保全内容，先予执行的部分内容应当被行为保全所吸收。[③]本书认为，在立法、司法解释作出修正前，二者在特定情形下构成法条竞合关系，应当允许当事人选择适用。当事人在起诉前有制止不法侵害行为的紧迫需要的，只能申请行为保全。在诉讼中需要及时制止不法侵害行为的，可以根据需要申请行为保全或者先予执行。申请行为保全的，应当符合《民事诉讼法》第103条规定的条件；申请先予执行的，应当符合《民事诉讼法》第110条规定的条件。

① 参见王胜明主编：《中华人民共和国民事诉讼法释义（最新修正版）》，法律出版社2012年版，第251页。

② 参见王胜明主编：《中华人民共和国民事诉讼法释义（最新修正版）》，法律出版社2012年版，第251页。

③ 参见肖建国主编：《民事执行法》，中国人民大学出版社2014年版，第353页。

第一百一十条 人民法院裁定先予执行的，应当符合下列条件：

（一）当事人之间权利义务关系明确，不先予执行将严重影响申请人的生活或者生产经营的；

（二）被申请人有履行能力。

人民法院可以责令申请人提供担保，申请人不提供担保的，驳回申请。申请人败诉的，应当赔偿被申请人因先予执行遭受的财产损失。

【条文主旨】

本条是关于先予执行适用条件、先予执行担保和申请人败诉赔偿责任的规定。

【理解与适用】

本条在 2023 年《民事诉讼法》修正中未作修改。

一、先予执行的适用条件

先予执行是一种在终审裁判生效前提前兑现原告胜诉权益的临时性救济措施，对双方当事人利益影响重大，必须在符合法定条件下方得实施。根据本条第 1 款规定，人民法院裁定先予执行的，应当符合以下三个条件：

（一）当事人之间权利义务关系明确

当事人之间权利义务关系明确，是指该案件的事实十分清楚，当事人之间的是非责任显而易见。先予执行的实质是在判决前就满足了原告的请求，是以原告的请求在将来的判决中也会得到满足、判决的内容会与先予执行的内容相一致或基本相一致为逻辑前提的，这就需要原告、被告之间存在明确的权利义务关系，原告对被告享有要求其履行某种义务的权利和被告对原告负有相应的义务应当一目了然。[①] 如果当事人之间法律关系盘

---

① 参见肖建国主编：《民事执行法》，中国人民大学出版社 2014 年版，第 353 页。

根错节、案件事实晦涩不明，需要进一步的法庭调查才能查清孰是孰非的，不宜裁定先予执行。当事人之间权利义务关系明确，需要原告对当事人之间的权利义务关系、基本案件事实、被申请人负有给付、返还或者赔偿义务等承担举证责任。

（二）不先予执行将严重影响申请人的生活或者生产经营

如果说当事人之间权利义务关系明确是裁定先予执行的基本前提，那么申请人生产生活需求的紧迫性则是裁定先予执行的正当性条件和核心事由。主要是指两种情况：一是申请人是依靠被告履行义务而维持正常生活的，在法院作出生效判决前，如果不裁定先予执行，原告将难以维持基本的生活。二是原告的生产经营活动须依靠被告提供一定的条件或者履行一定的义务才能进行，在法院作出生效裁判前，如果不裁定先予执行，将严重影响原告的生产经营活动。申请人应当对不先予执行将严重影响其生活或者生产经营承担举证责任。先予执行申请的诉求为立即制止某项行为的，因发生行为保全和先予执行的竞合，申请人只要能够证明如果不先予执行将会使其合法权益遭受难以弥补的损害，即可认为严重影响其生产经营，人民法院可裁定先予执行。

（三）被申请人有履行能力

先予执行的目的是提前兑现申请人胜诉权益以满足其生产生活急迫需要，若被申请人确实没有履行能力，即便法院裁定先予执行，也无法达到申请人目的，故申请先予执行应当以被申请人有履行能力为前提。被申请人有履行能力的判断标准不能绝对化，如果被申请人有少量财产可供执行，但先予执行后被申请人基本的生产生活难以为继的，也不宜裁定先予执行，因为人民法院不仅要维护申请人的合法权益，也要维护被申请人的合法权益。[①] 根据本条规定，申请人应当对被申请人有履行能力承担举证责任。

二、先予执行的担保

申请先予执行的，是否要求申请人提供担保，人民法院通常立于两难境地。一方面，申请先予执行，恰是因为生产生活发生严重困难，此时要

---

① 参见王胜明主编：《中华人民共和国民事诉讼法释义（最新修正版）》，法律出版社 2012 年版，第 254 页。

求申请人提供担保，无异于雪上加霜，很多情况下事实上剥夺了其申请先予执行的权利。另一方面，申请人既已处于窘迫之境，一旦先予执行发生错误，执行回转就无法发挥补救功能，被申请人必然会遭受损失，因此司法实践中有要求申请人提供担保的现实需求。基于上述考虑，本条第 2 款没有一刀切地规定申请人必须提供担保，而是规定人民法院可以责令申请人提供担保，个案中是否责令申请人提供担保，可斟酌案件具体情况决定。实践中应主要考虑三个方面的因素：

一是申请人胜诉的概率。当事人之间权利义务关系明确，申请人对自己的诉讼请求进行了充分的举证，或者被申请人认可申请人的诉讼请求，申请人胜诉概率较高的，发生先予执行错误的可能性较小，可以不提供担保。相反，若当事人之间法律关系复杂，申请人举证不充分、未经过被申请人质证或者被申请人否认申请人的诉讼请求、关键证据，案件裁判结果暂时不明的，则需要责令申请人提供担保。这就意味着，申请先予执行所处的诉讼阶段会对人民法院是否责令提供担保产生影响。诉讼发轫初期，案件真伪不明，申请先予执行的，法院一般会责令提供担保。随着诉讼的推进，案情会越来越明朗，法院决定先予执行的，一般是对案件裁判结果较有把握，此时可不责令提供担保。

二是先予执行的标的额。一般而言，申请先予执行的标的额较小的，表明其生产生活处于严重窘迫状态，对先予执行的需求较为迫切，先予执行对被申请人的生产生活影响较小，此种情况下可以不提供担保。反之，若标的额较大，一旦执行错误将会对被申请人生产生活产生较大影响，此时可以考虑责令申请人提供担保。

三是先予执行的目的。追索赡养费、扶养费、抚养费、抚恤金、医疗费用、劳动报酬等案件，涉及弱势群体基本民生保障，这类群体生活尚且难以为继，责令其提供担保实属勉为其难，且这些类型的案件一般情况下权利义务关系相对明确，可不责令其提供担保。与此不同，商事纠纷案件一般不涉及基本生存保障问题，特别是请求及时制止某种行为的，企业经营未必陷于困难，且可通过保证、保函、责任保险等形式快速提供担保，故可责令提供担保。

《最高人民法院关于人民法院办理财产保全案件若干问题的规定》第 9 条第 1 款规定："当事人在诉讼中申请财产保全，有下列情形之一的，人民法院可以不要求提供担保：（一）追索赡养费、扶养费、抚育费、抚恤金、医疗费用、劳动报酬、工伤赔偿、交通事故人身损害赔偿的；（二）婚姻家庭纠纷案件中遭遇家庭暴力且经济困难的；（三）人民检察院提起的公益诉讼涉及损害赔偿的；（四）因见义勇为遭受侵害请求损害赔偿的；（五）案件事实清楚、权利义务关系明确，发生保全错误可能性较小的；（六）申请保全人为商业银行、保险公司等由金融监管部门批准设立的具有独立偿付债务能力的金融机构及其分支机构的。”上述规定虽然仅适用于财产保全案件，但蕴含其中的精神可参照适用于先予执行担保。

三、申请人败诉的赔偿责任

人民法院裁定先予执行后，案件应当继续审理，案件最终判决存在两种可能：一是申请人胜诉，自始不存在执行回转的问题。二是申请人败诉或者虽然胜诉但生效判决所确定给付的数额小于先予执行裁定确定的数额，那么申请人在先予执行程序中获得的全部利益或部分利益失去了法律依据，构成不当得利，申请人应当返还基于先予执行所取得的利益。对此，《民事诉讼法解释》第173条规定，人民法院先予执行后，根据发生法律效力的判决，申请人应当返还因先予执行所取得的利益的，适用《民事诉讼法》关于执行回转的规定。此时，人民法院应当作出裁定，责令申请人返还财产；拒不返还的，强制执行。执行回转裁定的内容以申请人依先予执行裁定从被申请人处取得的财产及其孳息为限。如果当事人之间对孳息的数额或范围有争议，在执行回转程序中由执行机构进行确定，存在事实和法律障碍的，可由当事人就孳息的数额或范围问题另行提起诉讼。

除了对取得利益和法定孳息返还外，先予执行错误还可能造成被申请人其他的财产损失。特别是制止某种行为的先予执行，申请人无取得财产和法定孳息返还可言，但可能给被申请人生产经营造成损失。被申请人如果认为执行回转不足以弥补其损失的，有权请求赔偿损失。若被申请人与申请人就赔偿损失无法达成一致的，因赔偿损失涉及实体争议，无法在执行回转程序中一并处理，被申请人可另行起诉请求损害赔偿。申请人提供的担保可用作被申请人损害赔偿。此外，先予执行错误造成损失的，被申请人一般不得申请国家赔偿。

【审判实践中应当注意的问题】

审判实践中，应当将本条两款与第111条结合起来理解，准确领会立法精神，平衡各方当事人利益保护，不可执一端而忘全局。原则上讲，申请人应当对符合本条第1款规定的申请先予执行的条件承担举证责任。但是，申请先予执行往往事出紧急，要求申请人进行充分的举证不仅勉为其难，而且可能贻误时机，无法实现对申请人进行及时救济的制度目的。此时，法院应当综合考虑案件类型、当事人举证情况、当事人生产生活状态等因素，决定是否裁定先予执行。如若根据当时掌握的情况无法对裁判结果形成内心确信，但有先予执行必要的，可以责令申请人提供担保；若申请人愿意提供担保，则表明其对最终裁判结果较有胜算，且不论裁判结果如何也不会损害被申请人利益，此时可裁定先予执行。如果申请人有先予执行需求但无法提供担保的，此时法官应重新审视案件类型和案件事实，必要时可责令当事人继续举证或者开庭审理进行质证，根据上述是否责令担保的考虑因素，审慎而又不失时机地作出先予执行裁定，并充分保障被申请人后续申请复议的权利。

第一百一十一条 当事人对保全或者先予执行的裁定不服的，可以申请复议一次。复议期间不停止裁定的执行。

【条文主旨】

本条是关于对不服保全和先予执行裁定申请复议的规定。

【理解与适用】

本条在2023年《民事诉讼法》修正中未作修改。

保全和先予执行裁定是人民法院根据一方当事人申请作出的，可能存在错误，有必要给当事人特别是被申请人提供救济渠道。同时，因保全和先予执行事出紧急且为临时性措施，因此对保全和先予执行不服的救济措施又不宜旷日持久，否则保全和先予执行制度将会形同虚设。基于上述考虑，本条选择了申请复议这样一种相对快捷的救济途径，规定当事人对保全或者先予执行的裁定不服的，可以申请复议一次。

一、申请复议的主体

申请复议的主体是"当事人"，主要包括两种情形：一是人民法院应申请人申请裁定保全或者先予执行，被申请人认为保全或者先予执行存在错误的，可以申请复议。这里的错误，包括不应当保全或者先予执行，或者保全和先予执行的范围过大等。二是申请人申请保全或者先予执行，人民法院裁定不予保全或者不予执行的，也可以申请复议。

除了当事人以外，针对特定财产的保全裁定和先予执行裁定也有可能损害利害关系人、案外人利益。本条仅规定案件当事人对保全和先予执行裁定不服的，可以申请复议，对于利害关系人、案外人对保全和先予执行裁定不服如何救济，却付之阙如。对此，《民事诉讼法解释》第172条规定，利害关系人对保全或者先予执行的裁定不服申请复议的，由作出裁定的人民法院依照《民事诉讼法》第111条规定处理。

二、申请复议的程序

本条对申请复议的程序没有作出规定。《民事诉讼法解释》第171条规定，当事人对保全或者先予执行裁定不服的，可以自收到裁定书之日起五日内向作出裁定的人民法院申请复议。申请复议应当向作出裁定的人民法院提出，而不是向上一级人民法院申请。主要是考虑到，因保全和先予执行只是临时性救济措施，并不是对当事人权利义务关系的最终判决，由原审人民法院复议更为便利。同时，为保障、促使当事人积极、正确地行使自己的诉权，防止当事人滥用权利，避免保全和先予执行裁定的效力长期处于不确定状态，复议申请应当自收到裁定书之日起五日内提出。人民法院应当将五日的申请复议期限在保全和先予执行裁定书中写明，法院在送达裁定时，应告知当事人逾期不申请，则丧失申请复议的权利。根据本条规定，当事人申请复议以一次为限。

三、申请复议的效果

根据《民事诉讼法解释》第171条规定，人民法院应当在收到复议申请后十日内审查。这里规定的“十日内”，应当理解为在十日内审查完毕，而不是开始审查。关于审查的形式，《民事诉讼法》和司法解释没有作出明确规定。一般而言，对于申请人的复议申请，人民法院可以书面审方式进行审查。对于被申请人的复议申请，不宜仅进行书面审，可组织双方当事人提供相应的证据，采取传唤双方当事人以言词辩论的方式进行审查。[①] 人民法院经审查，保全和先予执行裁定正确的，驳回当事人的申请；裁定不当的，变更或者撤销原裁定。

在民事诉讼程序中，除不予受理、管辖权异议、驳回起诉三种裁定当事人可以提起上诉外，其他裁定一经作出立即发生法律效力，当事人不得提起上诉，保全和先予执行裁定也是如此。同时，由于保全和先予执行都是在紧急情况下采取的临时性救济措施，本条规定的复议属于事中救济，为了防止当事人利用申请复议的期间转移财产、损害申请人合法权益，本条特别规定，复议期间不停止裁定的执行。

① 最高人民法院民法典贯彻实施工作领导小组办公室编著：《最高人民法院新民事诉讼法司法解释理解与适用》（上册），人民法院出版社2022年版，第407页。

【审判实践中应当注意的问题】

司法实践中争议较大的是，利害关系人、案外人对于保全和先予执行裁定不服的，究竟应当申请复议，还是走执行异议程序？第一种观点认为，利害关系人因保全或先予执行错误受到损害，赋予利害关系人申请复议的救济权利就足够了，不应适用执行阶段的案外人异议制度。理由是保全或先予执行是法院根据一方申请人或利害关系人的申请或依职权，对另一方被申请人或利害关系人的财产等采取的强制措施，其不属于执行阶段，不能适用执行程序中处理案外人异议的有关法律规定，而应由利害关系人向法院申请复议。第二种观点认为，除赋予利害关系人申请复议的救济权利外，还应当赋予利害关系人依照《民事诉讼法》相关规定提出异议和执行异议之诉的权利。理由是保全、先予执行措施可视为对生效法律文书的执行，属于执行行为。①

对此，《民事诉讼法解释》第 172 条规定："利害关系人对保全或者先予执行的裁定不服申请复议的，由作出裁定的人民法院依照民事诉讼法第一百一十一条规定处理。"《最高人民法院关于人民法院办理财产保全案件若干问题的规定》第 27 条第 1 款规定："人民法院对诉讼争议标的以外的财产进行保全，案外人对保全裁定或者保全裁定实施过程中的执行行为不服，基于实体权利对被保全财产提出书面异议的，人民法院应当依照民事诉讼法第二百二十七条②规定审查处理并作出裁定。案外人、申请保全人对该裁定不服的，可以自裁定送达之日起十五日内向人民法院提起执行异议之诉。"可见，司法解释区分利害关系人、案外人分别提供了两种不同的救济途径。利害关系人对保全和先予执行裁定不服的，因不涉及实体权利争议，允许其通过复议这种便捷途径寻求救济，此时由作出裁定的立案机构或者审判机构按照《民事诉讼法》规定的复议程序进行审查。如果利害关系人对保全、先予执行的实施行为不服的，可以提出执行行为异议。如果案外人对保全裁定、先予执行裁定以及裁定实施过程中的执行行为不服，因涉及实体权利争议，则应当允许其通过提出异议、执行异议之诉的途径维护自身权利。

① 最高人民法院民法典贯彻实施工作领导小组办公室编著：《最高人民法院新民事诉讼法司法解释理解与适用》（上册），人民法院出版社 2022 年版，第 407~408 页。

② 现为《民事诉讼法》（2023 年修正）第 238 条。

第十章　对妨害民事诉讼的强制措施

第一百一十二条　人民法院对必须到庭的被告，经两次传票传唤，无正当理由拒不到庭的，可以拘传。

【条文主旨】

本条是关于拘传被告人到庭的规定。

【理解与适用】

本条源自1991年《民事诉讼法》第100条规定，在历次修正中只涉及条文序号的变化，内容未作修改。

拘传是对妨害民事诉讼的强制措施中的一种。我国《民事诉讼法》规定的对妨害民事诉讼的强制措施共六种，分别为：拘传、训诫、责令退出法庭、罚款、拘留、限制出境。其中拘传是指人民法院在法定情况下，通过派出司法警察依法强制有关人员到庭参加诉讼的强制措施。[①] 我国《民事诉讼法》只规定了对被告的拘传，而根据《民事诉讼法解释》的相关规定，拘传的对象还包括特定情形下的原告等。

一、拘传的适用条件

人民法院适用本条规定的拘传应当具备以下条件：

1.适用对象是必须到庭的被告。根据《民事诉讼法解释》第175条的规定，必须到庭的被告，是指负有赡养、抚育、扶养义务和不到庭就无法查清案情的被告。调研中，有意见反映审判实践中拘传措施很少适用，原因是程序严格，需要经两次传票传唤后方可适用，实践中很难做到，而

① 参见江伟、肖建国主编：《民事诉讼法（第八版）》，中国人民大学出版社2018年版，第277页。

且被告被拘传到庭后通常会消极应对庭审，拘传的效果并不理想。按照《民事诉讼法》第13条第2款关于“当事人有权在法律规定的范围内处分自己的民事权利和诉讼权利”的规定，被告拒不到庭是对其享有的提出反驳、抗辩、提供证据、进行质证等诉讼权利的放弃，并非属于拒不履行诉讼义务。按照《民事诉讼法》第147条的规定，对此类案件可以缺席判决，而不必拘传被告到庭。因此可以适用证据规则和缺席判决来解决被告拒不到庭的问题。我们认为，虽然拘传措施在审判阶段适用得比较少，且存在不易适用的问题，但其仍然具有缺席判决制度无法替代的功能。为了保障人民法院对一些案件的依法及时审理和公正裁判，明确拘传措施的适用对象，对其适用范围作出合理界定还是必要的。因此《民事诉讼法解释》第174条将必须到庭的被告限定为两种类型：

（1）负有赡养、抚育、扶养义务的被告。将负有赡养、抚育、扶养义务的被告明确列举为必须到庭的被告，主要考虑是：追索赡养费、抚养费、扶养费的案件属于给付之诉，此类案件的被告是对原告负有赡养、抚育和扶养法定义务的人，其按照法院传唤及时出庭应诉，不仅有利于案件的及时解决，及时兑付原告的生活费用，保障原告的基本生活，也有利于人民法院对被告进行说服教育，避免此类情况的再次发生。如果对这类案件适用缺席判决将影响案件的正确处理或审理效果。需要进一步强调的是，人民法院在追索赡养费、抚养费、扶养费的案件中对被告进行说服教育，本身也是在审判工作中倡导家庭美德，促进家庭关系和谐，弘扬社会主义核心价值观的必然要求。

（2）不到庭就无法查清案情的被告。对于不到庭就无法查清案情的被告也要强制其到庭，同样是基于适用缺席判决将影响案件的正确处理或审理效果的考虑。比如离婚、解除收养关系的案件，涉及的是当事人之间的身份关系，解除还是维持这种身份关系，对当事人未来的生活影响深远、意义重大，而且在一定程度上还影响着社会秩序的稳定。在这两类案件中，被告若不明确表态是否同意离婚，是否同意解除收养关系，法官是无法作出合乎理性而又具有说服力的裁判的，也无法开展调解工作。再比如因亲子鉴定引发的身份关系案件、因交通事故导致的损害赔偿案件以及追索抚恤金、劳动报酬案件等，如被告拒不到庭，有些情况很难查明。因此对这类案件的审理应当十分慎重，不能简单适用缺席判决来解决纠纷。

另外需要注意的是，当本诉原告处于被告地位时，也可以适用拘传。

对此问题，最高人民法院在《关于认真贯彻实施民事诉讼法及相关司法解释有关规定的通知》(法〔2017〕369号)中明确指出："有独立请求权的第三人参加的民事诉讼、被告提出反诉的诉讼，本诉原告相对于有独立请求权的第三人、反诉人处于被告地位，可以依照上述法律和司法解释规定适用拘传。"

2. 经过两次传票传唤。即必须使用传票传唤。根据体系解释的方法，《民事诉讼法》第162条及《民事诉讼法解释》第261条第1款规定的简便方式传唤，如采取捎口信、电话、短信、传真、电子邮件等方式传唤的，应认为不符合本条规定的要求。同时，传票传唤应当按照法定程序和送达方式实施两次，仅经过一次传票传唤的，不能适用拘传。

3. 无正当理由拒不到庭。这里的正当理由是指不可抗力的事实或者事由，当事人无法预见和难以自行克服的意外事件，如自然灾害、突发重病等。是否属于正当理由，需要根据案件具体情况进行判断。这里的到庭是指按照人民法院传票通知到指定地点应诉、接受询问、参与庭审及调解等。

拘传制度的目的是保障民事诉讼的顺利进行，但是拘传会导致短时间限制被拘传人人身自由的后果，故在适用时应当十分审慎。只有上述三个条件同时符合，才能适用拘传措施。同时人民法院也应当结合案件的具体情况决定是否适用，故本条表述为"可以拘传"。为此前述法〔2017〕369号《通知》专门强调："在审理案件中，应当依法审慎适用拘传措施。对必须到庭的被告，人民法院适用拘传的，应当符合民事诉讼法第一百零九条①和《民事诉讼法解释》第一百七十四条规定，限于负有赡养、抚育、扶养义务或者是不到庭就无法查清案情的被告。"

二、拘传的程序

拘传是限制人身自由的强制措施，必须谨慎适用并严格遵照程序执行。《民事诉讼法》第119条、《民事诉讼法解释》第175条对拘传的程序作了规定。具体要求如下：

1. 拘传的法律手续。《民事诉讼法》第119条规定拘传必须发拘传票。向被拘传人发拘传票，是人民法院实施拘传措施的必要法律手续，符合程序正义的要求。根据《民事诉讼法解释》第175条的规定，拘传票

① 现为《民事诉讼法》(2023年修正)第112条。

应当直接送达被拘传人。

2. 拘传的程序。根据《民事诉讼法》第 119 条的规定，拘传必须经院长批准。根据《民事诉讼法解释》第 175 条的规定，在拘传前，应当向被拘传人说明拒不到庭的后果，经批评教育仍拒不到庭的，可以拘传其到庭。

【审判实践中应当注意的问题】

《民事诉讼法》只规定了对被告的拘传。但是在审判实践中应当注意，拘传的适用并不只限于被告，《民事诉讼法解释》根据司法实践的实际需要，对拘传制度的适用作了进一步的补充细化。具体而言，除了《民事诉讼法》第 112 条规定情形下，拘传还适用于以下情形：

一是必须到庭才能查清案件基本事实的原告。《民事诉讼法解释》第 174 条第 2 款规定："人民法院对必须到庭才能查清案件基本事实的原告，经两次传票传唤，无正当理由拒不到庭的，可以拘传。"《民事诉讼法解释》规定可以在特定情形下对原告适用拘传措施，主要考虑是：有些案件需要原告到庭才能查清案件基本事实，但在原告拒不到庭情形下，如果简单依据《民事诉讼法》第 146 条的规定，按撤诉处理，可能会损害国家利益、社会公共利益或者他人合法权益。因此有必要拘传其到庭，以查清案件基本事实。例如，对于《民事诉讼法》第 115 条规定的双方当事人恶意串通侵害他人合法权益提起诉讼的案件或者原告单方捏造事实提起诉讼的案件，在诉讼过程中，原告如果认为人民法院已有所察觉，就可能采取拒不到庭的方式来逃避追究。这时如果人民法院不能拘传其到庭，就不能在查清案件基本事实的基础上，依法处理这类案件，以维护国家利益、社会公共利益或者他人合法权益，并依法对原告等相关责任人采取罚款、拘留等强制措施，维护人民法院正常的诉讼秩序。此外，属于《民事诉讼法》第 58 条规定的公益诉讼案件，对不到庭就无法查明案件基本事实的原告，也可以依法拘传（前述法〔2017〕369 号《通知》）。当然，对原告适用拘传措施的前提条件是原告拒不到庭不能查清案件基本事实。这里的基本事实是指案件的关键事实，亦即可能影响案件最终裁判的事实。

二是属于被告方的无民事行为能力的当事人的法定代理人。《民事诉讼法解释》第 235 条规定，对于无民事行为能力的当事人的法定代理人，经传票传唤无正当理由拒不到庭，"属于被告方的，比照民事诉讼法第一百四十七条的规定，缺席判决。必要时，人民法院可以拘传其到庭。”因此，如果被告方为无民事行为能力人，其法定代理人拒不到庭的，人民法院认为必要时，也可以拘传其到庭。这是因为，人民法院和对方当事人对无民事行为能力人所实施的诉讼行为，必须向法定代理人进行，如果法定代理人不到庭，就可能出现与必须到庭的被告不到庭一样的问题。这里的必要时，仍然应当依据《民事诉讼法》第112条的规定进行解释，即属于必须到庭的法定代理人，由人民法院根据案件具体情况进行判断，并遵守《民事诉讼法》规定严格程序实施拘传。由于这种情形下一般不涉及赡养、抚育、扶养义务问题，故必须到庭通常指不到庭就无法查清案情的情形。

三是对必须接受调查询问的被执行人、被执行人的法定代表人、负责人或者实际控制人。《民事诉讼法解释》第482条规定：“对必须接受调查询问的被执行人、被执行人的法定代表人、负责人或者实际控制人，经依法传唤无正当理由拒不到场的，人民法院可以拘传其到场。人民法院应当及时对被拘传人进行调查询问，调查询问的时间不得超过八小时；情况复杂，依法可能采取拘留措施的，调查询问的时间不得超过二十四小时。人民法院在本辖区以外采取拘传措施时，可以将被拘传人拘传到当地人民法院，当地人民法院应予协助。”这表明，妨害民事诉讼的强制措施适用于民事诉讼的全过程，既包括审判阶段也包括执行阶段。不过执行阶段的拘传适用条件与审判阶段不同，即只需“经依法传唤无正当理由拒不到场”，而后者需要经过两次传票传唤。当然，执行阶段的拘传也需要遵守严格的程序和限制条件。对此，前述法〔2017〕369号《通知》要求：“执行法院在采取拘传措施前必须经过依法传唤，对于无正当理由拒不到场的被执行人、被执行人的法定代表人、负责人或者实际控制人，应进行说服教育，经说服教育后仍拒不到场的，才能采取拘传措施”；“对于已经控制被执行人的财产且财产权属清晰、没有必要调查询问的被执行人、被执行人的法定代表人、负责人或者实际控制人，不宜采取拘传措施。采取拘传措施必须严格遵守法定的时间期限，不能以连续拘传的形式变相羁押被拘传人。”

第一百一十三条 诉讼参与人和其他人应当遵守法庭规则。

人民法院对违反法庭规则的人，可以予以训诫，责令退出法庭或者予以罚款、拘留。

人民法院对哄闹、冲击法庭，侮辱、诽谤、威胁、殴打审判人员，严重扰乱法庭秩序的人，依法追究刑事责任；情节较轻的，予以罚款、拘留。

【条文主旨】

本条是关于对诉讼参与人、其他人违反法庭规则、扰乱法庭秩序的行为采取强制措施的规定。

【理解与适用】

法庭是人民法院审理案件的场所，良好的法庭秩序是审判活动得以顺利进行的重要保障，而保持良好的法庭秩序，则需要通过诉讼参与人和其他人严格遵守法庭规则来实现。为了维护法庭安全和秩序，保障庭审活动正常进行，保障诉讼参与人依法行使诉讼权利，方便公众旁听，促进司法公正，彰显司法权威，本条以及《民事诉讼法解释》《人民法院法庭规则》均对遵守法庭规则作出了相应规定。

一、扰乱法庭秩序行为的认定及其处理的规定

实践中，扰乱法庭秩序的行为方式多种多样，《人民法院法庭规则》对此作出了列举式规定，其第 17 条规定，全体人员在庭审活动中应当服从审判长或独任审判员的指挥，尊重司法礼仪，遵守法庭纪律，不得实施下列行为：鼓掌、喧哗；吸烟、进食；拨打或接听电话；对庭审活动进行录音、录像、拍照或使用移动通信工具等传播庭审活动；其他危害法庭安全或妨害法庭秩序的行为。检察人员、诉讼参与人发言或提问，应当经审判长或独任审判员许可。旁听人员不得进入审判活动区，不得随意站立、走动，不得发言和提问。媒体记者经许可对庭审活动进行录音、录像、拍照或使用移动通信工具等传播庭审活动，应当在指定的时间及区域进行，

不得影响或干扰庭审活动。另外，《人民法院法庭规则》第 20 条还对扰乱法庭秩序行为的法律后果作出了规定，即行为人实施下列行为之一，危及法庭安全或扰乱法庭秩序的，根据相关法律规定，予以罚款、拘留；构成犯罪的，依法追究其刑事责任：非法携带枪支、弹药、管制刀具或者爆炸性、易燃性、放射性、毒害性、腐蚀性物品以及传染病病原体进入法庭；哄闹、冲击法庭；侮辱、诽谤、威胁、殴打司法工作人员或诉讼参与人；毁坏法庭设施，抢夺、损毁诉讼文书、证据；其他危害法庭安全或者扰乱法庭秩序的行为。

在以上行为中，未经准许进行录音、录像、摄影以及以移动通信等方式现场传播审判活动的行为，是比较典型的扰乱法庭秩序的行为。因此，《民事诉讼法解释》第 176 条对这两种行为以及处理作出了详细规定，即诉讼参与人或者其他人未经准许进行录音、录像、摄影的，或者未经准许以移动通信等方式现场传播审判活动的，人民法院可以暂扣诉讼参与人或者其他人进行录音、录像、摄影、传播审判活动的器材，并责令其删除有关内容；拒不删除的，人民法院可以采取必要手段强制删除。司法实践中，如果仅对扰乱法庭秩序的行为人进行处理，而对其违法获取的音像资料不予处置，就会导致这些音像资料外传，造成不良后果。有些扰乱法庭秩序行为人，在人民法院责令其删除有关音像内容时，能够主动配合，有些人则拒不配合，在此情况下，人民法院就可以暂扣其进行录音、录像、摄影、传播审判活动的器材，并采取必要手段强制删除。需注意的是，强制删除录音、录像等器材中的音像资料应由专业人士进行，以防删除不彻底或者损毁相关器材。

理解与适用本条应当注意以下几个方面：第一，本条的适用对象是扰乱法庭秩序的人，因此其适用范围是庭审活动，包括由人民法院主持的调解、询问、听证、证据交换等诉讼活动，而对于发生在法庭之外或者在庭审开始前或者结束后实施的一些妨害民事诉讼行为，则不能适用本条规定进行处理，而应当依照《民事诉讼法》第 114 条关于妨害民事诉讼行为的有关规定处理。第二，这里的诉讼参与人包括当事人、诉讼代理人、证人、勘验人、鉴定人等参与审判活动的主体。其他人包括旁听人员等诉讼参与人以外的人。需要注意的是，并非所有案件所有人均可以旁听。公开的庭审活动，公民可以旁听。旁听席位不能满足需要时，人民法院可以根据申请的先后顺序或者通过抽签、摇号等方式发放旁听证，但应当优先安排当事人的近亲属或其他与案件有利害关系的人旁听。下列人员不得旁听：证人、鉴定人以及准备出庭提出意见的有专门知识的人；未获得人民法院批准的未成年人；拒绝接受安全检查的人；醉酒的人、精神病人或其他精神状态异常的人；其他有可能危害法庭安全或妨害法庭秩序的人。依法有可能封存犯罪记录的公开庭审活动，任何单位或个人不得组织人员旁听。依法不公开的庭审活动，除法律另有规定外，任何人不得旁听。第三，庭审活动开始前，书记员应当宣布法庭纪律。审判人员进入法庭以及审判长或独任审判员宣告判决、裁定、决定时，全体人员应当起立。人民法院开庭审判案件应当严格按照法律规定的诉讼程序进行。审判人员在庭审活动中应当平等对待诉讼各方。全体人员在庭审活动中应当服从审判长或独任审判员的指挥，尊重司法礼仪，遵守法庭纪律。第四，审判长或独任审判员对违反法庭纪律的人员应当予以警告；对不听警告的，予以训诫；对训诫无效的，责令其退出法庭；对拒不退出法庭的，指令司法警察将其强行带出法庭。

二、强制措施的适用

（一）训诫

训诫主要适用于违反法庭规则情节轻微的人，是以批评、警告的方式，指出行为人的违法事实和错误，并责令其不许再犯，其强制性在所有强制措施中是最弱的。训诫一般应当场进行，以求达到纠正行为人违反法庭规则行为的目的。训诫由合议庭或者独任审判员决定；训诫的内容应当记入庭审笔录。训诫要有针对性，要简明扼要，同时要让被训诫人清楚明了其行为的违法性和对庭审秩序造成的损害，并责令其认识和改正错误，作出不再实施扰乱法庭秩序行为的承诺。合议庭或者独任审判员决定后，可以当庭对行为人给予口头批评教育，责令其改正错误，训诫的内容由书记员记入庭审笔录。在执行程序中，执行人员对被执行人或者其他人妨害执行的行为也可以进行训诫，责令其履行生效法律文书确定的义务或者配合法院执行。如果经训诫，行为人仍不改正错误，人民法院可以适用更为严厉的强制措施，而不宜反复训诫、影响庭审活动的严肃性和权威性。

（二）责令退出法庭

责令退出法庭是指命令违反法庭规则、扰乱法庭秩序的人离开法庭或者依法强制其离开法庭。责令退出法庭与训诫均要当场进行，其区别是：训诫只是口头的批评教育，还允许行为人留在法庭；而责令退出法庭则强行命令行为人退出法庭，其严厉程度和制裁制度要强于训诫。对于违反法庭规则、扰乱诉讼秩序的行为人，人民法院可以先对其进行训诫，如果其仍然不停止妨害诉讼的行为，可进一步适用责令退出法庭的强制措施，以维护法庭秩序。实践中，对于当事人、诉讼代理人等违反法庭规则而不宜采取责令退出法庭措施的，人民法院可以采取训诫、罚款等其他强制措施来制止和制裁妨害民事诉讼的行为，而不必责令其退出法庭。《人民法院法庭规则》第19条第1款规定，审判长或独任审判员对违反法庭纪律的人员应当予以警告；对不听警告的，予以训诫；对训诫无效的，责令其退出法庭；对拒不退出法庭的，指令司法警察将其强行带出法庭。责令退出法庭可以由合议庭作出决定，也可以由独任审判员决定，由书记员将被责令退出法庭的违法事实记入笔录。

（三）罚款、拘留

对于违反法庭规则、扰乱法庭秩序的行为人，适用罚款、拘留是比训诫、责令退出法庭更为严厉的强制措施，其违反法庭规则的行为超出了情节轻微的程度，已经严重干扰了法庭正常的审判活动，对其采取训诫、责令退出法庭的措施，不能与其违法行为的危害性相适应。在这种情形下，人民法院可以决定对行为人实施罚款或者拘留。对于哄闹、冲击法庭、侮辱、诽谤、威胁、殴打审判人员等扰乱法庭秩序的行为，情节较轻尚不构成犯罪的，人民法院也应予以罚款、拘留。罚款、拘留可以单独适用，也可以合并适用。

（四）追究刑事责任

扰乱法庭秩序，侵害审判人员人身权利，情节严重或者造成严重后果的行为，人民法院应依法追究行为人的刑事责任。严重扰乱法庭秩序的行为包括哄闹、冲击法庭，侮辱、诽谤、威胁、殴打审判人员等。根据《刑法》的有关规定，行为人严重扰乱法庭秩序的行为，可能构成扰乱法庭秩序罪、侮辱罪、故意伤害罪等罪名。其中，扰乱法庭秩序罪，是指聚众哄闹、冲击法庭，殴打司法工作人员或者诉讼参与人，侮辱、诽谤、威胁司法工作人员或者诉讼参与人，毁坏法庭设施，抢夺、损毁诉讼文书、证据等严重扰乱法庭秩序的犯罪。该罪侵害的客体是人民法院审理案件的正常审判秩序。犯罪客观方面表现为聚众哄闹、冲击法庭；殴打司法工作人员或者诉讼参与人；侮辱、诽谤、威胁司法工作人员或者诉讼参与人，不听法庭制止，严重扰乱法庭秩序；毁坏法庭设施，抢夺、损毁诉讼文书、证据等情节严重的行为。哄闹、冲击法庭必须采取聚众的形式，殴打司法工作人员则不要求采取聚众的形式。聚众一般是指聚集 3 人以上。聚众哄闹、冲击法庭，是指行为人在法庭审判过程中起哄、喧闹，影响法庭正常审判工作，冲击法庭包括强行闯入审判区、围堵司法工作人员等破坏法庭审判秩序等行为。殴打司法工作人员或者诉讼参与人，包括对审理案件的法官、法官助理、书记员、司法警察、其他诉讼参与人等实施人身攻击、伤害。殴打的司法工作人员或者诉讼参与人如果造成轻伤以上的严重后果，应该按故意伤害罪追究行为人的刑事责任。该罪的犯罪主体是一般主体。犯罪主观方面是故意。根据《刑法》有关规定，犯该罪的，处 3 年以下有期徒刑、拘役、管制或者罚金。

【审判实践中应当注意的问题】

对于实践中出现的诉讼参与人、旁听人员以各种方式干扰庭审活动，严重影响审判工作严肃性的情形，为进一步加强法庭审判秩序管理，保障诉讼权利，最高人民法院先后发布了《关于进一步加强法庭审判秩序管理的通知》以及《关于进一步规范庭审秩序保障诉讼权利的通知》。根据通知要求，人民法院在加强法庭审判秩序管理，保障诉讼权利的过程中，应当做到以下几点：

一、严格执行《人民法院法庭规则》

各级人民法院在推进审判公开过程中，要大力宣传《人民法院法庭规则》，将其置于法院公告栏等醒目位置，通过设置咨询台、电子查询屏，发放应诉通知、诉讼手册等形式使公众知晓，书记员在开庭审理前必须当庭宣读。人民法院在庭审过程中要敢于管理、善于管理，在切实尊重和保障诉讼参与人的诉讼权利、公民的旁听权和新闻记者的报道权的同时，对公然违反法庭规则的各种行为，必须坚决予以制止和纠正。

二、为诉讼权利行使提供程序保障

1. 做好庭审参与人员身份核验，保障参与庭审的权利。提前做好庭审人员分类、名单核对、身份核实、事项告知等工作，通过官方网站、电子显示屏、公告栏等向公众公开法庭编号、具体位置以及旁听席位数量等信息，必要时可以制作席位、座位和人员分配表。进入法庭时，应当再次进行身份核查。在线诉讼的，应当通过证件证照比对、生物特征识别、实名手机号码关联等在线方式，核验当事人等诉讼参与人和旁听人员身份信息的真实性，防止无关人员进入线上庭审。

2. 做好庭审安全检查，保障庭审安全进行。对进入法庭的人员要依照《人民法院法庭规则》的规定进行人身及携带物品的安全检查，同时要强化设施保障，对不得带入法庭的物品提供寄存服务，集中妥善保管。

3. 做好庭审程序引导，保障庭审程序严谨。切实做好庭审前准备工作。为保障庭审活动正常进行，应当做好必要的庭审录音录像等技术和事务性准备。在线庭审的，应当提醒当事人等诉讼参与人和旁听人员文明着装，选择安静庄重、无他人干扰、视线和网络信号良好、相对封闭的场所参加庭审。条件允许的，可以与有关部门协调设置规范、安全、便民的在线庭审场所。严格执行庭审纪律告知程序。庭审活动开始前，应当严格依照《人民法院法庭规则》的规定，向当事人等诉讼参与人和旁听人员宣布庭审纪律。在线诉讼的，要特别告知在线庭审中的注意事项、无正当理由不按时参加及庭审中擅自退出的法律后果。严格执行庭审仪式规则。应当将庭审活动中的人员出场顺序、发言顺序、重要仪式等细化落实到庭审的每个环节，促进各方自我约束、自我管理，互相监督，提升法庭规则意识，营造规范庭审氛围。

4. 规范电子设备使用，保障辅助性诉讼事务正常进行。人民法院应当细化完善携带、使用电子设备参加庭审的规定，禁止针孔式具有隐秘录音录像等功能的电子设备进入法庭。对手机、电脑等电子设备，一般允许携带进入法庭，但仅限于记录、法规查询、证据展示等辅助性诉讼事务使用，并要求当事人等诉讼参与人和旁听人员将手机等设备调成静音状态且不得开启录音录像功能。对重大敏感案件和依法不公开开庭审理的案件，人民法院应当禁止携带电子设备进入法庭，采取屏蔽网络信号等必要技术措施，防止庭审活动信息被不当传播，确有使用必要的，需经人民法院准许。

5. 依法依规严肃查处违规使用设备人员。对于未按规定携带或者使用电子设备对庭审内容进行拍照、录音、录像、传播文字或者音视频的，人民法院应当及时暂扣其使用的设备及存储介质，删除相关内容，待庭审结束后返还。直播录播在线庭审，或者在庭审结束后传播私自录制的庭审活动的，人民法院应当依照《人民法院法庭规则》的规定处理，向行为人所在单位，主管部门及时通报情况并提出处理建议。

6. 规范庭审录音录像管理，保障相关主体依法查阅。人民法院应当通过审判流程信息公开平台、诉讼服务平台以及其他便民诉讼服务平台，为当事人、辩护律师、诉讼代理人等依法查阅庭审录音录像提供便利。建立和完善庭审录音录像的管理、使用、储存制度，确保对庭审录音录像的查阅、复制、誊录规范留痕，防止未经许可对庭审录音录像进行录拍、复制、删除和迁移。

三、从建立健全机制出发为规范庭审秩序提供全面保障

1. 完善庭审管理保障机制。加强全程管理。细化庭审流程，建立事前主动预防、事中有效控制、事后及时惩戒的立体化、闭环式管理机制。加强分类管理。制定完善与线上线下诉讼相适应，涵盖当事人等诉讼参与人、新闻媒体、旁听人员等各类主体的管理规则，细化管理方式，做好服务保障。加强分级管理。分级评估一般案件、重大敏感案件的庭审和舆情风险，重大风险案件线下庭审应当由司法警察值庭，并严格依照依法办理、舆论引导和社会面管控“三同步原则”压实工作责任。

2. 完善依法制裁保障机制。针对扰乱庭审秩序行为，细化惩戒措施适用情形。人民法院应当根据扰乱庭审秩序行为的性质及程度，细化警告、训诫、责令退出法庭、罚款、拘留追究刑事责任等惩戒措施的适用情形。完善维护庭审秩序工作机制。人民法院应当明确专人实时查看庭审活动、对违反庭审纪律，扰乱庭审秩序的行为，及时发现问题、提示上报、妥善处理，确保庭审等礼仪庄重严肃、庭审程序严谨完善、庭审方式公开透明、庭审氛围和谐文明。

3. 建立在线庭审秩序保障机制。在线诉讼的，人民法院可以通过技术手段给予当事人等诉讼参与人发言授权，对违反在线庭审纪律、扰乱在线庭审秩序的人员，应当依照《人民法院法庭规则》的规定依次予以警告、训诫、责令退出在线庭审；拒不退出在线庭审的，可以强行关闭其语音、视频功能。

第一百一十四条 诉讼参与人或者其他人有下列行为之一的，人民法院可以根据情节轻重予以罚款、拘留；构成犯罪的，依法追究刑事责任：

（一）伪造、毁灭重要证据，妨碍人民法院审理案件的；

（二）以暴力、威胁、贿买方法阻止证人作证或者指使、贿买、胁迫他人作伪证的；

（三）隐藏、转移、变卖、毁损已被查封、扣押的财产，或者已被清点并责令其保管的财产，转移已被冻结的财产的；

（四）对司法工作人员、诉讼参加人、证人、翻译人员、鉴定人、勘验人、协助执行的人，进行侮辱、诽谤、诬陷、殴打或者打击报复的；

（五）以暴力、威胁或者其他方法阻碍司法工作人员执行职务的；

（六）拒不履行人民法院已经发生法律效力的判决、裁定的。

人民法院对有前款规定的行为之一的单位，可以对其主要负责人或者直接责任人员予以罚款、拘留；构成犯罪的，依法追究刑事责任。

【条文主旨】

本条是关于妨害民事诉讼行为的强制措施的规定。

【理解与适用】

妨害民事诉讼行为，是指在民事诉讼过程中，行为主体故意破坏和扰乱正常的诉讼秩序，妨碍民事诉讼活动正常进行的行为。相对于裁判文书所表达的公平正义，诉讼活动和流程所传递的更多是一种过程或程序的公正。而这种公正，只有诉讼活动有序、公正进行，诉讼秩序得到保障的情况下才得以实现。因此，在整个诉讼活动中，大家都需要遵守一定的规则，按规则办事，才能体现法律尊严、体现公平、公正，也才能维护各方当事人的合法权益。如果不遵守相应规则，则应承担相应的责任。本条对司法实践中多发的伪造、毁灭重要证据等妨害民事诉讼行为规定了相应的制裁措施，以维护正常的诉讼秩序，保障诉讼活动顺利进行。

一、诉讼参与人或者其他人应承担法律责任的行为

1. 伪造、毁灭重要证据，妨碍人民法院审理案件的。证据，是指证明待证事实是否客观存在的材料。证据在民事诉讼中有着极其重要的意义，它既是人民法院认定案件事实的根据，也是人民法院作出裁判的基础。此处所称的证据，是指《民事诉讼法》所规定的下述证据：当事人的陈述；书证；物证；视听资料；电子数据；证人证言；鉴定意见；勘验笔录。伪造重要证据，是指为了掩盖案件的事实而自己制作假的证据；毁灭重要证据，是指为了掩盖案件的事实而将能够证明案件事实的上述证据销毁掉，包括烧毁、丢弃、撕掉、涂抹等，使其不能再起到证明案件真实情况的作用。诉讼参与人或者其他人，只要伪造、毁灭了重要证据，且妨碍了人民法院审理案件的，人民法院可以根据情节轻重予以罚款、拘留；构成犯罪的，依法追究刑事责任。根据《刑法》的规定，帮助当事人毁灭、伪造证据，威胁、引诱证人违背事实改变证言或者作伪证的，处三年以下有期徒刑或者拘役；情节严重的，处三年以上七年以下有期徒刑。

同时，应当注意的是本条中的“伪造重要证据”与本法第115条中的“捏造民事案件基本事实”，即单方虚假诉讼情形，虽存在一定交叉，但二者的规范重点不同，第114条侧重于诉讼本身为真，当事人伪造证据系为争取案件胜诉进而实现其实体诉讼请求。而第115条侧重于诉讼本身是虚假的，当事人伪造证据、捏造案件事实是为了虚构民事纠纷，进而达到利用诉讼、调解等方式侵害他人合法权益的不当目的。

2. 以暴力、威胁、贿买方法阻止证人作证或者指使、贿买、胁迫他人作伪证的。此处包括两方面情况：一方面是以暴力或者其他手段相威胁，用金钱、物质利益行贿以及其他方法不让证人为案件提供证明；另一方面是以暴力、威胁、贿买或者其他方法让他人为案件提供与事实不符的虚假证明。有上述行为，人民法院可以根据情节轻重予以罚款、拘留；构成犯罪的，依法追究刑事责任。根据《刑法》的规定，以暴力、威胁、贿买等方法阻止证人作证或者指使他人作伪证的，处三年以下有期徒刑或者拘役；情节严重的，处三年以上七年以下有期徒刑。

3. 隐藏、转移、变卖、毁损已被查封、扣押的财产，或者已被清点

并责令其保管的财产，转移已被冻结的财产的。查封、扣押、冻结、责令保管财产都是人民法院可以采取的执行措施。查封是一种针对不动产的临时性措施，是指把被执行人的财产清查封闭贴上封条，就地封存，不准任何人转移和处理。扣押也是一种临时性的措施，一般用于动产，是指把被执行人的财产就地或者运到另外的场所，加以扣留，避免被执行人占有、使用和处分。冻结，是指人民法院向银行、证券公司等金融机构发出协助执行通知书，不准被执行人在一定期限内提取和转移该项存款、证券的执行措施。隐藏、转移、变卖、毁损已被查封、扣押的财产，或者已被清点并责令其保管的财产，转移已被冻结的财产，这些行为都是在人民法院采取保全措施后所实施的违法行为，直接影响到人民法院的威信力、影响到人民法院对案件的审理。所以，本条规定实施了上述行为，人民法院可以根据情节轻重予以罚款、拘留；构成犯罪的，依法追究刑事责任。根据《刑法》的规定，隐藏、转移、变卖、故意毁损已被司法机关查封、扣押、冻结的财产，情节严重的，处三年以下有期徒刑、拘役或者罚金。

4. 对司法工作人员、诉讼参加人、证人、翻译人员、鉴定人、勘验人、协助执行的人，进行侮辱、诽谤、诬陷、殴打或者打击报复的。上述人员在诉讼中发挥了重要作用，只要诉讼程序没有结束，在其行使权利或者履行义务时，任何人对其侮辱、诽谤、诬陷、殴打或者以其他方法打击报复的，都是妨害诉讼的行为。根据《刑法》的规定，对证人进行打击报复的，处三年以下有期徒刑或者拘役；情节严重的，处三年以上七年以下有期徒刑。殴打司法工作人员或者诉讼参与人；侮辱、诽谤、威胁司法工作人员或者诉讼参与人，不听法庭制止等，属于《刑法》扰乱法庭秩序罪所规定的法定情形，处三年以下有期徒刑、拘役、管制或者罚金。

5. 以暴力、威胁或者其他方法阻碍司法工作人员执行职务的。司法实践中，以暴力、威胁等方法阻碍司法工作人员执行职务的行为表现多种多样，成为妨害审判和执行工作顺利进行的多发行为。有地方法院反映，一些当事人法律意识淡薄，为对抗诉讼或发泄不满，公然当场撕毁人民法院向其送达的起诉状、传票、判决、裁定等法律文书，还有的当庭撕毁庭审笔录等，严重影响了审判工作的顺利进行；还有的审判人员或者执行人员在保全、勘验、执行现场遭到当事人、被执行人或者其他人的围困、扣押，致使相应的保全、勘验等工作无法正常进行。这些妨害司法工作人员执行职务的行为极大损害了司法权威，有必要对一些主要行为类型加以梳理、总结，以加大打击和制裁力度，维护审判和执行工作秩序。《民事诉讼法解释》第 187 条针对司法实践中存在的情况，对审判、执行阶段的一些妨害司法工作人员执行职务的行为作出规定，涵盖了整个诉讼过程。司法解释第 187 条规定："民事诉讼法第一百一十四条第一款第五项规定的以暴力、威胁或者其他方法阻碍司法工作人员执行职务的行为，包括：（一）在人民法院哄闹、滞留，不听从司法工作人员劝阻的；（二）故意毁损、抢夺人民法院法律文书、查封标志的；（三）哄闹、冲击执行公务现场，围困、扣押执行或者协助执行公务人员的；（四）毁损、抢夺、扣留案件材料、执行公务车辆、其他执行公务器械、执行公务人员服装和执行公务证件的；（五）以暴力、威胁或者其他方法阻碍司法工作人员查询、查封、扣押、冻结、划拨、拍卖、变卖财产的；（六）以暴力、威胁或者其他方法阻碍司法工作人员执行职务的其他行为。"

在实践中，各地法院反映比较多的是一些诉讼参与人或者其他人在人民法院开庭前后与对方当事人等互相吵闹、谩骂，也有的在人民法院哄闹、滞留不走，甚至冲击人民法院办公场所，又不听从司法工作人员的劝阻，妨害了案件的正常审理，影响了人民法院的正常工作秩序。为解决这一问题，《民事诉讼法解释》第 187 条第 1 项对此类行为作出了规定，将在人民法院哄闹、滞留，不听从司法工作人员劝阻的行为明确规定为本条第 1 款第 5 项规定的以暴力、威胁或者其他方法阻碍司法工作人员执行职务的行为。在适用时需注意，如果诉讼参与人或者其他人在人民法院开庭审理过程中实施了相互谩骂、攻击等行为，人民法院对其进行处理和制裁，就不能适用本条以及对应司法解释的规定，而应适用本法第 113 条有关违反法庭规则的强制措施。此外，"不听从司法工作人员劝阻"是适用本条和《民事诉讼法解释》第 187 条第 1 项规定的一个必要条件，如果诉讼参与人或者其他人虽然实施了相互谩骂、攻击、哄闹等行为，但只要司法工作人员出来制止后，立即听从司法工作人员劝阻的，也不能适用本条规定。

暴力、威胁或者其他方法阻碍司法工作人员执行职务属于妨碍民事诉讼的行为，性质比较恶劣，需要给予惩处。出现上述情况，按照本条规定，人民法院可以根据情节轻重予以罚款、拘留；构成犯罪的，依法追究刑事责任。根据《刑法》的规定，以暴力、威胁方法阻碍国家机关工作人员依法执行职务的，处三年以下有期徒刑、拘役、管制或者罚金。

6. 拒不履行人民法院已经发生法律效力的判决、裁定的。实践中存在的以规避执行为目的的转移财产的情形具有多样性，并且随着经济社会的发展不断涌现出新的情形。《民事诉讼法解释》第188条对此作出规定："民事诉讼法第一百一十四条第一款第六项规定的拒不履行人民法院已经发生法律效力的判决、裁定的行为，包括：（一）在法律文书发生法律效力后隐藏、转移、变卖、毁损财产或者无偿转让财产、以明显不合理的价格交易财产、放弃到期债权、无偿为他人提供担保等，致使人民法院无法执行的；（二）隐藏、转移、毁损或者未经人民法院允许处分已向人民法院提供担保的财产的；（三）违反人民法院限制高消费令进行消费的；（四）有履行能力而拒不按照人民法院执行通知履行生效法律文书确定的义务的；（五）有义务协助执行的个人接到人民法院协助执行通知书后，拒不协助执行的。"在此，对以上五类细化情形简要说明：

（1）关于隐藏、转移、变卖、毁损财产或者无偿转让财产、以明显不合理的价格交易财产、放弃到期债权、无偿为他人提供担保等旨在恶意降低履行能力、规避执行等的情形，但仍不能涵盖所有情形，因此《民事诉讼法解释》第1项中的"等"字系"等外等"，旨在解决当事人和其他人存在的除本项列举的行为之外的逃避履行执行义务行为的法律适用问题，为处理实践中存在的各种各样的拒不履行判决、裁定的行为预留空间。

（2）关于隐藏、转移、毁损或者处分已向人民法院提供担保的财产，影响人民法院执行的情形。《全国人民代表大会常务委员会关于〈中华人民共和国刑法〉第三百一十三条的解释》将"担保人或者被执行人隐藏、转移、故意毁损或者转让已向人民法院提供担保的财产，致使判决、裁定无法执行的"情形，规定为拒不执行判决、裁定罪的情形之一，考虑到本条与《刑法》第313条规定的衔接问题，《民事诉讼法解释》参考上述规定，增加了第2项规定的情形。

（3）关于违反人民法院限制高消费令进行消费的情形。《最高人民法院关于限制被执行人高消费及有关消费的若干规定》第11条第1款规定："被执行人违反限制消费令进行消费的行为属于拒不履行人民法院已经发生法律效力的判决、裁定的行为，经查证属实的，依照《民事诉讼法》第111条[①]的规定，予以拘留、罚款；情节严重，构成犯罪的，追究其刑事责任。”鉴于被执行人在没有按照执行通知的规定履行法律文书确定的义务，并在人民法院向其发出限制高消费令的情况下依然进行高消费，明显属于拒不履行人民法院已经发生法律效力的判决、裁定的行为，故《民事诉讼法解释》予以规定。

（4）有履行能力而拒不按照人民法院执行通知履行生效法律文书确定的义务的情形。本条第1款第6项规定的拒不履行的对象为“已经发生法律效力的判决、裁定”，司法解释采用了“生效法律文书”的表述，系对该条规定的目的性扩张解释。实践中，作为人民法院执行依据的不仅有人民法院自己作出的判决书、裁定书、调解书、支付令，还有当事人依法申请人民法院执行的仲裁裁决、公证债权文书等。依照《民事诉讼法》第三编有关执行程序的规定，人民法院在接到申请执行书后，应当向被执行人发出执行通知，被执行人要按照执行通知的规定履行法律文书确定的义务，也即人民法院在执行各类生效文书，包括仲裁裁决、公证债权文书等时，首先要向被执行人发出执行通知，被执行人有履行能力却未按执行通知规定履行法律文书确定的义务的，即属于拒不履行的行为。为此，根据《民事诉讼法》关于执行程序的规定，故《民事诉讼法解释》第188条第4项将“有履行能力而拒不按照人民法院执行通知履行生效法律文书确定的义务”的行为，列为属于拒不履行已经发生法律效力的判决、裁定的行为。

（5）关于有义务协助执行的个人拒不协助执行的情形。对该类行为的处理《民事诉讼法》没有作出明确规定，《民事诉讼法》第117条规定了关于单位协助调查、执行的问题，但对于个人不协助调查、执行的问题，《民事诉讼法》没有作出规定。故该条司法解释第5项规定了个人拒不协助执行的情形。《民事诉讼法》第117条只对单位不协助调查规定了强制措施，不涉及个人不协助调查的问题，《刑法》也没有将个人不协助调查纳入有关的条文中，故对于实践中存在的个人不协助调查的问题，《民事诉讼法》及司法解释没有作出规定。但如果个人不履行协助调查义务，涉嫌以暴力、威胁等方法阻碍司法工作人员执行职务的，则可依照本条第1款第5项的规定进行处理。

---

① 现为《民事诉讼法》（2023年修正）第114条。

7. 其他行为。根据《民事诉讼法解释》第 189 条规定，诉讼参与人或者其他人有下列行为之一的，人民法院可以适用《民事诉讼法》第 114 条的规定处理：（1）冒充他人提起诉讼或者参加诉讼的；（2）证人签署保证书后作虚假证言，妨碍人民法院审理案件的；（3）伪造、隐藏、毁灭或者拒绝交出有关被执行人履行能力的重要证据，妨碍人民法院查明被执行人财产状况的；（4）擅自解冻已被人民法院冻结的财产的；（5）接到人民法院协助执行通知书后，给当事人通风报信，协助其转移、隐匿财产的。

二、单位应承担法律责任的行为

根据本条第 2 款规定，单位有上述行为之一的，可以对其主要负责人或者直接责任人员予以罚款、拘留；构成犯罪的，依法追究刑事责任。主要负责人，一般指单位的法定代表人。直接责任人，指代表单位参加诉讼，并实施了妨害诉讼行为的人。

【审判实践中应当注意的问题】

一、关于对妨害证明行为的制裁

妨害证明的行为损害诉讼秩序的正常进行，破坏民事诉讼的结构平衡，有悖于民事诉讼的基本理念和价值取向，很多国家将妨害证明行为中的一些特定情形归于妨碍民事诉讼的行为，达到一定的公法上的效果。如《美国联邦民事诉讼规则》第 37 条规定，对于任何不遵守证据开示命令的行为，法院可以发布代替上述任何命令的命令或附加命令，该命令将不遵守命令的行为作为藐视法庭的行为对待。《日本民事诉讼法》第 225 条、第 229 条规定，对不服从相关文书提出命令的人员，法院可以裁定处以罚款。根据本条第 1 款第 1 项的规定，伪造、毁灭重要证据，妨碍人民法院审理案件的，人民法院对于诉讼参与人根据情节予以罚款、拘留。该条规定实质上已经包含了证明妨害的内容。《民事诉讼法解释》第 113 条对毁灭书证进行了进一步的解释，规定："持有书证的当事人以妨碍对方当事人使用为目的，毁灭有关书证或者实施其他致使书证不能使用行为的，人民法院可以依照民事诉讼法第一百一十四条规定，对其处以罚款、拘留"。即本条规定的毁灭证据不仅指对书证本身的灭失，造成书证不能在诉讼证明中使用的行为，如当事人的妨碍证明行为在效果上与证据灭失无异，如根据《民事诉讼法解释》第189条规定，诉讼参与人或者其他人拒绝交出有关被执行人履行能力的重要证据，妨碍人民法院查明被执行人财产状况的也可以归入毁灭证据的情形，适用相同的罚则。

二、关于妨害民事诉讼强制措施的适用期间

妨害民事诉讼强制措施针对的必须是从起诉到执行程序终结这一诉讼期间实施的行为，因此如果诉讼参与人或者其他人在案件已经审理或者已执行完毕后的上访等过程中在人民法院哄闹、滞留等，就不能作为妨害民事诉讼行为适用本条规定进行处理，而应按照有关法律的规定，交由有关部门处理。比如，对扰乱人民法院工作秩序的，可依照《治安管理处罚法》的规定，交由公安机关对其进行处理，如果构成犯罪的，可由公安机关立案侦查，依法追究其刑事责任。

第一百一十五条 当事人之间恶意串通，企图通过诉讼、调解等方式侵害国家利益、社会公共利益或者他人合法权益的，人民法院应当驳回其请求，并根据情节轻重予以罚款、拘留；构成犯罪的，依法追究刑事责任。

当事人单方捏造民事案件基本事实，向人民法院提起诉讼，企图侵害国家利益、社会公共利益或者他人合法权益的，适用前款规定。

【条文主旨】

本条是关于规制虚假诉讼的规定。

【理解与适用】

2023年修正后的《民事诉讼法》对本条作了如下修改：一是将“侵害他人合法权益”修改为“侵害国家利益、社会公共利益或者他人合法权益”；二是增加了对单方欺骗型虚假诉讼的规制，弥补了长期以来的立法空白。

近年来，当事人通过虚假诉讼、恶意诉讼、无理缠诉等滥用诉权的行为以达到其非法目的的现象时有发生，这些滥用诉权的行为不仅严重损害了人民群众的合法权益，破坏社会诚信，也扰乱了正常的诉讼秩序，损害司法权威和司法公信力，人民群众对此反映强烈。虚假诉讼就是其中最典型的表现形式。为依法规制虚假诉讼行为，2012年《民事诉讼法》作了如下修改：一是增加第13条，对“诚实信用原则”[①]予以明确；二是增加第112条[②]对双方串通型虚假诉讼予以规制；三是增加第56条第3款[③]规定第三人撤销之诉，完善案外人权利救济。可以说，2012年《民事诉讼法》为惩治虚假诉讼提供了强有力的法律依据。

然而，随着社会经济的不断发展，虚假诉讼的形式也不断翻新，虚假

① 2021年《民事诉讼法》修正时，将“诚实信用原则”改为“诚信原则”。

② 现为《民事诉讼法》(2023年修正)第115条。

③ 现为《民事诉讼法》(2023年修正)第59条第3款。

诉讼手段和方式渐呈多样化，表现形态也越来越隐蔽，增加了人民法院对虚假诉讼审查和认定的难度。特别是司法实践中还存在大量的当事人单方以谋取非法利益为目的，虚构民事法律关系和法律事实，通过符合程序的诉讼形式，误导法院作出错误裁判、调解或者执行等违法行为，可称为欺诈型虚假诉讼[①]。这种欺诈型诉讼不仅侵害对方当事人的实体权益，也严重冲击着司法的权威性，以及诉讼制度的公正、效率等价值。最高人民法院高度重视防范和惩治虚假诉讼，先后制定或者联合出台《最高人民法院关于防范和制裁虚假诉讼的指导意见》《最高人民法院、最高人民检察院关于办理虚假诉讼刑事案件适用法律若干问题的解释》《最高人民法院关于深入开展虚假诉讼整治工作的意见》等司法解释和司法政策文件，不断加强审查甄别力度，推行诚信诉讼制度建设。本次《民事诉讼法》修正在吸收司法解释和审判实践成果基础上，进一步完善虚假诉讼制度，准确界定虚假诉讼外延，压缩虚假诉讼存在空间，意义十分重大。

一、虚假诉讼

虚假诉讼并不是一个法律上的专门术语，只是近些年来理论和实践对类似现象的一个概括称呼，因此，"虚假诉讼"这一概念的内涵和外延并不准确和清晰。现实中较普遍存在的借助司法程序侵害他人合法权益的行为主要包括通过虚假诉讼、恶意诉讼、冒名诉讼侵害当事人或者案外第三人的合法权益。虚假诉讼有狭义和广义之分。狭义的虚假诉讼是指当事人之间恶意串通，企图通过诉讼、调解等方式侵害他人合法权益的行为；广义的虚假诉讼还包括单方捏造民事案件基本事实等情形。一般认为，单独或者与他人恶意串通，采取伪造证据、虚假陈述等手段，捏造民事案件基本事实，虚构民事纠纷，向人民法院提起民事诉讼，损害国家利益、社会公共利益或者他人合法权益，妨害司法秩序的，构成虚假诉讼。

二、双方串通型虚假诉讼

本条第 1 款规定了双方串通型虚假诉讼。双方串通型虚假诉讼是指

---

① 如最高人民法院（2017）最高法民申 54 号"汤某强与上海云屹茂置业有限公司民间借贷纠纷案"中，出借人通过循环转账的方式，将款项转给借款人后又回到出借人控制的账户，出借人制造虚假转账流水并提起民事诉讼的行为涉嫌刑事犯罪，应当驳回起诉，同时对虚假诉讼行为进行处罚。

当事人之间恶意串通，企图通过诉讼、调解等方式侵害国家利益、社会公共利益或者他人合法权益的行为。此类虚假诉讼一般包含以下要素：（1）以规避法律、法规或国家政策谋取非法利益为目的；（2）双方当事人存在恶意串通；（3）虚构事实；（4）借用合法的民事程序；（5）侵害国家利益、社会公共利益或者案外人的合法权益。司法实践中的主要情形有：（1）双方当事人恶意串通，捏造案件基本事实、虚构法律关系，进行民事诉讼、申请确认调解协议效力、申请法院调解、申请实现担保物权或者申请支付令；（2）双方当事人恶意串通，对虚假的案件基本事实作出自认；（3）夫妻之间利用离婚诉讼转移财产，逃避债务，侵害债权人利益；（4）继承案件中，双方当事人故意隐瞒存在其他继承人的情形；（5）当事人与公司、企业的法定代表人或者实际控制人、董事、监事、经理或者其他管理人员恶意串通，捏造公司、企业债务或者担保义务；（6）委托代理人、共同诉讼代表人等实际实施诉讼行为的人员与对方当事人恶意串通，损害委托人、被代表人等当事人的利益；（7）演出企业等与艺人恶意串通，利用“阴阳合同”等，提起虚假诉讼的行为，等等。

本条第1款中的恶意串通，是指当事人之间在诉讼、调解等过程中，为了达到逃避依法应当承担的债务，损害国家利益、社会公共利益或者他人合法权益等目的而合谋实施的违法行为。[①] 恶意串通是构成双方串通型虚假诉讼的主观要件，说明了当事人实施虚假诉讼的行为具有一种合谋的故意，有着共同的非法目的，即明知进行虚假诉讼将会损害国家利益、社会公共利益或者他人合法权益却仍然实施。当事人恶意串通进行虚假诉讼，有时指向的是特定的对象，比如夫妻之间利用离婚诉讼转移财产，逃避债务，侵害债权人利益。有些恶意串通虚假诉讼的行为，侵害的可能是国家利益或者社会公共利益，如国家的财产权等。因此，本次修法过程中，最高人民法院提请审议的《民事诉讼法（修正草案）》（以下简称《修正草案》）第4条，明确将“侵害他人合法权益”修改为“侵害国家利益、社会公共利益或者他人合法权益”。《修正草案（一审稿）》征求意见过程中，有意见提出，建议恢复“侵害他人合法权益”的表述，主要考虑是：“他人合法权益”也已包含了“国家利益和社会公共利益”。在全

① 吴高盛主编：《〈中华人民共和国民事诉讼法〉释义及实用指南》，民主法制出版社2012年版。

国人大宪法和法律委员会第15次全体会议审议时，部分委员建议必须强调虚假诉讼不得侵害国家利益、社会公共利益，应采用《修正草案》第4条的表述。修正后的《民事诉讼法》采用了“侵害国家利益、社会公共利益或者他人合法权益”的表述。

本条第1款中的诉讼，主要是指民事诉讼活动。民事诉讼活动是根据本法提起诉讼，并在法院的主持下，由原告和被告以及诉讼代理人、证人、鉴定人等诉讼参加人参加，依照法定程序，解决当事人之间的民事、经济等权益争议和纠纷的一种活动[①]。诉讼活动的进行，本身就体现了国家性、法律性、程序性和强制性。而虚假诉讼当事人，将诉讼活动作为侵害国家利益、社会公共利益或者他人合法权益的一种手段，把一个原本并不存在的诉讼带到严肃的具有国家强制性的司法审判程序当中，严重侵犯了司法权威和秩序。

本条第1款中的调解，主要是指法院主持下的调解活动。一般而言，调解是指双方或多方当事人就争议的实体权利、义务，在第三方的主持下，自愿进行协商，通过教育疏导，促成各方达成协议、解决纠纷的办法。在我国法律中，调解不仅包括诉讼程序中在法院主持下的调解，还包括人民调解委员会、仲裁委员会等组织主持下的调解。本条第1款中的“调解”主要指法院主持下的调解活动。实践中有些当事人通过其他形式的调解侵害他人合法权益，也应当予以规制，但考虑到《民事诉讼法》是规定民事诉讼程序的法律，主要规范人民法院主持下的诉讼中调解活动，通过其他形式的调解侵害他人合法权益的，可以由《人民调解法》等法律规定，不宜在《民事诉讼法》中作出规定。[②]同理，仲裁作为与诉讼、调解并列的解决纠纷途径之一，通过仲裁侵害他人合法权益的案件也时有发生，亦应由《仲裁法》以及仲裁规则作出规定。

人民法院认定为虚假诉讼的案件，原告申请撤诉的，不予准许，应当根据本条规定，驳回其诉讼请求。虚假诉讼行为情节恶劣、后果严重或者多次参与虚假诉讼、制造系列虚假诉讼案件的，要加大处罚力度。虚假诉讼侵害他人民事权益的，行为人应当承担赔偿责任。人民法院在办理案件

---

① 参见王胜明主编：《中华人民共和国民事诉讼法释义（最新修正版）》，法律出版社2012年版，第269页。

② 参见王胜明主编：《中华人民共和国民事诉讼法释义（最新修正版）》，法律出版社2012年版，第270页。

过程中发现虚假诉讼涉嫌犯罪的，应当依法及时将相关材料移送刑事侦查机关；公职人员或者国有企事业单位人员制造、参与虚假诉讼的，应当通报所在单位或者监察机关；律师、基层法律服务工作者、鉴定人、公证人等制造、参与虚假诉讼的，可以向有关行政主管部门、行业协会发出司法建议，督促及时予以行政处罚或者行业惩戒。司法工作人员利用职权参与虚假诉讼的，应当依法从严惩处，构成犯罪的，应当依法从严追究刑事责任。同时，还要做好程序衔接，保持刑民协同。经审理认为民事诉讼当事人的行为构成虚假诉讼犯罪的，作出生效刑事裁判的人民法院应当及时函告审理或者执行该民事案件的人民法院。生效刑事裁判认定构成虚假诉讼犯罪的，有关人民法院应当及时依法启动审判监督程序对相关民事判决、裁定、调解书予以纠正。当事人、案外人以生效刑事裁判认定构成虚假诉讼犯罪为由对生效民事判决、裁定、调解书申请再审的，应当依法及时进行审查。

三、单方欺骗型虚假诉讼

本条第 2 款是新增条款，明确将单方欺骗型虚假诉讼纳入法律规制范畴。单方欺骗型虚假诉讼主要是指当事人单方捏造民事案件基本事实，向人民法院提起诉讼，企图侵害国家利益、社会公共利益或者他人合法权益的行为。此类虚假诉讼的主要情形有：（1）恶意利用证据，虚构法律关系提起诉讼；（2）起诉时隐瞒存在已针对同一事项的生效裁判或者相关案件正在审理过程中等事实；（3）隐瞒债务已经清偿的事实，起诉要求他人履行债务；（4）在离婚诉讼过程中，一方当事人与诉讼当事人之外的他人恶意串通，虚构夫妻关系存续期间的共同债务，侵害对方利益；（5）当事人基于捏造的事实申请人民法院采取财产保全、证据保全或者行为保全措施；（6）一方当事人与诉讼当事人之外的他人恶意串通，捏造债权债务关系或者达成损害其他权利人利益的以物抵债协议；（7）通过伪造证据等方式捏造知识产权侵权关系或者不正当竞争关系；（8）在土地、房屋征收拆迁安置补偿过程中，捏造身份关系提起离婚、分家析产、继承、房屋买卖合同纠纷等诉讼行为；（9）当事人捏造身份、合同、侵权、继承等民事法律关系的行为，等等。

关于单方欺骗型虚假诉讼，司法实践反映强烈。在最高人民法院征集各高院修法建议时，很多高院都呼吁将之从法律层面明确为虚假诉讼类型。对此，最高人民法院将之作为重点条款写入提请审议的《修正草案》。主要考虑如下：第一，单方欺骗型虚假诉讼常发高发，前文已经提到，不再赘述。第二，同刑事领域关于虚假诉讼规则相衔接。根据《刑法》第 307 条之一，虚假诉讼罪是指以捏造的事实提起民事诉讼，妨害司法秩序或者严重侵害他人合法权益。根据《最高人民法院、最高人民检察院关于办理虚假诉讼刑事案件适用法律若干问题的解释》（法释〔2018〕17 号）第 1 条规定的“单方或者与他人恶意串通，捏造身份、合同、侵权、继承等民事法律关系的其他行为”等情形。据此，虚假诉讼罪既有当事人之间恶意串通进行犯罪的，也有当事人单方以捏造的事实提起民事诉讼进行犯罪的情形。2021 年《民事诉讼法》第 115 条对构成民事虚假诉讼的判断标准与刑事规定相比明显更具有限定性，这就有可能导致当事人单方捏造事实提起民事诉讼已经达到刑事犯罪的认定标准，却在民事诉讼中不能被认定为民事虚假诉讼案件。第三，虚假诉讼的本质在于“捏造事实”。所谓“捏造事实”是指通过伪造书证、物证、恶意串通、指使证人作假证言等手段凭空捏造根本不存在的事实。“捏造事实”与《民事诉讼法》第 114 条中的“伪造重要证据”，虽有重合部分，但是二者的规范重点不同，第 114 条侧重于诉讼为真，第 115 条侧重于诉讼为虚假，诉讼仅为侵权方式。另，对于当事人隐瞒有关重要事实提起诉讼的，可以“捏造民事案件基本事实”论。

【审判实践中应当注意的问题】

一、关于两款之间的规则衔接

修法过程中，有意见提出，本条第 1 款与第 2 款的规则衔接不畅，主要理由为：如果是原告单方或者原被告恶意串通，应当判决驳回其诉请，适用第 1 款规则当无异议；如果是被告单方或者被告与其他人恶意串通，则不适用“判决驳回其诉请”规则。其实，这是对第二款文义的误读。在适用第 2 款时，应当注意，该款是在同《刑法》第 307 条之一、《最高人民法院、最高人民检察院、公安部、司法部关于进一步加强虚假诉讼犯罪惩治工作的意见》第 2 条规定保持统一的基础上，规定当事人单方捏造民事案件基本事实向人民法院提起民事诉讼的情形，仅指原告单方欺骗型虚假诉讼，不包括被告在案件审理过程中捏造事实的情形。首先，被告在案件审理过程中难以捏造案件的基本事实；其次，即使被告捏造案件事实，也可以通过庭审调查予以厘清，不会发生单方欺骗型虚假诉讼的情形。对于被告在案件审理过程中捏造事实或者伪造证据的，可以适用本法第 114 条予以处罚。

二、关于对第三人撤销之诉中查明的恶意串通虚假诉讼行为人的处理问题

根据本法第 59 条第 3 款的规定，第三人因不能归责于本人的事由未参加诉讼，但有证据证明发生法律效力的判决、裁定、调解书的部分或者全部内容错误，损害其民事权益的，可以自知道或者应当知道其民事权益受到损害之日起六个月内，向作出该判决、裁定、调解书的人民法院提起诉讼。在当事人之间恶意串通进行的虚假诉讼中，由于被侵害的案外人并没有参加到诉讼之中，因此这样的行为很难在立案受理环节和审理环节中被人民法院发现，在相关的判决、裁定或者调解书作出之后，第三人按照本法第 59 条第 3 款的规定提起撤销之诉，人民法院经审查发现原案当事人系恶意串通进行虚假诉讼的，即应按照本法第 115 条的规定对有关当事人予以罚款、拘留；构成犯罪的，依法追究刑事责任。

三、关于单位实施虚假诉讼行为的处理

《民事诉讼法》规定的虚假诉讼行为的主体既可以是个人，也可以是单位。因此，人民法院对于存在虚假诉讼行为的单位，一经发现即应采取罚款的强制措施，不能选择性适用强制措施，对单位不予处理。如果单位的行为构成犯罪的，应按照本法第 115 条规定，依法追究单位的刑事责任。而对于单位的主要负责人或者直接责任人员不是必须要采取罚款、拘留的强制措施，也即是否采取强制措施以及采取何种强制措施，由人民法院根据实际情况决定。但如果主要负责人或者直接责任人员的行为构成犯罪的，必须要依法追究其州事责任。此外，进行虚假诉讼是严重妨碍民事诉讼的行为，人民法院必须要用好用足强制措施，维护司法权威。

第一百一十六条 **被执行人与他人恶意串通，通过诉讼、仲裁、调解等方式逃避履行法律文书确定的义务的，人民法院应当根据情节轻重予以罚款、拘留；构成犯罪的，依法追究刑事责任。**

【条文主旨】

本条是关于如何规制恶意串通逃避执行义务行为的规定。

【理解与适用】

随着社会主义法治建设的发展，人们的法律意识、权利意识不断增强，使得民事诉讼日益成为人们维护自身合法权益的重要手段。但是，同时也出现了一些当事人滥用诉权的现象，制造了大量虚假诉讼、恶意诉讼。比如，有些被执行人与他人恶意串通，通过诉讼、仲裁、调解等方式逃避执行，不仅损害生效裁判确定的债权人的合法权益，而且损害司法裁判权威，阻碍诚信社会的构建。虚假诉讼、恶意诉讼之所以在司法实践中频繁发生，主要有以下两个方面的原因：一方面传统的道德体系在市场经济发展过程中不断受到冲击，少数人社会诚信严重缺失，为了自身利益而不择手段；另一方面相关立法缺乏对虚假诉讼、恶意诉讼的明确规定和有效惩戒，使得行为人所追求的不法利益大大超出其可能付出的违法成本，客观上助长了其行为的积极性。对这种当事人合谋滥用诉权侵害他人权益的行为，实践中单纯依靠案外人从私法角度提起的侵权诉讼难以实现有效惩戒。因此，在 2012 年《民事诉讼法》修改时，有建议认为，针对恶意逃债不履行判决的行为，应当增加规定相应的法律责任；还有建议认为，被执行人与其亲属、朋友等其他人恶意串通，以诉讼等方式逃避执行的，人民法院可以裁定执行已转移的财产，并可以对其罚款、拘留；构成犯罪的，依法追究刑事责任。为此，2012 年《民事诉讼法》作了如下修改：一是增加第 13 条，对“诚实信用原则”予以明确，要求当事人必须本着诚实信用原则来处分自己的民事权利和诉讼权利，这可以说是针对虚假诉讼、恶意诉讼的原则性规定；二是在第 112 条、第 113 条中分别具体规定了诉讼当事人、被执行人与他人恶意串通，进行虚假诉讼的行为方式和法律后果。其中，第 113 条强调的是被执行人虚假诉讼（含仲裁、调解）的行为。2023 年修改后的《民事诉讼法》仅调整了条文顺序，将第 113 条调整为第 116 条，内容未变。

近年来，虚假诉讼以及民事执行欺诈行为案件日益增加，最高人民法院高度重视，相继出台了相关文件。比如，2016 年出台了《最高人民法院关于防范和制裁虚假诉讼的指导意见》，2021 年又出台了《最高人民法院关于深入开展虚假诉讼整治工作的意见》《最高人民法院关于在民事诉讼中防范与惩治虚假诉讼工作指引（一）》。其中，《最高人民法院关于在民事诉讼中防范与惩治虚假诉讼工作指引（一）》第 7 条专门就执行程序中虚假诉讼的主要表现形式作出系统规定，对虚假诉讼的整治打击力度进一步加大。

一、恶意串通逃避执行义务的行为构成

对于本条的理解，应当掌握以下要素：（1）适用主体是针对已进入强制执行程序的被执行人，即依据生效法律文书承担义务并被债权人要求对其采取执行措施的义务人，包括进入执行程序后依法追加或者变更的被执行人。（2）行为表现是被执行人与他人恶意串通，通过诉讼、仲裁、调解等方式。（3）行为人的目的是逃避法律文书确定的义务，即执行根据确定的义务，须注意的是，不以行为逃避义务目的是否得逞为要件。（4）处罚措施方面，一般应首先考虑对被执行人适用罚款、拘留措施，至于罚款数额多少、拘留时间长短要根据具体情节来决定；对被执行人逃避义务情节严重、涉嫌触犯刑罚的行为，要依法追究刑事责任。

需要注意的是，本条与第 115 条规定了同样的罚款、拘留直至追究刑事责任的处罚措施，但由于本条适用的处罚对象是已进入强制执行程序的被执行人，其负有履行生效法律文书的确定义务，不同于尚处于民事诉讼阶段的当事人，虽然都实施了与他人恶意串通进行虚假诉讼的行为，但涉及的具体刑法罪名可能有所不同。对于本条而言，被执行人有能力执行而拒不执行人民法院具有执行内容的生效判决、裁定的行为，情节严重的，构成拒不执行判决、裁定罪。

二、恶意串通逃避执行义务的行为表现

1. 当事人基于捏造的事实获取的生效仲裁裁决或者调解书申请执行

实践中，申请执行仲裁裁决案件存在下列情形之一的，人民法院应当

重点甄别可能存在民事执行欺诈行为：第一，申请执行仲裁裁决的当事人之间存在夫妻、亲属、朋友等亲近关系或者关联企业、合伙人、长期经济往来等特殊关系；第二，仲裁裁决主张的事实和理由明显不符合常理；第三，作出仲裁裁决的主要证据存在伪造、变造嫌疑；第四，仲裁裁决一方当事人承认于己不利的事实明显不符合常理；第五，当事人就作出仲裁裁决的相关基本事实陈述前后矛盾。

案外人认为当事人通过虚假仲裁损害其合法权益的，可以向人民法院申请不予执行仲裁裁决或者仲裁调解书。案外人提起申请时，应当提交申请书以及证明其请求成立的证据材料，并符合下列条件：第一，有证据证明仲裁案件当事人恶意申请仲裁或者虚假仲裁，损害其合法权益；第二，案外人主张的合法权益所涉及的执行标的尚未执行终结；第三，自知道或者应当知道人民法院对该标的采取执行措施之日起三十日内提出。案外人申请不予执行仲裁裁决或者仲裁调解书，人民法院经审查，案外人的申请符合下列条件的，应予支持：第一，案外人系权利或者利益的主体；第二，案外人主张的权利或者利益合法、真实；第三，仲裁案件当事人之间存在虚构法律关系，捏造案件事实的情形；第四，仲裁裁决主文或者仲裁调解书处理当事人民事权利义务的结果部分或者全部错误，损害案外人合法权益。

2. 当事人基于捏造的事实获取的生效公证债权文书申请执行

申请执行公证债权文书案件存在下列情形之一的，人民法院应当重点甄别可能存在民事执行欺诈行为：第一，申请执行公证债权文书的当事人之间存在夫妻、亲属、朋友等亲近关系或者关联企业、合伙人、长期经济往来等特殊关系；第二，公证债权文书主张的基础法律关系或者所依据的事实和理由明显不符合常理；第三，作出公证债权文书的主要证据存在伪造、变造嫌疑；第四，公证债权文书一方当事人承认于己不利的事实明显不符合常理；第五，当事人就作出公证债权文书的相关基本事实陈述前后矛盾。

对于当事人之间通过恶意串通、虚构事实、伪造证据等方式，申请公证机构办理公证债权文书并赋予强制执行效力，之后向人民法院申请强制执行或申请参与分配来达到转移财产、逃避债务等非法目的，侵害国家利益、社会公共利益或者他人合法权益的，人民法院认定属于申请公证债权文书执行中的虚假诉讼，即民事执行欺诈行为。

利害关系人认为当事人通过办理虚假公证债权文书转移财产或者逃避债务的，可以直接向有管辖权的人民法院提起诉讼，人民法院应予受理。审理过程中，人民法院应当传唤当事人本人到庭，就有关案件事实接受询问。若当事人提供的证据不能证明公证债权文书的基础法律关系存在或者所依照的事实和理由明显不符合常理，或者当事人提交的证据存在伪造、变造嫌疑，或者当事人对案件事实陈述不清、多次陈述不一致的，即发现存在虚假公证的，人民法院应当以执行公证债权文书违背公序良俗为由，裁定不予执行公证债权文书。

3. 当事人或者案外人以捏造的事实对执行标的提出异议

实践中，有些被执行人为逃避执行，可能会滥用执行异议和复议制度，以阻却执行。一是执行程序中当事人、利害关系人对于执行机构违法或者不当的执行行为侵害其权利时，在执行程序终止前向执行机构声明不服，并请求予以纠正的制度，一般称为执行异议复议制度；二是案外人异议和异议之诉制度，是指在民事执行过程中，案外人对执行标的提出不同意见，并主张全部或者部分权利。案外人异议实质上是案外人针对执行标的提出的实体权利争议，规定案外人可以提起诉讼的权利，对案外人异议依照诉讼程序进行审查，以保障当事人各方对实体权利争议有充分的诉辩机会，切实维护各方当事人的合法权益。但是，如果当事人、利害关系人或者案外人捏造事实主张权利，提出异议，即属于妨害民事诉讼的行为，应当追究其法律责任。

除以上行为表现外，被执行人可能还会采取以下措施逃避执行：与他人恶意串通，捏造债权或者捏造对查封、扣押、冻结财产的优先权、担保物权等，通过诉讼、仲裁、调解等方式逃避履行生效法律文书确定的义务；案外人以捏造的事实，申请追加被执行人、申请参与执行财产分配、申请被执行人破产；当事人或者他人通过捏造事实等可能导致人民法院错误执行的其他行为。

【审判实践中应当注意的问题】

一、法院应当如何审查

在仲裁裁决、仲裁调解书执行过程中，人民法院认真审查当事人、案外人申请不予执行的异议请求及相关证据，加大依职权调取证据力度，结合当事人关系、案件事实、仲裁过程等多方面情况审查判断相关法律文书是否存在虚假仲裁情形，是否损害国家利益、社会公共利益或者他人的合法权益。对可能存在以伪造证据、捏造事实、虚构法律关系等方式虚假仲裁的，进行严格审查。

在办理申请执行公证债权文书案件过程中，或者在审理债务人提起不予执行公证债权文书的诉讼案件中，认为可能存在虚假诉讼的，人民法院从诉讼主体、证据与案件事实的关联程度、各证据之间的联系等方面，全面审查案件事实及法律关系的真实性，综合判断是否属于虚假诉讼：公证债权文书及执行证书的作出程序是否合法；公证证词是否体现当事人的真实意思；给付内容是否具体明确；被证明的债权文书是否真实、合法；当事人之间是否存在特定关联关系；公证债权文书是否有真实、合法、有效的基础法律关系；债权债务的实际履行情况。

二、单位实施本条规定的行为应当如何处理

恶意串通逃避执行义务的行为主体既可以是个人，也可以是单位。本条规定的法律责任并未区分个人或单位，在司法实践中有不同理解。为此，《民事诉讼法解释》第 191 条规定，单位实施本条规定行为的，人民法院应当对该单位进行罚款，并可以对其主要负责人或者直接责任人员予以罚款、拘留；构成犯罪的，依法追究刑事责任。需要注意的是，人民法院对于存在恶意串通实施逃避执行义务行为的单位，一经发现即应采取罚款的强制措施，不能选择性适用强制措施，对单位不予处理；如果单位的行为构成犯罪的，应依法追究单位的刑事责任。而对于单位的主要负责人或者直接责任人员不是必须要采取罚款、拘留的强制措施，也即是否采取强制措施或者采取何种强制措施，由人民法院综合考虑案件审理的具体情况、诉讼的不同阶段、当事人受到的损失以及对人民法院诉讼秩序造成的影响等因素决定。但如果单位的主要负责人或者直接责任人员构成犯罪的，必须依法追究其刑事责任。总之，恶意串通逃避执行义务，是严重妨害民事诉讼的行为，人民法院必须用足用好强制措施，维护司法权威，保护申请执行人的合法权益。

第一百一十七条 有义务协助调查、执行的单位有下列行为之一的，人民法院除责令其履行协助义务外，并可以予以罚款：

（一）有关单位拒绝或者妨碍人民法院调查取证的；

（二）有关单位接到人民法院协助执行通知书后，拒不协助查询、扣押、冻结、划拨、变价财产的；

（三）有关单位接到人民法院协助执行通知书后，拒不协助扣留被执行人的收入、办理有关财产权证照转移手续、转交有关票证、证照或者其他财产的；

（四）其他拒绝协助执行的。

人民法院对有前款规定的行为之一的单位，可以对其主要负责人或者直接责任人员予以罚款；对仍不履行协助义务的，可以予以拘留；并可以向监察机关或者有关机关提出予以纪律处分的司法建议。

【条文主旨】

本条是关于单位及其主要负责人或者直接责任人员不协助调查、执行的强制措施的规定。

【理解与适用】

2007年修正后的《民事诉讼法》修改了本条第2款，增加规定了拘留措施；2012年修正后的《民事诉讼法》修改了本条第1款第2项，增加了扣押、变价两种强制措施；2023年修正后的《民事诉讼法》对本条未作修改。

民事诉讼是解决双方当事人之间民事纠纷的活动，本与案外人无关。但在人民法院审理案件过程中，有些证据材料可能由案外人掌握，需要相关单位配合人民法院调查取证。在民事执行程序中，需要通过有关单位的配合才能找到被执行人、了解其财产情况。如果有关单位拒绝协助调查、执行，可能导致有些案件的事实无法查清、执行工作无法继续，诉讼程序和执行程序将陷入停顿。为维护人民法院的司法权威、保护当事人的合法权益，有必要对拒绝协助调查、执行的行为规定适用妨害民事诉讼的强制措施。

一、关于有关单位

按照本条规定，协助执行义务主体为“有关单位”。关于“有关单位”具体含义，可结合案件所涉具体事实及法律、司法解释和司法文件的有关规定进行理解。如，根据2020年修正的《最高人民法院关于审理期货纠纷案件若干问题的规定（二）》第8条规定，人民法院在办理案件过程中，依法需要通过期货交易所、期货公司查询、冻结、划拨资金或者有价证券的，期货交易所、期货公司应当予以协助。应当协助而拒不协助的，按照2017年修正的《民事诉讼法》第114条[①]之规定办理。因此在期货纠纷案件中，有关单位主要指“期货交易所、期货公司”，但根据案件事实也不排除其他有关单位。又如，中纪委、中组部、中宣部、中央综治办、最高人民法院等印发的《关于建立和完善执行联动机制若干问题的意见》除了规定有关单位要履行协助查询、冻结、扣划被执行人财产等协助执行作为义务外，还规定有关单位要履行停止为被执行人办理有关财产转移登记、权属变更登记、规划审批等手续的不作为义务，同时规定有关单位不依照该意见履行职责的，人民法院可以依照2007年修正的《民事诉讼法》第103条[②]的规定处理。上述意见第6条规定，公安机关有协助限制被执行人出境的义务，因此在该类案件中，“有关单位”系指公安机关。

二、关于拒绝或者妨碍人民法院调查取证

根据本法第70条第1款的规定：“人民法院有权向有关单位和个人调查取证，有关单位和个人不得拒绝。”人民法院要正确处理民事纠纷，必须运用证据查明案件的事实，审判人员只有掌握了充分的证据，才能在事实清楚的基础上适用法律，对民事案件作出正确的处理。在民事诉讼中，许多情况下，人民法院需要向有关单位调取证据，调取证据可以说是人民法院行使审判权所进行的重要职权活动。因此，人民法院调取证据时，有关单位有义务予以协助。有关单位保存或持有证据的，应当将证据提交人民法院，不得以任何借口拒绝。本条第1款第1项中的“拒绝或者妨碍人

---

① 现为《民事诉讼法》（2023年修正）第117条。

② 现为《民事诉讼法》（2023年修正）第117条。

民法院调查取证”包括拒绝人民法院调查取证和妨害人民法院调查取证两种行为。拒绝人民法院调查取证，既包括不让人民法院调查取证，不向人民法院提供所需要的证据，也包括对人民法院调查取证的请求不予理睬。妨害人民法院调查取证，是指对人民法院的调查取证设置障碍，使人民法院无法得到所需证据。有义务协助调查的单位主要包括：管理某些文书档案的单位，比如管理房屋档案的房管部门，管理土地、森林档案的土地、林业部门，存有病历的医院，保管视频监控资料的小区物业等；以及实际掌握某一证据或者在该处可能查到某些证据的单位。

三、关于拒绝协助执行

协助执行，是指受理执行案件的人民法院通知有关单位、个人协助执行生效法律文书所确定的内容的一种法律制度。2007 年修改《民事诉讼法》后，有关单位协助法院执行的情况有所改观，但协助执行不力的情况仍有发生。有些单位负责人员自身的法律意识淡薄；有些单位在法院执行员出具协助执行通知书的情况下仍采取消极协助、隐瞒真相、拖延时间，甚至公然对抗等方式逃避协助；有些单位出于自身利益的需要，为被执行人通风报信，给法院执行工作设置障碍。

有义务协助执行的单位主要指执行标的物的掌管者、持有人或者有权决定是否给付的人。根据本条第 1 款第 2 项、第 3 项规定，“拒不协助”主要有两种表现形式：

一是有关单位接到人民法院协助执行通知书后，拒不协助查询、扣押、冻结、划拨、变价财产的。本法第 253 条规定：“被执行人未按执行通知履行法律文书确定的义务，人民法院有权向有关单位查询被执行人的存款、债券、股票、基金份额等财产情况。人民法院有权根据不同情形扣押、冻结、划拨、变价被执行人的财产。人民法院查询、扣押、冻结、划拨、变价的财产不得超出被执行人应当履行义务的范围。人民法院决定扣押、冻结、划拨、变价财产，应当作出裁定，并发出协助执行通知书，有关单位必须办理。”这里“有关单位”主要指银行、信用社、证券公司、证券登记结算机构、股票交易所、保险公司等负有管理金融账户义务的金融机构。2012 年《民事诉讼法》修正时在第 2 项中增加了“扣押”“变价”两种执行措施。扣押是指人民法院对有关的金融资产凭证予以扣留，避免被执行人占有、处分；变价是指对被执行人的债券、股票、基金份额等金融资产予以折现，以达到清偿债权人债权的目的。

二是有关单位接到人民法院协助执行通知书后，拒不协助扣留被执行人的收入、办理有关财产权证照转移手续、转交有关票证、证照或者其他财产的。（1）拒不协助扣留被执行人的收入。根据本法第254条规定，人民法院有权扣留、提取被执行人应当履行义务部分的收入，对人民法院发出的协助执行通知书，被执行人所在单位、银行、信用合作社和其他有储蓄业务的单位必须办理。（2）拒不协助办理有关产权证照转移手续，如房产、机动车等财产证照。根据本法第262条规定，在执行中，需要办理有关财产权证照转移手续的，人民法院可以向有关单位发出协助执行通知书，有关单位必须办理。（3）拒不协助转交有关的票证、证照或者其他财产，如仓单、提单、支票、身份证件、驾驶证、营业执照等。根据本法第260条规定，有关单位持有票证的，应当根据人民法院的协助执行通知书转交，并由被交付人签收。

四、关于其他拒绝协助执行的行为

根据一般法理，人民法院依法行使审判权，办理审判与执行案件，所有主体都负有协助的义务。为了确保司法权威，本条规定了兜底条款，以应对司法实践的发展，威慑拒绝协助执行行为。《民事诉讼法解释》第192条对该兜底条款予以细化，规定："有关单位接到人民法院协助执行通知书后，有下列行为之一的，人民法院可以适用《民事诉讼法》第117条规定处理：（一）允许被执行人高消费的；（二）允许被执行人出境的；（三）拒不停止办理有关财产权证照转移手续、权属变更登记、规划审批等手续的；（四）以需要内部请示、内部审批，有内部规定等为由拖延办理的。"

1. 关于允许被执行人高消费。《最高人民法院关于限制被执行人高消费的若干规定》第11条第2款规定："有关单位在收到人民法院协助执行通知书后，仍允许被执行人进行高消费及非生活或者经营必需的有关消费的，人民法院可以依照《中华人民共和国民事诉讼法》第一百一十四条[①]的规定，追究其法律责任。"根据上述规定，限制被执行人高消费是人民法院采取的一项加大执行力度的执行举措，有助于督促被执行人履行

① 现为《民事诉讼法》（2023年修正）第117条。

义务，防止被执行人的高消费行为降低其履行能力，保障申请执行人的权益。有义务协助执行的单位在接到人民法院协助执行通知书后，允许被执行人高消费，属于不履行协助执行义务的行为，对该行为《民事诉讼法》第117条没有在第1款前三项中列举出来，这一行为可以归入第四项中的“其他拒绝协助执行”的行为。根据《最高人民法院关于限制被执行人高消费的若干规定》第3条的规定，高消费及非生活和工作必需的消费主要包括的情形有：（1）乘坐交通工具时，选择飞机、列车软卧、轮船二等以上舱位；（2）在星级以上宾馆、酒店、夜总会、高尔夫球场等场所进行高消费；（3）购买不动产或者新建、扩建、高档装修房屋；（4）租赁高档写字楼、宾馆、公寓等场所办公；（5）购买非经营必需车辆；（6）旅游、度假；（7）子女就读高收费私立学校；（8）支付高额保费购买保险理财产品；（9）乘坐G字头动车组列车全部座位、其他动车组列车一等以上座位等其他非生活和工作必需的消费行为。被执行人为单位的，被采取限制消费措施后，被执行人及其法定代表人、主要负责人、影响债务履行的直接责任人员、实际控制人不得实施上述行为。限制被执行人高消费，不仅需要被执行人能够自觉遵守人民法院的限制性规定，更需要有义务协助调查、执行的单位能够发挥监督和约束作用，不向被执行人提供高消费项目，如果有关单位在接到人民法院的协助执行通知书后，仍然向被执行人提供高消费项目，允许其高消费的，人民法院就可以按照《民事诉讼法》第117条的规定对其进行处理。

2. 关于允许被执行人出境。在执行程序中，为督促被执行人履行执行义务，防止其采取出境等措施来逃避执行或者到境外进行高消费，人民法院会向公安机关发出协助执行通知书，阻止被执行人出境。公安机关在接到人民法院的协助执行通知书后，应阻止被执行人出境。

关于拒不停止办理有关财产权证照转移手续、权属变更登记、规划审批等手续。人民法院因审理和执行案件的需要，通知自然资源管理部门等部门停止办理土地使用权、采矿权、探矿权等权属变更登记手续、房屋所有权转移登记、规划审批等手续，有关部门不停止办理的，人民法院除责令其停止办理外，还可以依照《民事诉讼法》第117条的规定对有关单位以及其主要负责人或者直接责任人员予以罚款、拘留。

3. 关于拖延协助执行。人民法院到有关单位调查取证、查询当事人的财产状况、采取查封、冻结、扣押等保全措施，有关单位虽然不拒绝，但却以需要请示领导、有内部规定需要进行审批等理由搪塞，拖延办理，给当事人转移、隐匿财产等提供可乘之机，导致人民法院调取证据、查封财产等目的无法实现，妨碍审判和执行工作的顺利进行，因此对有关单位拖延协助执行的行为，人民法院应给予必要的制裁，以确保令行禁止。

五、关于法律责任

本条规定了罚款、拘留和建议有关机关给予纪律处分三种法律责任。

拘留措施是《民事诉讼法》2007 年修正时所增加规定。2007 年修正《民事诉讼法》前，不履行第一款规定的义务的，对单位的主要负责人和直接责任人员只可以罚款。当时有部门提出，实践中有些有义务协助调查、执行的单位以各种理由不协助调查、执行，甚至出于自身利益的需要，为被调查、执行人通风报信，对法院调查、执行工作设置种种障碍。对其主要负责人和直接责任人员只能罚款，不能拘留的规定，不能有效解决有关单位不予协助的问题。比如有的单位将对主要责任人和直接责任人员的罚款纳入经营成本，由于个人利益不受任何影响，要求单位协助调查、执行仍然很困难。为了保障人民法院的调查、执行工作顺利进行，应当有更多的、更严的可以对个人适用的强制措施。为了加大执行工作的力度，2007 年修正后的《民事诉讼法》增加了对单位的主要负责人和直接责任人员可以拘留的规定。

【审判实践中应当注意的问题】

由于拘留是限制人身自由的强制措施，本着教育和制裁相结合的原则，本条规定的对单位的主要负责人和直接责任人员的拘留措施附有前提条件，即对单位的主要负责人和直接责任人员需要采取强制措施时，应当首先适用罚款，同时责令改正。如果罚款和责令改正后，有关单位纠正了违法行为，对单位的主要负责人和直接责任人员就不能予以拘留，只有拒不改正的才可以拘留。

此外，单位不履行协助调查、执行义务的，《民事诉讼法》第 117 条没有规定可以追究刑事责任，此点也需要予以注意。

第一百一十八条 对个人的罚款金额，为人民币十万元以下。对单位的罚款金额，为人民币五万元以上一百万元以下。

拘留的期限，为十五日以下。

被拘留的人，由人民法院交公安机关看管。在拘留期间，被拘留人承认并改正错误的，人民法院可以决定提前解除拘留。

【条文主旨】

本条是关于罚款金额、拘留期限的规定。

【理解与适用】

2012 年《民事诉讼法》修改时，根据我国经济社会发展水平的情况，及惩罚妨碍民事诉讼行为的需要，将对个人罚款金额从“一万元以下”修改为“五万元以下”，对单位罚款金额从“人民币一万元以上三十万元以下”修改为“五万元以上一百万元以下”。之后 2017 年、2021 年、2023 年历次修改过程中本条内容均未再作修改。

对妨害民事诉讼的强制措施，是指在民事诉讼过程中，对有妨害民事诉讼秩序行为的行为人采用的排除其妨害行为、保障民事诉讼活动正常进行的一种强制措施。在诉讼过程中，往往会出现一些妨害诉讼秩序的行为，使得民事诉讼不能顺利进行，为了保障司法权威及诉讼进程的秩序，就有必要赋予人民法院以采取有关强制措施的权利。对妨害民事诉讼的强制措施是一项保障民事诉讼正常进行的辅助性制度。

强制措施是一种排除妨害的强制性手段，由人民法院根据法律规定依职权采取，不需要依据当事人申请作出。强制措施适用于整个民事诉讼过程，既可以适用于审判阶段，又可以适用于执行阶段。采取强制措施的对象不限于当事人和诉讼参与人，也可对案外人适用。妨害民事诉讼的强制措施，有利于保障当事人充分行使诉讼权利，保证法院顺利完成审判和执行工作，从而维护正常的诉讼程序和法院的权威。强制措施的法定种类包括：拘传、训诫、责令退出法庭、罚款、拘留。法院作出强制措施时应当严格依照法律规定，不得随意创设新的强制措施种类或者突破法律规定的期限、限额、限度。本条就是对强制措施中罚款限额和拘留期限的规定。

一、罚款的适用情形

罚款是对妨害民事诉讼行为人的一种经济制裁措施，其适用对象既可以是个人，也可以是单位。根据《民事诉讼法》的规定，罚款适用于以下几种情况：

一是妨害诉讼证据的收集、调查，妨害判决的执行，以及阻拦、干扰诉讼正常进行的情形。根据《民事诉讼法》第68条规定，当事人逾期提供证据拒不说明理由或者理由不成立的，人民法院根据不同情形可以不予采纳该证据，或者采纳该证据但予以训诫、罚款。根据《民事诉讼法》第114条规定，诉讼参与人或者其他人有伪造、毁灭重要证据妨碍人民法院审理案件；以暴力、威胁、贿买方法阻止证人作证或者指使、贿买、胁迫他人作伪证；隐藏、转移、变卖、毁损已被查封、扣押的财产，或者已被清点并责令其保管的财产，转移已被冻结的财产；对司法工作人员、诉讼参加人、证人、翻译人员、鉴定人、勘验人、协助执行的人，进行侮辱、诽谤、诬陷、殴打或者打击报复；以暴力、威胁或者其他方法阻碍司法工作人员执行职务，拒不履行人民法院已经发生法律效力的判决、裁定等情形的，人民法院可以根据情节轻重予以罚款、拘留。单位实施以上行为的，人民法院可以对其主要负责人或者直接责任人员予以罚款、拘留。根据《民事诉讼法解释》第187条、第188条规定，以暴力、威胁或者其他方法阻碍司法工作人员执行职务的行为，包括：（1）在人民法院哄闹、滞留，不听从司法工作人员劝阻的；（2）故意毁损、抢夺人民法院法律文书、查封标志的；（3）哄闹、冲击执行公务现场，围困、扣押执行或者协助执行公务人员的；（4）毁损、抢夺、扣留案件材料、执行公务车辆、其他执行公务器械、执行公务人员服装和执行公务证件的；（5）以暴力、威胁或者其他方法阻碍司法工作人员查询、查封、扣押、冻结、划拨、拍卖、变卖财产的；（6）以暴力、威胁或者其他方法阻碍司法工作人员执行职务的其他行为。拒不履行人民法院已经发生法律效力的判决、裁定的行为，包括：（1）在法律文书发生法律效力后隐藏、转移、变卖、毁损财产或者无偿转让财产、以明显不合理的价格交易财产、放弃到期债权、无偿为他人提供担保等，致使人民法院无法执行的；（2）隐藏、转移、毁损或者未经人民法院允许处分已向人民法院提供担保的财产的；

（3）违反人民法院限制高消费令进行消费的；（4）有履行能力而拒不按照人民法院执行通知履行生效法律文书确定的义务的；（5）有义务协助执行的个人接到人民法院协助执行通知书后，拒不协助执行的。

二是违反法庭规则的情形。根据《民事诉讼法》第113条规定，人民法院对违反法庭规则的人，可以予以训诫，责令退出法庭或者予以罚款、拘留。人民法院对哄闹、冲击法庭，侮辱、诽谤、威胁、殴打审判人员，扰乱法庭秩序，情节较轻的，予以罚款、拘留。

三是进行虚假诉讼或逃避法律文书确定义务的情形。根据《民事诉讼法》第115条规定，当事人之间恶意串通，企图通过诉讼、调解等方式侵害国家利益、社会公共利益或者他人合法权益，或者当事人单方捏造民事案件基本事实，向人民法院提起诉讼，企图侵害国家利益、社会公共利益或者他人合法权益的，人民法院根据情节轻重予以罚款、拘留。根据《民事诉讼法》第116条规定，被执行人与他人恶意串通，通过诉讼、仲裁、调解等方式逃避履行法律文书确定的义务的，人民法院应当根据情节轻重予以罚款、拘留。

四是有义务协助调查、执行的单位拒不履行协助义务的情形。根据《民事诉讼法》第117条规定，有义务协助调查、执行的单位拒绝或者妨碍人民法院调查取证，接到人民法院协助执行通知书后，拒不协助查询、扣押、冻结、划拨、变价财产，接到人民法院协助执行通知书后，拒不协助扣留被执行人的收入、办理有关财产权证照转移手续、转交有关票证、证照或者其他财产，或者存在其他拒绝协助执行情形的，人民法院除责令其履行协助义务外，并可以予以罚款。

五是采取非法拘禁他人或者非法私自扣押他人财产追索债务的情形。根据《民事诉讼法》第120条规定，人民法院可以予以罚款。这是因为采取对妨害民事诉讼的强制措施必须由人民法院决定，任何单位和个人无权实施。

六是被执行人拒绝报告或虚假报告的情形。根据《民事诉讼法》第252条规定，未按执行通知履行法律文书确定的义务，应当报告当前以及收到执行通知之日前一年的财产情况。被执行人拒绝报告或者虚假报告的，人民法院可以根据情节轻重对被执行人或者其法定代理人、有关单位的主要负责人或者直接责任人员予以罚款、拘留。

七是法律规定的其他情形。除民事诉讼法之外，其他法律也有关于强制措施的规定，如根据《海事诉讼特别程序法》第 59 条规定，海事强制令的被请求人拒不执行海事强制令的，海事法院可以根据情节轻重处以罚款、拘留。

二、罚款金额

本条所称的罚款金额，是指罚款的具体数额。本条关于罚款数额分个人和单位两种情况作出规定。一是对个人的罚款数额为人民币十万元以下。根据《民法典》第 1259 条规定，在民法范围内，“以上”“以下”都是在基数的基础上，向上提升和向下降低，因此都包含本数。因此，这里的十万元以下包括了十万元本数。根据《民事诉讼法解释》第 193 条规定，人民法院对个人或者单位采取罚款措施时，应当根据其实施妨害民事诉讼行为的性质、情节、后果，当地的经济发展水平，以及诉讼标的额等因素，在《民事诉讼法》规定的限额内确定相应的罚款金额。因此，在确定对个人罚款的具体数额时，人民法院应当根据案件的具体情况在法定范围内，综合考虑行为人实施妨害民事诉讼行为的性质、情节、后果，以及当地的经济发展水平、诉讼标的额等因素，以能够起到惩罚效果为目的作出具体的决定。二是对单位的罚款数额，为人民币五万元以上一百万元以下。其中，五万元和一百万元均包括本数，至于对单位罚款数额多少，亦由人民法院依据《民事诉讼法解释》第 193 条规定，根据案件的具体情况在法定范围内进行确定。根据《民事诉讼法》第 119 条规定，罚款必须经院长批准。罚款应当用决定书。对决定不服的，可以向上一级人民法院申请复议一次。复议期间不停止执行。

三、拘留的适用情形

拘留是限制妨害民事诉讼行为人人身自由的强制措施，也是最严厉的一种，其适用对象是个人，单位有妨害民事诉讼行为的，可以对其主要负责人或者直接责任人员予以拘留。根据《民事诉讼法》的规定，拘留适用于以下几种情况：

一是违反法庭规则的情形。根据《民事诉讼法》第 113 条规定，人民法院对违反法庭规则的人可以予以拘留；对哄闹、冲击法庭，侮辱、诽谤、威胁、殴打审判人员，扰乱法庭秩序，情节较轻的，予以拘留。

二是妨害诉讼证据的收集、调查和阻拦、干扰诉讼正常进行的情形。

根据《民事诉讼法》第114条规定，诉讼参与人或者其他人有伪造、毁灭重要证据妨碍人民法院审理案件，以暴力、威胁、贿买方法阻止证人作证或者指使、贿买、胁迫他人作伪证，隐藏、转移、变卖、毁损已被查封、扣押的财产，或者已被清点并责令其保管的财产，转移已被冻结的财产，对司法工作人员、诉讼参加人、证人、翻译人员、鉴定人、勘验人、协助执行的人，进行侮辱、诽谤、诬陷、殴打或者打击报复，以暴力、威胁或者其他方法阻碍司法工作人员执行职务，拒不履行人民法院已经发生法律效力的判决、裁定等情形的，人民法院可以根据情节轻重予以拘留。单位实施以上行为的，人民法院可以对其主要负责人或者直接责任人员予以拘留。

三是进行虚假诉讼或逃避法律文书确定义务的情形。根据《民事诉讼法》第115条规定，当事人之间恶意串通，企图通过诉讼、调解等方式侵害国家利益、社会公共利益或者他人合法权益，或者当事人单方捏造民事案件基本事实，向人民法院提起诉讼，企图侵害国家利益、社会公共利益或者他人合法权益的，人民法院根据情节轻重予以罚款、拘留。根据《民事诉讼法》第116条规定，被执行人与他人恶意串通，通过诉讼、仲裁、调解等方式逃避履行法律文书确定的义务的，人民法院应当根据情节轻重予以罚款、拘留。

四是有义务协助调查、执行的单位拒不履行协助义务，法院进行罚款后仍不履行协助义务的情形。根据《民事诉讼法》第117条规定，有义务协助调查、执行的单位拒绝或者妨碍人民法院调查取证，接到人民法院协助执行通知书后，拒不协助查询、扣押、冻结、划拨、变价财产，接到人民法院协助执行通知书后，拒不协助扣留被执行人的收入、办理有关财产权证照转移手续、转交有关票证、证照或者其他财产，或者有其他拒绝协助执行的行为的，人民法院可以对其主要负责人或者直接责任人员予以罚款；罚款后仍不履行协助义务的，可以予以拘留。

五是采取非法拘禁他人或者非法私自扣押他人财产追索债务的情形。根据《民事诉讼法》第120条规定，任何单位和个人采取非法拘禁他人或者非法私自扣押他人财产追索债务的，人民法院可以予以拘留。

六是被执行人拒绝报告或虚假报告的情形。根据《民事诉讼法》第252条规定，未按执行通知履行法律文书确定的义务，应当报告当前以及收到执行通知之日前一年的财产情况。被执行人拒绝报告或者虚假报告的，人民法院可以根据情节轻重对被执行人或者其法定代理人、有关单位的主要负责人或者直接责任人员予以拘留。

七是法律规定的其他情形。除《民事诉讼法》之外，其他法律也有关于强制措施的规定，如根据《海事诉讼特别程序法》第 59 条规定，海事强制令的被请求人拒不执行海事强制令的，海事法院可以根据情节轻重处以拘留。

四、拘留期限

本条所称的拘留的期限，即指拘留的具体时间范围。根据本条规定，拘留的期限，为十五日以下。其中十五日以下包括十五日本身，至于时间多长，由人民法院根据案件的具体情况在法定范围内且以能够满足惩罚需要为目的作出具体的决定。根据《民事诉讼法》第 119 条规定，拘留必须经院长批准。拘留应当用决定书。对决定不服的，可以向上一级人民法院申请复议一次。复议期间不停止执行。

五、拘留的执行

根据本条第 3 款的规定，被拘留的人，由人民法院交公安机关看管。《民事诉讼法解释》第 178 条规定，人民法院依照《民事诉讼法》第 113 条至第 117 条的规定采取拘留措施的，应经院长批准，作出拘留决定书，由司法警察将被拘留人送交当地公安机关看管。因哄闹、冲击法庭，用暴力、威胁等方法抗拒执行公务等紧急情况，必须立即采取拘留措施的，可在拘留后，立即报告院长补办批准手续。院长认为拘留不当的，应当解除拘留。人民法院对被拘留人采取拘留措施后，应当在二十四小时内通知其家属；确实无法按时通知或者通知不到的，应当记录在案。

被拘留人在拘留期间认错悔改的，人民法院可以责令其具结悔过，提前解除拘留。提前解除拘留，应报经院长批准，并作出提前解除拘留决定书，交负责看管的公安机关执行。也就是说，在拘留期间，被拘留人承认并改正错误的，决定提前解除拘留的权力在人民法院，是否解除由人民法院根据案件的具体情况当事人的具体表现依法予以确定。

被拘留人不在本辖区的，作出拘留决定的人民法院应当派员到被拘留人所在地的人民法院，请该院协助执行，受委托的人民法院应当及时派员协助执行。被拘留人申请复议或者在拘留期间承认并改正错误，需要提前解除拘留的，受委托人民法院应当向委托人民法院转达或者提出建议，由委托人民法院审查决定。

【审判实践中应当注意的问题】

罚款、拘留均是对实施严重妨害民事诉讼行为人采取的惩罚措施。对实施同一妨害民事诉讼行为的诉讼参与人或者其他人，既可以单独适用罚款、拘留措施，也可以合并适用，只有在单独适用一种惩罚措施不足以制裁违法行为的情况下，才可以合并适用，以保障审判和执行工作的顺利进行。

诉讼参与人或者其他人实施一次妨害民事诉讼的行为，只应受到一次处罚，因此对于同一妨害民事诉讼行为的罚款、拘留不得连续适用。但如果被罚款、拘留人在实施本次妨害民事诉讼行为后，又实施了新的妨害民事诉讼行为的，则人民法院可以根据妨害民事诉讼强制措施的有关规定重新对其予以罚款、拘留。审判实践中，特别是在执行程序中要防止以拘代执，对于不履行执行义务的被执行人连续适用拘留措施有悖于本条规定的精神。如果被执行人有履行能力而拒不履行执行义务，在人民法院采取罚款、拘留等强制措施后依然拒不履行，构成犯罪的，人民法院应依法追究其刑事责任。

第一百一十九条 **拘传、罚款、拘留必须经院长批准。**

拘传应当发拘传票。

罚款、拘留应当用决定书。对决定不服的，可以向上一级人民法院申请复议一次。复议期间不停止执行。

【条文主旨】

本条是关于人民法院采取拘传、罚款、拘留的程序和相关当事人救济途径的规定。

【理解与适用】

拘传、罚款、拘留等强制措施涉及国家司法机关对诉讼参与人或者其他人人身自由、财产权利的限制或者剥夺，在适用过程中必须符合法律规定的条件，并严格依照法定程序作出决定和实施，否则即构成对其人身自由和财产权利的侵害。对于罚款、拘留这类相对严厉的民事诉讼强制措施，应当赋予当事人权利救济途径，及时纠正司法机关错误采取罚款、拘留的行为。人民法院采取拘传、罚款、拘留的强制措施必须经院长批准。

审判程序和执行程序中适用拘传，应当使用拘传票。拘传票应当载明被拘传人姓名、性别、工作单位或者住址、应到时间、应到处所、拘传决定、拘传票送达被拘传人时间、拘传情况等内容。拘传票应直接送达被拘传人，并由被拘传人在拘传票上签名。被拘传人拒绝签名的，执行人员应当在拘传票中注明。

适用罚款、拘留的，应由合议庭或者独任审判员提出意见，层报院长审查批准后，制作罚款决定书或者拘留决定书。罚款、拘留决定书应在开头部分写明作出决定的人民法院全称、决定书编号、案由、当事人或者被罚款人、被拘留人的基本情况；正文部分写明行为人妨害民事诉讼或者执行的具体事实、作出决定的理由、作出决定的法律依据、决定的内容、申请复议的权利等，决定罚款的应写明罚款的具体数额、缴纳罚款的期限，决定拘留的应写明拘留的期限（拘留的期限为十五日以下，因此在适用拘留措施时，要根据妨害民事诉讼行为人实施的妨害民事诉讼行为的性质、情节等因素合理确定拘留期限）；结尾部分由作出决定的审判组织或者审判人员署名，写明作出决定的时间，并加盖作出决定的人民法院院印。罚款、拘留决定书一经作出即发生法律效力。罚款决定书应送达被罚款人和协助执行人。拘留决定书应送达被拘留人和协助执行的公安机关，由司法警察将被拘留人送交当地公安机关看管。需注意的是，罚款是对妨害民事诉讼行为人的一种经济制裁措施，其适用对象既可以是个人，也可以是单位。拘留是限制妨害民事诉讼行为人人身自由的强制措施，也是最严厉的一种强制措施。对实施同一妨害民事诉讼行为的诉讼参与人或者其他人，既可以单独适用罚款、拘留措施，也可以合并适用，当然，只有在单独适用一种惩罚措施不足以制裁违法行为的情况下，才可以合并适用。诉讼参与人或者其他人实施一次妨害民事诉讼的行为，只应受到一次处罚。因此对于同一妨害民事诉讼行为的罚款、拘留不得连续适用。但如果被罚款、拘留人在实施本次妨害民事诉讼行为后，又实施了新的妨害民事诉讼行为的，则人民法院可以根据妨害民事诉讼强制措施的有关规定重新对其予以罚款、拘留。需要注意的是，如果被执行人有履行能力而拒不履行执行义务，在人民法院采取罚款、拘留等强制措施后依然拒不履行，构成犯罪的，人民法院应依法追究其刑事责任。

本条规定罚款和拘留应当用决定书的形式。民事决定书适用的事项有两个特点：一是适用民事决定的事项具有急需解决的紧急性，如不及时解决，民事诉讼就难以进行；二是适用民事决定的事项一般不属于诉讼程序本身的问题，但与诉讼程序有联系。妨害民事诉讼的行为就属于诉讼中的特定事项，但其本身并不是诉讼程序的组成部分，但是如果不及时对妨害民事诉讼的行为人采取强制措施，诉讼程序就难以继续进行。

决定书和判决书不同：判决书用于处理案件的实体问题，而决定书仅适用于某些特定的事项；判决书在案件审理的最后阶段作出，判决作出后，受诉法院可以作结案处理，决定书是在案件审理过程中作出的，决定书作出后，案件的审理程序并没有结束。决定书与裁定书也不同：裁定书用于处理程序问题，而决定书主要不是解决程序问题；裁定书的主要作用在于指挥诉讼活动，推进诉讼进程，而决定书的主要作用在于排除诉讼中的障碍，保证诉讼活动正常进行。

被罚款人、被拘留人对罚款、拘留决定不服的，可以向上一级人民法院申请复议，申请复议以一次为限，复议期间不停止执行。与当事人不服保全、先予执行裁定申请复议不同，对罚款、拘留决定不服的复议由决定罚款、拘留法院的上一级法院审查。根据《民事诉讼法解释》规定，被罚款、拘留的人不服罚款、拘留决定申请复议的，应当自收到决定书之日起三日内提出；上级人民法院应当在收到复议申请后五日内作出决定，并将复议结果通知下级人民法院和当事人；上级人民法院复议时认为强制措施不当的，应当制作决定书，撤销或者变更下级人民法院作出的拘留、罚款决定；情况紧急的，可以在口头通知后三日内发出决定书。对罚款、拘留决定的复议，一般由受理复议申请的上一级法院组成合议庭进行审查。复议决定书应当写明当事人基本情况，申请复议的请求和理由，上一级法院经审查后认定的相关事实，作出复议决定的理由，作出复议决定的法律依据，复议决定的内容等；结尾部分由作出决定的审判组织署名，写明作出决定的时间，并加盖作出决定的人民法院院印。

【审判实践中应当注意的问题】

一、对特殊主体的司法拘留

根据《全国人民代表大会和地方各级人民代表大会代表法》第 32 条第 2 款、第 4 款的规定，对县级以上的各级人民代表大会代表，如果采取司法拘留的强制措施，应当经该级人民代表大会主席团或者人民代表大会常务委员会许可。乡、民族乡、镇的人民代表大会代表，如果被司法拘留的，执行机关应当立即报告乡、民族乡、镇的人民代表大会。

人民法院在对政协委员采取拘留措施时，可比照拘留人大代表的程序进行。对政协委员的拘留可以视情况在拘留人大代表的程序上作出适当简化，人民法院决定拘留政协委员的，应将采取拘留措施的情况通报政协机关。

二、关于拘留适用程序的规定

1. 关于异地拘留执行程序的规定

拘留是限制人身自由的强制措施，人民法院作为国家机关行使对人身实施强制措施的权力，一般应限制在本辖区范围内；而司法实践中，有些被拘留人的住所地或者经常居住地并不在作出拘留决定的人民法院辖区内，此时采取拘留措施，就要由作出拘留决定的人民法院派员到被拘留人所在地的人民法院，请该院协助执行。由于被拘留人被关押在其所在地公安机关，因此当其对拘留决定申请复议，或者在拘留期间承认并改正错误，需要提前解除拘留的，受委托人民法院即应转达给委托人民法院。受委托人民法院对是否可以提前解除拘留有建议权，但无决定权，只有委托人民法院才有权决定能否提前解除拘留。需要注意的是，审判实践中，作出拘留决定的人民法院在遇到需要异地采取拘留措施的情形时，不能将被拘留人带离其所在地执行拘留，而要严格按照本条的规定办理委托执行手续，受委托人民法院也应当积极予以协助和配合，不能推诿或者拖延办理。

2. 关于采取拘留措施后通知家属程序的规定

拘留作为最严厉的一种强制措施，涉及公民的人身自由和民主权利，按照《民事诉讼法》第 118 条第 2 款的规定，拘留的期限最长可达十五日。在拘留期间，由于被拘留人没有人身自由，无法告知家属自己的去向，而亲友之间知晓彼此的安危是公民一项基本的人身权利，此时作出拘留决定的人民法院有义务通知被拘留人的家属，使被拘留人的家属知晓被拘留人被拘留的原因和处所等情况，尽快消除被拘留人的家属因亲友“下落不明”而产生的不必要的惊恐和焦虑。这也是被拘留人能够与外界保持联络，并及时就有关事项进行咨询、委托以及其家属能够就其被限制人身自由的事实及时作出相应的安排，包括申请会见、受其委托提出复议等的保障措施。

采取限制人身自由强制措施后应及时通知其家属，是国际社会的通行做法。2006 年联合国《保护所有人免遭强迫失踪国际公约》等国际性法律文件，均将通知程序作为一项原则性规定，并将其作为保障人权和公民基本自由的一项重要制度。我国目前在刑事拘留和行政拘留执行程序中，均有通知被拘留人家属的规定。《刑事诉讼法》第 85 条第 2 款规定，除无法通知或者涉嫌危害国家安全犯罪、恐怖活动犯罪通知可能有碍侦查的情形以外，应当在拘留后二十四小时以内，通知被拘留人的家属。有碍侦查的情形消失以后，应当立即通知被拘留人的家属。《治安管理处罚法》第 97 条第 1 款规定，决定给予行政拘留处罚的，应当及时通知被处罚人的家属。人民法院依据本条对被拘留人采取拘留措施后，也应当在二十四小时内通知其家属；确实无法按时通知或者通知不到的，应当记录在案。此外，考虑到会有无法通知或者超过二十四小时通知到被拘留人家属的情况，比如被拘留人拒绝提供其家属的联系方式，需要人民法院通过其他途径查找；或者虽然被拘留人提供了其家属的联系方式，但人民法院无法及时联系上其家属；等等，即确实无法按时通知或者通知不到家属的，应当记录在案，并且必须详细记录无法通知或者通知不到的原因，而不能以此规定来规避履行通知义务，侵害被拘留人的权益。

3. 关于紧急情况下采取拘留措施的程序的规定

原则上，采取拘留措施由合议庭或者独任审判员提出意见，报法院院长批准决定。而司法实践中存在一些紧急情况，如果按照上述程序执行必然会延误时机，不利于及时制止妨害民事诉讼的行为，甚至可能导致事态扩大或者产生无法挽回的后果，因此有必要赋予在场的审判人员或者执行人员面对哄闹、冲击法庭，用暴力、威胁等方法抗拒执行公务等紧急情况时采取拘留措施的权力。但在采取拘留措施后，必须要立即报告院长并按照《民事诉讼法》的规定补办批准手续。如果院长在批准过程中认为不应采取拘留措施的，应当即刻解除拘留。

4. 关于提前解除拘留的适用条件和程序的规定

拘留作为限制人身自由的强制措施，是妨害民事诉讼强制措施中最为严厉的一项措施，其适用目的是保障审判和执行工作的顺利进行。因此，在被拘留人认错悔改的情况下，可以提前解除拘留。在提前解除拘留前，可以责令被拘留人具结悔过。提前解除拘留应在报经院长批准后，作出提前解除拘留决定书，并交负责看管的公安机关执行。

三、执行程序中不服罚款、拘留决定申请复议和执行异议的区别

根据《最高人民法院关于人民法院执行公开的若干规定》第 9 条，人民法院采取拘留、罚款、拘传等强制措施的，应当依法向被采取强制措施的人出示有关手续，并说明对其采取强制措施的理由和法律依据。采取强制措施后，应当将情况告知其他当事人。采取拘留或者罚款措施的，应当在决定书中告知被拘留或者被罚款的人享有向上一级人民法院申请复议的权利。

关于当事人认为人民法院执行程序中作出的罚款、拘留决定违反法律规定，能否向执行法院提出执行异议的问题，执行异议是民事诉讼法规定的当事人、利害关系人认为法院执行行为违反法律规定的救济程序，而执行中的罚款、拘留决定仍然属于对妨害民事诉讼强制措施的范畴，《民事

诉讼法》对此类事项规定了专门的复议程序。所以对罚款、拘留决定不服的，应按本条规则直接向上一级人民法院申请复议，不应通过提出执行异议的方式寻求救济。

第一百二十条 采取对妨害民事诉讼的强制措施必须由人民法院决定。任何单位和个人采取非法拘禁他人或者非法私自扣押他人财产追索债务的，应当依法追究刑事责任，或者予以拘留、罚款。

【条文主旨】

本条是关于采取对妨害民事诉讼的强制措施必须由人民法院决定的规定。

【理解与适用】

我国《宪法》第 37 条规定："中华人民共和国公民的人身自由不受侵犯。任何公民，非经人民检察院批准或者决定或者人民法院决定，并由公安机关执行，不受逮捕。禁止非法拘禁和以其他方法非法剥夺或者限制公民的人身自由，禁止非法搜查公民的身体。"第 38 条规定："中华人民共和国公民的人格尊严不受侵犯。禁止用任何方法对公民进行侮辱、诽谤和诬告陷害。"《民事诉讼法》第 8 条规定，人民法院审理民事案件，应当保障和便利当事人行使诉讼权利。对妨害民事诉讼的强制措施是人民法院为保障司法权威及诉讼秩序而对妨害诉讼行为采用的强制性手段，包括拘传、训诫、责令退出法庭、罚款、拘留。强制措施与行为人的人身财产权益密切相关，其中拘传、拘留、罚款等强制措施直接关系到行为人的人身权利和财产权利，训诫作为强制措施则可能关系到人格尊严，责令退出法庭则可能关系到当事人能否正常行使诉讼权利。如果不对采取强制措施的主体和程序等进行严格限制，则可能导致对行为人合法权益的侵害。基于此，法律对于强制措施的采取规定了严格的适用条件和具体程序。

拘传、罚款、拘留、训诫、责令退出法庭等虽然均为强制措施，但在程度上存在着差异，拘传、罚款、拘留相对来说是更为严厉的强制措施，涉及当事人人身权、财产权的剥夺，对当事人合法权益和社会的影响都很大。为达到惩罚与保护上的平衡，维护法治尊严，体现公平正义，《民事诉讼法》对拘传、罚款、拘留决定的作出程序和形式作出严格规定。从作出程序上来说，根据《民事诉讼法》的规定，拘传、罚款、拘留必须经过人民法院院长的批准，未经人民法院院长的批准的，不得采取。从作出形式上来说，拘传应当发拘传票，罚款、拘留应当用决定书，决定书应当说明采取强制的理由和法律依据。也就是说，采取拘传、罚款、拘留强制措施时，均不能采取口头的形式。此外，罚款、拘留属于较为严厉的强制措施，为了维护当事人的合法权益，《民事诉讼法》赋予了当事人一项权力，即复议权，当事人对人民法院决定不服的，可以向上一级人民法院申请复议一次。复议期间不停止执行。对此需要说明的是，此处所称的复议法院为“上一级人民法院”，不能够越级复议，只能向比作出决定的法院高一级法院提出复议，比如基层人民法院决定的，要向中级人民法院复议，中级人民法院决定的要向高级人民法院复议等。

训诫和责令退出法庭这两种强制措施相对来说较为缓和，适用于较为轻微的妨害民事诉讼的行为，比如行为人违反法庭规则但又未达到哄闹、冲击法庭，侮辱、诽谤、威胁、殴打审判人员的程度时，可以予以训诫，责令退出法庭。训诫是以批评、警告的方式，指出行为人的违法事实和错误，并责令其不许再犯，其强制性在所有强制措施中是最弱的，仅适用于诉讼参与人和其他人违反法庭规则且情节显著轻微，尚不需要采取责令退出法庭、罚款、拘留措施的情况。责令退出法庭是指命令违反法庭规则、扰乱法庭秩序的人离开法庭或者依法强制其离开法庭。责令退出法庭与训诫的区别是：训诫只是口头的批评、教育，还允许行为人留在法庭；而责令退出法庭则强行命令行为人退出法庭，其严厉程度和制裁力度要强于训诫。根据《民事诉讼法解释》第 177 条，训诫、责令退出法庭由合议庭或者独任审判员决定；《人民法院法庭规则》也规定，审判长或者独任审判员对违反法庭纪律的人可以训诫、责令退出法庭。在司法实践中训诫和责令退出法庭的强制措施，是由审判人员来决定的。训诫、责令退出法庭由合议庭或者独任审判员决定而不是由人民法院决定，主要考虑是训诫和责令退出法庭均是即时性的强制措施，其适用对象均是违反法庭规则的人，对时效性和有效性要求较高，需要法官根据庭审情况当场作出，对违反庭审规则的行为人及时进行制止和警示，以达到纠正行为人违反法庭规则行为的目的。如果这两种情况也需要上报法院再决定，则其效果将大打折扣，也违反效率原则；另外，训诫、责令退出法庭这两种强制措施的强制性、严厉程度均显著轻微，对人身财产权益潜在危害性较小，由合议庭或者独任审判员根据不需要由法院层面作出。训诫和责令退出法庭如果对违反法庭规则的人在采取训诫措施无效的情况下，即应采取更进一步的责令退出法庭，甚至罚款、拘留等措施，而不宜反复训诫，影响庭审活动的严肃性和权威性。

采取对妨害民事诉讼的强制措施必须由人民法院决定，这是由强制措施的性质和功能定位决定的。人民法院对于妨害民事诉讼秩序行为的行为人采取强制措施的目的在于维护司法权威以及保障民事诉讼活动正常进行。因此，根据本条规定，在诉讼过程中，对实施了妨害诉讼行为的人采取强制措施必须由人民法院决定，其他任何单位和个人，如果为索取债务，非法扣押、拘禁他人，或者私自扣押债务人的财产，都构成妨害民事诉讼的行为。为索取债务非法扣押、拘禁他人的，根据《刑法》关于非法拘禁罪的规定，处三年以下有期徒刑、拘役、管制或者剥夺政治权利。具有殴打、侮辱情节的，从重处罚。犯前款罪，致人重伤的，处三年以上十年以下有期徒刑；致人死亡的，处十年以上有期徒刑。使用暴力致人伤残、死亡的，依照故意伤害罪和故意杀人罪的规定定罪处罚。不够刑事处罚的，人民法院可以予以罚款、拘留。

第十一章　诉讼费用

第一百二十一条　当事人进行民事诉讼，应当按照规定交纳案件受理费。财产案件除交纳案件受理费外，并按照规定交纳其他诉讼费用。

当事人交纳诉讼费用确有困难的，可以按照规定向人民法院申请缓交、减交或者免交。

收取诉讼费用的办法另行制定。

【条文主旨】

本条是关于诉讼费用的规定。

【理解与适用】

本条规定最早见之于1982年《民事诉讼法（试行）》的第80条："当事人进行民事诉讼，应当依照规定交纳案件受理费。财产案件，除交纳案件受理费外，并依照规定交纳其他诉讼费用。收取诉讼费用的办法另行制定。"1991年《民事诉讼法》修改时，增加了一款，将本条修改为："当事人进行民事诉讼，应当按照规定交纳案件受理费。财产案件除交纳案件受理费外，并按照规定交纳其他诉讼费用。当事人交纳诉讼费用确有困难的，可以按照规定向人民法院申请缓交、减交或者免交。收取诉讼费用的办法另行制定。"之后，2007年、2012年、2021年和2023年的修改，除了条文序号发生变化外，条文内容没有作任何修改。

所谓诉讼费用，是指人民法院依据国家法律，按规定的项目和标准，向提起诉讼的当事人收取的案件受理费、申请费和其他诉讼费用。本条第1款对当事人进行民事诉讼，交纳案件受理费和其他诉讼费用作出了一般规定。

关于诉讼费用的性质。通常认为，当法院作为公共资源为诉讼双方提供审判服务时，当事人作为使用公共资源的受益人，应当根据其受益程度，向服务者支付一定对价，或对其所投入的资源给予补偿。其原理在于，司法作为全体纳税人缴纳税款而形成的公共资源，本应由每一个社会成员同等享用。如果由占纳税人少数的人无偿享用公共司法资源，就意味着分配不均衡。因此，由使用司法资源当事人分担一部分司法公共成本，既有合理性，也有必要性。根据裁判有偿原则①和败诉人负担原则②，诉讼费用的收取除了减轻国家财政负担之外，还有制裁侵权和违约行为的功能、调节和分流案件的功能以及防止当事人滥用诉权的功能。我们认为，诉讼费用的基本性质为国家规费，不同于普通行政性收费，具有预交性、可缓减免性、可裁决性、可退还性等司法特征。诉讼收费的正当性基础在于，民事诉讼实质上是动用国家资源解决私权纠纷，由此产生的费用，不应当由国家财政即全体纳税人全部负担，需当事人自行承担部分费用，以弥补国家司法成本支出。司法资源的有限性，也要求诉讼费应当具有调节案件、抑制滥诉的功能，以保障司法需求和供给的平衡，合理配置司法资源。通过对诉讼费的结构性设计，可以影响当事人诉讼行为，发挥程序引导功能，提升司法公正和效率。

关于诉讼费用的种类。根据本条规定，诉讼费用可以划分为两类：一是案件受理费，二是其他诉讼费用。所谓案件受理费，是指原告起诉，法院受理该案件时，由原告向法院交纳的费用③。按照诉讼标的是否涉及财产权益，案件受理费又可以分为两类：一是财产案件受理费，二是非财产案件受理费。财产案件是指当事人因财产关系发生争议而提起诉讼的案件，如债务纠纷案件、赔偿纠纷案件等，其案件受理费的收费标准是按争议标的物的价额或争议的金额，实行依率递减的原则予以收取案件受理费。非财产案件，是指当事人因人身关系或人身非财产关系发生争议而提

---

① 裁判有偿原则是指公民接受国家的裁判之际，原则上必须支付相应的诉讼费用。也就是说，诉讼费用中的起诉受理费必须由起诉申请人交纳。适用裁判有偿原则的根据在于防止滥诉和受益人负担。

② 败诉人负担原则是指负担诉讼费用的当事人原则上应是诉讼的败诉人，即在裁判终结的情形下，通过诉讼费用的裁判程序确定诉讼费用的负担义务人，诉讼费用负担的裁判在当事人之间产生费用偿还的权利义务。败诉人负担的原则适用的不仅是诉讼案件的受理费，还包含送达、证人出庭等费用。败诉人负担原则的根据在于禁止自力救济、起诉自由的调整，以及防止轻率诉讼。

③ 王胜明主编：《中华人民共和国民事诉讼法释义（最新修正版）》，法律出版社 2012 年版，第 286 页。

起诉讼的案件，如离婚案件、解除收养关系案件、侵害肖像权、荣誉权案件等。其案件受理费的收费标准原则上按件计征，涉及财产的部分再依一定比例另计。

关于其他诉讼费用，主要是指人民法院在审理民事案件过程中实际支出的，应当由当事人支付的费用。根据《诉讼费用交纳办法》规定，当事人应当支付的其他诉讼费用，主要包括：（1）申请费。当事人依法向人民法院申请一些特定事项时，需要交纳申请费。比如，当事人申请保全措施、申请支付令、申请公示催告、申请撤销仲裁裁决或者认定仲裁协议效力、申请破产、申请承认和执行外国法院判决、裁定和国外仲裁机构裁决，等等。（2）证人、鉴定人、翻译人员、理算人员在人民法院指定日期出庭发生的交通费、住宿费、生活费和误工补贴。（3）诉讼过程中因鉴定、公告、勘验、翻译、评估、拍卖、变卖、仓储、保管、运输、船舶监管等发生的依法应当由当事人负担的费用。

关于诉讼费用的负担。诉讼费用的负担，是指人民法院在案件审理和执行终结时，确定诉讼费用由谁来负担及如何负担。根据《诉讼费用交纳办法》的规定，诉讼费用原则上由败诉方负担，胜诉方自愿承担的除外。部分胜诉、部分败诉的，人民法院根据案件的具体情况决定当事人各自负担的诉讼费用数额。共同诉讼当事人败诉的，人民法院根据其对诉讼标的的利害关系，决定当事人各自负担的诉讼费用数额。由败诉方负担诉讼费用，是诉讼费用负担的最基本原则，也是世界各国和地区普遍适用的原则。在发生案件受理费和申请费之前，当事人预交诉讼费用以便于程序启动，同时，预交诉讼费用可以进一步约束法院及当事人的行为，防止当事人滥用诉讼权利。

本条第 2 款是对诉讼费用缓交、减交和免交的规定。诉讼费用的缓、减、免，是指依照法律规定应当交纳诉讼费用，由于当事人经济上确有困难，无力负担或暂时无力负担或无力负担全部诉讼费用而采取的救助办法。这是一项保障经济上确有困难的当事人能充分行使诉讼权利的制度。《诉讼费用交纳办法》在第六章，用八个条文对缓减免诉讼费用的申请、具体情形、证据材料要求等作出了规定。此外，根据《诉讼费用交纳办法》的规定，对于一些特定案件，当事人无须交纳案件受理费，主要包括：（1）依照《民事诉讼法》规定的特别程序审理的案件；（2）裁定不予受理、驳回起诉、驳回上诉的案件；（3）对不予受理、驳回起诉和管辖权异议裁定不服，提起上诉的案件；（4）根据《民事诉讼法》规定的审判监督程序审理的案件[①]。

本条第 3 款是一个授权性的规定。根据这一规定，2006 年 12 月 8 日国务院第 159 次常务会议通过了《诉讼费用交纳办法》，该办法自 2007 年 4 月 1 日起施行。《诉讼费用交纳办法》是人民法院收取诉讼费用的基本依据，各级人民法院应当严格依据《诉讼费用交纳办法》及相关法律法规、司法解释的规定，正确区分财产案件和非财产案件，严格按照相应标准收取诉讼费用，不得擅自增加收费项目、扩大收费范围、提高收费标准。需要注意的是，在起诉与受理阶段，当事人是否预交诉讼费用不得作为不予登记立案的事由。

【审判实践中应当注意的问题】

一、关于确认合同效力纠纷和继续履行、变更、解除、撤销合同纠纷的案件受理费

司法实践中，当事人向人民法院提出的诉讼请求并不是单一的或者唯一的，往往既有财产性质，也有非财产性质，或者诉讼请求中涉及多个财产性诉求，或者多个非财产性诉求。比如，当事人诉讼请求确认合同效力或者撤销合同，但没有具体请求金额，或者诉讼请求为实现合同目的与金钱无关的履行合同义务行为，如协助办证、过户、备案登记、注销抵押登记、协助办理解押，等等。对于这些情形的诉讼案件，如何交纳诉讼费用，《诉讼费用交纳办法》没有具体规定，各地做法不一。有的法院对非财产部分和财产部分分别计算后相加计算，也有的法院只计算财产性诉求，非财产性诉求不再计算，还有的法院就财产性诉求和非财产性诉求计算后就高计算。我们认为，涉及合同类的纠纷，如果标的额较大，案情复杂，按件收费，不能起到诉讼费的功能作用，也不利于惩治不诚信行为，应当按照财产性案件收费，按照诉请所指向的合同、物权、股权等确定诉

① 《诉讼费用交纳办法》第 9 条规定，根据《民事诉讼法》和《行政诉讼法》规定的审判监督程序审理的案件，当事人不交纳案件受理费。但是，下列情形除外：

（一）当事人有新的证据，足以推翻原判决、裁定，向人民法院申请再审，人民法院经审查决定再审的案件；

（二）当事人对人民法院第一审判决或者裁定未提出上诉，第一审判决、裁定或者调解书发生法律效力后又申请再审，人民法院经审查决定再审的案件。

讼费收取标准。如果当事人没有实际给付财产请求的，按照非财产案件按件收费。如果当事人有多个财产性诉求，比较合理的做法是应当合并计算后交纳诉讼费。如果当事人的诉讼请求中有多个非财产性诉求的，没有实际的给付内容，也倾向于作为非财产案件收取诉讼费是按件交费，不宜重复计算，只计一份诉讼费用即可。如果当事人的诉讼请求中既有财产性诉求，也有非财产性诉求的，按照财产性诉求计算较为合理，因为按财产案件标准交纳是诉讼费用交纳的一个重要计算方法，且财产案件标准是有一定比例的，诉讼请求标的额越大，则交纳的案件受理费则越多。而非财产案件是按件交纳，且固定的诉讼费用数额往往较低。既有财产性诉求也有非财产性诉求的，较大的数额应当吸收较小的数额，因此仅按财产性诉求交纳即可。此外，审判实践中，当事人的诉讼请求多种多样，财产性诉求中不仅涉及债权，而且还涉及物权的，也应当合并计算诉讼标的额。如果涉及的是特定物的，应当按照对原告进行释明，按其主张计算价额，再加上其他诉讼请求数额，合并计算标的额。

二、关于债权人撤销权案件的案件受理费

《诉讼费用交纳办法》对确认之诉、形成之诉等没有具体标的额的诉讼案件如何收费没有规定，仅以财产案件和非财产案件作区分。对于债权人撤销权案件，是按件收费还是按标的收费，实践中有不同意见。第一种观点认为，债权人撤销之诉属于形成之诉，即权利人请求人民法院以判决改变或者消灭既存法律关系的诉。撤销权系形成权，须通过向人民法院提起撤销权之诉行使该项权利。形成之诉不同于给付之诉，不以请求相对方履行给付义务为诉讼标的，因此，不适用《诉讼费用交纳办法》第 13 条第 1 款第 1 项的规定，不作为财产案件收取诉讼费，而应当按照其他非财产案件，按件收取诉讼费。第二种观点认为，债权人撤销权之诉的行使条件是债务人放弃到期债权或者无偿转让财产，撤销权之诉的诉讼请求对应一定的财产价值，以诉讼请求所对应的财产价值为基础确定诉讼标的额并按财产案件标准收取诉讼费，符合《诉讼费用交纳办法》规定精神。我们倾向同意第二种观点，即债权人依据《民法典》的规定行使撤销权，诉讼请求对应一定财产价值的，人民法院应当按照财产性诉讼请求收取案件受理费。

三、关于部分非财产案件的案件受理费

目前，对于部分非财产案件的受理费标准，各地认识不一，需要进一步明确。一是侵犯生命权、健康权、身体权案件。生命权、身体权、健康权纠纷等人格权纠纷属于非财产案件，立案受理后，人民法院应当按件收取案件受理费。但是，涉及损害赔偿，赔偿金额不超过5万元的，不另行交纳；超过5万元至10万元的部分，按照1%交纳；超过10万元的部分，按照0.5%交纳。二是离婚纠纷案件。离婚纠纷立案受理后，按照每件预交50元至300元案件受理费。涉及夫妻共同债务分割的，人民法院应当将分割的债务涉及的金额与分割的财产涉及的金额相加，按照离婚案件涉及财产分割类案件收取案件受理费。但是，财产总额不超过20万元的，不另行交纳；超过20万元的部分，按照0.5%交纳。离婚后提起财产分割诉讼的，按照此标准交纳。判决不准予离婚的，退还收取的涉及财产部分的诉讼费。三是扶养费、赡养费、抚育费纠纷案件。扶养费、赡养费、抚育费纠纷立案受理后，人民法院应当按件收取案件受理费。四是排除妨害纠纷、消除危险纠纷案件。排除妨害纠纷、消除危险纠纷属于非财产案件，立案受理后，人民法院应当按件收取案件受理费。五是股权转让纠纷案件。股权转让纠纷立案受理后，当事人提出诸如仅股权变更登记等请求对方履行无财产给付内容的诉讼请求的，人民法院应当按件收取案件受理费。但是，当事人提出的诉讼请求涉及确认股权转让合同效力等事项的，人民法院应当按照财产性诉讼请求收取案件受理费。

四、关于部分新类型案件的案件受理费

2012年，《民事诉讼法》进行修改，增加了小额诉讼、第三人撤销之诉、执行异议之诉、公益诉讼等一批新类型案件，对这些案件的收费标准，《诉讼费用交纳办法》没有规定。我们认为，对于小额诉讼案件，可以按照《诉讼费用交纳办法》第16条的规定减半交纳案件受理费；对于第三人撤销之诉案件，第三人提出撤销之诉属于新诉，可根据当事人提出的请求撤销范围涉及的金额交纳案件受理费；非财产案件，按请求撤销的原案件的收费标准交纳。对于执行异议之诉案件，此项制度是人民法院对执行过程中当事人之间实体法律关系争议适用审判程序进行裁决的诉讼制度。执行异议之诉是一个独立的诉，为一新诉，案外人或当事人提起执行

异议之诉最大的目的是阻却法院正在执行的案件，排除执行、确认实体权利。因此，应区分当事人的争议有无财产权益，有财产内容的，根据当事人提出的请求异议范围涉及的金额交纳案件受理费；没有财产内容的，按件交费。对于公益诉讼案件，人民法院应当根据公益诉讼请求涉及的财产性诉讼请求收取案件受理费。

第二编　审判程序

第十二章　第一审普通程序

第一节　起诉和受理

第一百二十二条　起诉必须符合下列条件：
（一）原告是与本案有直接利害关系的公民、法人和其他组织；
（二）有明确的被告；
（三）有具体的诉讼请求和事实、理由；
（四）属于人民法院受理民事诉讼的范围和受诉人民法院管辖。

【条文主旨】

本条是关于起诉条件的规定。

【理解与适用】

本条内容在 2023 年《民事诉讼法》修正中未作变动。

改革案件受理制度，变立案审查制为立案登记制，是党的十八届四中全会作出的重大决策部署。2015 年以来，最高人民法院全面实施立案登记制改革，出台一系列制度文件，推出一系列改革举措，要求全国法院对依法应当受理的起诉，做到“有案必立、有诉必理”。特别是 2019 年以来，全国法院以一站式多元纠纷解决机制和诉讼服务体系建设为牵引，深化案件“当场立、自助立、网上立、就近立”改革，实现跨域立案服务四级法院全覆盖，平均当场立案率 95.7%，天津、上海、浙江、福建、重庆、云南等地当场立案率超过 98%，赢得社会各界广泛赞誉。但是，登记立案不等于抛开法律的规定一概予以立案受理，《民事诉讼法》第 122 条规定了起诉的条件。

起诉，是指公民、法人及其他组织认为自己的或依法由自己管理、支配的民事权益受到侵害或与他人发生了争议，以自己的名义向人民法院提出诉讼请求，要求人民法院通过审判予以保护的诉讼行为。[①] 对我国《民事诉讼法》第 122 条的规定，可以从以下几个方面进行分析：

1. 起诉的主体适格，原告是与本案有利害关系的公民、法人和其他组织。其中，其他组织是指合法成立、有一定的组织机构和财产，但又不具备法人资格的组织。包括：（1）依法登记领取营业执照的个人独资企业；（2）依法登记领取营业执照的合伙企业；（3）依法登记领取我国营业执照的中外合作经营企业、外资企业；（4）依法成立的社会团体的分支机构、代表机构；（5）依法设立并领取营业执照的法人的分支机构；（6）依法设立并领取营业执照的商业银行、政策性银行和非银行金融机构的分支机构；（7）经依法登记领取营业执照的乡镇企业、街道企业；（8）其他符合本条规定条件的组织。这里要明确的是，诉讼当事人并不能完全等同于民事责任承担主体。如某公司对某银行分支机构提起诉讼，银行分支机构认为其作为分公司不能独立承担民事责任，故应以银行总公司作为被告。这就是错误地将诉讼当事人等同于民事责任承担主体。实际上，在立案或者说未进入实体审理阶段，并不能对案件进行实体上的审查，也就不能对被告是否承担责任作出判断，因此，这里的主体适格是程序意义上的。

有直接利害关系，是指起诉要求解决的争议涉及自己的民事权益。即要有诉的利益。但在一些特殊诉讼中，对原告是否具有利害关系也作了突破性的规定。如在公益诉讼中，《环境保护法》《消费者权益保护法》等法律规定的机关和有关组织对污染环境、侵害众多消费者合法权益等损害社会公共利益的行为，可以提起公益诉讼。除此之外，检察机关也可以提起公益诉讼。实践中，已有不少检察机关提起公益诉讼的案例。但是，这类起诉的前提是法律作了明确的规定。

2. 有明确的被告，是指被告应当具体明确，即要明确被告的姓名、性别、工作单位、住所等信息，法人或者其他组织的名称、住所等信息。要求被告明确的原因在于人民法院能够将起诉状送达给被告。但要强调的是，在登记立案过程中，人民法院鼓励当事人在诉状中提供被告或者被告人完整信息，但是要改变以往要求必须提供被告或者被告人身份证件才能

---

① 田平安主编：《民事诉讼法原理》，厦门大学出版社 2009 年版，第 277 页。

立案的做法。如当事人起诉、自诉能提供姓名、性别、住所等基础信息，但不能提供被告或者被告人身份证号以及联系方式等完整信息的，可以予以登记立案。此类情形起诉、自诉立案后，只能采用邮寄送达、直接送达的方式发送诉状副本，不适用留置送达、公告送达。一旦邮寄送达、直接送达到被告或者被告人的，进入审理程序；不能送达到的，驳回起诉或者不予受理。当然，如果当事人起诉、自诉能提供包括被告身份证号在内的信息，但不能提供联系方式或者联系不上的，可以适用公告送达。

3. 有具体的诉讼请求、事实、理由。这里，对提起的诉讼请求、陈述的事实，依据的理由仅仅要求是具体的，能够便于法院判断案件性质，确定案由。人民法院对此也仅作形式上的审查。如起诉时的诉讼标的额通常按照原告所主张的数额作为级别管辖的依据。至于这些请求能否被支持，不在立案考虑范围之内。以往也有个别法院要求提供能够证明原告诉讼主张的证据，而且还对是否能够支持其诉讼主张进行审查，对不能支持的诉请所涉及的标的额不计算在内，并以此将案件交由下级人民法院审查。此种做法将实体审查前置到程序性审查的阶段，不利于当事人诉权保障。

4. 属于法院主管和受诉管辖范围。即当事人提起的诉讼应当是基于公民之间、法人之间、其他组织之间以及他们相互之间因财产关系和人身关系引发的纠纷。对应由其他机关处理的争议，以及行政诉讼受案范围的争议，不属于民事诉讼范围。同时，原告提起的诉讼也应当符合级别管辖和地域管辖的规定。

【审判实践中应当注意的问题】

一、被告抗辩不适格的处理

“原告就被告”是世界各国和地区确定管辖的基本原则。关于一般地域管辖，我国《民事诉讼法》第22条规定：“对公民提起的民事诉讼，由被告住所地人民法院管辖；被告住所地与经常居住地不一致的，由经常居住地人民法院管辖。对法人或者其他组织提起的民事诉讼，由被告住所地人民法院管辖。同一诉讼的几个被告住所地、经常居住地在两个以上人民法院辖区的，各该人民法院都有管辖权。”实践中，对于原告以多个当事人为被告提起的诉讼，如甲以A、B、C为被告，向A住所地的法院提起诉讼。A住所地的法院在受理时，A以其不是适格被告为由主张住所地的法院没有管辖权进行抗辩，从形式上看，甲以A等为被告向法院起诉，具备了《民事诉讼法》第122条规定的明确的被告的起诉条件。但是，在受诉法院系依据A住所地这一连结点管辖本案的前提下，A提出住所地法院不具备管辖权的被告不适格抗辩，法院应当从形式上审查A与甲是否存在民事法律关系，以及甲起诉是否提供相应的形式证据材料。如经审查，形式上不存在民事法律关系，A住所地的法院应当裁定驳回甲对A的起诉，同时，在征求甲意见的前提下，可以将案件移送有管辖权的法院。

二、不属于人民法院主管的所诉事项

《最高人民法院关于人民法院推行立案登记制改革的意见》明确规定下列情形的案件，不属于人民法院登记立案的范围：（1）违法起诉或者不符合法定起诉条件的；（2）诉讼已经终结的；（3）涉及危害国家主权和领土完整、危害国家安全、破坏国家统一和民族团结、破坏国家宗教政策的；（4）其他不属于人民法院主管的所诉事项。《最高人民法院关于人民法院登记立案若干问题的规定》（法释〔2015〕8号）第10条规定：人民法院对下列起诉、自诉不予登记立案：（1）违法起诉或者不符合法律规定的；（2）涉及危害国家主权和领土完整的；（3）危害国家安全的；（4）破坏国家统一和民族团结的；（5）破坏国家宗教政策的；（6）所诉事项不属于人民法院主管的。实践中，对于不属于人民法院主管的所诉事项，除了《民事诉讼法》第127条规定的情形外，可以参考以下情形予以认定：一是国防、外交等国家行为；二是行政法规、规章或者行政机关制定、发布的具有普遍约束力的决定、命令以及处理历史遗留问题的政策；三是法律规定由行政机关最终裁决的行政行为；四是公安、国家安全等机关依照《刑事诉讼法》的明确授权实施的行为。

第一百二十三条　起诉应当向人民法院递交起诉状，并按照被告人数提出副本。

书写起诉状确有困难的，可以口头起诉，由人民法院记入笔录，并告知对方当事人。

【条文主旨】

本条是关于起诉方式的规定。

【理解与适用】

本条内容在2023年《民事诉讼法》修正中未作变动。

起诉，俗称“打官司”，是指公民、法人或者其他组织认为自己的合法权益受到侵害，或者与他人发生民事争议时，以自己的名义向人民法院提起诉讼，请求人民法院予以司法保护并依法作出裁判的行为。当事人起诉有两种方式：书面起诉和口头起诉。起诉，以书面起诉为原则，口头起诉为例外。无论是书面起诉还是口头起诉，都产生诉讼时效中断的法律效果。原告向人民法院递交起诉状或者口头起诉的，诉讼时效从递交起诉状或者口头起诉之日起中断。

一、关于书面起诉

书面起诉状，可以明确表达原告的诉讼请求、事实及理由，便于法官审查起诉材料，判断案件是否属于人民法院主管和受诉人民法院管辖，是否符合《民事诉讼法》规定的起诉条件。原告递交起诉状，应当按照被告人数递交相应份数的副本，以便人民法院决定立案受理后，送达被告，告知被告应诉事宜。起诉状副本，是相对于递交人民法院的原始诉状而言的。副本内容与起诉状完全相同，可以抄写也可以复印，或者打印。

二、关于口头起诉

口头起诉的前提，是原告“书写起诉状确有困难”。“书写起诉状确有困难”是指原告本人或原告无诉讼行为能力时其法定代理人，因文化水平或法律知识欠缺或生理疾病等原因，自行书写起诉状确有困难的情形。原告如果以口头方式起诉，法官或者司法辅助人员应当将当事人姓名、性别、工作单位、住所、联系方式等基本信息，诉讼请求，事实及理由等内容，完整、准确记入笔录，由原告核对无误后签名或者捺手印。口头起诉与书面起诉具有同等法律效力。送达时，人民法院可以将签名或者捺手印的笔录复印送达被告，也可以口头通知被告。

【审判实践中应当注意的问题】

一、关于网上受理起诉

党的十八大以来，人民法院认真贯彻落实习近平法治思想和习近平总书记关于网络强国的重要思想，推动法院工作与现代科技深度融合，研发上线覆盖四级法院的“人民法院在线服务”平台，提供立案、开庭、送达等在线服务，实现老百姓办理诉讼事务全流程、全天候“掌上办”。以往，人民群众起诉必须在工作时间前往有管辖权的人民法院立案窗口提交起诉状，费时费力。如今，人民法院提供网上立案、预约立案、巡回立案、上门立案等多种方式，当事人足不出户，即可向人民法院递交起诉状，诉请人民法院解决纠纷，极大减轻人民群众诉累。除此之外，全国法院全面建设信息化诉讼服务大厅，开通“12368 诉讼服务热线”，为当事人提供立案、咨询、调解等全方位的诉讼服务，最大限度方便当事人的诉讼活动。

二、关于依法接收诉状的登记立案要求

自 2015 年 5 月 1 日人民法院全面施行立案登记制改革后，人民法院对依法应该受理的一审民事起诉应当一律接收诉状，出具书面凭证并注明收到日期。对符合法律规定的起诉，应当当场予以登记立案。人民法院当场不能判定是否符合法律规定的，应当在收到起诉状之日起七日内决定是否立案。对立案工作中存在的不接收诉状、接收诉状后不出具书面凭证，不一次性告知当事人补正诉状内容，以及有案不立、拖延立案、干扰立案、既不立案又不作出裁定或者决定等违法违纪情形，当事人可以向受诉人民法院或者上级人民法院投诉。人民法院应当在受理投诉之日起十五日

内，查明事实，并将情况反馈当事人。发现违法违纪行为的，依法依纪追究相关人员责任；构成犯罪的，依法追究刑事责任。

第一百二十四条　起诉状应当记明下列事项：

（一）原告的姓名、性别、年龄、民族、职业、工作单位、住所、联系方式，法人或者其他组织的名称、住所和法定代表人或者主要负责人的姓名、职务、联系方式；

（二）被告的姓名、性别、工作单位、住所等信息，法人或者其他组织的名称、住所等信息；

（三）诉讼请求和所根据的事实与理由；

（四）证据和证据来源，证人姓名和住所。

【条文主旨】

本条是关于起诉状记明事项的规定。

【理解与适用】

本条与2012年《民事诉讼法》内容一致，2021年修改《民事诉讼法》时仅调整了条文顺序，并未对条文内容作出修改。2023年《民事诉讼法》修正时，本条未作修改。

本法规定的起诉状，是指公民、法人或者其他组织，在认为自己的合法权益受到侵害或者与公民、法人或者其他组织发生民事权益争议时或者需要确权时，向人民法院提交的请求人民法院依法裁判的法律文书。当事人向人民法院递交起诉状，人民法院经审查决定受理后，将启动民事诉讼程序。起诉状不仅是原告提起诉讼的根据，还是人民法院对民事纠纷进行调解和审理的基础，亦是被告应诉答辩的依据。起诉状直接关系到原告诉权的行使、法官对案件的审查、案件的诉讼结果，因而是最重要的诉讼文件之一。为引导当事人准确书写起诉状，本条从几个方面规定了起诉状必须记明的事项。

1.原告的基本情况。原告是自然人的，起诉状应当列明姓名、性别、年龄、民族、职业、工作单位、住所、联系方式，其中“联系方式”为2012年《民事诉讼法》修改时增加的内容。在2012年之前，《民事诉讼法》主要以“住所”作为原告的主要联系方式，但是随着市场经济的不断发展，移动电话、固定电话、邮箱、微信等新型通讯方式逐渐普及，要求原告记明联系方式有利于及时通知诉讼当事人，提高送达效率，故 2012 年修法时，增加了“联系方式”作为法定记明事项。原告为法人或者其他组织的，依据《民事诉讼法》第 51 条第 2 款关于“法人由其法定代表人进行诉讼。其他组织由其主要负责人进行诉讼”的规定，原告为法人的，应当列明法人的名称、住所和其法定代表人的姓名、职务、联系方式；原告为其他组织的，应当列明其他组织的名称、住所和其主要负责人的姓名、职务、联系方式。

2. 被告的基本情况。与原告应当记明的事项相比，被告需要记明的事项较少，主要是考虑到原告可能不掌握被告的确切信息，因此，被告的信息仅需要满足《民事诉讼法》第 122 条第 2 项规定的“有明确的被告”即可。被告为自然人的，应当记明姓名、性别、工作单位、住所等信息；被告为法人或者其他组织的，应当记明名称、住所等信息。另外，如果有第三人的，可以列示在被告基本情况之后，记明其基本情况。

3. 诉讼请求和所依据的事实与理由。“有具体的诉讼请求和事实、理由”不仅是法定起诉要件，也是起诉状的法定记明事项，是起诉状的核心内容。诉讼请求是民事纠纷当事人通过人民法院向对方当事人所主张的具体权利，在起诉状中则表现为原告请求法院审理的具体事项。诉讼请求的提出应当明确、合法、具体，切忌含糊、笼统，更不可无视事实和法律提出无理或非法的要求。事实和理由是请求人民法院裁决当事人之间权益纠纷和争议的重要依据，应针对诉讼请求，全面、客观、详细地阐明当事人双方争议的事实或被告侵权的事实，写清争议起因、纠纷内容、争议焦点以及与案件有直接关联的其他客观情况，并依据事实，对照法律规定，阐明其诉讼请求的合理性。

4. 证据和证据来源，证人姓名和住所。依据《民事诉讼法》第 67 条第 1 款关于“当事人对自己提出的主张，有责任提供证据”的规定，原告对自己主张的诉讼请求、阐明的事实及理由，应当提供证据予以证明，并提供证据来源，以便人民法院核实。依据《民事诉讼法》第 66 条规定，证据包括当事人的陈述、书证、物证、视听资料、电子数据、证人证言、鉴定意见、勘验笔录。如果提供的是证人，应当记明证人的姓名、住所或工作单位，以便人民法院调查。如果提供的是书证，应当附上原件或复制件，如系摘录或抄件，要如实反映原件本意，切忌断章取义，并应注明材料的出处。

【审判实践中应当注意的问题】

一、起诉状的书写

起诉状的书写应当规范、文明。一个完整、规范的民事起诉状包含三部分，依次为首部、正文和尾部。

起诉状的首部包括文书名称、当事人的基本情况。文书名称应当准确命名为“民事起诉状”，不宜简化书写为“起诉状”，以区别于刑事起诉状和行政起诉状。当事人的基本情况部分应当区分原告、被告、第三人依次写明，如果有数个原告、被告、第三人，则依据他们在案件中的地位和作用，分别依次排列。如果当事人不具有民事行为诉讼能力，应当写明法定代理人的基本情况，并写明其与当事人的关系。当事人、法定代理人委托诉讼代理人的，还应当在原告基本情况后，记明诉讼代理人的基本情况。委托律师作为诉讼代理人的，需要记明律师姓名和律师事务所名称。首部书写应当注意的是，被告的基本情况原则上应与原告基本情况所列事项一样。但由于原告并不一定都能清楚地知悉被告的情况，因而允许原告将知情的情况一并写明。

正文包括诉讼请求、依据的事实、理由及有关证据材料。诉讼请求应当清楚、明确，符合法律规定，同时具有可执行性，如果有多项请求的，可以分项表述。例如，就给付货款、赔偿违约金、归还借款等给付之诉而言，应当明确给付标的的名称、类型、范围、数量、金额等；确认之诉应当明确需要法院确认的法律关系或者民事权利；形成之诉应当明确变更的权利关系和具体变更的时间。事实和理由部分，既可以分别写，又可以合并在一起写，但是应当简洁明了，案件事实和理由应当与诉讼请求一一对应。事实部分要围绕着诉讼目的，全面反映案件事实的客观真实情况。叙事要完整、准确、实事求是，讲明案件的时间、地点、人物、事件、原因和结果。理由部分要列举证据，并根据事实，对照法律有关条款进行论证。需要注意的是，诉状中所叙述的主要事实，都要有相应证据支持，切忌主观推断。

起诉状的尾部书写应当规范。应当列明致送人民法院的全称。落款部分，起诉人为自然人的，应当由起诉人本人签名或捺手印；起诉人为单位的，应当加盖单位印章并由授权人员进行签名。如果起诉状是委托律师代书，则在起诉日期下写明代书律师姓名及其所在律师事务所名称。另外，应附上起诉状副本，副本份数应按被告（包括第三人）的人数提交。随起诉状一起提交证据的，列明证据名称、数量。标明起诉日期。

另外，人民法院应当提供诉状样本，为当事人书写诉状提供示范和指引。对不符合法律规定的起诉，人民法院应当予以释明。原告在起诉状中有谩骂和人身攻击之辞的，人民法院应当告知其修改后提起诉讼。人民法院对违法起诉或者不符合法律规定的、涉及危害国家主权和领土完整的、危害国家安全的、破坏国家统一和民族团结的、破坏国家宗教政策的等起诉不予登记立案。

二、起诉时应当提交的其他相关材料

起诉人是自然人的，应当提交身份证明复印件；起诉人是法人或者其他组织的，应当提交营业执照或者组织机构代码证复印件、法定代表人或者主要负责人身份证明书；法人或者其他组织不能提供组织机构代码的，应当提供组织机构被注销的情况说明。委托起诉或者代为告诉的，应当提交授权委托书、代理人身份证明、代为告诉人身份证明等相关材料。授权委托书必须记明委托事项和权限。侨居在国外的中华人民共和国公民从国外寄交或者托交的授权委托书，必须经中华人民共和国驻该国的使领馆证明；没有使领馆的，由与中华人民共和国有外交关系的第三国驻该国的使领馆证明，再转由中华人民共和国驻该第三国使领馆证明，或者由当地的爱国华侨团体证明。

当事人提交的诉状和材料不符合要求的，人民法院应当一次性书面告知在指定期限内补正。当事人在指定期限内补正的，人民法院决定是否立案的期间，自收到补正材料之日起计算。需要强调的是，这里的一次性书面告知补正，指的是法院的告知补正工作，如果当事人补正材料时，未一次性全面提交材料，还应当允许当事人再行补齐材料。当然，实践中，如果出现当事人在指定期限内拒不补正、未说明正当化事由的，人民法院可以退回诉状并记录在册，同时，告知其按照一次性书面告知的要求，补正相关材料，并释明不利的法律后果。在这种情形下，当事人仍然坚持起诉、提出自诉的，人民法院可以裁决不予受理、不予立案。

第一百二十五条　当事人起诉到人民法院的民事纠纷，适宜调解的，先行调解，但当事人拒绝调解的除外。

【条文主旨】

本条是关于民事纠纷先行调解的规定。

【理解与适用】

一、本条的起草背景

在早期司法观念中，通过法院诉讼，也就是司法救济，是解决纠纷的最主要途径。因此，法律上有“无诉讼则无权利”的说法。[①]然而，随着社会经济的不断发展，权利实现的方式日趋多样化，人们逐渐认识到调解作为解决纠纷的有效方式，具有程序简便、方式灵活、自觉履行率高等优点。当前我国的国情决定我们不可能成为一个诉讼大国，充分发挥调解作用，尽量将矛盾纠纷解决在基层、解决在当地，对及时化解矛盾纠纷，促进社会和谐稳定，具有重要作用。对此，1991 年修改《民事诉讼法》时，传承我国民事诉讼一贯重视调解的传统，确立了在合法、自愿的基础上进行调解的原则。2004 年《最高人民法院关于民事调解工作的若干规定》根据现实需要进一步完善了调解制度，使得诉讼中调解更加灵活。2009 年 8 月最高人民法院公布《最高人民法院关于建立健全诉讼与非诉讼相衔接的矛盾纠纷解决机制的若干意见》，健全完善诉讼中多方主体参与调解机制，鼓励行政机关、社会组织、企事业单位以及其他各方面的力量积极参与纠纷解决。2010 年 8 月全国人大常委会通过的《人民调解法》，明确规定了人民调解协议的效力和司法确认制度，突出调解优先，对及时妥善解决民间纠纷、构建和谐社会具有重要的意义。

2012 年《民事诉讼法》修正过程中，有意见提出，2007 年《民事诉

---

① 王胜明主编:《中华人民共和国民事诉讼法释义（最新修正版）》，法律出版社 2012 年版，第 298 页。

讼法》第9条规定，人民法院审理民事案件，应当根据自愿和合法的原则进行调解，该条容易使人理解为开庭审理后才可以进行调解，建议法律明确规定立案前的调解和立案后审理前的调解，将多元化调解机制引入审前程序。也有意见提出，2009年最高人民法院出台的《最高人民法院关于建立健全诉讼与非诉讼相衔接的矛盾纠纷解决机制的若干意见》中提出，法院在收到起诉状或口头起诉之后，至正式立案之前，可以依职权或依申请将纠纷委派至具有调解职能的组织进行调解，当事人不同意调解或者调解失败的，应当及时立案。这些调解活动在实践中取得了良好的效果。鉴于上述背景，2012年修正的《民事诉讼法》增加第122条规定："当事人起诉到人民法院的民事纠纷，适宜调解的，先行调解，但当事人拒绝调解的除外。"之后两次修正中，本条仅条文序号发生变化，内容无变化。本条在2023修正中未作变动。先行调解作为完善调解和诉讼的相衔接的措施，是构建我国多元化纠纷解决机制的法律基础，鲜明地体现了调解优先的理念，把调解贯穿于诉讼全过程的指导思想，起到整合社会解纷资源、合理分流案件、提升纠纷解决实效的功能。

二、先行调解的适用范围

先行调解主要指向法院立案前或者立案后不久的调解。当事人向人民法院提起诉讼，递交起诉状或者口头起诉之后，人民法院尚未立案，根据案件具体情况，人民法院认为适宜调解的，可以先行调解。当事人不同意调解或者在商定、指定时间内不能达成调解协议的，人民法院应当依法及时立案。需要说明的是，案件受理之后尚未开庭审理前，人民法院仍然可以进行调解。①

三、关于适宜调解的认定

"适宜"的范围由人民法院根据案件具体情况具体判断。一般来说，事实基本清楚、当事人争议不大的案件均可先行调解。特别是对于法律关系需要修复型的纠纷适宜调解，如在熟人之间、有长期稳定关系并希望保持这种关系的人们之间适用调解最为有效。《简易程序规定》第14条明

---

① 王胜明主编：《中华人民共和国民事诉讼法释义（最新修正版）》，法律出版社2012年版，第299页。

确了6种强制调解的纠纷类型，包括：婚姻家庭纠纷和继承纠纷；劳务合同纠纷；交通事故和工伤事故引起的权利义务关系较为明确的损害赔偿纠纷；宅基地和相邻关系纠纷；合伙协议纠纷；诉讼标的额较小的纠纷。关于不适宜调解的情形，依照《民事诉讼法解释》第143条规定："适用特别程序、督促程序、公示催告程序的案件，婚姻等身份关系确认案件以及其他依据案件性质不能进行调解的案件，不得调解。"

四、自愿原则

实践中认识调解是否符合自愿原则的几个要点。在调解中贯彻自愿原则需要做到四个方面：一是调解程序的启动应以当事人自愿为前提；二是调解协议的内容应在双方自愿同意的情况下达成，如是否存在当事人在违背真实意思的情况下签订调解协议、调解协议显失公正、调解组织或者调解员强迫调解或者与案件有利害关系的情况等情形；三是调解程序的终结应当尊重当事人的自愿；四是法官要保证居于中立地位。同时，人民法院应为双方当事人达成调解协议提供条件、机会和必要的司法保障。针对当事人在文化知识、诉讼能力方面的不同特点，用通俗易懂的语言，进行释法解疑，充分说明可能存在的诉讼风险，引导当事人在充分认识自身权利义务的基础上，平等自愿地解决纠纷。[①]

五、合法原则

实践中应考察调解是否符合合法原则的要点。合法性包括实体合法性和程序合法性。前者要求合法体现在调解协议内容的公正和不违反法律、行政法规禁止性规定两方面。而后者则一般从调解的方式、程序、内容来确定：一是考虑调解协议的达成是否违法。在法律允许的幅度内，当事人可以自由处分自己的权利，因此不要求调解协议必须严格依法制定，只要不违反法律强制性规定，就属于当事人意思自治的范围。二是考虑调解协议是否内容明确，是否可以获得现实的强制执行力，如果执行内容不明确和规范，调解协议也就没有太大意义。比如，在调解过程中要考虑到义务人履约的能力、是否需要调解书履行保证条款等措施来增强调解协议的可

① 江必新主编：《新民事诉讼法条文理解与适用》，人民法院出版社2022年版，第582、583页。

执行性，是否会致使履行过程中，又滋生新的矛盾等。因此，人民法院对于调解协议应履行认真审查的职责，在查明当事人之间的纠纷争执点和利益共同点的基础上，确保调解协议的内容不违反法律规定。

【审判实践中应当注意的问题】

《民法典》第140条规定："行为人可以明示或者默示作出意思表示。沉默只有在有法律规定、当事人约定或者符合当事人之间的交易习惯时，才可以视为意思表示。"本条但书规定"当事人拒绝调解的除外"，因此调解的前提是当事人不拒绝调解，这里的当事人不拒绝不仅包括当事人明示的同意，还包括其默示同意。调解过程中，当事人未明确拒绝调解的，可以视为同意调解。[①]

① 王胜明主编：《中华人民共和国民事诉讼法释义（最新修正版）》，法律出版社2012年版，第299页。

第一百二十六条 人民法院应当保障当事人依照法律规定享有的起诉权利。对符合本法第一百二十二条的起诉，必须受理。符合起诉条件的，应当在七日内立案，并通知当事人；不符合起诉条件的，应当在七日内作出裁定书，不予受理；原告对裁定不服的，可以提起上诉。

【条文主旨】

本条是关于人民法院保障诉权、登记立案，以及不予受理和救济方式的规定。

【理解与适用】

本条内容在2023年《民事诉讼法》修正中未作变动。

诉权是当事人请求法院行使审判权以保护其合法权益的权利，是当事人进行诉讼的基本权能。而立案则具有确认诉权、保障诉权行使的功能。[①]

为全面落实党的十八届四中全会精神，切实解决群众反映突出的“立案难”问题，自2015年5月1日起，全国法院全面实施立案登记制改革，对依法由法院受理的案件，做到“有案必立，有诉必理”，依法保障当事人行使诉权。

关于登记立案的程序

为规范登记立案程序，切实保护当事人诉权，对于符合《民事诉讼法》第122条规定的起诉，应当按照以下程序开展登记立案工作。

一是对起诉、自诉，做到一律接收诉状，出具书面凭证并注明收到日期。符合法律规定的起诉、自诉，当场予以登记立案。对不符合法律规定的起诉、自诉，应当予以释明。当事人坚持起诉的，人民法院应当书面裁

---

① 李德恩：《民事立案制度之重构——以保障当事人程序主体地位为视角》，载《上海政法学院学报》第27卷第6期。

定或者决定不予受理、不予立案，并载明理由。

二是对当场不能判定是否符合法律规定的，区别以下情形处理：（1）民事、行政案件起诉，应当在收到起诉状之日起7日内决定是否立案；（2）刑事案件自诉，应当在收到自诉状次日起15日内决定是否立案；（3）第三人撤销之诉，应当在收到起诉状之日起30日内决定是否立案；（4）执行异议之诉，应当在收到起诉状之日起15日内决定是否立案。同时，对在法律规定期限内仍不能决定的，可以先行立案。

三是对当事人提交的诉状和材料不符合要求的，要求人民法院应当一次性书面告知在指定期限内补正。当事人在指定期限内补正的，人民法院决定是否立案的期间，自收到补正材料之日起计算。当事人在指定期限内没有补正的，退回诉状并记录在册；当事人提交补正材料后无法联系的，邮寄退回。当事人坚持起诉、自诉的，人民法院应当裁定或者决定不予受理、不予立案。这里的“一次性告知”应该是对法院而言，一次性全面告知当事人登记立案所需要的材料，不能有所欠缺。但不能只是机械地理解为，只是告知当事人一次就不再告知了，如果当事人下次材料没有补齐的话，还应再次告知。

四是对当事人提起民事、行政起诉，不管有没有当场交诉讼费，都应该给予登记立案。登记立案后，除了缓、减、免情况外，未交纳诉讼费的，可以按撤回起诉处理。要改变一些法院在实践操作中，让当事人先交费再立案的做法，不能当场交了费就给立，没交费就不给立。登记立案后，立案庭应当及时将案件移送有关审判庭审理，从而加快案件流转，规范审判管理。

五是强化登记立案监督。《行政诉讼法》第51条第4款的规定：“对于不接收起诉状、接收起诉状后不出具书面凭证，以及不一次性告知当事人需要补正的起诉状内容的，当事人可以向上级人民法院投诉，上级人民法院应当责令改正，并对直接负责的主管人员和其他直接责任人员依法给予处分。”第52条规定：“人民法院既不立案，又不作出不予立案裁定的，当事人可以向上一级人民法院起诉。上一级人民法院认为符合起诉条件的，应当立案、审理，也可以指定其他下级人民法院立案、审理。”实施立案登记制后，除了行政诉讼，对于对民事起诉和刑事自诉、强制执行和国家赔偿申请，有上述情形的，当事人可以向上一级人民法院投诉，上一级人民法院应当责令有管辖权的人民法院及时纠正，并视情况予以通报批评，对相关责任人依法依纪作出处理。对于受理民事起诉的法院既不立案、又不作出裁定的情况，当事人可以向上一级法院起诉，上级法院认为符合起诉条件的，可以自行立案、审理，也可以指定其他下级法院立案、审理。

【审判实践中应当注意的问题】

一、关于立案登记制与立案审查制的区别

立案登记制是指，除了司法解释规定不予登记立案的情形外，当事人提交的诉状一律接收，并出具书面凭证。起诉状和相关证据材料符合诉讼法规定条件的，当场登记立案。[①] 区别于立案审查制，主要体现在以下方面：

第一，诉讼起点不同。立案审查制下，诉讼起点是人民法院决定立案时。即人民法院审查立案后，才意味着诉讼进入法院。立案登记制下，诉讼起点是当事人提交诉状时，即诉状提交给法院时诉讼就开始了。诉讼程序开始后，人民法院才能行使审判权对案件进行审理。

第二，立案条件不同。立案审查制下，人民法院对当事人起诉能否立案，需要进行审查。而审查的尺度，各级法院存在标准不一的问题。立案登记制下，当事人只要提供符合形式要件的诉状，人民法院应当一律接收，并在规定期限内依法处理。

第三，对当事人起诉权的保障不同。立案审查制下，人民法院要依法对当事人的起诉进行审查，只有符合法律规定条件的，才能通过司法救济。立案登记制下，人民法院不拒收诉状，当事人可以依法无障碍的行使诉权，体现了对当事人起诉权的充分保护。

二、关于依法整治“年底不立案”问题

随着立案登记制改革深入推进，尽管这项改革取得了巨大成效，但是，部分地区、一些法院仍然存在着年底限号立案、拖延立案等年底不立案问题，主要表现为：第一，从立案偏离度态势看，全国法院存在月

---

① 参见景汉朝主编：《最高人民法院关于登记立案司法解释理解与适用》，人民法院出版社2016年版，第44页。

末、季度末“控制收案”问题，特别是季度末仍呈现案件大幅下降后又骤然上升，呈现出月末最后一周下降、月初第一周反弹的规律性态势。第二，从满意度评价差评事项看，部分法院存在以调代立、久调不立问题。如当事人反映有的法院诉前调解时间长、个别法院将诉前调解作为诉讼案件的“蓄水池”，未经当事人同意久调不决；线上提交的立案材料审查不及时、网上立案审核周期长；诉前调解信息不公开。第三，从12368诉讼服务热线投诉看，部分法院存在年底搞变通限制立案、增设立案门槛问题。如：对不符合形式要求的起诉随意退回、反复退回；退回未一次性告知补充材料内容；对当事人已经提交网上立案材料的，立案环节尤其审理环节又要求到现场或者邮寄纸质材料；以材料显示不清为由多次退回线上立案申请。第四，从人大代表政协委员意见建议看，部分法院存在拖延立案、人为控制立案问题。部分法院未严格落实民事诉讼法、立案登记制司法解释等规定要求，在收到当事人诉状等诉讼材料时不出具立案受理通知书、预缴诉讼费通知书；无特殊事由超过法定期限立案，甚至不立不裁。第五，从全国法院年底撤诉、年初重新立案情况看，全国法院存在年底劝说当事人撤诉、年初再重新立案问题，表明年底“变相”不立案问题依然存在且表现形式更为隐蔽，甚至进一步衍生为半年后再立情况，出现拖延立案、压案不立问题。

在全国法院全面实施立案登记制改革的大背景下，仍然存在着年底“不立案”问题，最根本的在于没有树立正确的绩效观，直接的原因是不科学不合理的考核指标。比如，全国法院需要在季度、年中、年终进行结案率考核，月底、季末、年底新收的案件不能及时办结，将影响指标和考核成绩，这导致一些法院在月末、季度末、年末特定考评时期控制立案，减少立案数，从而达到提高结案率的目的。因此，为全面整治年底“不立案”问题，针对现行审判指标考核体系不科学、致使出现盲目追求高结案率、违背司法规律层层加码的问题，全面贯彻落实最高人民法院党组和张军院长关于“审限内结案率取代年度收结比，是把握司法规律，解决年底不立案、不均衡结案等问题的治本举措”重要指示精神，最高人民法院已经于2023年7月在全国11个省市试点新的审判质效考核指标体系，综合运用审限内结案率、审限变更率、平均结案时间等指标督促科学提升办案效率。

同时，全国法院应当进一步畅通各类立案渠道。针对部分地方法院年底增设门槛、搞变通限制立案等问题，强调统一立案标准，完善立案材料清单上墙、上网制度，公开登记立案流程，畅通诉讼服务大厅、在线服务平台、12368 诉讼服务热线等立体化立案服务渠道。进一步推广网上立案、跨域立案等线上立案方式，实现当事人立案线下“只跑一次”，线上“一站通办”，保障当事人依法行使诉权。加大现场立案、跨域立案服务保障力度，及时高效审核网上立案申请。严格落实补充诉讼材料一次性全面告知要求，加强诉前调解与登记立案衔接工作，坚决杜绝各种增加群众诉累的不合理要求。

第一百二十七条 人民法院对下列起诉，分别情形，予以处理：

（一）依照行政诉讼法的规定，属于行政诉讼受案范围的，告知原告提起行政诉讼；

（二）依照法律规定，双方当事人达成书面仲裁协议申请仲裁、不得向人民法院起诉的，告知原告向仲裁机构申请仲裁；

（三）依照法律规定，应当由其他机关处理的争议，告知原告向有关机关申请解决；

（四）对不属于本院管辖的案件，告知原告向有管辖权的人民法院起诉；

（五）对判决、裁定、调解书已经发生法律效力的案件，当事人又起诉的，告知原告申请再审，但人民法院准许撤诉的裁定除外；

（六）依照法律规定，在一定期限内不得起诉的案件，在不得起诉的期限内起诉的，不予受理；

（七）判决不准离婚和调解和好的离婚案件，判决、调解维持收养关系的案件，没有新情况、新理由，原告在六个月内又起诉的，不予受理。

【条文主旨】

本条是关于人民法院区分是否属于受理民事诉讼的范围和受诉法院管辖、分别处理起诉的规定。

【理解与适用】

本条内容在 2023 年《民事诉讼法》修正中未作变动。

法院在民事诉讼中的主管，是指法院在民事诉讼中的受案范围，也是指法院与其他国家机关和社会组织在解决民事纠纷问题上的分工和权限。[①]《民事诉讼法》第 3 条规定："人民法院受理公民之间、法人之间、其他组织之间以及他们相互之间因财产关系和人身关系提起的民事诉讼，

① 江伟主编：《民事诉讼法学原理》，中国人民大学出版社 1999 年版，第 335 页。

适用本法的规定。”民事诉讼主管作为纠纷提交法院审理的第一道程序，反映了法院可司法或可裁判的事项范围，当事人只有将具有可司法性或可裁判性的事项提交法院，才能够使纠纷通过司法途径获得解决。因此，民事诉讼主管范围直接制约当事人诉权的行使范围，并体现当事人裁判请求权的实际保障程度，是一个国家法治文明及其实现程度的重要标尺。[①]根据法律规定，法院受理的民事案件，大致可以分为以下类型：一是财产关系和人身关系纠纷；二是婚姻家庭纠纷；三是商事关系纠纷；四是经济关系纠纷；五是劳动关系纠纷；六是《民事诉讼法》规定的特别程序案件（例如选民资格案件、非讼案件）。

管辖制度是民事诉讼制度的重要组成部分，任何具体诉讼的进行都有赖于民事管辖权的确定。管辖制度不仅是通向公平正义之门，而且其本身就体现着公平正义，或者说是程序正义的一部分。[②]所谓民事案件的管辖，是指确定上下级法院之间以及同级法院之间受理第一审民事案件的分工与权限，它是在法院内部具体落实民事审判权的一项制度。[③]在确定管辖过程中，立法者往往考量以下因素：一是“便于当事人诉讼、便于法院审理”，在诉讼过程中确定管辖，应当尽可能考虑当事人起诉、应诉和行使诉讼权利便利性，同时，也要考虑法院在审理案件过程中，尽可能提高审判效率，促进矛盾纠纷快速有效解决。二是“确保案件能够得到公正审理”，公正是民事诉讼追求的价值，从应然层面来讲，一个民事案件，不分哪个地区、哪个层级法院审理，都应该依法得到公正对待，但是，从实然层面看，一个案件的审理，也会受到多方因素的影响，“正义需要以看得见的方式实现”，这就决定了确定管辖时需要考虑程序公正的因素。三是“充分考虑法院职能定位和工作分工”，《民事诉讼法》第二章第一节用四个条文规定了我国基层人民法院、中级人民法院、高级人民法院和最高人民法院管辖第一审民事案件的范围，我国民事诉讼实行的是“两审终审制”，四级法院既有分工又有协作，为充分发挥司法裁判的职能，最高人民法院侧重于统一法律适用，高级人民法院着力点纠正错误，中级人民法院发挥定分止争作用，基层人民法院查明事实并从源头上化解矛盾纠纷。

---

① 廖永安：《我国民事诉讼主管范围之问题评析》，载《现代法学》2005 年第 1 期。

② 姜启波、孙邦清：《诉讼管辖》，人民法院出版社 2008 年版，第 1 页。

③ 田平安主编：《民事诉讼法原理（第四版）》，厦门大学出版社 2009 年版，第 48 页。

一、关于行政起诉的处理

此问题涉及法院民事案件和行政案件受案范围的区分和处理。《行政诉讼法》第12条明确规定了行政案件的受案范围。法院在受理民事案件时，不会将行政案件与民事案件进行混同。实践中，争议最大的就是行政协议案件的概念和范畴。为统一法律适用，2019年11月27日，最高人民法院发布了《最高人民法院关于审理行政协议案件若干问题的规定》(法释〔2019〕17号)。其中，第2条规定："公民、法人或者其他组织就下列行政协议提起行政诉讼的，人民法院应当依法受理：(一)政府特许经营协议；(二)土地、房屋等征收征用补偿协议；(三)矿业权等国有自然资源使用权出让协议；(四)政府投资的保障性住房的租赁、买卖等协议；(五)符合本规定第一条规定的政府与社会资本合作协议；(六)其他行政协议。"因此，对于符合上述司法解释规定的行政协议起诉，人民法院不能作为民事案件受理，应当告知原告提起行政诉讼。

二、关于达成书面仲裁协议的处理

此问题涉及法院民事案件受案范围的认定和处理。仲裁和司法裁判均是解决纠纷的方式，两者之间在审理程序方面存在相似之处，不同在于前者属于社会救济，后者为国家法定的公力救济。在德日民事诉讼理论中，仲裁协议属于诉讼障碍的范畴。我国民事诉讼立法，承认当事人之间的仲裁协议具有排除诉讼达效力。《民事诉讼法》第127条第1款第2项规定："依照法律规定，双方当事人达成书面仲裁协议申请仲裁、不得向人民法院起诉的，告知原告向仲裁机构申请仲裁。"《仲裁法》第5条规定："当事人达成仲裁协议，一方向人民法院起诉的，人民法院不予受理，但仲裁协议无效的除外。"如A与B签订的合同，明确约定了发生纠纷之后，提交甲仲裁委员会进行仲裁。发生纠纷后，A直接向法院提起诉讼，法院在登记立案过程中，发现存在着达成书面仲裁协议情形的，应当告知原告向仲裁机构申请仲裁。若法院在登记立案时未发现，立案受理后B提出抗辩，以存在书面仲裁协议为由，主张不应该由法院作为民事案件受理的，法院应当审查书面仲裁协议是否合法有效，如果有效，则应裁定驳回A的起诉。如果仲裁协议无效，法院可以继续审理。

三、关于应当由其他机关处理争议的处理

此问题涉及法院民事案件受案范围和其他机关职责的区分和处理。如,《劳动法》第79条规定:“劳动争议发生后,当事人可以向本单位劳动争议调解委员会申请调解;调解不成,当事人一方要求仲裁的,可以向劳动争议仲裁委员会申请仲裁。当事人一方也可以直接向劳动争议仲裁委员会申请仲裁。对仲裁裁决不服的,可以向人民法院提起诉讼。”《劳动争议调解仲裁法》第5条规定:“发生劳动争议,当事人不愿协商、协商不成或者达成和解协议后不履行的,可以向调解组织申请调解;不愿调解、调解不成或者达成调解协议后不履行的,可以向劳动争议仲裁委员会申请仲裁;对仲裁裁决不服的,除本法另有规定的外,可以向人民法院提起诉讼。”劳动争议的一方当事人向法院起诉,符合劳动仲裁前置条件的,人民法院应当告知向劳动仲裁委员会提出申请。又如,《行政复议法》第14条规定:“对省、自治区、直辖市人民政府依照本法第二十四条第二款的规定、国务院部门依照本法第二十五条第一项的规定作出的行政复议决定不服的,可以向人民法院提起行政诉讼;也可以向国务院申请裁决,国务院依照本法的规定作出最终裁决。”对于表现为民事诉讼的权属纠纷,实质上是属于行政裁决终局情形的,人民法院应当告知向有关行政机关申请解决。

四、关于不属于本院管辖的处理

此问题涉及不同层级、不同地域法院的分工。《民事诉讼法》第二章管辖部分,分别在第一节和第二节规定了级别管辖和地域管辖,为确定法院管辖提供了依据。需要注意的是,除了普通的人民法院外,我国还设立了海事法院、金融法院和知识产权法院等专门法院,法律及司法解释规定了这些专门法院的管辖范围。如:《最高人民法院关于北京金融法院案件管辖的规定》(法释〔2021〕7号)第一条规定:“北京金融法院管辖北京市辖区内应由中级人民法院受理的下列第一审金融民商事案件:(一)证券、期货交易、营业信托、保险、票据、信用证、独立保函、保理、金融借款合同、银行卡、融资租赁合同、委托理财合同、储蓄存款合同、典当、银行结算合同等金融民商事纠纷;(二)资产管理业务、资产支持证券业务、私募基金业务、外汇业务、金融产品销售和适当性管理、征信

业务、支付业务及经有权机关批准的其他金融业务引发的金融民商事纠纷；（三）涉金融机构的与公司有关的纠纷；（四）以金融机构为债务人的破产纠纷；（五）金融民商事纠纷的仲裁司法审查案件；（六）申请认可和执行香港特别行政区、澳门特别行政区、台湾地区法院金融民商事纠纷的判决、裁定案件，以及申请承认和执行外国法院金融民商事纠纷的判决、裁定案件。”此外，为规范互联网法院诉讼活动，保护当事人及其他诉讼参与人合法权益，确保公正高效审理案件，最高人民法院制定的《最高人民法院关于互联网法院审理案件若干问题的规定》（法释〔2018〕16号）第2条规定：“北京、广州、杭州互联网法院集中管辖所在市的辖区内应当由基层人民法院受理的下列第一审案件：（一）通过电子商务平台签订或者履行网络购物合同而产生的纠纷；（二）签订、履行行为均在互联网上完成的网络服务合同纠纷；（三）签订、履行行为均在互联网上完成的金融借款合同纠纷、小额借款合同纠纷；（四）在互联网上首次发表作品的著作权或者邻接权权属纠纷；（五）在互联网上侵害在线发表或者传播作品的著作权或者邻接权而产生的纠纷；（六）互联网域名权属、侵权及合同纠纷；（七）在互联网上侵害他人人身权、财产权等民事权益而产生的纠纷；（八）通过电子商务平台购买的产品，因存在产品缺陷，侵害他人人身、财产权益而产生的产品责任纠纷；（九）检察机关提起的互联网公益诉讼案件；（十）因行政机关作出互联网信息服务管理、互联网商品交易及有关服务管理等行政行为而产生的行政纠纷；（十一）上级人民法院指定管辖的其他互联网民事、行政案件。”对于互联网法院集中管辖的案件范围，在理解与适用本条过程中，都应当予以注意。

五、关于判决、裁定、调解书已经发生法律效力的处理

重复起诉是对《民事诉讼法》中“一事不再理”原则的违背。《民事诉讼法解释》第247条规定：“当事人就已经提起诉讼的事项在诉讼过程中或者裁判生效后再次起诉，同时符合下列条件的，构成重复起诉：（一）后诉与前诉的当事人相同；（二）后诉与前诉的诉讼标的相同；（三）后诉与前诉的诉讼请求相同，或者后诉的诉讼请求实质上否定前诉裁判结果。当事人重复起诉的，裁定不予受理；已经受理的，裁定驳回起诉，但法律、司法解释另有规定的除外。”在前诉已经对争议的纠纷作出裁判的情况下，原告再行起诉，实质上系否定前诉的裁判结果。同时，因

法院在前诉中已经对权利义务作出认定，原告再行起诉，不具备诉的利害关系，构成重复起诉的，法院应当告知其依照《民事诉讼法》的相关规定申请再审。同时，对于准许撤诉的裁定，应当区分撤回起诉、上诉和申请再审的具体情形，相应作出处理。如，裁定系针对撤回上诉作出的，对应的是一审判决生效的情形，可以释明起诉人可以申请再审；如，裁定系针对撤回起诉作出的，可以结合《民事诉讼法》第122条和本条的规定，决定是否予以登记立案。

六、关于法律规定在一定期限内不得起诉的处理

为充分保护妇女合法权益，《婚姻法》[①]和《妇女权益保障法》规定女方在怀孕期间、分娩后一年内或者终止妊娠后六个月内，男方一般不得提出起诉离婚。但是，女方提出离婚的，或者人民法院认为确有必要受理男方离婚请求的，不在此限。[②]

七、关于判决、调解婚姻和收养关系的处理

婚姻和收养关系均系《民法典》婚姻家庭编调整的范畴。以婚姻关系为例，婚姻自由是基本权利，既包括结婚自由，也包括离婚自由。我国《宪法》明确规定了禁止破坏婚姻自由。家庭是构成社会的基本单元，婚姻是维系家庭的主要纽带。保障离婚自由、维持可能婚姻，是我国婚姻家庭法律规范始终坚持的一项基本原则，也是我国离婚制度的重要特征。很多诉讼离婚案件，双方当事人并不是真的感情破裂，只是双方可能因为争吵而出于一时的激动情绪，在不理智的情况下一方起诉离婚。家事审判在保障离婚自由的同时，反对轻率离婚，可以发挥司法裁判示范作用，引领民众树立正确的婚姻观，避免、防止出现非以建立长久的身份关系和持久的家庭生活为目的的婚姻，促进家庭和睦，维护社会稳定。离婚绝非个人游戏，不能任由率性而为。根据法律规定，对于判决不准离婚和调解和好的离婚案件，原告在6个月内又起诉的，法院不予受理。判决、调解维持收养关系的案件，没有新情况、新理由，原告在6个月内起诉的，不予受理。

---

① 现为《民法典》婚姻家庭编。

② 王胜明主编：《中华人民共和国民事诉讼法释义（最新修正版）》，法律出版社2012年版，第305~306页。

【审判实践中应当注意的问题】

关于本条规定情形的当事人坚持提起民事诉讼的处理

本条规定了不属于法院主管或者受案法院管辖的八种情形，其中，第一至第五种情形，《民事诉讼法》使用了“告知原告”的表述，第六至第七种情形，《民事诉讼法》使用了“不予受理”的表述。立法在表述的上述差异，显然不是疏忽导致，而是区别情形规定了不同的处理。我们认为，对于第一至第五种情形的起诉，法院原则上应当引导起诉人提起行政诉讼、向仲裁机构申请仲裁、向有关机关申请解决、向有管辖权的人民法院起诉以及申请再审，对于第六至七种情形的起诉，法院原则上应当出具不予受理的裁定，体现法律保障当事人诉权的要求。同时，应该也要注意到，《民事诉讼法解释》第221条规定：“对本院没有管辖权的案件，告知原告向有管辖权的人民法院起诉；原告坚持起诉的，裁定不予受理；立案后发现本院没有管辖权的，应当将案件移送有管辖权的人民法院。”我们认为，按照立案登记制改革严禁“不立不裁”的要求，对于法院认为符合本条第一至五种情形的起诉，经充分的法律释明和思想疏导，当事人仍然坚持起诉的，法院还是要作出不予受理的裁定。当然，法院在这里开展的法律释明和思想疏导，不能流于形式“走过场”，而是要实实在在地做好群众工作，用群众听得懂的语言进行交流沟通，引导当事人依法理性表达诉求，避免裁定不予受理之后的上诉、申请再审，尽最大可能减少“案件比”，从源头上减少“程序空转”。

第二节　审理前的准备

第一百二十八条　人民法院应当在立案之日起五日内将起诉状副本发送被告，被告应当在收到之日起十五日内提出答辩状。答辩状应当记明被告的姓名、性别、年龄、民族、职业、工作单位、住所、联系方式；法人或者其他组织的名称、住所和法定代表人或者主要负责人的姓名、职务、联系方式。人民法院应当在收到答辩状之日起五日内将答辩状副本发送原告。

被告不提出答辩状的，不影响人民法院审理。

【条文主旨】

本条是关于向被告送达起诉状副本、限期，被告提出答辩状并记明必要信息的规定。

【理解与适用】

一、起诉状副本送达被告

根据本条规定，人民法院受理案件后，应当在立案之日起五日内将起诉状副本送达被告，如果原告是口头起诉的，法院应当将口述笔录复制本送达被告。

二、提交答辩状

被告在收到起诉状副本后，应当按照原告的人数，自收到之日起十五日内向人民法院提交答辩状。此次修改时专门增加了"应当"的要求，也就是说，提交答辩状，是被告应履行的一项义务。答辩是被告对原告提出的诉讼请求以及所依据的事实与理由进行的回答、辩解。答辩的内容可以是程序上的，如提出原告没有起诉权，起诉不符合法定条件，或者受诉人民法院对本案件没有管辖权等；也可以是实体上的，如说明争议的原因、陈述案件的事实，反驳原告的不实陈述和诉讼请求，并提出自己的诉讼请求，等等。

本法有关起诉状中涉及被告情况的规定时，只要求原告提供“被告的姓名、性别、工作单位、住所等信息，法人或者其他组织的名称、住所等信息”，关于被告的其他情况，未对原告提出要求。关于被告的其他详细情况，主要在本条中规定，要求被告在答辩状中记明“姓名、性别、年龄、民族、职业、工作单位、住所、联系方式；法人或者其他组织的名称、住所和法定代表人或者主要负责人的姓名、职务、联系方式。”这样规定符合实际情况。因为对于原告，提供被告的基本情况可能有一定难度，但是对于被告来说，提供自身的情况，肯定是不存在什么困难的。

人民法院应当自收到答辩状之日起五日内将答辩状副本送给原告。被告在十五日内不提交答辩状的，不影响被告在以后的诉讼阶段中答辩，也不影响人民法院对案件的审理。所谓“不影响人民法院审理”，是说应当继续诉讼程序，不因此中断诉讼，被告并不会由于不答辩而遭受诉讼上的不利。这一款规定不同于英美法系国家的强制答辩制度。强制答辩，是指法律规定被告在一定的期间内应当对原告的起诉提出答辩意见，否则丧失答辩的权利。

三、法律限期将起诉状副本送达被告，将答辩状副本送达原告的理由

人民法院限期将起诉状副本送达被告，将答辩状副本送达原告，是为了使双方当事人在开庭前相互了解对方的主张，针对对方的主张进行准备活动，在充分行使诉讼权利的基础上，有效维护自己的合法权益。对于受诉的人民法院而言，则有助于了解双方争议焦点，为庭审集中进行作准备，保证庭审效果，提高庭审效率。

四、关于我国应否确立民事诉讼答辩失权制度

当前我国《民事诉讼法》对被告提交答辩状只有期间的规定，并没有强制答辩的义务性规定。伴随着民事诉讼法学理论界和实务界对我国民事审前程序的检讨和改革建议，诉答程序也越来越受到重视，是否确立答辩

失权制度的争论也随之出现，主要有两种截然不同的观点：

一种观点认为，我国应当确立民事诉讼答辩失权制度。主要理由如下：一是被告的任意答辩权有悖于程序正义和诉讼效率。被告不答辩而在诉讼中实施突然袭击，导致原告处于被动和劣势，违背了公正程序对双方当事人公平地进行攻击和防御的要求；而且，由于被告庭前不提交答辩状，审前准备无法确定双方争点，无法有效组织证据交换，会造成庭审中断、诉讼延期，不得不付出诉讼速度与庭审质量的双重代价，进而难以达到诉讼效率的目标。二是对被告提交答辩状只有时限而无强制性规定违背了诉讼权利平等原则的基本要求，使被告得以通过不提交答辩状的途径，取得诉讼信息的知己知彼的优势，而发动诉讼攻势的原告却处于暴露和不利状态。三是举证时效要切实发挥作用，势必需要被告及时地行使答辩权，而被告的任意答辩权会使举证时效制度形同具文。

另一种观点认为，我国不应当确立民事诉讼答辩失权制度。主要理由如下：一是“答辩失权”根植于英美法系的对抗制诉讼之土壤，当事人双方首先必须自己设法形成攻击防御的态势，才能获得法院的实质性审理。因此，原告原则上自行送达诉状，而被告则必须在规定的时间内给予回应。而我国的民事诉讼结构及制度背景与大陆法系接近，可以多次进行的开庭审理并不以当事人双方自行形成攻击防御的“诉答”作出程序前提，包含有败诉等实质内容的判决原理上都必须经过开庭审理才能够作出。二是我国现在实行的民事诉讼证据规则中确定的举证责任和举证时效等制度已足够使当事人双方进行攻击防御，已达到“强制答辩”的效果，没有必要再确立“答辩失权”制。三是如果规定被告在答辩期内不提交内容上有种种技术性要求的答辩状，原则上就必须承担败诉后果的话，可能给法院（尤其是地处农村或经济不发达地区的基层人民法院）审判活动带来相当的冲击乃至混乱。

在我国现实的司法语境下，当前《民事诉讼法》修改并没有采纳确立答辩失权制度的建议。主要是考虑到：一是在我国并未实施律师强制代理制度，很大一部分当事人都没有律师代理。面对我国社会转型期民事诉讼的复杂状况，如果现在不考虑诉讼实务的承受能力就确立答辩失权制度，所带来的可能会是弊大于利。二是以“不应诉判决”来强制被告答辩，在我国民事诉讼的框架内存在制度性的障碍。因为我国民事司法实践中早已形成了作出实体判决必须经过开庭审理的惯例，且构成了审判方式改革以来推进程序保障的一项重要成果。而在这样的制度框架内引进“不应诉判决”，如果仍意味着不经开庭审理仅以被告在规定期内未提交答辩为由就作出败诉的实体裁判，则其很难获得正当性。三是在我国民事诉讼职权主义传统下，法官通常在审前主持双方当事人进行调解，实际上都可能附带地起到促使被告以口头方式答辩的作用，从而更进一步降低了引进答辩失权的必要性。

【审判实践中应当注意的问题】

关于审判程序的推进是否必须以被告提出答辩状为前提？主流观点认为，被告不提出答辩状的，不影响人民法院审理，被告收到起诉状后，有权根据具体情况决定是否提出答辩状。答辩是被告的诉讼权利，是否行使以及如何行使，由被告自己决定，任何人不得强制或限制。另一种观点则认为被告提出答辩状是一项诉讼义务，因为将此规定为被告的义务非常必要，而且也符合诉讼公平和高效的原则。这两种观点一向存在较大的争议，且直接影响到审判实务的运作。我国《民事诉讼法》将起诉与答辩视为两个相对独立的环节，立法上没有非常明确地界定被告提出答辩状是一项诉讼权利还是一项诉讼义务，以及不予答辩会带来什么样的法律后果。正因为如此，审判实践中，许多被告认为答辩与否是其权利，可以行使也可以不行使，故不按期提交答辩状的行为比较普遍，使原告不能了解被告的主张与证据，难以对被告的反驳与抗辩做进一步的论辩，诉讼的准备难以进行，以至于法院的第一次开庭常因原告需就被告的抗辩收集新的证据而不得不重新开庭，这样有悖于民事诉讼的效益价值目标，造成司法资源的浪费，增加当事人的诉讼成本。而且，诉讼就是当事人的一种平等对抗，必须保障双方当事人拥有大致相当的攻防力量和手段，并保持在诉讼进程中的相对平衡。仅要求原告提交起诉状给被告，使被告能充分了解原告的诉请求及策略，而不要求被告提交答辩状于原告，使原告无法掌握被告的主张及态度，这种做法违背了当事人诉讼权利平等原则，造成双方对抗失衡，某种程度上是放任当事人搞诉讼突袭，司法公正的实现大打折扣。这样一来，不但损害了原告的诉讼权利而且还会使得审前证据交换的设置失去意义。由此，民事诉讼法学界的学者建议，将被告提出答辩状视为一项诉义务来加以规定，具体要求是，被告必须在案件起诉、受理阶段提供包含答辩状在内的，与案件有关的信息材料。这样更符合诉讼公正与效率的目标，更好地保护双方当事人的合法权益，也有助于构建具有约束性的诉答机制。在司法实践中，人民法院可以通过向被告发送的受理应诉文书中引导被告提交答辩状、诉前调解、庭前会议等途径进一步明确和固定被告的答辩意见。

第一百二十九条　人民法院对决定受理的案件，应当在受理案件通知书和应诉通知书中向当事人告知有关的诉讼权利义务，或者口头告知。

【条文主旨】

本条是关于当事人诉讼权利义务告知的规定。

【理解与适用】

本条内容在2023年《民事诉讼法》修正中未作变动。

一、告知当事人有关诉讼权利义务是审理前准备阶段的一项重要工作

当事人诉讼权利义务告知是人民法院为维护司法公正、保障当事人诉讼权利、提高审判公开程度，而将当事人依法享有的诉讼权利和义务等重要信息，在合理期限内，及时告知当事人或其委托代理人的一种工作制度。

告知当事人有关诉讼权利义务是审理前准备阶段的一项重要工作。《民事诉讼法》规定了当事人享有的诉讼权利和诉讼义务，当事人如果不了解自己享有哪些诉讼权利，承担哪些诉讼义务，就会影响其正确行使诉讼权利，影响诉讼的顺利进行。因此，本条规定，人民法院对决定受理的案件，应当告知当事人有关的诉讼权利义务。告知可以采用两种方式：一是书面方式，即在受理案件通知书和应诉通知书中，向当事人写明有关诉讼权利义务。受理案件通知书是法院接到原告起诉后，经审查符合起诉条件，在决定立案后，向原告发出的决定立案和预交诉讼费的通知文件。应诉通知书是法院对原告的起诉决定受理后，向被告发出的通知文件，包括：原告和被告姓名、案由、起诉状副本、告知被告按期提出答辩、可以委托诉讼代理人及其他事项。二是口头方式，如果不在通知书中书面记载，应当在送达通知书的同时，用口头方式告知，以便当事人及时了解诉讼权利义务。

二、人民法院应告知当事人的诉讼权利义务的内容

"诉讼权利义务"，是指当事人在诉讼中享有的诉讼上的权利和义务。对于诉讼权利，当事人享有类似一般民事权利的处分权；对诉讼义务，当事人则必须严格履行。诉讼权利与诉权不是同一概念，诉权是指当事人享有的请求人民法院通过民事诉讼保护其民事权益的权利，诉权是当事人行使诉讼权利的基础。

（一）人民法院应告知当事人的诉讼权利的内容

1. 当事人有平等的诉讼权利，有权在法律规定的范围内处分自己的民事权利和诉讼权利。

2. 当事人有权委托代理人参加诉讼，就本案陈述事实进行辩论、请求调解、提起上诉、申请执行。

3. 当事人有权查阅本案的有关材料，也可以复印本案有关证材料和法律文书，但应当遵守人民法院对查阅、复印范围和办法的相关规定。

4. 双方当事人可以自行和解。

5. 原告可以放弃或者变更诉讼请求，被告可以承认或者反驳诉讼请求，被告有权提起反诉。

6. 当事人有权对受理案件人民法院的管辖权提出异议，但是应当在提交答辩状期间提出。

7. 对法庭的组成人员，当事人认为是本案的当事人或者当事人的近亲属，与本案有利害关系，与本案当事人有其他关系，可能影响案件公正审理的，有权申请回避，但是应当说明理由，在案件开始审理时提出（若是开始审理后才知道回避事由的，可以在法庭辩论终结前提出）。

8. 当事人有权收集、提供证据，对客观因不能自行收集的证据，有权依法申请人民法院调查收集。

（二）当事人应当履行的诉讼义务

1. 当事人应当遵守诉讼程序和法庭纪律，服从法庭指挥，依法行使诉讼权利；不得有未经准许进行录音、录像、摄影，以及未经许可以移动通讯等方式现场传播审判活动的行为等。否则，人民法院可以暂扣诉讼参与人或者其他人进行录音、录像、摄影、传播审判活动的器材，并责令其删除有关内容；拒不删除的，人民法院可以采取必要手段强制删除。

2. 当事人应当尊重对方当事人和其他诉讼参加人的诉讼权利。

3. 若当事人或其他诉讼参加人违反法庭纪律以及具有《民事诉讼法》规定的其他妨害民事诉讼的行为，人民法院将依法对其予以训诫、罚款、拘留乃至追究刑事责任等。

4. 履行发生法律效力的判决书、裁定书和调解书。

5. 当事人按照规定交纳案件受理费及其他诉讼费用。

此外，在实践中还应注意，人民法院在送达案件受理通知书和应诉通知书时除了应当告知当事人有关诉讼权利义务以外，还应根据《民事诉讼证据规定》第 50 条第 1 款的规定，同时送达举证通知书。举证通知书应当载明举证责任的分配原则与要求、可以向人民法院申请调查取证的情形、人民法院根据案件情况指定的举证期限以及逾期提供证据的法律后果。

【审判实践中应当注意的问题】

当事人诉讼权利义务告知是人民法院的一项义务，如果人民法院未履行告知义务将产生何种法律效果呢？若当事人以人民法院未履行告知义务为由提起上诉，二审法院能否据此认为原判决违反法定程序，可能影响案件正确判决而裁定撤销原判决，发回原审人民法院重审呢？从《民事诉讼法解释》第 323 条至第 327 条列举的人民法院违反法定程序应当发回重审或根据具体情况作出不同处理的情形来看，并不包括人民法院未告知当事人诉讼权利义务的情形。但是，当事人对于诉讼权利义务的知悉权，是民事诉讼法赋予当事人在诉讼中的一项程序权利，如果人民法院未履行告知义务。又确实导致当事人因不知道诉讼权利或诉讼义务而未行使诉讼权利或未履行诉讼义务，并因此直接或间接影响诉讼结果的，应认为属《民事诉讼法》有关二审程序规定中的“原判决违反法定程序，可能影响案件正确判决”的情形。

关于庭审终结后当事人申请审判人员回避的处理。申请回避是当事人的一项诉讼权利，应在法律规定的期间内行使。《民事诉讼法》第 48 条规定：“当事人提出回避申请，应当说明理由，在案件开始审理时提出；回避事由在案件开始审理后知道的，也可以在法庭辩论终结前提出。”《民事诉讼法解释》第 47 条规定：“人民法院应当依法告知当事人对合议庭组成人员、独任审判员和书记员等人员有申请回避的权利。”因此，一般而言，人民法院在开庭前应告知当事人有申请回避的权利。由此可见，当事人行使申请回避权有两个时间节点：一是在当事人接到人民法院的案件受理通知书后法庭调查开始前提出，通常的方式是审判长或者独任审判员宣布审判人员名单后，主动询问当事人是否申请回避。二是在法庭辩论终结前提出，但条件是回避事由是在法庭调查和法庭辩论中才知道的，人民法院不得以当事人已经行使过申请回避权为由予以驳回。如果一个案件多次开庭，其间当事人只要知道了回避事由，在最后一次法庭辩论终结前均可以申请回避。如果当事人在案件审理开始时就知道回避事由，法庭调查开始前明确表示不申请回避，而后又申请回避，因其申请回避权已丧失，人民法院对此可不再作出是否回避的决定。如果全部庭审结束后当事人才知道回避事由，且该事由确属审判人员应当回避的情形，但申请回避的法定时间已过，人民法院对此仍需要区别对待，依法作出处理。由于此时当事人已无申请回避权，人民法院无须就回避申请再向当事人作出口头或者书面决定，也可不答复当事人。经调查，审判人员与本案确有利害关系，该事由很可能影响案件公正审理的，人民法院应当依照《民事诉讼法解释》第 47 条的规定，要求应当回避的审判人员自行回避。

第一百三十条 人民法院受理案件后，当事人对管辖权有异议的，应当在提交答辩状期间提出。人民法院对当事人提出的异议，应当审查。异议成立的，裁定将案件移送有管辖权的人民法院；异议不成立的，裁定驳回。

当事人未提出管辖异议，并应诉答辩或者提出反诉的，视为受诉人民法院有管辖权，但违反级别管辖和专属管辖规定的除外。

【条文主旨】

本条是关于管辖权异议和应诉管辖的规定。

【理解与适用】

本条是2023年《民事诉讼法》修改条文。第1款内容来自2007年《民事诉讼法》第38条有关管辖异议的规定，第2款内容是2007年《民事诉讼法》涉外民事诉讼程序的特别规定编第243条有关应诉管辖的规定。关于管辖异议，2012年之前的《民事诉讼法》将其列入移送管辖和指定管辖一节，但考虑到管辖异议的提出一般是在被告提出答辩状阶段，且主要涉及对当事人异议事项的审查而非法院之间管辖权的分配，因此2012年《民事诉讼法》修改时将其放入第十二章第一审普通程序中的审理前的准备一节。2023年《民事诉讼法》修正对第2款应诉管辖的规定作了进一步调整。

一、关于管辖权异议的提出与法院的审查处理

一般而言，管辖权异议是指当事人向受理案件法院提出的该院对案件无管辖权的主张。民事诉讼中，管辖权异议制度的完善与否直接关系到当事人诉讼目的的实现和实体权益的保障。司法实践中，各地法院在审判过程中的理念、效率乃至质量存在差异。相应地，管辖法院不同，则当事人为此支出的时间、精力、金钱成本乃至诉讼便利程度皆有不同。即便同一地区法院，一审受理法院的级别不同，也将直接影响二审法院的层级，进而决定了当事人二审救济是否保障到位。因此，民事诉讼过程中，当事人之间经常因案件受理法院是否有管辖权发生争议。关于管辖权异议提出的

时间，是在提交答辩状期间，即收到起诉状后的十五日内，这么规定意在督促被告尽快行使诉讼权利，保证诉讼效率。当事人提出管辖权异议后，人民法院应当进行审查。异议成立的，裁定将案件移送有管辖权的人民法院；异议不成立的，裁定驳回。根据本法的有关规定，当事人对驳回管辖权异议的裁定不服的，可以在接到裁定书十日之内，向受诉人民法院的上一级人民法院提起上诉。第二审法院依法作出终审裁定，该裁定所确定的管辖法院即为该案的管辖法院。

二、关于应诉管辖

一般认为，应诉管辖，是指双方当事人没有管辖协议，一方当事人在法院起诉，另一方当事人对该法院行使管辖权不提出异议并应诉答辩的，视为承认受诉人民法院为有管辖权的法院。2007 年《民事诉讼法》中没有应诉管辖的规定，但在涉外民事诉讼部分规定了默示协议管辖制度。2012 年《民事诉讼法》将涉外默示协议管辖的规定删除，在第 127 条第 2 款增加了应诉管辖的规定："当事人未提出管辖异议，并应诉答辩的，视为受诉人民法院有管辖权，但违反级别管辖和专属管辖规定的除外。"经过该次修改，《民事诉讼法》中有关应诉管辖的内容，不只适用于涉外民事案件的审理程序，而是作为一项基本制度在第一审普通程序中得以适用。将应诉管辖的适用范围由原来的涉外民事案件扩大到非涉外民事案件，不仅能为当事人减少讼累，也为法院的管辖赋予正当的法律依据，能够节省司法资源。由于增加了应诉管辖的规定，2012 年《民事诉讼法》第 200 条规定的再审事由中，相应地删除了"违反法律规定，管辖错误的"这一再审事由。若当事人在一审程序中未对管辖提出异议，并应诉答辩的，受诉人民法院即获得了案件的管辖权。而且，当事人不得在判决生效后以管辖错误为由申请再审。此外，1994 年《仲裁法》中也有应诉管辖的相关内容，该法第 26 条规定："当事人达成仲裁协议，一方向人民法院起诉未声明有仲裁协议，人民法院受理后，另一方在首次开庭前提交仲裁协议的，人民法院应当驳回起诉，但仲裁协议无效的除外；另一方在首次开庭前未对人民法院受理该案提出异议的，视为放弃仲裁协议，人民法院应当继续审理。"2009 年、2017 年《仲裁法》修正以及 2021 年《民事诉讼法》修正时，均保留了前述应诉管辖的规定。2023 年《民事诉讼法》修正时将本条第 2 款修改为"当事人未提出管辖异议，并应诉答辩或者提出反诉的，视为受诉人民法院有管辖权，但违反级别管辖和专属管辖规定的除外”，即增加了当事人提出反诉的情形。同时，此次修正也将协议管辖和应诉管辖规定于涉外民事诉讼程序中，增加了第277条、第278条，丰富和完善了管辖相关内容。值得注意的是，应诉管辖并不属于协议管辖范畴，二者存在本质上的区别。

对于应诉答辩的表现形式，《民事诉讼法解释》第223条第2款规定：“当事人未提出管辖异议，就案件实体内容进行答辩、陈述或者反诉的，可以认定为民事诉讼法第一百三十条第二款规定的应诉答辩。”关于答辩应具有什么内容，《民事诉讼证据规定》第49条规定：“被告应当在答辩期届满前提出书面答辩，阐明其对原告诉讼请求及所依据的事实和理由的意见。”依该条规定，答辩状主要包括两方面的内容：一是被告对原告的诉讼请求的认诺、否认或部分否认，对于否认的部分应当提出依据的事实理由或法律理由；二是被告对原告所依据的事实及理由的自认、否认或部分否认，对于否认的部分也应当提出依据的事实理由或法律理由。司法实践中，常有被告答辩的范围超过原告主张及请求的范围，由于法院仅在原告的请求及主张的事实范围内进行审理，因此，被告的答辩也应限于该范围内。因此，不管答辩是针对诉讼请求的认诺、否认或部分否认，还是针对原告所依据的事实及理由的自认、否认或部分否认，都是在案件实体范围内进行的，不涉及案件审理的程序事项。一旦当事人就案件是否属于法院主管、是否属于受理案件法院管辖等程序性事项发表答辩意见，则说明其已事实上通过答辩形式提出了管辖异议，自然就不属于本条所指应诉答辩的范畴。因此，司法解释将应诉答辩限定在就案件实体内容进行答辩、陈述或者反诉的范围内，只有针对案件实体方面内容的答辩才可认定为《民事诉讼法》规定的应诉答辩。而且有必要强调的是，依据本条的规定，应诉管辖不得违反级别管辖和专属管辖的规定，当人民法院的管辖违反《民事诉讼法》第18条、第19条、第20条、第21条及第34条等有关级别管辖和专属管辖的规定时，受诉法院就不能因当事人的应诉答辩获得管辖权。

三、关于滥用管辖权异议的规制

民事诉讼管辖制度体现着诉权保障、程序公正和司法效率等价值，而实践中部分当事人滥用管辖异议拖延案件审理进程，实现不正当目的。在最高人民法院征集各高院修法建议时，很多高院都呼吁对滥用管辖权异议的行为予以规制，比如当事人滥用管辖权异议的，可以依照《民事诉讼法》第 114 条规定，对其予以罚款、拘留，以增加对滥用管辖权异议处罚的依据。对此，最高人民法院进行了专题调研。第一，实践中滥用管辖权异议的现象较为突出。近年来当事人恶意提起管辖权异议的现象不断增多，当事人利用管辖权异议拖延诉讼，增加对方的诉讼时间成本，以实现转移资产、逃避法律责任的目的，对民事诉讼效率的提升、司法资源的合理配置、相对方合法权益的及时实现、诚信诉讼秩序的建立均造成极大影响。许多人大代表也反映实践中恶意提起管辖权异议的现象非常突出。第二，确有必要对恶意提起管辖权异议的行为予以惩处。一是目前缺乏处罚依据。虽然根据《最高人民法院对十三届全国人大二次会议第 8869 号建议的答复》，支持地方各级法院对恶意滥用管辖权异议的行为予以惩戒，但由于《民事诉讼法》第 114 条关于法院可对妨害民事诉讼的行为处以民事诉讼强制措施的行为范围，系完全列举的封闭条款，无“兜底条款”，地方法院通常以当事人违反民事诉讼诚信原则对滥用管辖权异议的行为课处罚款，缺乏明确处罚依据。二是惩处具有法理上的正当性。立足于民事诉讼法律关系的理论框架，从当事人滥用管辖权异议的行为可能对诉讼产生的不利后果出发，《民事诉讼法》要求当事人依法行使诉讼权利，这是当事人的义务，当事人滥用管辖权异议，本质上属于不诚信诉讼行为，妨碍了诉讼秩序，可以参照适用妨碍诉讼秩序的有关措施予以解决。三是存在解决处罚依据缺失问题的先例。《民事诉讼法解释》第 102 条规定，当事人因故意或者重大过失逾期提供的证据，人民法院不予采纳。但该证据与案件基本事实有关的，人民法院应当采纳，并依照《民事诉讼法》第 68 条、第 118 条第 1 款的规定予以训诫、罚款。《民事诉讼法解释》第 113 条规定，持有书证的当事人以妨碍对方当事人使用为目的，毁灭有关书证或者实施其他致使书证不能使用行为的，人民法院可以依照《民事诉讼法》第 114 条规定，对其处以罚款、拘留。《民事诉讼证据规定》第 63 条第 3 款规定，当事人故意作虚假陈述妨碍人民法院审理的，人民法院应当根据情节，依照《民事诉讼法》第 111 条的规定进行处罚。同时，在域外法上，《法国民诉法》第 88 条规定，对于提起管辖权异议败诉一方当事人处以 100~10000 法郎的罚款，同时要求其就拖延诉讼造成的损失承担赔偿责任。

但在调研过程中，也有意见认为诉讼法的本质要求在于约束和保障司法权，对司法权体现出约束性，从而规范司法权的正确行使是诉讼法的立法目的。管辖权异议作为当事人的诉讼权利，对其规制不宜过度，且“滥用管辖权异议”的认定较为困难，很容易造成处罚条款本身的滥用。由于修改方案的不成熟以及管辖制度存在的理论争议，关于如何对滥用管辖权异议进行规制的问题有待进一步研究。

【审判实践中应当注意的问题】

一、关于本条与涉外民事诉讼程序的特别规定编应诉管辖的衔接

2023 年《民事诉讼法》修正增加了涉外应诉管辖的条款，作为第 278 条：“当事人未提出管辖异议，并应诉答辩或者提出反诉的，视为人民法院有管辖权。”应注意本条与上述条款的区别与联系：一是在应诉管辖的积极要件上保持一致。2021 年《民事诉讼法》第 130 条第 2 款对应诉管辖积极要件的规定为“当事人未提出管辖异议，并应诉答辩”，缺乏被告反诉情形下应视为同意法院管辖的规定。但在国际民事诉讼中，只要被告不对一国法院提出管辖异议，并应诉答辩或提起反诉，即视为其承认该国法院的管辖权。该条于本次修正时增加此情形，与涉外民商事诉讼规定相衔接；二是在应诉管辖的消极要件上有所不同。本条专门设置了级别管辖和专属管辖的除外规定，旨在与我国《民事诉讼法》相关管辖规范在内部协调统一。但该除外规定不符合涉外民商事审判的实际情况。因一国法院取得管辖权后，有关级别管辖和专属管辖问题可通过国内管辖规则来解决，故无必要设置此除外条款。

二、当事人提出管辖异议又应诉答辩的情形如何处理的问题

司法实践中，经常出现的一种情形就是，当事人一方面认为受理案件法院没有管辖权，因此提出管辖异议；另一方面，当事人又担心管辖异议被人民法院裁定驳回后，来不及提交书面答辩状。故当事人往往会同时提交管辖权异议申请书和书面答辩状，或先后提交管辖权异议申请书和书面答辩状，抑或在书面答辩状中对实体问题进行答辩的同时提出管辖权异议的意见。上述情况下，当事人针对起诉状的内容进行了答辩，是否应当视为应诉答辩，则应结合本条第 2 款进行分析。该款内容为“当事人未提出

管辖异议，并应诉答辩或者提出反诉的，视为受诉人民法院有管辖权，但违反级别管辖和专属管辖规定的除外。”从文义解释和体系解释可知，立法者认为，应诉管辖必须同时满足两个条件，缺一不可：一是当事人未提出管辖异议；二是应诉答辩或者提出反诉。显然，前述同时提交管辖权异议申请书和书面答辩状的情形不符合应诉管辖的条件。至于在提交答辩状期间内，当事人先提交书面答辩状后提交管辖权异议申请书的，也应认定为不符合上述应诉管辖的条件。因此，当事人只要在提交答辩状期间提出了管辖异议，无论其是否针对起诉状的内容进行答辩，都应当认为其行使了管辖异议的诉讼权利，人民法院应当依照本条第 1 款的规定，对管辖异议进行审查。

三、关于第三人是否有权提出管辖权异议

根据 1990 年《最高人民法院关于第三人能否对管辖权提出异议问题的批复》可知，有独立请求权的第三人主动参加他人已开始的诉讼，应视为承认和接受了受诉法院的管辖，因而不发生对管辖权提出异议的问题；无独立请求权的第三人参加他人已开始的诉讼，是通过支持一方当事人的主张，维护自己的利益。由于他在诉讼中始终辅助一方当事人，并以一方当事人的主张为转移。所以，他无权对受诉法院的管辖权提出异议。另外，由于本法第 59 条第 2 款规定人民法院判决承担民事责任的无独立请求权第三人，有当事人的诉讼权利义务。该条反向解释即为，人民法院未判决承担民事责任之前，无独立请求权第三人就不是当事人。而根据本条的规定，只有当事人才可以提出管辖权异议，故无独立请求权第三人是不能提出管辖权异议的。

四、关于管辖权异议审理期间原告申请撤诉的处理

实践中，可能出现被告提出管辖权异议后，原告提出撤诉的情形。此时，从法理而言，受理案件法院应先对管辖权异议这一程序性事项进行处理，然后再由有管辖权的法院审查撤诉申请是否合法。但是为提高司法效率，个案中也可以考虑让被告先撤回管辖权异议，然后再准许原告撤回起诉。

同时，实践中还可能存在管辖权异议上诉案件审理期间，一审法院作出准许撤回起诉的裁定后，管辖权异议上诉案件如何处理的问题。目前法律对此并无明确规定，司法实践中主要存在两种做法：一是直接终结审查，即二审法院不再审查管辖权异议上诉案件，裁定终结审查；二是继续

审查，即二审法院继续审查管辖权异议上诉案件，依法作出裁定。我们认为，管辖权异议裁定的上诉有别于其他判决、裁定的上诉，在一审程序尚未结束的情况下，二审法院主要是对管辖权异议这一程序性事项进行审查，如果一审法院已准许当事人撤回起诉，则实体案件已不复存在，继续审理缺乏必要性。较宜的路径是二审法院直接裁定终结审查。实践中，此种做法并不少见。一定程度上，一审法院准许撤诉的，该诉讼案件已经结束，程序性事项的审查可以终结，不适用终结诉讼的规定。这样操作，能够尽快定分止争，减少当事人诉累，达到节约司法资源的效果。

五、关于当事人对小额诉讼案件提出管辖异议，人民法院作出的裁定能否上诉的问题

当事人对小额诉讼案件提出管辖异议，人民法院作出管辖权异议裁定的，当事人能否对管辖权异议裁定提起上诉，实践中存在争议。一种观点认为，管辖权异议裁定上诉制度的设立有助于平衡当事人的诉讼地位、纠正法院的不当管辖，应该在包括小额诉讼程序在内的所有诉讼程序中适用。另一种观点则认为，小额诉讼程序内含的“快立快审快结、提高诉讼效率”价值取向与管辖权异议裁定上诉制度所带来的诉讼延缓之间存在冲突，应通过否定管辖权异议裁定上诉制度来确保小额诉讼程序所追求的诉讼效率。我们认为，管辖权异议制度确实在当事人程序利益保障方面发挥了重要作用，但与此同时也带来了弊端。司法实践中，由于对管辖权异议裁定不服提起上诉不需要交纳诉讼费，部分当事人以不服管辖权异议裁定为由，恶意提起上诉，拖延诉讼时间，以便于转移财产或逼迫对方当事人在实体权益方面作出让步。如果说在标的金额较大、法定审理期间较长的普通程序中，给予当事人对管辖权异议裁定不服的上诉权还有其必要性的话，在标的金额较小、审理期限较短的小额诉讼程序中仍允许当事人对该裁定提起上诉，则可能因此造成诉讼拖延，使得小额诉讼程序所追求的方便、快捷、低成本解决纠纷的立法目的无法实现。为了推动和落实小额诉讼程序的实施，《民事诉讼法解释》第 276 条规定当事人对小额诉讼案件提出管辖权异议的，人民法院对小额诉讼案件管辖权异议所作的裁定，实行一审终审，不得上诉。

第一百三十一条　审判人员确定后，应当在三日内告知当事人。

【条文主旨】

本条是关于审判人员告知的规定。

【理解与适用】

本条内容在2023年《民事诉讼法》修正中未作变动。

正义不仅包含实体层面上的正义，还包括程序层面上的正义，程序正义为实体正义的实现提供重要的保证。在案件审理的过程中，审理者的中立客观性对案件结果是否能够实现正义至关重要。若审判人员与案件当事人存在利害关系，则势必影响案件正义的实现。回避制度就是为了杜绝此种现象而存在，其目的在于剔除不利于审判的人为因素，尽最大可能地实现正义。然而，法律仅规定回避制度是不够的。若想回避制度能够切实发挥其应有效果，法律需要给当事人留有确定的时间去了解并掌握本案的审判人员是否不利于案件的审判，是否可能有损最终的正义实现。因此，在开庭审理前，人民法院应当将审判人员组成及时告知当事人，以便当事人及时去了解掌握审判人员的基本信息，并行使申请回避权利。

根据本法关于审判组织的规定，人民法院立案后，将案件交由审判人员承办。依照第一审普通程序审理的案件，人民法院组成合议庭进行审理，第一审合议庭有两种组织形式：一是由审判员、陪审员共同组成合议庭；二是由审判员单独组成合议庭，陪审员不参与。合议庭的组成人员，必须是三人以上的单数。当审判人员确定之后，人民法院应当将审判人员的组成情况告知当事人。当事人在接到法院的告知后，应自行决定是否行使申请回避权等诉讼权利。人民法院在告知当事人合议庭组成人员后，可以根据需要对其进行必要的调整，但应当在调整后三日内告知当事人。在开庭前三日内决定调整合议庭组成人员的，原定的开庭日期应予顺延。

【审判实践中应当注意的问题】

一、告知审判人员的范围

2022 年修正的《民事诉讼法解释》第 48 条对什么是《民事诉讼法》中回避制度所指的“审判人员”作出了明确的规定，该条规定为：“民事诉讼法第 47 条所称的审判人员，包括参与本案审理的人民法院院长、副院长、审判委员会委员、庭长、副庭长、审判员和人民陪审员。”

由于本条亦涉及当事人申请回避的权利，按照法律解释的规则以及本着实现程序正义之要求，《民事诉讼法》第 131 条中关于“审判人员”的范围亦可通过《民事诉讼法解释》第 48 条加以确定，即包括参与本案审理的人民法院院长、副院长、审判委员会委员、庭长、副庭长、审判员和人民陪审员。

需要注意的是，《民事诉讼法》第 131 条规定之内容与《民事诉讼法》第 47 条存在逻辑上的关联。尽管本条未将书记员、翻译人员、鉴定人及勘验人纳入告知范围内，但出于维护当事人诉讼权利的客观需要，人民法院可以将《民事诉讼法》第 47 条中所有包含人员，在能够确定时，均向当事人提前三日告知。

应当注意，2023 年修正的《民事诉讼法》将法官助理及司法技术人员纳入回避制度所规范的主体范围内，因此若以上主体确定时，应向当事人提前三日告知。

二、告知的形式

《民事诉讼法》第 131 条没有对告知的形式加以规定。根据法律解释的规定，告知存在两种形式：一种是口头告知，另一种是书面告知。

然而，无论是何种告知形式，人民法院在告知当事人审判人员时，务必起到告知的效果，即“告诉他人，使之知道”，不可只告而不知。

三、本条适用的案件范围

《民事诉讼法》第 131 条之规定在体例上虽是普通程序项下之规定，但并不妨碍人民法院在审理其他案件时，援引本条规定进行告知。例如，人民法院在适用破产程序时，可以援引本条规定，履行告知义务。

第一百三十二条　审判人员必须认真审核诉讼材料，调查收集必要的证据。

【条文主旨】

本条是关于审判人员审核诉讼材料、调查收集必要证据的规定。

【理解与适用】

本条内容在2023年《民事诉讼法》修正中未作变动。

在审前准备阶段，审判人员需要通过审核当事人提交的诉讼材料进行案件争议点整理归纳，理顺案件的审判思路，基本掌握案件所涉的法律问题，同时要处理当事人变更、追加诉讼请求或者反诉等程序性事项。这些准备性工作是为了实现庭审能够顺利进行，真正落实以事实为依据，以法律为准绳的基本原则。因此，本条前半句规定庭审前审判人员必须认真审核诉讼材料，其中“必须”二字也体现了对审判人员在法律职业素养层面的要求。审判人员只有在认真审核诉讼材料的基础上，才能全面、深入掌握案件的基本信息，也才能确保后续庭审工作能够顺利开展。本条所指审核诉讼材料，是指对原、被告双方向受诉法院提交的起诉状、答辩状和有关的证据进行初步审查和核对。包括：再次审查案件是否属于人民法院受案范围和受诉人民法院管辖；审查起诉状、答辩状的形式和内容；审查与核对当事人向人民法院提交的证据的来源、形式、内容；审查被告是否提出了反诉，反诉是否符合条件；确定是否有必要按法定程序通知其他人参加诉讼等。通过审核，可以让合议庭成员在开庭审理前对整个案情有一定程度的了解，对双方当事人各自的主张、相应的事实与理由、争议的焦点和争议的实质、可能适用的法律等有总体上的把握，帮助审判人员确定证明对象、庭审范围与方向。需要指出的是，审核诉讼材料，主要是形式上的审查，而不是实体上的审查。审核诉讼材料的目的主要是保证开庭审理能更顺利、有效地进行，而不能取代开庭审理。

本条关于调查收集必要的证据之规定，与《民事诉讼法》第67条、第134条等共同构成人民法院调查取证完整的法律规范。根据《民事诉讼法》第 67 条第 1 款的规定，民事诉讼一般应当遵循“谁主张、谁举证”的原则。当事人对自己提出的诉讼请求、事实、主张有提供证据的责任，人民法院对当事人提供的证据材料的真实性、关联性、合法性进行认定，并据此查清案件事实，作出裁判。但是，在审判实践中，有些证据材料是当事人基于客观或者主观原因难以自行收集，但对于查明案件事实却是必需的，对此《民事诉讼法》第 67 条第 2 款规定，当事人及其诉讼代理人因客观原因不能自行收集的证据，或者人民法院认为审理案件需要的证据，人民法院应当调查收集。在此基础上，而本条则进一步强调审判人员在审理前准备阶段进行调查收集证据。

人民法院调查收集证据可以分为两种情形：一种是当事人因客观原因不能自行收集证据的，可申请人民法院调查收集与案件有关的证据；另一种是人民法院依职权主动调查、收集与案件有关的证据。《民事诉讼法解释》中第 94 条与第 96 条，对上述情况进行了细化规定。其中，《民事诉讼法解释》第 94 条规定：“民事诉讼法第六十七条第二款规定的当事人及其诉讼代理人因客观原因不能自行收集的证据包括：（一）证据由国家有关部门保存，当事人及其诉讼代理人无权查阅调取的；（二）涉及国家秘密、商业秘密或者个人隐私的；（三）当事人及其诉讼代理人因客观原因不能自行收集的其他证据。当事人及其诉讼代理人因客观原因不能自行收集的证据，可以在举证期限届满前书面申请人民法院调查收集。”第 96 条规定：“民事诉讼法第六十七条第二款规定的人民法院认为审理案件需要的证据包括：（一）涉及可能损害国家利益、社会公共利益的；（二）涉及身份关系的；（三）涉及民事诉讼法第五十八条规定诉讼的；（四）当事人有恶意串通损害他人合法权益可能的；（五）涉及依职权追加当事人、中止诉讼、终结诉讼、回避等程序性事项的。除前款规定外，人民法院调查收集证据，应当依照当事人的申请进行。”

【审判实践中应当注意的问题】

一、诉讼材料的范围

除本条规定了“诉讼材料”之外，《民事诉讼法》其他条文中未有关于“诉讼材料”的规定。此外，相关的司法解释亦未有关于“诉讼材料”的细化规定。根据法律解释规则，本条中“诉讼材料”应指“与本案诉讼有关的材料”，包括但不限于起诉状、答辩状、代理词、保全申请书、当事人各方提供的证据资料等。

二、调查收集证据资料

人民法院在调查收集证据资料时，应当严格按照《民事诉讼法》之规定进行。对于应当由当事人自行收集或依申请收集的证据资料，人民法院不得依职权调查收集；反之，对于人民法院应当依职权调查收集的证据资料，则不得以各种理由推诿。

第一百三十三条　人民法院派出人员进行调查时，应当向被调查人出示证件。

调查笔录经被调查人校阅后，由被调查人、调查人签名或者盖章。

【条文主旨】

本条是关于人民法院直接调查收集证据程序性的规定。

【理解与适用】

本条在2023年《民事诉讼法》修正中无变化。

人民法院调查收集证据是民事诉讼中的重要环节之一。民事诉讼过程中，在许多情况下，人民法院需要向有关单位和个人调查，这时人民法院行使审判权的重要职权活动，任何单位、个人不得以任何借口予以拒绝。如果有关单位或个人拒绝或者妨碍调查取证，人民法院可以根据民事诉讼法的规定对其采取妨害民事诉讼的强制措施。但人民法院调查收集证据程序是否符合法律规范，则直接影响证据的合法性。故而，人民法院在派出人员进行调查取证时，应当严格遵守本条所规定的程序规范。结合《民事诉讼证据规定》的规定，人民法院派出的调查人员进行调查时，应当向被调查人出示证件，以证明自己的身份。调查应当由两人以上共同进行。调查应当制作调查笔录，调查笔录经被调查人校阅后，由被调查人、调查人签名或盖章。经核对准确后，由被调查人、调查人、记录人在笔录末尾处签名或者盖章。调查中摘录有关单位制作的与案件事实相关的文件、材料，应当注明出处，并加盖制作单位或者保管单位的印章，摘录人和其他调查人员应当在摘录件上签名或者盖章。摘录文件、材料应当保持内容相应的完整性，不得断章取义。未经上述程序取得的调查材料，不具备证明效力，不得据以作出裁判。

【审判实践中应当注意的问题】

一、调查人员人数

《民事诉讼法解释》第 97 条规定："人民法院调查收集证据，应当由两人以上共同进行。调查材料要由调查人、被调查人、记录人签名、捺印或者盖章。"因此，人民法院在派员调查取证时，应当派出两名工作人员进行调查取证。

二、被调查人校阅调查笔录

人民法院派员进行调查收集证据资料阶段，应当严格遵守《民事诉讼法》的规定保障被调查人校阅调查笔录的权利。被调查人在校阅调查笔录无误之后，被调查人、调查人在笔录上签名或者盖章。

第一百三十四条 人民法院在必要时可以委托外地人民法院调查。

委托调查，必须提出明确的项目和要求。受委托人民法院可以主动补充调查。

受委托人民法院收到委托书后，应当在三十日内完成调查。因故不能完成的，应当在上述期限内函告委托人民法院。

【条文主旨】

本条是关于人民法院委托调查的规定。

【理解与适用】

本条在 2023 年《民事诉讼法》修正中无变化。

依据《民事诉讼法》的规定，人民法院可以依职权或依当事人的申请进行调查取证。但在民事诉讼中，有些证据材料并不在受诉人民法院的行政辖区内，如果由受诉法院进行调查不仅需要较长的调查时间，而且由于调查人员对当地情况不熟悉，调查活动的顺利开展可能受到一定程度的影响。而如果委托当地人民法院就近调查取证，则可以较为经济且便利地开展调查活动，既节约了司法资源，又节省了调查时间，提高了办案质效。委托调查制度具有多重优势。因此，1982 年颁行的《民事诉讼法（试行）》便确立了该项制度，1991 年《民事诉讼法》沿袭了《民事诉讼法（试行）》的规定，此后该条内容在历次修正中没有变化。

委托调查应当注意以下几点：第一，受委托的对象必须是人民法院，任何其他国家机关、社会团体或者个人都不能作为被委托人。第二，受诉人民法院只有在必要的情况下才委托其他人民法院调查。“必要的情况”主要是指被调查人或者调查事项不在受诉人民法院的管辖区域内。第三，提出委托的人民法院必须向受委托的人民法院出具委托调查书，委托调查书应当载明明确的委托项目和具体要求。第四，为了保证调查事项的完整性并满足诉讼活动的客观需要，受委托的人民法院除根据委托调查书的项目和要求进行调查外，还可以根据案件具体情况以及调查中发现的情况，主动对与委托事项相关的证据进行补充调查。第五，受委托的人民法院应当在收到委托书后三十日内完成调查；因故不能完成的，应在该三十日内函告提出委托的人民法院。

【审判实践中应当注意的问题】

委托调查，是在人民法院需要调查的证据处于异地的情况下，由受诉人民法院委托当地人民法院执行调查活动的一项制度，该制度符合诉讼经济的要求。受诉人民法院决定委托调查的，应当向受诉人民法院出具委托调查函，明确调查的目的和要求。受委托的人民法院应当按照要求及时完成调查。为了全面查清案情，受委托的人民法院如果认为确有必要，对于委托调查函所列项目和要求以外的事项，可以补充调查。受委托的人民法院接受委托后，应当及时开始和按要求进行调查，原则上应当在三十日内完成。因案件复杂或客观原因无法完成的，应当在该三十日内及时告知委托法院。受委托人民法院无故拒不进行调查的，委托人民法院可以协调督促其尽快执行调查活动。

此外，需要注意的是，本条规定的委托调查与执行程序中的委托调查制度不同。执行程序中的委托调查制度，是指在案件执行阶段，经申请执行人申请，由人民法院签发调查令，指定申请执行人的代理律师持调查令向有关单位或个人调查收集待定证据。二者在程序阶段、委托内容、受托主体等方面有显著的区别。

第一百三十五条　必须共同进行诉讼的当事人没有参加诉讼的，人民法院应当通知其参加诉讼。

【条文主旨】

本条是关于人民法院追加当事人的规定。

【理解与适用】

追加当事人是指人民法院发现对诉讼标的具有共同权利或共同义务的当事人未参加诉讼时，依照职权追加其为案件的原告或被告的诉讼行为。此项工作并非每一个案件在审理前的准备过程中都必须经过的程序，追加当事人只存在于必要的共同诉讼中，普通的共同诉讼不会发生追加当事人的问题。根据本条规定，必须共同进行诉讼的当事人未参加诉讼的，人民法院应当通知其参加诉讼。

一、共同诉讼的分类

在大陆法上，共同诉讼指的是同一诉讼程序中的原告、被告或者双方均由多数人构成之诉讼形态。[①] 本法第55条规定："当事人一方或者双方为二人以上，其诉讼标的是共同的，或者诉讼标的是同一种类、人民法院认为可以合并审理并经当事人同意的，为共同诉讼。共同诉讼的一方当事人对诉讼标的有共同权利义务的，其中一人的诉讼行为经其他共同诉讼人承认，对其他共同诉讼人发生效力；对诉讼标的没有共同权利义务的，其中一人的诉讼行为对其他共同诉讼人不发生效力。"根据共同诉讼人之间对诉讼标的的不同关系，我国将共同诉讼分为两类：一类是必要的共同诉讼，也称合一确定的共同诉讼，此类共同诉讼的诉讼标的是共同的；另一类是普通的共同诉讼，此类共同诉讼的诉讼标的是同一种类的。

必要的共同诉讼，必须具备两个条件：一是一方或双方当事人为两人

① ［日］伊藤真：《民事诉讼法（第四版补订版）》，曹云吉译，北京大学出版社2019年版，第430页。

以上，二是诉讼标的是共同的。必要共同诉讼人具有共同的权利或义务，因而是不可分之诉，人民法院必须合并审理和判决。[①]例如，合伙关系中基于合伙财产的诉讼，共同继承人基于被继承财产的诉讼。在实体法律关系中，当事人存在共同的利害关系，享有共同的权利或者承担共同的义务，这体现在诉讼法律关系中即诉讼标的是共同的，它要求共同诉讼人必须一同起诉或应诉；未一同起诉或应诉的，应予以追加。对于必要的共同诉讼，法院应当合并审理，且作出合一判决，避免因分别审理和判决导致分割实体权利义务的内在联系，造成相互矛盾的判决。

在学理上，必要的共同诉讼还可以分为固有的必要共同诉讼和类似的必要共同诉讼。固有的必要共同诉讼指的是全体利害关系人必须一同起诉或者应诉，没有一同起诉或者应诉的，还应当予以追加，人民法院必须合并审理且作出合一判决的必要共同诉讼；类似的必要共同诉讼虽然不要求利害关系人必须一同起诉或者应诉，其有权选择一同起诉或应诉，或者是分别起诉或应诉，但是一旦选择共同诉讼，就必须对共同诉讼人的诉讼标的合一确定。就固有的必要共同诉讼而言，出于尽可能尊重当事人选择的考虑，对于原告没有列出必须参加诉讼的共同被告的情况，在实务上，人民法院可以向原告进行释明，说明该被告必须参加诉讼的理由，并且要求原告在诉状上列出该被告。如果原告坚持不列，人民法院则可以以被告不适格为由对原告的起诉不予受理。而对于类似的必要共同诉讼，原告起诉时在被告的选择问题上则具有较大选择空间，人民法院应当尊重当事人的意愿。

普通的共同诉讼，是指当事人一方或者双方为两人以上，其诉讼标的是同一种类的，人民法院认为可以合并审理，并经当事人同意而共同进行的诉讼。诉讼标的是同种类的，是指各个共同诉讼人与对方当事人争议的法律关系的性质相同，即他们各自享有的权利或承担的义务属于同一类型。例如，一加害人对数人实施了加害行为，数个受害人作为共同诉讼人分别向加害人提出损害赔偿请求。在普通的共同诉讼中，当事人的权利义务都是各自独立的，只是因为他们之间存在一定的关联或者在性质上是同一类型的，基于审判上的便利，法院予以合并审理。在普通的共同诉讼中，当事人之间没有共同的权利义务关系，不是必须共同参加诉讼。因

---

① 江伟、肖建国主编：《民事诉讼法》，中国人民大学出版社 2018 年版，第 138 页。

此，不会产生追加当事人问题，人民法院也不得擅自追加。

二、人民法院追加当事人的方式

依法追加当事人参加诉讼，这样才可以使人民法院全面彻底解决争议。否则，遗漏必须共同进行诉讼的当事人，程序上难以保证其合法权利的行使，实体裁判时也无法将其对诉讼标的的实体权利义务予以固定。具体来说，人民法院追加当事人的方式有两种：一是人民法院依职权追加当事人，通知必须共同进行诉讼的当事人参加诉讼；二是当事人申请追加，人民法院经审查同意追加并通知当事人参加诉讼

《民事诉讼法解释》第 73 条规定："必须共同进行诉讼的当事人没有参加诉讼的，人民法院应当依照民事诉讼法第一百三十五条的规定，通知其参加；当事人也可以向人民法院申请追加。人民法院对当事人提出的申请，应当进行审查，申请理由不成立的，裁定驳回；申请理由成立的，书面通知被追加的当事人参加诉讼。"依据本条规定，人民法院在审核诉讼材料和审前调查时，如果发现必须共同进行诉讼的当事人没有参加诉讼，应当通知其参加诉讼，从而合一确定当事人的权利义务，依法维护共同诉讼当事人的合法权益，防止遗漏必要的共同诉讼当事人。而对于当事人提出的申请，人民法院应当按照本条规定的程序予以审查，以便决定应否追加。

另外，根据《民事诉讼法解释》第 74 条的规定，人民法院依法追加共同诉讼的当事人时，还应当通知其他当事人。人民法院依法追加原告时，如果应当追加的原告已经明确表示放弃实体权利的，可不予追加；既不愿意参加诉讼，又不放弃实体权利的，仍应追加为共同原告，其不参加诉讼，不影响人民法院对案件的审理和判决。但是，在审判实践中应当注意掌握本条解释的适用条件，严格按照程序处理，追加当事人的应当及时通知其他当事人，以便为其他当事人提供质疑、抗辩的机会。对于应当追加的原告，不愿意参加诉讼或者明确放弃实体权利的，应当及时释明，确保其意思表示真实，依法保护当事人诉讼权利，避免争议和误解。人民法院依法追加被告时，不以其本人和案内所有其他诉讼当事人的主观意愿为转移，均应通知追加，即便其不来参加诉讼，也不影响人民法院对案件的审理与判决，且判决生效以后，对其同样具有约束力。但是，如果应当追加的被告属于依法必须到庭的被告，在其经人民法院通知追加后拒不到庭

参加诉讼的，经两次传票传唤，无正当理由拒不到庭的，可以对其实行拘传。[①] 如果发现原告或被告不符合当事人条件的，应当通知符合条件的原告或被告参加诉讼，更换不合格的当事人。

【审判实践中应当注意的问题】

一、关于被追加的当事人的诉讼地位问题

被追加的当事人的诉讼地位，应当根据案件的基本事实和权利义务关系确定。首先，本法第 59 条规定："对当事人双方的诉讼标的，第三人认为有独立请求权的，有权提起诉讼。对当事人双方的诉讼标的，第三人虽然没有独立请求权，但案件处理结果同他有法律上的利害关系的，可以申请参加诉讼，或者由人民法院通知他参加诉讼。人民法院判决承担民事责任的第三人，有当事人的诉讼权利义务。前两款规定的第三人，因不能归责于本人的事由未参加诉讼，但有证据证明发生法律效力的判决、裁定、调解书的部分或者全部内容错误，损害其民事权益的，可以自知道或者应当知道其民事权益受到损害之日起六个月内，向作出该判决、裁定、调解书的人民法院提起诉讼。人民法院经审理，诉讼请求成立的，应当改变或者撤销原判决、裁定、调解书；诉讼请求不成立的，驳回诉讼请求。"据此，对当事人双方的诉讼标的，被追加的当事人有独立请求权的，应当列为有独立请求权的第三人。此时被追加的当事人有权提起诉讼，成为案件的当事人。其次，对当事人双方的诉讼标的，被追加的当事人虽然没有独立请求权，但案件处理结果同他有法律上的利害关系的，应当将其列为无独立请求权的第三人。如果被追加的当事人有可能被判决承担民事责任，人民法院则可以直接追加其为被告。

人民法院在案件审理时，无论是人民法院依职权追加当事人，还是当事人申请追加，均需要向原告征求对追加的被告是否承担责任的意见。如果原告向该被告主张权利，人民法院应当根据案件的实际情况，结合查明的事实，对被告是否承担相应责任作出裁判。但是如果原告明确放弃了对被追加的被告主张权利，经人民法院审理，认为被追加的被告应当承担

---

① 王胜明主编：《中华人民共和国民事诉讼法释义（最新修正版）》，法律出版社 2012 年版，第 318 页。

民事责任，而原列被告不承担责任的时候，则可能判决驳回原告的诉讼请求。

二、关于一审遗漏必须参加诉讼的当事人的处理问题

有观点认为，从是否需要合并审理出发，必要的共同诉讼分为固有的必要共同诉讼、类似的必要共同诉讼和牵连性的必要共同诉讼三种类型。对于这三类情形，仅有第一类共同诉讼属于不可分之诉，无论是作为应当追加的原告主动表示放弃实体权利，还是原告对应当追加的被告放弃追加和放弃实体权利，都构成诉讼主体不适格，人民法院都应当追加当事人。而对于第二类和第三类共同诉讼，实质上属于可分之诉，应当遵循不告不理的原则。而在司法实践中，追加当事人一般应当在第一审程序中进行，由于法律规定过于原则，导致本应必须合并审理的分开审理，本该追加的当事人没有追加，损害了没有参加诉讼但属于必须进行共同诉讼的人的合法权益。

由此，在第二审程序中会遇到发现一审遗漏了必须参加诉讼的当事人的情形。此处“必须参加诉讼的当事人”应当理解为必要的共同诉讼中的共同诉讼人。对于该问题的处理，《民事诉讼法解释》第 325 条规定：“必须参加诉讼的当事人或者有独立请求权的第三人，在第一审程序中未参加诉讼，第二审人民法院可以根据当事人自愿的原则予以调解；调解不成的，发回重审。”对于此条解释，应当准确把握与适用。第一，无论当事人还是人民法院在二审期间发现了这一问题，都应当按照本条规定处理；第二，调解必须根据当事人的自愿，当事人不仅指原审中的原告、被告和被判决承担民事责任的第三人，还包括应当追加的当事人，调解情况应当制作笔录入卷；第三，发回原审法院重审的裁定书不列追加的当事人，但裁定书应当写明发回重审的理由。[①]

三、关于当事人的申请被驳回的救济权问题

关于当事人的追加必须共同进行诉讼的当事人的申请被人民法院裁定驳回后，当事人的救济权的问题，存在着一定争议。少数意见认为，既

① 最高人民法院民法典贯彻实施工作领导小组办公室编著：《最高人民法院新民事诉讼法司法解释理解与适用》，人民法院出版社 2022 年版，第 716~717 页。

然是裁定驳回，当事人应当有权上诉，以赋予其救济权利；多数意见认为，当事人对于人民法院驳回追加申请的裁定无上诉权。本法第157条中规定："裁定适用于下列范围：（一）不予受理；（二）对管辖权有异议的；（三）驳回起诉；（四）保全和先予执行；（五）准许或者不准许撤诉；（六）中止或者终结诉讼；（七）补正判决书中的笔误；（八）中止或者终结执行；（九）撤销或者不予执行仲裁裁决；（十）不予执行公证机关赋予强制执行效力的债权文书；（十一）其他需要裁定解决的事项。对前款第一项至第三项裁定，可以上诉。"据此规定可知，当事人可以上诉的裁定限于一审法院作出的不予受理裁定、管辖权异议裁定以及驳回起诉裁定，此处的驳回当事人追加申请的裁定，显然不在此列，因此，当事人无上诉权。再者，拟被追加的主体是否属于必须共同进行诉讼的当事人，属于人民法院审查判断的范畴，假如人民法院审查处理后驳回当事人追加申请有误，由此导致本应参加诉讼的主体（必须共同进行诉讼的当事人）未能参加诉讼的，该主体还可以根据本法第211条的规定，"无诉讼行为能力人未经法定代理人代为诉讼或者应当参加诉讼的当事人，因不能归责于本人或者其诉讼代理人的事由，未参加诉讼的"，对生效裁判申请再审，其救济途径是畅通的。[①]

综上所述，应当认为当事人对于人民法院驳回追加申请的裁定无上诉权。若人民法院驳回当事人回家申请的裁定有误，则本该参加诉讼的主体（必须共同进行诉讼的当事人）可以对生效裁判申请再审。

① 最高人民法院民法典贯彻实施工作领导小组办公室编著：《最高人民法院新民事诉讼法司法解释理解与适用》，人民法院出版社2022年版，第217页。

第一百三十六条 人民法院对受理的案件，分别情形，予以处理：

（一）当事人没有争议，符合督促程序规定条件的，可以转入督促程序；

（二）开庭前可以调解的，采取调解方式及时解决纠纷；

（三）根据案件情况，确定适用简易程序或者普通程序；

（四）需要开庭审理的，通过要求当事人交换证据等方式，明确争议焦点。

【条文主旨】

本条是关于民事案件审理程序分流的规定。

【理解与适用】

本条是2012年修改后的《民事诉讼法》增加的条文。在此后的2017年、2021年和2023年《民事诉讼法》历次修正中，该条内容都没有进行修改。只是在2021年《民事诉讼法》修正中，该条文序号由原来的第133条调整为第136条，2023年修正后的《民事诉讼法》仍然保留第136条的条文序号。

不同性质和类型的民事案件应当采用不同的诉讼程序进行审理，这是民事诉讼程序的基本要求。民事案件的性质、类型和实际情况千差万别，人民法院不可能、也不应当适用相同的诉讼程序和方式进行处理。人民法院受理民事案件后，对于不同的民事案件，应当根据具体情形，适用不同的诉讼程序审理。2023年《民事诉讼法》第136条规定了人民法院受理民事案件后，实行程序分流的具体内容，即民事案件的程序分流有四个方向：一是按照督促程序审理；二是采取调解方式解决纠纷；三是适用简易程序审理；四是适用普通程序审理。

一、按照督促程序审理

督促程序，又称为支付令程序，是人民法院根据债权人提出的、要求债务人给付一定数量金钱或者有价证券的申请，不经过开庭审理直接向债务人发出附有条件的支付令，若债务人在法定期间内未对支付令提出异议，该支付令即具有强制执行力的程序。

督促程序是人民法院督促债务人向债权人偿还债务的一种程序。在司法实践中，存在着一些给付金钱和有价证券的案件，其中有一部分案件债权债务关系较为明确。但是，由于各种原因，债务人没有履行支付义务。对于这类案件，如果仍然通过一般的诉讼程序加以解决，不仅会浪费有限的司法资源，而且不利于人民法院及时作出裁判，给当事人造成不必要的讼累。因此，对于债权债务关系明确，当事人双方均无争议，但债务人由于种种原因长期没有偿还债务的案件，适用督促程序进行审理，不仅可以简化诉讼程序，方便当事人诉讼和法院审理案件，而且可以加速纠纷的解决，提高诉讼效率。目前，许多国家和地区的民事诉讼法都有督促程序的专门规定。在《民事诉讼法》中规定督促程序已经成为世界主要国家和地区《民事诉讼法》的普遍趋势。为了适应改革开放和我国社会主义市场经济体制发展的需要，我国《民事诉讼法》在借鉴其他国家和地区《民事诉讼法》关于督促程序立法有益经验的基础上，结合我国民事审判实践的具体情况，以专门章节的形式规定了督促程序。

人民法院受理案件后，如果发现案件符合督促程序规定的条件，可以直接转入督促程序。《民事诉讼法》和《民事诉讼法解释》对督促程序的适用条件进行了规定。具体而言，督促程序适用的条件主要有以下方面：

1. 债权人必须以金钱或者有价证券作为给付请求的标的物。这里的金钱是指可以作为流通手段和支付手段的货币，如人民币。这里的有价证券是指汇票、本票、支票以及股票、债券、国库券、可转让的存款单等有价证券。法律将金钱和有价证券作为适用督促程序审理案件的给付请求标的物，主要是考虑到金钱和有价证券的给付请求较为明确，一般不会发生争议，法院在判断是否适用督促程序审理较为容易识别和判断。

2. 请求给付的金钱或者有价证券已经到期且数额已经确定，并且申请人写明了请求所依据的事实和证据。如果请求给付的金钱或者有价证券尚未到期，债权人就不应当向债务人提出偿还请求；如果请求给付的金钱或者有价证券的数额不确定，人民法院就无法判断金钱或者有价证券的数额，也就不能向债务人发出支付令。因此，债权人在向人民法院申请支付令时，应当写明请求所依据的事实和证据，以便人民法院能够识别和判断是否应当向债务人发出支付令。需要指出的是，如果给付金钱或者有价证券的证明文件没有约定逾期给付利息或者违约金、赔偿金，原告（债权人）坚持要求给付利息或者违约金、赔偿金的，此时，人民法院不应将案件转入督促程序审理。因为在这种情况下，原告要求的利息或者违约金、赔偿金数额是没有事先约定的，双方对此存在争议，不符合适用督促程序的条件。

3. 债权人和债务人没有其他债务纠纷。这里主要是指债权人对债务人没有对待给付义务。对待给付，是指债务人对债权人负有给付义务的同时，债权人也对债务人负有给付义务。如果债权人和债务人双方的给付义务在数量上存在差别，这通常不会影响督促程序的适用。但是，如果在债务给付时间方面，双方存在着同时给付或者只有一方给付后，另一方才会给付的关系，此时通常不适用督促程序处理。债权人只有在没有对待给付义务的情况下，人民法院才会向债务人发出支付令；否则，债务人会向人民法院提出异议，导致督促程序终结，无法达到节省司法资源、提高诉讼效率的目的。

4. 支付令能够送达债务人。这里是指人民法院能够直接将支付令送达给债务人，或者通过留置方式以及邮寄、委托送达方式，客观上能够送达到债务人手中。只有将支付令实际送达给债务人，才能保障债务人知悉支付令的内容，及时履行自己的债务，从而尽快解决纠纷；同时也便于债务人及时行使异议权，保障债务人的合法权益。因此，如果支付令无法实际送达债务人，如债务人不在我国境内，或者债务人虽然在我国境内但下落不明，需要人民法院公告送达的，人民法院不应当适用督促程序审理案件。

5. 适用督促程序审理的案件，由被申请人所在地的基层人民法院管辖。具体来说，被申请人是公民的，由被申请人住所地或者经常居住地的基层人民法院管辖；被申请人是法人或者其他组织的，由被申请人主要营业地或者主要办事机构所在地的基层人民法院管辖。这样规定，主要是为了方便当事人诉讼和人民法院审理案件。

另外，需要特别指出的是，双方当事人之间没有就债权债务存在争议，是人民法院将案件审理转入督促程序的前提。这里所说的“当事人没有争议”包含两个方面的内容：一是债权人和债务人双方没有就债权人申请支付的金钱或者有价证券存在争议；二是债权人和债务人之间没有其他债务纠纷。如果双方当事人之间不存在上述两种情形，人民法院就不应将案件审理转入督促程序，而应当按照案件的性质和具体情形，选择应当适用的诉讼程序或者非讼程序审理。

只有符合上述条件，人民法院才能够将案件转入督促程序。人民法院将案件转入督促程序后，应当遵照《民事诉讼法》关于督促程序的规范对案件进行审理，当事人按照督促程序的规定行使自己的诉讼权利和实体权利。

二、采取调解方式解决纠纷

对于当事人起诉到法院的民事纠纷，人民法院受理后，如果认为当事人对民事纠纷的争议不大，当事人在案件开庭前能够达成调解协议的，可以根据实际情况，不必进行开庭审理，而是以法院调解的方式解决纠纷，审结案件。

法院调解，也称为诉讼调解，是指双方当事人在人民法院审判人员的主持下，平等协商，互谅互让，达成调解协议，从而解决民事纠纷，结束诉讼程序。法院调解是人民法院行使审判权的一种方式。《民事诉讼法》第 9 条规定："人民法院审理民事案件，应当根据自愿和合法的原则进行调解；调解不成的，应当及时判决。"我国《民事诉讼法》用专门章节（第一编第八章）规定了民事诉讼的调解制度。2012 年《民事诉讼法》增加的第 122 条规定："当事人起诉到人民法院的民事纠纷，适宜调解的，先行调解，但当事人拒绝调解的除外。"该条文沿用至今（2023 年《民事诉讼法》第 125 条）。从《民事诉讼法》这些规定可以看出，人民法院审理民事案件，应当实行调解优先的原则，只有在调解不成的情况下，人民法院才能及时对民事案件作出判决。因此，对于受理的民事案件，人民法院如果认为适宜进行调解的，应当尽量对当事人进行调和、劝解，及时处理民事纠纷。

《民事诉讼法》之所以规定调解优先，主要是因为与判决相比，法院调解具有自身的优势：一是有利于彻底解决当事人之间的纠纷。法院调解是在人民法院审判人员的主持下，在双方当事人自愿的基础上，以平等协商的方式解决当事人之间的纠纷。法院调解的过程，就是尽可能地使双方当事人对本案的事实问题和法律问题形成较为一致的认识过程，法院调解的结果充分体现了当事人的合意。由于调解协议是在当事人合意的基础上达成的，因此，法院调解有利于从根本上彻底化解纠纷，而不是仅仅从法律程序上审结案件。二是有利于简化诉讼程序，及时化解矛盾。法院调解能够避免烦琐的诉讼程序，使当事人双方较为快捷地达成调解协议，从而提高司法效率，简便地解决民事纠纷。三是有利于民事纠纷的顺利解决。法院调解是在人民法院审判人员的主持和引导下进行的，当事人容易在审判人员的指引下依法达成调解协议，有效地促进解决民事纠纷的进程。

为了保障法院调解的依法进行，人民法院在对民事纠纷进行调解过程中，应当遵循以下原则：一是自愿原则。《民事诉讼法》明确规定，人民法院审理民事案件，根据当事人自愿的原则，进行调解。人民法院对民事案件进行调解必须建立在双方当事人自愿的基础上，不能违背当事人的意愿，强迫当事人调解。当事人自愿调解包括程序上的自愿和实体上的自愿。程序上的自愿是指当事人愿意以调解的方式解决纠纷，实体上的自愿是指调解协议的内容要充分体现当事人的意志。如果当事人一方或双方坚持不愿调解的，或者调解未达成协议或调解书送达前一方反悔的，人民法院应当及时判决。二是查明事实、分清是非原则。根据《民事诉讼法》的规定，人民法院审理民事案件，要在事实清楚的基础上，分清是非，进行调解。因此，法院调解并非不分青红皂白的“和稀泥”。法院调解不同于诉讼上的和解，法院调解在性质上仍然是法院的审判行为，调解与判决一样，都是完成《民事诉讼法》所规定任务的手段。法院只有在查明事实、分清是非的基础上对民事纠纷进行调解，才能最大限度地保障法院调解的公正性。[①] 三是合法原则。合法原则是指法院在调解过程中应当遵守实体法和程序法的规定，严格按照《民事诉讼法》和有关司法解释规定的程序进行，切实保障当事人的诉讼权利，调解协议的内容不得违反法律规定，不得侵害国家利益、社会利益和他人的合法权益。

对于有可能通过调解解决的民事案件，人民法院应当调解。根据2020年12月23日修正的《简易程序规定》，下列民事案件，人民法院在开庭审理时应当先行调解：（1）婚姻家庭纠纷和继承纠纷；（2）劳务合同纠纷；（3）交通事故和工伤事故引起的权利义务关系较为明确的损害赔偿纠纷；（4）宅基地和相邻关系纠纷；（5）合伙协议纠纷；（6）诉讼标的额较小的纠纷。人民法院在审理这些案件时，依法对当事人先行调解

① 李浩：《查明事实、分清是非原则重述》，载《法学研究》2011年第4期。

是必经的审理程序；如果没有经过调解，人民法院不能直接进行裁判。但是根据案件的性质和当事人的实际情况不能调解或者显然没有调解必要的除外。应当指出的是，对于适用特别程序、督促程序、公示催告程序、破产还债程序的案件，以及婚姻关系、身份关系确认案件和其他依案件性质不能进行调解的民事案件，人民法院不应当进行调解，而是依法作出判决。

按照《民事诉讼法》的规定，人民法院进行调解，可以由审判员一人主持，也可以由合议庭主持，并尽可能就地进行。人民法院进行调解，可以用简便方式通知当事人、证人到庭。人民法院进行调解，可以邀请有关单位和个人协助。被邀请的单位和个人，应当协助人民法院进行调解。

经过法院调解，如果当事人达成调解协议，人民法院应当制作调解书。调解书应当写明诉讼请求、案件的事实和调解结果。调解书经双方当事人签收后，即具有法律效力。下列案件调解达成协议，人民法院可以不制作调解书：一是调解和好的离婚案件；二是调解维持收养关系的案件；三是能够即时履行的案件；四是其他不需要制作调解书的案件。对不需要制作调解书的协议，经人民法院审查确认后，应当记入笔录或者将协议附卷，并由当事人、审判人员、书记员签名或者盖章后即具有法律效力。当事人请求制作调解书的，人民法院应当制作调解书送交当事人。当事人拒收调解书的，不影响调解协议的效力。一方不履行调解协议的，另一方可以持调解书向人民法院申请执行。

当事人达成的调解协议具有下列情形之一的，人民法院不予确认：一是侵害国家利益、社会公共利益的；二是侵害案外人利益的；三是违背当事人真实意思的；四是违反法律、行政法规禁止性规定的。

人民法院对于以调解方式审结的案件，只能制作调解书，不能制作判决书。当事人自行和解或者经调解达成协议后，请求人民法院按照和解协议或者调解协议的内容制作判决书的，人民法院不予支持。

三、适用简易程序审理

人民法院受理案件后，如果发现案件属于简易的民事案件，可以适用简易程序进行审理，而不必适用普通程序审理。

简易程序是我国《民事诉讼法》规定的第一审诉讼程序中一个独立的诉讼程序，是指基层人民法院和它派出的法庭审理事实清楚、当事人之间的权利义务关系明确，争议不大的案件所适用的简便易行的诉讼程序。简易程序能够提高人民法院审理案件的效率，及时稳定民事法律关系，保护当事人的合法权益，使人民法院能够抽出更多的时间和人力，更好地审理其他相对复杂的案件。简易程序与普通程序相比，具有起诉方式简便、受理程序简便、传唤方式简便、实行独任审理、审理期限较短、易于当庭宣判等优点。[①] 因此，我国《民事诉讼法》规定，对于简单的民事案件，可以适用简易程序进行审理。

按照《民事诉讼法》的规定，简易程序审理的案件是事实清楚、当事人之间的权利义务关系明确，争议不大的案件。这里所说的“事实清楚”，是指当事人对争议的事实陈述基本一致，并能提供相应的证据，无须人民法院调查收集证据即可查明事实；“权利义务关系明确”，是指能明确区分谁是责任的承担者，谁是权利的享有者；“争议不大”，是指当事人对案件的是非、责任承担以及诉讼标的争执无原则分歧。需要指出的是，我国《民事诉讼法》虽然在“审判程序”编中用专门一章（第十三章）规定了“简易程序”，但是，该章并没有完整、系统地规定简易程序审理案件的全部内容，人民法院在适用简易程序审理民事案件时，对于法律没有专门针对简易程序作出明确规定的内容，应当适用《民事诉讼法》关于普通程序的规定，例如关于诉讼中止、诉讼终结，判决和裁定等。这也是我国《民事诉讼法》在编排体例上将“简易程序”置于“第一审普通程序”之后的基本逻辑。

按照《民事诉讼法》的规定，基层人民法院和它派出的人民法庭审理的简单案件之外的其他民事案件，当事人双方也可以约定适用简易程序。此时，人民法院不得违反当事人自愿原则，将普通程序转为简易程序。因此，简单民事案件可以由法院直接决定适用简易程序审理，而普通民事案件需要经过当事人同意才能适用简易程序审理。但是，法律和司法解释明确规定不得适用简易程序的案件，当事人约定适用简易程序的，人民法院不予准许。

人民法院发现案件不宜适用简易程序，需要转为普通程序审理的，应当在审理期限届满前作出裁定，并将审判人员及相关事项书面通知双方当事人。案件转为普通程序审理的，审理期限自人民法院立案之日计算。已

---

① 张卫平主编：《民事诉讼法（第2版）》，高等教育出版社2011年版，第233页。

经按照普通程序审理的案件，在开庭后不得转为简易程序审理。

简易程序的适用具有严格限制。下列民事案件，人民法院不得适用简易程序进行审理：（1）起诉时被告下落不明的；（2）发回重审的；（3）当事人一方人数众多的；（4）适用审判监督程序的；（5）涉及国家利益、社会公共利益的；（6）第三人起诉请求改变或者撤销生效判决、裁定、调解书的；（7）其他不宜适用简易程序的案件。

当事人就案件适用简易程序提出异议，人民法院经审查，异议成立的，裁定转为普通程序；异议不成立的，裁定驳回。裁定以口头方式作出的，应当记入笔录。转为普通程序的，人民法院应当将审判人员及相关事项以书面形式通知双方当事人。转为普通程序前，双方当事人已确认的事实，可以不再进行举证、质证。

适用简易程序审理的民事案件，人民法院可以采取捎口信、电话、短信、传真、电子邮件等简便方式传唤双方当事人、通知证人和送达诉讼文书。适用简易程序审理案件，由审判员独任审判，书记员担任记录。双方当事人到庭后，被告同意口头答辩的，人民法院可以当即开庭审理；被告要求书面答辩的，人民法院应当将提交答辩状的期限和开庭的具体日期告知各方当事人，并向当事人说明逾期举证以及拒不到庭的法律后果。

适用简易程序审理的民事案件，当事人及其诉讼代理人可以申请人民法院调查收集证据和申请证人出庭作证，但应当在举证期限届满前提出申请。

适用简易程序审理的民事案件，开庭前已经书面或者口头告知当事人诉讼权利义务，或者当事人各方均委托律师代理诉讼的，审判人员除告知当事人申请回避的权利外，可以不再告知当事人其他的诉讼权利义务。对没有委托律师代理诉讼的当事人，审判人员应当对回避、自认、举证责任等相关内容向其作必要的解释或者说明，并在庭审过程中适当提示当事人正确行使诉讼权利、履行诉讼义务，指导当事人进行正常的诉讼活动。开庭时，审判人员可以根据当事人的诉讼请求和答辩意见归纳出争议焦点，经当事人确认后，由当事人围绕争议焦点举证、质证和辩论。当事人对案件事实无争议的，审判人员可以在听取当事人就适用法律方面的辩论意见后径行判决、裁定。当事人双方同时到基层人民法院请求解决简单的民事纠纷，但未协商举证期限，或者被告一方经简便方式传唤到庭的，当事人在开庭审理时要求当庭举证的，应予准许；当事人当庭举证有困难的，举证的期限由当事人协商决定，但最长不得超过十五日；协商不成的，由人民法院决定。适用简易程序审理的民事案件，应当一次开庭审结，但人民法院认为确有必要再次开庭的除外。庭审结束时，审判人员可以根据案件的审理情况对争议焦点和当事人各方举证、质证和辩论的情况进行简要总结，并就是否同意调解征询当事人的意见。

适用简易程序审理的民事案件，除人民法院认为不宜当庭宣判的以外，应当当庭宣判。当庭宣判的案件，除当事人当庭要求邮寄送达的以外，人民法院应当告知当事人或者诉讼代理人领取裁判文书的期间和地点以及逾期不领取的法律后果。人民法院已经告知当事人领取裁判文书的期间和地点的，当事人在指定期间内领取裁判文书之日即为送达之日；当事人在指定期间内未领取的，指定领取裁判文书期间届满之日即为送达之日，当事人的上诉期从人民法院指定领取裁判文书期间届满之日的次日起开始计算。当事人因交通不便或者其他原因要求邮寄送达裁判文书的，人民法院可以按照当事人自己提供的送达地址邮寄送达。原告经传票传唤，无正当理由拒不到庭或者未经法庭许可中途退庭的，可以按撤诉处理；被告经传票传唤，无正当理由拒不到庭或者未经法庭许可中途退庭的，人民法院可以根据原告的诉讼请求及双方已经提交给法庭的证据材料缺席判决。

适用简易程序审理的民事案件，有下列情形之一的，人民法院在制作判决书、裁定书、调解书时，对认定事实或者裁判理由部分可以适当简化：（1）当事人达成调解协议并需要制作民事调解书的；（2）一方当事人明确表示承认对方全部或者部分诉讼请求的；（3）涉及商业秘密、个人隐私的案件，当事人一方要求简化裁判文书中的相关内容，人民法院认为理由正当的；（4）当事人双方同意简化的。

这里需要特别指出的是，2012年《民事诉讼法》修改时增加了小额诉讼程序的规定，并沿用至今（2023年《民事诉讼法》第165条）。小额诉讼程序实质上是简易程序的再简化，它是指基层人民法院和它派出的法庭审理事实清楚、权利义务关系明确、争议不大的简单金钱给付民事案件，标的额较小，实行一审终审的诉讼程序。人民法院受理民事案件后，如果认为符合小额诉讼程序的适用条件，可以适用小额诉讼程序审理。此时，应当向当事人告知该类案件的审判组织、一审终审、审理期限、诉讼费用交纳标准等相关事项。因当事人申请增加或者变更诉讼请求、提出反诉、追加当事人等，致使案件不符合小额诉讼案件条件的，应当适用简易程序的其他规定审理；应当适用普通程序审理的，裁定转为普通程序。适用简易程序的其他规定或者普通程序审理前，双方当事人已确认的事实，可以不再进行举证、质证。当事人对按照小额诉讼案件审理有异议的，应当在开庭前提出。人民法院经审查，异议成立的，适用简易程序的其他规定审理或者裁定转为普通程序；异议不成立的，裁定驳回。裁定以口头方式作出的，应当记入笔录。小额诉讼案件的裁判文书可以简化，主要记载当事人基本信息、诉讼请求、裁判主文等内容。

四、适用普通程序审理

人民法院受理案件后，如果发现案件不是简易的民事案件，应当按照《民事诉讼法》关于普通程序的规定进行审理。

普通程序是我国《民事诉讼法》规定的第一审程序中普遍适用的程序。它是相对于简易程序而言的。除简单民事案件和当事人双方约定适用简易程序审理的案件外，其他案件的第一审都应当适用普通程序。中级人民法院和中级以上人民法院审理的一审案件一般也应当适用普通程序；人民法院按照第二审程序审理案件时，除了依照法律适用关于第二审程序的专门规定外，对于第二审程序没有专门规定的内容，还应当适用《民事诉讼法》关于普通程序的规定；对于二审法院发回重审的案件，一审法院一般也适用普通程序进行审理；对于再审的民事案件，如果是第一审程序审结的，再审时原则上也适用普通程序。

我国《民事诉讼法》对普通程序的具体内容作出了详细的规定，从案件的起诉和受理、审理前的准备、开庭审理，到诉讼中止和终结、判决和裁定等，均可以从《民事诉讼法》普通程序中找到相应的法律依据。同时，《民事诉讼法解释》也对民事普通程序的有关问题作出了具体规定。

人民法院适用普通程序审理案件，通常需要以开庭审理的方式进行。在开庭审理前，人民法院应当提前作好开庭准备，以便为顺利进行开庭审理活动奠定基础。人民法院应当在审理前的准备阶段向当事人送达举证通知书。举证通知书应当载明举证责任的分配原则和要求、可以向人民法院申请调查收集证据的情形、人民法院根据案件情况指定的举证期限以及逾期提供证据的法律后果等内容。人民法院应当在审理前的准备阶段确定当事人的举证期限。举证期限可以由当事人协商，并经人民法院准许；人民法院也可以指定举证期限。人民法院指定举证期限的，适用第一审普通程序审理的案件不得少于十五日，当事人提供新的证据的第二审案件不得少于十日，适用简易程序审理的案件不得超过十五日，小额诉讼案件的举证期限一般不得超过七日。举证期限届满后，当事人提供反驳证据或者对已经提供的证据的来源、形式等方面的瑕疵进行补正的，人民法院可以酌情再次确定举证期限，该期限不受前述规定的期间的限制。当事人申请延长举证期限的，应当在举证期限届满前向人民法院提出书面申请。申请理由成立的，人民法院应当准许，适当延长举证期限，并通知其他当事人。延长的举证期限适用于其他当事人。申请理由不成立的，人民法院不予准许，并通知申请人。

在审理前的准备阶段，重点是做好证据交换，明确双方当事人争议焦点，为庭审做好准备。该条规定，人民法院受理后，如果认为案件“需要开庭审理的，通过要求当事人交换证据等方式，明确争议焦点。”证据交换是对证据较多或复杂疑难案件适用举证时限制度的特殊要求。对于证据不多或案情简单，通过指定举证期限能够实现固定争点和证据的案件，不必采取证据交换的方式。对于证据较多或复杂疑难的案件，仅通过指定举证期限不易达到整理争点、固定争点和证据的案件，人民法院应当组织证据交换。对于当事人申请，人民法院认为有必要进行证据交换的，可以组织证据交换。

按照《民事诉讼证据规定》的要求，证据交换的时间可以由人民法院指定，也可以由当事人协商一致并经人民法院认可。无论采取哪种方式，证据交换的时间必须确定在庭审之前。证据交换与举证时限制度关系密切，证据交换之日即为举证期限届满之时，证据交换日前不提供证据的，应承担逾期举证的后果。当事人申请延期举证经人民法院准许的，证据交换日相应顺延。

在证据交换的具体操作方面，证据交换应当在审判人员的主持下进行。在证据交换的过程中，审判人员对当事人无异议的事实、证据应当记录在卷。在庭审中，审判人员对这类证据说明后，不必再组织质证，即可以作为认定案件事实的依据。对这类证据，当事人在其后的庭审中除非有足以推翻的相反证据外，不得任意反悔。对于有异议的证据，审判人员应当按照其需要证明的事实分类记录在卷，并记载异议的理由。通过证据交换，确定双方当事人争议的主要问题。

在当事人交换证据过程中，一方当事人收到对方交换的证据后提出反驳证据的，应当允许对方当事人就反驳证据再次举证反驳。为平等保护当事人诉讼权利，人民法院应当再次组织证据交换。为防止当事人利用证据交换拖延诉讼，审判人员可以对证据交换的次数作出必要的限制，通常可以规定证据交换一般不得超过两次。但对于重大、疑难或案情特别复杂的案件，在人民法院认为确有必要的情况下，也可不受两次的次数限制。[①]当事人在审理前的准备阶段或者人民法院调查、询问过程中发表过质证意见的证据，视为质证过的证据。

当事人在一审程序中提供新的证据的，应当在一审开庭前或者开庭审理时提出。一审程序中的新的证据包括：当事人在一审举证期限届满后新发现的证据；当事人确因客观原因无法在举证期限内提供，经人民法院准许，在延长的期限内仍无法提供的证据。当事人举证期限届满后提供的证据不是新的证据的，人民法院不予采纳。但是，当事人经人民法院准许延期举证，但因客观原因未能在准许的期限内提供，且不审理该证据可能导致裁判明显不公的，其提供的证据可视为新的证据。一方当事人提出新的证据的，人民法院应当通知对方当事人在合理期限内提出意见或者举证。

【审判实践中应当注意的问题】

一、案件审理程序分流的时间

案件审理程序分流的时间节点不同于立案审查后处理情形的时间。原告认为自己享有的或者依法由其支配、管理的民事权益受到侵犯，或者与他人发生争议，可以向人民法院起诉，要求人民法院保护或者确认其合法民事权益。原告向人民法院起诉后，人民法院应当对原告的起诉进行审查。经过审查，可以有以下处理结果：一是原告的起诉如果属于行政诉讼受案范围，则告知原告提起行政诉讼；二是如果双方当事人达成书面仲裁协议申请仲裁、不得向人民法院起诉，则告知原告向仲裁机构申请仲裁；三是如果争议依法应当由其他机关处理，则告知原告向有关机关申请解决；四是如果纠纷不属于本法院管辖，则告知原告向有管辖权的人民法

---

① 宋春雨：《〈最高人民法院关于民事诉讼证据的若干规定〉的理解与适用》，载《人民司法》2002年第2期。

院起诉；五是如果裁判已经发生法律效力，则告知原告申请再审（人民法院准许撤诉的裁定除外）；六是如果依法在一定期限内不得起诉，则不予受理；七是如果是判决不准离婚和调解和好的离婚案件，判决、调解维持收养关系的案件，没有新情况、新理由，原告在六个月内又起诉，则不予受理。

对原告起诉进行审查后，人民法院如果认为原告的起诉符合《民事诉讼法》规定的起诉条件的，应当决定受理案件；如果人民法院认为原告的起诉不符合《民事诉讼法》规定的起诉条件，应当作出不予受理的裁定。人民法院受理案件后，应当按照案件的具体情形决定适用的案件审理程序：如果当事人没有争议，符合督促程序规定条件，可以转入督促程序；如果案件属于简单的民事案件，或者当事人同意适用简易程序审理案件，可以按照简易程序审理；如果案件不属于简单的民事案件，应当适用普通程序审理；如果案件在开庭审理前具备调解的条件，并且双方当事人同意调解，可以采取调解等方式及时解决纠纷；如果案件需要开庭审理，可以通过要求当事人交换证据等方式，明确争议焦点，为开庭审理作准备。

因此，案件审理程序分流问题应当与《民事诉讼法》第127条规定的立案审查后的不同处理相区分。人民法院对案件审理程序进行分流，一般应当在受理案件后、对案件进行实体审理之前这个时间段内进行。而立案审查后的不同处理发生在当事人提起诉讼后、案件立案受理之前。程序分流后的情形包括：适用督促程序、调解方式处理、适用简易程序、适用普通程序四种情况；立案审查后的处理情形包括：提起行政诉讼、向仲裁机构申请仲裁、向其他机关申请解决、向有管辖权的人民法院起诉、申请再审、不予受理等情形。程序分流解决的是适用何种诉讼程序审理案件，而立案审查后的处理主要解决的是人民法院主管和管辖，以及是否受理起诉的问题。

案件审理程序经过分流，确定审理案件的具体程序后，案件审理程序就会固定下来，通常不应当再将案件转入其他审理程序。例如，案件分流进入督促程序后，不能再将案件重新转入普通程序或者简易程序。不过，应当指出的是，根据法律和司法解释的有关规定，基层人民法院适用第一审普通程序审理的民事案件，当事人各方自愿选择适用简易程序，经人民法院审查同意的，可以适用简易程序进行审理。但人民法院不得违反当事人自愿原则，将普通程序转为简易程序。人民法院在审理过程中发现不宜适用简易程序的，应当将案件转入普通程序审理。审判人员在审理案件过程中发现案情复杂需要转为普通程序的，应当在审限届满前及时作出决定，并书面通知当事人。

二、关于法院调解的适用问题

根据该条规定，人民法院受理案件后，在对案件审理程序进行分流过程中，应当从案件实际情况出发，对于开庭前能够进行调解的案件，可以采取调解方式及时解决纠纷。法院调解是彻底地解决当事人之间民事纠纷的有效方式，有利于促进当事人之间的团结和合作。因此，我国《民事诉讼法》规定，人民法院审理案件，应当根据自愿和合法的原则进行调解；调解不成的，应当及时判决。从《民事诉讼法》的这一规定可以看出，我国《民事诉讼法》实际上坚持的是调解优先原则。《民事诉讼法》中的调解优先原则表现在：人民法院在审理民事案件过程中，如果存在着调解解决民事纠纷的可能，法院就应当尽可能使用调解方式审结案件。也就是说，法院调解原则贯穿于人民法院审理民事案件的全部过程。具体说来，人民法院立案受理时，可以对民事纠纷当事人进行调解；立案受理后、开庭审理前可以对民事案件进行调解；在开庭审理过程中、裁判作出之前也可以对案件进行调解。法院调解不仅适用于简易程序，也适用于普通程序，即人民法院无论是按照简易程序还是普通程序审理案件，都可以法院调解的方式结案。根据《最高人民法院关于人民法院民事调解工作若干问题的规定》的规定，人民法院对受理的第一审、第二审和再审民事案件，可以在答辩期满后、裁判作出前进行调解。在征得当事人各方同意后，人民法院可以在答辩期满前进行调解。对于有可能通过调解解决的民事案件，人民法院应当调解。但适用特别程序、督促程序、公示催告程序的案件，婚姻关系、身份关系确认案件以及其他依案件性质不能进行调解的民事案件，人民法院不予调解。在法院调解过程中，当事人申请不公开进行的，人民法院应当准许。调解时当事人各方应当同时在场，根据需要也可以对当事人分别做调解工作。因此，人民法院受理案件后，无论案件审理是适用简易程序还是普通程序，都可以在当事人自愿的基础上，对民事纠纷进行调解解决。

三、关于案件转入督促程序审理的问题

按照我国《民事诉讼法》关于督促程序的规定，督促程序因为债权人申请支付令而启动，债权人如果没有向人民法院申请支付令，人民法院不能依职权开启督促程序。人民法院受理案件后，经审查，如果认为申请人的申请符合督促程序规定的条件，即债权人是以金钱或者有价证券作为给付请求的标的物、请求给付的金钱或者有价证券的债权已经到期并且数额确定、债权人和债务人之间没有其他债务纠纷、支付令能够送达债务人等，应当将案件转入督促程序进行审理。支付令申请书是债权人向人民法院申请启动督促程序的诉讼文书，该申请书应当具备以下内容：一是当事人及其法定代理人的基本情况；二是请求给付金钱或者有价证券的数量和所根据的事实和证据；三是表明申请支付令的目的和理由；四是请求发出支付令的人民法院。如果申请人提出的书面申请不符合上述要求，人民法院可以要求申请人进行补正。人民法院受理申请人提出的支付令申请后，按照《民事诉讼法》的规定，由独任审判员对支付令案件进行审理，并根据审理的具体情况，决定是否向债务人发出支付令。在将当事人的起诉转入督促程序的情况下，尽管当事人的起诉书不符合支付令申请书的格式要求，只要起诉书的内容符合督促程序规定的实质条件，仍然可以将当事人的起诉书视为支付令申请书，由人民法院按照督促程序的要求进行处理。

第三节　开庭审理

第一百三十七条　人民法院审理民事案件，除涉及国家秘密、个人隐私或者法律另有规定的以外，应当公开进行。

离婚案件，涉及商业秘密的案件，当事人申请不公开审理的，可以不公开审理。

【条文主旨】

本条是关于人民法院审理方式的规定。

【理解与适用】

本条在2023年《民事诉讼法》修正中未作变动。

公开审理原则是我国《宪法》确立的人民法院审判活动的一项基本制度。《宪法》第130条规定："人民法院审理案件，除法律规定的特别情况外，一律公开进行。被告人有权获得辩护。"民事案件的审理以公开为原则，以不公开为例外。根据本条规定，除法律另有规定外，所有民事案件的审理一律公开进行。

一、关于公开的对象

人民法院审理案件公开的对象，包括两个内容：一是对群众公开，是指民事案件的审判过程，包括审理过程和宣告判决的过程都允许群众旁听，法院应当在开庭审理前将审理案件的日期予以公告，以便群众旁听。这一方面可以起到普法的效果；另一方面也有利于人民群众对司法审判公开进行监督。二是对社会公开，是指经过人民法院准许，允许新闻记者对庭审过程作采访，并允许其对审理过程作报告，将案件裁判向社会披露。近年来，人民法院依托现代信息技术，打造阳光司法工程，大力推进平台建设，增进公众对司法的了解、信赖和监督。通过公开审理，方便人民群众监督法院的审判活动，增强审判人员依法办案的自觉性，提高审判质量，也有利于当事人更好地行使诉讼权利，维护自身合法权益。

二、关于公开的例外

根据本条规定，公开审理也存在例外。在特殊情形下，人民法院对案件不公开审理。对于不公开的民事案件，主要包括法定不公开以及依申请不公开的两种情形。

关于法定不公开的情形，即指本条第 1 款规定的“涉及国家秘密、个人隐私或者法律另有规定的”情形。根据《保守国家秘密法》第 2 条规定，国家秘密是关系国家的安全和利益，依照法定程序确定，在一定时间内只限一定范围的人员知悉的事项。第 3 条规定，国家秘密受法律保护。一切国家机关、武装力量、政党、社会团体、企业事业单位和公民都有保守国家秘密的义务。任何危害国家秘密安全的行为，都必须受到法律追究。对于国家秘密的范围，该法第 9 条规定，下列涉及国家安全和利益的事项，泄露后可能损害国家在政治、经济、国防、外交等领域的安全和利益的，应当确定为国家秘密：（1）国家事务重大决策中的秘密事项；（2）国防建设和武装力量活动中的秘密事项；（3）外交和外事活动中的秘密事项以及对外承担保密义务的秘密事项；（4）国民经济和社会发展中的秘密事项；（5）科学技术中的秘密事项；（6）维护国家安全活动和追查刑事犯罪中的秘密事项；（7）经国家保密行政管理部门确定的其他秘密事项。政党的秘密事项中符合前款规定的，属于国家秘密。关于国家秘密的知悉范围，该法第 16 条规定，国家秘密的知悉范围，应当根据工作需要限定在最小范围。国家秘密的知悉范围能够限定到具体人员的，限定到具体人员；不能限定到具体人员的，限定到机关、单位，由机关、单位限定到具体人员。国家秘密的知悉范围以外的人员，因工作需要知悉国家秘密的，应当经过机关、单位负责人批准。

由此可见，对于国家秘密的知悉范围与公开方式，法律有严格的限定。一旦违反国家秘密法的相关规定，将不应公开的国家秘密公开，将使国家和社会遭受不可预料的损失。因此，人民法院在审判活动中亦应严格遵守保守国家秘密法的规定，对涉及国家秘密的案件依法不公开审理。

关于个人隐私。隐私是自然人的私人生活安宁和不愿为他人知晓的私密空间、私密活动、私密信息。《民法典》明确提出保护自然人的隐私权。例如，第 1032 条第 1 款规定，自然人享有隐私权。任何组织或者个人不得以刺探、侵扰、泄露、公开等方式侵害他人的隐私权。第 1033 条规定，除法律另有规定或者权利人明确同意外，任何组织或者个人不得实施下列行为：（1）以电话、短信、即时通讯工具、电子邮件、传单等方式侵扰他人的私人生活安宁；（2）进入、拍摄、窥视他人的住宅、宾馆房间等私密空间；（3）拍摄、窥视、窃听、公开他人的私密活动；（4）拍摄、窥视他人身体的私密部位；（5）处理他人的私密信息；（6）以其他方式侵害他人的隐私权。因此，个人隐私权是法律赋予人民的法定保护权，是一项基本权利。人民法院案件审理中亦应保护当事人不愿为他人知晓的私密空间及信息等。

关于依当事人申请而不公开审理的情形，即本条第 2 款规定的“离婚案件，涉及商业秘密的案件，当事人申请不公开审理的”情形。此类情形如当事人向人民法院申请不公开的，经人民法院审查，可以不公开。允许此类案件不公开审理的理由主要是其性质决定。离婚案件多涉及夫妻之间感情问题或者个人隐私问题，如公开审理，将对当事人的隐私及生活安宁产生影响，对当事人产生二次伤害。涉及商业秘密的案件涉及当事人的重大经济利益。商业秘密是指生产工艺、配方、贸易联系、购销渠道等当事人不愿公开的技术秘密、商业情报及信息，是一种重要的信息类知识产权。一般具有秘密性、价值性、实用性等特点。这些特点往往是当事人的生存之本，发展之基，一旦泄露，将可能影响当事人的发展权益，造成一定损失。

此外，对于依法不公开审理的案件，法院也必须传唤双方当事人并通知其他诉讼参加人到庭诉讼。

【审判实践中应当注意的问题】

本条在审判实践中应把握好以下几个问题。

一是注意开庭审理与公开审理的异同。开庭审理分为公开审理和不公开审理。开庭审理与公开审理既有区别又有联系。开庭审理主要是指法院的审判组织在法庭上对案件进行审理的过程，而公开审理主要是指将案件审理的有关情况向社会予以展示的方式。根据《民事诉讼法》第 10 条规定，人民法院审理民事案件，依照法律规定实行合议、回避、公开审判和两审终审制度。公开审理是我国民事诉讼的一项基本原则，是开庭审理的主要形式。不公开审理则是例外。

二是结合司法解释准确认定商业秘密范围。对于当事人提出案件涉及商业秘密，请求不公开审理的情形，人民法院应当准确识别是否属于商业秘密。具体可依据《民事诉讼法解释》第220条的规定[①]加以判断。该条对商业秘密的内涵和外延进行了较为完整的界定，明确商业秘密的特点在其秘密性、价值性，不仅包括商业情报、信息，还包括技术秘密，具体的表现形式有生产工艺、配方、贸易联系、购销渠道等。另外需要注意的是，对于涉及国家秘密、商业秘密、个人隐私或者法律规定应当保密的证据，不得公开质证。

三是注意调解过程中公开原则的把握。一般情形下，调解过程不公开，除非当事人同意公开。另外，调解协议内容不公开，但为保护国家利益、社会公共利益、他人合法权益，人民法院认为确有必要公开的除外。主持调解以及参与调解的人员，对调解过程以及调解过程中获悉的国家秘密、商业秘密、个人隐私和其他不宜公开的信息，应当保守秘密，但为保护国家利益、社会公共利益、他人合法权益的除外。

四是公开宣判的把握。对于不公开审理的案件，虽然对庭前公告、法庭调查、法庭辩论、最后陈述等各个环节都不公开，但是宣告一般应公开进行。应当注意的是，对于判决中涉及国家秘密、个人隐私、商业秘密的内容，需要隐去或者作技术处理。

---

① 《民事诉讼法解释》第220条："民事诉讼法第七十一条、第一百三十七条、第一百五十九条规定的商业秘密，是指生产工艺、配方、贸易联系、购销渠道等当事人不愿公开的技术秘密、商业情报及信息。"

第一百三十八条　人民法院审理民事案件，根据需要进行巡回审理，就地办案。

【条文主旨】

本条是关于人民法院巡回审理，就地办案的规定。

【理解与适用】

本条内容在历次《民事诉讼法》修正中均未调整。

巡回审理、就地办案是我国民事审判工作的优良传统，是法院审理民事案件的一种行之有效的工作方法。巡回审理、就地办案，就是指人民法院派出流动法庭，轮流到民事案件发生地，就近审理简单的民事案件。

根据本条的规定，人民法院审理民事案件，根据需要决定是否巡回审理，就地办案。在审判实践中，这一制度的积极意义在于：一是有利于人民法院查明案情、辨别是非、及时正确地处理民事争议；二是使当事人和其他诉讼参与人避免因往返于住所和人民法院之间而耽误正常的学习和工作，避免浪费时间、金钱，节省诉讼资源；三是宣传法制，教育群众，特别是通过对在当地影响较大、受群众关注较大而且反复发生的案件的审理，起到教育大多数群众的作用。本条将民事审判工作的优良传统法律化，用以规范民事审判活动，提高办案效率，体现“司法为民”理念。

【审判实践中应当注意的问题】

一、本条对于“巡回审理，就地办案”的规定，是群众路线在审判实践中的体现

人民法院应根据案件情况，特别是对于涉及人民群众群体性利益、与人民群众生产生活密切相关的典型案件；因当事人年老体衰或身体不便等特殊情形，应根据需要进行“巡回审理，就地办案”。同时，在“巡回审理，就地办案”中，也应严格按照民事诉讼法进行审理活动，特别是不能因巡回审理等影响当事人的诉讼权利、简化或者不规范组织质证程序等。

此外，“巡回审理，就地办案”也应对庭审布置、国徽放置、审判人员着装等必要环节因地制宜加以处理，保证人民法院审判活动的规范性。

二、认真贯彻《最高人民法院关于大力推广巡回审判方便人民群众诉讼的意见》

上述意见为人民法院开展巡回审判提出了明确指导，应在审判实践中加以贯彻落实。意见明确提出，巡回审判是人民法院基层基础工作的重要组成部分，是立足现有司法资源充分发挥审判职能作用的重要途径。充分认识、大力推广巡回审判对于方便人民群众诉讼具有重要意义。

1. 推广巡回审判是深入推进三项重点工作的重要举措。在大力推广巡回审判方便人民群众诉讼过程中，最大限度快捷有效处理当事人的矛盾纠纷，最大限度发现和解决社会管理中存在的问题，最大限度将人民法院特别是基层人民法院、人民法庭各项工作置于人民群众监督之下，对于深入推进社会矛盾化解、社会管理创新以及公正廉洁执法具有重要意义。

2. 推广巡回审判是坚持为大局服务的具体实践。服务党和国家工作大局，是人民法院的历史责任和实现自身发展的必然要求。大力推广巡回审判，无论是对于着力提高服务大局的针对性，切实解决经济社会发展过程中的突出问题，还是对于增强审判工作辐射效应，争取人民法院工作取得最佳的法律效果和社会效果，都将产生积极作用。

3. 推广巡回审判是深入开展“人民法官为人民”主题实践活动的重要切入点。以大力推广巡回审判方便人民群众诉讼为抓手，深入开展“人民法官为人民”主题实践活动，强化落实各项便民利民措施，可以最大程度彰显人民司法的人文关怀，让广大人民群众切实感受到人民法院深入开展“人民法官为人民”主题实践活动的成果，同时也是新时期继承和发扬“马锡五审判方式”所蕴含的深入群众、方便群众和服务群众精神的具体体现。

西部边远地区、少数民族地区以及其他群众诉讼不便地区的基层人民法院，特别是人民法庭，应当逐步确立以巡回审判为主的工作机制。通过大力推广巡回审判，全面提高巡回审判工作质效，切实解决当前在一定程度上存在的司法权不能切实覆盖、人民群众日益增长的司法需求难以得到有效满足的问题。经济发达和较为发达地区的基层人民法院和人民法庭，要以着力化解经济社会发展中的矛盾纠纷，着力解决影响社会稳定的突出问题，着力提供更加便捷有效的司法服务为出发点开展巡回审判工作。通过大力推广巡回审判，力争做到审判工作优质高效开展与服务当地经济社会又好又快发展两不误、两促进。巡回审判要遵循“面向农村、面向基层、面向群众”和“方便人民群众诉讼，方便人民法院依法独立、公正、高效行使审判权”原则，弘扬公正、廉洁、为民的司法核心价值观，以最大限度满足人民群众日益增长的司法服务需求和化解矛盾、定分止争为目的，实现法律效果和社会效果的有机统一。注重发挥以案施教、法治宣传的社会功能，凸显司法为民、司法效益的价值追求。

第一百三十九条 人民法院审理民事案件，应当在开庭三日前通知当事人和其他诉讼参与人。公开审理的，应当公告当事人姓名、案由和开庭的时间、地点。

【条文主旨】

本条是关于人民法院通知当事人参加诉讼和发布公告的规定。

【理解与适用】

本条内容在历次《民事诉讼法》修正中均未调整。

开庭审理是普通程序中最基本和最主要的阶段，是当事人行使诉权进行诉讼活动和人民法院行使审判权进行审判活动最集中、最生动的体现，对人民法院正确审理民事案件具有重要的意义。开庭审理能够确保人民法院审判权的正确行使，有利于对审判活动的有效监督。开庭审理将案件的审理过程置于群众的监督之下，增加了审判活动的透明度，有利于保证案件处理的公正性；有利于保护当事人的诉讼权利和实体权利。《民事诉讼法》对开庭审理中当事人各项诉讼权利及其行使方式作了充分的规定，开庭审理有利于当事人充分行使诉讼权利，自觉履行诉讼义务，保证庭审活动顺利进行，最终保护当事人的实体权利；有利于充分发挥开庭审理的教育作用，扩大法治宣传效果。

为给双方当事人和其他诉讼参与人准备开庭审理留出必要的时间，人民法院审理民事案件，应当提前将开庭时间告知双方当事人和其他诉讼参与人。根据本条规定，人民法院应当在开庭三日前将开庭时间告知双方当事人和其他诉讼参与人，告知当事人用传票，告知诉讼代理人、证人、鉴定人等用通知书。在开庭三日前通知，是要求法院最迟在开庭三日前将通知书送达到当事人和其他诉讼参与人，而不是开庭前三日才送达。这样规定的目的是给当事人和其他诉讼参与人参与诉讼留有宽裕的时间，以提前准备，按时参加审理[①]。

---

① 江必新主编：《新民事诉讼法条文理解与适用》，人民出版社 2022 年版，第 636 页。

一、关于通知的主体

通知的主体应当包括案件涉及的所有当事人，通常包括一审程序的原告、被告、共同诉讼人等；其他诉讼参与人包括证人、鉴定人、勘验人、翻译人员等。二审程序包括上诉人、被上诉人、一审原告、一审被告及其他诉讼参与人等。再审程序包括申请再审人、被申请人及其他诉讼参与人等，如系抗诉案件，还应通知提起抗诉的人民检察院有关办案人员。

二、关于发布公告

公开审理的案件，人民法院应当在开庭三日前向社会发布开庭公告，包括当事人的姓名、案由和开庭的时间、地点等重要内容。公告一般可以在法院的公告栏、电子公告屏、法院网站、微信公众号等媒体上发布。发布公告一方面系落实审理公开的原则，使公开审理制度落到实处，方便群众和新闻媒体旁听庭审和采访报道。另一方面也对诉讼各方当事人在通知之外予以查核确定开庭时间。

【审判实践中应当注意的问题】

一、对于不同诉讼主体采用不同通知方式

对于适用普通程序审理案件，人民法院应当在开庭三日前通过“传票”传唤当事人，对诉讼代理人、证人、鉴定人、勘验人、翻译人员应当用“通知书”通知其到庭。当事人或者其他诉讼参与人在外地的，应当留有必要的在途时间。

二、认真贯彻落实深化司法公开的意见

最高人民法院于2018年11月20日发布《最高人民法院关于进一步深化司法公开的意见》，明确提出加强司法公开是落实宪法法律原则、保障人民群众参与司法的重大举措，是深化司法体制综合配套改革、健全司法权力运行机制的重要内容，是推进全面依法治国、建设社会主义法治国家的必然要求。第13条规定要健全司法公开的形式。司法公开形式应当因地制宜、因事而定、权威规范、注重实效，便于公众及时准确获取，坚决防止形式主义。最高人民法院就司法公开形式有统一要求的，应当按照

相关要求进行公开。鼓励基层人民法院探索行之有效、群众喜闻乐见的司法公开形式。结合实际，可以通过以下载体进行公开：（1）报刊、广播、电视、网络等公共媒体；（2）依照《人民法院法庭规则》开放旁听或报道庭审活动；（3）人民法院公报、公告、规范性文件或其他正式出版物；（4）人民法院政务网站或其他权威网站平台；（5）新闻发布会、听证会、论证会等；（6）人民法院官方微博、微信公众号、新闻客户端等新媒体；（7）人民法院诉讼服务大厅、诉讼服务网、12368 诉讼服务热线、移动微法院等诉讼服务平台；（8）其他便于及时准确获取的方式。

第一百四十条 开庭审理前，书记员应当查明当事人和其他诉讼参与人是否到庭，宣布法庭纪律。

开庭审理时，由审判长或者独任审判员核对当事人，宣布案由，宣布审判人员、法官助理、书记员等的名单，告知当事人有关的诉讼权利义务，询问当事人是否提出回避申请。

【条文主旨】

本条是关于人民法院庭前准备及开庭审理预备阶段程序性的规定。

【理解与适用】

本条第2款在2023年《民事诉讼法》修正中增加宣布法官助理等的名单，其他内容无变化。

本条是对开展庭审活动前准备及预备阶段的程序性规定，包括庭审前书记员对到庭当事人的查核工作（是否到庭以及是否携带相关证件、委托手续等），以及宣读法庭纪律。在准备阶段完成后，由审判长或独任审判员进行庭审前预备阶段的程序性查核，包括核对当事人，宣布案由，宣布审判人员、法官助理、书记员等的名单，告知当事人有关的诉讼权利义务，询问当事人是否提出回避申请。前述两阶段是开庭审理的最初阶段，它直接为法庭调查和法庭辩论做好准备，解决影响庭审开始有关程序方面的问题。

一、开庭审理前的工作

1. 由书记员查明当事人和其他诉讼参与人是否到庭。一方当事人或双方当事人以及其他诉讼参与人没有到庭的，应将情况及时报告审判长，并由合议庭决定是否延期开庭或者中止诉讼。

2. 由书记员宣布法庭纪律。根据《人民法院法庭规则》的规定，法庭纪律主要包括：诉讼参与人应当遵守法庭规则，维护法庭秩序，不得喧哗、吵闹；发言、陈述和辩论，须经审判长或者独任审判员许可；旁听人员不得录音、录像和摄影，不得随意走动和进入审判区，不得发言、提问，不得鼓掌、喧哗、哄闹和实施其他妨害审判活动的行为；新闻记者未经审判长或者独任审判员许可，不得在庭审过程中录音、录像、摄影。

二、开庭审理时的工作

审判长宣布开庭并按顺序进行下列诉讼事项：

1. 核对当事人。查明原告、被告及其诉讼代理人的姓名、性别、年龄、职业等身份情况，查明诉讼代理人有无授权委托书及代理权限。

2. 宣布案由，对依法不公开审理的案件应当说明理由。

3. 宣布审判人员、法官助理、书记员等的名单。

4. 口头告知当事人有关的诉讼权利和义务。

5. 询问当事人是否提出回避申请。当事人提出申请回避的，合议庭应当宣布休庭。

查明当事人和其他诉讼参与人是否到庭，核对当事人，主要是为了确保应当参加诉讼的诉讼参与人参加诉讼，以保证案件审理的公正；确保参加案件的当事人是真正的案件当事人，以保证人民法院对案件裁判的有效性。宣布法庭纪律、告知当事人诉讼权利和义务、宣布审判人员名单、询问当事人是否申请回避等，是为了保证诉讼当事人充分行使自己的诉讼权利和履行诉讼义务，保证案件审理有序、顺利地进行。

【审判实践中应当注意的问题】

本条在审判实践中主要的问题包括：

一是对于非律师身份代理人的身份查核，包括基层法律服务工作者、近亲属、单位员工、公民代理等。对此类人员手续的查核，应依照《民事诉讼法解释》第 88 条第 2 项至第 6 项的规定，即：基层法律服务工作者应当提交法律服务工作者执业证、基层法律服务所出具的介绍信以及当事人一方位于本辖区内的证明材料；当事人的近亲属应当提交身份证件和与委托人有近亲属关系的证明材料；当事人的工作人员应当提交身份证件和与当事人有合法劳动人事关系的证明材料；当事人所在社区、单位推荐的公民应当提交身份证件、推荐材料和当事人属于该社区、单位的证明材料；有关社会团体推荐的公民应当提交身份证件和符合《民事诉讼法解释》第 87 条规定条件的证明材料。

二是对于案件开始审理后提出回避申请的处理。当事人在案件开始审理时未提出回避申请，而是在案件开始审理后才知晓回避事由的，应充分保障当事人的诉讼权利，允许其在法庭辩论终结前提出。被申请人回避的人员在人民法院作出是否回避的决定前，应当暂停参与本案的工作，但案件需要采取紧急措施的除外。院长担任审判长或独任审判员时的回避，由审判委员会决定；审判人员的回避，由院长决定；其他人员的回避，由审判长或独任审判员决定。[①]

① 江必新主编:《新民事诉讼法条文理解与适用》，人民出版社 2022 年版，第 642 页。

第一百四十一条 法庭调查按照下列顺序进行：

（一）当事人陈述；

（二）告知证人的权利义务，证人作证，宣读未到庭的证人证言；

（三）出示书证、物证、视听资料和电子数据；

（四）宣读鉴定意见；

（五）宣读勘验笔录。

【条文主旨】

本条是关于法庭调查顺序的规定。

【理解与适用】

法庭调查，是指人民法院依照法定程序，在法庭上对案件事实进行调查，对各种证据予以核实的诉讼活动。[①]法庭调查是帮助审判员通过对证据材料的核实，了解案件事实、辨别事情真相的重要环节，是开庭审理的核心内容，也是当事人对自己提出的主张提供证据的过程。因此，对法庭调查的顺序进行规范是必要的，人民法院按照相应规范，全面地、客观地审查核实证据材料，对于规范法庭秩序、维护当事人的合法权益具有重要意义，也有利于法庭审理的有序进行。法庭调查按照以下顺序进行。

一、当事人陈述

法庭调查从当事人陈述开始，包括陈述的顺序和内容。一般而言，法庭调查按照原告、被告、诉讼第三人以及诉讼代理人的陈述顺序进行。有多名原告、被告或者诉讼第三人的，可以分别进行陈述，也可以推选出一名诉讼代表人进行陈述。陈述的内容包括诉讼请求、事实和理由以及相关

---

① 参见王胜明主编：《中华人民共和国民事诉讼法释义（最新修正版）》，法律出版社 2012 年版，第 332 页。

证据材料等。

法官可以就存疑的问题询问当事人。通过当事人陈述，法官可以大致了解法律关系产生、变更或者终止的基本情况，明确双方纠纷，归纳争议焦点，以确定哪些问题需要其他证据核实。当事人若发现法官归纳的争议焦点有遗漏的，有权请求法官补充。放弃此权利，意味着可能对当事人至关重要的案件事实无法在法庭辩论阶段充分讨论，进而对该当事人可能产生实体法上的不利后果。

人民法院对当事人的陈述，要结合本案的其他证据，审查确定能否作为认定事实的根据。当事人拒绝陈述的，不影响人民法院根据证据认定案件事实。

二、告知证人的权利义务，证人作证，宣读未到庭的证人证言

根据本法第75条规定，凡是知道案件情况的单位和个人，都有义务出庭作证。有关单位的负责人应当支持证人作证。证人出庭作证时，法官应当首先询问证人的姓名、年龄以及工作单位等身份信息，确认证人身份，再宣读证人的权利义务。证人的权利主要包括使用本民族的语言文字提供证言的权利、补充更正笔录的权利、受到保护的权利以及获得补偿的权利等；其义务主要包括按时出庭作证的义务、如实陈述的义务和保守秘密的义务等。证人应当客观陈述其亲身感知的事实，作证时不得使用猜测、推断或者评论性语言。证人作证前不得旁听法庭审理，作证时不得以宣读事先准备的书面材料的方式陈述证言。证人言辞表达有障碍的，可以通过其他表达方式作证。

审判人员可以对证人进行询问。当事人及其诉讼代理人经审判人员许可后可以询问证人。询问证人时其他证人不得在场。人民法院认为有必要的，可以要求证人之间进行对质。

证人确有困难不能出庭作证，申请以书面证言、视听传输技术或者视听资料等方式作证的，应当向人民法院提交申请书。申请书中应当载明不能出庭的具体原因。根据本法第76条规定："经人民法院通知，证人应当出庭作证。有下列情形之一的，经人民法院许可，可以通过书面证言、视听传输技术或者视听资料等方式作证：（1）因健康原因不能出庭的；（2）因路途遥远，交通不便不能出庭的；（3）因自然灾害等不可抗力不能出庭的；（4）其他有正当理由不能出庭的。"证人经人民法院准许，以

书面证言方式作证的，应当签署保证书；以视听传输技术或者视听资料方式作证的，应当签署保证书并宣读保证书的内容。针对该类证言，开庭时由法官宣读。

三、出示书证、物证、视听资料和电子数据

当事人提供的书证、物证、视听资料和电子数据应当当庭出示，由当事人进行质证。质证一般按下列顺序进行：（1）原告出示证据，被告、第三人与原告进行质证；（2）被告出示证据，原告、第三人与被告进行质证；（3）第三人出示证据，原告、被告与第三人进行质证。人民法院根据当事人申请调查收集的证据，审判人员对调查收集证据的情况进行说明后，由提出申请的当事人与对方当事人、第三人进行质证。人民法院依职权调查收集的证据，由审判人员对调查收集证据的情况进行说明后，听取当事人的意见。应予指出的是，人民法院依照当事人申请而调查收集的证据，作为提出申请的一方当事人提供的证据。人民法院依职权主动调查收集的证据，应当在庭审时出示，听取当事人意见，并可就调查收集该证据的情况予以说明。此外，案件有两个以上独立诉讼请求的，当事人可以逐个出示证据进行质证。

下面就各证据类型概念、特点及举证规则作一简要说明：

书证应当提交原件，物证应当提供原物，提交原件或者原物确有困难的，可以提交复制品、照片、副本或者节录本。提交外文书证，必须有中文译本。提交书证原件确有困难包括下列情形：（1）书证原件遗失、灭失或者毁损的；（2）原件在对方当事人控制之下，经合法通知提交而拒不提交的；（3）原件在他人控制之下，而其有权不提交的；（4）原件因篇幅或者体积过大而不便提交的；（5）承担举证证明责任的当事人通过申请人民法院调查收集或者其他方式无法获得书证原件的。存在上述情形的，人民法院应当结合其他证据和案件具体情况，审查判断书证复制品等能否作为认定案件事实的根据。

视听资料是指以录音、录像等设备所存储的信息证明案件真实情况的资料。视听资料的出现是现代科学技术发展的产物，将视听资料作为一种独立的证据类型，是我国在 1982 年《民事诉讼法（试行）》中创立的，其后的《民事诉讼法》一直延续了这一做法，并被《刑事诉讼法》和《行政诉讼法》所吸收，成为我国独有的一种证据形式。在 2012 年《民事诉

讼法》修正之前，电子计算机存储的数据一般也被归于视听资料的范畴，但2012年修正后的《民事诉讼法》将电子数据作为独立的证据形式，因此视听资料的范围限于录音资料和影像资料。当事人以视听资料作为证据的，应当提供存储该视听资料的原始载体。对于视听资料，法院应当结合本案的其他证据，审查能否作为认定事实的根据。有疑点的视听资料不能单独作为认定事实的根据。

电子数据即电子证据，是2012年《民事诉讼法》增加的证据类型。根据《民事诉讼法解释》第116条第2款规定，电子数据是指通过电子邮件、电子数据交换、网上聊天记录、博客、微博客、手机短信、电子签名、域名等形成或者存储在电子介质中的信息。在之前的《民事诉讼法》中，证据并不包含电子数据，当事人在提交证据时，需将电子数据通过公证的形式进行“证据固定”，然后再作为书证、证人证言或者视听资料提交法院，这明显与电子数据普遍存在的现象及其技术特征不相符合，也增加了当事人诉讼的时间成本与经济成本。随着《民事诉讼法》的修正，电子数据已被列入诉讼证据的一种，意味着我们熟悉的聊天信息、手机短信、电子邮件以及网上交易记录等电子数据可直接作为证据材料在庭前出示。应注意的是，存储在电子介质中的录音资料和影像资料，适用电子数据的规定。当事人以电子数据作为证据的，应当提供原件。电子数据的制作者制作的与原件一致的副本，或者直接来源于电子数据的打印件或其他可以显示、识别的输出介质，视为电子数据的原件。

四、宣读鉴定意见

鉴定意见是指鉴定人运用科学技术或者专门知识对诉讼中涉及的专门性问题进行鉴定和判断的基础上出具的综合性意见。当事人对鉴定意见有异议或者人民法院认为鉴定人有必要出庭的，鉴定人应当出庭作证。在庭审过程中，一般而言是先由鉴定人宣读鉴定意见，再对鉴定意见作出口头说明，阐述鉴定的依据和结果。当事人对鉴定意见有疑问的，可以经过法庭允许向鉴定人发问，也可以请求法院进行重新鉴定。人民法院委托鉴定部门作出的鉴定意见，当事人没有足以反驳的相反证据和理由的，可以认定其证明力。

在2012年以前，《民事诉讼法》使用的是“鉴定结论”，首次把“结论”改为“意见”的是第十届全国人大常委会第十四次会议通过的《司法鉴定决定》。2012年《民事诉讼法》修正采纳了此观点。同“鉴定结论”一词相比，“鉴定意见”显然更符合证据的特性。无论是“鉴定结论”还是“鉴定意见”，其本质上都是人对某事或者某物提出的个人认识、判断和看法。而“结论”一词是指对人或者对事的最后的论断，具有终局性。采用“结论”一词无疑使得该个人意见具备了比一般证据材料更强的证明力，在审理过程中也往往被视为不可置疑的证据。然而，虽然鉴定结论具备一定的科学性，也不应当过于绝对化，在实践中一个鉴定结论被另一个鉴定结论否定的情况屡见不鲜。改为“鉴定意见”，有利于摆正该类证据材料在各类证据中的位置，使各证据材料之间更具平等性。鉴定意见不过也是众多证据的一种，法官可以采信也有权否定。

五、宣读勘验笔录

人民法院勘验物证或者现场，应当制作笔录，记录勘验的时间、地点、勘验人、在场人、勘验的经过、结果，由勘验人、在场人签名或者盖章。对于绘制的现场图应当注明绘制的时间、方位、测绘人姓名、身份等内容。经过人民法院审判人员或者法院指定的有关人员在现场进行勘验而依法制作的笔录应当庭宣读，在勘验时拍摄的照片或绘制的图像应该向当事人出示。在宣读出示后，经过法庭允许，当事人可以向勘验人发问。当事人可以申请重新勘验，是否准许由法庭决定。

【审判实践中应当注意的问题】

一、电子数据的内容及界限

由于电子证据是以电子形式存储在电子介质之上的，与传统的证据形式相比，其在保存方式上需要借助一定的电子介质。电子证据在本质上是一种电子信息，可以实现精确复制，可以在虚拟空间里无限快速传播，在传播方式上与传统证据只能在物理空间传递存在明显的差异。电子证据是以电子计算机及其他电子设备为基础的证据，没有专门的电子设备主件，没有相应的播放、检索、显示设备，电子证据只能停留在电子存储介质之中，无法被人们感知。因此，电子证据在感知方式上必须借助电子设备，而且必须依赖于特定的系统软件环境，如果软件环境发生变化，存储在电子介质上的信息可能无法显示或者无法正确显示。此外，电子证据与传统证据形式相比更具有稳定性和安全性的特点，对于电子证据的修改、复制或者删除能够通过技术手段分析、认定和识别。

在 2012 年《民事诉讼法》修正之前，电子证据在法律上如何定位存在争论。主流观点将电子证据作为视听资料对待，认为电子证据属于视听资料的一种形式。反对观点有将电子证据作为书证、物证、混合证据、独立证据等多重意见。鉴于电子证据在表现形式、真实性判断和证明力等认定上存在诸多不同于传统证据形式之处，不宜归于任何一种传统证据形式，更不宜分解于任何其他证据形式之中，《民事诉讼法》将其作为独立的证据形式，有利于民事诉讼事实的查明，符合现代社会民事诉讼的要求。《民事诉讼法解释》第 116 条第 2 款进一步规定，电子数据是指通过电子邮件、电子数据交换、网上聊天记录、博客、微博客、手机短信、电子签名、域名等形成或者存储在电子介质中的信息。应当注意的是，电子数据在实践中的类型很复杂，而且随着信息技术和网络信息产业的发展可能会不断出现新的电子数据形式，因此，对于司法解释没有列举的情形，注意把握电子数据为存储在电子介质中的信息这一基本特征进行认定。2019 年《民事诉讼证据规定》第 14 条对于电子数据按照类别作出了进一步具体化的规定，审判实践中应当结合该条规定的内容进行判断。

二、鉴定意见的证明力规则

在实践中，部分法官和当事人对鉴定意见的证明力过于偏信，认为鉴定意见是优势证据，有预定的证明力。然而我们应当认识到，鉴定意见本质是言词证据，是个人对某事某物的看法，同其他证据享有同等的效力。这也是 2012 年《民事诉讼法》修正时将“鉴定结论”改为“鉴定意见”的目的之一。同时，由于法律上对鉴定程序的启动并无严格限制，当事人既可以申请法院指定机构进行鉴定，也可以分别自行委托鉴定，导致实践中针对同一问题不同鉴定机构出具不同鉴定意见的情况屡见不鲜。通常情况下，大多数法官倾向于认为鉴定级别高的鉴定机构出具的鉴定意见的证明力高于鉴定级别低的鉴定机构；资历深的鉴定人出具的鉴定意见的证明力高于资历浅的鉴定人；同一级别鉴定机构的鉴定意见不一致的，以法院指定的鉴定机构出具的鉴定意见为准。然而，若仅仅依靠比较鉴定机构的级别和鉴定人的资历来判断证明力的大小，未免有些太过绝对化。影响鉴定意见科学性的因素颇多，例如鉴定者的中立性、鉴定者的专业性、针对具体案件的鉴定方法和学术观点、鉴定人是否出庭接受质询等，都应当一一考察。

第一百四十二条 当事人在法庭上可以提出新的证据。

当事人经法庭许可，可以向证人、鉴定人、勘验人发问。

当事人要求重新进行调查、鉴定或者勘验的，是否准许，由人民法院决定。

【条文主旨】

本条是关于当事人在法庭调查阶段的诉讼权利的规定。

【理解与适用】

本条内容在历次《民事诉讼法》修正中均未调整。

在诉讼过程中，当事人有权提供证据。当事人既可以在起诉阶段和受理阶段提供，也可以在法院审理前的准备阶段提供，同样，在法庭调查中，当事人也可以提出新的证据。对当事人提出的新的证据，法庭还必须组织质证，未经质证的证据不可作为判决的根据。

关于新证据的认定。各个审判阶段对于新的证据的认定不同。一审程序中的新的证据一般指当事人在一审举证期限届满后新发现的证据；当事人确因客观原因无法在举证期限内提供，经人民法院准许，在延长期限内仍无法提供的证据。二审程序中的新的证据一般指庭审后新发现的证据；当事人在一审举证期限届满前申请人民法院调查取证未获准许，二审法院经审查认为应当准许并依当事人申请调取的证据。再审程序中的新的证据一般指在原审庭审结束前已经存在，因客观原因于庭审结束后才发现的；在原审庭审结束前已经发现，但因客观原因无法取得或者在规定的期限内不能提供的；在原审庭审结束后形成，无法据此另行提起诉讼的。

在法庭调查中，证人应当出庭作证，鉴定人应当出庭接受法庭的询问。如果当事人对证人证言、鉴定的方法、过程和鉴定意见，以及勘验的情况和勘验笔录有异议，经法庭许可，当事人及其诉讼代理人可以向证人、鉴定人、勘验人发问，证人、鉴定人、勘验人应当如实回答。询问证人、鉴定人、勘验人不得使用威胁、侮辱及不适当引导证人的言语和方式。如果当事人及其诉讼代理人认为证据有问题、鉴定意见不实或者勘验笔录有问题，可以要求重新调查、重新鉴定或者重新勘验，但是否准许，由人民法院决定。

【审判实践中应当注意的问题】

本条在审判实践中主要的问题是对于当事人当庭提出新的证据的处理。对此，人民法院应当依照《民事诉讼法》第68条第2款规定处理，即人民法院根据当事人的主张和案件审理情况，确定当事人应当提供的证据及其期限。当事人在该期限内提供证据确有困难的，可以向人民法院申请延长期限，人民法院根据当事人的申请适当延长。当事人逾期提供证据的，人民法院应当责令其说明理由；拒不说明理由或者理由不成立的，人民法院根据不同情形可以不予采纳该证据，或者采纳该证据但予以训诫、罚款。

此外，对于当事人提交新的证据致使再审改判的，因再审申请人或者申请检察监督当事人的过错未能在原审程序中及时举证，被申请人等当事人请求补偿其增加的交通、住宿、就餐、误工等必要费用的，人民法院应予支持。

第一百四十三条　原告增加诉讼请求，被告提出反诉，第三人提出与本案有关的诉讼请求，可以合并审理。

【条文主旨】

本条是关于合并审理已有诉讼请求和新增诉讼请求的规定。

【理解与适用】

本条内容在历次《民事诉讼法》修正中均未调整。

对本条的理解与适用，要注意以下几个方面的内容：

一、原告增加诉讼请求

原告是民事实体权利的主张人和民事诉讼的发起人，可以根据自身情况和诉讼形势的变化调整诉讼请求，包括增加诉讼请求。增加诉讼请求与放弃、变更诉讼请求一样，都是由民事诉讼的处分原则决定的，即民事诉讼的当事人有权在法律规定的范围内自由支配和处置自己依法享有的实体权利和诉讼权利。原告增加诉讼请求，是处分原则中当事人有权选择司法保护的范围和方法的具体体现。换言之，原告在起诉时可以提出诉讼请求，在诉讼进行过程中，发现已提出的诉讼请求不足以满足自己的主张时，可以增加新的诉讼请求。

一般情况下，原告增加诉讼请求，主要是在同一诉讼标的中增加诉讼请求。例如，在人身损害纠纷案件中，原告起诉请求被告赔偿医疗费、护理费等为治疗和康复支出的合理费用。此后，在诉讼进行过程中，原告经鉴定构成残疾，于是增加诉讼请求，要求赔偿辅助器具费和残疾赔偿金。原诉讼请求与新增的诉讼请求都是基于同一诉讼标的，亦即同一实体民事法律关系（因侵权行为发生的债权债务关系）而产生。此外，有观点认为，原告增加诉讼请求的情形还可以包括原告在本诉程序中增加诉讼标的而直接表现为增加诉讼请求，这本质上是诉的客观合并。[①]

二、被告提出反诉

被告作为民事纠纷的相对方，对自己的实体权利和诉讼权利有与原告相同的处分权。与原告的起诉权相对应的是，被告有权提起反诉。《民事诉讼法》第54条规定："原告可以放弃或者变更诉讼请求。被告可以承认或者反驳诉讼请求，有权提起反诉。"所谓反诉，是指在本诉的诉讼程序中，本诉被告以本诉原告为被告，提出的与本诉牵连的诉讼。被告提出反诉的目的，是抵销或者吞并本诉的诉讼请求，或者使本诉的诉讼请求失去意义。例如，在买卖合同纠纷中，甲起诉乙请求支付货款，乙提出反诉，要求甲赔偿因瑕疵给付给乙造成的损失。又如，甲乙双方互殴造成人身损害，甲起诉乙要求赔偿医疗费，在诉讼过程中，乙提出反诉，要求甲赔偿在同一打架事件中其被甲伤害而花费的医疗费用。

反诉与本诉的联系与区别在于：一方面，反诉与本诉是两个不同的诉。反诉具备诉的构成要素，是不同于本诉的另一个诉。具言之：（1）体现为诉的主体的区别。例如在前述两例中，甲是本诉原告，乙是本诉被告；而在反诉中，甲是被告、乙是原告。（2）表现为诉讼标的的区别。具体表现为请求权内容不同。在前述第一个例子中，虽然本诉与反诉都是基于同一买卖合同关系；但本诉的诉讼标的是甲基于买卖合同关系享有的给付货款请求权，反诉的诉讼标的是乙基于买卖合同关系享有的损害赔偿请求权。在前述第二个例子中，虽然本诉与反诉的诉讼标的都是损害赔偿请求权（请求支付医疗费用），但享有权利的主体、内容等并不相同。（3）表现为案件事实的区别。前述两例中，虽然本诉与反诉是基于同一案件事实，但具体的原因事实是不同的。第一例中，本诉的原因事实是欠付货款的违约事实，反诉的原因事实是瑕疵给付的违约事实。第二例中，本诉的原因事实是甲被乙伤害，而反诉的原因事实是乙被甲伤害。（4）表现为反诉具有一定的独立性。例如，本诉撤回或者终结而反诉尚未审结的，反诉仍应继续进行。另一方面，反诉与本诉为存在前提。虽然反诉具有一定独立性，但是没有本诉，就没有反诉。

---

① 参见江伟、肖建国主编：《民事诉讼法（第八版）》，中国人民大学出版社2018年版，第33页。

构成反诉，应当具备以下条件：

第一，反诉的主体要件。即反诉中的原、被告主体资格，主要包括两方面：一是提起反诉的主体，即谁有资格提起反诉；二是提起反诉的对象，即向谁提起。关于反诉的主体，各国的规定有所不同。大陆法系传统理论认为，反诉只能由本诉的被告向本诉的原告提起，不允许向本诉原告之外的第三人提起。因为反诉与本诉合并审理，从而达到一次性解决纠纷实现诉讼效益、防止矛盾判决产生的功能会随着引入第三人而减弱，增加案件的复杂性的同时给法院的审理带来困难，错案出现的概率加大。而英美法系对于反诉的被告作了适当扩张，规定除了可以向本诉原告提起反诉外，还可以同时向案外第三人提起反诉，将反诉的当事人向第三人扩张。我国理论界通说认为，反诉的当事人应当限定于本诉的当事人。反诉、本诉的当事人必须相同，反诉的原告只能是本诉的被告，反诉的被告只能是本诉的原告，反诉的当事人和本诉的当事人不增加也不减少，只是诉讼地位互换。[①] 也就是说，反诉只能由本诉的被告向本诉的原告提起，反诉实际上是变更原诉当事人的相互地位，原告变为被告，被告变为原告。反诉与本诉并存于同一诉讼程序之中，使双方当事人都同时居于原告与被告的双重诉讼地位。反诉的当事人包含了反诉的原告与被告两方面，无论是提起反诉的主体，抑或是反诉的对象，如果超越了本诉当事人的范围，则均不构成反诉，需要另行起诉。由于我国民事诉讼中的第三人制度可为当事人之外的第三人参与诉讼提供一定的路径，所以理论上禁止第三人提起反诉。对此，《民事诉讼法解释》第 233 条第 1 款明确规定："反诉的当事人应当限于本诉的当事人范围。"

第二，反诉的实质要件。反诉的实质要件是指反诉与本诉之间必须具有牵连关系，它是构成反诉的核心要件。所谓反诉与本诉有牵连关系，是指反诉标的及请求与本诉标的及请求有牵连，这种牵连包括法律上的牵连和事实上的牵连，即反诉与本诉的诉讼请求必须在事实或法律上有牵连关系。只有具备了这种牵连性，反诉才能成立，因而反诉实质要件就是决定被告提出的反请求是否属于反诉范畴的条件。主流观点认为，反诉与本诉的牵连关系包括反诉的诉讼请求与本诉的诉讼请求基于同一法律事实或者属于同一法律关系，由于这种牵连，反诉与本诉就可以相互排斥、抵销、

---

① 参见房保国：《论反诉》，载《比较研究》2002 年第 4 期。

吞并。具体来讲，本诉与反诉的牵连关系主要表现为：一是诉讼请求基于相同法律关系。例如，在买卖合同纠纷中，一方以对方减少货款为由请求给付货款并支付利息，对方以货物质量不符合约定为由请求修理、更换、重作并赔偿损失。二是诉讼请求之间具有因果关系。通常表现为诉讼请求相互冲突或抵销，如原告起诉离婚，被告反诉确认婚姻无效。三是本诉与反诉的诉讼请求建立在相同事实基础上。例如，两人互殴，一方诉请损害赔偿，对方反诉损害赔偿。这也是判断构成反诉的主要标准。根据《民事诉讼法解释》第 233 条第 3 款的规定，反诉与本诉的诉讼标的及诉讼请求所依据的事实、理由无关联的，裁定不予受理，告知另行起诉。

第三，反诉的程序要件。具体包括以下四个方面：（1）符合起诉条件的要求。反诉也是一个诉，故同本诉一样，首先必须符合《民事诉讼法》第 122 条规定的起诉条件：原告是与本案有直接利害关系的公民、法人和其他组织；有明确的被告；有具体的诉讼请求和事实、理由；属于人民法院受理民事诉讼的范围和受诉人民法院管辖。（2）符合管辖制度的要求。管辖权是法院对特定诉讼行使审判权的前提，故受诉法院须对反诉具有管辖权。反诉只能向受理本诉的同一人民法院提起，且不能违反法律对专属管辖的规定。反诉是在本诉进行中提起的，并且要利用本诉的诉讼程序一并进行审理，因此反诉只能向受理本诉的人民法院提起。审理本诉的人民法院对反诉的管辖权，可以基于牵连管辖而获得，但如果反诉属于另一人民法院专属管辖，受理本诉的法院则无权管辖，本诉的被告只能向有专属管辖权的人民法院另行起诉。专属管辖多因涉及公共利益而具有强制性，不允许随意变更，具有不可改变性、排他性，由某一人民法院专属管辖的案件，其他任何人民法院都无权管辖。这是法律强制性规定，不得违反。《民事诉讼法解释》第 233 条第 3 款的规定，反诉应由其他人民法院专属管辖的，应当告知另行起诉。除此之外，一般认为，反诉也不能违反级别管辖和协议管辖。[①]（3）符合审理程序的要求。反诉与本诉应当适用同种诉讼程序，以便于合并审理。这里的同一程序是指普通程序和简易程序，不包括非诉讼程序，因为在非诉讼程序中被告不能提起反诉。只有反诉和本诉适用同一程序，才能将反诉与本诉合并审理，以达到简化诉

① 参见江伟、肖建国主编：《民事诉讼法（第八版）》，中国人民大学出版社 2018 年版，第 39 页。

讼程序之目的。本诉适用普通程序审理的，即使反诉适用简易程序，在本诉中也可以提起反诉。本诉适用简易程序而反诉适用普通程序的，有观点认为通常不得提起反诉。[①]但是，根据《民事诉讼法解释》第280条规定，因当事人提起反诉导致不符合小额诉讼案件条件的，应当适用简易程序的其他规定审理，应当适用普通程序审理的，裁定转为普通程序。司法实践应当依据《民事诉讼法解释》的规定处理。（4）符合反诉的时间要求。反诉的提起是以本诉的存在为前提的，当然应当在本诉的进行中提起，但最迟什么时间提起才有效，《民事诉讼法》对此并没有明确的规定。《民事诉讼法解释》第232条的规定，在案件受理后，法庭辩论结束前，被告提出反诉，可以合并审理的，人民法院应当合并审理。即反诉应当在案件受理后，法庭辩论结束之前提起，这样法庭可以将本诉与反诉合并审理，集中进行法庭调查，在查明案件事实、分清是非的基础上进行裁判，这样较之于将两诉分别审理可以省去许多重复程序，既能准确有效地解决民事纠纷又能提高诉讼效率。

理解本条规定的反诉，还应当注意与民事诉讼中的反驳的区别。所谓反驳，是指在诉讼过程中，被告提出事实或者证据证明原告所提供的证据为虚假，或者证明原告的诉讼请求部分或者全部不成立的诉讼权利。反诉与反驳的主要区别在于：（1）反诉是被告提出的诉讼请求，实际上是一个新的诉讼；而反驳则是被告针对原告的诉讼请求提出的，并不产生新的诉讼。（2）反诉虽然是在本诉进行过程中提出，但是否和本诉合并审理，应由人民法院根据案件的具体情况决定；而反驳只能在本案的诉讼过程中发生。（3）在反诉中，本诉原被告的诉讼地位互换；而被告在反驳原告的诉讼请求时，仍然是本案的被告，双方诉讼地位不发生改变。（4）反诉的目的，旨在抵销或者吞并本诉的诉讼请求，或者使本诉的诉讼请求失去存在的意义；反驳旨在向法庭表明不予承认原告的诉讼请求，证明原告的诉讼请求部分或者全部不成立。

三、第三人提出与本案有关的诉讼请求

我国《民事诉讼法》上的第三人包括有独立请求权的第三人和无独立

① 参见江伟、肖建国主编：《民事诉讼法（第八版）》，中国人民大学出版社2018年版，第38页。

请求权的第三人。本条规定的第三人实际上是指有独立请求权的第三人。前者系以本诉的原被告为共同被告，对当事人双方的诉讼标的提出独立的诉讼请求。对此，《民事诉讼法》第 59 条第 1 款规定："对当事人双方的诉讼标的，第三人认为有独立请求权的，有权提起诉讼。"后者一般认为只是辅助一方当事人进行诉讼，无权放弃、变更诉讼请求。故本条规定的第三人提出与本案有关的诉讼请求，应当与《民事诉讼法》第 59 条第 1 款规定结合起来理解。第三人在诉讼过程中提出与本案有关的诉讼请求的典型例子，如：甲乙订立商品房买卖合同，后乙以甲未按照约定履行合同为由提起诉讼，在诉讼过程中，第三人丙称自己是房屋所有人，并以甲乙为被告提起诉讼。本案中，甲乙之间的诉讼为本诉，第三人丙的起诉为第三人之诉。第三人在诉讼过程中提出与本案有关的诉讼请求时，人民法院根据案件的具体情况及第三人提出的诉讼请求，认为合并审理可以避免程序上的重复，节省时间和人力、物力，防止作出相互矛盾的裁判的，可以合并审理。根据《民事诉讼法解释》第 232 条的规定，第三人提出与本案有关的诉讼请求的时间，也应当在案件受理后，法庭辩论结束前。关于第三人制度的内容，可以参看本书第 59 条的相关介绍，这里不再赘述。

四、合并审理

本条规定了出现前述三种情形后，人民法院可以合并审理。理解与适用的要点正是"可以合并审理"。法律之所以规定合并审理，基本考虑在于，合并审理往往有利于一次性化解相互关联的多个纠纷或者诉讼请求，节约司法资源，提高司法效率，减轻当事人的诉累，避免出现相互矛盾的裁判等诸多优点。例如，对于当事人而言，将原告的新的诉讼请求、被告的反诉以及第三人的起诉与本诉合并审理，可以有效降低诉讼成本。根据《诉讼费用交纳办法》第 18 条规定："被告提起反诉、有独立请求权的第三人提出与本案有关的诉讼请求，人民法院决定合并审理的，分别减半交纳案件受理费。"对于人民法院而言，合并审理也是促进公正与效率实现的有效制度，对构建高效、便捷的民事纠纷解决方式具有重要意义。人民法院在决定是否合并审理时，应当准确把握立法的基本精神。如果人民法院根据新旧诉讼请求的实际内容，结合案件的具体情况，认为合并审理并不能同时解决几个方面的问题，也不能简化诉讼程序，反而会给案件的处理增加困难，或者不利于当事人、第三人及其他诉讼参与人进行诉讼，人民法院可以作出不合并审理的决定。人民法院对于不合并审理的案件，应当告知当事人另行起诉，或者对第三人的起诉另行立案审理。[①]

原告增加诉讼请求，被告提出反诉，第三人提出与本案有关的诉讼请求，是否合并审理，都应当由人民法院依据民事诉讼的基本理论和案件的实际情况决定。具体应当具备以下条件：一是时间条件。原告增加的新的诉讼请求、被告的反诉以及第三人的起诉都是在本诉进行中提起的，如果本诉已经审理终结，新的诉讼请求只能通过另外提起的新的诉讼来实现。进一步分析，合并审理旨在方便当事人诉讼、节约司法资源，故原告增加诉讼请求，被告提出反诉，第三人提出与本案有关的诉讼请求的时间还应当进一步限制为在案件受理后，法庭辩论结束前。这是因为如果允许法庭辩论结束后仍可提出，就会导致程序回流、诉讼拖延，资源浪费，并对一方当事人不公平，反而背离了合并审理的初衷。二是诉讼请求具有关联性。即原告新增的诉讼请求、被告的反诉以及第三人的起诉的诉讼请求应当与正在进行的诉讼在决定诉讼标的基础法律关系、讼争事实或者诉讼理由方面有足够的联系。例如，《民事诉讼法解释》第233条第2款规定，反诉与本诉的诉讼请求基于相同法律关系、诉讼请求之间具有因果关系，或者诉讼请求基于相同事实的，人民法院应当合并审理。三是不能违反审级制度和管辖制度。二审中原则上不能提出，前已述及。二审裁定撤销一审判决发回重审的案件，仍然适用一审程序，也不影响当事人审级利益，故根据《民事诉讼法解释》第251条规定，当事人申请变更、增加诉讼请求或者提出反诉，第三人提出与本案有关的诉讼请求的，依照《民事诉讼法》第143条规定处理。对于再审撤销原审判决、裁定发回重审的案件，当事人申请变更、增加诉讼请求或者提出反诉，根据《民事诉讼法解释》第252条的规定，符合下列情形时，人民法院应当允许：（1）原审未合法传唤缺席判决，影响当事人行使诉讼权利的；（2）追加新的诉讼当事人的；（3）诉讼标的物灭失或者发生变化致使原诉讼请求无法实现的；（4）当事人申请变更、增加的诉讼请求或者提出的反诉，无法通过另诉解决的。如果原告增加诉讼请求、被告反诉或者第三人提出相关诉讼请求时，合并审理存在管辖障碍，如违反专属管辖、级别管辖规定等的，

① 参见王胜明主编：《中华人民共和国民事诉讼法释义（最新修正版）》，法律出版社2012年版，第340页。

人民法院也不应当合并审理。

理解与适用本条还应当注意，《民事诉讼法解释》第 232 条规定，在案件受理后，法庭辩论结束前，原告增加诉讼请求，被告提出反诉，第三人提出与本案有关的诉讼请求，“可以合并审理的，人民法院应当合并审理”。对此，应理解为，在案件受理后，法庭辩论结束前，原告增加诉讼请求，被告提出反诉，第三人提出与本案有关的诉讼请求，原则上应当合并审理。[①] 因此，只要符合合并审理的条件的，就应当合并审理。除非合并审理不利于解决主要纠纷，反而导致诉讼拖延、案件处理难度加大、存在管辖障碍等，人民法院才能作出不合并审理的决定，并告知当事人另行起诉，或者对第三人的起诉另行立案审理。

【审判实践中应当注意的问题】

根据《民事诉讼法解释》第 232 条的规定，原告增加诉讼请求，被告提出反诉，第三人提出与本案有关的诉讼请求，应当在案件受理后，法庭辩论结束前提出。需要注意的是，这里的“法庭辩论结束前”原则上是指一审程序中的法庭辩论结束前，因为《民事诉讼法解释》第 232 条以及其解释对象《民事诉讼法》第 143 条均是关于第一审程序的规定。但是第二审程序也并非不允许增加诉讼请求或提出反诉。对此《民事诉讼法解释》第 326 条作了明确规定：“在第二审程序中，原审原告增加独立的诉讼请求或者原审被告提出反诉的，第二审人民法院可以根据当事人自愿的原则就新增加的诉讼请求或者反诉进行调解；调解不成的，告知当事人另行起诉。双方当事人同意由第二审人民法院一并审理的，第二审人民法院可以一并裁判。”结合上述规定，在司法实践中应注意以下几点：

第一，二审程序中允许原审原告增加诉讼请求，但是在处理上应当区分情形。如果原审原告增加并非独立的诉讼请求，仍应允许合并审理。如果是增加独立的诉讼请求，只有双方同意由二审法院一并审理的情况下，人民法院才能一并裁判；否则第二审人民法院只能根据当事人自愿的原则就新增加的诉讼请求进行调解，调解不成的，告知当事人另行起诉。

第二，二审程序中允许原审被告提出反诉。但是只有双方同意由二审

---

① 参见江必新主编：《新民事诉讼法条文理解与适用》，人民法院出版社 2022 年版，第 652 页。

法院一并审理的情况下，人民法院才能一并裁判；否则第二审人民法院只能根据当事人自愿的原则就反诉的诉讼请求进行调解，调解不成的，告知当事人另行起诉。

第三，二审程序中也允许第三人提出与本案有关的诉讼请求。由于此时有独立请求权的第三人在第一审程序中未参加诉讼，故根据《民事诉讼法》第 325 条的规定，第二审人民法院可以根据当事人自愿的原则就第三人提出的诉讼进行调解，调解不成的，发回重审。

按照体系解释的原理，二审程序中原告增加诉讼请求，被告提出反诉，第三人提出与本案有关的诉讼请求，也应当在法庭辩论结束前。

第一百四十四条　法庭辩论按照下列顺序进行：

（一）原告及其诉讼代理人发言；

（二）被告及其诉讼代理人答辩；

（三）第三人及其诉讼代理人发言或者答辩；

（四）互相辩论。

法庭辩论终结，由审判长或者独任审判员按照原告、被告、第三人的先后顺序征询各方最后意见。

【条文主旨】

本条是关于法庭辩论顺序的规定。

【理解与适用】

本条内容在2023年《民事诉讼法》修正中未作变动。

一、法庭辩论及其意义

法庭辩论，是指在法院审判人员主持下，双方当事人及其诉讼代理人为支持己方的主张，在法庭上就案件有争议的事实、证据和法律问题进行辩驳和论证的活动。在法庭辩论环节，当事人就有争议的各种证据、事实以及法律适用问题进行说理，反驳对方的意见，阐明自己主张的正确性。

法庭辩论的基本内涵，是在民事诉讼中，当事人承担着主张责任，负责提出或者主张利己事实，否则可能承担败诉的后果。其目的是经过辩论进一步查明、认定事实，以使人民法院作出正确裁判。司法实践中，法庭辩论往往成为人民法院就一些争议问题作出判断的标尺，例如违约金支付标准等。

法庭辩论是《民事诉讼法》第12条规定的民事诉讼辩论原则的直接体现，也是我国民事诉讼当事人主义的体现，反映了当事人在诉讼中对自身实体权益的处分。当事人可以在民事诉讼的各个阶段，通过提交起诉状或答辩状、在庭审中对案件事实作出陈述等言辞或书面形式充分行使辩论权，而法庭辩论则是当事人各自表达意见最为直接、集中的阶段。

二、法庭辩论的顺序

根据本条的规定，法庭辩论的顺序依次为：

（一）原告及其诉讼代理人发言

审判长宣布进入法庭辩论阶段后，先由原告就法庭调查的事实和证据、应当适用的法律，陈述自己的意见。重点是论证自己的主张，反驳被告的主张。原告陈述后，有代理人的，由代理人对原告的发言作补充或者进一步说明。原告不到庭的，可由其诉讼代理人代为发言。

（二）被告及其诉讼代理人答辩

原告及其诉讼代理人发言完毕后，由被告就法庭调查的事实、证据和应当适用的法律陈述自己的意见，并针对原告的主张进行辩解和驳斥，论证自己主张的正确性。被告提出反诉的，还应该对反诉请求所依据的事实和根据进行论证。被告发言完毕后，其诉讼代理人可以对被告的发言作补充或进一步说明。被告不到庭的，可由其诉讼代理人发言和答辩。

（三）第三人及其诉讼代理人发言或者答辩

第三人包括有独立请求权的第三人和无独立请求权的第三人。有独立请求权的第三人的发言，其内容与原告发言的内容相似，不同的是，他发言针对的是本案的原告和被告，其主张与本案原告和被告的主张针锋相对，因此，除了陈述自己的主张以外，还要针对本案双方当事人的观点进行驳斥。无独立请求权的第三人的答辩，在诉讼中依附于当事人一方，因而发言为其所依据的一方当事人的补充。第三人有诉讼代理人的，也可以由其诉讼代理人发言和答辩。

（四）各方当事人互相辩论

互相辩论原则上按原告方、被告方、第三人的顺序进行。相互辩论往往是针对案件中的某一具体事实或法律问题，在就案件的主要问题进行了系统辩论的基础上而展开的。互相辩论的过程中，审判人员可以对双方当事人进行引导，使得辩论集中在争议焦点问题上，保证双方充分辩论，促进争议问题解决。审判人员应当平等地对待双方当事人，平等保障双方当事人的辩论权利。当事人不得滥用诉讼权利，无理争辩、互相争吵，破坏法庭秩序。对于当事人与案件争议无关的发言和重复发言，审判人员则应当予以制止。

《民事诉讼法解释》第232条规定：“在案件受理后，法庭辩论结束前，原告增加诉讼请求，被告提出反诉，第三人提出与本案有关的诉讼请求，可以合并审理的，人民法院应当合并审理。”司法实践中，法庭辩论按照上述程序进行，通常来说将是几轮的辩论，一轮辩论结束后，审判人员会询问当事人是否需要补充发言；如不需要补充，可以就下一个争议的问题展开辩论，同样还是按照上述顺序进行。经过辩论，当事人在法庭辩论终结时，都有陈述最后意见的权利。因此，在辩论终结之前，审判长应按原告、被告、第三人的顺序，征询他们各自的最后意见，以充分保证当事人行使诉讼权利。在各方当事人陈述了最后意见后，法庭辩论终结。

【审判实践中应当注意的问题】

一、法庭调查与法庭辩论阶段的关联

（一）法庭调查

法庭调查是指人民法院依照法定程序，在法庭上对案件事实进行调查，对各种证据予以核实的诉讼活动。法庭调查是开庭审理的核心，是案件进入实体审理的主要阶段，主要任务是进一步明确当事人的诉讼请求，在当事人均在场的情况下，通过法院的直接审理，查明案件事实、审查核实证据，从而全面揭示案情，为认定案件事实、正确适用法律提供依据，为后来的法庭辩论、合议庭评议等奠定基础。

《民事诉讼法》第141条规定了法庭调查的顺序：法庭调查按照下列顺序进行：（1）当事人陈述；（2）告知证人的权利义务，证人作证，宣读未到庭的证人证言；（3）出示书证、物证、视听资料和电子数据；（4）宣读鉴定意见；（5）宣读勘验笔录。

（二）法庭辩论

法庭辩论是当事人庭审交锋的最后一环，是在法庭调查的基础上进行的。法庭调查主要是为了查明案件事实而调查各种证据，而案件有关事实、理由和各方主张则要在经过法庭辩论后，才能成为裁判的基础。

在法庭辩论阶段，当事人要围绕争议焦点，包括事实、证据和法律适用争点，在法庭调查阶段已经查明的事实和证据的基础上，针对对方当事人对于争点问题的陈述中所存在的漏洞陈述己方意见，直到双方都没有新意见为止。

（三）法庭调查与法庭辩论的合并

如果当事人没有新证据，根据《民事诉讼法解释》第230条规定，人民法院根据案件具体情况并征得当事人同意，可以将法庭调查和法庭辩论合并进行。这样做的主要理由在于：第一，庭审方式无法取代庭审内容。法庭调查与法庭辩论是庭审最为基本、最为重要的阶段。尽管二者任务有别——法庭调查以查明案件事实、审查核实证据为基本任务；法庭辩论以根据查明事实阐明自己观点、相互进行言词辩论为基本任务。但是就其目的而言，二者难以严格区分。以刻板的庭审程序影响庭审功能的发挥不符合庭审的价值取向。第二，事实问题与法律问题难以截然分开。特别是对于作为当事人诉求基础的要件事实和据以支持其权利请求的法律规范，往往被反复论证和强调。

在审判实践中，对争议较多的案件，将法庭调查和法庭辩论合并进行，可以避免法庭调查与法庭辩论在一些问题上的重复，或辩论的问题分散，或庭审时间拖得过长。当事人为避免“说前忘后”，也愿意每调查一个问题，就该问题先行辩论。这是法院根据案件的不同情况和特点，从有利于发挥开庭审理的效率和提高审理的效果出发，所采取的审理方式。需要注意的是，即使是出于提高庭审效率的需要，也不得省略诉讼阶段依法应当进行的事项。

二、法庭辩论权利的相关保障

根据《民事诉讼法》第211条第9项的规定，当事人申请再审，如存在违反法律规定、剥夺当事人辩论权利的情形，人民法院应当再审。审判人员应当尊重和保障当事人的辩论权，其中就包括充分行使法庭辩论的权利。通过当事人之间面对面的辩论，能够全面了解案情，这也是直接言词原则的优势。

需要注意的是，在司法实践中，当事人行使辩论权并非毫无边界。审判人员应当对当事人之间的辩论进行合理的引导，使得双方当事人的辩论紧紧围绕诉讼请求和待证事实进行，防止与案情无关的争辩，否则将影响诉讼程序的正常进行，造成诉讼的不合理拖延和诉讼资源浪费，妨害其他当事人的诉讼权益。因此，对于庭审中与案情无关的辩论，审判人员应当及时予以制止，纠正当事人的不恰当发言，这是依法行使审判职权的一种表现，不属于对当事人辩论权的侵犯。

第一百四十五条　法庭辩论终结，应当依法作出判决。判决前能够调解的，还可以进行调解，调解不成的，应当及时判决。

【条文主旨】

本条是关于法庭辩论后的调解的规定。

【理解与适用】

本条内容在 2023 年《民事诉讼法》修正中未作变动。

一、法院调解

根据《民事诉讼法》第 9 条规定，人民法院审理民事案件，应当根据自愿和合法的原则进行调解；调解不成的，应当及时判决。调解是民事诉讼的一个基本原则，以调解解决民事纠纷是法定的纠纷解决方式。

随着经济社会的不断发展，民事法律关系更加纷繁复杂，民事主体之间发生纠纷的概率也随之增加。民事审判中，矛盾纠纷多元化解机制的独特性和重要意义逐渐凸显。当事人选择民事诉讼方式解决矛盾纠纷，其重要原因在于民事判决的强制力，判决是最主要的裁判形式之一。但是，和法院的判决一样，调解也是为了解决当事人之间的争议。由于当事人需求的多样化，多元化矛盾纠纷解决机制基于其纠纷化解效率高、当事人高度意思自治等特点，日渐呈现出重要性和必要性。调解作为当事人行使处分权的重要表现，反映出民事诉讼程序中的当事人主义色彩。

调解，是指经过双方当事人同意，就诉争民事法律关系，在人民法院、人民调解组织等主体的主持之下，依法促使双方当事人充分沟通，互谅互让，共同促成调解协议的达成，并最终解决纠纷。本条所涉及的调解，又称诉讼调解，指的是在人民法院审判人员的主持下，双方当事人就各自的民事权利义务关系争议进行自愿、平等协商，以达成协议，解决纠纷。

法院调解是民事诉讼活动的重要组成部分。法院调解具有以下特征：一是法院调解具有广泛的适用性。除了适用特别程序审理的案件以及其他不适合调解的案件以外，人民法院均应在当事人自愿的基础上，积极开展调解工作。在诉讼过程中，当事人基于自愿可以请求人民法院进行调解，审判人员也应当具有积极的调解意识，适时地进行调解工作。二是法院调解适用于民事诉讼程序的始终，即在一审、二审、再审程序中均可适用。每一诉讼程序中，调解工作在包括本条规定涉及的开庭审理等诉讼的任何阶段都可以进行。从进入诉讼程序，审判人员就应当根据当事人自愿的原则，对于能够调解的案件开展调解；法庭辩论终结后，判决宣告前，当事人如果自愿提出调解或者接受人民法院组织的调解，人民法院还可以进行调解。

法院调解在民事诉讼中发挥着重要作用。一是法院调解有利于彻底解决当事人之间的矛盾纠纷，提升当事人对裁判结果的满意度，促进服判息诉，防止新的诉讼案件产生。这是基于自愿调解的原则，双方当事人通过平等协商方式解决彼此之间的纠纷，调解的结果体现了双方当事人之间的合意。因此，相对于裁定、判决而言，调解减少了双方当事人之间的对抗性，更加有利于缓和和消除当事人之间的矛盾和对立。二是法院调解有利于提高民事诉讼程序效率，及时化解矛盾纠纷。相对于判决而言，调解的方式更为灵活、高效。在诉讼过程中，审判人员可以根据案件实际情况推进调解进程，促进双方当事人的争议取得实质性化解。

二、规定法庭辩论后调解的目的

根据本条的规定，法庭辩论结束，应当依法作出判决。法庭辩论后的调解，是在贯彻调解原则的基础上，根据司法实践中的不同案件的具体情况作出的规定。之所以在《民事诉讼法》专章规定调解和增加审前调解之外，还要专门强调法庭辩论后、法庭判决前的调解，这是因为，在诉讼开始时，有些民事案件的双方当事人争议很大，互不相让，不愿进行调解。但是，在经过法庭调查和法庭辩论阶段后，案件事实已经查清，是非分明，双方当事人对于各自的权利义务关系、自己所应承担的诉讼结果有了大致了解，双方当事人在这种情况下可能更加愿意接受调解。

【审判实践中应当注意的问题】

在司法实践中，经过法庭调查和法庭辩论，如果事实清楚的，审判人员会按照原告、被告和有独立请求权第三人的顺序询问当事人是否愿意调解。无独立请求权的第三人需要承担义务的，在询问原告、被告之后，还会询问其是否愿意调解。

当事人愿意调解的，可以当庭进行，也可以休庭后进行。调解时，可以先由各方当事人提出调解方案。当事人意见不一致的，合议庭要讲清法律规定，分清责任，促使双方当事人达成协议。必要时，合议庭还可以根据双方当事人的请求提出调解方案，供双方当事人考虑；也可以先分别征询各方当事人意见，然后进行调解。需要注意的是，调解过程必须坚持合法和当事人自愿的原则，不能强制当事人接受调解，不能将法院提出的调解方案强加于当事人，只能推动双方当事人进行磋商、协调，以达成最终的调解协议。

经过调解，双方当事人达成协议的，应当在调解协议上签字盖章。人民法院应当根据双方当事人达成的调解协议制作调解书送达当事人，经双方当事人签收后，即具有法律效力。调解不成的，审判人员应当及时作出判决。

第一百四十六条　原告经传票传唤，无正当理由拒不到庭的，或者未经法庭许可中途退庭的，可以按撤诉处理；被告反诉的，可以缺席判决。

【条文主旨】

本条是关于原告无正当理由拒不到庭或者未经法庭许可中途退庭时人民法院如何处理的规定。

【理解与适用】

在民事诉讼中，经人民法院传票传唤，原告有义务按时到庭，如果原告不履行出庭义务，将承担相应的法律后果。因为原告作为发动诉讼要求解决纠纷、维护其权益而提起诉讼的一方，应当配合人民法院的工作，使案件得到及时、正确的处理。司法实践中，原告不履行出庭义务的主要表现是无正当理由拒不到庭，或者未经法庭许可中途退庭。本条规定明确了原告无正当理由拒不到庭或者未经法庭许可中途退庭的法律后果：人民法院可以按撤诉处理；被告反诉的，人民法院可以缺席判决。明确原告不履行出庭义务的后果，有利于保证诉讼活动及时、顺利地进行；明确当事人的权利义务关系，有利于保护当事人的合法权益，也有利于维护法律的严肃性和人民法院的权威。

一、关于按撤诉处理

撤诉是原告将已经成立的诉撤回，不再要求人民法院对民事纠纷案件进行审理的诉讼行为。撤诉是当事人依法行使其处分权的具体体现，具体包括申请撤诉和按撤诉处理两种情形。前者是当事人主动向人民法院申请撤回其诉讼，是对诉讼权利的积极处分。后者是指在人民法院审理民事纠纷过程中，对于原告经传票传唤无正当理由拒不到庭或者未经法庭准许中途退庭的行为，比照申请撤诉进行处理的一种方式，是原告对其诉讼权利的消极处分。本条规定的就是可以按撤诉处理的情形。根据本条规定，人民法院按撤诉处理包括两种情形：

一是原告经传票传唤，无正当理由拒不到庭。接到人民法院的传票后，原告应当按时到庭，以确保诉讼顺利进行。原告如果确实有不能到庭的事由，在接到人民法院的传票后，应当尽早向人民法院提出。根据《民事诉讼法》第 149 条规定，必须到庭的当事人有正当理由没有到庭的，人民法院可以延期开庭审理。因此，人民法院经审查认为原告提出的不能到庭的理由正当，确实不能到庭的，可以决定延期审理，并及时将延期审理的情况通知被告。人民法院经审查认为原告提出的理由不正当，可以决定不延期审理，并通知原告。原告接到不延期审理的通知后，应当按时出庭。可见，《民事诉讼法》对原告有正当理由不能到庭的情形已经作了充分考虑，并设置相应的制度安排。如果原告经人民法院传票传唤，没有正当理由拒不到庭，属于对自己诉讼权利的消极处分，可以视为放弃自己的诉讼请求，可以按照撤诉处理。

二是原告未经法庭许可中途退庭。未经法庭许可中途退庭，是藐视法庭的行为，违反了法庭纪律，扰乱了诉讼秩序，妨碍了诉讼进程。为遏制惩戒这种行为，必须明确其法律后果。实践中，原告、被告以及其他当事人都有可能实施未经法庭许可中途退庭的行为，本条针对的是原告，《民事诉讼法》第 147 条及《民事诉讼法解释》的相关规定则针对的是被告。根据本条规定，对原告未经法庭许可中途退庭的主要法律后果是人民法院可以按照原告撤诉处理。

本条规定的“可以按撤诉处理”的含义是，要按照撤诉是否符合法律规定来掌握，对符合撤诉条件的，按撤诉处理；对不符合撤诉条件的，人民法院应当继续审理。[①]

二、关于缺席判决

缺席判决是我国民事诉讼法规定的一种重要审判形式，是人民法院对那些无故不到庭或到庭后未经法庭许可中途退庭，故意拖延诉讼，藐视国家法律的行为，及时行使审判权的一种法律手段，也是促使案件当事人积极参加庭审，充分行使诉讼权利的重要措施。缺席判决在公平保护当事人的合法权益，保证庭审正常进行，提高审判效率和维护司法权威等方面起

① 参见王胜明主编：《中华人民共和国民事诉讼法释义（最新修正版）》，法律出版社 2012 年版，第 347 页。

着重要作用。缺席判决其实是相对于双方当事人都到庭的对席判决而言的，是对对席判决的补充。缺席判决作出后，与对席判决具有同等法律效力。[①]

根据《民事诉讼法》以及相关司法解释的有关规定，缺席判决主要包含以下几种：（1）原告无故不出庭或者未经法庭许可中途退庭，被告提出反诉的；（2）被告经传票传唤无正当理由拒不到庭的，或未经法庭许可中途退庭的；（3）法院裁定不准撤诉，原告经传票传唤，无正当理由拒不到庭的；（4）无民事行为能力的被告的法定代理人，经传票传唤无正当理由拒不到庭的。由此可以看出，我国的缺席可以从两个方面加以把握：首先，缺席的主体为被告（含反诉被告）和被裁定不准撤诉的原告；其次，缺席的形式主要指的是在庭审中的缺席，而不考虑庭审前的情况。也就是说，在我国只能是开庭审理期间的被告和被裁定不准撤诉的原告没有到庭，或两者未经允许中途退庭，才按缺席判决处理，而没有明确地说明在答辩期间和证据交换期间原告、被告是否可以按缺席判决处理。本条针对的是第一种情形。

根据本条规定，对原告适用缺席判决制度，必须符合以下条件：一是原告经传票传唤无正当理由拒不到庭，或者未经法庭许可中途退庭。相关内容前已述及，这里不再赘述。二是被告提出反诉。这是适用缺席判决的关键条件。虽然原告经传票传唤无正当理由拒不到庭，或者未经法庭许可中途退庭，但是被告没有提出反诉的，人民法院可以按照撤诉处理，没有必要适用缺席判决。这是因为无正当理由拒不到庭，或者未经法庭许可中途退庭仅构成原告对诉讼权利的消极处分，按撤诉处理并不损及被告的诉讼权利。但是如果被告提起反诉，则被告的相应诉讼请求需要在同一诉讼中合并审理。由于反诉以本诉存在为前提，如果采取按撤诉处理的思路，将会影响被告的诉讼请求的实现。被告反诉的，本诉原告就成了反诉被告，故本条规定可以缺席判决，就与《民事诉讼法》第147条规定保持了一致。需要注意的是，本条规定被告反诉的可以缺席判决，应当指本诉与反诉合并审理的情形。根据《民事诉讼法》第143条的规定，被告反诉的，人民法院可以合并审理。如果反诉并未与本诉合并审理，则本质上是一个单独的诉，此时直接依据第147条缺席判决即可。

---

① 参见江伟主编：《民事诉讼法学》，复旦大学出版社2002年版，第348页。

人民法院依据本条对原告缺席判决的，也应当对当事人提出的诉讼材料认真审查，其中包括未出庭的原告已经提供的诉讼材料，在充分考虑缺席一方当事人合法权益的前提下，作出判决。

【审判实践中应当注意的问题】

对本条的理解与适用，要注意与有独立请求权的第三人的制度的衔接问题。有独立请求权的第三人是独立起诉的主体，只是由于本诉的存在，才以第三人的身份参加到本诉的审理中。当本诉原告申请撤诉且人民法院准许其撤诉时，有独立请求权的第三人还可以作为另案原告，本诉原被告作为另案被告，诉讼另行进行。有独立请求权的第三人的诉讼权利和相关义务在其请求范围内与原告相同，故《民事诉讼法解释》第236条规定，对经人民法院传票传唤，无正当理由拒不到庭的，或者未经法庭许可中途退庭的第三人，比照《民事诉讼法》本条的规定，按撤诉处理。

第一百四十七条 被告经传票传唤，无正当理由拒不到庭的，或者未经法庭许可中途退庭的，可以缺席判决。

【条文主旨】

本条是关于被告无正当理由拒不到庭或者未经法庭许可中途退庭时人民法院如何处理的规定。

【理解与适用】

本条和本法第146条都是关于当事人无正当理由不按时出庭或者中途退出法庭的法律后果的规定。在民事诉讼过程中，无论是为了保护自己合法的诉讼权利和实体权利，还是为了人民法院及时查明案情，正确适用法律，公正裁判，实现定分止争，被告都应当配合人民法院的工作，在人民法院传票传唤之后，按时出庭，配合完成全部诉讼程序。本条规定被告不到庭或者中途退庭的法律后果是人民法院可以缺席判决。

一、可以适用缺席判决的主要情形

本条规定的缺席判决主要适用于以下两种情形：一是被告经传票传唤，无正当理由拒不到庭。在此情形下适用缺席判决必须满足两个条件：（1）被告经传票传唤。缺席判决是一种对缺席当事人的权益保护非常不利的处理方式，为了正确判决，确保司法公正，我国《民事诉讼法》对其适用规定了必须经传票传唤的前提条件。[①] 与此同时，《民事诉讼法》第211条第10项规定“未经传票传唤，缺席判决”是人民法院应当再审的法定情形。因此，经传票传唤是适用缺席判决的必经程序，未经传票传唤而缺席判决，构成严重的程序违法，应当依法启动再审。（2）被告无正当理由拒不到庭。接到人民法院的传票后，被告应当按时到庭，以确保诉讼顺利进行。被告如果确实有不能到庭的事由，在接到人民法院的传票

① 参见王胜明主编：《中华人民共和国民事诉讼法释义（最新修正版）》，法律出版社2012年版，第349页。

后，应当尽早向人民法院提出。根据《民事诉讼法》第 149 条规定，必须到庭的当事人有正当理由没有到庭的，人民法院可以延期开庭审理。因此，人民法院经审查认为被告提出的不能到庭的理由正当，确实不能到庭的，可以决定延期审理，并及时将延期审理的情况通知原告。人民法院经审查认为被告提出的理由不正当，可以决定不延期审理，并通知被告。被告接到不延期审理的通知后，应当按时出庭。可见，《民事诉讼法》对被告有正当理由不能到庭的情形已经作了充分考虑，并设置相应的制度安排。如果被告经人民法院传票传唤，没有正当理由拒不到庭，属于对自己诉讼权利的消极处分，可以视为放弃在法定审理中进行质证、辩论等相关诉讼权利，人民法院可以缺席判决。

本条在适用时还需注意与《民事诉讼法》第 112 条的衔接。该条规定："人民法院对必须到庭的被告，经两次传票传唤，无正当理由拒不到庭的，可以拘传。"因此，对于必须到庭的被告，经人民法院两次传票传唤，无正当理由拒不到庭，人民法院可以根据《民事诉讼法》的有关规定，对其采取拘传的强制措施。根据《民事诉讼法解释》第 174 条的规定，必须到庭的被告，是指负有赡养、抚育、扶养义务和不到庭就无法查清案情的被告。两次传票传唤，指人民法院送达传票，并由受送达人或者代收人在送达回证上签名或者盖章。无正当理由，一般指没有不可抗力、意外事件等使被告无法到庭的特殊情况。

二是未经法庭许可中途退庭。未经法庭许可中途退庭，是藐视法庭的行为，违反了法庭纪律，扰乱了诉讼秩序，妨碍了诉讼进程。为遏制惩戒这种行为，必须明确其法律后果。同时，未经法庭许可中途退庭也可以视为被告对后续庭审程序参与权利的放弃。故本条规定人民法院可以缺席判决。

二、被告缺席时的案件审理

关于缺席判决的概念和主要适用情形，前条已经做了说明，这里不再详述。需要注意的是，《民事诉讼法解释》第 241 条对本条规定的缺席判决的适用，做了进一步细化，明确被告经传票传唤无正当理由拒不到庭，或者未经法庭许可中途退庭的，人民法院应当按期开庭或者继续开庭审理，对到庭的当事人诉讼请求、双方的诉辩理由以及已经提交的证据及其他诉讼材料进行审理后，可以依法缺席判决。这一细化规则实际上明确了我国缺席判决制度的模式选择和当事人缺席案件的审理要求。

（一）缺席判决制度的两种模式

依据各国和地区规定的不同，目前缺席判决制度主要被划分成两大模式——缺席审判主义和一方辩论主义。两者各有优势和劣势。

1. 缺席审判主义。缺席审判主义是指原告缺席时，拟认为原告撤销诉讼，由法院判决驳回原告的诉讼请求；被告缺席时，拟认为被告自认原告的事实主张，根据原告的申请，由法院依法作出缺席判决。缺席审判主义最初产生的基础是为了推动诉讼程序的进行，有对阻碍程序进行的当事人施加惩罚的意味。缺席审判主义更注重的是诉讼的经济价值，但以牺牲公正性价值为代价。

2. 一方辩论主义。一方辩论主义主要是指没有出庭的被告或者原告在答辩期或者其他期间曾向法院提交了与案件有关的事实资料，则法院必须要考虑这些书面材料，并将到庭一方当事人已辩论的事实、已调查的证据一同作为判决的基础，依到庭一方当事人的申请作出判决。一方辩论主义不再是对缺席一方所提交的证据等资料置之不理，直接断定其缺席的行为是对出席一方诉讼请求的自认，从而避免使缺席一方因此承担不利的诉讼后果。

任何一种法律制度的建立，都反映了一定的价值取向。依据缺席审判主义，当被告缺席时，拟制为被告自认原告的诉讼主张，即便被告已经在答辩状中陈述自己的抗辩事实和理由，且完全成立，法官也不予考虑，这等于剥夺了缺席被告的答辩权，显然与诉讼公正的要求背道而驰。同时，仅凭原告方提出的事实和主张即直接作出判决，而不对其进行必要审查，这本身就使判决缺乏公信力。而依一方辩论主义，在一方当事人缺席的情况下，并不直接对缺席方作出不利判决，而是对其提交的诉讼材料进行审查，并将其中主张的事实和理由视为缺席方所作陈述，通过建立这种“虚拟辩论”努力使双方当事人接近攻击和防御的平等对抗状态，以增加双方保护自我权利的诉讼机会，从而使判决结果在一定程度上获得了正当性。从这个意义上讲，一方辩论主义使判决结果更接近事实真相和符合公平正义，更符合现代民事诉讼理念。

3. 我国缺席判决模式的选择。通过分析可以看出，缺席审判主义和一方辩论主义各有优劣，随着社会的发展，两种模式也在不断地融合。目前，除了日本和个别地区实行典型的一方辩论主义模式外，其他国家和地区都已经不再是完全意义上的缺席审判主义或一方辩论主义了。从我国缺席判决制度的形式上看，立法理念不可避免地渗透着两大模式的内容。在我国，缺席判决是由法院决定适用的，在案件的审理中不仅要审查出席一方当事人提供的证据，对缺席一方当事人曾提交的材料也需要进行审查，在特殊的情况下，由于曾经受到浓厚的职权主义的影响，法官甚至要参与到取证的环节中来，为了最大限度地发现案件的真实而主动调查证据。

（二）当事人缺席案件的审理

1. 司法实践中对证据审查的常见方式。民事诉讼的基本法理要求所有的证据都应当在法庭上出示，由当事人进行陈述、辩论、质证，未经质证的证据不能作为法官认定事实的依据。但一方当事人缺席，给另一方当事人质证和法官认定证据都带来不便。法庭对到庭一方当事人或者缺席一方当事人提供的证据材料以及缺席一方当事人提出的答辩意见，必须明确采纳与否，并且在此基础上作出裁判，这就涉及对缺席判决的证据是进行形式审查还是实质审查的问题。司法实践中，意见并不统一。综合审判实践，法官对于缺席判决中证据的审查方法大体分为以下三种：第一种是形式审查，只要原告提供的证据形式要件具备，即认定其证明力，并在此基础上作出不利于被告的裁决；第二种是实质审查，即对原告所举证据必须进行实质审查，全面审核原告提供的证据，有时法官还必须亲自调查取证，核实证据；第三种做法是根据具体案件的具体情况区分对待。由于缺席一方未能提出任何质证意见，法官只能进行形式上的审查，此时，应适当降低原告的证明标准，多数情况下，原告提供的证据只要符合证据的基本形式要件，就应当认定证据具有真实性和合法性，并结合证据的关联性和证明力大小，作出案件事实认定，即对缺席判决案件的证据应该进行一定的实质审查；而对于有些缺席审理的案件（如涉及人身关系的案件）则不能完全适用上述证据审核认定方式，必要时，应由法院依职权进行调查取证。[①]

我们认为，在对证据的审查认定上，缺席判决与对席判决一样，法官都应对证据的形式要件与实质要件一并进行审查判断。根据被告缺席的时间不同，可以将缺席判决分为被告不完全应诉的缺席判决和被告完全不应

---

① 参见李西川：《缺席审判中的认证相关问题探讨》，载中国法院网，2009年4月14日访问。

诉的缺席判决。前者主要指被告在收到原告起诉状副本等起诉材料后，向法院递交了书面答辩状，或者参加了庭前证据交换并提出口头意见，但后来又因为案件的进展或其他原因在开庭当日无正当理由未参加庭审；后者主要指被告收到原告的起诉状和开庭传票后，无正当理由拒绝参加诉讼、提出意见。两者在证据的审查认定上存在一定差别。

2. 被告不完全应诉时的证据审查。被告不完全应诉表现为被告已知悉诉讼的存在，并提交了证据资料而于开庭当日缺席，在这种情形下，法庭审理如期进行。由于被告在诉讼开始之初即提交了答辩状及相关证据材料，参加了庭前的诉讼活动，此时应认为其已经实际应诉。被告开庭前提交的答辩状以及证据材料应该视为其诉讼主张，纳入法庭调查的范围，要求原告针对被告的答辩状和证据材料进行辩论，原告应当对其进行陈述、发表意见，法院可以将其作为裁判的基础。如果被告对原告在起诉状中陈述的事实在答辩状中没有否认，也没有提交反证材料，不应当简单视为被告对原告主张的认可；如果被告单纯否定原告主张，原告须对这些事实承担举证责任；如果被告提出了积极的主张予以抗辩，被告则须对自己的积极主张承担举证责任。庭审后，法官应当对原、被告提交的证据进行综合审查，作出缺席判决。

3. 被告完全不应诉时的证据审查。被告已经收到了起诉状副本等起诉材料，知道了诉讼的存在，经传票传唤，不但不提交答辩状，在庭审日也不出庭，视为被告放弃了在法庭上进行答辩、举证、质证以及辩论的权利。在这种情形下，法院应当如期审理，对出庭一方当事人提交的资料，法官应运用逻辑推理和经验法则进行全面、客观的审查。因被告缺席，无人对原告提供的证据的真实性提出异议，法官对证据的审查应当重在证据的关联性、合法性，并对证据的证明力及其大小作出判断。只要当事人提供的证据与本案有关联，且内容、形式、来源不违法，均应作为认定案件事实的依据。

此外，为确保诉讼程序的安定性，法官在审理这类案件时，不但要对原告的证据进行形式和实质的全面审查，还应放宽依职权调查取证的范围，必要时，法官可以不局限于原告的申请，对于不收集则会导致案件处理明显不公的证据依职权主动调查收集，以利于审查核实原告所提供的证据和主张的事实，力争做到最后所认定的法律事实尽量接近于客观事实，使公正和效率都真正得到体现。

【审判实践中应当注意的问题】

人民法院在适用本条（以及第 146 条）规定的缺席判决制度时，要秉持审慎态度，注意严格遵守法定程序。具体而言，就是要依法进行传票传唤，避免因程序违法导致案件进入再审程序，既造成审判资源浪费，又增加当事人诉累。现在人民法院在诉讼准备阶段向当事人提供的《人民法院民事诉讼风险提示书》明确提示，原告经传票传唤，无正当理由拒不到庭，或者未经法庭许可中途退出法庭的，人民法院将按自动撤回起诉处理；被告反诉的，人民法院将对反诉的内容缺席审判。被告经传票传唤，无正当理由拒不到庭，或者未经法庭许可中途退出法庭的，人民法院将缺席判决。对于当事人而言，也要明确诉讼中会因自己的不当行为带来不必要的诉讼风险，应当尊重法庭，遵守规则。

在适用缺席判决制度时，人民法院还应尽量避免在缺席判决的判决书中有“被告经传票传唤无正当理由未到庭，放弃质证的权利，应视为对原告起诉的认可”，“因被告未到庭，放弃质证权利，法院对原告提供的证据应予以认定”等类似内容的表述。这种表述是不正确的。被告经传票传唤无正当理由未到庭，可以视为其放弃了当庭陈述、举证和质证的权利，但并不能视为其对原告的诉讼请求或主张事实的承认，也不能视为对自己实体权利的处分，法院不能想当然地据此对原告提供的证据予以认定，完全按照原告的主张来判决，仍要结合到庭当事人和双方已经提交的证据及其他诉讼材料进行审理。

第一百四十八条 宣判前，原告申请撤诉的，是否准许，由人民法院裁定。

人民法院裁定不准许撤诉的，原告经传票传唤，无正当理由拒不到庭的，可以缺席判决。

【条文主旨】

本条是关于原告申请撤诉的规定。

【理解与适用】

2023年修正后的《民事诉讼法》对本条未作修改。

一、处分权主义和职权干预

关于撤诉制度的理解，应当放在处分权主义和职权干预的理论背景下进行。

处分权主义，又称处分原则，是指诉讼请求、事实证据和程序事项由当事人决定或处分的原则。根据处分事项的范围，又分为广义和狭义的处分权主义。主张诉讼请求和程序事项均由当事人决定或处分的被称为广义的处分权主义，主张仅诉讼请求由当事人决定被称为狭义的处分权主义。最广义的处分主义即所谓的当事人主义。[①] 我国民事诉讼法第13条第2款规定，当事人有权在法律规定的范围内处分自己的民事权利和诉讼权利。明确采纳了民事诉讼的处分权主义。

撤诉是处分权主义的具体体现之一。根据处分权主义的理念，原告既享有要求审判、特定并限定审判对象的权能，也享有按照自己意思不经判决终结诉讼的权能。[②]

不过处分权主义有其行使边界，要受到公共利益及诚信原则的制约。在民事诉讼中，人民法院有责任基于公共利益和诚信原则，依职权限制当

---

① 邵明:《民事诉讼法学》，中国人民大学出版社2007年版，第362页。

② ［日］新堂幸司:《新民事诉讼法》，林剑锋译，法律出版社2008年版，第229页。

事人的处分权，这就是职权干预。体现在撤诉问题上，就是人民法院认为存在违法事项或其他不应准许事项时，可以不准许当事人的撤诉申请。

二、撤诉的要件和法律效果

一般认为，撤诉应当符合如下条件：一是必须以书面或口头方式向受诉人民法院提出；二是必须明确表达撤诉的意思表示；三是撤诉必须是当事人的真实意思表示；四是应在宣判前向受诉法院提出申请；五是必须符合诚信原则；六是不能违反法律强制性规定。对于撤诉的法律效果，主要有如下几项：

1. 诉讼程序终结。撤诉是人民法院法定结案方式之一，当事人申请撤诉，符合法律规定的，人民法院裁定准许，诉讼程序终结。人民法院无须再对当事人争议的实体问题进行审理并作出裁判。

2. 当事人可以另行起诉。申请撤诉是当事人对自己诉讼权利的处分，只表明其不要求人民法院在本案中对其实体法律关系继续审理并作出裁判，并不表明其放弃相关实体权利。因此，《民事诉讼法解释》第 214 条第 1 款规定，原告撤诉或者人民法院按撤诉处理后，原告以同一诉讼请求再次起诉的，人民法院应予受理。

需要注意的是，撤诉后可以另诉有例外规定。一是关于离婚案件。《民事诉讼法解释》第 214 条第 2 款规定，原告撤诉或者按撤诉处理的离婚案件，没有新情况、新理由，六个月内又起诉的，比照《民事诉讼法》第 127 条第 7 项的规定不予受理。二是关于二审和再审中的撤诉。《民事诉讼法》第 336 条第 2 款对二审程序中的撤诉作了规定：原审原告在第二审程序中撤回起诉后重复起诉的，人民法院不予受理。《民事诉讼法解释》第 408 条对再审程序中的撤诉予以规定：一审原告在再审审理程序中撤回起诉后重复起诉的，人民法院不予受理。

3. 撤诉对于诉讼时效的影响。《民法典》第 195 条规定，诉讼时效因权利人提起诉讼而中断，从有关程序终结时起，诉讼时效期间重新计算。《最高人民法院关于审理民事案件适用诉讼时效制度若干问题的规定》第 12 条也规定，当事人一方向人民法院提交起诉状或者口头起诉的，诉讼时效从提交起诉状或者口头起诉之日起中断。但是根据通说，撤诉视为起诉未发生，所以在撤诉情况下并不产生因起诉而引起诉讼时效中断的效果。但如果在撤诉前，人民法院已经将起诉状送达给对方当事人或者将起诉的事实告知对方当事人的，则符合了“权利人向义务人提出履行请求”的诉讼时效中断事由，可以引起诉讼时效的中断。[①]

三、法院不允许撤诉的情形

1. 人民法院审查是否准许撤诉的理由。撤诉权属于当事人的处分权。由于诉讼并非原告一方的行为，而是需要人民法院、原告、被告以及其他诉讼参与人共同参与的活动。一旦原告提起诉讼，人民法院开始履行职责，被告和其他诉讼参与人加入诉讼，甚至还可能启动了鉴定程序。如果允许原告任意撤回起诉，其后又任意再次起诉，将导致被告和第三人诉累增加，合法权益受到损害，人民法院成本无谓增加，权威性亦受到影响。所以原告撤诉的权利应当受到一定限制，即应在法律准许的范围内行使，不得违反法律，不得损害国家、集体、第三人的利益。故本条规定，对于当事人撤诉是否准许，由人民法院裁定。

2. 明确规定不准许撤诉的具体情形。基于社会公共利益和诚信原则，司法解释和规范性文件中明确了一些不准许撤诉的情形，主要有如下几种：一是《最高人民法院关于防范和制裁虚假诉讼的指导意见》第 11 条规定，经查明属于虚假诉讼，原告申请撤诉的，不予准许，并应当根据《民事诉讼法》第 112 条[②]的规定，驳回其请求。二是《民事诉讼法解释》第 288 条规定，公益诉讼案件的原告在法庭辩论终结后申请撤诉的，人民法院不予准许。三是《最高人民法院关于审理环境民事公益诉讼案件适用法律若干问题的解释》第 27 条规定，法庭辩论终结后，原告申请撤诉的，人民法院不予准许，但本解释第 26 条规定的情形除外。[③]四是《民事诉讼法解释》第 238 条规定，当事人申请撤诉或者依法可以按撤诉处理的案件，如果当事人有违反法律的行为需要依法处理的，人民法院可以不准许撤诉或者不按撤诉处理。法庭辩论终结后原告申请撤诉，被告不同意的，人民法院可以不予准许。该条第 1 款规定的是存在违法情形时不予准许撤诉，对此容易理解。第 2 款规定法庭辩论终结后被告不同意可以不

① 最高人民法院民事审判第二庭编著：《最高人民法院关于民事案件诉讼时效司法解释理解与适用》，人民法院出版社 2015 年版，233~236 页。

② 现为《民事诉讼法》（2023 年修正）第 115 条。

③《最高人民法院关于审理环境民事公益诉讼案件适用法律若干问题的解释》第 26 条规定：“负有环境资源保护监督管理职责的部门依法履行监管职责而使原告诉讼请求全部实现，原告申请撤诉的，人民法院应予准许。”

予撤诉的理由在于，被告因为原告的起诉被动进入诉讼程序，并付出了参与诉讼、准备证据、聘请律师等各种诉讼成本，在法庭辩论终结只欠作出判决的情况下，任由原告撤诉并保持再次起诉的权利，而不能解决双方争议，在被告不同意的情况下，可能存在违背诚信原则与双方利益失衡的情形，人民法院应根据具体案件决定是否准许原告撤回起诉。

四、不准许撤诉的法律效果

如果原告的撤诉申请未获得法院支持，诉讼程序就必须继续进行。原告仍然应当配合人民法院的审判工作，如果在接下来的审理过程中，原告经传票传唤，无正当理由拒不到庭，人民法院可以缺席判决。

不仅如此，在发现虚假诉讼或其他违法行为的情况下，还可能对原告适用拘传措施。《民事诉讼法解释》第 174 条第 2 款规定，人民法院对必须到庭才能查清案件基本事实的原告，经两次传票传唤，无正当理由拒不到庭的，可以拘传。

本条规定对原告适用拘传措施的考虑是：有些案件需要原告到庭才能查清案件基本事实，但原告拒不到庭，此时如果依据《民事诉讼法》第 146 条的规定，按撤诉处理，可能会损害国家利益、社会公共利益或者他人合法权益，因此有必要拘传其到庭，以查清案件基本事实。比如，对于《民事诉讼法》第 115 条规定的双方当事人恶意串通侵害国家利益、社会公共利益或者他人合法权益的而提起诉讼的案件或者原告单方捏造事实提起诉讼的案件，在诉讼过程中，原告如果认为人民法院已有所察觉，就会采取拒不到庭的方式来逃避追究，这时如果人民法院不能拘传其到庭，就不能在查清案件基本事实的基础上，依法处理这类案件，以维护国家利益、社会公共利益或者他人合法权益，并依法对原告等相关责任人采取罚款、拘留等强制措施，维护人民法院正常的诉讼秩序。

五、撤诉对反诉和有独立请求权的第三人的影响

1. 撤诉对反诉的影响

《民事诉讼法解释》第 239 条规定，人民法院准许本诉原告撤诉的，应当对反诉继续审理；被告申请撤回反诉的，人民法院应予准许。

对于人民法院准许本诉原告撤诉后，被告所提起的反诉该如何处理，实践中存在较大争议。一种观点主张裁定驳回反诉之起诉，主要理由为：

反诉是在一个已经开始的民事诉讼程序中，本诉的被告以本诉原告为被告，向受诉法院提出的与本诉在事实或者法律上有牵连关系的独立的反请求。反诉旨在抵销或吞并原告提起的本诉，使原告的诉讼目的无法实现或无法全部实现。被告在本诉审理过程中提出反诉，以便人民法院将本诉与反诉合并审理，基于本诉与反诉的牵连性，当本诉原告撤诉后，反诉的对抗目的将不复存在，反诉即不再称为“反诉”，仅属于一般之诉，如此一来，再在程序上将“本诉”与“反诉”捆绑起来已毫无必要和意义，据此有观点主张裁定驳回反诉原告的起诉，如果反诉原告坚持诉讼，可以重新立案。

另一种观点主张继续审理反诉，主要理由为：反诉只要符合诉成立的条件，就是一种独立的诉。反诉虽然是在本诉的诉讼程序中被告向原告提出的具有牵连关系的反请求，但是它并不因此必然地依赖本诉而存在。被告提出的反诉本身符合起诉的条件，因此即使本诉撤回，反诉也能够独立存在，也能够作为独立的案件由法院审理裁判。在诉讼地位上，本诉原告又被称为“反诉被告”，而本诉被告又被称为“反诉原告”，这彰显了原、被告诉讼地位的平等，即本诉、反诉当事人是平等的。《民事诉讼法》第143条规定：“原告增加诉讼请求，被告提出反诉，第三人提出与本案有关的诉讼请求，可以合并审理。”由此可推出，被告提出反诉的案件，人民法院可以与本诉合并审理，也可以不合并审理，如果不合并审理，即意味着反诉可以单独审理。司法实践中，尽管撤诉是当事人的诉讼权利，但本诉原告撤诉的，反诉原告不一定会撤诉；同样，反诉原告撤回反诉的，本诉原告也不必然会撤回本诉。此种情况下，若简单驳回本诉或反诉，案结事未了，当事人之间的矛盾依然存在，人民法院定分止争的功能没有发挥出来。因此，为了从根本上处理案件，解决纠纷，又不增加当事人的诉累，在原告撤诉的情况下，反诉应继续审理。

《民事诉讼法解释》采纳了第二种观点，认为根据反诉的构成理论和立法精神，显然第二种观点更具合理性，更符合立法本意，也是目前司法实践的主流观点。虽然本诉与反诉两者之间具有牵连性，但是两者又是相互独立之诉，两者之间并不存在相互依存性，本诉与反诉具有程序上的相对性。[①]一方面，反诉具有其自身的独立性。反诉是诉的一种，是被告提

① 参见毕玉谦：《试论反诉制度的基本议题和调整思路》，载《法律科学》2006年第2期。

出的独立的诉讼请求，这项诉讼请求的提起同样需要被告具有提起诉讼的权利，并要按照起诉的基本要求向法院提起，反诉提起后并不因本诉的撤回而消灭，法院可就反诉继续审理。另一方面，反诉对本诉具有一定的依赖性是反诉相对独立的体现。反诉的独立性只是在一定程度上的相对独立而并非“完全独立”。反诉的启动依附于本诉，若没有本诉，则“反”字无从提起，当本诉撤回后，反诉即失去了针对性，演变成一种特殊形式的起诉，人民法院应当继续审理。根据《民事诉讼法》第146条的规定，原告经传票传唤，无正当理由拒不到庭的，或者未经法庭许可中途退庭的，可以按撤诉处理；被告反诉的，可以缺席判决。也就是说，在原告存在按撤诉处理的情形下，如果被告提起了反诉，人民法院应当继续审理反诉并可缺席判决。可见，本诉原告撤诉，并不影响反诉的继续审理。人民法院应对本诉部分作出裁定，准许原告撤回本诉；对于反诉部分应继续审理并依法作出裁判。

2. 对有独立请求权第三人的影响

《民事诉讼法解释》第237条规定，有独立请求权的第三人参加诉讼后，原告申请撤诉，人民法院在准许原告撤诉后，有独立请求权的第三人作为另案原告，原案原告、被告作为另案被告，诉讼继续进行。

有独立请求权的第三人的诉讼地位相当于原告，与原告的诉讼权利义务相同。其对案涉诉讼标的有独立的请求权，参加到原告与被告已经开始的诉讼中。有独立请求权的第三人参加诉讼后，形成了两个单纯之诉的合并，属于诉的主客观合并。原告可以申请撤诉，法院经审查符合撤诉条件的，应裁定准许原告撤诉。原告撤诉后，不影响有独立请求权的第三人的参加之诉继续进行，但是应另行立案，继续审理，实质上形成诉的分离。法院和当事人已经进行的诉讼行为，在诉讼分离后仍然有约束力。

但是如果原告在法庭辩论终结后申请撤诉且符合撤诉条件，而有独立请求权第三人已经参与了全部诉讼活动的，法院无须在另立的案件中重复审理，可以直接作出裁判。

【审判实践中应当注意的问题】

1. 注意区分撤回起诉与撤回上诉

撤回上诉和撤回起诉不仅名称有别，在实质上亦存有不同。其一，主体不同。撤回上诉的主体是法定期限内依法定条件提起上诉的上诉人，可为原审原告，亦可为原审被告，而狭义的撤回起诉在一审程序中只能由诉讼发起者原告提起，二审程序中则只能由原审原告提起。其二，撤回后产生的法律效果不同。撤回起诉使诉讼系属整体发生消灭，将导致诉讼程序的终结，即便在二审程序中撤回起诉，一审裁判也将因此失效。而撤回上诉则系撤回要求二审法院对案件进行重新审理、裁判的请求，因而仅导致二审的系属溯及性地发生消灭，即二审程序终结，原审裁判生效。其三，当事人的权利处分有所不同。撤回起诉仅表明当事人处分其自身的诉讼权利，而并非放弃其实体权利，因此通常原告撤回起诉以后即被视为自始未起诉（诉讼系属视为自始不存在），其仍有权再次提起诉讼。但在二审程序中，出于诉讼效益原则的考虑，《民事诉讼法解释》作出了撤回起诉后禁止再诉的规定。然而上诉人撤回上诉后，通说认为该上诉人即丧失了上诉权，即使其上诉期间尚未届满，亦不得再行上诉。[①] 同时，两者之间亦存在共通之处，如均为向法院提出撤回审判的要求，均需人民法院审查裁定。

2. 注意区分一审程序中撤回起诉与二审程序中撤回起诉

撤回起诉的基本原理适用于任何审级，只是在二审程序中撤回的制度设计上更多考量各方利益权衡及诉讼效益原则，具体表现为：其一，一审程序中撤回起诉仅为原告对自身权利的处分，而案件进入二审程序，已经一审法院作出审理和裁判，势必对案涉相关当事人的权利义务产生影响，若相关当事人只能对原告的起诉、撤诉被动接受而无任何提出异议的权利，双方权益显然有所失衡，故在二审程序中原审原告申请撤回起诉应经其他当事人同意。其二，一审程序中人民法院准许原告撤回起诉仅就该申请作出裁定即可，二审程序则需一并裁定撤销一审裁判。其三，一审程序中原告撤回起诉后可再行起诉，而在二审程序中，一审法院已经进行审理及裁判，若允许当事人自由地因撤诉而使该判决无效，进而使此前所有程序归于无效，无疑有悖于诉讼效益原则，故在尊重当事人撤诉自由的前提下，亦应对其撤诉后的再诉权利作出必要的限制，原审原告在二审程序中撤回起诉后重复起诉的，人民法院不予受理。

---

① 关于上诉人在上诉期间内撤回上诉后能否再上诉的问题目前尚存争议，本文采通说观点。另有观点认为，在上诉期间届满以前，一审判决、裁定不会自动生效，上诉程序应当从上诉期限届满之日起开始，而非从上诉人提起上诉之日起。因此，在上诉期间内上诉人撤回上诉又提起上诉的应视为并未启动程序，只要在上诉期间届满之前即应予允许。具体可参见张卫平：《民事诉讼法》，法律出版社 2009 年版，第 317 页；江伟主编：《民事诉讼法》，高等教育出版社 2013 年版，第 379 页；宋朝武主编：《民事诉讼法学》，中国政法大学出版社 2012 年版，第 321 页。

第一百四十九条 有下列情形之一的，可以延期开庭审理：

（一）必须到庭的当事人和其他诉讼参与人有正当理由没有到庭的；

（二）当事人临时提出回避申请的；

（三）需要通知新的证人到庭，调取新的证据，重新鉴定、勘验，或者需要补充调查的；

（四）其他应当延期的情形。

【条文主旨】

本条是关于人民法院可以延期审理的规定。

【理解与适用】

本条内容在2023年《民事诉讼法》修正中未作变动。

一、当事人的程序参与权及庭审的重要性

当事人对司法案件的程序参与权既是一项宪法权利，也是一项重要的民事诉讼原则。[①]开庭是当事人在法官主持下围绕争点举证、质证和辩论的关键环节，参加庭审是当事人司法程序参与权的最重要体现。

理论上，庭审的重要性与民事诉讼的辩论主义相关。辩论主义的实质在于，司法裁判所依据的事实和证据，都需要由当事人自己提出和证明。即所谓将提出“确定作为裁判基础之事实”所必须资料的（主张事实、提出证据申请）权能及责任赋予当事人行使及承担的原则就是辩论主义。[②]庭审是当事人进行辩论攻防的主要场域。

从法院审理的角度，也是一直在强调庭审的重要性。我国从20世纪90年代开始的审判方式改革，便强调民事审判的庭审中心主义，从要求被告提交答辩状，到法官主持原告、被告双方证据交换和争点确

① 邵明：《民事诉讼法学》，中国人民大学出版社2007年版，第78页。

② ［日］高桥宏志：《民事诉讼法制度与理论的深层分析》，林剑锋译，法律出版社2003年版，第329页。

定，以及言词辩论时对争点的修正，都有丰富的实践经验并得到了立法确认。[①]

我国《民事诉讼法》第71条规定："证据应当在法庭上出示，并由当事人互相质证。对涉及国家秘密、商业秘密和个人隐私的证据应当保密，需要在法庭出示的，不得在公开开庭时出示。"《民事诉讼法解释》第103条第1款规定："证据应当在法庭上出示，由当事人互相质证。未经当事人质证的证据，不得作为认定案件事实的根据。"《民事诉讼法》第211条则反向规定："原判决、裁定认定事实的主要证据未经质证的""违反法律规定，剥夺当事人辩论权利的""未经传票传唤，缺席判决的"都是人民法院依据当事人申请决定再审的法定事由。

上述法律与法理说明了当事人参与庭审的重要性：一是保障当事人参与诉讼、主张观点与反驳对方的权利的体现，二是有利于法院查清事实进而作出公正判决。为此必须尽力保证当事人参与庭审并在庭审程序中完成举证质证工作。本条规定的目的就在于此。

二、延期审理的具体情形

延期审理是指在诉讼过程中，由于发生了法律规定的情况，致使人民法院不能在原定的日期对案件进行审理时，人民法院把已经开庭审理的案件改到另一日期进行审理。根据本条规定，可以延期审理的具体情形如下：

1. 必须到庭的当事人和其他诉讼参与人有正当理由没有到庭。必须到庭的当事人，主要有三种：一是根据《民事诉讼法》第65条规定，能够表达意思的离婚案件当事人；二是根据《民事诉讼法解释》第174条第1款规定，负有赡养、抚育、扶养义务和不到庭就无法查清案情的被告；三是其他不到庭就无法查清事实的被告。必须到庭的其他诉讼参与人，是指不到庭就无法查清事实或者庭审无法进行的诉讼参与人，如案件审理中的关键证人。有正当理由没有到庭，是指未到庭有无法克服、不能避免的客观上的理由，而不是故意拒绝到庭。如当事人由于不幸遭遇交通事故而无法到庭。必须到庭的当事人和其他诉讼参与人，如果确有正当理由没有到庭，人民法院可以延期审理。

---

① 张国香：《庭审中心主义涵摄的法治文化要素》，载《人民法院报》2020年6月5日。

2. 当事人临时申请回避。回避制度，是指民事诉讼中，审判人员以及其他可能影响案件公正审判的有关人员，在具备法律规定的回避情形时，不得参与案件审理的制度。回避申请权是当事人的一项重要诉讼权利。《民事诉讼法》设专章对回避制度进行规定，第131条要求法院在合议庭确定后的三日内告知当事人，第140条规定开庭时要主动询问当事人是否申请回避，第48条规定当事人在整个审理期间都可以提出回避的申请。[①] 如果当事人在开庭时提出了回避申请，法庭一般会区分情况处理，对于能够当即研究决定或请示决定的情形，休庭处理后继续开庭；[②] 如果情况复杂不能当即决定的，则应适用本条规定，延期开庭。

3. 需要通知新的证人到庭，调取新的证据，重新鉴定、勘验或者需要补充调查。在开庭审理过程中，如果当事人提出了新的证人和新的证据，或者申请调取新的证据，或者人民法院认为应当重新鉴定、勘验或者需要补充调查的，人民法院可以决定延期审理。

需要注意的是，如果新的证据证人不是决定案件走向的关键证据，或者说只要不是离开该证据庭审就无法继续，通常庭审会继续进行，然后通过第二次开庭或询问的方式，解决新证据证人的调查质证问题。

4. 其他应当延期审理的情形。此项内容属于人民法院自由裁量的范围。根据《最高人民法院关于严格规范民商事案件延长审限和延期开庭问题的规定》第2条规定："其他应当延期的情形"，是指因不可抗力或者意外事件导致庭审无法正常进行的情形。

【审判实践中应当注意的问题】

处理好延期开庭与按撤诉处理、缺席判决的关系。司法实践中，发现是否存在需要延期审理的情况是开庭前准备的重要内容。开庭审理前，书记员应当查明当事人和其他诉讼参与人是否到庭。当事人或其他诉讼参与人没有到庭的，应将情况及时报告审判长，并由合议庭决定如何处理。对于原告无正当理由不到庭的，按照撤诉处理；被告无正当理由不

---

① 《民事诉讼法》第48条规定，"在法庭辩论终结前"可以提出回避申请，之所以如此规定，是因为法律辩论的终结通常意味着诉讼程序结束了法官与当事人面对面调查询问的阶段，之后就是法官撰写审理报告、合议、制作法律文书的工作了。实际上，如果回避事由是在法庭辩论终结后知晓的，只要判决尚未作出，当事人也可以提出回避的申请。

② 《民事诉讼法》第49条规定，院长担任审判长或者独任审判员时的回避，由审判委员会决定；审判人员的回避，由院长决定；其他人员的回避，由审判长或者独任审判员决定。

到庭的，缺席审理；对于当事人有正当理由未到庭的，延期审理；对于需要调取新证据的，则需要区分情况决定是延期审理，还是继续开庭加另行询问。

第一百五十条 书记员应当将法庭审理的全部活动记入笔录，由审判人员和书记员签名。

法庭笔录应当当庭宣读，也可以告知当事人和其他诉讼参与人当庭或者在五日内阅读。当事人和其他诉讼参与人认为对自己的陈述记录有遗漏或者差错的，有权申请补正。如果不予补正，应当将申请记录在案。

法庭笔录由当事人和其他诉讼参与人签名或者盖章。拒绝签名盖章的，记明情况附卷。

【条文主旨】

本条是关于法庭笔录的制作、宣读以及由当事人和其他诉讼参与人签名或者盖章的具体程序的规定。

【理解与适用】

本条内容在2023年《民事诉讼法》修正中未作变动。

一、庭审记录的重要性

法庭笔录是由书记员制作，如实反映人民法院在审判民事案件中审判人员、当事人以及其他诉讼参与人主要活动的书面记录。

庭审记录的重要性与庭审中心主义有关。当事人是否经过合法传唤、是否到庭、定案的证据是否经过当庭质证，都是保障判决合法性的基础事实，这些内容都与庭审记录对法庭活动的记载密切相关。

法庭笔录是法庭审判全部活动的反映，是人民法院依法判案的重要依据。真实、准确的法庭笔录，有利于人民法院正确及时解决当事人之间的纠纷，有利于审判人员总结工作经验、提高审判工作的质量；有利于人民检察院、上级人民法院对民事审判活动进行法律监督；也有利于上诉审和再审人民法院处理上诉案件和再审案件。

进一步讲，庭审记录被编入案件卷宗的正卷部分，经当事人申请可以随时查阅、复制。庭审记录的完整性与质量，既反映了法官主持庭审的能力，也反映了法院对书记员的管理水平。

二、庭审记录的内容与具体要求

1. 主要内容

法庭笔录应当主要记明下列内容：（1）笔录名称，如开庭笔录、宣判笔录等；（2）案由，开庭时间和地点，审判人员、书记员的姓名；（3）原告、被告、第三人、诉讼代理人的姓名、性别、年龄等。若有未到庭的，应当记明未到庭的情况；（4）审判长告知当事人的诉讼权利和义务，以及是否要求审判人员或者其他出庭人员回避的情况；（5）当事人陈述；（6）法庭调查的全部情况：法庭对所有证据进行的调查，当事人对各种证据的辨认和提出的意见和要求，在审理过程中提出的新证据；（7）原告、被告、第三人、诉讼代理人法庭辩论的发言；（8）原告提出增加、变更、撤回的诉讼请求，被告提出的反诉，第三人提出的诉讼请求等，以及审判人员对这些情况的处理；（9）审判人员、书记员、当事人和其他诉讼参与人的签名或盖章，或者当事人和其他诉讼参与人拒绝签名或盖章的情况。

需要注意的是，《民事诉讼法解释》第253条规定："当庭宣判的案件，除当事人当庭要求邮寄发送裁判文书的外，人民法院应当告知当事人或者诉讼代理人领取裁判文书的时间和地点以及逾期不领取的法律后果。上述情况，应当记入笔录。"

2. 具体要求

第一，法庭笔录应当当庭宣读，也可以告知当事人和其他诉讼参与人当庭或者在五日内阅读。当事人和其他诉讼参与人认为法庭笔录对自己的陈述记录有遗漏或者差错的，有权申请补正。如果不予补正，应当将申请记录在案。

第二，法庭笔录由当事人和其他诉讼参与人签名或者盖章。拒绝签名盖章的记明情况附卷。

第三，法庭笔录应当由审判人员和书记员签名。此项规定的目的在于督促审判人员重视庭审记录的内容与质量，落实辩论原则与公开质证原则。

【审判实践中应当注意的问题】

1. 人民法院应当高度重视法庭笔录的制作程序和过程，使法庭笔录能够真实反映法庭审理的全部活动。书记员必须严格按照法律规定的内容和程序制作庭审笔录，将庭审的全过程记入笔录并且如实反映案件的全貌。客观真实的法庭笔录，既可用于了解当事人的全部主张，也可用于强化审判监督，确保审判人员依法行使职权。因此，法庭笔录除了反映当事人和其他诉讼参与人的全部活动外，审判人员的活动也应记入笔录，如审判员行使诉讼指挥权、释明相应权利义务的情况，必须如实记录。

2. 当事人认为法庭笔录的记载有遗漏或者差错，申请补正的，审判人员或书记员应当认真审查，确实存在遗漏或者差错的，应当及时补正。需要强调的是，要严格区分记载存在遗漏或者差错与当事人改变、补充庭审时发言两种不同情况。记载存在遗漏或差错，是指法庭笔录的记载与当事人陈述或庭审过程不符；当事人改变、补充庭审时发言，是指法庭笔录对当事人发言的记载无误，但当事人后来认为发言与事实不符，或对其不利，或存在未尽之言，想要改变或者补充当时的发言。对于前一种情况，审判人员和书记员审查属实，应当补正；对于后一种情况，审判人员和书记员不得在法庭笔录中直接补正。当事人事后推翻庭审中的陈述或者诉讼参与人对于法庭笔录的记载存在争议的，书记员应当及时调取法庭录音、录像进行对比，确保庭审笔录反映庭审的真实情况。

第一百五十一条 人民法院对公开审理或者不公开审理的案件，一律公开宣告判决。

当庭宣判的，应当在十日内发送判决书；定期宣判的，宣判后立即发给判决书。

宣告判决时，必须告知当事人上诉权利、上诉期限和上诉的法院。

宣告离婚判决，必须告知当事人在判决发生法律效力前不得另行结婚。

【条文主旨】

本条是关于人民法院公开宣判以及对公开宣判有关要求的规定。

【理解与适用】

1991年《民事诉讼法》第134条第2款确立了当庭宣判制度。在历次《民事诉讼法》修改中，该条款内容都未发生变动，后因2012年《民事诉讼法》修改，变更条文序号为第148条第2款。2017年《民事诉讼法》修改，该条的条文顺序未作变动。2021年《民事诉讼法》修改中，变更该条文顺序为151条。

一、宣告判决的意义

审判公开是国际社会确认的一项重要的国际司法准则。公开宣告判决是审判公开制度的一部分，是程序公正的体现。1948年联合国《世界人权宣言》第10条规定："人人完全平等地有权由一个独立而无偏倚的法庭进行公正的和公开的审讯，以确定他的权利和义务并判定对他提出的任何刑事指控。"我国《宪法》对人民法院审理案件应当公开，也作了相应规定。《宪法》第130条规定："人民法院审理案件，除法律规定的特别情况外，一律公开进行。被告人有权获得辩护。"《最高人民法院关于严格执行公开审判制度的若干规定》（法发〔1999〕3号）对于公开审理、公开宣判作了详细规定，其中第1条规定："人民法院进行审判活动，必须坚持依法公开审判制度，做到公开开庭，公开举证、质证，公开宣判。”第6条第1款规定：“人民法院审理的所有案件应当一律公开宣告判决。”

审判活动的公开是社会监督的必要前提，没有审判的公开，就没有社会监督，审判公开为社会监督的具体化提供了依据。公开宣判则将民事审判活动置于社会的广泛监督之下，通过社会的监督制约，保障审判的公正，最大限度地满足社会公众的知情权，开展法治宣传，提升司法公信，树立司法权威的法定程序。从诉讼程序角度讲，宣告判决是审判程序的最后一环。从实体权利角度讲，宣告判决是当事人争议的民事法律关系得到司法确认的标志。公开宣判，体现了国家司法权力的神圣和庄严，具有重要的意义。

公开宣告判决涉及知情权和监督权两方面问题。对于特定的诉讼当事人来说，在参与审判活动时，有权利知悉与自己利益相关或者与自己有特定关系的人的有关信息，以便于其合法行使自己的权利、履行自己的义务。公开宣判是当事人进行诉讼准备，维护自身实体权益和程序权利的需要，人民法院亦有义务提供此类信息。对不特定的其他人来说，公开宣判是社会公众了解司法审判活动，对司法审判活动进行监督的前提。公开宣判不仅提高判决的公信力，增强法院的威信，强化民众对于司法机关的信赖和对法治的信心，也是人民法院改进司法活动，发现自身可能存在的问题的有效路径。因此，对于涉及国家秘密、个人隐私、商业秘密等不公开审理的案件，在审理过程不向社会公众公开的同时，也要公开宣告判决。

二、宣告判决的注意事项

人民法院经过对案件的审理，查清了争议的事实，可以当庭宣判；由于某种特殊原因不能当庭宣判的，比如案情较为复杂、庭审中出现新情况、新事实或者当事人存在调解、和解意愿，需要做调解、和解工作，审判程序暂时不能结束的，可以择日公开宣判。根据本条规定，人民法院宣告判决，应当注意以下几点：

1.公开审判制度是我国民事审判的基本制度，公开宣判是公开审判制度的一部分

根据公开审判制度的一般要求，人民法院在审理案件时应当公开进行。但对有些特殊的案件，如果完全公开有可能导致国家秘密、商业秘密

泄露，或不利于对个人隐私的保护，因此，《民事诉讼法》亦规定某些特殊案件不公开审理。《民事诉讼法》第137条规定："人民法院审理民事案件，除涉及国家秘密、个人隐私或者法律另有规定的以外，应当公开进行。离婚案件，涉及商业秘密的案件，当事人申请不公开审理的，可以不公开审理。"根据该条规定，涉及国家秘密、个人隐私的案件，不公开审理；离婚案件、涉及商业秘密的案件，当事人申请不公开审理的，人民法院可以不公开审理。根据本条第1款的规定，人民法院对公开审理或者不公开审理的案件，一律公开宣告判决。从审判时间来看，公开宣判的形式可以是在审判法庭内以公开开庭的形式进行，在条件允许的情况下，可以利用远程视频系统进行宣判，也可以通知当事人到人民法院或固定地点领取法律文书的宣判方式，在交通不便的情况下，征得当事人同意，还可以以邮政快递形式或者电子形式予以送达。

2. 人民法院当庭宣判的，应当在十日内发送判决书；定期宣判的，宣判后立即发给判决书

当庭宣判是人民法院在开庭审理结束时当庭宣布判决结果的一种宣判方式，它对于提高民事诉讼的效率、加快涉讼财产的流转速度、减少法律外因素对审判活动的干扰，具有十分重要的作用。《民事诉讼法》并未对当庭宣判如何送达裁判文书作出规定，2015年《民事诉讼法解释》在遵循《民事诉讼法》立法精神的前提下，以2003年《简易程序规定》第28条为基础对当庭宣判案件的裁判文书送达作出了规定，其中第235条规定："当庭宣判的案件，除当事人当庭要求邮寄发送裁判文书的外，人民法院应当告知当事人或者诉讼代理人领取裁判文书的时间和地点以及逾期不领取的法律后果。上述情况，应当记入笔录。"2022年《民事诉讼法解释》修正时，对该条内容未作修改。

3. 人民法院宣告一审判决时，必须告知当事人上诉权利、上诉期限和上诉审法院，告知当事人如果不服本判决，可于接到判决书之日起十五日内，向一审法院提交上诉状及副本，上诉于第二审人民法院。当事人不清楚的，审判人员应当作出解释

我国民事案件实行二审终审制。当事人不服第一审人民法院的判决、裁定，有权在法定的上诉期内提起上诉，请求上级人民法院撤销或者变更下级人民法院的裁判，但是法律规定不准上诉的裁定和本法规定一审终审的案件除外。从审判实务来看，根据判决书样式有关要求，判决书的结

束部分应当写明上诉的期间、手续和应当向哪个人民法院提起上诉。例如："如不服本判决，可以在判决书送达之日起十五日内，向本院递交上诉状，并按对方当事人的人数提出副本，上诉于某某人民法院。"

4. 宣告一审离婚判决，必须告知当事人在判决发生法律效力前不得另行结婚

诉讼离婚是我国法定的一种离婚形式，婚姻关系当事人向人民法院提出离婚请求，由人民法院调解或判决而解除其婚姻关系。人民法院对审理的离婚案件，经调解无效的，应当依法作出判决。判决应当根据当事人的婚姻状况，判决准予离婚或者判决不准离婚。一审判决离婚的，当事人不服有权依法提出上诉。双方当事人在十五天的上诉期内均不上诉的，判决书发生法律效力。任何一方不服人民法院的判决并在法定期间内提出上诉的，一审判决不发生法律效力，当事人间的婚姻关系并不解除。只有上诉期限届满当事人双方不上诉，判决离婚生效，当事人解除婚姻关系，双方基于配偶产生的身份关系消灭，基于配偶身份而产生的人身关系和财产关系即行终止，当事人才可另行结婚。

【审判实践中应当注意的问题】

一、关于上诉期限的具体计算问题

上诉期限的计算，是从判决书或裁定书送达当事人的次日起算。如果当庭送达判决书、裁定书的，上诉期限应从第二日起计算；如果庭后送达的，上诉期限从送达之次日起计算。根据法律规定，对判决的上诉期限为十五天，对裁定的上诉期限为十天，上诉期限以每个有上诉权的诉讼参加人各自收到判决书、裁定书后分别计算，任何一方均可在自己的上诉期内上诉，只有在所有有上诉权的诉讼参加人的上诉期限都届满而没有提起上诉的情况下，判决和裁定才发生法律效力。因此，在其他有上诉权的诉讼参加人的上诉期限未满之时，一方诉讼参加人的上诉期限虽已满，判决、裁定对其亦不生效。在共同诉讼的情况下，对于上诉期限是否届满有两种情况：其一，在必要的共同诉讼中共同诉讼人的上诉期限，以最后一个共同诉讼人的上诉期限为全体共同诉讼人的上诉期限。其二，普通共同诉讼中共同诉讼人的上诉期，以各自的起算日期计算。谁超过上诉期限便丧失上诉权，一审判决、裁定对其即发生法律效力，其他共同诉讼人上诉以

后，二审法院的判决对其不发生效力。

二、关于上诉人的范围确定

有独立请求权的第三人在一审中相当于原告的地位，具有实体权利义务，可以提起上诉。无独立请求权的第三人既非原告，也非被告，只是因为原告与被告之间的诉讼涉及其利益才参加到诉讼中辅助当事人一方进行诉讼，不享有独立的上诉权。但是，如果一审法院对其作出承担实体权利义务的判决，则其具有上诉权。

三、对于当事人存在客观障碍未能如期上诉的问题

如果在上诉期限内，当事人因不可抗力或有其他正当理由耽误了上诉，在障碍消除后十日内可以向法院申请顺延上诉期限，是否准许，由法院决定。当一审各诉讼当事人的上诉期限都届满且无人提起上诉的时候，一审判决或裁定发生法律效力。

四、关于邮寄送达当事人的方式

根据《民事诉讼法解释》第253条的规定，在当事人拒绝接收或者签收的情况下，视为送达，自该日的次日起起算上诉期限。

五、关于逾期领取法律文书的法律后果

在当庭宣判的情形下，败诉一方已经知道裁判结果，经常会千方百计躲避送达人员、拒绝签收裁判文书。人民法院应将逾期不领取的法律后果明确告知当事人。在指定期间内未领取的，指定领取裁判文书期间届满之日即为送达之日，当事人的上诉期限从人民法院指定领取裁判文书期间届满之日起开始计算。逾期不领取的法律后果应是裁判文书视为送达。

六、定期宣判之日即为送达之日，当事人的上诉期自定期宣判的次日起开始计算

定期宣判是开庭的一种方式，当事人按时到庭是其基本义务，当庭送达裁判文书则是人民法院按照法定程序所做的一种制度安排。定期宣判前人民法院已经告知了当事人“定期宣判之日即为送达之日”的内容，当事人对定期宣判的后果已经有足够的心理预期。如果当事人在定期宣判的日

期无正当理由未到庭的，不影响该裁判上诉期间的计算。另外，定期宣判之日即为送达之日，充分体现了定期宣判制度本身的严肃性和对当事人拒不到庭行为的惩罚性。当事人在定期宣判之日未到庭的，其行为的性质与开庭时拒不到庭相同，其承担的法律后果也应与缺席判决制度相同。

七、一审宣判后，原审法院发现判决存在错误，存在两种解决途径

根据《民事诉讼法解释》第242条规定，一审宣判后，原审法院发现判决存在错误，存在两种解决途径：一是原审法院发现判决错误时，当事人在上诉期限内提起上诉，启动二审程序，原审法院应当提出原判决有错误的意见，报送二审法院，由二审法院在二审程序中与当事人的上诉请求一并处理；二是一审判决后，当事人并未提起上诉，一审判决生效，此时原审法院虽然发现判决有错误，但无法通过提报二审法院在二审程序中解决，只能按照审判监督程序处理。通常情况是，由原审法院以“院长发现”形式提交本院审判委员会讨论决定再审，纠正错误。[①]

① 最高人民法院民法典贯彻实施工作领导小组办公室编著：《最高人民法院新民事诉讼法司法解释理解与适用》（下），人民法院出版社2022年版，第515页。

第一百五十二条 人民法院适用普通程序审理的案件，应当在立案之日起六个月内审结。有特殊情况需要延长的，经本院院长批准，可以延长六个月；还需要延长的，报请上级人民法院批准。

【条文主旨】

本条是关于人民法院审理民事案件的期限有关要求的规定。

【理解与适用】

本条是对原《民事诉讼法》第152条的保留，未作修改。审理期限是指某一案件从人民法院立案受理到作出裁判的法定期间。

民事诉讼法律上明确规定人民法院对民事案件的审理期限，目的是提高审判效率，促使当事人及时实施诉讼行为，减轻当事人的讼累，明确要求人民法院对民事案件及时审结，对于保护公民、法人和其他组织的民事权益，维护社会秩序具有重要意义。最高人民法院出台的有关案件审限管理的规定中也严格重申了有关审限的规定。各级人民法院应当按照法律和相关规定，建立健全审限管理制度，确保高效、及时审结各类案件，不得久拖不结。各级人民法院都应当依法进行审限管理，提高司法效率。

为了保证案件审理顺利进行，人民法院自受理原告的起诉以后到开庭审理之前，需要由案件承办人员依法进行的一系列准备工作，这一阶段总称为审理前的准备，它是普通程序中开庭审理前的一个必经阶段，也是民事诉讼程序的重要组成部分，是保证庭审质量、提高庭审效率必不可少的基础，是民事诉讼活动顺利进行的必备前提，这一阶段的工作是否依法进行，关系到审判工作的有效性和合法性，对于保护当事人充分行使诉讼权利，保证法院正确行使审判权，切实维护当事人的合法权益，均具有十分重要的意义。由于民事案件范围广、种类多，不同种类案件的复杂程度不同，有的案件需要专门性知识，如专利、商标等知识产权侵权案件，有的需要做大量的调查取证与核实证据工作，如合同纠纷、知识产权纠纷等案件，还有各类案件中不少需要进行鉴定、公告等，有的案件可能在六个月内不能及时审结。因此，《民事诉讼法》作了可以延长期限的规定。为了避免任意延长期限，把本院院长批准延长期限的权限，限制在六个月内；还需要延长的，由上级人民法院批准。

一、审限的计算

本条规定的审限起算时间，是立案的次日；截止时间，是裁判宣告之日或调解书送达之日。根据《民事诉讼法解释》第 243 条规定："民事诉讼法第一百五十二条规定的审限，是指从立案之日起至裁判宣告、调解书送达之日止的期间，但公告期间、鉴定期间、双方当事人和解期间、审理当事人提出的管辖异议以及处理人民法院之间的管辖争议期间不应计算在内。"此外，根据《最高人民法院关于严格执行案件审理期限制度的若干规定》第 9 条的规定，下列期间不计入民事案件审理期限：因当事人、诉讼代理人、辩护人申请通知新的证人到庭，调取新的证据，申请重新鉴定或者勘验，法院决定延期审理一个月之内的期间；公告、鉴定的期间；审理当事人提出的管辖权异议和处理法院之间的管辖争议的期间；由有关专业机构进行审计、评估、资产清理的期间；中止诉讼至恢复诉讼的期间。法定审限期间，在公告或鉴定等上述期间停止计算，在公告或鉴定等截止日期的次日，继续开始。

二、对延长审限作严格要求

为维护诉讼当事人合法权益，最高人民法院根据《民事诉讼法》等规定，结合审判实际，出台《最高人民法院关于严格规范民商事案件延长审限和延期开庭问题的规定》(以下简称《规定》)，就民商事案件延长审限等有关问题作了细化规定和严格要求。

《规定》主要从三个方面对民商事案件延长审理期限问题作了规范：一是重申人民法院应当严格遵守审理期限规定。《民事诉讼法》和相关司法解释对案件审理期限作了明确规定。虽然规定审限的合理性无论在理论界还是实务界都有不同看法，尤其是近年来，随着"案多人少"矛盾的凸显，不时有建议废除审限规定的声音。但是，考虑到当前我国正处于社会转型期和矛盾多发期，案件上升势头持续不减，如果不规定审理期限或不执行审理期限规定，任由案件积压，势必会影响矛盾的及时解决和社会主义和谐社会的建设。二是更加严格规定延长审理期限的申请。《规定》要求依照法律规定有特殊情况需要延长审理期限的"应当在期限届满十五日前提出”，为院长判断并决定是否延期留下充足时间。同时，《规定》要求申请延长审理期限应当“说明详细情况和理由”，这样规定能起到两种效果：一是要求审判人员必须对未能在规定审限内结案作出解释说明，督促法官在审理期限内结案，不能简单以“案情复杂”为由申请延长；二是有利于院长对案件情况进行整体把握，准确判断是否应予准许延期及延长期限。三是更加严格规定延长审理期限的批准。以往实践中对申请延长审理期限审批相对宽松，按照《规定》的要求，院长应当根据申请者提出的具体理由和案件情况，决定延长期限的长短，不能再搞“一刀切”，顶格批准最长期限。

最高人民法院要求，各级人民法院应当建立审理期限届满前的催办制度和案件审理期限定期通报制度。对违反诉讼法规定，超过审理期限或者违反规定的情况进行通报。审判人员故意拖延办案，或者因过失延误办案，情节严重的，依照《最高人民法院关于印发〈人民法院工作人员处分条例〉的通知》（法发〔2009〕61号）第47条的规定予以处分。审判人员故意拖延送达或者拒不执行司法文书，造成不良后果的，亦应受相应处分。

【审判实践中应当注意的问题】

1. 一审普通民商事案件的最长期限

根据《规定》，报请上一级人民法院批准，可以在已延长的六个月的期限上再延长三个月。也就是说，一个适用普通程序的民事案件审限不能超过十五个月。

2. 民事案件审理期限延长的具体操作

在审理期限届满十五日前向本院院长提出申请，并说明详细情况和理由；还需延长的，应当在审理期限届满十五日前向上一级人民法院提出申请。对于下级人民法院申请延长审理期限的报告，上级人民法院应当在审理期限届满五日前作出决定，并通知提出申请延长审理期限的人民法院。需要本院院长批准延长办案期限的，院长应当在审限届满前五日内决定。该规定相比于2008年《最高人民法院关于严格执行案件审理期限制度的若干规定》，将延长审限申请的时间从审限届满前十日修改为届满前十五日，将批准或者决定的时间，从审限届满前三日修改为届满前五日。

3. 简易程序转为普通程序的审限计算

案件的审理期限从立案次日起计算。由简易程序转为普通程序审理的第一审民事案件的期限，从立案次日起连续计算。

4. 延长审限的情况和事由应当公开

延长审限等信息与当事人正当诉讼权益密切相关，如果这些信息不公开、不透明，当事人就会对案件进展缺乏预期，进而可能会对法院能否公平公正审理其案件产生疑虑，不利于维护司法权威性和公信力。根据《规定》第 7 条规定，人民法院应当将案件的审理期限，扣除、延长、重新计算审限的情况及事由，按照《最高人民法院关于人民法院通过互联网公开审判流程信息的规定》及时向当事人及其法定代理人、诉讼代理人公开。当事人及其法定代理人、诉讼代理人有异议的，可以依法向受理案件的法院申请监督。

第四节　诉讼中止和终结

第一百五十三条　有下列情形之一的，中止诉讼：

（一）一方当事人死亡，需要等待继承人表明是否参加诉讼的；

（二）一方当事人丧失诉讼行为能力，尚未确定法定代理人的；

（三）作为一方当事人的法人或者其他组织终止，尚未确定权利义务承受人的；

（四）一方当事人因不可抗拒的事由，不能参加诉讼的；

（五）本案必须以另一案的审理结果为依据，而另一案尚未审结的；

（六）其他应当中止诉讼的情形。

中止诉讼的原因消除后，恢复诉讼。

【条文主旨】

本条是关于诉讼中止的规定。

【理解与适用】

本条承继了修正前的《民事诉讼法》第150条的规定。诉讼中止，是指在诉讼进行过程中，由于某种法定情形的出现而使诉讼活动难以继续进行，受诉人民法院裁定暂时停止本案诉讼程序的制度。

通常情况下，民事诉讼程序一经开启，就应当依照法定程序连续进行，直至案件审结。但在诉讼过程中，也可能出现某些特定情形，导致诉讼程序不能或者不宜继续进行，受诉人民法院只能暂时停止案件的诉讼程序，待原因消除后，再恢复原诉讼程序。

诉讼中止不同于延期审理。诉讼中止与延期审理虽然都是诉讼过程中发生特殊情况而导致诉讼无法顺利进行，但二者存在明显区别：延期审理仅发生于开庭审理过程中，而诉讼中止则可能于审判程序的任一阶段发生；延期审理只是开庭审理的延期，其他诉讼活动并不停止，而诉讼中止则导致整个诉讼程序的暂时停止；由于延期审理的法定事由一般发生于诉讼之中，对于何时恢复开庭审理，受诉法院可以根据情况加以确定，而诉讼中止的法定事由主要发生于诉讼之外，何时恢复诉讼具有不可预测性，受诉法院无法控制。

根据本条规定，具有下列情形之一的，受诉人民法院应裁定中止诉讼：

1. 一方当事人死亡，需要等待继承人表明是否参加诉讼

在诉讼进行中，一方当事人死亡，其诉讼权利能力即随之消灭，不再具有当事人资格。这种情况下，受诉人民法院无权自行决定当事人，只能等待其继承人表明态度参加诉讼，诉讼程序才能继续进行。事实上，如果被告死亡，继承人并未放弃继承，则应参加诉讼，在这一问题上不存在继承人自由处分的空间。确定继承人往往比较复杂，甚至可能发生争议。如果需要一定时间才能确定继承人是否承担被继承人的诉讼权利义务，就应当裁定中止本案诉讼；如果能够即时确定继承人参加诉讼，可以不中止诉讼。需要等待继承人的情况仅发生在因财产关系发生争议的案件中，因身份关系提起的诉讼，不发生等待继承人参加诉讼的问题，因为任何一方当事人死亡，都会导致该特定的身份关系消灭，并不会随着继承的完成继续存在。

2. 一方当事人丧失诉讼行为能力，尚未确定法定代理人

当事人参加诉讼的前提是具有诉讼行为能力。如果在诉讼中，一方当事人丧失诉讼行为能力，如突发精神病，以致无法表达自身的意志，就不能自主行使诉讼权利、承担诉讼义务。这就需要按照《民法典》的规定，确定监护人，由监护人作为法定代理人代为进行诉讼。由于确定法定代理人需要一段时间，此时诉讼只能暂时中止。

3. 作为一方当事人的法人或者其他组织终止，尚未确定权利义务承受人

在诉讼中，如果作为一方当事人的法人或者非法人组织因合并、分立、撤销、解散等原因而终止，则意味着其诉讼权利能力消灭，不能作为本案的当事人继续进行诉讼。在此情况下，如果由权利义务承受人的，则由其权利义务承受人承担诉讼。由于确定权利义务承受人需要一定的时间，故人民法院应当裁定中止诉讼。

4. 一方当事人因不可抗拒的事由，不能参加诉讼

不可抗拒的事由是指因地震、洪水等自然灾害或者战争等个人力量无法避免的情况。当事人因为这种重大变故，在较长的时间内不能参加诉讼的，应中止诉讼。

5. 本案必须以另一案的审理结果为依据，而另一案件尚未审结

审判实践中，有些民事案件比较复杂，案件之间的法律关系或者事实情况相互牵连。一个案件的事实认定或者法律适用，要以另一案件的审理结果为依据，如果不等另一案件审结而急于裁判，就有可能出现两案件事实认定矛盾，适用法律失当，出现矛盾的裁判。这不仅不利于保护当事人的合法权益，使已有纠纷更加复杂，还有损法院判决、裁定的严肃性。因此，遇到这种情况就应当中止诉讼。例如，他人对作为主要遗产的房屋的所有权的诉讼正在进行中，继承遗产的诉讼就不能审理下去，需要等待该房屋所有权确定。在这种情况下，继承案件应中止，待房屋所有权案件审结后，再恢复诉讼。

6. 其他应当中止的情形

这是一个兜底性规定，除了上述五种情形外，还可能有其他情况，使案件的审理程序不能继续进行下去，例如，由于当事人住所的临时变动，一时不能知道其新的住所地。这项兜底规定，赋予人民法院根据案件具体情况，灵活裁定中止诉讼。

在诉讼过程中，人民法院遇有上述情形之一，需要中止诉讼的，应当作出裁定。诉讼中止的裁定一经作出即发生法律效力，当事人不能对此申请复议，也不能提出上诉。裁定诉讼中止后，除已经依法作出的财产保全和先予执行的裁定仍需继续执行外，人民法院应停止对本案的审理。

中止诉讼的原因消除后，可以由当事人申请，或者人民法院依职权恢复诉讼程序。恢复诉讼时，不必撤销原裁定，从人民法院通知或准许当事人双方继续进行诉讼时起，中止诉讼的裁定即失去效力。原已实施的诉讼行为仍然有效，诉讼程序继续进行。

【审判实践中应当注意的问题】

一、诉讼标的具有人身专属性的案件，一方当事人死亡无须中止诉讼

并非所有的诉讼，只要当事人死亡，就必须中止，等待诉讼承继。有的案件其诉讼标的具有人身专属性，一旦原当事人死亡，诉讼就只能终结，不存在诉讼中止、等待新适格的当事人继续诉讼的问题。例如，请求离婚的诉讼，婚姻关系一方当事人死亡的，婚姻关系即告终结，继续进行诉讼已经没有意义。即使当事人一方在提出离婚请求时附带提出夫妻共同财产分割或子女抚养的请求，也因为当事人一方死亡，其解除婚姻关系的诉讼终结而不复存在。严格而言，分割夫妻共同财产和子女抚养的诉讼本身就不是已经成立的诉讼。婚姻关系一方死亡之后，有关财产继承等纠纷需要通过诉讼程序予以解决的，相关当事人可以另行就此提起诉讼。

涉及具有人身专属性的诉讼中，例如，涉及艺术品定制委托合同的纠纷，虽然作为艺术品制作人的当事人死亡，该合同已经不能继续履行，诉讼请求仅为要求履行合同的，该诉讼继续进行没有意义，只能终结诉讼。但如果当事人请求因不能履行义务而承担赔偿责任，则不会因为义务人的死亡而终结诉讼，而是诉讼中止，等待当事人的继承人作为义务承继人参加诉讼。

二、刑民交叉与诉讼中止

《民事诉讼法》第153条第5项规定，本案必须以另一案的审理结果为依据，而另一案尚未审结的，应当中止诉讼。在实践中，对于正在审理的民事案件涉及刑事问题时，应当如何处理，是一个经常遇到的问题。正在审理的民事案件涉及刑事问题主要有以下几种情形：（1）一方当事人为法人或其他组织的，其法人或组织的工作人员的行为与该民事争议有关，而该工作人员的行为涉及刑事犯罪；（2）一方当事人的行为构成民事责任与刑事责任的竞合；（3）一方当事人的责任究竟是民事责任还是刑事责任并不清楚，该当事人作为犯罪嫌疑人正在被有关机构追查或被诉之中。在实践中，对于上述几种情形，有的法院一律采用“先刑后民”的做法，即刑事诉讼程序优先于民事诉讼程序。具体地讲，凡是正在审理的

民事案件涉及刑事问题时便中止民事诉讼，待刑事问题解决以后，才恢复本案民事诉讼程序，以至于有人将“先刑后民”称之为处理民事诉讼与刑事诉讼关联关系的原则（“先刑后民”中的“刑”包括了刑事侦查阶段，而不仅仅是指刑事审判阶段）。

如果从《民事诉讼法》第153条的文义来看，上述理解自然是不妥当的。正在审理的民事案件涉及刑事案件时是否应当中止，关键要看涉及该刑事案件的审理结果是否为本案审理的依据或前提，即上述第5种情形。如果属于此种情形，就应当中止；如果不是，就不应当中止。

例如，本案民事诉讼涉及的是法人的民事责任，与法人的工作人员是否犯罪并没有关联，就不必然因为法人工作人员的犯罪行为尚未被追究而中止本案的民事诉讼。对此，2023年最高人民法院向社会征求意见的《最高人民法院关于适用〈中华人民共和国民法典〉侵权责任编的解释（一）》（稿）第14条【职务侵权构成犯罪的用人单位民事责任】规定：“工作人员以执行工作任务的名义实施的行为造成他人损害，构成自然人犯罪的，工作人员刑事责任的承担不影响用人单位民事责任的认定。用人单位依照民法典第一千一百九十一条的规定应当承担侵权责任的，刑事案件已完成的追赃、退赔可以在民事判决书中写明并扣减，也可以在执行程序中予以扣减。”

20世纪90年代末，最高人民法院的司法解释也明确了只有刑事案件的处理作为民事案件审理的前提时，民事案件的审理才应当予以中止。1997年《最高人民法院关于审理存单纠纷案件的若干规定》第3条规定：“人民法院在受理存单纠纷案件后，如现犯罪线索，应将犯罪线索及时书面告知公安或检察机关。如案件当事人因伪造、变造、虚开存单或涉嫌诈骗，有关国家机关已立案侦查，存单纠纷案件确须待刑事案件结案后才能审理的，人民法院应当中止审理。对于追究有关当事人的刑事责任不影响对存单纠纷案件审理的，人民法院应对存单纠纷案件有关当事人是否承担民事责任以及承担民事责任的大小依法及时进行认定和处理。”这一规定虽然没有直接援引当时《民事诉讼法》关于诉讼中止的规定，但《民事诉讼法》关于处置交叉诉讼关系的基本精神已经明确，即只有另一案的处理结果成为本案审理的依据时，本案才予以中止。

第一百五十四条　有下列情形之一的，终结诉讼：

（一）原告死亡，没有继承人，或者继承人放弃诉讼权利的；

（二）被告死亡，没有遗产，也没有应当承担义务的人的；

（三）离婚案件一方当事人死亡的；

（四）追索赡养费、扶养费、抚养费以及解除收养关系案件的一方当事人死亡的。

【条文主旨】

本条是关于诉讼终结的规定。

【理解与适用】

本条承继了修正前的《民事诉讼法》第151条的规定。诉讼终结，是指在诉讼进行过程中，由于某种法定事由的出现，致使本案诉讼程序无法或没有必要继续进行时，受诉人民法院裁定结束本案诉讼程序的制度。

通常情况下，民事诉讼因当事人撤诉、人民法院作出裁判以及当事人达成调解协议而结束，但在诉讼进行中如果发生了法律规定的某种特殊情况，使案件的审理不可能进行下去或者进行下去没有意义时，就要以裁定终结诉讼的方式结束诉讼程序，故诉讼终结是诉讼程序的非正常结束。诉讼终结与诉讼中止的根本区别在于，诉讼终结导致本案诉讼程序的永久性结束，再无恢复可能，而诉讼中止只是诉讼程序的暂时停止，一旦中止诉讼的事由消除，诉讼程序通常还要继续进行。

本条规定了诉讼终结的法定事由，即符合下列情形之一的，人民法院应当裁定终结诉讼：

1. 原告死亡，没有继承人，或者继承人放弃诉讼权利

民事诉讼因原告的起诉而开始。如果在诉讼进行过程中，原告死亡且无继承人，便没有了实体权利的主张者，继续进行诉讼已无可能，应当终结诉讼。如果死亡的原告虽有继承人，但继承人放弃诉讼权利的，基于对其处分权利的尊重，人民法院也应当裁定诉讼终结。此外，如果在诉讼中，作为原告的法人或者非法人组织终止，其权利义务承受人明确表示放

弃实体权利的，同样应裁定终结诉讼。

2. 被告死亡，没有遗产，也没有应当承担义务的人

在财产权益争议的诉讼中，如果被告死亡，在有继承人承担诉讼的情况下，受诉人民法院的生效判决对继承人同样产生效力，如果原告胜诉，则应由该继承人在继承财产的范围内履行判决确定的财产给付义务。但如果被告既没有遗产，也没有依法应当承担义务的人时，即便原告胜诉，也没有生效判决的执行对象，因此继续诉讼是没有任何意义的，此时受诉人民法院应裁定终结诉讼。

3. 离婚案件一方当事人死亡的。离婚案件是为了解除当事人之间的婚姻关系

在离婚案件的诉讼过程中，任何一方当事人的死亡都将导致婚姻关系自然消灭，诉讼要解决问题的前提已经不复存在，应当终结诉讼。如果案件还涉及未成年子女的抚养问题和共同财产的分割问题，则应由在继承过程中产生争议的当事人另行起诉，另案受理。

4. 追索赡养费、扶养费、抚育费以及解除收养关系案件的一方当事人死亡

上述案件均基于特定的身份关系，争议均发生在特定的当事人之间，案件涉及的权利义务关系在法律上也不存在通过继承而发生转移的可能性。因此，上述案件的任何一方当事人死亡，都会直接导致实体权利义务关系的自然消灭，没有必要继续进行诉讼，应裁定终结诉讼。

在诉讼过程中，如果出现上述法定情形，人民法院应当裁定终结诉讼。诉讼终结的裁定一经作出即发生法律效力，当事人不能就此申请复议或提起上诉。裁定诉讼终结后，本案的诉讼程序即告结束，当事人不得再就同一诉讼标的提起诉讼。

《民事诉讼法》明确规定了可以终结诉讼的四种情况，但没有作类似诉讼中止的兜底性条款规定，其原因在于诉讼终结关系到另一方当事人的民事权益能否得到保护的问题，故对诉讼终结的适用，要求严格掌握，依法进行。

【审判实践中应当注意的问题】

1. 诉讼终结是诉讼程序的终结，终结诉讼的裁定，不能确定死亡一方当事人的财产归属。

2. 诉讼终结将从法律上排除当事人诉讼权利的行使，必须严格限制诉讼终结制度的适用，对于《民事诉讼法》第153条规定之外的情形，即便其对诉讼进行的阻碍严重，也不得扩张适用诉讼终结的规定。例如，民事案件的原告起诉时提供的被告住址不准确，往往导致诉讼文书无法送达，案件也无法进行审理，但是对于这种情况应当要求原告补充材料。因有关部门不准许当事人自行查询其他当事人的住址信息，原告向人民法院申请查询的，人民法院应当依原告的申请予以查询。因客观原因原告不能补充或者依据原告补充的材料仍不能确定被告住址的，人民法院可以依法向被告公告送达诉讼文书。人民法院不能仅以原告不能提供真实、准确的被告住址为由裁定终结诉讼。

3.《民事诉讼法》第153条第1项规定的继承人放弃诉讼权利应如何理解。我国《民事诉讼法》赋予民事诉讼当事人以广泛的诉讼权利，理论上一般将这些权利分为四大类：请求司法保护的权利、维护当事人实体权利的权利、处分实体权利的权利以及实现当事人实体权利的权利，归纳起来就是单纯涉及诉讼的权利和与实体有关的权利。继承人放弃的诉讼权利不同，其结果也应不同。若原告的继承人明确表示放弃与实体权利有关的诉讼权利从而间接放弃实体权利的，按照本条的规定裁定终结诉讼，但该种终结诉讼仅仅是结束了诉讼程序，当事人之间的纠纷并未从实质上得到解决，为以后纠纷的再次出现埋下隐患，不符合诉讼法理，更不符合诉讼经济性和诉讼安定性的要求。原告明确放弃或舍弃诉讼请求的，域外有些国家和地区通常作出原告败诉的本案判决，我国现行《民事诉讼法》及司法解释没有规定处理办法，实务中多按撤诉来处理。既然原告向法院明确表示放弃与实体有关的诉讼权利，借此放弃民事实体权利，这属于当事人行使处分权的行为。民事诉讼是以实施私法自治原则的私人间纠纷为对象，因而和诉讼开始一样，其终结也应由当事人自由处分。故若当事人愿意放弃实体权利，应可以宣告终结诉讼程序，而且可以产生与其内容相应的实体法上权利的放弃、债务的认诺相应的既判力。

4. 诉讼终结后，继承人后来出现如何处理？根据法条的规定，当时没有继承人的，裁定终结诉讼，该案宣告终结，似乎也不会有争议，因为诉讼已没必要进行下去。但社会生活是复杂的，客观事实法院也无法全部掌握，在诉讼当时经过正当程序确定没有继承人，但后来继承人出现并经证实，其成为当然的权利义务人，那么案件在权利人完全没有参与，也没有代理人参与的情况下宣告终结，却没有相关的制度来维护后来出现的继承人的权利，显然不合理。众所周知，在此种情况下，要想维护其权利，无外乎恢复原诉讼、另行起诉和再审。由上文可知，其实裁定并未对实体问题作出判断，该裁定应当不具有既判力，这样一来再行起诉其实是对司法资源的浪费，不符合诉讼经济原则。继承人后来出现，基于诉讼经济原则的考虑，应当由当事人提出申请，法院据此查明情况恢复诉讼程序，进而通过庭审从实质上解决纠纷，作出实体判决终结诉讼，从根本上解决纠纷，维护社会稳定。

第五节　判决和裁定

第一百五十五条　判决书应当写明判决结果和作出该判决的理由。判决书内容包括：

（一）案由、诉讼请求、争议的事实和理由；

（二）判决认定的事实和理由、适用的法律和理由；

（三）判决结果和诉讼费用的负担；

（四）上诉期间和上诉的法院。

判决书由审判人员、书记员署名，加盖人民法院印章。

【条文主旨】

本条是关于制作判决书和判决书的内容的规定。

【理解与适用】

判决书的内容，是指判决书应当包括的内容，即判决书应当包括哪些部分和由哪些事项组成。[①] 自2012年《民事诉讼法》以来，[②] 本条的主要内容未作调整，只是序号进行了相应的调整。

---

① 唐德华主编：《新民事诉讼法条文释义》，人民法院出版社2008年版，第449页。

② 1991年《民事诉讼法》第138条和2007年《民事诉讼法》第138条规定："判决书应当写明：（一）案由、诉讼请求、争议的事实和理由；（二）判决认定的事实、理由和适用的法律依据；（三）判决结果和诉讼费用的负担；（四）上诉期间和上诉的法院。判决书由审判人员、书记员署名，加盖人民法院印章。"2012年《民事诉讼法》第152条规定："判决书应当写明判决结果和作出该判决的理由。判决书内容包括：（一）案由、诉讼请求、争议的事实和理由；（二）判决认定的事实和理由、适用的法律和理由；（三）判决结果和诉讼费用的负担；（四）上诉期间和上诉的法院。判决书由审判人员、书记员署名，加盖人民法院印章。"2012年《民事诉讼法》第152条将2007年《民事诉讼法》第138条规定中的"判决书应当写明"，调整为："判决书应当写明判决结果和作出该判决的理由。判决书内容包括"，相应的序号由2007年《民事诉讼法》第138条调整为2012年《民事诉讼法》第152条。2017年《民事诉讼法》对本条未予调整。2021年《民事诉讼法》对本条的内容未予调整，序号由2017年《民事诉讼法》第152条，相应调整为第155条。

一、民事判决的意义

民事判决，是人民法院通过法定程序，行使国家审判权，对所受理的民事案件，经过审理，依法作出的解决当事人民事纠纷的判决。[①]民事判决书，就是将人民法院依照法定程序审理的判决内容依照法定格式制作成的法律文书，是法官行使司法权的书面载体。

根据《民事诉讼法》第10条规定："人民法院审理民事案件，依照法律规定实行合议、回避、公开审判和两审终审制度。"民事裁判的过程的本质在于审判者对当事人诉诸司法的民事权利义务争议案件如何作出裁判。[②]裁判文书记录着人民法院审理案件的审判活动、裁判理由、裁判依据和裁判结果等内容，通过民事判决的内容，可以使公众知悉其内容，有助于促进人民法院落实公开审判原则，实现司法决策透明和司法公开的价值，有助于促进法律统一适用，有助于提升当事人和社会大众对人民法院司法裁判的认可度和可接受性，有助于"努力让人民群众在每一个司法案件中感受到公平正义"的真正实现。

本条中的"判决书应当写明判决结果和作出该判决的理由"，即判决书要公开判决结果和判决理由，是各级人民法院和各个审级的法官审判必须遵守的法律规定。如果判决书未公开判决结果或者判决理由的，属于违反法律规定。在审判实践中，有一些判决书存在判决结果不明确、不准确、含糊其词、与判决理由存在前后矛盾现象；有一些判决存在内容无法分辨当事人的权利义务归属，以至于案件到了民事执行阶段无法执行，有的甚至导致案件不得不启动再审"重新回炉"，人为导致诉讼审理期限不得不延长，当事人的实体利益和期限利益得不到及时实现；有一些判决书存在不说明判决具体理由是什么，动辄仅仅以"本院认为"几个字取代判决理由，或者出于为避免二审或再审改判或发回重审的个人考虑，或者以其他各种客观或主观理由为"借口"，很少或"尽可能少"地写清楚判决理由；有的判决理由存在根本推导不出本案的判决结果；有的判决存在判决理由与法律依据不相符合甚至违背的现象；有的判决存在判决理由明显违反逻辑法则和经验法则，等等，上述做法和现象都未能真正实现"判决

---

① 王胜明主编：《中华人民共和国民事诉讼法释义（最新修正版）》，法律出版社2012年版，第361页。

② 杨秀清：《民事裁判过程论》，法律出版社2011年版，第9页。

书应当写明判决结果和作出该判决的理由”，容易引发当事人和社会大众对司法判决的公平性和公正性的质疑，以至于引发对人民法院的质疑，最终导致司法权威性和严肃性受到损害。因此，本条所规定的“应当写明”判决结果和判决理由至关重要。

（一）判决结果公开

判决结果公开，是世界各国和地区审判机关司法公开和司法透明原则的一个重要组成部分。我国《民事诉讼法》第159条明确规定：“公众可以查阅发生法律效力的判决书、裁定书，但涉及国家秘密、商业秘密和个人隐私的内容除外。”判决结果公开的重要价值主要有：

1. 实现定分止争

判决结果公开，可以让诉讼当事人十分清楚地明白纠纷的处理结果，知晓民事权利义务的归属，尽最大可能地实现当事人的服判息诉，减少二审程序和再审程序的启动次数和存量，与此同时，“还在于获取其他社会民众的认可，规范和指引他们此后的法律行为，从而形成有效的社会秩序。”①

2. 实现庭审实质化

判决结果是法庭调查、法庭举证和法庭辩论的继续和自然延伸，是按照司法裁判的逻辑三段论自然而然得出的当然结论，“如果一个民事裁判是审判者按照一定的推论规则从一定的前提中推导出来的，而且这个前提本身是合理的，那么这个民事裁判就可以被视为合理的”②不但可以实现庭审的实质化，还可以增强司法裁判的正当性和可接受性。

3. 限制裁判权的恣意

判决结果是一个案件经过多道程序后形成的心证结论，司法裁判文书中的案件事实、举证责任和法律适用过程，形成对案件结论的限制，形成了对法官自由裁量权的滥用和恣意的限制，有利于当事人及时行使程序诉权和程序选择权，有利于增强诉讼公开和诉讼民主。

（二）判决理由公开

裁判说理，主要是指法官在裁判文书中就裁判结论以及得出裁判结论所依据的事实认定、法律规则的适用以及程序的运行所进行的说理。③判决理由公开的要求，具体可以包括以下内容：

---

① 王合静：《民事判决理由研究》，法律出版社2016年版，第23~24页。

② 杨秀清：《民事裁判过程论》，法律出版社2011年版，第282页。

③ 王利明：《裁判说理论——以民事法为视角》，人民法院出版社2021年版，第3页。

1. 判决理由应当以事实为根据

《民事诉讼法》第7条规定："人民法院审理民事案件，必须以事实为根据，以法律为准绳。"以事实为根据是公正审理民事案件的基石。以事实为根据，一是要审查当事人提供的证据；二是对于当事人及其诉讼代理人因客观原因不能自行收集证据的，人民法院应当主动调查收集；三是对于作为认定案件事实根据的证据，人民法院应当向当事人双方出示，经过当事人双方质证、辩论，由人民法院审查属实，才能作为定案的根据。[①]

2. 判决理由受限于法律的明确规定

本条规定，应当定明"（一）案由、诉讼请求、争议的事实和理由"。（1）当事人提出诉讼请求的基础是源于民事实体法规定，只有案件事实符合或涵摄于民事实体法所规定，才能获得法律的支持的法律效果；（2）根据民事诉讼的辩论主义，法官不得以未在法庭辩论中出现的事实作为裁判依据；（3）法官在判决理由中需包含对案件事实的确认和对法律适用的解释和说明。

3. 判决理由应当体现法律适用的全过程

根据《民事诉讼法解释》第105条[②]规定，判决理由要符合逻辑法则和经验法则。应当严格遵守逻辑三段论的逻辑规则，遵从法律规定的"大前提"（寻找法律）和案件事实的"小前提"（查明事实）得出司法判决的"案件结论"（案件事实涵摄于法律规定后的结论）的科学思维判断，而不是先有"案件结论"，再反过头来"寻找""大前提"的法律规定和"小前提"的案件事实。从逻辑结构上说，这三部分缺一不可，违背"逻辑三段论"原则的思维，则无法形成可靠的结论，且容易引起错案的发生。

4. 判决理由应当全面、细致、充分

对于案件事实和全案证据的阐明，必须是详细的、具体的、明确的、全面的。判决理由叙述应当尽可能详尽和细致。（1）对于当事人提供的证据材料，应当一一予以回应，绝不允许为了规避说理或者为达到"某种

---

① 王胜明主编：《中华人民共和国民事诉讼法释义（最新修正版）》，法律出版社2012年版，第10~11页。

② 《民事诉讼法解释》第105条规定："人民法院应当按照法定程序，全面、客观地审核证据，依照法律规定，运用逻辑推理和日常生活经验法则，对证据有无证明力和证明力大小进行判断，并公开判断的理由和结果。"

目的”，故意“舍弃”部分案件事实和证据，故意对当事人的举证“避而不谈”；（2）对于当事人的各项诉讼请求必须予以明确的回答，无论是予以支持、采信的，还是不予支持、不予采信的，都应当进行详细说明，不能为“图省事”故意在只列举当事人证据材料名单后，仅仅采用笼统的、抽象的、简单化的方式将列举事实证据名单作为“以上事实清楚”，或在列举完当事人提供的证据材料后简单地以一句“不予支持”回应，或采取回避矛盾式的“上述诉讼请求不符合法律规定”回应，这种做法等于没有对当事人的诉讼请求予以支持或不予支持作出正面回应，实质上是以无理由的方式拒绝作出回答或者说剥夺了当事人的“知情权”，显然，明显违背了“法官不得拒绝裁判原则”。

二、判决书内容

（一）案由、诉讼请求、争议的事实和理由

1. 关于案由

《民事案件案由规定》（2020年修正）规定：民事案件案由应当依据当事人诉争的民事法律关系的性质来确定。对民事诉讼法规定的适用特别程序、督促程序、公示催告程序、公司清算、破产程序等非讼程序审理的案件案由，根据当事人的诉讼请求予以直接表述。《人民法院民事裁判文书制作规范》中规定：“案由应当准确反映案件所涉及的民事法律关系的性质，符合最高人民法院有关民事案件案由的规定。经审理认为立案案由不当的，以经审理确定的案由为准，但应在本院认为部分予以说明。”

2. 关于诉讼请求

诉讼请求，是指原告通过人民法院对于被告提出的实体权利请求。[①]当事人正是以诉讼请求的方式将自己提起诉讼和进行诉讼所在达到的实体效果表现出来，诉讼请求集中反映了当事人诉讼上的利益和请求。任何一个诉，都必须具备诉讼请求这一要素，否则，诉讼不成立，诉讼也无法进行。[②]《民事诉讼法》第54条规定：“原告可以放弃或者变更诉讼请求。被告可以承认或者反驳诉讼请求，有权提起反诉。”放弃诉讼请求，是指原告起诉后放弃对于被告的实体权利请求；变更诉讼请求，是指原告向人

① 王胜明主编：《中华人民共和国民事诉讼法释义（最新修正版）》，法律出版社2012年版，第90页。

② 唐德华主编：《新民事诉讼法条文释义》，人民法院出版社2008年版，第154页。

民法院起诉后，依法增加或者减少已经提出的实体权利要求；承认诉讼请求，是指被告对于原告提出的实体权利的请求表示认可；反驳诉讼请求，是指被告提出证据或者理由反对原告的诉讼请求。反驳无理的，根据事实和法律进行说服教育；反驳有理的，查证属实后，应予采纳。[①] 就民事裁判文书的功能和定位而言，它是人民法院对当事人诉讼请求的回应，对诉讼争议作出判断并对当事人实体权利义务进行分配，为当事人实现其实体利益提供依据，是法官对民事案件审判的最终结论。

3. 关于争议的事实和理由

根据《民事诉讼法解释》第 228 条[②]、《民事诉讼法解释》第 229 条[③]规定，争议的事实和理由，是指双方当事人在起诉和答辩中直接反映的争议事实，以及双方当事人为了维护自己的诉讼主张所分别持有的具体理由。在制作判决书时，应对双方当事人各自提出的争议事实和理由分别归纳记载，以便尽可能准确地反映出双方当事人之间的争议焦点。[④] 法院查明的事实可重点围绕案件的基本事实，特别是当事人争议的事实展开，要说明事实认定的结果、采信证据、认定事实的理由；本院认为部分关键是针对当事人的诉讼请求，根据查明的案件事实，依照法律规定，明确当事人争议的法律关系，阐述原告请求权是否成立，依法应当如何处理。

（二）判决认定的事实和理由、适用的法律和理由

1. 关于判决认定的事实和理由

作为现代审判制度下的当事人的一项重要的程序性权利，对案件事实作出法律认定是司法审判的主要内容。“判决认定的事实，是法院经过开庭审理后已经查明的事实。判决认定的事实应能全面客观地提示案情”[⑤]，

---

① 王胜明主编：《中华人民共和国民事诉讼法释义（最新修正版）》，法律出版社 2012 年版，第 91~92 页。

② 《民事诉讼法解释》第 228 条规定：“法庭审理应当围绕当事人争议的事实、证据和法律适用等焦点问题进行。”

③ 《民事诉讼法解释》第 229 条规定：“当事人在庭审中对其在审理前的准备阶段认可的事实和证据提出不同意见的，人民法院应当责令其说明理由。必要时，可以责令其提供相应证据。人民法院应当结合当事人的诉讼能力、证据和案件的具体情况进行审查。理由成立的，可以列入争议焦点进行审理。”

④ 江必新主编：《新民事诉讼法条文理解与适用》（上），人民法院出版社 2022 年版，第 705 页。

⑤ 唐德华主编：《新民事诉讼法条文释义》，人民法院出版社 2008 年版，第 449 页。

对于如何提示案情和认定案件事实，应当符合以下内容：

（1）须符合民事诉讼的辩论主义基本原理。司法裁判应当遵守不告不理原则、辩论主义基本原理，应当将当事人之间没有争议的事实作为判决的依据，不得以当事人在辩论当中没有主张的事实作为判决的依据，有争议的事实必须依靠当事人提出的证据。因此，判决应当明确当事人之间争点是什么，法官的心证是否遵守或限定在当事人的争议焦点范围内。

（2）须符合证据裁判主义的基本原理。根据证据裁判主义原则，在民事判决书中必须要对证据采信、认定的理由进行严格的论证和说理。①对于双方提供的证据材料，应当对每一份证据的证据能力、证明力予以详细解读；②对同一案件事实，双方当事人提供的证据存在不同证明目的的，应当说明双方当事人的证据事实有何异同、相抵触的证据证明力高低大小、采信或者不采信的法理依据是什么；③在判决书列举当事人提供的证据材料时，应当表明对于这些证据材料的法律属性，如直接证据，还是间接证据；原始证据还是传来证据；单一证据还是综合证据；从而说明证据证明力的高低大小以及哪一方的证据证明力更具有充分性；④民事判决书应当说明综合全案证据后，是否可以达到高度盖然性的证明标准或者法律规定的某类证明标准从而可以足以或者不足以认定案件事实。

（3）须符合逻辑三段论的基本原理。逻辑三段论是法学方法论的核心问题。它是从两个前提推得一个结论的演绎推理。在形式逻辑上，三段论的推论形式为：大前提是 T，小前提是 S，如果 T 有法律效果 R，则当 S 与 T 相对应时也能够产生 R 的效果。所谓依法公正裁判，说到底，就将抽象的法律规则准确运用到具体个案之中进行裁判，并得出公正的裁判结论。[①] 因此，在审判实践中要注意证据与事实是否做到了前后呼应、相互衔接、并进而形成的证据认定的证据链，法官应当将“小前提”符合“大前提”的因果关系的心证过程详细阐释于判决书中，将案件事实与法律规定之间的内在逻辑有机结合，从而保障法官依法裁判，提升司法公信力。

（4）须符合民事诉讼证明责任的基本原理。①事实查明方法。案件

---

① 王利明：《裁判说理论——以民事法为视角》，人民法院出版社 2021 年版，第 5 页。

事实的查明方式，民事诉讼案件中是否存在自认、司法认知、推定、逻辑法则、经验法则等案件事实的认定方法；②是否需要举证责任。案件事实是否属于真伪不明，需要明确案件事实是否必须通过证明责任这一种查明事实的方法予以查明；③举证责任分配。根据《民事诉讼法》第 67 条，《民事诉讼法解释》第 90 条、第 91 条规定，如果适用证明责任查明案件事实的，举证责任分配及责任承担的推导过程；④证明责任的后果责任。在案件事实存在真伪不明的情况下，由谁承担举证不能及举证不力的风险负责，等等。

判决认定的理由，是指法院根据查明的事实和证明它所依据的理由，即在查明事实的基础上，分清是非，说明当事人提出的哪些事实是可以确定的或者不可以确定的，提出的主张哪些应予满足，哪些不能满足。[①]

2. 适用的法律和理由

（1）适用的法律。适用的法律，是指法院作出判决的具体法律根据，既包括实体法根据，也包括程序法根据。民事判决须符合法律适用的基本原理。法律是人民法院作出正确裁判的唯一标准和依据。司法判决应当以事实为小前提，以法律为大前提，两者有机结合才能准确查明案件事实，作出裁决，确保司法公正。首先，“判决书应当明确该判决所适用的法律，让当事人明白作出该判决的标准。[②]”法律依据（含实体法）是什么；法律依据是否应当适用于本案；如果不适用，应当适用于哪个实体法依据；在判决书中应当针对当事人的诉讼请求内容，全部列明能够得出本案判决结论的法律依据（大前提）。

适用法律时，还应当注意：①立法的废改立情况；避免使用已废止的法律规定；《民事诉讼法》第 7 条规定：“人民法院审理民事案件，必须以事实为根据，以法律为准绳”，注意有些不得作为裁判依据的相关规定问题；②法律位阶问题。避免依据“下位法”实质改变或否定“上位法”；③法律与行政法规等法律冲突问题；④适用的法律依据应当是明确的、直接的，与案件事实相匹配的，与案件事实是存在涵摄和对应关系的，避免使用与本案事实无关或不相匹配的法律规定；⑤能够得出裁判结论的法律规定均应全部列明，而不能出于各种理由擅自“图省事”，少引

---

① 唐德华主编：《新民事诉讼法条文释义》，人民法院出版社 2008 年版，第 449~450 页。

② 王胜明主编：《中华人民共和国民事诉讼法释义（最新修正版）》，法律出版社 2012 年版，第 363 页。

或者直接不引用相关法律规定；⑥引用顺序问题[①]。各级人民法院在作出判决书前，应当严格按照《最高人民法院关于司法解释工作的规定》和《最高人民法院关于裁判文书引用法律、法规等规范性法律文件的规定》中有关司法裁判的引用规范执行。

（2）判决理由

根据《人民法院民事裁判文书制作规范》的相关规定，[②]对于双方当事人争议的焦点问题、双方提供证据是否予以支持或不支持、什么证据和事实得出了本案结论，应当予以全面、明确、具体地作出回应，“针对当事人争议的焦点，要详尽地阐述裁判的理由，不仅应当对实体判决的理由进行阐述，而且要对诉讼证据的采信和对法律的适用阐述理由，这样才能让当事人认可”。[③]

（三）判决结果和诉讼费用的负担

判决结果，是指人民法院根据上述认定的事实和理由以及适用的法律和理由对案件争议解决的内容，通常称为判决主文[④]；

诉讼费用的负担，是指应根据法律规定，明确由哪一方负担，或者如何分担。《诉讼费用交纳办法》（国务院令第481号）第2条规定：“当事人进行民事诉讼、行政诉讼，应当依照本办法交纳诉讼费用。本办法规定

---

① 《人民法院民事裁判文书制作规范》的“（七）裁判依据”部分：“1. 引用法律、法规、司法解释时，应当严格适用《最高人民法院关于裁判文书引用法律、法规等规范性法律文件的规定》。2. 引用多个法律文件的，顺序如下：法律及法律解释、行政法规、地方性法规、自治条例或者单行条例、司法解释；同时引用两部以上法律的，应当先引用基本法律，后引用其他法律；同时引用实体法和程序法的，先引用实体法，后引用程序法。3. 确需引用的规范性文件之间存在冲突，根据《中华人民共和国立法法》等有关法律规定无法选择适用的，应依法提请有决定权的机关作出裁决，不得自行在裁判文书中认定相关规范性法律文件的效力。4. 裁判文书不得引用宪法和各级人民法院关于审判工作的指导性文件、会议纪要、各审判业务庭的答复意见以及人民法院与有关部门联合下发的文件作为裁判依据，但其体现的原则和精神可以在说理部分予以阐述。5. 引用最高人民法院的司法解释时，应当按照公告公布的格式书写。6. 指导性案例不作为裁判依据引用。”

② 《人民法院民事裁判文书制作规范》“（六）理由”部分的要求：“1. 理由部分的核心内容是针对当事人的诉讼请求，根据认定的案件事实，依照法律规定，明确当事人争议的法律关系，阐述原告请求权是否成立，依法应当如何处理。裁判文书说理要做到论理透彻，逻辑严密，精炼易懂，用语准确。”“4. 说理应当围绕争议焦点展开，逐一进行分析论证，层次明确。对争议的法律适用问题，应当根据案件的性质、争议的法律关系、认定的事实，依照法律、司法解释规定的法律适用规则进行分析，作出认定，阐明支持或不予支持的理由。”

③ 王胜明主编：《中华人民共和国民事诉讼法释义（最新修正版）》，法律出版社2012年版，第365页。

④ 王胜明主编：《中华人民共和国民事诉讼法释义（最新修正版）》，法律出版社2012年版，第364页。

可以不交纳或者免予交纳诉讼费用的除外。”

（四）上诉期间和上诉的法院

根据《民事诉讼法》第 171 条第 1 款规定：“当事人不服地方人民法院第一审判决的，有权在判决书送达之日起十五日内向上一级人民法院提起上诉。”除了最高人民法院作出的一审判决和适用特别程序审理作出的判决外，地方各级人民法院作出的一审判决，均是可以提起上诉的判决。为确保当事人的实体权利，判决书中应当载明上诉期间和上诉法院。在判决书的结尾部分，应当写清楚不服本案判决的上诉的期间、需要提交的书面材料和应当向哪一个审级的法院提起上诉。

三、判决书形式上的要求

（一）由审判人员、书记员署名

根据最高人民法院《人民法院民事裁判文书制作规范》“四、落款”部分的规定，（一）署名　诉讼文书应当由参加审判案件的合议庭组成人员或者独任审判员署名。合议庭的审判长，不论审判职务，均署名为“审判长”；合议庭成员有审判员的，署名为“审判员”；有助理审判员的，署名为“代理审判员”；有陪审员的，署名为“人民陪审员”。独任审理的，署名为“审判员”或者“代理审判员”。书记员，署名为“书记员”。（二）日期　裁判文书落款日期为作出裁判的日期，即裁判文书的签发日期。当庭宣判的，应当写宣判的日期。（三）核对戳　本部分加盖“本件与原本核对无异”字样的印戳。

（二）加盖人民法院印章

根据最高人民法院《人民法院民事裁判文书制作规范》“八、印刷标准”部分的规定，（八）院印加盖在日期居中位置。院印上不压审判员，下不压书记员，下弧骑年压月在成文时间上。印章国徽底边缘及上下弧以不覆盖文字为限。公章不应歪斜、模糊。

【审判实践中应当注意的问题】

一、正确区分“诉的成立要件”与“诉讼成立要件”

《民事诉讼法》第 122 条规定的起诉要件为诉讼成立要件，系判断当事人提起诉讼能否成立的形式要件。如果原告起诉不符合该起诉要件，人民法院应当以原告之诉不合法为由，通过民事裁定形式驳回起诉。但是，如果案件实质涉及原告的权利保护要件是否成立时，应当由人民法院对案件进行实体审理后加以判断。如果其提起的诉讼请求缺乏权利保护要件，即诉讼请求不能成立的，则人民法院应以原告之诉不能得到支持为由，通过民事判决形式驳回，[①] 即判决驳回诉讼请求。[②]

根据2019年《民事诉讼证据规定》第53条规定，[③] 即便当事人起诉所主张的法律关系的性质或者民事法律行为的效力与人民法院根据案件事实作出的认定不一致，人民法院在此情况下应向当事人释明，由当事人变更诉讼请求；如果当事人经人民法院释明后，仍然坚持不变更诉讼请求的，人民法院应就当事人主张的法律关系和民事行为效力进行实体审理并作出判断，在此判断基础上也应以实体判决的形式对当事人的诉讼请求进行判断，而不能以裁定驳回当事人起诉的形式认定当事人提起本案诉讼并无诉权。其法理依据是，对于法律关系性质对裁判理由及结果没有影响的情形，由于当事人的诉讼权利和实体权利并不因人民法院的认定受到影响，因此，也就没有让当事人对此问题进行辩论的必要，人民法院自然没有将此问题作为焦点问题审理的必要；而如果法律关系的性质或者民事行为的效力等问题本来就是案件中双方当事人争议的焦点问题，已经由人民法院主持双方当事人进行了充分辩论，当事人的诉讼权利已经得到充分保障，也没有再次进行审理的必要，人民法院可以根据自己的认识对法律关系性质和民事行为效力问题作出认定，并以此为基础进行裁判。[④]

---

① 例如，《民事诉讼法》第200条规定："人民法院审理认定公民无民事行为能力或者限制民事行为能力的案件，应当由该公民的近亲属为代理人，但申请人除外。近亲属互相推诿的，由人民法院指定其中一人为代理人。该公民健康情况许可的，还应当询问本人的意见。人民法院经审理认定申请有事实根据的，判决该公民为无民事行为能力或者限制民事行为能力人；认定申请没有事实根据的，应当判决予以驳回。"《民事诉讼法解释》第219条规定："当事人超过诉讼时效期间起诉的，人民法院应予受理。受理后对方当事人提出诉讼时效抗辩，人民法院经审理认为抗辩事由成立的，判决驳回原告的诉讼请求。"

② 参见最高人民法院民法典贯彻实施工作领导小组编著：《最高人民法院新民事诉讼法司法解释理解与适用》（上），人民法院出版社2022年版，第457页。

③ 2019年《民事诉讼证据规定》第53条规定："诉讼过程中，当事人主张的法律关系性质或者民事行为效力与人民法院根据案件事实作出的认定不一致的，人民法院应当将法律关系性质或者民事行为效力作为焦点问题进行审理。但法律关系性质对裁判理由及结果没有影响，或者有关问题已经当事人充分辩论的除外。存在前款情形，当事人根据法庭审理情况变更诉讼请求的，人民法院应当准许并可以根据案件的具体情况重新指定举证期限。"

④ 最高人民法院民事审判第一庭编著：《最高人民法院新民事诉讼证据规定理解与适用》（下），人民法院出版社2022年版，第502~503页。

二、避免裁判文书中的“罗列主义”

审判实践中，经常会发现有的民事判决书，在把原告和被告提供的证据全部“罗列”出来后，几乎不写或很少写明判决理由，就得出了判决主文。而本条的目的，就在于增强司法的公开、透明、文明，要求法官的心证公开，根据2019年《民事诉讼证据规定》第85条第2款规定：审判人员应当依照法定程序，全面、客观地审核证据，依据法律的规定，遵循法官职业道德，运用逻辑推理和日常生活经验，对证据有无证明力和证明力大小独立进行判断，并公开判断的理由和结果。

三、不能将“判后答疑”代替或实际混淆判决理由

在审判实践中，有的地方出台了有关“判后答疑”的地方性规定或相关政策，即当事人不服人民法院作出的生效裁判，就证据采信、事实认定、法律适用、裁判理由及诉讼程序等有关审判问题，提出异议的，原审法院应予判后答疑。第一，判后答疑作为一种增加裁判的公信力，保障当事人的合法权益，努力实现案结事了的基层实践做法，重在实现“矛盾化解、案结事了，促进和谐”，有助于审判机关在司法判决后掌握当事人反馈的相关审判质量和效果的信息，从而从源头上减少再审审查和反复缠诉案件，但其在法律性质上并不属于《民事诉讼法》规定的法定程序，判后答疑也不属于我国法律规定的民事判决书的当然内容；第二，判决理由是法律明文规定的法定动作和法定程序，不得以任何理由否定或变相否定，更不能在判决书中不说明理由或者省略判决理由，反而在“判后答疑”中去说，这就违反了法律的明文规定；第三，“判后答疑一般是主审法官针对当事人在庭审中提出的一些疑问所作出的解答，但并不是都代表合议庭的意见，大多也没有经过合议庭的讨论，将其纳入裁判文书不符合裁判文书作为合议庭一致讨论结果的性质。”①

四、二审法院对一审判决内容既有维持也有改判的条文引用问题

二审法院对于一审判决一部分主文维持，对另一部分主文作出改判的，如何引用《民事诉讼法》的有关条文。

---

① 王利明：《裁判说理论——以民事法为视角》，人民法院出版社2021年版，第357页。

如果一审判决认定事实或者适用法律错误的，二审法院进行改判的，应当引用《民事诉讼法》第 177 条第 1 款第 2 项。改判包括两种情况：一是对一审判决的全部内容都进行改判，即全部变更判决；二是仅对一审判决部分内容作出改判，对其余内容予以维持，即部分变更判决。不论是哪种改判，在二审处理方式上都属于《民事诉讼法》第 177 条第 1 款第 2 项或者第 3 项所称的改判。在部分变更时，尽管二审法院对一审判决中部分主文予以维持，但仍为改变一审判决，一审判决不生效，二审判决中维持的部分与改判的部分共同构成新的判决生效。①

五、关于禁止重复起诉

根据《民事诉讼法解释》第 247 条规定："当事人就已经提起诉讼的事项在诉讼过程中或者裁判生效后再次起诉，同时符合下列条件的，构成重复起诉：（一）后诉与前诉的当事人相同；（二）后诉与前诉的诉讼标的相同；（三）后诉与前诉的诉讼请求相同，或者后诉的诉讼请求实质上否定前诉裁判结果。当事人重复起诉的，裁定不予受理；已经受理的，裁定驳回起诉，但法律、司法解释另有规定的除外。"该条首次明确了重复起诉的要件及引起的法律后果，是对"一事不再理原则"的进一步细化和完善。

1. 判断当事人在同一法院或不同法院分别起诉所形成的案件是否属于同一案件，应当从案件的当事人、案件的性质（当事人诉争的民事法律关系的性质）、案件事实以及当事人的诉讼请求等方面是否同一进行综合考量

基于相同的当事人、同一事实、同一法律关系以及主要诉讼请求相同，在不同地方法院分别提起诉讼所形成的案件，可以认定属于同一案件。构成重复起诉的，人民法院应根据《民事诉讼法》第 127 条第 5 项"对判决、裁定、调解书已经发生法律效力的案件，当事人又起诉的，告知原告申请再审，但人民法院准许撤诉的裁定除外"的规定，告知当事人对已经提起诉讼的裁判申请再审。

2. 关于"一事"的判断标准问题，可以从以下三个方面进行审查：

（1）关于"当事人"。对于当事人相同的条件应作宽泛的理解，不能认为只有当前、后两诉当事人完全一致时，才符合此项条件。如果前诉原

---

① 最高人民法院民事审判第一庭编著：《民事审判实务问答》，法律出版社 2022 年版，第 422 页。

告同时向多个被告主张实体权利，或前诉存在诉的合并情形，而后诉中，原告仅向前诉被告之一主张实体权利，也可视为当事人相同。

（2）关于“诉讼标的”。民事诉讼理论界对面诉讼标的识别有“旧实体法说”“诉讼法说”“新实体法说”“诉讼标的的统一概念否定说”等多种学说。司法实务界采“旧实体法说”，认为诉讼标的是原告在诉讼中提出的实体权利，但在发生请求权竞合时，该学说不能作出合理解释。有学者提出解决诉讼标的识别的“新二分支说”，认为原告提出的事实和理由，不仅具有诉讼法意义，而且与实体法也存在联系，因而，诉的声明（即诉讼请求）和事实事由，只有其中任何一项为单一，则诉讼标的为单一，只有两者为多数时，诉讼标的才为多数。[①] 按此学说，原告基于不同事实事由提出同一诉讼请求，或原告基于同一事实事由提出不同诉讼请求，均属同一诉讼标的，后诉不应受理。

（3）关于“诉讼请求”。后诉与前诉的诉讼请求相同时，两诉诉讼标的相同，后诉构成重复起诉。后诉诉讼请求实质上否定前诉裁判结果，表明原告提出后诉实为对前诉裁判结果的不认可和挑战，表明前诉与后诉争议的权利义务关系具有一致性，后诉构成重复起诉。

重复起诉，可以发生在多个诉讼阶段，当原告同时向有管辖权的两个以上人民法院起诉，虽然法院均尚未受理，仍构成重复起诉；前诉已经受理但尚未判决，正在审理过程中，再次起诉的，以及前诉已经受理并作出判决的，再次起诉的，均可构成重复起诉。[②]

3. 不能简单地、孤立地、片面地以“基于同一纠纷”这种形式标准作为判断是否属于“重复起诉”的认定标准

判断基于同一纠纷而提起的两次起诉是否属于重复起诉，应当结合当事人的具体诉讼请求及其依据，以及行使处分权的具体情况进行综合分析。如果两次起诉的当事人不同，具体诉讼请求等也不同，相互不同替代或涵盖，则人民法院不能简单地因两次起诉基于同一纠纷而认定为重复起诉，并进而依照“一事不再理”的原则对后一起诉予以驳回。

---

① 参见江伟主编：《中国民事诉讼法专论》，中国政法大学出版社 1998 年版，第 86 页。

② 最高人民法院民事审判第一庭编著：《最高人民法院民事审判第一庭裁判观点 · 民事诉讼卷》，人民法院出版社 2023 年版，第 41~42 页。

第一百五十六条　人民法院审理案件，其中一部分事实已经清楚，可以就该部分先行判决。

【条文主旨】

本条是关于人民法院可就部分已查清事实进行先行判决的规定。

【理解与适用】

一般情况下，人民法院审理民事案件应当对原告的全部诉讼请求进行判决，即“全部终局判决”或“全部判决”，但是在司法实践中，一些案件由于疑难复杂或者取证困难等限制性因素，法院无法在短期内查清全部事实，并对当事人的全部诉讼请求作出判决。在一些情况下，如果待到全部事实查清后再作判决，就可能导致当事人的权益受损扩大，为了避免判决的过度延迟，为当事人及时提供必要的司法救济，法院在一部分事实查清之后就可以对相应部分的诉讼请求先行作出判决，即“先行判决”或“部分判决”。

先行判决在疑难复杂民事案件的审理中有很大的适用空间。例如，在离婚纠纷案件中，当事人往往既请求解除婚姻关系又请求分割财产，在双方的争议财产数额较大且需要收集证据进行评估、涉及财产部分的事实一时难以查清、婚姻关系存续对一方当事人带来严重伤害的情况下，符合离婚条件的，法院可以先行判决解除婚姻关系，财产部分由法院继续审理，待查清事实后再作判决。

再例如，在知识产权纠纷案件中，原告往往提出两个诉讼请求：一是确认侵权并停止侵权；二是判令侵权方承担相应的损害赔偿责任。法院需要确定被诉侵权产品是否构成侵权，并确定赔偿数额。疑难复杂知识产权纠纷案件往往需要审理认定大量证据并进行专业技术鉴定，耗时长，占用司法资源多，而在这一过程中侵权行为又可能继续发生，原告权益损失将扩大。如果法院在查清侵权的事实后即对是否构成侵权进行认定并作出先行判决，就可以及时制止侵权行为，维护原告利益，并为进一步确定赔偿数额建立基础。同时，在认定侵权之后，双方当事人还可以根据先行判决的结果及时调整诉讼预期，通过调解、自行协商等多元化纠纷解决机制就赔偿数额等达成协议，从而节约时间和司法资源。

公正与效率是民事诉讼追求的两大价值目标，二者相互依赖、相辅相成，公正是效率的基础，效率既保障公正更好地实现，又内涵于公正价值目标之内。先行判决制度的目标功能即在于通过提高司法效率来促进公正价值的更好实现。法院作出先行判决的直接目的在于及时维护当事人的权益，间接目的有时还包括维护社会公共利益，例如避免因当事人利益长时间得不到救济而产生群体性上访以及其他影响社会稳定的事件等。

作出先行判决需要满足两个方面的条件：

1. 诉讼标的可以分割

在民事诉讼中，原告往往提出一个或数个诉讼请求，先行判决以诉讼标的可分为前提，适用于可分型的诉讼请求，具体包括：数个诉讼请求中的一个或数个；单一诉讼请求中可分的部分；或者本诉或反诉之一。根据《民事诉讼法解释》第233条规定，反诉与本诉的诉讼请求基于相同法律关系、诉讼请求之间具有因果关系，或者反诉与本诉的诉讼请求基于相同事实的，人民法院应当合并审理。在具有必要性和适当性的前提下，对其中之一达到可裁判要求的也可以先行判决。

2. 先行判决部分可以独立作出

先行判决有时可以作为剩余判决的基础，但先行判决部分无论在事实查清上还是法律关系上应当对剩余判决部分没有依赖关系，可以独立解决。如果先行判决部分与整个诉讼无法分割，或者后续剩余诉讼的结果可能会对先行判决部分产生影响，就不应采用先行判决的方式。

作出先行判决既可以是人民法院依职权作出，也可以是根据当事人申请作出，决定权在人民法院。先行判决的作出不受审级的限制，法院在案件的一审和二审中均可以作出先行判决。

先行判决作出之后，剩余的诉讼成为独立的部分，法院对于剩余请求应当继续审理并在案件审限内作出裁判。根据《民事诉讼法》的规定，判决遗漏当事人诉讼请求的，属于法院应当再审的情形，而先行判决作出后，剩余诉讼仍处于审理过程当中，所以先行判决不属于遗漏诉讼请求的情形。当事人对剩余部分诉讼享有和解、调解、申请撤回诉讼请求等相应的选择权。先行判决作为独立的终局性判决，不会受到本审级剩余程序的影响，当事人可以就该判决先行提起上诉。

【审判实践中应当注意的问题】

在审判实践中应当注意以下几个方面的问题：

一、关于先行判决目标功能及利弊的把握

本条规定“其中一部分事实已经清楚，可以就该部分先行判决”，此处是“可以”而非“应当”，在案件审判中是否采用先行判决的方式是属于法官自由裁量的范畴，法官在选择是否采用先行判决的方式时应当准确把握先行判决的目标功能。

如前文所述，先行判决的目标在于确保诉讼效率，为当事人提供及时充分的司法救济，例如，在当事人追索劳务报酬、赡养费、抚养费、医药费等案件中，先行判决能够及时满足当事人的紧急需求。与此同时，先行判决也存在一些需要注意的问题，先行判决作出后，诉讼划分为先行判决部分和剩余部分两个阶段，当事人如果不服先行判决部分可以就该部分先行提起上诉，而剩余部分仍由一审法院审理，即同一案件分别处于不同的审级，不利于由同一审判组织对整个案件进行整体、统一的判断。所以，法官审理案件应当以全部判决为原则，以先行判决为例外，应当根据案件的实际情况并考虑当事人的意愿等因素，综合判断进行全部判决还是先行判决。应当说明的是，法官是否采取先行判决，并非必须征得当事人的同意，尤其是在涉及公共利益等情况下，可以依职权作出先行判决。

二、关于先行判决与行为保全关系的把握

行为保全又称“临时禁令”，根据《民事诉讼法》的规定，人民法院对于可能因当事人一方的行为或者其他原因，使判决难以执行或者造成当事人其他损害的案件，根据对方当事人的申请，可以裁定责令其作出一定行为或者禁止其作出一定行为；当事人没有提出申请的，人民法院在必要时也可以裁定采取保全措施。并且，利害关系人因情况紧急，不立即申请保全将会使其合法权益受到难以弥补的损害的，可以在提起诉讼前申请保全措施。行为保全在知识产权纠纷案件中适用较多，但又不局限于知识产权案件。先行判决和行为保全的功能有一些相似或交叉重叠之处，都能够及时为当事人提供司法救济，实现当事人的部分诉讼请求，但是先行判决是部分终局性判决，而行为保全则是非终局性的临时保全措施，对于二者

如何选择适用应当考虑以下因素综合把握：

由于一审未确定判决没有既判力和执行力，先行判决的败诉方往往会通过上诉程序拖延执行，使胜诉方的合法权益无法得到及时维护。而行为保全一旦作出即具有强制执行力，尤其是对于诉前保全和情况紧急的诉中保全，法律还要求人民法院必须在接到申请后在四十八小时内作出裁定，裁定采取保全措施的，应当立即开始执行，能够为当事人在案件终审判决生效前及时提供救济。在面临紧急情况和当事人权益会出现难以弥补的损害时，在符合行为保全的前提下，应当适用行为保全。

但是，因为行为保全所具有的强制执行力，其一旦作出即对当事人的实体利益产生巨大的实际作用，可以在案件终审判决生效前提前实现申请者的相应利益，与此同时，也会对相对方直接产生不利影响。所以行为保全的适用条件也比较严格，例如，《最高人民法院关于审查知识产权纠纷行为保全案件适用法律若干问题的规定》第 6 条对《民事诉讼法》当中“紧急情况”的认定明确了具体标准；第 7 条规定了人民法院审查行为保全应当综合考量的因素，包括对从申请人的请求是否具有事实基础和法律依据、不采取行为保全措施是否会使申请人的合法权益受到难以弥补的损害或者造成案件裁决难以执行等损害、不采取行为保全措施对申请人造成的损害是否超过采取行为保全措施对被申请人造成的损害、采取行为保全措施是否损害社会公共利益等几个方面；第 8 条、第 10 条还分别就人民法院如何审查判断申请人请求保护的知识产权效力是否稳定、如何认定“难以弥补的损害”分别作出了规定。

因此，在当事人同时提出行为保全和先行判决申请的情况下，如果符合行为保全的要求，出于为当事人及时提供司法救济的目的，法院可以裁定适用行为保全。如果不符合适用行为保全的要求，不影响法院经过审理，对于达到裁判条件的部分适用先行判决。同时，即便在已经采取行为保全的情况下，符合条件的也可以继续做出先行判决，以弥补行为保全非终局性救济措施存在的不足。

当事人在二审期间提出行为保全的，可以参照最高人民法院 115 号指导案例（瓦莱奥清洗系统公司诉厦门卢卡斯汽车配件有限公司等侵害发明专利权纠纷案）的判决，鉴于二审判决所具有的既判力，如果二审法院可以在保全的审查期限内做出终审判决，则无须再适用行为保全；如果情况紧急或者可能造成其他损害，权利人提出行为保全申请，而第二审人民法院无法在行为保全申请处理期限内作出终审判决的，应当对行为保全申请单独处理，依法及时作出裁定。

最后，由于先行判决不需要当事人提供担保，而行为保全一般需要申请人提供担保，在实践中还应当考虑当事人的诉讼成本。

三、关于剩余诉讼的处理方式

法官在对案件作出先行判决的同时，应当向当事人释明法院将对剩余部分继续审理，以下几种方式都不符合对剩余诉讼的处理要求：

1. 对剩余部分不予处理，并告知当事人另行起诉

在当事人提出的主张与审理的案件不是同一法律关系时，法官可以要求当事人另行起诉，而在先行判决的实践中，存在法官因案件的部分事实暂时无法查清，对当事人相应的诉讼请求不予处理并要求当事人另行起诉的情况。对于疑难复杂的案件，法院的职能要求法官最大限度地还原事实并做出裁判，如因事实不清即随意要求当事人另行起诉的做法，本质上是拒绝对剩余部分进行裁判，既不符合先行判决的适用要求，也超出了另行起诉的适用范围。对当事人而言，对同一诉讼另行起诉也增加了诉累，并造成案件久拖不决，延迟了获得司法救济的时间，与先行判决提高司法效率的目的相悖。在实践中尤其要避免将先行判决作为应对疑难复杂案件、拒绝裁判、应付绩效考核的工具，以尽快结案为目的，随意采用先行判决、告知当事人另行起诉的不当方式结案。

2. 直接驳回当事人的剩余诉讼请求

驳回诉讼请求是人民法院在原告诉讼请求缺乏事实依据或法律依据的情况下作出的对其请求不予支持的判决，是对当事人实体诉讼请求的否定评价。人民法院驳回当事人诉讼请求的判决必须在审理后做出，而先行判决仅仅是查清了先行判决部分的事实，对剩余部分的事实尚未查清，所以不应对其做出实体上的评价。并且，驳回剩余诉讼请求的判决生效后，当事人再行起诉的构成重复诉讼，法院对其处理则将受到一事不再理原则的限制。除此之外，鉴于上述原因，在实践中存在的法官在作出先行判决时既驳回当事人剩余诉讼请求，又释明当事人可以另行起诉的做法，自相矛盾，也是不可取的。

3. 中止对剩余诉讼的审理

根据先行判决的适用条件，先行判决对剩余诉讼没有依赖关系，而剩

余诉讼的审理则可能以先行判决为基础，但是在先行部分判决已经做出的情况下，剩余诉讼即不再存在“本案必须以另一案的审理结果为依据，而另一案尚未审结的”中止审理的理由。

法官在作出先行判决的同时，应当对剩余部分继续审理，尽快查清事实，在审限内作出判决。同时，在先行部分的判决书中，应当向当事人明确说明这一判决为部分判决，人民法院将对剩余诉讼继续审理，当事人可以就先行判决提起上诉，避免因当事人误解而影响其诉讼权利和实体权益的实现。

第一百五十七条　裁定适用于下列范围：

（一）不予受理；

（二）对管辖权有异议的；

（三）驳回起诉；

（四）保全和先予执行；

（五）准许或者不准许撤诉；

（六）中止或者终结诉讼；

（七）补正判决书中的笔误；

（八）中止或者终结执行；

（九）撤销或者不予执行仲裁裁决；

（十）不予执行公证机关赋予强制执行效力的债权文书；

（十一）其他需要裁定解决的事项。

对前款第一项至第三项裁定，可以上诉。

裁定书应当写明裁定结果和作出该裁定的理由。裁定书由审判人员、书记员署名，加盖人民法院印章。口头裁定的，记入笔录。

【条文主旨】

本条是关于裁定适用范围是否可以上诉，以及裁定书形式和裁定书内容要求的规定。

【理解与适用】

本条自 2012 年《民事诉讼法》规定以来[①]，内容未作调整，仅在序号

① 2007 年《民事诉讼法》第 140 条规定："裁定适用于下列范围：（一）不予受理；（二）对管辖权有异议的；（三）驳回起诉；（四）财产保全和先予执行；（五）准许或者不准许撤诉；（六）中止或者终结诉讼；（七）补正判决书中的笔误；（八）中止或者终结执行；（九）不予执行仲裁裁决；（十）不予执行公证机关赋予强制执行效力的债权文书；（十一）其他需要裁定解决的事项。对前款第（一）、（二）、（三）项裁定，可以上诉。裁定书由审判人员、书记员署名，加盖人民法院印章。口头裁定的，记入笔录。"2012 年《民事诉讼法》第 154 条规定："裁定适用于下列范围：（一）不予受理；（二）对管辖权有异议的；（三）驳回起诉；（四）保全和先予执行；（五）准许或者不准许撤诉；（六）中止或者终结诉讼；（七）补正判决书中的笔误；（八）中止或者终结执行；（转下页）

上进行了相应调整。

一、裁定适用的范围

裁定，是指人民法院对民事审判和执行程序中的问题以及个别实体问题所作的权威性判定；① 裁定书，是由人民法院制作的记载民事裁定内容的法律文书。② 关于民事审判程序问题，主要包括立案至诉讼中各个阶段中涉及的程序问题，如不受理原告的起诉状、启动执行程序等；关于特殊的实体问题，是指直接涉及当事人实体权利义务的有关问题，如财产保全等。民事裁定生效后，对人民法院和当事人即产生拘束力，表现在：第一，人民法院未经法定程序不得随意更改裁定内容；第二，当事人须依裁定结论办事，不允许他们再对同一事项提出相同要求。③

裁定的范围，是指裁定在什么范围内适用，即哪些程序上的问题以及特殊性的问题，适用裁定的方式解决。④ 从适用程序的角度来看，民事裁定可以广泛适用于一审普通程序、简易程序、小额程序、二审程序、审判监督程序、非讼程序、特别程序、执行程序中的程序性法律问题和个别实体性问题。根据本条规定，裁定的适用范围如下：

（一）不予受理

根据《民事诉讼法》第 126 条规定，⑤ 人民法院对于不符合起诉的起

（接上页）（九）撤销或者不予执行仲裁裁决；（十）不予执行公证机关赋予强制执行效力的债权文书；（十一）其他需要裁定解决的事项。对前款第一项至第三项裁定，可以上诉。裁定书应当写明裁定结果和作出该裁定的理由。裁定书由审判人员、书记员署名，加盖人民法院印章。口头裁定的，记入笔录。”在 2007 年《民事诉讼法》第 140 条的基础上，2012 年《民事诉讼法》增加了：“裁定书应当写明裁定结果和作出该裁定的理由。”序号由 2007 年《民事诉讼法》第 140 条调整为 2012 年《民事诉讼法》第 154 条。2017 年《民事诉讼法》第 154 条未作调整；2021 年《民事诉讼法》对于本条的内容未作调整，仅序号进行了调整，即由原 2017 年《民事诉讼法》第 154 条，调整为 2021 年《民事的诉讼法》第 157 条。

① 唐德华主编：《新民事诉讼法条文释义》，人民法院出版社 2008 年版，第 452 页。

② 江必新主编：《新民事诉讼法条文理解与适用》（上），人民法院出版社 2022 年版，第 715 页。

③ 参见田平安主编：《民事诉讼法原理（第五版）》，厦门大学出版社 2014 年版，第 295~296 页。

④ 唐德华主编：《新民事诉讼法条文释义》，人民法院出版社 2008 年版，第 452 页。

⑤《民事诉讼法》第 126 条规定：“人民法院应当保障当事人依照法律规定享有的起诉权利。对符合本法第一百二十二条的起诉，必须受理。符合起诉条件的，应当在七日内立案，并通知当事人；不符合起诉条件的，应当在七日内作出裁定书，不予受理；原告对裁定不服的，可以提起上诉。”

诉，应当裁定不予受理。当事人不享有民事程序上的诉权，不能行使或未依法行使其程序上的诉权，或者该法院对此案件无管辖权的，法院裁定不予受理。（1）关于程序诉权。根据《民事诉讼法》第 3 条[①]规定，本法对事项的适用范围，就是人民法院依照本法的规定受理民事案件的范围，亦称主管。如涉及仲裁管辖的事项，如《民事诉讼法解释》第 215 条[②]；（2）关于未依法行使程序上的诉权。如《民事诉讼法解释》第 209 条[③]；（3）关于管辖权。如《民事诉讼法解释》第 211 条[④]。

根据《民事诉讼法》第 126 条规定，为提高人民法院办案效率，维护当事人的合法权益，人民法院在审查起诉时如认为不符合起诉条件，应当在七日内作出裁定书，通知原告不予受理，并向原告说明理由。对于不予受理的裁定，当事人不服的，可以上诉。《民事诉讼法》第 171 条第 2 款规定："当事人不服地方人民法院第一审裁定的，有权在裁定书送达之日起十日内向上一级人民法院提起上诉。"

（二）对管辖权有异议的

根据《民事诉讼法》第 130 条、《民事诉讼法解释》第 223 条规定，[⑤]管辖权异议，是指人民法院受理案件后，当事人以该人民法院对案件没有

---

① 《民事诉讼法》第 3 条规定："人民法院受理公民之间、法人之间、其他组织之间以及他们相互之间因财产关系和人身关系提起的民事诉讼，适用本法的规定。"

② 《民事诉讼法解释》第 215 条规定："依照民事诉讼法第一百二十七条第二项的规定，当事人在书面合同中订有仲裁条款，或者在发生纠纷后达成书面仲裁协议，一方向人民法院起诉的，人民法院应当告知原告向仲裁机构申请仲裁，其坚持起诉的，裁定不予受理，但仲裁条款或者仲裁协议不成立、无效、失效、内容不明确无法执行的除外。"

③ 《民事诉讼法解释》第 209 条规定："原告提供被告的姓名或者名称、住所等信息具体明确，足以使被告与他人相区别的，可以认定为有明确的被告。起诉状列写被告信息不足以认定明确的被告的，人民法院可以告知原告补正。原告补正后仍不能确定明确的被告的，人民法院裁定不予受理。"

④ 《民事诉讼法解释》第 211 条规定："对本院没有管辖权的案件，告知原告向有管辖权的人民法院起诉；原告坚持起诉的，裁定不予受理；立案后发现本院没有管辖权的，应当将案件移送有管辖权的人民法院。"

⑤ 《民事诉讼法》第 130 条规定："人民法院受理案件后，当事人对管辖权有异议的，应当在提交答辩状期间提出。人民法院对当事人提出的异议，应当审查。异议成立的，裁定将案件移送有管辖权的人民法院；异议不成立的，裁定驳回。当事人未提出管辖异议，并应诉答辩的，视为受诉人民法院有管辖权，但违反级别管辖和专属管辖规定的除外。"《民事诉讼法解释》第 223 条规定："当事人在提交答辩状期间提出管辖异议，又针对起诉状的内容进行答辩的，人民法院应当依照民事诉讼法第一百三十条第一款的规定，对管辖异议进行审查。当事人未提出管辖异议，就案件实体内容进行答辩、陈述或者反诉的，可以认定为民事诉讼法第一百三十条第二款规定的应诉答辩。"

管辖权为由，提出将该案移送有管辖权的人民法院审查的请求。[①] 主要包括三类异议情形：（1）当事人就地域管辖权提出异议的；（2）当事人就级别管辖提出异议的；（3）当事人在答辩期间内以双方自愿达成书面仲裁协议应向仲裁机构申请仲裁为由提出管辖权异议的。[②] 如果当事人对管辖权提出了异议，则裁判文书应当对管辖权异议的审理意见进行充分的说理，尤其对结合法律规定和案件具体情况认定管辖法院的过程进行说理。[③]

当事人对管辖权异议的裁定不服的，可以提起上诉。

（三）驳回起诉

《民事诉讼法》第 127 条、《民事诉讼法解释》第 208 条等规定[④] 明确了应当裁定驳回当事人起诉的情形。（1）如果人民法院受理了不属于民事诉讼受理范围的案件，原告又不愿意撤诉的，人民法院应当裁定驳回起诉；（2）如果人民法院在民事案件审理过程中，发现原告起诉不符

---

① 江必新主编：《新民事诉讼法条文理解与适用》（上），人民法院出版社 2022 年版，第 277 页。

② 王胜明主编：《中华人民共和国民事诉讼法释义（最新修正版）》，法律出版社 2012 年版，第 310~311 页。

③ 王利明：《裁判说理论——以民事法为视角》，人民法院出版社 2021 年版，第 157 页。

④ 《民事诉讼法》第 127 条规定："人民法院对下列起诉，分别情形，予以处理：（一）依照行政诉讼法的规定，属于行政诉讼受案范围的，告知原告提起行政诉讼；（二）依照法律规定，双方当事人达成书面仲裁协议申请仲裁、不得向人民法院起诉的，告知原告向仲裁机构申请仲裁；（三）依照法律规定，应当由其他机关处理的争议，告知原告向有关机关申请解决；（四）对不属于本院管辖的案件，告知原告向有管辖权的人民法院起诉；（五）对判决、裁定、调解书已经发生法律效力的案件，当事人又起诉的，告知原告申请再审，但人民法院准许撤诉的裁定除外；（六）依照法律规定，在一定期限内不得起诉的案件，在不得起诉的期限内起诉的，不予受理；（七）判决不准离婚和调解和好的离婚案件，判决、调解维持收养关系的案件，没有新情况、新理由，原告在六个月内又起诉的，不予受理。"《民事诉讼法解释》第 208 条规定："人民法院接到当事人提交的民事起诉状时，对符合民事诉讼法第一百二十二条的规定，且不属于第一百二十七条规定情形的，应当登记立案；对当场不能判定是否符合起诉条件的，应当接收起诉材料，并出具注明收到日期的书面凭证。需要补充必要相关材料的，人民法院应当及时告知当事人。在补齐相关材料后，应当在七日内决定是否立案。立案后发现不符合起诉条件或者属于民事诉讼法第一百二十七条规定情形的，裁定驳回起诉。"《民事诉讼法解释》第 406 条规定："按照第二审程序再审的案件，人民法院经审理认为不符合民事诉讼法规定的起诉条件或者符合民事诉讼法第一百二十七条规定不予受理情形的，应当裁定撤销一、二审判决，驳回起诉。"《民事诉讼法解释》第 216 条规定："在人民法院首次开庭前，被告以有书面仲裁协议为由对受理民事案件提出异议的，人民法院应当进行审查。经审查符合下列情形之一的，人民法院应当裁定驳回起诉：（一）仲裁机构或者人民法院已经确认仲裁协议有效的；（二）当事人没有在仲裁庭首次开庭前对仲裁协议的效力提出异议的；（三）仲裁协议符合仲裁法第十六条规定且不具有仲裁法第十七条规定情形的。"

合起诉条件的，应当通知原告撤诉，原告不撤诉的，人民法院应当裁定驳回起诉。[①] 当事人对驳回起诉的裁定不服的，可以提起上诉。

（四）保全和先予执行

关于保全。根据《民事诉讼法》第 103 条规定，[②] 财产保全，是指人民法院作出裁定，对一方当事人的财产采取查封、扣押、冻结等保全措施，防止该当事人转移、处分被保全的财产，以保证将来生效判决的执行；行为保全，是指人民法院作出裁定，责令一方当事人作出一定行为，或者禁止作出一定行为，防止该当事人正在实施或者将要实施的行为给申请人造成不可弥补的损害。[③]

根据《民事诉讼法》第 109 条和第 110 条规定，[④] 先予执行，是指人民法院在审理民事案件中，因当事人一方生活或生产的急需，在作出判决之前，根据当事人的申请，裁定一方当事给付另一方当事人一定数额的款项或者特定物，或者停止或实施某些行为，并立即执行的法律制度。[⑤] 人民法院可以依当事人的申请或者依职权作出保全或先予执行的裁定，该裁定一经作出即具有法律效力。

对于保全和先予执行的裁定，当事人不能提起上诉，但可以向作出裁

① 江必新主编：《新民事诉讼法条文理解与适用》（上），人民法院出版社 2022 年版，第 715 页。

② 《民事诉讼法》第 103 条规定："人民法院对于可能因当事人一方的行为或者其他原因，使判决难以执行或者造成当事人其他损害的案件，根据对方当事人的申请，可以裁定对其财产进行保全、责令其作出一定行为或者禁止其作出一定行为；当事人没有提出申请的，人民法院在必要时也可以裁定采取保全措施。人民法院采取保全措施，可以责令申请人提供担保，申请人不提供担保的，裁定驳回申请。人民法院接受申请后，对情况紧急的，必须在四十八小时内作出裁定；裁定采取保全措施的，应当立即开始执行。"

③ 王胜明主编：《中华人民共和国民事诉讼法释义（最新修正版）》，法律出版社 2012 年版，第 229 页。

④ 《民事诉讼法》第 109 条规定："人民法院对下列案件，根据当事人的申请，可以裁定先予执行：（一）追索赡养费、扶养费、抚养费、抚恤金、医疗费用的；（二）追索劳动报酬的；（三）因情况紧急需要先予执行的。"《民事诉讼法》第 110 条规定："人民法院裁定先予执行的，应当符合下列条件：（一）当事人之间权利义务关系明确，不先予执行将严重影响申请人的生活或者生产经营的；（二）被申请人有履行能力。人民法院可以责令申请人提供担保，申请人不提供担保的，驳回申请。申请人败诉的，应当赔偿被申请人因先予执行遭受的财产损失。"

⑤ 王胜明主编：《中华人民共和国民事诉讼法释义（最新修正版）》，法律出版社 2012 年版，第 250 页。

定的人民法院申请复议一次。①

（五）准许或者不准许撤诉

《民事诉讼法》第13条第2款、《民事诉讼法》第145条等规定，撤诉，是指原告向人民法院起诉后，在判决宣告前，全部放弃自己诉讼请求的行为。② 宣判前，原告申请撤诉的，是否准许，由人民法院裁定。

撤诉裁定一经作出即具有法律效力，当事人不能提起上诉，也不申请复议。

（六）中止或者终结诉讼

根据《民事诉讼法》第153条规定，③ 中止诉讼，是指在诉讼过程中，因出现某些法定情况而暂时停止诉讼程序进行的制度。④ 根据《民事诉讼法》第154条规定，⑤ 终结诉讼，是指在诉讼进行中，由于出现了某些法定情形，使诉讼无法进行或者没有必要继续进行，从而结束诉讼程序的制度。⑥

中止诉讼或者终结诉讼的裁定一经作出即具有法律效力，当事人既不能上诉，也不能申请复议。

（七）补正判决书中的笔误

民事判决书中的笔误，是指法律文书误写、误算，诉讼费用漏写、误写和其他笔误。⑦《民事诉讼法解释》第245条规定："民事诉讼法第一百

---

① 《民事诉讼法解释》第171条规定："当事人对保全或者先予执行裁定不服的，可以自收到裁定书之日起五日内向作出裁定的人民法院申请复议。人民法院应当在收到复议申请后十日内审查。裁定正确的，驳回当事人的申请；裁定不当的，变更或者撤销原裁定。"第172条规定："利害关系人对保全或者先予执行的裁定不服申请复议的，由作出裁定的人民法院依照民事诉讼法第一百一十一条规定处理。"

② 王胜明主编：《中华人民共和国民事诉讼法释义（最新修正版）》，法律出版社2012年版，第350页。

③ 《民事诉讼法》第153条规定："有下列情形之一的，中止诉讼：（一）一方当事人死亡，需要等待继承人表明是否参加诉讼的；（二）一方当事人丧失诉讼行为能力，尚未确定法定代理人的；（三）作为一方当事人的法人或者其他组织终止，尚未确定权利义务承受人的；（四）一方当事人因不可抗拒的事由，不能参加诉讼的；（五）本案必须以另一案的审理结果为依据，而另一案尚未审结的；（六）其他应当中止诉讼的情形。中止诉讼的原因消除后，恢复诉讼。"

④ 唐德华主编：《新民事诉讼法条文释义》，人民法院出版社2008年版，第446页。

⑤ 《民事诉讼法》第154条规定："有下列情形之一的，终结诉讼：（一）原告死亡，没有继承人，或者继承人放弃诉讼权利的；（二）被告死亡，没有遗产，也没有应当承担义务的人的；（三）离婚案件一方当事人死亡的；（四）追索赡养费、扶养费、抚养费以及解除收养关系案件的一方当事人死亡的。"

⑥ 唐德华主编：《新民事诉讼法条文释义》，人民法院出版社2008年版，第448页。

⑦ 江必新主编：《新民事诉讼法条文理解与适用》（上），人民法院出版社2022年版，第717页。

五十七条第一款第七项规定的笔误是指法律文书误写、误算，诉讼费用漏写、误算和其他笔误。”

补正判决书中笔误的民事裁定一经作出，即具有法律效力，当事人既不能上诉，也不能申请再审。

（八）中止或者终结执行

根据《民事诉讼法》第153条规定，[①]中止诉讼，是指在民事诉讼过程中由于出现了特殊情形，诉讼程序中途停止的程序。中止诉讼的障碍消除后，可以恢复民事诉讼程序时，人民法院应当作出恢复诉讼的民事裁定；根据《民事诉讼法》第154条规定，[②]终结诉讼，是指由出现了特殊情况，使正在进行的诉讼既无必要也无可能继续进行下去，因而最终结束诉讼程序的一种程序。[③]

中止诉讼或终结诉讼的民事裁定一经作出，即具有法律效力，当事人既不能上诉，也不能申请再审。

（九）撤销或者不予执行仲裁裁决

我国的仲裁司法审查制度，主要包括申请撤销仲裁裁决和不予执行仲裁裁决。1991年《民事诉讼法》确立了对仲裁裁决的不予执行制度，[④]以

---

① 《民事诉讼法》第153条规定：“有下列情形之一的，中止诉讼：（一）一方当事人死亡，需要等待继承人表明是否参加诉讼的；（二）一方当事人丧失诉讼行为能力，尚未确定法定代理人的；（三）作为一方当事人的法人或者其他组织终止，尚未确定权利义务承受人的；（四）一方当事人因不可抗拒的事由，不能参加诉讼的；（五）本案必须以另一案的审理结果为依据，而另一案尚未审结的；（六）其他应当中止诉讼的情形。中止诉讼的原因消除后，恢复诉讼。”

② 《民事诉讼法》第154条规定：“有下列情形之一的，终结诉讼：（一）原告死亡，没有继承人，或者继承人放弃诉讼权利的；（二）被告死亡，没有遗产，也没有应当承担义务的人的；（三）离婚案件一方当事人死亡的；（四）追索赡养费、扶养费、抚养费以及解除收养关系案件的一方当事人死亡的。”

③ 唐德华主编：《新民事诉讼法条文释义》，人民法院出版社2008年版，第453页。

④ 1991年《民事诉讼法》第217条规定：“对依法设立的仲裁机构的裁决，一方当事人不履行的，对方当事人可以向有管辖权的人民法院申请执行。受申请的人民法院应当执行。被申请人提出证据证明仲裁裁决有下列情形之一的，经人民法院组成合议庭审查核实，裁定不予执行：（一）当事人在合同中没有订有仲裁条款或者事后没有达成书面仲裁协议的；（二）裁决的事项不属于仲裁协议的范围或者仲裁机构无权仲裁的；（三）仲裁庭的组成或者仲裁的程序违反法定程序的；（四）认定事实的主要证据不足的；（五）适用法律确有错误的；（六）仲裁员在仲裁该案时有贪污受贿、徇私舞弊，枉法裁决行为的。人民法院认定执行该裁决违背社会公共利益的，裁定不予执行。裁定书应当送达双方当事人的仲裁机构。仲裁裁决被人民法院裁定不予执行的，当事人可以根据双方达成的书面仲裁协议重新申请仲裁，也可以向人民法院起诉。”

及后续其他有关不予执行的相关规定。[1]1995年《仲裁法》确立了对仲裁裁决的申请撤销制度，[2]以及后续其他有关撤销仲裁裁判的相关规定。[3]既然民事实体法已经明确了法院可依法定情形撤销仲裁裁决的权力，因此，民事程序法上应当在裁定书形式上予以明确，形成立法呼应。

撤销仲裁裁判或者不予执行仲裁裁决的裁定一经作出，即具有法律效力，当事人不能提起上诉，也不能申请复议。

（十）不予执行公证机关赋予强制执行效力的债权文书

根据《公证法》第37条规定，[4]公证机关赋予强制执行效力的债权文书，当事人可以申请人民法院强制执行。公证债权文书确有错误的，人民法院可以裁定不予执行。根据《最高人民法院关于公证债权文书执行若干

---

① 例如，已被修改的《最高人民法院关于内地与香港特别行政区相互执行仲裁裁决的安排》（法释〔2000〕3号）第7条规定："在内地或者香港特区申请执行的仲裁裁决，被申请人接到通知后，提出证据证明有下列情形之一的，经审查核实，有关法院可裁定不予执行：（一）仲裁协议当事人依对其适用的法律属于某种无行为能力的情形；或者该项仲裁协议依约定的准据法无效；或者未指明以何种法律为准时，依仲裁裁决地的法律是无效的；（二）被申请人未接到指派仲裁员的适当通知，或者因他故未能陈述意见的；（三）裁决所处理的争议不是交付仲裁的标的或者不在仲裁协议条款之内，或者裁决载有关于交付仲裁范围以外事项的决定的；但交付仲裁事项的决定可与未交付仲裁的事项划分时，裁决中关于交付仲裁事项的决定部分应当予以执行；（四）仲裁庭的组成或者仲裁庭程序与当事人之间的协议不符，或者在有关当事人没有这种协议时与仲裁地的法律不符的；（五）裁决对当事人尚无约束力，或者业经仲裁地的法院或者按仲裁地的法律撤销或者停止执行的。有关法院认定依执行地法律，争议事项不能以仲裁解决的，则可不予执行该裁决。内地法院认定在内地执行该仲裁裁决违反内地社会公共利益，或者香港特区法院决定在香港特区执行该仲裁裁决违反香港特区的公共政策，则可不予执行该裁决。"

② 《仲裁法》第58条规定："当事人提出证据证明裁决有下列情形之一的，可以向仲裁委员会所在地的中级人民法院申请撤销裁决：（一）没有仲裁协议的；（二）裁决的事项不属于仲裁协议的范围或者仲裁委员会无权仲裁的；（三）仲裁庭的组成或者仲裁的程序违反法定程序的；（四）裁决所根据的证据是伪造的；（五）对方当事人隐瞒了足以影响公正裁决的证据的；（六）仲裁员在仲裁该案时有索贿受贿，徇私舞弊，枉法裁决行为的。人民法院经组成合议庭审查核实裁决有前款规定情形之一的，应当裁定撤销。人民法院认定该裁决违背社会公共利益的，应当裁定撤销。"

③ 例如，《仲裁法解释》第19条规定："当事人以仲裁裁决事项超出仲裁协议范围为由申请撤销仲裁裁决，经审查属实的，人民法院应当撤销仲裁裁决中的超裁部分。但超裁部分与其他裁决事项不可分的，人民法院应当撤销仲裁裁决。"

④ 《公证法》第37条规定："对经公证的以给付为内容并载明债务人愿意接受强制执行承诺的债权文书，债务人不履行或者履行不适当的，债权人可以依法向有管辖权的人民法院申请执行。前款规定的债权文书确有错误的，人民法院裁定不予执行，并将裁定书送达双方当事人和公证机构。"

问题的规定》和《民事诉讼法解释》规定，不同的“确有错误”[①]，适用不同的程序。

不予执行公证机关赋予强制执行效力的债权文书的裁定一经作出，即具有法律效力，当事人不能上诉，也不能申请复议。

（十一）其他需要裁定解决的事项

这是一项兜底条款，由于法律关系的多样性和复杂性，本项主要是为适用审判实践的需要，在遇到除前述（1）至（10）项以外的程序性问题时所作的弹性条款。例如，适用小额程序转普通程序不成立的[②]；驳回上诉[③]；

① 《最高人民法院关于公证债权文书执行若干问题的规定》第12条规定：“有下列情形之一的，被执行人可以依照民事诉讼法第二百三十八条第二款规定申请不予执行公证债权文书：（一）被执行人未到场且未委托代理人到场办理公证的；（二）无民事行为能力人或者限制民事行为能力人没有监护人代为办理公证的；（三）公证员为本人、近亲属办理公证，或者办理与本人、近亲属有利害关系的公证的；（四）公证员办理该项公证有贪污受贿、徇私舞弊行为，已经由生效刑事法律文书等确认的；（五）其他严重违反法定公证程序的情形。被执行人以公证债权文书的内容与事实不符或者违反法律强制性规定等实体事由申请不予执行的，人民法院应当告知其依照本规定第二十二条第一款规定提起诉讼。”第19条规定：“人民法院认定执行公证债权文书违背公序良俗的，裁定不予执行。”第22条规定：“有下列情形之一的，债务人可以在执行程序终结前，以债权人为被告，向执行法院提起诉讼，请求不予执行公证债权文书：（一）公证债权文书载明的民事权利义务关系与事实不符；（二）经公证的债权文书具有法律规定的无效、可撤销等情形；（三）公证债权文书载明的债权因清偿、提存、抵销、免除等原因全部或者部分消灭。债务人提起诉讼，不影响人民法院对公证债权文书的执行。债务人提供充分、有效的担保，请求停止相应处分措施的，人民法院可以准许；债权人提供充分、有效的担保，请求继续执行的，应当继续执行。”《民事诉讼法解释》第478条规定：“有下列情形之一的，可以认定为民事诉讼法第二百四十五条第二款规定的公证债权文书确有错误：（一）公证债权文书属于不得赋予强制执行效力的债权文书的；（二）被执行人一方未亲自或者未委托代理人到场公证等严重违反法律规定的公证程序的；（三）公证债权文书的内容与事实不符或者违反法律强制性规定的；（四）公证债权文书未载明被执行人不履行义务或者不完全履行义务时同意接受强制执行的。人民法院认定执行该公证债权文书违背社会公共利益的，裁定不予执行。公证债权文书被裁定不予执行后，当事人、公证事项的利害关系人可以就债权争议提起诉讼。”

② 《民事诉讼法》第169条规定：“人民法院在审理过程中，发现案件不宜适用小额诉讼的程序的，应当适用简易程序的其他规定审理或者裁定转为普通程序。当事人认为案件适用小额诉讼的程序审理违反法律规定的，可以向人民法院提出异议。人民法院对当事人提出的异议应当审查，异议成立的，应当适用简易程序的其他规定审理或者裁定转为普通程序；异议不成立的，裁定驳回。”

③ 2021年《民事诉讼法》第177条规定：“第二审人民法院对上诉案件，经过审理，按照下列情形，分别处理：（一）原判决、裁定认定事实清楚，适用法律正确的，以判决、裁定方式驳回上诉，维持原判决、裁定；（二）原判决、裁定认定事实错误或者适用法律错误的，以判决、裁定方式依法改判、撤销或者变更；（三）原判决认定基本事实不清的，裁定撤销原判决，发回原审人民法院重审，或者查清事实后改判；（四）原判决遗漏当事人或者违法缺席判决等严重违反法定程序的，裁定撤销原判决，发回原审人民法院重审。原审人民法院对发回重审的案件作出判决后，当事人提起上诉的，第二审人民法院不得再次发回重审。”

调解协议申请执行不符合条件的[①]；关于再审裁定[②]，等等，如需要裁定的，人民法院也可以作出裁定，从而避免出现遗漏的情形，同时，也为今后随着社会经济条件的发展而可能在民事诉讼程序中出现的新型事项提前预留立法空间。

三、关于民事裁定结果和民事裁定理由

（一）裁定结果和裁定理由公开的意义

司法裁判是按照法律的要求认定事实、适用法律以解决纠纷的活动过程。司法裁判结果是通过案件事实与法律适用过程而得出的结论。民事裁定是人民法院对民事审判和执行程序中的程序问题以及特殊的实体问题所做出的具有结论性、权威性的判定。[③]民事裁定结果和裁定理由公开的意义在于：

1. 保证程序公正价值的实现

程序公正除具有保障实体公正的工具性价值以外，还具有保障当事人听审请求权、证据提出权、辩论权、程序正当、程序选择等程序性价值，同时有利于维护司法公正的外观、促进民事裁判的司法公信力、限制事实裁判者滥用自由裁量权等，有助于程序价值和实体价值实现。

2. 保障当事人的程序参与

基于当事人的裁判请求权、辩论主义和处分原则，诉权制约着民事裁判的范围，在涉及当事人权利义务关系和责任承担的审判程序中，必须从程序上保障对参与民事诉讼程序并足以影响裁判形成的程序权利的诉讼主体的当事人程序参与性。

3. 促进事实裁判者心证公开

根据本条规定的程序性事项，通过说明理由，法官应当尽到阐明义

---

① 《民事诉讼法》第 206 条规定："人民法院受理申请后，经审查，符合法律规定的，裁定调解协议有效，一方当事人拒绝履行或者未全部履行的，对方当事人可以向人民法院申请执行；不符合法律规定的，裁定驳回申请，当事人可以通过调解方式变更原调解协议或者达成新的调解协议，也可以向人民法院提起诉讼。"

② 《民事诉讼法》第 220 条规定："有下列情形之一的，当事人可以向人民检察院申请检察建议或者抗诉：（一）人民法院驳回再审申请的；（二）人民法院逾期未对再审申请作出裁定的；（三）再审判决、裁定有明显错误的。人民检察院对当事人的申请应当在三个月内进行审查，作出提出或者不予提出检察建议或者抗诉的决定。当事人不得再次向人民检察院申请检察建议或者抗诉。"

③ 常怡主编：《民事诉讼法学》，中国政法大学出版社 1999 年版，第 318 页。

务，公正心证有助于当事人知晓法官裁量的全过程。

4. 促进裁判的正当性

心证公开在实体上的价值主要体现在保障司法裁判结果的公正性。尽管民事裁定主要用于解决程序性问题，但在许多情况下，它会直接涉及或影响到当事人实体性权利的行使或实现程度，通过说明理由可以增强民事裁定结果的正当性，吸收当事人对裁定结果的不满情绪，节省司法资源，提高诉讼程序效益。

（二）制作民事裁定书的形式要件

1. 基本要素

根据最高人民法院《人民法院民事裁判文书制作规范》第1条规定，民事裁定书的基本要素主要包括：

（1）文书由标题、正文、落款三部分组成。

（2）标题包括法院名称、文书名称和案号。

（3）正文包括首部、事实、理由、裁判依据、裁判主文、尾部。

①首部包括诉讼参加人及其基本情况，案件由来和审理经过等；

②事实包括当事人的诉讼请求、事实和理由，人民法院认定的证据及事实；

③理由是根据认定的案件事实和法律依据，对当事人的诉讼请求是否成立进行分析评述，阐明理由；

④裁判依据是人民法院作出裁判所依据的实体法和程序法条文；

⑤裁判主文是人民法院对案件实体、程序问题作出的明确、具体、完整的处理决定；

⑥尾部包括诉讼费用负担和告知事项。

2. 民事裁定书的“尾部”写法

根据最高人民法院《人民法院民事裁判文书制作规范》“（九）尾部”的规定，[①]需要说明的是，裁定书应当写明裁定结果和作出该裁定的

① 最高人民法院《人民法院民事裁判文书制作规范》“（九）尾部”规定：1. 尾部应当写明诉讼费用的负担和告知事项。2. 诉讼费用包括案件受理费和其他诉讼费用。收取诉讼费用的，写明诉讼费用的负担情况。如：“案件受理费……元，由……负担；申请费……元，由……负担”。3. 诉讼费用不属于诉讼争议的事项，不列入裁判主文，在判决主文后另起一段写明。4. 一审判决中具有金钱给付义务的，应当在所有判项之后另起一行写明：“如果未按本判决指定的期间履行给付金钱义务，应当依照《中华人民共和国民事诉讼法》第二百五十三条的规定，加倍支付迟延履行期间的债务利息。”二审判决具有金钱给付义务的，属于二审改判的，无论一审判决是否写入了（转下页）

理由。

民事裁定书由审判人员、书记员署名，加盖人民法院印章。口头裁定的，记入笔录。从而保证民事裁定的准确性和解决程序问题的有效性。

（三）裁定理由应当说理

民事裁定书和民事判决书一样，都是法院行使审判权的方式，都是法院依诉讼进程所实施的诉讼行为，都是对法院所进行的诉讼活动形成的诉讼结果的证明文件和有形载体，都具有法律效力，都应当贯彻审判公开原则，因此，本条规定："裁定书应当写明裁定结果和作出该裁定的理由。"

裁定结果，是指人民法院根据事实和理由对所遇问题作出的权威性判断；裁定理由，是指人民法院针对民事审判和执行程序及部分实体问题依据法律所确认的理由。当事人对相关的程序性事项发生争议与当事人对实体性事项发生争议类似，裁判文书应当对其加以阐释。① 裁定理由是形成裁定结果的前提和基础，说理透彻并论证充分的裁定理由有助于增强裁定结果的正当性和可接受性。即裁定书既写明裁定结果，也应当写明事实和法律依据以及理由等内容，让当事人明白作出该裁定的来龙去脉，从而更容易接受该裁定书的内容，这样可以避免在诉讼过程中节外生枝，引起不必要的纠纷，保证诉讼的程序进行。② 关于民事裁定说理，重点需要关注的内容：

1. 关于事实

事实包括当事人的诉讼请求、事实和理由，人民法院认定的证据及事实。根据最高人民法院《人民法院民事裁判文书制作规范》"（五）事实"

（接上页）上述告知内容，均应在所有判项之后另起一行写明上述告知内容。二审维持原判的判决，如果一审判决已经写明上述告知内容，可不再重复告知。5. 对依法可以上诉的一审判决，在尾部表述为："如不服本判决，可以在判决书送达之日起十五日内，向本院递交上诉状，并按对方当事人的人数或者代表人的人数提出副本，上诉于 ×××× 人民法院。" 6. 对一审不予受理、驳回起诉、管辖权异议的裁定，尾部表述为："如不服本裁定，可以在裁定书送达之日起十日内，向本院递交上诉状，并按对方当事人的人数或者代表人的人数提出副本，上诉于 ×××× 人民法院。"

① 王利明：《裁判说理论——以民事法为视角》，人民法院出版社 2021 年版，第 157 页。

② 全国人大常委会法制工作委员会民法室编：《〈中华人民共和国民事诉讼法〉释解与适用》，人民法院出版社 2012 年版，第 251 页。

部分第 7 条、第 10 条[①]，《最高人民法院关于加强和规范裁判文书释法说理的指导意见》第 6 条[②] 和 2019 年《民事诉讼证据规定》第 97 条[③] 规定，应当在裁定书中阐明证据是否采纳及采纳理由，从而有助于正确认定案件事实。

2. 关于理由

理由是根据认定的案件事实和法律依据，对当事人的诉讼请求是否成立进行分析评述，阐明理由。根据最高人民法院《人民法院民事裁判文书制作规范》的“（六）理由”部分[④]、《最高人民法院关于加强和规范裁判

---

① 最高人民法院《人民法院民事裁判文书制作规范》“（五）事实”部分第 7 条规定：“当事人举证质证一般情况后直接写明人民法院对证据和事实的认定情况。对当事人所提交的证据原则上不一一列明，可以附录全案证据或者证据目录。对当事人无争议的证据，写明‘对当事人无异议的证据，本院予以确认并在卷佐证’。对有争议的证据，应当写明争议的证据名称及人民法院对争议证据认定的意见和理由；对有争议的事实，应当写明事实认定意见和理由。”第 10 条规定：“认定的事实，应当重点围绕当事人争议的事实展开。按照民事举证责任分配和证明标准，根据审查认定的证据有无证明力、证明力大小，对待证事实存在与否进行认定。要说明事实认定的结果、认定的理由以及审查判断证据的过程。”

② 《最高人民法院关于加强和规范裁判文书释法说理的指导意见》第 6 条规定：“裁判文书应当结合庭审举证、质证、法庭辩论以及法庭调查核实证据等情况，重点针对裁判认定的事实或者事实争点进行释法说理。依据间接证据认定事实时，应当围绕间接证据之间是否存在印证关系、是否能够形成完整的证明体系等进行说理。采用推定方法认定事实时，应当说明推定启动的原因、反驳的事实和理由，阐释裁断的形成过程。”

③ 2019 年《民事诉讼证据规定》第 97 条规定：“人民法院应当在裁判文书中阐明证据是否采纳的理由。对当事人无争议的证据，是否采纳的理由可以不在裁判文书中表述。”

④ 最高人民法院《人民法院民事裁判文书制作规范》“（六）理由”规定：1. 理由部分的核心内容是针对当事人的诉讼请求，根据认定的案件事实，依照法律规定，明确当事人争议的法律关系，阐述原告请求权是否成立，依法应当如何处理。裁判文书说理要做到论理透彻，逻辑严密，精炼易懂，用语准确。2. 理由部分以“本院认为”作为开头，其后直接写明具体意见。3. 理由部分应当明确纠纷的性质、案由。原审确定案由错误，二审或者再审予以改正的，应在此部分首先进行叙述并阐明理由。4. 说理应当围绕争议焦点展开，逐一进行分析论证，层次明确。对争议的法律适用问题，应当根据案件的性质、争议的法律关系、认定的事实，依照法律、司法解释规定的法律适用规则进行分析，作出认定，阐明支持或不予支持的理由。5. 争议焦点之外，涉及当事人诉讼请求能否成立或者与本案裁判结果有关的问题，也应在说理部分一并进行分析论证。6. 理由部分需要援引法律、法规、司法解释时，应当准确、完整地写明规范性法律文件的名称、条款项序号和条文内容，不得只引用法律条款项序号，在裁判文书后附相关条文。引用法律条款中的项的，一律使用汉字不加括号，例如：“第一项”。7. 正在审理的案件在基本案情和法律适用方面与最高人民法院颁布的指导性案例相类似的，应当将指导性案例作为裁判理由引述，并写明指导性案例的编号和裁判要点。8. 司法指导性文件体现的原则和精神，可在理由部分予以阐述或者援引。9. 在说理最后，可以另起一段，以“综上所述”引出，对当事人的诉讼请求是否支持进行评述。

文书释法说理的指导意见》第 8 条[①] 规定，重点在于说明民事裁定所依据的法律规范和适用法律规范的理由。

3. 关于裁判依据

裁判依据是人民法院作出裁判所依据的实体法和程序法条文；根据最高人民法院《人民法院民事裁判文书制作规范》“第（七）裁判依据”部分的规定[②]，《最高人民法院关于加强和规范裁判文书释法说理的指导意见》第 12 条[③] 规定，以及《最高人民法院关于裁判文书引用法律、法规等规范性法律文件的规定》第 1 条[④] 等规定，列明得出裁定结果的具体法律适用条文。

【审判实践中应当注意的问题】

一、无论是否“可以上诉”，民事裁定书均“应当写明”事实和理由

根据《民事诉讼法》第 157 条第 2 款规定，“对前款第一项至第三项

---

① 《最高人民法院关于加强和规范裁判文书释法说理的指导意见》第 8 条规定：“下列案件裁判文书，应当强化释法说理：疑难、复杂案件；诉讼各方争议较大的案件；社会关注度较高、影响较大的案件；宣告无罪、判处法定刑以下刑罚、判处死刑的案件；行政诉讼中对被诉行政行为所依据的规范性文件一并进行审查的案件；判决变更行政行为的案件；新类型或者可能成为指导性案例的案件；抗诉案件；二审改判或者发回重审的案件；重审案件；再审案件；其他需要强化说理的案件。”

② 最高人民法院《人民法院民事裁判文书制作规范》的“（七）裁判依据”规定：1. 引用法律、法规、司法解释时，应当严格适用《最高人民法院关于裁判文书引用法律、法规等规范性法律文件的规定》。2. 引用多个法律文件的，顺序如下：法律及法律解释、行政法规、地方性法规、自治条例或者单行条例、司法解释；同时引用两部以上法律的，应当先引用基本法律，后引用其他法律；同时引用实体法和程序法的，先引用实体法，后引用程序法。3. 确需引用的规范性文件之间存在冲突，根据《中华人民共和国立法法》等有关法律规定无法选择适用的，应依法提请有决定权的机关作出裁决，不得自行在裁判文书中认定相关规范性法律文件的效力。4. 裁判文书不得引用宪法和各级人民法院关于审判工作的指导性文件、会议纪要、各审判业务庭的答复意见以及人民法院与有关部门联合下发的文件作为裁判依据，但其体现的原则和精神可以在说理部分予以阐述。5. 引用最高人民法院的司法解释时，应当按照公告公布的格式书写。6. 指导性案例不作为裁判依据引用。

③ 《最高人民法院关于加强和规范裁判文书释法说理的指导意见》第 12 条规定：“裁判文书引用规范性法律文件进行释法说理，应当适用《最高人民法院关于裁判文书引用法律、法规等规范性法律文件的规定》等相关规定，准确、完整地写明规范性法律文件的名称、条款项序号；需要加注引号引用条文内容的，应当表述准确和完整。”

④ 《最高人民法院关于裁判文书引用法律、法规等规范性法律文件的规定》第 1 条规定：“人民法院的裁判文书应当依法引用相关法律、法规等规范性法律文件作为裁判依据。引用时应当准确完整写明规范性法律文件的名称、条款序号，需要引用具体条文的，应当整条引用。”

裁定，可以上诉”，第3款规定，“裁定书应当写明裁定结果和作出该裁定的理由”。第一，可以明确的是，第2款规定不是对第3款规定的“限制性规定”；第二，并不是说只有“可以上诉”的民事裁定，才需要写明裁定结果和理由，即除上“可以上诉”的三类裁定外，其他的民事裁定书，不能仅仅以“事实清楚”“无法律依据”“请求不当”等简要词汇作为裁定理由，实质上取代“应当写明裁定结果和作出该裁定的理由”；第三，本条所规定的所有11项（含兜底条款）裁定，都必须要写明裁定的事实和理由。

二、正确处理好“补正材料”与不予受理的关系

《最高人民法院关于人民法院登记立案若干问题的规定》（法释〔2015〕8号）第7条规定：“当事人提交的诉状和材料不符合要求的，人民法院应当一次性书面告知在指定期限内补正。当事人在指定期限内补正的，人民法院决定是否立案的期间，自收到补正材料之日起计算。当事人在指定期限内没有补正的，退回诉状并记录在册；坚持起诉、自诉的，裁定或者决定不予受理、不予立案。经补正仍不符合要求的，裁定或者决定不予受理、不予立案。”

三、符合条件的应予受理

1. 关于再次起诉的应予受理问题

《民事诉讼法解释》第212条规定：“裁定不予受理、驳回起诉的案件，原告再次起诉，符合起诉条件且不属于民事诉讼法第一百二十七条规定情形的，人民法院应予受理。”

2. 关于新案受理的问题

《民事诉讼法解释》第218条规定：“赡养费、扶养费、抚养费案件，裁判发生法律效力后，因新情况、新理由，一方当事人再行起诉要求增加或者减少费用的，人民法院应作为新案受理。”

3. 关于中止裁定后的程序恢复问题

《民事诉讼法解释》第246条规定：“裁定中止诉讼的原因消除，恢复诉讼程序时，不必撤销原裁定，从人民法院通知或者准许当事人双方继续进行诉讼时起，中止诉讼的裁定即失去效力。”

第一百五十八条 最高人民法院的判决、裁定，以及依法不准上诉或者超过上诉期没有上诉的判决、裁定，是发生法律效力的判决、裁定。

【条文主旨】

本条是关于人民法院生效判决、裁定的规定。

【理解与适用】

本条在本次修正中未作修改。

一、民事判决的法律效力

根据不同级别的法院和适用不同程序而作出的判决，其法律效力发生的时间有所不同。主要包括以下几种情况：

1. 最高人民院作出的判决，一经宣判即发生法律效力。

2. 各级人民法院适用第二审程序作出的判决，一经宣判即发生法律效力。

3. 实行一审终审不准上诉的判决，一经宣判即发生法律效力。这主要是指《民事诉讼法》第十五章规定的依照特别程序审理的选民资格案件、宣告失踪或者宣告死亡案件、认定公民无民事行为能力或者限制民事行为能力案件、认定财产无主案件、确认调解协议案件和实现担保物权案件。

4. 实行两审终审的案件，第一审作出的判决，当事人在收到判决书后的十五日内未提出上诉，又无延长期限的正当理由的，该判决即发生法律效力。

民事判决的法律效力是针对生效判决而言的，是指生效判决在法律上的效力。法院的生效判决在法律上具有拘束力、既判力，有给付内容的判决还具有执行力。具体如下：

1. 判决的拘束力

判决一经生效即具有普遍约束力，当事人必须遵守。当事人应当按判决行使权利和履行义务，人民法院未经法定程序不得随意变更或撤销判决，任何单位和个人也不得变更判决的内容。根据《民事诉讼法》第 114 条第 1 款第 6 项规定，诉讼参与人或者其他人拒不履行人民法院已经发生法律效力的判决、裁定的，人民法院可以根据情节轻重予以罚款、拘留；构成犯罪的，依法追究刑事责任。对有前述行为的单位，可以对其主要负责人或者直接责任人员予以罚款、拘留；构成犯罪的，依法追究刑事责任。

2. 判决的既判力

判决一经生效，当事人必须遵守判决所确定的实体权利义务关系，不得再有争议，或者要求改变。当事人不得对判决确认的法律关系以同一诉讼标的、以相同的理由提起诉讼或者上诉。

3. 判决的执行力

判决发生法律效力后，一方当事人作为义务人拒不履行义务的，权利人一方可以以判决为根据，向人民法院申请强制执行。没有给付内容的民事判决，不具有执行力。

二、民事裁定的法律效力

根据作出裁定的法院的级别不同，以及法律规定是否准许上诉的情况不同，裁定生效的时间也不同。主要有以下几种情况：

1. 最高人民法院作出的所有裁定，都是具有法律效力的裁定。

2. 不准上诉的裁定，一经宣布，即具有法律效力。依法不准上诉的裁定是指除《民事诉讼法》第 157 条第 1 款第 1 项至第 3 项规定的不予受理、决定管辖权异议、驳回起诉裁定三种之外的其他裁定。对可以复议的裁定，复议不停止裁定的执行。

3. 第二审人民法院对提起上诉作出的裁定是终审裁定，一经宣布，即发生法律效力。

4. 对于不予受理、决定管辖权异议、驳回起诉三种可以上诉的裁定，当事人不服的，应当在裁定作出之日起十日内向上一级人民法院提起上诉。当事人超过法定期限未提出上诉，又没有延长期限的正当理由，上诉期满后，裁定即发生法律效力。

已经生效的民事裁定，具有拘束力，当事人必须履行。在少数情况下，裁定如涉及当事人以外的其他社会成员和单位的，裁定对所涉及的社会成员和单位有拘束力。如财产保全的裁定，需冻结当事人银行存款，此裁定即对银行有拘束力。裁定的执行力，体现在只有具有给付内容或者法律特别规定的裁定，才具有执行力，如财产保全和先予执行的裁定。民事裁定解决的主要是程序性问题，因此一般在诉讼期间有效，随着诉讼的结束或者裁定解决的问题的完结，裁定的效力自行消失。

【审判实践中应当注意的问题】

根据《民事诉讼法》第210条的规定，当事人对已经发生法律效力的判决、裁定，认为有错误的，可以向上一级人民法院申请再审；当事人一方人数众多或者当事人双方为公民的案件，也可以向原审人民法院申请再审。当事人申请再审的，不停止判决、裁定的执行。

第一百五十九条 公众可以查阅发生法律效力的判决书、裁定书，但涉及国家秘密、商业秘密和个人隐私的内容除外。

【条文主旨】

本条是关于裁判文书公开法律制度的规定。

【理解与适用】

本条内容是2012年8月31日第十一届全国人民代表大会常务委员会第二十八次会议通过增加入《民事诉讼法》的，在2017年、2021年、2023年三次修正《民事诉讼法》中，除条文序号有相应调整外，条文内容未作调整。

2012年《民事诉讼法》修改过程中，法学专家、律师界等提出增加对裁判文书公开的规定，进一步完善审判公开制度，促进人民法院提高审判质量，提升司法公信。综合考虑各方面意见，结合我国司法审判实践，本条规定公众可以查阅发生法律效力的判决书、裁定书，但涉及国家秘密、商业秘密和个人隐私的内容除外。

民事裁判文书，是人民法院在民事诉讼中，为解决具体的民事权利义务争议，就案件的实体问题和程序问题，依法制作的具有法律效力的司法文书。它记录着人民法院审理案件的审判过程、裁判依据、裁判理由和裁判结果等。民事裁判文书公开在形式上要求公开宣告，无论是公开审理的案件，还是不公开审理的案件，其判决都应当向当事人公开宣告；在内容实质上，公开既包括裁判结果的公开，也包括裁判理由的公开。

审判公开是现代民主法治的基本理念，裁判文书公开是审判公开的一项重要内容，其主要功能体现在以下几个方面：

1.强化对审判活动的监督制约，促进司法权力规范行使

正义要通过看得见的方式实现。裁判文书既记录了法官审判活动的过程，也记录了法官裁判的结论以及得出这一结论的理由和依据，那么在裁判文书公开后，公众就可以通过查阅裁判文书实现对裁判的监督。而法院和法官为了获得人民群众的认可，避免事后被追责，将会严格地按照法律

规定进行裁判，从而实现裁判公正。

2. 提高司法公信力，树立司法权威

人民法院的审判活动是一个案件事实的再现过程，绝大多数公众并没有参与到案件的真实过程当中，那么需要通过一定的方式来判断法院所再现的案件事实是否是与案件的真相相符，需要通过一定的方式来判断法院所作出的裁判结果是否与法律规定相符。而裁判文书记录了再现案件事实所依据的证据，记录了是否开庭、出庭人员是否合法、法官是否回避、证据是否经过了质证、是否经过了鉴定等再现案件事实的审判程序，同时也记录了法官作出裁判结果所依据的法律规定以及逻辑推理过程，所以裁判文书公开可以有效地打消公众对案件裁判的猜忌，便于获得人民群众对裁判结果的认同，从而增强公众对法治的信心、对司法的信赖。

3. 促进统一法律适用

尽管我国是成文法国家，法官依据法律裁判案件，但是在同样的法律事实中，当事人实施同样或者类似的法律行为，应当承担同样或者类似的法律责任，是公众的共识。如果两个公民在同样的法律事实中，实施了同样的法律行为，却被法官裁判承担差异较大的法律责任，那么至少会有一人会质疑法官裁判不公。因此，法官在审判实践中，经常会参考与所审理案件相类似的案例进行裁判。而裁判文书公开制度，方便了法官对类似案例的查找，经过长期的积累，对统一法律适用具有极大的促进作用。

4. 推动开展普法宣传教育

党中央高度重视普法宣传教育工作，从 1985 年司法部向六届全国人大常委会第十三次会议提交普法“一五规划”草案开始，迄今这项工程坚持了 39 年。如今利用裁判文书公开来做普法宣传教育效果明显，与相对枯燥的法律条文、法律常识相比，裁判文书和案例学习更加生动、更加直接，也更利于深入人心。

5. 促进法学研究与司法实践的良性互动

目前我国还在一定程度上存在法学研究与司法实践相脱离的问题，研究者往往对司法实践当中存在的问题及其原因了解不够，而司法实践也会因为一些现实的问题与法学研究理论存在一定的偏差。裁判文书公开制度，使得法学研究者更易于通过真实的案件来了解司法实践当中存在的问题，掌握司法实践的动向及理论发展的可能性，从而推动法学理论研究。

一、申请查阅的主体

本条规定的出发点是实现社会公众对审判活动的监督，所规定的查阅主体是“公众”，因此，无论申请查阅人是否与案件有利害关系，均可以根据本规定申请查阅发生法律效力的判决书、裁定书。为避免实践中对“公众”产生不同理解，《民事诉讼法解释》第254条把“公众”具体为“公民、法人或者其他组织”。

二、申请查阅的范围

《民事诉讼法》第52条第2款规定：“当事人可以查阅本案有关材料，并可以复制本案有关材料和法律文书。查阅、复制本案有关材料的范围和办法由最高人民法院规定。”第64条规定：“代理诉讼的律师和其他诉讼代理人有权调查收集证据，可以查阅本案有关材料。查阅本案有关材料的范围和办法由最高人民法院规定。”《最高人民法院关于诉讼代理人查阅民事案件材料的规定》第1条规定：“代理民事诉讼的律师和其他诉讼代理人有权查阅所代理案件的有关材料。但是，诉讼代理人查阅案件材料不得影响案件的审理。诉讼代理人为了申请再审的需要，可以查阅已经审理终结的所代理案件有关材料”；第5条规定：“诉讼代理人在诉讼中查阅案件材料限于案件审判卷和执行卷的正卷，包括起诉书、答辩书、庭审笔录及各种证据材料等。案件审理终结后，可以查阅案件审判卷的正卷。”可见，当事人、代理人可以查阅与案件有关的材料和法律文书，即除法律文书外，还包括庭审笔录和证据材料等，这是从维护当事人合法权益的角度出发的，所有的诉讼材料和法律文书都有可能涉及当事人的诉讼权利和实体权利。与此不同的是，公众查阅的范围仅为发生法律效力的判决书、裁定书，证据材料和其他法律文书不属于公众查阅的范围，尚未发生法律效力的判决书、裁定书也不属于公众查阅的范围。

需要特别强调的是，调解书不属于公众可以查阅的范围。主要考虑是：（1）调解书是当事人和解内容的司法确认，是双方当事人合意达成的意思自治，没有法官的心证裁判过程，公众监督的必要性不大。（2）在调解的过程中，当事人往往会做出一定的让步，目的是让纠纷更加快速地处理或者让纠纷的影响降到最低，也就是说，调解的结果往往与严格按照法律裁判的结果不相同，难以对同类案件裁判产生指导价值，有时候当事人做出的让步还有可能造成公众的误解。所以从尊重当事人处分权的角度考虑，不必将调解书公开，公众不可以查阅。一些社会关注度高的调解案件确有必要公开的，可以通过专门的新闻发布会或者新闻媒体报道来满足公众的知情权；对于有指导意义的调解书，可以通过发布典型案例的方式公布。

三、查阅裁判文书的内容限制

本条对不能查阅的内容作了限制，即“涉及国家秘密、商业秘密和个人隐私的内容除外”。也就是说，公众查阅裁判文书的内容，应当以完整的全文查阅为原则，以部分查阅为例外。一般来说，分为三种情况：（1）裁判文书全文均不涉及国家秘密、商业秘密和个人隐私，则该裁判文书应当全文提供查阅；（2）裁判文书只有部分内容涉及国家秘密、商业秘密、个人隐私需要保密，公开不涉及保密内容的部分不影响需要保密的内容，则对于需要保密的内容不得提供查阅，而其余不需要保密的内容可以提供查阅；（3）裁判文书的主要内容涉及国家秘密、商业秘密和个人隐私需要保密，或者裁判文书需要保密的内容与不需要保密的内容不可分割，仅公开不需要保密的内容影响对裁判文书的理解，则该裁判文书不得提供查阅。

需要注意的，裁判文书中所包含的个人信息不能查阅，例如自然人的出生日期、工作单位、家庭住址、通讯方式、身份证号、银行账号等，裁判文书在向公众公开时应当隐去这些内容，以便保护个人信息的安全，避免被不法利用。这一点，在最高人民法院关于在互联网公开裁判文书的相关规定中有明确体现。

当然，本条关于查阅裁判文书内容的限制，仅是针对公众查阅而言，对当事人、代理人查阅并无此限制，但应注意保密。在《最高人民法院关于诉讼代理人查阅民事案件材料的规定》第 8 条即规定“查阅案件材料中涉及国家秘密、商业秘密和个人隐私的，诉讼代理人应当保密。”

四、提供查阅裁判文书的主体

公众需要查阅发生法律效力的判决书、裁定书时，应该向哪个机关申请，在本条中并未明确规定查阅渠道。为解决这个问题，确保公众的查阅权得到保障，《民事诉讼法解释》第 254 条规定：“公民、法人或者其他组织申请查阅发生法律效力的判决书、裁定书的，应当向作出该生效裁判的人民法院提出。”也就是说，作出生效裁判的人民法院有义务以适当形式满足公众查阅生效判决书、裁定书的要求。

五、申请查阅的程序

关于公众申请查阅发生效力的判决书、裁定书的程序，在本条中也没有进行规定，同样在《民事诉讼法解释》第254条中规定为：“申请应当以书面形式提出，并提供具体的案号或者当事人姓名、名称。”查阅发生法律效力的判决书、裁定书，是法律赋予公众的权利。只要公民、法人或者其他组织依据本条规定通过书面形式向作出生效裁判的人民法院提出了查阅请求，并提供了具体的案号或者当事人姓名、名称，人民法院就应当提供查阅。

【审判实践中应当注意的问题】

近年来，人民法院面向社会公开了数量庞大的裁判文书，随之而来实践中也出现了不少的困难和问题。（1）如果不涉及国家秘密，个案裁判文书的公开一般不会涉及安全问题，但是海量的裁判文书公开，经过大数据技术的收集、解析，可能会给国家经济安全、数据安全带来风险。（2）法律赋予了公众对生效裁判文书的查阅权，这是保障公众对诉讼知情权、监督权的体现，但同时法律也要求保护公民的个人隐私、个人信息，而裁判文书中含有不少当事人的个人隐私、个人信息。任何一起诉讼，都是由与当事人相关的事件引发的，裁判文书记载了事件发生的过程，除非出于特殊目的需要，绝大多数当事人是不愿意将与其相关的事件晒到社会公众面前，接受他人的指点和评判的。公众对诉讼的知情权、监督权与当事人的隐私权、个人信息保护之间往往是存在矛盾的。实践中，有不少当事人或案外人反映裁判文书公开对其生活造成较大负面影响，有些企业、公司对曾经有过劳动争议诉讼的当事人不予提供平等就业机会，一些刑满释放人员由于裁判文书公开难以再就业、回归社会，娱乐明星等社会公众人物诉讼案件裁判文书的公开更是容易形成社会舆情，给当事人正常生活带来巨大困扰。（3）裁判文书公开对涉诉企业融资、经营带来了负面影响，实践中发现不少金融机构拒绝向涉诉企业提供贷款，在当今社会经济面临严峻形势的情况下，这是不利于企业尤其是中小企业经营发展的。人民法院不论是在裁判文书上网公开工作中，还是在向公众提供查阅裁判文书工作中，都要高度重视上述问题，避免对公民日常生活、企业正常经营造成负面影响。最高人民法院已经注意到了上述情况，正在加紧调查研究，下一步将采取相关措施，在制度层面妥善解决相关问题。

中华人民共和国
民事诉讼法
理解与适用

[下]

陶凯元　杨万明　王淑梅　主编

人民法院出版社
PEOPLE'S COURT PRESS

总目录

第一编　总　则

第二编　审判程序

第三编　执行程序

第四编　涉外民事诉讼程序的特别规定

目 录

CONTENTS

下 册

第十三章 简易程序

第十四章　第二审程序

第十五章　特别程序

第一节　一般规定

第二节　选民资格案件

第三编 执行程序

第十九章 一般规定

第二十七章 司法协助

第十三章　简易程序

第一百六十条　基层人民法院和它派出的法庭审理事实清楚、权利义务关系明确、争议不大的简单的民事案件，适用本章规定。

基层人民法院和它派出的法庭审理前款规定以外的民事案件，当事人双方也可以约定适用简易程序。

【条文主旨】

本条是关于适用简易程序审理案件范围的规定。

【理解与适用】

公正与效率是人民司法工作的永恒主题。虽然传统意义上的司法公正是诉讼程序设计的主要追求，但在现代社会，基于诉讼案件的高发、司法资源的有限以及群众维权意识的高涨等多重因素影响，司法效率日益受到重视和关注。为了有效维护当事人合法权益和及时化解社会矛盾，《民事诉讼法》在第一审普通程序之外单独规定了“第十三章简易程序”，以此来回应人民群众对司法效率的期望和需求。

一、民事简易程序的概念及功能

简易程序是指基层人民法院和它派出的法庭审理事实清楚、权利义务关系明确、争议不大的简单的民事案件适用的程序。该程序相对于普通程序来说，在起诉手续、传唤当事人方式、审理程序以及审限等方面都作了简化，可以说是一种简化了的普通程序。民事案件中不少是事实清楚、权利义务关系明确、争议不大的简单民事案件，《民事诉讼法》规定审理简单的民事案件适用简易程序。从表面而言，民事简易程序在适用范围、起诉方式、传唤方式乃至审判组织形式等方面都未超越民事普通一审程序的范围，似乎仅是民事普通一审程序的简化，而非一个独立程序。但究其实质，民事简易程序是与民事普通一审程序并行不悖的独立的简便易行程序。

在审判实践中，对简单民事案件适用民事简易程序既有利于维护当事人合法权益、及时化解社会矛盾，又符合完善简易程序的要求，具有深刻的现实意义。具体而言，民事简易程序具有以下功能：一是有利于降低诉讼成本，节约司法资源。一方面，民事简易程序，通过简化起诉、送达、庭审、裁判文书以及降低诉讼费用等方式，使当事人可以较低的诉讼成本尽早从诉讼中摆脱出来，符合当事人对诉讼效率的要求；另一方面，诉讼周期的降低、审判组织的简化可以使有限的司法资源发挥出最大潜能，最大程度节省人力、物力、财力，有效缓解“案多人少”的矛盾。二是有利于贯彻“两便”原则。“两便”原则包括便利人民群众参加诉讼和便利人民法院办案两个方面。简易程序使得司法救济途径变得简单明了，更多欠缺法律知识和诉讼能力的人民群众将因此能更方便接近司法资源，从而使参加诉讼的权利得到有效保障。如前所述，审判组织的精简和程序的简化亦方便人民法院办案，提升审判效率。三是有利于树立司法威信。简易程序的适用可以有效帮助人民法院实现繁简分流，让人民法院有更充裕的时间和精力来审理比较重大、复杂、疑难的案件，以确保案件审判质量，从而树立法院威信，增强人民群众对司法公正的信任。

二、如何理解民事简易程序的适用情形

普通程序严谨的程序设计虽能够体现法院审判的严肃性和公正性，但其烦琐的程序流程却制约着审判效率的提高。特别是在简单的民事案件中，大多数当事人期望的是快速解决纠纷，最低成本维护权利。因此，让当事人投入大量的诉讼成本去实现一个很小的权利，成本与收益不一致本身就是一种不公正，更不符合诉讼效益的要求。另外，就一个国家的司法系统而言，普通程序与简易程序的划分体现了国家对其可支出司法资源的结构性安排，这种安排的目的在于实现诉讼制度纠纷解决机能的最大化。对于任何一个国家，司法资源总是有限的。要用这有限的资源，实现司法制度收益的最大化，即最大限度地解决纠纷，那么对这些资源进行科学的配置总是必要的。用花费较多的普通程序处理数额较大、案情较复杂或提出了某种法律问题的案件，而用花费较少的简易程序处理数额较小、案情相对简单的案件，正是出于这种资源合理化配置的考虑。既然对简单案件

类型适用民事简易程序比普通诉讼程序更有利于节约当事人诉讼成本和司法资源，就没有必要对该类案件再适用普通程序进行审理。因此，各国和地区立法大多规定了简单案件应直接适用民事简易程序。

我国民事简易程序立法也遵循了这一理念。1991年《民事诉讼法》在第142条第一次规定了简易程序适用的案件类型为事实清楚、权利义务关系明确、争议不大的简单的民事案件。从历次《民事诉讼法》修改情况来看，关于简易程序适用案件类型的文字表述从未发生变化。2021年《民事诉讼法》第160条第1款仍规定："基层人民法院和它派出的法庭审理事实清楚、权利义务关系明确、争议不大的简单的民事案件，适用本章规定。"从司法实践反馈情况来看，1992年《民事诉讼法意见》关于"事实清楚、权利义务关系明确、争议不大"的解释对准确适用民事程序、统一司法标准发挥了重要作用，但囿于文字表述的不周延、不精确，在个别案件是否适用简易程序的问题上，仍存在争议。为此，《民事诉讼法解释》第256条在1992年《民事诉讼法意见》原有条文基础上对部分文字表述进行了修改。《民事诉讼法解释》第256条规定："民事诉讼法第一百六十条规定的简单民事案件中的事实清楚，是指当事人对争议的事实陈述基本一致，并能提供相应的证据，无须人民法院调查收集证据即可查明事实；权利义务关系明确是指能明确区分谁是责任的承担者，谁是权利的享有者；争议不大是指当事人对案件的是非、责任承担以及诉讼标的争执无原则分歧。"

1. 关于"事实清楚"，是指当事人对争议的事实陈述基本一致，并能提供相应的证据，无须人民法院调查收集证据即可查明事实

这里提供的证据，并不需要达到可靠的程度，因为根据一般诉讼流程，人民法院是先决定审理程序，再通知当事人到庭，参加庭审，庭审质证阶段发生在审理程序确定之后。换言之，人民法院作出证据是否可靠的判断应当是简易程序适用之后而不是决定是否适用简易程序之前，因此，对于简易程序的适用只要求当事人提供相应的证据即可。但需要注意的是，这里仅指人民法院在立案阶段确定审理程序时的判断，该判断是依据当时对案件情况的了解而作出的，并不意味着案件适用简易程序审理后，人民法院就不能调查收集证据。调查收集证据是人民法院查明事实的手段之一，仍可适用于适用简易程序审理的案件，以帮助人民法院查明案件事实。

2. 关于“权利义务关系明确”，是指能明确区分谁是责任的承担者，谁是权利的享有者

在一个案件中，如果双方的权利义务关系明确，从另一个层面就表明，该案的法律适用明确，案件的法律关系清晰明了，有明确的法律规范与之对应，在解释和适用上不会存在空白与争议。

3. 关于“争议不大”，是指当事人对案件的是非、责任承担以及诉讼标的争执无原则分歧

需要注意的是，这里的当事人对案件责任无原则分歧，指的是当事人对由谁承担责任无原则分歧，并非指当事人对案件的责任性质无原则分歧，比如该责任是侵权责任还是违约责任等。

【审判实践中应当注意的问题】

一、当事人向人民法院提出选择适用简易程序的最晚期限为开庭前

司法实践中，当事人双方达成选择适用简易程序的合意并向人民法院提出案件适用简易程序审理的时间情况各异：有的当事人在起诉和受理阶段就向人民法院提出案件适用简易程序审理；有的当事人在审理前的准备阶段向人民法院提出案件适用简易程序审理；还有的在开庭审理之后才向人民法院提出案件适用简易程序审理；甚至个案中还有在庭审结束后才向人民法院提出案件适用简易程序审理。实践中，对上述不同时间节点究竟应以哪个为准，争议较大。我们认为，从保障当事人程序选择权角度出发，应准许当事人在起诉和受理阶段以及审理前的准备阶段提出选择适用简易程序，但在案件已经开庭审理后，则不应允许当事人再选择适用简易程序。其理由在于，允许当事人对适用普通程序审理的案件在起诉和受理阶段、审理前的准备阶段选择适用简易程序审理可以降低当事人诉讼成本，节约司法资源。与普通程序相比较，简易程序在起诉、答辩、送达、举证期限、审判组织、庭审形式等方面均有所简化。这一方面可以直接减少当事人参加诉讼的时间、金钱成本支出，符合当事人对诉讼效率的要求；另一方面，诉讼周期的缩短、审判组织、庭审方式的简化可以使有限的司法资源发挥出最大潜能，最大程度节省人力、物力、财力，有效缓解案多人少的矛盾。但如果适用普通程序审理的案件，当事人在开庭后才

提出选择适用简易程序，则无法达到上述效果。所谓开庭审理是指人民法院于确定的日期在当事人和其他诉讼参与人的参加下，依照法定的程序和形式，在法庭上对案件进行实体审理的诉讼活动。开庭审理是普通程序中最基本和最主要的阶段，是当事人行使诉权进行诉讼活动和人民法院行使审判权进行审判活动最集中、最生动的体现。适用普通程序审理的案件，一旦开庭审理，则意味着已按普通程序走完了起诉、答辩、送达、举证期限确定、审判组织确定等阶段。此时已无法再通过转为简易程序对上述阶段简化处理，无法实现简易程序降低诉讼成本、节约司法资源的功能。而且，如果案件在开庭后转为适用简易程序审理，可能还需要重新开庭，这又会增加当事人的诉讼负担和占用更多的司法资源。

二、关于不适用简易程序审理的案件类型

《民事诉讼法解释》第257条规定："下列案件，不适用简易程序：（一）起诉时被告下落不明的；（二）发回重审的；（三）当事人一方人数众多的；（四）适用审判监督程序的；（五）涉及国家利益、社会公共利益的；（六）第三人起诉请求改变或者撤销生效判决、裁定、调解书的；（七）其他不宜适用简易程序的案件。"其中需要重点注意的是被告下落不明的情况。下落不明是指自然人离开最后居所和住所后没有音讯的状况。被告下落不明需要公告送达会造成审理拖延，不符合简易程序快审快结特点。对于被告于起诉时是否下落不明，不应当简单地根据原告的一面之词作出结论，除了被告已经被依法宣布失踪外，人民法院应当要求原告提供被告最后居住地的通讯地址或者其他联系方式，并按照该通讯地址或者联系方式送达应诉通知书，尽可能避免出现人民法院在公告传唤后缺席判决或者对案件按中止诉讼处理的情况。但如果被告收到了开庭传票后下落不明的，已不存在公告送达开庭传票的问题，人民法院可以适用简易程序进行审理。

第一百六十一条 对简单的民事案件，原告可以口头起诉。

当事人双方可以同时到基层人民法院或者它派出的法庭，请求解决纠纷。基层人民法院或者它派出的法庭可以当即审理，也可以另定日期审理。

【条文主旨】

本条是关于简易程序起诉和受理方式的规定。

【理解与适用】

《民事诉讼法》本次修正对本条未作修改。简易程序在起诉和受理方式上都具有自己的特点，以体现便于当事人。[①]《民事诉讼法》第120条第2款规定："书写起诉状确有困难的，可以口头起诉，由人民法院记入笔录，并告知对方当事人。"因此，适用普通程序起诉时，只有书写起诉状有困难的，才可以用口头形式起诉。可以说适用普通程序审理的案件，是以书面起诉为原则，以口头形式为例外。而适用简易程序起诉的案件，原告可以用口头形式起诉，法律上没有附加任何条件。我国《民事诉讼法》简易程序中关于口头起诉的规定最早见于1991年《民事诉讼法》第143条第1款："对简单的民事案件，原告可以口头起诉。"该条款在随后的历次《民事诉讼法》修改中都未作变动。1992年《民事诉讼法意见》第175条规定："适用简易程序审理案件，卷宗中应当具备以下材料：（1）诉状或者口头起诉笔录；……"从该条文可推出适用简易程序审理民事案件，人民法院应制作口头起诉笔录，但对口头起诉具体程序则没有涉及。直到2003年《简易程序规定》第4条才规定："原告本人不能书写起诉状，委托他人代写起诉状确有困难的，可以口头起诉。原告口头起诉的，人民法院应当将当事人的基本情况、联系方式、诉讼请求、事实及理由予以准确记录，将相关证据予以登记。人民法院应当将上述记录和登

① 王胜明主编：《中华人民共和国民事诉讼法释义（最新修正版）》，法律出版社2012年版，第385~386页。

记的内容向原告当面宣读，原告认为无误后应当签名或者捺印。”从司法实践情况看，该条文规定操作性较强，适用情况良好。在具体适用时，需要重点把握以下几点。

1. 口头起诉的条件

首先，口头起诉的原告应当是自然人。《民事诉讼法》虽未明确规定口头起诉的主体范围，但从口头起诉制度设立的目的就是保障诉讼能力低下的主体参与诉讼这一角度而言，法人、其他组织一般比自然人具有更强的诉讼能力，没有必要通过口头起诉制度加以保护。其次，原告本人不能书写起诉状。这里的“不能”主要有两种情形：（1）原告本人文化程度很低，不识字或不会写字，不能用文字形式表达自己的诉求和理由；（2）原告本人因身体残疾不能书写起诉状。这里的身体残疾与不能书写起诉状之间应有因果关系。至于个案中原告只是担心写不好起诉状而要求口头起诉，原告不愿支付打印起诉状费用而要求口头起诉，以及原告因字写得不好看而要求口头起诉等情形都不能成为原告要求口头起诉的理由。最后，委托他人代写确有困难。司法实践中，原告即便本人不能书写起诉状，也可以委托他人代写。只有在委托他人代写确有困难时才能口头起诉。这里委托他人代写确有困难主要指原告因客观原因不能委托亲朋好友代写，又因经济困难无法委托律师代写的情形。这样可以将一部分文化程度低但收入高的主体从口头起诉主体中排除，将有限司法资源提供给更需要司法救助的人。

2. 口头起诉记录的要求

口头起诉笔录应准确记载当事人的基本信息、诉讼请求、事实及理由等内容，包括“当事人的姓名、性别、工作单位、住所、联系方式等基本信息”等。当事人的基本信息、诉讼请求、事实及理由等事项都属于口头起诉必备内容，涉及当事人程序权和实体权的保护，必须准确记载。从现有情况来看，口头起诉最大的问题在于法官在作笔录时，对当事人的诉讼请求、事实及理由部分过滤、转化导致内容失真。这是因为，将当事人口头表述的内容转为文字记载，客观上无法完全避免记录者的主观认识、情感等因素。如果对当事人的口头起诉进行记录时，过多地对起诉理由进行概括和归纳，将会使后期的审理和判决颇显被动。一旦原告的诉讼请求被驳回，原告一方可能将败诉的理由归结为口头起诉记录的理由不充分；一旦被告败诉，被告一方会将败诉的理由归结为口头起诉记录的理由有失偏颇。[1]因此，为避免当事人事后归咎于法院，法院工作人员应尽量客观、准确反映当事人最真实的意思表示，特别是在可能涉及案件处理结果的诉讼请求、事实及理由等事项上不能人为夸大、缩小乃至不实记载。

3. 口头起诉笔录应经原告核对

由原告核对人民法院记录的内容并签名或者捺印确认是确保口头起诉笔录能准确、全面反映原告真实意思表示的重要环节。这是因为，设立口头起诉制度的目的就是保护当事人的诉权不受自身条件或其他因素的限制，人民法院工作人员制作的口头起诉笔录本质上仍是原告行使诉权的表现，其相应法律后果也应由原告承担。因此，由原告核对口头起诉笔录无误后签名或捺印也是应有之义。但要注意的是，在当事人无法阅读理解口头起诉笔录的情形下，当事人可以要求人民法院工作人员当面宣读口头起诉笔录，这是保障其诉权的有效手段。对此，人民法院应予以尊重和配合。

当事人到基层人民法院或者人民法庭后，对于适宜调解的案件，在征得双方当事人同意后，可以委派调解。调解过程中引导当事人恪守诚信，调解达成协议的鼓励即时履行，履行确有困难的，引导当事人申请司法确认，适时申请执行，最大程度兑现权益。同时，经调解不能达成协议的，及时登记立案，坚决防止久调不立。

《民事诉讼法》关于普通一审程序规定，原告起诉后，人民法院受理的，应当在立案之日起五日内将起诉状副本发送被告，被告应当在收到之日起十五日内提出答辩状。这种方式在简易程序中可以使用，但不是必须使用。简易程序中当事人双方可以同时到基层人民法院或者其派出的人民法庭，请求解决纠纷。基层人民法院或者其派出的法庭可以当即审理，也可以另定日期审理。这样，起诉和受理就非常便捷了，有利于纠纷的迅速解决。当然法院在适用简易程序审理案件时，应当告知当事人诉讼权利和义务。

【审判实践中应当注意的问题】

司法实践中，关于本条的理解与适用，还应注意平等保护被告等当

---

① 参见最高人民法院民事审判第一庭编著:《最高人民法院关于简易程序司法解释的理解与适用》，法律出版社 2003 年版，第 71 页。

事人的口头答辩权。《民事诉讼法》对被告等当事人的口头答辩没有作出规定，只在该法第 128 条第 2 款规定了“被告不提出答辩状的，不影响人民法院审理”。这是因为我国尚不承认答辩失权制度和律师强制代理制度，但并不能因此得出被告等当事人没有口头答辩的权利的结论。从简易程序简易特点、适用简易程序案件的性质以及当事人自身法律素养等情况来看，允许被告等当事人提出口头答辩既有其现实合理性，又符合人民法院对当事人的诉讼权利平等保护的要求。而且，2003 年《简易程序规定》第 7 条规定：“双方当事人到庭后，被告同意口头答辩的，人民法院可以当即开庭审理；被告要求书面答辩的，人民法院应当将提交答辩状的期限和开庭的具体日期告知各方当事人，并向当事人说明逾期举证以及拒不到庭的法律后果，由各方当事人在笔录和开庭传票的送达回证上签名或者捺印。”2020 年《简易程序规定》修改时仅对该条的个别文字进行了修改，基本精神未变化。《民事诉讼法解释》第 263 条规定：“适用简易程序审理案件，卷宗中应当具备以下材料：……（二）答辩状或者口头答辩笔录；……”这些司法解释事实上已经间接允许被告进行口头答辩。

第一百六十二条 基层人民法院和它派出的法庭审理简单的民事案件，可以用简便方式传唤当事人和证人、送达诉讼文书、审理案件，但应当保障当事人陈述意见的权利。

【条文主旨】

本条是关于简易程序可以用简便方式传唤、送达和审理案件的规定。

【理解与适用】

一般而言，对简单案件的当事人来说，能否快速结案往往是当事人关注的重点。迟来的正义不是正义，是否及时解决纠纷是当事人在简单民事案件中权利最终能否恢复的关键。因此，简易程序的核心在于简化审理流程，尽快审结案件。简化审理流程主要包括对开庭前传唤当事人和证人的简化、送达法律文书的简化、开庭审理的简化以及裁判文书的简化等。对此，2012 年修改前的《民事诉讼法》只在条文中明确规定了简易程序可以用简便方式传唤当事人和证人，但并未就送达法律文书、开庭审理以及裁判文书简化等事项作出明确规定。司法实践中，最高人民法院已出台专门司法解释就上述事项作出细化规定，并在具体实施中取得了积极效果。2012 年《民事诉讼法》修改，将简易程序中的文书送达、案件审理及裁判文书制作的简化问题以立法形式作出了明确规定。为了防止因程序不当简化而损害到当事人的诉讼权利，本条还以但书条款形式规定了应当保障当事人陈述意见的权利。

一、关于用简便方式传唤当事人和证人

在适用普通程序审理的案件中，必须在法定期间内用法定发传票的方式传唤当事人、证人出庭，如果是公开审理的案件，还需要公告当事人的姓名、案由和开庭的时间、地点，事项较多。而适用简易程序审理的民事案件，传唤当事人、证人到庭既可以采用发传票的方式，也可以采用简便方式传唤。1991 年《民事诉讼法》第 144 条第一次规定了人民法院适

用简易程序审理民事案件可以用简便方式随时传唤当事人、证人。此后，1992 年《民事诉讼法意见》第 172 条则将简便方式细化为“口头或者其他简便方式”。1993 年《最高人民法院经济纠纷案件适用简易程序开庭审理的若干规定》（已失效）第 3 条则进一步细化规定“被告在本地的，可以用书面、电话、请基层组织工作人员捎信等简便方式”传唤。2003 年《简易程序规定》第 6 条规定：“原告起诉后，人民法院可以采取捎口信、电话、传真、电子邮件等简便方式随时传唤双方当事人、证人。”2012 年《民事诉讼法》第 159 条规定“用简便方式传唤当事人和证人”。上述条文中，关于传唤当事人，并无争议。可能存在的分歧意见是对证人是否可以用传唤方式。虽然 2012 年《民事诉讼法》第 159 条规定可以传唤证人，但同时该法第 73 条则规定的是“经人民法院通知，证人应当出庭作证”。由上可知，对证人到庭用传唤方式还是用通知方式，成为司法实践需要解决的问题。我们认为，既然《民事诉讼法》对传唤规定了相应法律后果，如拘传、按撤诉处理和缺席判决等，那么可以理解为传唤是一种能导致相应后果的诉讼保障措施。由于我国现行法律只强调出庭作证是证人的法定义务，对拒绝作证和拒不到庭作证的行为却没有相应的处罚规定，法庭因此也无法对证人采取有效的强制措施，故我们认为对证人出庭更适宜采用通知形式。事实上，司法实践中，对证人出庭也多数采用的是通知形式。

关于简便方式传唤与缺席判决的关系问题。通过捎口信、电话、短信、传真、电子邮件等多种形式向当事人发送开庭通知，当事人收到开庭通知的，就产生使得诉讼程序得以继续进行下去的法律效果，当然前提是当事人确实知道这一开庭通知内容。为此，2003 年《简易程序规定》第 18 条规定：“以捎口信、电话、传真、电子邮件等形式发送的开庭通知，未经当事人确认或者没有其他证据足以证明当事人已经收到的，人民法院不得将其作为按撤诉处理和缺席判决的根据。”从司法实践来看，该条规定的适用取得了积极效果，但由于目前原告起诉时，人民法院一般都会要求其提供送达地址确认书并明确相应后果，故只要人民法院按送达地址确认书的记载向原告送达了开庭通知，原告无正当理由拒不到庭，人民法院可以按撤诉处理。

二、关于用简便方式送达诉讼文书

《民事诉讼法》中的送达，是指为了赋予特定承受人知晓诉讼上文件内容之机会而通过法定方式作出通知的行为。送达是基于法院的裁判权来进行。送达的对象是各类诉讼文书，包括传票、起诉状副本、答辩状副本、上诉状副本、通知书（如案件受理通知书、应诉通知书、举证通知书、出庭通知书等）、判决书、裁定书、调解书、决定书、支付令等。

电子方式送达属于简便方式送达的一种。2012 年《民事诉讼法》第 87 条第 1 款规定："经受送达人同意，人民法院可以采用传真、电子邮件等能够确认其收悉的方式送达诉讼文书，但判决书、裁定书、调解书除外。"根据该条规定，人民法院可以适用电子方式进行送达，但应当满足以下法定条件，包括：第一，必须经受送达人同意；第二，适用的电子送达方式必须能够确认受送达人收悉；第三，电子方式送达不适用于判决书、裁定书、调解书这三类诉讼文书。然而，2021 年《民事诉讼法》第 90 条修改了电子送达的规则，第 90 条第 1 款规定："经受送达人同意，人民法院可以采用能够确认其收悉的电子方式送达诉讼文书。通过电子方式送达的判决书、裁定书、调解书，受送达人提出需要纸质文书的，人民法院应当提供。"与 2012 年《民事诉讼法》第 87 条相比，主要修改了如下规则：一是允许电子送达裁判文书，将"但判决书、裁定书、调解书除外"删除，鉴于这三类裁判文书的特殊性，还增加规定了"受送达人提出需要纸质文书的，人民法院应当提供"，充分保障受送达人的权益；二是扩展了可以适用的电子送达方式的范围，将"采用传真、电子邮件等能够确认其收悉的方式送达诉讼文书"修改为"采用能够确认其收悉的电子方式送达诉讼文书"。

应注意的是，简便方式不仅包括电子送达，还包括捎口信等其他简便方式，虽然 2021 年《民事诉讼法》规定前述三类裁判文书可以适用电子送达，但对捎口信等其他简便方式送达诉讼文书特别是裁判文书并未作出明确规定。为此，《民事诉讼法解释》第 261 条第 1 款规定："适用简易程序审理案件，人民法院可以依照民事诉讼法第九十条、第一百六十二条的规定采取捎口信、电话、短信、传真、电子邮件等简便方式传唤双方当事人、通知证人和送达诉讼文书。"其中，关于用短信方式传唤、通知、送达的情形，鉴于目前部分人民法院已采用短信方式传唤、通知、送达并取得了良好效果，司法解释明确规定将短信方式纳入简便方式的范畴。

三、关于用简便方式审理案件

在普通民事一审程序中，开庭审理大致包括开庭准备、法庭调查、法庭辩论、案件评议和宣告判决几个环节。在适用简易程序开庭审理案件时，至少可从以下几个方面加以简化：

（一）设立调解前置程序及调解书生效时间前移制度

为了化解矛盾，彻底实现案结事了，《简易程序规定》第14条将婚姻家庭纠纷和继承纠纷、劳务合同纠纷、交通事故和工伤事故引起的权利义务关系较为明确的损害赔偿纠纷、宅基地和相邻关系纠纷、合伙合同纠纷、诉讼标的额较小的纠纷等六类纠纷确定为调解前置程序，相较普通程序中一般在法庭辩论结束后才进行调解，于以上六类案件中在审理前先行调解有助于简化审理流程、降低时间成本、高效化解纠纷。《简易程序规定》第15条还确立了以当事人在调解协议上签名、盖印为生效条件的诉讼调解制度。《民事诉讼法》虽然赋予了当事人在民事调解书送达前有反悔权，对于保障当事人的诉讼权利有积极的意义。但是，民事简易程序是以简便、迅速处理民事简单案件为目的的，民事调解书在送达双方当事人后才发生法律效力，此前，当事人不受调解协议的约束，可以任意反悔，既有违诚信原则，也不利于简单民事案件的快速解决。因此，《简易程序规定》第15条规定了调解达成协议并经审判人员审核后，双方当事人同意该调解协议经双方签名或者捺印生效的，该调解协议自双方签名或者捺印之日起发生法律效力，通过将调解书生效时间前移，有利于及时固定双方权利义务、实现案结事了。

（二）法庭调查和法庭辩论合二为一

案件的简单性决定了双方当事人可出示的证据及对证据的争议不会太多，故无须在庭审中单独划分一个法庭调查阶段对证据进行质证。而案件权利义务关系清楚的基本属性则决定了当事人在法庭上出现长时间辩论的可能性也不大。故人民法院在适用简易程序审理民事案件时，可以不区分法庭调查阶段和法庭辩论阶段，直接根据当事人的诉讼请求和答辩意见归纳出争议焦点，经当事人确认后，由当事人围绕争议焦点举证、质证和辩论。当事人对案件事实无争议的，审判人员可以在听取当事人就适用法律方面的辩论意见后径行判决、裁定。

（三）裁判文书可以适当简化

由于适用简易程序审理的案件，双方当事人对事实认定和法律适用争议不大，故裁判文书的内容亦不复杂，不需要依据通常诉讼程序有关判决书制作方式的规定进行制作。具体来说，根据《简易程序规定》第32条之规定，适用简易程序审理的民事案件，有下列情形之一的，人民法院在制作裁判文书时对认定事实或者判决理由部分可以适当简化：（1）当事人达成调解协议并需要制作民事调解书的；（2）一方当事人在诉讼过程中明确表示承认对方全部诉讼请求或者部分诉讼请求的；（3）当事人对案件事实没有争议或者争议不大的；（4）涉及自然人的隐私、个人信息，或者商业秘密的案件，当事人一方要求简化裁判文书中的相关内容，人民法院认为理由正当的；（5）当事人双方一致同意简化裁判文书的。

【审判实践中应当注意的问题】

一、开庭前对当事人陈述意见权利的保障

适用简易程序审理的民事案件，法院在开庭前应确保当事人知晓诉讼的开始、发表答辩意见、出庭参加诉讼等。具体表现为：首先，应保障原被告知晓诉讼的启动和进展。依据普通一审程序的规定，人民法院在决定受理案件后，应在法定期限内向原告送达立案通知书、向被告送达应诉通知书告知案件受理情况并为被告留出法定的答辩期，在确定开庭时间后，还应向各方当事人送达开庭通知，以确保其能够充分陈述意见。而在简易程序中，为了实现程序的简便快捷，往往可以适当简化上述文书的送达方式而采用电话通知、短信通知、电子邮件、QQ等直接告知当事人的方式。这些告知方式虽然有即时性，但作为接受方的当事人是否收到或及时收到则取决于当事人提供的信息是否真实以及人民法院是否事先向当事人告知不及时接收可能存在的法律风险。但部分人民法院在履行告知义务时，由于工作的疏忽往往并未认真核实当事人提供信息是否准确也未提前告知未及时接收的风险，从而导致当事人可能因此错过答辩或开庭，无法充分陈述自己的意见。因此，人民法院在采用上述联系方式通知当事人时，应优先考虑电话通知本人并录音存档的方式。即便出现电话无法联系的情形，也应尽量同时采用多种方式并保留相关证据。

二、开庭中对当事人陈述意见权利的保障

在适用简易程序审理的案件开庭过程中，人民法院不能为了追求庭审的高效快捷，而任意压缩庭审时间，不让当事人充分陈述其主张或反驳意见。虽然简易程序可以不受法庭辩论顺序的限制，但并不意味着法庭可以不组织当事人进行辩论。其理由在于，对于案件的事实和适用的法律，法院没有让当事人发表辩论意见的，不能作为裁判基础，这是辩论权保障的要求。由于适用简易程序案件的特点是标的不大、事实清楚、权利义务关系明确，故没有必要采用普通程序那样严格的庭审环节。可以在庭审中，让法庭调查与法庭辩论合二为一，加快庭审节奏，这有利于简化程序，提高办案效率，符合简易程序的立法宗旨。具体而言，简易程序可不区分当事人发言的先后顺序，当事人、代理人对争议事项逐一进行举证、质证的同时，既可以陈述自己的意见又可以反驳对方的主张，融调查与辩论为一体，从而避免了法庭调查与辩论割裂而造成的重复调查和空洞辩论。当然，庭审完毕后，应让其作出最后陈述。可见，简易程序在法庭辩论的简化上只是不需严格遵循原告及其诉讼代理人发言、被告及其诉讼代理人答辩、第三人及其诉讼代理人发言或者答辩、互相辩论、征询各方最终意见的顺序。但仍应充分保障当事人陈述其意见。司法实务中，人民法院适用简易程序审理案件时，经常可能会基于加快庭审进度的考虑，而要求当事人简要陈述或答辩。一般来说，庭审经过原告及其诉讼代理人发言、被告及其诉讼代理人答辩后，如果当事人均认为其发言或反驳中已明确表达了自己意见，不需要其他辩论的，则以后的辩论环节可以省略。但如果合议庭在法庭上因为案情简单，先入为主不听取或制止当事人对案件基本事实以及适用法律的陈述，或者法官在庭上接打电话、翻阅其他案件的材料甚至处于睡眠状态则可以认定为没有保障当事人陈述意见的权利。另外，一旦当事人出现长篇、脱离争议焦点、重复的发言或辩解，合议庭也可加以制止。这种制止一般不会影响当事人充分表达意见。

第一百六十三条 简单的民事案件由审判员一人独任审理，并不受本法第一百三十九条、第一百四十一条、第一百四十四条规定的限制。

【条文主旨】

本条是关于简易程序审理方式的规定。

【理解与适用】

除条文序号外，2023 年修正后的《民事诉讼法》对本条内容未作修改。我国人民法院审理民事案件的组织形式，分为合议制和独任制。由于适用简易程序审理的民事案件，事实清楚、权利义务关系明确、争议不大，因此无须用合议制，一人独任审判也可以保证审判质量。但是并非独任制只适用于简易程序，《民事诉讼法》规定，基层人民法院审理的基本事实清楚、权利义务关系明确的第一审民事案件，可以由审判员一人适用普通程序独任审理。不过一人独任审判，是一个“审判员”独任审判，而不是“人民陪审员”独任审判，也不是“书记员”或者“法官助理”等审判辅助人员审判。有的法院连审判员都不派，只派书记员审判的做法是违反法律规定的。《民事诉讼法》规定了简单的民事案件由审判员一人独任审理，但未规定由谁担任记录。1992 年《民事诉讼法意见》第 172 条规定，适用简易程序审理案件，由审判员独任审判，书记员担任记录，不得自审自记。[①] 从这些年的实践情况来看，审记分开有利于减轻审判员庭审工作负担，增强当事人对裁判过程公开性、公正性的认知，故《民事诉讼法解释》规定，由书记员记录。

广义的案件审理既包括审理前的准备又包括开庭审理两个阶段。在目前的《民事诉讼法》框架下，审理前的准备是指在受理原告的起诉后到开庭审理之前，人民法院依法进行的一系列准备工作的总称。而开庭审理指

---

① 王胜明主编：《中华人民共和国民事诉讼法释义（最新修正版）》，法律出版社 2012 年版，第 389~390 页。

受诉人民法院在完成审前准备后，在各方当事人及其他诉讼参与人的参加下，依法定程序，在法庭上对民事案件进行审理的诉讼活动。《民事诉讼法》规定，基层人民法院和它派出的法庭审理简单的民事案件，可以用简便方式审理案件，这就意味着适用简易程序审理的案件不但开庭审理阶段可以简化，而且审理前的准备阶段也可以简化。例如，《民事诉讼法》第139条规定："人民法院审理民事案件，应当在开庭三日前通知当事人和其他诉讼参与人。公开审理的，应当公告当事人姓名、案由和开庭的时间、地点。"通过履行向当事人告知开庭相关程序事项，可以让当事人全面了解自身诉讼权利义务和开庭具体时间、地点，并及时行使回避申请权。但是，适用简易程序则不完全受第139条这个规定的约束，开庭通知的送达可以简化。因为案件法律关系的简单性决定了开庭审理前当事人不需要做长时间的准备，因此不必严格遵守开庭三日前向当事人送达开庭通知书的规定。基层人民法院和它派出的法庭公开审理案件，可以采用其他方式通知，如开庭通知可以捎口信、电话、传真、电子邮件等形式发送给当事人，通过有线广播通知或者让村民委员会传话等，不需要遵循严格的送达程序。当然，不受这一条的限制并不是说不要公开审理，公开审理是《民事诉讼法》的基本原则，适用简易程序时也应当遵守该原则。独任审判是指审判组织的简化，同时也要遵守有关回避的规定。独任审判同样要告知当事人审判员、书记员的名单，询问当事人是否提出回避申请，当事人如果提出，应按《民事诉讼法》关于回避的有关规定办理。

根据简易程序有关规定：开庭前，书记员查明当事人及其诉讼参与人是否到庭。当事人或其他诉讼参与人没有到庭的，应将情况及时报告审判员，由审判员决定是否需要延期或者中止审理。决定延期或者中止审理的，应及时通知当事人和其他诉讼参与人。原告经传票传唤，无正当理由拒不到庭的，可以按撤诉处理。审判员决定如期审理的，书记员宣布当事人及其诉讼代理人入庭。开庭后，经双方当事人陈述，权利义务关系明确、事实清楚，在征得双方当事人同意后，可以直接进行调解。调解达成协议，制作调解书发给当事人；即时履行完毕，当事人不要求发给调解书的，可将协议记入笔录，不制作调解书。双方当事人对案件事实无争议，只是在责任的承担上达不成协议的，开庭审理时可以在双方当事人对事实予以确认的基础上，直接进行法庭辩论。双方当事人对主要事实陈述不一致，或者庭前调解达不成协议的，可以当即开庭审理，也可以另定日期审理，并告知当事人开庭的时间、地点。

简易程序的特点就是在案件审理程序方面较普通程序要简单一些，具体来说表现为：一方面，人民法院可以不必遵从像普通程序那样复杂、冗长的诉讼程序规定；另一方面，当事人也可以充分行使程序选择权，省去一些不必要的程序性事项。简易程序相对于普通程序而言，在诉讼目的上更加青睐诉讼便利以及诉讼效率，在诉讼模式上更加贴近于当事人主义。正是基于以上简易程序在程序性质、诉讼目的、诉讼模式上的特点，简易程序不受《民事诉讼法》第 139 条、第 141 条、第 144 条规定的限制。

《民事诉讼法》第 141 条规定的是法庭调查顺序，包括当事人陈述、证人作证、出示书证等。第 144 条规定的是法庭辩论顺序。根据这两条的规定，适用普通程序审理民事案件，案件要经过法庭准备、法庭调查、法庭辩论和宣告判决等阶段。而适用简易程序审理民事案件，可以不受法庭调查和法庭辩论阶段的划分以及顺序的限制，人民法院可以根据实际情况，将法庭调查和法庭辩论两个阶段有机结合起来，灵活掌握审理程序。

【审判实践中应当注意的问题】

在适用简易程序审理的案件中，部分当事人一方面法律知识欠缺、诉讼能力不高；另一方面由于经济、观念上的原因又不愿委托律师代理诉讼。面对不断创新的诉讼模式和陌生的诉讼术语，当事人往往不知所措，不能积极有效行使程序权利保护自身合法权益。同时，也不利于人民法院查明案情、解决纠纷。因此，在适用简易程序审理案件时，人民法院应当依照《民事诉讼法解释》第 268 条的规定，就案件诉讼事项作必要的解释或说明，并适当提示当事人正确行使诉讼权利、履行诉讼义务确保庭审正常进行。法律或者司法解释规定的人民法院应当释明的其他事项，无论当事人是否委托了律师或基层法律服务工作者，均应释明。人民法院在庭审过程中可以对回避、自认、举证证明责任等相关内容向当事人作必要的解释或者说明，但并不意味着在审理前准备阶段，人民法院不能就回避、自认、举证证明责任等相关内容向当事人作必要的解释或说明。因为回避、自认、举证证明责任等相关内容大多发生在庭审阶段，如果个案中，人民法院组织庭前证据交换，则在证据交换时也应向当事人作必要的解释和说明。如果当事人提出的诉讼请求不明确，没有穷尽手段获取对自己有利的证据，审判人员在明确当事人的真实意思后，可以用疑问、引导语气，提示当事人按照真实意思表达其主张，正确行使诉讼权利、履行诉讼义务。

第一百六十四条　人民法院适用简易程序审理案件，应当在立案之日起三个月内审结。有特殊情况需要延长的，经本院院长批准，可以延长一个月。

【条文主旨】

本条是关于简易程序审理期限的规定。

【理解与适用】

2021年《民事诉讼法》修正时，对本条作了修改调整，增加了“有特殊情况需要延长的，经本院院长批准，可以延长一个月”的规定。修改之后，简易程序的审限最长不超过四个月。2023年修正时，本条未作修改。

1991年《民事诉讼法》第146条规定，人民法院适用简易程序审理案件，应当在立案之日起三个月内审结。2012年《民事诉讼法》第161条规定沿用了该条内容。1992年《民事诉讼法意见》第170条对此进一步解释为“适用简易程序审理的案件，审理期限不得延长”。之所以如此规定，是基于这样一个判断，如果案件三个月内没有审结，那么本身就可以说明案件确实复杂，不适宜再按简易程序审理。但司法实践中，确实存在个别适用简易程序审理的案件虽已临近三个月审限，但审判人员已经查明案件事实，可以作出裁判，只是由于出差、生病等非主观原因无法在三个月内作出裁判的情形，或已基本查明事实，只是因需要调查核实个别证据而无法在三个月内作出裁判的情形，此时，如果将简易程序一律转为普通程序另行开庭，将增加当事人诉讼成本和占用更多司法资源。因此，2012年《民事诉讼法》第157条增加了第2款关于当事人双方可以对本来应适用普通程序审理的案件约定适用简易程序的规定。2015年《民事诉讼法解释》借鉴2012年《民事诉讼法》第149条规定，增加了双方当事人同意情形下延长审限的规定和程序转换后案件审理期限起算的规定。2021年修正《民事诉讼法》时，为确保法律和司法解释一致性，规范司法实践中对简易程序延长审限的做法，就将简易程序延长审限的有关规定写入了诉讼法的有关条文。同时，为与普通程序的审限规定形成有序衔接和梯次化配置，本条在延长审限的时间上也根据不同诉讼程序对应案件类型审理的难易程度进行了调整，2021 年《民事诉讼法解释》第 258 条第 1 款也相应作出修改。

【审判实践中应当注意的问题】

一、延长审限的条件

本条规定简易程序案件延长审限需满足“特殊情况”的条件。“特殊情况”是指案件审理过程中，因出现客观上无法预见和避免的情形，虽然并不会增加认定案件事实或者适用法律难度，但直接导致案件难以在正常审限内审结，而必须延长审限的情况。例如，出现不可抗力或意外事件导致案件审理进度延误，须等待法院依职权调取相关证据，又或需要等待关联案件的裁判结果等。

二、延长审限的规则变化

本条对简易程序延长审限规则作出新的规定，明确延长审限不再以当事人双方同意继续适用简易程序为前提。对诉讼程序资源的调配，应当以法院为主导，是否延长审限，应当由法官作出判断，无须征得当事人同意。只要法官根据案件审理进程，认为确有必要延长审限的，即可按程序延长。

三、延长审限的审批主体

延长审限涉及当事人重要诉讼权益，必须履行必要的内部审批手续。根据本条规定，延长审限的审批权由本院院长行使。按照《最高人民法院关于完善人民法院审判权力和责任清单的指导意见》第 4 条规定，根据工作需要，经院长授权或者委托，副院长、审判委员会专职委员可以履行相应的监督管理职责。因此，院长可以根据本院审判权责清单规定，授权或者委托副院长、审判委员会专职委员行使延长审限的审批权。实践中，庭长、副庭长没有延长审限的审批权。延长审限的申请，由庭长审核后，仍应当报请院长或其授权的副院长、审判委员会专职委员审批决定。

四、延长审限的时间和次数

本条关于简易程序延长审限的时间和次数，均为刚性规定，实践中不得扩张适用。根据本条规定，延长审限的时间由三个月缩短为一个月，且延长审限后，不得再次延长，即简易程序的审限累计不得超过四个月。

第一百六十五条　**基层人民法院和它派出的法庭审理事实清楚、权利义务关系明确、争议不大的简单金钱给付民事案件，标的额为各省、自治区、直辖市上年度就业人员年平均工资百分之五十以下的，适用小额诉讼的程序审理，实行一审终审。**

基层人民法院和它派出的法庭审理前款规定的民事案件，标的额超过各省、自治区、直辖市上年度就业人员年平均工资百分之五十但在二倍以下的，当事人双方也可以约定适用小额诉讼的程序。

【条文主旨】

本条是关于小额诉讼的规定。

【理解与适用】

2012年《民事诉讼法》确立小额诉讼程序制度，旨在通过小额诉讼程序方便快捷、低成本、一次性终局解纷的制度特点，积极满足人民群众高效便捷解纷的司法需求，统筹兼顾司法公正与效率。近年来，随着经济社会形势的发展变化，人民群众的司法需求日益丰富多元，不仅希望实体裁判结果公正，更希望提升审判效率、降低诉讼成本、便捷参与诉讼、及时兑现权利。但同时，随着近年来人民法院受理案件数量激增、审判压力加大，司法资源供给与司法需求不平衡、不匹配的矛盾日益突出，持续全面提升审判质量效率面临重大挑战，亟待从诉讼制度层面优化资源配置、完善程序规则，提升司法效能。小额诉讼程序自身方便、快捷、低成本、一次性终局解纷的制度特点，有效契合和满足了人民群众的多元司法需求，能够统筹兼顾司法公正与效率。但2012年《民事诉讼法》仅用一个条文对小额诉讼程序作出原则性规定，其制度优势不突出、程序规范不完备、当事人认知度和接受度低，直接导致2012年《民事诉讼法》确立小额诉讼程序以来，实践中适用率一直严重偏低（开展试点工作地区除外），小额诉讼制度长期处于“休眠”状态，既未能实现立法初衷，也未能满足实践需求。对此，2019年最高人民法院开展民事诉讼程序繁简分流改革试点，对小额诉讼程序的适用案件范围、适用条件和标准、审理方式、审理期限、程序转换等方面作出系统规定，相关程序规则经过试点实践检验和修正完善，总体运行良好、成熟可行。试点两年来，试点法院的小额诉讼程序有效激活，制度价值和程序优势逐步显现，试点法院适用小额诉讼程序审结案件146.44万件，适用率由试点前的5.7%升至20.97%。2021年《民事诉讼法》修改时，吸收采纳了民事诉讼程序繁简分流改革试点的有益经验，优化完善了小额诉讼程序的适用案件类型、适用条件、标的额标准和适用模式，明确了小额诉讼程序的制度定位，凸显其程序特点和优势。主要修改内容包括：

一是调整小额诉讼程序适用案件类型。将“基层人民法院和它派出的法庭审理符合本法第一百五十七条第一款规定的简单的民事案件”修改为“基层人民法院和它派出的法庭审理事实清楚、权利义务关系明确、争议不大的简单金钱给付民事案件”。

二是调整小额诉讼程序适用的标的额标准。将“标的额为各省、自治区、直辖市上年度就业人员年平均工资百分之三十以下”修改为“标的额为各省、自治区、直辖市上年度就业人员年平均工资百分之五十以下”。

三是允许当事人合意适用小额诉讼程序。增加第二款，明确“标的额超过各省、自治区、直辖市上年度就业人员年平均工资百分之五十但在二倍以下的，当事人双方也可以约定适用小额诉讼的程序”。

修改后的条文适应了经济社会发展变化需要，既保障了当事人对程序利益的处分权，也有利于进一步发挥小额诉讼程序高效、便捷、一次性终局解纷的功能作用。2023年《民事诉讼法》修改时，此条内容未作调整。

一、小额诉讼程序适用的案件类型

小额诉讼程序仅限于“简单金钱给付民事案件”。“简单金钱给付民事案件”是指当事人提出以给付金钱或有价证券为诉讼请求，事实清楚、权利义务关系明确、争议不大、给付金额确定的民事案件。实践中，小额诉讼程序主要适用于以给付金钱为单一诉讼请求的案件，聚焦审理“小额钱债”纠纷。当事人除给付金钱的诉讼请求外，还提出其他诉讼请求的，原则上不得适用小额诉讼程序。但是，如果双方当事人均同意适用，且案件符合小额诉讼程序其他适用条件的，可以适用小额诉讼程序审理。例如，名誉侵权纠纷中原告除提出损害赔偿的金钱给付请求外，还提出停止侵权、赔礼道歉、恢复名誉等诉讼请求的，案件原则上不适用小额诉讼程序；但如经双方当事人同意，并且案件符合小额诉讼程序标的额标准，且“事实清楚、权利义务关系明确、争议不大”的，则可以适用小额诉讼程序。

二、小额诉讼程序的标的额标准

2021年《民事诉讼法》将适用小额诉讼程序的标的额标准，从原来的各省、自治区、直辖市上年度就业人员年平均工资“百分之三十以下”提升到“百分之五十以下”。这主要是根据前期民事诉讼程序繁简分流改革情况和诉讼发展趋势确定的，具有合理性和可行性。试点期间，为便于评估试点效果和操作，小额诉讼程序适用标准采取定额制，法定适用标准为标的额5万元以下，合意适用标准为标的额5万元至10万元。而对于全国而言，因各地经济发展水平不均衡，采取比例制更为妥当。经测算，2019至2021年，全国就业人员年平均工资的百分之五十分别为4.2万元、4.7万元和4.9万元，与试点适用的5万元标准基本相当，按此标准初步计算，经济较为发达地区适用标的额平均将达到6万元至7万元，欠发达地区适用标的额平均将达到3万元至4万元。同时，随着经济水平的发展，小额案件对应的标的额“水涨船高”是客观现象，但其并不必然引发小额案件数量的增多，造成小额案件占比过高，其变化趋势应当和其他较大标的额的案件是一致的。总体上看，百分之五十的比例设置所对应的数额较为适中，与各地经济发展水平相适应，符合社会对小额的一般认知，也有助于形成科学的案件结构。

三、小额诉讼程序的法定适用

本条明确了小额诉讼程序的法定适用条件和标准。小额诉讼程序的法定适用具有强制性，案件一旦符合适用条件，人民法院“应当”适用小额诉讼程序，而非“可以”适用。对于是否适用小额诉讼程序，当事人没有选择权，但有异议权。实践中，应当遵循“该用即用”原则，依法加大适用力度。

四、关于小额诉讼程序的约定适用

2021年《民事诉讼法》在小额诉讼程序法定适用模式的基础上，确立了约定适用模式，明确了“标的额超过各省、自治区、直辖市上年度就业人员年平均工资百分之五十但在二倍以下的，当事人双方也可以约定适用小额诉讼的程序”。立法上确立小额诉讼程序约定适用模式，对于进一步发挥小额诉讼程序功能，充分保障当事人诉讼权益具有重要意义。从程序功能看，小额诉讼程序旨在更好地平衡当事人对诉讼效率与程序保障的价值取舍，应当充分尊重当事人程序利益处分权，赋予其程序适用选择权。而且，既然简易程序可以合意选择适用，小额诉讼程序作为简易程序的内置程序，合意选择适用则更具有正当理由。

【审判实践中应当注意的问题】

一、小额诉讼程序仅限于“简单金钱给付民事案件”

“简单金钱给付民事案件”是指当事人提出以给付金钱或有价证券为诉讼请求，事实清楚、权利义务关系明确、争议不大、给付金额确定的民事案件。实践中，小额诉讼程序主要适用于以给付金钱为单一诉讼请求的案件，聚焦审理“小额钱债”纠纷。当事人除给付金钱的诉讼请求外，还提出其他诉讼请求的，原则上不得适用小额诉讼程序。但是，如果双方当事人均同意适用，且案件符合小额诉讼程序其他适用条件的，可以适用小额诉讼程序审理。例如，名誉侵权纠纷中原告除提出损害赔偿的金钱给付请求外，还提出停止侵权、赔礼道歉、恢复名誉等诉讼请求的，案件原则上不适用小额诉讼程序；但如经双方当事人同意，并且案件符合小额诉讼程序标的额标准，且“事实清楚、权利义务关系明确、争议不大”的，则可以适用小额诉讼程序。

二、小额诉讼程序的标的额标准的计算方式

根据本条规定，小额诉讼案件标的额以“各省、自治区、直辖市上年度就业人员年平均工资”作为计算标准。实践中，需要注意两个问题：一是关于当事人诉讼请求中金钱给付数额的计算方法。应当以当事人起诉时确定的诉讼请求数额作为案件的标的额，对于持续发生的违约金、利息等，应当以当事人起诉之日确定的金额总额作为标的额。二是关于“就业人员年平均工资”统计口径的选用。目前国家统计局和各地发布的统计口径中并无“就业人员年平均工资”的专门统计项，与之对应的有“城镇非私营单位就业人员年平均工资”“城镇私营单位就业人员年平均工

资”“全口径城镇单位就业人员年平均工资”三类统计口径。实践中，各省份对统计口径的选用有所不同，不同统计口径所对应的“平均工资数额”差异明显。为避免因统计口径不一导致各地小额诉讼案件标的额标准差异过大，未来有必要统一相关统计口径和政策标准。在此之前，各地可以继续沿用之前的统计口径和方式。此外，本条中“以上”的含义均包含本数。

三、避免小额诉讼程序的扩张适用

小额诉讼程序适用于“小额”且“简单”的案件，适用标准中包含了标的额的客观标准和“事实清楚、权利义务关系明确、争议不大”的主观标准。司法实务中应注意避免仅考虑客观标准而忽视主观标准，不能仅以标的额大小确定是否适用小额诉讼程序，法官应结合案件情况，根据《民事诉讼法解释》的相关规定，判断案件是否符合主观标准。

四、防止当事人规避适用小额诉讼程序

小额诉讼程序的法定适用条件具有强制性，一旦符合主客观适用标准，人民法院“应当”适用，而非“可以”适用。对于是否适用小额诉讼程序，当事人没有选择权，但有异议权。实践中，应当遵循“该用即用”原则，依法加大适用力度。对于应当适用小额诉讼程序却未适用，而案件又提起上诉的，考虑到小额诉讼程序本身的性质和特点，二审不宜发回重审，二审法院应当将应当适用而未适用的情况及时反馈一审法院，由一审法院通过案件评查、绩效考评等制度机制加强规范和约束。

五、关于“当事人约定适用”的方式

当事人双方约定可以是原被告诉前约定适用，也可以是立案后原被告达成一致意见适用。人民法院也可以在开庭审理前，充分告知小额诉讼程序一审终审等相关事项后，征询当事人双方意见，当事人一致同意适用小额诉讼程序的，可以适用。当事人双方约定适用小额诉讼程序，即对自身的程序利益作出了处分和选择，并产生既定法律效力，原则上不得反悔，以保证程序的稳定性和诉讼的有序性。当事人认为程序适用不当的，仍可以提出异议，说明正当理由并提供相应证据后，由人民法院审查确定是否继续适用小额诉讼程序。当事人在格式合同中已约定适用小额诉讼程序，

诉讼中一方当事人提出该约定无效的，人民法院应当依照《民法典》第496条的规定，按照格式条款要求认定其效力。因在诉讼中是否适用小额诉讼程序，涉及当事人重要诉讼利益，如果提供格式条款的一方未采取合理方式履行提示说明义务，对方当事人可以主张该约定无效。

第一百六十六条　人民法院审理下列民事案件，不适用小额诉讼的程序：

（一）人身关系、财产确权案件；

（二）涉外案件；

（三）需要评估、鉴定或者对诉前评估、鉴定结果有异议的案件；

（四）一方当事人下落不明的案件；

（五）当事人提出反诉的案件；

（六）其他不宜适用小额诉讼的程序审理的案件。

【条文主旨】

本条是关于不得适用小额诉讼程序的案件类型的规定。

【理解与适用】

本条是2021年修改《民事诉讼法》时增加的条文，主要包括：人身关系类、确权类、涉外、需要评估鉴定、一方当事人下落不明、提出反诉等六类案件。本条规定的主要目的在于避免小额诉讼程序适用泛化，推动小额诉讼案件类型与“事实清楚、权利义务关系明确、争议不大”的适用标准得以有效对应，确保程序适用聚焦“简单小额钱债纠纷”，统筹兼顾诉讼效率和权利保障。

不适用小额诉讼程序的案件类型

2021年修改《民事诉讼法》时，充分结合吸收了2020年《民事诉讼法解释》第275条的规定的，即“下列案件，不适用小额诉讼程序审理：（一）人身关系、财产确权纠纷；（二）涉外民事纠纷；（三）知识产权纠纷；（四）需要评估、鉴定或者对诉前评估、鉴定结果有异议的纠纷；（五）其他不宜适用一审终审的纠纷”，并在此基础上进行了“两增一减”的新变化。“两增”是指将“一方当事人下落不明”“提出反诉”两类案件纳入不得适用范围。前一类案件大多为单方诉讼，无法准确知悉掌握

“下落不明”一方当事人的意见，不宜一审终审。同时，因当事人“下落不明”，案件一般需要公告送达，审理周期较长，难以实现小额诉讼程序高效便捷解纷的制度功能；后一类案件因涉及反诉，当事人之间争议较大，法律关系相对复杂，也不宜适用小额诉讼程序审理。“一减”是指将“知识产权”案件排除在不得适用范围之外。实践中，知识产权案件类型多样，并非均为复杂案件，大量图片类、音乐作品类著作权侵权案件，实际案情简单、权利义务关系清晰、诉讼请求明确，适宜适用小额诉讼程序审理。

【审判实践中应当注意的问题】

本条规定的6类排除适用的情形，实践中需综合考虑以下因素予以判断：

一、关于人身关系类案件

涉及人身关系确认的纠纷不适用小额诉讼程序，一审终审。人身关系诉讼是指不以财产关系为诉讼标的，而是关于是否存在人身关系的诉讼。实践中涉及人身关系的纠纷、争议主要有两个方面：一是需要确认当事人之间是否存在父母子女、婚姻等人身关系；二是当事人对人身关系无争议，仅对给付赡养费、抚养费、扶养费的数额、时间、方式等存在争议。第一种情况需要确认是否存在身份关系，显然已非单纯的金钱给付案件，不宜适用小额诉讼程序；第二种情况中，虽然当事人对身份关系无争议，但因身份关系需采取绝对真实主义标准，不能仅因当事人自认就予以确认，法官需要投入更多时间、精力依职权查明身份关系真实情况，审理程序相对复杂，一般难以快速审结，也不宜适用小额诉讼程序审理。

二、关于财产确权类案件

这里的财产确权纠纷主要是指确认财产权属的纠纷，对应的是2011年最高人民法院颁布的《民事案件案由规定》中的物权确认纠纷，主要包括所有权确认纠纷、用益物权确认纠纷、担保物权确认纠纷、共有权确认纠纷等。这类案件在性质上属于确认之诉而非给付之诉，与小额诉讼程序适用的基本标准不符。除确认财产权属外，实践中常见情形为确认财产价值，这类案件一般存在鉴定评估环节，审理耗时较长，往往不能简单认定案件事实清楚，故不宜适用小额诉讼程序审理。此外，对于涉及确认合同效力的纠纷，如果原告起诉时明确提出确认合同效力的诉讼请求，案件就已非单纯的金钱给付案件，不宜再适用小额诉讼程序。如果在适用小额诉讼程序审理过程中，当事人对合同效力产生了争议，但未对适用小额诉讼程序提出异议，为保障程序的安定性，可以继续适用小额诉讼程序审理。

三、关于涉外案件

符合当事人涉外、所涉事实或者证据涉外、诉讼标的物涉外情形之一的，可以确定为涉外案件。涉外民事纠纷在管辖、送达、答辩、审限等方面与普通程序、简易程序差别较大，《民事诉讼法》已作特别规定，不宜适用小额诉讼程序审理。

四、关于涉及鉴定评估的案件

案件如果出现需要鉴定评估的情形，又或当事人对诉前鉴定评估有异议，意味着案件审理周期长，相关事实待查明，当事人争议较大，已不宜适用小额诉讼程序审理。对案件是否涉及鉴定评估，既可以结合原告起诉状中的事实与理由、被告的答辩意见作出判断，也可以结合案件类型考量，如涉及人身损害、财产损害、产品责任、医疗损害等纠纷，一般可能涉及评估鉴定，应当在适用小额诉讼程序前统筹考虑。

五、关于一方当事人下落不明的案件

“下落不明”一般是指自然人离开最后居所和住所后没有音讯，并且这种状况是持续的、不间断的。对于如何认定“下落不明”，实践中一般由当事人负举证责任，通过公安机关、工商登记机关、居委会、村委会等出具证明等方式予以证明。下落不明的证明内容和过程较繁琐，实践中显然不可能待当事人完成相关证明后再确定是否适用小额诉讼程序。因此，对“下落不明”的判断应限定在“起诉时”，即通过原告提供的地址、电话、邮箱等，以及通过身份证、户口簿、工商登记等地址无法有效联系到被告时，就可以认定为起诉时下落不明。对于已经进入诉讼的原被告，在案件审理过程中又失去联系的，不属于下落不明，可以继续适用小额诉讼程序审理。

六、关于其他不宜适用小额诉讼的程序审理的案件

因小额诉讼程序属于简易程序的特殊类型，并适用独任制审理，因此，法律、司法解释规定不得适用简易程序和独任制审理的案件，不能适用小额诉讼程序。例如，《民事诉讼法解释》第257条规定："下列案件，不适用简易程序：（一）起诉时被告下落不明的；（二）发回重审的；（三）当事人一方人数众多的；（四）适用审判监督程序的；（五）涉及国家利益、社会公共利益的；（六）第三人起诉请求改变或者撤销生效判决、裁定、调解书的；（七）其他不宜适用简易程序的案件。"此外，设立海事赔偿责任限制基金程序中的相关确权案件也不适用小额诉讼程序。一方面，海事诉讼特别程序法对这类案件明确规定了实行一审终审，不论标的大小和争议类型；另一方面，这类案件一般都以组成合议庭的方式审理，这点也有别于小额诉讼程序。再如，责任不明确的人身损害赔偿纠纷以及涉及是否有劳动关系、劳务关系存在争议的纠纷，不适用小额诉讼程序，一审终审。人身损害赔偿纠纷中，被告是否承担侵权责任取决于是否符合侵权责任构成要件或法定承担责任情形。而这往往需要结合案件事实进行综合判断，必要时还需要依职权调查取证。相应地，案件审理周期就会延长，不符合小额诉讼程序快审快结的特点。劳动关系、劳务关系是否存在的争议，往往都是在没有书面劳动合同、劳务合同的情形下发生。此时，法院在作出认定时需要结合款项给付情况、证人证言、工作职责、工作任务是否独立完成、是否对单位有人身依附性等相关间接证据综合进行判断。此时，案件性质已不简单，甚至都不具备适用简易程序的条件。因此，上述案件目前亦不宜适用小额诉讼程序进行审理。

第一百六十七条　人民法院适用小额诉讼的程序审理案件，可以一次开庭审结并且当庭宣判。

【条文主旨】

本条是关于小额诉讼程序审理方式的规定。

【理解与适用】

本条是2021年《民事诉讼法》修正时增加的条文。2023年未作修改。

便捷、高效、低成本、一次性终局解纷是小额诉讼程序的基本定位，这客观上要求小额诉讼案件的审理方式要充分体现效率性和经济性。由于小额诉讼案件是比简易程序案件更为简单的案件，因此应当在保障当事人诉讼权利的基础上，采取比简易程序更为简便、灵活的审理方式。2019年最高人民法院开展民事诉讼程序繁简分流改革试点，各试点地区法院为进一步提升小额诉讼程序效率，充分发挥小额诉讼程序制度优势，对于审理方式也进行了有益探索，例如，在答辩期限上，经当事人同意后，可以从十五日缩短为七日；在举证期限上，缩短为七日，并可以和答辩期合并计算；在传唤、送达上，广泛采用电子方式，利用系统留痕确认效力；在证据交换上，利用在线诉讼平台开展异步证据交换；在开庭审理上，不受法庭调查、法庭辩论等庭审程序限制，直接围绕诉讼请求或者案件要素进行，原则上一次开庭审结；在文书制作上，对于案情简单、法律适用明确的案件，经法官当庭裁判、说明理由并有效记录的，裁判文书可载明裁判理由。通过上述审理方式简化，试点法院小额诉讼案件审理效率有效提升，平均审理期限为25.57天，少于法定审限的一半；再审改发率为0.02%，当事人权利和案件质量均得到有效保障。同时考虑到小额诉讼案件的简化审理方式属于实践操作层面问题，并且也需要留出一定的探索空间，因此2021年修改《民事诉讼法》时未就如何简化作出具体规定。但为突出小额诉讼程序便捷优势，区别其与简易程序，立法仍对“一次审结”作出倡导性规定，鼓励一次开庭审结，加强当庭宣判，促进案件公正高效审结。

【审判实践中应当注意的问题】

小额诉讼案件的审理方式应当充分体现高效性、便捷性和一次性终局解纷的优势，实践中应当注意以下三个方面：

一、小额诉讼案件以一次开庭审结为原则

本条规定小额诉讼案件“可以一次开庭审结并且当庭宣判”，虽然采取了“可以”的表述，实际是倡导小额诉讼案件以“一次开庭审结并当庭宣判”为原则，除非出现特殊情况，一般不再二次开庭。实践中需要二次开庭的情形，一般仅限于须追加当事人、补充提交未质证的证据、更换案件承办法官等，且案件须未因上述情形而明显增加复杂程度和审理难度，否则就应当转换审理程序。小额诉讼案件的庭审可以参照简易程序的相关规定，进一步合理简化，采取更简便的方式完成庭前身份核对和告知权利义务，围绕案件争议焦点展开庭审，合并法庭调查和法庭辩论，但应当有效保障当事人庭审中的各项权利。

二、小额诉讼案件审理以严格把握适用标准为前提

实践中要有效实现小额诉讼案件“一次开庭审结并当庭宣判”，客观上要求小额诉讼程序必须适用于事实和证据清楚、法律关系明确、法律适用清晰、当事人争议不大的简单金钱给付案件。在小额诉讼程序适用前，人民法院应当根据适用标准，对案件情况作出初步判断，综合考虑是否可以在较短审限内一次开庭审结。对审理过程中出现与适用标准不符的相关情形的，应当及时转换适用规则和适用程序。

三、小额诉讼案件庭审以充分的庭前准备为基础

小额诉讼案件庭审的高效性和规范性，很大程度上取决于庭前准备是否充分到位。实践中应当积极做好庭前准备工作，充分释明告知审判组织、审理期限、审理方式、一审终审等相关事项；开展庭前阅卷，全面了解案件情况；案件证据较多的，组织召开庭前会议和证据交换，完成举证质证；推行要素式审理，引导当事人确认案件核心要素事实和主要争点，通过充分的庭前准备，确保小额诉讼案件庭审的效率和质量。

第一百六十八条　人民法院适用小额诉讼的程序审理案件，应当在立案之日起两个月内审结。有特殊情况需要延长的，经本院院长批准，可以延长一个月。

【条文主旨】

本条是关于小额诉讼案件的审限期限和延长审限规则的规定。

【理解与适用】

本条是2021年《民事诉讼法》修正时增加的条文，将审限从原有的“三个月”缩短为“两个月”，进一步凸显了小额诉讼程序公正、高效、便捷的制度优势和价值导向。

小额诉讼案件相较于简易程序案件更应体现效率优势，因此应当设置比简易程序更短的审限。2019年最高人民法院开展民事诉讼程序繁简分流改革试点，在试点地区法院将小额诉讼案件审限确定为两个月，也相对符合程序特点和审判实际。一方面，两个月审限能够与简易程序案件三个月的审限拉开档次，形成梯度，更突出小额诉讼程序相较简易程序的制度优势。另一方面，若审限少于两个月，部分案件可能难以审结，仓促结案有损裁判质量，审限过短会导致法官迫于审限压力，采取各种方法规避小额诉讼程序的适用。经过试点实践检验，小额诉讼案件两个月的审限较为妥当，能够有效兼顾质量与效率。同时，为充分照顾到实践中的各种情况，对小额诉讼程序案件审限应当给予一定空间，允许在特殊情况下可以延长一个月审限，以尽量避免因审限到期而被迫转入其他审理程序，影响程序安定性，制约小额诉讼程序功能发挥。但同时，基于小额诉讼程序的效率价值要求，应当严格把握延长审限程序，因此需由院长批准。

【审判实践中应当注意的问题】

一、严格把握延长审限的适用条件

本条规定了小额诉讼案件延长审限以存在“特殊情况”为限。所谓

“特殊情况”，主要包括：发生不可抗力或意外事件、需追加当事人、变更诉讼请求、需与关联案件统筹协调、因特殊原因需更换承办法官等。且上述情况的出现未导致案件更加疑难复杂，仍然符合小额诉讼程序适用条件。院庭长应当对小额诉讼延长审限事由严格把关，重点审查案件是否仍适宜适用小额诉讼程序审理，避免延长审限的滥用和泛化。

二、准确适用审限扣除规则

《民事诉讼法》及其司法解释、《最高人民法院关于严格执行案件审理期限制度的若干规定》关于扣除审限的相关规定，并未将小额诉讼案件排除在适用范围之外，因此，对于案件中止期间、双方当事人和解期间、审理当事人提出的管辖异议以及处理人民法院之间的管辖争议的期间等，不计入审限。需要强调的是，实践中对扣除审限的期间和次数应当严格把握，院庭长和审判管理部门应当加强监督管理，切实防止利用扣除审限变相延长审限，导致案件久拖不决。

第一百六十九条　**人民法院在审理过程中，发现案件不宜适用小额诉讼的程序的，应当适用简易程序的其他规定审理或者裁定转为普通程序。**

当事人认为案件适用小额诉讼的程序审理违反法律规定的，可以向人民法院提出异议。人民法院对当事人提出的异议应当审查，异议成立的，应当适用简易程序的其他规定审理或者裁定转为普通程序；异议不成立的，裁定驳回。

【条文主旨】

本条是关于小额诉讼程序审理的案件转化为简易程序或普通程序审理的规定。

【理解与适用】

本条是2021年《民事诉讼法》修正时增加的条文，主要明确了以下三个方面的规则：

一是建立小额诉讼程序转换机制。明确了案件不宜适用小额诉讼的程序的，应当适用简易程序的其他规定审理或者裁定转为普通程序。二是赋予当事人程序适用异议权。当事人认为案件适用小额诉讼的程序审理违反法律规定的，可以向人民法院提出异议，并由人民法院审查。三是明确了程序转换的方式。规定了小额诉讼程序向普通程序转换应以裁定方式作出。

小额诉讼程序适用有严格的标准和条件，一审终审的制度设计对当事人审级利益和诉讼权利有重大影响，因此在案件审理过程中必须确保程序适用的合法性、合理性和妥当性。实践中，部分案件适用小额诉讼程序审理后，也可能会出现变更诉讼请求、提出反诉、需要鉴定评估、发现案件疑难复杂等情况，案件不宜继续适用小额诉讼程序审理。完善小额诉讼程序的转换机制，有利于避免实践中小额诉讼程序的不当适用，充分保障当事人诉讼权利。

一、小额诉讼程序与简易程序在适用规则上的转化

本条第1款规定不宜适用小额诉讼程序的案件，案件若还符合简易程序审理条件的，可以转化适用简易程序的相关规则。小额诉讼程序属于简易程序的特殊类型，原则上与简易程序之间并不存在程序转换的问题，但两者在适用标准、适用范围、审理期限、生效规则等方面均有差异，客观上也确实存在规则适用的转换问题。实践中存在小额诉讼与简易程序适用规则的双向转换：一是当案件审理过程中出现不得适用小额诉讼程序的情形，或者因案情、诉讼请求变化等原因，导致不符合小额诉讼程序条件，但仍符合简易程序适用条件的，人民法院应当将案件适用简易程序规则审理，并向当事人发送书面通知，告知适用程序、审理期限、生效规则等方面的变化。二是因简易程序与小额诉讼程序的主观适用标准一致，适用差异主要在于标的额等客观标准，因此在简易程序案件审理过程中，出现因诉讼请求金额变化、当事人达成合意等原因，致使案件符合小额诉讼程序适用条件的，人民法院可以视情况将案件适用小额诉讼程序规则审理，并以书面形式告知审判组织、审理期限、审理方式、一审终审等相关事项。

二、小额诉讼程序向普通程序的转换

本条第1款明确了小额诉讼程序可以转为普通程序，实践中根据案件情况，既可以转为普通程序独任制，也可以转为普通程序合议制。一是小额诉讼程序转为普通程序独任制，应当同时满足三个条件：（1）案件出现增加诉讼请求、诉讼请求金额变化、需要评估鉴定、提出反诉等情形，致使案件不符合小额诉讼适用条件；（2）案件不符合简易程序“事实清楚”的标准，或者查明事实的程序较繁琐，审理周期较长，不宜适用简易程序；（3）案件符合普通程序独任制“基本事实清楚、权利义务关系明确”的适用标准。二是小额诉讼程序转为普通程序合议制，案件审理过程中发现存在案情疑难复杂、类型新颖、社会影响大，以及其他不得适用独任制审理情形的，应当转为普通程序合议制审理。

三、当事人对小额诉讼程序异议权的行使

本条第2款明确了当事人对小额诉讼程序适用可以提出异议。在

2012年修改《民事诉讼法》时，增加第163条对简易程序向普通程序转化作了规定。其中，对是否能由当事人通过异议方式启动程序转化持开放态度。2015年《民事诉讼法解释》第281条对当事人异议权的行使作出了具体规定，本条第2款吸收了上述司法解释内容，成为当事人对小额诉讼程序的异议权明确的法律依据。当事人异议权对正确适用小额诉讼程序有着重要的监督保障作用，但异议权的行使应当合法规范，基于法定理由和正当目的，不得滥用权利干扰审判工作正常进行。在本条理解上需要把握以下内容。一是关于当事人的范围，本条所指“当事人”包括各方当事人在内。因此，人民法院不能因为已经对一方当事人的异议进行审查并作出处理，就对另一方提出的异议不予处理，而应当对所有当事人的异议权一体保护。二是关于异议的事由，本条明确了异议的事由为“违反法律规定”，具体而言，主要包括以下三个方面情形：（1）案件不符合适用小额诉讼程序的主客观标准；（2）案件并非“金钱给付”案件或者属于不得适用小额诉讼程序的情形；（3）案件属于不得适用独任制审理的范围。三是关于提出异议的方式和处理。程序适用和转换属于重大程序事项，同时为充分保障当事人诉讼权利，增加对异议审查的审慎性和规范性，避免随意驳回当事人异议申请，当事人的异议应当以书面形式提出，并明确异议的事由和依据。人民法院对异议的处理，应当以裁定方式作出。此类裁定属于不可上诉的裁定，一经作出即产生法律效力。《民事诉讼法解释》第279条规定小额诉讼程序转换“裁定以口头方式作出的，应当记入笔录”。

【审判实践中应当注意的问题】

一、小额诉讼程序向简易程序和普通程序转化的方式

根据《民事诉讼法解释》第278第2款的规定，人民法院依据本条将案件转化为普通程序审理时，应采用裁定形式，以合议庭名义作出，口头或书面在所不限，但采用口头形式的，应以笔录或录音录像的方式记录，对于合议庭组成人员及其他相关事项应当同时书面通知双方当事人。小额诉讼程序案件转为适用简易程序的其他规定审理的，属于简易程序内部的调整，不属于程序变更，因此不必以裁定形式作出，故《民事诉讼法解释》将小额诉讼程序向简易程序的转化表述为“应当适用简易程序的

其他规定审理”，但应当充分告知适用规则变化的相关事项，充分保障当事人诉讼权利。同时，实践中应当注意防止程序多次转换，影响诉讼的安定性和连续性，对于由小额诉讼程序转为适用简易程序其他规定审理的案件，一般不得再转为普通程序，院庭长对此类程序转换事项应当严格把关审批。

二、程序转化后的前诉讼行为的效力

无论是将小额诉讼案件转为简易程序的其他规定审理，还是转为普通程序审理，都是案件的继续审理，而不是案件重新开始审理。因此，在之前适用小额诉讼程序审理过程中，双方当事人经过举证、质证确认的事实，可以不再进行举证、质证。注意，这里用的是“可以”而不是必须。这意味着如果当事人认为其确有新证据足以推翻之前确认的事实，人民法院也可再组织进行质证。需要注意的是，小额诉讼案件开庭后转换为普通程序的，合议庭一般应当再次开庭审理，以确保司法的亲历性。

三、当事人提出异议的时间节点

当事人提出不应适用小额诉讼程序的异议，对程序的后续进程可能产生重大影响。因此，从程序安定性角度出发，应给异议提出设定期限，尽早将审理程序固定下来。但考虑到小额诉讼案件审理方式简便的要求，实务中多数适用小额诉讼程序审理的案件没有举证期限、答辩期间、庭前会议以及证据交换环节。因此，很难将异议提出期间类推普通程序中管辖权异议的提出期间，限定在提交答辩状期间。考虑到小额诉讼案件都很简单，适用的法定条件也相对明确，再加上立案后人民法院的告知，当事人对是否应当适用小额诉讼程序应该说在开庭前就会有清醒的认识。如果开庭前，当事人还不提出异议，就可以推定其已接受案件适用小额诉讼程序审理的事实。因此，《民事诉讼法解释》第279条明确规定，“当事人对按照小额诉讼案件审理有异议的，应当在开庭前提出”。

四、程序转换后人民法院的告知义务

在裁定将案件转为普通程序后，人民法院应当向当事人书面告知合议庭成员及“相关事项”。告知当事人合议庭成员是为了保障当事人申请回避的权利。而“相关事项”则包括：举证责任的分配原则与要求、可以向人民法院申请调查取证的情形、人民法院根据案件情况指定的举证期限以及逾期提供证据的法律后果。之所以要用书面形式，是为了督促人民法院提高对当事人程序异议权的重视程度，保障程序转化后当事人的诉讼权利义务能落到实处。

第一百七十条 人民法院在审理过程中，发现案件不宜适用简易程序的，裁定转为普通程序。

【条文主旨】

本条是关于简易程序转为普通程序的规定。

【理解与适用】

在2012年《民事诉讼法》修改以前，司法实践中存在的简易程序转为普通程序的情形主要表现为两种：一是法院在适用简易程序审理案件过程中，发现案情复杂的可以转为普通程序审理。由于案件是否简单，是否适宜适用简易程序，在立案阶段不能完全加以区分，故不排除适用简易程序的案件事实上很复杂。从确保当事人的程序利益出发，应将案件转入普通程序进行审理。具体可细分为两种情况：（1）人民法院主动将案件转为普通程序。《简易程序规定》第26条规定，审判人员在审理过程中发现案情复杂需要转为普通程序的，应当在审限届满前及时作出决定，并书面通知当事人。（2）适用简易程序审理的案件，当事人异议成立的，将案件转为普通程序。根据《简易程序规定》第3条、第13条规定，当事人对适用简易程序提出异议，人民法院认为异议成立的，应当将案件转入普通程序审理。二是人民法院适用简易程序审理案件，在三个月的审理期限内不能结案的，转入普通程序继续审理。

根据2012年《民事诉讼法》第157条第1款规定："基层人民法院和它派出的法庭审理事实清楚、权利义务关系明确、争议不大的简单的民事案件，适用本章规定"，可知"事实清楚、权利义务关系明确、争议不大的简单的民事案件"依然是《民事诉讼法》关于简易程序适用的法定范围。对于符合以上规定情形的民事案件，人民法院可以决定适用简易程序。该条第2款增加规定："基层人民法院和它派出的法庭审理前款规定以外的民事案件，当事人双方也可以约定适用简易程序。"换言之，对于不属于第157条第1款列举的简易程序受理法定范围案件，在当事人双方同意的情形下，也可以通过当事人约定，选择适用简易程序进行审理。

同时，2012 年《民事诉讼法》在第 159 条规定了简易程序的传唤、送达以及审理程序，并明确规定："应当保障当事人陈述意见的权利。"可以发现，为了尊重当事人对自身诉权的处分，提高司法效率，合理配置司法资源，《民事诉讼法》扩大了简易程序的适用范围，明确当事人对简易程序中的选择适用权。在此基础上，为进一步保障当事人的诉讼权利，保证诉讼程序的有序进行，有必要对简易程序向普通程序转化作出明确规定。2012 年《民事诉讼法》修改时单独增加一条，作为第 163 条，即"人民法院在审理过程中，发现案件不宜适用简易程序的，裁定转为普通程序。"鉴于该条在实践中运用效果良好，2023 年《民事诉讼法》将该条予以保留，形成本条内容。

一、关于简易程序转换为普通程序独任制的问题

2015 年《民事诉讼法解释》第 258 条规定："人民法院发现案情复杂，需要转为普通程序审理的，应当在审理期限届满前作出裁定并将合议庭组成人员及相关事项书面通知双方当事人。"由于《民事诉讼法》第 40 条新规定了普通程序独任制，关于如何设定"简转普"的条件认识不一。有意见认为，"案情复杂"仅是普通程序合议制的适用条件，简易程序案件不仅可能转换为普通程序合议制，也有可能转换为普通程序独任制，故应当将普通程序独任制的适用条件增加为"简转普"的条件之一。也有意见认为，《民事诉讼法》第 40 条第 2 款规定的"基本事实清楚、权利义务关系明确"仅是一审适用普通程序独任制的法定条件。案情复杂是转为普通程序的最重要原因，至于适用普通程序独任制还是适用普通程序合议制，要看是否满足"基本事实清楚、权利义务关系明确"的条件。我们认为，前述两种观点均有一定道理，二者的分歧点在于对"案情复杂"外延的理解不同。"案情复杂"是一个弹性标准，审判实践中难以把握。由于 2017 年《民事诉讼法》修改时增加了普通程序独任制的规定，对"简转普"条件设定的科学性提出了更高要求。如继续将"案情复杂"作为"简转普"的唯一条件，除非对"案情复杂"广义解读为"不符合本法第一百六十条所规定的简单案件"的"复杂案件"，才能实现逻辑上的周延，否则"案情复杂"将限缩本条中的"不宜适用简易程序"的规定，不符合立法本意。如将"案情复杂"与"基本事实清楚、权利义务关系明确"并列作为"简转普"的条件，则此处的"案情复杂"主要指的是"基本案件事

实不清或者权利义务关系不明确”，一定意义上又限缩了2015年《民事诉讼法解释》的“案情复杂”的范围。可见，对于“案情复杂”的界定直接影响了本条对“简转普”条件的设定。根据《民事诉讼法》第160条第1款的规定，适用简易程序审理的案件是“事实清楚、权利义务关系明确、争议不大的简单的”民事案件，只要不符合上述条件之一的（当事人约定适用的除外），均不宜适用简易程序审理。同时，本条规定：“人民法院在审理过程中，发现案件不宜适用简易程序的，裁定转为普通程序。”因此，从法律层面看，“简转普”条件的设定应以《民事诉讼法》第160条为标准。2022年《民事诉讼法解释》第258条进行了修改，规定：“人民法院发现案件不宜适用简易程序，需要转为普通程序审理的，应当在审理期限届满前作出裁定并将审判人员及相关事项书面通知双方当事人。”这样不仅周延涵盖简易程序转换为普通程序独任制和合议制的条件，也为下一步细化程序转换条件特别是新形势下“案情复杂”的具体判定标准预留空间。[①]应当注意的是，尽管本条及相关司法解释均未明确简易程序转为普通程序独任制或者合议制的具体适用标准，但依据《民事诉讼法》有关规定并结合繁简分流改革试点的经验做法，可以在依据本条规定的前提下，将“基本事实清楚、权利义务关系明确”作为实践中简易程序转为普通程序独任制的标准。其中，“基本事实清楚”主要是指案件的核心和关键事实总体清楚，但部分次要事实或者关联事实需要进一步查实，相关事实的查明需要经过当事人补充举证质证、评估、鉴定、审计、调查取证等程序和环节，有必要进行更充分的陈述辩论、适用更完备的审理程序。“权利义务关系明确”即法律适用明确，是指案件法律关系清晰明了，有明确的法律规范与之对应，在解释和适用上不存在空白与争议。对于既不符合《民事诉讼法》第160条规定的适用简易程序审理的案件，也不符合“基本事实清楚、权利义务关系明确”的适用普通程序独任制审理的案件，则应当转换为普通程序合议制程序审理。

二、关于程序转换后的审理期限

关于程序转换后的审理期限起算点问题，曾有不同观点：有一种观点

---

① 参见郭锋、陈龙业、贾玉慧、牛晓煜：《最高人民法院关于适用〈中华人民共和国民事诉讼法〉的解释修改内容及其理解与适用》，载《法律适用》2022年第5期。

认为，既然是程序转换，即意味着案件适用新的程序进行审理，审理期限自然应从转换之日起重新计算。而且，普通程序审理案件需要组成合议庭，而成为合议庭成员的新审判人员并未参与案件之前的审理，故其熟悉案件乃至重新开庭等事项都需要耗费时间，故有必要对审理期限重新计算。对此，2022 年《民事诉讼法解释》第 258 条第 3 款规定："案件转为普通程序审理的，审理期限自人民法院立案之日计算。"因为在通常情况下，原来适用简易程序进行审理的独任审判员一般都是合议庭成员，而且往往还是案件的主要承办人，对案件的进展情况比较了解，适用简易程序审理时已经作了大量工作。因此，由简易程序转为普通程序审理的案件，审理期限应当从立案之日起计算，而不是从转入普通程序之日起计算。

三、关于普通程序能否转为简易程序的问题

关于普通程序是否能转为简易程序，1992 年《民事诉讼法意见》对已经按普通程序审理的案件再转化为适用简易程序审理持否定态度，其主要理由在于：一是既然人民法院已经按普通程序审理案件，说明人民法院之前已认定该案件并非简单的民事案件。即便人民法院事后发现案件不应按普通程序审理，也间接说明了案件本身的复杂性。此时，案件也已不适宜按简易程序审理。二是第一审普通程序是审理民事案件的标准程序，对当事人的诉讼权利保障最为充分。因此，从保护当事人诉讼权利出发，既然案件已经按第一审普通程序进行审理，就没有必要再转为简易程序审理，以免降低对当事人诉讼权利的保障程度。从 1992 年《民事诉讼法意见》第 171 条是对 1991 年《民事诉讼法》第 142 条的解释而言，上述论断并无大碍。至于应当适用第一审普通程序审理的案件尚未确定适用第一审普通程序审理时，当事人能否选择适用简易程序的问题，1992 年《民事诉讼法意见》则未明确规定。

【审判实践中应当注意的问题】

第一，根据《民事诉讼法》第 170 条及 2022 年《民事诉讼法解释》第 269 条的规定，人民法院将案件由适用简易程序审理转为适用普通程序审理的，必须作出裁定。裁定可以是书面的或者口头的，口头裁定的，应当记入笔录。

第二，人民法院转换审理程序时应向当事人书面告知相关事项。这些

事项包括:《民事诉讼证据规定》第50条、第51条中要求向当事人告知的举证责任的分配原则与要求、可以向人民法院申请调查取证的情形、人民法院根据案件情况指定的举证期限以及逾期提供证据的法律后果。通知必须以书面形式进行。这是因为案件转换为普通程序审理，对当事人而言，意味着案件审理期限将会延长，诉讼成本将会增加，涉及当事人的程序利益。因此，有必要以书面形式通知以显示其正式性，而且客观上能使当事人的诉讼权利和义务得到更好的保障。

第十四章　第二审程序

第一百七十一条　当事人不服地方人民法院第一审判决的，有权在判决书送达之日起十五日内向上一级人民法院提起上诉。

当事人不服地方人民法院第一审裁定的，有权在裁定书送达之日起十日内向上一级人民法院提起上诉。

【条文主旨】

本条是关于上诉权的规定。

【理解与适用】

上诉，是指当事人不服第一审人民法院作出的未生效裁判，在法定期限内，请求上一级人民法院对上诉请求的有关事实和法律适用进行审理的诉讼行为。当事人上诉的目的是要求上一级人民法院对原审判决或裁定进行审查，纠正错误的裁判，以维护自己的合法权益。为了维护司法公正，各国和地区通行做法是将上诉作为一种权利赋予当事人，我国也不例外。根据《民事诉讼法》规定，上诉权是当事人的一项诉讼权利，当事人既可以行使也可以放弃。当事人是否提起上诉，应由其自行决定，任何组织和个人都无权加以干涉。

虽然上诉是当事人的一项权利，但当事人在行使上诉权时，也必须符合《民事诉讼法》规定的条件。

一、第一审人民法院作出的未生效裁判必须是法律允许上诉的判决或裁定

根据《民事诉讼法》规定，除了最高人民法院作为第一审人民法院作出的裁判，基层人民法院及其派出法庭针对小额诉讼案件作出的裁判，以及各级地方人民法院依照特别程序、督促程序、公示催告程序所作的裁判

不准上诉外，地方各级人民法院依普通程序和简易程序所作出的第一审判决，以及不予受理、驳回起诉和对管辖权异议的裁定，当事人都可以提起上诉。

二、上诉人必须是享有上诉权的当事人

第一审程序中的原告和被告，在民事诉讼中具有实体权利义务，享有上诉权，可以提起上诉。有权提起上诉的公民如果死亡，其继承人可以提起上诉。有权提起上诉的法人或者其他组织终止，承受其权利的法人或者其他组织可以提起上诉。

有独立请求权的第三人在一审中相当于原告的地位，具有实体权利义务，因此可以提起上诉。无独立请求权的第三人既非原告，又不是被告，只是因为原告与被告之间的诉讼涉及其利益才参加到诉讼中辅助当事人一方进行诉讼，不享有独立的上诉权。但是，如果一审法院对其作承担实体权利义务的判决，即当然具有上诉权。

第一审程序中的共同诉讼人享有上诉权。共同诉讼人分为两类：第一类是有共同权利或者共同义务的，即必要的共同诉讼人。如果其中一人提起上诉，其上诉效力及于其他共同诉讼人。即应视为全体共同诉讼人行使上诉权。如果其中有的共同诉讼人申明不上诉，上诉审人民法院应作具体分析，认为上诉案件能成为可分之诉的，对申明不上诉的共同诉讼人可以不列入；认为上诉案件不能成为可分之诉的，其他共同诉讼人都应列入。第二类是没有共同权利义务的，即普通的共同诉讼人。他们是因为所诉标的为同一类而由法院合并审理而成为共同诉讼人的。他们各自享有上诉权，可以独立提起上诉。一个人上诉不对其他人产生上诉效力，只对该提起上诉的人有效。

作为第二审程序中的被上诉人也需要符合一定的条件。在一审程序中作为上诉人相对一方的当事人，或者与其争诉的第三人都可作为被上诉人。换句话说，上诉人在二审程序中的相对方即为被上诉人，为一审程序中的相对一方当事人，或者与之争诉的第三人（不具实体权利义务的除外）。第三人提起上诉的，一审中的原告、被告双方均为被上诉人。

共同诉讼人作为被上诉人，也分为两种情况：一种情况是共同诉讼人有共同权利义务的，即共同诉讼人为必要的共同诉讼人。当对方当事人提起上诉时，则必要的共同诉讼人都是被上诉人。另一种情况是共同诉讼人

没有共同权利义务的，即共同诉讼人为普通的共同诉讼人。当对方当事人提起上诉时，普通的共同诉讼人是否作为被上诉人，取决于对方当事人是否将其列为被上诉人，他们不是自然成为共同被上诉人。

享有上诉权的人一般都能自己提起上诉，但有时享有上诉权的人没有诉讼行为能力，这时应由其法定代理人代为提起上诉或者指定代理人提起上诉。

如果上诉人为法人或者其他组织，则由其法定代表人或者主要负责人提起上诉。同样，被上诉人如为法人或者其他组织，则应由法定代表人或者主要负责人应诉。

被委托的诉讼代理人如果提起上诉必须经过被代理人的特别授权，才能以被代理人的名义提起上诉。因此，诉讼代理人不得擅作主张提起上诉，如果擅作主张提起上诉，其上诉行为属无效行为，不产生上诉法律效果。

第一审人民法院收到上诉状后，应当对上诉人资格、被上诉人资格进行审查。对于无上诉权的人提起的上诉，作出裁定予以驳回；对不符合条件的被上诉人提起的上诉，应通知上诉人更换符合条件的被上诉人，如果上诉人坚持不变更，人民法院应当作出裁定驳回上诉。

三、上诉应在法定期限内提出

本条规定，对判决提起上诉的期限为十五日，对裁定提起上诉的期限为十日。

十五日与十日的上诉期限考虑了两个方面的因素：一是确保当事人诉权的行使，使其有充分的时间考虑提起上诉；二是要有利于维护社会经济秩序，尽早确定当事人之间的民事法律关系。

而规定对判决的上诉期限为十五日，比对裁定的上诉期限长，这是因为，判决是解决民事案件的实体性问题，关系到当事人双方的权利义务，影响较大；而相应地，裁定是解决程序性问题，不涉及当事人双方实体权利义务，影响较小。

当事人超过法定期限提起上诉，判决和裁定即发生法律效力。当事人如果认为生效的判决或者裁定有错误就只能申请再审。对判决、裁定不服的，上诉期限从送达之日起计算。

需要明确的是，上诉期限应以每个有上诉权的诉讼参加人各自收到判决书、裁定书后分别计算，任何一方均可在自己的上诉期内上诉，只有在所有有上诉权的诉讼参加人的上诉期限都届满而没有提起上诉的情况下，判决和裁定才发生法律效力。因此，在其他有上诉权的诉讼参加人的上诉期限未满之时，一方诉讼参加人的上诉期限虽已满，判决、裁定对其亦不生效。

在共同诉讼中，有两种情况：一是在必要的共同诉讼中共同诉讼人的上诉期限，以最后一个共同诉讼人的上诉期限为全体共同诉讼人的上诉期限；二是普通共同诉讼中共同诉讼人的上诉期，以各自的起算日期计算。谁超过上诉期限便丧失上诉权，一审判决、裁定对其即发生法律效力，其他共同诉讼人上诉以后，二审法院的判决对其不发生效力。

【审判实践中应当注意的问题】

一、上诉期限的起止时间认定

根据《民事诉讼法》第 85 条规定，期间开始的时和日，不计算在期间内；期间届满的最后一日是法定休假日的，以法定休假日后的第一日为期间届满的日期；期间不包括在途时间，诉讼文书在期满前交邮的，不算过期。实践中，应当注意三个细节：在计算当事人上诉期限的开始时间时，应当以裁判文书送达当事人的次日为第一日。当上诉期限的最后一日为法定休假日的，以法定休假日后的第一日为上诉期限届满的日期。当事人通过邮寄方式递交上诉状的，只要上诉状是在上诉期届满前交邮（一般以邮戳时间为准）的，即使法院收到上诉状时已经超过上诉期限，也应当依法认定当事人递交上诉状符合法定期限。

二、当事人于上诉期间届满后对委托代理人的上诉行为进行追认的，不能视为当事人于法定上诉期间内提起上诉

对于当事人在法定上诉期间内未直接提起上诉，其近亲属（并非法定代理人[①]）或委托代理人虽提起上诉但未获得当事人授权，但当事人在上诉期间届满后，对其近亲属或委托代理人的上诉予以追认的，能否视为当

① 本章所称近亲属，特指法定代理人之外的其他未经当事人特别授权的近亲属，不包括法定代理人。下同。

事人在法定上诉期内提起上诉，存在两种观点。

一种观点认为，《民法典》第171条规定，被代理人可以对代理人没有代理权、超越代理权或者代理权终止后以被代理人名义所为民事行为予以追认，并因追认使得代理人的行为之法律后果归于被代理人。[①]据此，当事人虽然没有在上诉期间直接提起上诉，而是由当时尚未获得明确授权的近亲属或代理人提起上诉，但当事人事后通过自行提交上诉状、向人民法院提交对其近亲属或代理人的授权委托书的行为，实际上是对其近亲属或代理人提起上诉的行为予以追认，故应视为当事人在法定上诉期间内提起上诉。

另一种观点认为，当事人对一审裁判不服提起上诉的，应当严格按照本条规定的上诉期间提出。当事人在这一法定上诉期间内未提出上诉，虽然其近亲属或代理人向人民法院提交了上诉状，但该近亲属或代理人当时并未获得当事人就代为提起上诉事项的授权，该行为并不能产生当事人于法定上诉期间内上诉的法律效果。对于近亲属或代理人代为提起上诉的行为，不能通过事后追认的方式使得该代为提起上诉行为溯及既往地发生法律效力。

我们认为，第二种观点是正确的。[②]这是因为：

1. 未经授权的近亲属或代理人向人民法院提交上诉状的行为，不能产生当事人于法定上诉期内上诉的法律效果

根据本条规定，当事人不服地方人民法院第一审判决（或裁定）的，

---

① 《民法通则》第66条、《合同法》第48条均有关于被代理人追认的规定。

② 参见沈丹丹：《当事人于上诉期间届满后对委托代理人的上诉行为进行追认的，不能视为当事人于法定上诉期间内提起上诉》，载最高人民法院民事审判庭第一庭编：《民事审判指导与参考》（总第66辑），人民法院出版社2016年版，第158~161页。另，据《中国法院网》"给大法官留言"栏目登载，某网友于2022年12月16日提问："诉讼代理授权委托书及起诉状可以事后追认吗？"2022年12月22日"院长回复"内容如下："您好：诉讼代理授权委托书及起诉状不能事后追认。根据《中华人民共和国民法典》第一百七十一条的规定，被代理人可以对代理人没有代理权、超越代理权或者代理权终止后以被代理人名义所为的民事行为予以追认，并因追认使得代理人行为之法律后果归于被代理人。但民事诉讼代理行为与一般代理行为不同，民事诉讼法属于公法不是私法。法律在私法领域承认被代理人对代理人行为的追认，是为了达到促成交易的目的，更多地给予当事人追认的时间和空间余地，但在公法领域则应当严格执行法律规定。《中华人民共和国民事诉讼法》第六十二条第一款规定：'委托他人代为诉讼，必须向人民法院提交由委托人签名或者盖章的授权委托书。'要求当事人委托他人代为诉讼的，必须提交授权委托书，并未规定当事人有追认的权利。当事人对无权代理的诉讼代理人代理权限的追认，也只能自追认时起产生委托授权的法律效果，对追认之前的无权诉讼代理行为不能产生追认的法律效果。感谢您对法院工作的关心和支持。"从该"院长回复"内容看，对于代为提交起诉状的行为，也不能适用民法中的追认制度。

有权在判决书（或裁定书）送达之日起十五日（或十日）内向上一级人民法院提起上诉。《民事诉讼法》第62条第2款规定："授权委托书必须记明委托事项和权限。诉讼代理人代为承认、放弃、变更诉讼请求，进行和解，提起反诉或者上诉，必须有委托人的特别授权。"根据上述法律规定，代当事人提起上诉，属于对当事人实体权利的处分，须经当事人特别授权，故未经当事人特别授权的人在法定上诉期内提交的上诉状，依法不能产生代当事人上诉的法律效果。

2. 当事人对上诉行为的授权，不能在法定上诉期间届满后通过追认的方式进行

根据法律的规定，被代理人可以对代理人没有代理权、超越代理权或者代理权终止后以被代理人名义所为民事行为予以追认，并因追认使得代理人行为之法律后果归于被代理人。但民事诉讼代理与一般民事行为的代理不同，民事诉讼法本身属于公法而不是私法。法律在私法领域承认被代理人对代理人行为的追认，是为了达到促成交易的目的，更多地给予当事人追认的时间和空间余地。但在公法领域则应当严格执行法律规定，不能在《民事诉讼法》没有明确授予当事人追认权利的情况下作扩大解释，认为代为提起上诉的行为也可以通过追认的方式，由被代理人在法定上诉期间届满后作出。如果允许代理人在没有事先取得当事人授权的情况下，可以通过先行提交代理人具名的上诉状，再取得当事人追认的方式行使上诉权，则会使得《民事诉讼法》规定的上诉期间很容易被当事人规避。此外,《民事诉讼法》规定的上诉期间，还涉及另一方当事人的权利问题。如果允许当事人事后追认赋予无权代理人的上诉行为以法律效力，则会使一审判决是否生效、法院能否受理以一审判决为依据的申请强制执行案件等，均处于不确定状态，从而损害相对方的合法权益。

3. 在当事人逾期提交上诉状的情形下，当事人往往以身在国外、被刑事羁押等原因而无法按期提起上诉为由抗辩

但本条规定的上诉期间的性质与诉讼时效期间不同，系不可变期间，不适用期间的中止、中断等，当事人该种抗辩理由并不能使得上诉期间中止、中断等，其于上诉期届满后提交的上诉状、对其近亲属或代理人的特别授权以及其他对代为上诉行为"追认"的意思表示，均不能产生当事人在上诉期限内提起上诉之法律效果。

三、本条规定不适用于涉外民事诉讼

《民事诉讼法》第286条规定："在中华人民共和国领域内没有住所的当事人，不服第一审人民法院判决、裁定的，有权在判决书、裁定书送达之日起三十日内提起上诉。被上诉人在收到上诉状副本后，应当在三十日内提出答辩状。当事人不能在法定期间提起上诉或者提出答辩状，申请延期的，是否准许，由人民法院决定。"当事人在中国领域内没有住所的，不适用本条的规定，应当依照《民事诉讼法》第286条规定，上诉期限为三十日。

第一百七十二条　上诉应当递交上诉状。上诉状的内容，应当包括当事人的姓名，法人的名称及其法定代表人的姓名或者其他组织的名称及其主要负责人的姓名；原审人民法院名称、案件的编号和案由；上诉的请求和理由。

【条文主旨】

本条是关于上诉状的规定。

【理解与适用】

上诉状是上诉人不服第一审人民法院的裁判，请求上一级人民法院撤销或者变更原审人民法院裁判的诉讼文书。根据本条规定，不服一审人民法院的判决或者裁定，向上级人民法院提起上诉，应当递交上诉状。换句话说，提交上诉状是上诉人提起上诉的法定方式，是第二审人民法院接受上诉请求的依据。

一、提起上诉应当提交书面上诉状

上诉人要提出上诉必须提出上诉状，不能口头提出。主要考虑是，上诉要由原审法院向上级法院进行转达和移交，为保证转达上诉请求和事实与理由的准确性，提交书面的上诉状是一个有效的上诉的必要构成要件。当事人在一审法院宣告判决、裁定时，当庭表示不服要上诉的，法庭应记入法庭笔录，承认其上诉的意思表示，但不能以此代替上诉状的提出，人民法院应当告知当事人其必须在法定上诉期限内提出上诉状，否则上诉不成立。只有当事人在法定上诉期内向人民法院提出书面上诉状的，才能引起上诉审程序。

就此问题，《民事诉讼法解释》第318条规定："一审宣判时或者判决书、裁定书送达时，当事人口头表示上诉的，人民法院应告知其必须在法定上诉期间内递交上诉状。未在法定上诉期间内递交上诉状的，视为未提起上诉。虽递交上诉状，但未在指定的期限内交纳上诉费的，按自动撤回上诉处理。"该司法解释条文从三个方面就该规定的适用进行了解释：

（1）对一审宣判时或者判决书、裁定书送达时，当事人口头表示上诉的，人民法院负有告知其在法定上诉期内递交上诉状的义务。对人民法院履行该告知义务的方式并无明确要求，一般即时口头告知即可，但应将当事人口头表示的意思及人民法院履行告知义务的情况在有关笔录上进行记载。（2）未在法定上诉期内递交上诉状的，视为未提起上诉。法律上的视为即可依法直接认定之意。在上诉期内没有上诉的判决、裁定，自上诉期满之日的次日发生法律效力。（3）虽递交上诉状，但未在指定的期限内交纳上诉费的，按自动撤回上诉处理。指定的期限应当根据《诉讼费用交纳办法》的规定确定。交纳上诉费应指按照《诉讼费用交纳办法》规定的收费标准足额预交。没有足额预交上诉费，又未获批准减缓免交的，其对上诉效力的影响应与未交纳的后果相同，但已预交的上诉费应予退还。

二、上诉状的主要内容

根据本条规定，上诉状的主要包括如下内容：（1）上诉人、被上诉人的姓名，法人或者其他组织的名称及其法定代表人或者主要负责人的姓名。（2）原审人民法院名称、案件的编号和案由。（3）上诉的请求和理由。此项为上诉状中的核心内容。上诉的请求是上诉人所要达到的目的，是要求上级人民法院撤销或者改变原裁判，以维护自己合法权益。上诉状中必须明确说明是请求改判还是撤销原判决、裁定。同时必须将理由叙述清楚，是认为认定事实不清还是适用法律不当，抑或是两者兼有。同时，可以提出在一审程序中未提出的事实、理由和证据。

对于上诉状内容是否符合法定要求，原审人民法院应当进行审查，对不符合规定要求的上诉状，应指定合理期限要求当事人进行完善。但无论上诉状是否规范，均应将当事人第一次递交书面上诉状的日期作为其提起上诉的日期。

【审判实践中应当注意的问题】

一、上诉状与起诉状的不同

上诉状与起诉状虽然同样都是引起人民法院审理程序的诉讼文书，但两者是不同的。起诉状是要求人民法院对民事争议进行处理，维护自己的合法的民事权益；上诉状的提起，虽然也是从维护自身利益出发，但这是通过要求上级人民法院撤销或者改变原审人民法院的判决、裁定来达到维护其权利的目的。起诉可以口头形式提起，而上诉要提交书面上诉状。基于二者存在这些不同，二者的内容也存在一些差异。《民事诉讼法》第124条规定："起诉状应当记明下列事项：（一）原告的姓名、性别、年龄、民族、职业、工作单位、住所、联系方式，法人或者其他组织的名称、住所和法定代表人或者主要负责人的姓名、职务、联系方式；（二）被告的姓名、性别、工作单位、住所等信息，法人或者其他组织的名称、住所等信息；（三）诉讼请求和所根据的事实与理由；（四）证据和证据来源，证人姓名和住所。"起诉状的内容显然与上诉状的内容有不同的地方。

二、关于上诉意愿的变更

实践中，虽然在宣判时当事人当庭表示不上诉，且被宣判笔录等记录在案，但当事人在法定上诉期限内对其不予上诉的意思表示反悔并提交了上诉状。此情形下，即便当事人当庭声明不上诉，但在法定上诉期限内，其仍然享有上诉权。反之，如果当事人在宣判时当庭表示上诉，且其上诉意愿被宣判笔录记录在案，但在法定上诉期限内，未按照本条规定递交书面上诉状的，也不能启动上诉审程序。

第一百七十三条　上诉状应当通过原审人民法院提出，并按照对方当事人或者代表人的人数提出副本。

当事人直接向第二审人民法院上诉的，第二审人民法院应当在五日内将上诉状移交原审人民法院。

【条文主旨】

本条是关于上诉状提出方式的规定。

【理解与适用】

2023年修正后的《民事诉讼法》未对本条进行修改。

本条和第174条的规定，最早见之于1982年10月1日起试行的《民事诉讼法》第147条、第148条。“从立法机关的解读看，这样规定便于当事人行使上诉权，也便于案件得到及时解决。”[①] 涉及本条的理解，可以分别从当事人和法院的角度进行分析。从当事人的角度看，提起上诉既可以选择向原审人民法院，也可以选择向第二审人民法院，这样赋予了当事人的选择权。从法院的角度看，无论是一审法院收到上诉状，还是第二审人民法院收到诉状，审查上诉人提出上诉状是否超过法定上诉期限、上诉状是否符合《民事诉讼法》第165条规定的要求、提交的上诉材料是否齐全等工作，均由一审法院负责开展。应该看到，自20世纪50年代中期开始，信息化浪潮已经在西方发达国家起步，代表性象征为“计算机”，主要是以信息技术作为载体。但是，本条最早制定的时候，信息技术的高速发展和全面应用还未起步，上下级法院之间的沟通交流主要是当面交谈和电话电报，法院的卷宗通过纸质机要方式流转。在这一时代背景下，第二审人民法院收到上诉状后，无法关联查询一审裁判文书的送达情况，进而无法判断上诉状提交是否超过法定上诉期限，如果第二审人民法院通过一审法院再行核查送达情况，将造成诉讼拖延，不利于当事人的诉

---

① 王胜明主编:《中华人民共和国民事诉讼法释义（最新修正版）》，法律出版社2012年版，第414页。

权保护。因此，本条的制定，在具体特定的历史条件下，具有一定的合理性，确实发挥了便利当事人行使上诉权、便于案件及时得到解决的作用。

20 世纪 90 年代以来，我国在信息化建设方面迈出了巨大的步伐。1993 年，我国实施以金桥、金卡、金关的“三金”工程为代表的一系列重大信息系统工程。进入 21 世纪特别是党的十八大以来，以习近平同志为核心的党中央高度重视信息化建设，突出强调网络强国建设，作出了一系列重大决策和部署。人民法院紧紧抓住网络强国建设的有利契机，依托国家信息化建设的大背景，信息化建设也取得了长足发展，以案件管理为例，实现了从案件登记、分配、审理到结案等全流程的数字化管理，法院能够快速、准确地查找和掌握案件进展情况，进而有力地提升了司法效率和质量。

基于本条的规定，实践中二审上诉的基本流程是：当事人提出上诉→上诉状一律交原审法院→原审法院送达上诉状→收到回证后整理卷宗→检齐卷宗后报送→二审法院收到后立案。由此存在的问题也暴露出来，因为流程缺乏监督，“一审不急送，二审不急办，急的只是人民群众”，产生“一审法院送达上诉状副本不及时”“整理卷宗周期长”“向二审法院移送卷宗不及时”“二审立案关键环节时间节点缺乏监督”等二审立案难问题。人民群众普遍反映二审立案周期长，监管不透明，许多上诉提出后第二审人民法院长期不立案，影响诉权行使。为切实解决这一问题，更加便利当事人行使上诉权，进一步提高诉讼效率，持续提升人民群众满意度和获得感，最高人民法院开始推动开展民事、行政第二审案件网上立案试点工作。试点主要内容是允许当事人在线直接向二审法院提出上诉申请、提交上诉材料、网上交费，由二审法院直接完成线上立案审查、上诉状副本送达等工作，不再转交原审法院，实现二审立案全流程在线办理，最大程度缩短程序流转时间，切实提高二审立案效率。其中，第一批试点于 2022 年 1 月 1 日起在山东、浙江、河北三个地区三级法院开始，第二批试点于 2023 年 1 月 1 日在天津、辽宁、吉林 13 个地区三级法院开始。

截至目前，第一批试点工作运行顺畅，河北、浙江、山东三个地区累计收到民事、行政二审网上立案申请 12832 件，其中审核通过（包括已立案）7878 件，民事立案通过率 64.75%、行政立案通过率 68%。第二批试点工作稳步推进，天津、吉林、江苏等十三个地区全部开通二审网上立案入口并进入实质运行，累计收到民事、行政二审网上立案申请 6532

件，其中审核通过（包括已立案）2305 件，网上立案申请量、已立案件数均在稳步提升。[①] 经过试点，呈现以下特点：

1. 二审网上立案渠道更加多元

二审网上立案试点改革后，当事人可以选择通过在线服务平台直接向二审人民法院提交上诉材料，进一步拓宽了当事人、代理人通过网上行使诉权的渠道，实现了网上立案从一审到二审程序的延伸，特别是在疫情防控期间，实现了人员不流动、诉讼不中断、当事人诉权行使不打折的良好效果。

2. 二审立案周期明显缩短

二审网上立案全流程在线办理新模式，减少了二审立案调卷、纸质材料流转时间。经过试点，第一批、第二批试点地区民事二审网上立案平均周期分别为 19.35 天、17.48 天，较试点开始前全国平均 97 天的二审立案周期缩短超过 80%，最快可以实现当日申请、当日立案。[②] 二审立案周期大大缩短，过去群众反映的二审立案周期长的问题得到初步解决。

3. 二审立案工作更加透明化、规范化，助力营商环境进一步优化

二审网上立案通过当事人在线上诉、电子卷宗在线流转、法院在线审查，实现二审立案全过程留痕、全流程节点监督，有效解决传统二审立案中原审法院消极对待上诉和二审立案监管真空、流程不透明、不规范问题，助力营商环境进一步优化。从近期对山东等试点地区调研情况看，普遍认为开展二审网上立案工作很有必要，特别是对于解决当事人长期反映的二审立案周期过长问题意义重大，是为大局服务、为人民司法，让人民群众“感受到”公平正义的有益举措。对运行过程中发现的二审网上立案试行中个别法院暴露出的电子卷宗调阅不及时、不规范等问题，通过建立上下级法院沟通联络机制、优化平台二审网上立案模块功能、强化电子卷宗随案同步生成等工作举措，得到了切实解决。尚未开展试点的湖南、上海等地，也希望加快推进试点工作。

在此基础上，最高人民法院提出的《民事诉讼法》修正案第 5 条，建议将第 173 条关于“上诉状应当通过原审人民法院提出，并按照对方当事人或者代表人的人数提出副本。当事人直接向第二审人民法院上诉的，

---

① 数据来源：“人民法院在线服务”截至 2023 年 6 月 18 日数据。

② 数据来源：“人民法院在线服务”截至 2023 年 6 月 18 日数据。

第二审人民法院应当在五日内将上诉状移交原审人民法院”的表述，修改为“上诉状可以向第二审人民法院直接提出，也可以通过原审人民法院提出。当事人上诉的，应当按照对方当事人或者代表人的人数提出副本。”在征求意见过程，有部分地方反映“实践中操作可能不太方便，修改可能难以落地”，因本次《民事诉讼法》修改重点是修改完善涉外民事诉讼特别规定编，“有争议的条款不作修改”，2023 年 9 月 1 日，第十四届全国人大常委会第五次会议审议通过的《全国人民代表大会常务委员会关于修改〈中华人民共和国民事诉讼法〉的决定》未予采纳。但是，立法机关充分肯定人民法院试点网上二审立案的成果，下一步，待时机成熟后可以再推动上升为立法。

第一百七十四条 **原审人民法院收到上诉状，应当在五日内将上诉状副本送达对方当事人，对方当事人在收到之日起十五日内提出答辩状。人民法院应当在收到答辩状之日起五日内将副本送达上诉人。对方当事人不提出答辩状的，不影响人民法院审理。**

原审人民法院收到上诉状、答辩状，应当在五日内连同全部案卷和证据，报送第二审人民法院。

【条文主旨】

本条是关于人民法院送达上诉状及答辩状副本和报送一审卷宗的规定。

【理解与适用】

2023年修正后的《民事诉讼法》未对本条进行修改。作为与第173条关联的条款，本条规定了人民法院收到上诉状后的审理程序。我国民事诉讼实行“两审终审制”。《民事诉讼法》第171条规定：“当事人不服地方人民法院第一审判决的，有权在判决书送达之日起十五日内向上一级人民法院提起上诉。当事人不服地方人民法院第一审裁定的，有权在裁定书送达之日起十日内向上一级人民法院提起上诉。”一审裁判作出后，如当事人在法律规定的期间内提出上诉，该一审裁判将不生效。与一审起诉不同，关于二审上诉的提出方式，法律规定必须采取提出书状的方式，不允许口头。法院在收到起诉状后，应当在五日内将上诉状副本送达对方当事人。收到上诉状副本后，一方面，对方当事人知悉一审裁判目前将不生效，另一方面，针对上诉可以提出相应的答辩。为防止诉讼拖延，本条规定对方当事人提出答辩状的期间为收到上诉状副本之日起十五日内。同样，为平衡双方当事人的诉讼权利，防止诉讼突袭，人民法院收到答辩状副本之日五日内，将答辩状副本送达上诉人。需要指出的是，提出答辩状是对方当事人的诉讼权利，对方当事人不提出答辩状，不影响法院的二审受理。

如前所述，本条与第173条均系在信息化不发达的社会条件下制定的条款，从当时的时代背景看，有利于保护当事人行使诉讼权利、加快诉讼进程，实现公正与效率的司法审判主题。但是，本条与第173条确立的“应当单向提交、应当单个送达”的二审上诉模式，即当事人应当向一审法院提交上诉状、送达应当由一审法院完成，实践中存在着流程缺乏监督、二审法院迟延转交上诉状、一审法院移送卷宗材料缓慢等问题，影响了二审立案的效率，导致矛盾纠纷迟迟处于未决状态。因此，在此次《民事诉讼法》修改过程中，最高人民法院提出的《民事诉讼法》修正案第6条，建议将第174条第1款关于“原审人民法院收到上诉状，应当在五日内将上诉状副本送达对方当事人，对方当事人在收到之日起十五日内提出答辩状。人民法院应当在收到答辩状之日起五日内将副本送达上诉人。对方当事人不提出答辩状的，不影响人民法院审理。”的表述，修改为“人民法院收到上诉状，应当在五日内将上诉状副本送达对方当事人，对方当事人在收到之日起十五日内提出答辩状。人民法院应当在收到答辩状之日起五日内将副本送达上诉人。对方当事人不提出答辩状的，不影响人民法院审理。”由此确立“可以双向提交、可以双个送达”的二审上诉模式，即当事人既可以向原审法院、也可以向二审法院提交上诉状，送达既可以由一审法院、也可以由二审法院完成。在立法机关征求意见过程中，综合考虑各方面意见，最终未在本次修法过程中采纳上述建议。

应该来说，经过多年的改革和发展，人民法院已经具备了改革二审上诉模式的条件。一是从卷宗生成流转看，最高人民法院自2016年下发专门通知，全面推行电子卷宗随案同步生成工作，截至2020年年底，全国93%以上法院建成电子卷宗随案同步生成系统，从技术上已实现电子卷宗目录编制、网上阅卷、电子卷宗归档等核心功能。2020年全年，全国法院新收案件中电子卷宗覆盖率达到90.64%，全国范围所有地区的电子卷宗档案合并可用率均达到95%以上。大多数法院可以根据二审网上立案工作需要进行电子卷宗在线流转，支持原审和二审法院法官在线查阅原审电子卷宗和上诉人在线提交的上诉材料，有效解决对纸质卷宗的依赖和超期移送立案问题。二是从送达路径看，目前全国四级法院100%开通人民法院送达平台，全国法院送达平台应用率达到90%以上。截至2023年5月底，全国法院统建和自建送达平台开展送达37307万次，其中电子送达19358万次，电子送达率52%。二审法院查看原审电子卷宗获取当事人送达信息后，再通过送达平台开展送达，与原审法院同等便利；如原审法院已开展送达的，送达平台可实现对电子送达结果的自动追踪。因此，由二审法院直接完成二审网上立案审查、送达等工作已具备实施基础。

当然，我们也注意到，个别地区可能存在着电子卷宗随案同步生成与管理应用建设不足问题，但是，全国法院普遍具备电子卷宗随案同步生成和智能流转能力，这是一个客观事实。推动修改民事诉讼二审上诉方式改革，可以倒逼电子卷宗随案同步生成工作落地落实，为下一步推行全国法院"一张网"工作奠定基础。同时，在条件成熟的时候，可以再行推动《民事诉讼法》修改二审上诉模式。

第一百七十五条 第二审人民法院应当对上诉请求的有关事实和适用法律进行审查。

【条文主旨】

本条是关于二审案件审理范围的规定。

【理解与适用】

本条内容在1991年《民事诉讼法》制定后的历次修正中均无变化。二审审理范围问题，实质上是二审法院的职能范围问题，涉及当事人诉权与二审法院审判权之间的关系，是二审程序的核心问题。无论是理论研究还是司法实践，都有深入探讨的必要。

一、二审程序的功能定位

上诉制度是我国司法体制的重要构成部分，发挥着多样化的司法功能，并且需要在不同的价值目标之间进行平衡与取舍。一般认为，二审程序价值，首先体现在具有纠正错误的功能，“两次审判比一次审判更有利于确保司法公正”；其次具有程序制约的功能，“上诉程序之所以能够纠正错误，不仅因为它给当事人多提供一次机会，更因为它的存在本身构成对一审程序的监督，从而减少了一审判决出现错误的几率”[①]；再次具有保证法律正确实施的功能。可谓，“上诉制度之设置，一则在谋求裁判本身之正确，一则在谋求法律解释之统一，于前者言，乃当事人受其利益，于后者言，乃国家受其利益也”。[②]为实现二审程序价值，必须准确把握不同审级的功能，注重协调不同审级法院之间的职能差异，防止审判同质化。

---

① 齐树洁：《民事上诉制度研究》，法律出版社2006年版，第30页。

② 王甲乙、杨建华、郑健才：《民事诉讼法新论》，我国台湾地区三民书局2001年版，第539页。

二、我国民事诉讼二审审理范围限于上诉请求

世界各国和地区关于上诉审的审理范围的规定可以按照两种方法予以区分。一种区分方法是以上诉审是否受限于上诉请求来区分，在这种区分方法下有两种模式：一是绝大多数国家明确上诉审审理范围限于当事人上诉请求的范围，原则上只对上诉请求中提出的事实认定和法律适用问题进行审理；二是有少数国家规定，第二审程序可以不受当事人诉讼请求范围的限制，对第一审裁判认定的事实和适用的法律作全面审查。另一种区分方法是以上诉审是否分为“事实审”与“法律审”来区分。在这种区分方法下，有的国家明确规定上诉审，特别是第三审严格限制在法律问题方面；但也有些国家不做限定。我国以符合我国基本国情为原则，确立了相应的上诉审审理范围。

二审审理范围是否受限于上诉请求，涉及一个非常重要的问题，即如何平衡当事人对其民事权利的处分权和保证法律贯彻执行这两个方面。对此重大问题，我国的民事诉讼制度经历了一个发展变化的过程。

1. 1982 年《民事诉讼法（试行）》第 149 条规定：“第二审人民法院必须全面审查第一审人民法院认定的事实和适用的法律，不受上诉范围的限制。”该条规定了二审审理范围不限于上诉请求

当事人有对其民事权利的处分权。当事人没有提起上诉的事项，表明当事人对其没有争议，或者原来虽有争议，但当事人对于一审所作裁判不再争议。既无争议，当然也就没有纠纷，法院也就没有必要审理。当事人对其没有争议，表明当事人接受一审的裁判结果，虽然有些事项对其不利，或者损害其利益，但当事人放弃其权利，或者说当事人处分了其权利，法院就应当尊重当事人的处分权，也就没有必要对于这部分事项的事实认定和法律适用问题进行审查。

确保法律原则得到贯彻落实是法院的职责，二审程序的设置是要纠正一审程序所作裁判的错误。一审裁判既然存在认定事实、适用法律上的错误，就破坏了法律原则的贯彻落实，损害了司法的权威性和严肃性。如果二审程序不加以纠正，法律设立二审程序的目的就会落空，二审程序纠正一审错误的功能设置就无法实现。从这一点上讲，似乎二审程序对上诉案件的审查就不应限于当事人提出上诉的部分，无论当事人是否提出请求，对一审裁判中存在的错误就必须予以纠正。

1982年制定《民事诉讼法（试行）》时，我国正处于改革开放初期，法制不健全，法治意识也很薄弱，律师少，人民群众不了解诉讼程序，不懂上诉，更不懂如何提出上诉请求。如果当时规定二审程序只限于审查当事人上诉请求的事项，就会因为人民群众不懂法而损害其民事权利，更谈不上尊重当事人处分权的问题。为此，1982年《民事诉讼法（试行）》规定："第二审人民法院必须全面审查第一审人民法院认定的事实和适用的法律，不受上诉范围的限制。"应当说，1982年《民事诉讼法（试行）》规定全面审查原则对充分保护当事人的民事权利起到了积极作用。

2. 现行《民事诉讼法》规定上诉审应限于上诉请求

1982年《民事诉讼法（试行）》实施以后，随着改革开放的深入，经济飞速发展，普法教育深入开展，律师队伍也逐步建立和壮大，法治环境有了很大改变，人民群众的法律意识日益增强。于是，1991年修改《民事诉讼法》时，根据这一已经变化了的情况，我国对二审程序的审查范围规定了与多数国家一致的原则，即上诉审应限于对当事人上诉请求的事实认定和法律适用进行审查。1991年的规定一直沿袭到现在。

根据本条规定，二审人民法院在审理上诉案件时应当对以下两个方面进行审查：一是上诉请求涉及的有关事实，即针对上诉人提出的原判决、裁定中需要撤销或者变更的部分，以及其主张的民事权利有无事实根据进行审查。如果上诉请求涉及整个案件事实的认定，即应当全面审查一审人民法院对案件的全部事实是否查明，证据是否充分，是非是否分清。当事人在二审中提出了新的事实和证据的，二审人民法院应当一并审查核实。二是对当事人提出上诉请求涉及的一审判决、裁定在适用法律上是否正确进行审查。如果上诉请求涉及一审判决、裁定的所有内容，则对一审判决、裁定所有适用法律的事项都要进行审查。

3. 不能过于机械地理解限于上诉请求的规定

本条关于二审程序限于对上诉请求事项进行审查的规定在解释和适用上不能绝对化。当事人的处分权要得到充分的尊重，同时也要保证法律原则的贯彻执行。两者都不可偏废，必须进行综合平衡，以求最大限度地尊重当事人的权利，最大限度地保障法律的正确实施，维护社会公共秩序和整体利益。

对于上诉请求以外的事项，二审法院原则上不予审理，但是对于上诉是否合法等问题，法院有审查权。这是因为上诉是否合法的问题，关系到上诉是否成立和二审程序是否启动。此外，如果一审案件有当事人违法或者法官违法的问题，二审人民法院应当依法进行判断以确定审查的范围。如果当事人或者一审的裁判行为既损害了另一方当事人的利益，同时又损害国家利益、社会公共利益，即使受损害的当事人在上诉请求中不主张权利，二审人民法院也应当纠正。

实践中，二审法院在多大程度上可以审查上诉人上诉请求以外的事项，应当按照《民事诉讼法解释》第321条规定把握，即对上诉人上诉请求的有关事实和适用法律进行审查时，发现一审判决违反法律禁止性规定，或者损害国家利益、社会公共利益、他人合法权益的，也应予以纠正。

二、我国民事二审程序不对“事实审”与“法律审”进行区分

“事实审”和“法律审”的划分，源于古罗马法中的诉讼制度，但也大致是一种粗略和模糊的界线。在现代各国和地区民事诉讼制度中，有些国家在上诉审中（特别是实行三审终审制的国家）一般排除对事实问题的审查。例如，在英国，民事案件要上诉至英国最高法院，不仅排除事实问题，还要求案件涉及的法律问题具有公共重要性。上诉审排除对事实问题审查的主要理由，一是因为现代民事诉讼都设置了完善的审前准备程序和证据交换制度，诉讼证据和案件争点在正式审理之前就已经过审查并被固定；二是由于在普通法法系国家，重大的民事案件一般都适用陪审团审理，而陪审团对事实问题的裁定是终局性的，因此不允许上诉法院改变初审陪审团对事实问题的裁决。

但是，控制事实问题进入上诉审的程度取决于各国和地区划分“事实问题”和“法律问题”的方法与标准，对“事实问题”和“法律问题”这些概念本身的不同理解，也会对上诉审审查事实问题的程度产生影响。事实上，民事诉讼中的事实问题与法律问题常常纠缠在一起，对法律问题的审查会导致对证据的重新认定。例如，在涉及刹车失灵致交通事故案件中，刹车失灵的证据能否作为相关证据被判决采纳，取决于如何对驾驶员的疏忽大意作出界定这样一个“法律问题”。如果驾驶员疏忽大意的范围包含刹车失灵的问题，则刹车失灵的证据即为相关证据予以采纳；如果认定没有包含该问题，则其证据即属于无关证据予以排除。

上述都是国外的立法例。我国《民事诉讼法》明确规定上诉审包括对

事实认定和法律适用的审查，也就是不区分事实审与法律审。

【审判实践中应当注意的问题】

一、确定二审审理范围应遵循的几项原则

1. 不告不理原则

不告不理是民事诉讼的一项基本原则，是处分原则在审理范围问题上的具体体现。不告不理在二审程序中的含义包括：（1）是否提起上诉由当事人决定，法院不能依职权启动二审程序；（2）二审审理在什么范围内进行，原则上由当事人决定；（3）二审法院原则上只能在上诉请求的范围内进行审理，审判权受上诉请求的制约。

2. 上诉不利益变更禁止原则

上诉不利益变更禁止原则，是指在上诉人上诉的情况下，不论上诉请求全部或部分是否能够得到支持，二审裁判都不能加重上诉人的责任。上诉人最不利的结果是二审驳回上诉，维持原判，而不能被改判承担更不利的负担。如果没有这项原则，将二审审理范围限定在上诉请求的范围之内就难以实现。上诉不利益变更禁止原则也有例外：（1）诉讼要件欠缺；（2）一审判决违反了禁止性规定或者损害国家利益、社会公共利益、他人合法权益；（3）被上诉人也提出了上诉。如《民事诉讼法解释》第 328 条规定："人民法院按照第二审程序审理案件，认为依法不应由人民法院受理的，可以由第二审人民法院直接裁定撤销原裁判，驳回起诉。"第 329 条规定："人民法院依照第二审程序审理案件，认为第一审人民法院受理案件违反专属管辖规定的，应当裁定撤销原裁判并移送有管辖权的人民法院。"

3. 利益变更禁止原则

利益变更禁止原则，是指在上诉人的上诉请求之外，虽然存在可以对上诉人作出更有利裁判的可能性，但由于上诉请求未包含这一内容，二审法院无权主动变更，作出对上诉人更有利的判决。

二、准确把握"上诉请求"的内涵

本条规定："第二审人民法院应当对上诉请求的有关事实和适用法律进行审查。"《民事诉讼法解释》第 321 条第 1 款规定："第二审人民法

院应当围绕当事人的上诉请求进行审理。”这两条都规定了二审的审理范围，即当事人的上诉请求。那么，是否当事人在二审中提出的任何主张都属于“上诉请求”，都属于二审法院的审理范围呢?《民事诉讼法解释》第 326 条第 1 款规定：“在第二审程序中，原审原告增加独立的诉讼请求或者原审被告提出反诉的，第二审人民法院可以根据当事人自愿的原则就新增加的诉讼请求或者反诉进行调解；调解不成的，告知当事人另行起诉。”此规定回答了前述问题，即上诉请求的范围不能超出一审诉讼请求的范围，也即二审审理范围被限制在一审诉讼请求和审理范围之内。那么,《民事诉讼法解释》第 326 条第 2 款所规定的“双方当事人同意由第二审人民法院一并审理的，第二审人民法院可以一并裁判”如何理解，是否说明二审法院只要在当事人同意的情形下也可以对上诉人在一审中未提出的“新诉讼请求”一并裁判?需要注意的是，在上诉程序中，上诉人提出的“新诉讼请求”并未经过“上诉”这一程序，之所以由二审法院裁判是基于双方当事人处分权的行使，即放弃了审级利益，因此在此意义上，该“新诉讼请求”并不属于严格意义的“上诉请求”之列。同样道理，对于一审中虽然提出但一审法院未予审理的诉讼请求，也不属于上诉请求，不属于二审审理范围，应当按照《民事诉讼法解释》第 324 条的规定处理，即“对当事人在第一审程序中已经提出的诉讼请求，原审人民法院未作审理、判决的，第二审人民法院可以根据当事人自愿的原则进行调解；调解不成的，发回重审。”

从实质内容看，“上诉请求”是上诉人要求二审法院撤销或变更原裁判的具体的权利主张，此“权利主张”必须是对一审裁判的“不服”，从而要求二审法院对当事人之间的争议作出更权威的最终判断。而不服的原因则包括对内容的不服和对程序的不服，对内容的不服表现为当事人要求“撤销原判，依法改判”，对程序的不服表现为当事人要求“撤销原判，发回重审”，对内容和程序都不满表现为要求“依法改判或发回重审”等。但这仅仅是当事人表达不服，要求二审法院实现其权利主张的原因或方式，并不是实质意义上的“上诉请求”。

综上所述，“上诉请求”是上诉人向二审法院提出对一审裁判的不服，要求其撤销或者变更原裁判的具体的权利主张，二审法院应围绕该主张所依据的事实和理由是否成立进行审理，且该主张不能超出一审诉讼请求范围。

三、非上诉部分确有错误的如何处理

二审审理范围涉及尊重当事人处分权和确保法律贯彻执行两者之间关系的协调问题。在二审程序的价值取向和功能定位上，对当事人处分权的尊重与法律严肃性的确保、对解决纠纷的追求和对纠正错误的重视，不可偏废，须综合平衡。在对上诉请求的有关事实和适用法律进行审查时，如果发现一审法院对非上诉部分审理有错误的，应区别情况予以处理：如果非上诉部分的错误属于违反法律禁止性规定，或者损害国家利益、社会公共利益、他人合法权益的，二审应当直接予以纠正；如果非上诉部分的错误并非上述情形的，二审一般不予干预。

第一百七十六条　第二审人民法院对上诉案件应当开庭审理。经过阅卷、调查和询问当事人，对没有提出新的事实、证据或者理由，人民法院认为不需要开庭审理的，可以不开庭审理。

第二审人民法院审理上诉案件，可以在本院进行，也可以到案件发生地或者原审人民法院所在地进行。

【条文主旨】

本条是关于二审审理的方式和地点的规定。

【理解与适用】

本条是第二审人民法院对上诉案件采取何种审理方式以及在何地点进行审理的规定，此次《民事诉讼法》修正未对本条进行修改。

依据本条规定，第二审人民法院对于上诉案件原则上都应当开庭审理，只有在第二审法院经过阅卷、调查和询问当事人，且对当事人没有提出新的事实、证据或者理由的，才可以不开庭审理。可见，第二审人民法院对上诉案件开庭审理应是“常态”，而不开庭审理则是特殊情况下的“非常态”。

审理方式是民事诉讼运行的核心环节之一，也是人民法院评价双方当事人诉讼行为和由此衍生出诉讼信息的主要手段。第二审审理方式则是上诉法院对“当事人的利益、上诉审救济利益、司法资源耗费”等综合因素评判后进行优化的手段和结果。[①]目前，世界各国和地区尤其是大陆法系国家一般对二审规定了开庭审理和不开庭审理两种方式，我国亦如此。上诉审程序的功能之一是增强当事人感觉上的公平性，通过程序吸收当事人的不满，使当事人对裁判结果形成信服，最终强化司法的正当性。所以，一般各国和地区立法均规定上诉审的审理方式应当以开庭审理为原则，以书面审理为例外。因为开庭审理可以进行法庭辩论，有利于通过程序，使当事人形成案件经过慎重考虑，并能够为当事人提供进一步声明主张和宣

---

① 参见常怡主编：《比较民事诉讼法》，中国政法大学出版社 2002 年版，第 648 页。

泄不满的机会，从而强化程序的公正性。只有对于上诉请求明显不能成立的或者进行口头辩论对决定过程没有实质影响的案件，才可以不开庭审理。

从诉讼法理和世界各国和地区的立法例来看，在民事二审程序中设置开庭审理和不开庭审理近而径行判决两种审理方式，可以对上诉案件进行“繁简分流”达到公正与效率之间的平衡。通说认为，开庭审理和不开庭审理两种审理方式，形式上的区别在于是否进行了开庭审理，而本质上的区别在于合议庭成员的参与程度不同，开庭审理方式中合议庭成员的参与程度显然要高于不开庭审理。必须强调的是，不管是开庭审理还是不开庭审理的径行判决，均不能以损害裁判结果的公正性和当事人的诉讼权利为代价。

依据本条规定并结合司法实践，第二审人民法院受理上诉案件后一般按下列步骤开展诉讼程序。

一、组成合议庭

第二审人民法院审理上诉案件，一般应当组成合议庭。《民事诉讼法》第41条第1款规定，人民法院审理第二审民事案件，由审判员组成合议庭。合议庭的成员人数，必须是单数。我们认为，该款中的“审判员”是指具有审判资格的人员。而依据《人民法院组织法》第40条规定，人民法院的审判人员由院长、副院长、审判委员会委员和审判员等人员组成。所以，第二审人民法院审理上诉案件组成的合议庭必须由审判员组成，不能由法官助理或陪审员组成。此外，合议庭的人数必须是单数。

另外，《民事诉讼法》第41条第2款规定，中级人民法院对第一审适用简易程序审结或者不服裁定提起上诉的第二审民事案件，事实清楚、权利义务关系明确的，经双方当事人同意，可以由审判员一人独任审理。因此，在符合上述条件的情形下，也可以例外采取独任审理的方式。但是，按照《民事诉讼法》第43条的规定，人民法院在审理过程中，发现案件不宜由审判员一人独任审理的，应当裁定转由合议庭审理。当事人认为案件由审判员一人独任审理违反法律规定的，可以向人民法院提出异议。人民法院对当事人提出的异议应当审查，异议成立的，裁定转由合议庭审理；异议不成立的，裁定驳回。

二、阅卷、调查和询问当事人

第二审人民法院组成合议庭后，案件的承办人及合议庭成员应当认真审阅案卷，审查当事人提起的上诉是否具备了法律规定提起上诉的条件，是否在上诉期限内提起上诉，诉讼费是否交纳，是否提出新的事实或者证据等。如果当事人提起上诉的条件有欠缺，法律规定允许其补正的应通知其补正，不允许补正的则应直接裁定驳回其上诉。当然，依据本条规定，为了查明事实，对一审的判决作出公正、合法性进行评断，第二审人民法院在审查案卷过程中，必要时可以对相关的事实和证据进行调查并询问当事人。

三、开庭审理或不开庭审理

（一）开庭审理

承办人及合议庭成员经过阅卷、调查、询问当事人后，如果当事人提出新的事实、证据或者理由，合议庭应当开庭审理。这是因为，新事实、证据或者理由的出现，使得一审对案件事实的认定产生了改变的可能，出于保护当事人诉讼权利及客观公平的要求，第二审人民法院对此种情况应当开庭审理。通过开庭审理，对相关的事实予以查证，进而对一审程序中的事实认定、证据采用或者法律适用是否正确作出终局判断，以求得法律真实最大限度地接近客观真实。

（二）不开庭审理

依据本条规定，第二审人民法院组成合议庭后，经过阅卷、调查和询问当事人，对没有提出新的事实、证据或者理由，人民法院认为不需要开庭审理，可以不开庭审理。这是因为，对于当事人没有提出新的事实、证据或者理由的，第二审人民法院对案件事实的认定仍是依据当事人在一审中提交的证据及陈述，而当事人提交的证据及陈述已经呈现在一审人民法院向二审人民法院报送的全部卷宗材料中，第二审人民法院完全可以通过审阅一审卷宗得以了解，进而对案件作出认定。也就是说，对当事人没有提出新的事实、证据或者理由的，第二审人民法院据以查明案件事实的信息来源与一审人民法院完全一致，开庭审理不但没有必要，而且还将导致诉讼程序的烦琐化和诉讼时间的不当延长，造成司法资源的浪费。所以，通过阅卷、调查和询问当事人后，对当事人没有提出新的事实、证据或者理由的，可以通过审阅一审的卷宗之后不开庭审理而径行裁判。

那么，具体哪些情形可以不开庭审理？对此，《民事诉讼法解释》第331条规定，第二审人民法院对下列上诉案件，依照《民事诉讼法》第176条规定可以不开庭审理：（1）不服不予受理、管辖权异议和驳回起诉裁定的；（2）当事人提出的上诉请求明显不能成立的；（3）原判决、裁定认定事实清楚，但适用法律错误的；（4）原判决严重违反法定程序，需要发回重审的。

2007年《民事诉讼法》规定，第二审人民法院对上诉案件，应当组成合议庭，开庭审理。经过阅卷和调查，询问当事人，在事实核对清楚后，合议庭认为不需要开庭审理的，也可以径行判决、裁定。而2012年《民事诉讼法》修正案将原来的规定修改为：第二审人民法院对上诉案件，应当组成合议庭，开庭审理。经过阅卷、调查和询问当事人，对没有提出新的事实、证据或者理由，合议庭认为不需要开庭审理的，可以不开庭审理。可见，将"在事实核对清楚后"修改为"没有提出新的事实、证据或者理由"。也就是说，对于上诉案件，第二审法院经过阅卷、调查和询问当事人后，对没有提出新的事实、证据或者理由的，才可以不开庭审理而径行判决，而不能笼统地"在事实核对清楚后"就径行判决，这样修改更加符合民事审判的基本原理。详言之，二审合议庭的首要任务就是审查上诉人是否提出新的事实、证据或者理由，进而决定是否开庭审理。而对于是否有新的事实、证据或者理由，通过审阅上诉状和一审案卷以及询问当事人后加以明确。在当事人提出新的事实、证据和理由的情况下，通过开庭审理在程序上，保障当事人就新的事实、证据和主张进行阐述、说明以及抗辩的权利；反之，如果不开庭审理而径行裁判，尽管在实体上并不当然导致事实认定和裁决结果错误，但程序上可能会妨害当事人诉讼权利的行使，导致对于裁判公正性的怀疑。从这个意义上说，在当事人提出新的事实、证据和理由的情况下，是需要二审庭审的程序保障，这才符合二审审判的原理及逻辑顺序。

2012年《民事诉讼法》修正案对不开庭审理的适用范围进行限定，主要目的在于倡导尽可能地开庭审理，最大限度地保障当事人的诉讼权利，并通过提高二审开庭率，达到提高二审裁判的透明度。因为开庭审理是民事诉讼的一项基本制度，无论是一审程序还是二审程序，都应该大力加强开庭审理。但在司法实践中，囿于人员少、案件多等各种原因，有的法院没有准确理解和适用法律，任意扩大不开庭审理的适用范围，结果是压缩了应该开庭审理的案件范围，背离了《民事诉讼法》的立法精神。为了矫正司法实践中的异化现象，最高人民法院早在1999年就出台了《关于严格执行公开审判制度的若干规定》，当时就明确要求逐步扩大二审法院开庭审理的范围，目的就是通过严格执行公开审判制度，限制径行裁判范围。

为什么要强调二审开庭审理？众所周知，随着经济社会的发展，起诉到人民法院民事案件数量大幅增长，二审案件亦大量增加。在审判人员不可能大幅度增加的情况下，“案多人少”的矛盾极为突出，中级人民法院和基层人民法院的情况更加严峻，导致部分中级人民法院对一些上诉案件直接采用不开庭审理的方式进行处理，无形中扩大了不开庭审理的适用范围并产生了以下弊端[①]：第一，合议庭的功能被限制。合议庭设立的目的就是通过集体智慧作出公正判断。在司法实务中，对于不开庭审理而径行判决大多形成承办人一人阅卷、调查和询问的现状，合议庭形同虚设。第二，违反了直接审理原则。直接审理原则是现代法治社会诉讼的基本要求，该原则要求人民法院审理、裁决民事案件，必须由审判人员亲自听取当事人和其他诉讼参与人的言词陈述及辩论，亲自审查证据及其他有关的诉讼资料并依法作出判决。如果对应该开庭审理的案件不开庭审理而径行判决，显然违反直接审理原则。并且，二审法院不经过开庭审理，其获得的仅仅是书面资料，审理间接而不直观，很难保证承办人获得信息的准确和全面。第三，弱化了审理过程的严肃性。依据法理，裁判的正当性可以通过审理过程的严肃性得到体现，审级越高，案件的审理应更严肃。不开庭审理而径行判决本身就隐藏了信任危机。承办人的品行承载着合议庭的品行，承办人意见需要合议庭的意见来背书，一旦产生不一致的地方，裁判的公正性就会受到怀疑。在不开庭审理而径行判决扩大化的背景下，一方面不开庭审理而径行判决的案件数增加了，前述的不一致情形的次数也会增加，后果就是当事人对二审的信赖减退；另一方面，很多复杂案件如果采用了不开庭审理而径行判决，当事人的失望之情可想而知。此外，如果二审案件不开庭审理而径行判决，则可能当事人在二审程序的基本权利无法保障，使得当事人的权益受到极大贬抑，从而导致了终审不终。基于

① 王长河、陈景华：《径行判决扩大化的批判与突围》，载江西法院网（jxfy.chinacourt.org）。

此，2012 年《民事诉讼法》修正案作上述修改，具有重大的现实意义。

此外，2021 年《民事诉讼法》修正案，将上述“合议庭认为不需要开庭审理的，可以不开庭审理”，修改为“人民法院认为不需要开庭审理的，可以不开庭审理。”这一表述，与《民事诉讼法》其他条文中使用的“人民法院认为”表述相一致。

关于第二审人民法院审理上诉案件的地点。依据本条规定，第二审人民法院开庭审理上诉案件，可以在本院进行，也可以到案件发生地或者原审人民法院所在地进行。这样规定，目的“两便原则”，即方便当事人参加诉讼，方便人民法院审理案件，贯彻“两便原则”同时也提高办案效率，维护当事人的合法权益。

【审判实践中应当注意的问题】

一、本条规定未使用“径行判决、裁定”的概念，而表述为“不开庭审理”

2012 年修正前的《民事诉讼法》使用的是“径行判决、裁定”的表述，有的观点认为，我国《民事诉讼法》规定的“径行判决、裁定”不同于国外的书面审理，除了阅卷外，还要调查和询问当事人，同样需要对案件事实进行调查核实。而国外的书面审理则是不开庭、不调查、不询问当事人和证人，只是通过审阅第一审案卷材料后直接作出判决。① 为避免对“径行判决、裁定”产生误读，2012 年《民事诉讼法》修正案改采“不开庭审理”的表述，其意义在于强调审理过程不能省略。因此，即使上诉人没有提出新的事实、证据或者理由的，合议庭也应当阅卷、调查和询问当事人而不能简单地径行判决、裁定。

二、第二审人民法院可以不开庭审理的前提

依据本条规定，第二审人民法院不开庭审理，有两个条件：一个是当事人“没有提出新的事实、证据或者理由”；另一个是“人民法院认为不需要开庭审理”。第一个条件已如上述。关于第二个条件，审判实践中应当把握的是，尽管当事人没有提出新的事实、证据或者理由，可以不开庭

---

① 参见杨荣馨主编：《民事诉讼法原理》，法律出版社 2003 年版，第 465 页。

审理，但仍然应当综合考虑，如，案件所涉事实是否存在损害公共利益问题，相关合同或者行为是否存在无效事由，案件在本辖区有重大影响，等等。只有合议庭在综合考虑以上因素后，方可决定对二审案件是否不开庭审理。

第一百七十七条　第二审人民法院对上诉案件，经过审理，按照下列情形，分别处理：

（一）原判决、裁定认定事实清楚，适用法律正确的，以判决、裁定方式驳回上诉，维持原判决、裁定；

（二）原判决、裁定认定事实错误或者适用法律错误的，以判决、裁定方式依法改判、撤销或者变更；

（三）原判决认定基本事实不清的，裁定撤销原判决，发回原审人民法院重审，或者查清事实后改判；

（四）原判决遗漏当事人或者违法缺席判决等严重违反法定程序的，裁定撤销原判决，发回原审人民法院重审。

原审人民法院对发回重审的案件作出判决后，当事人提起上诉的，第二审人民法院不得再次发回重审。

【条文主旨】

本条是关于第二审人民法院对不服一审判决、裁定提起上诉案件如何处理的规定。

【理解与适用】

此次《民事诉讼法》修正未对本条进行修改。上诉审程序不但要对当事人之间的争议作出更权威甚至最终的判断，还要（甚至更为主要的是）对一（初）审程序所作的判断给予评价，即对之予以肯定或者否定、部分肯定或者部分否定。所以，上诉审裁判的具体内容表现为维持原判、撤销原判决改判或者撤销原审裁判发回重审等形态。[①]

从各国和地区的法律规定来看，对于上诉案件的处理主要是“维持原判”“依法改判”和“发回重审”三种方式。其中，对于“维持原判”和“发回重审”的理由一般都由法律作出明确规定，相对而言较为容易理解与适用。而对于“依法改判”的事由、改判的尺度及具体内容除法律作出

① 参见杨荣馨主编：《民事诉讼原理》，法律出版社 2003 年版，第 458 页。

明确的规定外，主要还需要法官根据个案的具体事实自由裁量，因此个案被改判的尺度不尽相同，但是，对于改判在大陆法系国家有两项基本原则，即上诉程序不利益变更禁止和利益变更禁止。[①] 我国的第二审人民法院对上诉案件的处理亦如此。依照本条的规定，第二审人民法院对上诉案件的裁判方式有，“维持原判决、裁定”“改判、撤销或者变更”“发回原审人民法院重审”。

一、维持原判决、裁定

维持原判决、裁定是上级人民法院对下级人民法院判决、裁定正确性与合法性的肯定，同时也是上级人民法院对下级人民法院判决、裁定所确认的当事人之间的权利义务关系的认可。[②] 依据本条第 1 款第 1 项的规定，原判决、裁定认定事实清楚、适用法律正确的，第二审人民法院以判决、裁定方式“驳回上诉，维持原判决、裁定”。也就是说“维持原判决、裁定”适用于原判决、裁定认定事实清楚、适用法律正确的案件。在我国，提起上诉的民商事案件中，大部分维持了原判决、裁定。[③]

从本条规定的内容来看，维持原判决、裁定的条件是，一审法院“认定事实清楚”以及“适用法律正确”。只有上述两项条件同时具备，才能适用“维持原判决、裁定”。当然，在司法实践中，可能存在以下情形：（1）原判决、裁定主文正确，但认定事实错误；（2）原判决、裁定主文正确，但判决理由不当；（3）原判决、裁定主文正确，但适用法律不当。上述情形是否应属于“维持原判决、裁定”的情形呢？这个问题涉及对“维持原判决、裁定”是维持判决、裁定主文还是维持整个判决、裁定文书的全部内容的理解。在最高人民法院起草《民事诉讼法解释》过程中，对此有不同的意见。有的意见认为，适用《民事诉讼法》第 177 条第 1 款第 1 项的前提必须是原判决、裁定认定事实清楚和适用法律均正确，前述情形不符合第 177 条第 1 款第 1 项规定的“维持原判、裁定”的情形。另一种意见认为，《民事诉讼法》第 177 条第 1 款第 1 项“维持原判、裁

① 所谓上诉不利益变更禁止原则，是指上诉审法院不得变更初审裁判而导致上诉人更加不利。利益变更禁止原则，是指上诉审法院不得超越上诉人的上诉请求范围，变更初审裁判，使上诉审裁判更有利于上诉人。

② 参见杨荣馨主编：《民事诉讼原理》，法律出版社 2003 年版，第 466 页。

③ 以 2022 年为例，全国法院共审结民事二审案件 1598951 件，维持 993204 件。参见 2022 年全国法院司法统计公报，载《中华人民共和国最高人民法院公报》2023 年第 4 期。

定”仅指对整个判决、裁定结果即判决主文的维持，即使一审事实认定或适用法律以及二者均有误，但二审判决、裁定结果与一审结果相同，就应该维持原判、裁定。[①] 最终经研究认为，“维持原判决、裁定”应是对判决、裁定主文即判决、裁定结果的维持，因为判决、裁定主文是建立在事实认定和适用法律的基础上的，即使一审认定事实和适用法律有误，二审予以纠正，如果二审判决、裁定与一审判决、裁定主文相同，也应该认定为维持原判。[②] 故而，《民事诉讼法解释》第332条规定，原判决、裁定认定事实或者适用法律虽有瑕疵，但裁判结果正确的，第二审人民法院可以在判决、裁定中纠正瑕疵后，依照《民事诉讼法》第177条第1款第1项规定予以维持。

另外，2012年《民事诉讼法》修正案与2007年《民事诉讼法》规定相比，增加了第二审人民法院对提起上诉裁定的处理规定。2007年《民事诉讼法》第153条第1款第1项规定“原判决认定事实清楚，适用法律正确的，判决驳回上诉，维持原判决”。但在司法实践中经常遇到的问题是，当事人不服一审法院作出的裁定提起上诉后，第二审人民法院如果维持原裁定的，是否可以以该条规定为裁判依据予以维持。对此有不同的意见：一种意见认为，应该对2007年《民事诉讼法》第153条第1款第1项中的“原判决”作扩大性的解释，即“原判决”不仅包括“判决”，也包括“裁定”。因而，第二审人民法院对于维持“原裁定”的，可以引用此条做法律依据。另一种意见认为，对2007年《民事诉讼法》第153条第1款第1项中的“原判决”不应作扩大性的解释，应严格按照法律的规定；若按此意见对2007年《民事诉讼法》第153条第1款作出限制性的解释，则二审作出维持原裁定的处理就没有法律依据。鉴于此，2012年《民事诉讼法》修正案在该条原内容的基础上增加了有关“裁定”的内容，即明确规定：原判决、裁定认定事实清楚、适用法律正确的，第二审人民法院要以判决、裁定的方式驳回上诉，维持原判决、裁定。这样修改使得该法条的内涵和外延更加充实和周延，也为司法审判提供了明确而清晰的裁判依据和指引。

---

① 李相波：《关于〈民事诉讼法〉司法解释第二审程序修改内容的理解与适用》，载《法律适用》2015年第4期。

② 李相波：《法官视角下的民事诉讼法修改》，载《国家检察官学院学报》第19卷第5期。

二、改判、撤销或者变更

第二审人民法院对上诉案件依法改判、撤销或者变更是处理上诉案件的另一种主要方式，我国亦如此。从世界各国和地区的立法例来看，二审改判、撤销或者变更一般有以下情形：（1）原判决适用法律错误的；（2）原判决认定事实错误或者认定基本事实不清的。第一种情形改判的，称为“法律改判”；第二种情形改判的则称为“事实改判”，与之对应的分别是上诉法院的“法律改判权”和“事实改判权”。法律改判权和事实改判权的结合，共同构成了第二审人民法院对一审裁判的实体改判权。实体改判权的结果是对一审裁判的内容，包括判决主文和裁判理由在内进行修改或者废弃。

根据本条第1款第2项、第3项的规定，我国第二审人民法院依法改判、撤销或者变更原判决、裁定的，主要有以下两种情形：

1. 原判决、裁定认定事实错误或者认定基本事实不清

案件事实主要是通过证据证明并经人民法院依法认定的事实，是审判机关审理案件、分清是非、确定责任的依据，也是正确适用法律的前提。认定事实错误主要是指法院认定的事实与实际情况、客观事实不一致；认定基本事实不清，主要是指对基本事实的认定不真实、不够准确或者是没有将案件事实调查清楚。在认定基本事实不清或者认定事实错误的情形下，第二审人民法院应该在查清事实的基础上，依法对原判决、裁定予以改判、撤销或者变更。只有在查清事实的基础上进行改判，才能使案件的裁判公平公正。

2. 原判决、裁定适用法律错误

适用法律错误主要是指原判决、裁定认定事实正确，仅是适用法律存在错误。实践中，适用法律错误主要有以下三种表现形式：（1）应该适用甲法却适用了乙法；（2）适用了已经失效的法律；（3）适用的法条不正确。对于适用法律错误的，第二审人民法院可以直接以一审法院认定的事实为根据，适用正确的法律作出改变原判决、撤销或者变更原裁定的处理。

另外，2012年《民事诉讼法》修正案对二审改判的情形做了重点修改。2007年《民事诉讼法》153条第1款第2项规定了“原判决适用法律错误的，依法改判”。而2012年《民事诉讼法》修正案不但将“原判

决适用法律错误的”作为改判的事项，还增加了“认定事实错误的”情形，即“认定事实错误的”也可以改判。该项内容与修改前的《民事诉讼法》的内容相比，对于“事实认定错误和适用法律错误的”，第二审人民法院除了依法进行改判外，还可以“撤销或者变更”。对于提起上诉的一审裁定，如果第二审人民法院认为原裁定“认定事实错误”或者“适用法律错误”的，也可以依法进行改判、撤销或者变更。

三、撤销原判、发回重审

撤销原判决、发回重审，是指对于原判决认定基本事实不清的或者原判决严重违反法定程序的，可以裁定撤销原判决，发回原审法院重审。但是，按照本条规定，原审人民法院对发回重审的案件作出判决后，当事人提起上诉的，第二审人民法院不得再次发回重审。

依据本条第1款第3项、第4项的规定，撤销原判、发回重审的主要有以下两种情形：

1. 原判决认定基本事实不清的，第二审人民法院可以裁定撤销原判决，发回原审法院重审，也可以在查清事实的基础上进行改判

也就是说，对于“认定基本事实不清楚的”，第二审人民法院既可以直接予以改判，也可以撤销原判决，将案件发回原审法院进行重审。对于直接改判抑或发回重审，由第二审人民法院根据案件的具体情况综合评判、自由裁量。

2. 原判决严重违反法定程序的，第二审人民法院裁定撤销原判决、发回原审法院重审

依据该条规定，只有严重违反法定程序的，才能撤销原判决，发回原审法院重审；对于并未严重违反法定程序的，则不应撤销原判决，发回重审。那么，何种情形为“严重违反法定程序”？本条文采用列举加兜底的方式对严重违反法定程序的事项进行了表述，即列举了“原判决遗漏当事人或者违法缺席判决”两项，在列举上述两项后使用了“等”字，将其他情形予以概括。那么，除了上述法律明确列举的两种情形外，严重违反法定程序的事项还应包括哪些情形？根据《民事诉讼法解释》第323条规定：下列情形，可以认定为《民事诉讼法》第177条第1款第4项规定的严重违反法定程序：（1）审判组织的组成不合法的；（2）应当回避的审判人员未回避的；（3）无诉讼行为能力人未经法定代理人代为诉讼的；

（4）违法剥夺当事人辩论权利的。

此外，根据本条的规定，原审人民法院对发回重审的案件作出判决后，当事人提起上诉的，第二审人民法院不得再次发回重审。也就是说，对于第二审人民法院发回重审的案件，当事人再次提起上诉后，第二审人民法院不得第二次将案件发回重审。为何要限制发回重审的次数？在司法实践中，有部分第二审法院对于发回重审的处理方式缺乏规制，对于事实不清或者法律适用错误的二审案件是改判抑或发回重审，往往取决于法官的积案压力、案件受外界干预的程度和法官对此干预的驾驭能力以及法官自己希望掌握终审权的主观愿望等。其结果是，发回重审标准不一、说理不足，主观随意性大。有鉴于此，在中央部署的深化司法改革的项目以及人民法院“三五改革纲要”中，都曾将“发回重审”的问题作为重点课题予以关注。[①] 所以，明确限制第二审人民法院发回重审的次数，既是贯彻落实司法改革的成果，也是对社会各界对此问题关注的一个回应。

【审判实践中应当注意的问题】

对于本条的适用，审判实践中应当注意以下问题：

1. 按照本条第 1 款第 4 项的规定，只要是严重违反法定程序的，就要撤销原判，发回重审

但对于虽然违反了法定程序，如果双方当事人不同意发回重审，而同意由第二审人民法院直接处理的，应该如何处理？对此问题，根据本条第 1 款第 4 项的规定，即使双方当事人均表示不愿意将案件发回重审，第二审人民法院也不能因此继续审理案件，除非双方当事人通过调解依法达成协议，实现纠纷解决。

2. 本条第 2 款对第二审人民法院发回重审的次数进行了限制，但是并未对发回重审的“事由”进行区分

从国外的立法例来看，都会明确对发回重审的事由予以区分，也即区分为“事实原因”发回重审，还是“程序原因”发回重审，我国《刑事诉

---

① 最高人民法院在 2009 年 2 月就此问题专门成立了课题组，经过认真调研、论证，于 2010 年 12 月 28 日制定并下发了《关于规范上下级人民法院审判业务关系的若干意见》（法发〔2010〕61 号），其中，对发回重审问题的规范是一项重要内容。该意见规定，第二审人民法院因原判决事实不清、证据不足将案件发回重审的，原则上只能发回重审一次；第二审人民法院作出发回重审裁定时，应当在裁定书内详细阐明发回重审的理由及法律依据。

讼法》对刑事二审发回重审的情形即进行了上述区分规定。[①] 此外，如果是因“事实原因”发回重审的，一般均以发回重审一次为限。而对于因“程序原因”发回重审的，则没有次数限制。因程序具有“不可逆性和不可弥补性”，若违反了程序，必须通过发回重审以及不受发回重审的次数限制来补正。但从本条第 2 款的规定来看，显然未对发回重审的事由进行“程序原因”和“事实原因”区分。就此，司法实践中遇到的问题是，如果原审人民法院在发回重审后原审法院再次出现严重违反法定程序的，是否可以再次发回重审？我们认为，应根据诉讼法原理，科学地解释本条款对于发回次数的限制，如果发回重审的案件作出判决后，二审程序中发现其存在重大程序瑕疵，如不再次发回重审将严重损害当事人的程序权利或者实体权利、可能导致判决错误或者损害他人利益，则可以将案件再次发回重审。换言之，对于本条第 2 款对于发回重审次数的限制，应解释为主要是对于因“事实原因”发回重审的限制，亦即第二审人民法院对于发回重审的案件，应当对其拟发回的原因进行分析，如果是“事实原因”，就不能再次发回重审，而应当通过二审程序查明事实之后作出直接判决；而如果是因“程序原因”须发回重审的，则不应受发回一次的限制。

3. 原判决认定基本事实不清楚的，第二审人民法院是查清事实后改判还是发回重审，这是长期困扰司法实践的一个问题

我们认为，从诉讼经济的原则来看，如果第二审人民法院能查清事实的，则宜依法直接改判。因为，第二审人民法院在审理上诉案件后直接行使审判权调整一审裁判内容，其所花费的成本相对而言要比发回重审的成本要低，符合诉讼经济的原则，有助于提高诉讼效率。正是因为依法改判

---

① 《刑事诉讼法》(2018 年修正）对刑事案件发回重审的事项进行了区分,《刑事诉讼法》第 236 条是关于“事实原因”发回重审的规定；而第 238 条则是对因“程序原因”发回重审的规定。第 236 条规定：第二审人民法院对不服第一审判决的上诉、抗诉案件，经过审理后，应当按照下列情形分别处理：（1）原判决认定事实和适用法律正确、量刑适当的，应当裁定驳回上诉或者抗诉，维持原判；（2）原判决认定事实没有错误，但适用法律有错误，或者量刑不当的，应当改判；（3）原判决事实不清楚或者证据不足的，可以在查清事实后改判；也可以裁定撤销原判，发回原审人民法院重新审判。原审人民法院对于依照前款第三项规定发回重新审判的案件作出判决后，被告人提出上诉或者人民检察院提出抗诉的，第二审人民法院应当依法作出判决或者裁定，不得再发回原审人民法院重新审判。第 238 条规定：第二审人民法院发现第一审人民法院的审理有下列违反法律规定的诉讼程序的情形之一的，应当裁定撤销原判，发回原审人民法院重新审判：（1）违反本法有关公开审判的规定的；（2）违反回避制度的；（3）剥夺或者限制了当事人的法定诉讼权利，可能影响公正审判的；（4）审判组织的组成不合法的；（5）其他违反法律规定的诉讼程序，可能影响公正审判的。

相对于发回重审有较多优势，目前大多数国家出现了由“发回重审”向“依法改判”的转变。许多国家通过立法规定，除非有特殊情形，第二审法院对一审法院的判决，在审核后通常以“维持原判”和“依法改判”两种方法加以处理，尽量限制“发回重审”方式的适用率。特别是针对适用法律错误情形的裁判上更是如此。如德国、意大利等国家都采取措施，强化了第二审法院在通常情况下自行改判的责任，以减少发回重审导致诉讼成本的增加。如果第二审法院难以查清事实或者查清事实的诉讼成本较大的，才可以发回重审。按照诉讼法理和人对客观事物的认知的原理，离案件发生的事实时点越近，其查证的准确度就会越高。按此原理，第二审法院对案件事实的调查比第一审法院的调查更加远离事实发生的时点，故第二审法院重新认定事实的结果未必较第一审法院所认定查证的事实更加正确可靠。所以，对于一些基于基本事实方面的原因而提出上诉的，如果由第一审人民法院调查核实证据或者事实更有效率，才可以将案件发回重审。否则，第二审人民法院应在自行查清事实的基础上进行改判。

第一百七十八条　第二审人民法院对不服第一审人民法院裁定的上诉案件的处理，一律使用裁定。

【条文主旨】

本条是关于对不服裁定的上诉案件一律使用裁定的规定。

【理解与适用】

2023年修正后的《民事诉讼法》对本条未作修改。按照《民事诉讼法》第157条第2款的规定，一审当事人对一审法院关于“不予受理”“对管辖权有异议的”和“驳回起诉”的裁定不服的，可以上诉。审查一审的裁定，二审法院可以不开庭审理，因为一审裁定的内容是关于程序上的决定，并非对实体权利义务的确认。二审人民法院在对不服一审裁定的上诉案件审查中应当查明原审裁定所依据的事实，判断原审裁定是否正确。如果原审裁定依据的事实清楚，适用法律正确，裁定驳回上诉；原审裁定依据的事实不清，适用法律错误，应当撤销原审裁定，自行裁定。除了上述裁定外，二审人民法院亦可对准予或者不准撤回上诉、中止或者终结诉讼、补正判决书中的失误等项作出裁定。

【审判实践中应当注意的问题】

根据《民事诉讼法解释》第330条规定，第二审人民法院查明第一审人民法院作出的不予受理裁定有错误的，应当在撤销原裁定的同时，指令第一审人民法院立案受理；查明第一审人民法院作出的驳回起诉裁定有错误的，应当在撤销原裁定的同时，指令第一审人民法院审理。在二审法院撤销原裁定时，对一审法院如何进一步处理作了明确规定，避免出现推诿和拖延。查明不予受理裁定有错误的，由于该案尚未立案受理，故应当立案受理；查明驳回起诉裁定有错误的，由于该案已经受理，故应当进行审理。衡量一审法院裁定是否确有错误，应当严格以《民事诉讼法》第122条、第130条的规定为依据。根据《民事诉讼法解释》第331条规定，第二审人民法院对不服不予受理、管辖权异议和驳回起诉裁定的上诉案件，依照《民事诉讼法》第176条规定可以不开庭审理。需要注意的是，二审法院审理上诉案件，应当组成合议庭进行审理，即使决定不开庭审理，合议庭也应通过阅卷、调查和询问当事人，将案件事实调查清楚之后作出决定。

第一百七十九条　第二审人民法院审理上诉案件，可以进行调解。调解达成协议，应当制作调解书，由审判人员、书记员署名，加盖人民法院印章。调解书送达后，原审人民法院的判决即视为撤销。

【条文主旨】

本条是关于二审调解的规定。

【理解与适用】

2023年修正后的《民事诉讼法》对本条未作修改。审判程序中坚持“能调则调、当判则判”的原则。一审程序中可以调解，二审程序中也可以调解。二审的调解与一审的调解一样，调解达成协议，应当制作调解书，由审判人员、书记员署名，加盖人民法院印章，可以作为执行依据。在二审程序中达成调解，调解书送达后，原审人民法院的判决即视为撤销。如果在调解书送达前当事人反悔的，或者调解不成的，应当及时判决，不应久调不决。二审中的调解准用《民事诉讼法》有关调解的规定。

【审判实践中应当注意的问题】

《民事诉讼法解释》第324条规定，对当事人在第一审程序中已经提出的诉讼请求，原审人民法院未作审理、判决的，第二审人民法院可以根据当事人自愿的原则进行调解；调解不成的，发回重审。二审法院发现当事人在一审中已经提出的诉讼请求，原审法院未作审理、判决，也就是发现了通常所说的漏判应当如何处理的问题。出现漏判，本应发回重审，否则就可能使这一诉讼请求指向的当事人丧失对该项判决内容的上诉权，这对当事人来说是不公平的。但如果当事人同意调解，则表明当事人自愿放弃自己的一部分诉讼权利，这种处分自己诉权的权利是法律赋予的，应当得到充分的保护和尊重。在这种情况下，二审法院应本着自愿、合法的原则进行调解，调解不成，应将案件发回原审法院重审。

《民事诉讼法解释》第325条规定，必须参加诉讼的当事人或者有独立请求权的第三人，在第一审程序中未参加诉讼，第二审人民法院可以根据当事人自愿的原则予以调解；调解不成的，发回重审。二审中发现一审遗漏了必须参加诉讼的当事人或者有独立请求权的第三人，二审应当如何处理。必须参加诉讼的当事人应当理解为必要共同诉讼中的共同诉讼人；有独立请求权的第三人相对于无独立请求权的第三人，是指对原告、被告之间争议的诉讼标的有独立的请求权，参加到原告、被告已经开始的诉讼中进行诉讼的人。由于案件的处理涉及有独立请求权的第三人的利益，《民事诉讼法》赋予其当事人的诉讼地位，如第 59 条规定，对当事人双方的诉讼标的，第三人认为有独立请求权的，有权提起诉讼；人民法院判决承担民事责任的第三人，有当事人的诉讼权利义务；等等。审判实践中，对有独立请求权的当事人的诉讼地位、诉讼权利等问题亦无太多争议。该类情形下，调解必须遵循当事人自愿原则，当事人不仅指原审中的原告、被告和被判决承担民事责任的第三人，还包括应当追加的当事人，调解情况应当制作笔录入卷。

《民事诉讼法解释》第 326 条第 1 款规定，在第二审程序中，原审原告增加独立的诉讼请求或者原审被告提出反诉的，第二审人民法院可以根据当事人自愿的原则就新增加的诉讼请求或者反诉进行调解；调解不成的，告知当事人另行起诉。对于当事人在上诉过程中增加诉讼请求或者提起反诉，学理上称为“上诉变化”。[①] 对于“上诉变化”，《民事诉讼法》没有作出明确规定。根据该司法解释规定，“上诉变化”可以在二审程序中进行调解，调解不成告知当事人另行起诉。同时，该条第 2 款规定，双方当事人同意由第二审人民法院一并审理的，第二审人民法院可以一并裁判。在当事人均同意由二审法院一并审理时，二审法院可以就原审原告新增加的诉讼请求以及原审被告提起的反诉一并进行审理和裁判，不仅体现对当事人处分权和程序选择权的尊重，还有利于及时解决纠纷，提高诉讼效率，节省司法资源，实现程序安定。

《民事诉讼法解释》第 327 条第 1 款规定，一审判决不准离婚的案件，上诉后，第二审人民法院认为应当判决离婚的，可以根据当事人自愿的原则，与子女抚养、财产问题一并调解；调解不成的，发回重审。一审

---

① 毕玉谦、谭秋桂、杨路:《民事诉讼研究及立法论证》，人民法院出版社 2006 年版，第 965 页。

判决不准离婚的案件，如果二审法院认为应当判决离婚，本可依法改判，但婚姻案件一般都和子女抚养、财产分割问题合并审理，由于一审判决不准离婚，判决自然不涉及子女抚养和财产分割问题，如果二审法院在改判离婚的同时，将子女抚养和财产分割问题一并判决，就无形中剥夺了当事人对子女抚养、财产分割问题的上诉权。因此，该类案件有着与其他案件不同的处理原则。二审法院可以根据当事人自愿的原则，与子女抚养、财产问题一并调解；调解不成的，发回重审。同时该条第 2 款规定，双方当事人同意由第二审人民法院一并审理的，第二审人民法院可以一并裁判。

第一百八十条 第二审人民法院判决宣告前，上诉人申请撤回上诉的，是否准许，由第二审人民法院裁定。

【条文主旨】

本条是关于上诉人申请撤回起诉处理的规定。

【理解与适用】

上诉是指当事人不服原审人民法院尚未生效的裁判，在法定期间内向上级人民法院申请重新审判的诉讼行为。上诉权系公民民主权利在诉讼中的表现，是当事人依法享有的一项重要诉讼权利。法律赋予当事人上诉权的目的在于使一审法院对民事案件的错误判决、裁定及时、有效地得到纠正，保证当事人的合法权益不因原审的错误裁判而丧失。[①]既然上诉系当事人的诉讼权利，自应依法行使或放弃。因此，当事人出于各方因素考量而申请撤回上诉的，亦是其依法处分自身诉讼权利的表现，但是这种处分行为是否产生诉讼上的效果，并不仅仅取决于当事人的行为本身，而需经人民法院依法裁定。民事诉讼程序的公法性特征奠定了审判权对处分权适当干预的理论基础，为了维护程序的顺利进行以及涉诉当事人的合法权益，防止处分权的滥用，审判权须对处分权的行使予以监督、限制。[②]因此，撤回上诉涉及当事人行使上诉权和人民法院行使审查权的结合，撤回上诉要求合格的诉讼主体（上诉人）在法定期限内（二审法院判决宣告前）行使，是否准许，由二审法院裁定。

在二审程序中撤回上诉，一般认为二审诉讼即告终结，一审裁判发生法律效力，因此，为维护一审判决的正确性、权威性以及当事人的合法权益，人民法院应对当事人撤回上诉的诉讼行为予以审查，经审查认为一审判决确有错误，或者当事人之间恶意串通损害国家利益、社会公共利益、他人合法权益的，不应准许。尽管从形式上人民法院否定了当事人撤回上

---

① 全国人大常委会法制工作委员会民法室编著:《〈中华人民共和国民事诉讼法〉释解与适用》,人民法院出版社 2012 年版，第 275 页。

② 参见江伟主编:《民事诉讼法》,高等教育出版社 2013 年版，第 51 页。

诉处分权的自由行使，但其对确有错误一审判决的纠正及社会公共利益的维护，实为在本质上保障了当事人的诉讼权利，最大限度地实现司法的公正和效率。

人民法院经审查准许当事人撤回上诉的，应作出准许的裁定。准许撤回上诉的裁定是终审裁定，发生以下法律效力：（1）当事人的上诉权丧失；（2）第二审诉讼程序终结；（3）第一审判决发生法律效力；（4）当事人不得再次提起上诉[①]。

当事人撤回上诉后再提起上诉，是否准许？对此，理论界和实务界一度有不同意见。多数意见主张，当事人撤回上诉后应不得再提起上诉，以促使当事人慎重对待上诉权，同时也尽量减少当事人通过上诉而故意拖延时间的情形。另有意见认为，在上诉期间届满以前，一审判决、裁定不会自动生效，上诉程序应当从上诉期限届满之日而非上诉人提起上诉之日起开始，因此上诉人在上诉期间内撤回上诉又提起上诉的，也应予允许。[②]两种意见的区别主要集中在上诉期未届满时，当事人撤回上诉又再次提起的情形，对于上诉期届满后的再行上诉，均认为不应准许。事实上，因第二审人民法院作出的准予撤回上诉的裁定是终审裁定，因此，上诉人撤回上诉后，即使其上诉期间尚未届满，也不得再行上诉。

【审判实践中应当注意的问题】

二审程序中当事人申请撤回上诉系其行使处分权的表现，故首先应确认系当事人真实意思表示，在此基础上人民法院应依据本条规定对其申请作出审查，实践中较为常见的一审法院在认定事实和适用法律方面确实存在错误的情形包括基本事实认定不清、适用的法律与案件性质明显不符、确定民事责任明显违背当事人约定或者法律规定、适用已经失效或尚未施行的法律、违反法律溯及力规定、违反法律适用规则及明显违背立法本意等。对于当事人之间恶意串通损害国家利益、社会公共利益及他人合法权益情形的审查则需结合当事人申请撤回上诉的动机、各方当事人之间的利益关联、可能产生的诉讼结果及诉讼利益分配、对其他相关权益主体的影

① 参见江必新主编：《新民诉法解释法义精要与实务指引》（上册），法律出版社2015年版，第789页。

② 参见李相波：《关于〈民事诉讼法〉司法解释第二审程序修改内容的理解与适用》，载《法律适用》2015年第4期。

响等各方因素综合考量。

法律对于上诉人申请撤回上诉的方式并未作出明确规定，因此，在审判实践中，当事人可以口头申请撤回上诉，也可以书面申请撤回上诉。无论以何种方式提出，都需要在第二审人民法院判决、裁定宣告之前提出。因为判决、裁定一经人民法院宣告，上诉人便丧失撤诉权。

对于当事人口头申请撤回上诉的，人民法院应当记入笔录。人民法院对是否准许撤回上诉的处理是对程序问题的确定，应采用裁定方式，且该裁定一经作出即产生法律效力。经人民法院审查准许当事人撤回上诉后，二审程序即告终结，当事人不得再行上诉。有别于起诉后的撤诉，起诉后的撤诉不影响当事人再行起诉。

第一百八十一条　第二审人民法院审理上诉案件，除依照本章规定外，适用第一审普通程序。

【条文主旨】

本条是关于二审适用一审普通程序的规定。

【理解与适用】

我国民事诉讼实行两审终审制。当事人不服第一审人民法院作出的未生效裁判，有权提起上诉，从而引起第二审程序的发生。第二审程序是指民事诉讼当事人不服地方各级人民法院未生效的第一审裁判，在法定期限内向上一级人民法院提起上诉，上一级人民法院对案件进行审理所适用的程序。第二审程序既是上诉审程序，又是终审程序。第二审人民法院所作的判决为终审判决，一经宣判或送达，即发生法律效力，当事人不得再行提起上诉。

第二审程序与第一审程序同属于审判程序。从某种意义上来说，第一审程序是第二审程序的前提和基础，第二审程序是第一审程序的继续与发展。二者的主要区别在于：（1）程序发生的原因不同。第一审程序的发生，是基于当事人的起诉权和人民法院的管辖权；第二审程序的发生，是基于当事人的上诉权和人民法院审判上的监督权。（2）审理对象不同。第一审程序以原告的起诉状和被告的答辩状为基点，展开对案件事实的审理；第二审程序则以第一审裁判为基点，对上诉请求的有关事实和适用法律进行审查。（3）审判任务不同。第一审程序的任务主要是通过对案件的审理，查明事实，确认当事人之间的民事权利义务关系；第二审程序不仅要确认当事人之间的民事权利义务关系，而且还担负监督检查下级法院审判工作的任务。（4）适用程序有所不同。本条规定了第二审人民法院审理上诉案件，除依照本章规定外，适用第一审普通程序，即简易程序不适用于第二审案件的审理。而第二审程序中对于事实清楚的上诉案件可以不开庭径行判决的规定也不适用于第一审程序的案件审理。（5）判决、裁定生效不同。第一审判决、裁定在当事人提起上诉的情况下处于不确定状态，暂不生效；第二审判决、裁定一经宣告则即告生效。

1. 关于第二审程序的性质，主要存在复审制、续审制、事后审制三种学说

复审制认为，第二审是对案件的重新审理，与第一审无关，第一审中的一切诉讼资料于第二审无效。当事人可不受限制地提出新事实、新证据；第二审法院应重新收集、调查诉讼资料，并在此基础上作出裁判。续审制则认为，第二审是第一审的继续和发展，当事人在第一审中提出的诉讼资料，于第二审仍然有效；当事人在第一审中没有提出，或虽然提出但未经审理的诉讼资料，可以在第二审中提出。事后审制说则认为，第二审只能以当事人在第一审中提出的诉讼资料为依据，不允许当事人在第二审中提出新的诉讼资料；第二审只能就第一审适用法律是否恰当进行审查，而不审查第一审法院所认定的事实。目前来看，包括我国在内的世界上大多数国家的第二审程序采用续审制。

第二审程序具有纠正错误裁判、保障司法公正等方面的功能。具体来说，一是有利于保护当事人的合法权益。通过第二审程序，当事人对第一审裁判认定事实及适用法律的错误提出意见，并可再次向人民法院陈述自己的请求，要求人民法院对第一审裁判是否正确进行审查，以维护自己的合法权益。二是有利于上级人民法院监督和检查下级人民法院的审判工作。上级人民法院通过对上诉案件的审理来审查第一审裁判，可以发现下级人民法院审判工作中的问题，加强审判监督，保证人民法院正确行使审判权。三是有利于维护法律的统一适用。上级人民法院通过第二审程序，维持正确的第一审裁判，纠正错误的第一审裁判，有助于严肃执法，维护司法权威和法律的统一适用，并可在一定程度上促进法律的发展。①

2. 关于第二审程序的特殊性，集中体现在当事人提起上诉的时间、第二审人民法院对上诉案件的审理方式及处理结果等方面

《民事诉讼法》对第二审程序作出了一些特别规定。如第 176 条规定：第二审人民法院对上诉案件应当开庭审理。经过阅卷、调查和询问当事人，对没有提出新的事实、证据或者理由，人民法院认为不需要开庭审理的，可以不开庭审理。第二审人民法院审理上诉案件，可以在本院进行，也可以到案件发生地或者原审人民法院所在地进行。但就解决纠纷实

---

① 参见江伟主编:《民事诉讼法》, 高等教育出版社 2013 年版，第 374~375 页。

质而言，第二审程序与第一审普通程序并没有根本上的差别。二审开庭审理的，也要进行开庭前准备、法庭调查、法庭辩论、法庭评议和裁判等流程。因此，除了本章基于二审特有之处所作的专门规定之外，本条明确了如果本章未规定，则准用本法关于第一审普通程序的有关规定。

另外需要明确的是，第二审程序并非为每个案件的必经程序。第一审经调解解决的案件，当事人对第一审判决、裁定在上诉期限内没有提起上诉的案件，都不发生需要经过第二审程序的问题。此外，依照法律规定实行一审终审的案件也不发生第二审程序。

【审判实践中应当注意的问题】

理解本条规定可结合审判实务中的具体问题具体考虑，如当事人在二审中提出新证据有无限制？因本章对于当事人在第二审程序中提出新证据并没有作出明确的限制性的特别规定，依照本条中“除依照本章规定外，适用第一审普通程序”的规定，第一审普通程序中第 142 条第 1 款规定，当事人在法庭上可以提出新的证据，因此第二审程序也应适用该条规定，即当事人在第二审程序中仍然可以提出新的证据。但同时要注意，最高人民法院通过制定司法解释对于二审程序中的新的证据作出了一些特殊规定，在审判实务中要结合相关规定予以正确适用。

同时需要注意的是，本条明确规定除依照本章规定外，适用第一审普通程序，故二审程序不得准用第一审简易程序的规定。

第一百八十二条 第二审人民法院的判决、裁定，是终审的判决、裁定。

【条文主旨】

本条是关于二审终审制的规定。

【理解与适用】

一、审级制度的基本含义

所谓审级制度，是指法律规定的审判机关在组织体系上的层级划分以及诉争案件最多经过几级法院审理即告终结的制度。[①] 审判机关的层级划分越多，最高审判机关直接审理案件的可能性较小，即使对少量案件行使终审审判权，主要也是针对法律事项进行审理。与此相反，审级机关的层级划分越少，最高审判机关直接审理案件的可能性较大，且对案件事实的认定问题进行审理的可能性也较大。从域外国家民事诉讼审级制度看，普遍设立三级或四级审判机关，实行的是三审终审制的审级制度，允许第一轮上诉审针对案情事项进行续审或重审，而第二轮上诉审针对法律事项，第二审程序的功能主要侧重于纠正错误以向当事人提供正当程序保障，第三审的程序功能则专注于保证国家法律的统一适用。无论第二审程序抑或第三审程序，只有具备上诉利益，审判机关才有必要对上诉请求进行实体审理。鉴于第二审程序和第三审程序的功能区分，第三审程序的启动显然应当更为谨慎。[②] 与两审终审制相比，三审终审制为案件提供了更多的程序保障，因而更能保证案件得到公正的审理，体现民事诉讼的公正价值。但是三审终审制也有其弊端，与诉讼经济原则不相符合。有鉴于此，实行三审终审制的国家一般都采取相应的补救措施，主要是对三审上诉作出一些限制，以克服多审级所带来的弊端。有关限制具体如采取上诉许可制

① 章武生：《我国民事审级制度之重塑》，载《中国法学》2002 年第 6 期。

② 参见胡晓霞：《论中国民事审级制度面临的挑战及其完善》，载《政治与法律》2020 年第 4 期。

度，即三审上诉不是当事人的权利，当事人虽然可以提出上诉，但是否允许上诉要取得第二审法院或者第三审法院的许可；又如上诉请求只有涉及具有公共重要性的法律问题时上诉才会被允许等。

我国国情与其他国家不同，整个民事诉讼体制与国外区分事实审与法律审也存在不同，并且我国有较为完善的审判监督程序。因此，本条明确规定我国实行二审终审制。我国二审终审的例外。2012 年我国《民事诉讼法》增加小额诉讼制度，实行“一审终审制”，开启了我国审级制度多元化的新篇章。适用简易程序和普通程序审理的案件，仍然适用“两审终审制”。[①]《民事诉讼法》第 165 条规定：“基层人民法院和它派出的法庭审理事实清楚、权利义务关系明确、争议不大的简单金钱给付民事案件，标的额为各省、自治区、直辖市上年度就业人员年平均工资百分之五十以下的，适用小额诉讼的程序审理，实行一审终审。基层人民法院和它派出的法庭审理前款规定的民事案件，标的额超过各省、自治区、直辖市上年度就业人员年平均工资百分之五十但在二倍以下的，当事人双方也可以约定适用小额诉讼的程序。”此后的《民事诉讼法》修订中，进一步完善了小额诉讼的相关规定。

二、民事裁判生效的含义

民事裁判生效的效力，是指裁判本身所具有的作用或效果，包括裁判的拘束力，裁判形式上的确定力以及裁判的执行力、形成力、既判力。

（一）拘束力

裁判的拘束力，又称裁判的羁束力、自缚力、不可变力，是指依法成立的判决一经宣示，作出判决的法院就应该受其束缚，禁止法院非依法律规定、法定事由以及法定程序对已经作出的裁判任意变更、撤销的效力。判决的拘束力包含两层含义：一是法院必须将其发布的裁判作为终局判决的基础；二是不允许法院对该判变更或取消，即使它意识到该判决不正确，甚至在双方当事人一致同意的情况下也不允许。[②]我国《民事诉讼法

① 参见《民事诉讼法》（2012 年修正）第 162 条规定：“基层人民法院和它派出的法庭审理符合本法第一百五十七条第一款规定的简单的民事案件，标的额为各省、自治区、直辖市上年度就业人员年平均工资百分之三十以下的，实行一审终审。”

② ［德］奥特马·尧厄尼希：《民事诉讼法（第 27 版）》，周翠译，法律出版社 2003 年版，第 302 页。

解释》第 242 条的规定，也体现了生效裁判的拘束力。[①]

（二）确定力

判决的确定力是指判决的不可争议性，包括判决实质上的确定力和形式上的确定力。判决形式上的确定力是对当事人发生效力而对法院的效力，是判决的“不可争辩性”。一方面，它与判决拘束力互相配合，分别对当事人与法院发生效力，从而构成了判决形式效力的两个有机部分；另一方面，它又是判决产生实质效力的前提，判决的既判力、执行力以及形成力都以形式上的确定力为其发生的要件。[②]判决实质确定力，也称既判力，指的是判决确定以后，判决中针对当事人请求而作出的实体判断就成为规定当事人之间法律关系的基准，此后当事人既不能提出与此基准相冲突的主张来进行争议，法院也不得作出与此基准矛盾的判断。[③]在判决的效力体系中，既判力是生效裁判的本质效力，是整个效力体系的核心所在。

（三）形成力与执行力

判决的执行力和形成力是判决所具有的实质效力。执行力，即指给付之诉的判决确定后，判决确定的义务人必须履行，一方拒绝履行的，人民法院可以根据对方的申请或依职权强制执行。形成力是指已确定的形成判决引起法律关系发生、变更或消灭的效力。形成力在形成判决确定之时产生，在形成判决裁判范围内，法律关系发生、变更或消灭。单一的诉所作的判决不同时具有执行力和形成力，一般认为执行力存在于给付之诉的判决中，而形成力存在于确认和形成之诉的判决中。当诉的种类确定时，它所应具有的实质效力就能随之确定是执行力抑或形成力。

三、裁判生效时间的认定

（一）观点评述

根据本条规定，第二审人民法院作出的判决、裁定是终审的判决、裁定，一经宣告或者送达，当事人即不能对二审的判决、裁定再上诉。终审

① 《民事诉讼法解释》第 242 条规定：“一审宣判后，原审人民法院发现判决有错误，当事人在上诉期内提出上诉的，原审人民法院可以提出原判决有错误的意见，报送第二审人民法院，由第二审人民法院按照第二审程序进行审理；当事人不上诉的，按照审判监督程序处理。”

② 肖建国：《民事诉讼程序价值论》，中国人民大学出版社 2000 年版，第 520 页。

③ 王亚新：《对抗与判定》，清华大学出版社 2002 版，第 338 页。

裁判如果是对当事人实体权利义务的裁判，争议自当结束，裁判一经作出，任何一方当事人，不得再以此民事争议提起新的诉讼。终审裁判如果是具有给付内容的，享有权利的一方即有权要求对方履行义务，如拒绝履行，权利方有权申请人民法院强制执行。但是，我国《民事诉讼法》对二审裁判何时生效，并没有作出明确规定，导致理论界与司法实务部门存在争议。

我国《民事诉讼法》对终审裁判的生效时间节点并无明确规定。在理论界与司法实践对民事二审裁判的生效时间，主要有三种观点：一是裁判作出生效说，即终审判决、裁定一经作出即发生效力；二是送达生效说，即终审判决、裁定一经送达即生效；三是裁判宣告生效说，即民事终审裁判一经宣告即产生效力。[①] 对于裁判送达生效说又可细化为三种不同的观点：一是最先送达生效说，主张二审裁判在首次向当事人送达时已向当事人和社会公开，二审裁判因公开而发生法律效力；二是最后送达生效说，主张只有所有当事人均已受送达，各方当事人均知晓裁判内容，才受裁判内容约束，故二审裁判以最后送达的时间为生效时间；三是分别送达分别生效说，主张二审裁判向谁送达即对谁产生法律效力，送达时间不一致的，以各自受送达的时间作为二审裁判对其发生效力的时间。在民事终审裁判理论和实践中，裁判作出生效存在无法满足生效时间的确定性的明示性、对当事人处分权的非均衡性限制的制度困境；送达生效存在同一终审裁判裁判生效时间的非一致性、送达的不可控性与裁判生效时间确定性的矛盾的制度困境。[②]

（二）民事裁判生效时间的判断

根据《民事诉讼法》原理，民事判决生效时间的界定因素应当包含生效时间的确定性和明示性要求。一是要求裁判生效时间的可确定性，当事人、法院及社会公众应当能够在制度上明确判断裁判何时生效；二是要求裁定生效时间的实际可知性，当事人、法院及社会公众应当能够在司法实际操作中明确知晓终审裁判何时生效。这是终审裁判生效时间确定制度不

---

① 参见张卫平：《民事诉讼法（第3版）》，法律出版社版2013年版，第340页；常怡：《民事诉讼法学》，中国政法大学出版社1997年版，第320页；刘家兴、潘剑锋：《民事诉讼法教程（第4版）》，北京大学出版社2013年版，第255页。

② 参见李潇潇：《民事终审裁判生效时间的比较考量》，载《西北大学学报（哲学社会科学版）》2016年第3期。

可分割的两方面属性内涵，而且裁判文书内容的宣示或送达都是法院公开判决的法定途径。

1. 终审裁判拘束力的生效时间

从法院裁判文书制作的内部管理程序看，存在不同的时间节点，这些规定均为内部程序性规定，对于当事人而言并不知晓裁判文书的内容。故裁判文书不能仅以合议庭时间、审判委员会讨论作出决定意见等节点作为确认终审裁判拘束力的生效时间，终审裁判拘束力生效时间应当以对外宣示的时点来判断。

2. 终审裁判确定力的生效时间

终审裁判不存在当事人上诉的问题，终审裁判在宣示之时，不仅拘束力发生，形式上确定力也发生。至于宣示之时，当事人一方甚至双方都未到庭并不影响判决形式上的确定力在宣示之时发生，一个裁判的完整效力在此时全部发生。

3. 终审裁判的执行力的生效时间

判决的可确定性一般认为在判决作出时已经确立，司法实务中以裁判文书加盖人民法院印章时，裁判文书的内容即具有确定性。对于判决的明示性要求，即判决书制作完毕之后，需要向当事人送达。对于当事人而言，如果当事人并未收到判决书不知晓裁判文书的裁判事项，认为裁判文书即已生效，显然与裁判文发生效力的明示性要求相悖。因此，对于当事人而言，应当采分别送达分别生效说，主张二审裁判向谁送达即对谁产生法律效力，送达时间不一致的，以各自受送达的时间作为二审裁判对其发生效力的时间。

【审判实践中应当注意的问题】

二审裁判文书的作出时间及裁判文书的落款日期，都不能作为二审裁判的生效时间。虽然二审裁判文书中列明“本判决或本裁判定为终审判决”，对于人民法院和当事人而言都具有拘束力，但是终审裁判文书是对当事人双方权利义务的一种确认和宣示，也只有在当事人完全知晓裁判结果的时候，才对当事人发生最终效力。

第一百八十三条 人民法院审理对判决的上诉案件，应当在第二审立案之日起三个月内审结。有特殊情况需要延长的，由本院院长批准。

人民法院审理对裁定的上诉案件，应当在第二审立案之日起三十日内作出终审裁定。

【条文主旨】

本条是关于判决及裁定的上诉案件审限及其延长的规定。

【理解与适用】

人民法院对于裁定提起的上诉案件，应当在第二审立案之日起三十日内作出终审裁定。将作出终审裁定的时间规定在三十日的审限内，主要考虑到以下几个方面：一是人民法院审判不能久拖不决，久拖不决会使民事关系长期处于一种不稳定状态，既不利于社会安定，也无法维护正常的经济生活秩序；二是案件久拖不决，必然损害当事人的合法权益；三是对人民法院的审判活动应当进行监督，规定审限，这有利于人民法院提高工作效率。因此，根据民事审判工作的实践经验，规定了审限。[①]

公正、高效地审理民事案件是人民法院最基本和最重要的职能定位，人民法院严格依照《民事诉讼法》的宗旨及时审理民商事案件是及时行使国家审判权，保护当事人的合法权益的重要体现。否则，大量民事关系长期处于未决的不稳定状态，不但损害当事人的合法权益，亦有碍社会安定，不利于维护正常经济、生活秩序。因此，为提高审判工作效率，充分贯彻落实《民事诉讼法》对社会经济的规范和保障作用，及时、有效地实现公民、法人的正当权益，有必要对人民法院审理案件的时限作出必要规定。

司法实践中，确定审理期限时应将不同审级、不同裁判类型等各方因

① 全国人大常委会法制工作委员会民法室编著：《中华人民共和国民事诉讼法》，人民法院出版社 2012 年版，第 291 页。

素予以综合考量。首先，因二审案件的审理是一审程序的继续与发展，在一审程序中已经进行的大量事实核查与调查取证工作的基础上，二审法院的审理重点在于当事人上诉请求中所涉及的相关事实和适用法律问题，相对而言查明事实的工作任务较轻，甚至对一些权利义务关系清楚、当事人在二审程序中亦未提出新的事实、证据或者理由的，二审法院经合议可不开庭审理，故相较于一审程序，二审程序中对上诉案件的审理期限较短。其次，相较于对案件的实体问题作出权威性判定的裁判，裁定是指人民法院对民事诉讼程序问题以及个别实体问题所作出的权威性判定。所谓程序问题，是指不直接涉及实体权利义务的问题，主要以裁定的方式来解决，如中止诉讼或终结诉讼的裁定等。裁定广泛适用于审判、执行程序中，《民事诉讼法》第 157 条第 1 款集中列举了适用裁定的法定情形：（1）不予受理；（2）对管辖权有异议的；（3）驳回起诉；（4）保全和先予执行；（5）准许或者不准许撤诉；（6）中止或者终结诉讼；（7）补正裁判书中的笔误；（8）中止或者终结执行；（9）撤销或者不予执行仲裁裁决；（10）不予执行公证机关赋予强制执行效力的债权文书；（11）其他需要裁定解决的事项。另有一些事项分散在不同的诉讼阶段中，如二审中原判决、裁定认定事实错误或者适用法律错误的，以判决、裁定方式依法改判、撤销或者变更；再审中，人民法院应当自收到再审申请书之日起三个月内审查，符合法律规定的裁定再审等，均属于其他需要裁定解决的事项。其中，对不予受理、管辖权异议、驳回起诉所作出的裁定，当事人不服的，可以提起上诉。

不予受理，是指人民法院不受理当事人向法院提起的诉讼。通常表现为提起诉讼的事项非属人民法院行使民事审判权的范围，原告不适格、被告不明确或没有具体诉讼请求和事实理由等不符合起诉条件的情况，依据《民事诉讼法》第 126 条之规定，人民法院应裁定不予受理。当事人对该裁定不服的，可以提起上诉。

管辖权异议，是指当事人向受诉法院提出的该院对案件无管辖权的主张。通常是在原告提起诉讼后，被告认为案件不符合地域管辖、级别管辖等管辖权规定，向受诉法院提出异议。人民法院认为当事人提出的异议不能成立的，依据《民事诉讼法》第 130 条裁定驳回，当事人对该裁定不服，可提起上诉。

驳回起诉，是指人民法院在审理案件过程中，发现原告起诉不符合起诉条件的，应通知原告撤诉，原告不予撤诉，则人民法院可裁定驳回起诉。当事人对该裁定不服，可提起上诉。

由此可见，二审法院在审理当事人对裁定不服提起的上诉案件中，相对而言并无太多的事实查证工作，大多并不涉及实体权利义务确认，而是关系到一审案件的审理能否开始进行的程序问题，需要及时作出最终判定，故将作出终审裁定的审限规定为三十日。

但是应明确的是，有原则即有例外，一些疑难复杂的特殊案件不能在三十日内审结，有必要综合考量案件的不同情况，允许适当地延长审限，同时亦应严格遵照审批机制。本条规定有特殊情况需要延长审限的，由本院院长批准。

【审判实践中应当注意的问题】

二审法院对不服裁定的上诉案件应当查明原审裁定所依据的事实和法律，判断原审裁定是否正确，若一审法院查明事实清楚、适用法律正确，当事人亦未在二审程序中提出新的事实、证据和理由，则应及时裁定驳回上诉，维持原裁定；若认为原审裁定存在事实不清、适用法律错误的，则应区分不同情形依法分别予以处理。

人民法院审理对裁定的上诉案件，原则上应在二审立案之日起三十日内作出终审裁定。审判实践中应严格把握特殊情况的适用，在案件确有重大疑难等客观原因时，切实履行报批手续，由本院院长对延长审限的申请予以审批。

第十五章 特别程序

第一节 一般规定

第一百八十四条 人民法院审理选民资格案件、宣告失踪或者宣告死亡案件、指定遗产管理人案件、认定公民无民事行为能力或者限制民事行为能力案件、认定财产无主案件、确认调解协议案件和实现担保物权案件，适用本章规定。本章没有规定的，适用本法和其他法律的有关规定。

【条文主旨】

本条是关于民事诉讼特别程序适用范围的规定。

【理解与适用】

本条是本次《民事诉讼法》的修改条文之一。2012 年《民事诉讼法》修正以前适用特别程序审理的案件包括：选民资格案件、宣告失踪和宣告死亡案件、认定公民无民事行为能力或限制民事行为能力案件及认定财产无主案件。2012 年《民事诉讼法》修改，在第十五章第五节后增加二节，作为第六节、第七节，分别为确认调解协议案件和实现担保物权案件，共计 4 个条文。本次《民事诉讼法》修改，在第十五章第三节后增加一节“指定遗产管理人案件”，作为第四节，共 4 个条文。

一、特别程序的内涵

特别程序是一项重要的诉讼制度，一般指的是人民法院依照《民事诉讼法》审理特殊类型案件的一种程序，该程序将有些非诉案件、非民事案件放入《民事诉讼法》中适用民事程序，从而针对特殊的案件采取特殊的处理方法，方便处理，实事求是，而不是按照普通程序、简易程序的规定去处理。特别程序与普通程序不同。特别程序的案件不是由双方当事人之间发生了民事权利义务的争议而引起的，人民法院审理的对象不是解决双方当事人之间的民事权利义务争议，而是确认某种法律事实是否存在，确认某种权利的实际状态。[①] 本法所列选民资格案件、宣告失踪或者宣告死亡案件、指定遗产管理人案件、认定公民无民事行为能力或者限制民事行为能力案件、认定财产无主案件、确认调解协议案件和实现担保物权案件，均具有这个特点。如宣告失踪或宣告死亡案件，人民法院自发出寻找下落不明人的公告满三个月，根据下落不明的事实，即可判决宣告失踪，或者自发出寻找下落不明人的公告满一年，根据下落不明的事实，即可判决宣告失踪人死亡。判决宣告失踪后可以解决失踪人财产管理、债务清偿等问题；判决宣告死亡可以解决其财产的继承等问题。这是一种法律拟制，是为了解决现实生活中存在的问题而设立的一种制度。[②] 当然，关于非讼程序是否均为无争议事件，存在争议。《民事诉讼法》第 186 条规定，人民法院在依照本章程序审理案件的过程中，发现本案属于民事权益争议的，应当裁定终结特别程序，并告知利害关系人可以另行起诉。这一规定把非讼事件限定在了没有权益争议的事件，但是由于“权益争议”是过于抽象的概念，理论上很难就其内涵形成通说的理解，而实务则采取了尽量扩大的理解方式，只要是利害关系人有不同的观点或意见，均要终结程序。这也导致不少本应采取特别程序审理的非讼事件被推至诉讼程序中。[③] 需要注意的是，从世界范围看，随着非讼程序的现代化进程，出现了许多私权纠纷被列为依非讼事件程序法解决的趋势，学者称其为诉讼事件之非讼化。诉讼事件非讼化是将向来依诉讼程序处理的两方当事人对立的纷争事件改为非讼事件，依非讼程序来处理。这主要是因为非讼程序有着鲜明的特点，与诉讼程序相比，有其不可替代的长处，即法官运用非讼法理审理案件时，可以不拘泥于法律规定的约束，将衡平、社会正义等因素作为处理案件的裁判标准。随着诉讼事件非讼化进程的演进、理论

---

① 参见王胜明主编：《中华人民共和国民事诉讼法释义（最新修正版）》，法律出版社 2012 年版，第 431 页。

② 黄薇主编：《中华人民共和国民事诉讼法修改决定释义》，中国法制出版社 2023 年版，第 25 页。

③ 郝振江：《民事审判中的非讼事件诉讼化现象及克服》，载《法学评论》2022 年第 2 期。

认识的不断深入及实践经验的不断积累，特别程序处理案件的范围和类型有望进一步拓展，如人格权侵害禁令程序等，充分发挥特别程序等非讼程序在高效便捷实现权利救济的独特价值。

二、选民资格案件

申请确定选民资格案件是指公民对选举委员会确定的选民资格名单有不同意见时，经向选举委员会申诉后，仍不服选举委员会所作出的处理决定，依法向人民法院起诉的案件。

选举权和被选举权是我国公民享有的重要政治权利，根据《宪法》和《中华人民共和国全国人民代表大会和地方各级人民代表大会选举法》(以下简称《选举法》)的有关规定，年满十八周岁的我国公民一般都享有选举权与被选举权。未满十八周岁的公民和依法被剥夺政治权利的人没有选举权。选民资格名单是确定选民资格的重要依据，列入选民名单的公民，有权参加选举。由于社会人口流动大、公民年龄和政治权利的变化等多种原因，选民资格名单有可能出现错误，为保障应当列入选举名单的公民合法权利、方便其他公民指出选举名单中的错误，我国法律明确了向人民法院申请确定选民资格的程序。根据《选举法》的规定，经登记确认的选民资格长期有效，但每次选举前都要对选区内的选民进行重新登记，对上次选民登记以后新满十八周岁的、被剥夺政治权利期满后恢复政治权利的选民，予以登记；对选民经登记后迁出原选区的，列入新迁入的选区的选民名单；对死亡的和依照法律被剥夺政治权利的人，从选民名单上除名。对精神病患者不能行使选举权利的，经选举委员会确认，不列入选民名单。选民资格确定后，对于公布的选民名单有不同意见的，可以在选民名单公布之日起五日内向选举委员会提出申诉。选举委员会对申诉意见，应在三日内作出处理决定。申诉人如果对处理决定不服，可以在选举日的五日以前向人民法院起诉，人民法院应在选举日以前作出判决。人民法院的判决为最后决定。

人民法院审理选民资格案件，通过对公民提出的申请进行审查，产生事实，审查选举委员会对公民的申诉所作出的决定是否正确、合法，并以判决的形式予以确认。

三、指定遗产管理人案件

遗产管理人制度是《民法典》新增的内容。遗产管理人，是指在继承开始后遗产交付前，依据法律规定、遗嘱人或有关机关的指定，以维护遗产价值和利害关系人利益为宗旨，对被继承人的遗产负有保存和管理职责的主体。随着经济社会的快速发展，人们的财富不仅增长迅速，而且财产种类增多，除了传统的房屋、车辆和存款外，还包括股权、期权、基金、债权、知识产权及虚拟财产等多种复杂多样的财产权益，要求遗产保管和处理的主体应当具有明确的法律地位和职责。为确保遗产得到妥善管理、顺利分割，更好地维护继承人、债权人利益，《民法典》继承编增设遗产管理人制度，通过第 1145 条至第 1149 条明确了遗产管理人的产生方式、职责、报酬和责任等内容，弥补了《继承法》没有遗产管理人制度的缺失，完善了继承法律制度体系。这是《民法典》对我国财产形态愈发多样、涉遗产法律关系日趋复杂以及人口老龄化、继承纠纷频发等现实问题的回应。从程序法角度，《民事诉讼法》缺乏指定遗产管理人的相关程序，因此在 2023 年《民事诉讼法》修改过程中，在第十五章“特别程序”中规定指定遗产管理人案件，以回应司法实践需求。主要内容为：第一，明确遗产管理人的确定存在争议时的处理。遗产管理的目的在于及时、公平、顺利地实现遗产流转，在对遗产管理人的确定有争议的情况下，如无人愿意或多人争当遗产管理人，利害关系人可以申请人民法院指定遗产管理人，以便及时、有效、妥善地处理遗产。在此情形下，遗产管理人的指定对于遗产管理制度能否取得良好的实施效果具有重要意义。因此，有必要在诉讼法层面设置遗产管理人争议解决的有关程序。本节第 1 条、第 2 条就指定遗产管理人的申请主体、申请书格式、管辖法院、处理结果等方面作出规定，为有关争议的解决提供明确依据。第二，明确遗产管理人存在特殊情形下的处理。遗产管理人选任之后，就要承担起管理遗产的职责。《民法典》第 1147 条规定，遗产管理人应当履行清理遗产并制作遗产清单、向继承人报告遗产情况、采取必要措施防止遗产毁损、灭失、处理被继承人的债权债务、按照遗嘱或者依照法律规定分割遗产等职责。但当遗产管理人出现无法继续履行遗产管理职责的情形或者违反遗产管理职责，严重侵害继承人、受遗赠人、债权人合法权益的情形时，若继续让其担任遗产管理人，显然无法实现保护遗产安全和完整、保障继承人和债权人的合法权益不受侵害的目的。本节第 3 条、第 4 条就遗产管理人无法继续履行遗产管理职责和严重侵害有关当事人合法权益两种情形分别加以规定，为另行指定遗产管理人的程序提供明确法律指引，确保遗产管理制度价值功能的实现。

四、宣告失踪或者宣告死亡案件

申请宣告失踪是指自然人离开自己的住所下落不明，经过法律规定的期限仍无音讯，利害关系人申请人民法院宣告该自然人为失踪人。法律设立宣告自然人失踪制度的重要意义在于自然人失踪以后，其财产无人管理，难免会造成毁损、流失或者被他人侵犯，法院宣告自然人失踪以后即可指定财产代管人，以保护失踪人的合法权益。宣告自然人失踪的，同时指定财产代管人依法清理与失踪人有关的债权债务，保护自然人因失踪而与之有利害关系人的合法权益。

申请宣告死亡是指公民离开自己的住所地或者最后居住地下落不明满法定期限，利害关系人向人民法院申请宣告该公民死亡。公民的死亡分为两种情况：一种是自然死亡；另一种是法律上的推定死亡。宣告自然人死亡是法律上的推定死亡，且产生与自然人自然死亡同样的法律后果。法律推定自然人死亡的目的在于结束公民长期下落不明产生的民事法律关系不稳定状态，依法保护利害关系人的合法权益，维护正常的社会生活秩序。《民法典》第 46 条规定，自然人有下列情形之一的，利害关系人可以向人民法院申请宣告该自然人死亡：（1）下落不明满四年；（2）因意外事件，下落不明满两年。因意外下落不明经有关机关证明该自然人不可能生存的，申请宣告死亡不受两年时间的限制。

五、认定公民无民事行为能力或者限制民事行为能力案件

申请宣告无民事行为能力或者限制民事行为能力是指申请人依据一定的事实证据请求人民法院宣告特定人为无民事行为能力人或者限制民事行为能力人。

民事行为能力是自然人能以自己的行为取得民事权利承担民事义务的资格。我国将自然人的民事行为能力分为三类：无民事行为能力、限制民事行为能力和完全民事行为能力。

1. 无民事行为能力是指自然人不具有以自己的行为取得民事权利和

承担民事义务的能力

《民法典》第20条和第21条第1款分别规定了不满八周岁的未成年人和不能辨认自己行为的精神病人是无民事行为能力人。对于未成年人，年龄是取得民事行为能力与否的标志，因此，无民事行为能力的未成年人不用宣告公示。但判断不能完全辨认自己行为的成年人是否属于限制民事行为能力人就比较复杂，需要人民法院根据司法精神病学鉴定或者参照医院所作出的诊断、鉴定结论宣告其为无民事行为能力人。人民法院通过法定程序在法律上认定和宣告无民事行为能力人，并为其设置监护人，代理他们进行民事活动，对保护公民的合法权益，保障民事行为的正常进行，具有重要意义。

2. 限制民事行为能力又称不完全民事行为能力，是指自然人在一定范围内具有民事行为能力，超出一定范围便不具有相应的民事行为能力

限制民事行为能力人只能进行与其年龄、智力、精神健康状况相适应的民事法律行为，其他比较复杂或重大的民事法律行为就必须由其法定代理人代理或者征求其法定代理人的同意后进行。《民法典》规定了八周岁以上的未成年人和不能完全辨认自己行为的成年人是限制民事行为能力人。根据《民法典》第24条的规定，不能辨认或者不能完全辨认自己行为的成年人，其利害关系人或者有关组织，可以向人民法院申请认定该成年人为无民事行为能力人或者限制民事行为能力人。根据《民法典》第19条的规定，限制民事行为能力人实施民事法律行为由其法定代理人代理或者经其法定代理人同意、追认。与已满八周岁以上的未成年人一样，其可以独立实施纯获利益的民事法律行为或者与其智力、精神健康状况相适应的民事法律行为。申请宣告自然人限制民事行为能力与申请宣告自然人无民事行为能力一样，其设立的理念是对这一群体的利益保护，使其免受因认识、判断能力欠缺而造成的伤害。

六、认定财产无主案件

认定财产无主案件，是指人民法院根据公民、法人或者其他组织的申请，依照法定程序将所有人不明或者所有人不存在的财产，依法判决宣布为无主财产，判归国家或者集体组织所有的案件。规定认定财产无主案件的审理程序的意义在于：一般而言，任何财产都有其所有人，财产所有人对财产依法享有占有、使用、收益、处分的权利。但在实际生活中，经常

会出现财产与财产所有人相分离的情形，如财产所有人死亡后出现无人继承的情形，这样就出现了财产无主的事实。此时，法律就有必要对无主财产进行确认，以助于对该财产的管理和保护，做到物尽其用，发挥该项财产应有的经济价值和效益，维护社会生产和生活的稳定。

七、确认调解协议案件

确认调解协议案件也可以称为“司法确认案件”，是指对于涉及当事人之间民事权利义务的纠纷，经行政机关、人民调解组织、商事调解组织、行业调解组织或者其他依法设立的调解组织调解达成具有民事合同性质的协议后，由双方当事人共同到人民法院申请确认调解协议的法律效力的一种新的案件类型。该类案件的构成要素如下：（1）司法确认案件的前提是纠纷双方当事人在调解组织主持下已经达成了调解协议。（2）司法确认案件的管辖法院应当根据《民事诉讼法》第201条的规定予以确定，对于人民法院邀请调解组织开展先行调解的，按照“谁邀请，谁受理”的原则确定管辖法院。对于调解组织自行开展调解的，除调解组织所在地外，还增加了当事人住所地、标的物所在地两个管辖连接点；按照诉讼案件级别管辖和专门管辖标准，调解协议所涉纠纷应当由中级人民法院或者专门人民法院管辖的，由相应的中级人民法院和专门人民法院受理司法确认申请。（3）司法确认案件必须由双方当事人共同提出申请。（4）司法确认案件提起的时限是调解协议生效之日起三十日内。

2012年《民事诉讼法》修改时进一步吸收和巩固司法改革的成果，增加了调解协议司法确认案件的内容，从诉讼法层面上为多元化纠纷解决机制的发展提供充分的法律依据。2012年最高人民法院下发《关于扩大诉讼与非诉讼相衔接的矛盾纠纷解决机制改革试点总体方案》，在全国法院确定了42个试点法院，再次强调了落实调解协议司法确认制度。2016年，为贯彻落实《中共中央关于全面推进依法治国若干重大问题的决定》以及《中共中央办公厅、国务院办公厅关于完善矛盾纠纷多元化解机制的意见》，最高人民法院印发《关于人民法院进一步深化多元化纠纷解决机制改革的意见》。同年，为加强诉讼与非诉讼纠纷解决方式的有效衔接，维护当事人合法权益，最高人民法院审判委员会第1684次会议通过《最高人民法院关于人民法院特邀调解的规定》，进一步促进特邀调解制度规范运行。

党的十九届四中全会对完善正确处理新形势人民内部矛盾有效机制作出部署，要求完善人民调解、行政调解、司法调解联动工作体系。为贯彻落实党中央决策部署，最高人民法院积极推进民事诉讼程序繁简分流改革工作。2019 年 12 月，第十三届全国人民代表大会常务委员会第十五次会议通过了《全国人民代表大会常务委员会关于授权最高人民法院在部分地区开展民事诉讼程序繁简分流改革试点工作的决定》，授权最高人民法院在北京、上海市辖区内中级人民法院、基层人民法院，南京、苏州、杭州、宁波、合肥、福州、厦门、济南、郑州、洛阳、武汉、广州、深圳、成都、贵阳、昆明、西安、银川市中级人民法院及其辖区内基层人民法院，北京、上海、广州知识产权法院，上海金融法院，北京、杭州、广州互联网法院，就优化司法确认程序等开展为期两年的民事诉讼程序繁简分流改革试点工作。随后，最高人民法院印发《繁简分流试点办法》，该办法第 2 条至第 4 条进一步优化了司法确认程序，强调试点法院建立和管理特邀调解名册的责任，建立了特邀调解与司法确认的衔接机制，扩大了可以申请司法确认的调解协议范围，同时明确中级人民法院和专门法院也可以适用司法确认程序。2021 年，中央全面深化改革委员会第十八次会议审议通过了《关于加强诉源治理推动矛盾纠纷源头化解的意见》。为贯彻落实诉源治理工作要求，深入推进民事诉讼程序繁简分流改革试点工作，最高人民法院先后印发了《关于深化人民法院一站式多元解纷机制建设推动矛盾纠纷源头化解的实施意见》《关于进一步健全完善民事诉讼程序繁简分流改革试点法院特邀调解名册制度的通知》，进一步健全完善特邀调解制度，有效发挥了司法确认程序对推动矛盾纠纷源头化解的保障作用。2021 年《民事诉讼法》根据民事诉讼程序繁简分流改革试点成效，对司法确认的适用范围和管辖进行了大幅修改，虽然仅涉及一个条文，但对于推进多元化纠纷解决机制发展具有重要意义。

八、实现担保物权案件

担保物权制度是规范市场经济秩序的重要民事法律制度，是保障市场安全、维护市场秩序的有效工具。担保物权是以支配特定财产的交换价值为内容，以确保债权实现为目的而设定的物权。担保物权包括抵押权、质权和留置权。担保物权的实现，主要是指在债务人不能履行债务时，担保物权人经法定程序，通过将担保标的物拍卖、变卖等方式，使债权得到优先受偿。担保物权的实现是担保物权最为重要的效力，是担保物权制度发挥效用的直接体现。

在我国，担保物权的实现程序经历了一个从“诉讼”到“非讼”的立法转变过程。1995 年施行的《担保法》第 53 条第 1 款规定，抵押权人以及其他有权请求实现担保物权的人需要实现担保物权时，可以向人民法院提起诉讼。但该种实现方式存在程序复杂、成本高、效率低等不足。自 2007 年 10 月 1 日起施行的《物权法》规定，抵押权人与抵押人未就抵押权实现方式达成协议的，抵押权人可以请求人民法院拍卖、变卖抵押财产。但是,《物权法》对于抵押权实现的程序并未作出明确的法律规定。2012 年《民事诉讼法》借鉴了其他国家和地区的司法实践经验，在担保物权实现的程序上实现了重大突破与创新，在第十五章特别程序中增加了第七节“实现担保物权案件”程序。2021 年、2023 年修正后的《民事诉讼法》对第十五章特别程序中的“实现担保物权案件”程序条文内容未作修改，仅是将条文序号进行了变更。有关规定明确了实现担保物权的程序规则，为《民法典》中的“申请法院拍卖、变卖”提供了程序性支持，确立了我国“诉讼程序”与“非讼程序”相衔接的担保物权实现模式，改变了以往债权人只能通过诉讼程序实现担保物权的传统做法，为债权人快速实现担保物权提供了一条低成本、高效率的“非讼途径”。

【审判实践中应当注意的问题】

人民法院依照特别程序审理本条所规定的上述案件，应注意以下几点：一是在法律适用方面，先适用《民事诉讼法》特别程序，特别程序没有规定时，适用《民事诉讼法》的其他规定，如《民事诉讼法》总则、普通程序，但反诉、和解等不能适用。如果其他法律有相关规定，也应当加以适用。二是在审判组织方面，由审判员一人独任审判，但选民资格案件或重大、疑难的案件应当由审判员组成合议庭审判。三是在审级方面，实行一审终审，依照特别程序审理所作判决和裁定，自送达之日起，立即发生法律效力，不允许上诉。四是在程序转换方面，审理过程中，发现本案属于民事权益争议的，应当裁定终结特别程序，并告知利害关系人可以按照普通程序或简易程序另行起诉。五是在审理期限方面，依照特别程序审理的案件，除选民资格案件须于选举日前审结外，自立案之日起三十日内或者公告期满后三十日内审结。六是在文书类别方面，应注意“判决”与

"裁定"的区分。判决是指法院经过审理后，对案件实体问题最终依法作出的一个书面处理结论。裁定是指法院在案件审理过程中或审理后就重大程序问题或部分实体问题所作的一个或多个书面或口头处理。本章适用特别程序处理的案件中，选民资格案件、申请宣告公民失踪案件、申请宣告公民死亡案件、指定遗产管理人案件、认定公民民事行为能力案件、认定财产无主案件以"判决"方式作出。确认调解协议案件、实现担保物权案件以"裁定"方式作出。七是在救济途径方面，不适用审判监督程序。依照特别程序审理的案件，在判决发生法律效力以后，如果发现判决在认定事实或适用法律方面有错误，或者是出现了新情况、新事实，人民法院根据有关人员的申请查证属实之后，依特别程序的规定直接撤销原判决，作出新判决。具体可参照 2022 年《民事诉讼法解释》第 372 条的规定处理。八是在诉讼费方面，依照特别程序审理的案件，当事人不须缴纳诉讼费用。

第一百八十五条 依照本章程序审理的案件，实行一审终审。选民资格案件或者重大、疑难的案件，由审判员组成合议庭审理；其他案件由审判员一人独任审理。

【条文主旨】

本条是关于特别程序的审级制度及审判组织的规定。

【理解与适用】

《民事诉讼法》规定了民事诉讼的普通程序、简易程序和特别程序三类程序。普通程序和简易程序是人民法院审理一般民事案件所适用的诉讼程序，特别程序则是人民法院审理几类特殊案件所适用的程序，其最主要的特点是审理对象并非民事法律关系争议，因此也不存在对立的两造，即双方当事人。这就使得特别程序与普通、简易程序相比，在审理对象、原则、制度、具体程序方面有较大区别，体现出其独特性。

本条规定了两方面内容：一是特别程序实行一审终审；二是特别程序的审判组织以独任制为原则，合议庭制为例外。

一、特别程序实行一审终审

（一）案件范围

本章所涉及的“特别程序”是人民法院审理特殊类型案件的一种程序，有别于一般的民事案件。人民法院对这类案件的审理所作的判决，自判决书送达之日起，立即发生法律效力，对该判决书不得提出上诉。特别程序实行一审终审的主要考虑是：按照特别程序审理的案件，人民法院只是对某一事实或权利是否存在予以确认，而不解决民事权利义务关系上的争议。这与依普通程序审理的案件存在本质差别。从世界范围内看，各国和地区《民事诉讼法》基本上都设有特别程序，并通过特别程序审理某些特殊案件。一般来说，各国和地区通常将认定公民失踪和宣告公民死亡、认定公民为限制行为能力人或无行为能力人、认定财产无主的案件列为特别程序的适用范围。有的国家还把丢失不记名凭证的复权、对遗嘱文件的验证、对死者或者无行为能力的人财产的管理、婚姻亲子关系案件等也列入适用特别程序的范围。可见，各国和地区《民事诉讼法》规定的适用特别程序的案件范围不尽一致。

（二）特别程序实行一审终审制的意义

上述适用特别程序范围内的案件，在我国民事诉讼程序中都实行一审终审制。这就意味着特别程序中的裁判文书一经送达，立即发生法律效力。申请人或相关人员对一审裁判不服的，不能提起上诉。这一点与普通程序或者简易程序不同，在这两类诉讼程序中，除了最高人民法院所作出的一审裁判是终审裁判以外，对于其他任何一审裁判，当事人不服，都可以向上一级人民法院提起上诉。这是因为，在特别程序中，当事人不存在民事法律关系争议，也不存在双方对立的主张，只须要查明有关事实并据此作出裁判即可，一审终审制能够更加高效地实现当事人的权益，也能够合理配置司法资源。

另外，还需要注意的是，适用特别程序审理的案件，不适用审判监督程序。所作出的判决生效以后，如果发现判决在认定事实、适用法律方面有错误，或者出现了新情况、新事实，原审人民法院可以根据有关人员的申请，依据特别程序的规定，撤销原裁判，作出新判决。

二、特别程序一般实行独任审判

选民资格案件，指的是公民对选举委员会所公布的选民资格名单有不同意见，向选举委员会申诉，不服选举委员会的处理决定，向人民法院提起诉讼的案件。

重大、疑难案件，指的是选民资格案件，宣告失踪、宣告死亡案件，认定公民无民事行为能力、限制民事行为能力案件，认定财产无主案件，确认调解协议案件，实现担保物权案件中，具有重大影响或存在疑难问题的案件。重大、疑难案件的范围法律上并未作出相应规定，需要审判人员根据案件实际情况具体把握。

在审判组织上，特别程序与一般诉讼程序不同，它原则上实行审判员一人独任审判。按照特别程序审理案件，审判组织原则上采用独任制。这是因为特别程序审理的是不存在民事权益冲突的案件，一般都较为简单，所以独任审判员已经能够胜任。但也有例外，即选民资格案件和重大、疑难案件，则由审判员组成合议庭审理。这里需要注意以下两点：一是选民资格案件和重大、疑难的特别程序案件一律由审判员组成合议庭审理，不得实行独任审判。这是为了保证选民资格案件和重大、疑难的特别程序案件的审理质量。因为选民资格案件涉及公民的民主政治权利，是一项极其严肃的政治问题和法律问题，所以必须采用合议制审理。重大、疑难的特别程序案件案情复杂，通常社会影响较为广泛，所以也采用合议制审理。二是特别程序案件如果组成合议庭审理，只能由审判员组成合议庭，这一点与依照普通程序审理案件存在不同。普通程序中，如果组成合议庭审判案件，可以由审判员和人民陪审员共同组成合议庭或者由审判员组成合议庭审理；而按照特别程序规定审理案件的合议庭，则必须由审判员组成，不得由人民陪审员和审判员共同组成。

【审判实践中应当注意的问题】

重大、疑难案件的范围问题

《民事诉讼法》对此未作明确规定，需要在审判实践中根据案件具体情况作出判断。

一般认为，重大案件主要包括以下四种案件：一是具有重大影响的案件。部分案件由于案件性质特殊、涉及面广等因素，在较大社会范围内为人所知，社会关注度较高，其处理结果影响较大。这类案件即使案情简单、证据充分，适用法律争议不大，也应当作为重大案件予以对待。二是群体诉讼案件。群体诉讼案件因涉及人数众多，带有一定不稳定因素，案件办理时也应当作为重大案件对待。三是与本院或者上级法院的类案裁判可能发生冲突的。审判人员在办案过程中，如发现此种情形，应当及时将案件提交本庭专业法官会议讨论；确有必要的，还应当提交本院审判委员会讨论。四是其他类型的重大案件。

疑难案件主要包括以下四种案件：一是案情复杂、案件事实难以查清的案件。包括因法律关系复杂或者案件历经时间长导致客观事实难以查清、调查收集证据困难的案件。二是证据存疑的案件。此类案件证据单一、存在瑕疵，证据证明力不强，或者不同证据之间存在明显矛盾，导致认定事实困难。三是适用法律有难度的案件。包括适用法律存在较大争议、案件适用的法律规范之间存在矛盾等。四是其他类型的疑难案件。

第一百八十六条 人民法院在依照本章程序审理案件的过程中，发现本案属于民事权益争议的，应当裁定终结特别程序，并告知利害关系人可以另行起诉。

【条文主旨】

本条是关于终止特别程序的情形的规定。

【理解与适用】

特别程序不同于普通的民事诉讼程序。在普通的民事诉讼程序中，人民法院审理案件的目的是厘清当事人的权利义务关系，保护当事人的民事权益，化解矛盾纠纷。在特别程序中，人民法院审理案件的目的只是对一定的民事权利或者法律事实加以确认，不存在解决民事权利义务争议的需要。这两种诉讼所要实现的目的不同。因此，人民法院审理特别程序案件时，一旦发现其中涉及民事权益争议，人民法院则不应继续适用特别程序审理。为此，本条明确规定在这种情况下，人民法院应当裁定终结特别程序，并告知利害关系人可以另行起诉，否则可能侵犯当事人的诉讼权利。需要注意的是，人民法院不得直接转为普通程序，利害关系人有选择是否另行起诉的权利。

非讼程序的目的在于确认或形成某种法律关系。与普通诉讼程序相比，适用特殊程序的案件最为显著的特点是不具有争讼性和对抗性。这类案件不采用双方当事人对抗之构造（两造），而是采用单面构造。需要注意的是，在审理特别程序案件时，我们除应考虑相关民事主体的权益外，还要考虑国家、社会公共利益和他人的合法权益。

【审判实践中应当注意的问题】

本条规定所涉及的利害关系人的界定问题

《民事诉讼法》多处涉及利害关系人，但具体所指范围有所不同。大体上，民事诉讼中的“利害关系人”可以分为以下三类：一是普通民事诉讼程序中的利害关系人。普通民事诉讼程序中的当事人与案件标的有法律上的利害关系。二是非讼程序中的利害关系人。其目的在于形成、确认一定的私法秩序。因非讼案件大多不具有争讼性，故本法未以“直接利害关系”来限定非讼程序中的利害关系人的范围。三是执行程序中的利害关系人。执行程序的目的固然在于依法强制实现生效判决所载明的权利义务，但是，执行程序中也不能忽视对债权人及其他权利人的及时救济，以维护司法秩序。

第一百八十七条 人民法院适用特别程序审理的案件，应当在立案之日起三十日内或者公告期满后三十日内审结。有特殊情况需要延长的，由本院院长批准。但审理选民资格的案件除外。

【条文主旨】

本条是关于特别程序的审理期限的规定。

【理解与适用】

《民事诉讼法》第152条规定，人民法院适用普通程序审理的案件，应当在立案之日起六个月内审结。有特殊情况需要延长的，经本院院长批准，可以延长六个月；还需要延长的，报请上级人民法院批准。第164条规定，人民法院适用简易程序审理案件，应当在立案之日起三个月内审结。有特殊情况需要延长的，经本院院长批准，可以延长一个月。第168条规定，人民法院适用小额诉讼的程序审理案件，应当在立案之日起两个月内审结。有特殊情况需要延长的，经本院院长批准，可以延长一个月。第183条规定，人民法院审理对判决的上诉案件，应当在第二审立案之日起三个月内审结。有特殊情况需要延长的，由本院院长批准。人民法院审理对裁定的上诉案件，应当在第二审立案之日起三十日内作出终审裁定。第287条规定，人民法院审理涉外民事案件的期间，不受《民事诉讼法》第152条、第183条规定的限制。

特别程序审理的是不存在民事权益冲突的案件，一般事实比较容易查明，因此本条规定，适用特别程序审理的民事案件，期限为三十日；有特殊情况需要延长的，经本院院长批准，可以延长三十日。但审理选民资格案件必须在选举日前审结。

需要注意的是，选民资格案件的审理期限，不是三十日，并且不得延长。《民事诉讼法》第189条明确规定了选民资格案件的审理期限，即必须在选举日前审结。如果从立案之日到选举日短于三十日的，人民法院仍然应当在选举日前审结。

【审判实践中应当注意的问题】

三十日期间的起止

《民事诉讼法》第85条第2款、第3款规定：“期间以时、日、月、年计算。期间开始的时和日，不计算在期间内。期间届满的最后一日是法定休假日的，以法定休假日后的第一日为期间届满的日期。”这意味着，三十日期间的计算，不包括立案之日或者公告期满之日，而是从次日起计算。期间届满的最后一日是节假日的，以节假日后的第一日为期间届满的日期。此处的节假日指的是国家法定节假日，以国务院公布的为准。此处应当注意的是，只有当期间届满的最后一日是节假日时，方发生期间届满顺延至节假日后的第一日之效力，若节假日处于期间中间，则并不扣除。还应当注意的是，如果某星期日调休照常上班的，该星期日不计入节假日的范畴，其仍应为期间届满日。

第二节　选民资格案件

第一百八十八条　公民不服选举委员会对选民资格的申诉所作的处理决定，可以在选举日的五日以前向选区所在地基层人民法院起诉。

【条文主旨】

本条是关于选民资格案件的起诉和管辖法院的规定。

【理解与适用】

一、选民资格案件的重大意义

选举权与被选举权是《宪法》赋予我国公民的一项重要的、基本的政治权利，也是公民参与国家事务管理的基础。一方面，《宪法》和《选举法》规定："中华人民共和国年满十八周岁的公民，不分民族、种族、性别、职业、家庭出身、宗教信仰、教育程度、财产状况和居住期限，都有选举权和被选举权。"另一方面，《选举法》规定，"依照法律被剥夺政治权利的人没有选举权和被选举权"；《选举法》还规定，"精神病患者不能行使选举权利的，经选举委员会确认，不列入选民名单"；此外迁出选区的公民也不应列入选民名单。

选民资格的确定，对于选举的正常进行有着极其重要的意义。选举的正常进行既要保证有选举权的人不被遗漏，也要保证无选举权的人不会错误地享有选举权。如果选民名单把本地区或者本单位享有选举权的公民遗漏，那就会使有选举资格的公民丧失选举权。如果把没有选举资格的公民列入名单，使他们获得选举资格，就意味着对选举这样的重大政治活动不严肃、不负责。法律明确规定保障公民选举权和被选举权的行使。例如，根据《刑法》第256条规定，在选举各级人民代表大会代表和国家机关领导人员时，以暴力、威胁、欺骗、贿赂、伪造选举文件、虚报选举票数等手段破坏选举或者妨害选民和代表自由行使选举权和被选举权，情节严重的，可能构成破坏选举罪。因此，我国《选举法》规定由选举主持单位，即选举委员会对选举资格进行确定，并以选民名单的形式确认公布。《选举法》第 27 条规定："选民登记按选区进行，经登记确认的选民资格长期有效。每次选举前对上次选民登记以后新满十八周岁的、被剥夺政治权利期满后恢复政治权利的选民，予以登记。对选民经登记后迁出原选区的，列入新迁入的选区的选民名单；对死亡的和依照法律被剥夺政治权利的人，从选民名单上除名。精神病患者不能行使选举权利的，经选举委员会确认，不列入选民名单。"第 28 条规定："选民名单应在选举日的二十日以前公布，实行凭选民证参加投票选举的，并应当发给选民证。"第 29 条规定："对于公布的选民名单有不同意见的，可以在选民名单公布之日起五日内向选举委员会提出申诉。选举委员会对申诉意见，应在三日内作出处理决定。申诉人如果对处理决定不服，可以在选举日的五日以前向人民法院起诉，人民法院应在选举日以前作出判决。人民法院的判决为最后决定。"基于此，《民事诉讼法》对选民资格案件的诉讼程序作了规定，确保《选举法》规定的制度能够得到落实。

二、选民资格案件的诉讼程序

根据本条规定和《选举法》的有关规定，选民资格案件，是指公民对选举委员会公布的选民名单有不同意见，向选举委员会提出申诉后，不服选举委员会所作的处理决定，而向人民法院提起诉讼的案件。选民资格案件是一类比较特殊的案件。就其性质来说，选民资格案件与一般的民事案件有明显的不同，即它涉及的不是私权，而是属于公法范畴的选举权与被选举权。在司法实践中，其适用的诉讼程序如下：

（一）申诉先行

选民资格案件的起诉必须以选举委员会对选民资格的申诉作出处理为前置程序。按照我国《选举法》的规定，公民对公布的选民名单有不同意见的，应在选民名单公布之日起五日内向选举委员会提出申诉，不可以直接向人民法院起诉，起诉人坚持起诉的，裁定不予受理。选举委员会对申诉意见，应在三日内作出处理决定。这是起诉前的必经程序。选举资格是选举委员会确认并公布在选民名单上的，因此它应当负责查处，在三日内作出决定，以免耽误选举。选举委员会认为申诉无理的，应当裁定驳回；认为申诉有理的，应当变更选民名单；有遗漏的要及时补充，没有选举权但列入名单的应当除去。

（二）起诉

《选举法》规定，申诉人如果对处理决定不服，可以在选举日的五日以前向人民法院起诉，人民法院应在选举日以前作出判决。要求申诉人在选举日五日前向人民法院起诉，是为了保证人民法院有足够的时间在选举正式举行前处理完选民资格争议，保证选举的顺利进行。如果离选举日不足五日才提出诉讼，人民法院可能没有足够的时间处理选民资格争议；人民法院对于这种情况，应裁定不予受理。

（三）管辖

根据本条的规定，选民资格案件，由选区所在地的基层人民法院管辖。这从级别管辖和地域管辖两个方面对选民资格案件的管辖问题作出了规定。选民资格案件一般事实比较清楚，案情比较简单，审理难度不大，案件影响也只处于本选区之内，因此由基层人民法院管辖比较适宜。而且由于中级人民法院距离选区所在地可能比较远，且诉讼程序、诉讼手续比较复杂，这与选民资格案件严格的审限要求不相协调，故中级人民法院不宜受理选民资格案件。实践中选民资格案件由选区所在地基层人民法院管辖，不仅方便公民起诉、参加庭审，而且便于受诉人民法院与选举委员会取得联系，及时向选举委员会和有关公民进行调查，查明情况，尽快在选举日前作出正确的判决。

三、村民委员会等选举中的选民资格争议是否适用《民事诉讼法》选民资格案件诉讼程序

我国《选举法》规定的是各级人民代表大会的选举，适用选民资格案件诉讼程序的是适用直接选举的县乡两级人大代表选举。（间接选举不存在“选区”的问题，因此从《民事诉讼法》“选区所在地”的表述即可以看出间接选举不适用《民事诉讼法》规定的选民资格案件诉讼程序。）《选举法》第29条规定，对于公布的选民名单有不同意见的，可以在选民名单公布之日起五日内向选举委员会提出申诉。选举委员会对申诉意见，应在三日内作出处理决定。申诉人如果对处理决定不服，可以在选举日的五日以前向人民法院起诉，人民法院应在选举日以前作出判决。人民法院的

判决为最后决定。该条规定实际上是指《宪法》规定的选举权和被选举权，即《宪法》上赋予公民的在选举国家权力机关代表中的选举资格，是一项《宪法》赋予的政治权利。但我国的民主实践比较丰富，除了人大代表的选举，实践中还有大量其他的选举活动，其中影响比较大的包括村民委员会的选举和居民委员会的选举。如果村民对村民选举委员会公布的“登记参加选举的村民名单”有异议，村民选举委员会对村民的申诉作出处理决定后，村民能否向人民法院依照选民资格案件诉讼程序提起诉讼？

一般认为，根据《村民委员会组织法》的规定，村民委员会是村民自我管理、自我教育、自我服务的基层群众组织，村民委员会的选举，由村民选举委员会主持。选民对选民名单有不同意见，可于期限内向村民选举委员会提出，由村民选举委员在选举日前依法作出处理。村民对村民委员会公布的选举村民委员会“选民”名单持有异议，不属于人民法院受理的选民资格案件范围。

【审判实践中应当注意的问题】

一、选举委员会的职责范围

根据《选举法》第11条规定，选举委员会履行下列职责：（1）划分选举本级人民代表大会代表的选区，分配各选区应选代表的名额；（2）进行选民登记，审查选民资格，公布选民名单；受理对于选民名单不同意见的申诉，并作出决定；（3）确定选举日期；（4）了解核实并组织介绍代表候选人的情况；根据较多数选民的意见，确定和公布正式代表候选人名单；（5）主持投票选举；（6）确定选举结果是否有效，公布当选代表名单；（7）法律规定的其他职责。选举委员会应当及时公布选举信息。

二、选民资格案件起诉的主体资格问题

本条规定，公民不服选举委员会对选民资格的申诉所作的处理决定，可以在选举日的五日以前向选区所在地基层人民法院起诉。这里的“公民”，并未限定为选举资格受到影响的选民。其他公民，只要认为选民名单确有错误，都可以作为选民资格案件的主体提起诉讼。这是因为，选举

权不仅涉及当事人的私益，还涉及国家、社会公共利益，涉及公共管理事务和秩序的稳定性，因此，《民事诉讼法》对于选民资格案件的主体并未作出限定，只要为我国公民即可。

第一百八十九条　人民法院受理选民资格案件后，必须在选举日前审结。

审理时，起诉人、选举委员会的代表和有关公民必须参加。

人民法院的判决书，应当在选举日前送达选举委员会和起诉人，并通知有关公民。

【条文主旨】

本条是关于选民资格案件的审理期限、诉讼参加人、判决书送达与通知的规定。

【理解与适用】

本条规定了三个方面的内容：

一、审理期限

人民法院对选民资格案件的审理，必须在选举日前作出判决。这么规定是因为如果不在选举日前审结，选民名单就未最终确定，这就无法保障公民选举权的行使和选举工作的顺利进行。如果选举已经正式举行，人民法院再作出裁判，也就没有任何意义了。还需要提到的一点是，选民资格案件的审理时限不适用于《民事诉讼法》第187条关于特别程序的审限的规定。选民资格案件的审限只有一个判断标准，即必须在选举日前审结。

二、诉讼参加人

选民资格案件的诉讼参加人包括起诉人、选举委员会的代表和有关公民。这里的有关公民是指起诉人认为遗漏的公民或者不应列入选举名单的人。根据本条规定，起诉人、选举委员会的代表和有关公民必须参加诉讼，任何参加人都不得缺席。

三、判决的送达与通知

人民法院应在选举日前审结并完成判决书的送达。根据本条规定，判决书应送达选举委员会和起诉人，此外人民法院应将判决书的内容通知有关公民，以便于有选举权的公民在选举日到来时能够庄严地行使自己的选举权。人民法院的判决是终审判决，是对选民资格问题的最终决定，判决书一经送达即发生法律效力。

另外，关于选民资格案件还需要强调两点：一是审判组织问题。前已提及，选民资格案件的审理实行合议制，并由审判员组成合议庭进行审理，即使案情简单也不能由审判员一人独任审判，也不能由审判员与陪审员共同组成合议庭。因为审理选民资格案件涉及公民政治权利，应当慎重、严肃。二是选民资格案件不适用调解。选民资格案件的审理，虽然有起诉人、选举委员会代表及有关公民参加，但不能适用调解，不得以调解的方式结案。因为公民是否具有选举权和被选举权，是否具有选民资格，只能依据法律的具体规定作出判断。

【审判实践中应当注意的问题】

一、选民资格案件的判决

从裁判的形式来看，选民资格案件应当适用判决而不得适用裁定。经过审理，人民法院对起诉人的起诉作出认定，是对其请求的实质内容的肯定或者否定，关系到有关公民是否享有选举权和被选举权。

从裁判的内容来看，选民资格案件的裁判既要对起诉人的起诉作出认定，还要对选举委员会的申诉处理决定作出认定。其中，经过审理，人民法院认为起诉人的起诉理由成立的，应当判决撤销选举委员会的处理决定。从裁判效力看，人民法院对选民资格案件所作的判决一经送达就立即发生法律效力，当事人不得提起上诉。实行一审终审有利于案件的迅速审结，也是选举活动顺利进行的必然要求。

二、选民资格案件的举证责任

对此，《选举法》和《民事诉讼法》均未明确规定。由于划分选区、进行选民登记、审查选民资格、制作和公布选民名单、发放选民证等事项，都是选举委员会的职权行为，选举委员会在确定公民的选举资格、制作选民名单时，应当具有充分的法律根据。因此，当公民对选民名单有不同意见而向选举委员会提出申诉时，选举委员会的处理决定应当具有事实根据和法律根据；当申诉人不服决定而向法院提起诉讼时，选举委员会应当就其处理决定的正确性承担举证责任。否则，选民登记、确认选民资格等选举活动就可能具有极大的随意性，从而会危及正常的选举秩序，影响公民政治权利的实现。

第三节　宣告失踪、宣告死亡案件

第一百九十条　公民下落不明满二年，利害关系人申请宣告其失踪的，向下落不明人住所地基层人民法院提出。

申请书应当写明失踪的事实、时间和请求，并附有公安机关或者其他有关机关关于该公民下落不明的书面证明。

【条文主旨】

本条是关于宣告失踪的条件和申请书应载明的事项的规定。

【理解与适用】

宣告失踪是《民法典》规定的一项实体法制度，《民法典》第40条规定："自然人下落不明满二年的，利害关系人可以向人民法院申请宣告该自然人为失踪人。"本条从程序法角度对宣告失踪的适用作了进一步规定。公民长期失踪，既会使他本人的财产因无人照管而损坏、丢失，也会使他与别人的民事关系处于不稳定状态。[①]宣告失踪制度旨在通过司法判决确认自然人失踪的事实，结束该失踪人的某些身份关系不稳定状态，尤其是其财产无人管理及其权利不能正常行使、义务不能及时履行的非正常状态，使得有关失踪人的权利义务得到正常行使，以保护失踪人和利害关系人的利益，维护社会经济秩序的稳定。对于本条的理解需要把握以下几点：

一、宣告失踪须满足的条件

（一）必须有自然人下落不明满两年的事实

所谓下落不明，是指自然人离开最后居所和住所后没有音讯的状况。

---

① 王胜明主编：《中华人民共和国民事诉讼法释义（最新修正版）》，法律出版社2012年版，第437页。

满二年是指下落不明状态持续不断地达到二年时间，而不是在音讯时有时无的情况下将下落不明的时间累计相加满二年。关于下落不明的起算时间，《民法典》第 41 条规定："自然人下落不明的时间自其失去音讯之日起计算。战争期间下落不明的，下落不明的时间自战争结束之日或者有关机关确定的下落不明之日起计算。"在通常情况下，下落不明的期间从公民离开住所或者居所之日起开始计算，但在战争期间失踪的，应当从战争结束之日起计算；在意外事故中失踪的，从事故发生之日起计算。下落不明状态时断时续的，从最后一次下落不明开始之日起计算。[①] 其中对战争期间下落不明的通行做法就是从战争结束之日起计算。战争结束之日的确定可以根据战争各方的停战声明或者国家机关颁布的公告，也可以根据标志性战争事件的发生或者结束予以确定。[②] 但是能够明确知道该自然人在某一次具体战役中下落不明的，从有关机关确定的下落不明之日起计算，这里的有关机关，应当是有权机关，比如军队上的有权对因战下落不明的人予以认定的机关，地方上则是民政或者公安部门等，当然这必须以该机关具备此权力或者职责为前提。这里的有关机关确定自然人下落不明的文件在证据属性上应当是公文书证的一种，应当适用公文书证的规则。而且依据本条规定，除了有关机关之外的其他证明材料比如一般的证人证言等都不能作为确定战争期间自然人失去音讯的有效证据。另，需要注意的是依照《民事诉讼法》第 85 条规定，期间以时、日、月、年计算。期间开始的时和日，不计算在期间内。期间届满的最后一日是法定休假日的，以法定休假日后的第一日为期间届满的日期。

（二）必须由利害关系人向人民法院提出申请

对利害关系人的范围问题，本条并未明确规定，最高人民法院早在 1986 年作出的《关于失踪人的工作单位能否向人民法院申请宣告失踪人

---

① 王胜明主编：《中华人民共和国民事诉讼法释义（最新修正版）》，法律出版社 2012 年版，第 437 页。

② 陈甦主编：《民法总则评注》，法律出版社 2017 年版，第 301~302 页。

死亡的批复》(1986年2月18日)[①]即规定了申请宣告失踪的利害关系人"必须是与被申请宣告死亡的人存在一定的人身关系或者民事权利义务关系的人"。在总结以往审判实践经验的基础上,《最高人民法院关于适用〈中华人民共和国民法典〉总则编若干问题的解释》第14条对于宣告失踪的利害关系人作了规定。依据该条规定,下列人员应当认定为《民法典》第40条规定的利害关系人:(1)被申请人的近亲属;(2)依据《民法典》第1128条、第1129条规定对被申请人有继承权的亲属;(3)债权人、债务人、合伙人等与被申请人有民事权利义务关系的民事主体,但是不申请宣告失踪不影响其权利行使、义务履行的除外。该司法解释对宣告失踪的利害关系人的顺序未作限定,故在宣告失踪时,原则上这些利害关系人中只要有一个人或者数人申请宣告失踪,即使其他人反对宣告失踪,这时只要申请失踪符合受理的条件,人民法院就应当受理。有多个利害关系人提出宣告失踪申请的,依据《民事诉讼法解释》第344条规定,列为共同申请人。

(三)必须经过法院依据法定程序宣告

宣告失踪只能由人民法院作出,其他任何机关和个人无权作出宣告失踪的决定。人民法院在受理宣告失踪的申请以后,应当依据《民事诉讼法》第184条规定,适用特别审理程序审理,实行一审终审。

二、宣告失踪的申请程序

对于宣告失踪的申请程序,本条从两个方面做了细化规定:

(一)申请宣告失踪的管辖法院

本条明确了利害关系人申请宣告下落不明人失踪的地域管辖和级别管辖法院,即在地域管辖上由下落不明人住所地人民法院受理,在级别管辖上由基层人民法院受理。利害关系人向有管辖权的法院提出申请,程序上才合法,如果下落不明人住所与经常居所不一致的,依照《民法典》第25条规定,经常居所视为住所,则由最后居所地的人民法院

---

① 该批复的原文是:"湖北省高级人民法院:你院鄂法(1985)民行字第14号《关于失踪人的工作单位能否向人民法院提出申请宣告失踪人死亡》的请示报告收悉。经我们研究认为:《中华人民共和国民事诉讼法(试行)》第一百三十三条所指的利害关系人,必须是与被申请宣告死亡的人存在一定的人身关系或者民事权利义务关系的人。宣恩县人大常委会为解决减员增补以及停发失踪人聂××的工资等问题不宜作为利害关系人向人民法院申请宣告失踪人死亡,应按《中华人民共和国地方各级人民人民代表大会和地方各级人民政府组织法》及我国劳动制度的有关规定处理。"

管辖。法院收到利害关系人的申请后，认为申请不符合法定条件的，即可以裁定驳回申请；认为申请符合法定条件的，则应当立案受理，并发布寻找下落不明人的公告。公告应当记明申请人的姓名、住所，下落不明人的姓名、年龄、性别、职业、相貌特征、该公民失去音讯的最后时间、公告期间以及知情者向受申请法院陈述该公民的下落和信息的渠道或者方法。

（二）申请宣告失踪要采取书面形式并提交申请书

申请书应当写明失踪的事实、时间和请求，并附有公安机关或者其他有关机关关于该公民下落不明的书面证明。

三、宣告失踪的法律后果

下落不明的公民被宣告失踪后，其法律后果主要体现在失踪人的财产管理方面。对此，《民事诉讼法解释》第 341 条规定："宣告失踪或者宣告死亡案件，人民法院可以根据申请人的请求，清理下落不明人的财产，并指定案件审理期间的财产管理人。公告期满后，人民法院判决宣告失踪的，应当同时依照民法典第四十二条的规定指定失踪人的财产代管人。"在宣告失踪案件中，根据申请人的请求，确定案件审理期间下落不明的公民的财产管理问题，以便使下落不明人的财产范围、数量、价值得到确认，避免在诉讼期间因利害关系人之间的争议或无人管理等原因而使财产失散或遭受其他损失。[①]关于失踪人财产代管人的范围，根据《民法典》第 42 条规定："失踪人的财产由其配偶、成年子女、父母或者其他愿意担任财产代管人的人代管。代管有争议，没有前款规定的人，或者前款规定的人无代管能力的，由人民法院指定的人代管。"代管期间是从设定代管人起至被宣告失踪的公民重新出现或者被宣告死亡时止，财产代管人对代管财产有一定的处分权，如从失踪人财产中支付失踪人所欠税款、债务和应付的其他费用。

实务中关于失踪人财产代管人的争议问题主要有两个：一是代管人的优先顺序问题。关于指定财产代管人的原则，该条款并未做明确规定，目前，在司法实务中主要有两种排序标准。一种是根据与失踪人关系的密切

① 最高人民法院民法典贯彻实施工作领导小组办公室编著：《最高人民法院新民事诉讼法司法解释理解与适用》，人民法院出版社 2022 年版，第 750 页。

程度排序；另一种是根据代管人的管理能力排序。第一种排序标准的优点在于更符合失踪人的心理预期，符合日常生活经验判断。缺点在于与失踪人关系最密切的人，未必是最有能力帮助失踪人管理财产实现保值增值的人；第二种排序标准的优点在于，由管理能力最强的人担任财产代管人客观上更有利于帮助失踪人财产的保值增值；缺点在于财产代管人管理能力强，但与失踪人身份关系密切程度较低，有违公众认知。[①]具体实践中，在有近亲属的情形下，一般可以按照身份关系的密切程度确定财产代管人，在无近亲属或者近亲属不具备完全民事行为能力的情形下，可以根据有利于保护失踪人财产的原则，综合考虑与失踪人关系的密切程度、相关人员的管理能力、失踪人先前意愿等因素确定财产管理人。二是关于能否指定多个财产代管人的问题。我国现行立法并未对失踪人财产代管人的人数作出限制性规定。故在实务上人民法院可探索根据失踪人财产的多少、管理难度大小等合理确定失踪人财产代管人的具体人数。在失踪人财产代管人有数人的情形下，关于失踪人财产管理方法也可以通过内部协议约定的方式进行，没有内部约定或者约定不成时，则应当根据具体情形综合判断。[②]

【审判实践中应当注意的问题】

一、人民法院不能依职权主动宣告自然人为失踪人

根据《民法典》第40条规定，失踪宣告由利害关系人提起。有学者认为，我国失踪宣告程序只能由失踪人的近亲属或其他利害关系人提起，且任何人皆无提起之义务。法、德等国相应程序则均可由公权力者（如检察官）提起。如此，可在一定程度上避免利害关系人怠于提出申请之弊。也有观点认为，如果机关法人举证证明与失踪人之间存在民事权利义务关系或者公法上的权利义务关系，则当然可以作为利害关系人申请人民法院宣告该下落不明的自然人为失踪人。我们认为，如根据具体案情，相关机构符合《最高人民法院关于适用〈中华人民共和国民法典〉总则编若干问

① 贺荣主编：《最高人民法院民法典总则编司法解释理解与适用》，人民法院出版社2022年版，第255~266页。

② 最高人民法院民法典贯彻实施工作领导小组主编：《中华人民共和国民法典总则理解与适用》，人民法院出版社2020年版，第247页。

题的解释》第 14 条第 3 项规定的条件的，不妨碍其作为利害关系人申请宣告失踪。[①]

二、关于重大自然灾害引发的宣告失踪案件的管辖法院

《最高人民法院研究室关于四川汶川特大地震发生后受理宣告失踪、死亡案件应如何适用法律问题的答复》（法研〔2008〕73 号）规定："根据民事诉讼法第一百六十六条第一款、第一百六十七条的规定。申请宣告失踪、宣告死亡的，应当由利害关系人向下落不明人住所地基层人民法院提出。由于特大地震灾害后，'下落不明人住所地基层人民法院'受到严重破坏，难以开展审判工作，对申请宣告失踪、宣告死亡的案件不能行使管辖权的，上级人民法院可以依照民事诉讼法第三十七条第二款的规定，指定其他基层人民法院管辖。"这一规定精神对于确定类似重大自然灾害引发的宣告失踪案件的管辖问题，有参考价值。

三、关于当事人失踪能否中止诉讼的问题

《民事诉讼法》第 153 条规定，有下列情形之一的，中止诉讼：（1）一方当事人死亡，需要等待继承人表明是否参加诉讼的；（2）一方当事人丧失诉讼行为能力，尚未确定法定代理人的；（3）作为一方当事人的法人或者其他组织终止，尚未确定权利义务承受人的；（4）一方当事人因不可抗拒的事由，不能参加诉讼的；（5）本案必须以另一案的审理结果为依据，而另一案尚未审结的；（6）其他应当中止诉讼的情形。中止诉讼的原因消除后，恢复诉讼。当事人失踪作为诉讼中止的事由能否作为第 6 项兜底条款所规定的"其他应当中止诉讼的情形"值得探讨。我们认为，对此应当具体问题具体分析。在未经宣告失踪程序前，这时该当事人是否属于失踪人员尚未经过法定程序认定，这时人民法院应当按照审理一般民事案件的方式，依法运用相应的送达方式，必要时通过公告送达程序向该当事人送达，经过合法送达方式送达相应诉讼文书后，该当事人仍未到庭的，则要依法适用驳回起诉或者缺席判决制度。如果该当事人已经被利害关系人向人民法院申请宣告失踪，人民法院依法受理且尚未审结

---

① 参见贺荣主编：《最高人民法院民法典总则编司法解释理解与适用》，人民法院出版社 2022 年版，第 244 页。

的，这时应当适用上述第 5 项规定的“本案必须以另一案的审理结果为依据，另一案尚未审结的”，中止诉讼。如果该当事人已经被人民法院宣告失踪，则这时应当由其财产代管人承继该诉讼，此时应当对原来中止的诉讼恢复审理。[①]

① 最高人民法院民法典贯彻实施工作领导小组主编：《中华人民共和国民法典总则编理解与适用》，人民法院出版社 2020 年版，第 247 页。

第一百九十一条 公民下落不明满四年，或者因意外事件下落不明满二年，或者因意外事件下落不明，经有关机关证明该公民不可能生存，利害关系人申请宣告其死亡的，向下落不明人住所地基层人民法院提出。

申请书应当写明下落不明的事实、时间和请求，并附有公安机关或者其他有关机关关于该公民下落不明的书面证明。

【条文主旨】

本条是关于宣告死亡的条件和申请书应载明的事项的规定。

【理解与适用】

宣告公民死亡案件，是指法院根据利害关系人的申请，依法宣告下落不明满法定期限的公民死亡的案件。宣告失踪制度虽然能够解决失踪人的财产代管和债务清偿等问题，但在公民长期失踪的情况下，并不能从根本上解决失踪人的财产归属和与失踪人有关的人身方面的法律关系问题，因此，有必要建立宣告死亡制度。[①]

一、关于利害关系人的范围

根据《最高人民法院关于适用〈中华人民共和国民法典〉总则编若干问题的解释》第16条的规定，申请宣告死亡的利害关系人包括：（1）被申请人的配偶、父母、子女，以及依据《民法典》第1129条规定对被申请人有继承权的亲属；（2）在被申请人的配偶、父母、子女均已死亡或者下落不明，或者不申请宣告死亡不能保护其相应合法权益情形下，被申请人的其他近亲属，以及依据《民法典》第1128条规定对被申请人有继承权的亲属；（3）不申请宣告死亡不能保护其相应合法权益的被申请人的债权人、债务人、合伙人等民事主体。该条规定贯彻民法典立法原意，

① 王胜明主编：《中华人民共和国民事诉讼法释义（最新修正版）》，法律出版社2012年版，第440页。

不再规定申请宣告死亡的利害关系人的申请顺序，只要符合《最高人民法院关于适用〈中华人民共和国民法典〉总则编若干问题的解释》第 16 条的规定，相关利害关系人均可以申请宣告死亡，并被列为共同申请人。即使《最高人民法院关于适用〈中华人民共和国民法典〉总则编若干问题的解释》第 16 条第 1 款中规定的近亲属不同意申请宣告死亡，并不影响该条后两款规定的利害关系人申请宣告死亡。但是为了平衡各方当事人的利益，防止取消申请宣告死亡的利害关系人顺序后又走向另一个极端，对其他利害关系人申请宣告死亡也应作必要限制，在《全国法院贯彻实施民法典工作会议纪要》第 1 条中，引入《民法典》第 132 条关于民事权利不得滥用的规定，明确配偶、父母、子女以外的其他利害关系人通过申请宣告失踪足以保护其权利，去申请宣告死亡的，人民法院不予支持。[①]

二、关于下落不明的认定

宣告死亡案件的成立，必须是失踪人生死不明的状态持续一定时间。根据《民法典》第 46 条规定："自然人有下列情形之一的，利害关系人可以向人民法院申请宣告该自然人死亡：（一）下落不明满四年；（二）因意外事件，下落不明满二年。因意外事件下落不明，经有关机关证明该自然人不可能生存的，申请宣告死亡不受二年时间的限制。"对于因意外事件下落不明的，一般时间限制是两年，但是经有关机关证明该自然人不可能生存的，不受时间限制。对于本条所规定的意外事件的内涵和外延的界定，尚需要进一步加以明确。一般而言，意外事件是指非因当事人的故意或者过失而偶然发生的事故。[②] 例如，飞机空难、登山遇到雪崩等。其中，颇有争议的是战争是否属于意外事件。如果认为战争属于意外事件，则申请宣告战争期间下落不明人死亡，应当从战争结束之日或者有关机关确定的下落不明之日起满两年，如果经有关机关证明下落不明人不可能生存的，则不受两年时间的限制；如果认为战争不属于意外事件，则需要自下落不明之日起满四年。有观点认为，战争属于意外事件范围之内，应当适用意外事件的相关规定。该观点值得商榷。因为战争与一般的

---

① 最高人民法院民法典贯彻实施工作领导小组主编：《中华人民共和国民法典总则编理解与适用》，人民法院出版社 2020 年版，第 262 页。

② 最高人民法院民法典贯彻实施工作领导小组主编：《中华人民共和国民法典总则编理解与适用》，人民法院出版社 2020 年版，第 264 页。

意外事件有所不同，其规模、持续时间都难以确定，失踪期间适用四年的期间，包含了对军人利益的特殊保护。另外，从比较法层面看，尽管不少国家将战争期间下落不明的情形规定为特殊期间，但并未将战争纳入意外事件的范畴，而是对两者分别设置了不同的特殊期间。[①] 一般而言，战争期间下落不明的法定期间要长于因意外事件下落不明的法定期间，否则不能体现宣告死亡的条件严于宣告失踪的基本法理。因此，战争期间下落不明的起算时间自战争结束之日起满四年才可宣告死亡较为妥当。

三、宣告死亡的申请程序

申请人应向下落不明人住所地的基层人民法院提出。如果住所地与居所地不一致，则由最后居所地的人民法院管辖，利害关系人向有管辖权的人民法院提出申请。[②] 利害关系人必须以书面形式向人民法院提交申请宣告下落不明人死亡申请书，内容上须载明下落不明人的事实、时间和请求，在证明材料上须提供由公安机关或者其他有权机关以书面形式出具的证明公民下落不明的材料。

四、宣告死亡的法律后果

公民被宣告死亡，其法律后果与自然死亡基本相同。即宣告死亡后，公民的民事法律关系、该公民的民事权利能力因宣告死亡而终止；与人身有关的民事权利义务关系也随之终结，如原有的婚姻关系自然消灭，继承因宣告死亡而开始。但宣告死亡与自然死亡毕竟不同，被宣告死亡的人仅仅是从法律上推定为死亡，并不一定是真正的死亡，因此它与自然死亡还存在一些不同：（1）宣告死亡可以被撤销，在宣告公民死亡后，如果被宣告死亡的人重新出现，或者有人明确知道他还健在，法院可以依申请撤销宣告死亡；（2）《民法典》第 49 条规定："自然人被宣告死亡但是并未死亡的，不影响该自然人在被宣告死亡期间实施的民事法律行为的效力。"有民事行为能力人在宣告死亡期间实施的民事法律行为仍然有效。需要注意的是，民事法律行为包括其实施的不合法行为和事实行为的

---

① 最高人民法院民法典贯彻实施工作领导小组主编：《中华人民共和国民法典总则编理解与适用》，人民法院出版社 2020 年版，第 276 页。

② 王胜明主编：《中华人民共和国民事诉讼法释义（最新修正版）》，法律出版社 2012 年版，第 441 页。

效力。比如，该自然人实施了侵害他人人身权的行为，则受害人有权请求该自然人承担相应的侵权责任；（3）被宣告死亡和自然死亡的时间不一致的，被宣告死亡所引起的法律后果仍然有效，但自然死亡前实施的民事法律行为与被宣告死亡引起的法律后果相抵触的，则以其实施的民事法律行为为准。[①]

【审判实践中应当注意的问题】

一、宣告死亡适用特别程序

依据《民事诉讼法》第185条的规定，宣告死亡实行一审终审，原则上由审判员一人独任审理。涉及重大、疑难的案件，由审判员组成合议庭审理。鉴于《民法典》取消了宣告死亡的利害关系人的申请顺序，在未来可能导致一系列的纠纷，而宣告死亡又涉及利害关系人的重大身份关系，故对于此类案件在必要时可以被归入“重大、疑难的案件”的范围，由审判员组成合议庭审理。

二、关于战争期间下落不明的宣告死亡案件所涉相关程序

战争期间下落不明的，既可能是军人，也可能是非军人。对于下落不明人为非军人的，依照本条规定向下落不明人住所地基层人民法院提出。对于下落不明人为军人的，根据《最高人民法院关于军事法院管辖民事案件若干问题的规定》第2条的规定，申请宣告军人失踪或者死亡的案件，地方当事人向军事法院提起诉讼或者提出申请的，军事法院应当受理。此外，由于军人的特殊身份，在发布寻人公告时，应当按照相关要求隐去相关涉密信息。[②]

三、关于宣告失踪与宣告死亡两项制度之间的程序衔接问题

应该说，宣告失踪与宣告死亡虽然都属于一种法律上的拟制，对稳定法律关系、保护利害关系人合法权益都具有重要意义，但二者在法律效果

---

① 参见最高人民法院民法典贯彻实施工作领导小组主编：《中华人民共和国民法典总则编理解与适用》，人民法院出版社2020年版，第273页。

② 最高人民法院民法典贯彻实施工作领导小组主编：《中华人民共和国民法典总则编理解与适用》，人民法院出版社2020年版，第279~280页。

上存在本质不同，前者主要是设置财产代管的一项制度，而后者则是会发生被宣告死亡的人与自然死亡相同的法律后果。[①] 因此，这两项制度属于并不存在交叉甚至冲突的问题，在符合各自适用条件的情况下，这两个制度可以单独适用，当事人申请了宣告失踪之后并不意味着就不能适用宣告死亡。对此，《民事诉讼法解释》第 343 条规定："人民法院判决宣告公民失踪后，利害关系人向人民法院申请宣告失踪人死亡，自失踪之日起满四年的，人民法院应当受理，宣告失踪的判决即是该公民失踪的证明，审理中仍应依照民事诉讼法第一百九十二条规定进行公告。"当然，如果是失踪人在没有被宣告失踪前，已符合宣告死亡条件的，实践中当事人通常会选择直接适用宣告死亡制度。而且在当事人已经被宣告死亡的，因其发生于自然死亡相同的法律后果，故通常也就不可能再有宣告失踪制度适用的可能。只有在其被宣告死亡且未被撤销死亡宣告的期间，该当事人并未死亡的情形下，其针对在并未死亡时特定的利害关系人（比如其又再婚、生子或者欠债的情形）又存在符合《民法典》第 40 条规定情形的，则可能还会适用宣告失踪制度。但这一情形实属罕见，尤其是在当今互联网+大数据时代，资讯交流便捷，该当事人在被宣告死亡期间仍然进行民事活动的，也极易被发现，这时适用的应当是撤销死亡宣告制度。

① 最高人民法院民法典贯彻实施工作领导小组主编：《中华人民共和国民法典总则编理解与适用》，人民法院出版社 2020 年版，第 242 页。

第一百九十二条 人民法院受理宣告失踪、宣告死亡案件后，应当发出寻找下落不明人的公告。宣告失踪的公告期间为三个月，宣告死亡的公告期间为一年。因意外事件下落不明，经有关机关证明该公民不可能生存的，宣告死亡的公告期间为三个月。

公告期间届满，人民法院应当根据被宣告失踪、宣告死亡的事实是否得到确认，作出宣告失踪、宣告死亡的判决或者驳回申请的判决。

【条文主旨】

本条是关于宣告失踪、宣告死亡案件发布公告和判决的规定。

【理解与适用】

本条是从程序法的角度对宣告失踪、宣告死亡的公告程序作出规定，在实体法中并未就受理宣告失踪、宣告死亡案件后应当发出公告寻找下落不明人作出规定。但考虑法院在受理利害关系人申请宣告失踪、宣告死亡时只能进行形式性审查，通过设置公告程序，能够结合公告期间的情况对下落不明的事实进行实质性审查。一方面表明人民法院对这类案件的慎重态度，另一方面也使下落不明及知悉生存现状的人了解到有关利害关系人已经向人民法院申请宣告失踪和宣告死亡，以便其向人民法院报告被申请人下落和行踪。[①]

一、受理和公告

人民法院接到书面申请和有关证明后，经过审查，认为材料齐备，证明无误，应当受理并发出寻找下落不明人的公告。[②]关于公告的内容，依据《民事诉讼法解释》第345条的规定：“寻找下落不明人的公告应当记

---

① 最高人民法院民法典贯彻实施工作领导小组办公室主编：《最高人民法院新民事诉讼法司法解释理解与适用》，人民法院出版社2022年版，第754页。

② 王胜明主编：《中华人民共和国民事诉讼法释义（最新修正版）》，法律出版社2012年版，第460页。

载下列内容:(一)被申请人应当在规定期间内向受理法院申报其具体地址及其联系方式。否则,被申请人将被宣告失踪、宣告死亡;(二)凡知悉被申请人生存现状的人,应当在公告期间内将其所知道情况向受理法院报告。”除上述内容外,公告还应当包括以下内容:下落不明的基本情况;申请人的基本情况及其与被申请人的关系;下落不明的事实、时间;公告期间等。关于公告的方式和范围等,相关法律和司法解释均未作出明确的规定,对此可以参照《民事诉讼法解释》第138条关于公告送达的规定,在受诉人民法院的公告栏、下落不明人住所地、下落不明人最后可能出现的地方等张贴公告,也可以在报纸、信息网络等媒体上刊登公告,发出公告日期以最后张贴或者刊登的日期为准。人民法院在下落不明人住所地、下落不明人最后可能出现的地方张贴公告的,应当采取拍照、录像等方式记录张贴过程。

二、判决

公告期间届满后,如果下落不明人仍然没有消息,人民法院方可作出宣告失踪或者宣告死亡的判决。其中,对于作出宣告失踪判决的,结合《民事诉讼法解释》第341条规定,主文也应该有两项:第一项是宣告下落不明人失踪;第二项是指定失踪人的财产代管人。[①] 对于宣告死亡的,则应该是宣告下落不明人死亡。在公告期间,如果下落不明人重新出现或者有确实消息证明其已有下落,包括有证据证明下落不明人确已死亡的,人民法院应当驳回利害关系人的申请,裁定终结审理。宣告失踪或者宣告死亡的判决和裁定终结审理,都是终审裁判,不得提起上诉。

【审判实践中应当注意的问题】

一、宣告死亡案件中的公告问题

《民事诉讼法解释》343条规定:“人民法院判决宣告公民失踪后,利害关系人向人民法院申请宣告失踪人死亡,自失踪之日起满四年的,人民法院应当受理,宣告失踪的判决即是该公民失踪的证明,审理中仍应依照民事诉讼法第一百九十二条规定进行公告。”在这种情况下,虽然在宣告

---

① 江必新主编:《新民事诉讼法条文理解与适用》,人民法院出版社2022年版,第879页。

失踪程序中已经进行了公告，但为慎重起见，在宣告死亡程序中仍应依法公告。[①]

二、宣告失踪、宣告死亡案件判决前申请人撤回申请

《民事诉讼法解释》第346条规定："人民法院受理宣告失踪、宣告死亡案件后，作出判决前，申请人撤回申请的，人民法院应当裁定终结案件，但其他符合法律规定的利害关系人加入程序要求继续审理的除外。"该规定明确两个问题：（1）人民法院受理宣告失踪、宣告死亡案件后，作出判决前，申请人申请撤回的，人民法院应当如何处理；（2）申请人撤回申请，其他符合法律规定的利害关系人加入程序要求继续审理时，人民法院应当如何处理。对于第一个问题，需要与普通程序中的撤诉相区别。在普通程序中，按照《民事诉讼法》第148条的规定："宣判前，原告申请撤诉的，是否准许，由人民法院裁定。人民法院裁定不准许撤诉的，原告经传票传唤，无正当理由拒不到庭的，可以缺席判决。"但是，特别程序不涉及民事权利义务争议的处理，撤回申请不会损害国家、集体利益或者他人的合法权益，不需要对撤回申请是否正当、合法进行审查，故应当直接裁定终结案件。对于第二个问题，根据《最高人民法院关于适用〈中华人民共和国民法典〉总则编若干问题的解释》第14条、第16条之规定，申请宣告失踪或者申请宣告死亡的利害关系人之间并不存在申请顺序的问题，当申请人撤回申请，其他符合上述条文规定的利害关系人加入程序要求继续审理的，人民法院应当继续审理。

三、宣告死亡的判决书判项

2016年《最高人民法院人民法院民事裁判文书制作规范》和最新的《民事诉讼文书样式》，在涉及宣告死亡的文书样式中关于判项的参考内容是："宣告某某某死亡。"依照《民法典》第48条规定，宣告死亡的自然人的死亡日期区分为一般情形的死亡日期和基于意外事件的死亡日期。一般情形的死亡日期为判决书作出之日，即判决书上所载明的文书制作日期；意外事件的死亡日期为该事件的发生之日。而对于当事人基于发生意

① 最高人民法院民法典贯彻实施工作领导小组办公室主编：《最高人民法院新民事诉讼法司法解释理解与适用》，人民法院出版社2022年版，第753页。

外事件而申请宣告死亡的案件来说，该文书制作的日期明显晚于“事件发生之日”，在此情况下，有关文书判项的表述要对标《民法典》的规定作相应调整，而不能再简单表述为“宣告某某某死亡”。当然，此在审判实践中也有了一定实践经验，下一步可在修改完善《民事诉讼文书样式》时，对于人民法院在制作基于意外事件的宣告死亡判决书，应在查明事实中重点列明意外事件的发生日期，并将判项相应修改为“宣告某某某于某年某月某日（事件发生之日）死亡”。

第一百九十三条 被宣告失踪、宣告死亡的公民重新出现，经本人或者利害关系人申请，人民法院应当作出新判决，撤销原判决。

【条文主旨】

本条是关于宣告失踪、宣告死亡案件特别程序中申请人撤回申请应当如何处理的规定。

【理解与适用】

宣告失踪、宣告死亡都属于法律拟定的一种状态，是一种推定，并不能排除被宣告失踪和宣告死亡的人重新出现的可能，如果失踪人或被宣告死亡的人重新出现或者已知其下落，则应重新恢复以前的法律状态。《民法典》第45条第1款、第50条从实体法角度规定了撤销失踪宣告、死亡宣告的制度，本条从程序法角度规定了撤销宣告失踪、宣告死亡判决的具体方式。

一、申请主体

撤销宣告失踪、宣告死亡的判决需依申请，申请人可以是本人或者利害关系人。本人或者利害关系人有多人的，既可以由一人提出，也可以由多人同时提出，多人同时提出或者多人分别提出的，参照《民事诉讼法解释》第344条规定，应当将本人或者利害关系人列为共同申请人。撤销原判决的申请人与原宣告失踪、宣告死亡的申请人之间无须具有对应关系。对于既有判决宣告失踪又有判决宣告死亡的案件，本人或者利害关系人中有的申请撤销宣告失踪、有的申请撤销宣告死亡的，或者只申请撤销宣告失踪或者只申请撤销宣告死亡的，鉴于被宣告失踪、宣告死亡人重新出现后宣告失踪和宣告死亡的法律拟制都不再具有事实依据，人民法院都应当同时作出撤销宣告失踪和宣告死亡的判决。[①]

① 江必新主编：《新民事诉讼法条文理解与适用》，人民法院出版社2022年版，第881~882页。

二、申请法院

本条及相关司法解释未规定申请撤销宣告失踪、宣告死亡案件的管辖法院，但应当向作出该宣告失踪、宣告死亡判决的原审人民法院提出，而不能向其他法院提出。主要考虑：（1）撤销原判决并不是通过审判监督程序进行纠错，而是基于裁判基础的事实在裁判作出后发生了改变需要作出新判决；（2）失踪人、被宣告死亡人重新出现，人民法院需要查明失踪人、被宣告死亡的人重新出现的事实，原审法院对裁判相对更加熟悉，基于程序迅速、经济便利的考量，所以上述情形出现时由原审法院进行变更更符合非讼程序的设立目的。

三、审理程序

在审理撤销宣告失踪、宣告死亡的案件中，人民法院需要查明失踪人、被宣告死亡的人重新出现的事实，该种事实可以基于失踪人、被宣告死亡的人出现，也可以由有关机关加以书面证明。在审理此类案件中，人民法院不需要发布公告，仅需要根据失踪人、被宣告死亡人重新出现的事实作出判决并在判项中撤销原判决。同时，因为现行法律和司法解释并未对申请撤销宣告失踪、宣告死亡的判决作出期限的限制，所以只要失踪人重新出现，本人和利害关系人就可以提出申请。

四、撤销的后果

下落不明人被宣告失踪或者死亡后，对其身份关系、财产关系都产生了重大的影响，重新出现后需要恢复其自然人的法律地位以行使其民事权利。具体处理如下：

第一，关于财产的处理。宣告失踪撤销后，失踪人的财产代管人的代管职责也相应消灭，财产代管人应当将代管的财产及其收益返还给重新出现的失踪人，并将自己管理失踪人财产期间所进行的处分详细地告诉本人，财产代管人因代管而支出的必要费用，有权要求本人偿付。对于撤销死亡宣告的，依照《民法典》第 53 条规定，被撤销死亡宣告的人有权请求返还财产。对继承其遗产的人，被宣告死亡人有权请求其返还原物，包括在宣告死亡期间本应受领的财产和用属于其所有的资本或收入进行投资而取得的财产。如果原物不存在的，则该继承人应当给予适当补偿。当然，如果该财产已经被第三人善意取得，请求返还财产不能对抗善意第三人，如果原物已经由继承人转让给第三人的，则不能要求返还原物，只能要求补偿。发生争议的，另外起诉，由人民法院按照民事案件审理。[①]

第二，关于婚姻的处理。在宣告失踪后，配偶已办理离婚尚未再婚的，被宣告失踪的人重新出现，按照《民法典》婚姻家庭编办理，双方自愿的可再办婚姻登记，不自愿的不能再办；配偶离婚后再婚的，原来的婚姻关系不能自然恢复。[②]在宣告失踪后配偶未办理离婚，在宣告死亡后配偶未再婚，则婚姻关系自然存续，但是配偶不愿意恢复婚姻关系，死亡宣告被撤销则该婚姻关系不自行恢复；宣告死亡后配偶再婚的，原婚姻关系不能自然恢复。

第三，关于收养关系的处理。依照《民法典》第52条规定："被宣告人死亡的人在被宣告死亡期间，其子女被他人依法收养的，在死亡宣告被撤销后，不得以未经本人同意为由主张收养行为无效。"因此，原收养关系继续有效。在原收养关系继续有效的情况下，如何处理被收养人与被撤销宣告死亡人的关系，需要进一步加以研究。对此，我们认为，符合收养关系解除条件的，可通过收养关系的解除来解决。根据《民法典》婚姻家庭编收养法律规范的规定，有以下情况之一的，当事人可以解除收养关系：(1)收养人、送养人双方协议解除收养关系的。(2)收养人不履行抚养义务，实施虐待、遗弃等侵犯未成年养子女合法权益行为的。(3)养父母与成年养子女关系恶化，无法共同生活的。解除收养关系时，当事人应当到民政部门办理解除收养关系的登记。收养关系解除后，养子女与养父母及其他近亲属的权利和义务关系即行消除，与生父母及其他近亲属间的权利和义务关系自行恢复，但成年养子女与生父母及其他近亲属间的权利和义务关系是否恢复，当事人可以协商确定。收养关系解除后，经养父母抚养的成年养子女，对丧失劳动能力又无生活来源的养父母，应当给付生活费。因养子女成年后虐待、遗弃养父母而解除收养关系的，养父母可以要求养子女补偿收养期间支出的生活费和教育费。

---

①② 王胜明主编：《中华人民共和国民事诉讼法释义（最新修正版）》，法律出版社2012年版，第444页。

【审判实践中应当注意的问题】

宣告死亡案件和撤销宣告死亡案件均适用特殊程序。依据本法第 185 条的规定，该两类案件实行一审终审，原则上由审判员一人独任审理。涉及重大、疑难的案件，由审判员组成合议庭审理。根据《民事诉讼法》第 187 条的规定，适用特别程序审理的案件，应当在立案之日起三十日内或者公告期满后三十日内审结。有特殊情况需要延长的，由本院院长批准。

第四节　指定遗产管理人案件

> **第一百九十四条**　对遗产管理人的确定有争议，利害关系人申请指定遗产管理人的，向被继承人死亡时住所地或者主要遗产所在地基层人民法院提出。
>
> 申请书应当写明被继承人死亡的时间、申请事由和具体请求，并附有被继承人死亡的相关证据。

【条文主旨】

本条是关于指定遗产管理人案件中申请主体、申请书格式、管辖法院的规定。

【理解与适用】

遗产管理制度的目的在于保障遗产的完整性和安全性，公平、有序地分配遗产，使遗产上各项权利得以实现。遗产管理人是在继承开始后遗产分割前，负责处理涉及遗产有关事务的人。在对遗产管理人的确定有争议的情况下，如无人愿意或多人争当遗产管理人时，利害关系人可以申请人民法院指定遗产管理人，以便及时、有效、妥善地处理遗产。在此情形下，遗产管理人的指定对于遗产管理制度能否取得良好的实施效果具有重要意义。因此，在《民法典》新增遗产管理人制度，对遗产管理人的确定、职责、法律责任以及报酬作出规定的背景下，有必要在诉讼法层面设置遗产管理人争议解决的有关程序。在程序适用上，确定遗产管理人的争议实际上不属于民事权益争议，而且纠纷的解决有较强的时效性要求。本次《民事诉讼法》修正将遗产管理人确定争议的解决程序纳入"特别程序案件"范畴，在第十五章"特别程序"单独增加了一节，作为第四节，共计 4 个条文，就指定遗产管理人案件的有关程序性问题作出规定，以回应实践急需。

一、关于对遗产管理人的确定有争议的情形

《民法典》第1146条对此类争议的表述为“对遗产管理人的确定有争议”，本条沿用了该表述。作为一种新型争议，如何认定争议是否存在的具体标准，在相关司法解释未作出细化之前，应当从《民法典》关于遗产管理人制度的立法精神出发，从维护遗产管理秩序、有利于遗产管理角度出发，结合案件具体案情，综合认定是否将有关纠纷作为此类案件予以受理。由于从文义上看，该概念较为宽泛，需要进一步通过司法实践明确相关争议的标准和类型。一般而言，对遗产管理人的确定有争议，可能存在以下方面：第一，对于遗嘱执行人担任遗产管理人的争议。比如，遗嘱人指定了多个遗嘱执行人，遗嘱执行人之间就遗产管理事项发生争议，可能出现的情况包括，遗嘱执行人不愿意参与遗产管理，或者有多个遗嘱执行人之间因遗产管理发生纠纷。再如，遗嘱人指定的遗嘱执行人丧失行为能力，继承人对其担任遗嘱管理人提出异议。[①]还可能出现不认可被继承人遗嘱中关于遗嘱执行人内容的真实性、有效性，从而不认可遗嘱执行人作为遗产管理人。第二，对于继承人共同推选遗产管理人的争议。在没有遗嘱执行人的情况下，继承人无法顺利完成推举，包括无人愿意担任遗产管理人、多人争当遗产管理人等，导致推选不出遗产管理人，又不愿共同担任遗产管理人。第三，对民政部门或者村民委员会担任遗产管理人有争议。比如，在遗产长期处于无人管理时，利害关系人认为应当由民政部门或者村民委员会担任遗产管理人。又比如，村民委员会担任遗产管理人后，利害关系人认为自己有继承权，主张应由其担任遗产管理人，等等。[②]第四，其他利害关系人对遗产管理人的确定有异议。所谓其他利害关系人，是指遗嘱执行人、继承人之外的与遗产有利害关系的当事人，比如受遗赠人以及享有酌情分得遗产权[③]的人等。比如在江苏太仓市人民法院审理的继承案件[④]中，法院认为，顾氏三兄弟与孤寡的聋哑老人杨某虽

① 黄薇主编：《中华人民共和国民事诉讼法修改决定释义》，中国法制出版社2023年版，第29页。

② 黄薇主编：《中华人民共和国民事诉讼法修改决定释义》，中国法制出版社2023年版，第29页。

③ 《民法典》第1131条规定：“对继承人以外的依靠被继承人扶养的人，或者继承人以外的对被继承人扶养较多的人，可以分给适当的遗产。”

④ 参见（2022）苏0585民特32号民事判决书。

然无继承关系，但在杨某生前，顾氏三兄弟一直照顾杨某的生活，对其生活起居、医疗极尽照料，多年的陪伴也给了杨某精神上的慰藉。在杨某去世后，顾氏三兄弟负责其全部丧葬事宜并按照风俗祭拜。可以说，顾氏三兄弟对杨某进行了事实上的扶养，属于《民法典》第1131条规定的“对被继承人扶养较多，可以分给适当遗产”，也应当属于《民法典》第1146条规定的有权申请遗产管理人的“利害关系人”。

实践中，人民法院在指定遗产管理人时，应立足遗产管理制度目的，综合案件事实予以认定。在徐某某与杨某某、杨某某等申请指定遗产管理人案中，法院认为，根据法律规定，对遗产管理人的确定有争议的，利害关系人可以向人民法院申请指定遗产管理人，但设定遗产管理人的意义在于更好的维护好遗产状况，解决遗产争议及维护继承人的合法权益。由于申请人与被申请人就遗产等纠纷在诉讼中，现尚未处置完毕，且现明确的被继承的遗产在被申请人控制管理下，此时如果指定申请人为遗产管理人不利于维护财产现状，也不利于解决双方的争议。法院因此驳回了申请人关于指定其本人为遗产管理人的申请。

二、关于指定遗产管理人案件的申请主体

本条规定了指定遗产管理人案件的申请主体为“利害关系人”。所谓的利害关系，应当是指与遗产有利害关系。这里的利害关系人一般包括遗嘱执行人、继承人、被继承人生前住所地的民政部门或者村民委员会，以及受遗赠人等与遗产有利害关系的人[①]。在潘某某与重庆市某区民政局申请指定遗产管理人案中，法院认为，被继承人谭某某生前与涉案申请人某某签订《房屋转让协议》，就该协议尚未履行完毕的事项申请人享有债权，属于《民法典》第1146条所规定的“利害关系人”，具备向法院申请指定遗产管理人的诉讼主体资格，被继承人无继承人，其生前住所地的民政部门承担社会救济、社会福利事业、社区服务等工作，依法被指定为遗产管理人。[②]

从遗产管理人制度的功能作用发挥出发，一方面应保护继承人的继承权、受遗赠人的受遗赠权，另一方面也应注重对遗产债权人权益的平等保

① 黄薇主编：《中华人民共和国民法典继承编释义》，法律出版社2020年版，第114页。

② 参见（2021）渝0101民特847号民事判决书。

护。因此，在遗产存在毁损、灭失、侵占等风险的情况下，如果无人继承或无法确定遗产管理人，遗产债权人为避免损害的发生，可以作为利害关系人向法院申请指定遗产管理人。

三、关于指定遗产管理人的管辖法院

《民事诉讼法》第 34 条第 3 项规定："因继承遗产纠纷提起的诉讼，由被继承人死亡时住所地或者主要遗产所在地人民法院管辖。"根据该规定，涉及继承遗产的纠纷应当适用专属管辖规定。这主要是考虑到被继承人死亡时的住所地或者主要遗产所在地与遗产存在密切关联，由该地法院管辖，对于指定遗产管理人案件的处理将更为便利，法院了解遗产状况、各继承人情况等案情也较为便捷，特别是在当事人同时提起继承遗产纠纷的诉讼时，由相同的法院管辖将更有利于关联案件的处理。因此，《民事诉讼法》新增遗产管理人案件的相关规定时，明确规定该类案件由被继承人死亡时的住所地或者主要遗产所在地法院管辖。同时，结合特别程序的一般规则，确定遗产管理人的纠纷一般应当由被继承人死亡时的住所地或者主要遗产所在地的基层人民法院管辖。

四、关于指定遗产管理人的申请书格式

指定遗产管理人案件的申请应当是书面形式。申利害关系人请指定遗产管人时，应当向人民法院提交指定遗产管理人的书面申请。申请书应当写明被继承人死亡的时间、申请事由和具体请求，并附有被继承人死亡的相关证据。需要说明的是，这里需要申请人提交的是"被继承人死亡的相关证据"而不是"被继承人死亡的书面证明"。被继承人死亡的书面证明既有公安机关出具的，也有医疗机构出具的，且书面证明通常只有一份，利害关系人未必能够掌握，如要求利害关系人提供被继承人书面死亡证明则可能利害关系人无法提供。而"被继承人死亡的相关证据"则范围更广，可以包括：被继承人死亡的证明材料，诸如公安机关或者医院出具的死亡证明，殡葬部门出具的火化证明，近亲属公开发布的讣告，人民法院作出的宣告死亡判决等[①]。除"被继承人死亡的相关证据"之外，申请人

---

① 黄薇主编：《中华人民共和国民事诉讼法修改决定释义》，中国法制出版社 2023 年版，第 34 页。

还需提供的证据材料包括:（1）需要法院指定遗产管理人的其他证据材料，比如，遗嘱执行人丧失行为能力的证据，部分继承人认为推选出的遗产管理人难以胜任管理职责的证据等;（2）申请法院所指定的遗产管理人具备相应能力的证据材料。内容完备的申请书和齐备的证据材料将有利于法官及时快速掌握案件事实和争议焦点，根据候选人情况和遗产情况及时确定遗产管理人。

【审判实践中应当注意的问题】

在当事人依据本条规定，单独提出指定遗产管理人的申请时，人民法院应及时受理，确定遗产管理人。但如果在已经开始的继承纠纷或被继承人债务清偿纠纷诉讼中，当事人又同时申请人民法院指定遗产管理人，此时将产生人民法院能否受理以及如何处理的疑惑。在司法解释未作出细化规定之前，人民法院应当准确把握遗产管理人制度的立法精神和法律规定，在继承纠纷或被继承人债务清偿纠纷案件受理当事人指定遗产管理人的申请并及时作出处理。主要有两个方面的考量：第一，从有利于遗产管理、充分发挥遗产管理人制度功能角度出发。《民法典》设立遗产管理人确定争议解决程序的目的是确保遗产在分割之前不存在管理真空，该期间应当包含在继承纠纷或被继承人债务清偿纠纷案件诉讼过程中。在此期间当事人申请指定遗产管理人的，人民法院应当根据《民事诉讼法》的新增规定，及时受理相关案件。在案件受理后，人民法院应当根据遗产的实际管理状态判断是否需要指定遗产管理人，如果遗产特别是主要遗产处于无人管理或者管理不当，遗产有毁损、灭失风险或者被隐匿、抢夺风险，审理继承纠纷或被继承人债务清偿纠纷案件的人民法院应当根据《民事诉讼法》新增的第195条规定，及时作出处理。当然，如果遗产得到较好的管理，处于相对安全状态，指定遗产管理人甚至可能加剧当事人之间的矛盾的，则应及时驳回申请人的请求。第二，从有关司法解释规范的参考角度出发。《民法典继承编解释（一）》第30条规定：“人民法院在审理继承案件时，如果知道有继承人而无法通知的，分割遗产时，要保留其应继承的遗产，并确定该遗产的保管人或者保管单位。”这是对1985年《继承法意见》第44条规定的保留。虽然《民法典继承编解释（一）》第30条所指“确定遗产保管人”并非指遗产管理人，但是该条规定可作为人民法院在审理继承或被继承人债务清偿案件期间指定遗产管理人的程序规范参考。

第一百九十五条　人民法院受理申请后，应当审查核实，并按照有利于遗产管理的原则，判决指定遗产管理人。

【条文主旨】

本条是关于指定遗产管理人原则的规定。

【理解与适用】

本条在《民法典》第1146条的基础上，针对遗产管理人的确定有争议的情况，规定人民法院受理申请后，应当审查核实，并按照有利于遗产管理的原则，判决指定遗产管理人遗产管理涉及诸多人的利益。当继承开始后，如果存在多个利害关系主体，比如存在多个遗嘱执行人或多个继承人，遗产的处理难度将增大，遗产管理事务也将更为复杂，相关主体就有可能发生争议，包括对遗产管理人的确定。人民法院受理申请指定遗产管理人案件后，应当依据法律规定，按照有利于遗产管理的原则并综合考量其他因素，确定最符合条件的遗产管理人，使其具有"公信力"，有利于维护遗产管理秩序，更加及时有效维护遗产权利人的利益。

一、关于遗产管理人的范围和主体资格

《民法典》并未就遗产管理人的主体资格问题作出明确规定，但是从遗产管理人制度作用发挥角度出发，遗产管理人应当在法律规定的范围内进行指定，同时还具备相应的资格条件。

关于指定遗产管理人的范围。《民法典》第1145条规定："继承开始后，遗嘱执行人为遗产管理人；没有遗嘱执行人的，继承人应当及时推选遗产管理人；继承人未推选的，由继承人共同担任遗产管理人；没有继承人或者继承人均放弃继承的，由被继承人生前住所地的民政部门或者村民委员会担任遗产管理人。"从文义上看，根据《民法典》继承编中的第1145条规定，遗产管理人选任的范围包括遗嘱执行人、继承人、民政部门或者村民委员会，且没有兜底性规定。因此，人民法院应当在这些主

体中指定遗产管理人。[1] 同时需要注意的是，随着涉遗产纠纷逐渐多元化、复杂化，实践日益积累、规定日趋完善的遗产管理人制度可能成为回应继承关系当事人不断增长的法律需求的重要举措，在遗产管理形成社会化、专业化趋势时，可探索指定第三方专业机构担任遗产管理人。

关于遗产管理人的资格条件。《民法典》第1147条规定："遗产管理人应当履行下列职责：（一）清理遗产并制作遗产清单；（二）向继承人报告遗产情况；（三）采取必要措施防止遗产毁损、灭失；（四）处理被继承人的债权债务；（五）按照遗嘱或者依照法律规定分割遗产；（六）实施与管理遗产有关的其他必要行为。"第1148条规定："遗产管理人应当依法履行职责，因故意或者重大过失造成继承人、受遗赠人、债权人损害的，应当承担民事责任。"因此，虽然《民法典》对于遗产管理人的资质问题并未作限制，但从其应当承担的法定职责看，其不仅需要实施事实管理行为，而且需要实施法律行为，未尽应有的注意义务时还有承担民事责任的风险。所以，具备完全民事行为能力，应当是对遗产管理人的必然要求。这就意味着，如果法院要指定自然人为遗产管理人的，应当在具备完全民事行为能力的自然人中进行选择，无民事行为能力人、限制民事行为能力人由于缺乏实施遗产管理行为所必须的民事行为能力，因此不应当被指定为遗产管理人。同时，遗产管理事务不仅要妥善保管种类繁杂的财产，还要谨慎处理共同继承人之间以及继承人与遗产债权人等主体的复杂关系，平衡遗产管理过程中可能发生的各种利益冲突，这必然要求管理人具备一定的组织管理能力和相应的专业水平。因此，人民法院指定遗产管理人时应当对其是否具备相应能力进行考虑。

二、关于应当审查核实的有关内容

根据本法第194条规定，利害关系人申请指定遗产管理人时应当提交申请书，申请书应当写明被继承人死亡的时间、申请事由和具体请求，并附有被继承人死亡的相关证据。因此，人民法院受理案件后，首先应审查核实上述材料，再根据申请人的请求，对有关案件事实进行调查。在指定遗产管理人案件中，虽然不会处理当事人的实体民事权益，但法官也

---

① 黄薇主编：《中华人民共和国民法典继承编释义》，法律出版社2020年版，第114页。

必须认真审查申请人提出的涉及指定遗产管理人的事实和主张。[①] 一般而言，应重点审查如下内容：第一，被继承人死亡的事实。继承法律关系的产生，与其他法律关系的产生一样，需要以一定的法律事实为根据。能够引起继承法律关系产生的法律事实，只有被继承人的死亡。换言之，继承的开始意味着继承法律关系的形成，故继承开始的时间具有特定的法律意义。只有在继承开始后，遗产管理人的选任才会出现。死亡从法律上而言，包括自然死亡与宣告死亡。以自然死亡为例，实践中，确定自然死亡时间应当适用《民法典》第15条的规定，即自然人死亡时间的确定标准依次是：以死亡证明记载的时间为准；没有死亡证明的，以户籍登记或者其他有效身份登记记载的死亡时间为准；如果有其他证据足以推翻以上记载时间的，以该证据证明的时间为准。在受理指定遗产管理人案件时，也应重点审查上述材料。第二，核实关于确定遗产管理人的争议情况。并不是在所有的继承中，都需要由人民法院来指定遗产管理人。根据《民法典》第1145条规定，继承开始后，遗嘱执行人为遗产管理人；没有遗嘱执行人的，继承人应当及时推选遗产管理人；继承人未推选的，由继承人共同担任遗产管理人；没有继承人或者继承人均放弃继承的，由被继承人生前住所地的民政部门或者村民委员会担任遗产管理人。通常来说，继承开始后，应当按《民法典》第1145条所规定的顺序来确定遗产管理人。如果有关利害关系人对按照这一程序确定的遗产管理人没有争议，则无须人民法院进行指定。因此人民法院在对申请指定遗产管理人案件进行审查时，应当审查有关利害关系人是否就确定遗产管理人进行了协商、是否存在争议。当存在争议时，才有由人民法院进行指定的必要。三是可指定的遗产管理人的范围。如上文所述，根据《民法典》关于遗产管理人选任的规定，遗产管理人的范围包括遗嘱执行人、继承人、民政部门或者村民委员会。确定遗产管理人的主体范围实质是遗产管理法律关系主体的确定，只有继承开始，继承的主体才得以确定，遗产管理人的选任才得以开始并确定。人民法院在指定遗产管理人之前，应当对哪些主体属于法律规定的遗产管理人范围进行明确，这是指定具体遗产管理人的前提条件。可供指定的遗产管理人范围确定后，人民法院应当在对各主体的能力情况、经济

① 黄薇主编：《中华人民共和国民事诉讼法修改决定释义》，中国法制出版社2023年版，第35页。

情况等进行审查核实，按照有利于遗产管理的原则进行指定。

三、关于有利于遗产管理原则

《民事诉讼法》本次修正，正式将有利于遗产管理原则在程序法中予以明确规定。一般而言，遗产管理是指在继承开始后遗产析分交付前，有关主体依据法律规定或有关机关的指定，以维护遗产价值和遗产权利人合法利益为宗旨，对被继承人的遗产实施管理、清算的行为。遗产管理人制度是为了保障遗产的安全和完整，公平、有序地分配遗产，使遗产上各项权利得以实现的一项综合性制度。为真正实现遗产管理人制度在管理和保全财产、维护遗产权利人的利益、实现遗产公平分配和保障交易安全上的功能作用，人民法院在指定遗产管理人时应当按照有利于遗产管理的原则进行。实际上，准确把握有利于遗产管理原则，应当对有关案件事实进行完整、准确、全面地审查核实，并综合考量有关因素，对遗产管理人的选定进行判断。具体考虑的因素包括：是否有遗嘱，遗嘱是否有效、是否附有义务；主要遗产实际占有、使用、收益的情况；是否有侵害遗产的情况；债权人利益是否能够得到保护；人选的人格品行是否能够保证其尽到合理的注意义务、能力水平是否能够满足遗产管理的需要、与被继承人关系的亲疏程度；争议的主体和原因；对于需要由组织担任遗产管理人的，应重点审查被继承人的居民身份、是否确无继承人以及申请人是否为利害关系人、是否具备诉讼主体资格；对于需要由部分继承人担任遗产管理人的，还应兼顾考虑该部分继承人将来可能实际继承取得的财产份额等。按照有利于遗产管理原则，人民法院在指定遗产管理人时，要结合被继承人生前所立遗嘱等有关文件，尽量尊重被继承人的内心意愿，同时应当根据候选人的能力水平、与被继承人的关系亲疏程度、公信力等，按照有利于遗产的保护、管理、债权债务清理的原则来确定。

四、关于指定遗产管理人的人数

人民法院指定的遗产管理人可以是一人，也可以是多人。如果是多个遗嘱执行人因为担任遗产管理人有争议，则可以在其中指定一名或者数名遗嘱执行人为遗产管理人；如果遗嘱执行人与继承人之间因遗产管理有纠纷，则可以在遗嘱执行人与继承人之间选择一人或者数人担任遗产管理人；如果没有遗嘱执行人，继承人之间因遗产管理人的确定发生纠纷，则应当在继承人之间指定合适的遗产管理人；如果没有继承人或者继承人均放弃继承的，被继承人生前住所地的民政部门或者村民委员会之间因遗产管理人的确定发生纠纷，则人民法院应在两者之间确定合适的机构担任遗产管理人。[①]

【审判实践中应当注意的问题】

关于参加指定程序的人员。根据《民法典》第 1145 条的规定，有资格成为遗产管理人的遗嘱执行人、继承人、民政部门或者村民委员会，可以作为被申请人参加指定程序。作为被申请人参加遗产管理人指定程序的遗嘱执行人、继承人、民政部门或者村民委员会认为自己不适宜担任遗产管理人，而有更为适宜的管理人人选的，也可以申请追加更为合适的人选作为被申请人；遗产债权人认为遗产管理人的指定会影响自己债权顺利实现的，也可以作为第三人申请参加指定程序。

在具体程序上，人民法院指定遗产管理人的相关法律文书应当送达申请人、继承人、原遗产管理人及法院指定的遗产管理人，必要时还可以送达遗产债权人；遗产的处理涉及众多债权人或社会公共利益的，还可以向社会予以公告。法院指定的遗产管理人应当立即开始履行遗产管理职责，不得推卸或者擅自变更，否则应当承担遗产管理人的责任。

---

① 参见黄薇主编：《中华人民共和国民法典继承编释义》，法律出版社 2020 年版，第 115 页。

第一百九十六条 被指定的遗产管理人死亡、终止、丧失民事行为能力或者存在其他无法继续履行遗产管理职责情形的，人民法院可以根据利害关系人或者本人的申请另行指定遗产管理人。

【条文主旨】

本条是关于特殊情形下另行指定遗产管理人的规定。

【理解与适用】

一、关于另行指定遗产管理人的具体情形

遗产管理人制度体系应以管理和保全财产、维护遗产权利人的利益、实现遗产公平分配和保障交易安全为基本目标，以有利于遗产管理为基本原则。虽然《民法典》对于遗产管理人的资质问题并未作限制，但从其应当承担的法定职责看，其不仅需要实施事实管理行为，而且需要实施法律行为，未尽应有的注意义务时还有承担民事责任的风险。因此，遗产管理人应具备完全民事行为能力，同时具备履行遗产管理职责的现实条件。

在遗产管理过程中，遗产管理人难免出现一系列特殊情形，难以再继续履行遗产管理的职责，例如被指定的遗产管理人死亡、终止、丧失民事行为能力或者存在其他无法继续履行遗产管理职责，此时遗产就处于无人看管状态，需要启动另行指定程序，确保遗产管理秩序的稳定。依据本条规定，另行指定遗产管理人包括以下几种情形：

第一，遗产管理人死亡或者丧失民事行为能力的情形。遗产管理人死亡包括自然死亡和宣告死亡两种情形，其后果均是丧失民事主体资格，不再享有民事权利能力和行为能力，自然也就无法担任遗产管理人。另外，遗产管理人丧失民事行为能力，也是无法再继续担任遗产管理人的法定条件。显然，无论是遗产管理人已经死亡还是丧失民事行为能力，其后果都是遗产管理人不适宜继续担任，应当另行指定其他主体担任。

第二，遗产管理人终止。这种情形主要是指当遗产管理人属于法人或

者非法人组织时所发生的事实。根据《民法典》第1133条的规定，自然人可以立遗嘱处分个人财产，并可以指定遗嘱执行人，但是该条并未明确遗嘱执行人的法律地位。通过《民法典》第1145条关于遗产管理人的选任规定可知，在继承开始后，遗嘱执行人即为遗产管理人，适用《民法典》遗产管理人的相关规定。因此，法律赋予遗嘱执行人以遗产管理人的地位，遗嘱执行人除了履行遗嘱指定的职责外，还应当履行遗产管理人的法定职责。被继承人对遗嘱执行人的指定，可以指定法定继承人，也可以指定法定继承人以外的人；可以指定一人，也可以指定数人；可以指定自然人，也可以指定法人或者非法人组织。当遗产管理人为法人或者其他组织时，因撤销、合并解散等原因而终止，其诉讼权利能力就归于消灭，无法再继续履行遗产管理职责。需要注意的是，为了妥善保管并更好地处理遗产，在没有遗嘱执行人且没有继承人或者继承人均放弃继承遗产时，《民法典》第1145条同时规定由被继承人生前住所地的民政部门或者村民委员会担任遗产管理人，是由我国国情决定的，体现了我国遗产管理人制度的创新，有助于维护遗产价值，保护遗产权利人利益，确保无人继承且无人受遗赠的遗产归属于国家或者集体经济组织。在这种情形下，也有可能出现遗产管理人终止的情形，应当适用本条规定及时另行指定遗产管理人。

第三，其他无法继续履行遗产管理职责情形。遗产管理事务不仅要妥善保管种类繁杂的财产，还要谨慎处理共同继承人之间以及继承人与遗产债权人等外部的复杂关系，这必然要求遗产管理人具备相应的能力、条件以及付出时间精力去处理有关事务。如何判断遗产管理人是否能够继续履行遗产管理职责，在实践中情况较为复杂，需要综合考虑多种因素，根据具体情况进行判断。比如在考量因素上，可以根据遗产管理人的身体健康状况、经济条件，以及在处理遗产上的能力条件状况等因素判断。再如在不可抗力事件发生上，因自然灾害、战争等无法预料、无法克服、无法避免的客观事实所造成的情况，遗产管理人因这些事由，在较长的时间内不能继续履行遗产管理职责的，利害关系人或者本人可以申请人民法院另行指定。如果不可抗拒的事由不是众所周知的事实，申请人应当向人民法院提出相关证明。

二、关于申请另行指定遗产管理人的主体范围

一方面，本条规定了另行指定遗产管理人案件的申请主体可以是“利害关系人”。所谓利害关系，应当是指与遗产有利害关系。这里的“利害关系人”一般包括遗嘱执行人、继承人、被继承人生前住所地的民政部门或者村民委员会，以及受遗赠人等与遗产有利害关系的人。[①]另外，在遗产管理人无法继续履行遗产管理职责，使得遗产存在毁损、灭失、侵占等风险的情况下，遗产债权人为避免损害的发生，可以作为利害关系人向法院申请另行指定遗产管理人。

另一方面，本条规定了另行指定遗产管理人案件的申请主体可以是遗产管理人“本人”。从遗产管理人的职责角度看，《民法典》第1147条，以“列举+兜底”的方式统一规定了遗产管理人的六项职责，为遗产管理人行使管理遗产的权利、履行相关义务提供了明确的依据。其中第6项“实施与管理遗产有关的其他必要行为”实际上是一项兜底授权性的规定，只要是为了妥善有效管理遗产的目的，遗产管理人即可以实施相关行为，以更好地保护继承人和债权人权益。例如，参与遗产情况的调查或涉及遗产的诉讼，为财产办理必要的保险手续等。当然也就包括了当遗产管理人本人难以继续履行遗产管理职责时，及时向人民法院申请另行指定遗产管理人，目的是妥善有效的管理遗产，尽量避免遗产因无人看管而毁损、灭失、侵占。从遗产管理人的责任角度看，关于遗产管理人的责任，域外立法一般规定遗产管理人须尽善良管理人的注意义务，若由于自己的过失造成财产损失，要承担损害赔偿责任。《民法典》第1148条规定：“遗产管理人应当依法履行职责，因故意或者重大过失造成继承人、受遗赠人、债权人损害的，应当承担民事责任。”该条从正面要求遗产管理人应当依法履行职责，对遗产管理人未尽职责的民事责任作出了规定，并从主观过错和损害后果两方面规定了遗产管理人承担责任的条件。明确了遗产管理人不正当履行遗产管理职责应当承担的法律后果，以法律责任保障其依法履职，同时作为确定遗产管理人责任承担的标准。通常而言，遗产管理人往往更加了解遗产管理情况，当遗产管理人出现本条所规定的特殊情形时，相关利害关系人往往无法第一时间得知。若此时不属于遗产管理

---

① 黄薇主编：《中华人民共和国民法典继承编释义》，法律出版社2020年版，第114页。

人终止的情形，在遗产管理人仍具备一定的告知处理能力的情况下，依然不管不顾，置遗产处于无人看管状态，一旦造成继承人、受遗赠人、债权人损害的，就有可能承担相应民事责任。因此，遗产管理人本人可以申请人民法院另行指定遗产管理人，确保遗产管理秩序的稳定，避免遗产遭受损害，既是义务，亦是权利。

【审判实践中应当注意的问题】

一、遗产管理人的法律地位

遗产管理制度的构建涉及管理人的权利、义务和法律责任，而遗产管理人的法律地位就有可能对诉讼程序产生影响。在学界，遗产管理人的法律地位主要有“代理权说”和“固有权说”的争议。“代理权说”认为，遗产管理人的地位相当于代理人，特别是在遗嘱人在指定遗产执行人的情况下就体现的非常明显。至于被代理人，则存在遗嘱人、继承人及财产本身的三种观点。[①]“固有权说”认为遗嘱管理人享有的是一种固有权利，其并不代表被继承人或继承人的利益。遗产管理人与破产管理人相似，具有独立的法律地位，依照法律规定行使职权，维护遗产价值、保护遗产权利人的合法利益，同时也保护遗产债务人的合法权益，其既不是被继承人的代理人，也不是继承人的代理人。遗产管理人承担更为全面的管理职能，既要确保遗产价值，又要依被继承人的意愿处分遗产，还要保护继承人、受遗赠人及其他利害关系人的合法权益，甚至要保护国家利益，具有中立性和专业性的特点。若基于“固有权”说的理解，遗产管理人一旦参加诉讼活动，关于诉讼中止以及判决认定财产无主等问题就需要考量遗产管理人的特殊性。具体到司法实务中，我们认为“固有劝说”更有说服力，遗产管理人承担的职能主要体现在管理层面，一方面，要确保遗产价值，依被继承人的意愿处分财产；另一方面，还要保护继承人、受遗赠人及其他利害关系人的合法权益，甚至要保护国家利益，具有中立性和专业性的特点。[②]

---

① 宋毅、史智军:《民政部门之遗产管理人角色相关疑难问题辨析》，载《法律适用》2023年第5期。

② 最高人民法院民法典贯彻实施工作领导小组主编:《中华人民共和国民法典婚姻家庭编理解与适用》，人民法院出版社2020年版，第617页。

二、关于遗产管理人制度与诉讼中止制度的衔接问题

根据本法第 153 条规定，有下列情形之一的，中止诉讼：（一）一方当事人死亡，需要等待继承人表明是否参加诉讼的；（二）一方当事人丧失诉讼行为能力，尚未确定法定代理人的；（三）作为一方当事人的法人或者其他组织终止，尚未确定权利义务承受人的；（四）一方当事人因不可抗拒的事由，不能参加诉讼的；（五）本案必须以另一案的审理结果为依据，而另一案尚未审结的；（六）其他应当中止诉讼的情形。中止诉讼的原因消除后，恢复诉讼。针对第（一）项情形，当一方当事人死亡后，就会引起遗产继承、遗产管理人选任等问题，由于遗产管理人负责处理被继承人的债权债务、实施与管理遗产有关的其他必要行为，实践中应将遗产管理人表明是否参加诉讼也纳入考量范围。需要指出的是，一旦一方当事人死亡，继承开始，遗产管理人的选任程序开始，就不会出现没有遗产管理人的情形。根据《民法典》第 1145 条规定，继承开始后，遗嘱执行人为遗产管理人；没有遗嘱执行人的，继承人应当及时推选遗产管理人；继承人未推选的，由继承人共同担任遗产管理人；没有继承人或者继承人均放弃继承的，由被继承人生前住所地的民政部门或者村民委员会担任遗产管理人。即最终也会出现由民政部门或村民委员担任遗产管理人的情况。通常情况下，无人继承遗产的被继承人多为鳏寡孤独，民政部门或者村民委员会与其往往有相对密切的联系，基于其社会救济、社区服务、生活保障等职能，比较了解辖区内人员的家庭关系、财产状况等，有能力担任遗产管理人，且权威性较高。由被继承人生前住所地的民政部门或者村民委员会担任遗产管理人，是由我国国情决定的。而在一方当事人死亡的诉讼程序中，基于维护遗产价值、保护遗产权利人利益、确保无人继承且无人受遗赠的遗产归属于国家或者集体经济组织的目的，担任遗产管理人的民政部门或者村民委员会当然可以参加诉讼，行使有关权利义务。需要特别注意的是，如果诉讼中，一方当事人死亡后，遗产管理人的选任程序较为漫长，而遗产管理人又迟迟不作出是否参加诉讼的表示，诉讼就有可能长期陷入中止状态，不利于纠纷的及时解决。针对这一问题，有待司法实践进一步探索，着力避免诉讼拖延的风险。

三、关于遗产管理人制度与认定财产无主案件的衔接问题

本法第 204 条规定，判决认定财产无主后，原财产所有人或者继承人出现，在《民法典》规定的诉讼时效期间可以对财产提出请求，人民法院审查属实后，应当作出新判决，撤销原判决。由于遗产管理人负责处理被继承人的债权债务、实施与管理遗产有关的其他必要行为，实践中应将遗产管理人也纳入本条所考量的范围。

第一百九十七条 遗产管理人违反遗产管理职责，严重侵害继承人、受遗赠人或者债权人合法权益的，人民法院可以根据利害关系人的申请，撤销其遗产管理人资格，并依法指定新的遗产管理人。

【条文主旨】

本条是关于撤销遗产管理人资格的规定。

【理解与适用】

遗产管理人的行为涉及继承人、受遗赠人和遗产债权人的利益。遗产管理人一旦确定、产生，应当以中立的立场忠实、谨慎地履行遗产管理职责。《民法典》第1147条规定的各项职责都是遗产管理人应尽的义务，而且这些义务的对象不是对个别继承人，而是对所有继承人、受遗赠人和债权人的义务。即使是在遗嘱执行人担任遗产管理人的场合，其职责也不限于执行遗嘱，而是应当通过履行《民法典》规定的所有职责，对全体继承人、债权人等利害关系人负责。所以，遗产管理人履行义务与其产生的方式无关。具体来说，遗产管理人的责任表现为遗产管理人履行职责不当，给继承人、受遗赠人、债权人造成损害的，应承担相应的民事责任。同时，为及时制止遗产管理人的侵害行为，避免遗产被毁损、灭失、侵占，充分保障利害关系人的权益，保证遗产管理事项不因此停滞，有必要通过设置撤销遗产管理人资格程序并同时指定新的遗产管理人，以维护遗产价值，保护遗产权利人、遗产债务人的合法利益。本条即对撤销遗产管理人资格的申请主体、法定事由等内容作出了明确规定。

一、关于撤销遗产管理人资格的具体情形

关于撤销遗产管理人资格的具体事由，本条进行了概括性的描述，即“遗产管理人违反遗产管理职责，严重侵害继承人、受遗赠人或者债权人合法权益的”。在法律及司法解释对于该法定事由作出细化之前，人民法院应结合具体案情，对遗产管理人的行为是否符合该法定事由作出综合判断。一般而言，要准确理解和把握撤销遗产管理人资格的具体情形，应紧

密结合《民法典》第 1147 条规定的遗产管理人的相关职责和第 1148 条规定的遗产管理人未尽职责的民事责任的有关规定。遗产管理人违反有关职责，导致继承人、受遗赠人或者债权人合法权益遭受严重侵害的，可以认定为本条规定的具体情形。

1. 在违反清理遗产并制作遗产清单的职责方面

清理遗产并制作遗产清单是遗产管理人的首要职责，也是为遗产的实际分割提供基础，是保护继承人和遗产债权人合法权益的重要程序。清理遗产、制作遗产清单是为了确定遗产范围，保障遗产的完整性，同时为遗产的安全性提供保障基础。清理遗产要求遗产管理人清查、整理所有的遗产，如果遗产管理人没有对遗产认真地进行清点、核实、收集，没有做到细致、详尽，存在重大遗漏、差错，甚至为了自身利益根据遗产的内容故意制作虚假遗产清单，导致遗产散失，可能就会严重侵害继承人、受遗赠人或者债权人合法权益。

2. 在违反向继承人报告遗产情况的职责方面

遗产管理人在清理并制作遗产清单后，应当及时、全面、如实地向继承人报告遗产情况。保护继承人的合法权益是遗产管理人制度的基本功能之一，因为继承人对于遗产享有的继承权具有排他性，遗产管理人履行职责、管理遗产不能损害继承人的合法权益。根据《民法典》第 1145 条规定的遗产管理人的选任方式看，在由相关组织担任遗产管理人的情况下，其职责侧重于通过遗产管理，保存遗产的价值并清偿债务。在遗嘱执行人或继承人担任遗产管理人，或者由继承人推选遗产管理人的情况下，遗产管理人的职责都应包括保护继承人的合法利益。故遗产管理人在清理遗产后，有必要向继承人报告遗产情况。遗产管理人报告遗产情况，应向全体继承人为之，既包括遗嘱继承人，也包括法定继承人。为此，遗产管理人应当依法查明继承人的范围，不能遗漏继承人，避免出现损害部分继承人的情形。如果遗产管理人在知晓继承人的范围后，依然瞒报、漏报遗产的有关情况，就可能导致遗产毁损或者导致部分继承人利益遭受严重损害。

3. 在违反采取必要措施防止遗产毁损、灭失的职责方面

清理和保管遗产是遗产管理人的基本职责，其中清理是前提，保管是根本。防止遗产毁损、灭失是保障遗产完整和安全的应有之义，是保障继承人、债权人等利害关系人权益的必然要求。实际生活中，被继承人死亡后，由于操办丧葬事宜等风俗习惯上的原因以及其他事由，继承人一般不

会立刻要求分割遗产。因此，从被继承人去世后到遗产分割前，有必要赋予遗产管理人防止遗产毁损、灭失风险的职责。遗产的毁损、灭失是对遗产完整和安全的威胁和损害，如果遗产管理人违反该职责，就有可能导致遗产在物理上的毁损、灭失和法律上的毁损、灭失。比如对破旧房屋不及时进行维修，导致房屋倒塌、损坏；对易损、易腐等不适宜继续保存的遗产不及时变卖处理，导致遗产损坏和减值；对于遗产遭受侵权威胁或损害的情况下，不及时采取必要的法律措施确保遗产不遭受非法侵害；对于遗产中的权利如不依法登记或者及时行使将丧失的，没有及时予以登记或者行使，例如商标续展注册、专利年费缴纳等。

4. 在违反处理被继承人的债权债务的职责方面

现代继承法倡导同时保护继承人及遗产债权人的合法权益，遗产管理人制度即为此目的而设立。一方面，遗产管理人需要处理被继承人的债权。被继承人生前的各种债权属于其个人合法财产，也是遗产的组成部分，应予及时收取。这里的债权包括合同之债、侵权之债以及不当得利和无因管理之债。遗产管理人应当依法向债务人主张债权，只要债务人未偿还所欠被继承人的债务，遗产管理人就可以通过各种方式，包括诉讼方式，依法请求债务人偿还。另一方面，遗产管理人需要处理被继承人的债务。被继承人去世后，就其生前所欠债务应当在分割遗产前，以遗产进行清偿，即应当在其遗产范围内优先清偿应当缴纳的税款和债务。被继承人的债权债务处于诉讼程序中的，遗产管理人应当积极参与相关诉讼，依法维护遗产权益，确保遗产利益最大化。如果遗产管理人怠于行使有关职责，就有可能导致遗产遭受损害，从而损害继承人、受遗赠人或者债权人合法权益。

5. 在违反按照遗嘱或者依照法律规定分割遗产的职责方面

分割遗产，是指两个或两个以上的继承人共同继承遗产时，依法律规定的分配原则或者遗嘱指定的遗产分配原则、数额所进行的分配。这是遗产管理人的最终任务。从遗产管理人职责的角度，如果遗产在清偿税款和债务后还有剩余财产，应当在各继承人之间进行分配，从而使分割后的遗产为各个继承人所有。应当查明被继承人是否留有遗赠扶养协议、遗嘱或遗赠，有遗赠扶养协议的，首先按照协议办理；其次按照遗嘱继承或者遗赠进行分割；最后，如果没有上述情形，则按照法定继承进行分割。如果遗产管理人不按照遗赠扶养协议、遗嘱或遗赠等内容，及时对遗产进行分割，就可能导致遗产分割秩序的混乱，进而损害部分继承人、受遗赠人或者债权人合法权益。

二、关于申请撤销遗产管理人资格的主体范围

本条规定了申请撤销遗产管理人资格案件的申请主体为“利害关系人”。即本条规定的申请主体与申请指定遗产管理人的主体范围相同。所谓的利害关系，应当是指与遗产有利害关系。这里的利害关系人一般包括遗嘱执行人、继承人、被继承人生前住所地的民政部门或者村民委员会，以及受遗赠人等与遗产有利害关系的人[①]。同时，从遗产管理人制度的功能作用发挥出发，一方面应保护继承人的继承权、受遗赠人的受遗赠权，另一方面也应注重对遗产债权人权益的平等保护。因此，在遗产管理人实施严重侵害遗产债权人合法权益的情况下，遗产债权人为避免损害的进一步发生，可以作为利害关系人向法院申请撤销遗产管理人资格。

【审判实践中应当注意的问题】

为了与《民法典》规定的遗产管理人制度保持衔接，回应司法实践的需求，《民事诉讼法》细化了遗产管理人制度的程序法规则。为相关案件的审理提供了明确的程序指引，增强了规则的可操作性，有利于遗产管理人制度功能的充分发挥。对于本条，在审判实践中应当注意的问题是，人民法院审理撤销遗产管理人资格案件期间，遗产往往处于无人看管的状态，因此有必要安排临时的管理措施，避免遗产遭受侵害的状态一直持续。

① 黄薇主编:《中华人民共和国民法典继承编释义》，法律出版社 2020 年版，第 114 页。

第五节 认定公民无民事行为能力、限制民事行为能力案件

第一百九十八条 申请认定公民无民事行为能力或者限制民事行为能力，由利害关系人或者有关组织向该公民住所地基层人民法院提出。

申请书应当写明该公民无民事行为能力或者限制民事行为能力的事实和根据。

【条文主旨】

本条是关于利害关系人或者有关组织申请认定公民无民事行为能力或者限制民事行为能力如何处理的规定。

【理解与适用】

本条规定的内容在本次修正中未作修改，在历次《民事诉讼法》修正中也仅是2017年有修改，将“近亲属或者其他利害关系人”修改为“利害关系人”，并在之后增加“有关组织”作为申请主体。这一修改主要是为了与《民法典》(当时的《民法总则》) 第24条表述保持一致。由此可见，本条的理解与适用应当与《民法典》第24条的理解与适用紧密结合起来。《民法典》第24条实际上具有请求权基础规范的性质，而本条规定则是为《民法典》第24条规定提供了程序性保障。

一、自然人的民事行为能力

所谓民事行为能力，是指民事主体得以根据自己的意志独立地参加民事法律关系，行使民事权利，承担民事义务的法律资格。其核心是意思能力，即自然人认识自己行为的动机与结果，并根据此认识决定其正常的意思之能力。有意思能力才有民事行为能力，无意思能力即无民事行为能

力。[①] 与之相关的概念是民事权利能力，是指充当民事法律关系主体的法律资格。根据我国《民法典》第 13 条的规定，自然人从出生时起到死亡时止，具有民事权利能力。换言之，在我国，不分男女老幼，不分民族信仰，不分能力差异，都有资格享有民事权利和承担民事义务。而民事行为能力则并非人人都具备，且不同的人民事行为能力的大小不同，区别的核心是意思能力的有无以及大小，也就是能否辨认自己的行为。我国《民法典》按照民事行为能力的大小或者有无，将自然人分为三类：

1. 完全民事行为能力人。包括两种人：（1）十八周岁以上的成年人；（2）年满十六周岁，以自己的劳动收入为主要生活来源的自然人。当然，这两种人必须能够完全辨认自己的行为。

2. 限制民事行为能力人。包括两种人：（1）年满八周岁不满十八岁的自然人；（2）不能完全辨认自己行为的成年人。凡因智力障碍、精神障碍以及其他疾病导致不能完全辨认自己行为的成年人，均为限制民事行为能力人。[②] 包括因疾病、意外事故导致智力损伤，因年老智力衰减导致痴呆，以及因各种精神疾病导致不能完全辨认自己行为等各种情形。

3. 无民事行为能力人。包括两种人：（1）不满八周岁的自然人；（2）不能辨认自己行为的成年人。所谓不能辨认自己的行为，是指对普通事物和行为缺乏基本的认识判断能力，也不能正常遇见自己行为的法律后果。[③] 此类成年人包括严重的智力障碍患者、精神障碍患者、老年痴呆症患者等，只要达到不能辨认自己行为的程度即可。

民法上确立民事行为能力制度，主要价值有两个方面：一是保护无民事行为能力人、限制民事行为能力人的利益。这是民事行为能力制度的核心价值所在。行为人欠缺民事行为能力，意味着他们不具备独立从事民事活动的能力，如果贸然从事民事活动，就很容易在交易中遭受损害。民事法律行为制度通过全部或者部分否定这些欠缺民事行为能力的人所实施的行为效力的方式，使之免受其行为的约束来实现保护目的。[④] 二是保护交易安全。规定无民事行为能力和限制民事行为能力人的目的，就是保护他们以及与他们进行民事交往的人的合法权益，对社会来说，是消除民事经

---

① 参见梁慧星：《民法总论》，法律出版社 2017 年版，第 67 页。

② 参见黄薇主编：《中华人民共和国民法典释义》（上），法律出版社 2020 年版，第 49 页。

③ 参见黄薇主编：《中华人民共和国民法典释义》（上），法律出版社 2020 年版，第 47 页。

④ 参见杨立新：《民法总则（第三版）》，法律出版社 2020 年版，第 92 页。

济活动的不安定因素，维护民事经济活动的秩序。[①]《民法典》有关民事行为能力的规定具有强行性规定的性质，只要符合法律规定的情形，相应交易行为均属无效。即使是善意相对人也不能以自己善意无过失为由主张与无民事行为能力人、限制民事行为能力人实施的民事法律行为有效。通过规定清晰明确的标准，使交易相对人清楚和什么样的主体实施的民事法律行为是安全有效的。而相应的监护制度的设置，进一步强化了对交易安全的保护。[②]

二、无民事行为能力或者限制民事行为能力的认定

根据《民法典》第18条、第22条的规定，限制民事行为能力人可以独立实施纯获利益的民事法律行为或者与其年龄、智力、精神健康状况相适应的民事法律行为，实施其他民事法律行为必须由其法定代理人代理或者经法定代理人同意、追认。根据《民法典》第20条、第21条的规定，无民事行为能力人只能由其法定代理人代理实施民事法律行为。一般而言，是否符合年龄标准比较容易判断，如是否年满八周岁、是否年满十八周岁等。实践中，容易发生争议的是年满十八周岁的人是否为无民事行为能力人或者限制民事行为能力人的判断问题。由此就产生了自然人的民事行为能力认定问题。

司法实践中，需要对自然人的民事行为能力进行认定的情形常见于以下两种情形：

1. 出于确定民事法律行为效力的需要。根据《民法典》第143条规定，行为人具有相应的民事行为能力是民事法律行为有效的前提。实践中不乏交易发生后，利害关系人提出一方为无民事行为能力人或者限制民事行为能力人，进而否定民事法律行为的效力。例如，甲与乙签订房屋买卖合同，后乙的家属丙主张乙有精神障碍或者智力障碍，是无民事行为能力人或者限制民事行为能力人，应当认定民事法律行为无效。这时人民法院要判断民事法律行为的效力首先要对乙的民事行为能力进行认定。

2. 出于为无民事行为能力人或者限制民事行为能力人确定监护人的需要。《民法典》第23条规定："无民事行为能力人或者限制民事行为能

① 参见王胜明主编：《中华人民共和国民事诉讼法释义（最新修正版）》，法律出版社2012年版，第446页。

② 参见杨立新：《民法总则（第三版）》，法律出版社2020年版，第92页。

力人的监护人是其法定代理人。”实践中，为保护无民事行为能力人或者限制民事行为能力人的合法利益，支持、辅助其参与交易活动，需要通过监护人制度来补足其意思能力的不足。但对于智力、精神健康状况不佳的成年人是否具有完全民事行为能力，只能借助一定的程序予以认定。也只有认定其为无民事行为能力人或者限制民事行为能力人后，才能为其确定监护人。例如，前例中，父母因年老导致智力衰退，辨认自己行为的能力减弱，子女为保护父母利益，防止其因对外从事民事法律行为而遭受损害，于是向人民法院申请认定父母为无民事行为能力人或者限制民事行为能力人。该年老父母被依法认定为无民事行为能力人或者限制民事行为能力人，其他亲属可以按顺位确定为监护人。对担任监护人有争议的，还可以同时申请人民法院指定监护人。

根据《民法典》第 24 条第 1 款的规定，对自然人无民事行为能力或者限制民事行为能力的认定，只能由人民法院作出。其原因在于：第一，成年人一旦被认定为无民事行为能力人或者限制民事行为能力人，将丧失独立实施民事法律行为的资格，而只能在监护人代理下实施（限制民事行为能力人实施纯获利益的行为除外），对其人身权益、财产权益以及其他合法权益影响巨大，故必须按照法定程序进行。第二，对自然人辨认识别能力的缺失程度的判断是一个非常复杂的问题，一般人难以认定，故需要人民法院按照法定程序，并往往需要借助专业技术力量作出判断。

三、认定公民无民事行为能力、限制民事行为能力的程序规则

本条对认定公民无民事行为能力、限制民事行为能力的程序规则作了规定。具体要点如下：

1. 申请主体。本条规定必须由利害关系人或者有关组织提出申请。这一规定系源于《民法典》(《民法总则》) 第 24 条第 1 款的规定。所谓利害关系人，主要是指被申请人的近亲属，以及关系密切的亲友、债权人、债务人等其他利害关系人。其中，近亲属的范围可以根据《民法典》第 1045 条的规定确定，包括被申请人的配偶、父母、子女、兄弟姐妹、祖父母、外祖父母、孙子女、外孙子女。需要注意的是，对利害关系人的判断，要采取实质标准，即认定利害关系人是否适格申请主体，需要看被申请人的民事行为能力状况是否对申请人具有重要意义或者影响；例如，被申请人的债务人如果不是为了确定民事法律行为的效力，也不得向人民法

院申请认定其为无民事行为能力人、限制民事行为能力人。[①] 关于有关组织的范围，《民法典》第 24 条第 3 款作了明确规定，包括：居民委员会、村民委员会、学校、医疗机构、妇女联合会、残疾人联合会、依法设立的老年人组织、民政部门等。这些组织往往具有向人民法院申请认定成年人民事行为能力状况的，保护其合法权益的意愿、能力和条件。[②] 例如，学校、医院往往具有及时发现学生、患者的智力、精神健康状况的条件，具有向法院申请的条件。例如，在连云港市第二人民医院申请认定王某某无民事行为能力一案中，法院认为，本案被申请人王某某在连云港市第二人民医院住院治疗，该院作为医疗机构依法有权向人民法院申请王某某为无民事行为能力人。[③] 法律之所以规定有关组织作为申请人，主要考虑是现实生活中，有些老人、有精神疾病的人可能没有利害关系人，从而导致因没有人提出民事行为能力认定申请而使得这部分已经处于无民事行为能力或者限制民事行为能力状态的人不能依法确定监护人的情况。[④]

2. 管辖法院。根据本条规定，认定公民为无民事行为能力人、限制民事行为能力人的案件由被申请人住所地基层人民法院管辖。这样便于就近了解该公民的实际情况。[⑤] 根据《民法典》第 25 条的规定，自然人以户籍等级或者其他有效身份登记记载的居所为住所；经常居所与住所不一致的，经常居所视为住所。

3. 申请的形式。本条第 2 款对利害关系人和有关组织提出申请的形式作了规定。依据该规定，申请人提出申请采取书面形式，不得以口头形式提出。具体而言，申请人应当向人民法院提交申请书，申请书应当写明该公民无民事行为能力或者限制民事行为能力的事实和根据。这里的事实和根据，包括该公民的智力、精神健康状况，丧失辨识能力或者部分丧失辨识能力的原因及其表现，是否经医疗机构诊断以及医生对该公民病情的诊断情况等。

4. 审理的程序。本条规定在《民事诉讼法》第十五章特别程序中，故认定公民无民事行为能力、限制民事行为能力案件适用特别程序审理自

① 参见黄薇主编：《中华人民共和国民法典释义》(上)，法律出版社 2020 年版，第 52 页。

② 参见黄薇主编：《中华人民共和国民法典释义》(上)，法律出版社 2020 年版，第 54 页。

③ 参见（2021）苏 0706 民特 351 号。

④ 参见黄薇主编：《中华人民共和国民法典释义》，法律出版社 2020 年版，第 53 页。

⑤ 参见王胜明主编：《中华人民共和国民事诉讼法释义（最新修正版）》，法律出版社 2012 年版，第 448 页。

不待言。具体而言，此类案件实行一审终审，由审判员一人独任审理；应当在立案之日起三十日内或者公告期满后三十日内审结，有特殊情况需要延长的，由本院院长批准。

四、诉讼中当事人的利害关系人或者有关组织提出该当事人不能辨认或者不能完全辨认自己的行为的处理

本条规定较为原则，《民事诉讼法解释》第347条对此作了进一步补充，明确了当事人的利害关系人或者有关组织在诉讼中主张当事人无民事行为能力或者限制民事行为能力时，人民法院应当如何处理。该条规定："在诉讼中，当事人的利害关系人或者有关组织提出该当事人不能辨认或者不能完全辨认自己的行为，要求宣告该当事人无民事行为能力或者限制民事行为能力的，应由利害关系人或者有关组织向人民法院提出申请，由受诉人民法院按照特别程序立案审理，原诉讼中止。"这一规定是关于利害关系人或者有关组织在普通程序中申请认定作为当事人的自然人无民事行为能力或者限制民事行为能力如何处理的规则。人民法院在适用普通程序审理民商事案件时，当事人有无民事行为能力往往对案件的实体处理起决定性作用。对于诉讼当事人的利害关系人或者有关组织提出该当事人不能辨认或者不能完全辨认自己的行为，要求宣告该当事人无民事行为能力或者限制民事行为能力的情况，为了保护当事人依法行使诉讼权利，并便于人民法院对案件的审理，应当由原受诉人民法院裁定中止原案件的审理，并直接受理利害关系人的申请，按照民事诉讼法特别程序规定对被申请人的民事行为能力予以确认。

【审判实践中应当注意的问题】

《民事诉讼法解释》第347条所规定的情况，不是一个案件适用两种不同的程序，也不是普通程序中包含了特别程序，而是两个不同性质的案件，应分别适用不同的程序。同时，对于诉讼中提出民事行为能力认定案件，直接由受诉人民法院管辖，而不由被申请人住所地的基层人民法院管辖。

第一百九十九条 人民法院受理申请后，必要时应当对被请求认定为无民事行为能力或者限制民事行为能力的公民进行鉴定。申请人已提供鉴定意见的，应当对鉴定意见进行审查。

【条文主旨】

本条是关于对被请求认定为无民事行为能力或者限制民事行为能力的公民进行医学鉴定的规定。

【理解与适用】

本次《民事诉讼法》修正未对本条内容作修改。本条内容沿用自1991年《民事诉讼法》第171条，其中2012年修正时将条文中的“鉴定结论”改为“鉴定意见”，并沿袭至今。

认定该公民为无民事行为能力人或者限制民事行为能力人，意味着该公民丧失了根据自己的意志独立实施民事法律行为，行使权利、承担义务的法律资格，对其合法权益的保护影响重大，故必须十分慎重。因此，《民事诉讼法》设置了特别程序来规范。在具体审理时，人民法院应当对当事人提交的申请材料进行严格审查。《民事诉讼法》第198条第2款规定申请书应当写明该公民为无民事行为能力或者限制民事行为能力的事实和根据。因此，人民法院应当对相关材料进行审查，并听取申请人、被申请人的法定代理人乃至被申请人本人的意见。

但是，对公民行为能力的认定毕竟是一个专门性问题，往往需要依赖相应的医学等领域的知识，往往超出法官自身的能力范畴，这时就需要专业的鉴定机构进行甄别判断。故本条规定，人民法院受理申请后，必要时应当对被请求认定为无民事行为能力或者限制民事行为能力的公民进行鉴定。这里的“必要时”，应由人民法院根据案件的具体情况来确定。例如，被申请人如果不是那种公认公知的精神病人，而申请人提供的事实和根据只能让人怀疑被申请人不具有完全民事行为能力，而无法确认时，或者申请人认为被申请人不具有完全民事行为能力，而其他有关当事人持不同意见时，人民法院就可以组织鉴定。本条未对鉴定的启动方式作明确规定，根据《民事诉讼法》第 184 条的规定，有关鉴定问题应当适用《民事诉讼法》或者其他法律的有关规定。因此有关鉴定的启动可以适用《民事诉讼法》第 79 条的规定，当事人可以就查明事实的专门性问题向人民法院申请鉴定，当事人未申请而人民法院对专门性问题认为需要鉴定的应当委托具备资格的鉴定人进行鉴定。

实践中也可能申请人提出申请时已经提交了拟证明被申请人为无民事行为能力人或者限制民事行为能力人的鉴定意见，此时人民法院应当对该鉴定意见进行审查。审查的方法适用《民事诉讼法》第 81 条、82 条，以及《民事诉讼证据规定》等法律、司法解释的规定。例如，人民法院应当对鉴定书进行审查，如委托鉴定的内容、要求、鉴定材料、鉴定所依据的原理、方法、对鉴定过程的说明、鉴定意见等。当事人对鉴定意见有异议或者人民法院认为有必要的，鉴定人应当出庭作证。同时当事人还可以申请人民法院通知有专门知识的人出庭，就鉴定人做出的鉴定意见或者专业问题提出意见。当事人也可以申请重新鉴定，特别是对于一方当事人就专门性问题自行委托有关机构或者人员出具的意见，另一方当事人有证据或者理由足以反驳并申请鉴定的，人民法院应予准许。

【审判实践中应当注意的问题】

司法实践中，鉴定意见是人民法院认定被申请人民事行为能力的重要依据，但是并非所有此类案件都要有鉴定意见，根据在案的证据材料能够判断被申请人的民事行为能力状况的，人民法院应当依法认定，而不能强制要求鉴定，以免增加当事人的负担。例如，在申请人刘某某申请宣告陈某某为无民事行为能力并指定监护人纠纷一案，陈某某因交通事故颅脑外伤后呈植物生存状态构成一级伤残，无法表达自己意思，故人民法院认为，可以认定陈某某为无民事行为能力人。[①] 同一法院判决的申请人陈某某申请宣告张某某为无民事行为能力并指定监护人纠纷一案中，法院认为，张某某因从高处跌落受伤后颅脑损伤致四肢瘫痪构成一级伤残，无法表达自己意思，可以认定其为无民事行为能力人。[②] 在这两案中，被申请人的民事行为能力状况均可以实际情况直接认定，故人民法院没有另外委托鉴定。

① 参见（2022）苏 0582 民特 50 号。

② 参见（2022）苏 0582 民特 52 号。

第二百条　人民法院审理认定公民无民事行为能力或者限制民事行为能力的案件，应当由该公民的近亲属为代理人，但申请人除外。近亲属互相推诿的，由人民法院指定其中一人为代理人。该公民健康情况许可的，还应当询问本人的意见。

人民法院经审理认定申请有事实根据的，判决该公民为无民事行为能力或者限制民事行为能力人；认定申请没有事实根据的，应当判决予以驳回。

【条文主旨】

本条是关于认定公民无民事行为能力或限制民事行为能力案件的代理、审理和判决等有关事项的规定。

【理解与适用】

本条沿袭自1991年《民事诉讼法》第172条，历次《民事诉讼法》修正均未对本条内容进行修改。本条共2款，第1款规定认定公民无民事行为能力或限制民事行为能力案件中被申请人的代理人问题，第2款规定认定公民无民事行为能力或限制民事行为能力案件的审理和判决问题。

一、被申请人有近亲属时代理人的确定

认定公民为无民事行为能力或限制民事行为能力人对该公民的权益影响巨大，而且此类案件由基层人民法院适用特别程序进行审理，实行一审终审，故为充分保护被申请人的利益，需要有相应的程序设置。其中非常重要的一项就是为被申请人确定代理人。这是因为在诉讼过程中，被申请人虽然尚未在法律上被认定为无民事行为能力或限制民事行为能力人，但其可能在事实上已经完全或者部分丧失民事行为能力，如果没有代理人参与诉讼，其很可能无法正常行使自己的诉讼权利，表达意见。故为保护其利益，应当为其确定代理人。根据本条第一款的规定，在认定公民无民事行为能力、限制民事行为能力案件特别程序中，被申请人必须有代理人。本款同时明确了为被申请人确定代理人的基本规则：

1. 由申请人以外的其他近亲属担任代理人。与《刑事诉讼法》对近亲属的范围有专门规定不同，《民事诉讼法》本身未对近亲属的范围作界定，故本条规定的近亲属的范围，应当根据《民法典》第1045条的规定确定，包括被申请人的配偶、父母、子女、兄弟姐妹、祖父母、外祖父母、孙子女、外孙子女。根据《民事诉讼法》第198条的规定，有权申请认定公民为无民事行为能力或限制民事行为能力人的主体是该公民利害关系人或者有关组织。其中利害关系人也包括了该公民的近亲属，故本条规定近亲属为申请人的，不得担任被申请人。这一规则本质上也是民法上的禁止自己代理规则在诉讼法上的体现，因为申请人与被申请人之间可能存在利益冲突，如果允许申请人为代理人，等于是允许作为利害关系人的申请人代理被申请人与自己申请人自己为诉讼行为，法律设立代理人制度以保护被申请人利益的目的将会落空。

2. 由人民法院在近亲属中指定一人为代理人。由人民法院指定的前提是近亲属互相推诿。换言之，原则上被申请人的代理人由近亲属自行选定，当然必要时人民法院也可以组织近亲属选定；只有在近亲属互相推诿，均不愿意担任代理人时，才由人民法院指定。《民事诉讼法》未明确人民法院指定代理人的具体规则，我们倾向于认为可以参考监护制度中的最有利于被监护人的原则进行。《最高人民法院关于适用〈中华人民共和国民法典〉总则编若干问题的解释》第9条并不要求人民法院在指定监护时严格遵守《民法典》第28条规定的监护顺序，而是要求人民法院应当尊重被监护人的真实意愿，按照最有利于监护人的原则，参考相关因素予以指定。[①]其中依法具有监护资格的人的监护顺序只是其中的一个参考因素。参照这一精神，人民法院指定代理人时可以参考亲属之间的顺位，但不宜受该顺位的限制，重点要考虑是由该人担任代理人是否最有利于被申

---

① 《最高人民法院关于适用〈中华人民共和国民法典〉总则编若干问题的解释》第9条规定：人民法院依据民法典第三十一条第二款、第三十六条第一款的规定指定监护人时，应当尊重被监护人的真实意愿，按照最有利于被监护人的原则指定，具体参考以下因素：

（一）与被监护人生活、情感联系的密切程度；

（二）依法具有监护资格的人的监护顺序；

（三）是否有不利于履行监护职责的违法犯罪等情形；

（四）依法具有监护资格的人的监护能力、意愿、品行等。

人民法院依法指定的监护人一般应当是一人，由数人共同担任监护人更有利于保护被监护人利益的，也可以是数人。

请人利益，是否尊重了被申请人的真实意愿。这一问题在此提出，供司法实践参考。

3. 询问被申请人本人的意见。询问本人，既是为了解情况，调查研究，也是为了最大限度地尊重被申请人本人的真实意思，以更好地维护其权益。当然，询问本人的前提是该公民的健康状态许可，能够表达自己的意思。根据本条的语义，询问的主体当指人民法院。因此，人民法院指定代理人时，只要被申请人的健康状态许可，就应当询问其意见。需要注意的是，询问本人意见在本条第 1 款中单独作为一句（第三句）出现，由此产生的问题是，根据本款第一句（应当由该公民的近亲属为代理人）确定代理人时应否询问本人意见。我们倾向于认为，本款第一句既规范申请人，也规范人民法院。当申请人提出申请时未列明被申请人的代理人的，为维护被申请人的合法权益，人民法院也应当为被申请人确定代理人，这时如果本人的健康状况许可，也要询问本人意见。

《民事诉讼法》未规定代理人的数量问题，《民事诉讼法解释》第 350 条作了补充规定，代理人可以是一人，也可以是同一顺序中的两人。需要注意的是《民事诉讼法解释》第 350 条规定与《最高人民法院关于适用〈中华人民共和国民法典〉总则编若干问题的解释》第 9 条关于指定监护人的规定略有不同。根据《最高人民法院关于适用〈中华人民共和国民法典〉总则编若干问题的解释》第 9 条规定，指定监护人可以是数人，因而不仅限于两人，同时也不限于同一顺位。而在指定代理人的场合，最多只能指定两人，而且必须是同一顺位。故在适用法律时应当注意二者的区别。

二、被申请人没有近亲属时代理人的确定

本条第 1 款规定由近亲属担任代理人，但司法实践中存在申请人没有近亲属的情况，此时是否指定代理人以及如何指定的问题，也需要予以明确。为解决这一问题，《民事诉讼法解释》第 350 条对本条作了补充规定。其第 1 款规定："申请认定公民无民事行为能力或者限制民事行为能力的案件，被申请人没有近亲属的，人民法院可以指定经被申请人住所地的居民委员会、村民委员会或者民政部门同意，且愿意担任代理人的个人或者组织为代理人。"第 2 款规定："没有前款规定的代理人的，由被申请人住所地的居民委员会、村民委员会或者民政部门担任代理人。"在认

定公民无民事行为能力、限制民事行为能力案件特别程序中，代理人对维护被申请人的合法权益非常重要，其作用类似于诉讼程序中无民事行为能力人、限制民事行为能力人的法定代理人。因此，无论被申请人是否有近亲属，人民法院都应当为其指定代理人。根据《民事诉讼法》第60条的规定："无诉讼行为能力人由他的监护人作为法定代理人代为诉讼。"因此，在申请认定公民无民事行为能力或者限制民事行为能力的案件中，人民法院应当依照《民法典》有关监护的规定指定被申请人的代理人。被申请人没有近亲属的，人民法院可以指定经被申请人住所地的居民委员会、村民委员会或者民政部门同意，且愿意担任代理人的个人或者组织为代理人。没有上述可以担任代理人的主体的，则由被申请人住所地的居民委员会、村民委员会或者民政部门担任代理人，这实际也是依照《民法典》第32条规定得出的结论。

三、认定公民无民事行为能力、限制民事行为能力案件的审理与判决

人民法院受理认定公民无民事行为能力、限制民事行为能力案件后，应当在审查证据、查清事实的基础上作出认定。通过开庭审理的方式，最有利于充分听取双方当事人的意见，举证质证，进而查清事实，故本条第2款规定人民法院应当进行审理，以认定申请人的申请是否有事实根据。在此基础上，人民法院应当区分不同情况以判决形式作出认定结论。一是经审理认为申请人的申请有事实根据，被申请人不能辨认自己的行为或者不能完全辨认自己的行为，则应当判决认定被申请人为无民事行为能力或者限制民事行为能力人。公民被宣告为无民事行为能力或者限制民事行为能力人后，就应当为其指定监护人。故此类判决书的判项一般包括两项：（1）进行民事行为能力宣告和指定监护人；（2）经审理认为申请人的申请没有事实根据，不能认定被申请人为无民事行为能力或者限制民事行为能力人的，应当判决驳回申请。实践中也可能存在申请人申请认定被申请人为无民事行为能力人而法院查明被申请人为限制民事行为能力人的情形，或者申请人申请认定被申请人为限制民事行为能力人而法院查明被申请人为无民事行为能力人的情形。对此，似可以通过要求申请人变更申请的方式予以处理。

【审判实践中应当注意的问题】

第一，关于担任代理人的亲属的顺位问题。《民事诉讼法》未明确担任代理人的近亲属的顺位问题。但显然，代理人的职责是保护被申请人的利益，性质上与监护人相似。因为结合《民事诉讼法》第60条关于“无诉讼行为能力人由他的监护人作为法定代理人代为诉讼”的规定可知，本条规定的代理人实质上是确定监护人之前为方便诉讼和保护被申请人利益设置的过渡措施，但其性质、地位应当与监护人担任的代理人相当。故似可考虑参考民法典有关监护制度的规定来确定担任代理人的亲属的顺位，但是应当跳过作为申请人的近亲属。《民法典》第28条规定：“无民事行为能力或者限制民事行为能力的成年人，由下列有监护能力的人按顺序担任监护人：（一）配偶；（二）父母、子女；（三）其他近亲属；（四）其他愿意担任监护人的个人或者组织，但是须经被监护人住所地的居民委员会、村民委员会或者民政部门同意。”《民法典》第32条规定：“没有依法具有监护资格的人的，监护人由民政部门担任，也可以由具备履行监护职责条件的被监护人住所地的居民委员会、村民委员会担任。”这两条既规定了有资格作监护人的范围，也规定了承担监护责任的顺序。参照上述规定，在申请认定公民无民事行为能力或者限制民事行为能力的案件中，应当将被申请人的代理人的范围和顺序确定为：配偶；父母、子女；其他近亲属；其他愿意担任监护人的个人或者组织，但是须经被监护人住所地的居民委员会、村民委员会或者民政部门同意；民政部门，或者具备履行监护职责条件的被申请人住所地的居民委员会、村民委员会。当申请人是近亲属时，根据《民事诉讼法》本条的规定，其不能担任代理人，故应当跳过。例如，申请人是配偶时，则往往可以优先从父母、子女中确定代理人。当然，上述规定也并非强制性规定，近亲属之间也可以协商确定代理人，而不受民法典上述规定的顺位的限制。这样理解有利于与《民事诉讼法解释》第83条规定精神吻合，可以保证普通程序和特别程序在代理人确定上的体系一致性。同样，如前所述，在法院指定代理人时，前述顺序也只是参考因素，而不宜认为是强制要求。实践中对此问题可以进一步探索。当然，申请人申请认定公民为无民事行为能力或者限制民事行为能力人，也有可能是为了让自己担任该公民的监护人，故最终人民法院确定的监护人也可能是申请人。

第二，关于代理人的权限问题。本条规定的代理，在性质上当属于法定诉讼代理。由于法定诉讼代理是一种全权代理，故凡是被代理人享有的诉讼权利，他都有权代为行使。但是认定公民无民事行为能力、限制民事行为能力案件具有一定的特殊性，因为被申请人是否无民事行为能力或者限制民事行为能力尚处于未定状态，也有可能最终被认定为完全民事行为能力人。故为了防止代理人通过行使代理权妨碍被申请人自主行使权利，人民法院在审理中有必要特别注意审查被申请人的真实情况，并征询其意见。

第二百零一条　人民法院根据被认定为无民事行为能力人、限制民事行为能力人本人、利害关系人或者有关组织的申请，证实该公民无民事行为能力或者限制民事行为能力的原因已经消除的，应当作出新判决，撤销原判决。

【条文主旨】

本条是关于撤销认定公民无民事行为能力或者限制民事行为能力的判决的规定。

【理解与适用】

认定公民为无民事行为能力人或者限制民事行为能力人，目的是保护其合法权益，通过为其确定监护人，帮助其正常参与社会生活和经济交往，避免其因辨识能力弱于常人而在社会交往中遭受损害。成年人成为无民事行为能力人或者限制民事行为能力人，往往是因年老、疾病等因素导致，有些情形不可逆转，但也有些情形可以恢复。例如，部分因为精神疾病导致的民事行为能力减损，往往可以因为该疾病治愈而恢复。因此，当被人民法院判决认定为无民事行为能力或者限制民事行为能力的原因消除后，为依法保护该公民的合法权益，就需要有相应的法律制度来改变原先的判决，恢复该公民根据自己的意思独立实施民事法律行为，参与民事活动的法律资格。本条规定应当由人民法院作出新判决、撤销原判决。

一、适用条件

1. 该公民此前已经被人民法院判决认定为无民事行为能力人或者限制民事行为能力人。适用本条的前提是有在先的认定公民为无民事行为能力人或者限制民事行为能力人的判决存在，没有在先判决的存在，则无所谓撤销原判决。例如，某案中，申请人以被申请人曾在刑事程序中被法定程序鉴定为无刑事责任能力人员，并被强制医疗，后人民法院作出解除强制医疗决定，申请人向人民法院认定被申请人为完全民事行为能力人。人民法院审理认为，本案被申请人并未被依法宣告为无民事行为能力或限制民事行为能力人，申请人的申请缺乏事实和法律依据，故判决驳回申请。[①]社会生活中也存在未经法院认定而事实上无民事行为能力或者限制民事行为能力的成年人，此后其民事行为能力因为疾病治愈等原因恢复的，就可以正常参与民事活动，也不需要人民法院进行认定。发生纠纷时，只要能够证明其实施民事法律行为时具有完全民事行为能力，人民法院就应当依法保护该民事法律行为的效力。

2. 本人、利害关系人或者有关组织提出申请。被人民法院判决认定为无民事行为能力人或者限制民事行为能力人如果认为自己的民事行为能力已经恢复，其当然有权提出申请。本条的利害关系人，应当与第 194 条作同一解释，主要是指被申请人的近亲属，以及关系密切的亲友、债权人、债务人等其他利害关系人。其中，近亲属的范围根据《民法典》第 1045 条的规定确定，包括被申请人的配偶、父母、子女、兄弟姐妹、祖父母、外祖父母、孙子女、外孙子女。同样，对利害关系人的判断，要采取实质标准，即认定利害关系人是否适格申请主体，需要看被申请人的民事行为能力状况是否对申请人具有重要意义或者影响。相对人在不知情的情况下与被判决认定为无民事行为能力或者限制民事行为能力的人为交易，但其有理由认为该被认定为无民事行为能力或者限制民事行为能力的人事实上已经恢复民事行为能力，为了避免自己的民事法律行为被认定无效，因而有关提出申请，请求撤销原认定判决。实践中，人民法院会对申请人是否是利害关系人进行难过审查，如果申请人仅仅是请求被申请人履行义务，由于相关诉讼行为可以直接向被申请人的监护人进行，故一般不会被认定为具有利害关系。[②]关于有关组织的范围，也应当与第 194 条作同一解释，即根据《民法典》第 24 条第 3 款规定来确定。具体包括：居民委员会、村民委员会、学校、医疗机构、妇女联合会、残疾人联合会、依法设立的老年人组织、民政部门等。本条没有明确列举监护人作为申请主体，但是监护人是当然的有权申请主体，只不过是涵盖在了利害关系人的范围内。因为，我国《民法典》规定的监护制度，纯粹为保护被监护人的合法权益，绝对不允许监护人借监护以谋取自身利益，且明文规定监护

---

① 参见曹某申请认定被申请人许某恢复完全民事行为能力案［（2022）鄂 0281 民特 1 号］。

② 参见徐某 1 与徐某 2 申请宣告自然人恢复完全民事行为能力案［（2022）京 0102 民特 468 号］。

为职责。[①]因此，监护对监护人而言是一种负担，当被监护人恢复民事行为能力时，申请撤销原认定判决，可使监护人从该负担中解放出来，故监护人属当然的利害关系人。另外，本条规定的有关组织也有可能是监护人。本条未明确规定申请书的内容要求，但结合《民事诉讼法》第194条第2款以及下文"证实"一词的表述，申请书应当写明该公民恢复民事行为能力的事实和根据显属当然。

3. 该公民无民事行为能力或者限制民事行为能力的原因已经消除。最为常见的情形为疾病康复，如原本处于植物人状态的公民经过治疗苏醒并完全恢复辨认能力。需要注意的是，本条规定的"原因已经消除"包括两种情形：一是导致该公民无民事行为能力的原因消除，但仍然存在导致该公民限制民事行为能力的原因；二是导致该公民无民事行为能力或者限制民事行为能力的原因彻底消除，该公民已经恢复完全民事行为能力。为此，《民事案由规定》分别设置了申请宣告自然人恢复限制民事行为能力和申请宣告自然人恢复完全民事行为能力两个三级案由与之对应。

二、审理与判决

本条未规定审理问题，但结合《民事诉讼法》第200条的规定，作出撤销判决，也要在开庭审理的基础上进行。本条规定的"证实"一词的表述，亦隐含着应当开庭审理的意思。只有经过开庭审理，对申请人提供的材料进行审查，质证、认证，听取当事人的意见，才能真正查清案件事实，正确认定被申请人的民事行为能力。必要时，人民法院也应当对被申请人的民事行为能力状况进行鉴定。申请人已提供鉴定意见的，人民法院也应当进行审查。当事人对鉴定意见有异议或者人民法院认为有必要的，鉴定人应当出庭作证。同时当事人还可以申请人民法院通知有专门知识的人出庭，就鉴定人做出的鉴定意见或者专业问题提出意见。实践中，人民法院也可以直接询问鉴定人，要求其就有关事项进行说明。[②]本条属于在《民事诉讼法》第十五章特别程序中的规定，故认定公民恢复为完全民事行为能力或者限制民事行为能力案件适用特别程序审理自不待言。具体而言，此类案件实行一审终审，由审判员一人独任审理；应当在立案之日起

---

① 参见梁慧星：《民法总论（第五版）》，法律出版社2018年版，第106页。

② 参见江某某与黄某某申请宣告自然人恢复完全民事行为能力案［（2022）京0107民特54号］。

三十日内或者公告期满后三十日内审结，有特殊情况需要延长的，由本院院长批准。

根据本条规定，人民法院经过审理证实该公民无民事行为能力或者限制民事行为能力的原因已经消除的，应当作出新判决，撤销原判决。这一规定较为原则，而司法实践的情形则较为复杂。具体包括以下情形：

1. 经审理认为被申请人的行为能力状况没有变化的，判决驳回申请。即原判决认定为无民事行为能力人，经审理查明仍然为无民事行为能力人；或者原判决认定为限制民事行为能力人，经审理查明仍然为限制民事行为能力人。实践中也有以申请人不具有利害关系为由裁定驳回申请的做法，[①] 其主要考虑是具有直接的利害关系是《民事诉讼法》第 122 条规定的起诉条件。

2. 经审理认为申请人的申请与查明的事实相符的，作出新判决撤销原判决。新判决的判项一般包括两项：一是撤销原判决，二是对被申请人的民事行为能力作出认定。例如，申请认定为限制民事行为能力人，且与查明的事实相符的，在判项中认定为限制民事行为能力人；申请认定为完全民事行为能力人，且与查明的事实相符的，在判项中明确被申请人恢复完全民事行为能力。从中国裁判文书网的检索看，申请宣告自然人恢复限制民事行为能力的情形十分罕见，但也不排除司法实践中存在此类情形。从理论角度，对于申请宣告自然人恢复限制民事行为能力的情形应如何作出判决，则有进一步分析必要。因为原判决往往在认定当事人民事行为能力的同时为其指定监护人，在认定当事人恢复完全民事行为能力的情形中，撤销原判决后，原指定的监护人就不再担任监护人；而在认定当事人恢复限制民事行为能力的情形中，该当事人仍然需要监护人。故在不涉及变更监护人的前提下，简单地撤销原判决，似乎并不妥当，似以撤销原认定民事行为能力的判项，而保留原指定监护人的判项更为合理一些。对此可进一步研究探索。

3. 申请认定恢复完全民事行为能力而查明为限制民事行为能力（或者相反情形）的，目前没有相应的法律规定。实践中的一种做法是人民法院应当询问当事人是否变更申请。申请人变更申请的，作出新判决撤销原

---

① 参见前述徐某 1 与徐某 2 申请宣告自然人恢复完全民事行为能力案［（2022）京 0102 民特 468 号］。

判决。申请人不同意变更申请的，判决驳回申请。[1] 目前，《民法典》第24条也仅规定经本人、利害关系人或者有关组织申请，人民法院可以根据被申请人的智力、精神健康状况，认定其恢复为限制民事行为能力人或者完全民事行为能力人。在当事人申请恢复为完全民事行为能力且不同意变更申请，而人民法院又查明被申请人实为限制民事行为能力的情形下，人民法院能否直接认定被申请人为限制民事行为能力人，有必要进一步研究。判决驳回申请的思路法律依据似乎更为明确一些，而直接认定似乎更有利于保护当事人的合法权益。

【审判实践中应当注意的问题】

本条未规定人民法院审理认定成年人恢复为限制民事行为能力人或者完全民事行为能力人的案件，是否应当为被申请人确定代理人的问题。司法实践中，有的案件列明了被申请人的法定代理人，[2] 有的则未列明。[3] 对于申请人申请认定自己恢复完全民事行为能力的案件，一般没有必要再为其确定代理人，人民法院应当直接进行审查认定。对于其他利害关系人或者有关组织申请认定被申请人恢复为限制民事行为能力人或者完全民事行为能力人的案件，似有必要进一步研究。在没有定论之时，为保护被申请人的合法权益，人民法院应当充分听取被申请人本人的意见，以及其他有关主体的意见。例如，申请人为监护人以外的其他人的，人民法院在必要时应当询问监护人，申请人为监护人的，人民法院在必要时应当询问其他近亲属或者有关组织等，以免被申请人因未确定代理人而导致利益受损。

---

① 参见李某申请认定恢复完全民事行为能力案［（2023）京0102民特1351号］。

② 例如，申请人江某某请求法院认定黄某某恢复完全民事行为能力案［（2022）京0107民特54号］、徐某1与徐某2申请宣告自然人恢复完全民事行为能力案［（2022）京0102民特468号］等。

③ 例如，申请人苏某芝申请认定被申请人苏某梅恢复完全民事行为能力一案［（2023）辽0112民特10号］、李某申请认定恢复完全民事行为能力案［（2023）京0102民特1351号］等。

第六节　认定财产无主案件

第二百零二条　申请认定财产无主，由公民、法人或者其他组织向财产所在地基层人民法院提出。

申请书应当写明财产的种类、数量以及要求认定财产无主的根据。

【条文主旨】

本条是关于申请认定无主财产的规定。

【理解与适用】

本节规定了认定财产无主案件的审理程序。认定财产无主案件，是指基层人民法院根据公民、法人或者其他组织的申请，依照法定程序将所有人不明或者所有人不存在的财产，依法判决宣布为无主财产，判归国家或者集体组织所有的案件。

根据《宪法》《民法典》等法律规定，在我国，财产所有权分为国家所有权、集体所有权和私人所有权。原则上，任何财产都是有所有人的，所有人对财产有依法占有、使用、收益和处分的权利。但在实际生活中，财产与财产所有人相分离的情形并不鲜见，比如，被人遗弃之物，财产所有人死亡而又无人继承或者受遗赠，这样就出现了财产无主的情况。理论上讲，一切财产，既是所有权人的财产，也是社会的财富。当财产处于无主状态下，通过法律程序对其为无主财产进行确认，并判归国家或者集体组织所有，有利于对该财产的管理和保护，发挥该项财产应有的经济价值和效益，做到物尽其用，维护社会生产和生活的稳定。

一、申请认定财产无主的条件

1. 财产所有人不明或财产所有人不存在。从实践中看，财产无主的情况大致有以下几种：（1）财产所有人死亡而又无人继承或者受遗赠，包括被继承人死亡后没有继承人及受遗赠人，或者虽然有继承人或者受遗赠人，但全部继承人放弃继承或者丧失继承权，全部受遗赠人放弃遗赠的情况。对此，《民法典》第1160条规定："无人继承又无人受遗赠的遗产，归国家所有，用于公益事业；死者生前是集体所有制组织成员的，归所在集体所有制组织所有。"（2）财产没有所有人或者所有人不明。（3）遗失物、漂流物、埋藏物或者隐藏物，自有关部门发布招领公告之日起一年内无人认领的。《民法典》第315条规定："有关部门收到遗失物，知道权利人的，应当及时通知其领取；不知道的，应当及时发布招领公告。"第318条规定："遗失物自发布招领公告之日起一年内无人认领的，归国家所有。"第319条规定："拾得漂流物、发现埋藏物或者隐藏物的，参照适用拾得遗失物的有关规定。法律另有规定的，依照其规定。"（4）遗弃物或者法律上推定的遗弃物。所谓"遗弃"，是指所有人基于自己的意思放弃该财产的所有权。所谓法律上推定为遗弃物，是指在符合特定条件时，法律将该财产视为所有人放弃所有权之物，从而作为无主物予以处理；既然是法律上的推定，自然允许被推翻。

2. 必须是有形财产。无形财产如知识产权，或者精神财富如荣誉称号等，不属于无主财产的认定范围。

3. 财产没有所有人或者所有人不明的，其无主的状态持续一定期限。

二、申请认定财产无主的程序

1. 申请。根据本条规定，申请人可以是公民、法人或者其他组织，通常指财产的发现人、财产所在地的基层组织或者基层人民政府、继承人死亡后的财产管理人等。可以提起申请的主体很宽泛，主要考虑是：财产被认定为无主后，将被人民法院判归国家或者集体所有，而非归申请人所有，申请人并不能因此而获利，故原则上不存在认定财产无主制度被滥用的风险；并且从维护公共利益，促进财产的管理和保护，发挥其经济价值和效益的角度，应当将申请人的范围从宽设置。至于财产是否真的无主，取决于人民法院的审查结果。此外，根据本条第2款的规定，申请人应当以书面形式提出申请，申请书应当写明财产的种类、数量以及要求认定财产无主的根据。

2. 管辖。认定财产无主案件由财产所在地的基层人民法院管辖，这与《民事诉讼法》总则编第二章关于级别管辖和地域管辖的一般规定不同，体现了认定财产无主案件适用特别程序的特殊性。这样规定主要是为了便于人民法院了解无主财产情况，便于寻找财产的原财产所有人，便于法院及时作出裁判。

【审判实践中应当注意的问题】

实践中，公民申请财产无主，大致有两种情况：一是他发现了无主财产；二是他知道原财产所有人，但原财产所有人已经死亡而该财产又无继承人或者受遗赠，无人对财产主张权利。法人或者其他组织提出申请，也主要有两种情况：一是在其履行职务过程中发现了无主财产，如公安、边防巡逻时拾获无主财产；二是已经死亡的原财产所有人是其成员或者与其有经济上的联系，该财产无继承人或者受遗赠。无论是上述何种情况，也无论申请人与该财产有无关联，都需要其在提交申请时写明财产的种类、数量以及要求认定财产无主的根据，以为法院提供判断的依据。申请书未列明上述内容的，人民法院应当告知其补正；经告知未补正的，人民法院对其申请不予受理。

第二百零三条 人民法院受理申请后，经审查核实，应当发出财产认领公告。公告满一年无人认领的，判决认定财产无主，收归国家或者集体所有。

【条文主旨】

本条是关于认定财产无主案件审理的规定。

【理解与适用】

一般而言，财产都有所有人，某项财产一旦从法律上被认定为无主，就会被判归国家或者集体所有，也就是说，认定财产无主会导致财产所有权的转移。因此，人民法院在处理认定财产无主案件时应当十分慎重。

根据本条规定，人民法院受理认定财产无主申请后，应当认真进行审查核实，如果查明是有主的，应当作出驳回申请人申请认定财产无主的判决，并通知所有人认领财产。如果财产所有人当前无法查清的，应当发出财产认领公告。如果公告期间有人主张权利的，根据《民事诉讼法解释》第348条的规定，人民法院应当裁定终结特别程序，告知申请人另行起诉，适用普通程序审理。如果公告期满一年无人认领，根据《民事诉讼法》第187条的规定，应当在公告期满后三十日内判决认定财产无主，并根据《民法典》第1160条“无人继承又无人受遗赠的遗产，归国家所有，用于公益事业；死者生前是集体所有制组织成员的，归所在集体所有制组织所有”、第318条“遗失物自发布招领公告之日起一年内无人认领的，归国家所有”、第319条“拾得漂流物、发现埋藏物或者隐藏物的，参照适用拾得遗失物的有关规定。法律另有规定的，依照其规定”等规定，区分不同情况，将财产判归国有或者集体所有。如果财产被他人占有的，占有人应当自判决生效之日起将财产交给国家或者集体。无主财产经确认收归国有后，由国家授权的机关、单位占有使用或者经营管理。归集体所有的无主财产，主要是指集体组织的成员死后无人继承，如五保户等，因此收归集体所有。[①]

【审判实践中应当注意的问题】

结合《民事诉讼法》第202条至第204条，《民事诉讼法解释》第348条，人民法院在适用本条规定时，应当注意以下问题：1.认定财产无主案件，由基层人民法院的审判员一人独任审理，实行一审终审。确属重大、疑难的案件，由审判员组成合议庭审理，人民陪审员不能参加审理。2.认定财产无主案件，公告期内有人对财产提出请求的，人民法院应当裁定终结特别程序，告知申请人另行起诉，适用普通程序审理。所谓对财产提出请求，即是对财产主张所有权的请求。如果有人在承认财产无主的前提下请求将财产收归己有，则不属于对财产提出请求的范围。3.认定财产无主案件，人民法院受理后经审查发现所有权人的，应当在立案之日起三十日内作出驳回申请人申请认定财产无主的判决，并通知所有人认领财产；如果公告期满一年无人认领的，应当在公告期满后三十日内判决认定财产无主，并区分不同情况，将财产判归国有或者集体所有。

---

① 王胜明主编：《中华人民共和国民事诉讼法释义（最新修正版）》，法律出版社2012年第2版，第455页。

第二百零四条 判决认定财产无主后，原财产所有人或者继承人出现，在民法典规定的诉讼时效期间可以对财产提出请求，人民法院审查属实后，应当作出新判决，撤销原判决。

【条文主旨】

本条是关于撤销认定财产无主判决的规定。

【理解与适用】

与宣告失踪、宣告死亡一样，认定财产无主是一种法律上的推定，目的是及时确定财产所有人，以充分发挥财产的效用。既然是推定，就应当允许被推翻。人民法院发出公告后，财产所有人或者继承人可能因未见到公告而未在公告期内认领财产，为了保护其财权权利，法律应当赋予其请求撤销已经生效的宣告财产无主判决的权利。但是，为了保证财产所有权的稳定，避免造成不确定的经济状态，财产所有人或者继承人应当在《民法典》规定的诉讼时效期间内向人民法院提出请求。即，在人民法院作出认定财产无主的判决并将财产收归国家或者集体所有之后，如果原财产所有人或者合法继承人出现并在诉讼时效期间对财产提出请求的，人民法院不应以公告期满为由驳回申请，而应审查其是否属实。经审查，属实的，作出新判决，撤销原判决；不属实的，驳回申请。国家或者集体应当将财产归还，如果原财产已经损坏或者灭失的，应当给予补偿，或者返还同类财产。

【审判实践中应当注意的问题】

一、请求撤销认定财产无主的判决应当在诉讼时效期间内提出

与要求撤销宣告死亡等判决不同的是，请求撤销认定财产无主的判决应当在《民法典》规定的诉讼时效期间内提出。《民法典》规定的诉讼时效期间，主要是指《民法典》总则编第九章规定的诉讼时效期间，具体如诉讼时效的起算、中止、中断等一律适用该章规定。需要注意的是，《民

法典》修改了《民法通则》关于中止原因消除后的诉讼时效计算规则。根据《民法通则》的规定，中止时效原因消除后，诉讼时效继续计算；而根据《民法典》第 194 条第 2 款的规定，自中止时效的原因消除之日起满六个月，诉讼时效期间届满。《民法典》此项修改旨在避免剩余诉讼时效期间不足以充分保证权利人权利实现的情况，既给权利人行使权利留下必要的准备时间，又不会造成诉讼的过分拖延或者给义务人造成过分的负担。

二、侄甥能否申请撤销认定财产无主的判决

代位继承是法定继承中的一项重要制度。《继承法》第 11 条只规定了一种代位继承，即被继承人的子女的直系晚辈血亲的代位继承。《民法典》第 1128 条在《继承法》第 11 条的基础上，增加了一款关于"侄甥代位继承"的规定，即"被继承人的兄弟姐妹先于被继承人死亡的，由被继承人的兄弟姐妹的子女代位继承"，间接实现了扩大法定继承人范围的效果，增加了财产在家族内部传承的可能性。由此带来一个法律适用上的问题，即被继承人在《民法典》施行前死亡，遗产无人继承又无人受遗赠，人民法院已经根据公民、法人或者其他组织的申请作出认定财产无主的判决，其兄弟姐妹的子女在《民法典》施行后请求代位继承的，侄甥能否依据《民事诉讼法》第 204 条规定，以继承人身份请求人民法院撤销原认定财产无主的判决？该问题实质上是《民法典》第 1128 条规定的侄甥代位继承制度能否溯及适用以及何种情况下溯及适用的问题。

经研究认为，这一问题应做两方面的考察：首先，从价值导向看，侄甥代位继承有利于增加财产在家族内部传承的可能性，充分发挥遗产育幼功能，强化对私有财产的保护，因此，侄甥代位继承具有溯及适用的必要性。其次，从利益平衡看，不设条件地溯及适用侄甥代位继承制度，可能会损害其他民事主体的合法权益，特别是当存在第二顺序继承人时，侄甥代位继承溯及适用可能损害第二顺位继承人既有的继承相应财产份额的权利。比如，被继承人甲有一个姐姐和两个弟弟，甲的姐姐于 2019 年死亡（膝下有一子），甲于 2020 年死亡，甲死亡时留下 300 万元的遗产，没有立遗嘱也没有第一顺序继承人。由于被继承人甲死亡时，《民法典》尚未施行，按照《继承法》的规定，甲的遗产应当由第二顺序继承人，即甲的两个弟弟继承，每人可继承 150 万元遗产。《民法典》施行后，如果允许

侄甥代位继承，则甲的外甥可代位继承甲的姐姐有权继承的遗产份额，甲的两个弟弟只能各自继承100万元遗产。按照溯及适用理论，如果新法溯及既往会减少甚至剥夺公民、法人或者非法人组织依据旧法取得的利益，或者施加新的义务和责任，则为不利溯及。对于此种情形，应当予以必要限制。

为避免不利溯及，最高人民法院在起草《民法典时间效力解释》时，经过认真研究，将侄甥代位继承制度溯及适用的范围限定在“遗产无人继承又无人受遗赠”的情形，并附加了“遗产已经在民法典施行前处理完毕的除外”的限制性规定。《民法典时间效力解释》第14条规定：“被继承人在民法典施行前死亡，遗产无人继承又无人受遗赠，其兄弟姐妹的子女请求代位继承的，适用民法典第一千一百二十八条第二款和第三款的规定，但是遗产已经在民法典施行前处理完毕的除外。”根据该条规定，侄甥代位继承原则上溯及适用，但有适用条件的严格限制。这些条件包括：一是被继承人于《民法典》施行前死亡；二是被继承人的兄弟姐妹先于被继承人死亡；三是被继承人的兄弟姐妹并未丧失继承权；四是代位继承人为被继承人的兄弟姐妹的子女；五是遗产无人继承又无人受遗赠；六是遗产在《民法典》施行前已经处理完毕的不得溯及适用。其中，本条“处理完毕”所涉情形相对较少，主要是指遗产已依法归国家或者集体所有制组织所有的情况。据此，《民法典》施行前，人民法院已经通过特别程序作出认定财产无主的判决的，应当认定为遗产已经处理完毕，此时《民法典》第1128条第2款不能溯及适用，侄子女、甥子女不能成为被继承人的代位继承人，也就不能以继承人身份申请撤销认定财产无主的判决。

第七节　确认调解协议案件

第二百零五条　经依法设立的调解组织调解达成调解协议，申请司法确认的，由双方当事人自调解协议生效之日起三十日内，共同向下列人民法院提出：

（一）人民法院邀请调解组织开展先行调解的，向作出邀请的人民法院提出；

（二）调解组织自行开展调解的，向当事人住所地、标的物所在地、调解组织所在地的基层人民法院提出；调解协议所涉纠纷应当由中级人民法院管辖的，向相应的中级人民法院提出。

【条文主旨】

本条是关于当事人向人民法院申请司法确认调解协议的规定。

【理解与适用】

2021 年修正《民事诉讼法》时对原条文进行了较大幅度调整，主要修改内容包括以下两个方面：

1. 扩大了司法确认程序的适用范围。从类型上看，除人民调解外，其他依法成立的调解组织调解达成的调解协议也可以申请司法确认；从法院层级上看，除基层人民法院外，中级人民法院和金融法院、知识产权法院等专门人民法院也可以适用司法确认程序。

2. 调整了司法确认案件的管辖规则。对于人民法院邀请调解组织开展先行调解的，按照“谁邀请、谁受理”的原则确定管辖法院。对于调解组织自行开展调解的，除调解组织所在地外，还增加了当事人住所地、标的物所在地两个管辖连接点；按照诉讼案件级别管辖和专门管辖标准，调解协议所涉纠纷应当由中级人民法院或者专门人民法院管辖的，由相应的中级人民法院和专门人民法院受理司法确认申请。

一、司法确认程序的内涵和发展

司法确认制度是随着人民法院建立健全诉讼与非诉讼相衔接的矛盾纠纷解决机制改革的不断深入而发展起来的。2002 年 9 月，《最高人民法院关于审理涉及人民调解协议的民事案件的若干规定》第 1 条规定："经人民调解委员会调解达成的、有民事权利义务内容，并由双方当事人签字或者盖章的调解协议，具有民事合同性质。当事人应当按照约定履行自己的义务，不得擅自变更或者解除调解协议。"该规定第一次以司法解释的形式将人民调解协议确定为具有民事合同性质的协议。2004 年《民事调解工作规定》第 3 条规定："根据民事诉讼法第八十七条[①]的规定，人民法院可以邀请与当事人有特定关系或者与案件有一定联系的企业事业单位、社会团体或者其他组织，和具有专门知识、特定社会经验、与当事人有特定关系并有利于促成调解的个人协助调解工作。经各方当事人同意，人民法院可以委托前款规定的单位或者个人对案件进行调解，达成调解协议后，人民法院应当依法予以确认。"该规定第一次以司法解释的形式明确了对调解协议进行司法确认的程序。2010 年《人民调解法》颁布施行。人民调解法是我国第一部专门、系统地规范人民调解的法律，该法第 33 条规定，经人民调解委员会调解达成调解协议后，双方当事人认为有必要的，可以自调解协议生效之日起三十日内共同向人民法院申请司法确认。

2012 年《民事诉讼法》新增了确认调解协议的内容，规定为第 194 条，"申请司法确认调解协议，由双方当事人依照人民调解法等法律，自调解协议生效之日起三十日内，共同向调解组织所在地基层人民法院提出"，自此司法确认程序正式在我国诉讼法上得以确立，需要明确的是，现实中许多纠纷经调解达成协议时当事人都能即时履行完结。但在一些情况下，按照调解协议的约定，当事人应在一定期限内履行约定的义务而不是即时履行完结，此时如果双方当事人希望通过司法程序来保障协议的履行，可以通过司法确认的方式来赋予调解协议的强制执行力。但是，司法确认是对已经生效调解协议的审查，并不是调解协议生效的必经程序。按照人民调解法的规定，当事人达成书面调解协议的，调解协议由各方当事人签名、盖章或者按指印，并由人民调解员签名、加盖人民调解委员会印

① 现为《民事诉讼法》（2023 年修正）第 98 条。

章之日起生效；口头的调解协议自各方当事人达成协议之日起生效。生效的调解协议当然具有法律约束力，而司法确认只是对调解协议的效力进行事后确认，并不影响调解协议的生效。换句话说，司法确认只是赋予调解协议以强制执行力，经司法确认的调解协议，当事人可以直接申请人民法院强制执行。

自 2012 年以来，司法确认程序运行多年，取得了一定成效，但由于仅限于人民调解委员会主持调解的案件，适用范围较窄，制约了诉前调解工作的开展，不利于促进矛盾纠纷及时、高效、源头化解，有必要作进一步拓展。社会各界也普遍呼吁，应当将司法确认范围从人民调解拓展至其他类型调解，为多元解纷机制发展提供更加有力的司法保障。2019 年最高人民法院开展民事诉讼程序繁简分流改革试点，在试点地区法院扩大司法确认适用范围，取得了良好效果，试点法院司法确认共受理案件 24.84 万件，其中裁定确认调解协议有效数 24.37 万件，司法确认对多元解纷的促进保障作用不断增强。试点实践也证明，扩大司法确认调解协议范围，有助于推动人民调解、商事调解、行政调解、行业调解等多元解纷机制共同发展，对加强诉源治理、推动矛盾纠纷源头化解具有重大积极意义。2021 年《民事诉讼法》根据民事诉讼程序繁简分流改革试点成效，对司法确认的适用范围和管辖进行了大幅修改，虽然仅涉及一个条文，但对于推进多元化纠纷解决机制发展具有重要意义。

二、司法确认的适用范围

根据本条规定，司法确认的范围包括“经依法设立的调解组织调解达成调解协议”。2021 年《民事诉讼法》（草案稿）充分吸收民事诉讼程序繁简分流改革试点的做法，将司法确认的主体范围从“人民调解委员会”扩展至“依法设立的调解组织”和“依法任职的调解员”，但在审议过程中，有的部门、专家提出，经法院确认的调解协议具有强制执行力，相关范围的扩大应当严格、谨慎。考虑到目前调解员的选用、任命尚缺乏统一规范，调解质量参差不齐，如果一步到位扩大到调解员，可能存在较大虚假调解和不当确认的风险，因此，2021 年《民事诉讼法》最终删除了“依法任职的调解员”的表述，目的在于强化调解组织的监督管理作用，增强调解协议的质量和公信力。

关于“依法设立”的“法”，根据立法法相关规定，主要包括以下四种类型：（1）全国人大及其常委会制定的法律，如《人民调解法》等，以及未来可能制定的《调解法》《多元化解纠纷促进法》《商事调解法》等法律；（2）国务院制定的行政法规，如《民办非企业单位登记管理暂行条例》等；（3）地方人大制定的地方性法规、自治条例和单行条例；（4）国务院各部、委员会、中国人民银行、审计署和具有行政管理职能的直属机构，以及省、自治区、直辖市和设区的市、自治州的人民政府制定的规章。调解组织依照上述规定设立的，可以认定为“依法设立”。除此之外，中央有关职能部门也会根据工作需要，就推进特定领域矛盾纠纷多元化解单独或联合发布规范性文件，如最高人民法院、司法部发布的《关于开展律师调解试点工作的意见》《关于扩大律师调解试点工作的通知》，最高人民法院、中国证监会发布的《关于全面推进证券期货纠纷多元化解机制建设的意见》，最高人民法院、中国侨联发布的《关于在部分地区开展涉侨纠纷多元化解试点工作的意见》等。调解组织依照上述文件规定设立的，也可以视为“依法设立”。需要特别说明的是，特邀调解名册是人民法院为规范特邀调解工作、提升诉前调解效能而建立的一项内部工作机制。根据《最高人民法院关于人民法院特邀调解的规定》，纳入人民法院特邀名册的调解组织首先应满足“依法成立”的条件，只要是按照规定纳入法院特邀调解名册的调解组织调解达成的调解协议，均可以申请司法确认。

关于“依法设立”中“依法”的内容，设立调解组织，既要满足相关规范性文件明确的实体条件，如机构性质、职能范围、组织架构、人员、场所、经费等，也要遵循有关设立程序，如所需的证明文件、申请流程、批准权限等。

三、提起司法确认的主体

本条第1款规定：“由双方当事人自调解协议生效之日起三十日内，共同向下列人民法院提出”；《民事诉讼法解释》第351条的规定：“申请司法确认调解协议的，双方当事人应当本人或者由符合民事诉讼法第六十一条规定的代理人依照民事诉讼法第二百零一条[①]的规定提出申请。”司法确认案可以由双方当事人共同提出，当事人也可以委托他人代为申请，

---

① 现为《民事诉讼法》（2023年修正）第205条。

但受托人必须是符合《民事诉讼法》第61条规定的代理人，且必须向人民法院提交由委托人签名或者盖章的授权委托书。

四、提起司法确认的程序

一是司法确认应由双方当事人共同提出申请，对调解协议进行司法确认不是法定义务，在达成调解协议后，如果双方当事人认为没有进行司法确认的必要，如对调解协议的内容即时履行完毕，或者在调解协议的内容不涉及民事给付内容等情况下，双方当事人可以不用申请司法确认。如果认为有必要申请司法确认的，那么双方当事人应当共同提出申请。一方当事人提出申请，另一方当事人表示同意的，可以视为共同提出申请。二是司法确认应自调解协议生效之日起三十日内提出申请。根据《人民调解法》的规定，调解协议书自各方当事人签名、盖章或者按指印，人民调解员签名并加盖人民调解委员会印章之日起生效；口头调解协议自各方当事人达成协议之日起生效。

五、司法确认案件管辖规则的适用

本条明确了司法确认案件的管辖规则，实践中需重点把握以下三个方面：

1. 关于"邀请调解组织开展先行调解"的含义。实践中，法院对于适宜调解的纠纷，通常以在诉前委派调解组织调解的方式解决，《最高人民法院关于人民法院特邀调解的规定》将诉前委派调解作为特邀调解制度的重要组成部分。本次修法过程中，考虑到《民事诉讼法》中未出现过"特邀"和"委派"的概念，而"先行调解"和"邀请"在相关法律条文和司法解释中已有规定，其含义可以与"特邀"和"委派调解"形成对应，为确保法律概念体系的一致性和稳定性，本条采用了已有的概念和表述。因此，本条中的"邀请"，主要指人民法院的"特邀"，"先行调解"，即指"诉前调解"。本条的实质含义为：诉前委派调解的，向作出委派的人民法院提出司法确认申请。需要注意的是，此处未将邀请调解的主体限定为"基层人民法院"，因此中级、专门人民法院委派调解的纠纷，均可以适用该管辖规则。

2. "调解组织自行调解"的管辖规则须遵循实际联系原则。"调解组织自行调解"是指非经法院委派，当事人主动申请调解组织调解的情形。

针对这类调解协议，新修改的《民事诉讼法》在延续“调解组织所在地”的基础上，坚持遵循实际联系原则，新增加了“当事人住所地”和“标的物所在地”两个管辖连接点。这一方面为当事人申请司法确认提供更多便利，另一方面也有利于人民法院审查和执行调解协议，加强对调解组织的监督和指导。需要强调的是，司法确认作为特别程序，并不适用诉讼案件的管辖规则。也就是说，不以相关法院对纠纷具有诉讼管辖权为前提；人民法院只需考虑司法确认申请是否符合本条关于管辖连接点的规定。

3. 关于人民法院受理调解组织自行调解的司法确认申请管辖规则。该条中的“中级人民法院”其范围包含了“专门人民法院”，法条中未单独列明“专门人民法院”，主要是为了符合民事诉讼法的表述惯例。此外，司法确认案件应当以基层人民法院管辖为主，中级和专门人民法院管辖为辅；《民事诉讼法》第205条第2项中“调解协议所涉纠纷应当由中级人民法院管辖的，向相应的中级人民法院提出”，应当理解为只有在调解协议所涉纠纷的标的额、案件类型等，符合诉讼案件的级别管辖和专门管辖标准时，当事人申请司法确认的，才应当向中级或专门人民法院提出。最后，向中级或专门人民法院申请司法确认的，应当遵循《民事诉讼法》第205条第2项关于管辖连接点的规定，向“调解组织所在地、当事人住所地、标的物所在地”的中级或专门人民法院提出，而不能把该项的前半句和后半句割裂开来理解。

【审判实践中应当注意的问题】

一、调解员调解达成调解协议的处理

根据本条规定，为了强化调解组织的监督管理作用，确保调解协议的公信力，防止虚假调解和虚假确认，对于未加入任何调解组织、以个人名义开展工作的调解员调解达成的调解协议，不能申请司法确认。但这并不妨碍调解员继续以个人名义开展调解工作，也不妨碍法院继续以诉前委派或者诉中委托的方式邀请其调解纠纷。对于调解员调解达成的调解协议，可以区分情况，分别采取不同的处理措施：一是积极引导当事人自动履行；二是经充分释明，由当事人向法院提起诉讼，法院登记立案后，依法出具调解书。实践中，可以鼓励调解员积极加入某一依法设立的调解组织，以调解组织名义开展调解工作，并接受调解组织的监督管理。

二、司法确认案件共同管辖的问题

根据《民事诉讼法解释》第352条的规定："调解组织自行开展的调解，有两个以上调解组织参与的，符合民事诉讼法第二百零一条[①]规定的各调解组织所在地人民法院均有管辖权。双方当事人可以共同向符合民事诉讼法第二百零一条规定的其中一个有管辖权的人民法院提出申请；双方当事人共同向两个以上有管辖权的人民法院提出申请的，由最先立案的人民法院管辖。"在两个以上人民法院对同一司法确认案件都有管辖权的情况下，有两种处理方式：一是双方当事人可以共同向其中一个调解组织所在地的人民法院提出申请，则由收到申请的人民法院管辖；二是双方当事人共同向两个以上调解组织所在地人民法院提出申请的，由最先立案的人民法院管辖。诉讼程序中解决管辖权冲突的最主要办法，是赋予原告选择权，原告可以向其中任何一个法院提起诉讼。如果原告向两个以上有管辖权的人民法院起诉，由最先立案的人民法院管辖。同理，申请司法确认的案件，如果双方当事人共同向两个以上调解组织所在地人民法院提出申请的，由最先立案的人民法院管辖。审判实践中，如果发生几个都有管辖权的法院立案先后时间无法区分的情形，则由这几个法院共同协商，确定其中一个法院行使管辖权。如果这几个法院经协商未能确定具体由哪个法院行使管辖权，则由这几个法院报请其共同的上一级人民法院来指定管辖。

三、申请司法确认的形式

《民事诉讼法解释》第353条规定："当事人申请司法确认调解协议，可以采用书面形式或者口头形式。当事人口头申请的，人民法院应当记入笔录，并由当事人签名、捺印或者盖章。"当事人申请司法确认调解协议，既可以采用书面形式，也可以采用口头形式。之所以这样规定，主要是考虑到当事人文化程度不同，一律规定采用书面形式提出申请恐有难度。从便民利民的角度出发，规定当事人也可以口头形式提出确认申请。但为了固定当事人提出的确认申请，确保该申请出自当事人的自愿，当事人口头申请的，人民法院应当记入笔录，并由当事人签名、捺印或者盖章。这就把确认程序的便民性与司法程序的严谨性进行了有机的结合。口

① 现为《民事诉讼法》（2023年修正）第205条。

头提出申请是一项灵活规定，是对书面形式的补充，也是为了鼓励当事人选择非诉讼的调解方式解决自身纠纷，促进多元化纠纷解决机制建设。当事人可以采取口头形式提出申请，在一定程度上方便基层人民群众对调解协议提出司法确认，保护自身的权益。在这里，应当注意此处当事人对人民法院所做的笔录要签名、捺印或者盖章。这三种方式可以选择适用，并具有同等效力。需要注意的是，法律和司法解释并没有规定当事人只有在书写申请书确有困难的情况下，才可以口头提出申请，而是当事人可以自行选择申请形式，这一点与《民事诉讼法》第123条的规定有所不同。也就是说，当事人提出司法确认的申请，究竟是采取书面形式还是口头形式，当事人享有选择权，法院不能干预。

四、申请司法确认的材料

《民事诉讼法解释》第354条规定："当事人申请司法确认调解协议，应当向人民法院提交调解协议、调解组织主持调解的证明，以及与调解协议相关的财产权利证明等材料，并提供双方当事人的身份、住所、联系方式等基本信息。当事人未提交上述材料的，人民法院应当要求当事人限期补交。"根据上述规定，当事人申请确认调解协议，应当向人民法院提交下列材料：（1）调解协议；（2）调解组织主持调解的证明；（3）与调解协议相关的财产权利证明；（4）双方当事人的身份、住所、联系方式等基本信息。委托代理人代为申请的，还应当向人民法院提交由委托人签名或者盖章的授权委托书。当事人申请司法确认时，应当提供调解协议书。如果当事人达成的是口头调解协议，则应当提供已经达成调解协议的有效证明，如调解组织制作的调解记录。对于当事人提交材料不齐全的，人民法院应当一次性告知当事人限期补齐。需要注意的是，当事人未提交上述材料的，人民法院应当要求当事人限期补交。如果当事人超过限期未补充提交相关材料的，属于申请不适格，也反映出当事人对申请司法确认的意愿不强，人民法院应当对其按撤回申请处理。

第二百零六条　人民法院受理申请后，经审查，符合法律规定的，裁定调解协议有效，一方当事人拒绝履行或者未全部履行的，对方当事人可以向人民法院申请执行；不符合法律规定的，裁定驳回申请，当事人可以通过调解方式变更原调解协议或者达成新的调解协议，也可以向人民法院提起诉讼。

【条文主旨】

本条是关于人民法院审理确认调解协议案件处理结果的规定。

【理解与适用】

在司法确认制度出现之前，人民调解和民事诉讼衔接的方式有两种，一是当事人达成调解协议后自动履行完毕，当事人不履行调解协议内容的，提起诉讼予以解决；二是调解不成，当事人未达成调解共识，选择通过诉讼解决纠纷。司法确认制度出现后，很好地解决了非诉讼纠纷解决机制与司法诉讼的衔接问题，进一步促进完善了多元化纠纷解决机制。

一、调解协议的审查程序

人民法院受理申请后，应当由一名审判人员对调解协议进行审查。如果审判人员认为通过书面审查尚不能审查清楚，可以通知双方当事人同时到场。《民事诉讼法解释》第356条规定："人民法院审查相关情况时，应当通知双方当事人共同到场对案件进行核实。人民法院经审查，认为当事人的陈述或者提供的证明材料不充分、不完备或者有疑义的，可以要求当事人限期补充陈述或者补充证明材料。必要时，人民法院可以向调解组织核实有关情况"。这里的"相关情况"一般属于与双方当事人都有利害关系的情况和事实，尤其是涉及当事人作出一些利益上的让步或妥协的情况，需要进行重点核实。针对这些情况，法院有必要通知双方当事人到场核实，当事人是否理解所达成协议的内容、是否接受因此而产生的后果、是否愿意由人民法院通过司法确认程序赋予该协议强制执行的效力。当事人在接受人民法院询问时，应当如实陈述申请确认的调解协议的有关情况，保证提交的证明材料真实、合法。人民法院在审查中，应当明确告知当事人恶意串通申请确认可能要承担的法律后果，并可以在认为当事人的陈述或者提供的证明材料不充分、不完备或者有疑义时，要求当事人限期补充陈述或者补充证明材料。当事人无正当理由未按时补充或者拒不接受询问的，表明当事人没有申请司法确认的真实意愿，人民法院可以按撤回司法确认申请处理。

人民法院经审查后，可以作出两种处理决定，一是经符合法律规定的，裁定调解协议有效；二是不符合法律规定的，裁定驳回申请。需要注意的是，裁定驳回申请、不予确认与确认调解协议无效或者确认调解协议部分无效并不相同。

二、审查的具体内容

审查调解协议是否符合法律规定，主要考虑以下情形：一是通过调解方式解决纠纷是否当事人自愿；二是调解协议的内容是否违反法律、法规的强制性规定或者社会公共利益；三是达调解协议是否出于当事人自愿，是否有重大误解或者显失公平等严重违背其真实意思表示的情形。只有结论是肯定的，才应确认该调解协议有效。否则就要驳回申请。

根据司法实践和最高人民法院发布的《诉讼与非诉讼衔接机制意见》和《人民调解协议司法确认程序规定》，结合《民事诉讼法解释》第355条和第358条的规定，人民法院对司法确认申请的审查内容分为形式审查与实质审查两个方面。

1. 形式审查内容主要包括以下几个方面：是否属于人民法院受理范围；是否属于收到申请的人民法院管辖；是否属于申请确认婚姻关系、亲子关系、收养关系等身份关系无效、有效或者解除的；是否涉及适用其他特别程序、公示催告程序、破产程序审理的；调解协议内容是否涉及物权、知识产权确权的。人民法院受理当事人司法确认调解协议的申请后，发现有上述不予受理情形的，应当裁定驳回当事人的申请。

2. 实质审查内容重点围绕调解协议的自愿性和合法性展开，具体包括：当事人是否具有民事行为能力，代理人参加调解的，代理人是否有代理权；协议内容是否违反法律强制性规定；协议内容是否损害国家利益、社会公共利益、他人合法权益；协议内容是否违背公序良俗；调解协议是否违反自愿原则，因违背自愿原则而不予确认的情形主要包括当事人在违背真实意思的情况下签订调解协议，调解协议显失公正，调解组织、调解员与案件有利害关系的情况等；调解协议的内容是否明确，确认调解协议的目的之一是使调解协议获得现实的强制执行力，强制执行的前提是执行的内容明确具体，如果执行内容不明确、不清楚，那么确认调解协议也就失去了意义；是否存在其他不能进行司法确认的情形，如调解协议内容是否属于当事人处分权的范围，调解组织、调解员是否与案件有利害关系，是否存在强迫调解或者其他严重违反职业道德准则的行为等。

三、裁定调解协议有效的法律效果

调解协议经人民法院确认有效后，该调解协议即具有强制执行效力，一方当事人拒绝履行或者未全部履行调解协议所约定的义务的，对方当事人可以向人民法院申请强制执行。根据本法其他章节的规定，执行管辖法院是作出确认决定的基层人民法院或者是被执行财产所在地的基层人民法院。申请执行的期间为两年，自经确认有效的调解协议中约定的履行期间的最后一日起计算；调解协议约定分期履行的，自规定的每次履行期间的最后一日起计算；调解协议未约定履行期间的，自确认决定生效之日起计算。

四、驳回司法确认申请的情形及后果

根据《民事诉讼法解释》第358条的规定，人民法院经审查，调解协议具有下列情形之一的，应当驳回申请：（1）违反法律强制性规定的；（2）损害国家利益、社会公共利益、他人合法权益的；（3）违背公序良俗的；（4）违反自愿原则的；（5）内容不明确的；（6）其他不能进行司法确认的情形。

当事人的申请被驳回的，可以通过两种方式继续推进纠纷的解决，一是可以通过调解组织重新对纠纷进行调解，在当事人自愿的基础上变更原调解协议或者就有关争议达成新的调解协议，然后再申请法院确认变更后的或者新达成的调解协议；二是当事人可以向法院提起诉讼，这里的诉讼通常是指当事人之间就调解协议的履行或者调解协议的内容发生争议，一方当事人请求履行调解协议、请求变更、撤销调解协议或者请求确认调解协议无效的情形。2002年《最高人民法院关于审理涉及人民调解协议的民事案件的若干规定》对上述有关调解协议的诉讼案件的审理作出了具体规定。《人民调解法》《诉讼与非诉讼衔接机制意见》以及《人民调解协议司法确认程序规定》再次重申了“当事人之间就调解协议的履行或者调解协议的内容发生争议的，当事人可以向法院提起诉讼”的规定。实践中，如果当事人仅仅是请求履行调解协议、请求变更、撤销调解协议或者请求确认调解协议无效等，法院的审理重点就是调解协议的有效性和合法性。在《人民调解法》第 32 条规定的诉讼与司法确认程序竞合的情况下，当事人一般应在调解协议生效之日起的三十日期间内优先考虑和选择司法确认程序，在三十日期间届满后未启动司法确认程序的情形下才可提起第 32 条规定的诉讼。这主要是基于诉讼经济、程序集中以及避免矛盾判决的考虑，当然也应当考虑当事人的意愿，但法院应当做好释明引导工作。

需要注意的是，不予受理司法确认申请与驳回司法确认申请是两个截然不同的程序，根据《民事诉讼法解释》第 355 条的规定，对于当事人提交的司法确认申请，如果存在下列情形之一的，人民法院裁定不予受理：（1）不属于人民法院受理范围的；（2）不属于收到申请的人民法院管辖的；（3）申请确认婚姻关系、亲子关系、收养关系等身份关系无效、有效或者解除的；（4）涉及适用其他特别程序、公示催告程序、破产程序审理的；（5）调解协议内容涉及物权、知识产权确权的。人民法院受理申请后，发现有上述不予受理情形的，应当裁定驳回当事人的申请。对于不予受理的情况，人民法院受理申请后，发现有上述不予受理情形的，应当在三日内作出不予受理裁定，并及时向当事人送达。

【审判实践中应当注意的问题】

一、调解协议的审查时限

司法确认案件适用特别程序。根据《民事诉讼法》第 187 条的规定，“人民法院适用特别程序审理的案件，应当在立案之日起三十日内或者公告期满后三十日内审结。有特殊情况需要延长的，由本院院长批准。但审理选民资格的案件除外。”所以司法确认案件也应当适用特别程序的一般规定，人民法院适用司法确认程序审理案件时，应当自受理司法确认申请之日起三十日内审结。有特殊情况需要延长的，由本院院长批准。

二、司法确认裁定书的生效时间

确认裁定书和驳回申请裁定书送达双方当事人后发生法律效力。当事人收到确认裁定书和驳回申请裁定书后，不得上诉，也不能申请再审。《民事诉讼法》第185条规定，依照特别程序审理的案件，实行一审终审。司法确认程序属于特别程序中的一种，理应实行一审终审。其主要理由如下：一方面，是司法确认程序便捷性、快速稳定社会关系的要求。另一方面，当事人自愿共同申请确认，且法院的审查程序不涉及对当事人实体请求的判断，没有必要设置上诉程序；对于驳回申请的，当事人可以再次通过调解、诉讼等途径解决纠纷，其诉讼权利行使没有受到限制。

三、对申请司法确认的救济

申请人民法院确认调解协议的效力有两种结果，相应地也有两种救济方式：一是人民法院裁定确认调解协议，但当事人认为有错误，如双方当事人没有同时到庭、违反自愿原则、徇私舞弊等，对此可以按照审判监督程序的规定，申请再审；二是人民法院驳回了司法确认的申请，对此，当事人可以通过调解方式变更原调解协议或者达成新的调解协议，也可以向人民法院提起诉讼。

对于确认裁定错误的救济，通常有三种救济途径：一是当事人确有证据证明原确认裁定存在错误的，可以在收到确认裁定之日起十五日内提出异议，申请法院撤销原确认裁定；二是利害关系人认为法院确认裁定错误，其确认的调解协议侵害其合法权益，可以根据《人民调解协议司法确认程序规定》的有关规定提出异议，申请法院撤销确认裁定；三是人民法院发现确认裁定确有错误的，目前《民事诉讼法》《民事诉讼法解释》对此均没有作出明确规定。但可以参照其他特别程序的处理方式。如《民事诉讼法》第193条、第201条、第204条规定，被宣告失踪、宣告死亡的重新出现，无民事行为能力人或限制行为能力的原因已经消除，或者财产认定无主后原财产所有人或者继承人出现的，人民法院应当作出新判决，撤销原判决。同理，人民法院作出司法确认裁定后，发现原确认裁定确有错误的，或者出现新情况、新事实的，可以参照上述方式通过审查程序作出新裁定，撤销原裁定。

第八节　实现担保物权案件

第二百零七条　申请实现担保物权，由担保物权人以及其他有权请求实现担保物权的人依照民法典等法律，向担保财产所在地或者担保物权登记地基层人民法院提出。

【条文主旨】

本条是关于实现担保物权申请的提出及其管辖法院的规定。

【理解与适用】

自2007年10月1日起施行的《物权法》规定，抵押权人与抵押人未就抵押权实现方式达成协议的，抵押权人可以请求人民法院拍卖、变卖抵押财产。[①] 但是，《物权法》对于抵押权的实现程序并未有明确规定，对于质权及留置权的实现，甚至未明确质权人及留置权人有权请求人民法院拍卖、变卖担保财产。为了将担保物权实现程序明确法定化，2012年《民事诉讼法》修正案增加了此方面的内容。此次《民事诉讼法》修正未对本条进行修改。

一、担保物权的实现

担保物权的实现，又称担保物权的实行，是指担保物权人在特定条件下对担保物行使优先受偿权的行为。担保物权的实现是担保物权最为重要的效力，因此担保物权通过何种途径实现，直接关系到担保物权人的利益

① 自2021年1月1日施行的《民法典》全面吸收了《物权法》的相关规定。《民法典》第410条规定：债务人不履行到期债务或者发生当事人约定的实现抵押权的情形，抵押权人可以与抵押人协议以抵押财产折价或者以拍卖、变卖该抵押财产所得的价款优先受偿。协议损害其他债权人利益的，其他债权人可以请求人民法院撤销该协议。抵押权人与抵押人未就抵押权实现方式达成协议的，抵押权人可以请求人民法院拍卖、变卖抵押财产。抵押财产折价或者变卖的，应当参照市场价格。

保护和担保交易秩序。根据是否以及在何种方式上依赖于国家公权力的作用，把担保物权的实现分为自力救济的实现和公力救济的实现两种途径。自力救济，即担保物权人可径自决定担保物权的处分方式并予以实施，无需经由担保物人同意，也无需法院或其他国家公权力的干预或介入。公力救济，即担保物权的实现应采取公权力介入的方式，担保物权人实行担保物权之前通常需要获得法院或其他国家公权力机关签发的裁判或决定，而不能私自实现。在世界范围内，有的国家采自力救济主义，允许当事人通过自力救济的方式实现担保物权，如法国、英国、美国等；有的国家采取公力救济主义，不允许当事人自力救济实现担保物权，如德国、瑞士、日本等。[①]

我国关于担保物权实现方式的最早法律规定是《民法通则》第 89 条第 1 款第 2 项[②]。依照其规定，债务人或者第三人可以提供一定的财产作为抵押物，债务人不履行债务的，债权人有权依照法律的规定以抵押物折价或者以变卖抵押物的价款优先得到偿还。限于当时的认识水平及立法技术，《民法通则》并未区分抵押权与质权，而是统称为"抵押权"。从上述规定可以看出，抵押权实现的方式仅仅是折价和变卖两种，并不包含拍卖；而且，该条并未对抵押权实现的公力救济程序给予明确规定。

自 1995 年 10 月 1 日起施行的《担保法》[③]首次就抵押权实现的公力救济程序作出了专门规定。《担保法》第 53 条第 1 款规定，债务履行期届满抵押权人未受清偿的，可以与抵押人协议以抵押物折价或者以拍卖、变卖该抵押物所得的价款受偿；协议不成的，抵押权人可以向人民法院提起诉讼。可见，《担保法》就抵押权的实现方法在《民法通则》规定的折价、变卖两种实现方式的基础上增加了拍卖方式；同时，明确规定在抵押权的实现途径上，当事人可以通过协商方式解决，协商不成的抵押权人可以向法院提起诉讼。在现实生活中，由于抵押权人与抵押人自行协商实现抵押权的概率非常低[④]，抵押权的公力救济途径就显得非常重要。《最高人民法院关于适用〈中华人民共和国担保法〉若干问题的解释》第 130

① 参见毛亚敏：《担保法论》，中国法制出版社 1997 年版，第 176 页；转引自朱岩、高圣平、陈鑫：《中国物权法评注》，北京大学出版社 2007 年版，第 627 页。

② 《民法通则》已被《民法典》废止。该条对应《民法典》第 394 条。

③ 《担保法》已被《民法典》废止。

④ 参见程啸：《中国抵押权制度的理论与实践》，法律出版社 2002 年版，第 358 页；转引自朱岩、高圣平、陈鑫：《中国物权法评注》，北京大学出版社 2007 年版，第 628 页。

条进一步明确规定："在主合同纠纷案件中，对担保合同未经审判，人民法院不应当依据对主合同当事人所作出的判决或者裁定，直接执行担保人的财产"。但是，《担保法》的上述规定也导致在实践中通过诉讼方式实现抵押权的比例过高，而且通过诉讼方式实现抵押权存在如下弊端：（1）效率低。按照《民事诉讼法》的规定，如果债务人或抵押人对一审判决提起上诉，将经历一审、二审两个诉讼阶段。即便抵押权人最终取得了生效胜诉判决，如果抵押人不履行判决，抵押权人还要向人民法院申请强制执行。因此，抵押权有时需要一两年甚至更长的时间才能实现。[①]（2）成本高。抵押权人针对债务人与抵押人提起诉讼，需要预交案件受理费、财产保全费、评估费、拍卖费等各种诉讼费用，并且可能还要负担高昂的律师费用。如此高的诉讼成本以及复杂、漫长的实现程序，对抵押权人明显不利。抵押权人不能及时实现抵押权从而得到清偿，使担保制度不能充分发挥应有的功能。为此，法学界与实务界一致呼吁修改法律规定，允许抵押权人直接申请强制执行抵押物而不必经过诉讼程序。

立法部门认识到了《担保法》规定的上述弊端，并在1999年的《合同法》[②]作出了有限度的立法回应，试图缩短权利人实现权利周期和简化权利实现的程序。《合同法》第286条[③]规定："发包人未按照约定支付价款的，承包人可以催告发包人在合理期限内支付价款。发包人逾期不支付的，除按照建设工程的性质不宜折价、拍卖的以外，承包人可以与发包人协议将该工程折价，也可以申请人民法院将该工程依法拍卖。建设工程的价款就该工程折价或者拍卖的价款优先受偿。"显然，此处"申请人民法院将该工程依法拍卖"，并非《担保法》第53条所规定之"向人民法院提起诉讼"，其立法意图在于改变权利实现的方式。有学者认为，申请人民法院依法拍卖建设工程的具体程序，"在民事诉讼法专门规定此种抵押权执行程序之前，应当准用民事诉讼法第三编规定的执行程序"[④]。当然，《合同法》囿于其自身的调整范围和立法目的，仅仅对建设工程承包人的

① 参见全国人大常委会法制工作委员会民法室编：《中华人民共和国物权法条文说明、立法理由及相关规定》，北京大学出版社2007年版，第357页。

② 《合同法》已被《民法典》废止。

③ 对应《民法典》第807条。

④ 参见梁慧星：《合同法第二百八十六条的权利性质及其适用》，载《山西大学学报（哲社版）》2001年第3期；转引自朱岩、高圣平、陈鑫：《中国物权法评注》，北京大学出版社2007年版，第627页。

法定抵押权做了规定，无法对抵押权的实现途径进行统一规定。

为了普遍解决抵押权人向法院提起诉讼导致抵押权的实现程序复杂、漫长且成本高昂的问题，《物权法》[①] 立足于我国市场经济发展的需要，借鉴其他国家和地区的立法及司法经验，对抵押权的实现途径进行了制度创新。《物权法》第 195 条第 2 款 [②] 规定："抵押权人与抵押人未就抵押权实现方式达成协议的，抵押权人可以请求人民法院拍卖、变卖抵押财产。"该条将抵押权人实现抵押权的途径，由《担保法》第 53 条第 1 款规定的"向人民法院提起诉讼"变化为"请求人民法院拍卖、变卖抵押财产"。这样的变化，关注了抵押权实现的便捷需求，降低了抵押权实现的成本。

虽然《物权法》规定抵押权人可以请求人民法院拍卖、变卖抵押财产，但是并未明确应以何种程序实现。一直以来，理论界对于抵押权的实现是适用一般的诉讼程序，还是适用执行程序或者非讼程序，存在较大争议。总体来看，当时主要有以下三种意见：

第一种意见认为，《物权法》等实体法律没有明确规定，而且《民事诉讼法》也没有对此作出特别的规定，应当沿用采取传统的民事诉讼方式，由抵押权人启动审判程序获得胜诉判决后再申请强制执行。《物权法》实施后，各级法院在司法实践中即基本持这种谨慎的态度，没有对审判实务进行实质性的改革，而是沿袭了《物权法》实施之前通过诉讼方式实现抵押权的做法。[③]

第二种意见认为，《物权法》赋予了当事人之间的合同（私权文书）以强制执行力，但强制执行的实现尚须民事诉讼法的配合，在《民事诉讼法》修正之前，私权文书的强制执行在程序上是不可能的。在抵押权实现的公力救济途径无再造空间的情况下，当事人可以直接向公证机构申请，由公证机构对抵押合同赋予强制执行效力。[④]

第三种意见认为，该条的精神是通过非讼程序实现抵押权。"请求人民法院拍卖、变卖抵押财产"，不是申请法院就抵押权的实行进行裁判。"请求"和"申请"的区别在于：前者要经过冗长而琐细的起诉、应诉、

---

① 《物权法》已被《民法典》废止。

② 对应《民法典》第 410 条第 2 款。

③ 参见肖建国、陈文涛：《论抵押权实现的非讼程序构建》，载《北京科技大学学报（社会科学版）》2011 年 3 月。

④ 参见高圣平：《物权法与担保法：对比分析与适用》，人民法院出版社 2010 年版，第 102 页。

开庭、答辩等全部诉讼过程，甚至会有二审、再审；后者是非讼程序，无需经过全部诉讼过程，法院通过对抵押权登记等证据的审查，即可裁判实行抵押权，包括允许强制拍卖抵押财产。

《物权法》除了未明确抵押权人请求人民法院拍卖、变卖抵押财产的具体程序外，对于质权及留置权，甚至未明确规定质权人及留置权人有权请求人民法院拍卖、变卖担保财产。那么，如果质权人及留置权人请求人民法院拍卖、变卖担保财产，人民法院又应当如何处理？也需要《民事诉讼法》加以明确。

在上述背景下，2012 年《民事诉讼法》修正案，新增加了实现担保物权的特别程序规则，实现了实体法与程序法的融洽衔接，有利于充分发挥担保物权制度的功能，提升担保物权人实现权利的便捷性。

二、实现担保物权申请的提出

担保物权，是指以担保债务清偿为目的，在债务人或第三人的特定物或权利上设定的、就担保财产优先受偿的物权，包括抵押权、质权和留置权。担保物权的目的在于以对债务人或第三人提供担保的物优先受偿的方式担保债务的清偿，因此，担保物权的实现可谓是担保物权效力的根本体现。

依据本条规定，申请实现担保物权，由担保物权人以及其他有权请求实现担保物权的人依照民法典等法律向人民法院提出。《民法典》关于质权与留置权实现途径的规定与抵押权并不相同。就抵押权的实现途径，《民法典》第 410 条第 1 款及第 2 款规定："债务人不履行到期债务或者发生当事人约定的实现抵押权的情形，抵押权人可以与抵押人协议以抵押财产折价或者以拍卖、变卖该抵押财产所得的价款优先受偿。协议损害其他债权人利益的，其他债权人可以请求人民法院撤销该协议。抵押权人与抵押人未就抵押权实现方式达成协议的，抵押权人可以请求人民法院拍卖、变卖抵押财产。"而就质权的实现途径，《民法典》第 436 条第 2 款规定："债务人不履行到期债务或者发生当事人约定的实现质权的情形，质权人可以与出质人协议以质押财产折价，也可以就拍卖、变卖质押财产所得的价款优先受偿。"就留置权的实现途径，《民法典》第 453 条第 1 款规定："留置权人与债务人应当约定留置财产后的债务履行期限；没有约定或者约定不明确的，留置权人应当给债务人六十日以上履行债务的期限，但是鲜活易腐等不易保管的动产除外。债务人逾期未履行的，留置权人可以与债务人协议以留置财产折价，也可以就拍卖、变卖留置财产所得的价款优先受偿。”对比可见，《民法典》规定抵押权人可以请求人民法院拍卖、变卖抵押财产，但并未明确规定质权人及留置权人可以请求人民法院拍卖、变卖担保财产。

那么，应当如何理解本条规范的范围是“担保物权”而非“抵押权”，其是否与《民法典》的规定相矛盾？首先，质权、留置权与抵押权，均属于担保物权，尽管《民法典》明确规定了抵押权的公力救济实现途径，对质权及留置权却没有相应规定，但本着相同事务相同处理的法律解释原则，《民法典》第 410 条第 2 款关于抵押权的公力救济实现途径的规定，于质权及留置权应准用之。其次，《民法典》第 436 条第 2 款有关质权实现途径的规定以及《民法典》第 453 条第 1 款有关留置权实现途径的规定中，均有“也可以就拍卖、变卖”担保财产所得的价款优先受偿的表述，“也可以就拍卖、变卖”在文义上可解释为既包括担保物权人与担保人协商一致实施的拍卖、变卖，也包括申请人民法院实施的拍卖、变卖。[①] 而且，2012 年《民事诉讼法》修正后，很多法院出台适用该程序的指导意见，均将抵押权人、质权人和留置权人作为该程序的申请主体。《民事诉讼法解释》第 359 条对此也明确规定，申请实现担保物权的担保物权人，包括抵押权人、质权人、留置权人。

对于哪些主体可以成为实现担保物权的申请主体，是此类案件立案审查中首先需要明确的问题。依据本条规定，申请主体包括“担保物权人”以及“其他有权请求实现担保物权的人”。但是，对于“担保物权人”以及“其他有权请求实现担保物权的人”的具体范围，意见并不一致。但经过调研和论证发现，多数意见认为，担保物权实现程序中的申请人主要包括“抵押权人”“质权人”“留置权人”，以及特定情形下的“抵押人”“出质人”和“财产被留置的债务人”。《民事诉讼法解释》第 359 条采纳了上述意见。[②]

实际上，《民法典》之所以明确规定抵押权实现的公力救济途径，原因之一在于抵押权的自身属性。抵押权无论其标的为不动产、不动产权利

① 参见高圣平：《物权法与担保法：对比分析与适用》，人民法院出版社 2010 年版，第 101 页。

② 李相波：《实现担保物权程序适用中的相关法律问题》，载《法律适用》2014 年第 8 期。

还是动产，均不移转占有。在此情况下，抵押权人无法实际控制抵押物，于抵押权实现时，如果没有抵押人的配合，拍卖、变卖将难以进行，因此特别需要公权力予以救济。相较而言，质权及留置权，其标的均为移转占有的动产，对于担保物权人而言，因其实际控制担保财产，于担保物权实现条件成就时，拍卖、变卖担保物权较易实施，但这并不是说，质权及留置权不得借助于公力救济实现。随着社会文明的进步，自力救济作为权利保护途径，其适用范围越来越小。在现代社会，私权一般都要依靠国家的公权力予以保护，权利主体只能以法律许可的方式在法律允许的限度内保护自己的权利，即权利的保护途径主要是公力救济，自力救济仅例外地予以承认。对于质权与留置权而言，既然担保物权人可与担保人协商一致实施拍卖、变卖，申请人民法院实施拍卖、变卖自无不允之理。

根据本条规定，实现担保物权的申请主体不限于担保物权人，除担保物权人之外，还包括其他有权请求实现担保物权的人。因此，除担保权人申请实现担保物权的案件之外，担保人申请拍卖、变卖担保物的案件也属于本条规范的范围。《物权法》和《民法典》为平衡担保物权人与担保人之间的利益，督促担保物权人及时行使物权，对质权及留置权规定了出质人、债务人请求人民法院拍卖、变卖质押财产及留置财产的权利。《民法典》第 437 条规定，出质人可以请求质权人在债务履行期限届满后及时行使质权；质权人不行使的，出质人可以请求人民法院拍卖、变卖质押财产。《民法典》第 454 条规定，债务人可以请求留置权人在债务履行期限届满后行使留置权；留置权人不行使的，债务人可以请求人民法院拍卖、变卖留置财产。

此外，除了《民事诉讼法》规定的“担保物权人以及其他有权请求实现担保物权的人”之外的其他主体是否可以适用该程序。比如，《民法典》第 807 条规定：“发包人未按照约定支付价款的，承包人可以催告发包人在合理期限内支付价款。发包人逾期不支付的，除根据建设工程的性质不宜折价、拍卖外，承包人可以与发包人协议将该工程折价，也可以请求人民法院将该工程依法拍卖。建设工程的价款就该工程折价或者拍卖的价款优先受偿。”该条所规定的承包人是否可以适用该程序？再如，《海商法》《民用航空器法》规定的船舶抵押权、民用航空器抵押权的权利人，是否可依照该程序申请实现担保物权？对于船舶抵押权、民用航空器抵押权的权利人，意见比较一致，大都认为可以依照该程序申请实现担保物权的。但对于《民法典》第 807 条规定的承包人是否可以直接适用该程序，实践中有不同意见。

三、实现担保物权的管辖法院

（一）地域管辖

从世界各国和地区的立法实践来看，申请实现担保物权案件的地域管辖标准通常有两种：一种是由担保财产所在地法院管辖；另一种是由担保物权登记地法院管辖。但从世界各国的通例来看，以担保财产所在地法院确定管辖的做法较为普遍。[①]

本条规定，申请实现担保物权，由担保物权人以及其他有权请求实现担保物权的人向担保财产所在地或者担保物权登记地基层人民法院提出，即兼采担保财产所在地和担保物权登记地两种地域管辖标准。对此规定，应从如下方面加以理解与适用：

第一，不动产抵押权，其担保财产所在地与担保物权登记地原则上是重合的。按照《民法典》第 402 条的规定，不动产抵押权实行登记要件主义，即不动产抵押权应当办理抵押登记，抵押权自登记时设立。而按照现行的不动产登记相关规定，不动产登记由不动产所在地相关登记部门进行。

第二，权利质权，其权利标的为所有权以外的可让与的财产权利，不是有形财产，因此严格而言无所谓“所在地”问题。按照《民法典》的相关规定，对于没有权利凭证的财产权利，其质权均需进行相应登记后方可设立。《民法典》第 441 条规定：“以汇票、本票、支票、债券、存款单、仓单、提单出质的，质权自权利凭证交付质权人时设立；没有权利凭证的，质权自办理出质登记时设立。法律另有规定的，依照其规定。”《民法典》第 443 条规定：“以基金份额、股权出质的，质权自办理出质登记时设立。”《民法典》第 444 条规定：“以注册商标专用权、专利权、著作权等知识产权中的财产权出质的，质权自办理出质登记时设立。”《民法典》第 445 条规定：“以应收账款出质的，质权自办理出质登记时设立。”对于上述权利质权，只存在登记地。当然，对于有权利凭证的汇票、支

---

① 参见肖建国、陈文涛：《论抵押权实现的非讼程序构建》，载《北京科技大学学报（社会科学版）》2011 年 3 月。

票、本票、债券、存款单、仓单、提单等，质权自权利凭证交付质权人时设立，可以理解为权利凭证持有人住所地即为担保财产所在地。《民事诉讼法解释》第 360 条规定："实现票据、仓单、提单等有权利凭证的权利质权案件，可以由权利凭证持有人住所地人民法院管辖；无权利凭证的权利质权，由出质登记地人民法院管辖。"

第三，留置权作为法定担保物权，其设立以债权人留置已经合法占有的债务人的动产为要件，无需办理标的动产的登记，属于非登记物权。因此，对于留置权而言，无所谓担保物权登记地。

第四，对于动产抵押，可能存在担保财产所在地与担保物权登记地并非同一地的情况。《民法典》颁布后，《国务院关于实施动产和权利担保统一登记的决定》规定，自 2021 年 1 月 1 日起，在全国范围内实施动产和权利担保统一登记。在此之前，企业、个体工商户、农业生产经营者以现有的以及将有的生产设备、原材料、半成品、产品等动产抵押的，应当向抵押人住所地的工商行政管理部门办理登记。在全国范围内实施动产和权利担保统一登记后，下列纳入统一登记范围的动产和权利担保，由当事人通过中国人民银行征信中心动产融资统一登记公示系统自主办理登记：（1）生产设备、原材料、半成品、产品抵押；（2）应收账款质押；（3）存款单、仓单、提单质押；（4）融资租赁；（5）保理；（6）所有权保留；（7）其他可以登记的动产和权利担保，但机动车抵押、船舶抵押、航空器抵押、债券质押、基金份额质押、股权质押、知识产权中的财产权质押除外。在上述情况下，担保财产所在地与担保物权登记地可能并非同一地。按本条规定，当担保财产所在地与担保物权登记地不一致时，应允许担保物权人选择一处法院提出申请。当然，实务中还应注意一些具体情况。比如船舶、航空器、机动车的物权变动也实行登记对抗主义，即非经登记不得对抗善意第三人，因此船舶、航空器、机动车拍卖、变卖导致所有权发生变动时，也需要相应登记机关的协助。至于生产设备、原材料、半成品、产品，其经拍卖、变卖导致的所有权变动并不需要办理登记。实践中，担保物权人可以结合具体情况，选择对担保物的变现以及担保物权的实现更为便利的管辖法院。

依据《民事诉讼法解释》第 362 条规定："同一债权的担保物有多个且所在地不同，申请人分别向有管辖权的人民法院申请实现担保物权的，人民法院应当依法受理。"

该条规定的地域管辖，其性质是否属于“专属管辖”或“专门管辖”？通说认为，非讼案件的管辖，虽然在法律条文的文字使用上没有“专属管辖”的用语，但由于非讼管辖的目的在于追求迅速及符合公益目的的需求，且其经常涉及第三人的权益，认为其管辖似有定性为专属管辖的必要；且依其性质，并无约定管辖及应诉管辖的适用。此外，《民事诉讼法解释》第361条规定：“实现担保物权案件属于海事法院等专门人民法院管辖的，由专门人民法院管辖。”

（二）级别管辖

本条规定，申请实现担保物权，由申请人向基层人民法院提出。规定由基层人民法院审理，主要是考虑到申请实现担保物权案件的非讼程序特征。依照世界各国和地区的一般做法，非讼案件往往由基层人民法院管辖。此外，考虑到申请实现担保物权案件普遍且数量众多，结合各级人民法院的工作职责划分，这一规定也是符合我国国情的。

【审判实践中应当注意的问题】

第一，担保物权不以登记为限。此前有学者认为，只有经过登记公示的抵押权才能适用非讼程序实现权利。抵押权实现不经诉讼而采取非讼程序途径，很重要的制度原因在于抵押权的公示公信力，在于事先的抵押登记。抵押登记的实体审查以及审查后公示的受法律保护的权利外观，使得法院没有必要对抵押权进行重复的实质审查。相反，特殊动产抵押权如果没有经过登记，将缺失登记方式具有的公示性和公信力。权利自身的存在不确定，使得案件本身不再体现非争议性，也就没有适用非讼程序的基础。[①]但实际上，并非所有未登记的担保物权都没有公信力，从而一定导致权利自身存在的不确定。实践中，担保人可能会对担保物权的存在、其担保的范围及数额存在争议，也可能不存在争议。为扩大担保权人的保护范围，使该项制度有益于更多的担保权人，本条未限定担保权人的担保物权经登记为前提。

第二，管辖法院的固定。一旦申请人依照本条规定，向担保财产所在地或者担保物权登记地基层人民法院提出了申请并被受理，此后虽然发生

① 参见肖建国、陈文涛：《论抵押权实现的非讼程序构建》，载《北京科技大学学报（社会科学版）》2011年3月。

了担保财产所在地的变化等事宜，也不得以此变更管辖法院。此即管辖恒定原则，即确定案件管辖权以起诉（申请）时为标准，起诉（申请）时对案件享有管辖权的法院，不因确定管辖的事实在诉讼过程中发生变化而影响其管辖权。这一原则可以避免因管辖变动而造成司法资源浪费，减少当事人的讼累，推动程序迅速、便捷进行。此外，虽然我国《民事诉讼法》并未明确规定管辖恒定原则，但确有管辖恒定原则的规定，如《民事诉讼法解释》第 37 条规定："案件受理后，受诉人民法院的管辖权不受当事人住所地、经常居住地变更的影响"；第 38 条规定："有管辖权的人民法院受理案件后，不得以行政区域变更为由，将案件送给变更后有管辖权的人民法院。"

第二百零八条 人民法院受理申请后，经审查，符合法律规定的，裁定拍卖、变卖担保财产，当事人依据该裁定可以向人民法院申请执行；不符合法律规定的，裁定驳回申请，当事人可以向人民法院提起诉讼。

【条文主旨】

本条是关于人民法院受理实现担保物权的申请后如何处理的规定。

【理解与适用】

《民事诉讼法》第207条规定，申请实现担保物权，申请人可以向担保财产所在地或者担保物权登记地基层人民法院提出申请。本条规定，人民法院受理实现担保物权的申请后，经过审查，区别情况处理：符合法律规定的，裁定拍卖、变卖担保财产；不符合法律规定的，裁定驳回申请。人民法院做出拍卖、变卖担保财产的裁定的，如果一方当事人拒绝履行或者未全部履行的，对方当事人可以向人民法院申请执行。人民法院裁定驳回申请的，当事人可以向人民法院提起诉讼。

一、担保物权实现案件的非讼案件属性

从民事诉讼的基本原理出发，把握担保物权实现案件的本质属性，才能正确理解与适用担保物权实现的程序规定。

通说认为，民事案件中存在“诉讼案件”和“非讼案件”两种基本类型的划分；基于此种划分，进而适用“诉讼程序”或“非讼程序”，是传统诉讼、非讼二元化格局下民事裁判的逻辑过程。非讼案件是指利害关系人或者申请人在对民事权益没有争议的情况下，请求法院确认某种事实和权利是否存在，从而引起一定的民事法律关系发生、变更、消灭的案件。与诉讼案件相比较，非讼案件有独特的性质和价值取向，处理非讼案件需要适用相应的非讼程序及其基本原理，理论上通常把非讼程序的基本原理或基本原则简称为“非讼法理”。从比较法的角度看，非讼法理主要包括

职权主义、书面审理主义、不公开设立主义、采取自由证明等。

我国现行民事诉讼立法并未明确采用“诉讼案件”和“非讼案件”的基本类型划分，也未明确规定非讼程序。学者认为，我国《民事诉讼法》第十五章“特别程序”中的共同规则的规定，基本上符合“非讼案件”和“非讼程序”的非讼属性，但对于非讼法理并未做出全面合理的规定。[①]按照《民事诉讼法》的立法本意，第十五章中的“特别程序”就是人民法院依照民事诉讼法审理特殊类型案件的一种程序。该程序主要是针对特殊的案件、找到特殊的处理方法、方便处理，实事求是。[②]

随着现代诉（争）讼法理与非讼法理交错适用的理论发展，非讼案件的范围、非讼程序的适用都呈越来越广的趋势，其中就包括了实现担保物权案件。学界大都认为，担保物权实现案件在性质上应属于非讼案件，担保物权实现具有非讼性，并不体现权利义务的争议性。为此，2012年《民事诉讼法》修改时，决定将实现担保物权的程序规定增列入民事诉讼法的特别程序中。申请人（包括担保物权人以及其他有权请求实现担保物权的人）申请法院拍卖、变卖担保物，实质是要求确认并实现其担保物权的程序。换而言之，担保物权人以及其他有权请求实现担保物权的人是申请人，而被申请人是担保人，这种申请与被申请的关系并非请求法院解决民事争议。虽然在担保物权实现程序中被申请人可能提出异议，但这并不影响该程序的非讼性质。

实现担保物权的程序适用非讼程序法理，与非讼程序的价值取向是一致的，而诉讼程序采取当事人主义、直接言词主义，其制度价值在于准确查明案件争议，保障当事人的程序参与，以裁判结果的实体公正为核心目标。在非讼程序中，法院奉行职权主义、简易主义，裁判周期短，体现了效率的价值，其程序目的不在于争议解决，而是确认某项事实。在该程序中，人民法院经核实权利存在及权利实现条件成就等事项，即可作出准予拍卖变卖的裁定，以迅速实现担保物权，合乎非讼程序的制度价值。[③]

担保物权实现程序的非争议性，是由物权的公示公信原则所决定的。

---

① 参见江伟主编：《民事诉讼法学》，中国人民大学出版社2011年版，第341页。

② 参见姚红主编：《中华人民共和国民事诉讼法释义（最新修正版）》，法律出版社2007年版，第251页。

③ 参见肖建国、陈文涛：《论抵押权实现的非讼程序构建》，载《北京科技大学学报（社会科学版）》2011年3月。

作为物权基本原则之一的公示公信原则，是指物权的变动要依法定方式进行公示，基于公示的权利状态受法律保护，第三人有合理的理由相信其为真实的权利状态。比如，抵押权等以登记为权利公示方式的物权，一经合法有效的登记，登记所表现出来的权利外观即具有公信力和对抗力，此时的权利应为确实、有效的存在。再如，动产质权、留置权等担保物权，以占有为其权利公示方式，权利人占有质押动产或留置动产，本身就是拥有动产质权、留置权的证明。

二、担保物权实现案件的具体程序

根据《民事诉讼法》第 207 条和第 208 条的规定，担保物权实现应主要经过如下程序：

（一）申请与受理

《民事诉讼法》第 207 条规定，申请实现担保物权，由担保物权人以及其他有权请求实现担保物权的人向担保财产所在地或者担保物权登记地基层人民法院提出申请。申请人包括担保物权人以及其他有权请求实现担保物权的人，如质权、留置权的担保人。被申请人包括担保人、担保物权人，如果担保财产的实际占有人系第三人（如未经抵押权人同意转让抵押物的受让人），第三人亦为被申请人。[①]《民事诉讼法解释》第 363 条规定，依照《民法典》第 392 条的规定，被担保的债权既有物的担保又有人的担保，当事人对实现担保物权的顺序有约定，实现担保物权的申请违反该约定的，人民法院裁定不予受理；没有约定或者约定不明的，人民法院应当受理。此外，《民事诉讼法解释》第 364 条规定，同一财产上设立多个担保物权，登记在先的担保物权尚未实现的，不影响后顺位的担保物权人向人民法院申请实现担保物权。

依据《民事诉讼法解释》第 365 条的规定，申请实现担保物权，应当提交下列材料：（1）申请书。申请书应当记明申请人、被申请人的姓名或者名称、联系方式等基本信息，具体的请求和事实、理由；（2）证明担保物权存在的材料，包括主合同、担保合同、抵押登记证明或者他项权利证书，权利质权的权利凭证或者质权出质登记证明等；（3）证明实现

① 参见丁亮华：《抵押权实现之非诉执行途径——从解释论看〈物权法〉第 195 条第 2 款》，载丁亮华：《强制执行的规范解释：在实体法与程序法之间》，中国法制出版社 2011 年版，第 240 页。

担保物权条件成就的材料;（4）担保财产现状的说明;（5）人民法院认为需要提交的其他材料。

第一，申请书。申请书是申请人向人民法院提出申请实现担保物权的书面材料，申请书的内容主要包括申请人和被申请人的姓名、名称联系方式等基本信息，申请的具体的请求、事实和理由等。

第二，证明担保物权存在的材料。包括主合同、担保物权合同、抵押权登记证明或他项权利证书，权利质权的权利凭证或者出质登记证明等。担保物权的有效存在是担保物权行使的前提，也是申请实现担保物权的必备条件。在基于合同设立担保物权的情形下，担保合同成立并生效；而且，依法需要公示的，已经完成了担保物权设立所需的公示要件。在基于法律规定直接取得担保物权的情形下，是指具备了法定的取得担保物权的条件。具体来说，证明抵押权存在的证明材料需区分抵押权的类型。如果抵押权是须登记才能设立的不动产抵押权，应当提供抵押权登记证明或者他项权利证书等。如果抵押权是非经登记即可设立的动产抵押权，则应当提供抵押合同；如果动产抵押权办理了抵押登记，则也应提供抵押权登记证明或者他项权利证书。证明质权存在的证明材料，需区分动产质权或权利质权。其中，动产质权存在的证明材料包括质权合同、交付出质财产的证明。至于权利质权，则需进一步区分是否需要办理出质登记。以有权利凭证的汇票、支票、本票、债券、存款单、仓单、提单等证券化权利出质的，交付权利凭证后质权就设立，因此证明质权存在的证明材料包括质权合同及权利凭证。如果是须登记才能设立的权利质权，质权存在的证明材料包括质权合同及出质登记证明，此类情形包括以没有权利凭证的汇票、支票、本票、债券、存款单、仓单、提单出质，以基金份额、股权出质，以注册商标专用权、专利权、著作权等知识产权中的财产权出质，以及以应收账款出质等。留置权利存在的证明材料则包括债权合同以及申请人依法占有留置财产的证据材料。

第三，证明实现担保物权条件成就的材料。担保物权实现条件成就，主要是指债务人不履行到期债务或者发生了当事人约定的实现担保物权的情形。具体有两种情形：一是债务人不履行到期债务，即债务履行期间届满，债务人不履行债务。二是发生了当事人约定的实现担保物权的情形。所谓当事人约定的实现担保物权的情形，指债务人不履行债务以外的、当事人特别约定的实现担保物权的情形。该种情形常见于浮动抵押。比如，某企业以其仓库中现有及将有的所有产品设定浮动抵押向银行贷款，银行为保全抵押财产在实现抵押权时能够达到一定的数量及价值，与企业在抵押合同中约定，企业不得以其库存的产品从事低价交易，一旦出售价格低于约定比例，银行即有权宣布贷款提前到期并实现抵押权。当然，对于作为法定担保物权的留置权而言，情况有些差异。依照《民法典》的规定，债务人不履行到期债务，不是债权人实现留置权的条件，而只是债权人留置已经合法占有的债务人的动产的条件。债权人留置债务人财产后，应当与债务人约定留置财产后的债务履行期间；没有约定或者约定不明确的，除留置物为鲜活易腐等不易保管的动产之外，留置权人应当给债务人六十日以上履行债务的期间。因此，证明实现留置权条件成就的材料，应当包括债务人在留置权留置财产后的债务履行期间届满仍不履行债务。

第四，担保物现状的说明。提供担保物的现状的证明主要是为了让法院了解担保物处于何种状态，通常包括名称、数量、质量、状况、所在地、所有权归属或者使用权归属等。担保财产的名称，指担保财产是何种类型的财产，比如是房屋、建设用地使用权、机器设备，还是汇票、支票、本票，等等。数量，指担保财产的多少，尤其在浮动抵押场合，抵押权的实现以抵押财产的确定为前提条件，需要明确各种动产的类型及具体数量。质量，指担保财产的品质，比如浮动抵押的企业成品的质量标准。状况，指担保财产的现时状态，比如抵押的汽车行驶了多少公里。所在地，指担保财产现在何处。所有权归属或者使用权归属，指担保财产归谁所有或者由谁依法使用。

第五，人民法院认为需要提交的其他材料。这是兜底性的规定，主要是法院根据案件的具体情况，为了查明事实而要求申请人提供的其他材料。

人民法院受理实现担保物权的申请后，应当向被申请人送达相关文书，其有权提出异议。《民事诉讼法解释》第366条规定："人民法院受理申请后，应当在五日内向被申请人送达申请书副本、异议权利告知书等文书；被申请人有异议的，应当在收到人民法院通知后的五日内向人民法院提出，同时说明理由并提供相应的证据材料。"

（二）审查与裁定

从程序性质上看，申请实现担保物权程序属于非讼性质的特别程序，按照非讼程序原理，法院无需进行实质性审查，原则上可采用法官独任原则做出处理。但是，对于重大、疑难的案件应组成合议庭进行审查。《民事诉讼法解释》第367条规定："实现担保物权案件可以由审判员一人独任审查；担保财产标的额超过基层人民法院管辖范围的，应当组成合议庭进行审查。"同时，《民事诉讼法解释》第368条规定，人民法院审查实现担保物权案件，可以询问申请人、被申请人、利害关系人，必要时可以依职权调查相关事实。因此，人民法院在审查时，要核实申请人提供的证据，可以询问有关申请人、被申请人，必要时，可以依职权调查相关事实。《民事诉讼法解释》第369条的规定，人民法院应当就主合同的效力、期限、履行情况，担保物权是否有效设立、担保财产的范围、被担保的债权范围、被担保的债权是否已届清偿期等担保物权实现的条件，以及是否损害他人合法权益等内容进行审查；被申请人或者利害关系人提出异议的，人民法院应当一并审查。关于审理期限，民事诉讼法未明确规定。但因担保物权的实现程序设置在《民事诉讼法》第十五章特别程序内，因此应当适用《民事诉讼法》第十五章第一节的一般规定，即应当在立案之日起30日内审结，有特殊情况需要延长的，由本院院长批准。既然申请实现担保物权属于非讼案件，人民法院应当以裁定为之，担保物权人不得请求以判决为之。[①]

《民事诉讼法解释》第370条规定，人民法院审查后，按下列情形分别处理：（1）当事人对实现担保物权无实质性争议且实现担保物权条件成就的，裁定准许拍卖、变卖担保财产；（2）当事人对实现担保物权有部分实质性争议的，可以就无争议部分裁定准许拍卖、变卖担保财产；（3）当事人对实现担保物权有实质性争议的，裁定驳回申请，并告知申请人向人民法院提起诉讼。

第一，申请人与被申请人之间对于实现担保物权无实质性争议，而且实现担保物权条件成就的，人民法院应当裁定准许拍卖、变卖担保财产。实质争议，主要是指申请人与被申请人之间对于担保物权是否有效成立、债权是否已到清偿期等事实存有争议。

第二，申请人与被申请人对实现担保物权有部分实质性争议的，人民法院可以先就无争议部分裁定准许拍卖、变卖担保财产。之所以区分"全案争议"和"部分争议"，目的就是为了防止如果申请担保物权实现案件

---

① 参见谢在全：《民法物权论》，中国政法大学出版社2011年版，第741页。

仅存在“部分争议”就驳回申请人的申请，可能会影响该制度的适用。因此，为了达到设立该程序的立法目的，对于担保物权部分有争议部分无争议的，人民法院可以就无争议部分先行作出准许拍卖变卖的裁定。以抵押权为例，如抵押人与债务人仅对债务利息有异议但对债务本金没有异议，人民法院可就无争议部分先行作出准许拍卖、变卖的裁定。

第三，申请人与被申请人对实现担保物权有实质性争议的，因实现担保物权案件是非讼程序，适用该程序的前提是双方之间对于事实不存在争议，如果双方之间对于该事实存有争议，就应该通过诉讼程序予以解决，故人民法院此时应当裁定驳回申请人的申请。《民事诉讼法》第 208 条明确规定：“不符合法律规定的，裁定驳回申请，当事人可以向人民法院提起诉讼”。为了保障当事人的权利，《民事诉讼法解释》明确规定，在人民法院驳回申请人的申请时，应当明确告知其可以提起诉讼。

以抵押权为例，对于一般抵押权，法院应根据抵押合同、抵押登记等材料确定抵押权是否成立，以及是否发生债务人不履行到期债务或当事人约定的实现抵押权的情形。债务人或抵押人对债权是否存在、数额、时效等提出异议并经审查上述异议的事实成立的，应视为存在实质争议，人民法院应裁定驳回申请，告知申请另行起诉解决纠纷。另外，审查中也要注意，在物保和人保并存的，应审查当事人之间对于担保物权的实现是否有特别的约定，有约定的从约定，无约定的按照《民法典》的规定进行审查。对于最高额抵押，它是担保一定法律关系所产生的现有及将来发生的债权而设定的抵押权，其登记一般也仅就债权范围、存续期间、债权人、债务人等内容予以记载，被担保债权在抵押登记时也未必成立，在最高额抵押权存续期间，因清偿或其他事由减少或消灭债权也不必进行登记涂销，因此与一般抵押权不同。抵押权人欲实现该抵押权时，必须以实际存在的债权额为准，故抵押权人另需提供证明主债权成立及数额的证据。法院应注意被担保债权范围的审查，如果抵押人或债务人否认登记之前已有债权存在（或已进行清偿）、登记之后有债权发生，从抵押权人提供的证据材料进行形式审查又不能确定被担保债权成立的，应认定双方有实质性民事权益争议，裁定驳回申请，告知申请人通过起诉解决。对于债务人不履行到期债务，如果担保物权登记时同时登记清偿期的，法院应以登记时间来确定清偿期是否届满，如未登记清偿期的，应以合同约定或法律规定为准。

（三）强制执行

人民法院裁定拍卖、变卖担保财产的，该裁定即成为执行依据。如果一方当事人拒绝履行或者未全部履行的，对方当事人可以向人民法院申请执行。

但实际上，如果人民法院支持申请人的申请，裁定拍卖、变卖担保财产，其裁定内容中也不包含限期担保权人或担保人自行拍卖、变卖或担保权人与担保人协商拍卖、变卖担保财产的内容，一旦人民法院裁定拍卖、变卖担保财产，该裁定生效后，申请人即可申请强制执行。纵观世界各国和地区的抵押权司法保护程序，基本上均为抵押权人直接申请法院强制执行抵押财产，由法院进行形式审查后作出是否准许的裁定，该裁定就是抵押权实现的执行名义。①

此外，为了保障担保物权实现的申请能够将来得到执行，申请人可以对担保财产申请保全。《民事诉讼法解释》第371条规定："人民法院受理申请后，申请人对担保财产提出保全申请的，可以按照民事诉讼法关于诉讼保全的规定办理。"

（四）裁定错误的救济

依据《民事诉讼法解释》第372条规定："适用特别程序作出的判决、裁定，当事人、利害关系人认为有错误的，可以向作出该判决、裁定的人民法院提出异议。人民法院经审查，异议成立或者部分成立的，作出新的判决、裁定撤销或者改变原判决、裁定；异议不成立的，裁定驳回。"对人民法院作出的确认调解协议、准许实现担保物权的裁定，当事人有异议的，应当自收到裁定之日起十五日内提出；利害关系人有异议的，自知道或者应当知道其民事权益受到侵害之日起六个月内提出。

【审判实践中应当注意的问题】

一、抵押权人申请实现抵押权，不必以《民法典》第410条第2款规定的"抵押权人与抵押人未就抵押权的实现方式达成协议"为前提条件。《民法典》规定抵押权人可以与抵押人协议，只是为了赋予抵押权人更多的抵押权实现途径。无论是抵押权人与抵押人协议还是向法院申请强制执

① 参见丁亮华：《抵押权实现之非诉执行途径——从解释论看〈物权法〉第195条第2款》，载丁亮华：《强制执行的规范解释：在实体法与程序法之间》，中国法制出版社2011年版，第238~239页。

行，均是《民法典》赋予其的权利，而不是施加的义务。抵押权人即使不与抵押人协议，也可以直接向人民法院申请拍卖、变卖抵押财产。对于质权与留置权，《民法典》本身就没有规定担保物权人与担保人就担保物权的实现方式进行协商，因此更不必以担保物权人与担保人未就担保物权的实现方式达成协议为提出申请的前提。人民法院不应以此为由裁定驳回申请人的申请。

二、尽管担保物权人应当提供担保物权存在及其实现条件成就的相关证据材料供人民法院审查，但申请实现担保物权属于非讼程序，本身适用职权主义，人民法院对于担保物权与其他权利是否存在等相关事实均有权进行职权调查，并不限于当事人提供的材料。

第十六章　审判监督程序

第二百零九条　各级人民法院院长对本院已经发生法律效力的判决、裁定、调解书，发现确有错误，认为需要再审的，应当提交审判委员会讨论决定。

最高人民法院对地方各级人民法院已经发生法律效力的判决、裁定、调解书，上级人民法院对下级人民法院已经发生法律效力的判决、裁定、调解书，发现确有错误的，有权提审或者指令下级人民法院再审。

【条文主旨】

本条是关于人民法院依职权再审的规定。

【理解与适用】

《民事诉讼法》经过几次修正后，审判监督程序得到全面修正完善，对当事人不服生效裁判的救济途径，在充分保障当事人救济权的基础上又进行了必要的限制，以兼顾审判监督程序依法纠错、维护裁判权威两方面的职能作用。

《民事诉讼法》经过修正，确定了裁判文书生效后，当事人可以向人民法院申请再审。人民法院驳回再审申请、逾期未对再审申请作出裁定或是再审裁判有明显错误的，当事人还可以向人民检察院申请检察建议或抗诉。在向人民法院申请再审、向人民检察院申请检察监督后，当事人就不再享有诉讼上的救济途径。经过人民法院和人民检察院的两次审查，人民法院一次再次的再审，生效裁判的公正性能得到充分保障。但仍可能存在特殊情形，比如生效裁判损害国家利益、社会公共利益的情形，当事人诉讼中没有主张，人民法院、人民检察院之前因故未能发现；又如当事人申请再审或申请检察监督程序结束后又出现新的证据，又或据以作出原判决、裁定的法律文书被撤销或者变更的，能够证明生效裁判文书存在确需纠正的错误。对这些极端特殊的情形，仍有必要予以救济或再审予以纠正，因而规定了人民法院依职权再审的制度。

一、本院依职权再审

本条第1款是作出生效裁判的人民法院自我监督，对本院已经发生法律效力的判决、裁定、调解书，经过本院审判委员会讨论决定，认为原判决、裁定调解书确有错误，需要再审的，可以依法裁定再审。

司法实践中，人民法院院长发现本院生效裁判确有错误的信息来源有：关联案件的审理，生效裁判文书的执行，当事人的申诉信访，社会的监督等。实践中，获悉本院生效裁判可能确有错误的信息后，人民法院也会依法另行组成合议庭进行审查，审查范围不限于相关信息反映的问题，而是对案件的事实认定、法律适用、程序适用进行全面审查。合议庭经审查认为，本院生效裁判确有错误，必须通过再审程序纠正的，报院长同意后提交本院审判委员会讨论，本院审判委员会讨论后认为确有错误，需要再审纠正的，裁定再审。经合议庭或审判委员会讨论认为，生效裁判虽有错误，但相关错误无需通过再审纠正的，通过其他方式进行纠正或补救。经合议庭或审判委员会讨论认为，生效裁判没有错误的，不予再审，有必要的可将相关审查意见通过适当方式进行反馈。

二、上级人民法院依职权再审

本条第2款是基于最高人民法院对地方各级人民法院审判工作的监督，以及上级人民法院对下级人民法院审判工作的监督而引起案件再审的规定。按照《人民法院组织法》的规定，最高人民法院是国家的最高审判机关，有权监督地方各级人民法院和专门人民法院的审判工作。同时，上级人民法院有权监督下级人民法院的审判工作。基于此，最高人民法院对地方各级人民法院已经发生法律效力的判决、裁定、调解书，上级人民法院对下级人民法院已经发生法律效力的判决、裁定、调解书，发现确有错误的，有权提审或者指令下级人民法院再审。

需要注意的是，为了依法、及时、有效纠错，《最高人民法院关于民事审判监督程序严格依法适用指令再审和发回重审若干问题的规定》（法释〔2015〕7号）对指令再审和再审发回重审进行了严格限制，该规定第

2条第3款规定，上级人民法院依据《民事诉讼法》第209条第2款裁定再审的，应当提审，而不能指令再审。

三、对调解书的依职权再审

2012年修正前的《民事诉讼法》，对人民法院依职权再审的生效裁判，限于发生法律效力的判决、裁定。对调解书，只赋予当事人申请再审的权利，而未规定人民法院可以依职权再审。司法实践中发现，一些人采用欺诈、胁迫、恶意串通等手段，通过调解方式损害国家利益、社会公共利益、他人合法权益的情况时有发生。对这种损害国家利益、社会公共利益、他人合法权益的调解书，仅规定当事人申请再审，还不足以依法纠正这些错误。针对现实问题，结合司法实践中的已有经验，2012年修正《民事诉讼法》时，在本条中增加规定人民法院可以对调解书依职权再审。

四、确有错误的理解

《民事诉讼法》规定的裁定再审标准有三类，一是《民事诉讼法》第211条、第212条规定的再审事由成立；二是《民事诉讼法》第220条规定的再审判决、裁定有明显错误；三是本条规定的确有错误。根据《民事诉讼法》确定的有限再审原则，对再审裁判再次启动再审应更加慎重，而对一审、二审、申请再审、检察监督全部诉讼救济途径穷尽后的依职权再审，标准自然应该更严。所以三类标准应该递进趋严格，即明显错误的标准应该严于再审事由成立，而确有错误的标准应该更严于明显错误。

《民事诉讼法》和相关司法解释并未给出确有错误的标准，除了生效判决、裁定、调解书损害国家利益、社会公共利益、他人合法权益外，对原生效裁判文书的其他错误是否达到确有错误的标准，根据三类标准递进趋严的指导原则，结合《民事诉讼法》第211条、第212条规定的再审事由，予以把握。除了具备相关再审事由外，还需要注意错误的确定性，即原审裁判文书中存在的错误是确定无疑的，而不仅仅是可能性；要注意错误的严重性，程序性的错误要足以影响实体裁判的正确性，事实认定、法律适用的错误要足以推翻原审裁判结果。不能因当事人反复申诉将依法不应当再审的案件依职权裁定再审。

【审判实践中应当注意的问题】

一、有错必纠和依法纠错的准确理解

实事求是、有错必纠，是审判监督工作必须坚持的原则。但需要注意的是，有错必纠不等于所有错都要通过再审程序纠正，只有法律规定可以再审的裁判文书、具备了法定应当再审的情形、经过法定程序确定后方能裁定再审，这就是依法纠错。依法纠错是有错必纠在审判监督案件办理中的具体要求，坚持依法纠错就是坚持实事求是、有错必纠。

实践中容易出现的问题有两类：一是纠错方式错误。习惯性地认为有错误需要纠正，应当通过再审程序来纠正。比如一些程序性的裁定，可以直接通过制作新的裁定撤销错误裁定即可，对这种情形不需要再审纠错。二是纠错对象错误。在一些案件的处理中，一错再错，在产生一连串错误后，开始纠正错误时不知道选择纠错的切入点，错误地选择纠错对象。比如，对达成执行和解协议并履行完毕的案件错误地裁定再审，再审后又错误地裁定发回重审并按撤回起诉处理，另诉后作出判决与和解协议相去甚远，对这样的错误如何纠正往往不能正确把握。

二、上级人民法院驳回再审申请后的依职权再审问题

在上级人民法院驳回当事人申请再审后，原审人民法院能否依据本条第1款规定，以院长发现本院已经发生法律效力的判决发现确有错误为由，启动再审程序？这一问题实践中还存有争议，涉及对申请再审审查程序性质、驳回再审申请裁定效力的理解。

申请再审审查程序的性质，虽经诉权化改造，但仍不能将之等同于诉讼程序。一方面，审查程序只解决再审事由是否成立的判断，其效果只在于解决是否启动再审程序，不涉及实体最终裁判；另一方面，再审事由是否成立的审查判断，又并非简单的形式审查，特别是《民事诉讼法》第211条第1、2、6项事由，是申请再审最常见的事由，而其是否成立必然涉及对原审事实认定、法律适用是否正确的实质性判断，从这一角度讲，它又具有实体裁判的性质。特别是在强化驳回再审申请裁定说理的要求下，驳回再审申请裁定书必然要对适用法律是否正确、事实认定证据是否充分进行判断和充分阐述理由。这种裁判文书中对事实认定、法律适用的

判断和理由的阐述，效力是止于审查程序还是及于后续可能的诉讼程序，不同认识应该说都有所本。《民事诉讼法》相关司法解释规定，人民法院审理因人民检察院抗诉或者检察建议裁定再审的案件，不受此前已经作出的驳回当事人再审申请裁定的影响。实际选择的是驳回再审申请裁定书中理由的阐述，不影响后续的再审裁判。支撑这一选择的可能理由是，审查程序并非诉讼程序，而再审程序是诉讼程序，因而审查程序中对事实、法律分析意见，不影响再审诉讼程序中重新判断。

在《民事诉讼法》司法解释明确驳回再审申请裁定不影响后续再审审理和裁判后，能否得出也不影响原审法院依职权再审的启动呢？《民事诉讼法》规定的救济路径或者说启动再审的方式有三种：一是依申请再审，二是依职权再审，三是抗诉再审。显然，人民法院驳回再审申请的裁定，不能限制检察机关的抗诉和再审检察建议。上级人民法院依申请审查和原审人民法院依职权审查，是以审查主体不同、审查程序不同、启动再审标准也不尽相同为由，认为上级人民法院驳回再审申请裁定书不影响原审人民法院依职权审查的处理；还是以两者都是对同一生效裁判审查判断是否符合再审标准，且原审人民法院依职权审查标准还严于依申请审查，而即便不认可驳回裁定具有实体裁判的效力，也应该尊重其对事由审查判断的效力，特别是下级人民法院更应尊重这一判断，进而对原审人民法院依职权裁定作出一定限定。上述观点应该说都有一定道理，也都属于可选项。

因相关问题存有争议，还没有司法解释对此作明确规定，而《民事诉讼法》本条文并未对此情形作特别限制，故在司法解释对这一问题作出明确限制前，在上一级人民法院驳回当事人再审申请后，原审人民法院可以院长发现本院已经发生法律效力的判决发现确有错误为由，依据本条规定裁定再审。

三、依职权再审的次数限制

关于本院依职权再审是否有次数限制问题，最高人民法院曾先后出台司法解释或规范性文件，明确同一人民法院原则上只能再审一次。《最高人民法院关于人民法院对民事案件发回重审和指令再审有关问题的规定》（法释〔2002〕24号）第2条规定，各级人民法院依照1991年《民事诉讼法》第177条（即现行《民事诉讼法》本条款）第1款的规定对同一案件进行再审的，只能再审一次；上级人民法院根据1991年《民事诉讼法》第177条（即现行《民事诉讼法》本条款）第2款的规定指令下级人民法院再审的，只能指令再审一次；上级人民法院认为下级人民法院作出的发生法律效力的再审判决、裁定需要再次进行再审的，上级人民法院应当依法提审；上级人民法院因下级人民法院违反法定程序而指令再审的，不受前款规定的限制。之后，《最高人民法院关于正确适用〈关于人民法院对民事案件发回重审和指令再审有关问题的规定〉的通知》(法〔2003〕169号）进一步明确：(1）各级人民法院对本院已经发生法律效力的民事判决、裁定，不论以何种方式启动审判监督程序的，一般只能再审一次。(2）对于下级人民法院已经再审过的民事案件，上一级人民法院认为需要再审的，应当依法提审。提审的人民法院对该案件只能再审一次。(3）人民检察院按照审判监督程序提起抗诉的民事案件，一般应当由作出生效裁判的人民法院再审；作出生效裁判的人民法院已经再审过的，由上一级人民法院提审，或者指令该法院的其他同级人民法院再审。(4）各级人民法院院长发现本院发生法律效力的再审裁判确有错误依法必须改判的，应当提出书面意见请示上一级人民法院，并附全部案卷。上一级人民法院一般应当提审，也可以指令该法院的其他同级人民法院再审。

因为《民事诉讼法》的多次修正，相关司法解释和规范性文件部分内容与新的《民事诉讼法》不尽契合。2019年《最高人民法院关于废止部分司法解释（第十三批）的决定》，以相关规定已被《最高人民法院关于民事审判监督程序严格依法适用指令再审和发回重审若干问题的规定》代替为由，废止《关于人民法院对民事案件发回重审和指令再审有关问题的规定》(法释〔2002〕24号)。因《关于正确适用〈关于人民法院对民事案件发回重审和指令再审有关问题的规定〉的通知》系对法释〔2002〕24号正确适用的通知，法释〔2002〕24号被废止后，该通知按理也不再适用。

虽然不再有再审次数直接限制的规定，但只要严格适用确有错误的裁定再审标准，严格适用审判委员会讨论的程序性规定，相信也不会有多次依职权再审情形的存在。

第二百一十条 当事人对已经发生法律效力的判决、裁定，认为有错误的，可以向上一级人民法院申请再审；当事人一方人数众多或者当事人双方为公民的案件，也可以向原审人民法院申请再审。当事人申请再审的，不停止判决、裁定的执行。

【条文主旨】

本条是关于当事人申请再审的一般性规定。

【理解与适用】

我国实行二审终审的基本诉讼制度。民事争议发生后，当事人可以向人民法院提起诉讼，人民法院按一审程序进行审理，作出的判决、裁定为一审判决、裁定，当事人不服的可以上诉；当事人不服一审判决、裁定的，可以向上一级人民法院提起上诉，上一级人民法院按照二审程序进行审理，作出的判决、裁定为终审的判决、裁定，作出后即发生法律效力，当事人不得再提起上诉。如果当事人认为发生法律效力的判决、裁定还有错误，应该对案件再次审理，可以申请再审。申请再审和上诉的最大区别在于，当事人上诉后二审程序即启动，但当事人申请再审，再审程序并不必然启动，只有人民法院审查认为，当事人的再审申请符合法律规定的再审情形时，才会裁定再审，进而启动再审程序。这种“宽进严出”的做法，就是为了全面发挥审判监督程序依法纠错、维护裁判权威的双向职能作用。一方面，赋予当事人普遍性地申请再审的权利，就当事人提出的异议再次审查，发现有法定再审情形的依法再审纠正，切实维护当事人合法权益，维护司法公正。另一方面，严格启动再审的条件，切实维护生效裁判的稳定性，维护司法权威。生效裁判没有公止性，司法将无法令人信赖、信服；同样的，生效裁判没有稳定性，经常被再审变动，争议的最终处理结果长期处于不确定状态，将会降低当事人对司法处理纠纷效能的信赖。因此，审判监督程序作为一种纠错程序，就要同时兼顾公正、秩序与效率。

一、向上一级人民法院申请再审的原则

1991 年通过的《民事诉讼法》第 178 条中规定，当事人“可以向原审人民法院或者上一级人民法院申请再审”。按此规定，当事人申请再审，既可以向原审人民法院提出，也可以向上一级人民法院提出。这一规定，目的在于充分保护当事人申请再审权利的行使，但实践中出现当事人同时或者先后向不同级别的人民法院申请再审的情形，导致人民法院重复劳动。而由原审人民法院自己纠错较为困难，依法纠错的效果不能得到充分发挥。

2007 年《民事诉讼法》的修正，删去了当事人向原审人民法院申请再审的规定，明确当事人向上一级人民法院申请再审。申请再审上提一级，有利于审判监督程序依法纠错职能作用的充分发挥，有利于上级人民法院发挥审级监督作用，有利于维护当事人合法权益，受到普遍欢迎，效果总体是好的。但是这一修正也影响当事人诉讼便利性，有些发生法律效力的判决、裁定，双方当事人都是公民，或是一方当事人人数众多，向上一级人民法院申请再审时可能会遇到交通不便、开销较大等不便因素，这些当事人愿意选择向原审人民法院申请再审，且由原审人民法院再审，有时候也有利于查清事实，将纠纷解决在当地。因此，2012 年《民事诉讼法》修正时，在坚持当事人向上一级人民法院申请再审的原则的同时，回应司法实践中的需要，增加规定：对当事人一方人数众多或者当事人双方为公民的民事案件，也可以向原审人民法院申请再审。

2021 年，全国人民代表大会常务委员会授权最高人民法院组织开展四级法院审级职能定位改革试点工作，其中明确试点期间试点法院暂时调整适用《民事诉讼法》关于当事人申请再审规定相关条文的适用。同年，最高人民法院印发《关于完善四级法院审级职能定位改革试点的实施办法》明确，当事人对高级人民法院作出的已经发生法律效力的民事判决、裁定、调解书，认为有错误的，应当向原审高级人民法院申请再审；只有申请人对原判决、裁定认定的基本事实、主要证据和诉讼程序无异议，但认为适用法律有错误的，或是原判决、裁定经高级人民法院审判委员会讨论决定的情况下，可以向最高人民法院申请再审。两年试点期满，最高人民法院下发《关于四级法院审级职能定位改革试点结束后相关工作要求的通知》，明确自 2023 年 9 月 28 日起，不再执行《最高人民法院关于完

善四级法院审级职能定位改革试点的实施办法》，最高人民法院、各高级人民法院恢复施行现行《民事诉讼法》关于当事人申请再审相关条文的规定，全面恢复了当事人向上一级人民法院申请再审的原则。

二、向原审法院申请再审的例外情形

在坚持当事人向上一级人民法院申请再审的原则的同时，2012年《民事诉讼法》修正时，基于便利当事人诉讼权利行使的原因增加规定：对当事人一方人数众多或者当事人双方为公民的民事案件，也可以向原审人民法院申请再审。这一规定在之后的历次修正中都未再调整。

"当事人一方人数众多"一般指十人以上，包括公民、法人和其他组织。当事人双方为公民，是指原告和被告均为公民的案件，第三人是法人和其他组织不影响当事人向原审人民法院申请再审。

需要注意三点：一是向上一级人民法院申请再审是一般原则，这两类案件的当事人只要向上一级法院提出再审申请，就是选择了上一级人民法院，上一级人民法院不能对再审申请不予受理。二是这两类案件，允许当事人在上一级人民法院和原审人民法院之中选择其一申请再审，并不意味着可以同时申请、重复申请。当事人选择向原审人民法院提出再审申请，就不能再向上一级人民法院提出；反之亦然。三是这两类案件，不同当事人分别向原审人民法院和上一级人民法院申请再审的，先由当事人协商，如果不能协商一致的，则由原审人民法院受理。

三、申请再审不停止判决、裁定的执行

我国实行两审终审制，判决、裁定、调解书生效后，当事人就可以申请执行。当事人申请再审的，不停止判决、裁定、调解书的执行。只有经过人民法院审查，认定再审事由成立，依法裁定再审时，才会裁定中止原判决、裁定、调解书的执行，但追索赡养费、扶养费、抚养费、抚恤金、医疗费用、劳动报酬等案件，还可以不中止执行。

【审判实践中应当注意的问题】

实践中，需要注意的问题有两方面，一是申请主体问题，当事人死亡或者终止的，其权利义务承继者可以申请再审；判决、调解书生效后，当事人将判决、调解书确认的债权转让，债权受让人对该判决、调解书不服

申请再审的，人民法院不予受理。二是申请对象问题，要准确理解可以申请再审的裁判文书。除了未发生法律效力的裁判文书，不得申请再审外，因为裁判文书的性质、救济途径的限制等原因，还有一些发生法律效力的裁判文书，也不得申请再审。对此，具体分析如下：

一、不得申请再审的裁判文书

《民事诉讼法》第 213 条规定，当事人对已经发生法律效力的解除婚姻关系的判决、调解书，不得申请再审。此外，特别程序、督促程序、公示催告程序、破产程序的案件，因其性质均为非讼程序，与诉讼程序的性质存在根本差异，相关裁判文书即便存在差错，有的可以根据新情况直接作出新裁判对原裁判直接撤销或改变，有的可以通过另行提起诉讼等其他途径予以救济，不需要通过再审程序纠错。

对特别程序的救济，《民事诉讼法》司法解释赋予当事人异议权。适用特别程序作出的判决、裁定，当事人、利害关系人认为有错误的，可以向作出该判决、裁定的人民法院提出异议。人民法院经审查，异议成立或者部分成立的，作出新的判决、裁定撤销或者改变原判决、裁定；异议不成立的，裁定驳回。

对督促程序，《民事诉讼法解释》明确，人民法院院长发现本院已经发生法律效力的支付令确有错误，认为需要撤销的，应当提交本院审判委员会讨论决定后，裁定撤销支付令，驳回债权人的申请。直接撤销，无需通过再审程序纠正。

对公示催告程序，利害关系人在公示催告期间向人民法院申报，人民法院收到申报后，裁定终结公示催告程序，申请人或者申报人可以向人民法院起诉。利害关系人因正当理由不能在判决前向人民法院申报的，自知道或者应当知道判决公告之日起一年内，可以向作出判决的人民法院起诉。因相关争议可以通过另行提起诉讼解决，也无需通过再审程序纠正。

至于破产程序的案件，则按破产法相关规定处理。

二、可以申请再审的裁定

裁定书是人民法院对案件审理过程中所发生的程序问题作出的处理决定。一般不会对当事人实体权利产生影响，程序性问题的处理即便存有差错，也可以另行作出新的裁定修正原裁定的错误即可。但不予受理、驳回起诉的裁定是终局性裁定，裁定生效后，当事人即不得再以同样的请求、事实理由提起诉讼。不予受理、驳回起诉的裁定一旦存在错误，则可能损害当事人请求司法救济的诉权，涉及当事人的基本程序保障，当事人的实体权利就无法获得保障，因此当事人可以申请再审。

对于按自动撤回上诉处理的裁定，也涉及当事人实体权利的救济，最高人民法院曾作出《关于当事人对按自动撤回上诉处理的裁定不服申请再审人民法院应如何处理问题的批复》明确，当事人对按自动撤回上诉处理的裁定不服申请再审，人民法院认为符合法定再审情形的，应当再审；经再审，裁定确有错误的，应当予以撤销，恢复第二审程序。《民事诉讼法解释》全面修订时，考虑到当事人可以直接针对一审判决申请再审获得救济，最终未规定对该类裁定可以申请再审。

关于管辖权异议裁定，2007 年修正的《民事诉讼法》第 179 条第 1 款第 7 项明确，违反法律规定，管辖错误的，人民法院也应当再审。在当时，对管辖权异议裁定，当事人可以申请再审。2012 年《民事诉讼法》修正时，不再将管辖错误作为再审事由。考虑到管辖权异议的救济已经通过一审程序及二审程序来保障，从程序稳定性而言，如若允许对该类裁定申请再审将严重拖延诉讼，且实体判决错误的，可以通过对判决申请再审予以救济，故《民事诉讼法解释》最终未规定对该类裁定可以申请再审。

三、一审生效裁判申请再审问题

对于一审生效的裁判文书能否申请再审的问题，司法实践中一直有一种主张，认为当事人有上诉救济途径不行使，为了不交上诉费“不打二审打再审”，对这种不诚信的诉讼行为应有所限制，因而主张除了少数非因自身原因未能上诉的情形之外对一审生效的裁判文书申请再审应当不予受理。

对此，应该明确，申请再审是《民事诉讼法》赋予当事人的基本诉讼权利，对当事人基本诉讼权利的限制或排除应有明确的法律依据。而本条规定当事人对已经发生法律效力的判决、裁定，认为有错误的，可以申请再审，并未排除一审发生法律效力的判决、裁定。相反，《民事诉讼法》第 218 条规定，人民法院按照审判监督程序再审的案件，发生法律效力的判决、裁定是由第一审法院作出的，按照第一审程序审理，所作的判决、裁定，当事人可以上诉；发生法律效力的判决、裁定是由第二审法院作出的，按照第二审程序审理，所作的判决、裁定，是发生法律效力的判决、裁定。显见，《民事诉讼法》明确对一审生效裁判是可以申请再审。另一方面，当事人提起上诉即会启动二审程序，但当事人申请再审，并不必然启动再审，审查程序和二审程序不可同日而语，而裁定再审则当事人仍需缴纳上诉费用，当事人有所得时亦有所失。且申请再审费用交纳的不合理可以通过完善诉讼费缴纳制度来解决，而不是通过没有依据地限制当事人基本诉讼权利的方式解决。

四、再审判决、裁定的范围问题

为兼顾公正、秩序、效率的诉讼制度基本价值，2012 年修正的《民事诉讼法》确立了有限再审的基本制度，明确一审、二审、申请再审、检察监督的诉讼程序终结机制。《民事诉讼法解释》明确，对再审判决、裁定申请再审的，人民法院不予受理。

再审判决、裁定范围的界定，2013 年《全国法院民事再审审查工作座谈会纪要》第 5 条曾规定，第一审人民法院对于生效第一审判决、裁定，由本院再审后作出的、当事人未在法定期间内上诉的判决、裁定；第二审人民法院对于生效第二审判决、裁定，由本院再审后作出的判决、裁定；上级人民法院对于生效判决、裁定提审后作出的判决、裁定。这三种情形没有争议，争议的是再审发回重审后生效的裁判和按照一审程序再审上诉后的裁判，这两类生效裁判作出前都曾有过再审程序，是否因此应归入再审判决、裁定一直存有争议。

对再审发回重审后作出的生效裁判是否可以申请再审问题，最高人民法院作出《关于再审撤销一、二审裁判发回重审的案件当事人对重审的生效裁判是否有申请再审权利的答复》(〔2016〕最高法民他 118 号)，就山东省高级人民法院请示作出答复明确，再审后将案件发回重审作出的生效裁判，当事人不服的，可以根据《民事诉讼法》相关规定申请再审。而答复作出前，最高人民法院曾就此法律适用问题征求过全国人民代表大会常务委员会法制工作委员会，法制工作委员会的回复意见认为，对再审撤销一二审裁判发回重审的案件，当事人对重审的终审裁判享有申请再审的权利。对此，应该说已经形成共识。

在再审发回重审后作出的生效裁判确定可以申请再审，对按照一审程序再审上诉后的裁判是否可以申请再审的问题也就迎刃而解。两者都是再审程序之后又经过其他程序最终产生的终审裁判，后续程序产生的终审裁判并非再审程序的直接结果，最终的终审裁判结果无论是否变更了原生效裁判还是与原生效裁判结果一致，都是新形成的终审裁判。后续程序处理的都是未生效裁判，而非再审程序所面对的是生效裁判。因此，都有必要赋予当事人申请再审的权利。

第二百一十一条　当事人的申请符合下列情形之一的，人民法院应当再审：

（一）有新的证据，足以推翻原判决、裁定的；

（二）原判决、裁定认定的基本事实缺乏证据证明的；

（三）原判决、裁定认定事实的主要证据是伪造的；

（四）原判决、裁定认定事实的主要证据未经质证的；

（五）对审理案件需要的主要证据，当事人因客观原因不能自行收集，书面申请人民法院调查收集，人民法院未调查收集的；

（六）原判决、裁定适用法律确有错误的；

（七）审判组织的组成不合法或者依法应当回避的审判人员没有回避的；

（八）无诉讼行为能力人未经法定代理人代为诉讼或者应当参加诉讼的当事人，因不能归责于本人或者其诉讼代理人的事由，未参加诉讼的；

（九）违反法律规定，剥夺当事人辩论权利的；

（十）未经传票传唤，缺席判决的；

（十一）原判决、裁定遗漏或者超出诉讼请求的；

（十二）据以作出原判决、裁定的法律文书被撤销或者变更的；

（十三）审判人员审理该案件时有贪污受贿，徇私舞弊，枉法裁判行为的。

【条文主旨】

本条是关于当事人申请再审事由的规定。

【理解与适用】

一、本条的意义和价值

当事人认为判决、裁定有错误，可以申请再审，换言之，申请再审是当事人的一项权利，但法院决定进入再审程序，则需要符合严格的条件。

因为再审程序是一种事后的补救程序，关系生效裁判的稳定性、公信力和法律秩序的安定性，非经法定的条件和程序不能撤销和改判，进而启动该程序应有严格的限制。立法应在依法纠错与维护生效裁判权威之间求得平衡。因此，人民法院审查申请再审案件，应当围绕再审事由是否成立这一关键来审查。再审事由成立，表明生效裁判可能确有错误或有重大程序问题，应当启动再审；再审事由不成立，应当维护生效裁判权威，不启动再审。本条明确了应当再审的十三种具体情形，使当事人申请再审具有可操作性，一方面切实保障当事人的申诉权利，另一方面也维护了正确生效判决、裁定的法律效力和权威性。

二、再审事由的逐步完善过程

立法现在规定的十三种再审事由是一个逐步发展、完善的过程。1991 年的《民事诉讼法》第 179 条第 1 款规定："当事人的申请符合下列情形之一的，人民法院应当再审：（一）有新的证据，足以推翻原判决、裁定的；（二）原判决、裁定认定事实的主要证据不足的；（三）原判决、裁定适用法律确有错误的；（四）人民法院违反法定程序，可能影响案件正确判决、裁定的；（五）审判人员在审理该案件时有贪污受贿，徇私舞弊，枉法裁判行为的。"

2007 年《民事诉讼法》修正时细化了上述规定。2007 年《民事诉讼法》第 179 条第 1 款规定："当事人的申请符合下列情形之一的，人民法院应当再审：（一）有新的证据，足以推翻原判决、裁定的；（二）原判决、裁定认定的基本事实缺乏证据证明的；（三）原判决、裁定认定事实的主要证据是伪造的；（四）原判决、裁定认定事实的主要证据未经质证的；（五）对审理案件需要的证据，当事人因客观原因不能自行收集，书面申请人民法院调查收集，人民法院未调查收集的；（六）原判决、裁定适用法律确有错误的；（七）违反法律规定，管辖错误的；（八）审判组织的组成不合法或者依法应当回避的审判人员没有回避的；（九）无诉讼行为能力人未经法定代理人代为诉讼或者应当参加诉讼的当事人，因不能归责于本人或者其诉讼代理人的事由，未参加诉讼的；（十）违反法律规定，剥夺当事人辩论权利的；（十一）未经传票传唤，缺席判决的；（十二）原判决、裁定遗漏或者超出诉讼请求的；（十三）据以作出原判决、裁定的法律文书被撤销或者变更的。"第 2 款规定："对违反法定程序可能影响案件正确判决、裁定的情形，或者审判人员在审理该案件时有贪污受贿，徇私舞弊，枉法裁判行为的，人民法院应当再审。”

2021年《民事诉讼法》修正在2007年规定的基础上，将申请再审的事由调整为现在的十三种情形，本次2023年修法对本条没有改动，延用2021年法条内容。

三、每一个条款的具体理解

（一）有新的证据，足以推翻原判决、裁定的

这里的新证据，主要是指在过去的诉讼过程中没有发现有足以推翻原判决、裁定的证据，因为该证据的提交，因此可以申请再审。新证据能够证明原判决、裁定认定的基本事实或者裁判结果错误，该证据才可以被认为是“足以推翻原判决、裁定”。基本事实是指对原判决、裁定的结果有实质性影响、用以确定当事人主体资格、案件性质、具体权利义务和民事责任等主要内容所依据的事实。如果再审申请人提供的新证据只是证明原判决、裁定存在一般瑕疵，就不应认定为足以推翻原判决、裁定。在再审审查阶段如何把握“足以推翻”的标准，实务中有必然性标准和盖然性标准两种做法。我们认为，再审审查阶段的主要目的是审查生效裁判是否具备法定的再审事由，不能用再审审理的功能取代再审审查的功能、目的。因此，在再审审查阶段，对“足以推翻”的把握，宜以高度盖然性为标准，而不能要求新证据必须推翻原判决、裁定，否则很可能导致应当再审的案件没有进入再审或者再审审理程序形式化。

（二）原判决、裁定认定的基本事实缺乏证据证明的

查明案件事实是保证案件审理正确的前提，其中证据是关键。人民法院应当按照法定程序全面地、客观地审查核实证据。当事人对自己提出的主张，应当提供证据加以证明否则将承担不利的诉讼后果。同时，人民法院根据案件审理情况，可以依法要求当事人提供证据。如果当事人不能提出证据，证明自己所提出的诉讼请求有客观依据，或者所提供的证据不足以证明自己的诉讼请求符合客观事实，据此作出的判决就属于缺乏证据的判决。对于此类判决，因为违反了《民事诉讼法》对法院审理案件的基本要求，构成再审的条件。

（三）原判决、裁定认定事实的主要证据是伪造的

伪造证据的行为属于严重的妨害民事诉讼的行为，理应受到法律规定

的惩罚。《民事诉讼法》第114条对此有专门规定，诉讼参与人或者其他人有伪造、毁灭重要证据，妨碍人民法院审理案件的行为的，人民法院可以根据情节轻重予以罚款、拘留；构成犯罪的，依法追究刑事责任。人民法院对有前款规定的行为的单位，可以对其主要负责人或者直接责任人员予以罚款、拘留；构成犯罪的，依法追究刑事责任。在审理案件中，如果法官没有发现证据材料的虚假并将其作为认定事实的根据，据此作出的判决、裁定应当进行再审。应当注意此处强调的是“主要证据”，而非所有证据；而主要证据是对原裁判结果有实质影响，用于认定案件基本事实的证据。只有主要证据系伪造，才构成再审条件。

（四）原判决、裁定认定事实的主要证据未经质证的

按照《民事诉讼法》第71条的规定，证据应当在法庭上出示，并由当事人互相质证。对涉及国家秘密、商业秘密和个人隐私的证据应当保密，需要在法庭出示的，不得在公开开庭时出示。也就是说，无论是公开审理还是不公开审理的案件，证据都必须在法庭上出示，并由当事人互相质证。因为只有经过质证，人民法院才能去伪存真，查明证据的真伪。《民事诉讼法》第66条第2款规定：“证据只有查证属实，才能作为认定事实的根据。”因此，未经质证的证据不能作为认定事实的根据。原判决、裁定认定事实的主要证据未经质证的，应当进入再审程序。需要注意的是，本项规定的是认定事实的“主要证据”未经质证，如果不是认定事实的主要证据，即使未经质证，也不属于启动再审的事由，不应当再审。在司法实践中，没经过质证的证据也可能是真实的，之所以规定必须质证，是因为质证规则可以从程序上保证查明证据的真伪，进而保障认定事实的正确，诉讼法的程序价值应当得到尊重和遵守。

（五）对审理案件需要的主要证据，当事人因客观原因不能自行收集，书面申请人民法院调查收集，人民法院未调查收集的

《民事诉讼法》第67条第2款规定：“当事人及其诉讼代理人因客观原因不能自行收集的证据，或者人民法院认为审理案件需要的证据，人民法院应当调查收集。”之所以这样规定，是因为某些证据，当事人因客观原因不能自行收集到，但这些证据又至关重要，一旦取得，将成为案件的主要证据，决定案件的走向甚至胜负。例如，某离婚案件涉及财产分割，一方当事人主张对方当事人在几家银行有数笔大额存款，但因其无法提供该证据，请求法院查询上述存款。这数笔存款的证据如果取得，将成为分

割财产、确定份额的主要依据。根据《民事诉讼法》第 70 条和第 117 条的规定，人民法院有权向金融机构查询当事人的存款状况，而且金融机构必须协助人民法院进行查询。当人民法院接到当事人调查证据的申请后，查明该证据是当事人不能自行调查收集的，人民法院有权利也有义务进行调查收集。根据《民事诉讼法》第 132 条规定，审判人员必须认真审核诉讼材料，调查收集必要的证据。如果人民法院没有调查收集主要证据，就支持或者驳回了当事人的诉讼请求，则该判决、裁定缺乏证据证明，可能导致实体错误，因此可以作为再审的原因。需要注意的是本项规定的为"对审理案件需要的主要证据"。这是因为案件涉及的证据可能有很多，但并非都是对认定案件事实起决定性作用的证据，如果所有证据都要求人民法院去调查收集，既浪费司法资源，也耽误案件审理期限，不利于审判工作顺利开展。

（六）原判决、裁定适用法律确有错误的

原判决、裁定适用法确有错误是当事人申请再审经常援引的再审事由，对该事由需要正确理解。当事人认为原判决、裁定适用法律有错误，可以申请再审，但是否启动再审，则是由法院审查确定的，决定权在人民法院。人民法院通过审查，发现原判决、裁定适用法律确有错误的，应当予以再审。本项"适用法律错误"中的"法律"，主要是指调整当事人发生争议的权利义务关系的民商事法律。法律适用的内涵丰富，法律"适用错误"的情形多样，包括不同情形，比如：适用的法律与案件性质明显不符的；确定民事责任明显违背当事人约定或者法律规定的；适用已经失效或尚未施行的法律的；违反法律溯及力规定的；违反法律适用规则的；明显违背立法原意的等。把原判决、裁定适用法律错误作为应当再审的情形之一，可以督促法官在原一审、二审案件中更加准确掌握法律规定的内容，提高审判水平，维护当事人的合法权益。

（七）审判组织的组成不合法或者依法应当回避的审判人员没有回避的

审判组织在诉讼中具有保护当事人行使诉讼权利，履行诉讼义务，查明案件事实，分清是非，正确适用法律等重要作用，审判组织合法是重要的程序保障。《民事诉讼法》第 40 条第 1 款、第 2 款规定，人民法院审理第一审民事案件，由审判员、人民陪审员共同组成合议庭或者由审判员组成合议庭，合议庭的成员人数，必须是单数。适用简易程序审理的民事案件，由审判员一人独任审理。基层人民法院审理的基本事实清楚、权利义务关系明确的第一审民事案件，可以由审判员一人适用普通程序独任审理。如果第一审民事案件审判程序中组成合议庭不符合上述法律规定，该案判决、裁定生效后，当事人可以对此案申请再审；人民法院对再审申请经过审查以后，查证属实的，应当裁定进行再审。同理，回避制度也属于重要的程序保障，既是当事人重要的诉讼权利，也是人民法院审理案件的基本制度。若审判人员在原审中应当回避而未回避，具有不公正审理的嫌疑，或者作出不公正的裁判，都属于严重违反法律情形。故《民事诉讼法》第47条明确规定了审判人员回避案件审理工作的情形。在法律规定的情形下，即使当事人没有提出回避申请，审判人员也应当主动回避，否则即使作出了发生法律效力的判决、裁定，也会面临再审。例如：在某案中，审判人员是当事人诉讼代理人的近亲属，对方当事人不知情也没有申请回避，该审判人员也没有主动回避。在该案的判决生效后，对方当事人获知这一情况，就可以据此申请再审。人民法院对再审申请进行审查后，一旦确认此事属实，就要裁定进入再审。

（八）无诉讼行为能力人未经法定代理人代为诉讼或者应当参加诉讼的当事人，因不能归责于本人或者其诉讼代理人的事由，未参加诉讼的

诉讼行为能力是以自己行为实现诉讼权利，履行诉讼义务的能力。并非每一个具有诉讼权利能力的人都具有诉讼行为能力。比如，未成年人、精神病人的民事权利受到侵犯并作为诉讼当事人时，应当由他们的监护人作为法定代理人代为诉讼。《民事诉讼法》第60条规定，无诉讼行为能力人由他的监护人作为法定代理人代为诉讼。如果某一案件的当事人是无诉讼行为能力人，法官在未查明的情况下没有通知他的法定代理人代为诉讼就进行了审理，在判决、裁定被作出并发生法律效力以后，该无诉讼行为能力的当事人有权通过法定代理人申请再审。人民法院经过审查发现情况属实的，应当裁定再审。《民事诉讼法》第135条规定："必须共同进行诉讼的当事人没有参加诉讼的，人民法院应当通知其参加诉讼。"这条是人民法院追加当事人的规定，在必要共同诉讼中，如果人民法院没有做到第135条规定的通知，就有可能导致应当参加诉讼的当事人对诉讼无从知晓，更无法参加诉讼并维护其合法权益。这样的情况包括：人民法院应当通知却未作通知；人民法院虽然发出了通知，却有其他当事人从中隐匿、破坏甚至勾结其他人制造通知已经被收到的假象等。应当参加诉讼的

当事人没有参加诉讼，即使判决、裁定已经生效，也会直接造成诉讼主体缺失，当事人实际上没有行使相应诉讼权利义务，因此有必要通过再审来纠正。需要注意的是，如果人民法院按照第135条规定作出了通知，而接收通知的当事人因为其自身或者其诉讼代理人的故意或者过失，没有应诉，就不能以自己没有参加诉讼为由主张再审。

（九）违反法律规定，剥夺当事人辩论权利的

辩论原则是《民事诉讼法》的基本原则之一，贯穿于民事诉讼的全过程，从起诉、答辩至法庭辩论终结，当事人双方均可就案件的实体问题和程序问题以言词或书面方式进行辩论。赋予当事人辩论权利旨在通过当事人双方的攻击防御，将案件争议的事实呈现在处于中立地位的法官面前，是人民法院核实证据、查明事实、正确适用法律、准确作出裁判以及当事人自我负责机制的正当性基础。人民法院则应保障当事人充分行使辩论权。《民事诉讼法》第12条规定："人民法院审理民事案件时，当事人有权进行辩论。"剥夺当事人的辩论权利，在案件审理过程中一般有以下三种常见情形：一是不允许当事人发表辩论意见的。辩论原则集中体现在法庭调查和法庭辩论阶段，只有在当事人在庭审中就基本事实、证据和相关法律问题进行了充分的陈述和辩论，案件的裁判才有正当的程序保障。若审判人员在原审开庭中不允许当事人行使辩论权利，应当认定为剥夺当事人的辩论权利。二是应当开庭审理而未开庭审理的。开庭审理是诉讼程序的中心，是民事诉讼直接、言词、公开、集中原则的实现载体，也是确保当事人充分发表辩论意见的重要制度。如原审存在应当开庭审理而未开庭审理的情况，应当认定为剥夺当事人辩论权利。三是违反法律规定送达起诉状副本或者上诉状副本，致使当事人无法行使辩论权利的。当事人的诉讼地位和诉讼权利义务是平等的，人民法院必须将起诉状副本和上诉状副本依法送达。如果法院未依法送达，将导致对方当事人无从知悉程序的开始和进行情况，无从针对起诉理由和上诉理由行使辩论权利。因此，原审如违反法律有关送达规定，致使当事人无法行使辩论权利的，也应当认定为剥夺当事人辩论权利的情形。

（十）未经传票传唤，缺席判决的

《民事诉讼法》第139条规定，人民法院审理民事案件，应当在开庭三日前通知当事人和其他诉讼参与人。如果在第一审普通程序和第二审程序中，人民法院没有在开庭前三日通知当事人参加庭审，特别是未以传票

的形式通知被告出庭应诉，就作出了缺席判决，则被告可以申请对此案进行再审，人民法院查证属实的，应当裁定再审。因为《民事诉讼法》第147条明确规定，只有在被告经传票传唤、无正当理由拒不到庭，或者未经法庭许可中途退庭这两种情况下，人民法院才能缺席判决。在第一审普通程序或者在第二审程序中，如果法院没有给被告送达传票，或者仅仅以电话等形式简单联系被告，即使在被告未到庭的情况下，法院也不宜作出缺席判决。如果违反法定条件，随意作出缺席判决，就属于应当再审的情形。

（十一）原判决、裁定遗漏或者超出诉讼请求的

遗漏诉讼请求是指对当事人提出的诉讼请求，原判决、裁定不予审理、不予裁判的情形。按照《民事诉讼法》第122条的规定，当事人提起民事诉讼必须有具体的诉讼请求和事实、理由，并且在起诉状中予以列明。当事人对自己的诉讼请求有责任提供证据。人民法院应当根据当事人提供的证据和法院调查收集的证据，判断当事人所提供的事实是否为客观事实，并作出是否支持当事人诉讼请求的判决、裁定。如果人民法院没有对当事人提出的某项诉讼请求进行法庭调查和法庭辩论，在判决、裁定中遗漏了该诉讼请求，是重大工作失误。当事人有权利对原判决、裁定申请再审，人民法院经审查查证属实之后，应当再审。

超出诉讼请求是指原判决、裁定对当事人未提出的诉讼请求进行裁判或超出当事人诉讼请求的范围进行裁判。当事人的处分原则是《民事诉讼法》的基本原则之一。依照《民事诉讼法》第13条第2款的规定，“当事人有权在法律规定的范围内处分自己的民事权利和诉讼权利。”因此，原告提出以及不提出哪些诉讼请求，是原告处分自己民事权利和诉讼权利的体现；被告是否反诉，也是被告处分自己民事权利和诉讼权利的体现。原则上人民法院应当在当事人提出的诉讼请求的范围内审理案件，不能超出当事人的诉讼请求作出判决、裁定。如果原判决、裁定超出诉讼请求的，当事人有权申请再审，人民法院查证属实后，应当裁定再审。

需要明确的有两点：第一，人民法院在当事人明确提出的请求之外，认定合同无效，不属于超出当事人的诉讼请求，而是体现了国家对违反法律强制性规定以及公序良俗的合同的干预。例如，某杂志社为某饭店做的广告中出现了赌博的内容，后因为该饭店未支付全部广告费，该杂志社将该饭店告上了法庭。人民法院在审理该案件时，认定双方的合同违反

了《广告法》不得做赌博广告的强制性规定，从而判决广告合同无效，并将杂志社已收取的部分广告费予以没收，上缴国库。对于该案件，如果当事人以原判决认定合同无效超出诉讼请求提出再审申请，人民法院会以原判决合同无效并不超出诉讼请求范围为由，裁定驳回再审申请。第二，再审审查时，应根据当事人诉讼请求的性质是确认之诉、给付之诉，还是变更（形成）之诉区别对待。对于单纯的确认之诉、给付之诉或变更（形成）之诉，原判决、裁定没有在判项里裁判的，应视为遗漏了当事人的诉讼请求。而如果当事人同时提出确认之诉和给付之诉，且确认之诉是给付之诉的前提条件的，原裁判在判项里仅对给付之诉进行了裁判，但在裁判文书理由中对确认之诉进行了分析认定的，可视为没有遗漏诉讼请求。

（十二）据以作出原判决、裁定的法律文书被撤销或者变更的

本条规定的“法律文书”具体种类包括：发生法律效力的判决书、裁定书、调解书；发生法律效力的仲裁裁决书；具有强制执行效力的公证债权文书。当事人依据本条事由申请再审的，除了据以作出原判决、裁定的法律文书必须是上述文书外，还必须同时满足以下两个条件：一是原判决、裁定认定的案件基本事实和案件性质系依据上述法律文书作出的，如果该法律文书不涉及案件基本事实和案件性质的认定，则不构成该项再审事由；二是上述法律文书已经被依法撤销或变更，导致认定案件基本事实和案件性质的依据丧失。

在司法实践中，有些民事案件是以另一民事案件的审理结果作为依据而作出判决。如果另一个民事案件的判决、裁定后来依照法定程序被撤销或者变更了，则之前以这些判决、裁定作为依据所作的判决、裁定也应当相应地被撤销或者变更。例如，甲钢铁厂向乙锅炉厂供应钢材，乙厂未按合同约定支付货款。乙厂将生产的锅炉卖给了丙。丙在使用过程中发生爆炸，并起诉到法院要求乙厂给予赔偿。在案件审理过程中，乙厂提出是钢材的质量问题而引起的爆炸，请求法院对钢材质量进行鉴定，明确是作为第三人的甲厂的责任。此时，甲厂因为乙厂所欠货款问题，将乙厂起诉到法院。乙厂提出抗辩，认为甲厂的钢材质量不合格，应当对此负责，因而拒绝支付货款；但是也提出需要等待乙厂与丙的案件结果出来以后，才能最终认定甲厂的钢材是否存在质量问题。于是法院中止了甲厂与乙厂的诉讼。乙厂与丙的案件判决结果是：乙厂所使用的钢材质量不存在问题，而是因为乙厂生产的锅炉存在不合理的缺陷，责任在乙厂，因而判决乙厂赔

偿丙的损失。在该判决生效后，法院以这个判决为依据，判决乙厂支付甲厂货款并承担相应的违约责任。乙厂后来向法院申请对与丙的侵权案件进行再审。法院经过再审，认定锅炉爆炸的原因是钢材质量原因所致，虽然乙厂仍需首先对丙承担赔偿责任，但最终责任人应当是第三人甲厂。乙厂拿到这个再审判决后，可以申请对与甲厂的合同纠纷案件进行再审，人民法院经查证属实后，应当裁定再审。

有些民事案件的判决、裁定是以其他的法律文书为依据作出的。如果据以作出判决、裁定的其他法律文书后来被撤销或者变更，那么，已经发生法律效力的判决、裁定也应当相应地被撤销或者变更。例如，某一民事案件是依据原告提供的经过公证的法律文书判决的。按照我国《公证法》第36条的规定，经公证的民事法律行为、有法律意义的事实和文书，应当作为认定事实的根据。人民法院根据公证书证明的法律关系，判决支持了原告的诉讼请求。在该判决生效后，被告认为该公证书存在错误，向出具该公证书的公证机构提出复查。公证机构经过复查，发现公证的内容违法或者与事实不符，撤销了该公证书。因此，被告可以据此向法院申请对该案进行再审，人民法院经查证属实以后，应当裁定对该案进行再审。

（十三）审判人员在审理该案件时有贪污受贿，徇私舞弊，枉法裁判行为的

《民事诉讼法》第46条明确规定："审判人员应当依法秉公办案，不得接受当事人及其诉讼代理人请客送礼。审判人员有贪污受贿，徇私舞弊，枉法裁判行为的，应当追究法律责任；构成犯罪的，依法追究刑事责任。"审判人员在审理案件时有贪污受贿、徇私舞弊、枉法裁判行为，属于重大的程序瑕疵，严重损害了司法公信力，危害性很大，所以很多国家和地区均将该情形列为再审事由之一。根据《民事诉讼法解释》第392条规定："审判人员审理该案件时有贪污受贿、徇私舞弊、枉法裁判行为，是指已经由生效刑事法律文书或者纪律处分决定所确认的行为。"这是因为一方面应当贯彻执行《刑法》中的无罪推定原则，另一方面也为避免当事人滥用权利，影响正常审判秩序。因此，当事人认为审判人员在审理该案件时有贪污受贿、徇私舞弊或者枉法裁判行为的，可以申请再审；人民法院在审查过程中查证属实的，应当裁定再审。

【审判实践中应当注意的问题】

第一，对于申请再审案件，人民法院应当首先审查再审申请人是否适格，是否符合法定再审期限，是不是可以申请再审的裁判，受理法院有无管辖权。只有符合《民事诉讼法》的申请再审条件，人民法院才能受理并对再审事由进行审查。

第二，对于判决、裁定，法定再审事由只有《民事诉讼法》第 211 条规定的 13 项，不是这 13 项事由之一的，人民法院不予审查。

第三，对于民事诉讼中的管辖权裁定是否能够申请再审，法律中没有明确规定。实践中有不同观点：一是可以被再审；二是不能被再审；三是一定条件下可以被再审。我们赞成第二种观点，理由如下：其一，无论是《民事诉讼法》还是《民事诉讼法解释》第 379 条规定，当事人认为发生法律效力的不予受理、驳回起诉的裁定错误的，可以申请再审。尽管上述条文没有明确将管辖权异议裁定排除在再审对象之外，但就条文的起草技术而言，将不予受理、驳回起诉裁定作列举，实际上就是对其他裁定作了排除。其二，就司法实践而言，允许管辖权异议裁定被再审将会严重影响案件实体审理，降低司法效率。其三，管辖权异议的救济已经通过一审程序及二审程序来保障，且实体判决错误的，可以通过对判决申请再审予以救济，从程序稳定性而言，不宜允许对该类裁定申请再审。例外的是有两类“管辖权异议裁定”：一是涉及仲裁还是诉讼争议的管辖权异议裁定，二是涉及人民法院管辖还是境外法院管辖争议的管辖权异议裁定。这两类裁定本质上超越国内人民法院地域管辖和级别管辖范畴，属于主管争议和司法主权问题。对这两类“管辖权异议裁定”的申请再审可予以受理。

第二百一十二条 当事人对已经发生法律效力的调解书，提出证据证明调解违反自愿原则或者调解协议的内容违反法律的，可以申请再审。经人民法院审查属实的，应当再审。

【条文主旨】

本条是关于当事人对调解书申请再审的规定。

【理解与适用】

调解书是由人民法院制作、记载当事人双方互相协商，共同达成协议的法律文书。根据《民事诉讼法》规定，调解书经双方当事人签收后具有法律效力。调解是当事人处分自身实体权利和程序权利的结果，以自愿和合法获得程序正当性和执行力的基础。为保障当事人处分权利的自愿性，同时把这种处分行为限制在法律允许的范围内，法律赋予了当事人在一定条件下针对调解书申请再审的相应救济途径。

一、对调解书申请再审的法定事由

本条规定了针对调解书的再审事由，即只要符合以下两个条件之一，当事人则可以申请再审，经人民法院审查属实，应当再审。

（一）调解违反自愿原则

法院调解必须遵循当事人自愿原则。自愿原则。是指民事诉讼过程中，人民法院对民事案件进行调解的前提是双方当事人必须自愿。一方面，调解工作必须是在双方当事人自愿的基础上进行，即调解的提出和进行必须符合双方当事人的意愿。如果当事人一方坚持不愿调解的，人民法院不能强迫或变相强迫当事人进行调解。另一方面，调解达成协议必须双方自愿。既包括调解达成的协议内容反映双方当事人的真实意思，也指不能采用强制办法要求当事人接受调解协议。由于调解达成的内容直接涉及双方当事人的民事权利义务，应当由当事人按照自己的意愿进行处分。人民法院在进行调解时，主持调解的审判员虽然可以提出调解意见供当事人参考，但是无论是从尊重当事人的处分权角度考虑，还是从有利于调解协议能够得以自觉履行的角度出发，人民法院都不能将自己的处理意见强加给当事人。调解协议的内容，必须是双方当事人自愿协商的结果。如果调解书是当事人被迫达成的，违反了自愿原则，则可以据此启动再审。

（二）调解协议的内容违法

法院调解必须遵循查明事实、分清是非的原则，这也是“以事实为依据，以法律为准绳”原则在调解中的应用。调解合法原则是法院调解应当遵循的又一重要原则，指人民法院和双方当事人的调解活动及其协议内容必须符合法律的规定。因此，调解应当依法进行，调解协议的内容应当符合实体法的相关规定，不得违反法律的强制性规定。这主要是针对当事人处分原则的规制要求。由于当事人可以在法律规定的范围内自由处分自己的实体权利和诉讼权利，因此要防止当事人自愿却不合法情形的出现。同时必须注意的是，调解协议的合法性要求与判决的合法性要求在程度上有一定的区别，是一种宽松的合法性，其并不要求调解协议的内容必须严格遵照法律的规定，而是指协议内容不得与民事法律中的禁止性规定相冲突，不得违反公序良俗和损害他人的合法权益。如果调解协议出现了违反法律禁止性规定的内容，则超出了当事人有权自由处分的范围，损害了国家、集体、社会公共利益或者他人合法权益，受损当事人则有权以此为由申请再审。需要注意的是，对于未参加诉讼的案外人认为调解书损害其合法权益，如果符合《民事诉讼法》第 59 条第 3 款规定的条件，可以针对损害其合法权益的调解书向作出该调解书的人民法院提起第三人撤销之诉；符合《民事诉讼法》第 238 条规定的案外人申请再审条件的，可依据相关规定向作出该调解书的人民法院申请再审；如果该案外人属于被遗漏的必要共同诉讼人，则可以依据《民事诉讼法》第 211 条第 8 项“无诉讼行为能力人未经法定代理人代为诉讼或者应当参加诉讼的当事人，因不能归责于本人或者其诉讼代理人的事由，未参加诉讼的”再审事由提出再审申请，但符合案外人申请再审条件的除外。

二、对调解书申请再审的管辖

《民事诉讼法》第 210 条规定：“当事人对已经发生法律效力的判决、裁定，认为有错误的，可以向上一级人民法院申请再审；当事人一方人数众多或者当事人双方为公民的案件，也可以向原审人民法院申请再审。当事人申请再审的，不停止判决、裁定的执行。”该条未就当事人针对生效调解书申请再审作出明确的规定。因对调解书申请再审亦属申请再审案件，应当遵循申请再审审查程序的规定，因此，当事人对于调解书申请再审应当符合《民事诉讼法》第 210 条中有关管辖的规定。

三、对调解书申请再审的期限

1991 年《民事诉讼法》第 182 条规定："当事人申请再审，应当在判决、裁定发生法律效力后二年内提出。"因该条没有明确规定对于调解书申请再审的期限，1992 年《民事诉讼法意见》第 204 条专门规定："当事人对已经发生法律效力的调解书申请再审，适用民事诉讼法第一百八十二条的规定，应在该调解书发生法律效力后二年内提出"。2007 年《民事诉讼法》修改了 1991 年《民事诉讼法》关于申请再审期限的规定，该法第 184 条规定："当事人申请再审，应当在判决、裁定发生法律效力后二年内提出；二年后据以作出原判决、裁定的法律文书被撤销或者变更，以及发现审判人员在审理该案件时有贪污受贿，徇私舞弊，枉法裁判行为的，自知道或者应当知道之日起三个月内提出。"该规定区分事由对判决、裁定申请再审期限作出了规定，一般情况下是裁判生效后两年，在两种特定事由情况下自知道或应当知道之日起三个月内。而适用三个月申请再审期限的两项事由系对于判决、裁定申请再审的法定事由，不适用于调解书，因此，直接规定对于调解书申请再审适用《民事诉讼法》关于申请再审期限的条文，易产生调解书亦可适用特殊申请再审期限的误解，有必要予以修改。2012 年《民事诉讼法》修改了该规定，第 205 条规定："当事人申请再审，应当在判决、裁定发生法律效力后六个月内提出；有本法第二百条[①]第一项、第三项、第十二项、第十三项规定情形的，自知道或者应当知道之日起六个月内提出。"之后历次《民事诉讼法》修正均仅修改条文序号，未修改该条内容，该条 2023 年《民事诉讼法》中为第 216 条。由于该条仍仅规定了当事人不服判决、裁定申请再审的期限，为了明确调解书申请再审的期限，《民事诉讼法解释》第 382 条规定："当事人对已经发生法律效力的调解书申请再审，应当在调解书发生法律效力后六个月内提出。"依据 2023 年《民事诉讼法》第 100 条规定，调解书经双方当事人签收后，即具有法律效力。对于调解书申请再审应当在各方当事人签收

① 现为《民事诉讼法》（2023 年修正）第 211 条。

调解书后六个月内提出。

四、对调解书再审后的裁判方式

依据 2023 年《民事诉讼法》第 218 条规定，人民法院按照审判监督程序再审的案件，发生法律效力的判决、裁定是由第一审法院作出的，按照第一审程序审理，所作的判决、裁定，当事人可以上诉；发生法律效力的判决、裁定是由第二审法院作出的，按照第二审程序审理，所作的判决、裁定，是发生法律效力的判决、裁定；上级人民法院按照审判监督程序提审的，按照第二审程序审理，所作的判决、裁定是发生法律效力的判决、裁定。该条明确了再审适用的审理程序，同样适用于针对调解书启动的再审。对于调解书再审后，查明调解书确实存在违反自愿、合法原则情形的，依法作出再审裁判即可。依据《民事诉讼法解释》第 407 条的规定，如再审后发现当事人提出的调解违反自愿原则的事由不成立，且调解书的内容不违反法律强制性规定的，应当裁定驳回再审申请；人民检察院抗诉或者再审检察建议主张的损害国家利益、社会公共利益的理由不成立的，应当裁定终结再审程序。如人民法院依职权对调解书裁定再审后，发现该调解书不应被再审，应参照上述规定，终结再审程序。在上述情形下，人民法院裁定中止执行的调解书需要继续执行的，自动恢复执行，不需要专门在裁定主文中写明“恢复调解书的执行”的内容。同时，应当注意在驳回再审申请裁定书中，重点叙述有关再审申请人提出的调解违反自愿原则或者违反法律强制性规定事由不成立的内容；在终结再审的裁定中，要对调解书不损害国家利益、社会公共利益的情况作出说明。

【审判实践中应当注意的问题】

一、注意审查调解书是否已经发生法律效力

实务中，对于调解书申请再审，应注意审查调解书是否已经发生法律效力。调解书经双方当事人签收后生效。对于法律规定不需要制作调解书的协议，应当记入笔录，由双方当事人、审判人员、书记员签名或者盖章后，既具有法律效力。对于符合简易程序和调解司法解释规定，当事人同意在调解协议上签名或者盖章生效的，经人民法院审查确认后，应当记入笔录或者将协议附卷，并由当事人、审判人员、书记员签名或者盖章后既

具有法律效力。当事人请求制作调解书的，人民法院应当制作调解书送交当事人。当事人拒收调解书的，不影响调解协议的效力。调解协议生效后一方拒不履行的，另一方可以申请强制执行。

二、对调解书申请再审的法定事由范围

调解是当事人在法院主持下就自身程序权利和实体权利进行自愿协商处分的诉讼活动，只要保证了自愿和合法原则要求，不应轻易动摇调解书的效力，因此，对于调解书申请再审事由的规定，应当严格按照本条规定的违反自愿和合法原则提出，而不能依据第 211 条有关判决、裁定的再审事由提出，没有按照本条规定的事由提出的，告知当事人进行补正。

第二百一十三条　**当事人对已经发生法律效力的解除婚姻关系的判决、调解书，不得申请再审。**

【条文主旨】

本条是关于对解除婚姻关系的判决、调解书不得申请再审的规定。

【理解与适用】

婚姻关系属于人身关系。根据《民法典》第1079条，夫妻一方要求离婚的，可以由有关组织进行调解或者直接向人民法院提出离婚诉讼。人民法院审理离婚案件，如感情确已破裂，调解无效，应准予离婚。基于婚姻关系的特点，解除婚姻关系的判决、调解书发生法律效力后，男女任何一方均可以与他人再婚。因此，一旦一方已与他人再婚，婚姻关系已经受到法律保护，不可能被强行解除，另一方即使以感情尚未破裂为由提起对离婚案件的再审申请，也不可能产生强制性解除一方婚姻关系的法律后果，由此针对离婚案件的再审申请失去意义，法律也不允许对已经发生法律效力的解除婚姻关系的判决、调解书申请再审。若解除婚姻关系的判决、调解书生效后，双方都未再婚的，若其感情的确尚未完全破裂，法律也给双方提供了救济渠道。《民法典》第1083条规定，离婚后，男女双方自愿恢复婚姻关系的，应当到婚姻登记机关重新进行结婚登记。即双方当事人可以到婚姻登记机关进行复婚登记。因此，不需要通过申请再审对离婚判决进行再审来恢复婚姻关系。如一方当事人对离婚判决中关于子女抚养内容不服，由于判决生效后，完全可以通过变更之诉请求变更子女抚养关系，因此，没有必要针对离婚判决申请再审。

【审判实践中应当注意的问题】

需要注意的是，因解除婚姻关系案件判决、调解书中的财产分割问题不涉及人身关系，当事人可以对该问题申请再审，不受本条规定的限制。如果当事人申请再审涉及的是判决未作处理的财产，因该争议尚未经过审判，故应当告知当事人另行提起诉讼。对此，《民事诉讼法解释》第380条规定，当事人就离婚案件中的财产分割问题申请再审，如涉及判决中已分割的财产，人民法院应当依照《民事诉讼法》相关规定进行审查，符合再审条件的，应当裁定再审；如涉及判决中未作处理的夫妻共同财产，应当告知当事人另行起诉。

第二百一十四条 **当事人申请再审的，应当提交再审申请书等材料。人民法院应当自收到再审申请书之日起五日内将再审申请书副本发送对方当事人。对方当事人应当自收到再审申请书副本之日起十五日内提交书面意见；不提交书面意见的，不影响人民法院审查。人民法院可以要求申请人和对方当事人补充有关材料，询问有关事项。**

【条文主旨】

本条是关于当事人申请再审程序的规定。

【理解与适用】

本条是2007年《民事诉讼法》修正时增加的条款。目的是从程序上保障当事人再审权利的行使和人民法院对再审案件的审查。此后历次《民事诉讼法》修正均继续保持了这一规定。

一、当事人申请再审应当提交的材料

当事人申请再审是法律赋予当事人的一项诉讼权利，但当事人也有义务提交符合条件的再审申请书等材料。再审申请书是当事人依据法定再审申请事由对原生效判决、裁定、调解书声明不服，请求推翻或者改变原判决、裁定或调解书的诉讼文书。再审申请书应当具备以下基本内容：

1. 再审申请人与被申请人及原审其他当事人的基本信息。当事人是自然人的，应列明姓名、性别、民族、年龄、职业、工作单位、住所及有效联系电话、邮寄地址；当事人是法人或者其他组织的，应列明名称、住所和法定代表人或者主要负责人的姓名、职务及有效联系电话、邮寄地址。由于再审审查程序有可能启动再审，对案件全体当事人的实体、程序权利义务都有影响，故再审审查程序的当事人包括再审申请人、被申请人及原审其他当事人，除再审申请人之外的其他当事人均属于对方当事人。

2. 原审人民法院名称、原审裁判文书案号。原审人民法院名称是指作出当事人不服判决、裁定、调解书的人民法院名称，原审裁判文书是指

当事人不服且已经发生法律效力的判决、裁定、调解书。原审人民法院名称是确定申请再审案件管辖权的审查依据之一，确定原审裁判文书案号可以使审查对象特定化。

3. 具体的再审请求。这是再审申请人要通过再审审查及再审审理解决的问题，是申请再审目的所在，也是明确再审审理范围的必要内容。再审审理范围根据当事人声明不服的范围确定，对于当事人没有争议的事项不予审理。

4. 申请再审的法定情形及具体事实、理由。《民事诉讼法》第 211 条细化列举再审事由的目的在于明确动摇原生效裁判既判力的程序和实体事项范围，法律规定以外的事由不能启动再审程序，既指引当事人依据法定事由申请再审，又可以倒逼一审、二审程序的规范化和裁判结果的公正。当事人须在再审申请书中指明依据《民事诉讼法》第 211 条规定的具体条款申请再审。

5. 明确向哪个法院提出再审申请，以确定该院是否具有管辖权。同时由再审申请人签名、捺印或者盖章。这是确保再审申请书真实性以及是否为再审申请人真实意思表示的要素。再审申请书不具备上述内容的，应当告知当事人补正。

另外，当事人申请再审的，还应当按照被申请人和原审其他当事人的人数提交再审申请书副本。除了再审申请书，再审申请人还应当向人民法院提交身份证明，原审判决书、裁定书、调解书及相关证据材料，这些材料可以是与原件核对无异的复印件。一是身份证明，再审申请人是自然人的，应当提交身份证明；当事人是法人或者其他组织的，应当提交营业执照、组织机构代码证书、法定代表人或者主要负责人身份证明书。委托他人代为申请的，应当提交授权委托书和代理人身份证明。二是原审判决书、裁定书、调解书，包括一审、二审、发回重审的一审及其二审等程序形成的判决书、裁定书、调解书。三是证据材料，再审申请人应提交支持其法定再审事由的相关证据材料，如果以《民事诉讼法》第 211 条第 1 项，即有新的证据足以推翻原判决、裁定为由申请再审的，应当提交新的证据并按照对方当事人的人数提交新证据材料。再审申请人提供的相关材料不符合要求的，应当告知其补正。

二、人民法院收到申请再审书应进行的审查程序

人民法院收到再审申请书等材料后，应当进行审查，符合条件的，应当办理案件受理手续，并且在五日内向当事人发送相关诉讼文书。对此，需要注意以下几点：

1. 关于五日期限的起算点，不能仅从字面理解为“自收到再审申请书之日”起算，因为当事人提交再审申请后，人民法院需要通过审查进行立案受理工作，没有立案受理，自然不应该计算相关期限。在审判实践中，对不符合条件的再审申请书，如没有明确的请求，有人身攻击内容等，或者欠缺必要材料的再审申请，人民法院有权退还，要求修订或者补充材料后提交。2012 年修改《民事诉讼法》时，有人曾提出，将本条规定为“法院立案受理后 5 日内”更为准确，但由于《民事诉讼法》中未对再审审查的立案受理条件作出规定，将立案受理问题留待司法实践解决，在立法中不宜出现“立案受理”字样，故仍保留“收到再审申请书之日”规定。因此，本条规定的五日期限起算点，应理解为人民法院经过形式审查认为当事人提交的再审申请书等材料符合条件并予以立案受理之日。再审申请书等材料不符合条件的，人民法院应当要求再审申请人补充或者改正，自收到补充或者改正后的再审申请书等材料之日起五日内向当事人发送相关诉讼文书。

2. 关于诉讼文书的内容。人民法院应当向再审申请人发送受理通知书，向被申请人及原审其他当事人发送应诉通知书及再审申请书副本等材料。如果再审申请人提交了新的证据，还应将新的证据材料发送对方当事人。需要注意的是，本条规定人民法院的义务是将应诉通知书及再审申请书副本发送对方当事人，而非送达对方当事人。发送再审申请书副本的目的是使对方当事人知道并选择是否在审查阶段即参与其中。因此，只要人民法院按照要求发送了应诉通知书及再审申请书副本，对方当事人是否收到，不影响人民法院对案件的审查，实务中也不要求通过公告方式送达应诉通知书及再审申请书副本。

3. 关于对方当事人书面意见提交。对方当事人在收到再审申请书副本后，有提交书面意见的权利；不提交书面意见的，不影响人民法院审查。人民法院对再审申请的审查，是审查再审事由是否成立，案件应否进入再审审理程序。对方当事人收到再审申请书副本后，可以提交书面意

见，对再审事由是否成立提出自己的意见，也可以不提交书面意见。由于人民法院对再审申请的审查主要是书面程序，双方当事人在审查阶段很少有机会向合议庭当面陈述自己的主张和理由，向合议庭提交书面意见，是对方当事人在审查阶段参与诉讼的主要途径。对方当事人不提交书面意见的，不影响人民法院对再审申请的审查，目的是防止因诉讼中对方当事人的消极行为而影响诉讼的进行。鉴于再审审查阶段不同于再审审理阶段，也为了与再审审理程序中的答辩形成区别，民事诉讼法在本处采用的是“书面意见”，而非“答辩状”。

4. 关于人民法院的审查工作。申请再审是对生效裁判错误的事后救济程序，相比一、二审程序，当事人申请再审后并不直接进入实体权利义务的审理阶段，而是先审查当事人主张原审裁判存在法定应当再审情形的理由是否成立。人民法院主要通过对再审申请书、原审法律文书以及原审卷宗材料等进行审查，以确定原审法律文书是否存在法定再审情形。如存在，则进入再审审理阶段，不存在则裁定驳回再审申请。人民法院在再审审查期间，可以要求再审申请人和对方当事人补充有关材料，询问有关事项。如果再审申请人以新证据为由申请再审，而其提交的新的证据可能推翻原判决、裁定的，则人民法院应当询问当事人。

【审判实践中应当注意的问题】

一、关于审查范围

人民法院审查申请再审案件，关键是对再审事由进行审查。但在这之前，应当根据《民事诉讼法》第 215 条等法律规定以及《民事诉讼法解释》有关规定审查以下四方面的内容：（1）再审申请人是否享有申请再审权利；（2）是否符合法定申请再审期限的规定；（3）是否符合可以申请再审范围的规定；（4）受理法院有无管辖权。再审审查的范围是当事人主张的再审事由，当事人未予主张的事由不予审查。《民事诉讼法》第 211 条、第 212 条规定的再审事由涵盖了证据、审判程序、法律适用等多方面情形，当事人申请再审时可能依据其中一项或者多项，人民法院应当尊重当事人的处分权，围绕当事人主张的再审事由进行审查，当事人未予主张的事由不应依职权进行审查。如在审查中发现当事人未主张的事由可能导致裁判结果错误的，如不损害国家利益、社会公共利益、涉嫌虚假诉讼等特殊情况的，一般不依职权提起再审。

二、关于对方及其他当事人在再审审查期间申请再审

根据《民事诉讼法解释》第396条规定，审查再审申请期间，被申请人及原审其他当事人依法提出再审申请的，人民法院应当将其列为再审申请人，对其再审事由一并审查，审查期限重新计算。经审查，其中一方再审申请人主张的再审事由成立的，应当裁定再审。各方再审申请人主张的再审事由均不成立的，一并裁定驳回再审申请。其中，关于在部分当事人申请再审理由成立，案件应当裁定再审情况下，在再审裁定中载明部分当事人主张的再审事由成立，对于其余当事人主张的再审事由是否成立不作结论。这一做法理由在于再审审查的目的在于确定裁判是否存在再审事由，是否应当裁定再审，一旦案件进入再审审理阶段，各方已经提出再审申请的当事人均应享有平等的诉讼权利，对其诉讼请求应当一并审理，以利于纠纷的一次性解决。因此，案件存在再审事由，进入再审程序的，应当将各方再审申请人提出的再审请求一并纳入再审审理范围。在此前提下，裁定中不宜直接驳回理由不成立的再审申请，以避免与再审审理结果相矛盾。

三、关于询问当事人制度

询问是再审审查案件特有的制度，但不是必经程序，其具体要求也不同于开庭。申请再审案件审查期间，为尽快了解案情、听取当事人意见、促使当事人和解，人民法院可以根据审查案件的需要采用听证等形式询问一方或者各方当事人，以贯彻辩论原则，保障当事人对于案件的知情权和参与权，规范审查程序，提升司法公信力。询问由审判人员主持进行，一般包括以下阶段。一是通知阶段。人民法院决定询问后，应当及时通知当事人，通知的方式可以是电话等多种方式。二是准备阶段。询问开始时，应当查明当事人是否到场，还是采用线上的方式参与询问，核对当事人身份和委托手续，确认诉讼文书送达地址，并询问当事人是否申请回避。三是当事人陈述阶段。由各方当事人对申请再审事由和具体事实理由陈述意见。四是调查阶段。法官根据案情调查相关事由。五是主持和解阶段。由主持人遵循合法、自愿原则主持各方进行和解。六是核对笔录阶段。询问结束后，由当事人核对询问笔录并签字。

第二百一十五条 人民法院应当自收到再审申请书之日起三个月内审查，符合本法规定的，裁定再审；不符合本法规定的，裁定驳回申请。有特殊情况需要延长的，由本院院长批准。

因当事人申请裁定再审的案件由中级人民法院以上的人民法院审理，但当事人依照本法第二百一十条的规定选择向基层人民法院申请再审的除外。最高人民法院、高级人民法院裁定再审的案件，由本院再审或者交其他人民法院再审，也可以交原审人民法院再审。

【条文主旨】

本条是关于人民法院审查再审申请的期限、审查范围和再审标准、裁定方式、再审法院的规定。

【理解与适用】

本条主要规定了四方面内容：一是明确了再审审查的期限；二是明确了对于再审申请应当以是否符合包括法定再审事由、申请再审期限等在内的《民事诉讼法》规定的条件为审查范围和再审标准；三是明确了应以裁定方式予以再审或者驳回再审申请；四是明确了基于当事人申请再审而裁定再审案件的再审法院。

一、关于再审审查的期限

再审审查期限是指人民法院受理当事人再审申请后，审查完毕并作出裁定的时间要求。为了充分保障当事人的申请再审权利，促使人民法院及时审查申请再审案件，本条规定了人民法院再审审查的期限。关于审查期限的确定标准，一方面申请再审所要动摇的是生效裁判的既判力，必须通过规范的审查程序严格把握启动再审的尺度，不能轻率地启动再审程序，同时法官对申请再审的审查，多数情况下难以仅通过审查再审申请书等当事人提交的材料就决定申请再审事由是否成立，通常还需要调阅原审卷宗、询问当事人等，再审审查期限不能过短；但另一方面，只有对当事人的再审申请及时受理，及时审查，及时裁决，才能及时解决矛盾，吸纳当事人对生效裁判的不满情绪，纠正生效裁判的程序或者实体错误，因此，审查期限不能过长，应当既满足社会大众的要求，又符合申请再审审查程序的特点，也能为司法实践部门所承受。综合权衡后，为更有利于保障当事人申请再审权利的尽快实现和稳定社会秩序，本条规定："人民法院应当自收到再审申请书之日起三个月内审查"，这里的三个月虽未明确是开始审查期间还是审查完毕期间，但结合明确审查期限要求、提高审查效率的立法目的，应理解为人民法院应当在该期限内审查完毕并作出裁定。

关于再审审查期限的起算点，本条规定为："收到当事人再审申请书之日"。对此，存在不同理解，一种理解为人民法院接到当事人再审申请书，另一种理解为应自人民法院接到当事人符合要求的申请再审材料并立案受理。从本条文意而言，第一种理解有其道理，但从人民法院审判案件的实际流程来看，人民法院需对受理的全部案件进行受理登记后才能开始审判，同时因当事人对再审审查程序不够了解，有不少再审申请书和材料还需一定时间补正，因此目前司法实务中一般是从当事人提交符合条件的申请再审材料，人民法院受理申请再审案件之日起计算三个月的审查期限，后一种理解更为符合客观情况。三个月的期间设置虽能基本满足普通申请再审案件的审查需要，但是对于一些存在特殊情况，在三个月之内无法审查完毕的案件，本条规定经院长批准可以延长审理期限。对特殊情形如何界定以及可以延长的审理期限的限制，本条并没有具体规定，需要根据案件具体情况决定是否延长审限，如案情特别复杂，新类型案件，当事人双方申请调解等情形，人民法院可据情作出是否符合特殊情形的认定，并决定是否延长审查期限。

二、关于再审审查的范围

审判监督程序是一种事后的补救程序，关系生效裁判的稳定性和法律秩序的安定性，启动该程序应有严格的限制，必须具备法定的再审事由。立法规定再审事由的目的就是在审判监督程序依法纠错与维护裁判权威之间求得平衡。再审事由成立，表明生效裁判确有错误或有重大程序问题，应当启动再审；再审事由不成立，就应当维护裁判权威，不启动再审。因此，人民法院审查申请再审案件，应当围绕再审事由是否成立这一核心任务来审查。基于这一考虑，《民事诉讼法解释》第 384 条规定："人民法院受理申请再审案件后，应当依照民事诉讼法二百零七条[①]、第二百零八条[②]、第二百一十一条[③]等规定，对当事人主张的再审事由进行审查。”

人民法院审查申请再审案件，关键是对再审事由进行审查。但在这之前，应当根据《民事诉讼法》审判监督程序相关规定以及《民事诉讼法解释》的有关规定审查以下四方面的内容：（1）再审申请人是否享有申请再审权利；（2）是否符合法定申请再审期限的规定；（3）是否符合可以申请再审的案件范围的规定；（4）受理法院有无管辖权。

（一）关于申请再审主体的规定

根据《民事诉讼法》第210条，可以申请再审的主体是当事人。根据《民事诉讼法解释》第373条的规定：“当事人死亡或者终止后的权利义务承继者可以依照民事诉讼法第二百零六条[④]、第二百零八条的规定申请再审。判决、调解书生效后当事人将判决、调解书确认的债权转让，债权受让人对该判决、调解书不服申请再审的，不予受理。”

（二）关于法定申请再审期限的规定

《民事诉讼法》第216条规定：“当事人申请再审，应当在判决、裁定发生法律效力后六个月内提出；有本法第二百一十一条第一项、第三项、第十二项、第十三项规定情形的，自知道或者应当知道之日起六个月内提出。”根据《民事诉讼法解释》第382条的规定：“当事人对已经发生法律效力的调解书申请再审，应当在调解书发生法律效力后六个月内提出。”

（三）关于可以申请再审的判决、裁定、调解书范围的规定

根据《民事诉讼法解释》第378条的规定：“适用特别程序、督促程序、公示催告程序、破产程序等非讼程序审理的案件，当事人不得申请再审。”根据该解释第379条的规定：“当事人认为发生法律效力的不予受理、驳回起诉的裁定错误的，可以申请再审。”根据该解释第384条第1款的规定：“当事人申请再审，有下列情形之一的，人民法院不予受理：（一）再审申请被驳回后再次提出申请的；（二）对再审判决、裁定提出申请的；（三）在人民检察院对当事人的申请作出不予提出再审检察建议

① 现为《民事诉讼法》（2023年修正）第211条。
② 现为《民事诉讼法》（2023年修正）第212条。
③ 现为《民事诉讼法》（2023年修正）第215条。
④ 现为《民事诉讼法》（2023年修正）第210条。

或者抗诉决定后又提出申请的。”

（四）关于受理法院是否有管辖权的规定

根据《民事诉讼法》第 210 条的规定，只有当事人一方人数众多或者当事人双方为公民的案件当事人申请再审，上一级人民法院和原审人民法院才都有管辖权。其他案件的当事人申请再审的，只有上一级人民法院有管辖权。

需要注意的是，再审审查的范围是当事人主张的再审事由，当事人未予主张的事由不予审查。《民事诉讼法》第 211 条、第 212 条规定的再审事由涵盖了证据、审判程序、法律适用等多方面情形，当事人申请再审时可能依据其中一项或者多项，人民法院应当尊重当事人的处分权，围绕当事人主张的再审事由进行审查，当事人未予主张的事由不应依职权进行审查。审查过程中，如果发现当事人主张的再审事由不成立，但原判确有错误，且损害国家利益或社会公共利益的，可以依据《民事诉讼法》第 209 条依法裁定再审。对于当事人申请再审未提出但不涉及国家利益、社会公共利益的问题，人民法院应尊重当事人的处分权，不宜主动依职权裁定再审。

三、关于裁定再审的标准

2007 年《民事诉讼法》第 181 条明确规定了裁定再审的标准是符合第 179 条规定的再审事由，因该条未涵盖对于调解书申请再审的条文，人民法院对于调解书以裁定方式再审没有明确的法律依据。2012 年《民事诉讼法》修正过程中，最高人民法院向立法机关提出了这一问题，立法机关予以采纳，并把关于调解书申请再审的条文调整到对判决、裁定提起再审的再审事由之后，把对判决、裁定、调解书提起再审的事由规定在一起，使体例更为集中，相应地把本条原条文中的“符合本法第一百七十九条规定情形之一”修改为“符合本法规定”，解决了对于调解书裁定再审的法律依据问题，并将申请期限等法律规定的其他条件纳入审查范围。之后历次修正除变更条文序号外，均未修改该条内容。

本条规定的裁定再审的标准为“符合本法规定”，依据《民事诉讼法》规定，对于生效判决、裁定、调解书裁定再审的标准可以分为形式标准和实质标准两方面。形式标准是指申请再审的案件是否符合《民事诉讼法》和《民事诉讼法解释》规定的申请再审条件。实质标准则是指再审申请人主张的再审事由是否成立。《民事诉讼法解释》第393条规定："当事人主张的再审事由成立，且符合民事诉讼法和本解释规定的申请再审条件的，人民法院应当裁定再审。当事人主张的再审事由不成立，或者当事人申请再审超过法定申请再审期限、超出法定再审事由范围等不符合民事诉讼法和本解释规定的申请再审条件的，人民法院应当裁定驳回再审申请。"

（一）形式标准

形式标准主要指《民事诉讼法》和《民事诉讼法解释》规定的申请再审条件，主要包括再审申请人是否享有申请再审权利、是否符合法定申请再审期限的规定、是否符合可以申请再审的案件范围的规定以及受理法院有无管辖权。相关具体规定上文已经介绍，不再赘述。对不符合《民事诉讼法》和《民事诉讼法解释》规定的申请再审条件的情形应裁定驳回。据此，对于当事人提交的再审申请书等材料，人民法院经审查后如认为不符合申请再审法定条件的，应当向再审申请人释明，如受理后发现不符合法定条件的，则应裁定驳回其再审申请。

（二）实质标准

关于裁定再审的实质标准，司法实践中存在较大分歧，各地的裁定再审率也差异较大。有的以"事由成立"作为裁定再审标准，有的以"可能改判"作为裁定再审标准，还有的以"原裁判确有错误"作为裁定再审标准。此外，对"事由成立"标准也存在审查尺度宽严不一的问题。审查标准和尺度的不统一，不仅不利于保护当事人依法申请再审的权利，还可能影响司法权威和司法公信力，有必要加以明确。

1.应准确理解和把握《民事诉讼法》第211条、第212条的立法精神，将"事由成立"作为裁定再审的实质标准。主张"确有错误"或者"可能改判"标准的，往往是以再审审理的标准来替代再审审查的标准，将保障当事人申请再审权利与维护生效裁判的既判力截然对立起来，否认再审审查所具有的独特程序功能。再审审查程序和再审审理程序是审判监督程序中两个相对独立的阶段，再审审查程序的目的是决定是否启动再审审理程序，再审审理程序则是对案件作出实体裁判。目的、任务的不同，决定了再审审查与再审审理所采取的审查标准也存在重大区别。法院审查再审申请，以能够确认再审事由是否成立为必要限度，如果经审查已足以确认当事人主张的再审事由成立，则应裁定再审。而再审审理应当围绕再审申请人提出的再审请求以及有关事实认定和法律适用等理由进行审理，依法作出再审裁判。因此，应以《民事诉讼法》规定的再审事由成立作为裁定再审的实质标准，不应将裁定再审的标准与再审改判标准相等同。

2. 正确区分违反法定程序性事由与实体性事由的不同，统一“事由成立”的裁判尺度。根据再审事由的内容，可以将《民事诉讼法》第 211 条规定的 13 项再审事由分为实体性事由与程序性事由两大类，其中第 1 项至第 6 项以及第 12 项属于实体性事由，第 7 项至第 11 项以及第 13 项属于程序性事由。

首先，对于程序性事由，如果存在《民事诉讼法》第 211 条列举的违反法定程序的事由，原裁判的结论即使是正确的，也应裁定再审。这是因为《民事诉讼法》规定的程序性再审事由属于严重的程序错误，启动再审的目的是贯彻程序正义的理念，体现正当程序的独立价值。同时，也要兼顾再审的补充性原则。所谓再审的补充性原则，是指再审相对于上诉等救济途径而言，是一种补充性的救济方式，造成裁判错误的事由，有些在第一审程序中就已经存在，对此，当事人可以通过上诉、提出异议这些常规的方式寻求救济，而不应当等到判决生效后再来申请再审，如果当事人明明能以上诉等方式提出却没有提出，则会产生失权的效果，即不允许当事人再以申请再审的方式提出。[①] 依据《民事诉讼法解释》第 390 条规定，一审判决、裁定存在遗漏或者超出诉讼请求的情形，当事人如未在二审中对此提出上诉，依据《民事诉讼法》第 211 条第 11 项申请再审的，不予支持，即体现了再审补充性原则。

其次，对于涉及事实认定、法律适用等实体性事由的判断，应当审查原生效裁判在证据采信、事实认定、法律适用等方面是否存在影响基本事实、案件性质、裁判结果等情形。要注意处理好维护生效裁判既判力与监督纠错、保护当事人合法权益与减少当事人讼累、诉讼公正与诉讼效益之间的关系，准确把握实体性再审事由的成立要件。对于法律适用存在争议，或者法律适用的瑕疵不影响结果公平的，应当衡量再审价值，做好当事人的释明工作，慎重启动再审；对于事实认定有问题的案件，要区分基本事实和次要事实，综合考虑是否对当事人的权利义务造成实质影响等因素，具体问题具体分析。另外，参考《最高人民法院关于在审判执行工作

① 参见李浩：《再审的补充性原则与民事再审事由》，载《法学家》2007 年第 6 期。

中切实规范自由裁量权行使保障法律统一适用的指导意见》(法发〔2012〕7号)的规定，只有原审人民法院行使自由裁量权显著不当的，才能按照审判监督程序予以撤销或变更。因此，对于涉及下级法院行使自由裁量权的情形，上级法院应予以尊重，除非构成明显不公，一般不宜启动再审。为了处理好依法纠错和维护生效裁判权威性稳定性的关系，《民事诉讼法解释》在规定相关实体性再审事由的构成要件时，将导致裁判结果错误作为成立要件加以规定，如该解释第385条规定新的证据“能够证明原判决、裁定认定基本事实或者裁判结果错误的”、第388条规定法律适用错误需“导致判决、裁定结果错误”。

此外，对于生效调解书的审查标准，《民事诉讼法》第212条单独作了规定。据此，当事人对已经发生法律效力的调解书申请再审，只能依据“调解违反自愿原则”或者“调解协议内容违反法律”这两个事由提出。

四、再审审查的裁定结果

本条规定了裁定再审和裁定驳回再审申请两种情况，实务中，还存在准予撤回再审申请、按撤回再审申请处理、终结审查等裁定种类。是否裁定再审，对于生效裁判的稳定性关系重大，应当严格按照法定程序和标准进行审查，处理好维护当事人权益与维护裁判既判力的关系。在审查方式上，可以采用审查当事人提交的申请再审材料、调阅原审卷宗、组织当事人询问、适时组织和解等方式，围绕再审事由是否成立进行审查并作出相应裁定。

(一)裁定再审

对生效判决、裁定应当再审的法定情形，是《民事诉讼法》第211条规定的13项再审事由，对生效调解书应当再审的法定情形，是《民事诉讼法》第212条规定的调解违反自愿原则或者调解协议的内容违反法律。人民法院对当事人提出的再审事由相关证据采信、事实认定、法律适用和审判程序方面的问题进行实质审查后，认为当事人主张的再审事由成立的，应当裁定再审，从而进入再审审理程序就原判决、裁定、调解书是否需要改判进行审理。根据是由上一级法院提审、指令原审法院再审，还是指定其他同级法院再审，提起再审的裁定可分为提审裁定、指令再审裁定和指定再审裁定。

提审、指令再审和指定再审裁定包括以下几部分:(1)再审申请人、被申请人及原审其他当事人基本情况；（2）原审法院名称、申请再审的生效裁判文书名称、案号；（3）裁定再审的法律依据；（4）裁定结果。因此类裁定主要效力在于启动再审程序，为避免与再审审理的认定发生矛盾，可以适当简化说理。但是因启动再审关系到生效裁判的稳定性和执行力，对于拟再审的案件应当严格依据法定程序和标准进行审查，切实做到依法监督，维护当事人合法权益。人民法院在审查申请再审案件过程中，被申请人或者其他当事人提出符合条件的再审申请的，应当将其列为再审申请人，对于其再审事由一并审查，审查期限重新计算。经审查，其中一方再审申请人主张的再审事由成立的，人民法院即应裁定再审。部分当事人主张的再审事由成立，其余当事人主张的再审事由不成立的，在裁定书中载明部分当事人主张的再审事由成立，对于其余当事人主张的再审事由是否成立不作结论。各方再审申请人主张的再审事由均不成立的，一并裁定驳回。再审裁定由审判人员、书记员署名，并根据案件是否具有执行内容等具体情况决定是否中止执行。

（二）裁定驳回再审申请

人民法院经审查认为再审申请人主张的再审事由不符合法定再审事由的，应当裁定驳回再审申请，明确告知当事人对生效裁判不启动再审。这不仅是维护生效裁判的稳定性和既判力的需要，更是通过审查工作确认生效裁判在当事人所主张的认定事实、适用法律和审判程序方面处理正确，达到令当事人服判息诉，定分止争目的的需要。此外。对于不符合法定条件的再审申请，在查明确实不具备法定事由、不符合申请再审期间等法定申请再审条件的，也应当裁定驳回再审申请。驳回裁定是对申请再审的终结，分析说理应当充分、透彻、清晰，应简要、准确、全面归纳申请再审理由和被申请人意见。如在审查过程中查明了与申请再审事由相关的新的事实，以及当事人诉讼主体资格变化的，应当在裁定书中写明。对原审查明事实，不必写明。驳回再审申请的裁定书应对申请再审事由逐一评判，避免漏审事由。

驳回再审申请的裁定书，应当包括以下内容：（1）再审申请人、被申请人及原审其他当事人基本情况；（2）原审法院名称、申请再审的生效裁判文书名称、案号；（3）再审申请人主张的再审事由和被申请人的意见；（4）驳回再审申请的理由、法律依据；（5）裁定结果。裁定书由审判人员、书记员署名，加盖人民法院印章。

（三）裁定准予撤回再审申请或者按撤回再审申请处理

依据《民事诉讼法解释》第 398 条规定，审查再审申请期间，再审申请人撤回再审申请的，是否准许，由人民法院裁定。再审申请人经传票传唤，无正当理由拒不接受询问的，可以按撤回再审申请处理。

1. 裁定准予撤回再审申请

《民事诉讼法》对在一审、二审程序中，当事人申请撤回起诉或者上诉时如何处理均有明确规定，但未规定当事人在再审审查阶段是否可以申请撤回其再审申请。2007 年《民事诉讼法》修正后，当事人申请再审启动的审查程序虽然与一审、二审以及再审审理程序有所不同，但属于审判监督程序的组成部分，属于法定诉讼程序的范畴，因此，当事人在再审审查期间申请撤回再审申请，虽然与撤回起诉、撤回上诉引起的法律后果不尽相同，但从本质上看，均属于通过处分自己的权利终止业已启动的诉讼程序的行为，应当比照一审、二审程序中的规定作出相应规定，再审申请人申请撤回再审申请的，是否准许，由人民法院裁定。

人民法院在决定是否准许当事人撤诉时，重点考虑的是当事人是否有规避法律的行为，或者是否有损害国家、集体和他人利益的行为。当事人在再审审查阶段申请撤回再审申请，系以其行为表明放弃通过审判监督程序对生效裁判启动再审，接受原生效裁判所确立的法律关系，因此，在再审审查阶段，人民法院不应对当事人撤回再审申请进行过多干预，只要不违反法律法规的禁止性规定，不损害国家利益、社会公共利益以及他人合法权益，均应依法准许撤回再审申请。不准许撤回再审申请时，应依照本条的规定及时审查；经传票传唤，再审申请人无正当理由拒不接受询问的，可以径行作出裁定。

2. 裁定按撤回再审申请处理

根据《民事诉讼法》和《民事诉讼法解释》的规定，再审审查不需要开庭审理，人民法院可以根据审查案件的需要决定是否询问当事人。询问作为人民法院在再审审查程序中认定当事人申请再审事由是否成立的重要方式，与开庭审理所起的作用，在本质上是相同的。因此，比照一审程序的相关规定，明确再审申请人经传票传唤，无正当理由拒不接受询问的，可以按撤回再审申请处理。人民法院在再审审查程序中作出按撤回再审申请处理的裁定，应当同时满足以下条件：一是人民法院依法向再审申请人送达了传票；二是再审申请人未在传票确定的时间接受询问；三是再审申请人缺席询问没有正当的理由。

人民法院准许撤回再审申请或者按撤回再审申请处理后，再审申请人再次申请再审的，不予受理。但是，在有新的证据，足以推翻原判决、裁定的；原判决、裁定认定事实的主要证据是伪造的；据以作出原判决、裁定的法律文书被撤销或者变更的；审判人员审理该案件时有贪污受贿，徇私舞弊，枉法裁判行为的这四种情形下，当事人自知道或者应当知道之日起六个月内再次提出再审申请的，人民法院应予受理。

（四）裁定终结审查

依据《民事诉讼法解释》第400条规定："再审申请审查期间，有下列情形之一的，裁定终结审查：（一）再审申请人死亡或者终止，无权利义务承继者或者权利义务承继者声明放弃再审申请的；（二）在给付之诉中，负有给付义务的被申请人死亡或者终止，无可供执行的财产，也没有应当承担义务的人的；（三）当事人达成和解协议且已履行完毕的，但当事人在和解协议中声明不放弃申请再审权利的除外；（四）他人未经授权以当事人名义申请再审的；（五）原审或者上一级人民法院已经裁定再审的；（六）有本解释第三百八十一条第一款规定情形的。"该条系参照《民事诉讼法》有关终结诉讼的规定，明确了终结审查的方式和可以终结审查的具体情形。

1. 再审申请人死亡或者终止，无权利义务承继者或者权利义务承继者声明放弃再审申请的。再审审查程序的启动是基于再审申请人提出的再审申请，一旦再审申请人死亡或者终止，没有权利义务承继者或者权利义务承继者声明放弃再审申请的，即意味着再审审查程序失去了主张启动再审程序的主体，没有继续进行的必要，应当终结审查。

2. 在给付之诉中，负有给付义务的被申请人死亡或者终止，无可供执行的财产，也没有应当承担义务的人的。给付之诉是指原告请求被告履行一定给付义务的诉讼，包括金钱给付、物的给付以及行为给付。给付之诉的权利人申请再审的目的是要求被申请人履行给付义务，一旦被申请人死亡或者终止，没有可供执行的财产，也没有应当承担义务的人承接给付义务的情形下，再审审查程序的继续进行已经毫无意义。即便启动再审纠正原审裁判的错误，再审申请人的给付请求因义务主体的消亡且无财产可供执行，其启动再审程序的目的亦无法实现。因此，此种情形下应终结审查。

3. 当事人达成和解协议且已履行完毕的，但当事人在和解协议中声明不放弃申请再审权利的除外。当事人在执行程序或者再审审查程序中达成和解协议并履行完毕，意味着当事人通过协商达成新的协议处分自己的权利，并通过实际履行的方式了结了原有的纠纷。在此情形下，人民法院没有对生效裁判继续进行再审审查的必要，应终结审查。如果当事人在和解协议中明确表示不放弃申请再审的权利的，即便和解协议已经履行完毕，其申请再审的权利仍应得到保护。

4. 他人未经授权以当事人名义申请再审的。实践中，有时会出现他人冒充当事人的代理人，以当事人的名义申请再审的情形，如果裁定驳回该再审申请，将会影响真正的当事人行使申请再审的权利。因此，此种情形下应裁定终结审查。

5. 原审或者上一级人民法院已经裁定再审的。因部分案件可以向原审人民法院申请再审吗，实践中会出现当事人既向原审人民法院申请再审，又向上一级人民法院申请再审的情形，如果原审人民法院和上一级人民法院均受理了当事人再审申请，其中一个法院先行裁定再审的，则尚未审结案件的法院应终结审查。另外，再审审查过程中，还可能出现原审法院或者上一级法院基于检察机关提出的抗诉、再审检察建议或者依职权启动再审的情形，此种情形下审查再审申请的法院亦应裁定终结审查。

6. 有《民事诉讼法解释》第 381 条第 1 款规定情形的。该解释第 381 条第 1 款规定："当事人申请再审，有下列情形之一的，人民法院不予受理：（一）再审申请被驳回后再次提出申请的；（二）对再审判决、裁定提出申请的；（三）在人民检察院对当事人的申请作出不予提出再审检察建议或者抗诉决定后又提出申请的。"根据该条规定，有上述三种情形之一的，人民法院对于当事人提出的再审申请应当不予受理。但是，实践中，存在当事人申请再审时故意隐瞒其提出的再审申请曾被有关法院驳回等重要事实，导致案件受理并进入再审审查程序的情形，存在由于立案环节的疏忽，导致针对再审判决、裁定的再审申请或者对检察机关已经作出不予提出再审检察建议，不予抗诉决定的案件再次提出再审申请得以受理的情形。再审审查期间，人民法院一旦发现上述情形，即应裁定终结审查程序。

需要注意的，一是终结审查裁定的效力仅仅是结束了人民法院依照审判监督程序启动的审查程序，并不影响已经发生法律效力的裁判的既判力以及执行程序的正常进行。二是鉴于司法实践情况复杂多样，如果出现其他确有必要裁定终结审查的情形，可以在充分说理并注意保护当事人诉讼权利和合法权益的基础上，适用《民事诉讼法》第157条第1款第6项裁定终结审查。

五、再审法院的确定

本条第2款规定了因当事人申请裁定再审案件的再审法院，主要有以下两方面要求：

（一）因当事人申请裁定再审的案件，应由中级人民法院以上的人民法院审理

1. 以中级人民法院以上的人民法院再审为一般原则

本法第210条确定了“申请再审上提一级”的管辖原则，即一般情况下，当事人可以向原审人民法院的上一级人民法院申请再审，即绝大多数申请再审案件应由中级人民法院以上的人民法院受理审查。从2007年《民事诉讼法》施行以来的司法统计情况看，未上诉生效的一审案件当事人申请再审的数量较少，中级人民法院再审审查的压力不大，没有必要为减轻中级法院的再审案件压力而允许中级法院将裁定再审的案件交由基层法院审理。同时对于基层法院一审生效的案件规定由中级法院再审，也可以避免案件由基层法院按照一审程序再审后继续上诉至中级法院，有利于减少当事人诉累，节约司法资源，本条明确了由中级以上人民法院审理因当事人申请再审而启动再审的案件。

2. 以当事人选择向基层人民法院申请再审的案件由基层人民法院再审为例外情况

本条对于当事人依据第210条选择向基层人民法院申请再审案件的再审法院作出了例外规定，即可以由该基层法院再审。作出这一例外规定的主要考虑有：

一是避免法条之间的矛盾。2012年立法修改对于2007年《民事诉讼法》规定的“申请再审上提一级”进行了调整，增加规定了当事人一方人数众多或者当事人双方为公民的案件，也可以向原审人民法院申请再审。根据这一规定，如果申请再审的裁判是基层人民法院审理的一审未上诉而生效的裁判，则原审人民法院为基层人民法院，当事人可以选择向基层人民法院申请再审。根据2007年《民事诉讼法》第181条第2款的规定，

因当事人申请裁定再审的案件由中级人民法院以上的人民法院审理，则若该基层人民法院裁定再审，须裁定由中级人民法院审理，从而与人民法院审级监督的基本要求相悖。因此，本条根据“申请再审上提一级”的修改，增加了当事人向基层人民法院申请再审案件的例外规定，避免产生基层法院审查的案件裁定由中级法院再审的问题。

二是在当事人享有可以向上一级法院申请再审，也可以向原审法院申请再审的选择权情况下，增加例外规定并未损害当事人的诉讼权利。若基层人民法院一审裁判未上诉生效，且该案件为当事人一方人数众多或者双方为公民的案件，当事人可以选择向基层人民法院申请再审，也可以选择向中级人民法院申请再审。当事人选择向基层法院申请再审的，案件启动再审后仍由该院再审，当事人选择向中级法院申请再审的，则仍由中级法院再审，因保障了当事人的程序选择权，并不损害当事人诉讼权利。

三是这一例外规定对于司法实践影响面有限。司法实践中由基层人民法院审理后当事人不上诉而生效的案件，当事人申请再审率较低。据调研，各地中级法院受理的民事申请再审案件数量较少，为协调法条之间的矛盾而增加当事人向基层法院申请再审可由该基层法院再审的例外规定，影响面有限，并未改变此类再审案件由中级人民法院以上人民法院再审的一般原则。

在具体适用本条时，基层人民法院应注意审查当事人申请再审的案件是否属于第 210 条规定的允许当事人选择向原审人民法院申请再审的案件，若符合该条规定且再审事由成立的，则可以裁定由本院再审。

（二）最高人民法院、高级人民法院裁定再审的案件，由本院再审或者交其他人民法院再审，也可以交原审人民法院再审

为适度减轻因“申请再审上提一级”带来的最高人民法院和高级人民法院的审判压力，本条允许最高人民法院和高级人民法院将部分启动再审的案件交由下级人民法院审理，据此，对于这两级法院裁定再审的案件，可以由本院提审、指令原审法院再审、指定其他同级法院再审，具体采用何种方式需要根据具体案情确定。

1. 由上一级人民法院提审

虽然《民事诉讼法》对于再审法院规定了由上一级法院提审、指定其他同级法院再审和指令原审法院再审三种选择，但从本条第 2 款表述的顺序来看，由上一级法院提审是确定再审审理法院的第一选择。由上一级法

院对当事人的再审请求进行重新审理，与“申请再审上提一级”的立法取向一致，有利于提高再审裁判的公信力和纠正原审错误，减少当事人不服再审裁判继续申诉或者申请再审的问题。只有在上一级法院不便再审情形下，才能选择其他两种再审法院。如果单纯为减轻上级法院审判压力而将案件大量指令下级法院或者指定其他法院再审，则可能引发对于再审裁判的再次申请再审或者申请检察监督，不利于当事人服判息诉，也造成司法资源的浪费。从实践情况看，相对于原审法院审理再审案件，由上一级法院提审的案件改变原审结果率和服判息诉率较高。

对于哪些案件应由上一级法院提审，本条没有明确规定。《最高人民法院关于加强和规范案件提级管辖和再审提审工作的指导意见》（法发〔2023〕13号）进一步强调了再审案件以上级法院提审为原则，并就最高人民法院应当提审的案件做出明确规定。该意见第1条中规定：“中级以上人民法院应当加大再审提审适用力度，精准履行审级监督和再审纠错职能。最高人民法院聚焦提审具有普遍法律适用指导意义、存在重大法律适用分歧的典型案件，充分发挥最高审判机关监督指导全国审判工作、确保法律正确统一适用的职能。”第15条中规定：“上级人民法院对下级人民法院已经发生法律效力的民事、行政判决、裁定，认为符合再审条件的，一般应当提审。”第16条规定：“最高人民法院依法受理的民事、行政申请再审审查案件，除法律和司法解释规定应当提审的情形外，符合下列情形之一的，也应当裁定提审：（一）在全国有重大影响的；（二）具有普遍法律适用指导意义的；（三）所涉法律适用问题在最高人民法院内部存在重大分歧的；（四）所涉法律适用问题在不同高级人民法院之间裁判生效的同类案件存在重大分歧的；（五）由最高人民法院提审更有利于案件公正审理的；（六）最高人民法院认为应当提审的其他情形。最高人民法院依职权主动发现地方各级人民法院已经发生法律效力的民事、行政判决、裁定确有错误，并且符合前款规定的，应当提审。”

2. 指令原审人民法院再审

根据本条第2款的规定，最高人民法院、高级人民法院裁定再审的案件，也可以交原审人民法院再审，并把这一再审方式列于可选择的再审法院之后，体现了适度限制指令原审法院再审的立法取向。通常情况下，原审法院最接近当事人所在地，方便当事人诉讼，但也容易受到干扰，当事人往往对原审法院能否公正再审案件并纠正错误持怀疑态度，一定程度上可能影响再审裁判的权威性。但实务中，指令原审法院再审仍是一种适用较为普遍的做法，原因在于原审法院更易于查明案件事实，更接近纠纷发生地和当事人所在地，在不影响公正审理的情况下，指令原审法院再审有利于及时救济当事人，降低当事人诉讼成本。为保证案件公正审理，对于审判人员在审理该案件时有贪污受贿，徇私舞弊，枉法裁判行为的案件，原判决、裁定系经原审法院审判委员会讨论作出的案件，不应指令原审法院再审。对于需要进一步查明事实，调取证据的案件，以及因法定程序性事由启动再审的案件，可以指令原审法院再审。此外，上一级法院经审查认为指令原审法院再审能够查清案件事实，更能充分利用当地各种社会解决纠纷资源协调配合，做好当事人服判息诉工作，从而使案件得到妥善解决，保护当事人合法权益的，则可裁定指令原审法院再审，如群体性纠纷、当事人不方便到上一级法院诉讼的案件、需重新鉴定的案件、对生效民事调解书裁定再审需要进一步查明事实的案件等。《最高人民法院关于加强和规范案件提级管辖和再审提审工作的指导意见》（法发〔2023〕13 号）第 15 条第 2 款在该条第 1 款规定以提审为原则的基础上，明确规定了可以指令原审法院再审或者指定其他同级法院再审的案件范围，体现了限制指令再审的司法政策要求。该款规定："对于符合再审条件的民事、行政判决、裁定，存在下列情形之一的，最高人民法院、高级人民法院可以指令原审人民法院再审，或者指定与原审人民法院同级的其他人民法院再审，但法律和司法解释另有规定的除外：（一）原判决、裁定认定事实的主要证据未经质证的；（二）对审理案件需要的主要证据，当事人因客观原因不能自行收集，书面申请人民法院调查收集，人民法院未调查收集的；（三）违反法律规定，剥夺当事人辩论权利的；（四）发生法律效力的判决、裁定是由第一审法院作出的；（五）当事人一方人数众多或者当事人双方均为公民的民事案件；（六）经审判委员会讨论决定的其他情形。"

3. 指定其他同级人民法院再审

依据本条规定，对最高人民法院、高级人民法院裁定再审的案件，可以指定与原审人民法院同级的其他人民法院再审。对于可以指定其他同级法院再审的案件范围，本条没有明确规定。实务中，从案件的影响程度、案件参与人数、便利当事人行使诉讼权利以及便利人民法院审理等因素考虑，在确实不便提审和指令原审人民法院再审的情况下，可考虑裁定指定其他同级人民法院再审。因指定其他同级法院再审存在难以解决的程序问题，最主要的就是同级法院是否有权撤销另一同级法院的生效裁判、再审需要发回重审的存在程序障碍、再审案件引发的后续申诉问题相互推诿等问题，该裁定方式在司法实务中较少适用。审查工作中应确立以提审为主，以指令再审为补充，以指定再审为例外的原则。

【审判实践中应当注意的问题】

一、关于申请再审受理条件的审查

对于申请再审案件，人民法院应当首先审查再审申请人是否适格，是否符合法定再审期限，是不是可以申请再审的裁判，受理法院有无管辖权。只有符合《民事诉讼法》及其司法解释规定的申请再审条件，人民法院才能受理并对再审事由进行审查。

依据民事诉讼法及其司法解释的规定，不符合申请再审条件的情形主要有以下六种：一是再审申请人主体不适格。有权申请再审的主体包括原审案件当事人、《民事诉讼法解释》第 373 条第 1 款规定的当事人的权利义务承继者、第 420 条规定的被遗漏的必要共同诉讼人、第 421 条规定的案外人，其他主体不享有申请再审的权利。二是不符合申请再审案件管辖的规定。即除《民事诉讼法》第 210 条规定的当事人一方人数众多以及当事人双方为公民的两类案件外，再审申请人未向上一级人民法院提出申请的。三是原审裁判系《民事诉讼法》及其司法解释规定不得申请再审的裁判，主要包括《民事诉讼法》第 213 条规定的已经发生法律效力的解除婚姻关系的判决、调解书，《民事诉讼法解释》第 378 条规定的适用特别程序、督促程序、公示催告程序、破产程序等非诉程序审理的案件，以及第 381 条第 1 款规定的三种情形等。四是申请再审的裁判尚未生效或已被再审裁判撤销。五是再审申请书列明的再审事由超出《民事诉讼法》第 211 条、第 212 条规定的再审事由范围。需要注意的是，司法实践中有不少当事人囿于法律知识的局限，提交的再审申请书中未列明再审事由或者所列再审事由与具体理由不对应，对于上述情形，人民法院不宜直接裁定驳回，而是应向当事人进行释明，由其自行补正。六是再审申请不符合《民事诉讼法》第 216 条规定的申请再审期间要求。

二、严格依据法定再审事由确定审查范围

对于判决、裁定，法定再审事由只有《民事诉讼法》第 211 条规定的 13 项，不是这 13 项事由之一的，人民法院不予审查。对于调解协议，法定再审事由也只有调解违反自愿原则或者调解协议的内容违反法律这两项，不是这两项事由的，人民法院不予审查。

第二百一十六条　**当事人申请再审，应当在判决、裁定发生法律效力后六个月内提出；有本法第二百一十一条第一项、第三项、第十二项、第十三项规定情形的，自知道或者应当知道之日起六个月内提出。**

【条文主旨】

本条是关于当事人申请再审期限的规定。

【理解与适用】

当事人申请再审的，应当在判决、裁定、调解书发生法律效力后6个月内提出；具有以下四种事由之一的，自知道或者应当知道之日起6个月内提出：（1）有新的证据，足以推翻原判决、裁定的；（2）原判决、裁定认定事实的主要证据是伪造的；（3）据以作出原判决、裁定的法律文书被撤销或者变更的；（4）审判人员审理该案件时有贪污受贿，徇私舞弊，枉法裁判行为的。

2007年《民事诉讼法》第184条规定："当事人申请再审，应当在判决、裁定发生法律效力后二年内提出；二年后据以作出原判决、裁定的法律文书被撤销或者变更，以及发现审判人员在审理该案件时有贪污受贿，徇私舞弊，枉法裁判行为的，自知道或者应当知道之日起三个月内提出。"2012年《民事诉讼法》修改了三方面内容：一是将2年的申请再审期限规定为6个月；二是将起算点从知道或者应当知道之日开始的事由由两种增加为四种；三是将自知道或者应当知道之日开始起算3个月规定为6个月。2017年、2021年和本次《民事诉讼法》修正对该条文都没有作出修改。

一、关于申请再审期限

法律规定当事人申请再审期限的目的是维护既判力，从而维护社会关系的稳定。规定申请再审期限并不构成对当事人申请再审权利的限制。相反，规定申请再审期限，有利于督促当事人及时行使权利，有利于法院对再审案件进行审理，避免法律关系长期处于可能提起再审的不安定状态，避免因生效裁判缺乏稳定性而削弱民事诉讼制度定分止争的功能。

在任何一个国家和地区，司法中的纠错都不是没有限制的。如果允许当事人在事隔多年以后，对一个生效裁判申请再审，不仅会带来执行回转的困难，也会造成社会对司法权威的怀疑，使社会不稳定。大陆法系立法均对于申请再审期限作出了明确规定。

2007 年《民事诉讼法》第 184 条规定申请再审期限为 2 年，当事人行使申请再审权利的期间过长，难以督促当事人及时行使申请再审权利。实务中，当事人依据其应当在判决作出时就已知道的事由，如最为常用的“原判决、裁定认定的基本事实缺乏证据证明的”和“原判决、裁定适用法律确有错误的”等，在将近两年时才提出再审申请的情况屡见不鲜，引发了很多问题，如对方当事人地址变更难以送达，损失进一步扩大，法律关系难以稳定，审查再审事由难度增大等。2012 年《民事诉讼法》规定当事人申请再审的期限为 6 个月，既考虑到了我国幅员辽阔，经济发展水平各异的实际情况，又考虑到了督促当事人及时行使申请再审权利。对于当事人而言，只要积极行使权利，一般不存在期间过短的问题。从法院实际工作角度看，对于申请再审案件进行审查，往往需要调阅原审卷宗，而法院卷宗一般要求在结案后 3 个月内归档，因此，6 个月的期限也考虑到了法院审查工作的实际需要。

当事人申请再审期限是由《民事诉讼法》直接规定的提出再审之诉的期间，必须依照法律规定确定，属于法定期间和不变期间，不适用中止、中断和延长的规定。申请再审期限的届满导致申请再审诉权的绝对消灭。

二、关于申请再审期限的起算点

申请再审期限的起算点，一般有以下三种方式：（1）自当事人知道再审事由开始。（2）自裁判生效时起算，但当事人在裁判生效后知道再审事由的，从知道再审事由时起算。（3）自再审事由发现或者被确定时起算。上述第 1 种方式有利于保障当事人权利，但有时较难判断当事人何时知道再审事由；第 2 种方式的起算点较为明确，同时兼顾了当事人在裁判生效后才知道再审事由的特殊情形；第 3 种方式，对于裁判所依据的判决、裁定已被撤销等具有明确判断标准的再审事由，具有合理性。但对于没有明确判断标准的再审事由，则很难判断再审事由发现或者被确定的时点。

根据本条的规定，当事人申请再审的期限从判决、裁定发生法律效力时起算，但出现法律规定的四种事由之一的，自当事人知道或者应当知道该事由时起算。

（一）一般情形下从判决、裁定发生法律效力时起算

申请再审期限从判决、裁定发生法律效力时起算，简洁清晰，当事人和法院都容易把握。事实上，2012 年《民事诉讼法》第 200 条规定的再审事由，绝大部分是关于原裁判证据判断、法律适用、审理程序方面的问题，这些事由当事人完全可以在裁判生效时就知道或者应当知道。

对于判决、裁定发生法律效力的时间问题，2023 年《民事诉讼法》第 158 条规定："最高人民法院的判决、裁定，以及依法不准上诉或者超过上诉期没有上诉的判决、裁定，是发生法律效力的判决、裁定。"2023 年《民事诉讼法》第 182 条规定："第二审人民法院的判决、裁定，是终审的判决、裁定。"2023 年《民事诉讼法》第 218 条第 1 款规定："人民法院按照审判监督程序再审的案件，发生法律效力的判决、裁定是由第一审法院作出的，按照第一审程序审理，所作的判决、裁定，当事人可以上诉；发生法律效力的判决、裁定是由第二审法院作出的，按照第二审程序审理，所作的判决、裁定，是发生法律效力的判决、裁定；上级人民法院按照审判监督程序提审的，按照第二审程序审理，所作的判决、裁定是发生法律效力的判决、裁定。"根据上述法律规定，以下判决、裁定宣判或者送达之时，就是该判决、裁定发生法律效力之时。

1. 最高人民法院作出的判决、裁定，一经宣判或者送达即发生法律效力。最高人民法院无论审理一审案件、二审案件，还是依照审判监督程序审理再审案件，其作出的判决、裁定都是发生终局效力的判决、裁定。

2. 适用第二审程序作出的判决、裁定，一经宣判或者送达即发生法律效力。

3. 实行一审终审不准上诉的判决、裁定，一经宣告或者送达即发生法律效力。依法不准上诉的判决包括：依照小额诉讼程序审理的案件，依照特别程序审理的选民资格案件，宣告失踪、宣告死亡案件，认定公民无民事行为能力、限制行为能力案件，认定财产无主案件，确认调解协议案件，实现担保物权案件。依法不准上诉的裁定是指不予受理、管辖权异议、驳回起诉裁定以外的各种裁定。需要注意的是，对一审终审不准上诉

的判决、裁定，除按照小额诉讼程序审理作出的判决外，原则上不得申请再审。

4. 第一审作出可以上诉的判决、裁定，当事人在收到判决书、裁定书后未提出上诉，又无延长期限的正当理由的，上诉期届满后，该判决、裁定即发生法律效力。

5. 对于调解书申请再审的，根据2023年《民事诉讼法》第100条、第101条的规定，调解书经双方当事人签收后即发生法律效力，对不需要制作调解书的协议，应当记入笔录，由双方当事人、审判人员、书记员签名或者盖章后，即具有法律效力。

（二）出现四种事由时从知道或者应当知道该事由时起算

有些时候，当事人在裁判发生法律效力后6个月内无法知道申请再审事由，且不能归责于该当事人，如果申请再审期限一律从判决、裁定发生法律效力时起算，对这些当事人不公平。本条规定出现四种事由时，从当事人知道或者应当知道该事由时起算。

1. 有新的证据，足以推翻原判决、裁定的

当事人在判决、裁定发生法律效力6个月后发现新的证据，因其对于未在裁判生效后6个月内申请再审没有过错，因此本条规定从其知道或者应当知道新的证据时起6个月内可以申请再审，平衡了各方利益，保证了诉讼公正性。但对于新证据的认定要严格按照法律和司法解释的规定，不能随意扩大解释。

2. 原判决、裁定认定事实的主要证据是伪造的

伪造证据是妨碍民事诉讼的行为，情节严重的将构成犯罪。如果当事人发现认定事实的主要证据是伪造的，自知道或者应当知道该主要证据系伪造时起6个月内可以申请再审。

3. 据以作出原判决、裁定的法律文书被撤销或者变更的

该事由的出现导致原裁判丧失了基础，为避免产生矛盾，应允许当事人在知道或者应当知道法律文书被撤销或者变更时起6个月内申请再审。

4. 审判人员审理该案件时有贪污受贿，徇私舞弊，枉法裁判行为的

该事由从根本上动摇了原裁判的公信力和权威性，当事人对于未在法定期间内主张该事由没有过错，应当允许当事人从知道或者应当知道该事由时起6个月内申请再审。

需要探讨的是，《民事诉讼法》没有规定申请再审权存续的绝对期

间，因此，从理论上讲，无论裁判生效后的任何时期只要出现上述四种事由，当事人均可在知道或者应当知道之日起6个月内申请再审。这样充分考虑到了纠正个案错误，追求个案公正。是否需要规定最长申请再审期限，维护生效裁判稳定性，值得研究。

【审判实践中应当注意的问题】

关于超过申请再审期限当事人坚持申请再审如何处理的问题

申请再审期限属于再审之诉的诉讼要件，欠缺该诉讼要件，再审之诉的提起不合法。法院受理民事申请再审案件时，如果发现当事人的申请已经超过申请再审期限的，应当告知其相关法律规定，劝其不要提起再审申请。如果当事人坚持申请再审的，人民法院经审查认定当事人申请再审超过法律规定的期限的，应当裁定驳回再审申请。

第二百一十七条　按照审判监督程序决定再审的案件，裁定中止原判决、裁定、调解书的执行，但追索赡养费、扶养费、抚养费、抚恤金、医疗费用、劳动报酬等案件，可以不中止执行。

【条文主旨】

本条是关于再审对生效判决、裁定、调解书执行力产生影响的规定。

【理解与适用】

对决定再审的案件，原则上要中止执行，但少数特殊类型的案件可以不中止执行。

理论上，发生法律效力的裁判即为确定的终局性裁判，会产生既判力、执行力、形成力、反射效力、争点效力、预决效力等一系列拘束力。再审是生效裁判确定性的反面，对生效裁判一系列拘束力都会产生影响，其中包括对执行力的中止效力。2007年《民事诉讼法》第185条规定："按照审判监督程序决定再审的案件，裁定中止原判决的执行。裁定由院长署名，加盖人民法院印章。"即凡是启动再审的案件一概中止执行，这一规定完全沿袭自1991年《民事诉讼法》第183条。但再审案件不加区分、一律中止原裁判执行的做法虽有一定合理性，也带来不少负面效应。至2012年再次修改《民事诉讼法》时，经过多方调研论证，权衡比较多个方案，最后明确将六类案件作但书处理，可以不中止执行。也就是说，再审案件以中止执行为原则，不中止执行为例外。这是因为作为执行依据的原审裁判存在再审事由，通常情况下，继续执行可能会损害再审申请人的利益，并且造成执行回转等司法资源浪费；同时启动再审并不意味着再审改判，更不意味着必然会完全免除原审判决确定义务人的民事责任，为保证涉基本生活保障的案件不受再审的影响，例外规定六类案件可不中止执行。

之所以将六类案件作为再审可以不中止执行的特殊类型案件，理由在于：一是这些案件权利义务关系相对明确，给付流向较为清晰。二是《民事诉讼法》第109条规定了可以先予执行的案件类型，上述六类案件属于可先予执行的案件。也就是说，人民法院根据法律的直接规定，在没有任何生效裁判的情形下，即可先予执行该六类案件，那么，当案件已经有了生效裁判（尽管被提起了再审），不中止执行，也符合"举重明轻"的法律逻辑。三是该六类案件，要么原告是老人、妇女、儿童等一些弱势群体，要么涉及当事人本人及其家属的基本生计、健康保障等利益，该类利益价值高于一般经济利益价值，法律作例外规定体现扶危济困、以人为本的人文关怀精神。

该条在列举六类案件后还用"等"字表述。这是立法机关考虑到将来可能出现的特殊情况，在《民事诉讼法》中为司法实践的探索发展留出了空间。立法中，有意见认为，对于六类案件之外的"等案件"可由最高人民法院在司法解释中进行扩张性解释。我们认为，将"原裁判没有可执行内容或者已经执行完毕的""原裁判确定的权利人部分胜诉后，该权利人申请再审的""当事人仅对部分判项提出再审请求的"等情形，纳入到再审可以不中止原裁判执行的案件范围，似乎也是合适的。但就第一种情形而言，是否中止执行在实践中无任何影响；就第二、三种情形而言，往往需要甄别原裁判是否可部分执行、再审请求如何以及何时确定，在多人申请再审的情况下，问题将更加复杂。对上述情形判断会影响再审审查工作的效率，特别是对一个月就要出裁定的抗诉案件，客观上也无法在裁定再审前加以审查核实；对于审查法官而言，权力过大，责任过重。而且，再审案件的原审裁判要么程序严重违法，要么在实体上缺乏法律或事实依据，不中止执行，一定程度上也缺乏法理正当性。因此，《民事诉讼法解释》未对此专门作解释，对该问题还是指引到《民事诉讼法》的规定。

理解本条法律还要结合《民事诉讼法解释》第394条的规定："人民法院对已经发生法律效力的判决、裁定、调解书依法决定再审，依照民事诉讼法第二百一十三条[①]规定，需要中止执行的，应当在再审裁定中同时写明中止原判决、裁定、调解书的执行；情况紧急的，可以将中止执行裁定口头通知负责执行的人民法院，并在通知后十日内发出裁定书。"为此，还要注意以下问题：第一，本条适用于所有再审案件，包括因当事人申请启动再审、因检察监督或者法院依职权启动再审的案件；第二，

① 现为《民事诉讼法》（2023年修正）第217条。

2012年修法时删除了原来该条中“裁定由院长署名，加盖人民法院印章”的内容，故再审裁定由从事再审审查或者依职权复查工作的合议庭署名，院长不再署名，避免所谓“小法官改大法官意见”的弊端；第三，对六类案件的再审一般情况下不中止对生效裁判的执行，但不是必须继续执行，如有特殊情况，也可以中止执行；第四，根据对六类案件不需要中止执行的，再审裁定仅有一项决定再审的内容，不再写明“中止原判决（裁定、调解书）的执行”；第五，2012年《民事诉讼法》在特别程序中新增了确认调解协议案件和实现担保物权案件，这两类案件的裁定都可能涉及实体执行内容，如果需要对该两类裁定纠正，那么要中止对原裁定的执行，这也是2012年修法时在本条增加中止执行“裁定”的原因；第六，中止执行的裁定可以先以口头方式通知执行法院，再在十日内发出裁定书的方式进行，但条件限于已经依法决定再审，但限于尚未制作裁定书，且情况紧急，不中止执行将造成重大损失或严重不公的案件。

另外，关于再审中止执行的案件，还有两个有关加倍支付迟延履行期间的债务问题，值得探讨。

1. 再审中止执行的，再审期间是否计入迟延履行期间的问题。《民事诉讼法》第264条规定：“被执行人未按判决、裁定和其他法律文书指定的期间履行给付金钱义务的，应当加倍支付迟延履行期间的债务利息。”立法机关认为，法律文书一旦生效，当事人就应当履行法律文书确定的义务，对不履行法定义务的，应当进行制裁，以保护对方当事人的合法权益，维护法律尊严。[①] 加倍支付迟延履行期间的债务利息即为制裁方式之一，目的在于促进当事人自动履行生效裁判确定的义务。《最高人民法院关于执行程序中计算迟延履行期间的债务利息适用法律若干问题的解释》第3条第3款规定：“非因被执行人的申请，对生效法律文书审查而中止或暂缓执行的期间及再审中止执行的期间，不计算加倍部分债务利息。”根据这一规定，包括因被执行人申请再审、申请检察监督、申诉等原因启动再审的案件，再审期间计入迟延履行期间。非因被执行人原因包括：一是执行人及其他当事人申请再审的案件；二是无当事人申诉、人民法院单纯依职权再审的案件；三是无当事人申诉，人民检察院单纯依职权抗诉的

① 全国人大常委会法制工作委员会民法室编：《〈中华人民共和国民事诉讼法〉条文说明、立法理由及相关规定》，北京大学出版社2007年版，第460页。

案件；四是案外人申请再审的案件。以上四种情形下，再审期间不计入迟延履行期间。

2. 生效再审判决的执行力起算时间。这一问题实质上是再审案件的执行依据是生效再审判决，还是原审判决或原审判决的部分内容，是对第一个问题的延续和深入。我们认为，上述司法解释对再审判决的执行力作了部分明确。一般而言，无论再审判决再审维持原判还是改判，其自身生效后方能产生既判力等拘束力，但对执行力而言，应当根据区分两种情况。一是再审维持原判的，自原判确定的强制执行日产生执行力，开始计算迟延履行期间；如果再审是非因被执行人原因启动的，根据上述司法解释，在计算迟延履行期间时扣除再审期间。二是再审改判的，此时执行力与既判力等其他拘束力基本一致，即应自再审判决确定的强制执行日产生执行力。此种情形下，因为不存在再审期间扣除的问题，因此再审启动是否是被执行人的原因，对计算迟延履行期间已无意义。至于对再审部分改判的，对未改判部分判项的执行力产生时间是否要参照再审维持原判？我们认为，无论从裁判效力的整体性而言，还是从司法实务操作性而言，不宜再细分。

【审判实践中应当注意的问题】

第一，实践中，有少量案件因各种原因，由上级法院指定至与原审人民法院同级的其他法院再审，对此，关于是否应当中止执行以及裁定书的主文、署名等，可以参照指令再审裁定。

第二，对于执行法院而言，再审裁定中只有写明“中止原判决（裁定、调解书）”的，才能中止执行，没有写的，即继续执行生效裁判。

第三，对中止执行裁定的口头通知方式应当严格控制，把好审批关口，上级法院和执行法院的有关人员都要做好工作记录，将有关材料入卷，并在十日内向执行法院发出裁定书。

第四，尽管对于再审期间是否计算加倍部分债务利息已经有了一定规定，但再审期间过长，不但对加倍利息计算仍会产生争议，而且有可能出现看似再审改判胜诉、实质利益减损的不当局面，因此必须严格再审审限管理，且要在再审判决中注意到这一问题。

第二百一十八条 人民法院按照审判监督程序再审的案件，发生法律效力的判决、裁定是由第一审法院作出的，按照第一审程序审理，所作的判决、裁定，当事人可以上诉；发生法律效力的判决、裁定是由第二审法院作出的，按照第二审程序审理，所作的判决、裁定，是发生法律效力的判决、裁定；上级人民法院按照审判监督程序提审的，按照第二审程序审理，所作的判决、裁定是发生法律效力的判决、裁定。

人民法院审理再审案件，应当另行组成合议庭。

【条文主旨】

本条是关于再审所适用的程序以及再审合议庭组成的规定。

【理解与适用】

2012年《民事诉讼法》修正时，曾有意见认为，再审属非常规性救济程序，与原审比较，有相当多的独特之处，应当制定独立的再审程序。但立法机关最终考虑到再审程序准用原审程序是大陆法系民事诉讼法通行的制度安排，再审的特殊性除在其他法律条文中规定外，还可以通过司法解释予以解决。再审按照原审程序进行，即分为三种情形：一是生效裁判是经第一审程序作出的，再审按照第一审程序审理；二是生效裁判是经第二审程序作出的，再审按照第二审程序审理；三是上级人民法院提审的，再审按照第二审程序审理。以上第一、二种情形是指再审法院审理本院生效裁判，第三种情形是指上级法院包括最高人民法院审理下级法院生效裁判。适用逻辑上，第三种情形优先于前两种情形，即无论生效裁判是按照第一审程序还是按照第二审程序作出的，只要上级法院提审，再审即按照第二审程序审理。据此，经再审审理所作的判决、裁定能否上诉，即按照所适用的程序确定。需要指出的是，本条适用于所有再审案件，包括当事人及案外人申请再审、人民检察院监督再审和人民法院依职权再审的案件，只要启动再审进行再审审理的，都予以适用。需要特别指出的是，尽管再审适用第一、二审程序，但再审作为非常救济程序必然有其较为特殊的方面。对此，除本条规定外，《民事诉讼法解释》多个条文作了专门规定。

一、关于另行组成合议庭

1. 本条第 2 款明确，再审应当另行组成合议庭。这是针对生效裁定由本院作出的情形，上级法院提审的案件一般不存在这一问题。再审合议庭组成人员不能是原审合议庭组成人员，包括按照第一审程序审理的原一审人员和按照第二审程序审理的原一审和二审人员。审理再审案件，原来第一审是独任制审判的，除原独任审判员不得参加新的合议庭外，应当按照第一审程序组成合议庭，不能再由审判员一人独任审判。

2. 尽管法律规定了“另行组成合议庭”，没有涉及法官助理和书记员的更换问题，但参照《民事诉讼法》第 47 条关于回避的人员范围，原一、二审的法官助理和书记员也不宜再参与再审程序，即使再审时法官助理和书记员身份已经发生变化，如法官助理晋升为法官、书记员晋升为法官助理。

3. 人民陪审员能否作为合议庭成员参加按照一审程序进行的再审，法律和司法解释并没有明确规定，实践中也有不同观点和做法。我们认为，《中华人民共和国人民陪审员法》第 2 条规定：“人民陪审员依照本法产生，依法参加人民法院的审判活动，除法律另有规定外，同法官有同等权利。”据此，由审判员和人民陪审员共同组成合议庭审理按照第一审程序的再审案件，并不与再审程序相冲突。

4. 原一审、二审合议庭成员不能参与再审，但参与过再审审查或依职权复查的法官可以继续参与再审审理，因为再审审理是再审审查或依职权复查的继续，属于再审程序的不同阶段。

二、关于再审开庭

开庭审理是现代民事诉讼的核心环节，也是当事人行使辩论权和处分权等各项诉讼权利最为集中的阶段。开庭审理包括不公开和公开审理，除《民事诉讼法》第 137 条[①]规定了几类特殊案件之外，其他诉讼案件的

---

① 《民事诉讼法》第 137 条规定：“人民法院审理民事案件，除涉及国家秘密、个人隐私或者法律另有规定的以外，应当公开进行。离婚案件，涉及商业秘密的案件，当事人申请不公开审理的，可以不公开审理。”

一审都应当公开开庭审理；第 176 条[①]也作了二审程序以开庭为原则，不开庭为例外的规定。《民事诉讼法解释》第 401 条规定："人民法院审理再审案件应当组成合议庭开庭审理，但按照第二审程序审理，有特殊情况或者双方当事人已经通过其他方式充分表达意见，且书面同意不开庭审理的除外。符合缺席判决条件的，可以缺席判决。"按一审程序再审的案件当然也按一审开庭程序审理，司法解释没有就按一审程序再审案件可以不开庭作例外规定。有人建议，适用第二审程序的再审案件开庭，可以比照二审开庭，没有必要另立标准。我们认为，在有限再审和司法公开的原则下，应当给予当事人充分表达意见的机会，再审开庭对于查明案件事实，最终化解矛盾，彻底解决纠纷，确保再审裁判的最终权威和稳定性，具有重大意义。因此，上述司法解释对于按第二审程序再审的案件不开庭的情形，作了较为严格的限制。

1. 再审可以不开庭的条件

一是按第二审程序审理的再审案件；二是有特殊情况或双方当事人已充分表达意见；三是双方当事人即再审申请人和被申请人书面同意不开庭，其他当事人是否书面同意不是必要条件。其中，第二个条件中的"特殊情况"主要指损害国家利益、社会公共利益和虚假诉讼等案件，由人民法院依职权或检察监督提起再审，双方当事人都不愿出庭或无法实际送达的等情况，导致无法或无必要开庭的；"通过其他方式充分表达意见"主要指再审审查阶段，人民法院已经对双方当事人进行较充分的询问，又没有新证据、新理由或新情况出现的类似情形。对于该问题还需注意两点：一是再审案件的当事人明确表示不到庭或者经传票传唤，无正当理由拒不到庭，或者未经法庭许可中途退庭的，除依法应按撤诉处理之外，人民法院应当开庭审理，并作出缺席判决；二是不予受理、驳回起诉裁定本质上为程序性裁定，原审仅作程序性审理和裁判，对该两类裁定的再审可根据案情以及下一步可能的情况灵活处理。

2. 再审庭审诉辩顺序

人民法院开庭审理再审案件，应参照《民事诉讼法》关于一审或二审

---

① 《民事诉讼法》第 176 条规定："第二审人民法院对上诉案件应当开庭审理。经过阅卷、调查和询问当事人，对没有提出新的事实、证据或者理由，人民法院认为不需要开庭审理的，可以不开庭审理。第二审人民法院审理上诉案件，可以在本院进行，也可以到案件发生地或者原审人民法院所在地进行。"

案件开庭审理的规定进行。考虑到一、二审程序中开庭审理程序是以原被告或上诉人、被上诉人为诉辩双方加以规定的，与再审程序中当事人的表述不尽一致。且基于再审启动主体的不同，再审案件开庭审理还涉及某些特有的问题，应当按照不同情形确定各方发表意见的顺序。开庭时，除了无申请人或申诉人特殊情况外，首先要让先发表意见的一方当事人明确再审请求。因此，《民事诉讼法解释》第402条规定："人民法院开庭审理再审案件，应当按照下列情形分别进行：（一）因当事人申请再审的，先由再审申请人陈述再审请求及理由，后由被申请人答辩、其他原审当事人发表意见；（二）因抗诉再审的，先由抗诉机关宣读抗诉书，再由申请抗诉的当事人陈述，后由被申请人答辩、其他原审当事人发表意见；（三）人民法院依职权再审，有申诉人的，先由申诉人陈述再审请求及理由，后由被申诉人答辩、其他原审当事人发表意见；（四）人民法院依职权再审，没有申诉人的，先由原审原告或者原审上诉人陈述，后由原审其他当事人发表意见。对前款第一项至第三项规定的情形，人民法院应当要求当事人明确其再审请求。"

三、关于再审审理范围

审理范围是人民法院将哪些事项纳入审理的制度。《民事诉讼法》对一审程序的审理范围并未作过多限制，以尊重当事人处分权为原则，将当事人在法庭辩论终结前变更、增加诉讼请求，提起反诉的情形均纳入了审理范围。对于二审审理范围，《民事诉讼法》第175条规定："第二审人民法院应当对上诉请求的有关事实和适用法律进行审查。"《民事诉讼法》没有就再审审理范围作专门规定，鉴于再审对象是生效裁判，当事人的处分权受到更多限制，再审面临更复杂的特殊性问题，不能简单套用原一审、二审理范围的规则。为将再审程序打造成一次性纠错和彻底解决纠纷的程序，并兼顾维护生效裁判的安定性，《民事诉讼法解释》第403条规定："人民法院审理再审案件应当围绕再审请求进行。当事人的再审请求超出原审诉讼请求的，不予审理；符合另案诉讼条件的，告知当事人可以另行起诉。被申请人及原审其他当事人在庭审辩论结束前提出的再审请求，符合《民事诉讼法》第二百一十二条[①]规定的，人民法院应当一并审

① 现为《民事诉讼法》（2023年修正）第216条。

理。人民法院经再审，发现已经发生法律效力的判决、裁定损害国家利益、社会公共利益、他人合法权益的，应当一并审理。”

1. 以当事人再审请求为标准，统一各类再审案件的审理范围

由于长期以来对再审请求、再审事由、具体理由等概念未予厘清，导致对抗诉案件的审理范围存在较大分歧。自2008年《审判监督程序解释》出台以来，实践中依然存在以下疑问：检察机关的抗诉书往往只写明具体的再审事由，并不直接表述支持当事人的哪些诉讼请求，特别是仅以程序性再审事由提出抗诉的，如何界定“抗诉支持当事人再审请求”；当事人对检察机关的抗诉事由、具体理由未提出，甚至不认可、明确反对的，如何确定审理范围。有观点认为，不管是诉讼请求，还是再审事由、具体理由及证据，都应当严格遵守“双重限制”规则，即获得检察机关和当事人双重认可的事项，才能纳入再审审理范围。另有观点认为，抗诉只是启动再审程序，无论是否获得抗诉书的支持，对于当事人主张的再审事由、具体理由及证据，法院在再审中应当进行全面审理。2012年《民事诉讼法》构建了“三加一”的诉讼模式，基本确立了有限再审原则。为增强解决纠纷的有效性和彻底性，上述司法解释第1款明确，再审案件应当围绕再审请求进行，即以再审请求为核心，所有与再审请求相关的事项都应予以审理，再审案件的审理范围不再因再审启动主体不同而有所不同。

2. 既尊重当事人处分权，又维护生效裁判

尊重诉讼主体的意志，弱化公权力对民事私权领域的主动干预，构建再审之诉的主旨，也是处分主义的应有之义。再审作为一审或二审程序的延续，应当继续遵循“不告不理”原则。在已经启动的再审程序中，当事人应当发挥主导性作用，有权决定主张或放弃的事项。当事人只对生效裁判中的部分判项提出再审请求，人民法院对其他判项不予审理。例外的是，生效裁判损害国家利益、社会公共利益、他人合法权益的，人民法院可主动依职权处理。同时，再审的对象为生效裁判，对其改变往往会破坏已经稳定的社会关系，应当慎重。再审性质上属对原审的特殊救济程序，审理程序虽然准用原一审、二审程序，但并不意味着当然给予当事人如同原审一样的权利。所以必须明确当事人的再审请求不能超出原审诉讼请求。也就是，按一审程序再审的审理范围不能超出一审，而一审审理范围是根据原告诉讼请求或被告反诉确定的；按二审程序再审的审理范围不能超出二审，而二审的审理范围以上诉请求为限，不能超出一审审理范围。

需要特别指出的是，这里的“原审请求”应作广义理解，包括被告方在一审或二审程序中所承担的民事责任。

3. 平等保护各方当事人再审请求

关于案件因一方当事人申请再审至再审庭审辩论结束前，如何对待对方及其他当事人提出再审申请的问题，上述司法解释第 2 款规定应当直接将该请求纳入再审审理范围，并作出裁判，不需要针对该再审申请另作出一份提起再审的裁定。采取这一做法的理由在于：一是各方当事人都享有申请再审的权利，其他当事人并不因某一方当事人启动再审而丧失或“消耗”本来享有的诉讼权利；二是在民事诉讼“三加一”模式下，如果不允许对方及其他当事人提出再审请求，那么就意味着其将失去由法院审查、再审救济的机会，而最多只能向检察机关申请监督，这将导致对被申请人及其他当事人明显不公；三是即便案件已经因再审裁定中止执行，但生效判决并未失去法律效力，仍然拘束案件所有当事人，赋予对方及其他当事人提出再审请求的权利，符合民事诉讼平等保护各方当事人的基本原则；四是在生效裁判已经进入再审的情况下，不宜重复立案进行再审审查，否则会出现对同一裁判的二次或多次中止执行，也可能出现相矛盾的审查或审理结果；五是在同一再审程序中针对各方当事人的再审请求进行合并审理，既可避免对方及其他当事人以申请再审为由拖延再审案件的审理，也可一揽子解决各方争议，节约诉讼资源，增强再审终局性。

必须指出的是，2015 年制定《民事诉讼法解释》时，曾专门规定一方当事人申请再审时，被申请人及其他当事人也申请再审时，各方均需遵守《民事诉讼法》关于申请再审期间的限制。后出于减少部分条文等因素的考虑，将该内容合并至该司法解释第 403 条。《民事诉讼法解释》出台后不久，最高人民法院发布《关于民事审判监督程序严格依法适用指令再审和发回重审若干问题的规定》，其中的第 7 条规定：“再审案件应当围绕申请人的再审请求进行审理和裁判。对方当事人在再审庭审辩论终结前也提出再审请求的，应一并审理和裁判。当事人的再审请求超出原审诉讼请求的不予审理，构成另案诉讼的应告知当事人可以提起新的诉讼。”这一规定并未要求对方当事人提出再审请求需要在法定的申请再审期间内。我们认为，申请再审期间主要是为维护生效裁判稳定性，而限制当事人申请再审权，当案件启动再审程序后，生效裁判稳定的法律效力已经被击破，申请再审期间的功能已经丧失。从一次性解决纠纷理念，确保整体实体公正，避免再审之后再有引发不必要的诉讼程序，宜将对方当事人的再审请求附带纳入再审范围。况且，尽管《民事诉讼法解释》于2020年、2022年进行了两次修正，但由于这两次修正是专门针对《民法典》的实施和《民事诉讼法》修正内容所作，并未涉及审判监督程序内容，故基于在后司法解释优先适用原则，不再苛求相应的申请再审期间问题。

4. 合理处理再审与原审对案件法律关系的性质或者民事行为的效力认定不一致问题

有意见认为，参照大陆法系诉的预备合并制度设计，以解决再审法院与原审法院对案件法律关系的性质或者民事行为的效力认定不一致，致使当事人的再审请求超出原审诉讼请求的问题。所谓诉的预备性合并，是请求权人考虑到第一元（主位）请求有可能不获得认可，于是对于第二元（副位）请求，以主请求的认可作为其解除条件来预先提出审判申请至合并情形。当法院认可主位请求时，对于副位请求的审判则变得不再必要（与撤诉一样），当驳回主位请求时，法院则必须对副位请求予以审判。[①] 对此，我们认为，该制度需要成熟的诉的相关理论铺垫，并和其他诉讼制度相配套，目前尚难以在司法解释中构建；在一审、二审没有确立该制度的情况下，在再审程序中更无法单独构建。基于法律关系性质或民事行为效力不同，导致当事人不得不变更或增加诉讼请求的问题，不属于再审发回重审的法定情形，不宜仅仅因此撤销原判，发回一审法院重审。再审要考量变更或增加的诉讼请求能否另诉，如果可以，则在再审裁判文书中予以说明不属于本次再审审理范围，可另诉救济；如果确实无法另诉，则要斟酌原审法院是否有不当释明、剥夺当事人辩论权等特殊情形，再考虑是否作为再审争议焦点，而纳入再审审理范围，之后根据具体情况决定再审判决还是发回重审。

关于再审审理范围还要注意以下问题：第一，再审审理范围是一个相当复杂的问题，《民事诉讼法解释》等条文的规定只作原则性规定，还需结合具体案件处理。第二，在再审审查中，由于再审事由是开启再审的"钥匙"，因而应当围绕当事人主张的再审事由进行；进入再审之后，原审裁判结果正确与否，当事人的再审请求能否得到支持，是再审裁判必须作出回应的问题。第三，进入再审后，被申请人及其他当事人有可能提出

① 参见［日］新堂幸司：《新民事诉讼法》，林剑锋译，法律出版社2008年版，第521页。

再审请求或抗辩，法院也有职权审查原裁判是否损害国家利益、社会公共利益以及他人合法权益的情形。因此，相比原裁判，再审裁判并不必然对再审申请人更为有利。第四，被申请人及其他当事人提出的再审请求也不能超出其原审诉讼请求。第五，允许被申请人及其他当事人在再审中提出再审请求，有时会与其单独申请再审的级别管辖不一致，但就再审审理的级别管辖而言，与法律规定并不冲突。第六，当事人在再审中提出被原审遗漏审理的诉讼请求，这一情形不属于超出原审请求。按一审程序再审发现原审遗漏诉讼请求的，直接作出实体判决；按二审程序再审发现原审遗漏诉讼请求的，可以进行调解，调解不成的，发回重审。第七，再审不因双方当事人的同意而扩大审理范围，这与二审有所不同。再审不但解决双方原有的争议，还涉及对生效裁判的评价，即便双方当事人均同意一并解决新增加的争议问题，也不能因此扩大审理范围，并以此改变生效裁判。当然，如果进行调解，则可以将新的争议一并纳入调解范围，而不受再审范围的限制。

四、关于再审裁判

1. 关于再审审理结果

在裁判结果处理上，再审案件有一定的特殊性。一是按第一审程序再审的案件需对原一审判项作出维持或改判的处理，但不存在发回重审的问题；二是再审尊重原审合理范围内的自由裁量权，较之于二审对一审，再审改判标准更严；三是按第二审程序的再审发回一审法院重审的案件，引发一些有争议的问题，如对重审一审的程序定性、实体法律适用、审理范围、诉讼主体等更为具体的程序问题。

再审规定了更为严格的发回重审条件。《关于民事审判监督程序严格依法适用指令再审和发回重审若干问题的规定》第 4 条规定："人民法院按照第二审程序审理再审案件，发现原判决认定基本事实不清的，一般应当通过庭审认定事实后依法作出判决。但原审人民法院未对基本事实进行过审理的，可以裁定撤销原判决，发回重审。原判决认定事实错误的，上级人民法院不得以基本事实不清为由裁定发回重审。"这里需要强调的是"基本事实不清"，如果非基本事实不清或者再审认定原审认定事实错误，则不符合以事实问题将案件发回重审的规定。同时，《民事诉讼法》第 176 条第 2 款规定："原审人民法院对发回重审的案件作出判决后，当事人提起上诉的，第二审人民法院不得再次发回重审。”即确立禁止二次发回原则。如果生效裁判按照第二审程序作出，且此前案件已被发回过一审法院重审的，再审亦不能再次发回。

再审事由对再审结果有一定影响，但对再审事由的判断所适用的程序及标准并不完全等同于再审。再审应对案件进行依法审理，独立得出结论。再审事由成立并不必然导致再审改判，没有必要在再审事由与再审改判之间一概强行寻求统一。再审事由如果是独立于裁判结果而存在的（如程序类再审事由），则此种再审事由就不可能作为判断原审裁判正确与否的依据，也就不可能成为改判或者维持标准的依据。即使再审事由是直接针对原审裁判理由的，但是由于裁判理由与裁判结果之间仍然具有相对独立的关系，故也不排除再审维持原判的可能。根据《民事诉讼法解释》第403条的规定，原审认定事实、适用法律虽有瑕疵，但裁判结果正确的，再审仍可维持原判。另外，再审事由的主要功能在于界定启动再审的标准，案件进入启动再审后，其审理范围并不受再审事由限制。这样的理解与司法实践中存在的一定比例的再审维持原判情况相符。

2. 关于终结再审程序

在一审、二审程序中，有《民事诉讼法》第154条[①]规定情形之一的，终结诉讼，此时不存在任何生效裁判。在再审诉讼中，由于存在着一个已生效的裁判，对于撤回再审请求、不具有再审申请权等情况无法完全参照一审、二审程序的原则处理。为此，《民事诉讼法解释》第404条列举了四种情形，即当事人申请撤回再审请求的，按撤回再审请求处理的，检察机关撤回抗诉的以及在再审审理中出现应当终结再审审查情形的。其中，再审审理中出现应当终结再审审查的情形又包含了四种具体情况，这四种情形有可能是在进入再审之前就已经存在但未被发现的，包括：（1）再审申请人死亡或者终止，无权利义务承继者或者权利义务承继者声明放弃再审申请的；（2）在给付之诉中，负有给付义务的被申请人死亡或者终止，无可供执行的财产，也没有应当承担义务的人的；（3）当事人达成和解协议且已履行完毕的，但当事人在和解协议中声明不放弃申

① 《民事诉讼法》第154条规定：“有下列情形之一的，终结诉讼：（一）原告死亡，没有继承人，或者继承人放弃诉讼权利的；（二）被告死亡，没有遗产，也没有应当承担义务的人的；（三）离婚案件一方当事人死亡的；（四）追索赡养费、扶养费、抚养费以及解除收养关系案件的一方当事人死亡的。”

请再审权利的除外；（4）他人未经授权以当事人名义申请再审的。案件终结时，终结再审程序裁定的效力即覆盖原来中止执行的再审裁定，原生效裁判的执行力等各种拘束力自动恢复，执行行为继续进行。

另外，抗诉再审案件的再审启动主体是检察院，从诉权角度而言，不存在当事人向人民法院申请撤回再审申请，也不存在按撤回再审申请处理的问题。因为当事人是向检察院申请抗诉，并没有向法院申请再审。但是，当抗诉再审案件出现诸如当事人要求撤回再审请求、达成和解协议且履行完毕等情形时，意味着当事人放弃继续通过再审程序主张权利的意思表示，应与当事人申请再审案件所适用规则基本保持一致。

3. 对调解书不当裁定再审的处理。调解书只有符合特定事由才能提起再审，其事由不同于针对判决、裁定的再审事由。如果在再审审理中发现不应对调解书启动再审，如何处理？《民事诉讼法解释》第 407 条作了相应规定：因当事人申请对调解书再审的，经再审审理后裁定驳回再审申请；因抗诉对调解书再审的，经再审审理后裁定终结再审程序。司法实践还有一部分针对调解书的再审案件是人民法院依职权启动再审的，如经再审审理后调解书不应被再审，也按裁定终结再审程序处理。

五、案外人申请再审案件的再审

案外人申请再审案件中的案外人分为两类：一是原审诉讼程序中遗漏的必要共同诉讼人。即《民事诉讼法》第 211 条第 8 项“无诉讼行为能力人未经法定代理人代为诉讼或者应当参加诉讼的当事人，因不能归责于本人或者其诉讼代理人的事由，未参加诉讼的”案外人；二是执行程序中的案外人。即《民事诉讼法》第 238 条“执行过程中，案外人对执行标的提出书面异议的，人民法院应当自收到书面异议之日起十五日内审查，理由成立的，裁定中止对该标的的执行；理由不成立的，裁定驳回。案外人、当事人对裁定不服，认为原判决、裁定错误的，依照审判监督程序办理”。前一类为形式上的案外人，实质上的原审当事人；后一类为受生效裁判法律效力扩张影响的案外人。两类案外人属性不同，故因各自申请引发的再审处理也有不同。根据《民事诉讼法解释》第 420 条和第 422 条规定，经再审审理，人民法院根据不同情形，分别处理：

1. 案外人属于原审必要共同诉讼人，按一审程序再审的，追加案外人为当事人，作出新的裁判。

2. 案外人属于原审必要共同诉讼人，按二审程序再审的，再审法院将案外人列为再审申请人参加再审，并进行调解。经调解，各方达成调解协议的，以调解方式结案；不能达成调解协议的，裁定撤销原裁判，将案件发回到一审人民法院重审。一审人民法院重审时，追加该案外人为当事人，查清事实后作出新的裁判。

3. 案外人属于对执行裁定不服依法申请再审的，再审法院仅审理案外人提出异议的内容，也就是查明原判相关判项是不是确实侵害了案外人的民事权益。经审理，如果原裁判未损害案外人权益的，维持原裁判；损害案外人权益的，撤销或改变相关判项，不涉及案外人的判项仍应维持。

【审判实践中应当注意的问题】

在程序适用理念上，尽管《民事诉讼法》规定了再审准用第一审或第二审程序的原则，但再审的特殊属性决定了很多具体问题不能简单套用原审。除对法律条文、相关司法解释条文应作准确、适合再审特点的理解与适用外，还应注意以下具体问题：

第一，因有着“立审合一”和“立审分立”的不同审判监督分工模式，再审审查合议庭与再审审理合议庭的关系有所不同，但无论哪种分工模式，原一、二审案件的合议庭成员均不能参加再审审查或再审审理。经人民法院再审审查或依职权复查后，案件又被依法再审的，再审审查和复查原合议庭成员在再审审理程序中虽然不是法定的回避情形，但为确保更好的审判效果，其不宜再作为再审合议庭成员参与案件审理。

第二，无论以哪种途径启动的再审，再审开庭审理首先应当要求当事人明确再审请求。对于明显不合法、不合理的再审请求或无关问题，合议庭可对当事人适度释明，引导当事人围绕争议焦点展开陈述。对于抗诉再审案件，当事人及其委托诉讼代理人与出庭检察官进行辩论的，合议庭应当予以制止。要注意区分被申请人的抗辩和再审请求，不能将抗辩作为再审请求予以裁判。

第三，再审改判原再审或原二审部分判项的，可能会出现判项的多重指引，形成既撤销又维持甚至还有加判项等复杂局面，导致判决具体内容不能清晰地出现在再审判决书的判项中，而是要最终追溯到原一审判决书的判项，此时可以全部撤销此前所有程序所作的裁判，所有判项内容重新书写，但要考虑是否会对执行利息、违约金、迟延履行金等造成实质影响。

第四，对给付之诉案件进行再审改判，如果仅涉及对原审判决给付的款项数额进行改判，给付义务主体等其他责任事项没有发生变化的，判决时需注意原审确定的给付时间及原审判决生效时间。要结合对《民事诉讼法》第217条理解与适用中关于再审判决执行力生效时间的问题，避免因再审改判免除了原审判决生效后的债务人迟延履行责任，而出现改判本金数额增加，但最终给付金额减少的局面，形成实质上的不公平。

第五，准许撤诉和终结诉讼是两种并列的结案方式。在再审审查阶段，当事人撤回再审申请的，适用准许撤诉的裁定；在再审审理阶段，当事人撤回再审请求的，适用终结再审程序的裁定。终结再审程序应当作为其他结案方式确实无法处理时的最后手段，对该类裁定救济途径有限，应当谨慎使用。终结再审裁定的法律效果类似于维持原判，但对其不能再审，如果将确实不应终结的案件裁定终结，只能通过法院依职权撤销终结裁定，恢复再审审理。

第六，适用确认调解协议和实现担保物权这两类特别程序所作的裁定，如果因当事人或利害关系人的异议进入特殊纠错程序而中止执行的，在该特殊纠错程序终结后，两类案件的裁定也可自动恢复执行。

第七，第三人撤销之诉与案外人申请再审都是未参加原审诉讼的案外第三人针对生效裁判的特殊救济程序，有一定的相似性。一般情形下，案外人申请再审以案外人提出执行异议为前置条件，第三人撤销之诉则无此条件，两种程序对执行力的影响也不同。尽管如此，仍然会出现部分案件均可适用两种程序的情形。此时，如果案外第三人先启动执行异议程序的，只能按申请再审继续需求进行；如案外第三人先启动第三人撤销之诉的，即使其又在执行程序中提出执行异议，第三撤销之诉继续进行，其无权申请再审。案外第三人在其所选择的程序结束后，不能再要求通过另外一条途径寻求救济。

第二百一十九条 最高人民检察院对各级人民法院已经发生法律效力的判决、裁定，上级人民检察院对下级人民法院已经发生法律效力的判决、裁定，发现有本法第二百一十一条规定情形之一的，或者发现调解书损害国家利益、社会公共利益的，应当提出抗诉。

地方各级人民检察院对同级人民法院已经发生法律效力的判决、裁定，发现有本法第二百一十一条规定情形之一的，或者发现调解书损害国家利益、社会公共利益的，可以向同级人民法院提出检察建议，并报上级人民检察院备案；也可以提请上级人民检察院向同级人民法院提出抗诉。

各级人民检察院对审判监督程序以外的其他审判程序中审判人员的违法行为，有权向同级人民法院提出检察建议。

【条文主旨】

本条是关于检察机关对生效裁判、调解书以及原审审判程序中审判人员违法行为进行监督的规定。

【理解与适用】

《宪法》规定，人民检察院是国家的法律监督机关。其中，人民检察院对人民法院作出的生效判决、裁定或者制作的调解书提出抗诉或者再审检察建议，是对民事诉讼活动实行法律监督的重要内容，属于事后监督。民事检察监督的范围、方式、手段等具体内容是随着我国民事诉讼法的修改而不断发展和完善的。2021 年最高人民检察院制定了《人民检察院民事诉讼监督规则》，更是对民事检察监督在检察机关的工作程序作了较详细的规定。

一、对生效裁判、调解书抗诉申请的受理与审查

人民检察院抗诉的来源，有三种途径：一是基于当事人向人民检察院提出的抗诉申请；二是当事人以外的自然人、法人和非法人组织向人民检察院控告；三是人民检察在履行职责中发现的。实践中，大多数抗诉案件

来自于第一种途径，来自第二、第三种途径的少数案件属于检察机关依职权抗诉的特殊情形。这些特殊情形包括：（1）损害国家利益或者社会公共利益的；（2）审判、执行人员有贪污受贿，徇私舞弊，枉法裁判等违法行为的；（3）当事人存在虚假诉讼等妨害司法秩序行为的；（4）人民法院作出的已经发生法律效力的民事公益诉讼判决、裁定、调解书确有错误的；（5）依照有关规定需要人民检察院跟进监督的；（6）具有重大社会影响等确有必要进行监督的情形。上述情形往往也是人民法院依职权再审进行自我纠错的情形，所以事实上因上述情形抗诉的案件并不常见。不过近年来，人民检察院通过一些专项工作，来加强依职权抗诉，如加大对虚假诉讼的监督力度。

地方三级检察院只能对下级法院作出的生效裁判、调解书提出抗诉，也就是“上抗下”；由于不存在更高级别的检察机关，最高人民检察院还可“同级抗”，即对最高人民法院和地方各级人民法院作出的生效裁判、调解书均可提出抗诉。司法实践中，根据《人民检察院民事诉讼监督规则》第 29 条的规定，当事人申请抗诉由作出生效裁判、调解书的人民法院所在地同级人民检察院受理，确立了“同级受理”原则。这一规定避免了可能出现的同一案件由上下级两级检察院同时受理审查的局面，也有利于同级检察院在提请上级检察院抗诉或直接提出再审检察建议之间，选择更合适、更高效的监督方式。在“同级受理”原则下，相应地形成“两级审查”模式。即同级检察院对当事人的抗诉申请经审查后认为符合抗诉条件的，应当提请上级检察院提出抗诉；上级检察院对下级检察院的提抗申请再次进行审查，审查内容与第一次审查基本相同，确认案件符合抗诉条件的，才以上级检察院的名义向同级人民法院提出抗诉。

需要说明的是，根据《民事诉讼法》第 209 条规定及司法实践，大多数当事人申请抗诉的案件都存在着人民法院驳回再审申请裁定，并且该类裁定大多由上级人民法院作出。由于抗诉对象不是驳回再审申请裁定，而是原生效裁判或调解书，因此，驳回裁定不影响“同级受理”“两级审查”程序的进行。

二、关于再审检察建议

再审检察建议是 2012 年《民事诉讼法》中增加的民事检察监督方式，来源于 2011 年最高人民法院、最高人民检察院会签文件《关于对民事审判活动和行政诉讼活动实行法律监督的若干意见（试行）》，一定程度上强化了检察监督。在立法过程中，曾对“上抗下”还是“同级抗”有过不同的观点，由此在一定程度上催生了再审检察建议。这一制度有利于发挥同级检察机关监督作用，优化司法资源配置；相对于抗诉，其同级监督和软性监督的特点有利于更好地就地解决纠纷。虽然本条没有使用“再审检察建议”一词，但鉴于再审检察建议是针对生效裁判、调解书，与其他检察建议相比具有一定特殊性，故实践中多以“再审检察建议”相称，以区别其他检察建议。

与抗诉相比，再审检察建议存在两个不同之处：一是同级监督，即再审检察建议由作出生效裁判、调解书的同级检察院提出；二是再审检察建议的法律效力较为软性，其不具有当然启动再审的效力。人民检察院向同级人民法院提出再审检察建议后，人民法院应编立专门案号进行审查。根据《民事诉讼法解释》和《人民检察院民事诉讼监督规则》规定，对再审检察建议的司法实践需要注意以下几点：

1. 本条赋予了地方各级人民检察院使用再审检察建议的权力，但未规定最高人民检察院是否能够提出再审检察建议

一种意见认为，作为“上抗下”的例外，最高人民检察院具有对最高人民法院所作裁判进行抗诉的权利，在“同级抗”的情形下，没有必要再赋予其再审检察建议权；另一种意见则认为，再审检察建议的监督效力较为柔性，抗诉则显刚性，“举轻以明重”，最高人民检察院可以提出再审检察建议。我们认为，最高人民检察院如果认为最高人民法院所作的生效裁判存在应当再审的法定情形，一般应当提出抗诉，但在协商一致情形下可以发出再审检察建议。事实上，最高人民法院、最高人民检察院也在个别案件中进行了一定的探索实践。

2. 人民检察院提出再审检察建议应当经本院检察委员会决定

有观点认为，《民事诉讼法》对抗诉和提请抗诉都没有强制要求必须经检察委员会讨论，而且检察委员会讨论案件程序较为复杂，为提高办案效率，有利于各级检察院根据个案具体处理，应将再审检察建议决定主体从检察委员会扩大到检察长。我们认为，2011 年《关于对民事审判活动和行政诉讼活动实行法律监督的若干意见（试行）》是最高人民法院、最高人民检察院关于民事再审检察建议应由检察委员决定的最早共识，这一共识被《民事诉讼法解释》所吸收，又在《人民检察院民事诉讼监督规

则》第28条第2款得以确认。

3. 人民法院函告人民检察院对再审检察建议的审查结果

人民法院接到同级人民检察院的再审检察建议书，首先要进行形式审查，即应当有再审检察建议书、原审当事人的申请书以及相关证据材料；建议再审对象为可以进行再审的判决、裁定；列明了法定再审事由以及符合《民事诉讼法》第220条第1款第1项、第2项规定的“法院纠错先行”等条件。不符合形式条件，经协商人民检察院不予补正或者不予撤回再审检察建议的，人民法院可以使用函的形式告知不予受理。其次，要对是否采纳再审检察建议的实质标准进行审查，以决定是否再审。审查程序参照人民法院依职权再审的审查程序和标准，即人民法院认为原裁判“确有错误”应采纳再审检察建议的，由本院院长提交审判委员会讨论决定。最后，采纳再审检察建议的，人民法院作出再审裁定，发送给同级人民检察院及各方当事人；不采纳的，只函告人民检察院。

4. 完善再审检察建议与抗诉的衔接机制

本条规定了再审检察建议备案制度，再审检察建议应报上级人民检察院备案。这有利于确保再审检察建议案件质量，便于上级检察机关全掌握情况，及时和纠正工作中发现的问题。“在司法实践中，各级检察院对再审检察建议备案制度的执行情况并不理想。”[①] 我们认为，从再审检察建议和抗诉两种监督方式的衔接看，备案制度一方面有利于约束下级检察院随意提再审检察建议，另一方面也是“潜在的抗诉”，为上级检察机关“跟进监督”打下了基础。启动再审是检察监督主要职能，案件的实体裁判应该由人民法院作出。如果人民法院采纳再审检察建议而启动再审，但再审结果并未改判或完全采纳再审检察建议的，根据《人民检察院民事诉讼监督规则》第86条规定，提出再审检察建议的人民检察院一般不得再向上级人民检察院提请抗诉。

三、关于对生效调解书的监督

本条第1款“或者发现调解书损害国家利益、社会公共利益”、第2款“或者发现调解书损害国家利益、社会公共利益的，可以向同级人民法

---

① 最高人民人民检察院第六检察厅编：《〈人民检察院民事诉讼监督规则〉理解与适用》，中国检察出版社2021年版，第148页。

院提出检察建议，并报上级人民检察院备案”的内容是2012年《民事诉讼法》修正时增加的。这一规定可回溯到2011年《关于对民事审判活动和行政诉讼活动实行法律监督的若干意见（试行）》的起草。检察机关在起草上述会签文件时，曾试图规定人民检察院有权对侵害国家、集体或者他人利益的调解书以及违反自愿原则、内容违法的调解书等三类情形提起抗诉。最高人民法院在会商中指出，对于调解书是否违反自愿原则和法律强制性规定，一般需要进行实质审查和听取双方当事人意见后才能查清，应由人民法院对当事人的再审申请进行审查，以避免轻易抗诉而启动再审，使违背诚信原则的当事人止步于再审启动之前。特别是调解书违反自愿原则的，只有当事人自己知道；并且公权力对调解结案的案件也不宜干预过度。同时，考虑到检察机关法律监督的主要任务应为关注损害国家利益、社会公共利益的生效裁判，在会签文件时，最高人民法院同意检察机关可以对损害“两益”的生效民事调解书提出抗诉。生效调解书违反自愿原则、调解协议内容违法及损害第三人利益的事由，不属于可抗诉范围，相关当事人和案外第三人可以向人民法院申请再审，寻求救济。立法机关根据《关于对民事审判活动和行政诉讼活动实行法律监督的若干意见（试行）》的规定，在2012年修改法律时，将有损“两益”的民事调解书列入民事检察监督的范围。关于“两益”的概念、范围、类型等目前并无权威界定，尤其是社会公共利益，本身是一个含义广泛而抽象且具有较强的历史性和发展性的概念，其与个人利益存在明显区别，但又不必然排斥个人利益。鉴于此，目前法律及最高人民法院、最高人民检察院有关司法解释均未对“两益”进行解释。

本次《民事诉讼法》修正时，曾有意见认为应明确规定人民检察院可对虚假诉讼形成的调解书进行监督。但立法机关认为法检两家在防范和打击虚假诉讼上的态度并无根本分歧，实践中人民法院一般都会受理对虚假诉讼形成的调解书的抗诉或再审检察建议；生效调解书涉嫌虚假诉讼毕竟是少数，如专门增加这一内容会产生大量虚假诉讼获得生效文书泛滥的假象，因此，没有必要在本次修法中专门增加这一内容。

四、关于一般再审检察建议

本条第3款规定了一般检察建议，其针对的是审判程序中审判人员的违法行为。由于再审对象有限，很多以裁定书、决定书等作出的司法行为即使错误，也无法通过审判监督程序加以纠正，故再审检察建议不适用于上述违法行为的监督，其可通过一般检察建议的方式加以解决。尽管一般检察建议不属于审判监督程序内容，但立法时考虑到这一内容更不适合在其他章节规定，故只能在本条增加一款。审判程序中的违法行为包括：（1）判决、裁定确有错误，但不适用再审程序纠正的；（2）调解违反自愿原则或者调解协议的内容违反法律的；（3）符合法律规定的起诉和受理条件，应当立案而不立案的；（4）审理案件适用审判程序错误的；（5）保全和先予执行违反法律规定的；（6）支付令违反法律规定的；（7）诉讼中止或者诉讼终结违反法律规定的；（8）违反法定审理期限的；（9）对当事人采取罚款、拘留等妨害民事诉讼的强制措施违反法律规定的；（10）违反法律规定送达的；（11）其他违反法律规定的情形。另外，《人民检察院民事诉讼监督规则》还将审判人员有法官法第46条等规定的违法行为且有可能影响案件公正审判、执行的情形也纳入一般检察建议的范围。这涉及不同法律之间、检察机关与监察机关之间、检察机关不同部门之间等复杂关系，实践中需谨慎把握。检察建议书的内容应当包括：发往单位、问题的来源或者提出建议的起因、提出建议所依据的事实、提出建议的内容、要求研究解决或者督促整改的内容和回复时间要求等。

【审判实践中应当注意的问题】

第一，人民检察院因检察监督需要可以调阅人民法院的诉讼卷宗，包括依照地方法检两院已经会签的文件调阅副卷。

第二，审查再审检察建议一般应在三个月内审查完毕，但可适用延长审限的规定；审查中可以调阅原审卷宗，可以书面审查，确有必要的（如有新证据的）也可以询问当事人；人民法院因采纳再审检察建议进行再审开庭审理的，可以参照抗诉案件，通知人民检察院派成员出庭。

第三，有证据证明当事人通过虚假诉讼行为获得人民法院的调解书，因虚假诉讼破坏诉讼秩序和司法权威，可在一定意义上认为其损害社会公共利益，人民检察院对该调解书提出抗诉或再审检察建议的，人民法院应予受理。

第二百二十条 有下列情形之一的，当事人可以向人民检察院申请检察建议或者抗诉：

（一）人民法院驳回再审申请的；

（二）人民法院逾期未对再审申请作出裁定的；

（三）再审判决、裁定有明显错误的。

人民检察院对当事人的申请应当在三个月内进行审查，作出提出或者不予提出检察建议或者抗诉的决定。当事人不得再次向人民检察院申请检察建议或者抗诉。

【条文主旨】

本条第1款是关于当事人申请再审检察建议或者抗诉应遵循“法院纠错先行”原则的规定，第2款是关于人民检察院审查处理当事人监督申请的规定。

【理解与适用】

本条是2012年《民事诉讼法》修正时增加的条文，其内容可以概括为“法院纠错先行，检察监督在后”模式或者“三加一”原则，即一个案件经过一审、二审、再审审查或再审审理，再加上检察监督后，原则上程序应彻底终止，裁判效力得以最终确定。修正前，当事人依职权再审、当事人申请再审和检察机关抗诉再审启动再审的三条途径并存，且级别管辖也不明确，这一局面导致当事人多头申请再审，不同政法机关、原审法院和上级法院等各机关多头处理。这种“多条腿走路”的规定使得司法实践中审判监督秩序混乱，浪费有限司法资源。法检两家根据申请再审和申请抗诉分别审查时，处理结论不一致的则损害司法权威。

自实行“法院纠错先行，检察监督在后”的模式以来，不仅有效克服了不同机关重复劳动和资源浪费的弊端，还产生了一系列积极效应：一是提升了法院审查申请再审案件的质量。在这一模式下，检察监督产生了倒逼效应，即经法院审查或再审未予以纠错，待检察机关提出抗诉或再审检察建议后再审纠正的，法院可以对再审审查或再审法院及相关人员予以问责，从而将外部监督转化为内部纠错的动力，促进再审审查案件和再审案件的质量提升。二是提高了检察监督的质量和效果。经法院审查或再审后，存在突出问题的案件范围逐渐缩小，检察机关可以集中力量关注有问题的案件，提高了检察监督质量；不支持监督申请的，也更有利于让当事人服判息诉。三是促进了将矛盾化解在基层、问题解决在当地。由于检察监督在后，促进了部分申请再审案件由原审处理的主动性。

对于本条的理解还有以下问题需要注意：

1. 本条是对当事人申请检察监督的要求，也是对检察机关受理监督申请的规定。基于本条规定，人民检察院通过《人民检察院民事诉讼监督规则》对其审查程序进行了“司法化”创新：向申请人及其他当事人发出《受理通知书》，各方当事人均可提供书面意见，不提供的，不影响审查；对部分案件进行检察听证，当面听取各方当事人意见，并可调查核实有关情况；规定了回避制度、审查期限等；经审查，认为原审不存在再审事由的，向申请人发出《不予支持监督申请通知书》，认定应当再审的，作出抗诉书或再审检察建议书。

2.《民事诉讼法》只规定了当事人六个月的申请再审期间，但立法机关出于对“三加一”模式下“检察监督在后”应为最后救济程序的考虑，未规定当事人申请检察监督期间。《人民检察院民事诉讼监督规则》第 20 条规定，当事人申请检察监督期间为两年，并明确该期间为不变期间。这一规定实质上是参照了当事人向人民法院申请再审的期间设置，同时为打消立法机关的上述顾虑，明确人民检察院依职权监督的案件不受这一期限限制。

3. 本条对当事人不服一审裁判和二审裁定申请检察监督的，仅规定了程序性条件，即经过了人民法院再审审查驳回或逾期未作出裁定的，但对当事人不服再审裁判申请监督则要有“有明显错误”。有观点认为，本条是对当事人的规定，不能约束检察机关，对再审裁判提出抗诉或再审检察建议标准仍然是第 211 条的 13 项再审事由。我们认为，此处“明显错误”与一般性再审事由即《民事诉讼法》第 211 条规定的 13 项事由以及人民法院依职权再审标准“确有错误”有一定的联系和区别，但“明显错误”又是一个相对主观的标准，难以明晰化，但对于再审裁判再次提起再审标准应严于一审、二审裁判，是本条内容的重要立法本意，当事人和司法机关都应当予以贯彻执行。

4. 根据本条第 2 款规定，当事人申请检察监督的权利只能行使一次。检察机关经审查，作出不予提出检察建议或者抗诉决定，即不支持当事人监督申请的，当事人无权再次向检察机关申请监督，但本条并未规定上级检察院能否再次对案件进行复查。《人民检察院民事诉讼监督规则》第 126 条创设了复查制度，“当事人认为人民检察院对同级人民法院已经发生法律效力的民事判决、裁定、调解书作出的不支持监督申请决定存在明显错误的，可以在不支持监督申请决定作出之日起一年内向上一级人民检察院申请复查一次。”上级检察院复查后，可以撤销下级检察院的不支持监督申请决定，并提出抗诉，或者决定复查维持，并制作《复查决定书》发送申请人。上级检察院也可以依职权进行复查。从实践看，“复查纠正的比例不高，在 5% 以下”。[①] 因此，当事人申请复查案件需要经负责控告申诉检察的部门初核，排除一些明显不需要进行复查的案件，减少这部分案件移送负责民事检察的部门审查这一环节，以提高办案效率，减少当事人诉累。

【审判实践中应当注意的问题】

第一，人民检察院的抗诉书或再审检察建议书所引法律一般不区分生效裁判为再审所作还是一审、二审所作，人民法院一般不能以此为由不予受理，但在抗诉案件实体裁判、再审检察建议是否采纳时要注意到上述区别。

第二，由于人民检察院遵循“居中监督、全案审查”原则，故一方当事人申请检察监督未获支持后，人民检察院已经对案件有了审查结果，其他当事人原则上亦无权再申请检察监督，特殊情况的可纳入职权监督范畴。

第三，根据本条立法目的，符合《民事诉讼法》第 238 条[②] 规定的案外人申请检察监督，其身份可视为案件当事人，也适用“法院纠错先行”的规定。

---

① 最高人民人民检察院第六检察厅编：《〈人民检察院民事诉讼监督规则〉理解与适用》，中国检察出版社 2021 年版，第 198 页。

② 《民事诉讼法》第 238 条规定：“执行过程中，案外人对执行标的提出书面异议的，人民法院应当自收到书面异议之日起十五日内审查，理由成立的，裁定中止对该标的的执行；理由不成立的，裁定驳回。案外人、当事人对裁定不服，认为原判决、裁定错误的，依照审判监督程序办理；与原判决、裁定无关的，可以自裁定送达之日起十五日内向人民法院提起诉讼。”

第四，经人民法院再审审查作出驳回再审申请裁定的案件，人民检察院的监督对象仍然是原生效裁判、调解书，其受理和审查当事人的监督申请不受上级或本级人民法院所作驳回裁定影响，但可适度考虑驳回裁定的合法性和合理性。

第五，对于损害国家利益、社会公共利益及涉嫌虚假诉讼的案件，不受“法院纠错先行”的限制，即抗诉或再审检察建议案件移送法院时，人民法院不必审查是否符合“法院纠错先行”的规定。

第二百二十一条　人民检察院因履行法律监督职责提出检察建议或者抗诉的需要，可以向当事人或者案外人调查核实有关情况。

【条文主旨】

本条是关于人民检察院在履行民事检察监督中的调查核实权的规定。

【理解与适用】

本条是2012年《民事诉讼法》修正时增加的条文，其内容主要来源于2011年最高人民法院、最高人民检察院会签的《关于对民事审判活动和行政诉讼活动实行法律监督的若干意见（试行）》。证明责任是民事诉讼的“脊梁”，当事人都应当对自己主张的事实都有义务提供证据加以证明。检察机关作为公权力机关介入民事诉讼是为了确保司法公正，而不是打破民事诉讼双方当事人的平等诉讼地位，“帮一方打官司”，因此，人民检察院在民事诉讼中的调查核实权行使应当与公权力监督属性相适应，不宜超越监督职能。

首先，关于调查核实的适用条件。《关于对民事审判活动和行政诉讼活动实行法律监督的若干意见（试行）》第3条规定：“人民检察院对于已经发生法律效力的判决、裁定、调解，有下列情形之一的，可以向当事人或者案外人调查核实：（一）可能损害国家利益、社会公共利益的；（二）民事诉讼的当事人或者行政诉讼的原告、第三人在原审中因客观原因不能自行收集证据，书面申请人民法院调查收集，人民法院应当调查收集而未调查收集的；（三）民事审判、行政诉讼活动违反法定程序，可能影响案件正确判决、裁定的。”上述规定将人民检察院调查收集证据的范围作了较大限定。2021年《人民检察院民事诉讼监督规则》第62条规定：“人民检察院因履行法律监督职责的需要，有下列情形之一的，可以向当事人或者案外人调查核实有关情况：（一）民事判决、裁定、调解书可能存在法律规定需要监督的情形，仅通过阅卷及审查现有材料难以认定的。”比照以上两个规定，我们认为，当事人举证是民事诉讼的基本原则之一，司法机关调查收集证据的范围应当根据民事证据的不同属性和作用加以确定。《最高人民法院关于民事诉讼证据的若干规定》将人民法院调查收集的证据分为两类：第一类是依职权调查收集的，其范围基本与上述《关于对民事审判活动和行政诉讼活动实行法律监督的若干意见（试行）》第 3 条规定相同；第二类是依当事人申请调查收集的，包括“（一）申请调查收集的证据属于国家有关部门保存并须人民法院依职权调取的档案材料；（二）涉及国家秘密、商业秘密、个人隐私的材料；（三）当事人及其诉讼代理人确因客观原因不能自行收集的其他材料。”人民检察院向当事人和案外人调查核实证据也不应超出这一范围。

其次，关于调查核实措施。检察机关的民事调查核实措施不同于刑事措施，其对被当事人或案外人的强制力较弱。《人民检察院民事诉讼监督规则》第 63 条规定：“人民检察院可以采取以下调查核实措施：（一）查询、调取、复制相关证据材料；（二）询问当事人或者案外人；（三）咨询专业人员、相关部门或者行业协会等对专门问题的意见；（四）委托鉴定、评估、审计；（五）勘验物证、现场；（六）查明案件事实所需要采取的其他措施。人民检察院调查核实，不得采取限制人身自由和查封、扣押、冻结财产等强制性措施。”需要说明的是，根据《民事诉讼法》第 79 条规定，作为民事证据的鉴定意见应当是人民法院委托的，检察机关委托鉴定的，不是严格意义上的“鉴定意见”，但其对专门性问题的证明力仍可作为认定事实依据。

最后，关于调查核实所收集证据的质证与认证。《民事诉讼法》第 71 条规定：“证据应当在法庭上出示，并由当事人互相质证。”检察机关收集的证据也应经过质证和认证，才能作为定案依据。人民检察院应当派员出席检察监督再审案件的庭审，出庭人员应对其依职权调查收集的证据在庭审中予以出示、说明，但该行为不应视为检察机关参加法庭调查和质证，质证程序仍在各方当事人之间进行。

【审判实践中应当注意的问题】

第一，民事检察监督案件中对证据事实调查核实的对象是案外人和当事人，不包括作出生效裁判、调解书的原审法官。如原审法官存在超出民事检察监督范围的违法违纪问题应当依照其他程序进行；如确有必要与原审法官就案件处理、裁判思路进行了解的，可以作为法检沟通机制的工作方式，但沟通内容不属于再审“新的证据”。

第二，属于人民法院应依当事人申请调查收集的证据，因当事人在原审中未依法申请人民法院调查取证，在裁判生效后再向人民检察院申请的，人民检察院一般不应予以调查核实。但该权利属于人民检察院，若其已进行了调查核实，相关证据仍可在法庭出示质证，人民法院可参照《民事诉讼法》第 68 条[①] 规定及相应的司法解释处理。

① 《民事诉讼法》第 68 条：“当事人对自己提出的主张应当及时提供证据。人民法院根据当事人的主张和案件审理情况，确定当事人应当提供的证据及其期限。当事人在该期限内提供证据确有困难的，可以向人民法院申请延长期限，人民法院根据当事人的申请适当延长。当事人逾期提供证据的，人民法院应当责令其说明理由；拒不说明理由或者理由不成立的，人民法院根据不同情形可以不予采纳该证据，或者采纳该证据但予以训诫、罚款。”

第二百二十二条 人民检察院提出抗诉的案件，接受抗诉的人民法院应当自收到抗诉书之日起三十日内作出再审的裁定；有本法第二百一十一条第一项至第五项规定情形之一的，可以交下一级人民法院再审，但经该下一级人民法院再审的除外。

【条文主旨】

本条是关于人民法院对抗诉案件裁定提审和指令再审的规定。

【理解与适用】

一、受理抗诉案件的条件

检察监督应当依法开展，按照《民事诉讼法》规定的程序和条件进行，不能随意而为。对于人民检察院提起抗诉的案件，人民应当在“三十日内作出再审的裁定”。对此，司法实践中主要存在两种认识：一种观点认为，该规定作了相对较短的期限限制，目的是防止接受抗诉的人民法院拖延，不及时作出再审的裁定；另一种观点认为，该规定除有督促人民法院尽快裁定再审之意外，还包含接受抗诉的人民法院应审查抗诉是否符合形式要件之立法本意，抗诉符合形式要件的，应在该期限内作出再审的裁定。2012 年 4 月 9 日，最高人民法院发布了指导案例 7 号牡丹江市宏阁建筑安装有限责任公司诉牡丹江市华隆房地产开发有限责任公司、张某增建设工程施工合同纠纷案，该指导案例从立法本意出发，肯定了司法实践中的主流做法，明确了三十日内人民法院需作必要的形式审查。实践中，全国各级法院对于大多数抗诉案件进行了审查。根据《民事诉讼法解释》第 415 条的规定，人民法院对抗诉案件的形式审查主要有以下几方面。

第一，审查抗诉是否有必要的材料。检察机关提出抗诉的，移送的抗诉卷宗内除了抗诉书之外，还应当包括当事人的申请书、相关证据材料等。检察机关按照有关规定依职权提起抗诉的，可以不附当事人的申请书。相关证据材料主要是指对应于抗诉事由的重要证据，如以基本事实缺乏证据证明事由抗诉的，需提交支持其再审请求的主要证据；以新证据事由抗诉的，需提交新证据等材料。另外，还需要提交原生效裁判文书。之所以需要提交原生效裁判文书，是因为需要参照原审生效裁判文书列明的当事人的基本情况，否则仅参考抗诉书列明的当事人，再审裁定书可能会出现漏列原审裁判当事人情况的笔误。

第二，审查抗诉对象是否具有可再审性。一般来讲，有诉的内容的判决、裁定，才可以通过再审程序纠错，检察机关也因此才可以抗诉；或者说，除适用小额诉讼程序案件外，《民事诉讼法》赋予当事人上诉权的判决、裁定，检察机关才可以抗诉。适用特别程序、督促程序、公示催告程序、破产程序以及解除婚姻关系的判决、裁定等错误的，不适用审判监督程序加以纠正，故不能成为抗诉对象。另外，原审裁判已生效是可再审性必然要求，实践中因人民法院依职权再审、检察机关内部审批等原因，检察机关受理监督申请的生效裁判在抗诉时变成了未生效裁判或已被撤销，该情形也不符合人民法院受理抗诉案件的条件。

第三，审查抗诉书中是否援引法定再审事由。根据《民事诉讼法》第219条第1款的规定，对生效判决、裁定包括生效的再审判决、裁定提出抗诉的，须指出有该法第211条规定情形之一；对调解书抗诉或提出再审检察建议的，须指出有损害国家利益、社会公共利益及涉嫌虚假诉讼的情形。

第四，审查该案是否已经法院裁定驳回或者逾期对再审申请作出裁定。根据《民事诉讼法》“法院纠错先行，检察监督在后”的精神，检察机关对民事诉讼的监督居于后位，意在理顺纠错的顺位，强化法院自身纠错的有效性。当然，当事人对于法院纠错不服，仍有诉求的，申请检察院再行甄别，既可以督促法院有效、及时纠错，又可以给当事人提供额外的保护权益的机会。因此，人民检察受理当事人的监督申请，应当要求当事人提供驳回再审申请裁定；提出抗诉时，也要将该驳回裁定一并移送。对于人民法院逾期未对再审申请作出裁定，检察机关直接抗诉的情形较少，主要是因为人民法院一般不会刻意拖延审查期限，且检察机关抗诉审查也要花费较长时间，没有必要直接抗诉。

上述四项条件的审查从性质上看是形式审查，如果检察机关移送而来的抗诉材料中缺乏其中之一的，人民法院一般应先行与抗诉的人民检察院沟通，建议其补正或者撤回。检察机关不予补正或者撤回的，接受抗诉的人民法院可以民事裁定书的形式，裁定不予受理。

二、驳回再审申请裁定与抗案案件处理的关系

在“法院纠错先行，检察监督在后”的顺位模式下，人民检察院或人民法院在处理大多数民事检察监督案件时，必然要面对如何看待之前人民法院对同一案件作出的驳回当事人再审申请裁定的问题。除当事人一方人数众多或者双方为公民的案件外，驳回裁定均由原生效裁判的上级法院作出，且要求有“本院认为”的说理内容，由此产生其将如何影响后续程序的疑问。

有人认为，对已经有驳回裁定且应当进入再审的检察监督案件一律由上级法院裁定提审，无论是否改判，在作出再审裁判时均不撤销驳回裁定；原审法院采纳再审检察建议或依职权提起再审的案件，报上级法院撤销驳回裁定。我们认为，这一观点看似在形式上避免了下级法院对上级法院驳回裁定的评价。但该方案的问题也是显而易见的：

一方面，本条明确规定对再审裁判的抗诉不得指令再审，如果将存在驳回裁定的抗诉案件也全部纳入提审范围的话，那就意味着几乎所有的抗诉案件都由上级法院再审。这不但使本条规定的对抗诉案件的指令再审制度虚置，而且加剧该类案件数量的“倒三角”结构，极大地加重高级法院和最高人民法院的审判压力。

另一方面，下级法院报请上级法院撤销驳回裁定的做法，不但程序烦琐、效率低下，而且报请属内部程序，不应该过度影响当事人参与的诉讼程序。对因部分再审检察案件引起的报请，实质上是让上级法院审查下级检察院的再审检察建议，有违立法对该类案件级别管辖的规定。

实际上，将驳回再审申请裁定视为后续检察监督案件指令再审或再审审理障碍，甚至应当先予撤销的意见，不是法律逻辑问题，主要是诉讼观念问题。我们认为：

1. 当事人申请检察监督的前提条件是存在《民事诉讼法》第 220 条规定的情形之一。这实际上从法律规定层面明确了驳回裁定仅仅具有终结审查程序的效力，并不具有实体裁判效力；再审对象只能是原生效裁判，而不包括驳回裁定。否则，在对原生效裁判提起抗诉或再审检察建议的同时也应当对驳回裁定提起抗诉。但对驳回裁定的提出抗诉或再审检察建议不但缺乏法律依据，也与法检两家长期以来的共识及司法实践相悖。因此，上级法院指令原审法院再审前应撤销本院驳回裁定的观念、做法与法

律规定及立法精神不符。

2. 审查申请再审案件的目标是判断是否存在法定的再审事由，以决定是否启动再审，一般不对原判是否确有错误作确定结论，这不同于人民法院依职权审查所作的结论；审理再审案件的目标是判断原判是否有错，是否有必要改判纠错，两者判断标准及功能不同。如果驳回裁定使得下级法院无法再审改判，那么类似的问题也应存在于指令再审裁定，即原审法院对于上级法院指令再审的案件，除程序问题外，均应改判。事实上，原审法院对指令再审的案件有相当比例是维持的，其维持原判的做法不但符合法律规定，而且在司法实践中也鲜有争议。因此，如果案件已经依法进入再审程序，就不用再去纠结不进入再审程序的驳回裁定，它已经不构成进入再审审理的障碍了。因此，《民事诉讼法解释》第418条规定："人民法院审理因人民检察院抗诉或者检察建议裁定再审的案件，不受此前已经作出的驳回当事人再审申请裁定的影响。"

3. 根据《民事诉讼法》的规定，裁定一般适用于程序性事项，而程序具有不可逆性，故对同一事项后程序作出的裁定不同于前程序的，后裁定的效力自然覆盖前裁定，往往不需要撤销前裁定。就对实体问题的说理定性而言，判决的效力自然强于裁定，故再审判决效力能够覆盖驳回裁定。

基于以上认识及相关规定，我们认为，程序上，驳回再审申请裁定不是上级人民法院将抗诉案件指令原审人民再审的法定障碍；实体上，人民法院裁判抗诉再审案件，一般无须报请撤销之前上级人民法院或撤销本院的驳回再审申请裁定。概言之，不能仅以存在上级法院的驳回裁定为由禁止指令再审和下级法院再审改判，要根据其他程序性规定和具体案情予以处理。

三、抗诉案件的提审和指令再审

与当事人申请再审案件一致，立法对抗诉案件的处理也遵循"以提审为原则，以指令再审为例外"精神。本条规定了上级法院可以将抗诉案件指令下级法院再审的两个条件：一是抗诉事由存在第211条第1项至第5项情形的（新证据、缺证据证明、伪造证据、未质证、未调查取证）；二是生效裁判不是再审裁判。也就是说，对一审、二审生效裁判提出事实类抗诉事由的案件，上级法院指令下级法院再审；当然，即使满足上述两个条件，上级法院也有权裁定提审抗诉案件。《民事诉讼法》作此规定的理由在于：存在事实类再审事由的案件，更多依靠下级法院发现事实、查清事实，是各国诉讼法的普遍做法，也是2007年《民事诉讼法》修正、再审事由法定化的成果；一级法院再审一次原则是多年来审判实践的努力，2012年《民事诉讼法》修正时将该原则上升为法律，明确规定已经下一级法院再审的抗诉案件不得指令原审法院再审。对本条的理解和适用还需注意以下问题：

1. 2015年最高人民法院出台《关于民事审判监督程序严格依法适用指令再审和发回重审若干问题的规定》限制对当事人申请再审案件的指令再审情形

2023年7月28日最高人民法院印发的《关于加强和规范案件提级管辖和再审提审工作的指导意见》(法发〔2023〕13号》）沿袭了2015年规定的主要内容，并进一步强化了对申请再审案件的提审原则，提出上级法院的审判监督职能和统一法律适用职能。抗诉案件的处理也要参照这一趋势。事实上对于原审存在诸如生效裁判经审判委员会讨论的等情形的抗诉案件，上级法院一般也予以提审；对于生效裁定是由第一审法院作出的，或者当事人一方人数众多或者当事人双方为公民的，或者原审剥夺当事人辩论权利的等情形，上级法院将此作为指令再审的考量因素。当然，由于抗诉案件存在检察机关的监督，在一定程度上消除了“本院再审改判难”的问题，所以在法律和司法解释等规范层面，对抗诉案件的指令再审限制少于当事人申请再审案件及上级法院依职权启动再审案件。

2. 相当比例抗诉案件的抗诉事由不但有《民事诉讼法》第211条第1项至第5项，还有第6至13项规定的情形，形成事实类事由、法律类事由和程序类事由并存的“复合事由”

对此，我们认为，只要抗诉事由中包含事实类事由且原审不是再审裁判的，上级法院将抗诉案件指令原审法院再审并不违反《民事诉讼法》的规定。另外，由于一些案件中的争议问题难以区分为单纯的法律问题还是事实问题，即使抗诉书仅列明“适用法律确有错误”这一事由，人民法院经审查认为抗诉事由实质上是事实问题的，仍可以将案件指令再审。

3.《民事诉讼法》第215条规定，对当事人申请再审的案件，最高人民法院和高级人民法院可以指定其他人民法院再审，即“指定再审”制度

本条规定接受抗诉的人民法院可以将抗诉案件“交下一级人民法院

再审”，此处的“下一级法院”并未限定为原审法院，所以，如果确有必要，上级法院也可以指定其他与原审法院同级的人民法院再审抗诉案件。需要说明的是，由于涉及同级法院评价原审法院生效裁判问题及其可能引发的后续复杂程序问题（如同级法院能否发回原一审法院重审，发回重审后的二审由哪个法院管辖等），“指定再审”制度在当事人申请再审案件中也很少运用，如果确有必要运用到抗诉案件中，要和检察机关做好事先协调工作。

【审判实践中应当注意的问题】

第一，实践中大部分抗诉案件都是当事人申请检察监督引发的，既是上级检察机关经复查提出抗诉的案件，往往也是当事人对下级检察机关不支持监督申请后继续申诉所引发的。所以，相关抗诉条件不适用于诸如损害“两益”等检察机关完全依职权提出抗诉的案件。

第二，《民事诉讼法》第220条规定当事人对再审判决、裁定申请检察监督的条件是“明显错误”，而检察机关提出抗诉书往往不指明再审判决、裁定的“明显错误”之处。对再审判决、裁定的抗诉理由如何衔接当事人的申请监督标准，需要继续完善，现阶段人民法院不能仅以此为由不受理抗诉案件。

第三，少数情况下，由于抗诉审查期限较长，且存在着人民法院依职权再审的情形，在人民检察院审查期间，原审生效裁判已经被再审，则可能出现对未生效裁判提出抗诉的情形，人民法院应要求人民检察院更换抗诉书或将抗诉卷宗退回。

第二百二十三条 人民检察院决定对人民法院的判决、裁定、调解书提出抗诉的，应当制作抗诉书。

【条文主旨】

本条是关于人民检察院抗诉应当制作抗诉书的规定。

【理解与适用】

本条在2012年《民事诉讼法》修正时增加了“调解书”的字样。当年《民事诉讼法》修正时在第208条中把“发现调解书损害国家利益、社会公共利益的”的情况列为应当提出抗诉的情形之一，本条也相应增加了人民检察院决定对人民法院的调解书提出抗诉的，应当制作抗诉书。此次《民事诉讼法》修正继续保持了这一规定。

一、人民检察院提起抗诉的，应当制作抗诉书

按照《民事诉讼法》的规定，最高人民检察院对各级人民法院已经发生法律效力的民事判决、裁定，上级人民检察院对下级人民法院已经发生法律效力的民事判决、裁定，发现有《民事诉讼法》第211条规定情形之一的，或者发现调解书损害国家利益、社会公共利益的，应当向同级人民法院提出抗诉。接受抗诉的人民法院应当自收到抗诉书之日起三十日内作出再审的裁定；有《民事诉讼法》第211条第1项至第5项规定情形之一的，可以交下一级人民法院再审，但经该下一级人民法院再审的除外。由此可见，民事抗诉书是检察机关行使其法律监督权的重要法律文书，该文书送达相关人民法院后，一般会引起再审程序的发生。因此，人民检察院提起抗诉应当采用庄重、严肃的书面形式，不得采用口头形式。

二、民事抗诉书的制作

抗诉书是人民检察院制作的诉讼文书，主要内容包括：（1）提出抗诉的人民检察院的名称；（2）案件来源、作出发生法律效力判决、裁定、调解书的原审人民法院的名称、案件编号和案由；（3）基本案情、人民

法院审理情况、抗诉要求和所根据的事实与理由；(4) 证据和证据来源。抗诉书由检察长签发，加盖人民检察院印章。一般来讲，制作一份好的民事抗诉书除了在形式上有首部、正文以及尾部等之外，还需要注意以下几点：一是角色定位要准确。由于民事抗诉是一种法律监督活动，检察机关应中立看待双方当事人的纷争，不能将民事抗诉书写成“答辩状”或“代理词”。二是事实查明要清晰。一般案件提交到检察机关时常常已经过一审、二审，甚至再审。案件事实的认定上，常常在不同阶段有不同事实的加入。因此，一般按照时间顺序来叙述认定的事实比较清晰。三是说理要透彻、引用法条要精确、支持当事人诉请要明确。特别是再审事由要写清楚，并详细阐述支持再审事由的抗诉理由。

【审判实践中应当注意的问题】

关于抗诉书引用再审事由。法定的再审事由是启动再审程序的钥匙。在司法实践中，一些检察机关为了使案件能在上级人民法院再审审理，在既有事实认定错误又有法律适用错误的情形下，仅援引法律适用错误事由，即《民事诉讼法》第 211 第 6 项规定，试图起到依据《民事诉讼法》第 222 条规定提审的法律效果。人民法院应对再审事由进行审查，符合《民事诉讼法》及《最高人民法院关于民事审判监督程序严格依法适用指令再审和发回重审若干问题的规定》规定的指令再审条件的，可以指令下级法院再审。当然，对于抗诉案件存在法律问题或是事实问题不清晰的情况下，为增强审判监督效果，可以将抗诉案件由上级法院提审。

第二百二十四条 人民检察院提出抗诉的案件，人民法院再审时，应当通知人民检察院派员出席法庭。

【条文主旨】

本条是关于人民法院对抗诉案件进行再审时应当通知人民检察院派员出庭的规定。

【理解与适用】

对于人民检察院依法向人民法院提出抗诉的案件，人民法院原则上应当开庭审理，并无例外。根据《人民检察院民事诉讼监督规则》第94条规定，人民检察院提出抗诉的案件，人民法院再审时，人民检察院应当派员出席法庭。

一、人民检察院派员出庭

《民事诉讼法》第139条规定："人民法院审理民事案件，应当在开庭三日前通知当事人和其他诉讼参与人。公开审理的，应当公告当事人姓名、案由和开庭的时间、地点。"根据《民事诉讼法》第218条规定，再审程序准用原审程序，应当在开庭三日前通知当事人和其他诉讼参与人。作为法律监督机关，人民检察院提出抗诉的案件，在人民法院再审时，应当派员出庭。人民法院再审抗诉案件时，应当在开庭三日前向人民检察院发送出庭通知书，通知其派员出席法庭。实践中，出庭支持抗诉的一般为审理抗诉再审案件人民法院的同级人民检察院派出的检察人员。接受抗诉的人民法院将抗诉案件指令下级法院再审的，提出抗诉的人民检察院往往会委托与接受指令再审法院的同级人民检察院出庭支持抗诉。另外，人民检察院派员出庭，并不影响原审当事人的诉讼地位。出席法庭的检察人员既不代表原告，也不代表被告，只是作为提出抗诉的一方，在法庭上陈述抗诉的请求和所依据的事实理由。其席位常常被安排在申诉人一侧。

二、出庭检察人员的具体任务

《人民检察院民事诉讼监督规则》第96条规定："检察人员出席再审法庭的任务是：（一）宣读抗诉书；（二）对人民检察院调查取得的证据予以出示和说明；（三）庭审结束时，经审判长许可，可以发表法律监督意见；（四）对法庭审理中违反诉讼程序的情况予以记录。检察人员发现庭审活动违法的，应当待休庭或者庭审结束之后，以人民检察院的名义提出检察建议。出庭检察人员应当全程参加庭审。"

三、对调查核实所收集证据的出示和说明

根据2011年最高人民法院、最高人民检察院会签文件《关于对民事审判活动和行政诉讼活动实行法律监督的若干意见（试行）》）第3条[①]、第13条[②]规定，人民检察院因履行法律监督职责提出检察建议或者抗诉的需要，可以向当事人或者案外人调查核实有关情况，其依职权调查收集的证据应在庭审中予以出示、说明，该行为属于对其抗诉监督正当性依据的展示和说明，不应视为检察机关参加法庭调查和质证。最高人民法院曾根据《关于对民事审判活动和行政诉讼活动实行法律监督的若干意见（试行）》的精神，曾向立法机关建议人民检察院调查取得的证据应当提交法庭质证后方可作为定案的根据。我们认为，检察机关调查取得的证据需要作出说明，并交双方当事人质证。只有经过当事人质证的证据，才能作为定案根据。对此，检察机关并无不同意见。值得注意的是，检察机关对其调查收集证据的出示和说明并非质证，对于证据的质证仍在各方当事人之

---

① 第3条：人民检察院对于已经发生法律效力的判决、裁定、调解，有下列情形之一的，可以向当事人或者案外人调查核实：

（一）可能损害国家利益、社会公共利益的；

（二）民事诉讼的当事人或者行政诉讼的原告、第三人在原审中因客观原因不能自行收集证据，书面申请人民法院调查收集，人民法院应当调查收集而未调查收集的；

（三）民事审判、行政诉讼活动违反法定程序，可能影响案件正确判决、裁定的。

② 第13条：人民法院审理抗诉案件，应当通知人民检察院派员出席法庭。

检察人员出席再审法庭的任务是：

（一）宣读抗诉书；

（二）对人民检察院依职权调查收集的、包括有利于和不利于申诉人的证据予以出示，并对当事人提出的问题予以说明。

检察人员发现庭审活动违法的，应当待庭审结束或者休庭之后，向检察长报告，以人民检察院的名义提出检察建议。

间进行。

【审判实践中应当注意的问题】

关于退庭问题。在司法实践中，有些地方出庭检察人员在宣读抗诉书后，即向再审合议庭要求退庭，合议庭一般都准许；有的地方出庭检察人员宣读抗诉书后，或发表意见或不发表意见，一直至开庭完毕。根据《人民检察院民事诉讼监督规则》的有关规定，出庭检察人员应当全程参加庭审。《民事诉讼法》对此未作出明确规定，各地可以继续探索和总结经验。

第十七章　督促程序

第二百二十五条　债权人请求债务人给付金钱、有价证券，符合下列条件的，可以向有管辖权的基层人民法院申请支付令：

（一）债权人与债务人没有其他债务纠纷的；

（二）支付令能够送达债务人的。

申请书应当写明请求给付金钱或者有价证券的数量和所根据的事实、证据。

【条文主旨】

本条是关于申请支付令的条件和如何申请支付令的规定。

【理解与适用】

2023年修正后的《民事诉讼法》对本条内容未作修改，仅修改条文序号。本条旨在简化和加速特定类型的债务纠纷解决过程，提高效率。

督促程序是专门针对社会生活中一些简单债务如欠款或者有价证券等纠纷所设定的程序，这类纠纷的案情往往十分清楚，当事人不否认欠债的存在和所欠债务的数额，因此没有必要按照一般的诉讼程序办理。督促程序规定了简便的办理方式，不仅方便当事人快速解决纠纷，也节约司法资源。督促程序由债权人申请支付令开始，以简易迅速为特点，法院审查无须双方当事人到场，也无须调查取证，只要债务人确定，支付令可以送达债务人且其无异议即可。

有权提起支付令申请的，是依法享有债权的公民、法人及其他组织，即债权人。但不是所有的民事案件债权人都可以向法院申请支付令。依照本条的规定，支付令的申请必须同时具备如下法定条件：

1. 请求给付金钱或者有价证券

督促程序适用范围的大小，直接关系到督促程序的适用效果。各国及地区对督促程序适用范围的大小规定不一。一些国家或地区将适用督促程序的标的范围限定在金钱、有价证券及其他代替物上，这主要是为了适应督促程序的简捷特点，同时因为这类标的物交付方便，可以达到迅速清偿的目的。

我国吸取了其他国家和地区的立法经验，将督促程序的适用范围限定为金钱或有价证券。金钱是指可以作为流通手段和支付手段的货币，通常指人民币。金银及其制品并不属于这里的金钱。有价证券是指以票面货币价值表示的财产权利凭证，并被作为替代货币使用的信用工具或代表持有者资产所有权和资本收益要求权的凭证，包括汇票、本票、支票、股票、债券、国库券、可转让的存款单等。依本款规定，只有给付之诉才有适用督促程序的可能性，确认之诉或形成之诉均不得依督促程序请求保护。但并不是所有的给付之诉都可以适用督促程序，只有以金钱和有价证券为标的物的给付之诉才可以适用督促程序。本条之所以将给付请求的标的物限定为金钱和有价证券，是因为金钱和有价证券都是可以量化的种类物，在实践中便于计算和操作，这类给付请求比其他请求有迅速清偿的必要，也更容易得到迅速清偿，造成的损失也更易于弥补。

2. 支付令能够送达债务人

能够送达，是指能够通过审判人员、法警直接送达，或者通过邮寄送达、委托送达方式送达受送达人手中。法院需要用有效的方式将支付令传达给债务人，以确保债务人能够收到通知，债务人不在我国境内，或者债务人下落不明需要公告送达的，不能申请支付令。

除满足上述法律规定的条件外，支付令还应当根据当事人的申请，向有管辖权的基层人民法院提交申请书。申请书应当写明请求给付金钱或者有价证券的数量和所根据的事实和证据。

1. 请求给付的金钱或者有价证券的数量要写明，并写明了请求所根据的事实、证据。理解本项规定，要把握住两层含义：

（1）要求给付的金钱或有价证券的数额是确定的。数额是否确定，应以债权债务关系的具体内容为准，不应以债的产生原因而定。不论债权人对债务人的请求是基于何种类型的债权债务关系产生，只要能够明确计算出数额，就应认定是确定的。例如，贷款的本金及利息率在借款合同中有明确约定的，通过计算便可确定数额。如果有关文书未载明具体数额，双方对金额、数量或计算方法尚有争议的，则不能适用督促程序。

我国有学者认为，只有合同之债纠纷案件才可适用督促程序，而侵权之债、不当得利之债、无因管理之债，因其非基于协议而产生，且司法实践中案件均较复杂，在返还的范围、赔偿的数额等方面，诉讼前都无法确定，故不适用督促程序。我们认为，该观点过于绝对化。是否适用督促程序，不应以债的产生原因而定，不论债权人对债务人的请求基于何种类型的债权债务关系产生，只要其数额已经确定（比如，通过双方当事人私下和解），且符合其他受理条件，均不妨碍适用督促程序。

（2）申请书载明了请求所依据的事实和证据。"事实"是指债权债务关系存在及债务人没有履行债务的事实。对于提出的事实要有相应的证据证明。这是对申请书形式要件的要求。即申请书应记载请求的种类属金钱或有价证券，其数量、产生的原因事实，可资证明的文书资料，履行期限等。至于事实、证据是否确凿可信，是否具有证明力以及是否引起争议，并不影响督促程序的适用及支付令的申请。

2. 向有管辖权的基层人民法院申请。当事人所选择的法院是否有管辖权，取决于法律关系的性质和《民事诉讼法》关于管辖的规定。比如，如果是因合同关系请求对方给付金钱，可以向合同履行地或者被告所在地人民法院申请；如果是借贷关系，可以向被告所在地人民法院申请；如有拖欠房屋租赁的租金、有线电视款、手机费、水电费或者贷款等情形都可以依照本法的规定向有管辖权的法院申请。

第一，只能由基层人民法院受理，中级以上人民法院不能受理申请支付令的案件。从级别管辖来看，当事人申请支付令的法院应当是"有管辖权的基层人民法院"。关于中级人民法院能否适用督促程序的问题，最高人民法院于1993年11月9日对内蒙古自治区高级人民法院的复函中指出："你院内高法（1993）51号关于中级人民法院能否适用督促程序的请示收悉。经研究，我们认为，督促程序是人民法院催促债务人向债权人履行债务的一种简便的程序，它只适用于债权债务关系明确，当事人又无争议的特定的债务案件。为使此类案件能够迅速得到解决，《中华人民共和国民事诉讼法》第一百八十九条第一款[①]的规定，债权人'可以向有管辖权的基层人民法院申请支付令'。据此，我们同意你院的意见，即中级人民法院适用督促程序是不符合《中华人民共和国民事诉讼法》规定的。"

① 该处指1991年《民事诉讼法》，对应2023年《民事诉讼法》第225条第1款。

即最高人民法院认为中级人民法院是不能适用督促程序，尽管该复函目前已被废止，但从督促程序设置的目的来看，其是为了能够实现繁简分流，快速厘清小额的债权债务关系，该程序应当主要用于解决小额的债权债务关系，[①] 据此，根据《民事诉讼法》及其司法解释的规定，应当只能由基层人民法院受理，中级以上人民法院不能受理申请支付令的案件。

第二，支付令是人民法院督促债务人履行债务，因此案件属于债务纠纷案件，应适用《民事诉讼法》关于一般地域管辖的规定，由债务人住所地的基层人民法院管辖。债务人的住所地与经常居住地不一致的，由经常居住地基层人民法院管辖。如果债务人是法人或其他组织的，由法人或其他组织所在地的基层人民法院管辖。一是因为债权人请求债务人给付的是金钱、有价证券，而且债权人与债务人没有其他债务纠纷，这样的债务事实清楚，关系简单，属于普通债务，所以应当适用一般地域管辖的条款；二是因为督促程序是非常简便、快捷的程序，管辖也宜简不宜繁，以避免或减少管辖争议、异议。债务人住所地，既便于当事人理解，也便于人民法院把握。总之，债权人请求公民给付金钱、有价证券的，由债务人住所地人民法院管辖；债务人住所地与经常居住地不一致的，由经常居住地人民法院管辖。债权人请求法人或者其他组织给付金钱、有价证券的，由债务人的主要营业地或主要办事机构所在地人民法院管辖。几个债务人住所地、经常居住地在两个以上人民法院辖区的，各该人民法院都有权接受支付令申请。

【审判实践中应当注意的问题】

一、关于支付令申请的问题

为防范当事人滥用督促程序、骗取支付令的行为，应当对申请支付令的证据及其证明标准提出明确要求[②]。债权人在准备申请书时，应当确保其中包括请求给付金钱或有价证券的具体数量以及相关的详细事实和证据。申请书的内容应当清晰明了，以便法院能够准确理解债权人的请求和依据。不完整或不清晰的申请书可能会导致审理延误或被驳回。

---

① 参见王福华：《督促程序的属性、类型与程序保障》，载《当代法学》2014年第3期。

② 吴英姿：《督促程序性质重识与规则补正——由实践与规范脱节现象入手》，载《苏州大学学报（法学版）》2021年第3期。

督促程序中的程序保障既有与判决救济相似的一面，也有与裁定程序救济方法接近之处[①]。虽然支付令可以迅速要求债务人履行债务，但债权人在申请前需要考虑支付令的执行问题。如果债务人无力或不愿履行支付要求，债权人可能需要采取额外的措施来执行判决，如申请查封、扣押等强制措施。因此，在申请支付令前，债权人应当充分评估债务人的偿付能力和意愿。

二、关于支付令初步审查问题

在人民法院签发支付令前，需要对债权人的申请进行形式和内容上的审查。首先，需要确保债权人与债务人之间不存在其他债务纠纷，这意味着如果存在其他未清偿的债务或争议，申请支付令可能不适用，债权人应当选择其他适当的法律程序来解决争端。其次，支付令必须能够有效送达给债务人，因此债权人在申请前需要确保有可行的送达方式，并提供相关证据。

法院对支付令申请书的审查是形式审查，而非实体审查。对于债权人的申请，法院仅根据债权人提供的证据进行审查，不进行直接调查，也不会询问当事人，仅仅是通过形式上对支付令申请书的审查来确认债权债务在形式上是否合法、明确。如果债权债务合法、明确，就依据督促程序的规定签发支付令，否则裁定驳回债权人的申请。

---

① 王福华:《督促程序的属性、类型与程序保障》，载《当代法学》2014 年第 3 期。

第二百二十六条 债权人提出申请后，人民法院应当在五日内通知债权人是否受理。

【条文主旨】

本条是关于人民法院收到支付令申请后的审查期限的规定。

【理解与适用】

自1991年《民事诉讼法》增设督促程序以来，本条的主要内容未作变动调整，仅仅是在序号上进行了调整①。

一、关于本条的“人民法院”

本条中的“人民法院”，只能是基层人民法院。根据本法第225条规定，“可以向有管辖权的基层人民法院申请支付令”。

其一，从地域管辖的角度来看，根据本法第22条②关于一般地域管辖的规定和《民事诉讼法解释》第23条的规定，由债务人住所地的基层人民法院管辖。

其二，从级别管辖的角度来看，各中级人民法院、高级人民法院和最高人民法院不能受理申请支付令的案件，即排除了基层人民法院之外的其他人民法院对适用督促程序案件的管辖权。

其三，从标的额来看，民事诉讼法规定程序时，并没有将一定数量的标的额作为适用条件，人为地对适用督促程序进行标的额的限制，没

① 1991年《民事诉讼法》第190条：“债权人提出申请后，人民法院应当在五日内通知债权人是否受理。”2007年《民事诉讼法》第192条：“债权人提出申请后，人民法院应当在五日内通知债权人是否受理。”2012年《民事诉讼法》第215条：“债权人提出申请后，人民法院应当在五日内通知债权人是否受理。”2017年《民事诉讼法》第215条：“债权人提出申请后，人民法院应当在五日内通知债权人是否受理。”2021年《民事诉讼法》第222条：“债权人提出申请后，人民法院应当在五日内通知债权人是否受理。”

② 2023年《民事诉讼法》第22条：“对公民提起的民事诉讼，由被告住所地人民法院管辖；被告住所地与经常居住地不一致的，由经常居住地人民法院管辖。对法人或者其他组织提起的民事诉讼，由被告住所地人民法院管辖。同一诉讼的几个被告住所地、经常居住地在两个以上人民法院辖区的，各该人民法院都有管辖权。”

有法律依据[①]。《最高人民法院关于适用督促程序若干问题的规定》(法释〔2001〕2号)第1条规定:"基层人民法院受理债权人依法申请支付令的案件,不受争议金额的限制。"《民事诉讼法解释》第427条和第3款规定:"基层人民法院受理申请支付令案件,不受债权金额的限制。"

其四,关于地域管辖的争议处理。应当根据《民事诉讼法解释》第36条和第425条的相关规定予以处理。[②]

其五,关于发现无管辖权的如何处理。根据本法第37条[③]、《民事诉讼法解释》第223条[④]、第428条[⑤]规定,我们认为,是一旦受理申请的人民法院发现自己无管辖权的,应当裁定驳回支付令申请。

另外,需要特别需要说明的是,海事法院可以受理债权人的支付令申请。《海事诉讼特别程序法》第99条规定:"债权人基于海事事由请求债务人给付金钱或者有价证券,符合《中华人民共和国民事诉讼法》有关规定的,可以向有管辖权的海事法院申请支付令。债务人是外国人、无国籍人、外国企业或者组织,但在中华人民共和国领域内有住所、代表机构或者分支机构并能够送达支付令的,债权人可以向有管辖权的海事法院申请支付令。"海事法院作为人民法院体系中的专门法院,在行政级别上相当

---

① 参见王艳彬:《〈关于适用督促程序若干问题的规定〉的理解与适用》,载《人民司法》2001年第3期。

② 《民事诉讼法解释》第425条:"两个以上人民法院都有管辖权的,债权人可以向其中一个基层人民法院申请支付令。债权人向两个以上有管辖权的基层人民法院申请支付令的,由最先立案的人民法院管辖。"《民事诉讼法解释》第36条:"两个以上人民法院都有管辖权的诉讼,先立案的人民法院不得将案件移送给另一个有管辖权的人民法院。人民法院在立案前发现其他有管辖权的人民法院已先立案的,不得重复立案;立案后发现其他有管辖权的人民法院已先立案的,裁定将案件移送给先立案的人民法院。"

③ 《民事诉讼法》第37条:"人民法院发现受理的案件不属于本院管辖的,应当移送有管辖权的人民法院,受移送的人民法院应当受理。受移送的人民法院认为受移送的案件依照规定不属于本院管辖的,应当报请上级人民法院指定管辖,不得再自行移送。"

④ 《民事诉讼法解释》第223条:"当事人在提交答辩状期间提出管辖异议,又针对起诉状的内容进行答辩的,人民法院应当依照民事诉讼法第一百三十条第一款的规定,对管辖异议进行审查。当事人未提出管辖异议,就案件实体内容进行答辩、陈述或者反诉的,可以认定为民事诉讼法第一百三十条第二款规定的应诉答辩。"

⑤ 《民事诉讼法解释》第428条:"人民法院受理申请后,由审判员一人进行审查。经审查,有下列情形之一的,裁定驳回申请:(一)申请人不具备当事人资格的;(二)给付金钱或者有价证券的证明文件没有约定逾期给付利息或者违约金、赔偿金,债权人坚持要求给付利息或者违约金、赔偿金的;(三)要求给付的金钱或者有价证券属于违法所得的;(四)要求给付的金钱或者有价证券尚未到期或者数额不确定的。人民法院受理支付令申请后,发现不符合本解释规定的受理条件的,应当在受理之日起十五日内裁定驳回申请。"

于中级人民法院，但可以受理一审案件，可以受理债权人的支付令申请。

二、关于支付令申请书的补正问题

债权人提出申请后，人民法院应当在收到申请后五日内，将是否受理的决定通知债权人。只有符合本法第225条的申请支付令的条件，人民法院都应当受理。与此同时，当当事人申请支付令的申请书不符合条件的，应当进行补正：

（一）关于补正材料

根据《最高人民法院关于适用督促程序若干问题的规定》（法释〔2001〕2号）第3条规定："人民法院收到债权人的书面申请后，认为申请书不符合要求的，人民法院可以通知债权人限期补正。补正期间不计入民事诉讼法第一百九十二条[①]规定的期限。"《民事诉讼法解释》第426条规定："人民法院收到债权人的支付令申请书后，认为申请书不符合要求的，可以通知债权人限期补正。人民法院应当自收到补正材料之日起五日内通知债权人是否受理。"

（二）关于补正材料的期限

《民事诉讼法解释》第426条规定："人民法院收到债权人的支付令申请书后，认为申请书不符合要求的，可以通知债权人限期补正。人民法院应当自收到补正材料之日起五日内通知债权人是否受理。"需要说明的是：

其一，"可以通知债权人限期补正"的补正期限问题。法律没有明确规定具体时间，但并不等于不限制期限，否则有违督促程序设立的初衷和目的，由于支付令程序本身目的就在于方便群众诉讼、及时解决当事人之间的债权债务纠纷、提高诉讼效率、加快民事法律关系的流转，因此，补正期限不宜规定过长。

其二，关于补正期限的起算点问题。根据民事诉讼关于期间的一般原理，对于支付令申请书不符合要求的，可以通知债权人限期补正，补正期间不计入本法第226条规定的期限。

其三，关于补正后的期限计算问题。根据《民事诉讼法解释》第426条规定，"人民法院应当自收到补正材料之日起五日内通知债权人是否受

① 现为《民事诉讼法》（2023年修正）第226条。

理。”即，从符合支付令申请书要求的次日开始后 5 日内予以受理。

三、关于对支付令申请书的审查

债权人向人民法院申请支付令，人民法院应当对债权人的申请书进行审查，通过审查的，人民法院决定受理。根据督促程序的设置理念和审判实践经验，审查主要包括以下内容：

（一）对申请书本身的审查是形式审查，而实体审查

督促程序的价值，在于使债权人尽快取得执行名义，以实现其实现权利[①]。对于债权人的申请，人民法院仅根据债权人提供的证据进行审查，不进行直接调查，也不会询问当事人，仅仅是通过形式上对支付令申请书的审查来确认债权债务关系在形式上是否合法、明确，并不对债权人是否实际上享有民事实体法上的权利义务进行审查。

（二）对申请书涉及的内容审查

根据《民事诉讼法解释》第 427 条规定，对于支付令申请的特殊要件应当重点审查以下内容：

1. 请求给付金钱或者汇票、本票、支票、股票、债券、国库券、可转让的存款单等有价证券

关于给付请求的适格性，是指适用督促程序的债权人要求法院发出支付令的请求必须符合法律的规定，从请求的性质看，请求适格是指债权人的请求必须是给付请求。[②]

关于“债权人”，这里的债权人，或者说支付令申请人作为权利人，只是法律上的一种虚假状态，只是一种假设，只是申请人声称自己是债权人一方即可（并不允许任何人以自己的名义为别人的债权申请支付令），人民法院对申请人（声称自己是债权人）进行确认，只是在决定受理申请的环节上起作用，并非在确定申请人实际享有权利义务的实体法上有实质意义[③]；况且，后续程序中，根据《民事诉讼法解释》第 428 条规定“（一）申请人不具备当事人资格的”，人民法院受理支付令申请后，发现不符合本解释规定的受理条件的，应当在受理之日起十五日内裁定驳回申请。

① 张卫平：《论督促程序》，载《中国法学》1991 年第 5 期。

② 张卫平：《论督促程序》，载《中国法学》1991 年第 5 期。

③ 参见陈桂明：《督促程序理论问题之探讨》，载《政法论坛》1992 年第 2 期。

2. 请求给付的金钱或者有价证券已到期且数额确定，并写明了请求所根据的事实、证据

即其一，请求给付的金钱或者有价证券必须已经到期；其二，要求给付的金钱或有价证券的数额是确定的；其三，支付令申请书载明了请求所依据的事实和证据。①

3. 债权人没有对待给付义务；

对待的给付义务有两种：一是一方的给付须以另一方的给付为前提条件；二是债权人与债务人存在着可以抵销的债权债务。② 根据《民法典》第 525 条规定 ③ 的同时履行抗辩权基本原理，债务人对债权人的对待给付享有抗辩权，如果双方存在对待给付义务，就意味着该债权存在争议，不符合督促程序所要求的债权债务关系明确的条件。④

4. 债务人在我国境内且未下落不明

关于债务人在我国境内，主要包括以下几种情况：一是作为自然人的债务人的居所地（指公民离开户籍所在地最后连续居住一年以上的地方）在我国境内；二是债务人的主要营业场所或事务所在我国境内；三是作为法人、非法人团体和其他组织的法定代表人或业务主要负责人的居住地在我国境内 ⑤，以及被申请人在中国境内有住所、代表机构或者分支机构并能够送达的 ⑥；凡债务人不在我国境内，或虽在我国境内但下落不明的，不能适用督促程序。

5. 支付令能够送达债务人

根据《民事诉讼法》第七章第二节“送达”的相关规定，我国《民事诉讼法》规定的送达方式有七种，分别是直接送达、留置送达、委托送达、转交送达、邮寄送达、公告送达、电子送达；我国支付令送达排除了域外送达和公告送达；也不宜适用邮寄送达，因此，除了上述三种情形

---

① 最高人民法院民法典贯彻实施工作领导小组编著：《最高人民法院新民事诉讼法司法解释理解与适用》（下），人民法院出版社 2022 年版，第 958 页。

② 田平安主编：《民事诉讼法原理（第五版）》，厦门大学出版社 2014 年版，第 338 页。

③ 《民法典》第 525 条：“当事人互负债务，没有先后履行顺序的，应当同时履行。一方在对方履行之前有权拒绝其履行请求。一方在对方履行债务不符合约定时，有权拒绝其相应的履行请求。”

④ 最高人民法院民法典贯彻实施工作领导小组编著：《最高人民法院新民事诉讼法司法解释理解与适用》（下），人民法院出版社 2022 年版，第 959 页。

⑤ 参见张卫平：《论督促程序》，载《中国法学》1991 年第 5 期。

⑥ 参见汤维建主编：《民事诉讼法学》，北京大学出版社 2008 年版，第 471 页。

外，我国支付令送达以直接送达为基本原则，还可兼取委托送达、转交送达和留置送达的方式，但这四种方式均以实际送达为条件。[①]

6. 收到申请书的人民法院有管辖权

《民事诉讼法解释》第23条规定："债权人申请支付令，适用民事诉讼法第二十二条规定，由债务人住所地基层人民法院管辖。"根据《民事诉讼法》第22条的规定，债权人住所地与经常居住地不一致，由经常居住地人民法院管辖。几个债务人的住所地、经常居住地在两个以上人民法院辖区的，各该人民法院都有管辖权。《督促程序司法解释》第2条规定："共同债务人住所地、经常居住地不在同一基层人民法院辖区，各有关人民法院都有管辖权的，债权人可以向其中任何一个基层人民法院申请支付令；债权人向两个以上有管辖权的人民法院申请支付令的，由最先立案的人民法院管辖。"

7. 债权人未向人民法院申请诉前保全

根据《督促程序司法解释》第5条规定，人民法院受理债权人的支付令申请后，经审理，有下列情况之一的，应当裁定驳回申请："（四）债权人申请支付令之前已向人民法院申请诉前保全，或者申请支付令同时又要求诉前保全。"人民法院在收到债权人支付令申请后，发现债权人申请支付令之前已向人民法院申请诉前保全，或者在申请支付令同时又要求诉前保全的，应当裁定不予受理。主要原因在于：其一，申请支付令又提出诉前保全，实际上导致非诉程序、诉讼程序的重复适用和冲突；其二，违背督促程序设立初衷所要求的简便、快捷，能及时实现债权，如果允许财产保全，很可能造成债务人在支付令发出后15日内不能清偿债务，导致督促程序的目的难以实现。[②]

8. 债权人应当提交支付令申请书

根据《民事诉讼法》第225条规定，"申请书应当写明请求给付金钱或者有价证券的数量和所根据的事实、证据。"和《民事诉讼法解释》第426条规定："人民法院收到债权人的支付令申请书后，认为申请书不符合要求的，可以通知债权人限期补正"，支付令申请书，应当记明以下

① 参见最高人民法院民法典贯彻实施工作领导小组编著：《最高人民法院新民事诉讼法司法解释理解与适用》（下），人民法院出版社2022年版，第960页。

② 最高人民法院民事诉讼法司法解释实务指南编写小组编著：《最高人民法院民事诉讼法司法解释实务指南》，中国法制出版社2015年版，第702~703页。

事项：

（1）债权人、债务人的姓名、性别、年龄、职业、工作单位、住址。对于法人和其他组织，则应写明其名称、住所地、法定代表人或负责人。当事人无行为能力时，还要写明其法定代理人。

（2）请求给付金钱的数额、给付有价证券的种类、数量、金额。作出支付令的明确陈述，并写明给付请示的事实、根据、要求、理由，还要提出相关证据，如债权文书、有价证券、货物交付凭证、验收证明。

（3）管辖法院，即向哪一家法院发出支付令。

（4）申请人签名或盖章以及申请年月日。[①]

（三）决定受理

1. 受理与补正

人民法院通过审查申请，对符合本法第 225 条所规定条件的，应予受理，并在收到申请后 5 日内通知债权人。

人民法院收到债权人的书面申请后，认为申请书不符合要求的，人民法院可以通知债权人限期改正。补正期间不计入本条所规定的 5 日期限之内。

2. 不予受理

人民法院通过审查申请，发现不符合本法第 225 条规定的条件的，应当分别情况作出不同处理：

（1）当事人不具备诉讼主体资格，债权人与本案无直接利害关系，债务人不符合法律规定条件的，不予受理。

（2）本院没有管辖权的，告知债权人向有管辖权的人民法院提出申请。

（3）债权人的请求标的不是金钱或者有价证券，债权人有对待给付义务，债务人不在我国境内，或者债务人虽在我国境内，但需要公告、邮寄送达支付令的，告知债权人通过诉讼程序解决。

（4）请求给付的金钱或者有价证券未到期或者数额不确定的，不予受理。

（5）对于不符合《民事诉讼法》第 225 条及《民事诉讼法解释》第 429 条规定申请支付令条件的，人民法院应当在收到支付令申请书后五日

---

① 唐德华主编：《新民事诉讼法条文释义》，人民法院出版社 2008 年版，第 566~567 页。

内通知债权人不予受理。这一期限要比适用普通程序或者简易程序审理的案件，决定是否受理的时间要短，因为审查的事项比较简单，而且一般也比较紧急，如果债务人提出异议，还可以另行起诉。5 日内通知债权人是否受理，这是法定期间，应当严格遵守。[①]

【审判实践中应当注意的问题】

一、关于受理前的支付令审查和受理后的支付令审查

关于受理前的支付令审查，根据《民事诉讼法》第 225 条、第 226 条规定和《民事诉讼法解释》第 427 条规定，人民法院审查支付令是否同时具备第 427 条规定的七个条件，认为符合条件的，应当受理并在收到支付令申请书五日内通知债权人；认为不符合条件的，不予受理。这一阶段的审查目是决定是否受理支付令申请。

关于受理后的支付令审查。根据《民事诉讼法》第 227 条、第 228 条和《民事诉讼法解释》第 428 条规定，受理后的审查，较受理前的审查更加实质化。根据《民事诉讼法》第 227 条规定，人民法院受理支付令的申请后，应当对债权人提供的事实、证据进行审查。这一阶段的审查目的是决定是否发布支付令。审查的内容是债权债务关系是否明确、合法，也就是对申请人和被申请人之间的权利义务关系等实质问题的非实质性审查。督促程序的进行，是以债权债务关系明确、合法为基础的。所谓“明确”，是指债权人与债务人之间的债权债务关系事实清楚、数额确定，双方并无实质争议，债务人对债权人有给付义务。所谓“合法”，是指引起债权债务关系发生的法律事实以及债权债务的内容都不违反法律的规定。如果是这样的债权债务关系，当事人即可申请支付令，督促程序即可启动[②]。如果属于《民事诉讼法解释》第 428 条所规定的四项情形之一的，人民法院应当裁定驳回支付令申请。

二、关于支付令的重复申请问题

关于是否重复申请。人民法院已经受理过的案件或正在审理的案件，

① 参见唐德华主编:《新民事诉讼法条文释义》，人民法院出版社 2008 年版，第 567~570 页。

② 最高人民法院民法典贯彻实施工作领导小组编著:《最高人民法院新民事诉讼法司法解释理解与适用》(下)，人民法院出版社 2022 年版，第 964 页。

当事人不得就同一诉讼标的，以同一理由向人民法院再次提出申请。债权人向人民法院申请支付令后，不得就同一诉讼标的、同一请求再次申请支付令或者另行起诉，否则，当事人在之后提起的支付令申请或者起诉无效。如果债权人对同一诉讼标的同时申请支付令和提起诉讼，我们认为，这要根据法院先收到申请书还是起诉书来确定适用的程序，但若同时收到支付令申请书和起诉书的，以起诉书为准。当然，有时债权人提出支付令申请前后，债务人也会提起诉讼，此时，如果起诉发生在支付令申请之前，起诉与支付令申请诉讼标的相同的，支付令申请不能成立，以起诉为准；起诉与支付令申请诉讼标的不同的，不论两者有无牵连、能否抵销，都不影响支付令申请，应当作为两个案件分别适用诉讼程序和督促程序，但债权人也可以不申请支付令，而提起诉讼。如果起诉发生在支付令申请之后，起诉与支付令申请诉讼标的相同的，起诉无效，仍适用督促程序；起诉与支付令申请诉讼标的不同的，不论两者有无牵连、能否抵销，起诉都成立，但应另案处理，对已进行督促程序没有影响[①]。

三、关于支付令交纳申请费

向人民法院申请支付令的，应当按照《诉讼费用交纳办法》的规定，交纳申请费。《诉讼费用交纳办法》第 10 条规定："当事人依法向人民法院申请下列事项，应当交纳申请费：……（三）申请支付令；"第 14 条规定："申请费分别按照下列标准交纳：……（三）依法申请支付令的，比照财产案件受理费标准的 1/3 交纳。"而根据《诉讼费用交纳办法》第 13 条规定，"（一）财产案件根据诉讼请求的金额或者价额，按照下列比例分段累计交纳：1. 不超过 1 万元的，每件交纳 50 元；2. 超过 1 万元至 10 万元的部分，按照 2.5%交纳；3. 超过 10 万元至 20 万元的部分，按照 2%交纳；4. 超过 20 万元至 50 万元的部分，按照 1.5%交纳；5. 超过 50 万元至 100 万元的部分，按照 1%交纳；6. 超过 100 万元至 200 万元的部分，按照 0.9%交纳；7. 超过 200 万元至 500 万元的部分，按照 0.8%交纳；8. 超过 500 万元至 1000 万元的部分，按照 0.7%交纳；9. 超过 1000 万元至 2000 万元的部分，按照 0.6%交纳；10. 超过 2000 万元的部分，按照 0.5%交纳。"

---

① 唐德华主编：《新民事诉讼法条文释义》，人民法院出版社 2008 年版，第 568 页。

第二百二十七条 人民法院受理申请后，经审查债权人提供的事实、证据，对债权债务关系明确、合法的，应当在受理之日起十五日内向债务人发出支付令；申请不成立的，裁定予以驳回。

债务人应当自收到支付令之日起十五日内清偿债务，或者向人民法院提出书面异议。

债务人在前款规定的期间不提出异议又不履行支付令的，债权人可以向人民法院申请执行。

【条文主旨】

本条是关于支付令的审理、异议和执行的规定。

【理解与适用】

2023年修正后的《民事诉讼法》对本条未作修改。这一规定旨在确保合法债权得到及时清偿，同时保护债务人的合法权益。

本条规定了债权人提出债务清偿申请后的法律程序。人民法院在审查债权人提供的事实和证据后，如果认定债权债务关系明确合法，应在受理之日起十五日内发出支付令，以便债务人进行清偿。如果申请不成立，法院将予以驳回。债务人在收到支付令后的十五天内应清偿债务或提出书面异议；如果债务人在规定期限内既不提出异议又不履行支付令，债权人有权向人民法院申请执行。

适用督促程序的目的，是要简化程序，尽快稳定经济社会关系。因此，人民法院受理支付令的申请后，仅审查债权人提供的事实和证据，无需询问债务人和开庭审理。人民法院经审查，认为债权债务关系明确、合法，应当在受理之日起十五日内直接向债务人发出支付令；申请不成立的，应当裁定驳回申请。申请不成立，包括债权债务关系不明确，如双方各自有什么样的债权债务、履行情况怎样在申请书上反映不清楚，或者没有证据证明对方负有义务；也包括债权债务不合法，如所谓债权债务系赌博形成。

1. 形式上的审查

支付令的签发依据的是债权人的申请，对债权人的申请应当作以下两方面的形式审查：一是是否符合一般民事诉讼要件，如当事人的诉讼能力和代理权限；二是是否符合支付令申请书的形式要件。

（1）支付令申请书的首部包括标题和当事人及其法定代理人的基本情况两部分。首先，标题应当居中写明“支付令申请书”。其次，当事人及其法定代理人的基本情况。应当写明申请人、被申请人的姓名、性别、出生年月日、民族、籍贯、职业或工作单位和职务、住址等。当事人是无民事行为能力或限制民事行为能力者，应写明其法定代理人；如果申请人、被申请人是法人或者其他组织的，应当写明单位、住所，法定代表人或代表人姓名、职务、电话，如果有委托人的，写明委托代理人的基本情况；委托人是律师的，可只写明其姓名、工作单位和职务，不必列写其他项目。

（2）正文部分是支付令申请书的核心内容，也是判断债权债务关系是否明确、合法的直接因素。根据《民事诉讼法》第225条第2款“申请书应当写明请求给付金钱或者有价证券的数量和所根据的事实、证据”的规定，支付令申请书应当写明请求事项和请求的事实及理由。具体包括：首先，在请求事项部分应当写明给付金钱、有价证券的种类和数量；其次，在事实和理由部分，还要详细写明提出支付令申请的事实和理由，其中债权的发生和存在是事实，债务人不偿还到期债务则是申请支付令的理由。

具体来说，事实与理由部分应当注意以下几点：一是要写明债权标的物是金钱还是有价证券，为有价证券的又要具体指明是何种有价证券，以及确定的数额，常见的有价证券包括汇票、本票、支票、股票、债券、国库券、可转让的存款单等种类。二是要写明债权发生的时间、地点、缘由以及约定的归还期限，这些内容是人民法院审查判断债权是否已到期的直接依据。三是要写明有无债权文书及是否存在争议，要说明申请人和被申请人没有其他债务纠纷，申请支付的标的物不存在互相折抵计算等问题。人民法院适用督促程序受理债权人的申请后，仅就债权人提供的事实、证据进行审查，无须传唤债务人和开庭审理。只要债权人提出支付令申请的程序合法，支付令申请书的证据充分，债权债务关系明确、合法，人民法院就可以发出支付令，要求债务人清偿债务。四是要说明债务到期后，申请人曾向被申请人追索，被申请人应当偿还且有偿还能力，但是被申请人不予偿还的经过。五是通过引用法律条文，作为提出申请的理由和依据。

（3）支付令申请书尾部包括结尾和附项两部分。结尾应当写明致送机关的名称，即要有向特定人民法院申请支付令的表述；同时，还应当包括申请人的签名或盖章，注明申请时间。附项应当写明债权文书复印件的份数所附书证或物证的名称、件数。

2. 内容上的审查

对于债权人的申请，人民法院除了对申请书进行形式上的审查之外，还需在内容上进一步审查，例如，是否符合督促程序的要件，债权人的申请在法律上是否正当等。因为申请内容只有符合督促程序的受理条件，才有可能达到迅速简便地解决债权债务纠纷、切实保护当事人的合法权益的目的。否则，滥用督促程序，不但会增加人民法院的工作负担，浪费人力、物力，而且还会给当事人造成两次讼累，亦不符合受理条件。内容上主要是从两个方面进行审查：债权人有没有对待给付义务；支付令能否送达债务人。两个要件必须同时具备，才可签发支付令。

人民法院发布支付命令前，仅审查了申请人提出的事实并没有接触被申请人，也没有让被申请人对申请人的请求答辩。为了平等地保护当事人双方的合法权益，本条规定，债务人自收到支付令之日起十五日内可以提出书面异议，比如，可以提出债权债务关系不存在，不能给付；也可以提出对方未按合同履约，因此不能给付；还可以提出申请人在另一法律关系中还欠自己的钱，等等。债务人收到人民法院发出的支付令后，如果认为债权债务关系存在，没有异议，就应当自收到支付令之日起十五日内向债权人清偿债务；如果债务人自收到支付令之日起十五日内既不履行支付令，又不提出异议的，申请人可以申请人民法院强制执行。如果被申请一方当事人提出异议，经法院审查，认为异议成立的，裁定终结督促程序，支付令自行失效，当事人可以就纠纷选择解决方式，或者起诉或者调解等。

该条目的是规定了在债务纠纷中，债权人向法院申请支付令的程序以及债务人的义务和权利。如果债权人提供了明确和合法的事实和证据，法院会颁发支付令，要求债务人在规定时间内清偿债务。如果债务人不履行支付令或提出异议，债权人可以向法院申请执行。这一规定有助于保护债权人的权益，并确保债务纠纷得到合理和有效的解决。

【审判实践中应当注意的问题】

一、关于审查债权关系的合法性和明确性

不同法院对于支付令异议的审查判断标准的理解与把握存在不一致的情况。基层法院对债务人异议的审查流于形式，仍遵循只要债务人提出书面异议法院便裁定终结督促程序的做法。大多数终结督促程序的民事裁定书中，终结理由只有这样一句，"被申请人在法定期限内向本院提交书面异议申请，经本院审查认为异议成立"[①]。对债权人而言，无论其在督促程序终结后另行起诉还是直接转入诉讼程序，均会付出比直接起诉更多的时间和人力成本，这必然会抑制债权人选择督促程序的积极性[②]。因此，法院在受理支付令申请时，应当仔细审查申请书和相关证据，确保申请满足法定条件。同时，法院也应当保障债务人的合法权益，确保程序的公平性和合法性。

在处理与第 227 条相关的案件时，法院需要严格审查债权人提供的事实和证据，以确保债权债务关系是明确且合法的。如果存在任何不明确或争议的情况，法院应当积极进行调查和核实，以避免误判。法院还应当确认支付令的金额和内容是否准确反映了债权关系。

审查内容是债权债务关系是否明确、合法，也就是对申请人与被申请人之间的权利义务关系等实质问题的非实质性审查。督促程序的进行，是以债权债务关系明确、合法为基础的。所谓"明确"，是指债权人与债务人之间的债权债务关系事实清楚、数额确定，双方并无实质争议，债务人对债权人有给付义务。所谓"合法"，是指引起债权债务关系发生的法律事实以及债权债务的内容都不违反法律的规定。如果是这样的债权债务关系，当事人即可申请支付令，督促程序即可启动。有下列情况之一的，应当裁定驳回申请：

1. 申请人不具备当事人资格。申请人是否具备当事人资格，是指申请人是否具有诉讼主体资格，即申请人是否为与本案有直接利害关系的公民、法人或其他组织，是否具备民事诉讼权利能力和民事诉讼行为能力。

---

① 吴英姿：《督促程序性质重识与规则补正——由实践与规范脱节现象入手》，载《苏州大学学报（法学版）》2021 年第 3 期。

② 张海燕：《督促程序的休眠与激活》，载《清华法学》2018 年第 4 期。

向人民法院提出支付令申请的，应当是本案债权债务关系中的债权人。如果不是本案债权债务关系的债权人以自己的名义提出申请，而是债权人的代理人、法定代表人、法人组织的下属机构或者其他不适格的自然人、法人或其他组织以自己名义向人民法院提出申请，应认定申请不成立。

2. 给付金钱或者有价证券的证明文件没有约定逾期给付利息或者违约金、赔偿金，债权人坚持要求给付利息或者违约金、赔偿金。如果有前述情况，说明债权人和债务人的债权债务关系有争议、债权数额不确定，不符合申请支付令的条件。

3. 要求给付的金钱或者有价证券属于违法所得。这说明债权人和债务人的债权债务关系不合法。

4. 给付金钱或者有价证券尚未到期或者数额不确定。给付之诉有现在给付之诉和将来给付之诉之分，而在督促程序中，债权人请求给付的金钱或者有价证券必须是已经到期且数额确定的，属于现在给付之诉，否则不能适用督促程序。

法院在受理后应在十五日内向债务人发出支付令，债务人也有十五日的期限来清偿债务或提出书面异议。因此，法院应当严格遵守这些法定期限，以确保程序的及时性和效率。如果法院未能在规定时间内发出支付令，或者债务人未能在规定时间内提出异议，需要有明确的法律依据和程序来处理延迟问题。

二、关于债权人的请求部分成立如何处理问题

如果债权人在申请书中向债务人提出的请求并不局限于一种，法院仅仅认定请求部分成立，能否对一部分请求发布支付令呢？世界各国立法例对于能否部分驳回债权人申请的问题有两种做法：一种是否定态度，不允许部分驳回债权人申请，而只能全部驳回申请；另一种是允许对申请部分发出支付令而另一部分予以驳回。我国督促程序的立法对这一问题虽然没有直接规定，但就相关司法解释规定来看，我国更倾向于第一种做法，即申请中的一部分不能发出支付令时，应裁定驳回申请，但在驳回前应询问债权人，若债权人对该部分进行修改或放弃，使之不再影响支付令发布的，人民法院应当发布支付令。因为法院发出支付令不需询问债务人，但并不意味着不可以询问债权人，为保证法院审查工作的质量，必要时可以询问债权人，以求提高司法工作的公正性。

三、关于债务人提出书面异议的程序

支付令异议，是督促程序中的一个重要内容。支付令的异议是指债务人向人民法院申明不服支付令确定的给付义务的法律行为。它是债务人维护自己合法权益的一项法律手段。因为支付令是以债权人一方提出的主张和理由为根据，未经债务人答辩，所以法律允许债务人以异议的方式对支付令提出自己的答辩意见。这从立法上保证了人民法院公正处理这类债务案件，平等保护双方当事人的合法权益。

债务人提出支付令异议应具备必要的条件，如不具备则异议不能成立。归纳起来提出支付令异议应具备的要件如下：（1）异议的主体必须合格。凡是在支付令中的被申请人，即债权人请求其为给付的债务人才有权提出异议。债务人为两人以上的，他们都是享有异议权的人。（2）异议须在法定期间提出。债务人对支付令的异议应在收到支付令之日起十五日内提出，此十五日为不变期间，超过期间提出异议的，其异议无效，期间届满未提出异议的，视为放弃异议权。但如果因为不可抗力等客观原因延误了期间，可以向法院申请延期。（3）异议必须以书面形式提出。债务人提出异议只能是书面形式，口头异议无效。（4）异议必须针对债权人的请求，即异议应针对债务本身。异议的格式和内容，法律并无明确规定，但异议必须是针对债权人主张的权利提出，如果债务人对债务本身没有异议，只是提出缺乏清偿能力或对清偿期限、清偿方式等提出不同意见的，不影响支付令的效力。债务人仅就债权人几项独立请求中的部分请求提出异议的，应当写明。（5）向有管辖权的基层人民法院提出。即债务人应当向发出支付令的人民法院提出异议。依本条规定，债务人在收到支付令后，未在法定期间提出书面异议，而向其他人民法院起诉的，不影响支付令的效力。如果债务人向发出支付令的人民法院提出诉讼呢？我们认为，此时债务人的起诉构成对支付令的异议，受诉人民法院应当按照支付令异议处理。需要强调的是，债务人必须在异议期限内提起诉讼。

债务人提出书面异议应提供必要的证据材料，不能提供的，视为异议无效。债务人提出异议的内容必须为对给付请求的“实质拒绝”。但如果债务人对债务本身没有异议，只是提出缺乏清偿能力或对清偿期限、清偿方式等提出不同意见的，不影响支付令的效力。如果债务人对支付令有异议，法院应当确保债务人有权提出书面异议，并明确了解异议的内容。法院需要在收到债务人的异议后，依法审查和处理异议。这可能涉及对异议的事实和证据进行进一步调查和评估，以确定是否需要修改或撤销支付令。债务人依法提出异议后，法院经审查，认为支付令异议成立，即裁定终结督促程序，支付令自行失效。认为支付令异议不成立，应当裁定驳回异议，对此债务人不得再提出异议，也不得对驳回异议的裁定上诉。对债权人来说，随着督促程序因债务人异议而终结，其请求的债权也重新陷于不确定状态，只有另行起诉，才能获得司法保护。可见，我国采用了一次异议的规定，即在法定的期限内，当事人只有一次提出异议的权利，一旦异议期满，债务人就再无异议权，支付令即产生法律效力。

四、关于异议和执行程序的衔接

督促程序是非实体性审查的程序，对于债权人的申请，法院仅根据债权人提供的证据进行审查，不进行实质性审查或直接调查，也不会询问当事人，只采取形式审查，仅仅是通过形式上的审查来确认债权债务在形式上是否合法、明确，即审查债权债务关系是否存在以及是否明确、合法。如果债权债务合法、明确，就依据程序的规定直接签发支付令，要求债务人清偿债务，否则驳回债权人的申请。如果债务人的异议属于对债权债务合法、明确的异议，则法院裁定督促程序终结。

执行依据，又称为执行名义、债务名义，是确定债权人债权存在之范围，得据以请求执行机关实施强制执行之公文书。如果债务人在规定期限内未提出异议并未履行支付令，债权人可以向法院申请执行。在执行程序中，法院应当协调异议和执行程序，确保程序的连贯性和公平性。如果异议仍然存在，法院可能需要在执行程序中继续处理异议，以确保法律程序的顺利进行。

受理后的审查较之受理前的审查更加实质化，但仍不涉及实体权利义务究竟如何分配，即只要该债权债务关系形式上明确、合法即可，而不要求法院知晓该债权债务关系实际上应当如何分配，所以仍属于形式上的审查。审查是通过书面进行的，审理方式简便，具有审判员独任审理的客观基础，由独任审判员处理不仅完全胜任，而且可以保证诉讼过程的迅速进行。经审查申请不成立的，应当在十五日内裁定驳回申请。

第二百二十八条 人民法院收到债务人提出的书面异议后，经审查，异议成立的，应当裁定终结督促程序，支付令自行失效。

支付令失效的，转入诉讼程序，但申请支付令的一方当事人不同意提起诉讼的除外。

【条文主旨】

本条是关于终结督促程序的规定。

【理解与适用】

2023年修正后的《民事诉讼法》对本条未作修改。本条旨在规定当债务人对支付令提出书面异议并经审查认定异议成立时的法律处理方式。

第228条规定了在债务纠纷中，当债务人提出书面异议后的法律处理程序。这一条文强调了在审查异议过程中的法院职责以及支付令失效后可能出现的情况。若异议成立，人民法院应终结督促程序，使支付令自行失效；如果支付令失效，案件将转入诉讼程序，但前提是申请支付令的一方当事人同意提起诉讼，以确保合法权益得到充分保障。

督促程序的终结，是指在督促程序中，因发生法律规定的情况或某种特殊原因而终结督促程序的进行。督促程序的裁定终结是督促程序的非正常终结。申请支付令一方的当事人不需要另行起诉，而直接转入普通诉讼程序，这样就使督促程序较好地与诉讼程序对接，省去了当事人再去立案的麻烦。考虑到有的申请支付令的当事人不一定都会同意转入诉讼，是否诉讼的决定权在于当事人自己，选择督促程序是当事人自己决定的，法律规定如果申请支付令一方不同意转入诉讼的，则不转入诉讼。如果异议成立，法院应当裁定终结督促程序，同时支付令自行失效。在这种情况下，法院需要确保程序的顺利过渡到诉讼程序，以便继续处理债权纠纷。

设立督促程序的立法原意，在于用最少的司法资源来实现债权人的债权，因此法律规定，债权债务关系必须明确合法时，才可以适用督促程序。如果债务人提供了其他足以使人民法院对是否符合发出支付令条件产生怀疑的证据，就可能会产生申请人申请的支付令适用不当的情况，不但不能降低诉讼成本，反而会因后面提起诉讼程序而增加诉讼成本。因此，人民法院对是否符合发出支付令条件产生合理怀疑的，应当及时认定异议成立，裁定终结督促程序，支付令自行失效。

本条的初衷是在方便群众及时解决债务纠纷，提高办案效率的同时，不需要进行实质审查便可认定异议成立，及时作出高效、低成本、节约司法资源的裁定，终结督促程序，更好地维护当事人的合法权益，实现案件分流进而科学合理地配置司法资源，稳定社会主义经济秩序。债务人在接到支付令后，如果认为支付令存在问题，可以向人民法院提出书面异议，以争议支付令的合法性或金额的准确性。人民法院在收到债务人的书面异议后，会进行审查。如果经审查发现异议成立，即支付令存在问题或错误，法院应当裁定终结督促程序，并宣布支付令自行失效，不再具有法律效力。

人民法院裁定终结督促程序后，产生的法律后果是：人民法院发出的支付令失去法律效力，当事人可以采用诉讼方式解决纠纷。因为裁定终结督促程序后，债权人与债务人之间的债权债务关系依然存在，债权人的债权没有得到实现，债权人要想通过司法途径得到救济，只能依照诉讼程序解决纠纷。为了节约当事人的诉讼时间和成本，加强程序衔接，《民事诉讼法》结合我国司法实际情况，并借鉴国外立法经验，规定支付令失效的，案件自动转入诉讼程序，人民法院对该诉讼按普通程序审理。同时，为了充分尊重当事人处分权，还规定“申请支付令的一方当事人不同意提起诉讼的除外”。这样规定的目的是要始终保持督促程序快捷方便的特点，及时了结案件，使当事人的权益合法及时地受到保护。

本条对“督促程序转入诉讼程序”具体的转入方式也予以了细化规定。

1. 督促程序转入诉讼程序之立法沿革

督促程序，也叫支付令程序，是指人民法院基于债权人给付金钱、有价证券的请求，向债务人发出支付令，债务人在法定期间内未提出书面异议，债权人根据支付令申请强制执行的程序。

我国 1991 年《民事诉讼法》增加规定了督促程序。1992 年《民事诉讼法意见》第 215 条至第 225 条对督促程序作了进一步的细致规定。《最高人民法院关于适用督促程序若干问题的规定》(法释〔2001〕2 号）对于督促程序的管辖、设有担保的债务案件适用督促程序、裁定终结督促程序、债务人异议等问题进行了专门规定。2007 年《民事诉讼法》对审判监督程序和执行程序的部分规定作了修改，没有涉及督促程序。2012 年《民事诉讼法》修正时，在总结地方法院实践经验的基础上，完善了督促程序和诉讼程序的衔接机制，其第 217 条规定："人民法院收到债务人提出的书面异议后，经审查，异议成立的，应当裁定终结督促程序，支付令自行失效。支付令失效的，转入诉讼程序，但申请支付令的一方当事人不同意提起诉讼的除外。"2021 年《民事诉讼法》将 2012 年《民事诉讼法》第 217 条修改为第 224 条，但未就内容进行调整，本条就是对上述条文的细化规定，便于统一司法适用。

2. 督促程序转入诉讼程序的必要性

《民事诉讼法》规定的督促程序条文规定对方便当事人诉讼和方便法院办案，提高诉讼效率、节约当事人实现债权的成本、及时保护当事人的合法权益具有重要的意义。但是，从全国法院适用督促程序的情况来看，适用督促程序审理的案件数量不多，支付令案件占民事、经济纠纷案件总数的比例不高。

司法实践中，督促程序适用效果不佳的状况主要有两方面的原因：其一，社会诚信缺失，导致债务人滥用异议权，督促程序的价值受到怀疑，当事人对适用督促程序产生抵触情绪。督促程序针对解决无争议的债权请求权而设立，其适用有赖于债务人的诚信。我国基层人民法院的法官对于督促程序普遍反映实践中，债务人即使对于真实无误、无可争议的债务也往往提出异议，很少有债权能够通过督促程序顺利实现。许多债务人故意提出不实异议，以此达到拖延的目的。其二，督促程序的设计不严密，缺乏与诉讼程序的衔接。根据 2007 年《民事诉讼法》的规定，督促程序因债务人提出异议终结后，并不自动进入诉讼程序，债权人如果想通过诉讼程序实现，须另行起诉。从实践中出现的问题来看，这种规定缺乏合理性。由于债权人在督促程序环节需要花费一定的时间和精力，但债权往往由于债务人滥用异议权而无法通过督促程序实现，与直接诉讼相比，债权人不仅浪费了时间，而且增加了诉累。因此，设置督促程序与诉讼程序相衔接，对于减轻当事人讼累、制约不诚信行为，是十分必要的。

事实上，建立督促程序与诉讼程序对接的机制，即在督促程序因债务人提出异议而终结后，自动转入诉讼程序，是德国、日本等大陆法系国家和地区的通例。这种做法可以促使当事人更加重视督促程序，提高督促程序的适用率，充分合理地保护申请人的合法权益，防止被申请人滥用异议权拖延履行，从而激活督促程序，使其在纠纷解决中发挥应有的作用。

3. 督促程序转入诉讼程序的方式

支付令失效后，督促程序自动转入诉讼程序，除非申请支付令的一方当事人在收到人民法院终结督促程序的裁定后向受理申请的人民法院提出不同意提起诉讼的声明。

本条增加了督促程序转入诉讼程序的可能性[①]。支付令失效后，债务纠纷将被转入正式的诉讼程序。这意味着双方将有更多的机会提供证据和辩护，并由法院进行全面审理，以解决纠纷。需要注意的是，当事人程序选择权不是无限自由的[②]，除非申请支付令的一方当事人不同意将争议转入诉讼程序，否则支付令失效后会自动转入诉讼程序。这是为了确保公平和合法地解决债务纠纷，即使一方不同意，法院也会继续处理。

法院经审查，裁定驳回申请主要有几个方面：（1）申请人不具备当事人资格的；（2）给付金钱或者有价证券的证明文件没有约定逾期给付利息或者违约金、赔偿金，债权人坚持要求给付利息或者违约金、赔偿金的；（3）要求给付的金钱或者有价证券属于违法所得的；（4）要求给付的金钱或者有价证券尚未到期或者数额不确定的。人民法院受理支付令申请后，发现不符合本解释规定的受理条件的，应当在受理之日起十五日内裁定驳回申请。对于债务人提出符合本解释规定的书面异议后，经形式审查，人民法院应当裁定终结督促程序，支付令自行失效。

在债务争议中，当债务人提出异议时，法院会认真审查并在必要时终结督促程序，确保公平和合法地解决争议。如果异议成立，除非申请支付令的一方当事人不同意，债务纠纷将被转移到正式的诉讼程序中处理。这一规定有助于维护债权人和债务人的权益，确保合理有效的法律程序。根据 2007 年《民事诉讼法》的规定，如果申请人在督促程序终结后，仍要对被申请人主张债权，可以就该债权债务关系向人民法院提起诉讼，人民法院对该诉讼案件依法进行审理。2021 年民事诉讼法第 224 条第 2 款规定的是“转入诉讼程序”，即申请支付令的一方当事人不需要另行起诉，而直接、自动转入诉讼程序，建立了督促程序与诉讼程序对接机制，省去

① 周翠：《再论督促程序电子化改革的重点》，载《当代法学》2016 年第 6 期。

② 欧元捷：《论诉讼程序与督促程序的两线并行模式》，载《法学论坛》2016 年第 2 期。

了当事人再去办理起诉和人民法院审查立案的烦琐手续。考虑到申请支付令的一方当事人不一定都会同意转入诉讼，是否启动诉讼的决定权在于当事人自己，选择督促程序是当事人自己决定的，法律规定可以转入后续诉讼程序，如果申请支付令一方不同意提起诉讼，则不转入后续诉讼程序。

【审判实践中应当注意的问题】

一、关于异议提出后异议审查的问题

债务人收到人民法院发出的支付令后提出异议的，说明当事人双方对债权债务关系存在争议，为此人民法院应当对债务人提出的书面异议进行审查。经审查，债务人对债务本身没有异议，只是提出缺乏清偿能力的，人民法院应当驳回债务人异议；异议成立的，裁定终结督促程序，发出的支付令自行失效。在审理与第 228 条相关的案件时，法院需要明确异议的审查标准。异议是否成立应基于法律规定和提供的证据来判断。法院应仔细核查异议所涉及的事实和法律依据，确保异议的成立是符合法律要求的。此外，法院应注意避免滥用异议权，以防止不合理地中断或延误程序。

二、关于终结督促程序和后续处理程序衔接问题

法院在处理异议时应当确保程序的公正和透明。债务人提出的异议必须得到公正审查，其提供的证据和理由应当得到充分考虑。法院应当及时通知债权人和债务人有关异议的进展和决定，以维护程序的透明性和公平性。

督促程序是一种非诉程序，在性质上，类似于特别程序。特别程序的适用范围应以民事案件的非讼性质为确定标准。特别程序是立法者规定的用来解决民事非讼案件的审判程序，它与用来解决民事诉讼案件的审判程序一起，成为《民事诉讼法》调整和规范的审判程序的全部内容，这样一种程序结构，用简单的等式来表达，就是审判程序等于诉讼程序与特别程序之总和。

督促程序的适用不具有强制性，债权人对此程序有选择使用的自由，即在同时符合和具备督促程序法定的适用范围和适用条件时，债权人有权选择申请适用督促程序，或者选择起诉适用诉讼程序，督促程序和诉讼程

序是二者只能择其一的关系。债权人申请支付令后如果就同一法律关系向人民法院提起诉讼，实际上等同于该当事人基于同一事实和理由，以两种程序提出了完全相同的保护权利的请求，类似于一案两诉，显然是不符合法律规定的。这种情况下，人民法院应当尊重当事人自己的选择，及时终结督促程序。如果同一案件允许两种程序同时进行，就可能出现同一案件有两种不同的法律文书的现象。这显然与我国现行诉讼法律制度相违背。

支付令失效后，督促程序转入后续诉讼程序。这是《民事诉讼法》为两个独立程序设计的直接、自动对接机制，同时，《民事诉讼法》也为申请支付令的一方当事人设计了一个表达不同意后续诉讼的窗口，以防止置该当事人之意愿于不顾，强行将他拖入后续诉讼程序。不同意提起诉讼，是申请支付令一方当事人的诉讼权利，且仅为不同意就地转入诉讼程序，并非指该当事人不同意向其他有管辖权的人民法院提起诉讼。《民事诉讼法》设计对接机制之目的，就是为该诉讼权利的行使提供便利和服务，而不是剥夺或限制当事人提起诉讼或撤回起诉的权利。所以，该当事人提出不同意提起诉讼的形式，不是对相关人民法院提出具有请求性质的申请，而应是具有通知、告知性质的“声明”。这种声明应当以书面形式而不能以口头形式作出。

如果支付令失效后需要转入诉讼程序，但申请支付令的一方当事人不同意提起诉讼，法院需要处理这一特殊情况。法院应当充分尊重当事人的意愿，同时确保程序的合法性。可能需要进一步协商或调解，或者根据法律规定继续处理争端。

第十八章　公示催告程序

第二百二十九条　按照规定可以背书转让的票据持有人，因票据被盗、遗失或者灭失，可以向票据支付地的基层人民法院申请公示催告。依照法律规定可以申请公示催告的其他事项，适用本章规定。

申请人应当向人民法院递交申请书，写明票面金额、发票人、持票人、背书人等票据主要内容和申请的理由、事实。

【条文主旨】

本条是关于公示催告适用范围以及如何申请公示催告的规定。

【理解与适用】

一、公示催告程序的概念及适用范围

公示催告程序，指人民法院根据申请，以公示方法催促不明之利害关系人于一定期间申报权利，如果不申报，不明之利害关系人丧失对公示催告事项的权利的程序。公示催告程序是非讼程序。

本条第 1 款对公示催告程序的适用范围进行了规定。

一是按照规定可以背书转让的票据被盗、遗失或者灭失。票据有广义、狭义之分。广义的票据指商业上的权利凭证，比如，提单、仓单、保险单等。狭义的票据指以支付一定金额为目的，可以转让、流通的证券，如汇票、本票、支票。背书转让，指票据持有人在票据背面或者粘单签名，将票据上的权利转让给他人。背书有多种形式，包括限定性背书、特别背书、空白背书、附条件背书等。限定性背书，是指背书人在票据背面签字，写明“仅付给 ××× 或付给 ××× 不得转让”。特别背书，又称记名背书，是指背书人在票据背面签字，写明“付给 ××× 的指定人”。

空白背书，又称不记名背书，是指背书人在票据背面只有签名，不写付给某人；有附条件背书，是指背书上带有条件。依据我国《票据法》的规定，可以背书转让的票据主要指汇票、支票、本票三种。在审判实务中，也多是因这三种票据被盗、遗失、灭失，最后合法持票人申请公示催告。

二、法律规定可以申请公示催告的其他事项。目前，我国民事诉讼法和民事实体法还没有明确规定除票据外哪些事项可以适用公示催告程序。随着社会经济发展，今后可能会有法律对适用公示催告程序的事项作出规定，为适应未来发展需要，我国《民事诉讼法》对公示催告的适用范围作了较为灵活的规定。

二、关于公示催告申请

依据本条第2款规定，申请人申请公示催告的，应当向人民法院递交申请书。在票据丧失情况下，失票人为申请人。申请书要写明票面金额、发票人、持票人、背书人等票据主要内容和申请的理由、事实。《最高人民法院关于审理票据纠纷案件若干问题的规定》（2020年修正）第28条也做了相应规定，即："失票人通知票据付款人挂失止付后三日内向人民法院申请公示催告的，公示催告申请书应当载明下列内容：（一）票面金额；（二）出票人、持票人、背书人；（三）申请的理由、事实；（四）通知票据付款人或者代理付款人挂失止付的时间；（五）付款人或者代理付款人的名称、通信地址、电话号码等。"上述规定所涉"事实和理由"，主要是指为什么要申请公示催告，包括是发生了何种公示催告事由，申请人对票据有什么样的权利，票据的流转情况等。一般认为，申请书载明的内容要足以证明申请人的申请符合公示催告案件的受理条件。"付款人或者代理付款人的名称、通信地址、电话号码等"内容是便于法院在受理案件后及时向支付人发出停止支付通知。

《票据法》第15条规定："票据丧失，失票人可以及时通知票据的付款人挂失止付，但是，未记载付款人或者无法确定付款人及其代埋付款人的票据除外。失票人应当在通知挂失止付后三日内，也可以在票据丧失后，依法向人民法院申请公示催告，或者向人民法院提起诉讼。"该条规定了三种票据丧失救济方式：挂失止付、申请公示催告以及向人民法院提起诉讼。需要注意的是，挂失止付是一种临时性保护措施，要注意挂失止付与公示催告程序的衔接，以更好保护失票人权利。《支付结算办法》第

50条规定："付款人或者代理付款人收到挂失止付通知书后，查明挂失票据确未付款时，应立即暂停支付。付款人或者代理付款人自收到挂失止付通知书之日起12日内没有收到人民法院的止付通知书的，自第13日起，持票人提示付款并依法向持票人付款的，不再承担责任。"在先采取挂失止付措施的情况下，失票人应在通知挂失止付后三日内申请公示催告。失票人也可以在票据丧失后直接申请公示催告程序。还需注意的是，公示催告程序的目的在于宣告处于不明状态下的利害关系人对公示催告事项的权利无效。因此，在相对人不确定的情况下，应申请公示催告，如果相对人确定，则失票人应当提起诉讼。

三、公示催告程序的受理法院

根据本条第1款规定，受理法院为票据支付地的基层人民法院。"票据支付地"确定案件的地域管辖，"基层人民法院"确定案件的级别管辖。《最高人民法院关于审理票据纠纷案件若干问题的规定》（2020年修正）第6条规定："票据支付地是指票据上载明的付款地，票据上未载明付款地的，汇票付款人或者代理付款人的营业场所、住所或者经常居住地，本票出票人的营业场所，支票付款人或者代理付款人的营业场所所在地为票据付款地。代理付款人即付款人的委托代理人，是指根据付款人的委托代为支付票据金额的银行、信用合作社等金融机构。"

【审判实践中应当注意的问题】

一、关于适格公示催告申请人的界定

根据公示催告制度的性质以及本条规定，成为适格的公示催告申请人，需具备以下三个条件：

（一）需有失票的事实

关于失票的理解，应注意以下三点：一是本条所指失票，是指非因持票人本意而丧失对票据的占有。在持票人因其本意丧失票据的情形下，持票人丧失票据占有正是其依法处分票据权利的结果，不存在因丧失票据会导致其无法行使权利或者权利被不法处分的问题，故不应适用公示催告程序。如：持票人基于基础法律关系将票据背书转让给他人，或者采取撕毁票据的方式免除债务人债务等。二是本条所指失票，是指丧失的票据被不

特定人占有。公示催告的过程实际上是寻找票据的过程。其以公示票据丧失事实的方式，达到向占有票据的利害关系人进行催告的目的，如果利害关系人在公示催告期间申报权利，则公示催告程序终结，由申请人与权利申报人通过民事诉讼程序解决票据归属。在失票人知道票据下落、占有票据人为特定主体的情形下，失票人可以向占有人提起返还票据之诉。三是本条所指失票情形，为被盗、遗失或者灭失三种情形。有观点认为，应将失票情形扩大到所有“其他非因持票人本意丧失票据、票据下落不明”的情形。在审判实务中，存在因被欺诈、胁迫、抢劫、抢夺而丧失票据的，能否适用公示催告程序的问题。主要有两种观点：第一种观点认为，既然本条仅规定了三种失票情形，那么，就应只适用于该三种情形，不能扩大适用。第二种观点认为，应结合公示催告程序的立法目的进行分析。如前所述，申请公示催告的法定事由应当理解为票据最后合法持有人因意志以外的原因导致可背书转让的票据脱离其有效控制，下落不明。因此，凡属于该情形，均可以适用公示催告程序。在司法实务中，可根据个案的情形进行裁量适用。票据因被抢劫、抢夺丧失且抢劫、抢夺人不明确的，符合票据最后合法持有人并非基于本意丧失对票据的占有以及利害关系人不特定的适用条件，也存在抢劫人或抢夺人将所抢票据非法转让他人，损害失票人权利的可能性，故该情形下，失票人可以申请公示催告。

（二）需是可以转让的票据丧失

公示催告的目的是以公告方式通知利害关系人向法院申报权利，以避免票据被善意第三人取得，丧失票据者无法行使票据权利。因此，对于不能背书转让的票据而言，由于其丧失后不存在善意第三人取得票据、行使票据权利的情形，故其不适用公示催告程序。

（三）申请人应是票据丧失占有以前的最后合法持票人

这里应注意两个限定词，即“最后”“合法”。曾经持有票据的主体，因其将票据又进行转让，故其不是最后被背书人，不是最后的持票人，不能申请公示催告。在司法实务中，存在着最后持票人并非合法持票人的情形，如采用欺诈、胁迫、抢夺、恐吓等非法手段而取得票据的人，尽管其为最后持票人，但其并不享有票据权利，故不能成为适格申请人。

二、超过付款提示期限的票据丧失以后，失票人申请公示催告的，人民法院应否受理

有观点认为，我国《票据法》第 36 条规定，汇票被拒绝承兑、被拒绝付款或者超过付款提示期限的，不得背书转让。因此，超过付款提示期限的票据丧失后不能申请公示催告。我们认为，该条同时规定："背书转让的，背书人应当承担汇票责任。"由此可见，汇票超过付款提示期限背书转让的，背书人承担的是与正常票据背书转让同样的汇票责任，其虽属于期后背书，但该背书转让同样具有权利转移、权利证明、权利担保的法律效力。对于被拒绝承兑或者付款的远期汇票，在到期之前，仍然存在着被转让的可能，背书人仍须承担票据责任。我国《票据法》第 53 条规定："持票人未按照前款规定期限提示付款的，在作出说明后，承兑人或者付款人仍应当继续对持票人承担付款责任。"由上述规定可见，超过付款提示期限的票据丧失以后，持票人并未完全丧失票据权利，票据主债务人并未免除票据债务。因此，在其票据丧失以后，也存在被他人取得，行使票据权利的可能性，需要对合法失票人进行权利救济，故因该类票据丧失而申请公示催告的，人民法院应依法受理。正因为此，《最高人民法院关于审理票据纠纷案件若干问题的规定》（2020 年修正）第 27 条规定："超过付款提示期限的票据丧失以后，失票人申请公示催告的，人民法院应当依法受理。"

三、特别规定的适用

我国《海事诉讼特别程序法》第 100 条规定："提单等提货凭证持有人，因提货凭证失控或者灭失，可以向货物所在地海事法院申请公示催告。"依据特别法优先于一般法的规定，对于该条规定的提单等提货凭证持有人申请公示催告的，应适用该特别法的规定。

第二百三十条 人民法院决定受理申请，应当同时通知支付人停止支付，并在三日内发出公告，催促利害关系人申报权利。公示催告的期间，由人民法院根据情况决定，但不得少于六十日。

【条文主旨】

本条是关于人民法院受理申请后，通知停止支付和进行公示催告的规定。

【理解与适用】

一、受理申请以及通知支付人停止支付

人民法院收到请求公示催告的申请后，审查认为申请事项可以适用公示催告程序的，应当受理。

受理后，为防止公示催告期间票据被支取，申请人的权利受损害，应当同时通知票据支付人停止支付。根据《最高人民法院关于审理票据纠纷案件若干问题的规定》（2020年修正）第30条的规定，付款人或者代理付款人收到人民法院发出的止付通知，应当立即停止支付，直至公示催告程序终结。非经发出止付通知的人民法院许可擅自解付的，不得免除票据责任。

二、公告以及权利申报

（一）发出公告的时间和公告内容

人民法院应当在受理之日起三日内发出公告，催促利害关系人申报权利。这里的利害关系人，是指申请人之外对票据主张权利之人。

一般而言，公告应当写明下列内容：（1）公示催告申请人的姓名或者名称；（2）票据的种类、号码、票面金额、出票人、背书人、持票人、付款期限等事项以及其他可以申请公示催告的权利凭证的种类、号码、权利范围、权利人、义务人、行权日期等事项；（3）申报权利的期间；（4）在公示催告期间转让票据等权利凭证，利害关系人不申报的法律后

果。公告载明的内容应足以使丧失的票据等权利凭证具有特定性和唯一性，使看到公告的主体足以判断是哪一份权利凭证丧失，自己是否为其利害关系人。

（二）公示催告期间

公示催告的期间，由人民法院根据情况决定。一般而言，可以根据票据流转的范围、转让的次数等具体情况决定公示催告的期间的长短。流转范围广，转让次数多的票据，公示催告的期间应当比流转范围窄、转让次数少的票据要长一些。公示催告的期间虽然可以由人民法院决定，但为了保证利害关系人有合理期间能够看到公告，及时申报权利，相关交易主体注意到公示催告票据处于权利不定状态的风险，本条规定公示催告的期间不得少于六十日。

应予注意的是，这里的六十日是对公示催告的期间设定的最低天数，而非将公示催告期间限定为六十日。如果一概将公示催告的期间规定为六十日，则可能导致在伪报票据丧失的情况下，合法持票人没能及时关注公示催告、未及时申报权利而使其权利受损的问题。详言之：《支付结算办法》第 87 条规定："商业汇票的付款期限，最长不得超过六个月。"因此，商业汇票存在着付款期限为六个月的情形。在票据没有真正丧失、申请人伪报票据丧失事实的情况下，如果申请人在出票不久就向法院申请公告催告，法院将公示催告的期间定为六十日，则合法持票人因票据未真正丧失，故不会注意是否有催示公告，且由于票据付款期限尚未届至，其也不会提前提示付款，故在六十日的公示催告的期内，没能申报权利，导致人民法院依申请人申请作出除权判决，申请人据此向付款人请求付款，损害了合法持票人权利。因此，合理确定公示催告期间、保护票据权利人权利就成为需要解决的问题。为解决上述问题，2015 年，最高人民法院在修改《民事诉讼法解释》时，在该解释的第 449 条规定，公告期间不得少于六十日，且公示催告期间届满日不得早于票据付款日后十五日。之后该内容未做实质修改。《最高人民法院关于审理票据纠纷案件若干问题的规定》（2020 年修正）也在第 32 条进行了相同规定。在对该规定进行理解时，应注意把握"票据付款日"实质是指"票据提示付款期限届满日"。在确定公示催告期间时，"六十日"和"票据付款日十五日"是两个均需考虑的因素，缺一不可，且以其中最长的一个作为设定个案中公示催告期间上限的依据。如：如果"票据付款日后十五日"早于六十日，则公示催告期不能少于六十日；如果“票据付款日后十五日”长于六十日，则公告期间不得少于六十日，且其届满日不得早于“票据付款日后十五日”。

【审判实践中应当注意的问题】

一、受理公示催告案件应注意的问题

在审判实务中，在受理公示催告案件时，应注意以下四点：

一是人民法院收到公示催告的申请后，应当立即审查，并决定是否受理。由于票据丧失可能产生票据被他人取得，损害失票人权利的问题，因此，人民法院受理申请后应立即进行审查，避免由于时间延误给失票人造成损失。

二是经审查认为符合受理条件的，通知予以受理，并同时通知支付人停止支付。认为不符合受理条件的，七日内裁定驳回申请。

三是因票据丧失，申请公示催告的，人民法院应结合票据存根、丧失票据的复印件、出票人关于签发票据的证明、申请人合法取得票据的证明、银行挂失止付通知书、报案证明等证据，决定是否受理。

近年来，由于民间资金需求旺盛，通过民间机构或个人以“买卖票据”方式融通资金的行为日趋增多。在这一过程中，卖票人因没有取得约定的卖票款项，为避免自己权利受损，遂伪报票据丧失事实、申请公示催告，引发大量纠纷。因此，关于人民法院应审查哪些证据用以确定申请人是适格申请人是亟须解决的问题。如前所述，有权申请公示催告的主体应为可以转让的票据被盗、遗失或者灭失前的最后合法持有人。因此，在立案阶段，人民法院主要应审查申请人是否提交了能够证明其为适格申请人的证据。这些证据主要包括：（1）用以证明丧失的票据是有效票据的证据。可以是票据复印件、出票人签发案涉票据的说明、票据存根等。（2）用以证明存在失票事实的证据。可以是银行挂失止付通知书、报案证明和相关证人证言等。（3）用以证明丧失的票据是可以转让的证据。可以是票据复印件、出票人出具的其签发案涉票据的说明、申请人的前手关于将票据转让给申请人的证明等。（4）申请人是票据丧失占有以前的最后合法持票人。可以是票据复印件、出票人出具的申请人为收款人的证明、申请人前手关于转让票据给申请人的证明等。

四是在立案阶段，对于申请人的申请，应采取形式审查标准。

二、关于公示催告载体及时间

公告的目的主要有二个：一是使利害关系人能够知晓公告事实以便及早申报权利；二是提醒所有收到票据的人注意该票据的权利处于不确定状态，不要接受该票据。因此，公告的载体应尽量广泛，公告可以张贴于人民法院的布告栏中，也可以在报纸中刊载，在广播、电视中播放。为使人民法院在进行公告时具有统一的标准，最高人民法院制定了相关司法解释进行规定。《最高人民法院关于审理票据纠纷案件若干问题的规定》（2020年修正）第31条规定，公告应当在全国性报纸或者其他媒体上刊登，并于同日公布于人民法院公告栏内。为避免公告在不同载体发布的时间不统一而导致的确定公告发布时间存在争议问题，该条将公告在不同载体发布的时间进行了统一，规定为同日。

关于公告的查询，在实务中，作为刊登公告的载体，《人民法院报》除在其纸质版刊登公告外，其电子版和中国法院网也同时进行刊登，因此，利害关系人可以通过线上和线下两种方式进行查询。

第二百三十一条 支付人收到人民法院停止支付的通知，应当停止支付，至公示催告程序终结。

公示催告期间，转让票据权利的行为无效。

【条文主旨】

本条是关于止付通知及公示催告法律效力的规定。

【理解与适用】

公示催告程序，实质是人民法院针对背书转让的票据或其他符合要求的事项，根据当事人的申请，以公示的方式催告未知的利害关系人，令其在法定期间内申报权利。如逾期无人申报，则作出除权判决，宣告票据无效。为了防止票据被不当支取，损害申请人的权利，法院决定受理公示催告申请时，应当同时通知票据的支付人停止支付。支付人收到人民法院停止支付的通知后至公示催告程序终结期间，应当停止支付。公示催告期间，转让票据权利的行为无效。具体分析如下：

一、停止支付通知的法律效力

本条第1款规定了支付人收到人民法院停止支付的通知后，至公示催告程序终结前，应当停止向持有该票据的人支付票据所载款项。公示催告程序具有行为保全效力，停止支付通知针对特定的支付人亦是如此，支付人具有停止支付的协助执行义务。如果支付人接到停止支付通知后，却不履行协助执行义务，仍然支付了该票据款项，要承担相应的法律责任。正确理解该款规定，需要明确以下问题：

（一）支付人止付起止时间

根据本法第230条规定，人民法院决定受理当事人公示催告申请的，应当同时通知支付人停止支付，并在三日内发出公告，催促利害关系人申报权利。公示催告的期间，由人民法院根据情况决定，但不得少于六十日。从时间上看，按照法律规定支付停止的时间早于公告发出的时间。止付可以防止第三人拾票后自行向付款人提示付款或者转让后善意持票人向付款人提示付款、损害失票人票据权利等情形，止付时间长于公示催告时间，可以有效防止票据被冒领取款。

（二）关于支付人拒不执行止付通知的法律后果

止付通知对象特定，是票据支付人。支付人接到止付通知后，至公示催告终结期间，应当停止止付。如果支付人拒不执行义务，擅自付款的，根据《民事诉讼法解释》第454条的规定："人民法院依照民事诉讼法第二百二十七条[①]规定通知支付人停止支付，应当符合有关财产保全的规定。支付人收到停止支付通知后拒不止付的，除可依照民事诉讼法第一百一十四条、第一百一十七条规定采取强制措施外，在判决后，支付人仍应承担付款义务。"此外，《最高人民法院关于审理票据纠纷案件若干问题的规定》（2020年修正）第30条也规定："付款人或者代理付款人收到人民法院发出的止付通知，应当立即停止支付，直至公示催告程序终结。非经发出止付通知的人民法院许可擅自解付的，不得免除票据责任。"

根据上述规定，支付人收到停止支付通知后非经有权法院许可擅自支付的。首先，其付款行为不能免除其票据上付款责任，擅自付款后，在除权判决作出后，支付人仍然要承担付款义务。其次，支付人拒不支付系拒不履行协助执行义务，人民法院可依照《民事诉讼法》第114条[②]、第117条[③]规定采取强制措施。《民事诉讼法》第114条规定的强制措施是：罚款、拘留，构成犯罪的，依法追究刑事责任。不履行义务人系单位的，可以对其主要负责人或者直接责任人员予以罚款、拘留；构成犯罪的，依法

---

① 现为《民事诉讼法》（2023年修正）第231条。

② 《民事诉讼法》第114条规定："诉讼参与人或者其他人有下列行为之一的，人民法院可以根据情节轻重予以罚款、拘留；构成犯罪的，依法追究刑事责任：……（三）隐藏、转移、变卖、毁损已被查封、扣押的财产，或者已被清点并责令其保管的财产，转移已被冻结的财产的；（四）对司法工作人员、诉讼参加人、证人、翻译人员、鉴定人、勘验人、协助执行的人，进行侮辱、诽谤、诬陷、殴打或者打击报复的；（五）以暴力、威胁或者其他方法阻碍司法工作人员执行职务的；（六）拒不履行人民法院已经发生法律效力的判决、裁定的。人民法院对有前款规定的行为之一的单位，可以对其主要负责人或者直接责任人员予以罚款、拘留；构成犯罪的，依法追究刑事责任。"

③ 第117条规定："有义务协助调查、执行的单位有下列行为之一的，人民法院除责令其履行协助义务外，并可以予以罚款：（一）有关单位拒绝或者妨碍人民法院调查取证的；（二）有关单位接到人民法院协助执行通知书后，拒不协助查询、扣押、冻结、划拨、变价财产的；（三）有关单位接到人民法院协助执行通知书后，拒不协助扣留被执行人的收入、办理有关财产权证照转移手续、转交有关票证、证照或者其他财产的；（四）其他拒绝协助执行的。人民法院对有前款规定的行为之一的单位，可以对其主要负责人或者直接责任人员予以罚款；对仍不履行协助义务的，可以予以拘留；并可以向监察机关或者有关机关提出予以纪律处分的司法建议。"

追究刑事责任。第117条规定的强制措施是：责令履行协助义务、罚款。不履行义务人系单位的，可以对其主要负责人或者直接责任人员予以罚款；对仍不履行协助义务的，可以予以拘留；并可以向监察机关或者有关机关提出予以纪律处分的司法建议。对于拒不履行止付义务的支付人，上述强制措施人民法院均可采取。

另外，因支付人向他人支付款项，给票据权利人造成损失的，除承担票据责任外，还应承担损害赔偿责任。

二、公示催告期间转让票据权利行为的效力

（一）公示催告期间转让票据权利行为无效

可以背书转让的票据丧失后，如果允许其继续流通转让，不仅违背票据持有人的意志，还会损害原票据持有人及后手的合法权益。公示催告期间，票据上的权利归属处于一种不确定状态，为了防止发生第三人善意取得、票据非法持有人转嫁风险等情形，有必要对票据的流通转让事前作出禁止，因此本条第3款规定了公示催告期间转让票据权利的行为无效。

除本条规定了公示催告期间转让票据权利的行为无效外，《最高人民法院关于审理票据纠纷案件若干问题的规定》第33条规定，在公示催告期间，以公示催告的票据质押、贴现，因质押、贴现而接受该票据的持票人主张票据权利的，人民法院同样不予支持。因此，公示催告期间以背书方式取得票据的，不受法律保护。这要求商事主体受让票据时应当更加审慎。需要注意以下两点：

一是如果公示催告程序终结，未作出除权判决，则意味着没有利害关系人申报权利或者申请人逾期未申请法院作出除权判决，此时阻碍票据权利行使的事由消灭，包括公示催告期间的转让行为都应当有效。

二是如果利害关系人因正当理由不能在除权判决前向人民法院申报的，为维护这部分人的合法权益，法律允许他们在公示催告的除权判决作出后的法定期限内，向法院起诉撤销除权判决。因撤销除权判决之诉原则上具有溯及既往的效力，判决一经生效，公示催告申请人便不再享有票据权利，票据关系人同时恢复票据权利和地位，除权判决及公示催告程序的公告期间对票据关系人不再具有约束力。故在公告期间和除权判决后转让票据的，票据转让行为不应再被认定为无效。但付款人依据除权判决作出的付款仍为有效，付款人不再承担票据责任，以维护善意付款人的利益。

（二）对受让票据权利的利害关系人的保护

人民法院的公告具有公示效力，一经公告，就推定利害关系人对票据丧失的事实应当知道，故利害关系人受让票据权利的行为（如通过背书转让、交付转让、质押转让、贴现转让等方式）只要发生在公示催告期间就无效，至于利害关系人取得票据是否善意，对票据丧失的事实是否实际知道，在所不问。换言之，在公示催告程序期间，以公示催告的票据背书转让、交付转让、质押转让、贴现转让等方式取得票据权利的行为均无效，持票人不能主张票据权利。

虽然公示催告期间转让票据权利的行为无效，但并不意味着受让票据的利害关系人的权益必然得不到法律保护。利害关系人的利益能否得到保护，取决于他取得票据是否向转让人付出对价：已向转让人付出对价的，可以要求对方重新签发票据或者以其他方式付款；尚未向转让人付出对价的，在对方拒绝重新签发票据或者以其他方式付款时，可以此抗辩，拒绝履行支付对价的义务。

（三）特殊期间转让票据权利行为的效力

首先，如果票据权利转让行为发生在公告之前，因不属于“公示催告期间”，公示催告程序并无溯及效力，且票据被判决除权的效力也是向后发生效力，故公示催告前合法转让票据的行为是有效的。

其次，公示催告期间届满至除权判决作出前票据转让的效力。公示催告期间届满，至除权判决作出之前这一期间，转让票据权利的行为效力如何认定？《最高人民法院关于审理票据纠纷案件若干问题的规定》第 34 条规定了在公示催告期间，以公示催告的票据质押、贴现，因质押、贴现而接受该票据的持票人主张票据权利的，人民法院不予支持，但公示催告期间届满以后人民法院作出除权判决以前取得该票据的除外。确认了公示催告期间届满以后人民法院作出除权判决以前取得票据并据此主张票据权利的，人民法院应当支持。由此可见，取得票据的时间是在公告期内还是公告期外足以决定票据转让行为的有效与否。

最后，除权判决作出后票据转让的效力。除权判决的结果是宣告票据无效，因此在除权判决作出后，任何人受让该失效票据，即便是出于善意并支付了对价，也不能取得票据权利。

【审判实践中应当注意的问题】

一、关于公示催告申请人是否提供担保的问题

法院决定受理当事人公示催告申请时，同时通知支付人停止支付。支付人收到通知后至公示催告程序终结，应当停止支付。如果申请人恶意申请公示催告，将极大地影响真正票据权利人合法权益。能否要求申请人申请公示催告时，提供相应担保，以便不当申请时，承担赔偿责任，存在较大争议。

有观点认为，不应要求提供担保。担保不但增加申请人财务负担，而且耗费时间，影响停止支付通知书发出速度。然而，法院在受理公示催告申请时主要是进行形式审查，票据是否到期、是否丧失等事实主要基于申请人的陈述，不要求提供担保，会给伪报者以可乘之机。在伪报票据丧失的情形下，将给合法持票人权利造成损害。综观世界其他国家立法例，无论是采用公示催告制度还是采取诉讼的方式救济失票人，都要求申请人提供担保，其根本目的都在于防止恶意申请公示催告，保护合法票据权利人的权利。我国相关司法解释中也在类似救济制度中要求失票人提供担保。《最高人民法院关于审理票据纠纷案件若干问题的规定》第37条规定："失票人向人民法院提起诉讼的，应向人民法院说明曾经持有票据及丧失票据的情形外，人民法院应当根据案件的具体情况，决定当事人是否应当提供担保以及担保的数额。"也即，在我国通过另行诉讼方式进行失票救济的，司法解释明确规定应当提供担保。

公示催告程序在救济合法失票人权利的同时确实也存在着被恶意申请人利用，成为损害合法持票人权利工具的问题。要求申请人提供担保对遏制滥用公示催告申请的效果十分明显。因此，申请人申请公示催告时，人民法院可以根据案件的具体情况决定是否要求其提供担保以及担保的数额。

二、关于公告期届满前票据到期的，申请人可否请求付款的问题

一般来说，票据权利与票据本身具有不可分离性。票据权利的发生以票据的作成为必要，票据权利的取得以票据的占有为必要，票据权利的转让以票据交付为必要。然而，一旦票据丧失，失票人是否也必然同时丧失

了票据权利？英美法系的票据法理论认为，失票人同时丧失了票据权利，因而采纳了另行诉讼的立法主张；大陆法系的票据法理论认为，失票人虽然丧失了票据但并非同时丧失了票据权利，因而采纳了公示催告除权判决的立法主张。我国法律兼收并蓄，既规定了公示催告救济途径，又规定了另行诉讼的补救方法。

第二百三十二条 利害关系人应当在公示催告期间向人民法院申报。

人民法院收到利害关系人的申报后，应当裁定终结公示催告程序，并通知申请人和支付人。

申请人或者申报人可以向人民法院起诉。

【条文主旨】

本条是关于公示催告期间利害关系人申报票据权利的规定。

【理解与适用】

公示催告程序保护了失票人、利害关系人以及其他权利人的合法权益，同时防止票据权利长期处于不确定的状态。公示催告期间，除申请人外对票据主张权利的人，为维护自己对该票据的权利，防止人民法院判决宣告票据无效，应当在公示催告期间向人民法院申报，表明自己对该票据享有权利。在有人申报票据权利之后，该票据就处于权属纠纷之中，需要对权利进行确认。由于公示催告程序属于非诉程序，不能承担确认权属的职能，因此，人民法院在收到利害关系人的申报后，应当裁定终结公示催告程序，并通知申请人和支付人。申请人或者申报人可以就票据权利归属向人民法院提起确权之诉。具体程序如下：

一、申报

所谓申报，是指利害关系人在公示催告期间向法院主张票据权利的行为。根据本条第 1 款规定，申报必须符合三个条件：一是向发出公示催告的法院进行申报，向其他法院申报不产生申报效果；二是申报应表明申报事实和理由，提交相关票据及其他证据材料；三是应当在法院规定的公示催告期间内提出。

法院对利害关系人的申报应当进行形式审查。有观点认为，只要公示催告期间有人申报权利的，人民法院就应当裁定终结公示催告程序，并通知申请人和申报人，不需要进行任何审查。实际上，法院对于申报虽然不必进行实质审查，但还是应当进行形式审查，主要确认利害关系人申报的票据是否就是公示催告申请人申请公示催告的票据。根据《民事诉讼法解释》第 449 条之规定，“利害关系人申报权利，人民法院应当通知其向法院出示票据，并通知公示催告申请人在指定的期间查看该票据。公示催告申请人申请公示催告的票据与利害关系人出示的票据不一致的，应当裁定驳回利害关系人的申报”。此外，人民法院审理此类纠纷时应当注意，一旦利害关系人出现，对利害关系人提供的票据本身注意予以保全，以避免利害关系人在向人民法院申报的同时再行转让票据或者请求付款从而造成混乱。

二、公告期届满后再行申报的法律效力

因从公示催告期间届满到法院作出除权判决还有一段时间，如果利害关系人在公示催告期间届满除权判决作出前申报的，是否还会产生终结公示催告的同等效果？由于公示催告期间制度的制定目的是催促利害关系人申报权利，故利害关系人应在公示催告期间向人民法院申报。但在司法实践中，由于种种原因，存在着利害关系人在申报期届满后，除权判决作出之前申报权利的情形。该种情形下，尽管申报权利期间已过，但由于除权判决尚未作出，除权事实尚未确定，该期间内利害关系人申报权利的，表明票据存在着权利争议，因此，公示催告程序应当终结。

利害关系人申报权利的目的不是确定申报人的权利，而是使法院决定是否为除权判决，因此，只要在法院作出除权判决之前申报的，即使申报期间已经届满，仍然等同于申报期间内申报而具有同样的申报效力。因此，《民事诉讼法解释》第 448 条规定了在申报期届满后、判决作出之前，利害关系人申报权利的，应当裁定终结公示催告程序，并通知申请人和支付人。申请人或者申报人可以向人民法院起诉。明确了利害关系人在申报期届满后、判决作出之前申报票据权利的，与在公告期内申报票据权利产生相同效果，公示催告程序终结。

三、公示催告程序的终结

公示催告系通过在一定期间内公告票据丧失事实，寻找占有票据的利害关系人。实践中，公示催告程序终结存在四种情形：一是公示催告期间内，因利害关系人申报权利引发公示催告程序终结。二是公示催告期间无

人申报权利或者申报权利被驳回的，但公示催告期间届满之日起 1 个月内申请人不申请除权判决的。三是公示催告期间，申请人撤回公示催告申请的。四是法院作出除权判决。如果公示催告期满无人申报权利，申请人可以申请法院作出除权判决，除权判决的作出亦被认定为具有终结公示催告程序的效果。鉴于除权判决生效以后，公示催告程序申请人有权依据判决向付款人请求付款，人民法院在作出除权判决时应当尽可能在判决书中要求付款人付款的时间与票据的到期日一致起来。

如果在公示催告期内，有利害关系人申报主张票据权利的，公示催告的目的即已达到，此时应当作出终结公示催告程序的裁定，并通知申请人与支付人。首先，裁定终结公示催告程序。本条第 2 款规定，利害关系人申报权利后，"人民法院收到利害关系人的申报后，应当裁定终结公示催告程序"。终结公示催告程序，应使用民事裁定书，而非判决书。形式上，《民事诉讼法解释》第 456 条关于"依照民事诉讼法第二百二十八条[①]规定制作的终结公示催告程序的裁定书，由审判员、书记员署名，加盖人民法院印章"之规定，该裁定书应按照要求由审判员、书记员署名，加盖人民法院印章。其次，通知申请人和支付人。法院终结公示催告程序，要通知申请人和支付人。本条第 2 款规定，利害关系人申报权利的，裁定终结公示催告程序，"并通知申请人和支付人。"通知申请人自不待言，通知支付人系因根据《民事诉讼法》第 231 条的规定，支付人收到人民法院停止支付的通知，应当停止支付，至公示催告程序终结。因此，人民法院依据本条规定裁定终结公示催告程序的，还应当通知支付人，支付人接到通知后，应解除止付。

公示催告程序系非讼程序，只是确定是否有权属争议，至于票据真正权利人的确定，属于实体权利纠纷，应当交由申请人及申报人通过民事诉讼程序进行解决。需要注意的是，因利害关系人申报权利公示催告程序终结的，申报人即可行使票据权利，除非申请人将票据保全并提起诉讼，否则申报人无须主动就票据争议提起诉讼。

四、公示催告程序终结后的诉讼

申报人申报权利后，申请人和申报人之间出现了权利争议，因公示催

① 现为《民事诉讼法》（2023 年修正）第 232 条。

告程序为非讼程序，并不解决当事人之间的权利争议，因此，在裁定终结公示催告程序后，申请人和申报人可以采取提起诉讼的方式解决双方的权利争议。

从诉讼类型看，申请人起诉和申报人起诉不尽相同。在因利害关系人申报权利终结公示催告程序后，申请人或申报人均可以提起诉讼。申请人可提起的诉讼大致有三类：以实际持票人为被告要求返还票据、以实际持票人为被告要求确认票据权利，以及以实际持票人或者其前手为被告要求返还票款或赔偿损失。确认票据权利的目的是请求实际持票人返还票据，因此可以归结为票据返还请求权诉讼和在票据返还不能时的违约、侵权或不当得利诉讼。但违约、侵权或不当得利诉讼的被告并非一定是申报人。如申请人将票据转让给他人未获对价，而他人再次将票据转让的，此时申请人可依据基础法律关系要求受让人支付对价。

如前所述，公示催告程序终结后，申报人即可行使票据权利，申报人无须主动就票据争议提起诉讼。但实践中法院仍然会受理申报人提起的以申请人为被告的确认票据权属的诉讼。

【审判实践中应当注意的问题】

实践中，正确理解和适用本条，还需要注意以下问题：

一、申请人或申报人提起诉讼纠纷的管辖

关于申请人和申报人提起的票据纠纷案件如何确定管辖法院的问题。《民事诉讼法解释》第455条规定："人民法院依照民事诉讼法第二百二十八条[①]规定终结公示催告程序后，公示催告申请人或者申报人向人民法院提起诉讼，因票据权利纠纷提起的，由票据支付地或者被告住所地人民法院管辖；因非票据权利纠纷提起的，由被告住所地人民法院管辖。"也即管辖法院的确定，系将申请人或申报人提起的关于票据纠纷案件，区分为"因票据权利纠纷提起"的诉讼案件和"因非票据权利纠纷提起"的诉讼案件，规定前者"由票据支付地或者被告住所地人民法院管辖"，后者"由被告住所地人民法院管辖。"

正确理解申请人或申报人提起诉讼纠纷的管辖法院的确定，应注意两

① 现为《民事诉讼法》(2023年修正)第232条。

点：第一，本条所涉诉讼是申请人或者申报人由于存在着权利争议而向人民法院提起的诉讼，其性质为普通诉讼。第二，上述诉讼主要解决权利争议，因此，其诉讼请求主要是确认原告方为票据权利人或者请求返还票据，也可能在确权基础上请求赔偿损失等。因此，在申请人、申报人之间存在的纠纷主要是票据纠纷中的非票据权利纠纷。

所谓票据纠纷，是指因行使票据权利或者《票据法》上的非票据权利而引起的纠纷。票据权利是指持票人向票据债务人请求支付票据金额的权利，包括付款请求权和追索权。付款请求权是持票人享有的第一顺序权利，付款请求权实现，即无须行使票据追索权。追索权是持票人享有的第二顺序权利，在付款请求被拒绝或者法定情形出现时，持票人可行使追索权。《票据法》上的非票据权利，是指基于《票据法》的规定产生的但不是由票据行为直接产生的权利，是票据价款以外的债权关系，譬如票据交付请求权、票据返还请求权、票据损害赔偿请求权、票据利益返还请求权和汇票回单签发请求权。

不同的纠纷类型当事人也不同。例如，汇票付款请求权纠纷的当事人一般是持票人与承兑人或者付款人，本票付款请求权纠纷的当事人一般是持票人与出票人，支票付款请求权纠纷的当事人一般是持票人与办理支票存款业务的银行。追索权纠纷的当事人一般是持票人与票据的出票人、背书人、承兑人、保证人等。

关于票据支付地，司法解释中也有明确规定。根据《最高人民法院关于审理票据纠纷案件若干问题的规定》第 6 条第 2 款之规定，票据支付地是指票据上载明的付款地，票据上未载明付款地的，汇票付款人或者代理付款人的营业场所、住所或者经常居住地，本票出票人的营业场所，支票付款人或者代理付款人的营业场所所在地为票据付款地。代理付款人即付款人的委托代理人，是指根据付款人的委托代为支付票据金额的银行、信用合作社等金融机构。

二、关于利害关系人申报票据权利的，人民法院应当如何审查的问题

公示催告程序性质上为非讼程序，并不对实体权利争议进行审理，因此，利害关系人申报权利的，由于已经出现了权利争议，故人民法院应当裁定终结公示催告程序。申请人或者申报人可以通过向人民法院起诉的方

式解决争议。

应予注意的是，并非只要有利害关系人在公示催告期间向人民法院申报权利，人民法院就应当裁定终结公示催告程序，而是需具备申报人有初步证据证明其是案涉票据的利害关系人的事实。用以证明申报人是案涉票据的利害关系人的主要证据是其持有案涉丧失的票据。因此，在利害关系人申报权利时，其应出示案涉丧失的票据，利害关系人未出示的，人民法院应通知其出示票据。这样规定，有助于避免恶意申报权利问题的出现。

利害关系人出示案涉丧失票据后，人民法院应通知公示催告申请人在指定的期间查看该票据。如果确定公示催告申请人申请公示催告的票据与利害关系人出示的票据不一致的，人民法院应当裁定驳回利害关系人的申报。确认一致的，人民法院应当裁定终结公示催告程序。

另外，在司法实务中，通过查看票据，申请人确认申报人提交的票据与其申请公示催告的票据一致、承认了申报人对票据享有权利，其可能会申请撤回公示催告申请。该种情形下，人民法院可以径行裁定终结公示催告程序。

在审判实践中，也存在经人民法院通知，公示催告申请人无正当理由拒不查看利害关系人出示的票据的情形。该种情形下，应视为公示催告申请人放弃对案涉票据发表意见的权利，人民法院可根据审查情况，通过判定利害关系人出示的票据与申请人申请公示催告的票据是否存在一致性而决定是裁定驳回利害关系人的申报还是裁定终结公示催告程序。

第二百三十三条 没有人申报的，人民法院应当根据申请人的申请，作出判决，宣告票据无效。判决应当公告，并通知支付人。自判决公告之日起，申请人有权向支付人请求支付。

【条文主旨】

本条是关于除权判决的规定。

【理解与适用】

2023年《民事诉讼法》的修正未对本条有所改动。不仅如此，自1991年《民事诉讼法》颁行以来，该条的内容均未有所变动，仅条文序号从最初的197条演变为目前的233条，且在2007年和2017年《民事诉讼法》的两次修正时，以方括号的形式添加了“除权判决”的标题。至于在1982年的《中华人民共和国民事诉讼法（试行）》中，由于不存在公示催告程序的制度设计，故也不存在除权判决的相关规定。

票据作为完全的有价证券，其权利人向债务人行使权利必须向债务人提示票据，故此，票据属于提示证券无疑。然而既为提示证券，本身就存在着该证券丧失后则无从提示的问题，所以需有提示证券不能提示之时是否给予权利救济之考量。具体到票据中，有票据被毁损灭失而从物质上不复存在的绝对的丧失和票据因为遗失、盗窃等非因自己意思而丧失占有的相对的丧失。此两种票据的丧失都需要对原持票人予以救济，而并不像金券那样，由于其丧失而所承载体现的权利也一并消灭。大陆法系所采用的救济路径是通过特别程序宣告票据无效，故而在大陆法系的《民事诉讼法》中一般都有独立的公示催告程序，从而通过《民事诉讼法》的特别程序结合《票据法》的实体法律规范共同实现票据丧失的权利救济。[①] 因此，作为《民事诉讼法》特别程序的公示催告程序的最终目的是作出除权判决，而除权判决之内容又是宣告票据无效，所以除权判决就是法院宣告票

① 董安生主编：《票据法（第三版）》，中国人民大学出版社2009年版，第101页。

据无效，使票据权利与原票据相分离的一种表示。[①] 换言之，除权判决就是在公示催告期间届满后无人申报权利或者申报权利被驳回的情况下，人民法院依申请人的申请所作出的宣告票据无效的判决。[②]

一、作出除权判决的条件

除权判决是在公示催告期间届满后无人申报权利或者申报权利被驳回的情形之下而作出的判决，此两种情形在《民事诉讼法》第 233 条中都表述为“没有人申报的”。但除了期间届满而没有人申报，人民法院作出除权判决实际上还需要满足其他一些条件。

（一）除权判决所针对的票据应为可背书转让的票据

《民事诉讼法》第 229 条首先开宗明义地规定：“按照规定可以背书转让的票据持有人，因票据被盗、遗失或者灭失，可以向票据支付地的基层人民法院申请公示催告。依照法律规定可以申请公示催告的其他事项，适用本章规定。”所以《票据法》第 15 条在规定票据丧失的救济时，虽然只就“未记载付款人或者无法确定付款人及其代理付款人的票据”作了排除，其第 3 款笼统地规定“失票人应当在通知挂失止付后三日内，也可以在票据丧失后，依法向人民法院申请公示催告，或者向人民法院提起诉讼。”但在理解上，《民事诉讼法》已经限定了仅有可以背书转让的票据的持有人可以申请启动公示催告程序，除权判决作为公示催告的最后端的一个环节，显然也仅能针对可以背书转让的票据作出。依此，无记名票据和出票时即记载“不得转让”的票据，[③] 以及用于支取现金的支票和记载有“现金”字样的银行汇票、银行本票，[④] 包括已被拒绝承兑、被拒绝付款或者超过付款提示期限的票据，[⑤] 由于其不可以背书转让，既不属于可以公示催告的票据，也当然不属于可以除权判决方式宣告票据无效进而“祛除”票据权利的票据。

（二）除权判决应当是依当事人申请而作出的

除权判决虽然规定在民事诉讼法“公示催告程序”章，但作出除权

① 谢怀栻著、程啸增订：《票据法概论（增订二版）》，法律出版社 2017 年版，第 82 页。
② 宋朝武主编：《民事诉讼法学》，厦门大学出版社 2008 年版，第 420 页。
③ 《支付结算办法》第 30 条。
④ 《支付结算办法》第 27 条、第 53 条、第 98 条。
⑤ 《票据法》第 36 条。

判决却并不是公示催告程序自然而然的结果，按照《民事诉讼法》第233条的规定，人民法院应当是依申请人的申请而作出。换言之，公示催告期间届满后没有人申报权利确实可以产生申请人即为该票据唯一权利人的法律推定效果，但公示催告程序并不会由公示催告阶段而自然而然地推进到除权判决阶段，也即是法院不可以依职权作出除权判决。按照《民事诉讼法解释》第450条的规定，申请人在经历了公示催告期间无人申报权利或者申报被驳回之后，应当自公示催告期间届满之日起一个月内申请作出判决。如若逾期不申请判决，法院将终结公示催告程序。同时，法院裁定终结公示催告程序的情况也将通知申请人和支付人。所以公示催告程序的目的确实是为了通过除权判决宣告票据无效进而消灭票据权利，但该目的能否最终实现需要取决于申请人的选择。当事人完全可以在经过公示催告期间之后不选择申请法院继续对票据判决除权，这也属于当事人对自身权利的处分。此点即与止付通知不同，因为按照《民事诉讼法》第229条的规定，人民法院在受理申请人公示催告的申请之后，即应同时向支付义务人发出止付通知，支付人应在收到通知至公示催告程序终结期间停止支付。这是因为停止支付是公示催告程序的一部分，而除权判决虽与公示催告存有关联，但除权判决的法律效果是宣告票据无效，从而消灭票据权利，所以其与公示催告是互不相同的独立的两个诉讼程序阶段，也即是除权判决必然需要经过公示催告，但公示催告期间的届至并不必然作出除权判决。

（三）申请作出除权判决的当事人须具备一定的资格

依照《民事诉讼法》第229条第2款之规定，申请人应当向人民法院递交申请书，写明票面金额、发票人、持票人、背书人等票据主要内容和申请的理由、事实。又结合该条第1款“票据持有人”的表述，民事诉讼法对启动公示催告程序并进而申请作出除权判决的当事人主体资格似未作特别要求，似乎任何人都可以以持票人身份递交申请书。但如果对照《票据法》的相关规定，可知此其实不然。其一，《票据法》第15条的用语是“失票人”，《民事诉讼法》第229条的用语是“票据持有人”，两部法律的措辞不一。但结合该制度设计的立法目的，应知此处的申请人必须为票据最后的合法持票人，也即是“最后一次背书的被背书人”[①]。这是因为

① 《最高人民法院关于审理票据纠纷案件若干问题的规定》第50条。

法院受理申请之时虽然只需要进行形式审查，但该形式审查也需要审查申请人是否有申请权、票据是否确已丧失等具有实质性的要件。特别是公示催告和除权判决本身就是票据丧失之后的救济，不可能要求当事人提示已经丧失的票据，在此情况下如果简单地套用《民事诉讼法》第 122 条所规定的起诉必须符合的四项条件，则任何人都可能作为申请人申请对票据作出公示催告和除权判决，将极大地影响票据关系的稳定性。因此，法院在受理公示催告申请之时并不能仅依据申请人递交申请书声言自己是“票据持有人”，还应当对其通过向银行查询存根、查看丧失票据的复印件、银行挂失止付通知书等，了解获取票据正面记载信息、背书转让情况、相关交易凭证、前后手背书连续性等，[①] 在审查合格的情况下方可予公示催告；如不合格，则应自受理申请之日起 7 日内裁定驳回申请。[②] 其二，《民事诉讼法》第 229 条第 1 款规定票据持有人可以提出公示催告的申请须是在“因票据被盗、遗失或者灭失”的情况下，该处规定没有使用“等”的方式囊括其他未尽之言的情形，表明只有在该三种情况下最后合法持票人才可以提出公示催告并进而申请除权判决。其中，“被盗”可以扩大理解为“盗抢”。故在实践中，如果当事人主张系因受到欺诈而将票据转让他人，其不能以此作为申请公示催告的理由。法院既不应受理该公示催告申请，更不能通过除权判决宣告票据无效。其因欺诈而遭受的损失应通过其他诉讼纠纷另行解决。同理，如果明知持票人系故意焚毁灭失票据，事后追悔，又以该票据绝对丧失而申请公示催告，法院也不应受理该公示催告并最终作出除权判决。总之，无论是票据的相对丧失或绝对丧失，持票人之丧失票据都不能是出于真实意愿而失去对票据的占有。所谓因上当受骗而将票据转让他人，票据的让渡行为本身仍是其真实意愿，故此类纠纷不能通过公示催告和除权判决予以救济。

二、除权判决的性质

围绕除权判决的性质，研究者向有不同见解。有学者认为，公示催告程序从诉的种类来看是确认之诉，即通过公示催告程序达到确认所丧失的票据不再含有票据权利的事项，因此，除权判决实际上是一种确认制度，

① 张新民、李广稷：《论我国除权判决与公示催告制度的完善》，载《重庆工商大学学报（社会科学版）》2019 年第 3 期。

② 《民事诉讼法解释》第 443 条。

并起着代替票据的作用。[①] 但另有不少研究者反对，认为公示催告程序中没有特定的相对人，故除权判决不可能是判断法律关系存在与否的确认判决。[②] 而且除权判决的作出未经对立辩论的审理程序，不可能确认具体的民事实体争议，更不可能基于这种确认而判定进行某种给付，故“该类判决只是根据权利申报的具体情况，作出的一种推定”，[③] 其既不是确认判决也不是给付判决，而是形成判决。

我们赞同除权判决系形成判决的见解。因为公示催告程序并非实质的诉讼程序，除权判决也并非经由对争议权利作实质审查而作出的，所以除权判决只是恢复了申请人作为持票人的形式上的资格，即将其恢复到与持有票据的同一地位，而并非将申请人确定为实质的票据权利人。[④] 换言之，票据本身是完全有价证券，其不同于证书，权利须与证券结合在一起，“权利不能离开证券而存在”。[⑤] 现由于该票据证券丧失，故通过公示催告和除权判决，宣告票据无效，使票据权利与原票据相分离。“票据经除权判决宣告无效后，票据权利人即可不凭票据而行使权利（这时的权利，严格说已不是原来的票据权利）。”[⑥] 所以与诉的类型可分为给付之诉、确认之诉和形成之诉相对应，[⑦] 判决亦可区分为给付判决、确认判决和形成判决。法院通过判决“面向未来变动既存民事权利义务关系”，[⑧] 此即为形成判决。除权判决宣告票据无效，面向未来变动了票据权利须与票据相结合方可行使的民事权利义务关系，故除权判决当为形成判决。

三、除权判决的效果

依照《民事诉讼法》第 233 条之规定，除权判决作出后，将直接产生三个法律后果：一是宣告票据无效；二是公告判决结果并通知票据的支付

---

① 郑孟状、何松明：《票据案件诉讼的若干法律问题》，载《宁波大学学报（人文科学版）》1999 年第 2 期。

② 杨建华、王甲乙、郑建才：《民事诉讼法新论》，我国台湾地区三民书局 1982 年版，第 699 页。

③ 杜闻：《简论确定除权判决的法律效力》，载《中国政法大学学报》2010 年第 3 期。

④ 杨忠孝：《论票据公示催告程序的制度完善》，载《政治与法律》2009 年第 6 期。

⑤ 谢怀栻著、程啸增订：《票据法概论（增订二版）》，法律出版社 2017 年版，第 4 页。

⑥ 谢怀栻著、程啸增订：《票据法概论（增订二版）》，法律出版社 2017 年版，第 82 页。

⑦ 江伟、肖建国主编：《民事诉讼法（第七版）》，中国人民大学出版社 2015 年版，第 27~30 页。

⑧ 任重：《形成判决的效力——兼论我国物权法第 28 条》，载《政法论坛》2014 年第 1 期。

义务人；三是申请人自判决公告之日起有权向支付人请求支付。而从除权判决的法律效果而言，一方面是宣告票据无效，则任何即便还持有该票据的人显然都不能再依据无效票据请求支付人履行支付义务；另一方面是申请人有权依据除权判决向支付人请求付款，不再拘泥于票据的提示证券属性，票据与行使票据权利相分离。因而，除权判决“具有除权及行权两项法律效力”。[①] 另外特别需要指出的是，除权判决虽然同时具有行权的法律效力，但其并未创设或恢复票据权利。换言之，申请人虽然有权依据除权判决向支付人请求付款，除权判决具有与提示票据同样的效果，但除权判决并未直接赋予申请人持票人权利，申请人享有票据权利仅为一种法律上的推定，其不能以为取得除权判决就等同于回复至未丧失票据的状态，更不能将除权判决等同于持有票据的法律证明。

再就除权判决本身的法律效力而言，学理上一般认为民事判决的法律效力包括了形式法律效力和实质法律效力，其中，形式法律效力包括判决的拘束力和形式确定力；实质法律效力包括判决的形成力、既判力和执行力。[②] 由于除权判决公示催告程序的非诉讼性，除权判决虽然具有判决的拘束力、形式确定力和形成力，但除权判决不具有既判力和执行力。所以《民事诉讼法》第 234 条规定了利害关系人可得起诉撤销除权判决，《民事诉讼法解释》第 451 条第 2 款规定了申请人依据除权判决请求支付人付款遭拒时可得起诉。此两处规定即说明除权判决不具有既判力和执行力。

【审判实践中应当注意的问题】

一、除权判决的作出不应早于票据付款期

2015 年最高人民法院公布施行了《民事诉讼法解释》，其中第 449 条不仅规定了公示催告的公告期间不得少于六十日，后半段特别规定了“且公示催告期间届满日不得早于票据付款日后十五日”。这是因为按照《支付结算办法》，银行本票的提示付款期最长不得超过 2 个月、支票的付款期为 10 日、银行汇票的付款期为 1 个月、商业汇票的付款期最长不得超

① 江必新主编：《新民事诉讼法条文理解与适用》（下），人民法院出版社 2022 年版，第 1090 页。

② 江伟、肖建国：《论判决的效力》，载《政法论坛》1996 年第 5 期。

过 6 个月。[①] 由于《民事诉讼法》仅规定了公示催告的公告期间不得少于六十日，则事实上为部分商业汇票未届付款期限却通过除权判决提前要求支付人付款，留下了制度空间。故《民事诉讼法解释》填补了这一漏洞，解决了除权判决可能早于票据付款期限作出的问题。该规定现为《民事诉讼法解释》第 447 条。

二、对除权判决的裁判结果不得上诉或申请再审

除权判决系为经由特别程序而作出的裁判，故对于经公示催告而作出的除权判决不能通过上诉或申请再审寻求救济。对此，域外的立法例均明确规定除权判决不得上诉，我国《民事诉讼法》虽未作明文规定，但从《民事诉讼法》第 234 条的规定来看，应认为对除权判决不得提起上诉，当然也不能申请再审。故，对申请人而言，如果在公示催告期间有利害关系人申报，法院将裁定终结公示催告程序，申请人和申报的利害关系人都只能另行向人民法院起诉，而不能对该终结公示催告程序的裁定提起上诉；对利害关系人而言，如未在除权判决作出之前申报，或在公示催告期间申报而被法院驳回，其也不能对该驳回决定申请复议。如之后法院又应申请人的申请作出了除权判决，则利害关系人可以以正当理由未申报为由，依据《民事诉讼法》第 234 条向人民法院起诉。

① 《支付结算办法》第 57 条、第 87 条、第 103 条、第 126 条。

第二百三十四条 利害关系人因正当理由不能在判决前向人民法院申报的，自知道或者应当知道判决公告之日起一年内，可以向作出判决的人民法院起诉。

【条文主旨】

本条是关于未在公示催告期间申报而致使法院已然作出除权判决的救济途径的规定。

【理解与适用】

2023 年《民事诉讼法》的修正未对本条有所改动。而且，自 1991 年《民事诉讼法》颁行以来，该条的内容均未有实质变动，仅条文序号从最初的 198 条调整为目前的 234 条。同时，在 2007 年《民事诉讼法》修正时，以方括号的形式添注了“撤销除权判决”的标题。而在 2017 年《民事诉讼法》修正时，又以方括号添注了“除权判决撤销之诉”的标题。至于在 1982 年的《中华人民共和国民事诉讼法（试行）》中，由于完全不存在公示催告程序的制度设计，故也不存在针对除权判决的救济的相关规定。

如前所述，除权判决在性质上为形成判决，其直接产生的法律后果有三：一是宣告票据无效；二是公告判决结果并通知票据的支付义务人；三是申请人自判决公告之日起有权向支付人请求支付。法律效果有二：一是除权，宣告票据无效，故之后即便另有持有该票据的人，亦不能再依据无效票据行使票据权利；二是行权，行使票据权利可得与票据本身相分离，申请人有权依据除权判决向支付人请求付款，不再受限于票据为提示证券。但除权判决并没有创设或者恢复票据上的权利，申请人依据除权判决而非依据票据向支付义务人提出的付款请求权，“严格说已不是原来的票据权利”。所以，除权判决仅为一种法律推定，经过公示催告程序，在无人申报的情况下推定申请人享有票据权利。但既为法律推定，则可能与客观事实不符，因而《民事诉讼法》在第 233 条规定除权判决之后，旋即又以第 234 条规定了对已经作出了除权判决的救济途径，以此作为除权判决法律推定错误的补救。

一、利害关系人的正当理由

《民事诉讼法解释》第458条列举了《民事诉讼法》上本条中所谓的“利害关系人因正当理由不能在判决前向人民法院申报”的“正当理由”，包括五类情形：（1）因发生意外事件或者不可抗力致使利害关系人无法知道公告事实的；（2）利害关系人因被限制人身自由而无法知道公告事实，或者虽然知道公告事实，但无法自己或者委托他人代为申报权利的；（3）不属于法定申请公示催告情形的；（4）未予公告或者未按法定方式公告的；（5）其他导致利害关系人在判决作出前未能向人民法院申报权利的客观事由。该列举式规定自2015年《民事诉讼法解释》颁行以来即有以上五类“正当理由”的情形，只是条文序号在2020年《民事诉讼法解释》修正时由原来的第460条调整为第458条，兹具体分述如下。

（一）非因利害关系人自身的客观事由

因发生意外事件或者不可抗力致使利害关系人无法知道公告事实的，利害关系人未在公示催告期间申报，显然属于非其主观过错所致，故应属正当理由。唯需注意的是，当意外事件或者不可抗力的影响消除之后，即应开始起算知道或者应当知道除权判决公告内容的一年期间，而不可无限期地中断，致使法律关系始终处于不稳定的状态。

（二）由于利害关系人自身的客观事由

利害关系人因被限制人身自由而无法知道公告事实，或者虽然知道公告事实，但无法自己或者委托他人代为申报权利的，此均属于由于利害关系人自身的原因而未能按期申报的客观事由。该项规定具体又分了两类情形：一是被限制人身自由而无法知道公告事实；二是虽然知道公告事实但无法自己申报或者委托他人代为申报。在理解上需要注意的是，利害关系人被限制人身自由并不当然构成“正当理由”，尚需达到无法知道公告事实或者即便知道了公告事实也无法自己申报或者委托他人代为申报的程度。仅以被限制人身自由，尚不足以认定符合《民事诉讼法解释》第458条所规定的此类情形。

（三）公示催告程序适用错误

关于不属于法定申请公示催告情形的，系指公示催告程序适用错误。究其原因，除权判决虽不能等同于公示催告，但除权判决的作出必然需以公示催告为前提。则如果公示催告程序即适用错误，不能认为后续的除权判决的效力不受影响。具体而言，所谓不属于法定申请公示催告情形的又分两类情形：一是法院通过审查申请人所提交的证据并不能查明不属于法定申请公示催告的情形。例如，申请人以民间贴现的方式将票据交给第三人，之后又谎称票据遗失或被盗而申请公示催告。此时通过查询银行票据存根和丧失票据的复印件等，该票据绝对记载事项齐全、背书连续，足以认定申请人是票据最后的合法持有人。但实际上申请人并不是非出于自身意愿而丧失对票据的占有，其本身并不是依据《民事诉讼法》第 229 条可得申请公示催告的适格申请人；二是法院错误适用了公示催告程序。例如，申请人提交的证据明显不能证明其是票据最后的合法持票人，但是法院怠于审查银行票据存根、丧失票据的复印件、申请人合法取得票据的证明、银行挂失止付通知书等证据，仅以申请人递交了申请书就草率地启动公示催告程序，后续又作出了除权判决。此种由于法院过失所致的适用公示催告错误，应当认为也不属于法定申请公示催告的情形。

（四）公示催告方式错误

《民事诉讼法》第 230 条规定，人民法院决定受理公示催告申请的，应当同时通知支付人停止支付，并在三日内发出公告，催促利害关系人申报权利。公示催告的期间，由人民法院根据情况决定，但不得少于六十日。《民事诉讼法解释》第 445 条列举了公告应当写明的内容。第 446 条规定公告应当在有关报纸或者其他媒体上刊登，并于同日公布于人民法院公告栏内。人民法院所在地有证券交易所的，还应当同日在该交易所公布。第 447 条规定公告期间不得少于六十日，且公示催告期间届满日不得早于票据付款日后十五日。以上，都属于法律和司法解释对公示催告的公告方式的规定。如果未按照法定方式公告，又抑或甚至根本未经公告，则应当认为利害关系人有正当理由。

（五）作为兜底的其他情形

《民事诉讼法解释》第 458 条第 5 项以“其他导致利害关系人在判决作出前未能向人民法院申报权利的客观事由”作为兜底，以避免列举的情形未尽全面周延。该兜底条款有三点需要注意把握：第一，其他的正当理由也必须是客观事由，而不能是主观事由。假设利害关系人以主观上疏忽大意作为其理由，应当注意到却实际上未注意到公示催告的公告，则不能将其列入兜底所应包括的范畴。第二，该客观事由应导致利害关系人在除权判决作出之前未能申报。例如，公告次日利害关系人即被纪检监察机关采取留置措施，其既无从知晓公告事实，而且即便知晓了公告事实纪检监察的办案机关也不同意其自己申报或者委托他人代为申报。但是公告期间长达半年，利害关系人不到1个月即被解除了留置。所以该客观事由并未导致利害关系人在判决作出之前不能申报。第三，未能申报包括了并不知晓公告事实和知晓了公告事实但客观上无法申报两层含义。

无论是知道了公告事实却无法申报，还是自始至终就完全不知公告事实，显然都属于客观上的“未能”申报。另外值得指出的是，如果利害关系人在公示催告期间申报却被驳回，此虽然不同于客观上“未能”申报，但也应允其准用《民事诉讼法》第234条之规定向人民法院起诉。主要考虑是申报而被驳回可能存有多种原因，比如囿于时间仓促而准备的申报票据权利的资料不尽齐备，公示催告期间经过、除权判决作出，申报人收集提供的材料又反而能够证明其才是最后合法持票人，当时本应裁定终结公示催告，更不应作出除权判决。这种情况如果不能作为利害关系人因正当理由而未申报的兜底情形囊括，一则将使利害关系人失去救济途径，二则可能产生对申报未尽周全的利害关系人的保护尚不及对因客观原因而未申报的利害关系人的保护，此结果显然难谓合理。

二、向作出判决的人民法院起诉的诉的性质

《民事诉讼法》第234条仅规定“可以向作出判决的人民法院起诉”，但没有明确该起诉的性质。结合《民事诉讼法解释》第457条所规定的利害关系人依据该条向人民法院起诉的，“人民法院可按票据纠纷适用普通程序审理”，依然不足以认定该起诉的诉的性质。

从学理上划分，根据诉讼标的的性质和内容，通常将诉分为给付之诉、确认之诉和形成之诉三类，分别对应于实体法上的请求权、支配权和形成权。

而在实践中，利害关系人的起诉根据其诉讼请求可以分为三类情形：（1）起诉请求撤销除权判决；（2）起诉请求确认其为最后合法持票人；（3）起诉请求公示催告和除权判决的申请人承担赔偿责任。当然，当事人的起诉不可能像学理区分那样清楚明晰，有可能同一起诉中包含了两种或者三种诉请，这为明确起诉的诉的性质增加了障碍。

我们认为，法律和司法解释的规定虽未言明利害关系人的起诉系指请

求撤销除权判决的形成之诉，但从文本解释推测立法本意，应是允许利害关系人提起撤销除权判决的形成之诉。这是因为：第一，《民事诉讼法》第 234 条规定可以“向作出判决的人民法院”起诉，这在管辖上与票据纠纷的管辖法院存在区别。因为依照《民事诉讼法》第 26 条之规定，因票据纠纷提起的诉讼由票据支付地或者被告住所地人民法院管辖。而依《民事诉讼法》第 229 条，受理公示催告申请的法院为票据支付地的基层人民法院，则随后作出除权判决的法院显然也是该票据支付地的基层人民法院。所以，如果《民事诉讼法》第 234 条所指向的不是撤销除权判决的形成之诉，其在地域管辖和级别管辖上均可能与普通的票据纠纷的管辖法院产生抵牾。第二，《民事诉讼法解释》第 457 条规定利害关系人起诉的，“人民法院可按票据纠纷适用普通程序审理”。这就表明《民事诉讼法》第 234 条所规定的向人民法院“起诉”是有别于要求支付人履行支付义务的给付之诉和请求确认持票人身份的确认之诉。因为这两类诉讼不言自明都是适用票据纠纷的普通程序审理。《民事诉讼法解释》第 457 条特别规定“人民法院可按票据纠纷适用普通程序审理”，正说明此处的诉的性质有别于前两类诉讼，故以司法解释的形式明确准用该两类诉讼的审理程序审理。第三，《民事诉讼法解释》第 459 条规定，根据《民事诉讼法》第二百三十条的规定，利害关系人请求人民法院撤销除权判决的，应当将申请人列为被告。如果利害关系人仅诉请确认其为合法持票人的，人民法院应当在裁判文书中写明，确认利害关系人为票据权利人的判决作出后，除权判决即被撤销。该条第 1 款已明确了利害关系人的请求为撤销除权判决，故该诉请的性质显然为形成之诉。该条第 2 款规定了当事人仅提起确认之诉的处理，即法院如果支持确认之诉的诉请，同时除权判决即被撤销。也即是此时除权判决的撤销并不受民事诉讼“不告不理”的拘束，即便当事人没有提起撤销除权判决的形成之诉，法院在作出确认之诉判决的同时也产生形成判决的后果。

所以，归结起来，《民事诉讼法》第 234 条所规定的“向作出判决的人民法院起诉”的诉的性质应为形成之诉。至于实践中当事人的诉讼请求既包括请求撤销除权判决，又有请求确认其自身为合法持票人，有的时候还要求判决申请人承担赔偿责任，则是当事人依据不同法条而提起的不同诉讼请求的诉的合并，并不能影响《民事诉讼法》第 234 条所规定的起诉的诉的性质。

三、与第三人撤销之诉的区别

《民事诉讼法》第 59 条第 3 款规定：前两款规定的第三人因不能归责于本人的事由未参加诉讼，但有证据证明发生法律效力的判决、裁定、调解书的部分或者全部内容错误，损害其民事权益的，可以自知道或者应当知道其民事权益受到损害之日起六个月内，向作出该判决、裁定、调解书的人民法院提起诉讼。人民法院经审理，诉讼请求成立的，应当改变或者撤销原判决、裁定、调解书；诉讼请求不成立的，驳回诉讼请求。该条规定确立了第三人撤销之诉的法律制度。

《民事诉讼法》第 234 条所规定的起诉有别于第三人撤销之诉。首先，有权提起第三人撤销之诉的主体是第三人，包括有独立请求权的第三人和无独立请求权的第三人。而票据的公示催告和除权判决只有申请人而没有被告，故利害关系人显然既不是“有独三”也不是“无独三”。《民事诉讼法》第 232 条所规定的有权申报权利的利害关系人系指票据的利害关系人，而其之所以能够作为利害关系人，是因为其是票据关系的当事人。其次，第三人可以提起第三人撤销之诉的原因是“因不能归责于本人的事由未参加诉讼”。利害关系人有权提起诉讼的原因是“因正当理由不能在判决前向人民法院申报”。最后，第三人提起撤销之诉的时限为“自知道或者应当知道其民事权益受到损害之日起六个月内”。利害关系人起诉的时限为“自知道或者应当知道判决公告之日起一年内”。综上，虽然均为主张撤销生效裁判，但请求撤销除权判决不是第三人撤销之诉。

【审判实践中应当注意的问题】

一、被告和案由

按照《民事诉讼法解释》第 459 条第 1 款的规定，利害关系人请求人民法院撤销除权判决的，应当将申请人列为被告。所以，如果利害关系人仅请求撤销除权判决，法院也应按照司法解释的规定要求其将申请人列为被告。如果利害关系人并不请求撤销除权判决，仅请求确认其为合法持票人，此虽为单纯的确认之诉，但由于确认判决作出的同时除权判决即被撤销，我们认为法律和司法解释虽未明文规定，但除权判决被撤销的结果与申请人息息相关，故也应将申请人列为被告为宜。

至于案由，现行《民事案件案由规定》的二级案由“公示催告程序案件”之下仅有“申请公示催告”1项三级案由。二级案由“票据纠纷”之下则包括了票据付款请求权纠纷、票据追索权纠纷、票据返还请求权纠纷、票据损害责任纠纷、票据利益返还请求权纠纷、确认票据无效纠纷等11项三级案由。有鉴于此，如果利害关系人仅诉请撤销除权判决，或者请求确认其为合法持票人，在没有明确对应的三级案由的情况下，应适用二级案由“公示催告程序案件”。当然，如果利害关系人诉请申请人赔偿，则可以适用票据纠纷案由下的三级案由“票据损害责任纠纷”。

二、管辖法院

《民事诉讼法》第234条已经明确规定了可“向作出判决的人民法院”起诉，而作出除权判决的法院依《民事诉讼法》第229条的规定显然系指受理公示催告申请的票据支付地的基层人民法院。所以，如果当事人系依据《民事诉讼法》第234条起诉，请求撤销除权判决或请求确认其为合法持票人，应以票据支付地的基层法院作为管辖法院。只有当原告不主张依《民事诉讼法》第234条起诉，即不要求撤销宣告票据无效的除权判决，则应当依《民事诉讼法》第26条确定管辖法院，即由票据支付地或者被告住所地人民法院管辖。

第三编　执行程序

第十九章　一般规定

第二百三十五条　发生法律效力的民事判决、裁定，以及刑事判决、裁定中的财产部分，由第一审人民法院或者与第一审人民法院同级的被执行的财产所在地人民法院执行。

法律规定由人民法院执行的其他法律文书，由被执行人住所地或者被执行的财产所在地人民法院执行。

【条文主旨】

本条是关于执行根据和执行管辖的规定。

【理解与适用】

一、执行依据

执行依据是当事人据以申请执行和人民法院据以采取执行措施的生效法律文书。从形式要件上，执行依据必须是已经生效的法律文书，指明了执行的权利人和义务人，载明了执行的事项或具体内容。从实质要件上需要具备：一是必须具有给付内容。只有具有给付内容的法律文书才能成为执行依据，没有给付内容不具备可执行性。二是给付内容必须具体、确定。给付内容必须是特定的给付，给付的标的物、种类、数量都是确定的、具体的，方可执行。

根据《民事诉讼法》和司法解释的有关规定，执行依据大致可分为两类：一类是人民法院制作的法律文书；另一类是法律规定由人民法院执行的其他法律文书。具体而言，下列发生法律效力的具有给付内容的法律文书是人民法院据以强制执行的依据：（1）民事判决，准予实现担保物权、确认调解协议、财产保全、证据保全、先予执行等民事裁定，民事调解书，民事制裁决定，支付令；（2）行政判决、裁定、调解书；（3）刑事裁判涉及财产部分内容，刑事附带民事判决、裁定、调解书；（4）仲裁裁决、调解书，包括劳动人事争议仲裁裁决书、调解书，农村土地承包仲裁裁决书、调解书等；（5）经公证赋予强制执行效力的债权文书；（6）法律、司法解释规定的其他应由人民法院执行的法律文书。

此外，经人民法院裁定认可的我国台湾地区的民事判决、仲裁裁决，我国香港特别行政区的民事判决、仲裁裁决，我国澳门特别行政区的民事判决、仲裁裁决，以及经人民法院裁定承认的外国法院作出的判决、裁定，国外仲裁机构作出的仲裁裁决等，也可以作为执行依据。

二、执行管辖

执行案件管辖，是指根据法律规定，在人民法院系统内部就执行案件所作的分工和权限划分，包括上下级人民法院之间的级别管辖和同级人民法院之间的地域管辖。划分执行管辖的目的，在于就案件的执行进行适当的分工，使当事人可以直接向有管辖权的人民法院申请执行，避免申请执行无门和人民法院之间互相推诿或争夺管辖权，便于当事人行使申请执行权和人民法院及时正确地开展执行工作。

1991 年《民事诉讼法》规定，发生法律效力的民事判决、裁定，以及刑事判决、裁定中的财产部分，由第一审人民法院执行。2007 年对《民事诉讼法》关于执行管辖的规定作出修改：发生法律效力的民事判决、裁定，以及刑事判决、裁定中的财产部分，由第一审人民法院或者与第一审人民法院同级的被执行的财产所在地人民法院执行。法律规定由人民法院执行的其他法律文书，由被执行人住所地或者被执行的财产所在地人民法院执行。

根据上述规定，不论终审判决、裁定由哪一级法院作出，执行工作原则上由第一审人民法院或者与第一审人民法院同级的被执行的财产所在地人民法院执行。也就是说，基层人民法院终审的案件和中级人民法院审结的上诉案件，由基层人民法院执行；中级人民法院一审终审的案件和高级人民法院审结的上诉案件，由中级人民法院执行。《民事诉讼法》之所以规定判决、裁定由第一审人民法院或者与第一审人民法院同级的被执行的财产所在地人民法院执行，主要是因为第一审人民法院或者与第一审人民法院同级的被执行的财产所在地人民法院，一般是被执行人住所地或者被执行人的财产所在地，或者离被执行人住所地或者财产所在地不远，而且熟悉案件情况，便于开展执行工作。对于其他法律文书的执行，除仲裁裁决或者仲裁调解书一般由被执行人住所地或者被执行的财产所在地的中级人民法院管辖外，均由被执行人住所地或者被执行的财产所在地的基层人民法院执行。

除上述一般规定外，根据我国法律和司法解释的规定，不同类型执行依据的管辖存在些许差别。一是知识产权法院审理的第一审案件，生效判决、裁定、调解书需要强制执行的，知识产权法院所在地的高级人民法院可指定辖区内其他中级人民法院执行。二是发生法律效力的实现担保物权裁定、确认调解协议裁定、支付令，由作出裁定、支付令的人民法院或者与其同级的被执行财产所在地的人民法院执行。三是法律规定由人民法院执行的其他法律文书，包括商事仲裁裁决、劳动人事争议仲裁裁决及调解书、农村土地承包仲裁裁决及调解书、经公证赋予强制执行效力的债权文书等，由被执行人住所地或者被执行的财产所在地人民法院执行。四是刑事裁判涉财产部分，由第一审人民法院执行。五是发生法律效力的行政判决书、行政裁定书、行政赔偿判决书和行政调解书，由第一审人民法院执行。行政机关申请人民法院强制执行其行政行为的，由申请人所在地的基层人民法院受理；执行对象为不动产的，由不动产所在地的基层人民法院受理。六是认定财产无主的判决，由作出判决的人民法院将无主财产收归国家或者集体所有。

【审判实践中应当注意的问题】

一、关于执行依据的执行力

生效法律文书的执行力，是指在债务人不履行义务的情况下，债权人依法申请人民法院强制执行，迫使债务人履行的效力。生效法律文书界定权利义务的内容必须明确、具体，不能含糊不清或者存在歧义。具体而言：（1）给付金钱的，应当明确数额。需要计算利息、违约金数额的，应当有明确的计算基数、标准、起止时间等；（2）交付特定标的物的，应当明确特定物的名称、数量、具体特征等特定信息，以及交付时间、方式等；（3）确定继承的，应当明确遗产的名称、数量、数额等；（4）离婚案件分割财产的，应当明确财产名称、数量、数额等；（5）继续履行合同的，应当明确当事人继续履行合同的内容、方式等；（6）排除妨碍、恢复原状的，应当明确排除妨碍、恢复原状的标准、时间等；（7）停止侵害的，应当明确停止侵害行为的具体方式，以及被侵害权利的具体内容或者范围等；（8）确定子女探视权的，应当明确探视的方式、具体时间和地点，以及交接办法等；（9）当事人之间互负给付义务的，应当明确履行顺序；（10）判令建设工程施工合同发包人在欠付工程款范围内对实际施工人承担责任的，应当明确欠付工程款的具体数额。此外，《最高人民法院关于刑事裁判涉财产部分执行的若干规定》第6条也规定，刑事裁判涉财产部分的裁判内容，应当明确、具体。涉案财物或者被害人人数较多，不宜在判决主文中详细列明的，可以概括叙明并另附清单。判处没收部分财产的，应当明确没收的具体财物或者金额。判处追缴或者责令退赔的，应当明确追缴或者退赔的金额或财物的名称、数量等相关情况。

二、关于“被执行的财产所在地”的确定

被执行的财产为不动产的，该不动产的所在地为被执行的财产所在地。被执行的不动产已办理登记的，因其登记地与所在地是一致的，故以其所在地为被执行的财产所在地，即以登记地为被执行的财产所在地；被执行的不动产未办理登记的，应当以该不动产所在地为被执行的财产所在地。

参照《最高人民法院关于人民法院强制执行股权若干问题的规定》（法释〔2021〕20号）第三条、《最高人民法院关于法院能否以公司证券登记结算地为财产所在地获得管辖权问题的复函》①（〔2010〕执监字第16号）的规定，被执行的财产为股权或者股份的，该股权或者股份的发行公司住所地为被执行的财产所在地。被执行的财产为商标权、专利权、著作权等知识产权的，该知识产权权利人的住所地为被执行的财产所在地。被执行的财产为到期债权的，被执行人的住所地为被执行的财产所在地。

三、关于执行管辖竞合和管辖争议的解决

两个以上人民法院都有管辖权的，当事人可以向其中一个人民法院申

① 复函主要内容：“本院认为，证券登记结算机构是为证券交易提供集中登记、存管与结算服务的机构，但证券登记结算机构存管的仅是股权凭证，不能将股权凭证所在地视为股权所在地。由于股权与其发行公司具有密切的联系，因此，应当将股权的发行公司住所地认定为该类财产所在地。深圳中院将证券登记结算机构所在地认定为上市公司的财产所在地予以立案执行不当。”

请执行；当事人向两个以上人民法院申请执行的，由最先立案的人民法院管辖。对两个以上人民法院都有管辖权的执行案件，人民法院在立案前发现其他有管辖权的人民法院已经立案的，不得重复立案。立案后发现其他有管辖权的人民法院已经立案的，应当撤销案件；已经采取执行措施的，应当将控制的财产交先立案的执行法院处理。人民法院受理执行申请后，当事人自收到执行通知书之日起十日内对管辖权提出异议的，由执行审查机构审查处理。管辖权异议审查和复议期间，不停止执行。

人民法院之间因执行管辖权发生争议的，由双方协商解决；协商不成的，报请双方共同的上级人民法院指定管辖。上级人民法院对下级人民法院的执行案件，认为需要提级执行、指定执行的，可以裁定提级执行、指定执行。高级人民法院对本院的执行案件，认为需要指定下级人民法院执行的，可以指定执行。中级人民法院对本院的执行案件，认为需要指定下级人民法院执行的，可以指定执行，但是将执行依据为仲裁裁决或者调解书的案件指定下级人民法院执行的，应当参照本法第 39 条规定，报请其上级人民法院批准。高级人民法院对最高人民法院函示指定执行、提级执行的案件，中级人民法院对高级人民法院函示指定执行、提级执行的案件，应当裁定指定执行、提级执行。基层人民法院和中级人民法院管辖的执行案件，因特殊情况需要由上级人民法院执行的，可以报请上级人民法院执行。

上级人民法院对下级人民法院的下列案件可以裁定提级执行：（1）上级人民法院指令下级人民法院限期执结，逾期未执结需要提级执行的；（2）下级人民法院报请上级人民法院提级执行，上级人民法院认为应当提级执行的；（3）疑难、重大和复杂的案件，上级人民法院认为应当提级执行的。

四、关于无管辖权问题的处理

执行程序中，执行法院发现本院确无管辖权的，应当撤销案件，并告知申请执行人向有管辖权的人民法院申请执行。已经控制财产的，经征询申请执行人意见，执行法院也可以将案件移送有管辖权的人民法院执行，并撤销案件。受移送的人民法院应当受理。受移送的人民法院认为依照规定不属于本院管辖的，应当报请上级人民法院指定管辖，不得再自行移送。

无管辖权的人民法院依照前款规定将案件移送有管辖权的人民法院执行的，移送人民法院对被执行的财产采取的查封、扣押、冻结措施，视为受移送人民法院采取的查封、扣押、冻结措施，查封期限届满后受移送人民法院可凭移送人民法院的移送执行函直接办理续行查封、扣押、冻结手续。但移送执行时查封、扣押、冻结措施的有效期限不足一个月的，移送法院应当先行办理续行查封、扣押、冻结手续，再行移送。

第二百三十六条 当事人、利害关系人认为执行行为违反法律规定的，可以向负责执行的人民法院提出书面异议。当事人、利害关系人提出书面异议的，人民法院应当自收到书面异议之日起十五日内审查，理由成立的，裁定撤销或者改正；理由不成立的，裁定驳回。当事人、利害关系人对裁定不服的，可以自裁定送达之日起十日内向上一级人民法院申请复议。

【条文主旨】

本条是关于对违法的执行行为提出异议的规定。

【理解与适用】

2007年《民事诉讼法》修正增加了本条规定，主要目的是在出现执行行为违反法律规定的情形下，为当事人、利害关系人提供相应的救济。执行过程中，执行机构采取的执行措施、执行的具体程序等，难免会出现违反法律规定侵害当事人、利害关系人合法权益的问题，这就有必要在法律上规定相应的执行救济方法和程序，以便对违法的执行行为予以纠正，对受到侵害的权益予以补救。本条规定，体现了最大限度保护当事人、利害关系人合法权益的理念。

一、异议的提出

1. 异议的主体

依照本条规定，在执行行为违法的情况下可以提出异议的主体非常广泛，既包括当事人，也包括有关的利害关系人。这里的“当事人”是指执行当事人，即申请执行人和被执行人。申请执行人和被执行人的合法权益都可能因违法的执行行为受到侵害，因此，对双方当事人都有必要赋予提起异议的权利。应注意的是，本条中的“当事人”不限于执行依据上所列明的当事人，在执行过程中，被人民法院依法变更、追加为当事人的公民、法人或其他组织，也属于该条规定的当事人的范围。本条中所说的“利害关系人”，是指执行当事人以外，因强制执行而侵害到其法律上权益的公民、法人或其他组织。例如，在拍卖过程中，有最高应价时，优先购买权人表示以该最高价买受，法院仍将标的物拍归其他竞买人的，优先购买权人即可提出异议。其他类似的因法院的执行行为而导致其法律上的利益受到侵害的人，都可以作为利害关系人提出异议。

2. 异议的事由

所谓执行行为，是指人民法院运行国家强制力，强制实现执行依据中所确定的权利的公法上行为。违反法律规定的执行行为，是指法律、司法解释有明确规定，执行人员违反该规定而实施的执行行为。这里的“法律”，主要是指《民事诉讼法》和有关司法解释，但也不限于此，如果其他法律中对强制执行有明确规定，执行人员违反该规定的，当事人、利害关系人也可以提出异议。

3. 异议的形式

依照本条规定，当事人、利害关系人对违法执行行为提出异议的，必须采取书面形式。在许多案件的执行过程中，涉及的问题往往比较琐碎、繁杂，当事人、利害关系人对一些执行行为可能会口头提出不同意见，或者口头表达不满，如果对这些口头意见都视为异议，人民法院都按照正式程序进行审查并作出裁定，一方面难以避免当事人、利害关系人滥用异议权，另一方面对有限的司法资源而言也是一种浪费。而要求通过书面形式提出异议，则有利于促使当事人、利害关系人慎重行事，节约司法资源，同时也有利于人民法院直观地审查判断提出异议的主体是否合格、异议的事由是否属于违反执行行为的情形，还有利于人民法院在将来审查处理异议时准确把握异议的焦点。鉴于本条对异议的书面形式有明确要求，实践中如果当事人、利害关系人口头提出异议的，人民法院应当告知其采取书面形式；未提交书面异议的，视为未提出异议。

4. 管辖法院

依照本条规定，当事人、利害关系人对执行行为有异议的，应当向负责执行的人民法院提出，负责执行的人民法院也就是通常所说的执行法院。执行行为是由执行法院实施的，执行法院对有关情况也最为了解，由其负责审查处理当事人、利害关系人的异议，一旦发现执行行为错误，可以及时纠正，及时执行，有利于节约成本，提高效率。本条所谓的“执行行为违反法律规定”均系程序上的事项，不涉及实体权利义务争议问题。

二、异议的审查处理

依照本条规定，当事人、利害关系人提出异议的，执行法院必须依法审查。不仅如此，本条还提出了期限方面的要求，即执行法院应当自收到书面异议之日起十五日内审查。如此规定是因为执行行为发生错误后，如果不及时审查纠正，可能导致无法挽回的后果。例如，甲法院对房屋查封时未办理查封登记，申请执行人甲某对此提出异议后，如果甲法院对该异议迟迟不作处理，一旦该房屋被乙法院查封并办理查封登记，甲法院查封的效力不能对抗乙法院，从而可能对甲某造成无法挽回的损失。因此，如同执行行为的实施应当迅速、及时一样，人民法院对异议的审查也应迅速、及时，以及时纠正错误和不当执行，维护当事人、利害关系人的合法权益。执行法院对当事人、利害关系人提出的异议，经过审查，应当区分不同情况作出相应处理：一是异议不成立的，裁定驳回异议；二是异议成立的，裁定撤销相关执行行为；三是异议部分成立的，裁定变更相关执行行为；四是异议成立或者部分成立，但执行行为无撤销、变更内容的，裁定异议成立或者相应部分异议成立。

三、申请复议

本条规定，当事人、利害关系人对裁定不服的，可以自裁定送达之日起十日内向上一级人民法院申请复议。由上一级人民法院进行复议确实有利于减少各种现实因素的干扰，有利于及时纠正各种违法行为，确保救济的实际效果。而且，允许向上一级人民法院申请复议，对执行法院而言会形成一种无形的压力，促使其规范执行行为，减少或避免执行错误，当事人、利害关系人提出异议或申请复议的情形反而会因此减少。对此，要注意把握以下几点：

1. 可以申请复议的主体不限于提出异议的当事人、利害关系人，未提出异议的当事人和利害关系人，如果其合法权益因法院作出的裁定受到侵害的，也可以申请复议。

2. 申请复议必须在法定期限内提出。依照本条规定，申请复议的期间为十日，自收到裁定的次日起算；如果裁定未同时送达当事人和有关利害关系人的，申请复议的期限自各自收到裁定书的次日起算，任何一方在自己申请复议的期限内未提出申请的，即丧失申请复议的权利。本条规定的申请复议期间为不变期间，不能任意改变。但根据《民事诉讼法》的规定，因不可抗拒的事由或者其他正当理由耽误期限的，在障碍消除后的十日内，可以申请顺延期限，是否准许，由人民法院决定。

3. 申请复议应当以书面形式提出。对此，本条未予明确。我们认为，既然提出异议要求采取书面形式，申请复议也应当采取书面形式。在送达关于异议问题所作的裁定时，如果当事人、利害关系人口头表示要申请复议，但在法定期限内未提出书面复议申请的，视为未申请复议。

4. 复议申请应当向上一级人民法院提出。申请复议只能向执行法院的直接上级法院提出，不得越级申请复议。上级法院审查后，也应根据不同情况，作出相应的裁定。

【审判实践中应当注意的问题】

一、本条规定的救济属于程序上的救济

从执行实践看，当事人、利害关系人的合法权益因强制执行受到侵害的情形大致有以下两种：一是因执行方法、措施、具体执行程序等违反法律规定侵害其程序上的利益，例如，法院在查封房屋时未依法办理查封登记；在拍卖查封财产时，未先期公告等。二是因强制执行侵害到被执行人或案外人实体法上的权利。例如，法院在执行过程中，将案外人所有的财产作为被执行人的财产予以查封、扣押，从而侵害到案外人的实体权利。上述两种情形所侵害的权益不同，救济的方法也不应该一样。在第一种情形下，当事人、利害关系人之间并不存在实体权利义务争议，只是因为执行程序上的瑕疵侵害了其程序上的利益，因此，其救济方法应该是一种程序上的救济，即赋予当事人、利害关系人提出异议的权利，请求法院执行机构对违法的执行行为予以更正或撤销。在第二种情形下，由于案外第三人对申请执行人的请求存在着实体上的争议，因此，其相应的救济方法也应该是一种实体上的救济，即最终赋予案外人提起诉讼的权利，请求人民法院的审判机构对有关实体争议进行审理，并做出裁判排除强制执行。本条是针对违法执行行为所规定的救济方法，应当属于一种程序上的执行救济，这种救济针对的是执行行为本身，而不涉及实体争议问题。

二、关于“执行行为”的范围

依照本条规定，当事人、利害关系人认为执行行为违反法律规定的，可以向执行法院提出书面异议。由于执行行为纷繁复杂，形式多样，范围广泛，实践中具体如何把握，直接影响到当事人的合法权益和执行程序的正常进行，应当慎重对待。我们认为，当事人、利害关系人可以提出异议的执行行为，可归结为以下几类：

1. 执行法院所采取的执行措施

执行措施，是指执行人员在实施强制执行时所采取的具体方法和手段。在执行过程中，执行人员采取何种执行措施、如何采取执行措施，直接关系到执行的实际效果，对当事人各方的利益都会产生直接影响。因此，如果执行措施违反《民事诉讼法》及有关法律和司法解释规定，侵害当事人、利害关系人合法权益的，应当允许其提出异议，以资救济。例如，执行法院对被执行人的同一财产进行重复查封，严重超标的查封，对依法应当拍卖的财产直接予以变卖，依职权指定评估、拍卖机构，拍卖保留价的确定违反法律规定，应当停止拍卖而不及时停止，低于保留价拍卖成交，强制债权人接受标的物抵债，对被执行人的到期债权执行时违法审查第三人提出的异议，等等。对上述这些人民法院违反法律规定所实施的执行行为，当事人、利害关系人可以提出异议，请求人民法院予以撤销或改正。

2. 执行法院在强制执行时应当遵守的程序

《民事诉讼法》及有关法律和司法解释对强制执行应当遵守的程序有明确规定，如果执行法院在实施执行时违反这些规定的，对当事人、利害关系人的合法权益也会产生一定的影响，也应赋予其提出异议的权利。例如，《最高人民法院关于人民法院民事执行中拍卖、变卖财产的规定》第4条第1款规定：“对拟拍卖的财产，人民法院应当委托具有相应资质的评估机构进行价格评估。对于财产价值较低或者价格依照通常方法容易确定的，可以不进行评估。”第8条规定：“拍卖应当先期公告。拍卖动产的，应当在拍卖七日前公告；拍卖不动产或者其他财产权的，应当在拍卖十五日前公告。”如果执行法院违反上述规定，对应当评估的财产未经评估即进行拍卖，或者拍卖前未在法律规定的时间先期公告的，均违反了有关司法解释规定的程序，当事人、利害关系人可以对此提出异议。又如，依照《民事诉讼法》第 261 条的规定，强制迁出房屋或者强制退出土地的，应当先由院长签发公告，责令被执行人在指定期间履行。被执行人逾期不履行的，才可以由执行员强制执行。如果未由院长事先签发公告，或未给被执行人自动履行义务预留一定的时间，直接实施强制执行，即违反了法定的执行程序，被执行人可对此提出异议。再如，依照《最高人民法院关于人民法院执行工作若干问题的规定（试行）》第 45 条和第 49 条的规定，被执行人不能清偿债务，但对本案以外的第三人享有到期债权的，人民法院可以依申请执行人或被执行人的申请，向第三人发出履行到期债务的通知。履行通知必须直接送达第三人。第三人在履行通知指定的期限内没有提出异议，而又不履行的，执行法院有权裁定对其强制执行。实践中，如果执行法院未事先向第三人发出履行到期债务的通知，即直接对第三人的财产强制执行的，也属于违反法定执行程序的情形，第三人作为利害关系人，可以对此提出异议。

3. 强制执行中作出的某些法律文书

执行过程中，为推进执行程序正常进行、处理某些程序性事项以及采取执行措施等，执行法院需要发出裁定、决定、命令、通知等相应的法律文书，如果执行法院不应发出而发出了某种法律文书，或者发出了错误的法律文书，对当事人、利害关系人的利益也会造成直接的影响，在这种情况下，也应赋予其提出异议的权利。例如，依照《最高人民法院关于人民法院执行工作若干问题的规定（试行）》第 29 条的规定，被执行人在有关单位的收入尚未支取的，人民法院应当作出裁定，向该单位发出协助执行通知书，由其协助扣留或提取。如果查明被执行人在有关单位有尚未支取的收入，但人民法院不及时作出裁定，并向有关单位发出协助执行通知书的，当事人可以提出异议，请求人民法院依法作出裁定，及时发出协助执行通知书。又如，依照《民事诉讼法解释》第 495 条的规定，人民法院对被执行人及其住所或者财产隐匿地进行搜查时，搜查人员必须按规定着装并出示搜查令和身份证件。如果搜查人员未出示搜查令，当事人和利害关系人可以提出异议，请求其依法出示。

4. 其他侵害当事人、利害关系人合法权益的执行行为

执行行为的范围非常广泛，除上述三项外，执行过程中还有其他各种各样的执行行为，都可能出现违反法律规定侵害当事人、利害关系人合法权益的情形。例如，执行法院没有执行依据而实施执行，超过执行依据所

确定的债权的范围进行执行，违法追加、变更执行当事人，对法律禁止执行的财产予以执行，违法进行搜查，对迟延履行期间的债务利息或迟延履行金计算错误等，在上述类似情形下，当事人和利害关系人均可提出异议，以资救济。

三、异议和复议审查期间对执行的影响

依照本条规定，当事人、利害关系人提出书面异议的，人民法院应当依法进行审查，因为审查异议需要花费一定时间，实践中人民法院必然要面临的一个问题是，在异议审查期间，执行程序如何进行？

从其他国家和地区的立法例来看，对上述问题有不同的做法：一种是较为绝对化的做法。另一种做法是将执行程序如何进行的权利交给法院，由法院根据实际情况灵活掌握。

《最高人民法院关于适用〈中华人民共和国民事诉讼法〉执行程序若干问题的解释》第九条第一款规定："执行异议审查和复议期间，不停止执行。"第二款规定："被执行人、利害关系人提供充分、有效的担保请求停止相应处分措施的，人民法院可以准许；申请执行人提供充分、有效的担保请求继续执行的，应当继续执行。"依据上述规定，我国基本采纳了较为绝对化的做法。

第二百三十七条　人民法院自收到申请执行书之日起超过六个月未执行的，申请执行人可以向上一级人民法院申请执行。上一级人民法院经审查，可以责令原人民法院在一定期限内执行，也可以决定由本院执行或者指令其他人民法院执行。

【条文主旨】

本条是关于变更执行法院的规定。

【理解与适用】

司法实践中，存在有的执行案件，被执行人有可供执行的财产，但人民法院却因地方保护主义等客观因素的制约，无正当理由拖延执行或者消极执行。例如，一些地方领导法治观念淡薄，为追求政绩和经济发展指标，以影响地方经济发展、影响社会稳定为由，要求人民法院对某些企业不得强制执行。一些协助执行人担心影响其与被执行人的业务关系或者情感关系，经常找各种借口进行推脱、阻挠，导致无法执行。比如，到金融机构办理查询、冻结、划拨等手续时，金融机构以需领导签字、领导出差或者计算机故障等理由搪塞、拖延甚至给被执行人通风报信，帮助其转移财产；要求相关单位协助提取被执行人工资、退休金、劳务收入时，这些单位往往以各种理由拒绝，或者表面答应，暗地里仍然我行我素；一些机关或者企事业单位以其内部规定来应对人民法院的协助执行要求。针对有的执行案件受到地方保护主义干扰，部门利益的影响，长期得不到执行等情况，近年来，许多人民法院尝试将这种案件，变更由上级法院提级执行或者指定给其他法院执行。实践证明，这种做法能够有效克服地方保护主义的干扰，被公认为是我国目前状况下解决执行难的有力武器。但是，由于《民事诉讼法》对提级执行或者指定执行没有规定，实践中提级执行或指定执行主要是依靠上级法院的监督而实施。上级法院因各种主客观因素的制约，对很多案件难以及时提级或指定执行，加之提级和指定执行缺乏法定条件和程序，实践中也存在随意性大、程序不规范等问题，因此，有必要赋予申请执行人向上级人民法院申请由其他人民法院执行的权利，并对提级执行和指令执行作出规范，故2007年《民事诉讼法》在本条增加了这一内容。这一规定，可以说是结合我国现实国情所采取的特殊法律对策，对执行难问题的解决有着重要的现实意义。

一、变更申请的提出

1. 申请的主体

依照本条规定，可以申请变更执行法院的主体只能是申请执行人，被执行人和案外第三人均不能提出申请。这里的“申请执行人”不限于执行依据中所列明的申请执行人，在执行过程中，被人民法院依法变更、追加为申请执行人的公民、法人或其他组织，也属于申请执行人的范围，在出现法定事由的情况下，也可以依法申请变更执行法院。

2. 申请的事由

依照本条规定，人民法院自收到申请执行书之日起超过6个月未执行的，申请执行人可以向上一级人民法院申请执行。如前所述，如果机械地理解这一规定，不区分具体情况，只要法院超过6个月期限未执行的，即允许申请执行人向上一级人民法院申请执行，显然会引起不必要的混乱，也不符合本条的立法目的。我们认为，本条的立法目的在于对那些有条件执行而无正当理由拖延执行的案件，通过更换执行法院，切断各种因素的干扰，使有条件执行的案件能够尽快得到执行。如果案件客观上根本就无法执行，比如经多方查找，被执行人根本就没有可供执行的财产，更换执行法院不仅对案件的执行没有意义，而且徒增当事人和法院的负担。此外，即使在有财产可供执行的情况下，执行过程中也会遇到一系列问题，比如被执行人下落不明，法院需要公告送达有关法律文书；评估报告送达后，当事人提出异议要求重新评估，法院认为有理由重新评估，委托了新的评估机构花费了一定的时间，如果只考虑这些特殊情况，一律以期限为标准，无疑过于绝对化。基于上述考虑，我们主张，有必要从本条的真实目的出发，结合执行工作的具体情况，通过司法解释的形式对申请变更执行法院的事由进行细化，明确规定向上一级人民法院申请执行必须以被执行人有可供执行的财产为前提；对执行法院有正当理由超过6个月期限未执行的案件，也应当排除在申请变更执行法院的范围之外。

3. 申请的形式要件

申请执行人向上一级人民法院申请督促执行的，应当采用书面形式。

申请书应当载明申请执行人的基本情况、执行法院名称、执行案件编号或执行依据的文号、执行案件立案时间、向上一级人民法院申请执行的事实及理由等内容，并附下列材料：（1）申请执行人的身份证明；（2）相关证据材料；（3）送达地址和联系方式。

4. 申请的法院

依照本条规定，在符合法定事由时，申请执行人只能向执行法院的直接上级法院申请执行，而不能越级申请执行。

二、对申请的审查处理

更换执行法院属于程序性事项，不涉及实体争议，因此，申请执行人依法向执行法院的上一级人民法院申请执行后，应当由上一级人民法院的执行机构具体负责处理。执行机构对申请执行人的申请经过审查，针对不同情况可以作出三种不同的处理：一是责令原人民法院在一定期限内执行，二是决定由本院执行，三是指令本辖区执行法院以外的其他人民法院执行。上述三种处理方式，究竟哪种更为合适，由上一级人民法院根据案件的具体情况确定。

具体而言，有下列情形之一的，上一级人民法院可以根据申请执行人的申请，责令执行法院限期执行或者裁定变更执行法院：（1）债权人申请执行时被执行人有可供执行的财产，执行法院自收到申请执行书之日起超过六个月对该财产未执行完结的；（2）执行过程中发现被执行人有可供执行的财产，执行法院自发现财产之日起超过六个月对该财产未执行完结的；（3）对法律文书确定的行为义务的执行，执行法院自收到申请执行书之日起超过六个月未依法采取相应执行措施的；（4）其他有条件执行超过六个月未执行的。

需要注意的是，上一级人民法院责令执行法院限期执行的，应当向其发出督促执行令，并将有关情况书面通知申请执行人。上一级人民法院决定由本院执行或者指令本辖区其他人民法院执行的，应当作出裁定，送达当事人并通知有关人民法院。上一级人民法院责令执行法院限期执行，执行法院在指定期间内无正当理由仍未执行完结的，上一级人民法院应当裁定由本院执行或者指令本辖区其他人民法院执行。

【审判实践中应当注意的问题】

一、注意本条与本法第 236 条的协调

本条针对消极执行问题赋予了申请执行人相应的救济途径。也就是说，在法院消极执行的情况下，申请执行人有申请更换执行法院的权利；而依照本法第 236 条的规定，当事人、利害关系人认为执行行为违反法律规定的，可以向负责执行的人民法院提出书面异议；对人民法院就异议所作的裁定不服的，还可以自裁定送达之日起 10 日内向上一级人民法院申请复议。消极执行显然属于违反法律规定的执行行为，也就是说，按照本法第 236 条的规定，在法院消极执行的情况下，申请执行人有向执行法院提出异议的权利。那么，执行实践中，在案件出现消极执行的情况下，申请执行人究竟是依据第 236 条的规定提出异议，还是依据本条规定申请更换执行法院；这两种救济途径只能选择其一还是可以并行不悖？我们认为，对违法执行行为提出异议是一种一般的执行救济，其目的是促使执行法院及时纠正违法的执行行为，以保护当事人和利害关系人程序上的利益；而申请更换执行法院则是在消极执行相对严重的情况下，为当事人提供更强有力的救济。这两种救济所针对的情形并不完全相同，救济途径也不一样，在出现法定事由的情况下，当事人既可以任选其一，也可以分别通过两种不同的救济途径维护自己的合法权益。实践中，人民法院既不能以申请执行人已提出异议为由限制其申请更换执行法院的权利，也不能以其已经申请更换执行法院为由限制其就消极执行提出异议的权利。

二、注意本条规定与提级、指定执行等措施的协调

《最高人民法院关于人民法院执行工作若干问题的规定（试行）》第 74 条规定，上级法院发现下级法院的执行案件（包括受委托执行的案件）在规定的期限内未能执行结案的，应当作出裁定、决定、通知而不制作的，或应当依法实施具体执行行为而不实施的，应当督促下级法院限期执行，及时作出有关裁定等法律文书，或采取相应措施。对下级法院长期未能执结的案件，确有必要的，上级法院可以决定由本院执行或与下级法院共同执行，也可以指定本辖区其他法院执行。可见，《最高人民法院关于人民法院执行工作若干问题的规定（试行）》第 74 条所规定的内容与

本条规定有很多相似之处。这就有必要明确，这两条规定在本质上究竟有何不同，在具体适用过程中应如何把握和协调。

我们认为，本条规定的内容本质上是一种执行救济，申请更换执行法院是法律赋予申请执行人的一项法定权利，申请执行人的申请符合法律规定的，就必然引起相应的审查处理程序，上一级人民法院必须进行审查处理，并作出相应的法律文书，送达当事人和有关法院。而《最高人民法院关于人民法院执行工作若干问题的规定（试行）》第 74 条的规定本质上是法院内部进行执行监督的具体形式和手段，是上级法院在行使执行监督权过程中，发现下级法院的执行存在问题时所采取的督促和纠正措施，具体程序仅在法院内部运行，没有当事人参与其中，法院处理后一般只向有关法院下发内部函文，在特殊情况下才制作正式的裁定或决定。正是因为这两条规定是两种不同的纠错途径，因此，二者可以并行不悖。在执行法院出现消极执行的情况下，即使申请执行人未向上一级人民法院申请执行，如果上级法院发现执行法院存在消极执行问题的，也应当依法进行监督；如果申请执行人已经向上一级人民法院申请执行的，在该救济程序正常进行的情况下，上级法院一般无需再就同一问题重复进行监督，但作为一项监督权力，上级法院认为必要时可以随时行使。此外，值得注意的是，申请执行人申请更换执行法院只能向执行法院的上一级人民法院提出申请，而有权进行执行监督的法院却不限于执行法院的上一级人民法院，上级法院对辖区任何法院的执行案件都可以依法进行监督。

第二百三十八条 执行过程中，案外人对执行标的提出书面异议的，人民法院应当自收到书面异议之日起十五日内审查，理由成立的，裁定中止对该标的的执行；理由不成立的，裁定驳回。案外人、当事人对裁定不服，认为原判决、裁定错误的，依照审判监督程序办理；与原判决、裁定无关的，可以自裁定送达之日起十五日内向人民法院提起诉讼。

【条文主旨】

本条是关于案外人异议的规定。

【理解与适用】

本条规定的案外人异议，是指执行案件当事人以外的第三人，对执行标的主张阻止执行的实体权利，请求对该标的停止执行而向执行法院提出的实体异议。在大陆法系国家和台湾地区，案外人对执行标的主张实体权利，请求停止对该标的强制执行的诉求，是通过直接向审判机构提起案外人异议之诉（第三人异议之诉）的方式获得救济。我国《民事诉讼法》设置了案外人实体异议前置程序，案外人应先向执行法院提出案外人异议，经执行机构对案外人异议进行审查后，对异议审查结果不服的，才能向执行法院的审判机构提起案外人异议之诉。

一、案外人异议的程序设计

1991年《民事诉讼法》第208条规定："执行过程中，案外人对执行标的提出异议的，执行员应当按照法定程序进行审查。理由不成立的，予以驳回；理由成立的，由院长批准中止执行。如果发现判决、裁定确有错误，按照审判监督程序处理。"这一规定，一是没有涵盖案外人异议的全部情况，使得一些不涉及原判决、裁定的案外人异议，难以通过审判监督程序解决；二是案外人异议往往涉及实体权利义务争议，规定由执行员对异议进行审查，使执行机构权力过大，不符合"审执分立"的原则，也不利于充分保护当事人的合法权益。案外人异议是执行程序中经常遇到的问题，既涉及对案外人、执行当事人合法权益的保护，也涉及执行工作效率。考虑到审判程序比较复杂，如果对所有的案外人在执行中提出的异议不经审查便直接进入审判程序，不仅影响执行效率，还可能给一部分债务人拖延履行留下空间，不利于债权的及时实现。实际上，一部分案外人异议仅通过执行机构的初步审查即可能得到解决。而有些案外人异议的案件并不涉及原判决，难以通过审判监督程序解决。因此，2007年《民事诉讼法》作出修改，区分案外人异议的不同情况，作出不同规定，并且明确赋予了案外人通过诉讼寻求救济的途径。

对于案外人提出的异议，先由人民法院在法定的时间内进行初步审查并作出相应的处理。即本条规定的“执行过程中，案外人对执行标的提出书面异议的，人民法院应当在收到异议之日起十五日内审查。理由成立的，裁定中止对该标的停止执行。理由不成立的，裁定驳回。”对人民法院初步审查的裁定不服的，赋予案外人、当事人不同的救济途径。如果认为原判决、裁定有错误，按照审判监督程序的规定办理。如果提出的异议与原判决、裁定无关，可以在法定期间内向人民法院提起诉讼，最终通过诉讼解决争议，即本条规定的“案外人、当事人对裁定不服，认为原判决、裁定错误的，按照审判监督程序办理；与原判决、裁定无关的，可以自裁定送达之日起十五日内向人民法院提起诉讼。”

二、案外人异议的审查

实践中案外人异议的情况较复杂，主要有两种情形：一是对生效判决、裁定指向的标的的权属有异议；二是对判决、裁定并未涉及但执行过程中被作为执行标的予以执行有异议。在案外人异议审查内容上，主要看案外人是否享有“足以排除强制执行的权益”，具体包括两项内容：一是是否享有实体权益；二是该权益能否排除执行。如果当事人对于执行标的根本就不享有实体性权益，那其异议主张肯定无法获得支持；如果当事人享有实体性权益，则还要看该实体权益能否排除执行，比如，对执行标的的所有权，就不能排除为实现抵押权而启动的强制执行。

判断案外人是否享有实体权益，主要按照下列标准：（1）已登记的不动产，按照不动产登记簿判断；未登记的建筑物、构筑物及其附属设施，按照土地使用权登记簿、建设工程规划许可、施工许可等相关证据判断；（2）已登记的机动车、船舶、航空器等特定动产，一般按照相关管理部门的登记判断；未登记的特定动产和其他动产，按照实际占有情况判断；（3）银行存款和存管在金融机构的有价证券，按照金融机构和登记结算机构登记的账户名称判断；有价证券由具备合法经营资质的托管机构名义持有的，按照该机构登记的实际投资人账户名称判断；（4）非上市公司的股权一般按照市场监督管理机关的登记和企业信用信息公示系统公示的信息判断；（5）其他财产和权利，有登记的，按照登记机构的登记判断；无登记的，按照合同等证明财产权属或者权利人的证据判断。

对于案外人对执行标的提出的异议，经审查，案外人对执行标的不享有足以排除强制执行的权益的，应当裁定驳回其异议。经审查，案外人对执行标的享有足以排除强制执行的权益的，应当裁定中止执行。

三、案外人异议之诉

当事人、案外人对案外人异议裁定不服，认为原判决、裁定错误的，依照审判监督程序办理；认为与原判决、裁定无关的，可以自裁定送达之日起十五日内向人民法院提起诉讼。关于案外人执行异议之诉的审理，《全国法院民商事审判工作会议纪要》（法〔2019〕254号）第119条规定："案外人执行异议之诉以排除对特定标的物的执行为目的，从程序上而言，案外人依据《民事诉讼法》第238条提出执行异议被驳回的，即可向执行人民法院提起执行异议之诉。人民法院对执行异议之诉的审理，一般应当就案外人对执行标的物是否享有权利、享有什么样的权利、权利是否足以排除强制执行进行判断。至于是否作出具体的确权判项，视案外人的诉讼请求而定。案外人未提出确权或者给付诉讼请求的，不作出确权判项，仅在裁判理由中进行分析判断并作出是否排除执行的判项即可。但案外人既提出确权、给付请求，又提出排除执行请求的，人民法院对该请求是否支持、是否排除执行，均应当在具体判项中予以明确。执行异议之诉不以否定作为执行依据的生效裁判为目的，案外人如认为裁判确有错误的，只能通过申请再审或者提起第三人撤销之诉的方式进行救济。"

人民法院依照《民事诉讼法》第238条规定作出裁定时，应当告知相关权利人提起执行异议之诉的权利和期限。第一，案外人对裁判不服，与原判决、裁定无关的，可以自裁定送达之日起十五日内向人民法院提起诉讼。这里规定的十五日起诉期限属于法定的不变期间，不能任意改变。但根据《民事诉讼法》的相关规定，因不可抗拒的事由或者其他正当理由耽误期限的，在障碍消除后的十日内，可以申请顺延期限，是否准许，由人民法院决定。第二，案外人异议之诉的目的在于排除对异议标的的执行，而执行的目的是实现申请执行人的债权，因此，案外人异议之诉应当以申请执行人为被告；如果被执行人也反对案外人的请求，否认其有排除强制执行的权利的，应当以被执行人为共同被告，以通过该诉讼“一揽子”解决纠纷。第三，基于便利与效率原则，《最高人民法院关于适用〈中华人民共和国民事诉讼法〉的解释》规定了由执行法院管辖案外人异议之诉的案件。同时为了保证当事人完整地通过诉讼解决实体纠纷的权利，规定了依照通常诉讼程序审理，并作出相应的裁判。

【审判实践中应当注意的问题】

一、案外人异议的提出时间

《民事诉讼法解释》第462条规定，根据《民事诉讼法》第234条规定，案外人对执行标的提出异议的，应当在该执行标的执行程序终结前提出。司法实践中，存在“异议指向的执行标的权属依法移转于受让人前”与“对该执行标的执行程序终结前”的两种观点分歧。

前一种观点的主要理由在于：第一，案外人异议的目的是阻止对特定标的物的执行，如果执行标的权属已经依法移转，案外人再提出异议也无法实现阻止执行的目的。第二，如执行标的物已经处分，再允许案外人提出异议，可能会带来执行回转等难题。第三，执行标的物权属转移后，案外人可以通过提起侵权诉讼或者不当得利诉讼进行救济。第四，基层法院一线法官建议将案外人异议的期限限定在“执行标的权属转移前”。

司法解释采纳了后一种观点，主要理由在于：第一，权属转移并不意味着执行程序结束，即使在拍卖情况下也是如此。虽然作出拍卖成交裁定即意味着拍卖标的物的权属发生转移，但是竞买人仅凭拍卖成交裁定并不能完成产权的变更登记。在拍卖成交裁定作出后，执行法院还需要发出协助执行通知，来完成拍卖标的权属的变更登记。所以执行程序尚未结束，仍处于《民事诉讼法》第234条规定的“执行过程中”。第二，以权属转移作为案外人提出异议的时限，不能保障案外人就执行标的变价后代位价款受偿的权利。还是以拍卖为例，拍卖成交裁定作出后，拍卖标的权属发生转移，但在执行法院将拍卖价款支付给申请执行人前，执行程序尚未终结。此时应当允许案外人提出异议，主张就拍卖价款进行受偿。第三，以权属转移作为提出案外人异议的时限的一个主要理由是“拍卖行为”的不可撤销性，该理由不符合我国国情。维护“拍卖行为”的稳定性，符合司法拍卖的严肃性，有利于树立司法权威。但是规定拍卖成交裁定作出后，“拍卖行为”一律不得撤销，不符合我国国情。在拍卖成交后、权属登记变更前，如果有充分证据证明案外人是真实权利人，执行法院仍继续发出协助执行通知书办理权属变更手续，不符合我国民众对司法的心理期待。相反，在该阶段允许案外人提出异议，执行法院在查清事实的基础上，如果案外人是真实权利人，则撤销拍卖行为，保护真实权利人，是对各方主体利益更好地平衡，也更符合公平正义的法律精神。第四，如果坚持以执行标的权属转移作为案外人提出异议的时限，至少应区分不同情形。在拍卖执行标的情况下，竞买人基于司法拍卖的公信力，支付合理对价后取得标的权属，此时尚可适用该规则。但在以物抵债时，如执行标的确属案外人所有，则债权人其实得到了本不应得之利益，此时不允许案外人异议严重缺乏合理性。

二、案外人异议与利害关系人异议的区分问题

执行法院在审查执行异议的过程中，容易混淆案外人异议和利害关系人异议，主要表现为将案外人异议识别成利害关系人异议，并对执行行为的程序合法性进行审查，在异议裁定中赋予当事人向上一级法院提出复议的权利，或者将利害关系人异议识别成案外人异议，并引导当事人提起执行异议之诉。执行异议审查程序的适用错误，容易导致执行过程中的纠纷不能及时得以适当处理，损害当事人利益。因此，有必要对案外人异议和利害关系人异议的区别作简单说明。

案外人异议是案外人认为法院的执行行为侵害了其实体权利，是基于对执行标的主张实体权利提出的异议，即实体异议。利害关系人异议是因执行行为本身违反程序性规定，侵害了执行案件当事人以外第三人的合法权益，由利益受损的第三人以法院违反执行程序为由提出的异议，即程序异议。从实践中看，所有的异议从表面上都指向执行行为，主张执行行为错误，但是判断一个异议是实体异议还是程序异议，也就是说判断实体异议和程序异议的标准，只能是看异议所依据的基础权利的性质。如果异议指向的对象是执行标的物，且所提异议依据的是所有权或者其他足以阻止

执行标的物转让、交付的实体权利的，就构成实体异议。反之，如果案外人（利害关系人）所提异议所依据的基础权利为程序权利，比如排除超标查封的权利，因为在先查封所主张的优先受偿权利等，则构成程序异议。当然，上述区分方法只是原则性的，在司法解释另有例外规定的情况下，应按相关规定处理。例如，根据《刑事裁判涉财产部分执行规定》第14条，在财产刑执行过程中，案外人对执行标的主张足以阻止执行的实体权利提出的案外人异议，执行法院应当依照《民事诉讼法》第238条的规定处理。这是因为财产刑执行程序中，没有民事执行意义上的申请执行人，执行异议之诉的提起也受到很大限制。在申请执行人许可执行之诉中，申请执行人处于原告诉讼地位。由于申请执行人这一诉讼角色的缺失，典型的案外人异议之诉和申请执行人许可执行之诉在财产刑执行中是不存在的。正是基于这种考虑，《刑事裁判涉财产部分执行规定》第14条对财产刑执行中案外人异议审查作了变通规定，不再适用本条，而是依照《民事诉讼法》第238条的规定处理。

三、案外人异议期间不停止执行问题

根据《最高人民法院关于适用〈中华人民共和国民事诉讼法〉执行程序若干问题的解释》第15条第1款和《民事诉讼法解释》第463条第2款的规定，案外人异议审查期间以及驳回案外人执行异议裁定送达案外人之日起十五日内，人民法院不得对执行标的进行处分。该规定符合执行程序法理。司法实践中，执行法院一般不会在案外人异议期间继续推进执行程序，一是担心损害到真实权利人的权利，二是担心错误处分他人财产引起后续的国家赔偿与当事人上访、申诉。但是，为了防止案外人通过案外人异议以及案外人异议之诉拖延执行，《民事诉讼法解释》增加规定了对恶意案外人的惩罚措施。该司法解释规定，被执行人与案外人恶意串通，通过执行异议、执行异议之诉妨害执行的，人民法院应当依照《民事诉讼法》第116条①规定处理。申请执行人因此受到损害的，可以提起诉讼要求被执行人、案外人赔偿。

① 《民事诉讼法》（2023年修正）第116条规定："被执行人与他人恶意串通，通过诉讼、仲裁、调解等方式逃避履行法律文书确定的义务的，人民法院应当根据情节轻重予以罚款、拘留；构成犯罪的，依法追究刑事责任。"

第二百三十九条　执行工作由执行员进行。

采取强制执行措施时，执行员应当出示证件。执行完毕后，应当将执行情况制作笔录，由在场的有关人员签名或者盖章。

人民法院根据需要可以设立执行机构。

【条文主旨】

本条是关于执行机构、执行程序的规定。

【理解与适用】

一、关于执行员及其执行公务

原《人民法院组织法》规定，地方各级人民法院设执行员，负责刑事、民事判决裁定的执行，但属于审判人员系列之外的其他人员。原《法官法》规定，对人民法院的执行员，参照本法有关规定进行管理。《人民法院组织法》和《法官法》分别在2018年和2019年修订时，主要因审执分离改革方向未定、法院是否继续负责执行工作存在不确定性等原因，删除了有关执行员的内容。实践中，部分法院仍然保留了执行员。

根据本条规定，执行工作由执行员进行。执行员依法启动执行工作，既可以根据移送的判决、裁定，也可以根据当事人的申请，依法独立启动强制执行措施。关于执行员的职责范围，依照法律的规定，执行员专司执行实施工作，其职责主要包括：主持当事人达成执行和解；采取强制执行措施，如查封、扣押、冻结等；向当事人交付执行标的；强制迁出房屋或者强制退出土地等具体执行实施权。需要注意的是，法律没有规定执行员拥有执行审查权及执行裁判权。

执行人员采取执行措施时，应当出示证明其身份的证件，比如工作证、人民法院的证明信等。执行公务证制度自1993年起试行，中共中央《关于转发〈中共最高人民法院党组关于解决人民法院“执行难”问题的报告〉的通知》（中发［1999］11号）后，最高人民法院制定了《关于人民法院执行工作若干问题的规定（试行）》（法释［1999］15号），并先后在与中国人民银行、国土资源部、建设部等部门制定的《关于依法规范人民法院执行和金融机构协调执行的通知》(法发［2000］21号)和《关于依法规范人民法院执行和国土资源房地产管理部门协助执行若干问题的通知》(法发［2004］5号)等文件中，规定了执行人员在执行公务时应当出示该证件。要求执行人员同时出示工作证与执行公务证，对于规范执行行为，保护执行相对人的权利，防止执行乱现象的发生具有积极意义。但由于执行公务证由最高人民法院统一制发，需要较长时间周期，而执行从业人员又变动较快，实践中因执行公务证问题也产生了一些工作不便。考虑到当下执行人员的素质普遍得到了较大提高，监督手段日益丰富，为了推进执行工作，出现了废止执行公务证制度的呼声。2020年《最高人民法院关于人民法院执行工作若干问题的规定（试行）》将执行人员执行公务时应“出示工作证与执行公务证”修改为“出示工作证件”。

执行人员执行完毕后，应当将执行情况制作笔录，比如执行的标的物的种类、数量、质量，执行中谁在场，执行标的物有无毁损。执行笔录应当由在场的被执行人、单位的法定代表人或者被执行人住所地基层组织的代表等有关人员签名、盖章。

二、关于执行机构

执行机构，是指行使执行权，负责执行工作的机构，是完成执行工作的重要保障。执行工作是由独立的执行机构完成，还是由审判组织完成，在我国理论上一直有争议。20世纪50年代，地方各级人民法院一般都有执行机构，和民事、刑事审判庭的地位平行，但之后执行庭撤销，执行工作由民事审判庭负责，即“审执合一”。由于审判、执行集于一人，不利于及时发现和纠正审判错误。对此1979年通过的《人民法院组织法》以及1983年、2006年先后修改的《人民法院组织法》都明确规定：“地方各级人民法院设执行员，办理民事案件判决和裁定的执行事项，办理刑事案件判决和裁定中关于财产部分的执行事项。”《民事诉讼法》也明确规定“执行工作由执行员进行。”从1979年开始，我国人民法院的执行工作，基本都由执行员负责。多年的司法实践证明，执行工作由专门的执行人员负责，能够较好地完成执行任务，保证已生效的法律文书的履行，而且执行员在执行前审查作为执行根据的法律文书，能够及时避免判决、裁定等法律文书的失误，保护公民、法人和其他组织的合法权益。

2007 年《民事诉讼法》修正时对本条作了修改。随着市场经济的发展，执行工作的任务越来越重，执行难的问题越来越突出，解决当事人执行难，需要完善执行机构，加强执行工作。1991 年《民事诉讼法》规定："基层人民法院、中级人民法院根据需要，可以设立执行机构。"这一规定不能满足日益增多的执行案件的需要。其一，高级人民法院、最高人民法院作为一审的民事案件，根据《民事诉讼法》规定应当由其执行，如果不建立执行机构就失去了执行工作的组织保障；其二，下级人民法院的执行工作也需要上级人民法院建立相应的机构予以指导、协调和监督。基层人民法院和中级人民法院设立了执行庭，但最高人民法院和高级人民法院设立执行机构缺乏法律上的依据。执行机构改革是司法体制和工作机制改革的一项重要内容，中共中央转发《中央司法体制改革领导小组关于司法体制和工作机制改革的初步意见》的通知明确指出："为切实解决人民法院判决的民事、行政案件执行难问题，各级人民法院设立执行机构，专司民事、行政案件的执行实施工作。"近年来，高级人民法院已经普遍设立执行机构。因此，2007 年《民事诉讼法》从实际工作考虑，将原来本条第 3 款规定的"基层人民法院、中级人民法院根据需要，可以设立执行机构。执行机构的职责由最高人民法院规定"修改为"人民法院根据需要可以设立执行机构"。

2008 年，最高人民法院正式成立执行局。2009 年《最高人民法院关于进一步加强和规范执行工作的若干意见》规定：各级人民法院统一设立执行局，并统一执行局内设机构及职能；高级人民法院设复议监督、协调指导、申诉审查以及综合管理机构，中级人民法院和基层人民法院设执行实施、执行审查、申诉审查和综合管理机构。目前，各级人民法院均设立了执行局，逐步形成了统一管理、统一协调、统一指挥的执行工作管理体制，人民法院执行机构不断朝着规范化、制度化方向健全完善。

第二百四十条 被执行人或者被执行的财产在外地的，可以委托当地人民法院代为执行。受委托人民法院收到委托函件后，必须在十五日内开始执行，不得拒绝。执行完毕后，应当将执行结果及时函复委托人民法院；在三十日内如果还未执行完毕，也应当将执行情况函告委托人民法院。

受委托人民法院自收到委托函件之日起十五日内不执行的，委托人民法院可以请求受委托人民法院的上级人民法院指令受委托人民法院执行。

【条文主旨】

本条是关于委托执行的规定。

【理解与适用】

自1991年《民事诉讼法》明确规定委托执行制度后，历次修正的《民事诉讼法》对该条规定均予以保留，并且在法条内容上无变化。

一、委托执行的制度背景

委托执行是与异地执行相对应的概念，是跨辖区执行的基本方式。人民法院根据法律的规定取得对执行案件的管辖权后，即有权对被执行人的责任财产或者行为采取强制执行措施，促使义务人尽快履行生效法律文书确定的义务。由于我国法院基本按行政区划设置，因此执行工作一般是在本辖区内进行。执行工作最关键的环节是查人找物，由于被执行人实际在外地工作生活、其责任财产不在执行法院所在地范围内等原因，很多情况下受理执行申请的法院需要到外地开展工作。但是，这种执行方式面临着许多困境与难题。一方面，增加了法院和执行当事人的负担，造成司法资源的巨大浪费。另一方面，增加办案时长，甚至导致案件久拖不决。在异地执行中，执行人员对当地情况不熟悉，执行推进有时会遭遇较大阻力，损害当事人的利益。

在此背景之下，委托执行制度应运而生，其理论基础在于司法权在国家内的统一行使。具体而言，首先，国家权力行使的地域限制原则，也应支配人民法院的强制执行权。从根本上来说，人民法院的司法管辖权包括执行权，只应限制在与地方政府的管辖范围相一致的区域范围内。司法管辖的基本原则应当是对法院所在地区域内的人、事项、标的物行使管辖权。[①] 故从法理上讲，法院的执行权应当受地域的限制，执行机构不能单凭法院的判决或裁定直接异地执行，因此，委托执行制度有其存在的合理性和合法性。其次，与异地执行相比，委托执行充分体现了经济和效率原则。异地执行使得执行成本过高，从执行调查到强制措施的采取，直至被执行财产的最终处分，执行人员都直接到外地执行，势必造成执行案件时间的迁延，不符合效率原则。相对于异地直接执行而言，委托执行充分体现了经济与效率的原则。再次，委托执行体现了人民法院之间的相互协作关系，体现了执行权的统一性，符合民事执行的基本原理。委托法院与受托法院之间是一种平等的司法互助关系，这种关系是以维护一国法律的统一实施为宗旨，因而具有较强的义务性或强制性，禁止随意拒绝或拖延提供协助。

总体而言，委托执行的突出制度优势在于：其一，有利于克服异地执行活动的困难，节省有限的司法资源，是对执行管辖制度的一项重要功能性补充。其二，有利于有效约束来自法院系统内的干扰和影响。在直接执行模式下，执行法院在异地执行，与当地法院之间难以确立起基于法定程序而产生的协助关系。而委托执行模式具有明确法律依据，受托法院应当依法办理委托执行事项，有效去除了可能存在的怠于协助等问题。其三，有利于排除来自地方和部门保护主义的干扰和影响。委托当地法院执行，尤其对于处理疑难复杂案件而言，便于受托法院主动向当地党委、人大汇报工作安排和具体方案，及时向政府和有关部门通报情况，督促相关部门依法办案，保证案件执行顺利进行。

从法律规定演进来看，1991 年《民事诉讼法》将委托执行确定为跨辖区案件执行的基本方式，为了配套对执行工作布局进行调整，切实运用好委托执行制度，1993 年 9 月 25 日最高人民法院发布《关于人民法院相互办理委托事项的规定》，并在《适用民事诉讼法意见》《最高人民法院

---

① 黄金龙：《关于人民法院执行工作若干问题的规定实用解析》，中国法制出版社 2000 年版，第 336 页。

关于人民法院执行工作若干问题的规定（试行）》中对委托执行进行了更详细的规范，于2000年3月8日发布《最高人民法院关于加强和改进委托执行工作的若干规定》、2011年5月3日发布的《最高人民法院关于委托执行若干问题的规定》（于2020年进行修正），对委托执行的有关问题进行专门规定。

二、委托执行的条件

根据本条及有关司法解释的规定，委托执行应当同时具备以下条件：

（一）委托法院对案件具有管辖权并已受理案件

委托执行的前提是人民法院本身具有管辖权。人民法院委托其他法院办理的执行事项，应当是已经受理案件申请的执行事项。即只有已经受理的执行案件，才能委托其他人民法院执行。尚未受理申请的执行案件，人民法院发现自己没有管辖权的，应当告知债权人向有管辖权的人民法院提出申请，不存在委托执行的问题。

（二）被执行人或者被执行的财产不在受理申请的人民法院的辖区

本条明确规定，委托执行的情形为"被执行人或者被执行的财产在外地的"，即委托执行的基本功能是为了降低执行成本，实现执行经济。进一步分析，被执行人不在受理申请的人民法院的辖区范围内，既包括被执行人的住所不在受理申请的人民法院的辖区，也包括被执行人目前实际不在受理申请的人民法院的辖区；被执行的财产不在受理申请的人民法院的辖区，是指应当用于履行义务的财产不在受理申请的人民法院的辖区范围内，既包括全部财产不在受理申请的人民法院的辖区，也包括部分财产不在受理申请的人民法院的辖区。

（三）受托法院是被执行人住所地或被执行财产所在地的当地法院

委托执行，应当以受托法院对被执行人或者被执行的财产具有一般民事管辖权为基础，受托法院只有对自己辖区内的被执行人或被执行的财产才拥有司法管辖权，对与自己辖区无关的诉讼当事人和争议的财产不能行使司法管辖权。如果被执行人以及被执行的财产均不在某地，不具备任何管辖连接点，受理申请的人民法院就不应当委托该地法院实施执行。

三、委托执行的程序

如前所述，委托执行关系到执行权运行以及不同人民法院之间的协作与配合，关系到民事执行价值与功能的实现。委托执行应严格依照法定程序进行。依照本法以及有关司法解释的规定，程序如下：

（一）委托法院方面

依照《最高人民法院关于委托执行若干问题的规定》规定，委托执行案件应当由委托法院直接向受托法院办理委托手续，并层报各自所在的高级人民法院备案。案件委托执行时，委托法院应当提供下列材料：委托执行函、申请执行书和委托执行案件审批表、据以执行的生效法律文书副本、有关案件情况的材料或者说明、双方当事人主体证明及地址和联系电话、委托法院执行员和联系电话等。委托执行时，委托法院应当将已经查封、扣押、冻结的被执行人的异地财产，一并移交受托法院处理，并在委托执行函中说明。委托执行后，委托法院对被执行人财产已经采取查封、扣押、冻结等措施的，视为受托法院的查封、扣押、冻结措施。受托法院需要继续查封、扣押、冻结，持委托执行函和立案通知书办理相关手续。续封续冻时，仍为原委托法院的查封冻结顺序。查封、扣押、冻结等措施的有效期限在移交受托法院时不足 1 个月的，委托法院应当先行续封或者续冻，再移交受托法院。

（二）受委托法院方面

《最高人民法院关于委托执行若干问题的规定》规定，受托法院收到委托执行函后，应当在 7 日内予以立案，并及时将立案通知书通过委托法院送达申请执行人，同时将指定的承办人、联系电话等书面告知委托法院。委托法院收到上述通知书后，应当在 7 日内书面通知申请执行人案件已经委托执行，并告知申请执行人可以直接与受托法院联系执行相关事宜。受托法院如发现委托执行的手续、材料不全，可以要求委托法院补办。委托法院应当在 30 日内完成补办事项，在上述期限内未完成的，应当作出书面说明。委托法院既不补办又不说明原因的，视为撤回委托，受托法院可以将委托材料退回委托法院。受托法院退回委托的，应当层报所在辖区高级人民法院审批。高级人民法院同意退回后，受托法院应当在 15 日内将有关委托手续和案卷材料退回委托法院，并作出书面说明。委托执行案件退回后，受托法院已立案的，应当作销案处理。委托法院在案件退回原因消除之后可以再行委托。确因委托不当被退回的，委托法院应当决定撤销委托并恢复案件执行，报所在的高级人民法院备案。需要注意的是，《最高人民法院关于委托执行若干问题的规定》第 10 条规定，受托法院发现被执行人在受托法院辖区外另有可供执行财产的，可以直接异地执行，一般不再行委托执行。根据情况确需再行委托的，应当按照委托执行案件的程序办理，并通知案件当事人。

（三）委托执行程序启动后

根据本条规定，受委法院应当在收到委托执行手续之后的 15 日内开始执行，不得拒绝。此规定的意义在于，法院生效裁判或其他法律规定具有强制执行效力的执行依据，在我国具有统一的法律效力，任何法院都应无条件承认并尊重该法律后果。任何法院对于归属自己辖区范围内，其他同级法院执行范围内的执行标的，不管是财产还是行为，在对方提出委托执行时，必须接受委托。这是司法效力统一性和权威性的必然要求。

同时，对于委托法院而言，仍应担负起自身责任。本条规定，受托法院自收到委托执行手续之日起 15 日内不执行的，委托法院可以请求受委托的人民法院的上级人民法院指令受委托的人民法院执行。即委托法院仍有督促受托法院依法开展执行工作的职责，如发现受托法院怠于执行的，可以向该法院上一级法院请求指令执行，借以督促受托法院及时执行。

【审判实践中应当注意的问题】

一、要区分委托执行与事项委托

随着近年来执行工作信息化程度的飞速发展，除了委托执行之外，人民法院还设计了事项委托制度，即通过加强各地法院之间的互助协作，发挥执行指挥中心的功能优势，节约人力物力，将某些事项委托异地法院办理的方式，替代异地执行、委托执行。2017 年最高人民法院制定了《关于严格规范执行事项委托工作的管理办法（试行）》，为事项委托制度确定了基本规则。事项委托内容例如：委托异地法院协助查询、续封、解封、过户不动产；冻结、续冻、解冻、扣划银行存款或理财产品；调查被执行人财产情况等通过线上系统不便办理的事项等。实践中，要注意事项委托与委托执行的根本区别，事项委托不产生执行管辖权的变动，委托法院仅仅是将执行工作中的某一事项交由异地法院协助办理，异地法院也不作为委托执行案件立案办理，而是将事项委托按照一定比例计算执行人员工作量并纳入考核范围。

二、要明确执行行为异议、案外人异议的受理法院

《民事诉讼法》设计了执行程序中当事人、案外人的救济程序即第236条规定的执行行为异议、第238条规定的案外人异议。在委托执行的情况下，执行管辖权发生变动，即产生了当事人、利害关系人、案外人提出的异议应由委托执行法院还是受托法院受理审查的问题。对此，《最高人民法院关于人民法院办理执行异议和复议案件若干问题的规定》第4条规定："执行案件被指定执行、提级执行、委托执行后，当事人、利害关系人对原执行法院的执行行为提出异议的，由提出异议时负责该案件执行的人民法院审查处理；受指定或者受委托的人民法院是原执行法院的下级人民法院的，仍由原执行法院审查处理。执行案件被指定执行、提级执行、委托执行后，案外人对原执行法院的执行标的提出异议的，参照前款规定处理。"这种规定设计的考虑在于，其一，当发生执行管辖权的移转的情形时，原属于其所有的执行权因法定事由或特定情势被移转于其他法院，则原执行法院对执行案件已丧失了管辖权，对于执行行为是否符合法律规定的执行审查权也一并丧失，应当由其后享有管辖权的法院享有基于对原执行案件享有的管辖权所派生出的执行审查权。其二，由现执行法院审查，也便利当事人、利害关系人行使异议权。还应注意例外情形，受托法院是委托法院的下级法院的，为了保护当事人的审级利益，当事人、案外人异议仍由原执行法院审查处理。

第二百四十一条 在执行中，双方当事人自行和解达成协议的，执行员应当将协议内容记入笔录，由双方当事人签名或者盖章。

申请执行人因受欺诈、胁迫与被执行人达成和解协议，或者当事人不履行和解协议的，人民法院可以根据当事人的申请，恢复对原生效法律文书的执行。

【条文主旨】

本条是关于执行和解的规定。

【理解与适用】

执行和解是指在执行程序中，双方当事人就执行事项或债务履行自愿达成协议，以和解协议的履行代替原生效法律文书的执行，执行法院据此裁定中止执行，并因和解协议得以履行而终结执行的制度。执行和解理论基础在于当事人的意思自治，是《民事诉讼法》所规定的处分原则在执行程序中的具体体现。通过和解，双方当事人对生效法律文书所确定的债权债务主体、履行标的、期限、地点、方式等内容另行约定。对当事人而言，执行和解既有利于申请执行人的权利得以及时实现，又充分考虑到了被执行人的实际履行能力，有利于弥合当事人之间的隔阂，增进相互理解。对法院而言，可以节约执行成本，符合诉讼经济原则。执行和解制度是中国强制执行制度的一大特色，以博克哈特·海斯为代表的德国学者和法官曾在“中德强制执行法研讨会上”高度肯定中国特色的民事执行和解制度，认为它缓和了生效法律文书的严苛性，也符合欧洲执行法的新动向。[①]

关于执行和解协议的性质，存在两种学说，即私法行为说和诉讼行为说。私法行为说认为，执行和解只是私法上的契约，仅能发生实体法上的拘束力，不能在强制执行上有拘束力，因而执行机关不受执行和解协议的拘束。执行当事人故意违反执行和解协议，不能直接请求执行机构强制执

① 江必新：《强制执行法理论与实务》，中国法制出版社 2014 年版。

行，而应通过诉讼解决。公法行为说认为，执行和解协议能直接发生强制执行法上的效力，不仅当事人应受其拘束，执行机构的强制执行也要受到执行和解协议内容的拘束，不得违反执行和解协议的内容。否则当事人得以执行违法为由，向执行机构提出异议，执行机构应撤销或更正其违反执行和解协议内容的执行行为。[①]

我国的执行和解制度具有如下特征：（1）在强制执行过程中，当事人达成执行和解协议，变更执行债权内容，并将书面协议提交法院或者由法院把口头协议记入笔录后，产生执行中止的效力，并且在债务人履行完毕后由法院直接作结案处理。因此，执行和解并非单纯私法行为，相反具有公法行为的鲜明色彩。（2）执行和解协议虽然可能包含执行程序中止或终结的内容，但主要目的是变更执行债权的规定，其目的不在于扩张或者限缩执行权能，因此也难以归入公法行为的单一性质。因此，有学者从我国执行和解制度背景出发，认为我国执行和解制度除了产生民法上的效力，同样产生诉讼法上的效力，且以前者为根本特征和典型功能，建议以"主要效力"理论解释执行和解[②]。

如上所述，我国执行和解制度兼有私法行为说和公法行为说的性质和效力。其中，私法效力源自当事人的意思表示，公法效力则与司法审查密切相关。从本条规定来看，执行和解协议需具备以下构成要件，方能发生法律效力：（1）和解协议必须是双方当事人真实的意思表示。（2）和解协议的内容必须合法，不得损害国家、集体和第三人利益或者社会公共利益以及违反法律法规强制性规定。（3）和解协议应提交人民法院或由人民法院记入笔录，并由双方当事人签字或盖章。符合上述条件的执行和解协议具有以下效力：一是私法上的效力。执行和解协议履行完毕，在民法上构成新债清偿，原生效法律文书确定的内容视为得到全部实现，当事人之间由原生效法律文书确定的权利义务关系归于消灭。二是公法上的效力，依和解协议签订以及履行完毕的不同阶段，执行和解具有中止或终结执行程序的效力。在当事人达成和解协议，人民法院依法将其附卷或记入笔录后至和解协议履行完毕这一阶段，执行程序即可中止。中止执行后，因当事人不履行或不完全履行和解协议的，人民法院应依当事人的申请，

---

① 黄金龙：《不履行执行中的和解协议的救济程序》，载《人民司法》2005 年第 11 期。

② 陈杭平：《中国民事强制执行法重点讲义》，法律出版社 2023 年版。

恢复原生效法律文书的执行。当事人按照和解协议内容履行完毕的，人民法院即可作执行结案处理，执行程序终结。

另外，“双方当事人自行和解”意味着和解协议是双方当事人在平等协商，自主自愿基础上达成的。本条第2款规定申请执行人因受欺诈、胁迫与被执行人达成的执行和解协议，可以向人民法院申请恢复对原生效法律文书恢复的执行，但对申请执行人能否起诉被执行人，要求其履行执行和解协议约定的义务，并未明确规定。从结果看“债务人不履行执行和解协议，债权人只能申请恢复执行”的做法，实际上否定了当事人之间的合意，缺乏对债权人和债务人预期利益的保护。尤其当执行和解协议对债权人更有利时，被执行人可以通过不履行和解协议获益，也与诚信原则相悖。为此，《最高人民法院关于执行和解若干问题的规定》第9条规定：“被执行人一方不履行执行和解协议的，申请执行人可以申请恢复执行原生效法律文书，也可以就履行执行和解协议向执行法院提起诉讼。”该条规定赋予了申请执行人选择权，即被执行人不履行和解协议时，申请执行人既可以申请恢复执行，也可以就履行执行和解协议提起诉讼。

【审判实践中应当注意的问题】

一、执行和解协议的救济途径

当事人订立和解协议的目的，一般来讲就是为了依约履行，从而实现生效法律文书所确认的法律关系，终结执行程序。在司法实践中，法院在促进当事人和解中往往起着很大作用，力促当事人和解也常常被作为执行中的一种工作方法加以提倡。例如，《最高人民法院关于在执行工作中规范执行行为切实保护各方当事人财产权益的通知》第8条明确提出：“依法用好执行和解制度。依法推进执行中债务重组及和解，对符合条件的，可以引导各方当事人积极达成重组、和解协议，采取分期偿债、收入抵债等方式，既保障被执行人利益，又兼顾被执行人利益。”但由于各种各样的原因，不履行和解协议的情形经常发生，其中既有全部不履行和解协议的情形，也有不完全履行、迟延履行、瑕疵履行的情形；既有被执行人不履行的情形，也有申请执行人不履行的情形。司法实践中针对执行和解协议本身及不履行执行和解协议引发的纠纷广泛存在，针对执行和解的救济也尤为重要。

关于执行和解协议的救济途径，因对执行和解性质的认识不同而不同，大致有三种观点：主张执行和解属于诉讼行为的观点认为，执行和解协议达成后发生纠纷的，执行法院有权直接进行审查处理，并依当事人申请对审查确认后的执行和解协议强制执行。在诉讼行为说的理论框架下，经法院审查确认的执行和解协议具有执行力，并可以代替原执行依据，一方当事人不履行的，对方当事人可以向法院申请强制执行。主张执行和解属于私法行为的观点认为，执行和解系双方当事人在没有国家公权力介入的情况下，自行协商处分私权的私法行为，双方签订的和解协议仅具有民法上合同的效力。当事人之间因执行和解发生争议的，应当通过诉讼解决。此类诉讼既可能是当事人就执行和解纠纷提起的普通民事诉讼，也可能是以阻止强制执行为目的的债务人异议之诉。主张执行和解兼具诉讼行为和私法行为双重属性的观点认为，在执行和解纠纷的解决途径上，既可以由执行机构直接审查处理，也可以由当事人另行起诉。而在执行机构直接处理和另行起诉这两种解决途径的关系上，该种观点又有不同意见：一种意见是以执行机构直接审查处理为主，以当事人另行起诉为辅；另一种意见是两种解决途径不分主次，可以由当事人自行选择。《民事诉讼法》关于执行和解效力及纠纷解决途径的规定并不全面，前面已经提到，本条仅针对执行和解中存在欺诈、胁迫及和解协议不履行等情形，规定了执行程序中的直接解决方式，而对执行和解纠纷能否通过另行起诉等途径解决，并未作明确规定。长期以来，地方法院在执行和解协议是否可诉以及如何救济上的认识和做法也不统一。综合现有规定及执行实践探索，我国当前关于执行和解纠纷的解决途径基本可以概括为：申请执行人因受欺诈、胁迫与被执行人达成和解协议，或者当事人不履行和解协议的，人民法院可以根据当事人申请，恢复原生效法律文书的执行。和解协议合法有效且已经履行完毕的，人民法院不予恢复执行。在申请恢复执行原生效法律文书和另行起诉两种救济途径上，允许当事人自行选择。如果当事人选择了另行诉讼，法院可以终结原生效法律文书的执行，在将来最终执行时应当将另行诉讼的结果与原判决的执行结合起来考虑：如原判决已经执行，就不能再按照另行诉讼的判决执行；如原判决未得到执行，则应当将两个判决相互重叠的部分扣除，执行剩余数额。如果判决是以债权人不履行和解协议而作出的损害赔偿，则应当将两个判决相互给付的部分冲抵后执行。[1]

二、执行和解协议是否履行的审查认定

在我国现行执行法规范体系下，执行和解协议没有强制执行力，一方当事人不履行和解协议时，另一方当事人不能申请法院强制执行和解协议。一方当事人不履行和解协议的，另一方当事人可以向法院申请，恢复对原生效法律文书的执行。可见，和解协议是否得到实际履行是法院决定恢复强制执行的前提。鉴于现行《民事诉讼法》尚未规定债务人异议之诉，也没有认可债权人在任何情况下都可以申请恢复执行。因此，如果债权人主张和解协议没有得到履行，或者债务人提出和解协议已经履行完毕的抗辩，应在执行程序中直接予以处理。根据这一设计，在程序上也必将赋予执行机构对和解协议是否得到实际履行的审查权力。债务是否因执行和解协议的履行而消灭，执行机构应在实际开始执行前予以查明。[2]需要注意的是，执行和解协议涉及民事实体权利义务等实体争议，需要通过诉讼程序解决，不能在执行程序中解决，这是民事诉讼的基本原理，因此执行机构对和解协议的审查范围只限于是否履行完毕问题。执行机构不追究没有履行完毕的原因、不审查履行过程中产生的争议，只审查是否履行完毕，当然也包括履行的程度和数额，据此决定是否恢复执行以及恢复执行的数额。执行机构经审查认为执行和解协议合法有效且已经履行完毕的，决定不予恢复执行，当事人不能获得恢复执行原生效法律文书的程序救济。在这种情况下，当事人之间因执行和解履行中产生的纠纷只能通过诉讼程序解决。[3]

---

① 刘贵祥：《执行和解纠纷的解决途径和审查范围》，载《人民法院报》2014年6月11日，第8版。

② 黄金龙：《不履行和解协议的救济程序》，载《人民司法》2005年第11期。

③ 乔宇：《迟延履行执行和解协议纠纷与执行权的审查范围》，载《人民司法·案例》2012年第8期。

第二百四十二条 在执行中，被执行人向人民法院提供担保，并经申请执行人同意的，人民法院可以决定暂缓执行及暂缓执行的期限。被执行人逾期仍不履行的，人民法院有权执行被执行人的担保财产或者担保人的财产。

【条文主旨】

本条是关于执行担保的规定。

【理解与适用】

自1991年《民事诉讼法》明确规定执行担保后，历次修正的《民事诉讼法》对该条规定均予以保留，并且在法条内容上无变化。

一、概念及制度演进

执行担保，是指执行开始后，被执行人向人民法院提供某种履行义务的保证，经申请执行人同意后，暂缓执行程序的进行。[①] 其内涵包含两个层次：其一，执行程序中，由被执行人或第三人向执行法院提供担保，执行法院在满足一定条件下决定暂缓执行；其二，被执行人逾期仍不履行的，或者担保人有转移、隐藏、变卖、毁损担保财产等行为的，执行法院有权执行担保物或担保人的财产，替代对被执行人一般责任财产的执行，并在满足债权后办理执行结案。执行担保作为暂缓执行的要件之一，具有扩大可执行财产范围、解决执行难的独立功能和价值。

1992年《民事诉讼法意见》第269条明确了执行担保的方式，即被执行人以财产作担保的，应提交保证书；由具备代为履行或代为承担赔偿责任的第三人担保的，应当提交担保书。以上规定相较于民法意义上的担保制度，具有鲜明的公法色彩。《最高人民法院关于人民法院执行工作若干问题的规定（试行）》第84条规定："被执行人或其担保人以财产向人

① 程雪松、杨军：《执行担保的适用与完善》，载《人民司法》2014年第13期，第104页。

民法院提供执行担保的，应当依据《担保法》[①]的有关规定，按照担保物的种类、性质，将担保物移交执行法院，或依法到有关机关办理登记手续。”体现了执行担保按照民事担保设立的趋势，同时也体现了执行担保的独特性质。2000 年《最高人民法院关于适用〈中华人民共和国担保法〉若干问题的解释》[②]第 132 条规定：“在案件审理或者执行程序中，当事人提供财产担保的，人民法院应当对该财产的权属证书予以扣押，同时向有关部门发出协助执行通知书，要求其在规定的时间内不予办理担保财产的转移手续。”此条规定明显区分了执行担保与民事担保，增加法院扣押财产权属证书、发出协助执行通知书的规定。2015 年《民事诉讼法解释》第 470 条第 2 款规定：“他人提供执行保证的，应当向执行法院出具保证书，并将保证书副本送交申请执行人。被执行人或者他人提供财产担保的，应当参照物权法、担保法[③]的有关规定办理相应手续。”根据该款规定，成立执行中物的担保，应当依照实体法规定办理登记等手续。2018 年《最高人民法院关于执行担保若干问题的规定》，对执行担保制度作出了全面、详细的规定。第 7 条第 1 款规定：“被执行人或者他人提供财产担保，可以依照物权法、担保法规定办理登记等担保物权公示手续；已经办理公示手续的，申请执行人可以依法主张优先受偿权”。与之前规定相比，办理登记等担保物权公示手续已非“应当”，而是“可以”，但只有办理了公示手续的，申请执行人才具有优先受偿权。由此适当平衡申请执行人与担保人的其他债权人之间的利益。另外，为了方便法院在被执行人逾期仍不履行后执行担保财产，该解释第 7 条第 2 款规定：“申请执行人申请人民法院查封、扣押、冻结担保财产的，人民法院应当准许，但担保书另有约定的除外。”

二、执行担保构成要件

根据本条规定及相关司法解释规定，有效的执行担保应当具备如下要件：

（一）向执行法院提出

本条及《最高人民法院关于执行担保若干问题的规定》第 1 条均规

---

① 《担保法》已废止。

② 《最高人民法院关于适用〈中华人民共和国担保法〉若干问题的解释》已废止。

③ 《物权法》已被《民法典》废止，《担保法》已被《民法典》废止。

定，执行担保是当事人向法院提供的担保，而非当事人之间的担保。对于当事人在案外签订的协议、合同中的担保内容是否构成执行担保，若相关协议均为各方之间自行签订而未向执行法院提供担保，则不符合法律及司法解释规定的“向人民法院提供担保”这一执行担保成立的前提条件，故不能认定成立执行担保。

（二）提交担保书

《最高人民法院关于执行担保若干问题的规定》第 3 条规定：“被执行人或者他人提供执行担保的，应当向人民法院提交担保书，并将担保书副本送交申请执行人”，第 5 条规定：“公司为被执行人提供执行担保的，应当提交符合公司法第十六条规定的公司章程、董事会或者股东会、股东大会决议。”根据上述规定，执行担保不但要向法院提出，还应向法院及申请执行人提交正式担保书。担保书中应有被执行人或第三人书面承诺，即被执行人于暂缓执行期限届满后仍不履行时，自愿接受强制执行。执行担保成立后，赋予法院直接执行被执行人的担保财产或保证人的财产的权力，正当性根据就在于被执行人或保证人的书面承诺，并且承诺的表示明确无疑，不得附条件或其他限制。

（三）经申请执行人同意

本条明确将申请执行人同意作为执行担保成立的必要条件。《最高人民法院关于执行担保若干问题的规定》第 6 条进一步明确：“被执行人或者他人提供执行担保，申请执行人同意的，应当向人民法院出具书面同意意见，也可以由执行人员将其同意的内容记入笔录，并由申请执行人签名或者盖章。”可见，申请执行人的“同意”也要求采取书面形式。该种“同意”应视为申请执行人向法院作出的诉讼行为，而非向被执行人作出的私法行为。执行程序的推进都是围绕兑现申请执行人的权益，故申请执行人若不同意执行担保，则不产生相应法律效力。

（四）提供有效担保

以财物提供担保的，依照《最高人民法院关于执行担保若干问题的规定》，是否办理财产担保的公示手续，并不影响执行担保的构成，在不办理登记的情况下，法院通常可以采取查封、扣押等方式保障担保物的担保效力。通过这样的方式，既可以降低担保人转移、隐匿、损毁担保财产的风险，一旦被执行人在暂缓期限届满后仍不履行债务的，依申请恢复执行后，执行法院也可以简便、快速地执行担保财产。而对于以保证方式提供担保的，只需第三人向执行法院出具担保书即可，不涉及担保财产的查封、扣押或提存。

三、执行担保的法律效果

（一）产生暂缓执行的效力

执行担保成立，且法院决定暂缓执行的，会产生暂缓执行的法律效果，即人民法院会在执行担保生效后，中止原判决、裁定等法律文书的执行，并且被执行人应按执行担保确定的期限履行义务。暂缓执行的期限有多长，由执行法院根据双方当事人的意见，结合实际情况作出决定。《最高人民法院关于执行担保若干问题的规定》第10条规定："暂缓执行的期限应当与担保书约定一致，但最长不得超过一年。"之所以规定最长不得超过一年，是因为暂缓执行期限过长，不仅会影响执行效率，而且会增加执行债权实现的不确定性。

（二）产生对担保财产或保证人财产的执行力

暂缓执行期限届满后被执行人仍不履行义务，或者暂缓执行期间担保人有转移、隐藏、变卖、毁损担保财产等行为的，执行法院可以依申请恢复执行，并直接裁定执行担保财产或者保证人的财产。根据《最高人民法院关于执行担保若干问题的规定》第13条的规定，执行担保财产或保证人的财产，应由申请执行人在担保期间届满前申请。

在执行担保财产或者保证人的财产时，以担保人应当履行义务部分的财产为限。如果被执行人与保证人均有可供执行的财产，或者担保财产由第三人提供但被执行人有可供执行的财产的，由于执行他人的担保财产将涉及后续的追偿诉讼，为减轻当事人诉累，节省司法资源，执行法院应当优先执行被执行人的财产。由于执行查封并不产生担保物权效力，因此如果未对提供担保的物进行担保公示登记，执行担保则并不具有使申请执行人优先受偿。

四、执行担保的特点

从制度根源而言，执行担保是民商事担保制度在执行过程中加以适用的结果，属于广义上的担保制度的一种，实质是由担保制度与执行程序相结合而产生的一种特殊担保制度。从上述分析来看，相较于一般民商事担保，执行担保具有以下显著特点：

第一，具有公法性质。民商事担保属于私法的范畴，是纯粹的私权行使。执行担保发生在民事执行程序中，其突出的特点在于公权力即民事执行权的介入。从而导致民商事担保关系的异化，法律关系主体的平等地位被打破，也绝非完全体现担保法律关系主体的意思自治。可以说其是公法与私法的混合体，也是公权与私权行使的混合体。

第二，执行担保目的具有双重性。其一在于阻却或继续执行程序，以免执行当事人或利害关系人，因执行担保对强制执行程序的影响而导致重大损失。其二在于保证执行根据所确定的债权的实现，不至于因执行程序暂时停止期间导致债务人丧失履行能力而最终无法履行。这一目的是对执行相对人利益的担保，也是对执行程序得以顺利进行的担保。

第三，执行机关为必要参与主体。民商事担保法律关系参与人主要包括债权人、债务人和担保人。相比之下，执行担保法律关系参与主体除因担保财产权属或主体而异外，还包含执行机关这一特殊主体。民商事担保所指向的对象是债权人，执行担保所指向的对象则包含担保权益受益人和执行机关。

【审判实践中应当注意的问题】

一、要注意区分执行和解中的担保与执行担保

执行和解中的担保，是指在执行和解协议中由担保人提供担保，约定在和解协议履行期限届满后，被执行人不履行和解协议时，由担保人承担责任的行为。与执行担保相比，执行和解协议中的担保是被执行人或担保人向申请人提供的，法院并不参与其中，担保人的法律地位和责任未经法定程序确认。二者法律效果区别在于：一是执行和解中的担保条款没有执行力，法院不能依据和解协议中的约定，直接执行担保人或提供担保的第三人的财产；而执行担保中，法院可以直接执行被执行人或他人的财产。二是执行担保与执行和解中担保的救济途径不同，在执行和解中，如果和解协议不能如期履行，申请执行人可以向法院申请恢复原生效判决的执行，如果申请执行人想要实现和解协议中创设的担保权利，只能就和解协议向法院另行提起诉讼。此外，需要注意的是，如果执行和解协议中的担保内容以及据此采取的担保形式已经符合执行担保的要件，则可被认定为执行担保，担保人应受有关执行担保法律规定的约束，申请人可直接申

请执行该担保人的财产，对于《最高人民法院关于执行和解若干问题的规定》第18条已予以明确。

二、要注意区分执行担保与执行承诺、债的加入、代为清偿的法律效果

实践中难以把握的问题是，能否追加担保人或承诺人为被执行人。对此，《最高人民法院关于执行担保若干问题的规定》第11条第1款规定："暂缓执行期限届满后被执行人仍不履行义务，或者暂缓执行期间担保人有转移、隐藏、变卖、毁损担保财产等行为的，人民法院可以依申请执行人的申请恢复执行，并直接裁定执行担保财产或者保证人的财产，不得将担保人变更、追加为被执行人。"由此可知，执行法院不得追加担保人为被执行人，在符合前提条件的情况下，可依申请直接裁定执行担保财产或者保证人的财产。由于追加被执行人是直接在执行程序中确定由生效法律文书之外的第三人承担实体责任，关乎多方主体的切身利益，必须遵循法定追加原则。而《最高人民法院关于民事执行中变更、追加当事人若干问题的规定》第24条规定，执行过程中，第三人向执行法院书面承诺自愿代被执行人履行生效法律文书确定的债务，申请执行人申请变更、追加该第三人为被执行人，在承诺范围内承担责任的，人民法院应予支持。因此，实践中，要严格区分执行担保与执行承诺、债的加入、代为清偿。若执行担保中的保证人未书面承诺代为履行债务，则不构成上述规定的可以追加被执行人的法定情形。

第二百四十三条 作为被执行人的公民死亡的，以其遗产偿还债务。作为被执行人的法人或者其他组织终止的，由其权利义务承受人履行义务。

【条文主旨】

本条是关于被执行人死亡或者终止的情况下，执行承担的规定。

【理解与适用】

一、制度概述及实体法基础

根据既判力主观范围扩张理论，判决对于人的效力，原则上只能及于其上明确记载的债权人与债务人。但是，当法律文书生效并开始执行后，其上载明的债权人和债务人可能因为某种原因而不存在，如公民死亡、法人或者其他组织终止，这就需要考虑变换执行当事人，也就是说要变更或追加执行当事人。学理上称之为执行承担。[①] 被执行人主体诉讼资格处于待定状态，执行程序终止还是继续进行，直接涉及申请执行人的权利保护问题。根据民事实体法关于义务主体消灭后由义务承受人代为履行义务的原则，人民法院应当将义务承受人作为本案被执行人，继续执行，于是便发生了执行中的义务承担问题。被执行人变更的法律效果为，人民法院在执行程序中，因法定事由将据以执行法律文书所确定的义务转由案外义务人承担，即仅变更被执行人，而不增加、消灭义务内容或追加新的主体为被执行人。

执行承担，在实体法层面的理论基础是责任财产恒定原则。债务人应以其全部财产作为履行债务的总担保，其所有财产都是用以履行义务的财产，称为“责任财产”。责任财产是债务人实现债权的一般担保，是强制执行的对象。责任财产的范围确定后，法院裁判或其他执行依据对责任财产或者责任财产范围的判断具有对世的效力，未经法定的程序与方式，责

① 李浩主编：《强制执行法》，厦门大学出版社 2004 年版，第 162 页。

任财产的属性不会发生变化。在法院判决的债务被清偿前，除非该财产依法失去责任财产的属性，均得用于清偿债务责任财产的恒定性。责任财产恒定原理是债成为法律上的可期待信用的基础。责任财产无论辗转到何人之手，只要其责任财产的属性没有改变，就可以被用于清偿其担保的债务。因此，执行程序中，当债务人财产因主体到执行当事人之外的主体，只要其责任财产的属性没有改变时，就不因该财产在形式上不属于债务人而不被用于清偿债务。责任财产的新的占有主体应当继受原债务人在民事法律关系中的地位，成为新的债务人，这必然造成执行当事人的变化。

二、法律规定演进

执行承担的规定，在法律层面首次规定于2007年《民事诉讼法》第209条、后沿革为2012年《民事诉讼法》第232条、2017年《民事诉讼法》第232条。条文内容始终未进行修改。

在司法解释层面，《最高人民法院关于人民法院执行工作若干问题的规定（试行）》（法释〔1998〕15号）第81条规定："被执行人被撤销、注销或歇业后，上级主管部门或开办单位无偿接受被执行人的财产，致使被执行人无遗留财产清偿债务或遗留财产不足清偿的，可以裁定由上级主管部门或开办单位在所接受的财产范围内承担责任。"

《民事诉讼法解释》第470条至第473条进一步规定了变更被执行人的具体内容，分别包括：被执行人的法人或其他组织分立、合并、被注销的，如何变更被执行人；被执行人为其他组织不能履行法律确定的义务的，如何执行；被执行人的法人或其他组织名称发生变化的如何处理；被执行人为公民死亡的如何根据具体情况变更遗产继承人为被执行人或直接执行遗产。

2020年修正的《最高人民法院关于民事执行中变更、追加当事人若干问题的规定》第10条至第12条分别规定了被执行人为自然人的死亡后、被执行人为法人或其他组织的被合并或分立而终止后，如何变更被执行人。

三、执行承担的法定条件及法律效果

执行承担的前提，应当符合以下条件：一是应当是发生在执行程序开始后至执行程序终结前，尚未进入执行程序或者已经执行终结的案件，没有变更被执行人进行执行承担的必要；二是执行承担的原因，必须是执行依据中的原被执行人的主体已不存在，作为公民的，死亡或被宣告死亡，作为法人或其他组织的，主体终止。三是事由和程序的法定性。发生需执行承担情形时，人民法院必须依据法律的明确规定，基于法定的事由，按照法定的程序进行，不得自行设定和推断，否则就可能侵害案外人的合法权益。法定性主要包括事由的法定性和程序的法定性。事由的法定性主要是指现行法律规定的几种属于民事执行承担的情形。法定程序主要是指执行承担只能在人民法院的主持下，经过一定的程序，最终由人民法院作出相应的裁定予以确认。

执行承担的法律效果，即对新的主体产生强制性。执行承担发生后，在人民法院作出裁定确认新的被执行人后，新的被执行人就应当负担起法律文书确定的履行义务。具体而言，新的被执行人如果不履行生效法律文书确定的权利义务，人民法院可以对其采取强制执行措施。

四、执行承担的具体情形

（一）作为被执行人的公民死亡的情形

被执行人为公民并死亡的，是否变更被执行人，依公民是否有遗产以及其继承人是否表示放弃继承而定。作为被执行人的公民在执行中死亡，如果没有留下遗产，同时没有债务承担人，则应裁定终结执行，不存在变更被执行人的可能性。即便作为被执行人的公民死亡后留有遗产，是否变更被执行人，也要依情况而定。继承人行使继承权的，依照《继承法》第33条的规定，继承人即负有在遗产的实际价值范围内清偿被继承人生前所欠债务的义务。在这种情况下，需要变更被执行人，由继承人作为被执行人义务主体履行清偿义务。但是，作为被执行人的公民死亡后，虽然留有遗产，但其继承人表示放弃继承的，又无遗嘱执行人的，人民法院可以直接执行遗产。

（二）作为被执行人的法人或者其他组织在执行中被撤销、注销的情形

法人或其他组织被撤销、注销后，其所负的债务不能当然地一笔勾销，应由相应的责任人承受清偿义务，不具备法人资格的其他组织亦应如此。《最高人民法院关于人民法院执行工作若干问题的规定（试行）》对此规定，被执行人被撤销、注销或歇业后，上级主管部门或开办单位无偿接受被执行人的财产，致使被执行人无遗留财产清偿债务或遗留财产

不足清偿的，可以裁定由上级主管部门或开办单位在所接受的财产范围内承担责任。被执行人的开办单位已经在注册资金范围内或接受财产的范围内向其他债权人承担了全部责任的，人民法院不得裁定开办单位重复承担责任。

（三）作为被执行人的法人或者其他组织在执行中分立、合并的情形

分立、合并是法人或者其他组织终止的具体形式，都会产生权利义务的继承问题。《民法典》第67条就规定了法人分立、合并的权利义务承担问题。诉讼中发生的分立、合并，需要变更诉讼当事人，执行中发生这种分立、合并，同样需要变更执行当事人。法人或者其他组织的分立、合并不影响其对外承担的债务的义务。实践中，法人或者其他组织分立、合并时，原主体与权利义务承受人往往有债权债务分担的协议，但这种债权债务分担协议并不能对第三者产生约束力，不管法人或其他组织如何分立或者合并，债权人均有权向权利义务承受人追偿债务，以避免被执行人利用分立、合并的途径逃避债务。根据《最高人民法院关于民事执行中变更、追加当事人若干问题的规定》相关规定，申请执行人可以申请变更合并后存续或新设的法人、其他组织为被执行人的；可以申请变更、追加分立后新设的法人或其他组织为被执行人并对生效法律文书确定的债务承担连带责任，但被执行人在分立前与申请执行人就债务清偿达成的书面协议另有约定的除外。

【审判实践中应当注意的问题】

一、法人或者其他组织名称变更的，应直接变更被执行人名称

在经济活动中，法人或其他组织名称变更的情况经常发生。企业法人的变更可以是名称变更，也可以是住所、经营场所、法定代表人、经济性质、经营范围、经营方式、注册资金或者经营期限的变更。这种变更限于形式变更，不包括财产所有权主体的实质变更。这种被执行主体的变更，不同于因法人或者其他组织发生分立、合并时的变更，此类情况下只变更被执行人主体名称，名变而实不变。

二、应区分被执行人继承人不同情形分别处理

在被执行人死亡的情况下，若遗产已被继承完毕，对已经继承遗产的继承人，可裁定变更其为被执行人。遗产尚未继承，应区分情况分别处理：其一，只有一个继承人，该继承人既不明确表示接受继承，又不明确表示放弃继承的，依据《继承法》第 251 条第 1 款的规定，视为接受继承，可以裁定变更其为被执行人，由其在遗产范围内承担清偿责任；该继承人明确表示放弃继承的，可以直接执行遗产。其二，有数个继承人的，可以限令继承人在指定期限内作出接受继承或者放弃继承的表示。对在指定期限内表示接受继承或者不作任何表示的继承人，法院可以裁定变更其为被执行人，由其在应得遗产份额内承担清偿责任；在指定期限内表示放弃继承的继承人，不承担清偿责任。所有继承人均放弃继承的，可以直接执行遗产。对有数个继承人接受继承或视为接受继承，需要确定各自应得遗产份额的，如经协商或调解，各继承人就遗产份额问题达成协议的，法院可按协议内容确定各继承人承担清偿责任的份额；如不能达成协议的，则属继承纠纷，应由继承人通过诉讼解决，法院执行机构不得依职权确定各继承人的应得遗产份额。

三、被变更为被执行人的主体的救济途径

依照本条规定被变更为被执行人的主体，如不服人民法院作出的变更裁定，如何进行救济。依照《变更追加规定》第 30 条规定，此类主体可以自裁定送达之日起 10 日内，向上一级人民法院申请复议。上一级人民法院组成合议庭进行审查，并自收到申请之日 60 日内作出复议裁定。即不服变更裁定的，可通过执行复议程度进行救济。《最高人民法院关于民事执行中变更、追加当事人若干问题的规定》第 32 条还规定了六种情形下当事人可以提起执行异议之诉，而本条规定情形属于一般追加情形，不属于特定六种情形追加情形，当事人无权提起执行异议之诉。除此之外，在执行过程中，被变更主体认为执行行为存在错误的，因其已替代原被执行人主体资格，全面承继了其诉讼权利，当然有权以自身名义提出执行行为异议。

第二百四十四条 执行完毕后，据以执行的判决、裁定和其他法律文书确有错误，被人民法院撤销的，对已被执行的财产，人民法院应当作出裁定，责令取得财产的人返还；拒不返还的，强制执行。

【条文主旨】

本条是关于执行回转的规定。

【理解与适用】

一、执行回转制度概述

执行回转是指民事执行案件已经部分或全部执行完毕后，据以执行的法律文书被依法撤销或变更的情况下，人民法院对已被执行的财产重新采取执行措施，恢复到执行开始时的状态的制度。[①] 由于原执行行为的执行依据被撤销，失去了正当性基础，原执行行为可能影响真正权利人的合法利益。执行回转正是为了解决这一问题的补救制度，目的在于纠正因执行根据错误而导致的执行工作的失误，使当事人之间的权利义务关系恢复到正常状态，以维护当事人的合法权益。

关于被执行财产事后救济制度，我国目前对此采用执行回转制度和侵权损害赔偿之诉并行的双轨制。前者适用于执行依据被撤销的普通民事案件，后者则适用于错误保全案件。我国的执行回转制度体现出较强的职权主义色彩，即人民法院有职责去发现执行中存在的错误，并且有义务去改正这一错误，这种做法体现了法院在审判和执行工作中有错必改、有错必纠的思路。执行回转制度的优势是启动速度快，当事人的权利能够迅速得到保护，避免了另诉方式救济在流程上的烦琐。

一般而言，发生执行回转的原因大致有如下几种：其一，人民法院制

① 黄金龙：《关于人民法院执行工作若干问题的规定（试行）实用解析》，中国法制出版社2004年版，第331页。

作的先予执行的裁定被生效判决撤销，因先予执行而取得财物的一方当事人应将执行所得返还给对方当事人。其二，执行完毕后，生效判决、裁定又经审判监督程序进行再审并被依法撤销，对因原执行行为而获得利益的一方当事人应采取执行回转的措施。其三，其他机关制作的依法由法院强制执行的法律文书，如仲裁裁决书、赋予强制执行效力的债权文书等，在执行完毕后，又被制作机关或人民法院撤销的，由人民法院对因执行措施获得利益的一方当事人采取执行回转措施。

二、法律规定演进

执行回转的规定，在法律层面首次规定于 2007 年《民事诉讼法》第 210 条、后沿革为 2012 年《民事诉讼法》第 233 条、2017 年《民事诉讼法》第 233 条。条文内容始终未进行修改。

《最高人民法院关于人民法院执行工作若干问题的规定（试行）》第 65 条规定："在执行中或执行完毕后，据以执行的法律文书被人民法院或其他有关机关撤销或变更的，原执行机构应当依照民事诉讼法第二百三十三条的规定，依当事人申请或依职权，按照新的生效法律文书，作出执行回转的裁定，责令原申请执行人返还已取得的财产及其孳息。拒不返还的，强制执行。执行回转应重新立案，适用执行程序的有关规定。"第 66 条规定："执行回转时，已执行的标的物系特定物的，应当退还原物。不能退还原物的，经双方当事人同意，可以折价赔偿。双方当事人对折价赔偿不能协商一致的，人民法院应当终结执行回转程序。申请执行人可以另行起诉。"

《民事诉讼法解释》第 474 条规定："法律规定由人民法院执行的其他法律文书执行完毕后，该法律文书被有关机关或者组织依法撤销的，经当事人申请，适用民事诉讼法第二百四十条规定。"

三、执行回转的条件

执行回转应当具备以下条件：其一，执行依据的法律文书确定的内容已经执行一部分或已执行完毕。这是产生执行回转的形式要件。如果执行程序虽已启动，但并未执行到任何内容，原申请执行人的权利未得到任何实现，则不存在执行回转的前提条件。此外，虽然本条规定的形式要件为"执行完毕后"，但结合现行有效的《最高人民法院关于人民法院执行工作若干问题的规定（试行）》第 65 条之规定，这里的“执行完毕后”并不是指申请执行人的全部权利都得以实现，通过执行程序实现了部分权利即部分执行完毕，也符合执行回转的前提条件。其二，执行依据被依法撤销或者变更。此为执行回转的实质要件。执行程序的启动以有执行依据为前提，即通过强制执行程序实现执行依据中所确定的当事人之间的权利义务。执行依据有错误，依法定程序被撤销或变更，执行依据确定的权利义务即失去了合法性、正当性基础，进而产生执行回转的问题。但是，在此情况下，需分析被变更的执行依据内容，如果撤销并改判的结果为被执行人仍承担给付义务，只是给付内容和范围发生了变化，需结合实际执行结果和判决主文进行对比，认定是否启动执行回转程序。在此情况下，如果依据新判决还未执行到位，甚至可能发生不但不启动执行回转，而且还恢复原执行程序的情形。其三，应当依照当事人申请或依职权重新立案执行。依照《民事诉讼法解释》的规定，执行回转应当依当事人申请启动，而《最高人民法院关于人民法院执行工作若干问题的规定（试行）》对此则规定为“依当事人申请或依职权”启动。因该规定仍现行有效，因此执行回转的启动并不限制人民法院依职权启动，这也符合执行回转及时纠错的制度目的。无论是依当事人申请，还是依职权，执行回转应当不在原执行案件中开展，而是应当重新立案，适用普通执行程序的相关规定依法进行。

执行回转的制度目的在于及时保护和挽回原被执行人的合法权益，在执行回转案件中，当事人的地位发生了变化，原被执行人在执行回转中成为申请执行人，原申请执行人则成为被执行人。执行回转应当以撤销原法律文书以后所形成的新法律文书作为执行依据，新法律文书可能驳回原告诉讼请求，也可能对原判决内容进行改判。执行回转的执行标的是新法律文书中应写明原申请执行人应该履行的义务，如果是驳回诉讼请求，则应当返还不当得利或退还原物。执行回转的执行措施与普通执行案件并无不同，如果原申请执行人拒不履行义务，应当依法采取相应执行措施。由于执行回转主要指向返还不当得利或返还原物，《最高人民法院关于人民法院执行工作若干问题的规定（试行）》进一步规定，已执行的标的物系特定物的，应当退还原物。不能退还原物的，可以折价抵偿。

【审判实践中应当注意的问题】

一、责令返还财产的对象应仅限于原申请执行人

《最高人民法院关于人民法院执行工作若干问题的规定（试行）》第65条将返还财产的对象明确界定为“原申请执行人”，不包括其他合法取得财产的人。第三人可以从原申请执行人处受让财产，也可以通过拍卖、变卖程序取得财产。但原申请执行人以外的主体都不能作为执行回转的对象。据此，本条所称的“取得财产的人”，只能理解为原申请执行人，而不应是其他事实上已合法取得执行财产的人。如果其他人只是替原申请执行人占有该财产，并无所有权的情况除外。第三人如果是从原申请执行人处通过合法的方式受让财产，该民事法律关系应受法律保护，执行回转不得将受让财产的第三人作为返还财产的对象，例如第三人通过买卖从原申请执行人处受让标的物，物权变动已经完成。如果第三人是通过强制拍卖、变卖程序买受的，基于法院执行行为的合法性和公信力，第三人的财产权利应受法律保护，人民法院不能责令已经取得财产的第三人返还财产，例如强制拍卖程序的买受人通过合法竞买取得财产。在原申请执行人取得财产后，如果第三人通过另外的强制执行程序，从原申请执行人处取得财产的，其财产权利也应予保护，例如原申请执行人的债权人依据法院生效判决申请强制执行，从原申请执行人处取得财产。

二、执行回转债权在破产程序中具有优先性

在执行回转案件被执行人破产的情况下，对于执行回转案件申请执行人的权利予以优先保护，应认定应当执行回转部分的财产数额，不属于破产财产。此观点在《最高人民法院执行工作办公室关于执行回转案件的申请执行人在被执行人破产案件中能否得到优先受偿保护的请示的答复》（〔2005〕执他字第27号）中予以明确。该复函认为：“人民法院因原错误判决被撤销而进行执行回转，申请执行人在被执行人破产案件中能否得到优先受偿保护的问题，目前我国法律尚无明确规定。我们认为，因原错误判决而被执行的财产，并非因当事人的自主交易而转移。为此，不应当将当事人请求执行回转的权利作为普通债权对待。在执行回转案件被执行人破产的情况下，可以比照取回权制度，对执行回转案件申请执行人的权

利予以优先保护，认定应当执行回转部分的财产数额，不属于破产财产。因此，审理破产案件的法院应当将该部分财产交由执行法院继续执行。”

三、撤销原判发回重审裁定不能作为执行回转的依据

一方面，执行回转的依据需是具有实体内容的生效法律文书，由于执行回转裁定的主文内容并非是简单地表述为返还已经取得的财产及其孳息，还需要对返还财产及孳息的数额予以载明。因此，虽然从形式上看，再审中的撤销原判发回重审的裁定符合生效法律文书的具体形式，但该裁定只是单纯否定原判决的内容，没有具体的实体内容。另一方面，执行回转制度设立目的要求具有终局性的生效法律文书。执行回转不仅仅是使当事人的财物恢复到执行行为实施前的状态，而且还要补偿当事人因法院纠正执行依据错误造成的损失，而补偿的内容只有在终局的法律文书作出前，才可以得到最终的确定。综上，发回重审裁定不能作为执行回转的依据，不能产生执行回转的法律效果。

四、应正确认识执行回转与国家赔偿的关系

根据《国家赔偿法》第 38 条的规定，人民法院在民事、行政诉讼过程中，违法采取对妨害诉讼的强制措施、保全措施或者对判决、裁定及其他生效法律文书执行错误，侵犯公民、法人和其他组织合法权益造成损害的，依法应由国家承担赔偿责任。因此，虽然启动执行回转程序，但并不能适用国家赔偿制度要求执行机构承担责任。理由在于，执行回转的前提是原执行依据被依法撤销，在原执行程序中，执行依据在未被撤销前具有合法性，因此原执行程序中采取的执行措施具有合法性基础，不符合国家赔偿的违法归责原则。并且，通过执行回转，原被执行人的损害可能恢复到执行程序开始前的状态，也缺少国家赔偿“损害事实的客观存在”的构成要件。进而，基于违法归责性因素不存在，即便执行回转未能全部兑现原被执行人所受损害，执行机构也不是赔偿义务机关，对此部分不承担赔偿责任。

第二百四十五条 人民法院制作的调解书的执行，适用本编的规定。

【条文主旨】

本条是关于民事调解书作为执行依据的规定。

【理解与理解】

一、民事调解书执行制度概述

人民法院制作的调解书，是指人民法院在审理民事案件过程中，根据自愿和合法的原则，在查清事实、分清是非的基础上，通过调解促使当事人达成协议而制作的法律文书。对此，本法第100条规定："调解达成协议，人民法院应当制作调解书。调解书应当写明诉讼请求、案件的事实和调解结果。调解书由审判人员、书记员署名，加盖人民法院印章，送达双方当事人。调解书经双方当事人签收后，即具有法律效力。"

本条对调解书的执行，从人民法院对于判决、裁定的执行中单列出来专门予以规定，是将调解书与本法第235条第2款规定的"法律规定由人民法院执行的其他法律文书"区分开来。法律规定由人民法院执行的其他法律文书包括仲裁裁决、公证债权文书、支付令等，再结合本法第247条第2款中"调解书和其他应当由人民法院执行的法律文书，当事人必须履行"的规定，也明确将调解书与其他法律文书作为单独的执行依据类型区分开来。实际上，民事调解书一旦被受理执行，在执行程序中，采取的各项执行措施及其法律效果，与人民法院作出的裁判及其他法律文书无根本区别。

二、民事调解书的法律效力

民事调解书的法律效力体现为实体法、程序法和强制执行三个方面。首先，在实体法层面，民事调解书确认了当事人之间的民事法律关系。即调解书送达当事人后，当事人之间发生争议的民事法律关系，因各方达成一致意见而得到了确认并发生法律效力。权利人应依法按约行使权利，义务人应依法按约履行义务。其次，在程序法层面，民事调解书生效后即产生诉讼终结的法律效果，即调解书生效后，当事人不得以同一事实和理由向人民法院再行提起诉讼。调解书是人民法院对当事人自愿达成的调解协议的确认，其法律效力与人民法院作出生效判决具有同等效力，具有既判力，调解书生效后使当事人丧失上诉权并受到“一事不再理”原则的约束。再次，具有给付内容的调解书具有强制执行的效力。当事人拒不履行调解书确定的给付义务，另一方当事人可以依据调解书向人民法院申请强制执行。

三、民事调解书进入执行程序的要件

（一）民事调解书的生效

民事调解书进入执行程序的前提条件是调解书已经发生法律效力，并且一方当事人未履行调解书确定的给付义务。人民法院启动执行程序需要审查执行依据是否生效。对于民事调解书的生效时间，虽然本法第100条第3款规定：“调解书经双方当事人签收后，即具有法律效力”，《民事诉讼法解释》第149条规定：“调解书需经当事人签收后才发生法律效力的，应当以最后收到调解书的当事人签收的日期为调解书生效日期。”但是，应当注意两种情形，即《最高人民法院关于人民法院民事调解工作若干问题的规定》第12条规定的“对调解书的内容既不享有权利又不承担义务的当事人不签收调解书的，不影响调解书的效力”以及《民事诉讼法解释》第151条规定的“当事人各方同意在调解协议上签名或者盖章后即发生法律效力”，这两种情形是对调解书经当事人签收生效的例外。

（二）民事调解书的执行管辖法院

关于调解书的执行管辖问题，虽然调解书与人民法院作出的判决、裁定具有同等效力，但是在执行管辖问题上，《民事诉讼法》及其司法解释未对调解书的管辖要件做出明确规定。依照《民事诉讼法》第235条第1款规定，发生法律效力的民事判决、裁定，以及刑事判决、裁定中的财产部分，由第一审人民法院或与第一审人民法院同级的被执行财产所在地人民法院执行；第2款又规定，法律规定由人民法院执行的其他法律文书，由被执行人住所地或者被执行的财产所在地人民法院执行。虽然两款条文都未明确包括调解书，但基于调解书是在诉讼活动中在人民法院主持下制作，并与判决、裁定具有同等效力，与人民法院具有明确的连接点，因此，调解书的执行管辖法院，应参照第235条第一款，由第一审人民法院或与第一审人民法院同级的被执行财产所在地人民法院执行。

【审判实践中应当注意的问题】

一、已在民事调解书中约定并承担违约责任的，执行程序中不再承担迟延履行利息

《民事诉讼法》第264条规定，被执行人未按判决、裁定和其他法律文书指定的期间履行给付金钱义务的，应当加倍支付迟延履行期间的债务利息。被执行人未按判决、裁定和其他法律文书指定的期间履行其他义务的，应当支付迟延履行金。《最高人民法院关于人民法院民事调解工作若干问题的规定》第15条第2款规定的“不履行调解协议的当事人按照前款规定承担了调解书确定的民事责任后，对方当事人又要求其承担民事诉讼法第二百三十二条规定的迟延履行责任的，人民法院不予支持”是针对当事人不履行调解书时应如何承担民事责任所作出了特殊规定。由此可见，《民事诉讼法》规定的迟延履行责任与《最高人民法院关于人民法院民事调解工作若干问题的规定》第15条规定的当事人约定不履行协议应当承担的民事责任是竞合关系，当事人只能选择其中一种行使，即选择最有利条款，不得同时行使两种权利。

二、拒不执行调解书是否构成拒不执行判决、裁定罪

《刑法》第313条第1款规定：“对人民法院的判决、裁定有能力执行而拒不执行，情节严重的，处三年以下有期徒刑、拘役或罚金”。执行程序中，拒执罪是对于情形恶劣的被执行人的有效打击手段。但是，执行依据为调解书的情况下能否适用拒执罪，曾一度存在争议。对此，《最高人民法院研究室关于拒不执行人民法院调解书的行为是否构成拒不执行判决、裁定罪的答复》（法研〔2000〕117号）予以明确：刑法第313条规定的“判决、裁定”，不包括人民法院的调解书。对于行为人拒不执行人民法院调解书的行为，不能依照《刑法》第313条的规定定罪处罚。之所以不把拒不履行调解书作为拒执罪的范围，主要是考虑到，调解书具有协议性质，是双方当事人合意达成，人民法院仅对其合法性进行审查。调

解书的生效要件不同于判决。裁定，当事人在送达签收之前都可以反悔，对双方当事人的约束力源自双方的契约合意，而不是通过司法审判认定的权利义务关系。因此，虽然调解书的法律效果与判决、裁定相同，但在拒不履行是否构成犯罪的问题上，存在明显区别。

需要注意的是，虽然拒不履行调解书不是拒执罪的调整范围，但是，在调解书的执行程序做出的相关执行裁定，当事人拒不履行的，应当属于《刑法》第313条规定的“人民法院的判决、裁定”范围，可以适用拒执罪。对此，《全国人大常委会关于〈中华人民共和国刑法〉第三百一十三条的解释》作出了说明：刑法第三百一十三条规定的“人民法院的判决、裁定”，是指人民法院依法作出的具有执行内容并已发生法律效力的判决、裁定。人民法院为依法执行支付令、生效的调解书、仲裁裁决、公证债权文书等所作的裁定属于该条规定的裁定。

三、应提升调解书的及时履行性、可执行性

近年来，执行案件收案数持续高位运行，而无财产可供执行案件退出机制不完善，执行案件总量上升势头不减。加强执源治理，从源头上减少执行案件数量，成为摆在人民法院面前的紧迫任务。调解书本身就是在双方当事人达成合意、意思自治前提下对自身权益的处分，从进入执行程序的比例来看，却并未体现出实质化解矛盾的优势。因此，一方面要尽量促成调解书尽快履行，另一方面，人民法院在制作民事调解书时，应严格审查调解协议内容的确定性和可执行性，主动考虑案件后续执行问题，充分行使释明权，指引当事人充分维护自身合法权益。在此基础上起到“执源治理”效果。

第二百四十六条　人民检察院有权对民事执行活动实行法律监督。

【条文主旨】

本条是关于人民检察院有权对人民法院的民事执行活动实行法律监督的规定。

【理解与适用】

一、历史沿革

2007 年《民事诉讼法》修改时，主张建立民事执行检察监督制度的呼声就不断，部分各级人大常委会委员在民事诉讼法修正案审议过程中就提出应对民事执行实行检察监督的意见。由于 2007 年的修法只解决“申诉难”和“执行难”两个问题，检察监督的问题就被暂时搁置了。2008 年，中央政法委印发了《最高人民法院　最高人民检察院关于深化司法体制和工作机制改革若干问题的意见》，提出了“明确对民事执行工作实施法律监督的范围和程序”的工作任务。为落实中央司改精神，立法机关在本次修法中将加强法律监督作为修法的重要任务，建立执行检察监督制度就被列入立法日程。2011 年，最高人民法院、最高人民检察院选择山西、内蒙古、上海等 12 家法院、检察院试点民事执行法律监督工作，会签了《关于在部分地方开展民事执行活动法律监督试点工作的通知》，明确执行检察监督的范围、监督方式、监督程序等方面的内容。地方法院的实践为此次修法奠定了基础。

2012 年民事诉讼法修正时，第一次审议稿将 2007 年《民事诉讼法》第 14 条修改为“人民检察院有权以检察建议、抗诉方式对民事诉讼实行法律监督”。“对民事审判活动实行法律监督”修改为“对民事诉讼实行法律监督”，主要是将民事执行活动和人民法院的调解活动纳入法律监督。但在审议时有意见提出这种规定与刑事诉讼法、行政诉讼法的规定表述不一致，最高人民检察院也要求进一步明确人民检察院对人民调解活动、民事执行活动实行法律监督的范围和方式。法律委员会经研究，将“人民检察院有权以检察建议、抗诉方式对民事诉讼实行监督”修改为“人民检察院有权对民事诉讼实行法律监督”，同时在《民事诉讼法》执行程序编中的第235条（现246条）增加规定“人民检察院有权对民事执行活动实行法律监督”，作为执行检察监督的原则性规定。民事执行检察监督制度的建立，将对我国的民事执行制度产生重要影响，将对化解“执行乱”和“执行难”问题产生重要意义。本条自2012年《民事诉讼法》修正后一直延续至今没有修改。

2016年，为促进人民法院依法执行，规范人民检察院民事执行法律监督活动，最高人民法院、最高人民检察院联合制定了《关于民事执行活动法律监督若干问题的规定》。规定了人民检察院民事执行活动监督的内容、管辖等具体程序。2021年，最高人民检察院发布《人民检察院民事诉讼监督规则》，对执行法律监督的范围、方式、程序等问题进行了规定。

二、执行检察监督的内容

民事执行法律监督是指人民检察院依照《民事诉讼法》的规定对人民法院民事执行活动实行监督，对人民法院不当的执行行为予以矫正的制度。

（一）监督原则

1. 依法监督原则

检察机关对法院民事执行活动进行法律监督必须严格依照法律规定，包括民事实体法、程序法及相关的司法解释。检察机关应当严格依法办事，确保监督程序符合法律规定。

2. 同级监督原则

在实施民事执行监督时，应由同级检察院受理对同级法院执行裁定、决定、通知和具体执行行为进行监督的案件，由受理的检察院对同级法院实施具体的监督，保持对等性、合法性，确保监督效率和效果。根据《最高人民法院、最高人民检察院关于民事执行活动法律监督若干问题的规定》第4条，对民事执行活动的监督案件，由执行法院所在地同级人民检察院管辖。上级人民检察院认为确有必要的，可以办理下级人民检察院管辖的民事执行监督案件。下级人民检察院对有管辖权的民事执行监督案件，认为需要上级人民检察院办理的，可以报请上级人民检察院办理。

3. 充分尊重当事人意愿，以当事人的申请为原则

检察机关对民事执行活动进行法律监督，是对公权力的监督，发现公权力违法，就应依法启动监督程序。但是，由于对公权力的监督一般也会影响当事人的私益，所以在不涉及国家利益、社会公共利益等情况下，检察监督会充分尊重当事人意愿，监督程序的启动原则上以当事人申请为主，检察机关不应主动启动监督程序。民事执行涉及私权的处分，依照民事诉讼的意思自治原则，当事人和案外人有权处置自己的实体权利和诉讼权利，在当事人和案外人没有提出申诉的情况下，检察机关不应当介入。

4. 发挥法院内部纠错功能，有限监督的原则

当事人认为执行活动违法的，应当首先选择提出异议、复议等法律明确规定的救济途径，通过法院内部纠错机制解决问题，在法律规定的救济途径和内部纠错机制不能发挥有效作用时，检察监督会及时介入。由于执行的案件都是民事案件，执行标的具有私权性质，当事人对私权享有处分权，执行检察监督应遵循有限监督原则。例如，当事人达成执行和解体现其意思自治，只要不损害国家利益、社会公共利益，检察机关就不应当主动进行监督。这是引导当事人依法寻求救济和发挥法院内部纠错功能。

5. 事后监督原则，不干预法院正常执行活动原则

在民事执行活动中，人民检察院和人民法院按照分工履行各自的职能。在违法行为或违法情形发生后，检察监督才会介入。人民法院依职权对生效民事裁判实施执行活动，应不受外力的干扰，检察机关实施监督不应影响人民法院的正常执行活动。检察机关在实施监督过程中，要维护法院审判与执行的权威性，正确处理好检察监督与法院生效裁判的既判力和执行力的关系，对法院裁判正确、执行行为正确的申诉案件，要配合法院做好当事人自觉履行裁判确定义务的服判息诉工作。

（二）监督范围

关于民事执行活动进行法律监督的范围问题，学界普遍认为应当从三个方面进行监督。第一，对民事执行裁判行为进行法律监督，主要针对人民法院做出错误裁定进行监督。第二，对民事执行实施行为实行法律监督。其中包括：（1）采取错误地执行措施或采取执行措施违反法定程序；（2）超越执行范围的执行行为，指法院未依照生效的裁判文书确定的范围进行执行，错误地执行了被执行人的财产，或者超范围执行了被执

行人财产的行为，或错误地执行了案外人或同案其他当事人的财产，或未按法律规定保留公民及其抚养的亲属必要的生活费和生活资料；（3）执行人员枉法行为、消极执行的行为，指执行人员在民事执行活动中严重不负责任或者滥用职权，不依法采取诉讼保全措施、不履行法定执行职责，或者违法采取诉讼保全措施、强制执行措施，致使当事人或者其他人的利益遭受重大损失的行为。第三，对执行活动中的职务犯罪实行法律监督，包括：（1）为谋取私利或者一方当事人利益，与鉴定、评估、拍卖等中介机构勾结，指使其违反规定压低或抬高价格，侵害相关当事人利益的；（2）在执行中索取、收受当事人财物及其他贿赂的，或者贪污、私分执行款及孳息或者其他财产的，或者挪用、截留执行款物归自己使用的。

《民事诉讼法》第246条规定："人民检察院有权对民事执行活动实行法律监督。"对人民法院的执行活动进行监督，主要是对民事执行活动的合法性进行监督。

在具体监督范围上，《关于民事执行活动法律监督若干问题的规定》明确了执行检察监督是对人民法院民事执行行为的全面监督，即"人民检察院对人民法院执行生效民事判决、裁定、调解书、支付令、仲裁裁决以及公证债权文书等法律文书的活动实行法律监督。"

（三）监督方式

根据《人民检察院民事诉讼监督规则》规定，人民检察院对民事执行活动实行监督的主要方式包括要求人民法院说明案件执行情况、提出民事执行监督检察建议。

1. 说明案件执行情况

人民检察院发现人民法院在执行活动中可能存在怠于履行职责情形的，可以向人民法院发出《说明案件执行情况通知书》，要求说明案件的执行情况及理由。

2. 检察建议

根据《人民检察院民事诉讼监督规则》第106条规定，人民检察院发现人民法院在执行活动中有下列情形之一的，应当向同级人民法院提出检察建议：（1）决定是否受理、执行管辖权的转移以及审查和处理执行异议、复议、申诉等执行审查活动存在违法、错误情形的；（2）实施财产调查、控制、处分、交付和分配以及罚款、拘留、信用惩戒措施等执行实施活动存在违法、错误情形的；（3）存在消极执行、拖延执行情形的；

（4）其他执行违法、错误等情形。《关于民事执行活动法律监督若干问题的规定》第 11 条规定，人民检察院向人民法院提出民事执行监督检察建议，应当经检察长批准或者检察委员会决定，制作检察建议书，在决定之日起 15 日内将检察建议书连同案件卷宗移送同级人民法院。检察建议书应当载明检察机关查明的事实、监督理由、依据以及建议内容等。人民检察院向人民法院提出民事执行监督检察建议，应当经检察长批准或者检察委员会决定，制作检察建议书，在决定之日起 15 日内将检察建议书连同案件卷宗移送同级人民法院。检察建议书应当载明检察机关查明的事实、监督理由、依据以及建议内容等。

【审判实践中应当注意的问题】

一、民事执行检察监督程序的启动

检察机关对民事执行活动进行监督，应当以当事人或者利害关系人提出申诉为前提。这是因为民事执行涉及私权的处分，当事人和案外人有权处置自己的实体权利和诉讼权利。在执行程序中，当事人或者利害关系人认为法院的执行行为违法的，应当首先由当事人或者利害关系人依法通过法院启动救济程序，只有当事人或者利害关系人不服法院的裁决或者法院拒绝作出相应处理的，才可以向检察院提出申诉，申请检察院进行执行监督。但是，根据《关于民事执行活动法律监督若干问题的规定》第 7 条规定，人民检察院针对下列情况应当依职权进行监督：（1）损害国家利益或者社会公共利益的；（2）执行人员在执行该案时有贪污受贿、徇私舞弊、枉法执行等违法行为、司法机关已经立案的；（3）造成重大社会影响的；（四）需要跟进监督的。

二、民事执行检察监督前置程序

《最高人民法院关于民事执行活动法律监督若干问题的规定》规定，当事人、利害关系人、案外人认为民事执行活动存在违法情形，向人民检察院申请监督，法律规定可以提出异议、复议或者提起诉讼，当事人、利害关系人、案外人没有提出异议、申请复议或者提起诉讼的，人民检察院不予受理，但有正当理由的除外。当事人、利害关系人、案外人已经向人民法院提出执行异议或者申请复议，人民法院审查异议、复议期间，当事人、利害关系人、案外人又向人民检察院申请监督的，人民检察院不予受理，但申请对人民法院的异议、复议程序进行监督的除外。根据《民事诉讼法》的规定，当事人针对执行行为可以提出执行异议和复议，针对执行标的异议可以提起案外人执行异议之诉。因此，大部分执行监督情形均应当走前置程序后再申请检察监督程序。但是依据规定，前置程序设定了两个除外条款："有正当理由"和"申请对异议复议程序监督"的。

三、民事执行检察监督程序的案件管辖

在级别管辖上，原则上适用同级检察监督的原则。民事执行侧重于追求效率，如果通过上级监督下级的方式则不利于纠正错误的民事执行活动。在特殊情形下，如上级检察院认为有必要，或者发现下级检察院存在怠于监督的情形，可以主动对下级法院的民事执行活动进行监督。在地域管辖上，采用执行法院所在地检察院管辖，更有利于及时发现问题并沟通解决问题。但是，对于当事人不服上级人民法院作出的复议裁定、决定等，提出监督申请的，由上级人民法院所在地同级人民检察院受理。对于受理后交办的案件，下级人民检察院经审查认为人民法院作出的执行复议裁定、决定等存在违法、错误情形的，应当提请上级人民检察院监督；认为人民法院作出的执行复议裁定、决定等正确的，应当作出不支持监督申请的决定。

第二十章　执行的申请和移送

第二百四十七条　发生法律效力的民事判决、裁定，当事人必须履行。一方拒绝履行的，对方当事人可以向人民法院申请执行，也可以由审判员移送执行员执行。

调解书和其他应当由人民法院执行的法律文书，当事人必须履行。一方拒绝履行的，对方当事人可以向人民法院申请执行。

【条文主旨】

本条是关于引起执行程序开始两种途径的规定。

【理解与适用】

执行开始，是指人民法院依照执行依据开始执行，强调执行程序启动，而非强制执行行为实施。按照本条规定，执行开始主要有申请执行和移送执行两种方式。

一、申请执行

申请执行，是指债权人在债务人不履行生效法律文书确定的义务时，向人民法院提出申请，请求人民法院强制债务人履行义务的行为。债权人向人民法院申请执行是当事人主义在执行程序启动中的体现，是执行程序开始的主要方式。强制执行以实现私权为目的，私人权利是否请求国家保护，应该遵循权利人意思自治原则。因此，通常情况下，强制执行须经债权人主动申请，始得开始。[①]

申请执行应当具备以下几个条件：

（1）债权人有执行依据。根据本条规定，当事人可据以申请执行的

① 杨与龄：《强制执行法论》，中国政法大学出版社2002年版，第3页。

依据，既包括发生法律效力的民事判决、裁定，也包括调解书和其他应当由人民法院执行的法律文书。其他应当由人民法院执行的法律文书，主要指仲裁机构作出的仲裁裁决书、仲裁调解书，以及公证机关作出的公证债权文书。

（2）债务人在生效法律文书确定的期限内未履行义务。如果执行依据附有期限、条件，则债权人在条件成就、期限届满时，始得向法院申请强制执行。至于期限是否届满、条件是否成就，由法院在立案时进行审查，申请执行人负责对其主张举证。需要注意的是，如果执行依据确定当事人互负义务且没有先后履行顺序，债权人已经履行或者提出给付的，法院可以进行强制执行。反之，如果债权人未履行或者未提出给付，法院不得强制执行。[①]

（3）申请执行人是执行依据确定的权利人或继承人、权利承受人。通常来讲，申请执行人应当是执行依据载明的权利人，但如果作为权利人的公民死亡或者法人消灭，其继承人、权利承受人也可以作为申请执行人。申请执行人可以委托代理人代为申请执行。委托代理的，应当向人民法院提交经委托人签字或盖章的授权委托书，写明代理人的姓名或者名称、代理事项、权限和期限。委托代理人代为放弃、变更民事权利，或代为进行执行和解，或代为收取执行款项的，应当有委托人的特别授权。

（4）必须在法定期间内提出申请。《民事诉讼法》规定申请执行的期间为二年。申请执行时效的中止、中断，适用法律有关诉讼时效中止、中断的规定。申请执行人在申请执行时效期间届满后申请执行如何处理的问题，根据《民事诉讼法解释》第481条，参照《民法典》第193条、《最高人民法院关于审理民事案件适用诉讼时效制度若干问题的规定》第2条规定，申请执行人超过申请执行时效期间向人民法院申请强制执行的，人民法院应予受理。被执行人对申请执行时效期间提出异议，人民法院经审查异议成立的，裁定不予执行。被执行人未对申请执行时效提出异议的，人民法院不应对申请执行时效问题进行释明及主动适用申请执行时效的规定裁定不予执行。被执行人作出同意履行义务的意思表示后，又以超过执行时效为由提出异议的，人民法院不予支持。被执行人履行全部或者部分义务后，又以不知道申请执行时效期间届满为由请求执行回转的，人民法

① 陈杭平：《中国民事强制执行法重点讲义》，法律出版社2023年版，第27~28页。

院不予支持。换言之，申请执行人应在法定期间内申请执行，否则执行依据可能因被执行人提出时效抗辩而丧失强制执行效力。

（5）必须向有管辖权的人民法院提出。根据《民事诉讼法》第235条及相关司法解释规定，对于人民法院作出的裁判，由第一审人民法院或者与第一审人民法院同级的被执行的财产所在地人民法院执行。对于非由人民法院执行的其他法律文书，由被执行人住所地或者被执行的财产所在地人民法院执行，级别管辖参照适用民事诉讼法关于第一审民商事案件级别管辖的规定。

申请执行一般采用书面形式，申请执行人应向人民法院提交以下文件和证件：（1）申请执行书。申请执行书中应当写明申请执行的理由、事项、执行标的，以及申请执行人所了解的被执行人的财产状况。（2）生效法律文书副本。提交的生效法律文书应当是原件，提交原件确有困难的，应提交作出机关盖章证明与原件一致的复印件。案件经过二审的，应当同时提交一、二审裁判文书。申请执行仲裁机构的仲裁裁决，应当向人民法院提交有仲裁条款的合同书或仲裁协议书。申请执行国外仲裁机构的仲裁裁决的，应当提交经我国驻外使领馆认证或我国公证机关公证的仲裁裁决书中文本。（3）申请执行人的身份证明。自然人申请的，应当出示居民身份证；法人申请的，应当提交法人营业执照副本和法定代表人身份证明；非法人组织申请的，应当提交营业执照副本和主要负责人身份证明。（4）继承人或权利承受人申请执行的，应当提交继承或承受权利的证明文件。如作为权利人的公民死亡的，继承人申请执行必须向法院提供自己享有该权利的证据，如公安机关出具的证明其与死者身份关系的证明，经过公证的遗嘱，或者几个继承人的遗产分割协议等；作为权利人的法人或其他组织合并或分立的，承受其权利的法人或其他组织申请执行必须提交合并或分立协议，有关机关批准文件或者工商管理部门出具的有关证明等。[①]（5）其他应当提交的文件或证件。

二、移送执行

移送执行，是指人民法院审判机构依职权将具有执行内容的生效法律文书移交执行机构强制执行，从而启动执行程序的行为。移送执行是职权

① 江必新：《强制执行法理论与实务》，中国法制出版社2014年版，第248页。

主义在执行程序启动方式上的体现，是执行程序开始的一种补充方式。

审判实践中，执行程序一般由当事人提出执行申请开始，但在某些特殊情况下，如追索国家财产案件的判决，追索赡养费、抚育费、扶养费案件的判决，人民法院往往不经当事人申请而直接移送执行。移送执行是人民法院的职权行为，哪些案件需要移送执行，法律没有明文规定。[①]关于移送执行的规定主要见于司法解释之中，凡法律和司法解释没有规定移送执行的案件，意味着需要经当事人申请才能启动执行程序。根据《最高人民法院关于人民法院执行工作若干问题的规定（试行）》（2020年修正）第17条规定，法院可以依职权移送执行的案件，主要有以下三类：（1）发生法律效力的具有给付赡养费、扶养费、抚育费内容的法律文书；（2）民事制裁决定书；（3）刑事附带民事判决、裁定、调解书。除此之外，适用移送执行的法律文书还包括：（1）具有交纳诉讼费用内容的法律文书；（2）具有财产判项内容的刑事裁判文书；（3）人民检察院提起公益诉讼案件判决、裁定；（4）财产保全、证据保全、先予执行裁定。[②]

《民事诉讼法》之所以规定移送执行制度，与我国强制执行的立法传统有关。新中国成立初期，我国民事案件的审判程序与执行程序并未严格区分，执行属于审判工作延续，奉行审执合一的“谁承办谁负责执行”制度。1982年施行的《民事诉讼法（试行）》将移送执行作为启动执行程序的主要方式，而将当事人申请作为一种补充。该法第166条规定：“发生法律效力的民事判决、裁定、调解协议和其他应当由人民法院执行的法律文书，当事人必须履行。一方拒绝履行的，由审判员移送执行员执行，对方当事人也可以向人民法院申请执行。”随着我国民事诉讼程序中职权主义色彩褪去，审判程序与执行程序分离，1991年施行的《民事诉讼法》将当事人申请执行作为启动执行程序的主要方式，一直延续至今。[③]从司法解释关于移送执行法定情形的规定来看，主要可以区分为以下三种：（1）保护弱势群体性质的民事执行。如发生法律效力的具有给付赡养费、扶养费、抚育费内容的法律文书，刑事附带民事判决、裁定、调解书皆属

① 王胜明：《中华人民共和国民事诉讼法释义（最新修正版）》，法律出版社2012年版，第550~551页。

② 最高人民法院执行局：《人民法院办理执行案件规范》，人民法院出版社2022年版，第13~14页。

③ 江必新：《新民事诉讼法条文理解与适用》人民法院出版社2022年版，第1174页。

此类。(2)公法性质明显的司法执行、刑事执行以及公益诉讼案件的执行。如民事制裁决定书、具有交纳诉讼费用内容的法律文书、具有财产判项内容的刑事裁判文书、人民检察院提起公益诉讼案件判决、裁定移送执行属于此种情形。(3)保全执行。有别于终局执行,保全执行目的在于维持现状,以保证将来终局执行得以实现。从保全执行的性质和诉讼效率出发,财产保全、证据保全、先予执行裁定生效后,都参照适用移送执行的规定。

需要注意的是,移送执行只能在法院内部进行,其他单位和个人包括仲裁机构、公证机构均无权向人民法院移送执行。审判机构将案件移送执行机构时,应当提交移送执行书,明确需执行的事项和应注意的问题,连同生效法律文书一并移送。

【审判实践中应当注意的问题】

一、执行依据不明确时的处理

作为强制执行依据的生效法律文书应当具有明确具体给付内容。对此,《民事诉讼法解释》第461条第1款规定执行依据应当“权利义务主体明确”且“给付内容明确”。《最高人民法院关于人民法院执行工作若干问题的规定(试行)》(2020年修正)第16条第1款第3项规定“申请执行的法律文书有给付内容,且执行标的和被执行人明确”。最高人民法院在2018年《关于人民法院立案、审判与执行工作协调运行的意见》中也对常见的法律文书主文明确性提出严格要求,该意见第11条规定:“法律文书主文应当明确具体:(1)给付金钱的,应当明确数额。需要计算利息、违约金数额的,应当有明确的计算基数、标准、起止时间等;(2)交付特定标的物的,应当明确特定物的名称、数量、具体特征等特定信息,以及交付时间、方式等;(3)确定继承的,应当明确遗产的名称、数量、数额等;(4)离婚案件分割财产的,应当明确财产名称、数量、数额等;(5)继续履行合同的,应当明确当事人继续履行合同的内容、方式等;(6)排除妨碍、恢复原状的,应当明确排除妨碍、恢复原状的标准、时间等;(7)停止侵害的,应当明确停止侵害行为的具体方式,以及被侵害权利的具体内容或者范围等;(8)确定子女探视权的,应当明确探视的方式、具体时间和地点,以及交接办法等;(9)当事人之间互负给付义务的，应当明确履行顺序。对前款规定中财产数量较多的，可以在法律文书后另附清单。”但是，实践中，作为执行依据的法院裁判、仲裁裁决、公证债权文书等仍时常在是否“明确”上引发争议。

执行依据所载内容不明确，执行机关通过形式审查不能确定权利义务主体或者给付内容的，应当书面征求执行依据作出机关或机构的意见，由其通过说明、补正等方式明确。通过上述方式仍无法确定权利义务主体或给付内容的，执行机关应驳回申请执行人的执行申请，告知其通过诉讼、仲裁等方式取得新的执行依据后申请执行。

二、担保人、连带责任人承担责任后直接申请执行的处理

担保人或连带责任人承担责任后，通过诉讼程序还是直接申请强制执行方式行使追偿权，实践中做法不一。最高人民法院通过答复予以明确：生效法律文书已确认担保人承担担保责任后可以向主债务人行使追偿权，担保人承担责任后直接向人民法院申请执行主债务人的，人民法院应当受理。生效法律文书已确认连带责任人有权追偿的数额，连带责任人承担连带责任后直接向人民法院申请执行其他连带责任人的，人民法院应当受理。

第二百四十八条　对依法设立的仲裁机构的裁决，一方当事人不履行的，对方当事人可以向有管辖权的人民法院申请执行。受申请的人民法院应当执行。

被申请人提出证据证明仲裁裁决有下列情形之一的，经人民法院组成合议庭审查核实，裁定不予执行：

（一）当事人在合同中没有订有仲裁条款或者事后没有达成书面仲裁协议的；

（二）裁决的事项不属于仲裁协议的范围或者仲裁机构无权仲裁的；

（三）仲裁庭的组成或者仲裁的程序违反法定程序的；

（四）裁决所根据的证据是伪造的；

（五）对方当事人向仲裁机构隐瞒了足以影响公正裁决的证据的；

（六）仲裁员在仲裁该案时有贪污受贿，徇私舞弊，枉法裁决行为的。

人民法院认定执行该裁决违背社会公共利益的，裁定不予执行。

裁定书应当送达双方当事人和仲裁机构。

仲裁裁决被人民法院裁定不予执行的，当事人可以根据双方达成的书面仲裁协议重新申请仲裁，也可以向人民法院起诉。

【条文主旨】

本条是关于不予执行仲裁裁决标准的规定。

【理解与适用】

仲裁是一种国际社会普遍认可的与诉讼并行的纠纷解决方式。在仲裁程序中，仲裁以当事人的意思自治为基础，仲裁权的取得来源于双方当事人的合意，以专家仲裁员作为制度保障，可以广泛发挥各行各业专家的能动性来分享纠纷解决方式的权威，仲裁的进行是一种认识的来源、沟通的媒介和同意的基础；仲裁裁决的依据是多元化、开放性的，并不要求严格遵循各种规则的规定，可以利用各种非法律的资源，其目的是调整而非裁判。因此，仲裁能更加灵活地回应社会的需求。尤其是《仲裁法》第 9 条第 1 款规定："仲裁实行一裁终局的制度。裁决作出后，当事人就同一纠纷再申请仲裁或者向人民法院起诉的，仲裁委员会或者人民法院不予受理。"以一裁终局的效力来体现其效率性，使当事人之间的争议能够迅速得以解决，为当事人节约了时间、节省了费用，使争议中的资源尽快投入流通。这也正是仲裁区别于其他纠纷解决方式的优势所在。仲裁作为民事争议的一种纠纷解决方式，在市场经济发展中发挥着重要的作用，被誉为多元化纠纷解决方式中的一项重要内容。在转型时期社会纠纷激增的形势下，从某种程度上来说，仲裁弥补诉讼的不足，发挥了纠纷分流的作用，有效缓解了法院的诉讼压力。

规范和完善人民法院对仲裁活动的监督，有力推动仲裁功能的发挥，同时确保仲裁裁决公正，充分维护当事人的合法权益。司法与仲裁的关系分为两方面：一方面是司法对仲裁的监督与控制，另一方面是司法对仲裁的支持与协助。现代司法与仲裁关系发展的一般趋势是，司法对仲裁的监督与控制逐步弱化，而支持与协助则不断强化，支持仲裁已成为各国和地区普遍遵行的立法指导思想和司法政策。[①]《民事诉讼法》《仲裁法》等赋予人民法院对仲裁活动进行司法监督和支持的重要审判职能。各国和地区纷纷立法弱化司法对仲裁的监督。

为了规范司法与仲裁的关系，《仲裁法》《民事诉讼法》等多部法律作了相应规定。按照《仲裁法》，司法对仲裁的监督主要体现为三个方面，即认定仲裁协议效力、撤销仲裁裁决、执行仲裁裁决。其中，根据当事人的申请，作出撤销仲裁裁决的是司法对仲裁的积极审查；根据被申请人提出证据证明具有法定情形，作出不予执行裁定的消极审查。《仲裁法》第 17 条对仲裁协议无效的情形进行了列举："（一）约定的仲裁事项超出法律规定的仲裁范围的；（二）无民事行为能力人或者限制民事行为能力人订立的仲裁协议；（三）一方采取胁迫手段，迫使对方订立仲裁协议的。"而撤销与不予执行仲裁裁决制度则是法院对仲裁进行监督最为重要的方式之一。

---

① 万鄂湘、于喜富：《我国仲裁司法监督制度的最新发展——评最高人民法院关于适用仲裁法的司法解释》，载《法学评论》2007 年第 1 期。

《仲裁法》第58条对申请撤销裁决条件规定："当事人提出证据证明裁决有下列情形之一的，可以向仲裁委员会所在地的中级人民法院申请撤销裁决：（一）没有仲裁协议的；（二）裁决的事项不属于仲裁协议的范围或者仲裁委员会无权仲裁的；（三）仲裁庭的组成或者仲裁的程序违反法定程序的；（四）裁决所根据的证据是伪造的；（五）对方当事人隐瞒了足以影响公正裁决的证据的；（六）仲裁员在仲裁该案时有索贿受贿，徇私舞弊，枉法裁决行为的。人民法院经组成合议庭审查核实裁决有前款规定情形之一的，应当裁定撤销。人民法院认定该裁决违背社会公共利益的，应当裁定撤销。"

不予执行仲裁裁决是针对已被当事人作为执行根据的仲裁裁决而规定的一种救济途径，是司法监督仲裁的重要方式之一。不予执行仲裁裁决是指在一方当事人向法院申请执行仲裁裁决时，对方当事人有权提出证据证明具有法定事由，经法院审查符合条件的，即否定仲裁裁决的效力。人民法院依法撤销仲裁裁决与不予执行仲裁裁决二者都是人民法院对仲裁的监督。由于仲裁机构不具有强制执行权，一方当事人不自觉履行仲裁裁决时，另一方当事人可依法向人民法院申请强制执行。人民法院受理当事人关于执行仲裁裁决的申请以后，被申请人提出证据证明仲裁裁决具有法定情形之一者，经人民法院组成合议庭审查核定，裁定不予执行。根据《仲裁法》第63条规定："被申请人提出证据证明裁决有符合民事诉讼法第二百一十三条[①]第二款规定不予执行仲裁裁决规定的情形之一的，经人民法院组成合议庭审查核实，裁定不予执行。"

不予执行仲裁裁决的标准涉及司法和仲裁之间的关系，妥善处理好二者之间的关系，既有利于维护仲裁的自主性和高效，又能减轻法院压力、畅通多元化的纠纷解决机制。2021年修正的《民事诉讼法》第244条第2款、第3款对不予执行仲裁裁决的情形明确为："被申请人提出证据证明仲裁裁决有下列情形之一的，经人民法院组成合议庭审查核实，裁定不予执行：（一）当事人在合同中没有订有仲裁条款或者事后没有达成书面仲裁协议的；（二）裁决的事项不属于仲裁协议的范围或者仲裁机构无权仲裁的；（三）仲裁庭的组成或者仲裁的程序违反法定程序的；（四）裁

① 该条引用的2017年《民事诉讼法》第258条第1款应为2023年《民事诉讼法》第274条第1款。

决所根据的证据是伪造的；（五）对方当事人向仲裁机构隐瞒了足以影响公正裁决的证据的；（六）仲裁员在仲裁该案时有贪污受贿，徇私舞弊，枉法裁决行为的。人民法院认定执行该裁决违背社会公共利益的，裁定不予执行。"

对于涉外仲裁机构作出的裁决，在撤销仲裁裁决的标准上，《仲裁法》第70条规定："当事人提出证据证明涉外仲裁裁决有民事诉讼法第258条第一款规定的情形之一的，经人民法院组成合议庭审查核实，裁定撤销。"在不予执行仲裁裁决的标准上，该法第71条规定："被申请人提出证据证明涉外仲裁裁决有民事诉讼法第二百六十九条第一款规定的情形之一的，经人民法院组成合议庭审查核实，裁定不予执行。"《仲裁法》规定根据当事人或者被申请人提出证据证明，符合《民事诉讼法》涉外民事诉讼程序的不予执行特别规定情形的，经人民法院组成合议庭审查核实，裁定撤销或者不予执行，即采取的是撤销仲裁裁决与不予执行仲裁裁决标准一致的做法。2021年修正的《民事诉讼法》第281条就涉外民事诉讼程序不予执行规定的情形有五种：（1）当事人在合同中没有订有仲裁条款或者事后没有达成书面仲裁协议的；（2）被申请人没有得到指定仲裁员或者进行仲裁程序的通知，或者由于其他不属于被申请人负责的原因未能陈述意见的；（3）仲裁庭的组成或者仲裁的程序与仲裁规则不符的；（4）裁决的事项不属于仲裁协议的范围或者仲裁机构无权仲裁的；（5）人民法院认定执行该裁决违背社会公共利益的，裁定不予执行。

对于司法监督仲裁的上述法律规定，目前存在不同的看法。第一种观点认为，由于对国内仲裁裁决的撤销仲裁裁决和不予执行仲裁裁决的两种司法审查程序在审查范围上并无本质区别，其结果是延长了仲裁裁决实现的周期，为义务人拖延履行债务提供了一个合法的借口，阻碍了权利人权利的及时实现。且撤销仲裁裁决制度能涵盖不予执行仲裁裁决制度的内容，应当最终在《民事诉讼法》修改中取消不予执行仲裁裁决制度。第二种观点认为，我国《民事诉讼法》修改应只保留撤销仲裁裁决的司法监督方式，顺应国际潮流仅对仲裁裁决进行程序性司法审查，并取消对涉外裁决和国内裁决双轨监督体制，实行并轨监督。第三种观点认为，撤销仲裁裁决与不予执行仲裁裁决的两套程序都应当保留，但是当事人只能选择其一进行救济，尤其是申请撤销仲裁裁决之后就不能够再申请不予执行仲裁裁决。在审查标准上，为了维护仲裁的契约性和一裁终局的特点，将仲裁裁决撤销与仲裁裁决不予执行的审查标准修改一致，同时往涉外不予执行仲裁裁决方向靠拢，但是保留对伪造证据和隐瞒证据的实体审查，作为例外。保留对裁决是否违背社会公共利益的审查，采取与国际公约统一的标准。

由于我国对仲裁裁决进行的是双重监督模式：程序审查和实体审查并重；撤销仲裁裁决和不予执行仲裁裁决的并存模式。在仲裁裁决作出之后，当事人可以在6个月的时间内申请撤销仲裁裁决程序，法院对申请撤销仲裁裁决案件的审结期限为2个月。在上述8个月的期限过后，如果被申请执行人不服驳回撤销裁决的裁定，还可以在申请执行仲裁裁决案件中向法院申请不予执行仲裁裁决，以达到拖延履行义务的目的。而法律对撤销仲裁裁定和裁定不予执行仲裁裁决两种监督方式之间的关系未作规定，实践中存在针对同一仲裁裁决实施双重监督的可能。有的当事人在撤销仲裁裁决的申请被驳回后，又在执行程序中申请法院裁定不予执行仲裁裁决，如果执行法院仍然对不予执行申请进行审查，既浪费司法资源，也存在作出相互矛盾的处理结果的可能。过度的监督如同没有监督一样百弊丛生，制约了一裁终局的效益性的发挥，严重影响了仲裁优势的发挥。

为避免撤销程序与执行程序上的冲突，2005年12月26日发布《最高人民法院关于适用〈中华人民共和国仲裁法〉若干问题的解释》（以下简称《仲裁法解释》）（法释〔2006〕7号）明确了两点：一是为了避免法院之间或者同一法院裁定维持仲裁裁决效力后又作出不予执行仲裁裁决裁定，导致相互冲突的问题，《仲裁法解释》参照《仲裁法》第64条第1款关于“一方当事人申请执行裁决，另一方当事人申请撤销裁决的，人民法院应当裁定中止执行”的规定，《仲裁法解释》第25条规定：“人民法院受理当事人撤销仲裁裁决的申请后，另一方当事人申请执行同一仲裁裁决的，受理执行申请的人民法院应当在受理后裁定中止执行。”二是为了解决当事人先申请撤销仲裁裁决，后又以相同事由申请不予执行仲裁裁决，滥用不予执行申请权故意拖延裁决执行的问题，《仲裁法解释》第26条规定：“当事人向人民法院申请撤销仲裁裁决被驳回后，又在执行程序中以相同理由提出不予执行抗辩的，人民法院不予支持。”上述规定理顺了撤销和裁定不予执行两种监督方式之间的关系，避免了对仲裁裁决的双重监督，也消除了作出矛盾处理结果的可能，体现了支持仲裁的精神。为了督促当事人积极行使异议权，提高仲裁效率，维护仲裁裁决效力，《仲裁法解释》第27条第1款还规定："当事人在仲裁程序中未对仲裁协议的效力提出异议，在仲裁裁决作出后以仲裁协议无效为由主张撤销仲裁裁决或者提出不予执行抗辩的，人民法院不予支持"。

此外，《仲裁法解释》大力支持仲裁，还表现在以下两个方面：第一，《仲裁法解释》限定了通知重新仲裁的适用范围。重新仲裁是指人民法院受理撤销裁决的申请后，经审查认为仲裁裁决存在一定的失误或者瑕疵，认为这些失误或者瑕疵可以通过仲裁庭重新仲裁予以消除的，人民法院依照《仲裁法》第61条规定可以通知仲裁庭在一定期间内重新仲裁。重新仲裁限于违反《仲裁法》第58条规定中的两种情形：仲裁裁决认定事实所根据的证据是伪造的，或者对方当事人隐瞒了足以影响公正裁决的证据的。人民法院应当在通知中说明要求重新仲裁的具体理由。如此严格的解释有利于避免主审法官通知重新仲裁中的随意性，也有助于仲裁庭明白人民法院通知重新仲裁的理由。第二，对执行法院级别管辖的提升。针对司法实践中执行仲裁裁决由基层人民法院管辖所产生的问题，《仲裁法解释》第29条提高执行法院级别管辖："当事人申请执行仲裁裁决案件，由被执行人住所地或者被执行的财产所在地的中级人民法院管辖。"把执行法院由原来的基层法院提高到中级人民法院，使审理申请撤销仲裁裁决和不予执行仲裁裁决法院级别得到统一，解决了不予执行仲裁裁决案件审理级别过低的问题，进一步规范人民法院相关的诉讼和执行活动，规范人民法院对仲裁活动的监督，有利于仲裁裁决的执行，这也是最高人民法院促进多元化纠纷解决机制不断完善、为构建和谐社会服务的具体措施。

虽然《仲裁法解释》的相关规定解决了撤销仲裁裁决与不予执行仲裁裁决程序上重复适用的矛盾，但是，根据2007年《民事诉讼法》《仲裁法》等有关规定，人民法院对不予执行仲裁裁决的审查，既包括对裁决的程序审查，也包括对事实认定和法律适用问题的实体审查。就实体审查方面，《仲裁法》第58条与2007年《民事诉讼法》第213条存在不协调之处，《仲裁法》规定的仲裁裁决实质性错误的范围要比《民事诉讼法》规定的仲裁裁决实质性错误的范围窄得多，导致此种差异出现的原因是立法背景不一致。《民事诉讼法》颁布时期我国正处在由计划经济向市场经济转轨的中间阶段，而《仲裁法》制定于市场经济体制得以确立的时期，观念的转变导致二者立法的差异，出现两法之间的不协调。为了保证仲裁机制的独立价值及其高效率的优越性，不应施行完全的实体监督。对于司法监督而言，完全的程序监督与有限的实体监督具备合理性，但是实体问题的有限监督在实践中往往难以掌握。通常认为，实体问题关涉当事人的权利和义务问题，程序问题则与之无直接关联。对上述《仲裁法》与2007年《民事诉讼法》中不相协调的地方应当加以统一，而且是以仲裁法与仲裁规则作为统一立法的样本。2012年《民事诉讼法》修正第237条第5项将2007年《民事诉讼法》第213条第5项"适用法律确有错误"删去，修改为"对方当事人向仲裁机构隐瞒了足以影响公正裁决的证据的；"自此，民事诉讼法与仲裁法关于不予执行仲裁裁决的事由规定保持一致。

【审判实践中应当注意的问题】

在司法实践中，人民法院审理的涉及仲裁的案件包括仲裁协议效力审查案件、仲裁财产保全案件、仲裁证据保全案件、本国仲裁裁决的撤销和执行案件、外国仲裁裁决的承认与执行案件等。其中，最常见的是仲裁协议效力的司法审查案件和本国仲裁裁决的撤销和执行案件。在审判实践中适用《民事诉讼法》第248条应当结合最高人民法院发布实施的司法解释以及司法解释性文件进行理解和适用，并注意以下问题：

一是关于申请撤销仲裁裁决与不予执行仲裁裁决的程序关系问题。两种程序具有不同的救济功能，都应当保留，但是不得重复适用。因此，《仲裁法解释》第26条对此仍然适用，对于当事人向法院申请撤销仲裁裁决被驳回后，又在执行程序中以相同理由提出不予执行抗辩的，法院不予支持。

二是关于确认仲裁协议的效力问题。仲裁协议是处理仲裁纠纷争议的基础，应当坚持当事人意思自治原则和仲裁协议独立原则。当事人在订立合同时就争议达成仲裁协议的，即使合同未成立，也不影响仲裁协议的效力；合同成立后未生效或者被撤销时仲裁协议的效力不影响仲裁协议的效力。关于当事人意思自治的落实，除了在合同中没有订有仲裁条款或者事后没有达成仲裁协议的情形，在司法实践中应当从宽解释仲裁协议的其他书面形式。凡当事人自愿达成仲裁协议并且能够履行的，一般确认该仲裁协议的效力。譬如仲裁机构名称不准确，但能够确定仲裁机构的，应当认定当事人选定了仲裁机构；当事人未约定仲裁机构，但是达成补充协议或者按照约定的仲裁规则能够确定仲裁机构的，应当认定当事人选定了仲裁机构；仲裁协议明确约定两个以上仲裁机构的，当事人可以协议选择向其中的一个仲裁机构申请仲裁等。

三是关于申请不予执行仲裁裁决恶意诉讼的规制问题。有的当事人通过恶意的申请不予执行仲裁裁决，拖延履行义务的时间，利用法院审查期间转移财产，逃避执行，使当事人的合法权利得不到切实的保障。而法律对恶意申请不予执行仲裁裁决未规定相应的预防和制裁措施，加大了法院执行的难度。2012 年《民事诉讼法》增加了对于恶意诉讼的规制，2021 年修正的《民事诉讼法》第 116 条规定："被执行人与他人恶意串通，通过诉讼、仲裁、调解等方式逃避履行法律文书确定的义务的，人民法院应当根据情节轻重予以罚款、拘留；构成犯罪的，依法追究刑事责任。"在审判实践中，要注意结合实际，依法制裁恶意通过申请不予执行仲裁裁决，拖延执行、逃避债务的不法行为。

四是关于申请对国内仲裁裁决和涉外仲裁裁决不予执行的适用问题。我国《民事诉讼法》《仲裁法》采纳的是国内仲裁与涉外仲裁相区别的立法体例，对涉外仲裁作了专门规定。《仲裁法解释》则针对国内仲裁和涉外仲裁的一些共性问题作了统一规定，在没有特别指明时，这些规定应统一适用于国内仲裁和涉外仲裁。实践中应当注意国内仲裁和国际商事仲裁在适用法律上的区别。在审理申请不予执行国内仲裁裁决案件时，应当结合《民事诉讼法》第 248 条规定的七种情形审查，在审理申请不予执行涉外仲裁裁决时，仍然应当根据 2023 年《民事诉讼法》第 291 条的规定审查。

第二百四十九条　对公证机关依法赋予强制执行效力的债权文书，一方当事人不履行的，对方当事人可以向有管辖权的人民法院申请执行，受申请的人民法院应当执行。

公证债权文书确有错误的，人民法院裁定不予执行，并将裁定书送达双方当事人和公证机关。

【条文主旨】

本条是关于执行公证债权文书的规定。

【理解与适用】

民事法律关系的当事人，可以请求公证机构对借款、借用财物等债权文书进行公证，经公证的债权文书具有强制执行的法律效力。对经公证的以给付为内容并载明债务人愿意接受强制执行承诺的债权文书，债务人不履行或者履行不适当的，债权人可以依法向有管辖权的人民法院申请执行。当然，如果有证据证明公证债权文书确有错误，例如公证债权文书的内容与事实不符或者违反法律强制性规定，人民法院应当作出裁定，不予执行公证债权文书，同时应将此裁定送达双方当事人和公证机关。

一、公证债权文书的强制执行效力

《公证法》第36条规定："经公证的民事法律行为、有法律意义的事实和文书，应当作为认定事实的根据，但有相反证据足以推翻该项公证的除外。"由此可见，公证是对当事人权利义务关系进行的一种证明，在当事人发生争执时，公证文书可以作为证据使用。除非有相反证据足以推翻公证文书，否则人民法院推定公证文书已载明事实真实、合法。一般而言，公证文书仅有证据效力，而无既判力和强制执行效力。但是，对于经过公证的债权文书，法律赋予了强制执行的效力，这主要是考虑对于一些债权债务关系比较简单的债权文书，当事人在申请办理公证时，各自的权利和义务均已明确，并对违约的后果即强制执行作出了承诺，这样一旦债务人不履行债务，债权人就可以直接持债权文书向人民法院申请强制执行，无须再经过诉讼或者仲裁程序，有利于减少诉讼和仲裁案件，减轻法院和仲裁机构的负担。对当事人来说也比较便捷，节省了时间和财力，有利于纠纷的及时了断。同时，债权文书经过公证后，债务人更加明确了不履行债务会给自己带来的不利因素，从而加强履约的意愿，有助于防止纠纷的发生。此外，根据我国审判和仲裁程序的规定，民事纠纷的解决需要一定的时间，允许债权人可以直接持经公证的债权文书向人民法院申请强制执行，可以有效地防止债务人在案件受理和诉讼期间转移财产，逃避债务，从而保证债权的实现。[①]

当然，并非所有公证债权文书都具有强制执行效力，根据《公证程序规则》，具有强制执行效力的债权文书应当具备以下条件：（1）债权文书以给付为内容；（2）债权债务关系明确，债权人和债务人对债权文书有关给付内容无疑义；（3）债务履行方式、内容、时限明确；（4）债权文书中载明当债务人不履行或者不适当履行义务时，债务人愿意接受强制执行的承诺；（5）债权人和债务人愿意接受公证机构对债务履行情况进行核实；（6）《公证法》规定的其他条件。根据《最高人民法院、司法部关于公证机关赋予强制执行效力的债权文书执行有关问题的联合通知》规定，公证机关赋予强制执行效力的债权文书的范围包括：（1）借款合同、借用合同、无财产担保的租赁合同；（2）赊欠货物的债权文书；（3）各种借据、欠单；（4）还款（物）协议；（5）以给付赡养费、扶养费、抚育费、学费、赔（补）偿金为内容的协议；（6）符合赋予强制执行效力条件的其他债权文书。

二、公证债权文书“确有错误”的情形

《民事诉讼法》中没有规定公证债权文书确有错误的具体情形，《民事诉讼法解释》第478条规定了“公证债权文书确有错误”的具体情形。导致公证债权文书不予执行的错误，既有程序错误，也有实体错误，具体包括：

（1）公证债权文书属于不得赋予强制执行效力的债权文书的情形。《公证法》中将可以赋予强制执行效力的公证债权文书限定于以给付为内容并载明债务人愿意接受强制执行承诺的债权文书。《最高人民法院、司

① 王胜明、段正坤：《中华人民共和国公证法释义》，法律出版社2005年版，第137~141页。

法部关于公证机关赋予强制执行效力的债权文书执行有关问题的联合通知》中具体规定了具有强制执行效力的公证债权文书应当具备的条件和明确的文书类型范围，公证机构应按《公证法》和上述联合通知的规定认定可以赋予强制执行效力的债权文书的范围，如果不属于该范围内的债权文书却被赋予强制执行效力，则属于确有错误的情形，法院应当依法裁定不予执行。

（2）被执行人一方未亲自或者未委托代理人到场公证等严重违反法律规定的公证程序的情形。公证是一种准司法程序，程序的正当性是公证债权文书合法性的基础，公证必须按照法定程序进行。《公证法》《公证程序规则》以及《最高人民法院、司法部关于公证机关赋予强制执行效力的债权文书执行有关问题的联合通知》中对办理具有强制执行效力的公证债权文书的程序作出了具体、明确的规定。公证活动要严格按照法律规定的条件、范围、程序办理，严重违反法律规定的公证程序作出的公证债权文书应当裁定不予执行。例如，被执行人未到场且未委托代理人到场办理公证，无民事行为能力人或者限制民事行为能力人没有监护人代为办理公证，公证员为本人、近亲属办理公证，或者办理与本人、近亲属有利害关系的公证，公证员办理该项公证有贪污受贿、徇私舞弊行为，已经由生效刑事法律文书等确认等情形，都属于严重违反法定公证程序，人民法院应当依法裁定不予执行的情形。

（3）公证债权文书的内容与事实不符或者违反法律强制性规定的情形。具有强制执行效力的公证债权文书程序简便、快捷高效，可以方便、快捷地解决纠纷，使当事人免受讼累、减轻法院的审判压力并能规范民商事交易活动、维护正常的交易秩序，保护当事人的合法权益。然而，正因其程序简便，公证债权文书的作出没有经过缜密的审判程序，有可能存在错误，损害当事人合法权益。因此，法院对公证债权文书有必要进行实体审查，确保公证债权文书内容符合事实且不违反法律的强制性规定。如果发现公证债权文书的内容与事实不符，例如，文书所表彰的事实不存在，或者文书所载债权与权利人实际享有的权利在范围、内容等方面不一致，或者文书内容违反法律的强制性规定，都属于文书确有错误的情形，应当裁定不予执行。

（4）公证债权文书未载明被执行人不履行义务或者不完全履行义务时同意接受强制执行的情形。公证是公证机关根据当事人的申请进行的一种非诉讼活动，以无纠纷、无争议为前提。具有强制执行效力的公证债权文书制度充分尊重公证事项当事人意思自治，其强制执行效力是债权人权益的根本保障，该种债权文书中必须附明确载明债务人在不履行义务或者不完全履行义务时愿意接受强制执行的承诺，以确保当事人选择公证赋予债权文书强制执行效力的自愿性。在我国法律及司法解释规定的具有强制执行效力的公证债权文书应当具备的条件中，无不明确要求了债权文书中必须载明债务人不履行义务或不完全履行义务时，债务人愿意接受依法强制执行的承诺。缺少该种自愿接受执行承诺却直接申请法院强制执行的，法院应当裁定不予执行。

（5）违反公共利益条款的情形。我国法院对公证债权文书的审查以被动审查为原则，以主动审查为例外。在前 4 种情形下，法院进行的是被动审查，即在当事人或利害关系人提出不予执行的申请后，在其请求的范围内法院才会进行审查。而只有在执行该公证债权文书违背社会公共利益的情形下，法院才可以依职权主动审查。人民法院认定执行该公证债权文书违背社会公共利益的，不需要被执行人提出不予执行的抗辩，依职权即可裁定不予执行。公共利益条款赋予法官自由裁量权。对公共利益的概念，并没有明确的界定，从其他国家与地区的通例来看，对公共利益应该作严格的解释，援引这一法律原则只能是特殊情况下，为维护国家、社会重大根本利益而不得已、例外地采用，不能滥用。此外，公共利益范围一般限制在公共使用和具有公益用途两方面，不能扩大为包括特定第三人的利益。[①]

需要注意的是，《最高人民法院关于公证债权文书执行若干问题的规定》在《民事诉讼法解释》基础上，细化了不予执行程序，区分程序问题和实体问题设置了不同救济途径。对于被执行人未到场且未委托代理人到场办理公证，无民事行为能力人或者限制民事行为能力人没有监护人代为办理公证等严重违反法定公证程序的事由，当事人可在执行程序中直接申请不予执行。对于公证债权文书载明的民事权利义务关系与事实不符，经公证的债权文书具有法律规定的无效、可撤销等情形，公证债权文书载明的债权因清偿、提存、抵销、免除等原因全部或者部分消灭等实体事由，

① 最高人民法院民法典贯彻实施工作领导小组办公室：《最高人民法院新民事诉讼法司法解释理解与适用》，人民法院出版社 2022 年版，第 1071~1073 页。

当事人应通过诉讼请求不予执行。

【审判实践中应当注意的问题】

一、关于公证债权文书被裁定不予执行后的救济

《民事诉讼法解释》第478条第3款规定，公证债权文书被裁定不予执行后，当事人、公证事项的利害关系人可以就债权争议提起诉讼。对于人民法院裁定不予执行公证债权文书后当事人、公证事项的利害关系人通过执行异议、复议程序救济的问题，实践中曾有争议。有观点主张将执行法院对公证债权文书的审查作为执行行为，适用《民事诉讼法》第236条规定的程序，即人民法院裁定不予执行公证债权文书或驳回不予执行公证债权文书的申请后，当事人对该裁定不服的，可以向法院提出异议，对法院驳回异议的裁定还可以向上一级法院提起复议。还有观点认为，执行法院对具有强制执行效力的公证债权文书的审查是对执行依据的司法监督，是法院执行工作的一部分，并非执行行为，因此，对因公证债权文书错误导致法院裁定不予执行的，不能适用《民事诉讼法》第236条的规定采用执行异议和复议的程序解决。[①] 最高人民法院采纳了后一种观点，根据《最高人民法院关于公证债权文书执行若干问题的规定》第20条规定，公证债权文书被裁定不予执行的，当事人可以就该公证债权文书涉及的民事权利义务争议向人民法院提起诉讼；公证债权文书被裁定部分不予执行的，当事人可以就该部分争议提起诉讼。当事人对不予执行裁定提出执行异议或者申请复议的，人民法院不予受理。

二、当事人、利害关系人直接就公证债权文书提起诉讼的处理

关于当事人、利害关系人对具有强制执行效力的公证债权文书提起诉讼，人民法院是否受理的问题，即公证债权文书是否具有可诉性的问题，法律和司法解释规定存在变化发展的过程。此前《最高人民法院关于当事人对具有强制执行效力的公证债权文书是否受理问题的批复》（法释〔2008〕17号）指出，经公证的以给付为内容并载明债务人愿意接受强制

---

① 最高人民法院民法典贯彻实施工作领导小组办公室：《最高人民法院新民事诉讼法司法解释理解与适用》，人民法院出版社2022年版，第1074页。

执行承诺的债权文书依法具有强制执行效力。债权人或者债务人对该债权文书的内容有争议直接向人民法院提起民事诉讼的，人民法院不予受理。但公证债权文书确有错误，人民法院裁定不予执行的，当事人、公证事项的利害关系人可以就争议内容向人民法院提起民事诉讼。即起诉以公证债权文书被裁定不予执行为前提，在公证债权文书被法院裁定不予执行前，法院不受理有关公证债权文书内容争议的诉讼。2014 年《最高人民法院关于审理涉及公证活动相关民事案件的若干规定》延续了这一立场，该司法解释第 3 条规定，当事人、公证事项的利害关系人对公证书所公证的民事权利义务有争议的，可以依照公证法第 40 条规定就该争议向人民法院提起民事诉讼。当事人、公证事项的利害关系人对具有强制执行效力的公证债权文书的民事权利义务有争议直接向人民法院提起民事诉讼的，人民法院依法不予受理。但是，公证债权文书被人民法院裁定不予执行的除外。但是 2018 年出台的《最高人民法院关于公证债权文书执行若干问题的规定》改变了这一立场，该司法解释第 24 条第 1 款规定，在出现“公证债权文书载明的民事权利义务关系与事实不符”“经公证的债权文书具有法律规定的无效、可撤销等情形”等实体事由情况下，债权人、利害关系人可以直接向有管辖权的人民法院提起诉讼。

第二百五十条 申请执行的期间为二年。申请执行时效的中止、中断，适用法律有关诉讼时效中止、中断的规定。

前款规定的期间，从法律文书规定履行期间的最后一日起计算；法律文书规定分期履行的，从最后一期履行期限届满之日起计算；法律文书未规定履行期间的，从法律文书生效之日起计算。

【条文主旨】

本条是关于执行时效期间的规定。

【理解与适用】

1982 年《民事诉讼法（试行）》第 169 条首次规定了申请执行期限制度，根据当事人中是否包括个人分别确定为 1 年或 6 个月。1991 年《民事诉讼法》只修改了个别表述。至 2007 年《民事诉讼法》将“申请执行期限”修改为“申请执行时效”，并适用诉讼时效中止、中断的规定，初步完成了执行时效与诉讼时效的体系性整合。之后最高人民法院通过制定和修改数部司法解释，使得执行时效制度进一步完善。2021 年《民事诉讼法》修正时则再对执行时效期间的起算点进行调整，目的也在于衔接《民法典》中关于诉讼时效的实体规则。

一、执行时效制度的立法沿革

执行时效制度虽然在整个《民事诉讼法》中仅占一条，但却是修改次数较多、变化幅度较大，也是在司法实践中争议较多的一条。数次修改完善的方向基本是一致的，即由程序法意义上的法定不变期间发展为实体与程序结合，并与诉讼时效体系并立、规则趋同的时效期间。主要体现在以下几个方面。

（一）法律性质上由“申请执行期限”向“申请执行时效”转变

1982 年和 1991 年《民事诉讼法》均采取了“申请执行期限”的表述，而 2007 年《民事诉讼法》则修改为“申请执行时效”。在现行《民事诉讼法》条文中采用“期限”概念的包括举证期限、上诉期限、申请再审期限等，体现的均是当事人向法院主张权利的时间限制，而采用“时效”概念的包括诉讼时效和执行时效，体现的是原告或申请执行人向被告或被执行人主张权利的时间限制，故从“期限”到“时效”，不单纯是法律概念的变化，而是体现了法律性质的深层转变，即将原来对当事人申请法院强制执行的公法上请求权（程序法上的申请执行权）的期限限制，转变为对执行依据所载私法上请求权（实体法上的给付请求权）的时效限制，这为诉讼时效与执行时效适用统一的规则奠定了基础。《最高人民法院关于审理民事案件适用诉讼时效制度若干问题的规定》第11条第5项将申请强制执行作为诉讼时效中断的事由，也从侧面印证了执行时效属于广义的诉讼时效。

（二）规范目的上由“单纯的督促申请执行”向“复合的平衡当事人利益”转变

旧的执行期限制度借鉴于苏俄法，理论界常从稳定民事法律关系和社会经济秩序、防止执行工作无限期拖延、促使当事人积极行使权利等方面论证其存在理由。[①]通过设置较短的执行期限，有利于督促债权人早日启动执行工作，又能对懈怠的权利人早点进行“失权”制裁，这对于稳定法律秩序和减轻法院负担都十分有利。[②]但这种制度背景下当事人的利益处于缺位状态，实践中则面临着生效法律文书确认的债权的保护期间尚短于普通债权，以牺牲申请执行人利益为代价减轻法院执行工作压力，纵容被执行人逃废债务等质疑。为加强债权人保护，顺应解决“执行难”的整体方向，立法改采执行时效制度，这一方面可保障债权人有更加充分的时间和机会主张其债权，另一方面也可以有效防止债务人遭受陈年债务的意外干扰，维护业已形成的法律秩序。

（三）具体期间上由“短期不变期间”向“时效期间”转变

旧的执行期限系根据当事人是否包括自然人区分为1年或6个月，且该期限为不变期间。立法改采时效模式后，将申请执行期间从1年或6个月统一延长为2年，使得执行时效期间与当时的普通诉讼时效期间保持了一致，同时明确该期间的中止和中断应适用诉讼时效的规定。考虑到《民法典》及相关司法解释规定的时效中断事由较为广泛，除提起诉讼或申请

① 参见柴发邦、赵惠芬：《中华人民共和国民事诉讼法（试行）简释》，法律出版社1982年版，第121页；参见江伟主编：《民事诉讼法学原理》，中国人民大学出版社1999年版，第841页。

② 霍海红：《执行时效期间的再改革》，载《中国法学》2020年第1期。

执行外，当事人达成和解或提出履行请求均可中断时效，故实质上是大大延长了申请执行的期间。

（四）法律效力上由“受理要件”向“抗辩事由”转变

根据2008年《最高人民法院关于人民法院执行工作若干问题的规定（试行）》第18条第1款第3项的规定，申请执行人在法定期限内提出申请，系人民法院受理执行案件的法定条件。这与当时执行期限的规范对象系申请执行权在逻辑上是一致的，即其是对当事人向法院申请执行的期间限制，超过该期间的将不能立案执行。但当“执行期限”转化为“执行时效”后，再将其作为受理要件即丧失了法理依据，应相应改弦更张。2015年《民事诉讼法解释》第483条第1款规定：“申请执行人超过申请执行时效期间向人民法院申请强制执行的，人民法院应予受理。被执行人对申请执行时效期间提出异议，人民法院经审查异议成立的，裁定不予执行”，明确将执行时效届满作为被执行人提出异议排除执行的理由，这一方面符合现行民事诉讼法对执行时效的定位，另一方面与民事实体法对诉讼时效所采取的“抗辩权发生主义”协调一致。也基于此，2020年最高人民法院在根据《民法典》清理执行类司法解释时，已将《最高人民法院关于人民法院执行工作若干问题的规定（试行）》的上述条款删除。

（五）审查程序上由“依职权审查”向“执行异议审查”转变

与上述问题密切相关，在将执行期间作为受理要件的阶段，应由立案部门在立案时进行审查，或者在立案后由执行部门依职权审查，若认为已经超出申请执行期限的，应裁定不予受理或驳回执行申请。而在采取“抗辩权发生主义”后，执行法院即不得主动适用执行时效的规定，包括既不能在立案或执行阶段依职权审查执行时效是否届满，也不能主动向被执行人进行释明，这与诉讼时效的适用也是一致的。当然鉴于执行程序的特殊性，两者在具体的审查程序上尚存一定区别。诉讼时效届满的，债务人一般应在一审期间提出时效抗辩，法院经审理认为成立的，应判决驳回债权人的诉讼请求；而执行时效届满的，系属执行依据生效后发生的使相应债权丧失强制执行力的实体性事由，在其他大陆法系国家一般由被执行人提出债务人异议之诉来排除执行。但我国目前尚未建立完整的债务人异议之诉制度，根据《最高人民法院关于人民法院办理执行异议和复议案件若干问题的规定》第7条第2款规定，被执行人只能通过执行异议程序主张时效抗辩。

二、执行时效的规则适用

(一)执行时效的适用范围

根据《民事诉讼法》及其司法解释的规定,生效法律文书具有明确具体的给付内容系执行案件的立案受理要件之一,其中"给付"在程序法上对应给付之诉,在实体法上则对应请求权。对现行《民事诉讼法》进行文义解释,所有生效法律文书的申请执行期间均为两年,而不区分该执行依据所载的请求权系债权请求权还是物权请求权或人格权请求权等。但《民法典》第196条、第995条却将某些特定请求权排除于诉讼时效的适用范围之外,就容易导致执行时效的适用范围要大于诉讼时效的误解。但是,如果执行依据所载请求权不在诉讼时效适用范围之内,即表明法院对该请求权的诉讼时效抗辩持否定态度,若法院又在申请执行时效中将其纳入抗辩的范围,将导致审判和执行对同一权利能否主张时效的抗辩进而受到公法层面的保护持相反态度,这一矛盾很难从理论上作出合理解释。[①]更进一步的是,诸如返还原物、停止侵害、排除妨碍、消除危险或支付抚养费、赡养费、扶养费等请求权在诉讼阶段尚不受时效限制,为何在经过生效裁判或仲裁予以确认后,本应增强的效力反而被大大削弱?为此可根据本条的规范目的与执行时效的体系定位进行缩小解释,将执行时效的适用范围与诉讼时效保持一致,即如果执行依据所载的请求权系《民法典》第196条、第995条及《最高人民法院关于审理民事案件适用诉讼时效制度若干问题的规定》第1条规定的请求权,则不适用执行时效的规定。

(二)执行时效期间的起算时点

关于诉讼时效期间的起算,《民法典》第188条主要采取主观主义模式,即从"权利人知道或者应当知道权利受到损害以及义务人之日起计算",而现行《民事诉讼法》第250条第2款规定执行时效期间从法律文书规定履行期间的最后一日起计算。考虑到债务人履行期间届满仍未履行已损害债权人利益,债权人对此亦为明知,故该起算点与《民法典》的规定实质上是一致的。但是,《民法典》第189条对分期履行的同一债务规定为自最后一期履行期限届满之日计算,但2017年《民事诉讼法》第

① 乔宇:《论申请执行时效的适用程序——兼谈权力分工语境下的审执分立》,载《法律适用》2013年第4期。

239 条第 2 款却规定法律文书规定分期履行的，从每次履行期间的最后一日起计算，两者存在明显矛盾。从规范目的而言，《民法典》规定的主要理由是在“同一债务”的履行过程中，当事人可以约定分期履行的期限和数额，但无论如何分期，都是一个债务履行，债务的内容和范围在债务发生时就已经确定，故该最后一期履行期限届满开始起算时效，契合“同一债务”整体性和唯一性的特征，也符合诉讼时效制度的立法目的，还能够减少诉累、实现诉讼效率以及促进交易，增加社会财富等。[①] 上述理由应同样适用于执行时效，两者确无区分的必要。因此，2021《民事诉讼法》修正时特别将本条予以调整，明确这种情形下执行时效同样“从最后一期履行期限届满之日起计算”，实现了与《民法典》规则的衔接与协调。

此外，执行依据未确定履行期限或条件时执行时效期间如何起算？有观点认为，根据《最高人民法院关于审理民事案件适用诉讼时效制度若干问题的规定》第 4 条，未约定履行期限的债权，一般应从债权人要求债务人履行义务的宽限期届满之日起计算，而现行《民事诉讼法》规定法律文书未规定履行期间的，从法律文书生效之日起计算。同样针对未定履行期限的债权请求权（只是阶段和形式略有差异）诉讼时效与执行时效采取了完全不同的立场，并不妥当。[②] 我们认为，因债权人在诉讼或仲裁程序中已向债务人主张履行，若执行依据未明确履行期限或条件，则意味着其一经生效债务人即负有立刻履行的义务，债权人也享有立即申请强制执行的权利，而无须再给予债务人宽限期。故债务人未立即主动履行已损害债权人利益，执行时效从此时起算应更符合《民法典》的规定。

（三）执行时效期间的中断和重新计算

《民事诉讼法》第 250 条第 1 款明确申请执行时效的中断适用法律有关诉讼时效中断的规定。《最高人民法院关于适用〈中华人民共和国民事诉讼法〉执行程序若干问题的解释》第 20 条对中断事由进一步明确，包括申请执行、当事人达成和解协议、债权人提出履行要求或者债务人同意履行义务四种情形，并且规定从中断时起，申请执行时效期间重新计算。该四种具体情形与《民法典》第 195 条规定的诉讼时效中断的法定事由基本一致，但未设兜底条款，可参照《最高人民法院关于审理民事案件适

---

① 参见黄薇主编：《中华人民共和国民法典总则编释义》，法律出版社 2020 年版，第 505~507 页。

② 霍海红：《执行时效性质的过去、现在和未来》，载《现代法学》2019 年第 2 期。

用诉讼时效制度若干问题的规定》第11条至第13条的规定并根据执行程序的特殊性适当扩大解释。另外，时效中断后重新计算的时点亦应根据《民法典》第195条的规定做扩大解释，即从中断或有关程序终结时起再重新计算。比如债权人申请执行导致时效中断，应直至此次执行程序终结后才开始重新计算，否则可能出现执行程序尚在进行中时效就届满的不合理局面。从司法实践来看，对执行时效是否中断产生争议的案件较多，需要根据中断事由进行类型化分析。

1. 申请执行

这是最典型的执行时效中断事由，但如何准确界定申请执行的范围尚存争议。债权人在法定时效期间内向有管辖权法院提交了执行申请，但法院退回并告知须补充相关材料，其在备齐材料再次申请时已过时效，债务人据此提出了执行异议，对此最高人民法院有关案例认为债权人首次申请执行时即导致时效中断，且一经发生即为不可逆转，不受申请未被受理立案或驳回申请的影响。[①]另外，债权人申请执行后又撤销或撤回执行申请的还能否导致执行时效中断？我们认为，实践中，申请人撤回申请的原因多是与被执行人签订了和解协议，并非放弃实体权利，若这种情况下不能中断时效，则会阻碍和解协议的达成及履行，大大提高执行成本。另外根据现行《民事诉讼法》规定，执行法院在收到申请执行书可以立即采取强制执行措施，而无需先行发出执行通知书。这种依职权迅速推进的执行程序与严格遵循处分原则的诉讼程序存在不同。故虽然目前撤诉或按撤诉处理能否中断诉讼时效尚存争议，但进入执行程序后又撤回执行申请的，应认为仍发生时效中断的事由。

2. 提出履行请求

首先，关于请求的方式，因法律无明文规定，应该认为口头或书面等能实现请求效果的方式，均可使用。其次，关于请求的生效时间，鉴于债权人催告债务人履行义务在法律性质上属于意思通知，故可参照适用《民法典》第137、139条中关于有相对人意思表示的规定，如果是以对话方式提出履行请求的，在债务人知道其内容时生效；如果是以非对话方式提出的，在到达债务人时生效；依法以公告方式提出的，则在公告发布时生效。另外《最高人民法院关于审理民事案件适用诉讼时效制度若干问题的

① 最高人民法院（2021）最高法执监307号、（2019）最高法执监313号。

规定》第8条还对应当认定为《民法典》第195条规定的“提出履行请求”的情形进行了具体规定，亦可适用于执行时效的中断。实践中，为保障胜诉债权人的利益，法院多从宽解释，比如债权人在债务人诉讼中的注册地址及实际办公场所张贴催收公告，即使工商登记显示注册地址已发生变化，仍构成有效的履行请求；[①] 再比如债权人提供通话录音证明其持续和不间断地向债务人的原法定代表人主张权利，且该法定代表人亦实际归还部分借款，即使此后法定代表人发生变更，在无有效证据证明债权人已知晓变更的情形下，其上述行为的效力及于债务人，构成时效中断。[②]

3. 双方达成和解协议或债务人单方同意履行义务

首先，双方在申请执行前达成和解协议的，应根据当事人意思解释为对执行依据确定的债权债务关系进行了确认或变更，导致执行时效中断；其次，债务人在执行依据生效后单方作出分期履行、部分履行、请求延期履行、制定清偿债务计划等承诺或者行为的，可认定为其以明示或默示的方式表示同意履行，均导致时效中断。

4. 其他事由

如上所述，执行时效的中断事由并不局限于已列举的四种情形，实践中较为典型的还包括债权人申请参与分配，申请破产、申报破产债权或者作为主动债权主张抵销等。在公证债权文书作为执行依据时，债权人向公证机构申请出具执行证书也可导致时效中断，并在执行证书作出后再重新计算时效期间。

（四）执行时效利益的放弃

不管是诉讼时效还是执行时效，其期间届满的法律效果均是债务人可以主张时效抗辩，相关债务成为不可强制执行的自然债务，但并不会导致债权人丧失实体权利。故在执行时效期间届满后，债务人又自愿履行全部或部分债务的，不得以不当得利为由请求债权人返还，亦不得申请执行回转。对此现行《民事诉讼法解释》第481条第2款与《民法典》第192条第2款的规定保持了一致。此外《民法典》上述条款还规定债务人以明示或默示方式同意履行的，不得再以诉讼时效期间届满为由抗辩，对此亦应适用于执行时效。实践中，除债务人单方允诺外，其与债权人以协议方

① 最高人民法院（2021）最高法执监557号。

② 最高人民法院（2019）最高法执监218号。

式对债务进行确认的，也应认定为时效利益之放弃。[①]

【审判实践中应当注意的问题】

一、附条件执行依据的执行时效期间的起算点

实践中，生效法律文书虽未确定履行期间，但明确了债权人请求对方履行义务附有一定条件或以自己履行相应义务为前提，则在该条件成就前，债务人尚不负有履行义务，债权人向法院申请执行应不予受理，故执行时效期间应在条件成就或债权人履行完毕自身义务后开始起算。[②]还有一类较为典型的情形是债权人一并起诉主债务人和一般保证人，法院根据《最高人民法院关于适用〈中华人民共和国民法典〉有关担保制度的解释》第26条第2款的规定判决保证人仅对债务人财产依法强制执行后仍不能履行的部分承担保证责任，则对保证人的申请执行时效应在执行法院对主债务人财产强制执行无果后才开始计算，具体可参照适用《最高人民法院关于适用〈中华人民共和国民法典〉有关担保制度的解释》第28条之规定。

二、多个债务人情况下时效中断的涉他效力

在执行依据确定了两个以上债务人时，债权人在执行时效期间内仅申请执行其中部分债务人，那么时效中断的效力是否及于其他债务人，取决于各债务人之间的法律关系。首先，若执行依据明确债务人之间系按照相应份额承担责任的，因按份债务之间不具有牵连性，对各债务人的时效中断行为的效力不及于其他债务人。其次，若执行依据明确多个债务人之间承担连带责任的，实践中有不同观点。我们认为根据《最高人民法院关于审理民事案件适用诉讼时效制度若干问题的规定》第15条第2款的规定，对其中部分债务人申请执行产生的时效中断的效力应及于其他债务人，因前述执行程序尚未终结，则其他债务人以时效届满为由提出的异议不能支持。理由是：第一，《民事诉讼法》第250条第1款已经明确规定，执行时效的中断适用法律有关诉讼时效中断的规定，从文义和体系解

① 刘学在：《论执行时效制度之理解误区及其矫正》，载《北方法学》2014年第4期。

② （2020）最高法执监211号、（2018）最高法执监117号。

释上应包括上述司法解释关于连带债务诉讼时效中断的规定；第二，既然上述司法解释的规范目的在于对债权人的利益进行倾斜性保护，保障其对多数债务人之间连带关系的合理信赖，那么经过生效法律文书强化的债权更应受到此优待。

三、抵押期间与执行时效的关系

《民法典》第 149 条规定，抵押权人应当在主债权诉讼时效期间行使抵押权。根据《最高人民法院关于适用〈中华人民共和国民法典〉有关担保制度的解释》第 44 条第 1 款规定，该条中“诉讼时效”应扩大解释为包括执行时效，如债权人在诉讼时效期间内仅起诉主债务人，则主债权诉讼时效中断，获得胜诉判决后开始计算主债权的执行时效，只要债权人在该期间届满前请求行使抵押权的，抵押人就不能以已超过主债权诉讼时效期间为由主张抗辩。另外，如债权人一并起诉主债务人和抵押人，获得胜诉判决后仅申请执行主债务人的，则主债权的执行时效中断，根据从属性原则抵押权的保护期间亦随之中断，抵押人亦不得仅以债权人未在两年内申请执行抵押权主张抗辩。

第二百五十一条 执行员接到申请执行书或者移交执行书，应当向被执行人发出执行通知，并可以立即采取强制执行措施。

【条文主旨】

本条是关于执行通知的规定。

【理解与适用】

执行通知制度要求在采取强制执行措施迫使债务人履行义务之前，向债务人发出执行通知，使债务人知悉执行的具体内容以及拒绝履行的法律后果，促使其主动及时履行生效法律文书确定的义务。执行通知制度有利于充分保障被执行人的知情权、抗辩权，是执行文明的体现，对执行程序顺利进行具有重要作用。

2007 年《民事诉讼法》第一次修正、2012 年《民事诉讼法》第二次修正均对本条作了修改。1991 年《民事诉讼法》第 220 条规定："执行员接到申请执行书或者移交执行书，应当向被执行人发出执行通知，责令其在指定的期间履行，逾期不履行的，强制执行。"2007 年第一次修正《民事诉讼法》征求意见过程中，对第 220 条的修改形成两种意见。一种意见认为，应该删除这条规定，理由是：首先，这一规定容易使当事人无视生效法律文书确定的履行期限，也放任执行人员任意改变判决确定的履行期限，影响了生效法律文书的严肃性。其次，执行前先发出执行通知，无异于给被执行人通风报信，为被执行人转移、隐匿财产提供了时间，导致许多案件丧失了有利的执行时机。另一种意见认为，债务人逾期不履行法律文书确定的义务的情况较为复杂，应当区分不同情况处理。对于确因生活困难，或者经营不善，没有财产或财产一时无法处置，主观上有履行意愿，但客观上不能及时履行义务的被执行人，应该给予履行期间，以免激化社会矛盾，人为加剧被执行人履行义务难度；对于有财产可供执行，却采取种种手段隐匿、转移财产，甚至抗拒履行法律文书确定的义务的被执行人，应当增加执行员可以立即采取强制执行措施的规定。综合上述意见，立法部门经研究认为，向被执行人发出执行通知，可以使被执行人对人民法院将要采取的执行措施做必要的协助、配合等准备，是为了保证执行工作的顺利进行，也是文明执法的体现。但也要防止被执行人利用执行通知逃避债务履行，为此在本条中增加第2款内容即“被执行人不履行法律文书确定的义务，并有可能隐匿、转移财产的，执行员可以立即采取强制执行措施。”根据2007年修改后的本条规定，执行员接到当事人的申请执行书或者审判庭移交的执行书后，一般是不能立刻采取执行措施的，而应先向被执行人发出执行通知，责令被执行人在通知确定的履行义务期间履行法律文书确定的义务，被执行人在通知确定的履行义务期间不履行义务的，人民法院可以采取措施，强制被执行人履行法律文书确定的义务。如果被执行人不履行法律文书确定的义务，并有可能隐匿、转移财产的，执行员可以立即采取强制执行措施。

2007年《民事诉讼法》第一次修正之后，司法实务部门反映，将执行员可以立即采取强制执行措施的情形限定在被执行人隐匿、转移财产行为，仍然不利于执行工作的开展，不利于保证债权人的权利及时得以实现。在一些案件中，被执行人隐匿、转移财产的行为非常隐蔽，执行员往往难以查清，债权人也难以证实，法院不能立即采取强制措施，而错过执行时机。另外，有的意见认为，被执行人可能隐匿、转移财产的行为，需要执行员的审查与判断，而这也可能会成为执行员怠于采取强制措施的推辞或者借口，不利于保障申请执行人的权益。

为加强执行工作力度，提高执行工作效率，更好维护申请执行人的权益，2012年《民事诉讼法》第二次修正时将该条两款合并为一款，修改为“执行员接到申请执行书或者移交执行书，应当向被执行人发出执行通知，并可以立即采取强制执行措施”，删除了关于指定履行期间的规定，以及执行员立即采取强制措施的适用前提“有可能隐匿、转移财产”的规定。根据修改后的规定，执行员接到申请执行书或者移交执行书，应当向被执行人发出执行通知，并可以立即采取强制执行措施，对被执行人的财产予以查封、扣押、冻结。[①]

根据《民事诉讼法》相关司法解释规定，执行通知应当在收到申请执行书或者移交执行书后十日内发出。执行通知书应当包含以下内容：一是

① 王胜明：《中华人民共和国民事诉讼法释义（最新修正版）》，法律出版社2012年版，第561~563页。

责令被执行人履行法律文书确定的义务；二是通知其承担《民事诉讼法》第 264 条规定的迟延履行利息或者迟延履行金；三是有关纳入失信被执行人名单的风险提示；四是其他逾期不履行义务的法律后果。执行人员还可以在执行通知中告知被执行人执行款专户或案款专户等信息。

【审判实践中应当注意的问题】

2012 年《民事诉讼法》修正后，执行通知不再作为法院采取强制执行措施的前置程序，执行通知仅是对被执行人的程序性告知。《最高人民法院关于适用〈中华人民共和国民事诉讼法〉执行程序若干问题的解释》第 22 条规定，执行员依照《民事诉讼法》第二百四十条规定立即采取强制执行措施的，可以同时或者自采取强制执行措施之日起三日内发送执行通知书。据此，执行通知可以在采取强制执行措施的同时或者采取强制执行措施后发出。

关于不发送执行通知就开始采取强制执行措施的性质。向被执行人发出执行通知，是法律规定的执行程序。不发送执行通知就开始采取强制执行措施，肯定是违反法律规定的，但问题是不发送而采取强制执行措施的性质。这就涉及发出执行通知这一法律要求的规范性质问题。有观点认为，强制执行法中对执行法院的一些要求有的是讯示性规定，有的是强制性规定。违反强制性规定的执行行为无效，但违反迅示性规定的执行行为仍然有效。《民事诉讼法》关于发出执行通知的规定应当属于讯示性规定范畴，未发出执行通知，不影响已经采取的强制执行措施的效力。①

① 黄金龙：《关于人民法院执行工作若干问题的规定实用解析》，中国法制出版社 2000 年版，第 70 页。

第二十一章　执行措施

第二百五十二条　被执行人未按执行通知履行法律文书确定的义务，应当报告当前以及收到执行通知之日前一年的财产情况。被执行人拒绝报告或者虚假报告的，人民法院可以根据情节轻重对被执行人或者其法定代理人、有关单位的主要负责人或者直接责任人员予以罚款、拘留。

【条文主旨】

本条是关于被执行人报告财产情况的规定。

【理解与适用】

所谓被执行人报告财产，是指被执行人在收到人民法院向其发出的财产报告令后，在规定期间就规定范围的财产进行当面或书面报告的制度。民事执行的核心是财产执行，查明被执行人的财产状况是强制执行程序的重要环节，是人民法院采取控制、变价等执行措施的基础，是顺利实现生效法律文书确定权利的前提。目前，查明被执行人财产的途径主要有三种：一是申请执行人提供财产线索，二是被执行人报告财产，三是法院依职权进行财产调查。可见，被执行人报告财产，是查明被执行人财产情况的重要方式。

能否找到被执行人的财产是债权人胜诉权益能否得到实现的关键。从司法实践来看，在查明被执行人财产方面存在的问题十分突出，大量的案件因为找不到被执行人的财产而无法执行。这种现象的存在，一方面是由于我国对于可以查明财产的公示、纳税等一系列的制度建设不够健全，另一方面也与法律不够完善有关。

为了保证执行的效果，许多国家和地区都将查明被执行人的财产作为强制执行制度的一项重要内容，明确规定了被执行人申报财产状况的义务以及相关第三人的协助调查义务，并明确规定了被执行人拒不履行申报义务或虚假申报的法律后果。

根据司法实践存在的问题并借鉴国外及有关地区的法律规定，2007年《民事诉讼法》第一次修正时增加规定了被执行人的财产报告制度。其主要内容包括：（1）被申请执行人只要未按执行通知履行法律文书确定的义务，就必须报告财产状况。（2）被执行人应当如实报告当时的以及前一年的财产状况。（3）被执行人拒绝报告或者虚假报告的，人民法院可以对被执行人予以处罚。[①]

实践中，由于存在核实不及时、惩罚不到位等问题，被执行人报告财产制度的功能一直没有得到充分发挥。为了规范执行财产调查制度，强化被执行人报告财产义务，最高人民法院在2017年出台了《最高人民法院关于民事执行中财产调查若干问题的规定》，具体规定了报告财产令的内容、报告财产的范围、补充报告义务、核实程序、不履行报告义务的法律责任等问题，进一步完善了被执行人财产报告制度。具体包括：

1. 被执行人财产报告的启动程序

被执行人报告财产的前提是未按执行通知履行法律文书确定的义务。报告程序如何启动，《民事诉讼法》未作规定，《最高人民法院关于民事执行中财产调查若干问题的规定》第3条规定：人民法院依申请执行人的申请或依职权责令被执行人报告财产情况的，应当向其发出报告财产令。金钱债权执行中，报告财产令应当与执行通知同时发出。人民法院根据案件需要再次责令被执行人报告财产情况的，应当重新向其发出报告财产令。第4条规定：报告财产令应当载明下列事项：（1）提交财产报告的期限；（2）报告财产的范围、期间；（3）补充报告财产的条件及期间；（4）违反报告财产义务应承担的法律责任；（5）人民法院认为有必要载明的其他事项。报告财产令应附财产调查表，被执行人必须按照要求逐项填写。第7条规定：被执行人报告财产后，其财产情况发生变动，影响申请执行人债权实现的，应当自财产变动之日起十日内向人民法院补充报告。

① 王胜明：《中华人民共和国民事诉讼法释义（最新修正版）》，法律出版社2012年版，第566~568页。

2. 被执行人财产报告的种类和范围

《民事诉讼法》仅笼统规定被执行人应当报告当前以及收到执行通知之日前一年的财产情况。根据《最高人民法院关于民事执行中财产调查若干问题的规定》第5条第1、2款规定，被执行人应当在报告财产令载明的期限内向人民法院书面报告下列财产情况：（1）收入、银行存款、现金、理财产品、有价证券；（2）土地使用权、房屋等不动产；（3）交通运输工具、机器设备、产品、原材料等动产；（4）债权、股权、投资权益、基金份额、信托受益权、知识产权等财产性权利；（5）其他应当报告的财产。被执行人的财产已出租、已设立担保物权等权利负担，或者存在共有、权属争议等情形的，应当一并报告；被执行人的动产由第三人占有，被执行人的不动产、特定动产、其他财产权等登记在第三人名下的，也应当一并报告。同时，为防止被执行人在法律文书作出后转移财产，规避执行，第6条又规定，被执行人自收到执行通知之日前一年至提交书面财产报告之日，其财产情况发生下列变动的，应当将变动情况一并报告：（1）转让、出租财产的；（2）在财产上设立担保物权等权利负担的；（3）放弃债权或延长债权清偿期的；（4）支出大额资金的；（5）其他影响生效法律文书确定债权实现的财产变动。

3. 财产报告的核实

对被执行人报告的财产情况，人民法院应当及时调查核实，必要时可以组织当事人进行听证。申请执行人申请查询被执行人报告的财产情况的，人民法院应当准许。申请执行人及其代理人对查询过程中知悉的信息应当保密。

4. 不履行报告义务的法定责任

为了强化被执行人报告财产制度的威慑效力，《民事诉讼法》明确了被执行人拒绝报告或者虚假报告的法律责任，即被执行人拒绝报告或者虚假报告的，人民法院可以根据情节轻重对被执行人或者其法定代理人、有关单位的主要负责人或者直接责任人员予以罚款、拘留。在2007年修正《民事诉讼法》时，曾有委员提出《民事诉讼法》规定的处罚措施相对较轻，应当增加追究刑事责任的规定，但该意见最终没有被采纳。[①]《最高

---

① 王飞鸿：《民事诉讼法执行编修改重点释义之二：以财产申报制度突破财产难找瓶颈》，载《人民法院报》2007年11月9日。

人民法院关于民事执行中财产调查若干问题的规定》增加了被执行人拒绝报告、虚假报告或者无正当理由逾期报告财产构成犯罪的，可以依法追究刑事责任的规定，进一步加大了对拒绝报告和虚假报告行为的处罚力度。同时，该规定第 10 条还规定：被执行人拒绝报告、虚假报告或者无正当理由逾期报告财产情况的，人民法院应当依照相关规定将其纳入失信被执行人名单。

【审判实践中应当注意的问题】

一、执行豁免财产是否需要报告

为了保障被执行人及其所抚养的家属的生存权，法律确立了执行财产豁免制度。《民事诉讼法》规定了执行豁免制度，《民事执行查扣规定》第 3 条就有关执行财产豁免的范围作了详细列举。该条规定，人民法院对被执行人的下列财产不得查封、扣押、冻结：（1）被执行人及其所扶养家属生活所必需的衣服、家具、炊具、餐具及其他家庭生活必需的物品；（2）被执行人及其所扶养家属所必需的生活费用。当地有最低生活保障标准的，必需的生活费用依照该标准确定；（3）被执行人及其所扶养家属完成义务教育所必需的物品；（4）未公开的发明或者未发表的著作；（5）被执行人及其所扶养家属用于身体缺陷所必需的辅助工具、医疗物品；（6）被执行人所得的勋章及其他荣誉表彰的物品；（7）根据《中华人民共和国缔结条约程序法》，以中华人民共和国、中华人民共和国政府或者中华人民共和国政府部门名义同外国、国际组织缔结的条约、协定和其他具有条约、协定性质的文件中规定免于查封、扣押、冻结的财产；（8）法律或者司法解释规定的其他不得查封、扣押、冻结的财产。

值得讨论的是，人民法院在执行中不得查封、扣押、冻结的财产是否需要进行财产报告。从法条的具体规定看，并未对被执行人财产作是否属于执行豁免财产的区分，而是统一规定只要列入财产报告范围的财产都应当报告。从被执行人报告财产制度的立法初衷看，该制度主要是防止被执行人转移财产、规避执行，据此而言，纳入执行豁免范围的财产尽管不得查封、扣押、冻结，但将这部分财产纳入报告的范围，有利于人民法院确定被执行人的履行能力，也有助于防止被执行人转移财产逃避债务，符合立法本意。并且，从制度具体施行情况看，是否属于执行豁免财产，本身并非被执行人自身能够确定的范畴，需要人民法院在执行程序中予以认定，将这部分财产纳入财产报告的范围，体现了强制执行的公权性质。

二、被执行人报告财产的数额是否有上限的问题

从法律条文上看，并没有对被执行人报告财产的数额作上限的要求，据此应当要求被执行人报告符合条件的全部财产。有观点认为，被执行人在执行程序中所应当履行的义务以法律文书确定的债权数额为限，不应当要求被执行人超出其应当偿还的债务数额进行财产报告。众所周知，强制执行以保护债权人的债权为己任，奉行债权人与债务人不平等原则，满足债权人债权是强制执行的基本理念。[①] 被执行人的所有财产都是其所负债务的担保，其应当承担广泛的财产责任，执行机关可以对其所有财产采取执行措施。强制被执行人报告其所有财产，符合被执行人所有财产都是债务担保这一要求。同样，是否属于执行豁免财产，本身并非被执行人自身能够确定的范畴，需要人民法院在执行程序中予以认定。从有利于执行效果和效率角度出发，责令被执行人报告所有财产也具有合理性，不同类型的财产在实现强制执行的功能上存在一定的差异，毕竟不同财产变现能力和方式有所不同。[②] 例如，《最高人民法院关于在执行工作中进一步强化善意文明执行理念的意见》指出，应合理选择执行财产，被执行人有多项财产可供执行的，人民法院应选择对被执行人生产生活影响较小且方便执行的财产执行。

① 齐树洁：《民事司法改革研究》，厦门大学出版社 2004 年版，第 392 页。
② 江必新：《强制执行法理论与实务》，中国法制出版社 2014 年版，第 269 页。

第二百五十三条 被执行人未按执行通知履行法律文书确定的义务，人民法院有权向有关单位查询被执行人的存款、债券、股票、基金份额等财产情况。人民法院有权根据不同情形扣押、冻结、划拨、变价被执行人的财产。人民法院查询、扣押、冻结、划拨、变价的财产不得超出被执行人应当履行义务的范围。

人民法院决定扣押、冻结、划拨、变价财产，应当作出裁定，并发出协助执行通知书，有关单位必须办理。

【条文主旨】

本条是关于查询、扣押、冻结、划拨、变价被执行人存款、债券、股票、基金份额等财产的规定。

【理解与适用】

1982年《民事诉讼法（试行）》的执行程序编没有关于执行人员查询或者调查被执行人财产信息的规定。该法第171条规定，人民法院为扣留、提取被执行人的储蓄存款或者劳动收入而发出的协助执行通知书，有关单位必须办理。1991年《民事诉讼法》将存款和收入拆分为两条，分别予以规定，并在第221条对存款的执行中，明确人民法院有权向银行、信用合作社和其他有储蓄业务的单位查询被执行人的存款情况。2012年修正时，基于债务人财产的形式多样化，增加了对债券、股票、基金份额等财产情况的查询。此后历次修改，本条内容未有变动。

一、查询

执行程序中的查询，是指人民法院为强制被执行人履行生效法律文书确定的义务，向持有与执行事项有关信息的主体调查询问该信息的活动。本条规定的查询范围限于金钱债权执行，因此列举的被调查主体主要是持有被执行人财产信息的有关的金融机构、证券公司、基金管理公司以及有关公司、企业等有关单位。

查询是人民法院行使调查权的一种方式，人民法院是查询权的行使主体。除查询外，人民法院调查被执行人的财产状况等事项，还可以通过要求申请执行人提供、被执行人报告或者搜查、审计、发布悬赏公告等方式。其中，财产报告令和搜查已经在《民事诉讼法》第252条、第259条有所规定；其他调查措施则规定在《最高人民法院关于民事执行中财产调查若干问题的规定》（2020修正）等司法解释中做了规定。

人民法院可以查询的内容应当限于与执行事项有关的必要信息。金钱债权执行中，主要包括被执行人的身份信息和财产信息。例如，被执行人银行账户的性质、余额、流水等。

所有持有上述信息的主体，都有配合人民法院执行的协助执行义务。本条列举的"有关单位"主要包括：（1）有存款业务的银行（含其分理处、营业所和储蓄所）以及其他办理存款业务的金融机构（如信用合作社等）；（2）证券登记结算机构或者证券公司；（3）债券的发行、承销机构；（4）基金管理公司；（5）被执行人预期应得股息、红利的，或被执行人持有股票的，或被执行人享有投资权益或股权的有限责任公司、股份有限公司以及其他企业等。需要注意的是，虽然本条将主体表述为"有关单位"，但司法解释已经将其范围扩大至"有关单位或个人"。①

本条并未明确规定人民法院查询应当出具何种文书、遵循何种程序。相应内容多由司法解释或者多部门联合制定的规范性文件予以规范。目前，查询主要有现场查询、网络查询两种方式。

（一）现场查询

查询银行存款的，根据《最高人民法院、中国人民银行关于依法规范人民法院执行和金融机构协助执行的通知》，人民法院的执行人员应当持本人的工作证和执行公务证，并出具"协助查询存款通知书"。金融机构应当立即协助办理查询事宜，不须办理签字手续，对于查询的情况，由经办人签字确认。对协助执行手续完备拒不协助查询的，人民法院可以对其采取罚款、拘留措施。

此外，2010年最高人民法院、中国人民银行联合颁布的《关于人民法院查询和人民银行协助查询被执行人人民币银行结算账户开户银行名称的联合通知》，对人民法院通过人民币银行结算账户管理系统查询被执行

---

① 《最高人民法院关于适用〈中华人民共和国民事诉讼法〉的解释（2022年修正）》第483条、《最高人民法院关于民事执行中财产调查若干问题的规定（2020年修正）》第12条。

人银行结算账户开户银行名称的有关事项作出了规定：(1）人民法院查询对象限于生效法律文书所确定的被执行人，包括法人、其他组织和自然人。(2）人民法院需要查询被执行人银行结算账户开户银行名称的，人民银行上海总部，被执行人注册地（身份证发证机关所在地）所在省（自治区、直辖市）人民银行各分行、营业管理部、省会（首府）城市中心支行及深圳市中心支行应当予以查询。(3）人民法院查询被执行人结算账户开户银行名称的，由被执行人注册地（身份证发证机关所在地）所在省（自治区、直辖市）高级人民法院（含深圳市中级人民法院）统一集中批量办理。(4）高级人民法院（含深圳市中级人民法院）审核汇总有关查询申请后，应当就协助查询被执行人名称（姓名、身份证号码）、注册地（身份证发证机关所在地）、执行法院、执行案号等事项填写《协助查询书》，加盖高级人民法院（含深圳市中级人民法院）公章后于每周一上午（节假日顺延）安排专人向所在地人民银行上述机构送交《协助查询书》(并附协助查询书的电子版光盘）。(5）人民银行上述机构接到高级人民法院（含深圳市中级人民法院）送达的《协助查询书》后，应当核查《协助查询书》的要素是否完备。经核查无误后，在五个工作日内通过人民币银行结算账户管理系统查询被执行人的银行结算账户开户行名称，根据查询结果如实填写《协助查询答复书》，并加盖人民银行公章或协助查询专用章。经核查《协助查询书》要素不完备的，人民银行上述机构不予查询，并及时通知相关人民法院。(6）被执行人的人民币银行结算账户开户银行名称由银行业金融机构向人民银行报备，人民银行只对银行业金融机构报备的被执行人的人民币银行结算账户开户银行名称进行汇总，不负责审查真实性和准确性。(7）人民法院应当依法使用人民银行上述机构提供的被执行人银行结算账户开户银行名称信息，为当事人保守秘密。人民银行上述机构以及工作人员在协助查询过程中应当保守查询密码，不得向查询当事人及其关联人泄漏与查询有关的信息。(8）人民银行上述机构因按本通知协助人民法院查询被执行人银行结算账户开户银行名称而被起诉的，人民法院应不予受理。(9）人民法院对人民银行上述机构及工作人员执行本通知规定，或依法执行公务的行为，不应采取强制措施。如发生争议，高级人民法院与人民银行上述机构应当协商解决；协商不成的，应及时报请最高人民法院和中国人民银行处理。

关于查询证券和证券交易结算资金，2008 年最高人民法院、最高人民检察院、公安部、中国证券监督管理委员会联合颁布的《关于查询、冻结、扣划证券和证券交易结算资金有关问题的通知》作了如下规定：（1）人民法院在办理案件过程中，按照法定权限需要通过证券登记结算机构或者证券公司查询、冻结、扣划证券和证券交易结算资金的，证券登记结算机构或者证券公司应当依法予以协助。（2）人民法院要求证券登记结算机构或者证券公司协助查询、冻结、扣划证券和证券交易结算资金时，有关执法人员应当依法出具相关证件和有效法律文书。执法人员证件齐全、手续完备的，证券登记结算机构或者证券公司应当签收有关法律文书并协助办理有关事项。（3）人民法院可以依法向证券登记结算机构查询客户和证券公司的证券账户、证券交收账户和资金交收账户内已完成清算交收程序的余额、余额变动、开户资料等内容。人民法院可依法向证券公司查询客户的证券账户和资金账户、证券交收账户和资金交收账户内的余额、余额变动、证券及资金流向、开户资料等内容。查询自然人账户的，应当提供自然人姓名和身份证件号码；查询法人账户的，应当提供法人名称和营业执照或者法人注册登记证书号码。证券登记结算机构或者证券公司应当出具书面查询结果并加盖业务专用章。查询机关对查询结果有疑问时，证券登记结算机构、证券公司在必要时应当进行书面解释并加盖业务专用章。

2010年中央纪律检查委员会、最高人民法院等十九个部门联合颁布《关于建立和完善执行联动机制若干问题的意见》对人民法院在执行中的查询工作以及各有关部门的配合工作作出了相应的规定。主要是：（1）发展和改革部门应当协助人民法院依法查询被执行人有关工程项目的立项情况及相关资料；对被执行人正在申请办理的投资项目审批、核准和备案手续，协调有关部门和地方，依法协助人民法院停止办理相关手续。（2）国土资源管理部门应当协助人民法院及时查询有关土地使用权、探矿权、采矿权及相关权属等登记情况，协助人民法院及时办理土地使用权、探矿权、采矿权等的查封、预查封和轮候查封登记，并将有关情况及时告知人民法院。被执行人正在办理土地使用权、采矿权、探矿权等权属变更登记手续的，根据人民法院协助执行通知书的要求，停止办理相关手续。债权人持生效法律文书申请办理土地使用权变更登记的，依法予以办理。（3）住房和城乡建设管理部门应当协助人民法院及时查询有关房屋权属登记、变更、抵押等情况，协助人民法院及时办理房屋查封、预查封和轮候查封及转移登记手续，并将有关情况及时告知人民法院。被执行人正在办理房屋所有权转移登记等手续的，根据人民法院协助执行通知书的要求，停止办理相关手续。轮候查封的人民法院违法要求协助办理房屋登记手续的，依法不予办理。债权人持生效法律文书申请办理房屋转移登记手续的，依法予以办理。协助人民法院查询有关工程项目的规划审批情况，向人民法院提供必要的经批准的规划文件和规划图纸等资料。被执行人正在申请办理涉案项目规划审批手续的，根据人民法院协助执行通知书的要求，停止办理相关手续。将房地产、建筑企业不依法履行生效法律文书义务的情况，记入房地产和建筑市场信用档案，向社会披露有关信息。对拖欠房屋拆迁补偿安置资金的被执行人，依法采取制裁措施。（4）人民银行应当协助人民法院查询人民币银行结算账户管理系统中被执行人的账户信息，将人民法院提供的被执行人不履行法律文书确定义务的情况纳入企业和个人信用信息基础数据库。（5）银行业监管部门应当监督银行业金融机构积极协助人民法院查询被执行人的开户、存款情况，依法及时办理存款的冻结、轮候冻结和扣划等事宜。对金融机构拒不履行生效法律文书、拒不协助人民法院执行的行为，依法追究有关人员的责任。制定金融机构对被执行人申请贷款进行必要限制的规定，要求金融机构发放贷款时应当查询企业和个人信用信息基础数据库，并将被执行人履行生效法律文书确定义务的情况作为审批贷款时的考量因素。对拒不履行生效法律文书义务的被执行人，涉及金融债权的，可以采取不开新户、不发放新贷款、不办理对外支付等制裁措施。（6）证券监管部门应当监督证券登记结算机构、证券、期货经营机构依法协助人民法院查询、冻结、扣划证券和证券交易结算资金。督促作为被执行人的证券公司自觉履行生效裁判文书确定的义务；对证券登记结算机构、证券公司拒不履行生效法律文书确定义务、拒不协助人民法院执行的行为，督促有关部门依法追究有关负责人和直接责任人员的责任。（7）税务机关应当依法协助人民法院调查被执行人的财产情况，提供被执行人的纳税情况等相关信息；根据人民法院协助执行通知书的要求，提供被执行人的退税账户、退税金额及退税时间等情况。被执行人不缴、少缴税款的，请求法院依照法定清偿顺序追缴税款，并按照税款预算级次上缴国库。（8）工商行政管理部门应当协助人民法院查询有关企业的设立、变更、注销登记等情况；依照有关规定，协助人民法院办理被执行人持有的有限责任公司股权的冻结、转让登记手续。对申请注销登记的企业，严格执行清算制度，防止被执行人转移财产，逃避执行。逐步将不依法履行生效法律文书确定义务的被执行人录入企业信用分类监管系统。

（二）网络查询

根据《最高人民法院关于网络查询、冻结被执行人存款的规定》，人民法院与金融机构已经建立网络执行查控机制的，可以通过网络实施查询被执行人存款等措施。人民法院通过网络查询被执行人存款时，应当向金融机构传输电子协助查询存款通知书，加盖电子印章。人民法院出具的电子法律文书、金融机构出具的电子查询、冻结等结果，与纸质法律文书及反馈结果具有同等效力。

此后，最高人民法院通过《最高人民法院、中国证券监督管理委员会关于试点法院通过网络查询、冻结被执行人证券有关事项的通知》《最高人民法院、国土资源部关于推进信息共享和网络执行查询机制建设的意见》《最高人民法院、中国银行业监督管理委员会关于进一步推进网络执行查控工作的通知》等逐步实现了证券及证券结算资金、不动产、银行金融理财产品的网络查询。

二、扣押、冻结、划拨、变价

扣押，是指人民法院把被执行人的财产移至人民法院可以控制的地方，加以扣留，不准被执行人占有、使用和处分。冻结，是指人民法院对被执行人的存款、债券、股票、基金份额等财产，依照一定的法律程序，不准其提取或者转移的措施。划拨，是指人民法院将被执行人的存款、债券、股票、基金份额等财产强制转汇至某一账户，以清偿权利人债权的措施。变价，是指人民法院将被执行人已被扣押、冻结、划拨的存款、债券、股票、基金份额等财产强制出卖，以实现物状财产转换为金钱财产，并以所得价金清偿申请执行人的措施，主要包括拍卖、变卖和抵债三种形式。

冻结、划拨银行存款的，根据《最高人民法院、中国人民银行关于依法规范人民法院执行和金融机构协助执行的通知》，人民法院的执行人员应当出示本人工作证和执行公务证，并出具法院冻结、扣划裁定书和协助冻结、扣划存款通知书。扣划存款的，还应当附生效法律文书副本。金融机构收到法律文书后，应当立即协助执行。

冻结、扣划证券、资金的，根据《最高人民法院、最高人民检察院、公安部、中国证券监督管理委员会关于查询、冻结、扣划证券和证券交易结算资金有关问题的通知》，人民法院可以要求证券登记结算机构或者证券公司协助冻结、扣划证券和证券交易结算资金。执行人员应当依法出具相关证件和有效法律文书。人民法院应当明确冻结、扣划证券、资金所在的账户名称、账户号码、冻结期限，所冻结、扣划证券的名称、数量或者资金的数额。扣划时，还应当明确拟划入的账户名称、账号。冻结证券和交易结算资金时，应当明确冻结的范围是否及于孳息。

扣押和变价的程序详见第255条释义。

三、禁止超额执行

本条关于“人民法院查询、扣押、冻结、划拨、变价的财产不得超出被执行人应当履行义务的范围”的规定，构成了我国“禁止超额执行”的法律渊源。此后，最高人民法院的多部司法解释和规范性文件又对该规则予以细化。综合上述规范，我国的“禁止超额执行”规则可以表述为：金钱债权执行中，人民法院执行被执行人财产的价额，不得明显超出其应当清偿的执行债务及执行费用金额，但该财产为不可分物且被执行人无其他可供执行财产的除外。

“禁止超额执行”的立法目的在于维护申请执行人权益的同时兼顾被执行人的利益，系执行法上对被执行人人权保障规范群的一部分。详言之，民事执行程序系通过国家强制执行力实现法律文书确定的债权，故对被执行人的财产采取执行措施应坚持“价值相当原则”或者“禁止过度执行原则”，避免超出被执行人应当履行义务的范围，造成其生产经营困难，额外增加其不便与痛苦。①

应予注意的是，由于人民法院对财产的价额估算可能不准、执行债务随着时间可能不断增加、其他债权人可能会申请参与分配，很难要求执行时查封财产的价额与执行债务金额完全一致，否则不利于保护申请执行人的利益，也与比例原则的要求不符。

对于财产价额超出执行债务金额多少算“明显超出”，法律、司法解

---

① 王赫：《执行法规范评注（一）：禁止超额查封》，载微信公众号“赫法通言”，访问时间：2023年6月25日。

释并无明确规定。实际上，财产类型不同，估算难度就不一样；债务人不同，其他债权人申请参与分配可能也有差异。因此，超出多少可以认定为“明显超出”，只能在个案中进行判断。实际上，被执行人如果有足额财产清偿债务，本应在生效法律文书确定的履行期限届满前，处置财产清偿债务。故对于“明显超出”，应当从宽把握。除非价额超出执行债务和费用金额达到显而易见的程度，否则不宜认为构成超额执行。

此外，还应注意的是，即便执行财产价额明显超出了执行债务金额，如果执行标的不可分且被执行人无其他财产可供执行，该执行行为依然属于合法执行。这是因为虽然执行财产的价额明显高于执行债务金额，但由于被执行人没有其他财产可以执行，如果不允许对该财产予以查封，则债权人将无法受偿，这显然也不符合比例原则的初衷。比较法上，德国、日本也均将其作为“禁止超额执行”的除外情形。

执行机关超额执行的，被执行人或利害关系人不得请求认定执行行为无效，但可以请求解除对超出部分的查封、拍卖等措施。超额执行给被执行人造成损害的，被执行人可以申请国家赔偿。

【审判实践中应当注意的问题】

一、关于本条与第 255 条的关系

本条规定被执行人未按执行通知履行法律文书确定的义务，人民法院有权“扣押、冻结、划拨、变价被执行人的财产”。第 255 条规定人民法院有权“查封、扣押、冻结、拍卖、变卖”被执行人的财产。由于执行变价的方式包括拍卖、变卖、抵债等，因此两个条文文义存在重合关系。

要理解这两个条文的关系，就需要回到 1991 年《民事诉讼法》文本中。1991 年的文本中，本条仅包括对储蓄存款的执行。与银行存款相关的措施仅有查询、冻结和划拨。相应地，对其他需要变价财产的执行，则规定在 1991 年文本的第 223 条。2012 年修法时，本条增加了对债券、股票、基金份额等财产的执行，对应措施就增加了扣押和变价，导致本条与第 255 条规定在内容上出现重合。

二、关于被执行人财产价额的判断方法

执行财产价额的确定，原则上由执行人员在执行实施过程中估算。估

算的具体方法，应当根据财产的类型而有所区别。

对现金、银行存款、公积金以及其他无须变价可以直接全额提取兑付的货币类财产，根据实际查封金额确定价额。

对有公开交易价格的财产，如上市公司股票、房地产交易活跃城市的房产、金银制品、银行汇票、全新电子产品等，可以参照其公开交易价格进行估算。其中，上市公司股票，一般应当以冻结前一交易日收盘价为基准，结合股票市场行情，一般在不超过20%的幅度内合理确定，但限制流通股除外。房产可以参照同地段、同条件的房产交易价格估算。

对没有公开交易价格的财产，在查封前进行评估不是必需的。因为效率是执行程序的重要价值，查封前就请评估机构进行评估，不仅会增加执行成本，也不利于及时有效控制财产。此外，委托评估也不是确定财产价额的唯一方法。

执行标的为在建工程的，应当区分是否已经取得预售许可证。已经取得预售许可证，能够对外销售的，可以参照同地段同类不动产价格确定。标的为债务人对第三人金钱债权的，不能仅仅根据该债权的金额确定其价额。因为到期债权的价额，很大程度上取决于第三人的清偿能力。标的为有限公司股权的，也不宜简单根据认缴出资额确定其价额。公司股权的价值，与股东的认缴出资额并无必然联系，而是取决于公司的资产负债情况以及未来的盈利能力。

经人民法院依法委托形成的评估报告，通常可以作为认定财产价额的参考；但单方委托形成的评估报告对方不认可的、评估报告超出有效期的、评估报告所基于的事实发生变化的、已有其他证据证明评估报告不可靠的，该评估报告不足以单独作为确定财产价额的依据。

估算财产价额时，可以考虑执行变价的难度及降价幅度。如前所述，财产价额是财产经过法院执行程序可以变价取得的价款金额，因此必须兼顾司法拍卖变价过程中的降价情况。财产上存在抵押权等优先受偿权或者有其他法院在先查封的，在估算财产价额时，应当将其他债权人可以优先受偿的金额予以扣除。

第二百五十四条 被执行人未按执行通知履行法律文书确定的义务，人民法院有权扣留、提取被执行人应当履行义务部分的收入。但应当保留被执行人及其所扶养家属的生活必需费用。

人民法院扣留、提取收入时，应当作出裁定，并发出协助执行通知书，被执行人所在单位、银行、信用合作社和其他有储蓄业务的单位必须办理。

【条文主旨】

本条是关于扣留、提取被执行人收入的规定。

【理解与适用】

一、收入的范围

被执行人的收入是人民法院强制执行的客体之一。我国《民事诉讼法》中规定的可以作为执行客体的收入，是指被执行人因劳动、交易、受赠、受助、投资、出租财产等行为所得的财产。收入的形式可以是工资、奖金、劳务报酬、稿酬、咨询费、利息、股利（股息和红利）、房屋租金等。收入主要指金钱收入，但不排除实物收入。

扣留、提取被执行人的收入主要是针对自然人采取的措施。此处的“被执行人”应理解为自然人，这从其用语“保留被执行人及其所扶养家属的生活必需费用”“被执行人所在单位”等可以看出，对法人和其他组织的执行不适用本条。①

另外，此处的收入指被执行人尚未取得的报酬。对被执行人已经取得现金收入的执行，不包括在内。如果被执行人已经受领，就变为存款、现金等财产形式，按照相应方法予以执行即可。② 例如，《最高人民法院关于人民法院执行工作若干问题的规定（试行）》第28条规定：作为被执

① 黄金龙：《关于人民法院执行工作若干问题的规定实用解析》，中国法制出版社2000年版，第100~101页。

② 杨与龄：《强制执行法论》，中国政法大学出版社2002年版，第678页。

行人的自然人，其收入转为储蓄存款的，应当责令其交出存单。拒不交出的，人民法院应当作出提取其存款的裁定，向金融机构发出协助执行通知书，由金融机构提取被执行人的存款交人民法院或存入人民法院指定的账户。

二、对被执行人收入的执行措施

扣留和提取都是对被执行人收入进行执行的过程中所采取的执行措施。扣留是执行机构在执行过程中依法委托被执行人所在单位或有关单位保存并不准被执行人领取其收入的一种执行措施。例如，人民法院通知某甲所在单位按照法律文书的规定，按月扣留某甲的工资作为其母的赡养费。扣留与冻结类似，两者都是保全性措施，目的都是限制被执行人处分有关款项。提取是执行机构在执行过程中取出被执行在其单位或有关单位的收入，并交给申请执行人的一种执行措施。提取与划拨类相似，都是实质性措施，目的在于转移财产控制或所有。[①]

除本条规定之外，《最高人民法院关于人民法院执行工作若干问题的规定（试行）》第 29 条、第 30 条对被执行人收入执行中扣划和提取的方法、有关单位擅自支付的责任作了详细规定。被执行人在有关单位的收入尚未支取的，人民法院应当作出裁定，向该单位发出协助执行通知书，由其协助扣留或提取。有关单位收到人民法院协助执行被执行人收入的通知后，擅自向被执行人或其他人支付的，人民法院有权责令其限期追回；逾期未追回的，应当裁定其在支付的数额内向申请执行人承担责任。扣留、提取被执行人的收入应当注意以下几点：（1）必须是被执行人未按执行通知履行法律文书确定的义务。（2）扣留、提取的收入应当与被执行人履行义务的款额相当。（3）扣留、提取收入时，应当保留被执行人及其所供养家属的生活必需费用。虽然强制执行理论认为债务人的所有财产是其对债权人债权的担保，但是现代社会文明以及保障公民人权要求强制执行债务人财产时，不可穷尽至危及该债务人及其所抚养家属的基本生存权。因此，扣留、提取被执行人收入时，执行范围应该受到必要限制。法律和司法解释对“生活必需费用”没有具体规定，人民法院可以根据当地的生活水平、被执行本人家庭的实际情况予以确定。当地有最低生活保

① 丁亮华：《民事执行程序注释书》，中国民主法制出版社 2022 年版，第 678 页。

障标准的，必需的生活费用依照该标准确定。同时注意对于离休金、退休金、养老金、公积金，在留出必要生活费用外，人民法院可以作为被执行人的财产予以执行。[①]（4）人民法院扣留、提取收入时，应当作出裁定，并发出协助执行通知书，被执行人所在单位、银行、信用合作社和其他有储蓄业务的单位必须办理。[②] 对于拒绝协助执行的单位，《民事诉讼法》第117条规定了人民法院可以采取的措施，包括责令其履行协助义务，予以罚款；对其主要负责人或者直接责任人员予以罚款；对仍不履行协助义务的，可以予以拘留；并可以向监察机关或者有关机关提出予以纪律处分的司法建议。

【审判实践中应当注意的问题】

关于执行收入与到期债权的区分。从民法理论上看，收入也是到期债权的一种。但根据《民事诉讼法》及相关的司法解释，被执行人收入有其特定的含义。实践中，应从下述五个方面区分收入和到期债权：（1）收入的权利主体仅限于自然人，不含法人和其他组织。被执行人包括自然人、法人和其他组织。因此，收入的主体应该是自然人，而到期债权的权利主体不限于自然人。（2）收入一般具有经常性、连续性，而到期债权大多表现为一次性。（3）收入的给付人和被执行人之间的法律关系特定，一般为劳动、储蓄、投资、租赁等合同关系，双方权利义务关系简单明了。到期债权可能是基于合同、侵权、不当得利、无因管理等产生的债权，基础法律关系十分宽泛，也较为复杂。（4）收入的给付人负有单向、确定、稳定的给付义务，一般以现金方式给付，给付的时间、地点、金额及给付的方式确定，一般没有争议。而到期债权人一般附有对待给付义务，给付的时间、地点、内容、给付金额、给付方式只能依具体的法律关系才能确定。（5）收入的给付人一般为单位，通常有健全的会计账目，容易查询被执行人的收入。而到期债权的债务人包括一切民事义务主体。

按照《民事诉讼法》和相关司法解释规定，执行收入和执行到期债权

---

① 参见《最高人民法院研究室关于执行程序中能否扣划离退休人员退休金清偿其债务问题的答复》《最高人民法院关于能否要求社保机构协助冻结、扣划被执行人养老金问题的复函》《最高人民法院关于强制扣划被执行人住房公积金问题的复函》。

② 王胜明：《中华人民共和国民事诉讼法释义（最新修正版）》，法律出版社2012年版，第572~573页。

属于两种不同的执行程序。对于被执行人的收入，执行法院在向有关单位下达协助执行通知书后，即可径行予以扣划、提取。而对于被执行人的到期债权，《最高人民法院关于人民法院执行工作若干问题的规定（试行）》第45条规定："被执行人不能清偿债务，但对本案以外的第三人享有到期债权的，人民法院可以依申请执行人或被执行人的申请，向第三人发出履行到期债务的通知（以下简称履行通知）。履行通知必须直接送达第三人。履行通知应当包含下列内容：（1）第三人直接向申请执行人履行其对被执行人所负的债务，不得向被执行人清偿；（2）第三人应当在收到履行通知后的十五日内向申请执行人履行债务；（3）第三人对履行到期债权有异议的，应当在收到履行通知后的十五日内向执行法院提出；（4）第三人违背上述义务的法律后果。"由此可见，对到期债权的执行，执行法院采取向第三人发出履行到期债务通知的方式。履行通知书的效果有两个：一是冻结该债权，第三人不得再向被执行人履行债务；二是通知履行，第三人在收到履行通知后应向申请执行人履行债务。需要注意的是，第三人可以对履行通知提出异议，第三人在履行通知指定的期间内提出异议的，人民法院停止对第三人的强制执行，同时按照审执分离原则，不得对第三人提出的异议进行审查。

第二百五十五条　被执行人未按执行通知履行法律文书确定的义务，人民法院有权查封、扣押、冻结、拍卖、变卖被执行人应当履行义务部分的财产。但应当保留被执行人及其所扶养家属的生活必需品。

采取前款措施，人民法院应当作出裁定。

【条文主旨】

本条是关于被执行人未按执行通知履行法律文书确定的义务时，执行法院有权采取查封、扣押、冻结等控制性执行措施以及拍卖、变卖等处分性执行措施以及相关限制的规定。

【理解与适用】

一、查封、拍卖等执行措施的界定

根据《民事诉讼法》及相关司法解释的规定，按照执行标的和内容的不同，可将强制执行分为实现金钱债权的执行、物之交付请求权的执行以及行为请求权的执行，其中金钱债权的执行系实践中最为常见、案件数量最多的类型，且后两类在某些情况下也可以转化为金钱债权的执行。在金钱债权的强制执行过程中，执行法院将围绕被执行人的责任财产进行调查、控制、变价等，并最终将所得价款分配给申请执行人，其中查冻扣和变价系核心环节，前者系限制被执行人对责任财产的处分，属于控制性及临时性执行措施，并为下一步司法变价奠定基础，后者系将责任财产通过公开拍卖或直接变卖的方式转换为金钱，以追求双方利益的最大化，属于处分性执行措施。因这两类执行措施均直接针对被执行人的责任财产进行控制和处分，而非通过对被执行人人身或心理施加压力间接迫使其履行，故又称为直接性执行措施。

（一）控制性执行措施

在控制性执行措施中，根据执行标的物的不同以及是否允许被执行人继续占有、使用等，又区分为查封、扣押、冻结。其中查封是指把被执行人的财产清查封闭贴上封条，就地封存，不准任何人转移和处理，或者通知有关登记机关等办理查封手续，限制被执行人的处分权。被查封的财产可由执行法院指令被执行人负责保管，也可委托有关单位和个人保管。扣押是指把被执行人的财产就地或者运到另外的场所，加以扣留，避免被执行人占有、使用和处分。被扣押的财产可以由人民法院保管，也可以由有关单位和个人保管，保管人员不得任意使用该项财物，保管中发生的费用，由被执行人负担。[①] 冻结则主要针对银行存款或股权、上市公司股票、债权、知识产权等财产性权利，因其属于无形财产权，不涉及物理状态的占有、使用或毁损、灭失等问题，故通过适当方式限制被执行人支取、处分即可。

（二）处分性执行措施

在处分性执行措施中，根据是否采取公开竞价程序还是直接出卖给特定主体，又区分为司法拍卖和司法变卖。

司法拍卖是指由执行法院或执行法院委托的拍卖机构主持，将被执行人的财产公开出售，由不特定的竞买人出价竞购，并实行价高者得的规则，能够较为充分地实现财产的价值。我国在制度和实践层面都经历了司法委托拍卖为主到网络司法拍卖优先的转变。[②] 现《网络司法拍卖规定》第 2 条已明确规定了人民法院以拍卖方式处置财产的，应当采取网络司法拍卖方式，除非法律另有规定或其他特殊情形。这种转变并不是只简单的拍卖方式或平台的变化，更体现了拍卖主体由拍卖机构向执行法院的回归。在于其能够最大限度地降低变价成本和提高变价效率，同时网络平台的公开性和信息传播的广泛性决定了其在保障充分竞价、减少人为控制、加强社会监督、预防司法腐败等方面具有无可比拟的优势。[③]

司法变卖是指不经过公开竞价程序，而由执行法院直接将财产出卖于某特定单位或个人。从实践情况来看，采用变卖的方式，所得到的价款与变卖的财物的实际价值往往相差较大，同时，变卖价款过低，不足以偿还债务时，使债权人的权益也受到了损害。而拍卖是按照一定的程序公开叫卖，看谁出价最高就将财物卖给谁，这对于保护债权债务双方的合法权益

① 王胜明主编：《中华人民共和国民事诉讼法释义（最新修正版）》，法律出版社 2012 年版，第 574 页。

② 参见肖建国、黄忠顺：《中国网络司法拍卖发展报告》，法律出版社 2018 年版，第 17~22 页。

③ 孙超：《民事执行中财产变价程序的立法理念与规则设计》，载《山东审判》第 37 卷。

更为有利。本条将拍卖放在变卖之前，意图在于要求人民法院处理被执行人的财物时，应当首先考虑拍卖的形式。[①]当然，变卖也具有快捷便利、成本较低的特点，在坚持网络司法拍卖优先和能够保障债权人利益及时实现的前提下，也可对某些特定财产直接变卖。比如金银及其制品、易腐烂变质的物品、季节性商品、保管困难或者保管费用过高的物品，以及有公开交易价格的动产、上市公司股票等财产权利，人民法院可以决定以合理价格或市价进行变卖。再比如根据《善意文明执行意见》第9条规定，对于不动产等财产，在征得执行债权人同意或者变卖价款足以清偿全部执行债权的情况下，也可由法院直接变卖。

最后，执行法院无论是采取控制性执行措施还是处分性执行措施，均应作出执行裁定，载明相应措施的具体要求和实施程序，并向当事人送达。

二、查封、拍卖时的财产权属判断规则

如上所述，在金钱债权的强制执行过程中，执行法院将以被执行人的责任财产为中心进行调查、控制、变价，其中如何调查和认定某项具体财产系被执行人可供执行的财产并进行查封、拍卖等，系其面临的首要问题。为实现及时、高效、持续执行的目的，执行法院通常会遵循“权利外观”判断权属，即根据某种易于观察、又与真实权利状态高概率一致的事实来认定执行标的权属，而无须进一步调查核实该财产于实体上是否属于被执行人所有，此即各国强制执行法上普遍承认并遵循的形式判断规则，或称“外观调查原则”“执行标的之初步认定”等。[②]责任财产认定的形式化也是强制执行形式化原则的基本要求之一，具有以下规范功能：一是能够提高执行效率，执行法院只根据格式化、标准化、普适性、形式主义的识别标准进行权属判断和实施查封、拍卖，可避免陷入对每一个执行标的权属逐个审查判断以致严重拖延执行的困境，[③]简便快捷并易于操作，还有效降低了执行法院的调查负担和申请执行人的举证成本；二是契合审执分离原则，审执分离的实质要求之一就是要将实体争议事项的解决与不涉及实体争议的执行程序争议的解决相区分，执行法院在查封、拍卖财产

---

① 王胜明主编：《中华人民共和国民事诉讼法释义（最新修正版）》，法律出版社2012年版，第576页。

② 赖来焜：《强制执行法总论》，我国台湾地区元照出版社2007年版，第418页。

③ 肖建国：《强制执行形式化原则的制度效应》，载《华东政法大学学报》2021年第2期。

时，因缺少举证、质证、辩论等审判程序所特有的当事人程序保障机制，也就无法对某项财产在实体上是否属于被执行人进行严格审查并作出结论，否则即发生以执代审的错误；三是有利于平衡各方利益，形式判断规则系以民商事实体法中的物权公示公信原则和权利外观主义为基础，以权利真实性、正确性推定为前提，即依据权利外观进行认定和实施查封，大概率不会损害案外人合法权益，在极少数权利外观与真实权利相分离的情况下，真实权利人也可通过案外人异议之诉寻求救济。

基于上述理由，执行财产权属的形式判断规则亦为我国司法解释所吸收和采纳，《查封、扣押、冻结规定》第 2 条、《最高人民法院关于人民法院办理执行异议和复议案件若干问题的规定》第 25 条等即为典型体现，分别确立了执行实施和案外人异议审查中的形式判断规则。当然，不同性质的责任财产具有不同的公示方法和权利外观，亦应匹配适合各自特点的查封和变价程序。其中不动产、普通动产等有体物的公示方法和法律效力为《民法典》所明确规定，执行法院根据登记或实际占有情况实施查封即可。车辆等特殊动产以及上市公司股票、有限公司股权、知识产权等无形财产权，则有特定的登记或公示机制，执行法院可根据登记或公示的权属外观采取执行措施。

三、查封、拍卖被执行人财产价值的限制

根据本条第 1 款规定，人民法院有权查封、扣押、冻结、拍卖、变卖被执行人的财产价值应当限于其应当履行义务的部分。这实际上是明确了禁止执行法院超标的（超额）查封和超标的拍卖，以防止被执行人的利益受到过度损害，体现了利益平衡的理念和执行比例原则。在最高人民法院出台的司法解释中，进一步对此规则的具体适用予以明确。

首先，《最高人民法院关于人民法院执行工作若干问题的规定（试行）》第 39 条规定，查封、扣押财产的价值应当与被执行人履行债务的价值相当。相比《民事诉讼法》的规定，该条进行了如下细化：第一，明确了该规范的适用范围限于金钱债权执行程序；第二，该条使用了“价值相当”的表述，“相当”不是要求查封财产的价值与应当履行债务的数额

完全相等，只是不应存在过大的差距[①]；第三，该条所称“被执行人履行债务的价值”不仅包括执行依据确定的债务，还包括执行中实际支出的费用以及被执行人应当支付的迟延履行期间的债务利息和迟延履行金。

其次，《查封、扣押、冻结规定》第19条规定，查封、扣押、冻结被执行人的财产，以其价额足以清偿法律文书确定的债权额及执行费用为限，不得明显超标的额查封、扣押、冻结。发现超标的额查封、扣押、冻结的，人民法院应当根据被执行人的申请或者依职权，及时解除对超标的额查封部分财产的查封、扣押、冻结，但该财产为不可分物且被执行人无其他可供执行的财产或者其他财产不足以清偿债务的除外。相比《民事诉讼法》和1998年的《最高人民法院关于人民法院执行工作若干问题的规定（试行）》，该条进一步阐明了以下问题：第一，明确将执行费用纳入被执行人应当履行的债务金额；第二，以“不得明显超标的额”代替“价值相当”的表述，体现了从宽掌握的理念；第三，明确人民法院发现超额查封的，应当解除对超出价额部分财产的查封；第四，增设除外情形，规定被执行人的其他财产不足以清偿债务时，即便查封的不可分物价额明显超出被执行人应当履行债务的金额，也不违反法律、司法解释。[②]

再次，《最高人民法院关于办理财产保全案件若干问题的规定》第15条第2款和第3款规定，可供保全的土地、房屋等不动产的整体价值明显高于保全裁定载明金额的，人民法院应当对该不动产的相应价值部分采取查封、扣押、冻结措施，但该不动产在使用上不可分或者分割会严重减损其价值的除外。对银行账户内资金采取冻结措施的，人民法院应当明确具体的冻结数额。这主要是针对实践中关于土地、房屋等不动产一律属于不可分物的误解，该款明确不动产依然有分割之可能，在可以分割时，应当对该不动产的相应价值部分采取查封措施。另外，针对实践中对被执行人的账户予以整体冻结——“只进不出、无论数额”，容易导致超标的额冻结的错误做法，要求人民法院在冻结时必须明确具体的数额。

最后，《最高人民法院关于人民法院民事执行中拍卖、变卖财产的规定》第14条关于“拍卖多项财产时，其中部分财产卖得的价款足以清偿债务和支付被执行人应当负担的费用的，对剩余的财产应当停止拍卖，但

① 黄金龙：《〈关于人民法院执行工作若干问题的规定〉实用解析》，中国法制出版社2000年版，第106页。

② 最高人民法院执行裁判规则研究小组：《禁止超额查封》，载《执行工作指导》2020年第2期。

被执行人同意全部拍卖的除外”的规定，明确了拍卖被执行人财产应限制在债务数额和执行费用的限度内，与禁止超标的查封的目的是一致的。

四、查封、拍卖被执行人财产范围的限制

本条第1款除对执行财产的价值作出限制外，还明确规定执行中应当保留被执行人及其所扶养家属的生活必需品。这是因为虽然从理论上讲，被执行人的所有财产都是其所负债务的担保，其应当承担广泛的财产责任，人民法院可以对其所有财产采取执行措施。但是由于种种原因，各个国家和地区的强制执行法都规定了对被执行人的某些特殊财产不得采取查封、拍卖等措施。限制执行财产的范围或者说豁免某些财产的执行的目的是体现以人为本以及国家尊重和保障基本人权的精神，尊重和保护人格权、荣誉权等基本权利，遵守其他法律规定或者维护国家利益、社会公共利益和公序良俗，尤其是要防止因强制执行造成被执行人无法正常生存。

关于对不得查封、扣押、冻结的财产如何界定，《查封、扣押、冻结规定》第3条予以明确，具体包括：（1）被执行人及其所扶养家属生活所必需的衣服、家具、炊具、餐具及其他家庭生活必需的物品；（2）被执行人及其所扶养家属所必需的生活费用。当地有最低生活保障标准的，必需的生活费用依照该标准确定；（3）被执行人及其所扶养家属完成义务教育所必需的物品；（4）未公开的发明或者未发表的著作；（5）被执行人及其所扶养家属用于身体缺陷所必需的辅助工具、医疗物品；（6）被执行人所得的勋章及其他荣誉表彰的物品；（7）根据《中华人民共和国缔结条约程序法》，以中华人民共和国、中华人民共和国政府或者中华人民共和国政府部门名义同外国、国际组织缔结的条约、协定和其他具有条约、协定性质的文件中规定免于查封、扣押、冻结的财产；（8）法律或者司法解释规定的其他不得查封、扣押、冻结的财产。此外，为平衡保护债权人与债务人的利益，防止使债务人丧失继续生活的希望，因此也有必要为其保留从事职业所必需的物品。在国家机关等作为被执行人时，其为履行行政管理职能或者公共服务职能所必需的财产，具有一定的公共性，为了维护公共利益，也应该适度地豁免执行。

【审判实践中应当注意的问题】

一、关于超标的查封的判断

被执行人认为法院查封财产的价值超过其应当履行的债务，可以通过向执行法院提出执行异议的方式请求解除超额部分的查封。法院在审查时，重点在于判断执行财产的价值与执行标的数额。关于前者，是指通过执行程序处置财产可能获得的价款金额。当然这并不要求执行人员在查封时就必须立即对财产进行评估，而是可以参考被执行人获得该财产支付的对价、在其他程序中已对财产进行评估或鉴定的价格、同类同质财产的市场交易价格或者其自行转让、抵押融资等可以获得的价款等因素予以综合考量，在某些情况下还要考虑法院降价拍卖等因素。执行标的数额，应计算执行债务和执行费用。其中执行债务包括主债务、诉讼费、违约金、迟延履行利息等据以执行的生效法律文书已确定的数额。执行费用，应包括执行受理费和网络询价费、委托评估费、拍卖辅助费、保管费、代履行费用等实际支出的费用。此外，如果不动产不便于分割或者分割将严重减损其价值，且其他财产不足以清偿债务或者不便于执行的，则即便查封的不动产价额超出了执行债务和执行费用的金额，依然不构成超标的查封。但是从善意文明执行的理念出发，不动产可以分割登记的，应当通知不动产登记机构依法办理分割登记，分割后解除对超额部分的查封。

二、关于生活所必需的居住房屋的执行

《查封、扣押、冻结规定》第 4 条规定，对被执行人及其所扶养家属生活所必需的居住房屋，人民法院可以查封，但不得拍卖、变卖或者抵债。这引起了实践中对被执行人“唯一住房”能否执行的争议。对此应结合《查封、扣押、冻结规定》第 5 条和《最高人民法院关于人民法院办理执行异议和复议案件若干问题的规定》第 20 条的规定进行体系解释。前者规定，在保障了被执行人及其所扶养家属最低生活标准所必需的居住房屋后，便可予以执行。后者则为如何保障提供了明确标准，即申请执行人按照当地廉租住房保障面积标准为被执行人及所扶养家属提供居住房屋，或者同意参照当地房屋租赁市场平均租金标准从该房屋的变价款中扣除五

至八年租金的，即能够继续执行。此外，若对被执行人有扶养义务的人名下有其他能够维持生活必需的居住房屋的或者执行依据生效后，被执行人为逃避债务转让其名下其他房屋的，均不能将该执行标的认定为系本人及所扶养家属维持生活必需的居住房屋。

第二百五十六条　人民法院查封、扣押财产时，被执行人是公民的，应当通知被执行人或者他的成年家属到场；被执行人是法人或者其他组织的，应当通知其法定代表人或者主要负责人到场。拒不到场的，不影响执行。被执行人是公民的，其工作单位或者财产所在地的基层组织应当派人参加。

对被查封、扣押的财产，执行员必须造具清单，由在场人签名或者盖章后，交被执行人一份。被执行人是公民的，也可以交他的成年家属一份。

【条文主旨】

本条是关于人民法院在进行现场查封、扣押财产时应有相关人员到场见证并造具清单的规定。

【理解与适用】

根据本法及相关司法解释的规定，人民法院实施查封、扣押等执行措施的，应当作出裁定并送达申请执行人和被执行人，但这并意味着此时就能产生查封、扣押的完整效力。因为实践中，被执行人很多类型的财产尤其是动产、不动产等有体物，还需要执行人员到其所在场所或所在地进行现场查封、扣押，并采取实际占有控制或张贴封条等措施。在这个过程中，为了既能使得查封、扣押的财产明细得以确定，落实其限制被执行人处分权的效果，又能防止被执行人的合法权益受到损害，本条对现场查封、扣押的法律程序作出明确规定。另外，随着社会经济的不断发展，财产登记制度的建立完善以及涉及财产流转的民商事实体法律规则的逐步定型，查封、扣押各类财产的方式也逐渐达成共识，并在相关司法解释中得以明确。

一、现场查封、扣押财产的一般程序

（一）在场见证程序

查封、扣押被执行人的财产，直接涉及被执行人的财产及其相关利

益，人民法院采取这一执行措施，一方面要保障生效法律文书的履行，防止被执行人在财产被查封、扣押后仍处分财产，造成申请执行人或第三人利益受损；另一方面也要注意保证被执行人合法的财产权益不受侵害，尤其是防止因执行法院的不规范执行行为导致超标、超范围查封、扣押等。为了平衡保护双方当事人的合法权益，法律规定了相应的制度保障，即本条所规定的在场见证制度，通过相关人员参与现场查封的全过程，实现对法院执行行为的外部监督。具体而言，人民法院在采取这一措施时，被执行人是公民的，应当通知被执行人或者其成年家属到场；被执行人是法人或者其他组织的，应当通知其法定代表人或者主要负责人到场。被执行人拒不到场的，不影响执行的进行。为了表明执法的合法性、公正性，本条还规定，被执行人是公民的，其工作单位或者财产所在地的基层组织应当派人参加。

（二）造具清单程序

本条第 2 款规定了对执行员要对被查封、扣押的财产要造具清单的要求，这是为了确认查封、扣押财产的具体内容，保证执行的财物清楚、明确，避免执行机构与被执行人就查封、财产的内容发生争执，以备将来有据可查。清单要写明执行财物的种类、数量、质量等，由在场人签名或者盖章后，交被执行人或者其成年家属、法定代表人或者单位主要负责人一份，另一份由人民法院附卷保存。①

（三）制作查封笔录程序

为了完整、准确、全面反映现场查封、扣押的整个过程，实现查封、扣押程序公开透明并保证可回溯，并增强到场见证的实效性，进一步规范人民法院执行行为，为下一步财产拍卖、变卖做好准备，《查封、扣押、冻结规定》第 18 条还补充规定了查封笔录制度。即查封、扣押、冻结被执行人的财产时，执行人员应当制作笔录，载明下列内容：（1）执行措施开始及完成的时间；（2）财产的所在地、种类、数量；（3）财产的保管人；（4）其他应当记明的事项。执行人员及保管人应当在笔录上签名，有被执行人或其成年家属、基层组织工作人员到场见证的，到场人员也应当在笔录上签名。当然，随着现代信息技术的发展，执行人员在进行现场

---

① 王胜明主编：《中华人民共和国民事诉讼法释义（最新修正版）》，法律出版社 2012 年版，第 577~578 页。

查封、扣押或采取其他执行措施时，一般都会随身携带执法记录仪等设备，全程记录执行行为，该音视频资料可否取代执行笔录或在场见证制度，也需要进一步研究。

二、查封、扣押财产的具体方法

除了现场查封应遵循上述法定程序外，为更好实现查封、扣押限制被执行人财产处分权，并保障善意第三人利益，维护交易安全，尚需采取特定方法进行查封、扣押。由于被执行人财产的存在形态、物理属性以及国家对财产的管理手段等方面的差异，决定了对这些财产的查封方法是不同的。

（一）不动产的查封方法

在我国可供执行的不动产主要包括土地使用权、房屋及其他定着物等。因不动产一般价值较大，其上可以设定多种他物权，为明晰和保障权利，国家通过不动产登记机制来对不动产物权进行公示，对不动产交易秩序适度管控，并在民事实体法上赋予登记以较强的公示和公信效力。不动产查封作为限制被执行人处分权的手段，当然应根据实体法规定，在不动产登记簿上予以体现，否则不足以保护善意第三人利益且不能产生完整的查封效力。对此《民事诉讼法》虽未规定，但《查封、扣押、冻结规定》第7条予以补充和明确，即查封不动产的，人民法院应当张贴封条或者公告，并可以提取保存有关财产权证照。查封、扣押、冻结已登记的不动产、特定动产及其他财产权，应当通知有关登记机关办理登记手续。未办理登记手续的，不得对抗其他已经办理了登记手续的查封、扣押、冻结行为。

据此，对于有登记的不动产，首先，执行法院应当作出查封裁定，并应向不动产登记机构送达协助执行通知书，只要尚未完成向他人的变更登记，不动产登记机构即应按照协助执行通知书要求办理查封登记，被执行人转让该不动产或出租、抵押以及设立居住权等权利负担的，即不能再对抗申请执行人。其次，考虑到不动产产权证书系根据不动产登记簿制作的权属证明，责令被执行人交出后由人民法院保管可进一步限制其处分权，第三人也可因被执行人提供不了产权证而拒绝与其签订合同，故实践中法院可根据实际情况确定是否提取保管产权证书。再次，为更充分地保护交易安全，除办理登记外，法院还应到不动产所在地张贴封条或者公告。封条一般是加贴在门缝上，或者采取电子封条的方式，实际上是将不动产封锁、关闭，以禁止或限制被执行人或第三人对该不动产的使用管理。由于加贴封条剥夺了债务人对该不动产的使用权，因此只在必要时使用。公告是使公众知悉法院查封的事实，一般将公告张贴于不动产所在地或特定的动产上，还可同时张贴于公众集会场所或基层组织所在地。这种方法不限制被执行人对不动产的使用管理。最后，鉴于不动产查封登记具有公示和公信力，且具有清晰明确的特点，司法解释赋予其在各种查封方法中最强的效力，既是对抗第三人的要件，也是对抗其他法院查封行为的要件，即以查封登记的时间和顺序作为确定首封法院的唯一标准。

对于尚未进行权属登记的不动产，根据《查封、扣押、冻结规定》第8条的规定，人民法院应当通知其管理人或者该不动产的实际占有人，并在显著位置张贴公告。因为实践中房地产交易流程较长、环节较多、行政机关管理手段多样，实践中还创造出预查封的方式。根据《最高人民法院、国土资源部、建设部关于依法规范人民法院执行和国土资源房地产管理部门协助执行若干问题的通知》的有关规定，被执行人全部缴纳土地使用权出让金但尚未办理土地使用权登记的，人民法院可以在自然资源管理部门对该土地使用权进行预查封。被执行人部分缴纳土地使用权出让金但尚未办理土地使用权登记的，对可以分割的土地使用权，按已缴付的土地使用权出让金，由国土资源管理部门确认被执行人的土地使用权，人民法院可以对确认后的土地使用权裁定预查封。对不可以分割的土地使用权，可以全部进行预查封。另外对于作为被执行人的房地产开发企业，已办理了商品房预售许可证且尚未出售的房屋；被执行人购买的已由房地产开发企业办理了房屋权属初始登记的房屋以及被执行人购买的办理了商品房预售合同登记备案手续或者商品房预告登记的房屋，法院可以到房屋交易管理部门办理预查封手续。预查封与正式查封在限制被执行人处分不动产以及确定查封顺序的效力上是一致的。

（二）动产的查封方法

动产是指能在空间上移动而不改变其性质和价值的物。在民事实体法上，占有和交付系一般动产物权变动的要件。故在执行程序中，为与实体法契合，也为更有效地发挥查封、扣押动产的效用，防止其被非法隐匿、转移，根据《查封、扣押、冻结规定》第6条规定，一般动产的查封方法有以下两种：一是由人民法院直接控制该动产，即由法院责令被执行人或者已知的实际占有人限期交出，并由法院实际占有和保管。二是交付其他人控制，该其他人既包括申请执行人，也包括其他第三人，这种情形下法院还应当在该动产上加贴封条或者采取其他足以公示查封、扣押的适当方式。封条上一般写明人民法院名称，制作的年月日，并加盖人民法院公章粘贴于被查封的动产上。有些动产比如散放物品或动物，不便加贴封条的，应当采取张贴公告、喷涂标志等其他方法。实践中，还有法院利用物联网等信息技术对大宗货物进行控制和公示。执行人员在实施查封、扣押时，应根据动产的种类、性质决定其最合适的方法。

对于船舶、机动车、航空器等特殊动产，出于国家行政管理的需要设立了登记制度，民事实体法也将在行政机关的登记作为对抗第三人的要件，体现在执行程序上，即采取了与不动产查封类似的方法，即应通知登记机关办理查封登记。但与不动产及一般动产不同的是，这类特殊动产具有较强的流动性，易被转移规避执行，法院需要公安机关等协助配合进行查找，并在实际扣押后才实施下一步的司法拍卖。这种情况下，如何妥善处理查封登记和由法院扣押的各自效力、如何确定首封法院和具有处置权的法院，需要结合实体法中关于占和登记的关系进一步研究。此外，扣押尚未进行权属登记的机动车辆时，人民法院应当在扣押清单上记载该机动车辆的发动机编号。该车辆在扣押期间权利人要求办理权属登记手续的，人民法院应当准许并及时办理相应的扣押登记手续。

【审判实践中应当注意的问题】

一、关于查封裁定的效力与善意第三人保护

执行法院查封、扣押财产，除了应当作出查封、扣押裁定并送达当事人外，还应以适当方式予以公示。实践中，对于是否查封裁定一经送达，即产生查封的完整效力，尚存在一定争议。以有登记的不动产为例，就存在裁定送达说、张贴公告说和查封登记说的分歧。根据《查封、扣押、冻结规定》第 24 条第 3 款关于“人民法院的查封、扣押、冻结没有公示的，其效力不得对抗善意第三人”的规定，应认为执行法院作出的查封裁定一经送达当事人就产生法律效力，被查封的当事人其后所为的任何处分行为均构成无权处分，原则上不能产生预期的法律后果，但查封裁定生效后，并不当然具有对抗善意第三人的效力，除非已经完成了查封公示。就

不动产查封的公示方法而言，原则上应当通过办理查封登记的方式经公示，只有在不动产本身并未登记产权的情况下，才能通过张贴封条、公告等方式进行公示。因此，查封裁定生效但未完成查封公示，被查封人处分被查封财产，构成善意取得的，相对人仍可依法取得物权，从而排除对该标的物的执行。此外，根据《查封、扣押、冻结规定》第 7 条第 2 款的规定，在多家法院对同一不动产采取查封措施时，应该以办理查封登记手续的先后，即协助执行通知书送达登记机构的时间作为判断谁是首先查封法院的依据，其他法院构成轮候查封，即使其送达查封裁定在先。首封法院对查封财产享有司法处置权，并且在被执行人为企业法人或者为自然人但是不符合参与分配条件的情况下，首封债权人对财产拍卖价款享有一定的优先受偿权。

二、关于被执行人转让查封财产或设定权利负担的效力

在《查封、扣押、冻结规定》出台前，关于被执行人转让查封财产或在查封财产上设定权利负担主要采取绝对无效的观点，如《最高人民法院、国土资源部、建设部关于依法规范人民法院执行和国土资源房地产管理部门协助执行若干问题的通知》第 21 条规定了对被执行人隐瞒真实情况对查封财产办理抵押、转让手续的，法院可确认处分行为无效，并可撤销登记。在最高人民法院的个案复函中，如《关于人民法院查封的财产被转卖是否保护善意取得人利益问题的复函》（[1999] 执他字第 21 号）、《关于转卖人民法院查封房屋行为无效问题的复函》（[1997] 经他字第 8 号）等也明确转让行为绝对无效。但根据 2004 年出台的《查封、扣押、冻结规定》第 24 条第 1 款规定，被执行人就已经查封、扣押、冻结的财产所作的移转、设定权利负担或者其他有碍执行的行为，不得对抗申请执行人，采取了相对无效的模式，即被执行人就查封物所为的处分行为并非绝对无效，只是不得对抗申请执行人，在被执行人与处分行为的相对人之间仍属有效。[①] 据此，权利人将已被法院查封的财产转让、出租给第三人或为第三人设定居住权等用益物权或抵押权等担保物权时，一方面不妨碍申请执行人继续执行该权利，另一方面为了促进财产流转，贯彻善意

① 参见赵晋山：《论查封、扣押的效力》，载《执行工作指导》2004 年第 1 辑，人民法院出版社 2004 年版。

执行理念，被执行人对查封权利所为的移转、设定权利负担等行为，仍然有效，只不过这种效力因查封而暂时受到阻却，一旦查封被撤销或者解除，上述行为即完全有效。《最高人民法院执行局关于人民法院能否在执行程序中以被执行人擅自出租查封房产为由认定该租赁合同无效或解除该租赁合同的复函》（［2009］执他字第7号）系查封相对效的集中体现，其明确了被执行人擅自处分查封物，与第三人签订的租赁合同，并不当然无效，只是不得对抗申请执行人。第三人依据租赁合同占有查封物的，执行法院可以解除其占有，但不应在裁定中直接宣布租赁合同无效或解除租赁合同，而应指出租赁合同不能对抗申请执行人。此外《最高人民法院关于适用〈中华人民共和国民法典〉有关担保制度的解释》第37条第2款也明确规定，当事人以依法被查封或者扣押的财产抵押，抵押权人请求行使抵押权，经审查查封或者扣押措施已经解除的，人民法院应予支持。抵押人以抵押权设立时财产被查封或者扣押为由主张抵押合同无效的，人民法院不予支持。进一步明确了以查封财产进行抵押的合同有效，且在查封措施解除后，抵押权人即可无障碍地行使抵押权。

第二百五十七条 被查封的财产，执行员可以指定被执行人负责保管。因被执行人的过错造成的损失，由被执行人承担。

【条文主旨】

本条是关于被查封财产保管主体和责任承担的规定。

【理解与适用】

人民法院查封、扣押被执行人财产的主要目的，在于限制其转让或在查封、扣押财产上设定权利负担，从而防止该财产被转移、出租或抵押给善意第三人，影响后续司法变价程序，损害申请执行人利益。但仅限制被执行人的法律处分还不足够，因为查封、扣押期间内被执行人还可能对查封、扣押财产进行事实上的不当处分，造成该财产毁损、灭失或价值贬损等，所以有必要对查封、扣押财产的保管人、保管义务和损失承担等予以明确，本条即规定了执行人员可以指定被执行人负责保管，且应对因其过错造成查封财产的损失自行承担责任。《民事诉讼法解释》《查封、扣押、冻结规定》等司法解释则进一步补充和明确了保管人的范围、次序、责任等内容。

一、保管人的范围和次序

所谓保管，是指占有查封、扣押的财产并保持其现状，使其不致毁损、丢弃、灭失等。关于查封、扣押财产由谁来负责保管，相关司法解释的规定有一个演进和变化的过程。1998 年制定的《执行工作若干规定》第 42 条规定，被查封的财产，可以指令由被执行人负责保管。如继续使用被查封的财产对其价值无重大影响，可以允许被执行人继续使用。因被执行人保管或使用的过错造成的损失，由被执行人承担。第 43 条规定，被扣押的财产，人民法院可以自行保管，也可以委托其他单位或个人保管。对扣押的财产，保管人不得使用。可见，该司法解释在修正前还是严格区分查封和扣押，一般查封财产应根据实际情况由被执行人负责保管，而不宜由执行法院、申请执行人或其他单位、个人等保管，否则就应称为扣押。之后2004年制定的《查封、扣押、冻结规定》第10条第1款规定，查封、扣押的财产不宜由人民法院保管的，人民法院可以指定被执行人负责保管；不宜由被执行人保管的，可以委托第三人或者申请执行人保管。2015年制定的《民事诉讼法解释》第154条第1款也规定，人民法院在财产保全中采取查封、扣押、冻结财产措施时，应当妥善保管被查封、扣押、冻结的财产。不宜由人民法院保管的，人民法院可以指定被保全人负责保管；不宜由被保全人保管的，可以委托他人或申请人保全人保管。该两部司法解释不再区分查封和扣押，而是统一规定了查封财产与扣押财产的保管人范围，并且明确了执行法院、被保全人或被执行人、第三人或申请执行人的保管顺位。

为统一实践，进一步明确保管人的范围，2020年修正18件执行司法解释时，删除了《最高人民法院关于人民法院执行工作若干问题的规定（试行）》原第42条、第43条的规定，保留了《查封、扣押、冻结规定》第12条规定的内容，《民事诉讼法解释》第154条亦得以保留。从这两条规定内容看，对于人民法院在执行程序和财产保全程序中采取查封、扣押措施的财产的保管，有其保管的顺序，首先是由人民法院妥善保管该财产；其次是不适合由人民法院保管时，由人民法院指定被执行人或被保全人负责保管该财产；最后是不适合由被执行人或被保全人保管该财产时，人民法院既可以委托他人保管该财产，也可以委托申请执行人或申请保全人保管该财产。此外，根据现行《民事诉讼法解释》第154条第2款和《查封、扣押、冻结规定》第11条的规定，查封、扣押担保物权人占有的担保财产，一般应当指定该担保物权人作为保管人；该财产由人民法院保管的，质权、留置权不因转移占有而消灭。也就是说，法院占有（保管）是一种不消灭质权和留置权的特殊占有（保管）。这样一方面保护了担保物权人的优先受偿权，同时又防止了担保财产的流失，最大限度地保护了申请执行人的权益，较好地兼顾了二者的利益。

二、确定保管人的考量因素及具体方法

虽然上述司法解释明确了保管人的次序，但实践中仍应由人民法院根据财产类型、性质、价值等因素，并根据被执行人是否配合执行及其他案件实际情况等确定具体的保管人。

（一）由执行法院自行保管

扣押贵重物品和有价证券的，一般应由执行法院自行保管。实践中这种保管方并不少见。法院保管的方法，有的是将扣押物品放在法院的仓库、办公室（如小件商品、手机等电子产品），有的是放在室外院内（如车辆等）。可放置于执行法院院内专门的贮藏处所，也可移置于执行法院指定的其他处所。

（二）指定被执行人保管

如果由被执行人保管和继续使用查封财产，不会对债权人的合法权益产生不能受偿或者使被查封财产明显减值的危险的，执行人员可以指定被执行人保管被查封财产。[①] 一般而言，执行标的物若是一般财产无须特殊的保管方法，又不是贵重物品的，则查封后由被执行人保管最为简便，不但可以节省保管费用，还可以避免搬运的困难和撤销查封时将标的物交还被执行人的困扰。再比如被执行标的物是大型机器设备，人民法院可能缺乏足够的精力和经验，特别是很难根据财产的不同特性分门别类地加以保管，所以这种情况下指定被执行人负责保管，对被查封财产的维护更为有利。另外，考虑到不动产与动产不同，依照通常的方法进行保管和使用一般不会导致其灭失或贬损，故原则上查封不动产后可由被执行人继续保管，但其保管可能导致该不动产价值严重贬损等除外。

（三）委托第三人保管

如果查封、扣押的财产有不便搬运或不适于法院保管的情况时，如因体积过大，不便于提运，或因质料不坚，易于腐坏，或者需要特殊的设备或特殊的专业经验，应当委托相应的专业人员或单位保管，如专门的仓库。[②] 这种情况下法院与第三人间建立了一种委托保管的合同关系，该第三人根据具体情况可以请求报酬，此报酬以及第三人因保管而支出的必要费用属于必要的强制执行费用，应由被执行人负担且优先支付。另外，执行法院委托保管的第三人，也可以是在受查封、扣押前因其他法律关系（如租赁、仓储、保管、运输等）原已占有该财产的人，为维持其继续占有使用的权益，或者为降低运输、交付的成本等，可以委托该第三人

① 王胜明主编：《中华人民共和国民事诉讼法释义（最新修正版）》，法律出版社 2012 年版，第 577~578 页。

② 黄金龙：《〈关于人民法院执行工作若干问题的规定〉实用解析》，中国法制出版社 2000 年版，第 122 页。

继续占有保管。这种情况下保管人的报酬和费用等问题可按照原法律关系处理。

（四）委托申请执行人保管

对查封、扣押的财产，人民法院认为适合由申请执行人保管时，也可以由申请执行人为保管人。交申请执行人人保管的目的不外乎节省费用，避免损失。这种情况下虽说也是保管关系，但申请执行人是为自己的利益而保管，不能请求支付报酬，但保管支出的费用属于强制的费用，应由被执行人负担。查封、扣押财产交第三人或债权人保管时，应责成保管人或申请执行人出具保管清单和收据。①

三、保管人的责任

因对查封、扣押财产保管不善造成损失的，可能涉及三种责任。

（一）民事赔偿责任

在保管人为被执行人、申请执行人或第三人时，因故意或过失导致被查封的财产毁损、减值或灭失的，保管人应承担损害赔偿责任。其中保管人是被执行人的，因其保管或使用的过错造成的损失，由被执行人自行承担，应当以其他财产承担清偿责任。保管人是申请执行人的，赔偿款应与其债权部分抵销。由第三人保管造成损失的，可根据该保管系有偿还是无偿，以及第三人的过错程度等确定第三人是否承担赔偿责任。

（二）国家赔偿责任

在执行法院自行保管时，若查封、扣押财产有毁损、灭失等情况的，应根据2022年出台的《最高人民法院关于审理涉执行司法赔偿案件适用法律若干问题的解释》第2条第6项关于“对执行中查封、扣押、冻结的财产故意不履行或者怠于履行监管职责的”的规定认定执行法院是否承担国家赔偿责任。与2016年《最高人民法院关于审理民事、行政诉讼中司法赔偿案件适用法律若干问题的解释》相比，该条在原规定“不履行监管职责”前增加“故意”，以排除无人告知、执行法院确实不知查封物被侵犯的情形；增加了“怠于履行监管职责”的表述，从而将因故意不作为和因重大过失不作为的情形均予以涵括，比原规定的表述更为周延。②

---

① 江必新主编：《民事执行法条文释义》，人民法院出版社2011年版，第240页。

② 孔玲、王振宇、梁清：《涉执行司法赔偿中若干法律适用问题——对〈最高人民法院关于审理涉执行司法赔偿案件适用法律若干问题的解释〉的解读》，载《法律适用》2022年第5期。

在保管人为被执行人、申请执行人或第三人时，或者因第三人的侵权行为造成查封、扣押财产毁损时，执行法院是否因未尽监管职责而承担国家赔偿责任，以及具体的赔偿数额等《最高人民法院关于审理涉执行司法赔偿案件适用法律若干问题的解释》第 12 条予以了明确。该条系在 2016 年《最高人民法院关于审理民事、行政诉讼中司法赔偿案件适用法律若干问题的解释》第 7 条第 3 项规定的人民法院不承担赔偿责任情形，即“人民法院依法指定的保管人对查封、扣押、冻结的财产违法动用、隐匿、毁损、转移或者变卖的”的情形，与第三人侵权造成损害的情形一并予以规定，明确原则上由保管人或第三人承担民事赔偿责任。同时，该条补充规定了人民法院未尽监管职责的，应当在其能够防止或者制止损害发生、扩大的范围内承担相应的赔偿责任，并可以依据赔偿决定向保管人或者第三人追偿。

（三）妨碍执行的责任

根据《民事诉讼法》第 114 条的规定，若保管人有隐匿、转移、变卖、毁损已被清点并责令其保管的查封物的行为，执行法院可以根据情节轻重予以罚款、拘留，若保管人为单位的，可以对其主要负责人或直接责任人员予以罚款、拘留，构成犯罪的，依法追究刑事责任。

四、查封、扣押财产的继续使用

首先，为确保被查封、扣押财产的价值不受贬损，维持查封行为的效果，保管人员不得任意使用和处分其负责保管的财产。但考虑到实践中责任财产种类繁多、性质各异，某些财产查封后允许被执行人依照通常方法使用，并不会使其价值显著减少，不会对债权的实现造成实质影响，这种情况下应由执行法院根据标的物的具体情况作出决定。有基于此《查封、扣押、冻结规定》和《民事诉讼法》均规定在执行法院指定被执行人保管财产时，如果继续使用对该财产的价值无重大影响，可以允许被执行人继续使用，但如果由执行法院自行保管或者委托第三人、申请执行人保管的，保管人不得使用。

其次，近年来，随着对强制执行功能的认识不断深化，善意文明执行理念得以提出并深入贯彻，为使查封财产物尽其用，保障被执行企业生产经营的持续性，避免社会资源浪费，查封某些特定财产后原则上应当允许被执行人继续使用，这既维护了债权人的利益，也兼顾了债务人的利益，又符合执行比例原则和效益原则。对此《财产保全规定》第 13 条、《善意文明执行意见》第 5 条均规定，灵活采取查封措施，对“活封”的财产，尽量不进行“死封”，尤其是查封被执行企业厂房、机器设备等生产资料或经营性财产的，被执行人继续使用对该财产价值无重大影响的，应当允许其继续使用。

最后，不动产与动产不同，依通常的方法进行管理和使用不但不会使不动产的价值显著减损，而且还往往有利于保持其价值。因而不动产查封后，没有理由不允许债务人依通常的方法继续使用。从其他国家和地区的立法例来看，与动产查封不同的是，不动产查封后，并不当然产生禁止使用的效力，即大都不禁止被执行人继续依通常的方法使用，而且无需执行法院的特别许可。① 我国现行司法解释主要是根据保管主体的不同来确定是否允许保管人使用，而未区分动产还是不动产。但从兼顾双方利益的角度，应当明确查封不动产后，原则上仍由被执行人保管，保管期间还可以继续居住和使用，但继续使用可能严重减损不动产价值或者妨碍后续变价的除外。

【审判实践中应当注意的问题】

一、关于查封、扣押前相关财产已被第三人占有的处理

如果查封、扣押财产在被采取执行措施前即被第三人占有，则应当区分第三人为自己的利益占有还是为被执行人的利益而占有两种不同情况。根据《查封、冻结、扣押规定》第 13 条的规定，第三人为自己利益，根据与被执行人之间的合同关系（如租赁、设定居住权等）占有被执行人财产的，虽然可以查封，但不能影响第三人对该财产的占有和使用，即执行法院应指定该第三人继续保管，并按原合同关系确定的方式继续使用，但第三人不得将其交付给被执行人。对第三人替被执行人保管或者其他为被执行人利益而占有的被执行人的财产可以查封，并不受第三人占有的限制。根据案件情况执行法院也可以委托该第三人继续占有和使用，同样不得交付给被执行人。

---

① 参见赵晋山：《论查封、扣押的效力》，载《执行工作指导》2004 年第 1 辑，人民法院出版社 2004 年版。

二、执行法院未履行监管职责时的责任形态

因执行法院指定的保管人或第三人的侵权行为造成查封、扣押财产毁损的，执行法院因未尽到监管职责的责任形态，一种观点认为与安全保障义务类似，人民法院应承担补充责任；另一种观点认为与销售者承担的产品责任类似，人民法院应承担不真正连带责任。对此，应该认为人民法院在此情形下存在过错，但对于结果的发生没有直接的原因力，从法理而言承担补充责任更为合理。但是，如规定为补充责任，受害人需先经民事诉讼向直接侵权人请求赔偿，在第三人下落不明、清偿能力不足等情形下才可以向申请国家赔偿，程序上不利于及时实现受害人权利救济。如规定为不真正连带责任又过于严苛，人民法院实际承担的责任可能远超出其过错和原因力范围，导致国库负担过重。在综合考虑的基础上，《最高人民法院关于审理涉执行司法赔偿案件适用法律若干问题的解释》将上述两种观点予以折中，规定了人民法院在能够防止或者制止损害发生、扩大的范围内承担“相应的赔偿责任”，但该责任仍属于中间责任，并非终局责任，人民法院承担责任后可以向直接侵权人追偿，以防止直接侵权人因此获得不当利益。[①]

三、认定保管人民事赔偿责任的具体程序

根据《最高人民法院关于人民法院执行工作若干问题的规定（试行）》第 32 条的规定，被执行人或其他保管人擅自处分已被查封、扣押财产的，法院有权责令责任人限期追回或承担相应的赔偿责任。但保管物毁损、灭失时，保管人应承担的赔偿责任可否由执行法院直接确定并强制执行，尚值得探讨。[②]我们认为，因这种情况下赔偿责任是否成立以及具体赔偿数额等均涉及较为复杂的实体判断，从审执分离和程序保障的角度出发，除非当事人对赔偿数额达成一致，否则通过另诉程序解决较为妥当。

---

① 孔玲、王振宇、梁清：《涉执行司法赔偿中若干法律适用问题——对〈最高人民法院关于审理涉执行司法赔偿案件适用法律若干问题的解释〉的解读》，载《法律适用》2022 年第 5 期。

② 黄金龙：《〈关于人民法院执行工作若干问题的规定〉实用解析》，中国法制出版社 2000 年版，第 122 页。

四、财产保全程序中保管人是否有权请求支付保管费以及不支付的法律后果

参照最高人民法院指导案例 121 号的裁判要旨，财产保全执行案件的保全标的物系非金钱动产且被第三人保管，该保管人依人民法院通知应当协助执行。当保管合同或者租赁合同到期后未续签，且被保全人不支付保管、租赁费用的，协助执行人无继续无偿保管的义务。保全标的物价值足以支付保管费用的，人民法院可以维持查封直至案件作出生效法律文书，执行保全标的物所得价款应当优先支付保管人的保管费用；保全标的物价值不足以支付保管费用，申请保全人支付保管费用的，可以继续采取查封措施，不支付保管费用的，可以处置保全标的物并继续保全变价款。

第二百五十八条 财产被查封、扣押后，执行员应当责令被执行人在指定期间履行法律文书确定的义务。被执行人逾期不履行的，人民法院应当拍卖被查封、扣押的财产；不适于拍卖或者当事人双方同意不进行拍卖的，人民法院可以委托有关单位变卖或者自行变卖。国家禁止自由买卖的物品，交有关单位按照国家规定的价格收购。

【条文主旨】

本条是关于拍卖、变卖被执行人财产的规定。

【理解与适用】

一、拍卖、变卖的前提

根据本条规定，对被查封、扣押的财产，不能直接拍卖、变卖。执行员应当先责令被执行人在指定期间履行法律文书确定的义务。查封、扣押对被执行人具有警告作用，如果被执行人看到财产被查封、扣押而主动按照人民法院的要求履行义务，则不需要拍卖、变卖被查封、扣押的财产来清偿被执行人的债务。被执行人逾期不履行的，人民法院应当按照规定拍卖或变卖被查封、扣押的财产。

二、拍卖与变卖的选择

执行中的拍卖，是指通过公开竞价的方式转让被执行人财产的权属。变卖，则是以非公开竞价的方式转让被执行人财产的权属。

（一）网络司法拍卖优先

本条并未规定拍卖、变卖的适用规则。但根据相关司法解释的规定，除法律、司法解释另有规定外，人民法院对查封、扣押、冻结的财产进行变价处理时，应当首先采取拍卖的方式。以拍卖方式处置财产的，应当采用网络拍卖的方式。这是因为，执行程序中之所以要对查封、扣押、冻结的财产进行变现，目的在于用卖得的价款清偿债务。执行财产卖得的价款越高，就越有利于实现债权，同时也越有利于保护债务人的合法权益。因此，选择何种方式对执行财产进行变现处理，至关重要。网络司法拍卖具有公开、便利、范围广等特点，有利于杜绝暗箱操作，实现价格的最大化。因此，一般情况下，对于被执行人的财产应当采用网络司法拍卖的方式处置。两次流拍后，才能进行网络变卖。

（二）直接变卖的情形

根据本条规定，直接实施变卖的情况有两种：一是不适于拍卖；二是当事人双方同意不进行拍卖。之所以规定此时采用变卖的方式，是因为拍卖必须遵循严格的程序，难免要花费时间和费用，从交易成本上考虑，一概采取拍卖措施进行变价，在很多情况下未必对当事人有利。同时对于某些特殊的执行财产，也需要采取简易的方式迅速作出处理。根据相关司法解释的规定，所谓“不适于拍卖”的财产，是指金银及其制品、当地市场有公开交易价格的动产、易腐烂变质的物品、季节性商品、保管困难或者保管费用过高的物品。

本条规定之外，根据《最高人民法院关于在执行工作中进一步强化善意文明执行理念的意见》第 9 条的规定，被执行人申请直接变卖，且变卖款足以清偿所有执行债务的，人民法院也可以不经拍卖直接变卖。

三、拍卖、变卖程序

本条并未明确规定拍卖、变卖的程序，根据现行司法解释规定，网络司法拍卖的程序包括以下内容：人民法院决定拍卖；执行人员对拍卖标的进行必要调查；确定处置参考价；设置起拍价和保留价以及增价幅度；确定拍卖网络服务提供者；发布拍卖公告；通知优先购买权人；收取保证金；确定竞买人资格；竞价；生成成交确认书并公示；支付剩余价款；出具拍卖成交裁定；办理权属过户和财产交付。网络变卖程序则包括：发布变卖公告；交纳变卖全款取得竞买资格；出价竞价；生成确认书并公示；交纳尾款；出具变卖成交裁定；办理权属过户和财产交付。

四、禁止自由买卖的物品的处理

若被查封、扣押的财物等属于国家禁止自由买卖的物品，应当交有关单位按照国家规定的价格收购。所谓禁止自由买卖的物品，主要包括国家禁止买卖的文物、药品、武器等。

【审判实践中应当注意的问题】

无论拍卖还是变卖，根据现行法律相关规定从决定拍卖到实际成交一般都要经过一段时间。因此，从实践角度看，没有必要在财产处置参考价确定的期间或者拍卖公告期之外，另行指定一个被执行人的自动履行期限。查封、扣押被执行人的财产后，需要变价被执行人财产的，人民法院应当及时启动相应程序。[①] 在实际成交之前，被执行人履行义务的，人民法院应当及时中止变价程序。

① 《最高人民法院关于人民法院民事执行中拍卖、变卖财产的规定》（法释〔2004〕16号，2020年12月23日修正）第1条。

第二百五十九条　**被执行人不履行法律文书确定的义务，并隐匿财产的，人民法院有权发出搜查令，对被执行人及其住所或者财产隐匿地进行搜查。**

采取前款措施，由院长签发搜查令。

【条文主旨】

本条是关于搜查被执行人财产的规定。

【理解与适用】

《民事诉讼法》历次修改都没有对该条文予以修订。

搜查是1991年《民事诉讼法》明确规定一种强制执行措施，是当时立法机关针对民事、经济案件“执行难”而新增的一项措施，也是赋予人民法院的一项重要权力。在执行范畴，搜查主要是指人民法院依法对被执行人的人身、住所或者有可能隐匿财产的场所进行的搜寻、查找行为。实践中，搜查的对象可以是自然人也可以是法人或非法人组织，对这几类被执行人，应当对其经营场所或者活动场所以及可能隐匿财产的场所进行搜查，对于自然人，还可以依一定程序对其人身进行搜查。

司法实践中，一些被执行人有财产可供执行，却将财产转移或隐藏起来，向人民法院谎称自己没钱还债，不按照本法的规定如实向人民法院报告自己财产状况，使执行工作难以进行，申请执行人权益得不到保障。为了解决这一问题，《民事诉讼法》专门规定了对被执行人住所或者其他可能隐匿财产场所的搜查措施，以防止被执行人隐匿、转移财产。根据本条的规定，人民法院在执行中有权对被执行人及其住所或者可能的财产隐匿场所进行搜查。搜查分为对被执行人的搜查和对被执行人的财产隐匿地或者住所的搜查。对被执行人搜查，指对被执行人的人身搜查，这是为了防止一些被执行人将财物藏在身上，躲避人民法院执行。对财产隐匿地搜查，是指根据线索对藏匿财产的地点进行搜查。对住所搜查，主要指对被执行人的户籍所在地和经常居住地搜查，也可以是对被执行人现时所住地方的搜查。由于搜查是一种严厉的执行措施，处理不好会侵犯被执行人和其他公民的人身权、财产权和住宅不受侵犯的权利。为了保护公民权利，人民法院采取该项措施必须慎之又慎，未经批准不得采取搜查措施，特别强调必须由院长签发搜查令方可进行。执行员进行搜查时，应当向被执行人及其家或者有关场所的负责人出示搜查令。搜查完毕后，执行员应当将执行情况制作笔录，由在场的有关人员签名或者盖章。

【审判实践中应当注意的问题】

一、关于搜查的适用条件

第一，在民事诉讼领域，搜查只适用于执行程序。搜查是一项强制执行措施，是人民法院强制义务人履行法定义务的方法和手段，因此，它不适用于民事审判程序，更不适用于仲裁机构的仲裁程序、公证机关的公证程序。

第二，搜查只适用于有给付义务的财产执行案件。可以作为民事执行标的主要有两大类：一类是财产，另一类是行为。其中行为是生效法律文书指定完成的法律行为，包括作为和不作为，即法律文书指定必须作的和不得作的，如停止侵害、消除影响、拆除违章建筑等。一般以行为作为执行标的，无须给付财产，就能实现法律文书确定的权利义务关系，所以不存在义务人对自己的财产是否隐匿的问题。但是，在执行内容涉及给付财产的财产案件中，如果被执行人既不履行给付义务，又隐匿财产，就妨碍了人民法院执行工作，就有必要采取搜查措施，以查获隐匿财产，用来履行其应尽的义务，以保证实现法律文书确定的权利义务关系。

第三，关于搜查的适用对象。《民事诉讼法》中搜查的适用对象既可以是负有给付义务的被执行人，也可以是帮助被执行人收藏并存放财产的人，这是搜查措施与其他执行措施的有不同之处，民事诉讼搜查的范围是“被执行人及其住所或财产隐匿地”，这里的隐匿地，包括野外地点、公共场所，也包括个人的住宅、住所及人身等，只要这些地方隐匿了被执行人用来履行义务的财产，均可进行搜查，这就意味着凡是协助被执行人将财产存放、收藏在只有自己能控制的地方的人，都可以成为被搜查的对象。但是，对于那些只实施了参与协助被执行人将财产转移到其他地方的行为，而未予收藏的人，由于其人身或住所不是“财产隐匿地”，则不能进行搜查，对这种行为可以按妨碍民事诉讼行为处理。

第四，被执行有不履行法律文书确定义务的故意，即被执行人在主观上明知生效的法律文书确定的义务应当履行且有能力履行，却故意将财产隐匿而不予履行。如果被执行人确无履行能力或者履行确有困难，则无需对其采取搜查措施。

第五，被执行人实施了隐匿财产的行为。被执行人将财产秘密收藏、转移、存放起来等，这是采取搜查措施的关键原因所在。如果被执行人只是对人民法院发出的限期履行通知书置之不理，拒不履行法定义务，而没有实施隐匿财产的行为，则无须对其采取搜查措施，但可以采取其他强制执行措施，如查封、扣押、冻结银行账户等。需要指出的是，被执行人隐匿的财产的所有权必须是其本人的，而且是应当可以用来履行义务的财产。否则，不能对其采取搜查措施。此外，被执行人隐匿的财产，不能仅仅理解为被查封、扣押的财产，也可以是被清点并责令其保管或采取了其他措施的财产，还可以是没有采取任何措施的财产。

二、关于搜查的具体程序

第一，人民决定对被执行人的人身及其住所或财产隐匿地进行搜查，必须报请人民法院院长批准，并由院长签发搜查令。没有院长签发的搜查令不能进行搜查。被搜查人对无人民法院院长签发的搜查令而进行的非法搜查有权拒绝或制止。

第二，搜查令是执行搜查的法凭证，搜查令应当写明搜查的原因、被搜查人的姓名、职业、住址等。执行搜查令，必须由执行人员进行，人民法院的其他工作人员不能行使搜查权。

第三，根据《民事诉讼法解释》第 495 条，实施搜查时，执行人员必须按规定着装，除了出示搜查令外，还应向被搜查人或者他的家属出示相关的证件，以证明自己的身份和执行的权限。执行实践中应注意严格遵守关于搜查程序的相关规定，在实现搜查目的的同时，避免侵犯当事人的合法权益，防止发生不应有的冲突。

第四，根据《民事诉讼法解释》第 496 条，人民法院搜查时禁止无关人员进入搜查现场；搜查对象是公民的，应当通知被执行人或者他的成年家属以及基层组织派员到场；搜查对象是法人或者其他组织的，应当通知法定代表人或者主要负责人到场。拒不到场的，不影响搜查。搜查妇女身体，应当由女执行人员进行。

第五，根据《民事诉讼法解释》第 498 条，搜查应当制作搜查笔录，由搜查人员、被搜查人及其他在场人签名、捺印或者盖章。拒绝签名、捺印或者盖章的，应当记入搜查笔录。

三、关于对被执行人隐匿财产的处罚

根据《民事诉讼法解释》第 494 条规定，在执行中，被执行人隐匿财产、会计账簿等资料的，人民法院除可依照《民事诉讼法》第 114 条第 1 款第 6 项规定，根据情节轻重予以罚款、拘留，构成犯罪的，依法追究刑事责任。同时，还应责令被执行人交出隐匿的财产、会计账簿等资料。被执行人拒不交出的，人民法院可以采取搜查措施。

根据该条文规定，搜查的标的增加了会计账簿等资料，执行实践中至少有两种情况需要查找会计账簿等资料：一种情况是生效法律文书确定会计账簿等资料给付义务的；另一种情况是没有会计账簿等资料，就无法对于涉案财产进行评估的。实践中查找会计账簿等资料非常困难，故《民事诉讼法解释》增加规定可以对会计账簿等资料进行搜查，就是为了解决会计账簿等资料的查找难题。

四、关于搜查过程中发现财产的处理

根据《民事诉讼法解释》第 497 条，搜查中发现应当依法采取查封、扣押措施的财产，依照《民事诉讼法》第 252 条第 2 款和第 254 条规定办理，即对被查封、扣押的财产，执行员必须造具清单，由在场人签名或盖章后，交被执行人一份，被执行人是公民的，也可以交他的成年家属一份。财产被查封、扣押后，执行员应当责令被执行人在指定期间履行法律文书确定的义务。被执行人逾期履行的，人民法院应当拍卖被查封、扣押的财产；不适于拍卖或者当事人双方同意不进行拍卖的，人民法院可以委托有关单位变卖或者自行变卖。国家禁止自由买卖的物品，交有关单位按照国家规定的价格收购。

五、关于审计资料的提交及强制提取

根据《最高人民法院关于民事执行中财产调查若干问题的规定》，作为被执行人的法人或非法人组织不履行生效法律文书确定的义务，申请执行人认为其有拒绝报告、虚假报告财产情况，隐匿、转移财产等逃避债务情况或者其股东、出资人有出资不实、抽逃出资等情形的，可以书面申请人民法院委托审计机构对该被执行人进行审计。人民法院决定审计的，应当随机确定具备资格的审计机构，并责令被执行人提交会计凭证、会计账簿、财务会计报告等与审计事项有关的资料。被执行人隐匿审计资料的，人民法院可以依据本条依法采取搜查措施。

被执行人拒不提供、转移、隐匿、伪造、篡改、毁弃审计资料，阻挠审计人员查看业务现场或者有其他妨碍审计调查行为的，人民法院可以根据情节轻重对被执行人或者其主要负责人，直接责任人员予以罚款、拘留；构成犯罪的，依法追究刑事责任。

第二百六十条 法律文书指定交付的财物或者票证，由执行员传唤双方当事人当面交付，或者由执行员转交，并由被交付人签收。

有关单位持有该项财物或者票证的，应当根据人民法院的协助执行通知书转交，并由被交付人签收。

有关公民持有该项财物或者票证的，人民法院通知其交出。拒不交出的，强制执行。

【条文主旨】

本条是关于强制被执行人交付财物或者票证的规定。

【理解与适用】

《民事诉讼法》历次修正都没有对此条予以修改。

转移物的占有是交付执行的目的。本条规定的交付执行是指将由被执行人或第三人将占有的法律文书所指定的财物或票证转移为由申请执行人占有或支配。执行的标的应当是特定的财物或者票证，金钱以及种类物的交付不属本条规定的执行标的。财物主要是指动产，票证是指具有财产内容的各项证明文书、执照和支付凭证等，如土地证、房产证、山林权属证、专利证书、商标证书、车辆证照及支票、本票、汇票等有关的票据。

本条规定了两种特定标的物交付的具体办法和程序：一是由执行程序中的当事人当面交付。执行员指定交付的日期和地点，传唤双方当事人同时到达某一地点，被执行人将财物或者票证直接交给申请执行人，执行员制作执行笔录，由双方当事人签字。二是由执行员转交，即执行员将被执行人交来法律文书指定的财物或者票证，转交给申请执行人并由债权人签收。对第三方占有法律文书所指定的财物或者票证的情况，本条也作了具体规定：如果被执行的财物或者票证由有关单位持有，人民法院应当发出协助执行通知书，由有关单位转交给应付的人，并由被交付人签收。如果有关公民持有该财物或者票证，人民法院应当通知其交出，拒不交出的，强制执行。

【审判实践中应当注意的问题】

一、关于原物无法执行时的处理

本条所指法律文书交付的财物指的是特定物，既然是特定物，就应当执行原物，但如果原物灭失的情况下如何处理，《民事诉讼法》并没有明确规定。《民事诉讼法解释》第 492 条对此予以明确：执行标的物为特定物的，应当执行原物。原物确已毁损或者灭失的，经双方当事人同意，可以折价赔偿。双方当事人对折价赔偿不能协商一致的，人民法院应当终结执行程序。申请执行人可以另行起诉。

关于原物无法执行时如何处理有一个变迁过程，《最高人民法院关于适用〈中华人民共和国民事诉讼法〉若干问题的意见》第 284 条规定："执行的标的物为特定物的，应执行原物。原物确已不存在的，可折价赔偿。"2015 年《民事诉讼法解释》对该条作了两处修改：一是在折价赔偿之前增加"经双方当事人同意"的限制；二是增加第 2 款，规定当事人无法就折价赔偿协商一致时的另诉途径。此外本条还将"原物确已不存在的"改为"原物确已毁损或者灭失的"。该两处内容修改解决的是同一个问题，就是在对特定物执行的过程中，原物不存在时能否折价赔偿。《最高人民法院关于适用〈中华人民共和国民事诉讼法〉若干问题的意见》第 284 条规定可以折价赔偿，1998 年《执行规定（试行）》第 57 条对此进一步明确，规定："生效法律文书确定被执行人交付特定标的物的，应当执行原物。原物被隐匿或非法转移的，人民法院有权责令其交出。原物确已变质、损坏或灭失的，应当裁定折价赔偿或按标的物的价值强制执行被执行人的其他财产。"[①] 本条改变了上述司法解释确立的原则，规定除非当事人就折价赔偿问题达成一致，否则应该终结执行，当事人另诉解决赔偿问题。这主要是因为第一，折价赔偿涉及实体法的判断，执行程序直接认定，违反"审执分离"的原则。第二，折价赔偿制度在实践中面临困惑，标准不一，不易操作。第三，规定当事人协商一致可以直接折价赔偿，能

---

① 该条文已于 2020 年被《最高人民法院关于修改〈最高人民法院关于人民法院扣押铁路运输货物若干问题的规定〉等十八件执行类司法解释的决定》修正，对 1998 年《执行规定（试行）》第 57 条内容进行修改，增加第 2 款，即："双方当事人对折价赔偿不能协商一致的，人民法院应当终结执行程序。申请执行人可以另行起诉。"修改后的条文序号为第 41 条。

够兼顾“审执分离”原则与快速处理纠纷原则的平衡，切实维护当事人权益。

具体在审判实践中要注意：第一，应当慎重确认“原物确已毁损或者灭失”，以切实维护生效法律文书的权威与债权人的权利。第二，可以引导当事人达成折价赔偿协议，但是不能侵犯当事人的意思自治权。第三，当事人无法就折价赔偿问题达成一致的，应告知权利人另行起诉的权利。

二、他人持有法律文书指定交付的财物或者票证时如何处理

为了进一步明确，当作为第三人的有关单位和公民持有法律文书指定交付的财物或者票证时处理规则，《民事诉讼法解释》第 493 条规定：他人持有法律文书指定交付的财物或者票证，人民法院依照民事诉讼法第 256 条第 2 款、第 3 款规定发出协助执行通知后，拒不转交的，可以强制执行，并可依照《民事诉讼法》第 117 条、第 118 条规定处理。他人持有期间财物或者票证毁损、灭失的，参照《民事诉讼法解释》第 492 条规定处理。他人主张合法持有财物或者票证的，可以根据《民事诉讼法》第 234 条规定提出执行异议。适用该条文，要注意以下几点：

第一，“持有”并非规范的民法概念，所以 2015 年最初的修改方案是将“持有”修改为“占有”，并区分“占有”的不同情形分别作出处理。后来考虑到“持有”虽然不是规范的民法概念，但是却具有不受“占有”概念内涵限制的优势。更重要的原因是，《民事诉讼法》第 260 条也表述为“持有”。为了与《民事诉讼法》的法条保持一致，本条最后维持了“持有”的表述。至于本条能否适用于全部持有情形，《民事诉讼法》与《民事诉讼法解释》规定得并不明确。我们认为答案是否定的。理由在于，生效法律文书指定交付特定物的义务只是一种请求权，在该请求权为债权请求权的情况下，并不能限制义务人对于该特定物的处分，该债权请求权也不能对抗他人对于该特定物的合法持有。

第二，本条第 2 款的应具体适用《民事诉讼法解释》第 492 条的规定，即他人持有期间财物或者票证毁损、灭失的，对于原物确已毁损或者灭失的，经双方当事人同意，可以折价赔偿；双方当事人对折价赔偿不能协商一致的，人民法院应当终结执行程序。申请执行人可以另行起诉。对于各种票证则需要具体问题具体分析，对于能够补办的票证依一定程序补办，不能补办的则依法赔偿。

第三，对于他人提出的异议，符合法律规定的，应予以受理，以保障他人的合法程序权益。此种情况下该他人实际上属于《民事诉讼法》所规定的案外人。当然，受理案外人的异议，并不等于其异议当然成立。审查中应当注意区分他人持有的类型和具体情况，对于合法取得生效法律文书指定交付财物的所有权并持有的，或者因其他原因合法取得占有权，并在实体法上足以对抗执行债权人，即能够阻止标的物转让或交付的，则不能强制转让或强制交付。

第二百六十一条 强制迁出房屋或者强制退出土地，由院长签发公告，责令被执行人在指定期间履行。被执行人逾期不履行的，由执行员强制执行。

强制执行时，被执行人是公民的，应当通知被执行人或者他的成年家属到场；被执行人是法人或者其他组织的，应当通知其法定代表人或者主要负责人到场。拒不到场的，不影响执行。被执行人是公民的，其工作单位或者房屋、土地所在地的基层组织应当派人参加。执行员应当将强制执行情况记入笔录，由在场人签名或者盖章。

强制迁出房屋被搬出的财物，由人民法院派人运至指定处所，交给被执行人。被执行人是公民的，也可以交给他的成年家属。因拒绝接收而造成的损失，由被执行人承担。

【条文主旨】

本条是关于强制迁出房屋或者强制退出土地的程序性的规定。

【理解与适用】

《民事诉讼法》历次修正都没有对此条予以修改。

“强制迁出房屋、退出土地”是指人民法院在执行过程中，为确保被执行人履行生效法律文书确定的给付债权或返还物权义务，责令被执行人及其他占用人从房屋、土地中强制迁出、退出的执行行为。本条的规定主要针对房屋、土地等不动产方面的强制执行，生效法律文书确定房屋占有人迁出房屋，土地占有人退出土地的，房屋占有人、土地占有人必须履行，如不履行将给对方当事人的合法权益或者社会公共利益造成损害，为此《民事诉讼法》规定了强制迁出房屋、强制退出土地的执行措施。

非法占有房屋和土地，必将严重影响他人生活、国家建设、社会安定和人民团结，因此，当事人不按法律文书迁出房屋和退出土地时，人民法院有权采取强制迁出、强制退出的措施。由于这一措施对于被执行人的生活影响较大，法律规定了严格的程序，人民法院采取这两种执行措施，由法院院长签发公告，限定期限，责令被执行人在指定的期间履行，逾期仍不履行的，由执行员强制执行。强制执行应当依照本条规定的程序进行：（1）通知到场。被执行人是公民的，应当通知被执行人或者他的成年家属到场；被执行人是法人或者其他组织的，应当通知其法定代表人或者主要负责人到场。（2）相关单位派员参加。被执行人是公民的，其工作单位或者房屋、土地所在地的基层组织应当派人参加。（3）制作执行笔录。执行员应当将强制执行情况记入笔录，由在场人签名或者盖章。搬迁的财物要详细记录，避免被执行人的合法利益受到损害，或者因此可能产生的纠纷。（4）被搬出财物的交付。强制迁出房屋被搬出的财物，由人民法院派人运至指定处所，交给被执行人。被执行人是公民的，也可以交给他的成年家属。因拒绝接收而造成的损失，由被执行人承担。在采取执行措施时，如果被执行人拒绝执行或者人为对执行工作设置障碍，造成财产损失，应当由其自己承担。

《最高人民法院关于审理拒不执行判决、裁定刑事案件适用法律若干问题的解释》第 2 条第 3 项规定，负有执行义务的人有能力执行，而拒不交付法律文书指定交付的财物、票证或者拒不迁出房屋、退出土地，致使判决、裁定无法执行的，应当认定为《全国人大常委会关于〈中华人民共和国刑法〉第三百一十三条的解释》中规定的“其他有能力执行而拒不执行，情节严重的情形”，此时应当以拒不执行判决裁定罪对执行义务人进行追责。

【审判实践中应当注意的问题】

一、先腾清后拍卖的原则与例外

拍卖不动产时，除法律另有规定外，一般应当先腾清后拍卖。确有特殊情况未能及时腾清的，可先行拍卖，但应当在拍卖公告中说明未予腾清的原因，且应当在不动产交付前腾清。一般情况下，符合以下情形的可以不腾清拍卖：1. 执行标的物在设立抵押权或被法院依法查封之前，已存在合法有效的租赁关系，承租人主张继续履行租赁合同，并承诺租赁期满腾清的；2. 其他占用人参与竞拍并书面承诺，如未竞买成功，在指定期限内主动腾清的；3. 案件情况特殊，拍卖前腾清确有困难，申请执行人与被执行人协商一致要求不腾清拍卖，且不损害第三人合法权益的；

4. 其他法律和司法解释规定可以不腾清拍卖的。严禁人民法院在拍卖公告中表述“法院不负责腾清”或者“法院不负责交付”。

二、腾清前先行查封的原则

执行法院应当及时调取案涉房屋、土地的所有权人、使用权人及实际占用人的基本信息，查明案涉房屋、土地首封及轮候查封情况，并依法及时采取续行查封措施，确保房屋、土地置于执行法院查封之下。

三、关于交付不动产上附属物、从物的处置

实践中，应结合执行依据判项和实际情况进行处理，在强制搬迁之前，应将不动产上不属于执行标的物的物品除去，但当事人双方同意不除去或另有约定的除外。对于应交付不动产附带的动产，双方当事人同意不除去的，在金钱债务的执行中，其价值可以一并评估拍卖；在特定不动产的交付执行中，由申请执行人与被执行人自行协商补偿价格。

对于应交付不动产上的添建附属物、从物、尚未分离的出产物，如房屋内的装潢、增建的附属建筑物（无法作为独立交易的标的及独立使用的）、土地上尚不能砍伐的树木或尚未成熟的农作物等，如果非产权人经不动产所有人同意而在不动产上增添附属物，并就财产返还时附属物如何处理有约定的，按约定办理；没有约定又协商不成的，能够拆除的，可以责令拆除，造成财产所有人损失的，应当负赔偿责任，财产所有人可以将造成的损失另行向法院起诉；不能拆除的，原则上折价归不动产所有人。在金钱债务的执行中，将应交付不动产上不可拆除的添建附属物、从物及出产物的价值一并评估拍卖，一并交付申请执行人或买受人。在特定不动产的交付执行中，申请执行人原则上应折价补偿被执行人，如果双方当事人之间（如租赁合同）对该部分财产的处置有约定的，按照约定执行；没有约定的，关于折价标准与折价多少，可以由双方当事人进行协商，也可以对该部分增添的财产进行价格评估，根据评估价补偿对方；协商不成的，法院一般不强制申请执行人必须折价补偿被执行人，由当事人通过其他诉讼途径解决。

若系执行依据确定返还不动产并要求恢复原状的执行，对于应交付不动产上的添建附属物、从物，双方当事人有约定的，按约定处理，没有约定的，由申请执行人与被执行人协商附属物、从物的交付和作价补偿等相

关内容，没有约定又协商不成的，执行法院可以责令被执行人在限期内拆除，被执行人逾期未拆除的，可以由申请执行人垫支费用代为拆除，或者由执行法院组织力量强制拆除，强制将不属于执行标的物的附属物、从物除去，垫支的代履行费用、强制执行费用由被执行人承担，造成的损失，由被执行人承担。

四、生活性房屋腾空案件中，如果系被执行人唯一住房，执行过程中是否需要给相关人员寻找安置住房

如果生效法律文书确定被执行人应交付居住的房屋，那么不管该房屋是否为被执行人的唯一一套住房，自执行通知送达之日起，已经给予宽限期，执行法院都可以进行强制腾空，而且不需对被腾退人员进行安置。但在金钱债务履行的案件中，对于被执行人只有唯一住房的，需做好被腾退人员的安置工作，可结合案件实际，选择以下货币安置或提供临时住房的方式，来保障被执行人及相关家属的生存所需房屋：（1）由申请执行人同意参照当地房屋租赁市场平均租金标准，预付或直接从涉案房屋的变价款中预留五至八年的租金，支付给被执行人；（2）由申请执行人按照当地廉租住房保障面积标准，为被执行人及所扶养家属提供一定租期的临时住房；（3）法院与有关部门联系，寻找廉租房进行安置，由申请执行人预付或从变价款中预留五至八年的租金给被执行人。

五、被执行人拒绝接收迁出财产的如何保管及处理

可以强制清场搬出的财物，由执行法院制作财物清单并运至指定处所，交给被执行人或者其他占有人。被执行人或者其他占有人拒绝接收的，经征求申请执行人同意，可以交申请执行人或者其他人保管，并限期由被执行人或者其他占有人领取。被执行人或者其他占有人逾期不领取的，将财物予以提存，提存费用由被执行人或者其他占有人承担。

第二百六十二条 在执行中，需要办理有关财产权证照转移手续的，人民法院可以向有关单位发出协助执行通知书，有关单位必须办理。

【条文主旨】

本条是关于办理财产权证照转移手续的规定。

【理解与适用】

财产权证照是确定财产权利归属和内容的根据。比如，根据《民法典》第217条的规定，不动产权属证书是权利人享有该不动产物权的证明。第225条的规定，船舶、航空器和机动车等的物权设立、变更、转让和消灭，未经登记，不得对抗善意第三人。在执行有些案件时，执行法院不仅需要将执行标的物移交给申请执行人，而且还需要将该标的物的财产权证照转移给申请执行人。由于财产的权属登记由其他机关负责，为保证执行工作的顺利进行，该条明确规定了有关单位负有协助法院执行之义务。

一、权属证照的种类

《民事诉讼法解释》第500条规定："人民法院在执行中需要办理房产证、土地证、林权证、专利证书、商标证书、车船执照等有关财产权证照转移手续的，可以依照民事诉讼法第二百五十八条规定办理。"根据该条规定，人民法院在执行程序中需要办理的财产权证照包括但不限于房产证、土地证、林权证、专利证书、商标证书、车船执照等。需要注意的是，虽然本法第262条仅涉及财产权证照的转移，但是根据条文的立法目的及《民法典》物权编关于物权变动的相关规定，本条应扩大解释为包括物权变更登记的协助。

二、需要办理权属证照转移手续的执行案件类型

实践中，需要办理财产权证照转移手续的案件类型，最主要的是继承

纠纷、买卖合同纠纷等。执行依据一般会载明被告应于判决生效后协助将财产变更登记至原告名下，即将财产权证照上的权利人变更为原告。除此之外，在金钱债权执行案件中，人民法院在将被执行人的财产拍卖给他人或者抵给申请执行人后，也会向有关单位发出协助执行通知书，要求其将财产权属变更登记至买受人或者申请执行人名下，以完成财产权利的正式移交。

三、有关单位拒不协助的法律后果

依据本条规定，协助人民法院办理财产权证照转移手续是有关单位的法定职责。有关单位拒不协助的，人民法院除可以对该单位进行罚款外，还可以对其主要负责人或者直接责任人员予以罚款；对仍不履行协助义务的，可以予以拘留；并可以向监察机关或者有关机关提出予以纪律处分的司法建议。

【审判实践中应当注意的问题】

在执行实践中适用本条时，应注意把握司法权与行政权之间的界限。执行法院不仅应该维护司法权威，也应防止不当侵犯行政权。

一是在不动产初始登记问题上，要尊重行政机关的审查判断权，对此，最高人民法院于2012年6月15日专门下发《关于转发住房和城乡建设部〈关于无证房产依据协助执行文书办理产权登记有关问题的函〉的通知》[①] 予以规范。

二是在探矿权、采矿权等行政许可色彩浓厚的财产权转移问题上，要

---

① 该通知的主要内容为：一、各级人民法院在执行程序中，既要依法履行强制执行职责，又要尊重房屋登记机构依法享有的行政权力；既要保证执行工作的顺利开展，也要防止“违法建筑”等不符合法律、行政法规规定的房屋通过协助执行行为合法化。二、执行程序中处置未办理初始登记的房屋时，具备初始登记条件的，执行法院处置后可以依法向房屋登记机构发出《协助执行通知书》；暂时不具备初始登记条件的，执行法院处置后可以向房屋登记机构发出《协助执行通知书》，并载明待房屋买受人或承受人完善相关手续具备初始登记条件后，由房屋登记机构按照《协助执行通知书》予以登记；不具备初始登记条件的，原则上进行“现状处置”，即处置前披露房屋不具备初始登记条件的现状，买受人或承受人按照房屋的权利现状取得房屋，后续的产权登记事项由买受人或承受人自行负责。三、执行法院向房屋登记机构发出《协助执行通知书》，房屋登记机构认为不具备初始登记条件并作出书面说明的，执行法院应在30日内依照法律和有关规定，参照行政规章，对其说明理由进行审查。理由成立的，撤销或变更《协助执行通知书》并书面通知房屋登记机构；理由不成立的，书面通知房屋登记机构限期按《协助执行通知书》办理。

注意严格依照生效法律文书来确定执行内容，同时注意与相关行政管理部门的沟通协调。

三是如协助执行义务人按照人民法院协助执行通知要求履行协助执行义务给当事人造成损害的，此时是否承担法律责任，应区分不同情形。协助执行义务人如严格按照人民法院通知要求办理协助执行事项，不应承担法律责任。此时协助执行义务人系完全按照人民法院通知要求依法履行协助执行义务，不应承担责任，否则将对协助执行制度造成冲击，影响协助执行义务人履行义务的积极性。但是，如果协助执行义务人在办理协助执行事项时，并未按照人民法院通知要求办理，协助执行错误或者超出协助执行通知要求范围的，则应当承担法律责任。

四是行政机关根据人民法院的协助执行通知书实施的行为，是行政机关必须履行的法定协助义务，公民、法人或者其他组织对该行为不服提起诉讼的，不属于人民法院行政诉讼受案范围。行政机关拒不履行协助执行义务的，可以由人民法院依法采取罚款、拘留以及发出司法建议等措施督促其履行。如当事人请求人民法院判决行政机关限期履行协助执行义务的，人民法院不予受理。但当事人认为行政机关不履行协助执行义务造成其损害，请求确认不履行协助执行义务行为违法并予以行政赔偿的，人民法院则应当受理[①]。

---

① 《最高人民法院关于行政机关不履行人民法院协助执行义务行为是否属于行政诉讼受案范围的答复》(〔2012〕行他字第 17 号)。

第二百六十三条 对判决、裁定和其他法律文书指定的行为，被执行人未按执行通知履行的，人民法院可以强制执行或者委托有关单位或者其他人完成，费用由被执行人承担。

【条文主旨】

本条是关于实现行为请求权执行的规定。

【理解与适用】

实现行为请求权的执行是人民法院通过采取一定的强制手段，迫使被执行人完成生效法律文书确定的行为，从而实现申请执行人债权的活动与程序。因该类执行措施的标的是人的行为，涉及人的生命健康权、人格权等基本权利，所以，实现行为请求权的执行措施明显不同于实现金钱债权和实现物的交付请求权的执行措施[①]。在执行方法上，现代国家出于保护自然人的人格尊严，已经废弃了直接强制被执行人履行特定行为，转而采取替代执行或间接执行的方法。生效法律文书指定的行为，可以分为作为和不作为两类。

一、作为一定行为请求权的强制执行

作为，也称积极的行为，即被执行人应当以积极的方式作出某种行为，如修缮房屋、拆除违章建筑等。本条规定了两种执行方式：一是强制执行，二是委托他人履行（替代执行）。理论上一般认为，这两种执行方式分别对应两种不同性质的行为义务——不可替代履行的行为义务与可以替代履行的行为义务。行为是否可以代替履行，区分的标准是行为性质。如果行为在性质上专属于义务人，则为不可替代履行的行为；如果行为在性质上能够由他人代为完成，则是可以替代履行的行为。前者如某著名演员的演出义务，后者如拆除障碍物的义务。

理论界关于行为是否可以替代的划分标准并不统一，主要有非限定说

① 参见谭秋桂：《民事执行法学》，北京大学出版社 2015 年版，第 246 页。

与限定说两种主张。非限定说认为，行为是否具有可替代性，应以能否满足执行债权为标准判断，如果一项行为由被执行人履行或由其他人履行，对于债权人的法律价值与经济价值并无不同，该项行为则为可替代行为。该项行为的债务人资格纵然在实际上无法由他人取代，只要能以债务人的代理人资格或机关代表资格而为该项行为，该项行为也属于可替代行为。即凡是事实行为与意思表示行为都是可替代行为，都可以由他人替代债务人完成，如签名行为或签发票据行为。限定说认为，除了非限定说要求的条件外，一项行为在性质上必须允许他人以自己的地位进行，才能认定该行为的可替代性。如签名行为或债务人承受票据债务的行为，他人都不能以自己地位取代债务人资格，所以都是不可替代行为。区分行为是否可以替代，主要是为了适用不同的执行方法。可替代行为一般采用替代执行方法，不可替代行为一般采用间接执行方法。

（一）可替代行为请求权的执行。《民事诉讼法解释》第 501 条规定："被执行人不履行生效法律文书确定的行为义务，该义务可由他人完成的，人民法院可以选定代履行人；法律、行政法规对履行该行为义务有资格限制的，应当从有资格的人中选定。必要时，可以通过招标的方式确定代履行人。申请执行人可以在符合条件的人中推荐代履行人，也可以申请自己代为履行，是否准许，由人民法院决定。"

其包括三项内容：第一项内容是执行法院选定代履行人的条件，即被执行人不履行行为义务且该行为义务可由他人完成。在实践中，常见的可以替代履行行为是一些事务性行为，如拆除障碍物等。交付种类物的执行中，购买种类物并予以交付也是一种可以替代履行行为。第二项内容是指对于某种特定资格代履行人的指定问题。常见的是交付建筑物不达标需要改良的案例。此时被执行人拒不履行改良义务，执行法院可以在有建筑资质的主体中指定代履行人完成该改良义务。第三项内容规定了确定代履行人的方式。一般来说，通过招标这种公开方式确定代履行人，可以引入竞争机制达到有效降低成本的日的，也能打消当事人的顾虑与猜疑，是一种应优先予以考虑的方法。但是实际上执行程序中的替代履行行为千差万别，在制度实施初期，不宜硬性要求，所以又规定了申请执行人推荐代理人和自己作为代理人两种方式。

当法院采取替代执行方法时，对于因代履行而产生的费用，《民事诉讼法解释》第 502 条规定："代履行费用的数额由人民法院根据案件具体情况确定，并由被执行人在指定期限内预先支付。被执行人未预付的，人民法院可以对该费用强制执行。代履行结束后，被执行人可以查阅、复制费用清单以及主要凭证。”

需要注意的是，《民法典》对于可替代行为义务的履行亦有规定。根据《民法典》第581条的规定，所有可替代行为义务似乎都可以在诉讼阶段直接转化为金钱债权。根据第1000条第2款的规定，消除影响、恢复名誉、赔礼道歉等可替代行为，可以通过替代履行的执行方法予以执行。根据第1234条和第1235条的规定，对于修复生态环境这种特殊的可代替行为，相关主体可以不经诉讼直接自行或委托他人代替履行，随后在诉讼中要求赔偿替代履行费用。《民事强制执行法（草案）》第192条规定：“执行依据确定被执行人作出特定行为，该行为可以由他人替代完成，被执行人未按执行通知履行义务的，人民法院应当责令被执行人在合理期限内支付代履行费用，由他人代为履行。申请执行人申请垫付费用的，人民法院应当准许。被执行人未支付前款规定的代履行费用的，人民法院应当裁定强制执行。”

（二）不可替代行为请求权的执行。对该类行为的执行，执行法院只能采取间接执行措施。所谓间接执行，是指人民法院通过对被执行人采取罚款、拘留等措施，对被执行人施加压力，促使被执行人自觉完成生效法律文书确定的行为。《民事诉讼法解释》第503条规定：“被执行人不履行法律文书指定的行为，且该项行为只能由被执行人完成的，人民法院可以依照民事诉讼法第一百一十四条第一款第六项规定处理。被执行人在人民法院确定的履行期间内仍不履行的，人民法院可以依照民事诉讼法第一百一十四条第一款第六项规定再次处理。”该解释第503条第2款的意义在于：第一，实践中，“行为”执行难问题较为突出，有的被执行人为了逃避、抗拒执行，宁愿被拘留十五日也不愿履行。此时，执行法院对于拘留一次之后仍抗拒执行的被执行人，能否再次适用拘留等措施存在不同认识。第二，《民事诉讼法解释》第184条对此有明确规定：“对同一妨害民事诉讼行为的罚款、拘留不得连续适用。发生新的妨碍民事诉讼的行为的，人民法院可以重新予以罚款、拘留。”第503条第2款与其保持了一致。

除了罚款、拘留外，支付迟延履行金也是不可替代行为执行的重要方法。《民事诉讼法解释》第505条规定：“被执行人未按判决、裁定和其他法律文书指定的期间履行非金钱给付义务的，无论是否已给申请执行人造成损失，都应当支付迟延履行金。已经造成损失的，双倍补偿申请执行人已经受到的损失；没有造成损失的，迟延履行金可以由人民法院根据具体案件情况决定。”需要注意的是，《民事强制执行法（草案）》加大了对拒不履行不可替代行为义务的处罚力度，第 193 条规定：“执行依据确定被执行人作出特定行为，该行为不能由他人替代完成的，人民法院应当责令被执行人在指定期限内履行。被执行人逾期未履行的，应当对被执行人依据本法第一百八十八条规定按日予以罚款或者予以拘留，但是被执行人有正当理由的除外。拘留期限届满后，被执行人仍未作出特定行为的，人民法院可以再次予以拘留，但是累计拘留期限不得超过六个月……”该条援引了该草案第 188 条规定的日增罚款制度，并将累计拘留的期限提高至 6 个月，目的是进一步加大对被执行人的威慑和惩处力度，促进该类案件的顺利执行，保障申请执行人合法权益。

二、对不作为请求权的强制执行

不作为，也称消极的行为，是指被执行人不能实施某种行为。其可以分为债务人不得作出积极行为损害债权人权利的行为和在债权人做出一定的行为时债务人不得作出妨碍的行为。前者称为不作为，如禁止产生噪音、禁止排放污水、禁止使用商标等。后者称为容忍行为，如容忍债权人通行、容忍债权人开窗等。生效法律文书确定的不作为义务，只要被执行人事实上没有为一定的积极行为，其义务即处于履行之中，自然不存在执行问题。只有当被执行人实施了一定的积极行为，才产生义务不履行的问题。不作为请求权与不可替代行为请求权一样，都具有不可替代性，原则上也应采取间接执行的方法。不同的是，一方面，不可替代行为请求权的执行以被执行人不履行作为义务为前提，其虽让申请执行人的债权无法实现，但并未对债权施加积极侵害。相反，不作为请求权的执行以被执行人违反命令、积极作为为前提，实际上对债权施加了积极侵害。因此，对不作为请求权的执行除了强制被执行人停止作为外，还需消除已实施作为产生的后果。《民事强制执行法（草案）》第 196 条第 2 款规定：“被执行人违反不作为或者容忍义务产生的后果需要消除的，人民法院可以根据申请执行人的申请裁定依法消除。”另一方面，对于不可替代行为请求权的执行，当被执行人履行了作为义务，执行即告结束；对于不作为请求权的执行，则需被执行人一段期间或永久不为相应行为，才可视为执行结束[①]。

【审判实践中应当注意的问题】

一是由于间接执行涉及对被执行人自由与精神的强制，具有更强的严厉性，因此，当一个行为能够适用替代执行的方法时，一般不采用间接执行措施。

二是在代履行人的问题上，执行法院不仅具有指定的权力，也负有监督的责任。如果代履行人不能切实履行职责，执行法院应予以更换。

三是道歉是兼具两种行为性质的特殊行为，通过在报纸刊物上登载道歉内容的，是可替代履行行为；当面道歉的，是不可替代履行行为。

四是虽然《民事诉讼法解释》第 502 条规定了被执行人预付代履行费用的责任，但在实践中，为了尽快推进执行程序，如果申请执行人愿意预先代付，也可以先启动代履行行为，再执行代履行费用。

① 陈航平：《中国民事强制执行法重点讲义》，法律出版社 2023 年版，第 239 页。

第二百六十四条 被执行人未按判决、裁定和其他法律文书指定的期间履行给付金钱义务的，应当加倍支付迟延履行期间的债务利息。被执行人未按判决、裁定和其他法律文书指定的期间履行其他义务的，应当支付迟延履行金。

【条文主旨】

本条是关于强制被执行人加倍支付迟延履行利息和支付迟延履行金的规定。

【理解与适用】

迟延履行利息和迟延履行金制度是间接执行措施，具有弥补债权人损失和对债务人惩罚的双重功能。迟延履行利息制度适用于金钱给付案件，迟延履行金制度适用于非金钱给付案件。

1991 年《民事诉讼法》首次规定了迟延履行利息制度。此后，鉴于该项制度在实践应用中存在诸多争议和问题，最高人民法院在几个司法解释中对其作了细化规定。1992 年的《最高人民法院关于适用〈中华人民共和国民事诉讼法〉若干问题的意见》第 279 条规定了执行中应当通知被执行人承担迟延履行责任；第 293 条规定了迟延履行期间债务利息开始计算的时间为指定的履行期间届满的次日；第 294 条规定了迟延履行期间的债务利息的利率标准是银行同期贷款最高利率，方法是在该利率的基础上增加一倍。2009 年，最高人民法院出台《关于在执行工作中如何计算迟延履行期间的债务利息等问题的批复》，对迟延履行期间的债务利息标准进行了解释。批复第一条规定："人民法院根据《中华人民共和国民事诉讼法》第二百二十九条计算'迟延履行期间的债务利息'时，应当按照中国人民银行规定的同期贷款基准利率计算。"即加倍支付迟延履行债务利息＝清偿的法律文书确定的金钱债务 × 同期贷款基准利率 ×2× 迟延履行期间。批复第二条规定："执行款不足以偿付全部债务的，应当根据并还原则按比例清偿法律文书确定的金钱债务与迟延履行期间的债务利息，但当事人在执行和解中对清偿顺序另有约定的除外。"在生效法律文书确定的金钱债务不能一次性执行到位时，按照并还原则实行本息并还，即执行到位的执行款，既包含部分本金，也包含迟延履行期间的债务利息。

迟延履行金问题是执行实践中的一个疑难问题。《民事诉讼法解释》第505条规定："被执行人未按判决、裁定和其他法律文书指定的期间履行非金钱给付义务的，无论是否已给申请执行人造成损失，都应当支付迟延履行金。已经造成损失的，双倍补偿申请执行人已经受到的损失；没有造成损失的，迟延履行金可以由人民法院根据具体案件情况决定。"实践中，执行迟延履行金存在的主要问题有：一是未造成损失情况下迟延履行金的支付标准；二是执行程序中是否有权判断损失及其程度；三是当事人对于迟延履行金发生争议时如何救济。迟延履行金制度存在的上述重大争议，导致在执行实践中的适用大受限制，因此，该制度有必要予以完善。

迟延履行利息制度的目的在于敦促被执行人履行义务，从而尽快实现申请执行人债权。但是，也要充分认识到，该项制度不能过分加重被执行人的责任，致使其不堪重负，不仅会使申请执行人获取超过其所应得的权益，而且也会使被执行人放弃偿债的努力，不利于申请执行人实现债权。为解决实践中存在的一些争议，2014年，最高人民法院坚持以平等保护当事人合法权益为原则，制定出台了《关于执行程序中计算迟延履行期间的债务利息适用法律若干问题的解释》，重点对以下问题予以明确。

一、明确了迟延履行利息的构成

《最高人民法院关于执行程序中计算迟延履行期间的债务利息适用法律若干问题的解释》第1条第1款规定："根据民事诉讼法第二百五十三条规定加倍计算之后的迟延履行期间的债务利息，包括迟延履行期间的一般债务利息和加倍部分债务利息。"即，加倍计算后的"迟延履行期间的债务利息"是一个整体概念，包括迟延履行期间的一般债务利息和加倍部分债务利息两部分。一般债务利息，是指在生效法律文书中，根据实体法规定所确定的利息。加倍部分债务利息，是指在强制执行程序中，被执行人因迟延履行而应多支付的利息。加倍部分债务利息，就是学理上所称的"迟延履行利息"。加倍部分债务利息不同于一般债务利息。主要区别在于：第一，法律依据不同。加倍部分债务利息是民事强制执行措施之一，也是诉讼法赋予申请执行人的实体权利；而一般债务利息受合同、金融法规等实体法约束。第二，性质不同。执行中的加倍部分债务利息兼具补偿性和惩罚性，其目的是督促被执行人及时履行生效法律文书确定的义务，计算方法和方式法定，具有强制性；一般债务利息尊重当事人的约定，体现意思自治原则。第三，起算时间不同。加倍部分债务利息从生效法律文书指定的履行期间届满时开始计算；一般债务利息从当事人约定的时间开始计算。第四，相关规定适用的范围不同。有关加倍部分债务利息的规定，规范所有进入执行程序的案件；而有关一般债务利息的规定（如民间借贷的有关司法解释），则适用于审判程序中的民商事案件。

二、明确了迟延履行利息的计算方法

《最高人民法院关于执行程序中计算迟延履行期间的债务利息适用法律若干问题的解释》第1条第2、3款规定："迟延履行期间的一般债务利息，根据生效法律文书确定的方法计算；生效法律文书未确定给付该利息的，不予计算。加倍部分债务利息的计算方法为：加倍部分债务利息＝债务人尚未清偿的生效法律文书确定的除一般债务利息之外的金钱债务 × 日万分之一点七五 × 迟延履行期间。"

生效法律文书确定的金钱给付义务，按照是否确定一般债务利息可以分为两类：一类是生效法律文书中有一般债务利息内容的；另一类是生效法律文书没有一般债务利息内容的。对于前者，根据生效法律文书确定的方法计算一般债务利息；对于后者，则不计算一般债务利息。

确定迟延履行利息率，是一个复杂问题。最高人民法院之前的解释将计算迟延履行利息的利率与银行贷款基准利率挂钩。考虑到我国利率市场化的发展以及实现利息计算的便捷科学，《最高人民法院关于执行程序中计算迟延履行期间的债务利息适用法律若干问题的解释》改变了以往规定的做法，不再以银行贷款基准利率为计算标准，而是以日万分之一点七五的利率作为利率标准。日万分之一点七五，是计算迟延履行利息的日利率。该利率是以该司法解释出台时近十年执行的金融机构人民币贷款基准利率的平均值换算成日利率得出的。（1）近十年是指2003年10月1日至2013年10月1日期间。（2）以十年期间的所有档次的金融机构人民币贷款基准利率计算出年利率的平均值，再以该年利率的平均值换算成日利率。该数值具有稳定性。该解释采纳的日利率换算成年利率为6.39%，中国人民银行2012年7月6日公布施行的人民币贷款基准利率，3~5年

（含 5 年）贷款基准利率为 6.40%，《最高人民法院关于执行程序中计算迟延履行期间的债务利息适用法律若干问题的解释》采纳的利率与上述利率基本一致。使用日利率的概念，使当事人一目了然，也便于计算。

三、明确了计算加倍部分债务利息的截止时间和不计算加倍部分债务利息的期间

《最高人民法院关于执行程序中计算迟延履行期间的债务利息适用法律若干问题的解释》第 3 条规定："加倍部分债务利息计算至被执行人履行完毕之日；被执行人分次履行的，相应部分的加倍部分债务利息计算至每次履行完毕之日。人民法院划拨、提取被执行人的存款、收入、股息、红利等财产的，相应部分的加倍部分债务利息计算至划拨、提取之日；人民法院对被执行人财产拍卖、变卖或者以物抵债的，计算至成交裁定或者抵债裁定生效之日；人民法院对被执行人财产通过其他方式变价的，计算至财产变价完成之日。非因被执行人的申请，对生效法律文书审查而中止或者暂缓执行的期间及再审中止执行的期间，不计算加倍部分债务利息。"

案件进入执行程序后，如果被执行人主动履行债务，将直接引起生效法律文书确定的债务消灭，与已经履行的债务相对应的加倍部分债务利息，也应随着基础债务的消灭而计算至该部分债务履行完毕之日。被执行人履行债务包括全部履行和部分履行。被执行人一次履行全部债务的，债务全部消灭，加倍部分债务利息计算至债务全部履行完毕之日；被执行人履行部分债务的，仅产生债务部分消灭的结果，已经履行的部分所对应的加倍部分债务利息，计算至这部分债务履行完毕之日，剩余未履行部分的债务，仍需继续计算加倍部分债务利息，直到被执行人将全部债务履行完毕。

被执行人不履行生效法律文书确定的金钱给付义务，人民法院通过强制执行被执行人财产实现申请执行人金钱债权的，迟延履行期间加倍部分债务利息计算的截止时间根据被执行人财产性质的差异，适用不同的日期。《最高人民法院关于执行程序中计算迟延履行期间的债务利息适用法律若干问题的解释》第 3 条第 2 款根据执行财产的不同属性，将加倍部分债务利息计算的截止时间分为三种情况分别规定：（1）执行财产为各种形式的金钱；（2）被执行人财产为动产、不动产、其他财产权利，人民法院需通过拍卖、变卖、以物抵债措施进行变价；（3）被执行人财产需通过拍卖、变卖、以物抵债以外的其他方式变价。

《最高人民法院关于执行程序中计算迟延履行期间的债务利息适用法律若干问题的解释》第3条第3款针对实践中争议较多的问题，明确了非因被执行人的申请，人民法院对执行依据进行审查而中止执行或暂缓执行的期间，以及非因被执行人的申请启动再审程序中止原生效法律文书执行的期间，不计算加倍部分债务利息。该款主要针对中止执行、暂缓执行，以及再审程序的启动等执行实践重点关注和讨论的因素，对迟延履行期间的扣除做出回应。

【审判实践中应当注意的问题】

在执行实践中，要严格按照《最高人民法院关于执行程序中计算迟延履行期间的债务利息适用法律若干问题的解释》的具体规定适用本条规定。

在迟延履行期间债务利息的计算标准已经被《最高人民法院关于执行程序中计算迟延履行期间的债务利息适用法律若干问题的解释》改变的情况下，对于迟延履行非金钱给付义务且造成损失的，一律双倍予以补偿是否合适，需要进一步研究和考虑。在执行过程中，应充分考虑被执行人的主观恶性、经济承受能力等各种因素，慎重确定迟延履行金的数额，并保证被执行人的救济途径。

第二百六十五条　**人民法院采取本法第二百五十三条、第二百五十四条、第二百五十五条规定的执行措施后，被执行人仍不能偿还债务的，应当继续履行义务。债权人发现被执行人有其他财产的，可以随时请求人民法院执行。**

【条文主旨】

本条是关于继续履行义务及随时申请执行的规定。

【理解与适用】

近年来，人民法院执行到位金额逐年攀升，至 2022 年首次突破 2 万亿元大关，但受制于社会经济环境、市场主体自身状况及人民法院执行手段等因素，人民法院对被执行人财产依法采取法定强制执行措施后，案件仍然未执行完毕（即债权人仍未全额受偿）的情况依然存在，执行标的实际到位率仍未达理想状态。换言之，本条规定意味着，在执行过程中，人民法院已经实施了法律所规定的关于查询、扣押、冻结、划拨、变价被执行人存款、债券、股票、基金份额等财产，扣留、提取被执行人收入，查封、扣押、冻结、拍卖、变卖被执行人财产等措施后，被执行人仍无法偿还全部债务的，债务并不因此而消灭，债务人还应当继续履行义务；债权人发现被执行人有其他财产的，可以随时请求人民法院执行。当事人之间因申请强制执行所产生的法律关系并没有终结，如果申请执行人发现被执行人在人民法院采取执行措施后还有其他可供执行的财产，或者发现被执行人经过一段恢复期后，又获得了新的财产，可以随时请求人民法院执行。

一、被执行人不能偿还债务的原因

（一）社会经济发展水平

这是影响执行案件是否有财产可供执行的一个重要原因。“一个案件能否执行或执行多少主要取决于被执行人的财产能力状态，法院的强制执行力度只能起相对的辅助作用。”[①] 社会的经济发展水平直接决定被执行人的财产能力状态。经过长期高速发展，我国的社会物质财富不断积累，人民群众生活水平不断提高，但无可否认的是，不同地区的经济发展水平差别明显。举例而言，2022 年，位于中部省份的河南法院，其执行到位金额是 1130.4 亿元，[②] 而沿海发达省份如广东，全省法院执行到位金额则达到了 7756.4 亿元[③]，这也从一个侧面反映出经济发展水平对执行工作的影响。

（二）当事人必然承担的风险

无财产可供执行案件是任何国家、任何时期都无法避免的客观存在，本质上属于当事人应当自己承担的商业风险、交易风险和法律风险。市场经济中存在交易风险是客观经济规律，当事人在订立合同之初就应当能够预见到，交易风险是随时可能发生的不利后果，永远不可能完全规避和杜绝。而法院的强制执行程序只是对债权人合法权益的一种事后救济手段，执行程序的基本职能是尽力实现权利人经生效法律文书确认的权利，但执行程序不可能承担也不可能代替市场主体提前避免其自身参加市场经济活动所产生的客观风险。

（三）执行手段的局限性

执行实践中，法院的财产查控手段和反规避执行措施虽然日趋完善，但毕竟存在局限。一方面，由于我国的社会信用体系建设仍有待进一步加强，还没有形成能够对被执行人造成强大威慑的制度；另一方面，被执行人逃避执行和规避执行的方式也越来越多元化和隐蔽化，执行措施因其局限性，不能完全杜绝此类行为。被执行人无可供执行财产，案件客观执行不能是一种普遍现象。据统计，在目前的未执结案件中，无财产可供执行的大约占到 40%，且这一类案件逐年积累递增，已经成为法院无法承受之重。[④]

此外，还有一部分案件在人民法院采取相关执行措施后，已经符合终结执行的条件。对于这些案件，人民法院应依法裁定终结执行。裁定终结

---

① 董振国：《试论执行不能》，载《人民司法》2002 年第 5 期。

② 2023 年河南省高级人民法院工作报告。

③ 2023 年广东省高级人民法院工作报告。

④ 刘贵祥、朱燕：《〈关于严格规范终结本次执行程序的规定（试行）〉的理解与适用》，载《人民司法》2017 年第 17 期。

执行后，执行程序即告结束。例如，申请执行人撤销执行申请；又如，作为被执行人的公民因生活困难无力偿还借款，无收入来源，又丧失劳动能力的等情形。

二、被执行人能够被豁免执行的财产

人民法院对法律、司法解释规定的不能执行的被执行人财产，不得违法采取执行措施，因此即使发现了被执行人有此类财产，也不得执行。我国法律、司法解释对被执行人财产的执行规定了一些豁免情形，并不是被执行人的所有财产都可以成为法院强制执行的对象。对被执行人的执行必须控制在合理的限度内，对被执行人的许多基本权利必须加以保护，不能因为法院强制执行造成被执行人极度贫困，危害其基本的生存权、人格权等。人民法院实施执行行为，也应在申请执行人利益和被执行人利益之间保持合理的平衡关系。《民事执行查扣规定》第 3 条规定了 8 种不得查封、扣押、冻结的被执行人财产，其他法律、司法解释也规定了一些不得执行的被执行人财产。如党费、工会经费、党政机关部队特定财产、国防科研经费、中国人民银行及其分支机构特定财产、国库库款、救灾专用资金和物资、疫情防控的资金和物资、死亡赔偿金、丧葬费、抚恤金、粮棉油收购专项资金、国有企业下岗职工基本生活保障金、工业企业结构调整专项奖补资金、农民工工资专用账户资金和保证金、社会保险金、金融机构存款准备金和备付金、银行贷款账户、信用卡账户、封闭贷款结算专用基金、药文批文。

另外，最高人民法院下发的司法性文件中，如果对某些财产或财产性权利的执行有所限制，或者要求具备一定条件才能执行的，执行法院应遵守这些文件的要求，不得直接采取执行措施。例如《最高人民法院关于在审理和执行民事、经济纠纷案件时不得查封、冻结和扣划社会保险基金的通知》规定，社会保险基金是由社会保险机构代参保人员管理，并最终由参保人员享用的公共基金，不属于社会保险机构所有。社会保险机构对该项基金设立专户管理，专款专用，专项用于保障企业退休职工、失业人员的基本生活需要，属专项资金，不得挪作他用。各地人民法院在审理和执行民事、经济纠纷案件时，不得查封、冻结或扣划社会保险基金；不得用社会保险基金偿还社会保险机构及其原下属企业的债务。再如，根据《最高人民法院、最高人民检察院、公安部、中国证监会关于查询、冻结、扣划证券和证券交易结算资金有关问题的通知》第 5 条至第 7 条规定，特定账户内的证券、资金及某些特定担保物，人民法院不得冻结、扣划等。

三、债权人请求人民法院执行的期限问题

《民事诉讼法解释》第 515 条规定："债权人根据民事诉讼法第二百六十一条[①]规定请求人民法院继续执行的，不受民事诉讼法第二百四十六条[②]规定申请执行时效期间的限制。"该条是对本条后半段"债权人发现被执行人有其他财产的，可以随时请求人民法院执行"的具体化。民事执行中不存在"一事不再执"原则。相反，只要生效法律文书确定的权利未得到全部满足，执行的目的没有完全实现，那么即使执行实施程序暂时不再进行，也不妨碍权利人在发现新的财产线索或者可供执行财产后，再次申请人民法院强制执行；如果需要的话，一个执行依据事实上可以发动数次执行程序。

执行实践表明，确实存在一定的执行案件不是不能执行，而是被执行人逃避执行或者是法院没有履行其法定职责进行调查。相较被执行人而言，申请执行人此时处于弱势地位，法律应该加大对债权人的保护，加强对被执行人的强制执行。因此，当执行案件具备执行条件时，人民法院应予继续执行，最大限度地保障债权人的合法利益、维护司法权威。

【审判实践中应当注意的问题】

一、充分用好执行和解及破产重整等制度

《最高人民法院关于在执行工作中进一步强化善意文明执行理念的意见》第 13 条规定，要在依法采取执行措施的同时，妥善把握执行时机、讲究执行策略、注意执行方法。对资金链暂时断裂，但仍有发展潜力、存在救治可能的企业，可以通过和解分期履行、兼并重组、引入第三方资金等方式盘活企业资产。要加大破产保护理念宣传，通过强化释明等方式引导执行债权人或被执行人同意依法将案件转入破产程序。对具有营运价值的企业通过破产重整、破产和解解决债务危机，充分发挥破产制度的拯救

① 现为《民事诉讼法》（2023 年修正）第 265 条。
② 现为《民事诉讼法》（2023 年修正）第 250 条。

功能，帮助企业走出困境，平衡债权人、债务人、出资人、员工等利害关系人的利益，通过市场实现资源配置优化和社会整体价值最大化。

当事人如果对剩余义务的履行达成和解协议，变更生效法律文书确定的履行义务主体、标的物及其数额、履行期限和履行方式的，在当事人履行和解协议期间，也可以阻却人民法院的执行。《民事诉讼法解释》第464条规定，申请执行人与被执行人达成和解协议后请求中止执行或者撤回执行申请的，人民法院可以裁定中止执行或者终结执行。根据《民事诉讼法解释》第465条、第466条的规定，义务人不履行或者不完全履行执行和解协议的，权利人可以申请人民法院恢复执行；申请恢复执行原法律文书，适用《民事诉讼法》关于申请执行期间的规定。需要说明的是，根据《民事诉讼法解释》第465条和《最高人民法院关于人民法院执行工作若干问题的规定（试行）》第64条第4项，执行和解协议已经履行完毕的，人民法院不予恢复执行，执行案件作结案处理。

此外，实践中人民法院对被执行人剩余债务的执行，应注意与破产程序相衔接。我国的破产制度适用的主体范围有限，采有限破产主义的立法例。最高人民法院出台的《关于执行案件移送破产审查若干问题的指导意见》对执行程序与破产程序的衔接作出了明确的规定，有力推动了执行案件移送破产审查工作的开展。2018年3月6日最高人民法院颁布了《全国法院破产审判工作会议纪要》，该纪要第七部分进一步从五个方面阐释了“执行程序与破产程序的衔接”工作。涉及剩余财产的规定包括：（1）执行法院作出移送决定后，应当书面通知所有已知执行法院，执行法院均应中止对被执行人的执行程序；（2）执行法院收到破产受理裁定后，应当解除对债务人财产的查封、扣押、冻结措施；或者根据破产受理法院的要求，出具函件将查封、扣押、冻结财产的处置权交破产受理法院。破产受理法院可以持执行法院的移送处置函件进行续行查封、扣押、冻结，解除查封、扣押、冻结，或者予以处置；（3）破产受理法院可以利用执行查控系统查控债务人财产，提高破产审判工作效率，执行部门应予以配合。

二、暂时无法执行期间的迟延履行利息问题

对于人民法院暂时无法执行的案件，被执行人迟延履行的法律责任同样不能得到免除，其仍然应当根据《民事诉讼法》关于迟延履行生效法律文书的规定，承担迟延履行利息或者迟延履行金。

第二百六十六条 被执行人不履行法律文书确定的义务的，人民法院可以对其采取或者通知有关单位协助采取限制出境，在征信系统记录、通过媒体公布不履行义务信息以及法律规定的其他措施。

【条文主旨】

本条是关于对被执行人的限制措施的规定。

【理解与适用】

“执行难”是一个长期阻碍社会经济发展和法治文明进步的一个重大难题。为解决该难题，应当是以全国法院执行案件信息系统提供的及时、准确、全面的权威执行案件信息为基石，通过与金融监管、工商登记、出入境管理等市场监管部门信息共享与措施联动，与其他社会信用体系网络对接，形成“让失信者寸步难行”，最终主动履行义务的机制体系。

本条规定在2007年首次写入《民事诉讼法》时被称为执行威慑制度，该规定从公权力的制裁限制和私权利的负面影响两个层面的运行来解决“执行难”问题。一方面明确了有关市场监管机关依法对被执行人的市场活动采取制裁限制措施的权力和对法院对被执行人的制裁限制措施的协助义务，另一方面明确法院有权将被执行人信息纳入社会信用信息，为国家执行威慑机制的顺利建立和良性运行提供了基本的法律依据。[①] 被执行人关于民事强制执行案件的信息，作为社会信用信息纳入国家征信系统予以记载，这在社会信用体系建设中具有非常重要的意义：一是被执行人履行法定债务的情况，本身就是重要的征信信息，在社会信用体系建设中具有重要的地位；二是人民法院有权将被执行人失信行为的情况纳入社会征信系统。将被执行人的执行案件信息纳入社会信用信息体系，借助私权力运行体系，让社会公众能够对此便捷知悉、自主评判、自由交易，更加广泛地调动社会大众共同对有能力而拒不履行义务被执行人的社会活动进行

---

① 黄年:《国家执行威慑机制建设亟待〈民事诉讼法〉修改提供法律依据》，载《法制日报》2007年8月10日，第3版。

制裁、限制，对其生产生活的各个方面产生负面影响，这种影响将更加长久、深远和广泛，对被执行人也将更具惩戒作用和威慑力。[①]据此，被执行人不履行法律文书确定的义务的，人民法院可以对其采取或者通知有关单位协助采取以下限制措施：

一、限制出境

限制出境，是指在国内有未了结的民事债务的被告或被执行人拒不提供有效担保，出境后预期无法执行或难以执行的，根据申请人的请求，人民法院可以决定限制其出境。限制出入境的作用有两方面，一方面是针对有履行能力而逃避履行但是又有出国需求的，通过限制出境促进其执行；另一方面限制出境也能有效地防止欠债人出逃国外。[②]同时，根据《最高人民法院关于适用〈中华人民共和国民事诉讼法〉执行程序若干问题的解释》规定，第一，对被执行人限制出境的，应当由申请执行人向执行法院提出书面申请；必要时，执行法院可以依职权决定。第二，被执行人为单位的，可以对其法定代表人、主要负责人或者影响债务履行的直接责任人员限制出境。被执行人为无民事行为能力人或者限制民事行为能力人的，可以对其法定代理人限制出境。第三，在限制出境期间，被执行人履行法律文书确定的全部债务的，执行法院应当及时解除限制出境措施；被执行人提供充分、有效的担保或者申请执行人同意的，可以解除限制出境措施。

二、在征信系统记录

将被执行人的案件信息纳入社会信用信息公开，根本而言是国家公共权力对被执行人私权的一种限制，[③]体现了司法权力的公共性，是对社会公众知情权的尊重。目前我国的征信系统有人民银行征信局的信贷征信系统、人民法院记录拒不履行生效法律文书的被执行人的征信系统等，市场利害关系主体可以通过这些系统谨慎交易，防止合法权益受到损害。

近些年，人民法院失信被执行人名单制度成为我国社会信用体系建设的卓越成果。《最高人民法院关于公布失信被执行人名单信息的若干规

---

① 李爱君：《个人征信信息法律规制研究》，载《中国应用法学》2023年2期。
② 朱金高：《限制出境：一种对人执行的新规》，载《政法论丛》2015年第6期。
③ 张先明：《失信被执行人名单信息纳入征信系统》，载《人民法院报》2013年11月15日。

定》体系化地构建了该项制度。诚实信用是法律的基本原则，将被执行人的失信行为和涉案信息纳入社会信用体系，引导和确立其在社会信用信息中的最高位阶地位，从而对被执行人产生强大的威慑力，是人民法院执行威慑机制成为私权力运行体系层面立法一部分的理论基础。[①]将被执行人失信信息纳入社会信用信息公开，根本而言是国家公共权力对被执行人私权的一种限制，体现了司法权力的公共性，是对社会公众知情权的尊重。当事人一旦选择诉讼、仲裁、公证等纠纷解决程序，来处理其私权利的纷争，由于诉讼信息的公开性（即使法律规定审判过程不公开案件，其裁判结果也是公开的），其相关信息就由私权利范畴向公共信息发生转变。正是因为司法公开原则和有关法律法规为执行案件信息公开提供了法理基础和法律依据，因此将被执行人的失信信息纳入征信系统，并向其工作生活领域通报，虽然涉及其名誉、商誉的负面评价和部分社会行为的限制，但这不属于私权利侵害范畴。

三、通过媒体公布不履行义务信息

执行法院可以依职权或者依申请执行人的申请，将被执行人不履行法律文书确定义务的信息，通过报纸、广播、电视、互联网等媒体公布。媒体公布的有关费用，由被执行人负担；申请执行人申请在媒体公布的，应当垫付有关费用。通过媒体公布被执行人不履行义务的信息属于商誉毁损，是对被执行人进行的无形的惩罚，实施时务必谨慎。

四、法律规定的其他措施

这是一个兜底条款，为今后可能会摸索出一些行之有效的措施，在法律上留有一定的余地。但这项规定有严格的法律界限，即只有法律明文规定的，才能作为对拒不履行义务的被申请执行人的限制性措施，其他规范性文件不能规定这类限制性措施。如《民事诉讼法解释》第516条规定，被执行人不履行法律文书确定的义务的，人民法院除对被执行人予以处罚外，还可以根据情节将其纳入失信被执行人名单，将被执行人不履行或者不完全履行义务的信息向其所在单位、征信机构以及其他相关机构通报。

① 李卫国：《论国家民事执行威慑机制》，载《河北法学》2010年第12期。

【审判实践中应当注意的问题】

一、失信名单的内容确定

被执行人失信的主要情形为抗拒执行、妨碍执行、规避执行、违反财产报告制度及违反高消费规定等，从被执行人的客观外部行为可以反映出其主观上不守承诺，不守信用的状态。《最高人民法院关于公布失信被执行人名单信息的若干规定》第1条即指明了失信被执行人名单制度的内容及规范对象：一是不局限于有履行能力而拒不履行生效法律文书确定义务的被执行人；二是作为规范对象的被执行人必须具有规定所列失信情形之一；三是人民法院通过信用惩戒的方式来实现制度目的。[①]

二、纳入失信名单的程序

失信被执行人制度设置了提示、启动、认定、生效、救济5个环节的程序，一方面体现对被执行人知情权与参与权的尊重；另一方面确保法官的审判活动以及作出决定本身的正当性。第一，启动程序。选择了双重启动，即由申请执行人申请和人民法院依职权启动两种启动途径。这样规定一方面保障了申请执行人在其权利限度内按照自己的意志行使权利，可以有效制约法官作出决定的任意性；另一方面，规定了法院能够依职权启动失信被执行人名单的程序，也是法院依法履行审判和执行职责的需要。第二，认定形式。采用了决定的形式，决定是人民法院在诉讼中就案件除实体问题和程序问题以外有关的特殊事项及某些紧迫性问题作出的判定，人民法院决定将被执行人纳入失信被执行人名单的，应当制作决定书；决定书自作出之日起生效。

三、通报方式

第一，向所在单位通报。失信被执行人是国家工作人员的，人民法院应当将其失信情况通报其所在单位。这里就是指依照该规定将其失信情况通报其所在单位，由其所在单位决定是否在评优选先、晋职晋级等方面对

---

① 沈静、田强、杜玉勇：《关于公布失信被执行人名单制度实施情况的统计分析》，载《河北法学》2016年第5期。

其予以限制。

第二，向征信机构通报。人民法院应当将失信被执行人名单信息向征信机构通报，并由征信机构在其征信系统中记录。向征信机构通报，能够对失信被执行人的信用形成实质影响，能够有效发挥信用惩戒的功能。

第三，向其他相关单位通报。人民法院应当将失信被执行人名单信息，向政府相关部门、金融监管机构、金融机构、承担行政职能的事业单位及行业协会等通报，供相关单位依照法律、法规和有关规定，在政府采购、招标投标、行政审批、政府扶持、融资信贷、市场准入、资质认定等方面，对失信被执行人予以信用惩戒。第 4 款规定，失信被执行人是国家机关、国有企业的，人民法院应当将其失信情况通报其上级单位或者主管部门。

失信被执行人信息通报制度最主要的目的就是要发挥制约惩戒功能，压缩失信被执行人的生存空间，不断提高被执行人的失信成本，让不履行义务的被执行人一旦失信，寸步难行，从而督促其主动履行生效法律文书，并逐步建立起“守约易，失信难”的社会价值观，从根本上破解“执行难”的顽疾。

四、救济途径

公民、法人或其他组织认为不应将其纳入失信被执行人名单、记载和公布的失信信息不准确、失信信息应予删除的，可以向执行法院申请纠正，公民、法人或其他组织对不予纠正决定不服的，可以自决定书送达之日起 10 日内向上一级人民法院申请复议。上一级人民法院应当自收到复议申请之日起 15 日内作出决定。这充分保障了当事人的救济权利。当然，根据《民事诉讼法》相关规定，前述纠正及驳回的决定，均应制作决定书并送达涂销失信信息申请人。①

五、关于终本案件被执行人的特殊规定

终结本次执行程序后，通过网络执行查控系统查询被执行人财产两次以上，未发现有可供执行财产，且申请执行人或者其他人未提供有效财产

① 刘涛、朱燕：《〈关于公布失信被执行人名单信息的若干规定〉的理解与适用》，载《人民司法》2013 年第 19 期。

线索的，人民法院应当在三个工作日内删除失信信息。纳入失信名单针对的是有履行能力而拒不履行的被执行人，对确无履行能力的被执行人一般不予纳入。《最高人民法院关于严格规范终结本次执行程序的规定（试行）》对终结本次执行程序规定了严格的程序标准和实体标准，终结本次执行程序意味着被执行人确无财产可供执行，此时人民法院应当删除其失信信息。但考虑到上述规定出台时间不长，实践中存在没有严格完成“规定动作”就“终结本次执行”的情况，且由于目前财产查控手段的局限性，“终结本次执行”只是法律意义上的“确无财产可供执行”，并不意味着被执行人事实上绝对无财产可供执行。[①]因此，本次并未规定案件一旦“终结本次执行”后就立即删除失信信息，而是做了一定程度的限制，即通过网络执行查控系统查询被执行人财产两次以上，未发现有可供执行财产，且申请执行人或者其他人未提供有效财产线索，人民法院才删除失信信息。这样规定较好地兼顾了申请执行人与被执行人利益的平衡，确保了失信名单制度效果的有效发挥。[②]应当注意的是，终结本次执行程序后被执行人虽然可以免受失信惩戒，但仍然不能有《最高人民法院关于限制被执行人高消费及有关消费的若干规定》中所列消费行为，包括乘坐高铁、飞机，在星级以上宾馆、酒店、夜总会、高尔夫球场等场所进行高消费，即还要被限制消费，对被执行人的限制仍然较为严厉。

① 李昌超：《失信被执行人名单制度施行中的问题及解决》，载《政法论丛》2017年第2期。

② 李继：《失信被执行人权利保护的路径选择——基于执行行为正当性的探讨》，载《政法论坛》2018年第5期。

第二十二章　执行中止和终结

第二百六十七条　有下列情形之一的，人民法院应当裁定中止执行：

（一）申请人表示可以延期执行的；

（二）案外人对执行标的提出确有理由的异议的；

（三）作为一方当事人的公民死亡，需要等待继承人继承权利或者承担义务的；

（四）作为一方当事人的法人或者其他组织终止，尚未确定权利义务承受人的；

（五）人民法院认为应当中止执行的其他情形。

中止的情形消失后，恢复执行。

【条文主旨】

本条是关于中止执行的规定。

【理解与适用】

中止执行也称执行停止、执行中止，是指民事执行程序启动后，由于出现某种法定原因，人民法院裁定暂时停止执行程序，等待法定原因解除后再继续执行的制度。强制执行，是依靠国家强制力，实现胜诉当事人合法权益的程序，原则上应该连续进行，不得停止。中止执行是正常强制执行程序的一种例外，应以出现法定事由为实质要件，以人民法院作出裁定为形式要件。

中止执行根据其中止的范围不同，可以分为两类：一类是中止个别执行，指出现中止执行的法定原因后，仅对部分执行当事人、部分财产暂时停止执行的情形而言。比如，有多位承担连带责任的被执行人，针对其中一个被执行人的破产程序被人民法院依法受理了，此时应该中止对该被执行人的执行程序，但对其他被执行人的执行程序不受影响。另一类是中止整体执行，指出现中止执行的法定原因后，对整个执行程序暂时停止执行的情形而言。比如，以仲裁裁决为执行依据的执行程序中，被执行人申请撤销仲裁裁决的，涉及执行依据的效力问题，整个执行程序都应当暂时停止。

一、中止执行的情形

（一）应当中止执行的情形

有下列情形之一的，人民法院应当裁定中止执行：

1. 申请执行人表示可以延期执行。申请执行人的这种表示是对自己民事实体权利和民事诉讼权利的一种处分，因此，申请执行人愿意延长执行的，在所延长期限届满前，执行程序应当中止。

2. 案外人对执行标的提出确有理由的异议。案外人对执行标的提出了确有理由的异议，对案外人的异议在审结以前，是否继续执行执行标的存在争议，为避免继续强制执行对案外人造成难以挽回的损失，有必要中止执行程序，等待案外人异议的审查结果。2007 年修正本法时，本法第 204 条（2023 年修正后为第 238 条）规定："执行过程中，案外人对执行标的提出书面异议的，人民法院应当自收到书面异议之日起十五日内审查。理由成立的，裁定中止对该标的的执行；理由不成立的，裁定驳回。"依据该规定，经过人民法院审查，认为案外人异议成立的，才能裁定中止执行。因此，本条中的"确有理由"是指经过人民法院审查后认定异议理由成立。2009 年 1 月 1 日施行的《最高人民法院关于适用〈中华人民共和国民事诉讼法〉执行程序若干问题的解释》第 16 条（2020 年修订后为第 15 条）第 1 款规定："案外人异议审查期间，人民法院不得对执行标的进行处分。"依据该规定，案外人异议审查期间，人民法院停止对执行标的的处分，其实质效果与中止执行相仿。因此，本条中的"确有理由"，实质上已经弱化为案外人对执行标的提出的异议构成本法第 238 条的案外人异议这一条件，即案外人对执行标的主张的权利，系《最高人民法院关于适用〈中华人民共和国民事诉讼法〉执行程序若干问题的解释》第 15 条（2020 年修订后为第 14 条）规定的"所有权或者有其他足以阻止执行标的转让、交付的实体权利"。

3. 作为一方当事人的公民死亡，需要等待继承人继承权利或者承担义务。执行开始后，如果申请执行人死亡，需要等待他的继承人继承权利；如果被执行人死亡，需要等待他的继承人承担义务。《民法典》第1145条规定："继承开始后，遗嘱执行人为遗产管理人；没有遗嘱执行人的，继承人应当及时推选遗产管理人；继承人未推选的，由继承人共同担任遗产管理人；没有继承人或者继承人均放弃继承的，由被继承人生前住所地的民政部门或者村民委员会担任遗产管理人。"第1147条第4项规定："遗产管理人应当履行下列职责：（四）处理被继承人的债权债务"。根据上述规定，在作为一方当事人的公民死亡后，遗产管理人负责该公民的债权债务处理。《最高人民法院关于民事执行中变更、追加当事人若干问题的规定》第2条第1款规定："作为申请执行人的自然人死亡或被宣告死亡，该自然人的遗产管理人、继承人、受遗赠人或其他因该自然人死亡或被宣告死亡依法承受生效法律文书确定权利的主体，申请变更、追加其为申请执行人的，人民法院应予支持。"第10条第1款规定："作为被执行人的自然人死亡或被宣告死亡，申请执行人申请变更、追加该自然人的遗产管理人、继承人、受遗赠人或其他因该自然人死亡或被宣告死亡取得遗产的主体为被执行人，在遗产范围内承担责任的，人民法院应予支持。"根据上述规定，在作为执行当事人的公民死亡的情况下，遗产管理人、继承人、受遗赠人或其他因该公民死亡取得遗产的主体等，都可以变更成为执行当事人，在这些主体继承权利或者承担义务前，都应当适用本条规定，裁定中止执行。

4. 作为一方当事人的法人或者其他组织终止，尚未确定权利义务承受人。在执行过程中，作为一方当事人的法人或者其他组织终止，应当由承受其权利义务的法人或者其他组织作为当事人继续参与执行程序，主张权利或者履行义务。但在特殊情况下，承受权利义务的法人或者其他组织一时尚未确定的，在其确定之前执行程序应当中止。依照本法第243条的规定，作为被执行人的法人或者其他组织终止的，由其权利义务承受人履行义务。《最高人民法院关于民事执行中变更、追加当事人若干问题的规定》第4条、第5条、第7条、第8条、第11条、第21条、第22条、第23条等对法人或者其他组织终止情形下的权利义务承继情况有更详细规定。

5. 人民法院认为应当中止执行的其他情形。在执行过程中，人民法院认为出现除上述情况外的其他情形，需要中止执行的，应当作出中止执行的裁定。这一规定是兜底条款，以适应执行工作中的复杂情况。根据目前的法律、司法解释规定，主要包括以下情形：

一是人民法院已受理以被执行人为债务人的破产申请的。其依据是《企业破产法》第19条，该条规定："人民法院受理破产申请后，有关债务人财产的保全措施应当解除，执行程序应当中止。"

二是人民法院将案件移送破产审查的。其依据是《民事诉讼法解释》第511条，该条规定："在执行中，作为被执行人的企业法人符合企业破产法第二条第一款规定情形的，执行法院经申请执行人之一或者被执行人同意，应当裁定中止对该被执行人的执行，将执行案件相关材料移送被执行人住所地人民法院。"

三是被执行人申请撤销仲裁裁决并已由人民法院受理的。其依据是《中华人民共和国仲裁法》第64条第1款，该款规定："一方当事人申请执行裁决，另一方当事人申请撤销裁决的，人民法院应当裁定中止执行。"

四是被执行人或者案外人对仲裁裁决执行案件提出不予执行申请并提供适当担保的。其依据是《最高人民法院关于人民法院办理仲裁裁决执行案件若干问题的规定》第7条，该条规定："被执行人申请撤销仲裁裁决并已由人民法院受理的，或者被执行人、案外人对仲裁裁决执行案件提出不予执行申请并提供适当担保的，执行法院应当裁定中止执行。中止执行期间，人民法院应当停止处分性措施，但申请执行人提供充分、有效的担保请求继续执行的除外；执行标的查封、扣押、冻结期限届满前，人民法院可以根据当事人申请或者依职权办理续行查封、扣押、冻结手续。"

五是发现有非法集资犯罪嫌疑或者执行标的物属于非法集资刑事案件涉案财物的。其依据是《最高人民法院、最高人民检察院、公安部关于办理非法集资刑事案件适用法律若干问题的意见》第7条第2款和第3款，第2款规定："人民法院在审理民事案件或者执行过程中，发现有非法集资犯罪嫌疑的，应当裁定驳回起诉或者中止执行，并及时将有关材料移送公安机关或者检察机关。"第3款规定："公安机关、人民检察院、人民法院在侦查、起诉、审理非法集资刑事案件中，发现与人民法院正在审理的民事案件属同一事实，或者被申请执行的财物属于涉案财物的，应当及时通报相关人民法院。人民法院经审查认为确属涉嫌犯罪的，依照前款规定处理。"

六是当事人自行达成合法有效的和解协议，履行期限未届至或者履行条件尚未成就或者被执行人一方正在按照该协议履行义务的。其依据是《最高人民法院关于执行和解若干问题的规定》第19条，该条规定："执行过程中，被执行人根据当事人自行达成但未提交人民法院的和解协议，或者一方当事人提交人民法院但其他当事人不予认可的和解协议，依照民事诉讼法第二百二十五条（2023年修订后为第二百三十六条）规定提出异议的，人民法院按照下列情形，分别处理：……（二）和解协议约定的履行期限尚未届至或者履行条件尚未成就的，裁定中止执行，但符合民法典第五百七十八条规定情形的除外；（三）被执行人一方正在按照和解协议约定履行义务的，裁定中止执行；……（五）和解协议不成立、未生效或者无效的，裁定驳回异议。"

（二）可以中止执行的情形

除了前述人民法院应当中止执行的情形外，法律、司法解释还规定了可以中止执行的情形，主要指在发生法定原因的情况下，需要由人民法院根据案件具体情况进行审查判断，决定是否中止执行。人民法院在审查判断时，原则上可以裁定中止执行，但也可能存在例外情形。主要包括以下三类：

一是人民法院受理针对执行依据的第三人撤销诉讼，原告提供相应担保的。其依据是《民事诉讼法解释》第297条，该条规定："受理第三人撤销之诉案件后，原告提供相应担保，请求中止执行的，人民法院可以准许。"

二是当事人达成执行和解协议的。其依据如下：《最高人民法院关于执行和解若干问题的规定》第2条，该条规定："和解协议达成后，有下列情形之一的，人民法院可以裁定中止执行：（一）各方当事人共同向人民法院提交书面和解协议的；（二）一方当事人向人民法院提交书面和解协议，其他当事人予以认可的；（三）当事人达成口头和解协议，执行人员将和解协议内容记入笔录，由各方当事人签名或者盖章的。"《民事诉讼法解释》第464条，该条规定："申请执行人与被执行人达成和解协议后请求中止执行或者撤回执行申请的，人民法院可以裁定中止执行或者终结执行。"

三是执行依据按审判监督程序决定再审并需要中止执行的。其依据如下，本法第217条，该条规定："按照审判监督程序决定再审的案件，裁定中止原判决、裁定、调解书的执行，但追索赡养费、扶养费、抚养费、抚恤金、医疗费用、劳动报酬等案件，可以不中止执行。”《民事诉讼法解释》第394条，该条规定：“人民法院对已经发生法律效力的判决、裁定、调解书依法决定再审，依照民事诉讼法第二百一十三条[①]规定，需要中止执行的，应当在再审裁定中同时写明中止原判决、裁定、调解书的执行；情况紧急的，可以将中止执行裁定口头通知负责执行的人民法院，并在通知后十日内发出裁定书。”根据上述规定，再审案件以裁定中止执行为原则、不中止执行为例外。这种例外，既包括法律规定了六类特殊案件，也包括普通案件中的特殊情形。比如，原执行依据判决被告支付原告借款100万元本金，驳回其他诉讼请求。原告申请执行后，提起再审，认为被告还应当再支付50万元违约金。一般情况下，再审程序只是对是否增加50万违约金进行审理，不影响原来执行依据确定的100万本金的正确性，人民法院在再审裁定中，没有必要裁定中止原判决的执行。

二、中止执行的效力

如前所述，中止执行是暂时停止执行程序，原则上，中止执行期间，已经采取的执行措施要继续维持，新的执行措施不再采取。

一是关于能否续封问题。《最高人民法院关于人民法院办理仲裁裁决执行案件若干问题的规定》第7条第1款规定：“中止执行期间，……执行标的查封、扣押、冻结期限届满前，人民法院可以根据当事人申请或者依职权办理续行查封、扣押、冻结手续。”继续维持执行措施是指继续维持裁定中止执行时的执行状态，对于当时已经采取查封、扣押、冻结手续的财产，在中止执行期间，查封、扣押、冻结期限届满的，应当依申请或者依职权继续办理查封、扣押、冻结手续，以保持与中止执行时一样的执行状态。

二是关于采取新的查封、扣押、冻结措施问题。《民事诉讼法解释》第163条规定：“法律文书生效后，进入执行程序前，债权人因对方当事人转移财产等紧急情况，不申请保全将可能导致生效法律文书不能执行或者难以执行的，可以向执行法院申请采取保全措施。债权人在法律文书指定的履行期间届满后五日内不申请执行的，人民法院应当解除保全。”本

① 现为《民事诉讼法》（2023年修正）第217条。

法第103条第2款规定："人民法院采取保全措施，可以责令申请人提供担保，申请人不提供担保的，裁定驳回申请。"《最高人民法院关于人民法院办理仲裁裁决执行案件若干问题的规定》第7条第1款规定："被执行人申请撤销仲裁裁决并已由人民法院受理的，或者被执行人、案外人对仲裁裁决执行案件提出不予执行申请并提供适当担保的，执行法院应当裁定中止执行。中止执行期间，人民法院应当停止处分性措施，但申请执行人提供充分、有效的担保请求继续执行的除外；执行标的查封、扣押、冻结期限届满前，人民法院可以根据当事人申请或者依职权办理续行查封、扣押、冻结手续。"根据上述规定，中止执行期间，原则上，人民法院不得采取查封、扣押、冻结措施。但是查封、扣押、冻结措施属于控制性措施，具有保障执行依据顺利执行的保全功能，没有必要一律予以禁止。

三是关于申请执行人申请解除查封、扣押、冻结措施问题。《最高人民法院关于执行和解若干问题的规定》第3条规定："中止执行后，申请执行人申请解除查封、扣押、冻结的，人民法院可以准许。"解除查封、扣押、冻结措施，属于新的执行措施，将改变中止执行时的执行状态，影响各方合法权益，中止执行期间，人民法院非法定事由不得依职权采取。申请执行人申请解除的，属于其行使实体权利和诉讼权利处分权的范畴，人民法院可以准许。

四是关于采取处分措施问题。根据前述《最高人民法院关于人民法院办理仲裁裁决执行案件若干问题的规定》第7条第1款规定精神，中止执行期间，应当停止处分性措施。原则上，查封、扣押、冻结财产之后，不得采取拍卖、变卖、以物抵债、发放案款等处分性措施。《最高人民法院关于人民法院民事执行中拍卖、变卖财产的规定》第31条第2款规定："金银及其制品、当地市场有公开交易价格的动产、易腐烂变质的物品、季节性商品、保管困难或者保管费用过高的物品，人民法院可以决定变卖。"参照该规定精神，一些易腐烂变质的物品、季节性商品等，为避免长期查封不处置导致财产价值过度贬损、损害各方当事人合法权益，可以采取变卖等处分性措施，但所得价款应该予以控制，不得发还申请执行人。

五是关于中止执行期间的审查案件办理问题。中止执行期间，为充分保障执行当事人、利害关系人合法权益，执行异议、案外人异议、变更追加执行当事人等执行审查案件原则上不中止审查。

三、中止执行后的恢复

中止执行只是执行程序的暂时停止，不是执行程序的终结。引起中止执行的情况消除后，通常情况下，应当恢复执行。《最高人民法院关于人民法院执行工作若干问题的规定（试行）》第 60 条第 1 款规定："中止执行的情形消失后，执行法院可以根据当事人的申请或依职权恢复执行。"第 2 款规定："恢复执行应当书面通知当事人。"一些特殊情况下，中止执行情形消失后，可能触发终结执行的情形，导致执行程序终结。比如作为被执行人的公民死亡后，在等待继承人承担义务期间，人民法院应当裁定中止执行。之后经遗产管理人清理财产后，发现被执行人没有任何遗产可供执行，又无义务承担人的，人民法院可以径行裁定终结执行，不必恢复执行。

【审判实践中应当注意的问题】

一是申请执行人申请延期执行的期限过长，而被执行人申请尽快处置查封财产或者同一被执行人的其他案件申请执行人申请将查封财产移送执行的，人民法院应当统筹考虑，兼顾保护被执行人和其他债权人的合法权益。二是作为当事人一方的公民死亡的，需要通过变更追加执行当事人程序确定新的执行当事人，在此期间，人民法院应当裁定中止执行。在中止执行期间，为避免被执行人或者被执行人的义务承担人转移财产、逃避执行，人民法院可以依据《最高人民法院关于民事执行中变更、追加当事人若干问题的规定》第 29 条规定，参照本法第 103 条或者第 104 条规定，对被执行人财产采取查封、扣押、冻结等控制性措施。

第二百六十八条 有下列情形之一的，人民法院裁定终结执行：

（一）申请人撤销申请的；

（二）据以执行的法律文书被撤销的；

（三）作为被执行人的公民死亡，无遗产可供执行，又无义务承担人的；

（四）追索赡养费、扶养费、抚养费案件的权利人死亡的；

（五）作为被执行人的公民因生活困难无力偿还借款，无收入来源，又丧失劳动能力的；

（六）人民法院认为应当终结执行的其他情形。

【条文主旨】

本条是关于终结执行的规定。

【理解与适用】

终结执行，也称执行终结，是指在民事执行程序中，因发生法定的理由，人民法院已经没有必要或者没有可能继续实施执行而结束民事执行程序的制度。终结执行分为广义的终结执行和狭义的终结执行。广义的终结执行，包括整个执行程序因为执行依据确定的权利义务全部实现而终结、整个执行程序因为其他法定理由非正常终结、本次执行程序因被执行人没有可供执行财产而终结、针对某个财产的执行程序因法定理由而终结、针对某个被执行人的执行程序因法定理由而终结等。狭义的终结执行，主要指整个执行程序因法定理由非正常终结和针对某个被执行人的执行程序因法定理由而终结。比如，执行依据被撤销的，整个执行程序都应当终结；两个被执行人中的一个被宣告破产的，针对被宣告破产的被执行人的执行程序终结，针对另一个被执行人的执行程序正常进行。本条规定的终结执行，属于狭义的终结执行。

一、与关联制度的区别

（一）终结执行与执行完毕

本法第239条、第240条和第244条均提及“执行完毕”。执行完毕是指在执行程序的最后阶段，执行依据确定的权利义务全部实现，执行程序自然结束的制度。终结执行与执行完毕都是指执行程序的结束，但二者的原因和效果不同。前者是整个执行程序或者针对某个被执行人的执行程序因为一些法定原因而非正常结束，执行依据确定的权利义务并未全部实现，在一些特殊情况下，比如申请执行人撤回执行申请的，存在就该执行依据再次启动执行程序的可能。后者是整个执行程序的正常结束，执行依据确定的权利义务已经全部实现，包括被执行人自动履行完毕、法院强制执行完毕、当事人达成和解履行完毕等，不存在就该执行依据再次启动执行程序的可能。

（二）终结执行与中止执行

本法第267条规定了中止执行。强制执行，原则上应该连续进行，不得停止。终结执行和中止执行都是执行程序应当连续进行的例外。中止执行是执行程序的停止，中止执行的情形消失后，应当恢复原来的执行程序。中止执行期间，执行程序尚未结束，申请执行时效始终处于中断状态，恢复执行不受申请执行时效的限制。终结执行是执行程序的结束，终结执行之后，在一些特殊情况下，申请执行人可以再次申请执行。终结执行期间，执行程序已经结束，申请执行时效应当重新计算，申请执行人再次申请执行应当受申请执行时效的限制。比如《民事诉讼法解释》第518条规定：“因撤销申请而终结执行后，当事人在民事诉讼法第二百四十六条[①]规定的申请执行时效期间内再次申请执行的，人民法院应当受理。”根据该条规定，在因撤销申请而终结执行后，当事人超过申请执行时效申请执行的，对方当事人可以提出时效抗辩。此外，中止执行期间，原则上不得采取新的执行措施，维持中止执行时的执行状态。终结执行期间，不仅不得采取新的执行措施，还要解除已经采取的执行措施。

（三）终结执行与终结本次执行程序

《民事诉讼法解释》第517条规定了终结本次执行程序制度。终结执

① 现为《民事诉讼法》（2023年修正）第250条。

行与终结本次执行程序，都是执行程序的终结，但二者在终结程度和效力上存在差异。终结执行是执行程序的彻底终结，执行程序不再继续，不再采取新的执行措施，将解除所采取的执行措施，申请执行时效将重新计算，申请执行人再次申请执行将受申请执行时效的限制。终结本次执行程序只是本次执行程序的终结，一般不再采取新的执行措施，但并不解除所采取的执行措施，申请执行时效始终处于中断状态，申请执行人再次申请执行，不受申请执行时效的限制。

二、终结执行的情形

有下列情形之一的，人民法院裁定终结执行：

1. 申请执行人撤销申请

执行程序一般是因当事人的申请而开始，如果当事人撤销申请，不再要求人民法院执行，这是对其民事实体权利和民事诉讼权利行使处分权，只要符合法律规定，不违背社会公共利益，人民法院应当准许，执行程序也因此而终结。

2. 据以执行的法律文书被撤销

人民法院的执行工作必须要有合法的执行依据。据以执行的法律文书就是执行依据，它是权利人据以申请执行的凭证，也是人民法院采取执行措施的依据。如果由于某种特殊原因，作为执行依据的法律文书被撤销，继续执行将缺乏合法生效的法律依据，因此人民法院应当裁定终结执行。

3. 作为被执行人的公民死亡，无遗产可供执行，又无义务承担人

被执行人是执行程序中负有义务的一方当事人，如果在执行过程中死亡，依照本法第 267 条的规定，人民法院应当裁定中止执行。根据《最高人民法院关于民事执行中变更、追加当事人若干问题的规定》第 10 条第 1 款规定，中止执行期间，申请执行人可以申请变更遗产管理人、继承人、受遗赠人或其他因该公民死亡取得遗产的主体为被执行人，在遗产范围内承担责任。如果被执行人既无遗产，又无义务承担人，执行工作无法进行，人民法院应当裁定终结执行。

4. 追索赡养费、抚养费、抚育费案件的权利人死亡

享受赡养费、扶养费、抚育费的权利和人身权利紧密相连，只能由生效的法律文书确定的具有特殊身份的权利人享有，如父母、配偶或者未成年子女。以上权利不得继承或者转让，如果享有赡养费、扶养费、抚育费

的权利人死亡，一般情况下，执行程序就无需进行，人民法院应当裁定终结执行。实践中，一些特殊情况下，人民法院也可以具体问题具体分析。比如申请执行人甲生活困顿，没有任何财产，应由乙丙两名子女负责赡养。乙生活富裕但未尽赡养义务，多年来不支付赡养费，甲由丙一人赡养。丙亦生活困难，为独自赡养甲而举债。甲起诉乙给付赡养费并获得胜诉后，案件进入执行程序，期间，甲死亡。丙以其系甲继承人为由申请变更丙为申请执行人，继续要求乙支付截至甲生前所欠付的赡养费，以期用以偿还丙独自赡养期间的借款。这种情况下，如果裁定终结执行，相当于豁免了乙的债务，让从不履行赡养义务的乙获得利益，可能有失公允。

5. 作为被执行人的公民因生活困难无力偿还借款，无收入来源，又丧失劳动能力

民事执行程序的一项重要原则是，既要保护权利人的合法权益，又要适当照顾被执行人必要的生活需要。执行程序开始后，被执行人生活困难，借款无力偿还，既没有收入来源，又丧失了劳动能力，现在和将来都无力履行法律文书确定的义务，一般情况下，人民法院可以终结执行。终结执行后，如果被执行人因为继承、中彩票等原因，获得了偿还借款的能力的，也可以允许申请执行人再次申请执行。

6. 人民法院认为应当终结执行的其他情形

这一规定属于兜底性条款。因为实际情况复杂多变，本条规定的前五项情形不一定能将实际执行工作中发生的所有情形都涵盖，兜底性条款可以给人民法院应对复杂情况留下一定余地，人民法院认为其他情形使执行工作无法进行或者无须进行的，可以终结执行。根据现行司法解释规定，主要有以下几类情形：

（1）被执行人被人民法院裁定宣告破产或裁定终止和解程序、重整程序的。《关于执行案件移送破产审查若干问题的指导意见》第 20 条规定："受移送法院裁定宣告被执行人破产或裁定终止和解程序、重整程序的，应当自裁定作出之日起五日内送交执行法院，执行法院应当裁定终结对被执行人的执行。"破产程序是概括执行，执行程序是个别执行。被执行人被裁定宣告破产的，个别执行应该终结，所有债权都应该通过破产程序统一清偿。为此，《最高人民法院关于人民法院执行工作若干问题的规定（试行）》第 61 条规定，在执行中，被执行人被人民法院裁定宣告破产的，执行法院应当依照本法本条第六项的规定，裁定终结执行。《中华

人民共和国企业破产法》第86条第2款规定:“自重整计划通过之日起十日内,债务人或者管理人应当向人民法院提出批准重整计划的申请。人民法院经审查认为符合本法规定的,应当自收到申请之日起三十日内裁定批准,终止重整程序,并予以公告。”第98条规定:“债权人会议通过和解协议的,由人民法院裁定认可,终止和解程序,并予以公告。管理人应当向债务人移交财产和营业事务,并向人民法院提交执行职务的报告。”终止和解程序或者重整程序后,被执行人的债权债务应当按照和解协议或者重整计划进行清理,个别执行程序不得继续执行;如果和解协议或者重整计划执行完毕的,执行案件的债权已经获得相应比例清偿,剩余部分不再执行,执行案件没有继续执行的必要;如果和解协议或者重整计划没有执行的,根据法律规定,人民法院可以根据申请裁定宣告破产,执行案件亦应终结执行。综上,自人民法院裁定终止和解程序或者重整程序始,执行程序已无继续进行的必要,应当依法终结。

(2)特定物的执行中,特定物毁损、灭失,双方当事人对折价赔偿又不能协商一致的。《民事诉讼法解释》第492条第1款规定:“执行标的物为特定物的,应当执行原物。原物确已毁损或者灭失的,经双方当事人同意,可以折价赔偿。”第2款规定:“双方当事人对折价赔偿不能协商一致的,人民法院应当终结执行程序。申请执行人可以另行起诉。”特定物毁损、灭失后,执行依据确定的有关特定物的权利义务已经无法实现,执行程序没有继续进行的可能,应当依法终结。

(3)申请执行人就履行执行和解协议提起诉讼并已由执行法院受理的。《最高人民法院关于执行和解若干问题的规定》第9条规定:“被执行人一方不履行执行和解协议的,申请执行人可以申请恢复执行原生效法律文书,也可以就履行执行和解协议向执行法院提起诉讼。”第14条规定:“申请执行人就履行执行和解协议提起诉讼,执行法院受理后,可以裁定终结原生效法律文书的执行。执行中的查封、扣押、冻结措施,自动转为诉讼中的保全措施。”被执行人一方不履行和解协议的,申请执行人或者选择恢复原生效法律文书的执行,或者就执行和解协议另行提起诉讼,二者不能同时进行,否则,可能导致被执行人重复承担责任。因此,在申请执行人选择另行提起诉讼的情况下,原来的执行程序应当依法终结。

(4)公证债权文书进入执行程序后,债权人又提起诉讼且诉讼案件已被受理的。《最高人民法院关于公证债权文书执行若干问题的规定》第24条第1款规定："有下列情形之一的，债权人、利害关系人可以就公证债权文书涉及的民事权利义务争议直接向有管辖权的人民法院提起诉讼：（一）公证债权文书载明的民事权利义务关系与事实不符；（二）经公证的债权文书具有法律规定的无效、可撤销等情形。"第2款规定："债权人提起诉讼，诉讼案件受理后又申请执行公证债权文书的，人民法院不予受理。进入执行程序后债权人又提起诉讼的，诉讼案件受理后，人民法院可以裁定终结公证债权文书的执行；债权人请求继续执行其未提出争议部分的，人民法院可以准许。"债权人就公证债权文书申请强制执行，意味着其认可公证债权文书的执行力。之后，又就公证债权文书所涉争议提起诉讼，意味着其否认公证债权文书的执行力。申请强制执行和提起诉讼，二者相互矛盾。执行中，应当尊重债权人最新的意思表示，裁定终结公证债权文书的执行，同时也避免对被执行人进行重复执行，损害被执行人的合法权益。

（5）作为被执行人的企业法人或其他组织被撤销、注销、吊销营业执照或者歇业、终止后既无财产可供执行，又无义务承担人的。《最高人民法院关于执行案件立案、结案若干问题的意见》第17条第6项规定："有下列情形之一的，可以以'终结执行'方式结案：（六）作为被执行人的企业法人或其他组织被撤销、注销、吊销营业执照或者歇业、终止后既无财产可供执行，又无义务承受人，也没有能够依法追加变更执行主体的"。本条第3项规定作为被执行人的公民死亡情况下的终结执行条件，即无遗产可供执行且无义务承担人。作为被执行人的企业法人或者其他组织被撤销、注销、终止的，如果该被执行人既无财产可供执行，又无义务承担人的，执行程序也无继续进行的可能，也应当终结执行。本条第5项规定作为被执行人的公民生活困难无力偿还借款情况下的终结执行条件，即无收入来源且丧失劳动能力。作为被执行人的企业法人或者其他组织被吊销营业执照、歇业的，如果无财产可供执行的，不仅现在没有清偿能力，同时也丧失了未来获得清偿能力的可能，在没有义务承担人的情况下，执行程序也无继续执行的可能，应当依法终结。

三、终结执行的效力

终结执行的效力主要体现在三个方面：

一是申请执行时效期间重新计算。《民法典》第195条规定："有下列情形之一的，诉讼时效中断，从中断、有关程序终结时起，诉讼时效期间重新计算：（一）权利人向义务人提出履行请求；（二）义务人同意履行义务；（三）权利人提起诉讼或者申请仲裁；（四）与提起诉讼或者申请仲裁具有同等效力的其他情形。"根据相关司法解释规定，申请强制执行属于与提起诉讼具有同等效力的其他情形，也可以产生诉讼时效中断的效果。申请执行人在申请执行时，产生诉讼时效中断的效果，从执行程序终结时起，诉讼时效期间重新计算。申请执行时效的中断适用诉讼时效中断的相关规定。因此，执行程序终结，申请执行人的申请执行时效期间将重新计算。

二是停止采取新的执行措施。终结执行，是对执行程序的彻底结束，人民法院不得采取新的执行措施，包括查封、扣押、冻结等控制性措施。但是，如果终结执行期间，出现《民事诉讼法解释》第519条规定的妨害行为的，人民法院也可以依申请采取措施排除妨害，并可以采取拘留、罚款等强制措施。

三是解除已经采取的执行措施。终结执行，意味着执行程序不再继续。对于已经完成的执行程序，比如某个财产已经处置完毕的，执行效果予以维持。对于正在对被执行人产生影响的执行措施，比如查封、扣押、冻结、拘留、限制消费、限制出境、纳入失信被执行人名单等等，应当依法及时予以解除。

【审判实践中应当注意的问题】

一是终结执行对当事人权益影响重大，人民法院应当秉持依法审慎原则，若无法定事由，非经法定程序，不得裁定终结执行。二是本条第5项情形与终结本次执行程序的情形比较相近，没有充分证据证明被执行人将来不可能获得清偿能力的情况下，不宜裁定终结执行。三是实践中，终结执行后，执行程序存在再次启动的可能，特别是本条第1项、第3项、第5项和第6项规定的情形，比如当事人撤回执行申请后再次提出执行申请，被执行人被宣告死亡多年后又回到了当地，生活困难的被执行人继承了一笔巨额财富或者购买彩票中了大奖，申请执行人就执行和解协议提起诉讼被受理后又撤回起诉等。为避免终结执行制度损害申请执行人的合法权益，对于终结执行后申请执行时效重新计算问题，人民法院应当灵活宽松掌握。

第二百六十九条　中止和终结执行的裁定，送达当事人后立即生效。

【条文主旨】

本条是关于中止执行、终结执行裁定生效的规定。

【理解与适用】

人民法院作出的中止执行或者终结执行的裁定，既对执行程序的进展产生重大影响，同时也对当事人权益产生重大影响，为充分保障当事人对该行为的知情权和异议权，该裁定应当在送达当事人后才能产生法律效力。

本法在2007年修正时，增加规定了执行异议制度，赋予认为执行行为违法的当事人、利害关系人提出异议的权利。为督促当事人、利害关系人及时主张权利、实现撤销或者改正执行行为的目的，2009年1月施行的《最高人民法院关于适用〈中华人民共和国民事诉讼法〉执行程序若干问题的解释》进一步规定，执行异议的提出时间为“执行过程中”，即执行程序终结前。

中止执行是执行程序的暂时停止，中止执行后，仍然处于“执行过程中”，当事人认为中止执行裁定违反法律规定的，可以对该裁定提出执行异议。

终结执行是执行程序的彻底结束，终结执行后，依照前述司法解释规定，当事人如果对该裁定不服的，不得提出执行异议。终结执行，对当事人的权利义务影响重大，如果不允许当事人提出执行异议，可能存在侵害当事人合法权益的情形，存在对当事人权益保障不充分的问题。为此，2016年，最高人民法院公布《关于对人民法院终结执行行为提出执行异议期限问题的批复》，规定当事人、利害关系人可以在收到终结执行裁定之日起或者知道或应当知道人民法院终结执行之日起六十日内，对终结执行行为提出异议，进一步完善了相关规则，保障了当事人、利害关系人的异议权。

第四编　涉外民事诉讼程序的特别规定

第二十三章 一般原则

第二百七十条 在中华人民共和国领域内进行涉外民事诉讼，适用本编规定。本编没有规定的，适用本法其他有关规定。

【条文主旨】

本条是关于在我国领域内进行的涉外民事诉讼应当适用我国《民事诉讼法》的规定。

【理解与适用】

2023年修正的《民事诉讼法》对本条未做修改，整体保留了原有规定。

诉讼程序问题适用法院地法，是一项古老的国际私法规则。早在国际私法产生之时，意大利的一些法学家就主张将法律区分为程序法和实体法，并认定诉讼程序问题的法律适用一概受“场所支配行为”原则的约束，只能适用法院地的程序规则。这一理论沿袭至今，民事诉讼程序适用法院地国家的法律已经成为国际公认的一条准则。

本条对在我国领域内进行涉外民事诉讼适用我国《民事诉讼法》的问题作了明确规定。此规定表明我国坚持诉讼程序适用法院地法的立场，是国家主权原则的重要体现，是涉外民事诉讼程序的首要原则。

一、涉外民事诉讼的界定

涉外民事诉讼是指在我国领域内进行的具有涉外因素的民事诉讼。对涉外民事诉讼的界定建立在对案件是否具有“涉外因素”的判断基础之上。在确定争议案件是否具有“涉外因素”时，各国立法和国际私法理论存在不同的判断标准，例如日本学者山田三良主张以主体的国籍或居所地、法律行为发生地、标的物所在地是否具有涉外因素进行判断的“四要素”理论；苏联著名学者隆茨主张以民事关系的主体、客体、相关法律事实是否具有涉外因素进行判断的“三要素”理论等。

我国既往的司法实践一直根据《最高人民法院关于贯彻执行〈中华人民共和国民法通则〉若干问题的意见（试行）》[①]第178条的规定认定“涉外因素”，并据之对“涉外民事关系”作出认定。根据该条规定，凡民事关系的一方或者双方当事人是外国人、无国籍人、外国法人的；民事关系的标的物在外国领域内的；产生、变更或者消灭民事权利义务关系的法律事实发生在外国的，均为涉外民事关系。

此外，《最高人民法院关于适用〈中华人民共和国民事诉讼法〉若干问题的意见》（法发〔1992〕22号）第304条从程序法的角度对如何认定“涉外民事案件”作出了明确规定，即“当事人一方或双方是外国人、无国籍人、外国企业或组织，或者当事人之间民事法律关系的设立、变更、终止的法律事实发生在外国，或者诉讼标的物在外国的民事案件，为涉外民事案件”。2015年施行的《民事诉讼法解释》第522条在原规定的基础上，结合2010年出台的《涉外民事关系法律适用法》规定，特别是《最高人民法院关于适用〈中华人民共和国涉外民事关系法律适用法〉若干问题的解释（一）》（2020年修正）第1条关于如何认定“涉外民事关系”的规定，对1992年民诉意见第304条关于如何认定“涉外民事案件”的标准进行了修订，主要是：

1. 在主体方面增加了“经常居所地在中华人民共和国领域外”这一连结点。关于“经常居所地”应如何认定问题，可以参照《涉外民事关系法律适用法》及其司法解释的有关规定。《涉外民事关系法律适用法》第14条第2款规定，法人的主营业地为其经常居所地。《最高人民法院关于适用〈中华人民共和国涉外民事关系法律适用法〉若干问题的解释（一）》第13条规定：“自然人在涉外民事关系产生或者变更、终止时已经连续居住一年以上且作为其生活中心的地方，人民法院可以认定为涉外民事关系法律适用法规定的自然人的经常居所地，但就医、劳务派遣、公务等情形除外。”

2. 调整了相关表述，将“外国”修改为“中华人民共和国领域外”等。

① 《最高人民法院关于贯彻执行〈中华人民共和国民法通则〉若干问题的意见（试行）》已废止。

3. 增加了“可以认定为涉外民事案件的其他情形”的兜底条款，为继续扩展涉外民事案件的认定范围留出了空间，既保证法律规则适用的确定性、可预见性与便捷性，同时增强了适用的灵活性，避免了“法律关系要素说”固有的缺陷。此后2020年、2022年修正的《民事诉讼法解释》均与2015年《民事诉讼法解释》的规定保持一致。根据上述民事诉讼法司法解释的规定，有下列情形之一的，人民法院可以认定为“涉外民事案件”：（1）当事人一方或者双方是外国人、无国籍人、外国企业或者组织的；（2）当事人一方或者双方的经常居所地在中华人民共和国领域外的；（3）标的物在中华人民共和国领域外的；（4）产生、变更或者消灭民事关系的法律事实发生在中华人民共和国领域外的；（5）可以认定为涉外民事案件的其他情形。

可见，民法通则意见、1992年民诉意见以及历次修订的民事诉讼法司法解释对案件“涉外因素”的构成标准基本保持了一致，即司法实践中可以从三个要素判断是否为“涉外民事案件”：一是案件所涉民事法律关系的主体；二是案件所涉民事法律关系的客体——案件系争的标的物；三是案件所涉民事法律关系的内容——产生、变更或者消灭民事法律关系的法律事实。司法实践中存在的仅仅从民事法律关系的主体考察案件是否具有涉外因素，属于片面理解上述司法解释。同时，应当注意，主体不仅从当事人国籍考察，还可以从当事人的经常居所地考察。相关司法解释对认定“涉外民事案件”的标准规定是宽泛的，除当事人的国籍，还应当从当事人的经常居所地、系争的标的物、法律事实等角度进行考察，只要其中之一具有涉外因素，即应当认定该案是涉外民事案件。

二、我国《民事诉讼法》的适用

根据本条规定，在我国领域内进行的涉外民事诉讼，应当首先适用本编的规定；本编没有规定的情况下，应当适用本法其他规定。

涉外民事诉讼适用我国《民事诉讼法》主要体现在以下几个方面：第一，任何外国人、无国籍人、外国企业和组织在我国领域内进行民事诉讼，应当按照我国《民事诉讼法》规定的程序办理。第二，我国人民法院享有管辖权的涉外案件，当事人同时在外国法院起诉的，一般不影响我国人民法院对该案件行使管辖权；凡是属于我国人民法院专属管辖的案件，任何外国法院均无权管辖。第三，任何外国法院的裁判、裁定，任何外国仲裁机构的裁决，如若在我国发生法律效力，必须以我国人民法院审查并裁定承认其法律效力为前提；需要在我国执行的，应当按照我国《民事诉讼法》规定的执行程序办理。

【审判实践中应当注意的问题】

一、关于涉外民事案件的认定

判断某一案件是否为涉外民事案件时，在涉外民事关系构成三要素中，只要有一个方面具有涉外性，该民事案件即为涉外民事案件。但是在实践中，主体、客体和法律事实三要素并非孤立，有时单一或部分要素具有涉外因素，有时则是全部要素均具有涉外因素。审判实践中，应注意避免仅依据主体是否具有涉外因素来判断某一案件是否为涉外民事案件的简单思路，需要从主体、客体、法律事实三个方面综合考察，确定争议民事关系是否具有涉外因素。其中，关于主体，可以从两个角度考察，一是国籍，一方或者双方当事人是外国人、无国籍人、外国企业或者组织的，可以认定为涉外民事案件；二是经常居所地，即使国籍均为中国，但当事人一方或者双方的经常居所地在我国领域外的，也可以认定为涉外民事案件。

二、对涉外民事诉讼程序的特别规定和《民事诉讼法》一般规定之间关系的把握

涉外民事诉讼程序的特别规定属于适应涉外民事诉讼特点的特殊规定，而其他各编的规定属于适用于普通民事诉讼的一般规定。根据特别规定优先于一般规定的原则，对于涉外民事诉讼，应优先适用本编规定；涉外民事诉讼程序的特别规定未作规定时，方可适用本法其他各编的相关规定。需要强调的是，在涉外民事诉讼中，仍应当遵守《民事诉讼法》的基本原则，包括当事人诉讼权利平等原则、辩论原则、处分原则、诚信原则等。

在《民事诉讼法》中，对民事诉讼程序作出特别规定是由涉外民事诉讼的特点决定的。首先，涉外民事诉讼涉及国家主权。由于涉外民事诉讼含有涉外因素，管辖、取证、执行等环节涉及国与国之间的关系、相关国家公共政策的维护、国际民事交往和国际民事司法合作等问题。人民法院

在审理涉外民事案件时，既要维护我国主权，也要尊重他国主权及司法权。其次，涉外民事诉讼在具体制度上具有特殊性。在涉外民事诉讼中，有的当事人在我国领域内没有住所，为便于当事人诉讼，保障当事人行使权利，在管辖、期间、送达、调查取证等制度上均有一定的特殊性，且部分流程的时间均长于一般民事诉讼。再次，审理涉外民事案件关系到法律适用问题。其中既包括实体法，也包括程序法，还涉及国际条约的适用问题。最后，涉外民事诉讼涉及不同国家法院之间的配合与协助。一国法院的司法权具有严格的地域性，我国法院审理涉外民事案件有时需要他国的司法协助。

三、正确理解涉外民事诉讼的程序法与涉外民事关系准据法之间的关系

通行的国际私法理论及本法规定均认为程序问题应适用法院地法，不允许当事人进行选择。人民法院受理涉外民事案件后，即依据本条规定启动涉外民事诉讼程序。只有当人民法院依据我国法律确定对涉外民事案件具有管辖权并对案件进行实体审理时，才涉及准据法的确定问题。准据法是指冲突规范所指定的、最终适用于某一涉外民商事法律关系并据以确定和规范当事人权利义务的实体法。与涉外民事诉讼程序适用法院地法的单一化规则不同，确定涉外民事关系所适用的准据法有一整套系统而复杂的规则，这套规则称为法律选择规范、冲突规范，或涉外民事关系法律适用法。被冲突规范所援引作为准据法的法律，既可以是外国法，也可以是内国法。如《涉外民事关系法律适用法》规定了一系列的法律选择规范，既有总则性质的一般规定，又有对如何确定民事主体、婚姻家庭、继承、物权、债权、知识产权等涉外民事关系准据法所做的具体规定。因此，只有在涉外民事关系的准据法问题上才会产生不同国家之间的法律冲突，因而需要法律选择规范即冲突规范调整法律冲突，确定涉外民事关系应当适用哪一国家或地区的法律。而在涉外民事诉讼程序问题上没有法律冲突可言，应当适用法院地法。

第二百七十一条 中华人民共和国缔结或者参加的国际条约同本法有不同规定的，适用该国际条约的规定，但中华人民共和国声明保留的条款除外。

【条文主旨】

本条是关于涉外民事诉讼适用我国缔结或者参加的国际条约的规定。

【理解与适用】

2023年修正《民事诉讼法》时对本条未做修改，整体保留了原有规定。

国际条约是由两个或两个以上国际法主体缔结且以国际法为准，旨在确立和调整其相互间权利义务关系的国际书面协议。根据“条约必须信守”的国际法原则，对于国际条约，缔约国或者参加国均有信守和付诸实施的义务。国际条约是国际法的重要表现形式，一个国际条约生效以后，其规定如何在缔约国国内得到适用以及国际条约在各国国内法上的地位如何是随之而来的问题。

国际公法理论主要从国际法与国内法的关系角度研究国际条约在国内的适用问题，形成理论上“国内法优先说”或者“国际法优先说”的一元论和“国际法与国内法平行说”的二元论，并从各国实践中归纳出国际条约在国内适用的两种方式：一是将国际条约的规定转变/转化为国内法（又称间接适用）；二是将国际条约的规定纳入/并入国内法，无须转变（又称直接适用）。国际私法理论主要研究国际民（商）事法律关系的法律调整方法——通过冲突规范调整的间接调整方法和包括通过国际条约、国际惯例和国内专用于调整国际民商事法律关系的实体规范进行调整的直接调整方法进行研究，其中对于国际条约在国内的适用主要集中于其与国内法适用的顺位模式选择问题。从各国现行的制度来看，大致可以分为四类：（1）国内法优于国际条约；（2）国内法与国际条约的地位相等；（3）国际条约优于国内法；（4）国际条约优于宪法。

我国《宪法》既没有规定国际条约在国内适用的方式，也没有规定国际条约与国内法的相互地位。根据《对外关系法》第 30 条“国家依照宪法和法律缔结或者参加条约和协定，善意履行有关条约和协定规定的义务。国家缔结或者参加的条约和协定不得同宪法相抵触”以及第 31 条“国家采取适当措施实施和适用条约和协定。条约和协定的实施和适用不得损害国家主权、安全和社会公共利益”之规定，我国缔结或者参加的国际条约应当予以适用，其地位低于我国《宪法》。

《民法典》实施前，民商事领域关于国际条约适用的法律依据是《民法通则》[①] 第 142 条第 2 款：“中华人民共和国缔结或者参加的国际条约同中华人民共和国的民事法律有不同规定的，适用国际条约的规定，但中华人民共和国声明保留的条款除外。”此外，《海商法》《海事诉讼特别程序法》《票据法》《民用航空法》等民商事领域部门法中也作了类似规定。《民事诉讼法》关于适用国际条约的规定与上述规定基本一致，为我国涉外民商事审判正确适用国际条约奠定了基础。

根据本条规定，对于我国缔结或者参加的调整民事诉讼程序性事项的国际条约适用于涉外民事诉讼。其中双边条约主要为我国与 39 个国家缔结的双边民商事司法协助条约；多边条约主要为我国参加的《关于向国外送达民事或商事司法文书和司法外文书公约》（以下简称《海牙送达公约》）、《关于从国外调取民事或商事证据的公约》（以下简称《海牙取证公约》）、《承认及执行外国仲裁裁决公约》（以下简称《纽约公约》）以及《取消外国公文书认证要求的公约》（以下简称《海牙取消认证公约》）等。

本条规定可以从以下三个方面理解：

1. 我国对缔结或者参加的民事诉讼领域的国际条约采取纳入 / 并入的接受方式，即无须另外通过法律将国际条约转变为国内法，而是当然被纳入国内法，由人民法院直接作为裁判依据予以适用；且该国际条约较国内法而言，应当得到优先适用。

2. 国际条约的效力只及于缔约国或者参加国。人民法院适用的国际条约必须是我国缔结或者参加的国际条约，即对我国生效的国际条约。

3. 条约保留是指缔约方在缔结多边条约或者加入某个条约时，所作出的旨在更改或者消除该条约中某些规定对该国的效力的单方面声明。出

① 《民法通则》已废止。

于对国内法律的规定和其他实际情况的考量，一国签署和批准某个多边条约时会对该条约的某些规定提出保留，以排除或更改该规定对其适用的法律效果。这是维护国家主权和利益，融入国际社会所必须的，也是为国际法所确认的国家权利。我国在缔结或者参加国际条约中有声明保留条款的，该条款是我国未承认和接受的条款，在我国领域内不具有法律效力，在处理涉外民事案件时不予适用。

【审判实践中应当注意的问题】

需要注意的是，根据本条的规定，在根据该国际条约的规定属于条约适用的范围的情况下，我国法院即有义务将其作为直接的法律依据予以适用。即各级人民法院在审理涉外民商事案件的过程中应当将国际条约直接作为裁判的法律依据。例如：（1）在外国当事人根据《纽约公约》的规定向我国法院申请承认和执行外国仲裁裁决的情况下，我国有管辖权的人民法院根据《纽约公约》的规定进行审查，并直接根据《纽约公约》的规定作出是否予以承认和执行的裁定，《纽约公约》第5条经常被适用。（2）在外国当事人向我国法院申请承认和执行外国法院作出的判决时，如判决作出国与我国有包含民商事判决承认和执行内容的民事司法协助双边条约的，我国法院应当直接根据该双边条约进行审查，并作出是否予以承认和执行的裁定。

因此，从事涉外民商事审判的法官应当主动熟悉相关国际条约，严格掌握国际条约适用的条件和范围，在审判实践中自觉适用应当得到适用的国际条约，确保裁判结果正确，绝不能出于对有关国际条约不熟悉或者忽视了国际条约的存在等原因，而不适用国际条约。为确保正确理解和适用国际条约，从事涉外民商事审判的法官还要熟悉最高人民法院发布的司法解释、司法政策等：

1. 最高人民法院颁布相关司法解释确保国际条约的正确适用。最高人民法院于2013年公布《最高人民法院关于依据国际公约和双边司法协助条约办理民商事案件司法文书送达和调查取证司法协助请求的规定》（已在2020年修正），以便正确适用有关国际公约和双边司法协助条约，依法办理民商事案件司法文书送达和调查取证请求。根据该规定，对可以同时适用的条约，将选择适用其中更便利协助的条款。例如，对于既是公约缔约国又与我国订有双边条约的请求国，在双边条约规定可以提供中文以外译文的情况下，不论该国是根据公约还是双边条约提出请求，均接受中文以外的译文，进而积极推进协助工作。

2. 最高人民法院颁布有关法律文件确保国际条约在审判实践中的顺利执行。（1）《纽约公约》于1987年4月22日对我国生效。1987年4月10日《最高人民法院关于执行我国加入的〈承认及执行外国仲裁裁决公约〉的通知》（法（经）发〔1987〕5号），就各级人民法院在执行该公约时应当注意的若干问题作出了规定。根据我国加入该公约时所作的两项保留——互惠保留和商事保留的声明，以及最高人民法院的上述通知，我国对在另一缔约国领土内作出的仲裁裁决的承认和执行适用该公约，该公约并不适用于在非缔约国领土内作出的仲裁裁决的承认和执行；我国仅对按照我国法律属于契约性和非契约性商事法律关系所引起的争议适用该公约，具体包括合同、侵权或者根据有关法律规定而产生的经济上的权利义务关系所引起的争议，并不包括外国投资者与东道国政府之间的争端。（2）1965年11月15日订立于海牙的《关于向国外送达民事或商事司法文书和司法外文书公约》（以下简称《海牙送达公约》）于1992年1月1日起对我国生效。1992年3月4日《最高人民法院、外交部、司法部关于执行〈关于向国外送达民事或商事司法文书和司法外文书公约〉有关程序的通知》（外发〔1992〕8号）就执行该公约的有关程序作出了明确规定；1992年9月19日《最高人民法院、外交部、司法部关于执行海牙送达公约的实施办法》（司发通〔1992〕093号）制定了更为详细的、可操作性强的实施办法。（3）我国迄今与39个国家签订了含有民商事司法协助内容的双边条约，最高人民法院曾于1988年2月1日《最高人民法院关于执行中外司法协助协定的通知》（法（办）发〔1988〕3号，已失效）就各级人民法院如何正确执行国际司法协助协定的事项作出了规定。

第二百七十二条 对享有外交特权与豁免的外国人、外国组织或者国际组织提起的民事诉讼，应当依照中华人民共和国有关法律和中华人民共和国缔结或者参加的国际条约的规定办理。

【条文主旨】

本条是关于外交特权与豁免原则适用的规定。

【理解与适用】

2023年修正《民事诉讼法》时对本条未做修改，整体保留了原有规定。

自古以来，各国对相互派遣临时性的使者都给予某种特殊权利和优惠待遇。我国古代就有“两国交兵，不斩来使”之说。在近代国际法起源地欧洲，认为使节神圣不可侵犯，应当受到特别的保护。当互派常驻使节成为一种普遍的制度后，使节享有的特权与豁免逐渐成为一种惯例。随着国际交往日益频繁，有些国家对使节享有的特权与豁免订立专门协定，以条约的形式予以确定，从而成为国际法的重要组成部分，并为各国所公认。可见，外交特权与豁免是依据国际习惯法逐渐形成的国际法规则和原则，并通过国际条约或者国内法予以确认。

一、关于外交特权与豁免的内涵与根据

一般认为，外交特权与豁免是指外交代表机关及其人员在接受国所享有的特殊权利和优惠待遇的总称，是一项没有争议的国际法规则。[①] 如果进一步细分，外交特权与豁免并不完全相同。其中，外交特权是由于其所处的与外交相关的特殊地位而享有一般人所不能享有的特殊权利；而外交豁免是因其特殊地位而对其不行使国家的管辖权并免除一定义务的履

① 参见王铁崖主编：《国际法》，法律出版社1995年版，第272页；王虎华主编：《国际公法学（第四版）》，北京大学出版社2015年版，第342页。

行。[①] 准确地说，本条规定的内容属于外交豁免，但豁免也属于一种特权，故统称为外交特权与豁免。

在国际法上，外交特权与豁免的根据，主要有三种学说：治外法权说、代表性说、职务需要说。[②]《维也纳外交关系公约》主要采纳了职务需要说，兼顾代表性说。[③]

二、关于享有外交特权与豁免的主体与内容

外交特权与豁免，包括使馆的特权与豁免、外交代表的特权与豁免。依据本条规定，享有外交特权与豁免的外国人，主要是外国驻在我国的外交代表（外国驻华使馆的馆长和具有外交官衔的使馆工作人员），还包括来我国访问的外国国家元首、政府首脑、外交部长及其他具有同等身份的官员。此外，与外交代表共同生活的配偶及未成年子女、使馆行政或技术人员及与其共同生活的配偶和未成年子女、来我国参加有关国际组织（比如联合国）召开的国际会议的代表、临时来我国的有关国际组织的官员和专家，以及途经我国的驻第三国的外交代表等，也在不同程度上享有司法管辖豁免。

这就意味着，对享有司法管辖豁免权的外国人、外国组织、国际组织提起的民事诉讼，在一般情况下，人民法院不予受理。但是，民事管辖豁免并非绝对，上述主体只能在本条所规定"中华人民共和国有关法律和中华人民共和国缔结或者参加的国际条约"的范围内享有民事上的司法管辖豁免。比如，针对外交代表，依据我国《外交特权与豁免条例》第 14 条、第 15 条的规定，其享有的民事管辖豁免存在例外：（1）外交代表以私人身份进行的遗产继承的诉讼；（2）外交代表在我国境内从事公务范围以外的职业或者商业活动的诉讼；（3）外交代表的管辖豁免由派遣国政府明确表示放弃，我国即可行使管辖权；（4）外交代表主动提起诉讼，对与本诉直接相关的反诉，不得援用管辖豁免。针对相关国际组织的豁

① 参见慕亚平等：《当代国际法论》，法律出版社 1998 年版，第 450 页。转引自：王虎华主编：《国际公法学（第四版）》，北京大学出版社 2015 年版，第 342 页。

② 参见王铁崖主编：《国际法》，法律出版社 1995 年版，第 270 页；王虎华主编：《国际公法学（第四版）》，北京大学出版社 2015 年版，第 342~343 页；邵津主编：《国际法（第五版）》，北京大学出版社、高等教育出版社 2014 年版，第 315~316 页。

③ 参见《维也纳外交关系公约》序言："本公约各当事国……确认此等特权与豁免之目的不在于给与个人以利益而在于确保代表国家之使馆能有效执行职务。"

免，2009 年 10 月 14 日《最高人民法院关于李晓波诉红十字国际委员会东亚地区代表处房屋租赁合同纠纷一案豁免问题的请示的复函》（〔2009〕民四他字第 25 号）指出，《中华人民共和国政府和红十字国际委员会协议》第 4 条第 1 款规定，红十字国际委员会及其财产和资产享有法律程序豁免，包括免受搜查、征用、没收、征收。在特殊情况下，经红十字国际委员会明示放弃管辖时，不在此限。红十字国际委员会东亚地区代表处作为红十字国际委员会在我国境内设立的代表机构，享有该条规定的法律程序豁免。本案双方当事人（红十字国际委员会东亚地区代表处与我国公民李晓波）在案涉租赁合同第 10 条中的约定“本合同的成立，其有效性、解释、签署和解决与其有关的一切纠纷应受中华人民共和国法律的管辖并依据中国法律解释”，系对准据法的约定，并不构成该东亚代表处对豁免权的放弃，也没有其他证据证实其愿意接受我国法院的管辖，故同意北京市高级人民法院关于该东亚代表处应当享有司法豁免权的处理意见。

领事官员也享有一定的司法管辖豁免。对驻在我国的有关国家的领事官员，应当依照我国《领事特权与豁免条例》，我国加入的《维也纳领事公约》以及我国与一些国家签订的双边领事条约的规定办理。依据我国《领事特权与豁免条例》第 14 条的规定：“领事官员和领馆行政技术人员享有的司法管辖豁免不适用于下列各项民事诉讼：（1）涉及未明示以派遣国代表身份所订的契约的诉讼；（2）涉及在中国境内的私有不动产的诉讼，但以派遣国代表身份所拥有的为领馆使用的不动产不在此限；（3）以私人身份进行的遗产继承的诉讼；（4）因车辆、船舶或者航空器在中国境内造成的事故涉及损害赔偿的诉讼。”同样，依据《领事特权与豁免条例》第 16 条的规定：“本条例规定的有关人员所享有的管辖豁免可以由派遣国政府明确表示放弃。依照本条例规定享有管辖豁免的人员如果主动提起诉讼，对与本诉直接有关的反诉，不得援用管辖豁免。放弃民事管辖豁免或者行政管辖豁免，不包括对判决的执行也放弃豁免。放弃对判决执行的豁免须由派遣国政府另作明确表示。”

【审判实践中应当注意的问题】

实践中，在具体认定是否享有外交特权与豁免以及享有何种程度的特权与豁免等问题时，需要注意本条规定与其他相关法律之间的关系。根据 2024 年 1 月 1 日起施行的《外国国家豁免法》第 20 条的规定，该法不影响外国的外交代表机构、领事机构、特别使团、驻国际组织代表团、派往国际会议的代表团及上述机构的相关人员根据我国的法律、我国缔结或者参加的国际条约享有的特权与豁免；不影响外国国家元首、政府首脑、外交部长及其他具有同等身份的官员根据我国的法律、我国缔结或者参加的国际条约以及国际习惯享有的特权与豁免。因此，对享有外交特权与豁免的外国人、外国组织或者国际组织提起的民事诉讼，除了依照我国有关法律的规定办理外，在与我国共同缔结或者参加的有关国际条约的缔约国之间，则应当首先依照国际条约的规定办理，具体包括我国参加的《维也纳外交关系公约》《联合国特权与豁免公约》《联合国各专门机构特权与豁免公约》等。同时，还应当注意《最高人民法院关于人民法院受理涉及特权与豁免的民事案件有关问题的通知》（法〔2007〕69 号）规定目前尚处于有效状态，相关报告制度仍应予以执行。

第二百七十三条 人民法院审理涉外民事案件，应当使用中华人民共和国通用的语言、文字。当事人要求提供翻译的，可以提供，费用由当事人承担。

【条文主旨】

本条是关于人民法院审理涉外民事案件使用我国通用语言文字以及翻译问题的规定。

【理解与适用】

2023 年修正《民事诉讼法》时对本条未做修改，整体保留了原有规定。

使用本国通用的语言文字进行涉外民事诉讼，是各国涉外民事审判的一致做法。这一要求不仅便于受理案件的法院顺利推进审理程序，更是国家司法主权独立和尊严的象征。我国《国家通用语言文字法》第 2 条规定："本法所称的国家通用语言文字是普通话和规范汉字。"第 9 条规定："国家机关以普通话和规范汉字为公务用语用字。法律另有规定的除外。"据此，人民法院审理涉外民事案件，应当使用我国通用的语言、文字，即普通话和规范汉字。《民事诉讼法》本条规定亦体现《国家通用语言文字法》的上述要求。使用中国通用的语言、文字进行诉讼需明确以下几个问题：

第一，《国家通用语言文字法》第 2 条以法律的形式确定普通话和规范汉字作为国家通用语言文字的地位。国务院发布的《通用规范汉字表》将规范汉字这一法律概念具体落到实处。人民法院审理涉外案件使用普通话、规范汉字，就要求既不能在庭审及相关文书中使用外国文字和语言，同时也不应使用繁体字、异体字或令人难以理解的方言。

第二，人民法院审理涉外民事案件，应当使用中国通用的语言进行法庭审理、询问和听证；制作判决书、传票等诉讼文书时也应使用中文规范汉字。对于当事人及其诉讼代理人、其他诉讼参与人而言，其实施的各种诉讼行为，如提交的起诉状、答辩状、证据材料，法庭上的陈述、辩论、证人的作证等一切诉讼活动，不论是口头形式，还是书面形式，都应当使用我国通用的语言和文字进行。

第三，对于能够证明案件事实的外文书证、外文视听资料，当事人在按照证据规则的相关规定提交的同时，亦当提交相应中文译本。《民事诉讼法》第73条第2款规定："提交外文书证，必须附有中文译本。"《民事诉讼法解释》（2022年修正）第525条第1款规定："当事人向人民法院提交的书面材料是外文的，应当同时向人民法院提交中文翻译件。"《民事诉讼证据规定》（2019年修正）第17条规定："当事人向人民法院提供外文书证或者外文说明资料，应当附有中文译本。"2005年《第二次全国涉外商事海事审判工作会议纪要》第41条规定："当事人向人民法院提供外文视听资料的，应附有视听资料中所用语言的记录文本及中文译本。"法律、相关司法解释及会议纪要的上述规定，均体现了本条规定的精神。

【审判实践中应当注意的问题】

一、翻译费用的预付

因翻译产生的费用分为两类。一类是翻译人员出庭的费用。《诉讼费用交纳办法》第6条规定："当事人应当向人民法院交纳的诉讼费用包括：（一）案件受理费；（二）申请费；（三）证人、鉴定人、翻译人员、理算人员在人民法院指定日期出庭发生的交通费、住宿费、生活费和误工补贴。"另一类是因翻译工作本身而产生的翻译费用。《诉讼费用交纳办法》第12条第1款规定："诉讼过程中因鉴定、公告、勘验、翻译、评估、拍卖、变卖、仓储、保管、运输、船舶监管等发生的依法应当由当事人负担的费用，人民法院根据谁主张、谁负担的原则，决定由当事人直接支付给有关机构或者单位，人民法院不得代收代付。"据此，第二类翻译费用由当事人直接预付给翻译机构，但第一类翻译费用是否也应预付给翻译机构，存在不同认识。实践中存在大量由当事人直接委托翻译的情况，当事人向人民法院交纳翻译人员因出庭而产生的费用，再由人民法院向翻译人员拨付。这种做法并不可行，也不经济，并且可能因费用支付方面的延误而影响庭审活动的顺利进行。因此，2021年《全国法院涉外商事海事审判工作座谈会会议纪要》第17条第1款明确规定："诉讼过程中翻译人员出庭产生的翻译费用，根据《诉讼费用交纳办法》第十二条第一款的规定，由主张翻译或者负有翻译义务的一方当事人直接预付给翻译机构，人民法院不得代收代付。”《诉讼费用交纳办法》第6条第3项有关向人民法院交纳费用的规定，仅适用于人民法院提供或指定翻译人员的情形。

二、翻译费用的承担

《诉讼费用交纳办法》第29条规定：“诉讼费用由败诉方负担，胜诉方自愿承担的除外。部分胜诉、部分败诉的，人民法院根据案件的具体情况决定当事人各自负担的诉讼费用数额。共同诉讼当事人败诉的，人民法院根据其对诉讼标的的利害关系，决定当事人各自负担的诉讼费用数额。”上述第一类翻译费用根据该规定处理并无异议。由于上述第二类翻译费用未在《诉讼费用交纳办法》第6条中列明，实践中有意见认为该类翻译费不属于诉讼费用，在原告未就此提出请求时，人民法院不予处理。《诉讼费用交纳办法》第12条就第二类翻译费用规定“谁主张、谁负担”，是在举证阶段确定交费主体的原则，而非裁判结果出现时最终确定翻译费用由谁承担的原则，故该条规定不影响人民法院按照《诉讼费用交纳办法》第29条的规定最终确定翻译费用的分担，且该项处理并不以当事人就翻译费用提出请求为限。《全国法院涉外商事海事审判工作座谈会会议纪要》第17条第2款就此明确规定：“人民法院应当在裁判文书中载明翻译费用，并根据《诉讼费用交纳办法》第二十九条的规定确定由败诉方负担。部分胜诉、部分败诉的，人民法院根据案件的具体情况决定当事人各自负担的数额。”

三、非涉外案件中少数民族语言的翻译不同于涉外案件中的翻译

我国是统一的多民族国家，各民族公民使用本民族语言文字进行诉讼，是我国《宪法》和法律规定的一项重要内容，也是民族平等原则在诉讼程序中的具体体现。《民事诉讼法》第11条就此明确规定：“各民族公民都有用本民族语言、文字进行民事诉讼的权利。在少数民族聚居或者多民族共同居住的地区，人民法院应当用当地民族通用的语言、文字进行审理和发布法律文书。人民法院应当对不通晓当地民族通用的语言、文字的诉讼参与人提供翻译。”由此可见，《民事诉讼法》规定的“民族通用的

语言、文字”的翻译实系人民法院保障各民族公民平等行使民事诉讼权利的一项法定义务，《诉讼费用交纳办法》第12条有关“人民法院提供当地民族通用语言、文字翻译的，不收取费用”之规定，亦体现了这一点。与之不同，涉外案件中的翻译问题本质系当事人自身的义务，相关费用亦应由当事人而非人民法院负担，即使出于便于外国当事人进行诉讼、便于人民法院审理案件的考虑，人民法院根据外国当事人要求提供翻译的，所需费用亦应由当事人承担。

四、外文书证等资料的翻译

当事人就涉外诉讼中的外文书证等资料提交的中文译本，既可以自己翻译，也可以委托第三方翻译机构翻译，实践中亦存在双方当事人对中文译本存在争议的情况。就此问题，《民事诉讼法解释》(2022年修正)第525条第2款明确规定：“当事人对中文翻译件有异议的，应当共同委托翻译机构提供翻译文本；当事人对翻译机构的选择不能达成一致的，由人民法院确定。”当前我国法院并未统一确立翻译机构名单，根据上述司法解释的规定，在当事人双方不能就翻译机构的选择达成合意的情况下，人民法院应在依法设立的翻译机构中择优确定。

司法实践中，国际商事案件的审理通常涉及大量英文证据材料需要翻译，不仅由此产生相关翻译费用，往往还耗费时间，影响诉讼程序的正常推进。为降低诉讼成本，给当事人提供快捷、便利的诉讼服务，助力打造市场化、法治化、国际化的营商环境，针对国际商事纠纷案件的自身情况，《最高人民法院关于设立国际商事法庭若干问题的规定》第9条第2款明确规定：“当事人提交的证据材料系英文且经对方当事人同意的，可以不提交中文翻译件。”需要注意的是，该规定仅适用于当事人提交的证据材料且该证据系英文的情况，案件庭审、法院制作的相关文书及当事人提交的诉状和答辩状等其他材料仍应当使用我国通用的语言、文字。此外，该规定仅适用于最高人民法院国际商事法庭审理的案件。

五、翻译人员的回避等问题

翻译人员系人民法院委托或者指定从事案件翻译工作的人员。实践中，书证等事项的翻译可能对案件审理产生重大影响。《民事诉讼法》第47条亦要求，翻译人员应适用法律有关诉讼回避的相关规定。审判实践中，人民法院在重视审判人员回避事由的同时，亦当关注翻译人员等诉讼参与人的回避问题。另外，翻译人员作为诉讼参与人，在诉讼中享有一定的权利，并承担一定的义务，其权利受法律保护。诉讼参与人或者其他人对翻译人员侮辱、诽谤、诬陷、殴打或者以其他方法打击报复的，均属于妨害诉讼的行为。人民法院可依法对相关人员实施罚款、拘留等强制措施。

第二百七十四条　外国人、无国籍人、外国企业和组织在人民法院起诉、应诉，需要委托律师代理诉讼的，必须委托中华人民共和国的律师。

【条文主旨】

本条是关于外国当事人如委托律师代理诉讼，必须委托中国律师的规定。

【理解与适用】

2023 年修正《民事诉讼法》时对本条未做修改，整体保留了原有规定。

《民事诉讼法》本法第 5 条第 1 款规定：“外国人、无国籍人、外国企业和组织在人民法院起诉、应诉，同中华人民共和国公民、法人和其他组织有同等的诉讼权利义务。”据此，外国人、无国籍人、外国企业和组织（以下简称外国当事人）可以亲自在我国进行民事诉讼活动，也享有委托诉讼代理人进行诉讼的权利。就国内非涉外案件的委托代理问题，根据《民事诉讼法》第 61 条之规定，律师、基层法律服务工作者，当事人的近亲属或者工作人员，当事人所在社区、单位以及有关社会团体推荐的公民，均可作为委托诉讼代理人。根据《民事诉讼法》第 270 条“在中华人民共和国领域内进行涉外民事诉讼，适用本编规定。本编没有规定的，适用本法其他有关规定”之规定，外国当事人亦可委托《民事诉讼法》第 61 条列明的律师等作为其诉讼代理人。

本条规定旨在明确，外国当事人委托他人以律师身份在人民法院代理案件的，只能委托中国律师，而不能委托其本国或其他国家的律师；如其委托外国律师在人民法院代理案件的，该外国律师只能以“非律师”身份担任诉讼代理人。其理由主要在于，律师制度是一国司法制度的组成部分，任何一个主权国家的司法制度只能在本国领域内适用。[①] 一国律师参

---

① 参见江伟主编：《民事诉讼法（第三版）》，高等教育出版社 2007 年版，第 514 页。

与非本国法院的诉讼活动，关系到一个国家的司法主权问题。如果允许外国律师以律师身份在人民法院参加诉讼，则无异于境外的司法制度扩展至我国境内，从而有损于我国的司法主权。另外，律师应当具备相应的法律专业知识和从事法律职业的能力，律师资格的取得需经过相应的考试及见习培训。当事人签订合同委托律师代理诉讼的目的在于得到律师提供的法律帮助，而外国律师对法院地国法律的认知及熟悉程度通常较为有限。为确保当事人能够得到高品质的法院地国法律服务，亦有必要对外国律师以律师身份在非本国法院的代理问题作出限制。因此，世界上绝大多数国家都规定，外国当事人如果要委托律师代理诉讼，只能委托在受诉法院所在国执业的律师担任代理人。[①]

此外，根据《外国律师事务所驻华代表机构管理条例》，外国律师事务所经许可在华设立的代表机构、派驻代表，在我国也只能从事不包括中国法律事务的活动，如“向当事人提供该外国律师事务所律师已获准从事律师执业业务的国家法律的咨询，以及有关国际条约、国际惯例的咨询”“接受当事人或者中国律师事务所的委托，办理在该外国律师事务所律师已获准从事律师执业业务的国家的法律事务”“代表外国当事人，委托中国律师事务所办理中国法律事务”等。

根据《民事诉讼法解释》（2022 年修正）第 549 条关于“人民法院审理涉及香港、澳门特别行政区和台湾地区的民事诉讼案件，可以参照适用涉外民事诉讼程序的特别规定”的规定，本条还可能涉及港澳台居民或者律师可否在内地执业的问题。主要有以下两种情况：

一是取得国家法律职业资格的港澳台居民在人民法院的代理问题。《取得国家法律职业资格的台湾居民在大陆从事律师职业管理办法》（2017 年修正）第 3 条第 1 款规定：“台湾居民获准在大陆律师事务所执业，可以担任法律顾问、代理、咨询、代书等方式从事大陆非诉讼法律事务，也可以担任诉讼代理人的方式代理涉台民事案件，代理涉台民事案件的范围由司法部以公告方式作出规定。”《取得内地法律职业资格的香港特别行政区和澳门特别行政区居民在内地从事律师职业管理办法》（2013 年修正）第 4 条第 1 款规定：“取得内地律师执业证的香港、澳门居民在内地律师事务所执业，可以从事内地非诉讼法律事务，可以代理涉港澳民事案

① 参见江伟主编：《民事诉讼法学》，北京大学出版社 2015 年版，第 371 页。

件，代理涉港澳民事案件的范围由司法部以公告方式作出规定。”据此，取得国家法律职业资格的港澳台居民，可接受委托以我国律师身份，就特定类型案件在人民法院从事民事诉讼代理活动，而不受《民事诉讼法解释》(2022年修正)第526条有关“以非律师身份担任诉讼代理人”的限制。

二是通过粤港澳大湾区律师执业考试的香港法律执业者和澳门执业律师在人民法院的代理问题。2020年8月11日施行的《全国人民代表大会常务委员会关于授权国务院在粤港澳大湾区内地九市开展香港法律执业者和澳门执业律师取得内地执业资质和从事律师职业试点工作的决定》，授权国务院在广东省广州市、深圳市、珠海市、佛山市、惠州市、东莞市、中山市、江门市、肇庆市开展试点工作，符合条件的香港法律执业者和澳门执业律师通过粤港澳大湾区律师执业考试，取得内地执业资质的，可以从事一定范围内的内地法律事务。2020年10月5日，国务院办公厅发布的《香港法律执业者和澳门执业律师在粤港澳大湾区内地九市取得内地执业资质和从事律师职业试点办法》进一步明确，取得律师执业证书(粤港澳大湾区)的人员，可以在粤港澳大湾区内地九市内，办理适用内地法律的部分民商事法律事务(含诉讼业务和非诉讼业务)。其中，诉讼案件为位于大湾区内地九市的高级、中级、基层人民法院和有关专门人民法院受理的民商事案件，案件范围参照取得国家统一法律职业资格并获得内地律师执业证书的港澳居民可以在内地人民法院代理的民事案件范围执行。2023年9月1日，全国人大常委会又将该试点工作的期限延长至2026年10月4日。

上述规定系基于我国当前多法域的实际情况，根据“一国两制”原则作出的制度性安排。当前，通过上述两种途径获得内地律师身份的港澳台居民，在大陆(内地)执业可代理涉港澳台民事案件的范围，在最初开放的涉港澳台婚姻、继承诉讼业务基础上，增加了涉港澳台合同纠纷，知识产权纠纷，与公司、证券、保险、票据等有关的民事诉讼以及与上述案件相关的适用特殊程序案件。

【审判实践中应当注意的问题】

一、外国当事人可以委托的诉讼代理人范围

允许外国当事人委托中国律师参加诉讼，并不意味着仅可委托中国律师代理。外国当事人亦可依据《民事诉讼法》第61条之规定，委托其近亲属或者工作人员等作为委托诉讼代理人。同时，根据涉外案件的特殊情况，就外国当事人委托他人以“非律师”身份代理案件的问题，《民事诉讼法解释》(2022年修正)第526条亦规定：“涉外民事诉讼中的外籍当事人，可以委托本国人为诉讼代理人，也可以委托本国律师以非律师身份担任诉讼代理人；外国驻华使领馆官员，受本国公民的委托，可以以个人名义担任诉讼代理人，但在诉讼中不享有外交或者领事特权和豁免。”可见，外国当事人可以委托本国律师以“非律师”身份或委托本国公民参加诉讼，也可以委托本国驻华使领馆官员以个人名义担任诉讼代理人。至于外国当事人是否可以委托除其本国外的其他国家公民作为诉讼代理人的问题，我国法律无明确规定，但也未予禁止，因此亦应予以肯定。需要注意的是，外国当事人委托的本国律师、本国驻华使领馆官员，均不得以其律师或使领馆官员身份参加诉讼，其身份地位与代理诉讼的一般公民无异。

二、以外交代表身份为本国国民委托诉讼代理人

根据《维也纳外交关系公约》第3条、《维也纳领事关系公约》第5条之规定，使馆负有“于国际法许可之限度内，在接受国中保护派遣国及其国民之利益”的职责，领事负有“以不抵触接受国内施行之办法与程序为限，遇派遣国国民因不在当地或由于其他原因不能于适当期间自行辩护其权利与利益时，在接受国法院及其他机关之前担任其代表或为其安排适当之代表，俾依照接受国法律规章取得保全此等国民之权利与利益之临时措施”的职责。据此，使领馆官员可在特定情形下，“在接受国法院”为其国民“安排适当之代表”。《民事诉讼法解释》(2022年修正)第527条就此问题作出规定，即涉外民事诉讼中，外国驻华使领馆授权其本馆官员，在作为当事人的本国国民不在中国领域内的情况下，可以外交代表身份为其本国国民在中国聘请中国律师或者中国公民代理民事诉讼。

三、外国当事人委托他人以“非律师”身份代理案件无需出具推荐信

依据《民事诉讼法》第61条之规定，在非涉外案件中，除律师、基层法律服务工作者、当事人的近亲属或者工作人员之外，当事人委托其所在社区、单位以及有关社会团体推荐的公民作为代理人的，须提交相应的推荐信。涉外案件中，就外国当事人委托本国律师以“非律师”身份或委托本国人担任诉讼代理人、外国驻华使领馆官员受本国当事人委托担任诉讼代理人是否应按照《民事诉讼法》第61条的规定出具当事人所在社区、单位以及有关社会团体推荐函的问题，曾有观点认为：“《民事诉讼法》第61条属于一般性规定，《民事诉讼法》‘涉外编’对诉讼代理的问题也没有作出特别规定，因此外国代理人亦当是‘当事人所在社区、单位以及有关社会团体推荐的公民’。”

外国当事人委托公民代理来源于1992年《民事诉讼法意见》（已失效）第308条之规定[①]。《民事诉讼法解释》（2022年修正）第526条对上述规定的吸收采纳属于对外国当事人委托公民代理的特别规定。《民事诉讼法》第61条有关要求出具推荐函本意，系为抑制国内非涉外案件中存在的非法有偿代理，规范诉讼制度，而涉外诉讼中“非律师”代理并未出现比较明显的非法有偿代理之趋势；且上述要求外国当事人出具推荐函的观点，在实践中亦存在不具有实际可操作性等诸多困难。因此，为破解涉外案件中“非律师”代理所面临的困境，更好地保障外国当事人诉讼权利，2021年《全国法院涉外商事海事审判工作座谈会会议纪要》第7条就此明确规定，上述情形“不适用民事诉讼法第六十一条第二款第三项的规定，无须提交当事人所在社区、单位或者有关社会团体的推荐函”。今后的涉外审判实践中，此类问题应当按照纪要的上述规定办理。

---

① 1992年《民事诉讼法意见》第308条规定：“涉外民事诉讼中的外籍当事人，可以委托本国人为诉讼代理人，也可以委托本国律师以非律师身份担任诉讼代理人；外国驻华使、领馆官员，受本国公民的委托，可以以个人名义担任诉讼代理人，但在诉讼中不享有外交特权和豁免权。”

第二百七十五条 在中华人民共和国领域内没有住所的外国人、无国籍人、外国企业和组织委托中华人民共和国律师或者其他人代理诉讼，从中华人民共和国领域外寄交或者托交的授权委托书，应当经所在国公证机关证明，并经中华人民共和国驻该国使领馆认证，或者履行中华人民共和国与该所在国订立的有关条约中规定的证明手续后，才具有效力。

【条文主旨】

本条是关于在我国领域内没有住所的外国当事人委托他人代理诉讼，需办理有关证明手续的规定。

【理解与适用】

2023年修正《民事诉讼法》时对本条未做修改，整体保留了原有规定。

一、关于本条规定的适用情形

第一，本条适用于在我国领域内没有住所的外国当事人。外国当事人享有委托诉讼代理人在人民法院进行诉讼的权利。对于在我国领域内有住所的外国当事人，其委托诉讼代理人的手续，适用《民事诉讼法》非涉外编的规定，与我国当事人委托诉讼代理人的手续并无不同，即“向人民法院提交由委托人签名或者盖章的授权委托书”。本条规定则适用于在我国领域内没有住所的外国当事人，从我国领域外寄交或者托交授权委托书应如何办理证明手续的问题。据此，在我国领域内没有住所的外国当事人，如在我国境内旅行、探亲、讲学、经商等作短期停留时，在我国境内直接提交的授权委托书，无须履行本条规定的公证、认证手续。至于侨居在国外的中国公民从国外寄交或者托交的授权委托书，虽亦当办理相应的证明手续，但其依据系《民事诉讼法》第62条第3款，而非本条之规定。

第二，本条规定系针对诉讼中的授权委托书。委托诉讼代理人的诉讼代理权限和事项系基于当事人的授权委托而产生，代理人只能在授权范围内进行诉讼活动。授权委托书即为委托诉讼代理人享有代理权的证明。委托他人代为进行诉讼，关系到处分被代理人的诉讼权利和实体权利，以及对诉讼后果的承担，对当事人的影响甚巨。为避免因委托问题产生争执而影响到诉讼程序的顺利进行，本条针对在我国领域内没有住所的外国当事人从我国领域外寄交或者托交授权委托书的情形，专门规定了公证、认证等证明手续，使之成为授权委托书发生效力的必经程序。

二、关于传统的公证、认证等证明手续

所谓公证是公证机构根据自然人、法人或者其他组织的申请，依照法定程序对有法律意义的事实和文书的真实性、合法性予以证明的活动。本条所规定的认证，亦即领事认证，是指一国外交、领事机构及其授权机构在公文书或其他证明文书上，确认文书最终签署人身份及其签字和印章真实性的一种活动。领事认证只是对公文书上印章和签名的证明，并不涉及文书的实质内容，其目的在于使一国出具的文书能够为另一国的有关当局所接受，不致因怀疑该文书上签名或印章的真实性而影响其在域外的法律效力。[①] 民事案件中，当事人出具的授权委托书并非公文书或其他证明文书，通常并不能对其本身直接进行领事认证，但在公证机构对授权委托书进行公证之后，该公证书连带其所证明过的授权委托书就成为领事认证的客体。要求外国当事人对跨境提交的授权委托书办理公证认证，对于确认授权委托书的真实性、合法性，公正解决纠纷，维护诉讼当事人的合法权益，有着重要的作用。但与此同时，传统领事认证至少需连续进行两次认证，即通称的双认证。例如，国外出具的拟送至我国内地使用的文书，应由该国外交部门进行第一次认证，然后再由文书使用国亦即我国驻该国的使领馆进行第二次认证。反之，我国内地出具的有关公文书在送往国外使用前，须先在我国外交部领事司或其委托的地方人民政府外事办公室办理领事第一次认证，再交由文书使用目的国驻华使领馆进行第二次认证。

三、关于条约所涉及的证明问题

传统领事认证手续和程序的复杂烦琐，也直接影响了诉讼程序的及时

---

① 参见何其生：《领事认证制度的发展与中国公文书的全球流动》，载《华东政法大学学报》2018 年第 1 期。

推进。克服领事认证固有弊端的有效途径，是通过双边条约或多边公约的方式简化或消除传统的领事认证。本条亦规定“履行中华人民共和国与该所在国订立的有关条约中规定的证明手续后”，亦可认定授权委托书具有法律效力。例如，我国与一些国家签订的司法协助协定多规定，由双方法院或者其他主管机关制作或者证明，并且通过中央机关转递的文件，免除任何形式的认证。据此，如果缔约另一方国家的当事人完成了上述证明手续，其授权委托书便产生效力，不必再行传统的公证认证。

较之于双边司法协助条约，1961年在海牙国际私法会议主持下达成的《关于取消外国公文认证要求的公约》(Hague Convention of 5 October 1961 Abolishing the Requirement of Legalisation for Foreign Public Documents，本条以下简称《公约》)，则大大便利了公文书的国外使用。《公约》主要包括“取消”和“附加”两个核心内容：一是取消领事认证，二是使用附加证明书（Apostille）。顾名思义，《公约》的目的是，明确在一缔约国领土内作成而须在另一缔约国领土内出示的各种公文书免于领事认证。《公约》适用范围内的公文书包括以下四类：（1）与一国法院或法庭有关的机关或官员发出的文书，包括检察官、法院书记官以及执行员发出的文书；（2）行政文书；（3）公证书；（4）以私人身份签署的放在文件上的正式证书，诸如登记批准书、日期签证及签字证明书。《公约》还规定，其不适用于外交或领事人员做成的文书、直接处理商务交易或关税事务的行政文书。前者是因为外交或领事人员办理的文书即被视为已经证明的文书，不需对它履行认证手续也能为他国接受；后者则是基于世界贸易组织简化认证的要求。自然人、法人或非法人组织出具的授权委托书、签署的合同文本等，本不属于《公约》的适用范围，但加以公证后，该公证书即属于《公约》所指的公文书。《公约》取消了领事认证，代之以附加证明书的方法。所谓附加证明书是指由文书发出国主管机关签发的，符合公约所附示范格式并放置在文书或文书附页上的附注，用于证明文书上签名、印章或戳记的真实性。附加证明书是公约在取消认证后，为证实原始公文书出处而创设的一套制度。如同领事认证一样，附加证明书仅限于验证公文书签章的真实性，而非证实原始文书内容的真实性。附加证明书本身的签字、印章和戳记，免于任何证明。公文书加贴附加证明书后，无需其他认证手续即可在其他缔约方使用，从而用“一步式”的证明手段取代了传统“认证链”，在发挥传统领事认证同样效力的情况下，大大简化了办证程序，降低了认证费用。需要明确的是，附加证明书是取消认证手续后的最高要求，也是公约要求的唯一证明手续，缔约国不得要求其他更为复杂的手续。与此同时，公约并不排斥缔约国（目的国）根据单方声明或双边及多边条约的规定，废除或简化附加证明书的要求，或彻底免除文书的任何证明手续。出于增加接受度的考虑，《公约》还对附加证明书的形式和内容作出严格要求，其中 10 个要素不可或缺，证明书本身一般使用包括英、法文及本国语言在内的两种或三种语言。为保障附加证明书制度的权威性和公信力，《公约》规定，签发附加证明书的主管机关应保存其签发证明书的日期与编号，以及有关公文书签署人的姓名和职责，或者盖章机关的名称。应任何利害关系人申请，主管机关应当核实证明书与其记录是否相符。

《公约》所确立的附加证明书制度与传统领事认证制度相比，一是由“双认证”变成一次确认，二是由定向专用变成缔约国通用，因此大大简化了公文书跨境使用的手续，极大降低了文书跨国流转的时间和经济成本（见下图）。截至 2023 年 10 月底，该《公约》已经有 125 个缔约方，成为条约合作领域应用最为广泛的多边条约之一。

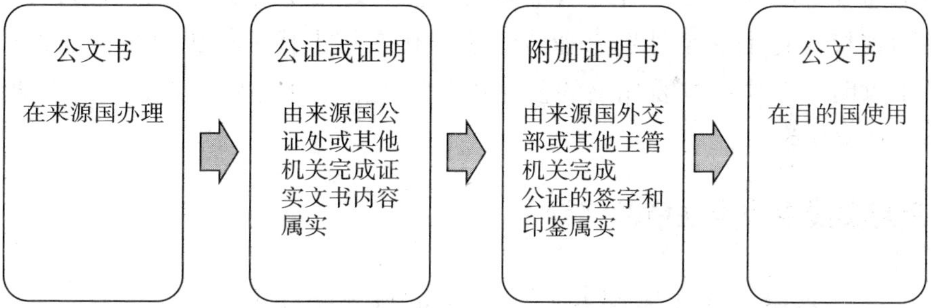

《公约》框架下的证明程序图

经国务院核准，我国于 2023 年 3 月 8 日加入《公约》。《公约》于 2023 年 11 月 7 日对我国生效后，当事人从公约其他缔约国向我国人民法院寄交或者托交的针对授权委托书作出的公证文书，被免除领事认证要求，即由文件签发国主管机关对公证文书上最后一个签名或印鉴的真实性予以确认，并签发附加证明书后，该公证文书及其所附授权委托书就可在人民法院使用。对当事人提交的附加证明书有异议的，还可以通过《公约》规定的途径核实。当然，对于从非《公约》缔约方寄交或者托交的授权委托书，则应按照原有的方式进行证明，即或是通过双边司法协助条约规定的途径证明，或是按照传统的公证认证方式证明。

四、关于本条所规定的“所在国”问题

根据本条规定，授权委托书的证明，须经所在国公证机构证明并经我国驻该国使领馆认证，或者履行我国与该所在国订立的条约中规定的证明手续。在该外国当事人系外国企业或者组织的情况下，本条所称“所在国”的具体含义不无争议。《民事诉讼法解释》（2022年修正）第521条，在规定外国企业或者组织需提交自身身份证明文件，以及代表人有权代表其参加诉讼之证明的公证认证问题时，对公证认证亦涉及的所在国之含义予以明确，即本条所称的“所在国”，是指外国企业或者组织的设立登记地国，可以是办理了营业登记手续的第三国。这主要是基于司法实践中存在如下所述的情形，即在英属维尔京群岛或开曼群岛注册公司，但其主要营业地在其他国家或地区，并在该主营业地办理了营业登记，如果其提交在主营业地而非公司登记地办理的有关公司情况或者代表人有权代表其参加诉讼之证明的公证认证手续，人民法院亦应予以认可其效力。司法解释的上述规定虽然并不针对外国企业或者组织提交授权委托书的情形，但考虑到授权委托书实系外国企业或组织的代表权人代表该民事主体而作出，举重以明轻，在授权委托书的公证认证问题上，亦可将营业登记地国认定为“所在国”。

【审判实践中应当注意的问题】

一、外国当事人身份材料可以办理第三国认证

授权委托书证明手续的办理，需要我国驻“所在国”使领馆认证或者履行我国与该所在国有关条约规定的证明手续。在我国与该所在国并无外交关系，且无条约就此问题作出规定的情况下，即会发生认证办理障碍的问题。就此，《民事诉讼法解释》（2022年修正）第522条明确规定，在外国当事人所在国与我国没有建立外交关系的情况下，可以经该国公证机关公证，经与我国有外交关系的第三国驻该国使领馆认证，再转由我国驻该第三国使领馆认证。

二、外国当事人授权委托手续的办理方式

实践中，外国当事人授权委托较为常见的做法有三种。第一种方式也是最为常见的授权办理方式为本条所规定的“境外公证 + 认证”或公约途径。第二种方式是法官见证授权。境外当事人经与法院预约后，可以选择在我国境内由人民法院法官当面见证授权委托的方式。授权委托书办理公证、认证手续的意义在于保证授权委托的真实性。如果授权委托手续是在我国法院法官面前当面签署，行为本身足以保障真实性。故无须再机械地要求当事人办理公证、认证手续。第三种方式是国内授权公证。司法实践中，作为当事人的外国自然人可以亲自到我国境内任一合法设立的公证机构，出具授权委托书，由该公证机构对其在我国境内进行授权委托的行为进行公证，该授权委托即取得法律效力。如果外国当事人是法人或者组织，则有权代表其参加诉讼的“代表人”，可如同上述后两种情形中的自然人在境内委托授权一般，或是由法官见证授权，或是办理相关公证，但前提是该“代表人”自身的身份需办妥相应的证明手续。《民事诉讼法解释》（2022 年修正）第 523 条、第 524 条对上述后两种方式作出了明确规定。

三、外国当事人授权委托在线见证

近年来，为便利当事人参与诉讼，提升高诉讼效率，涉外诉讼中的授权委托见证问题进一步简化。2021 年 2 月 3 日，最高人民法院出台《关于为跨境诉讼当事人提供网上立案服务的若干规定》，依托中国移动微法院为包括外国当事人在内的跨境诉讼当事人提供授权委托在线视频见证。该规定第 6 条明确：“通过身份验证的跨境诉讼当事人委托我国内地律师代理诉讼，可以向受诉法院申请线上视频见证。线上视频见证由法官在线发起，法官、跨境诉讼当事人和受委托律师三方同时视频在线。跨境诉讼当事人应当使用中华人民共和国通用语言或者配备翻译人员，法官应当确认受委托律师和其所在律师事务所以及委托行为是否确为跨境诉讼当事人真实意思表示。在法官视频见证下，跨境诉讼当事人、受委托律师签署有关委托代理文件，无需再办理公证、认证、转递等手续……线上视频见证的过程将由系统自动保存。”授权委托在线见证，实质上是将前述的“法官见证授权”，由“线下见证”变更为了“线上见证”，从而节省了诉讼成本，有效缩短了案件审理周期。

四、境外授权委托的概括办理

由于涉外诉讼周期长，法律文书公证认证手续烦琐且费用较高，如果要求当事人就每个案件单独出具授权委托书原件并履行公证认证等手续，往往会拉长诉讼周期，影响审判效率，也会给当事人带来许多不必要的麻烦。2021 年《全国法院涉外商事海事审判工作座谈会会议纪要》第 8 条明确规定，在办理公证认证或者司法协助协定等条约规定的相关证明手续的前提下，外国当事人可以一次性授权诉讼代理人在授权范围或有效期内，代理多个案件或者一个案件的多个程序。认可当事人作出“批处理”的授权，符合当事人意思自治的原则，不违背代理的基本理论，有利于简化授权手续、便利外国当事人参加诉讼，提高涉外民商事审判效率，实践中也取得了较好的效果。

五、我国台湾当事人授权委托的证明

海峡两岸关系协会与海峡交流基金会于 1993 年达成了《两岸公证书使用查证协议》，司法部就此还发布了《海峡两岸公证书使用查证协议实施办法》。委托事项的公证书在上述规定的适用范围之内，故我国台湾地区当事人的授权委托问题的公证问题可通过上述途径解决。此外，为方便我国台湾地区当事人在人民法院参与诉讼，2019 年 3 月 26 日，最高人民法院印发《最高人民法院关于为深化两岸融合发展提供司法服务的若干措施》，其中第 17 条规定：“持有台湾居民居住证的台湾当事人委托大陆律师或者其他人代理诉讼，代理人向人民法院转交的授权委托书无需公证认证或者履行其他证明手续。”根据《港澳台居民居住证申领发放办法》第 2 条之规定，我国台湾居民前往大陆居住半年以上，符合有合法稳定就业、合法稳定住所、连续就读条件之一的，根据本人意愿，可以依照该办法的规定申请领取居住证；未满十六周岁的我国台湾居民，可以由监护人代为申请领取居住证。据此符合上述规定的我国台湾居民的委托诉讼代理问题，无须办理公证认证或者履行其他证明手续。

六、关于港澳当事人授权委托的证明

1985 年司法部发布了《关于委托香港八位律师办理公证的若干问题的通知》，明确其委托的香港律师［中国委托公证人（香港）］可办理

“委托书等有关材料的证明”。1991 年，司法部在《关于再委托 23 位香港律师办理公证事务并改变出证方式的通知》中，就被委托的香港律师办理证明的程序，在前述 1985 年通知的基础上又增加一个程序，即委托律师在公证书上签字盖章后，再经过司法部与贸促会在港设立的“中国法律服务（香港）有限公司”驻深圳办事处在公证文书正文上加盖转递章，方能到内地使用。1996 年 2 月 18 日，《最高人民法院、司法部关于涉港公证文书效力问题的通知》再次明确，在办理涉港案件时，对于发生在香港特区的有法律意义的时间和文书，均应要求当事人提交委托公证人出具经中国法律服务（香港）公司审核加章转递的公证证明，否则不具有证明效力。2018 年 4 月 28 日，司法部发布《司法部关于印发中国委托公证人（澳门）名单及签名式样、印签的通知》。通知明确规定，中国委托公证人（澳门）出具的公证文书，须经中国法律服务（澳门）公司核验并加盖核验章后，方可在内地使用。据此，港澳当事人在港澳特区出具的授权委托书，均可通过中国委托公证人（香港、澳门）公证的方式，解决相关的证明问题。

七、与诉讼主体问题相关的需要办理公证认证的情况

外国企业或组织参加诉讼时，其自身虽系案件当事人，但作为拟制的法律主体，必然涉及某一自然人代表其诉讼的问题；在此基础上通常还会发生代表人另行委托诉讼代理人代理其进行诉讼的问题。由于该外国企业或者组织注册成立在我国境外，其合法设立的材料亦形成于我国境外，为确保该主体的真实性，相关材料须办理证明手续。外国企业或组织并非都像我国一样有法定代表人制度，因此该企业或组织在诉讼中的代表权问题，需要其权力机构作出决议，该决议等材料一般也形成于我国境外，为确认该诉讼主体的代表权问题，相关材料亦需办理证明手续。《民事诉讼法解释》（2022 年修正）第 521 条第 2 款、第 3 款就此分别作出规定。至于自然人，无论是外国籍人还是无国籍人，均当然享有诉讼主体资格，故《民事诉讼法解释》（2022 年修正）第 521 条第 1 款仅规定“提交护照等用以证明自己身份的证件”，而无要求公证认证等证明手续之要求。综上所述，外国企业或组织自身的身份材料、该企业或组织的代表权及代理权这三个层面，虽均涉及公证认证等证明问题，但证明的事项各有不同，司法实践中应注意区分。

第二十四章　管　辖

第二百七十六条　因涉外民事纠纷，对在中华人民共和国领域内没有住所的被告提起除身份关系以外的诉讼，如果合同签订地、合同履行地、诉讼标的物所在地、可供扣押财产所在地、侵权行为地、代表机构住所地位于中华人民共和国领域内的，可以由合同签订地、合同履行地、诉讼标的物所在地、可供扣押财产所在地、侵权行为地、代表机构住所地人民法院管辖。

除前款规定外，涉外民事纠纷与中华人民共和国存在其他适当联系的，可以由人民法院管辖。

【条文主旨】

本条是关于涉外民商事诉讼管辖的一般规定。

【理解与适用】

本条为修改条款，旨在拓展涉外民商事诉讼管辖纠纷的类型，同时增设“其他适当联系”这一管辖依据，以适度扩大我国法院对涉外民商事案件的管辖权。

涉外民商事诉讼管辖权，是指一国法院受理具有涉外因素的民商事案件的权限。对于各国法院受理涉外民商事案件的权限，国际社会尚未建立具有普遍性的公约[①]或者统一的机制，主要由各国根据自身对涉外民商事案件管辖权所持立场（或扩张或合理限缩）进行立法。需要说明的是，不同法系、不同国家对待涉外民商事诉讼的管辖有其自身的特性。在英美法系国家，例如，英国和美国，因其国内不同区域或不同州各有其自身的民

① 至本书完稿之时，海牙国际私法会议就协调各国民商事案件管辖权项目建立的工作组，仍在为消除各国巨大分歧、制定具体规则而持续努力。

事诉讼程序法，因此，英美将不同国家之间的民事诉讼管辖问题和其国内不同区域或不同州之间的民事诉讼管辖问题同等对待。例如，美国将不同州之间的诉讼也视为国际民事诉讼。

对于该条，可以从如下几个方面加以理解：

一、适度扩大涉外管辖依据的必要性

法律规则的内容一定程度上反映了一国经济社会发展状况。1982 年制定的《民事诉讼法（试行）》虽然也为涉外民事诉讼程序的特别规定设置了专门一编，但该编对涉外民商事案件的管辖权问题未作任何规定。这充分反映出我国改革开放之初，对外民商事交往的总量较少、规模较小，交往深度广度有限，中外当事人当时对通过更全面、更充分的涉外管辖规则寻求司法救济的需求并不迫切。1991 年制定《民事诉讼法》时，我国的对外交往与 1982 年相比有了一定的发展，为反映经济社会发展的实际状况，1991 年《民事诉讼法》在涉外编中对管辖权问题专门设立了四个条款，涉及涉外特殊地域管辖、协议管辖、应诉管辖、专属管辖四个方面。[①]

1991 年《民事诉讼法》制定三十多年来，我国企业对外贸易、投资日益增长，人员对外交往日益频繁，我国海外利益不断拓展，现行涉外管辖的规定过于保守，不利于维护我国主权、安全和发展利益，也不利于保障我国企业、公民的海外利益，具体表现为：一是人民法院管辖纠纷的案件类型有限。对在我国领域内没有住所的被告，现行条文仅规定人民法院对“合同纠纷或者其他财产权益纠纷”可以行使管辖权。二是管辖依据较为保守。例如，我国企业、公民利益在我国领域外受到侵害，确有保护需要的，某些情形下人民法院行使管辖权的依据并不明确。三是缺乏与最新涉外立法的衔接条款。近年来，我国加快完善涉外法律体系，出台了《反外国制裁法》等重要涉外法律、法规及部门规章，修改了《证券法》《反垄断法》等法律以增加其域外适用的效力，但新出台和新修改的实体法条款缺乏与之衔接的管辖权条款。与三十多年前相比，我国需要构建更为积极开放的管辖制度。适度扩大我国法院对涉外民商事案件的管辖权，是保障经济社会发展的现实需要，也是展现负责任大国形象的必然要求。

---

① 其中协议管辖条款和应诉管辖条款于 2012 年《民事诉讼法》修正时予以删除。

二、涉外案件管辖依据的管辖判断过程

涉外民商事案件的管辖首先要解决的是整体上应由哪一国法院管辖的问题，在确定整体上应由哪一国法院管辖后，再确定具体由该国哪一层级的法院和哪一地域的法院管辖，即案件在一国国内的级别管辖和地域管辖问题。具言之，对于具有涉外因素的民商事案件的管辖而言，在管辖权问题上存在两次判断，第一次判断是作为整体的一国法院对案件是否有管辖权，这是国际民事诉讼管辖需要解决的主要问题，或者说是国际民事诉讼管辖的主要任务。在解决这一问题的基础上，再进行第二次判断，依据一国国内民事诉讼规则从级别管辖和地域管辖方面进行第二次分工。对于不具有涉外因素的民商事案件，则仅存在前述第二次判断，无须进行第一次判断。在体例上，涉外编中的管辖条款，既有仅解决法院国别管辖问题的条款，也有同时解决国际和国内管辖问题的条款。前者如涉外合意管辖规则（包括协议管辖和应诉管辖），以及专属管辖的规定，都仅解决了我国法院作为整体有管辖权即第一次分工的问题，未进一步解决在我国国内的地域管辖问题。后者如《民事诉讼法》第 276 条以及第二章的管辖规定，如果具有涉外因素，则既解决了作为整体的我国法院对这类纠纷的管辖权问题，也进一步确定了我国法院的地域管辖问题。

三、本条与本法第二章规定的管辖规则的相互关系

从 1982 年《民事诉讼法（试行）》到 2023 年最新修正的《民事诉讼法》,《民事诉讼法》涉外编内容与涉外编之外的其他内容的衔接条款一直予以保留。《民事诉讼法》第 270 条这一衔接条款清楚地表明，涉外民商事案件的管辖规则属于民事诉讼管辖规则的有机组成部分，系民事诉讼管辖规则的特殊管辖规则。涉外民商事案件的管辖规则与《民事诉讼法》第二章中管辖规则的关系，是一种特别与一般、相互补充的关系，因此本编具体可以从如下几个方面加以理解：

第一，“原告就被告”一般管辖原则。“原告就被告”是国际社会所普遍接受的管辖规则。对于具有涉外因素的案件，如果被告在我国领域内有住所地，不论被告是外国国籍还是无国籍自然人，抑或是外国法人

或非法人组织，均可以依照《民事诉讼法》第22条第1款、第2款[①]关于“原告就被告”的一般规定，由被告住所地人民法院管辖。另外，对于《民事诉讼法》第二章规定的一般合同纠纷，保险合同纠纷，票据纠纷，以及铁路、公路、水上、航空运输和联合运输合同纠纷，侵权纠纷，铁路、公路、水上和航空事故损害赔偿纠纷，船舶碰撞或者其他海事损害事故损害赔偿纠纷等，如果案件具有涉外因素，且被告在我国境内有住所地或经常居住地，均可以由被告住所地人民法院管辖。

第二，被告在我国领域内没有住所地的诉讼管辖规则。（1）在涉外民商事案件中，被告在我国领域内没有住所地的情形并不鲜见。《民事诉讼法》第23条第1项和本条针对两种案件类型明确作了两种管辖规定。依据第23条第1项，对不在我国领域内居住的人提起的有关身份关系的诉讼，由原告住所地或经常居住地法院管辖；依据本条，对于在我国领域内没有住所的被告提起的合同纠纷和其他财产权益纠纷等，如果合同签订地、合同履行地、诉讼标的物所在地、可供扣押财产所在地、侵权行为地、代表机构住所地位于中华人民共和国领域内的，可以由合同签订地、合同履行地、诉讼标的物所在地、可供扣押财产所在地、侵权行为地、代表机构住所地人民法院管辖；除上述管辖依据外，还可以由与纠纷存在其他适当联系的人民法院管辖。（2）第二章管辖规则中除第22条规定的“原告就被告”规则、第23条规定的“原告住所地”规则外，还有第24条至第33条规定的纠纷类型，如果具有涉外因素，即使被告住所地或经常居住地不在我国领域内，但有关的连接因素位于我国领域内，例如，合同履行地、保险标的物所在地、票据支付地、公司住所地、运输始发地或目的地、侵权行为地、相关事故发生地或者车辆船舶航空器最先到达或降落地，碰撞发生地、碰撞船舶最先到达地、加害船舶被扣留地，救助地或者相关船舶最先到达地、共同海损理算地或者航程终止地位于我国境内的，我国法院均具有管辖权。

---

① 《民事诉讼法》第22条第1款规定：“对公民提起的民事诉讼，由被告住所地人民法院管辖；被告住所地与经常居住地不一致的，由经常居住地人民法院管辖。”第2款规定：“对法人或者其他组织提起的民事诉讼，由被告住所地人民法院管辖。”严格说来，第22条第1款所使用的“公民”这一概念应该作扩大解释。公民一般与国籍问题存在紧密联系，不具有中国国籍的自然人难以被称为“公民”。但事实上，如果某外国人或无国籍人在我国有经常居住地，其作为原告起诉的，仍可依据该条确立的“原告就被告”管辖规则确立管辖法院。

四、本条主要修改内容

对本条的修改主要体现在如下两个方面：

（一）删除“合同纠纷或者其他财产权益纠纷”的限制性规定，将管辖纠纷的类型拓展至对在中华人民共和国领域内没有住所的被告提起除身份关系以外的所有民事诉讼

1982 年《民事诉讼法（试行）》虽然设置了第五编即涉外民事诉讼程序的特别规定，但整编中并无直接涉及涉外民商事案件管辖的内容，具有涉外因素的民商事案件的管辖依据应在第二章寻找。[①] 进入 20 世纪 90 年代，改革开放已经十多年。1991 年制定《民事诉讼法》时，在涉外编中专门增加一条，对被告住所地或经常居住地不在我国领域内时的管辖规则作了规定，并且将案件类型明确为“合同纠纷或者其他财产权益纠纷”。同时，第二章大多数管辖条款后都明确增加“被告住所地”之管辖依据。此举一来增加了涉外案件管辖规则的透明度，二来针对“合同纠纷或者其他财产权益纠纷”，在合同履行地和合同签订地管辖依据的基础上，增加了诉讼标的物所在地、可供扣押财产所在地、代表机构住所地等 1982 年《民事诉讼法（试行）》未曾规定的管辖依据。

2021 年《民事诉讼法》第 272 条[②]规定：“因合同纠纷或者其他财产权益纠纷，对在中华人民共和国领域内没有住所的被告提起的诉讼，如果合同在中华人民共和国领域内签订或者履行，或者诉讼标的物在中华人民共和国领域内，或者被告在中华人民共和国领域内有可供扣押的财产，或者被告在中华人民共和国领域内设有代表机构，可以由合同签订地、合同履行地、诉讼标的物所在地、可供扣押财产所在地、侵权行为地或者代表机构住所地人民法院管辖。”该条规定的“合同纠纷或者其他财产权益纠纷”无法涵盖日益增加的涉外纠纷案件类型。虽然第二章对不在我国领域内居住的人提起的“身份关系”的诉讼管辖规则作了规定，但“合同纠纷或者其他财产权益纠纷”与“身份关系”纠纷之和亦无法涵盖被告在我国领域内无住所地或经常居住地情形下的案件类型。依据《民事诉讼法》第 3 条，人民法院受理中外当事人之间因财产关系和人身关系提起的民事诉

① 可以认为，1982 年《民事诉讼法（试行）》实际上是实行涉外民商事案件与非涉外民商事案件管辖规则合一的体例。

② 现为《民事诉讼法》（2023 年修正）第 276 条。

讼。即便“合同纠纷或者其他财产权益纠纷”可以将财产关系包括在内，但人身关系的外延显然大于身份关系。人身关系又称人身非财产关系，指与人身不可分离而不直接体现为一定物质利益的社会关系，例如，基于人的生命健康、姓名、肖像、荣誉、名誉等而产生的社会关系。人身关系可以进一步细分为人格关系和身份关系，所谓人格关系，是指因民事主体的人格利益发生的社会关系，包括生命健康、姓名、肖像、荣誉、名誉等方面的利益。而身份关系仅指与人的身份相关的各种社会关系，如婚姻关系、亲子关系、收养关系等。现代社会人类的物质文明不断丰富，人们对人格利益日益重视，民法对人格权的保护日益完善。对于涉及人格权保护的涉外民商事案件，如果原告就侵害人格权的案件提起诉讼，并不提出财产赔偿请求，仅仅要求消除影响、赔礼道歉等，那么从原告的请求权基础出发，此类案件难以归入“合同纠纷或者其他财产权益纠纷”，故无法适用“合同纠纷或者其他财产权益纠纷”之管辖规则，亦无法适用“身份关系”纠纷之管辖规则。虽然涉及人格权保护的纠纷多因侵权而引起，一般的侵权纠纷管辖规则可予适用，但某些侵权方式的侵权行为地、侵权结果地难以确定，当被告在我国境内无住所地或经常居住地时，在确立我国法院的国际民事诉讼管辖权时存在不确定性。这些都不利于当事人诉权的保护，不当地限制了我国法院管辖权的正当行使，故有必要对案件类型的表述加以完善。鉴于《民事诉讼法》第 23 条第 1 项已经就“对不在中华人民共和国领域内居住的人提起的有关身份关系的诉讼”的管辖情形作了规定，为避免不必要的重复，出于立法技术的考虑，采用了现行表述。

（二）增加“其他适当联系”这一管辖依据，为中外当事人必要时通过相关管辖依据寻求司法救济提供立法支持

增加“其他适当联系”这一管辖依据，是借鉴、吸收了一些国家或地区关于“必要管辖”立法实践中的合理要素。瑞士、比利时制定的国际私法，以及欧盟的相关条例对必要管辖作了规定。《瑞士关于国际私法的联邦法》第 3 条［II. 必要管辖］规定：“本法未规定在瑞士的任何地方的法院或者行政机关有管辖权，而诉讼不可能在外国进行或者在外国提起诉讼不合理时，由与案件有充分联系的瑞士地方法院或行政机关管辖。”《比利时国际私法典》第 11 条［例外享有的国际管辖权］规定：“即使本法另有规定，如果案件与比利时有紧密联系并且诉讼看起来不可能在国外进

行或要求到国外提起诉讼不合理，则比利时法院将例外地享有管辖权。”另外，欧盟理事会 2008 年 12 月 18 日《关于扶养义务事项的管辖权、法律适用、判决的承认与执行并进行合作的第 4/2009 号条例》第 7 条、欧盟理事会 2016 年 6 月 24 日《关于在婚姻财产制事项的管辖权、法律适用以及判决的承认与执行领域加强合作的第 2016/1103 号条例》第 11 条、欧盟理事会 2016 年 6 月 24 日《关于在注册伴侣关系的财产效力事项的管辖权、法律适用以及判决的承认和执行领域加强合作的第 2016/1104 号条例》第 11 条等，都存在类似规定。与此同时，本款对“必要管辖”所强调的“充分联系”“密切联系”作了合理的、适度的弱化，并不强调案件与受诉法院之间必须存在充分或密切的联系，仅要求案件与管辖法院具有“适当联系”，即联系的强度应高于一些西方国家的“最低限度联系”。可以说“适当联系”是一种介于“必要管辖”与以“最低限度联系”为基础的“长臂管辖”之间的管辖原则，是一种谦抑性的扩张管辖原则。之所以增加这一管辖原则，是因为一些涉外案件中，中外当事人在我国境内寻求司法救济时，我国法院在管辖依据方面存在一定障碍，但案件与我国又存在适当的、合理的联系，有必要行使管辖权以维护当事人的合法权益，维护我国的主权、安全和发展利益。增设该具有一定灵活性而又避免任意性的管辖原则，可以保障我国法院在确有必要时行使管辖权。

此前我国相关程序法中尚无这一表述。讨论过程中，曾考虑过的备用措辞包括“合理联系”等。但在我国现行程序法中亦无“合理联系”之表述，注意到司法实践中采用过“适当联系”一词。例如，在康文森无线许可有限公司与中兴通讯股份有限公司专利合同纠纷管辖权异议上诉案[①]中，最高人民法院认为，标准必要专利许可纠纷这一特殊纠纷是否与中国存在适当联系的判断，可以考虑许可标的所在地、专利实施地、合同签订地、合同履行地等是否在中国境内。只要前述地点之一在中国境内的，则应认为该案件与中国存在适当联系，中国法院对该案件具有管辖权。在此后的一系列类案裁定中，这一概念得到沿用。从最大限度找寻概念的确定性、避免构造全新概念的角度出发，最终采用了“适当联系”这一表述。

同时，需注意的是，“适当联系”管辖从根本上有别于某些国家以“最低限度联系”为基础的“长臂管辖”，如果案件与我国联系因素过于

① （2019）最高法知民辖终 157 号。

薄弱，我国法院可以不行使管辖权。

【审判实践中应当注意的问题】

一、必须注意《民事诉讼法》之外的其他涉外民商事案件管辖规则

需要注意的是，涉外民商事案件管辖权问题并非仅由《民事诉讼法》来调整。某些特定类型的案件，相关国际条约以及特别诉讼程序法对管辖法院作了明确的规定，此时应依据国际条约和特别程序法的规定而非《民事诉讼法》确定管辖法院。

（一）相关国际条约中有关管辖法院的特别规定

根据《民事诉讼法》第271条关于“中华人民共和国缔结或者参加的国际条约同本法有不同规定的，适用该国际条约的规定，但中华人民共和国声明保留的条款除外”之规定，在判断我国法院是否具有管辖权时，应优先适用国际条约中有关管辖法院的规定，除非我国对管辖条款提出了保留。其中我国已经批准的民商事领域具有代表性的条约包括《国际油污损害民事责任公约》、1929年《华沙公约》和1999年《蒙特利尔公约》等。根据《国际油污损害民事责任公约》第9条第1款，如已在一个或若干个缔约国领土（包括领海）内发生油污损害事件，或已在上述领土（包括领海）内采取防止或减轻油污损害的预防措施，赔偿诉讼便只能向上述一个或若干个缔约国提出。根据《蒙特利尔公约》第33条第1款，因国际航空运输发生的损害赔偿诉讼，原告可选择在缔约国领土内向承运人住所地、承运人主要营业地或者承运人订立合同营业地的法院，或者向任一目的地的法院提起。[①] 因认为《华沙公约》规定的四种管辖依据对乘客的诉权保护仍不充分，1999年《蒙特利尔公约》第33条又增加了“事故发生时乘客的主要且永久居住地所在的缔约国法院”之管辖依据，但该管辖依据仅限于因由乘客的死亡或伤害而产生的损害赔偿诉讼，且此种情形下承运人须在该国有营业场所，从事以该国为到达地或出发地的旅客航空运输业务。

---

① 但是，对于该条所指“法院”是国别意义上的法院还是一国国内地理意义上的法院，即该条是否一并解决了国际管辖权及一国国内管辖权，存在分歧。英美法系国家倾向于认为只解决了国际管辖；部分大陆法系国家如法国，认为同时解决了两个问题。

（二）相关特别诉讼程序法关于涉外管辖的规定

民商事案件的涉外管辖规则，除了在《民事诉讼法》中有规定外，作为《民事诉讼法》特别诉讼程序的相关法律也有规定，如《海事诉讼特别程序法》，另外，《外国国家豁免法》的相关管辖问题也需要引起注意。

航运具有较强的国际性特征，导致很多海事案件不可避免地具有涉外因素。具有涉外因素的海事案件的管辖，应从两个方面加以把握。第一，因我国对海事案件实行专门管辖，无论海事案件是否具有涉外因素，均由海事法院管辖，地方法院无权管辖。第二，根据《海事诉讼特别程序法》第6条，海事诉讼的地域管辖，依照我国《民事诉讼法》的有关规定，此为一般原则。但是，因海事侵权行为、海上运输合同纠纷提起的诉讼，除了依据《民事诉讼法》规定的相应管辖条款外，还分别可以由船籍港所在地、转运港所在地海事法院管辖；因海船租用合同纠纷提起的诉讼，由交船港、还船港、船籍港所在地、被告住所地海事法院管辖；因海上保赔合同纠纷提起的诉讼，由保赔标的物所在地、事故发生地、被告住所地海事法院管辖；因海船的船员劳务合同纠纷提起的诉讼，由原告住所地、合同签订地、船员登船港或者离船港所在地、被告住所地海事法院管辖；因海事担保纠纷提起的诉讼，由担保物所在地、被告住所地海事法院管辖；因船舶抵押纠纷提起的诉讼，还可以由船籍港所在地海事法院管辖；因海船的船舶所有权、占有权、使用权、优先权纠纷提起的诉讼，由船舶所在地、船籍港所在地、被告住所地海事法院管辖。

2023年9月1日，第十四届全国人民代表大会常务委员会第五次会议通过《外国国家豁免法》。该法对涉及外国国家及其财产民事案件的管辖、送达、审理程序等问题作了规定。其中涉及管辖问题的条款占据很大比重。虽然该法大量使用了“管辖”之措辞，但其所指的“管辖”并非《民事诉讼法》中所指的级别管辖、地域管辖、移送管辖和指定管辖等。该法颁布之前，我国对外国国家一直实行管辖绝对豁免原则，涉及外国国家及其财产的民事案件，主要是由外交部门处理，人民法院一般不予受理。因此，《外国国家豁免法》所称的“管辖”更接近“主管”的概念，解决的是此类纠纷在法院和其他部门（主要是外交部门）之间的分工，类似于相关纠纷存在仲裁协议情形下法院与仲裁委员会之间的分工。《外国国家豁免法》自2024年1月1日施行后，我国改绝对豁免立场为相对豁免立场，如果外国国家的某一项行为被认定属于商业活动，案件将由人民法院受理，虽然外交部门对相关事项可以向法院出具证明文件或者意见，且法院应当采信，但案件的主管部门仍是法院。在案件确定由法院受理后，即产生级别管辖和地域管辖或者移送管辖和指定管辖等问题，《外国国家豁免法》对此并未直接作出规定，仅在第16条作了引导性规定，即对于外国国家及其财产民事案件的审判和执行程序，该法没有规定的，适用民事诉讼法律以及其他相关法律的规定。因此，对于人民法院可以受理的涉及外国国家及其财产的民事案件，其地域管辖、级别管辖等问题，仍将依据《民事诉讼法》涉外编和第二章中的相关管辖规则确定管辖法院。具体规则，有待司法解释、相关指导性案例或者其他司法文件予以进一步明确。

二、依据“适当联系”确定管辖法院应注意的问题

如果将法律规范区分为概念、原则和具体规则，“适当联系”并非仅停留在概念层面，但距离操作性更强的法律规则亦还有一定差距，客观地说，“适当联系”系一种具有一定弹性的原则性的管辖依据，需要法官综合个案的具体事实进行合理的裁量。法官在具体适用该管辖原则时需要具备良好的业务素质。

第一，确定案件与法院是否存在适当联系，既不能以“充分联系”“紧密联系”为标准，过于强调案件与法院的实际联系的紧密程度，但也不能滥用该原则，任意地将其扩大到不适当的范围，使其变相地演变成一种与“最低限度联系”管辖一样的过分的管辖依据，导致不合理地损及他国的司法主权，或造成不必要的管辖权冲突，破坏国际民商事诉讼秩序的稳定。

第二，适当联系是一个具有一定弹性的管辖原则，在考察案件与我国法院的联系是否适当时，对中外当事人利益的平等保护，以及对我国主权、安全和发展利益的维护等也应作为重要因素予以考量。

第二百七十七条 涉外民事纠纷的当事人书面协议选择人民法院管辖的，可以由人民法院管辖。

【条文主旨】

本条是关于涉外民事纠纷协议管辖的规定。

【理解与适用】

本条为新增条款，旨在建立符合我国国情、顺应国际趋势的涉外协议管辖制度，对于涉外民商事纠纷当事人协议选择我国法院管辖的，取消“实际联系”的要求。

合意管辖包括协议管辖和应诉管辖两种方式，协议管辖是合意管辖中最主要的一种，是指双方当事人在纠纷发生之前或者发生之后，就选择法院解决双方之间的纠纷达成一致。协议管辖是意思自治原则在民事诉讼领域的体现，当事人通过事先或嗣后达成的管辖约定，可以提升争议解决方式的可预期性进而保障交易安全、避免管辖争议导致诉讼拖延，因此已经为当今绝大多数国家的立法和司法实践所接受。

一、《民事诉讼法》关于协议管辖、涉外协议管辖制度的演变历史

1982年《民事诉讼法（试行）》并未规定协议管辖制度。1991年制定《民事诉讼法》时，在第二章和涉外编中均分别规定了非涉外协议管辖和涉外协议管辖。关于非涉外协议管辖，当事人可以协议选择被告住所地、合同履行地、合同签订地、原告住所地、标的物所在地人民法院管辖，但不得违反级别管辖和专属管辖的规定；关于涉外协议管辖，涉外合同或者涉外财产权益纠纷的当事人，可以书面协议选择与争议有实际联系的地点的法院管辖。选择中国法院管辖的，不得违反该法关于专属管辖和

级别管辖的规定。[1] 此种“两分”规定的模式一直延续至2012年。

2012年对《民事诉讼法》进行修正时，对协议管辖制度进行了修改。主要修改之处在于：第一，扩大可协议管辖的案件类型。1991年《民事诉讼法》所确立的协议管辖制度可供当事人选择的纠纷类型限于合同争议，当事人协议选择的自由受到限制，协议管辖高效便利解决纠纷的制度功能未能得到应有发挥。为此，2012年《民事诉讼法》将可适用协议管辖的纠纷类型从合同纠纷扩展至合同纠纷和其他财产权益纠纷。与此同时，人身关系的案件因涉及道德、伦理、风俗问题，承认对此类事项的协议管辖可能存在道德风险，不利于法律效果和社会效果的统一，因此，被排除在协议管辖的适用范围之外。第二，扩大可协议选择法院的范围。1991年《民事诉讼法》所确立的协议管辖制度可供当事人选择的法院仅五类，即被告住所地、合同履行地、合同签订地、原告住所地、标的物所在地的法院。2012年修正时将可供选择的法院范围扩大，除了可以选择这五类法院之外，对于与法院辖区存在其他实际联系的，当事人都可以选择相应的法院管辖。第三，删除了涉外协议管辖制度，将非涉外和涉外协议管辖统一规定于第35条[2]，以统一非涉外案件和涉外案件的协议管辖规则。

二、此次修改的理由

第一，尊重当事人协议选择法院的意思自治、弱化实际联系要求是国际民事诉讼的发展趋势。协议管辖具有当事人可主动排除法院管辖权的效果，因而早期各国对当事人通过选择法院协议来排除本国法院的管辖权均表现出了一定的排斥。但随着时代的发展，现代国际民事程序法发展的趋势是不再要求选择与争议有实际联系的地点的法院。《瑞士联邦国际私法法典》《意大利国际私法制度改革法》，以及《美国第二次冲突法重述》均不要求管辖协议选择的法院与争议存在实际联系。我国签署的海牙《选择法院协议公约》亦未要求争议与协议选择的法院有实际联系。涉外协议管辖情形下，仍要求争议与法院必须存在实际联系的规定，与国际社会发展趋势不符。

---

① 非涉外协议管辖的规定见1991年和2007年《民事诉讼法》25条，涉外协议管辖的内容分别见1991年《民事诉讼法》第244条、2007年《民事诉讼法》第242条。

② 2012年《民事诉讼法》第34条、2021年和2023年《民事诉讼法》第35条。

第二，涉外协议管辖的案件类型应进一步扩大。关于协议管辖案件的范围，国际社会晚近的发展趋势是，越来越多的国家对协议管辖可适用的案件类型持更为开放的立场，原先被视为协议管辖禁区的涉及身份、婚姻家庭、继承的案件，逐渐也可以适用协议管辖。[①] 因此，此次对涉外协议管辖条文的修改，并未特别限制案件的类型，采用“涉外民事纠纷”之措辞，进一步解除了 2012 年《民事诉讼法》在协议管辖问题上对案件类型的限制。

第三，将非涉外和涉外民商事案件的协议管辖适用统一的规则，不符合涉外民商事案件管辖的规律，不利于我国适度扩大涉外案件管辖权。根据此前的规定，涉外案件与协议选择的法院必须存在实际联系，且不得违反级别管辖和专属管辖的规定，在司法实践中对我国法院的涉外管辖权造成了一定限制：一是双方均为外国当事人，其主动协议选择我国法院管辖国际商事案件，以我国与争议无实际联系为由拒绝行使管辖权，未最大限度尊重当事人意愿，不利于我国建设国际商事争议解决的优选地；二是域外当事人可能不熟悉我国级别管辖、专门管辖制度，如不区分是否涉外，协议管辖一律适用《民事诉讼法》第 35 条，很容易导致外方当事人协议选择人民法院管辖的条款因违反级别管辖、专门管辖的规定而被认定无效。实际上，《民事诉讼法解释》（2022 年修正）第 30 条第 1 款关于“根据管辖协议，起诉时能够确定管辖法院的，从其约定；不能确定的，依照民事诉讼法的相关规定确定管辖”的规定，也体现出尊重当事人的意思自治是处理协议管辖的最重要因素，只要当事人存在此种合意选择的意思，在实际执行过程中即便存在一定“瑕疵”，也可以通过交由当事人进一步协商或者法院根据《民事诉讼法》的既有规定和相关法理予以“补正”，没有必要将整个协议废除。所以，《民事诉讼法》涉外编主要调整我国与其他国家或法域的司法管辖问题，不宜简单套用《民事诉讼法》第 35 条的规定来限制涉外协议管辖条款的效力，有必要恢复 2012 年之前的做法，单独构建涉外协议管辖机制。

第四，《海事诉讼特别程序法》的成功经验，为涉外协议管辖制度优化提供了借鉴。《海事诉讼特别程序法》第 8 条规定：“海事纠纷的当事

---

① 参见李双元、欧福永主编：《国际私法（第六版）》，北京大学出版社 2022 年版，第 366 页。

人都是外国人、无国籍人、外国企业或者组织，当事人书面协议选择中华人民共和国海事法院管辖的，即使与纠纷有实际联系的地点不在中华人民共和国领域内，中华人民共和国海事法院对该纠纷也具有管辖权。”海事法院在司法实践中依据该条规定受理并审结了多起双方均为外国当事人，虽然争议与我国并无实际联系，但当事人仍主动协议选择我国海事法院管辖的案件，取得了较好的效果。

第五，要求非涉外协议管辖保留争议与所选择的法院存在实际联系，一定程度上出于我国国情的考虑。一方面，随着社会公众权利意识显著增强，近年来我国诉讼案件的数量明显呈现大幅增长的趋势；另一方面，我国部分地区暂时仍存在经济社会发展不均衡的问题，如果对非涉外民商事案件的协议管辖不要求案件与管辖法院存在实际联系，恐出现不同区域法院案件负担不均、案件审判质效受影响的局面。

据此，本条规定与争议有实际联系的地点不在我国领域内，但当事人书面协议选择我国法院管辖的，可以由我国法院行使管辖权，取消《民事诉讼法》第35条“实际联系”对涉外协议管辖的限制性要求，以方便外国当事人选择我国法院管辖，充分体现我国尊重当事人意思自治、平等保护、宽容自信开放的司法态度，此亦为我国未来批准《选择法院协议公约》提前做好国际国内规则的协调工作。

【审判实践中应当注意的问题】

第一，关于本条的准确把握和理解，可以借助2023年《民事诉讼法》修正一读稿中的表述。一读稿对于该条的表述是“与争议有实际联系的地点不在中华人民共和国领域内，当事人书面协议选择中华人民共和国人民法院管辖的，可以由中华人民共和国人民法院管辖……”该表述系借鉴了《海事诉讼特别程序法》。最终的修改决定系出于简化表述的考虑而采用现行表述。现行表述可以涵盖一读稿条文所要表达的含义，且实质内涵与一读稿并无区别。

第二，关于当事人协议选择外国法院是否要求实际联系的问题。一读稿起草过程中，对于当事人协议选择外国法院管辖时是否要求争议与外国法院存在实际联系的问题，争议较大。为此，一读稿对该问题未作规定。《民事诉讼法解释》（2022年修正）第529条规定，涉外合同或者其他财产权益纠纷的当事人，可以书面协议选择被告住所地、合同履行地、合同签订地、原告住所地、标的物所在地、侵权行为地等与争议有实际联系地点的外国法院管辖。但属于我国法院专属管辖的案件，当事人不得协议选择外国法院管辖，但协议选择仲裁的除外。该司法解释并未被废止，在《民事诉讼法》对该问题并未作不同规定的情形下，司法解释的相关内容仍可适用。

另外，需要注意的是，对于《民事诉讼法》第35条的内容虽然维持现行表述，但该法条的调整范围却发生了较大的变化，即该条由原先的既调整非涉外协议管辖，也调整涉外协议管辖，变为仅调整非涉外案件的协议管辖，在适用过程中应予以充分的注意。

第二百七十八条 **当事人未提出管辖异议，并应诉答辩或者提出反诉的，视为人民法院有管辖权。**

【条文主旨】

本条是关于涉外民商事案件的应诉管辖规则的规定。

【理解与适用】

本条为新增条款，旨在明确涉外民商事案件的应诉管辖规则。

一、应诉管辖的法律特征

应诉管辖是当事人合意管辖形式的一种，也被称为“默示协议管辖”，是当事人之间不存在明示的管辖协议，但以自身实际参与诉讼的相关行为——主要是应诉答辩和提起反诉——表明其对受理案件的法院行使管辖权不持异议，从而认定其与对方当事人实际上就法院管辖问题达成了一致，进而认定法院具有管辖权的一项制度。如果当事人未在提交答辩状期间提出管辖异议，答辩期满也未应诉答辩的，不应视为默示同意接受法院的管辖，此种情形下，法院仍应对其是否享有案件的管辖权进行判断。亦即只有在当事人积极作为，包括主动应诉、参与答辩或者提出反诉的情形下才视为其默示地接受了法院的管辖；而其消极的行为，即不应诉答辩、未提起反诉，不能视为其默示地接受了法院的管辖。如果本院不享有管辖权的，应当移送至有管辖权的法院。

应诉管辖是国际社会普遍承认和接受的一项制度。例如，《日本民事诉讼法》第3-8条规定：“被告未提出日本裁判所无管辖权的抗辩且对于本案进行辩论，或者在辩论准备程序中进行陈述时，日本裁判所有管辖权。”《韩国国际私法》第9条（2022年7月5日）规定：“被告没有主张国际审判管辖的异议，对案件进行辩论或在辩论准备日陈述的，法院享有该案件的国际审判管辖。”《瑞士联邦国际私法法规》（2021年1月1日）第6条规定：“对于财产争议，被告对受理案件的瑞士法院不提出管辖权异议而直接就案件的实质问题应诉答辩的，法院即据此享有管辖权，除非该法院在第5条第3款允许的范围内拒绝管辖。”其他的立法例还包括:《斯洛文尼亚共和国关于国际私法与国际程序的法律》(2008年)第53条第2款[应诉管辖]规定:“如果被告应诉或者对催告通知书提出权利要求或者参与预审,或者在无预审时参与主要问题的审理而不对管辖权提出异议的,则视为被告同意斯洛文尼亚共和国法院管辖。”《格鲁吉亚共和国关于调整国际私法的法律》(1998年)第18条第2款规定:“如果被告不提出无管辖权的抗辩,而是出庭应诉,那么在下列情形下,受诉的格鲁吉亚法院具有国际管辖权:(1)被告由律师代理出庭;或者(2)法官已告知其具有提出无管辖权抗辩的机会,并且此种告知已被载入审理记录。”《阿尔巴尼亚共和国关于国际私法的第10428号法律》(2011年6月2日)第73条第3款[应诉管辖]规定:“如果被告出庭应诉但没有提出缺乏国际管辖权的异议,尽管该被告在诉讼程序中由律师代理,或者法院已经释明了提出管辖权异议的可能性并且该释明已被载入庭审记录中,则受理诉讼的阿尔巴尼亚法院具有国际管辖权。”《北马其顿共和国关于国际私法的法律》(2020年)第125条[被告对北马其顿共和国法院管辖权的默示同意]规定:“1.在下列情形下,应视为被告已经同意由北马其顿共和国法院管辖:(1)被告提交答辩状或者对支付令提出异议,但对法院的管辖权未提出抗辩;或者(2)被告参与案件主要事项的审理,在预审开庭或者在无此种预审时于第一次开庭审理案件主要事项时对法院的管辖权未提出抗辩;或者(3)被告提出反诉的。”《匈牙利关于国际私法的第28号法律》(2017年)第91条[应诉管辖]规定:“匈牙利法院的国际管辖权——除了本法所规定的特殊情形外——亦因被告不提出国际管辖权异议而提交答辩状(应诉)而得以确立。”《黑山共和国关于国际私法的法律》(2013年12月23日)第106条[被告对管辖权的默示同意]规定:“对于依照本法第103条允许协议由黑山一个或者多个法院管辖的案件,可基于被告的同意确立相应的管辖权。如果被告递交答辩状或者对支付令提出异议,或者在预审日期,或者在无此种日期时在第一次开庭审理时参与诉讼并且对管辖权未提出异议,或者提出反诉的,应认为被告同意由黑山法院裁判。”

1982年《民事诉讼法(试行)》并未规定应诉管辖制度。在1991年制定《民事诉讼法》时,增加了该项规定,但结构上规定于涉外编,仅仅适用于涉外民商事案件,其内容为:涉外民事诉讼的被告对人民法院管辖不提出异议，并应诉答辩的，视为承认该人民法院为有管辖权的法院。2012年对《民事诉讼法》进行修正时，对涉外编中的该规定予以删除，在非涉外编对该制度进行了规定。与删除涉外编中书面协议管辖条款的修法目的一样，在于统一涉外与非涉外的应诉管辖制度。根据2012年《民事诉讼法》第127条第2款[①]的规定，当事人未提出管辖异议，并应诉答辩的，视为受诉人民法院有管辖权，但违反级别管辖和专属管辖规定的除外。与1991年《民事诉讼法》涉外编的规定相比，规定于非涉外编中、统一适用于涉外和非涉外的应诉管辖制度增加了一个限制条件，即“违反级别管辖和专属管辖规定的除外”。根据该规定，即使被告实施了应诉答辩、提出反诉等诉讼行为，但如果原告选择起诉的法院违反了级别管辖和专属管辖的规定，被告所实施的应诉答辩和提起反诉的行为也不发生诉讼法上的效果，法院也不能因此取得管辖权。

正如前文关于涉外协议管辖的分析，该规定适用于涉外民商事案件时存在如下问题：一是级别管辖和专属管辖的除外规定不符合涉外民商事审判的实际情况。一国法院取得管辖权后，有关级别管辖和专属管辖问题可通过国内管辖规则来解决。故本条增加了有别于第130条的涉外应诉管辖制度，删除了“违反级别管辖和专属管辖规定的除外”之限制条件。二是缺乏被告反诉情形下应视为同意法院管辖的规定。在国际民事诉讼中，如果被告不对一国法院提出管辖异议，并应诉答辩或提起反诉，即视为其承认该国法院的管辖权。上述条文虽然规定了应诉答辩的问题，但缺乏对反诉的规定。在诉讼法上，应诉答辩和反诉是两种不同的制度。应诉答辩是被告针对原告的起诉，举起盾牌进行防御以消解“原告攻击之矛”的诉讼行为，而提起反诉相当于其亦操持起“攻击之矛”，以进攻的方式抵销对方的进攻。两者在诸多方面均存在不一致之处。虽然可以通过推论的方式，认为既然应诉答辩可以被认定为接受了法院的管辖，那么提起反诉——一种主动提起诉讼的行为——更应该视为其选择该法院为管辖法院。此推论固然正确，但在立法中对提起反诉的情形直接进行规定，显然结构上更为完整，逻辑上更为严密，有必要加以完善。

---

① 现为《民事诉讼法》（2023年修正）第130条第2款。

【审判实践中应当注意的问题】

应诉管辖针对的是受理案件的法院对案件本无管辖权，但因当事人的应诉答辩和提出反诉的行为，导致法院可以推定当事人以其实际行为合意选择了由该法院行使管辖权。如果依据法律的规定，法院本身对案件即有管辖权，不发生法院以应诉管辖为依据取得管辖权的问题。

2023 年《民事诉讼法》修正后，依当事人的应诉答辩取得管辖权，需要区分非涉外因素和涉外因素。对于前者，因为级别管辖和专属管辖排除了当事人通过意思自治协议选择管辖法院的空间，而应诉管辖系默示协议管辖，属于当事人合意选择方式的一种，因此，其仍须受不违反级别管辖和专属管辖的限制。对于后者，如前所述，国际民事诉讼管辖权解决的主要是一国法院作为一个整体对案件是否有管辖权，既然当事人通过其实际诉讼行为选择了接受一国法院的管辖，该国法院应尊重当事人此种选择。至于该种默示的选择是否符合该国国内的级别管辖和专属管辖制度，可以进一步进行调整，而不能因此整体上否定当事人默示选择该国法院解决纠纷的意愿，除非当事人应诉和法院审理案件确实明显存在不方便。

需要说明的是，应诉答辩应是指对案件的实体问题进行应诉答辩，例如，针对实体问题提交反驳证据、就对方的证据进行质证、就对方的主张发表抗辩意见、陈述案件的相关事实、对案件的法律适用问题陈述观点等，均属于应诉管辖情形下的“应诉答辩”。如果被告虽然亲自出庭或者委托代理人出庭，但其出庭的目的在于对管辖权提出异议，不认可人民法院的管辖权，未就案件事实问题提交己方证据和反驳证据，未对案件的法律适用发表看法，则不应认定当事人的此类诉讼行为构成“应诉答辩”。

第二百七十九条 下列民事案件，由人民法院专属管辖：

（一）因在中华人民共和国领域内设立的法人或者其他组织的设立、解散、清算，以及该法人或者其他组织作出的决议的效力等纠纷提起的诉讼；

（二）因与在中华人民共和国领域内审查授予的知识产权的有效性有关的纠纷提起的诉讼；

（三）因在中华人民共和国领域内履行中外合资经营企业合同、中外合作经营企业合同、中外合作勘探开发自然资源合同发生纠纷提起的诉讼。

【条文主旨】

本条是关于我国法院专属管辖的规定。

【理解与适用】

本条立足我国现实利益需要，增加了我国法院专属管辖的案件类型，以扩大我国法院对特定类型案件行使排他、强制司法管辖权的范围。

一、专属管辖的法律特征

专属管辖，是指对于特定的涉外民商事案件，只能由特定国家法院独占地进行管辖，排斥其他国家法院对该特定事项的管辖，也排斥当事人通过协议约定变更，是一种带有强制性的司法管辖。国际社会各主权国家处于平等地位，一国不可能也很难在其国内立法中规定某类争议由其专属管辖，同时禁止其他国家对该类争议的专属管辖进行立法。但各国在对专属管辖事项进行国内立法时，往往会考虑国际社会的普遍做法，尽量使自身的专属管辖事项能得到大多数国家的承认，避免专属管辖事项过多过宽而侵犯他国合理的、适当的管辖权，甚至侵犯本应由他国专属管辖的事项。因此，国际社会的趋势是尽量减少专属管辖的事项，一般只是将涉及本国的政治、经济、法律、社会体制等与本国利益关系重大、涉及本国公共秩序的问题列入专属管辖的范围。如果关于专属管辖的规定合理，法院审理属于专属管辖的案件，也更有利于实现案件审理的方便、公正和高效。本条新增的专属管辖事项亦秉持了这一原则。如果他国关于管辖的规则与本国的专属管辖规则在管辖事项上重叠，他国依据其管辖规则作出的判决，违反我国专属管辖规定的，将无法在我国得到承认和执行。

从比较法的角度来看，英美法系国家的管辖制度通常区分对人诉讼和对物诉讼，在此基础上建立起其管辖制度。对人诉讼是当事人之间的诉讼，涉及要求被告作或者不作某一特定行为的请求能否得到支持，解决的是当事人之间的权利义务问题。对物诉讼主要包括物权诉讼和有关法律地位的诉讼，当事人希望获得的是一个不仅影响双方当事人而且影响诉讼之外其他人的判决。英美法系国家行使管辖权的基础是有效原则，即管辖法院对其管辖的案件有实际的支配力。基于此，对人诉讼的管辖以法院传票能否送达被告为前提，只要能将传票送达被告，不论被告国籍如何、住所地或者经常居所地位于何处，也不论案件事实发生在何地，法院均可取得管辖权。而对物诉讼中，只要争议的标的物在法院所在国出现，则被视为其处于法院的有效控制之下，法院将因此获得管辖权。英美法基于“有效原则”而实施的管辖权是一种灵活的制度，法官具有较大自由裁量权。严格来说，英美法系国家并无专属管辖的专门规定。在大陆法系国家，则更多是以制定法明确规定专属管辖制度，例如，以大陆法系国家为主体的欧盟制定的《布鲁塞尔条例I》第22条对五类事项规定了专属管辖权。[①]相比英美法系法官对该问题的自由裁量权，大陆法系法官须严格依照法律的规定执行。大陆法系国家的做法某种程度上也是对英美法系国家较为灵活、行使管辖权门槛相对较低的现状进行的一种对冲或制衡。

各国关于专属管辖的涉外民商事案件的范围不尽相同，大体可以分为几种情况：第一，涉及一国国内不动产的诉讼，因不动产特别是土地的价值较大，而土地往往和各国行使主权的物质基础存在联系，而且也便于当事人参与诉讼和法院审理案件，所以，各国一般承认并接受此类案件由不动产所在国法院专属管辖的规则；第二，法人的设立、解散、清算、公司相关决议的效力，知识产权的有效性等案件，因相关事项关系到本国行政管理或公共登记事项，涉及一国公共秩序的问题，各国一般承认对此类事

① 即重订版第7条。参见李浩培：《国际民事程序法概论》，法律出版社1996年版，第51~53页；何其生：《比较法视野下的国际民事诉讼》，高等教育出版社2015年版，第112~113页。

项的专属管辖权。

2023年本条修改后较原先规定的专属管辖范围有所拓宽，究其原因，主要在于先前的规定系基于当时的经济社会发展状况。随着社会经济的发展，当时的规定已经远远不能反映当前现实状况，不利于平等保护中外当事人的利益，对我国法院的涉外审判权造成了不合理的制约。而且，增加的专属管辖事项不过是借鉴了国际社会广为采用的做法，并未超出各国普遍承认和接受的限度，不会对我国法院判决于外国法院承认和执行时在管辖权方面制造障碍。

二、本法规定的各类专属管辖事项

（一）关于在我国领域内设立的法人或者其他组织的设立、解散、清算，以及该法人或者其他组织作出的决议的效力引起的纠纷

在我国设立的法人及其他组织与其拟制人格直接相关的纠纷，包括非法人组织的设立、解散、清算等纠纷。由于法人和非法人组织的拟制人格来源于国家公权力的确认，与登记设立地法即我国法律密切相关，往往涉及设立于我国的法人的公共登记、解散和清算等制度，关系到我国的公共秩序，宜由我国法院专属管辖。

（二）因与在中华人民共和国领域内审查授予的知识产权的有效性有关的纠纷

将与在我国领域内审查授予的知识产权的有效性有关的纠纷增列为专属管辖事项，是出于如下两点考虑：第一，关于知识产权，我国《民法典》第123条对各种类型的知识产权保护客体作出了规定。本条规定的“在中华人民共和国领域内审查授予的知识产权”主要包括：专利权、注册商标专用权、植物新品种权、集成电路布图设计专用权等，这些知识产权都是由相关的行政管理部门审查后进行授权，对于权利的保护以及宣告无效，也应依照我国法律进行。第二，地域性原则是知识产权法律制度中的基本原则之一。

（三）关于“三资企业”合同纠纷

对该类事项的专属管辖也被称为对投资合同的专属管辖。1991年《民事诉讼法》即已规定该类合同争议实行专属管辖，需要说明的是，依据自2020年1月1日起施行的《外商投资法》第42条第1款，《外商投资法》施行之时《中外合资经营企业法》《外资企业法》《中外合作经营

企业法》同时废止。但该条第2款同时规定，本法施行前依照《中外合资经营企业法》《外资企业法》《中外合作经营企业法》设立的外商投资企业，在本法施行后五年内可以继续保留原企业组织形式等。因此，在五年过渡期内，以“三资企业”合同为组建基本依据的“三资企业”仍将存续，正因为如此，《民法典》第467条第2款规定对中外合资经营企业合同等三类合同的表述仍保持原样无变化。2023年《民事诉讼法》修改决定于2024年1月1日生效，仍处于“三资企业”组织形式存续期内，故三类“三资企业”合同的专属管辖制度及其表述仍然延续。

【审判实践中应当注意的问题】

一、本条与《民事诉讼法》第34条专属管辖的关系

依据《民事诉讼法》第34条的规定，因不动产纠纷提起的诉讼，由不动产所在地人民法院管辖；因港口作业中发生纠纷提起的诉讼，由港口所在地人民法院管辖；因继承遗产纠纷提起的诉讼，由被继承人死亡时住所地或者主要遗产所在地人民法院管辖。关于本条与非涉外编专属管辖条款的关系，应重点把握如下问题：

第一，关于不动产专属管辖的规定。依据《民事诉讼法解释》(2022年修正)第28条第1款，此处所指不动产纠纷是指因不动产的权利确认、分割、转让及相邻关系等引起的物权纠纷。如前所述，对不动产纠纷进行专属管辖，是国际社会较为通行的做法。如果此类纠纷具有涉外因素，不论被告的住所地或经常居住地是否在我领域内，我国法院都享有并可以行使专属管辖权。根据《民事诉讼法解释》(2022年修正)第28条第2款、第3款，农村土地承包经营合同纠纷、房屋租赁合同纠纷、建设工程施工合同纠纷、政策性房屋买卖合同纠纷，虽然相关的权利义务以合同为载体，但应按照不动产纠纷确定管辖。农村土地承包经营合同和政策性房屋买卖合同具有涉外因素的可能性较小，房屋租赁合同、建设工程施工合同具有涉外性的可能性不能排除，后两类具有涉外因素的合同引起的纠纷，应按照该条的规定确定专属管辖法院。不动产已登记的，以不动产登记簿记载的所在地为不动产所在地；不动产未登记的，以不动产实际所在地为不动产所在地。

第二，关于因继承遗产纠纷提起的诉讼的专属管辖问题。此类纠纷在

不具有涉外因素时，如果出现被继承人死亡时住所地或者主要遗产所在地不一的情况，则两个法院都有管辖权，当事人可以任意选择其中一个人民法院提起诉讼。如果被继承人的遗产分散在几个不同的人民法院辖区，则应以遗产的数量和价值来确定主要遗产所在地，进而确定管辖法院。[①] 如果此类纠纷具有涉外因素，对于其专属管辖问题，有学者提出了疑问。随着国际社会人员流动幅度日益频繁，个人资产配置全球化的现象并不鲜见，不排除被继承人死亡时住所地和主要遗产所在地分别处于不同国家，甚至两个地点均位于我国境外的情况，此时，我国法院依据该条行使专属管辖权，可能既不能保证当事人参与诉讼的方便，也不能保证法院审理案件的方便。因此，对具有涉外因素的遗产继承纠纷，出现被继承人死亡时住所地或者主要遗产所在地不一致时，应根据个案具体情况妥善处理，不宜一律以外国法院的管辖违反我国《民事诉讼法》专属管辖为由，对有关判决不予承认和执行。

二、与在我国领域内审查授予的知识产权的有效性有关的民事纠纷的专属管辖问题

本条对与“审查授予的知识产权”有效性有关纠纷的专属管辖予以明确，进一步丰富涉外民事诉讼中的专属管辖制度。决定稿将一读稿中的“下列案件”改为“下列民事案件”，进一步强调本条是从民事诉讼专属管辖的角度作出规定，不涉及我国的相关行政管理部门依法对“审查授予的知识产权”的有效性作出的行政决定。

① 全国人大常委会法制工作委员会民法室编著:《〈中华人民共和国民事诉讼法〉释解与适用》，人民法院出版社 2012 年版，第 36~37 页。

第二百八十条 当事人之间的同一纠纷，一方当事人向外国法院起诉，另一方当事人向人民法院起诉，或者一方当事人既向外国法院起诉，又向人民法院起诉，人民法院依照本法有管辖权的，可以受理。当事人订立排他性管辖协议选择外国法院管辖且不违反本法对专属管辖的规定，不涉及中华人民共和国主权、安全或者社会公共利益的，人民法院可以裁定不予受理；已经受理的，裁定驳回起诉。

【条文主旨】

本条是关于平行诉讼的一般规定。

【理解与适用】

本条为新增条款，主要是将《民事诉讼法解释》（2022年修正）第531条关于平行诉讼的成熟规定以立法的形式予以明确，同时对相关规则做进一步的细化和完善。

一、国际民事诉讼中的“平行诉讼”现象及解决方法

因国际民商事交往的复杂和活跃，一些民商事交往的主体，产生、变更或消灭相关法律关系的法律事实，或者讼争的标的物等，分布在不同国家。因国际民商事交往而发生争议时，前述因素可能散布在不同国家或同一国家的不同法域，导致不同国家或法域的法院对同一争议都具有管辖权，使管辖竞合成为常态，形成国际民事诉讼中的平行诉讼。平行诉讼又称为“双重起诉”“诉讼竞合”等，是指相同当事人就同一纠纷在两个或两个以上国家的法院进行诉讼的现象。典型的平行诉讼表现为两种方式：其一，某甲就同一纠纷在两个或两个以上国家的法院起诉某乙；其二，某甲就某纠纷在A国法院起诉某乙，某乙就该纠纷在B国起诉某甲。如果前述法院依据其国内管辖权规则，对于该同一民商事案件都有管辖权，就形成了管辖权竞合现象。如果有管辖权的国家都实际行使了管辖权，就形成了平行诉讼的现象。

平行诉讼的实质是一种管辖权的冲突，虽然可以使当事人获得更多的诉讼机会，但会造成当事人精力和金钱的耗费和司法资源的浪费，而且极易形成冲突判决，给判决的承认与执行带来诸多障碍，有可能并不利于保护当事人的利益。

（一）国际法层面

在一国国内，通常不允许同一案件在不同法院同时进行审理。如果是一国之内不同法院对同一纠纷的管辖产生冲突，通常会有一个统一的协调解决机制。但在国际社会，则缺少对此类冲突进行协调的机构和规则。为减少或者消除管辖权冲突所带来的不利影响，有关国际组织就各国法院管辖权的协调问题推动制定了一些国际公约，如 1968 年欧共体《民事司法管辖权和判决执行公约》、1971 年海牙《关于承认与执行外国民事和商事判决的公约》及补充议定书等。这些公约有的只是区域性公约，有的成员国过少，影响力有限。1992 年，海牙国际私法会议开始着手起草一项“混合公约”，对各国法院的管辖依据（直接管辖权），以及一国法院承认与执行外国法院判决时对外国法院的管辖权问题进行判断的依据（间接管辖权）进行规定。因各国分歧过大，最终仅于 2005 年通过了一项调整范围较为有限的《选择法院协议公约》。

2019 年，海牙国际私法会议通过了涉及间接管辖权的《承认与执行外国民商事判决公约》。依据公约第 5 条，原审国法院对案件享有管辖权是该判决可被他国承认和执行的基础。第 5 条列举了原审国法院获得管辖权的相关情形。其中第 1 款第 1 至第 4 项涉及原审国法院依属地管辖取得管辖的情形，第 5 项和第 6 项规定原审国法院可依协议管辖、应诉管辖取得管辖权，第 7 项规定对合同纠纷原审国可以合同履行地之因素取得管辖权，第 8 项规定对不动产租赁纠纷财产所在地国法院享有管辖权，第 9 项涉及以不动产物权为合同的履行提供担保情形下适格管辖法院的确定，第 10 项涉及非合同义务纠纷的侵权行为发生地所在国法院的管辖权，第 11 项、12 项涉及有关信托、反诉判决情形下法院的管辖权，第 13 项涉及非排他性管辖协议下法院的管辖权；第 2 款对当事人为自然人且仅涉及个人消费合同纠纷、针对雇员的雇佣合同纠纷的管辖问题进行了规定。公约第 6 条确立了不动产物权纠纷由不动产所在国法院专属管辖的立场。公约对原审国法院间接管辖权的规定，实际上列明了公约认可的各国法院可作为管辖行使依据的“白名单”。此“白名单”列明的管辖依据对推动国际社会就直接管辖权问题达成一致具有重要意义。公约通过后，海牙国际私法会议又于2020年开启了推动国际社会就直接管辖权问题制定统一规则的进程。

（二）各国国内法层面

目前，平行诉讼问题的解决更多的是依靠各自的国内法机制。归纳而言，各国主要采取如下几种措施：

1. 中止本国诉讼或驳回当事人在本国的起诉

在美国，法院综合考虑案件审理是否方便、法院受理案件的先后顺序、外国法院给予的救济是否充分、是否存在影响法院管辖权行使的决定性因素等情况后，如果决定中止本国诉讼，一般依未决诉讼案件原则（The Lis Alibi Pendens Doctrine）发布未决诉讼命令以中止本国的诉讼，此种情形下外国法院的判决通常可获得美国法院的承认和执行。如果外国法院诉讼未进行下去，则美国法院的诉讼可恢复。英国对平行诉讼的处理与美国相似。是否中止诉讼，英国法院尤其要考虑如下因素：案件审理的便利条件和费用、契约准据法的适用、缔约各方与法院地国的密切联系程度、原告的相关权利是否会受到侵害等。德国、法国、意大利和瑞士等国通常采用先受理和/或预期承认理论，以外国法院所作判决是否会得到本国法院的承认为标准，来决定本国法院所采取的措施。如果外国法院所作判决预期能得到本国法院的承认，则中止本国法院的诉讼，或者驳回当事人在本国的起诉。还有的国家以案件受理顺序为判断标准，在发生平行诉讼时，原则上由最先受理案件的国家的法院行使管辖权，后受理案件的法院中止或驳回在本国的诉讼。《希腊民事诉讼法》第222条对此亦有规定。①

2. 发布禁诉令（Anti-suit Injunction）或采取类似措施，间接干预外国法院的诉讼

禁诉令，是指一国法院对系属于该国法院管辖的案件当事人作出的禁止其在外国法院提起或参加诉讼的命令，违反禁诉令的当事人将面临法院的制裁。目前，禁诉令主要为英美法系国家如英国、美国、加拿大、澳大利亚等国采用。大陆法系国家不存在专门的禁诉令制度，但司法实践中也采取过禁止当事人在外国法院启动或推进不当诉讼的措施。例如，在某离

① 徐卉：《涉外民事诉讼管辖权冲突的解决途径》，载陈光中主编：《诉讼法论丛》第5卷，法律出版社2000年版，第675页。

婚案件中，德国最高法院作出过命令当事人停止在外国法院的诉讼活动并承担赔偿责任的裁判。① 在某破产案件中，法国最高法院也为保护其破产程序签发过禁诉令。② 在我国，有的海事法院以《海事诉讼特别程序法》规定的海事强制令为依据，裁定命令当事人申请解除在外国法院的财产保全措施或者停止在域外的诉讼。近年来，我国审理知识产权案件的法院以《民事诉讼法》第 103 条关于行为保全的原则性规定为制度基础，作出过关于禁止当事人必须为某种诉讼行为或不为某种诉讼行为的裁定。相比大陆法系国家所采取的类似措施而言，禁诉令在英美法系国家运用得更为广泛。通常情形是，如果审理案件的法院或者仲裁庭认定一方当事人的行为违反了当事人之间关于争议解决方式的约定，又在其他国家的法院提起了诉讼，即会发布命令，命令违反协议的一方停止在其他国家法院的诉讼。禁诉令针对的虽然是当事人，但会对在外国法院进行的诉讼间接产生干预。为此，欧洲法院在 Turner v. Grovit 一案中，明确指出不允许 1968 年欧共体《民事司法管辖权和判决执行公约》的成员国法院签发禁止当事人在其他成员国诉讼的禁诉令。但在该公约范围之外，实行禁诉令制度的国家仍有可能向当事人签发禁诉令。③

3. 允许诉讼并存，在判决的承认与执行环节解决管辖权冲突问题

美国大多数法院认可同时并存的平行诉讼，如果本国法院和外国法院都作出了判决，以其中首先作出的判决来定案。④ 英国法也规定，当事人可以英国法院先其作出判决为由，对另一外国法院的判决提出抗辩；当存在两个对立的外国判决时，先作出的判决将被承认，后一判决将不被承认。根据《意大利民事诉讼法》第 3 条，其允许平行诉讼的同时进行，但意大利法实际上禁止承认针对同一事项的外国判决。⑤ 印度、巴基斯坦、缅甸等国的民事诉讼法典的解释也都允许国内外同一诉讼的并存，认为诉讼正在外国法院进行的事实，并不妨碍本国法院受理基于同一诉因而提起

---

① Markus Lenenbach. Antisuit Injunction in England, Germany and the United States: Their Treatment Under European Civil Procedure and the Hague Convention, pp. 273–275.

② 参见欧福永：《国际民事诉讼中的禁诉令》，北京大学出版社 2007 年版，第 110~111 页。

③ See Dicey, Morris and Collins on the Conflict of Laws, 14th.ed., London: Sweet &Maxwell, 2006, pp. 510–511.

④ 张茂：《美国国际民事诉讼法》，中国政法大学出版社 1999 年版，第 115 页。

⑤ 徐卉：《涉外民事诉讼管辖权冲突的解决途径》，载陈光中主编：《诉讼法论丛》第 5 卷，法律出版社 2000 年版，第 686~687 页。

的诉讼。[①]

另外，解决各国对同一民商事案件管辖冲突的做法是依据不方便法院理论（forum non convenience doctrine），本国法院拒绝行使管辖权，告知当事人向境外另一更为方便的法院提起诉讼。具体情况见本书关于第282条的理解与适用部分。

二、我国此前的立法和司法实践

2023年《民事诉讼法》修正之前，我国《民事诉讼法》并未对平行诉讼问题作出规定，但最高人民法院制定的会议纪要、司法解释对此问题作了原则性规定。《第二次全国涉外商事海事审判工作会议纪要》第10条规定："我国法院和外国法院都享有管辖权的涉外商事纠纷案件，一方当事人向外国法院起诉且被受理后又就同一争议向我国法院提起诉讼，或者对方当事人就同一争议向我国法院提起诉讼的，外国法院是否已经受理案件或者作出判决，不影响我国法院行使管辖权，但是否受理，由我国法院根据案件具体情况决定。外国法院判决已经被我国法院承认和执行的，人民法院不应受理。我国缔结或者参加的国际条约另有规定的，按规定办理。"会议纪要的该条内容随后被位阶更高的司法解释所吸收。《民事诉讼法解释》（2022年修正）第531条规定，中华人民共和国法院和外国法院都有管辖权的案件，一方当事人向外国法院起诉，而另一方当事人向中华人民共和国法院起诉的，人民法院可予受理。判决后，外国法院申请或者当事人请求人民法院承认和执行外国法院对本案作出的判决、裁定的，不予准许；但双方共同缔结或者参加的国际条约另有规定的除外。外国法院判决、裁定已经被人民法院承认，当事人就同一争议向人民法院起诉的，人民法院不予受理。另外，《民事诉讼法解释》（2022年修正）第15条还专门针对离婚案件的管辖作出规定："中国公民一方居住在国外，一方居住在国内，不论哪一方向人民法院提起离婚诉讼，国内一方住所地人民法院都有权管辖。国外一方在居住国法院起诉，国内一方向人民法院起诉的，受诉人民法院有权管辖。"

可见，对于平行诉讼，我国此前的基本立场是：我国法院和外国法院都有管辖权的案件，一方当事人向外国法院起诉，而另一方当事人向我

---

① 倪征赜：《国际法中的司法管辖权问题》，世界知识出版社1985年版，第142页。

国法院起诉的，我国法院可予受理。在我国法院判决后，外国法院申请或者当事人请求我国法院承认和执行其判决的，不予准许，但双方共同参加或者签订的国际条约另有规定的除外。[①]我国对平行诉讼采取的措施是允许国内外法院对同一案件行使管辖权，但对外国法院作出的判决可能不予承认和执行。甚至有观点认为，即使外国法院已经作出了终审判决，也不影响我国法院受理此案。我国法院作出判决后，对外国法院的裁判不予承认。[②]

近年来，最高人民法院对平行诉讼问题的处理较以前稍显灵活，虽然仍强调我国的上述立场，但对于是否受理可由我国法院根据案件具体情况决定。如果外国法院判决已经被我国法院承认和执行的，人民法院不应受理。[③]

随着高质量共建“一带一路”的推进，平行诉讼相应呈日益增多的趋势，有必要将内容相对成熟但位阶较低的司法解释的规定进一步上升为法律条文。本条吸收我国司法解释的既有规定，明确平行诉讼的一般规则。本条延续《民事诉讼法解释》（2022 年修正）第 531 条的立场，即对于平行诉讼，如果我国法院依据我国法律有管辖权的，我国法院可予受理，不因当事人是否已经在外国法院提起诉讼而放弃行使我国的司法主权。另外，充分尊重当事人意思自治，对于当事人订立排他性管辖协议选择外国法院管辖且不违反本法专属管辖规定的，我国法院不行使管辖权，最大限度在国际交往层面稳定社会秩序，减少不必要的司法资源浪费。

三、条文修改的主要内容

根据《民事诉讼法解释》（2022 年修正）第 531 条的规定，我国法院和外国法院都有管辖权的案件，一方当事人向外国法院起诉，而另一方当事人向中华人民共和国法院起诉的，人民法院可予受理。外国法院受理并作出判决的，我国法院不予承认和执行。面对复杂的平行诉讼呈现出的各种问题，总体来看，该规则失之简单，过于刚性，距离更好地维护当事人的权益、更灵活并合理地协调各国对同一民商事纠纷的管辖权冲突，还存在一定差距。为此，2023 年《民事诉讼法》进一步完善了相关规则。主要修改之处在于：第一，将原先规定的“一方当事人向外国法院起诉，而另一方当事人向中华人民共和国法院起诉”，进一步丰富为“一方当事人

① 1992 年《民事诉讼法意见》第 306 条。

② 参见马原主编:《〈民事诉讼法适用意见〉释疑》，中国检察出版社 1994 年版，第 217 页。

③ 2005 年《第二次全国涉外商事海事审判工作会议纪要》第 10 条。

向外国法院起诉，另一方当事人向人民法院起诉，或者一方当事人既向外国法院起诉，又向人民法院起诉”。采取一贯的立场，作为一般原则中国法院可以受理。如果我国法院和外国法院均予以受理，则形成平行诉讼。第二，在此基础上，进一步明确我国法院合理“让渡”“礼让”管辖权的情形，即如果当事人订立排他性管辖协议选择外国法院管辖且不违反《民事诉讼法》对专属管辖的规定，且不涉及中华人民共和国主权、安全或者社会公共利益的，人民法院可以裁定不予受理或裁定驳回起诉。

【审判实践中应当注意的问题】

一、关于排他性管辖协议的把握

何谓排他性管辖协议，此前存在不同的看法。如果当事人在管辖协议中明确约定某一法院享有的是排他性管辖协议或者非排他性管辖协议，对此不存在争议，存在争议的是当事人仅约定了管辖法院，但对于约定的管辖法院是否享有排他性管辖权并无进一步的约定。2021 年《全国法院涉外商事海事审判工作座谈会会议纪要》第 1 条对此予以了明确。根据该条规定，涉外合同或者其他财产权益纠纷的当事人签订的管辖协议明确约定由一国法院管辖，但未约定该管辖协议为非排他性管辖协议的，应推定该管辖协议为排他性管辖协议。

二、关于同一纠纷的把握

认定两国或两个以上国家因行使管辖权导致形成平行诉讼局面，是以各国管辖的案件构成“同一纠纷”为前提。可能不同国家对何谓同一纠纷存在不同的立法，各国司法实践可能也不尽一致。我国在对这一问题进行判断时，可以考虑将这一问题识别为程序问题，根据程序问题依据法院地法之法律适用规则，依据我国相关法律规定进行判断。目前《民事诉讼法》对于何谓“同一纠纷”未作规定，可以参照《民事诉讼法解释》（2022 年修正）第 247 条第 1 款关于“重复诉讼”的规定。根据该规定，当事人就已经提起诉讼的事项在诉讼过程中或者裁判生效后再次起诉，同时符合下列三个条件，即后诉与前诉的当事人相同、后诉与前诉的诉讼标的相同、后诉与前诉的诉讼请求相同，或者后诉的诉讼请求实质上否定前诉裁判结果。如果同时具备上述三个要件的，可以认定构成“同一纠纷”。

第二百八十一条　人民法院依据前条规定受理案件后，当事人以外国法院已经先于人民法院受理为由，书面申请人民法院中止诉讼的，人民法院可以裁定中止诉讼，但是存在下列情形之一的除外：

（一）当事人协议选择人民法院管辖，或者纠纷属于人民法院专属管辖；

（二）由人民法院审理明显更为方便。

外国法院未采取必要措施审理案件，或者未在合理期限内审结的，依当事人的书面申请，人民法院应当恢复诉讼。

外国法院作出的发生法律效力的判决、裁定，已经被人民法院全部或者部分承认，当事人对已经获得承认的部分又向人民法院起诉的，裁定不予受理；已经受理的，裁定驳回起诉。

【条文主旨】

本条是关于平行诉讼综合解决方案的规定。

【理解与适用】

本条为新增条款，是在《民事诉讼法》第280条规定的基础上，同时融合外国法院受理在先、协议管辖、不方便法院、外国法院的审理进度、外国法院判决的承认与执行等相关要素，供人民法院审理涉及平行诉讼案件时，在综合考量相关因素的基础上进行裁断。

一、为协调各国民商事诉讼管辖权问题国际社会所作的努力

如前所述，在国际民商事交往中，对于同一纠纷，可能不同国家或地区的法院均享有管辖权，加之部分国家或地区对涉外民商事案件的管辖权持扩展、延伸甚至争夺的立场，以及当事人出于自身利益挑选法院的原因，造成管辖权竞合乃国际民商事诉讼中的常态，如果享有管辖权的国家实际行使管辖权，而国际社会缺乏民事诉讼管辖权协调机制，管辖权竞合则演变为管辖权冲突，导致平行诉讼现象发生，在某些领域甚至呈现高发态势。为减少不必要的平行诉讼，国际社会进行了不懈的努力，各国为协

调平行诉讼，采取了不同措施。

早在20世纪60年代，欧盟即制定了《关于民商事管辖权及判决承认与执行的布鲁塞尔公约》，采用“先受理原则”来解决平行诉讼问题。依据“先受理原则”，相同当事人就同一纠纷向不同成员国法院提起诉讼的，受理在先的法院确定管辖权之前，受理在后的法院应主动中止程序。受理在先的法院的管辖权确定后，任何其他受诉法院都应放弃管辖权，由受理在先的法院审理。取代该公约的2000年《布鲁塞尔条例》也继续沿用了“先受理法院规则”。

由于国际民商事案件的管辖权问题和判决的承认与执行问题关系紧密，前者涉及直接管辖权，后者涉及间接管辖权。1992年以来，海牙国际私法会议将两个议题捆绑在一起，为达成一项国际条约而努力。由于欧美在管辖权问题上存在巨大分歧，仅于2001年形成了临时公约文本，早期公约谈判失败。其后将两项议题分拆，于2005年通过了一个小规模的成果，即基于协议管辖所作判决的承认与执行问题达成了一项公约——海牙《选择法院协议公约》。直到2019年，才又在更宽领域判决的承认与执行问题达成了《承认与执行外国民商事判决公约》。由于直接管辖权涉及各国重大利益，除了前述适用于协议管辖领域的《选择法院协议公约》，在其他事项上国际社会尚未达成被广泛接受的全球性公约。基于此，海牙国际私法会议近年重新启动管辖权项目。2020年2月以来，海牙国际私法会议先后召开了数次专家组会议，主要就管辖权领域制定国际法律文书的必要性与可行性、文书的类型、文书的范围、直接管辖权的基础、平行诉讼和国际合作机制等问题展开磋商。总体来看，欧美在文书的类型、主要内容、具体规则等问题上有不同意见。为协调美欧之间的不同立场，2021年2月的专家组会议决定采取“包容性和整体论方法”，即就平行诉讼所涉问题，在不排除包括直接管辖权规则在内的任何议题的情况下，基于未来各国所提交的建议方案，整体推进谈判。同时，鉴于未来谈判工作向具体条文的起草转变，专家组决定结束自己的使命，交由各国政府代表组成的工作组来展开文本起草工作，谈判进入一个崭新的阶段。①截至2023年2月，该项目逐步形成处理平行诉讼的新框架，即总体框架以“管辖/联系”为基础，以专属管辖和合意管辖为优先，以“较好法

① 参见何其生：《海牙管辖权项目的困境与转变》，载《武大国际法评论》2022年第2期。

院”(better forum)为补充，建立了平行诉讼的中止、驳回和沟通机制。

二、几种解决平行诉讼的主要方案

(一)先受理模式

欧共体 1968 年的《关于民商事管辖权及判决承认与执行的布鲁塞尔公约》和取代该公约的 2000 年《布鲁塞尔条例 I》也都采用了“先受理法院规则”。该《布鲁塞尔公约》第 21 条和《布鲁塞尔条例 I》第 27 条都规定:“相同当事人就同一标的及同一诉因向不同成员国的法院提起诉讼，则受理在后的法院在受理在先的法院确定管辖权之前，应主动中止程序。当受理在先的法院的管辖权确定时，任何其他受诉法院都应放弃管辖权，由受理在先的法院审理。”随着欧盟成员国的日益扩大，《布鲁塞尔条例 I》规定的先受理法院规则也逐渐被所有欧盟国家(包括英国)采用。在关于家事纠纷的相关管辖规则中，欧盟也是一直延续该立场。[①]

由美国法学会和国际统一私法协会联合起草的《跨国民事诉讼原则》(ALI /UNIDROIT Principles of Transnational Civil Procedure)也采纳了先受理法院规则。该原则第 2.6 条规定:“如果争议已经首先在另一有管辖权的法院受理，后受理的法院应停止管辖或中止诉讼程序，除非该争议在先受理法院将不会公平、有效和迅速地得到解决。”国际法协会在 2000 年发布的一项关于国际民事诉讼的管辖权原则(鲁汶 / 伦敦原则)中，也采纳了先受理法院规则作为解决平行诉讼的首要规则。[②]

(二)综合模式

单纯采用先受理模式，固然提升了争议解决的效率，增强了规则的可

---

① 例如，欧盟理事会 2008 年 12 月 28 日《关于扶养义务事项的管辖权、准据法、判决的承认与执行并进行合作的第 4/2009 号条例》第 12 条规定:“1. 相同当事人就同一诉因在不同成员国法院提起诉讼的，首先受理案件的法院以外的其他法院应当依职权中止诉讼，直至首先受理案件的法院已确立管辖权。如果首先受理案件的法院业已确立管辖权，则首先受理案件的法院以外的其他法院应拒绝管辖，而让该首先受理案件的法院管辖。”欧盟理事会 2016 年 6 月 24 日《关于在婚姻财产制事项的管辖权、法律适用以及判决的承认与执行领域加强合作的第 2016/1103 号条例》第 17 条规定:“1. 对于在不同成员国法院进行的诉因相同和当事人相同的诉讼，在最先受理的法院确定管辖权之前，其他后受理的各法院应主动中止诉讼。2. 在第 1 款所指情形下，受理案件的法院应根据其他受诉法院的请求，毫不延迟地告知其受理案件的日期。3. 一旦最先受理案件的法院确立了管辖权，后受理案件的其他法院应拒绝管辖，以便最先受理的法院行使其管辖权。”

② 参见杜涛:《先受理法院规则与国际平行诉讼问题的解决》，载《武大国际法评论》2015 年第 2 期。

操作性和可预期性，但也存在规则较为机械，容易助长原告不当挑选法院并引发诉讼竞赛的做法，过于保护先受诉法院的管辖权还有可能不合理地将最适合审理该案件的法院排斥在外，进而可能牺牲案件的实质正义。欧盟成员国之间较好的协调性和行动统一性，使得先受理原则在欧盟成员国之间相对容易被接受，但是，将单纯的先受理原则拓展至国际社会更大的区域，存在一定的困难。

在美国，先受理法院规则也被经常用来解决不同联邦法院和不同州法院之间的平行诉讼问题。该规则被认为最早由美国最高法院在 1824 年的“史密斯案”所创立。在国际平行诉讼中，美国法院也曾在判例中根据礼让原则终止本法院对案件的审理而让位于先受理案件的外国法院。不过，在美国，不同法院解决平行诉讼问题的方法各异，先受理法院规则只是其中的一种考虑因素，而非硬性要求。[①] 国际社会较为常见的做法通常是采用综合性的衡量标准。

一些国家采用“先受理加预期承认模式”。德国、法国均在其民事诉讼法中规定当事人不得基于同一纠纷重复提起诉讼的基础上，进一步确立了先受理原则。例如，《法国民事诉讼法典》第 100 条规定，当事人不得向两个都有管辖权的法院提出两项相同的诉讼请求。第 104 条进一步规定，如果两个以上的法院都受理相同的诉讼请求，则第一个受理的法院有优先权。在德国，先受理法院规则被类推适用于涉外民事诉讼时，加上了外国法院判决能否预期被承认的考量因素。对于国际平行诉讼，法院如果认为外国法院对该案件所作出的判决有可能得到德国法院的承认，就会类推适用《德国民事诉讼法》第 261 条第 3 款的规定，禁止或中止当事人在本国法院提起的相同诉讼，以等待外国法院的判决。[②]

俄罗斯、捷克共和国等也采取类似立场。例如，《俄罗斯民事诉讼法》第 406 条第 2 项规定：如果外国法院的判决在俄罗斯联邦境内应予承认或执行，而就相同当事人、相同标的、相同理由的争议已经在外国法院提起诉讼，则俄罗斯联邦法院应退还诉讼申请或对申请不予审理。2012 年 1 月 25 日《捷克共和国关于国际私法的法律》第 8 条第 2 款规

---

① 参见杜涛：《先受理法院规则与国际平行诉讼问题的解决》，载《武大国际法评论》2015 年第 2 期。

② 参见杜涛：《先受理法院规则与国际平行诉讼问题的解决》，载《武大国际法评论》2015 年第 2 期。

定："2. 其他国家未决的诉讼程序并不妨碍相同当事人就同一事项在捷克法院提起诉讼。在其他国家提起的诉讼尚未审结，之后又向捷克法院提起诉讼的，如果外国机关所作的判决预期能在捷克共和国得以承认，则向捷克法院提起的诉讼应予中止。"

还有一些国家采用更为综合的方式解决平行诉讼问题。除了上述先受理加预期承认原则外，外国法院的审理期限等也被纳入考量因素，以供本国法院在决定是否中止本国法院的诉讼或驳回在本国法院的起诉时予以分析。2021年1月1日《瑞士联邦国际私法法规》便极具代表性，同时规定了先受理、预期承认以及外国法院的审理期限问题。该法第9条第1款、第3款规定："如果相同当事人之间就同一诉讼标的已在国外提起的诉讼尚未审结，且可预见外国法院在合理的期限内将作出一项能在瑞士得到承认的判决，则瑞士法院应中止诉讼……能在瑞士得到承认的外国判决一旦呈递于瑞士法院，瑞士法院即应驳回该诉讼。"又如，《保加利亚共和国关于国际私法的法典》（2010年修订）第37条规定："如果相同当事人之间基于相同事实就同一诉讼请求已在外国法院提起诉讼，并且可预见该诉讼将在合理的期限内作出终局判决，而该判决将在保加利亚共和国境内予以承认和执行，则保加利亚法院应依职权中止已受理的诉讼。"

最新的立法趋势是，在上述因素的基础上，案件是否属于本国法院专属管辖[①]、外国法院是否实质性推动审理进程、外国法院审理案件是否方便等因素也被增列为考量因素。比较典型的是韩国的做法。《韩国国际私法》第11条规定，对相同当事人之间正在外国法院审理的相同案件，再次向韩国法院起诉的，外国法院的判决可能在韩国获得承认时，韩国法院可以依职权或依当事人的申请决定中止诉讼程序。但韩国法院比外国法院明显更适合审理该案件的除外。而且，如果外国法院没有采取审理案件的必要措施或者外国法院没有或可能不在合理的期间内宣告案件判决时，韩国法院可以依当事人的申请继续审理已中止的案件。

（三）2023年修法提供的解决方案

本条目前的规定将协议管辖、专属管辖、审理案件是否明显更为方便、外国法院是否采取必要措施审理案件、外国法院的审理期限等问题均

① 专属管辖是一个显而易见应予考虑的因素。即使不在平行诉讼的条款中予以规定，依国际民事诉讼的一般法理，属于本国专属管辖的案件，不予考虑外国法院受理在先因素和预期承认因素也是应有之义。

纳入考量范围。本条第 3 款还进一步规定，如果外国法院判决、裁定的全部或部分被我国承认的，被承认的部分即发生“一事不再理”的效力，相关争议我国法院不再受理；已经受理的，裁定驳回起诉。

在 2023 年《民事诉讼法》修法一读稿中，就表述而言，将先受理因素与外国判决的预期承认问题联系在一起，拟规定“且根据本法的规定外国法院判决可能被中华人民共和国人民法院承认的”，即采取“先受理加预期承认理论”，同时综合其他因素的模式。依据该模式，只有外国法院受理在先，且根据《民事诉讼法》的规定外国法院判决可能被我国法院承认的，经当事人书面申请，我国法院可以中止诉讼。在征求意见过程中，有意见提出，在外国法院尚未作出判决的情况下，如何把握“根据民事诉讼法的规定外国法院判决可能被我国法院承认”缺乏必要的标准，实际操作上存在一定困难。最终决定稿中删除了一读稿中的表述。需要注意的是，本条赋予了人民法院一定的裁量权，即在外国法院受理在先的情况下，我国法院“可以”而非“必须”中止诉讼。

【审判实践中应当注意的问题】

《民事诉讼法》第 280 条确立了我国处理平行诉讼的一般规则，即一方当事人向外国法院起诉，另一方当事人向人民法院起诉，或者一方当事人既向外国法院起诉，又向人民法院起诉，人民法院依照本法有管辖权的，可以受理。概言之，对于具有涉外因素的同一纠纷，当事人是否向外国法院提起诉讼，外国法院是否受理，不必然影响我国法院受理该案，除非当事人排他性地选择了由外国法院受理，且该排他性选择协议不违反我国的专属管辖规定，也不涉及我国的公共利益。《民事诉讼法》第 280 条延续的是我国多年来对平行诉讼的一贯立场。而《民事诉讼法》281 条是新增的规定，对我国一贯延续的立场从操作层面进一步细化，同时提供多个供法官判案时考量的因素。如果说第 280 条是一般性规定，第 281 条则是更具操作性的技术性规定。

本条为平行诉讼提供了一种更为灵活、更为合理的方式，但与此同时，对法官的断案能力也提出了更高的要求。具体适用过程中，可以从如下两个方面加以把握：

第一，本条规定体现了适度礼让的原则，具体适用过程中应体现出该原则，以减少中外当事人的讼累、降低不必要的冲突判决的概率、体现对他国司法主权的尊重、节约司法资源。如果同一纠纷外国法院的确受理在先，要注意区分案件具体情况。我国法院可以裁定中止审理的，则裁定中止。根据本条第3款，如果外国法院作出的发生法律效力的判决、裁定，已经被人民法院全部或者部分承认，当事人对已经获得承认的部分又向人民法院起诉的，裁定不予受理；已经受理的，裁定驳回起诉。

第二，我国法院中止后，如果出现外国法院拖延诉讼，包括外国法院未采取必要措施审理案件，或者未在合理期限内审结的，本条为当事人提供了明确的救济途径，即依当事人的书面申请，人民法院“应当”而非“可以”恢复诉讼。

第二百八十二条 人民法院受理的涉外民事案件，被告提出管辖异议，且同时有下列情形的，可以裁定驳回起诉，告知原告向更为方便的外国法院提起诉讼：

（一）案件争议的基本事实不是发生在中华人民共和国领域内，人民法院审理案件和当事人参加诉讼均明显不方便；

（二）当事人之间不存在选择人民法院管辖的协议；

（三）案件不属于人民法院专属管辖；

（四）案件不涉及中华人民共和国主权、安全或者社会公共利益；

（五）外国法院审理案件更为方便。

裁定驳回起诉后，外国法院对纠纷拒绝行使管辖权，或者未采取必要措施审理案件，或者未在合理期限内审结，当事人又向人民法院起诉的，人民法院应当受理。

【条文主旨】

本条是关于不方便法院原则的规定。

【理解与适用】

本条为新增条款，面对日益复杂的国际民商事诉讼管辖冲突，有必要将司法解释的相关规定上升为法律规则，同时对相关条文作进一步优化，从立法层面确立不方便法院的制度框架，体现我国注重国际礼让和合作、促进纠纷解决效率的立场。

一、不方便法院原则概述

国际民事诉讼中的不方便法院原则，是指虽然某国法院依其法律对某案件具有管辖权，但从方便当事人和证人参加诉讼、方便证据收集，进而方便法院审理的角度出发，认为当事人在另一国法院参与诉讼更为便利、另一国法院审理案件可能更为便利时，告知当事人向更为方便的外国法院起诉、本国暂时中止对案件的审理或者放弃对该案行使管辖权的一种制度。[①] 法院一旦决定适用不方便法院原则，会驳回原告在本院提起的诉讼，或者中止该诉讼。目前，英国、美国、加拿大和澳大利亚等国通过判例确立了不方便法院原则，部分大陆法系国家如荷兰、日本等国也通过立法接受了这一原则。不方便法院原则是解决平行诉讼管辖权冲突的途径之一。

我国很长时间以来并未确立不方便法院原则，近年来才开始在司法实践中逐步确立该原则。根据相关的司法解释和会议纪要，如果符合下列条件，我国法院可以不方便法院为由裁定驳回原告的起诉，告知其向更方便的外国法院提起诉讼：（1）被告提出案件应由更方便外国法院管辖的请求或者提出管辖异议；（2）当事人之间不存在选择中华人民共和国法院管辖的协议；（3）案件不属于中华人民共和国法院专属管辖；（4）案件不涉及中华人民共和国国家、公民、法人或者其他组织的利益；（5）案件争议的主要事实不是发生在中华人民共和国境内，且案件不适用中华人民共和国法律，人民法院审理案件在认定事实和适用法律方面存在重大困难；（6）外国法院对案件享有管辖权，且审理该案件更加方便。[②] 需要强调的是，如果被告未提出管辖权异议，即使案件存在不方便管辖因素，我国法院也不主动适用。[③]

二、对此前司法解释规定的适用条件的完善

2023 年《民事诉讼法》将前述司法实践的成熟做法上升为立法，同时经广泛听取社会各界意见，鉴于不方便法院原则的适用条件过于严苛，故对适用规则作了进一步优化。与《民事诉讼法解释》（2022 年修正）第 530 条规定的适用条件相比，《民事诉讼法》减少了如下适用条件：第一，案件不涉及中国公民、法人或者其他组织的利益；第二，案件不适用中国法律、人民法院适用法律方面存在重大困难。主要理由在于：第一，在我国法院审理的具有涉外因素的民商事案件中，相当大比重的案件至少一方当事人涉及我国的自然人、法人或非法人组织，由于《民事诉讼法解释》（2022 年修正）列举的条件必须同时具备才能适用不方便法院原则，所以，将《民事诉讼法解释》（2022 年修正）第 530 条第 4 项“案件不涉及

---

① Black's law dictionary, 9th ed., p.726.

② 《民事诉讼法解释》（2022 年修正）第 530 条；2005 年《第二次全国涉外商事海事审判工作会议纪要》第 11 条。

③ 2008 年《全国法院涉港澳商事审判工作座谈会纪要》第 7 条。

中华人民共和国国家、公民、法人或者其他组织的利益”限缩为“案件不涉及中华人民共和国社会公共利益”，以回应理论和实务界关于该适用条件过于严苛、应予简化的呼声，较好解决司法实践中因平行诉讼的一方当事人是我国当事人而无法适用不方便法院原则、当事人被迫在若干法域进行平行诉讼的难题。第二，案件不适用中国法律、适用外国法律乃涉外民商事审判的日常工作，虽然外国法的准确查明和适用会造成审判工作量的增加，但其至多仅能成为一项参考因素，而不应成为判断是否适用不方便法院原则的法定要件。因此，立法过程中经广泛听取意见，对《民事诉讼法解释》(2022年修正)中的该两项适用条件予以删除。

除删除上述两项适用条件外,《民事诉讼法》第282条进一步完善了该原则的适用程序。《民事诉讼法解释》(2022年修正)对我国法院适用不方便法院原则后，外国法院的做法缺乏相应跟进补救措施。《民事诉讼法》第282条第2款规定，我国法院裁定驳回当事人起诉后，外国法院对纠纷拒绝行使管辖权，或者未采取必要措施审理案件，或者未在合理期限内审结，当事人又向人民法院起诉的，人民法院应当受理，防止中外当事人因救济无门而致权利受损。

三、印度博帕尔毒气惨案[①]适用不方便法院原则带来的参考和借鉴

1984年12月3日，印度博帕尔市的一家化工厂发生化学品泄漏事故，导致当地居民2000多人丧生，随后几年里死亡人数逾4000人。泄漏事故也给当地环境造成了严重破坏。该化工厂是由联合碳化印度有限公司拥有和经营，美国联合碳化公司持有该公司50.9%的股份，印度政府持有其22%的股份，其余股份由2万多名印度人持有。

事故发生后，印度政府颁布一项“博帕尔毒气泄漏惨案法”，规定印度政府在印度以及与该案有联系的其他地方，有代表印度受害原告的专属权利。1985年4月8日，受害者和印度政府在美国纽约南部联邦地方法院起诉美国联合碳化公司，索赔总额约31.2亿美元。

受害者和印度政府选择在美国法院起诉，是基于如下考虑：首先，联

① 参见姚梅镇、余劲松主编:《国际经济法成案研究》，武汉大学出版社1995年版，第1~10页。

合碳化印度有限公司是一家有限责任公司，事故发生时净资产仅为9530万美元，显然不足以赔偿受害人损失；其次，虽然联合碳化印度有限公司是一个独立企业法人，在印度完全由印度人经营和管理，但它是美国联合碳化公司这一跨国公司的组成部分，其经营管理、组织结构、财务和技术资源均受制于母公司即美国联合碳化公司，印度子公司仅为母公司的“代理人”或“化身”；最后，博帕尔化工厂是美国联合碳化公司设计和建造的，从事的是危险化工品生产，美国联合碳化公司负有防止毒气泄漏、向人们警示生产环节的相关危险、保障人员和财产安全的义务，但美国联合碳化公司违反了这些义务。

美国联合碳化公司请求法院以“不方便法院”为由驳回相关起诉。美国法院认为，首先，与事故相关的资料收集、调查取证需要在事故发生地进行，众多的受害人和证人均位于印度，应适用的准据法也是印度法，诉讼在印度法院进行显然更为方便；其次，该案虽与美国有关系，但联系并不紧密，且印度在该案中的利益显然高于美国；最后，尽管原告辩称，印度的法律设计尚不足以解决如此复杂的诉讼，其调查制度、共同诉讼制度、私法救济等都存在诸多限制，且印度法院案件积压严重，可能导致案件审理的无限期拖延，但美国法院认为印度的法律制度已经发展到可以处理如此复杂诉讼的程度，实体法方面可以参照英国相关的判例，程序法方面，印度立法机构可以通过立法消除相关诉讼障碍。总之，印度法院是一个适当的替代法院。

1986年6月，纽约南部联邦地方法院以“不方便法院”为由驳回了原告的起诉，原告的上诉亦被驳回。此后诉讼在印度法院进行。1989年2月，印度政府与美国联合碳化公司达成赔偿协议，美国联合碳化公司最终向受害者支付了总计4.7亿美元的赔偿款。

在英国，确定外国法院是否为更方便的法院时，主要依据三个步骤确定是否适用不方便法院原则：一是寻找与诉讼有真实或者实质性联系的国家，确定合适的审判法院；二是考虑外国司法体系独立程度、法律制度完备程度、原告在英国法院诉讼可获的利益是否会因在外国法院诉讼被剥夺等其他有关情况；三是在外国法院是合适的审判法院，原告在英国法院诉讼可以获得真正的优势利益时，对二者进行权衡。对上述基本条件的判断，很大程度上取决于案件审理法院的自由裁量。

归纳看来，适用不方便法院原则的审理步骤和主要判断因素包括：首先，依照其本国法律，法院自身对案件具有管辖权。其次，审理案件的法院是否为不方便法院。关于本国法院是否为方便法院，美国法院考虑的主要因素包括：原告选择法院的理由、被告应诉是否方便、法律选择、判决的可执行性、证据的可获得性、争议发生地位于何处、对所有当事人适当的可能性、外国正在进行的诉讼、语言因素、案件的积压情况等。方便因素包括：对案件具有管辖权、与诉讼关系更加密切、审理更加方便等；不方便因素包括：外国法院不允许争议在该院审理或外国法院无管辖权、原告无法在外国法院起诉、外国法院审理存在不公平或不具备审理特殊案件的能力、外国法院将适用不适当的实体规则或程序规则等。最后，外国法院是否为合适的替代法院。

【审判实践中应当注意的问题】

一、涉及不方便法院原则适用问题的审理步骤

通常说来，不方便法院原则的构成要件主要有三个：第一，依据本国法，本国法院对案件有合法的管辖权，此为本国法院适用不方便法院原则的前提条件之一。如果依据本国法，本国法院对案件本无管辖权，则无适用该原则之余地。第二，由本国法院审理案件，既不便于当事人参加诉讼，本国法院审理也存在不便。第三，存在一个可以替代的外国法院，由该外国法院审理案件既方便当事人参与诉讼，又方便法院进行审理，且能提供公平公正的救济。

二、本国法院是否为方便法院、外国法院是否为不方便法院的主要考量因素

有些案件情境下，本国法院是否为方便法院、外国法院是否为不方便法院是一个问题的两个方面，互为表里。但有些情况下，一些具体因素并非镜像关系。对于我国法院和外国法院是否为方便法院，可以考量的因素包括：被告是否方便参加诉讼、相关事实的发生地所引发的证据的获得是否方便、外国法院正在进行的未决诉讼判决的可执行性、驳回原告的起诉是否损害原告的利益等。另外，某些案件中对全部当事人送达的困难程度等也可作为参考因素之一。至于外国法院是否为合适的替代法院，可考虑的因素包括：外国法院对案件是否具有管辖权、与诉讼的关系是否更为密

切等。如果存在外国法院对案件不具有管辖权、原告无法在外国法院起诉、外国法院存在偏见或贪腐、外国法院将不当适用实体法规则和程序法并导致对当事人利益保护明显不公等情形的，该外国法院将不被视为合适的替代法院。[①]

三、更为方便的外国法院拒绝行使管辖权时，应保留对当事人的救济渠道

《民事诉讼法》第 282 条第 2 款规定，我国法院以不方便法院原则裁定驳回原告起诉后，外国法院对纠纷拒绝行使管辖权，或者未采取必要措施审理案件，或者未在合理期限内审结，当事人又向我国法院起诉的，我国法院应当受理。不论外国法院拒绝行使管辖权是基于其并非更方便法院，抑或其对案件无管辖权，或者任何其他何种理由，当事人又向我国法院起诉的，因我国法院对案件本具有管辖权，因此，在外国法院拒绝管辖的情况下，我国法院不应再拒绝管辖，而应充分考虑给予当事人救济之必要性，受理该案。如果外国法院虽未以不方便法院为由拒绝管辖，但并不推进案件的实质审理进程，或者案件审理明显存在拖延，无法在合理期限内审结，导致当事人利益实质上难以得到及时有效的保障，我国法院也应受理当事人再次提起的诉讼。

四、被告以不方便法院为由提出管辖异议的方式和期限

根据《民事诉讼法解释》（2022 年修正）第 530 条第 1 项关于“被告提出案件应由更方便外国法院管辖的请求，或者提出管辖异议”的规定，被告以不方便法院为由请求法院对原告的起诉不予受理或驳回起诉，其提出请求的方式共两种，即提出抗辩请求，或者提出管辖异议。2023 年《民事诉讼法》修正后，被告的此种请求仅限于以管辖异议的方式提出，在案件审理进程中以一般性的书面或口头方式附带提出此种请求的，不属于有效的异议方式。被告并非以法定的方式提出此种请求的，法院可以适当方式予以释明。随之而来的是，既然被告只能以提出管辖异议的方式提出，则意味着司法解释所规定的被告在案件审理进程中可随时提出此种请

① 李双元、谢石松：《国际民事诉讼法概论（第二版）》，武汉大学出版社 2001 年版，第 327 页。

求的情形不再被允许。根据《民事诉讼法》第 130 条第 1 款的规定，人民法院受理案件后，当事人对管辖权有异议的，应当在提交答辩状期间提出。因此，被告超过答辩期限以不方便法院为由提出管辖异议的，人民法院一般可对该异议不予审理。需要注意的是，涉外民商事案件中被告的答辩期限并非一个统一的期限，根据其在我国领域内是否有住所，其答辩期限不尽相同。被告在中华人民共和国领域内没有住所的，根据《民事诉讼法》第 285 条，其应在收到起诉状副本后三十日内提出答辩状。如果被告在中华人民共和国领域内有住所的，则应适用十五日的答辩期限。另外需要注意的是，不论是《民事诉讼法解释》的原有规定，还是此次立法规定的要件，不方便法院原则的适用均以当事人提出申请为前提，一般情况下，人民法院不宜主动适用不方便法院原则。

五、适用不方便法院原则时对我国法院和外国法院对案件管辖权问题的判断

与《民事诉讼法解释》（2022 年修正）第 530 条第 6 项的规定相比，2023 年《民事诉讼法》修正条文删除了“外国法院对案件享有管辖权”之表述，理由在于，第一，是否要在决定外国法院为方便法院之前，要对本国法院和外国法院的管辖权问题专门进行判断，从比较法的角度来看，美国联邦最高法院 2007 年在 Sinochem International Co. v. Malaysia International Shipping Corp. 案中重申了 1981 年 Piper 案的做法，依据该案，美国法院可以在决定其是否有管辖权之前，依不方便法院或者其他理由驳回原告的起诉。事实上，适用不方便法院原则时，美国基本上也不审查替代法院即更为方便的外国法院是否有管辖权。有学者认为，在确定管辖权之前驳回诉讼的条件可以放宽，有利于原告节省诉讼成本，也有利于发展中国家的自我保护。但也有学者对此做法提出明确批评。[①] 第二，国际民商事案件的诉讼管辖制度，虽然依据不同的标准可做不同划分，但究其本源，仍是基于相关的连接因素而构建，例如，属地管辖强调相关主体、物或者行为位于或发生于本国境内，属人管辖着重于国籍属于本国，保护管辖则侧重本国利益是否受到影响等。当事人参与诉讼、法院审理案

① 参见何其生:《比较法视野下的国际民事诉讼》，高等教育出版社 2015 年版，第 158~161 页。

件是否便利的相关事实，很多情况下也是法院是否享有和行使管辖权应考量的因素。便利当事人参与诉讼、便利法院审理案件的事实因素的多少，更多的是一个事实判断，基于这些连接因素法院是否享有管辖权，更多的是一个法律判断，在确定案件管辖权的阶段即对外国法院是否享有管辖权进行法律查明和判断，不利于当事人节约诉讼成本，也不利于提高诉讼效率。如果可以比较简要地查明外国相关管辖制度，本国法院亦可对外国法院的管辖权问题作出判断。因此，与其将管辖权问题单独列出作为判断法院是否为方便法院的法定要件，不如仅将其作为考察外国法院是否为方便法院的考量因素之一。经综合考虑，采用了现有规定。

不方便法院原则的适用具有一定的灵活性，我们在适用不方便法院原则判断外国法院是否为更为方便的法院时，如果依据本条规定的法定要件，我国法院明显不方便而外国法院明显更为方便时，可以将外国法院有管辖权作为其系方便法院的因素之一进行论述。如果相关案件事实、利益归属、诉讼的方便性等表明我国法院并不适宜审理，且存在一个更适合审理案件的外国法院，但外国法院所在国的管辖权规则较为复杂，短时间内难以判断，也可以直接适用不方便法院原则径直驳回原告的起诉，告知其向更为方便的法院起诉，不对外国法院的管辖权问题专门进行判断。适用不方便法院原则判断我国法院是否有管辖权时，由于我国法院对我国法律更为熟悉，可以对我国法院的管辖权问题进行判断。如果我国法院对案件明显无管辖权，我国法院可以不考察不方便法院原则通常应考虑的其他因素，径直以我国法院无管辖权为由裁定不予受理或驳回起诉。只有在我国法院有管辖权，但其他因素对便利诉讼产生了制约的情形，才应进一步分析其他因素。

第二十五章　送达、调查取证、期间

第二百八十三条　人民法院对在中华人民共和国领域内没有住所的当事人送达诉讼文书，可以采用下列方式：

（一）依照受送达人所在国与中华人民共和国缔结或者共同参加的国际条约中规定的方式送达；

（二）通过外交途径送达；

（三）对具有中华人民共和国国籍的受送达人，可以委托中华人民共和国驻受送达人所在国的使领馆代为送达；

（四）向受送达人在本案中委托的诉讼代理人送达；

（五）向受送达人在中华人民共和国领域内设立的独资企业、代表机构、分支机构或者有权接受送达的业务代办人送达；

（六）受送达人为外国人、无国籍人，其在中华人民共和国领域内设立的法人或者其他组织担任法定代表人或者主要负责人，且与该法人或者其他组织为共同被告的，向该法人或者其他组织送达；

（七）受送达人为外国法人或者其他组织，其法定代表人或者主要负责人在中华人民共和国领域内的，向其法定代表人或者主要负责人送达；

（八）受送达人所在国的法律允许邮寄送达的，可以邮寄送达，自邮寄之日起满三个月，送达回证没有退回，但根据各种情况足以认定已经送达的，期间届满之日视为送达；

（九）采用能够确认受送达人收悉的电子方式送达，但是受送达人所在国法律禁止的除外；

（十）以受送达人同意的其他方式送达，但是受送达人所在国法律禁止的除外。

不能用上述方式送达的，公告送达，自发出公告之日起，经过六十日，即视为送达。

【条文主旨】

本条是关于涉外民商事送达的规定。

【理解与适用】

本条为2023年《民事诉讼法》做出修改的条款：将2021年《民事诉讼法》第274条[①]规定的八项送达方式扩充至十种，旨在通过增加涉外送达方式、丰富涉外送达手段，提升送达实效，进一步解决制约涉外民商事审判效率的问题。

所谓涉外送达，是指向在我国领域内没有住所的当事人进行送达。如果当事人在我国领域内有住所，即使是外国当事人，也仍应按照《民事诉讼法》规定的一般送达方式送达；如果当事人在我国领域内没有住所而居于国外，即使具有我国国籍，也要采用本条规定的特殊送达方式。

《民事诉讼法》中的涉外送达框架自1991年确定为七种送达方式以来，仅于2012年修正增加了电子送达的规定，将七种送达方式增至八种，其余几次《民事诉讼法》修改均未对涉外送达方式作出变动修改。2023年修正系对涉外送达方式的第二次调整，也是对涉外送达进行的系统性修改。修改的原因在于，原有的八种送达方式已经不能满足涉外民商事案件中当事人对程序效率的迫切需求，涉外司法实践中已经出现了行之有效的其他涉外送达方式，需要及时上升为法律规则。在各国竞相打造争议解决优选地的背景下，有必要通过采取拓展送达渠道、缩短送达期限等举措，进一步提高我国涉外审判的效率，进而提升我国涉外争议解决机制对中外当事人的吸引力。

具体而言，修改点有以下六处：

一、删除原第4项诉讼代理人前“有权代其接受送达”的表述

《民事诉讼法》第88条中明确规定：“受送达人有诉讼代理人的，可以送交其代理人签收。”《民事诉讼法解释》（2022年修正）第132条中规定：“受送达人有诉讼代理人的，人民法院既可以向受送达人送达，也可以向其诉讼代理人送达。”可见，接受法院送达的司法文书，是委托诉讼

① 现为《民事诉讼法》（2023年修正）第283条。

代理人为其被代理人即案件当事人应当承担的基本义务和当然义务。关于这一点，在不具有涉外因素的民事诉讼中如此，在涉外民事诉讼中本应亦然。但由于此前《民事诉讼法》在涉外送达中对诉讼代理人接受送达作出了“有权代其接受送达”的限制性规定，司法实践中时而出现委托诉讼代理人提交的授权委托书载明“不包括接受司法文书”的情形。当事人不赋予代理人接受送达权是出于各种各样的考虑，更多的则是意图借此逃避送达，阻滞诉讼程序后续推进。这种现象已经大大背离了作此限制性规定的立法初衷——意在确保位于境外的当事人能够切实收到司法文书、知悉诉讼情况，避免因距离遥远沟通不畅导致无法充分参与诉讼。因此，2023年修改删除了诉讼代理人接受送达需以“有权代其接受送达”为前提的限制性规定。

值得注意的是，《最高人民法院关于涉外民事或商事案件司法文书送达问题若干规定》（2020年修正）第4条规定：“除受送达人在授权委托书中明确表明其诉讼代理人无权代为接收有关司法文书外，其委托的诉讼代理人为民事诉讼法第二百六十七条第（四）项规定的有权代其接受送达的诉讼代理人，人民法院可以向该诉讼代理人送达。”据此，如授权委托书中明示诉讼代理人“无权代为接收有关司法文书”，则不能向该诉讼代理人送达。但该条司法解释立足于2021年《民事诉讼法》第274条[①]第4项关于“向受送达人委托的有权代其接受送达的诉讼代理人送达”的规定，适用背景是诉讼代理人接受涉外送达需以“有权接受”为前提。鉴于代当事人接受法院送达的司法文书系诉讼代理人的当然义务，在2023年《民事诉讼法》修改已经删除诉讼代理人接受送达需以“有权接受”为前提的情况下，即使授权委托书中明示诉讼代理人“无权代为接收有关司法文书”，人民法院向该诉讼代理人送达其被代理人的司法文书，仍然应当视为有效送达。至于上述司法解释的有关规定，我们将在后续司法解释的清理和修改中作出配套性修改，也可以理解为2023年《民事诉讼法》专门对此作了修改，应当以新法为准。

① 现为《民事诉讼法》（2023年修正）第283条。

二、增加可向外国法人在我国领域内设立的独资企业进行送达的规定，同时删除原第5项分支机构前“有权接受送达”的限制性表述，仅规定业务代办人接受送达须以“有权接受送达”为前提

关于增加向外国法人在我国领域内设立的独资企业送达这一送达渠道，有反对意见认为，受送达人设立的独资企业虽然是受送达人全资控股的公司，受送达人系其唯一股东，二者具有高度关联，但基于法人人格独立原则，该独资企业与受送达人并非同一主体，因此，不宜将向受送达人设立的独资企业送达视为向受送达人的当然送达。但同时也有意见认为，送达的主要功能就是通知，为提高送达效率，可以向外国法人在我国领域内设立的所有类型的外商投资企业送达，而不仅限于外商独资企业。对此，我们认为，在受送达人设立的独资企业中，受送达人作为唯一的股东，有权决定法定代表人、董事会成员以及高级管理人员，而其工作人员又通常是董事会决定聘请，故独资企业与作为其母公司的受送达人存在多种沟通联系渠道，因此，向作为受送达人的外国法人设立的独资企业送达即可视为向受送达人送达，而无须该受送达人另行就诉讼文书送达进行专门授权，规定向受送达人的独资企业送达具有其合理性、亦符合实际情况，并能有效应对部分送达难的情形。然而，不能将这种送达方式扩展至向受送达人在我国领域内设立的合资公司送达，因为合资公司中还存在除了受送达人以外的其他股东，各股东利益交织掺杂，若由该合资公司代替其中某个股东接受诉讼文书并由该股东承担送达后果，难免遭到其他股东质疑，认为该行为损害了合资企业利益进而损害了其他股东利益。尤其在合资公司存在大股东控制或是公司僵局情形时，向合资公司送达，合资公司很可能不愿意通知具有股东身份的受送达人，此时受送达人的程序利益难以得到保障。

关于不再规定外国法人在我国领域内设立的分支机构接受送达需以“有权接受”为前提。分支机构不是独立法人主体，只是受送达人的内设部门，无法以其自身名义独立开展业务，其人员亦是由受送达人委派或聘请，与受送达人设立的独资企业相比，与受送达人的联系更为紧密，二者之间属于内部关系，分支机构理应具备向其所属主体传递信息的功能，因此，向受送达人的分支机构送达即视为向受送达人送达具有当然的合理性，无须以该分支机构有权接受送达为前提。

但向受送达人的业务代办人送达，则应以该业务代办人有权接受送达为前提。在商事交易中，某商事主体的业务代办人通常系其商业合作伙伴，与该商事主体之间的联系仅由合同建立，而与案件争议并无实质关联。因此，不宜将业务代办人无条件拖入诉讼程序，作为当然的代为接受送达主体，故业务代办人接受送达仍以有授权为前提，对原规定的“代为接受送达”条件未予修正。

三、新增第6项、第7项的规定，吸纳并扩充涉外送达司法解释的规定，适度穿透法人或非法人组织面纱，增加相关自然人与法人或非法人组织之间替代送达的适用情形

对于在国内公司、企业担任法定代表人或主要负责人的外国人或无国籍人，向其任职的公司、企业送达即视为向其送达。但需以该公司、企业也为同案被告为前提。作此规定的现实基础在于，实践中，一方面，企业对于以高管为收件人的信件、邮件会比较重视，较少漠视、漏收的情况；另一方面，企业一般对高管的动向、行踪掌握程度较高，日常联系密切，因此向自然人担任法定代表人或主要负责人的公司、企业送达基本可以保障其本人收悉并了解相关诉讼情况。这也是立法调研过程中，一些企业为了解决遭遇到的送达难提出的解决方案。对于这一方案，立法机关存在的顾虑是，如果送达所涉案件是作为自然人的高管私人性质较强的案件，例如，婚姻纠纷案件、继承案件、涉及个人隐私的案件等，由公司、企业接受送达可能导致个人隐私泄露等损害受送达人利益的后果。因此，将该种送达方式限制在商事纠纷领域，且规定仅适用于其任职的公司企业也为同案被告的情形。

对于向外国法人或非法人组织在我国领域内出现的法定代表人、主要负责人送达，即视为向该外国法人或非法人组织送达。《最高人民法院关于涉外民事或商事案件司法文书送达问题若干规定》第3条规定：“作为受送达人的自然人或者企业、其他组织的法定代表人、主要负责人在中华人民共和国领域内的，人民法院可以向该自然人或者法定代表人、主要负责人送达。”该司法解释自2006年出台即作出上述规定，经2020年修正亦保留了该规定。2015年《民事诉讼法解释》第535条[①]规定：“外国人

---

① 现为《民事诉讼法解释》（2022年修正）第533条。

或者外国企业、组织的代表人、主要负责人在中华人民共和国领域内的，人民法院可以向该自然人或者外国企业、组织的代表人、主要负责人送达。外国企业、组织的主要负责人包括该企业、组织的董事、监事、高级管理人员等。”该规定自 2015 年纳入《民事诉讼法解释》后至今予以保留。2023 年《民事诉讼法》修改将其上升为法律。

该两项条款值得探讨的问题是，在适用自然人与法人或非法人组织之间替代送达的情形下，是否可以留置送达。对此，我们认为可以留置送达。人民法院直接向在我国领域内出现的受送达人的法定代表人、主要负责人等进行送达或者向外国人或无国籍人任职的国内公司、企业进行送达，并进行留置送达。其法理依据在于“偶遇送达”。所谓“偶遇送达”，是指在受送达人住所地以外的地方，送达法院能够明确该主体即为法定受送达人的，可以向其直接送达。例如，《德国民事诉讼法》第 177 条规定，送达可以在遇到受送达人的任何地点进行，即为偶遇送达的相关规定。对于受送达人在直接送达情形下予以拒收的，则自然可以留置送达。另外，司法实践对于在当事人住所地以外实行留置送达已有成熟规定。《民事诉讼法解释》(2022 年修正)第 131 条第 2 款规定：“人民法院可以在当事人住所地以外向当事人直接送达诉讼文书。当事人拒绝签署送达回证的，采用拍照、录像等方式记录送达过程即视为送达。审判人员、书记员应当在送达回证上注明送达情况并签名。”《最高人民法院关于涉外民事或商事案件司法文书送达问题若干规定》(2020 年修正)第 12 条规定：“人民法院向受送达人在中华人民共和国领域内的法定代表人、主要负责人、诉讼代理人、代表机构以及有权接受送达的分支机构、业务代办人送达司法文书，可以适用留置送达的方式。”以上两项关于偶遇送达的司法解释规定中，均明确偶遇送达可以适用留置送达。因此，在将该种送达方式扩展至自然人与法人或非法人组织之间可相互替代送达的情况下，也应均适用留置送达的有关规定。

四、拓展原第 7 项的电子送达途径

即时通信软件的使用越来越广泛，实践中“移动微法院”等特定电子系统送达司法文书的效率更高、可靠性更强，故于第 9 项对电子送达作出笼统和灵活的规定，不再主要限于传真、电子邮件等方式。在立法过程中，曾对电子送达采取了列举的立法方式，列举出传真、电子邮件、即时

通讯工具、特定电子系统等电子送达方式，但考虑到通过电子途径传递信息的方式多种多样、难以穷尽列举，更重要的是，随着信息技术的飞速发展，电子通讯方式不断更新迭代、层出不穷，为了保持立法的开放性和前瞻性，不再对电子送达方式进行列举而只作原则性的笼统规定。需要强调的是，电子送达应以受送达人所在国不禁止该方式为前提。对此，此前《全国法院涉外商事海事审判工作座谈会会议纪要》第 11 条第 1 款已明确规定："人民法院向在中华人民共和国领域内没有住所的受送达人送达司法文书，如受送达人所在国法律未禁止电子送达方式的，人民法院可以依据民事诉讼法第二百七十四条的规定采用电子送达方式，但违反我国缔结或参加的国际条约规定的除外。"

五、增加第 10 项受送达人同意的其他送达方式

例如，商会代为转交、其他亲友代为转交等，只要受送达人所在国不禁止该方式即可。具体而言，符合以下情形的，人民法院可以确认受送达人同意该方式（例如，通过某人某机构转交的方式）送达：第一，明确表示同意，主动提出适用某种方式送达或者填写送达地址确认书。第二，作出事前约定，纠纷发生前已对在诉讼中适用该种方式送达作出约定，但此时需考察送达条款是否属于格式条款，若提供制式合同一方未尽到提示说明义务，对方当事人可以要求确认该条款无效。第三，作出诉讼行为的表示，在起诉状、答辩状中提供了相关地址。如当事人未明确是否用于接受送达，一般应向其作进一步确认，明确该地址用途和功能是用于联系还是接受送达。如当事人没有明确表示该地址不用于接受送达，则该地址可以视为送达地址。第四，作出事后的认可，即受送达人通过回复收悉、参加诉讼等方式接受已经完成的送达。受送达人接受送达后，又表示不同意该种方式送达的，应当认定已完成的送达有效，但此后不宜再适用该种方式送达，并要求受送达人提供其他能够有效接受送达的方式和地址。

六、进一步完善公告送达制度

公告送达系拟制送达。在《民事诉讼法》规定的非涉外案件公告期限已经缩短为三十日的情况下，2023 年《民事诉讼法》修改比照涉外案件期限（如上诉期、答辩期）二倍于非涉外案件的做法，将涉外公告送达期限由现行规定的三个月缩短为六十日，意在能够充分保障当事人诉权的前

提下，缩短送达期限，避免诉讼程序进展拖沓，提高审判效率。

此外，有四项送达方式保留了原有规定未作修改。即第 1 项、第 2 项、第 3 项和第 8 项。

第 1 项：依照国际条约规定的方式送达诉讼文书，这是人民法院向我国领域外送达诉讼文书时可以考虑采用的方式之一。《海牙送达公约》对缔约国之间相互送达诉讼文书规定了以下主要方式：（1）由文书发出国的主管机关或者司法协理员将文书直接送交文书发往国的中央机关，请予协助送达；（2）由文书发出国的主管机关直接请求文书发往国的主管机关协助送达；（3）由文书发出国的驻外领事机构将文书送交驻在国的中央机关，请求协助送达。1992 年，《司法部、最高人民法院、外交部关于执行海牙送达公约的实施办法》对按照《海牙送达公约》送达司法文书的具体操作流程进行了细化。

第 2 项：通过外交途径送达。在受送达人所在国与我国建交但尚未签署司法协助协议，也未共同加入有关国际条约的情况下，按照互惠原则通过外交机构协助实施送达。这种送达方式在我国审判实践中也经常使用。1986 年，《最高人民法院、外交部、司法部关于我国法院和外国法院通过外交途径相互委托送达法律文书若干问题的通知》对我国法院通过外交途径向国外当事人送达法律文书作出了具体程序规定。

第 3 项：对具有我国国籍的受送达人，可以委托我国驻受送达人所在国的使领馆代为送达。这种送达方式主要适用于在我国领域内没有住所但具有我国国籍的受送达人，且需以该受送达人驻在国允许我国使领馆直接送达为前提。我国加入的《海牙送达公约》《维也纳领事关系公约》以及我国与一些国家签订的司法协助协定，都允许缔约国之间采用这种方式。由于采用这种送达方式涉及驻在国的法律和国家利益，应当遵守以下三个规则：一是只能向本国公民实施送达行为；二是不得违反驻在国的法律；三是不得采取强制措施。

第 8 项：邮寄送达。即我国法院将受送达文书通过邮寄方式送达给域外的受送达人。这种方式最为简便，但必须以受送达人所在国不反对邮寄送达为前提。为此，我国法院在决定采用邮寄方式送达司法文书前，首先应当查明受送达国是否允许。但实践中，人民法院无法掌握各国法律是否允许邮寄送达的情况，且在送达阶段就此查明外国法的相关规定无疑影响送达效率。我们认为，关于对外邮寄送达应注意以下几点：（1）审查是否有证据表明受送达人所在国不允许邮寄送达，例如，查询海牙国际私法会议有关《海牙送达公约》缔约国。根据2023年10月从海牙国际私法会议官方网站查询的情况看，公约缔约国有：阿塞拜疆、巴西、保加利亚、克罗地亚、捷克、埃及、德国、希腊、匈牙利、印度、日本、科威特、立陶宛、马耳他、马绍尔群岛、墨西哥、摩纳哥、黑山、尼加拉瓜、北马其顿、挪威、巴拉圭、菲律宾、波兰、韩国、摩尔多瓦、俄罗斯、圣马力诺、塞尔维亚、新加坡、斯洛伐克、斯里兰卡、瑞士、马其顿、土耳其、乌克兰、委内瑞拉等国以及我国反对使用邮寄送达。对于反对使用邮寄送达方式的这些国家，就不能采用邮寄送达的方式将司法文书直接邮寄给住所地在该些国家领域内的受送达人。（2）阿尔巴尼亚、安道尔、安提瓜和巴布达、亚美尼亚、巴哈马、巴巴多斯、白俄罗斯、比利时、伯利兹、波黑、博茨瓦纳、加拿大、哥伦比亚、哥斯达黎加、塞浦路斯、丹麦、爱沙尼亚、芬兰、法国、格鲁吉亚、冰岛、爱尔兰、意大利、哈萨克斯坦、卢森堡、马拉维、摩洛哥、荷兰、巴基斯坦、葡萄牙、罗马尼亚、圣文森特和格林纳丁斯、塞舌尔、西班牙、瑞典、突尼斯、英国、美国等缔约国未对邮寄送达作出保留，表明其并不反对这种方式送达，并且不要求互惠。因此，可以推定这些国家允许邮寄送达。（3）部分国家则对邮寄送达持有条件的保留态度，比如，要求特定邮寄方式等，例如，澳大利亚、以色列、拉脱维亚、斯洛文尼亚、越南等国，邮寄送达时应注意符合这些国家的特定要求，具体要求可通过海牙国际私法会议官方网站实时查询。（4）至于非《海牙送达公约》缔约国，如果没有相反证据证明其法律不允许邮寄送达的，从便利诉讼、提高效率的角度，亦可推定该国接受邮寄送达方式。

【审判实践中应当注意的问题】

域外送达距离遥远、联系不便，随着信息技术的普遍适用，由于电子送达便利快捷，越来越多的法院和当事人基于电子送达的便利快捷将之作为优选送达方式。在电子送达的适用中，应注意对有效送达的两个条件的判断：一是能够确认受送达人收悉；二是受送达人所在国法律不禁止。如何准确判断这两个条件成立，是实践中很多法院深受困扰的问题，时常由于难以准确判断而不敢适用电子送达方式。

一、涉外电子送达是否成功的判断

判断电子送达是否成功，是认定涉外民商事案件电子送达是否有效适用的关键环节。电子送达成功与否，可用于判断的相关事实包括：电子送达地址能否为受送达人所收悉、收件人是否进行了回复以及是否明确表示其为受送达人、其嗣后是否实施了相关诉讼行为等。《第二次全国涉外商事海事审判工作会议纪要》第29条中规定："通过传真、电子邮件方式送达的，应当要求当事人在收到后七日内予以回复，当事人回复时确认收到的时间为送达的时间；若当事人回复时未确认收到的时间，其回复的时间为送达的时间。当事人未回复的，视为未送达。"但由于一些技术和操作层面的问题可能会造成程序漏洞，他人代替回复、电子邮箱自动回复、他人代为接收传真而当事人实际上并未看到电子送达的法律文书的情况确实存在，因此，在电子送达是否成功的判断上可以从以下几方面综合衡量：

1. 受送达人的电子邮箱地址是否是其能够收悉的电子邮箱地址。包括其承认能够收到的邮箱地址、其在诉讼中认可的邮箱地址、其在官方网站上公示的邮箱地址、其曾经在与另一方当事人往来交流中使用的邮箱地址等。此点应由当事人提供证据证明。

2. 是否明确告知受送达人在收到邮件后及时予以回复，并告知其人民法院的联系方式。应当在电子送达司法文书的同时明确告知受送达人在合理的期限内进行答复，并应当告知其人民法院的联系方式，方便其与人民法院取得联系。

3. 收件人在回复时是否明确表明其为受送达人。由于电子送达的虚拟性，我们无法判断实际阅读到电子邮件的是否是受送达人。因此，即使在上述两项判断均为肯定的前提下，如果收件人明确回复其并非受送达人的，仍视为未送达成功；当收件人予以回复，未对其为受送达人提出异议的，视为送达成功。

4. 即使收件人未回复，但受送达人实际以提交答辩状、提出管辖权异议等行为表明已收悉诉讼文书的，仍可认定确已收悉。

二、受送达人所在国法律是否禁止电子送达的判断

关于"受送达人所在国法律禁止"的判断，主要问题在于：在《海牙

送达公约》中对邮寄送达方式作出保留的国家，是否应当推定为其亦不接受电子方式送达。《海牙送达公约》于1965年开始开放签字，1969年生效，当时电子信息技术尚不发达，电子送达尚未走上历史舞台，因此在该公约中并未涉及关于适用电子送达的一系列相关问题。且由于电子送达属于近些年才出现的新鲜事物，各国国内立法中规定电子送达方式或者对是否承认电子送达明确表态的并不多见。对于受送达国的国内法未明确反对电子送达的，是否可以视为该国法律不禁止电子送达？我们认为，传真、电子邮件、即时通信软件、特定电子系统等均属于广义上的信件，和邮寄送达相类似，实质均为发出文书的法院不经目的地国主管机关直接向位于目的地国的当事人送达，应当类推适用邮寄送达的立场。因此，《全国法院涉外商事海事审判工作座谈会会议纪要》第11条第2款规定，对于在《海牙送达公约》中明确排除邮寄送达的国家，亦应视为其不认可电子送达，不能向该国通过电子方式送达司法文书。虽然对《海牙送达公约》中的邮寄送达作出保留，但明确对电子邮寄送达不持反对立场的国家，以及对未做《海牙送达公约》项下的邮寄保留，亦未明确禁止电子送达的国家，则在不违反我国缔结或参加的国际条约相关义务的情况下，可以选择电子送达方式。

第二百八十四条　当事人申请人民法院调查收集的证据位于中华人民共和国领域外，人民法院可以依照证据所在国与中华人民共和国缔结或者共同参加的国际条约中规定的方式，或者通过外交途径调查收集。

在所在国法律不禁止的情况下，人民法院可以采用下列方式调查收集：

（一）对具有中华人民共和国国籍的当事人、证人，可以委托中华人民共和国驻当事人、证人所在国的使领馆代为取证；

（二）经双方当事人同意，通过即时通讯工具取证；

（三）以双方当事人同意的其他方式取证。

【条文主旨】

本条是关于域外调查取证方式的规定。

【理解与适用】

本条系 2023 年修正《民事诉讼法》的新增条款，旨在对域外调查取证的相关方式作出规定，包括以条约规定的方式、外交途径、中国驻外使领馆代为取证、双方同意的方式等。同时将“第二十五章　送达、期间”标题修改为“第二十五章　送达、调查取证、期间”。

在非涉外民商事案件中，人民法院在审理案件过程中有时会出于查明事实的需要，根据当事人申请或依职权开展调查取证工作。鉴于位于域外的重要证据对于人民法院查明案件事实、准确适用法律具有重要意义，在涉外案件的审理中理应也有相应的制度。事实上，域外调查取证制度在我国早已存在：我国加入了《关于从国外调取民事或商事证据的公约》（本条以下简称《海牙取证公约》，该公约 1970 年 3 月 18 日订于海牙，我国于 1997 年 12 月 8 日交存加入书，公约于 1998 年 2 月 6 日起对我国生效）。该公约通过总计三章 42 条对从国外调取民商事证据的方式和程序作出了详细规定。此外，自 1987 年 5 月 4 日我国与法国缔结第一项民商事司法协助条约以来，我国迄今已对外缔结 39 项民商事（含民刑事）司法协助条约，这些条约也都对调查取证作出了规定。根据国际公约和相关双边条约的规定，我国可以委托有关缔约国有关机关协助调查取证。

对此，学界有观点指出：域外取证固然是国际私法领域的问题，可以作为国际司法协助的一部分看待，通过缔结条约或公约的方式来处理域外取证中的难题；但其本质更属于民事诉讼中取证制度的一部分，其基本制度框架理应在《民事诉讼法》中得到体现，以便为域外取证实践提供具有逻辑性和体系性的制度规范。而2021年《民事诉讼法》第283条[①]关于"根据中华人民共和国缔结或者参加的国际条约，或者按照互惠原则，人民法院和外国法院可以相互请求，代为送达文书、调查取证以及进行其他诉讼行为。外国法院请求协助的事项有损于中华人民共和国的主权、安全或者社会公共利益的，人民法院不予执行"的规定，仅是从司法协助角度出发对域外取证作出的原则性指引，既不足以弥补《民事诉讼法》中取证制度框架完整性的缺憾，也难以满足域外取证司法实践的需要。

事实也的确如此。从审判实践情况看，我国法院法官特别是中基层法院法官对《海牙取证公约》往往了解不多，导致与外国法院相比，适用域外取证手段的比例严重不对称：外国法院每年委托我国法院调查取证的案件通常达到几十上百件，反观我国法院，每年委托外国调查取证的案件则只有寥寥几件。因此，有必要将该制度引入《民事诉讼法》，通过在国内法中作出明确规定的方式向法院和当事人作出指引，提示可以在需要取得存在于域外的证据时适用该制度，以便案件事实的充分查明。2023年《民事诉讼法》修正新增域外取证条款，正是基于学界与实践界两方面的强烈呼吁。

一、域外取证方式概述

各国开展域外取证，主要依照国际公约、双边司法协助条约规定的方式以及通过外交途径开展。对域外取证作出规定的最重要的国际公约就是上文提到的《海牙取证公约》。

（一）《海牙取证公约》中规定的域外取证方式

1. 请求书（letters of request）

即请求调取证据的请求国司法机关可以通过向证据所在的被请求国送

---

① 现为《民事诉讼法》（2023年修正）第293条。

交请求书的方式，请求该国司法机关代为调查和搜集证据。根据该公约第2条规定，每一缔约国应指定一个中央机关负责接收来自另一缔约国司法机关的请求书，并将其转交给执行请求的主管机关。第3条规定，请求书应包含请求机关和被请求机关的名称、当事人及其代理人的姓名和地址、诉讼的性质、要取得的证据或其他要履行的司法行为、取证对象的情况及取证需使用特殊程序的要求等。第4条规定，请求书应使用被请求国的文字或随附此种文字的译本。除非特别声明，应当接受英文或法文作成的请求书或所附译文。第9条规定，被请求国代为取证的机关可依照本国法律规定的方式和程序进行取证，也可以按请求国的要求依特殊方式或程序进行，除非该要求与被请求国的国内法相抵触。第10条规定，在取证时，被请求国应当依照其本国法律关于调取该证据时的有关规定，采取适当的强制措施。

2. 外交官员、领事代表和特派员取证

即有域外取证需求的国家可以由本国在另一缔约国执行职务的外交官员、领事代表或被正式指派的特派员，在不采取强制措施的情况下调取证据，但也可以声明，有权申请由本国指定的主管机关采取强制措施以配合取证。实践中，领事取证较为多见，因领事职务的特点，大多数国家普遍接受领事在驻在国针对其本国公民取证的做法，这种方式也为《维也纳领事关系公约》和各国订立的大量双边领事条约所肯定。特派员取证中，特派员的身份可以是有域外取证需求国家的法官、书记员、律师，乃至证据所在国的公职人员或律师也可以被有域外取证需求国家的法院委派为特派员，英美法系国家普遍认可和采用这一方式。但无论是外交官员、领事代表取证还是特派员取证，均涉及一国官员要在另一国领土上从事司法行为的问题，与国家主权密切相关。因此，公约允许缔约国对规定该种取证方式的第二章内容作出全部或部分保留。我国加入公约时即对该方式作出了保留，除外国外交官员、领事代表在不采取强制措施的前提下向其本国公民调取证据外，不接受该方式中的其他几种取证形式。

（二）域外取证模式和具体方式的分类

1. 当事人主导的域外取证和法院主导的域外取证

从比较法看，根据程序主导者的不同，域外取证可以分为当事人主导的域外取证和法院主导的域外取证两种基本模式：

（1）当事人主导的域外取证。这种域外取证模式以美国为代表，其建立的基础是英美法系的当事人主义诉讼。在当事人主义诉讼的语境下，取证不是法院去发现事实的过程，而是当事人去发现事实并将发现的事实提交给法院的过程，基本上由当事人主导。《美国联邦民事诉讼规则》规定了域外取证的五种主要类型：庭外作证、书面质询、书面文件、身体与精神检查以及自白要求。第 28（b）条规定了在国外进行的庭外作证的具体方式：（A）根据可适用的条约或公约；（B）基于请求书，无论是否名之为请求书；（C）根据司法通知，在被联邦法律或询问地法律授权执行宣誓之人面前提供证言；（D）在被法院任命执行宣誓或获取证言的人面前提供证言。此外，根据第 28（b）条和第 29 条规定，当事人还可以约定要采取的域外取证方式。可以说，在当事人主导的取证模式下，几乎罕有任何强制性规则主导着域外取证活动。

（2）法院主导的域外取证。这种域外取证模式以欧盟为代表，其建立的基础是大陆法系的职权主义诉讼。在职权主义诉讼中，取证属于一种行使国家司法权力的活动，以法院或法官为中心展开，法官凭借职权亲自搜索事实、听取证人和鉴定人的陈述、审查文件、保全证据。出于对国家主权的维护，这种域外取证模式的实施主要通过政府之间合作方式实现。2001 年，欧盟理事会制定了《域外取证规则》（2001 年欧盟第 1206 号）。该规则第 1 章规定，成员国可以要求：（a）其他成员国适格法院收集证据；或者（b）直接在其他成员国收集证据。第 2 章和第 3 章规定，各国应当确定一份执行取证事项的法院清单和一个中央机构，该中央机构不具体负责请求的传递，而仅提供辅助性协调性帮助。据此，该规则允许域外取证的请求直接在法院与法院之间传递，提高了域外取证效率。该规则第 2 章第 4 节还规定，在向证据所在国中央机构或适格机关提交申请后，成员国可以指派司法官员或其他人员在自愿原则基础上在其他成员国直接取证。

2. 直接取证和间接取证

根据取证是否需要证据所在国主管机关代为进行，域外取证可以分为直接取证和间接取证。

（1）直接取证。是指有取证需求的国家依据本国与其他国家之间的条约或互惠关系，直接在证据所在国进行调查取证而无须该国机关代为取证的制度。《海牙取证公约》第二章中规定的外交官员、领事代表和特派员取证即属于直接取证。此外，英美法系国家还存在当事人或诉讼代理人自行域外取证的做法，《美国联邦民事诉讼规则》“发现证据的程序”中对这一取证方式作出了规定。

（2）间接取证。是指有取证需求国家的司法机关依据条约或互惠关系，通过请求书委托外国主管机关代为调查取证的方式，即《海牙取证公约》第一章或我国对外缔结的双边民事司法协助条约规定的请求书方式。这一取证方式为多数国家所采用，也是我国在与外国相互进行域外调查取证时采用的主要方式。

二、我国域外取证的立法和司法实践

在2023年《民事诉讼法》修正以前，我国《民事诉讼法》涉外编中并未就域外取证制度作出详细规定，相关事项根据我国对外缔结的国际条约或在互惠原则基础上开展，《海牙取证公约》和大量双边司法协助条约对我国民商事域外取证制度构建起到至关重要的作用。尽管《海牙取证公约》第32条规定，该公约不影响缔约国已经签署或即将签署的包含本公约事项的其他公约的适用，即当缔约国之间既可以适用《海牙取证公约》，又可以适用双边司法协助条约时，可以优先适用双边司法协助条约的规定完成域外取证，但事实上，由于我国对外双边民商事司法协助条约签订时间都晚于《海牙取证公约》，且其中的取证条款内容大部分系以《海牙取证公约》为基础进行的简化和重新阐释，因此可以说，长久以来，我国涉外民商事域外取证体系实质上都是以《海牙取证公约》为基础设立的。截至目前，《海牙取证公约》已经有66个缔约国，我国可根据公约与其中60个国家开展取证合作。根据公约第39条第4款规定，“加入行为只在加入国和已声明接受该国加入的公约缔约国之间的关系方面发生效力”，出于种种原因，有5个国家尚未接受我国加入该公约，因此我国与该5个国家尚不能根据公约开展取证合作。下一步，我国将与海牙国际私法会议增进沟通，积极推动该5个国家接受我国加入公约，全面实现与其他65个缔约国的依公约取证合作，并推动与非公约缔约国签订包含调查取证内容的双边司法协助条约。

值得注意的是，我国在加入《海牙取证公约》时作出了以下声明：“一、根据公约第二条，指定中华人民共和国司法部为负责接收来自另一缔约国司法机关的请求书，并将其转交给执行请求的主管机关的中央机关；二、根据公约第二十三条声明，对于普通法国家旨在进行审判前文件调查的请求书，仅执行已在请求书中列明并与案件有直接密切联系的文件的调查请求；三、根据公约第三十三条声明，除第十五条以外，不适用公约第二章的规定。”公约第23条规定：“缔约国可在签署、批准或加入时声明，不执行普通法国家的旨在进行审判前文件调查的请求书。”所谓审判前文件调查，是指当事人一方在审判前对另一方当事人乃至非当事人就有关事实和情况进行调查，以获取对自己有利的证据，主要存在于美国的司法实践中。由于审判前文件调查请求书往往可能索取与案件无关的文件，尤其是科技和经贸方面的涉密资料，一律予以协助可能有损国家主权和安全，因此，我国对此类申请作出了限制性保留。公约第33条第1款规定：“一国可在签署、批准或加入公约时，部分或全部排除第四条第二款和第二章的规定的适用。不允许作其他保留。”公约第15条规定：“在民事或商事案件中，每一缔约国的外交官员或领事代表在另一缔约国境内其执行职务的区域内，可以向他所代表的国家的国民在不采取强制措施的情况下调取证据，以协助在其代表的国家的法院中进行的诉讼。缔约国可以声明，外交官员或领事代表只有在自己或其代表向声明国指定的适当机关递交了申请并获得允许后才能调取证据。”据此声明，我国允许外交官员和领事代表向其本国公民取证，但对外交官员、领事代表向证据所在国公民或第三国公民取证提出保留，并对特派员取证方式予以保留。

为了正确适用国际公约和双边司法协助条约，依法办理民商事案件司法文书送达和调查取证请求，最高人民法院于2013年制定《最高人民法院关于依据国际公约和双边司法协助条约办理民商事案件司法文书送达和调查取证司法协助请求的规定》，并于2020年对其进行修正。其中关于域外取证的具体程序规定主要见于第5条、第9条、第10条。第5条对申请域外取证材料的翻译件提出了要求：“人民法院委托外国送达民商事案件司法文书和进行民商事案件调查取证，需要提供译文的，应当委托中华人民共和国领域内的翻译机构进行翻译。翻译件不加盖人民法院印章，但应由翻译机构或翻译人员签名或盖章证明译文与原文一致。”第9条则对缩减提出和转递域外取证请求的环节进行了探索，规定：“经最高人民法院授权的高级人民法院，可以依据海牙送达公约、海牙取证公约直接对外发出本辖区各级人民法院提出的民商事案件司法文书送达和调查取证请求。”我国加入《海牙取证公约》后，声明司法部为负责接收外国请求书的中央机关，因此，由司法部对外转交我国法院申请域外取证的请求书，也是普遍性、原则性操作流程。但为了适当减少环节、提高办理效率，最高人民法院于2003年和2023年分两批指定北京、上海、广东、浙江、江苏和福建、江西、山东、海南、广西十个高级人民法院作为试点，可以依照《海牙取证公约》直接向外国中央机关提出和转递本辖区内法院的取证请求。第9条系为了对该试点性举措予以明确。第10条则明确了通过外交途径取证是与依照国际条约取证并行的域外取证方式，规定："通过外交途径办理民商事案件司法文书送达和调查取证，不适用本规定。"对于未与我国建立相关国际条约关系的国家，可以通过外交途径，按照互惠原则相互请求代为进行民商事案件调查取证。

三、2023年修法规定的域外取证方式

从程序主导者不同的角度划分，本条规定的域外取证方式属于法院主导下的域外取证，而不及于当事人自行域外取证。但法院启动域外取证程序的前提是"当事人申请"，而未规定法院可以依职权启动域外取证程序。

从是否需要证据所在国主管机关代为进行的角度划分，《民事诉讼法》第284条规定的域外取证方式既包括直接取证，也包括间接取证。第1款规定的是间接取证，依照国际公约规定的方式或通过外交途径委托外国主管机关代为取证。其中贯彻的依照国际条约规定的方式取证与通过外交途径取证并行的思路，与前文提到的《最高人民法院关于依据国际公约和双边司法协助条约办理民商事案件司法文书送达和调查取证司法协助请求的规定》一脉相承，是我国一贯秉持且为国际社会所公认的域外取证原则。《民事诉讼法》第284条第2款规定的则是直接取证。其中第1项通过国内立法对《海牙取证公约》第15条关于领事取证的规定予以明确，规定我国法院可以委托使领馆对位于驻在国的我国国民进行取证。第2项、第3项则规定了在各方当事人同意的前提下，可以采取即时通讯工具或其他更为灵活的方式，由我国法院开展直接取证。

立法过程中，关于是否要单列一项专门对视频取证方式作出规定，存在不同看法。一种观点认为，在互联网司法时代，视频取证不可避免，一些国家已经有了相关立法例。除了通过互联网对证人发问这一典型的视频取证方式外，互联网庭审过程中法官对当事人的发问、对相关证据的查验审核，实际上也构成广义的视频取证。我国在互联网司法方面走在世界前

列，对视频取证应当予以积极回应。另一种观点则认为，视频取证方式较为敏感，且能够为“双方当事人同意”的取证方式所涵盖，可以不作规定。经研究，最高人民法院前期已经通过司法解释对互联网司法的相关问题进行了有益探索，可以在立法层面对该问题作出原则性规定，以回应互联网时代的司法需求，但应以要求取证方式不得违反证据所在国法律为前提。又因“即时通讯工具”的范围较“视频”更大，为保持立法对今后技术发展的开放和包容，最终在本条规定中，将“视频方式”取证涵盖表述为“即时通讯工具”取证。

【审判实践中应当注意的问题】

一、我国根据《海牙取证公约》可以采取的取证方式及具体程序

（一）请求书

请求书应当按照全国法院司法协助管理平台嵌入的制式表格规范填写，其中具备《海牙取证公约》规定的请求书全部要素。表格应以证据所在国文字或英文、法文填写，如以中文填写的，应附有该几种文字之一的译文。请求书的一般送交路径是：承办法院→全国法院司法协助管理平台→最高人民法院→司法部→被请求国中央机关→被请求国主管机关。但由于最高人民法院指定了十个高级法院可以直接向外国中央机关提出和转递本辖区法院的取证请求，对于北京、上海、广东、浙江、江苏、福建、江西、山东、海南、广西辖区内的承办法院而言，请求书的送交路径是：承办法院→全国法院司法协助管理平台→高级人民法院→被请求国中央机关→被请求国主管机关，而省略了提交最高人民法院，由最高人民法院送交司法部，再由司法部转交被请求国中央机关的几个环节。

（二）外交官员、领事代表取证

如果被取证的对象是中国公民，可以通过外交官员、领事代表取证，无须向证据所在国递交全国法院司法协助管理平台嵌入的标准格式的、按照证据所在国语言作出的请求书。但应提供以中文作出的请求书，其中具备请求书应有的信息，包括请求机关的名称、当事人信息、诉讼的性质、要取得的证据及取证对象情况，等等。其申请路径是：承办法院→全国法院司法协助管理平台→最高人民法院→司法部→驻外使领馆。采取这种取证方式时尤其应注意，我国的外交官员、领事代表无权对处于驻在国的取

证对象采取强制措施，这意味着如果作为取证对象的中国公民拒绝作证，外交官员、领事代表可能也缺乏直接的应对手段。

二、通过外交途径取证的具体程序

与依照《海牙取证公约》域外取证的申请由司法部转交不同，负责转交通过外交途径取证申请的机关是外交部。具体而言，人民法院通过外交途径取证的，申请路径是：承办法院→全国法院司法协助管理平台→最高人民法院→外交部→驻被请求国使馆→被请求国外交部→被请求国主管机关。与委托使领馆取证类似，承办法院提交的请求书应当具备请求书应有的信息，在格式方面则无须采用《海牙取证公约》要求的表格；与委托使领馆取证只需提供中文请求书不同的是，通过外交途径取证提交的请求书及其所附文件应附有被请求国官方文字或官方文字之一，这与《海牙取证公约》中请求书取证的相关规定一致。

第二百八十五条 被告在中华人民共和国领域内没有住所的，人民法院应当将起诉状副本送达被告，并通知被告在收到起诉状副本后三十日内提出答辩状。被告申请延期的，是否准许，由人民法院决定。

【条文主旨】

本条是关于在我国领域内没有住所的被告答辩期间及有关程序的规定。

【理解与适用】

2023 年修正《民事诉讼法》时，对本条未做修改，整体保留了原有规定。

涉外民事诉讼的期间，是指《民事诉讼法》对在我国没有住所的当事人规定的诉讼行为的时间期限。对于在中国没有住所的当事人而言，由于其距离法院所在地路途遥远、沟通不便，实施相应的诉讼行为如诉讼文书往来、委托他人代为诉讼、答辩、举证以及上诉等都需要更多时间。特别是在诉答程序和审前程序这一阶段，诉讼的进展主要依赖于当事人，为了保证居住在国外的当事人能够顺利完成相应诉讼行为，保障其参诉权益，立法为其答辩和上诉等设置了较长的期间。

涉外民事诉讼期间的规定具有以下几个特点：（1）只适用于在我国领域内没有住所的当事人；（2）涉外民事诉讼期间比非涉外民事诉讼的期间要长，一般是非涉外民事诉讼期间的两倍；（3）当事人在法定期间内没有完成有关诉讼行为的，境外当事人有权申请延长，是否准许延长，由人民法院决定；（4）涉外民事诉讼案件，无论是一审程序还是二审程序，都没有审限规定。

本条关于被告答辩期间的规定，自 1991 年《民事诉讼法》予以明确以来，历经三十余年始终未做调整，2023 年《民事诉讼法》修正亦维持了原状。根据本条规定，涉外民事诉讼中，在我国领域内没有住所的被告的答辩期为三十日，是非涉外民事诉讼十五日答辩期的两倍，当事人向人民法院提出答辩状的期间是法定期间，当事人逾期提交的或始终没有提交的，将承担不利法律后果。但本条同时赋予了被告可以申请延期提交答辩状的权利，是否准许由人民法院决定。如同意延期，延期的天数亦由人民法院视具体情况斟酌决定。至于何种情况人民法院应当同意当事人的延期申请，何种情况不应同意，应以保障当事人答辩权利为出发点，综合案件当事人答辩所需要时间的具体情况等作出决定。比如，最高人民法院于 2020 年 6 月印发的《关于依法妥善审理涉新冠肺炎疫情民事案件若干问题的指导意见（三）》作出了示范。该意见第 4 条规定："在我国领域内没有住所的当事人因疫情或者疫情防控措施不能在法定期间提出答辩状或者提起上诉，分别依据《中华人民共和国民事诉讼法》第二百六十八条①、第二百六十九条②的规定申请延期的，人民法院应当依法准许，并结合案件实际情况酌情确定延长的合理期限。但有证据证明当事人存在恶意拖延诉讼情形的，对其延期申请，不予准许。"

【审判实践中应当注意的问题】

准确理解和适用本条规定应当重点注意以下几点：

一、本条的适用情形

根据本条关于"被告在中华人民共和国领域内没有住所的"的规定，本条的适用情形仅限于作为被告方的当事人在我国没有住所的情形，对于在我国领域内有住所的被告，其答辩期间不适用本条三十日的规定，原因在于此时被告并不存在路途遥远、沟通不便，办理相应诉讼事项需要更长时间的客观条件制约。

二、本条的适用对象

本条仅适用于在我国领域内没有住所的被告，而不论被告是否为外国人。如果被告在我国领域内有住所，即使是外国当事人，也不适用本条而应适用《民事诉讼法》第 128 条关于十五日答辩期间的规定；如果当事人在我国领域内没有住所而居于国外，即使具有我国国籍，也要适用本条

① 现为《民事诉讼法》（2023 年修正）第 285 条。
② 现为《民事诉讼法》（2023 年修正）第 286 条。

规定的三十日答辩期间。这里所指的住所，与《民法典》中的住所概念相一致。《民法典》第 25 条规定："自然人以户籍登记或者其他有效身份登记记载的居所为住所；经常居所与住所不一致的，经常居所视为住所。"第 63 条规定："法人以其主要办事机构所在地为住所。依法需要办理法人登记的，应当将主要办事机构所在地登记为住所。"

人民法院在审理案件过程中，发现有部分当事人将本条答辩期间的适用对象理解为"外国人"而不包括我国公民，认为涉外诉讼的特别规定主要是为了赋予身份为外国人的当事人特殊的诉讼权利，对我国公民并不适用。这种理解是错误的，本条的适用对象并不以国籍为标准，并非仅针对外国人，也并非对所有外国人都适用。涉外民事诉讼关于期间的特殊规定是出于当事人所处地理位置的特殊情况，为了充分保障当事人参与诉讼的权利和有效推进诉讼程序的考量，而并非基于当事人的特殊身份考虑。

第二百八十六条　在中华人民共和国领域内没有住所的当事人，不服第一审人民法院判决、裁定的，有权在判决书、裁定书送达之日起三十日内提起上诉。被上诉人在收到上诉状副本后，应当在三十日内提出答辩状。当事人不能在法定期间提起上诉或者提出答辩状，申请延期的，是否准许，由人民法院决定。

【条文主旨】

本条是关于在我国领域内没有住所的当事人提起上诉的期间和被上诉人答辩期间的规定。

【理解与适用】

2023 年修正《民事诉讼法》时，对本条未作修改，整体保留了原有规定。

在涉外民事诉讼中，考虑到当事人不在我国领域内，需要了解我国的有关法律，可能在境内和境外都需要收集证据，以及办理一些在我国领域内的当事人所不需要办理的诉讼手续，如委托他人代理诉讼所需要办理的公证认证或有关证明手续等，参照国际通行做法，本条对在我国领域内没有住所的当事人提起上诉的期间和被上诉人答辩的期间作出了与普通国内诉讼不同的规定。

第一，法定期间更长。根据本条规定，在我国领域内没有住所的当事人不服一审判决、裁定的上诉期限为三十日，比在我国领域内有住所的当事人不服一审判决、裁定的十五日和十日的上诉期限更长。根据《民事诉讼法》第 171 条规定，当事人不服地方人民法院第一审判决的，有权在判决书送达之日起十五日内向上一级人民法院提起上诉。当事人不服地方人民法院第一审裁定的，有权在裁定书送达之日起十日内向上一级人民法院提起上诉。在我国领域内有住所的当事人的上诉期限，因不服的裁判文书是判决还是裁定而有所不同，分别为十五日和十日。对于在我国领域内没有住所的当事人，其上诉期限不区分判决还是裁定，均为三十日。被上诉人提出答辩状的期限也比国内诉讼更长。国内诉讼的被上诉人提出答辩状的期限为十五日，涉外诉讼中在我国领域内没有住所的被上诉人提出答辩状的期限为三十日。

第二，当事人不能在法定期间提起上诉或者提出答辩状的，还可以申请延期。这也是与国内诉讼的不同之处。国内诉讼当事人提起上诉和提出答辩状的法定期间都属于不变期间，只在特定的情形下才可以申请顺延。《民事诉讼法》第 86 条规定，当事人因不可抗拒的事由或者其他正当理由耽误期限的，在障碍消除后的十日内，可以申请顺延期限，是否准许，由人民法院决定。国内诉讼的当事人只有在因不可抗拒的事由或者其他正当理由耽误期限的情况下，才可以申请顺延期限。允许申请顺延期限主要是考虑到有可能出现某些难以抗拒、难以克服的障碍令当事人耽误了期限，故规定在障碍消除后的十日内可以申请顺延期限。而在我国领域内没有住所的当事人申请延长提起上诉或提出答辩状期限的理由，不限于上述出现一定障碍的特定情形，只要不能在法定期间提起上诉或者提出答辩状的，都可以申请延期，当然，是否准许由人民法院决定。当事人如果援引本条规定申请延期，需要在法定期间届满前提出，并说明申请延长的理由，提出要求延长的具体期间，便于受诉人民法院审查决定。如果援引《民事诉讼法》第 86 条规定申请顺延期限，需在障碍消除后的十日内申请。两条规定适用的情形不同、条件不同，提出申请的期限也不同。

【审判实践中应当注意的问题】

一、区分当事人在我国领域内是否有住所适用不同的上诉期限

在实践中，常会出现同一案件的当事人有的在我国领域内有住所、有的在我国领域内没有住所的情况，对于不同情况的当事人应适用不同的上诉期限。《民事诉讼法解释》（2022 年修正）第 536 条规定“不服第一审人民法院判决、裁定的上诉期，对在中华人民共和国领域内有住所的当事人，适用民事诉讼法第一百七十一条规定的期限；对在中华人民共和国领域内没有住所的当事人，适用民事诉讼法第二百七十六条[①] 规定的期限。当事人的上诉期均已届满没有上诉的，第一审人民法院的判决、裁定即发生法律效力。”该规定针对涉外民事诉讼中当事人在我国领域内是否有住

① 现为《民事诉讼法》（2023 年修正）第 286 条。

所的情况，对其分别适用不同的上诉期限作出了明确解释，同时也明确了一审法院的判决、裁定发生法律效力的时间如何确定。

二、在我国领域内有住所的被上诉人不适用三十日答辩期限

本条规定“被上诉人在收到上诉状副本后，应当在三十日内提出答辩状”，并未将被上诉人限定为在我国领域内没有住所的被上诉人，因此有意见认为，只要上诉人在我国领域内没有住所，被上诉人不论是否在我国领域内有住所，答辩期均为三十日。结合《民事诉讼法》第 285 条的规定，一审案件中，只有被告在中华人民共和国领域内没有住所的，答辩期才为三十日，并未规定涉外案件的被告答辩期均为三十日。我们认为，本条所指的被上诉人仅指在我国领域内没有住所的被上诉人。

三、当事人可以根据不同情形，选择依据《民事诉讼法》第 86 条申请顺延期限或依据本条申请延期

《民事诉讼法》第 86 条规定的期间顺延与本条规定的申请延期适用的情形不同、条件不同，提出申请的期限也不同。《民事诉讼法》第 270 条规定，在中华人民共和国领域内进行涉外民事诉讼，适用第四编规定。第四编没有规定的，适用《民事诉讼法》其他有关规定。故《民事诉讼法》第 86 条规定的期间顺延不仅适用国内案件，对涉外民事诉讼案件也同样适用。据此，在我国领域内没有住所的当事人可以根据不同情形，选择依据第 86 条申请顺延期限或依据本条申请延期。

例如，《最高人民法院关于依法妥善审理涉新冠肺炎疫情民事案件若干问题的指导意见（一）》《最高人民法院关于依法妥善审理涉新冠肺炎疫情民事案件若干问题的指导意见（三）》分别规范了依据这两条规定申请顺延期限和申请延期的处理方式。《最高人民法院关于依法妥善审理涉新冠肺炎疫情民事案件若干问题的指导意见（一）》第 7 条“依法顺延诉讼期间”规定：“因疫情或者疫情防控措施耽误法律规定或者人民法院指定的诉讼期限，当事人根据《中华人民共和国民事诉讼法》第八十三条[①]规定申请顺延期限的，人民法院应当根据疫情形势以及当事人提供的证据情况综合考虑是否准许，依法保护当事人诉讼权利。当事人系新冠肺炎确

① 现为《民事诉讼法》（2023 年修正）第 86 条。

诊患者、疑似新冠肺炎患者、无症状感染者以及相关密切接触者，在被依法隔离期间诉讼期限届满，根据该条规定申请顺延期限的，人民法院应予准许。”《最高人民法院关于依法妥善审理涉新冠肺炎疫情民事案件若干问题的指导意见（三）》第4条规定：“在我国领域内没有住所的当事人因疫情或者疫情防控措施不能在法定期间提出答辩状或者提起上诉，分别依据《中华人民共和国民事诉讼法》第二百六十八条[①]、第二百六十九条[②]的规定申请延期的，人民法院应当依法准许，并结合案件实际情况酌情确定延长的合理期限。但有证据证明当事人存在恶意拖延诉讼情形的，对其延期申请，不予准许。”

---

① 现为《民事诉讼法》(2023年修正）第285条。

② 现为《民事诉讼法》(2023年修正）第286条。

第二百八十七条　人民法院审理涉外民事案件的期间，不受本法第一百五十二条、第一百八十三条规定的限制。

【条文主旨】

本条是关于涉外民事案件的审理期限的规定。

【理解与适用】

2023 年修正《民事诉讼法》时，对本条未作修改，整体保留了原有规定。

为了保证人民法院及时审理民事案件，使公民、法人和其他组织的合法权益得到及时维护，《民事诉讼法》对一审普通程序、简易程序以及二审程序的审理期限都作了明确的规定。《民事诉讼法》第 152 条规定，人民法院适用普通程序审理的案件，应当在立案之日起六个月内审结。有特殊情况需要延长的，经本院院长批准，可以延长六个月；还需要延长的，报请上级人民法院批准。第 183 条规定，人民法院审理对判决的上诉案件，应当在第二审立案之日起三个月内审结。有特殊情况需要延长的，由本院院长批准。人民法院审理对裁定的上诉案件，应当在第二审立案之日起三十日内作出终审裁定。

本条规定对涉外民事案件的审理期限作出了有别于一般国内案件的特殊规定，即不受上述审理期限的限制。这主要是考虑到，涉外民事案件在文书送达、调查事实、法律适用等方面存在特殊性，人民法院在审理此类案件时往往耗时较长且不确定。

首先，涉外民事案件域外送达难问题较为常见，特别是通过公约方式或者通过外交途径向域外当事人送达，往往耗时较长，在无法送达成功的情况下，还需要公告送达，因此最终送达通常需要一年以上。

其次，涉外民事案件的法律事实很多发生在域外，当事人证明案件事实需要提交相应的证据，而根据相关规定，对于域外形成的证据，当事人需要办理公证认证或有关证明手续，因此在涉外民事案件中当事人收集提交域外证据需要耗费较长的时间。在部分案件审理中，人民法院需要通过司法协助等方式对发生在域外的事实进行调查，亦需耗费较长时日。

再次，根据涉外民事案件法律适用方面的规定，涉外民事案件的审理可能需要适用域外法律。在适用域外法律时，无论是需要当事人提供，还是由人民法院依职权主动查明，均需要耗费较长的时间，有时当事人还需要聘请域外法律专家出具法律意见。因此，域外法律的查明程序耗时较长。

最后，《民事诉讼法》第275条规定："在中华人民共和国领域内没有住所的外国人、无国籍人、外国企业和组织委托中华人民共和国律师或者其他人代理诉讼，从中华人民共和国领域外寄交或者托交的授权委托书，应当经所在国公证机关证明，并经中华人民共和国驻该国使领馆认证，或者履行中华人民共和国与该所在国订立的有关条约中规定的证明手续后，才具有效力。"根据该规定，当事人在域外提交的委托书需办理公证认证或有关证明手续，实践中此项手续的办理有时需耗费较长时间。正是由于涉外民事案件的上述特点，《民事诉讼法》对涉外民事案件的审理期间作出了特别规定。这既有利于依法平等保护中外双方当事人的合法权益，避免因时限过于短暂造成当事人难以办理委托手续、提交域外证据或法律等情况的出现，同时也符合司法实践的客观要求，有利于人民法院正确地查清事实、适用法律，公正审理案件。

【审判实践中应当注意的问题】

一、人民法院审理涉外民事案件仍应及时审结

虽然依照本条规定涉外民事案件的审理不受审限限制，但并不意味着审理涉外民事案件可以无限期地拖延，各级人民法院在审理此类案件时仍应当注意提高效率，确保案件及时审结。

《民事诉讼法》规定涉外民事案件的审理不受审理期限的限制，并不是因为涉外民事案件当事人的利益不需要及时维护，而是因为涉外民事案件往往需要进行域外送达和调查取证、查明和适用域外法，当事人需要办理公证认证或有关证明手续，这些工作需要较长时间才能完成。如果不存在这些特殊情况，涉外民事案件的办理没有理由耗费更长时间，仍应及时审结。

二、法官应善于灵活利用法律和司法解释规定的多种途径送达、调查取证、查明域外法，缩短办案期限

涉外民事审判长期以来受到域外送达难、调查取证难、域外法查明难等问题的制约。特别是域外送达难成为制约涉外审判效率的主要问题，据统计，我国法院域外送达成功率在40%左右，送达周期平均为7个月，难以满足当事人对程序效率的需求，客观上也导致涉外案件审理周期偏长。针对这些问题，《民事诉讼法》修改了关于涉外送达的相关规定，丰富了涉外送达的手段，增设了关于域外调查取证的条款，补齐了司法协助制度中缺失的一环。最高人民法院将制定《关于适用〈中华人民共和国涉外民事关系法律适用法〉若干问题的解释（二）》，专门针对域外法查明作出规定。法律和司法解释的规定赋予涉外民事审判法官更多途径进行域外送达、调查取证和查明域外法，应善于灵活利用这些新法新规，缩短办案周期，提升涉外民事审判效率。

第二十六章　仲　裁

第二百八十八条　涉外经济贸易、运输和海事中发生的纠纷，当事人在合同中订有仲裁条款或者事后达成书面仲裁协议，提交中华人民共和国涉外仲裁机构或者其他仲裁机构仲裁的，当事人不得向人民法院起诉。

当事人在合同中没有订有仲裁条款或者事后没有达成书面仲裁协议的，可以向人民法院起诉。

【条文主旨】

本条是关于涉外仲裁与诉讼关系的规定。

【理解与适用】

2023 年修正《民事诉讼法》时，对本条未做修改，整体保留了原有规定。

根据本条规定，涉外经济贸易、运输和海事中发生的纠纷，依据当事人之间的合意，可以选择向仲裁机构仲裁，也可以选择向人民法院提起诉讼。这是或裁或审理念在我国仲裁法制度中的一种体现。人民法院判断是否受理该涉外纠纷，首先需要审查当事人在合同中是否订立仲裁条款或者事后是否达成书面仲裁协议。如果当事人在合同中没有订立仲裁条款或者事后没有达成书面仲裁协议，人民法院可以受理。关于本条，需要准确把握以下几个方面的内容：

一、关于仲裁协议的两种表现形式

我国《仲裁法》第 16 条规定，仲裁协议包括合同中订立的仲裁条款和以其他书面方式在纠纷发生前或者纠纷发生后达成的请求仲裁的协议。根据上述规定，仲裁协议通常表现为两种形式：一是合同中的仲裁条款；

二是书面仲裁协议。

（一）仲裁条款

仲裁条款，是指双方当事人在签订的有关国际贸易与经济合作或海运方面的条约或合同中所载有的、约定把将来可能发生的争议提交仲裁解决的条款。[①] 实践中，我们常见的仲裁协议体现为当事人在基础合同中同时订立的争端解决条款，即合同中的仲裁条款。该条款通常约定，就该合同引起的一切争议，通过仲裁方式解决。

（二）书面仲裁协议

书面仲裁协议，是指当事人在争议发生前或争议发生后于合同之外专门达成的仲裁协议。[②] 根据我国《仲裁法》第 16 条的规定，仲裁协议应当采取书面形式。这是仲裁协议的形式要件。对仲裁协议书面形式的要求并非我国《仲裁法》的特别要求，事实上，从世界上绝大多数国家的仲裁立法，到对各国仲裁立法产生重大影响的联合国国际贸易法委员会（以下简称贸法会）制定的 1985 年《国际商事仲裁示范法》(2006 年修订）[③]，再到目前世界上执行得最好的国际公约——1958 年《纽约公约》[④]，普遍规定了对仲裁协议书面形式的要求，只不过各国对书面形式的理解宽严有所不同。

我国《仲裁法》同时规定可以“以其他书面形式”达成仲裁协议，但没有明确“以其他书面形式”的内涵和外延。《仲裁法解释》第 1 条对“其他书面形式”进行了明确，即规定以合同书、信件、数据电文（包括电报、电传、传真、电子数据交换、电子邮件）等形式达成的请求仲裁的协议，均符合仲裁协议的书面形式这一形式要件。

---

① 参见李双元、欧福永主编：《国际私法（第五版）》，北京大学出版社 2018 年版，第 464 页。

② 参见赵相林主编：《国际私法（第四版）》，中国政法大学出版社 2014 年版，第 402 页。

③ 《国际商事仲裁示范法》第 7 条规定：“仲裁协议应为书面形式。”

④ 《纽约公约》第 2 条规定：“一、当事人以书面协定承允彼此间所发生或可能发生之一切或任何争议，如关涉可以仲裁解决事项之确定法律关系，不论为契约性质与否，应提交仲裁时，各缔约国应承认此项协定。二、称‘书面协定’者，谓当事人所签订或在互换函电中所载明之契约仲裁条款或仲裁协定……”

二、关于裁审择一原则的理解

（一）诉讼与仲裁性质不同点

诉讼与仲裁是当事人解决民商事纠纷经常采用的两种途径。二者权力来源不同，性质存在不同。

诉讼，是当事人将纠纷交给国家司法机关处断，以国家司法权力作为保障的一种方式。司法机关根据法律规定，对当事人之间的纠纷，通过行使审判权予以解决。审判权是一种国家司法权，来源于国家法律的授权，是国家意志的反映。审判权的行使以国家的强制力为后盾。

仲裁，是当事人自愿将他们之间的争议交由中立的第三者——仲裁庭进行审理和裁决，仲裁庭在当事人授权范围内，根据法律规定和仲裁规则，解决当事人之间争议的一种制度。关于商事仲裁的性质问题，理论界历来存在不同观点，主要有契约理论、司法权理论、混合理论、自治论；在上述理论之外，还有学者提出了“双视角论”。通说认为，仲裁权的取得，一方面来自国家法律的授权，一方面来自当事人的选择。仲裁兼具契约性与司法权性两个方面的属性。这两个方面并不是相互割裂的。在性质层面上，仲裁体现了司法权性，这是决定性因素；在运行层面上，仲裁体现了司法权性与契约性的相互作用，仲裁就是在两层面运行、双重性互相作用中不断发展的。[①]

（二）争议解决只能在诉讼与仲裁二者之中择一进行

诉讼与仲裁作为并列的争议解决方式，都是由当事人以外的第三者居中裁断，法院的裁判与仲裁机构的裁决对当事人都具有约束力。我国《仲裁法》第5条规定：“当事人达成仲裁协议，一方向人民法院起诉的，人民法院不予受理，但仲裁协议无效的除外。”依据《民事诉讼法解释》（2022年修正）第215条规定，当事人在书面合同中订有仲裁条款，或者在发生纠纷后达成书面仲裁协议，一方向人民法院起诉的，人民法院应当告知原告向仲裁机构申请仲裁，其坚持起诉的，裁定不予受理，但仲裁条款或者仲裁协议不成立、无效、失效、内容不明确无法执行的除外。第216条又规定，在人民法院首次开庭前，被告以有书面仲裁协议为由对受

---

① 参见杨弘磊：《中国内地司法实践视角下的〈纽约公约〉问题研究》，法律出版社2006年版，第13~15页。

理民事案件提出异议的，人民法院应当进行审查。也就是说，在法院受理案件之前当事人因主张仲裁条款或者仲裁协议不成立、无效、失效、内容不明确无法执行而坚持起诉，或者在法院受理案件之后首次开庭前被告提出异议，法院都应对仲裁协议效力进行审查。如果仲裁协议合法有效，法院将尊重仲裁庭的管辖权，对案件裁定不予受理或驳回起诉。

从上述规定来看，我国尊重当事人的选择，坚持“或裁或审”原则。对于同一案件，仲裁协议具有排斥通过司法途径解决争议的效力。当事人解决争议的方式只能由双方当事人在诉讼或者仲裁中选择其一加以采用。当事人达成仲裁协议时，表明双方具有将争议提交仲裁解决的合意，发生纠纷时，应通过仲裁途径解决争议，依据仲裁协议向仲裁机构申请仲裁，任何一方当事人不能就该争议向人民法院提起诉讼。[①] 这通常意味着，当事人一旦选择仲裁，就等于放弃了诉讼解决争议的途径。如果一方当事人不遵守仲裁协议的约定向人民法院起诉，另一方当事人可以依据有效的仲裁协议向人民法院提出管辖权异议。当事人未约定争议通过仲裁解决或者达成的仲裁协议无效时，可以直接向人民法院提起诉讼，通过诉讼途径解决纠纷。同时，当事人没有仲裁协议的争议，如果一方当事人申请仲裁，除非对方当事人明示或者默示接受仲裁庭的管辖，否则，不能当然认为仲裁庭享有管辖权。

【审判实践中应当注意的问题】

一、涉外仲裁机构与其他仲裁机构的认定

中华人民共和国涉外仲裁机构是指我国专门受理涉外纠纷案件的常设仲裁机构。以往我国的涉外仲裁机构有两个：一是中国国际经济贸易仲裁委员会；二是中国海事仲裁委员会。但是，依据《仲裁法》的规定，在省、自治区、直辖市人民政府所在地的市和其他设区的市又设立或者重新组建了一批常设仲裁机构，对这些仲裁机构能否受理涉外仲裁案件，《仲裁法》并未明确规定。

1996 年 6 月 8 日，国务院办公厅发布《关于贯彻实施〈中华人民共

① 参见最高人民法院民事审判第四庭编著：《〈全国法院涉外商事海事审判工作座谈会会议纪要〉理解与适用》，人民法院出版社 2023 年版，第 577 页。

和国仲裁法〉需要明确的几个问题的通知》(国办发〔1996〕22号)，该通知规定："新组建的仲裁委员会的主要职责是受理国内仲裁案件；涉外仲裁案件的当事人自愿选择新组建的仲裁委员会仲裁的，新组建的仲裁委员会可以受理。"据此，依据《仲裁法》设立或者重新组建的仲裁机构，如北京仲裁委员会、上海仲裁委员会等在涉外仲裁案件的当事人自愿选择其进行仲裁时，对该涉外仲裁案件具有管辖权。因此，目前我国实际上已不存在专门的涉外仲裁机构。但因《仲裁法》正在修订中，故本章整体未作修改。

二、"或裁或审""先裁后审"的关系、具体表现以及条款效力

(一)"或裁或审"的具体表现及效力认定

"或裁或审"条款即当事人约定发生争议既可以申请仲裁，也可以向法院提起诉讼。该问题大都来源于当事人在有关合同或者单独仲裁协议中约定的争议解决条款。具体表现为以下三种形式：一是同一文件中的同一条文。比较典型的是当事人在合同中约定："凡因履行本合同发生的或与本合同有关的一切争议，双方应通过友好协商解决。协商不成的，一方当事人可以申请某某仲裁机构仲裁，也可以向某某法院提起诉讼。"二是同一文件的不同条文。例如，条文A约定发生争议提交某某法院诉讼解决，条文B约定发生争议提交某某仲裁机构仲裁解决。这种情况下通常应认定为"或裁或审"条款。三是不同文件对争议解决条款的约定。如果当事人在先后合同中对同一合同争议存在诉讼或者仲裁的不同约定，除非当事人约定不同条文之间的效力等级关系，否则应当认定为"或裁或审"条款。

如上所述，"或裁或审"制度的实质是当事人只能在仲裁或者诉讼中选择一种作为争议解决方式。对于同一争议，诉讼与仲裁这两种方式不能并存。"或裁或审"条款实质上属于当事人提交仲裁的意思表示不具有唯一性。根据《仲裁法解释》第7条的规定，原则上此类仲裁协议应认定为无效，但一方当事人向仲裁机构申请仲裁，另一方当事人未在仲裁庭首次开庭前提出异议，则可视为双方当事人就由仲裁机构解决其争议达成了一致。

(二)"先裁后审"的情形及效力认定

在实践中，双方当事人之间关于仲裁与诉讼两种争议解决方式的约定

有时体现为“先仲裁、后诉讼”的先后顺序关系。常见的“先裁后审”的仲裁协议主要有以下几种情形：一是约定发生争议可以申请某某仲裁委员会仲裁解决，不服仲裁裁决的，可以向人民法院提起诉讼。二是约定发生争议可以申请某某仲裁委员会仲裁解决，对仲裁裁决不服，可以提起上诉。三是约定可以向法院提出对仲裁裁决书的复审。上述情形均是当事人约定先通过仲裁方式解决争议，对仲裁裁决不服再通过司法途径解决争议的模式，实质上是当事人就仲裁裁决的效力作出的约定。[①]

从我国《仲裁法》的立法宗旨来看，仲裁实行一裁终局制度。对于当事人来说，裁决作出后，不得就同一纠纷向人民法院起诉或者再次向仲裁机构申请仲裁。对仲裁机构和人民法院来说，当事人就同一纠纷再次申请仲裁或者向人民法院起诉的，仲裁机构、人民法院均不予受理。实践中，“先裁后诉”条款并不等同于“或裁或诉”条款。对于该问题，最高人民法院于2021年12月31日发布的《全国法院涉外商事海事审判工作座谈会会议纪要》第94条明确指出：“当事人在仲裁协议中约定争议发生后‘先仲裁、后诉讼’的，不属于仲裁法司法解释第七条规定的仲裁协议无效的情形。根据仲裁法第九条第一款关于仲裁裁决作出后当事人不得就同一纠纷向人民法院起诉的规定，‘先仲裁、后诉讼’关于诉讼的约定无效，但不影响仲裁协议的效力。”根据上述规定，“先裁后审”条款关于诉讼的约定是无效的，但该约定不影响对仲裁协议效力的判断。只要关于仲裁协议的约定符合《仲裁法》和司法解释的相关规定，仲裁协议即应认定为有效。

① 参见最高人民法院民事审判第四庭编著：《〈全国法院涉外商事海事审判工作座谈会会议纪要〉理解与适用》，人民法院出版社2023年版，第580页。

第二百八十九条 当事人申请采取保全的，中华人民共和国的涉外仲裁机构应当将当事人的申请，提交被申请人住所地或者财产所在地的中级人民法院裁定。

【条文主旨】

本条是关于涉外仲裁保全的规定。

【理解与适用】

2023年修正《民事诉讼法》时，对本条未做修改，整体保留了原有规定。

仲裁保全是商事仲裁程序中的一项重要制度。涉外民商事案件的当事人发生民事纠纷后，一方当事人为防止争议标的物被对方出卖、毁损、转移、藏匿或者挥霍，为及时有效地保护自己被侵犯的合法权益将来能够得到恢复和补救，往往会在仲裁前或者仲裁中向人民法院或者向协议选择的仲裁机构申请采取保全措施。涉外仲裁案件的当事人申请保全，是维护其合法权益，保证仲裁庭仲裁活动的顺利进行和生效裁决得以实现的重要保障手段。

一、关于申请保全的情况、种类

仲裁保全，是指仲裁程序开始之前或仲裁进行之中，为保证将来裁决的执行，利害关系人或申请人可向法院或仲裁机构申请保全。[①]2012年《民事诉讼法》将“财产保全”改为“保全”，本条沿用了此规定，涵盖了财产保全、行为保全和证据保全三种类型。因此，本条中，涉外仲裁当事人提出的保全申请包括三类：财产保全、行为保全和证据保全。

财产保全，可以分为仲裁中的财产保全和仲裁前的财产保全。仲裁中的财产保全，是指因一方当事人的行为或者其他原因，可能使将来的仲裁裁决不能执行或者难以执行的，经另一方当事人申请并经仲裁委员会的提

① 江伟、肖建国主编：《民事诉讼法》，中国人民大学出版社2018年版，第239页。

交，由有管辖权的人民法院根据《民事诉讼法》采取的特定财产处分权的强制措施。[①]仲裁前的财产保全，是指在紧急情况下，法院如不立即采取财产保全措施，申请人的合法权利可能会受到难以挽回的损害，因此法律赋予利害关系人在仲裁立案前申请法院采取保全措施的权利。[②]

行为保全，是 2012 年《民事诉讼法》增加相关表述，在《民事诉讼法》中正式引入该制度。行为保全，是指当事人为维护其合法权益，保证生效裁判的执行、阻断侵害行为继续、避免损失的扩大，人民法院依法要求当事人为一定行为或不为一定行为的制度。[③]申请行为保全的目的主要在于避免申请人遭受其他不可弥补的损害，有必要立即制止被申请人正在实施的损害行为，或者要求被申请人实施一定行为进行补救。行为保全的核心是限制债务人的行为。保全的对象是债务人必须为或者不为一定行为。我国《仲裁法》目前主要包括仲裁财产保全和证据保全，而作为仲裁保全重要组成部分的行为保全并没有明确规定。在某些仲裁机构的仲裁规则[④]中规定了行为保全。

证据保全，指仲裁程序开始后，遇有法定的情况，根据当事人的申请，对证据及时采取保护措施，以保存证据证明力的活动。证据保全的内容，主要规定在我国《仲裁法》第 46 条[⑤]和第 68 条[⑥]，这两条分别规定了国内证据保全和涉外证据保全。证据保全措施，即对保全的证据应采取的保护方法。对哪些证据，采用何种方法予以保全，我国《民事诉讼法》没有作出明确的规定。实践证明，保全证据的方法，因不同的证据采用的保

---

① 参见黄进、宋连斌、徐前权：《仲裁法学》，中国政法大学出版社 2008 年版，第 110 页。

② 参见江伟、肖建国主编：《仲裁法》，中国人民大学出版社 2016 年版，第 248 页。

③ 参见张卫平：《民事诉讼法（第四版）》，法律出版社 2016 年版，第 269 页。

④ 例如，《北京仲裁委员会仲裁规则》第 17 条规定："（一）一方当事人因另一方当事人的行为或者其他原因，可能使裁决难以执行或者造成当事人其他损害的，可以提出申请，要求对另一方当事人的财产进行保全、责令其作出一定行为或者禁止其作出一定行为。（二）证据可能灭失或者以后难以取得的情况下，当事人可以提出证据保全申请。（三）当事人向本会提出上述申请的，本会将当事人的申请转交至有管辖权的法院。（四）因情况紧急，不立即申请保全将会使其合法权益受到难以弥补的损害或者证据可能灭失或以后难以取得的情况下，当事人可以在申请仲裁前提出上述申请。"

⑤ 《仲裁法》第 46 条规定："在证据可能灭失或者以后难以取得的情况下，当事人可以申请证据保全。当事人申请证据保全的，仲裁委员会应当将当事人的申请提交证据所在地的基层人民法院。"

⑥ 《仲裁法》第 68 条规定："涉外仲裁的当事人申请证据保全的，涉外仲裁委员会应当将当事人的申请提交证据所在地的中级人民法院。"

全措施要有所不同。例如，对证人证言证据的保全，应采取制作证人证言笔录或录音的方法。对物证的保全，可以由人民法院进行勘验制作笔录、绘图、拍照、录像；或者采取保存原物的方法。对易腐烂变质的物品，可以采用变卖、保存价款的措施。对于书证及视听资料，可以及时调取到法院保存等。

人民法院接受保全申请后，可以根据案件的实际情况，要求申请保全人提供担保。申请保全人可以自己为财产保全提供担保，也可以由第三人提供担保。担保方式可以是人保，也可以是物保。为确保被申请人因保全所遭受的损失得到赔偿，对于申请保全的，由人民法院根据具体情况来决定是否需要提供担保以及担保数额。

二、关于申请方式

在仲裁过程中，当事人通过仲裁机构提出保全申请时，仲裁机构应当将申请提交有管辖权的人民法院。关于国内仲裁保全案件，我国《仲裁法》第28条规定，当事人申请财产保全的，仲裁委员会应当将当事人的申请依照《民事诉讼法》的有关规定提交人民法院。《最高人民法院关于人民法院办理财产保全若干问题的规定》（2020年修正）第3条规定："仲裁过程中，当事人申请财产保全的，应当通过仲裁机构向人民法院提交申请书及仲裁案件受理通知书等相关材料。人民法院裁定采取保全措施或者裁定驳回申请的，应当将裁定书送达当事人，并通知仲裁机构。"也就是说，在仲裁过程中当事人向仲裁机构提出保全申请时，仲裁机构需要将申请提交有管辖权的人民法院。本条是对涉外仲裁保全申请方式作出的规定，当事人申请采取保全的，我国的涉外仲裁机构应当将当事人的申请，提交有管辖权的人民法院裁定。

三、关于提交被申请人住所地或财产所在地的中级人民法院

当事人在仲裁程序中申请财产保全的，需要区分国内仲裁案件与涉外仲裁案件。根据《最高人民法院关于实施〈中华人民共和国仲裁法〉几个问题的通知》（法发〔1997〕4号）的规定，在仲裁过程中，当事人申请财产保全的，国内仲裁案件由被申请人住所地或者财产所在地的基层人民法院作出裁定并予以执行；属涉外仲裁案件的，由被申请人住所地或者财产所在地的中级人民法院作出裁定并予以执行。对于证据保全，根据《仲

裁法》第46条和第68条的规定，国内仲裁案件，当事人申请证据保全的，应当将当事人的申请提交证据所在地的基层人民法院；涉外仲裁的当事人申请证据保全的，涉外仲裁委员会应当将当事人的申请提交证据所在地的中级人民法院。

四、关于有权作出保全决定的主体——人民法院

根据我国《仲裁法》和《民事诉讼法》的规定，仲裁保全的决定权由人民法院行使，仲裁庭和仲裁机构不享有仲裁保全的决定权。这是由仲裁和诉讼的性质决定的。仲裁机构是具有公断性质的民间团体，虽然近代成为国家法律承认或为解决争议的机构，并赋予仲裁裁决有法律上的强制力，但是仲裁制度毕竟不同于审判制度，它不是以国家强制力为后盾的，本身没有执行权，而保全措施与法律文书的执行密切相关，[①] 因此，我国将仲裁保全审查决定权的主体单独地赋予人民法院。当事人申请采取保全的，我国涉外仲裁机构应当将当事人的申请提交被申请人住所地或者财产所在地的中级人民法院裁定，中级人民法院裁定采取保全措施的，就依照《民事诉讼法》有关保全措施的程序规定执行。

需要注意是，在涉外仲裁程序中，人民法院只能依据当事人的申请采取保全措施，不能依职权采取保全措施。另外，仲裁机构将当事人请求保全的申请提交人民法院执行后，如果发生保全错误，应当由申请人赔偿被申请人的损失，而不应由仲裁机构或者人民法院赔偿。因为保全是在紧急情况下采取的措施，仲裁机构收到当事人的申请后不可能像仲裁案件一样进行调查取证，全面审查申请是否正确，只能尽快提交人民法院，人民法院也没有充分的时间对申请进行全面、细致地审查，因此，要求仲裁机构和法院对申请错误造成的损失赔偿是不合理的。

【审判实践中应当注意的问题】

审判实践中应当注意的是，申请审查程序中仲裁保全错误的赔偿认定。

我国《仲裁法》第28条第3款作出了与《民事诉讼法》（2023年修

---

① 全国人民代表大会常务委员会法制工作委员会编：《中华人民共和国民事诉讼法释义（最新修正版）》，法律出版社2012年版，第634页。

正）第 108 条的规定相一致的规定。即申请保全有错误的，申请人应当赔偿被申请人因财产保全所遭受的损失。人民法院根据一方当事人的申请作出财产保全裁定后应立即交付执行。在执行中，无论采取哪种保全措施，被申请人均无法对被保全的财物使用和处分，都可能会给被申请人带来一定的损失。因此，如果该损失系申请人错误申请财产保全导致，申请人应当赔偿被申请人因财产保全所遭受的损失。这是对被申请人合法权益的保障，同时也是对申请人慎重行使财产保全申请权的法律要求。

关于财产保全侵权几个构成要件的司法判断仍然不能脱离一般侵权要件的内容，即侵权行为、损害结果、因果关系、违法性与过错。在理论与实践中对财产保全侵权属于以过错为责任要件的一般侵权已形成共识。“申请有错误”，应当包括主观过错和主观过错之外的错误，后者如标的错误（误以他人之物为被保全人之物）、对象错误（向甲主张权利，申请保全乙的财物）、超标的保全、未及时解除保全措施等。除主观过错之外，其他可能产生错误的情形，一般可由采取保全措施的法院通过查询、及时通知被保全人等方式得以解决。如果没有以可能的方式避免主观过错之外的错误并导致损害事实的发生，则这些针对标的、对象等发生的错误仍然可以纳入申请人主观过错的范畴。因此，在财产保全侵权的要件判断中，“申请有错误”应当限定为一个主观的判断标准。这是一个非常重要的前提，不对“申请有错误”作出必要的限定，就极易导致以最终裁判结果来判断申请人是否构成侵权的客观归责。财产保全侵权案件应当首先解决的问题就是“过错”的有无，即首先应当“就具违法性的行为认定其有无故意或过失”[①]。判断申请人申请财产保全是否具有过错，主要审查保全申请人申请财产保全是否尽到了理性人的必要注意义务，并在综合考量的基础上判断申请人主观上是否存在故意或过失等“过错”情形。另外，财产保全侵权赔偿责任还需要考察侵权行为、损害结果、因果关系等综合因素。

① 参见李娜：《财产保全侵权损害赔偿责任的司法判断》，载《人民法院报》2022 年 8 月 18 日。

第二百九十条 经中华人民共和国涉外仲裁机构裁决的，当事人不得向人民法院起诉。一方当事人不履行仲裁裁决的，对方当事人可以向被申请人住所地或者财产所在地的中级人民法院申请执行。

【条文主旨】

本条是关于我国涉外仲裁裁决效力及执行管辖法院的规定。

【理解与适用】

2023年修正《民事诉讼法》时，对本条未做修改，整体保留了原有规定。

根据我国《仲裁法》的规定，仲裁实行一裁终局的制度，涉外仲裁也不例外。对于我国涉外仲裁机构裁决的案件，当事人即使对裁决不服，也不能向人民法院起诉，应当自觉履行仲裁裁决确定的义务。如果一方当事人不按照仲裁裁决履行义务，对方当事人可以向被申请人住所地或者财产所在地的中级人民法院申请执行。换句话说，由于涉外仲裁裁决是基于纠纷双方当事人自愿接受仲裁协议的约束，将纠纷提交仲裁而产生的，所以，对于具有终局效力的仲裁裁决，双方当事人应当自觉履行。但是，如果一方当事人不履行仲裁裁决所确定的义务，会涉及仲裁裁决的执行问题。涉外仲裁机构不是国家的审判机关，非官方的性质决定了其对仲裁裁决这一法律文书没有执行的权力，对裁决的执行权只能由人民法院来行使。因此，当一方当事人不履行裁决时，对方当事人只能向被申请人住所地或者财产所在地的中级人民法院提出按照裁决所确定的内容予以执行的申请。对此，本条作出规定，一方当事人不履行仲裁裁决的，对方当事人可以向被申请人住所地或者财产所在地的中级人民法院申请执行。

一、关于仲裁裁决对争议事项的确定效力

（一）是裁审择一原则的必然结果

仲裁与诉讼是解决民商事争议的两种主要方式，两种解决方法在性质上是彼此排斥的，即选择了仲裁就意味着排斥了诉讼，选择了诉讼就意味

着排斥了仲裁。在具体选择争议解决方式时，诉讼与仲裁这两种方式不能并存。因此，争议解决方式中的诉讼或者仲裁是择一关系。如果当事人在纠纷发生前或者纠纷发生后通过自愿、平等协商选择仲裁解决争议，就意味着放弃了诉讼的权利。合法有效的仲裁协议具有排除人民法院司法管辖权的效力。因此，达成仲裁协议的当事人应当就争议事项向仲裁机构申请仲裁，不得向人民法院起诉。仲裁庭作出裁决后，对双方当事人具有约束力。因此，本条规定的经我国涉外仲裁机构裁决的，当事人不得向人民法院起诉，这是裁审择一原则的必然结果。

（二）当事人丧失诉权

我国《仲裁法》第 9 条第 1 款规定，仲裁实行一裁终局的制度。裁决作出后，当事人就同一纠纷再申请仲裁或者向人民法院起诉的，仲裁委员会或者人民法院不予受理。当事人在仲裁协议中应当首先明确将他们之间的何种争议提交仲裁，一般也会写明仲裁裁决的效力是否为终局、对双方当事人有无约束力以及能否再向法院上诉要求变更等。[①] 仲裁的一般原则是一裁终局，虽然也存在个别的仲裁内部救济程序和外部仲裁程序。[②] 仲裁的内部救济程序常见于个别仲裁机构的规则中，规则明确规定对仲裁裁决的“上诉”程序，在一方当事人对仲裁庭作出的裁决提出异议的情况下，仲裁裁决效力仍处于待定状态，要由仲裁机构内部组成“上诉仲裁庭”对案件进行审理。这种情况常见于一些行业协会提供的仲裁服务当中。根据上述协会的仲裁规则，二裁终局是常态而一裁终局是例外。如果当事人选择根据协会的仲裁规则进行仲裁的话，除非当事人明确排除上诉仲裁的可能性，仲裁裁决是可以上诉的。关于仲裁外部救济程序，如有的国家的法律赋予当事人可以就仲裁裁决的法律问题向法院上诉。如果适用于仲裁程序的法律有此方面的规定，则在任何一方当事人尚有可能向法院提出上诉的时候，裁决不能认为是终局的。当然，一裁终局的原则是普遍的。在我国《仲裁法》的框架下，仲裁机构作出的裁决都具有终局效力。裁决作出后，当事人因同一纠纷再申请仲裁或者向人民法院起诉的，人民法院不予受理。

---

① 参见章尚锦、杜焕芳：《国际私法（第六版）》，中国人民大学出版社 2019 年版，第 310~311 页。

② 参见杨弘磊：《中国内地司法实践视角下的〈纽约公约〉问题研究》，法律出版社 2006 年版，第 23 页。

（三）诉权丧失的例外

我国《仲裁法》第 9 条第 2 款规定，裁决被人民法院依法裁定撤销或者不予执行的，当事人就该纠纷可以根据双方重新达成的仲裁协议申请仲裁，也可以向人民法院起诉。上述内容是对裁决被人民法院裁定撤销或者不予执行的，当事人之间的纠纷如何处理作出的规定。这一条款实际上是意味着，人民法院撤销裁决或者不予执行裁决后，原有的仲裁协议无效，当事人的仲裁愿望只能通过新订立的仲裁协议得以实现。当事人可以根据双方达成的书面仲裁协议重新申请仲裁或者向人民法院起诉。在司法实践中，裁决被撤销或者不予执行之后，当事人再次达成仲裁协议重新仲裁的可能性较小，当事人可以就争议向人民法院起诉。

二、关于管辖法院及当事人申请执行程序

本条规定，对我国的涉外仲裁裁决，一方当事人不履行的，对方当事人可以申请被申请人住所地或财产所在地的中级人民法院执行。根据《民事诉讼法解释》（2022 年修正）第 538 条的规定，申请人向人民法院申请执行我国涉外仲裁机构的裁决，应当提出书面申请，并附裁决书正本。如果申请人为外国当事人，其中申请书应当用中文文本提出。根据《仲裁法》第 62 条的规定，一方当事人不履行的，另一方当事人可以依照《民事诉讼法》的有关规定向人民法院申请执行。《民事诉讼法》（2023 年修正）第 250 条规定，申请执行的期间为二年。由此可见，我国涉外仲裁裁决当事人申请执行的期限为二年。

涉外仲裁裁决的执行，包括仲裁机构根据《仲裁法》作出的仲裁裁决或者仲裁调解书。当事人申请执行涉外仲裁裁决的具体程序，主要依据《最高人民法院关于人民法院办理仲裁裁决执行案件若干问题的规定》处理。该规定第 2 条指出："当事人对仲裁机构作出的仲裁裁决或者仲裁调解书申请执行的，由被执行人住所地或者被执行的财产所在地的中级人民法院管辖。符合下列条件的，经上级人民法院批准，中级人民法院可以参照民事诉讼法第三十八条[①]的规定指定基层人民法院管辖：（一）执行标的额符合基层人民法院一审民商事案件级别管辖受理范围；（二）被执行人住所地或者被执行的财产所在地在被指定的基层人民法院辖区内。被

① 现为《民事诉讼法》（2023 年修正）第 39 条。

执行人、案外人对仲裁裁决执行案件申请不予执行的，负责执行的中级人民法院应当另行立案审查处理；执行案件已指定基层人民法院管辖的，应当于收到不予执行申请后三日内移送原执行法院另行立案审查处理。”第3条规定：“仲裁裁决或者仲裁调解书执行内容具有下列情形之一导致无法执行的，人民法院可以裁定驳回执行申请；导致部分无法执行的，可以裁定驳回该部分的执行申请；导致部分无法执行且该部分与其他部分不可分的，可以裁定驳回执行申请。（一）权利义务主体不明确；（二）金钱给付具体数额不明确或者计算方法不明确导致无法计算出具体数额；（三）交付的特定物不明确或者无法确定；（四）行为履行的标准、对象、范围不明确。”第4条规定：“对仲裁裁决主文或者仲裁调解书中的文字、计算错误以及仲裁庭已经认定但在裁决主文中遗漏的事项，可以补正或说明的，人民法院应当书面告知仲裁庭补正或说明，或者向仲裁机构调阅仲裁案卷查明。仲裁庭不补正也不说明，且人民法院调阅仲裁案卷后执行内容仍然不明确具体无法执行的，可以裁定驳回执行申请。”第5条规定：“申请执行人对人民法院依照本规定第三条、第四条作出的驳回执行申请裁定不服的，可以自裁定送达之日起十日内向上一级人民法院申请复议。”第6条规定，仲裁裁决或者仲裁调解书确定交付的特定物确已毁损或者灭失的，依照《民事诉讼法解释》第494条[①]的规定处理，即执行标的物为特定物的，应当执行原物。原物确已毁损或者灭失的，经双方当事人同意，可以折价赔偿。双方当事人对折价赔偿不能协商一致的，人民法院应当终结执行程序。申请执行人可以另行起诉。

【审判实践中应当注意的问题】

一、申请执行和申请撤销程序的协调

实践中需要注意的是，人民法院在受理一方当事人申请执行仲裁裁决的申请后，另一方当事人又申请撤销同一仲裁裁决，人民法院应当如何处理？《仲裁法》第64条规定：“一方当事人申请执行裁决，另一方当事人申请撤销裁决的，人民法院应当裁定中止执行。人民法院裁定撤销裁决的，应当裁定终结执行。撤销裁决的申请被裁定驳回的，人民法院应当

① 现为《民事诉讼法解释》（2022年修正）第492条。

裁定恢复执行。"《仲裁法》的这一规定明确了一方当事人申请执行裁决，另一方当事人又申请撤销裁决的情况下，人民法院应当裁定中止执行。这是因为人民法院一旦裁定撤销裁决，意味着执行将失去执行依据，可能会产生执行回转等问题，给当事人的利益带来很大影响，也给人民法院带来不必要的工作负担。所以，人民法院在一方当事人申请执行裁决，另一方当事人申请撤销同一裁决的情况下，应当裁定中止执行。仲裁裁决被人民法院裁定撤销后，申请人民法院执行就失去了执行依据，人民法院应当裁定终结执行。撤销裁决的申请被人民法院裁定驳回的，人民法院应当恢复执行。

反过来，如果一方当事人先申请撤销裁决，另一方当事人又申请执行同一裁决，人民法院应当如何处理?《仲裁法解释》第25条对此进行了明确，即人民法院受理当事人撤销仲裁裁决的申请后，另一方当事人申请执行同一仲裁裁决的，受理执行申请的人民法院应当在受理后裁定中止执行。

二、境外仲裁机构在我国内地作出的仲裁裁决的"籍属"问题，即仲裁裁决属于我国"涉外仲裁裁决"还是外国仲裁裁决

不同国籍的裁决在（承认）执行过程中需要适用不同的法律，如果将其界定为"涉外仲裁裁决"，人民法院可以直接依据《民事诉讼法》和《仲裁法》的规定执行；如果将其界定为"外国仲裁裁决"，则需要按照司法协助程序，由人民法院适用《纽约公约》审查是否承认与执行。

上述问题的解决需要引入"仲裁地"的概念。关于"仲裁地"的相关问题将在接下来的条文中详细阐述，具体内容详见第304条，在此不再赘述。目前，我国司法实践对于"仲裁地"的理解已经没有争议。无论约定的仲裁机构为何，适用的仲裁协议如何，应当按照仲裁地决定仲裁裁决的籍属及程序法律适用。因此，境外仲裁机构在我国内地作出的仲裁裁决属于我国"涉外仲裁裁决"，对该类型裁决的审查适用我国《民事诉讼法》及《仲裁法》的相关规定，而不是适用《纽约公约》。

第二百九十一条 对中华人民共和国涉外仲裁机构作出的裁决，被申请人提出证据证明仲裁裁决有下列情形之一的，经人民法院组成合议庭审查核实，裁定不予执行：

（一）当事人在合同中没有订有仲裁条款或者事后没有达成书面仲裁协议的；

（二）被申请人没有得到指定仲裁员或者进行仲裁程序的通知，或者由于其他不属于被申请人负责的原因未能陈述意见的；

（三）仲裁庭的组成或者仲裁的程序与仲裁规则不符的；

（四）裁决的事项不属于仲裁协议的范围或者仲裁机构无权仲裁的。

人民法院认定执行该裁决违背社会公共利益的，裁定不予执行。

【条文主旨】

本条是关于涉外仲裁裁决不予执行的规定。

【理解与适用】

2023年修正《民事诉讼法》时，对本条未做修改，整体保留了原有内容。

仲裁裁决作出后，当事人应当履行裁决，一方当事人不履行的，另一方当事人可以向人民法院申请执行，受申请的人民法院应当执行。如果被申请执行的当事人认为仲裁裁决不应当强制执行的，可以根据本条的规定向人民法院提出不予执行仲裁裁决的抗辩。本条对不予执行涉外仲裁裁决的情形作出了明确的规定。对申请执行的涉外仲裁裁决，被申请人提出证据证明仲裁裁决有下列情形之一的，经人民法院组成合议庭审查核实，裁定不予执行：（1）当事人在合同中没有订有仲裁条款或者事后没有达成书面仲裁协议的；（2）被申请人没有得到指定仲裁员或者进行仲裁程序的通知或者由于其他不属于被申请人负责的原因未能陈述意见的；（3）仲裁庭的组成或者仲裁的程序与仲裁规则不符的；（4）裁决的事项不属于仲裁协议的范围或者仲裁机构无权仲裁的。需要说明一点，人民法院对涉外仲裁机构的司法审查监督范围，限于仲裁程序方面的问题，不涉及实体方面的问题，即对裁决在认定事实和适用法律上是否有错误不做审查。本条上述情形，均属于程序性问题。

本条同时规定，人民法院认定执行该裁决违背社会公共利益的，裁定不予执行。接受执行申请的人民法院，对涉外仲裁机构作出的裁决，应当依法审查其是否违背社会公共利益，经审查认为不违背社会公共利益的，应当按照本法规定的执行程序予以执行。经审查认为违背社会公共利益的，则应当裁定不予执行。

一、关于被申请人负举证责任

根据证明责任的一般原则，除非法律另有规定，当事人需就其请求与主张提供证据加以证明。这一原则在国际商事仲裁程序中，得到广泛认可和采纳。根据该原则，各方当事人都需要提交支持己方请求或抗辩主张的证据，来证明自己的主张成立，从而维护自己的权益。[①]《联合国国际贸易法委员会仲裁规则》（2010 年修订）第 27 条规定："每一方当事人应对其仲裁请求或答辩所依据的事实负举证责任。"《法国民事诉讼法》第 1060 条明确有关证据的诉讼指导原则始终适用于仲裁，其第 9 条规定："应当由每一当事人对其诉讼请求之胜局所必要的实施依法证明之。"

我国《仲裁法》亦有类似规定，例如，该法第 43 条第 1 款规定："当事人应当对自己的主张提供证据。"也就是说，无论是申请人向仲裁庭提出仲裁请求，还是被申请人就申请人的仲裁申请作出答辩或者反诉，都应当对各自的主张提供证据证明。[②]本条规定与上述仲裁程序中的举证责任相类似，一方当事人申请执行我国涉外仲裁机构作出的裁决，如果被申请人认为裁决不应予以执行，其应当提供证据证明裁决存在不予执行的事由。也就是说，被申请人对裁决不予执行的事由负有举证责任。这种举证责任可以从以下两个方面加以理解：其一，提出不予执行抗辩的当事人应当穷尽列举法定不予执行事由，人民法院无权在当事人提出的不予执行事由之外进行审查；其二，提出不予执行抗辩的当事人对其提出的不予执行事由负举证责任，即由该当事人证明不予执行事由的成立，申请执行人

① 李娜：《仲裁程序中"隐瞒证据"的认定——兼论对我国仲裁证据披露制度构建的启示》，载《中国应用法学》2021 年第 6 期。

② 赵秀文：《国际商事仲裁法》，中国人民大学出版社 2004 年版，第 341 页。

不负举证责任，人民法院也应当在提出不予执行抗辩的当事人能否证明其抗辩事由成立的范围内进行审查。

二、关于没有仲裁协议的理解

根据《仲裁法解释》第18条的规定，“没有仲裁协议”是指当事人没有达成仲裁协议；仲裁协议被认定无效或者被撤销的，视为没有仲裁协议。按照上述规定，“没有仲裁协议”包括三种情形：当事人没有达成仲裁协议、仲裁协议被认定无效、仲裁协议被依法撤销。没有达成仲裁协议是指当事人在纠纷发生前后均未就可能发生或者已经发生的争议提交仲裁的问题达成协议。仲裁协议被认定无效或者被依法撤销的法律后果与没有仲裁协议相同。

（一）当事人没有达成仲裁协议

根据我国《仲裁法》的规定，仲裁协议包括合同中订立的仲裁条款和以其他书面方式在纠纷发生前或者纠纷发生后达成的请求仲裁的协议。因此，仲裁协议作为一种意思表示，是以一种契约的形式存在的，无论是合同中的仲裁条款还是单独的仲裁协议，都是当事人之间达成的仲裁协议。如果当事人之间没有达成仲裁协议或者说没有就仲裁达成合意，也就不存在仲裁协议。仲裁协议本质上是一种合同，判断双方是否就仲裁达成合意，应当适用《民法典》合同编关于要约、承诺的规定。承诺生效时合同成立，即意思表示达成一致时合同成立。就仲裁协议而言，如果当事人未达成提交仲裁的合意，则仲裁协议不成立，当事人不能通过仲裁解决争议。仲裁协议成立是仲裁协议生效的前提。因此，当事人以不存在仲裁协议为由申请确认仲裁协议效力，也应纳入仲裁司法审查的范围。

正确理解当事人之间是否达成仲裁协议，实践中应当注意以下问题：

一是仲裁协议的形式。按照我国《仲裁法》第16条的规定，仲裁协议应当采取书面形式。根据《仲裁法解释》第1条的规定，当事人以合同书、信件、数据电文（包括电报、电传、传真、电子数据交换、电子邮件）等形式达成的请求仲裁的协议，均符合仲裁协议的书面形式这一形式要件。我国《仲裁法》不承认以口头形式达成的仲裁协议，也不承认以非口头非书面的其他形式达成的仲裁协议。

二是达成仲裁协议的时间。按照《仲裁法》的规定，当事人在其纠纷产生之前或者发生之后均可达成仲裁协议。实际上，纠纷发生后，在一方当事人向法院提起诉讼前，当事人均可就其纠纷的解决问题达成仲裁协议，甚至在人民法院撤销或者不予执行仲裁裁决后，当事人仍然可以重新达成仲裁协议。

三是当事人互换含有仲裁意向的合同，但是未经一方当事人签名是否构成仲裁协议。这种情形需要根据不同的事实构成进行具体判断。判断当事人之间是否达成了仲裁协议，可以根据《民法典》有关合同订立的规定确定当事人之间是否存在仲裁合意。

四是援引包含仲裁条款的合同等书面文件是否表明当事人之间达成了仲裁协议。联合国国际贸易法委员会《国际商事仲裁示范法》(2006 年修订）第 7 条第 5 款规定，仲裁协议如载于相互往来的索赔声明和抗辩声明书中，且一方当事人声称有协议而另一方当事人不予否认的，即为书面协议。第 6 款规定，在合同中提及载有仲裁条款的任何文件的，只要此种提及可使仲裁条款成为该合同的一部分，即构成书面形式的仲裁协议。《最高人民法院关于涉蒙经济合同未直接约定仲裁条款如何认定案件管辖权的复函》(1996 年 12 月 14 日，法函〔1996〕177 号[①]）中规定："中外双方当事人订立的外贸合同中约定合同未尽事宜适用中国和蒙古国之间的交货共同条件的，因该交货共同条件即 1988 年 11 月 4 日《中华人民共和国对外经济贸易部和蒙古人民共和国对外经济供应部关于双方对外贸易机构之间相互交货共同条件的议定书》规定了因合同所发生或者与合同有关的一切争议在双方达不成协商解决的协议时，应以仲裁方式解决，并规定了具体方法，故应认定当事人自愿选择通过仲裁方式解决其纠纷，人民法院不应受理因该类合同引起的纠纷。"根据这一复函，最高人民法院实际上认可了可以通过援引方式达成仲裁协议。

五是仲裁过程中，一方当事人称有仲裁协议而对方当事人不予否认的情形。这种情形下，是否存在仲裁协议存在争议。一种观点认为，对方当事人未予否认，视为认可仲裁协议，应当默认仲裁机构的仲裁管辖权。这种观点符合《国际商事仲裁示范法》的规定。另一种观点认为，现行《仲裁法》没有默认仲裁管辖权的规定。按照《仲裁法》的规定，存在书面的有效仲裁协议是当事人申请仲裁的首要条件。《仲裁法》还规定，仲

---

① 该复函根据《最高人民法院关于废止 1980 年 1 月 1 日至 1997 年 6 月 30 日期间发布的部分公司法解释和司法解释性质文件（第九批）的决定》(法释〔2013〕2 号)，已被《仲裁法解释》(法释〔2006〕7 号）代替。

裁机构只能受理符合《仲裁法》规定条件的仲裁申请，否则应当不予受理。也就是说，仲裁机构在受理申请时，应当审查当事人之间是否存在仲裁协议；如果没有仲裁协议，仲裁机构就不应当受理当事人的仲裁申请。另外，《仲裁法》第26条规定，如果存在仲裁协议，但一方当事人向人民法院起诉，对方当事人"在首次开庭前未对人民法院受理该案提出异议的，视为放弃仲裁协议，人民法院应当继续审理"。《仲裁法》没有默认仲裁管辖权的规定，却存在默认当事人放弃仲裁协议的规定。实践中，《最高人民法院关于仲裁协议无效是否可以裁定不予执行的处理意见》（〔1999〕执监字第174-1号）认为："仲裁协议无效的法律后果是不排除人民法院的管辖权，当事人可以选择由法院管辖而排除仲裁管辖，当事人未向法院起诉而选择仲裁应诉的，应视为当事人对仲裁管辖权的认可。"上述最高人民法院的处理意见针对的是个案，认可了一方当事人提出仲裁，另一方当事人未对仲裁协议提出异议，而是选择仲裁应诉，应视为双方对仲裁管辖权的认可。实际上，仲裁庭首次开庭前，当事人对仲裁协议的效力问题没有提出异议，并应诉答辩，在裁决作出后，根据《仲裁法》第20条的规定，当事人在执行阶段不能因仲裁协议效力问题而要求法院拒绝执行有关的仲裁裁决。[①]

（二）仲裁协议无效

一个有效的仲裁协议，应当具备一般有效合同应当具备的各种要件，还必须符合我国《仲裁法》有关仲裁协议有效的特殊规定。《仲裁法》第16条第2款规定："仲裁协议应当具有下列内容：（一）请求仲裁的意思表示；（二）仲裁事项；（三）选定的仲裁委员会。"此外，我国《仲裁法》第17条还专门规定了无效仲裁协议的情形："有下列情形之一的，仲裁协议无效：（一）约定的仲裁事项超过法律规定的仲裁范围的；（二）无民事行为能力人或者限制民事行为能力人订立的仲裁协议；（三）一方采取胁迫手段，迫使对方订立仲裁协议的。"因此，当事人达成的仲裁协议，只要符合《仲裁法》第16条规定的仲裁协议合法有效的形式要件和实质要件，且不存在《仲裁法》第17条规定的仲裁协议无效之情形，才能认定为合法有效。根据上述法律规定，有效的仲裁协议至少

① 参见杨弘磊：《中国内地司法实践视角下的〈纽约公约〉问题研究》，法律出版社2006年版，第138页。

应当符合下列条件：（1）主体适格；（2）仲裁意思表示；（3）仲裁事项具有可仲裁性；（4）选定仲裁机构。

需要注意的是，仲裁协议无效与不存在仲裁协议是两个不同的问题。实践中，当事人有时主张未达成仲裁合意，此时的审查要点应当是仲裁协议是否成立，而不是仲裁协议无效问题。

（三）仲裁协议被依法撤销

仲裁协议作为合同的一种，当然适用我国《民法典》第147条、第148条、第149条、第150条关于重大误解、受欺诈或者受胁迫而实施的民事法律行为，以及第151条关于显失公平的民事法律行为效力的规定。

根据上述规定，基于重大误解实施的民事法律行为，行为人有权请求人民法院或者仲裁机构予以撤销；一方以欺诈手段，使对方在违背真实意思的情况下实施的民事法律行为，受欺诈方有权请求人民法院或者仲裁机构予以撤销；第三人实施欺诈行为，使一方在违背真实意思的情况下实施的民事法律行为，对方知道或者应当知道该欺诈行为的，受欺诈方有权请求人民法院或者仲裁机构予以撤销；一方或者第三人以胁迫手段，受胁迫方有权请求人民法院或者仲裁机构予以撤销；一方利用对方处于危困状态、缺乏判断能力等情形，致使民事法律行为成立时显失公平的，受损害方有权请求人民法院或者仲裁机构予以撤销。根据《民法典》第155条的规定，被撤销的民事法律行为自始没有法律约束力。仲裁协议如果存在我国《民法典》规定的上述情形，当事人可以请求人民法院或者仲裁机构予以撤销。仲裁协议被撤销后，当事人之间就不存在仲裁协议的约束。

三、关于正当程序权利问题

仲裁程序应当符合正当程序和自然公正的要求，保障当事人获得公正审理的权利；当事人应当享有充分的陈述和申辩权。仲裁司法审查实践中，人民法院对涉及"正当程序权利"问题的司法审查，主要是围绕以下两个方面进行的：被申请人没有得到指定仲裁员或者进行仲裁程序的通知，或者由于其他不属于被申请人负责的原因未能陈述意见。

当事人是否接获适当通知与其申辩权的行使关系十分密切。通知的理论依据是参与原则。如果被告不知道他已经被起诉，则无法参与诉讼。接获有关仲裁程序进行的通知是行使申辩权的前提，但行使申辩权又不是接获适当通知的必然结果。现代程序公正要求创造一种根据证据资料进行自由对话的条件和氛围，这样才可能使各种观点和方案得到充分考虑，实现优化选择。有关程序之适当通知的接获无疑是自由对话的前提。“通知的权益和发表意见的机会是如此之根本，以至于只有存在最重大的理由，并且尽一切可能保护被告的利益时，才可剥夺。”① 仲裁实践当中，出于种种因素的考虑，有时当事人虽然已经得到仲裁程序开始、进行的通知文件，但也不一定就程序或实体问题发表意见。从程序公正的角度考察，自由对话的条件已经被营造出来，而选择权在当事人自己手中。

在仲裁程序进行当中，当事人是否接获适当通知应当从仲裁庭和当事人两个角度进行考察。从仲裁庭的角度，主要涉及仲裁庭是否合法、有效地将有关文件送达给当事人。从当事人的角度，则往往涉及送达的对象是否是当事人本人，如果委托了代理人，该代理人是否有权接受送达。关于仲裁庭是否给予当事人以适当通知的判定标准问题，在当事人已经选定了仲裁所适用的仲裁规则的情况下，仲裁庭按照规则规定的方式和要求对当事人所作出的通知一般应当认为是适当的。

对于是否接到关于仲裁之适当通知的判断标准，应主要从以下几个方面考虑：

1. 在一般情况下，仲裁庭采取的送达方式是否足以产生有效送达的结果，相关案件中是否存在妨碍送达的特殊情况。例如，如果仲裁庭采取当面递交的方式，将有关文件交付当事人负责文件收发的人，应当认为送达是适当的。在邮寄送达中，如果仲裁庭将有关文件邮寄至有关当事人的合法注册且正在进行营业活动的地址，该种送达一般也应认为有效。

2. 仲裁庭送达行为是否存在瑕疵以及该瑕疵产生的原因。送达程序中仲裁庭应当承担主要的管理与注意责任，但送达也需要受送达人乃至受送达人的对方当事人的配合，存在瑕疵的送达应当对以上几个方面都进行考察。如果仲裁机构或仲裁庭或对方当事人尽到了谨慎义务，仲裁文件按照仲裁规则规定的方式准确送到仲裁规则规定的被送达人的地址，在送达问题上送达方没有过错或疏忽，送达就应该是符合仲裁规则和法律规定的送达。至于因被送达人自己的过错或疏忽导致未能送达仲裁文件，例如，被送达人有意拒收、未将迁址事宜通知对方当事人或仲裁机构或仲裁庭、

① [美] 麦克尔·D. 贝勒斯：《法律的原则——一个规范的分析》，张文显等译，中国大百科全书出版社 1996 年版，第 51 页。

未在工商部门办理变更登记就迁移地址或者其营业地或住所地址处无人管理、无人居住等，由此所产生的后果应当由被送达人承担。在送达问题上，尽小心谨慎义务的不应当只是送达方和对方当事人，作为被送达人同样也应尽到小心谨慎义务。

3. 送达瑕疵是否足以影响仲裁的公正与当事人提出申辩的机会，该瑕疵是否在随后的仲裁程序中得到了弥补。实践当中，应当注意区分不至于影响当事人程序权利的一般瑕疵与违反正当法律程序之间的界限。对这一方面内容的把握应当注意对禁止反言与放弃异议原则的重视。当事人如果在仲裁程序中本有机会提出异议而有意将该异议放在法院审查阶段提出，这种行为往往意味着对仲裁与诉讼资源的浪费与滥用。在仲裁实践中，有时会出现当事人可能没有收到某些仲裁文件的情况，但在随后的仲裁程序进行过程中，该文件没有接受并未影响当事人实体权利和程序权利的行使，并且当事人有机会对该问题提出意见。仲裁庭即使在送达仲裁通知的程序中存在瑕疵，也并未影响到被申请人知晓仲裁程序的开始并实际参与仲裁，其在仲裁过程中完全有机会也有可能对该问题提出意见。如果仲裁过程可以体现送达瑕疵没有影响当事人申辩权的行使，则这种送达瑕疵一般不应成为否定裁决执行的考虑因素。

程序公正的另外一个方面，要求保证利益对立方自由对话状态的形成。从程序的本质特点观察，程序既不是形式性的也不是实质性的，而是过程性和交涉性的，程序是交涉过程的制度化。[①] 仲裁程序的参加者如果完全缺乏立场上的对立性和竞争性，就会使讨论变得钝滞。对立面竞争的活动意味着不同的目标追求，这种竞争会强化仲裁程序参加者的动机，并促进程序的改善。[②] 当事人一方因其他原因未能陈述案情或提出申辩构成不予执行裁决的理由，这包含着两层意思：一是仲裁庭应该平等地对待双方当事人，给予双方当事人以同等充分地陈述其意见、案情或提出申辩的机会。仲裁庭未能给予一方当事人这种机会，就有可能构成程序不当而导致裁决被撤销或者不予执行。二是当事人必须积极有效地响应和对待仲裁庭给予的每一次机会。如果在仲裁庭适当通知了当事人尤其是被申请人之

---

① 季卫东：《法律程序的意义——对中国法制建设的另一种思考》，中国法制出版社 2004 年版，第 33 页。

② 参见杨弘磊：《中国内地司法实践视角下的〈纽约公约〉问题研究》，法律出版社 2006 年版，第 259 页。

后，被申请人拒绝参加仲裁程序或者消极地对待每一仲裁程序，应该认定被申请人故意使其参加仲裁程序的机会丧失。仲裁庭据此进行的缺席审理和作出的缺席裁决是合法有效的。

四、关于仲裁庭的组成、仲裁程序与仲裁规则不符

对上述问题的理解主要涉及三个基本概念，即仲裁庭的组成、仲裁程序与仲裁规则。三个概念之中，仲裁规则是基本概念，仲裁庭的组成、仲裁程序都是依托仲裁规则的规定而产生作用。

针对仲裁庭的组成，常见的不予执行抗辩主要包括：仲裁员数目，包括是否以 3 人仲裁庭或者独任仲裁庭作出裁决、3 人是否实际参与了仲裁的裁判过程；仲裁员披露情况和合法资格，包括仲裁员是否依据当事人约定的仲裁规则进行披露作出相应中立性或者独立性声明，是否做到了中立、客观裁判等。

针对仲裁程序，常见的不予执行抗辩主要包括：通知与送达程序，包括是否送达合理的联系人、以何种形式发出通知和申请；是否参照当事人约定与涉案规则，在相应时限内完成相关程序，尤其是审理期限和作出裁决的期限；是否以适当的仲裁员人数作出多数裁决或一致裁决；是否在听证程序中存在瑕疵等。[①]

仲裁规则是指当事人和仲裁庭在仲裁过程中必须遵守的操作规则，是双方当事人和仲裁庭在仲裁的整个过程中所应遵循的行为规范的总和。它包括仲裁申请的提出、仲裁员的选定、仲裁庭的组成、仲裁裁决的作出等内容。适用不同的仲裁规则，可能会产生不同的仲裁结果，所以双方当事人在签订仲裁协议时，应明确约定有关仲裁所应适用的规则，以确保仲裁程序的顺利进行。[②] 仲裁规则对裁决的执行特别重要。当仲裁程序违反《仲裁法》规定、仲裁规则规定或者仲裁协议约定，达到影响公正裁决的程度，应认定为违反法定程序。[③]

---

① 参见中国国际仲裁 30 人编著：《1958 年〈承认与执行外国仲裁裁决公约〉(《纽约公约》)理论与适用》，法律出版社 2020 年版，第 152 页。

② 参见杨弘磊：《中国内地司法实践视角下的〈纽约公约〉问题研究》，法律出版社 2006 年版，第 244 页。

③ 最高人民法院民事审判第四庭编：《最高人民法院商事仲裁司法审查年度报告（2019）》，人民法院出版社 2021 年版，第 35~36 页。

五、关于超裁与无权仲裁

仲裁庭的权力是有限的，其行使权力的依据除了当事人之间有效仲裁协议的授权外，还要受到特定国家或地区《仲裁法》的约束。如果仲裁庭对超出仲裁协议范围或者不能仲裁的事项进行了仲裁，其作出的仲裁裁决可能被“仲裁本座地”法院撤销或者不予执行。

超裁，是指仲裁庭超越权限作出裁决。[①] 主要存在以下两种情形：

第一种情形是超出仲裁协议约定的范围。仲裁协议是仲裁管辖权的基础，仲裁庭不能对仲裁协议范围之外的事项进行仲裁。在大多数的仲裁条款中，对仲裁事项的约定都表述为“因本合同引起的争议”或“与本合同有关的一切争议”。什么是“与合同有关的一切争议”?《仲裁法解释》第2条规定：“当事人概括约定仲裁事项为合同争议的，基于合同成立、效力、变更、转让、履行、违约责任、解释、解除等产生的纠纷都可以认定为仲裁事项。”从该规定的精神看，在对仲裁协议约定的仲裁事项的解释上，通常采用的是广义的、尽可能宽泛的、有利于仲裁的解释方法。如果仲裁裁决超出了仲裁协议约定的范围，则可以认定存在超裁情形。

第二种情形是超出当事人仲裁请求的范围。按照私权自治理念和处分权原则，当事人向裁判者提出的权利请求，确定裁判者的审理范围和裁判对象。通常情况下，仲裁庭根据当事人的仲裁请求进行审理并作出裁决。对当事人没有请求的事项，仲裁庭不得进行仲裁，否则也将构成超裁。当事人提请仲裁的事项，既包括仲裁申请人的请求仲裁事项，也包括被申请人反诉请求仲裁的事项。

无权仲裁，主要涉及争议事项的可仲裁性问题。关于争议的可仲裁性，是指仲裁作为一种解决纠纷的方式，可以解决哪些争议而不能解决哪些争议。一般认为，可仲裁性问题实际上是一国法律对仲裁范围所施加的限制。“可仲裁”争议是一个国家允许以仲裁解决的争议，“不可仲裁”争议是一个国家以法律禁止仲裁，并坚持以国家法院（或其他法定机构）审理的争议。传统上，对可否仲裁的判断是以法定请求（statutory claims）与契约请求（contractual claims）的区分为基础的。基于契约的争议，通常涉及的是契约的成立、契约适用的法律、契约的履行和违约责

---

① 林一飞:《仲裁裁决抗辩的法律与实务》，武汉大学出版社2008年版，第151页。

任等，关涉的是私人可以自由处分的权利，可以通过协议交付仲裁。而基于法律（制定法）的争议，如基于破产法、竞争法、货币交易法、进出口法、税法、证券买卖等争议，通常处于可以协议仲裁解决的范围以外，不具有可仲裁性。[①]例如，《法国民事诉讼法》第1442条、第1447条、第1493条规定，凡因当事人能自由规定的权利所引起的一切争议，都可以作为仲裁的内容。但商标权、反垄断法等知识产权争议除外。

关于可仲裁性问题，理论界通常认为，争议若具有以下三方面特质就属于可仲裁的范畴：

其一，争议具有可争讼性。可争讼性确定了发生于当事人之间纠纷事项的性质，如果争议可以通过诉讼的方式加以解决，那么也就可以纳入具有“准司法”属性的仲裁的调整范围。根据此标准，认定公民民事能力案件和认定无主财产案件等非诉讼案件，以及专利、商标等知识产权权属确认案件就被排除在可仲裁事项范围之外。因为这些案件不是当事人之间发生的争议，而是一方申请人要求确认某种法律事实或权利的存在。

其二，争议具有可赔偿性。即争议的解决结果会导致财产关系的发生而非只涉及法律状态和法律事实的存在。可赔偿性表明了争议的财产属性和私法属性。在诉讼范围内，有些争议虽然可以通过诉讼的方式加以解决和确认，但是解决的结果只涉及法律状态和法律事实的存在而不能导致财产关系的发生，因此不具有可赔偿性。诸如有关身份地位、家庭关系和选民名单等争议，就被排除在仲裁范围之外。

其三，争议具有可和解性。仲裁是当事人通过仲裁协议对彼此之间的争议自行选择的处理方式，这说明当事人对争议所涉及的权利及其处理方式可以自主决定。对于当事人不能自行处理或不能通过和解解决的争议则不允许交付仲裁，如刑事案件、税收案件。这是因为仲裁主要是一种解决私法上争议的方式，而当事人不能自由处分的权利和不能通过和解解决的争议均有可能涉及社会公共利益，而不属于私法或商事关系的范畴。《奥地利民事诉讼法》第557条规定：“在当事人有权就争议的标的达成和解

---

① See Thomas E. Carbonneau with François Janson, “Cartesian Logic and Frontier Politics: French and American Concepts of Arbitrability”, in 2 Tul. J. Int'l & Comat L. 193 (1994), at 196.

的范围内，规定某一法律争议应由……仲裁员解决的协议是有效的。”[①]

我国《仲裁法》对可仲裁性问题规定的内容是：平等主体的公民、法人和其他组织之间发生的合同纠纷和其他财产权益纠纷，可以仲裁。下列纠纷不能仲裁：（1）婚姻、收养、监护、扶养、继承纠纷；（2）应当由行政机关处理的行政争议。

从我国《仲裁法》的现有规定来看，既以概括的方式规定了可以仲裁的事项，也以列举的方式规定了不能仲裁的内容。即：“平等主体的公民、法人和其他组织之间发生的合同纠纷和其他财产权益纠纷，可以仲裁。”“下列纠纷不能仲裁：（一）婚姻、收养、监护、扶养、继承纠纷；（二）依法应当由行政机关处理的行政争议。”对于“其他财产权益”应当作广义解释，其既包括因侵权行为引发的争议，也包括因无形资产如知识产权等引发的争议。在否定事项方面，排除人身关系色彩浓厚的婚姻、继承等纠纷的仲裁管辖权是与国际上绝大多数国家相类似的。但是，如果在人身关系之外，仅仅涉及财产关系的争议是否可以通过仲裁解决？有观点对类似婚姻纠纷中的财产分配等问题通过仲裁解决持肯定态度。但考察我国《仲裁法》的立法本意以及世界其他国家和地区的有关规定，类似上述纠纷的解决实际上是完全排除仲裁的，并没有将纠纷中的人身关系与财产关系分开规定。实际上，上述纠纷中即使涉及财产争议，其往往也是与人身关系密不可分，不能简单地归为“其他财产权益纠纷”的范畴。“应当由行政机关处理的争议”，实践中常见的往往是与行政机关的行使职权行为密切相关，例如，商标权属纠纷中往往涉及有关商标主管部门的赋权行为的正当性，此类纠纷排除在仲裁管辖范围之外是不难理解的。再如，宣告专利无效或者撤销的请求不能提交仲裁解决，因为这样的程序往往涉及经由行政程序授予的权利，不宜由当事人协议处分。这类权利应该通过司法途径解决，因为司法途径能够建立或改变不仅对当事人而且对所有人都产生效力的法律关系。[②]

另外，我们应当意识到，可仲裁性是一个不断发展变化的问题，应当

---

① 参见杜焕芳：《论国际商事仲裁裁决的撤销理由及其发展趋势》，载中国国际经济贸易仲裁委员会等主办：《仲裁与法律（总第 86 期）》，法律出版社 2003 年版，第 74 页；陈治东：《国际商事仲裁法》，法律出版社 1998 年版，第 300 页。

② See Daniel Paul Simms, “Arbitrability of Intellectual Property Disputes in Germany”, in Arbitration International, Vol. 15, No. 2 (1999), at 194 to 197.

以历史的观点、发展的观点去认识和判断，这是由可仲裁性问题本身的性质决定的。可仲裁性问题的实质，就是国家出于公共政策的考虑而对仲裁事项的限制措施，其目的在于在特定的时期将处理某些特定事项的权力无条件地保留给国家法院，以体现国家对这些事项的强有力控制。公共政策本身处在不断的发展变化之中，与公共政策问题联系极为紧密的可仲裁性问题也随着国家公共政策的变化而发展变化。一些在传统观点中不可仲裁的事项也不断松动。

在我国法院的司法实践中，20世纪80年代，人民法院认为尽管合同中有仲裁条款，但由于案件的性质被认为是侵权行为，所以仲裁条款无效，法院对争议享有管辖权，从而确立了侵权争议不可仲裁的概念。[①]1998年，最高人民法院在江苏省物资集团轻工纺织总公司诉（香港）裕亿集团有限公司、加拿大太子发展有限公司侵权损害赔偿纠纷一案中，确认在当事人之间存在有效仲裁条款的情况下，即使当事人认为对方在履行合同过程中实施侵权行为，有关各方仍应受仲裁条款的约束。这一案件改变了上述侵权行为不可仲裁的观点。

六、关于社会公共利益

根据本条第2款的规定，人民法院认定执行裁决违背社会公共利益的，裁定不予执行。社会公共利益或者公序良俗一般是大陆法系的概念，通常指的是社会赖以建立的根本原则或价值。英美法系称之为“公共政策”，大多是指自由、平等、公平、自然正义等一些社会内在的价值观。从各国法律规定的情况看，对公共政策（公序良俗）条款的规定均表现出“弹性（flexibility）”的特点。尽管各国对社会公共政策（公序良俗）条款普遍作了规定，但是普遍没有明确界定公共政策（公序良俗）的内涵和外延，也没有规定其适用的具体标准和范围。[②]

我国《合同法》（已失效）第52条、《仲裁法》第58条、《民事诉讼法》（2023年修正）第248条、第291条均采用了“社会公共利益”的提法。我国《民法典》采用“公序良俗”概念代替了“社会公共利益”的表

① 参见中国技术进出口公司诉瑞士工业资源公司一案，载《最高人民法院公报》1989年第1期。

② 万鄂湘主编：《〈中华人民共和国涉外民事关系法律适用法〉条文理解与适用》，中国法制出版社2011年版，第44页。

述。具体在立法表述方面，《民法典》第8条规定："民事主体从事民事活动，不得违反法律、不得违背公序良俗。"第143条规定："具备下列条件的民事法律行为有效：……（三）不违反法律、行政法规的强制性规定，不违背公序良俗。"《民法典》第153条第2款规定："违背公序良俗的民事法律行为无效。"可见，我国《民法典》将"不得违背公序良俗"确定为民事活动应当遵循的基本原则之一，体现了立法者致力于通过立法手段维护公共秩序和道德伦理的价值取向。

在仲裁司法审查领域，我国《仲裁法》第58条第3款规定："人民法院认定该裁决违背社会公共利益的，应当裁定撤销。"《民事诉讼法》第248条、第291条规定，人民法院认定执行该裁决违背社会公共利益的，裁定不予执行。

在比较法上，最早将公共秩序和善良风俗并称为"公序良俗"的是法国。《法国民法典》第6条规定："个人的约定不得违反有关公共秩序和善良风俗的法律。"《德国民法典》沿用罗马法的做法，只有"善良风俗"而无"公共秩序"的概念。《德国民法典》第138条第1款规定："违反善良风俗的法律行为无效。"在英美法上，与"公序良俗"相当的是"公共政策"。[①]公共政策（公共秩序）是一个关系时间和地域的概念，由于政治制度和文化传统的差异，不同的国家可能对公共政策（公序良俗）的内涵有不同的解释，而且，即便是在同一个国家，其公共政策（公序良俗）的内涵也会随着社会的发展而变化。虽然表达方式存在不同，但是基本内涵都是一样的。从"公共政策"概念的具体适用方式考察，无论以法律基本原则、公序良俗还是社会公共利益来归纳"公共政策"，适用"公共政策"对某种行为或其结果进行否定性评价，并达至维护"国家或社会的重大利益或者法律和道德的基本原则"之目标，是没有什么争议的。

总体来说，各国在司法审查领域对公共政策（公序良俗）的适用呈现出如下特点：

（一）强调公共政策（公序良俗）概念的根本性和系统性

这主要体现在强调这个概念反映的是"一国国家或社会的重大利益或者法律和道德的基本原则"。仲裁司法审查视角下"公共政策"的公共性

① 参见最高人民法院民法典贯彻实施工作领导小组主编：《中华人民共和国民法典总则编理解与适用》，人民法院出版社2020年版，第760页。

和系统性，主要指仲裁裁决是否违反以社会公众为利益主体、涉及整个国家、社会层级的政治、法律、经济、文化、道德等方面的共同利益。有的观点认为，公共政策的适用应维护社会的基本价值观。社会基本价值观是一个社会赖以存在与发展的基础。社会基本价值观涉及一国法律的基本制度、经济和社会生活基本原则、社会的基本道德和伦理等。比如，大多数国家法律均规定，从事民事行为应当遵守诚实信用原则以及善良风俗原则，这些原则应当作为社会基本价值观的组成部分。[①]

（二）强调公共政策（公序良俗）适用的时代性和差异性

公共政策（公序良俗）是一个随着一整套复杂的价值观念体系之变化而不断变化的概念。由于“任何国家与法律制度的变化都是以价值观、世界观以及意识形态的变化为基础”[②]，所以，公共政策作为实现利益评价的手段也处在不断的发展变化之中。公共政策的时代性主要体现在时间方面的变化性，即使是同一国家，在不同历史时期对公共政策的理解也是不同的，公共政策的涵义是因时而异的。这对公共政策的实践适用提出了相当高的要求。在仲裁司法审查涉及公共政策的适用过程中，“一旦过去的价值判断不再与现在的价值判断相一致，那么遵循先例与正义之间就会发生冲突。在这种情形下，在尊重先例与服从正义之间维持一种有益的平衡这一棘手任务，由司法机关承担。”[③] 公共政策的差异性主要体现在地域方面的不同，不同的国家对公共政策的理解是不同的，可以构成该国公共政策的内容是不同的。

仲裁司法审查实践，只有充分注意公共政策适用的时代性和差异性特征，才能够充分发挥公共政策对“永远无法消除的法律形式相对持久的完备与法律内容对人类根本要求相对无法满足之不和谐”的解决办法的基本功能，也才能够实现公共政策之“人们面对法律本身的局限性与人类根本追求在绝对意义上的不确定之间所能做的最为理性的选择”[④] 的价值功能。

（三）强调公共政策（公序良俗）适用的能动性和限制性

我国台湾地区学者王泽鉴认为：“公共秩序或善良风俗者，指社会一

---

① 宋建立：《公共政策在仲裁司法审查中的适用》，载《人民司法·应用》2018 年第 1 期。

② ［德］伯恩·魏德士：《法理学》，丁小春、吴越译，法律出版社 2003 年版，第 23 页。

③ ［美］E·博登海默：《法理学：法律哲学与法律方法》，邓正来译，中国政法大学出版社 1999 年版，第 327 页。

④ 杨弘磊：《中国内地司法实践视角下的〈纽约公约〉问题研究》，法律出版社 2006 年版，第 347 页。

般利益或道德观念而言，为使法律适用能够客观合理，原则上应分别判断其所违背者究为公共秩序，抑为善良风俗。但在现代多元化开放的社会，关于公共秩序或善良风俗，难期有定于一尊的见解，在审判上终究有赖于法官个人的认知。应就法律行为的内容、附随情况，以及当事人的动机、目的及其他相关因素综合判断。”① 司法实践对于公共政策概念的实践发展具有能动作用，对于公共政策之探究的主要着眼点放在法院的司法实践上正是因为法院的实践胜过在此问题上一切理论的思考和科学的假设。② 同时，公共政策的性质也决定了法官在执行与适用法律的过程中，在根据案件具体情况的变化能动地运用与发展法律的同时，也必须置身于一定的制度化空间之中，并在受到种种制度的程序的制约前提下才能发挥自己的主动性。③ 也就是说，法官必须关注某些超越特定社会结构和经济结构相对性的基本价值并且关注对于这个抽象的法律规定的解释在形塑人们的行为或为法律裁判提供一种渊源方面是否有效。只有这样，这种能动作用才能在维系相对静止的法律内容与不断变化的社会生活之妥帖协调方面起到不可替代的作用。

【审判实践中应当注意的问题】

一、在合同未成立的情况下，合同中的仲裁条款是否单独成立

仲裁条款与其所存在的合同相互分离是一个已经被仲裁理论与实践所接受的概念。这一概念的主要内容是：合同中的仲裁条款与主合同是可分的，仲裁条款与主合同形成相互独立的契约，主合同无效、撤销、终止或者变更时，仲裁条款作为当事人约定的解决合同争议的条款仍独立存在，不受主合同效力的影响。最高人民法院在关于新加坡益得满亚洲私人有限

---

① 王泽鉴：《民法总则》，中国政法大学出版社 2001 年版，第 290~291 页。

② 杨弘磊：《中国内地司法实践视角下的〈纽约公约〉问题研究》，法律出版社 2006 年版，第 341~342 页。

③ 王亚新：《民事诉讼中的依法审判原则与程序保障》，载［日］谷口安平：《程序的正义与诉讼》，王亚新、刘荣军译，中国政法大学出版社 1996 年版，代译序。

公司申请承认及执行伦敦可可协会仲裁裁决一案对江苏高院的复函[①]中指出："仲裁条款或者仲裁协议独立生效的前提，是有关当事人就通过仲裁解决争议达成合意。本案中，根据新加坡益得满亚洲私人有限公司与无锡华新可可食品有限公司之间的往来传真，双方当事人之间并未就购买可可豆事宜产生的争议达成通过仲裁解决的合意。英国伦敦可可协会以新加坡益得满亚洲私人有限公司单方拟定的仲裁条款仲裁有关纠纷缺乏事实和法律依据。"这里明确表达了仲裁条款可以独立于主合同而成立的观点。

我国《仲裁法》第19条第1款规定，仲裁协议独立存在，合同的变更、解除、终止或者无效，不影响仲裁协议的效力。该条款未就合同成立后未生效、合同成立后被撤销以及合同不存在的情况下仲裁条款的独立性问题作出规定。《仲裁法解释》第10条规定，合同成立后未生效或者被撤销的，仲裁协议效力的认定适用《仲裁法》第19条第1款的规定；当事人在订立合同时就争议达成仲裁协议的，合同未成立不影响仲裁协议的效力。这意味着以下两方面的意思：（1）仲裁协议独立性原则适用于合同成立后未生效或者被撤销的情况；（2）仲裁协议独立性原则不当然适用于合同依法未成立的情况。合同未成立时仲裁协议是否有效，应根据当事人是否就仲裁协议达成合意进行审查。关于合同成立与否是否影响到合同中的仲裁协议问题，《仲裁法解释》的态度是：如果当事人在订立合同时就争议达成仲裁协议的，合同未成立不影响仲裁协议的效力。从司法实践的角度观察，当事人之间的合同未成立但却单独就仲裁问题达成协议的情况极为罕见。《仲裁法解释》解决的实际上是当事人对合同是否成立存在争议情况下合同中仲裁协议的效力问题。

实践中，当事人之间商务合同的达成，往往由一方当事人提供合同范本或者格式合同，各方据此谈判并最终达成合意。这些合同范本或者格式合同中通常都含有一方当事人拟定的争议解决条款，特别是仲裁条款。对于通过上述方式达成的合同，当事人因该合同产生的或者与该合同有关的争议，在双方就合同条款达成合意，合同有效成立后如果发生争议，自应按照合同约定的仲裁条款提请仲裁解决。但是，如果一方当事人提供合同

---

① 参见《最高人民法院关于新加坡益得满亚洲私人有限公司申请承认及执行外国仲裁裁决一案的请示的复函》(〔2001〕民四他字第43号)，载万鄂湘主编，中华人民共和国最高人民法院民事审判第四庭编：《中国涉外商事海事审判指导与研究》2003年第3卷（总第6卷），人民法院出版社2004年版，第97页。

范本或者格式合同后，双方经过多次谈判最终未就合同条款达成一致，合同中的仲裁条款（特别是在有关当事人未对该仲裁条款提出异议或者修改意见时）能否约束双方当事人之间的争议是一个比较复杂的问题。

首先，可能存在双方当事人就仲裁条款本身没有达成合意的情况。例如，合同文本要求双方发生争议时提交瑞典斯德哥尔摩商会仲裁院仲裁，而对方当事人提出双方发生争议时应提交中国国际经济贸易仲裁委员会仲裁，则应当认定双方当事人未就合同争议提请仲裁达成任何合意。

其次，如果双方当事人在谈判过程中未对仲裁条款提出异议，但因对合同其他条款未能达成一致而导致合同未成立，则不能视为双方就其合同争议的解决达成了仲裁协议。在这种情况下，没有有效的主合约的存在，合约中的仲裁条款也不存在。因为一方当事人提供含有仲裁条款的合同属于一种要约行为，对方当事人就合同的其他条款提出修改意见属于反要约或者新要约。作为反要约或者新要约组成部分的仲裁条款，仍然需要对方当事人的承诺才能构成有效的仲裁协议。如果仅仅因为一方当事人提供的合同范本或者格式合同中存在仲裁条款，就不管当事人是否就合同的全部条款包括仲裁条款达成合意，而认定单方拟定的仲裁条款具有约束双方当事人的效力，实践中可能产生极不公平的结果。

在对主合同是否存在产生的争议中，一般会有以下几种情况：（1）双方对是否达成合同，谈判是否终结，持不同意见的“不完整合约”之争。在航运的租约和二手船的买卖谈判过程中，市场船价急涨的情况下，买方认为已经达成合约，卖方否认。买方于是声称卖方毁约并开始仲裁。卖方抗辩没有主合同的存在，仲裁条款也不存在，并以此来挑战仲裁庭的管辖权。（2）授权不清的情况。代理人越权，被代理人声称从未应允过接受合约，这种情况比较少见。[①]

最后，如果双方当事人虽然对合同的其他条款未达成协议，但有证据证明双方对有关合同争议达成了仲裁协议，则仲裁协议有效成立；但如果有关仲裁条款仅是单方面的意思表示，并未得到双方当事人的书面或者实际行为的认可，则单方面的仲裁意思表示不能约束双方当事人。

应当注意的是，合同未成立和合同是否成立是两个不同的概念。我们

---

① 杨良宜等：《仲裁法——从1996年英国仲裁法到国际商务仲裁》，法律出版社2006年版，第372页。

说合同未成立时仲裁协议无效，并不等于有关当事人不能依据事后达成的仲裁协议就合同是否成立提请仲裁。因此，除非当事人事先约定不论合同是否成立均受有关仲裁条款的约束，否则，如果有关当事人之间的合同未成立，当事人又未就其争议事项达成仲裁协议，则该未成立合同中的仲裁条款，不能作为解决当事人之间争议的方式。

另外一个需要澄清的问题是，我们研究的合同不成立的情况下仲裁条款的效力是建立在合同不成立已经得到确认的前提之上的。在仲裁实践中，仲裁庭面临的往往是主合同是否存在尚不确定的情况，当事人对主合同是否存在产生争议，由此才产生了应当通过诉讼还是通过仲裁解决争议的问题。仲裁庭在这个时候的工作，是根据仲裁条款自身的情况判断受到存在性挑战的主合同中的仲裁条款是否存在及有效，仲裁庭可以行使初步管辖权，这与仲裁条款的相对独立性是不矛盾的。例如，《国际商会仲裁规则》第 3 条规定："除非另有规定，假如仲裁员确认仲裁协议有效的话，不应因为契约无效的申诉或契约不存在的指称而终止其管辖权。他应继续具有决定当事人各自权利和裁定当事人申诉和抗辩的管辖权。"1961 年《关于国际商事仲裁的欧洲公约》也规定："在依从法院地法中规定的任何司法审核的条件下，其管辖权尚未确定的仲裁员有权进行仲裁，就其自己的管辖权作出裁定，并决定仲裁协议或仲裁协议作为其中一部分的合同的存在或有效性。"仲裁庭不行使初步管辖权，其就无法判断仲裁条款的具体状况，但即使仲裁庭在这一阶段明确了自身管辖权的正当性，其决定也会在之后的程序中受到司法复审（如在承认与执行程序中，仲裁庭的管辖权极有可能受到被申请承认与执行裁决地国法院的审查），这也体现了自裁管辖权与仲裁条款相对独立性之间的区别。[①]

二、可仲裁性问题是否属于法院主动审查事项

关于可仲裁性问题是否属于法院主动审查事项。我国《民事诉讼法》《仲裁法》与《纽约公约》的规定存在差异。《民事诉讼法》第 291 规定："对中华人民共和国涉外仲裁机构作出的裁决，被申请人提出证据证明仲裁裁决有下列情形之一的，经人民法院组成合议庭审查核实，裁定不予执

① 参见杨弘磊：《中国内地司法实践视角下的〈纽约公约〉问题研究》，法律出版社 2006 年版，第 160~176 页。

行:（一）当事人在合同中没有订有仲裁条款或者事后没有达成书面仲裁协议的;（二）被申请人没有得到指定仲裁员或者进行仲裁程序的通知，或者由于其他不属于被申请人负责的原因未能陈述意见的;（三）仲裁庭的组成或者仲裁的程序与仲裁规则不符的;（四）裁决的事项不属于仲裁协议的范围或者仲裁机构无权仲裁的。”这一规定虽然与《纽约公约》第5条第1款第3项的内容较为近似，但仍有所差别。公约将可仲裁性问题纳入由被申请承认与执行仲裁裁决的国家法院主动审查的情形之中，而我国《民事诉讼法》选择了将可仲裁性问题放在被申请人提出证据证明的不予执行抗辩情形之中，实践中应当注意到这样的差别。

第二百九十二条　仲裁裁决被人民法院裁定不予执行的，当事人可以根据双方达成的书面仲裁协议重新申请仲裁，也可以向人民法院起诉。

【条文主旨】

本条是关于人民法院不予执行裁决后的救济路径的规定。

【理解与适用】

2023年修正《民事诉讼法》时对本条未做修改，整体保留了原有规定。

涉外仲裁裁决存在《民事诉讼法》第291条规定的情形而被人民法院裁定不予执行的，对当事人的权利应当如何救济，根据本条规定，当事人可以根据双方达成的书面仲裁协议重新申请仲裁，也可以向人民法院起诉。这里的“双方达成的书面仲裁协议”是指重新达成的仲裁协议，而不是原有的仲裁协议。当事人双方能够重新达成仲裁协议的，可以向仲裁机构申请仲裁；达不成仲裁协议的，相关争议可通过向人民法院提起诉讼的方式解决。

一、关于不予执行仲裁裁决与撤销仲裁裁决的联系和区别

在我国《仲裁法》的框架下，不予执行仲裁裁决与撤销仲裁裁决是由法院依法对仲裁裁决进行审查监督的两种方式，本质上都属于对仲裁裁决的监督程序。二者具有一定的联系，也有一定的区别。

（一）联系

1. 两项程序都是依当事人申请而启动，而非人民法院依职权启动，在两种程序中均体现了仲裁司法审查权行使的“被动性”特点。

2. 两项程序中的法定事由基本重合。对于我国涉外仲裁裁决而言，根据《仲裁法》第70条、第71条的规定，对涉外仲裁裁决提出撤销或者不予执行抗辩的事由是完全相同的。即：当事人在合同中没有订有仲裁条款或者事后没有达成书面仲裁协议的；被申请人没有得到指定仲裁员或

者进行仲裁程序的通知或者由于其他不属于被申请人负责的原因未能陈述意见的；仲裁庭的组成或者仲裁的程序与仲裁规则不符的；裁决的事项不属于仲裁协议范围或者仲裁机构无权仲裁的。

3. 对当事人产生的后果相同。裁决被撤销后，裁决将丧失法律效力。裁决被裁定为不予执行虽然不是对原裁决效力进行的判断，但是必然导致该裁决丧失强制执行力，从而间接否定了仲裁裁决的法律效力。从某种程度上说，裁决被撤销或者不予执行实质上都是对裁决法律效力的否定。

（二）区别

1. 提出申请的主体不同。根据《仲裁法》第 58 条的规定，当事人可以向仲裁委员会所在地的中级人民法院申请撤销仲裁裁决。由此可见，法律规定可以提请撤销仲裁裁决的主体是当事人，包括仲裁中的申请人和被申请人。根据我国《民事诉讼法》和《仲裁法》的规定，一方当事人不履行裁决，另一方当事人可以向人民法院申请执行仲裁裁决。《民事诉讼法》与《仲裁法》在执行程序中亦规定了人民法院对仲裁裁决不予执行的审查标准。其中，《仲裁法》第 63 条规定，被申请人提出证据证明裁决有《民事诉讼法》第 248 条第 2 款规定的情形之一的，经人民法院组成合议庭审查核实，裁定不予执行。《仲裁法》第 71 条、《民事诉讼法》第 291 条对于涉外裁决的执行作出了规定，即被申请人提出证据证明仲裁裁决有不予执行的情形之一的，人民法院组成合议庭审查核实，裁定不予执行。从上述法律规定可知，提出不予执行抗辩的主体是执行程序中的被申请人。

2. 提出申请的期限不同。我国《仲裁法》第 59 条规定，当事人申请撤销裁决的，应当自收到裁决书之日起六个月内提出。当事人申请执行裁决须在法定期限内提出执行申请。根据我国《民事诉讼法》的规定，申请执行的期间为二年；申请执行时效的中止、中断、适用法律有关诉讼时效中止、中断的规定。

3. 提起方式不同。撤销仲裁裁决的申请应当自当事人收到裁决书之日起的法定期限内提出，当事人可以自己决定是否申请撤销裁决。对仲裁裁决提出不予执行抗辩只能在一方当事人申请执行从而进入执行程序之后、终结之前，由执行被申请人提出。

4. 效力不同。仲裁裁决被撤销后，裁决将丧失法律效力，裁决自始不存在。通说认为，对一个仲裁裁决的撤销，其效力只有"对世性"。即裁决不仅在有权撤销裁决的“本座地”法域不复存在，在“本座地”之外的其他法域，亦应不再具有法律效力。仲裁裁决不予执行是人民法院否定仲裁裁决的强制执行效力，但该裁决依然存在，当事人可以自愿履行且不排除当事人去其他法域申请执行并获得支持的可能。

二、关于不予执行仲裁裁决的救济

人民法院裁定不予执行涉外仲裁裁决后，将导致文书所确认的债权债务关系处于不稳定的状态，应当给予当事人权利救济的路径。根据本条规定，当事人的救济路径有两种方式，即可以根据双方达成的书面仲裁协议重新申请仲裁，也可以向人民法院起诉。

（一）重新达成仲裁协议

本条在字面上并未明确表述书面仲裁协议需要当事人重新达成，这在实践中就引发了关于原仲裁协议是否仍然有效的争议。我们认为，从条文采用的文字表达方式和立法技术角度考察，本条专门规定的“双方达成书面仲裁协议”是指重新达成的仲裁协议。

我国《仲裁法》第 9 条第 2 款规定：“裁决被人民法院依法裁定撤销或者不予执行的，当事人就该纠纷可以根据双方重新达成的仲裁协议申请仲裁，也可以向人民法院起诉。”根据上述法律规定，仲裁裁决被法院撤销后，当事人可以重新达成一项仲裁协议将争议交付仲裁，也可以向法院起诉解决。《最高人民法院关于人民法院办理仲裁裁决执行案件若干问题的规定》第 22 条规定，人民法院裁定不予执行仲裁裁决的，当事人可以根据双方达成的书面仲裁协议重新申请仲裁，也可以向人民法院起诉。即在我国《仲裁法》现有的立法框架下，裁决被撤销与不予执行后，当事人欲重新进行仲裁的，都应当重新达成书面仲裁协议。

（二）向人民法院提起诉讼

如上所述，当仲裁裁决被人民法院裁定不予执行后，原仲裁协议对双方当事人不再具有约束力。如果当事人就争议事项没有达成新的仲裁协议，其可以向人民法院提起诉讼。

【审判实践中应当注意的问题】

注意区分国内仲裁裁决与涉外仲裁裁决不予执行的审查事由

我国《民事诉讼法》第 248 条、第 291 条分别对国内仲裁裁决与涉外仲裁裁决不予执行的审查事由进行了规定。其中，第 248 条第 2 款规定："被申请人提出证据证明仲裁裁决有下列情形之一的，经人民法院组成合议庭审查核实，裁定不予执行：（一）当事人在合同中没有订有仲裁条款或者事后没有达成书面仲裁协议的；（二）裁决的事项不属于仲裁协议的范围或者仲裁机构无权仲裁的；（三）仲裁庭的组成或者仲裁的程序违反法定程序的；（四）裁决所根据的证据是伪造的；（五）对方当事人向仲裁机构隐瞒了足以影响公正裁决的证据的；（六）仲裁员在仲裁该案时有贪污受贿、徇私舞弊，枉法裁决行为的。人民法院认定执行该裁决违背社会公共利益的，裁定不予执行。"第 291 条规定："对中华人民共和国涉外仲裁机构作出的裁决，被申请人提出证据证明仲裁裁决有下列情形之一的，经人民法院组成合议庭审查核实，裁定不予执行：（一）当事人在合同中没有订有仲裁条款或者事后没有达成书面仲裁协议的；（二）被申请人没有得到指定仲裁员或者进行仲裁程序的通知，或者由于其他不属于被申请人负责的原因未能陈述意见的；（三）仲裁庭的组成或者仲裁的程序与仲裁规则不符的；（四）裁决的事项不属于仲裁协议的范围或者仲裁机构无权仲裁的。人民法院认定执行该裁决违背社会公共利益的，裁定不予执行。"

按照上述规定，人民法院除依法对裁决是否违反公共利益进行审查之外，对于基于被申请人的抗辩而对涉外仲裁裁决不予执行的审查事由限制在程序方面，即审查仲裁程序有无违反法定程序或者当事人合意的仲裁规则等方面。这方面不涉及对裁决在认定事实和适用法律上是否存在错误。对于没有涉外因素的国内仲裁裁决，除了程序性事项的审查之外，还包括对部分实体性内容的审查，例如，对是否存在伪造证据、隐瞒证据的审查。相比而言，对国内仲裁裁决的审查范围更为宽泛一些。

第二十七章　司法协助

第二百九十三条　根据中华人民共和国缔结或者参加的国际条约，或者按照互惠原则，人民法院和外国法院可以相互请求，代为送达文书、调查取证以及进行其他诉讼行为。

外国法院请求协助的事项有损于中华人民共和国的主权、安全或者社会公共利益的，人民法院不予执行。

【条文主旨】

本条是关于国际民商事司法协助的依据、范围和拒绝理由的规定。

【理解与适用】

2023年修正《民事诉讼法》时对本条未做修改，整体保留了原有规定。

根据各国主权平等的国际法原则，司法权作为国家主权的核心内容，应当在一国境内行使，否则就可能构成对他国司法主权的侵犯。然而，随着国际交往的不断深入，一国司法程序中涉及的跨国因素急剧增多，例如，被告、证人在境外或者证据、可执行的财产在境外等。因此，各国司法机关有必要通过开展司法协助相互代为一定的诉讼行为，来保障各自诉讼程序的顺利进行，从而及时解决各类跨境民商事纠纷，保护相关当事人的合法权益，维护国际交往的良好法治环境。

所谓国际民商事司法协助，就是指在民商事案件中，一国法院或其他主管机关，根据另一国法院或其他主管机关的请求，代为或协助进行送达文书、调查取证等诉讼行为，为外国法院进行民商事诉讼提供其他协助或者根据另一国法院或其他主管机关或有关当事人的请求，承认与执行外国法院的民商事判决或仲裁裁决。[1]

关于国际民商事司法协助的具体内容，各国的认识不尽相同，概括来讲，分为狭义和广义两类。狭义的民商事司法协助包括文书送达和调查取证两项内容，不包括对外国法院民商事判决的承认和执行等。广义的民商事司法协助包括外国判决的承认和执行等。我国《民事诉讼法》对民商事司法协助的规定也是广义的，但在缔结双边司法协助条约的实践中，可能会因对方国家持狭义立场等原因，而在签订的双边民商事司法协助条约中不包括判决承认和执行的内容，如《中华人民共和国和泰王国关于民商事司法协助和仲裁合作的协定》等。

关于国际民商事司法协助的依据，既可以是相关国家之间适用的国际条约，也可以是互惠原则。国际条约包括多边国际条约和双边国际条约。其中，多边国际条约由于缔约国多，为照顾各国法律制度的差异，相关规定的设计会相对复杂一些，例如，有些多边国际条约只在加入国与声明接受其加入的缔约国之间生效，如《海牙取证公约》适用时，应确认公约已在我国与有关缔约国之间生效，对于未声明接受我国加入的公约缔约国，则无法根据公约相互协助取证；再如，有些多边国际条约允许缔约国对相关条款提出反对或声明，如《海牙送达公约》允许缔约国对邮寄等送达方式提出反对，也允许随时撤回有关反对，适用时应查明相关反对的最新情况。相关国际条约一般规定了协助的范围、请求和协助的要求以及沟通的渠道等，有利于提高司法协助的效率和可预见性。但如果我国与相关国家之间没有可适用的国际条约，并不意味着我国不能与之开展司法协助，而是可以根据互惠原则，基于双方将在同类案件中给予类似协助，相互开展司法协助。

近年来，随着我国和外国在经济、贸易等领域的交往日渐增多，我国公民和企业走出去的脚步加快，随之而来的涉外法律纠纷也与日俱增，无论是我国法院受理的具有涉外因素的案件，还是我国当事人在外国法院提起或者参与诉讼的案件都在不断增多，我国的国际司法协助工作经历了从无到有、从少到多、从简单到复杂的过程。我国法院一直积极开展国际司法协助工作，自 1987 年我国与法国签署我国第一个双边民事司法协助条约《中华人民共和国和法兰西共和国关于民事、商事司法协助的协定》以

---

① 徐宏：《国际民事司法协助（第二版）》，武汉大学出版社 2006 年版，第 23 页。

来，特别是 1991 年加入《海牙送达公约》、1997 年加入《海牙取证公约》后，我国法院办理了大量的民事案件司法文书送达和调查取证案件，保障了涉外审判和执行工作的顺利进行。据统计，我国法院和外国法院相互委托送达民商事案件司法文书的数量已从最初的每年不足 10 件上升为每年 4000 余件（含经最高人民法院授权依据《海牙送达公约》直接对外发出请求的试点高院）[①]，调查取证也已达到每年数十件，涉及的案件类型也由较为单一的婚姻家庭纠纷扩展到侵权责任纠纷、合同纠纷、知识产权纠纷、证券纠纷等各个领域。

该条第 2 款规定了主权和安全原则、公共秩序保留原则。根据《民事诉讼法》第 271 条的规定，对该款的理解还应结合善意解释和积极履行国际条约的原则。在民商事司法协助领域，因为案件主要涉及平等主体间的人身和财产权益纠纷，各国法院间相互提供司法协助也是为了便利人员交往、资金往来，弥合各国法律制度之间的差异，切实保障当事人的合法权益，因此各国对于条约的拒绝条款一般都采取严格控制适用的态度。以《海牙送达公约》为例，该公约第 13 条规定了只能在执行请求将损害被请求国主权或安全时才可以拒绝执行，该公约的说明报告中也表明，公约有关条款未采用“公共秩序”的措辞，即是意味着公约起草者意图将“公共秩序”的范围仅限定在“主权和安全”的范围之内，对此务必作非常严格的解释。我国法院一直严格根据其本意理解公约第 13 条的规定，援引该条拒绝协助送达的案件数量极少。我国《民事诉讼法》中除了规定主权和安全原则外，还规定了公共秩序保留条款，在我国与外国缔结的双边司法协助条约中也大都有该条款，但措辞略有差异，如《中华人民共和国和蒙古人民共和国关于民事和刑事司法协助的条约》第 9 条规定：“如果被请求的缔约一方认为提供司法协助有损于本国的主权、安全或公共秩序，可以拒绝提供。”《中华人民共和国和意大利共和国关于民事司法协助的条约》第 19 条规定：“如果被请求的行为有损于被请求的缔约一方的主权、安全或违反其法律制度的基本原则，则拒绝提供协助。”公共秩序保留原则作为安全阀，确保在提供司法协助与我国利益发生冲突的情况下，通过适当机制确保我国利益得到保障。

---

① 数据来源为全国法院司法协助管理平台。

【审判实践中应当注意的问题】

一、协助外国办理民商事司法协助案件的审查机制

（一）司法文书送达

1. 司法文书送达请求的审查和办理要求

送达司法文书是诉讼程序中的重要环节，对于法院和当事人都具有重要意义，并产生相应的法律后果。在我国法院办理的协助外国送达司法文书的实践中，依据国际条约和国内法对外国的请求进行审查是一项重要工作。

人民法院对外国提出的司法协助请求的审查，分为形式审查和实质审查两个方面。形式审查的主要内容是，请求国提出请求的依据是否正确（根据国际条约提出的，与我国之间是否适用《海牙送达公约》或者双边司法协助条约），所送达的文书是否属于民商事司法文书，实际送达的文书与请求书中列明的文书是否一致，是否附有中文译文或者双边司法协助条约所接受的其他语种译文等。实质审查的主要内容是，外国提出的司法协助请求是否具有可适用国际条约或者国内法规定的拒绝提供协助的情形。

人民法院经审查认为可以对外国提供协助的，由受送达人所在地的人民法院依据我国法律的规定进行送达。送达应该使用我国法院的送达回证，加盖人民法院院章，载明所送达文书的名称和份数、送达日期、代收人与受送达人的关系以及受送达人、代收人、送达人的签字或者盖章。如果未能成功送达，送达人还应当在送达回证中说明未能成功送达的原因。通过邮寄方式送达的，除制作送达回证外，还应当附有邮寄单据回执或邮寄过程查询结果。

2. 对于外国请求送达非民商事文书的整体态度和处理方式

在实践中，曾遇有外国根据《海牙送达公约》请求我国协助送达非民商事文书，包括海关或者税务机关发出的催收税款文书、航空管理部门因乘客违反关于携带物品的规定而作出的处罚决定、有关行政机关或社会团体请求法院发出的催收通知或者征收税款的判决等。《海牙送达公约》第1条规定："在所有民事或商事案件中，如有须递送司法文书或司法外文书以便向国外送达的情形，均应适用本公约。"但未明确规定"民事或商

事”的含义。事实上，在公约制订和实施的过程中，曾有国家要求明确民事或商事的含义，为准确适用公约提供指导，但经过公约特委会多次讨论，始终难以达成一致意见。以英国、美国为代表的普通法系国家普遍认为，除刑事案件外，其他所有的诉讼案件，都属于民商事案件的范畴；而大陆法系国家则认为，行政和税收案件不属于民商事案件范畴，上述分歧与各国基本法律制度的差异密切相关，难以调和。海牙国际私法会议以公约执行实践手册的方式对该问题作出表态，旨在促成各国在解释这一概念时采取变通立场：一方面，对“民商事”做狭义理解的国家应适当灵活，以接受他国提出的按其本国的法律概念不属于民商事范围的请求；另一方面，对“民商事”一词作广义理解的国家亦应尊重那些将法律体系分为民事、行政和刑事三大部分的国家的观点。①

考虑到当前国际上对于非民商事文书并无可适用的国际性协定或者安排，但包括我国在内的部分国家可能对该类文书的跨境送达确有需求，加之海牙国际私法会议鼓励各国宽泛理解民商事这一概念的立场，实践中我国法院审理的知识产权行政诉讼的文书也根据《海牙送达公约》请求外国协助送达，多数国家均予以协助。因此，我国对于该类请求区分下列情况处理：对于有关行政机关或社会团体请求法院发出的催收通知或者征收税款的判决，属于司法文书，一般予以协助送达；对于外国行政机关签发的文书，结合个案情况，如有关文书载明允许受送达人提出异议的权利和流程，加之协助送达可避免外国绕过我国主管机关直接向我国境内的当事人送达，可考虑同意协助送达符合公约要求的文书。

3. 协助外国送达司法文书时，如果受送达人希望向外国法院提交材料，应如何处理

在协助外国法院送达司法文书的实践中，曾遇有受送达人向执行送达请求的法院表示，其已了解在外国法院涉诉的情况，但由于客观原因无法如期前往外国法院出庭应诉，又无法直接与外国法院取得联系，希望通过国际司法协助途径向外国法院提出管辖权异议申请、提出答辩意见、递交书面答辩状或者提交证据材料等。对此我们倾向于认为，国际公约和双边司法协助条约未对此问题作出明确规定，可告知受送达人其应该亲自或尽快委托外国律师向外国法院表达意见、递交材料；同时，可允代其向外国

① 徐宏：《国际民事司法协助（第二版）》，武汉大学出版社 2006 年版，第 16~17 页。

法院转交有关材料，但需要向其充分释明这一操作可能存在的风险，包括但不限于相关材料可能不被外国法院认定具有法律效力、受送达人的诉讼权利可能得不到完全保障、可能被外国法院认定没有如期应诉等，由其自行处置其诉讼权利。

4. 我国法院协助外国送达司法文书时能否采取电子送达方式

《民事诉讼法》第90条规定，电子送达是我国国内法规定的送达方式之一。在协助外国送达司法文书时，如外国未请求按特定方式送达，则应按我国国内法规定的送达方式进行，执行请求的人民法院可以根据实际情况选择适当方式，包括采取电子送达方式。实践中，为提高国际司法协助案件的办理质效，在协助外国送达司法文书时，如有需要，承办法院可酌情使用电子送达方式，在送达时应注意符合国内法的相关规定。

（二）调查取证

1. 调查取证请求的审查和办理要求

调查取证也是我国协助外国办理司法协助案件的重要内容之一。人民法院对外国法院调查取证请求的审查主要包括以下几个方面：请求提出的依据是否正确（根据国际条约提出的，与我国之间是否适用《海牙取证公约》或者双边司法协助条约）；请求书是否具备相关要素（包括请求机关名称、诉讼及当事人信息、需要调取的证据等）；取证事项是否属于人民法院的办理范围，是否具有可适用国际条约或国内法规定的拒绝提供协助的情形，如果外方要求特殊方式取证，该特殊方式是否与我国法律相抵触，或者在实践中是否存在无法办理或者办理困难的情形；请求书及其附件是否有中文译文或者双边司法协助条约接受的其他语种译文等。

外国法院调查取证请求经审查合格后，一般应交由证据或者证人所在地的中级或者基层人民法院办理，高级人民法院认为本院办理更为适宜的，可以直接办理。需要注意的是，调查取证请求应当由与请求所涉案由相应的审判部门办理。根据《民事诉讼法解释》（2022年修正）第119条、第120条的规定，人民法院在证人出庭作证前应当告知其如实作证的义务以及作伪证的法律后果并责令其签署保证书，因此，承办法院需要根据上述规定向证人告知前述事项并责令其签署保证书。如果外国法院在调查取证请求中明确提出对相关信息的保密要求，承办法院需要向证人说明外国法院有关要求，并在调查取证过程中注意保密。此外，承办法院还应询问证人是否根据请求方法律或我国法律行使拒绝作证的权利。如果证人主张其根据请求方法律有拒绝作证的权利，而请求方在请求书中没有提及，承办法院应暂停取证，并报请最高人民法院向请求方核实。

执行调查取证请求的法院应当对调查取证结果进行审查，确保调查取证的内容符合请求书的要求，不含有明确标注密级的材料，调查取证结果对外提供后不存在危害国家主权、安全、泄露国家秘密、侵犯商业秘密等情形。特别需要注意的是，《个人信息保护法》第39条规定，向境外提供个人信息需要取得个人的同意，如果调查取证结果存在该法规定的情形，需要附有个人同意的书面证明或者将相关信息做严格遮挡处理。

2. 对于普通法国家旨在进行审判前文件调查的请求的执行

由于各国取证制度的差异以及对取证行为性质的认定不同，特别是对于普通法系国家的审判前文件调查，往往被其他国家认为不属于诉讼程序，且取证范围过于广泛，所以《海牙取证公约》第23条专门规定，缔约国可在签署、批准或加入时声明，不执行普通法国家的旨在进行审判前文件调查的请求书。我国在加入公约时对该条作出了明确的声明，即"根据公约第二十三条声明，对于普通法国家旨在进行审判前文件调查的请求书，仅执行已在请求书中列明并与案件有直接密切联系的文件的调查请求"。这一有限制的声明，既确保了与美国等通过公约进行合作的渠道畅通，又符合我国关切。实践中，我国主管机关对于此类请求严格按照我国加入公约时的声明审查办理。

3.《海牙取证公约》的排他性适用问题

由于《海牙取证公约》并未明确规定该公约适用于需要从域外取证的所有民商事案件，因此对于公约是否具有排他性，以及公约规定的取证方式与各国国内法规定的域外取证程序之间的关系如何，一直是各国在公约项下未能达成一致意见的问题。

经过充分讨论，海牙国际私法会议1989年特委会通过以下结论：不论各国对公约的排他性适用问题持何观点，其在需从域外取证时应优先适用公约所提供的程序，为便于优先利用公约，特委会鼓励根据《海牙取证公约》第23条已作保留或将作保留的国家限制该保留的范围。

我国的一贯立场是，《海牙取证公约》在缔约国之间的适用应是排他性的，对于绕过公约途径向我国境内证人单边取证的行为表示明确反对。

二、在涉外民商事案件审判工作中主动运用司法协助渠道的实践

人民法院在涉外民商事审判工作实践中，通过司法协助渠道送达司法文书在各类司法协助请求中数量最大，近年来全国各级法院平均每年对外提出司法文书送达请求都有近两千件。各级法院对于需要向域外送达司法文书时根据我国《民事诉讼法》《海牙送达公约》和双边司法协助条约的规定对外提出请求以及具体要求都有较明晰的意识。另外，对外提出调查取证、法律查明、判决承认和执行请求的实践明显较少，我国每年收到的外国法院调查取证、判决承认和执行、法律查明请求远高于国内法院提出的请求数。

在国际司法协助工作实践中，除了司法文书送达外，调查取证、判决承认与执行以及外国法的查明也是国际司法协助的重要内容，我国与外国签署的双边司法协助条约都包括相互协助调查取证和提供法律资料的条款，大部分条约包括相互承认和执行判决内容。即使没有条约，也可以通过外交途径请求外国提供相应协助。各级人民法院应进一步提高在有相关需求时通过国际司法协助途径对外提出请求的意识，更好地利用这一途径为审判执行工作服务。

在请求外国协助调查取证方面，我国法院曾经依据《海牙取证公约》、双边司法协助条约向韩国、新加坡、日本、越南提出调查取证请求，包括查询当事人所在地址、查询当事人持有的外国股票份额、当事人婚姻证明等，均在较短时间内收到了外方的调查取证结果，为涉外审判工作提供了有效助力。

在法律查明方面，我国法院暂未有通过司法协助渠道对外提出查明民商事法律请求的实践，不过曾经在审理行政案件过程中，通过司法协助途径查明了瑞典关于外国人在瑞典法院提起行政诉讼的规定，为运用该途径查明外国法律提供了范例。

第二百九十四条 请求和提供司法协助，应当依照中华人民共和国缔结或者参加的国际条约所规定的途径进行；没有条约关系的，通过外交途径进行。

外国驻中华人民共和国的使领馆可以向该国公民送达文书和调查取证，但不得违反中华人民共和国的法律，并不得采取强制措施。

除前款规定的情况外，未经中华人民共和国主管机关准许，任何外国机关或者个人不得在中华人民共和国领域内送达文书、调查取证。

【条文主旨】

本条第1款是关于请求和提供司法协助的途径的规定，第2款是关于外国驻华使领馆送达取证的例外规定，第3款是关于保护司法主权的规定。

【理解与适用】

2023年修正《民事诉讼法》时对本条未做修改，整体保留了原有规定。

一、司法协助的途径

国际司法协助属于各国司法机关之间依据国际条约或者互惠关系开展的合作，在请求和提供司法协助的过程中要相互尊重主权，依照两国共同参加的国际条约的规定或者在互惠基础上办理相关请求。

根据《民事诉讼法》第293条第1款的规定，国际条约或者互惠关系的存在是我国法院与外国法院开展民商事司法协助的依据，本条则分别对应两种依据下的具体协助途径。

（一）通过国际条约规定的途径请求和提供司法协助

在民商事司法协助领域，我国法院适用的国际条约主要包括《海牙送达公约》《海牙取证公约》以及我国和外国签订的民商事、民商刑事双边司法协助条约。截至2023年10月10日，《海牙送达公约》共有82个缔约国，《海牙取证公约》共有66个缔约国（公约在我国与其中60个缔约国之间生效），我国还与39个国家缔结了双边民商事（含民、刑合一，以下同）司法协助条约，上述国际条约构成了我国与外国开展民商事司法协助最重要的国际法基础。

《海牙送达公约》第2条规定，每一缔约国应指定一个中央机关，负责根据第3条至第6条的规定，接收来自其他缔约国的送达请求书，并予以转递。每一缔约国应依其本国法律组建中央机关。1991年3月2日，第七届全国人大常委会第十八次会议批准加入该公约的决定中明确，根据公约第2条和第9条规定，指定中华人民共和国司法部为中央机关和有权接收外国通过领事途径转递的文书的机关。《海牙取证公约》第2条规定，每一缔约国应指定中央机关负责接收来自另一缔约国司法机关的请求书，并将其转交给执行请求的主管机关。各缔约国应依其本国法律组建中央机关。请求书应直接送交执行国中央机关，无须通过该国任何其他机关转交。1997年7月3日，第八届全国人大常委会第二十六次会议批准加入该公约的决定中明确，根据公约第2条，指定中华人民共和国司法部为负责接收来自另一缔约国司法机关的请求书，并将其转交给执行请求的主管机关的中央机关。

我国与外国缔结的双边民商事司法协助条约也对通过中央机关转递司法文书作出了规定，大多数条约指定的中央机关是司法部，个别条约同时指定最高人民法院和司法部为中央机关。如《中华人民共和国和意大利共和国关于民事司法协助的条约》第8条规定，缔约双方指定各自的司法部为依本条约第2章的规定进行司法协助联系和转递文件的中央机关；《中华人民共和国和朝鲜民主主义人民共和国关于民事和刑事司法协助的条约》第2条规定，中国方面的中央机关为最高人民法院、最高人民检察院和司法部；《中华人民共和国和蒙古人民共和国关于民事和刑事司法协助的条约》第3条规定，中国方面的中央机关为司法部和最高人民法院；《中华人民共和国和新加坡共和国关于民事和商事司法协助的条约》指定的中央机关是司法部，后通过外交换文的方式增加最高人民法院为中央机关；《中华人民共和国和哈萨克斯坦共和国关于民事和刑事司法协助的条约》指定的中央机关是司法部和最高人民检察院，后通过两国签署补充议定书的方式增加最高人民法院为中央机关。

关于国内程序，1992年3月4日公布的《最高人民法院、外交部、司法部关于执行〈关于向国外送达民事或商事司法文书和司法外文书公约〉有关程序的通知》第1条规定，凡公约成员国驻华使、领馆转送该国法院或其他机关请求我国送达的民事或商事司法文书，应直接送交司法部，由司法部转递给最高人民法院，再由最高人民法院交有关人民法院送达给当事人。送达证明由有关人民法院交最高人民法院退司法部，再由司法部送交该国驻华使、领馆。第2条规定，凡公约成员国有权送交文书的主管当局或司法助理人员直接送交司法部请求我国送达的民事或商事司法文书，由司法部转递给最高人民法院，再由最高人民法院交有关人民法院送达给当事人。送达证明由有关人民法院交最高人民法院退司法部，再由司法部送交该国主管当局或司法助理人员。第5条规定，我国法院欲向在公约成员国的中国公民送达民事或商事司法文书，可委托我国驻该国的使、领馆代为送达。委托书和所送司法文书应由有关中级人民法院或专门人民法院送有关高级人民法院转最高人民法院，由最高人民法院径送或经司法部转送我国驻该国使、领馆送达给当事人。送达证明按原途径退有关法院。

对于调查取证司法协助请求的提出和办理，国内程序亦可参照上述规定。

为了提高司法协助请求转递的效率，更好地服务涉外民商事审判，最高人民法院于2003年、2023年分两批指定北京市、上海市、广东省、浙江省、江苏省、福建省、江西省、山东省、广西壮族自治区、海南省高级人民法院就涉及《海牙送达公约》《海牙取证公约》的司法协助工作进行试点，由高级人民法院直接对公约成员国中央机关提出和转递司法协助请求书和相关材料。《海牙送达公约》《海牙取证公约》只规定中央机关负责接收来自其他缔约国的请求，没有要求请求必须通过中央机关转递，这与双边司法协助条约不同，因此最高人民法院的上述授权符合海牙公约的规定。

需要注意的是，对于既是《海牙送达公约》或《海牙取证公约》成员国，又与我国缔结了双边司法协助条约的国家，应根据《最高人民法院关于依据国际公约和双边司法协助条约办理民商事案件司法文书送达和调查取证司法协助请求的规定》（2013年4月7日公布，2020年修正）第1条，即人民法院应当根据便捷、高效的原则确定依据《海牙送达公约》《海牙取证公约》或者双边民事司法协助条约，对外提出民商事案件司法文书送达和调查取证请求。《最高人民法院印发〈关于依据国际公约和双边司法协助条约办理民商事案件司法文书送达和调查取证司法协助请求的规定实施细则（试行）〉的通知》（法发〔2013〕6号）第3条规定，人民法院应当根据便捷、高效的原则，优先依据海牙取证公约提出民商事案件调查取证请求。第4条规定，有权依据《海牙送达公约》《海牙取证公约》直接对外发出司法协助请求的高级人民法院，应当根据便捷、高效的原则，优先依据海牙送达公约和海牙取证公约提出、转递本辖区各级人民法院提出的民商事案件司法文书送达和调查取证请求。上述规定主要是考虑到由最高人民法院授权的十家高级人民法院直接依据公约向外国中央机关发出司法协助请求，并直接接收外国中央机关转回的办理结果，减少了中间环节，可以进一步提高送达和取证的效率。《最高人民法院关于涉外民事或商事案件司法文书送达问题若干规定》在2020年修正时也吸收了前述司法解释的规定，对第6条作了修改。

（二）通过外交途径请求和提供司法协助

对于没有加入《海牙送达公约》和《海牙取证公约》，也未与我国缔结双边司法协助条约的国家，也可以在互惠原则基础上相互提供协助，相关文书及协助结果的转递、与外国有关机关的沟通交流等均通过外交途径进行。

《最高人民法院、外交部、司法部关于我国法院和外国法院通过外交途径相互委托送达法律文书若干问题的通知》中对通过外交途径送达民商事司法文书的程序和要求作了规定。需要注意的是，该通知第1条所规定“法律文书由外交部领事司转递给有关高级人民法院，再由该高级人民法院指定有关中级人民法院送达给当事人”的程序已经修改，目前所有通过外交途径转递的文书，均由外交部领事司转递给最高人民法院国际合作局，由最高人民法院按照《民事诉讼法》和有关司法解释的规定转相关高级人民法院办理，办理结果亦通过原途径转回。

二、外国驻华使领馆送达和取证

我国参加的《维也纳领事关系公约》对通过使领馆进行送达和取证作出了明确规定，我国对外缔结的司法协助条约、领事条约不少也有相关规定。《维也纳领事关系公约》第5条规定的领事职务包括“依现行国际协定之规定或于无此种国际协定时，以符合接收国法律规章之任何其他形式，转送司法书状与司法以外文件或执行嘱托调查书或代派遣国法院调查证据之委托书”。《中华人民共和国和法兰西共和国政府关于民事、商事司法协助的协定》第7条规定，缔约一方可以通过本国派驻另一方的外交或领事代表机关向缔约另一方领域内的本国国民送达司法文书和司法外文书，但不得采取任何强制措施。该条约第14条规定，缔约一方可以通过本国的外交或领事代表机关，直接向另一方领域内的本国国民调查取证，但须遵守缔约另一方的法律，并不得采取任何强制措施。《中华人民共和国和新加坡共和国关于民事和商事司法协助的条约》第7条规定，缔约各方可通过其外交或领事机构向居住在缔约另一方境内的本国公民送达司法文书，但此种送达不得违反缔约另一方的法律，亦不得采用任何强制措施。该公约第14条规定，缔约一方可通过其外交或领事机构向居住在缔约另一方境内的本国公民调查取证，但此种取证不得违反缔约另一方的法律，亦不得采取任何强制措施。

《海牙送达公约》对通过使领馆进行送达规定了两种做法，第一种是直接送达，即由文书发出国驻在文书接收国的领事代表机关直接将文书送达给收件人，无论收件人国籍如何。这种送达方式允许缔约国作出保留，即将该种送达方式限制适用于对文书发出国本国国民的送达；第二种是间接送达，即文书发出国通过其领事代表机关将需要送达的文书交给文书接收国所指定的机关，由其负责完成送达，公约也要求各国为此种送达方式指定主管机关，但实践中采用该途径的较少，德国等少数国家有时会采用该方式。

我国在加入公约时对上述条款作出了声明，关于使领馆直接送达，《全国人大常委会关于批准加入〈关于向国外送达民事或商事司法文书和司法外文书公约〉的决定》第2条规定：“根据公约第八条第二款声明，只在文书须送达给文书发出国国民时，才能采用该条第一款所规定的方式在中华人民共和国境内进行送达。”关于间接送达，我国指定司法部为有权接收外国通过领事途径转递的文书的机关。

《海牙取证公约》第15条规定，在民事或商事案件中，每一缔约国的外交官员或领事代表在另一缔约国境内其执行职务的区域内，可以向他所代表的国家的国民在不采取强制措施的情况下调取证据，以协助在其代表的国家的法院中进行的诉讼。公约还另外规定了外交官员或领事代表在另一缔约国境内向该国或者第三国国民调取证据以及特派员取证等方式，我国在加入该公约时对除第15条规定之外的其他取证方式均提出了保留。

因此，对于允许外国驻华使领馆官员在不违反我国法律的前提下，在我国领域内向其本国国民送达文书和调查取证的问题，需要明确：第一，外国驻华使领馆只能向其本国国民送达文书和调查取证，而不能向我国公民或者第三国公民送达文书或者调查取证；第二，外国驻华使领馆在我国领域内向其本国公民送达文书或者调查取证时，必须遵守我国法律的规定，并且不得采取强制措施。

三、国家主权原则在国际民商事司法协助中的体现

国际民商事司法协助的基本原则包括国家主权原则、平等互利原则和保护当事人的合法权益原则，其中前两项原则往往被直接规定在我国与外国签订的双边民商事司法协助条约的序言中，如《中华人民共和国和法兰西共和国关于民事、商事司法协助的协定》规定："中华人民共和国政府和法兰西共和国政府，在相互尊重国家主权和平等互利的基础上，为促进在司法领域的合作，决定缔结民事、商事方面司法协助的协定。"《中华人民共和国和新加坡共和国关于民事和商事司法协助的条约》规定："中华人民共和国和新加坡共和国为了进一步加强两国的友好合作关系，愿意在相互尊重主权和平等互利的基础上，缔结关于民事和商事司法协助的条约。"

维护国家主权原则是最重要的国际法原则，司法主权是国家主权的一部分，未经一国主管机关准许，他国法院的司法行为不得擅自延伸到外国境内或者直接对外国的司法活动进行干预。根据这一基本原则，各国司法机构通过开展司法协助而不是单边措施，来解决被告、证人、证据在外国等带来的困难，从而保障本国诉讼程序的顺利进行。同时，包括我国在内的大多数国家对于外国司法机构绕过受送达人、证人、证据所在国主管机关的审查，径自向位于他国境内的当事人进行送达或者调查取证等诉讼行为，持坚决反对态度。

【审判实践中应当注意的问题】

一、我国对于邮寄送达的态度

我国加入《海牙送达公约》时对邮寄送达作了反对声明。公约第10

条第 1 项规定，如送达目的地国不表异议，本公约不妨碍通过邮寄途径直接向身在国外的人送交司法文书的自由。依据《全国人大常委会关于批准加入〈关于向国外送达民事或商事司法文书和司法外文书公约〉的决定》第 3 条规定，我国明确反对采用公约第 10 条所规定的方式在中华人民共和国境内进行送达。我们认为，邮寄送达实质上属于绕开我主管机关审查的单边措施，不符合我国《民事诉讼法》的规定，构成对我国司法主权的侵犯。因公约于 1965 年缔结，囿于当时技术发展的限制，未涉及电子邮件送达问题，但我们认为该种送达方式的实质效果与邮寄送达相同，均未经过我主管机关审查，属于违反《民事诉讼法》规定的送达方式，不构成有效送达。实践中，对于外国在送达请求中涉及同时采取电子邮件送达方式的，我国中央机关已逐案与外方阐明我国立场。

我国在人民法院向域外送达方面也采取了尊重有关国家主权的立场。《民事诉讼法》第 283 条第 8 款规定，受送达人所在国的法律允许邮寄送达的，可以邮寄送达，该条第 9 款规定，采用能够确认受送达人收悉的电子方式送达，但是受送达人所在国法律禁止的除外。《全国法院涉外商事海事审判工作座谈会会议纪要》第 11 条明确规定，《海牙送达公约》成员国声明反对邮寄送达的，应推定其不允许电子送达方式。该条款曾经在美国纽约南区联邦地区法院审理的一起涉及我国境内被告的案件中被援引，认定美国原告通过电子邮件对位于我国境内的被告送达不合法。

二、我国对于视频开庭的态度

近年来，随着信息技术水平在各国司法机关的普遍运用，我国主管机关曾遇有外国在司法文书送达请求中同时要求位于我国境内的当事人通过视频方式远程参与他国法院庭审的情况。对此，我国认为，上述行为属于外国庭审活动在我国领域内的延伸，根据《民事诉讼法》第 294 条第 3 款的规定，也应取得我国主管机关的准许。因此，我主管机关退回了上述送达请求，并要求相关国家就视频开庭问题正式向我国提出司法协助请求，不得夹带在请求送达的文书中直接要求当事人接受。

对于我国法院对境外当事人采取的视频取证、庭审等工作，也应该根据《民事诉讼法》、有关国际条约以及对象国法律的规定以及案件具体情况和我国与外国开展相互司法协助的需要，审慎稳妥进行。

第二百九十五条　外国法院请求人民法院提供司法协助的请求书及其所附文件，应当附有中文译本或者国际条约规定的其他文字文本。

人民法院请求外国法院提供司法协助的请求书及其所附文件，应当附有该国文字译本或者国际条约规定的其他文字文本。

【条文主旨】

本条是关于司法协助请求使用的文字的规定。

【理解与适用】

2023年修正《民事诉讼法》时对本条未做修改，整体保留了原有规定。

民商事司法协助是各国司法机关之间开展的合作，为消除语言障碍给协助带来的不便，相关国际公约和条约都对司法协助请求的译文提出了要求。在提出和办理民商事司法协助请求时，需要提供被请求国官方文字或者可适用国际条约规定的其他语种的译文。

请求司法协助时提供译文的主要目的是便于被请求国中央机关和主管机关准确理解请求的内容，判断是否符合国际公约、双边司法协助条约的规定，是否存在国际条约、双边司法协助条约规定的可以拒绝提供协助的情形，进而准确处理有关请求。

《海牙送达公约》第5条区分情况规定了对送达文书译文的要求，如果请求国选择按照被请求国国内法规定的在国内诉讼中对在其境内的人员送达文书的方法，则被请求国中央机关可要求文书以该国的官方文字或其中之一写成，或译为该种文字；另外，请求国还可以选择通过将文书交付给自愿接受的收件人的方法进行送达，该种方式不要求提供文书译文。《海牙取证公约》第4条也规定，请求书应以被请求执行机关的文字作成或附该种文字的译文。

我国与外国缔结的双边司法协助条约亦均对译文作出了规定，根据不同国家语言在世界范围内普及程度的差异，可分为两种情况：一种是仅规定提供被请求国官方文字译文；另一种是既可以提供被请求国官方文字，也可以提供第三方文字译文（一般是英文，也有法文、俄文）。《中华人民共和国和新加坡共和国关于民事和商事司法协助的条约》第6条规定，文书送达请求书应按本条约附件一提供的格式用请求方的官方文字写成，并附有被请求方官方文字的译文。请求书所附司法文书及其译成被请求方官方文字的译文应一式两份。第13条规定，调查取证请求书及其所附文书应译成被请求方官方文字的译文。《中华人民共和国和俄罗斯联邦关于民事和刑事司法协助的条约》第6条规定，缔约双方中央机关进行书面联系时应使用本国官方文字，并附有对方的官方文字或英文的译文。司法协助请求书及其附件应使用提出请求的缔约一方的官方文字书写，并附有经证明无误的被请求的缔约一方的官方文字或英文的译文。缔约一方主管机关向缔约另一方提供司法协助时，使用本国官方文字。

【审判实践中应当注意的问题】

一、向居住在被请求国的非该国公民送达，译文有何要求

向外国提出司法协助请求时，之所以要提供译文，是为了便于被请求国主管机关审查材料内容，以确定能否提供协助，因此国际公约和双边司法协助条约均要求提供被请求国官方文字或条约规定的第三方文字译文。如果受送达人并非该国公民，使用的不是该国官方语言，司法协助请求仍需要附有请求国官方文字或双边条约规定的第三方文字译文，但为了便于受送达人理解协助请求内容，全面保障其诉讼权利，如有可能，可视情另附该人国籍国官方文字的译文。需要注意的是，受送达人能够阅读并理解中文材料，并不构成不提供译文的理由。

二、《海牙送达公约》项下部分成员国对译文的特殊要求

有一些国家有多种官方文字，对此类国家提供其中一种官方文字的译文即可，但还有一些国家如加拿大、比利时，不同领土组成部分使用不同的官方文字，提出请求时应查明受送达人所在领土组成部分使用的文字，具体可在海牙国际私法会议网站[①]《海牙送达公约》项下查询。

---

① http://www.hcch.net/en/instruments/specialised-sections/service，访问时间：2024年1月10日。

第二百九十六条 **人民法院提供司法协助，依照中华人民共和国法律规定的程序进行。外国法院请求采用特殊方式的，也可以按照其请求的特殊方式进行，但请求采用的特殊方式不得违反中华人民共和国法律。**

【条文主旨】

本条是关于司法协助适用的程序的规定。

【理解与适用】

2023年修正《民事诉讼法》时对本条未做修改，整体保留了原有规定。

民商事司法协助属于程序问题，往往体现为一定的司法行为，在适用法律方面，各国普遍接受的制度是按照被请求国法律决定如何提供协助，这也是国家主权原则的体现。如《海牙送达公约》第5条第1款第1项就是规定按被请求国国内法规定的方式送达，《海牙取证公约》第9条第1款也规定执行请求应适用被请求国国内法规定的方式和程序。

该规定的例外情况是按照请求国要求的特殊规定办理，但需要以不违反被请求国的法律为限。该例外的目的在于照顾各国法律制度的差异，确保各国司法协助合作的顺利开展，提供的协助结果在请求国司法程序中能顺利使用，从而实质上便利各国国内诉讼程序的推进。所以，国际公约和双边司法协助条约中都对特殊方式作了相应规定，在特定情况下，允许请求方根据其国内法的规定，对司法协助请求的办理方式提出特殊要求。

《海牙送达公约》第5条第2项规定，文书可按照申请者所请求采用的特定方法，除非这一方法与文书发往国法律相抵触。之所以作出这样的要求，是考虑到某些国家法律中可能对特定文书的送达程序有特殊的规定，如要求亲手将文书递送给指定的人等，《〈海牙送达公约〉说明报告》指出，如果一国请求采用特定方式完成送达，被请求国不得仅仅因为其不知道有这种方法而予以拒绝，只有与其法律不相符合才能构成拒绝理由。我国与外国缔结的双边司法协助条约也有类似规定，如《中华人民共和国和新加坡共和国关于民事和商事司法协助的条约》第 7 条第 1 款规定司法文书应以下列方式送达:（1）被请求方国内法所规定的有关在国内诉讼中对本国境内的当事人送达文书的方式。（2）请求方所要求的特殊方式，除非这种方式违反被请求方的法律。

《海牙取证公约》第 9 条第 2 款规定，执行请求书的司法机关应采纳请求机关提出的采用特殊方式或程序的请求，除非其与执行国国内法相抵触或因其国内惯例和程序存在实际困难而不可能执行。关于特殊方式的含义，公约没有作出正面解释，一般来说，特殊方式是指与被请求国法律所规定的在国内诉讼中调查取证方式不同的方式。我国与外国缔结的双边司法协助条约中规定的对特殊程序取证的限制，一般采用“不违反被请求方的法律”或“不违反被请求方法律的基本原则”两种表述。

【审判实践中应当注意的问题】

一、外国在送达请求中要求的常见特殊方式及处理

（一）公告送达

公告送达是我国法院在审理案件过程中在穷尽其他送达方式仍不能实现送达的情况下的最后一种送达手段，是一种拟制送达方式。《海牙送达公约》第 6 条第 2 款规定，如文书并未送达，被请求国出具的证明书上应载明妨碍送达的原因。我国与外国缔结的双边司法协助条约也对送达不成功的情形作了规定，如《中华人民共和国和新加坡共和国关于民事和商事司法协助的条约》第 8 条规定，如果司法文书收件人（“受送达人”）的地址不详或有误，被请求方中央机关可要求请求方提供补充材料以确定受送达人的地址。如果被请求方的中央机关根据补充材料仍不能找到受送达人，或因任何其他原因无法送达司法文书，应就此通知请求方，说明妨碍送达的原因并退回司法文书。也就是，国际公约和双边司法协助条约均允许以送达不成功作为提供协助的结果。实践中，外国协助我国送达司法文书，对于受送达人不在送达地址且下落不明的，一般均出具证明书说明送达不成功的原因并将文书退回，极少见采用公告送达方式。我们认为，不宜采取公告方式协助外国送达司法文书。

（二）直接送达或者指定特定人签收

实践中，有请求国在请求书中要求我国采取直接送达（personal

service）的方式，该种情况下，执行送达请求的人民法院应采取直接送达方式，不应采取邮寄送达、电子送达等方式协助。

在一些婚姻家庭案件中，部分请求国在请求书中要求文书由受送达人本人签收，该种情况下，执行送达请求的人民法院应将文书送交给本人，不得由他人代收。

另有部分请求国在请求书中要求文书由法人的法定代表人或特定职务的人签收，该种情况下，执行送达请求的人民法院应将文书送交给该特定人，不得由他人代收。

二、外国在送达请求中要求的常见特殊方式及处理

（一）要求证人宣誓

部分请求国在调查取证请求中要求位于我国境内的证人在提供证言前宣誓，宣誓的内容一般包括完全清楚自己在取证过程中所承担的道德和法律责任，保证相关陈述真实完整等。请求国该特殊要求的主要关切在于确保证人提供的信息的真实性，不做虚假陈述，且如果缺失该程序，可能导致我国法院协助调取的证人证言在请求国法院不能得到采信，也不利于保护在我国境内一方的诉讼当事人或相关方的利益。我国虽然没有证人宣誓制度，但为了保证证人证言的真实性，司法解释中也有明确要求，《民事诉讼法解释》（2022 年修正）第 119 条规定，人民法院在证人出庭作证前应当告知其如实作证的义务以及作伪证的法律后果，并责令其签署保证书，但无民事行为能力人和限制民事行为能力人除外。证人签署保证书适用本解释关于当事人签署保证书的规定。第 120 条规定，证人拒绝签署保证书的，不得作证，并自行承担相关费用。因此，对于外国要求证人宣誓的特殊要求，我们一般采取替代方式执行，即调查取证开始前，承办法院根据前述司法解释的规定向证人告知前述事项并责令其签署保证书，调查取证结束后，保证书随其他调查取证结果经过审查后一并通过中央机关转交请求方。该做法目前被提出该特殊方式要求的国家接受，尚未收到异议。

（二）要求派员出席

《海牙取证公约》第 7 条规定，如请求机关提出请求，应将进行司法程序的时间和地点通知请求机关，以便有关当事人和他们已有的代理人能够出席。如果请求机关提出请求，上述通知可以直接送交当事人或他们的

代理人。当事人到场这一程序需要基于请求机关专门为此提出要求才能启动。需要注意的是，当事人及其代理人到场，并不意味着同意其行使依其本国法可以行使的权力。例如，一个普通法系国家的当事人或代理人在其他国家代为取证过程中到场，他们无权自行以普通法的程序或方式进行取证活动（如对证人进行盘问）。他们在取证过程中的活动，应受取证地国家的法律限制。[①]

实践中，对于该特殊方式，执行调查取证请求的人民法院在确定调查取证的时间和地点后，应及时告知最高人民法院，由最高人民法院通过中央机关将上述信息告知请求方，以便案件有关当事人或者代理人能够出席。需要注意的是，到场人员不能向证人直接提问，如有需要补充的问题，可由主持调查取证的我国法官代为向证人提出。

① 徐宏：《国际民事司法协助（第二版）》，武汉大学出版社 2006 年版，第 213 页。

第二百九十七条 人民法院作出的发生法律效力的判决、裁定，如果被执行人或者其财产不在中华人民共和国领域内，当事人请求执行的，可以由当事人直接向有管辖权的外国法院申请承认和执行，也可以由人民法院依照中华人民共和国缔结或者参加的国际条约的规定，或者按照互惠原则，请求外国法院承认和执行。

在中华人民共和国领域内依法作出的发生法律效力的仲裁裁决，当事人请求执行的，如果被执行人或者其财产不在中华人民共和国领域内，当事人可以直接向有管辖权的外国法院申请承认和执行。

【条文主旨】

本条是关于请求外国法院承认和执行我国法院的判决、裁定，以及请求执行在我国领域内作出的仲裁裁决的条件和方式的规定。

【理解与适用】

与2021年《民事诉讼法》第287条[①]相比，本条第1款未做修改，仅将第2款的原“中华人民共和国涉外仲裁机构作出的发生法律效力的仲裁裁决”之表述修改为“在中华人民共和国领域内作出的发生法律效力的仲裁裁决”，亦即将认定仲裁裁决籍属的标准由仲裁机构标准修改为裁决地标准。

民商事判决和仲裁裁决的跨境承认和执行是跨国民商事争议解决及国际民商事司法协助的重要内容。一国法院作出的民事判决、裁定和一国仲裁裁决并不能自动地产生域外效力，其只有经过外国法院的承认，才能在该国境内产生法律效力。

一、请求外国法院承认和执行我国法院判决、裁定

本条第1款规定了当事人在我国法院取得生效民事判决、裁定后，请求外国法院承认和执行该判决、裁定所应具备的条件和提出请求的方式。

---

① 现为《民事诉讼法》(2023年修正)第297条。

该款规定了两部分的内容：

第一部分是关于当事人请求外国法院承认和执行我国法院判决的条件，具体是：（1）该判决、裁定是已经发生法律效力的判决、裁定。（2）被执行人或者其财产在我国领域外。如果被执行人在多地均有可供执行的财产，当事人可以向任一地的财产所在地外国法院提出申请。

第二部分是关于当事人请求外国法院承认和执行我国法院判决的途径，具体是：（1）由当事人直接向有管辖权的外国法院提出。（2）在我国与有关国家存在条约或互惠关系的基础上，也可以由人民法院请求外国法院承认和执行。我国1982年《民事诉讼法（试行）》曾经规定，申请人如果要求外国法院承认和执行人民法院判决，或者要求人民法院承认和执行外国法院判决，均需由中外法院之间相互委托。1991年《民事诉讼法》则修改了这一规定，对当事人请求承认和执行外国法院判决的途径作了比较灵活的规定，明确规定当事人可以直接向法院申请承认和执行。这一规定既符合世界上多数国家采用的做法，也与我国签订的司法协助条约中的规定保持一致。允许当事人选择不同的途径不仅简化了承认和执行的程序、便利了当事人，而且有助于我国法院的判决、裁定在外国得到及时的承认与执行。

二、关于申请外国法院承认和执行我国仲裁裁决

本条第2款规定了当事人取得我国仲裁裁决后，申请外国法院承认和执行该仲裁裁决的前提和途径。有以下两点需要说明：

（一）仲裁裁决的籍属认定

本条第2款将2021年《民事诉讼法》第287条[①]第2款的“中华人民共和国涉外仲裁机构作出的发生法律效力的仲裁裁决”修改为“在中华人民共和国领域内作出的发生法律效力的仲裁裁决”，目的是将认定仲裁裁决籍属的标准由仲裁机构标准修改为裁决地标准。（关于仲裁裁决的籍属以及认定标准等内容，本书将在第304条的理解与适用中详细阐述）

（二）申请的条件和途径

根据该款的规定，被执行人或者其财产不在我国境内而在国外的，当

① 现为《民事诉讼法》（2023年修正）第297条。

事人可以直接向有管辖权的外国法院申请承认和执行我国仲裁裁决。

该申请途径是由我国参加的国际公约以及我国与其他国家签订的贸易协定、投资保护协定、司法协助协定等双边国际条约所确定的。为了统一各国承认和执行外国仲裁裁决的制度，国际上曾先后缔结了三个有关承认和执行外国仲裁裁决的公约，包括：国际联盟在1923年主持制定的《仲裁条款议定书》、1927年支持制定的《关于执行外国仲裁裁决的公约》以及联合国在1958年6月主持制定的《纽约公约》。现在，1958年《纽约公约》已适用于170余个国家，实际上已成为国际上承认和执行外国仲裁裁决的最主要公约。我国签订的双边国际条约中大都规定了相互承认和执行外国仲裁裁决的条款，而在司法协助协定中一般都会规定商事仲裁裁决的承认与执行根据《纽约公约》。

【审判实践中应当注意的问题】

关于请求外国法院承认和执行我国法院判决

实践中，如果请求执行国和我国已经签订了双边民商事司法协助条约，则应当依据司法协助协定的规定进行处理。有的司法协助协定中规定承认和执行一方法院判决的请求只能由当事人直接向另一方法院提出，[①]有的司法协助协定则规定既可由当事人直接向缔约一方法院申请，也可由当事人向作出判决的缔约一方法院提出，由该法院按照条约规定司法协助联系途径转交给缔约另一方法院。[②]

如果请求执行国和我国没有签订双边民商事司法协助条约，则应当按照互惠原则通过外交途径向执行国提出司法协助请求，也可在此过程中积极主动作出互惠承诺，促进两国间互惠关系的确立和判决的相互承认和执

---

① 如《中华人民共和国和法兰西共和国关于民事、商事司法协助的协定》《中华人民共和国和西班牙王国关于民事、商事司法协助的条约》。

② 如《中华人民共和国和乌克兰关于民事和刑事司法协助的条约》《中华人民共和国和吉尔吉斯共和国关于民事和刑事司法协助的条约》《中华人民共和国和希腊共和国关于民事和刑事司法协助的协定》等。

行。比如在“请求阿塞拜疆承认与执行我国民事判决案”[①]中，义乌市人民法院按照互惠原则通过外交途径向阿塞拜疆提出司法协助请求，拟请阿塞拜疆主管法院承认并执行其作出的判决。最高人民法院经过研究决定向阿塞拜疆提出判决承认与执行的司法协助请求，并作出互惠承诺。因此，我国驻阿塞拜疆使馆在提出司法协助请求的同时，以外交照会方式向阿塞拜疆作出“在类似情况下，将依法向阿方提供同等协助”的承诺。

---

① 基本案情：2018 年 7 月，浙江省义乌市人民法院就原告周某等与被告 VUSAL（阿塞拜疆国籍）买卖合纠纷一案作出一审民事判决书，判决被告 VUSAL 向原告周某等支付货款。被告 VUSAL 经法庭合法传唤未到庭应诉，且未在上诉期间提出上诉，该判决于 2018 年 8 月生效。其后，被告 VUSAL 拒不履行生效判决确定的义务，经原告申请，义乌市人民法院立案，但未发现被告 VUSAL 在我国境内有可供执行的财产。该院遂提出司法协助请求，拟请阿塞拜疆主管法院承认并执行其作出的上述判决。

第二百九十八条　**外国法院作出的发生法律效力的判决、裁定，需要人民法院承认和执行的，可以由当事人直接向有管辖权的中级人民法院申请承认和执行，也可以由外国法院依照该国与中华人民共和国缔结或者参加的国际条约的规定，或者按照互惠原则，请求人民法院承认和执行。**

【条文主旨】

本条是关于申请或者请求我国人民法院承认和执行外国法院判决、裁定的规定。

【理解与适用】

外国法院判决、裁定只有经过法定的承认程序才能在我国法域具有法律效力，本条规定了请求我国人民法院承认和执行外国法院判决、裁定的方式和途径。对此，需要说明以下几个问题：

一、对“外国”和“法院”的理解

此处的“外国”一般理解为国际法上承认的主权国家以及主权国家的法域。[①] 一些国家设立的共同法院如欧洲统一专利法院等是类似于国际组织的机构，其所做的判决能否在我国承认和执行尚无定论。此处的“法院”宜作广义理解。因各国的法律制度不同，其他国家的法院可能包括普通法院、特别法院、行政法院、宪法法院，甚至可能是一国赋予了一定司法权的公共机构、教会法院等。

二、外国法院“判决、裁定”的范围

“判决、裁定”是个广义的概念，一般是指法院就诉讼各方权利义务或当事人所提出的诉讼请求作出的最后决定。由于各国法律制度的差异，

① 参见钱锋：《外国法院民商事判决的承认与执行研究》，中国民主法制出版社 2008 年版，第 1~2 页。

前述最后决定在司法实践中往往会以不同的名目和形式出现，包含判决、裁定、决定、命令、调解书、诉讼费用的开支及负担等。本条虽然采用了“判决、裁定”的表述，但法院承认和执行的对象明显不限于该两种文书。《最高人民法院关于修订部分司法统计报表及相关事项的通知》（法〔2011〕33号）即明确：“司法协助中的外国法院‘民事判决’、港澳台地区‘民事判决’应作广义理解，包括民事裁定等其他具有法院判决性质的法律文书（如调解书、支付令）。”因此，判断是否属于本法规定的“判决、裁定”范围并不在于法律文书的具体称谓，而在于其实质内容。在域外判决承认和执行领域，对于判决必须是针对实体问题作出的这一点各国基本存在共识。我国已签署的《选择法院协议公约》和参与谈判签字的《承认与执行外国民商事判决公约》亦明确排除了公约对临时措施[①]的适用。因此，程序性文书如保全裁定、命令披露文件或证人证言的决定、扣押令或没收财产令等均不是本法项下的“判决、裁定”。需要说明的是，有些大陆法系国家存在司法和解书（Judicial Settlement），包括法院批准的或者当事人在诉讼程序中在法庭面前达成的和解书，如果在判决作出国和判决享有相同的执行效力，原则上也属于本法规定的“判决、裁定”范畴。

三、请求的途径

根据本条规定，外国法院判决需要我国法院承认和执行的，有两个途径：其一，由当事人直接向我国有管辖权的中级人民法院提交承认和执行的申请书，提出承认和执行的申请。其二，由外国法院依照该国与我国缔结或者参加的国际条约的规定或者按照互惠原则，请求人民法院承认和执行。无论采取哪一种途径，都需要两国之间共同缔结或参加国家条约或者存在互惠关系。如果不存在条约或者互惠关系，当事人可以向人民法院起诉，由有管辖权的人民法院作出相关判决，予以执行。与我国没有司法协助协议又无互惠关系的国家的法院，未通过外交途径，直接请求我国法院司法协助的，我国法院应予退回，并说明理由。

---

① 临时措施是英美法系中的概念，类似于我国的保全措施。其主要功能在于两方面：一是在庭审解决所有事项之前维持现状，二是为最终判决的实现提供财产上的担保。

【审判实践中应当注意的问题】

一、管辖法院的确定

根据《民事诉讼法》第270条关于“在中华人民共和国领域内进行涉外民事诉讼，适用本编规定。本编没有规定的，适用本法其他有关规定”的规定，除涉外编特别规定外，此类案件的管辖问题适用《民事诉讼法》有关民事案件管辖的一般规定。

需要说明的是，本条规定当事人应当向有管辖权的中级人民法院提出申请，明确了此类案件的级别管辖问题，但未明确地域管辖的问题。根据民事诉讼管辖中“原告就被告”的一般地域管辖原则。同时，《民事诉讼法》在“执行程序”部分规定了被执行财产所在地人民法院有执行生效判决的管辖权。因此，被申请人住所地、被申请人经常居住地、财产所在地法院对此类案件均有管辖权。除以上管辖法院外，《最高人民法院关于中国公民申请承认外国法院离婚判决程序问题的规定》(2020年修正)第5条第1款赋予了原告住所地法院在特定案件中的管辖权。该款规定：“申请由申请人住所地中级人民法院受理。申请人住所地与经常居住地不一致的，由经常居住地中级人民法院受理。”该规定扩大了我国法院的司法管辖权，有利于保护中国公民在申请承认外国法院离婚判决中的合法诉讼权益，但并不适用于申请承认和执行外国法院其他判决、裁定案件。随着司法实践的发展，适当扩大我国法院在此类案件中的司法管辖权、加大对当事人诉权及合法权益保护力度的呼声日渐强烈。在区际司法协助中，最高人民法院于2015年出台的《最高人民法院关于认可和执行台湾地区法院民事判决的规定》以及2017年与香港特别行政区政府签署《最高人民法院、香港特别行政区律政司关于内地与香港特别行政区法院相互认可和执行婚姻家庭民事案件判决的安排》已经将申请人住所地、经常居住地连同被申请人住所地、经常居住地、财产所在地一并作为行使管辖权的连结点，取得了良好的效果。2021年12月31日，在充分调研的基础上，最高人民法院发布了《全国法院涉外商事海事审判工作座谈会会议纪要》，其中第34条针对外国法院判决、裁定承认和执行的管辖法院问题明确：“申请人申请承认外国法院判决、裁定，但被申请人在我国境内没有住所地，且其财产也不在我国境内的，可以由申请人住所地的中级人民法院管辖。”因此，申请人住所地、经常居住地法院在特定情况下对此类案件亦有管辖权。

此外，由于本条对管辖法院作出了规定，故当事人有权提出管辖权异议。但法律并未明确当事人在此类案件中提出管辖权异议如何处理，各地法院实践中亦存在不同认识和做法。对此，《全国法院涉外商事海事审判工作座谈会会议纪要》第38条明确：“人民法院受理申请承认和执行外国法院判决、裁定案件后，被申请人对管辖权有异议的，应当自收到申请书副本之日起十五日内提出；被申请人在中华人民共和国领域内没有住所的，应当自收到申请书副本之日起三十日内提出。人民法院对被申请人提出的管辖权异议，应当审查并作出裁定。当事人对管辖权异议裁定不服的，可以提起上诉。”

二、当事人提交的申请材料

申请人向人民法院提出申请时负有初步的举证责任，其除了提交申请书外，还需要提交一系列文件，主要包括：外国法院的判决及相关效力的证明、法院审理程序的正当性证明、被请求国官方文字的译本等。对此，我国缔结的双边司法协助条约对上述文件均有或详或简的规定。

《全国法院涉外商事海事审判工作座谈会会议纪要》第35条对当事人需要提交的材料及需要提供的证明手续进行了明确：“申请人申请承认和执行外国法院判决、裁定，应当提交申请书并附下列文件：（1）判决书正本或者经证明无误的副本；（2）证明判决已经发生法律效力的文件；（3）缺席判决的，证明外国法院合法传唤缺席方的文件。判决、裁定对前款第2项、第3项的情形已经予以说明的，无需提交其他证明文件。申请人提交的判决及其他文件为外文的，应当附有加盖翻译机构印章的中文译本。申请人提交的文件如果是在我国领域外形成的，应当办理公证认证手续，或者履行中华人民共和国与该所在国订立的有关国际条约规定的证明手续。”第36条对申请书的具体内容进行了明确：“申请书应当载明下列事项：（1）申请人、被申请人。申请人或者被申请人为自然人的，应当载明其姓名、性别、出生年月、国籍、住所及身份证件号码；为法人或者非法人组织的，应当载明其名称、住所地，以及法定代表人或者代表人的姓名和职务；（2）作出判决的外国法院名称、裁判文书案号、诉讼程序开始日期和判决日期；（3）具体的请求和理由；（4）申请执行判决的，应当提供被申请人的财产状况和财产所在地，并说明该判决在我国领域外的执行情况；（5）其他需要说明的情况。”

需要说明的是，我国已经于2023年3月8日正式加入《取消要求外国公文书证的公约》，该公约已于2023年11月在我国生效实施。对于当事人在另一缔约国领域内签署生效并且向我国人民法院提交的公文书，优先适用该公约的规定。此外，办理公证、认证手续的目的在于确认文件的真实性，人民法院如果在案件办理中可以通过询问被申请人等方式确定文件的真实性，则并不一定要求当事人必须办理相应的公证认证手续。

三、申请的期间

本条没有明确规定申请的期间。《民事诉讼法》第250条对申请执行的期间以及申请执行的时效作出了规定。同时，《民事诉讼法》第270条规定：“在中华人民共和国领域内进行涉外民事诉讼，适用本编规定。本编没有规定的，适用本法其他有关规定。”因此，当事人申请承认和执行外国法院生效判决、裁定的期间，适用《民事诉讼法》第250条规定的申请执行期间。

司法实践中，有的当事人仅申请承认外国法院裁决、外国仲裁裁决，在人民法院经审查裁定予以承认后，当事人又申请人民法院执行该外国法院裁决、外国仲裁裁决。此时容易产生申请执行期间方面的计算争议。《最高人民法院关于对国外仲裁机构的裁决申请承认和申请执行是否应一并提出问题的请示的复函》（〔2013〕民四他字第43号）中认为，西安市中级人民法院于2009年12月7日裁定承认涉案外国仲裁裁决，泰普克公司于2010年1月27日申请执行该仲裁裁决，泰普克公司申请执行该仲裁裁决的期限从西安市中级人民法院承认裁定生效之日起重新计算。因此，对于当事人仅申请承认而未同时申请执行的，申请执行的期间自人民法院对承认申请作出的裁定生效之日起重新计算。

实践中还应当注意的是，对于身份、婚姻关系等外国法院确权判决或判项，并不具有执行内容，当事人申请承认的，不应受本条规定的申请执行期间的限制。

四、此类案件的保全

《民事诉讼法》没有明确规定承认和执行外国法院判决、裁定的司法协助类案件中当事人是否可以申请保全。我们认为，保全制度规定在本法第一编的总则中，司法协助类案件自然适用总则关于保全的一般规定。《全国法院涉外商事海事审判工作座谈会会议纪要》第39条明确："当事人向人民法院申请承认和执行外国法院判决、裁定，人民法院受理申请后，当事人申请财产保全的，人民法院可以参照民事诉讼法及相关司法解释的规定执行。申请人应当提供担保，不提供担保的，裁定驳回申请。"需要说明的是，此处的保全是指外国法院判决、裁定作出后，我国人民法院在承认和执行该外国法院判决、裁定的案件中采取的保全措施，而不是指外国法院在诉讼中作出的保全类裁定。对于后者，我国人民法院并无提供司法协助的依据。

第二百九十九条　人民法院对申请或者请求承认和执行的外国法院作出的发生法律效力的判决、裁定，依照中华人民共和国缔结或者参加的国际条约，或者按照互惠原则进行审查后，认为不违反中华人民共和国法律的基本原则且不损害国家主权、安全、社会公共利益的，裁定承认其效力；需要执行的，发出执行令，依照本法的有关规定执行。

【条文主旨】

本条是关于人民法院受理承认和执行外国生效裁判所涉纠纷与正在审理的纠纷属同一纠纷时如何处理的规定。

【理解与适用】

本条为新增条款。我国人民法院对外国法院判决、裁定的审查，仅限于外国法院判决、裁定是否符合我国法律规定的承认和执行外国法院判决、裁定的条件，对其裁判中的事实认定和法律适用问题不予审查。本条规定包含了以下几点内容：

一、关于外国法院判决、裁定获得我国人民法院承认和执行的先决条件

根据本条规定，可予承认和执行的外国法院判决、裁定必须已经发生法律效力，如果裁判尚未发生法律效力，意味着当事人之间的实体权利义务关系仍处于不确定的状态，则无法执行。我国签署的双边民商事司法协助条约均明确规定，外国判决具有确定性是其在内国法院获得承认和执行的先决条件。

二、关于人民法院的审查依据

根据本条规定，我国人民法院承认与执行外国法院民商事判决的依据为国际条约和互惠原则。

（一）国际条约

国际条约包括国际公约和双边条约。在国际公约方面，我国已于2017年9月签署了《选择法院协议公约》，但尚未经最高立法机关批准；我国参与了海牙《承认和执行外国民商事判决公约》的谈判，并于2019年7月3日在公约最后文本上签字，但尚未签署该公约。上述两个公约的落地尚需时日。我国签订的《国际油污损害民事责任公约》中含有承认和执行成员国法院判决的条款。该公约已于1980年4月30日对我国生效。在双边条约方面，截至2022年年底，我国已经与39个国家缔结了民商事双边司法协助条约，其中35个规定了民商事判决承认和执行的内容，对于签订了上述双边条约的国家法院作出的民商事判决、裁定，应当依据条约的规定办理。

（二）互惠原则

互惠原则也称“对等原则”，是国际法中一项基本原则，其基本含义是：如果一个国家凭借某个国际法规范向对方国家主张权利，那么这个国家自己也得受该规范的约束。[①] 互惠原则作为一项古老的法律原则，是在荷兰法学家胡伯的“国际礼让说”的基础上发展而来的，其强调受惠国与施惠国之间利益或义务之等价性，即通过赋予彼此相当的权利或承担义务来维持待遇平衡。由于国家间相互承认和执行对方法院判决的行为是平等的国际法主体在友好合作的前提之下在特定领域的一种互助行为，因此互惠原则也被许多国家作为承认和执行外国判决的基础。

《民事诉讼法》明确规定，在未签订国际条约的情况下，互惠是我国人民法院承认和执行外国法院判决的基本依据。强调互惠原则，不仅是为了体现主权国家间平等交往，更是为了促使各国在承认和执行判决方面相互合作，确保我国人民法院的判决也能在外国同样获得承认和执行，从而在更大范围和程度上保护当事人的合法权益和长远利益。我国司法实践中，互惠原则也有例外。根据《最高人民法院关于中国公民申请承认外国法院离婚判决程序问题的规定》（2020年修正），对于与我国没有订立司法协助协定的外国法院作出的离婚判决，中国籍当事人可以向我国法院申请承认，并不以该外国与我国存在互惠关系为前提。

① 杜涛：《互惠原则与外国法院判决的承认和执行》，载《环球法律评论》2007年第1期。

三、关于人民法院应当依职权主动审查的内容

根据本条规定，无论当事人是否主张，人民法院都应当审查外国判决、裁定是否违反我国法律的基本原则且不损害国家主权、安全、社会公共利益，对于不符合该条件的外国法院判决、裁定，应当裁定不予承认和执行。此类“公共政策”条款是各国承认和执行外国法院判决的最基本条件，其本意是为了保护内国国家的重大利益，维护内国的基本政策及道德与法律的观念和基本原则，使它们不至于因为外国法院判决在内国的承认和执行受到威胁和动摇。

“公共政策”条款是一个开放性的弹性条款，明确界定其内涵和外延迄今仍是一个难题，因为与其他法律制度相比，“公共政策”具有更大的弹性和不确定性，人民法院对其理解和适用也随着社会和经济的发展而不断变化。司法实践中，人民法院一贯采取审慎的态度适用“公共政策”条款。

四、关于“承认”程序和“执行”程序的区分

承认程序和执行程序是两个相互区别又密切联系的程序。外国法院判决、裁定经一国法院承认，既取得了与内国法院判决同等的法律效力，也取得了在该国执行的条件。在当事人不主动履行判决确定的义务时，该国法院得以运用强制力使判决获得执行。因此，承认是执行的前提条件，如果没有对外国法院裁决、外国仲裁裁决的承认，执行就失去了基础，但承认并非必然伴随执行。

根据本条规定，对于符合执行条件的外国判决、裁定，我国人民法院作出裁定承认其效力，需要执行的，发出执行令，并依照《民事诉讼法》关于执行程序的规定予以执行。

【审判实践中应当注意的问题】

一、“承认”和“执行”程序的进一步细化

司法实践中，此类案件的当事人可能提出三种申请：仅申请承认、仅申请执行、同时申请承认和执行。如果当事人仅申请承认，一般可能有两个原因，一是外国法院的判决并无执行内容，比如就离婚、婚姻无效、分

居、准禁治产宣告、失踪或死亡宣告、亲子关系的认定、监护、收养等涉及人的身份和能力等事项所作出的确认性质的判决，该种判决的目的在于确认当事人之间法律关系的存在与变更，不涉及给付内容，故不存在执行的问题；二是当事人申请承认外国法院判决的目的在于防止另一方当事人就同一争议在我国另行提起诉讼，故无需申请执行或暂不申请执行。如果当事人仅申请执行而此前未申请过承认，则应先申请承认。如果当事人之前已经申请过承认，人民法院就其承认作出的裁定生效之日两年内，当事人可以申请执行。大多数情况下，当事人都是同时申请承认和执行。

人民法院对申请人的承认和执行申请，应当区分不同情况进行处理：

1. 申请人同时申请承认和执行的，人民法院应当就是否承认和执行一并进行审查，并作出裁定。裁定承认和执行的，移送执行部门根据《民事诉讼法》第三编的规定予以执行。

2. 申请人仅申请承认，未同时申请执行的，人民法院仅就是否承认进行审查并作出裁定。

3. 申请人未申请承认而直接申请执行的，人民法院应当告知其一并提交承认申请。坚持不申请承认的，裁定驳回其执行申请。

二、“发生法律效力”如何认定

外国法院判决、裁定“发生法律效力”是该判决、裁定获得我国人民法院承认和执行的先决条件，但相关法律、司法解释均没有明确应当依据哪一国的法律对是否“发生法律效力”进行审查。

在充分调研论证的基础上，最高人民法院2021年12月31日发布的《全国法院涉外商事海事审判工作座谈会会议纪要》第42条明确了如何认定外国法院民商事判决是否生效的标准：“人民法院应当根据判决作出国的法律审查该判决、裁定是否已经发生法律效力。有待上诉或者处于上诉过程中的判决、裁定不属于民事诉讼法第二百八十九条[①]规定的‘发生法律效力的判决、裁定’。”该标准与《中华人民共和国最高人民法院和新加坡最高法院关于承认和执行商事案件金钱判决的指导备忘录》第7条“在中华人民共和国法院申请承认与执行的新加坡法院判决必须是终局性和确定性的判决。当该判决的终局性和确定性存在争议时，应当根据中国

① 现为《民事诉讼法》（2023年修正）第299条。

法律确定。有待上诉或者处于上诉过程中的判决不是终局性和确定性的判决”所规定的精神是一致的。

据此，人民法院在审查外国法院判决、裁定的效力问题时应当依据判决作出国的法律规定，但是不得低于我国法律所定的最低标准，即承认和执行的外国法院判决必须是已经终局、确定并具有可执行力的判决，如果判决在上诉期间或处于上诉程序中，就不构成确定的判决，不属于“已经发生法律效力”。实践中，人民法院可以依据以下原则掌握：（1）根据判决作出国法律认定判决的效力。（2）可以依普通程序提起上诉的判决，不能被视为发生法律效力的判决。（3）发生法律效力的判决并不意味着绝对不可变更，因为即使是已经不能依照普通程序提起上诉的判决，也还存在被变更的可能性。因此，发生法律效力的判决不一定是穷尽所有救济手段的再审判决，而是指依作出判决的法院地法律，由具有审判权的机构作出的，不能依普通程序上诉且可以申请执行的生效判决。

根据我国《民事诉讼法》的证据规则，当事人对自己提出的主张，有责任提供证据。因此，外国法院判决、裁定是否发生法律效力的举证责任在申请人，由被申请人提出抗辩。人民法院基于申请人的举证和被申请人的抗辩，运用证据规则和域外法知识进行综合判断。如果申请人的举证已经达到证明标准而被申请人不能提供充分的反驳证据否定，一般可认定判决已经“发生法律效力”。

需要说明的是，人民法院不能确认判决是否发生法律效力时，应当裁定驳回申请而非裁定不予承认和执行，待承认和执行的条件成就后，当事人可以再次向有管辖权的人民法院申请承认和执行。《全国法院涉外商事海事审判工作座谈会会议纪要》第43条明确：“人民法院在审理申请承认和执行外国法院判决、裁定案件时，经审查，不能够确认外国法院判决、裁定的真实性，或者该判决、裁定尚未发生法律效力的，应当裁定驳回申请。驳回申请后，申请人再次申请且符合受理条件的，人民法院应予受理。”

三、互惠原则的具体适用

我国法律对于如何查明互惠、如何适用互惠原则并没有明确的规定，故司法实践中对互惠原则如何把握一直以来存在争议，人民法院对互惠原则的理解和适用也经历了一个发展的过程。

人民法院曾在很长一段时间内采取较为保守的“事实互惠”的立场，即要求对方国家有承认我国判决的先例，如果没有证据证明判决作出国法院在此之前曾经承认和执行过我国法院判决，就认定未建立相应的互惠关系。“事实互惠”的标准减少了外国法院判决通过适用互惠原则得到我国承认和执行的可能性，也加大了我国判决在外国得到承认和执行的难度，极不利于我国对外交往。而且，随着国际交往的日益频繁、世界一体化进程的加剧，越来越多的国家开始逐步放弃互惠要求或者将互惠要求限制在一些特定的领域，世界上很多国家也在立法和实践中不断对互惠原则的适用作出限制和修正。如果再坚持“事实互惠”原则，与国际发展趋势不符。

近几年，人民法院积极探索，努力以更为务实、灵活、合理的方式适用互惠原则。

首先，在国际司法交流中通过声明、共识备忘等方式为互惠关系注入新内涵。例如，2015 年《最高人民法院关于人民法院为“一带一路”建设提供司法服务和保障的若干意见》指出：“要在沿线一些国家尚未与我国缔结司法协助协定的情况下，根据国际司法合作交流意向、对方国家承诺将给予我国司法互惠等情况，可以考虑由我国法院先行给予对方国家当事人司法协助，积极促成形成互惠关系。”该意见展现了我国司法实践倡导对互惠关系采取积极宽松认定标准的新动向。2017 年 6 月 8 日，第二届中国—东盟大法官论坛通过《南宁声明》，就中方倡导的“推定互惠”达成共识：“如对方国家的法院不存在以互惠为理由拒绝承认和执行本国民商事判决的先例，在本国国内法允许的范围内，即可推定与对方国家之间存在互惠关系。”该声明对互惠关系的认定标准更为宽松和开放，彻底打破了传统审查标准的固有框架，也充分体现了我国发挥互惠原则的积极作用鼓励司法协助的态度。

其次，在司法实践中探索更为灵活开放的互惠认定标准。2022 年 3 月，上海海事法院经请示最高人民法院，在“SPAR 航运有限公司与大新华物流控股（集团）有限公司申请承认英国法院判决案”［（2018）沪 72 协外认 1 号］中，首次采用了“法律互惠”的标准，认定我国和英国在承认和执行民商事判决方面存在互惠关系，这是我国法院迄今为止第一个先行给予互惠的案例。上述司法立场事实上也推动了我法院判决在国外得到承认和执行。例如，在以色列特拉维夫地方法院审理中方当事人申请承认与执行江苏南通中院判决一案中，中方当事人提交了上述意见证明中国在互惠关系认定方面的司法态度，促使以色列法院最终承认和执行判决。

最后，积极主动就承认和执行民商事判决向外国作出互惠承诺。在“请求阿塞拜疆承认与执行我国民事判决案”[①]中，由于我国与阿塞拜疆之间没有订立关于相互承认与执行民商事判决的双边条约，故义乌市人民法院请求按照互惠原则通过外交途径向阿塞拜疆提出司法协助请求，拟请阿塞拜疆主管法院承认并执行其作出的判决。最高人民法院经过研究决定向阿塞拜疆提出判决承认与执行的司法协助请求，并作出互惠承诺。2019年，我国驻阿塞拜疆使馆在提出司法协助请求的同时，以外交照会方式向阿塞拜疆作出“在类似情况下，将依法向阿方提供同等协助”的承诺。这是我国首次主动就承认和执行民商事判决向外国作出互惠承诺。

基于上述司法实践，最高人民法院在《全国法院涉外商事海事审判工作座谈会会议纪要》中首次明确了互惠关系的认定标准，解决了长期以来困扰人民法院一大难题。纪要第 44 条规定了三种可以认定存在互惠关系的情形：（1）根据该法院所在国的法律，人民法院作出的民商事判决可以得到该国法院的承认和执行；（2）我国与该法院所在国达成了互惠的谅解或者共识；（3）该法院所在国通过外交途径对我国作出互惠承诺或者我国通过外交途径对该法院所在国作出互惠承诺，且没有证据证明该法院所在国曾以不存在互惠关系为由拒绝承认和执行人民法院作出的判决、裁定。

需要说明的是，采用“法律互惠”标准并不意味着实践中放弃了“事实互惠”标准，一般而言，在符合“事实互惠”标准的情况下，即便不查明外国法律，也可以推定依据该国法律我国法院的判决能够得到承认和执行，同样符合“法律互惠”的要求。但是，法律和实践都存在不断发展的情况，故“先例”更适宜作为“法律互惠”标准下认定互惠关系的综合参考因素。如果符合“法律互惠”标准，又存在外国法院承认和执行我国法院判决的先例，则有充分的依据认定两国间存在互惠关系；如果符合法律

---

① 基本案情：2018 年 7 月，浙江省义乌市人民法院就原告周某等与被告 VUSAL（阿塞拜疆国籍）买卖合同纠纷一案作出一审民事判决书，判决被告 VUSAL 向原告周某等支付货款。被告 VUSAL 经法庭合法传唤未到庭应诉，且未在上诉期间提出上诉，该判决于 2018 年 8 月生效。其后，被告 VUSAL 拒不履行生效判决确定的义务，经原告申请，义乌市人民法院立案，但未发现被告 VUSAL 在我国境内有可供执行的财产。该院遂提出司法协助请求，拟请阿塞拜疆主管法院承认并执行其作出的上述判决。

互惠的标准，却存在不予承认和执行的先例，则不能轻易认定存在互惠关系，需要综合其他因素慎重考量，但是也不宜仅因存在拒绝的先例就认定不存在互惠。

由于互惠原则是司法主权在承认与执行外国法院判决中的体现，其适用受国际形势和国家间外交关系的影响，加之各国法律制度的差异和个案之间的差别，人民法院在某个案件中对两国互惠关系的认定并不当然地具有案例指导的价值。因此，人民法院在每个申请承认和执行外国法院民商事判决的案件时，应当结合对方国家的政体、制度以及立法规定等具体情况，对是否存在互惠关系进行逐案审查，适用互惠标准时也应当相当谨慎。《全国法院涉外商事海事审判工作座谈会会议纪要》第44条第2款明确，人民法院对于是否存在互惠关系应当逐案审查确定。第49条第2款还规定，人民法院根据互惠原则进行审查的案件，在作出裁定前应当逐级请示，由最高人民法院审核。

第三百条　对申请或者请求承认和执行的外国法院作出的发生法律效力的判决、裁定，人民法院经审查，有下列情形之一的，裁定不予承认和执行：

（一）依据本法第三百零一条的规定，外国法院对案件无管辖权；

（二）被申请人未得到合法传唤或者虽经合法传唤但未获得合理的陈述、辩论机会，或者无诉讼行为能力的当事人未得到适当代理；

（三）判决、裁定是通过欺诈方式取得；

（四）人民法院已对同一纠纷作出判决、裁定，或者已经承认第三国法院对同一纠纷作出的判决、裁定；

（五）违反中华人民共和国法律的基本原则或者损害国家主权、安全、社会公共利益。

【条文主旨】

本条是关于不予承认和执行外国法院民商事判决、裁定事由的规定。

【理解与适用】

本条为新增条款。本条在2021年《民事诉讼法》第288条[①]、第289条[②]的基础上，吸收《全国法院涉外商事海事审判工作座谈会会议纪要》第46条的相关内容，进一步明确了人民法院处理申请承认和执行外国法院判决案件时适用的审查依据。

本条从反向条件规定承认和执行外国法院判决、裁定的审查条件，即不予承认和执行的具体情形，包括列举的前4项和第5项公共政策保留条款。

本法秉持开放、包容立场，在本条规定中参考了我国对外缔结的双边

① 现为《民事诉讼法》（2023年修正）第298条。
② 现为《民事诉讼法》（2023年修正）第299条。

司法协助协定中关于外国法院民商事判决的内容、2005年海牙《选择法院协议公约》（我国于2017年9月12日签署，尚未批准）[①]、2019年海牙《承认与执行外国民商事判决公约》（我国尚未签署）相关规定，明确了我国法院对外国法院判决、裁定进行审查的具体条件。依据本条规定，我国法院审查的主要事项包括：一是间接管辖权，即应依哪一国法律对判决、裁定作出国法院有无管辖权进行判断。二是外国法院是否保障当事人正当程序权利，是否存在剥夺当事人得到合法传唤的权利、陈述权、代理权等明显违反法定程序的情形。三是判决是否系通过欺诈方式取得。四是我国法院是否就同一纠纷已经作出判决或者已经承认和执行第三国法院判决、裁定的，承认和执行本案外国法院判决、裁定是否将与我国法院判决、裁定的既判力相冲突。五是公共政策保留条款，外国法院作出的发生法律效力的判决、裁定违反我国法律的基本原则或者国家主权、安全、社会公共利益的，不予承认和执行。

《全国法院涉外商事海事审判工作座谈会会议纪要》第46条关于“不予承认和执行外国法院判决的事由”规定中的绝大部分内容为本条所吸收。

一、关于间接管辖权的立法模式选择

涉外民商事管辖权包含两方面的内容：一是直接国际管辖权，指某一涉外民商事案件，内国法院有无管辖权；二是间接国际管辖权，指在承认和执行阶段，判断有关外国法院对某一特定的涉外民商事案件有无管辖权。直接国际管辖权通常是一国法院通过本国涉外民事诉讼程序及《民事诉讼法》的规定来确定对某一具体的涉外民商事案件是否具有管辖权。间接国际管辖权则关系到外国法院管辖权在内国法院的效力，进而关系到外国法院的判决能否在内国法院得到承认和执行。

在外国民商事判决的承认和执行领域，考察管辖权问题，往往既要看直接国际管辖权，又要看间接国际管辖权。对于外国法院管辖权的审查，主要目的是保护本国法院的管辖权和其他重大利益不受损害。从国际私法实践发展趋势看，对外国法院是否具有管辖权进行审查非常必要。因此，

① 参见黄薇主编：《中华人民共和国民事诉讼法修改决定释义》，中国法制出版社2023年版，第96~97页。

本条第1项明确了应当适用哪国法律来认定间接管辖权。

在《民事诉讼法修正草案》征求意见过程中，针对应当适用哪国法律来认定间接管辖权，曾经讨论过以下两种方案：

第1种方案拟规定："有下列情形之一的，应当认定该外国法院对案件无管辖权：（一）外国法院依据其法律对案件没有管辖权；（二）违反本法对专属管辖的规定；（三）违反当事人排他性选择法院管辖的协议；（四）当事人存在有效的仲裁协议。"

第2种方案拟规定：不单独针对间接管辖权设立条文，改为将该条第1项规定为"根据中华人民共和国法律，可以认定外国法院对案件无管辖权的"。

上述第1种方案是以判决作出国法律作为判断标准，但为避免其过于绝对化，又予以适当调整，体现了开放包容的司法立场。第2种方案以执行法院所在国的法律为判断标准，既可以将专属管辖、排他性管辖、仲裁排除诉讼管辖等原则体现在间接管辖权的审查中，又防止了外国法院通过"长臂"法律滥用管辖权。经深入讨论，在综合两种意见的基础上形成《民事诉讼法》第301条规定的间接管辖权认定标准。对间接管辖权认定具体标准的理解与适用，请见本书第301条的理解与适用部分。

二、关于诉讼程序的正当性[①]

不予承认和执行的第2项事由是诉讼程序不具有正当性。

判决作出国法院在审理案件时的诉讼程序是否公正是该判决能否得到承认和执行的基本条件之一，主要体现在对败诉方的诉讼权利是否给予了充分的保障。该保障概括起来主要包括两方面：（1）适当的通知和送达；（2）行使辩论权。从判决承认和执行角度，必须满足两个条件才符合正当性：其一，诉讼者获得了参与诉讼的通知；其二，诉讼者获得了平等地参与诉讼的适当机会。

对于诉讼程序正当性的要求在我国签订的双边司法协助条约及相关立法中均有所体现。在我国与他国签订的双边司法协助条约中，无一例外地规定拒绝承认和执行的情况之一是根据作出裁决的缔约一方的法律，在缺

① 在普通法中，此处的正当性又被称为"自然公正"，在判决承认和执行领域，如果外国判决违反自然公正，法院将拒绝承认或执行该判决。

席判决的情况下败诉一方当事人未经合法传唤或者在当事人无诉讼行为能力时未得到适当代理。例如，我国与法国《关于民事、商事司法协助的协定》第22条拒绝承认和执行情形中第4项规定："败诉一方当事人未经合法传唤，因而没有出庭参加诉讼。"我国与古巴《关于民事和刑事司法协助的协定》第25条拒绝承认与执行情形中第1款第3项规定："根据提出请求的缔约一方的法律，未出庭的当事人未经合法传唤，或者没有诉讼行为能力时未得到适当代理。"《民事诉讼法解释》(2022年修正)第541条规定："……外国法院判决、裁定为缺席判决、裁定的，申请人应当同时提交该外国法院已经合法传唤的证明文件，但判决、裁定已经对此予以明确说明的除外。中华人民共和国缔结或者参加的国际条约对提交文件有规定的，按照规定办理。"《最高人民法院关于人民法院受理申请承认外国法院离婚判决案件有关问题的规定》第1条也将"判决是在被告缺席且未得到合法传唤下作出的"列为不予承认的情形之一，并要求"中国公民申请承认外国法院在其缺席情况下作出的离婚判决，应同时向人民法院提交作出该判决的外国法院已合法传唤其出庭的有关证明文件"。

三、关于欺诈抗辩

不予承认和执行的第3项事由是判决、裁定是通过欺诈方式取得。

基于"欺诈使得一切归于无效"的原则，大多数国家的立法和司法实践都强调，运用欺诈（或者贿赂）手段获得的外国法院判决、裁定不能在该国境内得到承认和执行。在比较法上，英美法国家一般将欺诈列为公共秩序之外的重要抗辩理由，而大陆法国家则通常将欺诈视为公共秩序。比如，1985年《新加坡相互执行外国判决法》第3条第2款d项规定"判决是通过欺诈取得的"(the judgment was obtained by fraud)；2005年《美国外国金钱判决承认法》第4条b款（c）项（2）规定"该判决是通过欺诈手段获得的，剥夺了败诉方陈述案情的充分机会"(the judgment was obtained by fraud that deprived the losing party of an adequate opportunity to present its case)。此外，《国际燃油污染损害民事责任公约》《扶养义务判决的承认和执行公约》《选择法院协议公约》《承认与执行外国民商事判决公约》等也有类似规定。

在我国，《最高人民法院、香港特别行政区政府关于内地与香港特别行政区法院相互认可和执行民商事案件判决的安排》第12条第1款第3

项规定“判决是以欺诈方法取得的”，应当不予认可和执行。

四、关于已决诉讼

在外国判决承认和执行领域，各国法院共同面临的问题就是：可能有一个以上的法院对一项争议享有管辖权，并可能在这些法院提起并行或多重诉讼，从而导致作出一项以上的判决。当存在相互矛盾的判断时，就会出现等级问题：应该优先考虑哪个判决？尽管各国对该问题的态度有所不同，但存在一个共识，即如果外国法院与内国法院就相同当事人之间的同一争议所作出的判决相抵触，或者与内国法院已经承认的第三国法院就相同当事人之间的同一争议所作的判决相冲突，该外国法院判决、裁定就不能承认与执行。比如，海牙《承认与执行外国民商事判决公约》第 7 条第 1 款第 5 项、第 6 项即规定，如果外国法院判决与被请求国法院就相同当事人间争议作出的判决相冲突，或者该判决与较早前第三国法院就相同当事人间相同标的所作出的判决相冲突，且较早判决满足在被请求国得到承认所必需的条件，则可以拒绝承认和执行该外国判决。我国缔结的双边司法协助条约大部分规定，被请求承认和执行的缔约一方的法院对于相同当事人之间就同一标的的案件已经作出了生效裁决，或者正在进行审理，或者已承认在第三国对该案件所作的生效裁决的，不予承认和执行外国判决。部分司法协助条约在上述三个要素中对“正在进行审理”作了限制，要求“这一审理是先于提出请求的缔约一方法院开始的”。比如，我国与波黑、巴西、塞浦路斯等签订的“关于民事和商事司法协助的条约”。

五、关于公共政策

不予承认和执行的第 5 项事由针对的是公共政策。

公共政策（public policy）作为国际私法中的一项古老制度，[①] 一直以来都作为“维护国家利益的安全阀”而被各国广为接受。各国均以不得违反本国的公共政策作为承认和执行外国判决的先决条件，其本意是为了保护内国国家的重大利益，维护内国的基本政策及道德与法律的观念和基本

① 公共政策是英美法通用的概念。在各国承认与执行外国法院判决的相关制度中，“公共政策”的名称并不一致。德国称之为“保留条款（vorbehaltsklausel）”或者“排除条款（ausschiebungsklausel）”；法国习惯将其称作“公共秩序（ordre public）”；有些国家采用的是“本国法律的基本原则”等提法。参见徐宏：《国际民事司法协助》，武汉大学出版社 2006 年版，第 53 页。

原则，使它们不至于因为外国法院判决在内国的承认和执行而受到威胁和动摇。（本书第291条等条文的理解与适用中，对公共政策进行了详细阐述，在此不再赘述）总体而言，尽管公共政策理论发展至今已有数百年的历史，但要明确界定“公共政策”的内涵和外延迄今仍是一个难题，因为与其他法律制度相比，“公共政策”具有更大的弹性和不确定性。

我国法律、司法解释也明确规定在承认和执行外国法院判决时要考虑公共政策。比如，《最高人民法院关于中国公民申请承认外国法院离婚判决程序问题的规定》（2020年修正）第12条第5项关于“经审查，外国法院的离婚判决具有下列情形之一的，不予承认：……（五）判决违反我国法律的基本原则或者危害我国国家主权、安全和社会公共利益”的规定。

【审判实践中应当注意的问题】

一、应当优先适用含有承认和执行民商事判决、裁定内容的双边协助条约

依据《民事诉讼法》第271条关于“中华人民共和国缔结或者参加的国际条约同本法有不同规定的，适用该国际条约的规定，但中华人民共和国声明保留的条款除外”的规定，承认和执行外国法院判决、裁定的审查过程中，国际条约的规定优先适用于本条的规定。

在双边司法协助条约层面，针对与我国缔结了双边司法协助条约的国家的法院作出的判决、裁定，人民法院应当优先适用条约的规定进行审查；而针对与我国无司法协助条约关系国家的法院作出的判决、裁定，人民法院应当按照互惠原则进行审查。人民法院认定具有互惠关系的，仍应当依据《民事诉讼法》第300条（本条）的规定逐项审查。目前，我国与39个国家签订了涉及民商事的双边协定，其中已经生效的有38项，有34项规定了外国法院判决承认和执行的条件（涉及新加坡、韩国、泰国与比利时的双边司法协助协定未规定承认和执行外国民商事判决事项）。在国际公约层面，我国仅签署了2005年海牙《选择法院协议公约》，但尚未批准加入上述公约，故还不能适用于民事诉讼司法实践，据此，双边民事司法协助协定对外国法院判决承认和执行有具体审查条件规定的，直接适用协定，而不能适用本条的规定。

二、诉讼程序正当性的判断

关于诉讼程序正当性的判断，需要说明以下几个问题：

第一，程序是否正当主要依据判决作出国法律进行审查，但是在极端情况下（比如不符合我国法律的最低要求）也要适用我国法律审查。此外，审查诉讼程序是否公正时并不涉及对案件实体内容的审查，更不包括对一个国家整体司法制度公正性的审查。

第二，作出判决的法院已经依照正常的程序向当事人进行了合法传唤，但因当事人自身原因拒绝或自动放弃出庭而作出的缺席判决不能视为审理过程中适用程序的不公正。

第三，未得到合理通知的主体限定为被申请人（败诉方当事人）。而且，如果作出判决的法院对当事人的传唤是不合法的，但当事人已经出庭应诉，则不应以传票未合法送达为由拒绝承认和执行该外国法院判决。在此种情况下，当事人既然已经出庭应诉，就有了充分答辩的机会，不能因此认为作出判决的法院没有对败诉方当事人的合法权益进行保障。在我国签订的双边司法协助条约中，都规定“在缺席判决的情况下，败诉方当事人未经合法传唤”是不予承认和执行外国法院判决的条件，此种规定排除了未经合法传唤但当事人已经出庭的情形，也即败诉方当事人缺席与未经合法传唤的情形必须同时具备，方能视为诉讼权利未得到保障。

第四，无诉讼行为能力的当事人应当得到适当代理。当事人的诉讼行为能力指能独立进行民事诉讼行为，行使民事诉讼权利、履行民事诉讼义务的能力。案件的当事人如果缺乏诉讼行为能力而难以正常地实施诉讼行为时，应不允许其自己从事诉讼活动，必须有另外的主体（如法定代理人）代替其实际进行诉讼。如果未得到适当代理而允许其进行诉讼，必然因程序上的不平等导致实体上的不公正。需要注意的是，各国法律对具备行为能力的年龄等条件不相同，不能单纯以我国法律的规定来认定当事人在外国法院诉讼期间是否具备行为能力。比如，我国与古巴《关于民事和刑事司法协助的协定》第 25 条拒绝承认与执行情形中第 1 款第 3 项规定：“根据提出请求的缔约一方的法律，未出庭的当事人未经合法传唤，或在没有诉讼行为能力时未得到适当代理。”依据该规定，“没有诉讼行为能力时未得到适当代理”是“根据提出请求的缔约一方的法律”的判断，而非受理承认和执行案件的法院所在国法律。

三、欺诈的认定

关于如何认定欺诈，需要说明两个问题：

第一，本条没有明确应当适用哪一个国家的法律来识别某一欺诈行为，一般而言是根据我国法律。大多数国家的法律也是基于内国法来进行识别的，比如某国法院通常基于某国法对欺诈行为所下的定义去审查外国法院判决，而不考虑对该判决的欺诈手段在判决作出国是否也能构成抗辩有关判决的合法性的基础，只有在判决作出国立法中有关欺诈的范围比某国法所规定的范围更广时，才考虑适用该外国法的规定。

第二，本条没有细化“欺诈”的认定标准，需要在实践中不断探索总结。理论上一般认为欺诈主要是指程序上的不正当行为，包括原告故意让他人向被告提供的错误地址发传票，原告故意向被告提供开庭的时间和地点方面的错误信息，诉讼一方贿赂法官、陪审员、证人，与证人恶意串通、虚假宣誓，或者胜诉方向败诉方假意允诺诱使败诉方不进行争辩或没有机会争辩等。这里所说的欺诈不只是诉讼任何一方的行为，也可以是法院所为，此外还包括一方冒充另一方签署选择法院的协议。

四、“同一纠纷”的认定

本条第 1 款第 4 项规定的“同一纠纷”具体如何理解，目前仍然可以参照《民事诉讼法解释》(2022 年修正) 第 247 条的规定。该条规定了判断重复起诉的标准，即相同当事人、相同诉讼标的、相同诉讼请求。因此，“同一纠纷”可以理解为相同当事人之间就相同诉讼标的提出的相同诉讼请求。

五、公共政策的含义与范围

公共政策至今仍是一个抽象模糊的概念，对于其具体含义无法达成一个统一的界定。对公共政策予以保留，但加以一定程度的限制是必然趋势，这在各国实践中已十分明显。因此，首先要把握好一个总体原则：人民法院在实践中应当采取审慎的态度适用公共政策。

我国法院在多年的司法实践中，已经逐渐形成两点共识：(1) 在适用公共政策对外国法院判决进行审查时，只有在承认和执行外国法院判决的结果将导致违反我国法律的基本原则或者国家主权、安全、社会公共利益的，才能援引公共政策事由予以拒绝承认和执行。（2）对公共秩序应该严格解释和审慎适用，只有违反我国法律基本原则、侵犯我国国家主权、危害社会公共安全、违反善良风俗以及危及我国根本社会公共利益的情形才构成违反公共政策。

此外，在对外国仲裁裁决的司法审查中，也涉及公共政策的认定和把握，并且形成大量案例可以作为参考。最高人民法院通过案例已经明确，至少以下情形不一定构成违反我国社会公共利益：一是仅仅涉及部门或者地方利益；二是违反我国法律法规的管理性强制性规定，尚不能达到违法我国法律基本原则、侵犯我国国家主权、危害社会公共安全、违反善良风俗以及危及我国根本社会公共利益。该标准在外国判决承认和执行案件中同样适用。

作为保护性条款，公共政策赋予了人民法院一种在特定情况下按照具体情况进行自由裁量的权力，如何理解与运用公共政策，仍须在司法实践中不断探索完善。人民法院还应从公共政策的时代性、发展性出发，坚持对具体案件的不同情况进行分析，不能僵化适用。

同时还应当注意，是否违背公共政策属于人民法院依职权审查的事项。（详细理由请见本书第 299 条的理解与适用）例如，在 2011 年新疆维吾尔自治区某法院受理的申请承认和执行乌兹别克斯坦费尔加纳州经济法院（以下简称费尔加纳法院）作出的民事判决书中，经请示最高人民法院认为，我国与乌兹别克斯坦《关于民事和刑事司法协助条约》第 3 条（司法协助的联系途径）第 1 款规定："除本条约另有规定外，缔约双方相互请求和提供民事和刑事司法协助，应通过各自的中央机关进行联系。"第 13 条（请求的提出）第 1 款规定："送达文书和调查取证的请求应以请求书的形式提出。"根据前述规定，乌兹别克斯坦法院向我国境内当事人送达开庭传票和判决书，应由中央机关以请求书的形式向我国的中央机关提出请求，由我国的中央机关进行送达。而费尔加纳法院在本案审理过程中，一是通过我国驻乌兹别克斯坦大使馆经商参处转新疆外经贸厅转交某公司送达开庭传票，二是通过传真方式送达开庭传票及判决书，这两种方式均不符合中乌双方条约规定，有损我国的司法主权。根据中乌《关于民事和刑事司法协助条约》第 21 条（拒绝承认与执行）第 5 项关于"承认与执行裁决有损于被请求方的主权、安全或公共秩序"的规定，应不予承认和执行费尔加纳法院所作的民事判决。本案说明，判决作出国法院未保障最低程序权利可能构成违反受理承认与执行案件国家公共政策，进而不能予以承认和执行。

第三百零一条　有下列情形之一的，人民法院应当认定该外国法院对案件无管辖权：

（一）外国法院依照其法律对案件没有管辖权，或者虽然依照其法律有管辖权但与案件所涉纠纷无适当联系；

（二）违反本法对专属管辖的规定；

（三）违反当事人排他性选择法院管辖的协议。

【条文主旨】

本条是关于间接管辖权判断标准，即认定外国法院对案件无管辖权的规定。

【理解与适用】

本条为新增条款。《民事诉讼法》第300条关于不予承认和执行外国法院民商事判决、裁定事由规定中，第1项规定“依据本法第三百零一条的规定，外国法院对案件无管辖权”。第301条就是对“外国法院对案件无管辖权”标准的细化，这是我国在法律上首次对该问题作出明确规定。

一、关于对外国法院管辖权是否适格的综合判断

管辖权适格是一国法院进行诉讼活动并作出有效判决的前提。本书在对《民事诉讼法》第300条的理解与适用中，已经提到了直接管辖权与间接管辖权。直接国际管辖权通常是一国法院通过本国涉外民事诉讼程序及《民事诉讼法》的规定来确定对某一具体的涉外民商事案件是否具有管辖权。而间接国际管辖权则关系到外国法院管辖权在内国法院的效力，进而涉及外国法院的判决能否在内国法院得到承认和执行。对于外国法院管辖权的审查，既是判断外国法院管辖权适当与否的程序性规则，也是承认和执行外国法院判决的先决条件。

本条第1项所明确的间接管辖权判断模式，既不是单纯地采用判决作

出国法律即原审国法模式，[①]也不是仅依照被请求国法律的镜像模式，[②]而是采取了“双向结合”的综合判断模式。要一体把握第1项的两个分句，才能完整理解该项所规定的间接管辖权判断标准。具体而言：

一方面，依据第1项前半句，外国法院判决、裁定得以被承认和执行的前提是，依照其法律对案件有管辖权。如果按原审国法律，外国法院没有管辖权，该判决、裁定不能予以承认和执行。从这一点来看，与原审国法模式具有相似之处。

另一方面，依据第1项后半句，即便按原审国法律外国法院享有管辖权，但其管辖权过于薄弱，案件所涉纠纷与该外国缺乏适当联系的，该判决、裁定也不能予以承认和执行。这是针对部分国家以所谓“最低限度联系”原则实施“长臂管辖”，在承认和执行阶段所作的防范性审查。为维护国家主权、安全、发展利益，我国近年来出台了《反外国制裁法》《对外关系法》《阻断外国法律与措施不当域外适用办法》等涉外法律法规，旗帜鲜明维护以联合国为核心的国际体系和以国际法为基础的国际秩序，发展同世界各国的友好合作，推动构建人类命运共同体。在间接管辖权的判断标准中增加相应条款，与近年来新出台的涉外新法新规有机衔接，多层面有效阻断外国法院滥用管辖权，维护中外当事人合法权益和我国主权、安全、发展利益，是2023年《民事诉讼法》修正的亮点之一。

二、关于不得违反专属管辖

本条第2项明确了违反《民事诉讼法》对专属管辖的规定，应当认定该外国法院对案件无管辖权。

专属管辖，是指特定的涉外民事案件的管辖权，专属于我国人民法院管辖，从而排除了其他任何国家的法院对这类案件的管辖权。《民事诉讼法》第34条、第279条共同构成我国民事诉讼专属管辖范围。对于上述

① 原审国法模式，是指对于管辖权问题的审查，应当适用判决作出国法律，只要不违反我国法律规定的专属管辖规定以及明显违反国际法原则滥用管辖权以外，都可以视为管辖权适格。比如，匈牙利、波兰等国规定只有在本国法院对案件具有专属管辖权时，才拒绝承认与执行外国法院的判决。参见何其生：《比较法视野下的国际民事诉讼》，高等教育出版社2015年版，第329页。

② 镜像模式，是指仅适用被请求国法律审查外国法院的管辖权。比如，德国是以其本国的直接管辖权标准来决定外国法院有无间接管辖权，如果有关外国法院依德国法无管辖权，则拒绝承认该外国判决。参见何其生：《比较法视野下的国际民事诉讼》，高等教育出版社2015年版，第329页。

范围内的案件，即便外国法院作出了判决、裁定，人民法院亦应当认定其无管辖权，不能予以承认和执行。

三、关于不得违反当事人排他性选择法院管辖的协议

本条第 3 项明确了违反当事人排他性选择法院管辖的协议，应当认定该外国法院对案件无管辖权。

外国法院管辖权的行使违反了当事人排他性管辖协议，则属于外国法院没有管辖权，从而属于不予承认和执行外国法院判决的事由。

（一）明示协议管辖与默示管辖

关于涉外民商事纠纷案件的协议管辖，《民事诉讼法》规定了两种形式：一是《民事诉讼法》第 277 条规定明示协议管辖，该条规定涉外民事纠纷的当事人可以书面协议选择人民法院管辖；二是《民事诉讼法》第 278 条规定的默示管辖，即当事人未提出管辖异议，并应诉答辩或者提出反诉的，视为人民法院有管辖权。

（二）排他性管辖与非排他性管辖

根据协议的性质，涉外管辖协议主要分为排他性（exclusive）管辖协议和非排他性（non-exclusive）管辖协议。

排他性管辖协议是指当事人通过合意赋予被选择法院或被选择地法院专有、排他的管辖权，目的是排除其他法院的管辖权。非排他性管辖协议是指当事人合意选择管辖法院，但不排除争议可以在其他有管辖权的法院进行诉讼。当事人通过排他性管辖的合意，赋予被选择法院或者被选择地的法院专有、排他的管辖权。一份有效的排他性管辖协议，具有排除其他法院管辖权的效力。《第二次涉外商事海事审判工作会议纪要》第 12 条规定："涉外商事纠纷案件的当事人协议约定外国法院对其争议享有非排他性管辖权时，可以认定该协议并没有排除其他国家有管辖权法院的管辖权。如果一方当事人向我国法院提起诉讼，我国法院依照《中华人民共和国民事诉讼法》的有关规定对案件享有管辖权的，可以受理。"在此基础上，《全国法院涉外商事海事审判工作座谈会会议纪要》第 1 条规定："涉外合同或者其他财产权益纠纷的当事人签订的管辖协议明确约定由一国法院管辖，但未约定该管辖协议为非排他性管辖协议的，应推定该管辖协议为排他性管辖协议。"上述司法指导性意见通过区分排他性与非排他性管辖协议的方式，间接明确了排他性管辖协议的效力。《民事诉讼法》

2023 年修正吸收了上述规定的内容。

【审判实践中应当注意的问题】

本条规定的内容虽然部分体现在之前的相关法律、司法解释、司法指导意见中，但从法律上明确排他性管辖协议的效力等问题，尚属首次。因此，在具体适用过程中，需要注意以下几个问题：

第一，注意区分排他性、非排他性管辖协议。对此，不能完全拘泥于文字，比如，管辖协议中虽然没有使用排他或者非排他的字样，但表述了当事人可以、当事人有权向某法院起诉等内容，且没有约定可以向其他国家法院起诉的，此时，从尊重当事人意思自治、减少平行诉讼等管辖权积极冲突的国际民事诉讼发展趋势出发，应当将此类协议认定为排他性管辖协议。此时的"认定为排他性管辖协议"实际上是一种推定，源于《全国法院涉外商事海事审判工作座谈会会议纪要》第 1 条的规定。

第二，排他性管辖协议不再要求与被选择的外国法院具有"实际联系"。这是因为《民事诉讼法》经 2023 年修正，在第 277 条关于"涉外民事纠纷的当事人书面协议选择人民法院管辖的，可以由人民法院管辖"的规定中，针对选择我国法院的管辖的协议，已经删除了"实际联系"的要求。根据对等原则，对于当事人选择外国法院的排他性管辖协议，同样不再要求与外国法院具有实际联系。由此，也更能体现我国涉外立法的开放包容。

第三，排他性管辖协议选择外国法院管辖，不得违反法律对专属管辖的规定，不涉及我国主权、安全或者社会公共利益。否则，构成对强制性规定和公共秩序的违反，管辖协议将被认定为无效。

第三百零二条 当事人向人民法院申请承认和执行外国法院作出的发生法律效力的判决、裁定，该判决、裁定涉及的纠纷与人民法院正在审理的纠纷属于同一纠纷的，人民法院可以裁定中止诉讼。

外国法院作出的发生法律效力的判决、裁定不符合本法规定的承认条件的，人民法院裁定不予承认和执行，并恢复已经中止的诉讼；符合本法规定的承认条件的，人民法院裁定承认其效力；需要执行的，发出执行令，依照本法的有关规定执行；对已经中止的诉讼，裁定驳回起诉。

【条文主旨】

本条是关于人民法院受理承认和执行外国生效裁判所涉纠纷与正在审理的纠纷属同一纠纷时如何处理的规定。

【理解与适用】

本条为新增条款。本条明确了与我国法院正在审理案件的外国法院平行诉讼判决、裁定的处理规则。

一、关于我国法院裁定中止诉讼的前提

依据本条第 1 款规定，我国法院中止诉讼的前提为：一是平行诉讼之间属于同一纠纷。对何谓“同一纠纷”的理解，本书其他部分已有详细说明，本条不再重复。二是外国法院作出的判决、裁定已经发生法律效力。对此，本书第 299 条的理解与适用部分已经作了深入阐述，不再赘述。此处的判决不包括中间裁判、保全裁定，亦不包括不具有终局力的、当事人之间的实体权利义务关系还处于不确定的状态的判决。因此，必须是外国法院作出的已经发生法律效力的判决、裁定，才可能得到我国法院的承认和执行。三是当事人向我国法院申请承认和执行该外国法院判决。

二、关于我国法院对是否中止本案诉讼的裁量权

本条第 1 款关于人民法院“可以”中止诉讼的规定表明，即便是外国

法院已发生法律效力的判决、裁定解决纠纷与我国法院正在审理的案件属于同一纠纷，我国法院也并非一律中止诉讼。

这与《民事诉讼法》第 281 条的立法逻辑是一致的，即我国并未采取纯粹先受理模式，也未采纳“预期承认”理论。因此，即便外国平行诉讼已经作出了发生法律效力的判决、裁定，并不当然产生能够中止我国法院本案诉讼的效力。是否中止诉讼，仍然是我国法院的裁量权范围。即便我国法院裁定中止本案诉讼，也仅表明本案诉讼需要等待承认和执行案件的审理结果为依据，而非外国法院的判决、裁定当然对我国法院产生了既决效力。对此，可对比《民事诉讼法》第 127 条第 5 项的不同规定加以理解。[①]

三、关于我国法院中止本案诉讼后的处理

依据本条第 2 款规定，我国法院中止本案诉讼后，视外国法院判决、裁定承认和执行审理的结果，本案诉讼分别作出相应处理：

1. 外国法院作出的发生法律效力的判决、裁定不符合《民事诉讼法》规定的承认条件的，人民法院裁定不予承认和执行，并恢复已经中止的本案诉讼。

2. 符合《民事诉讼法》规定的承认条件的，人民法院裁定承认其效力，只有获得承认后的外国法院判决、裁定在我国才具有既决效力；需要执行的，发出执行令，依照《民事诉讼法》的有关规定执行；对已经中止的本案诉讼，则相应裁定驳回起诉即可。

【审判实践中应当注意的问题】

本条在具体适用过程中，需要注意把握好以下关系：

第一，《民事诉讼法》通过新增本条规定，妥当平衡了国际司法合作礼让、以最小司法成本稳定相关法律关系和当事人预期，与保留我国法院恢复诉讼余地之间的关系，旨在最大限度实现国际民商事纠纷的实质化解和解纷程序的经济便捷的平衡，进一步彰显《民事诉讼法》的开放与包容立场。

---

① 《民事诉讼法》(2023 年修正）第 127 条第 5 项规定：“人民法院对下列起诉，分别情形，予以处理：……（五）对判决、裁定、调解书已经发生法律效力的案件，当事人又起诉的，告知原告申请再审，但人民法院准许撤诉的裁定除外。”

第二，本条与第 281 条之间既有联系也存在区别。虽然两条都涉及平行诉讼关系项下在先判决、裁定的处理问题，但区别在于本条是外国法院已经作出生效裁判，且因当事人向我国法院申请承认和执行，而形成司法协助特别程序与普通诉讼的平行程序可能产生的冲突；而第 281 条是我国和外国诉讼的平行诉讼的时间先后不同，导致处理结果不同。

第三，本条与第 300 条第 4 项之间的关系。依据第 300 条第 4 项规定，针对我国法院或者第三国法院对同一纠纷作出在先裁判并获得我国承认的，则不予承认和执行外国法院判决、裁定。

而对于本条规定的情形，我国法院正在进行的本案诉讼可先中止。中止后视该外国判决、裁定的承认和执行的审查结果，本案诉讼后续如何处理分为两种途径。一种是外国法院判决、裁定不符合《民事诉讼法》规定的承认条件的，裁定驳回其承认和执行申请；另一种是符合《民事诉讼法》规定的承认条件的，裁定承认其效力，相应地，对我国法院已中止的本案诉讼，裁定驳回起诉。

可见，本条与第 281 条、第 304 条第 4 项相互配合衔接，共同构筑起协调我国法院审理案件与外国法院平行诉讼关系的完整制度体系。

第三百零三条　当事人对承认和执行或者不予承认和执行的裁定不服的，可以自裁定送达之日起十日内向上一级人民法院申请复议。

【条文主旨】

本条是关于承认和执行外国法院的判决、裁定程序中救济制度的规定。

【理解与适用】

本条为新增条款。人民法院裁定是否承认和执行外国法院的判决、裁定，对当事人实体权利义务的影响较大，从程序正义的角度，应赋予当事人充分的救济。2021 年《全国法院涉外商事海事审判工作座谈会会议纪要（讨论稿）》中，曾对承认和执行外国法院的判决、裁定程序中的救济制度作出规定："人民法院审查后，就是否承认和执行作出的裁定以及驳回申请的裁定，一经送达即发生法律效力。当事人对裁定不服的，可以自裁定书送达之日起十日内向上一级人民法院申请复议。"考虑到当时法律没有对该问题作出规定，会议纪要最终删除了该条，未对承认和执行程序的救济作出规定。

在 2023 年《民事诉讼法》修正过程中，立法机关采纳最高人民法院的建议，明确了该问题，在法律层面建立了承认和执行外国法院的判决、裁定程序中的复议程序救济制度。

本条参考了区际司法合作实践中对认可和执行裁定向上一级人民法院救济的成熟做法。比如，《最高人民法院关于内地与香港特别行政区法院相互认可和执行婚姻家庭民事案件判决的安排》第 15 条规定："被请求方法院就认可和执行的申请作出裁定或者命令后，当事人不服的，在内地可以于裁定送达之日起十日内向上一级人民法院申请复议，在香港特别行政区可以依据其法律规定提出上诉。"《最高人民法院关于内地与澳门特别行政区相互认可和执行民商事判决的安排》第 12 条规定："法院就认可和执行判决的请求作出裁定后，应当及时送达。当事人对认可与否的裁定不服的，在内地可以向上一级人民法院提请复议，在澳门特别行政区可以根据其法律规定提起上诉；对执行中作出的裁定不服的，可以根据被请求方法律的规定，向上级法院寻求救济。”《最高人民法院关于认可和执行台湾地区法院民事判决的规定》第18条规定：“人民法院依据本规定第十五条和第十六条作出的裁定，一经送达即发生法律效力。当事人对上述裁定不服的，可以自裁定送达之日起十日内向上一级人民法院申请复议。”《最高人民法院关于认可和执行台湾地区法院民事判决的规定》第15条规定：“台湾地区法院民事判决具有下列情形之一的，裁定不予认可：（一）申请认可的民事判决，是在被申请人缺席又未经合法传唤或者在被申请人无诉讼行为能力又未得到适当代理的情况下作出的；（二）案件系人民法院专属管辖的；（三）案件双方当事人订有有效仲裁协议，且无放弃仲裁管辖情形的；（四）案件系人民法院已作出判决或者中国大陆的仲裁庭已作出仲裁裁决的；（五）香港特别行政区、澳门特别行政区或者外国的法院已就同一争议作出判决且已为人民法院所认可或者承认的；（六）台湾地区、香港特别行政区、澳门特别行政区或者外国的仲裁庭已就同一争议作出仲裁裁决且已为人民法院所认可或者承认的。认可该民事判决将违反一个中国原则等国家法律的基本原则或者损害社会公共利益的，人民法院应当裁定不予认可。”第16条规定：“人民法院经审查能够确认台湾地区法院民事判决真实并且已经生效，而且不具有本规定第十五条所列情形的，裁定认可其效力；不能确认该民事判决的真实性或者已经生效的，裁定驳回申请人的申请。裁定驳回申请的案件，申请人再次申请并符合受理条件的，人民法院应予受理。”

可见，本条建立的复议程序救济制度，是对上述司法解释的成熟做法的认可和确认，并将之上升为法律，将区际司法合作的经验拓展至国际司法协助层面。

【审判实践中应当注意的问题】

一、本条的适用范围

本条仅适用于针对外国法院的判决、裁定，我国人民法院所作出是否承认和执行作出的裁定，当事人享有复议权。本条规定的复议程序不适用于人民法院处理的仲裁司法审查案件。为进一步把握二者的区别，有必要结合仲裁司法审查案件的报核、报备程序，与本条规定对比加以理解。

（一）仲裁司法审查案件的报核、报备制度

2017年11月20日，最高人民法院审判委员会第1727次会议通过《最高人民法院关于仲裁司法审查案件报核问题的有关规定》[①]，健全自1995年以来形成的涉外仲裁司法审查案件的内部报告机制，建立了仲裁司法审查案件归口办理机制和报核制度。该规定第2条分两款。第1款规定："各中级人民法院或者专门人民法院办理涉外涉港澳台仲裁司法审查案件，经审查拟认定仲裁协议无效，不予执行或者撤销我国内地仲裁机构的仲裁裁决，不予认可和执行香港特别行政区、澳门特别行政区、台湾地区仲裁裁决，不予承认和执行外国仲裁裁决，应当向本辖区所属高级人民法院报核；高级人民法院经审查拟同意的，应当向最高人民法院报核。待最高人民法院审核后，方可依最高人民法院的审核意见作出裁定。"第2款规定："各中级人民法院或者专门人民法院办理非涉外涉港澳台仲裁司法审查案件，经审查拟认定仲裁协议无效，不予执行或者撤销我国内地仲裁机构的仲裁裁决，应当向本辖区所属高级人民法院报核；待高级人民法院审核后，方可依高级人民法院的审核意见作出裁定。"第3条规定："本规定第二条第二款规定的非涉外涉港澳台仲裁司法审查案件，高级人民法院经审查拟同意中级人民法院或者专门人民法院认定仲裁协议无效，不予执行或者撤销我国内地仲裁机构的仲裁裁决，在下列情形下，应当向最高人民法院报核，待最高人民法院审核后，方可依最高人民法院的审核意见作出裁定：（一）仲裁司法审查案件当事人住所地跨省级行政区域；（二）以违背社会公共利益为由不予执行或者撤销我国内地仲裁机构的仲裁裁决。"

从实践情况看，报核制度有利于仲裁司法审查案件的整体规范，有利于仲裁事业的发展。

2021年11月15日，最高人民法院审判委员会第1850次会议通过《最高人民法院关于修改〈最高人民法院关于仲裁司法审查案件报核问题的有关规定〉的决定》，在原有的报核程序基础上，增加了报备的有关规定。依据该修改决定增加1条作为第4条："依据本规定第二条第二款由高级人民法院审核的案件，高级人民法院应当在作出审核意见之日起十

① 已于2021年修正。

五日内向最高人民法院报备。”同时，该修改决定将第 3 条修改为：“本规定第二条第二款规定的非涉外涉港澳台仲裁司法审查案件，高级人民法院经审查，拟同意中级人民法院或者专门人民法院以违背社会公共利益为由不予执行或者撤销我国内地仲裁机构的仲裁裁决的，应当向最高人民法院报核，待最高人民法院审核后，方可依最高人民法院的审核意见作出裁定。”

2022 年 1 月 12 日，最高人民法院下发《最高人民法院关于有关仲裁司法审查案件及司法协助案件报备工作的通知》（法〔2022〕16 号），对案件报备相关问题予以明确，以进一步完善并推动仲裁司法审查案件及申请承认和执行外国法院判决、裁定案件报备工作的落实。具体而言，明确最高人民法院民四庭综合办公室为案件报备材料的接收部门，以便各下级法院报备相关材料时，直接可以报由最高人民法院民四庭综合办公室签收。

根据上述《最高人民法院关于有关仲裁司法审查案件及司法协助案件报备工作的通知》的要求，报备仲裁司法审查案件的案件类型包括：

1. 非涉外涉港澳台仲裁司法审查案件

即《最高人民法院关于仲裁司法审查案件报核问题的有关规定》（2021 年修正）第 2 条第 2 款规定的案件。该类案件的报备具体包括两种情形：一是各高级人民法院针对下级人民法院的报核申请，在作出审核意见后应当将答复函及下级人民法院请示报告向最高人民法院报备；二是各中级人民法院或者专门人民法院在依上级人民法院的审核意见作出裁定后，应当将裁定书向最高人民法院报备。

2. 申请承认和执行外国仲裁裁决以及申请认可和执行港澳台仲裁裁决案件

即针对《最高人民法院关于仲裁司法审查案件报核问题的有关规定》（2021 年修正）第 2 条第 1 款规定的仲裁司法审查案件，下级人民法院只有拟作出否定性结论即不予承认（认可）和执行的，才需向最高人民法院报核；而决定承认（认可）和执行的，则无须报核。故长期以来，最高人民法院对此类案件的整体情况并不完全掌握。为此，《最高人民法院关于有关仲裁司法审查案件及司法协助案件报备工作的通知》（法〔2022〕16 号）要求，各中级人民法院或者专门人民法院审结当事人申请承认和执行外国仲裁裁决及申请认可和执行港澳台仲裁裁决案件的，均应将裁定书向最高人民法院报备。

（二）仲裁司法审查裁定的上诉和再审申请，不适用本条规定的复议程序

《全国法院涉外商事海事审判工作座谈会会议纪要》第110条明确了仲裁司法审查中作出的裁定能否提起上诉、申请再审以及申请复议等问题。

具体而言：

1. 对三类裁定可以上诉。在仲裁司法审查案件中，因申请人的申请不符合受理条件作出的不予受理裁定、立案后发现不符合受理条件作出的驳回申请裁定、对管辖权异议作出的裁定，当事人不服的，可以提出上诉。

2. 对两类裁定可以申请再审。对不予受理、驳回起诉的裁定，当事人可以依法申请再审。

除上述三类裁定以外，人民法院在审理仲裁司法审查案件中作出的其他裁定，一经送达即发生法律效力，当事人不得申请复议、提出上诉或者申请再审。当然，法律、司法解释对一些特殊情形另有规定的除外。

二、本条规定的复议程序与人民法院报备及通报机制的衔接

为了便于最高人民法院及时掌握承认和执行外国法院判决、裁定的审判动态，统一裁判尺度，促进民商事判决、裁定的国际流通，《全国法院涉外商事海事审判工作座谈会会议纪要》第49条规定了承认和执行外国法院判决的报备及通报机制。该条第1款规定："各级人民法院审结当事人申请承认和执行外国法院判决案件的，应当在作出裁定后十五日内逐级报至最高人民法院备案。备案材料包括申请人提交的申请书、外国法院判决及其中文译本、人民法院作出的裁定。"第2款规定："人民法院根据互惠原则进行审查的案件，在作出裁定前，应当将拟处理意见报本辖区所属高级人民法院进行审查；高级人民法院同意拟处理意见的，应将其审查意见报最高人民法院审核。待最高人民法院答复后，方可作出裁定。"即分两款分别建立了报备、报核（针对根据互惠原则审查的案件）机制。

2023年《民事诉讼法》在本条中新增了复议程序，这就涉及复议程序与报备、报核机制的衔接适用问题。

具体而言：

（一）区分是否属于根据互惠原则进行审查的案件

两者的区别在于：在受理承认和执行外国法院判决、裁定的人民法院作出裁定之前，是否需要提前层报最高人民法院审核。

（二）属于根据互惠原则进行审查的案件，其程序为：报核—复议—报备

1. 报核

考虑到互惠关系的认定具有高度的政策性，涉及国家司法主权，应当在人民法院内部建立请示制度，由最高人民法院决定。为此，《全国法院涉外商事海事审判工作座谈会会议纪要》第 49 条第 2 款对此类案件建立了报核制度，只有待最高人民法院答复后，受理案件的人民法院方可作出裁定。[①]需要注意的是，只要属于依据互惠原则进行审查的案件，虽然拟作出的不是否定性结论，仍需按此规定报核。

至于请示法院向上一级人民法院报核请示的范围，并不局限于互惠问题的认识，还可以包括处理申请承认和执行涉外国法院判决、裁定案件需要请示的其他法律问题。

2. 复议

受理案件的人民法院作出裁定后，当事人不服的，有权向上一级人民法院申请复议。

3. 报备

该上一级人民法院作出复议裁定后，原审人民法院（受理承认和执行外国法院判决、裁定的人民法院）应当将裁定书报至最高人民法院。备案材料同时包括：申请人提交的申请书、外国法院判决及其中文译本、人民法院作出的裁定。[②]

（三）不属于根据互惠原则进行审查的案件，其程序为：复议—报备

与上述属于根据互惠原则进行审查的案件相比，非根据互惠原则进行审查的案件少了报核程序一环，复议与报备程序相同。

---

① 《全国法院涉外商事海事审判工作座谈会会议纪要》第 49 条第 2 款规定："人民法院根据互惠原则进行审查的案件，在作出裁定前，应当将拟处理意见报本辖区所属高级人民法院进行审查；高级人民法院同意拟处理意见的，应将其审查意见报最高人民法院审核。待最高人民法院答复后，方可作出裁定。"

② 《全国法院涉外商事海事审判工作座谈会会议纪要》第 49 条第 1 款规定："各级人民法院审结当事人申请承认和执行外国法院判决案件的，应当在作出裁定后十五日内逐级报至最高人民法院备案。备案材料包括申请人提交的申请书、外国法院判决及其中文译本、人民法院作出的裁定。"

三、复议期间裁定的效力状态

虽然《民事诉讼法》没有明确本条规定的复议期间裁定的效力，但通过对《民事诉讼法》以及相关司法解释的体系解释，可以得知复议期间，裁定在送达后即发生法律效力。除非经复议后，原裁定被撤销。具体而言：

依据《民事诉讼法》第157条的规定，不予受理、管辖权有异议、驳回起诉三类裁定属于可以提出上诉的裁定。《民事诉讼法》第158条规定："最高人民法院的判决、裁定，以及依法不准上诉或者超过上诉期没有上诉的判决、裁定，是发生法律效力的判决、裁定。"

《民事诉讼法解释》(2022年修正)第546条第1款规定："承认和执行外国法院作出的发生法律效力的判决、裁定或者外国仲裁裁决的案件，人民法院应当组成合议庭进行审查。"该条第3款规定："人民法院经审查作出的裁定，一经送达即发生法律效力。"需要注意的是，该条第3款规定的"人民法院经审查作出的裁定"，不包括人民法院针对当事人提交材料不符合受理条件、当事人提出的管辖权异议等情形作出的程序类裁定。当事人针对此类裁定可以上诉。[①]

四、针对复议裁定的纠错机制

从本质上看，对承认和执行外国法院判决、裁定案件的审查程序，属于国际司法协助的范畴，并非诉讼程序。因此，本条专门规定了复议机制作为救济程序，不同于普通民商事诉讼的两审终审与申请再审的"2+1"机制。当事人对于复议裁定仍然不服的，不能依据《民事诉讼法》第210条规定申请再审。这既符合由国际司法协助程序的特殊性，也符合我国民事诉讼司法实践一直以来的惯例，比如，针对仲裁司法审查案件作出的裁

① 参见《全国法院涉外商事海事审判工作座谈会会议纪要》第38条规定："人民法院受理申请承认和执行外国法院判决、裁定案件后，被申请人对管辖权有异议的，应当自收到申请书副本之日起十五日内提出；被申请人在中华人民共和国领域内没有住所的，应当自收到申请书副本之日起三十日内提出。人民法院对被申请人提出的管辖权异议，应当审查并作出裁定。当事人对管辖权异议裁定不服的，可以提起上诉。"第40条规定："申请人的申请不符合立案条件的，人民法院应当裁定不予受理，同时说明不予受理的理由。已经受理的，裁定驳回申请。当事人不服的，可以提起上诉。人民法院裁定不予受理或者驳回申请后，申请人再次申请且符合受理条件的，人民法院应予受理。"

定，不适用上诉、申请再审程序。

需要注意的是，虽然当事人对本条规定的复议裁定不得申请再审，但《民事诉讼法》仍然保留了具有“兜底”性质的纠错机制。依据本法第209条规定，人民法院依职权提起再审的审判监督程序，同样可适用于复议裁定。

第三百零四条 在中华人民共和国领域外作出的发生法律效力的仲裁裁决，需要人民法院承认和执行的，当事人可以直接向被执行人住所地或者其财产所在地的中级人民法院申请。被执行人住所地或者其财产不在中华人民共和国领域内的，当事人可以向申请人住所地或者与裁决的纠纷有适当联系的地点的中级人民法院申请。人民法院应当依照中华人民共和国缔结或者参加的国际条约，或者按照互惠原则办理。

【条文主旨】

本条是关于我国人民法院对外国仲裁裁决承认与执行的规定。

【理解与适用】

与2021年《民事诉讼法》第290条[①]相比，本条做了如下修改：一是明确外国仲裁裁决籍属采用仲裁地标准；二是增加了该类案件的管辖依据，对于被执行人住所地或者其财产不在中华人民共和国领域内的，增设申请人住所地或与裁决的纠纷有适当联系地这两项管辖依据；三是修改了部分表述，将“应当由当事人”向人民法院申请改为“当事人可以”向人民法院申请。

本条针对裁决的“籍属”认定标准、承认与执行外国仲裁裁决的管辖依据以及法律依据作了规定。

一、关于仲裁裁决的“籍属”及其认定标准

一国法院在处理当事人提出的承认及执行裁决的有关事宜时，首先要认定仲裁裁决的籍属，即有关的裁决是法院地国的国内裁决，还是法院地国以外的外国裁决。之所以要作这样的认定，就在于对国内裁决和外国裁决执行（承认及执行）过程中需要适用不同的法律。在仲裁历史上，曾有观点认为由于仲裁裁决是当事人约定的产物而非国家机关作出，所以仲裁

① 现为《民事诉讼法》（2023年修正）第304条。

裁决难以与特定的国家相联系并赋予其国籍。但是，现在各国都接受这样一个事实：仲裁裁决必然从属于某个法律制度，使之具备特定的国籍。[1]

何谓外国仲裁裁决，在理论与实践中存在不同的认定标准：

（一）地域标准

这一标准认为：仲裁地的作用在于给予国际商事仲裁一个确定的法律框架，仲裁严格限定在该既定的法律框架之中，不是"漂浮在跨国界的天空之中，与任何一个国内法体系均无关联"[2]。根据这一标准，凡是在内国领域作出的裁决就是内国裁决，在国外作出的裁决就属于外国裁决。美国、奥地利、瑞典、荷兰、埃及等国采纳的是这一标准。在国际立法方面,《国际商事仲裁示范法》以及《纽约公约》都采纳这一标准。我们认为：仲裁地更为恰当的表述应当是"仲裁的法律所在地","所在地（seat）"一词作为法语"siege"的翻译，较"地点（place）"一词更为准确。所在地意味着仲裁的司法基础，地点往往可能仅意味着会议进行或者裁决签署的地点，两者在很多时候是不同的。

1988年《埃及国际商事仲裁法案》第27条规定:（1）仲裁当事人有权约定在埃及共和国或国外的仲裁地点。如果没有这样的约定，仲裁庭应考虑案件的情况和对当事人的便利确定仲裁地点。（2）尽管有上述规定，仲裁庭有权在它认为恰当的任何地点开庭并进行任何仲裁程序，例如，询问争议当事人、证人和鉴定人，审查文件，检验货物或其他财产，进行合议，也可因其他任何理由而作此项决定。该规定实际上明确区分了法律意义上的仲裁地点与非法律意义上的仲裁地点之间的区别。

（二）适用法律标准

这一标准主要根据仲裁程序所适用的程序法归属来判断裁决的国籍。德国、希腊、黎巴嫩等国采纳这一标准。1961年《欧洲国际商事仲裁公约》第9条关于仲裁裁决的撤销第1项规定：一缔约国撤销按本公约作出的仲裁裁决，只有在下列情况下，才构成另一缔约国拒绝承认和执行裁决的理由。即裁决是由在该国或按该国法律作出裁决的国家撤销的，并且具有下述理由之一：1.……该标准承认裁决所依据法律国家对裁决的撤销权。1961《德国关于承认与执行外国仲裁裁决的1958年公约的法律》第

① 陈治东:《国际商事仲裁法》，法律出版社1998年版，第292页。

② Bank Mellat V. Helliniki Techniki SA［1984］Q.B.291，CA.

2条第1项规定：如一项公约范围内的裁决系根据德国程序法在另一缔约国内作出，则撤销该项裁决的诉讼可在德国进行。《德国民事诉讼法典》第1041条、第1043条、第1045条第1款，以及第1046条适用于撤销裁决之诉。

（三）兼采仲裁地点和仲裁程序法标准

这一标准的代表国家是前南斯拉夫。根据1982年《南斯拉夫社会主义联邦共和国法律冲突法》第97条的规定：（1）不在南斯拉夫作出的仲裁裁决，视为外国仲裁裁决。（2）外国仲裁裁决具有作出国国籍。（3）在南斯拉夫作出的仲裁裁决，如其程序适用了外国法，且该外国法不违反南斯拉夫的强制性规范，则也应视为外国仲裁裁决。（4）本条第3款所指的外国仲裁裁决具有在程序上适用其法律的国家的国籍。在前南斯拉夫，仲裁裁决的国籍依照下列两个标准确定：（1）仲裁裁决作出地；（2）仲裁裁决依据的程序法。根据这一标准，在前南斯拉夫境外作出的裁决以及在前南斯拉夫境内根据外国程序法作出的裁决都会被认为是外国仲裁裁决。

印度则从另外一个角度阐述了这一标准。依照1961年《印度外国裁决法》的规定，“外国裁决”，不仅仅是在外国领土上作出，还要求裁决所依据的仲裁协议所适用的法律不是印度法，根据受印度法支配的仲裁协议作出的仲裁裁决，尽管在印度境外作出，按照《印度外国裁决法》第9条，在印度并不被认为是“外国裁决”。根据受印度法支配的仲裁协议作出的裁决尽管裁决涉及外国当事人，仲裁在外国进行，裁决在外国作出，但这样的裁决受1940年《印度仲裁法》的支配，与其他印度裁决一样，受印度法院的管辖和印度法律制度的支配。①

（四）仲裁机构标准

这是我国《民事诉讼法》在2023年修正之前确定国际商事仲裁裁决籍属的“独有”标准。根据我国2021年《民事诉讼法》第290条②的规定，国外仲裁机构的裁决，需要中华人民共和国人民法院承认和执行的，应由当事人直接向被执行人住所地或其财产所在地的中级人民法院申请，人民法院应当依照中华人民共和国缔结或参加的国际条约，或者按照互惠

① 参见赵秀文：《国际商事仲裁案例评析》，中国法制出版社1999版，第211~217页。

② 现为《民事诉讼法》（2023年修正）第304条。

原则办理。我国法律虽然未明确判定仲裁裁决籍属的标准，根据上述法律规定关于“国外仲裁机构的裁决”的表述，从字面意思来看，只要是国外仲裁机构的裁决，无论其做出地点如何，无论其适用的仲裁程序法如何，都纳入“需要中国法院承认与执行”的范畴。我国仲裁理论界和实务界通常推定我国立法意图是以仲裁机构所在地确定仲裁裁决国籍，[①] 即所谓“外国仲裁裁决”是指外国仲裁机构作出的裁决。也就是说，以仲裁管理机构的归属国判断仲裁裁决的国籍。

有学者认为，联合国《国际商事仲裁示范法》将仲裁地作为划分国内仲裁和国外仲裁的标准，中国《仲裁法》虽然没有关于这种划分标准的明文规定，但因为中国是《纽约公约》的缔约国，按照公约的标准，原则上也是根据实际作出仲裁裁决的场所进行划分。[②] 也有学者认为，对于外国仲裁裁决的认定，中国采用领域标准兼仲裁机构所在地标准，即中国涉外仲裁机构在中国作出的裁决视为内国裁决，其他涉外裁决视为外国裁决。我国法律依照作出裁决的仲裁机构所在地国为标准区分外国仲裁裁决和中国仲裁裁决。我国 2021 年《民事诉讼法》第 278 条、第 279 条、第 280 条、第 281 条、第 287 条[③] 均使用“中华人民共和国涉外仲裁机构作出的裁决”，第 290 条[④] 使用“国外仲裁机构的裁决”的措辞区分内、外国仲裁裁决。同时，由于我国加入了《纽约公约》，公约第 1 条第 1 款的领域标准规定凡是在申请执行国以外作出的裁决即为外国裁决，各国法律的规定标准只能是对领域标准的补充，以扩大公约的适用范围。根据国际公约优先于国内法适用的原则，我国既然加入了公约，就应当以仲裁裁决作出地作为确定公约裁决国际的主要标准，同时由于公约的允许，兼采仲裁机构所在地标准。这样，涉外仲裁裁决可以分为四类：（1）在中国由中国涉外仲裁机构作出的裁决；（2）在中国由外国涉外仲裁机构作出的裁决；（3）在外国由中国涉外仲裁机构作出的裁决；（4）在外国由外国涉外仲裁机构作出的裁决。第一类裁决属于中国涉外仲裁裁决，第二、三、四类均为外国仲裁裁决，由于中国涉外仲裁机构的现行仲裁规则允许在外国开

---

① 高晓力：《司法应依仲裁地而非仲裁机构所在地确定仲裁裁决籍属》，载《人民司法》2017 年第 20 期。

② ［日］渡边惺之：《日本仲裁法的现状》，载《北京仲裁》2003 年第 4 期。

③ 现为《民事诉讼法》（2023 年修正）第 288 条、第 289 条、第 290 条、第 291 条、第 297 条。

④ 现为《民事诉讼法》（2023 年修正）第 304 条。

庭而不允许在国外作出裁决，第三类在现实中不存在。公约意义上的外国仲裁裁决应当被界定为外国仲裁机构在中国或外国作出的仲裁裁决，非公约意义上的外国仲裁裁决的认定标准应当依照我国的法律，适用仲裁机构所在地标准。[①] 对于公约来说，这一仲裁机构与仲裁地点混合标准实际上还是仲裁机构标准。

实际上，以仲裁机构的归属作为判断仲裁裁决国籍的标准实际上是很不科学的。

首先，根据仲裁裁决与仲裁地之间的密不可分的关系，以及仲裁地法实际上对仲裁过程必然存在的影响与制约，否认仲裁裁决与仲裁地之间的决定与被决定的关系是非常勉强的。

其次，无法解决中国仲裁机构在境外做出裁决和境外仲裁机构在中国内地作出裁决的有关问题。《纽约公约》项下外国仲裁裁决的定义意味着仲裁案件当事人的国籍被予以排除。一旦裁决在外国作出，无论案件当事人国籍是否相同，《纽约公约》便予以适用。也即，公约同样适用于在外国作出而就承认与执行地国而言纯属国内争议案件的裁决。也就是说，基础交易并非必须是国际性的。[②] 如果按照仲裁机构标准，贸仲仲裁庭在中国境外作出的裁决仍然是中国裁决，由中国法院行使相应的司法监督权力，其按照中国仲裁裁决予以执行；外国仲裁机构在中国境内作出的裁决作为外国仲裁裁决对待，由其仲裁机构所属国的法院行使司法监督权，其承认与执行适用《纽约公约》。这就像把国际商会国际仲裁院在世界不同国家作出的裁决全部归结为法国裁决一样。采纳仲裁机构标准，实际上会形成该管的放弃管辖权，不该管的仲裁机构却争夺管辖权的情况。

最后，这实际上将不同仲裁机构的性质混为一谈。从商事仲裁机构的性质与影响范围来看，商事仲裁机构可以分为国际性商事仲裁机构、地区性商事仲裁机构和全国性商事仲裁机构。国际性商事仲裁机构，是指依据某个国际组织的决议或者某个国际条约成立的，处理国际商事争议的常设性仲裁机构。国际性商事仲裁机构不隶属于任何特定国家，但可能附设在某一国际组织或机构之下。国际商会国际仲裁院就是典型的国际性商事仲裁机构。地区性商事仲裁机构是基于地区性的国际组织的决定或者地区性

---

① 赵威:《国际仲裁法理论与实务》，中国政法大学出版社 1995 年版，第 271 页。

② Van den Berg: The New York Arbitration Convention of 1958——toward a uniform judicial interpretation (1981), pp.15–19.

的国际公约成立的，主要受理成员国之间的国际商事仲裁案件。全国性的商事仲裁机构是基于内国的决定而设立，大部分附设在各国商会或者其他类似的工商团体之间，属于民间性质的组织。从某一国家全国性的商事仲裁机构具有所在国的“国籍”，推导出其作出的裁决也具有所在国的“国籍”并进而得出国际性商事仲裁机构作出的裁决具有其所在国的“国籍”是经不起推敲的。

（五）仲裁地点与仲裁机构混合标准

由于在我国《仲裁法》确定的仲裁机构标准之外，我国尚受《纽约公约》的约束，实践中，也存在将仲裁地点与仲裁机构综合考察的混合标准。例如，在最高人民法院处理的新加坡益得满亚洲私人有限公司申请承认与执行英国可可协会仲裁裁决一案中，江苏省高级人民法院在判断该裁决的承认与执行问题是否可以适用公约的问题时，认为：“本案审查的外国仲裁裁决，系在英国领土内由英国伦敦仲裁机构做出，我国与英国都是公约的参加国，本案的仲裁裁决系在《纽约公约》对我国生效后作出的，应适用公约的规定。”[①] 这种观点试图在当时内国法规定与我国所承担的有效条约义务之间寻找平衡点，这种方法在仲裁地点与仲裁机构同质（仲裁机构归属于仲裁地点所在的法域）的情况下是没有问题的，一旦遇到归属某地的仲裁机构在另外的地点作出裁决的情况，仲裁裁决的归属问题仍然难以解决。[②]

由此可见，关于外国仲裁裁决的认定，各国往往采用不同的标准。《民事诉讼法》在 2023 年修正之前我国采用的是“仲裁机构”标准，这与《纽约公约》第 1 条对公约适用范围的规定采用仲裁地标准是不相吻合的。另外，《最高人民法院关于内地与香港特别行政区相互执行仲裁裁决的安排》和《最高人民法院关于认可和执行台湾地区仲裁裁决的规定》对于仲裁裁决籍属的认定亦采用仲裁地标准。《最高人民法院关于内地与澳门特别行政区相互认可和执行仲裁裁决的安排》则采用双重标准，即澳门裁决的籍属认定需满足仲裁机构所在地和仲裁地双重要求。当仲裁机构所

① 参见江苏省高级人民法院（2001）苏立民二他字第 008 号请示函，转引自万鄂湘主编，中华人民共和国最高人民法院民事审判第四庭编：《中国涉外商事海事审判指导与研究》2003 年第 3 卷（总第 6 卷），人民法院出版社 2004 年版，第 103 页。

② 参见杨弘磊：《中国内地司法实践视角下的〈纽约公约〉问题研究》，法律出版社 2006 年版，第 63~75 页。

在地与仲裁地重合时，对确认仲裁裁决籍属的标准进行讨论没有太大意义，然而如果两者存在分离或者当事人采用临时仲裁，问题就比较复杂。对此类问题，《最高人民法院关于香港仲裁裁决在内地执行的有关问题的通知》中规定，当事人向人民法院申请执行在香港特别行政区作出的临时仲裁裁决、国际商会仲裁院等国外仲裁机构在香港特别行政区作出的仲裁裁决的，人民法院应当按照《最高人民法院关于内地与香港特别行政区相互执行仲裁裁决的安排》的规定进行审查。该规定主要针对香港特别行政区的仲裁裁决，其所采用的仲裁地标准与国际通行做法一致，也为我国处理仲裁裁决籍属问题提供了新的思路。《中国国际经济贸易仲裁委员会仲裁规则（2015 版）》在“香港仲裁的特别规定”一章中规定，除非当事人另有约定，仲裁委员会香港仲裁中心管理的案件的仲裁地为香港，仲裁程序适用法为香港仲裁法，仲裁裁决为香港裁决。上述规则将仲裁地、仲裁程序法、仲裁裁决的籍属之间的相互关系进行了明确。

在国际商事仲裁中，“仲裁地”是一个法律概念，它是指仲裁当事人约定或无约定时由仲裁庭（仲裁机构）、法院确定的仲裁的法律归属地。[①]“仲裁地”意味着仲裁的司法基础，将仲裁“法律意义上的地点”（而不是开庭地点、举行会议的地点）等作为判断仲裁裁决国籍的标准是较为适宜的。按照国际商事仲裁的一般原则和纽约公约规定的精神，判断仲裁条款效力首先应当适用当事人选择的法律，如果没有这种选择，则适用仲裁地的法律进行判断。因此，“仲裁地”在整个仲裁活动中发挥着重要的作用，它决定了仲裁程序的法律适用。[②]同时，它决定了裁决的效力和执行。

在国内仲裁司法审查实践中，“仲裁地”概念最早由人民法院在纽约公约项下裁决的承认及执行过程中引入。德国旭普林国际工程有限责任公司申请承认及执行 ICC 仲裁裁决案，[③]当事人在合同协议附件中约定：“仲裁：15.3 应适用国际商会规则，上海。（Arbitration：ICC Rules，Shanghai shall apply.）。”仲裁裁决作出后，当事人依照《纽约公约》申请承认及执

---

① 参见覃华平：《国际商事仲裁中仲裁地的确定及其法律意义——从 BNA v.BNB and another 案谈起》，载《商事仲裁与调解》2020 年第 2 期。

② 参见崔悦：《论网上国际商事仲裁中仲裁地的选择与确认》，载《西安石油大学学报（社会科学版）》2021 年第 1 期。

③ 参见江苏省无锡市中级人民法院（2004）锡民三仲字第 1 号民事裁定书。

行。此案引发了对仲裁地点以及非内国裁决的广泛讨论。限于当时对裁决籍属的狭窄认识，有的观点认为上述裁决属于外国裁决。但也有观点认为仲裁地点决定裁决籍属，裁决属于中国裁决。我国《仲裁法解释》第16条第一次引入“仲裁地”的表述，该条规定：“对涉外仲裁协议的效力审查，适用当事人约定的法律；当事人设有约定适用的法律但约定了仲裁地的，适用仲裁地法律；当事人没有约定适用的法律也没有约定仲裁地或者仲裁地约定不明的，适用法院地法律。”《涉外民事关系法律适用法》第18条规定：“当事人可以协议选择仲裁协议适用的法律。当事人没有选择的，适用仲裁机构所在地法律或者仲裁地法律。”《最高人民法院关于适用〈中华人民共和国涉外民事关系法律适用法〉若干问题的解释（一）》第12条进一步明确，在仲裁机构或者仲裁地没有约定或者约定不明时，适用中华人民共和国法律认定该仲裁协议的效力。上述规定确认仲裁协议效力的准据法按照优先等级顺序，依次为当事人协议选择的法律—仲裁机构所在地法或者仲裁地法律—我国法律。涉外仲裁中，“仲裁地”概念的引入，有助于解决许多理论与实践中的问题。

司法实践中，“仲裁地”存在以下易混淆的情形：一是仲裁开庭地，指仲裁案件开庭审理的地点，是物理意义上的地理概念，在法律上没有实际意义。二是仲裁机构所在地。仲裁机构所在地一般是指仲裁机构注册登记地。仲裁地和仲裁机构所在地可以同一，也可以不同。仲裁地强调法律意义上的地点，仲裁地一般由当事人明确约定，在没有约定的情况下，参照仲裁机构的仲裁规则确定仲裁地。当事人可以对仲裁地和仲裁机构同时进行约定。仲裁机构所在地与仲裁地不一致时，由于仲裁地的特有法律性质，仲裁机构所在地不影响仲裁裁决籍属的判断和相关程序法律的适用。仲裁可以在不同的地点进行，但是，当事人约定或者仲裁裁决明确标明的仲裁地决定裁决的籍属，这对于裁决在仲裁地之外的其他国家或地区的执行具有重要意义。

“仲裁地”是一个复合概念，不仅包括仲裁的地理位置，更重要的是，“仲裁地”是一个法律概念。关于仲裁裁决的国籍如何确认，国际上通常以仲裁裁决的作出地为标准，即仲裁地标准。若一项裁决被认定为“外国裁决”，那么作为《纽约公约》的缔约国，在承认和执行该项裁决时，就不能适用其国内的法律，而是遵循《纽约公约》的规定。如果一项国际仲裁裁决在缔约国被承认和执行时，适用了《纽约公约》而非其国内的一般立法，就可以推断出此项仲裁裁决在该国被判定为“外国裁决”。[①]“仲裁地”在整个仲裁活动中发挥着重要的作用，它决定了仲裁程序的法律适用。[②]同时，它决定了裁决的效力和执行。目前，我国司法实践对于“仲裁地”的理解已经没有争议。无论约定的仲裁机构为何，适用的仲裁协议如何，应当按照仲裁地决定仲裁裁决的籍属及程序法律适用。

二、关于承认与执行外国仲裁裁决的管辖依据

近年来的司法实践中，出现了被申请人住所地、财产所在地均不在我国境内，申请人不申请执行外国仲裁裁决，仅申请承认外国仲裁裁决的情形。另外，部分仲裁裁决没有金钱给付内容，被执行人住所地或者其财产不在我国领域内，但裁决涉及我国公民、法人和非法人组织的利益，我国亦有义务依据国际条约的规定予以承认。在此种情形下，根据2023年修正前的《民事诉讼法》规定无法确定可以受理该类案件的管辖法院。为充分保护当事人的合法权益，《最高人民法院关于审理仲裁司法审查案件若干问题的规定》第3条规定，外国仲裁裁决与人民法院或者我国内地仲裁机构审理的案件存在关联，被申请人住所地、财产所在地均不在我国内地，申请人申请承认外国仲裁裁决的，由受理关联案件的人民法院或者仲裁机构所在地的中级人民法院管辖。

本条借鉴上述司法解释的合理规定，并在此基础上进一步适当拓展，规定了“申请人住所地”和“与纠纷存在适当联系地”可作为管辖依据，彰显我国遵守条约义务、最大限度便利仲裁当事人寻求救济的司法立场。至于何谓适当联系，未来可以通过司法解释、指导性案例进一步明确。

三、关于承认与执行外国仲裁裁决的法律依据

申请承认和执行外国仲裁裁决，属于国际司法协助的范畴。当事人向我国法院申请司法协助，应当依照中华人民共和国缔结或者参加的国际条约所规定的途径进行；没有条约关系的，通过外交途径进行。当事人申请承认和执行外国仲裁裁决的，人民法院应当依照中华人民共和国缔结或

---

① 参见沈伟、张磊主编：《〈仲裁法〉修订述评：重点和难点》，上海交通大学出版社2023年版，第155页。

② 参见崔悦：《论网上国际商事仲裁中仲裁地的选择与确认》，载《西安石油大学学报（社会科学版）》2021年第1期。

者参加的国际条约或者按照互惠原则办理，并作出是否予以承认和执行的裁定。[①]

就国际条约而言，《纽约公约》是国际商事仲裁领域最重要的条约，规定了外国仲裁裁决的承认与执行问题，是各国仲裁裁决能够在境外获得承认与执行的法律依据和重要保障。目前缔约国已达到 172 个。1986 年我国加入《纽约公约》，1987 年该公约对我国生效。由于《纽约公约》缔约国众多，实践中，我国法院承认和执行外国仲裁裁决，基本都适用《纽约公约》进行审查。应当注意的是，根据我国加入《纽约公约》时所作的商事保留声明，我国仅对按照我国法律属于契约性和非契约性商事法律关系所引起的争议适用该公约，不包括外国投资者与东道国政府之间的争端。此外，我国也与其他国家签订了贸易协定、投资保护协定、司法协助协定等双边协定，其中上述双边协定大都规定了相互承认和执行外国仲裁裁决的条款。因此，上述双边协定也是承认与执行外国仲裁裁决的依据。

在我国没有共同缔结或者参加的国际条约的情况下，互惠原则也是承认与执行外国仲裁裁决的一个重要依据。

【审判实践中应当注意的问题】

一、当事人向人民法院申请认可和执行我国港澳台地区仲裁裁决的，不适用本条规定

第一，申请认可和执行香港特别行政区仲裁裁决的，应当适用《最高人民法院关于内地与香港特别行政区相互执行仲裁裁决的安排》和《最高人民法院关于内地与香港特别行政区相互执行仲裁裁决的补充安排》。依据该两项安排，当事人可以向内地人民法院申请认可和执行以香港特别行政区为仲裁地依据香港特别行政区《仲裁条例》作出的民商事仲裁裁决，但不包括投资仲裁裁决。

依据该两项安排，香港特别行政区仲裁裁决系以香港特别行政区为仲裁地依据香港特别行政区《仲裁条例》作出的裁决，既包括临时仲裁裁决，也包括机构仲裁裁决。而且，此处的“机构仲裁裁决”不限于香港特

---

① 参见江必新主编:《新民事诉讼法条文理解与适用》，人民法院出版社 2022 年版，第 1403 页。

别行政区仲裁机构作出的裁决，还包括国际商会仲裁院等国外仲裁机构、内地仲裁机构或者内地仲裁机构在香港特别行政区设立的分支机构（如中国国际经济贸易仲裁委员会香港仲裁中心、中国海事仲裁委员会香港仲裁中心）等作出的裁决。

第二，认可和执行澳门特别行政区仲裁裁决的，应当适用《最高人民法院关于内地与澳门特别行政区相互认可和执行仲裁裁决的安排》。依据该安排的规定，当事人可以向内地人民法院申请认可和执行澳门特别行政区仲裁机构及仲裁员按照澳门特别行政区仲裁法规在澳门作出的民商事仲裁裁决，既包括临时仲裁裁决，也包括机构仲裁裁决。

第三，认可和执行我国台湾地区仲裁裁决的，应当适用《最高人民法院关于认可和执行台湾地区仲裁裁决的规定》。依据该规定，当事人可以向内地人民法院申请认可和执行有关常设仲裁机构及临时仲裁庭在我国台湾地区按照我国台湾地区仲裁规定就有关民商事争议作出的仲裁裁决，包括仲裁判断、仲裁和解和仲裁调解。申请人可以单独申请认可，也可以同时提出认可和执行的申请。申请人同时提出认可和执行我国台湾地区仲裁裁决申请的，人民法院先按照认可程序进行审查，裁定认可后，由人民法院裁定执行机构执行。申请人直接申请执行的，人民法院应当告知其一并提交认可申请；坚持不申请认可的，裁定驳回其申请。

二、注意管辖依据的变化

应当注意的是，申请承认和执行外国仲裁裁决的案件，在原来管辖依据的基础上增加了管辖依据。即当事人可以直接向被执行人住所地或者其财产所在地的中级人民法院申请；被执行人住所地或者其财产不在中华人民共和国领域内的，当事人可以向申请人住所地或者与裁决的纠纷有适当联系的地点的中级人民法院申请。

第三百零五条　涉及外国国家的民事诉讼，适用中华人民共和国有关外国国家豁免的法律规定；有关法律没有规定的，适用本法。

【条文主旨】

本条是关于与《外国国家豁免法》程序衔接的规定。

【理解与适用】

本条为新增条款。

《全国人民代表大会常务委员会关于修改〈中华人民共和国诉讼法〉的决定》（2023年）与《外国国家豁免法》均由十四届全国人大常委会第五次会议通过，均于2024年1月1日施行。《民事诉讼法》的修正与《外国国家豁免法》的起草，在较长一段时间是同步进行的。因此，如何协调衔接本法和《外国国家豁免法》之间的关系，是修法过程中讨论的重要问题之一。

一、关于是否增加本条规定

在《民事诉讼法》此前的修改过程中，就有意见建议规定国家豁免问题。但考虑到我国尚未制定有关外国国家豁免的法律，“在意见存在较大分歧的情况下也不宜仓促在修改《民事诉讼法》时明确本国法院在某些条件下对以外国国家为被告的案件具有管辖权”[①]，故2023年之前的《民事诉讼法》一直仅规定外交豁免问题，未规定外国国家及其财产的豁免问题。

按照立法计划，2023年《民事诉讼法》修正过程中，《外国国家豁免法》也在同步开展立法进程。《外国国家豁免法（草案）》于第15条规定“中华人民共和国的法院对于外国国家及其财产案件的审判和执行程序，本法没有规定的，适用中华人民共和国的民事诉讼法律以及其他相关

① 参见王胜明主编：《中华人民共和国民事诉讼法释义（最新修正版）》，法律出版社2012年版，第613页。

法律的规定”[①]，已经为该法与《民事诉讼法》预留了接口，因此较长一段时间内未对《民事诉讼法》自身是否需要设置衔接适用条款进行讨论，在2013年《民事诉讼法》一读稿中亦没有体现。一读稿经审议后，有学者建议《民事诉讼法》中亦应规定与《外国国家豁免法》的衔接适用，以明确外国国家的诉讼主体地位。为此，全国人大法工委多次召开座谈会，研究论证该问题。最高人民法院积极参与，建议以“最小化修改”为原则，镜像化设置与《外国国家豁免法》相衔接的条款，该建议被立法机关采纳。最终，新增本条以便与《外国国家豁免法》相衔接，从而既解决了两部法律之间的协调与衔接适用，也保持了两部法律各自的体系完备与系统统一。

二、关于国家豁免制度的基本内容

国家豁免是各国普遍接受的国际法原则。外国国家豁免是指外国国家及其财产免于另一国法院的司法程序。外国国家豁免是法院地国领土管辖权的例外，其理论基础是国家主权平等这一国际法基本原则，即基于平等者之间无管辖权，一国不能凌驾于另一国之上，一国法院不得对另一国进行司法管辖、审判或对其财产采取强制措施。[②]国家豁免包括司法管辖豁免与强制执行豁免两个层面的内容：（1）未经一国放弃司法管辖豁免，另一国不得受理和审判以该国为被告的诉讼；（2）即使一国已放弃了司法管辖豁免，如未经该国放弃执行豁免，另一国法院不得对该国国家财产采取强制措施。

在国家豁免制度的发展过程中，各国按照本国国情需要和对外政策，采用符合本国利益的国家豁免制度。目前主要有绝对豁免与限制豁免两种制度。绝对豁免是指不论国家的行为性质如何，任何外国司法机构都不能对另一国家及其财产行使管辖权。限制豁免则认为国家从事的主权行为享有豁免，但是国家的非主权行为以及用于该行为的财产不得享有豁免，故又称为豁免例外。

长期以来，我国在国家豁免问题上实行绝对国家豁免政策，即我国法

---

① 《外国国家豁免法》第16条规定：“对于外国国家及其财产民事案件的审判和执行程序，本法没有规定的，适用中华人民共和国的民事诉讼法律以及其他相关法律的规定。”

② 马新民：《我国出台外国国家豁免法——涉外法治建设的里程碑》，载《人民日报》2023年9月4日。

院不管辖以外国国家为被告或针对外国国家财产的案件。比如，2011年8月26日，第十一届全国人民代表大会常务委员会第二十二次会议通过《全国人民代表大会常务委员会关于〈中华人民共和国香港特别行政区基本法〉第十三条第一款和第十九条的解释》指出：我国坚持奉行国家豁免这一维护国家间关系正常发展的重要法律原则，即我国法院不管辖、实践中也从未处理以外国国家为被告或针对外国国家财产的案件；同时，我国也不接受外国法院对以我国国家为被告或针对我国国家财产的案件享有管辖权。我国采取的这种国家豁免立场，通常被称为“绝对豁免”。我国的国家豁免立场，体现在我国政府对外正式声明和实践之中，这是一个法律事实，并为国际社会所广泛了解。2005年9月14日，我国签署了《联合国国家及其财产管辖豁免公约》，但尚未经全国人大常委会批准。该公约采取的是限制国家豁免的立场。[①] 即在赋予外国国家及其财产管辖豁免和执行豁免的同时，对国家豁免规定若干例外，把国家的商业活动和用于商业活动的财产等排除在国家豁免的范围之外。但该公约尚未生效，全国人大常委会也未批准该公约，故我国在签署公约后继续实行一贯坚持的绝对豁免立场。

党的十八大以来，党中央高度重视涉外法治建设，坚持统筹推进国内法治和涉外法治，运用法治方式保障对外开放，维护国家和人民利益，《外国国家豁免法》应运而生。该法立足我国实际需要，适时调整国家豁免政策，将相关政策和法律制度从“绝对国家豁免”转向“限制国家豁免”，具有重大现实意义。《外国国家豁免法》实施后，将扭转实施限制豁免制度的外国法院可以在民商事案件中对我国国家实施管辖，而我国法院在涉外民商事案件中却不能管辖外国国家的不对等局面，更好地维护中外当事人的合法权益。

从国外立法来看，对以国家为被告的案件是否可以行使管辖权及其决定程序，各国有不同的立法模式：有通过法院组织法规定的，如德国；有通过普通民事诉讼法、涉外民事诉讼法规定的，如俄罗斯、阿根廷、匈牙利；在有国家豁免专门立法的国家中，通过专门立法规范了此类案件适用

---

① 参见黄薇主编：《中华人民共和国民事诉讼法修改决定释义》，中国法制出版社2023年版，第116页。

的特殊程序，同时适用普通民事诉讼法的有关规定。[①]

【审判实践中应当注意的问题】

一、关于本法与《外国国家豁免法》如何衔接适用

（一）本法与《外国国家豁免法》是一般法与特别法的关系

《民事诉讼法》是规范民事诉讼制度的基本法律，对民事案件的管辖、审判、执行等作出全面规定，是民事诉讼领域的“一般法”。《外国国家豁免法》主要解决涉及外国国家及其财产民事案件的司法管辖问题，同时对人民法院有关文书送达、缺席判决等诉讼程序作出特别规定，为审理涉及外国国家及其财产民事案件提供了较为明确的程序法依据。《外国国家豁免法》的内容具有特定性，是对以外国国家为诉讼当事人的民事案件作出的特别规定，是民事诉讼领域的“特别程序法”。

在法律适用的关系上，有特别法规定的，应当先适用特别法的规定；特别法未规定的事项，适用一般法的规定。《外国国家豁免法》是涉及外国国家民事诉讼的特别法，与民事诉讼法是特别法与一般法的关系。人民法院具体审理涉及外国国家的民事案件时，应当先适用《外国国家豁免法》相关规定，该法未规定的，适用《民事诉讼法》。为确保两部法律的有效衔接，《外国国家豁免法》第16条规定：“对于外国国家及其财产民事案件的审判和执行程序，本法没有规定的，适用中华人民共和国的民事诉讼法律以及其他相关法律的规定。”

（二）衔接适用中的具体注意事项

第一，长期以来，我国一直坚持绝对国家豁免原则。《外国国家豁免法》坚持维护国家主权平等原则，立足新时代国际国内发展新形势，借鉴国际通行规则，明确外国国家享有豁免的一般原则，同时采取限制豁免立场，规定了若干豁免例外的情形以及送达、答辩、判决等诉讼程序问题。该法为人民法院审理涉外国国家及财产豁免民事案件提供了程序法依据，促进人民法院在统筹国内法治和涉外法治方面发挥更加重要的作用。《外国国家豁免法》是一部全新的基础性涉外法律，最高人民法院正在为

---

① 参见黄薇主编：《中华人民共和国民事诉讼法修改决定释义》，中国法制出版社2023年版，第116页。

该法实施作各项准备工作，包括开展培训、制定通知等，以确保法律正确实施。

第二，国家豁免规则性质上属于程序性规则。考虑到《外国国家豁免法》于 2024 年 1 月 1 日起施行，因此各级人民法院在此之前已经受理的涉及国家豁免的案件，应当依法依规尽快推进审理程序，避免拖延到 2024 年 1 月 1 日之后审结。

二、关于涉外国国家的商事仲裁与投资仲裁司法审查案件

《外国国家豁免法》第 12 条规定了涉外国国家商事仲裁和投资仲裁的管辖豁免相关事宜。该条规定："外国国家与包括中华人民共和国在内的其他国家的组织或者个人之间的商业活动产生的争议，根据书面协议被提交仲裁的，或者外国国家通过国际投资条约等书面形式同意将其与包括中华人民共和国在内的其他国家的组织或者个人产生的投资争端提交仲裁的，对于需要法院审查的下列事项，该外国国家在中华人民共和国的法院不享有管辖豁免：（一）仲裁协议的效力；（二）仲裁裁决的承认和执行；（三）仲裁裁决的撤销；（四）法律规定的其他由中华人民共和国的法院对仲裁进行审查的事项。"在申请确认仲裁协议效力、申请承认和执行仲裁裁决、申请撤销仲裁裁决案件中，外国国家根据其签署的仲裁条款或包括投资仲裁条款的国际投资条约不享有司法管辖豁免。故未来人民法院将可能受理外国国家作为商事仲裁、投资仲裁一方当事人的仲裁司法审查案件，此为涉外法治领域的全新问题，各级人民法院应认真研究，遇相关问题即时层报最高人民法院。

第三百零六条　本法自公布之日起施行，《中华人民共和国民事诉讼法（试行）》同时废止。

【条文主旨】

本条是关于本法施行日期的规定。

【理解与适用】

2023年修正的《民事诉讼法》对本条未做修改，整体保留了原有规定。

法律的施行日期即法律的生效日期。依据《立法法》(2023年修正)第61条关于“法律应当明确规定施行日期”的规定，法律应当明确规定施行日期。法律的施行日期即生效日期，是法律效力的起点。[①]该法第62条第1款规定：“签署公布法律的主席令载明该法律的制定机关、通过和施行日期。”

结合我国过往立法实践，通常有三种方式明确法律的施行日期。(1)规定该法律自公布之日起施行，具体时间由国家主席发布主席令来公布；(2)规定该法律公布后一段期限届至后开始生效，具体时间为期限届至之时；(3)直接规定该法律的具体生效日期，此种表示方法最为普遍，本法采之。

【审判实践中应当注意的问题】

本条在理解与适用过程中，需要重点把握的是2023年修改决定涉及具体条款的效力生效日期。

一、修改后法律的生效日期与法律修改的形式有密切联系

在我国，修改法律主要有两种形式：(1)对法律进行修订，即对法

① 参见王胜明主编：《中华人民共和国民事诉讼法释义（最新修正版）》，法律出版社2012年版，第651页。

效日期与旧法相同。

同时，需要注意的是，按照第十三届全国人民代表大会常务委员会第三十次会议作出的《关于授权最高人民法院组织开展四级法院审级职能定位改革试点工作的决定》确定的试点期限，四级法院审级职能定位改革试点工作已于2023年9月27日正式结束。2023年9月12日，《最高人民法院关于四级法院审级职能定位改革试点结束后相关工作要求的通知》(法〔2023〕154号)，明确了试点结束后的相关工作要求。各级人民法院要按照该通知要求，妥善做好相关政策变化对外释明告知，确保各项工作平稳有序开展，不能因为改革试点结束影响甚至限制当事人依法行使诉权。

律全文做全面修改，重新予以规定；（2）对法律的部分条文通过修改决定的方式予以修改，不对法律全文做修改，未修改的部分继续施行。

2023年修正是《民事诉讼法》第五次修改。2023年9月1日，第十四届全国人民代表大会常务委员会第五次会议通过的《全国人民代表大会常务委员会关于修改〈中华人民共和国民事诉讼法〉的决定》规定："本决定自2024年1月1日起施行。"可见，2023年《民事诉讼法》的修改属于上述第二种情形，即部分修改而非对法律条文的全面修改。此时，就涉及修改决定涉及的条款、未修改条款的生效日期问题。

二、未重新公布生效日期时如何认定修改后法律的生效日期

法律修改后的生效日期也有两种形式，属于修订法律的，一般是重新公布法律的生效日期；属于对法律做修改决定的，一般不修改法律的生效日期，只是规定修改决定的实施日期，对于原法修改的部分，执行修改决定的生效日期，未修改的部分，执行原来法律规定的生效日期。

比如，2012年8月31日，第十一届全国人民代表大会常务委员会第二十八次会议审议通过的《全国人民代表大会常务委员会关于修改〈中华人民共和国民事诉讼法〉的决定》规定，本决定自2013年1月1日起施行。根据这一规定，经修改后的《民事诉讼法》，内容未作改动的条文，生效时间分别为1991年4月9日和2008年4月1日；经过修改的条文，包括新增加的条文，生效时间为2013年1月1日。

2021年12月24日第十三届全国人民代表大会常务委员会第三十二次会议《全国人民代表大会常务委员会关于修改〈中华人民共和国民事诉讼法〉的决定》第四次修正，是针对民事诉讼程序繁简分流改革试点工作所作的专项修改，并非全面修改，即对法律的部分条文通过修改决定的方式予以修改。对此，2021年12月24日十三届全国人大常委会第三十二次会议作出《全国人民代表大会常务委员会关于修改〈中华人民共和国民事诉讼法〉的决定》，于2022年1月1日实施。即修改条文和新增条文的生效日期为2022年1月1日。

本条规定"本法自公布之日起施行"表明，没有重新公布法律的生效日期，立法机关仅规定了修改决定的实施日期"本决定自2024年1月1日起施行"。因此，对于2023年修改决定涉及的条文，包括新增加的条文，生效日期为2024年1月1日；2023年修改决定未涉及的条款，其生